中華人民共和國國務院批准的重大文化出版工程

國家文化發展規劃綱要的重點出版工程項目

新聞出版總署列爲『十一五』、『十二五』國家重大工程出版規劃之首

國家出版基金重點支持項目

中華大典

政治典

人民出版社

《中華大典》工作委員會

《中華大典》編纂委員會

總主編：任繼愈

副主編：席澤宗 程千帆 戴　逸 吳文俊 柯　俊
傅熹年

編　委：卞孝萱 任繼愈 李明富 余瀛鰲 林仲湘
郁賢皓 馬繼興 袁世碩 席澤宗 陳美東
黃永年 章培恒 張永言 張晉藩 葛劍雄
董治安 程千帆 傅世垣 曾棗莊 龐　樸
趙振鐸 劉家和 潘吉星 錢伯城 戴　逸
楊寄林 穆祥桐 吳文俊 金正耀 戴念祖
柯　俊 金維諾 白化文 汪子春 周少川
孫培青 朱祖延 傅熹年 李　申 郭書春
熊月之 柴劍虹 吳子勇 寧　可 江曉原
鄭國光 吳征鎰 尹偉倫 魏明孔

《中華大典》前言

《中華大典》是運用我國歷代漢文古籍編纂的一部大型工具書。其目的是爲學術界及願意瞭解中國古代珍貴文化典籍的人士提供準確詳實、便於檢索的漢文古籍分類資料。

中國是世界文明古國之一，幾千年來纂寫和聚集的文化典籍浩如烟海。我國歷代都有編纂類書的優良傳統，具有代表性的《永樂大典》等大多已佚失，現存《古今圖書集成》編就距今也已數百年。爲了適應今天和以後研究和檢索的需要，一九八八年海内外三百多位專家學者和各古籍出版社同仁倡議，在已有類書的基礎上，用現代科學方法編纂一部新的類書《中華大典》。

國務院在關於編纂《中華大典》問題的批覆中指出，編纂《中華大典》『是我國建國以來最大的一項文化出版工程』。本書所收漢文古籍上起先秦，下迄清末，約三萬種，達七億多字，分爲二十二個典，近百個分典，内容廣博，規模宏大，前所未有。

《中華大典》的編纂工作堅持科學態度和百花齊放、百家争鳴方針。儘量采用古精校精刻本，優先采用我國建國後文獻學和考古學的優秀成果。對傳統文化中重要的不同學派的資料，兼收并蓄。運用現代圖書分類的方法，對收集到的資料，精選、精編，力求便於檢索、準確可信。

這項工作從開始起就受到中共中央、國務院和有關部門的重視和支持。國家主席江澤民、國務院總理李鵬分别爲《中華大典》題詞。江澤民的題詞是：『同心同德群策群力認真編好中華大典爲建設有中國特色的社會主義服務。』李鵬的題詞是：『繼承和弘揚民族優秀傳統文化。』全國政協主席李瑞環、國務委員李鐵映也作了重要指示，要求抓緊辦理。一九九〇年五月，國務院批准《中華大典》爲國家重點古籍整理項目。一九九二年九月，正式成立了《中華大典》工作委員會和《中華大典》編纂委員會，召開了《中華大典》工作、編纂會議。自此，《中華大典》的編纂工作由試點轉入正式啓動，逐步鋪開。

編纂《中華大典》，學術性很强，工作量很大，工程十分艱巨，全賴廣大專家學者和全國各有關高等院校、科研院所、圖書館、出版單位的鼎力支持與積極參與。大家本着弘揚中華民族優秀文化的心願，發揚奉獻精神，克服各種困難，團結協作，給這部巨大類書的出版提供了根本保證。在此謹表示誠摯的謝意。

對本書的批評與建議，我們將十分歡迎。

《中華大典》編纂委員會

一九九七年四月

《中華大典》編纂通則

一、性質：《中華大典》（以下簡稱《大典》）是對漢文古籍（含已翻譯成漢文的少數民族古籍）進行全面的、系統的、科學的分類整理和彙編總结的新型類書，是在繼承歷代類書優良傳統、考慮漢文古籍固有特點的基礎上，借鑒和參照近代編纂百科全書的經驗和方法編纂而成。編纂《大典》的目的，是爲學術界及願意瞭解中國古代珍貴文化典籍的人士提供各種分門别類的、準確詳細的古代漢文專題資料。

二、規模和體例：《大典》所收古籍的時限，上自先秦，下迄辛亥革命。全書共收各類漢文古籍三萬餘種，約七億字。全書體例，着重汲取清代《古今圖書集成》所采用的經目和緯目相交織這一統一框架結構的模式，同時參照現代科學的學科、目録分類方法，并根據各類學科内容的實際情況，一般將每一大類學科輯爲一典，也有將幾個相關學科共輯爲一典的。對各典名稱，均以現代學科命名，對於所收入的各種古籍資料，亦儘可能納入現代科學分類體系之中。

三、經目：大典共分二十四個典，即哲學典、宗教典、政治典、軍事典、經濟典、法律典、教育典、語言文字典、文學典、藝術典、歷史典、歷史地理典、民俗典、數學典、物理化學典、天文典、地學典、生物學典、醫藥衛生典、農業典、林業典、工業典、交通運輸典、文獻目録典。典以下以分典、總部、部、分部分級，分部之下的標目根據各學科特點由各典自行擬定。

四、緯目：共設置九項緯目，用以包容各級經目的具體内容：

①題解：對有關學科的名稱、概念、涵義、特點等作總體介紹的資料。

②論説：有關理論部份的資料。

③綜述：有關學科或事物的系統性資料，凡有關學科或事物的性狀、制度、範疇、特點及學科地位、發展情況等具體内容均編入此緯目中。

④傳記：有關人物的傳記資料。

⑤紀事：有關學科或事物的具體活動或事例的資料。

⑥著録：重要人物或文獻的有關著作資料，如專集介紹、序跋、藏書題記，以及有關著作的成書經過、版本源流等。

⑦藝文：有關屬於文學欣賞性的散文或韵文。

⑧雜録：凡未收入以上各緯目，而又有較高參考價值的資料，均入雜録。

⑨圖表：根據有關經目的内容需要，圖與表附於相關專題之下，或集中彙總於某級經目之後。

《大典》以内容分類安排各級緯目，各級緯目的正文，一般以原書爲單位，按時代順序排列。每一條資料前標明出處，包括書名或作者名、篇名或卷次，以利讀者核對原書。

五、書目：每分典後附有該分典所收書之書目，書目包括書名、作者、時（年）代、版本等内容。時代以成書時代爲準，成書時代不詳者，以作者主要活動時代爲準，并遵從歷史習慣。

六、版本：《大典》在選用版本時儘量采用古人的精校精刻本，亦采用學術界通用的近、現代整理圈點本及現代學者校點整理本。

七、校點：爲儘可能保存古籍原貌，《大典》衹對底本中明顯的脱、訛、衍、倒進行勘正。古本中的避諱字一般不作改動，衹對缺筆字補足筆劃。後人刻書時避當朝人諱而改動的字，據古本改回。《大典》采用新式標點法。

一九九六年八月

《中華大典·政治典》編纂委員會

主　編：楊寄林

編　委：（按姓氏筆劃排列）

李炳泉　范紅霞　柏　樺　郝艷華

温玉春　喬鳳岐　楊永康　楊寄林

劉永海　譚景玉　顧乃武

《中華大典·政治典》編輯出版工作委員會

《中華大典·政治典》序

政治是以國家、政府、權力爲基托、爲軸心而存在、運行和發展變化的一種社會歷史現象與活動。國家不同，政治亦異；時代不同，該國政治尤異。中國是世界上一個偉大的統一的多民族國家，是一個地廣人衆、歷史悠久而又富有革命傳統和優秀遺產的國家，是一個經歷過奴隸社會、封建社會、半殖民地半封建社會滄桑巨變的國家。其政治進程之綿長曲折又前途光明，其政治結構之中心突出又複雜多端，其政治運作之弘遠雄深又具體而微，其政治思維之批隙導窾又求真務實，在人類歷史和國際舞臺上都是極具特色且罕有儔匹的。

《政治典》作爲《中華大典》所屬二十四典之一，旨在依照《〈中華大典〉編纂通則》，結合中國古代政治暨近代政治實際而詳定義例，彙輯史料，上起先秦，下至晚清，形成一部規模空前、分類準確、選材精當、編排得體的新型專科大類書，爲此遂凸顯下列主題和主綫：

一、統一的多民族國家創建與發展的總歷程和大趨勢。從傳説時代的部落聯盟——炎黄族屬集團、東夷族屬集團、苗蠻族屬集團到夏商周奴隸制王朝先後崛起，復經春秋大國爭霸，戰國七雄兼併，標志着中國作爲統一的多民族國家在孕育，在肇興；逮至秦漢，則非僅宣告正式建立和形成，并且得到鞏固與壯大；其後隋、唐王朝相繼勃興，遂轉入强盛；歷經元、明、清迭次經營，到康乾時期更空前恢廓，愈益雄盛，穩固定型，巋然屹立於世界的東方。交替出現在其間的由諸侯列國尤其是對峙政權如南北朝、宋遼夏金造成的分裂局面，實質上都在爲最終實現或恢復、重建、再造大一統國家準備條件，積蓄力量，採取行動。儘管歷程艱難曲折，但統一始終構成了中國政治和中國歷史發展的主流，蘊涵并貫注着各族人民長期所形成的强固的親和力、嚮心力與凝聚力，其勢不可逆轉，亦不可阻擋。

二、政區建制的基本輪廓和變動情形。聚焦在：歷代各王朝及對峙政權的國號由來、命名涵義和世界影響；國土在開闢而互有消長，疆域在拓展而迭有盈縮，最終歸於版圖雄闊定型的歷史結局與定勢；與之相隨的京師、國都的矗立地點，選定緣由，獨特風貌，重大作用及遷都事宜；由分封制到郡縣制、州郡制、道路制、行省制而在其鼎盛時期所分别劃定的封國格局、政區層級和單位數量、等第差别與沿革情況；以及恰與轄境、政區緊密相聯的峰值人口的增減情勢，田地總面積的疊加累積狀況。由此表明中國幅員遼闊、領土廣大、主權歸屬明確和自然資源豐富多樣、孳生人口衆多的歷史淵源。

三、國家元首制度的牢固確立和整體特徵。緊扣在：其一，先秦國王制度遞相推移并向皇帝制度轉變，皇帝制度自秦以降不斷强化而達到頂點，終被廢除的全過程。其二，王制、王權和帝制、皇權在極具排他性的外在標志及物化象徵上，徑從名號、輿服、典禮、器物一直輻射到宫殿、宗廟、社稷、陵墓而轉密加詳的情狀，其威懾力和滲透力所達到的令人望即生畏、動輒觸忌的程度。其三，王位、皇位的尊不可及和禁絶窺覬，終身制與世襲制的共立互持及變例施用，建儲制的輔之而行和愈趨完善。其四，王權、皇權的至高無上、不可分割與不容侵犯，徑直或最終對政事決斷權、軍事統領權、法律掌控權、財政支配權的獨攬、獨裁甚至濫用、妄用的具體表現。其五，由帝王專制而衍生的后妃制度、宦官制度的特定形態與變化軌迹，隨之而造成王權或皇權異化的女主干政亂政、宦官弄權專權等諸多形式和諸類現象。其六，專制主義在中國歷史上所産生的客觀積極作用與嚴重消極影響。

四、國家政權組織的漸趨完備和運行機制。大要凡三：一是歷代王朝從中央到地方所設置的各級各類行政機構、軍事機構、監察機構的初始形態和鼎立式格局、寶塔形序列，諸如命名取義、職能劃分、内部組成、官職設立、員額配備、職權限定、責任歸屬，相互間主從或平行關係的確定，以及前後因革損益之迹、調整改造之處、權力制衡之局、蕃漢分治之由，特别是宰相職位和職權的演變鏈條與真諦所在。二是歷代王朝所制定的官吏管理制度的基本框架和組成部分，包括選拔任用，考核獎懲，監察法辦，秩品俸禄，輿服印信，公文程式，休假與致仕，旌表與優恤，行政法規定立頒行，以及各朝迭加修正、釐訂之舉，完善、健全之方，特别是科舉制度的優越性、行政立法的悠久傳統等。三是歷代王朝環繞軍國大政形成中央決策的必要程序，付諸實施的步驟和方法，特别是國王、皇帝在其中所起的決定性作用。從而得見：中央集權同地方分權互有消長而地方分權越往後越受嚴格控制的定勢，皇權同相權互有升降而相權越往後越被大幅削弱的趨向，在制度設計安排上保證國家機器正常運轉、一姓家天下長治久安的明智措置、成熟經驗暨必不可免的流弊痼疾。

五、政治意識形態的掌控方針和灌輸手段。突出顯現在：夏商周學在王官而被春秋私學勃興所衝決，早期天命觀盛行而被後期人事論繼起所淡化，戰國時代允許甚至鼓勵、歡迎百家爭鳴或以法爲教、以吏爲師而遽被漢代罷黜百家、獨尊儒術所取代，儒術遂屢經改造和變換理論形態而始終居於思想主宰地位。舉凡統一經學、御纂專書、敕編羣籍、設館修史、經義取士，又與之整合組配，爲其加重地位，加深影響，加大作用。面對道教、佛教，則基本實行既利用、又限制的政策，但對異端學説則一直抱定力行排斥、多方遏制甚且封殺的態度，而從焚書坑儒到大興文字獄之類的高壓鉗制手段又輪番施用，一脈相承，進而構築起定於一尊的嚴密乃至嚴酷的思想統治網、思想調控鏈和思想禁錮圈。

六、政治變遷的關鍵環節和往復曲綫。重中尤重者爲：歷代圍繞國家統一與分裂而採取的因時而異的平叛、削藩、靖邊等重大舉措，圍繞國家利益和安全而組織的戰績可觀的收復國土、抗擊外侵的軍事行動，圍繞富國强兵、起衰救弊而從事的效果迥别的變法革新運動，圍繞國家最高權力或中樞權力而展開的包括政變在内的殊死較量和激烈角逐。以及開國守成時期的政迹與景觀，盛世大治階段的規模與氣象，中興復振之際的局面與圖景；與此形成鮮明對照的政治危機的窘境困局，末世敗政的危情險態，亡國一幕的淒情慘狀；政治偉人的與時俱進和卓越建樹，政治敗類的倒行逆施和劣迹惡行。既於交織互動、循環往復之中，益明主流所在，愈顯人心所向；又於錯綜複雜、跌宕起伏之下，更見大勢所趨，頗有規律可尋。

七、近代中國以八大事件爲主綫而展開的『兩個過程』及其重大轉折點和藴含其間的未來走向，在此過程中所啓動的與之密不可分、息息相關的後發晚生型近代化進程，特别是其中深受外來影響而出現的政治新要素、新形式、新徵象和新動態。諸如傳統官制向新式官制的初步轉型，正規化海軍的首次組建，新軍的編練，警政的創辦，地方自治的倡行，君主立憲制的提上日程，大清國旗和大清國歌的先後制定。尤須彰明的則是：社團政黨的相繼建立，婦女解放運動的持續高漲，收回利權運動的迅猛發展，清王朝和封建帝制終被推翻，等等。

八、對外關係的構建模式和演進趨向。更多投注在：兩漢以來陸上和海上通道亦即絲綢之路的開闢與延伸，沿綫商港口岸的設置與拓展，各王朝務使朝貢體系得以確立幷趨於完備化的主要措施，相繼奉行幷一以貫之的以維繫和平爲宗旨的外交政策，遞次同亞洲、歐洲、非洲、美洲諸國結成的政治關係或政治聯繫，與之同步的重大通使活動，官方及民間經濟貿易往來所達到的頻度與强度，物質文化和精神文化交流所臻及的廣度與深度，以及閉關鎖國的弊害，晚清屈辱外交的惡果。從而昭示貫穿其間的由近而遠、由疏而密、由表而及裏的演變總趨向，彰顯中國在清中葉以前所長久贏得的崇高國際威望，佔據的領先地位，起到的主導作用，發揮出的巨大感召力和影響力，宣明中華民族所獨有的熱愛和平、珍視友誼、開放包容的民族特質、禀賦與風采。

九、深邃政治智慧的聚結和優秀政治理論遺産的積澱。歷久而彌珍者爲：駕馭全局的體系化、邏輯化的治國大道，卓見成效的綱目化、部門化的施政要術，對内憂外患確可緩解或化除的真知灼見與方略方策，對國家興衰存亡定律的多方究詰與深切剖判，富有民族思維特性的政治哲學觀點和政治認知成果，頗具普適性、警策性的政治名言和政治格言，世代延續的强烈愛國精神和深沉憂患意識，前所未有的近代民主革命思潮等。

凡此種種，歸結到一點，便是對中國數千年政治實踐活動和政治思想精髓進行集中梳理、系統復原、重點展示和内在揭櫫，使之軒豁呈露在今人面前，形成政治楷式同政治炯鑑的結合體，闡揚中華政治文明獨樹一幟又别開生面的創獲性成就，以供各界精英進一步深究詳探。

基於上列主體内容，《政治典》構建了由六級『經目』同四個『緯目』交織互持的框架結構，用以顯示主題，突出類别，統括和承載起傳世古籍暨出土文獻中與之恰相對應的宏富資料。六級經目除『典』居首外，下設六個『分典』，即：先秦政治分典、秦漢政治分典、魏晉南北朝政治分典、隋唐五代政治分典、宋遼夏金政治分典、元明清政治分典（由古代卷、近代卷兩大部分組成）。每一分典（除元明清政治分典近代卷之外），再設六個總部，即：政區總部、皇帝制度總部（先秦政治分典内爲『國王暨國君制度總部』）、官制總部、政治嬗變總部、對外關係總部（先秦政治分典内爲『邦交總部』）、政治思想總部；元明清政治分典近代卷則爲：政區變更總部、新設官制總部、政治嬗變總部、對外關係總部、社團政黨總部、政治思想總部。在各總部之下，復設若干個『部』、『分部』及『專題』。通過『分典』的斷代厝置和自成單元，旨在凸現各個歷史階段和相應朝代所獨具的最突出、最鮮明的政治特點；藉助各『總部』以迄『專題』的多維涵蓋和層級布列，旨在標揭特定時代的諸多政治根本問題、關鍵問題、重大問題、緊切問題及其深層底藴；進而通體聚合幷前後銜接起來，即形成格局突兀而立且脈絡清楚、綫索明晰、要點俱在的相對完整的邏輯體系。

本典所設四個『緯目』爲：『綜述』、『論説』、『藝文』、『雜録』，適得其所地依次配置在『部』、『分部』或『專題』之下，組成每級『經目』所包納的具體内容和全部資料的展開區間和宣示點位。其中『綜述』集中收録切合於本經目的最基本、最主要的史實方面的資料，『論説』集中收録切合於本經目的包括針鋒相對之論、孤偏奇特之論在內的各種評議性的精彩文字，『藝文』集中收録切合於本經目的詩、詞、曲、賦和諸體文章，『雜録』則集中收録切合於本經目的具有補充、延伸、拾遺、考證等作用的相關資料。四個『緯目』之間各有側重，彼此映照，互作支撑，融爲一體。

《政治典》依託於相得益彰的既定經緯目框架結構，在資料搜集選定和編排上，大力講求『六强三化』。『六强』謂：『廣博性』和『對應性』雙『强』；『原始性』和『典型性』雙『强』；『完整性』和『獨特性』雙『强』。『三化』指：系統化、條理化、嚴密化。但凡輯録在各級經目之『四緯目』下方的資料各歸其類，密合無間，有倫有脊，渾然一體，是爲系統化。但凡輯録在各級經目之每一『緯目』下方的資料，通常俱按資料產生年代（具體引用典籍的成書年代）依序排列，縱貫而下，紅綫穿珍珠，形成一條龍，是爲條理化。在例行操作和技術層面上符合各項規範要求，恰切進行技術性加工等，是爲嚴密化。

《中華大典·政治典》以四千七百萬字的篇幅，力圖達成政治學原理和中國政治史的有機統一，實現傳統大型類書同現代新型類書的恰切整合，熔鑄成信息密集化的中國古代和近代政治資料庫，發揮出『經世致用』的直接功能，特向國家機關工作人員、社會各界研究者提供一九一一年以前豐富翔實、足資參取、利於統覽、便於查檢的政治專題素材與原始史料，并對總結治國理政的成功經驗和深刻教訓，完善國家治理體系，鞏固民族大團結，促進祖國和平統一大業，擴大中華政治文明的國際影響力，庶幾不失其借鑑意義、啓迪作用和輔助功效。

《中華大典·政治典》由河北師範大學、貴州師範大學、魯東大學、山東大學、山東理工大學、南開大學、天津師範大學、天津市社會科學院、北京外國語大學、河北大學、河北工業大學、山西大學、河南科技大學、湖北大學、華南師範大學、雲南大學、雲南師範大學等全國二十餘所高等院校、科研院所各具專長的學術同仁精誠合作，共同編纂，六易寒暑，始得告竣。期間始終得到《中華大典》工作委員會、《中華大典》編纂委員會、《中華大典》辦公室和國家出版基金規劃管理辦公室高屋建瓴的宏觀指導和强有力支持；人民出版社領導與責任編輯更爲本典確保幷持續提升質量提出了許多寶貴意見，付出了大量學術心血和升華性的審訂勞動。謹此深致謝忱。本典有待社會檢驗和時間考驗，倘蒙海內外方家和廣大讀者不吝賜教，則如獲至寶，於此翹首以待。

《中華大典·政治典》編纂委員會

二〇一四年十月十五日

隋唐五代政治分典

中華大典·政治典

主編：楊寄林　喬鳳岐

《隋唐五代政治分典》編纂委員會

主　編： 楊寄林　喬鳳岐

編　委：（按姓氏筆劃排列）

王　燦　王彦霞
喬鳳岐　楊永康
楊寄林　韓宏韜
顧乃武

撰稿人：（按姓氏筆劃排列）

王　燦　王彦霞
李　僅　李夢馨
張佳瑋　喬鳳岐
楊永康　楊寄林
賈億寶　劉常飛
韓宏韜　顧乃武

《隋唐五代政治分典》編纂説明

《隋唐五代政治分典》是《中華大典·政治典》下設六個分典之一。這一時期從隋王朝創建開始，經唐王朝而至五代結束，歷時近四百年，持續顯現出其獨有的政治特點。諸如：

隋唐兩大王朝相繼建立，迭次統一全國，徹底結束了此前中國長期南北分裂對峙的狀態，再度形成并愈益鞏固了大一統的局面。其王朝疆域則遠邁秦漢諸代，遂對政區建制相應進行大規模精簡整頓，改州、郡、縣三級制爲州、縣二級制，不僅消除了東晉、南北朝以來的紊亂現象，而且確立起國家神聖領土組成部分的轄領權和中央對地方直接行使的管理權。唐又施行分道監理制度，并在民族地區依據因俗而治的原則設置都護府、羈縻州，更對維護國家統一，加深民族地區同中原内地的政治關係，促進民族地區經濟文化的發展，鞏固與加强民族之間的融合，起到了重要作用，堪稱地方行政體制的創新之舉。明清的土司制度，便導源於此。

國家大一統是中國專制主義皇權的綱領與旗幟，而凸顯皇權的皇帝制度，則構成中央集權專制政治的軸心。隋唐五代時期的皇帝制度，較比秦漢時期愈趨複雜化，非但藉助生前上尊號，死後加謚號、廟號，以及封禪、祭祀、宗廟、陵寢和輿服制度的健全來强化皇帝至高無上的神聖性，并且通過都城和殿庭的規制、宫廷組織的系統化、東宫制度的定型化等手段來提升皇室的特權地位與皇位繼承的不可轉讓性，從而將秦始皇創立的皇帝制度推進到一個新的階段。在這一階段中，圍繞皇權的行使和運用，英明有爲的賢君同二世而亡的暴君形成强烈的對比和反差，而真正意義上的女皇也首次登上政治舞臺大顯身手，且在中國歷史上絕無僅有。

恰與皇帝制度相匹配，隋至唐初先後對三省六部制進行釐定和完善。始以中書、門下、尚書三省長官并爲宰相，共議國政，繼以加授『參掌機務』、『參預朝政』、『參議得失』、『參知政事』、『同中書門下三品』、『同中書門下平章事』等銜方爲宰相，既把他官納入了宰相行列，又將尚書省長官排除在宰相班子之外，實現了中樞決策機構和行政機構相分離，在官制史上是一大進步，具有劃時代的意義。與之相契合，又規定『中書主出命，門下主封駁，尚書主奉行』，形成了三省分工明確又相互制約的運作機制。而尚書省吏、戶、禮、兵、刑、工六部分掌全國政務，從名稱、職掌權限到組織建制，經過調整定型化，顯示出效能。故至清季，仍相沿不改。

尤爲影響深遠的是，科舉制在隋唐五代的首創、完善與承襲，基本形成了公平競爭的機制，開闢出中下層士子學人的入仕途徑，擴大了封建王朝的統治基礎，提高了官員的文化素質，彰顯出其選拔人才的一定優越性，既被後來歷朝所沿用，亦被域外國家所效仿。

與此相并行，無論該時期的監察制度、人事管理制度，抑或財政制度、軍事制度，也都發生了較之前代而不同的新變化，并且呈現出本身的各自特點來。

臻於完善和成熟形態的隋唐政治制度，爲當時整個社會的全面繁榮、空前昌盛，提供了首要保障和强力支撑，導致隋代開皇之治開創於前，唐朝貞觀之治、永徽之治、開元之治連續形成於後，各占兩大王朝近乎一半的時間，自此拓展出秦漢殊難比擬的多民族統一大國特有的承平盛世的規模與氣象。

隋唐統一王朝的强固穩定，贏得當時遠近各國的尊重、仰慕與嚮往。從周邊鄰國到西亞、歐洲以及東非和北非諸國，紛紛遣使來朝，甚或主動稱藩；商團商隊和各色人等，亦潮湧而至。隋室尤其是唐廷，則以開放的姿態予以廣泛接納和優待。非僅封贈名號，還任用域外人士供職朝廷。并陸續遣使出訪，抵達東亞、東南亞、南亞和中亞、西亞各國，藉以增進瞭解，維護地區和平。在加强中外政治聯繫的同時，又擴大中外經濟、文化的交流；在交流中則吸納域外文明和播揚華夏文明并重，極具廣度與深度。致使大隋盛唐在國際格局中確立起主導地位，頗有感召力和影響力。這也進一步表明：當時陸海兩道的絲綢之路愈加暢通興旺；唐代長安躍升爲東西方交流往來的中心和國際性都會；唐朝業已取代漢朝成爲中國的象徵，迄今在外國猶存的『唐人街』，便屬明證。

天寶末年安史之亂的爆發，成爲唐王朝盛極而衰的轉折點，漸次由藩鎮割據轉入五代十國的分裂局面。其間憲宗削藩平叛依然取得重大功效，而後周世宗在短暫頻繁的五代更替過程中，又整頓紀綱，減輕民困，連年出戰，開啓了重新統一全國的道路，爲後繼的北宋削平幷立的南北諸國奠定了堅實基礎。

隨着歷史軌迹的演進和時局的變動，該時期之政治思想和理論體系朝着綜合、深化及兼容幷蓄的趨向在不斷推衍，特別是君道論的成熟與完備，儒家政治學説的復興與哲理化，佛教道教的輔教助化説，亂離之世對皇權政治的痛切反思與尖鋭批判，都在中國政治思想史上留下了重要遺產。

合而觀之，隋唐五代尤其是隋初至天寶年間的政治局勢與突出建樹，標誌着中國封建社會進入了高度發展的鼎盛階段，爲後世各朝樹立了光輝典範；更在當時處於世界的領先地位，創製出人類政治文明史上的前導性藍圖和完備化篇章，給亞洲特別是東亞鄰國以直接借鑒和重大影響。

爲充分鮮明地反映上述政治特點，《隋唐五代政治分典》旨在廣搜愼擇原始資料，尤重融會貫通，使之躍然紙上，原貌再現。爲此而從靜態與動態的結合上邏輯化地設立『政區』、『皇帝制度』、『官制』、『政治嬗變』、『對外關係』、『政治思想』六個總部、七十一個部、二百九十八個分部，組成環環相扣的層級式經目序列，用以彰顯主題，突出類屬，宣明主線，標揭重心，展現全局，昭示趨向。與這一經目序列相交織、相匹配，依次設立『綜述』、『論説』、『藝文』、『雜録』四個緯目，按部就班地置於各部、各分部或專題經目之下，用以包納和羅列與之恰相切合的群書資料，藉以多視角展現其所藴含的具體內容和底藴。如此經緯互持，達成整體結構的有機統一，冀使隋唐五代政治特點軒豁呈露。

本分典在資料搜集、選定和編排上，特以《政治典》『六强三化』的總要求爲懸鵠而略作變通，進一步加以細化，主要體現在：

（一）鑒於搜羅廣博爲類書題中應有之義，故於這一時期各書涉及同一事類的歧異載述不待詳考明辨之後方定取捨，悉數兼收幷蓄，以備群義諸説，力求適得其所。

（二）鑒於後世有關隋唐五代政治問題的論説評析文字數量甚多，本分典以務求精要、力戒冗濫爲原則，審慎予以收録。其中政論名家、宰輔重臣之專論及散論，或出人意表，發聾振聵，或久居高位，感悟頗深，自然在所必録；一般文人學士之説，倘若別具隻眼，孤詣獨造，亦當優先采録；至於空泛膚淺之論，則悉數摒棄。

（三）在儘可能保持所輯原文完整性的前提下，遇有摘引之整段文字中夾帶其他記述或評説内容而與所屬經目無關者，則徑行删除，依《〈中华大典〉編纂通則》進行恰切的『【略】』處理。

（四）爲使主題和類屬愈加明晰，同時便於統括繁多且駁雜的資料幷鑲嵌得體，酌情在某些『部』或『分部』、『專題』的『綜述』緯目之下擬設自成一組的小標題，統統藉助字體、字號大小予以凸顯。

（五）在各緯目之下所標示的資料出處，大多包含五要素：時代、作者、書名、卷數、篇目，以利速檢速得。其先後排列順序，一般俱按資料的産生年代依次厝置，但不排除特殊情況特殊處理。或在『綜述』緯目之下設立小標題，以另成單元的面貌出現；或避免層次過於繁冗，不再開列小標題，只在同一緯目下彙集同一類資料，采取暗分明不分的方式來排序。兩種辦法均屬特殊處理方式，皆與通例有別而不悖，莫以自亂其例視之。

（六）另於本分典之末附引用書目。每一書目都開列書名、作者或編者（含佚名在内）、版本，通體則按時代縱貫而下，俾便索驗。

《隋唐五代政治分典》係集體編纂。其中政區總部由喬鳳岐、楊寄林、王彦霞承擔，皇帝制度總部由喬鳳岐、楊寄林、李僅承擔，官制總部由王燦、韓宏韜承擔，政治嬗變總部由顧乃武承擔，對外關係總部由喬鳳岐、楊寄林、劉常飛承擔，政治思想總部由楊永康、賈億寶等承擔。

《中華大典·政治典·隋唐五代政治分典》編纂委員會

二〇一七年十一月十八日

目録

一

二

官制總部

政治嬗變總部……一七〇五

三

政區總部

國號與疆域部

隋國號與疆域分部

國號

綜述

《周書》卷四《明帝紀》 （武成元年九月辛未）進封【略】陳留公楊忠為隋國公。

又 卷一九《楊忠傳》 武成元年，進封隨國公，邑萬戶。

又 卷七《宣帝紀》 大象元年春正月癸巳，【略】初置四輔官，以【略】大司馬、隋國公楊堅為大後丞。

又 卷八《靜帝紀》 （大象二年五月庚戌）上柱國、揚州總管、隋國公楊堅為假黃鉞、左大丞相。【略】帝居諒闇，百官總己以聽於左大丞相。

（十月壬戌）大丞相、隋國公楊堅加大冢宰，五府總於天官。

（十二月）甲子，大丞相、隋國公楊堅進爵為王，以十郡為國。

（大定元年）二月庚申，大丞相、隋王楊堅為相國，總百揆。更封十郡，通前二十郡。【略】甲子，隋王楊堅稱尊號，帝遜于別宮，隋氏奉帝為介國公。

《隋書》卷一《高祖紀上》 開皇元年二月甲子，上自相府常服入宮，備禮卽皇帝位於臨光殿。設壇於南郊，遣使柴燎告天。是日，告廟，大赦，改元。

隋·李德林《李懷州集·為周帝加隋公大丞相詔》 假黃鉞、使持節、左大丞相。都督內外諸軍事、上柱國、大冢宰、隋國公堅，【略】治定功成，棟梁斯託，神猷威德，莫二于時。可授大丞相，罷左、右丞相之官，餘如故。

又 《為周帝加隋王九錫詔》 假黃鉞、使持節、大丞相、都督內外諸軍事、上柱國、大冢宰、隋國公，【略】可授相國，總百揆，去都督內外諸軍事、大冢宰之號，進公爵為王。以隋州之崇業，鄖州之安陸、城陽，溫州之宜人，應州之平靖、上明，順州之淮南，士州之永川，昌州之廣昌、安昌，申州之義陽、淮安，息州之新蔡、建安，豫州之汝南、臨潁、廣寧、初安，蔡州之蔡陽，郢州之漢東二十郡為隋國。劍履上殿，入朝不趨，贊拜不名，備九錫之禮，加璽紱、遠遊冠、相國印綠綟綬，位在諸侯王上。隋國置丞相已下，一依舊式。

又 《為周禪隋詔》 相國隋王，睿聖自天，英華獨秀。【略】今便祇順天命，出遜別宮，禪位于隋，一依唐虞、漢魏故事。

宋·司馬光《資治通鑑》卷一七〇《陳紀四·臨海王》 （光大二年）秋七月壬寅，周隨桓公楊忠卒，子堅襲爵。

又 卷一七四《陳紀八·宣帝下之上》 太建十二年【略】（十二月）甲子，周以大丞相堅為相國，總百揆，去都督中外大冢宰之號，進爵為王，以安陸等二十郡為隨國。

又 卷一七五《陳紀九·宣帝下之下》 太建十三年【略】（二月）周主下詔，遜居別宮。甲子，命兼太傅杞公椿奉册，大宗伯趙煚奉皇帝璽紱，禪位于隋。

論說

《隋書》卷六九《王劭傳》 未幾，劭復上書曰：《易乾鑿度》曰：『《隨》上六，拘係之，乃從維之，王用亨于西山。《隨》者二月卦，陽德施行，藩決難解，萬物隨陽而出，故上六欲九五拘係之，維持之，明被陽化而陰隨從之也。』《易稽覽圖》：『《坤》六月，有子女任政，一年傳為《復》，五月負之從東北來立。大起土邑。西北地動星墜，陽衛。《屯》十一月，神人從中山出，趙地動。北方三十日，千里馬數至。」

謹案凡此《易緯》所言，皆是大隋符命。「《隨》者二月之卦」，明大隋以二月即皇帝位也。「陽德施行」者，明楊氏之德教，施行於天下也。「藩決難解」者，明當時藩鄣皆是通決，險難皆解散也。「萬物隨陽而出」者，明天地間萬物盡隨楊氏而出見也。「上六欲九五拘係之」者，「五」為王，「六」為宗廟，明宗廟神靈欲令登九五之位，帝王拘民以禮，係民以義也。「拘民以禮，係民以義」，此二句亦是《乾鑿度》之言。「維持之」者，明能以綱維持正天下也。「被陽化而欲陰隨之」者，明陰類被服楊氏之風化，莫不隨從，「陰」謂臣下也。「王用享于西山」者，蓋明至尊常以歲二月幸西山仁壽宮也。凡四稱「隨」，三稱「陽」，欲美隋楊，丁寧之至也。「《坤》六月」者，《坤》位在未，六月建未，言至尊以六月生也。「有子女任政」者，言樂平公主是皇帝子女而為周氏任理內政也。「一年傳為《復》」者，《復》是《坤》之一世卦，陽氣初生，言周宣帝崩後一年，傳位與楊氏也。「五月負之，從東北來立」者，「負之」當為「真人」，字之誤也。言周宣帝以五月崩，真人革命，當在此時；至尊謙讓而逆天意，故踰年乃立。昔為定州總管，在京師東北，本而言之，故曰「真人從東北来立」。「大起土邑」者，「大起」即大興，言營大興城邑也。「西北地動星墜」者，蓋天意去周授隋，故變動也。「陽衛」者，言楊氏得天衛助。「《屯》十一月，神人從中山出」者，此卦動而大亨作，故至尊以十一月被授亳州總管，將從中山而出也。「趙地動」者，中山為趙地，以神人將去，故變動也。「北方三十日」者，蓋至尊從北方將往亳州之時，停留三十日也。「千里馬」者，蓋至尊舊所乘騧騮馬也。《屯》卦《震》下《坎》上，《震》於馬作足，《坎》於馬為美脊，是故騧騮馬脊有肉鞍，行則先作弄四足也。「數至」者，言曆數至也。

《河圖帝通紀》曰：「形瑞出，變矩衡；赤應隨，叶靈皇。」《河圖皇參持》曰：「皇辟出，承元訖。道無為，治率。被遂矩，戲作術。開皇色，握神日。投輔提，象不絕。立皇後，翼不格。道終始，德優劣。帝任政，河曲出。叶輔嬉，爛可述。」謹案凡此《河圖》所言，亦是大隋符命。「形瑞出，變矩衡」者，「矩」，法也；「衡」，北斗星名，所謂「璿璣玉衡」者也。大隋受命，形兆之瑞始出，天象則為之變動。北斗主天之法度，故曰「矩衡」。《易緯》「伏戲，矩衡神」。鄭玄注亦以為法玉衡之神，與此《河圖》「矩衡」義同。「赤應隋」者，言赤帝降精，感應而生隋也，故隋以火德，為赤帝天子。「叶靈皇」者，「叶」，合也，言大隋德合上靈天皇大帝也；又年號開皇，與《靈寶經》之開皇年相合，故曰「叶靈皇」。「皇辟出」者，「皇」，大也；「辟」，君也。大君出，蓋謂至尊受命，出為天子也。「承元訖」者，言承周天元終訖之運也。「道無為，治率」者，「治」下脱一字，言大道無為治定，天下率從。「被遂矩，戲作述」者，「矩」，法也。昔遂皇握機矩，伏戲作八卦之術，言大隋被服三皇之法術也。「遂皇機矩」，語見《易緯》。「開皇色」者言，開皇年易服色也。「握神日」者，握持羣神，明照如日也；又開皇以来，日漸長，亦其義。「投輔提」者，言投授政事於輔佐，使之提挈也。「象不絕」者，法象不廢絕也。「立皇後，翼不格」者，「格」，至也。言本立太子以為皇家後嗣，而其輔翼之人不能至於善也。「道終始，德優劣」者，言前東宮道終而德劣，今皇太子道始而德優也。「帝任政，河曲出」者，言皇帝親任政事，而邵州河濱得石圖也。「叶輔嬉，爛可述」者，「叶」，合也；「嬉」，興也。言羣臣合心，輔佐以興政治，爛然可紀述也。所以於《皇參持》、《帝通紀》二篇陳大隋符命者，明皇道、帝德，盡在隋也。

唐·李涪《刊誤》卷下《洛隨》　漢以火德有天下，後漢都洛陽，字旁有水，以水剋火，故就「隹」。隨以魏、周、齊不遑寧處，文帝惡之，遂去「走」，單書「隋」字。故今「洛」字有「水」有「隹」，「隨」字有「走」無「走」。夫文字者，致理之本，豈以漢、隨兩朝不經之忌而可法哉？今宜依古文，去「隹」書「走」。

宋·吳曾《能改齋漫録》卷二《古無隋字》　「隋」字，古無之。文帝受禪，以魏、周、齊不遑寧處，惡之，遂去「走」，單書「隋字」，猶後漢都洛以火德，故去「水」加「隹」也。

宋·王觀國《學林》卷一〇《孫休四子名》　隋文帝本封隨國之爵，及即帝位，乃去「隨」之「辵」而為「隋」，以為國號。案《字書》：隋，徒果切，其義則落也，懈也，裂肉也。《玉篇》曰：「隋」亦作「墮」。隋文帝不審其字形離合之義，而輕於增損，祇取笑於後世耳。

宋·王應麟《困學紀聞》卷一三《考史》　徐楚金云：隨文帝惡

『隨』字為『走』，乃去之，成『隋』字。隋，裂肉也，其不祥大焉。殊不知『隨』從『辵』，『辵』，安步也，而妄去之，豈非不學之故！

宋·司馬光《資治通鑑》卷一七五《陳紀九》胡三省注 隋主本襲封隨公，故國號曰隨。以周、齊不遑寧處，故去『辵』作『隋』，以『辵』訓『走』故也。

又 卷一七七《隋紀一》胡三省注 隋卽春秋隨國，為楚所滅，以為縣。秦、漢屬南陽郡，晉屬義陽郡，後分置隨郡；梁曰隨州，後入西魏。楊忠從周太祖，以功封隨國公；子堅襲爵，受周禪，遂以隨為國號。又以周、齊不遑寧處，去『辵』作『隋』，以『辵』訓『走』故也。

明·楊慎《升菴集》卷六三《隨隋音義不同》 『隨』，《説文》：『從也从辵，安步也。』與『隋』音義不同。隋，『从左从肉，裂肉也。』隨音旬為切，隋音徒卧切。楊堅本封於隨，後有天下，以周、齊之間奔走不寧，去『辵』為『隋』，其音則去隨從而就怠隋，其義則捨安步而就裂肉也，豈非凶終之兆乎？後世因以『隋』為『隨』音，不思『隋』字从『左右』之『左』，與『佐』音相近，卽俗『砍剁』之『剁』也。宣德中，王驥征麓川，有土酋三人来降，卽承制授為隴川三宣撫官。三酋乞賜姓，驥曰：『汝三人怕刀剁来降，卽以怕刀剁為三酋姓。』其後三酋皆慕向華風，讀書識字，私改其姓：『怕』改『帕』，『刀』改『刁』，『剁』改『隋』。又有中國游商教之曰：『「隋」為裂肉，不祥之名也』，又改為『多』。余聞之，彼中往来人是『隋』之音為徒臥切，夷人亦知之。滇中世人有呼『隋煬帝』之『隋』作『剁』者，人或笑之。不知乃是本音，而舉世盡訛者，將千年矣。

清·何焯《義門讀書記》卷四五《文選賦》 隋侯明月。宋本作『隨』為是。《史記》雖本有『隋』字，但此處宋本及《後漢書》皆作『隨』，不獨隋文帝始去『辵』也。

宋·謝邁《竹友集》卷八《過隋論》 隋高祖藉椒房之親，假黄鉞之制，秉國政以輔少主，知周祚之將亡，有革命拯民之意，舜禹禅讓之心。當是之時，中外側目，權貴忌之。于是詔五王劍履上殿，以慰安其心；親造趙王之第，陰欲觀其行事而陽示不疑。手持太阿之柄，雖陰謀竊發，曾莫摧其鋒矣。高祖既有天下，明政刑，修守戰之具，欲以渾一區宇，西斬吐谷渾，北破突厥，鞋鞨重譯而納貢，高麗稽顙而入朝。命爪牙之將，驅熊虎之師，旌旃樓船，千里相望，大軍南渡，日陰未徙而亡陳。天下已定，消兵偃武，有臨朝願治之心，躬覽萬機，日昃不暇，衣服器用，崇尚樸素。遣使者以問疾苦，引乘輿以避老幼。罷魚龍之戲，痛《雅》、《頌》之聲不作，則當時之士有牛弘、許善心、姚察、虞世基之屬承其詔；欲舉先王之墜典，修明五禮，則蘇威、薛道衡、王卲之徒當其任。如使高祖得行其志，則堂堂乎隋，不可與周、陳同年而語矣。

惜乎高祖有為天下之志，而無為天下之量。掾持大器，恐天下之並起而軋己，譬如閭巷窶民，一旦有十金之藏，意其有擔囊而趍者，惴惴恐惕，夜不能寐。彼獨不知富家父亦自有體耶？當此時，藏緯候圖讖，造兵器者有禁，客舍無公驗者坐，及守令朝廷之上言，未卒口而鐵鑽隨之。廢太子勇，立煬帝。其危亡之兆已萌，而高祖不悟也。此其過，在于無為天下之量。所以無為天下之量者，何也？忠厚不崇，刻薄而善疑也。古之帝王刻薄而善疑者，莫如秦始皇。其疑之愈深，隄防愈密，而患輒隨之而生。始皇收天下之兵，聚之咸陽；銷鋒鏑，鑄為金人十二，蓋疑天下之人有持兵而反者。然不知陳涉之起，斬木為兵，揭竿為旗，奮臂一呼而金城不守也。秦法：群臣侍殿上，不得持尺寸之兵；諸郎中執兵陳殿下，非有詔召不得上，蓋疑左右之人有包藏禍心者。然不知荆軻之匕首，乃發於燕《督亢》之地圖；而無目之高漸離，猶能舉筑以扑也。事有曠千百年而合若符契者，秦、隋是已。秦始皇刻薄而善疑，傳之二世而亡；隋高祖刻薄而善疑，傳之煬帝而亡。借使此兩君崇忠厚之德，修寬裕之政，以懷來天下，後雖有淫荒之子孫，宗廟尚可以延。漢高帝不過泗上亭長，唐高祖亦北面而稱臣耳，其能取天下而有之耶？故曰：亡秦、隋者，非漢與唐也，秦、隋自亡也。《詩》云：『殷鑑不遠，在夏后之世。』是以聖人為天下，稽之往哲，考之前事，察治亂之由，循寬猛之宜，仁風德澤，摇蕩浸灌，人心歸之如父母，措天下於磐石之安，誰得而侮之耶？

雜録

宋・釋志磐《佛祖統紀》卷三九《法運通塞志第十七之六・隋・文帝》（仁壽）二年，西天竺沙門闍提斯那來上言：天竺獲石碑，說東方震旦國名大隋，城名大興，王名堅，意建立三寶。

疆域

綜述

《隋書》卷二九《地理志上》 高祖受終，惟新朝政。開皇三年，遂廢諸郡。洎于九載，廓定江表。【略】煬帝嗣位，又平林邑。【略】五年，平定吐谷渾。【略】東西九千三百里，南北萬四千八百一十五里。東、南皆至於海，西至且末，北至五原。隋氏之盛，極於此也。

又 卷八三《西域傳・吐谷渾》 伏允懼，南遁於山谷間。其故地皆空，自西平臨羌城以西，且末以東，祁連以南，雪山以北，東西四千里，南北二千里，皆為隋有。置郡縣鎮戍，發天下輕罪徙居之。

又 卷二四《食貨志》 於是置河源郡積石鎮，又於西域之地置西海、鄯善、且末等郡，讁天下罪人，配為戍卒。

唐・杜佑《通典》卷一七二《州郡二・序目上・隋》 東西九千三百里，南北萬四千八百一十五里。東、南皆至於海，西至且末，隋氏西境，唯得今燉煌郡以東。北至五原。卽今九原郡。按隋氏北境，唯至於河。隋氏之盛，極於此矣。

《舊唐書》卷三八《地理志一》 隋氏平陳，寰區一統。【略】其地東西九千三百里，南北一萬四千八百一十五里。東、南皆際大海，西至且末，北至五原，隋氏之極盛也。

《新唐書》卷三七《地理志一》 至隋滅陳，天下始合為一。【略】其地東西九千三百里，南北一萬四千八百一十五里。東、南皆至海，西至且末，北至五原。

宋・司馬光《資治通鑑》卷一八一《隋紀五・煬皇帝上之下》（大業五年六月）吐屯設獻西域數千里之地，上大悅。癸丑，置西海、河源、鄯善、且末等郡。元胡三省注：西海郡置於伏俟城，河源郡置於赤水城，鄯善郡置於古樓蘭城，且末郡置於古且末城。酈道元曰：且末城，東去鄯善郡七百二十里。

論說

宋・李綱《梁谿集》卷一五二《迂論八・論秦隋之勢相似》 自周之衰而天下裂為戰國，至秦始皇然後幷六國而稱帝。自晉之亡而天下分為南北朝，至隋文帝然後混南北為一區。彼始皇、隋文皆有雄材大畧，過人之聰明；其所建立，又有卓然傑出于後世者。

宋・楊萬里《誠齋集》卷八八《千慮策・君道上》 隋文帝取周敗陳，以混二百年四分五裂之天下。開皇之治，漢以來僅有此爾。其賢明何如也！

宋・王應麟《通鑑地理通釋》卷二《歷代州域總敘中・隋州郡》 何氏曰：天下久分，裂而難合也，而秦、隋合之，然皆止於二世。自古亡國，無速於此，天下之業既定而猶虛用其衆也。以不仁得之，以不仁守之，必及其世，秦、隋是也。

宋・佚名《宋文選》卷三《司馬君實文・隋論》 文帝于周室非有元功厚德，素洽于人，直以天元暴崩，嗣君幼弱，姦臣矯命，徼倖得之。然明敏儉約，勤于政事，隨才任官，信賞必罰，故能取江南三百年之國，易于反掌，使天下復為一統，百姓繁庶，衣食豐衍。突厥、室韋、靺鞨、林邑、高昌、女國之屬，莫不稽顙稱臣，奉珍入貢。雖兩漢全盛之時，不能過也。

明・王禕《大事記續編》卷四八《隋煬皇帝大業五年》 六月壬子，至燕支山，西域諸國來朝獻地。癸丑，置西海、河源、鄯善、且末等郡，讁罪人戍之。

《解題》曰：燕支山即焉支山，屬涼州天寶縣。唐楊炎《燕支山神祠碑》：西北巨鎮曰燕支，本匈奴王庭。昔漢武納渾邪，置武威、張掖，而山界二郡之間，積高之勢，四向千里。按《隋書·地理志》：西海，古伏俟城，吐谷渾國都。河源，古赤水城。鄯善，古樓蘭城。且末，古且末城。《通典》：漢武帝置西海郡，在今酒泉郡肅州北千二百里。又曰：今西平郡鄯州之西，張掖甘州酒泉郡之北，隋置西海、且末、河源等郡。

唐國號與疆域分部

國號

綜述

《周書》卷五《武帝紀上》（保定四年九月丁巳）封開府李昞為唐國公。

唐·温大雅《大唐創業起居注》卷一 初，帝自衛尉卿轉右驍衛將軍，奉詔為太原道安撫大使，郡文武官治能不稱職者，並委帝黜陟選補焉。河東已来兵馬，仍令帝徵發，討捕所部盜賊。隋大業十二年，煬帝之幸樓煩時也，帝以太原黎庶，陶唐舊民，奉使安撫，不踰本封，因私喜此行，以爲天授。【略】

煬帝後十三年，敕帝為太原留守，仍遣獸唐諱虎字賁郎將王威、獸牙郎將高君雅為副。帝遂私竊喜甚，而謂第二子秦王等曰：『唐固吾國，太原即其地焉。今我來斯，是爲天與。與而不取，禍將斯及。』

又 卷三 義寧元年冬十一月甲子，少帝以帝為丞相，進封唐王，位在王公上。以武德殿為丞相府，改『教』稱『令』。萬機百度，禮樂征伐，兵馬糧仗，庶績羣官，並責成於相府。【略】

（義寧二年二月）少帝以帝功德日懋，天曆有歸，欲行禪讓之禮。乃進帝為相國，加九錫，賜殊物，加殊禮焉。【略】於是惟改丞相府為相府國，而九錫殊禮，並屬諸有司。【略】

裴寂等進見曰：『昔桀紂雖復不賢，亦各有子，未聞湯、武臣輔之。龜鏡已見，兹無所疑也。先人有言曰：「功蓋天下者不賞。」陛下欲讓至尊而為臣下，恐隋朝不然此事。且臣等，唐之將佐，茅土大位受之唐國。陛下不為唐帝，臣等應須去官。伏願深思，容臣等有地。』【略】

於是寂等再拜舞蹈，稱萬歲而出，遂與國子博士丁孝烏等數百人，具禮儀，擇良日，以武德元年，歲在戊寅，五月甲子，皇帝即位於太極前殿，設壇於長安城南，柴燎告天。冊文曰：【略】『某承家慶，世禄降祉，曰祖曰考，累功載德。賜履參墟，建侯唐舊，地居戚里，門號公宮，不緒建基，足為榮矣。【略】值鼎祚云革，天祿將移，謳歌獄訟，聿来唐邸。人神符瑞，輻湊微躬。遠近宅心，華夷請命。【略】臨軒大赦天下，改義寧三年為武德元年。』

《隋書》卷五《恭帝紀》 義寧元年十一月壬戌，上即皇帝位於大興殿。詔曰：【略】『太尉唐公，膺期作宰。』【略】甲子，以光禄大夫、大將軍、太尉唐公為假黄鉞、使持節、大都督内外諸軍事、尚書令、大丞相，進封唐王。【略】

二年春正月丁未，詔唐王劍履上殿，入朝不趨，贊拜不名，加前後羽葆、鼓吹。【略】（三月）戊辰，詔唐王備九錫之禮，加璽紱、遠遊冠、綠綟綬，位在諸侯王上。唐國置丞相已下，一依舊式。

五月乙巳朔，詔唐王冕十有二旒，建天子旌旗，出警入蹕，金根車駕，備五時副車。置旄頭雲罕車，儛八佾，設鍾虡宮懸。王后、王子、王女爵命之號，一遵舊典。

戊午，詔曰：『相國唐王，膺期命世，扶危拯溺。【略】今遵故事，遜於舊邸。庶官羣辟，改事唐朝，宜依前典，趣上尊號。』【略】是日，上遜位於大唐。

《舊唐書》卷一《高祖紀》 皇祖諱虎，後魏左僕射，封隴西郡公，與周文帝及太保李弼、大司馬獨孤信等，以功參佐命，當時稱為『八柱國家』，仍賜姓大野氏。周受禪，追封唐國公，謚曰襄。至隋文帝作相，還復本姓。【略】皇考諱昞，周安州總管、柱國大將軍，襲唐國公，謚曰仁。【略】高祖以周天和元年，生於長安。七歲，襲唐國公。【略】

（大業）十三年，為太原留守。【略】（十一月）癸亥，率百僚，備法駕，立代王侑為天子，遥尊煬帝為太上皇。大赦，改元為義寧。甲子，隋帝詔加高祖假黄鉞、使持節、大都督内外諸軍事、大丞相，進封唐王，總録萬機。以武德殿為丞相府，改『教』為『令』。【略】

（義寧二年三月）戊辰，隋帝進高祖相國，總百揆，備九錫之禮。唐國置丞相以下。【略】

五月乙巳，天子詔高祖冕十有二旒，建天子旌旗，出警入蹕。王后、王女爵命之號，一遵舊典。戊午，隋帝詔曰：【略】『相國唐王，膺期命世，扶危拯溺，自北徂南，東征西怨，致九合於諸侯，決百勝於千里，糾率夷夏，大庇甿黎，保乂朕躬，繄王是賴。德侔造化，功格蒼旻，兆庶歸心，曆數斯在。屈為人臣，載違天命。【略】今遵故事，遜于舊邸。庶官羣辟，改事唐朝。』【略】高祖辭讓，百寮上表勸進，至于再三，乃從之。隋帝遜于舊邸，改大興殿為太極殿。

甲子，高祖卽皇帝位於太極殿，命刑部尚書蕭造兼太尉告於南郊，大赦天下，改隋義寧二年為唐武德元年。

又　卷六《則天皇后紀》　（載初元年）九月九日壬午，革唐命，改國號為周。

又　卷七《中宗紀》　（神龍元年）二月甲寅，復國號，依舊為唐。

《新唐書》卷一《高祖紀》　天賜生虎，西魏時賜姓大野氏，官至太尉，與李弼等八人佐周代魏有功，皆為柱國，號『八柱國家』。周閔帝受魏禪，虎已卒，乃追録其功，封唐國公，謚曰襄。襄公生昞，襲封唐公，周安州總管，柱國大將軍，卒，謚曰仁。仁公生高祖於長安，體有三乳，性寬仁，襲封唐公。【略】

（大業）十三年，拜太原留守。【略】

十一月丙辰，克京城。【略】大赦，改元義寧。甲子，高祖入京師，至朝堂，望闕而拜。隋帝授高祖假黄鉞、使持節、大都督内外諸軍事、大丞相、録尚書事，進封唐王。以武德殿為丞相府。下教曰令，視事於虔化門。【略】

二年正月丁未，隋帝詔唐王劍履上殿，入朝不趨，贊拜不名，加前後羽葆、鼓吹。【略】

（三月）戊辰，隋帝進唐王位相國，總百揆，備九錫，唐國置丞相等官。【略】

五月乙巳，隋帝命唐王冕十有二旒，建天子旌旗，出警入蹕。【略】戊午，隋帝遜於位，以刑部尚書蕭造、司農少卿裴之隱奉皇帝璽紱於唐王，三讓乃受。

武德元年五月甲子，卽皇帝位於太極殿。命蕭造兼太尉，告於南郊，大赦，改元。

又　卷四《則天順聖皇后紀》　（載初元年九月）壬午，改國號周。

又　《中宗紀》　（神龍元年）二月甲寅，復國號唐。

宋・司馬光《資治通鑑》卷一六九《陳紀三・文帝》　（天嘉五年）九月丁巳，【略】追録佐命元功，封開府儀同三司、隴西公李昞為唐公。元胡三省注：録昞父虎佐命之功也。李氏有天下，國號曰唐，本此。

論説

唐・釋玄奘《大唐西域記》卷五《六國・羯若鞠闍國》　戒日王勞苦已，曰：『自何國來，將何所欲？』對曰：『從大唐國來，請求佛法。』王曰：『大唐國在何方？經途所亘，去斯遠近？』對曰：『當此東北數萬餘里，印度所謂摩訶至那國是也。』王曰：『嘗聞摩訶至那國有秦王天子，少而靈鑑，長而神武。昔先代喪亂，率土分崩，兵戈競起，羣生荼毒，而秦王天子早懷遠畧，興大慈悲，拯濟含識，平定海内，風教遐被，德澤遠洽，殊方異域，慕化稱臣。氓庶荷其亭育，咸歌《秦王破陣樂》。聞其雅頌，于兹久矣。盛德之譽，誠有之乎？大唐國者，豈此是耶？』對曰：『然。至那者，前王之國號；大唐者，我君之國稱。昔未襲位，謂之秦王。今已承統，稱曰天子。前代運終，羣生無主，兵戈亂起，殘害生靈。秦王天縱含弘，心發慈愍，威風鼓扇，羣凶殄滅，八方靜謐，萬國朝貢。愛育四生，敬崇三寶，薄賦斂，省刑罰，而國用有餘，氓俗無宄，風猷大化，難以備舉。』戒日王曰：『盛矣哉！彼土羣生，福感聖主。』

宋・王令《廣陵集》卷二三《過唐論》　隋文帝收前世之弊，開南北之礙，兼通而無累矣。當時亦謂能久且傳而無窮，及其勢去，日迫亡，不及議而天下已起而争。迨唐公面睨一顧，而天下之士相視以起。故李密舉東都，薛舉陷扶風，竇建德役西河，宇文化及據魏，王世充汙洛陽，李子通瀦江都，皆樹兵南面，而其他蠭起之師，蜋抗之盗所在，自名以並起而不可勝數。遠而數年，近則數月，争斧析以分天下，一跌立失據，則水火以相滅。及太宗文皇帝戈指筆奮，四面以呼，而天下震傾以歸。雖有長兵深城，皆草折卵脆碎，隨向以壞；然猶馬不輟鞍，士不替甲者，數歲而天下署平。更因餘勇，以外事四夷，故東舉遼海，西蹶高昌，北平突厥，其餘氊裘之君，鴂舌之長，皆心奪色赤，失面内而望鶩，争祈胭頓角奴，入以事朝。威德包覆，四夷無事矣，貞觀初，君臣諧熙，政事修舉，年穀屢登，民衆繁息，各安無事，刑用以稀。雖王功未成，而稱頌之臣已先太平矣，而房喬、杜如晦初猶用有為，及其才窮術殫，更迎君以入無為，以謂堯、舜適然爾。嗚呼！其亦可道哉？然愚嘗謂：後世有思貞觀而不得見者，喬、如晦適能為功；後世有思三代而不得見者，則喬、如晦亦未能無罪也。

逮高宗、中、睿之世，其亦無足道，而中間武氏女子，乃坐以唐、周運席上，則當時用人得材之何如，可知矣。及開元之間，亦號為平，而世所指以名世者，如姚崇、宋璟輩爾。是其材知，簿書成要之為務，刑名聚歛之為職，聽弊决斷之為官。是之為常俗能耳，非有公天下之志，追合古先之謀，度長計遠之思。身相時君，手運天下，而不能知有為。歲久日積，賞罰既行矣，而不能進退賢不肖。當是之時，君智不加明，朝廷不加修，天下之方聞廣識之士不加進，左右便嬖倖佞之人不加損，民之貧富不知限，兵農不知一。此同守天下而幸安者爾，庸知為相哉？及其身死之日，肉未及寒而小人滿朝，天下浸老矣，而明皇帝自若也。

及范陽之人狼顧一呼，而久安之民股慄而不及遁；向者倚忠伏用之臣，争狐兔走，以先區區西奔，求為旅人以自保而不必得。視向之荒樂怠傲，其得失如之何哉？天下方未難一日時，假人有試言其必然，則明皇亦肯動心而留聽耶？然禄山以庸奴之材，踐拔起之勢，聚險膚臺竪之謀，一朝而倒行，然猶所攻無前，所壓破壞，流毒被天下。而唐以積世之資，貞觀、開元之惠，天時美豐盛盈之餘，府庫藏積奇贏之材，扶義以起，有如靈武；而左右宣力効忠之臣，有如郭子儀、李光弼；守堅挫鋭之士，有如張廵、許遠；逆知陰料之師，備預之智，有如顔真卿；加以民思唐未厭之心，然猶所在；烏驚以散、魚爛不收者，三年而僅得以誅。則為天下計者，可不知懼耶？

宋·司馬光《資治通鑑》卷一八五《唐紀一》胡三省注　唐，古國名。陸德明曰：周成王母弟叔虞，封於唐。其地帝堯、夏禹所都之墟。漢曰太原郡。在古冀州太行、恒山之西，太原、太岳之野。李唐之先，李虎與李弼等八人佐周伐魏有功，皆為柱國，號『八柱國家』。周閔帝受魏禪，虎已卒，乃追録其功，封唐國公。生子昞，襲封。昞生淵，襲封，起兵克長安，進封唐王，遂受隋禪，國因號曰唐。

藝文

唐·顧况《華陽集》卷上《高祖皇受命造唐賦并序》　隋文帝滅陳，盪定海内；煬昏多罪，墜失先業，身滅國替；幼恭以神人非聖莫可，乃命太保蕭造奉皇璽綬，歸我高祖，高祖祖固讓。謠歌獄訟，已歸唐矣，而薛舉、王充、竇建德等陳勝倡禍，為漢作階。夫鹿臺之積，非無財也；閭左之戍，非無卒也。湯以七十里，文王以百里而臣諸侯，非有土也。隋地徧天下，二帝之業，一朝埽盡，可不謂大悲乎？吳公子札，古之達天命者。其歌《唐》，思深哉！其有陶唐氏之遺風乎！氣蒸芒碭，龍躍太原，天命也。

昔司馬相如賦《子虛》，諸侯之事，非天子之事，漢武聞之，猶曰『朕獨不得與此人同時』。班固、張衡、左太冲所賦《兩京》、《三都》，各務誇大，而王者受命，則闕而不書。蓋賦者，古詩之流。古者採詩，言之無罪。今王澤不竭，斯文未喪，翰墨間作，其誰曰不然！先王建國，始以文經，上行下效；終以武定，彊本弱枝，四方翕然，無凶人矣。故明德慎罰，文王所以造周也；應天順人，武王所以克商也。《書》曰：『帝堯聰明文思。』『帝舜濬哲文明。』斷自唐虞，洎乎周漢，帝王美稱，以文為首。我唐文德，宜在三代之上。微臣賦頌，耻居數子之下。初論隋氏顛覆，次論皇家開統，末論告厥成功，簡于上帝，鋪乎下土，播乎無窮，固非常才淺慮之所能及。意者實以祖宗光靈引耀鼓動之所致也。其辭曰：

在桓、靈之道曀兮，本小而末大，下陵而上替，君臣相失。南北歷帝，天醜隋而命唐，纂周、漢之鴻裔。大哉文王！王季其父，武王其子，父作子述，叶天命以應期。煬為不道，庶官攜貳，魚爛土崩，荒沉所致。雖曰匹夫之勇，有盜中原之意，凶貫既盈，果不保於神器。江都之禍，酷甚望夷之事。亡國之君，雖綿古而必類。王者父天母地，非所以苟其身而貪厥位。豈有男女疾痛，而父母不為之歔欷乎？此真主所以乘時而建義也，曾不一戰而得行其志。湯、武應天也，其實誓師。高祖祖受禪也，其實揖讓。猶感思以慟哭，乃立代而尊煬，仗順而升，蓋前經之所曠承。土德以播業兮，與炎靈而更王。維李其根，降居真源，洎武昭之隴胄，揚太祖之周勳，典則明融，是將貽乎子孫。

高祖皇生而豁達大度，狥齊弱而能言。神光佳氣兮，爛以氛氳；中凝白雀兮，戴紫雲。隱隱曈曈兮，始乎太原。君子得時，有如追奔。岷峨導江兮，河出崑崙。雷砰電掣，浩浩渾渾，厥波雖雄，為海所吞。《乾》健而《坤》順兮，利配《乾》而法《坤》。有何姦豪，恃險偷存？乃建皇極，鍾乎曆數。革舊鼎新兮，式閭封墓。走百神以咸秩兮，包五嶽以作固。過蒲津而川后增流兮，次霍邑而山靈告路。彼上慘下黷兮，我寬刑以薄賦。陋茅屋乎土階，遵朱干與大輅。乃有嚴更之署，環衛勾陳，文昌武庫。玉冊韜府兮，內八景之真文；金盤粲霞兮，承九天之清露。元聖有作，恢法度也。厥祖草昧，諸夏宗臣，蠻夷酋長，從德如歸。若王固讓，而天下可違乎！有社稷焉，不可闕祀；有蒸人焉，不可無主。是以木曰威仰，火曰熛怒，辰戌丑未，王我唐土。天實若曰：四海橫波，虔劉扎瘥，若王盤桓，奈天下何！

義寧二年五月甲子，高祖祖即位。木宮曰甲，水宮曰子，支干相生，成字為李。雖子卯不舉，而以是為戒。此臣子所以服泰階也。神祇叶從，龜筮攸同，乃更正朔，以刀文為開通，告于上下。予懋乃德，嘉乃丕績，若將隕于厥躬。草艾渠魁兮，罔駕英雄。拔萬姓于湯火兮，散三光於昊穹。此皇王所以職教化也。非天不應，非聖不作，造我鉅唐。在夏之興，弼成九服，經啓九道，荒厥迹之茫茫。在周之興，西至流沙，東至樂浪，

重九譯乎越裳。在漢之盛，大夏、身毒，月支、夜郎，辰韓之國，畫革傍行。未若我唐，歌其聲，舞其容，十有二部，鏡立乎中央。

唐既有土德，樂亦有臣妾。《易》曰『殷薦上帝』，又曰『行地無疆』。提封所經，聲教所被，窮天下之琛怪，截海外之梯航。逾蟠桃而跨弱水兮，蓋四十萬里；烏飛驥騄兮，鱗萃乎艅艎。不以三代為境土，七雄為富彊乎！何則？漢高祖提劍，學校興於文、景；周武載戈，頌聲作於成、康。卜代三十，延祚四百，亦謂之享國久長。與夫青牛紺幰，白馬朱鬣，報千祀於元君兮，呼萬年於太行。林邑貢能言之鳥，大宛奉汗血之馬，孰與四白鹿、四白狼乎？擒建德於武庫兮，格魏公於敖倉。耕有三十年之蓄，以備凶荒；戰有百萬衆之師，以讋戎羌。胡驕則馬銜塞草，寇虐則龍決天潢，又孰與周、漢之廣建康莊？

在歲九天之下，九地之上兮，合二九為一方，凝碧樹於洞房，送白雲於帝鄉。舞《破陣》於清廟兮，準《文始》與西廂。迎氣於東郊兮，養老於上庠。禘祫之禮，秬鬯圭瓚兮，辟雍明堂。襲蛟鑪之馥馥，疊鼉鼓之鏜鏜。羽林孤兒，青衿胄子，森琳瑯以鏘鏘。河山巨防，百二盤岡。渭水貫都兮，來天漢之湯湯，浞龍宮而捎鬼國，延苑囿而峻墉隍。騳駹騊駼，犀象乘黃。附翼之馬，骨騰肉飛，滅没陸梁。鶩出女床，鶤鷄白鷴，孔翠翱翔，縮沙磧與江湘。休徵四塞兮，花蕚連芳；大容揮絃兮，子晉吹簧；飛廉馳道兮，河鼓服箱。雍門韓娥，流徵叩商，徹歌鐘於未央，校羽獵於長楊。

升平既久，兵設不防，倏自燕垂，陷乎洛陽，雲雷遘難，金火耀芒。上帝之哀下人兮，生魂魄而起膏肓。肅宗龍飛，日出鳳翔兮，四誅犬羊。代宗赫怒兮，草被嚴霜。復九廟之郊禋，三辰忽乎暐煌。扶已橈之厚棟，紉既絶之頹綱。然一胡作亂，四海犇亡，父習乎勇，母抱其子，乘城看戰，電埽八荒。天下大定，朝廷無事，帝端拱于穆清，呀溟渤以為池兮，拓宇宙以為城，務子來之經營。乃有棟宇之盛。碔砆礵砬，刻桷雕楹，甲乙於方中兮，勢夭矯而上征。東西兩京，岳立雲峙，宮室相望，八百餘里。雖千數萬名，猶未盡也。翼翼峩峩，重關四塞，抵昆明而瞰太液，象蓬壺之廣大；践泰華而節終南，抱周、秦之襟帶。於是偃師偶人，郢匠朽墁之輩，工發藻繪，情生眄睞，式瞻魄駭，爰處體怵。乃有興服之飾，

鏤轂錯衡，霓旌羽蓋。紋窗繡戶，窅玲瓏以相對；明月夜光，煥合影乎其內。青琴素女，間木難之首飾，響結綠之腰珮，嗟神人之叶和，感雨露之霶霈。

職貢隘入，舟車溢載，馮夷、陽侯既降於英靈，木魅、山鬼不勞乎祈賽。于時太府太倉，粟腐繒敗。荔枝、橘柚、魚鹽，惟錯之蓊隘。幽明黜陟，輕重約法之殿最，重二百年天下。九百餘萬戶，六千三百萬口，傜輕斂寡，國富家肥。砢硪巀嵲，硠硠磕磕兮；沸渭駁沓，訇訇噦噦兮；亘地蟠天，來朝會兮。天子於是乎班瑞等威，卑其君長，降為牧守。宸衿恢張，以天地之無外，一萬二千年為一紀，三萬六千年為一代。

古者登泰山七十二君，兩漢踵武，亭亭云云，八百餘年，寂寥無聞。我唐傳祚已來，革隋一，封岱二，克復三，除凶四五。將發三門，備南正司天，北正司地，勾測影於北至，建相風於南寺。太微太乙，金版玉笥。逮夫淹中闕里之類，蓋三十萬卷，傾古今之文字，振古以來，未之有也。其事始於武德，成於貞觀，興於開元、天寶之間。唐虞夏殷之世，不足多也。然則天子四海為家，六合為都，方明參乘，昌寓為御。三載考績，五載一巡狩，觀萬國之有無。禹會會稽，舜遊蒼梧，曰『徯予后，后來其蘇！』天子於是命有司，興農圃，廢土木，放女謁，斥讒夫。臣拜手稽首陳厥謨，康哉良哉，耻其君不及唐虞。

雜録

宋·江少虞《宋朝事實類苑》卷七七《南蕃呼中國為唐》　太宗洎明皇，擒中天竺王，取龜茲為四鎮，以至城郭諸國，皆列為郡縣。至今廣州胡人，呼中國為唐家，華言為唐言。《倦遊録》

宋·程大昌《考古編》卷三《詩論十四》　後世事有類此者。中國有事於北方，惟漢人為力，故中國已不為漢而北方猶指中國為漢。唐人用事於西，故羌人至今尚以中國為唐。從其稱謂熟者言之。古今人情，不甚相遠也。

宋·朱彧《萍洲可談》卷二　漢威令行於西北，故西北呼中國為漢；唐威令行於東南，故蠻夷呼中國為唐。崇寧間，臣僚上言：外國指中國為唐、漢，形於文書，乞並改為宋，謂如用唐裝、漢法之類。詔從之。余竊謂未宜，不若改作『華字』。八荒之內，莫不臣妾，特有華夷之異爾。

北人過海外，是歲不還者，謂之住蕃。諸國人至廣州，是歲不歸者，謂之住唐。

元·周達觀《真臘風土記·欲得唐貨》　其地想不出金銀，以唐人金銀為第一。

元·汪大淵《島夷誌畧·三島》　男子嘗附船至泉州經紀，罄其資囊，以文其身。既歸其國，則國人以尊長之禮待之，延之上座，雖父老亦不得與爭焉。習俗以其至唐，故貴之也。

明·馬歡《瀛涯勝覽·爪哇國》　國有三等人：一等回回人，皆是西番各國為商，流落此地，衣食諸事皆清致。一等唐人，皆是廣東、漳、泉等處人，竄居此地，食用亦美潔，多有從回回教門受戒持齋者。

清·王士禎《池北偶談》卷二一《漢人唐人秦人》　昔予在禮部，見四譯進貢之使，或謂中國為漢人，或曰唐人。謂唐人者，如荷蘭、暹羅諸國，蓋自唐始通中國，故相沿云爾。馬永卿引《西域傳》言：『秦人，我丐若馬。』注：『謂中國人為秦人。』各以通中國時為稱，古今不易也。

清·納蘭容若《淥水亭雜識》卷一　日本，唐時始有人往彼而留居者，謂之『大唐街』，今且長十里矣。

《明史》卷三二四《外國傳五·真臘》　番人殺唐人罪死，唐人殺番人則罰金，無金則鬻身贖罪。唐人者，諸番呼華人之稱也，凡海外諸國盡然。

清·郝玉麟等［雍正］《廣東通志》卷五八《外番志》　南徼以外，呼內地人曰唐。或曰唐，李唐也。唐之威，尚已。

清·志剛《初使泰西記》卷一　金山為各國貿易總匯之區，中國廣東人來此貿易者，不下數萬。行店房宇，悉租自洋人，因而外國人呼之為『唐人街』。建立會館六處。

疆域

綜述

唐·杜佑《通典》卷一七二《州郡二·序目下·大唐》 其地東至安東都護府，西至安西都護府，南至日南郡，北至單于都護府。南北如前漢之盛，東則不及，西則過之。漢之東境有樂浪郡，西境有燉煌郡。今東極安東府，則漢遼東郡也。其漢之玄菟、樂浪二郡，並在遼東郡之東，今悉為東夷之地矣。今西極安西府，其伊吾、交河、北庭、安西，則漢代戎胡所據，皆未得而詳。

《舊唐書》卷三八《地理志一》 （貞觀）自北殄突厥頡利，西平高昌，北踰陰山，西抵大漠，其地東極海，西至焉耆，南盡林州南境，北接薛延陁界。凡東西九千五百一十里，南北萬六千九百一十八里。高宗時，平高麗、百濟，遼海已東皆為州。俄而復叛，不入提封。【略】

唐土東至安東府，西至安西府，南至日南郡，北至單于府。南北如前漢之盛，東則不及，西則過之。漢地東至樂浪、玄菟，今高麗、渤海是也。今在遼東，非唐土也。漢境西至燉煌郡，今沙州是唐土，又龜茲，是西過漢之盛也。

《新唐書》卷三七《地理志一》 然舉唐之盛時，開元、天寶之際，東至安東，西至安西，南至日南，北至單于府。蓋南北如漢之盛，東不及而西過之。

論說

宋·章如愚《羣書考索續集》卷四八《輿地門·漢唐疆域》 漢初匈奴鼎盛，盡盜河南地，白羊、樓煩舉為虜庭，去長安纔七百里，飛騎旦夕可至，其邊防至隘也。逮及世宗，大攘胡越，浮西河，絕大幕，封狼居山，禪烏姑衍，以臨瀚海，盡奪陰山千里肥美之地，匈奴王庭反為漢之内封，又何其廣也！唐初遠事西域，列波斯以東為八十八州，遠者去長安萬五千里。計其道里之中，建安西都護府，調唐兵鎮守焉。其邊防至廣也。

明·湛若水《格物通》卷九〇《省國費三》 臣若水通曰：自古疆域之廣，莫過於唐。至開元時，海内安富，行萬里者不持寸兵，供億不煩，可謂盛矣。使帝清心寡慾，不至侈費而後人繼之，唐雖至今猶存，可也。

清·永瑢等《歷代職官表》卷七一《藩屬各官表·唐》 謹案：唐自太宗平突厥，西北諸番及蠻夷稍稍内屬，即其部落建號設官，版籍貢賦不上於戶部，聲教所暨，皆邊州都督都護所領。自漢以來，外藩服屬，此為最盛。西域自魏晉以後，頗通貢獻，然不過數國。蠕蠕盛時，則屬於蠕蠕。突厥既興，多屬於突厥。唐自突厥既平，北庭帖然，西域亦皆平定。高昌、伊吾等既皆列為郡縣，復開四鎮，置都護，而史、米、何、石、吐火羅諸國，漢時為康居、大夏、條支、及罽賓、大秦地不屬都護者，亦皆通朝貢，受爵命，故史謂唐之疆域，視漢盛時，東不及而西則過之也。

五代國號與疆域分部

綜述

《新五代史》卷六〇《職方考》 唐自中世多故矣，其興衰救難，常倚鎮兵扶持，而侵淩亂亡，亦終以此。豈其利害之理然歟？自僖、昭以來，日益割裂。梁初，天下別爲十一國，南有吳、浙、荆、湖、閩、漢，西有岐、蜀，北有燕、晉，而朱氏所有七十八州以爲梁。莊宗初起并、代，取幽、滄，有州三十五，其後又取梁魏、博等十有六州，合五十一州以滅梁。岐王稱臣，又得其州七。同光破蜀，已而復失，惟得秦、鳳、階、成四州，而營、平二州陷於契丹，其增置之州一，合一百二十三州以爲唐。石氏入立，獻十有六州於契丹，而得蜀金州，又增置之州一，合百九州以爲晉。劉氏之初，秦、鳳、階、成復入於蜀，隱帝時增置之州一，合一百六州以爲漢。郭氏代漢，十州入于劉旻，世宗取秦、鳳、階、成、瀛、莫及淮南十四州，又增置之州五而廢者三，合一百一十八州以爲周。

宋・徐無黨《新五代史・目録》注　凡諸國名號，《梁本紀》自封梁王以後始稱梁，《唐本紀》自封晉王以後始稱晉，自建國號唐以後始稱唐，各從其實也。自傳而下，於未封王建國之前，或稱梁、稱晉、稱唐者，史官從後而追書也。唐嘗稱晉，而石敬瑭又稱晉，李昪又稱唐；劉龑已稱漢，而劉旻又稱漢；王建已稱蜀，而孟知祥又稱蜀。石晉自爲一代，不待別而可知；唐、漢、蜀則加東、南、前、後，以別其世家。梁初嘗封沛、東平，南唐初嘗稱齊，三號當時已不顯著，故皆略而不道。五代亂世，名號交雜而不常，史家撰述，隨事爲文，要於理通事見而已，覽者得以詳焉。

後梁國號與疆域

《舊五代史》卷三《梁書・太祖紀三》（開平元年四月）戊辰，即位。制曰：王者受命於天，光宅四海，祇事上帝，寵綏下民。革故鼎新，諒曆數而先定；創業垂統，知圖籙以無差。神器所歸，祥符合應。是以三正互用，五運相生，前朝道消，中原政散，瞻烏莫定，失鹿難追。朕經緯風雷，沐浴霜露，四征七伐，垂三十年，糾合齊盟，翼戴唐室。隨山刊木，罔憚胼胝；投袂揮戈，不遑寢處。洎玄穹之所贊，知唐運之不興，莫諧輔漢之謀，徒罄事殷之禮。唐主知英華已竭，算祀有終，釋龜鼎以如遺，推劍紱而相授。朕懼德弗嗣，執謙允恭，避駿命於南河，眷清風於潁水。而乃列嶽羣後，盈廷庶官，東西南北之人，斑白緇黃之衆，謂朕功蓋上下，澤被幽深，宜應天以順時，俾化家而爲國。拒彼億兆，至於再三。且曰七政已齊，萬幾難曠。勉遵令典，爰正鴻名，告天地神祇，建宗廟社稷。顧惟涼德，曷副樂推，慄若履冰，懍如馭朽。金行啓祚，玉曆建元，方弘經始之規，宜布惟新之令。可改唐天祐四年爲開平元年，國號大梁。

又　卷二六《唐書・武皇紀下》（天祐四年）四月，天子禪位於汴帥，奉天子爲濟陰王，改元爲開平，國號大梁。

宋・陶岳《五代史補》卷一《梁・太祖應讖》　太祖朱全忠，黃巢之先鋒。巢入長安，以刺史王鐸圍同州，太祖遂降，鐸承制拜同州刺史。黃巢滅，淮、蔡間秦宗權復盛，朝廷以淮、蔡與汴州相接，太祖汴人，必究其能否，遂移授宣武軍節度使，以討宗權，未幾滅之。自是威福由己，朝廷不能制，遂有天下。

宋・司馬光《資治通鑑》卷二六六《後梁紀一》（開平元年四月）壬戌，梁王更名晃。【略】乙丑，命有司告天地、宗廟、社稷。丁卯，遣使宣諭州、鎮。戊辰，大赦，改元，國號大梁。奉唐昭宣帝爲濟陰王，皆如前代故事。

宋・司馬光《資治通鑑》卷二六六《後梁紀一》胡三省注　朱氏本碭山人。碭山，戰國時屬梁地。太祖以宣武節度使創業，宣武軍治汴州，古大梁也；寖益強盛，進封梁王，國遂號曰梁。《通鑑》以前紀已有蕭梁，故此稱曰後梁。

後唐國號與疆域

《舊五代史》卷二九《唐書・莊宗紀三》（同光元年三月）築即位壇于魏州牙城之南。夏四月己巳，帝昇壇，祭告昊天上帝，遂即皇帝位，文武臣寮稱賀。【略】是時所管節度一十三，州五十。

《新五代史》卷五《唐紀・莊宗下》（同光元年）夏四月己巳，皇帝即位，大赦，改元，國號唐。

宋・司馬光《資治通鑑》卷二七二《後唐紀一》（同光元年三月）晉王築壇於魏州牙城之南。夏四月己巳，升壇，祭告上帝，遂即皇帝位，國號大唐。【略】時唐國所有，凡十三節度、五十州。

宋・司馬光《資治通鑑》卷二七二《後唐紀一》胡三省注　晉王李克用始封於晉，存勗嗣封，及即大位，自以繼唐有天下，國遂號曰唐。《通鑑》曰後唐，以別長安之唐。

後晉國號與疆域

《舊五代史》卷四八《唐書・末帝紀下》（清泰三年閏十一月）丁卯，戎王立石敬瑭爲大晉皇帝，約爲父子之國，改元爲天福。

又　卷七五《晉書・高祖紀一》（清泰三年）十一月，戎王會帝於營，謂帝曰：『我三千里赴義，事須必成。觀爾體貌恢廓，識量深遠，真國主也。天命有屬，時不可失，欲徇蕃漢羣議，册爾爲天子。』帝飾讓久之。既而諸軍勸請相繼，乃命築壇於晉陽城南，册立爲大晉皇帝，戎王自解衣冠授焉。文曰：『維天顯九年歲次丙申十一月丙戌朔，十二日丁酉，大契丹皇帝若曰：於戲！元氣肇開，樹之以君；天命不恒，人輔以德。故商政衰而周道盛，秦德亂而漢圖昌，人事天心，古今靡異。咨爾子晉王，神鍾睿哲，天贊英雄，葉夢日以儲祥，應澄河而啓運。迨事數帝，歷試諸艱。武略文經，迺由天縱；忠規孝節，固自生知。猥以眇躬，奄有北土，暨明宗之享國也，與我先哲王保奉明契，所期子孫順承，患難相濟，丹書未泯，白日難欺，顧予纂承，匪敢失墜。爾惟近戚，實系本枝，所以余視爾若子，爾待予猶父也。朕昨以獨夫從珂，本非公族，竊據寶圖，棄義忘恩，逆天暴物，誅剪骨肉，離間忠良，聽任矯諛，威虐黎獻，華夷震悚，内外崩離。知爾無辜，爲彼致害，敢徵衆旅，來逼嚴城，雖併吞之志甚堅，而幽顯之情何負，達於聞聽，深激憤驚。乃命興師，爲爾除患，親提萬旅，遠殄羣凶，但赴急難，罔辭艱險。果見神祇助順，卿士葉謀，旗一麾而棄甲平山，鼓三作而殭屍徧野。雖以遂予本志，快彼羣心，將期稅駕金河，班師玉塞。矧今中原無主，四海未寧，茫茫生民，若墜塗炭。況萬幾不可以暫廢，大寶不可以久虚，拯溺救焚，當在此日。爾有庇民之德，格於上下；爾有戡難之勳，光于區宇；爾有無私之行，通乎神明；爾有不言之信，彰乎兆庶。予懋乃德，嘉乃丕績，天之曆數在爾躬，是用命爾，當踐皇極。仍以爾自兹並土，首建義旂，宜以國號曰晉，朕永與爲父子之邦，保山河之誓。於戲！補百王之闕禮，行兹盛典；成千載之大義，遂我初心。爾其永保兆民，勉持一德，慎乃有位，允執厥中，亦惟無疆之休，其誡之哉！』禮畢，帝鼓吹導從而歸。

始，梁開國之歲，即前唐天祐四年也，潞州行營使李思安奏：『壺關縣庶穰鄉鄉人伐樹，樹倒自分兩片，内有六字如左書，云「天十四載石進」。』梁祖令藏於武庫，然莫詳其義。至帝即位，識者曰：『「天」字取「四」字中兩畫加之於傍，則「丙」字也，「四」字去中之兩畫，加十字，則「申」字也。』帝即位之年乃丙申也。又《易》云：『晉者，進也。』國號大晉，皆符契焉。

《新五代史》卷八《晉紀・高祖》 （天福元年）九月，契丹耶律德光入自雁門，與唐兵戰，敬達大敗。敬瑭夜出北門見耶律德光，約爲父子。【略】

十一月丁酉，皇帝即位，國號晉。以幽、涿、薊、檀、順、瀛、莫、蔚、朔、雲、應、新、嬀、儒、武、寰州入於契丹。己亥，大赦，改元。

宋・司馬光《資治通鑑》卷二八〇《後晉紀一》胡三省注 石氏自代北從晉王起太原，既又以太原起事而得中原；太原治晉陽，契丹遂以晉命之，故國號爲晉。

後漢國號與疆域

《舊五代史》卷一〇〇《漢書・高祖紀下》 （天福十二年六月）戊辰制，大赦天下。【略】宜以國號為大漢，年號依舊稱天福云。

宋・王欽若等《册府元龜》卷九五《帝王部・赦宥第十四》 （天福十二年）六月甲子，至東京。戊辰，赦曰：『王者興膏雨之師，所以蕩瑕穢；下哀痛之詔，所以弔傷夷。朕頃自晉朝，俾乂并土，屬戎夷兆亂，致干戈日尋。每懷如燬之憂，常竭扶顛之力。旋以金行失馭，天驕縱暴，北陷河塞，南踰官渡，盜據宮闕，凌辱衣冠，蹂踐我京畿，虔劉我生聚。田不易壠，人不聊生，干戈布於四郊，鋒鏑聞於千里。人既思主，朕實疚心，遂乃建彼義旗，整斯戎輅，雪萬民之枉抑，期九土之和平。【略】朕以肇興寶曆，克嗣炎精，遐追雍、雒之宏規，仰仗高光之盛烈，其國號宜改為大漢。』

《新五代史》卷一〇《漢紀・高祖》 （開運四年）二月戊辰，河東行軍司馬張彦威等上牋勸進。辛未，皇帝即位，稱天福十二年。【略】（六月）甲子，至自太原。戊辰，改國號漢，赦罪人，蠲民稅。

宋・司馬光《資治通鑑》卷二八六《後漢紀一》胡三省注 高祖本沙陀部人，居於太原。及得中國，自以姓劉，遂言爲東漢顯宗第八子淮陽王昞之後，國號曰漢。《通鑑》以前已有《漢紀》，此以《後漢紀》書之。

《遼史》卷四《太宗紀下》 （大同元年二月）辛未，河東節度使、北平王劉知遠自立爲帝，國號漢。

後周國號與疆域

《舊五代史》卷一一〇《周書・太祖紀一》 廣順元年春正月丁卯，

【略】帝自皋門入大內，御崇元殿，即皇帝位。制曰：自古受命之君，興邦建統，莫不上符天意，下順人心。是以夏德既衰，爰啓有商之祚；炎風不競，肇開皇魏之基。朕早事前朝，久居重位。受遺輔政，敢忘伊、霍之忠；仗鉞臨戎，復委韓、彭之任。匪躬盡瘁，焦思勞心，討叛涣於河、潼，張聲援於岐、雍，竟平大憝，粗立微勞。纔旋旆於關西，尋統兵於河朔，訓齊師旅，固護邊陲，只將身許國家，不以賊遺君父。外憂少息，內患俄生，羣小連謀，大臣遇害，棟樑既壞，社稷將傾。朕方在藩維，以遭讒搆。逃一生於萬死，徑赴闕庭；梟四罪於九衢，幸安區宇。將延漢祚，擇立劉宗，徵命已行，軍情忽變。朕以衆庶所逼，逃避無由，扶擁至京，尊戴爲主。重以中外勸進，方嶽推崇，僶俛雖順於羣心，臨御實慚於涼德。改元建號，祇率於舊章；革故鼎新，宜覃於霈澤。朕本姬室之遠裔，虢叔之後昆，積慶累功，格天光表，盛德既延於百世，大命復集於眇躬，今建國宜以大周爲號，可改漢乾祐四年爲廣順元年。

《新五代史》卷一一《周紀·太祖》　廣順元年春正月丁卯，皇帝即位，大赦，改元，國號周。

宋·司馬光《資治通鑑》卷二九〇《後周紀一》　廣順元年春正月丁卯，漢太后下誥，授監國符寶，即皇帝位。監國自皋門入宮，即位於崇元殿，制曰：『朕周室之裔，虢叔之後，國號宜曰周。』改元，大赦。

宋·司馬光《資治通鑑》卷二九〇《後周紀一》胡三省注　周自以爲周虢叔之後，春秋、戰國之世，傳記謂虢叔之後有國者爲虢公，後謂之郭公。虢、郭音相近也。虞大夫宮之奇曰：虢仲、虢叔，王季之穆也。郭之得姓本於周，故建國號曰周，《通鑑》因謂之後周。

十國國號與疆域分部

綜述

宋·王欽若等《册府元龜》卷二一九《僭偽部·總序》　夫餘分為閏，既異夫居正之統；王綱失紐，或有乎僭命之號。斯盍豪傑竊起，以蓄乎覬覦；强弱相凌，分據乎土宇。雖政令之自出，非運序之所繫。【略】以至唐室之季，王度交喪，禮樂征伐不出於朝廷，山河疆理遂分於土壤。王審知跨據山海，裂五郡而為閩。王建憑恃巖險，包三川而為蜀。楊行密宅淮海之壤，擅魚鹽之富，建號而稱吳。劉陟總百越之衆，通珠貝之利，開國而為漢。其後孟知祥因同光之難，憑二劍之固，僭尊名而為後蜀。李昪承吳人之業，保重江之阻，冒舊服而為唐。劉崇以漢室之亡，托於宗胄，仍厥位號，保於太原。而吳、唐、二蜀，繼守其宇；七閩之亂，厥土三分。顯德之世，尚餘四國。皇朝受命，始平井絡，旋殄五嶺，後克江表，三晉遺孽，再駕而服，混一區內，以致太平。

《新五代史》卷六〇《職方考》　其餘外屬者，强弱相并不常，其得失至於周末，閩已先亡，而在者七國。自江以南二十一州為南唐，自劍以南及山南西道四十六州為蜀，自湖南北十州為楚，自浙東西十三州為吳越，自嶺南北四十七州為南漢，自太原以北十州為東漢，而荆、歸、峽三州為南平。

又　卷六一《十國世家·吳世家》　嗚呼！自唐失其政，天下乘時，黥髡盜販，衮冕峩巍。吳暨南唐，姦豪竊攘。蜀險而富，漢險而貧，貧能自彊，富者先亡。閩陋荆蹙，楚開蠻服。剥剽弗堪，吳越其尤。牢牲視人，嶺蜑遭劉。百年之間，並起爭雄，山川亦絶，風氣不通。語曰：清風興，羣陰伏，日月出，爝火息，故眞人作而天下同。作《十國世家》。

清·吳任臣《十國春秋》卷一一一《十國地理表上》　五代時輿圖

剖裂，諸國各霸偏方，務相雄長。自江淮以南諸州為吳，而南唐因之。領浙東西十三州、一軍為吳越。併東西兩川以及山南西道為前、後蜀。越湖以南數州為楚。逾嶺南，連東西為南漢。跨太原以北諸州為北漢。割江陵府，洎歸、陝二州為荆南。據七閩以抗衡列國為閩。地偪則虎眡蛑張，國多則蟬聯蠶食，其大較然也。

前蜀國號與疆域

《舊五代史》卷一三六《僭僞傳・王建》　及梁祖開國，蜀人請建行劉備故事，建自帝於成都，改元永平。

宋・勾延慶《錦里耆舊傳》卷一　天復元年封蜀王。【略】七年秋九月，文武勸進，羣議云云。蜀主即皇帝位，改唐天復七年為武成元年，郊祀天地，大赦境內。赦文曰：【略】『自唐朝運改，土德數終，初乃召寇以纏兵，竟至遷都而滅國。賢良塗炭，朝市丘墟。生人既失其所天，大事須歸於有土。遂至蠻夷瀝款，士庶傾心，謂蜀都同章武之時，兼漢嗣絶山陽之號，共陳天命，屬在朕躬。一從踐位以來，倍軫臨深之懼。每念生民塗炭，刑政猶繁，因告類於穹旻，合流恩於屬縣。紀年定曆，既正鴻名；布澤行春，式和均氣。可大赦天下，改唐天復八年為大蜀武成元年。【略】朕自援旗誓衆，仗鉞平戎，廓定封疆，安保生聚，克成帝業，實用武功。每思將師之勞，宜獎初終之効。其在城及東川、山南、武定、武信、武泰等道并兩路前軍諸鎮都頭、節級將士等，一時即位日，雖已各有頒賜，既經大禮，更示殊恩。應都兵知馬使已下至節級官健，今有優給，各有等第處分。』

《新五代史》卷六三《前蜀世家・王建》　（天復）三年八月，唐封建蜀王。【略】七年，梁滅唐，遣使者諭建，建拒而不納。【略】秋九月己亥，建乃即皇帝位。【略】梁太祖崩，建遣將作監李紘弔之，遂刻其印，文曰『大蜀入梁之印』。

宋・張唐英《蜀檮杌》卷上　（光化三年）八月，封建司徒蜀王。【略】七年，全忠篡位，改元開平。巨人見青城山，鳳皇見萬歲縣，左右勸進，三遜而後從。九月，僭即偽位，號大蜀，改元武成。

後蜀國號與疆域

《舊五代史》卷一三六《僭僞傳・孟知祥》　知祥在後唐莊宗同光三年，授西川節度副大使，知節度事。【略】其後朝廷每除劍南牧守，皆令提兵而往，或千或百，分守郡城。時董璋作鎮東川已數年矣，亦有雄據之意。會朝廷以夏魯奇鎮遂州，李仁矩鎮閬州，皆領兵數千人赴鎮，復授以密旨，令制御兩川。董璋覺之，乃與知祥通好，結爲婚家，以固輔車之勢。知祥慮唐軍驟至，與遂、閬兵合，則勢不可支吾，遂與璋協謀，令璋以本部軍先取閬州，知祥遣大將軍李仁罕、趙廷隱率軍圍遂州。長興元年冬，唐軍伐蜀，至劍門。二年，以遂、閬既陷，又糧運不接，乃班師。三年，知祥又破董璋，乃自領東、西兩川節度使。應順元年，以劍南東西川節度使、蜀王稱帝於蜀，改元明德。

宋・王溥《五代會要》卷一一《封建》　（後唐）長興四年二月，封東西兩川節度使孟知祥爲蜀王。

《新五代史》卷六四《後蜀世家・孟知祥》　（長興）四年二月癸亥，制以知祥檢校太尉兼中書令，行成都尹、劍南東西兩川節度，管內觀察處置、統押近界諸蠻、兼西山八國雲南安撫制置等使。遣工部尚書盧文紀册封知祥爲蜀王，而趙季良等五人皆拜節度使。唐兵先在蜀者數萬人，知祥皆厚給其衣食，因請送其家屬，明宗詔諭不許。十一月，明宗崩。明年閏正月，知祥乃即皇帝位，國號蜀。

宋・曾鞏《隆平集》卷一二《偽國》　西蜀孟昶，其先太原人。父知祥，尚唐莊宗妹。莊宗遣郭崇韜、魏王繼岌平王衍，以知祥為成都尹，充節度副使。【略】莊宗及禍，明宗為送公主并二子入蜀。【略】朝廷即付以兩川，封為蜀王，許行墨制。明宗崩，即僭號，盡得王氏故地。【略】計知祥割據至昶失國，凡三十二年。

宋・張唐英《蜀檮杌》卷下　長興元年二月南郊，知祥加中書令。【略】六月，進封蜀王。（五年）閏正月二十八日，遂僭即位。【略】遣宗使持書至洛，稱大蜀皇帝。

宋・王稱《東都事略》卷二三《孟昶傳》　明宗以兩川授知祥，封爲蜀王，許行墨制。明宗崩，遂僭位，國號蜀，改元曰明德，於是盡有王氏故地。

吳國號與疆域

《舊唐書》卷二〇上《昭宗紀》　（乾寧四年十月）朱全忠遣其將權徐州兵馬留後龐師古、兗州留後葛從周率兗、鄆、曹、濮、徐、宿、滑等兵士七萬渡淮討楊行密。【略】十一月壬申朔。癸酉，淮南大將朱瑾潛出舟師襲汴軍於清口，龐師古舉軍皆没，師古被執。時葛從周自霍丘渡淮，至濠州，聞師古敗，乃退軍，信宿至渒河，方渡而朱瑾至。是日殺傷溺死殆盡，還者不滿千人，唯牛存節一軍先渡獲免。比至潁州，大雪寒凍，死者十五六。自古喪師之甚，無如此也。由是行密據有江、淮之間。

《舊五代史》卷一三四《僭僞傳・楊渭》　渭，渥之弟也。既立，政事咸委於徐温。時温爲鎮海軍節度、内外馬步軍都指揮使，乃於上元縣置昇州，盛開幕府，自握兵柄於上流，其子知訓等於揚州居以秉政，凡十餘年。温乃册渭爲天子，國號大吳，改唐天祐十六年爲武義元年。

南唐國號與疆域

《舊五代史》卷一三三《僭僞傳・李昪》　僞吳天祚三年，楊溥遜位於昪，國號大齊，改元爲昪元，建都於金陵，時晉氏天福二年也。昪乃册楊溥爲讓皇，其册文曰：『受禪老臣知誥，謹上册皇帝爲高思元弘古讓皇云。』仍以其子遙領平盧軍節度使，遷於海陵。

昪自云唐玄宗第六子永王璘之裔。唐天寶末，安禄山連陷兩京，玄宗幸蜀，詔以璘爲山南、嶺南、黔中、江南四道節度採訪等使。璘至廣陵，大募兵甲，有窺圖江左之意，後爲官軍所敗，死於大庾嶺北，故昪指之以爲遠祖。因還姓李氏，始改名昪，國號大唐。

宋・陶岳《五代史補》卷三《晉・李昪得江南》　李昪本爲徐温所養，温殺張鎬，權出於己，自稱大丞相、中書令、都統。【略】昪善於撫御，内外之心翕然而歸之。故徐温卒未幾，而江南遂爲昪所有。先是，江南童謠云：『東海鯉魚飛上天。』東海卽徐之望也，李者鯉也，蓋言李昪一旦自温家起而爲君爾。

宋・鄭文寶《江表志》卷一　南唐高祖姓李，諱知誥。【略】吳帝加以九錫，封齊王。丙申年，執政者欲盡楊氏一朝然後受禪，烈祖不可，遂以國稱唐，改元昪元。更姓李氏，名昪。追尊四廟。

《新五代史》卷六二《南唐世家・李昪》　李昪字正倫，徐州人也。【略】冒姓徐氏，名知誥。【略】天祚三年，建齊國，置宗廟社稷。【略】十月，溥遣攝太尉楊璘傳位於昪，國號齊，改元昪元。【略】

徐氏諸子謂昪復姓，昪謙抑不敢忘徐氏恩，下其議百官，百官皆請，然後復姓李氏，改名曰昪。自言唐憲宗子建王恪生超，超生志，爲徐州判司；志生榮。乃自以爲建王四世孫，改國號曰唐。

宋・曾鞏《隆平集》卷一二《偽國》　南唐李煜，字重光。其祖昪，偽吳將徐温之養子，冒徐姓，名知誥。後唐長興中，專吳政，為太尉，以子景為平章事。昪天福間，遂僭稱帝，國號齊，復李姓，因改為唐，都金陵。七年而死，景嗣。【略】景據江淮三十年，國力富盛，潛有窺神器之意，聞世宗克揚州始懼，而盡割淮南地，歲餘盡去僭號。【略】自昪至煜三主，共三十九年而失國。

宋・馬令《南唐書》卷一《先主》　土運中圮，諸侯跋扈，基搆自吳，紹于唐祚。作先主書。【略】

（天祚三年）冬十月，受吳禪。攝太尉楊璘奉上皇帝璽綬，國號大齊，改元昪元。策吳主曰：『受禪老臣知誥謹上策皇帝為高尚思玄弘古讓皇帝。』【略】

（昪元二年四月）徐氏諸子屢請帝復姓，帝謙抑，不忍忘徐氏恩，下其議百官，百官皆請，乃復姓李，改名昪，國號大唐。遂考服屬，當吳王恪後，建唐廟，祀高祖、太宗以下，如唐舊典。

又　卷三〇《建國譜》　嗚呼！唐之盛時，制天下為十道，統之以都督，而遐荒四達，合為一家。中世多故，始立方鎮，大者連城十數，小者猶兼三四。雖稟爵命，而其勢以分。僖、昭之世，則又甚焉。盜酋强卒，相與為亂，而一旦破城殺帥者，即以其鎮予之。于是下竊土地，上要封冊，終以亡唐。而大者稱帝，小者稱王。故自江以南，昪、潤、常、歙、宣、鄂、池、饒、信、江、洪、撫、袁、吉、虔一十五州；自江以北，楊、楚、泗、和、滁、光、黄、舒、蘄、廬、壽、海、濠一十三州，合二十八州，楊行密專據以建吳國，南唐因之，置泰州、筠州，又取汀、建、漳、泉四州，復置劍州，共三十五州之地，號為大國。迨乎顯德，世宗出師而遂取淮南一十四州，南唐君臣相顧，猶懼其不免，乃奉表稱貢，趨走不暇，削國降號，何其速哉！大抵僭服興亡，不在于强梗庸懦，而在乎世之治亂。世苟治矣，偏據之國雖大必亡。逮德下衰，一夫倡亂，遂為敵國。為天下者，可不戒哉！可不戒哉！

吳越國號與疆域

《舊五代史》卷一三三《世襲傳·錢鏐》　錢鏐，杭州臨安縣人。【略】

乾寧四年，鏐率浙西將士破越州，擒昌以獻，朝廷嘉其功，賜鏐鐵券，又除宰臣王溥爲威勝軍節度使。而兩浙士庶拜章，請以鏐兼杭、越二鎮，朝廷不能制，因而授之，改威勝軍爲鎮東，鏐乃兼鎮海、鎮東兩藩節制。鏐既兼兩鎮，精兵三萬，而楊行密連歲興戎，攻蘇、湖、潤等州，欲兼併兩浙，累爲鏐所敗，亦爲行密侵盜數州，而鏐所部，止一十三州而已。【略】

鏐於唐昭宗朝，位至太師、中書令、本郡王，食邑二萬戶。梁祖革命，以鏐爲尚父、吳越國王。梁末帝時，加諸道兵馬元帥。同光中，爲天下兵馬都元帥、尚父、守尚書令，封吳越國王，賜玉冊、金印。【略】鏐乃以鎮海、鎮東軍節度使名目授其子元瓘，自稱吳越國王，命所居曰宮殿，府署曰朝廷，其參佐稱臣，僭大朝百僚之號，但不改年號而已。僞行制冊，加封爵於新羅、渤海，海中夷落亦皆遣使行封冊焉。

宋·王溥《五代會要》卷一一《封建》　（梁開平元年）五月，封【略】兩浙節度使錢鏐爲吳越王。

（後唐長興四年）七月，進封兩浙節度使錢元瓘爲吳王。

（應順元年五月）追封兩浙節度使錢元瓘爲吳王。

晉天福（二年）十一月，進封兩浙節度使錢元瓘爲吳王。

六年十一月，封兩浙節度使錢宏俶爲吳越國王。

（漢天福）三年八月，封兩浙節度使錢宏俶爲嗣吳越國王。

宋·錢儼《吳越備史》卷二《武肅王下》　（龍德）三年春二月，敕遣兵部侍郎崔曄，刑部員外郎夏侯昭册封王為吳越國王，受封册建國之儀，一如典禮。【略】王建國儀衛，名稱多如天子之制，惟不改元，置百官、丞相、客省等使。

（同光）三年秋八月，敕遣正議大夫、守尚書、上柱國、贊皇郡開國男、賜紫金魚袋李德休等持節備禮，賜黃金印、玉册及沿身禮物、衣冠劍珮等。

册曰：維同光三年歲次乙酉八月辛酉朔，二十七日丁亥，皇帝若曰：王者惠濟黎元，輯寧方夏，重名器，任股肱，忠而能力則禮崇，賞不失勞則人勸，所以啓周公之土宇，列漢祖之膏腴者，録彼茂勳，寘諸異數，登進賢哲，焜燿事功也。天下兵馬都元帥、尚父、守尚書令、吳越國王錢，潮海靈源，承天峻岳，以英風彰德望，以勇氣贊忠貞。往因義舉之徒，盛推韜略，遂著襲封之績，高步藩維。挺魚鯤鳥鳳之姿，擁岸虎水龍之衆，居方面任，將五十年。宣導休聲，攘除凶醜。摧堅奮鋭，鄙許東固圉之謀；阜俗頒條，廣冀北安居之頌。環塹浙江之要，雲滋星紀之墟。說禮敦《詩》，位崇元帥，前茅後勁，名重中權。守畫一之規，奉在三之節。信立靡移於風雨，義行曷倦於津塗！効琛則那顧險難，薦幣則常歸宰用。振英謨而端巖弼，鍾懿號而異列藩。可謂職貢不乏，梯航時至，翼戴天子，加之以恭也。載念尊獎，爰示徽章。今遣正議大夫、守尚書吏部侍郎、上柱國、贊皇縣開國男、食邑三百戶、賜紫金魚袋李德休，使副朝議郎、守起居郎、充史館修撰、賜緋魚袋聶璵持節備禮，胙土苴茅，册爾為吳越國王。於戲！地奄數圻，賦過千乘，墨守闔閭之境，軌圍勾踐之封。子弟量才序進，多分於棨戟；土疆漸海方輪，豈限於魚鹽！貴盛富强，雖古之封建諸侯，禮優夾輔，不加於此。慎厥始終，無以位期驕，無以欲敗度。欽承賜履，恊予一人，汝嘉。

《新五代史》卷六七《吳越世家·錢鏐》　天復二年，封鏐越王。【略】天祐元年，封鏐吳王。【略】梁太祖即位，封鏐吳越王兼淮南節度使。【略】唐莊宗入洛，鏐遣使貢獻，求玉册。莊宗下其議於有司，羣臣皆以謂非天子不得用玉册，郭崇韜尤爲不可，既而許之，乃賜鏐玉册、金印。鏐因以鎮海等軍節度授其子元瓘，自稱吳越國王，更名所居曰宮殿、府曰朝，官屬皆稱臣，起玉册、金券、詔書三樓於衣錦軍，遣使册新羅、渤海王，海中諸國，皆封拜其君長。

宋・曾鞏《隆平集》卷一二《僞國》　吳越錢俶，字文德，名上字犯宣祖廟諱，故止稱下一字。祖鏐，曰吳越武肅王。父瓘，曰文穆。瓘卒，子佐繼。佐卒，以弟倧繼。倧為牙校胡進思所廢，俶時鎮浙東，遂渡江，襲僞位。漢授以東南面兵馬都元帥，領鎮東軍節制，封吳越國王。至周，以天下都元帥處之。

閩國號與疆域

《舊五代史》卷一三四《僭僞傳・王審知》　王審知，字信通，光州固始人。**【略】**唐光啓二年，福建觀察使陳巖表潮爲泉州刺史。大順中，巖卒，子壻范暉自稱留後，潮遣審知將兵攻之，踰年，城中食盡，乃斬暉而降，由是盡有閩、嶺五州之地。潮卽表其事，昭宗因建威武軍於福州，以潮爲節度、福建管內觀察使，審知爲副。

審知爲觀察副使，有過，潮猶加捶撻，審知無怨色。潮寢疾，舍其子延興、延虹、延豐、延休，命審知知軍府事。十二月丁未，潮薨，審知以讓其兄審邽，審邽以審知有功，辭不受。審知自稱福建留後，表於朝廷。唐末，爲威武軍節度、福建觀察使，累遷檢校太保，封瑯琊郡王。梁朝開國，累加中書令，封閩王。

又《王延鈞傳》　延鈞，審知次子。後唐長興三年，上言吳越國王錢鏐薨，乞封爲吳越王，不報。未幾，自稱帝，國號大閩，改元龍啓，然猶稱藩於朝廷。

宋・王溥《五代會要》卷一一《封建》　（梁開平）三年四月，追封**【略】**福建節度使王審知爲閩王。

（後唐）天成二年五月，封福建節度使王延鈞爲琅琊王。

三年七月，**【略】**追封福建節度使王延鈞爲閩王。

（晉天福）五年十一月，進封福建節度使王延羲爲閩國王。

宋・陶岳《五代史補》卷二《後唐・王氏據福建》　王潮之來福建也，值連帥陳巖卒，子婿范暉自稱留後，潮攻拔之，盡有其地，遂爲福建觀察使。至其子審知立，雖天下多事，猶能修其職貢。朝廷嘉之，封閩王。審知卒，弟延鈞嗣，無識，輒改審知制度，僭稱大閩，改元龍啓，其後爲子昶殺。昶多行不道，閩人殺之，立從父延羲，改元永隆。延羲不恤政事，國亂，爲其將連重遇所殺，王氏之族遂滅。

《新五代史》卷六八《閩世家・王鏻》　鏻，審知次子也。唐卽拜鏻節度使，累加檢校太師、中書令，封閩王。**【略】**

（長興二年），鏻乃卽皇帝位，受册於寶皇，以黄龍見真封宅，改元爲龍啓，國號閩。

宋・曾鞏《隆平集》卷一二《僞國》　漳泉陳洪進。**【略】**唐光啓中，賊帥王潮陷泉州，以福州觀察使王審知為副。潮卒，審知據其位，梁册審知為閩王，二十九年而卒。其子延翰繼，踰年而被弑，其弟延鈞襲，八年遂僭帝號，十一年卒。子昶嗣被逐，而叔延義立，以其弟延政為建州刺史，既而背命，僭號商國。六年，閤門使連重遇推客省使朱文進以奪其位，復號閩國，時石晉天福七年也。

南漢國號與疆域

《舊五代史》卷一三五《僭僞傳・劉陟》　劉陟卽劉龑，初名陟。**【略】**邕州葉廣畧、容州龐巨源或自擅兵賦，數侵廣之西鄙。陟舉兵討之，邕、容皆敗，因附庸於陟。又交州土豪曲承美，亦專據其地，送款於梁，因正授旄鉞。陟不平之，遣將李知順伐之，執承美以獻。陟自是盡有嶺表之地。及聞錢鏐册封吳越王，陟恥稱南海之號，乃嘆曰：中原多故，誰為真主？安能萬里梯航而事偽庭乎？梁貞明三年八月，陟乃僭號於廣州，國號大漢，僞改元爲乾亨。

宋・王溥《五代會要》卷一一《封建》　（梁開平）三年四月，追封**【略】**廣州節度使劉隱爲南平王。

四年四月，進封廣州節度使劉隱爲南海王。

《新五代史》卷六五《南漢世家・劉龑》　出兵攻敗盧氏，取潮、韶。又西與馬殷爭容桂，殷取桂管，擄士政，龑取容管，逐巨昭，又取邕管。**【略】**貞明三年，龑卽皇帝位，國號大越，改元曰乾亨。**【略】**二年，祀天南郊，大赦境內，改國號漢。

宋・曾鞏《隆平集》卷一二《僞國》　南漢劉鋹。五世祖仁安，唐潮州刺史，其子孫因家嶺南。宰相韋宙以其兄之女妻仁安之子謙，謙生隱。【略】宰相徐彥若卒，遺奏請除隱留後。【略】梁祖開平初，封隱南平王。隱卒，弟陟襲僞位。時邕州葉廣略、容州龐巨源、交州曲承美皆自擅兵賦，而陟幷之，遂盡有嶺表之地。聞錢鏐封吳越王，正明中，陟遂僭稱帝，國號大漢，改元乾亨，更名巖，又更龔，龔之字，無所出。【略】初，龔命日者筮國祚，遇《復》之《豐》，曰：『將五十五年乎？』自梁正明三年龔僭號，開寶四年鋹國亡，其數無差。

楚國號與疆域

《舊五代史》卷一三三《世襲傳・馬殷》　馬殷，字霸圖，許州鄢陵人也。【略】初，隨孫儒渡淮，陷廣陵。及儒敗於宣州，殷隨別將劉建峰過江西，連陷洪、鄂、潭、桂等州，建峰盡有湖南之地，遂自爲潭帥。頃之，建峰爲部下所殺，潭人推行軍司馬張佶爲帥。時殷方統兵攻邵州，佶曰：『吾才不及馬殷。』卽牒殷付以軍府事。殷自邵州旋軍，犒勞將士，誅害建峰者數十人，自爲留後。久之，朝廷命爲湖南節度使，遂有潭、衡七州之地。【略】

殷於梁貞明中，爲時姑息，所求皆允，累官至守太師、兼中書令，封楚王。又上章請依唐秦王故事，乃加天策上將軍之號。又請官位內添制置靜江、武平、寧遠等軍事，皆從之。既封楚王，乃請依唐諸王行臺故事，署置天官幕府，有文苑學士之號，知詔令之名，總制二十餘州，自署官吏，征賦不供。【略】唐同光初，首脩職貢，復授太師、兼尚書令、楚王。

宋・王溥《五代會要》卷一一《封建》　梁開平元年四月，封湖南節度使馬殷爲楚王。

（後唐天成二年）六月，封湖南節度使馬殷爲楚國王。

（應順元年）五月，封【略】湖南節度使馬希範爲楚王，

漢天福十二年七月，封湖南節度使馬希廣爲楚王。

《新五代史》卷六六《楚世家・馬殷》　（乾寧三年）唐拜殷潭州刺史。【略】四年，拜殷武安軍節度使。【略】梁太祖卽位，殷遣使脩貢，太祖拜殷侍中兼中書令，封楚王。【略】

天成二年，請建行臺。明宗封殷楚國王，有司言無封國王禮，請如三公用竹册，乃遣尚書右丞李序持節以竹册封之。殷以潭州爲長沙府，建國承制，自置官屬。

宋・曾鞏《隆平集》卷一二《僞國》　湖南周行逢，朗州人。【略】唐乾寧初，馬霸圖盜據湖南地，自置郡守以下官。廣順初，馬希萼與弟希廣爭國，率蠻軍殺希廣而自立，又為其將陸孟俊所遷，而立弟希崇，因求援江南，李景遣邊鎬赴之，馬氏舉族俘於建康。景以鎬帥潭而朗州軍亂，推牙將劉言為帥，以行逢為都校，因上章李景求旌鉞，不許，言遂遣行逢帥舟師陷潭州，邊鎬遁去，因據其城。言請移潭治朗，周祖即言帥朗，以王進逵帥潭。顯德中，裨將潘叔嗣害進逵，請行逢帥朗。行逢至，戮叔嗣以徇。世宗因除行逢朗州大都督、武平軍節度使、兼侍中。自是盡有湖南地。

南平國號與疆域

《舊五代史》卷一三三《世襲傳・高季興》　高季興，字貽孫，陝州硤石人也。【略】從梁祖平青州，改知宿州事，遷潁州防禦使，梁祖令復姓高氏，擢爲荊南兵馬留後。荊州自唐乾符之後，兵火互集，井邑不完，季興招葺離散，流民歸復，梁祖嘉之，乃授節鉞。梁開平中，破雷彥恭於朗州，加平章事。荊南舊無外壘，季興始城之，遂厚斂於民，招聚亡命，自後僭臣於吳、蜀，梁氏稍不能制焉，因就封渤海王。【略】

時梁朝舊軍多爲季興所誘，由是兵衆漸多，跋扈之志堅矣。明年，册拜南平王。

宋・王溥《五代會要》卷一一《封建》　後唐同光（二年）三月，進封荊南節度使高季興爲南平王。

應順元年五月，封荊南節度使高從誨爲南平王。

周廣順元年正月，進封【略】荊南節度使高保融爲渤海郡王。

顯德元年正月，追封【略】渤海郡王高保融爲南平王。

宋・陶岳《五代史補》卷二《後唐・高季興據荊州》　高季興，本陝州硤石人。爲太祖裨將，出爲郢州防禦使。時荊南成汭征鄂州，不利而卒，太祖命季興爲荊南留後。到未幾，會武陵土豪雷彥恭作亂，季興破之，遂以功授荊南節鉞。莊宗定天下，季興首入覲，因拜中書令，封南平王。

《新五代史》卷六九《南平世家・高季興》　當唐之末，襄州趙匡凝襲破雷彥恭于荆南，以其弟匡明爲留後。梁兵攻破襄州，匡凝奔于吳，匡明奔於蜀，乃以季興爲荆南節度觀察留後。開平元年，拜季興節度使。二年，加同中書門下平章事。荆南節度十州，當唐之末，爲諸道所侵，季興始至，江陵一城而已，兵火之後，井邑凋零。季興招緝綏撫，人士歸之。【略】

太祖崩，季興見梁日以衰弱，乃謀阻兵自固，治城隍，設樓櫓。以兵攻歸、峽，爲蜀將王宗壽所敗。又發兵聲言助梁擊晉，以侵襄州，爲孔勍所敗，乃絶貢賦累年。梁末帝優容之，封季興渤海王，賜以袞冕劍佩。貞明三年，始復脩貢。梁亡，唐莊宗入洛，下詔慰諭季興。【略】同光三年，封南平王。

宋・曾鞏《隆平集》卷一二《僞國》　荆南高繼冲。曾祖季興，渤海蓨人。唐末，荆南司馬張環逐其節度使陳儒，自稱留後。環敗，而季興守荆南。梁開平初，遂據有其地，封秦王，卒謚武信。子從誨，後唐天成三年襲僞位，封南平王，卒謚文獻。子保融，漢乾祐五年襲封南平王，卒謚正懿。【略】自季興至繼冲五主，凡五十七年而失國。

北漢國號與疆域

《舊五代史》卷一三五《僭僞傳・劉崇》　劉崇，太原人，漢高祖之從弟也。【略】周廣順元年正月，崇僭號於河東，稱漢，改名旻，仍以乾祐為年號。

《新五代史》卷七〇《東漢世家・劉旻》　劉旻，漢高祖母弟也。【略】

乃以周廣順元年正月戊寅，卽皇帝位於太原。【略】遣通事舍人李間行使於契丹。契丹永康王兀欲與旻約爲父子之國，旻乃遣宰相鄭珙致書兀欲，稱姪皇帝，以叔父事之而已。兀欲遣燕王述軋、政書令高勳以册尊旻爲大漢神武皇帝。

宋・曾鞏《隆平集》卷一二《僞國》　北漢劉繼元，其母劉崇之女，適薛氏，生繼元及其兄繼恩。劉崇，漢祖之母弟也，為太原尹。【略】隱帝遇害，漢太后遣馮道迎崇之子贇於徐州，欲使襲漢位。【略】周祖已登位，崇遣人乞贇歸藩，始知贇死矣，乃為驤立廟，遂僭帝號。重幣結契丹，如晉祖約為父子。契丹策崇為大漢神武皇帝。【略】崇死，子鈞繼。【略】初，漢祖以鈞無子，命育繼恩為嗣。鈞卒，繼恩襲而為侯霸榮先所殺，郭無為遂援立繼元。【略】自崇僭號，繼元失國，凡二十九年。

宋・司馬光《資治通鑑》卷二九〇《後周紀一》　廣順元年春正月【略】戊寅，【略】劉崇即皇帝位於晉陽，仍用乾祐年號。所有者，幷、汾、忻、代、嵐、憲、隆、蔚、沁、遼、麟、石十二州之地。

清・吴任臣《十國春秋》卷一〇《北漢一・世祖紀》　崇知贇不得歸，始有自立意。乾祐四年春正月戊寅，帝即位于晉陽，仍用乾祐年號。所有者，幷、汾、忻、代、嵐、憲、隆、沁、遼、麟、石諸州之地。案《通鑑》，劉崇所有者，幷、汾、忻、代、嵐、憲、隆、蔚、沁、遼、麟、石十二州之地。歐史《職方考》則云『自太原以北十州為東漢』，而無隆、蔚二州之名。要而論之，晉高祖割山前七州、山後九州以畀契丹，而蔚州實在其中，則《通鑑》以蔚州為北漢有者，誤也。至隆州，乃北漢所置，備載《地理表》中。今列其名，以補歐史之闕。

首都部

隋兩京暨江都分部

綜述

唐・韋述《兩京新記・序》　兩京創自隋代，至開元百有餘年，乃載其廢置遷徙之由。西京始於開皇，東都起於大業。

宋・王欽若等《册府元龜》卷一三《帝王部・都邑第一》　隋高祖文帝開皇元年既受周禪，都長安。

（二年）七月癸未，詔新置都處墳墓，令悉遷葬設祭，仍詔人工無主者，官發殯葬。

十二月，名新都曰太興城。

三年三月丙辰，雨常服入新都。是月，詔營仁壽宮。

十八年十一月，詔自京師至仁壽宮，置行宮十有二所。

煬帝以仁壽四年七月即位，十一月幸雒陽。【略】乃詔尚書令楊素、納言楊達、將作大匠宇文愷營建東京。徙豫州郭下居民以實之，又徙天下富商大賈數萬家於東京。

大業元年，建東都於阜澗。營顯仁宮，苑囿連接，北至新安，南及飛山，西至澠池，周圍數百里。課天下諸州各貢草木花果、奇禽異獸於其間。

二年正月，東京成。

五年正月，改東京為東都。

宋·王應麟《通鑑地理通釋》卷四《歷代都邑考·隋都》 隋文帝都長安。長安縣長壽坊。開皇二年，營建新都，在漢故城之東南十三里，本後周京兆郡萬年縣界。南直終南山子午谷，北據渭水，東臨灞滻，西枕龍首原。三年，遷新都，名其城曰大興城。文帝初封大興公，故以名正殿曰大興殿，宮曰大興宮，宮北苑曰大興苑，改萬年縣為大興縣。或曰：宮之大興殿本大興村，故因用其名。《通典》：唐京城是也。呂氏曰：《西京記》云：大興城南直子午谷，今據子午谷，乃漢城所直。隋城南直石鼈谷，則已微西，不正與子午谷對也。《六典》：京城東西十八里一百十五步，南北十五里一百七十五步。皇城之南，東西十坊，南北九坊；皇城之東西，各十二坊；兩市居四坊之地。凡一百十坊。

東都。《通典》云：故都城，自周至隋大業以前，常為都邑。今都城，隋大業元年所築。《兩京記》：煬帝登北邙，觀伊闕，曰：『此龍門耶？自古何為不建都於此？』蘇威曰：『以俟陛下。』大業元年，自故都移於今所。其地周之王城，初謂之東京，改為東都。《六典》：煬帝詔楊素、宇文愷移故都創造。南直伊闕之口，北倚邙山之塞，東出瀍水之東，西出澗水之西。洛水貫都，有河漢之象，東去故都十八里。《太平御覽》：煬帝遷洛陽於故周之王城，即今東都城也。

煬帝幸江都。於揚州立江都宮。李淵立代王侑於長安，王世充立越王侗於東都。

清·顧炎武《歷代帝王宅京記》卷二《總序下》 隋文帝開皇二年夏六月丙申，作新都於龍首山。在漢故城東南十三里，即今陝西西安府。

冬十二月丙子，名新都曰大興城。

三年春三月丙辰，遷於新都。

煬帝大業元年春三月丁未，營洛陽為東京。

五年春正月丙子，改東京為東都。

西京

綜述

《隋書》卷一《高祖紀上》 （開皇二年六月）景申，詔曰：『朕祗奉上玄，君臨萬國，屬生人之敝，處前代之宮。常以爲作之者勞，居之者逸，改創之事，心未遑也。而王公大臣陳謀獻策，咸云羲、農以降，至于姬、劉，有當代而屢遷，無革命而不徙。曹、馬之後，時見因循，乃末代之宴安，非往聖之宏義。此城從漢，彫殘日久，屢爲戰場，舊經喪亂。今之宮室，事近權宜，又非謀筮從龜，瞻星揆日，不足建皇王之邑，合大衆所聚。論變通之數，具幽顯之情，同心固請，詞情深切。然則京師百官之府，四海歸向，非朕一人之所獨有。苟利於物，其可違乎！且殷之五遷，恐人盡死，是則以吉凶之土，制長短之命。謀新去故，如農望秋，雖暫劬勞，其究安宅。今區宇寧一，陰陽順序，安安以遷，勿懷胥怨。龍首山川原秀麗，卉物滋阜，卜食相土，宜建都邑，定鼎之基永固，無窮之業在斯。公私府宅，規模遠近，營構資費，隨事條奏。』仍詔左僕射高熲、將作大匠劉龍、鉅鹿郡公賀婁子幹、太府少卿高龍叉等創造新都。【略】

（十二月）景子，名新都曰大興城。

三年春正月庚子，將入新都，大赦天下。

（三月）景辰，雨常服入新都，京師醴泉出。

又 卷二九《地理志上·京兆郡》 京兆郡。開皇三年，置雍州。城東西十八里一百一十五步，南北十五里一百七十五步。東面通化、春明、延興三門，南面啓夏、明德、安化三門，西面延平、金光、開遠三門，北面光化一門。里一

百六，市二。大業三年，改州爲郡，故名焉。置尹。【略】

大興。開皇三年置。後周於舊郡置縣曰萬年，高祖龍潛，封號大興，故至是改焉。【略】

長安。帶郡。有仙都、福陽、太平等宫。有關官，有舊長安城。【略】

京兆，王都所在，俗具五方，人物混淆，華戎雜錯。去農從商，爭朝夕之利，遊手爲事，競錐刀之末。貴者崇侈靡，賤者薄仁義，豪強者縱横，貧窶者窘蹙。桴鼓屢驚，盗賊不禁，此乃古今之所同焉。

又 卷三七《李穆傳》 時太史奏云，當有移都之事。上以初受命，甚難之。穆上表曰：『帝王所居，隨時興廢，天道人事，理有存焉。始自三皇，暨夫兩漢，有一世而屢徙，無革命而不遷。曹、馬同洛水之陽，魏、周共長安之内，此之四代，蓋聞之矣。曹則三家鼎立，馬則四海尋分，有魏及周，甫得平定，事乃不暇，非曰師古。往者周運將窮，禍生華裔，廟堂冠帶，屢覩姦回，士有苞藏，人稀柱石。四海萬國，皆縱豺狼，不叛不侵，百城罕一。伏惟陛下膺期誕聖，秉籙受圖，始晦君人之德，俯從將相之重。内翦羣凶，崇朝大定，外誅巨猾，不日肅清。變大亂之民，成太平之俗，百靈符命，兆庶謳歌。幽顯樂推，日月填積，方屈箕、潁之志，始順内外之請。自受命神宗，弘道設教，陶冶與陰陽合德，覆育共天地齊旨。萬物開闢之初，八表光華之旦，視聽以革，風俗且移。至若帝室天居，未議經創，非所謂發明大造，光贊惟新。自漢已來，爲喪亂之地，爰從近代，累葉所都。未嘗謀龜問筮，瞻星定鼎，何以副聖主之規，表大隋之德？竊以神州之廣，福地之多，將爲皇家興廟建寢，上玄之意，當別有之。伏願遠順天人，取決卜筮，時改都邑，光宅區夏。任子來之民，垂無窮之業，應神宫於辰極，順和氣於天壤，理康物阜，永隆長世。臣日薄桑榆，位高軒冕，經邦論道，自顧缺然。丹赤所懷，無容噤默。』

上素嫌臺城制度迮小，又宫内多鬼妖，蘇威嘗勸遷，上不納。遇太史奏狀，意乃惑之。至是，省穆表，上曰：『天道聰明，已有徵應，太師民望，復抗此請，則可矣。』遂從之。

又 卷七八《藝術傳·庾季才》 開皇元年，授通直散騎常侍。高祖將遷都，夜與高熲、蘇威二人定議，季才旦而奏曰：『臣仰觀玄象，俯察圖記，龜兆允襲，必有遷都。且堯都平陽，舜都冀土，是知帝王居止，世代不同。且漢營此城，經今將八百歲，水皆鹹鹵，不甚宜人。願陛下協天人之心，爲遷徙之計。』高祖愕然，謂熲等曰：『是何神也！』遂廢詔施行，賜絹三百段，馬兩匹，進爵爲公。謂季才曰：『朕自今已後，信有天道矣。』於是令季才與其子質撰《垂象》、《地形》等志，上謂季才曰：『天地祕奥，推測多途，執見不同，或致差舛。朕不欲外人干預此事，故使公父子共爲之也。』及書成奏之，賜米千石，絹六百段。

又 卷六八《宇文愷傳》 及遷都，上以愷有巧思，詔領營新都副監。高熲雖總大綱，凡所規畫，皆出於愷。後決渭水達河，以通運漕，詔愷總督其事。

又 卷四《煬帝紀下》 （大業九年三月）丁丑，發丁男十萬，城大興。

唐·韋述《兩京新記》卷一《西京》 西京俗曰長安城，亦曰京城。隋文帝開皇二年夏自故都移今所。在漢故城之東南，屬杜縣，周之京兆郡萬年縣界，南直終南山子午谷，北據渭水，東臨灞滻，西枕龍首原。左僕射高熲總領其事，太子左庶子宇文愷創製規模。謂之大興城。

唐·李吉甫《元和郡縣圖志》卷一《關内道一·京兆府》 初，隋氏營都，宇文愷以朱雀街南北有六條高坡，爲乾卦之象，故以九二置宫殿以當帝王之居，九三立百司以應君子之數，九五貴位，不欲常人居之，故置玄都觀及興善寺以鎮之。

宋·宋敏求《長安志》卷六《宫室四·唐上》 京城，即隋文帝開皇二年自故都徙其地，在漢故城之東南，屬杜縣，周之京兆郡萬年縣界。南侵終南山子午谷，北據渭水，東臨灞滻，西枕龍首。原命左僕射高熲總領其事，太子左庶子宇文愷創制規模，將作大匠劉龍、工部尚書鉅鹿郡公賀樓子幹、大府少卿尚龍義並充使營建。

又 卷七《唐京城一·唐皇城》 自兩漢以後至於晉齊梁陳，並有人家在宫闕之間。隋文帝以為不便於事，於是皇城之内，唯列府寺，不使雜人居止，公私有辨，風俗齊肅，實隋文新意也。

宋·司馬光《資治通鑑》卷一七五《陳紀九》 （太建十四年六月）隋主嫌長安城制度狹小，又宫内多妖異。納言蘇威勸帝遷都，帝以初受命，難之；夜，與威及高熲共議。明旦，通直散騎庾季才奏曰：『臣仰觀乾象，俯察圖記，必有遷都之事。且漢營此城，將八百歲，水皆鹹鹵，不甚宜人。願陛下協天人之心，爲遷徙之計。』帝愕然，謂熲、威曰：『是何神也！』太師李穆亦上表請遷都。帝省表曰：『天道聰明，已有徵應；太師人望，復抗此請；無不可矣。』丙申，詔高熲等創造新都於龍首山。以太子左庶子宇文愷有巧思，領營新都副監。【略】十二月丙子，隋命新都曰大興城。

宋·鄭樵《通志》卷四一《都邑略·隋都》 文帝繼周，即都長安。開皇二年，帝以長安故城，漢來舊邑，年代既久，凋弊實多，又制度狹小，不稱皇居，乃作新都於龍首山。在漢城東南，屬杜縣，本後周之京兆郡萬年縣界也。南直終南山子午谷，北據渭水，東臨灞滻，西枕龍首，謂之大興城。文帝初封大興公，故登極以後，其命城縣門殿池及寺，皆以大興焉。

宋·程大昌《雍録》卷三《大興城》 大興立名之由，傳者不一。或曰隋文帝嘗封大興，故以名。見《長安志·京城下》。或曰宮之太極殿，本大興村，故因用其名也。見韋述《記》。或曰隋文夢洪水浸没都城，故改營大興。洪水者，高祖名淵故也。見《通鑑》。《兩京道里記》曰：煬帝夢太子勇領徒持兵，問『楊廣何在』，帝遂幸洛陽，終身不敢留長安。此數語者，未知孰是。然韋述謂本大興村名者，其説近之。蓋嘗有僧坐大木下，曰：『此後當為宮殿也。』大木即在大興殿基上也，亦如漢高帝因長安鄉名而立為都名也。

元·駱天驤《類編長安志》卷二《京城·大興城》 其地在漢故城之東南，屬杜縣，周之京兆郡萬年縣界。南值終南山子午谷，北據渭水，東臨灞滻，北枕龍首原。創築京城，曰大興城。自開皇二年六月十八日，始詔規建制度。三年正月十五日，又詔用其月十八日移入新邑。所司依式先築宮城，次築皇城，亦曰子城，次築外郭城。

又《再築京兆城》 新説曰：隋文帝開皇二年，嫌漢長安城水鹹苦，宮殿摧倒，有妖魅，遂遷都于龍首山南，詔宇文愷創建大興城。先修宮城，以安帝居；次築子城，以安百官，置臺省寺衛，不與民同居。又築外郭京城一百一十坊兩市，以處百姓。

元·李好文《長安志圖》卷上《城市制度·皇城》 呂氏曰：隋氏設都，雖不能盡循先王之法，畦分棊布，閭巷皆中繩墨，坊有墉，墉有門，逋亡姦偽無所容足，而朝廷宮寺、民居市區不復相參，亦一代之精制也。唐人蒙之以為治，更數百年不能有改，其功亦豈小哉！隋文有國纔二十二年，其剗除不庭者非一國，興利後世者非一事，大趣皆以惠民為本，躬決庶務，未嘗逸豫。雖古聖人夙興待旦，殆無以過。惜其不學無術，故不能追三代之盛。予因考證長安故圖，覩呂氏此言，是圖之作，其來尚矣。愛其制度之密而勇于敢為，且傷唐人娼疾，史氏没其實，聊記于後。元豐三年五月五日龍圖閣待制知永興軍府事汲郡呂大防題，京兆府戶曹參軍劉景陽、按視幷州觀察推官呂大臨、檢定鄜州觀察使石蒼舒書。

藝文

隋·楊廣《隋煬帝集·正月十五日于通衢建燈夜升南樓》 法輪天上轉，梵語天上來。燈樹千光照，花燄七枝開。月影凝流水，春風含夜梅。旛動黄金地，鐘發琉璃臺。

唐·徐堅《初學記》卷五《地部上·［隋］胡師耽〈登終南山擬古詩〉》 結廬終南山，西北望帝京。煙霞亂鳥道，俯見長安城。宮雉互相映，雙闕雲間生。鐘鼓沸閶闔，笳管咽承明。朱閣臨槐路，紫蓋飛縱橫。望望未極已，甕牖秋風驚。嵓岫草木黄，飛雁遺寒聲。墜葉積幽徑，繁露垂荒庭。甕中新酒熟，澗谷寒蟲鳴。且對一壺酒，安知世間名。寄言市朝客，同君樂太平。

宋·郭茂倩《樂府詩集》卷二三《［隋］何妥〈長安道〉》 長安狹斜路，縱横四達分。車輪鳴鳳轄，箭服耀魚文。五陵多任俠，輕騎自連羣。少年皆重氣，誰識故將軍。

又 卷五六《［隋］虞茂〈長安秋〉》 露寒臺前曉露清，昆明池水秋色明。搖環動珮出曾城，鵾弦鳳管奏新聲。上林蒲桃合縹緲，甘泉奇樹上蔥青。玉人當歌理清曲，婕妤恩情斷還續。

唐·鮑溶《鮑溶詩集》卷一《隋宮》 御街多行客，行客悲春風。楚老幾代人，種田煬帝宮。零落池臺勢，高低禾黍中。

又 卷四《隋宮》 柳塘煙起日西斜，竹浦風迴雁弄沙。煬帝春遊古城在，壞宮芳草滿人家。

唐・李商隱《李義山詩集》卷上《隋宮》 紫泉宮殿鎖煙霞，欲取蕪城作帝家。玉璽不緣歸日角，錦帆應是到天涯。於今腐草無螢火，終古垂楊有暮鴉。地下若逢陳後主，豈宜重問後庭花。

東都

綜述

《隋書》卷三《煬帝紀上》 （仁壽四年）十一月乙未，幸洛陽。景申，發丁男數十萬掘塹，自龍門東接長平、汲郡，抵臨清關，度河至浚儀、襄城，達於上洛，以置關防。癸丑，詔曰：乾道變化，陰陽所以消息；沿創不同，生靈所以順敍。若使天意不變，施化何以成四時，人事不易，爲政何以釐萬姓！《易》不云乎！『通其變，使民不倦』；『變則通，通則久。』『有德則可久，有功則可大。』朕又聞之，安安而能遷，民用丕變。是故姬邑兩周，如武王之意，殷人五徙，成湯後之業。若不因人順天，功業見乎變，愛人治國者可不謂歟！然洛邑自古之都，王畿之內，天地之所合，陰陽之所和。控以三河，固以四塞，水陸通，貢賦等。故漢祖曰：『吾行天下多矣，唯見洛陽。』自古皇王，何嘗不留意，所不都者蓋有由焉。或以九州未一，或以困其府庫，作洛之制所以未暇也。我有隋之始，便欲創兹懷、洛，日復一日，越暨於今。念兹在兹，興言感哽！朕肅膺寶曆，纂臨萬邦，遵而不失，心奉先志。今者漢王諒悖逆，毒被山東，遂使州縣或淪非所。此由關河懸遠，兵不赴急，加以并州移戶復在河南。周遷殷人，意在於此。況復南服遐遠，東夏殷大，因機順動，今也其時。羣司百辟，僉諧厥議。但成周墟塉，弗堪葺宇。今可於伊、洛營建東京，便卽設官分職，以爲民極也。夫宮室之制，本以便生，上棟下宇，足避風露，高臺廣廈，豈曰適形。故《傳》云：『儉，德之共；侈，惡之大。』宣尼有云：『與其不遜也，寧儉。』豈謂瑤臺瓊室方爲宮殿者乎，土堦采椽而非帝王者乎？是知非天下以奉一人，乃一人以主天下也。民惟國本，本固邦寧，百姓足，孰與不足！今所營構，務從節儉，無令雕牆峻宇復起於當今，欲使卑宮菲食將貽於後世。有司明爲條格，稱朕意焉。【略】

（大業元年）三月丁未，詔尚書令楊素、納言楊達、將作大匠宇文愷營建東京，徙豫州郭下居人以實之。戊申，詔曰：『聽採輿頌，謀及庶民，故能審政刑之得失。是知昧旦思治，欲使幽枉必達，彝倫有章。而牧宰任稱朝委，苟爲徼幸以求考課，虛立殿最，不存治實，綱紀於是弗理，冤屈所以莫申。關河重阻，無由自達。朕故建立東京，躬親存問。今將巡歷淮海，觀省風俗，眷求讜言，徒繁詞翰，而鄉校之內，闕爾無聞。恇然夕惕，用忘興寢。其民下有知州縣官人政治苛刻，侵害百姓，背公徇私，不便於民者，宜聽詣朝堂封奏，庶乎四聰以達，天下無冤。』又於皁澗營顯仁宮，採海內奇禽異獸草木之類，以實園苑。徙天下富商大賈數萬家於東京。辛亥，發河南諸郡男女百餘萬，開通濟渠，自西苑引穀、洛水達於河，自板渚引河通於淮。【略】

二年春正月辛酉，東京成，賜監督者各有差。

又 卷二四《食貨志》 煬帝卽位，是時戶口益多，府庫盈溢，乃除婦人及奴婢部曲之課。男子以二十二成丁。始建東都，以尚書令楊素爲營作大監，每月役丁二百萬人。徙洛州郭內人及天下諸州富商大賈數萬家，以實之。新置興洛及迴洛倉。又於皁澗營顯仁宮，苑囿連接，北至新安，南及飛山，西至澠池，周圍數百里。課天下諸州，各貢草木花果，奇禽異獸於其中。開渠，引穀、洛水，自苑西入，而東注於洛。又自板渚引河，達于淮海，謂之御河。河畔築御道，樹以柳。又命黃門侍郎王弘、上儀同於士澄，往江南諸州採大木，引至東都。所經州縣，遞送往返，首尾相屬，不絕者千里。

又 卷三〇《地理志中・河南郡》 河南郡。舊置洛州。大業元年移都，改曰豫州。東面三門，北曰上春，中曰建陽，南曰永通。南面二門，東曰長夏，正南曰建國。里一百三，市三。三年改為郡，置尹。

唐・李吉甫《元和郡縣圖志》卷五《河南道一・河南府》 仁壽四年，煬帝詔楊素營東京，大業二年，新都成，遂徙居，今洛陽宮是也。其宮北據邙山，南直伊闕之口，洛水貫都，有河漢之象，東去故城一十八里。初，煬帝嘗登邙山，觀伊闕，顧曰：『此非龍門邪？自古何因不建都於此？』僕射蘇威對曰：『自古非不知，以俟陛下。』帝大悅，遂議都焉。其宮室臺殿，皆宇文愷所創也。愷巧思絕倫，因此製造頗窮奢麗，前代都邑莫之比焉。又改洛州爲豫州，置牧。三年，罷州爲河南郡，置尹。四年，改東京爲東都。

唐・杜寶《大業雜記》　大業元年，敕有司於洛陽故王城東營建東京，以越國公楊素爲營東京大監，安德公宇文愷爲副。廢三崤舊道，令開夔柵道。時有術人章仇太翼表奏云：『陛下是木命人，雍州是破木之衝，不可久住。開皇之初，有童謠云：「修治洛陽還晉家。」陛下曾封晉王，此其驗也。』帝覽表，愴然有遷都之意。卽日車駕往洛陽，改洛州爲豫州。自豫州至京師八百餘里，置一十四頓，頓別有宮，宮有正殿。發河南道諸州郡兵夫五十餘萬，開通濟渠，自河起滎澤入淮，千餘里。又發淮南諸州郡兵夫十餘萬，開邗溝，自淮起山陽至於楊子入江，三百餘里。水面闊四十步，通龍舟。兩岸爲大道，種榆柳，自東都至江都二千餘里，樹蔭相交。每兩驛置一宮，爲停頓之所。自京師至江都，離宮四十餘所。

東都大城周迴七十三里一百五十步，西拒王城，東越瀍澗，南跨洛川，北踰谷水。宮城東西五里二百步，南北七里。城南、東、西各兩重，北三重，南臨洛水。開大道對端門，名端門街，一名天津街，闊一百步。道傍植櫻桃、石榴兩行，自端門至建國門，南北九里，四望成行，人由其下，中爲御道，通泉流渠，映帶其間。端門卽宮南正門，重樓，樓上重名太微觀，臨大街。直南二十里，正當龍門。出端門百步，有黃道渠，渠闊二十步，上有黃道橋三道。過渠二百步至洛水，有天津浮橋跨水，長一百三十步。橋南北有重樓四所，各高百餘尺。過洛二百步，又疏洛水爲重津渠，闊四十步，上有浮橋。津有時開闔，以通樓船入苑。重津南百餘步，有大堤。堤南有民坊，坊各周四里，開四門臨大街。門並爲重樓，飾以丹粉。洛南有九十六坊，洛北有三十坊。大街小陌，縱橫相對。自重津南行，盡六坊，有建國門，卽羅城南正門也。門南二里，有甘泉渠，疏洛入伊。渠上有通仙橋五道，時人亦謂之五橋。橋南北有華表，長四丈，各高百餘尺。建國門西二里，有白虎門。門西二里，至苑城。傍城南行三里，有天經宮，宮南二里，有仙都宮，並置先帝廟堂。建國門東五里，有長夏門。門南二里，至甘泉渠。渠南五里，至伊水。水東北流，十餘里入洛。

端門西一里，有右掖門。門南過黃道渠橋，橋南道西有右候衛府。出右掖門，傍渠西二里，有龍天道場，南臨石瀉口，卽煬帝門師濟闍梨所居。石瀉東西三百餘步，闊五十餘步，深八尺。並用青大石，長七、八尺，厚一尺，自上至下積三重，並用大鐵爲細腰，互相鉤牽，亦非常之牢固。正當瀉口三十步，初造瀉之時，鑿地得大窖，容千斛許，於是填塞。瀉成，不過一年卽破碎，上令濟闍梨呪之，後更修補，得立二年。闍梨亡，還復毀破。前後計用四十萬工，以瀉王城池水下黃道渠入洛。端門東有左掖門，門南道左有左候衛府。左掖門東二里，有承福門，卽東城南門。門南洛水有翊津橋，通翻經道又南行六十步，有西華門。出門西三十步，道北有武安門，門內有武安殿，周以軒廊。西華門南四十步，有右延福門。出門西行一百步，至顯福門街。大業、文成、武安三殿，御坐見朝臣，則宿衛隨入，不坐，則有宮人。殿庭並種枇杷、海棠、石榴、青梧桐及諸名藥奇卉。東有大井二，面闊十餘尺，深百餘尺。其三殿之內，內宮諸殿甚多，不能盡知。則天門東二百步，有興教門。門北三十步，有會昌門。門北二百步，有章善門，入內。尚食進食，尚藥進藥，內尚進物，皆由此門。會昌門內道左有內殿內省、少府內監、內尚、光祿內廚，道右門下內省、左六衛內府、左監門內府。入章善門橫街，東百二十步，有重潤門。東有東宮。則天門西二百步，有光政門。門北三十步，有景運門。門北二百步，有顯福門，入內宮。命婦入朝、學士進書，皆由此門。入景運門內，道左有內史內省、祕書內省、學士館、右監門內府、右六衛內府、鷹坊、內甲庫，道右命婦朝堂、惠日、法雲二道場、通真、玉清二玄壇，接西馬坊。入顯福門，北行三十步，有玄靖門，門內有玄靖殿，周以軒廊，卽宮內別供養經像之處。出玄靖門橫街，東行四十步，有修文殿。西行百步，有閶桲重門。門南北並有仰觀臺，高百尺。門西卽入寶城，城內有儀鸞殿。殿南有烏桲林、栗林，有蒲桃架四行，行長百餘步。架南有射堂，對閶闔門。直西二百二十步，有寶城門。出，北傍城三里，有方諸門，門內卽圓璧城。出寶城門西行七里，至青城宮，宮卽西苑之內也。

元年夏五月，築西苑，周二百里。其內造十六院，屈曲周遶龍鱗渠。其第一延光院，第二明彩院，第三含香院，第四承華院，第五凝暉院，第六麗景院，第七飛英院，第八流芳院，第九曜儀院，第十結綺院，第十一百福院，第十二萬善院，第十三長春院，第十四永樂院，第十五清署院，第十六明德院。置四品夫人十六人，各主一院。庭植名花，秋冬即翦彩爲之，色渝則改著新者。其池沼之內，冬月亦翦彩爲芰荷。每院開東、西、南三門，門並臨龍鱗渠。渠面闊二十步，上跨飛橋。過橋百步，即種楊柳修竹，四面鬱茂，名花美草，隱映軒陛。其中有逍遥亭，八面合成，結構之麗，冠絶今古。其十六院，例相倣斆。每院各置一屯，屯即用院名名之。屯別置正一人，副二人，並用宫人爲之。其屯內備養芻豢，穿池養魚，爲園種蔬，植瓜果，四時餚膳，水陸之產，靡所不有。其外遊觀之處，復有數十，或泛輕舟畫舸，習採菱之歌；或昇飛橋閣道，奏春遊之曲。苑內造山爲海，周十餘里，水深數丈。其中有方丈、蓬萊、瀛洲諸山，相去各三百步，山高出水百餘尺。上有通真觀、集靈臺、總仙宫，分在諸山。風亭月觀，皆以機成，或起或滅，或有神變。海北有龍鱗渠，屈曲周遶十六院入海。海東有曲水池，其間有曲水殿，上巳禊飲之所。每秋八月月明之夜，帝引宫人三五十騎，人定之後，開閶闔門入西苑，歌管達曙，諸府寺因乃置《清夜遊》之曲數十首。

初，衛尉卿劉權、祕書丞韋萬頃總監築宫城，一時布兵夫周帀四面，有七十萬人。城周帀兩重，延袤三十餘里，高四十七尺，六十日成。其內諸殿基及諸牆院又役十餘萬人。直東都土工監常役八十餘萬人，其木工、瓦工、金工、石工又役十餘萬人。河南郡在宣范里，西北去宫城七里。河南縣在政化里，去宫城八里，在天津街西。洛陽縣在德茂里，宣仁門道北，西去宫城六里。大同市周四里，在河南縣西一里。出上春門，傍羅城南行四百步，至漕渠，傍渠西行三里，至通遠橋。橋跨漕渠，橋南即入通遠市。二十門分路入市，市東合漕渠。市周六里，其內郡國舟船舳艫萬計。市南臨洛水，跨水有臨寰橋。橋南二里，有豐都市，周八里，通門十二。其內一百二十行，三千餘肆，甍宇齊平，四望一如，榆柳交陰，通渠相注。市四壁有四百餘店，重樓延閣，互相臨映。招致商旅，珍奇山積。出上春門，東十二里，有亭子宫。宫南臨漕渠，東臨積潤池。池東二十里，有華林園，備池塘臨玩之處。建國門西南十二里，有景華宫。宫內有含景殿及射堂、樓觀、池隍。十餘里有甘泉宫，一名皁澗宫，周十餘里。宫北通西苑，其內多山阜，崇峰曲澗，秀麗標奇。其中有閬風亭、麗日亭、棲霞觀、行雨臺、清署殿，［南有通仙飛橋］、百尺磵、青蓮峰，［峰上有翠微亭］，遊賞之美，於斯爲最。

宋·司馬光《資治通鑑》卷一八〇《隋紀四》 （大業元年）三月，丁未，詔楊素與納言楊達、將作大匠宇文愷營建東京，每月役丁二百萬人，徙洛州郭內居民及諸州富商大賈數萬戶以實之。廢二崤道，開葼册道。

戊申，詔曰：『聽採輿頌，謀及庶民，故能審刑政之得失；今將巡歷淮、海，觀省風俗。』敕宇文愷與內史舍人封德彝等營顯仁宫，南接皁澗，北跨洛濱。發大江之南、五嶺以北奇材異石，輸之洛陽；又求海內嘉木異草，珍禽奇獸，以實園苑。【略】

五月，築西苑，周二百里；其內爲海，周十餘里；爲蓬萊、方丈、瀛洲諸山，高出水百餘尺，臺觀殿閣，羅絡山上，向背如神。北有龍鱗渠，縈紆注海內。緣渠作十六院，門皆臨渠，每院以四品夫人主之，堂殿樓觀，窮極華麗。宫樹秋冬彫落，則翦綵爲華葉，綴於枝條，色渝則易以新者，常如陽春。沼內亦翦綵爲荷芰菱芡，乘輿遊幸，則去冰而布之。十六院競以殽羞精麗相高，求市恩寵。上好以月夜從宫女數千騎遊西苑，作《清夜遊曲》，於馬上奏之。

又 卷一八一《隋紀五》 （大業六年正月）帝以諸蕃酋長畢集洛陽，丁丑，於端門街盛陳百戲，戲場周圍五千步，執絲竹者萬八千人，聲聞數十里，自昏至旦，燈火光燭天地；終月而罷，所費巨萬。自是歲以爲常。【略】

諸蕃請入豐都市交易，帝許之。先命整飾店肆，簷宇如一，盛設帷帳，珍貨充積，人物華盛，賣菜者亦藉以龍須席。胡客或過酒食店，悉令邀延就坐，醉飽而散，不取其直，紿之曰：『中國豐饒，酒食例不取直。』胡客皆驚歎。其黠者頗覺之，見以繒帛纏樹，曰：『中國亦有貧者，衣不蓋形，何如以此物與之，纏樹何爲？』市人慚不能答。

元·佚名《河南志》卷三《隋城闕古蹟·羅郭城》 隋都城即今河南府路，東去漢魏所都之成周四十里，西去王城五里。煬帝始遷焉。以下自隋通敘至宋。

羅郭城。唐武后號神都城，亦曰金城。天寶二年，築神都羅城。按韋述

《記》曰：東面十五里二百一十步，南面十五里七十步，西面十二里一百二十步，北面七里二十步，周回六十九里二百一十步。大業元年築。唐長壽二年，命李昭德增築。唐末兵亂，摧圮殆盡。周世宗顯德元年，命留守武行德葺之，然甚卑陋。至宋景祐元年，王曾判府事，復奏加築，於是城雉僅完。

南面三門：正南曰定鼎門，南通伊闕，北對端門。隋曰建國。唐武德四年，平王世充改。東曰長夏門，在定鼎門東五里。西曰厚載門，在定鼎門西二里。隋曰白虎門，唐初避廟諱改。

東面三門：北曰上東門，西對東城之宣仁門。隋曰上春，唐初改。中曰羅門，無榜，當取羅郭之義名。南曰建春門。隋曰建陽，唐初改。按韋述《記》『中曰建春，南曰永通。』周廣順中猶存，疑宋初廢塞而開羅門。

北面二門：東曰接喜門，隋曰喜寧，唐初改。西曰徽安門。

又《宮城》 宮城曰紫微城，其城象紫微宮，因以名。在都城之西北隅。衛尉卿劉權、秘書丞韋萬頃監築宮城，兵夫七十萬人。城周匝兩重，延袤三十餘里，高三十七尺，六十日成。其內諸殿及牆院，又役十餘萬人。直東都土工監，當役八十餘萬人。其木工、瓦工、金工、石工，又十餘萬人。南面四門：正門曰則天門，門有兩重觀，上曰紫微觀。左右連闕，闕高一百二十尺。南去端門五百步。王世充僭位，改順天門。東曰興教門，去則天門二百步。留守居於門外。東城屈向北，有門東啓，曰永康門。又東曰泰和門。去興教門二百步，並重觀。門內左右藏庫，左藏屋六重，重二十五間，總一百五十間。右藏屋兩重，總四十間。西曰光政門。去則天門二百步，門西城屈向北，有門西啓，曰隆慶門。

東面一門，曰重光門。內即東宮。西面一門，曰寶城門。門上曰飛云觀。北面一門，曰玄武門。南對則天門。玄武門北曰曜儀門。號曜儀城。其北曰圓壁門。號圓壁城。

門之西曰方諸門。在寶城門西街之北三里。則天門北曰永泰門。相去四十五步，王世充改曰建明門。東西橫門曰東華門，曰西華門。永泰門北曰乾陽門。相去四十步，並重樓，東西軒廊周匝。

正殿曰乾陽殿。去乾陽門一百二十步。殿三十間，二十九架，闊九丈，從地至鴟尾二百七十尺。有三階軒，其柱大二十四圍。南軒垂以朱絲網路。王世充改曰福光殿。庭東西有鐘鼓重樓，漏刻在樓下。左右各有大井，井面闊二十尺。

【略】東西上閣。在乾陽殿北各十二步。

大業門，在乾陽門北三十步。門內大業殿。相去四十步，其規制類乾陽而小。

興教門北曰會昌門。去會昌門二百步，入內尚食、進食、尚藥、進藥。內上進物，皆由此門。會昌門道左，有內殿、內省、少府、內監、內尚、光祿、尚尉。道右。有門下、內省、左六衛內府、左監門內府。

重潤門。在章善門內，橫街東一百二十步。光政門北曰景運門。相去二十步。在永泰門西二百步，與會昌門並。步廊連匝，坐宿衛兵。

次北曰顯福門。去景運門二百步。入內命婦，入朝學士進書，皆由此門入。景運門道左，有內史、內省秘書、內省學士館、右監門內府、右六衛內府、鷹房、內甲庫。道右。有命婦朝堂，慧日、法雲二道場，通真、玉真兩壇。接西馬坊。

志靜殿。在顯福門北三十步。周以軒廊，即宮內共事佛像之所。修文殿。在志靜門橫街東四十步。殿內藏正御本書。西有閶闔門。相去百步。門南，北有仰觀臺，高百步；門西一百三十步，即寶城門。

出東華門，東有文成門，相去四十步。道北。內有文成殿，周以軒廊。左延福門。在東華門南四十步。出門東百步，至章善門街。

出西華門，西有武安門，相去三十步。道北。內有武安殿。大業、文成、武安三殿。御座見朝臣，則宿衛隨入殿庭。並植枇杷、海棠、石榴、青梧桐樹。右延福門。在西華門南四十步。出門西百步，至明福門街。

寶城門內有儀鸞殿。大業□年，有二鸞鳥降寶城內，因造殿及儀鸞雙表高尺餘。殿南有榅桲林、栗林、蒲桃架四行，長百餘步。架南有射堂，對閶闔門。觀文殿。殿前兩廂為書堂，各二十間。堂前通為閣道承殿。每一門有十二寶幮，高廣六尺，皆飾以雜寶。幮中皆江南晉、宋、齊、梁古書。幮前後方，五香牀裝以金玉，春夏鋪九尺象簟，秋設鳳紋綾花褥，冬則加錦裝須繡氈其間，內南北通為腅霓窗櫺。每三間，門一方，戶戶垂錦幰。流杯殿。殿上作漆渠九曲，煬帝與宮人為曲水之飲。安福殿。寢殿。

千福門。德陽門。千步閣。九洲池。其地屈曲，象東海之九洲。居地十頃，水深丈餘。中有瑤光殿。琉璃亭。在九洲池南。一柱觀。在琉璃亭南。

□房八院。朝采、含香、蘭若、春風、滋蘭、南風、和聲。文綺、花光等十六堂。又有迎風亭、回廊亭、珠露齋、流風齋、回雪齋、月輪亭、瓊林觀、朝日樓、明月樓。

又《皇城》 隋皇城，在府治城西二里，尚有闕門舊基。定鼎門在府城南一十里。皇城曰太微殿。形制曲折，上應太微宮星之度，因以名，亦號南城。

南面三門：正南曰端門，北當則天門，南當建國門。門上重樓曰太微觀。門外有黄道渠，渠闊二十步，有黄道橋。東曰左掖門，去端門一里。門上曰崇安觀。門南道左，有侯衛府。西曰右掖門。去端門一里。門上曰宣平觀。門南過黄道橋南道西，有右侯衛府。渠西南有石瀉口，東西長三百步，闊五十餘尺，深八尺，用大鐵為細腰，玄鉤牽之。

東面一門，曰東太陽門。出則天門横街，直東七百步。西面二門：南曰麗景門，西入苑。北曰西太陽門。出則天門横街，直西七百步。

□□當則天門外第一街之南，第二横街之北，東面曰東朝堂，次東門下省，次東殿内省，次東左翊衛府。次東左掖門街。東錢坊。

第三街從西左驍衛府，次東左武衛備身府，次東左武衛府，次東左屯衛府，次東左禦衛府。次東左掖門街。街東少府監。東抵城。

第四街從西司隸臺，次東光禄寺，次東左監門衛府，又有甲弩坊。次東太府寺。次東左掖門街。街東少府監。東抵城。

則天門外第一街之南，第二横街之北，西面曰西朝堂，次西内史省，次西謁者臺，次西左翊衛府。次西右掖門街。街西有犛犛庫。次西西馬坊。西抵城

第三街從東右驍衛府，次西右武衛備身府，次西右屯衛府，次西右禦衛府。次西右掖門街。街西有子羅倉、鹽倉。西抵城。

第四街從東御史臺，次西秘書省，次西尚舍庫，次西右監門府，次西長秋監。次西右掖門街。街西掌醢署，次西良醞署。

出西太陽門，道西第一院，隋王宅。第二院，燕王倓宅。第三院，陳王宅。第四院。代王侑宅。皆軒廊，坐宿衛。

又《東城》 東城。大業九年築。東面一門，曰宣仁門。直東對外郭之上春門。南面一門，曰承福門。在左掖門東二里。南臨洛水，有翊津橋，通翻經道場。北面一門，曰含嘉門。南對承福門。其北即含嘉倉，倉有城，號含嘉城。其北曰德猷門。出外郭。

城内四街：第一街鴻臚寺，次東司農寺，次東太常寺。東抵城。第二街，即宣仁門之大道。尚書省。在道北。第三街將作監，次東太僕寺。東抵城。第四街衛尉寺，次東都水監，次東宗正寺，次東大理寺。東抵城。

又《西苑》 上林苑。初曰會通苑，又改上林而曰西苑。周二百二十九里一百三十八步。東曰嘉豫門，上有翔鳳觀。望春門。南面曰清夏門，興安門，昭仁門。西面曰迎秋門，遊義門，籠煙門，靈溪門，風和門。北面曰朝陽門，靈圃門，禦冬門，膺福門。

苑内設十六院：延光院，第一。明彩院，第二。含香院，第三。承華院，第四。凝暉院，第五。麗景院，第六。飛英院，第七。流芳院，第八。曜儀院，第九。闕第十。百福院，第十一。萬善院，第十二。長春院，第十三。永樂院，第十四。清暑院，第十五。明德院。第十六。每院備有堂皇之麗，階庭並植名花奇樹。院口西南開三門，門並臨龍鱗渠。渠面闊二十步，上跨飛橋。院置一屯，用院名名之。屯内養羊豕池魚，園蔬瓜果悉具。

逍遥亭。在苑内。造山為海，周十餘里。水深數丈，中有方丈、蓬萊、瀛洲諸山，相去各三百步。山高水出百餘尺。上有通真觀、集靈臺、總仙宫，分在諸山。别有浮橋、水殿百餘，泛濫往來。龍鱗渠。在海北。屈曲水周遶十六院，入海。曲水池。在海東。中有曲池水殿，上巳日禊除之所。

冷泉宫。有泉極冷，因名之。積翠宫。有山池森翠，苑中之勝所。顯仁宫。南逼南山，北臨洛水。青城宫。北齊天保五年，常山王演所築，以拒周師，使其將嚴似略守之，亦號嚴城。煬帝因其城造宫。至寳城門七里。韋述云：古穀城也。淩波宫。在□□門西。□□二里。宫内有含景殿及射堂，樓觀池隍十數里。阜澗宫。别名甘泉宫。遷都未成，命内史舍人封德彝于此營造。周十餘里，宫北通西苑。其内多山阜，有閬風亭、麗日亭、棲霞觀、行雨臺、清暑殿。南有通仙飛橋、百尺澗、青蓮峰。峰上有翠微亭。後王世充建為甘州。又有朝陽宫，棲雲宫。成務殿、大順殿、文華殿、春林殿、和春殿；華渚堂、翠阜堂、流芳堂、清風堂、光風堂、崇蘭堂、麗景堂、鮮雲堂；回流亭、流風亭、露華亭、飛香亭、芝田亭、長塘亭、芳州亭、翠阜亭、芳林亭、流芳亭、飛花亭、留春亭、澂秋亭、洛浦亭。

清·徐松《唐兩京城坊考》卷五《東京》 （右西苑）隋煬帝始于舊成周之西十八里，舊王城之東五里，築京城。

藝文

隋·楊廣《隋煬帝集·冬至乾陽殿受朝》 北陸玄冬盛，南至晷漏

長。端拱朝萬國，守文繼百王。至德慚日用，治道愧時康。新邑建嵩岳，雙闕臨洛陽。圭景正八表，道路均四方。碧空霜華淨，朱庭皎日光。纓珮既濟濟，鐘鼓何鍠鍠！文戟翊高殿，采旄分修廊。元首乏明哲，股肱貴惟良。舟檝行有寄，庶此王化昌。

又《東宫春》 洛陽城邊朝日暉，天淵池前春燕歸。含露桃花開未飛，臨風楊柳自依依。小苑花紅洛水綠，清歌宛轉繁絃促。長袖逶迤動珠玉，千年萬歲陽春曲。

又《晚春》 洛陽春稍晚，四望滿春暉。楊葉行將暗，桃花落未稀。窺簷燕爭入，穿林鳥亂飛。唯當關塞者，溽露方霑衣。

又《還京師》 東都禮儀舉，西京冠蓋歸。是月春之季，花柳相依依。雲蹕清馳道，雕輦御晨暉。嘹亮鐃笳奏，葳蕤旌旆飛。後乘趨文雅，前驅厲武威。

隋·牛弘《牛奇章集·奉和冬至乾陽殿受朝應詔》 恭己臨萬宇，宸居御八埏。作貢菁茅集，来朝圭黻連。司儀三揖盛，掌禮九賓虔。重欄映如璧，複殿繞非烟。

《隋書》卷七六《王胄傳》 大業初，爲著作佐郎，以文詞爲煬帝所重。帝常自東都還京師，賜天下大酺，因爲五言詩，詔胄和之。其詞曰：『河、洛稱朝市，崤、函實奥區。周營曲阜作，漢建奉春謨。大君苞二代，皇居盛兩都。招搖正東指，天駟迺西驅。展軨齊玉軑，式道耀金吾。千門駐罕畢，四達儼車徒。是節春之暮，神皋華實敷。皇情感時物，睿思屬枌榆。詔問百年老，恩隆五日酺。小人荷鎔鑄，何由答大鑪。』帝覽而善之。

唐·徐堅《初學記》卷一四《禮部下·朝會·［隋］許善心〈奉和冬至乾陽殿受朝應詔〉》 森森羅陛衛，巘巘鏘璁珩。禮殫五瑞輯，樂闋九功成。

又 卷二四《居處部·都邑·［隋］許善心〈奉和還京師詩〉》 重光闡帝圖，肆覲荷來蘇。卜洛連新邑，因秦還舊都。雷警三辰衛，星陳七萃斵。從風折鳳羽，曜日拖魚鬚。憲章殫禮樂，容服備車徒。迴鑾入酆鎬，從蹕度枌榆。冉冉年和變，遲遲節物徂。餘花照玉李，細葉翦珪梧。朝夕萬國湊，海會百川輸。微生逢大造，倏忽改榮枯。

宋·李昉等《文苑英華》卷一七〇《［隋］庾自直〈初發東都應詔〉》 二龍乘玉軸，萬騎翊林塘。縱觀此何事？廵駕幸維楊。伊雒山川轉，江湖道路長。昭日秋源浄，分花曲水香。稻粱叨歲月，羽翮仰恩光。後塵歸舊里，還如仙鶴翔。

清·彭定求等《全唐詩》卷五二五《杜牧〈隋宫春〉》 龍舟東下事成空，蔓草萋萋滿故宫。亡國亡家為顔色，露桃猶自恨春風。

江都

綜述

《隋書》卷三《煬帝紀上》 （大業六年）三月癸亥，幸江都宫。（六月）甲寅，制江都太守，秩同京尹。

又 卷三一《地理志下·江都郡》 江陽。【略】大業初更名江陽。有江都宫、揚子宫。江都。自梁及隋，或廢或置。

宋·司馬光《資治通鑑》卷一八五《唐紀一》 （武德元年三月）隋煬帝至江都，荒淫益甚，宫中爲百餘房，各盛供張，以美人，日令一房爲主人。江都郡丞趙元楷掌供酒饌，帝與蕭后及幸姬歷就宴飲，酒卮不離口，從姬千餘人亦常醉。然帝見天下危亂，意亦擾擾不自安，退朝則幅巾短衣，策杖步遊，徧歷臺館，非夜不止，汲汲顧景，唯恐不足。

帝自曉占候卜相，好爲吳語，常夜置酒，仰視天文，謂蕭后曰：『外間大有人圖儂，然儂不失爲長城公，卿不失爲沈后，且共樂飲耳！』因引滿沈醉。又嘗引鏡自照，顧謂蕭后曰：『好頭頸，誰當斫之？』后驚問故，帝笑曰：『貴賤苦樂，更迭爲之，亦復何傷！』

帝見中原已亂，無心北歸，欲都丹陽，保據江東，命羣臣廷議之，内史侍郎虞世基等皆以爲善；右候衛大將軍李才極陳不可，請車駕還長安，與基基忿爭而出。門下録事衡水李桐客曰：『江東卑濕，土地險狹，内奉萬乘，外給三軍，民不堪命，亦恐終散亂耳。』御史劾桐客謗毀朝政。於是公卿皆阿意言：『江東之民望幸已久，陛下過江，撫而臨之，此大禹之事也。』乃命治丹陽宮，將徙都之。

宋・王楙《野客叢書》卷一六《廣陵》 西漢揚州，治無定所。後漢治歷陽，後治壽春，後又徙曲阿。至隋唐，方治今之廣陵耳。【略】廣陵之名，其來舊矣。至隋煬帝，悦其地之繁盛，置離宮別館而行幸焉。當時改言江都而不言廣陵者，正避煬帝諱也。然煬帝戀江都之盛而不歸，竟死於廣陵，得非廣陵之名，為煬帝先讖乎！

藝　文

隋・楊廣《隋煬帝集・江都宮樂歌》 揚州舊處可淹留，臺榭高明復好遊。風亭芳樹迎早夏，長臯麥隴送餘秋。渌潭桂檝浮青雀，果下金鞍躍紫騮。緑觴素蟻流霞飲，長袖清歌樂戲州。

又《泛龍舟》 舳艫千里泛歸舟，言旋舊鎮下揚州。借問揚州在何處？淮南江北海西頭。六轡聊停御百丈，暫罷開山歌棹謳。詎似江東掌間地，獨自稱言鑑裏遊。

又《江都夏》 黄梅雨細麥秋輕，楓樹蕭蕭江水平。飛樓綺觀軒若驚，花簟羅幃當夜清。菱潭落日雙鳧舫，緑水紅妝兩搖漾。還似扶桑碧海上，誰肯空歌採蓮唱。

又《幸江都作》 求歸不得去，真成遭個春。鳥聲爭勸酒，梅花笑殺人。

唐・徐堅《初學記》卷一三《禮部上・［隋］虞茂〈奉和幸江都應詔詩〉》 巡幸光帝典，征吉乃先天。澤國翔宸駕，水府泛樓船。七萃縈長薄，三翼亙通川。夙興大昕始，求衣昧早前。澄瀾浮曉色，遥林卷宿煙。晨霞稍含景，落月漸虧弦。迴塘響歌吹，極浦望旌旃。方陪觀東後，登封禪肅然。

唐・歐陽詢等《藝文類聚》卷三九《禮部中・［隋］虞世南〈和幸江都詩〉》 南國行周化，稽山祕夏圖。百王豈殊軌，千載協前謀。肆覲遵時豫，順動悦來蘇。安流進玉軸，戒道翼金吾。龍旂焕辰象，鳳吹溢川塗。封唐昔敷錫，分陝被荆吳。沐道咸知讓，慕義久成都。冬律初飛管，陽烏正銜蘆。嚴飈肅林薄，暖景澹江湖。鴻私浹幽遠，厚澤潤凋枯。虞琴起歌詠，漢築動巴歈。多幸霑行葦，無庸類散樗。

宋・郭茂倩《樂府詩集》卷五六《［隋］虞茂〈江都夏〉》 長洲茂苑朝夕池，映日含風結細綺。坐當伏檻紅蓮枝，雕軒洞戶青蘋吹。輕幌芳煙鬱金馥，綺簷花簟桃李枝。蘭苕翡翠恒相逐，桂樹鴛鴦恒並宿。

唐・權德輿《權文公集》卷九《廣陵詩》 廣陵實佳麗，隋季此為京。八方稱輻湊，五達如砥平。大旆映空色，笳簫發連營。層臺出重霄，金碧摩顥清。交馳流水轂，迥接浮雲甍。青樓旭日映，緑野春風晴。噴玉光照地，顰蛾價傾城。燈前互巧笑，陌上相逢迎。飄飄翠羽薄，掩映紅襦明。蘭麝遠不散，管絃閒自清。曲士守文墨，達人隨性情。茫茫竟同盡，冉冉將何營。且申今日歡，莫務身後名。肯學諸儒輩，書窗誤一生。

唐・羅隱《羅昭諫集》卷三《揚州開元寺閣上》 滿檻山川漾落暉，檻前前事去如飛。雲中雞犬劉安過，月裏笙歌煬帝歸。江蹙海門帆散出，地吞淮口樹相依。紅樓翠幕知多少，長向東風有是非。

又　卷四《故都》 江南江北兩風流，一作迷津一拜侯。至竟不如隋煬帝，破家猶得到揚州。

唐・韋縠《才調集》卷四《杜牧〈隋苑〉》 紅霞一抹廣陵春，定子當筵睡臉新。却笑喫虧隋煬帝，破家亡國為誰人？

宋・洪邁《萬首唐人絶句》卷三七《趙嘏〈廣陵城〉》 紅映高臺緑繞城，城邊春草傍墻生。隋家不向此中盡，汴水應無東去聲。

又　卷三九《徐凝〈憶揚州〉》 蕭孃臉下難勝淚，桃葉眉頭易得愁。天下三分明月夜，二分無賴是揚州。

清・彭定求等《全唐詩》卷五五五《馬戴〈廣陵曲〉》 葱蘢桂樹枝，高繫黄金羈。葉隱青蛾翠，花飄白玉墀。上鳴間關鳥，下醉遊俠兒。煬帝國已破，此中都不知。

又　卷五八六《劉滄〈經煬帝行宮〉》 此地曾經翠輦過，浮雲流水竟如何。香銷南國美人盡，怨入東風芳草多。殘柳宮前空露葉，夕陽川上浩烟波。行人遥起廣陵思，古渡月明聞棹歌。

唐五京暨中都南都分部

綜　述

唐・李林甫等《唐六典》卷三《尚書戶部》　京兆、河南、太原爲三都。

《舊唐書》卷一〇《肅宗紀》　（至德二載）十二月戊午朔，上御丹鳳門，下制大赦。【略】改蜀郡爲南京，鳳翔府爲西京，西京改爲中京，蜀郡改爲成都府。鳳翔府官僚並同三京名號。

又　卷三八《地理志一・鳳翔府》　至德二年，肅宗自順化郡幸扶風郡，置天興縣，改雍縣爲鳳翔縣，並治郭下。【略】其年十月，克復兩京。十二月，置鳳翔府，號爲西京，與成都、京兆、河南、太原爲五京。

宋・王溥《唐會要》卷七〇《州縣改置上・關內道》　京兆府。武德以來稱京城，開元元年十二月三日稱西京，至德二年十二月十五日改為中京，上元二年九月二十一日停中京之號，元年建卯月一日改為上都。

又　卷六八《河南尹》　武德四年，平王世充，廢東都，置總管府以淮陽王道玄為之。其年十一月十一日，置洛州大行臺，改為東都。六年九月二十六日，改東都為洛州。九年六月十三日，廢行臺，置都督府，以屈突通為之。貞觀十一年三月十日，改為洛陽宮。十七年五月十三日，廢都督府，復為洛陽，以裴懷節為長史。

顯慶三年六月五日敕：洛陽州及河南洛陽二縣官同京官，以段寶玄為長史。其年十二月十三日敕：宜改洛陽州官為東都州縣官，員階品並准雍州。光宅元年九月五日，改為神都。至神龍元年二月五日，復為東都。開元元年十二月一日，改為河南府，以李傑為尹。天寶元年二月二十日，改為東京。上元元年九月二十日，停東京之號。元年建卯月，改為中都。

又　《太原尹》　武德元年五月二十六日，并陝西道，置總管府，

以竇静為長史。七年二月十七日，改為大都督府，以李弘節為之。龍朔二年二月，又加『大』字。長壽元年九月，置北都，改為太原府，都督為長史，以崔神慶為之。神龍元年二月，罷為大都督府，以宋璟為之。開元十一年正月，置北都，以韋湊為尹。天寶元年正月，改為北京。上元二年九月，停北京之號。尋却，復為北京。

又　《成都尹》　武德三年四月九日，置益州行臺，以魏王泰為之。九年六月十三日廢，置大都督府，以竇軌為之。貞觀二年二月二十日，去『大』字。龍朔二年十二月六日，又為大都督，以丘行恭為之。麟德二年十二月，改為成都府，稱南京，以裴冕為尹。上元元年九月，去南京之號。

又　《鳳翔府尹》　武德元年六月十九日，改隋扶風郡為岐州。天寶元年正月，改為扶風郡，刺史為太守。至德元年七月，改為鳳翔郡。二年十二月，改為鳳翔府，稱西京，李暐為尹。元年建卯月，改為西都。上元二年九月，停西都之號。

又　《河中府尹》　武德二年，置總管府，以襄陵王深為之。七年，改為都督府，以楊福為之。九年七月，廢都督府。景雲二年六月，又置都督府，以崔元琮為之。十一月廢。開元九年正月，改為河中府，號中都，以姜師度為尹。六月三日，停中都，却為州。乾元三年二月二十三日，改為河中府，以蕭華為尹。元年建卯月一日，號為中都。元和三年三月，復為河中府。

又　《江陵尹》　武德四年，平蕭銑，始置大總管，以趙郡王孝恭為之。七年二月十八日，改為大都督府，以濮陽王瓌為之。貞觀年三月二十日，去『大』字。龍朔二年十二月十八日，又改為大都督府，以獨孤雲卿為之。上元元年九月七日，改為江陵府，稱南都，以呂諲為尹。

宋・宋敏求《唐大詔令集》卷六九《（寶應）元年建卯月南郊赦》　五都之號，其來自久。宜以京兆府為上都，河南府為東都，鳳翔府為西都，江陵府為南都，太原府為北都。

宋・王應麟《通鑑地理通釋》卷四《歷代都邑考・唐都》　高祖都長安。本隋都，改大興殿曰太極殿，大興縣復為萬年縣。《六典》：京城左河華，右隴坻，前終南，後九嵕。皇城在京城之中。今謂之子城。宮城在皇

城之北，禁苑在大內宮城之北。西內。太極宮。東內。大明宮。南內。興慶宮。《通典》：武德以來稱京城。《唐志》：天寶元年曰西京，至德二載曰中京，肅宗元年曰上都。《兩京記》：高宗曰：『兩京，朕東西二宅。』始作上陽等宮。

武后定都洛陽。昭宗天祐元年，朱全忠遷唐都于洛陽。《六典》：東都城左成皋，右函谷，前伊闕，後邙山。《唐志》：貞觀六年，號洛陽宮。顯慶二年，曰東都。光宅二年，曰神都。神龍元年，復曰東都。天寶元年，曰東京。肅宗元年，復為東都。皇城曰太微城，宮城曰紫微城。

肅宗至德二載，以蜀郡為南京，成都府。鳳翔為西京，西京為中京。上元元年，置南都於荊州。為江陵府。寶應元年詔曰：『五都之號，其來自久。宜以京兆為上都，河南為東都，鳳翔為西都，江陵為南都，太原為北都。』《唐志》：北都，天授元年置，神龍元年罷，開元十一年復置，天寶元年曰北京，上元二年罷。肅宗元年，復為北都。《六典》：京兆、河南、太原為三都。

明・方以智《通雅》卷一七《地輿・九州建都考略》 唐五都。高祖，單陰縣人，都長安，改大興縣復為萬年縣。玄宗幸蜀，以成都為南京。至德二載，以鳳翔為西京，西京為中京。上元元年，置南都于荊州。寶應元年，詔曰五都。

清・顧炎武《歷代帝王宅京記》卷二《總序下》 唐高祖受隋禪，都長安。

高宗永徽五年冬十月，和雍州四萬一千人築長安外郭，三旬而畢。

顯慶二年冬十二月丁卯，以洛陽宮為東都。

武后光宅元年秋九月甲寅，改東都為神都。

長壽元年秋九月癸卯，以并州為北都。

中宗神龍元年春二月甲寅，復以神都為東都，北都為并州。

玄宗開元九年春正月丙辰，以蒲州為河中府，置中都。夏六月己卯，罷中都。

十一年春正月辛卯，以并州為太原府，置北都。

十八年夏四月乙卯，築西京外郭，凡十月而功畢。

肅宗至德二載冬十二月戊午朔，以蜀郡為南京，鳳翔郡為西京，西京為中京。

上元元年秋九月甲午，以荊州為江陵府，置南都。復以南京為蜀郡。

二年秋九月壬寅，罷京兆、河南、太原、鳳翔四京及江陵南都之號。

元年去年號稱元年，其年四月改元寶應建卯月辛亥朔，復以京兆府為上都，河南府為東都，鳳翔府為西都，江陵府為南都，太原府為北都。

清・嵇璜等《續通志》卷一一〇《都邑略・唐都》 上都。唐因隋京兆郡舊都，初曰京城，天寶元年曰西京，至德二載曰中京，上元二年復曰西京，寶應元年曰上都。在漢長安故城東南二十里，隋開皇二年移置。前直子午谷，後枕龍首山，左臨灞岸，右抵灃水。京城長六千六百六十五步，廣五千五百七十五步，周二萬四千一百二十步，崇丈有八尺。

東都。隋河南郡地，曾置都。武德四年廢。貞觀六年，號洛陽宮。顯慶二年，曰東都。光宅四年，曰神都。神龍元年，復曰東都。天寶元年，曰東京。上元二年，罷京。寶應元年，復為東都。在漢魏故洛城西十八里，前直伊闕，後據邙山，左瀍右澗，洛水貫其中，有河漢之象。都城東西五千六百一十步，南北五千四百七十步，崇丈有八尺。

北都。隋太原郡地，天授元年置，《通典》作長壽元年，今用《新唐書》。神龍元年罷，開元十一年復置。天寶元年曰北京，上元二年罷京，寶應元年復為北都。左汾右晉，潛邱在中。都城長四千三百二十一步，廣三千一百二十二步，周萬五千一百五十三步，其崇四丈。汾東曰東城，貞觀十一年築。兩城之間有中城，武后時築。南有大明城，故宮城也。

南都。本江陵府。隋為南郡，武德四年改為荊州，五年置大總管，七年升為大都督，貞觀二年降為都督府，天寶元年改為江陵郡，乾元元年復為荊州大都督府。上元元年置南都，號江陵府，二年罷。寶應元年又號南都，尋罷。

西都。本鳳翔府，隋扶風郡。武德元年，改為岐州。天寶元年，改為扶風郡。至德二載，置鳳翔府，號西京。上元二年，罷京。寶應元年曰西都，尋罷。

南京。本成都府，隋蜀郡。武德元年，改為益州，置總管府。天寶元年，改為蜀郡，置大都督府。十五載，玄宗幸蜀，駐蹕成都。至德二載十月，玄宗回京師。十二月，改蜀郡為府，號南京。上元元年，罷京。

臣等謹案：唐初以京兆、河南為兩都，武后增置太原為北都，則為三都。肅宗又置江陵為南都，鳳翔為西都，則為五都。然江陵、鳳翔旋置旋罷，而三都則歷世不改。至德二載，因玄宗幸蜀之故，改蜀郡為南京，蓋當時未有京名，故蜀郡不在五都內也。唐世都邑，廢置不一。自肅宗寶應以後，始無復更張矣。

西京

綜述

唐·李林甫等《唐六典》卷七《尚書工部》 京城左河華，右隴坻，前終南，後九嵕。南面三門：中曰明德，左曰啓夏，右曰安化。東面三門：中曰春明，北曰通化，南曰延興。西面三門：中曰金光，北曰開遠，南曰延平。今京城，隋文帝開皇二年六月詔左僕射高熲所置。南直終南山子午谷，北據渭水，東臨滻川，西次灃水。太子左庶子宇文禮創制規模，將作大匠劉龍、工部尚書賀婁子幹、太府少卿高龍又並充檢校，至三年三月移入新都焉，名曰大興城。東西十八里一百一十五步，南北十五里一百七十五步，墻高一丈八尺。皇城之南，東西十坊，南北九坊。皇城之東、西，各一十二坊。兩市居四坊之地，凡一百一十坊。開元十四年，又取東面兩坊為興慶宮。

皇城在京城之中。東西五里一百一十五步，南北三里一百四十步。今謂之子城。南面三門：中曰朱雀，左曰安上，右曰含光。朱雀門正南當明德門，正北當承天門外。横街正東直春明門，正西直金光門。東面二門：北曰延喜，南曰景風。延喜門在承天門外，横街東直通化門。西面二門：北曰安福，南曰順義。安福門西直開遠門。其中左宗廟，在安上門內之東。右社稷，在含光門內之西。百僚廨署列乎其間，凡省六，寺九，臺一，監四，衛十有八。六省謂尚書、中書、門下、秘書、殿中、內侍省，九寺謂太常、宗正、司農、太府、鴻臚、衛尉、光祿、太僕、大理寺，一臺謂御史臺，四監謂少府、將作、國子、都水監，十八衛謂左右衛、左右金吾衛、左右驍騎、左右武衛、左右威衛、左右領軍衛、左右監門衛、左右千牛衛、左右羽林軍衛。今按：中書、門下凡有三所，並在宮城之內。國子監在皇城之南，左右金吾衛在皇城之東西，左右羽林軍在玄武門之北。東宮官屬，凡府一，坊三，寺三，率府十。一府謂詹事府，三坊謂左右春坊、內坊，三寺謂家令、率更、僕寺，十率府謂左右衛率府、左右清道率府、左右司禦率府、左右內率府、左右監門率府。

宮城在皇城之北。南面三門：中曰承天，東曰長樂，西曰永安。承天門，隋開皇二年作。初曰廣陽門，仁壽元年改曰昭陽門，武德元年改曰順天門，神龍元年改曰承天門。若元正、冬至大陳設燕會，赦過宥罪，除舊布新，受萬國之朝貢，四夷之賓客，則御承天門以聽政。蓋古之外朝也。其北曰太極門，其內曰太極殿，朔、望則坐而視朝焉。蓋古之中朝也。隋曰大興門、大興殿，煬帝改曰虔福門。貞觀八年改曰太極門，武德元年改曰太極殿。有東上、西上二閤門，東西廊左延明、右延明二門。次北曰朱明門，左曰虔化門，右曰肅章門。肅章之西曰暉政門，虔化之東曰武德西門。其內有武德殿，有延恩殿。又北曰兩儀門，其內曰兩儀殿，常日聽政而視事焉。蓋古之內朝也。隋曰中華殿，貞觀五年改為兩儀殿。承天門之東曰長樂門，北入恭禮門，又北入虔化門，則宮內也。承天門之西曰廣運門，永安門北入安仁門，又北入肅章門，則宮內也。

兩儀殿之東曰萬春殿，西曰千秋殿。兩儀之左曰獻春門，右曰宜秋門。宜秋之右曰百福門，其內曰百福殿；百福之西曰承慶門，內曰承慶殿。獻春之左曰立政門，其內曰立政殿；立政之東曰大吉門，其內曰大吉殿。兩儀之北曰甘露門，其內曰甘露殿；左曰神龍門，其內曰神龍殿；右曰安仁門，其內曰安仁殿。又有興仁、宣猷、崇道、惠訓、昭德、安禮、正禮、宣光、通福、光昭、嘉猷、華光、暉儀、壽安、綏福等門，薰風、就日、翔鳳、咸池、臨昭、望僊、鶴羽、乘龍等殿，淩煙、翔鳳等閣。

大明宮在禁苑之東南，西接宮城之東北隅。龍朔二年，高宗以大內卑濕，乃於此置宮。南面五門：正南曰丹鳳門，東曰望僊門，次曰延政門，西曰建福門，次曰興安門。南當皇城之啓夏門，舊京城入苑之北門，開皇三年開。餘四門，並與宮同置。丹鳳門內正殿曰含元殿。殿即龍首山之東趾也。階上高於平地四十餘尺，南去丹鳳門四百餘步，東西廣五百步。今元正、冬至，於此聽朝也。夾殿兩閣：左曰翔鸞閣，右曰棲鳳閣。與殿飛廊相接。夾殿東有通乾門，西有觀象門，閣下即朝堂。肺石、登聞鼓如承天之制。其北曰宣政門，門外東廊曰齊德門，西廊曰興禮門。內曰宣政殿，殿前東廊曰日華門，門東門下省。省東南北街，南直含耀門，出昭訓門。宣政殿前西廊曰月華門，門西中書省。省西南北街，南直昭慶門，出光範門。宣政之左曰東上閣，右曰西上閣。次西曰延英門，其內之左曰延英殿，右曰含象殿。宣政北曰紫宸門，其內曰紫宸殿。即內朝正殿也。殿之南面紫宸門，左曰崇明門，右曰光順門。殿之東曰左銀臺門，西曰右銀臺門，次北曰九僊門。殿之北面曰玄武門，左曰銀漢門，右曰青霄門。其內又有麟德、凝霜、承歡、長安、僊居、拾翠、碧羽、金鑾、蓬萊、含涼、珠境、三清、含冰、水香、紫蘭等殿，玄武、明儀、大角等觀，鬱儀、結鄰、承雲、修文等閣也。

興慶宮在皇城之東南，東距外郭城東垣。即今上龍潛舊宅也。開元初，以為離宮，至十四年，又取永嘉、勝業坊之半，以置朝。自大明宮東夾羅城複道，經通化門磴道，潛通焉。宮之西曰興慶門，其內曰興慶殿。即正衙殿，有龍池殿。次南曰金明門，門內之北曰大同門，其內曰大同殿。宮之南曰通陽門，北入曰明光門，其內曰龍堂。通陽之西曰花蕚樓，樓西即寧王第，故取詩人『棠棣』之義以名樓焉。樓西曰明義門，其內曰長慶殿。宮之北曰躍龍門，其內左曰芳苑門，右曰麗苑門。南走龍池，曰瀛洲門，內曰南薰殿。瀛洲之左曰僊雲門，北曰新射殿。又有同光、承雲、初陽、飛軒、玉華等門，飛僊、交泰、同光、榮光等殿。初，上居此第，其里名協聖諱。所居宅之東有舊井，忽涌為小池，周袤纔數尺，常有雲氣，或見黃龍出其中，至景龍中，潛復出水。其沼浸廣時，即連合為一。未半歲，而里中人悉移居，遂鴻洞為龍池焉。蓋符命之先也。

禁苑在大內宮城之北，比臨渭水，東拒滻川，西盡故都城，其周一百二十里。禽獸蔬果莫不毓焉。若祠、禴、烝、嘗四時之薦，蠻夷、戎狄、九賓之享，則蒐狩以為儲供焉。

唐·韋述《兩京新記》卷一《宮城》 宮城東西四里，南北二里四十步，周迴十三里一百八十步，高三丈五尺。宮城南面六門，正南承天門，門外兩觀、肺石、登聞鼓、朝堂。次東長樂、廣運、重明、永春門；次西永安門。次北嘉德、東西恭禮、安仁門，東西廊歸仁、納義門。次北太極門，北至［太極］殿。北面三門，正北玄武、次東安禮門、安德門。西面二門，南通明、北嘉猷門。太極殿旁東上閣、西上閣門，東西廊左、右延明門。兩儀殿在太極殿後，常日聽朝視事，蓋古之內朝。武德殿在西內乾化門東北。淩煙閣在凝陰殿內，功臣閣在淩煙閣南。

又《東宮》 東宮重明門北左、右永福門，內廊左、右嘉善門，東西奉化門。宮內有九殿。宜春門外有左春坊，坊南有崇賢館。

又《禁苑》 禁苑在宮城之北。苑中有四面監，分掌宮中種植及修緝，又置苑總監都統，並屬司農寺。苑內有望春宮，在高原之上，東臨滻灞。又有望雲亭、鞠場亭、柳園亭、真興亭、神臯亭、桃園亭、臨渭亭、永泰亭、南昌國亭、北昌國亭、流杯亭、青門亭。隋文帝增修未央池。

又《大明宮》 大明宮南接京城之北面，西接京城之東北隅。初，高宗嘗患風痺，以宮內湫濕，屋宇擁蔽，乃於此置宮。司農少卿梁孝仁充使制造。北據高岡，南望爽塏，視終南如指掌，坊市俯而可窺。宮南面五門，正南丹鳳門，次東望仙、延政門；次西建福、興安門。［丹鳳門內］正中含元殿，殿東西翔鸞、棲鳳閣，［閣］下肺石、登聞鼓。殿前左右有砌道盤上，謂之龍尾道。殿陛上高於平地四十餘丈，南去丹鳳門四百步。含元殿東西通乾、觀象門，殿北宣政門。門內曰宣政殿，即正衙殿也，朔望大册拜則御之。［殿前］東西廊日華、月華門。［日華門東有門下省，］門下省東弘文館，次東史館。紫宸殿在宣政殿北，即內衙正殿。紫宸殿前紫宸門，門設外屏。東崇明門，南出含曜門、昭訓門；西光順門，南出昭慶門、光范門。紫宸殿北曰蓬萊殿，其西曰還周殿，還周西北曰金鑾殿。金鑾西南曰長安殿。長安北曰仙居殿，仙居西北曰麟德殿。此殿三面，故以三殿名。東南、西南有閣，東西有樓。大福殿在三殿北，重樓連閣緜亙，西殿有走馬樓，南北長百餘步，樓下即九仙門，西入苑。拾翠殿在大福殿東南。拾翠樓在大福殿東北。

又《皇城》 皇城東西五里一百一十五步，南北三里一百四十步。南面三門，正南曰朱雀門，東曰安上門，西曰含光門。東面二門，南曰景風門，北曰延喜門。西面二門，南曰順義門，北曰安福門。城中南北七街，東西五街。

又 卷二《京城》 外郭城東西一十八里一百一十五步，南北一十五里一百七十五步，周六十七里。高一丈八尺。南面三門，中明德門，東啓夏門，西安化門；東面三門，中春明門，北通化門，南延興門；西面三門，中金光門，北開遠門，南延平門。北面一門曰光化門，皇城西芳林門。［朱雀門］街東西各五十四坊。其中有折衝府四、僧寺六十四、尼寺二十七、道士觀十、女觀六、波斯寺二、胡祆祠四，隋大業初有寺一百二十，謂之道場；有道觀十，謂之玄壇。

唐・康駢《劇談録》卷下《含元殿》　含元殿國初建造，鑿龍首崗以為基址，彤墀釦砌，高五十餘尺。左右立栖鳳、翔鸞二闕，龍尾道出於闕前。倚欄下瞰，前山如在諸掌。殿去五門二里，每元朔朝會，禁軍與御仗宿於殿庭，金甲葆戈，雜以綺繡，羅列文武，纓珮序立，蕃夷酋長，仰觀玉座，若在霄漢。識者以為自姬漢之代，迄于亡隋，未有如斯之盛。

《舊唐書》卷三八《地理志一・關内道・京師》　京師，秦之咸陽，漢之長安也。隋開皇二年，自漢長安故城東南移二十里置新都，今京師是也。城東西十八里一百五十步，南北十五里一百七十五步。

皇城在西北隅，謂之西内。正門曰承天，正殿曰太極。太極之後殿曰兩儀。内别殿、亭、觀三十五所。京師西有大明、興慶二宮，謂之三内。有東西兩市。都内南北十四街，東西十一街。街分一百八坊。坊之廣長，皆三百餘步。皇城之南大街曰朱雀之街，東五十四坊，萬年縣領之。街西五十四坊，長安縣領之。京兆尹總其事。東内曰大明宮，在西内之東北，高宗龍朔二年置。正門曰丹鳳，正殿曰含元，含元之後曰宣政。宣政左右，有中書門下二省、弘文史二館。高宗已後，天子常居東内，别殿、亭、觀三十餘所。南内曰興慶宮，在東内之南隆慶坊，本玄宗在藩時宅也。自東内達南内，有夾城復道，經通化門達南内。人主往來兩宮，人莫知之。宮之西南隅，有花蕚相輝、勤政務本之樓。

禁苑，在皇城之北。苑城東西二十七里，南北三十里，東至灞水，西連故長安城，南連京城，北枕渭水。苑内離宮、亭、觀二十四所。漢長安故城東西十三里，亦隸入苑中。苑置西南監及總監，以掌種植。

宋・王溥《唐會要》卷八六《城郭》　永徽五年十一月十一日，和僱雍州夫四萬一千人修京羅城郭，三十日畢。九門各施觀明、德觀五門。工部尚書閻立德為治。

開元十八年四月一日，築京城，九十日畢。

二十年，都畿採訪使、御史中丞張倚請整齊都城侵街墻宇。

（天寶）六年十二月二十一日，築會城於湯沐所，置百司及公卿邸第。

十二年十月十七日，和僱華陰、扶風、馮翊三都丁匠及京城人夫一萬三千五百人，築興慶宮城。並起樓四，十九年畢。

至德三年正月二十七日，改丹鳳門為明鳳門，通化門為達禮門，安上門為先天門，及坊名有『安』者悉改之，尋並却如後。

貞元元年，新作玄武門。

又　卷三〇《大内》　武德元年五月二十一日，改隋大興殿爲太極殿，改隋昭陽門爲順天門。至神龍元年二月改爲承天門。景雲元年十月二十一日，以京大内爲太極宮。

又　《大明宮》　貞觀八年十月，營永安宮。至九年正月，改名大明宮，以備太上皇清燕。公卿百僚争以私財助役。至龍朔二年，高宗染風痺，以宮内湫濕，乃修舊大明宮，改名蓬萊宮，北據高原，南望爽塏。六月七日，制蓬萊宮諸門殿亭等名。至三年二月二日，税延、雍、同、岐、豳、華、寧、鄜、坊、涇、虢、絳、晉、蒲、慶等十五州率口錢，修蓬萊宮。二十五，減京官一月俸，助修蓬萊宮。四月二十二日，移仗就蓬萊宮新作含元殿。二十五日，始御紫宸宮聽政，百僚奉賀新宮成也。【略】

咸亨元年三月四日，改蓬萊宮為含元殿。

長安元年十一月，又改為大明宮。十二月一日，改含元殿為大明殿。

神龍元年二月，復改為含元殿。【略】

貞元三年十二月，初作玄英門觀於大明宮北垣。

又　《興慶宮》　開元二年七月二十九日，以興慶里舊邸爲興慶宮。初，上在藩邸，與宋王等同居于興慶里，時人號曰五王子宅。至景龍末，宅内有龍池湧出，日以浸廣，望氣者云：『有天子氣。』中宗數行其地，命泛舟，以駞象踏氣以厭之。至是爲宮焉。後於西南置樓，西面題曰花蕚相輝之樓，南面題曰勤政務本之樓。至二十五年，元宗謂諸王曰：『我自奉先帝宮室，不敢有加，時時補葺，已愧于勞人矣。惟興慶創制，乃朝廷百辟卿士，以吾舊邸，因欲修建，不免羣卿考室之詞，以俟庶民子來之請，亦所以表休徵之地。新作南樓，本欲察甿俗，採風謠，以防壅塞，是亦古闢四門達四聰之意，時有作樂宴慰，不徒然也。又因大哥讓朱邸，以成花蕚相輝之美。歷觀自古聖帝明王，有所興作，欲以助教化也。我所冀者，式崇敦睦，漸漬薄俗，令人知信厚爾。』至十六年正月三日，始移仗於興慶宮聽政。

二十年六月，廣花蕚樓，築夾城至芙蓉園。十二月三日，毀東市東北角，道政坊西北角，以廣花蕚樓前。

天寶十載四月二十一日，興慶宮造交泰殿成。

元和十四年三月，詔左右軍容各以官健二千人修勤政樓。

太和三年十月，敕修南内天同殿十三間及勤政樓、明光樓。

大中五年，詔修明義樓。

《新唐書》卷三七《地理志一·關内道》 上都初曰京城，天寶元年曰西京，至德二載曰中京，上元二年復曰西京，肅宗元年曰上都。皇城長千九百一十五步，廣千二百步。宮城在北，長千四百四十步，廣九百六十步，周四千八百六十步，其崇三丈有半。龍朔後，皇帝常居大明宮，乃謂之西内，神龍元年曰太極宮。大明宮在禁苑東南，西接宮城之東北隅，長千八百步，廣千八十步，曰東内，本永安宮，貞觀八年置，九年曰大明宮，以備太上皇清暑，百官獻貲以助役。高宗以風痺，厭西内湫濕，龍朔二年始大興葺，曰蓬萊宮，咸亨元年曰含元宮，長安元年復曰大明宮。興慶宮在皇城東南，距京城之東，開元初置，至十四年又增廣之，謂之南内，二十年，築夾城入芙蓉園。京城前直子午谷，後枕龍首山，左臨灞岸，右抵灃水，其長六千六百六十五步，廣五千五百七十五步，周二萬四千一百二十步，其崇丈有八尺。

宋·宋敏求《長安志》卷六《宮室四·唐上》 宮城，東西四里，南北二里二百七十步，周一十三里一百八十步，崇三丈五尺。南卽皇城，北抵苑，東卽東宮，西有掖庭宮。

右宮城章終

西内，南面有六門。正殿南承天門，隋開皇二年作，初名曰唐陽門，仁壽元年改曰昭陽門。唐武德元年改曰順天門，神龍元年改為承天門。外有朝堂，東有肺石，西有登聞鼓。龍朔後，天子常居大明宮，乃謂此宮曰西内。神龍元年，又改曰太極宮。門東曰長樂門，次東曰廣運門，内有左藏庫，次北有舊右藏庫，後有弘文館，西北有武庫。北入歸仁門，又北乾化門，門内入宮中。次東曰重明門，次東曰永春門，即東宮之正門，門東西有左右永福門。承天門之西曰永安門。北入安仁門。若元正、冬至陳樂設宴，會赦宥罪，除舊布新，當萬國朝貢使者、四夷賓客，則御承天門，以聽政焉。東面一門，鳳凰門。隋曰建春門，後改通訓門。明皇時，鳳凰飛集通訓門，詔改曰鳳凰門。西面二門，南曰通明門，北曰嘉猷門。北面三門，正北曰玄武門，次東曰安禮門，東宮北門曰玄德門，當承天門内，北曰太極門。隋曰大興門，後改曰乾福門，貞觀八年改為太極門。殿東隅有鼓樓，西隅有鐘樓，貞觀四年置。其内正殿曰太極殿。隋曰大興殿，武德元年改有東閣、西上閣。朔望視朝，則登此殿。東廊有左延明門，西廊有右延明門。太極門外、承天門之内曰嘉德門，東廊有歸仁門，西廊有納義門。嘉德門東有恭禮門，西有安仁門，門下省左右延明門，東南中書省左右延明門，西南舍人院在中書省東，弘文館在門下省東。武德四年，置聚天下書籍。貞觀六年，選朝官有才學者以充學士。九年，改為昭文館。玄宗開元七年，復舊史館，在門下省北。貞觀三年，置祕書内省，以修《五代史》；又置史館，以編國史；尋廢祕書内省。太極殿北曰朱明門，左曰乾化門，右曰肅章門，肅章門西曰暉政門，乾化門東曰武德門。其内曰兩儀殿，在太極殿後。隋曰中華殿，至貞觀五年改。常日聽政視事，則臨此殿。其西萬春殿、新殿、千秋殿、公主院，左有獻春門，右有宜秋門，百福門内曰百福殿，宣宗改雍和殿。内又有親親樓。諸王會宴之所也。承慶門内曰立政殿，立政門東内曰大吉門，門内大吉殿。甘露門内甘露殿，在兩儀殿之北。殿門外有東西永巷。東出横門，又東有日華門；西出横門，又西有月華門。院北有東西千步廊，西有掖庭。明皇自蜀還，常居西内甘露殿。左有神龍門，内曰神龍殿，在武德殿後；右曰安仁門，内有安仁殿，在甘露殿西。乾化門内佛光寺，在神龍殿西，歸真觀在安仁殿後，觀後有絲綵院，院西有淑景殿。殿西有第三落，次西第四落，又次西第五落。延嘉殿在甘露殿西北，殿南有金水河，往北流入苑，殿西有咸池殿。延嘉北有承春殿，殿東即玄武門，北入苑。殿西有昭慶殿，殿西有凝香閣，閣西有鶴羽殿。延嘉西北有景福臺，臺西有望雲亭。延嘉東有紫雲閣，閣西有南北千步廊舍，南至尚食院，西北盡宮城。閣南有山水池，次南即尚食内院。紫雲閣之西有凝陰殿，《異聞集》曰：天寶七載旱，明皇於此令華靖天師祀鏡龍，遂得甘雨。殿南有凌煙閣。貞觀十八年，太宗圖畫功臣之像二十四人於閣上，帝自為讚詞，褚遂良題額。又有功臣閣，在凌煙之西，東有司寶庫。凝陰殿之北有毬場亭子、一作鞠場亭子。弘文殿、觀雲殿、北海池、南海池、東海池、西海池。永安門西有掖庭，南隅有内侍省，又有興仁、宣猷、崇道、惠訓、昭德、正禮、宣光、適祖、光昭、華光、暉儀、壽安、綏福等門。

右西内章終【略】

禁苑在宮城之北，隋曰大興苑，開皇元年置。東西二十七里，南北三十三里，東接灞水，西長安故城，南連京城，北枕渭水。苑西即大倉，北距中渭橋，與長安故城相接，東西十三里，南北十三里，亦隸苑中。苑中四面，皆有監。南面大樂監，北面舊宅監，東監、西監分掌宮中植種及修葺園囿等事，又置苑總監領之，皆隸司農寺。苑中宮亭，凡二十四所。南面三門，中曰景曜門，東曰芳林門，西曰光化門。東面二門，南曰光泰門，北曰昭遠門。西面二門，南曰延秋門，北曰玄武門。北面三門，中曰啓運門，一曰苑北。東曰飲馬門，西曰永泰門。

啓運門之南有内苑，北曰重玄門，東曰東雲龍門，西曰西雲龍門。苑内有南望春亭、北望春亭、坡頭亭、柳園亭、月坡、毬場亭子。有青城、龍鱗、栖雲、凝碧、上陽五橋。廣運潭、九曲宮，去宮城十二里，在左右神策軍後，宮中有殿。舍山池，貞元十二年，詔浚魚藻池，深一丈。至穆宗，又發神策六軍二千人浚之。蠶壇亭、在苑之東，皇后祀先蠶之亭。禎興亭、玄沼宮、神臯亭、七架亭。青門亭去宮城十三里，在長安故城之東。邵平種瓜之所。桃園亭去宮城四里。臨渭亭，咸宜宮、未央宮二所，皆漢之舊宮也，去宮城二十一里。唐置都邑之後，因其舊址，復增修之。宮側有未央池、漢武庫及樗里子墓。武宗會昌元年，因遊畋至未央宮，見其遺址，詔葺之，尚有殿舍二百四十九間。作正殿，曰通光殿，東曰詔芳亭，西曰凝思亭，立端門，命翰林學士裴素撰《記》。永泰門去宮城二十三里。西北角亭、南昌國亭、北昌國亭、流盃亭，在未央宮北，漢之舊址明水園。以上九所，並在漢故内，隸舊宅監所領也。内苑自玄武門外，北至重玄門一里，東西與宮城齊。觀德殿在玄武門外，永安殿東西外垣門日營門、月營門，其北重玄門、舊内苑北門也。魚粮門。舊重玄門。

東内苑南北二里，與大明宮城齊，東西盡一坊之地。南即延政門，北即銀臺門，東即太和門。龍首殿、龍首池。凝暉殿、一作承暉，憲宗置也。靈符應聖院，在龍首池東。會昌元年，造内園小兒坊，傍有看樂殿、内教坊。元和十四年，復置仗内教坊。東下馬橋，東頭御馬坊，文□□□東御馬坊、毬場，環龍武軍直殿及亭子殿。

右禁苑、内苑章終【略】

東内大明宮，在禁苑之東南，南接京城之北面，西接宮城之東北隅，南北五里，東西三里。貞觀八年，置為永安宮，後改名曰大明宮，以備太上皇清暑，百官獻貲財以助役。龍朔三年，大加興造，號曰蓬萊宮。咸亨元年，改曰含光宮，尋復大明宮。初，高宗命司農少卿梁孝仁制造此宮，北據高原，南望爽塏，每天晴日朗，南望終南山如指掌；京城坊市街陌俯視，如在檻内，蓋其高爽也。南面五門，正南曰丹鳳門，至德二載改為明鳳門，尋復舊名。本當京城朔善坊北門，置宮後，分朔善、求昌各為二坊，當中開街，廣一百二十步，南北盡二坊之地，南抵永興坊北門之東。丹鳳東曰望仙門，南當皇城東第二街，貞元中脩有樓十間。次東曰延政門。抵長樂坊之北。丹鳳西曰建福門，南抵光宅門外坊之北，望仙、建福二門内各有下馬橋，跨東西龍首渠。門外有百官待漏院。次西曰興安門，東面一門曰大和門，西面一門曰日營門，次北面一門曰玄武門。德宗造門樓，外設兩廊，持兵宿衛，謂之北衙。丹鳳門内當中正殿曰含元殿，武后改曰大明殿，即龍首山之東麓也。階基高平地四十餘尺，南去丹鳳門四十餘步，中無間隔，左右寬平，東西廣五百步。龍朔二年，造蓬萊宮含元殿，又造宣政、紫宸、蓬萊三殿。此本苑内觀德殿，為三九臨射之所，改拆為含元殿也。殿東南有翔鸞閣，西南有栖鳳閣，與殿飛廊相接，又有鐘樓、鼓樓。殿左右有砌道盤上，謂之龍尾道。夾道東有通乾門，西有觀象門，閣下即朝堂、肺石、登聞鼓。一如承天之制。又有金吾左右仗院，殿後有宣政門，門外東廊有齊德門，西廊有興禮門。一作齊禮興德門。

宣政門内有宣政殿，殿東有東上閤門，殿西有西上閤門。殿前東廊曰日華門，東有門下省，省東弘文館，次東史館。館東南北街，南出含耀門，門南曰昭訓門，北曰崇明門。殿前西廊曰月華門，西有中書省，省北曰殿中内省。西有命婦院，北有親王待制院。省西南北街，南出昭慶門，南當光範門、昭慶門，北曰光順門。宣政殿北曰紫宸門，内有紫宸殿，後有蓬萊殿，次東有含象殿。後有延英門，内有延英殿。肅宗時御座生玉芝，一莖三華；至僖宗乾符中，改為靈芝殿，自蜀還，復舊名。殿相對思政殿、待制院。蓬萊後有含凉殿，後有太液池，池内有太液亭子。穆宗時命侍講韋處厚等入此亭講《毛詩》、《尚書》，文宗又命纂集《尚書》中君臣事跡，令工匠刊於太液亭，以備觀覽。

清暉閣，綾綺殿，在蓬萊殿之西。殿北珠鏡殿。環周殿在蓬萊西，承歡殿在環周南，金鑾殿在環周西北。長安殿一名長樂在金鑾西南，又有金鑾御院，宣化門，武德西門，浴堂門，内有浴堂殿，又有浴堂院。長安殿北有仙居殿，殿西北有麟德殿。此殿三面，南有閣，東西皆有樓。殿北相連，各有障日閣、大内宴，多在於此殿。東亭、會慶亭，東面左銀臺門，西面右銀臺門，内侍省，右藏庫。次北翰林門，内翰林院、學士院，又東翰林院。北有少陽院、結麟殿。翰林門北曰九仙門，大福殿，拾翠殿，三清殿，含水殿，承香殿在含水殿東南。北有長閣、紫蘭殿，在承香殿東北。玄武殿在紫蘭東北，明義殿在紫宸殿西，大角觀在珠鏡殿東北。玄武門左曰銀漢門，右曰淩霄門。宮垣之外，兩邊掖門，門内有凝霜殿、碧羽殿、紫簫殿、鬱儀閣、承雲閣、脩文閣。

右東内大明宮章終

又 卷七《唐京城一・唐皇城》 三城，俗號子城。東西五里一百一十五步，南北三里一百四十步。南面三門，正南曰朱雀門，北當宮城之承天門，南當外郭之明德門。東曰安上門，至德三載改為光天門，後復舊。西曰含光門。東面二門，南曰景風門，北曰延喜門。直東當外郭之通化門，正元四年脩延喜門，復屬於承天門。回鶻使及回鶻公主至，德宗御延喜門觀之。宣宗御延喜門，見河隴老幼數千人，賜以冠帶。西面二門，南曰順義門，北曰安福門。西當外郭之開遠門。《朝野僉載》曰：睿宗先天二年正月十五日，十六、十七夜，於京安福門外作燈，輪高二十丈，衣以錦綺，飾以金銀，燃五萬盞燈，望之如花樹。宮女千數，衣羅綺，曳錦繡，耀珠翠，施香粉，一花冠、一巾帔皆至萬錢。裝束一妓女，皆至三百貫。妙簡長安、萬年少女，婦千餘人，衣服花釵媚子亦稱是。於燈輪下踏歌三日夜，歡樂之極，未始有之。武元衡赴西川節度，憲宗御安福門，慰遣之。懿宗御此門，迎鳳翔佛骨。昭宗天福元年，御安福樓。按貞元四年築武德東門垣屬，於是武庫以西廢焉。武德東門，當在西内。城中南北七街，東西五街。其間並列臺省寺衛。宮城南門外有東西大街，南北三百步，東出皇城之延喜門，西出皇城之安福門。承天門外横街之南有南北二街，曰承天門街。東西廣百步，南出皇城之朱雀門。

承天門街之東宮城之南第二横街之北

從西第一，門下外省，次東殿中省，次東左千牛衛，次東左衛。隋左監門衛、左翊衛二府之地。武德初，併為此衛。門額本睿宗所題，開元初進入内。街東安上門街，街東第一東宮内作坊，次東右春坊，次東右清道率府，次東右監門率府。府北右内率府，府東東宮朝堂，有北街，街東第一左監門率府，府北左内率府，次東左清道率府，次東家令寺，次東左春坊。坊東有南北街，街東即皇城東面延喜門之内。

承天門街之東第三横街之北

從西第一，左監門衛，武德中，分取左武衛地，自此衛移於此。次東左武衛，次東，貞觀中有左金吾内府，後廢。次東左驍衛。衛東安上門街，街東第一東宮僕寺，次東率更寺，次東右司禦衛，次東右衛率府。府東有南北街，北當東宮朝堂。街東第一左衛率府，次東左司禦衛，次東詹事府。府東有南北街，街東即皇城之東面。

承天門街之東面第四横街之北

從西第一，尚書省。省門額，本睿宗書，開元初進入内。今額，右庶子魏華所題。省内當中有都堂，本尚書令廳事。都堂之東，吏部、戶部、禮部三行，每行四司，左司統之。都堂之西，兵部、刑部、工部三行，每行四司，右司統之。舊戶部在禮部後，武太后改從天地六官之名，以戶部為地官，因移在前。凡二十四司，左右丞相總領其事。考功員外郎廳事有薛稷畫鶴，宋之問為讚。工部尚書廳事有薛稷畫松石，並為時所重。右丞廳前有古冢，俗誤為樗里子墓。【略】《因話録》曰：尚書省東南隅通衢有小橋，相目為拗項橋，言侍御史及殿中久次者，至此必拗項而望南宮也。都堂南門道東有古槐，垂陰至廣，相傳夜深聞絲竹之音，省郎有入相者，俗謂之音聲樹。祠部呼為冰廳，言其清且冷也。省東安上門街，街東第一都水監，次東光禄寺，寺東有南北街，北當東宮朝堂，開元初開。街東軍器監。本少府監甲弩坊，後為軍器使，開元四年置監，監東即皇城東面景風門之北。

承天門街之東第五横街之北

從西第一，左領軍衛，衛北有兵部選院。次東左威衛，衛北有刑部格式院。次東吏部選院，以在尚書省之南，亦曰吏部南院，選人看榜名之所也。次東禮部南院。四方貢舉人都會所也。院東安上門街，横街抵此而絶。

承天門街之東第六横街之北

從西第一，太僕寺，寺西北隅乘黃署别開北門署，内貯掌指南車、記里鼓及輦輅之屬。次東太府寺。舊都水監之地。寺東安上門街，街東第一少府監，次東左藏外庫院。隋太府寺置於此，又分置坊院，東有南北街，街東即皇城東面景風門南也。

承天門街之東第七横街之北

從西第一，太常寺。寺東安上門街，街東第一太廟，其地本隋太府寺玉作坊，坊中有御井。貞觀中，廢玉作坊，於此置太府寺賜坊，以曝四方貢賦之物濕者。先天中，置廟廢坊焉。中宗廟，元獻皇后廟，韋公肅《禮閣新儀》曰：乾元元年，立廟於太廟之西。寶應二年，遷神主於太廟。貞元三年修葺，奉安昭德皇后神主。永正元年，祔於太廟。次東太廟署。署東、署南並有街，即皇城之東南隅也。

承天門街之西宮城之南第二横街之北

從東第一，中書外省，次西四方館，隋曰謁者臺，即諸方通表，通事舍人受事之司。次西右千牛衛，次西右監門衛，次西右衛。衛西含光門街，横街抵此而絶。

承天門街之西第三横街之北

從東第一，右武衛。衛西，貞觀中有右金吾内府，後廢。次西右驍衛。次西含光門街，街西將作監。即皇城西南面安福門之南。

承天門街之西第四横街之北

從東第一，司農寺。寺西含光門街，街西第一尚書局，本帳幕坊局，内有山池。次西尚輦局，次西衛尉寺，次西大理寺，寺西有南北街。街西即皇城西面順義門之北。

承天門街之西第五横街之北

從東第一，右領軍衛，次西右威衛，衛門本南向，開元七年，御史中丞李尚隱以此衛南門與御史臺門相對不便，遂白政事，移門北向。次西秘書省。監院廳事前有隕星石。隋自咸陽移置於此，少監王劭作《瑞石頌》以贊美之。監院東有書閣重複，以貯古今圖籍。省西含光門街，横街抵此而絶。

承天門街之西第六横街之北

從東第一，宗正寺，次西御史臺，《御史臺記》曰：御史臺門北開，蓋取肅殺就陰之義，故京臺門北開矣。按《鄴都故事》曰：御史臺在宮城西南，其門北開。又故城御史臺，亦北開。龍朔中，置桂坊為東朝憲府門，亦北開。然都御史臺門南門，當時創造者不經，反於故事同諸司，蓋以權宜耶？《譚賓録》曰：北開者，或云是隋初移都之時，兵部尚書李圖通兼御史大夫，欲向省便近，故開北門。元和四年，御史臺佛舍火，罰直御史李膺一季俸料。次西司天監。本隸秘書省，為太史局，後别為渾儀監，尋復舊名而不屬秘書監。内有靈臺，以候雲物。崇七丈，周八十步。監西含光門街，街西第一廢右臺，本司農寺草坊之地。載初中置臺，先天中廢。後為御史臺推事院。臺北司農寺草坊，坊門北開。次西驊騮馬坊，坊門北開。坊西有南北街。街西即皇城西面順義門之南。

承天門街之西第七横街之北横街南即皇城南面朱雀門之西

從東第一，鴻臚寺，德宗建中元年，以鴻臚寺左右威遠營隸金吾。次西鴻臚客館。如漢之藁街，四夷慕化及朝獻者所居焉。館西含光門街，街西第一大社，南門額，隋平陳所得，即東晉王右軍所題，隋代重以粉墨模之。次西郊社署。署西、署南並有街，即皇城之西南隅。宮城之西有掖庭宮，掖庭西南安福門内大横街北有内侍省。隋長秋監。唐貞觀三年，改内侍省。光宅元年，為司宮臺。神龍元年，復舊。省内有紫蘭亭。

又《唐京城》 外郭城，隋曰大興城。文帝初封大興公，及即位，以名城縣、門殿、園池及寺焉。唐曰長安城，亦曰京師城。東西一十八里一百一十五步，南北一十五里一百七十五步，周六十七里，其崇一丈八尺。隋開皇二年築。永徽四年，命天下人日税一錢，更築之。南面三門，正中曰明德門，北當皇城朱雀門，南出抵終南山八十里。東曰啓夏門，門外西南二里有圜丘、先農、藉田三壇。按《長安圖》，東南角有進芳門。西曰安化門。東面三門，北曰通化門，門東七里長樂坡上有長樂驛，下臨滻水。至德三載，改為達禮門，尋復舊。德宗幸通化門，觀章敬寺，迎御書額；裴度赴蔡州，憲宗送度於此。按李晟自東渭橋移壁光泰門以薄都城光泰門在通化門東北小城之東門也。《兩京道里記》曰：通化門改達禮門，識者曰：三年之喪，天下達禮，非嘉名。三年而玄宗晏駕，還復舊名也。中曰春明門，當門外有漢太子太傅蕭望之墓。南曰延興門。同昌公主葬，懿宗與郭淑妃御延興門哭送。西面三門，北曰開遠門，中曰全光門，西出，趣昆明池。南曰延平門。北面一門，曰光化門。皇城之東五門，並北上大明宮。皇城之西二門，當皇城西第一街曰芳林門，隋曰華林門，北入苑。元和十三年，西市百姓於芳林門置無遮僧齋。當皇城西第二街曰光化門。西北出，趣長安故城。郭中南北十四街，東西十一街。其間列置諸坊，隋煬帝改坊為里，每里置里司一人，官從九品下，至義寧初廢。有京兆府萬年、長安二縣所治，寺觀邸第，編戸錯居焉。城中一百八坊。韋述《記》曰：其中有折衝府四，僧寺六十四，尼寺二十七，道士觀十，女冠觀六，波斯寺二，祆祠四。隋大業初，有寺一百二十，謂之道場；有道觀十，謂之玄壇。天寶後所增，不在其數。

當皇城南面朱雀門，有南北大街曰朱雀門街，東西廣百步。南出郭外之明德門，自朱雀門至明德門九里一百七十五步。景龍中，韋庶人置石臺於此街，在開化一坊之間，雕刻綵縷，上建頌臺，蛟龍蟠遶，下有石馬、石獅子侍衛之像。初，韋氏矯稱衣箱有五色雲氣，使畫工圖像以示於朝。及節愍太子遇害，韋氏乃上《中宗聖威神武頌》，刊石以紀其事，謂之頌臺，上官昭容之文也，并勒公卿姓名於上。諂詞僞事，有乖典實，景雲元年毀之。萬年、長安二縣以此街為界，萬年領街東五十四坊及東市，長安領街西五十四坊及西市。皇城之東盡東郭東西三坊，皇城之西盡西郭東西三坊，南北皆一十三坊，象一年有閏。每坊皆開四門，中有十字街，四出趨門。皇城之南，東西四坊以象四時，南北九坊取則《周禮》王城九逵之制。隋《三禮圖》，見有其像。每坊但開東西二門，中有横街而已。蓋以在宮城直南，不欲開北街洩氣，以衝城闕。棋布櫛比，街衢繩直，自古帝京，未之比也。朱雀街東第一坊東西三百五十步，第二坊東西四百五十步；次東三坊，東西各六百五十步。朱雀街西准此。皇城之南九坊，南北各二百五十步。皇城左右四坊，從南第一、第二坊，南北各五百五十步；第三坊、第四坊，南北各四百步。九市各方六百步，四面街各廣百步。

元・駱天驤《類編長安志》卷二《京城・隋唐・皇城》　皇城內南北七街、東西五街，並列臺、省、寺、衛如左：

尚書省。殿中省。內侍省。秘書省。中書外省。
門下外省。東宮朝堂。詹事府。左清道率府。
左衛率府。左監門率府。左內率府。右清道率府。
右衛率府。右監門率府。右內率府。左驍衛衛。
左武衛。左司禦衛。左衛。右驍衛衛。右武衛。
右司禦衛。右衛。左千牛衛。左春坊。左領軍衛。
左監門衛。右千牛衛。右春坊。右領軍衛。右監門衛。
左威衛。吏部選院。東將作監。尚舍局。右威衛。
禮部南院。西將作監。尚輦局。光祿寺。太僕寺。
太府寺。少府寺。司農寺。大理寺。宗正寺。
家令寺。鴻臚寺。東宮僕寺。率更寺。大府監。
少府監。都水監。司天監。太廟署。中宗廟。
太廟。元獻皇后廟。郊社署。御史臺。御史推事院。
太社。廢古臺。司農寺草坊。鴻臚客館。驊騮馬坊。

又《京城亦曰外郭城》　京城外郭，本隋之大興府，唐改曰長安城。【略】皇城南面朱雀門有南北大街朱雀門街，東西廣百步。朱雀門至南外郭明德門九里一百七十五步。萬年、長安以此街為界。城外郭朱雀門街東至明德門五十五坊，萬年縣治之。其名曰：

興道坊。開化坊。光福坊。靜善坊。蘭陵坊。
開明坊。安義坊。務本坊。崇義坊。長興坊。
靖安坊。安善坊。大業坊。昌樂坊。安德坊。
永興坊。崇仁坊。平康坊。宣陽坊。親仁坊。
永平坊。永崇坊。昭國坊。進昌坊。通善坊。
通濟坊。安興坊。勝業坊。安邑坊。宣平坊。
昇平坊。修業坊。修政坊。青龍坊。道政坊。
常樂坊。靖恭坊。新昌坊。昇道坊。廣德坊。
新寧坊。常和坊。教化坊。修德坊。立政坊。
客戶坊。永昌坊。光宅坊。翊善坊。來庭坊。
長樂坊。大寧坊。永嘉坊。興寧坊。安仁坊。

外郭朱雀門街西至明德門五十五坊，長安縣治之。其坊名曰：

善和坊。通化坊。豐樂坊。安業坊。安善坊。
永達坊。道德坊。光行坊。延祚坊。太平坊。
通義坊。興化坊。崇德坊。懷真坊。宣義坊。
豐安坊。昌明坊。安樂坊。大安坊。大通坊。
敦義坊。永安坊。延福坊。崇賢坊。延康坊。
光德坊。延壽坊。布政坊。頒政坊。輔興坊。
善政坊。安定坊。休祥坊。金城坊。醴泉坊。
懷遠坊。長壽坊。嘉會坊。永平坊。通軌坊。
歸義坊。昭行坊。永陽坊。常安坊。和平坊。
淳化坊。待賢坊。豐邑坊。崇化坊。懷德坊。
群賢坊。居德坊。寧義坊。普寧坊。脩真坊。

又《再築京兆城》　新説曰：【略】唐高祖入關，都隋太極殿。至永徽四年，率天下口税一錢，再增築之，改為唐長安城。以舊漢長安城改為楊廣城，今俗呼為楊家城。至高宗，百官獻貲，以建大明宮含元殿為東內，以太極殿為西內。至玄宗，修興慶宮為南內。祿山陷長安，又遭巢寇，宮殿焚毀殆盡。唐帝東遷，城郭蕭條，許公韓建去宮城，又去外郭城，重修子城。城外古跡移於內。南閉朱雀門，又北閉延喜門、安福門，北開真武門，為今之安西府也。

元·李好文《長安志圖》卷上《城市制度·新城》　新城，唐天祐元年匡國節度使韓建築。時朱全忠遷昭宗于洛，毀長安宮室百司及民廬舍，長安遂墟。建遂去宮城，又去外郭城，重修子城。即皇城也。南閉朱雀門，又閉延喜、安福門，北開玄武門，是為新城，即今奉元路府治也。城之制，內外二重，四門，門各三重。今存者惟二重，內重其址尚在。東西又有小城二，以為長安咸寧縣治所。

清·徐松《唐兩京城坊考》卷一《西京》　唐西京初曰京城，隋之新都也，開皇二年所築。唐天寶元年曰西京，至德二載曰中京，上元二年復曰西京，次年曰上都。

又《宮城》　宮城，東西四里，南北二里二百七十步，周十三里一百八十步，其崇三丈五尺。南即皇城，北抵苑，東爲東宮，西爲掖庭宮。

宮城，亦曰西內，其正牙曰太極殿。城之南面五門，正南承天門，若元正、冬至，陳樂設宴會，赦宥罪，除舊佈新，當萬國朝貢使者、四夷賓客，則御承天門以聽政。承天門東長樂門，長樂門東永春門。廣運門西永安門。東面一門鳳皇門。西面二門，南通明門，北嘉猷門。北面二門，中爲定武門，定武門東安禮門。

太極殿者，朔望視朝之所也。正門曰嘉德門，殿門曰太極門。門之兩廡爲東西閤門，兩廊爲左右延明門。左延明門外爲門下省，爲弘文館。右延明門外爲中書省，爲舍人院。嘉德門之兩廊，東爲歸仁門，又東恭禮門。西爲納義門，又西安仁門。太極殿北曰朱明門，門亦有東西上閤門。其左爲虔化門，右爲肅章門。肅章西爲暉政門，虔化東爲武德門。閤門之東曰萬春殿，又東曰立政殿，又東曰大吉殿，又東曰武德殿。閤門之西曰千秋殿，又西曰百福殿，又西曰承慶殿，則有暉政門焉。朱明門北爲兩儀殿，常日聽政則御之。殿北曰甘露殿，其門曰甘露門，門外爲永巷。巷東東橫門，再東日華門。巷西西橫門，再西月華門。甘露殿之北曰延嘉殿，延嘉之北曰承香殿，則達玄武門焉。甘露之左曰神龍殿，右曰安仁殿。安仁之北曰歸真觀，觀北曰綵絲院。院西曰淑景殿，又西則三落、四落、五落，爲東西千步廊。城之西北隅有山池院，其南有薰風殿、就日殿。其東海池三，凝陰閣、望雲亭、鶴羽殿、咸池殿環之。又東曰景福臺。神龍之北曰功臣閣，凌煙閣。其北有海池，凝雲閣、毬場亭子環之。城之東北隅有紫雲閣，其南有山水池閣，西爲南北千步廊。殿閣之外廟一，曰孔子廟；公主院，庫三，曰司寶庫、曰武庫、曰甲庫；倉一，曰內倉廩。

三清殿、昭慶殿、觀雲殿、弘文殿、觀德殿、新殿、相思殿、飛霜殿、昭德殿、臨湖殿、長樂殿、嘉壽殿、臨照殿、望仙殿、翔鳳殿、乘龍殿、文思殿，翔鳳門、宣猷門、崇道門、昭德門、正禮門、惠訓門、宣光門、通福門、光昭門、華光門、暉儀門、壽安門、綏福門、肅政門、顯福門、興安門、顯道門、金液門、玄德門、白獸門，不知其處。

東宮，傅宮城之東，南北與宮城齊。南面門爲嘉福門，北面門爲玄德門。宮之正殿曰嘉德殿，正門曰重明門，殿門曰嘉德門。嘉德門外之兩廊爲左右永福門，其門內之兩廊爲左右嘉善門。嘉德殿之左右，東爲奉化門，西爲奉義門。嘉德殿之北爲崇教殿、麗正殿。麗正殿之左爲崇仁殿，麗正殿之右爲崇文殿，麗正殿之北爲光天殿，又北爲承恩殿，其北爲玄德門。承恩殿之左右爲宜春、宜秋宮，宜春之北爲北苑。其南，道東爲典膳廚，道西爲命婦院。宜秋之南爲內坊。又有八風殿、射殿、左右長林門、亭子院、山池院、佛堂院、鷹鷂院、長生院，不知其處。

掖庭宮，傅宮城之西，北與宮城齊，南至通明門。有西門、衆藝臺。內侍省在宮西南。

又《皇城》　傅宮城之南面曰皇城，亦曰子城，東西五里一百一十五步，南北三里一百四十步，周十七里一百五十步。南面三門：正南曰朱雀門，東曰安上門，西曰含光門。東面二門：南曰景風門，北曰延喜門。西面二門：南曰順義門，北曰安福門。城中南北七街，東西五街。左宗廟，右社稷。百僚廨署列於其間，凡省六，寺九，臺一，監四，衛十有八。東宮官屬，凡府一，坊三，寺三，率府十。自兩漢以後至於晉、齊、梁、陳，並有人家在宮闕之間。隋文帝以爲不便於事，於是皇城之內惟列府寺，不使雜居，公私有辨，風俗齊整，實隋文之新意也。

宫城南門外卽承天門。有東西大街，謂之横街。横街之南有南北大街，曰承天門街。

承天門街之東，宫城之南第二横街之北。

從西第一，門下外省。次東，殿中省。次東，左千牛衛。次東，左衛。次東，安上門街，街東第一，東宫内坊。次東，右春坊。次東，右清道率府。次東，右監門率府。府北，右内率府，府東，東宫朝堂。有北街，街東第一，左監門率府。府北，左内率府。次東，左清道率府。次東，家令寺。次東，左春坊。

承天門街之東，第三横街之北。

從西第一，左監門衛。次東，左武衛。次東，左驍衛。衛東，安上門街，街東第一，東宫僕寺。次東，率更寺。次東，右司御率府。次東，右衛率府。府東有南北街，街東第一，左衛率府。次東，左司御率府。次東，詹事府。

承天門街之東，第四横街之北。

從西第一，尚書省。省東，安上門街，街東第一，都水監。次東，光禄寺。寺東有南北街，街東，軍器監。

承天門街之東，第五横街之北。

從西第一，左領軍衛。次東，左威衛。次東，吏部選院。次東，禮部南院。院東，安上門街，横街抵此而絶。

承天門街之東，第六横街之北。

從西第一，太僕寺。次東，大府次東，左藏外庫院。

承天門街之東，第七横街之北。

從西第一，太常寺。寺東，安上門街，街東第一，太廟，中宗廟、元獻皇后廟。次東，太廟署。

承天門街之西，宫城之南，第二横街之北。

從東第一，中書外省。次西，四方館。次西，右千牛衛。次西，右監門衛。次西，右衛。衛西，含光門街，横街抵此而絶。

承天門街之西，第三横街之北。

從東第一，右武衛。次西，右驍衛。次西，含光門街，街西，將作監。

承天門街之西，第四横街之北。

從東第一，司農寺。寺西，含光門街，街西第一，尚舍局。次西，尚輦局。次西，衛尉寺。次西，大理寺。寺西有南北街。

承天門街之西，第五横街之北。

從東第一，右領軍衛。次西，右威衛。次西，秘書省。省西含光門街，横街抵此而絶。

承天門街之西，第六横街之北。

從東第一，宗正寺。次西，御史臺。次西，司天監。監西含光門街，街西第一，廢石臺。臺北，司農寺草坊。次西，驊騮馬坊。坊西有南北街。

承天門街之西，第七横街之北。

從東第一，鴻臚寺。次西，鴻臚客館。館西，含光門街，街西第一，大社。次西，郊社署。

又《大明宫》　大明宫在禁苑東偏，舊太極宫後苑之射殿，據龍首山。南接都城之北，西接宫城之東北隅，亦曰東内。其城南北五里，東西三里。貞觀八年置爲永安宫，次年改大明宫，備太上皇清暑。龍朔二年，高宗病風痺，以宫内湫溼，命司農少卿梁孝仁修之，改名蓬萊宫。南面五門：正南丹鳳門，其東望仙門，次東延政門，丹鳳門西建福門，門外有百官待漏院，次西興安門。東面二門：南爲太和門，門外則左三軍列焉，太和門北爲左銀臺門。西面二門：南曰營門，北右銀臺門，右銀臺門之北九仙門，門外則右三軍列焉。北面三門：中玄武門，門外有飛龍廄，玄武之左銀漢門，右凌霄門。

丹鳳門内正牙曰含元殿，大朝會御之。殿之前廊有翔鸞閣、棲鳳閣，閣前有鐘樓、鼓樓。左右砌道盤上謂之龍尾道，夾道東則通乾門，西則觀象門。含元殿後曰宣政殿，天子常朝所也。殿門曰宣政門，門外兩廊爲齊德門，在東。興禮門，在西。其内兩廊爲日華門、月華門。日華門外爲門下省，其東，弘文館。又東，待詔院。又東，史館。史館北爲少陽院。少陽院東有南北街，街北出崇明門，街南出含耀門，又南出昭訓門。月華門外爲中書省。省南爲御史臺，省北爲殿中外院、殿中内院。院西爲命婦院，後改爲集賢殿書院。院西有南北街，街北出光順門，街南出昭慶門，又南出光范門。殿東西皆有上閤門。宣政殿後爲紫宸殿，殿門曰紫宸門，天子便殿也，不御宣政而御便殿曰『入閤』。紫宸之後曰蓬萊殿。西清暉閣，其北太液池，池有亭。龍首之勢，至此夷爲平地，而蓬萊之西偏南餘有支隴，因坡爲殿，曰金鑾。環金鑾者曰長安，曰仙居，曰拾翠，曰含冰，曰承香，曰長閣，曰紫蘭。蘭而東，則太液池北岸之含涼殿，玄武門內之玄武殿也。由紫宸而東，經綾綺殿、浴堂殿、宣徽殿、温室殿、明德寺，以達左銀臺門。銀臺門之北爲太和殿、清思殿、珠鏡殿、大角觀，則極於銀漢門。由紫宸而西，曆延英殿、思政殿、待制院、內侍別省，以達右銀臺門。銀臺門之北爲明義殿、承歡殿、還周殿、左藏庫、麟德殿、翰林院、九仙門、三清殿、大福殿、則達於淩霄門。宮垣之外，兩邊有掖門，門內有凝霜殿、碧羽殿、紫簫殿、鬱儀閣、承雲閣、修文閣。九仙門之外有鬬雞樓、走馬樓。

思賢殿、會寧殿、鹹泰殿、天福殿、文明殿、長生殿、壽春殿、中和殿、乞巧樓、仰觀臺、含春亭、南亭院、仙韶院、柿林院、宣化門、玄英門、玄化門、毬場門、乾符門，不知其處。

又《興慶宮》 興慶宮在皇城之東外郭城之興慶坊，是曰南內，距外郭東垣。宮之正門西向，曰興慶門。其內興慶殿，殿後爲龍池。池之西爲文泰殿，殿西北爲沈香亭。興慶門之南曰金明門，門內有翰林院。南面二門：西曰通陽門，東曰明義門。通陽之內曰明光門，其內曰龍堂，金花落，曰五龍壇，明義之內爲長慶殿，殿北曰睿武門。中曰躍龍門，其內瀛洲門，南薰殿；左曰麗苑門，右曰芳苑門。芳苑之內新射殿、仙雲門。宮之西南隅曰花萼相輝樓，其東曰勤政務本樓，樓北大同殿。又有咸寧殿、義安殿、積慶殿、冷井殿、會寧殿、飛仙殿、同光殿、榮光殿、宣天門、承雲門、飛軒門、玉華門、和風門。

又《三苑》 西京大內凡苑三，皆在都城北。

西內苑在西內之北，亦曰北苑，南北一里，東西與宮城齊。外垣門東爲日營門，西爲月營門，北爲重玄門，其南門卽宮城之定武門也。定武門北池東爲觀德殿、□光殿，池西爲廣達樓。又西爲永慶殿，其北東爲冰井臺，西爲通過樓。又西出西雲龍門而北，則爲大安宮，又西出苑，入夾城。冰井臺之北曰櫻桃園，內有拾翠殿、看花殿。園之西爲祥雲樓，北至重玄門，在東者歌武殿，在西者翠華殿。又有永安殿、寶慶殿。

東內苑在東內之東南隅，南北二里，東西盡一坊之地。南卽延政門，北卽左銀臺門，東卽太和門。苑之近北有左右雲龍門，中有龍首殿、龍首池。池東有靈符應聖院、承暉殿、看樂殿、小兒坊、內教坊、御馬坊、毬場亭子殿。

禁苑者，隋之大興苑也，東距滻，北枕渭，西包漢長安城，南接都城。東西二十七里，南北二十三里，周一百二十里。正南阻於宮城，故南面三門偏於西苑之西。旁西苑者芳林門，次西景曜門，又西光化門。西面二門：近南者延秋門，次北玄武門。北面三門：近西者永泰門，次啓運門，次飲馬門。東面二門：近北者昭遠門，次光泰門。苑中四面有監：在東西者曰東監、西監，南面長樂監，北面舊宅監，又置苑總監領之。皆隸司農寺。苑中宮亭二十四所，可考者曰南望春亭，曰北望春亭，曰坡頭亭，曰柳園亭，曰月坡，曰毬場亭子，曰青城橋，曰龍鱗橋，曰棲雲橋，曰凝碧橋，曰上陽橋，曰廣運潭，曰九曲宮，曰魚藻宮，曰蠶壇亭，曰禎興亭，曰元沼宮，曰神皋亭，曰七架亭，曰青門亭，曰桃園亭，曰臨渭亭。其隸舊宅監者七所，曰咸宜宮，曰未央宮，曰西北角亭，曰南昌國亭，曰北昌國亭，曰流杯亭，曰明水園，皆漢故蹟也。所謂梨園者，在光化門北。近梨園者有蒲萄園。

又有昭德宮、光啓宮、含光殿、飛龍院、驥德殿、虎圈、白華殿、會昌殿、西樓，不知其處。

又 卷二《西京・外郭城》 外郭城，隋曰大興城，唐曰長安城，亦曰京師城。前直子午谷，後枕龍首山，左臨灞岸，右抵灃水。東西一十八里一百一十五步，南北一十五里一百七十五步，周六十七里，其崇一丈八尺。南面三門：正中明德門，東啓夏門，西安化門。東面三門：北通化門，中春明門，南延興門。西面三門：北開遠門，中金光門，南延平門。北面卽禁苑之南面也，三門皆當宮城西。中景曜門，東芳林門，西光化門。郭中南北十四街，東西十一街，其間列置諸坊，有京兆府萬年、長安二縣，所治寺觀、邸第、編戶錯居焉。

當皇城南面朱雀門，有南北大街曰朱雀門街，東西廣百步。萬年、長安二縣以此街爲界，萬年領街東五十四坊及東市，長安領街西五十四坊及西市。

萬年縣所領朱雀門街之東，從北第一興道坊。西南隅，至德女冠觀。太平公主宅。吏人宅。旅館。

次南開化坊。半以南，大薦福寺。西門之北，法壽尼寺。太傅蓋文達宅。右武衛將軍柳嘉泰宅。國子祭酒韓洄宅。尚書左僕射令狐楚宅。戶部尚書馬總宅。河東節度使、兼侍中李光顔宅，尚書吏部侍郎沈傳師宅。前司徒、兼侍中崔垂林宅。開府儀同三司、守司空、魏國公崔允宅。

次南安仁坊。西北隅，薦福寺浮圖院。東南隅，贈尚書左僕射劉延景宅。坊西南，汝州刺史王昕宅。萬春公主宅。戶部尚書、兼殿中監章仇兼瓊宅。前中書侍郎、同中書門下平章事元載宅。義成軍節度使、同中書門下平章事、上谷郡王張孝忠宅。太子右庶子崔造宅。太子賓客、燕國公于頔宅。武昌軍節度使元稹宅。太保致仕、岐國公杜佑宅。

次南光福坊。坊東南隅，舊有永壽公主廟。驩州流人竇參宅。檢校司空、尚書左僕射、同中書門下平章事、魏國公賈耽宅。翰林學士李泌宅。右衛上將軍、南充郡王伊慎宅。太子賓客劉禹錫宅。禮部尚書、同平章事權德輿宅。周皓宅。元尹、兼同平章事、充山南西道節度使王起宅。

次南靖善坊。大興善寺，盡一坊之地。

次南蘭陵坊。東南隅，天官尚書韋待價宅。宅西，工部尚書李珍宅。汝州魯山縣令皇甫枚宅。史武軍節度使曲環李舍人宅。蕭氏池臺。

次南開明坊。光明寺。

次南保寧坊。昊天觀，盡一坊之地。

次南安義坊。貞順武皇后廟。

右朱雀門街東第一街，九坊。

朱雀門街東第二街，街東從北第一務本坊。半以西，國子監，領國子監、太學、四門、律、書、算六學。坊內南街之北，先天觀。左龍武軍統軍、歸誠郡王程懷直宅。河中節度使、兼中書令、延德郡王張茂昭宅。左散騎常侍于德晦宅。嶺南節度判官宗羲仲宅。檢校司徒、同中書門下平章事盧鈞宅。西川、齊州進奏院。

次南崇義坊。鹽鐵常平院。坊內橫街之北，招福寺。蜀王、西閣祭酒蕭勝宅。西南隅，太子左庶子、駙馬都尉蘇勖宅。南街之北，博陵郡王崔元暐宅。宅西，祕書監馬懷素宅。刑部尚書韋堅宅。贈太尉段秀實宅。尚書左僕射竇易直宅。劍南東川節度使王承業宅。太常寺協律郎李賀宅。前進士司空圖宅。興元、鄜坊、易定進奏院。

次南長興坊。禮賓院。乾元觀。左領軍府大將軍房仁裕宅。東北隅，侍中、駙馬都尉楊師道宅。坊內橫街之南，中書令張嘉貞宅。宅西，太子賓客元行沖宅。次北隔街，禮部尚書致仕王邱宅。紀國大長公主宅。漢陽大長公主宅。河南尹、駙馬都尉鄭顥宅。同平章事、駙馬都尉于琮宅。工部尚書致仕、晉昌郡王辛京杲宅。黄門侍郎、同中書門下平章事杜鴻漸宅。太子右庶子韋聿宅。國子祭酒鄭伸宅。禮部侍郎裴士淹宅。鎮海軍節度使、同中書門下平章事路隨宅。河南節度使王璠宅。左神武統軍史憲忠宅。贈太原郡夫人王氏宅。戶部尚書李晅宅。鎮州進奏院。畢羅店。旅館。

次南永樂坊。西南隅，廢明堂縣廨。縣東，清都觀。觀東，永壽寺。坊內橫街之北，資敬尼寺。東南隅，左丞相、燕國公張説宅。東門之南，夏官尚書王璿宅。兵部尚書、判戶部事王紹宅。司徒、中書令、晉國公裴度宅。大理卿崔昇宅。左監門衛上將軍李思忠宅。前京兆尹楊憑別宅。侍中王珪家廟。趙暇宅。崔生宅。古塚。

次南靖安坊。樂府。西南隅，崇敬尼寺。咸宜公主宅。太子賓客崔倫宅。殿中少監唐昭宅。門下侍郎、同中書門下平章事武元衡宅。尚書吏部侍郎韓愈宅。刑部侍郎劉伯芻宅。郴州司馬李宗閔宅。水部郎中張籍宅。武昌軍節度使元稹宅。檢校司空、邠州刺史、邠寧節度使程執恭宅。給事中蕭直宅。韓國貞穆公主廟。

次南安善坊。盡一坊之地，爲教弩場。

次南大業坊。東南隅，太平女冠觀，新昌觀。

次南昌樂坊。行臺右僕射屈突通宅。太子太師、鄭國公魏徵家廟。山南東道節度使蔣係家廟。官園。

次南安德坊。右武衛將軍蘇方宅。術士桑道茂宅。

右朱雀門街東第二街，九坊。

又　卷三《西京・外郭城》　朱雀門街東第三街，街東從北第一翊善坊。保壽寺。益州温仁縣令任晃宅。驃騎大將軍、虢國公楊思勖宅。內侍、護軍中尉彭獻忠宅。

其西光宅坊。待漏院。右教坊。横街之北，光宅寺。中書侍郎、同平章事、左僕射李揆宅。民家。

次南永昌坊。給事郎李伏奴宅。茶肆。

次南來庭坊。莊宅司。特進王仁祐宅。永徽時人。洛陽縣令鄭敞宅。右衛上將軍致仕梁守謙宅。內常侍孫志廉宅。左神策軍護軍中尉、兼左街功德使、知內侍省劉宏規宅。李氏宅。丹鳳門街至此而絕。

次南永興坊。西南隅，左金吾衛。十字街西之北，荷恩寺。西門之北，太子太師、鄭國公魏徵宅。左龍武軍統軍、咸寧郡王戴休顔宅，右豹韜衛長史、贈丹州刺史任丹宅。雲麾將軍、左龍武將軍劉感宅。鳳翔、陳許、湖南進奏院。太常樂工宅。民家。

次南崇仁坊。坊南門之西，禮會院。北門之東，寶刹寺。東南隅，資聖寺。西南隅，玄真觀。東門之北，尚書左僕射、許國公蘇瓌宅。右散騎常侍、舒國公褚無量宅。餘干縣尉王立儒居。吐蕃內大相論莽熱宅。太華公主宅。義陽公主宅。岐陽公主宅。右散騎常侍、輕車都尉柳渾宅。檢校尚書左僕射、同中書門下平章事韓滉宅。東都、河南、商、汝、汴、淄青、淮南、兗州、太原、幽州、鹽州、豐州、滄州、天德、荆南、宣歙、江西、福建、廣、桂、安南、邕州、黔南進奏院。造樂器趙家。裴六娘宅。師婆阿來宅。

次南平康坊。南門之東，菩提寺。十字街之北，陽化寺。萬安觀。嘉猷觀。西北隅，隋太師、申國公李穆宅。西南隅，國子祭酒韋澄宅。蘭陵長公主宅。太子右庶子、銀青光禄大夫、國子祭酒、上護軍孔穎達宅。西門之南，尚書左僕射、河南郡公褚遂良宅。南門之西，刑部尚書王志愔宅。次北，戶部尚書崔泰之宅。侍中裴光庭宅。左羽林大將軍臧懷亮宅。東南隅，右相李林甫宅。太子賓客分司東都張弘靖宅。虔州刺史王哲宅。汧陽郡太守王倜宅。霍國夫人王氏宅。校書郎陳萇宅。河南府録事趙虔章宅。馬震宅。邢鳳宅。同華、河中、河陽、襄、徐、魏、涇原、靈武、夏州、昭義、浙西東、容州進奏院。三曲。

次南宣陽坊。東南隅，萬年縣廨。椎鹽院。坊西南隅，淨域寺。奉慈寺。駙馬獨孤明宅。南門之西，杞國公竇毅宅。十字街之西北，秋官尚書、譙國公李誨宅。西門之北，尚書左僕射、舒國公韋巨源宅。宅東有陝州刺史劉希進、少府監楊務廉宅。次西北隔巷，有國子祭酒韋叔夏宅，光禄卿單思遠宅。十字街東之北，刑部尚書李乂宅。次西有益州長史李裒、太子賓客鄭惟忠宅。東北隅，兵部尚書郭元振宅。前司空、兼右相楊國忠宅。西門之南，右羽林軍大將軍高仙芝宅。東門之北，京兆尹李齊物宅。司徒致仕薛平宅。右驍衛大將軍韓公武宅。麟臺正字陳子昂宅。禮部員外郎常無名宅。將作監韋文恪宅。右神武統軍張義潮宅。邠寧、東川、振武、鄂州進奏院。賈昌宅。

次南親仁坊。西南隅，咸宜女冠觀。回元觀。西北隅，尚書右僕射、燕國公于志寧宅。十字街東之北，太子詹事韋琨宅。次東，又有中書侍郎楊弘武、太僕卿王希雋二宅。北門之東，駙馬都尉鄭萬鈞宅。東門之北，滕王元嬰宅。尚父汾陽郡王郭子儀宅。駙馬都尉、太常卿、兼戶部侍郎楊暄宅。昌樂公主宅。西華公主宅。太子太師、汧國公李勉宅。檢校司空、平章事、太原尹、北都留守李石宅。兵部尚書致仕歸崇敬宅。劍南東川節度使馮宿宅。朝散大夫、祕書省著作郎致仕韋端宅。柳州刺史柳宗元宅。給事中陸質宅。前進士許棠宅。唐彦謙宅。大同軍節度使李國昌宅。

次南永寧坊。東南隅，京兆府籍坊。永寧園。南門之西，禮部尚書裴行儉宅。東門之北，贈太尉、祁國公王仁皎宅。吏部郎中楊仲宣宅。右豹衛大將軍、贈益州大都督、汝陽公獨孤公宅。西北隅，中書令裴炎宅。開府儀同三司、博陵郡王李輔國宅。贈太子少師、彭王傅、上柱國、會稽郡公徐浩宅。尚書右僕射致仕高郢宅。河東節度使、同中書門下平章事王鍔宅。河東節度使、兼侍中李載義宅。前京兆尹楊憑宅。前司空、兼門下侍郎、同中書門下平章事王涯宅。太傅致仕白敏中宅。太子太保、涼國公李聽宅。衛尉卿李有裕宅。太子太傅分司東都李固言宅。資州刺史羊士諤宅。御史中丞、充武昌軍節度副使竇鞏宅。金吾大將軍張直方宅。義成軍節度使、兼中書令王鐸宅。校書郎殷保晦宅。

次南永崇坊。東南隅，七太子廟。廟西，靈應觀。宗道觀。龍興觀。孝廉陳巖宅。瀘州都督王湛宅。十字街西之南，刑部尚書韋抗宅。諫議大夫呂崇粹宅。祕書監楊銛宅。司徒、兼中書令李晟宅。驍衛將軍薛夔宅。

東都留守杜亞宅。吏部尚書、充諸道鹽鐵轉運等使李巽宅。司徒、兼中書令韓弘宅。兵部尚書蕭昕宅。庶子致仕沈聿宅。温縣主簿韓慎宅。前進士崔塗宅。旅館。放生池。

次南昭國坊。西南隅，崇濟寺，太府少卿裴子餘宅。前進士李蒙宅。南門內，太子太傅致仕鄭絪宅。檢校司徒、兼太子少師鄭餘慶宅。尚書右丞庾敬休宅。將軍韋青宅。刑部尚書白居易宅。夏、綏、宥等州節度使李寰宅。山南西道節度使崔琯宅。集賢直院官、榮王府長史程修己宅。涇原節度使段祐宅。

次南晉昌坊。半以東，大慈恩寺，寺西院，浮圖六級，崇三百尺。西南隅，楚國寺。十字街之西北，淨住寺。十字街北之東，尚書左僕射、郇國公韋安石宅。前進士陸賓虞宅。叛臣朱泚宅。若耶女子寓居。

次南通善坊。杏園。

次南通濟坊。侍中、扶陽郡王桓彥范宅。山南西道節度使令狐楚家廟。尚書右僕射盧鈞家廟。劉得仁宅。

右皇城東第一街，十五坊。

朱雀門街東第四街，街東從北第一長樂坊。大半以東，大安國寺。西南隅，興唐觀。左教坊。

次南大寧坊。東南隅，興唐寺。西南隅，太清宮。西門之南，左侍極、兼右相陸敦信宅。次南，大理卿孫伏伽宅。南門之東，戶部尚書許圉師宅。北門之南，太子詹事陸餘慶宅。前中書侍郎、同中書門下平章事元載別宅。右武衛將軍、上柱國乙速孤行儼宅。行內侍省內侍、員外置同正員王庭瓌宅。河中節度使、兼中書令渾瑊宅。義章公主宅。鳳閣侍郎李元素宅。力者張幹居。

次南安興坊。玉山營。樂官院。南門之東，申王撝宅。宅以東，岐王范宅。太子少保、戶部尚書韓良宅。西門之北，戶部尚書陸象先宅。次北，開府儀同三司宋璟宅。河南府參軍、贈祕書丞郭揆宅。曹州司法參軍、祕書省麗正殿二學士殷踐猷宅。恒安郡王宅。尚書兵部侍郎李巖宅。亳州刺史致仕王同晊宅。左衛上將軍、內侍監致仕仇士良宅。內侍省內常侍孫常楷宅。內侍省內給事、員外同正員王文幹宅。六軍十二衛觀軍容使楊復恭宅。同昌公主宅。行內侍省內僕局丞、員外置同正員、上柱國李從證宅。

次南勝業坊。西南隅，勝業寺。十字街北之西，修慈尼寺。寺西，甘露尼寺。楊去盈宅。西北隅，薛王業宅。東北隅，寧王憲山池院。十字街北之東，銀青光祿大夫薛繪宅。左散騎常侍徐堅宅。太僕卿、駙馬都尉豆盧建宅。禮部尚書席豫宅。中書舍人朱巨川宅。特進、行左金吾衛大將軍、清河郡開國公康阿義屈達幹宅。朝散大夫、守司農少卿、隴西縣開國男李條宅。宣州司功參軍魏邈宅。奉義郎、試洋王府長史吳達宅。檢校司徒、同中書門下平章事王處存宅。霍小玉宅。陝府、鄭、滑進奏院。狗脊嶺。

次南東市。南北居二坊之地。當中東市局，次東平准局。鐵行。資聖寺。西北街。東北隅有放生池。

次南安邑坊。奉誠園。十字街之北，元法寺。太真觀。西南隅，左衛大將軍、范陽公張延師宅。次東，金吾大將軍楊執一宅。中書侍郎、同中書門下平章事、趙國公李吉甫宅。太子賓客盧貞白宅。刑部侍郎劉伯芻宅。戶部尚書封敖宅。司農卿常偕宅。饒州刺史吳丹宅。陸氏宅。李娃宅。

次南宣平坊。東南隅，舊諸王府。宣慈寺。西南隅，法雲尼寺。寺東，義陽府。十字街南之西，鼓吹局，教坊。十字街東，宗正卿李琇宅。尚書左僕射嚴綬宅。太子賓客羅珦宅。太子少師鄭朗宅。大理卿劉遵古宅。尚書右僕射盧鈞宅。劉太白宅。刑部尚書白居易宅。御史中丞、晉州刺史高武光宅。國子祭酒竇牟宅。著作郎顧況宅。戶部侍郎判度支劉瑑宅。祕書郎李郴宅。王生宅。相者宅。旅館。

次南昇平坊。東北隅，漢樂遊廟。西北隅有東宮藥園。尚書右僕射裴遵慶宅。洪州刺史、趙國公魏少遊宅。左散騎常侍潘孟陽宅。兵部尚書柳公綽宅。檢校司空、同中書門下平章事崔寧宅。京兆府少尹元宗簡宅。太子太傅致仕劉沔宅。左羽林軍大將軍史用誠宅。萬年縣丞柳元方宅。同州司兵參軍、上柱國杜行方宅。

次南修行坊。贈太子少保鄭宜尊宅。蒲州刺史杜從則宅。工部尚書李建宅。嶺南節度使胡證宅。端州司馬楊收宅。太常少卿段成式宅。刑部員外馬氏宅。張氏宅。

次南修政坊。尚書省亭子。宗正寺亭子。文安縣主宅。尚書右丞相張九齡宅。

次南青龍坊。東南隅，廢普耀寺，西南隅，廢日嚴寺。

次南曲池坊。東北隅，廢建福寺。坊北有殯宮。

右皇城東第二街十一坊及東市。

朱雀門街東第五街，街東從北第一坊。盡坊之地築入苑，十六宅。

次南興寧坊。大中報聖寺。南門之東，清禪寺。華封觀。西南隅，開府儀同三司姚元崇宅。安西都護郭虔瓘宅。宅北，特進王毛仲宅。東南隅，左衛大將軍泉男生宅。太子少保崔琳宅。贈安州都督王仁忠宅。淄青節度使、同中書門下平章事李愬宅。

次南永嘉坊。東北隅，太子少師李綱宅。東門之南，侍中張文瓘宅。宅東，兗州都督韋元琰宅。西南隅，申王撝宅。宅南，贈禮部尚書、永興公虞世南廟。十字街南之西，成王千里宅。南門之東，蔡國公主宅。次東，禮部尚書竇希玠宅。西北隅，涼國公主宅。開府儀同三司、行右領軍衛上將軍馬存亮宅。

次南興慶坊。東南隅，禪林寺。中書令馬周宅。尚書左僕射、温國公蘇良嗣宅。五王宅，開元間爲南內。

次南道政坊。寶應寺。北門之西，吏部尚書侯君集宅。南門之西，尚書左僕射張行成宅。宅西，羅國公張平高宅。東門之北，工部尚書劉知柔宅。隰川縣令李嘉宅。鎮國大將軍王榮宅。東平進奏院。旅館。

次南常樂坊。西南隅，趙景公寺。南門之西，靈花寺。洞靈觀。十字街之東，中書令來濟宅。豆盧遜宅。兗州都督于知微宅。殿中監張九臯宅。和政公主宅。壽州刺史郭敬之宅。贈太子太師渾釋之廟。吏部尚書致仕錢徽宅。輔國大將軍、兼左驍衛將軍、御史中丞馬實宅。中書侍郎、同門下平章事關播宅。刑部尚書白居易宅。渭南縣丞盧佩宅。蝦蟇陵。

次南靖恭坊。十字街南之西，祆祠。西北隅，駙馬都尉楊慎交宅。司農卿韋玢宅。中書舍人王敬從宅。忠武將軍、行薛王府典軍、上柱國、平棘縣開國男李無慮宅。輔國大將軍符璘宅。祕書監致仕韋建宅。太常卿韋渠牟宅。吏部郎中韋元魯宅。翰林學士吳通微宅。刑部尚書楊汝士宅。驃騎大將軍論惟賢宅。魏博節度使史憲誠宅。太子太保崔彥昭宅。尚書司門員外郎仲子陵宅。開州司馬宋申錫宅。太子賓客盧攜宅。陸氏宅。金州進奏院。氈曲。

次南新昌坊。南門之東，青龍寺。崇真觀。禮部尚書蘇頲宅。魯郡任城縣尉裴回宅。御史中丞、判刑部侍郎、同平章事舒元輿宅。中書舍人路羣宅。檢校左僕射、兼吏部尚書崔羣宅。禮部尚書李益宅。考功郎中錢起宅。侍郎侯釗宅。京兆府咸陽縣丞權達宅。尚書左僕射致仕楊於陵宅。儋州流人路巖宅。檢校司空、鳳翔尹、鳳翔節度使竇易直宅。太子少師牛僧孺宅。祕書監張仲方宅。刑部尚書白居易宅。守右僕射、門下侍郎李紳宅。太子右庶子王定宅。朝散大夫、祕書省著作郎致仕韋端宅。國子司業嚴公宅。禮部尚書温造宅。祕書少監姚合宅。太子少傅致仕盧弘宣宅。進士盧燕宅。處士丁重宅。

次南昇道坊。太子太保鄭畋宅。太原府司録事參軍李雍宅。士張庾宅。進士謝翱宅。

次南立政坊。讓皇帝廟。河東節度使韋湊家廟。

次南敦化坊。東門之北，都亭驛。十字街之北，淨影寺。東南隅，行臺左僕射、鄖國公殷開山宅。西門之北，祕書監顏師古宅。太常少卿歐陽詢宅。著作郎沈越賓宅。鄭國夫人楊氏宅。京兆尹韋武宅。

次南曲江。曲江。龍華尼寺。貞元普濟寺。紫雲樓、綵霞亭。侍中李日知宅。崖州司馬楊炎家廟。太保致仕、岐國公杜佑家廟。

次南芙蓉園。芙蓉園。

右皇城東第三街十坊及內苑、曲江、芙蓉園。

又　卷四《西京·外郭城》　長安縣所領，朱雀門街之西，從北第一光祿坊。

次南□□坊。

次南豐樂坊。西南隅，法界尼寺。橫街之北，大開業寺。李昌符宅。

次南安業坊。西南隅，資善尼寺。東南隅，濟度尼寺。橫街之北，鄎國公主宅。次南，唐昌觀。京兆尹張去奢宅。左龍武軍統軍、歸誠郡王程懷直宅。

次南崇業坊。玄都觀。新昌觀。前司空、同中書門下平章事王涯家廟。檢校左僕射、兼吏部尚書崔羣家廟。

次南永達坊。華陽池。度支亭子。左拾遺王龜宅。

次南道德坊。開元觀。東南隅，廢崇恩廟。成德軍節度使、兼中書令王武俊家廟。

次南光行坊。東南隅，華州刺史文經野宅。觀軍容使魚朝恩宅。

次南延祚坊。

右朱雀門街西第一街，九坊。

朱雀門街西第二街，街西從北第一太平坊。樂官院。武成王廟。西南隅，温國寺。西門之北，定水寺。東南隅，舒王元名宅。袁夫人宅。節滑太子妃楊氏宅。御史大夫王鉷宅。給事中鄭雲逵宅。宅東，國醫王彦伯宅。騎都尉薛良佐宅。陸氏夫人宅。戶部尚書王源中宅。京兆少尹羅立言宅。中書侍郎、同中書門下平章事裴坦宅。邕管巡官王定保宅。

次南通義坊。西南隅，興聖尼寺。西北隅，右羽林大將軍、邢國公李思訓宅。朔方節度使李進賢宅。東南隅，戶部尚書、長平公楊纂宅。荆南節度使、同中書門下平章事、魏國公崔鉉宅。祕書正字徐夤宅。

次南興化坊。西南隅，空觀寺。寺東，尚書右僕射、密國公封德彝宅。西門之北，邠王守禮宅。東門之南，京兆尹孟温禮宅。租庸使劉震宅。晉國公裴度池亭。都官郎中竇泉宅。長安主簿李少安宅。職方郎中蕭徹宅。

次南崇德坊。西南隅，崇聖寺。東北隅，證果尼西北隅，廢報恩寺。鑄錢院。特進、芮國公豆盧寬宅。朝散大夫、守祕書少監周渭宅。司勳員外郎竇鞏宅。羅隱宅。

次南懷貞坊。東北隅，廢乾封縣廨。戶部尚書畢構宅。西南隅，介公廟。横街之北，尚書右僕射唐休璟宅。惠昭太子廟。義成軍節度使、駙馬都尉韋讓宅。

次南宣義坊。東門之北，燕國公張説宅。叛臣安禄山池亭。司徒致仕李逢吉宅。前司空、兼右相楊國忠宅。王郎中宅。

次南豐安坊。戶部尚書裴寬宅。蘇郎中宅。王相宅。

次南昌明坊。家令寺園。

次南安樂坊。叛臣李希烈宅。戶部侍郎、兼殿中監王鉷舊宅。

右朱雀門街西第二街，九坊。

朱雀門街西第三街，即皇城西之第一街。街西從北第一修德坊。右神策軍營。夾城。德明興聖廟。西北隅，興福寺。河西隴右副元帥、同中書門下平章事李抱玉宅。朝議郎、行宮闈令、充威遠軍監軍、上柱國西門珍宅。軍器使、內寺伯袁公宅。

次南輔興坊。東南隅，金仙女冠觀。西南隅，玉真女冠觀。朝議郎、行內侍省內寺伯、上柱國劉奉芝宅。宮闈局令、充閤門使朱朝政宅。左神策軍護軍中尉副使劉漢潤宅。內侍陳忠盛宅。

次南頒政坊。右軍巡院。南門之東，龍興寺。十字街東之北，建法尼寺。十字街北之東，證空尼寺。西北隅，昭成觀。西南隅，尚書左僕射、芮國公豆盧欽望宅。崇明觀。東南隅，右散騎常侍徐堅宅。護國天王院。左衛翊衛武騎尉王行威宅。恒州長史張承休宅。朝議郎、行鳳州司倉參軍、上柱國司馬宗宅。

次南布政坊。東北隅，右金吾衛。西南隅，胡祆祠。東南隅，廢鎮國大波若寺。西門之南，法海寺。北之東，濟法寺。十字街東之北，明覺尼寺。福祥觀。東門之北，侍中魏知古宅。中書令蕭嵩宅。左神武大將軍、河間郡王舍利澄宅。功曹參軍梁君宅。朝議郎、行尚書倉部員外郎、集賢院待制權自挹宅。尚書都官令史王璹宅。

次南延壽坊。南門之西，懿德寺。東南隅，駙馬都尉裴巽宅。成安公主宅。竇應經坊。贈太州刺史楊志誠宅。賈島精舍。王薰宅。進士李員宅。趙某宅。李處士宅。古池。

次南光德坊。東南隅，京兆府廨。十字街東之北，慈悲寺。南門之東，尚書左僕射劉仁軌宅。鄱陽公主邑司。太子賓客裴垍宅。朝議郎、行尚書祠部員外郎裴稹宅。兵部尚書劉崇望宅。司空、兼門下侍郎、同平章事、贈太尉孔緯宅。潘將軍宅。張氏宅。

次南延康坊。諸王府。西南隅，西明寺。東南隅，靜法寺。北門之西，中書令閻立本宅。水部郎中張籍宅。馬鎮西宅。王靜信宅。邠寧節度使馬璘池亭。

次南崇賢坊。南門之西，海覺寺。十字街北之西，大覺寺。西門之南，法明尼寺。十字街東之南，崇業尼寺。西南隅，祕書監嗣虢王邕宅。西門之北，黄門監盧懷慎宅。光禄少卿竇瑗宅。太子少師崔景晊宅。進士獨孤遐叔宅。中郎將曹遂興宅。集州司馬裴通遠宅。羅鄴宅。陳樸宅。崔生宅。曹郎中宅。胡人米亮宅。僦舍。

次南延福坊。真化府。十字街東之北，宣平府。西南隅，紀國寺。東南隅，玉芝觀。西北隅，瓊山縣主宅。御史黄滔宅。進士何氏宅。進士張喬宅。進士孫秦宅。沈氏家廟。旅邸。

次南永安坊。永壽寺。右衛將軍、淄川縣公李孝同宅。右羽林大將軍高仙芝宅。浙江西道都團練觀察使薛蘋家廟。水亭。

次南敦義坊。東北隅，廢福田寺。東南隅，廢法覺尼寺。太尉、中書令、臨淮郡王李光弼宅。山南西道節度使鄭餘慶家廟。

次南大通坊。東南隅，左羽林將軍竇連山宅。尚父汾陽郡王郭子儀園。

次南大安坊。大安亭。南康郡王韋皋家廟。

右皇城西第一街，十三坊。

朱雀門西第四街，街西從北第一安定坊。東南隅，千福寺。西南隅，福林寺。東北隅，五通觀。右神策軍護軍中尉第五守進宅。

次南休祥坊。坊内有漢顧成廟餘阯。廟北，漢奉明園。園北，漢奉明縣。東北隅，崇福寺。東南隅，萬善尼寺。寺西，昭成尼寺。南門之西，武三思宅。延唐觀。京苑總監、上柱國茹守福宅。

次南金城坊。西南隅，匡道府，即漢思後園。北門有漢戾園。園東南，漢博望苑。東南隅，開善尼寺。寺北，廢太清觀。西南隅，會昌寺。十字街南之東，樂善尼寺。瑞聖寺。冠軍大將軍、代州都督、上柱國許洛仁宅。雲麾將軍劉元尚宅。昭武校尉、守左驍衛將軍、上柱國陳義宅。華州參軍柳生宅。邢綽宅。空宅。

次南醴泉坊。西南隅，三洞女冠觀。觀北，妙勝尼寺。十字街北之西，醴泉寺。十字街南之東，舊波斯胡寺。西門之南，祆祠。東南隅，太平公主宅。南門之東，中書令宗楚客宅。烈士臺。輔國大將軍、右衛大將軍、揚州都督、褒國公段志玄宅。王安仁宅。孝子郭思訓宅。遊擊將軍張希古宅。

次南西市。南北盡兩坊之地，市内有西市局。市署。平准局。衣肆。鞦轡行。秤行。竇家店。張家樓。景先宅。放生池。

次南懷遠坊。東南隅，大雲經寺，寺内有浮圖，東西相值。十字街東之北，功德尼寺。左監門大將軍、襄城郡公樊興宅。戴夫人宅。盧氏宅。

次南長壽坊。西南隅，長安縣廨。南門之東，永泰寺。北門之東，大法寺。十字街西之北，崇義寺。十字街北之西，鄜國公楊温宅。開府儀同三司尉遲敬德宅。朝議郎、行澤王府主簿梁寺宅。中書令閻立本宅。前中書侍郎、同中書門下平章事元載家廟。

次南嘉會坊。西南隅，褒義寺。十字街西之北，靈安寺。盱眙尉顧非熊宅。起居舍人韋莊宅。鄭國莊穆公主廟。竇氏家廟。

次南永平坊。東門之北，宣化尼寺。東南隅，宣城公主宅。高安長公主宅。日者寇鄘宅。崔氏宅。天平軍節度使殷侑家廟。

次南通軌坊。鄜公廟。文敬太子廟。

次南歸義坊。全一坊，隋蜀王秀宅。

次南昭行坊。十字街之南，汝州刺史王昕園。

右皇城西第二街，十一坊及西市。

朱雀門街西第五街，街西從北第一修真坊。坊有漢靈臺餘阯。郎將葛威德宅。

次南普寧坊。坊西街有漢太學餘阯。次東，漢辟雍。次東，漢明堂。十字街東之北，靈化寺。東南隅，東明觀。西南隅，太尉、英國公李勣宅。北門之西，司農卿韋機宅。西北隅，祆祠。

次南義寧坊。南門之東，化度寺。西北隅，積善尼寺。十字街東之北，波斯胡寺。東南隅，尚書右僕射戴至德宅。青城縣令達奚思敬宅。右龍武軍宿衛閭庭萼宅。

次南居德坊。漢圜丘餘阯。東南隅，先天寺。西北隅，普集寺。南門之西，奉恩寺。南門之東，司禮太常伯劉祥道宅。房州刺史杜元徽宅。左驍衛將軍折氏宅。

次南羣賢坊。東門之南，真心尼寺。十字街東之北，真化尼寺。東南隅，中宗昭容上官氏宅。處士程元景宅。内供奉強瓊宅。

次南懷德坊。西南隅，羅漢寺。十字街西之北，辨才寺。東門之北，慧日寺。弘光寺。天官侍郎李至遠宅。朝議郎、行澤王府主簿梁寺宅。右賢王墨特勒宅。楚州兵曹參軍劉崟宅。鄒鳳熾宅。

次南崇化坊。東門之北，經行寺。西南隅，靜樂尼寺。東南隅，龍興觀。朝議郎、行長安縣丞蕭思亮宅。河陽節度使烏重胤廟。

次南豐邑坊。東北隅，清虛觀。司徒、兼中書令李晟林園。

次南待賢坊。東北隅，天長觀。節滑太子廟。

次南常安坊。東北隅，章懷太子廟。

次南永和坊。東北隅，隱太子廟。

次南和平坊。坊內南北街之東，築入莊嚴寺。街之西，築入總持寺。

次南永陽坊。半以東，大莊嚴寺。西，大總持寺。恭僖、貞獻二太后廟。

右皇城西第三街，十三坊。

論說

唐·杜佑《通典》卷一七四《州郡典四·古雍州下》 或又曰：『關中內西偏，天下勢於轉輸。洛陽宮室正在土中，周漢以還，多爲帝宅、皇輿巡幸之處。則是國都，何必重難遷移？密邇勍寇，擇才留鎮，以息人勤，自然無虞，孰不慶倖？』答曰：『古今既異，形勢亦殊。當周之興也，雖定鼎郟鄏，而王在鎬京。幽王之亂，平王東徙，始則晉、鄭夾輔，終乃齊、晉主盟，咸率諸侯，共尊王室，猶有請隧之僭，中肩之師。東漢再興，巨寇皆殄。魏晉以降，理少亂多。今咸秦陵廟在焉，勝兵計數十萬，海內財力，雲奔風趨，儻議遷都，得非蹙國？斯乃示弱天下，何以統臨四方？洛陽地狹，凋弊尤甚，萬乘所止，千官畢臻，樵牧難資，稾秸難贍，又無百二之固，慮啓姦凶之心。豈得舍安而就危，棄大而從小也！漢高初平項羽，將宅洛師，婁敬請居關中，張良贊成其計，田肯稱賀，方策備存。武德中，突厥牙帳在於河曲，數十萬騎將過原州，時以傷夷未平，財力且乏，百辟卿士震恐，皆請遷都山南。太宗獻計，固爭方止。永安宗社，實賴聖謨。』

議者又曰：『洛陽四戰之地，既將不可；蒲阪虞舜舊國，表里山河；江陵亦嘗設都，控壓吳蜀。遠道避翟，寧不堪居？』答曰：『蒲阪土瘠人貧，困竭甚於洛邑；江陵本非要害，梁主數歲國亡。夫臨制萬國，尤惜大勢。秦川是天下之上腴，關中爲海內之雄地。巨唐受命，本在於茲。若居之則勢大而威遠，舍之則勢小而威近，恐人心因斯而搖矣，非止於危亂者哉，誠繫興衰，何可輕議？』

《舊唐書》卷一二〇《郭子儀傳》 自西蕃入寇，車駕東幸，天下皆咎程元振，諫官屢論之。元振懼，又以子儀復立功，不欲天子還京，勸帝且都洛陽以避蕃寇，代宗然之，下詔有日。子儀聞之，因兵部侍郎張重光宣慰迴，附章論奏曰：『臣聞雍州之地，古稱天府，右控隴、蜀，左扼崤、函，前有終南、太華之險，後有清渭、濁河之固，神明之奧，王者所都。地方數千里，帶甲十餘萬，兵強士勇，雄視八方，有利則出攻，無利則入守。此用武之國，非諸夏所同，秦、漢因之，卒成帝業。其後或處之而泰，去之而亡，前史所書，不唯一姓。及隋氏季末，煬帝南遷，河、洛丘墟，兵戈亂起。高祖唱義，亦先入關，惟能翦滅姦雄，底定區宇。以至于太宗、高宗之盛，中宗、玄宗之明，多在秦川，鮮居東洛。間者羯胡構亂，九服分崩，河北、河南，盡從逆命。然而先帝仗朔方之衆，慶緒奔亡；陛下藉西土之師，朝義就戮。豈唯天道助順，抑亦地形使然，此陛下所知，非臣飾說。近因吐蕃淩逼，鑾駕東巡。蓋以六軍之兵，素非精練，皆市肆屠沽之人，務掛虛名，苟避征賦，及驅以就戰，百無一堪。亦有潛輸貨財，因以求免。又中官掩蔽，庶政多荒。遂令陛下振盪不安，退居陝服。斯蓋關於委任失所，豈可謂秦地非良者哉！今道路云云，不知信否，咸謂陛下已有成命，將幸洛都。臣熟思其端，未見其利。夫以東周之地，久陷賊中，宮室焚燒，十不存一。百曹荒廢，曾無尺椽，中間畿內，不滿千戶。井邑榛棘，豺狼所嗥，既乏軍儲，又鮮人力。東至鄭、汴，達於徐方，北自覃懷，經於相土，人煙斷絕，千里蕭條。將何以奉萬乘之牲餼，供百官之次舍？矧其土地陝阨，纔數百里間，東有成臯，南有二室，險不足恃，適爲戰場。陛下奈何棄久安之勢，從至危之策，忽社稷之計，生天下之心。臣雖至愚，竊爲陛下不取。且聖旨所慮，豈不以京畿新遭剽掠，田野空虛，恐糧食不充，國用有闕，以臣所見，深謂不然。昔衛文公小國之君，諸侯之主耳，遭懿公爲狄所滅，始廬于曹，衣大布之衣，冠大帛之冠，元年革車三十乘，季年三百乘，卒能恢復舊業，享無疆之休。況明明天子，躬儉節用，苟能黜素餐之吏，去冗食之官，抑豎刁、易牙之權，任蘧瑗、史鰌之直。薄征弛力，卹隱追鰥，委諸相以簡賢任能，付老臣以練兵御侮，則黎元自理，寇盜自平，中興之功，旬月可冀，卜年之期，永永無極矣。願時邁順動，迴鑾上都，再造邦家，唯新庶政，奉宗廟以修薦享，謁陵寢以崇孝思，臣雖隕越，死無所恨。」

代宗省表，垂泣謂左右曰：『子儀用心，真社稷臣也。可亟還京師。』

宋·李昉等《文苑英華》卷六〇〇《[唐]于邵〈為京兆第五尹請車駕迴西京表〉》 臣聞古公去邠，初因避狄；襄王出鄭，終見興周。故能成九五之尊，享八百之祚。載在前史，昭然可知。伏惟陛下，道合四國，威加八紘，啓中興之運，宏下武之功，殊方異俗，重譯交順。惟犬戎小醜，敢亂天常，陵逼豐鎬，震驚都邑。陛下理兵陝服，遣將秦川，鴟張未幾，狗游自溺。今八川底定，萬姓怨思，同懷捧日之誠，共結屬車之望。況地稱百二，勢比咽喉，足以横制九圍，裁成六合。陛下豈可捨山川之固，為巡省之游？臣雖至愚，竊知不可。伏願謀及百辟，俯徇羣心，迴鑾舊宮，駐蹕西夏，庶百川有朝宗之所，衆星復環拱之方。凡在有形，孰不幸甚！無任懇款涕戀之至。謹遣官奉表陳情以聞。

宋·程大昌《雍録》卷一《五代都雍總説》 漢、隋、唐皆都渭南，雖位置稍有遷改，而相去不踰二三十里，尚易考矣。若夫周秦兩世，自初興以至遷滅，屢東屢西，不常厥邑。【略】隋都亦在長安，實漢城東南十三里。隋文名其城為大興城，唐高祖因之，遂以為都。凡其宮朝城市，悉用隋舊第，稍更易故名而已。唐之都城，先統於雍州京兆府，最後始名上都也。高宗時於大興城之北東別建大明宮，故號東内，而大興城遂名西内也，西内即唐太極宮也。別有興慶宮在太極東南角，又名南内也。

又 卷三《説未央太極大明禁苑内苑》 漢都城在長安鄉，鄉在渭水之南杜縣地也。隋唐都城在龍首原，原蓋漢都城東南十三里也。隋都城中正宮以及正殿皆名大興，至唐改名太極宮、太極殿也。宮之北有内苑，有禁苑，而宮居都城之北，内苑又居宮北，禁苑又居内苑之北也。禁苑廣矣，西面全包漢之都城，東抵霸水。其西南兩面，攙出太極宮前，與承天門相齊。承天門之西面，排立三門，皆禁苑之門，曰光化，曰芳林，曰景耀，皆南向。芳林十哲卽自此門入内也。此西内太極宮及宮北内苑、禁苑地望之詳也。高宗卽太極宮東北，取苑地建大明宮。其廣袤亦及五里，五里之東尚有餘地，可以為苑，故大明東面有東内苑，苑中有龍首殿、龍首池也。此之内東苑者，包大明宮之東面而向南直出，與大明宮城之丹鳳門相齊。其苑之南亦有三門，延政門在正南，太和門在東，左銀臺門在北。此苑之北，亦抵禁苑也。是漢唐三宮之別而唐世三苑之分也。

又 《唐城内外凡三重》 《六典》：唐都城三重，外一重名京城，内一重名皇城，又内一重名宮城，亦名子城，子城之内入殿者為殿門也。《長安志》敍載内外制度固為周悉，而其辨方命位，尤有倫要。顧品彙繁夥，易以昏棼。今分别言之。

唐西内太極宮。卽隋大興宮。唐都本隋都也，在漢長安故城東南，南直終南山子午谷，北據渭水，東臨滻霸，西次灃水。隋文帝開皇二年營建。此之四面，皆《六典》以山川方望言之，非能包有其地。至三年三月，移入新都，名其城曰大興城，正殿曰大興殿，宮曰大興宮，宮北苑曰大興苑。唐高祖武德元年，改大興殿為太極殿，宮門為承天門。隋名昭陽門。景雲元年，以京大内為太極宮，宮城在皇城之北，後又卽東北建大明宮，而此宮遂名西内。呂《圖》曰：《西京記》云：大興城南直子午谷，今據子午谷，乃漢城所直。隋城南直石鱉谷，則已微西，不正與子午谷對也。古今水道有移改，山無移改也。此語蓋呂氏親見之詳，可據也。

唐太極宮皇城承天門之南至皇城之朱雀門北。太極宮皇城。自太極宮南出而得承天門，宮城之門也，由承天門南至朱雀門北，是為宮城之内。隋文帝立制，士庶不得雜居此門之内，故宗廟、官寺、兵衛悉在此地也。官寺也者，自三省以及監庫皆是也。兵衛也者，凡其隸南衙而為諸衙者皆是也。至北司則在宮北，惟南面尚書省自占一坊，蓋六曹皆入統隸，故今附處其旁也。若夫自朱雀門以南而至明德門以北，此舉南北兩門，以概其餘。卽概為京城坊巷矣。故朱雀門外始有士庶第宅、廟市寺觀也。

唐朱雀門外坊里。京都四郭之内，縱横皆十坊，大率當為百坊，而亦有一面不啻十坊者，故《六典》曰『一百一十坊』也。今別其位置而言之。縱十坊，縱謂自北而南也。坊皆南北相沓，每坊之南皆有横街，横街之北是為諸坊之南，諸坊之南皆有門，自東西以出横街而坊北無門。其説曰：北出卽損斷地脉。此厭勝術也，隋文帝多忌諱，如改滻坂為長樂坡，改胡牀為交牀，胡瓜為黃瓜之類。故有司希意為此也。坊之若東若西，即坊之左畔右畔也。又有直街，自南亘北，其最當城中而南者為朱雀門街，亦直貫明德門，是名朱雀街也。既有此街透貫城之南北，而四面坊里衢道皆可分方命位，以識其處矣。朱雀東十坊，縱而數之。皆有直街，北自宮城之安上門而南極乎京城南面之陰，明德之左。是為朱雀街東之第一街也。朱雀街西十坊之西，亦有直街，自北徹南，是為朱雀街西第二街。自餘十坊，可隨朱雀東西而命其方矣，一街可數而它皆可通矣。呂《圖》所布與《志》略同，故知其傳，信可據也。

又《唐宮總説》 唐都城中有三大内。太極宮者，隋大興宮也，固為正宮矣。高宗建大明宮於太極宮之東北，正相次比，亦正宮也。諸帝多居大明，或遇大禮大事，復在太極。如高宗、玄宗每五日一御太極，諸帝梓宮皆殯太極，亦有初即大位不於大明而於太極者，知太極尊於大明也。太極在西，故名西内。大明在東，故名東内。别有興慶宮者，亦在都城東南角，人主亦於此出政，故又號南内也。此三内者，皆嘗更迭受朝而大明最數。自餘如興慶者，雖有夾城可以潛達大明，要之隔越衢路，亦當名為離宮而已。華清宮在麗山，最為奢盛，百司皆有邸第。玄宗常以十月往幸，歲竟乃歸，與漢甘泉略同，則又離宮之大者也。

又《漢唐宮殿據龍首山》 龍首山，首枕渭之南岸，尾達樊川，首高尾下，尾在漢長安城南，逶迤而北，至建章宮，上下乃始折北而趨東。漢世未央宮在折北向東之地，其基已高。故宮殿皆出長安城上，而張衡曰『疏龍首以抗殿』也。未央又東，龍首愈增高，而唐大明宮尤在高處，故含元殿基，高於平地四丈。含元之北為宣政，宣政之北為紫宸，地每退北，輒又加高，至紫宸則極矣。其北遂為蓬萊殿，殿有池，則平地矣。大明之東有苑，苑有池。龍首渠水自城南而注入于此，則可見其不在山上也。惟其三面皆低，而大明之基獨高，故《長安志》曰：大明宮北據高原，南望爽塏，視終南如指掌，在京坊市，可俯而窺也。未央本亦甚高，不減大明，惟其取土為城，故殿基稍低。《三秦記》曰：長安城地皆黑壤，今城赤如火，堅如石。《關中記》曰：取山土，以為城也。《括地志》曰：山首在長安故城中。自漢築長安城及營宮殿，咸以堙平，其餘即今宮城太倉以東也。按《括地志》者，太宗子魏王泰所為也。作《記》之時，唐止有西内，即太極宮也。未有東内，其謂餘山之在太倉以東者，其後大明宮據以為基者也。説皆相應也。若太極宮在未央之東南，大明宮之東北，而遂卑濕不爽者，蓋其基在南舍山而就平地也。以方求之，太極宮進前而在大明西北角，則其低可想矣。

又卷九《唐三苑説》 唐大内有三苑：西内苑也，東内苑也，禁苑也。三者皆在兩宮之北而有分别，西内苑謹並西内太極宮之北，而東内苑則包大明宮東北兩面也。兩内苑北門之外，始為禁苑之南門也。禁苑也者，隋大興苑也，其西則漢之長安四城，皆在包幷之内。苑東距霸而北抵渭，廣輪所及，自周一百二十里，而東西二十七里，南北三十二里。據所記如此。若以漢地約其道里，當不啻此數也。中置四監，監分領一方，凡立四官四局以監之。北軍營衛，盡在三苑四監封畛之内，而大明宮基，乃取禁苑中射殿地為之，則其廣可想矣。若夫禁苑西面，則又繞出太極宮之南，故苑之南墻與宮城相齊。芳林等三門，是禁苑南出之門也。東内苑在大明宮東，直南而出，亦與丹鳳門齊。其南面延政門，是東内苑南出之門也。龍首池、龍首殿皆在内苑之内，不在大明宮垣中矣。凡此三苑也者，地廣而居要，故唐世平定内外禍難，多於苑中用兵也。呂《圖》、《兩京記》。太宗武德六月四日之變，建成、元吉皆死苑中，而高祖泛舟海池，未及知也。海池却在太極宮内。中宗之誅二張，玄宗之平韋氏，則皆自玄武門，資禁軍為用；而玄宗幸蜀，則自苑西之延秋門以出。德宗幸奉天，則又出苑之北門也。李晟自東渭橋入禁苑之東，逐出朱泚，而入屯于苑，經宿，市人遠者有不及知。即此足以見苑之闊遠也矣。

宋·趙彦衛《雲麓漫鈔》卷八 《長安圖》，元豐三年正月五日龍圖閣待制、知永興軍府事汲郡呂公大防命户曹劉景陽按視，邠州觀察推官呂大臨檢定。其法以隋都城、大明宮並以二寸折一里，城外取容，不用折法，大率以《舊圖》及韋述《西京記》為本，參以諸書及遺迹。考定太極、大明、興慶三宮用折地法，不能盡容諸殿，又為别圖。漢都城縱廣各十五里，周六十五里。十二門、八街九陌，城之南北，曲折有南斗、北斗之象。未央、長樂宮在其中，未央在西直便門，長樂在東直社門。隋都城外郭縱十五里一百七十五步，廣十八里百十五步，周六十七里，高一丈八尺。東西南北各三門，縱十一街，横十四街。當皇城朱雀門，南北九里一百七十五步，縱十一街，各廣百步。皇城之南，横街十，各廣四十七步。皇城左右，各横街四。三街各六十步，一街直安福、延喜門，廣百步。朱雀街之東市一，坊五十五，萬年治之。街之西市一，坊五十五，長安治之。坊之制，皇城之南三十六坊，各東西二門，縱各三百五十步。中十八坊，廣各三百五十步。外十八坊，廣各四百五十步。皇城之左右共七十四坊，各四門，廣各六百五十步。皇城左右之南六坊，縱各五百五十步。北六坊，縱各四百步。市居二坊之地，方各六百步。四面街各廣百步，面各二門。

皇城縱三里一百四十步，廣五里一百一十五步，周十七里一百五十步。縱五街，横七街，百司居之。北附宮城，南直朱雀門，皆有大街，各廣百步。東西各二門，南三門。太極宮城廣四里，縱二里四十步，周十三里一百八十步，高三丈五尺。東一門，西二門，南六門，北三門。宮城之西有大安宮。唐大明宮城在苑内，廣二里一百四十八步，縱四里九十五步。東北各一門，南五門，西二門。禁苑廣二十七里，縱三十里。東一門，南二門，北五門。西内苑廣四里，縱二里。四面各一門。東内苑廣二百五十步，縱四里九十五步。東一門。以渠道水入城者三：一曰龍首渠，自城東南導滻至長樂坡，灑為二渠，一北流入苑，一經通化門、興慶宮，由皇城入太極宮。二曰永安渠，導交水自大安坊西街入城，北流入苑注渭。三曰清明渠，導坑水自大安坊東街入城，由皇城入太極宮。城内有六高岡，横列如《乾》之六爻。初，隋建都，以九二置宮室，九三處百司，九五不欲令民居，乃置玄都觀、興善寺。

右漢、隋、唐宮禁城邑之制。而《西京記》云：街東西各五十四坊。《六典》注：兩市居其中四坊之地，凡一百一十坊。今除市居二坊外，各五十五坊。當以《六典》注為正。又《六典》西上閤之西延英，李庚《賦》東則延英耽耽，當以庚《賦》為正。又《西京記》：大興城南直子午谷。今據子午谷乃漢城所直，隋城南直石鼈谷西。又《唐志》：大明宮縱一千八百步，廣一千八十步。今實計縱一千一百一十八步，廣一千五百三十五步。此舊説之誤也。

唐高宗始營大明宮於丹鳳後，南開翊善、永昌二坊，各為二外郭。東北隅永福一坊，築入苑。先天以後，為十六王内宅。又高宗以隆慶坊為興慶宮，附外郭為複道，自大明宮經過通化門，蹬道潛通，以達此宮，謂之夾城。又制永嘉坊，西百步入宮外郭。東南隅一坊，始建都城以地高不便，隔在郭外，為芙蓉園，引黄渠水注之，號曲江。明皇增築興慶宮夾城，直至芙蓉園。又武宗於宣政殿東北築臺，曰望仙，今人誤以為蓬萊山。武宗又修未央宮，為通光亭。宣宗修憲宗遺迹於夾城中，開便門，自芙蓉園北入，至青龍寺，俗號新開門。自門至寺，開敦化以北四坊，各為二。此遷改之異也。大抵唐多仍隋舊，故吕公愛其制度之密而傷唐人冒疾，史氏没其實，遂刻而為圖，故誌之。

藝文

宋·計有功《唐詩紀事》卷一《太宗》

《帝京篇序》云：余以萬機之暇，遊息藝文，觀列代之皇王，考當時之行事。軒、昊、舜、禹之上，信無間然矣；至于秦皇、周穆、漢武、魏明，峻宇雕墻，窮侈極麗，徵税殫於宇宙，轍跡徧於天下，九域無以稱其求，江海不能贍其欲，覆亡顛沛，不亦宜乎！余追蹤百王之末，馳心千載之下，慷慨懷古，想彼哲人，庶以堯、舜之風，蕩秦、漢之弊，用咸英之曲，變爛漫之音，求之人情，不爲難矣。故觀文教於六經，閲武功於七德，臺榭取其避燥濕，金石尚其諧人神，皆節之於中和，不係之於淫放。故溝洫可悦，何必江海之濱乎；麟閣可玩，何必山陵之間乎；忠良可接，何必海上神仙乎；豐鎬可遊，何必瑤池之上乎！釋實求華，以人從欲，亂于大道，君子恥之。故述《帝京篇》，以明雅志云爾。詩云：

秦川雄帝宅，函谷壯皇居。綺殿千尋起，離宮百雉餘。連甍遥接漢，飛觀迥淩虚。雲日隱層闕，風煙出綺疏。其一

巖廊罷機務，崇文聊駐輦。玉匣啓龍圖，金繩披鳳篆。韋編斷仍續，縹帙舒還卷。對此乃淹留，欹案觀墳典。其二

移步出詞林，停輿欣武宴。琱弓寫明月，駿馬疑流電。驚雁落虚弦，啼猿悲急箭。閲賞誠多美，於兹乃忘倦。其三

鳴笳臨樂館，眺聽歡芳節。急管韻朱絃，清歌凝《白雪》。威鳳肅來儀，玄鶴紛成列。去兹鄭衛聲，雅音方可悦。其四

芳辰追逸趣，禁苑信多奇。橋形通漢上，峰勢接雲危。煙霞交隱映，花鳥自參差。何如肆轍跡，萬里賞瑤池。其五

飛蓋去芳園，蘭橈遊翠渚。萍間日彩亂，荷處香風舉。桂楫滿中川，絃歌振長嶼。豈獨汾河曲，方爲歡宴所。其六

日落雙闕昏，迴輿九重暮。長煙散初碧，皎月澄輕素。搴幌玩琴書，開軒引雲霧。銀漢耿層閣，清風搖玉樹。其七

歡樂難再遇，芳晨良可惜。玉酒溢雲罍，蘭肴陳綺席。千鍾合堯禹，百獸諧金石。得志重寸陰，忘懷輕尺璧。其八

建章歡賞夕，二八盡妖妍。羅綺昭陽殿，芬芳玳瑁筵。珮移星正動，扇掩月初圓。無勞上玄圃，即此對神仙。其九

以兹遊觀極，悠然獨長想。披卷覽前蹤，撫躬尋既往。望古茅茨約，瞻今蘭殿廣。人道慮高危，虚心誡盈蕩。奉天謁誠敬，臨民思惠養。納善察忠諫，明科慎刑賞。六五誡難繼，四三非易仰。廣待淳化敷，方嗣雲亭響。其十

帝製《帝京篇》，命李百藥並作。既上，詔曰：『卿何身老而才之壯，齒宿而意之新乎？』

《入潼關》詩云：峭函稱地險，襟帶壯兩京。霜峰直臨道，冰河曲遶城。古木參差影，寒猿斷續聲。冠蓋往來合，風塵朝夕驚。高談先馬渡，僞曉預雞鳴。棄繻懷遠志，封泥負壯情。別有真人氣，安知名不名。

唐·駱賓王《駱丞集》卷二《上吏部侍郎帝京篇有啓》　某啓：昨引注日，垂索鄙文，拜手驚魂，承恩累息。楚翬丹質，在荆南以多慚；遼豕白頭，望河東而載恧。某散樗易朽，蟠木難容，雖少好讀書，無謝高鳳，而老不曉事，有類楊雄。徒以《易》象六爻，幽贊適乎政本；詩人五際，比興在乎《國風》。故體物成章，必寫情於《小雅》；登高能賦，豈圖容於大夫！蓋欲樂道遺榮，從心所好，非敢希聲刻鵠，竊譽雕虫。至若質醜行以自諆，衒庸音於苟進，固立身之岐路，行己之外篇矣。君侯蘊明睿以佐時，虚靈臺以照物。觀《梁父》之曲，識臥龍於孔明；聽康衢之歌，得飯牛於寧戚。是用異人翹首，俊乂歸誠。猥以庇賤之姿，謬奉清通之眄，雖仲由之瑟終，闕響於丘門，而宋玉之謡讜，均音於郢路。敢忘下里，輕冒上呈，庶道叶起予，陳卜商之四始；恐吾幾失子，効然明於一言。拜手增慚，憂心如醉。謹啓。

山河千里國，城闕九重門。不覩皇居壯，安知天子尊。皇居帝里殽函穀，鶉野龍山侯甸服。五緯連影集星躔，八水分流橫地軸。秦塞重關一百二，漢家離宮三十六。桂殿陰岑對玉樓，椒房窈窕連金屋。三條九陌麗城隈，萬戶千門平旦開。復道斜通鳷鵲觀，交衢直指鳳凰臺。劍履南宮入，簪纓北闕來。聲明冠寰宇，文物象昭回。鉤陳肅蘭戺，璧沼浮槐市。銅羽應風迴，金莖承露起。校文天祿閣，習戰昆明水。朱邸抗平臺，黄扉通戚里。平臺戚里帶崇墉，炊金饌玉待鳴鐘。小堂綺帳三千戶，大道青樓十二重。寶蓋雕鞍金絡馬，蘭窗繡柱玉盤龍。繡柱琁題粉壁暎，鏘金鳴玉王侯盛。王侯貴人多近臣，朝遊北里暮南鄰。陸賈分金將燕喜，陳遵投轄正留賓。趙李經過密，蕭朱交結親。丹鳳朱城白日暮，青牛紺幰紅塵度。俠客珠彈垂楊道，倡婦銀鉤采桑路。倡家桃李自芳菲，京華遊俠盛輕肥。延年女弟雙飛入，羅敷使君千騎歸。同心結縷帶，連理織成衣。春朝桂樽樽百味，秋夜蘭燈燈九微。翠幌珠簾不獨映，清歌寶瑟自相依。且論三萬六千是，寧知四十九年非。古來榮利若浮雲，人生倚伏信難分。始見田竇相移奪，俄聞衛霍有功勳。未厭金陵氣，先開石槨文。朱門無復張公子，灞亭誰畏李將軍。相顧百齡皆有待，居然萬化咸應改。桂枝芳氣已銷亡，柏梁高宴今何在。春去春來苦自馳，爭名爭利徒爾爲。久留郎署終難遇，空掃相門誰見知。莫矜一旦擅繁華，自言千載長驕奢。倏忽摶風生羽翼，須臾失浪委泥沙。黄雀徒巢桂，青門遂種瓜。黄金銷鑠素絲變，一貴一賤交情見。紅顏宿昔白頭新，脱粟布衣輕故人。故人有湮淪，新知無意氣。灰死韓安國，羅傷翟廷尉。已矣哉，歸去來，馬卿辭蜀多文藻，揚雄仕漢乏良媒。三冬自矜誠足用，十年不調幾邅迴。汲黯薪逾積，孫弘閣未開。誰惜長沙傅，獨負洛陽才。

唐·王勃《王子安集》卷二《臨高臺》　臨高臺，高臺迢遞絶浮埃。瑤軒綺構何崔嵬，鸞歌鳳吹清且哀。俯瞰長安道，萋萋御溝草。斜對甘泉路，蒼蒼茂陵樹。高臺四望同，帝鄉佳氣鬱葱葱。紫閣丹樓紛照曜，璧房錦殿相玲瓏。東彌長樂觀，西指未央宮。赤城映朝日，綠樹搖春風。旗亭百隊開新市，甲第千甍分戚里。朱輪翠蓋不勝春，疊樹層楹相對起。復有青樓大道中，繡戶文窗雕綺櫳。錦衣晝不襞，羅帷夕未空。歌屏朝掩翠，

妝鏡晚窺紅。爲吾安寶髻，娥眉罷花叢。狹路塵間黯將暮，雲間月色明如素。鴛鴦池上兩兩飛，鳳皇樓下雙雙度。物色正如此，佳期那不顧。銀鞍繡轂盛繁華，可憐今夜宿倡家。倡家少婦不須嚬，東園桃李片時春。君看舊日高臺處，柏梁銅雀生黄塵。

唐·盧照隣《盧昇之集》卷二《至陳倉曉晴望京邑》 拂曙驅飛傳，初晴帶曉涼。霧斂長安樹，雲歸仙帝鄉。澗流漂素沫，巖景靄朱光。今朝好風色，延瞰極天莊。

唐·王維《王右丞集》卷一〇《奉和聖製從蓬萊向興慶閣道中留春雨中春望之作應制》 渭水自縈秦塞曲，黄山舊繞漢宫斜。鑾輿迥出仙門柳，閣道迴看上苑花。雲裏帝城雙鳳闕，雨中春樹萬人家。為乘陽氣行時令，不是宸游重物華。

唐·李白《李太白全集》卷二四《效古》 朝入天苑中，謁帝蓬萊宫。青山映輦道，碧樹搖煙空。謬題金閨籍，得與銀臺通。待詔奉明主，抽毫頌清風。歸時落日晚，躞蹀浮雲驄。人馬本無意，飛馳自豪雄。入門紫鴛鴦，金井雙梧桐。清歌絃古曲，美酒沽新豐。快意且爲樂，列筵坐羣公。光景不可留，生世如轉蓬。早達勝晚遇，羞比垂釣翁。

唐·杜甫《杜工部詩集》卷四《奉和賈至舍人早朝大明宫》 五夜漏聲催曉箭，九重春色醉仙桃。旌旗日暖龍蛇動，宫殿風微燕雀高。朝罷香煙攜滿袖，詩成珠玉在揮毫。欲知世掌絲綸美，池上于今有鳳毛。

又《賈至〈早朝大明宫呈兩省寮友〉》 銀燭朝天紫陌長，禁城春色曉蒼蒼。千條弱柳垂青鎖，百轉流鶯繞建章。劍佩聲隨玉墀步，衣冠身惹御爐香。共沐恩波鳳池裏，朝朝染翰侍君王。

又《王維〈和作〉》 絳幘雞人送曉籌，尚衣方進翠雲裘。九天閶闔開宫殿，萬國衣冠拜冕旒。日色纔臨仙掌動，香煙欲傍袞龍浮。朝罷須裁五色詔，佩聲歸到鳳池頭。

又《岑參〈和作〉》 雞鳴紫陌曙光寒，鶯轉皇州春色闌。金鏁曉鐘開萬戶，玉階仙仗擁千官。花迎劍佩星初落，柳拂旌旗露未乾。獨有鳳凰池上客，陽春一曲和皆難。

《孟浩然集》卷二《長安早春》 關戍惟東漠，城池起北辰。咸歌太平日，共樂建寅春。雪盡青山樹，冰開黑水濱。草迎金埒馬，花伴玉樓人。鴻漸看無數，鶯歌聽欲頻。何當桂枝擢，歸及柳條新。

唐·孟郊《孟東野詩集》卷二《長安早春》 旭日朱樓光，東風不驚塵。公子醉未起，美人爭探春。探春不為桑，探春不為麥。日日出西園，秖望花柳色。乃知田家春，不入五侯宅。

唐·王建《王司馬集》卷三《長安春遊》 騎馬傍閑坊，新衣著雨香。桃花紅粉醉，柳樹白雲狂。不覺愁春去，何曾得日長。牡丹相次發，城裏又須忙。

又 卷五《長安早春》 霏霏漠漠遶皇州，銷雪欺寒不自由。先向紅粧添曉夢，爭來白髮送新愁。暖催衣上縫羅勝，晴報窗中點綵毬。每度暗來還暗去，今年須遣蝶遲留。

唐·釋皎然《杼山集》卷七《長安少年行》 翠樓春酒蝦蟇陵，長安少年皆共矜。紛紛半醉綠槐道，蹀躞花驄驕不勝。

唐·韓愈《昌黎集》卷一〇《早春呈水部張十八員外》 天街小雨潤如酥，草色遥看近却無。最是一年春好處，絶勝煙柳滿皇都。

唐·張籍《張司業集》卷五《大明宫早朝寄白舍人嚴郎中》 鼓聲初動未聞雞，羸馬街中踏凍泥。燭暗有時衝石柱，雪深無處認沙堤。常參班裏人猶少，待漏房前月欲西。鳳闕星郎離去遠，閤門開日入還齊。

唐·許渾《丁卯詩集》卷下《長安早春》 雲月有歸處，故山清洛南。秦城一花發，春夢遍江潭。

又《天街曉望》 明星低未央，蓬闕迥蒼蒼。疊鼓催殘月，疏鐘迎早霜。關防浮瑞氣，宫館耀神光。再拜為君壽，南山高且長。

唐·白居易《白氏長慶集》卷一三《長安早春旅懷》 軒車歌吹諠都邑，中有一人向隅立。夜深明月卷簾愁，日暮青山望鄉泣。風吹新綠草芽坼，雨灑輕黄柳條濕。此生知負少年春，不展愁眉欲三十。

又 卷一八《長安春》 青門柳枝軟無力，東風吹作黄金色。街東酒薄醉易醒，滿眼春愁消不得。

唐·劉禹錫《劉賓客文集》卷二二《春日退朝》 紫陌夜來雨，南山朝下看。戟枝迎日動，閣影助松寒。瑞氣卷綃縠，遊光泛波瀾。御溝新柳色，處處拂歸鞍。

唐·李德裕《李衛公别集》卷三《長安秋夜》 内宫傳詔問戎機，

載筆金鑾夜始歸。萬戶千門皆寂寂，月中清露點朝衣。

唐·鄭谷《雲臺編》卷上《長安感興》　徒勞悲喪亂，自古戒繁華。落日狐兔徑，近年公相家。可悲聞玉笛，不見走香車。寂寞牆匡裏，春陰挫杏花。

又　卷下《闕下春日》　建章宫殿紫雲飄，春漏遲遲下絳霄。綺陌暖風嘶去馬，粉廊初日照趨朝。花經宿雨香難拾，鶯在豪家語更嬌。秦楚年年有離别，揚鞭揮袖灞陵橋。

又　《輦下冬暮詠懷》　永巷閒吟一徑蒿，輕肥大笑事風騷。煙含紫禁花期近，雪滿長安酒價高。失路漸驚前計錯，逢僧更念此生勞。十年春淚催衰颯，羞向清流照鬢毛。

唐·韓偓《韓内翰别集·苑中》　上苑離宫處處迷，相風高與露盤齊。金階鑄出狻猊立，玉柱雕成狒秣啼。外使調鷹初得案，中官過馬不教嘶。笙歌錦繡雲霄里，獨許詞臣醉似泥。

唐·杜荀鶴《唐風集》卷二《長安春感》　出京無計住京難，深入東風轉索然。滿眼有花寒食下，一家無信楚江邊。此時晴景愁於雨，是處鶯聲苦却蟬。公道算來終達去，更從今日望明年。

唐·曹鄴《曹祠部集》附録《曹唐詩·長安春舍敘邵陵舊懷永門蕭使君》　木魚金鑰鎖重城，夜上紅樓縱酒情。竹箭水繁更漏促，桐花風軟管絃清。百分散打銀船溢，十指寬催玉筯輕。星斗漸稀賓客散，碧雲猶戀艷歌聲。

又　《同前》　三年身逐楚諸侯，賓榻容居最上頭。飽聽笙歌陪夜飲，熟尋雲水縱閒遊。朱門鎖閉烟霞暮，鈴閣清冷水木秋。月滿前山圓不動，更邀詩客上高樓。

唐·羅隱《羅昭諫集》卷三《長安秋夜》　遠聞天子似羲皇，偶捨漁鄉入帝鄉。五等列侯無故舊，一枝仙桂有風霜。燈欹短焰燒離鬢，漏轉寒更滴旅腸。歸計未知身已老，九衢雙闕夜蒼蒼。

又　《西京崇德里居》　進乏梯媒退又難，强隨豪貴殢長安。風從昨夜吹銀漢，淚擬何門落玉盤。拋擲紅塵應有恨，思量仙桂也無端。錦鱗頳尾平生事，却被閒人把釣竿。

又　《西京道德里》　秦樹團團夕結陰，此中莊舄動悲吟。一枝丹桂未入手，萬里滄波長負心。老去漸知時態薄，愁來惟願酒杯深。七雄三傑今何在？休為閒人淚滿襟。

又　卷四《京中正月七日立春》　一二三四五六七，萬木生涯是今日。遠天歸雁拂雲飛，近水遊魚迸冰出。

唐·温庭筠《温飛卿詩集》卷五《長安春晚二首》　曲江春半日遲遲，正是王孫悵望時。杏花落盡不歸去，江上東風吹柳絲。

四方無事太平年，萬象鮮明禁火前。九重細雨惹春色，輕染龍池楊柳煙。

唐·韋莊《浣花集》卷一〇《長安舊里》　滿目墻匡春草深，傷時傷事更傷心。車輪馬跡今何在？十二玉樓無處尋。

又　《浣花集補遺·長安春》　長安二月多香塵，六街車馬聲轔轔。家家樓上如花人，千枝萬枝紅艷新。簾間笑語自相問，何人占得長安春？長安春色本無主，古來盡屬紅樓女。如今無奈杏園人，駿馬輕車擁將去。

唐·令狐楚《御覽詩·盧綸〈長安春望〉》　東風吹雨過青山，却望千門草色閒。家在夢中何日到，春來江上幾人還。川原繚繞浮雲外，宫闕參差落照間。誰念為儒逢世難，獨將衰鬢客秦關。

唐·韋縠《才調集》卷一《李廓〈長安少年行〉》　金紫少年郎，繞街鞍馬光。身從左中尉，官屬右春坊。剗戴揚州帽，重薰異國香。垂鞭踏青草，來去杏園芳。

又　追逐輕薄伴，閒遊不著緋。長攏出獵馬，數換打毬衣。曉日尋花去，春風帶酒歸。青樓無晝夜，歌舞歇時稀。

又　日高春睡足，帖馬賞年華。倒插銀魚袋，行隨金犢車。還攜新市酒，遠醉曲江花。幾度歸伊黑，金吾送到家。

又　好勝耽長夜，天明燭滿樓。留人看獨脚，賭馬換偏頭。樂奏曾無歇，杯巡不暫休。時時遥冷笑，怪客有春愁。

又　遨遊攜艷妓，裝束似男兒。杯酒逢花住，笙歌簇馬吹。鶯聲催曲急，春色送歸遲。不以聞街鼓，華筵待月移。

又　賞春惟逐勝，大宅可曾歸？不樂還逃席，多狂慣衩衣。歌人踏日起，語燕卷簾飛。婦好唯相妬，倡樓不醉稀。

又　戟門連日閉，苦飲惜殘春。開鎖通新客，教姬舞醉人。清歌牽白馬，自舞踏紅茵。時輩皆相許，平生不負身。

又　新年高殿上，始見有光輝。玉雁排方帶，金鵝立仗衣。酒深和椀賜，馬疾打珂飛。朝下人爭看，春街意氣歸。

又　遊市慵騎馬，隨姬入坐車。樓邊聽歌吹，簾外見鶯花。樂眼從人鬧，歸心畏日斜。蒼頭來去報，飲伴到倡家。

又　小婦教鸚鵡，頭邊喚醉醒。犬嬌眠玉簟，鷹掣撼金鈴。碧地攢花障，紅泥待客停。雖然長按曲，不飲不曾聽。

又　卷七《趙嘏〈長安秋望〉》　雲物凄清拂曙流，漢家宮闕動高秋。殘星幾點雁橫塞，長笛一聲人倚樓。紫艷半開籬菊靜，紅衣落盡渚蓮愁。鱸魚正美不歸去，空戴南冠學楚囚。

又　卷九《吳商浩〈長安春贈友人〉》　繁華堪泣帝城春，粉蝶青樓勢礙雲。花對玉鈎簾外發，歌飄塵土路邊聞。幾多遠客魂空斷，何處王孫酒自醺。各有歸程千萬里，東風時節恨離羣。

又　《張蠙〈長安春望〉》　明時不敢卧煙霞，又見秦城換物華。殘雪未銷雙鳳闕，新春已發五侯家。甘貧祇擬長緘酒，忍病猶期强採花。故國別來桑柘盡，十年兵踐海西艖。

宋・李昉等《文苑英華》卷一八〇《〔唐〕薛存誠〈謁見日將至雙闕〉》　曉色臨雙闕，微臣禮位陪。遠驚龍鳳覩，誰識冕旒開？藹藹千年盛，顒顒萬國來。天文標日月，時令布雲雷。逈出黄金殿，全分白玉臺。雕蟲竟何取？瞻戀不知廻。

又　《〔唐〕蔣防〈望禁苑祥光〉》　佳氣生天苑，葱蘢幾效祥。樹摇三殿際，日映九城傍。仙霧寧同色，卿雲未可彰。眺汾疑鼎氣，臨渭想榮光。當並春陵發，應開聖曆長。微臣時一望，短羽欲飛翔。

又　《〔唐〕闕名〈晨光動翠華〉》　早朝開紫殿，佳氣逐清晨。北闕華旌在，東方曙景新。影連香露合，光媚慶雲頻。鳥羽飄初定，龍文照轉真。直宜冠佩入，長愛冕旒親。搖動祥雲裏，朝朝映侍臣。

又　卷一八四《〔唐〕張少博〈雪夜觀象闕待漏〉》　殘雪初晴後，鳴珂奉闕庭。九門傳曉漏，五夜候晨扃。北斗横斜漢，東方落曙星。烟氛初動色，簪珮未分形。雪重猶垂白，山遥不辨青。雞人更唱處，偏入此時聽。

又　卷一九〇《〔唐〕陳子良〈春晚看羣公朝還人馬八韻〉》　遊子惜春暮，策杖出蒿萊。正值康莊晚，羣公謁帝廻。履度南宫至，車從北闕來。珂影呵明月，笳聲動落梅。迎風采旄轉，照日綬花開。紅塵掩鶴蓋，翠柳拂龍媒。綺雲臨舞閣，丹霞薄吹臺。輕肥寧所羨？未若反山隈。

宋・王安石《唐百家詩選》卷四《崔顥〈渭城少年行二首〉》　洛陽二月梨花飛，秦地行人春憶歸。揚鞭走馬城南陌，朝逢驛使秦川客。驛使前日發章臺，傳道長安春早來。棠梨宫中燕初至，葡萄館裏花正開。念此使人歸更早，三月便達長安道。長安道上春可憐，摇風蕩日曲河邊。萬戶樓臺臨渭水，五陵花柳滿秦川。

秦川寒食盛繁華，遊子春來喜見花。鬬雞下杜塵初合，走馬章臺日半斜。章臺帝城稱貴里，青樓日晚歌鐘起。貴里豪家白馬驕，五陵年少不相饒。雙雙挾彈求金市，兩兩鳴鞭上渭橋。渭城橋頭酒新熟，金鞍白馬誰家宿？可憐錦瑟箏琵琶，玉壺清酒就君家。小婦春來不解羞，嬌歌一曲《楊柳花》。

宋・洪邁《萬首唐人絶句》卷八《朱慶餘〈都門晚望〉》　緑槐花墮御溝邊，步出都門雨後天。日暮野人耕種罷，烽樓原上一條烟。

又　卷一三《崔道融〈長安春〉》　長安牡丹開，繡轂輾晴雷。若使花長在，人應看不回。

又　卷三四《施肩吾〈長安早春〉》　報花消息是春風，未見先教何處紅。想得芳園十餘日，萬家身在畫屏中。

又　卷五一《羅鄴〈長安春雨〉》　兼風颯颯灑皇州，能滯輕寒與勝遊。半夜五侯池館裏，美人驚起為花愁。

宋・李龏《唐僧弘秀集》卷九《子蘭〈長安早春〉》　風舞槐花落御溝，終南山色入城秋。門門走馬徵兵急，公子笙歌醉玉樓。

元・楊士弘《唐音》卷五《盧允言〈長安秋夜即事〉》　九重深鎖禁城秋，月過南宫漸暎樓。紫陌夜深槐露滴，碧空雲盡火星流。清風刻漏傳三殿，甲第歌鐘樂五侯。楚客病來鄉思苦，寂寥燈下不勝愁。

清・彭定求等《全唐詩》卷一《唐太宗〈初春登樓即目觀作述懷〉》

憑軒俯蘭閣，眺矚散靈襟。綺峰含翠霧，照日蕊紅林。鏤丹霞錦岫，殘素雪斑岑。拂浪隄垂柳，嬌花鳥續吟。連甍豈一拱？衆幹如千尋。明非獨材力，終藉棟梁深。彌懷矜樂志，更懼戒盈心。媿制勞居逸，方規十産金。

又 卷二《唐中宗〈登驪山高頂寓目〉》 四郊秦漢國，八水帝王都。閶闔雄里閈，城闕壯規模。貫渭稱天邑，含岐實奥區。金門披玉館，因此識皇圖。

又 卷三《唐玄宗〈春臺望〉》 暇景屬三春，高臺聊四望。目極千里際，山川一何壯！太華見重巖，終南分疊嶂。郊原紛綺錯，參差多異狀。佳氣滿通溝，遲步入綺樓。初鶯一一鳴紅樹，歸雁雙雙去緑洲。太液池中下黄鶴，昆明水上映牽牛。閒道漢家全盛日，別館離宫趣非一。甘泉逶迤亘明光，五柞連延接未央。周廬徼道縱横轉，飛閣迴軒左右長。須念作勞居者逸，勿言我後焉能恤？為想雄豪壯柏梁，何如儉陋卑茅室！陽烏黯黯向山沈，夕鳥喧喧入上林。薄暮賞餘回步輦，還念中人罷百金。

又 《春日出苑遊矚太子時作》 三陽麗景早芳辰，四序佳園物候新。梅花百樹障去路，垂柳千條暗回津。鳥飛直為驚風葉，魚没都由怯岸人。惟願聖主南山壽，何愁不賞萬年春。

又 《遊興慶宫作并序》 暇日與兄弟同遊興慶宫，登勤政務本及華萼相輝之樓，所以觀風俗而勸人，崇友于而敦睦。詩以言志，歌以永言，情發於衷，率題此什。

代邸青門右，離宫紫陌陲。庭如過沛日，水若渡江時。綺觀連雞岫，朱樓接雁池。從來敦棣萼，今此茂荆枝。萬葉傳餘慶，千年志不移。凭軒聊屬目，輕輦共追隨。務本方崇訓，相輝保羽儀。時康俗易漸，德薄政難施。鼓吹迎飛蓋，弦歌送羽巵。所希覃率土，孝弟一同規。

又 卷三〇《袁朗〈和洗椽登城南坂望京邑〉》 二華連陌塞，九隴統金方。奥區稱富貴，重險擅雄强。龍飛灞水上，鳳集岐山陽。神臯多瑞蹟，列代有興王。我后膺靈命，爰求宅兹土。宸居法太微，建國資天府。玄風叶黎庶，德澤浸區宇。醒醉各相扶，謳歌從聖主。南登少陵岸，還望帝城中。帝城何鬱鬱！佳氣乃葱葱。金鳳凌綺觀，璇題敞蘭宫。複道東西合，交衢南北通。萬國朝前殿，羣公議宣室。鳴珮含早風，華蟬曜朝日。柏梁宴初罷，千鍾歡未畢。端拱肅巖廊，思賢聽琴瑟。逶迤萬雉列，隱軫千閭布。飛甍夾御溝，曲臺臨上路。處處歌鐘鳴，喧闐車馬度。日落長楸間，含情兩相顧。是月冬之季，陰寒晝不開。驚風四面集，飛雪千里迴。狐白登廊廟，牛衣出草萊。詎知韓長孺，無復重然灰。

又 卷三五《許敬宗〈奉和初春登樓即目應詔〉》 旭日臨重壁，天眷極中京。春暉發芳甸，佳氣滿層城。去鳥隨看没，來雲逐望生。歌裏非煙颺，琴上凱風清。文波浮鏤檻，摛景焕雕楹。璇璣體寬政，隆棟象端衡。創規雖有作，凝拱遂無營。沐恩空改鬢，將何謝夏成？

又 卷四九《張九齡〈和吏部崔尚書雨後大明朝堂望南山〉》 迢遞終南頂，朝朝閶闔前。朅來青綺外，高在翠微先。雙鳳誇為闕，羣龍儼若仙。還如到玄圃，更是謁甘泉。夜雨塵初滅，秋空月正懸。詭容紛入望，霽色宛成妍。東極華陰踐，西彌嶓冢連。奔峰出嶺外，瀑布落雲邊。漢帝宫將苑，商君陌與阡。林華鋪近甸，烟靄繞晴川。既庶仁斯及，分憂政已宣。山公啓事罷，吉甫頌聲傳。濟濟金門步，洋洋玉樹篇。徒歌雖有屬，清越豈同年？

又 卷五四《崔湜〈奉和登驪山高頂寓目應制〉》 名山何壯哉！玄覽一徘徊。御路穿林轉，旌門倚石開。煙霞肘後發，河塞掌中來。不學蓬壺遠，經年猶未廻。

又 卷五八《李嶠〈奉和驪山高頂寓目應制〉》 步輦陟山巔，山高入紫煙。忠臣還捧日，聖后欲捫天。迥識平陵樹，低看華嶽蓮。帝鄉應不遠，空見白雲懸。

又 卷六二《杜審言〈扈從出長安應制〉》 分野都畿列，時乘六御均。京師舊西幸，洛道此東巡。文物驅三統，聲名走百神。龍旗縈漏夕，鳳輦拂鉤陳。撫跡地靈古，游情皇鑑新。山追散馬日，水憶釣魚人。禹食傳中使，堯樽遍下臣。省方稱國阜，問道識風淳。歲晚天行吉，年豐景從親。歡娱包歷代，宇宙兩宜春。

又 卷七一《劉憲〈奉和聖製登驪山高頂寓目應制〉》 驪阜鎮皇都，鑾遊眺八區。原隰旌門裏，風雲扆座隅。直城如斗柄，官樹似星榆。從臣詞賦末，濫得上天衢。

又 卷七三《蘇頲〈奉和聖製登驪山高頂寓目應制〉》 仙蹕御層氛，高高積翠分。巖聲中谷應，天語半空聞。豐樹連黄葉，函關入紫雲。聖圖恢宇縣，歌賦小横汾。

又《蘇頲〈奉和聖製春臺望應制〉》 壯麗天之府，神明王者宅。大君乘飛龍，登彼復懷昔。圓闕朱光燄，橫山翠微積。河汧流作表，縣聚開成陌。即舊在皇家，維新具物華。雲連所上居恒屬，日更時中望不斜。三月滄池搖積水，萬年青樹綴新花。暴嬴國此嘗圖霸，霸業後仁先以詐。東破諸侯西入秦，咸陽北阪南渭津。《詩》、《書》焚爇散學士，高閣奢踰嬌美人。事往覆輈經遠喻，春還按蹕憑高賦。戎觀愛力深惟省，越厭陳方何足務。清吹遙遙發帝臺，宸文耿耿照天迴。伯夷位事愚臣忝，喜奏聲成鳳鳥來。

又 卷七四《蘇頲〈敬和崔尚書大明朝堂雨後望終南山見示之作〉》 奕奕輕車至，清晨朝未央。未央在霄極，中路視咸陽。委曲漢京近，周迴秦塞長。日華動涇渭，天翠合岐梁。五丈旌旗色，百層枌橑光。東連歸馬地，南指鬬雞場。晴壑照金戺，秋雲含璧璫。由余窺霸國，蕭相奉興工。功役隱不見，頌聲存復揚。權宜珍構絕，聖作寶圖昌。在德期巢燧，居安法禹湯。冢卿才順美，多士賦成章。價重三臺俊，名超百郡良。焉知掖垣下，陳力自迷方。

又 卷九二《李乂〈奉和登驪山高頂寓目應制〉》 崖巘萬尋懸，居高敞御筵。行戈疑駐日，步輦若登天。城闕霧中近，關河雲外連。謬陪登岱駕，欣奉濟汾篇。

又 卷一〇二《武平一〈奉和登驪山高頂寓目應制〉》 鑾輿上碧天，翠帟拖晴煙。絕崿紆仙徑，層巖敞御筵。雲披丹鳳闕，日下黑龍川。更覩南熏奏，流聲入管弦。

又 卷一〇三《趙彥昭〈奉和聖製登驪山高頂寓目應制〉》 皇情遍九垓，御輦駐昭回。路若隨天轉，人疑近日來。河看大禹鑿，山見巨靈開。顧扈登封駕，常持薦壽杯。

又 卷一一一《許景先〈奉和御製春臺望〉》 睿德在青陽，高居視中縣。秦城連鳳闕，漢寢疏龍殿。文物照光輝，郊畿鬱葱蒨。千門望成錦，八水明如練。複道曉光披，宸遊出禁移。瑞氣朝浮五雲閣，祥光夜吐萬年枝。蘭葉負龜初薦祉，桐花集鳳更來儀。秦漢生人凋力役，阿房甘泉構雲碧。汾祠雍畤望通天，玉堂宣室坐長年。鼓鐘西接咸陽觀，苑囿南通鄠杜田。明主卑宮誡前失，輔德欽賢政惟一。昆蟲不夭在春蒐，稼穡常艱重農術。邦家已荷聖謨新，猶聞儉陋惜中人。豫奉北辰齊七政，長歌東武抃千春。

又 卷一一二《賀知章〈奉和御製春臺望〉》 青陽布王道，玄覽陶真性。欣若天下春，高逾域中聖。神皐類觀賞，帝里如懸鏡。繚繞入川浮，岧嶤雙闕映。曉色偏昭陽，晴雲卷建章。華滋的皪丹青樹，顥氣氤氳金玉堂。尚有靈蛇下鄜時，還徵瑞寶入陳倉。自昔秦奢漢窮武，後庭萬餘宮百數。旗回五丈殿千門，連綿南隥出西垣。廣畫蠑蛾誇窈窕，羅生玳瑁象崑崙。迺睠天晴興隱恤，古來土木良非一。荆臨章觀趙叢臺，何如堯階將禹室。層欄窅窱下龍輿，清管逶迤半綺疏。一聽南風引鸞舞，長謠北極仰鶵居。

又 卷二六三《嚴維〈憶長安・五月〉》 憶長安五月時，君王避暑華池。進膳甘瓜朱李，續命芳蘭綵絲。競處高明臺榭，槐陰柳色通逵。

又 卷三〇七《謝良輔〈憶長安・正月〉》 憶長安正月時，和風喜氣相隨。獻壽彤庭萬國，燒燈青玉五枝。終南往往殘雪，渭水處處流澌。

又 《十二月》 憶長安臘月時，溫泉彩仗新移。瑞氣遙迎鳳輦，日光先暖龍池，取酒蝦蟇陵下，家家守歲傳卮。

又 《鮑防〈憶長安・二月〉》 憶長安二月時，玄鳥初至禖祠。百囀宮鶯繡羽，千條御柳黃絲。更有曲江勝地，此來寒食佳期。

又 《杜奕〈憶長安・三月〉》 憶長安三月時，上苑遍是花枝。青門幾場送客，曲水竟日題詩。駿馬金鞭無數，良辰美景追隨。

又 《丘丹〈憶長安・四月〉》 憶長安四月時，南郊萬乘旌旗。嘗酎玉巵更獻，含桃絲籠交馳。芳草落花無限，金張許史相隨。

又 《鄭槩〈憶長安・六月〉》 憶長安六月時，風臺水榭逶迤。朱果雕籠香透，分明紫禁寒隨。塵驚九衢客散，赭珂滴瀝青驪。

又 《陳元初〈憶長安・七月〉》 憶長安七月時，槐花點散罘罳。七夕針樓競出，中元香供初移。繡轂金鞍無限，遊人處處歸遲。

又 《呂渭〈憶長安・八月〉》 憶長安八月時，闕下天高舊儀。衣冠共頒金鏡，犀象對舞丹墀。更愛終南灞上，可憐秋草碧滋。

又 《范燈〈憶長安・九月〉》 憶長安九月時，登高望見昆池。上苑初開露菊，芳林正獻霜梨。更想千門萬戶，自明砧杵參差。

又 《樊珣〈憶長安・十月〉》 憶長安十月時，華清士馬相馳。萬國來朝漢闕，五陵共獵秦祠。晝夜歌鐘不歇，山河四塞京師。

又 《劉蕃〈憶長安・十一月〉》 憶長安子月時，千官賀至丹墀。御苑雪開瓊樹，龍堂冰作瑶池。獸炭氊爐正好，貂裘狐白相宜。

又 卷二七一《竇牟〈望終南〉》 日愛南山好，時逢夏景殘。白雲兼似雪，清晝乍生寒。九陌峰如墜，千門翠可團。欲知形勝盡，都在紫宸看。

又 卷二七三《戴叔倫〈長安早春贈萬評事〉》 春風歸戚里，曉日上花枝。清管新鶯發，重門細柳垂。經過千騎客，調笑五陵兒。何事靈臺客，狂歌自不知。

又 卷二八一《章八元〈題慈恩寺塔〉》 十層突兀在虚空，四十門開面面風。却怪鳥飛平地上，自驚人語半天中。迴梯暗踏如穿洞，絶頂初攀似出籠。落日鳳城佳氣合，滿城春樹雨濛濛。

又 卷三一六《武元衡〈長安春望〉》 宿雨凈煙霞，春風綻百花。綠楊中禁路，朱戟五侯家。草色金堤晚，鶯聲御柳斜。無媒猶未達，應共惜年華。

又 卷三一七《武元衡〈酬談校書長安秋夜對月寄諸故舊〉》 故園千里渺遐情，黄葉蕭條白露生。鵲飛遶枝風滿幌，寒鐘送曉月當楹。蓬山高價傳新韻，槐市芳年挹盛名。莫怪孔融悲歲序，五侯門館重婁卿。

又 卷三四八《陳羽〈小苑春望宫池柳色〉》 宛宛如絲柳，含黄一望新。未成溝上暗，且向日邊春。嫋娜方遮水，低迷欲醉人。託空芳欝欝，逐溜影鱗鱗。弄水滋宵露，垂枝染夕塵。夾堤連太液，還似映天津。

又 《長安早春言志》 九衢日暖樹蒼蒼，萬里吳人憶水鄉。漢主未曾親羽獵，不知將底諫君王。

又 卷四九〇《盧宗回〈登長安慈恩寺塔〉》 東方曉日上翔鸞，西轉蒼龍拂露盤。渭水寒光摇藻井，玉峰晴色上朱闌。九重宫闕參差見，百二山河表裏觀。暫輟去蓬悲不定，一凭金界望長安。

又 《陳去疾〈元夕京城和歐陽袞〉》 蘭焰芳芬徹曉開，珠光新靄映人來。歌迎甲夜催銀管，影動繁星綴玉臺。別有朱門春澹蕩，不妨芝火翠崔嵬。此時月色同霑醉，何處游輪陌上回。

又 卷五〇六《章孝標〈長安秋夜〉》 田家無五行，水旱卜蛙聲。牛犢乘春放，兒童候暖耕。池塘煙未起，桑柘雨初晴。歲晚香醪熟，村村自送迎。

又 卷五〇八《陳標〈長安秋思〉》 吳女秋機織曙霜，冰蠶吐絲月盈筐。金刀玉指裁縫促，水殿花樓絃管長。舞袖慢移凝瑞雪，歌塵微動避雕梁。唯愁陌上芳菲度，狼籍風池荷葉黄。

又 《袁不約〈長安夜遊〉》 鳳城連夜九門通，帝女皇妃出漢宫。千乘寶蓮珠箔卷，萬條銀燭碧紗籠。歌聲緩過青樓月，香氣潛來紫陌風。長樂曉鐘歸騎後，遺簪墮珥滿街中。

又 卷五一三《裴夷直〈春色滿皇州〉》 寒銷山水地，春遍帝王州。北闕晴光動，南山喜氣浮。夭紅粧暖樹，急綠走陰溝。思婦開香閣，王孫上玉樓。氛氲直城北，駘蕩曲江頭。今日靈臺下，翻然却是愁。

又 卷五二一《杜牧〈長安雜題長句六首〉》 觚稜金碧照山高，萬國珪璋捧赭袍。舐筆和鉛欺賈馬，讚功論道鄙蕭曹。東南樓日珠簾捲，西北天宛玉厄豪。四海一家無一事，將軍攜鏡泣霜毛。

晴雲似絮惹低空，紫陌微微弄袖風。韓嫣金丸莎覆綠，許公韉汗杏粘紅。煙生窈窕深東第，輪撼流蘇下北宫。自笑苦無樓護智，可憐鉛槧竟何功。

雨晴九陌鋪江練，嵐嫩千峰叠海濤。南苑草芳眠錦雉，夾城雲暖下霓旄。少年羈絡青紋玉，遊女花簪紫蒂桃。江碧柳深人盡醉，一瓢顔巷日空高。

束帶謬趨文石陛，有章曾拜皂囊封。期嚴無奈睡留癖，勢窘猶為酒泥慵。偷釣侯家池上雨，醉吟隋寺日沈鐘。九原可作吾誰與？師友瑯琊邴曼容。

洪河清渭天池濬，太白終南地軸横。祥雲輝映漢宫紫，春光繡畫秦川明。草妬佳人鈿朶色，風回公子玉銜聲。六飛南幸芙蓉苑，十里飄香入夾城。

豐貂長組金張輩，駟馬文衣許史家。白鹿原頭回獵騎，紫雲樓下醉江花。九重樹影連清漢，萬壽山光學翠華。誰識大君謙讓德，一毫名利鬬鼃蟇。

又 《長安秋望》 樓倚霜樹外，鏡天無一毫。南山與秋色，氣勢兩相高。

又 卷五二四《杜牧〈長安雪後〉》 秦陵漢苑參差雪，北闕南山次第春。車馬滿城原上去，豈知惆悵有閒人？

又 卷六〇〇《李拯〈退朝望終南山〉》 紫宸朝罷綴鴛鸞，丹鳳樓前駐馬看。惟有終南山色在，晴明依舊滿長安。

又 卷七〇一《王貞白〈長安道〉》 曉鼓人已行，暮鼓人未息。梯航萬國來，爭先貢金帛。不問賢與愚，但論官與職。如何貧書生，只獻安邊策。

又 卷七〇九《徐夤〈憶長安行〉》 舊歷關中憶廢興，僭奢須戒儉須憑。火光只是燒秦冢，賊眼何曾視灞陵？鐘鼓煎催人自急，侯王更换恨難勝。不如坐釣清溪月，心共寒潭一片澄。

又 卷七一六《曹松〈長安春日〉》 浩浩看花晨，六街揚遠塵。塵中一丈日，誰是晏眠人。御柳舞着水，野鶯啼破春。徒云多失意，猶自惜離秦。

又 卷七一七《曹松〈武德殿朝退望九衢春色〉》 玉殿朝初退，天街一看春。南山初過雨，北闕淨無塵。夾道夭桃滿，連溝御柳新。蘇舒同舜澤，煦嫗並堯仁。佳氣浮軒蓋，和風襲縉紳。自茲憐萬物，同入發生辰。

又 卷七三一《胡宿〈天街曉望〉》 長樂才聞一叩鐘，百官初謁未央宮。金波穆穆沙隄月，玉樹琤琤上苑風。香重椒蘭横結霧，氣寒龍虎遠浮空。嗟余索米無人問，行避霜臺御史驄。

又 卷七六九《紇干著〈灞上〉》 鳴鞭晚日禁城東，渭水晴烟灞岸風。都傍柳陰回首望，春天樓閣五雲中。

又 卷七八七《無名氏〈長安早春〉》 杳靄三春色，先從帝里芳。折楊猶恨短，測景已忻長。鶯和紅樓樂，花連紫禁香。躍魚驚太液，佳氣接温湯。風送飛珂響，塵蒙翠輦光。熙熙晴煦遠，徒欲奉堯觴。

唐·李華《李遐叔文集》卷一《含元殿賦并序》 宮殿之賦，論者以《靈光》爲宗。然諸侯之遺事，蓋務恢張飛動而已。自茲已降，代有詞傑，播於聲頌，則無聞焉。夫先王建都營室，必相地形，詢卜筮，考以農隙。工以子來，虞人獻山林之幹，太史占日月之吉，雖班張左思，角立前代，未能備也。而囊之文士，賦《長笛》、《洞簫》懷握之細，則廣言山川之阻，采伐之勤，至於都邑宫室，宏模廓度，則略而不云，其體病矣。至若陰陽慘舒之變，宜於壯麗；棟宇繩墨之間，鄰於政教。豈前修不逮？將俟聖德而啓臣心，輒極思慮，作《含元殿賦》。陋百王之制度，出羣子之胸臆，非敢厚自誇耀，以希名譽。欲使後之觀者，知聖代有頌德之臣焉。其詞曰：

維皇高宗，穆端命於元穹。萬有千歲，鍾景祚於洪裔。建北宫之尊嚴，上取法於天帝。乃圖正殿之逌居，規崇山而定制。信神明幽贊，而人謀襲契。不然，何前王曠此之雄麗也？先是大司空帥其屬，執度而相之曰：美哉川原！矯乎其大。亙坤靈兮配乾剛，坤順乾而爲龍；舒廣衍兮走羣山，紛卻面而朝宗。陵正陽之奕奕，鬱佳氣之葱葱。蓋昊天之作而皇祇授，元聖獲以造新宫也。乃審於龜筮，龜筮葉從，太卜以告，神人咸同。皇曰『欽哉！是將宜於朕躬。』因以鴻稱，含元建名。《易》乾坤之説曰『含弘光大』，又曰『元亨利貞』。括萬象以爲尊，特巍巍乎上京。則命徵磬石之匠，下荆揚之材，操斧執斤者萬人，涉磧礫而登崔嵬，擇一幹於千水。規大壯於喬枝，聲坎坎於青雲。若神蹈而顛摧，勢動連崖，拉風捽雷，倒勁梢於窮谷，斬巨柢於昭回。時也山柢効靈，波神作氣，爲桴爲筏，羽疊鱗萃。朝泛江漢，夕出河渭。雲奔山横，交積於作宫之地。於是農事既收，靈臺勿亟，子來而就役者，周邦畿而薄四海，咸忘勞而獻力。乃張爲廣庭，考正極星，邦伯是經，國工研精。剗盤岡以爲址，太階積而三重。因博厚而順高明，築陵天之四墉。四墉既列，太階如截，下上相嵚，崿以沈沈。其始也，星鎚雷交於萬堵，霜鋸冰解於千尋。擁棟爲山，攢杆如林，乃卜日月之吉，以成帝室。虹梁勁於中極，榱桷觸以巋密。折姑繇以爲楹，隳喬山以爲礩，飛重簷以切霞，烱素壁以留日。神標峻樀，鬼疊層楣，高卑迭作，尋尺相持。木從繩而後正，棟操宇而不危。階瑩冰級，瓦敷鱗差。蕩晶景而升降，欻晱背以交輝。聳大廈之奇傑，執將頓而復飛。爰詔有司，練日推時。徵考室於《周頌》，會公卿以落之。丕赫哉！如俯如跂，若合若離。森修邃以窅徵，悅棄騈而巖巍。謂衝飈激海兮，漩澓淪以無底；奔雷觸山兮，掉巇崿而傾敧。石鮫拖首於堂廡，狀出雲而撐霽。崇高之制，靈丘上盤。隣斗極之光耀，邇天漢之波瀾。察鑿枘之吞吐，吸山巖而水攢。建升龍之大旆，邈不至於階端。峥嶸孱顔，下視南山。照燭無間，七耀迴環。歘欿赫以突兀，攄閎弘以蕭椒。捧帝座於三辰，衝天街之九達。進而仰之，騫龍首而張鳳翼；退而瞻之，岌樹巔而崒雲末。嶷兮峨峨，巨鼇戴仙山而出滄波；劃兮煌煌，燭龍圻穹穴而臨北方。排層城而廓帝居，豁閶闔而面蒼蒼。左翔鸞而右棲鳳，翹兩闕而爲翼。環阿閣以周墀，象龍行之曲直。夾雙壺以鴻洞，啓重門之呀赫。趨堂塗而未半，望宸居而累息。惟上聖之欽明，爰聽政而布德。去雕璣與金玉，絀漢京之文飾。熾丹雘於崚嶒，抗重霄而競色。若乃紫微晨曀，彤墀夜明，雲薄萬拱，風交四榮。冬止其陽，則釋裘而燠；夏休其陰，則捐絺以清。旂獵風而振響，葉墜露而成聲。懸櫨駢湊，竦柱奔列，復檻罥綴，高窻景爇。黫日翳而罘連，曜天開而中絕。形持神而欲離，足僂步而將跌。貯昭訓之崇崇，瞵光範之揭揭。其南則丹鳳啓途，遐矚荆吴，十扇開閉，陰陽睢盱。容鼎九扃，方駕五車。示王者之無外，不樹屏於清都。其後則望仙闢於巽維，建福敞於坤隅。偃朱旗而櫜玄甲，屯仡仡之驍夫。其後則深闈秘殿，曼宇疏楹。瑞木交陰，玄墀砥平。鮮風歷廡，淩霰飄英，蔭藹武闈，增華穆清。玉燭内融，則嘉盛豐備，太陽臨照，而天下文明。

古有六寢，御兹一人。今也三朝，繇古是因。布大命於宣政，澹玄心於紫宸。羲和弭節於通乾，望舒停景於觀象。密勿旒扆，臣人是仰。左黄閣而右紫微，命伊皋以爲長。其下則鶡冠魚服，良家茂族，厲禁非宜，金吾領之。其前則置兩石以衈刑，張三侯以興武。告善之旌，登聞之鼓，節晷漏於鍾律，架危樓之筍簴，以辨内外之差，以正東西之序。天光流於紫庭，倒景入於朱戶。騰祥雲之鬱靄，映旭日之葱蘢。清渠導於元氣，玉樹生於景風。夷坦數里，徘徊無窮。羅千乘與萬騎，曾不得半乎其中。厥初經營，天下既乂，文物未周，孤其壯麗。蓋重施於勞，非不懷也。乃眷睿孫，睿孫開元，萬宇晏清而大和，掩書契之所論。既克廣於崇搆，聲明備而益尊，蓋聖皇之孝也。輝綽變化兮動搖乾坤，其東於是弘文教而開館，對日華之清閾，蓋左學之遺制，協前王之講德。其西於是延載筆之良史，俯月華之峻扉，集賢人於別殿，朝命婦於中闈。王風闡而成化，陰教備而不虧。加以詠周詩而展親，睦魯衛而敦敍，因合族而來宴，置更衣之豐宇。至於殿内諸曹，則左右有局，通軒並廡，物有恆司，供無廢舉。又有銀瑲珥貂，寺人巷伯，奉宣出納之命，更踐宫中之役。熊羆之旅，董以龍武，矛戟森森，材官羽林。聲破丘山，氣讋飛沈，爪抉千鈞，跟騰百尋。克壯皇威，協比其心。其外則校人掌馬，天駟在閑，以備順遊，放牧其間。望我鑾和，陟彼高山，猶慮憲章或遺，國容未備，乃立掌匭之司，館通事之吏，職在達下情於上天，徹王言於有位。堧通太極，隥指龍池，重門内注，複道潛移，幽峻肅以相屬，光彤融以熺熺。懸象著明，帝座維三，皇居設位，俯察仰參。翼室正中，游宫次南。北起含元，其容眈眈。總而言之，如山之壽則曰蓬萊，如日之升則曰大明。自兹而北，燕遊所經，達於苑囿，不可殫名。周廬更呵，匝以環衛。南端百仞，上極霄際，卻視嶻嵳，經途廣深，繚以層城，默爲重陰。至若時雨膏田，九農怏暢，雲歸山穴，儵以昭曠。白日麗於宫隅，混晶光而益壯。於是風師歛威，纖壒不升，穎絕搖芒，葉無翻稜。自中徂外，鏡洗川澄，弦直閭閻，井畫溝塍。靡迤秦山，陂陁漢陵，知稼穡之艱難，見皇王之廢興。及乎玄冥戒寒，海神飛雪，瑤城粉野，琪樹森列。玉宇琁堦，雲門露闕，天華爽霽，朗日朝徹，赤旗降庭，朱柱豔月。仰白帝而金精開，披河宫而銀燭發。其或蠻夷不至，帝用興戎，降元帥於天上，發神謀於禁中。皇靈震耀，殄厥渠凶，矯矯武臣，此馬獻功。效俘虜而陳器械，恢莫大之威容。爾乃時殷仲冬，日正南至，上公奉斝，羣后在位。一人壽昌，萬國承賜，式燕以樂，欣欣且醉，乃撞宫懸，砯磕天地。

及乎獻歲元辰，東風發春，懸法象魏，與人維新。儼文物於王庭，兼九伐而宿陳。威儀之嚴，山嶽振振，若太一披絪緼而俯百神。既而咸造勿褻，會朝清明，璿柄指寅，寢闈發扃。皇帝御衮龍之法服，佩蒼璧之純精，執鎮圭，導朱紘，降輦登階，微聞玉聲。於是典禮之官，贊王就位，南面穆然。至若甸侯采衛，要荒閩貊，輸其方賫，罔不來格。統以千官，六卿二伯，司儀敍進，象胥重譯。肅肅委皮，乾乾奠璧，設以庭燎。天烘地赫，雷鼓殷殷。朱干玉戚，神簴如生，熊羆愕眙，危昂歘向，歊爛歕射，金根玉輅。太常少帛，火烈門旂，霜交陛戟，乃進元元以觀禮，覘億兆之增增。金吾南首，麾之以肱，遞攀援而聳仰，齊屨企而冠騰。太史來告，卿雲勃興，灑豐澤於生人，答上玄之休徵。申命司寇緩刑，冢卿降德，秩山川而問耆老，周雨露而均邦國。華戎竭歡，喜氣填塞，揭金雞於太清，炫晨陽於正色。慶抃之聲，不踰辰而靁四域。當斯時也，驅周驟漢，於廓煥爛，王臨於朝，天地貞觀，靈宫巖巖，上下交贊。蓋所以法乾道而遵帝度，豈惟安體而明威者哉？

夫瑤臺之靡，不可以刑萬國；土階之陋，不可以儀天下。奢不孫而儉固，允執中於大位。《洪範》曰：皇建其有極，富哉上聖之宏議也。詩歌楚室，頌美泮宫，諸侯之事也。雲夢甘泉，宴恢景福，辟王之志也。論諸侯，曷若戴天子；嘉辟王，曷若尊聖人。烈烈盛唐，祖武宗文，五帝赧德，六王慚勳。而政本乎慈，用過乎儉。夫蒼生所奉者惟君，所愛者惟親。寧有君親宅體於卑室，而臣子得安其身乎！故有熊明庭，帝姚總期，從人欲也。天垂定星，《易》有《大壯》，君人者法焉。聖朝猶斥其華而憑其質。今是殿也者，惟鐵石丹素，無加飾焉。身居玄妙，心與萬姓同畝之勞。以是臨衆，何衆不賓？以是享神，何神不若？其德歟！雖欲宫崑崙而館不周，城八極而隍四海，猶未足儲鴻醇而俯丕耀，豈咸鎬一宗之所在？崇四瀆之前式，敕懷鉛之小臣，俾讐書於禁中，正百代之遺文。由是循環天造，耳目維新，敢頌成功，告於神宗。無媿《斯干》之什，式昭聖德之容。頌曰：

帝作含元，含元言言。崒若日觀，呀爲天門。太階三層，遠法崑崙。鎮玆秦野，揭以周原。列文祖宗，永錫孝孫。孝孫有慶，於以施令。奄甸萬姓，受天休命。歌之頌之，管磬宜之。穆穆皇君，壽考無期。

既成斯文，客有勸之上者，對曰：『前王之光祥絕瑞，乃聖朝之細事。今休徵已厭於聰明，頌聲亦飫於天意。私歌竊抃，乃臣子之本志，又焉足以薦聞哉？』客曰：『不然。今至尊明發不寐，有懷先皇，周文之孝也。允恭克讓，光溢海外，堯舜之謙也。自即位以來，上下之休嘉，神人之詠歌。歌於睿躬則固辭，頌於宗廟則無斁。今吾子之文明，昭乎累聖之耿光，美於大君之孝德。可進而退，宜言而默，使雅頌之音，卷而不舒，猶坦蕩其胸臆，無乃過歟！爲人之下者，有可達於君親，雖濱於死，亦冒行之，況宗廟啓其心哉！』

臣華嘗聞遷善之規，願附升歌之末。

宋·李昉等《文苑英華》卷三四《[唐]劉珣〈渭水象天河賦以題爲韻〉》　昔我先王，肇脩人紀，乃建邦國，以立都鄙。或處沃而稱奥，或宅中而爲美，周分景臺之測，用會陰陽之擬。漢據鶉首之分，實爲山河之理，故右扶風而左馮翊，距涇川而浮渭水。潼函襟帶，豐鄠巍峩。下則崇岡於地險，上乃取範於天河。城雉周環而斗設，宫觀駢牙而星羅。轉曲江於前岸，俯冀闕於中波。車馬諠流，渾派聲之交錯；風塵日夕，與津霧而相和。蓋聖人垂則，必天之象；王者都會，大洽斯亨。運璇衡以齊玉燭，法露盤以崇金掌。四方輻湊，萬國攸仰，風雲以之吸合，日月於焉澄朗。苟禎祥而應會，則乾元之攸往。何必河出圖，洛出書，然後爲卜食之華壤者也。懿哉作者，元后中興，後嗣同天之道，順人之意，横橋乃牽牛之設，素滻則飲龍之謂。晚光澹灔，接鳳苑之祥煙；曉色清明，連斗城之佳氣。樓臺傍而津涯隱伏，鐘鼓作而波濤汩沸。不覩斯焉以取斯，寧復知王者之貴？不察所由於所以，又安明坎德之靈？而主乎渭。徒觀其遠界汧隴，横截秦川，沃長安之霞日，浮京兆之雲天。都邑傍於左右，舟檝來而泝沿。上林之煙開霧卷，建章之戶萬門千。朝而望兮，蓬瀛若留乎岸側；夕而臨也，河漢宛在乎目前。是以婁敬云被山帶河，四塞爲固，豈不謂天道無親，惟德是輔？祥符不及，瑞圖斯遇，以登仁壽之理，用表坤靈之喻。請謂東周，安處先生之徒與；須知西朝，翰林主人之作賦。

又《[唐]衛次公〈渭水貫都賦以帝王建都取諸上象爲韻〉》　清渭天鑿，名都王制，貫金城千里之域，寫銀河九霄之勢。同穴發源，衆川潛泄，分黑水以渺漫，遶黄山而迢遞。水能濟物，用導於中州；君德配天，故法於上帝。都之會也皇皇，渭之流也湯湯。異東西之瀍澗，非汲引之沮漳。夏后濬川，分流非肇於伯禹；秦德王水，貫都必因於始皇。照雙鳳之丹闕，架長虹之飛梁，褰裳者不勞於揭厲，濯纓者何必於滄浪。泛彼樓舡，掩横分於武帝；濱之釣叟，感入兆於文王。且夫前王酌憲，惟皇都之所建；度地有孚，因貫渭之上艘。曲抱乎周原秦野，旁臨乎八達九衢。既流衍以紅粟，誠輝煥乎黄圖。則知八水皆流，豈清於渭水；五都並制，莫大於西都。原夫渭者雍之巨浸，都者人之所聚。天垂法，君必取。曳雲間之清渭，河殊雲漢；移天上之紫宫，洞開天府。及乎縈流一帶，中派紆餘，蕩元氣，澄太虚。稽前典而備矣，於名川而舍諸。豈惟積潤於庶物，固亦近壯於皇居。至乃春景澄廓，晴霞朗暢，涵萬象於影中，度牽牛於波上。客有觀光者，於兹而寫望。美夫取法可仰，因天垂象，疏紫陌而逶迤，流丹霞而蕩漾。周公卜洛，雖云風雨所交；秦後貫都，實謂膏腴之壤。惟洪業之永固，與渭流而彌廣。

又 卷四四《［唐］李庾〈西都賦幷表〉》 臣伏見漢諸儒若班固、張衡者，皆賦都邑，盛稱漢隆，當王道升平，火德丕赫。數子歌詠，發著後代。今自隋室遷都，而我宅焉。廣狹榮陋，與漢殊狀，言時則有六姓千齡之變，言地則非秦基周室之故。宜乎稱漢於彼，述我於此。臣幸生聖時，天下休樂。雖未及固衡之位，敢效皋陶，奚斯庶幾之誠。謹冒死再拜獻《兩都賦》，凡若干言，以詘誇漢者，昭聞我十四聖之制度。請付史氏。賦曰：

洛汭先生客於上京，問里人以秦漢咸陽故事。里人曰：『先生不習乎哉？秦址薪矣，漢址蕪矣。西去一舍，鞠爲墟矣。代遠而移，作新都矣。』先生曰：『賓者不識，藐然老沉。懵歲亡而日遠，願聞古而知今。爲我源說，恭承王音。』里人曰：『昔者帝兆唐居，命隋先基，乃假隋權，是開中原。既權二年，爲唐遷都。周榛秦莽，平無枿餘。文驅煬迎，卒於侑傳。若天使項氏死勞，而授漢休也。唐開禪壇，新都之門，闢殿乾宮，以朝諸侯。時則有若房魏作弼，英鄂執律，南陽故人，河間帝室，戎衣既脫，瑞氣洋溢，讙聲傳於億兆，煬燎致乎太一。乃會漢酺，發周賚，諡萬類，渟四海。遂開國以報功，差子男之五等。然後構閣圖形，榮號淩煙，指河帶以山礪，書天子之縉紳。

其制度也，擁乾休，正坤儀，平兩耀，據北辰，斥咸陽而會龍首，右社稷而左宗廟。宣達周衢，址以十二，棊張府寺，局以百吏，環以文昌。二十四署，六部提統，按星分度，儼憲臺而西列，肅陰館於北戶，建倍員於前王，總維綱於御史。端國朝儀，實周察乎左右。

其內則有太極承端，通址含元。日出東榮，月沉西軒。倚九峻之下麓，涵太液之清瀾。龍道雙迴，鳳門五開，煙籠凝碧，風靜蓬萊。東則左閣當辰，延英耽耽，宣徽洞達，温室隅南。接以重離，繇乎少陽，是爲二宮，複道邃廊。西則月華重啓，銀臺內向，中書在焉，密用宰相。宦者別省，延緣右藏。建子亭於屏外，設蘭錡於廡下。天子端朝，明庭九賓。發少府之冕旒，陳奉常之書勳。肅勾陳以辟護，翼雉扇而對分。雞人乃下，鶴唱先聞，千官就日，萬品趨雲。漏遲遲而東轉，風習習而南薰。外則國子招徒，疏館開軒，左立太學，前惇廣文。膳豐中廚，就教九年。稽以博士，總之成均。祕書典籍，品命校郎，橫閣三重，闈正鉛黄。若六藝之條貫，百氏之縱横，交錯發論，禮形而樂聲。太傅在前，少傅在後，載言載筆，出納謨誥。鵷動鸞飛，振玉鎗金，殷廟差瑚璉之器，楚材漸杞梓之林。已而燮和陰陽，經緯天地，採摭軒昊，牢籠虞夏。闢孔子之學堂，敷一代之風雅，此王者之文教也。

親兵百萬，制以神策，紫身豹首，金腰火額。獵霞張旆，剝犀綴革，奮目而虎背，振髯而蝟磔。柔六鈞，貫七劄，對天仗以司戈，分玉墀而執戟。別有陳旌賜旂，閫外四七，依榆關以作鎮，拒柳營而開壁。逐虜則出塞飛塵，伐叛則救陽作澤。此王者之武威也。

唐禮既行，三代同風，徵叔孫之春官，命伯夷之秩宗。則有封禪巡狩，謁天拜祖，明堂辟雍，王者之事，有司勿失。次有朝廷之位，班爵之序，器服車馬，以節文武，不僭不濫，群臣之事，有司以告。下有內族外姻，以殺以隆，五禮各殊，陳吉儀凶。一室是形，天下大同，百姓之事，有司以教。故以內則敬，以外則嚴，以家則肥，以國則昌。卿士翼翼，公侯皇皇，在野熙熙，在朝蹌蹌。夫如是誇周而正魯，胡可殫詳。

泊乎樂之設也，以德配樂，陳器以作，革木匏竹，簨簴磬鎛。命官二署，諧以協律，以奏廟貌，祖考來格。以陳宮庭，簫韶九成，鳳皇來儀，以布天下。手之舞之，足之蹈之。及乎御胤衣，集舞童，或獻凱作名，以宣帝功。或布字綴行，以達皇風。此《禮經》之所未紀，夔戛之所不同。

刑期無刑，辟以止辟，三章寘漢祖之德，肆赦緩穆王之法。於是天子御端門，詔天下，渙汗發澤，與民更始。建金雞於仗內，聳脩竿而揭起。其下則稅三關，解鋃鐺，追共工，徒驩兜，煦舜絃，浹堯年。臺收白簡，史閣丹筆。總秩官之計料，不踰乎三十；斥匡衡之失論，罪温舒之不足。司刑無鬼哭之庭，大理有鳥巢之獄。

又若薦祖建宮，玄元之庭，霞帔雲冠，飄飄太清。天子將有事也，歲豆時籩，夏簋殷鉶。傳金爐之御煙，開甲帳之琳琅，此王者之示孝也。對里連街，帝宅王家，青門列檻，棠棣分華。勤政外名，花萼中題，屹雲中而佩鳳，杳天外而舒蜺。於是天子設千席，羞百醴，家人齒筵，愉愉濟濟，此王者之示悌也。盛則長隄砥平，錯則纓弁繁夥，佩印分魚，九參六佐，肅威儀於行蓋，指戒途於前馬。待漏未開，朝騎杳街。雞鳴朱邸，火度青槐。先導擘雲，後車奮雷。遞以嚴聲，不生微埃。人寒物慄，統以京尹。臨人秉殺，罔敢不謹。豪家戚里，金張許史。走騎如龍，行車若水。拉枯請命，曾不仰視。配前秦與後趙，固異代而殊擬。

其地勢也，負秦章臺，倚漢甘泉，帶涇渭之富流，挾終南之壽山。指重城於二華，度外門於兩關。玄素交川，灞滻在焉。斷虹偃蹇而亙梁，拖輪走驟而蹄奔。度萬國以向朝，趨魏闕之通門。赤縣統劇，停阡帝鄉。長安萬年，乾封明堂。藍田左掎，鄠杜前張。分圻連乎馮翊，畫郊接乎岐陽。排吳山而抵蜀，亙氏谷而通商。

天子穆清，環衛陳兵，將軍之號，三番六營。至乃辨曉警昏，主在金吾，鼓列六條，外傳通衢，備以嚴兵，羅以周廬，禁動息人，用戒不虞。其中則御水分溝，昆明下流，在野決溉，入宮環洲。菰織蒲紉，芡贅菱差，渚戲玄鷁，沙眠白鷗。其遠也，深有蛟潭，派作龍湫，涘接河漢，波通女牛。其近也，方塘含春，曲沼澄秋，戶閉煙浦，家藏畫舟。

爾乃農家東作，厥土賁壤。樹以葉柘，翳薈乎南畝。以秔以稌，以稷以黍。以輪太倉，天子之儲。土厚地中，溫寒以宜。門多杖老，室有蕃兒。承化發謠，帝力不知。則有程鄭之家，白闔朱軒，崇基峻砌，待四高門。木秀茸葩，紅舒綠繁，挺碩果於華林，育豐蔬於中園。珠泊畫晴，金釭夜明。羅縭巾幭，鼓瑟吹笙，讙族陳賓，以樂乎太平。

貨隧分廛，物次駢連。中署肆師，夕咽朝昏。越璞楚琛，蜀賄巴賨。裁綺張繡，紋軸蕉筒。聲教之所被，車書之所通，交錯雜遝，斯焉會同。黃宅錙廬，金篆玉扃，以張帝居，用壯天庭，千形萬聲，不可多名。

天子奉堯舜之道，勤后稷之功。當仲夏而獻繭，立中和而視農，然後黼黻時備，粢盛告豐。其接下情也，則堯鼓不懸，晉木不列，鎔金作軌，四門是揭。人靡迷邦，士無諱訐，示收才而問眚，上諫行而冤達。當其萬國貢珍，四夷納賮，賦用舟通，財因輦進。地官計國，度支主吝，百姓既足，斯焉充牣。復若天府萬品，以備供職，登饌則光祿獻廚，命駕則太僕承軾。其樂人也，大啓九門，分開三殿，齒群臣於次坐，徵公族於內宴。於以訓恭儉，於以示慈惠。戲族咸在，百弄迭改，視仙童之霓裳，覩壯夫之角觝。御階晝陰，帝坐春深，繽紛宮闥，窈窕嬪林。既受賜於逮昏，盡拜帛而懷金。與衆之樂，一日於此。先生獨不習乎！

其四郊也，或有乘時之舊址，亡國之遺蹤。天子迎四氣，畫然改容，曰是足以懷傷於耳目，作戒於心胸。昔秦政肆刑，秦民共傾。楚澤大呼，分隳列城。徒罷驪山，役休上林。秦址既遷，鴻門至今。此東郊之事也。隋苑廣袤，罝籠南山。占地萬頃，不爲人間。齊門失耕，禽遊獸閑。代謝物移，繚垣不完。北南郊之事也。豐水悠悠，文王作周。傳艱子孫，衰平遂遷。乃睠鎬都，武王宅居。國失赧遜，豐鎬皆蕪。此西郊之事也。漢設五畤，以主淫祀，欒誑徐誣，將求永久。天子親拜，太牢黍牡。事亡地存，爲天下笑。此北郊之事也。故因迎春則鑑秦敗，知恃刑不如恃德也；因迎夏則鑑隋怠，知獵獸不如獵賢也；因迎秋則鑑周勤，知祖基作艱傳萬年也；因迎冬則鑑漢誤，知去淫卽正獲天祚也。四鑑以陳，澤于生人；四德以懋，格于上下。故我高祖一呼大定，安都居正，傳今皇帝一十四聖。是知禪國也，禪都也，非得隋之命，是得天之命。

又 **卷四五《［唐］崔損〈北斗城賦以池塘生春草為韻〉》** 昔炎漢之開國，宅咸秦而設規，闡都邑之壯麗，紛制作而多儀。像蓬島以疏岳，擬天河而鑿池。館倚南山，掇雲霞而上出；城侔北斗，仰星漢而曾披。何爽鳩之代謝，驗驪騵之運虧。是以作之者不處，居之者不為。祚我神唐，丹青焜煌，峻址雲矗，層譙錦章，羃禎壤以疊形，凝皓粉以飛光。門結黃金之石，檐施白璧之璫。堞盤紆於曲檻，池徑復於圓塘。城勢逶迤，若台岑之隱映；樓形宛轉，似崑崙之相望。接千門之宮闕，通八達之康莊。既而鸞駕西巡，嚴扃晨啓，羽衛咸集，聲明克陳。登睥睨以清夜，聽畢逋而候春。儼雄戟以耀武，振鵷行而拱辰。夕沈煙雲之色，曉流車馬之塵。引祥昭之爛漫，吐佳氣而輪囷。於是歲發青道，池隍煦早，堞霧縈林，岸風柔草。暖懸竇以彌藹，飾崇隅之增好。映春水之澄澄，納朝陽之杲杲。惟壯勢之崢嶸，達洪規而鎮京。望浮雲之黑水，對翔鳳之丹楹。配宗子之永固，等皇家之不傾。俯賓庭而贊義，終自惡其輕生。

又 **卷四六《［唐］杜顔〈灞橋賦以水雲輝映車騎繁雜為韻〉》** 溶溶玄灞兮，經秦川之有餘。裹裹紅橋兮，代造舟之厥初。飛梁黕以霞起，綵柱暐其星舒。九陌咸湊，三條所如，連山疊翠而西轉，羣樹分形而北疏。電透孤棹，雷奔衆車，白日南登，望長安之如綺；黃煙東睇，見咸陽之為墟。杲杲初霽，蕭蕭晚吹，登隱者之翹車，度將軍之獵騎。日既上巳，禊于洪源，晚具遊宴，咸出國門，七葉衣冠憧憧而遥度，五侯車馬奕奕而騰軒。鍾鼓既列，絲竹亦繁，秦聲嘔哇，楚舞叢雜。帷帟紛其霧委，羅紈靄以雷沓。掉輕舸之悠悠，順清流之納納。時憑倚以觀眺，喜煙花之環合。爾其居人出祖，連騎將分，望曲溆之清路，視遠天之無雲。紫沙兮皓晃，綠樹兮氛氳，莫不際此地而舉征袂，遥相望兮愴離羣。明月生兮，涼風度水。聽凫雁之悽慘，對苔蘋之靃靡。或披襟以延佇，獨掩涕而無已。上臨煙碕，霞石相輝，過客對兮澹忘歸；下近巖逕，林巒隱映，漁人去兮恣涌詠。獨遊子而俟時，倦塵衣以嗟命。

又《〔唐〕王昌齡〈灞橋賦以水雲輝映車騎繁雜為韻〉》 聖人以美利利天下，作舟車。禹乃開鑿，百川紆餘。舟不可以無水，水不可以通輿，遂各麗於所得，非其安而不居。横浮梁於極浦，會有跡於通墟。借如經綸淮海，陶鼓仁義，藏用於密，動物以智。每因宜以制模，則永代而取寄。伊津梁之不設，信要荒之莫致。思未濟於中流，視安危之如戲。故可取於古今，豈徒閱千乘與萬騎？惟梁于灞，惟灞于源，當秦地之衝口，束東衢之走轅，拖偃蹇以横曳，若長虹之未飜。隘騰逐而水激，忽須臾而聽繁。雖曰其繁，潰而不雜，懷璧拔劍，披離屯合。當遊役之嗷嗷，自洪波之納納。客有居於東陵者，接行埃之餘氛，薄暮垂釣，平明去耘，傍連古木，遠帶清濆，昏曉一望，還如陣雲。乃臨川而嘆曰：亡周霸秦，舉目遺址，前車後軌，不變流水。嘆往事之誠非，得兹橋之信美。皇風不競，佳氣常依，既東幸而清道，每西臨以駐旂。連袂挾轂，煙闐雨飛。嗟乎此橋，且悦明盛。徒結網於川隅，視雲霞之輝映。聊倚柱以嘆息，敢書橋以承命。

東都

綜述

唐・釋慧立《大唐大慈恩寺三藏法師傳》卷九《起顯慶元年三月謝慈恩寺碑成 終三年正月隨車駕還西京》 （顯慶二年）冬十二月，改洛陽宫為東都。嫌封畿之褊隘，乃東分鄭州之汜水、懷州之河陽，西廢穀州，取宜陽、永寧、新安、澠池等縣，皆隸屬焉。法師以鄉邑增貴，修表賀曰：『沙門玄奘言。竊聞鶉首錫秦，上帝兆金城之據；龜圖薦夏，中畿啓玉泉之窺。是知靈貺所基，皇猷顯屬。昌誦由其卜遠，高光所以闡期。允迪厥猷，率遵斯在。伏惟皇帝、皇后揆物裁務，懸衡撫俗。即土中之重隩，匝虞巡而駐蹕；因舊制之瑰偉，儀鎬京而建郛。仍以卑宫載懷，改作勞於曩役；馭奔在念，軫居逸於晨興。自非折中華夷，均一徭輪，豈能留連聖眷，焕汗綸言。是以令下之初，山川欝其改觀；柘制爰始，烟雲霏而動色。飛甍日麗，馳道風清，神期肹蠁，彝倫郁穆。若賦武昌之魚，樂遷王里；爭企云亭之鶴，願奉屬車。既小晉、鄭之依，更褊劉、張之策。前王齷齪，豐、洛遞開，我后牢籠，伊、咸並建。麟宗克茂，鼎祚惟遠，自可東宴平樂，西臨建章。佇吹笙而駐壽，康在藻而流詠。蕩蕩至公，巍巍罕述。奘散材莫効，貽懼增深。但三川之郊，猥霑故里；千載之幸，欝為新邑。華門雖翳，芻命猶存；喜編轂下，匪慚關外。況光宅之慶，遐邇所同歡；聖上允安，庸微所特荷。不勝喜抃之極。謹奉表陳謝以聞。』

唐・徐堅《初學記》卷二四《都邑・唐高宗天皇大帝建東都詔》 朕聞踐華固德，百二稱乎建瓴；卜洛歸仁，七百崇乎定鼎。是以控膏腴於天府，啓黄圖於渭濱，襟沃壤於王城，摛綠宇於河渚。市朝之城，麗皇州之九緯；丹紫之原，邈神皋之千里。二京之盛，其來自昔。此都心兹宇宙，通賦貢於四方；交乎風雨，均朝宗於萬國。曲阜之規猶勤，測圭之地載華。豈得宅帝之鄉，獨稱都於四塞；里王之邑，匪建國於三川。宜改洛陽宫爲東都。下棟下宇，彼勞昔以難前；廣夏高臺，我名今而改彼。仍兹舊貫，式表宸居。

唐・李林甫等《唐六典》卷七《尚書工部》 東都城左成皋，右函谷，前伊闕，後邙山。南面三門：中曰定鼎，左曰長夏，右曰厚載。東面三門：中曰建春，南曰永通，北曰上東。北面二門：東曰安喜，西曰徽安。都城，隋煬帝大業元年詔左僕射楊素、右庶子宇文愷移故都創造也。南直洛水之口，北倚邙山之塞，東出瀍水之東，西出澗水之西，洛水貫都，有河漢之象焉。東去故都十八里。煬帝既好奢靡，愷又多奇巧，遂作重樓曲閣，連闥洞房，綺繡瑰奇，窮巧極麗。大業末喪亂，為王充所據。武德五年平充，乃詔焚乾陽殿及建國門，廢東都以為洛州總管府。尋以宮城倉庫猶在，乃置陝東道大行臺。武德九年，復為洛州都督府。貞觀六年，改為洛陽宮。十二年，車駕始幸洛陽。明慶元年，復置為東都。龍朔中，詔司農少卿田仁注隨事修葺，後又命司農少卿韋機更加營造。永昌中，遂改為神都，漸加營構，宮室百司、市里郛郭，於是備矣。東面十五里二百一十步，南面十五里七十步，西面連苑，距上陽宮七里；北面距徽安門七里。郛郭南廣北狹，凡一百三坊，三市居其中焉。開元十二年，廢西市，取厚載門之西一坊地及西市入苑。西連禁苑，苑西四門：南曰迎秋，次曰遊義，次曰籠烟，北曰靈溪。

皇城在都城之西北隅。南面三門：中曰端門，左曰左掖門，右曰右掖門。東面一門，曰賓耀。西面二門：南曰麗景，北曰宣耀。東城在皇城之東，東曰宣仁門，南曰承福門。皇城在東城之內，百僚廨署如京城之制。

皇宮在皇城之北。東西四里一百八十步，南北二里八十五步，周回十三里二百四十一步。南面三門：中曰應天，左曰興教，右曰光政。應天門、端門，若西京承天之門。其內曰乾元門。若西京之太極門，東廊有左延福門，西廊有右延福門。興教之內曰會昌，其北曰章善。光政之內曰廣運，其北曰明福。乾元之左曰萬春，右曰千秋，其內曰乾元殿。則明堂也。證聖元年營造。上圜下方，八囱四闥，高三百尺。元正、冬至，有時而御焉。殿之左曰春暉門，右曰秋光門，北曰燭龍門。明福之東曰武成門，其內曰武成殿。明福之西曰崇賢門，其內曰集賢殿。武成之北曰延壽殿。集賢之北曰僊居殿。其東曰億歲殿，又東曰同明殿。其內又有觀禮、歸義、收成、光慶等門，延祥、延壽、觀文、六合等殿，宜春、僊居、迎祥、六合等院也。

其西北出曰洛城西門，其內曰德昌殿，北曰儀鸞殿。德昌南出曰延慶門，又南曰韶暉門。西南曰洛城南門，其內曰洛城殿，又北曰飲羽殿。洛城南門之西有麗景夾城，自此潛通於上陽焉。

上陽宮在皇城之西南。苑之東垂也。南臨洛水，西拒穀水，東面卽皇城右掖門之南，上元中營造。高宗晚年，常居此宮，以聽政焉。東面三門：南曰提象門，卽正衙門。北曰星躔門，提象門內曰觀風門。南曰洛日樓，北曰七寶閣，其內曰觀風殿。殿東面。其內又有麗春臺、耀掌亭、九州亭。

其西則有西上陽宮。兩宮夾殿水虹橋，以通往來。北曰化成院，西南曰甘露殿，殿東曰雙曜亭，又西曰麟趾殿，東曰神和亭，西曰洞玄堂。觀風之西曰本枝院，又西曰麗春殿，東曰含蓮亭，西曰芙蓉亭，又西曰宜男亭。北曰芬芳門，其內曰芬芳殿。又有露菊亭、互春、妃嬪、僊杼、冰井等院散布其內。宮之南面曰僊洛門，又西曰通僊門，並在院中。其內曰甘湯院。次北東上曰玉京門，門內北曰金闕門，南曰泰初門。玉京之西曰客省院、蔭殿、翰林院。又西曰上陽宮，宮西曰含露門。玉京西北出曰僊桃門，又西曰壽昌門。門北出曰玄武門，門內之東曰飛龍廐。

禁苑在皇城之西。北拒北邙，西至孝水，南帶洛水，支渠穀、洛二水會于其間。東面十七里，南面三十九里，西面五十里，北面二十里，周迴一百二十六里。中有合璧、冷泉、高山、龍鱗、翠微、宿羽、明德、望春、青城、黄女、淩波十有一宮，芳樹、金谷二亭，凝碧之池。開元二十四年，上以為穀、洛二水或泛溢，疲費人功，遂敕河南尹李適之出內庫和雇，修三陂以禦之，一曰積翠，二曰月陂，三曰上陽，爾後二水無力役之患。京都之制備焉。

唐·韋述《兩京新記》卷四《東都》 東京俗曰洛陽城。隋大業元年自故都移於今所。其地本周之王城，自周敬王、後漢，並居於今之故都。至仁壽四年，隋文帝於此營建。初謂之東京，有詣闕言事者，稱一帝二京，事非稽古。乃改爲東都。後爲王充所據，充平，改爲洛州總管府。尋又置陝東大行臺。武德九年，復爲洛州都督府。貞觀六年，改東都舊宮爲洛陽宮。明慶元年，復爲東都。武太后號爲神都，神龍元年復舊。又改爲河南府。洛水貫都，有河漢之象。然其地北據山麓，南望天闕，水木滋茂，川原形勝，自古都邑莫有比也。

又《宮城》 紫微宮城南面六門，正南應天門，門外觀相夾，肺石、登聞鼓。次東興教門、重光門、大和門。次西光政門、洛城南門。東面一門，重光北門。西面二門，南洛城西門，北嘉豫門。北面二門，西玄武、東安寧門。應天次北乾元門，門東萬春門，西千秋門，門外東西廊左、右延福門。又應天東北會昌門，西北景運門。有臨波閣、閶闔閣。九州池在仁智殿之南、歸義門之西。一柱觀。五殿。流盃殿在麗春臺北。閶闔闕在映日堂東隔城之上。

又《上陽宮》 上陽宮在皇城西南，東卽禁苑東垂，南臨洛水，西亙穀水，上元中韋機充使所造。宮東面二門，南曰提象門，北星躔門。

［提象門］內門曰觀風門。有麗春臺、浴日樓。曜掌亭、九洲亭。上清觀。

上陽宮西有西上陽宮。

又《禁苑》 東都苑隋曰會通苑，又改爲芳華。神都苑周迴一百二十六里。苑東面四門，曰垂豫、上陽、新開、望春門，南面三門，曰興善、興安、靈光門，西面四門，曰延秋、遊義、籠煙、靈溪門，北面四門，曰朝陽、靈圃、望冬、應福門。苑內有金谷亭、凝碧池。［青城宮。］

又《皇城》 皇城南面三門，正南曰端門，東左掖門，西右掖門。東面一門，賓曜門。西面二門，南曰麗景門，北曰宣耀門。

又《東城》 東城東面一門，宣仁門。南面一門，承福門。北面一門，含嘉門。

又 卷五《都城》 ［外郭城］東面十五里二百一十步，南面十五里七十步，西面十二里一百二十步，北面七里二十步，周迴六十九里二百一十步。城高一丈八尺。南面三門，正南曰定鼎門。東面［三門］，中建春門，南永通門。北面二門，東安喜門，西徽安門。西面連苑。自端門至定鼎門七里一百三十七步。定鼎門街廣百步，上東、建春二橫街七十五步，長夏、厚載、永通、徽安、安喜門及當左掖門等街各廣六十二步，餘小街各廣三十一步。每坊東西南北各廣三百步，開十字街四出趨門。

唐·李吉甫《元和郡縣圖志》卷五《河南道一·河南府》 武德四年討平充，復爲洛州，仍置總管府。其冬罷府，置陝東道大行臺，太宗爲大行臺尚書令。九年罷臺，置洛州都督府，貞觀十八年廢府。顯慶二年，置東都，則天改爲神都，神龍元年復爲東都。開元元年改洛州爲河南府。天寶元年，改東都爲東京，至德元年復爲東都。

《舊唐書》卷三八《地理志一》 東都，周之王城，平王東遷所都也。故城在今苑內東北隅，自赧王已後及東漢、魏文、晉武，皆都於今故洛城。隋大業元年，自故洛城西移十八里置新都，今都城是也。北據邙山，南對伊闕，洛水貫都，有河漢之象。

都城南北十五里二百八十步，東西十五里七十步，周圍六十九里三百二十步。都內縱橫各十街，街分一百三坊、二市。每坊縱橫三百步，開東西二門。

宮城，在都城之西北隅。城東西四里一百八十步，南北二里一十五步。宮城有隔城四重。正門曰應天，正殿曰明堂。明堂之西有武成殿，即正衙聽政之所也。宮內別殿、臺、館三十五所。上陽宮，在宮城之西南隅。南臨洛水，西拒穀水，東即宮城，北連禁苑。宮內正門正殿皆東向，正門曰提象，正殿曰觀風。其內別殿、亭、觀九所。上陽之西，隔穀水有西上陽宮，虹梁跨穀，行幸往來。皆高宗龍朔後置。

禁苑，在都城之西。東抵宮城，西臨九曲，北背邙阜，南距飛仙。苑城東面十七里，南面三十九里，西面五十里，北面二十里。苑內離宮、亭、觀一十四所。

宋·王溥《唐會要》卷八六《城郭》 顯慶五年九月，改東明門為賓耀門，西明門為宣耀門。

長壽元年九月，神都改造文昌臺及造定鼎、上東等城門，修築外郭，並鳳閣侍郎李昭德所制，時人以為能。

天寶二年正月二十八日，築神都羅城，號曰金城。

又 卷三〇《洛陽宮》 武德四年十二月七日，使行臺僕射屈突通，焚乾元殿應天門紫微觀，以其太奢。至貞觀三年，太宗將修洛陽宮，民部尚書戴胄諫曰：『關中河外，近置軍團，富室強丁，並從戎旅。重以九成作役，餘丁向盡。去京二千里內，先配司農將作，假有遺餘，勢何足紀。亂離甫弭，戶口單弱，一人就役，舉家便廢。入軍者督其戎仗，從役者責其餱糧，盡室經營，多不能濟。以臣愚慮，恐致怨嗟。今丁既役盡，賦調不減，費用不止，帑藏空虛。且洛陽宮殿，足蔽風雨，數年功畢，亦謂非晚。若頓修營，恐傷勞擾。』上嘉之。因謂侍臣曰：『戴胄於我，無骨肉之親，但以忠直勵行，情深體國，事有機要，無不上聞。』

至四年六月二十二日，發卒又修洛陽宮，給事中張元素諫曰：『陛下承百王之末，屬凋弊之餘，必欲節以禮制。陛下宜以身爲先，東都未有幸期，即令補葺，豈民人之所望也！陛下初平東都之始，層樓廣殿，皆令撤毀，天下翕然，同心欣仰，豈有初則惡其侈靡？今乃襲其雕麗，臣每承德音，未即巡幸，此則事不急之務，成虛費之勞。國無兼年之積，何用兩都之好。臣聞阿房成，秦人散。章華就，楚衆離。又乾元畢功，隋人解體。以陛下今時功力，何如隋日？役瘡痍之人，襲亡隋之弊，恐甚於煬帝。深願陛下思之，無爲由餘所笑，則天下幸甚。』上大悅。謂房玄齡曰：『洛陽土中，朝貢道均，朕故修營，意在便於百姓。今元素上表，實亦可依，後必事理須行，露坐亦復何苦？所有作役，宜即停之。』

顯慶元年，敕司農少卿田仁汪，因舊殿餘址，修乾元殿。高一百二十尺，東西三百四十五尺，南北一百七十六尺。至麟德二年二月十二日，所司奏，乾元殿成。其應天門先亦焚之，及是造成，號爲則天門。

垂拱四年二月十日，拆乾元殿，於其地造明堂。至開元二十七年九月十日，於明堂舊址，造乾元殿。

上元二年，高宗將還西京，乃謂司農少卿韋機曰：『兩都是朕東西之宅也。見在宮館，隋代所造，歲序既淹，漸將頽頓。欲修殊費財力，爲之奈何？』機奏曰：『臣曹司舊式，差丁採木，皆有雇直。今戶奴採斫，足支十年，所納丁庸，及蒲荷之直，在庫見貯四十萬貫，用之市材造瓦，不勞百姓，三載必成矣。』上大悅。乃召機攝東都將作少府兩司事，使漸營之。於是機始造宿羽高山等宮。其後，上遊於洛水之北，乘高臨下，有登眺之美，乃敕韋機造一高館。及成臨幸，即令列岸修廊，連亙一里，又于澗曲疏建陰殿。至儀鳳四年，車駕入洛，乃移御之。尚書左僕射劉仁軌，謂侍御史狄仁傑曰：『古之陂池臺榭，皆在深宮重城之內，不欲外人見之，恐傷百姓之心也。韋機之作，列岸修廊，在於闉堞之外。萬方朝謁，無不覩之，此豈致君堯舜之意哉？』韋機聞之曰：『天下有道，百司各奉其職，輔弼之臣，則思獻替之事；府藏之臣，行詔守官而已。吾不敢越分也。』

宋・司馬光《資治通鑑》卷二〇二《唐紀十八》 調露元年春正月己酉，上幸東都。司農卿韋弘機作宿羽、高山、上陽等宮，制度壯麗。上陽宮臨洛水，爲長廊亙一里。宮成，上徙御之。侍御史狄仁傑劾奏弘機導上爲奢泰，弘機坐免官。左司郎中王本立恃恩用事，朝廷畏之。仁傑奏其姦，請付法司，上特原之。仁傑曰：『國家雖乏英才，豈少本立輩！陛下何惜罪人，以虧王法。必欲曲赦本立，請棄臣於無人之境，爲忠貞將來之戒！』本立竟得罪。由是朝廷肅然。

宋・王應麟《玉海》卷一五七《宮室・［唐］胡交修〈洛陽宮記〉》

禹因山川，分畫九州，大河之南，厥土爲豫。考極相方，實處天下之中，風雨所會，陰陽所和，而沖氣鍾焉。其用河洛，圖書之淵，珍符是興。其鎮嵩高，孕秀生賢，神靈是宅。其浸瀍澗，伊水之利，環流灌溉，壤沃物豐。其地廣衍，平夷洞達，萬方輻湊，朝覲貢賦，道理均焉。奠位宅中，兹實帝王之居也。高祖、太宗，肇造區夏，據秦百二之勢，襲漢累世之基，定都長安，以隆上京。惟是洛宅，雖不獲奉萬乘之駕，建諸夏之本，而文皇帝顧瞻曆覽，眷此舊邦，肇新東都，作對咸秦，乃以貞觀六年，名洛陽宮。凡體國之制，仰模大紫，擬象河漢者。雖因隋之舊，逮夫一新號名，昭揭於兩觀之上，則觚稜金爵，璧門鳳闕，焜耀改觀，益隆唐家興王之氣矣。太宗以神武英偉之姿，一加眄睞，榮名所被，在物咸飾，使巍巍兹宮，復取重於當世，豈不韙哉！開元之隆，鑾輿時巡。詔命儒臣宋璟、馬惟白等，博彙羣書於乾元殿。又即明福門外置集賢書院，置學士員，校讎其間。而藏書之富，殆與長安大明宮集賢書院等，不其盛歟！臣幸預翰墨，紀事蹟本末，載於文字，臣之職也。竊惟周家興於岐邠，武王宅都於鎬，至成王乃命周、召相基定卜，於兹新邑。宣王中興，大會諸侯，纂承文武，師徒狩獵，詩人詠歌。則洛陽於周爲四方朝貢之地也尚矣！太宗乃克大倣古，以不廢周王迓衡之跡，用宏兹賁光於土中。克紹上帝，匹休成周，嗚呼盛哉！若夫城隅廣陿之度，宮庭考室之制，皆不足書。書是宮有合先王之制者，以詔後世云。

宋・王欽若等《册府元龜》卷一四《帝王部・都邑第二》 哀帝天祐二年五月，詔改雒都諸門與西京門同者。延喜門改宣仁門，重明門改興教門，長樂門改光政門，光範門改應天門，乾化門改乾元門，宣政門改敷政門，宣政殿改貞觀殿，日華門改左延福門，月華門改右延福門，萬壽門改萬春門，積慶門改興善門，含章門改膺福門，含清門改延義門，金鑾門改千秋門，延和門改章善門，保寧殿改文思殿。詔曰：法駕遷都之日，雒京再建之初。慮懷土有類於新豐，惟更門以合於舊制。今則妖星既出於雍分，高閎難倣於秦餘，宜復別門之名，以壯卜年之永。是用分疆畫野，寔顯驗於否臧；東雒西京，靡玄参於制度。其京都見在門同西京門名，並宜改復雒京舊門名。蓋避妖星之變也。

元・佚名《河南志》卷四《唐城闕古蹟・皇城》 皇城。隋曰太微城，亦號南城。東西五里一十七步，南北三里二百九十八步，高三丈七尺，周一十三里二百五十步。

南面三門：正南曰端門，北當應天門，南當定鼎門。東曰左掖門，西曰右掖門。東面一門，曰賓耀門。隋曰東太陽門。武德中改東明門，顯慶五年又改賓耀。西面二門：南曰麗景門，西入苑。北曰宣耀門。隋曰西太陽門。武德中改西明門，顯慶五年改宣耀。次北舊有寶城門。門外苑又有二門：南曰由儀門，北曰咸安門。

城中南北四街，舊五街。東西四街。應天門外第一横街之南，第二横街之北，東朝堂，次東門下外省，次東殿中府，隋曰殿內省。次東左監門衛，開元初，分左衛地，造內省。次東左衛，隋曰左翊衛。次東左衛率府，開元初，分左衛地造。次東尚輦局。與左衛率府隔左掖門街。隋少府監作坊之地。

東朝堂之南，第三横街之北，從西第一右春坊，分左驍衛地造。次東左驍衛，次東左千牛衛，隋曰左備身府。貞觀中為左領左右府。次東家令寺，分左千牛衛造。初，東都百司不備，武后時猶權寓他所。開元初，明皇幸洛陽，分地營建，乃備矣。次東左武衛，次東左威衛，次東左監門衛，分左威衛地造。次東領軍衛。隋曰左禦衛府。

東朝堂之南，第四横街之北，從西第一曰鴻臚寺，隋司隸臺及光禄寺之地。次東太府寺，次東太廟，在左掖門街之東。隋少府監之地。武后造。初以置武氏七廟，中宗因而正焉。次北中宗廟。隋東宮率府之地。

應天門外第一横街之南，第二横街之北，西曰西朝堂，次西中書外省，隋曰內史省。次西四方館，隋曰謁者臺。次西右衛率府，分右衛地造。次西右衛。次西舊有倉院。院西抵城之南北街，後併入太社。

西朝堂之南，第三横街之北，後東第一曰右司禦率府，分右驍衛地造。次西右驍衛，次西右千牛衛，次西右武衛，次西右監門率府，分右武衛地造。次西知匭使，分右威衛地造。次西右威衛，次西內侍省，本右威衛地，武后移造於此，便以園地充衛。次西右領軍衛，次西內坊。分右領軍地造。

西朝堂之南，第四横街之北，從東第一御史臺，次西秘書省，省內有蔡邕石經數十段。後魏末，自洛陽徙長安。周武帝時，徙置鄴。隋煬帝為太子，掇殘缺者，徙至東宮，又移將作內坊。貞觀四年，秘書監魏徵奏於京秘書內省置。武后復徙於此。次西尚舍局，次西太僕寺。隋長秋監之地。武德初改名內侍省，武后曰司宮臺。尋徙於此街，於此置右肅政御史臺。景云中臺廢。開元八年，王毛仲為太僕卿，奏自安業坊移寺於此殿。寺西即右掖門。門內道西舊有良醞署，後為瀉口磑坊。賓耀門內道北有詹事府。大帝末，營於此。

又《**東城**》 東城。隋築。東面四里一百九十七步，南面一里二百三十步，西屬宮城，北面一里二百三十步，又南屈一百九十八步，屬宮城之東北隅，高三丈五尺。南面屈曲，逐洛水之勢。北即含嘉倉城。

東面一門，曰宣仁門。直東與外郭之上東門相值。南面一門，曰承福門。南隔洛水，當河南府之西街。北面一門，曰含嘉門。南當承福門。含嘉門北即含嘉倉。倉北曰德猷門，門出外郭。

城中南北街二，東西街三。舊四街。後併曹司，廢街。

承福門內南北街之東，從南第一横街之北，從西第一司農寺，舊鴻臚寺之地，乾封中徙。次東光禄寺，舊司農寺之地，乾封中徙。次東太常寺。

承福門內南北街之東，從南第二横街之北，東當宣仁門，街北尚書省。長壽中，左丞李昭德奏加修繕，甚為壯麗。

承福門內南北街之東，從南第三横街之北，從西第一少府監，次東軍器監，本修甲弩坊，開元初立為監。次西大理寺。隋代此街之北，從東第一衛尉寺，第二都水監，第三大理寺。更北，又開東西一街。街北從東第一宗正寺，第二太僕寺，第三將作監。乾封之後，修繕東都，始移併焉。

又《**東都苑**》 東都苑。隋曰會通苑，又曰上林苑。武德初改芳華苑，武后曰神都苑。東抵宮城，西臨九曲，北背邙阜，南拒非山。周一百二十六里，東面十七里，南面三十九里，西面五十里，北面二十四里。隋舊苑方二百二十九里一百三十八步，太宗嫌其廣，毀之，以賜居人。垣高一丈九尺。

東面四門：從北第一曰嘉豫門，門上有觀，隋曰翔鳳觀。次南曰上陽門，次南曰新開門，最南曰望春門。

南面三門：從東第一曰興善門，隋曰清夏門。次西曰興安門，次西曰靈光門。隋曰昭仁門。

西面五門：從南第一曰迎秋門，次北曰遊義門，次北曰籠煙門，次北曰靈溪門，次北曰風和門。

北面五門：從西第一曰朝陽門，次東曰靈圃門，次東曰元圃門，次東曰禦冬門，最東曰膺福門。顯慶二年，修建東都，始廢洛陽宮總監，改青城宮監為東都苑北面監，明德宮監為東都苑南面監，洛陽宮農圃監為東都苑東面監，食貨監為東都苑西面監。凡四監，知苑中雜事。

苑內有合璧宮，顯慶五年，命田仁汪、徐感造八關涼宮，改名合璧宮，在苑之最西。當中殿曰連璧殿。又有齊聖殿，北據山阜，甚為宏壯。孝敬皇帝薨此宮之綺雲殿。冷泉宮，隋造。有泉極冷，因以為名。高山宮，在苑西北，司農卿韋機造。龍鱗宮，大帝所造。積翠宮，隋造。《六典》作翠微宮。宿羽宮，韋機造。在苑東北，南臨大池，池流水盤屈。明德宮，在合璧宮東南。隋曰顯仁宮。南逼南山，北臨洛水。宮北有射堂、官馬坊。望春宮，在苑東南。青城宮，在宿羽宮西。黃女宮。在合璧宮東。三面臨洛水，水深潭處號黃女灣，因以為名。芳樹亭，在黃女宮南。大帝造。金谷亭。大帝造。淩波宮。隋造。隋及唐初，苑內又有朝陽宮、棲雲宮、景華宮；成務殿、大順殿、文華殿、春林殿、和春殿；華渚堂、翠阜堂、流芳堂、清風堂、光風堂、崇蘭堂、麗景堂、鮮雲堂。又有迴流亭、流風亭、露華亭、飛香亭、芝田亭、長塘亭、芳洲亭、翠阜亭、流芳亭、飛華亭、留春亭、澂秋亭、洛浦亭，皆隋煬帝所造。武德、貞觀之後，多漸移毀。顯慶後田仁汪、韋機等改拆營造，或取舊名，或因餘所，規制與此異矣。凝碧池。東西五里，南北三里。《六典》有凝碧亭。

清·徐松《唐兩京城坊考》卷五《東京》 東京一名東都，始築於隋大業元年，謂之新都。唐武德四年廢。貞觀六年號洛陽宮。顯慶二年曰東都，光宅元年曰神都，神龍元年復曰東都，天寶元年曰東京，上元二年罷京，次年，復爲東都。

又《宮城》 宮城在皇城北，因隋名曰紫微城。貞觀六年，號爲洛陽宮。武后光宅元年，號太初宮。東西四里一百八十八步，南北二里八十五步，周一十三里二百四十一步，其崇四丈八尺，以象北辰藩衛。城中隔城二，在東南隅者太子居之，在西北隅者皇子、公主居之。城北隔城二，最北者圓璧城，次南曜儀城。南面四門，中應天門，東明德門，西長樂門，西南隅雒城南門。東面一門，重光北門。西面二門，北嘉豫門，隋曰寶城門。南雒城西門。北面二門，中玄武門，東安寧門。玄武門北則曜儀城，城二門，東面曰曜儀東門，西面曰曜儀西門。曜儀城北則圓璧城；城三門，南面曰圓璧南門，北面曰龍光門，東面曰圓璧門。

宮之正牙曰含元殿。殿四門，南曰乾元，北曰燭龍，東曰春暉，西曰秋景。乾元門外有橫街，街東日華門，西月華門。乾元門左右有萬春門、千秋門。含元殿北曰貞觀殿。又北徽猷殿。又北陶光園。園北則玄武門。其天子常朝之所曰宣政殿，殿門曰光范門。宣政之北曰仁壽殿。又北觀文殿。又北同心閣。又北麗日臺。又北臨波閣。閣北臨池，池有二洲，東洲有登春閣，其下爲澄華殿，西洲有麗綺閣，其下爲凝華殿。池北曰安福門。當明德門內爲會昌門。又北章善門，門內門下省、弘文館在焉。章善之東爲太和門，門內左藏庫在焉。自此而西，有文思殿，其北莊敬殿，又北飛香殿，又北襲芳院，又北上清觀，則達安寧門。莊敬之西爲大儀殿，其北麗春臺，又北流杯殿，又北弘徽殿，則達陶光園。當長樂門內爲廣運門，又北明福門，門內中書省、史館、內醫局、尚食廚、命婦院、修書院在焉。明福之西爲集賢門，門內集賢殿在焉。自此而北，有仙居殿，其東有億歲殿、集仙殿、同明殿。其北則達九洲池，池之洲，殿曰瑤光，亭曰琉璃，觀曰一柱，環池者曰花光院、曰山齋院、曰翔龍院、曰神居院、曰仙居院、曰仁智院、曰望景臺，西則達於隔城。隔城者，閶闔在其上，蔭殿在其下。隔城之西曰映日臺，又南百戲堂，又南儀鸞殿，又南五殿，又南德昌殿，又南飲羽殿，又南雒城殿，則達雒城南門。

延祥殿、延壽殿、六合殿、北殿、含章殿、宜春院、迎祥院、六合院、觀禮門、收成門、光慶門、瓔珞門、左右銀臺門、金鑾門、廣達樓、紫宸殿、積善宮，不知其處。

東宮，在宮城東南隅，正門曰重光門，東西各有小門，東曰賓善，西曰延義。宮中有馬坊。

又《皇城》 皇城，傅宮城南，因隋名曰太微城，亦曰南城，又曰寶城。東西五里一十七步，南北三里二百九十八步，周一十三里二百五十步，高三丈七尺。其城曲折，以象南宮垣。南面三門，正南曰端門，東曰左掖門，西曰右掖門。東面一門曰賓耀門。西面二門，南曰麗景門，北曰宣輝門。

城中南北四街，東西四街。

應天門外第一橫街之南，第二橫街之北。東曰東朝堂，次東，門下外省。次東，殿中省。次東，左監門衛。次東，左衛。次東，左衛率府。次東，尚輦局。

東朝堂之南，第三橫街之北。從西第一，右春坊。次東，左驍衛。次東，左千牛衛。次東，家令寺。次東，左武衛。次東，左威衛。次東，左監門率府。次東，左領軍衛。

東朝堂之南，第四橫街之北。從西第一，曰鴻臚寺。次東，衛尉寺。

次東，大府寺。次東，太廟。次北，中宗廟。

應天門外第一横街之南，第二横街之北。西曰西朝堂。次西，中書外省。次西，四方館。次西，右衛率府。次西，右衛。西朝堂之南，第三横街之北。從東第一，右司御率府。次西，右驍衛。次西，右千牛衛。次西，右武衛。次西，右監門率府。次西，知匭使。次西，右威衛。次西，內侍省。次西，右領軍衛。次西，內坊。

西朝堂之南，第四横街之北。從東第一，御史臺。次西，祕書省。次西，尚舍局。次西，太僕寺。

賓耀門內道北。詹事府。

又《東城》 東城亦隋時所築，唐因之。以在宮城、皇城之東，故曰東城。東面四里一百九十七步，南北面各一里二百三十步，西屬宮城，其南屈一百九十八步，屬宮城之東北隅。高三丈五尺。正南門曰承福門，東面一門曰宣仁門，北面一門曰含嘉門。城中南北街二，東西街三。

承福門內南北街之東，從南第一横街之北。從東第一，司農寺。次東，光祿寺。次東，太常寺。

承福門內南北街之東，從南第二横街之北。東當宣仁門街北，尚書省。

承福門內南北街之西，從南第一横街之北。從西第一，少府監。次西，軍器監。次西，大理寺。

又《上陽宮》 上陽宮在禁苑之東，東接皇城之西南隅，南臨雒水，西距穀水，東面卽皇城右掖門之南，北連禁苑，上元中置。東面二門，南曰提象門，北曰星躔門。南面二門，東曰仙雒門，西曰通仙門。北面一門芬芳門，西面二門。

宮之正殿曰觀風，前曰觀風門，夾門者，南曰浴日樓，北曰七寶閣。觀風殿之北曰化城院，次曰仙居殿。化城院之西南曰甘露殿，殿東雙曜亭，亭西麟趾殿，殿之前東曰神和亭，西曰洞玄堂。觀風殿之西曰本枝院，又西麗春殿，含蓮亭，西芙蓉亭，又西宜男亭，又西則上陽宮芬芳門，內曰芬芳殿。通仙門內曰甘湯院。

西上陽宮在上陽宮之西南，兩宮夾水駕虹橋，以通往來。

玉京門、金闕門、泰初門、含露門、仙桃門、壽昌門、玄武門、客省院、蔭殿、翰林院、飛龍廄、上清觀，不知其處。

又《神都苑》 唐之東都苑，隋之會通苑也。又曰上林苑，武德初改芳華苑，武后曰神都苑。東抵宮城，西至孝水，北背邙阜，南拒非山，穀、雒二水會於其間。周一百二十六里，東面十七里，南面三十九里，西面五十里，北面二十四里。垣高一丈九尺。東面四門，從北第一曰嘉豫門，次南曰上陽門，次南曰新開門，最南曰望春門。南面三門，從東第一曰興善門，次西曰興安門，次西曰靈光門。西面五門，從南第一曰迎秋門，次北曰遊義門，次北曰籠煙門，次北曰靈溪門，次北曰風和門。北面五門，從西第一曰朝陽門，次東曰靈囿門，次東曰玄圃門，次東曰御冬門，最東曰膺福門。

苑內最西者合璧宮，最東者凝碧池，當中央者龍鱗宮。合璧之東南，隔水者爲明德宮。其正南而隔水者，芳榭亭也。苑之西北隅爲高山宮。東北隅爲宿羽宮。東南隅爲望春宮。又有冷泉宮、積翠宮、青城宮、金谷亭、淩波宮。

隋及唐初苑內，又有朝陽宮、棲雲宮、景華宮、成務殿、大順殿、文華殿、春林殿、和春殿、華渚堂、翠阜堂、流芳堂、清風堂、崇蘭堂、麗景堂、鮮雲堂、迴流亭、流風亭、露華亭、飛香亭、芝田亭、長塘亭、芳洲亭、翠阜亭、芳林亭、飛華亭、留春亭、澂秋亭、洛浦亭，皆隋煬帝所造。武德、貞觀之後多漸移毁，顯慶後，田仁汪、韋機等改拆營造，或取舊名，或因餘所，規制與此異矣。

又《外郭城》 東京城，隋大業元年築，曰羅郭城。唐長壽二年，李昭德增築，改曰金城。前直伊闕，後倚邙山，東出瀍水之東，西出澗水之西，雒水貫都，有河漢之象焉。周五十二里。南面三門，正面曰定鼎門，三門，正南曰定鼎門，東曰長夏門，西曰厚載門。東面三門，北曰上東門，中曰建春門，南曰永通門。北面二門，東曰安喜門，西曰徽安門。

城內縱横各十街，凡坊一百十三，市三。當皇城端門之南，渡天津橋，至定鼎門，南北大街曰定鼎街。

定鼎門街東第一街，從南第一曰明教坊。龍興觀。西南隅，尚書右丞宋璟宅。南門之東，清河縣子、國子司業崔融宅。

次北宜人坊。半坊太常寺藥園。西南隅，菏澤寺。

次北淳化坊。祁國公、贈太尉、益州大都督王仁皎宅。

次北安業坊。太僕寺。典廄署。霍王元軌宅。李懷遠宅。

次北修文坊。弘道觀。

次北尚善坊。太史監。宗正寺。內僕局。右驍衛大將軍阿史那忠宅。岐王范宅。薛王業宅。坊北，天津橋。

右定鼎門街東第一街，六坊。

定鼎門街東第二街，從南第一曰樂和坊。國子學。同鳳閣鸞臺平章事、建昌郡王武攸寧宅。齊景胄宅。工部侍郎李適宅。吏部尚書李景讓宅。

次北正平坊。孔子廟。國子監。安國女道士觀。常州刺史平貞眘宅。兵部尚書李迥秀宅。左散騎常侍、襄陽郡王路應宅。

次北修行坊。奉國寺。豆盧欽望宅。銀青光祿大夫致仕李義琰宅。太常少卿杜氏宅。

次北崇業坊。福唐觀。申王撝宅。守司徒、同平章事、充東都留守裴度宅。

次北修業坊。景雲女道士觀。郎國公主宅。代國公主宅。

次北旌善坊。崇化寺。特進、尚書右僕射、上柱國温彥博宅。寧王憲宅。明威將軍梁待賓宅。李翺宅。

右定鼎門街東第二街，六坊。

定鼎門街東第三街，從南第一曰尚賢坊。天官侍郎張錫宅。建安王武攸宜宅。檢校納言、兼肅政臺御史大夫狄仁傑宅。大理卿裴談宅。崔明眘宅。河東節度使韋湊宅。左衛將軍、范陽郡公張知謇宅。

次北敦行坊。司農寺。司竹園。吏部尚書裴漼宅。鄴郡太守、長垣縣子、恒王傅吳兢宅。滄州刺史鄭孝本宅。

次北崇政坊。秋官尚書杜景佺宅。刑部尚書王志愔宅。李伯濳宅。太子賓客、贈禮部尚書崔沔宅。

次北宣范坊。半坊爲河南府廨。太子賓客元行沖宅。

次北恭安坊。太子僕寺。右散騎常侍、舒國公褚無量宅。禮部侍郎賈曾宅。魏奉古宅。王怡宅。

次北勸善坊。東北隅，太子太師鄭公魏徵宅。開府儀同三司、畢國公竇希瓘宅。戶部尚書畢構宅。

次北惠訓坊。長寧公主宅。岐王山亭院。密亳二州刺史鄭仁愷宅。坊北舊中橋。

半已西道術坊。

右定鼎門街東第三街，八坊。

定鼎門街東第四街，即長夏門之西街，從南第一曰歸德坊。黃門侍郎、扶陽縣子韋承慶宅。尚書左丞相、徐國公劉幽求宅。左散騎常侍劉子玄宅。中書令韋嗣立宅。盧言宅。旅舍。水南草場。

次北康俗坊。左丞相、燕國公張説宅。太子詹事陸餘慶宅。尚書右丞、工部尚書、東都留守劉知柔宅。前亳州刺史盧瑗宅。成都功曹蕭公宅。

次北敦化坊。麟跡女道士觀。雒州刺史賈敦頤宅。突厥阿史那斛瑟羅宅。尚書左丞相、兼侍中源乾曜宅。戶部尚書陸象先宅。嗣許王瓘宅。桂州觀察使李勃宅。河南府法曹參軍盧貽宅。鄠縣尉劉刺夫宅。汝州魯山縣令皇甫枚宅。

次北道化坊。定安公主宅。益州大都督府長史、贈禮部尚書皇甫無逸宅。右領軍府大將軍房仁裕宅。中書令崔湜宅。

次北温柔坊。李晦宅。瓊山縣主宅。閤門使薛貽簡園。

次北擇善坊。率更寺。太尉、英國公李勣宅。左衛大將軍、同中書門下三品、韓國公張仁願宅。宣城公主宅。同鳳閣鸞臺平章事、譙縣子婁師德宅。

次北道德坊。東南隅，永昌縣廨。武成王廟。景龍女道士觀。長寧公主宅。內史史務滋宅。

右定鼎門街東第四街，長夏門之西街，七坊。

長夏門之東第一街，從南第一曰仁和坊。兵部侍郎許欽明宅。禮部尚書裴寬宅。兵部侍郎裴隣宅。益州長史、南陽公杜行敏宅。

次北正俗坊。玄元觀。李從遠宅。太子太傅分司東都李固言宅。盧氏宅。

次北永豐坊。尚書右僕射楊再思宅。戶部尚書崔泰之宅。吳師道宅。郇王府長史陰公宅。太子賓客杜氏宅。西南隅，柳樹。

次北修善坊。波斯胡寺。太子賓客盧正己宅。
次北思順坊。戶部尚書、長平公楊纂宅。中書令張嘉貞宅。
次北福善坊。
次北惠和坊。安修仁宅。官舍。
次北安衆坊。工部尚書尹思貞宅。尚書右僕射、燕國公于志寧宅。竇庭芝宅。坊北中橋。
右長夏門之東第一街，八坊。
長夏門之東第二街，從南第一曰興教坊。祕書少監趙雲卿宅。李師道留後院。
次北宣教坊。懷音府。全真觀。齊州司馬陸孝斌宅。安鄉郡長史黄撝宅。太子少師皇甫鏞宅。淮南節度使、趙國公李紳宅。
次北陶化坊。侍中、譙郡公桓彦范宅。禮部尚書蘇頲宅。太僕卿、華容縣男王希雋宅。河南府參軍張軫宅。工部尚書、東都留守盧從願宅。王光輔宅。太子賓客高重宅。空宅。
次北嘉善坊。菏澤寺經坊。鄭果宅。嗣虢王邕宅。祕書監蘇踐言宅。
次北南市。長壽寺。書肆。
次北通利坊。太尉、英國公李勣宅。尚舍直長薛氏宅。玉沙灘。
次北慈惠坊。紫微令姚崇宅。
右長夏門之東第二街，六坊及南市。
長夏門之東第三街，從南第一曰嘉慶坊。
次北集賢坊。刑部尚書、魏國公楊玄琰宅。泉獻誠宅。中書舍人孫逖宅。中書令裴度宅。太師致仕盧鈞宅。
次北尊賢坊。楊玄琰宅。泉獻誠宅。崔玄童宅。東都留守鄭叔明宅。
次北章善坊。太子少傅、豳國公竇希瑊宅。洛州録事參軍殷子恩宅。成德軍節度使、兼侍中田弘正宅。
次北永泰坊。鴻臚少卿張敬詵宅。率府郎、上柱國某氏宅。
次北臨闤坊。
次北延福坊。福先寺。
次北富教坊。
次北詢善坊。郭廣敬宅。
右長夏門之東第三街，九坊。
長夏門之東第四街，從南第一曰崇讓坊。禮部尚書蘇頲竹園。兵部尚書顧少連宅。河陽節度使王茂元宅。太僕卿分司東都韋瓘宅。舒州刺史鄭甫宅。李氏宅。
次北履道坊。長壽寺果園。源匡贊宅。高力牧宅。西門內，刑部尚書白居易宅。宅南，吏部尚書崔羣宅。旅舍。
次北履信坊。邠王守禮宅。館陶公主宅。太子少保韋夏卿宅。武昌軍節度使元稹宅。太子賓客李仍淑宅。陝虢觀察使盧嶽宅。左千牛韋珮宅。將軍柳當宅。韋氏宅。
次北會節坊。祆祠。左散騎常侍徐堅宅。趙懷正宅。
次北綏福坊。道沖女道士觀。河南兵曹元盛宅。
次北從善坊。來庭縣廨。孝敬皇帝廟。左散騎常侍劉子玄宅。孝子郭思謨宅。劉太白宅。
次北睦仁坊。
次北嘉猷坊。
右長夏門之東第四街，八坊。
長夏門之東第五街，從南第一曰里仁坊。
次北永通坊。虢州刺史崔玄亮宅。
次北利仁坊。慕容詢宅。和州刺史張擇宅。
次北歸仁坊。泰山廟。太子太傅、留守東都牛僧孺宅。
次北懷仁坊。右散騎常侍、太子賓客徐彦伯宅。張嘉福宅。鄭夫人宅。
次北仁風坊。尚書右僕射、兼中書令、齊國公魏元忠宅。濟王府録事參軍裴榮期宅。坊南運渠。
次北靜仁坊。官藥園。
次北延慶坊。
右長夏門之東第五街，八坊。
定鼎門街西，從南第一曰寧人坊。龍興寺。并州大都督府長史、贈吏部尚書、荆州大都督崔日用宅。工部尚書、東都留守韋虛心宅。
次北寬政坊。河南縣廨。駙馬都尉裴巽宅。駙馬都尉鄭萬鈞別宅。太常卿、潞州大都督府長史崔日知宅。榆柳園。

次北淳風坊。同東西臺三品、贈汴州刺史楊弘武宅。駙馬都尉王守一宅。

次北宣風坊。安國寺。檢校文昌左丞、東都留守李嶠宅。北街之西，中書令蘇味道宅。

次北觀德坊。景福寺。

次北積善坊。太微宮。明皇舊宅。右金吾衛韋機宅。河内縣尉陳該宅。司禮卿、贈幽州都督崔神慶宅。李及宅。坊北月陂。

右定鼎門街西第一街，六坊。

定鼎門街之西第二街，從南第一曰從政坊。揚州大都督府長史、贈戶部尚書李傑宅。

次北大同坊。洛汭府。

次北承義坊。申王撝宅。刑部尚書韋抗宅。

次北明義坊。左右教坊。尚書左僕射、郇國公韋安石宅。

次北教義坊。武后母榮國夫人宅。

次北洛濱坊。

右定鼎門街西第二街，六坊。

定鼎門街之西第三街，即厚載門第一街，從南第一曰西市。望仙橋。

次北廣利坊。

右定鼎門街西第三街，一坊及西市。

定鼎門街之西第四街，即厚載門第二街，從南第一曰通濟坊。

次北淳和坊。其西南里，次北北里。吳少微宅。

右定鼎門街西第四街，三坊。

雒水之北，東城之南，承福門之東，從西第一曰承福坊。

次東玉雞坊。

次東銅駝坊。

次東上林坊。

次東温雒坊。

右雒北、瀍南二水之間，五坊。

雒水之北，東城之東，第一南北街，北當徽安門西街，承福坊之北，從南第一曰立德坊。胡祆祠。王本立宅。監察御史裴氏宅。水陸轉運判官孟郊宅。寫口渠。

次北清化坊。左金吾衛。弘道觀。恒州刺史、建昌公王義童宅。廢宅。旅舍。都亭驛。

次北道光坊。昭成寺。韓氏宅。

次北道政坊。千金堨。

右徽安門西街，四坊。

東城之東，第二南北街，北當徽安門東街，從南第一曰歸義坊。太平寺。祕書監致仕穆寧宅。福建觀察使李貽孫宅。

次北思恭坊。張大安宅。右羽林軍大將軍、遼陽郡王李多祚宅。駙馬都尉王守一山亭院。歙州刺史邢羣宅。唐參軍宅。王廣宅。朱七娘宅。

次北履順坊。沙苑監。杜康祠。

次北進德坊。郟鄏府。

右徽安門東街，四坊。

東城之東，第三南北街，北當安喜門西街，從南第一曰景行坊。拜洛壇。華嚴寺。江州刺史鄭善果宅。都亭驛。

次北北市。

次北敦厚坊。試大理評事裴君宅。

次北修義坊。

右安喜門西街，三坊及北市。

東城之東，第四南北街，北當安喜門東街，從南第一曰時泰坊。放生池。

其東時邕坊。鄭王宅。戶部尚書致仕崔俊宅。旅舍。

次北立行坊。大聖真觀。上東門草場。

次北殖業坊。衛國寺。趙仁奬宅。酒家。

次北豐財坊。中書令、汾陰公薛元超宅。

右安喜門東街，五坊。

東城之東，第五南北街，從南第一曰毓材坊。大雲寺。祕書監、常山縣公馬懷素宅。郎中李敬彝宅。郭大娘宅。

次北德懋坊。

次北毓德坊。洛陽縣廨。闕富臺。陸渾尉崔泳宅。

次北審教坊。戶部尚書、朔方軍節度使王晙宅。御史大夫、贈右丞相程行謀宅。陳憲宅。

右東城之東，第五南北街，四坊。

東城之東，第六南北街，從南第一曰積德坊。太原寺。司農寺輸場。長松營。太平公主園。

次北教業坊。天女尼寺。金吾將軍裴休貞宅。

次北興藝坊。金穀府。麟趾尼寺。

次北通遠坊。樂工李龜年宅。

右東城之東，第六南北街，四坊。

論說

唐·張說《張燕公集》卷一四《百官請不從靈駕表》 東都則水漕淮海，易資鹽穀之蕃；陸走幽并，近壓戎夷之便。朝命新復，人望在安，宜應静鎮，未可移動。陛下若俯順羣願，留撫都人，則其安若此。

又 卷一五《諫追暑三陽宮》 陛下屯萬乘，幸離宮，暑退涼歸，未降還旨。愚臣固陋，恐非良策，請為陛下陳其不可三：陽宮去洛城一百六十里，有伊水之隔，崿坂之峻，過夏涉秋，水潦方積，道壞山險，不通轉運，河廣無梁，咫尺千里，扈從兵馬，日費支給，連雨彌旬，即難周濟。陛下太倉武庫，並在都邑，紅粟利器，蘊若山丘。奈何去宗廟之上都，安山谷之僻處？是猶倒持劍戟，示人鐏柄。臣竊為陛下不取。夫禍變之生，在人所忽，故曰安樂必誡，無行所悔。此不可止之理一也。

宮城褊小，萬方輻湊，填城溢郭，併鍤無所，排斥居人，蓬宿草次，風雨暴至，不知庇託，孤惸老病，流轉衢巷。陛下作人父母，將若之何？此不可止之理二也。

池亭奇巧，誘掖上心，削巒起觀，竭流漲海，俯貫地脉，仰出雲路，易山川之氣，奪農桑之土。延木石，運斧斤，山谷連聲，春夏不輟。勸陛下作此者，豈正人耶？《詩》云『人亦勞止，汔可小康。』此不可止之理三也。

御苑東西二十里所，出入來往，雜人甚多。外無牆垣局禁，內有榛藂谿谷，猛獸所伏，暴慝是憑。陛下往往輕行，警蹕不肅，歷蒙密，乘嶮巇，卒然有逸獸狂夫，驚犯左右，豈不殆哉？雖萬全無疑，然人主之動，不宜易也。《易》曰『思患預防』，願陛下為萬姓持重。此不可止之理四也。

今國家北有胡寇覷邊，南有夷獠騷徼，關西小旱，耕稼是憂，安東近平，輸漕方始。臣願陛下及時旋軫，深居上京，息人以展農，修德以來遠，罷不急之役，省無用之費，澄心澹懷，惟億萬年，蒼蒼羣生，莫不幸甚。臣自度芻議，十不一從。何者？沮盤遊之娛，間林沚之玩，規遠圖而替近，適要後利而棄前歡，未沃明主之心，已戾貴臣之意。然臣血誠奏而不愛死者，不願負陛下言責之職耳。輕觸天威，伏地待罪。

唐·李涪《刊誤》卷上《二都不並建》 予少讀歷代史，每考沿習。自夏殷迄於周齊，未聞兩都並置、東西牙處者。夫殷之五遷，蓋建國不安之為也，竟都於亳，底綏四方。武王克殷，為周成王卜洛。幽王為犬戎所敗，平王東遷，自是不復都豐鎬矣。更於秦漢晉魏，但處一都。隋以奄宅區宇，公私殷富，恃此繁盛，遂創兩都，為巡幸不常，用都為憩息之所。洎乎我唐高宗以伊洛勝概，每樂巡幸。是時武后殺蕭妃，寃出宮室不安，竟因登封，遂成都洛。武氏革唐為周，乃立武氏崇先廟於東都。神龍初，中宗反正，遷崇先於西京，乃以其地為太廟，欲使四海之知我唐復有宗廟矣。爾後中宗還京，復饗太廟。時朝廷多事不暇，議去東都權廟，但闕而勿饗。玄宗巡狩駐蹕，復饗洛廟。是時君臣安於清泰，曾不論及宗廟定制，遂使後人皆曰兩都不疑矣。夫以出征則載遷廟之主，亦有所稟。既言載主，則郡國豈宜復有廟主耶？今二都並建，各立神主，都洛則有洛廟，還秦則有秦廟，則是便於人而不敬其神也。以是而言，毅然不移。以朝萬國，不亦宜乎？昔隋時有上言者，一帝二都，實非舊典，遂改為京。始創之日，已有譏者，足顯二都之設，可謂不經。高祖武德七年正月，改東都為洛州，是知稽古之帝，必考是非，置郡罷都，垂法後世。貞觀四年，詔發卒修洛陽乾元殿，以備巡幸。給事中張玄素上書：『陛下頃平東都之始，層樓廣殿皆令撤毀，天下翕然同心歸仰。豈有初則惡其侈靡，後則襲其雕麗？每承德音，未即巡幸。此則事不急之務，成虛費之勞，國無兼年之積，何用兩都之好？昔漢祖將都洛陽，婁敬一言，即日西駕。豈不知地推中土，貢賦所均，但以形勢不如關内也。』太宗遂止。玄素奥學達識，為魏文貞推重，請罷修建是也。兩都置宗廟不殊，侍御史顔標上議：『東都宗廟，天寶、建中兩度賊陷東都，神主散失之外。臣據見在十一主，並已瘞於兩陛之間。向來遲疑未去東都之號者，蓋以舊廟存焉。』則顔標所引原廟，述漢失禮，理亦至矣。旋為巨寇焚爇，廟室悉成煨燼，况乎城闕崩壞，宮室丘墟，廢之有時，契於至理。今請制為藩鎮，以汝洛節度為名，選帥實兵，以遏東夏。

宋·李昉等《文苑英華》卷六〇〇《〔唐〕李嶠〈在神都留守請車駕還洛表〉》 臣嶠等言：臣聞天下皆春，而燕谷有祈暄之律；日中並照，而彭澤有隨陽之禽。豈非承光飲和，仰德蒙庇！深於戀者，其往若不親；渴於求者，其來如不足。所以圭表既宅，關河馳怨思之誠；鑾和未廵，襄鄧切謳歌之慕。帝車北指，震駕西臨，槐檀已歷於四時，舊茂猶淹乎八水。耆老延頸，簪裾企望。戴天有分，徒嗟京兆之遥；捧日無階，竊恨長安之遠。臣嶠等中謝，伏以載祀七百，卜年非豐登之地；時乘九五，啓聖由瀍洛之鄉。所以受龍圖龜書，所以朝雨師河伯，叶祥符於讖籙，採謀議於人鬼，萬靈幽贊，百物阜昌，是曰天地之心，實興帝王之祚。方使四夷為守，西賓屈無外之談；六合為家，東土壯居中之業。况復圓丘方澤，神祇之兆域以安；複廟重檐，昭穆之尊卑既敘。定社而立稷，建邦而設都。是萬年長王之郊，誠億載不遷之宇。寧可久曠中壤，即安偏據，詠山河於漢舊，訪宮室於秦餘？五載時廵，曾無告至之禮；四方述職，仍以不均之患。臣等庸愚，竊所未達。今三秋告稔，萬寶已成，陰陽所和，稼穡徧茂，却連澤潞汾曲，敍廟荆揚海隅，萬庾同殷，千箱並詠。禾萌九穗，未曰休徵；穀石五錢，詎名豐穰？加以舟車並凑，水陸交衢，物産尤多，觀聽胥悅，衆庶有來蘇之冀，神靈翹望幸之心。伏願陛下俯察氓謡，仰祇天意，因銅省之稔歲，命玉鸞之仙軫。涓時擇日，屯萬騎而出函秦；省俗觀風，撫四人而還鞏洛。逍遥乎九阿之阻，容與乎八表之路。廻輿駐蹕，觀十月之圃場；闢纊凝旒，問百年之疾苦。然後歸輅，禮乎九廟明堂。衆星拱列，長居辰極之尊；萬寓駿驅，載詠朝宗之俯。光輝將日月齊殷，德澤與江河比潤，致乾坤之景福，盡億兆之歡心。凡在人祇，孰不欣幸？臣等限以所守，不獲親詣闕庭，無任區區之誠。謹附洛州奏事使、朝議郎、行洛州司兵參軍盧正言奉表陳請以聞。

藝　文

唐·國清寺僧《寒山子詩集》 騮馬珊瑚鞭，驅馳洛陽道。自憐美少年，不信有衰老。白髮會應生，紅顔豈長保？但看北邙山，箇是蓬萊島。

唐·沈佺期《沈佺期集》卷四《奉和洛陽翫雪應制》 周王甲子旦，漢后德陽宮。灑瑞天庭裏，驚春御苑中。氛氲生浩氣，颯沓舞回風。宸光盈尺，賡歌樂歲豐。

又《洛陽道》 九門開路邑，雙闕對河橋。白日青春道，軒裳半夏朝。乘羊稚子看，拾翠美人嬌。行樂歸恒晚，香塵撲地遥。

唐·宋之問《宋之問集》卷一《龍門應制》 宿雨霽氛埃，流雲度城闕。河堤柳新翠，苑樹花先發。洛陽花柳此時濃，山水樓臺映幾重。羣公拂霧朝翔鳳，天子乘春幸鑿龍。鑿龍近出王城外，羽從琳琅擁軒蓋。雲罕䰐臨御水橋，天衣已入香山會。山壁嶄巖斷復連，清流澄澈俯伊川。雁塔遥遥緑波上，星龕奕奕翠微邊。層巒舊長千尋木，遠壑初飛百丈泉。綵仗蜺旌遶香閣，下輦登高望河洛。東城宮闕擬昭回，南陌溝塍殊綺錯。林下天香七寶臺，山中春酒萬年杯。微風一起祥花落，仙樂初鳴瑞鳥来。鳥来花落紛無已，稱觴獻壽煙霞裏。歌舞淹留景欲斜，石關猶駐五雲車。鳥旗翼翼留芳草，龍騎駸駸映晚花。千乘萬騎鑾輿出，水静山空嚴警蹕。郊外喧喧引看人，傾都南望屬車塵。囂聲引颺聞黄道，佳氣周廻入紫宸。先王定鼎山河固，寶命乘周萬物新。吾皇不事瑶池樂，時雨来觀農扈春。

又《明河篇》 八月涼風天氣清，萬里無雲河漢明。昏見南樓清且淺，曉落西山縱復横。洛陽城闕天中起，長河夜夜千門里。復道連甍共蔽虧，畫堂瓊戶特相宜。雲母屏前初泛灩，水晶簾外轉逶迤。倬彼昭回如練白，復出東城接南陌。南陌征人去不歸，誰家今夜擣寒衣。鴛鴦機上疏螢度，烏鵲橋邊一雁飛。雁飛螢度愁難歇，坐見明河漸微没。已能舒卷任浮雲，不惜光輝讓流月。明河可望不可親，願得乘槎一問津。更將織女支機石，還訪成都賣卜人。

又 卷四《寒食陸渾別業》 洛陽城里花如雪，陸渾山中今始發。旦別河橋楊柳風，夕臥伊川桃李月。伊川桃李正芳新，寒食山中酒復春。野老不知堯舜力，酣歌一曲太平人。

唐・陳子昂《陳拾遺集》卷一《洛城觀酺應制》 聖人信恭己，天命允昭回。蒼極神功被，青雲祕籙開。垂衣受金冊，張樂宴瑤臺。雲鳳休徵滿，龍魚雜戲來。崇恩踰五日，惠澤暢三才。玉帛羣臣醉，徽章縟禮該。方覩升中禪，言觀拜洛廻。微臣固多幸，敢上萬年杯。

唐・張説《張燕公集》卷五《東都酺宴詩五首并序》 先天元祀孟冬十月，東都留守韋公龠奉聖朝述宣嘉旨，乃合洛京之五省，招河尹之二縣，將吏咸集，佩章有序，鏘鏘濟濟，侃侃誾誾，供帳於興教之門，式酺宴也。原夫樂生於心，非因結風之奏；和達於氣，無待陽春之節。蓋澤之所及也深，則情之所感者遠。國家天地一統，君臣百年，朝榮舊德之序，野賴先疇之業。玄化漸漬，洪恩既久。太上功德不宰，夏后命子之初；皇帝孝理無為，漢祖事親之日。生堯、舜於天屬，見文、武於同時。前古未逢，斯人何幸！是日六樂振作，萬舞苒弱，鳥獸徘徊，士女踊躍，則知衆庶觀聽之所樂也。旨酒絡驛，大庖燔炙，芳溢風煙，醉流阡陌，又知衣冠之所適也。由近而視遠，萬國之慶皆然；自明而察幽，三靈之欣可接。若夫吟詠德澤，播越人聲，斯固《雅》、《頌》之餘波，政教之遺美。凡我詞客，安敢闕如？賦詩展事，垂列於後。

其一 堯舜傳天下，同心致太平。吾君內舉聖，遠合至公情。錫命承丕業，崇親享大名。二天資廣運，兩曜益齊明。道暢昆蟲樂，恩深朽蠹榮。皇輿久西幸，留鎮在東京。合宴千官入，分曹百戲呈。樂來嫌景遽，酒著訝寒輕。喜氣連雲閣，歡呼動洛城。人間知幾代，今日見河清。

其二 重華昇寶曆，軒帝眇閒居。政成天子孝，俗返上皇初。忘味因觀樂，歡心寄合酺。自憐疲馬意，戀戀主恩餘。

其三 朱城塵曀滅，翠幕景情開。震震靈鼉起，翔翔舞鳳來。彫盤裝草樹，綺乘結樓臺。共喜光華日，酣歌捧玉盃。

其四 曉月調金鼓，朝暾對玉盤。爭馳羣鳥散，鬬伎百花團。遇聖人知幸，承恩物自歡。洛橋將舉燭，醉舞拂歸鞍。

其五 愷宴惟今席，餘歡殊未窮。入雲歌嫋嫋，向日妓叢叢。馳管催酣興，留關待曲終。長安若為樂，應與萬方同。

唐・張九齡《曲江集》卷二《奉和聖製初出洛城》 東土淹龍駕，西人望翠華。山川祗詢物，宮觀豈為家？十月迴星斗，千官捧日車。洛陽無怨思，巡幸更非賒。

又 卷五《天津橋東旬宴得歌字韻》 清洛象天河，東流形勝多。朝來逢宴喜，春盡却妍和。泉鮪歡時躍，林鸎醉裏歌。賜恩頻若此，為樂奈人何！

唐・李白《李太白集》卷五《洛陽陌》 白玉誰家郎？回車渡天津。看花東陌上，驚動洛陽人。

又 卷二五《春夜洛城聞笛》 誰家玉笛暗飛聲？散入春風滿洛城。此夜曲中聞折柳，何人不起故園情！

唐・孟浩然《孟浩然集》卷三《上巳日洛中寄王迥十九》 卜洛成周地，浮杯上巳筵。鬬雞寒食下，走馬射堂前。垂柳金堤合，平沙翠幕連。不知王逸少，何處會羣賢。

唐・韋應物《韋蘇州集》卷七《登高望洛城作》 高臺造雲端，遐瞰周四垠。雄都定鼎地，勢據萬國尊。河岳出雲雨，土圭酌乾坤。舟通南越貢，城背北邙原。帝宅夾清洛，丹霞捧朝暾。葱蘢瑤臺榭，窅窱雙闕門。十載構屯難，兵戈若雲屯。膏腴滿榛蕪，比屋空毀垣。聖主乃東眷，俾賢拯元元。熙熙居守化，泛泛大府恩。至損當受益，苦寒必生溫。平明四城開，稍見市井喧。坐感理亂迹，永懷經濟言。吾生自不達，空鳥何翩翻。天高水流遠，日晏城郭昏。徘徊訖旦夕，聊用寫憂煩。

唐・錢起《錢仲文集》卷七《送王諫議任東都居守》 車徒鳳掖東，去去洛陽宮。暫以青蒲隔，還看紫禁同。經過乘雨露，瀟洒出鴛鴻。官署名臺下，雲山舊苑中。暮天雙闕静，秋月九重空。且喜成周地，詩人播《國風》。

唐・儲光羲《儲光羲詩集》卷四《送恂上人還吳》 洛城本天邑，洛水即天池。君王既行幸，法子復來儀。虛室香花滿，清川楊柳垂。乘閒道歸去，遠意誰能知？

又 卷五《洛陽道五首獻呂四郎中》 洛水春冰開，洛城春水綠。

朝看大道上，落花亂馬足。

劇孟不知名，千金買寶劍。出入平津邸，自言嬌且艷。

大道直如髮，春日佳氣多。五陵貴公子，雙雙鳴玉珂。

春風二月時，道傍柳堪把。上枝覆官閣，下枝覆車馬。

洛水照千門，千門碧空裏。少年不得志，走馬遊新市。

唐·孟郊《孟東野詩集》卷三《初於洛中選》 塵土日易没，驅馳力無餘。青雲不我與，白首方選書。宦途事非遠，拙者取自疏。終然戀皇邑，誓以結吾廬。帝城富高門，京路饒勝居。碧水走龍狀，蜿蜒遶庭除。尋常異方客，過此亦踟躕。

又 卷五《洛橋晚望》 天津橋下冰初結，洛陽陌上人行絶。榆柳蕭疏樓閣閑，月明直見嵩山雪。

唐·顧況《華陽集》卷中《洛陽行送洛陽韋七明府》 始上龍門望洛川，洛陽桃李艷陽天。最好當年二三月，上陽宮樹千花發。疏家父子錯掛冠，梁鴻夫妻虚適越。

又《洛陽早春》 何地避春愁？終年憶舊遊。一家千里外，百舌五更頭。客路偏逢雨，鄉山不入樓。故園桃李月，伊水向東流。

唐·韓愈《昌黎集》卷四《東都遇春》 少年氣真狂，有意與春競。行逢二三月，九州花相映。川原曉服鮮，桃李晨粧靚。荒乘不知疲，醉死豈辭病？飲噉惟所便，文章倚豪横。爾來曾幾時？白髮忽滿鏡。舊遊喜乖張，新輩足嘲評。心腸一變化，羞見時節盛。得閒無所作，貴欲辭視聽。深居疑避仇，默臥如當暝。朝曦入牖來，鳥喚昏不醒。為生鄙計筭，鹽米告屢罄。坐疲都忘起，冠側懶復正。幸蒙東都官，獲離機與穽。乖慵遭傲僻，漸染生弊性。既去焉能追？有來猶莫騁。有船魏王池，往往縱孤泳。水容與天色，此處皆緑浄。岸樹共紛披，渚牙相緯經。懷歸苦不果，即事取幽迸。貪求匪名利，所得亦已併。悠悠度朝昏，落落捐季孟。羣公一何賢，上戴天子聖。謀謨收禹績，四面出雄勁。轉輸非不勤，稽逋有軍令。在庭百執事，奉職各祗敬。我獨胡為哉？坐與億兆慶。譬如籠中鳥，仰給活性命。為詩告友生，負愧終究竟。

唐·張籍《張司業集》卷二《洛陽行》 洛陽宮闕當中州，城上峩峩十二樓。翠華西去幾時返，梟巢乳鳥藏蟄鷰。御門空鏁五十年，税彼農夫修玉殿。六街朝暮鼓鼕鼕，禁兵持戟守空宮。百官日月謝拜表，驛使相續長安道。上陽宮樹黄復緑，野豺入苑食麋鹿。陌上老翁空淚垂，共説武皇巡幸時。

又 卷五《送令狐尚書赴東都留守》 朝廷重寄在關東，共説從來選上公。勳業新城大梁鎮，恩榮更守洛陽宮。行香暫出天橋上，巡禮常過禁殿中。每領羣臣拜章慶，半開門仗日曈曈。

唐·王建《王司馬集》卷五《上陽宮》 上陽花木不曾秋，洛水穿宮處處流。畫閣紅樓宮女笑，玉簫金管路人愁。幔城入澗橙花發，玉輦登山桂葉稠。曾讀《列仙王母傳》，九天未勝此中遊。

又《洛中張籍新居》 最是城中閑静處，更迴門向寺前開。雲山且喜重重見，親故應須得得來。借倩學生排藥合，留連處士乞松栽。自君移到無多日，墻上人名滿緑苔。

唐·權德輿《權文公集》卷五《送杜尹赴東都》 商於留異績，河洛賀新遷。朝選吳公守，時權杜尹賢。如綸披鳳詔，出匣淬龍泉。風雨交中土，簪裾敞别筵。清明人比玉，照灼府如蓮。佇報司州政，徵黄似潁川。

唐·姚合《姚少監詩集》卷八《過天津橋晴望》 閒立津橋上，寒光動遠林。皇宮對嵩頂，清洛貫城心。雪路初晴出，人家向晚深。自從王在鎬，天寶至如今。

唐·許渾《丁卯詩集》卷下《洛中游眺貽同志》 康衢一望通，河洛正天中。樓勢排高鳳，橋形架斷虹。遠山晴帶雪，寒水晚多風。幾日還携手，鳥鳴花滿宮。

又《丁卯詩集補遺·洛陽道中》 洛陽多舊跡，一日幾堪愁。風起林花晚，月明陵樹秋。興亡不可問，自古水東流。

唐·賈島《長江集》卷三《洛陽道中寄弟》 趨走迫流年，慚經此路偏。密雲埋二室，積雪度三川。生類梗萍泛，悲無金石堅。翻鴻有歸翼，極目仰聯翩。

唐·白居易《白氏長慶集》卷二五《憶洛中所居》 忽憶東都宅，春來事宛然。雪銷行徑裏，水上卧房前。厭緑栽黄竹，嫌紅種白蓮。醉教鸎送酒，閒遣鶴看船。幸是林園主，慚為食禄牽。宦情薄似紙，鄉思急如弦。豈合姑蘇守？歸休更待年。

又 **《題洛中第宅》** 水木誰家宅？門高占地寬。懸魚挂青甃，行馬護朱欄。春樹籠煙煖，秋庭鏁月寒。松膠粘琥珀，筠粉撲琅玕。試問池臺主，多為將相官。終身不曾到，唯展宅圖看。

又 **卷二六《送東都留守令狐尚書赴任》** 翠華黄屋未東巡，碧洛青嵩付大臣。地稱高情多水竹，山宜閒望少風塵。龍門即擬為遊客，金谷先憑作主人。歌酒家家花處處，莫空管領上陽春。

又 **卷二八《天津橋》** 津橋東北斗亭西，到此令人詩思迷。眉月晚生神女浦，臉波春傍窈娘堤。柳絲嫋嫋風繰出，草縷茸茸雨剪齊。報道前驅少呼喝，恐驚黄鳥不成啼。

又 **《洛陽春》** 洛陽陌上春長在，昔別今來二十年。唯覓少年心不得，其餘萬事盡依然。

又 **卷二九《洛陽春贈劉李二賓客齊梁格》** 水南冠蓋地，城東桃李園。雪消洛陽堰，春入永通門。淑景方靄靄，遊人稍喧喧。年豐酒漿賤，日晏歌吹繁。中有老朝客，華髮映朱軒。從容三兩人，藉草開一樽。樽前春可惜，身外事勿論。明日期何處？杏花遊趙村。洛城東有趙村，杏花千餘樹。

又 **卷三二《曉上天津橋閒望偶逢盧郎中張員外攜酒同傾》** 上陽宮裏曉鍾後，天津橋頭殘月前。空闊境疑非下界，飄飄身似在寥天。星河隱映初生日，樓閣蔥蘢半出煙。此處相逢傾一盞，始知地上有神仙。

又 **卷三三《清明日登老君閣望洛城贈韓道士》** 風光煙火清明日，歌哭悲歡城市間。何事不隨東洛水，誰家又葬北邙山。中橋車馬長無已，下渡舟航亦不閒。冢墓纍纍人擾擾，遼東悵望鶴飛還。

又 **卷三四《天宮閣秋晴晚望》** 洛城秋霽後，梵閣暮登時。此日風煙好，今秋節候遲。霞光紅泛艷，樹影碧參差。莫慮言歸晚，牛家有宿期。

又 **卷三六《和敏中洛下即事時敏中為殿中分司》** 昨日池塘春草生，阿連新有好詩成。花園到處鶯呼入，驄馬遊時客避行。水暖魚多似南國，人稀塵少勝西京。洛中佳境應無限，若欲諳知問老兄。

唐·劉禹錫《劉賓客文集》卷二四《尉遲郎中見示自南遷牽復却至洛城東舊居之作因以和之》 曾遭飛語十年謫，新受恩光萬里還。朝服不妨遊洛浦，郊園依舊看嵩山。竹含天籟清商樂，水繞庭臺碧玉環。留作功成退身地，如今只是暫時閒。

又 **《洛中初冬拜表有懷上京故人》** 鳳樓南面控三條，拜表郎官蚤渡橋。清洛曉光鋪碧簟，上陽霜葉翦紅綃。省門簪組初成列，雲路鴛鸞想退朝。寄謝殷懃九天侶，槍榆水擊各逍遥。

唐·劉禹錫《劉賓客外集》卷一《同樂天送令狐相公赴東都留守》 尚書劍履出明光，居守旌旗赴洛陽。世上功名兼將相，人間聲價是文章。衙門曉闢分天仗，賓幕初開辟省郎。從發坡頭向東望，春風處處有甘棠。

又 **卷四《和樂天洛城春齊梁體八韻》** 帝城宜春入，遊人喜意長。草生季倫谷，花出莫愁坊。斷雲發山色，輕風漾水光。樓前戲馬地，樹下鬬雞場。白頭自為侶，綠酒亦滿觴。潘園觀種植，謝墅閱池塘。至門似隱逸，過老不悲傷。相問焉功德，銀黄遊故鄉。

又 **《三月三日與樂天及河南李尹奉陪裴令公泛洛禊飲各賦十二韻》** 洛下今脩禊，羣賢勝會稽。盛筵陪玉鉉，通籍盡金閨。波上神仙妓，岸傍桃李蹊。水嬉如鷺振，歌響雜鶯啼。歷覽風光好，沿洄意思迷。棹歌能儷曲，墨客競分題。翠幄連雲起，香車向道齊。人誇綾步障，馬惜錦障泥。塵暗宮牆外，霞明苑樹西。舟形隨鷁轉，橋影與虹低。川色晴猶遠，烏聲暮欲棲。唯餘踏青伴，待月魏王堤。

又 **《和樂天洛中雪中宴集寄汴州李尚書》** 洛城無事足杯盤，風雪相和歲欲闌。樹上因依見寒鳥，坐中收拾盡閒官。笙歌要請頻何爽，笑語忘機拙更歡。遙想兔園今日會，瓊林滿眼映旂竿。

又 **《洛中早春贈樂天》** 漠漠復靄靄，半晴將半陰。春來自何處？無迹日以深。韶嫩水後木，輕盈烟際林。藤生欲有託，柳弱不自任。花意已含蓄，鳥言尚沈吟。期君當此時，與我恣追尋。飜愁闌漫後，春暮却傷心。

唐·姚合《姚少監詩集》卷九《和劉禹錫主客冬初拜表懷上都故人》 九陌喧喧騎吏催，百官拜表禁城開。林疏曉日明紅葉，塵靜寒霜覆綠苔。玉佩聲微班始定，金函光動按初來。此時共想朝天客，謝食方從閤裏迴。

唐・鮑溶《鮑溶詩集》卷四《洛陽春望》　五鳳樓南望洛陽，龍門迴合抱蒼蒼。受朝前殿雲霞煥，封岳行宫草木香。四海為家知德盛，二京有宅卜年長。東人猶憶時巡禮，願覲元和日月光。

唐・吴融《唐英歌詩》卷下《上陽宫辭》　苑路青青半是苔，翠華西去未知迴。景陽春漏無人報，太液秋波有雁來。單影可堪明月照，紅顔無奈落花催。誰能賦得長門事，不惜千金奉酒杯。

唐・羅隱《羅昭諫集》卷三《雒城作》　大鹵旌旗出洛濱，此中烟月已埃塵。更無樓閣尋行處，只有山川識野人。早得鑄金誇范蠡，旋聞垂釣哭平津。舊遊難得時難遇，回首空城百草春。

又《經過洛陽城》　敗垣危堞跡依稀，試駐羸驂弔落暉。跛扈已成梁冀在，簡書難問杜喬歸。由來世事須翻覆，未必餘材解是非。千載昆陽好功業，與君門下作恩威。

唐・釋齊己《白蓮集》卷一〇《煌煌京洛行》　聖君垂衣裳，蕩蕩若朝旭。大觀無遺物，四夷來率服。清晨迴北極，紫氣蓋黄屋。雙闕聳雙鼇，九門如川瀆。梯山航海至，晝夜車相續。我恐紅塵深，變為黄河曲。

唐・韋莊《浣花集》卷三《洛陽吟時大駕在蜀巢寇未平洛中寓居作七言》　萬戶千門夕照邊，開元時節舊風煙。宫官試馬遊三市，舞女乘舟上九天。胡騎北來空進主，漢皇西去竟昇仙。如今父老偏垂淚，不見承平四十年。

唐・韋縠《才調集》卷二《崔塗〈夕次洛陽道中〉》　秋風吹故城，城下獨吟行。高樹鳥已息，古原人尚畊。流年川暗度，往事月空明。不復歎岐路，馬前塵夜生。

又　卷八《于武陵〈洛陽晴望〉》　九陌盡風塵，囂囂晝復昏。古今人不斷，南北路長存。葉落上陽樹，草衰金谷園。亂鴉歸未已，斜日半前軒。

宋・姚鉉《唐文粹》卷一二《王昌齡〈放歌行〉》　南渡洛陽津，西望十二樓。明堂坐天子，月朔朝諸侯。清樂動千門，皇風披九州。慶雲從東來，泱漭抱日流。昇平貴論道，文墨將何求？有詔徵草澤，微誠獻謀猷。冠冕如星羅，拜揖曹與周。望塵非君事，入賦且遲留。幸蒙國士識，因脱負薪裘。今者放歌行，以慰梁甫愁。但營數斗祿，奉養每豐羞。若得金膏遂，飛雲亦可儔。

宋・計有功《唐詩紀事》卷一三《劉希夷》　《代悲白頭翁》云：洛陽城東桃李花，飛來飛去落誰家？洛陽女兒惜顔色，行逢落花長歎息。今年花落顔色改，明年花開誰復在？已見松柏摧爲薪，更聞桑田變成海。古人無復洛城東，今人還對落花風。年年歲歲花相似，歲歲年年人不同。寄言全盛紅顔子，須憐半死白頭翁。此翁白頭真可憐，伊昔紅顔美少年。公子王孫芳樹下，清歌妙舞落花前。光祿池臺文錦繡，將軍樓閣畫神仙。一朝臥病無人識，三春行樂在誰邊？宛轉蛾眉能幾時？須臾鶴髮亂如絲。但看古來歌舞地，唯有黄昏鳥雀悲！

宋・洪邁《萬首唐人絶句》卷一三《上官儀〈洛隄步月〉》　脉脉廣川流，驅馬歷長洲。鵲飛山月曉，蟬噪野風秋。

又《于武陵〈洛中有懷〉》　潺潺伊洛河，寂寞隔恩波。鑾駕不東幸，洛陽春草多。

又　卷二八《褚載〈定鼎門〉》　郟鄏城高門倚天，九重蹤跡尚依然。須知道德無關鎖，一閉乾坤一萬年。

又　卷三四《竇鞏〈洛中即事〉》　高梧葉盡鳥巢空，洛水潺潺夕照中。寂寂天橋車馬絶，寒鴉飛入上陽宫。

又　卷三八《裴夷直〈和周侍御洛城雪〉》　天街飛轡踏瓊英，四顧全疑在玉京。一種相如抽祕思，兔園那比鳳凰城。

又　卷三九《徐凝〈上陽紅葉〉》　洛下三分紅葉秋，二分翻作上陽愁。千聲萬片御溝上，一片出宫何處流？

又《徐凝〈洛城秋砧〉》　三川水上秋砧發，五鳳樓前明月新。誰為秋砧明月夜？洛陽城裏更愁人。

又　卷四九《張喬〈宿洛都門〉》　山川馬上度邊禽，一宿都門永夜吟。客路不歸秋又晚，西風吹落洛陽砧。

又　卷五八《司空圖〈洛中三首〉》　秋風團扇未驚心，笑看粧臺落葉侵。繡鳳不教金縷暗，青樓何處有寒砧？

不用頻嗟世路難，浮生各自繫悲懽。風霜一夜添羇思，羅綺誰家待早寒？

燕巢空後誰相伴？鴛被縫來不忍薰。薄命敢辭長滴淚，倡家未必肯留君。

又　卷七四《劉叉〈天津橋〉》　洛陽宮闕照天地，四面山川無毒氣。誰令漢祖都秦關，今遂姦雄轉相熾。

清·彭定求等《全唐詩》卷五七《李嶠〈清明日龍門遊泛〉》　晴曉國門通，都門藹將發。紛紛洛陽道，南望伊川闕。衍漾乘和風，清明送芬月。林窺二山動，水見千龕越。羅袂罥楊絲，香橈犯苔髮。羣心行樂未，唯恐流芳歇。

又　卷六四《姚崇〈故洛陽城侍宴應制〉》　遊豫停仙蹕，登臨對晚晴。川鳧連倒影，巖鳥應虛聲。野奏風成曲，山居雲作纓。今朝丘壑上，高興小蓬瀛。

又《春日洛陽城侍宴》　南山開寶曆，北渚對芳蹊。的歷風梅度，參差露草低。堯樽臨上席，舜樂下前溪。任重由來醉，乘酣志轉迷。

又　卷七三《蘇頲〈廣達樓下夜侍酺宴應制〉》　東嶽封迴宴洛京，西墉通晚會公卿。樓臺絶勝宜春苑，燈火還同不夜城。正覩人間朝市樂，忽聞天上管絃聲。酺來萬舞羣臣醉，喜戴千年聖主明。

又　卷八〇《武三思〈奉和春日游龍門應制〉》　鳳駕臨香地，龍輿上翠微。星宮含雨氣，月殿抱春輝。碧澗長虹下，雕梁早燕歸。雲疑浮寶蓋，石似拂天衣。露草侵堦長，風花遶席飛。日斜宸賞洽，清吹入重闈。

又　卷八二《劉希夷〈公子行〉》　天津橋下陽春水，天津橋上繁華子。馬聲迴合青雲外，人影動摇緑波裏。緑波蕩漾玉為砂，青雲離披錦作霞。可憐楊柳傷心樹，可憐桃李斷腸花。此日遨遊邀美女，此時歌舞入娼家。娼家美女鬱金香，飛來飛去公子旁。的的珠簾白日映，娥娥玉顔紅粉妝。花際裴回雙蛺蝶，池邊顧步兩鴛鴦。傾國傾城漢武帝，為雲為雨楚襄王。古來容光人所羡，況復今日遥相見。願作輕羅著細腰，願為明鏡分嬌面，與君相向轉相親，與君雙棲共一身。願作貞松千歲古，誰論芳槿一朝新。百年同謝西山日，千秋萬古北邙塵。

又　卷八四《陳子昂〈晦日宴高氏林亭并序〉》　夫天下良辰美景，園林池觀，古來遊宴歡娛衆矣。然而地或幽偏，未覩皇居之盛；時終交喪，多阻升平之道。豈如光華啓旦，朝野資歡，有渤海之宗英，是平陽之貴戚。發揮形勝，出鳳臺而嘯侶；幽贊芳辰，指鷄川而留宴。列珍羞於綺席，珠翠琅玕；奏絲管於芳園，秦箏趙瑟。冠纓濟濟，多延戚里之賓；鸞鳳鏘鏘，自有文雄之客。總都畿而寫望，通漢苑之樓臺，控伊洛而斜一，臨神仙之浦溆。則有都人士女，俠客游童，出金市而連鑣，入銅街而結駟。香車繡轂，羅綺生風，寶蓋瑚鞍，珠璣耀日。於時律窮太簇，氣淑中京，山河春而霽景華，城闕麗而年光滿。淹留自樂，翫花鳥以忘歸；歡賞不疲，對林泉而獨得。偉矣、信皇州之盛觀也。豈可使晉京才子，孤摽洛下之游；魏室羣公，獨擅鄴中之會。盍各言志，以記芳遊。同探一字，以『華』為韻。

尋春遊上路，追宴入仙家。主第簪纓滿，皇州景望華。玉池初吐溜，珠樹始開花。歡娱方未極，林閣散餘霞。

又　卷一一八《孫逖〈進船泛洛水應制〉》　禁園紆睿覽，仙櫂叶時遊。洛北風花樹，江南彩畫舟。芳生蘭蕙草，春入鳳凰樓。興盡離宮暮，烟光起夕流。

又《和上巳連寒食有懷京雒》　天街御柳碧遥遥，軒騎相從半下朝。行樂光輝寒食借，太平歌舞晚春饒。紅粧樓下東郊道，青草洲邊南渡橋。坐見司空掃西第，看君侍從落花朝。

又　卷二〇三《王羡門〈都中閒居〉》　君王巡海内，北闕下明臺。雲物天中少，煙花歲後來。河從御苑出，山向國門開。寂寞東京裏，空留賈誼才。

又　卷二一五《馮著〈洛陽道〉》　洛陽宮中花柳春，洛陽道上無行人。皮裘氈帳不相識，萬戶千門閉春色。春色深，春色深，君王一去何時尋？春雨灑，春雨灑，周南一望堪淚下。蓬萊殿中寢胡人，鳷鵲樓前放胡馬。聞君欲行西入秦，君行不用過天津。天津橋上多胡塵，洛陽道上愁殺人。

又　卷二六九《耿湋〈奉送蔣尚書兼御史大夫東都留守〉》　副相威名重，春卿禮樂崇。錫珪仍拜下，分命遂居東。高旆翻秋日，清鐃引細風。蟬稀金谷樹，草徧德陽宮。教用儒門儉，兵依武庫雄。誰云千載後，周、召獨為公？

又　卷二七一《竇牟〈天津曉望因寄呈分司一二省郎〉》　萬乘西都去，千門正位虛。鑿龍横碧落，提象出華胥。望幸宮嬪老，迎春海燕初。

保鼇纔半仗，容衛盡空廬。要自詞難擬，繇來畫不如。散郎無所屬，聊事穆清居。

又《洛下閒居夜晴觀雪寄四遠諸兄弟》　雪月相輝雲四開，終風助凍不揚埃。萬重瓊樹宮中接，一直銀河天上來。荆楚歲時知染翰，湘吳醇酎憶銜桮。強題縑素無顔色，鴻雁南飛早晚迴。

又　卷二七八《盧綸〈洛陽早春憶吉中孚司空曙因寄清江上人〉》　值迴逢高駐馬頻，雪晴閑看洛陽春。鶯聲報遠同芳信，柳色邀歡似故人。酒貌昔將花共豔，鬢毛今與草争新。年來百事皆無緒，惟與湯師結淨因。

又　卷二八一《閻濟美〈天津橋望洛城殘雪〉》　新霽洛城端，千家積雪寒。未收清禁色，偏向上陽殘。

又　卷三一六《武元衡〈送韋侍御司議赴東都〉》　洛京千里近，離緒亦紛紛。文憲芙蓉沼，元方羔雁羣。河關連鞏樹，嵩少接秦雲。獨有臨風思，睽携不可聞。

又　卷四六六《薛存誠〈東都父老望幸〉》　鑾輿秦地久，羽衛洛陽空。彼土雖憑固，兹川乃得中。龍顔覲白日，鶴髮仰清風。望幸誠逾邈，懷來意不窮。昔因封泰岳，今佇躡維嵩。天地心無異，神祇理亦同。翠華翔渭北，玉檢候關東。衆願其難阻，明君早勒功。

又　卷五〇九《顧非熊〈天津橋晚望〉》　晴登洛橋望，寒色古槐稀。流水東不息，翠華西未歸。雲收中岳近，鐘出後宮微。回首禁門路，羣鴉度落暉。

又　卷五一一《張祜〈洛陽感寓〉》　擾擾都城曉四開，不關名利也塵埃。千門甲第身遥入，萬里銘旌死後來。洛水暮煙横莽蒼，邙山秋日露崔嵬。須知此事堪為鏡，莫遣黄金漫作堆。

又　卷五一八《雍陶〈天津橋望春〉》　津橋春水浸紅霞，煙柳風絲拂岸斜。翠輦不來金殿閉，宫鶯銜出上陽花。

又　卷五二一《杜牧〈洛陽長句二首〉》　草色人心相與閒，是非名利有無間。橋横落照虹堪畫，樹鎖千門鳥自還。芝蓋不來雲杳杳，仙舟何處水潺潺。君王謙讓泥金事，蒼翠空高萬歲山。

天漢東穿白玉京，日華浮動翠光生。橋邊遊女珮環委，波底上陽金碧明。月鎖名園孤鶴唳，川酣秋夢鑿龍聲。連昌繡嶺行宮在，玉輦何時父老迎？

又《東都送鄭處誨校書歸上都》　悠悠渠水清，雨霽洛陽城。槿墮初開豔，蟬聞第一聲。故人容易去，白髮等閒生。此别無多語，期君晦盛名。

又　卷五二四《杜牧〈洛陽〉》　文爭武戰就神功，時似開元天寶中。已建玄戈收相土，應迴翠帽過離宫。侯門草滿宜寒兔，洛浦沙深下塞鴻。疑有女娥西望處，上陽煙樹正秋風。

又《洛陽秋夕》　泠泠寒水帶霜風，更在天橋夜景中。清禁漏閑煙樹寂，月輪移在上陽宫。

又　卷五二六《杜牧〈中秋日拜起居表晨渡天津橋即事十六韻獻居守相國崔公兼呈工部劉公〉》　碧樹康莊内，清川鞏洛間。壇分中岳頂，城繞大河灣。廣殿含凉静，深宫積翠閒。樓齊雲漠漠，橋束水潺潺。過雨檉枝潤，迎霜柿葉殷。紫鱗衝晚浪，白鳥背秋山。月拜西歸表，晨趨北向班。鴛鴻隨半仗，貔虎護重關。玉帳才容足，金罇暫解顔。跡留傷墮屨，恩在樂銜環。南省蘭先握，東堂桂早攀。龍門君夭矯，鶯谷我綿蠻。分薄嵇心懶，哀多庾鬢斑。久慚公幹卧，頻送子牟還。自覩宸居壯，誰憂國步艱。只應時與醉，因病縱疏頑。

又　卷五八六《劉滄〈洛陽月夜書懷〉》　疏柳高槐古巷通，月明西照上陽宫。一聲邊雁塞門雪，幾處遠砧河漢風。獨榻閑眠移鶴影，寒窗幽思度煙空。孤吟此夕驚秋晚，落葉殘花樹色中。

又　卷五九五《于武陵〈過洛陽城〉》　古來利與名，俱在洛陽城。九陌鼓初起，萬車輪已行。周秦時幾變，伊洛水猶清。二月中橋路，鳥啼春草生。

又　卷六一三《皮日休〈洛中寒食二首〉》　千門萬户掩斜暉，繡幰金銜晚未歸。擊鞠王孫如錦地，鬭雞公子似花衣。嵩雲静對行臺起，洛鳥閒穿上苑飛。唯有路傍無意者，獻書未納問淮肥。

遠近垂楊映鈿車，天津橋影壓神霞。弄春公子正迴首，趁節行人不到家。洛水萬年雲母竹，漢陵千載野棠花。欲知豪貴堪愁處，請看邙山晚照斜。

又　卷六四四《李咸用〈煌煌京洛行〉》　長安近甸巡遊遍，洛陽尋有黄龍見。千乘萬騎如雷轉，差差清蹕祥雲卷。百司舊分當玉殿，太平官屬無遺彥。歌鐘沸激香塵散，晨旗隱隱羅軒冕。周公舊跡生紅蘚，瀍澗波光春照晚。但聽嵩山萬歲聲，將軍旗鼓何時偃。

又 卷六五四《羅鄴〈洛陽春望〉》 洛陽春霽絶塵埃，嵩少煙嵐畫障開。草色花光惹襟袖，簫聲歌響隔樓臺。人心便覺閒多少，馬足方知倦往來。愁上中橋橋上望，碧波東去夕陽催。

又 《洛水》 一道潺湲濺暖莎，年年惆悵是春過。莫言行路聽如此，流水深宫悵更多。橋畔月來清見底，柳邊風緊綠生波。縱然滿眼添歸思，未把漁竿奈爾何。

又 卷七〇一《王貞白〈洛陽道〉》 喧喧洛陽路，奔走爭先步。唯恐著鞭遲，誰能更迴顧？覆車雖在前，潤屋何曾懼！賢哉只二疏，東門掛冠去。

又 卷七七三《閻德隱〈三月歌〉》 洛陽城路九春衢，洛陽城外柳千株。能得來時作眼覓，天津橋側錦屠蘇。

又 卷七七四《鄭渥〈洛陽道〉》 客亭門外路東西，多少喧騰事不齊。楊柳惹鞭公子醉，苧麻掩淚魯人迷。通宵塵土飛山月，是處經營夾御堤。頃刻知音幾存歿，半回依約認輪蹄。

明·陳耀文《花草粹編》卷六《温廷筠〈清平樂二首上陽宫詞〉》 上陽春晚，宫女愁蛾淺。新歲清平思同輦，爭奈長安路遠　鳳帳鴛被徒燻，寂寞花鎖千門。竟把黄金買賦，為妾將上明君。

洛陽愁絶，楊柳花飄雪。終日行人恣攀折，橋下水流嗚咽　上馬爭勸離觴，南浦鶯聲斷腸。愁殺平原年少，迴首揮淚千行。

宋·李昉等《文苑英華》卷四四《京都一·［唐］李庾〈東都賦〉》 先生曰：『富哉言乎，堯舜之事，吾知之矣。然天地旁魄，奧區不一，九衢六陌，亦稱河洛，始乎周卜。今自隋革，進八百里，作唐東宅，成者居者。余得其故，用悉聞見，丕我王度，子不識乎？顛煬奮華，中原毒痡，順天應人，文皇赫圖。王充不來，建德相依，阻我東人，不蘇義旗。高祖西安，文皇舞干，一掛戎衣，邦人保完。彭城獻級，東功乃立，則創業之事，不獨於西也。至天后朝，匪伊是居，於焉逍遙，明帝大同，出震開宫，恩波爾鄉，洩源於東，則太平之事，不獨於鎬也。若乃用洛爲池，帶河爲沼，洞八門之會要，控二梁之夭矯。在隋之始，劃前規之隘，侈舊制之陋，指半舍而薪布，乃集工而成就。重城不居，萬盜齊構，訖大業於義寧，廓皇家而遜授。既而天踵以正，地産以實，禎符所記，嘉名不一。表賢則河水變清，瑞聖則洛圖屢出。

帝功既成，封禪禮行，顯祖光宗，勒岱而祈嵩。我甸我郊，三聖之靈壇在焉。赤縣神州，與京比儔，逕東山之貢賦，扼關外之諸侯，直齊梁而駕軺，引淮汴而通舟。太行枕甸，發址崇垓，覃懷鎮封，上干昭回。鑿門導伊，兩阜屏開，育仁頤智，堂奧庭隈。爾其左掖通東，右掖洞西，籠故地之銅駞，抱舊里之王雞。御溝接派，苑樹通提，抗鳳樓於內庭，矗端門於天街。上陽别宫，丹粉多狀，鴛瓦鱗翠，虹梁疊壯。横延百堵，高量十丈，出地標圖，臨流寫障，霄倚霞連，屹屹言言。翼太和而聳觀，側賓曜而疏軒。若蓬萊之真侶，瀛洲之列仙。鸞鶩鶴車，往來于中天。巖城曉啓，千門萬戶，建衛對營。開扃接牖，翠華在鎬，分官以守。監署惟三，卿曹亦九，臺閣高閌，支馭東方。仍俾二官，别持憲綱，赫若夏日，凛如秋霜。威動乎甌閩之國，風行乎燕薊之鄉。郊圻作固，兵屯孟津，千里無煙，萬夫狺狺。實兼武牢，以食濟温，唯是咽喉，屬于將軍。禮樂所流，厥惟舊周，追魯俗而爲隣，化殷頑而作柔。異材挺擢，多士優遊，原膴膴而耕溺，水濺濺而洗由。士得天爵，孝稱行原，身行大節，里有旌門，以繼前脩，以垂後昆。榮一時之史籍，聳當代之人倫。兄友弟恭，位皆崇榮。石記標衢，棣蕚爲名。螭首龜趺，巋峙雙形。指兩馮而遠邁，對二陸而遐征。至若里巷之新名，閭閻之近革，或區區於傳説，或瑣瑣於典册。非儆戒於將來，何侈言之敢作。且二《誥》尚存，始卜惟艱，四姓所都，季年乃遷。或得于聞，或得于傳。幸子勿譁，試爲子發乎齒牙。』里人曰『諾』。

先生曰：『郲鄏之地，中居帝域，賢相聖營，龜符墨食。成王定鼎，以休姬德，三十承孫，八百祚年。祖功寖微，衰平乃遷。幽用婦烽，諸侯疾怨。夷元敬朔，太史不頒。百派分波，爭涸其源。氾水而鄭，陽翟而韓。晉盟河陽，秦戍新安。一旅之兵，一同之土。嬴氏乘之，不享文武。此周之失都也。

南陽真人，復運漢基，舊邦惟新，上稱康時。光武而釀，明禮和醻，沖、質不長，桓、靈自縱。后戚立權，内官分弄，四星耀斗，百桷摧棟。陽弱陰彊，劉輕曹重。此後漢之失都也。

魏丕徙許，促齡四十，彊臣執柄，三嗣徙丘。政由寧氏，王髦莫奮，瓦解土崩，炎居奐遜。此魏之失都也。晉始三世，亂興永嘉，蕭牆構兵，沉鬩稱戈。浩浩逆流，天下墊波，八王既分，五馬南奔。左衽之裘，乃來中原。此西晉之失都也。

故權在諸侯，則姬氏平；權在内官，則漢室傾。權在彊臣則魏狃，權在親戚則晉走。是四者各以其故，權與勢移，運隨鼎去。從古如斯，謂之何如。世治則都，世亂則墟，時清則優偃，政弊則戚居。勿謂往代，試言前載。

開元太平，海波不驚，乃駕神都，東人誇榮。時則轔轔其車，殷殷其徒，行者不齎，衣食委衢。冠冕之夫，綺羅之婦，百室連歌，千筵接舞。高樓大觀，陳賓宴侶，金堂王戶，絲哇管語。我道如堯，我稅如貉，貧庾而稻，賤笥如裼。比屋相視，恥衣空帛，開場分肆，不列粦麥。同軌同文，晝呼夜讙，父懌子愉，去經而盤。既兆既億，動動植植，無聲之樂，薰然不息。稽成。康之周隆，考文、景之漢休，擢代繫時，不爲彼優。

我俗既饒，我人既驕，安不思危，逸而妄勞。故天寶之季，漁陽兵起，逆旗南指，我無堅壘。匝甸鼙動，衝天羯腥，門開麗景，殿據武成，殺人如刈，焚廬若薙。蜀駕先移，胤師後誓。傷四年之委燼，奮二將以建勳。天落妖彗，風摧陣雲。及夫掃臺榭之灰，收京野之骨，徵郡國之版在，驗地官之籍列，太平之人，已十無七八。至德復興，六紀於兹，七聖儲休，平癱補痍。故含識之士女，植髮之童兒，皆能痛其喪亂，而期我康時。

今四方之事，叟不知也。惟洛泱泱，濱盈萬室；惟城職職，市鄽駢集。比年大有，稍藏以實，都人嬉駕，有笑無慄，咸曰將睹乎貞觀之風，開元之日。鄉里之人，思萬乘之威儀，幸物阜而時和，指康衢而引領，作望幸之賡歌。歌曰：曉雲行兮西風，慶搖裔兮龍在中，望雲光兮拜千百，西澤霈兮均東澤。』

里人曰：『誠哉是言。前年日南至，天子謁太清太廟，郊天祀地。既畢事，執謙端珽，謂公卿大夫曰：予在人上，歷祀三四。年穀比登，未極于富，人庶稍蕃，未臻于壽。動植小遂，猶有枯夭，日月所至，猶照叛土。戎狄雖貢，西地猶虜。今行大禮，得不媿望於天而獻羞于祖！是尚以聖政爲憂，未意於行幸也。』

先生曰：『大哉爲君，用是言也，理是事也，則千里如郊，萬里如圻，在西而東均，處内而外肥。吾歸息鄉里之謠，安堯舜之時，將齊驅於壽域，何近喜而遠悲？則知鑑四姓之覆轍，嗣重葉之休烈。用是言也，理是事也，卽所都者，在東在西可也。』

北京

綜述

唐·李吉甫《元和郡縣圖志》卷一三《河東道二·太原府》 天授元年罷都督府，置北都，神龍元年依舊爲并州大都督府。開元十一年，玄宗行幸至此州，以王業所興，又建北都，改并州爲太原府，立起義堂碑以紀其事。【略】天寶元年，改北都爲北京。

《舊唐書》卷七七《崔神慶傳》 先是，并州有東西二城，隔汾水。神慶始築城相接，每歲省防禦兵數千人。邊州甚以為便。

又 卷一三四《馬燧傳》 燧以晉陽王業所起，度都城東面平，易受敵，時天下騷動，北邊數有警急，乃引晉水架汾，而注城之東瀦，以為池。寇至，計省守陴者萬人。又決汾水，環城多為池沼樹柳以固隄。

《新唐書》卷三九《地理志三·河東道》 北都。天授元年置，神龍元年罷，開元十一年復置，天寶元年曰北京，上元二年罷，肅宗元年復爲北都。晉陽宮在都之西北，宮城周二千五百二十步，崇四丈八尺。都城左汾右晉，潛丘在中，長四千三百二十一步，廣三千一百二十二步，周萬五千一百五十三步，其崇四丈。汾東曰東城，貞觀十一年長史李勣築。兩城之間有中城，武后時築，以合東城。宮南有大明城，故宮城也。宮城東有起義堂。倉城中有受瑞壇。唐初高祖使子元吉留守，獲瑞石，有文曰『李淵萬吉』，築壇，祠以少牢。

宋·李昉等《文苑英華》卷四六四《唐玄宗〈置北都制〉》 經邦創

制，建都設險，必因時順人，統物立極。我國家以神武聖德，應天受命，龍躍晉水，鳳翔太原，建萬代之模，爲億兆之主，猶成湯之居亳，有周之興岐。顧朕眇身，纂承昌運，守宗社之大寶，恢中原之鴻業。葉時卜狩，始經此都，事本因心，情兼惟舊。近者嘉祥薦至，休瑞屢臻，此皆宗祐降璽，神祇潛暨，豈予匪德，獨享厥休。昔堯理唐郊，式建丹陵之地；漢居洛邑，更表南陽之都。今王業所興，宮觀猶在，列於邊郡，情所未安，非所以恢大聖之鴻規，展孝思之誠敬。其并州宜置北都，改州爲太原府，刺史爲尹，司馬爲少尹。太原、晉陽爲赤縣，諸縣爲畿縣。官吏品第，視□□京、河南府。

藝文

唐・張説《張燕公集》卷三《奉和聖製過晉陽宮應制》 太原俗尚武，高皇初奮庸。星軒三晉躔，樂土二堯封。北風遂舉鵬，西河亦上龍。至德起王業，繼明賴人雍。六葉啓昌期，再興廣聖蹤。傳呼大駕來，文物如雲從。連營火百里，縱觀人千重。翠華渡汾水，白日臨崒峰。枌榆恩賞洽，桑梓舊情恭。往運感不追，清時惜難逢。詩發尊祖心，頌刊盛德容。願君及春事，迴輿綏萬邦。

唐・張九齡《曲江集》卷二《奉和聖製幸晉陽宮》 隋季失天策，萬方罹凶殘。皇祖稱義旗，三靈皆獲安。聖期將申錫，王業成艱難。盜移未改命，曆在終履端。彼汾惟帝鄉，雄都信鬱盤。二月朔巡狩，羣后陪清鑾。霸迹在沛庭，舊儀覩漢官。唐風思何深，舜典敷更寬。戶蒙枌榆復，邑爭牛酒歡。緬惟剪商後，豈獨微禹歎！三后既在天，萬年斯不刋。尊祖實我皇，天文皆仰觀。

唐・李白《李太白集》卷二二《太原早秋》 歲落衆芳歇，時當大火流。霜威出塞早，雲色渡河秋。夢遶邊城月，心飛故國樓。思歸若汾水，無日不悠悠。

唐・柳宗元《柳河東集》卷一《隋亂既極唐師起晉陽平姦豪為生人義主以仁興武為晉陽武第一》 晉陽武，奮義威。煬之渝，德焉歸？氓畢屠，綏者誰？皇烈烈，專天機。號以仁，揚其旗。日之昇，九土晞。訴田圻，流洪輝。有其二，翼餘隋。斮梟鷙，連熊螭。枯以肉，勍者羸。后土蕩，玄穹彌。合之育，莽然施。惟德輔，慶無期。

唐・白居易《白氏長慶集》卷二五《寄太原李相公》 聞道北都今一變，政和軍樂萬人安。綺羅二八圍賓榻，組練三千夾將壇。蟬鬢應誇丞相少，貂裘不覺太原寒。世間大有虛榮貴，百歲無君一日歡。

又 卷二六《送令狐相公赴太原》 六纛雙旌萬鐵衣，并分舊路滿光輝。青衫書記何年去，紅斾將軍昨日歸。詩作馬蹄隨筆走，獵酣鷹翅伴觥飛。北都莫作多時計，再為蒼生入紫微。

又 卷三四《寄獻北都留守裴令公并序》 司徒令公分守東洛，移鎮北都，一心勤王，三月成政。形容盛德，實在歌詩，況辱知音，敢不先唱？輒奉五言四十韻寄獻，以抒下情。

天上中台正，人間一品高。休明值堯舜，勳業過蕭曹。始擅文三捷，終兼武六韜。動人名赫赫，憂國意忉忉。盪蔡擒封豕，平齊斬巨鼇。兩河收土宇，四海定波濤。寵重移宮籥，恩新換閫旄。保釐東宅静，守護北門牢。晉國封疆闊，并州士馬豪。胡兵驚赤幟，邊雁避烏號。令下流如水，仁霑澤似膏。路喧歌五袴，軍醉感單醪。將校森貔武，賓僚儼隽髦。客無煩夜柝，吏不犯秋毫。神在臺駘助，魂亡獫狁逃。德星銷彗孛，霖雨滅腥臊。烽戍高臨代，關河遠控洮。汾雲晴漠漠，朔吹冷颼颼。豹尾交牙戟，虯鬚捧佩刀。通天白犀帶，照地紫麟袍。羌管吹楊柳，燕姬酌蒲萄。銀含鑿落盞，金屑琵琶槽。遙想從軍樂，應忘報國勞。紫微留北闕，綠野寄東皋。忽憶前時會，多慚下客叨。清宵陪讌話，美景從遊遨。花月還同賞，琴詩雅自操。朱絃拂宮徵，洪筆振風騷。近竹開方丈，依林架桔槔。春池八九曲，畫舫兩三艘。徑滑苔粘屐，潭深水没篙。綠絲縈岸柳，紅粉映樓桃。為穆先陳醴，招劉共藉糟。舞鬟金翡翠，歌頸玉蠐螬。盛德終難過，明時豈易遭。公雖慕張范，帝未捨伊臯。眷戀心方結，踟躕首已搔。鸞凰上寥廓，燕雀住蓬蒿。欲獻文狂簡，徒煩思鬱陶。可憐四百字，輕重抵鴻毛。

唐・劉禹錫《劉賓客文集》卷二八《奉送裴司徒令公自東都留守再命太原》 星使出關東，兵符賜上公。山河歸舊國，管籥換離宮。行色旌旗動，軍聲鼓角雄。愛棠餘故吏，騎竹見新童。漢壘三秋静，邊塵萬里空。其如天下望，旦夕詠清風。

唐·劉禹錫《劉賓客外集》卷二《和白侍郎送令狐相公鎮太原》

十萬天兵貂錦衣，晉城風日斗生輝。行臺僕射深恩重，從事中郎舊路歸。疊鼓蹙成汾水浪，閃旗驚斷塞鴻飛。邊庭自此無烽火，擁節還來坐翠微。

又 卷三《令狐相公自天平移鎮太原以詩申賀》 北都留守將天兵，出入香街宿禁扃。鼙鼓夜聞驚朔雁，旌旗曉動拂參星。孔璋舊檄家家有，叔度新歌處處聽。夷落遙知真漢相，爭來屈膝看儀形。

又 《重酬前寄》 邊烽寂寂盡收兵，宮樹蒼蒼靜掩扃。戎羯歸心如內地，天狼無角比凡星。新成麗句開緘後，便入清歌滿坐聽。吳苑晉祠遙望處，可憐南北太相形。

唐·王建《王司馬集》卷六《送裴相公上太原》 還攜堂印向并州，將相兼權是武侯。時難獨當天下事，功成却進手中籌。再三陳乞鑪烟裏，前後封章玉案頭。朱架早朝排劍戟，綠槐殘雨看張油。遥知雁塞從今好，直得漁陽已北愁。邊鋪驚巡旗盡換，山城候館壁重修。千羣白刃兵迎節，十對紅粧妓打毬。聖主分明教暫去，不須高起見京樓。

唐·姚合《姚少監詩集》卷一《送狄尚書鎮太原》 授鉞儒生貴，傾朝赴餞筵。麾幢官在省，禮樂將臨邊。代馬龍相雜，汾河海暗連。遠戎移帳幕，高鳥避旌旃。天下屯兵處，皇威破虜年。防秋嫌壘近，入塞必身先。中外恩重疊，科名歲接連。散材無所用，老向瑣闈眠。

唐·權德輿《權文公集》卷二《太原鄭尚書遠寄新詩走筆酬贈因代書賀》 曉開閶闔出綵言，共喜全才鎮北門。職重油幢推上略，榮兼革履見深恩。昔歲經過同二仲，登朝並命慚無用。曲臺分季奉齋祠，直筆繫年陪侍從。芬芳鷄舌向南宮，伏奏丹墀跡又同。公望數承黃紙詔，虛懷自號白雲翁。戎裝躞蹀紛出祖，金印煌煌寵司武。時看介士閱犀渠，每狎儒生冠章甫。晉祠汾水古并州，千騎雙旌居上頭。新握兵符應感激，遠緘詩句更風流。緇衣諸侯諒稱美，白衣尚書何可比。只今麟閣待丹青，努力加飡報天子。

唐·歐陽詹《歐陽行周文集》卷二《和嚴長官秋日登太原龍興寺閣野望》 百丈化城樓，君登最上頭。九霄迴棧路，八到視并州。煙火遺堯庶，山河啓聖猷。短垣齊介嶺，片帆指汾流。清鐸中天籟，哀鴻下界秋。境閑如道勝，心遠見名浮。豈念乘肥馬，方應駕大牛。自憐蓬逐吹，不得與良遊。

又 《陪太原鄭行軍中丞登汾上閣》 并州汾上閣，登望似吳閶。貫郭河通路，縈村水逼鄉。城槐臨枉渚，巷市接飛梁。莫論江湖思，南人正斷腸。

又 《詠德上太原李尚書》 那以公方郭細侯，并州非復舊并州。九重帝宅司丹地，十萬兵樞擁碧油。鏘玉半為趨閣吏，腰金皆是走庭流。王褒見德空知頌，身在三千最上頭。

又 卷三《奉和太原鄭中丞登龍興寺閣》 青窗朱戶半天開，極目凝神望幾迴。晉國頹墉生草樹，皇家瑞氣在樓臺。千條水入黃河去，萬點山從紫塞來。獨恨侍遊違長者，不知高意是誰陪。

唐·鮑溶《鮑溶詩集》卷二《述德上太原嚴尚書綬》 帝命河嶽神，降靈翼軒轅。天王委管籥，開閉秦北門。頂戴日月華，沾濡雨露恩。甲馬不及汗，天驕自亡魂。青塚入內地，黃河窮本源。風雲侵氣象，鳥獸翔旗旛。軍人歌凱旋，長劍倚崑崙。終古鞭血地，到今耕稼繁。樵客天一畔，何由拜旌軒。願請執御臣，為公動朱幡。豈令羣荒外，尚有辜帝恩。願陳田舍歌，暫息四座喧。條桑去附枝，薙草絕本根。可惜漢公主，哀哀嫁烏孫。

唐·韓偓《韓內翰别集·并州》 戍旗青草接榆關，雨裏并州四月寒。誰會憑欄潛忍淚，不勝天際似江干。

清·彭定求等《全唐詩》卷三《唐玄宗〈過晉陽宮〉》 緬想封唐處，實惟建國初。俯察伊晉野，仰觀乃參虛。井邑龍斯躍，城池鳳翔餘。林塘猶沛澤，臺榭宛舊居。運革祚中否，時遷命茲符。顧循承丕構，怵惕多憂虞。尚恐威不逮，復慮化未孚。豈徒勞轍跡，所期訓戎車。習俗問黎人，親巡慰里閭。永言念成功，頌德臨康衢。長懷經綸日，歎息履庭隅。艱難安可忘，欲去良踟躕。

又 卷七三《蘇頲〈奉和聖製過晉陽宮應制〉》 隋運與天絕，生靈厭氛昏。聖期在寧亂，士馬興太原。立極萬邦推，登庸四海尊。慶膺神武帝，業付皇曾孫。緬慕封唐道，追惟歸沛魂。詔書感先義，典禮巡舊藩。高殿綵雲合，春旗祥風翻。率西見汾水，奔北空塞垣。款曲童兒佐，依遲故老言。里頌慈惠賞，家受復除恩。下輦崇三教，建碑當九門。孝思敦至美，億載奉開元。

又 卷九八《**趙冬曦**〈**奉和聖製答張説扈從南出雀鼠谷**〉》 軒轅應順動，力牧正趨陪。道合殷為礪，時行楚有材。省方西禮設，振旅北京迴。地理分中壤，天文照上台。寒依汾谷去，春入晉郊來。竊比康衢者，長歌仰大哉。

又 卷二八二《**李益**〈**北至太原**〉》 炎祚昔昏替，皇基此鬱盤。玄命久已集，撫運良乃艱。南阨羊腸險，北走雁門寒。始於一戎定，垂此億世安。唐風本憂思，王業實艱難。中曆雖橫潰，天紀未可干。聖明所興國，靈嶽固不殫。咄咄薄遊客，斯言殊不刊。

又 卷二八三《**李益**〈**春日晉祠同聲會集得疏字韻**〉》 風壤瞻唐本，山祠閲晉餘。水亭開帟幕，巖榭引簪裾。地綠苔猶少，林黄柳尚疏。菱苕生皎鏡，金碧照澄虚。翰苑聲何舊，賓筵醉止初。中州有遼雁，好為繫邊書。

又 卷三三五《**裴度**〈**太原題廳壁**〉》 危事經非一，浮榮得是空。白頭官舍裏，今日又春風。

又 卷四六六《**李宣遠**〈**并州路**〉》 秋日并州路，黄榆落故關。孤城吹角罷，數騎射鵰還。帳幕遥臨水，牛羊自下山。征人正垂淚，烽火起雲間。

又 卷五二五《**杜牧**〈**并州道中**〉》 行役我方倦，苦吟誰復聞？戍樓春帶雪，邊角暮吹雲。極目無人迹，回頭送雁羣。如何遺公子，高卧醉醺醺。

又 卷五五九《**薛能**〈**并州**〉》 少年流落在并州，裘脱文君取次遊。携挈共過芳草渡，登臨齊凭綠楊樓。庭前蛺蝶春方好，牀上樗蒲宿未收。坊號偃松人在否？餅爐南畔曲西頭。

又 卷五六〇《**薛能**〈**北都題崇福寺寺即高祖舊宅**〉》 此地潛龍寺，何基即帝臺。細花庭樹蔭，清氣殿門開。長老多相識，旬休暫一來。空空亦擬解，干進幸無媒。

又 卷七一六《**曹松**〈**送進士喻坦之遊太原**〉》 北鄙征難盡，詩愁滿去程。廢巢侵燒色，荒塚入鋤聲。逗野河流濁，離雲磧日明。并州戎壘地，角動引風生。

又 卷八一三《**無可**〈**送薛重中丞充太原副使**〉》 中司出華省，副相晉陽行。書答偏州啓，籌參上將營。踏沙夜馬細，吹雨曉笳清。正報胡塵滅，桃花汾水生。

中都

綜述

唐·李吉甫《**元和郡縣圖志**》卷一二《**河東道一·河中府**》 開元元年五月，改爲河中府，仍置中都，麗正殿學士韓覃上疏，陳其不可，至六月詔停，復爲州。乾元三年，又改爲河中府。大曆中，元載爲相，又上建中都議曰：『自古建大功者，未嘗不用天因地，故高祖保關中，光武據河內，皆深根固本，以制天下。臣等考天地之心，本聖人之意，驗古往之事，切當今之務，則莫若建河中爲中都，隸陝、虢、晉、絳、汾、潞、儀、石、慈、隰等十城爲藩衛。長安去中都三百里，順流而東，邑居相望。有羊腸、底柱之險，濁河、孟門之限，以轘轅爲襟帶，與關中爲表里，劉敬所謂「扼天下之吭而撫其背」，卽此之謂。推是而言，則建中都將欲固長安，非欲外之也；將欲安成周，非欲舍之也；將欲制蠻夷，非欲懼之也；將欲定天下，非欲弱之也。河中之地，左右王都，黄河北來，太華南倚，總水陸之形勝，鬱關河之氣色。每歲白露既降，涼風已高，陛下處金城湯池內綏華夏，登信臣驍將外馭戎狄，出於仲秋，還於農隙，有漕濁泛舟之便，無登高履險之虞，不傷財，不害人，得養威而時狩，如此則國有保安之所，家無係虜之憂矣。』疏奏不省。初，代宗自幸陝之後，每歲八九月閒，京師恟恟，常懼犬戎復至，將相之家，皆裝儲糗，爲行李之備。載知人情不安，遂奏此疏，冀因制置，竊有兵權，議亦宏博，盡當時利害。然代宗探見載意，議故不行。或曰建中都，江融《設險圖》之首篇也，融誅後書已不傳，不知斯言何自而得？

《**舊唐書**》卷九《**玄宗紀上**》 （開元）九年春正月丙辰，改蒲州爲河中府，置中都。【略】七月戊申，罷中都，依舊為蒲州。

又 卷一一八《元載傳》 初，扈駕自陜還，與縉上表，請以河中府為中都，秋杪行幸，春首還京，以避蕃戎侵軼之患。帝初納之，遣條奏以聞。自魚朝恩就誅，志頗盈滿，遂抗表請建中都。文多不載，大略以關輔、河東等十州戶稅入奉京師，創置精兵五萬，屯在中都，以威四方。辭多開闔，自以為表入事行，潛遣所由吏於河中經營節度，寄理於涇州。

宋·王溥《唐會要》卷六八《河中府尹》 開元元年五月，揚州功曹參軍、麗正殿學士韓覃上疏曰：『臣聞《禮記·月令》曰：「孟夏之月，無起土功，無聚大衆。」昔魯夏城中丘，《春秋》書之，垂為後誡。今建國都，乃長久之大業也。祀天地之大義，襲《春秋》之所書，奪人盛農之時，愚臣竊以為甚不可也。至若兩都舊制，分官衆多，費耗用度，尚以為損，豈可更建中都乎？夫河東者，國之股肱郡也。勁鋭强兵，盡出於是。其地隘狹，今又置都使，十萬之戶，將安投乎？一旦陋東都而幸西都，又造中都，樂一君之欲，遺萬人之患，務在郡國之多，不恤危亡之變，悅在遊幸之麗，不顧兆庶之困，非所以建根蔕不拔之長策矣。昔漢帝感鍾離之言，息事德陽之殿；趙主採續咸之諫，止造鄴都之宮。臣愚，誠願下明詔，罷中都，則福履無疆矣。天下幸甚。』六月三日詔：『其中都宜停，依舊為府。』

《新唐書》卷三九《地理志三·河東道》 河中府河東郡，赤。本蒲州，上輔。義寧元年治桑泉，武德三年徙治河東。開元八年置中都，爲府；是年罷都，復爲州。乾元三年復爲府。

藝文

唐·張説《張燕公集》卷三《奉和聖製度蒲關應制》 蒲阪横臨晉，華芝曉望秦。關城雄地險，橋路扼天津。樓映行宮日，隄含宮樹春。黃雲隨寶鼎，紫氣逐真人。東詠唐虞跡，西觀周漢塵。山河非國寶，明主愛忠臣。

唐·張九齡《曲江集》卷二《奉和聖製早渡蒲津關》 魏武中流處，軒皇問道迴。長堤春樹發，高掌曙雲開。龍負王舟渡，人占仙氣來。河津會日月，天仗役風雷。東顧重關盡，西馳萬國陪。還聞股肱郡，元首詠康哉！

唐·呂温《呂衡州集》卷二《孟冬蒲津關河亭作》 息駕非窮途，未濟豈迷津？獨立大河上，北風來吹人。雪霜自兹始，草木當更新。嚴冬不肅殺，何以見陽春？

唐·賈島《長江集》卷五《送徐員外赴河中》 原野正蕭瑟，中間分散情。吏從甘扈罷，詔許朔方行。邊日沉殘角，河關截夜城。雲居閒獨往，長老出房迎。

唐·李商隱《李義山詩集》卷下《奉同諸公題河中任中丞新創河亭四韻之作》 萬里誰能訪十洲？新亭雲搆壓中流。河蛟縱翫難為室，海蜃遙驚恥化樓。左右名山窮遠目，東西大道鎖輕舟。獨留巧思傳千古，長與蒲津作勝遊。

唐·吳融《唐英歌詩》卷上《登鸛雀樓》 鳥在林梢脚底看，夕陽無際戍烟殘。凍開河水奔渾急，雪洗條山錯落寒。始為一名拋故國，近因多難怕長安。祖鞭掉折徒為爾，贏得雲溪負釣竿。

唐·温庭筠《温飛卿詩集》卷五《題河中紫極宮》 昔年曾伴玉真遊，每到僊宮即是秋。曼倩不歸花落盡，滿叢煙露月當樓。

又 卷八《河中陪帥遊亭》 倚闌愁立獨裴回，欲賦慚非宋玉才。滿座山光搖劍戟，繞城波色動樓臺。鳥飛天外斜陽盡，人過橋心倒影來。添得五湖多少恨，柳花飄蕩似寒梅。

清·彭定求等《全唐詩》卷三《唐玄宗〈早度蒲津關〉》 鐘鼓嚴更曙，山河野望通。鳴鑾下蒲坂，飛旆入秦中。地險關逾壯，天平鎮尚雄。春來津樹合，月落戍樓空。馬色分朝景，雞聲逐曉風。所希常道泰，非復候繻同。

又 《登蒲州逍遥樓》 長榆息烽火，高柳静風塵。卜征巡九洛，展豫出三秦。昔是潛龍地，今為上理辰。時平乘道泰，聊賞遇年春。黃河分地絡，飛觀接天津。一覽遺芳翰，千載肅如神。

又 卷六四《宋璟〈蒲津迎駕〉》 回鑾下蒲坂，飛旆指秦京。雒上黃雲送，關中紫氣迎。霞朝看馬色，月曉聽雞鳴。防拒連山險，長橋壓水平。省方知化洽，察俗覺時清。天下長無事，空餘襟帶名。

又　卷七三《蘇頲〈奉和聖製登蒲州逍遥樓應制〉》　在昔堯舜禹，遺塵成典謨。聖皇東巡狩，况乃經此都。樓觀紛迤邐，河山幾縈紆。緬懷祖宗業，相繼文、武圖。尚德既無險，觀風諒有孚。豈如汾水上，簫鼓事遊娱。

又　卷一二四《徐安貞〈奉和聖製早度蒲津關〉》　仙掌臨秦甸，虹橋闢晉關。兩都分地險，一曲度河灣。路得津門要，時稱古戍閒。城花春正發，岸柳曙堪攀。後乘猶臨水，前旌欲換山。長安迴望日，宸御六龍還。

又　卷二五三《王之涣〈登鸛雀樓〉》　白日依山盡，黄河入海流。欲窮千里目，更上一層樓。

又　卷二六八《耿湋〈登鸛雀樓〉》　久客心常醉，高樓日漸低。黄河經海内，華嶽鎮關西。去遠千帆小，來遲獨鳥迷。終年不得意，空覺負東溪。

又　卷二六九《耿湋〈送姚校書因歸河中〉》　十年相見少，一歲又還鄉。去往人惆悵，東西路渺茫。古陂無茂草，高樹有殘陽。委棄秋來稻，彫疏採後桑。月輪生舜廟，河水出關牆。明日過閭里，光輝芸閣郎。

又　《奉和李觀察登河中白樓》　城上高樓飛鳥齊，從公一遂躡丹梯。黄河曲盡流天外，白日輪輕落海西。玉樹九重長在夢，雲衢一望杳如迷。何心更和陽春奏，况復秋風聞戰鼙。

又　卷二七九《盧綸〈同趙進馬元陽春日登長春宫古城望河中因寄鄭損倉曹〉》　城頭春靄曉濛濛，指望關橋滿袖風。雲騎閑嘶宫柳外，玉人愁立草花中。鐘分寺路山光緑，河繞軍州日氣紅。跡忝已成方戀賞，此時離恨與君同。

又　卷二八三《李益〈同崔邠登鸛雀樓〉》　鸛雀樓西百尺檣，汀洲雲樹共茫茫。漢家簫鼓空流水，魏國山河半夕陽。事去千年猶恨速，愁來一日即為長。風煙併起思歸望，遠目非春亦自傷。

又　卷二八七《暢當〈蒲中道中二首〉》　蒼蒼中條山，厥形極奇磈。我欲涉其崖，濯足黄河水。

古刹棲柿林，緑陰覆蒼瓦。歲晏来品題，拾葉總堪寫。

又　《登鸛雀樓》　迥臨飛鳥上，高出世塵間。天勢圍平野，河流入斷山。

又　卷四九二《殷堯藩〈和趙相公登鸛雀樓樓在河中府前瞻中條下瞰大河〉》　危樓高架泬寥天，上相閑登立綵旃。樹色到京三百里，河流歸漢幾千年。晴峰聳日當周道，秋穀垂花滿舜田。雲路何人見高志，最看西面赤闌前。

又　卷五〇九《顧非熊〈經河中〉》　一望蒲城路，關河氣象雄。樓臺山色裏，楊柳水聲中。思起懷吴客，行斜向磧鴻。我来尋古跡，唯見舜祠風。

又　卷五五五《馬戴〈鸛雀樓晴望〉》　堯女樓西望，人懷太古時。海波通禹鑿，山木閉虞祠。鳥道殘虹挂，龍潭返照移。行雲如可馭，萬里赴心期。

又　卷五六〇《薛能〈題河中亭子〉》　河壁雙流島在中，島中亭上正南空。蒲根舊浸臨關道，沙色遥飛傍苑風。晴見樹卑知岳大，晚聞車亂覺橋通。無窮勝事應須宿，霜白蒹葭月在東。

又　卷五六一《薛能〈蒲中霽後晚望〉》　河邊霽色無人見，身帶春風立岸頭。濁水茫茫有何意？日斜還向古蒲州。

又　卷五九六《司馬扎〈登河中鸛鵲樓〉》　樓中見千里，樓影入通津。烟樹遥分陝，山河曲向秦。興亡留白日，今古共紅塵。鸛鵲飛何處？城隅草自春。

又　卷六三九《張喬〈題河中鸛雀樓〉》　高樓懷古動悲歌，鸛雀今無野燕過。樹隔五陵秋色早，水連三晉夕陽多。漁人遺火成寒燒，牧笛吹風起夜波。十載重來值摇落，天涯歸計欲如何。

又　卷六四三《李山甫〈蒲關西道中作〉》　國東王氣凝蒲關，樓臺帖出晴空間。紫煙横捧大舜廟，黄河直打中條山。地鎖咽喉千古壯，風傳歌吹萬家閒。來來去去身依舊，未及潘年鬢已斑。

又　卷六七一《唐彦謙〈蒲津河亭〉》　宿雨清秋霽景澂，廣亭高樹向晨興。煙横博望乘槎水，日上文王避雨陵。孤棹夷猶期獨往，曲闌愁絶每長憑。思鄉懷古多傷别，况此哀吟意不勝。

又　卷七八二《張隨〈河中獻捷〉》　叛將忘恩久，王師不戰通。凱歌千里内，喜氣二儀中。寇盡條山下，兵迴漢苑東。將軍初執訊，明主欲論功。落日煙塵靜，寒郊壁壘空。蒼生幸無事，自此樂堯風。

南京

綜述

《舊唐書》卷四一《地理志四·劍南道·成都府》 成都府。隋蜀郡。武德元年，改爲益州，【略】天寶元年，改益州爲蜀郡，依舊大都督府，督劍南三十八部。十五載，玄宗幸蜀，駐蹕成都。至德二年十月，駕迴西京，改蜀郡爲成都府，長史爲尹。

宋·宋敏求《唐大詔令集》卷三五《秦王益州道行臺制》 蜀郡沃野，田惟井絡。控馭邛筰，臨制巴渝。求瘼宣風，朝寄尤重。【略】武德三年四月。

宋·扈仲榮等《成都文類》卷二四《［唐］王徽〈創築羅城記〉》 皇帝改元之六年，諸道鹽鐵轉運兼鎮海軍節度等使、開府儀同三司、檢校司徒、同中書門下平章事、燕國公高駢奏：臣前理成都，築大城，請紀其事。上命翰林學士承旨臣王徽授其功狀，臣徽承詔，再拜上言：夫外戶不閉，雖前聖之格言；設險以居，乃有國之雄制。用是則光昭振古，勢讋遠夷，不有高墉，曷稱巨屏？我之奧區，粵惟井絡，繁阜昌熾，摽出宇內。先是蜀城，既卑且隘，象龜行之屈縮，據武擔之形勝。里閈錯雜，邑屋闐委，慢藏誨盜，城而弗羅，矧乎西東江山，南控烏滸。疆理滇洞密邇，舊貫因循，日居月諸，殆逾千祀。漢魏以還，英豪迭處。至若公孫述之桀黠，諸葛亮之經營，曾不指顧留心，乘機制禦。斯蓋天藏盛烈，神貯嘉謀，俾集元功，式耀雄武。自二紀以降，邊部戒嚴，有虧懷柔，或阻琮賮。雖負山川之險，且乏金湯之固。上顧相臣曰：『朕以不德，化罔被于四夷，惟是西南，載罹俶擾，深軫予衷，將若之何？』丞相進曰：『陛下以睿哲照臨，臣輔理臣，不能敷聖澤以懷異俗，俾流毒于益人，臣之罪也。然黃帝有版泉之役，放勳興丹浦之師，周逐獫狁，漢備匈奴。是知猾亂，自古皆有。其所以滌厲梗，致時雍，乃再進任忠賢，馳驅英雋耳。臣伏見今天平軍節度使駢，即威武公崇文之孫也。威武在元和中，屬闢以蜀叛，憲祖殷憂，擇其所以代之者，由是允膺聖獎，能以部兵復梓州，統大軍平玉壘。大節大忠，煥乎典册。駢能不墜其業，益大其門。既席勳烈之資，克擅匡扶之志，材超衞霍，氣蓋關張，忠孝兩全，河山繼誓，聿脩厥德，自成名家，馳譽石麟，焯有美稱。出守天水，邊塵不驚，戎律既申，將略克舉。俄而交趾淪陷，有命遄征，既復土疆，遂錫鈇鉞，則馬援銅柱，楊業樓船，步驟之間，莫得倫比。固以威張惠浹，後勁中權，五年于兹，海波不動。朝廷方期拔用，不可久留，爰命徵還，彌增寵澤。時屬龐勳始潰，鄆方未寧，駢則再登師壇，復開將幕，士絕朝饑，犬無夜驚，威加隣部，化敷屬城。相印以之疇庸，和門為之增氣。恭以憲宗録崇文定蜀之勳也既如彼，陛下念駢復交理鄆之勤也又如此。俾榮舊履，重建高牙，必致師貞，可期俗阜。』上曰：『俞！爾惟代天其行之。』

於是詔駢，復以丞相擁節，去汶陽，趨錦里。至則詢問疾苦，樹置紀綱，巡按封域，周覽郛郭。且曰：夫療疾者，必在藥乎心腑，然後可以堅四支；植木者，必嘗澤乎本根，然後可以茂柯葉。今城之於蜀，其由心乎，其由本乎！則知不理於近，曷能致遠？不固其內，安能保外？未有不謀而能成，不壯而能威，不勞而能逸者也。』於是擇將量財，拓開新址，分命支郡，以令屬邑，乘時就役，靡不適中。吏不敢欺，人不敢怠。岷峨之下，忻忻子來。昔梁伯亟城，人疲弗處；子囊築郢，見誚於時。曷若駢能度其宜，樂用其士，圖難於易，去危即安，環以大城，用冠諸夏。其功固以相萬矣。惟蜀之地，厥土黑黎而又磽确，版築靡就，前人之不為，非不為也，蓋不能也。惟駢果得衆心，克大成績，鳩工揆日，不僭于素，十旬之中，屹若山峙。南北東西凡二十五里，擁門却敵之制復八里。其高下蓋二丈有六尺，其下廣又如是，其上則衺丈焉，陴四尺。斯所謂大為之防，俾人有泰山之安矣。而甃碧塗墍，既麗且堅，則礎飾頳，又奚以異？其上建樓櫓廊廡，凡五千六百八間，梡梠櫛比，闌闠鱗次，綺疏掛斗，鴛瓦凌霄，若飛若翔，如偃如仰，栖息烏兔，炫熀虹蜺，龍然而縈，霞然而橫。望之者莫不神駭而氣聳，目眙而魂驚。其始也，咸謂冥助，似非人力。其外則繚以長堤，凡二十六里，或因江以為塹，或鑿地以成濠，則方城為城，漢水為池，又何以加焉。是知摩壘者不復矜其能，擊柝者足以抗其敵，所謂能禦大菑，能捍大患者也。其舊城周而復始，蓋八里，高厚之制，大小之規，較其洪纖，可得而辨矣。況乎扼束都會，襟帶地形，險易之狀斯呈，强弱之方可見。自秦惠王疏翦山林，以通中夏，及李冰為守，始鑿二江，以導舟楫，決渠以張地利，斬蛟以絶水害，沃野千里，號為陸海，由冰之功也。漢文翁置學校，勸人受業，行俎豆獻酬之禮，於是儒雅之風作。洎威武伐叛，擒大憝而新其人，玉石不得俱焚焉，兩蜀至今稱之。駢之來鎮，肇興武備，俶有禦衝之事，夫然後不為外夷之所窺矣。惟蜀之人，自冰與翁，自威武暨駢，乃獲佑於天者，四人之於蜀厚矣。長雲斷岸，莫得而隳，古往今來，何嘗能覿。《傳》不云乎！『人保於城，城保於德。』觀駢之政，可謂保城與人矣。向非挺生俊傑，來弼聖神，則孰能建絶代之遺功，創一時之偉跡者乎？況夫高不可踰，堅不可觸，俯瞰天表，方駕馬足，銷吞祲沴，亘壓咽喉，訖使豺狼耳之而色沮，目之而膽褫。是謂不爭而勝，不戰而服者也。

新城成，詔加大司徒，封燕國公，旌殊休也。重以萑蒲充斥，荆楚傷夷，遂假威望，兹用底寧。弓矢專征，銅鹽劇任，安危攸繫，一以委之。往哉荆渚，荆渚既清，又徙金陵，金陵以平，救鄖郢之剽殘，拯江湖之焚溺。朞月之内，罔不樂康。若乃考其才，稽其用，所至難息，所施利興，智無不周，技無不達。韜鈐捭闔，固自生知，詩禮幾微，雅當師逸。雖羽書疊至，應用如神。加以詞鋒莫前，筆力遒勁，屢獻平戎之策，每陳憂國之誠。抑又城府坦夷，器宇冲邃，祿利不盈於私室，夙宵無怠於公家。段熲在邊，未嘗蓐寢；羊侃待士，靡顧囊裝。涯岸不可得而臻，波瀾不可得而際矣。所謂社稷柱石，川嶽英靈者也。則知駢如何臣，城如何功。烏乎！天贊其謀，地襲其固，非吾君不能用其材，非臣誠不能就其事。故曰：為可為於可為之時，則從。乃見城由駢而成，駢由君而聲。城既牢矣，人既休矣，宜乎讚盛德之形容，敍勳賢之丕烈。恭以操瓢載事，作者為難。臣非其人，何以稱此？將欲刋諸貞石，寘彼坤維，垂於無窮，期乎不朽，屬詞愈拙，染翰增慚。銘曰：

惟蜀之疆，撫抱岷梁，斗絶諸夏，裂為一方。啓達上國，肇自秦強。壯者五丁，導彼青冥，鑿岩而梯，飛棧以行，動猶鳥逝，舉若猨輕。漢人既遷，言語乃通，眇邈千祀，遂參華風。界彼邛滇，靡設鍵關，在古侵殘，為蜀之艱。唐被聖德，間仍凶慝，猖狂逾紀，呑噬無已，芟獮焚驅，野不寧居。皇帝踐祚，驚嗟震怒，爰擇藎臣，推轂以付。時惟燕公，撫俗訓戎，碩畫宏規，神輔其衷。經始新城，心術潛形，乃告編人，版築云興。相彼井鄽，覩于封部，調兹郡邑，量其戶賦，劃界指期，莫敢踰度。蜀人未安，待城以歡。蜀士方危，待城而威。阡陌繩直，門閭棋布。外聳風雲，内扃貔虎。卉木蔥蒨，麗譙輝映。戎馬夜寧，戈鋋晝靜。蜀山嶅嶅，蜀江滔滔。寇不敢窺，人不知勞。儉而不煩，峻而不譁。去來出入，嬉嬉一家。燕公之德，其誰與隣？燕公之功，式利于人。德入人深，功流不極。勒銘天隅，為臣表則。中和四年記。

又 卷一六《唐僖宗〈賜高駢築羅城詔〉》 敕高駢：省所奏脩築羅城畢功并進畫圖事具悉。卿天平急召，井絡專征，臨邛夢叶於四刀，按部恩覃於兩劍。上言大鎮空有子城，殊百雉之環迴，是千年之曠闕，便依陳奏。未隔寒暄，每日一十萬夫，分築四十三里，皆施廣厦，又砌長磚。城角曲收，逸迭攻而勢勝；甕門直捷，容拒守之兵多。利及後人，智高前古，繼孔明於掌内，坐張儀於腹中。是以輕笑木牛，感通金馬，增上頭之睥睨，架裏面之闌干。橋象七星，不移舊岸，錦逢三月，可濯新壕。役徒九百六十萬工，計錢一百五十萬貫。卓哉懋績，固我雄藩。罄府庫之資儲，捨陰陽之拘忌，但為國計，總忘身謀，並無黎庶之怨嗟，不請朝廷之接借。忽聞進奏，言已畢功，見圖寫之甚明，與神化而急速。方念處身廉潔，報國忠貞，始終能協于一心，清美久聞于萬口。欲人檢驗，具見公忠。朕已知臣，何勞請使！便欲寵渥，恐卿自往。雅州既發，師徒方勞，館驛且留賞典，專俟迴軍蜀川。既及於春風，蠻寇盡離於河岸。便酬勳績，各進官階，未間勉效七擒，佇聞三捷。故兹詔示，想宜知悉。冬寒，卿比平安好。遺書指不多及。

又 卷二六《〔宋〕張詠〈益州重修公宇記〉》 按《圖經》：秦惠王遣張儀、陳軫伐蜀，滅開明氏，卜築是城，方廣七里，從周制也。分築南北二少城，以處商賈。少城之跡，今并湮没。命郡曰蜀郡。自秦至漢，民戶益繁，改郡曰益州。由漢至唐，逆順增損，出諸史諜，此不復言。隋文帝封次子秀為蜀王，因附張儀舊城，增築南西二隅，通廣十里。今之官署，即蜀王秀所築之城中北也。唐玄宗幸蜀，升為成都府。唐末政弛，諸蠻內寇，高駢建節，即時驅除，以為居人圍閉，多縈腫疾，始築羅城，方廣三十六里。清遠江元在州前，築羅城，開移今所。顧城之大小，足以知四民之治否。

藝　文

唐·李白《李太白集》卷八《上皇西巡南京歌十首》　胡塵輕拂建章臺，聖主西巡蜀道來。劍壁門高五千尺，石爲樓閣九天開。

其二　九天開出一成都，萬戶千門入畫圖。草樹雲山如錦繡，秦川得及此間無。

其三　華陽春樹似新豐，行入新都若舊宮。柳色未饒秦地綠，花光不減上陽紅。

其四　誰道君王行路難，六龍西幸萬人歡。地轉錦江成渭水，天迴玉壘作長安。

其五　萬國同風共一時，錦江何謝曲江池。石鏡更明天上月，後宮親得照娥眉。

其六　濯錦清江萬里流，雲帆龍舸下揚州。北地雖誇上林苑，南京還有散花樓。

其七　錦水東流繞錦城，星橋北掛象天星。四海此中朝聖主，峨眉山上列仙庭。

其八　秦開蜀道置金牛，漢水元通星漢流。天子一行遺聖跡，錦城長作帝王州。

其九　水淥天青不起塵，風光和暖勝三秦。萬國煙花隨玉輦，西來添作錦江春。

其十　劍閣重關蜀北門，上皇歸馬若雲屯。少帝長安開紫極，雙懸日月照乾坤。

又　卷二一《登錦城散花樓》　日照錦城頭，朝光散花樓。金窗夾繡戶，珠箔懸銀鉤。飛梯綠雲中，極目散我憂。暮雨向三峽，春江繞雙流。今來一登望，如上九天遊。

唐·杜甫《杜工部詩集》卷六《成都府》　翳翳桑榆日，照我征衣裳。我行山川異，忽在天一方。但逢新人民，未卜見故鄉。大江東流去，遊子去日長。曾城填華屋，季冬樹木蒼。喧然名都會，吹簫間笙簧。信美無與適，側身望川梁。鳥雀夜各歸，中原杳茫茫。初月出不高，衆星尚爭光。自古有羈旅，我何苦哀傷！

又　卷七《春夜喜雨》　好雨知時節，當春乃發生。隨風潛入夜，潤物細無聲。野徑雲俱黑，江船火獨明。曉看紅濕處，花重錦官城。

又　卷八《奉和嚴中丞西城晚眺十韻》　汲黯匡君切，廉頗出將頻。直詞才不世，雄略動如神。政簡移風速，詩清立意新。層城臨暇景，絕域望餘春。旂尾蛟龍會，樓頭燕雀馴。地平江動蜀，天闊樹浮秦。帝念深分閫，軍須遠算緡。花羅封蛺蝶，瑞錦送麒麟。辭第輸高義，觀圖憶古人。征南多興緒，事業闇相親。

又　卷一一《登樓》　花近高樓傷客心，萬方多難此登臨。錦江春色來天地，玉壘浮雲變古今。北極朝廷終不改，西山寇盜莫相侵。可憐後主還祠廟，日暮聊為《梁父吟》。

唐·張籍《張司業集》卷七《成都曲》　錦江近西烟水綠，新雨山頭荔枝熟。萬里橋邊多酒家，遊人愛向誰家宿？

唐·羅隱《羅昭諫集》卷三《中元甲子以辛丑駕幸蜀四首》　子儀不起渾瑊亡，西幸誰人從武皇？四海為家雖未遠，九州多事竟難防。已聞旰食思真將，會待畋游致假王。應感兩朝巡狩跡，綠槐端正驛荒涼。

其二　爪牙柱石兩俱銷，一點渝塵九土搖。敢恨甲兵為棄物，所嗟流品誤清朝。幾時睿算殲張角，有處愚人載隗囂。跪望峻山重啓告，可能餘烈不勝妖。

其三　邪氣奔屯瑞氣移，清平過盡到艱危。縱饒犬彘迷常理，不奈豺狼幸此時。九廟有靈思李令，三川悲憶恨張儀。可憐一曲還京樂，重對紅蕉教蜀兒。

其四　白丁攘臂犯長安，翠輦蒼黃路屈盤。丹鳳有情塵外遠，玉龍無跡渡頭寒。靜憐貴族謀身易，危惜文王創業難。不將不侯何計是？釣魚船上淚闌干。

唐·鄭谷《雲臺編》卷下《蜀中三首》　馬頭春向鹿頭關，遠樹平蕪一望閒。雪下文君沽酒市，雲藏李白讀書山。江樓客恨黃梅後，村落人歌紫芋間。堤月橋燈好時景，漢庭無事不征蠻。

夜無多雨曉生塵，草色嵐光日日新。蒙頂茶畦千點露，浣花牋紙一溪春。揚雄宅在唯喬木，杜甫墳荒絶舊鄰。却共海棠花有約，數年留滯不歸人。

渚遠江清碧簟紋，小桃花繞薛濤墳。朱橋直指金門路，粉堞高連玉壘雲。窗下斷琴翹鳳足，波中濯錦散鷗羣。子規夜夜啼巴樹，不並吴鄉楚國聞。

唐・温庭筠《温飛卿詩集》卷一《錦城曲》　蜀山攢黛留晴雪，筍蕨牙縈九折。江風吹巧翦霞綃，花上千枝杜鵑血。杜鵑飛入巖下叢，夜叫思歸山月中。巴水漾情情不盡，文君織得春機紅。江頭學種相思子，樹成寄與望鄉人，白帝荒城五千里。

宋・計有功《唐詩紀事》卷四《褚亮》　《賦得蜀都詩》云：列宿光輿井，分土跨梁岷。沉犀對江浦，駟馬入城闉。英圖多霸跡，歷選有名臣。連騎簪纓滿，含章詞賦新。得上仙槎路，無待訪嚴遵。

清・彭定求等《全唐詩》卷五一〇《張祜〈送蜀客〉》　楚客去岷江，西南指天末。平生不達意，萬里船一發。行行三峽夜，十二峰頂月。哀猨別曾林，忽忽聲斷咽。嘉陵水初漲，巖嶺耗積雪。不妨高唐雲，却藉宋玉説。峨眉遠凝黛，脚底谷洞穴。錦城晝氤氳，錦水春活活。成都滯游地，酒客須醉殺。莫戀卓家壚，相如已屑屑。

又　卷五八五《劉駕〈曉登成都迎春閣〉》　未櫛凭欄眺錦城，烟籠萬井二江明。香風滿閣花滿樹，滿樹樹梢啼曉鶯。

又　卷五九八《高駢〈錦城寫望〉》　蜀江波影碧悠悠，四望烟花匝郡樓。不會人家多少錦，春來盡挂樹梢頭。

又　卷六〇〇《蕭遘〈成都〉》　月曉已開花市合，江平偏見竹簰多。好教載取芳菲樹，剩照岷天瑟瑟波。

又　卷六八八《裴廷裕〈蜀中登第答李搏六韻〉》　何勞問我成都事，亦報君知便納降。蜀柳籠堤煙矗矗，海棠當戶燕雙雙。富春不並窮師子，濯錦全勝旱曲江。高捲絳紗楊氏宅，半垂紅袖薛濤牕。浣花泛鷁詩千首，静衆尋梅酒百缸。若説絃歌與風景，主人兼是碧油幢。

又　卷八六三《卓英英〈錦城春望〉》　和風裝點錦城春，細雨如絲壓玉塵。漫把詩情訪奇景，艷花濃酒屬閒人。

又　《眉娘〈和卓英英錦城春望〉》　蠶市初開處處春，九衢明艷起香塵。世間總有浮華事，争及仙山出世人。

西都

綜述

《舊唐書》卷三八《地理志一》　鳳翔府：隋扶風郡。【略】天寶元年，改爲扶風郡。至德二年，肅宗自順化郡幸扶風郡，置天興縣，改雍縣爲鳳翔縣，並治郭下。初以陳倉爲鳳翔縣，乃改爲寶雞縣。其年十月，克復兩京。十二月，置鳳翔府，號爲西京，與成都、京兆、河南、太原爲五京。寶應元年，併鳳翔縣入天興縣，後罷京名。

《新唐書》卷三七《地理志一》　鳳翔府扶風郡，赤上輔。本岐州，至德元載更郡曰鳳翔，二載復郡故名，號西京，爲府。上元二年罷京，元年曰西都，未幾復罷都。

藝文

唐・杜甫《杜工部詩集》卷三《喜達行在所三首》　西憶岐陽信，無人遂却回。眼穿當落日，心死著寒灰。茂樹行相引，連山望忽開。所親驚老瘦，辛苦賊中來。

愁思胡笳夕，淒涼漢苑春。生還今日事，間道暫時人。司隸章初睹，南陽氣已新。喜心翻倒極，嗚咽淚沾巾。

死去憑誰報，歸來始自憐。猶瞻太白雪，喜遇武功天。影静千官里，心蘇七校前。今朝漢社稷，新數中興年。

又　《送韋十六評事充同谷防禦判官》　昔没賊中時，潛與子同遊。今歸行在所，王事有去留。偪側兵馬間，主憂急良籌。子雖軀幹小，老氣横九州。挺身艱難際，張目視寇讎。朝廷壯其節，特詔令參謀。鑾輿駐鳳翔，同谷爲咽喉。西扼弱水道，南鎮枹罕陬。此邦承平日，剽劫吏所羞。

況乃胡未滅，控帶莽悠悠。府中韋使君，道足示懷柔。令姪才俊茂，二美又何求？受詞太白腳，走馬仇池頭。古色沙土裂，積陰雲雪稠。羌父豪豬靴，羌兒青兕裘。吹角向月窟，蒼山旌旆愁。鳥驚出死樹，龍怒拔老湫。古來無人境，今代橫戈矛。傷哉文儒士，憤激馳林丘。中原正格鬭，後會何緣由。百年賦命定，豈料沉與浮。且復戀良友，握手步道周。論兵遠壑靜，亦可縱冥搜。題詩得秀句，札翰時相投。

唐・錢起《錢仲文集》卷七《觀法駕自鳳翔迴》 欃槍一掃滅，閶闔九重開。海晏鯨鯢盡，天旋日月來。聖情蘇品物，龍御闢雲雷。曉漏移仙仗，朝陽出帝臺。周慚散馬出，禹讓濬川迴。欲識封人願，南山舉酒杯。

唐・李頻《黎嶽集・送鳳翔范書記》 西京無暑氣，夏景似清秋。天府來相辟，高人去自由。江山通蜀國，日月近神州。若共將軍語，河蘭地未收。

唐・姚合《姚少監詩集》卷七《題鳳翔西郭新亭》 西郭塵埃外，新亭制度奇。地形當要處，人力是閒時。結搆方殊絶，高低更合宜。棟梁清俸買，松竹遠山移。佛寺幽難敵，仙家景可追。良功慚巧盡，上客恨逢遲。兩面寒波漲，當前軟柳垂。清虛宜月入，涼冷勝風吹。宴賞軍容靜，登臨樂妓隨。魚龍聽絃管，鳧鶴識旌旗。泛鷁春流闊，飛觴白日攲。閒花長在戶，嫩蘚乍緣墀。永望情無極，頻來困不辭。雲峰晴轉出，煙樹曉逾滋。向野惟貪靜，臨空遽覺危。行人如不到，遊樂更何為？

清・彭定求等《全唐詩》卷二六八《耿湋〈會鳳翔張少尹南亭〉》 遠過張正見，詩興自依依。西府軍城暮，南庭吏事稀。草簷宜日過，花圃任煙歸。更料重關外，羣僚候啓扉。

又 卷二六九《耿湋〈酬張少尹秋日鳳翔西郊見寄〉》 鼎氣孕河汾，英英濟舊勳。劉生曾任俠，張率自能文。官佐征西府，名齊將上軍。秋山遥出浦，野鶴暮離羣。遠恨邊笳起，勞歌騎吏聞。廢關人不到，荒戍日空曛。草木凉初變，陰晴景半分。疊蟬臨積水，亂燕入過雲。麗藻終思我，衰髯亦為君。閒吟寡和曲，庭葉漸紛紛。

又 卷二八二《李益〈秋晚溪中寄懷大理齊司直時齊分司洛下，有東山之期〉》 鳳翔屬明代，羽翼文葳蕤。崑崙進琪樹，飛舞下瑤池。振儀自西睠，東夏復分釐。國典唯平法，伊人方在斯。荒寧桁楊肅，芳輝蘭玉滋。明質鶩高景，飄飖服纓緌。天寒清洛苑，秋夕白雲司。況復空巖側，蒼蒼幽桂期。歲寒坐流霰，山川猶別離。浩思憑尊酒，氛氳獨含辭。

又 卷五一四《朱慶餘〈鳳翔西池與賈島納涼〉》 四面無炎氣，清池闊復深。蝶飛逢草住，魚戲見人沉。拂石安茶器，移牀選樹陰。幾迴同到此，盡日得閒吟。

南都

綜述

唐・元結《次山集》卷九《呂公表》 上元二年，置南都於荆州，爲江陵府，使舊相東平呂公爲江陵尹，兼御史大夫。分峽中、湖南及武陵、澧陽、巴陵凡一十七州，為荆南節度、觀察使。公理荆南三年，年五十一，薨於官。

《舊唐書》卷三九《地理志二・山南東道・荆州江陵府》 上元元年九月，置南都，以荆州為江陵府，長史為尹，觀察、制置，一準兩京。以舊相呂諲為尹，充荆南節度使，領澧、朗、硤、夔、忠、歸、萬等八州。又割黔中之涪，湖南之岳、潭、衡、郴、邵、永、道、連八州，增置萬人軍，以永平為名。

又 卷一八五下《良吏傳下・呂諲》 諲至治所，上言請於江陵置南都。九月，敕改荆州為江陵府。永平軍團練三千人，以遏吳蜀之衝。又析江陵，置長寧縣。又請割潭、衡、連、道、邵、柳、涪等七州，隸江陵府。

宋・王溥《唐會要》卷七一《州縣改置下・山南道》 荆州本大都督府，上元元年九月改為江陵府。

《新唐書》卷一四〇《呂諲傳》 諲始建請荆州置南都，詔可。於是更號江陵府，以諲爲尹。置永平軍萬人，遏吳蜀之衝。以湖南之岳、潭、郴、道、邵、連，黔中之涪凡七州，隸其道。

清・仇兆鰲《杜詩詳注》卷九《建都十二韻》　當時房琯分建之策與呂諲建都之請，前後事勢迥不相同。初，安史首亂時陷中原，破兩京，翦宗室，逼乘輿，唐室孤危極矣。故分建子弟之議，足使賊子膽寒。其後長安既復，兵勢復張，惟河北未平，故須專意北向，以除禍本。若建都荆門，虛張國勢，迂疏甚矣；且東南本無事，而勞民動衆，恐反生意外之虞，此作詩本意也。

藝　文

唐・張九齡《曲江集》卷三《登荆州城樓》　天宇何其曠，江城坐自拘。層樓百餘尺，迢遞在西隅。暇日時登眺，荒郊臨故都。纍纍見陳迹，寂寂想雄圖。古往山川在，今來郡邑殊。北疆雖入鄭，東距豈防吳？幾代傳荆國，當時敵陝郛。上流空有處，中土復何虞！枕席夷三峽，關梁豁五湖。承平無異境，守隘莫論夫。自罷金門籍，來參竹使符。端居向林藪，微尚在桑榆。直似王陵戇，非如寧武愚。今兹對南浦，乘雁與雙凫。

又《登荆州城望江》　滔滔大江水，天地相終始。經閱幾世人，復歎誰家子。東望何悠悠，西來晝夜流。歲月既如此，為心那不愁。

唐・孟浩然《孟浩然集》卷二《荆門上張丞相》　共理分荆國，招賢愧楚材。《召南》風更闡，丞相閣還開。覲止欣眉睫，沉淪拔草萊。坐登徐孺榻，頻接李膺杯。始慰蟬鳴柳，俄看雪間梅。四時年籥盡，千里客程催。日下瞻歸翼，沙邊厭曝鰓。佇聞宣室召，星象復中台。

唐・錢起《錢仲文集》卷三《奉和張荆州巡農晚望》　太清霽雲雷，陽春陶物象。明牧行春令，仁風助昇長。時和俗勤業，播植農厥壤。陰陰桑陌連，漠漠水田廣。郡中忽無事，方外還獨往。日暮駐歸軒，湖山有佳賞。宣城傳逸韻，千載誰此響？

唐・李白《李太白集》卷四《荆州歌》　白帝城邊足風波，瞿塘五月誰敢過。荆州麥熟繭成蛾，繰絲憶君頭緒多，撥穀飛鳴奈妾何！

唐・杜甫《杜工部詩集》卷九《建都十二韻》　蒼生未蘇息，胡馬半乾坤。議在雲臺上，誰扶黄屋尊？建都分魏闕，下詔闢荆門。恐失東人望，其如西極存。時危當雪恥，計大豈輕論？雖倚三階正，終愁萬國翻。牽裾恨不死，漏網辱殊恩。永負漢庭哭，遥憐湘水魂。窮冬客江劍，隨事有田園。風斷青蒲節，霜埋翠竹根。衣冠空穰穰，關輔久昏昏。願枉長安日，光暉照北原。

又　卷一七《峽隘》　聞説江陵府，雲沙静眇然。白魚如切玉，朱橘不論錢。水有遠湖樹，人今何處船？青山各在眼，却望峽中天。

又　卷一八《江陵望幸》　雄都元壯麗，望幸欵威神。地利西通蜀，天文北照秦。風煙含越鳥，舟楫控吳人。未枉周王駕，終期漢武巡。甲兵分聖旨，居守付宗臣。早發雲臺仗，恩波起涸鱗。

又《江陵節度使陽城郡王新樓成王請嚴侍御判官賦七字句同作》　樓上炎天冰雪生，高飛燕雀賀新成。碧窗宿霧濛濛濕，朱栱浮雲細細輕。仗鉞褰帷瞻具美，投壺散帙有餘清。自公多暇延參佐，江漢風流萬古情。

又《又作此奉衛王》　西北樓成雄楚都，遠開山嶽散江湖。二儀清濁還高下，三伏炎蒸定有無。推轂幾年惟鎮静，曳裾終日盛文儒。白頭授簡焉能賦，愧似相如爲大夫。

唐・劉長卿《劉隨州集》卷一《送裴使君赴荆南行軍司馬》　盛府南門寄，前程積水中。月明臨夏口，山晚望巴東。故節辭江郡，寒笳發渚宮。漢川風景好，遥羨逐羊公。

唐・王建《王司馬集》卷二《荆門行》　江邊行人暮悠悠，山頭殊未見荆州。峴亭西南路多曲，櫟林深深石鏃鏃。看炊紅米煮白魚，夜向雞鳴店家宿。南中三月蚊蚋生，黄昏不聞人語聲。生紗帷疏薄如霧，隔衣噆膚耳邊鳴。欲明不待燈火起，唤得官船過蠻水。女兒停客茆屋新，開門掃地桐花裏。犬聲撲撲寒溪烟，人家燒竹種山田。巴雲欲雨熏石熱，麋鹿過江蟲出穴。大蛇過處一山腥，野牛驚跳雙角折。斜分漢水横千山，山青水綠荆門關。向前問箇長沙路，舊是屈原沉溺處。誰家丹旐已南來，逢著流人從此去。月明山鳥多不栖，下枝飛上高枝啼。主人念遠心不懌，羅衫卧對章臺夕。紅燭交横各自歸，酒醒還是他鄉客。壯年留滯尚思家，况復白頭在天涯。

又　卷五《江陵即事》　瘴雲梅雨不成泥，十里津頭壓大堤。蜀女下沙迎水客，巴童傍驛賣山雞。寺多紅葉燒人眼，地足青苔染馬蹄。夜半獨眠愁在遠，北看歸路隔蠻溪。

唐・韓愈《昌黎集》卷三《李花贈張十一署》 江陵城西二月尾，花不見桃惟見李。風揉雨練雪羞比，波濤翻空杳無涘。君知此處花何似？白花倒燭天夜明，羣雞驚鳴官吏起。金烏海底初飛來，朱輝散射青霞開。迷魂亂眼看不得，照耀萬樹繁如堆。念昔少年著遊燕，對花豈省曾辭盃？自從流落憂感集，欲去未到先思迴。秪今四十已如此，後日更老誰論哉？力攜一罇獨就醉，不忍虛擲委黄埃。

唐・元稹《元氏長慶集》卷一一《泛江翫月十二韻并序》 予以元和五年，自監察御史貶授江陵士曹掾。六月十四日，張季友、李景儉二侍御，王文仲同録、王衆仲判官兩昆季，為予載酒炙，選聲音，自府城之南淮，攀月泛舟，窮竟一夕。予賦詩以紀之。

楚塞分形勢，羊公壓大邦。朋儕多士子，參量盡敦厖。岳壁開相對，荀龍自有雙。共將船繫泊，況是月臨江。遠樹懸金鏡，深潭倒玉幢。委波添淨練，洞照滅凝釭。闐咽沙頭市，玲瓏竹岸牕。巴童唱巫峽，海客話神瀧。已困連飛盞，猶催未倒缸。飲荒情爛熳，風棹樂崢摐。勝事他年盡，雄心此夜降。知君皆逸韻，須為應莛撞。

又 卷一八《過襄陽樓呈上府主嚴司空樓在江陵節度使宅北隅》 襄陽樓下樹陰成，荷葉如錢水面平。拂水柳花千萬點，隔林鶯舌兩三聲。有時水畔看雲立，每日樓前信馬行。早晚暫教王粲上，庾公應待月分明。

唐・白居易《白氏長慶集》卷一四《雨雪放朝因懷微之》 歸騎紛紛滿九衢，放朝三日為泥塗。不知雨雪江陵府，今日排衙得免無？

唐・劉禹錫《劉賓客文集》卷二二《寄荊南嚴司空》 蠻水阻朝宗，兵符下渚宮。前籌得上策，無戰已成功。漢使星飛入，夷心草偃同。歡謠開竹棧，拜舞擲桑弓。就日知冰釋，投人念鳥窮。網羅三面解，章奏九門通。卉服聯操袂，雕題盡鞠躬。降幡秋練白，驛騎晝塵紅。火號休傳警，機橋罷亘空。登山不見虜，振旆自生風。江遠烟波静，軍回氣色雄。佇看聞喜後，金石賜元戎。

又 卷二四《江陵嚴司空見示與成都武相公唱和因命同作》 南荊西蜀大行臺，幕府旌門相對開。名重三司平水土，威雄八陣役風雷。彩雲朝望青城起，錦浪秋經白帝來。不是郢中清唱發，誰當丞相掞天才？

又 卷二六《荊州歌二首》 渚宮楊柳暗，麥城朝雉飛。可憐踏青伴，乘暖著輕衣。

今日好南風，商旅相催發。沙頭檣竿上，始見春江闊。

唐・劉禹錫《劉賓客外集》卷八《自江陵沿流道中》 三千三百西江水，自古如今要路津。月夜歌謠有漁父，風天氣色屬商人。沙村好處多逢寺，山葉紅時覺勝春。行到南朝征戰地，古來名將盡為神。

唐・姚合《姚少監詩集》卷二《送陳倜赴江陵從事》 荊州勝事衆皆聞，幕下今朝又得君。才子何須藉科第，男兒終久要功勳。江村竹樹多於草，山路塵埃半是雲。新什定知饒景思，不應一向賦從軍。

唐・李紳《追昔遊集》卷上《過荊門》 荊江水闊煙波轉，荊門路繞山葱蒨。帆勢侵雲滅又明，山程背日昏還見。青青麥壠啼飛鴉，寂寞野徑棠梨花。行行驅馬萬里遠，漸入煙嵐危棧賒。林中有鳥飛出谷，月上千巖一聲哭。腸斷思歸不可聞，人言恨魄來巴蜀。我聽此鳥祝我魂，魂死勿學聲銜冤。縱為羽族莫棲息，直上青雲呼帝閽。此時山月如銜鏡，嵒樹參差互輝映。皎潔深看入澗泉，分明細見樵人徑。陰森鬼廟當郵亭，雞豚日宰聞膻腥。愚夫禍福自迷惑，魍魎憑何通百靈？月低山曉問行客，已酹椒漿拜荒陌。惆悵忠貞徒自持，誰祭山頭望夫石？

唐・李賀《昌谷集》卷四《江樓曲》 樓前流水江陵道，鯉魚風起芙蓉老。曉釵催鬢語南風，抽帆歸來一日功。鼉吟浦口飛梅雨，竿頭酒旗換青苧。蕭騷浪白雲差池，黄粉油衫寄郎主。新槽酒聲苦無力，南湖一頃菱花白。眼前便有千里愁，小玉開屏見山色。

唐・李頻《黎嶽集・送厲圖南往荊州覲伯》 雲水入荊湘，古來魚鳥鄉。故關重隔遠，春日獨行長。山溜含清瀨，江雷吐夜光。郡中詞客會，遊子更升堂。

唐・吳融《唐英歌詩》卷上《赴闕次留獻荊南成相公三十韻》 分閫兼文德，持衡有武功。荊南知獨去，海内更誰同？拔地孤峰秀，當天一鶚雄。雲生五色筆，月吐六鈞弓。骨格凌秋聳，心源見底空。神清滄灤沆，氣逸飲洪濛。臨事成奇策，全身仗至忠。解鞍欺李廣，煮弩笑臧洪。往昔逢多難，來茲故統戎。卓旗雲夢澤，撲火細腰宮。鏟土樓臺搆，連江雉堞籠。似平鋪掌上，疑湧出壺中。豈是勞人力？寧因役鬼工！本遺三戶在，今匝萬家通。晝舸横青雀，危檣列綵虹。席飛巫峽雨，袖拂宋亭風。埸廣盤毬子，池開引釣筒。禮賢金璧賤，煦物雪霜融。酒滿梁塵動，棋殘漏滴終。儉常資澹靜，貴絶恃穹崇。唯要臣誠顯，那求帝渥隆！甘棠名異奭，大樹姓非馮。自念為遷客，方諧謁上公。痛知遭止棘，頻嘆委飄蓬。借宅誅茅緑，分囷指粟紅。只慚燕館盛，寧覺阮途窮！涣汗沾明主，滄浪别釣翁。去曾憂塞馬，歸欲逐邊鴻。積感深於海，銜恩重極嵩。行行柳門路，回首下離東。

唐·羅隱《羅昭諫集》卷三《宿荆州江陵館》 西游象闕愧知音，東下荆溪稱越吟。風動芰荷香四散，月明樓閣影相侵。閒欹别枕千般夢，醉送征帆萬里心。薜荔衣裳木蘭檝，異時烟雨好追尋。

清·彭定求等《全唐詩》卷一一三《崔頌〈和張荆州九齡晨出郡舍林下〉》 優閑表政清，林薄賞秋成。江上懸曉月，往来虧復盈。天雲抗真意，郡閣晦高名。坐嘯應無欲，寧孤濟物情！

又 卷二〇〇《岑參〈送江陵黎少府〉》 悔繫腰間綬，翻為膝下愁。那堪漢水遠，更值楚山秋。新橘香官舍，征帆拂縣樓。王城不敢住，豈是愛荆州？

又 《送江陵泉少府赴任便呈衞荆州》 神仙吏姓梅，人吏待君來。渭北草新出，江南花已開。城邊宋玉宅，峽口楚王臺。不畏無知己，荆州甚愛才。

又 卷二〇六《李嘉祐〈送元侍御還荆南幕府〉》 迢遞荆州路，山多水又分。霜林澹寒日，朔雁蔽南雲。八座由持節，三湘亦置軍。自當行直指，應不為功勳。

又 卷二四五《韓翃〈送故人赴江陵尋庾牧〉》 主人持節拜荆州，走馬應從一路遊。斑竹岡連山雨暗，枇杷門向楚天秋。佳期笑把齋中酒，遠意閒登城上樓。文體此時看又别，吾知小庾甚風流。

又 卷二七一《竇鞏〈江陵遇元九李六二侍御紀事書情呈十二韻〉》 自見人相愛，如君愛我稀。好閒容問道，攻短每言非。夢想何曾問，追歡未省違。看花憐後到，避酒許先歸。柳寺春堤遠，津橋曙月微。漁翁隨去處，禪客共因依。蓬閣初疑義，霜臺晚畏威。學深通古字，心直觸危機。肯滯荆州掾，猶香柏署衣。山連巫峽秀，田傍渚宮肥。美玉方齊價，遷鶯尚怯飛。佇看霄漢上，連步侍彤闈。

又 《竇羣〈自京將赴黔南〉》 風雨荆州二月天，問人初雇峽中船。西南一望雲和水，猶道黔南有四千。

又 卷二八四《李端〈荆州泊〉》 南樓西下時，月裏聞來棹。桂水舳艫迴，荆州津濟鬧。移帷望星漢，引帶思容貌。今夜一江人，唯應妾身覺。

又 卷三〇一《王建〈江陵道中〉》 菱葉參差萍葉重，新蒲半折夜來風。江村水落平地出，溪畔漁船青草中。

又 卷三一七《武元衡〈冬日漢江南行將赴夏口途次江陵界寄裴尚書〉》 五部擁雙旌，南依墨客卿。關山迥梁甸，波浪接湓城。煙景迷時候，雲帆渺去程。蛤珠馮月吐，蘆雁觸羅驚。浦樹凝寒晦，江天湛鏡清。賞心隨處愜，壯志逐年輕。舟檝不可駐，提封如任情。向方曾指路，射策許言兵。蘭渚歇芳意，菱歌非應聲。元戎武昌守，羊祜幸連營。

又 卷八〇一《薛瓊〈賦荆門〉》 黄鳥翻紅樹，青牛卧緑苔。渚宮歌舞地，輕霧鎖樓臺。

五代都城分部

綜 述

《新五代史》卷六〇《職方考》 汴州。唐故曰宣武軍，梁以汴州為開封府，建為東都。後唐滅梁，復為宣武軍。晉天福三年，升為東京。漢、周因之。

洛陽。梁、唐、晉、漢、周常以為都。唐故為東都，梁為西都，後唐為洛京，晉為西京，漢、周因之。

雍州。唐故上都，昭宗遷洛，廢為佑國軍。梁初，改京兆府曰大安，佑國軍曰永平。唐滅梁，復為西京。晉廢為晉昌軍。漢改曰永興，周因之。

魏州。唐故曰大名府，置天雄軍，五代皆因之。後唐建鄴都，晉、漢因之。至周，罷大名府。後唐曰興唐，晉曰廣晉，漢、周復曰大名。

宋·王應麟《通鑑地理通釋》卷四《歷代都邑考·五代都》 梁朱晃以汴州宣武節度建國，升為東都開封府。以唐東都為西都，廢京兆府為雍州。後唐莊宗卽位於魏州，同光二年升魏州為東京興唐府，三年改為鄴都。滅梁遷洛京。元年以太原為西京，鎮州為北都，又復北都為鎮州，太原為北都，復汴州為宣武軍，永平軍為西都。二年以洛京為東都。晉石敬瑭鎮太原，卽位都洛陽，徙都汴。行闕以大寧宮為名，升汴州為東京開封府，以洛陽為西京，雍州為晉昌軍，改興唐府為廣晉府，復為鄴都。漢劉暠卽位於太原，都汴。改晉昌為永興軍，廣晉為大名府。周郭威都汴。廣順二年修大梁城，三年築郊社壇，作太廟於大梁。顯德元年廢鄴都。二年以大梁城中迫隘，詔展外城。

明·方以智《通雅》卷一七《地輿·九州建都考略·五代都》 朱晃都汴。後唐莊即位于魏州，遷洛。晉石敬塘太原即位，都洛，徙汴。漢劉暠即位于太原，都汴。周郭威都汴。

清·顧炎武《歷代帝王宅京記》卷二一《總序下》 梁太祖開平元年夏四月戊辰，以汴州為開封府，建東都，以唐東都為西都，廢西京為雍州佑國軍。

後唐莊宗同光元年夏四月己巳，以興唐府建東京，太原府建西京，以鎮州為真定府建北都。冬十一月乙巳，罷北都為鎮州成德軍，以太原為北都。丙辰，復汴州為宣武軍。辛酉，復西京京兆府。三年春三月辛酉，改東京為鄴都，以洛京為東都。

明宗天成四年夏六月戊申，罷鄴都。

晉高祖天福三年冬十月庚辰，復以汴州為東京，洛陽為西京，以西京為雍州晉昌軍。十一月辛亥，復鄴都。

周高祖顯德元年春正月戊寅，罷鄴都。

世宗顯德三年春正月戊戌，發開封府曹、滑、鄭州民十餘萬，築大興外城。

清·嵇璜等《續通志》卷一一〇《都邑略·五代都》 梁太祖因宣武軍資力以篡唐，因而居汴。開平元年，以汴州為開封府，建東都，以唐東都為西都。

後唐莊宗同光元年，即位於魏州，升魏州為興唐府，建東京。《五代史·莊宗紀》：同光三年，改東京為鄴都。以唐北都為西京，尋復為北都。《冊府元龜》：後唐莊宗同光元年夏四月，以太原為西京，冬十一月改為北都。按後唐初以鎮州真定府為北京，後罷真定，又以京兆為西京，故改此。復京兆府為西京，《冊府元龜》：後唐同光元年，復以永平軍大安府為西京京兆府。按《通鑑》，天祐初，朱全忠奏廢西京，置佑國軍大安府，又改為永平軍。至後唐始復。歐史改京兆府在同光三年，薛居正舊史作元年。以洛陽為洛京。同光三年，復為東都。司馬光《資治通鑑》：莊宗同光元年，河南尹張全義請遷都洛陽，從之。按《五代史·莊宗紀》：同光元年如洛京，三年始定為東都。《五代會要》：三年，詳定院奏云：近以中興大業以魏州為東京，權名東都為洛京，今後以洛京為東都。

晉高祖天福二年，以汴州行宮為大寧宮。三年，升為東京，以洛陽為西京，鄴都仍唐舊。《五代會要》：天福二年，改興唐府為廣晉府，三年復升為鄴都。

漢東京、西京，皆同晉制，以太原為北京。《冊府元龜》：漢高祖以天福十二年二月即位於太原宮，以太原為北京。《五代史》：高祖即位，是年五月以太原尹劉崇為北京留守，丙申如東京，六月甲子至自太原。乾祐元年，以晉鄴都廣晉府為大名府。按，大名府唐改，後唐曰興唐府，晉曰廣晉府，漢復舊名。

周東京、西京，同晉制。

後梁東西二京

《舊五代史》卷一五〇《郡縣志》 梁開平元年，梁祖初開國，升汴州爲開封府，建名東京。元管開封、浚儀、陳留、雍丘、封丘、尉氏六縣，至是割滑州之酸棗、長垣，鄭州之中牟、陽武，宋州之襄邑，曹州之戴邑，許州之扶溝、鄢陵，陳州之太康九縣隸焉。

又 卷三《梁書·太祖紀三》 （開平元年四月）戊辰即位。制曰：【略】古者興王之地，受命之邦，集大勳有異庶方，霑慶澤所宜加等。故豐、沛著啓祚之美，穰、鄧有建都之榮。用壯鴻基，且旌故里，爰遵令典，先示殊恩。宜升汴州爲開封府，建名東都。其東都改爲西都。仍廢京兆府爲雍州、佑國軍節度使。【略】

是月，制宫殿門及都門名額：正殿爲崇元殿，東殿爲元德殿，内殿爲金祥殿，萬歲堂爲萬歲殿。門如殿名。帝自謂以金德王，又以福建上獻鸜鵒，諸州相繼上白烏、白兔洎白蓮之合蒂者，以爲金行應運之兆，故名殿曰金祥，以大内正門爲元化門，皇牆南門爲建國門，滴漏門爲啓運門，下馬門爲升龍門，元德殿前門爲崇明門，正殿東門為金烏門，西門為玉兔門，正衙東門為崇禮門，東偏門為銀臺門，宴堂門為德陽門，天王門為賓天門。皇墻東門為寛仁門，浚儀門為厚載門。皇墻西門爲神獸門，望京門爲金鳳門，宋門爲觀化門，尉氏門爲高明門，鄭門爲開明門，梁門爲乾象門，酸棗門爲興和門，封丘門爲含耀門，曹門爲建陽門。升開封、浚儀爲赤縣，尉氏、封丘、雍丘陳留爲畿縣。

（五月）辛卯，以東都舊第爲建昌宫，改判建昌宫事爲建昌宫使。初，帝創業之時，以四鎮兵馬倉庫籍繁，因總置建昌院以領之。至是改爲宫，蓋重其事也。

甲午，【略】以西都水北宅爲大昌宫。【略】（六月癸亥）以西都徽安門北路逼近大内宫垣，兼非民便，令移自榆林，直趣瑞門之南。

又　卷四《梁書・太祖紀四》　（開平三年正月丙申）改西京貞觀殿為文明殿，含元殿為朝元殿。二月，改思政殿爲金鑾殿。敕東都曰：『自昇州作府，建邑爲都，未廣邦畿，頗虧國體。其以滑州酸棗縣長垣縣、鄭州中牟縣陽武縣、宋州襄邑縣、曹州戴邑縣、許州扶溝縣鄢陵縣、陳州太康縣等九縣，宜並割屬開封府，仍昇爲畿縣。』【略】

（三年七月）丙寅，命宰臣楊涉赴西都，以孟秋享太廟。改章善門爲左、右銀臺門，其左、右銀臺門卻改爲左、右興善門。敕：『大内皇牆使諸門，素來未得嚴謹，將令整肅，須示條章。宜令控鶴指揮，應於諸門各添差控鶴官兩人，守帖把門。其諸司使並諸司諸色人，並勒於左、右銀臺門外下馬，不得將領行官一人輒入門里。其逐日諸道奉進，客省使於千秋門外排當訖，勒控鶴官舁擡至内門前，准例令黄門殿直以下舁進，輒不得令諸色一人到千秋門内。其興善門仍令長官關鎖，不用逐日開閉。』是日又敕：『皇牆大内，本尚深嚴，宫禁諸門，豈宜輕易。未嘗條制，交下因循，苟出入之無常，且公私之不便。須加鈐轄，用戒門閭。宜令宣徽院使等切准此處分。』

宋・王溥《五代會要》卷一九《開封府》　梁開平元年四月二十三日敕：『升汴州爲東京，置開封府，以開封、浚儀兩縣爲赤縣，其餘屬縣爲畿縣。』是月敕：『東京諸城門，宜賜名額：宋門爲觀化門，尉氏門爲高明門，鄭門爲開明門，梁門爲乾象門，酸棗門爲興和門，封丘門爲含曜門，曹門爲建陽門。』

又　卷五《大内》　梁開平元年四月，改正衙殿爲崇元殿，東殿爲玄德殿，内殿爲金祥殿，萬歲堂爲萬歲殿。門如殿名。大内正門爲元化門，皇城南門爲建國門，滴漏門爲啓運門，下馬門爲昇龍門，玄德殿前門爲崇明門，正殿東門爲金烏門，西門爲玉兔門，正衙東門爲崇禮門，東偏門爲銀臺門，晏堂門爲德陽門，天主門爲賓天門，皇城東門爲寬仁門，浚儀門爲厚載門，皇城西門爲神獸門，望京門爲金鳳門。

三年十一月，以乾文院爲文思院，行從殿爲興安殿，毬場爲興安毬場，弓箭庫殿爲宣威殿。右已上東京。

梁開平二年正月，改正觀殿為文明殿，含元殿為朝元殿。

三年十月，改左、右章善門為左、右銀臺門，其左、右銀臺門為左、右興善門。右已上西京。

宋・王欽若等《册府元龜》卷一九六《閏位部・建都》　梁太祖開平元年【略】五月，改文思院為乾文院，同和院改為佐鑾院，以西都水北宅為大昌宫。

《新五代史》卷二《梁紀・太祖下》　（開平元年夏四月戊辰）升汴州爲開封府，建爲東都，以唐東都爲西都。廢京兆府爲雍州。

後唐一京四都

《舊五代史》卷二九《唐書・莊宗紀三》　（同光元年四月）詔升魏州爲東京興唐府，改元城縣爲興唐縣，貴鄉縣爲廣晉縣。以太原爲西京，以鎮州爲北都。

又　卷三〇《唐書・莊宗紀四》　（同光元年十二月）詔改僞梁永平軍大安府復爲西京京兆府。

又　卷三二《唐書・莊宗紀六》　（同光三年三月）辛酉，詔本朝以雍州爲西京，洛州爲東都，并州爲北都。近以魏州爲東京，宜依舊以洛京爲東都，魏州改爲鄴都，與北都並爲次府。

又 卷一五〇《郡縣志·河北道·鎮州》 後唐同光元年四月改爲北京，至十一月，卻復爲成德縣。

宋·王溥《五代會要》卷一九《河南府》 後唐同光三年三月，詳定院奏：『近升魏州爲東京，臣檢故事，須先定兩府。未審依舊以京兆及河南爲兩府，太原、興唐爲次府；爲復以興王之地別定府名？』敕：『故事，雍州爲西京，洛州爲東都，太原府在兩府之次。近以中興大業，以魏州爲東京興唐府，權名東都爲洛京。今後依舊以洛京爲東都，魏州改爲鄴都興唐府，與北都太原府並爲次府。』

長興三年四月，中書門下奏：『本朝都長安，以京兆府爲上，今都洛陽，請以河南府爲上。』從之。

又 《京兆府》 後唐同光元年十二月，廢永平軍額，復爲西京京兆府，大安縣爲長安縣，大年縣爲萬年縣。

又 《大名府》 後唐同光元年四月，升魏州爲東京，都督府曰興唐府，元城縣爲興唐縣，貴鄉縣爲廣晉縣。至三年三月改爲鄴都，興唐爲次府。

天成四年五月敕：『先升魏州爲鄴都，有留守、王城使及宮殿諸門園亭名額，並廢。』

又 卷二六《街巷》 後唐同光二年八月敕：『在京應有空閒地，任諸色人請射蓋造。藩方侯伯、內外臣寮於京邑之中無安居之所，亦可請射，各自修營。其空閒有主之地，仍限半年本主須自修蓋，如過限不見屋宇，亦許他人占射。』其月敕：『諸道觀察、防禦、團練等使、刺史，出司土宇，入覲朝廷，將壯宸居，須崇甲第。宜於洛京，修宅一區。』

又 《城郭》 後唐天成元年四月敕：『京都之內，古無郡城。本朝多事已來，諸侯握兵自保。張全義土功斯設，李罕之砦地猶存。時已廓清，固宜除剗。若特差夫役，又恐擾人，宜令河南府先分擘出舊日街巷，其城壕許占射平填，便任蓋屋宇。其城基內舊有巷道處，便為巷道。不得因循，妄有侵射。仍請射後，限一月，如無力平剗，許有力人戶占射平填。』

又 卷五《大內》 後唐同光二年正月，改朝元殿爲含元殿，崇勳殿爲中興殿。應順門爲永曜門，太平門爲萬春門，通政門爲廣政門，鳳鳴門爲韶和門，萬春門爲中興門。解慍殿爲端明殿。其年九月，以內園新殿爲長春殿。右已上西京。

宋·王欽若等《册府元龜》卷一四《帝王部·都邑》 後唐莊宗同光元年四月，即位於魏州。是月，升魏州為東京，改元城縣曰興唐，貴鄉縣曰廣晉，都督府曰興唐府。以太原為西京，鎮州為北都。

十二月壬申敕：汴州偽庭所立殿宇諸門並去牌額，復本名。其宣武軍額置於咸安門。所在宮苑即充行宮。應有不合安鴟吻處，並可去之。

二年正月丁未敕：朝元殿北是明堂殿，偽梁改為朝元殿，今復舊名。其崇勳殿宜改為中興殿，應順門改為永曜門，太平門改為萬春門，通政門改為廣政門，鳳鳴門改為韶和門，萬春門改為中興門，解卸殿改為端明殿。

八月敕：三川奧壤，四海名區，為帝王光宅之都，乃符瑞薦臻之地。周朝始建卜年，遂啓於延洪；漢室中興即土，是圖於遠大。咸茲建極。至我本朝，壯麗可觀，浩穰為最。千門萬戶，寔為富庶之鄉；接廡連甍，宛有升平之俗。而自僞梁僭逆，諸夏憑陵，尋干戈而虐用蒸黎，恣塗炭而毒流草木。依憑兔苑，嘯聚梟巢，遂令輦轂之間，鞠興蕪没之歎。朕自削平大憝，纂嗣丕圖，重興卜雒之都，永啓朝宗之會。將資久遠，須議葺脩，務令壯觀於九重，實在駢羅於萬戶。京城應有空閒地，任諸色人請射蓋造。藩方侯伯，內外臣寮，於京邑之中無安居之所，亦可請射，各自修營。其空閒有主之地，仍限半年本主須自脩蓋。如過限不蓋屋宇，亦許他人占射。貴在成功，不得虛占。

是月辛巳，詔曰：朕刷盪妖氛，收復京輦，三靈胥悅，萬國駿犇。凡在炤臨，畢同欣戴，或出司土宇，入覲朝廷。若無列第於神州，何表愛君之誠節？諸道節度、觀察、防禦、團練、刺史等，竝宜令雒京修宅一區。既表皇居之壯麗，復佳清雒之浩穰。因我后之化家，覩羣居之戀闕。

壬午，西都奏重修華清宮温湯屋宇。

三年三月，詳定院奏：近幷魏州為東京，簡諸道州縣，須先定兩府，始可各定官品。未審依故事，京兆、河南為兩府，太原、興唐為次府，天復以興王之地，别有進止。敕：不唯府額，各定於等差；兼亦都名，須正於升降。將為經久之制，宜遵固本之文。本朝故事，雍州為西京京兆府，雒州為東都河南府，是謂京都兩府。幷州舊為北都太原府，在兩府之次。近以中興大業，以魏州為東京興唐府，權為東京為雒京。竊以雒京歷代帝王之都，四方朝貢所便。爰自漢魏，迄于隋唐，方建都城，是比宸極。宜依舊以雒京為東都，魏州改為鄴都興唐府，與北京太原府並為次府。豈獨設官分職，命秩免惑於有司？抑亦畫界分疆，取則無違於故事。

四月壬寅，武德使上言重修嘉慶殿，請丹漆金碧以營之。帝曰：『此殿為火所廢，不可不修，但務宏壯，何煩華侈？』尋改為廣壽殿。

六月壬戌敕：河南府開永通、厚載二門，應京城內空閒地，如本主有力，即速令蓋造；若不脩營，即許諸色人請射起屋。

其月，左諫議大夫崔憓上言曰：臣伏見雒都，頃當制葺之初，荒凉至甚，纔通行逕，徧是荆榛。此際集人開耕，便許為主，或農或圃，逾三十年。近歲居人漸多，里巷頗隘，須增屋室，宜正街坊。都邑之制度既成，華夏之觀瞻益壯。因循未改，污濁增深。竊惟舊制宮苑之側，不許停穢惡之物。今以菜園相接，宗廟、祠宇、公府、民家穢氣薰蒸，甚非蠲潔。請議條制，俾令四方則之。

八月，左補闕楊途奏：明君舉事，須合前規。竊見京城之內，尚有南州、北州。縱市井不可移改，城池即宜毀廢。復見都城舊墻，多已摧塌。不可使浩穰神京，旁通綠野，徘徊壁壘，俯近皇居。無或因循，常宜脩葺。初，光啓末張全義為河南尹，為蔡賊所攻，乃於南市一方之地，築壘自固；後更於市南，又築嘉善坊，為南城。天復修都之際，元未毀撤。途所奏，頗適事宜。

九月，中書奏：右補闕楊途先奏毀廢京內南北城。臣簡到同光二年八月二十七日河南尹張全義奏：臣自僖宗朝叨蒙委寄，節制雒京。臨莅之初，須置城壘，臣乃取南市曹界分，兼展一兩坊地，修築兩城，以立府衙廨署。今區宇既平，理合毀廢。其城濠如一時平治，即計功不少。百姓忙時，難為差使。今欲且平女墻及擁門，餘候農隙，別取進止者。奉敕：京都之內，古無郡城。本朝多事以來，諸侯握兵自保。張全義土功未毀，李罕之寨地猶存。時既朗清，故宜除剗。若時差夫役，又恐擾人。宜令河南府先分擘出舊日街巷，其城壕許人占射平填，便任蓋造屋宇。其城基內舊有巷道處，便為巷道。不得因循，妄有侵占。仍請限一月，如無力平剗，許有力人戶占射平填。

庚申，新作興教門樓。

明宗長興元年正月：宗正少卿李延祚奏：請止絶車牛不於天津橋來往。

二年六月戊辰，應京城六街及諸閒坊先許人脩建屋室，近聞侵地太多，乃至不通車駕，今後蓋造外，須通車馬，或有越衆牽蓋，並須畫時毀拆；幷果園池亭外，餘種蒔菜園空閒田地，如本自辦，即限三月內蓋造須畢。如自不辦，並許人收買。敕旨：伊雒之都，皇王所宅，乃夷夏歸心之地，非農桑取利之田。當亂離而曾是荒凉，及開泰而競為脩葺。從來閒寂，多已駢闐，永安天邑之居，宜廣神州之制。宜令御史臺、兩街使、河南府專切依次第擘畫，曉示衆多，勿容侵越。或有利便，亦可臨時詳度奏聞。

其月，河南府奏：准敕京城坊市人戶菜園許人收買，切慮本主占佃年多，以鬻蔬為業，固多貧寠，豈辦蓋造？恐資有力，轉傷貧民。敕旨：都邑之間，殷繁是貴，欲九重之轉盛，在百堵以齊興。作事斷自於不疑，出令必歸於畫一。比據巡司申奏，為有亂射土田，遂設規程，令還價值。只要增修舍屋，添益閭閻，貴使華夏，共觀壯麗。朝廷以邦本興隆之計，務使駢闐府司以園圃價例之，間恐傷貧下，備詳敷奏，須議允俞。其在京諸坊，若是有力人戶及形勢、職掌曹司等已有居第外，於別處及連宅置得菜園，令園子主把或典賃與人者，並准前敕價例出賣，不得輒有違越。如實是貧窮不濟人戶，置得園圃年多，手自灌園，身自賣菜，以供衣食者，則與等第，特添價直，仍使買者不得廣置地位，各量事力，須議修營，並要酌中，庶無踰越。

三年二月庚午，脩平頭門樓畢，名乾通之門。【略】

四年六月，詔宮西新園宜名永芳園，其間新殿宜名和慶殿。

《新五代史》卷五《唐紀·莊宗下》（同光元年）夏四月己巳，【略】以魏州為東京，太原為西京，鎮州為北都。【略】

十一月乙巳，復北都爲鎮州，太原爲北都。

又　卷六〇《職方考》　幷州，後唐建北都，其軍仍曰河東。

宋·司馬光《資治通鑑》卷二七二《後唐紀一》（同光元年十一

月）張全義請帝遷都洛陽，從之。

《考異》曰：《實録》：『甲辰，議脩洛陽太廟。』按梁以汴州爲東京，洛京爲西京。莊宗以魏州爲東京，太原爲西京，真定爲北都。及滅梁，廢東京爲汴州，以永平軍爲西京，而不云以洛陽爲何京。若以爲東京，則與魏州無以異。諸書但謂之洛京，亦未嘗有詔改梁西京爲洛京也。至同光三年始詔依舊以洛京爲東都。或者以永平爲西京時卽改梁西京爲洛京，而史脱其文也。今無可質正，故但謂之洛陽。

又　卷二七三《後唐紀二》（同光三年三月）庚辰，帝至洛陽。辛酉，詔復以洛陽爲東都，興唐府爲鄴都。

後晉三京一都

《舊五代史》卷七六《晉書·高祖紀二》　天福元年十一月己亥，帝御北京崇元殿，降制改長興七年爲天福元年，大赦天下。

又　卷七七《晉書·高祖紀三》（天福三年十月）庚辰，御札曰：『爲國之規，在於敏政；建都之法，務要利民。歷考前經，朗然通論，顧惟凉德，獲啓丕基。當數朝戰伐之餘，是兆庶傷殘之後，車徒既廣，帑廩咸虚。經年之輓粟飛芻，繼日而勞民動衆，常煩漕運，不給供須。今汴州水陸要衝，山河形勝，乃萬庾千箱之地，是四通八達之郊。爰自按巡，益觀宜便，俾升都邑，以利兵民。汴州宜升爲東京，置開封府，仍升開封、浚儀兩縣爲赤縣，其餘升爲畿縣。應舊置開封府時所管屬縣，並可仍舊割屬收管，亦升爲畿縣。其洛京改爲西京，其雍京改爲晉昌軍，留守改爲節度觀察使，依舊爲京兆府，列在七府之上。【略】

（十一月）辛亥，升廣晉府爲鄴都，置留守。升廣晉、元城兩縣爲赤縣，屬府諸縣升爲畿縣。

又　卷七八《晉書·高祖紀四》（天福四年）二月辛卯，改東京玉華殿爲永福殿。中書上言：『太原潛龍莊望建爲慶昌宮，使相鄉望改爲龍飛鄉，都尉里望改爲神光里。』從之。

又　卷八一《晉書·少帝紀一》（天福七年秋七月）戊子，詔應宮殿、州縣及官名、府號、人姓名，與先帝諱同音者改之。改西京明堂殿爲宣德殿，中書政事堂爲政事廳。

又　卷八九《晉書·桑維翰傳》　乃密上疏曰：【略】臣又以鄴都襟帶山河，表里形勝，原田沃衍，戶賦殷繁，乃河朔之名藩，實國家之巨屏。卽今主帥赴闕，軍府無人，臣竊思慢藏誨盜之言，恐非勇夫重閉之意，願迴深慮，免起奸謀。欲希陛下暫整和鑾，略謀巡幸。雖櫛風沐雨，上勞於聖躬；而杜漸防微，實資於睿略。

又　卷一五〇《郡縣志》　晉天福中，（汴州）復升為東京，復以前五縣隸之。漢、周並因之。

宋·王溥《五代會要》卷一九《開封府》　晉天福三年十月敕：『汴州宜升爲東京，置開封府，以開封、浚儀兩縣復爲赤縣，其餘屬縣爲畿縣。應舊制開封府時管屬縣分，並可仍舊。』其月敕：『東京諸城門，宜署名額：南面尉氏門爲薰風門；西面鄭門爲金義門，梁門爲乾明門；北面酸棗門爲玄化門，封丘門爲宣陽門；東面曹門爲迎春門，宋門爲仁和門。其牌額宜令翰林院書勒呈進。』

又　《河南府》　晉天福三年十月，敕改東都爲西京。

又　《大名府》　晉天福二年九月，改興唐府爲廣晉府，興唐縣爲廣晉縣。

三年十一月敕：『魏州廣晉府復升爲鄴都，置留守，廣晉、元城兩縣爲赤縣，其餘屬縣爲畿縣。』

七年四月敕：『鄴都諸門宜賜名額：羅城南塼門爲廣運門，觀音門爲金明門，橙糟門爲清景門，冠氏門爲永芳門，朝城門爲景風門。大城南門爲昭明門，觀音門爲廣義門，北河門爲靖安門，魏縣門爲膺福門，冠氏門爲迎春門，朝城門爲興仁門，上斗門爲延清門，下斗門爲適遠門。』

開運二年四月敕：『鄴都依舊爲天雄軍。節度管內觀察處置等使，鄴都留守廣晉尹。』

又　卷五《太寧宮》　晉天福二年五月，御史臺奏：『汴州在梁室朱氏稱制之年，有京都之號。及唐莊宗平定河南，復廢爲宣武軍。至明宗行幸之時，掌事者因緣修葺衙城，遂掛梁室時宮殿門牌額，當時識者咸竊非之。一昨車駕省方，暫居梁苑，臣觀衙城內齋閤牌額，一如明宗行幸之時，無都號而有殿名，恐非典據。臣等竊惟秦、漢以來，寰海之內，鑾輿所至，多立宮名。近代隋室於揚州立江都宮，太原立汾陽宮，岐州立仁壽宮；唐朝於太原立晉陽宮，同州立長春宮，岐州立九成宮。宮中殿閣，皆題署牌額，以類皇居。請准故事，於汴州衙城門權掛一宮門牌額，則其餘齋閣，並可取便爲名。』敕：『行闕宜乙太寧宮爲名。』

三年十月敕：『汴州昇爲東京，其太寧宮門樓宜以顯德爲名。』

又《諸宮》 晉天福二年十一月，中書門下奏：『請以洛京潛龍舊宅爲廣德宮，北京舊宅爲興義宮，北京舊莊爲慶昌宮。』

又《鄴都》 晉天福六年八月，改皇城南門應天門爲乾明門，北門爲玄德門，西門爲千秋門，東門爲萬春門。

七年三月，改宣明門爲來鳳門。武德殿爲視政殿，文思殿爲崇德殿，畫堂爲天清殿，寢殿爲乾福殿。

宋·王欽若等《册府元龜》卷一四《帝王部·都邑》 晉高祖天福二年正月丙寅，改中興殿、中興門爲天福殿、天福門。五月丙辰，御史中丞張昭遠奏：『汴州在梁室朱氏稱制之年，有京都之號，及唐莊宗平河南，復廢爲宣武軍。至明宗行幸之時，掌事者因緣脩葺衙城，遂掛梁室時宮殿門牌額，當時識者或竊非之。一昨車駕省方，暫居梁苑，臣觀衙城內齋閣牌額，一如明宗行幸之時，無都號而有殿名，恐非典據。臣竊尋秦、漢已來，寰海之內，鑾輿所至，多立宮名。近代隋室於揚州立江都宮，太原立汾陽宮，岐州立仁壽宮。唐朝於太原立晉陽宮，同州立長春宮，岐州立九成宮。宮中殿閣，皆題署牌額，以類皇居。臣伏准故事，請於汴州衙城門權掛一宮門牌額，則其餘齋閣，並可以取便爲名，庶使天下式瞻，稍爲宜稱者。』敕旨：『行闕宜以大寧宮爲名，其餘候續敕處分。』【略】

（三年十月）丁亥，詔改太寧宮門爲明德門，又改京城諸門名額，南門尉氏門以薰風爲名，西二門鄭門、梁門以金義、乾明爲名，北二門酸棗、封丘門以玄化、宣陽爲名，東二門曹門、宋門以迎春、仁和爲名。

四年二月辛卯，改東京玉華殿爲永福殿。三月己卯，改明德殿爲滋德殿，宮城南門同名故也。

七年閏三月，敕改宣明門爲朱鳳，武德殿爲視政，文思殿爲崇德，畫堂爲太清，寢殿爲乾福，其門悉從殿名。皇城南門改爲乾明，北爲玄德，東爲萬春，西爲千秋。

《新五代史》卷八《晉紀·高祖》 （天福三年冬十月）庚辰，升汴州爲東京，以洛陽爲西京，雍州爲晉昌軍。

宋·司馬光《資治通鑑》卷二八一《後晉紀二》 （天福三年）帝以大梁舟車所會，便於漕運，丙辰，建東京於汴州，復以汴州爲開封府，以東都爲西京，以西都爲晉昌軍節度。

後漢三京一都

《舊五代史》卷一〇〇《漢書·高祖紀下》 （天福十二年六月）丙辰，車駕至洛。兩京文武百寮自新安相次奉迎。【略】甲子，車駕至東京。【略】（九月）庚辰，車駕發京師。【略】（十月丙申）致鄴都城下。【略】（十二月）丙戌，車駕發鄴都歸京。癸巳，至自鄴都。

宋·王欽若等《册府元龜》卷一四《帝王部·都邑》 漢高祖以天福十二年二月卽位於太原宮，以太原爲北京。五月，車駕至東京。卽汴州也。

又 卷九五《帝王部·赦宥第十四》 （天福十二年）六月甲子至東京戊辰赦曰：【略】其東、西兩京一百里內，今年夏税及沿徵物色，並與蠲放。【略】其京城內今年廛税，與減一半。【略】浚都重地，汴水名區，控襟帶於八方，便梯航於萬國，眷言王氣，允稱皇居。其汴州，宜仍舊為東京。

宋·司馬光《資治通鑑》卷二八七《後漢紀二》 （天福十二年六月）戊辰，帝下詔大赦。【略】復以汴州爲東京。

宋·葉隆禮《契丹國志》卷四《世宗孝和莊憲皇帝》 漢主至大梁，晉之藩鎮相繼降之，復以汴州為東京。

後周兩京

《舊五代史》卷一一二《周書·太祖紀三》 （廣順二年春正月）壬戌，修東京羅城，凡役丁夫五萬五千，兩旬而罷。

又 卷一一八《周書·世宗紀五》 （顯德五年五月）乙未，立東京羅城諸門名額，東二門曰寅賓、延春，南三門曰朱明、景風、畏景，西二門曰迎秋、肅政，北三門曰元德、長景、愛景。

宋·王溥《五代會要》卷二六《城郭》 周廣順二年正月，詔開封府修補京師羅城，率畿內丁夫五萬五千版築，旬日而罷。

顯德二年四月詔曰：『惟王建國，實曰京師，度地居民，固有前則。東京車馬輻輳，水陸會通，時向隆平，日增繁盛，而都城因舊，制度未恢，諸衛軍營或多窄狹，百司公署無處興修。加以坊市之中，邸店有限，工商外至，億兆無窮，僦賃之資，增添不定，貧乏之戶，供辦實難。而又屋宇交連，街衢湫隘，入夏有暑濕之苦，居常多煙火之憂。將便公私，須廣都邑，宜令所司於京城四面別築羅城，先立標識，候將來冬末春初農務閑時，即量差近甸人夫，漸次修築，春作纔動，便令放散，或土功未畢，即次年修築。今後凡有營葬及興窑竈幷草市，並須立標識七里外。其標識內，候官中擘畫，定軍營、街巷、倉場、諸司公廨院務了，即任百姓營造。』至三年正月，發畿內及滑、曹、鄭之丁夫十餘萬，築新羅城。仍使曹州節度使韓通充部署大使。

又 卷一九《開封府》 周顯德五年五月，賜東京城門名額：南面三門曰朱明門、景風門、畏景門，西面二門曰迎秋門、肅政門，北面三門曰玄德門、長景門、愛景門，東面二門曰寅賓門、延春門。

又 卷五《大内》 周廣順元年六月敕：『以薰風等門爲京城門，明德等門爲皇城門，啓運等門爲宮城門，昇龍等門爲宮門，崇元等門爲殿門。』右以上東京。

宋・王欽若等《冊府元龜》卷一四《帝王部・都邑》 周太祖廣順元年六月，以唐都長安時京城等門比定今東京諸門，薰風等為京城門，明德門為皇城門，啓運等為宮城門，昇龍等為宮門，崇元等為殿門。

二年正月，詔開封府脩補京師羅郭，率府界丁夫五萬五千板築，旬日罷。以積年不脩不可通過，兼淘抒舊壕，免雨水壞民廬舍故也。

三年【略】十月，敕入厚載門內向東橫街東北屋宇，宜令弘文館、史館、集賢等三館於此分擘廨署。

世宗顯德元年七月，西京留守武行德率其部民萬數，完雒陽羅城。先是，車駕自太原廻，行德覲於河陽。帝以雒表城隍頹缺有日矣，因面諭行德，令葺之。繇是徵丁夫數千而加板築焉。【略】

三年六月癸亥，詔曰：『輦轂之下，謂之浩穰，萬國駿奔，四方繁會。此地比爲藩翰，近建京都，人物諠闐，閭巷隘陜，雨雪則有泥濘之患，風旱則多火燭之憂，每遇炎蒸，易生疫疾。近者開廣都邑，展引街坊，雖然暫勞，久成大利。朕昨自淮上迴及京師，周覽康衢，更思通濟，千門萬戶，庶諧安逸之心，盛暑隆冬，倍減寒溫之苦。其京城內街道闊五十步者，許兩邊人戶各於五步內取便種樹掘井、修蓋涼棚，其三十步以下至二十五步者，各與三步，其次有差。』

五年五月，賜東京新城諸門名額：在寅曰寅賓門，在辰曰延春門，在巳曰朱明門，在午曰景風門，在未曰畏景門，在申曰迎秋門，在戌曰肅政門，在亥曰玄德門，在子曰長景門，在丑曰愛景門。改大內東偏舊賓天門爲通苑門，又以京城東新修驛爲懷信驛，以待江南貢使焉。

恭帝顯德六年十二月，改萬歲殿爲紫宸殿。

宋・趙德麟《侯鯖録》卷三 （東京）新城乃周世宗顯德二年四月詔別築新城，周回四十八里二百三十三步，號曰外城，又曰羅城，亦曰新城。

明・李濂《汴京遺蹟志》卷一《宋京城》 宋敏求《東京記》：周世宗顯德二年四月，詔京城四面別築羅城。三年正月，發京畿滑、鄭、曹之民，命薛可言等督之，仍命韓通總其事，王朴經度。凡通衢委巷廣袤之間，皆朴定其制。踰年而成。

十國都城分部

綜述

宋・王應麟《通鑑地理通釋》卷四《歷代都邑考・十國》 劉道原《十國紀年》：吳。楊行密。都廣陵。唐。李昪。後稱江南，都金陵，遷豫章，復都金陵。前蜀。王建。成都。後蜀。孟知祥。成都。吳越。錢鏐。錢唐。閩。王審知。福州。漢。劉隱。廣州。楚。馬殷。潭州。荆南。高季興。南平江陵。北漢。劉旻。《五代史》曰：東漢太原。

清・嵇璜等《續通志》卷一一〇《都邑略・十國都》 吳江都府，

本揚州，吳升府，建都居之。金陵府，本昇州，吳升府。吳太和五年，建都於金陵。金陵火，罷建都。天祚三年，以金陵為西都，廣陵為東都。

南唐東都，吳曰江都府，昇元元年建都。西都，吳曰金陵府，昇元元年改江寧府，建都。南都，本洪州，交泰三年，改南昌府，建都。

前蜀成都府，本益州，蜀升府，建都居之。興元府，本梁州，蜀升府。

後蜀，同前蜀制。

南漢興王府，本廣州，乾亨元年，升為府，建都居之。齊昌府，本循州興寧縣，乾亨元年置府。

吳越西府，本杭州，唐乾寧四年，吳越置西府，後亦謂之西都。東府，本越州，唐乾寧四年，吳越置東府，後亦謂之東都。

閩南都，一作東都。長樂府，本福州，龍啓元年置府，天德二年曰南都。

荆南江陵府，本荆州，荆南置府，建都居之。

北漢太原府，本幷州，北漢置府，建都居之。

臣等謹案：五代京邑相因，建改不一，名雖異而實多同。十國當時稱帝改元者七，吳越、荆、楚常行中國年號。至於置都，則惟南唐及閩，餘皆稱府。吳越雖或稱東都、西都，然其先未有置都之名也。諸國割據一方，自相雄長，既已置府建都，應存其實。

前後蜀二府

《舊五代史》卷一三六《僭僞傳·王建》 天復初，李茂貞、韓全誨劫遷車駕在鳳翔，梁祖攻圍歷年。建外好於汴，指茂貞罪狀，又陰與茂貞間使往來，且言堅壁勿和，許以出師赴援，因分命諸軍攻取興元。比及梁祖解圍，茂貞山南諸州皆爲建所有，自置守將。

宋·張唐英《蜀檮杌》卷上 王建【略】（開平元年）九月，僭即僞位。【略】十月，下僞詔，改堂宇廳館爲宮殿，其略曰：帝君之居，上應辰象，朝貢臻集，華夷會同。宮闕殿閣之深嚴，臺省府寺之宏壯，須分名號，以正觀瞻。況我肇啓丕圖，類有嘉瑞，允協上玄之貺，式光萬世之基。至於廚廄之標題，倉庫之曹列，並宜從革，用永維新。大衙門爲宣德門，獅子門爲神獸門，大廳爲會同殿，毬場門爲神武門，毬場廳爲神武殿。蜀王殿爲承乾殿，清風樓爲壽光閣，西亭子廳爲鹹宜殿，九頂堂爲承乾殿，會仙樓爲龍飛閣，西亭門爲東上閤門，亭子西門爲西上閤門。節堂南門爲日華門，行庫角門爲月華門，萬里橋門爲光夏門，筰橋門爲坤德門。大東門爲萬春門，小東門爲瑞鼎門，大西門爲乾正門，小西門爲延秋門，北門依舊大玄門。子城南門爲崇禮門，中隔爲神雀門，東門爲神政門，西門爲興義門，鼓角樓爲大定門，北門爲大安門，中隔爲玄武門。昌橋爲應聖橋，舊宅爲昭聖宮，堂爲金華殿。摩訶池爲龍躍池，賞設廳爲韶光殿。軍資庫爲國計庫，衙庫爲內藏庫，衙內麴佑庫爲齊天庫，衙內雜庫爲廣潤庫，賞設庫爲常盈庫，賞設行庫爲殿前庫。南倉爲天富倉，贍軍東庫爲左金藏庫，北倉爲大倉，甲仗庫爲天武庫。舊三使院爲彰信門，尚書省於舊使院置，御史臺於府司置，府城爲皇城，使防城使司依舊。兩馬步使爲左右街使，廂虞候爲街巡使。後槽爲飛龍廄，客司爲客省使，樂營爲教坊，使廚爲御食廚。戟門添置三十六戟，神策營爲糧料司，六軍爲支計院。成都府移在子城外，逐穩便處署立府所司。新西宅爲天啓宮，堂爲玉華殿。

宋·司馬光《資治通鑑》卷二七六《後唐紀五》 （明宗天成二年）十二月，戊寅朔，孟知祥發民丁二十萬脩成都城。

宋·勾延慶《錦里耆舊傳》卷三 （天成）三年冬，築羊馬城。

清·吳任臣《十國春秋》卷一一一《十國地理表上·府州名·成都府》 本益州，蜀為府。

興元府。本梁州。

又 《前蜀後蜀·成都府》 益州，領縣十。

興元府。梁州，亦曰褒州，領縣五。

又 卷四八《後蜀一·高祖紀》 （天成二年）冬十二月，築羊馬城於羅城之外。羅城，故高駢所廣。

又 卷五二《後蜀五·李昊傳》 昊至成都，久無所授。會高祖奏季良西川節度副使，昊陽辭歸洛，高祖始辟為觀察推官。是時築羊馬城，告成，昊援筆為《記》。畧曰：【略】洎我唐臨御，聖德昭融，武威雷駭于百王，文德日暉於四海。惟兹益部，扼彼卭關，蒙王肆竊發之心，坦綽苞狡焉之志，時或窺吾卧鼓，覘我韜戎，彎弧學射之山，飲馬沉犀之木。玉帛子女，漂流鑿齒之鄉；珠翠綺羅，散失雕題之域。累朝是忘逸樂，深軫殷憂，夢卜良臣，空彈巨屏。南康王以儒術柔服，教習《詩》、《書》；燕國公以將畧威懷，淬磨斧鉞。息波瀾於錦水，創制度於羅城，踰百雉之恒規，補一隅之闕事。往以玄穹告變，天祿中微，彝門方轉其斗魁，王氏遂分其鼎足。既而莊宗繼絶，皇祚中興，靈旗西指於巴庸，蜀主東朝于伊洛。先帝以初復地土，方懷遠人，須仗權謀，迺睠勳戚，於是詔飛丹鳳，召何晏於幷門；節立蒼龍，封杜悰於井絡。即我太尉、侍中、平原公分茅金闕，受瑞彤廷，帳移竹馬之邦，輪輾木牛之路，星馳十乘，霧廓三川。公鎮臨之始年，中興之四載也，歲在丙戌春正月十有一日，杖鉞而至。無何朞月，逆帥康延孝自普安竊兵叛亂，矯詔窺覦，犯我鹿頭，營於雒縣，衆情憂悩。公意晏如，飛羽檄以會兵，伐林木而立栅，於是精選將領，分部熊羆，電激妖巢，火熏狡窟，一鼓而元凶氣喪，載攻而同惡疲頹，擒鄧艾於轞中，斬龐涓於樹下。未幾，先皇厭世，今上纂圖，聖政維新，睿思求舊，不改山河之寄，永繫社稷之臣。【略】公一旦謂將吏曰：夫華陽舊國，宇内奥區，地稱陸海之珍，民有沃野之利。郛郭則樓臺叠映，珠碧鮮輝；江山則襟帶牽連，物華秀麗。不戒嚴陴，是輕武備，將沮豺狼之志，須營羊馬之城。封章上奏，揆日量工，分界繩基，辨方畫址。百城遒壯，呼之響答以雲來；十萬貔貅，令之風行以霧集。杵聲雷震，版級雲排，王猛奮畚於城隅，傅説飛鍬於巖下。公間日巡撫，役者忘疲，周給米鹽，均頒牢酒，如般五丁之力，德踰三旬而成。公以羅城雖設，智有所虧，重築大敵鎮于四角；嶔岑掛兔，主屼栖烏，儼樓櫓于泬寥，懸刁斗於天表。其東南也，直分象耳，迴眺蛾眉，雲霞斂吴楚之天，烟水送黔夔之棹。其西南也，旁連玉壘，平視金隄，宵瞻火井之光，曉望雪峰之彩。其東北也，樹遥雲頂，氣欝金堂，雨收而叠嶂屏新，靄薄而重巒畫暗。其西北也，襟袖廣漢，肘腋天彭，魚龍躍萬歲之池，鸞鶴舞陽平之苑。其或碧雞啼曉，金馬嘶風，擁旄戟以登臨，覩山川之形勝，有以見公，心同軒鏡，竄礱鬼神，手秉漢鈞，錙銖造化，能於昭代，樹此豐功，鄙金甌為漏巵，小鐵甕為凡器。帝旨咨嗟，王綸獎録，詔書敕知祥：省所奏重脩葺當府城池興功事具悉。卿寵分王節，榮鎮錦城，守富貴以無疆，慕功名于不朽，特峻金湯之固，以威遐僻之邦。況屬年豐，復當農隙既暫，勞而永逸，亦預備於不虞。益見廟謀，允符朝寄。公猶歸善于君，讓功於下。李仁罕、趙廷隱、張知業、潘在迎等，或鼎鍾盛族，或書劍名門，佩韃執弭以從戎，憑軾搴帷而至理，皆躬臨卒列，統攝庶工，無揚干之亂行，絶趙羅之辭役。明興晦息，日就月將，巨績告終，羣才叶贊。自天成二年丁亥歲十二月一日起工版築，至三年正月八日畢手。公再飛章上奏，詔曰百堵皆興，四旬而畢，亘羅城而雲矗，引錦水以環流。公家之事，相業可觀。備覽奏陳，殊深嘉獎。于以表綸綍褒揚之寵，知朝廷倚注之恩。四民喧闐于衙闥，萬口號沸于階墀。父老曰：公侯政洽神明，慈如父母。前年定延孝之亂，今歲防蠻蜑之虞，盡力城隍，務安井邑，功德在民，憂勤報國，安可不敍述休烈，雕篆真珉？【略】自是高祖在蜀，凡表、奏、書、檄皆出昊手，遷掌書記。

吴國二都

《新五代史》卷六一《吴世家·楊溥》（天祚）三年，知誥建齊國，立宗廟、社稷，置左、右丞相已下，以金陵爲西都，廣陵爲東都。

清·吴任臣《十國春秋》卷一一一《十國地理表上·府州名·金陵府》 本昇州，吴爲府。

江都府。本揚州。吴改府建都。

又《吴·西都江寧府》 昇州大都督府，吴武義二年七月改爲金陵府。【略】《鳳凰臺記事》云：六朝舊城近覆舟山，去秦淮五里。至楊吴時改築，跨秦淮南北，周廻二十五里。

東都江都府。揚州，吴改大都督府爲江都府，建都。

南唐二都

《舊五代史》卷一三四《僭僞傳·李昪》 昪又進位太尉、録尚書事，留鎮金陵，以其子景總政於揚州。未幾，僞加昪九錫，建天子旌旗，改金陵爲西都，以揚州爲東都。

《新五代史》卷六二《南唐世家·李景》（交泰元年九月）世宗使人謂景曰：『吾與江南，大義已定，然慮後世不能容汝，可及吾世修城隍、治要害爲子孫計。」景因營緝諸城，謀遷其都于洪州，羣臣皆不欲遷，惟樞密使唐鎬贊之，乃升洪州爲南昌，建南都。建隆二年，留太子從嘉監國，景遷于南都。而洪州迫隘，宮府營廨，皆不能容。

宋·陸游《南唐書》卷一《烈祖紀》（昇元四年十一月）庚辰，改東都文明殿為乾元殿，英武殿為明光殿，應乾殿為垂拱殿，朝陽殿為福昌殿，積慶宮為崇道宮。西都崇英殿為延英殿，凝華内殿前為昇元殿，後為雍和殿，興祥殿為昭德殿，積慶殿為穆清殿。

清·吳任臣《十國春秋》卷一一一《十國地理表上·府州名·金陵府》 南唐改江寧府，建西都。

江都府。南唐建東都。

南昌府。本洪州。南唐為南昌府，建南都。

又 《南唐·西都江寧府》 南唐改江寧府，建西都。

東都江都府。南唐昇元元年建東都，領縣四。

南都南昌府。洪州。南唐交泰二年十一月改州為南昌府，建南都。領縣七。

吳越二府

唐·羅隱《羅昭諫集》卷五《杭州羅城記》 大凡藩籬之設者，所以規其内；溝洫之限者，所以虞其外。華夏之制，其揆一焉。故魯之祝丘，齊之小穀，猶以多事，不時而城，況在州郡之内乎！自大寇犯闕，天下兵革，而江左尤所繁併。余始以郡之子城歲月滋久，基址老爛，狹而且卑，每至點閱士馬，不足迴轉，遂與諸郡聚議，崇建雉堞，夾以南北，矗然而峙，帑藏得以牢固，軍士得以帳幕，是所謂固吾圉。以是年上奏天子，嘉以拙政，優詔獎飾，以為牧人之道，其盡此乎！俄而孫儒叛蔡，渡江侵我西鄙，以剪以逐，蹶于宛陵。勁弩之次，泛舟之助，我有力焉。後始念子城之謀，未足以為百姓計。東眄巨浸，輳閩粤之舟櫓；北倚郭邑，通商旅之寶貨。苟或侮劫之不意，攘偷之無狀，則向者吾皇優詔，適足以自策。由是復與十三都經緯羅郭，上上下下，如響而應。爰自秋七月丁巳，訖于冬十有一月某日，由北郭以分其勢，左右而翌，合于冷水源，綿亘若干里，其高若干丈，其厚得之半。民庶之負販，童髦之緩急，燕越之車蓋及吾境者，俾無他慮。千百年後，知我者以此城，罪我者亦以此城。苟得之于人而損之己者，吾無愧與？某年月日記。

《新五代史》卷六七《吳越世家·錢鏐》 鏐如越州受命，還治錢塘，號越州爲『東府』。

清·吳任臣《十國春秋》卷一一一《十國地理表上·府州名·西府》 杭州。

又 卷一一二《十國地理表下·吳越·西府杭州》 唐大順元年新夾城三十餘里，景福二年作羅城七十里，光化二年四月升爲都督府，吳越謂之西府，天寶元年梁敕升大都督府，後國中亦稱西都。領縣十一。

東府越州。唐乾寧四年，武肅王號越州爲東府，後國中亦稱東都。吳越天寶元年，梁敕升越州爲大都督府，領縣八。

閩國南都

《新五代史》卷六八《閩世家·王鏻》 長興三年，【略】以福州爲長樂府。

清·吳任臣《十國春秋》卷一一一《十國地理表上·府州名·長樂府》 本福州，閩改府建南都。

又 卷一一二《十國地理表下·閩·南都》 長樂府。福州。唐天復時王氏築羅城，其門七，南利涉，東南通津，東海晏，東北延遠，北永安，西北安善，西南清遠，西金門。梁開平元年又築夾城，在羅城外，其門六：南寧越，東南美化，東北井樓，北嚴勝，西北遺愛，西迎仙。貞明六年，升爲大都督府。閩龍啓元年改長樂府，天德二年以福州爲南都，領福、泉、建、汀、漳、鏞、鐔七州。福州領縣十一。

南漢二府

宋·司馬光《資治通鑑》卷二七《後梁紀五》（貞明三年八月）清海、建武節度使劉巖即皇帝位於番禺，【略】以廣州爲興王府。

清·吳任臣《十國春秋》卷一一一《十國地理表上·府州名·興王府》 本廣州，南漢改府。

齊昌府。

又　卷一一二《十國地理表下·南漢·興王府》　廣州。高祖乾亨元年改廣州爲興王府，領縣十三。

齊昌府。乾亨元年，升循州之興寧縣為齊昌府。

楚國長沙府

《新五代史》卷六六《楚世家·馬殷》　殷以潭州爲長沙府，建國承制，自置官屬。

清·吴任臣《十國春秋》卷一一一《十國地理表上·府州名·長沙府》　本潭州，楚爲府。

又　卷一一二《十國地理表下·楚·長沙府》　潭州。武穆王以潭州爲長沙府。潭至辰十州周時屬周行逢，已而爲南唐所取。領縣九。

南平江陵府

《新五代史》卷六九《南平世家·高季興》　開平元年，拜季興節度使。二年，加同中書門下平章事。荆南節度十州，當唐之末，爲諸道所侵，季興始至，江陵一城而已。

宋·周羽翀《三楚新録》卷三　季興以江陵古之重地，又當天下多事，陰有割據之志，乃大興力役，重築城壘，執畚者逮十數萬人，皆攀援賓友，負土助焉。其郭外五十里墳冢，皆令發掘取磚以甃之。

清·吴任臣《十國春秋》卷一一一《十國地理表上·府州名·江陵府》　荆州。

又　卷一一二《十國地理表下·荆南·江陵府》　荆州。五代時改爲府。領縣八。

北漢太原府

《新五代史》卷七《東漢世家·劉旻》　太原城，方四十里。

清·吴任臣《十國春秋》卷一一一《十國地理表上·府州名·太原府》　并州。

又　卷一一二《十國地理表下·北漢·太原府》　并州。領縣十三。

隋朝政區部

綜述

《隋書》卷二九《地理志上》　周氏初有關中，百度草創，遂乃訓兵教戰，務穀勸農，南清江漢，西兼巴蜀，卒能以寡擊衆，戡定彊鄰，及于東夏削平，多有省廢。大象二年，通計州二百一十一，郡五百八，縣一千一百二十四。高祖受終，惟新朝政。開皇三年，遂廢諸郡。洎于九載，廓定江表，尋以户口滋多，析置州縣。煬帝嗣位，又平林邑，更置三州，既而併省諸州，尋即改州為郡，乃置司隸刺史，分部巡察。五年，平定吐谷渾，更置四郡。大凡郡一百九十，縣一千二百五十五。【略】東西九千三百里，南北萬四千八百一十五里，東南皆至於海，西至且末，北至五原。隋氏之盛，極於此也。

又　卷三《煬帝紀上》　（大業三年夏四月）壬辰，改州爲郡。

又　卷四二《李德林傳》　開皇元年，敕令與太尉任國公于翼、高熲等同修律令。威又奏置五百家鄉正，即令理民間辭訟。縱令小有踳駁，非過蠹政害民者，不可數有改張。威又奏置五百家鄉正，即令理民間辭訟。德林以爲本廢鄉官判事，爲其里閭親戚，剖斷不平，今令鄉正專治五百家，恐爲害更甚。且今時吏部，總選人物，天下不過數百縣，於六七百萬户內，詮簡數百縣令，猶不能稱其才，乃欲於一鄉之內，選一人能治五百家者，必恐難得。又即時要荒小縣，有不至五百家者，復不可令兩縣共管一鄉。敕令內外羣官，就東宮會議。自皇太子以下，多從德林議。蘇威又言廢郡，德林語之：『修令時，公何不論廢郡爲便。今令纔出，其可改乎？』然高熲同威之議，稱德林狠戾，多所固執。由是高祖盡依威議。

又　卷四六《楊尚希傳》　尚希時見天下州郡過多，上表曰：『自秦并天下，罷侯置守，漢魏及晉，邦邑屢改。竊見當今郡縣，倍多於古。或地無百里，數縣並置；或户不滿千，二郡分領。具寮以衆，資費日多，吏卒又倍，租調歲減。清幹良才，百分無一，動須數萬，如何可覓？所謂民少官多，十羊九牧。琴有更張之義，瑟無膠柱之理。今存要去閑，併小為大，國家則不虧粟帛，選舉則易得賢才。敢陳管見，伏聽裁處。』帝覽而嘉之，於是遂罷天下諸郡為州。

又　卷七五《劉炫傳》　煬帝即位，牛弘引炫修律令。【略】弘又問：『魏、齊之時，令史從容而已，今則不遑寧舍，其事何由？』炫對曰：『齊氏立州不過數十，三府行臺，遞相統領，文書行下，不過十條。今州三百，其繁一也。往者州唯置綱紀，郡置守丞，縣唯令而已。其所具僚，則長官自辟，受詔赴任，每州不過數十。今則不然，大小之官，悉由吏部，纖介之跡，皆屬考功，其繁二也。省官不如省事，省事不如清心。官事不省而望從容，其可得乎？』弘甚善其言而不能用。

唐·李泰等《括地志》卷首《序略》　隋文帝受周禪，至開皇三年，罷天下郡，其縣但隸州而已。九年平陳以後，四海一家。大業三年，罷州為郡。四年大簿，凡郡國一百八十三。

唐·杜佑《通典》卷一七二《州郡二·序目上·隋》　隋文帝開皇三年，遷都大興城，即今城。遂廢諸郡，以州治人。自三代以前爲九州，兩漢加置十三州，晉宋之後分析漸多，至於魏齊後周，雖割據鼎立，天下分裂，其於州郡，乃倍兩漢之地。隋氏以官繁人弊，遂廢五百餘郡，而以州治人，名則因循，職事同於郡守，無復刺舉之任。自九載廓定江表，尋以戶口滋多，析置州縣。煬帝大業初，移洛陽城，即今城。又平林邑，更置三州，既而併省諸州。三年，改州爲郡，乃置司隸刺史，分部巡察。本史不分別所領諸郡。五年，平定吐谷渾，更置四郡。大凡郡百九十，縣千二百五十五。【略】隋氏之盛，極於此矣。

《舊唐書》卷三八《地理志一》　隋氏平陳，寰區一統。大業三年，改州為郡，亦如漢制，置司隸刺史，以糾郡守。大凡隋簿，郡百九十，縣一千二百五十五。【略】隋氏之極盛也。

《新唐書》卷三七《地理志一》　自秦變古，王制亡始，郡縣天下。下更漢晉，分裂為南北。至隋滅陳，天下始合為一，乃改州為郡，依漢制置太守，以司隸刺史相統治。為郡一百九十，縣一千二百五十五。

諸郡建置分部

綜　述

京兆郡

《隋書》卷二九《地理志上·京兆郡》　統縣二十二，【略】大興，長安，始平，武功，盩厔，醴泉，上宜，鄠，藍田，新豐，華原，宜君，同官，鄭，渭南，萬年，高陵，三原，涇陽，雲陽，富平，華陰。

唐·李吉甫《元和郡縣圖志》卷一《關內道一·京兆府》　隋開皇三年，自長安故城遷都龍首川，即今都城是也。廢京兆尹，又置雍州，煬帝改爲京兆郡。

馮翊郡

《隋書》卷二九《地理志上·馮翊郡》　統縣八，【略】馮翊，韓城，郃陽，朝邑，澄城，蒲城，下邽，白水。

唐·杜佑《通典》卷一七三《州郡典三·同州》　西魏改華州爲同州，而馮翊郡如故。隋初郡廢，煬帝初州廢，復置馮翊郡。

扶風郡

《隋書》卷二九《地理志上·扶風郡》　統縣九，【略】雍，岐山，陳倉，虢，郿，普閏，汧源，汧陽，南由。

唐·杜佑《通典》卷一七三《州郡典三·岐州》　隋初郡廢，置岐州，煬帝初州廢，置扶風郡。

唐·李吉甫《元和郡縣圖志》卷二《關內道二·鳳翔府》　隋開皇元年，於州城內置岐陽宮，岐州移於今理。大業三年罷州，爲扶風郡。

安定郡

《隋書》卷二九《地理志上・安定郡》 統縣七，【略】安定，鶉觚，陰盤，朝那，良原，臨涇，華亭。

唐・李吉甫《元和郡縣圖志》卷三《關内道三・涇州》 隋大業三年，改爲安定郡。

北地郡

《隋書》卷二九《地理志上・北地郡》 統縣六，【略】羅川，彭原，襄樂，新平，三水。

唐・杜佑《通典》卷一七三《州郡典三・寧州》 隋煬帝初，改寧州爲豳州；尋廢豳州，改趙興郡爲北地郡。

唐・李吉甫《元和郡縣圖志》卷三《關内道三・寧州》 隋又爲寧州，大業中又爲郡。

上郡

《隋書》卷二九《地理志上・上郡》 統縣五，【略】洛交，内部，三川，鄜城，洛川。

唐・杜佑《通典》卷一七三《州郡典三・鄜州》 隋煬帝初，改爲鄜城郡，尋改爲上郡。

唐・李吉甫《元和郡縣圖志》卷四《關内道四・鄜州》 苻、姚置杏城鎮。後魏孝文帝廢鎮，改爲東秦州，孝明帝改爲北華州，廢帝改爲鄜州，因秦文公夢黄蛇自天降屬於地，遂於鄜衍立鄜畤爲名。隋大業初，復爲上郡。

雕陰郡

《隋書》卷二九《地理志上・雕陰郡》 統縣十一，【略】上縣，大斌，延福，儒林，真鄉，開光，銀城，城平，開疆，撫寧，綏德。

唐・杜佑《通典》卷一七三《州郡典三・綏州》 西魏置安寧郡，兼置綏州。隋初郡廢，而綏州如故；煬帝初改爲上州，尋廢州，置雕陰郡。

唐・李吉甫《元和郡縣圖志》卷四《關内道四・綏州》 隋煬帝又改爲上州，後又改爲雕陰郡，以雕山在西南，故名。

延安郡

《隋書》卷二九《地理志上・延安郡》 統縣十一，【略】膚施，豐林，魏平，金明，臨真，延川，延安，因城，義川，汾川，咸寧。

唐・李吉甫《元和郡縣圖志》卷三《關内道三・延州》 後魏滅赫連昌，以屬統萬鎮。孝文帝置金明郡，宣武帝置東夏州，廢帝改爲延州，以界内延水爲名，置總管，管丹、延、綏三州。隋開皇八年廢總管，但爲延州，煬帝以爲延安郡。

弘化郡

《隋書》卷二九《地理志上・弘化郡》 統縣七，【略】合水，馬嶺，華池，歸德，洛源，弘化，弘德。

唐・杜佑《通典》卷一七三《州郡典三・慶州》 隋文帝置慶州，煬帝初置弘化郡。

唐・李吉甫《元和郡縣圖志》卷三《關内道三・慶州》 隋文帝開皇三年改置合川鎮，十六年割寧州歸德縣置慶州，立嘉名也。義寧元年爲弘化郡。

平涼郡

《隋書》卷二九《地理志上・平涼郡》 統縣五，【略】平高，百泉，平涼，會寧，默亭。

唐・杜佑《通典》卷一七三《州郡典三・原州》 後魏太武帝置高平鎮，後爲太平郡兼置原州，後置總管府。隋初郡廢，而原州如故；帝初州廢，置平涼郡。

唐・李吉甫《元和郡縣圖志》卷三《關内道三・原州》 平高縣，本漢高平縣，屬安定郡。後魏太武帝太延二年，於今縣理置平高縣，屬平高郡。隋開皇三年罷郡，以縣屬原州。大業三年，以原州爲平涼郡。

朔方郡

《隋書》卷二九《地理志上・朔方郡》　統縣三，【略】巖綠，寧朔，長澤。

唐・杜佑《通典》卷一七三《州郡典三・夏州》　後魏置夏州。西魏置弘化郡。隋初郡廢，煬帝初復置朔方郡。

唐・李吉甫《元和郡縣圖志》卷四《關内道四・夏州》　隋大業元年以爲朔方郡。隋末爲賊帥梁師都所據。

鹽川郡

《隋書》卷二九《地理志上・鹽川郡》　統縣一，【略】五原。

唐・李吉甫《元和郡縣圖志》卷四《關内道四・鹽州》　漢武帝元朔二年置五原郡，地有原五所，故號五原。至晉，地没赫連勃勃，後魏平之，改爲西安州，以其北有鹽池，又改爲鹽州。隋大業三年爲鹽川郡。

靈武郡

《隋書》卷二九《地理志上・靈武郡》　統縣六，【略】迴樂，弘靜，懷遠，靈武，鳴沙，豐安。

唐・杜佑《通典》卷一七三《州郡典三・靈州》　後魏太武帝平赫連昌，置薄骨律鎮在河渚上，舊是赫連果地，至明帝置靈州，初在河北，後於果園所築城以爲州，今郡是也。後周又置普樂郡。隋初郡廢，煬帝初，置靈武郡。

唐・李吉甫《元和郡縣圖志》卷四《關内道四・靈州》　後魏太武帝平赫連昌，置薄骨律鎮，後改置靈州，以州在河渚之中，隨水上下，未嘗陷没，故號『靈州』。周置總管府，隋大業元年罷府爲靈州，三年又改爲靈武郡。

榆林郡

《隋書》卷二九《地理志上・榆林郡》　統縣三，【略】榆林，富昌，金河。

唐・杜佑《通典》卷一七三《州郡典三・勝州》　隋初置勝州，煬帝初州廢，置榆林郡。

唐・李吉甫《元和郡縣圖志》卷四《關内道四・勝州》　隋文帝開皇三年於此置榆林關，七年又置榆林縣，屬雲州。二十年，割雲州之榆林、富昌、金河三縣置勝州，立嘉名也。煬帝大業五年，以勝州爲榆林郡，領榆林、富昌、金河三縣。

五原郡

《隋書》卷二九《地理志上・五原郡》　統縣三，【略】九原，永豐，安化。

唐・杜佑《通典》卷一七三《州郡典三・豐州》　隋文帝置豐州，煬帝初州廢，置五原郡。

天水郡

《隋書》卷二九《地理志上・天水郡》　統縣六，【略】上邽，冀城，清水，秦嶺，隴城，成紀。

唐・杜佑《通典》卷一七四《州郡典四・秦州》　後魏爲略陽郡。隋初郡廢，煬帝初，復置天水郡。

唐・李吉甫《元和郡縣圖志》卷三九《隴右道上・秦州》　魏分隴右爲秦州，因秦邑以爲名，後省入雍州。晉復改漢陽爲天水郡，武帝泰始中又立秦川郡，與州同理。隋開皇三年罷郡，所領縣並屬州。大業三年罷州，爲天水郡。

隴西郡

《隋書》卷二九《地理志上・隴西郡》　統縣五，【略】襄武，隴西，渭源，障，長川。

唐・杜佑《通典》卷一七四《州郡典四・渭州》　後周爲南安郡。隋初廢，煬帝初，復置隴西郡。

唐・李吉甫《元和郡縣圖志》卷三九《隴右道上・渭州》　後魏莊帝永安三年，於郡置渭州，因渭水爲名。《禹貢》『導渭自鳥鼠同穴』，山在州西一百二十九里渭源界。隋大業三年罷州，復置隴西郡。

金城郡

《隋書》卷二九《地理志上·金城郡》　統縣二，【略】金城、狄道。

唐·杜佑《通典》卷一七四《州郡典四·蘭州》　後魏、後周並屬武始郡。隋初郡廢，置蘭州；煬帝初州廢，置金城郡。

唐·李吉甫《元和郡縣圖志》卷三九《隴右道上·蘭州》　隋開皇元年立爲蘭州，置總管府，取皋蘭山以爲名。大業三年罷州，爲金城郡。

枹罕郡

《隋書》卷二九《地理志上·枹罕郡》　統縣四，【略】枹罕，龍支，大夏，水池。

唐·杜佑《通典》卷一七四《州郡典四·河州》　後周置枹罕郡。隋初郡廢，置河州，煬帝初州廢，復置枹罕郡。

唐·李吉甫《元和郡縣圖志》卷三九《隴右道上·河州》　後魏平定秦隴西，改置枹罕鎮。孝文帝太和十六年，改鎮復爲河州。隋大業三年罷州，改爲枹罕郡。

澆河郡

《隋書》卷二九《地理志上·澆河郡》　統縣二，【略】河津、達化。

唐·杜佑《通典》卷一七四《州郡典四·廓州》　後周武帝逐吐谷渾，又得地，置洮河郡，兼置廓州以領之。隋初廢。

唐·李吉甫《元和郡縣圖志》卷三九《隴右道上·廓州》　周建德五年於今州理西南達化縣界澆河故城置廓州，蓋以開廓邊境爲義。隋大業三年罷州，復爲澆河郡。

西平郡

《隋書》卷二九《地理志上·西平郡》　統縣二，【略】湟水，化隆。

唐·杜佑《通典》卷一七四《州郡典四·鄯州》　後魏置鄯州。後周置樂都郡。隋初郡廢，置鄯州；煬帝初州廢，置西平郡。

唐·李吉甫《元和郡縣圖志》卷三九《隴右道上·鄯州》　後魏以西平郡爲鄯善鎮，孝昌二年改鎮立鄯州。隋大業三年罷州，復爲西平郡。

武威郡

《隋書》卷二九《地理志上·武威郡》　統縣四，【略】姑臧，昌松，番和，允吾。

唐·李吉甫《元和郡縣圖志》卷四〇《隴右道下·涼州》　周置總管府，隋大業三年改爲武威郡，廢總管。

張掖郡

《隋書》卷二九《地理志上·張掖郡》　統縣三，【略】張掖，刪丹，福祿。

唐·杜佑《通典》卷一七四《州郡典四·甘州》　西魏置西涼州，尋改爲甘州。後周置張掖郡。隋初廢，煬帝初復置。

唐·李吉甫《元和郡縣圖志》卷四〇《隴右道下·甘州》　後魏太武帝平涼，以爲張掖軍，廢帝二年改軍置甘州，因州東甘峻山爲名。或言地多甘草，故名。隋大業三年罷州，爲張掖郡。

敦煌郡

《隋書》卷二九《地理志上·敦煌郡》　統縣三，【略】敦煌，常樂，玉門。

唐·杜佑《通典》卷一七四《州郡典四·沙州》　後魏、後周並爲燉煌郡。隋初廢，置瓜州；煬帝初廢州，復置燉煌郡。

唐·李吉甫《元和郡縣圖志》卷四〇《隴右道下·沙州》　後魏太武帝於郡置敦煌鎮，明帝罷鎮立瓜州，以地爲名也，尋又改爲義州，莊帝又改爲瓜州。隋大業三年，又罷州爲敦煌郡。

又《隴右道下·瓜州》　周武帝改爲永興郡。隋開皇三年罷郡，置瓜州。按隋瓜州，卽今沙州也。大業三年改瓜州爲敦煌郡。

鄯善郡

《隋書》卷二九《地理志上·鄯善郡》　統縣二，顯武，濟遠。

且末郡

《隋書》卷二九《地理志上・且末郡》 置在古且末城。統縣二，肅寧，伏戎。

西海郡

《隋書》卷二九《地理志上・西海郡》 置在古伏俟城，即吐谷渾國都。統縣二，宣德，威定。

河源郡

《隋書》卷二九《地理志上・河源郡》 置在古赤水城。統縣二，遠化，赤水。

漢川郡

《隋書》卷二九《地理志上・漢川郡》 統縣八，【略】南鄭，西，褒城，城固，興勢，西鄉，黄金，難江。

唐・杜佑《通典》卷一七五《州郡典五・梁州》 後周改曰漢川郡。隋初郡廢，而梁州如是。煬帝初，州廢，復置漢川郡。

唐・李吉甫《元和郡縣圖志》卷二二《山南道三・興元府》 自漢、宋已還，多理南鄭。隋開皇三年罷郡，所領縣並屬梁州。大業三年，罷州爲漢川郡。

西城郡

《隋書》卷二九《地理志上・西城郡》 統縣六，【略】金川，石泉，洵陽，安康，黄土，豐利。

唐・杜佑《通典》卷一七五《州郡典五・金州》 西魏改置東梁州，後因其地出金，改爲金州。隋初因之，煬帝初改置西城郡。

房陵郡

《隋書》卷二九《地理志上・房陵郡》 統縣四，【略】光遷，永清，竹山，上庸。

唐・杜佑《通典》卷一七五《州郡典五・房州》 梁末置岐州。西魏置光遷國。後周國廢，置遷州。隋煬帝初置房陵郡。

清化郡

《隋書》卷二九《地理志上・清化郡》 統縣十四，【略】化成，曾口，清化，盤道，永穆，歸仁，始寧，其章，恩陽，長池，符陽，白石，安固，伏虞。

唐・杜佑《通典》卷一七五《州郡典五・巴州》 梁置歸化、木門二郡。後魏得其地，置大穀郡。隋初郡廢，置巴州，煬帝初州廢，置清化郡。

通川郡

《隋書》卷二九《地理志上・通川郡》 統縣七，【略】通川，三岡，石鼓，東鄉，宣漢，西流，萬世。

唐・杜佑《通典》卷一七五《州郡典五・通州》 梁於此兼置萬州及東關郡。西魏改爲通州。隋初郡廢，煬帝初州廢，置通川郡。

宕渠郡

《隋書》卷二九《地理志上・宕渠郡》 統縣六，【略】流江，賨城，鄰水，宕渠，咸安，墊江。

唐・杜佑《通典》卷一七五《州郡典五・渠州》 梁置梁州。後魏置流江郡。隋初郡廢，煬帝初置宕渠郡。

唐・李吉甫《元和郡縣圖志・闕卷逸文》卷一《山南道・渠州》 大通三年又置渠州，大業三年罷州爲宕渠郡。

漢陽郡

《隋書》卷二九《地理志上・漢陽郡》 統縣三，【略】上祿，潭水，長道。

唐・杜佑《通典》卷一七六《州郡典六・成州》 後魏又曰武都郡，

兼置南秦州。西魏改爲成州。隋初郡廢，煬帝初置漢陽郡。

唐・李吉甫《元和郡縣圖志》卷二二《山南道三・成州》　後魏於此置仇池鎮，理百頃岑上，後又改爲郡。梁改爲秦州，齊廢帝改爲成州。隋大業三年，改成州爲漢陽郡。

臨洮郡

《隋書》卷二九《地理志上・臨洮郡》　統縣十一，【略】美相，疊川，合川，樂川，歸政，洮源，洮陽，臨潭，臨洮，當夷，和政。

唐・杜佑《通典》卷一七四《州郡典四・洮州》　秦漢以來爲諸戎之地，後爲吐谷渾所據。至後周武帝，逐吐谷渾，得其地，置洮陽郡，尋立爲洮州。隋初郡廢，而洮州如故；煬帝初廢，置臨洮郡。

唐・李吉甫《元和郡縣圖志》卷三九《隴右道上・岷州》　後魏文帝始於此置岷州，南有岷山，因以爲稱，仍領同和郡，又改爲臨洮郡。隋開皇三年罷郡，屬岷州，大業三年復爲臨洮郡。

又《隴右道上・洮州》　《禹貢》雍州之域。古西羌地也。自秦、漢至於魏、晉，皆諸羌所居。至後魏吐谷渾又侵據其地，後周明帝武成中，西逐諸戎，其地內屬，置洮陽防，武帝保定元年立洮州。隋大業三年罷州，改爲臨洮郡。

宕昌郡

《隋書》卷二九《地理志上・宕昌郡》　統縣三，【略】良恭，和戎，懷道。

唐・杜佑《通典》卷一七六《州郡典六・宕州》　秦漢以來爲諸羌之地，後魏始封爲蕃國。後周置宕昌國，武帝置宕州。隋置宕昌郡。

唐・李吉甫《元和郡縣圖志》卷三九《隴右道上・宕州》　周天和元年，改藩置宕州。隋大業三年罷州，置宕昌郡。

武都郡

《隋書》卷二九《地理志上・武都郡》　統縣七，【略】將利，建威，覆津，盤堤，長松，曲水，正西。

唐・杜佑《通典》卷一七六《州郡典六・武州》　西魏置武州。後周亦爲武都郡。隋初郡廢，煬帝又置武都郡。

唐・李吉甫《元和郡縣圖志》卷三九《隴右道上・武州》　後魏平仇池，於仙陵山東置武都鎮，宣武帝於鎮城復置武都郡，廢帝改置武州。隋大業三年又改爲武都郡。

同昌郡

《隋書》卷二九《地理志上・同昌郡》　統縣八，【略】尚安，鉗川，帖夷，同昌，嘉誠，封德，常芬，金崖。

唐・杜佑《通典》卷一七六《州郡典六・扶州》　歷代西戎之地。西魏逐吐谷渾，於此置鄧州及鄧寧郡。隋初改曰扶州，又改曰同昌郡。

唐・李吉甫《元和郡縣圖志》卷二二《山南道三・扶州》　後魏討定陰平鄧至羌，立爲寧州，分置昌寧、帖夷等郡，後改爲鄧州，因鄧至羌爲名也。隋開皇七年改爲扶州，大業三年改爲同昌郡。

河池郡

《隋書》卷二九《地理志上・河池郡》　統縣四，【略】梁泉，兩當，河池，同谷。

唐・杜佑《通典》卷一七六《州郡典六・鳳州》　後魏置固道郡，兼置南岐州。後周廢郡，置鳳州。隋煬帝初，廢州，置河池郡。

唐・李吉甫《元和郡縣圖志》卷二二《山南道三・鳳州》　後魏太平真君二年，招定仇池，其年於此城立鎮。太和元年置固道郡，孝昌中以固道郡置南岐州，廢帝三年改南岐州爲鳳州，因州境有鸑鷟山爲名。按成州同谷縣本是鳳州西界，縣南有鳳凰山，因爲州名。隋大業三年改爲河池郡。

順政郡

《隋書》卷二九《地理志上・順政郡》　統縣四，【略】順政，鳴水，長舉，修城。

唐・杜佑《通典》卷一七六《州郡典六・興州》　後魏置東益州。

西魏改爲興州，兼置順政郡。隋初郡廢，煬帝初復置。

義城郡

《隋書》卷二九《地理志上·義城郡》　統縣七，【略】緜谷，益昌，義城，葭萌，岐坪，景谷，嘉川。

唐·杜佑《通典》卷一七六《州郡典六·利州》　後魏立益州，世號爲小益州。梁曰黎州。西魏復曰益州，尋改爲利州。後周亦爲晉壽郡。隋初郡廢，煬帝初置義城郡。

平武郡

《隋書》卷二九《地理志上·平武郡》　統縣四，【略】江油，馬盤，平武，方維。

唐·杜佑《通典》卷一七六《州郡典六·龍州》　後魏置江油郡。西魏置龍州。隋初郡廢，煬帝初州廢，置平武郡。

汶山郡

《隋書》卷二九《地理志上·汶山郡》　統縣十一，【略】汶山，北川，汶川，交川，通化，左封，平康，翼水，翼針，江源，通軌。

唐·杜佑《通典》卷一七六《州郡典六·茂州》　梁置繩州。後周改爲汶山郡。隋初改汶州曰蜀州，尋復爲會州；煬帝初州廢，置汶山郡。

唐·李吉甫《元和郡縣圖志》卷三二《劍南道中·茂州》　周保定四年立汶州，隋開皇五年改爲會州，大業三年罷會州爲汶山郡。

普安郡

《隋書》卷二九《地理志上·普安郡》　統縣七，【略】普安，永歸，黄安，陰平，梓潼，武連，臨津。

唐·杜佑《通典》卷一七六《州郡典六·劍州》　晉屬梓潼郡，宋、齊亦然。梁置南梁州，後改爲安州。西魏改爲始州，兼置普安郡。隋初郡廢，煬帝初復置。

唐·李吉甫《元和郡縣圖志》卷三三《劍南道下·劍州》　後魏廢帝二年，先下安州，始通巴、蜀，故改安州爲始州。隋大業三年，罷始州爲普安郡。

金山郡

《隋書》卷二九《地理志上·金山郡》　統縣七，【略】巴西，昌隆，涪城，魏城，萬安，神泉，金山。

唐·杜佑《通典》卷一七六《州郡典六·緜州》　秦屬蜀郡，漢屬廣漢郡，蓋涪水之所經焉。晉屬梓潼郡，宋、齊亦屬梓潼郡。西魏兼置潼州。隋初郡廢，改潼州爲緜州；煬帝初州廢，置金山郡。

唐·李吉甫《元和郡縣圖志》卷三三《劍南道下·緜州》　本漢廣漢郡之涪縣，後魏廢帝二年徙梓潼郡理梓潼舊城，於此別置潼州。隋開皇五年，改潼州爲緜州，因緜水爲名也。大業三年改爲金山郡。

新城郡

《隋書》卷二九《地理志上·新城郡》　統縣五，【略】郪，射洪，鹽亭，通泉，飛烏。

唐·杜佑《通典》卷一七六《州郡典六·梓州》　梁末置新州，西魏兼置昌城郡。隋初郡廢，改新州爲梓州；煬帝初州廢，置新城郡。

巴西郡

《隋書》卷二九《地理志上·巴西郡》　統縣十，【略】閬内，南部，蒼溪，南充，相如，西水，晉城，奉國，儀隴，大寅。

唐·杜佑《通典》卷一七五《州郡典五·閬州》　梁置北巴州及北巴郡。西魏平蜀，置崇州及盤龍郡。隋初郡廢，煬帝初置巴西郡。

遂寧郡

《隋書》卷二九《地理志上·遂寧郡》　統縣三，【略】方義，青石，長江。

唐·杜佑《通典》卷一七六《州郡典六·遂州》　後周置遂州及興西郡。隋初郡廢，煬帝初置遂寧郡。

涪陵郡

《隋書》卷二九《地理志上·涪陵郡》統縣三，【略】石鏡，漢初，赤水。

唐·杜佑《通典》卷一七五《州郡典五·合州》秦、二漢屬巴郡。宋置東宕渠郡。西魏置合州。後周爲宕渠郡。隋初郡廢，改合州爲涪州；煬帝初州廢，置涪陵郡。

巴郡

《隋書》卷二九《地理志上·巴郡》統縣三，【略】巴，江津，涪陵。

唐·杜佑《通典》卷一七五《州郡典五·渝州》梁於此置楚州。隋初改爲渝州，煬帝初州廢，置巴郡。

巴東郡

《隋書》卷二九《地理志上·巴東郡》統縣十四，【略】人復，雲安，南浦，梁山，大昌，巫山，秭歸，巴東，新浦，盛山，臨江，武寧，石城，務川。

唐·杜佑《通典》卷一七五《州郡典五·夔州》梁置信州。隋亦爲巴東郡。

蜀郡

《隋書》卷二九《地理志上·蜀郡》統縣十三，【略】成都，雙流，新津，晉原，清城，九隴，緜竹，郫，玄武，雒，陽安，平泉，金泉。

唐·杜佑《通典》卷一七六《州郡典六·益州》梁置始康郡，西魏廢之。後周置蜀郡。隋初廢，煬帝初復置。

唐·李吉甫《元和郡縣圖志》卷三一《劍南道上·成都府》西魏廢帝二年，地並入於魏，益州置總管。至周併省，郡與州同理成都。隋開皇二年，置西南道行臺。大業三年，罷州爲蜀郡。

臨邛郡

《隋書》卷二九《地理志上·臨邛郡》統縣九，【略】嚴道，名山，盧山，依政，臨邛，蒲江，蒲溪，沈黎，漢源。

唐·杜佑《通典》卷一七六《州郡典六·雅州》秦漢屬蜀郡。晉初屬漢嘉郡，永嘉後李雄之時，此地蕪廢。西魏置蒙山郡。隋初郡廢，置雅州；煬帝初州廢，置臨邛郡。

唐·李吉甫《元和郡縣圖志》卷三二《劍南道中·雅州》後魏廢帝二年置蒙山郡於此，隋開皇十三年置蒙山縣並鎮，仁壽四年罷鎮，改置雅州，因州境雅安山爲名。大業三年，以雅州爲臨邛郡。

眉山郡

《隋書》卷二九《地理志上·眉山郡》統縣八，【略】龍遊，平羌，夾江，峨眉，通義，青神，丹稜，洪雅。

唐·杜佑《通典》卷一七五《州郡典五·嘉州》故夜郎國，漢武開之，置犍爲郡，後漢、晉、宋、齊皆因之。西魏置眉州。後周改爲青州，尋又改爲嘉州，並置平羌郡。隋煬帝置眉山郡。

唐·李吉甫《元和郡縣圖志》卷三一《劍南道上·嘉州》梁武陵王蕭紀開通外徼，立青州，遙取漢青衣縣以爲名也。周宣帝二年，改爲嘉州。按州境近漢之漢嘉舊縣，因名焉。隋大業二年，併嘉州入眉州，八年改爲眉山郡。

隆山郡

《隋書》卷二九《地理志上·隆山郡》統縣五，【略】仁壽，貴平，井研，始建，隆山。

資陽郡

《隋書》卷二九《地理志上·資陽郡》統縣九，【略】磐石，內江，威遠，大牢，安岳，普慈，安居，隆康。

唐·杜佑《通典》卷一七六《州郡典六·資州》西魏置資州。後周置資中郡。隋煬帝初，置資陽郡。

唐・李吉甫《元和郡縣圖志》卷三一《劍南道上・資州》 後魏廢帝二年析武康郡之陽安縣置資州，取資水爲名也。隋大業三年，改爲資陽郡。

瀘川郡

《隋書》卷二九《地理志上・瀘川郡》 統縣五，【略】瀘川，富世，江安，合江，緜水。

唐・杜佑《通典》卷一七五《州郡典五・瀘州》 梁置瀘州。隋初郡廢，煬帝初置瀘川郡。

唐・李吉甫《元和郡縣圖志》卷三三《劍南道下・瀘州》 梁大通初，割江陽郡置瀘川，魏置瀘州，取瀘水爲名。隋大業三年改爲瀘川郡。

犍爲郡

《隋書》卷二九《地理志上・犍爲郡》 統縣四，【略】僰道，犍爲，南溪，開邊。

唐・杜佑《通典》卷一七六《州郡典六・戎州》 故僰侯國，漢屬犍爲郡，後漢、晉、宋、齊皆因之。梁置六同郡及戎州。隋置犍爲郡。

越巂郡

《隋書》卷二九《地理志上・越巂郡》 統縣六，【略】越巂，邛都，蘇祇，可泉，臺登，邛部。

唐・杜佑《通典》卷一七六《州郡典六・巂州》 後周置嚴州。隋改曰西寧州，後又爲巂州，煬帝改爲越巂郡。

牂柯郡

《隋書》卷二九《地理志上・牂柯郡》 統縣二，牂柯，賓化。

黔安郡

《隋書》卷二九《地理志上・黔安郡》 統縣二，【略】彭水，涪川。

唐・杜佑《通典》卷一八三《州郡典十三・黔州》 古蠻夷之國，春秋、戰國皆楚地。【略】後周武帝時，蠻帥以其地歸附，遂置奉州，復改爲黔州。隋初亦置黔州，煬帝初爲黔安郡。

唐・李吉甫《元和郡縣圖志》卷三〇《江南道六・黔州》 晉永嘉後，地没蠻夷，經二百五十六年，至宇文周保定四年，涪陵蠻帥田恩鶴以地内附，因置奉州，建德三年改爲黔州，隋大業三年又改爲黔安郡。

又《費州》 本古徼外蠻夷地，漢武帝元鼎六年通西南夷，置牂柯郡。隋文帝於此置涪川縣，屬黔州，煬帝改爲黔安郡。

河南郡

《隋書》卷三〇《地理志中・河南郡》 統縣十八，【略】河南，洛陽，閿鄉，桃林，陜，熊耳，澠池，新安，偃師，鞏，宜陽，壽安，陸渾，伊闕，興泰，緱氏，嵩陽，陽城。

唐・杜佑《通典》卷一七七《州郡典七・洛州》 隋初爲洛州，煬帝之初，移都創制，復曰荆河州，尋改爲河南郡，置尹。

滎陽郡

《隋書》卷三〇《地理志中・滎陽郡》 統縣十一，【略】管城，汜水，滎澤，原武，陽武，圃田，浚儀，酸棗，新鄭，滎陽，開封。

唐・杜佑《通典》卷一七七《州郡典七・鄭州》 東魏置廣武郡。後周置滎州，後改爲鄭州。隋置管州；煬帝初，復爲鄭州，尋廢州，置滎陽郡。

梁　郡

《隋書》卷三〇《地理志中・梁郡》 統縣十三，【略】宋城，雍丘，襄邑，寧陵，虞城，穀熟，陳留，下邑，考城，楚丘，碭山，圉城，柘城。

唐・杜佑《通典》卷一七七《州郡典七・宋州》 後周置梁州。隋文帝置宋州，煬帝初爲梁郡。

唐・李吉甫《元和郡縣圖志》卷七《河南道三・宋州》 自漢至晉

爲梁國，屬豫州。宋改爲梁郡。隋於睢陽置宋州，大業三年又改爲梁郡。

譙郡

《隋書》卷三〇《地理志中·譙郡》 統縣六，【略】譙，酇，城父，谷陽，山桑，臨渙。

唐·杜佑《通典》卷一七七《州郡典七·亳州》 魏置譙郡，晉因之，後置南兗州。後周改爲亳州，兼置陳留郡。隋初郡廢，煬帝初州廢，復置譙郡。

濟陰郡

《隋書》卷三〇《地理志中·濟陰郡》 統縣九，【略】濟陰，外黄，濟陽，成武，冤句，乘氏，定陶，單父，金鄉。

唐·杜佑《通典》卷一七七《州郡典七·曹州》 後魏置沛郡及西兗州。後周改西兖爲曹州。隋爲濟陰郡。

唐·李吉甫《元和郡縣圖志》卷一一《河南道七·曹州》 後魏於定陶城置西兖州，周武帝改西兖州爲曹州，取曹國爲名也。隋大業三年，改爲濟陰郡。

襄城郡

《隋書》卷三〇《地理志中·襄城郡》 統縣八，【略】承休，梁，郟城，陽翟，汝源，汝南，魯，犨城。

唐·李吉甫《元和郡縣圖志》卷六《河南道二·汝州》 在漢爲河南郡之梁縣地也。隋開皇四年，自陸渾縣界移伊州理於此，大業二年改爲汝州，三年改爲襄城郡。

潁川郡

《隋書》卷三〇《地理志中·潁川郡》 統縣十四，【略】潁川，襄城，汝墳，葉，北舞，郾城，繁昌，臨潁，尉氏，長葛，許昌，濦強，扶溝，鄢陵。

唐·杜佑《通典》卷一七七《州郡典七·許州》 魏文帝受禪於此，及晉並屬潁川郡。後魏亦同爲潁川郡。西魏初得之，後入東魏，改爲鄭州。後周改曰許州。隋復爲潁川郡。

汝南郡

《隋書》卷三〇《地理志中·汝南郡》 統縣十一，【略】汝陽，城陽，真陽，新息，褒信，上蔡，平輿，新蔡，朗山，吳房，西平。

唐·杜佑《通典》卷一七七《州郡典七·荆河州》 後魏置荆河州。東魏置行臺。後周置總管府，後改曰舒州，尋復曰荆河州；其後改洛州爲荆河州，以此爲溱州，尋改曰蔡州，後置汝南郡。隋初郡廢，煬帝初復置汝南郡。

唐·李吉甫《元和郡縣圖志》卷九《河南道五·蔡州》 周大象二年，改爲舒州。隋文帝改爲豫州，移入懸瓠城，今理是也。仁壽四年改爲溱州，大業二年改蔡州，三年罷州爲汝南郡。

淮陽郡

《隋書》卷三〇《地理志中·淮陽郡》 統縣十，【略】宛丘，西華，溵水，扶桑，太康，鹿邑，項城，南頓，鮦陽。

唐·杜佑《通典》卷一七七《州郡典七·陳州》 後魏置陳郡，又置北揚州。北齊改北揚州爲信州。隋置陳州，煬帝初州廢，置淮陽郡。

唐·李吉甫《元和郡縣圖志》卷八《河南道四·陳州》 高齊文宣帝以百姓守信，不附侯景，改北揚州爲信州。周武帝改信州爲陳州。隋開皇二年改爲沈州，大業二年廢沈州入陳州，三年改爲淮陽郡。

汝陰郡

《隋書》卷三〇《地理志中·汝陰郡》 統縣五，【略】汝陰，潁陽，清丘，潁上，下蔡。

唐·杜佑《通典》卷一七七《州郡典七·潁州》 後魏置潁川郡。隋復爲汝陰郡。

上洛郡

《隋書》卷三〇《地理志中·上洛郡》 統縣五，【略】上洛，商洛，洛南，豐陽，上津。

唐・杜佑《通典》卷一七五《州郡典五・商州》　晉初爲京兆南部，後置上洛郡。後魏因之。西魏又置洛州。後周改爲商州。隋煬帝復置上洛郡。

弘農郡

《隋書》卷三〇《地理志中・弘農郡》　統縣四，【略】弘農，盧氏，長泉，朱陽。

唐・杜佑《通典》卷一七七《州郡典七・虢州》　後魏置西恒農郡。後周廢之。隋煬帝又置弘農郡，恭帝時改爲鳳林郡。

唐・李吉甫《元和郡縣圖志》卷六《河南道二・陝州》　後魏孝文帝太和十一年，置陝州，以顯祖獻文皇帝諱『弘』，改爲恒農郡。十八年，罷陝州。孝武帝永熙中重置，西魏文帝大統三年，又罷州。周明帝復置，屯兵於此以備齊。隋大業三年復罷，以其地屬河南郡。義寧元年，改置弘農郡。

淅陽郡

《隋書》卷三〇《地理志中・淅陽郡》　統縣七，【略】南鄉，內鄉，丹水，武當，均陽，安福，鄖鄉。

唐・杜佑《通典》卷一七七《州郡典七・均州》　梁置興州。後周改爲豐州。隋初郡廢，改爲均州；煬帝初州廢，改爲淅陽郡。

南陽郡

《隋書》卷三〇《地理志中・南陽郡》　統縣八，【略】穰，新野，南陽，課陽，順陽，冠軍，菊潭，新城。

唐・杜佑《通典》卷一七七《州郡典七・鄧州》　後魏置荆州。西魏爲重鎮。隋初改爲鄧州；煬帝初，爲南陽、淯陽二郡地。

唐・李吉甫《元和郡縣圖志》卷二一《山南道二・鄧州》　隋開皇七年，梁王巋入隋，自穰縣移荆州還江陵，於穰縣置鄧州。大業三年，改爲南陽郡。

淯陽郡

《隋書》卷三〇《地理志中・淯陽郡》　統縣三，【略】武川，向城，方城。

淮安郡

《隋書》卷三〇《地理志中・淮安郡》　統縣七，【略】比陽，平氏，真昌，顯岡，臨舞，慈丘，桐柏。

唐・杜佑《通典》卷一七七《州郡典七・唐州》　後魏置東荆州。西魏改爲淮州，爲重鎮。隋改爲顯州，煬帝改爲淮安郡。

東郡

《隋書》卷三〇《地理志中・東郡》　統縣九，【略】白馬，靈昌，衛南，濮陽，封丘，匡城，胙城，韋城，離狐。

唐・杜佑《通典》卷一八一《州郡典十一・滑州》　隋初置杞州，後爲滑州，又改爲兗州，尋廢兗州，置東郡。

唐・李吉甫《元和郡縣圖志》卷八《河南道四・滑州》　隋開皇九年，又於今州理置杞州，十六年改杞州爲滑州，大業三年又改爲東郡。

東平郡

《隋書》卷三〇《地理志中・東平郡》　統縣六，【略】鄆城，鄄城，須昌，宿城，雷澤，鉅野。

唐・杜佑《通典》卷一八一《州郡典十一・鄆州》　後周宣帝置魯州，尋廢。隋文帝置鄆州，煬帝初爲東平郡。

唐・李吉甫《元和郡縣圖志》卷一〇《河南道六・鄆州》　周宣帝於此置魯州，尋廢。隋分兗州萬安縣置鄆州，大業三年罷州，爲東平郡。

濟北郡

《隋書》卷三〇《地理志中・濟北郡》　統縣九，【略】盧，范，陽穀，東阿，平陰，長清，濟北，壽張，肥城。

唐・杜佑《通典》卷一八〇《州郡典十・濟州》　隋初置濟州，煬帝初復爲濟北郡。

武陽郡

《隋書》卷三〇《地理志中・武陽郡》　統縣十四，【略】貴鄉，元城，繁水，魏，莘，頓丘，觀城，臨黃，武陽，武水，館陶，堂邑，冠氏，聊城。

唐・杜佑《通典》卷一八〇《州郡典十・魏州》　後周置魏州。隋改爲武陽郡。

唐・李吉甫《元和郡縣圖志》卷一六《河北道一・魏州》　周宣帝大象二年，又於貴鄉郡東界置魏州。隋煬帝大業三年，罷州爲武陽郡。

渤海郡

《隋書》卷三〇《地理志中・渤海郡》　統縣十，【略】陽信，樂陵，滴河，厭次，蒲臺，饒安，無棣，鹽山，南皮，清池。

唐・杜佑《通典》卷一八〇《州郡典十・滄州》　宋文帝置樂陵郡，孝武分置渤海郡。後魏因之，太武帝初，改渤海郡爲滄水郡，孝文帝時復舊；至孝明帝，分瀛、冀二州，置滄州及浮陽、樂陵、安德三郡。隋初郡廢，後以其地置棣州，煬帝改爲滄州，尋爲渤海郡。

唐・李吉甫《元和郡縣圖志》卷一八《河北道三・滄州》　後魏孝明帝熙平二年，分瀛州、冀州置滄州，以滄海爲名。隋大業二年罷州，爲渤海郡。

平原郡

《隋書》卷三〇《地理志中・平原郡》　統縣九，【略】安樂，平原，將陵，平昌，般，長河，弓高，東光，胡蘇。

唐・杜佑《通典》卷一八〇《州郡典十・德州》　後魏、後周並爲平原郡。隋初廢，後置德州；煬帝初復爲平原郡。

唐・李吉甫《元和郡縣圖志》卷一七《河北道二・德州》　後魏文帝於今州置安德郡，隋開皇三年改爲德州。大業三年罷州，爲平原郡。

信都郡

《隋書》卷三〇《地理志中・信都郡》　統縣十二，【略】長樂，堂陽，衡水，棗強，武邑，武強，南宮，斌強，鹿城，下博，蓨，阜城。

唐・杜佑《通典》卷一七八《州郡典八・冀州》　後魏爲長樂郡，兼置冀州。北齊、後周皆因之。隋初郡廢，而冀州如故；煬帝初州廢，復置信都郡。

唐・李吉甫《元和郡縣圖志》卷一七《河北道二・冀州》　後魏【略】置長樂郡。隋開皇三年罷郡爲冀州，大業三年復爲信都郡。

清河郡

《隋書》卷三〇《地理志中・清河郡》　統縣十四，【略】清河，清陽，曆亭，漳南，鄃，臨清，清泉，清平，高唐，經城，宗城，博平，茌平。

唐・杜佑《通典》卷一八〇《州郡典十・貝州》　後魏、北齊並爲清河郡。後周因之，兼置貝州。隋初郡廢，煬帝初，復置清河郡而廢州。

唐・李吉甫《元和郡縣圖志》卷一六《河北道一・貝州》　周武帝建德六年平齊，於此置貝州，因邱以爲名。隋大業三年，又爲清河郡。

魏　郡

《隋書》卷三〇《地理志中・魏郡》　統縣十一，【略】安陽，鄴，臨漳，成安，靈泉，堯城，洹水，滏陽，臨水，林慮，臨淇。

唐・杜佑《通典》卷一七八《州郡典八・相州》　後周置相州及魏郡。隋初郡廢，煬帝初州廢，復置魏郡。

汲　郡

《隋書》卷三〇《地理志中・汲郡》　統縣八，【略】衛，汲，隋興，黎陽，內黃，湯陰，臨河，澶水。

唐・杜佑《通典》卷一七八《州郡典八・衛州》　東魏置義州。後周爲衛州，又分置脩武郡。隋初郡廢，煬帝初州廢，復爲汲、河內二郡地。

唐・李吉甫《元和郡縣圖志》卷一六《河北道一・衛州》　後魏孝靜帝移汲郡理枋頭城，在今衛縣界，又於汲縣置義州以處歸附之人。周武帝改義州爲衛州，隋大業三年改爲汲郡。

河内郡

《隋書》卷三〇《地理志中・河内郡》　統縣十，【略】河内，温，濟源，河陽，安昌，王屋，獲嘉，新鄉，修武，共城。

唐・杜佑《通典》卷一七八《州郡典八・懷州》　後魏置懷州，兼置河内郡。隋初郡廢，而懷州如故；煬帝初州廢，復置河内郡。

長平郡

《隋書》卷三〇《地理志中・長平郡》　統縣六，【略】丹川，沁水，端氏，濩澤，高平，陵川。

唐・杜佑《通典》卷一七九《州郡典九・澤州》　後魏以其地置建州及高都、長平、安平三郡。北齊亦爲建州及置平陽、高都二郡。後周併二郡爲高平郡。隋初郡廢，置澤州，煬帝初州廢，置長平郡。

上黨郡

《隋書》卷三〇《地理志中・上黨郡》　統縣十，【略】上黨，長子，潞城，屯留，襄垣，黎城，涉，鄉，銅鞮，沁源。

唐・杜佑《通典》卷一七九《州郡典九・潞州》　後周置潞州。隋置韓州，煬帝初復置上黨郡。

河東郡

《隋書》卷三〇《地理志中・河東郡》　統縣十，【略】河東，桑泉，汾陰，龍門，芮城，安邑，夏，河北，猗氏，虞鄉。

唐・杜佑《通典》卷一七九《州郡典九・蒲州》　後魏亦爲河東郡，兼置雍州，及屬秦州。後周改爲蒲州，亦兼置河東郡。隋初郡廢，煬帝初州廢，復置河東郡。

唐・李吉甫《元和郡縣圖志》卷一二《河東道一・河中府》　後魏太武帝於今州理置雍州，延和元年改雍州爲秦州。周明帝改秦州爲蒲州，因蒲阪以爲名。隋大業三年罷州，又置河東郡。

絳　郡

《隋書》卷三〇《地理志中・絳郡》　統縣八，【略】正平，翼城，絳，曲沃，稷山，聞喜，垣，太平。

唐・杜佑《通典》卷一七九《州郡典九・絳州》　後魏置東雍州。【略】後周改曰絳州，兼置正平郡。隋初郡廢，煬帝初州廢，復置絳郡。

唐・李吉甫《元和郡縣圖志》卷一二《河東道一・絳州》　後魏太武帝於今理西南二十里正平縣界柏壁置東雍州及正平郡，其地屬焉。孝文帝廢東雍州，東魏靜帝復置，周明帝武成二年改東雍州爲絳州。隋大業三年廢州，爲絳郡。

文城郡

《隋書》卷三〇《地理志中・文城郡》　統縣四，【略】吉昌，文城，伍城，昌寧。

唐・杜佑《通典》卷一七九《州郡典九・慈州》　東魏置定陽郡及南汾州。北齊改南汾州爲西汾州。後周改爲汾州。隋初郡廢，置耿州，後復爲汾州，煬帝初州廢，置文城郡。

唐・李吉甫《元和郡縣圖志》卷一二《河東道一・慈州》　後魏孝文帝於北屈縣南二十一里置定陽郡，即今州理是也。隋開皇元年改定陽郡爲文城郡。

臨汾郡

《隋書》卷三〇《地理志中・臨汾郡》　統縣七，【略】臨汾，襄陵，楊，霍邑，汾西，岳陽。

唐・杜佑《通典》卷一七九《州郡典九・晉州》　後魏爲平陽郡，兼置唐州，後改爲晉州，後置總管府。東魏、北齊皆爲重鎮。隋初改平陽爲平河郡，尋廢；煬帝初，置臨汾郡。

龍泉郡

《隋書》卷三〇《地理志中·龍泉郡》 統縣五，【略】隰川，永和，樓山，石樓，蒲。

唐·杜佑《通典》卷一七九《州郡典九·隰州》 後周置沁州及龍泉郡。隋初郡廢，後復置西汾州，尋又改爲隰州；煬帝初州廢，置龍泉郡。

唐·李吉甫《元和郡縣圖志》卷一二《河東道一·隰州》 周宣帝大象元年，於今州東百步置龍泉郡，隋開皇五年改爲隰州，大業三年又改爲龍泉郡。

西河郡

《隋書》卷三〇《地理志中·西河郡》 統縣六，【略】隰城，介休，永安，平遙，靈石，綿上。

唐·杜佑《通典》卷一七九《州郡典九·汾州》 北齊置南朔州。後周改曰介州。隋置西河郡。

唐·李吉甫《元和郡縣圖志》卷一三《河東道二·汾州》 周武帝廢南朔州，宣帝於此置汾州。隋大業三年廢汾州，還於隰城縣置西河郡。

離石郡

《隋書》卷三〇《地理志中·離石郡》 統縣五，【略】離石，修化，定胡，平夷，太和。

唐·杜佑《通典》卷一七九《州郡典九·石州》 北齊置懷政郡，後改爲離石郡，兼置西汾州。後周改西汾爲石州。隋初郡廢，而石州如故；煬帝初州廢，置石郡。

唐·李吉甫《元和郡縣圖志》卷一四《河東道三·石州》 高齊文宣帝於城内置西汾州，周武帝改爲石州。隋大業二年，又爲離石郡。

雁門郡

《隋書》卷三〇《地理志中·雁門郡》 統縣五，【略】雁門，繁畤，崞，五臺，靈丘。

唐·杜佑《通典》卷一七九《州郡典九·代州》 後周置肆州。隋文帝改爲代州；煬帝初州廢，置雁門郡。

唐·李吉甫《元和郡縣圖志》卷一四《河東道三·代州》 周宣帝大象元年，自九原城移肆州於今理。隋開皇五年改肆州爲代州，大業三年改爲雁門郡。

又《蔚州》 東魏孝静帝又於此置北靈丘郡，周宣帝於今理置蔚州。隋大業三年，罷州置雁門郡。

馬邑郡

《隋書》卷三〇《地理志中·馬邑郡》 統縣四，【略】善陽，神武，雲内，開陽。

唐·杜佑《通典》卷一七九《州郡典九·朔州》 北齊復置朔州。隋初置總管府；煬帝初府廢，置代郡，尋屬馬邑郡。

唐·李吉甫《元和郡縣圖志》卷一四《河東道三·朔州》 高齊文宣帝又於馬邑城置朔州，【略】隋開皇罷總管，大業三年罷州爲馬邑郡。

定襄郡

《隋書》卷三〇《地理志中·定襄郡》 統縣一，【略】大利。

唐·杜佑《通典》卷一七九《州郡典九·忻州》 後魏置肆州。後周徙肆州於雁門郡。隋初置新興郡及雲州，後改新興郡爲忻州；煬帝初，廢雲州及忻州，以其地屬樓煩、定襄二郡。

樓煩郡

《隋書》卷三〇《地理志中·樓煩郡》 統縣三，【略】靜樂，臨泉，秀容。

唐·杜佑《通典》卷一七九《州郡典九·嵐州》 後魏末，於其地置嵐州。隋煬帝置樓煩郡。

唐·李吉甫《元和郡縣圖志》卷一四《河東道三·嵐州》 後魏於今理置嵐州，因州西岢嵐山爲名也。隋大業四年，於靜樂縣界置樓煩郡，因漢樓煩縣爲名。

太原郡

《隋書》卷三〇《地理志中・太原郡》　統縣十五，【略】晉陽，太原，交城，汾陽，文水，祁，榆次，太谷，樂平，和順，遼山，平城，石艾，盂。

唐・杜佑《通典》卷一七九《州郡典九・并州》　後魏爲太原郡，兼置并州。北齊、後周皆因之。隋初廢郡，置并州，又改爲太原郡。

唐・李吉甫《元和郡縣圖志》卷一三《河東道二・太原府》　周武帝建德六年，平齊，置六府於并州，後省六府，置并州總管。【略】大業元年廢總管，三年罷州爲太原郡。

襄國郡

《隋書》卷三〇《地理志中・襄國郡》　統縣七，【略】龍岡，南和，平鄉，沙河，鉅鹿，內丘，柏仁。

唐・杜佑《通典》卷一七八《州郡典八・邢州》　後魏爲鉅鹿郡。隋置邢州，煬帝初置襄國郡。

唐・李吉甫《元和郡縣圖志》卷一五《河東道四・邢州》　後魏復爲襄國縣。隋開皇（五）［三］年，以襄國縣屬洺州，九年改爲龍岡縣，十六年割龍岡等三縣置邢州，以邢國爲名也。大業三年，改爲襄國郡。

武安郡

《隋書》卷三〇《地理志中・武安郡》　統縣八，【略】永年，肥鄉，清漳，平恩，洺水，武安，邯鄲，臨洺。

趙　郡

《隋書》卷三〇《地理志中・趙郡》　統縣十一，【略】平棘，高邑，贊皇，元氏，廮陶，欒城，大陸，柏鄉，房子，稾城，鼓城。

唐・杜佑《通典》卷一七八《州郡典八・趙州》　後魏爲趙郡，明帝兼置殷州。北齊改殷州爲趙州，郡仍舊。隋改置欒州，煬帝改爲趙州，尋復爲趙郡。

唐・李吉甫《元和郡縣圖志》卷一七《河北道二・趙州》　後魏明帝又於廣阿城置殷州，高齊改殷州爲趙州，因趙國爲名。隋開皇十六年又於欒城縣置欒州，大業二年廢欒州，以縣並屬趙州。三年，以趙州爲趙郡。

恒山郡

《隋書》卷三〇《地理志中・恒山郡》　統縣八，【略】真定，滋陽，行唐，石邑，九門，井陘，房山，靈壽。

博陵郡

《隋書》卷三〇《地理志中・博陵郡》　統縣十，【略】鮮虞，北平，唐，恒陽，新樂，隋昌，毋極，義豐，深澤，安平。

唐・杜佑《通典》卷一七八《州郡典八・定州》　後魏爲中山郡，兼置安州，道武帝改爲定州。後周置總管府，領鮮虞郡。隋初郡廢，煬帝初置博陵郡，後改爲高陽郡。

唐・李吉甫《元和郡縣圖志》卷一八《河北道三・定州》　後燕慕容垂僭號，建都於此，仍置中山尹。後魏道武帝平慕容垂子寶爲中山郡，置安州，又改爲定州，以安定天下爲名也。隋開皇元年，以『中』字犯廟諱，改中山郡爲鮮虞郡。大業三年，改爲博陵郡，遙取漢博陵郡爲名也。九年，又改爲高陽郡。

河間郡

《隋書》卷三〇《地理志中・河間郡》　統縣十三，【略】河間，文安，樂壽，束城，景城，高陽，鄚，博野，清苑，長蘆，平舒，魯城，饒陽。

唐・杜佑《通典》卷一七八《州郡典八・瀛州》　後魏爲河間郡，孝文帝分置瀛州。隋初廢河間郡，置瀛州；煬帝初州廢，復置河間郡。

涿　郡

《隋書》卷三〇《地理志中・涿郡》　統縣九，【略】薊，良鄉，安次，固安，雍奴，昌平，懷戎，潞。

唐・杜佑《通典》卷一七八《州郡典八・幽州》 後魏置幽州。北齊置東北道行臺。後周置燕、范陽二郡。隋初並廢，煬帝初併置涿郡。

上谷郡

《隋書》卷三〇《地理志中・上谷郡》 統縣六，【略】易，淶水，遒，遂城，永樂，飛狐。

唐・杜佑《通典》卷一七八《州郡典八・易州》 隋初置昌黎郡，後兼置易州。煬帝初州廢，置上谷郡。

又 卷一七九《州郡典九・蔚州》 後周置蔚州。隋置上谷郡。

唐・李吉甫《元和郡縣圖志》卷一八《河北道三・易州》 漢分置涿郡，今州則漢涿郡故安縣之地。隋開皇元年改爲易州，因州南十三里易水爲名。大業初爲上谷郡，遙取漢上谷以爲名。

漁陽郡

《隋書》卷三〇《地理志中・漁陽郡》 統縣一，【略】無終。

唐・杜佑《通典》卷一七八《州郡典八・薊州》 秦置漁陽郡，二漢因之。隋文帝徙玄州於此，並立總管府；煬帝初廢，置漁陽郡。

北平郡

《隋書》卷三〇《地理志中・北平郡》 統縣一，【略】盧龍。

唐・杜佑《通典》卷一七八《州郡典八・平州》 晉屬遼西郡。後魏亦曰遼西郡。隋初置平州，煬帝初州廢，復置北平郡。

安樂郡

《隋書》卷三〇《地理志中・安樂郡》 統縣二，【略】燕樂，密雲。

唐・杜佑《通典》卷一七八《州郡典八・檀州》 後魏置密雲郡，兼置安州。後周改安州爲玄州。隋徙玄州於漁陽，尋復於今郡置檀州；煬帝初，置安樂郡。

遼西郡

《隋書》卷三〇《地理志中・遼西郡》 統縣一，【略】柳城。

唐・杜佑《通典》卷一七八《州郡典八・燕州》 隋文帝時，粟末、靺鞨有厥稽部渠長，率數千人，舉部落內附，處之柳城、燕郡之北。煬帝爲置遼西郡，以取秦漢遼西之名也，統遼西、懷遠、瀘河三縣。

又 《營州》 後魏置營州。後周武帝平齊，其地猶爲高寶寧所據。隋文帝時討平寶寧，復以其地爲營州；煬帝初州廢，置遼西郡。

北海郡

《隋書》卷三〇《地理志中・北海郡》 統縣十，【略】益都，臨淄，千乘，博昌，壽光，臨朐，都昌，北海，營丘，下密。

唐・杜佑《通典》卷一八〇《州郡典十・青州》 宋置青州，後入後魏，又置青州。後周置齊郡。隋文帝初郡廢，煬帝初州廢，置北海郡。

唐・李吉甫《元和郡縣圖志》卷一〇《河南道六・青州》 隋大業三年，罷州爲北海郡，領縣十。

齊郡

《隋書》卷三〇《地理志中・齊郡》 統縣十，【略】歷城，祝阿，臨邑，臨濟，鄒平，章丘，長山，高苑，亭山，淄川。

唐・李吉甫《元和郡縣圖志》卷一〇《河南道六・齊州》 後魏將慕容白曜攻下歷城，後文帝改冀州爲齊州，與濟南郡並理。隋開皇三年罷郡，以所領縣屬齊州。大業三年罷州，爲齊郡。

東萊郡

《隋書》卷三〇《地理志中・東萊郡》 統縣九，【略】掖，膠水，盧鄉，卽墨，觀陽，昌陽，牟平，文登。

唐・杜佑《通典》卷一八〇《州郡典十・萊州》 宋爲東萊郡。後魏復爲東萊郡，後置光州。隋改爲萊州，煬帝改爲東萊郡。

高密郡

《隋書》卷三〇《地理志中·高密郡》統縣七，【略】諸城，東莞，郚城，安丘，高密，膠西，琅邪。

唐·杜佑《通典》卷一八〇《州郡典十·密州》後魏復置高密郡，後置膠州。隋初爲密州，煬帝改爲高密郡。

彭城郡

《隋書》卷三一《地理志下·彭城郡》統縣十一，【略】彭城，蘄，穀陽，沛，留，豐，蕭，滕，蘭陵，符離，方與。

唐·李吉甫《元和郡縣圖志》卷九《河南道五·徐州》梁初暫收，太清之後尋復入魏，徐州復理彭城，仍立彭城郡。高齊及後周不改。隋開皇二年，於此置總管，罷郡，其所領縣，並屬徐州。十四年，廢總管府爲彭城郡。

魯郡

《隋書》卷三一《地理志下·魯郡》統縣十，【略】瑕丘，任城，鄒，曲阜，泗水，平陸，龔丘，梁父，博城，嬴。

唐·杜佑《通典》卷一八〇《州郡典十·兖州》宋爲泰山、高平、魯三郡地及兖州。後魏亦爲魯郡。北齊改爲任城郡。隋初置兖州，煬帝改爲魯郡。

唐·李吉甫《元和郡縣圖志》卷一〇《河南道六·兖州》隋大業元年，於兖州置都督府，二年改爲魯州，三年改爲魯郡。

琅邪郡

《隋書》卷三一《地理志下·琅邪郡》統縣七，【略】臨沂，費，顓臾，新泰，沂水，東安，莒。

唐·杜佑《通典》卷一八〇《州郡典十·沂州》後魏置北徐州。後周改爲沂州。隋復爲瑯琊郡。

東海郡

《隋書》卷三一《地理志下·東海郡》統縣五，【略】朐山，東海，漣水，沭陽，懷仁。

唐·杜佑《通典》卷一八〇《州郡典十·海州》梁置南北二青州。後入後魏。東魏改爲海州。隋改爲東海郡。

下邳郡

《隋書》卷三一《地理志下·下邳郡》統縣七，【略】宿豫，夏丘，徐城，淮陽，下邳，郯。

唐·杜佑《通典》卷一八〇《州郡典十·泗州》後魏亦爲下邳郡，兼置南徐州。東魏改爲東楚州。後周改爲泗州。隋改爲下邳郡。

江都郡

《隋書》卷三一《地理志下·江都郡》統縣十六，【略】江陽，江都，海陵，寧海，高郵，安宜，山陽，盱眙，鹽城，清流，全椒，六合，永福，句容，延陵，曲阿。

唐·杜佑《通典》卷一八一《州郡典十一·揚州》梁亦曰南兖州。北齊改爲東廣州，復曰南兖州。後周改爲吴州。隋初爲揚州，置總管府；煬帝初府廢，又爲江都郡，後帝徙都而喪國焉。

鍾離郡

《隋書》卷三一《地理志下·鍾離郡》統縣四，【略】鍾離，定遠，化明，塗山。

唐·杜佑《通典》卷一八一《州郡典十一·濠州》北齊改鍾離郡爲西楚州。隋改曰濠州，煬帝復置鍾離郡。

唐·李吉甫《元和郡縣圖志》卷九《河南道五·濠州》高齊，文宣帝改爲西楚州。隋開皇三年改爲濠州，因水爲名。大業三年改爲鍾離郡。

淮南郡

《隋書》卷三一《地理志下・淮南郡》　統縣四，【略】壽春，安豐，霍丘，長平。

唐・杜佑《通典》卷一八一《州郡典十一・壽州》　後周曰揚州。隋文帝改曰壽州，煬帝初，復爲郡。

弋陽郡

《隋書》卷三一《地理志下・弋陽郡》　統縣六，【略】光山，樂安，定城，殷城，固始，期思。

唐・杜佑《通典》卷一八一《州郡典十一・光州》　梁末，置光州。後魏置弋陽郡。北齊爲南郢州。後周爲淮南郡。隋煬帝初，爲弋陽郡。

唐・李吉甫《元和郡縣圖志》卷九《河南道五・光州》　梁末於縣置光州，隋大業二年，罷州爲弋陽郡。

蘄春郡

《隋書》卷三一《地理志下・蘄春郡》　統縣五，【略】蘄春，浠水，蘄水，黃梅，羅田。

唐・杜佑《通典》卷一八一《州郡典十一・蘄州》　隋初爲蘄州。煬帝三年廢州，復置蘄春郡。

廬江郡

《隋書》卷三一《地理志下・廬江郡》　統縣七，【略】合肥，廬江，襄安，愼，霍山，滍水，開化。

唐・杜佑《通典》卷一八一《州郡典十一・廬州》　梁置汝陰郡及南荆河州，尋改爲合州，爲重鎮。隋初改爲廬江州，煬帝初州廢，置廬江郡。

同安郡

《隋書》卷三一《地理志下・同安郡》　統縣五，【略】懷寧，宿松，太湖，望江，同安。

唐・杜佑《通典》卷一八一《州郡典十一・舒州》　隋初曰熙州，煬帝置同安郡。

歷陽郡

《隋書》卷三一《地理志下・歷陽郡》　統縣二，【略】歷陽，烏江。

丹陽郡

《隋書》卷三一《地理志下・丹陽郡》　統縣三，【略】江寧，當塗，溧水。

宣城郡

《隋書》卷三一《地理志下・宣城郡》　統縣六，【略】宣城，涇，南陵，秋浦，永世，綏安。

唐・杜佑《通典》卷一八一《州郡典十一・宣州》　晉武帝分置宣城郡。宋齊梁陳皆因之。陳以爲重鎮。隋平陳，郡廢，置宣州；煬帝改爲宣城郡。

毗陵郡

《隋書》卷三一《地理志下・毗陵郡》　統縣四，【略】晉陵，江陰，無錫，義興。

唐・杜佑《通典》卷一八二《州郡典十二・常州》　隋平陳，廢晉陵郡，置常州。煬帝初州廢，又置毗陵郡。

吴　郡

《隋書》卷三一《地理志下・吴郡》　統縣五，【略】吴，昆山，常熟，烏程，長城。

會稽郡

《隋書》卷三一《地理志下・會稽郡》　統縣四，【略】會稽，句章，剡，諸暨。

唐・杜佑《通典》卷一八二《州郡典十二・越州》 宋爲會稽郡，嘗置東揚州，【略】隋平陳，改東揚州爲吴州，置總管府；煬帝初府廢，置越州，尋復爲會稽郡。

餘杭郡

《隋書》卷三一《地理志下・餘杭郡》 統縣六，【略】錢唐，富陽，餘杭，於潛，鹽官，武康。

新安郡

《隋書》卷三一《地理志下・新安郡》 統縣三，【略】休寧，歙，黟。

唐・杜佑《通典》卷一八二《州郡典十二・歙州》 隋平陳，置歙州；煬帝初州廢，置新安郡。

東陽郡

《隋書》卷三一《地理志下・東陽郡》 統縣四，【略】金華，永康，烏傷，信安。

唐・杜佑《通典》卷一八二《州郡典十二・婺州》 梁、陳置金華郡。隋平陳，置婺州，以當天文婺女之分爲名也。煬帝初州廢，置東陽郡。

永嘉郡

《隋書》卷三一《地理志下・永嘉郡》 統縣四，【略】括倉，永嘉，松陽，臨海。

唐・李吉甫《元和郡縣圖志》卷二六《江南道二・處州》 晉立爲永嘉郡，梁、陳因之。隋開皇九年平陳，改永嘉爲處州，十二年又改爲括州，大業三年復改爲永嘉郡。

建安郡

《隋書》卷三一《地理志下・建安郡》 統縣四，【略】閩，建安，南安，龍溪。

唐・杜佑《通典》卷一八二《州郡典十二・福州》 晉置晉安郡，宋、齊因之。陳置閩州，後又改爲豐州。隋平陳，改爲泉州；煬帝初州廢，復改爲建安郡。

唐・李吉甫《元和郡縣圖志》卷二九《江南道五・福州》 晉置晉安郡，領縣八，屬揚州。南朝以封子弟爲王，梁簡文帝初封晉安王，入爲皇太子是也。陳廢帝改爲豐州，又爲泉州，因泉山爲名。隋大業二年改爲閩州，三年改爲建安郡。

遂安郡

《隋書》卷三一《地理志下・遂安郡》 統縣三，【略】雉山，遂安，桐廬。

唐・杜佑《通典》卷一八二《州郡典十二・睦州》 梁陳爲新安郡。隋平陳，廢郡，後置睦州；煬帝置遂安郡。

唐・李吉甫《元和郡縣圖志》卷二五《江南道一・睦州》 晉武帝太康元年，改新都爲新安郡，新定縣爲遂安縣。隋平陳，廢新安郡，析新安縣置睦州，後又改爲遂安郡。

鄱陽郡

《隋書》卷三一《地理志下・鄱陽郡》 統縣三，【略】鄱陽，餘干，弋陽。

臨川郡

《隋書》卷三一《地理志下・臨川郡》 統縣四，【略】臨川，南城，崇仁，邵武。

唐・杜佑《通典》卷一八二《州郡典十二・撫州》 隋平陳，置撫州；煬帝時州廢，置臨川郡。

廬陵郡

《隋書》卷三一《地理志下・廬陵郡》 統縣四，【略】廬陵，泰和，安復，新淦。

唐・杜佑《通典》卷一八二《州郡典十二・吉州》 隋平陳，置吉州；煬帝初州廢，置廬陵郡。

南康郡

《隋書》卷三一《地理志下・南康郡》 統縣四，【略】贛，虔化，雩都，南康。

唐・杜佑《通典》卷一八二《州郡典十二・虔州》 晉平吳，置南康郡。宋爲南康國。齊、梁、陳皆爲南康郡。隋平陳，置虔州；煬帝初州廢，置南康郡。

唐・李吉甫《元和郡縣圖志》卷二八《江南道四・虔州》 晉武帝太康三年罷都尉，立爲南康郡，至永和五年移理贛。隋開皇九年平陳，罷南康郡爲虔州，大業三年罷虔州，復爲南康郡。

宜春郡

《隋書》卷三一《地理志下・宜春郡》 統縣三，【略】宜春，萍鄉，新喻。

唐・杜佑《通典》卷一八二《州郡典十二・袁州》 隋平陳，置袁州；煬帝初州廢，置宜春郡。

唐・李吉甫《元和郡縣圖志》卷二八《江南道四・袁州》 隋開皇十一年置袁州，因袁山爲名。大業三年罷袁州爲宜春郡。

豫章郡

《隋書》卷三一《地理志下・豫章郡》 統縣四，【略】豫章，豐城，建昌，建城。

唐・杜佑《通典》卷一八二《州郡典十二・洪州》 東晉嘗置江州。宋齊以後並爲章郡。隋平陳，廢郡，置洪州；煬帝初廢州，置章郡。

南海郡

《隋書》卷三一《地理志下・南海郡》 統縣十五，【略】南海，曲江，始興，翁源，增城，寶安，樂昌，四會，化蒙，清遠，含洭，政賓，懷集，新會，義寧。

唐・杜佑《通典》卷一八四《州郡典十四・廣州》 吳【略】置廣州。晉、宋、齊皆因之。梁陳並置都督府。隋平陳，置總管府，後又置番州；煬帝初，復置南海郡。

唐・李吉甫《元和郡縣圖志》卷三四《嶺南道一・廣州》 隋開皇九年平陳，於廣州置總管府，仁壽元年改廣州爲番州，大業三年罷番州爲南海郡。

又《韶州》 梁承聖中，蕭勃據嶺南，於此置東衡州，隋開皇九年平陳，改東衡州爲韶州，取州北韶石爲名。十一年廢入廣州，十二年，自今南海縣移廣州理曲江之廢韶州城，即今州理是也。仁壽元年，改廣州爲番州，大業二年又自今始興故鎮移番州理南海縣，今廣州理是也。三年，以番州爲南海郡。

龍川郡

《隋書》卷三一《地理志下・龍川郡》 統縣五，【略】歸善，河源，博羅，興寧，海豐。

唐・杜佑《通典》卷一八四《州郡典十四・循州》 隋平陳，置循州；煬帝初州廢，置龍川郡。

唐・李吉甫《元和郡縣圖志》卷三四《嶺南道一・循州》 梁置梁化郡，隋開皇十年於此置循州，取循江爲名也。大業三年改爲龍川郡。

義安郡

《隋書》卷三一《地理志下・義安郡》 統縣五，【略】海陽，程鄉，潮陽，海寧，萬川。

唐・杜佑《通典》卷一八二《州郡典十二・潮州》 梁置東揚州，後改爲瀛州，及陳而廢。隋平陳，置潮州；煬帝初，置義安郡。

唐・李吉甫《元和郡縣圖志》卷三四《嶺南道一・潮州》 晉安帝義熙九年，於此立義安郡及海陽縣。隋開皇十年罷郡省海陽縣，仍於郡廨置義安縣，以屬循州。十一年，於義安縣立潮州，以潮流往復，因以爲名。大業三年罷州爲義安郡。

高涼郡

《隋書》卷三一《地理志下·高涼郡》　統縣九，【略】高涼，連江，電白，杜原，海安，陽春，石龍，吳川，茂名。

信安郡

《隋書》卷三一《地理志下·信安郡》　統縣七，【略】高要，端溪，樂城，平興，博林，銅陵。

唐·杜佑《通典》卷一八四《州郡典十四·端州》　陳置高要郡。隋平陳，郡廢，置端州；煬帝初州廢，置信安郡。

唐·李吉甫《元和郡縣圖志》卷三四《嶺南道一·端州》　梁大同中，於此立高要郡。隋開皇十一年置端州，大業三年罷爲信安郡。

又《嶺南道一·康州》　晉末於此置晉康郡。隋開皇十二年省晉康郡，以所領縣屬端州。大業三年罷州爲信安郡。

永熙郡

《隋書》卷三一《地理志下·永熙郡》　統縣六，【略】瀧水，懷德，良德，安遂，永業，永熙。

唐·杜佑《通典》卷一八四《州郡典十四·瀧州》　梁置瀧州。隋煬帝初，州廢，瀧州置永熙郡。

蒼梧郡

《隋書》卷三一《地理志下·蒼梧郡》　統縣四，【略】封川，都城，蒼梧，封陽。

始安郡

《隋書》卷三一《地理志下·始安郡》　統縣十五，【略】始安，平樂，茘浦，建陵，陽朔，象，隋化，義熙，龍城，馬平，桂林，陽壽，富川，龍平，豪靜。

唐·杜佑《通典》卷一八四《州郡典十四·桂州》　梁置桂州。隋平陳，置總管府；煬帝初府廢，復置始安郡。

唐·李吉甫《元和郡縣圖志》卷三七《嶺南道四·桂州》　梁天監六年，立桂州於蒼梧、鬱林之境，因桂江以爲名，大同六年移於今理。隋開皇十年置總管府，大業三年罷州爲始安郡。

永平郡

《隋書》卷三一《地理志下·永平郡》　統縣十一，【略】永平，武林，隋建，安基，隋安，普寧，戎成，寧人，淳人，大賓，賀川。

唐·杜佑《通典》卷一八四《州郡典十四·藤州》　晉屬永平郡。隋平陳，置藤州；煬帝初州廢，後置永平郡。

鬱林郡

《隋書》卷三一《地理志下·鬱林郡》　統縣十二，【略】鬱林，鬱平，領方，阿林，石南，桂平，馬度，安成，寧浦，樂山，嶺山，宣化。

唐·杜佑《通典》卷一八四《州郡典十四·鬱林州》　梁置定州，後改爲南定州。隋平陳，改爲尹州；煬帝初爲鬱州，尋改爲鬱林郡。

唐·李吉甫《元和郡縣圖志》卷三八《嶺南道五·貴州》　梁時於郡置南定州。隋開皇十年罷鬱林等郡，改南定州爲尹州，大業二年改尹州爲鬱州。三年罷州，爲鬱林郡。

合浦郡

《隋書》卷三一《地理志下·合浦郡》　統縣十一，【略】合浦，南昌，北流，封山，定川，龍蘇，海康，抱成，隋康，扇沙，鐵杷。

唐·杜佑《通典》卷一八四《州郡典十四·廉州》　漢置合浦郡，後漢同。吳改爲珠官。晉又爲合浦郡。宋因之，兼置臨瘴郡及越州。齊又因之。煬帝改爲祿州，尋改爲合州，又廢州置合浦郡。

珠崖郡

《隋書》卷三一《地理志下·珠崖郡》　統縣十，【略】義倫，感恩，顏盧，毗善，昌化，吉安，延德，寧遠，澄邁，武德。

唐·杜佑《通典》卷一八四《州郡典十四·崖州》 海中之洲也。【略】與今海康郡之徐聞縣對，自徐聞徑度，便風揚帆，一日一夕即至。梁置崖州。隋置珠崖郡。

南海諸島

《隋書》卷八二《南蠻傳·赤土》 其年（大業三年）十月，駿等自南海郡乘舟，晝夜二旬，每值便風，至焦石山，而過東南泊陵伽鉢拔多洲，西與林邑相對，上有神祠焉。

唐·杜佑《通典》卷一八八《邊防典四·南蠻下·赤土》 煬帝時募能通絶域，大業三年，屯田主事常駿、虞部主事王君正等應召。駿等自南海郡乘舟，晝夜二旬，每值便風，至焦石山，而過東南泊陵伽鉢拔多洲，西與林邑相對，上有神祠焉。

寧越郡

《隋書》卷三一《地理志下·寧越郡》 統縣六，【略】欽江，安京，内亭，南賓，遵化，海安。

唐·杜佑《通典》卷一八四《州郡典十四·欽州》 宋齊以來置宋壽郡。梁又置安州。隋平陳，郡廢而安州如故，後改安州爲欽州；煬帝初州廢，置寧越郡。

唐·李吉甫《元和郡縣圖志》卷三八《嶺南道五·欽州》 宋分合浦置宋壽郡。梁武帝於今欽江縣南三里置安州，隋開皇十八年改安州爲欽州，取欽江爲名也。大業三年改爲寧越郡。

交趾郡

《隋書》卷三一《地理志下·交趾郡》 統縣九，【略】宋平，龍編，朱鳶，隆平，平道，交趾，嘉寧，新昌，安人。

唐·杜佑《通典》卷一八四《州郡典十四·安南府》 宋又置宋平郡，齊因之，亦爲交趾郡地。梁、陳因之。隋平陳，郡廢，置交州；煬帝初州廢，置交趾郡。

唐·李吉甫《元和郡縣圖志》卷三八《嶺南道五·安南》 隋開皇十年，罷交趾郡爲玉州，仁壽四年置總管府，大業三年罷州，復爲交趾郡。

九真郡

《隋書》卷三一《地理志下·九真郡》 統縣七，【略】九真，移風，胥浦，隆安，軍安，安順，日南。

唐·杜佑《通典》卷一八四《州郡典十四·愛州》 梁置愛州。隋爲九真郡。

唐·李吉甫《元和郡縣圖志》卷三八《嶺南道五·愛州》 梁武帝於郡理置愛州，隋大業三年改爲九真郡。

日南郡

《隋書》卷三一《地理志下·日南郡》 統縣八，【略】九德，咸驩，浦陽，越常，金寧，交谷，安遠，光安。

唐·杜佑《通典》卷一八四《州郡典十四·驩州》 二漢屬九真郡。吳分置九德郡，晉、宋、齊因之。隋置驩州，後爲日南郡。

唐·李吉甫《元和郡縣圖志》卷三八《嶺南道五·驩州》 梁武帝於此置德州，隋開皇十八年改爲驩州，取咸驩縣爲名也。大業三年改爲日南郡。

比景郡

《隋書》卷三一《地理志下·比景郡》 統縣四，【略】比景，朱吾，壽泠，西捲。

海陰郡

《隋書》卷三一《地理志下·海陰郡》 統縣四，【略】新容，真龍，多農，安樂。

林邑郡

《隋書》卷三一《地理志下·林邑郡》 統縣四，【略】象浦，金山，交江，南極。

南　郡

《隋書》卷三一《地理志下・南郡》　統縣一十，【略】江陵，長楊，宜昌，枝江，當陽，松滋，長林，公安，安興，紫陵。

唐・杜佑《通典》卷一八三《州郡典十三・荆州》　晉平吳，置南郡及荆州。東晉以爲重鎮，宋齊並因之。梁元帝都之，爲西魏所陷，遷後梁居之，爲藩國，又置江陵總管府。隋並梁，置江陵總管府如故，後改爲荆州；煬帝初，復爲南郡。

夷陵郡

《隋書》卷三一《地理志下・夷陵郡》　統縣三，【略】夷陵，夷道，遠安。

竟陵郡

《隋書》卷三一《地理志下・竟陵郡》　統縣八，【略】長壽，藍水，激川，漢東，清騰，樂鄉，豐鄉，章山。

唐・杜佑《通典》卷一八三《州郡典十三・復州》　晉分置竟陵郡，宋齊因之。後周以其地置郢、復二州。隋煬帝初州廢，於舊郢州置竟陵郡。

又《郢州》　後周分置石城郡，後於石城置郢州。隋煬帝初州廢，置竟陵、安陸二郡。

沔陽郡

《隋書》卷三一《地理志下・沔陽郡》　統縣五，【略】沔陽，監利，竟陵，甑山，漢陽。

唐・杜佑《通典》卷一八三《州郡典十三・復州》　晉分置竟陵郡，宋齊因之。後周以其地置郢、復二州。隋煬帝初州廢，【略】於舊復州置沔陽郡。

又《沔州》　晉宋以來，並屬江夏郡。後周置復州。隋煬帝初改爲沔州，尋改爲沔陽郡，則通有今竟陵郡之地。

唐・李吉甫《元和郡縣圖志》卷二一《山南道二・復州》　晉惠帝分江夏立竟陵郡，周武帝改置復州，取州界復池湖爲名也。【略】

沔陽縣，本漢雲杜縣地，梁天監二年分置沔陽縣，即今縣東三十里沔陽故城是也。今沔陽縣，即後魏所置建興縣，隋大業三年改建興縣爲沔陽郡。

沅陵郡

《隋書》卷三一《地理志下・沅陵郡》　統縣五，【略】沅陵，大鄉，鹽泉，龍檦，辰溪。

唐・杜佑《通典》卷一八三《州郡典十三・辰州》　晉、宋、齊並爲武陵郡地。隋分置辰州，煬帝初爲沅陵郡。

武陵郡

《隋書》卷三一《地理志下・武陵郡》　統縣二，【略】武陵，龍陽。

唐・杜佑《通典》卷一八三《州郡典十三・朗州》　宋齊亦曰武陵郡。梁置武州，後改曰沅州。隋平陳，改爲朗州；煬帝初州廢，置武陵郡。

清江郡

《隋書》卷三一《地理志下・清江郡》　統縣五，【略】鹽水，巴山，清江，開夷，建始。

唐・杜佑《通典》卷一八三《州郡典十三・施州》　秦屬南郡，二漢因之。後周置亭州及業州。隋煬帝初，併置庸州，尋廢，置清江郡。

襄陽郡

《隋書》卷三一《地理志下・襄陽郡》　統縣十一，【略】襄陽，安養，穀城，上洪，率道，漢南，陰城，義清，南漳，常平，鄀。

唐・杜佑《通典》卷一七七《州郡典七・襄州》　宋文帝割荆州置雍州。襄陽去江陵步道五百，勢同脣齒，無襄陽則江陵受敵。自東晉庾翼爲荆州刺史，將謀北伐，遂鎮襄陽。田土肥良，桑梓遍野，常爲大鎮。北接宛、洛，跨對楚、沔，爲鄢郢北門，部領蠻左。齊、梁並因之，亦爲重鎮。後梁蕭詧附庸於西魏，而都於此。西魏改曰襄州。隋復爲襄陽郡。

春陵郡

《隋書》卷三一《地理志下·春陵郡》 統縣六，【略】棗陽，春陵，清潭，湖陽，上馬，蔡陽。

唐·杜佑《通典》卷一七七《州郡典七·隨州》 西魏置幷州，後改曰隨州。隋分其地，置漢東、春陵二郡。

漢東郡

《隋書》卷三一《地理志下·漢東郡》 統縣八，【略】隋，土山，唐城，安貴，順義，平林，上明，光化。

安陸郡

《隋書》卷三一《地理志下·安陸郡》 統縣八，【略】安陸，孝昌，吉陽，應陽，雲夢，京山，富水，應山。

唐·杜佑《通典》卷一八三《州郡典十三·安州》 梁置南司州。西魏置安州總管府。後周置溳州及安陸郡。隋初廢，煬帝初復爲安陸郡。

永安郡

《隋書》卷三一《地理志下·永安郡》 統縣四，【略】黄岡，黄陂，木蘭，麻城。

唐·杜佑《通典》卷一八三《州郡典十三·黄州》 宋爲西陽郡。齊又分置齊安郡。北齊置衡州，領齊安一郡。陳廢衡州。後周又置衡州及黄州。隋初改衡州爲黄州；煬帝初州廢，置永安郡。

唐·李吉甫《元和郡縣圖志》卷一五《河東道四·洺州》 周武帝建德六年，於郡置洺州，以水爲名。隋大業三年罷州爲永安郡。

義陽郡

《隋書》卷三一《地理志下·義陽郡》 統縣五，【略】義陽，鍾山，羅山，禮山，淮源。

唐·杜佑《通典》卷一八三《州郡典十三·申州》 梁曰北司州，後復置司州。後魏改爲郢州。後周改爲申州。隋煬帝改爲義州，尋爲義陽郡。

九江郡

《隋書》卷三一《地理志下·九江郡》 統縣二，【略】湓城，彭澤。

唐·李吉甫《元和郡縣圖志》卷二八《江南道四·江州》 陳武帝於潯陽置西江州，復理豫章。【略】隋文帝平陳，置江州總管，移理湓城。大業三年，罷江州爲九江郡。

江夏郡

《隋書》卷三一《地理志下·江夏郡》 統縣四，【略】江夏，永興，武昌，蒲圻。

唐·杜佑《通典》卷一八三《州郡典十三·鄂州》 梁分置北新州，尋分北新置土、富、洄、泉、豪五州。隋平陳，改置鄂州；煬帝初州廢，置江夏郡。

澧陽郡

《隋書》卷三一《地理志下·澧陽郡》 統縣六，【略】澧陽，石門，孱陵，安鄉，崇義，慈利。

唐·杜佑《通典》卷一八三《州郡典十三·澧州》 吴分置天門郡，晋、宋、齊皆因之。隋平陳，置松州，尋改爲澧州；煬帝初爲澧陽郡。

巴陵郡

《隋書》卷三一《地理志下·巴陵郡》 統縣五，【略】巴陵，華容，沅江，湘陰，羅。

唐·杜佑《通典》卷一八三《州郡典十三·岳州》 宋分置巴陵郡。齊因之。梁置巴州，【略】隋平陳，改爲岳州。煬帝初，改爲羅州，尋爲巴陵郡。

長沙郡

《隋書》卷三一《地理志下・長沙郡》統縣四，【略】長沙，衡山，益陽，邵陽。

唐・李吉甫《元和郡縣圖志》卷二九《江南道五・潭州》隋開皇九年平陳，改爲潭州，取昭潭爲名也，又置總管府。大業中罷牧，置都尉府，三年罷爲長沙郡。

衡山郡

《隋書》卷三一《地理志下・衡山郡》統縣四，【略】衡陽，洣陰，湘潭，新寧。

唐・杜佑《通典》卷一八三《州郡典十三・衡州》宋爲衡陽國及湘東郡，齊以下皆因之。隋平陳，省湘東、衡陽二郡，置衡州；煬帝初州廢，置衡山郡。

桂陽郡

《隋書》卷三一《地理志下・桂陽郡》統縣三，【略】郴，臨武，盧陽。

唐・杜佑《通典》卷一八三《州郡典十三・郴州》陳以其地爲桂陽、盧陽二郡。隋平陳，廢二郡，置郴州；煬帝初州廢，復置桂陽郡。

零陵郡

《隋書》卷三一《地理志下・零陵郡》統縣五，【略】零陵，湘源，永陽，營道，馮乘。

唐・杜佑《通典》卷一八三《州郡典十三・永州》宋爲零陵國。齊爲零陵郡，梁、陳皆然。隋平陳，郡廢，置永州；煬帝初州廢，置零陵郡。

熙平郡

《隋書》卷三一《地理志下・熙平郡》統縣九，【略】桂陽，陽山，連山，宣樂，游安，熙平，武化，桂嶺，開建。

唐・杜佑《通典》卷一八三《州郡典十三・連州》宋明帝置宋安郡，後省宋安屬廣興郡。齊復屬始興郡。梁又分爲陽山郡。隋平陳，郡廢，煬帝初置熙平郡。

唐・李吉甫《元和郡縣圖志》卷二九《江南道五・連州》秦爲長沙郡之南境，漢置桂陽郡，至陳爲桂陽縣。隋文帝開皇十年置連州，因黄連嶺爲名。大業初改爲熙平郡。

行臺建置分部

綜述

《隋書》卷一《高祖紀上》（開皇二年春正月）辛酉，置河北道行臺尚書省於并州，以晉王廣爲尚書令。置河南道行臺尚書省於洛州，以秦王俊爲尚書令。置西南道行臺尚書省於益州，以蜀王秀爲尚書令。

又　卷二七《百官志中》行臺，在令無文。其官置令、僕射。其尚書丞郎，皆隨權制而置員焉。

又　卷二三《五行志下》（開皇二年）是時，帝懲周室諸侯微弱，以亡天下，故分封諸子，並爲行臺，專制方面。

元・馬端臨《文獻通考》卷五二《職官考六・行臺省》行臺自魏晉有之。昔魏末晉文帝討諸葛誕，散騎常侍裴秀、尚書僕射陳泰、黄門侍郎鍾會等以行臺從。至晉永嘉四年，東海王越帥衆許昌以行臺自隨是也。及後魏，謂之尚書大行臺，別置官屬。北齊行臺兼統民事，自辛術始焉。其官置令、僕射，其尚書、丞、郎，皆隨時權制。隋謂之行臺省，有尚書令、僕射各一人，主事四人，有考功、禮部、膳部、兵部、駕部、庫部、刑部、度支、金部、工部、屯田、侍郎各一人。每行臺置食貨，農圃，武器，百工監、副；各置丞、録事等員。蓋隨其所管之道，置於外州，以行尚書事。

河南道行臺尚書省

《隋書》卷三〇《地理志中・河南郡》（開皇）二年廢總管，置河南道行臺省。三年廢行臺，以洛州刺史領總監。十四年於金墉城別置總監。煬帝即位，廢省。

又 卷一《高祖紀上》（開皇三年）冬十月甲戌，廢河南道行臺省，以秦王俊爲秦州總管。

唐・李吉甫《元和郡縣圖志》卷五《河南道一・河南府》周宣帝移相州六府於洛州，以爲東京。隋文帝改六府爲六尚書省，又置河南道行臺省。

河北道行臺尚書省

《隋書》卷三〇《地理志中・太原郡》後周置幷州六府，後置總管，廢六府。開皇二年置河北道行臺，九年改爲總管府，大業初府廢。

唐・李吉甫《元和郡縣圖志》卷一三《河東道二・太原府》周武帝建德六年平齊，置六府於幷州，後省六府，置幷州總管。隋開皇二年廢總管，置河北道行臺尚書省，今州理是也。九年，廢行臺，復置幷州總管。

山南道行臺尚書省

《隋書》卷一《高祖紀上》（開皇六年冬十月）癸丑，置山南道行臺尚書省於襄州，以秦王俊爲尚書令。

唐・李吉甫《元和郡縣圖志》卷二一《山南道二・襄州》周置總管，隋置行臺。

淮南道行臺尚書省

《隋書》卷二《高祖紀下》（開皇八年冬十月）己未，置淮南行臺省於壽春，以晉王廣爲尚書令。【略】

（開皇九年）二月乙未，廢淮南行臺省。

元・馬端臨《文獻通考》卷五二《職官考六・行臺省》開皇八年，將伐陳，則置淮南行省於壽春。九年，已平陳，則廢淮南行臺省。

西南道行臺尚書省

《隋書》卷二九《地理志上・蜀郡》開皇二年，置西南道行臺省，三年，復置總管府，大業元年府廢。

又 卷四五《庶人楊秀傳》（開皇）二年，進位上柱國、西南道行臺尚書令，本官如故。

唐・李吉甫《元和郡縣圖志》卷三一《劍南道上・成都府》隋開皇二年，置西南道行臺。

東南道行臺尚書省

《隋書》卷三一《地理志下・彭城郡》後齊置東南道行臺，後周立總管府。開皇七年行臺廢，大業四年府廢。

南寧州總管府建置分部

綜述

《隋書》卷四七《韋沖傳》高祖踐阼，【略】起爲南寧州總管，持節撫慰。【略】沖既至南寧，渠帥爨震及西爨首領皆詣府參謁。上大悅，下詔褒揚之。

又 卷三七《梁睿傳》睿上疏曰『竊以遠撫長駕，王者令圖；易俗移風，有國恒典。南寧州，漢世牂柯之地。近代已來，分置興古、雲南、建寧、朱提四郡。戶口殷衆，金寶富饒。二河有駿馬明珠，益寧出鹽井犀角。【略】土民爨瓚，遂竊據一方。國家遙授刺史，其子震相承至今。

唐・樊綽《蠻書》卷一《雲南界內途程》從石門外出魯望、昆州至雲南，謂之北路。從黎州清溪關出邛部，過會通至雲南，謂之南路。從戎州南十日程至石門。上有隋初刊記處云『開皇五年十月二十五日，兼法曹黄榮領始、益二州石匠，鑿石四孔，各深一丈，造偏梁橋閣，通越析州、津州。』蓋史萬歲南征出於此也。

《新唐書》卷二二二下《南蠻傳下·兩爨蠻》 自曲州、靖州西南昆川、曲軛、晉寧、喻獻、安寧距龍和城，通謂之西爨白蠻；自彌鹿、升麻二川，南至步頭，謂之東爨烏蠻。【略】隋開皇初，遣使朝貢，命韋世沖以兵戍之，置恭州、協州、昆州。

宋·鄭樵《通志》卷四一《都邑略第一·四夷都》 西爨蠻，晉時據南寧郡。其地延袤二千餘里，隋以其地置恭州、協州、昆州。

清·馮甦《滇考》卷上《隋史萬歲平爨翫》 迨開皇初，爨翫遣使朝貢，命韋世冲以兵戍之，置恭州、協州、昆州，以爨翫為昆州刺史。

協州

唐·李吉甫《元和郡縣圖志》卷三二《劍南道中·協州》 隋開皇四年中隸附於此置協州，大業三年廢入犍爲郡。

《新唐書》卷四三下《地理志七下·協州》 本隋置，隋乱废。

恭州

唐·李吉甫《元和郡縣圖志》卷三二《劍南道中·曲州》 隋開皇四年，開置南中，立爲恭州。

《新唐书》卷四三下《地理志七下·曲州》 本恭州，隋置，隋乱废。

昆州

《隋書》卷五三《史萬歲傳》 先是，南寧夷爨翫來降，拜昆州刺史。

《新唐書》卷四三下《地理志七下·昆州》 本隋置，隋亂廢。

越析州

唐·樊綽《蠻書》卷一《雲南界内途程》 越析州，今西洱河東一日程，越析州諮長故地也。津州，未詳其處。

邊區諸部分部

綜述

靺鞨

《隋書》卷八一《東夷傳·靺鞨》 靺鞨在高麗之北，邑落俱有酋長，不相總一。凡有七種：其一號粟末部，與高麗相接，勝兵數千，多驍武，每寇高麗中。其二曰伯咄部，在粟末之北，勝兵七千。其三曰安車骨部，在伯咄東北。其四曰拂涅部，在伯咄東。其五曰號室部，在拂涅東。其六曰黑水部，在安車骨西北。其七曰白山部，在粟末東南。勝兵並不過三千，而黑水部尤為勁健。自拂涅以東，矢皆石鏃，即古之肅慎氏也。所居多依山水。【略】

開皇初，相率遣使貢獻。高祖詔其使曰：『朕聞彼土人庶，多能勇捷。今來相見，實副朕懷。朕視爾等如子，爾等宜敬朕如父。』對曰：『臣等僻處一方，道路悠遠，聞内國有聖人，故來朝拜。既蒙勞賜，親奉聖顏，下情不勝懽喜，願得長為奴僕也。』

其國西北與契丹相接，每相劫掠。後因其使來，高祖誡之曰：『我憐念契丹，與爾無異。宜各守土境，豈不安樂！何為輒相攻擊？甚乖我意。』使者謝罪。高祖因厚勞之，令宴飲於前。使者與其徒皆起舞，其曲折，多戰鬭之容。上顧謂侍臣曰：『天地間乃有此物，常作用兵，意何其甚也。』然其國與隋懸隔，唯粟末、白山為近。煬帝初與高麗戰，頻敗，其衆渠帥度地稽率其部來降，拜為右光祿大夫，居之柳城。與邊人來往，悅中國風俗，請被冠帶。帝嘉之，賜以錦綺而褒寵之。

唐·杜佑《通典》卷一八六《邊防典二·東夷下·勿吉又曰靺鞨》 勿吉，後魏通焉。在高句麗北，亦古肅慎國地。邑落各自有長，不相總一。凡七種：其一號粟末部，與高麗相接；二曰汨咄部，在粟末之北；

三曰安車骨部，在汨咄東北；四曰拂涅部，在汨咄東；五曰號室部，在拂涅東；六曰黑水部，在安車骨西北；七曰白山部，在粟末東南。勝兵各數千，而黑水部尤為勁健。【略】隋文帝初，靺鞨國有使來獻，謂即勿吉也。勿吉與靺鞨音相近。【略】西北與契丹接，每相劫掠。與中華懸隔，唯粟末、白山為近。煬帝初，其渠帥突地稽率其部來降，居之柳城。

《舊唐書》卷一九九下《北狄傳·靺鞨》 靺鞨蓋肅慎之地，後魏謂之勿吉。在京師東北六千餘里。東至於海，西接突厥，南界高麗，北鄰室韋。其國凡為數十部，各有酋帥。

宋·王溥《唐會要》卷九六《靺鞨》 靺鞨者，蓋肅慎之地也，後魏謂之勿吉。凡有數十部落，各有豪長，而黑水靺鞨最處北方。

《新唐書》卷二一九《北狄傳·黑水靺鞨》 黑水靺鞨居肅慎地，亦曰挹婁，元魏時曰勿吉。直京師東北六千里。東瀕海，西屬突厥，南高麗，北室韋。離為數十部，酋各自治。其著者曰粟末部，居最南，抵太白山，亦曰徒太山，與高麗接，依粟末水以居，水源於山，西北注它漏河。稍東北曰汨咄部，又次曰安居骨部，益東曰拂涅部，居骨之西北曰黑水部，粟末之東曰白山部。部間遠者三四百里，近二百里。

室韋

《隋書》卷八四《北狄傳·室韋》 其南者為契丹，在北者號室韋。分為五部，不相總一，所謂南室韋、北室韋、鉢室韋、深末怛室韋、大室韋。並無君長，人民貧弱。突厥常以三吐屯總領之。南室韋在契丹北三千里，土地卑濕，至夏則移向西北貸勃、欠對二山，多草木，饒禽獸，又多蚊蚋，人皆巢居，以避其患。漸分為二十五部，每部有餘莫弗瞞咄，猶酋長也。【略】

南室韋北行十一日，至北室韋，分為九部落，繞吐紇山而居。其部落渠帥號乞引莫賀咄，每部有莫何弗三人以貳之。【略】又北行千里至鉢室韋，依胡布山而住，人衆多北室韋，不知為幾部落。用樺皮蓋屋，其餘同北室韋。從鉢室韋西南四日行，至深末怛室韋，因水為號也。冬月穴居，以避太陰之氣。又西北數千里至大室韋，徑路險阻，語言不通，尤多貂及青鼠。北室韋時遣使貢獻，餘無至者。

唐·杜佑《通典》卷二〇〇《邊防典十六·北狄七·室韋》 室韋有五部，後魏末通焉。並在靺鞨之北，路出柳城。諸部不相總一，所謂南室韋、北室韋、鉢室韋、深末怛室韋、大室韋。並無君長，人衆貧弱，突厥沙鉢畧可汗常以吐屯潘垤統領之，蓋契丹之類也。【略】隋開皇、大業中，並遣使朝獻。

《舊唐書》卷一九九下《北狄傳·室韋》 室韋者，契丹之別類也。居猺越河北。其國在京師東北七千里。東至黑水靺鞨，西至突厥，南接契丹，北至于海。

宋·王溥《唐會要》卷九六《室韋》 室韋者，契丹之別種，附于突厥。【略】又按《隋書·室韋記》云：室韋有五部落：一南室韋，二北室韋，三鉢室韋，在北室韋之北，四深莫怛室韋，在北室韋之西北，五大室韋，在室建河之南，深莫怛室韋之西北。《隋書》曰：大室韋之外，名字改易，不可詳悉。突厥沙鉢可汗常以吐氏潘恎統領之，然並契丹之別種也。【略】隋開皇、大業中，並遣使貢獻。

《新唐書》卷二一九《北狄傳·室韋》 室韋，契丹別種，東胡之北邊，蓋丁零苗裔也。地據黃龍北，傍猺越河，直京師東北七千里。東黑水靺鞨，西突厥，南契丹，北瀕海。其國無君長，惟大酋皆號莫賀咄，攝莞其部，而附于突厥。【略】其語言，靺鞨也。分部凡二十餘。曰嶺西部、山北部、黃頭部，彊部也。大如者部、小如者部、婆萵部、訥北部、駱丹部，悉處柳城東北，近者三千，遠六千里而贏。最西有烏素固部，與回紇接，當俱倫泊之西南。自泊而東，有移塞没部。稍東有塞曷支部，最彊部也。居啜河之陰，亦曰燕支河。益東有和解部、烏羅護部、那禮部、嶺西部。直北曰納北支部，北有大山，山外曰大室韋，瀕於室建河。河出俱倫，迆而東。河南有蒙瓦部，其北落坦部。水東合那河、忽汗河，又東貫黑水靺鞨，故靺鞨跨水有南北部，而東注於海。猺越河東南亦與那河合，其北有東室韋，蓋烏丸東南鄙餘人也。

契丹

《隋書》卷八四《北狄傳·契丹》 契丹之先，與庫莫奚異種而同類，並為慕容氏所破，俱竄於松、漠之間。其後稍大，居黃龍之北數百里。【略】開皇四年，率諸莫賀弗來謁。五年，悉其衆款塞，高祖納之，聽居其故地。六年，其諸部相攻擊，久不止，又與突厥相侵，高祖使使責讓之，其國遣使詣闕，頓顙謝罪。其後契丹別部出伏等背高麗，率衆內附，高祖納之，安置於渴溪那頡之北。開皇末，【略】部落漸衆，遂北徙，逐水草，當遼西正北二百里，依託紇臣水而居。東西亘五百里，南北三百里。分為十部。兵多者三千，少者千餘，逐寒暑，隨水草畜牧。

唐・杜佑《通典》卷二〇〇《邊防典十六・北狄七・契丹》 契丹之先，與庫莫奚異種而同類，并為慕容氏所破，俱竄於松、漠之間。【略】隋開皇末，【略】部落漸衆，遂北逐水草，當遼西正北二百里，依廻紇臨水而居。東西亘五百里，南北三百里，亦鮮卑故地。分為十部，多者三千，少者千餘，隨水草畜牧。

《舊唐書》卷一九九下《北狄傳・契丹》 契丹居黃水之南，黃龍之北，鮮卑之故地。在京城東北五千三百里。東與高麗鄰，西與奚國接，南至營州，北至室韋。冷陘山在其國南，與奚西山相崎，地方二千里。逐獵往來，居無常處。其君長姓大賀氏，勝兵四萬三千人，分為八部。

宋・王溥《唐會要》卷九六《契丹》 契丹居潢水之南，黃龍之北，鮮卑之故地。君長姓大賀氏，勝兵四萬三千人，分為八部。

《新唐書》卷二一九《北狄傳・契丹》 契丹本東胡種，其先為匈奴所破，保鮮卑山。魏青龍中，部酋比能稍桀驁，為幽州刺史王雄所殺，衆遂微，逃潢水之南，黃龍之北。至元魏，自號曰契丹。地直京師東北五千里而贏。東距高麗，西奚，南營州，北靺鞨、室韋。阻冷陘山以自固。射獵，居處無常。其君大賀氏有勝兵四萬，析八部，臣於突厥，以為俟斤。

霫

唐・杜佑《通典》卷二〇〇《邊防典十六・北狄七・霫》 霫，匈奴之別種。隋時通焉。與靺鞨為鄰，理黃水北，亦鮮卑故地。勝兵萬餘人。習俗與突厥畧同，亦臣於頡利。其渠帥號為俟斤。

《舊唐書》卷一九九下《北狄傳・霫》 霫，匈奴之別種也。居于潢水北，亦鮮卑之故地。其國在京師東北五千里。東接靺鞨，西至突厥，南至契丹，北與烏羅渾接。地周二千里，四面有山環繞。

宋・王溥《唐會要》卷九八《霫國》 霫國，匈奴之別種。亦與靺鞨為隣，勝兵萬人，並臣于頡利。習俗與突厥畧同。其渠帥號為俟斤。

《新唐書》卷二一七下《回鶻傳》 白霫居鮮卑故地，直京師東北五千里，與同羅、僕骨接。避薛延陀，保奥支水、冷陘山。南契丹，北烏羅渾，東靺鞨，西拔野古。地圓袤二千里，山繚其外。【略】其部有三：曰居延，曰無若没，曰潢水。其君長臣突厥頡利可汗，為俟斤。

奚

《隋書》卷八四《北狄傳・奚》 奚本曰庫莫奚，東部胡之種也。為慕容氏所破，遺落者竄匿松、漠之間。【略】初，臣於突厥。後稍强盛，分為五部：一曰辱紇王，二曰莫賀弗，三曰契箇，四曰木昆，五曰室得。每部俟斤一人，為其帥。隨逐水草，頗同突厥。有阿會氏，五部中為盛，諸部皆歸之。【略】大業時，歲遣使貢方物。

唐・杜佑《通典》卷二〇〇《邊防典十六・北狄七・庫莫奚》 庫莫奚聞於後魏及後周，其先東部鮮卑宇文之別種也。初為慕容晃所破，遺落者竄匿松、漠之間。其地在今柳城郡之北。【略】及突厥興，而臣屬之。後稍强盛，分為五部：一曰辱紇王，二曰莫賀弗，三曰契箇，四曰木昆，五曰室得。理饒樂水北，即鮮卑故地。一名如洛環水，蓋饒樂之訛也。【略】其後款附。至隋代，號曰奚，突厥稱蕃人。後亦遣使入朝。奚部落竝在今柳城郡東北二千餘里。

《舊唐書》卷一九九下《北狄傳・奚》 奚國，蓋匈奴之別種也。所居亦鮮卑故地，即東胡之界也。在京師東北四千餘里。東接契丹，西至突厥，南拒白狼河，北至霫國。自營州西北饒樂水，以至其國。勝兵三萬餘人，分為五部，每部置俟斤一人。

宋・王溥《唐會要》卷九六《奚》 奚蓋匈奴之別種，所居亦鮮卑之故地。在京師之東北。勝兵三萬，分為五部，每部置俟斤。

《新唐書》卷二一九《北狄傳・奚》 奚亦東胡種，為匈奴所破，保烏丸山。漢曹操斬其帥蹋頓，蓋其後也。元魏時，自號庫真奚，居鮮卑故地。直京師東北四千里。其地東接契丹，西突厥，南白狼河，北霫。

【略】其國西抵大洛泊，距回紇牙三千里。多依土護真水。其馬善登，其羊黑。盛夏必徙保冷陘山，山直嬀州西北。至隋，始去『庫真』，但曰奚。

東突厥

《隋書》卷八四《北狄傳·突厥》突厥之先，平凉雜胡也，姓阿史那氏。後魏太武滅沮渠氏，阿史那以五百家奔茹茹，世居金山。工於鐵作，金山狀如兜鍪，俗呼兜鍪為突厥，因以為號。【略】木扞（可汗）勇而多智，遂擊茹茹滅之，西破挹怛，東走契丹，北方戎狄悉歸之。【略】

千金公主上書，請為一子之例。高祖遣開府徐平和使於沙鉢略。晉王廣時鎮幷州，請因其釁而乘之，上不許。沙鉢略遣使致書曰：『辰年九月十日，從天生大突厥天下賢聖天子伊利俱盧設莫何始波羅可汗致書大隋皇帝：使人開府徐平和至，辱告言語具聞也。皇帝是婦父，即是翁；此是女夫，即是兒例。兩境雖殊，情義是一。今重疊親舊，子子孫孫，乃至萬世不斷。上天為證，終不違負。此國所有羊馬，都是皇帝畜生。彼有繒綵，都是此物，彼此有何異也。』高祖報書曰：『大隋天子貽書大突厥伊利俱盧設莫何沙鉢略可汗：得書，知大有好心向此也。既是沙鉢略婦翁，今日看沙鉢略，共兒子不異。既以親舊厚意，常使之外，今特別遣大臣虞慶則往彼看女，復看沙鉢略也。』沙鉢略陳兵，列其寶物坐，見慶則稱病不能起，且曰『我伯父以来，不向人拜。』慶則責而喻之。千金公主私謂慶則曰：『可汗豺狼性，過與爭，將齧人。』長孫晟説諭之，攝圖辭屈，乃頓顙跪受璽書，以戴於首。既而大慚，其羣下因相聚慟哭。慶則又遣稱臣，沙鉢略謂其屬曰：『何名為臣？』報曰：『隋國稱臣，猶此稱奴耳。』沙鉢略曰：『得作大隋天子奴，虞僕射之力也。』【略】

鉢略大喜，乃立約，以磧為界。因上表曰：『大突厥伊利俱盧設始波羅莫何可汗臣攝圖言：大使尚書右僕射虞慶則至，伏奉詔書，兼宣慈旨。仰惟恩信之著，愈久愈明，徒知負荷，不能答謝。伏惟大隋皇帝之有四海，上契天心，下順民望，二儀之所覆載，七曜之所照臨，莫不委質来賓，回首面内。實萬世之一聖，千年之一期，求之古昔，未始聞也。突厥自天置以来，五十餘載，保有沙漠，自王蕃隅，地過萬里。士馬億數，恒力兼戎夷，抗禮華夏。在於北狄，莫與為大。頃者氣候清和，風雲順序，意以華夏，其有大聖興焉。況今被霑德義，仁化所及，禮讓之風，自朝滿野。竊以天無二日，土無二王，伏惟大隋皇帝真皇帝也，豈敢阻兵恃險，偷竊名號？今便感慕淳風，歸心有道，屈膝稽顙，永為藩附。雖復南瞻魏闕，山川悠遠，北面之禮，不敢廢失。當今侍子入朝，神馬歲貢，朝夕恭承，唯命是視。至於削衽解辮，革音從律，習俗已久，未能改變。闔國同心，無不銜荷，不任下情，欣慕之至。謹遣第七兒臣窟含真等，奉表以聞。』高祖下詔曰：『沙鉢略稱雄漠北，多歷世年。百蠻之大，莫過於此。往雖與和，猶是二國。今作君臣，便成一體。情深義厚，朕甚嘉之。荷天之休，海外有截，豈朕薄德，所能致此？已敕有司，肅告郊廟，宜普頒天下，咸使知聞。』自是詔答諸事，並不稱其名以異之。其妻可賀敦，周千金公主，賜姓楊氏，編之屬籍，改封大義公主。策拜窟含真為柱國，封安國公，宴於内殿，引見皇后，賞勞甚厚。沙鉢略大悦，於是歲時貢獻不絶。【略】

大業三年四月，煬帝幸榆林，啓民及義成公主来朝行宫，前後獻馬三千匹。帝大悦，賜物萬三千段。【略】

帝法駕御千人大帳，享啓民及其部落酋長三千五百人，賜物二十萬段，其下各有差。復下詔曰：『德合天地，覆載所以弗遺；功格區寓，聲教所以咸洎。至於梯山航海，請受正朔，襲冠解辮，同彼臣民。是故王會納貢，義彰前册；呼韓入臣，待以殊禮。突厥意利珍豆啓民可汗，志懷沈毅，世修藩職。往者挺身違難，拔足歸仁，先朝嘉此款誠，授以徽號。資其甲兵之衆，收其破滅之餘，復祀於既亡之國，繼絶於不存之地。斯固施均亨育，澤漸要荒者矣。朕以薄德，祗奉靈命，思播遠猷，光融令緒，是以親巡朔野，撫寧藩服。啓民深委誠心，入奉朝覲，率其種落，拜首軒墀，言念丹款，良足嘉尚。宜隆榮數，式優恒典，可賜路車乘馬，鼓吹幡旗，贊拜不名，位在諸侯王上。』

帝親巡雲内，泝金河而東北，幸啓民所居。啓民奉觴上壽，跪伏甚恭。帝大悦，賦詩曰：『鹿塞鴻旗駐，龍庭翠輦迴。氊帷望風舉，穹廬向日開。呼韓頓顙至，屠耆接踵来。索辮擎羶肉，韋韝獻酒杯。何如漢天子，空上單于臺。』

唐・杜佑《通典》卷一九七《邊防典十三・北狄四・突厥上》 突厥之先，平凉今平凉郡雜胡也。蓋匈奴之别種，姓阿史那氏。【略】代居金山城狀如兜鍪俗呼兜鍪為突厥因以為號焉【略】木杆可汗土門之子，名俟斤，一名燕尹。【略】西破蠕蠕、嚈噠，東走契丹，北幷契骨，威服塞外諸國。其地東自遼海以西，西至西海萬餘里。南自沙漠，北至北海五六千里，皆屬焉。

《新唐書》卷二一五上《突厥傳上》 突厥阿史那氏，蓋古匈奴北部也，居金山之陽。臣于蠕蠕，種裔繁衍，至吐門遂彊大，更號可汗，猶單于也。妻曰可敦。其地三垂薄海，南抵大漠。【略】可汗建廷都斤山，牙門樹金狼頭纛，坐常東嚮。

西突厥

《隋書》卷八四《北狄傳・西突厥》 西突厥者，木扦可汗之子大邏便也，與沙鉢畧有隙，因分為二，漸以强盛。東拒都斤，西越金山，龜兹、鐵勒、伊吾及西域諸胡悉附之。【略】處羅可汗居無恒處，然多在烏孫故地。復立二小可汗，分統所部。一在石國北，以制諸胡國；一居龜兹北，其地名應娑。【略】

當大業初，處羅可汗撫御無道，其國多叛，與鐵勒屢相攻，大為鐵勒所敗。時黄門侍郎裴矩在敦煌引致西域，聞國亂，復知處羅思其母氏，因奏之。煬帝遣司朝謁者崔君肅齎書慰諭之。處羅甚踞，受詔不肯起。君肅謂處羅曰：『突厥本一國也，中分為二，自相仇敵，每歲交兵，積數十年而莫能相滅者，明知啓民與處羅國，其勢敵耳。今啓民舉其部落，兵且百萬，入臣天子，甚有丹誠者，何也？但以切恨可汗而不能獨制，故卑事天子，以借漢兵，連二大國，欲滅可汗耳。百官兆庶，咸請許之，天子弗違，師出有日矣。顧可汗母向氏，本中國人，歸在京師，處于賓館。聞天子之詔，懼可汗之滅，旦夕守闕，哭泣悲哀。是以天子憐焉，為其輟策。向夫人又匍匐謝罪，因請發使，以召可汗，令入内屬，乞加恩禮，同於啓民。天子從之，故遣使到此。可汗若稱藩拜詔，國乃永安而母得延壽。不然者，則向夫人為誑天子，必當取戮而傳首虜庭。發大隋之兵，資北蕃之衆，左提右挈，以擊可汗，死亡則無日矣。奈何惜兩拜之禮，剿慈母之命？恡一句稱臣，喪匈奴國也？』處羅聞之，矍然而起，流涕再拜，跪受詔書。【略】

帝遣裴矩將向氏親要左右，馳至玉門關晉昌城。矩遣向氏使詣處羅所，論朝廷弘養之義，丁寧曉諭之。遂入朝，然每有快快之色。以七年冬，處羅朝於臨朔宫，帝享之。處羅稽首謝曰：『臣總西面諸蕃，不得早来朝拜。今参見遲晚，罪責極深。臣心裏悚懼，不能道盡。』帝曰：『往者與突厥相侵擾，不得安居。今四海既清，與一家無異。朕皆欲存養，使遂性靈。譬如天上止有一箇日照臨，莫不寧帖。若有兩箇、三箇日，萬物何以得安？比者亦知處羅總攝事繁，不得早来相見。今日見處羅懷抱，豁然歡喜。處羅亦當豁然，不煩在意。』明年元會，處羅上壽曰：『自天以下，地以上，日月所照，唯有聖人可汗。千歲萬歲，常如今日也。』

唐・杜佑《通典》卷一九九《邊防典十五・北狄六・突厥下》 西突厥大邏便。木杆可汗之子。初，木杆與沙鉢畧可汗有隙，因分為二。大邏便即阿波可汗。其國居烏孫之故地。東至突厥國，西至雷翥海，南至疏勒，北至瀚海。在京師西北七千里。自焉耆國西北七日行，至其南庭；自南庭又正北八日行，至其北庭。鐵勒、龜兹及西域諸國皆歸附之。其人雜有都陸及弩失畢、葛邏禄、處月、處密、伊吾等諸種。【略】處羅可汗居無常處，然多在烏孫故地。立小可汗，分統所部，一在石國北，以制諸胡；一居龜兹北，其地名應娑。【略】處羅可汗隋煬帝大業中，與特勒大奈入朝，仍從煬帝征高麗，賜號為曷薩那可汗。

《舊唐書》卷一九四下《突厥傳下》 西突厥本與北突厥同祖。初，木杆與沙鉢略可汗有隙，因分為二。其國即烏孫之故地，東至突厥國，西至雷翥海，南至疏勒，北至瀚海。在長安北七千里。自焉耆國西北七日行，至其南庭；又正北八日行，至其北庭。鐵勒、龜兹及西域諸胡國皆歸附之。其人雜有都陸及弩失畢、歌邏禄、處月、處密、伊吾等諸種。【略】處羅可汗隋煬帝大業中，與其弟闕達設及特勒大奈入朝，仍從煬帝征高麗，賜號為曷薩那可汗。

宋・王溥《唐會要》卷九四《西突厥》 西突厥曷娑那可汗入朝于隋，留之。國人立其叔父射匱可汗。射匱者，達頭之孫。既立拓地，東至金山，西至海，遂與北突厥為敵，建庭於龜兹北三彌山。射匱卒，弟統葉護可汗立。勇而有謀，北幷鐵勒，控弦十萬，據烏孫故地，又移庭於石國北千泉，西域諸國皆臣之。

《新唐書》卷二一五下《突厥傳下》 始，其族分國於西者，曰西突厥。【略】瑟帝米之子曰達頭可汗，亦曰步迦可汗，始與東突厥分烏孫故地有之。東即突厥，西雷翥海，南疏勒，北瀚海，直京師北七千里。由焉耆西北七日行，得南庭；北八日行，得北庭，與都陸、弩失畢、歌邏祿、處月、處蜜、伊吾諸種雜。【略】泥撅處羅可汗【略】大業中，從煬帝征高麗，賜號曷薩那可汗，妻以宗女。

鐵勒

《隋書》卷八四《北狄傳·鐵勒》 鐵勒之先，匈奴之苗裔也，種類最多。自西海之東，依據山谷，往往不絕。獨洛河北，有僕骨、同羅、韋紇、拔也古、覆羅，並號俟斤。蒙陳、吐如紇、斯結、渾、斛薛等諸姓，勝兵可二萬。伊吾以西，焉耆之北，傍白山，則有契弊、薄落職、乙咥、蘇婆、那曷、烏讙、紇骨、也咥、於尼讙等，勝兵可二萬。金山西南，有薛延陁、咥勒兒、十槃、達契等，一萬餘兵。康國北，傍阿得水，則有訶咥、曷巀、撥忽、比干、具海、曷比悉、何嵯蘇、拔也末渴達等，有三萬許兵。得嶷海東西有蘇路羯、三索咽、蔑促、隆忽等諸姓，八千餘。拂菻東則有恩屈、阿蘭、北褥九離、伏嗢昏等，近二萬人。北海南則都波等。雖姓氏各別，總謂為鐵勒。並無君長，分屬東西兩突厥，居無恒所。

大業元年，【略】遂立俟利發俟斤契弊歌楞，為易勿真莫何可汗，居貪汗山。復立薛延陀内俟斤，字也咥，為小可汗。處羅可汗既敗，莫何可汗始大。莫何勇毅絶倫，甚得衆心，為鄰國所憚，伊吾、高昌、焉耆諸國悉附之。【略】大業三年，遣使貢方物，自是不絶云。

《新唐書》卷二一七上《回鶻傳》 回紇，其先匈奴也。俗多乘高輪車，元魏時亦號高車部，或曰敕勒，訛為鐵勒。其部落曰袁紇、薛延陀、契苾羽、都播、骨利幹、多覽葛、僕骨、拔野古、同羅、渾、思結、斛薛、奚結、阿跌、白霫，凡十有五種，皆散處磧北。袁紇者，亦曰烏護，曰烏紇，至隋曰韋紇。其人驍彊，初無酋長，逐水草轉徙。善騎射，喜盜鈔，臣于突厥。突厥資其財力，雄北荒。大業中，處羅可汗攻脅鐵勒部，裒責其財，既又恐其怨，則集渠豪數百，悉阬之。韋紇乃幷僕骨、同羅、拔野古叛去，自為俟斤，稱回紇。回紇姓藥羅葛氏，居薛延陀北娑陵水上，距京師七千里，衆十萬，勝兵半之。地磧鹵，畜多大足羊。有時健俟斤者，衆始推為君長。子曰菩薩，材勇有謀，嗜獵射，戰必身先，所向輒摧破，故下皆畏附，為時健所逐。時健死，部人賢菩薩，立之。母曰烏羅渾，性嚴明，能決平部事，回紇繇是寖盛。與薛延陀共攻突厥北邊，頡利遣欲谷設領騎十萬討之，菩薩身將五千騎，破之馬鬣山，追北至天山，大俘其部人，聲震北方。繇是附薛延陀，相脣齒，號活頡利發，樹牙獨樂水上。

吐蕃

唐·杜佑《通典》卷一九〇《邊防六·西戎二·吐蕃》 隋開皇中，其主論贊率弄贊都牂牱西疋播城，已五十年矣。國界西南與婆羅門接。

附國與女國

《隋書》卷八三上《西域傳·附國》 附國者，蜀郡西北二千餘里，即漢之西南夷也。有嘉良夷，即其東部，所居種姓自相率領，土俗與附國同，言語少殊，不相統一。其人並無姓氏。附國王字宜繒。其國南北八百里，東西千五百里。無城柵，近川谷，傍山險。【略】國有二萬餘家，號令自王出。嘉良夷政令，繫之酋帥。【略】大業四年，其王遣使素福等八人入朝。明年，又遣其弟子宜林率嘉良夷六十人朝貢。欲獻良馬，以路險不通，請開山道，以修貢職，煬帝以勞人不許。嘉良有水，闊六七十丈；附國有水，闊百餘丈，並南流，用皮為舟而濟。

附國南有薄緣夷，風俗亦同。西有女國。其東北連山，綿亘數千里，接於党項。往往有羌：大小、左封，昔衛，葛延，白狗，向人，望族，林臺，春桑，利豆，迷桑，婢藥，大硤，白蘭，叱利摸徒，那鄂，當迷，渠步，桑悟，千碉，並在深山窮谷。無大君長，其風俗略同於党項。或役屬吐谷渾，或附附國。大業中，來朝貢，緣西南邊置諸道總管，以遙管之。

唐·杜佑《通典》卷一八七《邊防三·南蠻上·附國》 附國，

隋代通焉。【略】西有女國，其東北連山，綿亘數千里，接党項及諸羌。按其地接汶山，故為附焉。

《舊唐書》卷一九七《西南蠻傳・東女國》　東女國，西羌之別種。以西海中復有女國，故稱東女焉。俗以女為王。東與茂州、党項接，東南與雅州接，界隔羅女蠻及白狼夷。其境東西九日行，南北二十日行，有大小八十餘城。其王所居名康延川，中有弱水南流，用牛皮為舡以渡。戶四萬餘衆，勝兵萬餘人，散在山谷間。【略】隋大業中，蜀王秀遣使招之。

《新唐書》卷二二二下《南蠻傳・南平獠》　成都西北二千餘里有附國，蓋漢西南夷也。其東部有嘉良夷，無姓氏，地縱八百里，橫四千五百里。無城柵，居川谷，疊石為巢。【略】嘉良夷有水，廣三十步；附國水廣五十步，皆南流，以韋為船。附國南有薄緣夷，西接女國。

又　卷二二一上《西域傳上・東女》　東女亦曰蘇伐剌拏瞿咀羅，羌別種也。西海亦有女自王，故稱東別之。東與吐蕃、党項、茂州接，西屬三波訶，北距于闐，東南屬雅州羅女蠻、白狼夷。東西行盡九日，南北行盡二十日，有八十城。以女為君，居康延川，巖險四繚。有弱水南流，縫革為船。戶四萬，勝兵萬人。

濮部

唐・杜佑《通典》卷一八七《邊防典三・南蠻上・尾濮》　尾濮，漢魏以後在興古郡今雲南郡地西南千五百里徼外，【略】按，木濮即尾濮也

又《木綿濮》　木綿濮有木綿樹，多葉，又生房甚繁，房中綿如蠶所作，其大如捲。

又《文面濮》　文面濮，其俗劗面，而以青畫之。

又《折腰濮》　折腰濮，其俗生子，皆折其腰。

又《赤口濮》　赤口濮，在永昌南。其俗折其齒，劗其脣使赤。又露身，無衣服。

又《黑僰濮》　黑僰濮在永昌西南山居，耐勤苦，其衣服，婦人以一幅布為裙，或以貫頭，丈夫以穀皮為衣。其境出白蹄牛、犀象、琥珀、金桐華布。又諸濮之域，皆出桔矢。《爾雅》曰：南至於濮鉛。《周書・王會》『卜人丹砂』注云：『卜人，西南之蠻，丹砂所出。』今按，卜人蓋濮人也。按諸濮與哀牢地相接，故附之。

《新唐書》卷二二二下《南蠻傳・南平獠》　三濮者，在雲南徼外千五百里。有文面濮，俗鏤面，以青涅之。赤口濮，裸身而折齒，劗其脣使赤。黑僰濮，山居。婦人以幅布為裙，貫頭而繫之。丈夫衣穀皮。多白蹄牛、虎魄。

流求

《隋書》卷八一《東夷傳・流求》　流求國居海島之中，當建安郡東，水行五日而至。土多山洞。其王姓歡斯氏，名渴剌兜，不知其由來，有國代數也。彼土人呼之為可老羊，妻曰多拔荼。所居曰波羅檀洞，塹柵三重，環以流水，樹棘為藩。王所居舍，其大一十六間，琱刻禽獸。多鬬鏤樹，似橘而葉密，條纖如髮然，下垂。國有四五帥，統諸洞，洞有小王。往往有村，村有鳥了帥，並以善戰者為之。自相樹立，理一村之事。男女皆以白紵繩纏髮，從項後盤繞至額。其男子用鳥羽為冠，裝以珠貝，飾以赤毛，形製不同。婦人以羅紋白布為帽，其形正方。織鬬鏤皮并雜色紵及雜毛以為衣，製裁不一。綴毛垂螺為飾，雜色相間，下垂小貝，其聲如珮。綴璫施釧，懸珠於頸。織藤為笠，飾以毛羽。

有刀矟、弓箭、劍鈹之屬。其處少鐵，刃皆薄小，多以骨角輔助之。編紵為甲，或用熊豹皮。王乘木獸，令左右轝之而行，導從不過數十人。小王乘机，鏤為獸形。國人好相攻擊，人皆驍健善走，難死而耐創。諸洞各為部隊，不相救助。兩陣相當，勇者三五人出前跳噪，交言相罵，因相擊射。如其不勝，一軍皆走，遣人致謝，即共和解。收取鬬死者，共聚而食之。仍以髑髏，將向王所，王則賜之以冠，使為隊帥。

無賦斂，有事則均稅。用刑亦無常準，皆臨事科決，犯罪皆斷於鳥了帥。不伏則上請於王，王令臣下共議定之。獄無枷鏁，唯用繩縛。決死刑以鐵錐，大如筯，長尺餘，鑽頂而殺之。輕罪用杖。俗無文字，望月虧盈以紀時節，候草藥枯以為年歲。

人深目長鼻，頗類於胡，亦有小慧。無君臣上下之節、拜伏之禮。父子同牀而寢。男子拔去髭鬢，身上有毛之處皆亦除去。婦人以墨黥手，為

蟲蛇之文。嫁娶以酒肴珠貝為聘。或男女相悅，便相匹偶。婦人產乳，必食子衣，產後以火自炙，令汗出，五日便平復。以木槽中暴海水為鹽，木汁為酢，釀米麪為酒，其味甚薄，食皆用手。偶得異味，先進尊者。凡有宴會，執酒者必待呼名而後飲。上王酒者，亦呼王名，銜杯共飲，頗同突厥。歌呼蹋蹄，一人唱，衆皆和，音頗哀怨。扶女子上膊，搖手而舞。其死者氣將絶，舉至庭，親賓哭泣相弔，浴其屍，以布帛纏之，裹以葦草，親土而殯，上不起墳。子為父者，數月不食肉。南境風俗少異，人有死者，邑里共食之。

有熊羆豺狼，尤多猪雞，無牛羊驢馬。厥田良沃，先以火燒而引水灌之，持一插，以石為刃，長尺餘，闊數寸，而墾之。土宜稻粱禾黍，麻豆赤豆，胡豆黑豆等。木有楓栝、樟松、楩楠、杉梓，竹藤，果藥同於江表。風土氣候，與嶺南相類。

俗事山海之神，祭以酒肴。鬬戰殺人，便將所殺人祭其神。或依茂樹起小屋，或懸髑髏於樹上，以箭射之。或累石繫幡，以為神主。王之所居，壁下多聚髑髏，以為佳。人間門戶上，必安獸頭骨角。

大業元年，海師何蠻等，每春秋二時，天清風靜，東望依希，似有煙霧之氣，亦不知幾千里。三年，煬帝令羽騎尉朱寬入海，求訪異俗，何蠻言之，遂與蠻俱往，因到流求國，言不相通，掠一人而返。明年，帝復令寬慰撫之，流求不從，寬取其布甲而還。時倭國使來朝，見之，曰『此夷邪久國人所用也。』帝遣武賁郎將陳稜、朝請大夫張鎮州率兵自義安浮海擊之。至高華嶼，又東行二日，至鼅鼊嶼，又一日，便至流求。初，稜將南方諸國人從軍，有崐崘人頗解其語，遣人慰諭之，流求不從，拒逆官軍。稜擊走之，進至其都，頻戰皆敗，焚其宮室，虜其男女數千人，載軍實而還。自爾遂絶。

又　卷三《煬帝紀上》　（大業三年三月）癸丑，遣羽騎尉朱寬使於流求國。

（六年）二月乙巳，武賁郎將陳稜、朝請大夫張鎮州擊流求，破之，獻俘萬七千口。

又　卷六四《陳稜傳》　大業三年，拜武賁郎將。後三歲，與朝請大夫張鎮周發東陽兵萬餘人，自義安汎海，擊流求國，月餘而至。流求人初見船艦，以為商旅，往往詣軍中貿易。稜率衆登岸，遣鎮周為先鋒。其主歡斯渴刺兜遣兵拒戰，鎮周頻擊破之。稜進至低没檀洞，其小王歡斯老模率兵拒戰，稜擊敗之，斬老模。其日霧雨晦冥，將士皆懼。稜刑白馬以祭海神，既而開霽，分為五軍，趣其都邑。渴刺兜率衆數千逆拒，稜遣鎮周又先鋒擊走之，稜乘勝逐北，至其柵。渴刺兜背柵而陣，稜盡鋭擊之，從辰至未，苦鬬不息。渴刺兜自以軍疲，引入柵，稜遂填塹，攻破其柵，斬渴刺兜，獲其子島槌，虜男女數千而歸。帝大悅，進稜位右光祿大夫，武賁如故。

唐朝政區部

綜　述

唐・李泰等《括地志》卷首《序略》　唐貞觀十三年大簿，凡州府三百五十八，【略】凡縣一千五百五十一。至十四年西克高昌，又置西州都護府及庭州幷六縣，通前凡三百六十州。依敍之為十道也。

唐・李林甫等《唐六典》卷三《尚書戶部》　凡天下之州、府三百一十有五，而羈縻之州蓋八百焉。京兆、河南、太原爲三都，潞、揚、益、荆、幽爲大都督府，單于、安西、安北爲大都護府，安南、安東、北庭爲上都護府，凉、秦、靈、延、代、兖、梁、安、越、洪、潭、桂、廣、戎、福爲中都督府，夏、原、慶、豐、勝、營、松、洮、鄯、西、雅、瀘、茂、巂、姚、夔、黔、辰、容、邕爲下都督府。同、華、岐、蒲爲四輔州，陝、懷、鄭、汴、魏、絳爲六雄州，虢、汝、汾、晉、宋、許、滑、衞、相、洺爲十望州。安東、平、營、檀、嬀、蔚、朔、忻、安北、單于、代、嵐、雲、勝、豐、鹽、靈、會、凉、肅、甘、瓜、沙、伊、西、北庭、安西、河、蘭、鄯、廓、疊、洮、岷、扶、柘、維、靜、悉、翼、松、當、戎、茂、巂、姚、播、黔、驩、容爲邊州。四萬戶已上爲上州，三萬戶已上爲中州，不滿爲下州。凡三都之縣，在城內曰京縣，城外曰畿縣。又望縣有八十五焉。其餘則六千戶已上爲上縣，二千戶已上爲中縣，一千戶已上爲中下縣，不滿一千戶皆爲下縣。

唐・杜佑《通典》卷一七二《州郡典二・序目下・大唐》　大唐武德初，改郡爲州，太守爲刺史，其邊鎮及襟帶之地，置總管府以領軍戎。至七年，改總管府爲都督府。

自因隋季分割州府，倍多前代。貞觀初，並省州縣，始於山河形便，分爲十道：一曰關内道，二曰河南道，三曰河東道，四曰河北道，五曰山南道，六曰隴右道，七曰淮南道，八曰江南道，九曰劍南道，十曰嶺南道。既北殄突厥頡利，西平高昌，東西九千五百十里，南北萬六千九百十八里。

高宗平高麗、百濟，得海東數千餘里，旋爲新羅、靺鞨所侵，失之。又開四鎮，卽西境拓數千里，于闐、疏勒、龜茲、焉耆諸國矣。

景雲二年，又分置二十四都督府，分統諸州，時議以權重不便，尋罷之。

開元二十一年，分爲十五道，置採訪使，以檢察非法。京畿，理西京城内。都畿，理東都。關内，多以京官遥領。河南，理陳留郡。河東，理河東郡。河北，理魏郡。隴右，理西平郡。山南東，理襄陽郡。山南西，理漢中郡。劍南，理蜀郡。淮南，理廣陵郡。江南東，理吴郡。江南西，理章郡。黔中，理黔中郡。嶺南。理南海郡。【略】

天寶初，又改州為郡，刺史為太守。大凡郡府三百二十有八，縣千五百七十有三。羈縻州郡，不在其中。

宋・李昉等《文苑英華》卷七三七《〔唐〕權德輿〈魏國公貞元十道録序〉》　序曰：自《夏書・禹貢》、《周官・職方》、《漢志地理》，厥後史臣，繼有其書。國家將九夷丕冒，四海梯航，聲教過前古遠甚。相國魏公明誠助化育，奥學窮古今，百揆師長，十年樞衡，贊端拱無為之風，以有天下，王佐盛業，論著形焉。嘗以為言：區域者闊畧未備，或傳疑失實，於是獻《海内華夷圖》一軸，《古今郡國縣道四夷述》四十卷。盡瀛海之地，窮鞮譯之詞，陳農不獲之書，朱贛未條之俗，貫穿切劘，靡不詳究，開卷盡在，披圖朗然。又撮其要會切於今者，為《貞元十道録》四卷。其首篇自貞觀初以天下諸州分隸十道，隨山河江嶺，控帶紆直，割裂經界而為都會。在景雲為按察，在開元為採訪，在天寶以州為郡，在乾元復郡為州。《六典》地域之差次，四方貢賦之名物，廢置升降，提封險易，因時制度，皆備于編，而又考迹其疆理，以正繆誤；採獲其要害，而陳開置。至若護單于府並馬邑以北理榆林，關外宜隸河東。樂安自乾元後，河流改故道，宜隸河南。合川七郡，北與隴氏，南與庸蜀，四遠不相宜，應於武都建府，以恢邊備。凡類是者，十有二條。制萬方之樞鍵，出千古之耳目，故今之言地理者，稱魏公焉。公之意，豈徒洽聞廣記，以學名家而已哉？蓋體國遠馭，不出戶而知天下，親百姓，撫四夷，真宰相之事也。凡今三十一節度，十一觀察與防禦、經畧，以守臣稱使者，共五十，列于首篇之末。其三篇則以十道為準，縣距州，州距兩都，其書道里之數與其四鄙所抵。其事覈，其言詳，閱覽默識，精微錯綜，斯為至矣。德輿忝掖垣之屬，承公話言，盱衡屈指，珠貫冰釋。辱命授簡，書其大端，輒罄斐然之辭，用揚不朽之業。時貞元壬午歲夏四月，謹序。

唐・李吉甫《元和郡縣圖志》卷首《自序》　我國家肇自貞觀，至于開元，兼夏商之職貢，掩秦漢之文軌，梯航累乎九譯，廄置通乎萬里，然後分疆以辨之，置吏以康之，任所有而差貢賦，因所宜而制名物，守其要害，險其走集，經理之道，冠乎百王，巍巍乎無得而稱矣。【略】伏惟睿聖文武皇帝陛下握樞秉聖，承祧立極，祖堯舜之道，憲文武之程，皇王之遐蹤，行之必至；祖宗之耿光，寢而復耀。天寶之季，王塗蹔艱，由是墜綱解而不紐，強侯傲而未肅。逮至興運，盡為驅除，故蜀有阻隘之夫，吳有憑江之卒，雖完保聚，繕甲兵，莫不手足裂而異處，封疆一乎四海，故《鄘》、《衞》風偃，朔塞砥平，東西南北，無思不服。臣吉甫當元聖撫運之初，從内庭視草之列，尋備衮職，久塵台階，每自循省，赧然收汗。謨明弼諧，誠淺智之不及；簿書期會，亦散材之不工。久而伏思，方得所効，以為成當今之務，樹將來之勢，則莫若版圖、地理之為切也。所以前上《元和國計簿》，審戶口之豐耗；續撰《元和郡縣圖志》，辨州域之疆理。時獲省閱，或裨聰明，豈欲希酇侯之規模？庶乎盡朱贛之條奏。況古今言地理者，凡數十家。尚古遠者或搜古而畧今，採謠俗者多傳疑而失實，飾州邦而敍人物，因邱墓而徵鬼神，流于異端，莫切根要。至于邱壤山川，攻守利害，本于地理者，皆畧而不書，將何以佐明王扼天下之吭，制羣生之命，收地保勢勝之利，示形束壤制之端？此微臣之所以精研，聖后之所宜周覽也。謹上《元和郡縣圖志》，起京兆府，盡隴右道，凡四十七鎮，成四十卷。每鎮皆圖在篇首，冠于敍事之前，并《目録》兩卷，總四十二卷。

《舊唐書》卷三八《地理志一》 及大業季年，羣盜蜂起，郡縣淪陷，户口減耗。高祖受命之初，改郡爲州，太守並稱刺史。其緣邊鎮守及襟帶之地，置總管府，以統軍戎。至武德七年，改總管府爲都督府。

開元二十八年，户部計帳，凡郡府三百二十有八，縣千五百七十有三。羈縻州郡，不在此數。

宋·王溥《唐會要》卷七《量户口定州縣等第例》 《武德令》：三萬户已上爲上州。《永徽令》：二萬户已上爲上州。至顯慶元年九月十二日敕：『户滿三萬已上爲上州，二萬已上爲中州，先已定爲上州、中州者，仍舊』。至開元十八年三月十七日敕：『太平時久，户口日殷。宜以四萬户已上爲上州，二萬五千户爲中州，不滿二萬户爲下州。其六雄、十望州、三輔等，及別敕同上州都督、及畿內州並同上州。緣邊州三萬户已上爲上州，二萬户已上爲中州。其親王任中州下州刺史者，亦爲上州，王去任後，仍舊。』《武德令》：户五千已上爲上縣，二千户已上爲中縣，一千户已上爲中下縣。至開元十八年三月七日，以六千户已上爲上縣，三千户已上爲中縣，不滿三千户爲中下縣，其赤、畿、望、緊等縣，不限户數，並爲上縣。去京五百里內，並緣邊州縣，户五千已上亦爲上縣，二千已上爲中縣，一千已上爲中下縣。

又《州縣分望道》 貞觀元年三月十日，併省州縣，始因關河近便，分爲十道。一曰關內道。古雍州之地。二曰河南道。古兗、豫、青、徐四州之地。三曰河東道。古冀州之地。四曰河北道。古幽、冀二州之地。五曰山南道。古荆、梁二州之地。六曰隴右道。古雍、梁二州之地。七曰淮南道。古揚州之地。八曰江南道。古揚州之地。九曰劍南道。古梁州之地。十曰嶺南道。古荆州之地。

凡天下三百六十州，自後併省，迄於天寶，凡三百三十一州存焉。

凡羈縻之州八百。京兆府尹有三。京兆、河南、太原。

大都督有五：潞、揚、益、荆、幽。

都護府有六。單于、安西、安北爲大都護，安南、安東、北庭爲大都護。又有上、中、下都督府。凡天下軍有四十，府有六百三十四，鎮有四百五十，戍五百九十，守捉有三十五。

景雲二年五月，出使者以山南控帶江山，疆界闊遠，於是分爲山南東、西兩道；又自黄河已西，分爲河西道。

《新唐書》卷三七《地理志一》 唐興，高祖改郡爲州，太守爲刺史，又置都督府以治之。然天下初定，權置州郡頗多。太宗元年，始命併省，又因山川形便，分天下爲十道：一曰關內，二曰河南，三曰河東，四曰河北，五曰山南，六曰隴右，七曰淮南，八曰江南，九曰劍南，十曰嶺南。至十三年定簿，凡州府三百五十八，縣一千五百五十一。明年，平高昌，又增州二，縣六。其後，北殄突厥頡利，西平高昌，北踰陰山，西抵大漠。其地東極海，西至焉耆，南盡林州南境，北接薛延陀界；東西九千五百一十一里，南北一萬六千九百一十八里。景雲二年，分天下郡縣，置二十四都督府以統之。既而以其權重不便，罷之。開元二十一年，又因十道分山南、江南爲東、西道，增置黔中道及京畿、都畿，置十五採訪使，檢察如漢刺史之職。

宋·司馬光《資治通鑑》卷一九二《唐紀八》 初，隋末喪亂，豪桀並起，擁衆據地，自相雄長；唐興，相帥來歸，上皇爲之割置州縣以寵禄之，由是州縣之數，倍於開皇、大業之間。上以民少吏多，思革其弊。（貞觀元年）二月，命大加併省，因山川形便，分爲十道：一曰關內，二曰河南，三曰河東，四曰河北，五曰山南，六曰隴右，七曰淮南，八曰江南，九曰劍南，十曰嶺南。

又 卷二一三《唐紀二九》 是歲（開元二十一年），分天下爲京畿、都畿、關內、河南、河東、河北、隴右、山南東道、山南西道、劍南、淮南、江南東道、江南西道、黔中、嶺南，凡十五道，各置采訪使，以六條檢察非法；兩畿以中丞領之，餘皆擇賢刺史領之。非官有遷免，則使無廢更。惟變革舊章，乃須報可；自餘聽便宜從事，先行後聞。

宋·歐陽忞《輿地廣記》卷三《唐十五道採訪使·關內道》 京兆、華、同、商、鳳翔、邠。右京畿採訪使，治京城內。

隴、涇、原、渭、武、威、今定安。雄、今廢。寧、慶、鄜、丹、延、亦今延安。靈、會、鹽、夏、綏、今綏德。宥、麟、勝、豐、單于大都護、安北大都護、鎮北大都護。右關内採訪使，以京官領。

又《河内道》 河南、汝。右都護採訪使，治東都城内。

陝、虢、滑、鄭、潁、許、今潁昌。陳、蔡、汴、今開封。宋、今應天。亳、徐、泗、濠、宿、鄆、齊、曹、今興仁。濮、青、淄、登、萊、棣、兖、海、沂、密。右河南採訪使，治汴州。

又《河東道》 河中、晉、絳、慈、隰、太原、汾、沁、今威勝。遼、嵐、憲、忻、代、雲、朔、蔚、武、今毅州。新、潞、澤。右河東採訪使，治河中。

又《河北道》 孟、懷、魏、今大名。博、相、衛、貝、今恩州。澶、今開德。邢、洺、惠、今磁州。鎮、今真定。冀、深、趙、滄、景、今永静。德、定、今中山。易、涿、幽、瀛、今河間。莫、平、嬀、檀、薊、營、安東上都護。右河北採訪使，治魏州。

又《山南道》 江陵、峽、歸、夔、澧、朗、今鼎州。忠、涪、萬、襄、泌、今唐州。隋、鄧、均、房、復、郢、金。右東道採訪使，治襄州。

興元、洋、利、鳳、興、成、文、扶、集、今廢。壁、今廢。巴、蓬、通、今達州。開、閬、果、渠。右西道採訪使，治梁州。

又《隴右道》 秦、河、渭、今鞏州。鄯、今湟州。蘭、臨、今臨州。階、洮、岷、廓、疊、石、凉、沙、瓜、甘、肅、伊、西、西大都護、北庭大都護。右隴右採訪使，治鄯州。

又《淮南道》 揚、楚、滁、郵、壽、廬、舒、光、蘄、安、黄、信。今信州。右淮南採訪使，治揚州。

又《江南道》 潤、昇、今江寧。常、蘇、今平江。湖、杭、睦、越、明、衢、處、婺、温、台、福、建、泉、汀、漳。右東道採訪使，治蘇州。

宣、歙、池、洪、江、鄂、岳、饒、虔、吉、袁、信、撫、漳、衡、永、道、郴、邵。右西道採訪使，治洪州。

黔、辰、錦、施、敍、今沅州。獎、夷、今永州。播、思、費、南。今南平。溪、溱。右黔中採訪使，治黔中。

又《劍南道》 成都、彭、□、溪、嘉、眉、邛、簡、資、嶲、□、黎、茂、翼、維、今威州。戎、今敍州。姚、松、當、悉、静、柘、恭、保、今棋州。真、霸、乾、梓、遂、緜、劍、合、龍、普、渝、今恭州。陵、今仙井。榮、昌、瀘、保寧都護。今廢。右劍南採訪使，治益州。

又《嶺南道》 廣、韶、循、潮、康、瀧、今廢。端、新、封、潘、今廢。春、今廢。勤、今廢。辯、今廢。高、恩、今南恩。雷、崖、今廢。瓊、振、儋、今昌化。萬安、邕、澄、今廢。賓、横、潯、巒、今廢。貴、龔、象、藤、巖、宜、瀼、籠、田、環、桂、梧、賀、連、柳、富、今廢。昭、蒙、今廢。嚴、今廢。融、思唐、今廢。古、容、牢、今廢。白、今廢。順、今廢。繡、今廢。鬱林、黨、今廢。竇、今廢。禺、今廢。廉、義、今廢。安南中都護、陸、峯、愛、驩、長、福祿、芝、今廢。武峩、今廢。演、武安、今廢。湯。右嶺南採訪使，治廣州。

府州建置分部

綜述

關内道

唐・李林甫等《唐六典》卷三《尚書户部》 一曰關内道，古雍州之境，今京兆、華、同、岐、邠、隴、涇、寧、坊、鄜、丹、延、慶、鹽、原、會、靈、夏、豐、勝、綏、銀，凡二十有二州焉。東拒河，西抵隴阪，南據終南之山，北邊沙漠。其名山有太白、九嵕、吴山、岐山、梁山，泰華之嶽在焉。其大川有涇、渭、灞、滻。【略】遠夷則控北蕃、突厥之朝貢焉。

《新唐書》卷三七《地理志一》 關内道，蓋古雍州之域，漢三輔、北地、安定、上郡及弘農、隴西、五原、西河、雲中之境。京兆、華、同、鳳翔、邠、隴、涇、原、渭、武、寧、慶、鄜、坊、丹、延、靈、威、雄、會、鹽、綏、宥爲鶉首分，麟、豐、勝、銀、夏、單于、安北爲實沈分，商爲鶉火分。爲府二，都護府二，州二十七，縣百三十五。其名山：太白、九嵕、吴、岐、梁、華。其大川：涇、渭、灞、滻。

京　畿

《新唐书》卷三七《地理志一》　京畿採访使，治京城内。

雍州京兆府

唐·杜佑《通典》卷一七三《州郡典三·京兆府》　東至華陰郡百八十里。南至洋川郡六百二十里，西至扶風郡三百十七里。北至中部郡三百十二里。東南到上洛郡三百里。西南到洋川郡六百里。西北到新平郡三百十里。東北到馮翊郡二百七十里。去東京八百三十里。府東西三百二十里。【略】

今之雍州，【略】隋初置雍州，煬帝改爲京兆郡。大唐初復爲雍州，開元元年改爲京兆府。【略】今號西京。領縣二十三：萬年，長安，鄠，藍田，咸陽，醴泉，三原，雲陽，涇陽，櫟陽，高陵，渭陽，昭應，金城，富平，武功，宜壽，好畤，美原，同官，奉天，華原，奉先。

唐·李吉甫《元和郡縣圖志》卷一《關内道一·京兆府》　武德元年，復爲雍州。開元元年，改爲京兆府。

府境：東西三百一十里。南北四百七十里。

八到：東至東都八百三十五里。東南至商州二百六十五里。西南至洋州六百三十里。東至華州一百八十里。南取庫谷路至金州六百八十里。正西微北至鳳翔三百一十里。西北至邠州三百里。東北至坊州三百五十里。正東微北至同州二百五十里。【略】

管縣十二，又十一：萬年，長安，昭應，三原，醴泉，奉天，奉先，富平，雲陽，咸陽，渭南，藍田。

又　卷二《關内道二·京兆下》　興平，高陵，櫟陽，涇陽，美原，華原，同官，鄠，盩厔，武功，好畤。

《舊唐書》卷三八《地理志一·京兆府》　隋京兆郡。【略】武德元年，改爲雍州。【略】開元元年，改雍州爲京兆府，復隋舊名。【略】舊領縣十八，【略】天寶領縣二十三；【略】理京城之光德坊。去東京八百里。

《新唐書》卷三七《地理志一·京兆府京兆郡》　本雍州，開元元年爲府。

華　州

唐·杜佑《通典》卷一七三《州郡典三·華陰郡》　東至河東郡八十一里。南至華陰縣七十八里。西至華陰郡下邽縣八十九里。北至中部郡鄜城縣二百四十二里。東南到華陰郡華陰縣東北界七十八里。西南到京兆府二百七十里。西北到京兆府同官縣九十五里。東北到絳郡龍門縣界百六十六里。去西京二百七十里，去東京六百二十里。

華州。【略】大唐復置華州。垂拱元年改爲太州，尋復舊。或爲華陰郡。領縣三：鄭，華陰，下邽。

唐·李吉甫《元和郡縣圖志》卷二《關内道二·華州》　武德元年復爲華州。垂拱元年改爲太州，避武太后祖諱也。神龍元年復舊。

州境：東西一百六十四里。南北一百四十里。

八到：西至上都一百八十里。東至東都六百八十里。東至潼關一百二十里。東至虢州二百二十里。東北至同州八十里。南至商州山路二百七十里。

《舊唐書》卷三八《地理志一·華州》　隋京兆郡之鄭縣。義寧元年，割京兆之鄭縣、華陰二縣置華山郡，因後魏郡名。武德元年，改爲華州。【略】天寶元年，改爲華陰郡。乾元元年，復爲華州。上元元年十二月，改爲太州，華山爲太山。寶應元年，復爲華州。舊領縣二。【略】天寶領縣三，在京師東一百八十里，去東都六百七十里。

《新唐書》卷三七《地理志一·華州華陰郡》　義寧元年析京兆郡之鄭、華陰置，垂拱二年避武氏諱曰太州，神龍元年復故名，上元二年又更名太州，寶應元年復故名，乾寧四年曰興德府。縣次畿、赤。光化三年復爲州。【略】縣四：鄭，華陰，下邽，櫟陽。

同　州

唐·杜佑《通典》卷一七三《州郡典三·馮翊郡》　東至河東郡八

十一里。南至華陰縣七十八里。西至華陰郡下邽縣八十九里。北至中部郡鄜城縣二百四十二里。東南到華陰郡華陰縣東北界七十八里。西南到京兆府二百七十里。西北到京兆府同官縣九十五里。東北到絳郡龍門縣界百六十六里。去西京二百七十里，去東京六百二十里。

同州。【略】大唐爲同州，或爲馮翊郡。領縣七：馮翊，朝邑，白水，澄城，韓城，郃陽，河西。

唐·李吉甫《元和郡縣圖志》卷二《關内道二·同州》 州境：東西一百一十二里。南北二百三十五里。

八到：西至上都二百五十里。東至東都六百五十里。東至蒲津關六十里。南至華州八十里。西北至坊州二百五十里。【略】

管縣七：馮翊，朝邑，韓城，白水，夏陽，澄城，郃陽。

《舊唐書》卷三八《地理志一·同州》 隋馮翊郡。武德元年，改爲同州，領馮翊、下邽、蒲城、朝邑、澄城、白水、郃陽、韓城八縣。【略】天寶元年，改同州爲馮翊郡。乾元元年，復爲同州。【略】舊領縣九。【略】天寶領縣六。【略】在京師東北二百五十五里，至東都六百二里。

《新唐書》卷三七《地理志一·同州馮翊郡》 縣八：馮翊，朝邑，韓城，郃陽，夏陽，白水，澄城，奉先。

商州

唐·杜佑《通典》卷一七五《州郡典五·上洛郡》 東至南陽郡六百四十里。南至安康郡七百二十里。西至安康郡七百二十里。北至弘農郡四百里。東南到武當郡豐利縣六百六十里。西南到安康郡七百二十里。西北到華陰郡三百里。東北到弘農郡四百里。去西京三百里，去東京八十六里。

商州。【略】大唐爲商州，或爲上洛郡。領縣五：上洛，上津，商洛，豐陽，洛南。

《舊唐書》卷三九《地理志二·商州》 隋上洛郡。武德元年，改爲商州。其年，於上津縣置上州。貞觀十年，州廢，上津來屬。天寶元年，改爲上洛郡。乾元元年，復爲商州。舊領縣五。【略】天寶縣六：上洛，豐陽，洛南，商洛，上津，安業。

《新唐書》卷三七《地理志一·商州上洛郡》 縣六：上洛，豐陽，洛南，商洛，上津，乾元。

岐州鳳翔府

唐·杜佑《通典》卷一七三《州郡典三·扶風郡》 東至京兆府三百十七里。南至漢中郡六百七十里。西至汧陽郡百五十九里。北至安定郡二百六十里。東南到京兆府界百七十五里。西南到河池郡四百里。西北到安定郡三百里。東北到新平郡百六十二里。去西京三百十七里，去東京千一百七十里。

岐州。【略】大唐爲岐州，或爲扶風郡。領縣九：雍，扶風，郿，岐山，陳倉，麟遊，岐陽，虢，普潤。

唐·李吉甫《元和郡縣圖志》卷二《關内道二·鳳翔府》 岐州。扶風四輔。【略】大業三年罷州，爲扶風郡，武德元年復爲岐州。至德元年改爲鳳翔郡，乾元元年改爲鳳翔府。

府境：東西一百八十三里。南北三百八十九里。

八到：東至上都三百一十里。東至東都一千一百七十里。東北至邠州二百三十里。南取太白山路至興元府六百里。西南至鳳州二百八十里。西至隴州一百五十里。北至涇州二百二十里。【略】

管縣九：天興，岐山，扶風，普潤，岐陽，麟遊，寶雞，虢，郿。

《舊唐書》卷三八《地理志一·鳳翔府》 隋扶風郡。武德元年，改爲岐州，領雍、陳倉、郿、虢、岐山、鳳泉等六縣。【略】天寶元年，改爲扶風郡。【略】舊領縣八。【略】天寶領縣九。【略】在京師西三百一十五里，去東都一千一百七十里。

《新唐書》卷三七《地理志一·鳳翔府扶風郡》 本岐州，至德元載更郡曰鳳翔，二載復郡故名，號西京，爲府。上元二年罷京，元年曰西都，未幾復罷都。【略】縣九。天興，岐山，扶風，麟遊，普潤，寶雞，虢，郿，盩厔。

邠州

唐·杜佑《通典》卷一七三《州郡典三·新平郡》 東至中部郡三

百二十五里。南至京兆府二百八十二里。西至安定郡百九十里。北至彭原郡百四十二里。東南到京兆府三百十里。西南到扶風郡百六十里。西北到安定郡百九十里。東北到中部郡三百十五里。去西京二百八十里，去東京千二百三十里。

邠州。【略】煬帝初州廢，以其地爲安定、北地二郡。大唐復置豳州，開元十三年改『豳』爲『邠』，其後或爲新平郡。領縣四：新平，三水，永壽，宜祿。

唐·李吉甫《元和郡縣圖志》卷三《關内道三·邠州》 隋大業二年省入寧州，義寧二年復爲新平郡，武德元年復爲豳州。開元十三年，以『豳』與『幽』字相涉，詔曰：『魚、魯變文，荆、並誤聽。欲求辨惑，必也正名，改爲「邠」字。』天寶元年改爲新平郡，乾元元年復爲邠州。

州境：東西二百里。南北二百七十里。

八到：東南至上都三百里。東（北）〔南〕至東都一千一百六十里。東至坊州三百一十里。東至奉天縣一百三十里。北至寧州一百四十里。西北至涇州一百八十里。【略】

管縣四：新平，三水，永壽，宜祿。

《舊唐書》卷三八《地理志一·邠州》 隋北地郡之新平縣。義寧二年，割北地郡之新平、三水二縣置新平郡。武德元年，改爲豳州。【略】天寶元年，改爲新平郡。乾元元年，復爲邠州。舊領縣四。【略】去京師西北四百九十三里，至東都一千一百三十二里。

《新唐書》卷三七《地理志一·邠州新平郡》 義寧二年析北地郡之新平、三水置。邠故作『豳』，開元十三年以字類『幽』改。【略】縣四：新平，三水，永壽，宜祿。

隴州

唐·杜佑《通典》卷一七三《州郡典三·汧陽郡》 東至扶風郡百五十九里。南至河池郡四百三十里。西至天水郡三百里。北至安定郡百六十五里。東南到扶風郡百六十五里。西南到天水郡百十里。西北到平涼郡界百八十里。東北到安定郡百六十里。去西京四百六十五里，去東京一千三百二十五里。

隴州。【略】煬帝初州廢，以其地入扶風郡。大唐復置隴州，或爲汧陽郡。領縣五：汧源，汧陽，吳山，華亭，南由。

唐·李吉甫《元和郡縣圖志》卷二《關内道二·隴州》 隋大業二年省，義寧二年又於縣理置隴東郡，武德元年改爲隴州。

州境：東西二百里。南北四百九十五里。

八到：東至上都四百六十五里。東至東都一千三百二十里。東至鳳翔府一百五十里。西至秦州三百四十里。南至鳳州山路四百三十里。北至原州三百三十里。【略】

管縣五：汧源，汧陽，吳山，華亭，南由。

《舊唐書》卷三八《地理志一·隴州》 隋扶風郡之汧源縣。義寧二年，置隴東郡，領縣五。武德元年，改爲隴州，以南由縣屬含州。四年，廢含州，復以南由來屬。天寶元年，改爲汧陽郡。乾元元年，復爲隴州。舊領縣五。【略】在京師西四百九十六里，去東都一千三百二十五里。

《新唐書》卷三七《地理志一·隴州汧陽郡》 本隴東郡，義寧二年，析扶風郡之汧源、汧陽、南由，安定郡之華亭置。天寶元年更郡曰汧陽。【略】縣三：汧源，汧陽，吳山。

涇州

唐·杜佑《通典》卷一七三《州郡典三·安定郡》 東至彭原郡一百七十里。南至扶風郡二百六十里。西至平涼郡百八十五里。北至安化郡三百二十里。東南到新平郡一百九十里。西南到汧陽郡百六十里。西北到平涼郡二百八十五里。東北到彭原郡百八十里。去西京四百八十七里，去東京一千三百八十里。

涇州。【略】大唐爲涇州，或爲安定郡。領縣五：安定，陰盤，臨涇，良原，靈臺。

唐·李吉甫《元和郡縣圖志》卷三《關内道三·涇州》 州境：東西一百九十六里。南北二百八十六里。

八到：東南至上都四百八十里。東南至東都一千三百四十里。東北至寧州一百五十里。西北至原州平涼縣一百五十里。北至原州城三百三十里。北至慶州三百二十三里。南至鳳翔二百五十八里。東南至邠州一百八

十里。西南至隴州私路一百八十里。【略】

管縣五：保定，靈臺，臨涇，良原，潘原。

《舊唐書》卷三八《地理志一·涇州》　隋安定郡。武德元年，討平薛仁杲，改名涇州。天寶元年，復爲安定郡。乾元元年，復爲涇州。舊領縣五，【略】在京師西北四百九十三里，至東都一千三百八十七里。

《新唐書》卷三七《地理志一·涇州保定郡》　本安定郡，至德元載更名。【略】縣五：保定，靈臺，臨涇，良原，潘原。

寧州

唐·杜佑《通典》卷一七三《州郡典三·彭原郡》　東至中部郡二百二十五里。南至新平郡百四十二里。西至安定郡百七十里。北至安化郡百二十七里。東南到上都三百三十里。西南到安定郡百八十里。西北到安定郡臨涇縣二百三十里。東北到洛交郡直羅縣三百八十里。去西京四百五十里，去東京一千三百二十里。

寧州。【略】大唐復置寧州，或爲彭原郡。領縣六：定安，羅川，彭原，襄樂，定平，豐義。

唐·李吉甫《元和郡縣圖志》卷三《關内道三·寧州》　武德元年復爲寧州，貞觀元年改爲都督府，四年又廢府爲州。

州境：東西二百十六里。南北五百十四里。

八到：東南至上都四百五十六里。東南至東都一千三百里。東至坊州三百二十里。西至涇州一百五十里。東北至延州三百九十里。北至慶州一百三十里。南至邠州一百四十里。【略】

管縣六：定安，真寧，襄樂，彭原，定平，豐義。

《舊唐書》卷三八《地理志一·寧州》　隋北地郡。【略】武德元年，改北地郡爲寧州。【略】天寶元年，改爲彭原郡。乾元元年，復爲寧州。舊領縣七。【略】天寶領縣六。【略】在京師西北四百四十六里，至東都一千三百二十四里。

《新唐書》卷三七《地理志一·寧州彭原郡》　本北地郡，天寶元年更名。【略】縣五：定安，真寧，襄樂，彭原，定平。

原州

唐·杜佑《通典》卷一七三《州郡典三·平涼郡》　東至安定郡二百八十里。南至天水郡五百里。西至會寧郡四百里。北至靈武郡五百六十里。東南到安定郡三百八十里。西南到天水郡四百七十里。西北到靈武郡五百六十里。東北到安化郡四百四十里。去西京八百一十里，去東京一千六百四十里。

原州。【略】大唐爲原州，或爲平涼郡。領縣五：平高，平涼，蕭關，百泉，他樓。

唐·李吉甫《元和郡縣圖志》卷三《關内道三·原州》　八到：東南至上都八百里。東南至東都一千六百六十里。東南至涇州三百二十里。西至會州三百九十里。南至秦州四百六十里。正西微南至臨洮軍六百二十里。北至靈州五百里。【略】

管縣四：平高，平涼，百泉，蕭關。

《舊唐書》卷三八《地理志一·原州》　隋平涼郡。武德元年，平薛仁杲，置原州。【略】天寶元年，改爲平涼郡。乾元元年，復爲原州。舊領縣三。【略】天寶領縣四。【略】在京師西北八百里，至東都一千六百四十五里。

《新唐書》卷三七《地理志一·原州平涼郡》　廣德元年没吐蕃，節度使馬璘表置行原州於靈臺之百里城。貞元十九年徙治平涼。元和三年又徙治臨涇。大中三年收復關、隴，歸治平高。廣明後復没吐蕃，又僑治臨涇。縣二：平高，百泉。

慶州

唐·杜佑《通典》卷一七三《州郡典三·安化郡》　東至洛交郡三百九十里。南至彭原郡五百三十里。西至平涼郡三百七十里。北至五原郡五百五十里。東南到洛交郡三百九十里。西南到安定郡三百二十里。西北到靈武郡六百四十里。東北到延安郡四百五十里。去西京五百六十里，去東京一千四百里。

慶州。【略】煬帝初置弘化郡。大唐復爲慶州，或爲安化郡。領縣十：安化，樂蟠，合水，馬嶺，方渠，同川，洛源，延慶，華池，懷安。

唐・李吉甫《元和郡縣圖志》卷三《關内道三・慶州》 義寧元年爲弘化郡。天寶元年改爲安化郡，至德元年改爲順化郡，乾元元年復爲慶州。

州境：東西二百五十二里。南北四百七十二里。

八到：東南至上都五百七十里。東南至東都一千四百三十里。東北至延州四百四十里。西北至靈州六百二十里。東至鄜州三百九十里。南至寧州一百二十七里。西至原州三百四十里。北至鹽州五百七十二里。【略】

管縣十：順化，樂蟠，馬領，合水，華池，同川，洛原，延慶，方渠，懷安。

《舊唐書》卷三八《地理志一・慶州》 隋弘化郡。武德元年，改爲慶州，領合水、樂蟠、三泉、馬嶺、弘化五縣。【略】天寶元年，改爲安化郡。至德元年，改爲順化郡。乾元元年，改爲慶州。舊領縣八。【略】天寶領縣十。【略】在京師西北五百七十二里，至東都一千四百一十里。

《新唐書》卷三七《地理志一・慶州順化郡》 本弘化郡，天寶元年曰安化，至德元載更名。【略】縣十：順化，合水，樂蟠，馬嶺，華池，同川，洛源，延慶，方渠，懷安。

鄜州

唐・杜佑《通典》卷一七三《州郡典三・洛交郡》 東至咸寧郡一百八十里。南至中部郡一百四十里。西至安化郡三百九十里。北至延安郡一百五十里。東南到中部郡二百十里。西南到平涼郡三百八十里。西北到平涼郡三百八十里。東北到延安郡百三十里。去西京四百四十里，去東京九百二十里。

鄜州。【略】隋煬帝初，改爲鄜城郡，尋改爲上郡。大唐爲鄜州，或爲洛交郡。領縣五：洛交，洛川，三川，直羅，甘泉。

唐・李吉甫《元和郡縣圖志》卷三《關内道三・鄜州》 隋大業初，復爲上郡。武德元年復爲鄜州。【略】

州境：東西二百七十六里。南北二百七十三里。

八到：東南至上都四百七十七里。東南至東都九百五十九里。東至丹州一百八十三里。南至坊州一百二十五里。西至慶州三百九十八里。北至延州一百五十里。【略】

管縣五：洛交，洛川，三川，直羅，甘泉。

《舊唐書》卷三八《地理志一・鄜州》 隋上郡。武德元年，改爲鄜州，領洛交、洛川、三川、伏陸、内部、鄜城六縣。【略】天寶元年，改爲洛交郡。乾元元年，復爲鄜州。舊領縣五。【略】在京師東北五百里，至東都九百二十五里。

《新唐書》卷三七《地理志一・鄜州洛交郡》 本上郡，天寶元年更名。【略】縣五：洛交，洛川，三川，直羅，甘泉。

坊州

唐・杜佑《通典》卷一七三《州郡典三・中部郡》 東至咸寧郡二百六十里。南至四京三百十里。西至彭原郡二百二十里。北至洛交郡百四十里。東南到馮翊郡二百七十里。西南到新平郡三百十里。西北到安化郡三百里。東北到咸寧郡二百六十里。去西京三百十里，去東京九百三十里。

坊州。【略】武德二年，以鄜州南故城舊馬坊置坊州，或爲中部郡。領縣三：中部，鄜城，宜君。

唐・李吉甫《元和郡縣圖志》卷三《關内道三・坊州》 武德二年，高祖駕幸於此，聖情永感，因置坊州，取馬坊爲名。

州境：東西三百八十九里。南北一百三十九里。

八到：東至上都三百五十里。東至東都九百里。東南至同州二百五十里。西南至邠州三百一十里。東北至丹州二百六十里。北至鄜州一百五十里。【略】

管縣四：中部，宜君，昇平，鄜城。

《舊唐書》卷三八《地理志一・坊州》 隋上郡之内部縣。周天和七年，元皇帝作牧鄜州，於此置馬坊。武德二年，分鄜州置坊州，以馬坊爲名。天寶元年，改爲中部。乾元元年，復爲坊州。舊領縣二。【略】天寶領縣四。【略】在京師東北三百四十七里，去東都九百四十八里。

《新唐書》卷三七《地理志一・坊州中部郡》　武德二年析鄜州之中部、鄜城置。【略】縣四：中部，宜君，昇平，鄜城。

丹州

唐・杜佑《通典》卷一七三《州郡典三・咸寧郡》　東至文城郡一百七十里。南至馮翊郡三百二十里。西至洛交郡一百八十里。北至延安郡三百里。東南到馮翊郡韓城縣界百三十里。西南到中部郡二百六十里。西北到延安郡臨真縣界八十里。東北到延安郡延水縣界一百五十里。去西京五百七十里，去東京九百二十里。

丹州。【略】大唐分置丹州，或爲咸寧郡。領縣五：義川，雲巖，門山，汾川，咸寧。

唐・李吉甫《元和郡縣圖志》卷三《關内道三・丹州》　義寧元年，於義川縣置丹陽郡。武德元年改爲丹州，九年置都督府，貞觀元年罷府爲州。永徽二年移於赤石川。

州境：東西一百九十九里。南北一百七十三里。

八到：西南至上都五百五十里。東南至東都九百二十里。東至同州三百五十里。西至鄜州一百八十里。南至坊州二百六十里。北至延州二百五十里。【略】

管縣四：義川，雲巖，汾川，咸寧。

《舊唐書》卷三八《地理志一・丹州》　隋延安郡之義川縣。義寧元年，於義川置丹陽郡。武德元年，改爲丹州，領縣五。【略】天寶元年，改爲咸寧郡。乾元元年，復爲丹州。舊領縣五。【略】在京師東北六百一十一里，去東都九百二十里。

《新唐書》卷三七《地理志一・丹州咸寧郡》　本丹陽郡，義寧元年析延安郡之義川、汾川、咸寧縣置，天寶元年更名。【略】縣四：義川，雲巖，汾川，咸寧。

延州

唐・杜佑《通典》卷一七三《州郡典三・延安郡》　東至大寧郡三百九十里。南至洛交郡百五十里。西至安化郡四百五十里。北至朔方郡三百八十里。東南到文城郡二百九十里。西南到洛交郡百三十里。西北到朔方郡長澤縣百七十里。東北到上郡三百三十里。去西京六百七十里，去東京一千二百二十里。

延州。【略】大唐爲延州，或爲延安郡。領縣九：膚施，延安，延川，延水，延昌，敷政，臨真，金明，豐林。

唐・李吉甫《元和郡縣圖志》卷三《關内道三・延州》　隋氏喪亂，陷於賊寇。武德元年，百姓歸化，置總管府，開元二年爲都督府，尋罷府爲州。

州境：東西四百四十九里。南北三百五十一里。

八到：西南至上都六百七十四里。東南至東都一千一百里。東至隰州三百六十里。西至鄜州一百五十里。南至慶州四百四十里。西北至夏州四百里。【略】

管縣十：膚施，延長，臨真，金明，豐林，延川，敷政，延昌，延水，門山。

《舊唐書》卷三八《地理志一・延州》　隋延安郡。武德元年，改爲延州。【略】天寶元年，改爲延安郡。乾元元年，復爲延州。舊領縣九。【略】在京師東北六百三十一里，至東都一千一百五十一里。

靈州

唐・杜佑《通典》卷一七三《州郡典三・靈武郡》　東至五原郡三百里。南至彭原郡三百里。西至□□□□□□□□。北至□□□□□□□□。東南到安化郡六百四十里。西南到豐安軍百八十里。西北到□□□□□□□□。東北到九原郡三百三十里。去西京一千二百五十里，去東京二千里。

靈州。【略】煬帝初，置靈武郡。大唐爲靈州，或爲靈武郡。領縣六：迴樂，靈武，懷遠，温池，安靜，鳴沙。

唐・李吉甫《元和郡縣圖志》卷四《關内道四・靈州》　武德元年又改爲靈州。【略】

州境：東西五百八十里。南北八十里。

八到：東南至上都一千二百五十里。東南至東都二千二百七十里。東南至鹽州三百里。東南至慶州六百二十里。西南至涼州九百里。北至磧

南彌娥川水一千里。【略】

管縣六：迴樂，靈武，保静，懷遠，鳴沙，温池。

《舊唐書》卷三八《地理志一・靈州》　隋靈武郡。武德元年，改爲靈州總管府，領迴樂、弘静、懷遠、靈武、鳴沙五縣。【略】天寶元年，改靈州爲靈武郡。【略】乾元元年，復爲靈州。舊領縣五，【略】天寶領縣六。【略】在京師西北一千二百五十里，至東都二千里。

《新唐書》卷三七《地理志一・靈州靈武郡》　縣四：迴樂，靈武，懷遠，保静。

威州

《新唐書》卷三七《地理志一・威州》　本安樂州。初，吐谷渾部落自涼州徙於鄯州，不安其居，又徙於靈州之境，咸亨三年，以靈州之故鳴沙縣地置州以居之。至德後没吐蕃。大中三年收復，更名。光啓三年徙治涼州鎮爲行州。縣二。鳴沙，温池。

雄州

《新唐書》卷三七《地理志一・雄州》　在靈州西南百八十里。中和元年徙治承天堡爲行州。

警州

《新唐書》卷三七《地理志一・警州》　本定遠城，在靈州東北二百里，先天二年，朔方大總管郭元振置。其後爲上縣，隸靈州。景福元年，靈威節度使韓遵表爲州。

會州

唐・杜佑《通典》卷一七四《州郡典四・會寧郡》　東至平涼郡四百里。南至金城郡四百二十里。西至武威郡六百里。北至靈武郡六百里。東南到平涼郡四百里。西南到金城郡四百二十里。西北到武威郡六百五十里。東北到靈武郡六百里。去西京一千三百七十里，去東京二千二百七十里。

會州。【略】大唐平李軌後，置會州，或爲會寧郡。領縣二：會寧，烏蘭。

唐・李吉甫《元和郡縣圖志》卷四《關内道四・會州》　州境：東西五百一十里。南北三百三十里。

八到：東南至上都一千一百九十里。東南至東都一千五百里。東南至原州三百九十里。西南至蘭州三百八十里。西北至涼州五百四十里。東北至靈州五百三十里。【略】

管縣二：會寧，烏蘭。

《舊唐書》卷三八《地理志一・會州》　隋會寧鎮。武德二年，討平李軌，置西會州。天寶元年，改爲會寧郡。乾元元年，復爲會州。永泰元年，昇爲上州。領縣二。【略】去京師一千一百里，至東都二千一百里。

《新唐書》卷三七《地理志一・會州會寧郡》　本西會州，武德二年以平涼郡之會寧鎮置。貞觀八年以足食故更名粟州，是年又更名。【略】縣二：會寧，烏蘭。

鹽州

唐・杜佑《通典》卷一七三《州郡典三・五原郡》　東至上郡六百八十里。南至安化郡五百五十里。西至會寧郡八百里。北至寧朔郡一百四十里。東南到延安郡五百三十里。西南到平涼郡七百里。西北到靈武郡三百里。東北到朔方郡三百里。去西京一千五十里，去東京二千一十里。

鹽州。【略】煬帝初置鹽川郡。大唐爲鹽州，或爲五原郡。領縣二：五原，白池。

唐・李吉甫《元和郡縣圖志》卷四《關内道四・鹽州》　貞觀二年討平梁師都，置鹽州。天寶元年改爲五原郡，乾元元年復爲鹽州。

州境：南至上都一千五百里。東至東都一千七百三十里。東北至經略軍四百里。南至慶州四百五十里。西北至靈州三百里。西北取烏池黑浮圖堡私路至靈州四百里。【略】

管縣二：五原，白池。

《舊唐書》卷三八《地理志一・鹽州》　隋鹽川郡。武德元年，改爲鹽州，領五原、興寧二縣。其年，移州及縣寄治靈州。四年，省興寧入五原縣。貞觀元年，廢鹽州五原縣入靈州。二年，平梁師都，復於舊城置鹽州及五原、興寧二縣，隸夏州都督府。其年，改爲靈州都督府。天寶元年，改爲五原郡。乾元元年，改爲鹽州。永泰元年十一月，升爲都督府。元和八年，隸夏州。舊領縣二。【略】在京師西北一千一百里，至東都二千一十里。

《新唐書》卷三七《地理志一·鹽州五原郡》　本鹽川郡。唐初没梁師都。武德元年僑治靈州。貞觀元年州省，以縣隸靈州，二年，師都平，復置州。天寶元年更郡曰五原。貞元三年没吐蕃，九年復城之。【略】縣二：五原，白池。

夏州

唐·杜佑《通典》卷一七三《州郡典三·朔方郡》　東至銀川郡二百里。南至延安郡三百八十里。西至五原郡三百里。北至延安郡八百里。東南到上郡四百里。西南到安化郡五百九十里。西北到九原郡八百九十里。東北到榆林郡九百里。去西京一千一百里，去東京一千六百八十里。

夏州。【略】大唐爲夏州，或爲朔方郡。領縣四：朔方，寧朔，長澤，德靜。

唐·李吉甫《元和郡縣圖志》卷四《關内道四·夏州》　隋末爲賊帥梁師都所據，貞觀二年討平之，改爲夏州，置都督府。天寶元年改爲朔方郡，乾元元年復爲夏州。

州境：東西二百一十五里。南北七十里。

八到：東南至上都一千五十里。東南至東都一千八百五十里。東至銀州一百八十里。東南至延州四百里。西南至鹽州三百里。西北至豐州七百五十里。【略】

管縣四：朔方，德靜，寧朔，長澤。

《舊唐書》卷三八《地理志一·夏州》　隋朔方郡。貞觀二年，討平梁師都，改爲夏州都督府，領夏、綏、銀三州。其夏州，領德靜、巖綠、寧朔、長澤四縣。天寶元年，改爲朔方郡。乾元元年，復爲夏州。舊領縣四，【略】在京師東北一千一百一十里，至東都一千六百八十里。

《新唐書》卷三七《地理志一·夏州朔方郡》　縣三：朔方，德靜，寧朔。

綏州

唐·杜佑《通典》卷一七三《州郡典三·上郡》　東至昌化郡三百三十里。南至延安郡三百五十里。西至朔方郡四百里。北至銀川郡一百六十里。東南到大寧郡石樓縣西北黄河爲界，一百五十里。西南到延安郡三百三十里。西北到銀川郡二百四十里。東北到銀川郡界二百三十里。去西京一千二十里，去東京一千四百二十里。

綏州。【略】（隋）置雕陰郡。大唐復爲綏州，或爲上郡。領縣五：龍泉，城平，綏德，延福，大斌。

唐·李吉甫《元和郡縣圖志》卷四《關内道四·綏州》　隋亂陷賊。武德三年，百姓歸化，遂於延州豐林縣置綏州總管，貞觀二年討平梁師都，廢府，移州於今理。

州境：東西二百一十九里，南北三百一十八里。

八到：西南至上都一千里，東南至東都一千四百里，東至石州二百七十里，西至夏州三百六十里，西南至延州二百三十里，西北至銀州一百六十里，東北至太原五百九十里。【略】

管縣五：龍泉，延福，綏德，城平，大斌。

《舊唐書》卷三八《地理志一·綏州》　隋雕陰郡。武德三年，於延州豐林縣置綏州總管府，領西和、南平、北基、銀、雲、貞、上、殄、北吉、匡、龍等十一州。其綏州領上、大斌、城平、綏德、延福五縣。六年，移治所於延州延川縣界。七年，又移治城平縣界魏平廢城。貞觀二年，平梁師都，罷都督府，移州治上縣。天寶元年，改爲上郡。乾元元年，復爲綏州。舊領縣五。【略】在京師東北一千里，至東都一千八百一十九里。

《新唐書》卷三七《地理志一·綏州上郡》　本雕陰郡地。唐初没梁師都。武德三年以歸民於延州豐林縣僑置，六年徙治延川境，七年徙治魏平。貞觀二年，師都平，歸治上縣。天寶元年更郡名。縣五：龍泉，延福，綏德，城平，大斌。

銀州

唐・杜佑《通典》卷一七三《州郡典三・銀川郡》 東至昌化孟津河中流爲界二百里。南至上郡一百六十里。西至朔方郡二百里。北至榆林柘珍驛二百三十里。東南到上郡二百四十里。西南到上郡交土堆七十五里。西北到朔方郡界二百三十里。東北到榆林郡界三百六十里。去西京一千四百三十里，去東京一千五百四十里。

銀州。【略】大唐復分置銀州，或爲銀川郡。領縣四：儒林，撫寧，真鄉，開光。

唐・李吉甫《元和郡縣圖志》卷四《關内道四・銀州》 貞觀二年平梁師都，於此重置銀州。天寶元年爲銀（州）［川］郡，乾元元年復爲銀州。

州境：東西二百七十一里。南北三百二十八里。

八到：西南至上都一千六百里。東南至東都一千四百里。東至石州界黄河一百六十里。西至夏州一百八十里。東南至綏州一百六十里。東北至麟州三百里。【略】

管縣四：儒林，真鄉，開光，撫寧。

《舊唐書》卷三八《地理志一・銀州》 隋雕陰郡之儒林縣。貞觀二年，平梁師都置銀州，隋舊名。天寶元年，改爲銀川郡。乾元元年，復爲銀州。舊領縣四。【略】在京師東北一千一百三十里，至東都一千五百七十九里。

《新唐書》卷三七《地理志一・銀州銀川郡》 貞觀二年析綏州之儒林、真鄉置。【略】縣四：儒林，真鄉，開光，撫寧。

宥州

唐・杜佑《通典》卷一七三《州郡典三・寧朔郡》 東至朔方郡二百一十里。南至五原郡一百四十里。西至靈武郡三百二十里。北至安北都護府八百里。東南到朔方郡長澤縣二百九十里。西南到朔方監一百三十里。西北到定遠軍城三百一十里。東北到朔方郡四百一十里。去西京一千一百九十里，去東京一千九百九十里。

宥州，前代土地與五原郡同，所謂『六胡州』也。大唐開元二十六年置宥州，蓋以康待賓反於此，亦既克獲，赦其餘黨，遂置此州，以寬宥爲名也。後爲寧朔郡。領縣三：延恩，歸仁，懷德。

唐・李吉甫《元和郡縣圖志》卷四《關内道四・新宥州》 廢宥州，開元二十六年置，寶應已後廢。事本末具新宥州。【略】

八到：東南取夏州路至上都一千三百里。東南至東都二千一百里。東南至夏州三百二十里。西南至廢宥州三百里。東至麟州六百里。西南至靈州六百五十里。東北至中受降城五百六十里。南至鹽州六百里。

《舊唐書》卷三八《地理志一・宥州》 調露初，六胡州也。長安四年，併爲匡、長二州。神龍三年，置蘭池都督府，仍置六縣以隸之。開元十年，復分爲魯、麗、契、塞四州。十一年，克定康待賓後，遷其人於河南、江淮之地。十八年，又爲匡、長二州。二十六年，自江淮放回胡戶，於此置宥州及延恩、懷德、歸仁三縣。天寶元年，改爲寧朔郡。至德二年，又改爲懷德郡都督府。乾元元年，復爲宥州。寶應後廢。元和九年，復於經略軍置宥州，郭下置延恩縣。十五年，移治長澤縣，爲吐蕃所破。長慶四年，夏州節度使李祐復置。領縣三。【略】去京師二千一百里，去東都三千一百九十里。

《新唐書》卷三七《地理志一・宥州寧朔郡》 調露元年，於靈、夏南境以降突厥置魯州、麗州、含州、塞州、依州、契州，以唐人爲刺史，謂之六胡州。長安四年併爲匡、長二州。神龍三年置蘭池都督府，分六州爲縣。開元十年復置魯州、麗州、契州、塞州。十年平康待賓，遷其人於河南及江、淮。十八年復置匡、長二州。二十六年還所遷胡戶置宥州及延恩等縣，其後僑治經略軍。至德二載更郡曰懷德。乾元元年復故名。寶應後廢。元和九年於經略軍復置，距故州東北三百里。十五年徙治長澤，爲吐蕃所破。長慶四年，節度使李祐復奏置。【略】縣二：延恩，長澤。

麟州

唐・杜佑《通典》卷一七三《州郡典三・新秦郡》 東至樓煩郡三百二十里。南至銀川郡三百里。西至朔方郡五百里。北至榆林郡三百九十里。【略】去西京一千四百二十里，去東京千五百四十里。

麟州，隋以來銀勝二州地。昔漢武徙貧人於關西及充朔方以南新秦中，蓋其地也。大唐天寶元年，置新秦郡，或爲麟州。領縣三：新秦、連谷，銀城。

唐·李吉甫《元和郡縣圖志》卷四《關內道四·麟州》 隋開皇二十年置榆林縣，改爲勝州。天寶元年，王忠嗣奏割勝州連谷、銀城兩縣置麟州。

八到：西南至上都一千四百六十里。東南至東都一千五百一十里。東至嵐州一百八十里。東至嵐州界黄河一百二十里。河上有合水關。東北至勝州四百里。西南至銀州三百里。【略】

管縣三：新秦，連谷，銀城。

《舊唐書》卷三八《地理志一·麟州》 天寶元年，王忠嗣奏請割勝州連穀、銀城兩縣置麟州，其年改爲新秦郡。乾元元年，復爲麟州。領縣三。【略】去京師一千四百四十里，至東都一千九百五里。

《新唐書》卷三七《地理志一·麟州新秦郡》 開元十二年析勝州之連谷、銀城置，十四年廢，天寶元年復置。【略】縣三：新秦，連谷，銀城。

勝州

唐·杜佑《通典》卷一七三《州郡典三·榆林郡》 東至河四十里，去馬邑四百二十里。南至新秦郡界一百二十里。西至安北府二百五十里。北至黄河五里，去受降城八里，去單于百二十里。東南到合浦關去樓煩二百三十里。西南到朔方郡九百里。西北到黄河二十里，去紇那山一百二十里。東北到□□□□□□□。去西京一千九百四十里，去東京一千九百里。

勝州。【略】大唐爲勝州，或爲榆林郡。領縣二：榆林，河濱。

唐·李吉甫《元和郡縣圖志》卷四《關內道四·勝州》 貞觀二年平師都，三年，仍隋舊理置勝州。時柴紹、劉蘭破滅匈奴，奪得河南之地，因置州，以決勝爲名。

八到：西南至上都一千八百五十三里。東南至東都一千九百四十里。西南至麟州四百里。西南至夏州九百里。南至銀州七百里。北至豐州七百里。【略】

管縣二：榆林，河濱。

《舊唐書》卷三八《地理志一·勝州》 隋置勝州，大業爲榆林郡。武德中，平梁師都，復置勝州。天寶元年，復爲榆林郡。乾元元年，復爲勝州。領縣二。【略】去京師一千八百三十里，至東都一千九百五里。

《新唐書》卷三七《地理志一·勝州榆林郡》 武德中没梁師都。師都平，復置。【略】縣二：榆林，河濱。

豐州

唐·杜佑《通典》卷一七三《州郡典三·九原郡》 東至安北都護府三百五十里。南至靈武郡朔方縣無路所至。西至黄河百三十里。北至黄河四十里。東南到朔方郡九十里。西南到靈武郡九十里。西北到受降城八十里。東北到黄河八十里。去西京二千二百六十里，去東京三千四十里。

豐州。【略】大唐爲豐州，或爲九原郡。領縣三：九原，永豐，豐安。

唐·李吉甫《元和郡縣圖志》卷四《關內道四·豐州》 貞觀四年，突厥降附，又權於此置豐州都督府，不領縣，唯領蕃戶，以史大奈爲都督。十一年，大奈死，復廢府，以地屬靈州。二十二年，又分置豐州。永徽（九）[元]年，於州復重置永豐縣。四年，於郭下又置九原縣。麟德元年，又置豐安縣。天寶元年，改爲九原郡，乾元元年，復爲豐州。

八到：南至上都一千八百里。南至東都一千二百九十里。東至勝州五百三十里。西南至靈州九百里。東南至夏州七百五十里。西北至河西城八十里。【略】

管縣二：九原，永豐。

《舊唐書》卷三八《地理志一·豐州》 隋文帝置，後廢。貞觀四年，以突厥降附，置豐州都督府，不領縣，唯領蕃戶。十一年廢，地入靈州。二十三年，又改豐州。天寶元年，改爲九原郡。乾元元年，復爲豐州。領縣二。【略】在京師北二千二百六里，至東都三千四十四里。

《新唐書》卷三七《地理志一·豐州九原郡》 貞觀四年以降突厥戶置，不領縣。十一年州廢，地入靈州。二十三年復置。【略】縣二：九原，永豐。

河南道

唐・李林甫等《唐六典》卷三《尚書戶部》　二曰河南道，古豫、兗、青、徐四州之境，今河南府、陝、汝、鄭、汴、蔡、許、豫、潁、陳、亳、宋、曹、滑、濮、鄆、濟、齊、淄、徐、兗、泗、沂、青、萊、登、密、海，凡二十有八州焉。東盡於海，西距函谷，南瀕於淮，北薄於河。名山則有三崤、少室、砥柱、蒙山、嶧山，嵩、岱二嶽在焉。大川有伊、洛、汝、潁、沂、泗之水，淮、濟之瀆。

《新唐書》卷三八《地理志二》　河南道，蓋古豫、兗、青、徐之域，漢河南、弘農、潁川、汝南、陳留、沛、泰山、濟陰、濟南、東萊、齊、山陽、東海、琅邪、北海、千乘、東郡，及梁、楚、魯、東平、城陽、淮陽、菑川、高密、泗水等國，暨平原、渤海、九江之境。洛、陝負河而北，爲實沈分；負河而南，虢、汝、許及新鄭之地，爲鶉火分；鄭、汴、陳、蔡、潁爲壽星分；宋、亳、徐、宿、鄆、曹、濮爲大火分；兗、海、沂、泗爲降婁分；青、淄、密、登、萊、齊、棣爲玄枵分；滑爲娵訾分；濠爲星紀分。爲府一，州二十九，縣百九十六。其名山：三崤、少室、砥柱、蒙、嶧、嵩高、泰嶽。其大川：伊、洛、汝、潁、沂、泗、淮、濟。

都畿

《新唐書》卷三八《地理志二》　都畿採訪使，治東都城內。

洛州河南府

唐・杜佑《通典》卷一七七《州郡典七・河南府》　東至滎陽郡二百七十里。南至臨汝郡一百八十里。西至陝郡三百三十里。北至高平郡二百八十里。東南到潁川郡三百二十里。西南到弘農郡四百六十五里。西北到絳郡五百里。東北到河內郡百四十里。去西京八百五十里。

洛州。【略】大唐平僞鄭王充，置洛州。開元元年，改爲河南府。

【略】領縣二十六：河南，洛陽，汜水，告成，登封，緱氏，密，溫，伊闕，伊陽，壽安，福昌，永寧，澠池，王屋，河陽，新安，鞏，偃師，陸渾，陽翟，濟源，潁陽，河陰，河清，長水。

唐・李吉甫《元和郡縣圖志》卷五《河南道一・河南府》　隋亂，王世充僭號稱鄭，改爲司州。武德四年討平充，復爲洛州，【略】開元元年改洛州爲河南府。

府境：東西六百二十一里。南北

八到：西至上都八百五十里。東至鄭州二百八十里。東北至懷州一百五十里。西北至陝州三百五十里。東南至汝州一百七十里。東南取崿嶺路，至陽翟縣二百四十里，從縣至許州九十里。【略】

管縣二十六：洛陽，河南，偃師，緱氏，鞏，伊闕，密，王屋，長水，伊陽，河陰，陽翟，潁陽，告成，登封，福昌，壽安，澠池，永寧，新安，陸渾，河陽，溫，濟源，河清，汜水。

《舊唐書》卷三八《地理志一・河南府》　開元元年，改洛州爲河南府。【略】天寶領縣二十六。【略】在西京之東八百五十里。

《新唐書》卷三八《地理志二・河南府河南郡》　本洛州，開元元年爲府。【略】縣二十：河南，洛陽，偃師，鞏，緱氏，陽城，登封，陸渾，伊闕，新安，澠池，福昌，長水，永寧，壽安，密，河清，潁陽，伊陽，王屋。

汝州

唐・杜佑《通典》卷一七七《州郡典七・臨汝郡》　東至潁川郡百八十里。南至南陽郡四百九十里。西至河南府伊闕縣，又北至府一百八十里。北至河南府登封縣百十里。東南到淮安郡四百二十里。西南到弘農郡七百里。西北到河南府伊闕縣界八十里。東北到河南府陽翟縣百七十里。去西京九百八十里，去東京一百五十里。

汝州。【略】大唐爲汝州，或爲臨汝郡。領縣七：梁，葉，魯山，龍興，臨汝，襄城，郟城。

唐・李吉甫《元和郡縣圖志》卷六《河南道二・汝州》　武德四年討平王世充，復爲伊州，貞觀八年改爲汝州。

州境：東西二百三里。南北二百五十二里。

八到：西至上都九百八十里。西北至東都一百七十里。南至蔡州四百五十里。西南至鄧州四百七十五里。東至許州二百三十里。【略】

管縣七：梁，臨汝，魯山，葉，襄城，郟城，龍興。

《舊唐書》卷三八《地理志一·汝州》　隋襄城郡。武德四年，平王世充，改爲伊州，領承休、梁、郟城三縣。【略】天寶元年，以許州之襄城來屬，仍改爲臨汝郡。乾元元年，復爲汝州也。舊領縣三，【略】天寶領縣七。【略】在京師東九百八十二里，至東都一百八十里。

《新唐書》卷三八《地理志二·汝州臨汝郡》　本伊州襄城郡，貞觀八年更州名，天寶元年更郡名。【略】縣七：梁，郟城，魯山，葉，襄城，龍興，臨汝。

陝州

唐·杜佑《通典》卷一七七《州郡典七·陝郡》　東至河南府三百三十里。南至河南府長水縣界五十里。西至弘農郡湖城縣界八十里。北至絳郡二百二十里。東南到河南府永寧縣界九十里。西南到弘農郡百里。西北到河東郡二百里。東北到絳郡二百二十里。去西京五百五十里，去東京三百三十里。

陝州。【略】大唐復爲陝州，或爲陝郡。領縣五：陝，硤石，平陸，芮城，靈寶。

唐·李吉甫《元和郡縣圖志》卷六《河南道二·陝州》　義寧元年，改置弘農郡，武德元年改爲陝州。

州境：東西二百五十二里。南北隔河二百四十六里。

八到：西至上都五百一十里。東至東都三百五十里。西南至虢州一百三里。北至絳州一百里。西至潼關二百里。西北至河中府二百四十五里。【略】

管縣八：陝，硤石，靈寶，夏，安邑，平陸，芮城，垣。

《舊唐書》卷三八《地理志一·陝州》　隋河南郡之陝縣。義寧元年，置弘農郡，領陝、崤、桃林、長水四縣。武德元年，改爲陝州總管府，【略】天寶元年，改爲陝郡，置軍。至德二載十月，收兩京。乾元元年，復爲陝州。【略】舊領縣五，【略】天寶領縣七。【略】在京師東四百九十里，東至東都三百三十里。

《新唐書》卷三八《地理志二·陝州陝郡》　本弘農郡，義寧元年置。武德元年曰陝州。三年兼置南韓州，四年廢南韓州。天寶元年更郡名。天祐元年爲興唐府，縣次畿、赤。哀帝初復故。【略】縣六：陝，硤石，靈寶，夏，芮城，平陸。

虢州

唐·杜佑《通典》卷一七七《州郡典七·弘農郡》　東至河南府四百六十里。南至南陽郡七百里。西至華陰郡二百三十里。北至絳郡三百四十里。東南到臨汝郡五百十里。西南到上洛郡四百里。西北到河東郡一百七十里。東北到陝郡一百里。去西京四百十里，去東京四百六十五里。

虢州，今理弘農縣。【略】隋煬帝又置弘農郡，恭帝時改爲鳳林郡。大唐武德元年，改爲鼎州。八年，廢鼎州，置虢州，其後或爲弘農郡。領縣六：弘農，湖城，盧氏，玉城，朱陽，閿鄉。

唐·李吉甫《元和郡縣圖志》卷六《河南道二·虢州》　義寧元年，【略】於盧氏縣置虢郡，武德元年改爲虢州。

八到：西北至上都四百三十里。東至東都四百五十三里。東至陝州一百三里。西南至商州三百七十里。西北至潼關一百三十里。自關至華州一百二十里。西北至河中府一百八十里。【略】

管縣六：弘農，盧氏，閿鄉，玉城，朱陽，湖城。

《舊唐書》卷三八《地理志一·虢州》　漢弘農郡。隋廢郡爲弘農縣，屬陝州。隋末復置郡。義寧元年，改爲鳳林郡，仍於盧氏置虢郡。武德元年，改爲虢州，改鳳林爲鼎州。貞觀八年，廢鼎州，移虢州於今治，屬河南道。開元初，以巡按所便，屬河東道。天寶元年，改爲弘農郡。乾元元年，復爲虢州，以弘農爲緊縣，盧氏、朱陽、玉城爲望縣。天寶領縣六，【略】西至京師四百三十里，東至東都五百五十三里。

《新唐書》卷三八《地理志二·虢州弘農郡》　本虢郡，治盧氏。義寧元年，析隋弘農郡三縣置。貞觀八年徙治弘農。天寶元年更郡名。【略】縣六：弘農，閿鄉，湖城，朱陽，玉城，盧氏。

滑州

唐·杜佑《通典》卷一八〇《州郡典十·靈昌郡》 東至濮陽郡二百二十里。南至陳留郡二百二十里。西至汲郡一百一十里。北至汲郡一百六十里。東南到濟陰郡二百五十里。西南到滎陽郡二百八十里。西北到汲郡一百三十里。東北到鄴郡二百十里。去西京一千三百六十里，去東京五百二十六里。

滑州。【略】大唐復爲滑州，或爲靈昌郡。領縣七：白馬，酸棗，胙城，靈昌，韋城，衛南，匡城。

唐·李吉甫《元和郡縣圖志》卷八《河南道四·滑州》 武德元年罷郡置滑州，二年陷寇，四年討平王世充，依舊置滑州。

州境：東西二百三十六里。東北一百四十九里。

八到：西南至上都一千四百四十里。東北至濮州二百一十五里。南至汴州二百一十里。正西微南至衛州一百五十里。西南至鄭州三百里。北至相州一百三十里。東南至曹州二百四十里。【略】

管縣七：白馬，韋城，衛南，胙城，靈昌，酸棗，匡城。

《舊唐書》卷三八《地理志一·滑州》 隋東郡。武德元年，改爲滑州，以城有古滑臺也。二年，陷賊。及平王世充，復置，領白馬、衛南、韋城、匡城、靈昌、長垣七縣。八年，廢長垣縣入匡城，以廢東梁州之酸棗縣來屬。天寶元年，改爲靈昌郡。乾元元年，復爲滑州。舊領縣七，【略】去京師一千四百四十里，至東都五百三十里。

《新唐書》卷三八《地理志二·滑州靈昌郡》 本東郡，天寶元年更名。【略】縣七：白馬，衛南，匡城，韋城，胙城，酸棗，靈昌。

鄭州

唐·杜佑《通典》卷一七七《州郡典七·滎陽郡》 東至陳留郡百四十四里。南至潁川郡二百八十里。西至河南府二百七十里。北至河內郡獲嘉縣界、黄河中流九十六里。東南到陳留郡尉氏縣百三十二里。西南到河南府密縣百七里。西北到河內郡百五十六里。東北到靈昌郡二百八十四里。去西京一千一百五里，去東京二百六十里。

鄭州。【略】隋置管州，煬帝初，復爲鄭州，尋廢州，置滎陽郡。大唐因之。領縣七：管城，滎陽，中牟，新鄭，滎澤，陽武，原武。

唐·李吉甫《元和郡縣圖志》卷八《河南道四·鄭州》 武德四年五月擒建德、王世充，東都平，其月置鄭州，理武牢。其年又於今鄭州理置管州，貞觀元年廢管州。七年，自武牢移鄭州於今理。

州境：東西一百七十六里，南北二百里。

八到：西至上都一千一百四十里。西至東都二百八十里。東至汴州一百四十里。南至許州一百八十六里。東北至滑州三百里。北至黄河八十里。【略】

管縣七：管城，滎陽，滎澤，原武，陽武，新鄭，中牟。

《舊唐書》卷三八《地理志一·鄭州》 隋滎陽郡。武德四年，平王世充，置鄭州於武牢，領汜水、滎陽、滎澤、成皋、密五縣。其年，又於管城縣置管州，領管城、須水、圃田、清池四縣。貞觀元年，廢管州及須水、清池二縣，以廢管州之陽武、新鄭四縣屬鄭州。七年，自武牢移鄭州理所於管城。舊領縣八，【略】天寶領縣七。【略】至京師一千一百五里，至東都二百七十里。

《新唐書》卷三八《地理志二·鄭州滎陽郡》 武德四年置，治虎牢城。貞觀七年徙治管城。【略】縣七：管城，滎陽，滎澤，原武，陽武，新鄭，中牟。

潁州

唐·杜佑《通典》卷一七七《州郡典七·汝陰郡》 東至壽春郡二百五十里。南至弋陽郡三百八十五里。西至汝南郡四百里。北至譙郡二百五十里。東南到壽春郡二百五十里。西南到汝南郡褒信縣二百二十里。西北到淮陽郡三百里。東北到彭城郡蕲縣四百四十里。去西京一千八百里，去東京九百九十里。

潁州。【略】大唐爲潁州，或爲汝陰郡。領縣四：汝陰，下蔡，潁上，沈丘。

唐·李吉甫《元和郡縣圖志》卷七《河南道三·潁州》 武德四年討平王世充，於汝陰縣西北十里置信州，六年改爲潁州，移於今理。

州境：東西三百五十七里。南北一百九十六里。

八到：西取陳州路至上都一千八百二十里。西至東都九百六十里。西北至汴州七百里。南至蔡州三百六十里。南至淮約一百里。東至壽州三百六十里。西北至亳州二百六十里。【略】

管縣四：汝陰，沈丘，潁上，下蔡。

《舊唐書》卷三八《地理志一・潁州》 漢汝南郡。隋爲汝陰郡。武德四年，平王世充，於汝陰縣西北十里置信州，領汝陰、清丘、永安、高唐、永樂等六縣。六年，改爲潁州，移於今治，省高唐、永樂、永安三縣。貞觀元年，省清丘縣。八年，又以廢渦州之下蔡縣來屬。天寶元年，改爲汝陰郡。乾元元年，復爲潁州。長慶二年，以潁州隸滑鄭節度使。舊領縣三，【略】天寶領縣四。【略】至京師一千八百二十里，至東都九百六十里。

《新唐書》卷三八《地理志二・潁州汝陰郡》 本信州，武德四年置，六年更名。【略】縣四：汝陰，潁上，下蔡，沈丘。

許州

唐・杜佑《通典》卷一七七《州郡典七・潁川郡》 東至淮陽郡二百八十里。南至汝南郡三百二十里。西至東京三百三十里。北至滎陽郡二百八十里。東南到淮陽郡三百里。西南到臨汝郡百八十里。西北到東京三百三十里。東北到陳留郡二百三十里。去西京千二百二十里，去東京三百三十里。

許州。【略】大唐爲許州，或爲潁川郡。領縣六：長社，鄢陵，長葛，臨潁，許昌，扶溝。

唐・李吉甫《元和郡縣圖志》卷八《河南道四・許州》 武德四年討平世充，復爲許州。

州境：東西二百一十七里。南北一百六十六里。

八到：西至上都一千二百六十里。西北至東都三百四十里。北至鄭州一百八十六里。東南至陳州二百六十里。東北至汴州二百三十里。正南微東至蔡州三百里。【略】

管縣七：長社，長葛，許昌，鄢陵，臨潁，舞陽，扶溝。

《舊唐書》卷三八《地理志一・許州》 隋潁川郡。武德四年，平王世充，改爲許州，領長社、長葛、許昌、繁昌、黃臺、德強、臨潁七縣。【略】天寶元年，改爲潁川郡。乾元元年，復爲許州。長慶三年，廢溵州爲郾城縣，屬許州。舊領縣九，【略】天寶領縣七。【略】在京師東一千二百里，至東都四百里。

《新唐書》卷三八《地理志二・許州潁川郡》 縣九：長社，長葛，陽翟，許昌，鄢陵，扶溝，臨潁，舞陽，郾城。

陳州

唐・杜佑《通典》卷一七七《州郡典七・淮陽郡》 東至譙郡二百里。南至汝南郡平輿縣二百五里。西至潁川郡二百八十里。北至陳留郡雍丘縣二百二十里。東南到汝陰郡二百里。西南到汝南郡界二百六十里。西北到陳留郡三百二十里。東北到睢陽郡二百八十里。去西京一千五百十四里，去東京七百里。

陳州。【略】大唐爲陳州，或爲淮陽郡。領縣六：宛丘，項城，南頓，西華，太康，溵水。

唐・李吉甫《元和郡縣圖志》卷八《河南道四・陳州》 武德元年，復爲陳州。

州境：東西一百六十九里。南北二百八十里。

八到：西至上都一千五百二十里。北至東都六百六十里。東至亳州二百里。東南至潁州三百里。北至許州二百六十里。西北至汴州三百一十里。西南至蔡州二百二十里。東北至宋州二百二十五里。【略】

管縣六：宛丘，太康，項城，南頓，溵水，西華。

《舊唐書》卷三八《地理志一・陳州》 隋淮陽郡。武德元年，討平房憲伯，改爲陳州，領宛丘、箕城、扶桑、太康、新平五縣。【略】天寶元年，改陳州爲淮陽郡。乾元元年，復爲陳州。舊領縣四，【略】天寶領縣六。【略】在京師一千五百二十里，至東都七百一十七里。

蔡州

唐・杜佑《通典》卷一七七《州郡典七・汝南郡》 東至汝陰郡四

百里。南至義陽郡二百六十里。西至淮安郡二百七十里。北至潁川郡三百二十里。東南到弋陽郡，淮水中流爲界，二百里。西南到淮安郡桐柏縣界一百八十里。西北到臨汝郡襄城縣二百八十里。東北到淮陽郡二百八十里。去西京千五百四十五里，去東京六百七十里。

今荆河州。【略】大唐爲荆河州，或爲汝南郡。領縣十一：汝陽，上蔡，平輿，郾城，西平，吳房，朗山，真陽，新息，褒信，新蔡。

唐・李吉甫《元和郡縣圖志》卷九《河南道五・蔡州》 武德四年，復置豫州，寶應元年以避代宗廟諱，復改爲蔡州。

州境：東西四百一十七里。南北五百一十三里。

八到：西北至上都一千四百三十里。西北至東都六百二十里。南至申州二百五十里。西至唐州二百一十里。東北至陳州二百二十里。北至潁州三百六十里。東南至光州三百里。【略】

管縣十二：汝陽，汝南，闕。平輿，吳房，西平，朗山，新息，真陽，上蔡，新蔡，褒信，郾城。

《舊唐書》卷三八《地理志一・蔡州》 隋汝南郡。武德四年四月，平王世充，置豫州總管府，管豫、道、輿、息、舒五州。豫州領安陽、平輿、真陽、吳房、上蔡五縣。【略】天寶元年，改爲汝南郡。乾元元年，復爲豫州。寶應元年，改爲蔡州。舊領縣十，【略】天寶領縣十一。【略】去京師一千五百四十里，至東都六百七十里。

《新唐書》卷三八《地理志二・蔡州汝南郡》 本豫州，寶應元年更名。【略】縣十：汝陽，朗山，遂平，上蔡，新蔡，褒信，新息，真陽，平輿，西平。

汴州

唐・杜佑《通典》卷一七七《州郡典七・陳留郡》 東至睢陽郡三百里。南至汝南郡五百里。西至滎陽郡百四十里。北至靈昌郡二百二十里。東南到睢陽郡三百十八里。西南到潁川郡二百三十里。西北到靈昌郡胙城縣界八十里。東北到濟陰郡二百四十五里。去西京一千二百四十里，去東京四百里。

汴州。【略】大唐復置汴州，或爲陳留郡。領縣六：開封，浚儀，陳留，雍丘，封丘，尉氏。

唐・李吉甫《元和郡縣圖志》卷七《河南道三・汴州》 武德四年平王世充，復置汴州。

州境：東西一百九十六里。南北二百三十五里。

八到：西至上都一千二百八十里。西至東都四百二十里。南至宋州三百里。北至滑州二百一十里。東北至曹州二百四十五里。東南至陳州三百一十里。【略】

管縣六：開封，浚儀，陳留，雍丘，封丘，尉氏。

《舊唐書》卷三八《地理志一・汴州》 隋滎陽郡之浚儀縣也。武德四年，平王世充，置汴州，【略】領浚儀、新里、小黄、開封、封丘等五縣。【略】天寶元年，改汴州爲陳留郡。乾元元年，復爲汴州。建中二年，築其羅城。舊領縣五：浚儀、雍丘、陳留、中牟、尉氏。【略】天寶領縣六。【略】在京師東一千三百五十里，東都四百一里。

《新唐書》卷三八《地理志二・汴州陳留郡》 武德四年以鄭州之浚儀、開封，滑州之封丘置。【略】縣六：浚儀，開封，尉氏，封丘，雍丘，陳留。

宋州

唐・杜佑《通典》卷一七七《州郡典七・睢陽郡》 東至彭城郡西界二百十里。南至譙郡一百三十里。西至陳留郡三百里。北至濟陰郡百六十里。東南到譙郡酇縣界百八十里。西南到淮陽郡二百八十里。西北到濟陰郡百六十里。東北到魯郡四百十七里。去西京千五百四十里，去東京七百八十里。

宋州。【略】煬帝初爲梁郡。大唐復爲宋州，或爲睢陽郡。領縣十：宋城，襄邑，楚丘，柘城，虞城，寧陵，單父，穀熟，下邑，碭山。

唐・李吉甫《元和郡縣圖志》卷七《河南道三・宋州》 武德四年討平王世充，又爲宋州。

州境：東西三百五十九里。南北二百一十八里。

八到：西至上都一千五百八十里。西至東都九百二十里。東南至泗州七百五十里。東北至徐州三百五十里。東南至亳州一百四十里。西北至

曹州一百五十里。【略】

管縣十：宋城，碭山，虞城，楚丘，柘城，穀熟，下邑，單父，襄邑，寧陵。

《舊唐書》卷三八《地理志一・宋州》 隋之梁郡。武德四年，平王世充，置宋州，領宋城、寧陵、柘城、穀熟、下邑、碭山、虞城七縣。【略】天寶元年，改宋州爲睢陽郡。乾元元年，復爲宋州。舊領縣七，【略】天寶領縣十。【略】去京師一千五百四十里，至東都七百八十里。

《新唐書》卷三八《地理志二・宋州睢陽郡》 本梁郡，天寶元年更名。【略】縣十：宋城，襄邑，寧陵，下邑，穀熟，楚丘，柘城，碭山，單父，虞城。

亳州

唐・杜佑《通典》卷一七七《州郡典七・譙郡》 東至彭城郡五百里。南至汝陰郡二百五十里。西至淮陽郡二百里。北至睢陽郡百四十里。東南到汝陰郡五百九十里。西南到淮陽郡三百九十里。西北到淮陽郡三百二十里。東北到彭城郡五百里。去西京一千七百四十里，去東京八百九十八里。

亳州。【略】大唐爲亳州，或爲譙郡。領縣八：譙，臨渙，永城，酇，真源，鹿邑，城父，蒙城。

唐・李吉甫《元和郡縣圖志》卷七《河南道三・亳州》 武德四年討平王世充，復爲亳州。

州境：東西三百六十七里。南北二百里。

八到：西至上都一千七百二十里。東至東都八百六十里。正南微東至潁州二百六十里。西北至宋州一百四十里。東北至徐州三百九十里。西至陳州二百里。【略】

管縣八：譙，臨渙，酇，城父，鹿邑，蒙城，永城，真源。

《舊唐書》卷三八《地理志一・亳州》 隋譙郡。武德四年，平王世充，改爲亳州，領譙、城父、谷陽、鹿邑、酇五縣。【略】天寶元年，改爲譙郡。乾元元年，復爲亳州也。舊領縣八。【略】至京師一千七百里，至東都八百九十八里。

《新唐書》卷三八《地理志二・亳州譙郡》 本譙州，貞觀八年更名。【略】縣七：譙，酇，城父，鹿邑，真源，永城，蒙城。

徐州

唐・杜佑《通典》卷一八〇《州郡典十・彭城郡》 東至臨淮郡三百七十一里。南至淮水中流四百四十一里，與壽春郡壽春縣爲界。西至譙郡五百里。北至魯郡三百四十里。東南到臨淮郡三百六十里。西南到譙郡五百里。西北到魯郡三百六十里。東北到瑯琊郡三百五十四里。去西京二千九百九里，去東京一千二百五十七里。

徐州。【略】大唐爲徐州，或爲彭城郡。領縣七：彭城，沛，蕲，滕，蕭，豐，符離。

唐・李吉甫《元和郡縣圖志》卷九《河南道五・徐州》 武德四年討平王世充，改置徐州。

州境：東西二百六十九里。南北六百八十九里。

八到：西至上都二千八十里。西至東都一千二百二里。東南至泗州五百九十里。東北至沂州三百五十里。南取埇橋路至宣州五百里。西南取蕭縣路至宋州三百一十里。東南至濠州三百九十里。西北至兖州三百四十里。【略】

管縣五：彭城，蕭，豐，沛，滕。

《舊唐書》卷三八《地理志一・徐州》 隋彭城郡。武德四年，平王世充，置徐州，【略】領彭城、蕭、沛、豐、滕、符離、諸陽七縣。【略】天寶元年，改徐州爲彭城郡。乾元元年，復爲徐州。舊領縣六，【略】天寶領縣七。【略】在京師東二千六百里，至東都一千二百五十七里。

泗州

唐・杜佑《通典》卷一八〇《州郡典十・臨淮郡》 東至淮陰郡一百九十里。南至淮一里，與淮陰郡盱眙縣分界。西至鍾離郡二百十里。北至東海郡五百四十里。東南到淮陰郡盱眙縣，淮水中流爲界。西南到鍾離郡二百二十里。西北到瑯琊郡六百七里。東北到東海郡界海口四百四十里。去西京二千三百八十八里，去東京一千五百四十五里。

泗州。【略】隋改爲下邳郡。大唐爲泗州，或爲臨淮郡。領縣六：臨淮，宿遷，下邳，漣水，虹，徐城。

唐・李吉甫《元和郡縣圖志》卷九《河南道五・泗州》　隋大業三年改爲下邳，武德四年復爲泗州。開元二十三年，自宿遷縣移於今理。

州境：東西三百八十五里。南北三百七十九里。

八到：西北至上都二千三百二十里。西北至東都一千四百七十里。東南陸行至揚州二百七十三里。東水路至楚州二百二十里。西南至濠州二百一十里。西北至埇橋四百二十里。【略】

管縣五：臨淮，宿遷，徐城，漣水，下邳。

《舊唐書》卷三八《地理志一・泗州》　隋下邳郡。武德四年，置泗州，領宿預、徐城、淮陽三縣。【略】開元二十三年，自宿預移治所於臨淮。天寶元年，改爲臨淮郡。乾元元年，復爲泗州。舊領縣五，【略】領宿豫、漣水、徐城、虹、下邳。天寶領縣六，【略】今領縣三：臨淮、漣水、徐城。其虹縣割隸宿州，宿預、下邳隸徐州。

《新唐書》卷三八《地理志二・泗州臨淮郡》　本下邳郡，治宿預，開元二十三年徙治臨淮。天寶元年更郡名。【略】縣四：臨淮，漣水，盱眙，徐城。

濠州

唐・杜佑《通典》卷一八一《州郡典十一・鍾離郡》　東至淮陰郡四百二十里。南至廬江郡三百三十里。西至彭城郡界九十五里。北至臨淮郡二百二十里。東南到永陽郡二百二十六里。西南到壽春郡二百二十里。西北到彭城郡四百五十八里。東北到臨淮郡二百一十里。去西京二千一百五十里，去東京千三百一十三里。

濠州。【略】大唐武德八年，爲濠州，或爲鍾離郡。領縣三：鍾離，定遠，招義。

唐・李吉甫《元和郡縣圖志》卷九《河南道五・濠州》　武德五年，杜伏威附，改爲濠州。

州境：東西二百六十里。南北一百八十一里。

八到：北至上都取虹縣路二千三百七十五里。西北至東都一千五百

一十里。東北至楚州盱眙縣二百二十里，從縣至楚州一百九十里。西南至壽州二百二十里。東南至滁州二百三十里。南至廬州三百三十里。東北至泗州二百二十里。西北至徐州四百五十里。【略】

管縣三：鍾離，定遠，招義。

《舊唐書》卷四〇《地理志三・濠州》　隋爲鍾離郡。武德三年，改爲濠州。【略】天寶元年，改爲鍾離郡。乾元元年，復爲濠州。舊領縣三。【略】在京師東南二千一百五十里，至東都一千三百一十三里。

《新唐書》卷三八《地理志二・濠州鍾離郡》　『濠』字初作『豪』，元和三年改從『濠』。【略】縣三：鍾離，定遠，招義。

宿州

唐・李吉甫《元和郡縣圖志》卷九《河南道五・宿州》　本徐州苻離縣也，元和四年，以其地南臨汴河，有埇橋爲舳艫之會，運漕所歷，防虞是資。又以蘄縣北屬徐州，疆界闊遠，有詔割苻離、蘄縣及泗州之虹縣置宿州，取古宿國爲名也。

八到：西北至上都一千九百里。西北至東都一千四百里。東南至泗州四百二十里。東南至淮百里，與濠州分中流爲界，從界至濠州一百里。北至徐州一百五十里。西至宋州三百三十里。【略】

管縣三：苻離，蘄，虹。

《舊唐書》卷三八《地理志一・宿州》　徐州之苻離縣也。元和四年正月敕，以徐州之苻離置宿州，仍割徐州之蘄、泗州之虹。九年，又割亳州之臨渙等三縣屬宿州。大和三年，徐泗觀察使崔羣，奏罷宿州，四縣各歸本屬。至七年敕，宜准元和四年正月敕，復置宿州於埇橋，在徐之南界汴水上，當舟車之要。其舊割四縣，仍舊來屬。州新置，元和已來，未計戶口。

《新唐書》卷三八《地理志二・宿州》　元和四年析徐州之苻離、蘄，泗州之虹置。大和三年州廢，七年復置。初治虹，後徙治苻離。【略】縣四：苻離，虹，蘄，臨渙。

鄆州

唐・杜佑《通典》卷一八〇《州郡典十・東平郡》　東至魯郡二百

里。南至濟陰郡三百五十里。西至濮陽郡一百八十里。北至濟陽郡一百二十里。東南到魯郡一百九十里。西南到濟陰郡四百里。西北到濟陽郡東阿縣四十里。東北到濟陽郡平陰縣界五十里。去西京一千七百六十里，去東京九百十里。

鄆州。【略】大唐爲鄆州，或爲東平郡。領縣五：須昌，鉅野，壽張，鄆城，宿城。

唐・李吉甫《元和郡縣圖志》卷一〇《河南道六・鄆州》 武德五年討平徐圓朗，於今鄆城縣置鄆州，【略】貞觀八年，以下溼移理須昌。

州境：東西一百八十七里。南北二百六十四里。

八到：西南至上都一千八百二十里。西南至東都九百六十五里。東北至齊州二百八十里。東南至兖州一百九十里。西南至曹州三百三十里。東北渡河至博州一百八十里。【略】

管縣十：東平，須昌，陽穀，壽張，盧，東阿，鄆城，鉅野，平陰，中都。

《舊唐書》卷三八《地理志一・鄆州》 隋東平郡之須昌縣。武德四年，平徐圓朗，於鄆城置鄆州，領鄆城、須昌、宿城、鉅野、乘丘五縣。【略】天寶元年，改鄆州爲東平郡。乾元元年，復爲鄆州。舊領縣三：須昌、鄆城、壽張。【略】在京師東北一千六百九十七里，去東都東北九百七十三里。

《新唐書》卷三八《地理志二・鄆州東平郡》 本治鄆城，貞觀八年徙治須昌。【略】縣九：須昌，壽張，鄆城，鉅野，盧，東阿，陽穀，中都。

濟州

唐・杜佑《通典》卷一八〇《州郡典十・濟陽郡》 東至魯郡三百八十里。南至東平郡一百二十里。西至博平郡五十里。北至博平郡七十里。東南到魯郡三百里。西南到濮陽郡二百四十里。西北到博平郡五十四里。東北到濟南郡二百六十里。去西京一千八百二十里，去東京九百八十里。

濟州。【略】大唐武德四年，平王充，改爲濟州，或爲濟陽郡。領縣五：盧，平陰，陽穀，東阿，長清。

齊州

唐・杜佑《通典》卷一八〇《州郡典十・濟南郡》 東至淄川郡二百里。南至魯郡三百三十四里。西至博平郡二百九十八里。北至樂安郡三百五十三里。東南到魯郡四百四十五里。西南到濟陽郡三百六十六里。西北到平原郡二百四十五里。東北到樂安郡二百四十里。去西京二千一百八里，去東京一千三百四十五里。

齊州。【略】煬帝初置齊州。大唐復爲齊州，或爲臨淄郡，復改爲濟南郡。領縣八：歷城，臨濟，章丘，豐齊，禹城，臨邑，全節，亭山。

唐・李吉甫《元和郡縣圖志》卷一〇《河南道六・齊州》 大業三年罷州，爲齊郡。隋末陷於寇賊，武德元年海、岱平定，罷郡復州。

州境：東西三百八十二里。南北一百四十二里。

八到：西南至上都二千一百五里。西南至東都一千二百里。東至淄州一百九十里。西渡河至博州二百九十里。東北渡河至棣州三百五十里。正南微西至兖州三百三十里。正北微西至德州二百四十五里。【略】

管縣九：歷城，全節，章丘，亭山，臨邑，臨濟，長清，豐齊，禹城。

《舊唐書》卷三八《地理志一・齊州》 隋爲齊郡。武德元年，改爲齊州，領歷城、山茌、祝阿、源陽、臨邑五縣。【略】天寶元年，改爲臨淄郡。五載，爲濟南郡。乾元元年，復爲齊州。舊領縣八。【略】在京師東北二千六十九里，至東都東北一千二百四十四里。今管縣六，併三縣也。

《新唐書》卷三八《地理志二・齊州濟南郡》 本齊郡，天寶元年更名臨淄，五載又更名。【略】縣六：歷城，章丘，臨邑，臨濟，長清，禹城。

曹州

唐・杜佑《通典》卷一七七《州郡典七・濟陰郡》 東至魯郡三百二十里。南至睢陽郡百六十里。西至陳留郡二百里。北至濮陽郡百七十里。東南到睢陽郡百六十里。西南到陳留郡二百四十里。西北到靈昌郡二百五里。東北到濟陽郡四百里。去西京千四百七十里，去東京六百五十里。

曹州。【略】大唐復爲曹州，或爲濟陰郡。領縣六：濟陰，成武，冤句，考城，南華，乘氏。

唐·李吉甫《元和郡縣圖志》卷一一《河南道七·曹州》　武德四年平孟海公，復爲曹州。

州境：東西二百五十九里。南北二百五十九里。

八到：西至上都一千五百二十五里。西至東都六百六十五里。西南至汴州二百四十五里。東至兗州三百七十里。東北至鄆州三百三十里。東南至宋州一百五十里。西北至滑州二百里。【略】

管縣六：濟陰，冤句，乘氏，成武，南華，考城。

《舊唐書》卷三八《地理志一·曹州》　隋濟陰郡。武德四年，改爲曹州，領濟陰、定陶、冤句、離狐、乘氏，並置蒙澤、普陽等七縣。【略】天寶元年，改曹州爲濟陰郡。乾元元年，復爲曹州。舊領縣五，【略】天寶領縣六。【略】在京師東北一千四百五十三里，至東都東北六百五十七里。

濮州

唐·杜佑《通典》卷一八〇《州郡典十·濮陽郡》　東至東平郡一百八十里。南至濟陰郡一百七十里。西至靈昌郡二百二十里。北至魏郡一百六十里。東南到魯郡三百六十里。西南到陳留郡三百十里。西北到鄴郡三百三十里。東北到濟陽郡二百四十里。去西京一千五百八十里，去東京七百三十五里。

濮州。【略】大唐復置濮州，或爲濮陽郡。領縣五：鄄城，雷澤，臨濮，范，濮陽。

唐·李吉甫《元和郡縣圖志》卷一一《河南道七·濮州》　武德四年，討平王世充，於此重置濮州。

州境：東西二百三十五里。南北一百三十五里。

八到：西南至上都一千六百五十五里。西南至東都七百九十五里。東北至鄆州一百七十里。南至曹州二百一十里。北至黃河二十里。西南至滑州二百一十五里。【略】

管縣五：鄄城，雷澤，臨濮，濮陽，范。

《舊唐書》卷三八《地理志一·濮州》　隋東平郡之鄄城縣也。武德四年，置濮州，領鄄城、廩城、雷澤、臨濮、昆吾、濮陽、永定、安丘、長城九縣。【略】天寶元年，改爲濮陽郡。乾元元年，復爲濮州。舊領縣五。【略】在京師東北一千五百七十里，至東都七百三十五里。

青州

唐·杜佑《通典》卷一八〇《州郡典十·北海郡》　東至東萊郡界二百一十六里。南至高密郡三百四十五里。西至淄川郡一百二十里。北至樂安郡界二百四十八里。東南到高密郡三百一十九里。西南到淄川郡一百里。西北到樂安郡三百一十九里。東北到海一百八十八里。去西京二千四百六十里，去東京一千六百七里。

青州。【略】大唐爲青州，或爲北海郡。領縣七：益都，北海，臨淄，壽光，千乘，博昌，臨朐。

唐·李吉甫《元和郡縣圖志》卷一〇《河南道六·青州》　武德二年，海岱平定，改爲青州。

州境：東西二百七十里。南北三百四十四里。

八到：西南至上都二千四百五里。西南至東都一千五百五十五里。東北至萊州三百四十五里。南至沂州四百五十里。東至密州三百三十里。西北至棣州三百二十〔三〕里。【略】

管縣七：益都，臨淄，千乘，臨朐，北海，壽光，博昌。

《舊唐書》卷三八《地理志一·青州》　隋北海郡。武德四年，置青州，【略】領益都、臨朐、臨淄、般陽、樂安、時水、安平等七縣。【略】天寶元年，改青州爲北海郡。乾元元年，復爲青州。舊領縣七。【略】在京師東北二千二百五十里，至東都一千五百七里。

淄州

唐·杜佑《通典》卷一八〇《州郡典十·淄川郡》　東至北海郡一百

二十里。南至魯郡三百七十里。西至濟南郡二百里。北至□□□□□□□，東南到瑯琊郡五百二十里。西南到濟南郡二百里。西北到□□□□□□□，東北到北海郡一百里。去西京二千三百五十里，去東京一千四百四十七里。

淄州。【略】隋置淄州，煬帝初，併其地入齊郡。大唐復置淄州，或爲淄川郡。領縣五：淄川，長山，鄒平，高苑，濟陽。

唐・李吉甫《元和郡縣圖志》卷一一《河南道七・淄州》 隋開皇十六年，於今理改置淄州，隋亂陷賊，武德元年重置淄州。

州境：東西一百一十五里。南北一百八十二里。

八到：西南至上都二千二百九十五里。西南至東都一千四百三十五里。東至青州一百二十里。西南至兖州三百七十里。北渡河至棣州二百一十里。東南至沂州五百三十里。【略】

管縣五：淄川，長山，鄒平，濟陽，高苑。

《舊唐書》卷三八《地理志一・淄州》 隋齊郡之淄川縣。武德元年，置淄州，領淄川、長白、萊蕪三縣。【略】天寶元年，復爲淄川郡。乾元元年，復爲淄州。【略】舊領縣五。【略】在京師東北二千一百三十三里，東都東北一千四百二十五里。今管縣四，併濟陽入高苑。

《新唐書》卷三八《地理志二・淄州淄川郡》 武德元年析齊州之淄川置。【略】縣四：淄川，長山，高苑，鄒平。

登州

唐・杜佑《通典》卷一八〇《州郡典十・東牟郡》 東至文登縣東海四百九十里。南至東萊郡昌陽縣二百一十里。西至海四里。北至海三里。東南到文登縣東界海四百六十里。西南到東萊郡四百里。西北到海四里。東北到海五里。去西京三千一百二十五里，去東京三千三百七十里。

登州。【略】大唐武太后分萊州，置登州，或爲東牟郡。領縣四：蓬萊，文登，黄，牟平。

唐・李吉甫《元和郡縣圖志》卷一一《河南道七・登州》 隋開皇三年改置牟州，大業三年廢。武德初又置，因文登縣人不從賊黨，遂於縣理置登州。

州境：東西五百六十里。南北一百六十五里。

八到：西南至上都三千里。西南至東都二千一百四十里。北至海三里。西至海四里，當中國往新羅渤海過大路。正北微東至大海北岸都里鎮五百二十里。東至文登縣界大海四百九十里。東南至大海四百六十里。南至萊州昌陽縣二百里。南至大海六十里。【略】

管縣四：蓬萊，牟平，文登，黄。

《舊唐書》卷三八《地理志一・登州》 漢東萊郡之黄縣。如意元年，分置登州，領文登、牟平、黄三縣，以牟平爲治所。神龍三年，改黄縣爲蓬萊縣，移州治於蓬萊。天寶元年，以登州爲東牟郡。乾元元年，復爲登州。天寶領縣四。【略】在京師東三千一百五十里，至東都二千七十一里。

《新唐書》卷三八《地理志二・登州東牟郡》 如意元年以萊州之牟平、黄、文登置。神龍三年徙治蓬萊。【略】縣四：蓬萊，文登，黄，牟平。

萊州

唐・杜佑《通典》卷一八〇《州郡典十・東萊郡》 東至東牟郡四百里。南至高密郡三百六十里。西至海二十九里。北至海五十里。東南到海二百五十里。西南到北海郡界二十九里。西北到海二十一里。東北到東牟郡四百里。去西京二千七百六里，去東京一千八百五十三里。

萊州。【略】大唐爲萊州，或爲東萊郡。領縣四：掖，膠水，卽墨，昌陽。

唐・李吉甫《元和郡縣圖志》卷一一《河南道七・萊州》 隋開皇二年，改光州爲萊州。隋末陷賊，武德四年討平綦順，復爲萊州。

州境：東西四百二十八里。南北二百四十一里。

八到：西南至上都二千七百六十里。西南至東都一千九百里。東北至登州二百四十里。正南微西至密州三百四十五里。北至大海五十里。西南至青州三百四十五里。【略】

管縣四：掖，卽墨，昌陽，膠水。

《舊唐書》卷三八《地理志一・萊州》 漢東萊郡，隋因之。武德四年，討平綦順，置萊州，領掖、膠水、卽墨、盧鄉、昌陽、曲城、當利、曲臺、膠東九縣。【略】天寶元年，改萊州爲東萊郡。乾元元年，復爲萊州。舊領縣六：掖、黄、文登、昌陽、卽墨、膠水。【略】天寶領縣四。【略】在京師東北二千五百九十九里，去東都一千八百五十二里。

棣州

唐·杜佑《通典》卷一八〇《州郡典十·樂安郡》 東至海二百二十里。南至淄川郡二百十里。西至平原郡二百四十里。北至景城郡二百五十里。東南到北海郡三百十里。西南到濟南郡二百四十里。西北到景城郡二百三十里。東北到海百九十里。去西京二千二百十里，去東京一千三百七十里。

棣州。【略】隋屬渤海郡。大唐武德四年，又分置棣州，或爲樂安郡。領縣五：厭次，滴河，陽信，渤海，蒲臺。

唐·李吉甫《元和郡縣圖志》卷一七《河北道二·棣州》 隋開皇十七年，割滄州陽信縣置棣州，大業二年廢入滄州。武德四年又置棣州，六年又廢。貞觀十七年，又置移於厭次縣，卽今州理是也。天寶元年改爲樂安郡，乾元元年復爲棣州。

州境：東西三百四十九里。南北一百四十二里。

八到：西南至上都二千二百九十里。西南至東都一千四百二十里。西南至德州二百四十里。南至淄州二百一十里。正北微西至滄州二百五十里。東南至青州三百二十三里。西南渡河至齊州二百五十里。東北至大海二百里。【略】

管縣五：厭次，滴河，渤海，陽信，蒲臺。

《舊唐書》卷三八《地理志一·棣州》 隋渤海郡之厭次縣。武德四年，置棣州，領陽信、樂陵、滴河、厭次四縣，治陽信。【略】天寶元年，改爲樂安郡。上元元年，復爲棣州。領縣五。【略】在京師東北二千二百一十里，東都東北一千三百七十里。

《新唐書》卷三八《地理志二·棣州樂安郡》 武德四年析滄州之陽信、滴河、樂陵、厭次置。八年州廢，縣還隸滄州。貞觀十七年，復以滄州之厭次，德州之滴河、陽信置。【略】縣五：厭次，滴河，陽信，蒲臺，渤海。

兖州

唐·杜佑《通典》卷一八〇《州郡典十·魯郡》 東至瑯琊郡三百八十二里。南至彭城郡三百九十六里。西至東平郡二百里。北至濟陽郡三百里。東南到彭城郡三百六十四里。西南到睢陽郡四百一十七里。西北到東平郡一百九十里。東北到濟南郡三百五十里。去西京一千九百五十八里，去東京一千一百六十里。

兖州。【略】大唐初，僞魯徐圓朗都之，剋平，復改爲兖州，後爲魯郡。領縣十一：瑕丘，金鄉，任城，鄒，曲阜，泗水，乾封，方與，中都，龔丘，萊蕪。

唐·李吉甫《元和郡縣圖志》卷一〇《河南道六·兖州》 武德五年，討平圓朗，改魯郡置兖州。

州境：東西三百三十一里。南北三百五十三里。

八到：西南至上都一千八百九十五里。西南至東都九百八十里。西南至宋州四百里。東至沂州三百八十里。西至曹州三百七十里。西北至鄆州一百九十里。東南至徐州三百四十里。正北微東至齊州二百三十里。【略】

管縣十一：瑕丘，金鄉，魚臺，鄒，龔丘，乾封，萊蕪，曲阜，泗水，任城，中都。

《舊唐書》卷三八《地理志一·兖州》 隋魯郡。武德五年，平徐圓朗，置兖州，領任城、瑕丘、平陸、龔丘、曲阜、鄒、泗水七縣。【略】天寶元年，改兖州爲魯郡。乾元元年，復爲兖州。舊領縣八，【略】天寶領縣十一。【略】在京師東一千八百四十三里，去東都一千七十里。

海州

唐·杜佑《通典》卷一八〇《州郡典十·東海郡》 東至東海縣水路十九里。南至臨淮郡五百四十里。西至臨淮郡下邳縣五百五里。北至高密郡四百七十二里。東南到臨淮郡漣水縣二百五十七里。西南到沭陽縣百六十三里。西北到瑯琊郡二百三十二里。東北到東海縣界八十里。去西京二千五百八十七里，去東京一千七百六十九里。

海州。【略】大唐爲海州，或爲東海郡。領縣四：朐山，東海，沭陽，懷仁。

唐·李吉甫《元和郡縣圖志》卷一一《河南道七·海州》 隋末喪亂，臧君相竊據之。武德四年，君相以郡歸順，改爲海州。

州境：東西一百九十八里。南北二百五十七里。

八到：西至上都取沂、兖路二千五百五里。西至東都一千六百四十里。東南至楚州四百一十里。南至揚州七百里。東南至泗州漣水縣取官河水路三百四十里，陸路二百五十里。西北至沂州二百三十里。西至徐州取下邳路五百六十里。北至密州三百八十四里。東至海二十里。【略】

管縣四：朐山，東海，沭陽，懷仁。

《舊唐書》卷三八《地理志一·海州》 隋東海郡。武德四年，置海州。【略】海州領朐山、龍沮、新樂、曲陽、沭陽、厚丘、懷仁、利城、祝其九縣。天寶元年，以海州爲東海郡。乾元元年，復爲海州。舊領縣四：朐山、東海、沭陽、懷仁。【略】在京師東二千五百七十里，至東都一千七百五十四里。

沂州

唐·杜佑《通典》卷一八〇《州郡典十·瑯琊郡》 東至東海郡二百三十二里。南至臨淮郡六百里。西至魯郡三百八十二里。北至北海郡四百五十一里。東南到東海郡二百三十二里。西南到彭城郡三百五十四里。西北到淄川郡五百三十里。東北到高密郡三百七十里。去西京二千二百五十一里，去東京一千四百三十五里。

沂州。【略】大唐爲沂州，或爲瑯琊郡。領縣五：臨沂，沂水，承，費，新太。

唐·李吉甫《元和郡縣圖志》卷一一《河南道七·沂州》 周武帝改北徐州置沂州，以州城東臨沂水，因以名之。大業十三年亂離，郡爲徐圓朗所破，武德四年討平圓朗，復置沂州。

州境：東西三百二十一里。南北四百二十九里。

八到：西至上都二千二百七十五里。西至東都一千四百一十五里。東南至海州二百三十里。西至兖州三百八十里。東南至泗州下邳縣二百七十七里。北至青州四百五十里。西南至徐州三百五十里。東北至密州三百七十里。西北至淄州五百三十里。【略】

管縣五：臨沂，沂水，費，承，新泰。

《舊唐書》卷三八《地理志一·沂州》 漢東海郡之琅邪縣。武德四年，平徐圓朗，置沂州，領費、臨沂、顓臾三縣。【略】天寶元年，改爲琅邪郡。乾元元年，復爲沂州。舊領縣五。【略】在京師東二千二百五十四里，至東都一千四百三十里。

密州

唐·杜佑《通典》卷一八〇《州郡典十·高密郡》 東至東萊郡三百七十里。南至東海郡四百七十二里。西至瑯琊郡三百七十里。北至北海郡三百四十五里。東南到海一百八十里。西南到瑯琊郡三百七十里。西北到北海郡三百三十二里。東北到東萊郡膠水縣界一百六里。東南到海一百八十里。西南到瑯琊郡三百七十里。西北到北海郡三百三十二里。東北到東萊郡膠水縣界一百六十里。去西京二千七百里，去東京一千八百六十九里。

密州。【略】隋初爲密州，煬帝改爲高密郡。大唐因之。領縣四：諸城，莒，高密，安丘。

唐·李吉甫《元和郡縣圖志》卷一一《河南道七·密州》 隋開皇五年，改膠州爲密州，取境之密水爲名也。隋亂陷賊，武德五年，山東底定，改置密州。

州境：東西三百一十六里。南北三百九十里。

八到：西至上都二千七百四十五里。西至東都一千八百八十五里。南至海州三百八十四里。西南至沂州三百七十里。西北至青州三百三十里。東北至萊州三百四十五里。東至大海一百六十里。【略】

管縣四：諸城，高密，輔唐，莒。

《舊唐書》卷三八《地理志一·密州》 隋高密郡。武德五年，改爲密州，領諸城、安丘、高密三縣。貞觀八年，省莒州，以莒來屬。天寶元年，改爲高密郡。乾元元年，復爲密州。舊領縣四。【略】在京師東南二千五百三十里，至東都東一千八百六十九里。

河東道

唐・李林甫等《唐六典》卷三《尚書戶部》　三曰河東道，古冀州之境，今太原、潞、澤、晉、絳、蒲、虢、汾、慈、隰、石、沁、儀、嵐、忻、代、朔、蔚、雲，凡十有九州焉。東距恒山，西據河，南抵首陽、太行，北邊匈奴。其名山則有雷首、介山、霍山、崞山。其大川有汾、晉及丹、沁之水。

《新唐書》卷三九《地理志三・河東道》　河東道，蓋古冀州之域，漢河東、太原、上黨、西河、雁門、代郡及鉅鹿、常山、趙國、廣平國之地。河中、絳、晉、慈、隰、石、太原、汾、忻、潞、澤、沁、遼爲實沈分，代、雲、朔、蔚、武、新、嵐、憲爲大梁分。爲府二，州十九，縣百一十。其名山：雷首、介、霍、五臺。其大川：汾、沁、丹、潞。

蒲州河中府

唐・杜佑《通典》卷一七九《州郡典九・河東郡》　東至絳郡三百七十里。南至弘農郡一百七十里。西至馮翊郡八十里。北至絳郡二百七十里。東南到陝郡二百九十里。西南到華陰郡一百五十里。西北到馮翊郡韓城縣一百四十里。東北到絳郡三百七十里。去西京三百六十里，去東京五百四十里。

蒲州。【略】大唐初，爲蒲州。開元九年五月，置中都，改爲河中府，尋罷仍舊。或爲蒲州，或爲河東郡。領縣八：河東，桑泉，猗氏，安邑，解，虞鄉，寶鼎，永樂。

唐・李吉甫《元和郡縣圖志》卷一二《河東道一・河中府》　隋將屈突通守河東，高祖師次桑泉縣，通出守潼關，乃令鷹揚郎將堯君素、王行本留鎮郡城，遂於今桑泉縣置河東郡。武德元年罷郡，置蒲州。【略】開元元年五月，改爲河中府，仍置中都，麗正殿學士韓覃上疏，陳其不可，至六月詔停，復爲州。乾元三年，又改爲河中府。

府境：東西二百五里。南北一百七十七里。

八到：西南至上都三百二十里。東至東都五百八十五里。東北至絳州取桐鄉路二百六十里。西南至華州一百四十七里。西至同州六十七里。東南至虢州一百八十三里。東南至陝州二百四十五里。【略】

管縣八：河東，河西，臨晉，猗氏，虞鄉，寶鼎，解，永樂。

《舊唐書》卷三九《地理志二・河中府》　隋河東郡。武德元年，置蒲州，治桑泉縣，領河東、桑原、猗氏、虞鄉四縣。【略】開元八年，置中都，改蒲州爲河中府。其年，罷中都，依舊爲蒲州，又與陝、鄭、汴、懷、魏爲『六雄』。十二年，昇爲『四輔』。天寶元年，改爲河東郡。乾元元年，復爲蒲州，割安邑屬陝州。三年四月，置河中府，析同州之朝邑，於河西鹽坊置河西縣來屬。元年建卯月，又爲中都。元和三年，復爲河中府。舊領縣五，【略】天寶領縣八。【略】元和領縣十一。在京師東北三百二十四里，去東都五百五十里。

《新唐書》卷三九《地理志三・河中府河東郡》　本蒲州，上輔。義寧元年治桑原，武德三年徙治河東。開元八年置中都，爲府；是年罷都，復爲州。乾元三年復爲府。【略】縣十三：河東，河西，臨晉，解，猗氏，虞鄉，永樂，安邑，寶鼎，襄陵，稷山，萬泉，龍門。

晉州

唐・杜佑《通典》卷一七九《州郡典九・平陽郡》　東至上黨郡三百九十里。南至絳郡一百四十里。西至文城郡二百十五里。北至西河郡三百九十里。東南到高平郡四百十里。西南到文城郡二百十里。西北到大寧郡二百五十里。東北到陽城郡二百五十里。去西京七百五十里，去東京七百二十里。

晉州。【略】大唐爲晉州，或爲平陽郡。領縣九：臨汾，襄城，霍邑，冀氏，汾西，洪洞，神山，趙城，岳陽。

唐・李吉甫《元和郡縣圖志》卷一二《河東道一・晉州》　義旗初建改爲平陽郡，武德元年罷郡，置晉州，三年爲總管府，四年爲都督府，貞觀六年廢府，復爲晉州。

州境：東西三百二十四里。南北二百五十里。

八到：西南至上都七百三十里。東南至東都六百二十四里。東北至汾州三百六十里。東至潞州三百九十里。西至慈州二百二十里。東南至澤

州四百一十里。東北至沁州二百九十里。西北至隰州二百五十里。【略】

管縣九：臨汾，襄陵，神山，岳陽，洪洞，霍邑，趙城，汾西，冀氏。

《舊唐書》卷三九《地理志二·晉州》　隋臨汾郡。義旗初，改爲平陽郡，領臨汾、襄陵、岳陽、冀氏、楊五縣。其年，改楊縣爲洪洞。武德元年，改爲晉州，分襄陵置浮山縣，分洪洞置西河縣。【略】天寶元年，改州爲平陽郡。乾元元年，復爲晉州。元和十四年，割襄陵屬絳州。大和元年，改屬河中府。舊領縣七，【略】天寶領縣九，【略】元和領縣八。在京師東北七百二十五里，至東都七百三十九里。

《新唐書》卷三九《地理志三·晉州平陽郡》　本臨汾郡，義寧二年更名。【略】縣八：臨汾，洪洞，神山，岳陽，霍邑，趙城，汾西，冀氏。

絳　州

唐·杜佑《通典》卷一七九《州郡典九·絳郡》　東至高平郡四百五十里。南至陝郡二百二十里。西至馮翊郡四百十里。北至文城郡二百七十里。東南到河南府五百里。西南到河東郡三百七十里。西北到文城郡三百里。東北到平陽郡一百四十里。去西京五百二十里，去東京六百三十里。

絳州。【略】大唐爲絳州，或爲絳郡。領縣十一：正平，曲沃，翼城，絳，聞喜，垣，夏，龍門，稷山，萬泉，太平。

唐·李吉甫《元和郡縣圖志》卷一二《河東道一·絳州》　隋大業三年廢州，爲絳郡。初，義師將西入關，大將軍進次占堆，去絳郡十餘里。通守陳叔達堅守不下，高祖命廚人曰『明日早下絳城，然後食』。乃引兵攻城，自旦及辰，破之。仍置絳郡。武德元年罷郡，置絳州總管，三年復爲絳州。

州境：東西三百六十五里。南北三百三里。

八到：西南至上都五百九十里。東南至東都取垣縣王屋路四百八十里。東北至晉州一百四十里。南至陝州二百里。東至澤州四百四十里。西北至慈州二百四十里。【略】

管縣九：正平，太平，萬泉，曲沃，翼城，聞喜，絳，稷山，龍門。

《舊唐書》卷三九《地理志二·絳州》　隋絳郡。武德元年，置絳州總管府，管絳、潞、蓋、建、澤、沁、韓、晉、呂、澮、泰、蒲、虞、芮、邵十五州。絳州領正平、太平、曲沃、聞喜、稷山五縣。三年，廢總管府。其年，以廢北澮州之翼城置翼城縣。領翼城、絳、小鄉三縣。武德元年，改爲澮州。二年，改爲北澮州。四年，州廢，三縣併入絳州。置南絳州，又置絳縣。

《新唐書》卷三九《地理志三·絳州絳郡》　縣七：正平，太平，曲沃，翼城，絳，聞喜，垣。

慈　州

唐·杜佑《通典》卷一七九《州郡典九·文城郡》　東至平陽郡二百十里。南至絳郡二百七十里。西至咸寧郡一百七十里。北至大寧郡二百里。東南到絳郡三百里。西南到馮翊郡韓城縣界百七十里。西北到延安郡二百九十里。東北到西河郡五百里。去西京七百二十里，去東京六百九十里。

慈州。【略】大唐爲慈州，或爲文城郡。領縣五：吉昌，仵城，文城，呂香，昌寧。

唐·李吉甫《元和郡縣圖志》卷一二《河東道一·慈州》　貞觀八年改爲慈州，州內有慈烏戍，因以爲名。

州境：東西五百五十一里。南北二百一十二里。

八到：西南至上都六百八十五里。東南至東都七百二十五里。北至隰州二百里。西北至丹州一百八十里。東南至絳州太平縣一百九十里。西至龍門縣一百八十里。東南至晉州二百四十里。正西至黃河六十五里。東南至絳州二百四十里。【略】

管縣五：吉昌，文城，昌寧，仵城，呂香。

《舊唐書》卷三九《地理志二·慈州》　元魏曰南汾州，隋改爲耿州，又爲文成郡。武德元年，改爲汾州。五年，改爲南汾州。八年，改爲慈州，以郡近慈烏戍故也。舊領縣五。【略】在京師東北六百八十三里，去東都七百二十七里。

《新唐書》卷三九《地理志三·慈州文城郡》　本汾州，武德五年曰南汾州，貞觀八年更名。

隰州

唐·杜佑《通典》卷一七九《州郡典九·大寧郡》 東至平陽郡二百五十里。南至文城郡二百里。西至延安郡三百九十里。北至昌化郡二百五十里。東南到平陽郡二百五十里。西南到文城郡二百里。西北到黄河爲界一百八十里。東北到西河郡二百六十里。去西京九百十里，去東京八百八十里。

隰州。【略】大唐爲隰州，或爲大寧郡。領縣六：隰川，大寧，石樓，永和，温泉，蒲。

唐·李吉甫《元和郡縣圖志》卷一二《河東道一·隰州》 武德元年又爲隰州。《爾雅》曰『下濕曰隰』，以州帶泉泊下濕，故以隰爲名。

八到：西南取慈州路至上都八百八十五里。東南至東都八百八十里。東南至晉州汾西縣一百六十里。西至延州三百六十里。北至石州二百五十里。南至河一百四十里。東北至汾州二百七十里。東南至河中府六百里。【略】

管縣六：隰川，蒲，大寧，温泉，永和，石樓。

《舊唐書》卷三九《地理志二·隰州》 隋龍泉郡。武德元年，改爲隰州，領隰川、温泉、大寧、石樓四縣。【略】天寶元年，改爲大寧郡。乾元元年，復爲隰州。舊領縣六。【略】在京師東北九百六里，至東都八百八十里。

《新唐書》卷三九《地理志三·隰州大寧郡》 本龍泉郡，天寶元年更名。

幷州太原府

唐·杜佑《通典》卷一七九《州郡典九·太原府》 東至趙郡五百五十里。南至上黨郡四百五十里。西至昌化郡三百九十里。北至定襄郡一百八十里。東南到樂平郡三百四十里。西南到西河郡二百里。西北到樓煩郡二百五十里。東北到雁門郡五百里。去西京一千三百里，去東京八百八十五里。

幷州。【略】大唐爲幷州，高祖匡隋室，起義兵。於長壽元年，置北都，後復爲幷州。開元十一年，改爲太原府；天寶元年，加號爲北京。領縣十三：太原，晉陽，文水，陽曲，樂平，清源，太谷，祁，榆次，盂，壽陽，廣陽，交城。

唐·李吉甫《元和郡縣圖志》卷一三《河東道二·太原府》 武德元年罷郡爲幷州，【略】開元十一年，玄宗行幸至此州，以王業所興，又建北都，改幷州爲太原府，立起義堂碑以紀其事。

八到：西南至上都一千二百六十里。南至東都八百九十里。東南至儀州三百四十五里。西南至沁州三百四十里。東至趙州五百六十里。北至忻州一百八十里。正南微東至潞州四百五十里。東北至恒州五百里。

管縣十三：太原，晉陽，榆次，清源，壽陽，太谷，祁，文水，交城，廣陽，陽曲，盂，樂平。

《舊唐書》卷三九《地理志二·北京太原府》 隋爲太原郡。武德元年，改爲幷州總管，領晉陽、太原、榆次、太谷、祁、陽直、壽陽、盂、樂平、交城、石艾、文水、遼山、平城、烏河、榆社十六縣。【略】開元十一年，又置北都，改幷州爲太原府。天寶元年，改北都爲北京。舊領縣十四，【略】天寶領縣十三。在京師東北一千三百六十里，至東都八百八里。

《新唐書》卷三九《地理志三·太原府太原郡》 本幷州，開元十一年爲府。【略】縣十三：太原，晉陽，太谷，祁，文水，榆次，壽陽，樂平，廣陽，清源，交城，陽曲。

汾州

唐·杜佑《通典》卷一七九《州郡典九·西河郡》 東至上黨郡四百四十里。南至平陽郡三百九十里。西至昌化郡一百六十里。北至太原府二百里。東南到陽城郡二百八十里。西南到大寧郡二百六十五里。西北到樓煩郡，中間有界相隔，山谷險隘。東北到太原府二百里。去西京一千二百六里，去東京九百三十里。

汾州。【略】大唐爲汾州，或爲西河郡。領縣五：隰城，介休，靈石，孝義，平遙。

唐·李吉甫《元和郡縣圖志》卷一三《河東道二·汾州》 隋大業三年廢汾州，還於隰城縣置西河郡，皇朝初改爲浩州，武德三年又改浩州爲汾州。

州境：東西一百六十四里。南北二百八十五里。

八到：西南至上都一千九十里。東南至東都九百三十里。東北至太原府一百七十里。東南至沁州二百六十里。西北至石州一百六十里。東南至潞州四百四十里。西南至隰州二百七十里。【略】

管縣五：西河，孝義，介休，靈石，平遙。

《舊唐書》卷三九《地理志二·汾州》 隋西河郡。義旗初，依舊領隰城、介休、孝義、平遙四縣。【略】天寶元年，改爲西河郡。乾元元年，復爲汾州。舊領縣四，【略】天寶領縣五，【略】去京師一千二百六里，東都九百三十七里。

《新唐書》卷三九《地理志三·汾州西河郡》 本浩州，武德三年更名。

沁州

唐·杜佑《通典》卷一七九《州郡典九·陽城郡》 東至上黨郡銅鞮縣七十里。南至平陽郡冀氏縣一百五十里。西至平陽郡二百五十里。北至西河郡二百八十里。東南到上黨郡屯留縣一百四十里。西南到平陽郡二百五十里。西北到西河郡二百八十里。東北到上黨郡界九十里。去西京一千七十里，去東京六百四十里。

沁州。【略】隋初置沁州，煬帝初州廢，復爲沁源縣，屬上黨郡。大唐復置沁州，或爲陽城郡。領縣三：沁源，和川，緜上。

唐·李吉甫《元和郡縣圖志》卷一三《河東道二·沁州》 隋開皇十六年於此置沁州，因州東沁水爲名。大業二年省沁州，武德元年重置。

州境：東西一百五十里。南北二百六十四里。

八到：西南至上都一千二十里。東南至東都六百三十里。西南至晉州二百九十里。西北至汾州二百六十里。東北至太原府三百四十里。西至晉州霍邑縣一百五十里。東南至潞州三百三十里。

《舊唐書》卷三九《地理志二·沁州》 隋上黨郡之沁源縣。義寧元年，置義寧郡，領沁源、銅鞮、綿上，仍分沁源置和川，凡四縣。武德元年，改爲沁州。二年，分沁源置招遠縣。三年，省招遠縣。六年，以銅鞮屬韓州。天寶元年，改沁州爲陽城郡。乾元元年，復爲沁州。舊領縣三。【略】在京師東北一千二十五里，去東都六百三十五里。

《新唐書》卷三九《地理志三·沁州陽城郡》 本義寧郡，義寧元年置，天寶元年更郡名。

儀州

唐·杜佑《通典》卷一七九《州郡典九·樂平郡》 東至廣平郡三百六十里。南至上黨郡四百七十里。西至太原府三百四十里。北至太原府樂平縣二百六十里。東南到上黨郡九十里。西南到上黨郡一百里。西北到太原府三百四十里。東北到鉅鹿郡二百四十里。去西京一千三百九十里，去東京七百九十里。

儀州。【略】隋屬太原郡。大唐武德三年，分并州之地置遼州；八年，改爲箕州。先天元年，改爲儀州，或爲樂平郡。領縣四：遼山，榆社，和順，平城。

唐·李吉甫《元和郡縣圖志》卷一三《河東道二·儀州》 隋開皇十六年，於轑陽故城置遼山縣，屬并州，即今州理是也。武德三年，於此置遼州，八年改爲箕州，因遼山縣界箕山爲名。先天元年，以與玄宗諱同聲，改爲儀州，因州東夷儀嶺爲名也。

州境：東西二百五十里。南北一百九十五里。

八到：西南至上都一千六百四十里。西南至東都七百八十里。西北至太原府三百四十五里。西至太原府祁縣三百里。正東微南至洺州三百六十里。南至潞州三百一十里。北至太原府樂平縣一百十里。【略】

管縣四：遼山，榆社，平城，和順。

《舊唐書》卷三九《地理志二·遼州》 遼太原郡之遼山縣。武德三年，分并州之樂平、和順、平城、石艾四縣置遼州，治樂平。其年，置義興縣。六年，自樂平移於遼山，仍以石艾、樂平二縣屬受州，省義興縣，以廢榆州之榆社、平城二縣來屬。八年，改遼州爲箕州。先天元年，又改爲儀州。天寶元年，改爲樂平郡。乾元元年，復爲儀州。中和三年八月，復爲遼州。舊領縣四。【略】在京師東北一千四百五十九里，至東都七百九十七里。

《新唐書》卷三九《地理志三·遼州樂平郡》　武德三年析并州之樂平、遼山、平城、石艾置，六年徙治遼山，八年曰箕州。先天元年避玄宗名曰儀州。中和三年復曰遼州。

嵐州

唐·杜佑《通典》卷一七九《州郡典九·樓煩郡》　東至定襄郡界二百四十里。南至昌化郡界二百三十里。西至榆林郡界一百八十里。北至馬邑郡三百里。東南到太原府二百五十里。西南到銀川郡三百里。西北到榆林郡九十里。東北到雁門郡三百里。去西京一千四百里，去東京一千二百二十里。

嵐州。【略】隋煬帝置樓煩郡。大唐爲嵐州，或爲樓煩郡。領縣四：宜芳，合河，靜樂，嵐谷。

唐·李吉甫《元和郡縣圖志》卷一四《河東道三·嵐州》　武德四年平劉武周置東會州，六年省東會州，重置嵐州。天寶元年改爲樓煩郡，乾元元年復爲嵐州。

州境：東西三百一十里。南北二百七十八里。

八到：南至上都取太原路一千五百八十里，取石、隰路一千三百七十五里。東南至東都一千二百一十里。東至忻州二百四十里。西至黄河一百八十里。河上有合河關，從關西至麟州一百二十里。南至石州二百四十里。東北至朔州三百七十四里。東南至太原府三百三十里。東北至代州三百里。【略】

管縣四：宜芳，靜樂，合河，嵐谷。

《舊唐書》卷三九《地理志二·嵐州》　隋樓煩郡之嵐城縣。武德四年，平劉武周，置東會州，領嵐城縣；又以北和州之太和縣來屬。其年，分嵐城置合會、豐潤二縣，仍自故郡城移嵐州於廢東會州，置嵐州。舊領岢嵐一縣，縣移舊嵐州。【略】天寶元年，復爲樓煩郡。乾元元年，復爲嵐州。舊領縣三，【略】天寶領縣四。【略】在京師東北一千二百九十五里，去東都一千一百四十四里。

《新唐書》卷三九《地理志三·嵐州樓煩郡》　本東會州，武德六年更名。

憲州

《舊唐書》卷三九《地理志二·憲州》　舊樓煩監牧也。先隸隴右節度使，至德後，屬內飛龍使。舊樓煩監牧，嵐州刺史兼領。貞元十五年，楊鉢爲監牧使，遂專領監司，不係州司。龍紀元年，特置憲州於樓煩監，仍置樓煩縣。郡城，開元四年王毛仲築。

《新唐書》卷三九《地理志三·憲州》　本樓煩監牧，嵐州刺史領之。貞元十五年別置監牧使。龍紀元年，李克用表置州，領縣三。樓煩，玄池，天池。

石州

唐·杜佑《通典》卷一七九《州郡典九·昌化郡》　東至西河郡一百六十里。南至大寧郡二百五十里。西至上郡二百三十里。北至樓煩郡二百三十里。東南到大寧郡二百五十里。西南到大寧郡石樓縣一百五十里。西北到樓煩郡二百三十里。東北到太原府三百九十里。去西京一千二百三十里，去東京一千一百十里。

石州。【略】煬帝初州廢，置石郡。大唐爲石州，或爲昌化郡。領縣五：離石，定胡，平夷，臨泉，方山。

唐·李吉甫《元和郡縣圖志》卷一四《河東道三·石州》　武德元年改爲石州。

州境：東西一百九十里。南北三百三里。

八到：西南至上都一千二百五十里。東南至東都一千九十里。東南至汾州一百六十里。西渡河至綏州二百三十里。正南微東至隰州二百五十里。北至嵐州二百五十里。【略】

管縣五：離石，平夷，定胡，臨泉，方山。

《舊唐書》卷三九《地理志二·石州》　隋離石郡。武德元年，改爲石州。【略】天寶元年，改爲昌化郡。乾元元年，復爲石州。舊領縣五。【略】在京師東北一千二百九十一里，至東都一千二百二十八里。

忻州

唐·杜佑《通典》卷一七九《州郡典九·定襄郡》　東至雁門郡界九十里。南至太原府一百八十里。西至樓煩郡二百四十里。北至雁門郡二百五十里。東南到太原府界一百二十里。西南到太原府及樓煩郡界一百二十里。西北到樓煩郡一百二十里。東北到雁門郡界二百五十里。去西京一千四百八十里，去東京一千六十里。

忻州。【略】煬帝初，廢雲州及忻州，以其地屬樓煩、定襄二郡。大唐復分置忻州，或爲定襄郡。領縣二：秀容，定襄。

唐·李吉甫《元和郡縣圖志》卷一四《河東道三·忻州》　隋開皇十八年改置忻州，因州界忻川口爲名也。大業二年省忻州。義旗初又置新興郡，武德元年廢郡，復置忻州。二年陷劉武周，四年武周平，依舊置忻州。

州境：東西一百四十五里。南北八十六里。

八到：西南至上都一千四百四十里。南至東都一千七十里。東北至代州一百六十里。西至嵐州二百四十里。南至太原府一百八十里。

《舊唐書》卷三九《地理志二·忻州》　隋樓煩郡之秀容縣。義旗初，置新興郡，領秀容一縣。武德元年，改爲忻州。四年，又置定襄縣。天寶元年，改爲定襄郡。乾元元年，復爲忻州。舊領縣二。【略】在京師東北一千三百八十里，去東都一千六十三里。

《新唐書》卷三九《地理志三·忻州定襄郡》　本新興郡，義寧元年以樓煩郡之秀容置。

代州

唐·杜佑《通典》卷一七九《州郡典九·雁門郡》　東至安邊郡二百六十里。南至太原府五百里。西至樓煩郡一百六十里。北至馬邑郡一百四十里。東南到常山郡五百四十里。西南到定襄郡二百五十里。西北到馬邑郡二百二十里。東北到安邊郡界三百十里。去西京一千六百四十里，去東京一千三百二十里。

代州。【略】大唐爲代州，或爲雁門郡。領縣五：雁門，五臺，繁時，崞，唐林。

唐·李吉甫《元和郡縣圖志》卷一四《河東道三·代州》　武德四年平代，置代州都督府。

州境：東西三百二十里。南北三百二十八里。

八到：西南至上都一千六百里。南至東都一千二百三十里。北至朔州一百二十里。西至嵐州三百里。東北至蔚州四百里。東南取崩石嶺至恒州五百四十里。【略】

管縣五：雁門，繁時，五臺，唐林，崞。

《舊唐書》卷三九《地理志二·代州》　隋爲雁門郡。武德元年，置代州總管，管代、忻、蔚三州。代州領雁門、繁時、崞、五臺四縣。【略】天寶元年，改爲雁門郡，依舊爲都督府。乾元元年，復爲代州。舊領縣五。【略】在京師東北一千五百五十里，去東都一千二百二十三里。

雲州

唐·杜佑《通典》卷一七九《州郡典九·雲中郡》　東至桑乾郡督宅一百五十里。南至雁門郡界一百六十里。西至東尖谷五十里。北至長城蕃界三百里。東南到榆林郡四百里。西南到神堆柵九十里。西北到卻蕃柵一百六十里。東北到陽阿谷蕃界三百四十里。去西京二千七十里，去東京一千六百四十里。

雲州。【略】隋初屬馬邑郡。大唐置雲州，或爲雲中郡。領縣一：雲中。

唐·李吉甫《元和郡縣圖志》卷一四《河東道三·雲州》　武德四年平劉武周置北恒州，七年廢。貞觀十四年，自朔州北界定襄城移雲州及定襄縣於此，後爲默啜所破，移百姓於朔州。開元十八年，復置雲州及雲中縣。

州境：東西一百七十七里。南北四百九十里。

八到：西南至上都一千九百六十里。南至東都一千五百九十里。東至幽州七百里。西至靜邊軍一百八十里。東至清塞城一百二十里，又東至天成軍六十里，又東至納降守捉九十里，與幽州分界。西南至太原府七百里。【略】

管縣一：雲中。

《舊唐書》卷三九《地理志二·雲州》 隋馬邑郡之雲内縣界恒安鎮也。武德四年，平劉武周。六年，置北恒州。七年，州廢。貞觀十四年，自朔州北定襄城，移雲州及定襄縣置於此。永淳元年，爲賊所破，因廢，乃移百姓於朔州。開元二十年，復爲雲州。天寶元年，改爲雲中郡。乾元元年，復爲雲州，領縣一，【略】在京師東北一千九百四十里，去東都一千六百四十二里。

《新唐書》卷三九《地理志三·雲州雲中郡》 貞觀十四年自朔州北定襄城徙治定襄縣。永淳元年爲默啜所破，徙其民於朔州。開元十八年復置。

朔州

唐·杜佑《通典》卷一七九《州郡典九·馬邑郡》 東至安邊郡四百六十里。南至雁門郡一百四十里。西至樓煩郡三百四十里。北至單于府三百五十里。東南到雁門郡一百二十里。西南到樓煩郡三百里。西北到單于府三百五十里。東北到故雲州二百六十里。去西京一千七百七十里，去東京一千三百四十里。

朔州。【略】大唐初爲朔州，或爲馬邑郡。領縣二：善陽，馬邑。

唐·李吉甫《元和郡縣圖志》卷一四《河東道三·朔州》 大業三年罷州爲馬邑郡，皇朝改爲朔州。

州境：東西四百八十里。南北九十七里。

八到：西南至上都一千七百二十里。南至東都一千三百五十里。東至蔚州三百五十里。北至單于大都護府三百五十里。東北至雲州三百四十里。西南至嵐州三百七十四里。【略】

管縣二：鄯陽，馬邑。

《舊唐書》卷三九《地理志二·朔州》 隋馬邑縣。武德四年，置朔州，領善陽、常寧二縣。其年，省常寧縣。天寶元年，改爲馬邑郡。乾元元年，復改爲朔州。舊領縣一，【略】天寶領縣二。【略】在京師東北一千七百七十四里，至東都一千三百四十三里。

《新唐書》卷三九《地理志三·朔州馬邑郡》 本治善陽，建中中，節度使馬燧徙治馬邑，後復故治。

蔚州

唐·杜佑《通典》卷一七九《州郡典九·安邊郡》 東至上谷郡三百二十里。南至常山郡四百里。西至雁門郡二百六十里。北至蕃境，無郡。東南到博陵郡四百九十里。西南到雁門郡三百十里。西北到馬邑郡四百六里。東北到嬀川郡四百四十里。去西京九百里，去東京一千五百里。

蔚州。【略】隋置上谷郡。大唐置蔚州，或爲安邊郡。領縣三：靈丘，飛狐，安邊。

唐·李吉甫《元和郡縣圖志》卷一四《河東道三·蔚州》 隋大業三年，罷州置雁門郡。武德四年平劉武周，重置蔚州。

八到：西南至上都二千里。南至東都一千六百三十里。東北至嬀州界孔嶺關一百里，從關至嬀州一百五十里。東至易州山路三百六十里。東南至定州取轆轤山路四百九十里。東至恒州取秦嶺路四百九十里。西至朔州二百八十里。西南至代州四百里。北至天成軍一百八十里。【略】

管縣三：興唐，靈丘，飛狐。

《舊唐書》卷三九《地理志二·蔚州》 隋雁門郡之靈丘縣。武德四年，平劉武周。六年，置蔚州，寄治并州陽曲縣，仍置靈丘、飛狐二縣。七年，寄治代州繁畤縣。八年，又寄治忻州秀容之北恒州城。貞觀五年，移於今治。天寶元年，改爲安邊郡。至德二年九月，改爲興唐郡。乾元元年，置蔚州。舊領縣二，【略】天寶領縣三。【略】在京師東北一千八百一十里，去東都一千六百四十里。

《新唐書》卷三九《地理志三·蔚州興唐郡》 本安邊郡。隋雁門郡之靈丘、上谷郡之飛狐縣地。唐初沒突厥。武德六年置州，並置靈丘、飛狐二縣，僑治陽曲。七年僑治繁畤。八年僑治秀容故北恒州城。貞觀五年破突厥，復故地，還治靈丘。開元初徙治安邊。至德二載更郡名，復故治。【略】縣三：靈丘，飛狐，興唐。

武州

《新唐書》卷三九《地理志三·武州》 領縣一：文德。

新州

《新唐書》卷三九《地理志三・新州》　領縣四：永興，礬山，龍門，懷安。

潞州

唐・杜佑《通典》卷一七九《州郡典九・上黨郡》　東至鄴郡三百里。南至高平郡一百九十里。西至平陽郡三百九十里。北至樂平郡四百七十里。東南到鄴郡林慮縣界一百四十里。西南到陽城郡沁源縣界一百九十里。西北到太原府四百五十里。東北到廣平郡武安縣界二百四十里。去西京一千一百九十里，去東京四百六十里。

潞州。【略】大唐爲潞州，或爲上黨郡。領縣十：上黨，長子，潞城，壺關，銅鞮，武鄉，屯留，黎城，涉，襄垣。

唐・李吉甫《元和郡縣圖志》卷一五《河東道四・潞州》　州境：東西二百九十三里。南北三百三十六里。

八到：西南至上都一千三百三十里。南至東都四百七十里。北至儀州三百一十里。東北至洺州四百五十里。東取穴陘嶺路至相州三百五十里。西至晉州三百九十里。東南至澤州一百八十七里。南北至沁州二百一十里。【略】

管縣十：上黨，長子，屯留，潞城，壺關，黎城，銅鞮，鄉，襄垣，涉。

《舊唐書》卷三九《地理志二・潞州》　隋上黨郡。武德元年，改爲潞州，領上黨、長子、屯留、潞城四縣。【略】天寶元年，改爲上黨郡。乾元元年，依舊爲潞州大都督府。舊領縣五，【略】舊於襄垣置韓州，領縣五，【略】天寶領縣十。【略】在京師東北一千一百里，至東都四百八十七里。

澤州

唐・杜佑《通典》卷一七九《州郡典九・高平郡》　東至汲郡四百一十里。南至河內郡一百四十里。西至絳郡二百五十里。北至上黨郡一百九十里。東南到河內郡武德縣二百里。西南到河南府二百八十里。西北到平陽郡四百十里。東北到鄴郡三百二十里。去西京一千四十里，去東京六百六十里。

澤州。【略】大唐爲澤州，或爲高平郡。領縣六：晉城，陵川，沁水，端氏，高平，陽城。

唐・李吉甫《元和郡縣圖志》卷一五《河東道四・澤州》　後魏道武帝置建興郡，孝莊帝改置建州，周改建州爲澤州，蓋取濩澤爲名也。

州境：東西二百九十里。南北一百五十里。

八到：西南至上都一千一百四十里。西南至東都二百八十里。北至潞州一百四十九里。北至太原府大路六百一十里。西至絳州四百四十里。東踰山至衛州四百一十里。【略】

管縣六：晉城，高平，陵川，沁水，陽城，端氏。

《舊唐書》卷三九《地理志二・澤州》　隋長平郡。武德元年，改爲蓋州，領高平、丹川、陵川，又置蓋城四縣。又於濩澤縣置澤州，領濩澤、沁水、端氏三縣。三年，於今理置晉城縣。六年，廢建州，自高平移蓋州治之。八年，移澤州治端氏。九年，省丹川、蓋城。貞觀元年，廢蓋州，自端氏縣移澤州於今治。天寶元年，改澤州爲高平郡。乾元元年，復爲澤州。舊領縣六。【略】在京師東北一千三十里，至東都六百六十七里。

《新唐書》卷三九《地理志三・澤州高平郡》　本長平郡，治濩澤，武德八年徙治端氏，貞觀元年徙治晉城，天寶元年更郡名。

河北道

唐・李林甫等《唐六典》卷三《尚書户部》　四曰河北道，古幽、冀二州之境，今懷、衛、相、洺、邢、趙、恒、定、易、幽、莫、瀛、深、冀、貝、魏、博、德、滄、棣、嬀、檀、營、平、安東，凡二十有五州焉。東并於海，南迫於河，西距太行、恒山，北通渝關、薊門。其名山有林慮、白鹿、封龍、井陘、碣石之山，恒嶽在焉。其大川有漳、淇、呼沲之水。

《新唐書》卷三九《地理志三・河北道》　河北道，蓋古幽、冀二州之境，漢河內、魏、渤海、清河、平原、常山、上谷、涿、漁陽、右北平、遼西、真定、中山、信都、河間、廣陽等郡國，又參有東郡、河東、上黨、鉅鹿之地。孟、懷、澶、衛及魏、博、相之南境爲娵訾分，邢、洺、惠、貝、冀、深、趙、鎮、定及魏、博、相之北境爲大梁分，滄、景、德爲玄枵分，瀛、莫、幽、易、涿、平、嬀、檀、薊、營、安東爲析木津分。爲州二十九，都護府一，縣百七十四。其名山：林慮、白鹿、封龍、井陘、碣石、常嶽。其大川：漳、淇、呼沱。

孟州

《舊唐書》卷三八《地理志一・孟州》 本河南府之河陽縣，本屬懷州。顯慶二年，割屬河南府。以城臨大河，長橋架水，古稱設險。【略】會昌三年九月，中書門下奏：『河陽五縣，自艱難已來，割屬河陽三城使。其租賦色役，盡歸河陽，河南尹但總管名額而已，使歸一統，便爲定制。既是雄鎮，足壯三城，其河陽望昇爲孟州，仍爲望，河陽等五縣改爲望縣。』尋有敕，割河陰隸孟州，河清還河南府。時河陽節度，以懷州爲理所。會昌四年，又割澤州隸河陽節度使，仍移治所於孟州，戶口籍帳入河南府。

《新唐書》卷三九《地理志三・孟州》 建中二年，以河南府之河陽、河清、濟源、温租賦入河陽三城使，又以氾水租賦益之。會昌三年遂以五縣爲州。【略】縣五：河陽，氾水，河陰，温，濟源。

懷州

唐・杜佑《通典》卷一七八《州郡典八・河內郡》 東至汲郡二百六十里。南至□□□□□□□□，西至河南府濟陰縣七十三里。北至高平郡一百四十里。東南到滎陽郡一百五十里。西南到河南府一百四十里。西北到河南府界一百七十里。東北到汲郡二百六十里。去西京九百八十里，去東京一百四十里。

懷州。【略】隋初郡廢，而懷州如故；煬帝初州廢，復置河內郡。大唐因之，亦爲東畿內之郡。領縣五：河內，脩武，獲嘉，武德，武陟。

唐・李吉甫《元和郡縣圖志》卷一六《河北道一・懷州》 隋開皇三年罷郡，置懷州。武德二年陷賊，其年於河清縣界柏崖城置懷州。四年討平王世充，自柏崖城移於今理，今屬河陽三城。

州境：東西二百一十七里。南北一百一十五里。

八到：西南至上都一千一十里。西南至東都一百五十里。東至衛州二百六十里。東南渡河至鄭州一百九十里。北至澤州一百四十里。【略】

管縣五：河內，武陟，武德，修武，獲嘉。

《舊唐書》卷三九《地理志二・懷州》 隋河內郡。武德二年，於濟源西南柏崖城置懷州，領大基、河陽、集城、長泉四縣。【略】天授元年，改爲河內郡。乾元元年，復爲懷州。舊領縣九：河內、武德、修武、獲嘉、武陟、温、河陽、濟源、王屋。【略】天寶領縣五。【略】在京師東九百六十九里，至東都一百四十里。

《新唐書》卷三九《地理志三・懷州河內郡》 武德二年没王世充，僑治濟源之柏崖城。四年，世充平，還舊治。

魏州

唐・杜佑《通典》卷一八〇《州郡典十・魏郡》 東至博平郡武水縣一百三十里。南至濮陽郡一百六十里。西至鄴郡二百十里。北至清河郡二百十里。東南到濮陽郡一百五十里。西南到鄴郡內黄縣界九十里。西北到廣平郡平恩縣界九十里。東北到□□□□□□。去西京一千五百六十里，去東京七百五十里。

魏州。【略】大唐武德四年，討平竇建德，改置魏州。龍朔二年，改爲冀州，【略】尋復舊，或爲魏郡。領縣十：貴鄉，元城，館陶，臨黄，莘，魏，頓丘，昌樂，朝城，冠氏。

唐・李吉甫《元和郡縣圖志》卷一六《河北道一・魏州》 武德四年討平竇建德，改置魏州。其年又陷劉黑闥，五年平黑闥，置總管府，七年改爲都督府，貞觀六年罷都督，復爲州。

州境：東西一百九十六里。南北一百三十八里。

八到：西南至上都一千六百一十里。西南至東都七百五十里。東北至貝州二百一十里。正東微北至博州一百八十里。西至相州二百一十里。西北至洺州一百六十四里。東南渡河至濮州一百九十里。東南至鄆州二百

四十里。【略】

管縣八：貴鄉，元城，魏，館陶，冠氏，朝城。莘，昌樂。

《舊唐書》卷三九《地理志二・魏州》 大象二年，於（貴鄉）縣置魏州。隋改名武陽郡。武德四年，平竇建德，復爲魏州。【略】天寶元年，改爲魏郡。乾元元年，復爲魏州。舊領縣十三。【略】天寶領縣十。【略】在京師東北一千五百九十里，去東都七百五十里。

《新唐書》卷三九《地理志三・魏州魏郡》 本武陽郡，龍朔二年更名冀州，咸亨三年復曰魏州，天寶元年更郡名。【略】縣十四：貴鄉，元城，魏，館陶，冠氏，莘，朝城，昌樂，臨河，洹水，成安，內黃，宗城，永濟。

博州

唐・杜佑《通典》卷一八〇《州郡典十・博平郡》 東至濟南郡二百九十里。南至濟陽郡七十里。西至魏郡冠氏縣八十里。北至清河郡一百三十里。東南到濟陽郡五十里。西南到魏郡冠氏縣八十六里。西北到清河郡一百三十里。東北到平原郡及縣界三百六十里。去西京一千七百七十里，去東京九百三十里。

博州。【略】大唐復置博州，或爲博平郡。領縣六：聊城，博平，高唐，清平，堂邑，武水。

唐・李吉甫《元和郡縣圖志》卷一六《河北道一・博州》 武德四年，討平竇建德，重置博州。

州境：東西一百五十七里。南北一百六十六里。

八到：西南至上都一千七百九十里。西南至東都九百三十里。西南至魏州一百八十里。西北至貝州一百九十里。東北至德州二百六十里。東渡河至鄆州一百八十里。東渡河至齊州二百九十里。【略】

管縣六：聊城，武水，堂邑，清平，博平，高唐。

《舊唐書》卷三九《地理志二・博州》 隋武陽郡之聊城縣。武德四年，平竇建德，置博州，領聊城、武水、堂邑、茌平，仍置莘亭、靈泉、清平、博平、高唐凡九縣。天寶元年，改爲博平郡。乾元元年，復爲博州。舊領縣六。【略】在京師東北一千七百一里，至東都九百四十七里。

《新唐書》卷三九《地理志三・博州博平郡》 武德四年以魏州之聊城、武水、堂邑、高唐置。

相州

唐・杜佑《通典》卷一七八《州郡典八・鄴郡》 東至魏郡二百十里。南至汲郡一百九十里。西至上黨郡三百里。北至廣平郡一百八十里。東南到汲郡黎陽縣一百六十里。西南到高平郡三百二十里。西北到上黨郡黎城縣三百里。東北到廣平郡肥鄉縣一百四十里。去西京一千四百二十五里，去東京五百六十里。

相州。【略】大唐爲相州，或爲鄴郡。領縣十一：安陽，堯城，洹水，滏陽，內黃，鄴，林慮，臨河，湯陰，成安，臨漳。

唐・李吉甫《元和郡縣圖志》卷一六《河北道一・相州》 隋大業三年，改相州爲魏郡。武德元年，復爲相州。

州境：東西二百一十四里。南北一百六十九里。

八到：西南至上都一千四百四十里。西南至東都五百八十里。北至磁州六十五里。東北至洺州一百八十里。東取臨洺縣北至邢州二百六十五里。東至魏州二百一十里。西至潞州三百五十里。東南至滑州一百三十里。【略】

管縣十：安陽，鄴，成安，內黃，堯城，洹水，臨漳，臨河，湯陰，林慮。

《舊唐書》卷三九《地理志二・相州》 漢魏郡也。後魏道武改爲相州，隋爲魏郡。武德元年，置相州總管府，領安陽、鄴、林慮、零泉、相、臨漳、洹水、堯城八縣。【略】天寶元年，改爲鄴郡。乾元元年，復爲相州。舊領縣九，【略】天寶縣十一。【略】在京師東北一千四百二十一里，至東都六百六里。

《新唐書》卷三九《地理志三・相州鄴郡》 本魏郡，天寶元年更名。【略】

縣六：安陽，鄴，湯陰，林慮，堯城，臨漳。

衛州

唐・杜佑《通典》卷一七八《州郡典八・汲郡》 東至靈昌郡一百

十里。南至靈昌郡酸棗縣七十五里。西至河内郡二百六里。北至鄴郡一百九十里。東南到靈昌郡一百三十里。西南到河内郡二百六十里。西北到高平郡陸山縣四十里。東北到鄴郡臨河縣一百六十里。去西京一千七百九十里，去東京三百九十里。

衛州。【略】後周爲衛州，又分置脩武郡。隋初郡廢，煬帝初州廢，復爲汲、河内二郡地。大唐爲汲郡。領縣五：汲，衛，新鄉，共城，黎陽。

唐・李吉甫《元和郡縣圖志》卷一六《河北道一・衛州》 周武帝改義州為衛州，隋大業三年改爲汲郡。武德元年又改爲衛州，二年陷竇建德，四年討平，仍舊名焉。

州境：東西二百三十六里。南北一百四十一里。

八到：西南至上都一千二百五十里。西南至東都三百九十里。東北至相州一百九十里。東渡河至滑州一百一十五里。正西微南至懷州二百六十里。正南渡河至鄭州二百三十里。東北至澶州二百五十里。西北踰山至澤州陵川縣二百四十里。【略】

管縣五：汲，新鄉，衛，共城，黎陽。

《舊唐書》卷三九《地理志二・衛州》 隋汲郡，本治衛縣。武德元年，改爲衛州。二年，陷竇建德。四年，賊平，仍舊領衛、清淇、湯陰三縣。【略】天寶元年，改爲汲郡。乾元元年，復爲衛州。舊領縣五。【略】在京師東一千二百二十二里，去東都三百九十里。

《新唐書》卷三九《地理志三・衛州汲郡》 本治衛，貞觀元年徙治汲。

貝州

唐・杜佑《通典》卷一八〇《州郡典十・清河郡》 東至博平郡一百三十里。南至魏郡二百十里。西至鉅鹿郡二百四十里。北至信都郡一百三十里。東南到博平郡一百三十里。西南到廣平郡曲周縣一百三十里。西北到信都郡九十里。東北到平原郡二百六十里。去西京一千八百十里，去東京九百九十里。

貝州。【略】大唐爲貝州，或爲清河郡。領縣九：清河，清陽，武城，漳南，臨清，經城，夏津，宗城，歷亭。

唐・李吉甫《元和郡縣圖志》卷一六《河北道一・貝州》 武德四年討平竇建德，復置貝州。

州境：東西二百四十九里。南北一百九十里。

八到：西南至上都一千八百二十里。西南至東都九百六十里。南至魏州二百一十里。正東微北至德州二百三十里。北至冀州二百一十里。西至邢州二百三十里。東至博州一百九十里。【略】

管縣十：清河，清陽，歷亭，東武城，宗城，經城，漳南，臨清，夏津，永濟。

《舊唐書》卷三九《地理志二・貝州》 隋爲清河郡。武德四年，平竇建德，置貝州，領清河、武城、漳南、歷亭、清陽、鄃、夏津七縣。六年，移治所於歷亭。八年，還於舊治。九年，以廢宗州之宗城、經城來屬，又以廢毛州之臨清來屬。天寶元年，改爲清河郡。乾元元年，復爲貝州。舊領縣九。【略】在京師東北一千七百八十二里，至東都九百九十三里。

《新唐書》卷三九《地理志三・貝州清河郡》 本治清河，武德六年徙治歷亭，八年復故治。【略】縣八：清河，清陽，武城，經城，臨清，漳南，歷亭，夏津。

澶州

唐・李吉甫《元和郡縣圖志》卷一六《河北道一・澶州》 本漢頓丘縣地，武德四年分魏州之頓丘、觀城二縣，於今理置澶州，因澶水爲名，又分置澶水縣。貞觀元年廢澶州，以澶水縣屬黎州。大曆七年，魏博節度使田承嗣又奏置澶州。

州境：東西一百二十九里。南北七十里。

八到：西南至上都一千五百里。西南至東都六百三十里。西南至衛州二百五十里。北至魏州一百一十里。南至濮州濮陽縣三十六里。東至濮州范縣一百一十里。西至相州内黄縣七十里。西至相州臨河縣八十里。東北至魏州朝城縣九十四里。【略】

管縣四：頓丘，臨黃，觀城，清豐。

《舊唐書》卷三九《地理志二・澶州》　武德四年，分魏州之頓丘、觀城置澶州，領頓丘、觀城，又特置澶水縣。貞觀元年，廢澶州。【略】大曆七年正月敕，又於頓丘縣置澶州，領頓丘、清豐、觀城、臨黄四縣。【略】在京師東北一千四百八十五里，至東都六百八十五里。

《新唐書》卷三九《地理志三・澶州》　武德四年析黎州之澶水，魏州之頓丘、觀城置。貞觀元年州廢，縣還故屬。大曆七年，田承嗣表以魏州之頓丘、臨黄復置。【略】縣四：頓丘，清豐，觀城，臨黄。

邢州

唐・杜佑《通典》卷一七八《州郡典八・鉅鹿郡》　東至清河郡二百三十里。南至廣平郡臨洺縣六十五里。西至樂平郡縣二百四十里。北至趙郡一百七十里。東南到廣平郡曲周縣一百十里。西南到廣平郡武安縣一百二十里。西北到太原府樂平縣五十里。東北到信都郡二百六十里。去西京一千六百七十里，去東京八百五十里。

邢州。【略】隋置邢州，煬帝初置襄國郡。大唐爲邢州，或爲鉅鹿郡。領縣九：龍岡，南和，平鄉，鉅鹿，沙河，任，内丘，青山，堯山。

唐・李吉甫《元和郡縣圖志》卷一五《河東道四・邢州》　武德元年，改爲邢州，置總管。二年，陷竇建德，四年討平之，又爲劉黑闥所陷，五年擒之，依舊爲邢州。

州境：東西二百八十二里。南北、百三十六里。

八到：西至上都一千九百里。西南至東都八百四十里。東北至趙州一百九十里。東至貝州二百三十里。西踰山至儀州二百三十五里。東南至洺州一百二十里。【略】

管縣九：龍岡，堯山，鉅鹿，沙河，平鄉，南和，任，内丘，青山。

《舊唐書》卷三九《地理志二・邢州》　隋襄國郡。武德元年，改爲邢州總管府，管邢、温、和、封、蓬、東龍六州。邢州領龍岡、堯山、内丘三縣。【略】天寶元年，改爲鉅鹿郡。乾元元年，復爲邢州。舊領縣九。【略】在京師東北一千六百五十五里，至東都八百五十七里。

《新唐書》卷三九《地理志三・邢州鉅鹿郡》　本襄國郡，天寶元年更名。【略】縣八：龍岡，沙河，南和，鉅鹿，平鄉，任，堯山，内丘。

洺州

唐・杜佑《通典》卷一七八《州郡典八・廣平郡》　東至清河郡臨清縣一百二十里。南至鄴郡一百八十里。西至上黨郡涉縣界二百五十里。北至鉅鹿郡南和縣五十里。東南到魏郡魏縣界九十里。西南到鄴郡滏陽縣界七十里。西北到鉅鹿郡沙河縣界六十里。東北到清河郡宗城縣百十里。去西京一千五百八十里，去東京七百六十里。

洺州。【略】隋煬帝初置武安郡。大唐初，劉黑闥都之，尅平，置洺州，或爲廣平郡。領縣十：永年，雞澤，曲周，清漳，邯鄲，臨洺，武安，洺水，肥鄉，平恩。

唐・李吉甫《元和郡縣圖志》卷一五《河東道四・洺州》　隋大業三年罷州爲永安郡，武德元年又改爲洺州，兼置總管。二年陷於竇建德，四年討平，又爲建德舊將劉黑闥所陷，尋討平。六年罷總管，復爲洺州。

州境：東西一百九十七里。南北一百一十二里。

八到：西南至上都一千六百二十里。西南至東都六百六十里。西北至邢州一百二十里。東北至貝州二百二十里。東南至魏州一百六十四里。正西微北至儀州三百六十四里。【略】

管縣八：永平，雞澤，洺水，肥鄉，清漳，曲周，臨洺，平恩。

《舊唐書》卷三九《地理志二・洺州》　隋武安郡。武德元年，改爲洺州，領永年、洺水、平恩、清漳四縣。【略】天寶元年，改爲廣平郡。乾元元年，復爲洺州。【略】舊領縣七，【略】天寶領縣十，【略】今領縣六。在京師東北一千五百八十五里，至東都八百五十七里。

《新唐書》卷三九《地理志三・洺州廣平郡》　本武安郡，天寶元年更名。

惠州（磁州）

唐・李吉甫《元和郡縣圖志》卷一五《河東道四・磁州》　本漢魏郡武安縣之地，周武帝於此置滏陽縣及成安郡，隋開皇十年廢郡，於縣置磁州，以縣西九十里有磁山，出磁石，因取爲名。大業二年廢，以縣屬相州。皇朝永泰元年重置，以河東有慈州，故此加『石』也。

州境：東西一百七里。南北一百一十五里。

八到：西南至上都一千五百四十里。西南至東都六百四十五里。南至相州六十五里。正北微東至洺州一百十里。西至潞州三百四十里。【略】

管縣四：滏陽，邯鄲，昭義，武安。

《舊唐書》卷三九《地理志二・磁州》 隋魏郡之滏陽縣。武德元年，置磁州，領滏陽、臨水、成安三縣。【略】貞觀元年，廢磁州，滏陽、成安屬相州，以邯鄲屬洺州。永泰元年六月，昭義節度使薛嵩，請於滏陽復置磁州，領滏陽、武安、昭義、邯鄲四縣。【略】在京師東北一千四百八十五里，至東都六百六十五里。

《新唐書》卷三九《地理志三・惠州》 本磁州，武德元年以相州之滏陽、臨水、成安置。貞觀元年州廢，滏陽、成安還隸相州。永泰元年，昭義節度使薛嵩表復以相州之滏陽，洺州之邯鄲、武安置。天祐三年以『磁』、『慈』聲一，更名。

鎮州

唐・杜佑《通典》卷一七八《州郡典八・常山郡》 東至博陵郡一百二十四里。南至趙郡一百里。西至太原府五百十六里。北至安邊郡四百九十里。東南到博陵郡鼓城縣一百九十里。西南到太原府樂平縣三百二十里。西北到雁門郡五百四十里。東北到博陵郡一百二十里。去西京一千七百七十里。

鎮州。【略】大唐武德元年復置恒州，或爲常山郡。天寶十五載改爲平山郡，元和十五年改爲鎮州。領縣九：真定，鹿泉，井陘，靈壽，藁城，九門，石邑，房山，行唐。

唐・李吉甫《元和郡縣圖志》卷一七《河北道二・恒州》 周武帝於此置恒州，隋煬帝大業九年罷州，以管縣屬高陽郡。武德元年，重置恒州。三年陷賊，四年討平竇建德，仍舊焉。

州境：東西二百一十里。南北二百七十里。

八到：西南至上都一千九百九十里。西南至東都一千一百三十里。西取太原路至上都一千七百六十里。東北至定州一百二十里。東南至藁城縣六十里，從藁城北至定州一百二十里。東南至深州一百八十里。西取井陘路至太原府五百里。西北取五臺山路至代州五百三十里。【略】

管縣十：真定，藁城，九門，靈壽，行唐，井陘，獲鹿，石邑，房山，彭城。

《舊唐書》卷三九《地理志二・鎮州》 秦東垣縣。【略】周、隋改爲恒州，後廢。義旗初，復置恒州，領真定、石邑、行唐、九門、滋陽五縣，州治石邑。【略】天寶元年，改爲常山郡。乾元元年，復爲恒州。興元元年，昇爲都督府。元和十五年，改爲鎮州。舊領縣六，【略】天寶領縣九，【略】今領縣十一。在京師東北一千七百六十里，至東都一千一百三十六里。

《新唐書》卷三九《地理志三・鎮州常山郡》 本恒州恒山郡，治石邑，義寧元年析隋高陽郡置。武德四年徙治真定。天寶元年更郡名，十五載曰平山，尋復爲恒山。元和十五年避穆宗名更。

冀州

唐・杜佑《通典》卷一七八《州郡典八・信都郡》 東至平原郡二百十里。南至清河郡百三十里。西至趙郡百六十里。北至河間郡二百三十里。東南到博平郡三百里。西南到鉅鹿郡二百六十里。西北到饒陽郡百三十里。東北到景城郡三百五十里。去西京一千九百五十里，去東京一千一百里。

冀州。【略】煬帝初州廢，復置信都郡。大唐爲冀州，龍朔二年改爲魏州，咸亨三年復舊，或爲信都郡。領縣九：信都，南宮，堂陽，武強，下博，棗強，衡水，阜城，武邑。

唐・李吉甫《元和郡縣圖志》卷一七《河北道二・冀州》 武德四年討平竇建德，改爲冀州。

州境：東西二百六十里。南北二百三十六里。

八到：西南至上都取相州路一千九百里。西南至東都一千四百里。正西微北至趙州一百六十里。北至瀛州二百四十里。西北至深州一百三十里。東至德州二百一十五里。東北至景州二百一十里。東北至滄州一百二十里。

《舊唐書》卷三九《地理志二・冀州》　隋信都郡。武德四年，改爲冀州，領信都、衡水、武邑、棗強、南宮、堂陽、下博、武強八縣。【略】天寶元年，改爲信都。乾元元年，復爲冀州。舊領縣六：信都、南宮、堂陽、棗強、武邑、衡水。【略】天寶領縣九。【略】在京師東北一千九百七十八里，至東都一千一百里。

《新唐書》卷三九《地理志三・冀州信都郡》　本治信都，武德六年徙治下博，貞觀元年復故治，龍朔二年更名魏州，咸亨三年復故名。【略】縣九：信都，南宮，堂陽，棗彊，武邑，衡水，蓚，武彊。

深州

唐・杜佑《通典》卷一七八《州郡典八・饒陽郡》　東至景城郡三百十五里。南至魏郡五百里。西至常山郡一百八十里。北至上谷郡三百里。東南到信都郡一百三十里。西南到趙郡一百九十里。西北到博陵郡一百七十里。東北到河間郡一百五十里。去西京二千五十里，去東京一千二百五十里。

深州。【略】隋初郡廢，置深州；煬帝初州廢，以其地分入博陵、河間二郡。大唐復置深州，或爲饒陽郡。領縣四：饒陽，安平，鹿城，陸澤。

唐・李吉甫《元和郡縣圖志》卷一七《河北道二・深州》　隋開皇十六年，於饒陽置深州，以州西故深城爲名。大業二年廢深州。武德元年，討平竇建德，四年復置，貞觀十七年又廢，先天元年於今理重置。

《舊唐書》卷三九《地理志二・深州》　武德四年，平竇建德，於河間郡之饒陽縣置深州，領安平、饒陽、蕪蔞三縣。初治安平，其年，移治饒陽。【略】天寶元年，改深州爲饒陽郡。乾元元年，復爲深州。舊領縣五，【略】天寶，縣四。【略】在京師東北二千一十三里，至東都一千二百五十里。

《新唐書》卷三九《地理志三・深州饒陽郡》　武德四年以定州之安平、瀛州之饒陽置，尋徙治饒陽。貞觀十七年州廢，縣還故屬。先天二年，以瀛州之饒陽，冀州之鹿城、下博、武彊，定州之安平復置。【略】縣七：陸澤，饒陽，東鹿，安平，博野，樂壽，下博。

趙州

唐・杜佑《通典》卷一七八《州郡典八・趙郡》　東至信都郡一百六十里。南至鉅鹿郡一百七十九里。西至太原府五百五十九里。北至常山郡一百里。東南到信都，隔河相去一百六十五里。西北到常山郡一百七十里。西南到鉅鹿郡一百九十五里。東北到博陵郡三百十七里。去西京一千八百五十里，去東京一千三百十里。

趙州。【略】隋改置欒州，煬帝改爲趙州，尋復爲趙郡。大唐爲趙州，或爲趙郡。領縣九：平棘，元氏，昭慶，欒城，贊皇，高邑，柏鄉，臨城，寧晉。

唐・李吉甫《元和郡縣圖志》卷一七《河北道二・趙州》　隋開皇十六年又於欒城縣置欒州，大業二年廢欒州，以縣並屬趙州。三年，以趙州爲趙郡。武德元年，張志昂舉城歸國，又改爲趙州。

州境：東西二百五十里。南北一百一十七里。

八到：西南至上都一千八百九十里。西南至東都一千三十里。北至恒州一百里。正東微南至冀州一百六十五里。東北至稾城縣七十里，從縣至定州一百二十里。西踰山至太原府五百六十里。

《舊唐書》卷三九《地理志二・趙州》　（隋）置趙郡於平棘縣。武德元年，張志昂以郡歸國，改爲趙州，領平棘、高邑、贊皇、元氏、廮陶、欒城、大陸、柏鄉、房子、稾城、鼓城十一縣。【略】天寶元年，改爲趙郡。乾元元年，復爲趙州。舊領縣九。【略】去京師東北一千八百四十三里，至東都一千三十三里。

《新唐書》卷三九《地理志三・趙州趙郡》　武德初治柏鄉，四年徙治平棘，五年更名欒州，貞觀初復故名。

滄州

唐・杜佑《通典》卷一八〇《州郡典十・景城郡》　東至海一百八十里。南至平原郡二百三十里。西至河間郡一百二十里。北至范陽郡五百七十里。東南到樂安郡二百三十里。西南到信都郡三百五十里。西北到文安郡二百六十里。東北到北平郡五百里。去西京二千三百十里，去東京一千三百八十里。

滄州。【略】大唐爲滄州，或爲景城郡。領縣十二：清池，長蘆，樂陵，鹽山，景城，弓高，饒安，南皮，東光，臨津，魯城，無棣。

唐・李吉甫《元和郡縣圖志》卷一八《河北道三・滄州》 武德元年改爲滄州，二年陷竇建德，四年討平建德，州仍舊。

州境：東西三百二十二里。南北四百五里。

八到：西南至上都二千二百二十里。西南至東都一千三百六十里。西南至景州一百二十里。東南至棣州二百五十里。西北至幽州五百五十里。西南至德州二百四十里。東至大海一百八十里。【略】

管縣七：清池，長蘆，魯城，鹽山，饒安，樂陵，無棣。

《舊唐書》卷三九《地理志二・滄州》 漢渤海郡，隋因之。武德元年，改爲滄州，領清池、饒安、無棣三縣，治清池。【略】天寶元年，改爲景城郡。乾元元年，復爲滄州。舊領縣十，【略】天寶領縣十一。【略】在京師東北二千二百一十八里，去東都一千三百八十二里。

《新唐書》卷三九《地理志三・滄州景城郡》 本渤海郡，治清池，武德元年徙治饒安，六年徙治胡蘇，貞觀元年復治清池。【略】縣七：清池，鹽山，長蘆，樂陵，饒安，無棣，乾符。

景州

唐・李吉甫《元和郡縣圖志》卷一八《河北道三・景州》 本漢景城縣，屬渤海郡。隋開皇三年罷郡，屬滄州。十六年又於長蘆縣置景州，大業二年廢。武德四年重置，貞觀元年廢，以所屬縣分入滄州。貞元二年，於弓高縣重置。

八到：西南至上都二千一百里。西南至東都一千二百四十里。西南至冀州二百一十里。東北至滄州一百二十里。南至德州二百里。北至瀛州一百四十里。【略】

管縣五：弓高，南皮，景城，東光，臨津。

《舊唐書》卷三九《地理志二・景州》 隋置弓高縣，屬渤海郡。武德四年，於縣置觀州，領弓高、蓨、阜城、東光、安陵、胡蘇、觀津七縣。【略】天祐五年，移州治於東光縣。領縣六。【略】京師東北二千九百里，至東都一千三百里。

《新唐書》卷三九《地理志三・景州》 貞元三年析滄州之弓高、東光、臨津置。長慶元年州廢，縣還滄州，二年復以弓高、東光、臨津、南皮、景城置。大和四年，州又廢，縣還滄州。景福元年復置。【略】縣四：弓高，東光，臨津，南皮。

德州

唐・杜佑《通典》卷一八〇《州郡典十・平原郡》 東至樂安郡二百四十里。南至博平郡二百六十里。西至信都郡二百十里。北至景城郡二百三十里。東南到濟南郡二百三十里。西南到清河郡二百六十里。西北到信都郡三百三十里。東北到景城郡二百三十里。去西京一千九百八十二里，去東京一千一百三十八里。

德州。【略】大唐武德四年，平竇建德，復置德州，其後或爲平原郡。領縣七：安德，安陵，平原，蓨，平昌，將陵，長河。

唐・李吉甫《元和郡縣圖志》卷一七《河北道二・德州》 武德四年討平竇建德，復爲德州。

州境：東西一百九十五里。南北二百一十九里。

八到：西南至上都二千五十里。西南至東都一千七百九十里。西南至博州二百六十里。東北至棣州二百四十里。正南渡河至齊州二百四十五里。西南至貝州二百三十里。正北微東至滄州二百四十里。西至冀州二百一十五里。【略】

管縣七：安德，平原，平昌，將陵，安陵，蓨，長河。

《舊唐書》卷三九《地理志二・德州》 漢平原郡。隋置德州，又爲平原郡。武德四年，平竇建德後，置德州，領安德、般、平原、長河、將陵、平昌六縣。【略】天寶元年，改爲平原郡。乾元元年，復爲德州。舊領縣八，【略】天寶領縣七。【略】至京師一千九百八十二里，去東都一千一百三十八里。

《新唐書》卷三九《地理志三・德州平原郡》 縣六：安德，長河，平原，平昌，將陵，安陵。

定州

唐・杜佑《通典》卷一七八《州郡典八・博陵郡》 東至河間郡二百八里。南至趙郡三百十七里。西至常山郡一百二十四里。北至安邊郡四百九十里。東南到饒陽郡一百七十里。西南到常山郡一百二十里。西北到常山郡行唐縣七十里。東北到文安郡二百五十里。去西京二千一百里，去東京一千二百里。

定州。【略】煬帝初置博陵郡，後改爲高陽郡。大唐爲定州，或爲博陵郡。領縣十一：安喜，北平，鼓城，恒陽，新樂，義豐，望都，無極，唐昌，深澤，陘邑。

唐・李吉甫《元和郡縣圖志》卷一八《河北道三・定州》 武德四年討平竇建德，復置定州，復開皇之舊名也。天寶元年改爲博陵郡，乾元元年復爲定州。

州境：東西一百七十四里。南北三百里。

八到：西南至上都二千八十五里。西南至東都一千二百二十五里。東北至易州二百五十里。東至瀛州二百里。西北至蔚州四百七十里。東北至莫州二百五十里。西南取槀城路至趙州一百九十五里。【略】

管縣十：安喜，新樂，義豐，唐，望都，北平，無極，陘邑，深澤，恒陽。

《舊唐書》卷三九《地理志二・定州》 武德四年，平竇建德，復置定州領安喜、義豐、北平、深澤、毋極、唐昌、新樂、恒陽、唐、望都等十縣。【略】天寶元年，改爲博陵郡。乾元元年，復爲定州。【略】舊領縣十一。【略】在京師東北二千九百六里，至東都一千二百里。

《新唐書》卷三九《地理志三・定州博陵郡》 本高陽郡，天寶元年更名。【略】縣十：安喜，義豐，北平，望都，曲陽，陘邑，唐，新樂，無極，深澤。

祁州

《舊唐書》卷三九《地理志二・祁州》 景福二年，定州節度使王處存，奏請於本部無極縣置祁州。州新置，【略】在京師東北二千二百一十里，至東都一千三百二十里。

易州

唐・杜佑《通典》卷一七八《州郡典八・上谷郡》 東至范陽郡二百十四里。南至文安郡一百八十里。西至安邊郡飛狐縣一百四十里。北至嬀川郡懷戎縣南界廢固城鎮□□□□□□。東南到文安郡一百八十里。西南到博陵郡北平縣一百四十里。西北到安邊郡三百二十里。東北到范陽郡良鄉縣界八十里。去西京二千二百九十七里，去東京一千四百六十二里。

易州。【略】隋初置昌黎郡，後兼置易州。煬帝初州廢，置上谷郡。大唐因之。領縣八：易，遂城，淶水，容城，滿城，五迴，樓亭，阪城。

唐・李吉甫《元和郡縣圖志》卷一八《河北道三・易州》 大業初爲上谷郡，遙取漢上谷以爲名。隋亂陷賊，武德四年又改爲易州。

州境：東西二百一十里。南北四百四十七里。

八到：西南至上都二千三百四十五里。西南至東都一千四百七十五里。東北至幽州二百一十里。北至嬀州取故城頭路四百里。東至莫州一百九十里。西北至蔚州取飛狐路三百六十里。【略】

管縣六：易，淶水，容城，遂城，蒲城，五迴。

《舊唐書》卷三九《地理志二・易州》 隋上谷郡。武德四年，討平竇建德，改爲易州，領易、淶水、永樂、遂城、迺五縣。五年，割迺縣置北義州。州廢，以迺來屬。開元二十三年，分置五迴、樓亭、板城三縣。天寶元年，改爲上谷郡。乾元元年，復爲易州。舊領縣五，【略】天寶領縣八，【略】今領縣六。在京師東北二千三百三十四里，至東都一千四百六十三里。

《新唐書》卷三九《地理志三・易州上谷郡》 縣六：易，容城，遂城，淶水，滿城，五回。

幽州

唐・杜佑《通典》卷一七八《州郡典八・范陽郡》 東至漁陽郡二百十里。南至文安郡二百八十里。西至上谷郡二百十四里。北至嬀川郡二百十里。【略】去西京二千五百二十三里，去東京一千六百八十里。

幽州。【略】大唐爲幽州，或爲范陽郡。領縣十一：薊，歸義，范陽，安次，固安，昌平，潞，永清，良鄉，武清，廣寧。

《舊唐書》卷三九《地理志二·幽州》　隋爲涿郡。武德元年，改爲幽州總管府，【略】幽州領薊、良鄉、潞、涿、固安、雍奴、安次、昌平等八縣。【略】天寶元年，改范陽郡，【略】乾元元年，復爲幽州。舊領縣十：薊、潞、雍奴、漁陽、良鄉、固安、昌平、范陽、歸義也。【略】天寶縣十。【略】今領縣九。在京師東北二千五百二十里，至東都一千六百里。

《新唐書》卷三九《地理志三·幽州范陽郡》　本涿郡，天寶元年更名。

涿州

《舊唐書》卷三九《地理志二·涿州》　本幽州之范陽縣。大曆四年，幽州節度使朱希彩，奏請於范陽縣置涿州，仍割幽州之范陽、歸義、固安三縣以隸涿，屬幽州都督。州新置，【略】至京師二千四百里，至東都一千四百八十里。

《新唐書》卷三九《地理志三·涿州》　大曆四年，節度使朱希彩表析幽州之范陽、歸義、固安置。縣五：范陽，歸義，固安，新昌，新城。

瀛州

唐·杜佑《通典》卷一七八《州郡典八·河間郡》　東至景城郡二百里。南至信都郡二百三十里。西至博陵郡二百八里。北至文安郡一百八里。東南到景城郡弓高縣一百四十七里。西南到饒陽郡一百五十里。西北到上谷郡二百十里。東北到景城郡魯城縣二百五十七里。去西京二千二百里，去東京一千三百四十里。

瀛州。【略】隋初廢河間郡，置瀛州；煬帝初州廢，復置河間郡。大唐因之。領縣六：河間，博野，束城，樂壽，高陽，平舒。

《舊唐書》卷三九《地理志二·瀛州》　隋河間郡。武德四年，討平竇建德，改爲瀛州，領河間、樂壽、景城、文安、束城、豐利六縣。五年，又置武垣、任丘二縣。【略】天寶元年，改爲河間郡。乾元元年，復爲瀛州。舊領縣十：河間、高陽、樂壽、博野、清苑、鄚、任丘、文安、平舒、束城。景雲二年，分鄚、文安、任丘、清苑置鄚州。大曆後，割博野、樂壽隸深州。【略】天寶領縣六，【略】今領縣五。在京師東北二千二百里，至東都一千三百二里。

莫州

唐·杜佑《通典》卷一七八《州郡典八·文安郡》　東至□□□□□□□□。南至河間郡一百八里。西至上谷郡露山一百七十里。北至范陽郡二百八十里。東南到景城郡二百六十里。西南到博陵郡二百五十里。西北到上谷郡一百八十里。東北到北平郡八百里。去西京二千三百十里，去東京一千四百四十四里。

莫州。【略】其地歷代所屬與瀛州同。大唐景雲二年，分瀛州置鄚州。開元十三年，改鄚爲莫。其後或爲文安郡。領縣六：鄚，清苑，任丘，文安，長豐，唐興。

《舊唐書》卷三九《地理志二·莫州》　本瀛州之鄚縣。景雲二年，於縣置鄚州，割瀛州之鄚、任丘、文安、清苑，幽州之歸義等五縣屬之。其年，歸義復還幽州。開元十三年，以『鄚』字類『鄭』字，改爲莫。天寶元年，改爲文安郡。乾元元年，復爲莫州。管縣六：莫、文安、任丘、清苑、長豐、唐興。天寶領縣六。【略】去京師二千三百一十里，至東都一千四百三十里。

《新唐書》卷三九《地理志三·莫州文安郡》　本鄚州，景雲二年，以瀛州之鄚、任丘、文安、清苑、唐興，幽州之歸義置。開元十三年以『鄚』、『鄭』文相類，更名。

平州

唐·杜佑《通典》卷一七八《州郡典八·北平郡》　東至柳城郡七百里。南至海二百里。西至漁陽郡三百里。北至上洽口八十里。東南到臨榆關一百八十里。西南到馬城縣一百八十里。西北到石城縣一百四十里。東北到柳城郡七百里。去西京四千三百二十里，去東京三千五百二十里。

平州。【略】隋初置平州，煬帝初州廢，復置北平郡。大唐因之。領縣三：盧龍，石城，馬城。

《舊唐書》卷三九《地理志二·平州》　隋爲北平郡。武德二年，改爲平州，領臨渝、肥如二縣。其年，自臨渝移治肥如，改爲盧龍縣，更置撫寧縣。【略】天寶元年，改爲北平郡。乾元元年，復爲平州。舊領縣一，【略】天寶領縣三。【略】在京師東北二千六百五十里，至東都一千九百里。

《新唐書》卷三九《地理志三·平州北平郡》　初治臨渝，武德元年徙治盧龍。

嬀州

唐·杜佑《通典》卷一七八《州郡典八·嬀川郡》　東至密雲郡二百十里。南至范陽郡二百里。西至安邊郡二百二十九里。北至張説新築長城九十里。東南到范陽郡一百五十里。西南到安邊郡四百四十里。西北到新長城爲界一百八十里。東北到長城界九十八里。去西京二千九百五十里，去東京一千九百里。

嬀州。【略】隋屬涿郡。大唐武德七年，討平高開道，後置北燕州。貞觀八年，改爲嬀州。其後或爲嬀川郡。領縣二：懷戎，嬀川。

《舊唐書》卷三九《地理志二·嬀州》　隋涿郡之懷戎縣。武德七年，討平高開道，置北燕州，復北齊舊名。貞觀八年，改名嬀州，取嬀水爲名。長安二年，移治舊清夷軍城。天寶元年，改名嬀川郡。乾元元年，復爲嬀州。舊領縣一。【略】在京師東北二千八百四十二里，至東都一千九百一十里。

《新唐書》卷三九《地理志三·嬀州嬀川郡》　本北燕州，武德七年平高開道，以幽州之懷戎置。貞觀八年更名。【略】縣一：懷戎。

檀州

唐·杜佑《通典》卷一七八《州郡典八·密雲郡》　東至漁陽郡二百十七里。南至范陽郡潞縣界五十五里。西至范陽郡昌平縣界一百三十里。北至長城四十五里。東南到漁陽郡三河縣七十五里。西南到范陽郡昌平縣七十里。西北到長濃水鎮四十五里。東北到長城障塞一百十里。去西京二千六百八十里，去東京一千八百四十五里。

檀州。【略】大唐爲檀州，或爲密雲郡。領縣二：密雲，燕樂。

《舊唐書》卷三九《地理志二·檀州》　隋置安樂郡，分幽州燕樂、密雲二縣隸之。武德元年，改爲檀州。天寶元年，改爲密雲郡。乾元元年，復爲檀州。舊領縣二。【略】在京師東北二千六百五十七里，至東都一千八百四十四里。

《新唐書》卷三九《地理志三·檀州密雲郡》　本安樂郡，天寶元年更名。

薊州

唐·杜佑《通典》卷一七八《州郡典八·漁陽郡》　東至北平郡三百里。南至三會海口一百八十里，西至范陽郡二百十里。北至慶長城塞二百三十五里。東南到北平郡石城縣一百八十五里。西南到范陽郡雍奴縣界一百二十五里。西北到密雲郡二百十七里。東北到北平郡石城縣界廢盧龍戍二百里。去西京二千八百二十里，去東京二千二十里。

薊州。【略】開元十八年，析幽州置薊州，或爲漁陽郡。領縣三：漁陽，三河，玉田。

《舊唐書》卷三九《地理志二·薊州》　開元十八年，分幽州之三縣置薊州。天寶元年，改爲漁陽郡。乾元元年，復爲薊州。天寶領縣三。【略】至京師二千八百二十三里，至東都一千二十三里。

營州

唐·杜佑《通典》卷一七八《州郡典八·柳城郡》　東至遼河四百八十里。南至海二百六十里。西至北平郡七百里。北至契丹界五十里。東南到安東府二百七十里。西南到北平郡七百里。西北到契丹界七十里。東北到契丹界九十里，契丹衙帳四百里。去西京五千里，去東京四千一百十里。

營州。【略】隋文帝時討平寶寧，復以其地爲營州。煬帝初州廢，置遼西郡。大唐復爲營州，或爲柳城郡。領縣一：柳城。

《舊唐書》卷三九《地理志二・營州》　隋柳城郡。武德元年，改爲營州總管府，領遼、燕二州，領柳城一縣。【略】神龍元年，移府於幽州界置，仍領漁陽、玉田二縣。開元四年，復移還柳城。八年，又往就漁陽。十一年，又還柳城舊治。天寶元年，改爲柳城郡。乾元元年，復爲營州。舊領縣一。【略】在京師東北三千五百八十九里，至東都二千九百一十里。

《新唐書》卷三九《地理志三・營州柳城郡》　本遼西郡，萬歲通天元年爲契丹所陷，聖曆二年僑治漁陽，開元五年又還治柳城，天寶元年更名。【略】縣一：柳城。

燕州

唐・杜佑《通典》卷一七八《州郡典八・歸德郡》　東至密雲郡八十里。南至范陽郡九十里。西至范陽郡昌平縣五十里。北至山五里。東南到後魏廢易京城四十里。西南到芹城五里。西北到乾河山五里。東北到宋城鎮二十五里。去西京二千一百六十三里，去東京一千八百七十六里。

燕州。【略】大唐爲燕州，或爲歸德郡。領縣一：遼西。

《舊唐書》卷三九《地理志二・燕州》　隋遼西郡，寄治於營州。武德元年，改爲燕州總管府，領遼西、瀘河、懷遠三縣。其年，廢瀘河縣。六年，自營州南遷，寄治於幽州城內。貞觀元年，廢都督府，仍省懷遠縣。開元二十五年，移治所於幽州北桃穀山。天寶元年，改爲歸德郡。乾元元年，復爲燕州。舊領縣一，無實土戶。【略】兩京道里，與幽州同。

山南道

唐・李林甫等《唐六典》卷三《尚書戶部》　五曰山南道，古荆、梁二州之境，今荆、襄、鄧、商、復、郢、隨、唐、峽、歸、均、房、金、夔、萬、忠、梁、洋、集、通、開、壁、巴、蓬、渠、涪、渝、合、鳳、興、利、閬、果，凡三十有三州焉。東接荆、楚，西抵隴、蜀，南控大江，北據商、華之山。其名山有嶓冢、熊耳、巫峽、銅梁、荆山、峴山。大川則有巴、漢、沮、淯之水。

《新唐書》卷四〇《地理志四・山南道》　山南道，蓋古荆、梁二州之域，漢南郡、武陵、巴郡、漢中、南陽及江夏、弘農、廣漢、武都郡地。江陵、峽、歸、夔、澧、朗、復、郢、襄、房爲鶉尾分，鄧、隋、泌、均爲鶉火分，興元、金、洋、鳳、興、成、文、扶、利、集、壁、巴、蓬、通、開、忠、萬、涪、閬、果、渠爲鶉首分。爲府二，州三十三，縣百六十一。其名山：嶓冢、熊耳、銅梁、巫、荆、峴。其大川：巴、漢、沮、淯。

荆州江陵府

唐・杜佑《通典》卷一八三《州郡典一三・江陵郡》　東至竟陵郡四百八十里。南至澧陽郡三百里。西至夷陵郡三百四十里。北至襄陽郡四百五十里。東南到巴陵郡五百七十五里。西南到澧陽郡二百六十五里。西北到夷陵郡遠安縣界三百五里。東北到富水郡二百二十里。去西京一千七百七十三里，去東京一千三百一十二里。

荆州。【略】大唐爲荆州，或爲江陵郡。領縣七：江陵，枝江，松滋，當陽，公安，長林，石首。

唐・李吉甫《元和郡縣圖志・闕卷逸文》卷一《山南道・江陵府》　唐武德四年平蕭銑，復爲荆州，七年，置大都督府。上元元年，改爲江陵府。

《舊唐書》卷三九《地理志二・荆州江陵府》　隋爲南郡。武德初，蕭銑所據。四年，平銑，改爲荆州，領江陵、枝江、長林、安興、石首、松滋、公安七縣。【略】舊領縣八，【略】天寶領縣七。【略】在京師東南一千七百三十里，至東都一千三百一十五里。

《新唐書》卷四〇《地理志四・江陵府江陵郡》　本荆州南郡，天寶元年更郡名。肅宗上元元年號南都，爲府。二年罷都，是年又號南都。尋罷都。【略】縣八：江陵，枝江，當陽，長林，石首，松滋，公安，荆門。

峽州

唐・杜佑《通典》卷一八三《州郡典十三・夷陵郡》　東至江陵郡三百四十里。南至江陵郡水路三百三十七里。西至巴東郡一百九十里。北至襄陽郡五百七十里。東南到江陵郡界四百四十一里。西南到清江郡九百里。西北到巴東郡界二百三十里。東北到江陵郡界九十里。去西京一千七百里，去東京一千六百四十里。

峽州。【略】大唐爲峽州，或爲夷陵郡，以扼三峽之口，故爲峽州，西通蜀江。領縣五：夷陵，宜都，遠安，長陽，巴山。

《舊唐書》卷三九《地理志二・硤州》 隋夷陵郡。武德四年，平蕭銑置硤州，領夷陵、夷道、遠安三縣。【略】天寶元年，改爲夷陵郡。乾元元年，復爲硤州。舊領縣五。【略】在京師東南一千八百八十八里，至東都一千六百四十六里。

《新唐書》卷四〇《地理志四・峽州夷陵郡》 本治下牢戍，貞觀九年徙治步闡壘。【略】縣四：夷陵，宜都，長陽，遠安。

歸州

唐・杜佑《通典》卷一八三《州郡典十三・巴東郡》 東至夷陵郡一百九十里。南至清江郡五百五十里。西至雲安郡三百三十二里。北至房陵郡五百里。東南到夷陵郡界一百二十二里。西南到雲安郡三百三十二里。西北到雲安郡界一百三十六里。東北到夷陵郡界三百十七里。去西京二千二百六十八里，去東京一千八百三十三里。

歸州。【略】隋屬巴東郡。大唐武德二年，分夔州秭歸、巴東二縣置歸州，後爲巴東郡。領縣三：秭歸，巴東，興山。

《舊唐書》卷三九《地理志二・歸州》 隋巴東郡之秭歸縣。武德二年，割夔州之秭歸、巴東二縣，分置歸州。三年，分秭歸置興山縣，治白帝城。天寶元年，改爲巴東郡。乾元元年，復爲歸州。舊領縣三。【略】在京師南二千二百六十八里，至東都一千八百四十三里。

《新唐書》卷四〇《地理志四・歸州巴東郡》 武德二年析夔州之秭歸、巴東置。【略】縣三：秭歸，巴東，興山。

夔州

唐・杜佑《通典》卷一七五《州郡典五・雲安郡》 東至巴東郡三百三十三里。南至清江郡五百里。西至南浦郡一百九十八里。北至通川郡一百二十六里。東南到巴東郡三百三十里。西南到南浦郡二百八里。西北到盛山郡一百九十七里。東北到巴東郡三百三十二里。去西京二千四百四十二里，去東京二千一百七十五里。

夔州。【略】梁置信州。隋亦爲巴東郡。大唐武德三年，避皇外祖諱，改信州爲夔州，其後或爲雲安郡。領縣四：奉節，雲安，巫山，大昌。

《舊唐書》卷三九《地理志二・夔州》 隋巴東郡。武德元年，改爲信州，領人復、巫山、雲安、南浦、梁山、大昌、武寧七縣。二年，以武寧、南浦、梁山屬浦州。又改信州爲夔州，【略】天寶元年，改爲雲安郡。至德元年，於雲安置七州防禦使。乾元元年，復爲夔州。二年，刺史唐論請升爲都督府，尋罷之。舊領縣四。【略】在京師南二千四百四十三里，至東都二千一百七十五里。

《新唐書》卷四〇《地理志四・夔州雲安郡》 本信州巴東郡，武德二年更州名，天寶元年更郡名。

澧州

唐・杜佑《通典》卷一八三《州郡典一三・澧陽郡》 東至巴陵郡二百里。南至武陵郡一百八十里。西至黔中郡二千里。北至江陵郡三百里。東南到武陵郡龍陽縣界四百五十五里。西南到盧溪郡一千三十八里。西北到夷陵郡七百五十九里。東北到江陵郡公安縣五百七十五里。去西京二千四里，去東京一千五百十八里。

澧州。【略】大唐爲澧州，或爲澧陽郡。領縣四：澧陽，慈利，石門，安鄉。

唐・李吉甫《元和郡縣圖志・闕卷逸文》卷一《山南道・澧州》 唐武德四年平蕭銑，復置澧州。唐武德四年平蕭銑，復置澧州。

州境：東西九十里，南北一百里。

《舊唐書》卷四〇《地理志三・澧州》 隋澧陽郡。武德四年，平蕭銑，置澧州，領孱陵、安鄉、澧陽、石門、慈利、崇義六縣。貞觀元年，省孱陵縣。天寶元年，改爲澧陽郡。乾元元年，復爲澧州。天寶初，割屬山南東道。舊領縣五，【略】天寶領縣四。【略】在京師東南一千八百九十三里，至東都一千五百七十二里。

朗州

唐·杜佑《通典》卷一八三《州郡典一三·武陵郡》 東至巴陵郡六百里。南至長沙郡界一百一十里。西至盧溪郡四百六十五里。北至澧陽郡百八十里。東南到長沙郡四百里。西南到盧溪郡沅陵縣三百九十六里。西北到澧陽郡石門縣界一百里。東北到澧陽郡安鄉縣界一百二十八里。去西京二千五百二十一里，去東京一千八百五十八里。

朗州。【略】大唐爲朗州，或爲武陵郡。領縣二：武陵，龍陽。

唐·李吉甫《元和郡縣圖志·闕卷逸文》卷一《山南道·朗州》 州境：東西一百里，南北一百七十五里。

《舊唐書》卷四〇《地理志三·朗州》 隋武陵郡。武德四年，平蕭銑，置朗州。天寶元年，改爲武陵郡。乾元元年，復爲朗州。天寶初，割屬山南東道。舊領縣二。【略】在京師東南二千一百五十九里，至東都一千八百五十八里。

忠州

唐·杜佑《通典》卷一七五《州郡典五·南賓郡》 東至南浦郡水路二百六十里。南至黔中郡六百五十里。西至涪陵郡三百五十里。北至潾山郡五百十四里。東南到南浦郡界四百五十六里。西南到黔中郡水路六百六十里。西北到潾山郡四百三十三里。東北到南浦郡三百九十里。去西京三千八百八十五里，去東京二千七百三十七里。

忠州。【略】大唐置忠州，或爲南賓郡。領縣五：臨江，豐都，墊江，南賓，桂溪。

《舊唐書》卷三九《地理志二·忠州》 隋巴東郡之臨江縣。義寧二年，置臨州。【略】貞觀八年，改臨州爲忠州。天寶元年，改爲南賓郡。乾元元年，復爲忠州。舊領縣五。【略】在京師南二千二百二十二里，至東都二千七百四十七里。

《新唐書》卷四〇《地理志四·忠州南賓郡》 本臨州，義寧二年析巴東郡之臨江置，貞觀八年更名。

涪州

唐·杜佑《通典》卷一七五《州郡典五·涪陵郡》 東至南賓郡三百五十里。南至黔中郡三百六十里。西至南平郡四百六十里。北至南賓郡三百九十六里。東南到黔中郡三百六十里。西南到南平郡二百七十里。西北到潾山郡二百七十里。東北到南賓郡三百五十里。去西京二千三百五十七里，去東京三千八十九里。

涪州。【略】隋初屬渝州，煬帝廢渝州，屬巴郡。大唐爲涪州，或爲涪陵郡。領縣四：涪陵，武龍，樂溫，賓化。

唐·李吉甫《元和郡縣圖志》卷三〇《江南道六·涪州》 漢爲涪陵縣地，蜀先主以爲涪陵郡。武德元年立爲涪州，在蜀江之南，涪江之西，故爲名。

八到：東取江陵路至上都水陸相兼三千三百二十五里，從萬州北開州通宣縣，及洋州路至上都二千三百四十里。東至東都三千六百里，水路至萬州六十里。東至忠州三百五十里。東至江陵府水路一千七百里。東南至黔州水路三百三十里。西南至渝州水路三百四十里。西北陸路至渠州陵山縣三百七里。【略】

管縣四：涪陵，樂溫，武龍，賓化。

《新唐書》卷四〇《地理志四·涪州涪陵郡》 武德元年以渝州之涪陵鎮置。【略】縣五：涪陵，賓化，武龍，樂溫，溫山。

萬州

唐·杜佑《通典》卷一七五《州郡典五·南浦郡》 東至雲安郡二百九十八里。南至清江郡六百八十三里。西至潾山郡四百五十里。北至盛山郡二百三十二里。東南到雲安郡三百二十二里。西南到南賓郡界九十六里。西北到通川郡四百一里。東北到盛山郡界一百七里。去西京二千七百四十三里，去東京二千三百三十里。

萬州。【略】大唐武德初置浦州，後改爲萬州，或爲南浦郡。領縣三：南浦，梁山，武寧。

《舊唐書》卷三九《地理志二·萬州》 隋巴東郡之南浦縣。武德二年，割信州之南浦置南浦州，領南浦、梁山、武寧三縣。八年，廢南浦州，以南浦、梁山屬夔州，武寧屬臨州。其年，復立浦州，依舊領三縣。貞觀八年，改爲萬州。天寶元年，改爲南浦郡。乾元元年，復爲萬州。舊領縣三。【略】在京師西南二千六百二十四里，至東都二千四百六十五里。

《新唐書》卷四〇《地理志四·萬州南浦郡》 本南浦州，武德二年析信州置。八年州廢，以南浦、梁山隸夔州，武寧隸臨州。九年復置，曰浦州。貞觀八年更名。

襄州

唐·杜佑《通典》卷一七七《州郡典七·襄陽郡》 東至漢東郡三百五十里。南至江陵郡四百七十里。西至房陵郡四百九十里。北至南陽郡一百八十里。東南到富水郡三百十六里。西南到夷陵郡五百七十里。西北到武當郡三百七十里。東北到淮安郡三百二十里。去西京千一百八十里，去東京八百五十里。

襄州。【略】西魏改曰襄州。隋復爲襄陽郡。大唐因之。領縣七：襄陽，臨漢，穀城，宜城，義清，樂鄉，南漳。

唐·李吉甫《元和郡縣圖志》卷二一《山南道二·襄州》 武德七年廢行臺，置都督府。貞觀六年廢都督府，改爲州。永貞（九）［元］年升爲大都督府。

州境：東西二百四十六里。南北三百六十七里。

八到：西北至上都一千二百五十里。北至東都八百二十五里。東至隨州三百五十里。南至江陵府四百七十里。西至房州陸路四百二十里，水路五百八十四里。東南至郢州三百二十里。西北至均州三百六十里。【略】

管縣七：襄陽，臨漢，南漳，義清，宜城，樂鄉，穀城。

《舊唐書》卷三九《地理志二·襄州》 隋襄陽郡。武德四年，平王世充，改爲襄州，因隋舊名。領襄陽、安養、漢南、義清、南漳、常平六縣。【略】天寶元年，改爲襄陽郡。十四載，置防禦使。乾元元年，復爲襄州。【略】在京師東南一千一百八十二里，至東都八百五十二里。

唐州

唐·杜佑《通典》卷一七七《州郡典七·淮安郡》 東至汝南郡二百七十里。南至漢東郡四百里。西至南陽郡三百二十里。北至臨汝郡四百二十里。東南到義陽郡二百六十里。西南到襄陽郡三百二十里。西北到臨汝郡魯山縣四百四十里。東北到汝南郡吳房縣三百十九里。去西京千四百八十里，去東京六百四十里。

唐州。【略】大唐爲唐州，或爲淮安郡。領縣七：比陽，慈丘，方城，湖陽，平氏，桐柏，泌陽。

唐·李吉甫《元和郡縣圖志》卷二一《山南道二·唐州》 後魏太和中於此置東荊州，理比陽故地，其後改爲淮州。隋開皇五年，又改爲顯州。貞觀九年，改爲唐州。

州境：東西三百八里。南北三百十里。

八到：西北至上都取葉縣路一千三百四十里，取鄧州路一千二百二十五里。西北至東都五百二十里。南至隨州三百六十里。東南至申州二百六十里。西北至襄州三百五十里。西至鄧州三百二十里。東至蔡州二百四十里。東北至許州二百七十里。北至汝州葉縣一百八十里，自葉縣取龍興路至汝州一百八十里。【略】

管縣七：比陽，慈丘，桐柏，平氏，湖陽，方城，泌陽。

《舊唐書》卷三九《地理志二·唐州》 隋淮安郡。武德四年，改爲顯州，仍置總管，領顯、北澧、純三州。顯州領比改。貞觀元年，罷都督，仍以廢純州桐柏縣來屬。三年，省顯岡縣。九年，改顯州爲唐州，【略】天寶元年，改爲淮安郡。乾元元年，復爲唐州。舊屬河南道，至德後，割屬山南東道。舊領縣六，【略】天寶領縣七。【略】至京師一千四百八十里，至東都六百四十六里。

《新唐書》卷四〇《地理志四·泌州淮安郡》 本昌州春陵郡，治棗陽。武德五年以唐城山更名唐州，九年徙治比陽。天寶元年更郡名。天祐三年，朱全忠徙治泌陽，表更名。【略】縣七：泌陽，比陽，慈丘，桐柏，平氏，湖陽，方城。

隨　州

唐·杜佑《通典》卷一七七《州郡典七·漢東郡》　東至安陸郡一百五十里。南至富水郡四百六十里。西至襄陽郡一百五十里。北至淮安郡四百里。東南到安陸郡一百五十里。西南到富水郡四百六十里。西北到淮安郡四百三十里。東北到義陽郡二百四十里。去西京一千四百里，去東京一千八十里。

隨州。【略】西魏置幷州，後改曰隨州。隋分其地，置漢東、舂陵二郡。大唐併爲隨州，或爲漢東郡。領縣四：隨，棗陽，唐城，光化。

唐·李吉甫《元和郡縣圖志》卷二一《山南道二·隨州》　後魏文帝大統十六年改隨州，後遂因之。

州境：東西三百七十里。南北三百七十八里。

八到：西北至上都一千四百三里。西北至東都一千一百六十五里。西至襄州三百五十里。西南至郢州三百九十里。北至唐州三百六十里。東南至安州一百五十五里。東北至申州二百四十里。【略】

管縣四：隨，光化，棗陽，唐城。

《舊唐書》卷三九《地理志二·隋州》　隋爲漢東郡。武德三年，改爲隋州，領隋縣、光化、安貴、平林、順義五縣。五年，省安貴縣。八年，省平林、順義二縣。貞觀十年，割唐州棗陽來屬。天寶元年，改爲漢東郡。乾元元年，復爲隋州。舊領縣三，【略】天寶縣四。【略】在京師東南一千三百八十八里，至東都一千八里。

鄧　州

唐·杜佑《通典》卷一七七《州郡典七·南陽郡》　東至淮安郡三百二十里。南至襄陽郡百八十里。西至上洛郡六百四十八里。北至臨汝郡四百九十里。東南到淮安郡四百十里。西南到武當郡三百四十里。西北到弘農郡七百里。東北到淮安郡四百五十里。去西京九百三十里，去東京六百七十里。

鄧州。【略】隋初改爲鄧州；煬帝初，爲南陽、淯陽二郡地。大唐爲鄧州，或爲南陽郡。領縣七：穰，南陽，向城，內鄉，菊潭，新野，臨湍。

唐·李吉甫《元和郡縣圖志》卷二一《山南道二·鄧州》　隋開皇七年，梁王歸入隋，自穰縣移荊州還江陵，於穰縣置鄧州。大業三年，改爲南陽郡。武德二年，復爲鄧州。

州境：東西五百九十里。南北三百八十一里。

八到：西北至上都九百五十里。北至東都六百四十五里。東北至汝州四百七十五里。東至唐州三百二十里。南至襄州一百八十里。西南至均州三百四十里。【略】

管縣七：穰，南陽，新野，向城，臨湍，菊潭，內鄉。

《舊唐書》卷三九《地理志二·鄧州》　隋南陽郡。武德二年，改爲鄧州，領穰縣、冠軍、深陽三縣。【略】天寶元年，改爲南陽郡。乾元元年，復爲鄧州。舊領縣六，【略】天寶領縣七。【略】在京師東南九百二十里，至東都六百七十里。

均　州

唐·杜佑《通典》卷一七七《州郡典七·武當郡》　東至南陽郡二百四十里。南至房陵郡二百六十八里。西至安康郡七百里。北至南陽郡內鄉縣二百六十里。東南到襄陽郡三百七十里。西南到房陵郡三百六十里。西北到上洛郡上津縣石丹山界三百四十里。東北到南陽郡三百四十里。去西京九百二十里，去東京九百十里。

均州。【略】大唐爲均州，或爲武當郡。領縣三：武當，鄖鄉，豐利。

唐·李吉甫《元和郡縣圖志》卷二一《山南道二·均州》　後魏改始平郡爲武當郡，隋開皇三年罷郡，置均州。

八到：西北至上都九百里。東北至東都八百八十五里。東至鄧州二百四十里。東南水路至襄州三百六十里。南至房州二百六十八里。西至金州三百六十里。北至鄧州內鄉縣二百三十里。【略】

管縣三：武當，鄖鄉，豐利。

《舊唐書》卷三九《地理志二·均州》　隋淅陽郡之武當縣。義寧二年，割淅陽之武當、均陽二縣置武當郡。又置平陵縣。武德元年，改爲均州。七年，省平陵縣。八年，省均陽入武當。其年，以南豐州之鄖鄉、堵陽、安福三縣來屬。貞觀元年，廢均州，又省堵陽、安福二縣。以武當、鄖鄉二縣屬淅州。八年，廢淅州，又以武當、鄖鄉二縣置均州。又廢上州，割豐利縣來屬。天寶元年，改爲武當郡。乾元元年，復爲均州。舊領縣三。【略】在京師東南九百三十里，至東都九百一十七里。

《新唐書》卷四〇《地理志四·均州武當郡》 義寧二年析淅陽郡之武當、均陽置。貞觀元年州廢，二縣隸淅州。八年以武當、鄖鄉復置。

房州

唐·杜佑《通典》卷一七五《州郡典五·房陵郡》 東至襄陽郡四百九十里。南至巴東郡五百里。西至安康郡五百四十九里。北至武當郡二百六十里。東南到襄陽郡界四百九十里。西南到安康郡界五百七十八里。西北到房陵郡界五百四十七里。東北到襄陽郡界一百七十八里。去西京一千三百里，去東京一千一百八十五里。

房州。【略】隋煬帝初置房陵郡。大唐武德初，於竹山縣置房州。貞觀十年，移於今所。或爲房陵郡。領縣四：房陵，竹山，永清，上庸。

唐·李吉甫《元和郡縣圖志》卷二一《山南道二·房州》 周武帝改爲遷州。貞觀十年，廢遷州，自竹山縣移房州於廢遷州廨，即今州理是也。

州境：東西五百二十三里。南北三百六十九里。

八到：西北至上都一千六百六十八里。東北至東都一千一百五十五里。南至歸州山路五百里。東至襄州四百二十里，水路五百八十四里。正西微北至金州五百四十里。北至均州二百六十八里。【略】

管縣四：房陵，永清，竹山，上庸。

《舊唐書》卷三九《地理志二·房州》 隋房陵郡。武德元年，改爲遷州，領光遷、永清，又置受陽、淅川、房陵，凡領五縣。其年，又於竹山縣置房州，領竹山、上庸，又置武陵，凡領三縣。五年，廢遷州之淅川。七年，又廢房陵、受陽二縣。貞觀十年，廢遷州，自竹山移房州治於廢州城。其年，省武陵縣。改光遷爲房陵縣。天寶元年，改爲房陵郡。乾元元年，復爲房州。舊領縣四。【略】在京師南一千二百九十五里，至東都一千一百八十五里。

《新唐書》卷四〇《地理志四·房州房陵郡》 武德元年析遷州之竹山、上庸置。貞觀十年徙治房陵。

復州

唐·杜佑《通典》卷一八三《州郡典一三·竟陵郡》 東至漢陽郡五百里。南至巴陵郡五百五十里。西至江陵郡四百八十里。北至富水郡四百里。東南到蜀江水中流爲界七百四十里。西南到赤岸港界三百五十七里。西北到乞火山界三百五十四里。東北到安陸郡三百四十里。去西京一千七百九十里，去東京一千五百一十八里。

復州。【略】隋煬帝初【略】於舊復州置沔陽郡。大唐改爲復州，或爲竟陵郡。領縣三：監利，沔陽，竟陵。

唐·李吉甫《元和郡縣圖志》卷二一《山南道二·復州》 周武帝改置復州，取州界復池湖爲名也。貞觀七年，州理在沔陽縣，寶應二年移理竟陵縣。

州境：東西四百三十里。南北六百九十里。

八到：西北至上都一千六百八十里。西北至東都一千四百二十五里。東北至安州三百三十里。東至沔州陸路三百四十里，水路七百里。西北至郢州陸路二百五十里，水路三百里。南至沔陽縣一百三十里，自縣南至岳州水路五百里。【略】

管縣三：竟陵，沔陽，監利。

《舊唐書》卷三九《地理志二·復州》 隋沔陽郡。武德五年，改爲復州，治竟陵縣。貞觀七年，移治沔陽。天寶元年，改爲竟陵郡。乾元元年，復爲復州。舊領縣三。【略】在京師東南一千八百里，至東都一千五百一十八里。

《新唐書》卷四〇《地理志四·復州竟陵郡》 本沔陽郡，治竟陵。貞觀七年徙治沔陽。天寶元年更名。寶應二年復故治。【略】縣三：沔陽，竟陵，監利。

郢州

唐·杜佑《通典》卷一八三《州郡典一三·富水郡》 東至安陸郡

三百二十九里。南至竟陵郡四百里。西至江陵郡二百八十里。北至襄陽郡三百一十六里。東南到竟陵郡界百五十六里。西南到江陵郡界八十里。西北到襄陽郡界三百一十六里。東北到漢東郡四百六十里。去西京一千四百三十五里，去東京一千三百九里。

郢州。【略】後周分置石城郡，後於石城置郢州。隋煬帝初州廢，置竟陵、安陸二郡。大唐併二郡爲溫州，後爲郢州，或爲富水郡。領縣三：長壽，京山，富水。

唐·李吉甫《元和郡縣圖志》卷二一《山南道二·郢州》 武德四年，於今京山縣重置溫州。貞觀十七年廢溫州，於長壽改置郢州。

八到：西北至上都一千三百八十五里。西北至東都一千一百二十五里。東南至復州三百里。正南微西至江陵府三百里。西北至襄州三百一十里。東北至隨州三百九十里。

《舊唐書》卷三九《地理志二·郢州》 後魏置溫州。武德四年，置郢州於長壽縣，置京山、藍水二縣屬焉。貞觀元年，省藍水入長壽。又廢郢州。【略】十七年，廢溫州，依舊置郢州，治京山。天寶元年，改爲富水郡。乾元元年，復爲郢州。舊溫州領縣三，【略】天寶改郢州。【略】在京師東南一千四百四十里，至東都一千一百四十九里。

《新唐書》卷四〇《地理志四·郢州富水郡》 本竟陵郡，治長壽。貞觀元年州廢，以長壽隸鄀州，十七年復置，治京山，後還治長壽。【略】縣三：長壽，京山，富水。

金州

唐·杜佑《通典》卷一七五《州郡典五·安康郡》 東至武當郡七百二十里。南至雲安郡九百五十四里。西至洋川郡二百里。北至京兆府界五百六十六里。東南到房陵郡五百四十七里。西南到通川郡一千一百里。西北到京兆府長安縣界五百九十里。東北到上洛郡六百六十里。去西京九百九十一里，去東京一千九百五十六里。

金州。【略】大唐爲金州，或爲安康郡。領縣六：西城，石泉，安康，洵陽，淯陽，平利。

《舊唐書》卷三九《地理志二·金州》 隋西城郡。武德元年，改爲金州，領洵陽、石泉、安康等縣。【略】天寶元年，改爲安康郡。至德二年二月，改爲漢南郡。乾元元年，復爲金州。舊領縣六。【略】在京師南七百三十七里，至東都一千七百里。

《新唐書》卷四〇《地理志四·金州漢陰郡》 本西城郡，天寶元年曰安康郡，至德二載更名。

山南西道·興元府

唐·杜佑《通典》卷一七五《州郡典五·漢中郡》 東至洋川郡二百二十里。南至符陽郡三百里。西至益昌郡五百里。北至扶風郡六百七十里。東南到洋川郡三百九十里。西南到益昌郡五百里。西北到順政郡二百八十里。東北到洋川郡興道縣界八十六里。去西京，取駱谷路六百五十二里，斜谷路九百三十三里，驛路一千二百二十三里。去東京，取駱谷路一千五百八十里，取斜穀一千七百八十九里，驛路二千七十八里。

梁州。【略】大唐爲梁州。開元十三年，改褒州，或爲漢中郡。領縣六：南鄭，褒城，城固，金牛，西縣，三泉。

唐·李吉甫《元和郡縣圖志》卷二二《山南道三·興元府》 武德元年，又改爲褒州，二十年又爲梁州。興元元年，因德宗遷幸，改爲興元府。

府境：東西三百九十九里。南北四百四十七里。

八到：東北至上都七百六十里。東北至東都一千六十二里。西南至利州四百九十里。北取太白山路至鳳翔府六百里。西取斜谷路至鳳州三百八十里。西取巴嶺路至集州二百八十里。正西微北至興州二百五十里。東至洋州一百二十里。【略】

管縣六：南鄭，褒城，金牛，三泉，城固，西。

《舊唐書》卷三九《地理志二·梁州興元府》 隋漢川郡。武德元年，置梁州，【略】領南鄭、褒中、城固、西四縣。【略】天寶元年，改爲漢中郡，仍爲都督府。乾元元年，復爲梁州。興元元年六月，昇爲興元府。官員資序，一切同京兆、河南二府。舊領縣五，【略】天寶領縣六。【略】至京師一千二百二十三里，至東京二千七百八里。

《新唐書》卷四〇《地理志四·興元府漢中郡》 本梁州漢川郡，開元十三年以『梁』、『涼』聲相近，更名褒州，二十年復曰梁州，天寶元年更郡名，興元元年爲府。【略】縣五：南鄭，褒城，城固，西，三泉。

洋州

唐・杜佑《通典》卷一七五《州郡典五・洋川郡》 東至安康郡五百里。南至始寧郡六百一十五里。西至漢中郡二百二十里。北至京兆府六百二十一里。東南到通川郡宣漢縣界三百三十一里。西南到符陽郡四百里。西北到漢中郡三百七十里。東北到安康郡安康縣界二百五十一里。去西京一千四百五里，去東京二千二百五十里。

洋州。【略】大唐復置洋州，或爲洋川郡。領縣五：西鄉，興道，黄金，洋源，華陽。

唐・李吉甫《元和郡縣圖志》卷二二《山南道三・洋州》 後魏宣武帝正始中，於豐寧戍置豐寧郡，廢帝於此置洋州，因洋水爲名。隋大業二年廢洋州置洋川鎮，武德元年復於西鄉立洋州。

州境：東西二百九十二里。南北六百六十里。

八到：東北至上都六百四十里。東北至東都一千四百九十里。東至金州五百里。西至興元府一百二十里。南至壁州西路五百六十里。北至京兆府盩厔縣五百里。【略】

管縣五：興道，黄金，洋源，西鄉，貞符。

《舊唐書》卷三九《地理志二・洋州》 隋漢川郡之西鄉縣。武德元年，割梁州三縣置洋州。四年，又置洋源縣。天寶元年，改爲洋川郡。乾元元年，復爲洋州。舊領縣四，【略】天寶領縣五。【略】在京師南八百里，至東都二千里。

《新唐書》卷四〇《地理志四・洋州洋川郡》 武德元年析梁州之西鄉、黄金、興勢置，天寶十五載徙治興道。【略】縣四：興道，西鄉，黄金，真符。

利州

唐・杜佑《通典》卷一七六《州郡典六・益昌郡》 東至符陽郡三百里。南至閬中郡二百八十里。西至江油郡四百里。北至漢中郡四百三十里。東南到閬中郡三百十里。西南到普安郡二百里。西北到陰平郡四百九十里。東北到漢中郡五百里。去西京千三百四十里，去東京二千百九十里。

利州。【略】大唐爲利州，或爲益昌郡。領縣六：綿谷，嘉川，葭萌，景谷，益昌，胤山。

唐・李吉甫《元和郡縣圖志》卷二二《山南道三・利州》 （魏）正始三年，改西益州爲利州。隋大業三年，改爲義成郡，武德元年又改爲利州。州城西臨嘉陵江。【略】

州境：東西三百三十里。南北二百五里。

八到：東至上都一千二百五十里。東北至東都一千一百一十里。西至龍州四百里。東北至興元府四百九十里。東至集州三百里。西北至文州四百九十里。【略】

管縣五：綿谷，益昌，葭萌，胤山，景谷。

《舊唐書》卷三九《地理志二・利州》 隋義城郡。武德元年，改爲利州，領綿谷、葭萌、益昌、義清、岐坪、嘉川、景谷七縣。【略】天寶元年，改爲益昌郡，仍割三泉屬梁州。乾元元年，復爲利州。舊領縣七，【略】天寶領縣六。【略】在京師西南一千四百八十八里，至東都二千一百九十七里。

《新唐書》卷四〇《地理志四・利州益昌郡》 本義城郡，天寶元年更名。【略】縣六：綿谷，葭萌，益昌，嘉川，胤山，景谷。

鳳州

唐・杜佑《通典》卷一七六《州郡典六・河池郡》 東至扶風郡四百里。南至漢中郡三百九十五里。西至同谷郡四百五十里。北至汧陽郡四百三十里。東南到漢中郡褒城縣界二百七十里。西南到順政郡長舉縣界百九十里。西北到天水郡五百三十里。東北到扶風郡陳倉縣界百四十里。去西京五百九十里，去東京千四百五十里。

鳳州。【略】大唐爲鳳州，或爲河池郡。領縣四：梁泉，兩當，河池，黄花。

唐・李吉甫《元和郡縣圖志》卷二二《山南道三・鳳州》 隋大業

三年改爲河池郡，武德元年復爲鳳州。

州境：東西四百八十里。南北三百七十六里。

八到：東北至上都六百里。東北至東都一千四百六十里。西南至興州三百三十里。東北至鳳翔府二百八十里。東至興元府三百八十里。北至隴州四百二十里。【略】

管縣三：梁泉，兩當，河池。

《舊唐書》卷三九《地理志二·鳳州》 隋河池郡。武德元年，改爲鳳州。天寶元年，復爲河池郡。乾元元年，復爲鳳州。舊領縣四。【略】在京師西南六百里，至東都一千四百五十里。

《新唐書》卷四〇《地理志四·鳳州河池郡》 縣三：梁泉，兩當，河池。

興州

唐·杜佑《通典》卷一七六《州郡典六·順政郡》 東至漢中郡二百四十里。南至益昌郡五百四十九里。西至同谷郡三百四十里。北至河池郡三百五十里。東南到漢中郡二百八十七里。西南到武都郡覆津縣界二百里。西北到同谷郡三百四十里。東北到河池郡河池縣界百五十里。去西京九百三十五里，去東京千七百十里。

興州。【略】大唐爲興州，或爲順政郡。領縣三：順政，長舉，鳴水。

唐·李吉甫《元和郡縣圖志》卷二二《山南道三·興州》 隋大業二年，罷州爲順政郡，武德元年復置興州。

州境：東西二百八十六里。南北一百九十里。

八到：東北至上都九百五十里。東北至東都一千八百一十里。北至鳳州三百五十里。東南至興元府二百五十里。西至武州三百五十里。南沿流至興元府三泉縣一百五十里。【略】

管縣三：順政，長舉，鳴水。

《舊唐書》卷三九《地理志二·興州》 隋順政郡。武德元年，改爲興州。天寶元年，改爲順政郡。乾元元年，復爲興州。舊領縣三。【略】至京師九百四十八里，至東都一千七百八十一里。

《新唐書》卷四〇《地理志四·興州順政郡》 縣二：順政，長舉。

成州

唐·杜佑《通典》卷一七六《州郡典六·同谷郡》 東至河池郡四百五十里。南至武都郡三百三十里。西至懷道郡五百八十里。北至天水郡四百三十里。東南到順政郡三百四十里。西南到武都郡三百四十里。西北到隴西郡三百八十里。東北到天水郡三百里。去西京千三十里，去東京千八百三十里。

成州。【略】大唐爲成州，或爲同谷郡。領縣三：上祿，長道，同谷。

唐·李吉甫《元和郡縣圖志》卷二二《山南道三·成州》 隋大業三年，改成州爲漢陽郡。武德元年，復爲成州。本屬隴右道，貞元五年節度使嚴震奏割屬山南道。今於同谷縣西界泥公山上權置行成州。

州境：東西三百九十三里。南北三百九十四里。

八到：東至上都一千里。東至東都一千八百六十里。南至武州三百八十里。東至鳳四百五十里。東南取良恭縣路至宕州五百四十里。東北至秦州一百八十里。【略】

管縣三：上祿，同谷，長道。

《舊唐書》卷四〇《地理志三·成州》 隋漢陽郡。武德元年，置成州，領上祿、長道、潭水三縣。貞觀元年，以潭水屬宕州；又割廢康州之同谷縣來屬。州理楊難當所築建安城。天寶元年，改為同谷郡。乾元元年，復為成州。舊領縣三。【略】在京師西南和百六十里，至東都一千八百里。

《新唐書》卷四〇《地理志四·成州同谷郡》 本漢陽郡，治上祿，天寶元年更名，寶應元年没吐蕃，貞元五年，於同谷之西境泥公山權置行州，咸通七年復置，徙治寶井堡，後徙治同谷。【略】縣三：同谷，上祿，漢源。

文州

唐·杜佑《通典》卷一七六《州郡典六·陰平郡》 東至益昌郡四

百九十里。南至江油郡三百二十里。西至同昌郡百六十里。北至武都郡二百五十里。東南到益昌郡四百九十里。西南到同昌郡同昌縣十六里。西北到同昌郡百六十里。東北到武都郡盤隄縣百里。去西京千四百五十里，去東京二千九十里。

文州。【略】（西魏）始置文州及盧北郡。隋廢爲縣，併屬武都郡。大唐復置文州，或爲陰平郡。領縣二：曲水，長松。

唐·李吉甫《元和郡縣圖志》卷二二《山南道三·文州》 武德元年隴、蜀平，復爲文州。大曆十四年，西戎犯邊，刺史拔城南走。建中三年，以舊城在平地，窄小難守，遂移於故城東四里高原上，即今州理是也。

州境：東西一百八十里。南北二百四十里。

八到：東北至上都一千四百五十里。東北至東都二千三百一十里。東取山路至龍州三百六十里。東南至利州四百九十里。西南至扶州一百六十里。北至武州二百五十里。【略】

管縣二：曲水，長松。

《舊唐書》卷四一《地理志四·文州》 隋武都郡之曲水縣。義寧二年，置陰平郡，領曲水、長松、正西三縣。武德改文州。貞觀元年，省正西入曲水。天寶元年，改爲陰平郡。乾元元年，復爲文州。舊屬隴右道，隸松州都督。永徽中，改屬劍南道也。舊領縣二。【略】在京師西南一千四百九十里，至東都二千二百九十里。

《新唐書》卷四〇《地理志四·文州陰平郡》 義寧二年析武都郡之曲水、正西、長松置。【略】縣一：曲水。

扶州

唐·杜佑《通典》卷一七六《州郡典六·同昌郡》 東至武都郡三百二十里。南至江油郡六百里。西至交川郡三百三十里。北至懷道郡四百十里。東南到陰平郡百六十里。西南到交川郡三百里。西北到故芳州三百二十里。東北到武都郡三百二十里。去西京千六百十里，去東京二千四百十里。

扶州。【略】隋初改曰扶州，又改曰同昌郡。大唐因之，或爲同昌郡。領縣四：同昌，帖夷，尚安，鉗川。

唐·李吉甫《元和郡縣圖志》卷二二《山南道三·扶州》 武德元年，重置扶州。

州境：東西三百九十里。南北四百十九里。

八到：東北至上都一千六百里。東北至東都二千四百六十里。東南至龍州六百里。北至宕州四百里。東北至文州一百六十里。西南至松州驛路三百三十里。西北至故芳州驛路三百三十里。【略】

管縣四：同昌，帖夷，鉗川，尚安。

《舊唐書》卷四一《地理志四·扶州》 隋同昌郡。武德元年，改爲扶州。天寶元年，復爲同昌郡。乾元元年，復爲扶州。舊屬隴右道，隸松州都督。永徽後，改爲劍南道。舊領縣四。【略】在京師西南一千六百九十里，至東都二千四百四十九里。

《新唐書》卷四〇《地理志四·扶州同昌郡》 乾元後没吐蕃，大中二年，節度使鄭涯收復。【略】縣四：同昌，帖夷，萬全，鉗川。

集州

唐·杜佑《通典》卷一七五《州郡典五·符陽郡》 東至始寧郡三百六十里。南至清化郡二百里。西至益昌郡三百里。北至漢中郡三百里。東南到始寧郡五百里。西南到清化郡一百九十里。西北到益昌郡界二百五十里。東北到洋川郡四百里。去西京，取郡北巴路，至漢中郡郭下，過縣，取斜谷路，一千四百二十里。去東京，取郡內地平縣至益昌郡驛路，二千六百里。

集州。【略】大唐置集州，或爲符陽郡。領縣三：難江，符陽，地平。

《舊唐書》卷三九《地理志二·集州》 隋漢川郡之難江縣。武德元年，置集州，仍割巴州之符陽、長池、白石三縣來屬。又置平桑縣，凡領五縣。【略】天寶元年，改爲符陽郡。乾元元年，復爲集州。舊領縣一，【略】天寶領縣三。【略】在京師西南一千四百二十五里，至東都二千六百里。

《新唐書》卷四〇《地理志四·集州符陽郡》 武德元年，析梁州之難江，巴州之符陽、長池、白石置。【略】縣三：難江，大牟，嘉川。

壁州

唐·杜佑《通典》卷一七五《州郡典五·始寧郡》 東至通川郡一百六十二里。南至郡內廣納縣六十里。西至清化郡一百五十里。北至符陽郡符陽縣界一十里。東南到廣納縣東北界八十里。西南到咸安郡五百六十里。西北到符陽郡五百里。東北到郡內白石縣一百里。去西京二千八十二里，去東京二千九百三十二里。

壁州。【略】歷代與清化郡同。大唐武德八年，分巴州始寧縣之東境置壁州，或爲始寧郡。領縣四：諸水，廣納，白石，東巴。

《舊唐書》卷三九《地理志二·壁州》 武德八年，分巴州始寧縣，改置壁州並諸水縣。又割集州之符陽、白石二縣來屬。貞觀元年，廢萬州，割廣納縣來屬。八年，復以符陽屬集州。天寶元年，改爲始寧郡。乾元元年，復爲壁州。舊領縣三，【略】天寶縣四。【略】在京師西南一千八百二十二里，至東都二千九百四十二里。

《新唐書》卷四〇《地理志四·壁州始寧郡》 武德八年析巴州之始寧縣地置。【略】縣五：通江，廣納，符陽，白石，東巴。

巴州

唐·杜佑《通典》卷一七五《州郡典五·清化郡》 東至始寧郡一百五十里。南至咸安郡二百一十里。西至閬中郡二百八十里。北至符陽郡二百里。東南到通川郡四百五十里。西南到咸安郡二百二十里。西北到益昌郡三百三十九里。東北到符陽郡一百九十里。去西京一千二百二十五里，去東京二千五百八十二里。

巴州。【略】後魏得其地，置大穀郡。隋初郡廢，置巴州；煬帝初州廢，置清化郡。大唐因之。領縣十：化城，清化，曾口，始寧，其章，歸仁，恩陽，盤道，七盤，大牟。

《舊唐書》卷三九《地理志二·巴州》 隋清化郡。武德元年，改爲巴州，領化城、清化、曾口、盤道、永穆、歸仁、始寧、奇章、安固、伏虞、恩陽、白石、符陽、長池十四縣。【略】天寶元年，改爲清化郡。乾元元年，復爲巴州。舊領縣七，【略】天寶領縣十。【略】至京師二千三百六十里，至東都二千五百八十二里。

《新唐書》卷四〇《地理志四·巴州清化郡》 縣九：化城，盤道，清化，曾口，歸仁，始寧，其章，恩陽，七盤。

蓬州

唐·杜佑《通典》卷一七五《州郡典五·咸安郡》 東至通川郡四百四十里。南至潾山郡七十里。西至閬中郡三百里。北至清化郡二百一十里。東南到盛山郡六百八十里。西南到南充郡二百八十里。西北到益昌郡五百五十二里。東北到始寧郡三百六十里。去西京二千二百一十里，去東京三千一百五里。

蓬州。【略】大唐復置蓬州，或爲咸安郡。領縣七：大寅，儀隴，伏虞，咸安，大竹，良山，宕渠。

《舊唐書》卷三九《地理志二·蓬州》 武德元年，割巴郡之安固、伏虞，隆郡之儀隴、大寅，渠州之宕渠、咸安等六縣，置蓬州，因周舊名。【略】天寶元年，改爲咸安郡。至德二年，改爲蓬山郡。乾元元年，復爲蓬州。舊領縣六，【略】天寶縣七。【略】至京師二千二百一十里，至東都二千九百九十五里。

《新唐書》卷四〇《地理志四·蓬州蓬山郡》 本咸安郡，武德元年，以巴州之安固、伏虞，隆州之儀隴、大寅，渠州之宕渠、咸安置，開元二十九年徙治大寅，至德二載更郡名。【略】縣七：蓬池，良山，儀隴，伏虞，宕渠，蓬山，朗池。

通州

唐·杜佑《通典》卷一七五《州郡典五·通川郡》 東至盛山郡三百里。南至南浦郡四百里。西至潾山郡六百里。北至洋川郡一百九十六里。東南到盛山郡三百里。西南到潾山郡六百里。西北到清化郡四百五十里。東北到安康郡一千一百里。去西京，取益昌郡驛路，二千五里；東取洋川郡駱谷路，約有一千五百七十六里。去東京，取盛山郡下水，經三峽，出江陵、襄陽、南陽、臨汝等郡至東京，水陸相承，二千八百七十五里。

通州。【略】梁於此兼置萬州及東關郡。西魏改爲通州。隋初郡廢，煬帝初州廢，置通川郡。大唐因之。領縣七：通川，三岡，石鼓，宣漢，新寧，永穆，東鄉。

《舊唐書》卷三九《地理志二·通州》 隋通川郡。武德元年，改爲通州，領通川、宣漢、三岡、石鼓、東鄉五縣。【略】貞觀五年，廢都督府爲下州。長安二年，昇爲中州。開元二十三年，昇爲上州。天寶元年，改爲通川郡。乾元元年，復爲通州。舊領縣七，【略】在京師西南二千三百里，去東都二千八百七十五里。

《新唐書》卷四〇《地理志四·通州通川郡》 縣九：通川，永穆，三岡，石鼓，東鄉，宣漢，新寧，巴渠，閬英。

開州

唐·杜佑《通典》卷一七五《州郡典五·盛山郡》 東至雲安郡四百六十五里。南至南浦郡二百六十二里。西至通川郡三百里。北至通川郡四百九十里。東南到南浦郡二百三十里。西南到南浦郡梁山縣一百五十三里。西北到通川郡石鼓縣一百三十八里。東北到雲安郡界二百八里。去西京一千七百二十七里；去東京從郡水路至江陵郡一千四百六十八里，從江陵郡水陸相承至京二千六百七十九里。

開州。【略】大唐置開州，或爲盛山郡。領縣三：盛山，萬歲，新浦。

《舊唐書》卷三九《地理志二·開州》 隋巴東郡之盛山縣。義寧二年，分置萬州，仍割巴東郡之新浦，通川郡之萬世、西流三縣來屬。武德元年，改爲開州，領四縣。貞觀初，省西流入盛山。天寶元年，改爲盛山郡。乾元元年，復爲開州。舊領縣三。【略】在京師南一千四百六十里，至東都二千六百七十里。

《新唐書》卷四〇《地理志四·開州盛山郡》 本萬世郡，義寧二年，析巴東郡之盛山、新浦，通川郡之萬世、西流置，天寶元年更名。【略】縣三：開江，新浦，萬歲。

閬州

唐·杜佑《通典》卷一七五《州郡典五·閬中郡》 東至咸安郡三百里。南至南充郡三百里。西至普安郡三百里。北至益昌郡二百八十里。東南到南充郡三百六十里。西南到梓潼郡三百一十五里。西北到普安郡二百里。東北到清化郡二百八十里。去西京一千九百一十五里，去東京二千六百六十里。

閬州。【略】煬帝初置巴西郡。大唐爲崇州，先天中，改爲閬州，或爲閬中郡。領縣九：閬中，蒼溪，晉安，西水，奉國，南部，新井，新政，岐坪。

唐·李吉甫《元和郡縣圖志·闕卷逸文》卷一《山南道·閬州》 先天元年改爲閬州，取閬水以爲名。

《舊唐書》卷四一《地理志四·閬州》 隋巴西郡。武德元年，改爲隆州，領閬中、南部、蒼溪、南充、相如、西水、三城、奉國、儀隴，大寅十縣。【略】先天元年，改爲閬州。天寶元年，改爲閬中郡。乾元元年，復爲閬州。舊領縣八，【略】今領縣九。【略】至京師一千九百一十五里，至東都二千七百六十里。

《新唐書》卷四〇《地理志四·閬州閬中郡》 本隆州巴西郡，先天二年避玄宗名更州名，天寶元年更郡名。

果州

唐·杜佑《通典》卷一七五《州郡典五·南充郡》 東至潾山郡二百八十里。南至巴川郡四百四十里。西至梓潼郡三百五十里。北至閬中郡三百里。東南到潾山郡二百八十六里。西南到遂寧郡一百七十五里。西北到梓潼郡三百六十五里。東北到咸安郡二百八十里。去西京二千五百五十八里，去東京三千四百二十里。

果州。【略】大唐初，屬崇州。武德四年，分置果州，或爲南充郡。領縣六：南充，西充，相如，流溪，岳池，朗池。

《舊唐書》卷四一《地理志四·果州》 隋巴西郡之南充縣。武德四年，割隆州之南充、相如二縣置果州，因果山爲名。又置西充、郎池二縣。天寶元年，爲南充郡。乾元元年，復爲果州也。舊領縣四，【略】天寶領縣六。【略】至京師二千五百五十八里，至東都三千四百二十三里。

《新唐書》卷四〇《地理志四·果州南充郡》　武德四年析隆州之南充、相如置，大曆六年更名充州，十年復故名。【略】縣五：南充，相如，流溪，西充，岳池。

渠州

唐·杜佑《通典》卷一七五《州郡典五·潾山郡》　東至南浦郡四百五十里。南至巴川郡新明縣界百七十里。西至南充郡二百八十里。北至通川郡六百里。東南到涪陵郡二百七十里。西南到南充郡岳池縣界一百二十九里。西北到咸安郡二百里。東北到通川郡六百里。去西京三千二百七十七里，去東京三千一百九里。

渠州【略】大唐爲渠州，或爲潾山郡。領縣四：流江，潾水，潾山，渠江。

《舊唐書》卷三九《地理志二·渠州》　隋宕渠郡。武德元年，改爲渠州，領流江、賨城、宕渠、咸安、潾水、墊江六縣。【略】天寶元年，改爲潾山郡。乾元元年，復爲渠州。舊領縣四，【略】在京師西南二千一百七十里，至東都三千一百九十里。

《新唐書》卷四〇《地理志四·渠州潾山郡》　本宕渠郡，天寶元年更名。【略】縣三：流江，渠江，潾山。

隴右道

唐·李林甫等《唐六典》卷三《尚書戶部》　六曰隴右道，古雍、梁二州之境，今秦、渭、成、武、洮、岷、疊、宕、河、蘭、鄯、廓、涼、甘、肅、瓜、沙、伊、西、北庭、安西，已上河西。凡二十有一州焉。東接秦州，西逾流沙，南連蜀及吐蕃，北界朔漠。其名山有秦嶺、隴坻、西傾、朱圉、積石、合黎、崆峒、三危、鳥鼠同穴。其大川則有洮水、弱水、羌水，河瀆及休屠之澤在焉。

《新唐書》卷四〇《地理志四·隴右道》　隴右道，蓋古雍、梁二州之境，漢天水、武都、隴西、金城、武威、張掖、酒泉，燉煌等郡，總爲鶉首分。爲州十九，都護府二，縣六十。其名山：秦嶺、隴坻、鳥鼠同穴、朱圉、西傾、積石、合黎、崆峒、三危。其大川：河、洮、弱、羌、休屠之澤。

秦州

唐·杜佑《通典》卷一七四《州郡典四·天水郡》　東至汧陽郡三百里。南至同谷郡四百三十里。西至隴西郡三百里。北至平涼郡五百里。東南到河池郡五百三十里。西南到同谷郡三百里。西北到會寧郡五百一十里。東北到平涼郡四百七十五里。去西京八百里，去東京一千六百里。

秦州。【略】大唐爲秦州，或爲天水郡。領縣五：上邽，成紀，隴城，清水，伏羌。

唐·李吉甫《元和郡縣圖志》卷三九《隴右道上·秦州》　武德二年討平薛舉，改置秦州，仍立總管府。天寶元年改爲天水郡，乾元元年復爲秦州。

州境：東西四百三十九里。南北五百五十五里。

八到：東至上都八百里。東至東都一千六百六十里。東［北］至隴州三百六十里。西［北］至渭州三百里。西南至成州二百里。東北至原州四百六十里。【略】

管縣五：上邽，伏羌，隴城，清水，成紀。

《舊唐書》卷四〇《地理志三·秦州》　隋天水郡。武德二年，平薛舉，改置秦州，【略】領上邽、成紀、秦嶺、清水四縣。【略】天寶元年，改爲天水郡。【略】復還治上邽。乾元元年，復爲秦州。舊領縣六，【略】天寶領縣五。【略】在京師西七百八十里，至東都一千六百五里。

《新唐書》卷四〇《地理志四·秦州天水郡》　本治上邽，開元二十二年以地震徙治成紀之敬親川，天寶元年還治上邽，大中三年復徙治成紀。【略】縣六：成紀，上邽，伏羌，隴城，清水，長道。

河州

唐·杜佑《通典》卷一七四《州郡典四·安鄉郡》　東至金城郡三百里。南至臨洮郡三百一十七里。西至寧塞郡三百九十里。北至西平郡三百里。東南到金城郡狄道縣一百四十八里。西南到臨洮郡三百一十七里。西北到西平郡龍支縣一百八十六里。東北到金城郡三百里。去西京一千四百七十五里，去東京二千二百七十五里。

河州。【略】大唐爲河州，或爲安鄉郡。領縣三：枹罕，大夏，鳳林。

唐・李吉甫《元和郡縣圖志》卷三九《隴右道上・河州》 武德二年討平李軌，改置河州。寶應元年陷於西蕃。

州境：東西二百二十八里。南北三百七里。

八到：東至上都一千四百六十里。東至東都二千三百二十里。東北至蘭州三百里。西至廓州三百九十里。（東）南至洮州三百里。西北至鄯州三百里。

《舊唐書》卷四〇《地理志三・河州》 隋枹罕郡。武德二年，平李軌，置河州，領枹罕、大夏二縣。【略】天寶元年，改爲安鄉郡。乾元元年，復爲河州。舊領縣三，【略】天寶領縣三，【略】在京師西一千四百一十五里，至東都二千二百七十里。

《新唐書》卷四〇《地理志四・河州安昌郡》 本枹罕郡，天寶元年更名。

渭州

唐・杜佑《通典》卷一七四《州郡典四・隴西郡》 東至天水郡三百里。南至同谷郡四百三十六里。西至和政郡三百里。北至金城郡四百里。東南到天水郡三百四十五里。西南到和政郡二百五十四里。西北到金城郡四百五里。東北到天水郡三百九十六里。去西京千一百五十三里，去東京二千一十三里。

渭州。【略】大唐爲渭州，或爲隴西郡。領縣四：襄武，隴西，渭源，鄣。

唐・李吉甫《元和郡縣圖志》卷三九《隴右道上・渭州》 武德元年，西土底平，復置渭州。

州境：東西二百六十六里。南北三百八十六里。

八到：東至上都一千一百里。東至東都一千九百六十里。東南至秦州三百里。西南至岷州二百二十六里。東北至原州五百五十里。西北至臨洮軍一百九十里。

《舊唐書》卷四〇《地理志三・渭州》 隋隴西郡。武德元年，置渭州。天寶元年，改爲隴西郡。乾元元年，復爲渭州。四月，鄯州都督郭英乂，奏請以渭州、洮州爲都督府，後廢。舊領縣四。【略】在京師西一千一百五十三里，至東都二千里。

鄯州

唐・杜佑《通典》卷一七四《州郡典四・西平郡》 東至金城郡廣武縣一百一十三里。南至寧塞郡一百八十里。西至綏戎硤舊吐谷渾界一十里。北至武威郡昌松縣南界一百四十二里。東南到安鄉郡鳳林縣故城二百八十里。西南到寧塞郡廣威縣故承風吐谷渾界三百一十三里。西北到木昆山舊吐谷渾界一百九十五里。東北到金城郡廣武縣故長城界二百一十七里。去西京一千九百九十三里，去東京二千七百四十九里。

鄯州。【略】後周置樂都郡。隋初郡廢，置鄯州；煬帝初州廢，置西平郡。大唐因之。領縣三：湟水，龍支，鄯城。

唐・李吉甫《元和郡縣圖志》卷三九《隴右道上・鄯州》 武德二年討平薛舉，關、隴平定，改置鄯州。儀鳳二年置都督府，後復爲州。

州境：東西三百五里。南北二百一十五里。

八到：東南至上都一千九百六十里。東南至東都二千七百六十里。東南至蘭州四百里。西至青海三百七十里。西南至廓州二百四十里。東北至涼州五百里。

《舊唐書》卷四〇《地理志三・鄯州》 隋西平郡。武德二年，平薛舉，置鄯州，治故樂都城。貞觀中，置都督府。天寶元年，改爲西平郡。乾元元年，復爲鄯州。上元二年九月，州爲吐蕃所陷，遂廢。所管鄯城三縣，今河州收管。舊領縣二，【略】天寶領縣三，【略】在京師西一千九百一十三里，至東都二千五百四十里。

蘭州

唐・杜佑《通典》卷一七四《州郡典四・金城郡》 東至會寧郡四

百二十里。南至隴西郡四百里。西至西平郡四百九十里。北至武威郡五百七十里。東南到隴西郡四百五里。西南到安鄉郡三百里。西北到武威郡五百四十里。東北到會寧郡四百二十里。去西京一千四百四十五里，去東京二千二百九十五里。

蘭州。【略】後魏、後周並屬武始郡。隋初郡廢，置蘭州；煬帝初州廢，置金城郡。大唐因之。領縣三：五泉，狄道，廣武。

唐·李吉甫《元和郡縣圖志》卷三九《隴右道上·蘭州》 隋開皇元年立爲蘭州，置總管府，取皋蘭山以爲名。大業三年罷州，爲金城郡。武德二年討平薛舉，復置蘭州，八年置都督府，顯慶元年罷，復爲州。

州境：東西二百一十七里。南北六百一十里。

八到：東南至上都一千四百六十里。東南至東都二千三百二十里。東至臨州一百九十里。東北至會州三百八十里。西北至鄯州四百里。西南至河州三百里。【略】

管縣二：五泉，廣武。

《舊唐書》卷四〇《地理志三·蘭州》 隋金城郡。隋末，陷薛舉。武德二年，平賊，置蘭州。【略】天寶元年，改金城郡。二載，割狄道縣置狄道郡。乾元元年，復爲蘭州。舊領縣三，【略】天寶領縣二。【略】在京師西一千四百四十五里，至東都二千二百里。

《新唐書》卷四〇《地理志四·蘭州金城郡》 以皋蘭山名州。【略】縣二：五泉，金城。

臨　州

唐·李吉甫《元和郡縣圖志》卷三九《隴右道上·臨州》 天寶初，割蘭州狄道縣又別置安樂縣置臨州。

八到：東南至上都一千四百八十里。東南至東都二千二百四十里。南至岷州三百四十里。西至蘭州一百九十里。【略】

管縣二：狄道，長樂。

《舊唐書》卷四〇《地理志三·臨州》 天寶三載，分金城郡置狄道郡。乾元元年，改爲臨州都督府，督保塞州，羈縻之名也。領縣二。【略】在京師西一千四百四十五里，至東都二千二百里。

《新唐書》卷四〇《地理志四·臨州狄道郡》 天寶三載析金城郡之狄道縣置。縣二：狄道，長樂。

階　州

唐·杜佑《通典》卷一七六《州郡典六·武都郡》 東至同谷郡三百三十里。南至陰平郡二百五十里。西至懷道郡懷道縣二百七十里。北至同谷郡四百二十里。東南到陰平郡曲水縣三百三十里。西南到同昌郡三百二十里。西北到懷道郡良恭縣三百六十里。東北到同谷郡同谷縣三百四十里。去西京千二百里，去東京千八百五十里。

武州。【略】大唐爲武州，或爲武都郡。領縣三：將利，覆津，盤隄。

唐·李吉甫《元和郡縣圖志》卷三九《隴右道上·武州》 後魏平仇池，於仙陵山東置武都鎮，宣武帝於鎮城復置武都郡，廢帝改置武州。隋大業三年又改爲武都郡，武德元年復爲武州。

州境：東西二百五十六里。南北二百九十里。

八到：東北至上都一千三百里。東北至東都二千六百里。東至興州三百五十七里。西北至宕州二百五十里。南至文州二百五十里。北至成州三百八十里。【略】

管縣三：將利，福津，盤隄。

《舊唐書》卷四〇《地理志三·武州》 隋武都郡。武德元年，置武州，領將利、建威、覆津、盤堤四縣。貞觀元年，省建威入將利。天寶元年，改爲武都郡。乾元元年，復爲武州。舊領縣三，【略】在京師西一千二百九十里，至東都二千里。

《新唐書》卷四〇《地理志四·階州武都郡》 本武州，因没吐蕃，廢，大曆二年復置爲行州，咸通中始得故地，龍紀初遣使招葺之，景福元年更名，治皋蘭鎮。【略】縣三：將利，福津，盤隄。

洮　州

唐·杜佑《通典》卷一七四《州郡典四·臨洮郡》 東至和政郡一百七十六里。南至合川郡一百七十九里。西至野，更無郡縣。北至安鄉郡三百一十七里。東南到合川郡一百八十里。西南到吐谷渾界。西北到千旭戍界一百八十里。東北到安鄉郡三百一十七里。去西京一千五百六里，去東京二千三百九十六里。

洮州。【略】大唐爲洮州，或爲臨洮郡。領縣一：臨潭。

唐・李吉甫《元和郡縣圖志》卷三九《隴右道上・洮州》 後周明帝武成中，西逐諸戎，其地内屬，置洮陽防，武帝保定元年立洮州。隋大業三年罷州，改爲臨洮郡。隋季亂離，所在陷没，郡守孫長詢率所部百姓嬰城固守，以義寧元年舉城歸國，武德二年復於此置洮州。貞觀四年，州移理故洪和城，於此置臨洮鎮，五年廢鎮，置湻州，八年廢州，復移洮州理此。永徽元年置都督府，開元十七年廢入岷州。二十年於臨潭又置臨州，二十七年又改爲洮州。

州境：東西五百五十里。南北二百二十里。

八到：東北至上都一千五百里。東北至東都二千三百六十里。東至岷州一百八十里。西至黄河六百里。西南至疊州一百八十里。北至河州三百里。【略】

管縣二：臨潭，美相。

《舊唐書》卷四〇《地理志三・洮州》 隋臨洮郡。武德二年，置洮州。貞觀五年，移州治於洪和城，後復移還洮陽城，今州治也。【略】天寶元年，改爲臨洮郡，管密恭縣，黨項部落也，寄治州界。乾元元年，復爲洮州。舊領縣二。【略】在京師西一千五百六里，至東都二千三百九十里。

《新唐書》卷四〇《地理志四・洮州臨洮郡》 本治美相，貞觀八年徙治臨潭。開元十七年州廢，以縣隸岷州，二十年復置，更名臨州，二十七年復故名。【略】縣一：臨潭。

岷州

唐・杜佑《通典》卷一七四《州郡典四・和政郡》 東至隴西郡三百里。南至懷道郡二百五十里。西至臨洮郡一百七十六里。北至金城郡狄道縣五百三十四里。東南到懷道郡良恭縣一百一十三里。西南到臨洮郡臨潭縣一百七十六里。西北到安鄉郡大夏縣三百六十三里。東北到隴西郡三百五十四里。去西京一千三百七十八里，去東京二千二百二十里。

岷州。【略】西魏置岷州及同和郡。隋初郡廢，煬帝初州廢，併其地入臨洮郡。大唐復置岷州，或爲和政郡。領縣三：溢樂，祐川，和政。

唐・李吉甫《元和郡縣圖志》卷三九《隴右道上・岷州》 後魏文帝始於此置岷州，南有岷山，因以爲稱，仍領同和郡，又改爲臨洮郡。隋開皇三年罷郡，屬岷州，大業三年復爲臨洮郡。隋末淪陷寇賊，義寧二年改置岷州，天寶元年改爲和政郡，乾元元年復爲岷州。

州境：東西一百六十三里。南北三百六十七里。

八到：東北至上都一千三百三十六里。東北至東都二千一百八十六里。東北至渭州二百二十六里。西南至洮州一百八十里。南至宕州三百八十里。南至宕州三百八十里。

《舊唐書》卷四〇《地理志三・岷州》 隋臨洮郡之臨洮縣。義寧二年，置岷州。【略】天寶元年，改爲和政郡。乾元元年，復爲岷州。舊領縣四，【略】天寶縣三。【略】在京師西一千三百七十八里，至東都二千一百里。

《新唐書》卷四〇《地理志四・岷州和政郡》 義寧二年析臨洮郡之臨洮、和政置。

廓州

唐・杜佑《通典》卷一七四《州郡典四・寧塞郡》 東至西平郡龍支縣二百九十里。南至宣威守捉使二百九里。西至積石軍一百八十里。北至西平郡一百八十里。東南到安鄉郡三百九十里。西南到積石軍一百六十一里。西北到西平郡鄯城縣二百八十里。東北到西平郡龍支縣三百九十四里。去西京二千三十里，去東京二千八百七十三里。

廓州。【略】煬帝初州廢，置澆河郡。大唐復爲廓州，或爲寧塞郡。領縣三：廣威，達化，米川。

唐・李吉甫《元和郡縣圖志》卷三九《隴右道上・廓州》 武德二年，西土平定，改置廓州。

州境：東西三百九十四里。南北四百九十里。

八到：東南至上都二千四百十里。東至東都三千九百六十里。東至

河州三百九十里。西至吐蕃界樹郭城三百二十里。南至新置曜武軍二百里。北至新安夷騎八十里。【略】

管縣三：化城，達化，米川。

《舊唐書》卷四〇《地理志三・廓州》　隋澆河郡。武德二年，置廓州。天寶元年，改爲寧塞郡。乾元元年，復爲廓州。舊領縣二，【略】天寶縣三。【略】在京師二千三十里，至東都二千七百七十二里。

《新唐書》卷四〇《地理志四・廓州寧塞郡》　本澆河郡，天寶元年更名。【略】縣三：廣威，達化，米川。

疊州

唐・杜佑《通典》卷一七六《州郡典六・合川郡》　東至懷道郡二百四十里。南至吐蕃界三十里。西至吐蕃界九十里。北至臨洮郡百八十里。東南到同昌郡三百四十里。西南到吐蕃界七十里。西北到吐蕃界七十里。東北到和政郡四百五十里。去西京千七百六十里，去東京二千五百六十里。

疊州。【略】大唐爲疊州，或爲合川郡。領縣二：合川，常芬。

唐・李吉甫《元和郡縣圖志》卷三九《隴右道上・疊州》　周武帝建德六年，西逐諸戎，始統有其地，乃置疊州，蓋取山川重疊爲義。隋大業元年廢疊州，以縣屬洮州。武德二年，西土內附，於今州西二十九里合川故城置疊州，五年陷吐谷渾，七年討平之，復置疊州。今州城在獨山上，西臨絕澗，南枕羌水。十三年置都護府，永徽元年罷，天寶元年改爲合川郡，乾元元年復爲疊州。

州境：東西二百六十五里。南北一百二十九里。

八到：東至上都一千七百里。東至東都二千五百六十里。東南沿流至宕州二百五十里。岸二百八十里。東南至故芳州一百四十里。東北至洮州一百八十里。【略】

管縣二：合川，常芳。

《舊唐書》卷四〇《地理志三・疊州》　隋臨洮郡之合川縣。武德二年，置疊州，領合川、樂川、疊川三縣。五年，又置安化、和同二縣，以處黨項，尋省。【略】天寶元年，改爲合川郡。乾元元年，復爲疊州。舊領縣一，【略】天寶領縣二。【略】在京師西南一千一百一十里，至東都二千五百六十里。

《新唐書》卷四〇《地理志四・疊州合川郡》　武德二年析洮州之合川、樂川、疊川置。【略】縣二：合川，常芬。

芳州

唐・李吉甫《元和郡縣圖志》卷三九《隴右道上・芳州》　周明帝武成中西逐諸戎，始有其地，乃於三交口築城置甘松防，武帝建德中改爲芳州，領恒香、深泉二郡。隋大業二年郡、州廢，以縣屬扶州。隋氏喪亂，陷於寇賊。武德元年，西邊平定，復於常芳縣置芳州。

八到：東至上都一千八百四十里。東北至東都二千七百里。東南至扶州三百里。西南至羌直州一百六十里。東至羌二百三十里。西至疊州一百四十里。【略】

管縣三：常芬，恒香，丹嶺。

《舊唐書》卷四〇《地理志三・疊州》　常芬，隋同昌郡之常芬縣。武德元年，置芳州，領常芬、恒香、丹嶺三縣。神龍元年，廢芳州爲常芬縣，隸疊州。

《新唐書》卷四〇《地理志四・疊州合川郡》　常芬，武德元年以縣置芳州，並置丹嶺縣。四年以丹嶺隸洮州。貞觀二年置恒香縣，僑治恒香戍，復以丹嶺隸芳州。高宗上元二年陷吐蕃，神龍元年州廢，省丹嶺、恒香，以常芬來屬。

宕州

唐・杜佑《通典》卷一七六《州郡典六・懷道郡》　東至武都郡二百七十里。南至同昌郡四百十里。西至合川郡二百四十里。北至和政郡二百五十里。東南到□□□□□□。西南到□□□□□□。西北到和政郡二百五十里。東北到同谷郡上祿縣三百二十里。去西京千四百七十里，去東京二千二百八十里。

宕州。【略】隋置宕昌郡。大唐爲宕州，或爲懷道郡。領縣二：懷道，良恭。

唐・李吉甫《元和郡縣圖志》卷三九《隴右道上・宕州》　周天和元年，改藩置宕州。隋大業三年罷州，置宕昌郡，武德元年復宕州。天寶元年改爲懷道郡，乾元元年復爲宕州，因宕昌山爲名也。

州境：東西三百六十五里。南北四百二十九里。

八到：東北至上都一千四百七十里。東北至東都二千三百三十里。東南至武州二百五十里。西北至疊州二百五十里。西南至扶州四百里。北至岷州三百八十里。

《舊唐書》卷四〇《地理志三・宕州》　隋宕昌郡。武德元年，置宕州，領懷道、良恭、和戎三縣。貞觀三年，省和戎入懷道。天寶元年，改爲懷道郡。乾元元年，復爲宕州。舊領縣二。【略】在京師西南一千六百五十六里，至東都二千二百八十五里。

《新唐書》卷四〇《地理志四・宕州懷道郡》　本宕昌郡，天寶元年更名。【略】縣二：懷道，良恭。

涼州

唐・杜佑《通典》卷一七四《州郡典四・武威郡》　東至會寧郡六百里。南至西平郡浩亹河二百六十里。西至張掖郡五百里。北至突厥界安蓋泉五百八十里。東南到金城郡五百四十里。西南到張掖郡張掖縣界陳北烽三百七十里。西北到張掖郡六百里。東北到會寧郡烏蘭縣界白鹿烽三百五十里。去西京二千一十里，去東京二千八百七十里。

涼州。【略】大唐初，李軌【略】據之。及克平，置涼州，或爲武威郡。領縣五：姑臧，神烏，番禾，昌松，嘉麟。

唐・李吉甫《元和郡縣圖志》卷四〇《隴右道下・涼州》　隋末喪亂，陷於寇賊，武德二年討平李軌，改爲涼州。【略】天寶元年，改爲武威郡，乾元元年復爲涼州。【略】州城本匈奴所築，漢置爲縣。城不方，有頭尾兩翅，名爲烏城。南北七里，東南三里，地有龍形，亦名臥龍城。

州境：東西四百里。南北八百三十里。

八到：東北至上都取秦州路二千里，取皋蘭路一千六十里。東南至東都二千八百六十里。【略】

管縣五：姑臧，神烏，昌松，嘉麟，天寶。

《舊唐書》卷四〇《地理志三・涼州》　隋武威郡。武德二年，平李軌，置涼州總管府，管涼、甘、瓜、肅四州。涼州領姑臧、昌松、番禾三縣。三年，又置神烏縣。【略】天寶元年，改爲武威郡，督涼、甘、肅三州。乾元元年，復爲涼州。舊領縣三，【略】天寶領縣五。【略】在京師西北二千一十里，至東都二千八百七十里。

沙州

唐・杜佑《通典》卷一七四《州郡典四・燉煌郡》　東至晉昌郡二百八十里。南至故南口烽二百五十里，烽以南吐谷渾界。西至壽昌廢縣中界五十里，以破石亭爲界。北至故鹹泉戍三百三十六里，與伊吾郡分界。東南到晉昌郡界三百五十里。西南到郡廢壽昌縣界三百九十里。西北到河蒼烽二百四十二里，與廢壽昌縣分界。東北到伊吾郡界三百八十六里。去西京三千七百五十九里，去東京四千六百九里。

沙州。【略】大唐爲沙州，或爲燉煌郡。領縣二：燉煌，壽昌。

唐・李吉甫《元和郡縣圖志》卷四〇《隴右道下・沙州》　武德二年西土平定，置瓜州，五年改爲沙州。【略】皇朝以敦煌爲燉煌。

八到：東南至上都三千七百里。東南至東都四千五百六十里。東至瓜州三百里。西至石城鎮一千五百里。西至吐蕃界三百里。北至伊州七百里。【略】

管縣二：燉煌，壽昌。

《舊唐書》卷四〇《地理志三・沙州》　隋燉煌郡。武德二年，置瓜州。五年，改爲西沙州。貞觀七年，去『西』字。天寶元年，改爲燉煌郡。乾元元年，復爲沙州。舊領縣二。【略】在京師西北三千六百五十里，至東都四千三百九里。

《新唐書》卷四〇《地理志四・沙州燉煌郡》　本瓜州，武德五年曰西沙州，貞觀七年曰沙州。

瓜州

唐・杜佑《通典》卷一七四《州郡典四・晉昌郡》　東至酒泉郡五百二十六里。南至新鄉鎮一百八十里。西至燉煌郡二百八十里。北至豹門守捉四百五十里。東南到酒泉郡界三百四十里。西南到燉煌郡界一百六十里。西北到伊吾郡界五百里。東北到酒泉郡界三百四十里。去西京三千三百八十四里，去東京四千三百六里。

瓜州。【略】大唐置瓜州，或爲晉昌郡。領縣二：晉昌，常樂。

唐·李吉甫《元和郡縣圖志》卷四〇《隴右道下·瓜州》 本漢酒泉郡，元鼎六年分酒泉置敦煌郡，今州即酒泉、敦煌二郡之地。晉惠帝又分二郡置晉昌郡，周武帝改爲永興郡。隋開皇三年罷郡，置瓜州。按隋瓜州，即今沙州也。大業三年改瓜州爲敦煌郡，武德五年改瓜州，別於晉昌置瓜州。地出美瓜，故取名焉。狐食其瓜，不見首尾。

州境：東西三百九十三里。南北六百八十四里。

八到：東南至上都三千四百里。東南至東都四千二百六十里。東南至肅州四百八十里。西至沙州三百里。南至大雪山二百四十里。

《舊唐書》卷四〇《地理志三·瓜州》 隋燉煌郡之常樂縣。武德五年，置瓜州，仍立總管府，管西沙、肅三州。八年，罷都督。貞觀中，復爲都督府。天寶元年，爲晉昌郡。乾元元年，復爲瓜州。舊領縣一。**【略】**在京師西三千三百一十里，至東都四千三百六里。

《新唐書》卷四〇《地理志四·瓜州晉昌郡》 武德五年析沙州之常樂置。

甘州

唐·杜佑《通典》卷一七四《州郡典四·張掖郡》 東至武威郡五百里。南至雪山以南吐谷渾分界二百三十里。西至酒泉縣四百二十里。北傍張掖河，屈曲過同城鎮，至峽口烽，總三千七十八里。東南到武威郡六百里。西南到酒泉郡福祿縣界赤柳澗三百三十里。西北到酒泉郡福祿縣咸池烽東張掖河三百五里。東北到武威郡番禾縣石硤烽三百七十里。去西京二千五百一十里，去東京三千三百一十里。

甘州。**【略】**大唐爲甘州，或爲張掖郡。領縣二：張掖，刪丹。

唐·李吉甫《元和郡縣圖志》卷四〇《隴右道下·甘州》 武德二年討平李軌，改置甘州。

州境：東西四百一十六里。南北一千三百七里。

八到：東南至上都二千五百里。東南至東都三千三百六十里。東至涼州五百里。西至肅州四百里。南至大雪山二百三十里。東北至花門山一千四百五十里。

《舊唐書》卷四〇《地理志三·甘州》 隋張掖郡。武德二年，平李軌，置甘州。天寶元年，改爲張掖郡。乾元元年，復爲甘州。舊領縣二。**【略】**在京師西北二千五百里，至東都三千三百一十里。

肅州

唐·杜佑《通典》卷一七四《州郡典四·酒泉郡》 東至張掖郡四百二十里。南至吐蕃界二百里。西至晉昌郡五百二十六里。北至迴紇界伏縠泉三百里。東南到張掖郡界赤柳澗二百里。西南到晉昌郡界安樂烽三百四十里。西北到晉昌郡三百四十里，東北到張掖郡鹹池烽二百三十里。去西京二千九百六十八里，去東京三千七百八十里。

肅州。**【略】**大唐復置肅州，或爲酒泉郡。領縣三：酒泉，福祿，玉門。

唐·李吉甫《元和郡縣圖志》卷四〇《隴右道下·肅州》 仁壽二年，以境宇遼遠，分甘州置肅州。隋末陷於寇賊，武德元年河右底定，復於酒泉縣置肅州。

州境：東西五百六十四里。南北四百三十五里。

八到：東南至上都二千九百里。東南至東都三千七百六十里。東至甘州四百里。南至吐蕃雪嶺二千五百里。西北至葭蘆泉五百里。**【略】**

管縣三：酒泉，福祿，玉門。

《舊唐書》卷四〇《地理志三·肅州》 武德二年，分隋張掖郡置肅州。八年，置都督府，督肅、瓜、沙三州。貞觀元年，罷都督府。貞觀中，廢玉門縣。天寶元年，改爲酒泉郡。乾元元年，復爲肅州。舊領縣三，**【略】**天寶領縣二。**【略】**在京師西北二千八百五十八里，至東都三千七百八十里。

《新唐書》卷四〇《地理志四·肅州酒泉郡》 武德二年析甘州之福祿、瓜州之玉門置。**【略】**縣三：酒泉，福祿，玉門。

伊州

唐・杜佑《通典》卷一七四《州郡典四・伊吾郡》 東至晉昌郡界六百四十里。南至燉煌郡界一百四十里。西至交河郡七百五十里。北至伊吾郡界三百里，北戎界。東南到燉煌郡磧，無行路馬道，到晉昌郡界不知遠近。西南到燉煌郡磧，無路馬道。西北到折羅漫山一百四十六里，其山北有大川連大磧，入金山哥羅祿住處。東北到折羅漫山三百四十里，其山北有大川入迴紇界，馬行三十日，無里數。去西京四千八百里，去東京五千六百五十里。

伊州。在燉煌北大磧之外，爲戎狄之地。【略】至大唐貞觀初内附，乃置伊州，或爲伊吾郡。領縣二：伊吾，納職。

唐・李吉甫《元和郡縣圖志》卷四〇《隴右道下・伊州》 貞觀四年，胡等慕化内附，於其地置伊州。

州境：東西一千一十五里。南北四百九十里。

八到：東南至上都四千四百三十里。東南至東都五千一百六十里。西南至西州七百三十里。東南取莫賀磧路至瓜州九百里。正南微東至沙州七百里。【略】

管縣三：伊吾，柔遠，納職。

《舊唐書》卷四〇《地理志三・伊州》 隋伊吾郡。隋末，西域雜胡據之。貞觀四年，歸化，置西伊州。六年，去『西』字，天寶元年，爲伊吾郡。乾元元年，復爲伊州。舊領縣三，【略】天寶領縣二。【略】在京師西北四千四百一十六里，至東都五千三百三十里。

《新唐書》卷四〇《地理志四・伊州伊吾郡》 本西伊州，貞觀六年更名。【略】縣三：伊吾，納職，柔遠。

西州

唐・杜佑《通典》卷一七四《州郡典四・交河郡》 東至伊吾郡七百五十里。南至三百五十里，過荒山千餘里至吐蕃。西至焉耆鎮守軍七百一十里。北至北庭都護府四百五十里。東南到燉煌郡千一百里。西南到焉耆七百十里。西北到北庭輪臺縣五百四十里。東北到伊吾郡八百四十里。去西京五千二百六十五里，去東京六千二百一十五里。

西州。【略】前涼張駿置高昌郡。其後後魏有之，後又屬蠕蠕，其後麴嘉稱王於此數代。至唐貞觀十四年，討平之，以其地爲西州，置都督府，後改爲金山都護府，或爲交河郡。領縣五：高昌，交河，柳中，蒲昌，天山。

唐・李吉甫《元和郡縣圖志》卷四〇《隴右道下・西州》 州境：東西八百九十五里。南北四百八十六里。

八到：東南至上都五千三十里。東南至東都五千里。東北至伊州七百三十里。西南至焉耆七百二十里。東南至金沙州一千四百里。南至樓蘭國一千二百里，並沙磧，難行。北（至）〔自〕金婆嶺至北庭都護府五百里。【略】

管縣五：前庭，柳中，交河，天山，蒲昌。

《舊唐書》卷四〇《地理志三・西州》 本高昌國。貞觀十三年，平高昌，置西州都督府，仍立五縣。顯慶三年，改爲都督府。天寶元年，改爲交河郡。乾元元年，復爲西州。舊領縣五，【略】天寶領縣五。【略】在京師西北五千五百一十六里，至東都六千二百一十五里。

《新唐書》卷四〇《地理志四・西州交河郡》 貞觀十四年平高昌，以其地置。開元中曰金山都督府。天寶元年爲郡。【略】縣五：前庭，柳中，交河，蒲昌，天山。

庭州

唐・杜佑《通典》卷一七四《州郡典四・北庭府》 東至伊吾郡界六百八十里。南至交河郡界四百五十里。西至突騎施三千六百八十里。北至堅昆七千里。東南到伊吾郡界六百八十里。西南到焉耆鎮守軍八百七十里。西北到突騎施三千一百八十里。東北到迴紇界一千七百里。去西京六千一百三十里，去東京六千八百七十六里。

庭州，在流沙之西北，前漢烏孫之舊壤，後漢車師後王之地。歷代爲胡虜所居。大唐貞觀中，征高昌。於時西突厥屯兵於可汗浮圖城，與高昌相影響。及高昌既平，懼而來降，以其地爲庭州，後置北庭都護府。領縣三：金滿，蒲類，輪臺。

唐·李吉甫《元和郡縣圖志》卷四〇《隴右道下·庭州》 庭州，因王庭以爲名也。後爲賊所攻掠，蕭條荒廢，顯慶中重修置，以來濟爲刺史，理完葺焉。請州所管諸蕃，奉敕皆爲置州府，以其大首領爲都督、刺史、司馬，又置參將一人知表疏等事。其俗帳居，隨逐水草。帳門皆向東開門，向慕皇風也。其漢戶，皆龍朔已後流移人也。

八到：東南至上都五千二百七十里。東南至東都六千一百三十里。東南至伊州九百七十里。東至西州五百里。西南至焉耆鎮一千一百里。西至碎葉二千二百二十里。北至堅昆衙帳約四千里。東北至迴鶻衙帳三千里。【略】

管縣三：後庭，蒲類，輪臺。

《舊唐書》卷四〇《地理志三·北庭都護府》 貞觀十四年，侯君集討高昌，西突厥屯兵於浮圖城，與高昌相回應。及高昌平。二十年四月，西突厥泥伏沙鉢羅葉護阿史那賀魯率衆內附，乃置庭州，處葉護部落。【略】舊領縣一，【略】天寶領縣三。【略】在京師西北五千七百二十里，東至伊州界六百八十里，南至西州界四百五十里，西至突騎施庭一千六百里，北至堅昆七千里，東至迴鶻界一千七百里。

《新唐書》卷四〇《地理志四·北庭大都護府》 本庭州，貞觀十四年平高昌，以西突厥泥伏沙鉢羅葉護阿史那賀魯部落置，並置蒲昌縣，尋廢，顯慶三年復置，長安二年爲北庭都護府。【略】縣四：金滿，輪臺，後庭，西海。

淮南道

唐·李林甫等《唐六典》卷三《尚書戶部》 七曰淮南道，古楊州之境，今楊、楚、和、滁、濠、壽、廬、舒、蘄、黃、沔、安、申、光，凡一十有四州焉。東臨海，西抵漢，南據江，北距淮。其名山有八公、灊、大別、霍山、羅山、塗山。其大川有滁、淝之水，巢湖在焉。

《新唐書》卷四一《地理志五·淮南道》 淮南道，蓋古揚州之域，漢九江、廬江、江夏等郡，廣陵、六安國及南陽、汝南、臨淮之境。揚、楚、滁、和、廬、壽、舒爲星紀分，安、黃、申、光、蘄爲鶉尾分。爲州十二，縣五十三。其名山：灊、天柱、羅、塗、八公。其大川：滁、肥、巢湖。

揚州

唐·杜佑《通典》卷一八一《州郡典十一·廣陵郡》 東至海五百六里。南至丹陽六十三里。西至永陽三百里。北至淮陰三百里。東南到海四百六里，無郡縣。西南到歷陽三百六十里。西北到淮陰郡盱眙縣二百五十里。東北到淮陰郡鹽城縣三百六十里。去西京二千五百六十七里，去東京千七百四十九里。

揚州。【略】大唐初爲兗州，後改爲邗州，後又改爲揚州，爲大都督府，其後或爲廣陵郡。領縣七：江都，江陽，海陵，高郵，六合，揚子，天長。

《舊唐書》卷四〇《地理志三·揚州》 隋江都郡。武德三年，杜伏威歸國，於潤州江寧縣置揚州，以隋江都郡爲兗州，置東南道行臺。七年，改兗州爲邗州。九年，省江寧縣之揚州，改邗州爲揚州，【略】天寶元年，改爲廣陵郡，依舊大都督府。乾元元年，復爲揚州。【略】舊領縣四：江都、六合、海陵、高郵。【略】天寶領縣七。【略】在京師東南二千七百五十三里，至東都一千七百四十九里。

《新唐書》卷四一《地理志五·揚州廣陵郡》 本南兗州江都郡，武德七年曰邗州，以邗溝爲名，九年更置揚州，天寶元年更郡名。

楚州

唐·杜佑《通典》卷一八一《州郡典十一·淮陰郡》 東至海二百十五里。南至廣陵郡三百里。西至臨淮郡一百九十里。北至臨淮郡漣水縣淮水七十五里。東南到廣陵郡海陵縣八十五里。西南到鍾離郡招義縣四百二十里。西北到臨淮郡二百六十三里。東北到淮口入海水路一百七十九里。去西京二千五百一里，去東京千六百六十里。

楚州。【略】大唐武德四年，爲東楚，八年改爲楚州，或爲淮陰郡。領縣五：山陽，鹽城，盱眙，淮陰，安宜。

《舊唐書》卷四〇《地理志三·楚州》 隋江都郡之山陽縣。武德四年，臧君相歸附，立爲東楚州，領山陽、安宜、鹽城三縣。八年，廢西楚州，以盱眙來屬，仍去「東」字。天寶元年，改爲淮陰郡。乾元元年，復爲楚州。舊領縣四，【略】天寶領縣五。【略】在京師西南二千五百一里，至東都一千六百六十里。

《新唐書》卷四一《地理志五・楚州淮陰郡》 本江都郡之山陽、安宜縣地，臧君相據之，號東楚州。武德四年，君相降，因之，八年更名。【略】縣四：山陽，鹽城，寶應，淮陰。

滁州

唐・杜佑《通典》卷一八一《州郡典十一・永陽郡》 東至廣陵郡三百里。南至歷陽郡一百九十八里。西至鍾離郡二百六十里。北至淮陰郡一百六十二里。東南到歷陽郡烏江縣一百六十一里。西南到廬江郡慎縣界一百六十二里。西北到鍾離郡一百二十六里。東北到淮陰郡盱眙縣二百四十四里。去西京二千五百六十四里，去東京千五百八十七里。

滁州。【略】大唐復置滁州，或爲永陽郡。領縣三：清流，全椒，永陽。

《舊唐書》卷四〇《地理志三・滁州》 隋江都之清流縣。武德三年，杜伏威歸國，置滁州，又以揚州之全椒來屬。天寶元年，改爲永陽郡。乾元元年，復爲滁州。舊領縣二，【略】天寶領縣三。【略】在京師東南二千五百六十四里，至東都一千七百四十六里。

《新唐書》卷四一《地理志五・滁州永陽郡》 武德三年析揚州置。

和州

唐・杜佑《通典》卷一八一《州郡典十一・歷陽郡》 東至宣城郡二百五十六里。南至宣城郡二百五十六里。西至廬江郡二百九十五里。北至永陽郡一百九十八里。東南到宣城郡二百五十六里。西南到廬江郡三百八十五里。西北到廬江郡三百二十三里。東北到廣陵郡三百六十里。去西京二千六百五十二里，去東京千八百一十里。

和州。【略】梁末屬北齊，置和州及歷陽郡。隋煬帝初州廢，而歷陽郡如故。大唐復爲和州，或爲歷陽郡。領縣三：歷陽，烏江，含山。

《舊唐書》卷四〇《地理志三・和州》 隋歷陽郡。武德三年，杜伏威歸國，改爲和州。天寶元年，改爲歷陽郡。乾元元年，復爲和州。舊領縣二，【略】天寶領縣三。【略】在京師東南二千六百八十三里，至東都一千八百一十一里。

壽州

唐・杜佑《通典》卷一八一《州郡典十一・壽春郡》 東至鍾離郡二百二十里。南至同安郡八百里。西至汝陰郡二百五十八里。北至汝陰郡下蔡縣二百九里。東南到廬江郡三百里。西南到弋陽郡四百六十三里。西北到汝陰郡二百五十八里。東北到鍾離郡二百二十里。去西京二千一百一十九里，去東京千三百九十里。

壽州。【略】後周曰揚州。隋文帝改曰壽州，煬帝初，復爲郡。大唐爲壽州，或爲壽春郡。領縣五：壽春，安豐，霍丘，盛唐，霍山。

《舊唐書》卷四〇《地理志三・壽州》 隋爲淮南郡。武德三年，杜伏威歸國，改爲壽州。【略】天寶元年，改爲壽春郡，又置霍山縣。乾元元年，復爲壽州。舊領縣四，【略】天寶領縣五。【略】在京師東南二千二百一十七里，至東都一千三百九里。

《新唐書》卷四一《地理志五・壽州壽春郡》 本淮南郡，天寶元年更名。

廬州

唐・杜佑《通典》卷一八一《州郡典十一・廬江郡》 東至歷陽郡二百九十五里。南至同安郡四百里。西至壽春郡界二百一十五里。北至鍾離郡三百三十里。東南到柵口三百八十四里。西南到同安郡四百七十六里。西北到壽春郡三百里。東北到永陽郡全椒縣一百四十五里。去西京二千三百八十七里，去東京千五百六十九里。

廬州。【略】大唐爲廬州，或爲廬江郡。領縣五：合肥，慎，巢，廬江，舒城。

《舊唐書》卷四〇《地理志三・廬州》 隋廬江郡。武德三年，改爲廬州，領合肥、廬江、慎三縣。【略】天寶元年，改爲廬江郡。乾元元年，復爲廬州，自中升爲上。舊領縣四，【略】天寶領縣五。【略】在京師東南二千三百八十七里，至東都一千五百六十九里。

舒　州

唐・杜佑《通典》卷一八一《州郡典十一・同安郡》　東至宣城郡八百五十里。南至潯陽郡五百七十二里。西至蘄春郡四百里。北至廬江郡四百里。東南到【略】潯陽郡五百七十二里。西南到蘄春郡三百七十二里。西北到壽春郡八百里。東北到廬江郡四百七十六里。去西京二千八百六十一里，去東京千八百九十三里。

　舒州。【略】隋初曰熙州，煬帝置同安郡。大唐爲舒州，或爲同安郡。領縣五：懷寧，宿松，望江，太湖，桐城。

《舊唐書》卷四〇《地理志三・舒州》　隋同安郡。武德四年，改爲舒州，領懷寧、宿松、太湖、望江、同安五縣。【略】天寶元年，改爲同安郡。至德二年二月，改盛唐郡。乾元元年，復爲舒州。舊領縣五，【略】在京師東南二千六百二十六里，至東京一千八百九十三里。

《新唐書》卷四一《地理志五・舒州同安郡》　至德二載更名盛唐郡，後復故名。【略】縣五：懷寧，宿松，望江，太湖，桐城。

光　州

唐・杜佑《通典》卷一八一《州郡典十一・弋陽郡》　東至壽春郡霍丘縣界二百一十里。南至齊安郡三百五十里。西至義陽郡二百二十里。北至汝南郡褒信縣，淮水中流分界六十七里。東南到壽春郡霍山縣界三百二十八里。西南到齊安郡三百五十里。西北到義陽郡二百四十七里。東北到壽春郡四百六十三里。去西京一千八百六十五里，去東京九百七十五里。

　光州。【略】大唐爲光州，或爲弋陽郡。領縣五：定城，光山，固始，仙居，殷城。

唐・李吉甫《元和郡縣圖志》卷九《河南道五・光州》　梁末於縣置光州，隋大業二年，罷州爲弋陽郡。武德三年，改爲光州。

　州境：東西四百四十三里。南北二百三十五里。

　八到：西北至上都一千七百三十里。西北至東都九百二十里。東北至壽州四百三十里。西南至大別山三百里。西南至申州二百六十里。西北至蔡州三百里。【略】

　管縣五：定城，殷城，固始，光山，仙居。

《舊唐書》卷四〇《地理志三・光州》　隋弋陽郡。武德三年，改爲光州，【略】光州領光山、樂安、固始三縣。【略】天寶元年，改爲弋陽郡。乾元元年，復爲光州。舊領縣五。【略】至京師一千八百五十五里，至東都九百二十五里。

《新唐書》卷四一《地理志五・光州弋陽郡》　本治光山，太極元年徙治定城。

蘄　州

唐・杜佑《通典》卷一八一《州郡典十一・蘄春郡》　東至同安郡四百里。南至江夏郡永興縣界四百二十里。西至齊安郡二百三十里。北至壽春郡霍丘縣界四百五十里。東南到潯陽郡二百五十里。西南到江夏郡五百里。西北到弋陽郡殷城縣界三百九十五里。東北到同安郡三百七十二里。去西京二千五百六十里，去東京千八百二十四里。

　蘄州。【略】大唐復爲蘄州，或爲蘄春郡。領縣四：蘄春，黃梅，蘄水，廣濟。

唐・李吉甫《元和郡縣圖志》卷二七《江南道三・蘄州》　州境：東西三百三十九里。南北五百五十五里。

　八到：西北至上都二千五百一十里。西北至東都一千七百里。東北至舒州三百七十里。東北至壽州踰大山九百七十里。東北至江州二百五十里。西北至黃州二百三十里。【略】

　管縣四：蘄春，黃梅，蘄水，廣濟。

《舊唐書》卷四〇《地理志三・蘄州》　隋蘄春郡。武德四年，平朱粲，改爲蘄州，領蘄春、蘄水、羅田、黃梅、浠水五縣。【略】天寶元年，改爲蘄春郡。乾元元年，復爲蘄州。舊領縣四。【略】至京師二千五百六十里，至東都一千八百二十四里。

安　州

唐・杜佑《通典》卷一八三《州郡典十三・安陸郡》　東至齊安郡

三百一十二里。南至漢陽郡三百一十里。西至富水郡三百二十九里。北至義陽郡二百五十里。東南到漢陽郡三百一十里。西南到竟陵郡三百四十里。西北到漢東郡一百五十五里。東北到弋陽郡四百五十三里。去西京二千七百里，去東京一千二百九十九里。

安州。【略】大唐爲安州，或爲安陸郡。領縣六：安陸，吉陽，應山，應城，雲夢，孝昌。

唐・李吉甫《元和郡縣圖志》卷二七《江南道三・安州》州境：東西二百一十九里。南北三百二十五里。

八到：西北至上都一千九百七十里。東北至東都一千一百六十里。東至黄州三百一十里。東南至鄂州二百九十里。西南至復州三百二十里。西北至隨州一百五十五里。東南至沔州二百八十里。【略】

管縣六：安陸，應山，雲夢，孝昌，吉陽，應城。

《舊唐書》卷四〇《地理志三・安州》隋安陸郡。武德四年，平王世充，改爲安州，領安陸、雲夢、應陽、孝昌、吉陽、應山、京山、富水八縣。【略】天寶元年，改爲安陸郡，依舊爲都督府，督安、隋、郢、沔四州。乾元元年，復爲安州。舊領縣六。【略】在京師東南二千五十一里，至東都一千一百九十里。

黄州

唐・杜佑《通典》卷一八三《州郡典十三・齊安郡》東至蘄春郡二百三十里。南至江夏郡二百八十五里。西至安陸郡三百十二里。北至弋陽郡三百五十里。東南到潯陽郡五百五十七里。西南到漢陽郡二百三十五里。西北到義陽郡五百六十里。東北到壽春郡五百八十四里。去西京二千二百五十五里，去東京一千四百七十里。

黄州。【略】大唐爲黄州，或爲齊安郡。領縣三：黄岡，黄陂，麻城。

唐・李吉甫《元和郡縣圖志》卷二七《江南道三・黄州》蕭齊於此置齊安郡，隋開皇三年罷郡置黄州，因古黄國爲名也。

州境：東西二百一十里。南北三百三十七里。

八到：西北至上都二千二百八十里。東北至東都一千四百七十里。東南至蘄州二百三十里。西南至鄂州二百三十里。南至大江一百步。西至安州三百一十里。北至光州三百六十里。

《舊唐書》卷四〇《地理志三・黄州》隋永安郡。武德三年，改爲黄州，【略】黄州領黄岡、木蘭、麻城、黄陂四縣。【略】天寶元年，改爲齊安郡。乾元元年，復爲黄州。舊領縣三，【略】在京師東南二千一百四十八里，至東都一千四百七十里。

申州

唐・杜佑《通典》卷一八三《州郡典十三・義陽郡》東至弋陽郡二百二十里。南至安陸郡二百五十七里。西至淮安郡二百五十七里。北至汝南郡二百六十八里。東南到弋陽郡二百四十七里。西南到漢東郡二百四十四里。西北到淮安郡二百一十六里。東北到弋陽郡二百二十里。去西京一千七百九十六里，去東京九百四十二里。

申州。【略】大唐爲申州，或爲義陽郡。領縣三：義陽，羅山，鍾山。

唐・李吉甫《元和郡縣圖志》卷九《河南道五・申州》梁爲司州。周武帝平齊，改爲申州，隋大業二年改爲義州。武德四年復置申州。

州境：東西二百里。南北一百七十八里。

八到：西北至上都一千七百一十里。西北至東都九百四十二里。東北至光州二百六十里。南至安州二百六十里。西北至唐州二百六十里。西南至隨州二百三十里。北至蔡州二百八十里。【略】

管縣三：義陽，鍾山，羅山。

《舊唐書》卷四〇《地理志三・申州》隋義陽郡。武德四年，置申州，領義陽、鍾山二縣。八年，省南羅州，又以羅山來屬。天寶元年，改爲義陽郡。乾元元年，復爲申州。舊領縣三，【略】至京師一千七百九十六里，至東都九百四十三里。

江南道

唐・李林甫等《唐六典》卷三《尚書戶部》八曰江南道，古楊州之南境，今潤、常、蘇、湖、杭、歙、睦、衢、越、婺、臺、温、明、括、建、福、泉、汀、已上東道。宣、饒、撫、虔、洪、吉、郴、袁、江、鄂、嶽、潭、衡、永、道、邵、澧、朗、辰、飾、錦、施、南、溪、思、黔、費、業、巫、夷、播、溱、珍，凡五十有一州焉。東臨海，西抵蜀，南極嶺，北帶江。其名山有茅山、蔣山、天目、會稽、四明、天臺、括蒼、縉雲、金華、大庾、武夷、廬山，而衡嶽在焉。其大川有浙江，湘、贛、沅、澧之水；洞庭、彭蠡、太湖之澤。

《新唐書》卷四一《地理志五·江南道》 江南道，蓋古揚州南境，漢丹楊、會稽、豫章、廬江、零陵、桂陽等郡，長沙國及牂柯、江夏、南郡地。潤、昇、常、蘇、湖、杭、睦、越、明、衢、處、婺、温、臺、宣、歙、池、洪、江、饒、虔、吉、袁、信、撫、福、建、泉、汀、漳爲星紀分，岳、鄂、潭、衡、永、道、郴、邵、黔、辰、錦、施、敍、獎、夷、播、思、費、南、溪、溱爲鶉尾分。爲州五十一，縣二百四十七。其名山：衡、廬、茅、蔣、天目、天臺、會稽、四明、括蒼、縉雲、金華、大庾、武夷。其大川：湘、灨、沅、澧、浙江、洞庭、彭蠡、太湖。

潤州

唐·杜佑《通典》卷一八二《州郡典十二·丹陽郡》 東至晉陵郡一百七十五里。南至宣城郡四百五十里。西至廣陵郡六合縣四百五十三里。北至廣陵郡六十三里。東南到晉陵郡一百九十六里。西南到宣城郡界四百五十里。西北到廣陵郡六十三里。東北到廣陵郡界四十五里。去西京二千六百四十三里，去東京一千七百九十八里。

潤州。【略】大唐初，輔公祏據之。剋平，合舊丹陽、南徐之地，併爲潤州，或曰丹陽郡。領縣六：丹徒，丹陽，句容，江寧，金壇。

唐·李吉甫《元和郡縣圖志》卷二五《江南道一·潤州》 隋開皇九年，賀若弼自廣陵來襲，陷之，遂滅陳，廢南徐州，改爲延陵鎮。十五年罷鎮，置潤州，城東有潤浦口，因以爲名。隋氏喪亂，杜伏威竊據其地，武德三年伏威歸化。六年輔公祏叛，復據其地。七年平公祏，依前置州。【略】

州境：東西三百八里。南北一百九十里。

八到：西北至上都二千六百七十里。西北至東都一千八百一十里。東南至常州一百七十里。北渡江至揚州七十里。正南微西至宣州四百里。【略】

管縣六：丹徒，丹陽，金壇，延陵，上元，句容。

《舊唐書》卷四〇《地理志三·潤州》 隋江都郡之延陵縣。武德三年，杜伏威歸國，置潤州於丹徒縣。【略】天寶元年，改爲丹陽郡。乾元元年，復爲潤州。永泰後，常爲浙江西道觀察使理所。舊領縣五，【略】天寶領縣六。【略】在京師東南二千八百二十一里，至東都一千七百九十七里。

《新唐書》卷四一《地理志五·潤州丹楊郡》 武德三年以江都郡之延陵縣地置，取潤浦爲州名。【略】縣四：丹徒，丹楊，金壇，延陵。

昇州

《新唐書》卷四一《地理志五·昇州江寧郡》 至德二載以潤州之江寧縣置，上元二年廢，光啓三年復以上元、句容、溧水、溧陽四縣置。【略】縣四：上元，句容，溧水，溧陽。

常州

唐·杜佑《通典》卷一八二《州郡典十二·晉陵郡》 東至吳郡二百里。南至吳興郡三百三十二里。西至丹陽郡一百八十里。北至廣陵郡三百四十八里。東南到吳郡二百里。西南到宣城郡五百里。西北到丹陽郡一百九十六里。東北到吳郡屈曲三百六十一里。去西京二千八百三十三里，去東京一千九百八十三里。

常州。【略】隋平陳，廢晉陵郡，置常州。煬帝初州廢，又置毗陵郡。大唐爲常州，或爲晉陵郡。領縣五：武進，晉陵，義興，無錫，江陰。

唐·李吉甫《元和郡縣圖志》卷二五《江南道一·常州》 隋開皇九年平陳，廢郡，於常熟縣置常州，因縣爲名。後割常熟縣入蘇州，移常州理於晉陵縣。隋亂陷於寇境，武德七年平，仍舊置常州。

州境：東西二百十二里。南北二百九十里。

八到：西北至上都二千八百四十五里。西北至東都一千九百八十里。

東南至蘇州一百九十里。西南至古宣州五百里。正南微西至湖州私路三百里。西北至潤州一百七十里。【略】

管縣五：晉陵，武進，江陰，無錫，義興。

《舊唐書》卷四〇《地理志三·常州》 隋毗陵郡。武德三年，杜伏威歸化，置常州，領晉陵、義興、無錫、武進四縣。【略】天寶元年，改爲晉陵郡。乾元元年，復爲常州。舊領縣四，【略】天寶領縣五。【略】在京師東南二千八百四十三里，至東京一千九百八十三里。

蘇州

唐·杜佑《通典》卷一八二《州郡典十二·吴郡》 東至海三百六里。南至吴興郡三百一十里。西至晉陵郡義興縣界一百三十三里。北至晉陵郡二百里。東南到東海釗山四百五里。西南到吴興郡二百二十二里。西北到晉陵郡一百九十五里。東北到常熟縣界三百二十九里。去西京三千九百九十九里，去東京二千二百二十一里。

蘇州。【略】陳置吴州。隋平陳，改曰蘇州；煬帝初，復曰吴州，尋爲吴郡。大唐爲蘇州，或曰吴郡。領縣七：吴，長洲，常熟，嘉興，海鹽，華亭，崑山。

唐·李吉甫《元和郡縣圖志》卷二五《江南道一·蘇州》 常爲吴郡，與吴興、丹陽號爲『三吴』。隋開皇九年平陳，改爲蘇州，因姑蘇山爲名。山在州西四十里，其上闔閭起臺。外郭城，云是伍胥所築，周迴四十七里。

州境：東西四百四十一里。南北四百九十八里。

八到：西北至上都三千三十里。西北至東都二千一百七十里。南至杭州三百七十里。正南微西至湖州二百一十里。東北至海三百三十里。西北至常州一百九十里。【略】

管縣七：吴，長洲，嘉興，海鹽，常熟，崑山，華亭。

《舊唐書》卷四〇《地理志三·蘇州》 隋吴郡，隋末陷賊。武德四年，平李子通，置蘇州。【略】天寶元年，改爲吴郡。乾元元年，復爲蘇州。舊領縣四，【略】天寶領縣六。【略】在京師東南三千一百九十九里，至東都二千五百里。

《新唐書》卷四一《地理志五·蘇州吴郡》 縣七：吴，長洲，嘉興，崑山，常熟，海鹽，華亭。

湖州

唐·杜佑《通典》卷一八二《州郡典十二·吴興郡》 東至吴郡三百一十里。南至餘杭郡一百九十里。西至宣城郡三百八十七里。北至吴郡二百一十里。東南到餘杭郡鹽官縣界一百七十二里。西南到宣城郡界二百六十一里。西北到晉陵郡三百三十二里。東北到吴郡二百二十二里。去西京三千三百四十一里，去東京二千二十四里。

湖州。【略】隋平陳，【略】置湖州。煬帝初，廢湖州，分其地入餘杭及吴二郡。大唐復置湖州，或爲吴興郡。領縣五：烏程，武康，安吉，德清，長城。

唐·李吉甫《元和郡縣圖志》卷二五《江南道一·湖州》 陳初罷震州，復爲吴興郡。隋平陳，廢吴興郡，仁壽二年於此置湖州。

州境：東西三百八里。南北二百一十三里。

八到：西北至上都三千二百四十里。西北至東都二千二百四十里。東北至蘇州二百一十里。正西微北至宣州三百七十里。東北至常州私路三百里。東至杭州私路一百九十里。【略】

管縣五：烏程，長城，安吉，武康，德清。

《舊唐書》卷四〇《地理志三·湖州》 隋吴郡之烏程縣。武德四年，平李子通，置湖州，領烏程一縣。【略】天寶元年，改爲吴興郡。乾元元年，復爲湖州。舊領縣五，【略】天寶領縣五。【略】在京師東南三千四百四十一里，至東都二千六百四十四里。

《新唐書》卷四一《地理志五·湖州吴興郡》 武德四年，以吴郡之烏程縣置。【略】縣五：烏程，武康，長城，安吉，德清。

杭州

唐·杜佑《通典》卷一八二《州郡典十二·餘杭郡》 東至吴郡三百九十里。南至會稽郡一百三十里。西至新安郡四百十六里。北至吴興郡一百九十里。東南到洛思山，至會稽郡，總一百七十二里。西南到新定郡一百九十里。西北到宣城郡四百九十六里。東北到吴郡三百六十九里。去西京三千五百五十六里，去東京二千七百一十九里。

杭州。【略】隋平陳，置杭州，煬帝初州廢，置餘杭郡。大唐爲杭州，或爲餘杭郡。領縣九：錢塘，富陽，臨安，於潛，唐山，紫溪，鹽官，新城，餘杭。

唐·李吉甫《元和郡縣圖志》卷二五《江南道一·杭州》 陳禎明中置錢塘郡，隋平陳，廢郡爲州。

州境：東西五百五十四里。南北八十九里。

八到：西北至上都三千四百里。西北至東都二千五百四十里。西南至睦州三百一十五里。東南取浙江至越州一百三十里。西至歙州四百七十里。西北至宣州四百九十六里。東北至浙江入海處約一百里。北至蘇州三百七十里。【略】

管縣八：錢塘，餘杭，臨安，富陽，於潛，鹽官，新城，唐山。

《舊唐書》卷四〇《地理志三·杭州》 隋餘杭郡。武德四年，平李子通，置杭州，領錢塘、富陽、餘杭三縣。【略】天寶元年，改爲餘杭郡。乾元元年，復爲杭州。舊領縣五，【略】天寶領縣九。【略】在京師東南三千五百五十六里，至東都二千九百一十九里。

《新唐書》卷四一《地理志五·杭州餘杭郡》 縣八：錢塘，鹽官，餘杭，富陽，於潛，臨安，新城，唐山。

睦州

唐·杜佑《通典》卷一八二《州郡典十二·新定郡》 東至餘杭郡三百十五里。南至東陽郡一百五十五里。西至新安郡三百七十三里。北至餘杭郡界二百七十五里。東南到東陽郡一百八十里。西南到信安郡三百一十里。西北到新安郡三百七十里。東北到餘杭郡三百十五里。去西京三千六百五十九里，去東京三千里。

睦州。【略】大唐置睦州，或爲新定郡。領縣六：建德，壽昌，桐廬，分水，遂安，還淳。

唐·李吉甫《元和郡縣圖志》卷二五《江南道一·睦州》 隋平陳，廢新安郡，析新安縣置睦州，後又改爲遂安郡。隋氏喪亂，陷於寇賊，武德四年討平汪華，改爲州，取『俗阜人和，内外輯睦』爲義。萬歲通天二年，又自新安東移一百六十五里，理建德，即今州理是。

州境：東西四百二十里。南北三百十一里。

八到：西北至上都三千七百一十五里。西北至東都二千八百五十五里。西北至衢州二百八十一里。西北至歙州三百七十里。東南至婺州一百六十里。【略】

管縣六：建德，桐廬，遂安，清溪，分水，壽昌。

《舊唐書》卷四〇《地理志三·睦州》 隋遂安郡。武德四年，平汪華，改爲睦州，領雉山、遂安二縣。七年，廢嚴州之桐廬縣來屬，又改爲東睦州。八年，去『東』字。舊管縣三，治雉山。萬歲登封二年，移治建德。天寶元年，改爲新定郡。乾元元年，復爲睦州。舊領縣三：雉山、遂安、桐廬。【略】天寶領縣六。【略】在京師東南三千六百五十九里，至東都二千八百三十一里。

《新唐書》卷四一《地理志五·睦州新定郡》 本遂安郡，治雉山。武德七年曰東睦州，八年復舊名。萬歲通天二年徙治建德。天寶元年更郡名。【略】縣六：建德，清溪，壽昌，桐廬，分水，遂安。

越州

唐·杜佑《通典》卷一八二《州郡典十二·會稽郡》 東至海四百九十八里。南至東陽郡四百八十里。西至餘杭郡一百三十里。北至海四十里。東南到臨海郡五百里。西南到東陽郡四百八十里。西北到餘杭郡一百三十里。東北到浹江海際三百九十八里。去西京三千七百二十里，去東京二千八百七十里。

越州。【略】大唐爲越州，或爲會稽郡。領縣六：會稽，山陰，剡，蕭山，餘姚，諸暨。

唐·李吉甫《元和郡縣圖志》卷二六《江南道二·越州》 隋平陳，改東揚州爲吴州，大業元年改爲越州。武德四年討平李子通，置越州總管。六年陷輔公祏，七年平定公祏，改總管爲都督。

州境：東西六百四十八里。南北三百六十里。

八到：西北至上都三千五百三十里。西北至東都二千六百七十里。

東至明州二百七十五里。東南至臺州四百七十五里。西南至婺州三百九十里。西北至杭州一百四十里。【略】

管縣七：會稽，山陰，諸暨，餘姚，蕭山，上虞，剡。

《舊唐書》卷四〇《地理志三·越州》　隋會稽郡。武德四年，平李子通，置越州總管，【略】越州領會稽、諸暨、山陰三縣。【略】天寶元年，改越州爲會稽郡。乾元元年，復爲越州。舊領縣五，【略】天寶領縣七。【略】在京師東南三千七百二十里，至東都二千八百七十里。

明州

唐·杜佑《通典》卷一八二《州郡典十二·餘姚郡》　東至海中黃公山，水行二百八十里。南至臨海郡寧海縣，水行一百八十里。西至會稽郡餘姚縣界一百七十里。北至會稽郡餘姚縣界海際，水行一百八十里。東南到海中鋸門山四百里，與臨海郡象山縣分界。西南到睦昭嶺一百七十里，與會稽郡剡縣分界。西北到會稽郡界一百七十里。東北到大海浹口七十里，從海際浹口往海行七百五十里，至海中檢山。去西京四千一百里，去東京三千二百五十里。

明州。【略】本會稽郡之鄮縣，大唐開元中，分置明州，或爲餘姚郡，以境内四明山爲名。領縣四：鄮，奉化，慈溪，翁山。

唐·李吉甫《元和郡縣圖志》卷二六《江南道二·明州》　本會稽之鄮縣及句章縣地也，【略】武德四年於縣立鄞州，八年廢。開元二十六年，採訪使齊澣奏分越州之鄮縣置明州，以境内四明山爲名。句章故城，在州西一里。【略】

管縣四：鄮，奉化，慈溪，象山。

《舊唐書》卷四〇《地理志三·明州》　開元二十六年，於越州鄮縣置明州。天寶元年，改爲餘姚郡。乾元元年，復爲明州，取四明山爲名。天寶領縣四。【略】在京師東南四千一百里，至東都三千二百五十里。

《新唐書》卷四一《地理志五·明州餘姚郡》　開元二十六年，採訪使齊澣奏以越州之鄮縣置，以境有四明山爲名。【略】縣四：鄮，奉化，慈溪，象山。

衢州

唐·杜佑《通典》卷一八二《州郡典十二·信安郡》　東至東陽郡一百九十二里。南至縉雲郡三百五十六里。西至鄱陽郡九百九十二里。北至新定郡三百一十里。東南到縉雲郡一百六十六里。西南到建安郡千一百里。西北到鄱陽郡界二百一十九里。東北到新定郡三百一十里。去西京三千八百四里，去東京二千九百九十里。

衢州。【略】本婺州地，大唐武德四年，平李子通，分置衢州；七年，平輔公祏，廢之。垂拱二年，復置衢州，或爲信安郡。領縣六：信安，須江，龍丘，常山，盈川，玉山。

唐·李吉甫《元和郡縣圖志》卷二六《江南道二·衢州》　本舊婺州信安縣也，武德四年平李子通，於信安縣置衢州，以州有三衢山，因取爲名。六年，陷輔公祏廢州，垂拱二年復置。

州境：東西六百一十里。南北二百十六里。

八到：西北至上都四千九十五里。西北至東都三千一百三十五里。東南至建州七百里。西至信州二百五十里。東至婺州一百九十里。東南至處州四百五十里。【略】

管縣五：信安，常山，龍丘，須江，盈川。

《舊唐書》卷四〇《地理志三·衢州》　武德四年，平李子通，於信安縣置衢州。七年陷賊，乃廢。垂拱二年，分婺州之信安、龍丘置衢州，取武德廢州名。天寶元年，改爲信安郡。乾元元年，復爲衢州，又割常山入信州。天寶領縣五。【略】在京師東南四千七百十三里，至東都三千一百四十五里。

《新唐書》卷四一《地理志五·衢州信安郡》　武德四年析婺州之信安縣置，六年没輔公祏，因廢州，垂拱二年析婺州之信安、龍丘、常山復置。【略】縣四：西安，龍丘，須江，常山。

處州

唐·杜佑《通典》卷一八二《州郡典十二·縉雲郡》　東至臨海郡四百里。南無處可至。西至□□□□□□□□。北至東陽郡二百五十八里。東南到永嘉郡三百里。西南到□□□□□□□。西北到信安郡一百六十六里。東北到□□□□□□□□。去西京四千三百里，去東京三千五百里。

處州。【略】隋平陳，改爲處州；後煬帝初，復置永嘉郡。大唐改爲處州，或爲縉雲郡。領縣五：蒼，松陽，縉雲，遂昌，青田。

唐·李吉甫《元和郡縣圖志》卷二六《江南道二·處州》 武德四年討平李子通，復立括州，【略】天寶元年爲縉雲郡，乾元元年復爲括州，大曆十四年以與德宗廟諱同音，改處州。貞元六年，刺史齊抗以舊州湫隘，屢有水災，北移四里就高原上。【略】

八到：西北至上都四千一百五十五里。西北至東都三千二百九十五里。西北至婺州二百六十里。西北至衢州四百五十里。東北至臺州四百九十里。西北至建州水路九百里，陸路四百九十里。東南水路至温州二百七十里。【略】

管縣六：麗水，松陽，縉雲，遂昌，青田，龍泉。

《舊唐書》卷四〇《地理志三·處州》 隋永嘉郡。武德四年，平李子通，置括州，【略】領括蒼、麗水二縣。【略】天寶元年，改爲縉雲郡。乾元元年，復爲括州。大曆十四年夏五月，改爲處州，避德宗諱。舊領縣四，【略】天寶領縣五，【略】今縣六。在京師東南四千二百七十八里，至東都三千一十五里。

《新唐書》卷四一《地理志五·處州縉雲郡》 本括州永嘉郡，天寶元年更郡名，大曆十四年更州名。【略】縣六：麗水，松陽，縉雲，青田，遂昌，龍泉。

婺州

唐·杜佑《通典》卷一八二《州郡典十二·東陽郡》 東至會稽郡四百八十里。南至縉雲郡二百五十八里。西至信安郡一百九十二里。北至新定郡一百八十里。東南到臨海郡六百一十二里。西南到縉雲郡松陽縣界一百五十五里。西北到新定郡一百八十里。東北到會稽郡四百八十里。去西京三千九百五十里，去東京三千三十五里。

婺州。【略】大唐爲婺州，或爲東陽郡。領縣六：金華，義烏，永康，武義，東陽，蘭溪。

唐·李吉甫《元和郡縣圖志》卷二六《江南道二·婺州》 隋開皇九年平陳置婺州，蓋取其地於天文爲婺女之分野。隋氏喪亂，陷於寇境，武德四年討平李子通，置婺州。六年，輔公祏叛，州又陷没。七年平定公祏，仍置婺州。

州境：東西三百三里。南北四百五十六里。

八到：西北至上都三千九百九十五里。西北至東都三千三十五里。正北微西至睦州一百六十里，水路一百八十里。正北微東至越州三百九十里。西至衢州一百九十里。東南至處州二百六十里。【略】

管縣七：金華，義烏，永康，東陽，蘭溪，武義，浦陽。

《舊唐書》卷四〇《地理志三·婺州》 隋東陽郡。武備四年，平李子通，置婺州，領華川、長山二縣。【略】天寶元年，改婺州爲東陽郡。乾元元年，復爲婺州。舊領縣五，【略】天寶領縣七。【略】在京師東南四千七十三里，至東都三千一百三十五里。

《新唐書》卷四一《地理志五·婺州東陽郡》 縣七：金華，義烏，永康，東陽，蘭溪，武成，浦陽。

温州

唐·杜佑《通典》卷一八二《州郡典十二·永嘉郡》 東至大海八十六里。南至長樂郡，水陸相乘千五百二十里。西至縉雲郡二百六十七里。北至臨海郡五百里。東南到横陽縣界將軍嶺，去縣二百十五里。西南到建安郡界桐簷山，去横陽縣三百五十里。西北到縉雲郡三百里。東北到臨海郡泛海行五百里。去西京四千七百三十七里，去東京三千九百三十七里。

温州。【略】隋平陳，廢永嘉郡，煬帝初又屬永嘉郡。大唐前上元二年，分置温州，或爲永嘉郡。領縣四：永嘉，横陽，安固，樂城。

唐·李吉甫《元和郡縣圖志》卷二六《江南道二·温州》 晉大寧中於此置永嘉郡，隋廢郡地入處州。武德五年，杜伏威歸化，於縣理置東嘉州，尋廢。六年，輔公祏爲亂於丹陽，永嘉、安固等百姓於華蓋山固守，不陷凶黨，高宗上元元年，於永嘉縣置温州。

州境：東西二百四里。南北七百二十里。

八到：西北至上都四千四百二十五里。西北至東都三千五百六十五里。正北微西至臺州五百里。西北至處州二百七十里。東至大海八十里。西南至福州水陸路相兼一千八百里。【略】

管縣四：永嘉，安固，横陽，樂成。

《舊唐書》卷四〇《地理志三・温州》 隋永嘉郡之永嘉縣。武德五年，置東嘉州，領永嘉、永寧、安固、樂成、横陽五縣。貞觀元年，廢東嘉州，以縣屬括州。上元二年，分括州之永嘉、安固二縣置温州。天寶元年，改爲永嘉郡。乾元元年，復爲温州。天寶領縣四。【略】在京師東南四千七百三十七里，至東都三千九百四十里。

《新唐書》卷四一《地理志五・温州永嘉郡》 高宗上元元年析括州之永嘉、安固置。【略】縣四：永嘉，安固，横陽，樂城。

台州

唐・杜佑《通典》卷一八二《州郡典十二・臨海郡》 東至海際一百八十里。南至永嘉郡百五里。西至縉雲郡四百里。北至會稽郡五百里。東南到大海二百九十三里。西南到括蒼山足七十里，極大山。西北到東陽郡六百一十二里。東北到當郡象山縣東鋸門山四百六十里，極大海。去西京四千三百四十六里，去東京三千三百二十里。

台州。【略】隋平陳，郡廢，屬永嘉郡。大唐武德四年，平李子通，置海州；五年，改爲台州。或爲臨海郡。領縣六：臨海，始豐，樂安，寧海，黄巖，象山。

唐・李吉甫《元和郡縣圖志》卷二六《江南道二・台州》 武德四年討平李子通，於臨海縣置海州，五年改海州爲台州，蓋因天台山爲名。六年，輔公祏叛，州從陷没。七年平定公祏，仍置台州。

州境：東西三百九十三里。南北四百三十五里。

八到：西北至上都四千五百里。西北至東都三千一百四十五里。正南微東至温州五百里。東至大海一百八十里。西北至越州四百七十五里。正西微南至處州四百九十里。【略】

管縣五：臨海，唐興，黄巖，樂安，寧海。

《舊唐書》卷四〇《地理志三・台州》 隋永嘉郡之臨海縣。武德四年，平李子通，置海州，領臨海、章安、始豐、樂安、寧海五縣。五年，改爲台州。【略】天寶元年，改爲臨海郡。乾元元年，復爲台州。舊領縣二：臨海、始豐。【略】天寶領縣六。【略】在京師東南四千一百七十七里，至東都三千三百三十里。

《新唐書》卷四一《地理志五・台州臨海郡》 本海州，武德四年以永嘉郡之臨海置。【略】縣五：臨海，唐興，黄巖，樂安，寧海。

福州

唐・杜佑《通典》卷一八二《州郡典十二・長樂郡》 東至山六十六里，外至海。南至海二百里。西至山八十里，山外至虔州雩都縣界。北至山四十里，山外至永嘉郡界。東南水路到海一百六十四里。西南到清源郡五百里。西北到建安郡七百二十里。東北到永嘉郡水路千四百七十八里。去西京五千七百三十三里，去東京四千九百三十三里。

福州。【略】大唐初爲建州，後此置泉州，後此復爲閩州。開元十三年，改爲福州，或爲長樂郡。領縣八：閩，侯官，福唐，長樂，連江，長溪，古田，尤溪。

唐・李吉甫《元和郡縣圖志》卷二九《江南道五・福州》 陳廢帝改爲豐州，又爲泉州，因泉山爲名。隋大業二年改爲閩州，三年改爲建安郡。武德六年改爲泉州，八年置都督府。景雲二年又爲閩州。開元十三年改爲福州都督府，因州西北福山爲名，兼置經略使，仍自嶺南道割屬江南東路。

八到：西北至上都五千二百九十五里。西北至東都四千四百二十四里。東北至温州水路屈曲一千八百里，山路險阻。西南至泉州三百七十里。正北微西至建州六百里。東南水路至海一百六十里。西南至汀州水路屈曲一千三百六十五里。東至大海七十里。【略】

管縣九：閩，侯官，長樂，福唐，連江，長溪，尤溪，古田，永泰。

《舊唐書》卷四〇《地理志三・福州》 隋建安郡之閩縣。貞觀初，置泉州。景雲二年，改爲閩州，置都督府，督閩、泉、建、漳、湖五州。開元十三年，改爲福州，依舊都督府，仍置經略使。二十二年，罷漳、湖二州，令督福、建、泉、汀四州。舊屬嶺南道，天寶初，改屬江南東道。尋改爲長樂郡。乾元元年，復爲福州都督府。天寶領縣八。【略】在京師東南五千三十三里，至東都四千二百三十三里。

《新唐書》卷四一《地理志五·福州長樂郡》 本泉州建安郡治，武德六年別置，景雲二年曰閩州，開元十三年更州名，天寶元年更郡名。【略】縣十：閩，侯官，長樂，福唐，連江，長溪，古田，梅溪，永泰，尤溪。

建州

唐·杜佑《通典》卷一八二《州郡典十二·建安郡》 東至縉雲郡九百七十六里。南至長樂郡七百二十里。西至臨川郡八百三十七里。北至信安郡千一百里。東南到長樂郡七百二十里。西南到臨川郡二千四百里。西北到鄱陽郡二千三十里。東北到信安郡一千一百里。去西京四千九百三十五里，去東京四千一百三十五里。

建州。【略】大唐武德四年，置建州，以建溪爲名，或爲建安郡。領縣六：建安，浦城，邵武，建陽，將樂，沙。

唐·李吉甫《元和郡縣圖志》卷二九《江南道五·建州》 隋氏喪亂，建安縣人擁衆自保，武德四年歸附，遂於建安縣置建州。

八到：西北至上都四千六百九十五里。西北至東都三千八百三十五里。正南微東至福州六百里。西北至信州五百四十里。西南至汀州水路屈曲一千五百里。東北至處州水路九百里。西北至撫州八百三十里。正北微東至衢州七百里。【略】

管縣五：建安，浦城，邵武，將樂，建陽。

《舊唐書》卷四〇《地理志三·建州》 隋建安郡之建安縣。武德四年，置建州，領綏城、唐興、建陽、沙、將樂、邵武等縣。天寶元年，改爲建安郡。乾元元年，復爲建州。舊領縣二，【略】天寶領縣六。【略】在京師東南四千九百三十五里，至東都三千八百八十八里。

《新唐書》卷四一《地理志五·建州建安郡》 武德四年置。【略】縣五：建安，邵武，浦城，建陽，將樂。

泉州

唐·杜佑《通典》卷一八二《州郡典十二·清源郡》 東至海一百二十里。南至海一百八十里。西至棉田村二百八十五里。北至仙遊縣一百五十里。東南到海四十里。西南到漳浦郡六百里。西北到阜洋村一百里。東北到長樂郡五百里。去西京六千二百一十六里，去東京五千四百十三里。

泉州。【略】自隋以來屬泉州。大唐神龍以後，始移置泉州於此，或爲清源郡。領縣四：晉江，南安，莆田，仙遊。

唐·李吉甫《元和郡縣圖志》卷二九《江南道五·泉州》 舊泉州本理在今閩縣，武德六年置，景雲二年改爲閩州，開元中改爲福州。今泉州，本南安縣也，久視元年縣人孫師業訴稱赴州遙遠，遂於南安縣東北界置武榮州，景雲二年改爲泉州，即今理是也。

州境：東西四百里。南北三百三十里。

八到：西北至上都五千六百九十五里。西北至東都四千八百四十五里。東北至福州三百七十里。東至大海一百里。西南至漳州三百五十里。南至大海一百里。【略】

管縣四：晉江，南安，莆田，仙遊。

《舊唐書》卷四〇《地理志三·泉州》 隋建安郡，又爲泉州。舊治閩縣，後移於南安縣。聖曆二年，分泉州之南安、莆田、龍溪三縣，置武榮州。三年，州廢，三縣還泉州。久視元年，又以三縣置武榮州。景雲二年，改爲泉州。開元二十九年，割龍溪屬漳州。天寶元年，改泉州爲清源郡。乾元元年，復爲泉州。天寶領縣四。【略】在京師東南六千二百一十六里，至東都五千四百一十三里。

《新唐書》卷四一《地理志五·泉州清源郡》 本武榮州，聖曆二年析泉州之南安、莆田、龍溪置；治南安，後治晉江。三年，州廢，縣還隸泉州。久視元年復置。景雲二年更名。

汀州

唐·杜佑《通典》卷一八二《州郡典十二·臨汀郡》 東至清源郡

龍溪縣一千四百五十里。南至潮陽郡程鄉縣界一千里。西至南康郡雩都縣九百里。北至臨川郡南豐縣一千六百里。東南到漳浦郡廢懷恩縣界一千五百里。西南到潮陽郡程鄉縣界八百里。西北到臨川郡南豐縣一千六百里。東北到長樂郡一千三百六十里。去西京六千四百七十三里，去東京五千三百七十里。

汀州，歷代土地舊與長樂郡同。大唐開元二十六年，分置汀州，或爲臨汀郡。領縣三：長汀，龍巖，寧化。

唐·李吉甫《元和郡縣圖志》卷二九《江南道五·汀州》 開元二十一年，福州長史唐循忠於潮州北、廣州東、福州西光龍洞，檢責得諸州避役百姓共三千餘戶，奏置州，因長汀溪以爲名。

八到：西北至上都取建州路六千二百九十五里。西北至東都五千三百三十五里。東北至福州水陸相兼屈曲一千三百六十里。東北至建州水陸相兼一千五百里。東南至漳州九百里。正南微西至潮州一千三百五十里。西至虔州水陸相兼一千二百里。【略】

管縣三：長汀，沙，寧化。

《舊唐書》卷四〇《地理志三·汀州》 開元二十四年，開福、撫二州山洞，置汀州。天寶元年，改爲臨汀郡。乾元元年，復爲汀州。天寶領縣三。【略】在京師東南六千一百七十三里，至東都五千三百七十里。

《新唐書》卷四一《地理志五·汀州臨汀郡》 開元二十四年開福、撫二州山洞置，治新羅，大曆四年徙治白石，皆長汀縣地。【略】縣三：長汀，寧化，沙。

漳州

唐·杜佑《通典》卷一八二《州郡典十二·漳浦郡》 東至大海一百五十里。南至大海一百六十里。西至潮陽郡五百六十里。北至建安郡二千四百里。東南到黃如江一百里。西南到廢懷恩縣界一百里。西北到石埭溪一百五十里。東北到清源郡六百里。去西京七千三百一十三里，去東京六千五百一十里。

漳州。【略】歷代土地與長樂郡同。大唐分其地置漳州，或爲漳浦郡。領縣三：漳浦，龍溪，龍巖。

唐·李吉甫《元和郡縣圖志》卷二九《江南道五·漳州》 本泉州地，垂拱二年析龍溪南界置，因漳水爲名。初置於今漳浦縣西八十里，開元四年改移就李澳川，即今漳浦縣東二百步舊城是。十二年，自州管內割屬福州，二十二年又改屬廣州，二十八年又改屬福州。乾元二年緣李澳川有瘴，遂權移州於龍溪縣置，即今州理是也。

州境：東西三百七十里。南北三百九十里。

八到：西北至上都六千四百五十里。西北至東都五千六百四十里。東至大海一百五十里。南至大海一百八十里。西北至潮州四百八十里。北至汀州九百里。【略】

管縣三：龍溪，漳浦，龍巖。

《舊唐書》卷四〇《地理志三·漳州》 垂拱二年十二月九日置。天寶元年，改爲漳浦郡。舊屬嶺南道，天寶割屬江南東道。乾元元年，復爲漳州。天寶領縣二。【略】在京師東南七千三百里，至東都六千五百里。

《新唐書》卷四一《地理志五·漳州漳浦郡》 垂拱二年析福州西南境置，以南有漳水爲名，並置漳浦、懷恩二縣，初治漳浦，開元四年徙治李澳川，乾元二年徙治龍溪。【略】縣三：龍溪，龍巖，漳浦。

江南西道·宣州

唐·杜佑《通典》卷一八一《州郡典十一·宣城郡》 東至吳興郡三百八十七里。南至新安郡三百八十三里。西至廬江郡六百四十三里。北至丹陽郡四百五十里。東南到餘杭郡四百九十六里。西南到潯陽郡一千八里。西北到歷陽郡二百五十六里。東北到晉陵郡五百里。去西京二千九百五十里，去東京二千四百二十里。

宣州。【略】大唐爲宣州，或爲宣城郡。領縣十：宣城，當塗，涇，溧水，溧陽，南陵，綏安，寧國，太平，青陽。

唐·李吉甫《元和郡縣圖志》卷二八《江南道四·宣州》 隋開皇九年平陳，改郡爲宣州，移於今理。武德二年置總管府，七年改爲宣城郡，乾元元年復爲宣州。【略】

州境：東西四百八十六里。南北五百五十二里。

八到：西北至上都取和、滁路三千一十里，取潤州路三千七十里。

西北至東都取和、滁路二千一百五十里。正北微東至潤州四百里。正北微西至和州二百五十里。西南至池州三百四十里。正南微西踰嶺至歙州三百八十里。西渡江至廬州六百四十里。【略】

管縣十：宣城，南陵，涇，當塗，溧陽，溧水，寧國，廣德，太平，旌德。

《舊唐書》卷四〇《地理志三·宣州》 隋宣城郡。武德三年，杜伏威歸化，置宣州總管府。【略】天寶元年，改爲宣城郡。至德二年，又析置至德縣。乾元元年，復爲宣州。【略】舊領縣八，【略】天寶領縣九，【略】今縣十。在京師東南三千五百五十一里，至東都二千五百一十里。

《新唐書》卷四一《地理志五·宣州宣城郡》 縣八：宣城，當塗，涇，廣德，南陵，太平，寧國，旌德。

歙州

唐·杜佑《通典》卷一八二《州郡典十二·新安郡》 東至餘杭郡四百七十九里。南至新定郡遂安縣二百四十六里。西至宣城郡秋浦縣四百九十六里。北至宣城郡涇縣二百九十三里。東南到新定郡三百七十里。西南到鄱陽郡七百九十五里。西北到宣城郡涇縣界二百八十五里。東北到宣城郡三百八十三里。去西京三千六百六十七里，去東京二千八百四十六里。

歙州。【略】大唐爲歙州，或爲新安郡。領縣四：歙，休寧，黟，婺源。

唐·李吉甫《元和郡縣圖志》卷二八《江南道四·歙州》 隋開皇十二年置歙州，武德中置都督，貞觀廢。

州境：東西四百一十九里。南北二百四十里。

八到：西北至上都取睦州路四千八百五里，取宣州路三千四百五十里。西北至東都三千三百二十五里，取宣州，潤州路二千五百九十里。東至杭州四百七十里。東至睦州三百七十里。西南至饒州七百里。正北微東至宣州三百里。【略】

管縣六：歙，黟，休寧，婺源，績溪，祁門。

《舊唐書》卷四〇《地理志三·歙州》 隋新安郡。武德四年，平汪華，置歙州總管，管歙、睦、衢三州。貞觀元年，罷都督府。天寶元年，改爲新安郡。乾元元年，復爲歙州。舊領縣三，【略】天寶領縣五，【略】在京師東南三千六百六十七里，至東都二千八百二十六里。

《新唐書》卷四一《地理志五·歙州新安郡》 縣六：歙，休寧，黟，績溪，婺源，祈門。

池州

唐·杜佑《通典》卷一八一《州郡典十一·秋浦郡》 池州，歷代土地與宣州同。領縣四：青陽，秋浦，至德，石埭。

唐·李吉甫《元和郡縣圖志》卷二八《江南道四·池州》 本漢鄣郡之域，吴於此置石城縣。梁昭明太子以其水魚美，故封其水爲貴池，今城西枕此水。隋廢石城縣入南陵縣，開皇中於此置秋浦縣。永泰二年，江西觀察使李勉奏置池州，因武德四年總管左難當所奏舊名，取貴池以爲州號也。【略】

八到：西北至上都取宣州路三千四百一十里，取江州路二千五百三十里。西北至東都取宣州路二千五百一十里，取江州路二千五百三十里。東北陸路至宣州三百四十里。西〔南〕至江州五百八十里。東南至歙州四百六十里。西南至饒州五百八十里。正北微西渡江至舒州四百三十里。【略】

管縣四：秋浦，青陽，至德，石埭。

《舊唐書》卷四〇《地理志三·池州》 隋宣城郡之秋浦縣。武德四年，置池州，領秋浦、南陵二縣。貞觀元年，廢池州，以秋浦屬宣州。永泰元年，江西觀察使李勉，以秋浦去洪州九百里，請復置池州，仍請割青陽、至德二縣隸之，又析置石埭縣，並從之。後隸宣州。

《新唐書》卷四一《地理志五·池州》 武德四年以宣州之秋浦、南陵二縣置，貞觀元年州廢，縣還隸宣州，永泰元年復析宣州之秋浦、青陽，饒州之至德置。【略】縣四：秋浦，青陽，至德，石埭。

洪州

唐·杜佑《通典》卷一八二《州郡典十二·章郡》 東至信安郡界

一千四里。南至廬陵郡五百三十里。西至長沙郡一千二百里。北至宣城郡千七百里。東南到臨川郡二百里。西南到宜春郡五百二十五里。西北到潯陽郡三百三十五里。東北到鄱陽郡四百四十里。去西京三千九十三里，去東京二千二百十一里。

洪州。【略】宋齊以後並爲章郡。隋平陳，廢郡，置洪州；煬帝初廢州，置章郡。大唐爲洪州，或爲章郡。領縣六：南昌，高安，豐城，新吳，武寧，建昌。

唐·李吉甫《元和郡縣圖志》卷二八《江南道四·洪州》 隋開皇九年平陳，置洪州，因洪崖井爲名。武德元年，改爲總管府，七年改爲都督府。

州境：東西一千六百一十五里。南北一千一百五十六里。

八到：西北至上都三千八十五里。西北至東都二千二百七十五里。東至饒州四百四十里。西至潭州一千一百三十五里。南至撫州二百一十九里。北至江州三百二十五里。【略】

管縣七：南昌，高安，新吳，豐城，建昌，武寧，分寧。

《舊唐書》卷四〇《地理志三·洪州》 隋豫章郡。武德五年，平林士弘，置洪州總管府，管洪、饒、撫、吉、虔、南平六州，分豫章置鍾陵縣。洪州領豫章、豐城、鍾陵三縣。【略】天寶元年，改爲豫章郡。乾元元年，復爲洪州。舊領縣四：豫章、豐城、高安、建昌。【略】天寶領縣六。【略】在京師東南三千九十里，至東都二千二百一十一里。

《新唐書》卷四一《地理志五·洪州豫章郡》 縣七：南昌，豐城，高安，建昌，新吳，武寧，分寧。

江州

唐·杜佑《通典》卷一八二《州郡典十二·潯陽郡》 東至宣城郡一千八里。南至章郡三百二十五里。西至江夏郡五百九十三里。北至蘄春郡五百九十三里。東南到鄱陽郡三百七十四里。西南到江夏郡六百里。西北到蘄春郡二百五十里。東北到同安郡五百七十二里。去西京二千九百四十八里，去東京二千一百九十七里。

江州。【略】隋置九江郡。大唐改爲江州，或爲潯陽郡。領縣三：潯陽，彭澤，都昌。

唐·李吉甫《元和郡縣圖志》卷二八《江南道四·江州》 武德四年，討平林士弘，復置江州，五年又置總管，七年改爲都督，貞觀二年罷都督府。

州境：東西五百九十九里。南北一百七十七里。

八到：西北至上都二千七百六十里。西北至東都一千九百五十里。東至宣州一千八百里。西至鄂州五百九十三里。南至洪州三百二十五里。西北至蘄州二百八十九里。【略】

管縣三：潯陽，彭澤，都昌。

《舊唐書》卷四〇《地理志三·江州》 隋九江郡。武德四年，平林士弘，置江州，領湓城、潯陽、彭澤三縣。【略】天寶元年，改爲潯陽郡。乾元元年，復爲江州。舊領縣三。【略】在京師東南二千九百四十八里，至東都二千一百九十七里。

《新唐書》卷四一《地理志五·江州潯陽郡》 本九江郡，天寶元年更名。【略】縣三：潯陽，彭澤，都昌。

鄂州

唐·杜佑《通典》卷一八三《州郡典十三·江夏郡》 東至潯陽郡六百里。南至巴陵郡七百里。西至漢陽郡渡江二里。北至齊安郡二百八十五里。東南到章郡一千九百三十八里。西南到漢陽界七里。西北到漢陽北界渡江四里。東北到蘄春郡五百里。去西京二千三百四十六里，去東京一千五百三十里。

鄂州。【略】大唐武德中，平蕭銑，改爲鄂州，或爲江夏郡。領縣五：江夏，永興，武昌，蒲圻，唐年。

唐·李吉甫《元和郡縣圖志》卷二七《江南道三·鄂州》 州境：東西四百七十四里。南北三百八十八里。【略】

八到：西北至上都二千二百六十里。西北至東都一千四百里。東至江州六百里。西南至岳州五百五十里。西北至安州二百九十里。西至沔州隔江七里。正北微東至黄州二百里。【略】

管縣五：江夏，永興，武昌，唐年，蒲圻。

《舊唐書》卷四〇《地理志三·鄂州》 隋江夏郡。武德四年，平蕭銑，改爲鄂州。天寶元年，改爲江夏郡。乾元元年，復爲鄂州。【略】舊領縣四，【略】天寶領縣五。【略】在京師東南二千三百四十六里，至東都一千五百三十里。

《新唐書》卷四一《地理志五·鄂州江夏郡》 縣七：江夏，永興，武昌，蒲圻，唐年，漢陽，汊川。

沔州

唐·杜佑《通典》卷一八三《州郡典十三·漢陽郡》 東至江夏大江中流爲界三里。南至竟陵郡八百里。西至竟陵郡五百里。北至齊安郡二百三十五里。東南到江夏郡七十里。西南到竟陵水路七百里。西北到安陸郡三百一十里。東北到江夏郡界七里。去西京二千三百八十四里，去東京一千五百二十九里。

沔州。【略】大唐武德中，討平朱粲，析爲沔州，或爲漢陽郡。領縣二：漢陽，汊川。

唐·李吉甫《元和郡縣圖志》卷二七《江南道三·沔州》 隋開皇九年置戍，十七年廢戍，改置漢津縣，屬沔陽郡，大業二年改爲漢陽縣。武德四年，分沔陽郡於漢陽縣置沔州及縣，並自臨嶂山下改移於今理。

州境：東西二百五十二里。南北二百四十六里。

八到：西北至上都二千二百五十里。東北至東都一千三百九十三里。東渡江至鄂州七里。西北至隨州四百三十五里。東北至黄州二百二十里。西至復州竟陵縣三百四十里。西北至安州二百八十里。西取桐塚路至復州四百六十里。

《舊唐書》卷四〇《地理志三·鄂州》 漢陽。隋初爲漢津縣，煬帝改爲漢陽。武德四年，平朱粲，分沔陽郡置沔州，治漢陽縣。【略】至太和七年，鄂岳節度使牛僧孺奏，沔州與鄂州隔江，都管一縣，請併入鄂州，從之。舊屬淮南道。

《新唐書》卷四一《地理志五·鄂州江夏郡》 漢陽。本沔州漢陽郡，武德四年以沔陽郡之漢陽、汊川二縣置。寶應二年以安州之孝昌隸之。建中二年州廢，四年復置。元和三年省孝昌。寶曆二年州又廢，二縣來屬。

岳州

唐·杜佑《通典》卷一八三《州郡典十三·巴陵郡》 東至江夏郡七百里。南至長沙郡五百五十里。西至醴陽郡四百八里。北至竟陵郡五百五十里。東南到章郡一千八百五十六里。西南到武陵郡六百里。西北到江陵郡五百七十五里。東北到江夏郡七百里。去西京二千一百四十里，去東京一千八百一十六里。

岳州。【略】隋平陳，改爲岳州。煬帝初，改爲羅州，尋爲巴陵郡。郡人董景珍等，以羅縣令蕭銑爲主，起兵於此。大唐武德四年，平蕭銑，復爲岳州，或爲巴陵郡。領縣五：巴陵，沅江，湘陰，華容，昌江。

唐·李吉甫《元和郡縣圖志》卷二七《江南道三·岳州》 吴於此置巴陵縣，宋文帝又立爲巴陵郡，梁元帝改爲巴州。隋開皇九年改爲岳州，大業三年爲羅州。武德六年，復爲岳州。

州境：東西三百九十一里。南北四百一十里。

八到：西北至上都二千二百二十五里。西北至東都一千八百六十五里。西北至江陵府五百七十里。南至潭州五百五十里。西至澧州四百四十里。東北至鄂州五百五十里。北至復州沔陽縣五百五十里。【略】

管縣五：巴陵，華容，湘陰，沅江，昌江。

《舊唐書》卷四〇《地理志三·岳州》 隋巴陵郡。武德四年，平蕭銑，置巴州，領巴陵、華容、沅江、羅、湘陰五縣。六年，改爲岳州，省羅縣。天寶元年，改爲巴陵郡。乾元元年，復爲岳州。舊領縣四，【略】在京師東南二千二百三十七里，至東都一千八百一十六里。

《新唐書》卷四一《地理志五·岳州巴陵郡》 本巴州，武德六年更名。【略】縣五：巴陵，華容，橋江，湘陰，昌江。

饒州

唐·杜佑《通典》卷一八二《州郡典十二·鄱陽郡》 東至信安郡九百九十二里。南至臨川郡四百二十里。西至章郡擔石湖，中流爲界，一百七十里。北至潯陽郡三百七十四里。東南到信安郡須江縣青草洲七百八十五里。西南到章郡章縣城子橋中百六十里。西北到潯陽郡三百七十四里。東北到新安郡七百九十五里。去西京三千二百六十三里，去東京二千四百一十三里。

饒州。【略】隋置饒州，煬帝初，置鄱陽郡。大唐復爲饒州，爲鄱陽郡。領縣五：鄱陽，餘干，樂平，浮梁，弋陽。

唐・李吉甫《元和郡縣圖志》卷二八《江南道四・饒州》　隋開皇九年平陳，改鄱陽爲饒州，其城卽吳芮爲番令所居城。

州境：東西六百五十九里。南北四百六十一里。

八到：西北至上都三千一百三十里。西北至東都二千三百二十里。東南至信州五百里。東北至池州五百八十里。東北至歙州七百里。西至洪州四百四十里。西至撫州四百七十里。【略】

管縣四：鄱陽，餘干，樂平，浮梁。

《舊唐書》卷四〇《地理志三・饒州》　隋鄱陽郡。武德四年，平江左，置饒州，領鄱陽、新平、廣晉、餘干、樂平、長城、玉亭、弋陽、上饒九縣。七年，省上饒入弋陽，省玉亭入長城、餘干二縣。八年，又併長城入餘干，併新平、廣晉入鄱陽。舊領縣四。【略】在京師東南三千二百六十三里，至東都二千四百一十三里。

虔州

唐・杜佑《通典》卷一八二《州郡典十二・南康郡》　東至建安郡隔絕黃土嶺一千八百二十里。南至海豐郡隔越參溪嶺一千五百里。西至桂陽郡一千一十二里。北至廬陵郡四百二十里。東南到潮陽郡界一千五百六十五里。西南到始興郡隔大庾嶺七百里。西北到桂陽郡一千四十四里。東北到臨川郡一千一十里。去西京四千二百十六里，去東京三千四百里。

虔州。【略】大唐爲虔州，或爲南康郡。領縣六：贛，雩都，虔化，大庾，信豐，南康。

唐・李吉甫《元和郡縣圖志》卷二八《江南道四・虔州》　隋開皇九年平陳，罷南康郡爲虔州，大業三年罷虔州，復爲南康郡。武德五年，又再置虔州，蓋取虔化水爲名也。

州境：東西一千四百二里。南北一千三百三十九里。

八到：西北至上都四千一百二十五里。西北至東都三千三百一十五里。東至建州一千五百八十五里。西至郴州一千一十二里。南至循州一千六百一十四里。北至吉州四百七十四里。【略】

管縣七：贛，南康，信豐，大庾，雩都，虔化，安遠。

《舊唐書》卷四〇《地理志三・虔州》　隋南康郡。武德五年，平江左，置虔州。天寶元年，改爲南康郡。乾元元年，復爲虔州。舊領縣四，【略】天寶領縣六，【略】今縣七。在京師東南四千一十七里，至東都三千四百里。

吉州

唐・杜佑《通典》卷一八二《州郡典十二・廬陵郡》　東至臨川郡五百二十五里。南至南康郡四百二十四里。西至衡陽郡一千二百五十里。北至章郡五百三十里。東南無路可到。西南到桂陽郡九百里。西北到宜春郡三百一十里。東北到臨川郡五百二十五里。去西京三千六百三十里，去東京二千八百四十三里。

吉州。【略】大唐爲吉州，或爲廬陵郡。領縣五：廬陵，太和，安福，新淦，永新。

唐・李吉甫《元和郡縣圖志》卷二八《江南道四・吉州》　隋開皇中改廬陵爲吉州，有吉水，因爲名焉。

州境：東西四百二十里。南北六百九十二里。

八到：西北至上都三千六百五里。北至東都二千七百九十里。東北至撫州四百五十里。西至衡州九百一十里。南至虔州五百二十里。北至洪州五百七十六里。【略】

管縣五：廬陵，安福，永新，太和，新淦。

《舊唐書》卷四〇《地理志三・吉州》　隋廬陵郡。武德五年，討平林士弘，置吉州，領廬陵、新淦二縣。【略】天寶元年，改爲廬陵郡。乾元元年，復爲吉州。舊領縣四，【略】天寶領縣五。

袁州

唐・杜佑《通典》卷一八二《州郡典十二・宜春郡》　東至章郡水

路七百四十里。南至廬陵郡三百一十里。西至長沙郡五百二十六里。北至章郡五百二十五里。東南到廬陵郡三百十一里。西南到長沙郡界二百三十里。西北到長沙郡五百二十六里。東北到章郡五百二十五里。去西京三千五百八十里，去東京二千五百六十八里。

袁州。【略】大唐爲袁州，或爲宜春郡。領縣三：宜春，萍鄉，新喻。

唐·李吉甫《元和郡縣圖志》卷二八《江南道四·袁州》 武德五年討平蕭銑，復置袁州。

州境：東西五百二十六里。南北二百二十五里。

八到：西北至上都三千一百八十里。西北至東都二千四百里。東至洪州七百四十里。西至潭州五百二十六里。南至吉州三百一十七里。北至江州五百六十五里。【略】

管縣三：宜春，新喻，萍鄉。

《舊唐書》卷四〇《地理志三·袁州》 隋宜春郡。武德四年，平蕭銑，置袁州。天寶元年，改爲宜春郡。乾元元年，復爲袁州。舊領縣三。【略】在京師東南三千五百八十里，至東都二千一百六十一里。

信州

唐·李吉甫《元和郡縣圖志》卷二八《江南道四·信州》 今州所理在弋陽縣東一百里，乾元元年，租庸使洪州刺史元載奏置。【略】

八到：西北至上都三千六百三十里。西北至東都二千八百二十里。東至衢州二百五十里。西北至饒州五百里。東南至建州五百里。【略】

管縣五：上饒，玉山，弋陽，永豐，貴溪。

《舊唐書》卷四〇《地理志三·信州》 乾元元年，割衢州之常山、饒州之弋陽、建州之三鄉、撫州之一鄉，置信州，又置上饒、永豐二縣。領縣四，戶四萬。在京師東南五千八百里，至東都二千九百五十里。

《新唐書》卷四一《地理志五·信州》 乾元元年析饒州之弋陽，衢州之常山、玉山及建、撫之地置。【略】縣四：上饒，弋陽，貴溪，玉山。

撫州

唐·杜佑《通典》卷一八二《州郡典十二·臨川郡》 東至鄱陽郡餘干縣三百二十里。南至南康郡一千一十里。西至廬陵郡五百二十五里。北至章郡二百四十里。東南到建安郡八百三十七里。西南到廬陵郡五百二十五里。西北到章郡二百四十里。東北到鄱陽郡四百二十里。去西京三千三百一十二里，去東京二千五百三十里。

撫州。【略】大唐爲撫州，或爲臨川郡。領縣四：臨川，南城，崇仁，南豐。

唐·李吉甫《元和郡縣圖志》卷二八《江南道四·撫州》 吳太平中改置臨川郡，隋開皇九年改爲撫州，大業十二年又改爲臨川縣，武德五年又改爲州。

州境：東西四百七十八里。南北六百三十里。

八到：西北至上都三千三百五十里。北至東都二千四百九十五里。東[北]至饒州四百七十里。西南至吉州四百五十六里。南至虔州一千一百八十里。北至洪州二百一十九里。

《舊唐書》卷四〇《地理志三·撫州》 隋臨川郡。武德五年，討平林士弘，置撫州，領臨川、南城、邵武、宜黄、崇仁、永城、東興、將樂八縣。七年，省東興、永城、將樂三縣，以邵武隸建州。八年，省宜黄縣。天寶元年，改爲臨川郡。乾元元年，復爲撫州。舊領縣三，【略】天寶領縣四。【略】在京師東南三千三百一十二里，至東都二千五百四十里。

潭州

唐·杜佑《通典》卷一八三《州郡典十三·長沙郡》 東至章郡一千二百二里。南至衡陽郡四百五十里。西至盧溪郡一千一百二十五里。北至巴陵水路五百五十里。東南到宜春屈曲五百二十六里。西南到邵陽郡五百三十四里。西北到武陵郡四百里。東北到巴陵郡七百里。去西京二千五百一十九里，去東京二千四百里。

潭州。【略】大唐爲潭州，或爲長沙郡。領縣六：長沙，衡山，湘鄉，益陽，瀏陽，醴陵。

唐・李吉甫《元和郡縣圖志》卷二九《江南道五・潭州》 州境：東西一千六十里。南北五百七十五里。【略】

八到：西北至上都二千四百四十五里。北至東都二千一百八十五里。正南微東至衡州四百六十里。北至岳州水路五百五十里。東南至袁州五百二十五里。西北至朗州四百里。東至洪州九百八十里。【略】

管縣六：長沙，醴陵，瀏陽，益陽，湘鄉，湘潭。

《舊唐書》卷四〇《地理志三・潭州》 隋長沙郡。武德四年，平蕭銑，置潭州總管府，【略】潭州領長沙、衡山、醴陵、湘鄉、益陽、新康六縣。【略】天寶元年，改爲長沙郡。乾元元年，復爲潭州。舊領縣五，【略】天寶領縣六。【略】在京師南二千四百四十五里，至東都二千一百八十五里。

衡州

唐・杜佑《通典》卷一八三《州郡典十三・衡陽郡》 東至盧陵郡九百里。南至零陵郡五百八十里。西至邵陽郡三百里。北至長沙郡四百五十里。東南到桂陽郡三百里。西南到零陵郡三百七十里。西北到長沙郡湘潭縣五百八十里。東北到盧陵郡九百里。去西京三千一百里，去東京二千七百六十八里。

衡州。【略】大唐爲衡州，或爲衡陽郡。領縣六：衡陽，湘潭，耒陽，攸，常寧，茶陵。

唐・李吉甫《元和郡縣圖志》卷二九《江南道五・衡州》 吳分長沙之東部爲湘東郡，晉以郡屬湘州。隋開皇九年罷郡爲衡州，以衡山爲名。

州境：東西六百五十里。南北四百九十九里。

八到：西北至上都二千九百五十里。北至東都二千六百四十九里。東北至吉州九百一十里。東南至郴州三百七十里。東南至郴縣界七百三十八里。正南微西至永州五百七十里。北至潭州四百六十里。西至邵州三百五十六里。【略】

管縣六：衡陽，攸，茶陵，耒陽，常寧，衡山。

《舊唐書》卷四〇《地理志三・衡州》 隋衡山郡。武德四年，平蕭銑，置衡州，領臨蒸、湘潭、耒陽、新寧、重安、新城六縣。七年，省重安、新城二縣。貞觀元年，以廢南雲州之攸縣來屬。天寶元年，改爲衡陽郡。乾元元年，復爲衡州。舊領縣五，【略】天寶領縣六。【略】在京師東南三千四百三里，至東都二千七百六十里。

《新唐書》卷四一《地理志五・衡州衡陽郡》 本衡山郡，天寶元年更名。【略】縣六：衡陽，衡山，常寧，攸，茶陵，耒陽。

永州

唐・杜佑《通典》卷一八三《州郡典十三・零陵郡》 東至江華郡三百里。南至平樂郡六百三十九里。西至邵武郡武岡縣界二百二十里。北至衡陽郡五百八十里。東南到江華郡三百里。西南到始安郡五百五十里。西北到邵陽郡三百一十里。東北到衡陽郡五百七十里。去西京三千二百七十四里，去東京三千五十五里。

永州。【略】大唐爲永州，或爲零陵郡。領縣三：零陵，湘源，祁陽。

唐・李吉甫《元和郡縣圖志》卷二九《江南道五・永州》 武德四年，又置永州。

州境：東西三百三十二里。南北五百六十一里。

八到：西北至上都三千一百五十五里。北至東都二千八百九十五里。西南至桂陽五百五里。東北至衡州陸路五百七十里。西至敍州南郎溪，山懸險不通，無里數。東南至道州水路二百六十里。東至韶州六百里。【略】

管縣四：零陵，祁陽，湘源，灌陽。

《舊唐書》卷四〇《地理志三・永州》 隋零陵郡。武德四年，平蕭銑，置永州，領零陵、湘源、祁陽、灌陽四縣。七年，省灌陽。貞觀元年，省祁陽縣，四年，復置。天寶元年，改爲零陵郡。乾元元年，復爲永州。舊領縣三。【略】在京師南三千二百七十四里，至東都三千六百六十五里。

道州

唐・杜佑《通典》卷一八三《州郡典十三・江華郡》　東至桂陽郡六百里。南至臨賀郡四百里。西至平樂郡四百里。北至零陵郡三百里。東南到桂陽郡六百里。西南到永山，險峻無路。西北到零陵郡三百里。東北到始安郡五百里。去西京三千九百三十里，去東京三千五百八十里。

道州。【略】大唐既平蕭銑，復割其地置營州。武德五年，改爲南營州。貞觀八年，改爲道州，或爲江華郡。領縣四：營道，延唐，江華，永明。

唐・李吉甫《元和郡縣圖志》卷二九《江南道五・道州》　（漢）武帝分長沙置零陵郡，吳分零陵置營陽郡，今州是也，以郡在營水之南，因爲名。隋末陷寇賊，武德四年平蕭銑，置營州，貞觀八年改爲道州。

州境：東西二百九十五里。南北四百里。

八到：西北至上都三千四百一十五里。北至東都三千一百五十五里。西北水路至永州二百六十里。南踰嶺至賀州四百四十里。正南踰嶺至韶州四百二十里。正東微北至郴州五百三十五里。【略】

管縣五：弘道，永明，延唐，大歷，江華。

《舊唐書》卷四〇《地理志三・道州》　隋零陵郡之永陽縣。武德四年，平蕭銑，置營州，領營道、江華、永陽、唐興四縣。五年，改爲南營州。貞觀八年，改爲道州，仍省永陽縣。十七年廢，併入永州。上元二年，復析永州置。天寶元年，改爲江華郡。乾元元年，復爲道州。舊領縣三，【略】天寶領縣四，【略】今領縣五。

《新唐書》卷四一《地理志五・道州江華郡》　本營州，武德四年以零陵郡之營道、永陽二縣置，五年曰南營州，貞觀八年更名，十七年，州廢入永州，上元二年復置。　【略】縣五：弘道，延唐，江華，永明，大歷。

郴州

唐・杜佑《通典》卷一八三《州郡典十三・桂陽郡》　東至盧陵郡一千二百五十里。南至始興郡五百里。西至江華郡六百里。北至衡陽郡三百里。東南到南康郡千一十里。西南到連山郡三百九十里。西北到衡陽郡三百里。東北到盧陵郡界五百一十里。去西京三千三百里，去東京三千五十七里。

郴州。【略】大唐爲郴州，或爲桂陽郡。領縣八：郴，高亭，藍山，義昌，資興，義章，南平，臨武。

唐・李吉甫《元和郡縣圖志》卷二九《江南道五・郴州》　漢分長沙南境立桂陽郡，理郴縣，領十一縣。隋平陳改爲郴州，大業中復爲桂陽郡，武德四年爲郴州。

州境：東西五百九十六里。南北三百二十三里。

八到：西北至上都三千二百七十五里。北至東都三千一十五里。西至道州五百三十五里。東至虔州一千里。東南至韶州四百一十里。西北至衡州三百七十里。【略】

管縣八：郴，義章，義昌，平陽，資興，高亭，臨武，藍山。

《舊唐書》卷四〇《地理志三・郴州》　隋桂陽郡。武德四年，平蕭銑，置郴州，領郴、盧陽、義章、臨武、平陽、晉興六縣。【略】天寶元年，改爲桂陽郡。乾元元年，復爲郴州。舊領縣五，【略】天寶領縣八。【略】在京師東南三千三百里，至東都三千五十七里。

《新唐書》卷四一《地理志五・郴州桂陽郡》　縣八：郴，義章，平陽，資興，高亭，義昌，臨武，藍山。

邵州

唐・杜佑《通典》卷一八三《州郡典十三・邵陽郡》　東至衡陽郡三百里。南至零陵郡三百里。西至盧溪郡八百里。北至長沙郡二百四十里。東南到零陵郡三百十二里。西南到潭陽郡屈曲一千八百六十里。西北到盧溪郡八百里。東北到長沙郡五百三十四里。去西京二千八百八十三里，去東京二千五百六十七里。

邵州。【略】隋平陳，廢邵陵郡，併入長沙郡。大唐復分置邵州，或爲邵陽郡。領縣二：邵陽，武岡。

唐・李吉甫《元和郡縣圖志》卷二九《江南道五・邵州》　隋開皇十年，以邵陵郡屬潭州。隋末陷於寇賊，武德四年平蕭銑，屬南梁州，貞觀十年改爲邵州。

州境：東西屈曲一百二十里。南北水路七百三十四里。

八到：西北至上都二千八百八十四里。北至東都二千五百八十五里。東北至潭州陸路五百三十里。東南至永州二百二十里。東至衡州三百五十六里。

《舊唐書》卷四〇《地理志三·邵州》　隋長沙郡之邵陽縣。武德四年，平蕭銑，置南梁州，領邵陵、建興、武岡三縣。七年，省建興入武岡，省邵陵併邵陽。貞觀十年，改名邵州。天寶元年，改爲邵陽郡。乾元元年，復爲邵州。舊領縣二。【略】在京師東南三千四百里，至東都二千二百六十八里。

《新唐書》卷四一《地理志五·邵州邵陽郡》　本南梁州，武德四年析潭州之邵陽置，並置邵陵、建興二縣，貞觀十年更名。

黔中道·黔州

唐·杜佑《通典》卷一八三《州郡典十三·黔中郡》　東至澧陽郡二千里。南至義泉郡六百里。西至涪陵郡三百六十里。北至南賓郡六百五十里。東南到寧夷郡三百一十里。西南到義泉郡三百五十里。西北到涪陵郡三百六十里。東北到清江郡五百五十里。去西京三千五百六十里，去東京三千二百七十七里。

黔州。【略】隋初亦置黔州，煬帝初爲黔安郡。大唐復爲黔州，或爲黔中郡。領縣六：彭水，黔江，洪杜，洋水，信寧，都濡。

唐·李吉甫《元和郡縣圖志》卷三〇《江南道六·黔州》　州境：東西五百四十五里。南北二百九十八里。【略】

八到：（西）［東］北至上都，取江陵府路三千六百五十里，北取萬、開州路二千五百七十里。（西）［東］北至東都三千四百四十五里。南至夷州五百八十里。東南至思州二百八十里。北渡江山路至忠州四百里。西北至涪州三百三十里。西南至播州八百里。

《舊唐書》卷四〇《地理志三·黔州》　隋黔安郡。武德元年，改爲黔州，領彭水、都上、石城三縣。二年，又分置盈隆、洪杜、相永、萬資四縣。四年，置都督府。【略】天寶元年，改黔州爲黔中郡，【略】乾元元年，復以黔中郡爲黔州都督府。舊領縣五，【略】天寶縣六。【略】在京師南三千一百九十三里，至東都三千二百七十一里。

《新唐書》卷四一《地理志五·黔州黔中郡》　本黔安郡，天寶元年更名。

辰州

唐·杜佑《通典》卷一八三《州郡典十三·盧溪郡》　東至武陵郡四百六十五里。南至潭陽郡五百四十八里。西至盧陽郡六百七十里。北至靈溪郡三百六十八里。東南到邵陽郡八百里。西南到盧陽郡水路三百六十八里。西北到靈溪郡大鄉縣界一百九十里。東北到武陵郡界沅水路二百十九里。去西京三千五百二十八里，去東京三千二百九十里。

辰州。【略】隋分置辰州，煬帝初爲沅陵郡。大唐爲辰州，或爲盧溪郡。領縣五：沅陵，漵浦，辰溪，盧溪，麻陽。

唐·李吉甫《元和郡縣圖志》卷三〇《江南道六·辰州》　州境：東西一千二百五十七里。南北一千四百二十七里。【略】

八到：北至上都二千五百一十里。東北至東都二千二百五十里。東至朗州［水］路沿流四百六十里。南至敘州水路五百三十八里。正北微東至澧州七百五十里。西南至錦州水路七百里。正西微北水路至溪州三百六十八里。【略】

管縣五：沅陵，盧溪，麻陽，敘浦，辰溪。

《舊唐書》卷四〇《地理志三·辰州》　隋沅陵縣。武德四年，平蕭銑，置辰州，領沅陵等五縣。【略】天寶元年，改爲盧溪郡。乾元元年，復爲辰州，取溪名。舊領縣七，【略】天寶領縣五。【略】在京師南微東三千四百五里，至東都三千二百六十里。

《新唐書》卷四一《地理志五·辰州盧溪郡》　本沅陵郡，天寶元年更名。【略】縣五：沅陵，盧溪，漵浦，麻陽，辰溪。

錦州

唐·杜佑《通典》卷一八三《州郡典十三·盧陽郡》　東至盧溪郡六百七十里。南至龍標郡渭溪縣界一百五十里。西至渭陽縣界百五十里。

北至當郡招喻縣界五十里。東南到潭陽郡三百里。西南到渭陽水路一百五十里。西北到當郡常豐縣水路二百里。東北到盧溪郡麻陽縣界水路三百里。去西京三千五百里，去東京三千三百里。

錦州，歷代土地與辰州同。大唐爲錦州，或爲盧陽郡。領縣五：盧陽，洛浦，招喻，常豐，渭陽。

唐・李吉甫《元和郡縣圖志》卷三〇《江南道六・錦州》　本漢辰州盧陽之地，垂拱三年以地界闊遠，分置錦州，以州理前溪，水多文石，望之似錦，因名。長安四年移於伏溪水灣曲中置，卽今理是。惟東面平地，餘三面並臨溪岸。【略】

八到：東北至上都三千二百一十一里。東北至東都二千七百五十里。東北至辰州水路七百里。南至獎州陸路五百四十里。東北至溪州五百里。南至思州八百里。【略】

管縣五：盧陽，洛浦，招喻，渭陽，常豐。

《舊唐書》卷四〇《地理志三・錦州》　垂拱二年，分辰州麻陽縣地並開山洞置錦州及四縣。天寶元年，改錦州爲盧陽郡。乾元元年，復爲錦州。天寶領縣五。【略】至京師三千五百里，至東都三千七百里。

《新唐書》卷四一《地理志五・錦州盧陽郡》　垂拱二年以辰州麻陽縣地及開山洞置。【略】縣五：盧陽，招喻，渭陽，常豐，洛浦。

施州

唐・杜佑《通典》卷一八三《州郡典十三・清江郡》　東至夷陵郡九百里。南至黔中郡七百里。西至南浦郡六百八十里，北至雲安郡五百里。東南到夷陵郡界三百里。西南到黔中郡界五百五十里。西北到雲安郡界三百五十里。東北到巴東郡五百里。去西京二千七百九里，去東京二千八百十里。

施州。【略】大唐爲施州，或爲清江郡。領縣二：清江，建始。

唐・李吉甫《元和郡縣圖志》卷三〇《江南道六・施州》　周武帝建德三年於此置施州，隋改爲清江縣，義寧二年復置施州。

州境：東北至上都二千七百里。東北至東都二千三百八十五里。西至萬州六百八十五里。北至夔州五百里。東至敍州七百六十六里。南至黔州四百八十五里。

《舊唐書》卷四〇《地理志三・施州》　隋清江郡之清江縣。義寧二年，置施州，領清江、開夷二縣。【略】天寶元年，改爲清化郡。乾元元年，復爲施州。舊領縣三，【略】天寶領縣二。【略】在京師南二千七百九里，至東都二千八百一十里。

敍州

唐・杜佑《通典》卷一八三《州郡典十三・潭陽郡》　東至盧溪郡五百三十八里。南至邵陽郡一千一百四十四里。西至樂古郡二千一百一十七里。北至盧溪郡九百里。東南到邵陽郡一千八百六十里。西南到泝沅口入朗八百里。西北到泝巫溪入盧溪郡九百里。東北到邵陽郡一千八百六十里。去西京三千一百五十八里，去東京三千八百三十三里。

巫州。【略】隋屬沅陵郡。大唐爲巫州。天授中，以巫山不在州界，遂改爲沅州。開元十二年，復爲巫州，或爲潭陽郡。領縣三：龍標，朗溪，潭陽。

唐・李吉甫《元和郡縣圖志》卷三〇《江南道六・敍州》　隋初於此置辰州。貞觀八年分辰州龍標縣置巫州，天授二年改曰沅州。開元十三年，以『沅』、『原』聲相近，復爲巫州。天寶元年改爲潭陽郡。大曆五年，以境接敍浦，改爲敍州。【略】

八到：東北至東都二千七百八十八里。北至上都三千四十八里。西泝流至獎州八百里。北沿流至辰州五百三十八里。南踰嶺至融州水陸共一千五百里。東南踰嶺至吉州水陸共二千一百里。【略】

管縣三：龍標，朗溪，潭陽。

《舊唐書》卷四〇《地理志三・巫州》　貞觀八年，分辰州龍標縣置巫州。【略】天寶元年，改爲潭陽郡。乾元元年，復爲巫州。舊領縣三。【略】在京師南三千一百五十八里，至東都三千八百三十三里。

《新唐書》卷四一《地理志五・敍州潭陽郡》　本巫州，貞觀八年以辰州之龍標縣置，天授二年曰沅州，開元十三年以『沅』『原』聲相近，復爲巫州，大曆五年更名。【略】縣三：龍標，朗溪，潭陽。

獎州

唐·杜佑《通典》卷一八三《州郡典十三·龍標郡》 東至潭陽郡七百里。南至羈縻充州梓□縣界四百里。西至涪川郡五百里。北至盧陽郡二百八十里。東南到潭陽郡界五百九十里。西南到充州梓□縣界四百里。西北到盧陽郡界一百八十里。東北到涪川郡多田縣界五百三十里。去西京四千一百九十七里，去東京三千九百里。

業州。【略】古蠻夷之地。大唐置業州，或爲龍標郡。領縣二：峩山，渭溪。

唐·李吉甫《元和郡縣圖志》卷三〇《江南道六·獎州》 本漢武陽縣地，貞觀八年於此置夜郎，屬巫州。長安四年於此置舞州，開元十三年改爲鶴州，二十年又改爲業州，大曆五年又改爲獎州。【略】

八到：北至上都三千八百四十八里。東北至東都三千五百八十八里。西南泝流沿溪至費州五百七十里。西南泝流至牂柯充州七百里。東沿流至敍州八百里。南至牂柯羈縻應州三百里。【略】

管縣三：峨山，渭溪，梓薑。

《舊唐書》卷四〇《地理志三·業州》 長安四年，分沅州二縣置舞州。開元十三年，改爲鶴州。二十年，又改爲業州。天寶元年，改龍標郡。乾元元年，復爲業州。領縣三。【略】在京師南四千一百九十七里，至東都三千九百里。

《新唐書》卷四一《地理志五·獎州龍溪郡》 本舞州，長安四年以沅州之夜郎、渭溪二縣置，開元十三年以『舞』、『武』聲相近，更名鶴州，二十年曰業州，大曆五年又更名。【略】縣三：峩山，渭溪，梓薑。

夷州

唐·杜佑《通典》卷一八三《州郡典十三·義泉郡》 東至寧夷郡六百里。南至涪川郡五百二十三里。西至播川郡三百里。北至黔中郡六百里。東南到寧夷郡五百八十里。西南到□□□□□□□。西北到□□□□□□□□□。東北到寧夷郡□□□□□□□□。去西京四千三百八十七里，去東京三千九百七十五里。

夷州。【略】隋煬帝時，始屬明陽郡。大唐武德中，屬義州。貞觀中開南蠻地，置夷州，或爲義泉郡。領縣五：綏陽，義泉，都上，洋川，宜林。

唐·李吉甫《元和郡縣圖志》卷三〇《江南道六·夷州》 本徼外蠻夷之地，自漢至梁，陳並屬牂柯郡。歷代恃險，多不賓附。隋大業七年置綏陽縣，屬明陽郡。武德四年改爲夷州，貞觀元年廢，四年於黔州都上縣復置。

州境：東西二百九十里。南北二百九十里。

八到：東北至上都取江陵路四千一百五十五里，北取當州路三千七百里。東北至東都二千九百四十五里。西南至播州二百四十里。東北至涪州四百里。北至黔州五百八十里。東至費州三百里。【略】

管縣五：綏陽，都上，義泉，洋川，寧夷。

《舊唐書》卷四〇《地理志三·夷州》 隋明陽郡之綏陽縣。武德四年，置夷州於思州寧夷縣，領夜郎、神泉、豐樂、綏養、雞翁、伏遠、明陽、高富、寧夷、思義、丹川、宣慈、慈嶽等十三縣。【略】天寶元年，改爲義泉郡。乾元元年，復爲夷州。舊領縣四，【略】天寶縣五。【略】在京師南四千三百八十七里，至東都三千八百八十里。

《新唐書》卷四一《地理志五·夷州義泉郡》 本隋明陽郡地，武德四年以思州之寧夷縣置，貞觀元年州廢，四年復以黔州之都上縣開南蠻置，十一年徙治綏陽。

播州

唐·杜佑《通典》卷一八三《州郡典十三·播川郡》 去西京四千四百里，去東京四千九十里。

播州。【略】古蠻夷之域，黔中郡地，夜郎國之東南隅也。漢屬牂牁，其後無聞。大唐置播州，或爲播川郡。領縣四：播川，遵義，芙蓉，琊川。

唐·李吉甫《元和郡縣圖志》卷三〇《江南道六·播州》 本西南徼外蠻夷夜郎、且蘭之地。戰國屬楚，秦亦常置吏，至漢武帝平西南夷，置牂柯郡。貞觀元年，於牂柯北界置麟州，十一年省。十三年置播州。景

龍二年置都督府，先天二年罷。【略】

八到：東北至上都取江陵路四千三百五十五里，北取萬、開州路三千二百七十里。東北至東都四千一百四十五里。東北至黔州八百里。東北至費州四百里。東北至牂柯北界巴江鎮七十里。東南至牂柯州二百二十里。【略】

管縣三：遵義，帶水，芙蓉。

《舊唐書》卷四〇《地理志三·播州》 隋牂柯郡之牂柯縣。貞觀九年，分置郎州，領恭水、高山、貢山、柯盈、邪施、釋鷰六縣。【略】天寶元年，改爲播川郡。乾元元年，復爲播州。領縣三。【略】在京師南四千四百五十里，至東都四千九百六十里。

《新唐書》卷四一《地理志五·播州播川郡》 本郎州，貞觀九年以隋牂柯郡之牂柯縣置，十一年廢，十三年復置，更名。【略】縣三：遵義，芙蓉，帶水。

思州

唐·杜佑《通典》卷一八三《州郡典十三·寧夷郡》 東至靈溪郡三百里。南至涪川郡五百里。西至義泉郡六百里。北至黔中郡二百八十七里。東南到盧溪郡一千六百里。西南到義泉郡五百四十里。西北到黔中郡三百里。東北到黔中郡黔江縣一百九十里。去西京三千九百五十里，去東京三千五百九十三里。

思州，歷代土地與黔中郡同。隋屬清江郡。大唐武德元年，以當牂牁之衝要，遂置務州。貞觀八年，改爲思州，或爲寧夷郡。領縣四：務川，寧夷，思邛，思王。

唐·李吉甫《元和郡縣圖志》卷三〇《江南道六·思州》 隋開皇十九年置務川縣，屬庸州，大業二年廢。武德四年於縣置務川郡，貞觀四年改爲思州，以思邛水爲名。

州境：東西二百三十里。南北五百十二里。

八到：東北至上都，取江陵府路三千九百二十五里。東北至東都三千七百二十五里。西南至夷州四百里。東南至錦州常豐縣五百里。西北水路至黔州二百八十里。南至費州水路四百里。【略】

管縣三：務川，思王，思邛。

《舊唐書》卷四〇《地理志三·思州》 隋巴東郡之務川縣。武德四年，置務州，領務川、涪川、扶陽三縣。【略】天寶元年，改爲寧夷郡。乾元元年，復爲思州。舊領縣三。【略】在京師南三千八百三十九里，至東都三千五百九十六里。

《新唐書》卷四一《地理志五·思州寧夷郡》 本務州，武德四年以隋巴東郡之務川、扶陽置，貞觀四年更名。【略】縣三：務川，思王，思邛。

費州

唐·杜佑《通典》卷一八三《州郡典十三·涪川郡》 東至安南獠界二百三十五里。南至寧夷郡思王縣界二十七里。西至當郡城樂縣界二百四十里。北至寧夷郡五百里。【略】去西京四千三百里，去東京三千五百里。

費州，古蠻夷之國。【略】至後周，始置爲費州。大唐初屬務州，貞觀初復置費州，或爲涪川郡。領縣四：涪川，多田，扶陽，城樂。

唐·李吉甫《元和郡縣圖志》卷三〇《江南道六·費州》 本古徼外蠻夷地，漢武帝元鼎六年通西南夷，置牂柯郡。隋文帝於此置涪川縣，屬黔州，煬帝改爲黔安郡。貞觀四年，分思州涪川、扶陽縣置費州。【略】

八到：東北至上都，取江陵路四千三百三十五里。東北至東都四千一百二十五里。北至思州水路四百里。正南微西至牂柯、充州一百九十里。西南至播州四百里。東至獎州水陸相兼四百里。

《舊唐書》卷四〇《地理志三·費州》 隋黔安郡之涪川縣。貞觀四年，分思州之涪川、扶陽二縣置費州。【略】天寶元年，復爲涪川郡。乾元元年，復爲費州。舊領縣四。【略】在京師南四千七百里，至東都四千九百里。

《新唐書》卷四一《地理志五·費州涪川郡》 貞觀四年析思州之涪川、扶陽，開南蠻置。

南州

唐・杜佑《通典》卷一七五《州郡典五・南川郡》 東至南平郡界一十里。南至溱溪郡界五十里。西至南平郡界三百六十里。北至南平郡二百六十里。東南到溱溪郡界三百五十里。西南到溱溪郡界七十里。西北到南平郡二百六十里。東北到南平郡五十七里。去西京三千九百五里，去東京三千六百里。

南州。【略】亦巴國之地，秦漢巴郡之境。大唐武德三年，置僰州。四年，又改爲南州。或爲南川郡。領縣二：南川，三溪。

唐・李吉甫《元和郡縣圖志》卷三〇《江南道六・南州》 周閔帝拓定巴境，以江州置七州郡。武德二年，割渝州置，領六縣。又改爲僰州，四年復爲南州。

州境：東西二百一十里。南北一百八十九里。

八到：東北至上都三千一百六十里。東北至東都二千九百里。北至渝州江津縣二百三十里。東至契丹土六百里。西至没丁山八十里。南至溱州二百七十里。

《舊唐書》卷四〇《地理志三・南州》 武德二年置，領隆陽、扶化、隆巫、丹溪、靈水、南川六縣。【略】天寶元年，改爲南川郡。乾元元年，復爲南州。舊領縣三，【略】天寶領縣二，【略】在京師南三千六百里，至東都三千七百里。

《新唐書》卷四一《地理志五・南州南川郡》 武德二年開南蠻置，三年更名僰州，四年復故名。

溪州

唐・杜佑《通典》卷一八三《州郡典十三・靈溪郡》 東至盧溪郡三百六十八里。南至盧陽郡五百六十里。西至寧夷郡三百里。北至澧陽郡二百五十里。東南到盧溪郡沅陵縣界一百七十里。西南到當郡三亭縣界二百里。西北到盧溪郡二百五十里。東北到澧陽郡慈利縣二百五十里。去西京二千八百九十三里，去東京二千六百九十六里。

溪州。【略】歷代土地與辰州同。大唐爲溪州，或爲靈溪郡。領縣二：大鄉，三亭。

唐・李吉甫《元和郡縣圖志》卷三〇《江南道六・溪州》 漢屬武陵郡，爲沅陵、遷陵二縣之地，梁置大鄉縣。天授二年割辰州大鄉、三亭二縣立溪州。

州境：東西六百里。南北八百里。

八到：西北至上都二千八百七十八里。北至東都二千六百一十八里。正東微南至辰州三百六十里，一路取西泝流三百七十里。東北至澧州，水陸相兼一千三百里，山路險阻，若遇霖潦，則不通行。本管三亭縣，自縣西水陸路相兼五百里至黔江縣，又西三百里至黔州，其三亭縣與施州接界，山路峻，不通行。

《舊唐書》卷四〇《地理志三・溪州》 舊辰州之大鄉。天授二年，分置溪州。舊領縣二，又分置洛浦縣。長安四年，以洛浦屬錦州。天寶元年，改溪州爲靈溪郡。乾元元年，復爲溪州。領縣二。【略】至京師二千八百九十三里，至東都二千六百九十六里。

《新唐書》卷四一《地理志五・溪州靈溪郡》 天授二年析辰州置。

溱州

唐・杜佑《通典》卷一八三《州郡典十三・溱溪郡》 去西京三千四百八十里，去東京四千二百里。

溱州，古蠻夷之地。大唐置溱州，或爲溱溪郡。領縣二：榮懿，扶歡。

唐・李吉甫《元和郡縣圖志》卷三〇《江南道六・溱州》 本巴郡之南境，貞觀十六年有渝州萬壽縣人牟智才上封事，請於西南夷竇渝之界招慰不庭，建立州縣。至十七年置，以南有溱溪水爲名。【略】

八到：東北至上都三千四百三十四里。東北至東都四千二百九十一里。東北至黔州取珍、播夷路一千三百里。正南微東至珍州二百里。東北至南州二百七十里。東與賓州接界，山險不通，無里數。西接合江縣。【略】

管縣二：榮懿，扶歡。

《舊唐書》卷四〇《地理志三・溱州》 貞觀十六年，置溱州及榮懿、扶歡、樂來三縣。咸亨元年，廢樂來縣。天寶元年，改爲溱溪郡。乾元元年，復爲溱州。領縣二，【略】至京師三千四百八十里，至東都四千二百里。

《新唐書》卷四一《地理志五·溱州溱溪郡》　貞觀十六年開山洞置。【略】縣五：榮懿，扶歡，夜郎，麗皋，樂源。

珍州

唐·杜佑《通典》卷一八三《州郡典十三·夜郎郡》　去西京四千四百五十里，去東京四千九百六十里。

珍州，古蠻夷之地。大唐貞觀七年，置珍州，或爲夜郎郡。領縣四：營德，夜郎，麗皋，樂源。

唐·李吉甫《元和郡縣圖志》卷三〇《江南道六·珍州》　本徼外蠻夷之地，貞觀十六年置。【略】

八到：東北至上都五千五百五十里。東北至東都四千五百四十五里。(南)[西]接夷獠界。東南至播州二百里。北至溱州二百四十里。【略】

管縣三：夜郎，麗皋，樂源。

《舊唐書》卷四〇《地理志三·珍州》　貞觀十六年置，天寶元年改爲夜郎郡。乾元元年，復爲珍州。領縣三。【略】至京師四千一百里，至東都三千七百里。

《新唐書》卷四一《地理志五·溱州溱溪郡》　夜郎：貞觀十六年開山洞置珍州，並置夜郎、麗皋、樂源三縣，後爲夜郎郡。元和三年州廢，縣皆來屬。

劍南道

唐·李林甫等《唐六典》卷三《尚書戶部》　九曰劍南道，古梁州之境，今益、蜀、彭、漢、綿、劍、梓、遂、普、資、簡、陵、邛、眉、雅、嘉、榮、瀘、戎、黎、茂、龍、扶、文、當、松、靜、柘、翼、悉、維、巂、姚，凡三十有三州焉。東連牂柯，西界吐蕃，南接羣蠻，北通劍閣。其名山有峨眉、青城、鶴鳴、岷山。其大川有涪、雒及西漢之水，江瀆在焉。

《新唐書》卷四二《地理志六·劍南道》　劍南道，蓋古梁州之域，漢蜀郡、廣漢、犍爲、越巂、益州、牂柯、巴郡之地，總爲鶉首分。爲府一，都護府一，州三十八，縣百八十九。其名山：岷、峨、青城、鶴鳴。其大川：江、涪、雒、西漢。

益州成都府

唐·杜佑《通典》卷一七六《州郡典六·蜀郡》　東至陽安郡七十里。南至仁壽郡二百里。西至濛陽郡導江縣界八十里。北至德陽郡一百里。東南到陽安郡百五十里。西南到唐安郡一百里。西北到濛陽郡九隴縣界七十里。東北到德陽郡一百里。去西京二千三百七十里，去東京三千二百十里。

益州。【略】大唐爲益州，或爲蜀郡。領縣十：成都，蜀，郫，新都，温江，新繁，雙流，廣都，犀浦，靈池。

唐·李吉甫《元和郡縣圖志》卷三一《劍南道上·成都府》　大業三年，罷州爲蜀郡。武德元年改爲益州總管府，【略】天寶元年，改蜀郡大都督府。十五年玄宗幸蜀，改爲成都府。

州境：東西二百九里。南北三百八十八里。

八到：東北至上都二千一十里。東北至東都二千八百七十里。正東微南至簡州一百五十里。西北至彭州一百里。正西微南至蜀州一百五十里。正南微西至陵州二百里。南至眉州二百里。西南至邛州二百六十里。北至漢州一百里。【略】

管縣十：成都，華陽，靈池，犀浦，廣都，郫，温江，新繁，雙流，新都。

《舊唐書》卷四一《地理志四·成都府》　隋蜀郡。武德元年，改爲益州，【略】益州領成都、雒、九隴、郫、雙流、新津、晉原、青城、陽安、金水、平泉、玄武、綿竹等十三縣。又置唐隆、導江二縣。【略】天寶元年，改益州爲蜀郡。【略】十五載，玄宗幸蜀，駐蹕成都。至德二年十月，駕迴西京，改蜀郡爲成都府，長史爲尹。【略】舊領縣十六。【略】天寶領縣十。【略】在京師西南二千三百七十九里，至東都三千二百一十六里。

《新唐書》卷四二《地理志六・成都府蜀郡》　至德二載曰南京，爲府，上元元年罷京。【略】縣十：成都，華陽，新都，犀浦，新繁，雙流，廣都，郫，温江，靈池。

彭　州

唐・杜佑《通典》卷一七六《州郡典六・濛陽郡》　東至德陽郡七十里。南至蜀郡百五里。西至通化郡三百七十里。北至德陽郡什邡縣六十里。東南到蜀郡新繁縣三十里。西南到唐安郡青城縣七十里。西北到通化郡汶川縣二百七十里。東北到德陽郡什邡縣七十里。去西京二千三百三十里，去東京三千一百六十里。

彭州。【略】梁置東益州。後周廢州，置九隴郡。隋初郡廢，後置濛州；煬帝初州廢，併其地入蜀郡。大唐因之。垂拱二年，分九隴縣置彭州，或爲濛陽郡。領縣四：九隴，導江，濛陽，唐昌。

唐・李吉甫《元和郡縣圖志》卷三一《劍南道上・彭州》　漢分梁州爲益州，卽漢益州繁縣地也。垂拱二年，於此置彭州，以岷山導江，江出山處，兩山相對，古謂之天彭門，因取以名州。

州境：東西一百七十六里。南北七十一里。

八到：東北至上都一千九百八十五里。東北至東都二千八百四十五里。東南至成都府一百里。東至漢州七十五里。西北取灌口路至茂州三百七十里。西南至蜀州一百二十里。【略】

管縣四：九隴，導江，唐昌，濛陽。

《舊唐書》卷四一《地理志四・彭州》　垂拱二年，分益州四縣置彭州，天寶元年，改爲濛陽郡。乾元元年，復爲彭州。領縣四。【略】至京師二千三百三十九里，至東都三千一百六十九里。

《新唐書》卷四二《地理志六・彭州濛陽郡》　垂拱二年析益州置。【略】縣四：九隴，導江，唐昌，濛陽。

蜀　州

唐・杜佑《通典》卷一七六《州郡典六・唐安郡》　唐安郡東至蜀郡一百里。南至臨邛郡百十里。西至青城山八十里，吐蕃界，不通。北至濛陽郡導江縣界四十五里。東南到通義郡二百里。西南到臨邛郡一百里。西北到濛陽郡一百里。東北到蜀郡一百里。去西京二千四百八十里，去東京三千一百七十里。

蜀州。【略】隋屬蜀郡。大唐初因之。垂拱二年，分晉原縣置蜀州，或爲唐安郡。領縣四：晉原，青城，新津，唐安。

唐・李吉甫《元和郡縣圖志》卷三一《劍南道上・蜀州》　隋開皇三年改屬益州，皇朝初因之，垂拱二年割晉原等四縣屬蜀州。【略】

八到：東北至上都二千一百一十五里。東北至東都二千九百一十五里。東（北）至成都府一百五十里。東南至眉州一百七十里。西南至邛州八十三里。東北至彭州一百二十里。【略】

管縣四：晉原，青城，新津，唐興。

《舊唐書》卷四一《地理志四・蜀州》　垂拱二年，分益州四縣置。天寶元年，改爲唐安郡。乾元元年，復爲蜀州也。領縣四。【略】至京師三千三百三十二里，至東都三千一百七十二里。

《新唐書》卷四二《地理志六・蜀州唐安郡》　垂拱二年析益州置。【略】縣四：晉原，青城，唐安，新津。

漢　州

唐・杜佑《通典》卷一七六《州郡典六・德陽郡》　東至梓潼郡二百二十里。南至蜀郡一百里。西至濛陽郡七十里。北至巴西郡百八十里。東南到陽安郡金水縣界六十里。西南到蜀郡一百里。西北到濛陽郡九隴縣界六十里。東北到巴西郡百八十里。去西京二千二百里，去東京三千一百十里。

漢州。【略】隋併入蜀郡。大唐因之。垂拱二年，分雒縣置漢州，或爲德陽郡。領縣五：雒，什邡，綿竹，德陽，金堂。

唐・李吉甫《元和郡縣圖志》卷三一《劍南道上・漢州》　今州卽廣漢郡之雒縣也。隋開皇三年罷郡，縣屬益州。皇朝初因之，至垂拱二年於雒縣分置漢州。

州境：東西六十八里。南北一百九十九里。

八到：東北至上都一千九百一十里。東北至東都二千九百七十里。南至成都府一百里。東至梓州二百一十里。正西微南至彭州七十五里。東

北至緜州一百八十里。【略】

管縣五：雒，緜竹，德陽，什邡，金堂。

《舊唐書》卷四一《地理志四·漢州》　垂拱二年，分益州五縣置漢州。天寶元年，改爲德陽郡。乾元元年，復爲漢州。領縣五。【略】至京師二千二百里，至東都三千一百一十六里。

《新唐書》卷四二《地理志六·漢州德陽郡》　垂拱二年析益州置。【略】縣五：雒，德陽，什邡，綿竹，金堂。

嘉州

唐·杜佑《通典》卷一七五《州郡典五·犍爲郡》　東至和義郡三百一十里。南至南溪郡界，嶺峻嶮，不知里數。西至通義郡洪雅縣界九十里。北至通義郡一百三十九里。東南到南溪郡三百五十里。西南到越巂郡生蠻界五百九十里。西北到通義郡洪雅縣界一百六十里。東北到仁壽郡一百九十里。去西京二千七百三十里，去東京水陸相承四千七百七里。

嘉州。【略】大唐爲嘉州，或爲犍爲郡。領縣八：龍遊，玉津，夾江，峩眉，犍爲，平羌，羅目，綏山。

唐·李吉甫《元和郡縣圖志》卷三一《劍南道上·嘉州》　隋大業二年，併嘉州入眉州，八年改爲眉山郡。武德二年改爲嘉州，割通義、洪雅等四縣别置眉州。【略】

八到：東北至上都二千三百五十里。東北至東都三千二百一十里。北至眉州一百四十里。東南至戎州陸路三百二十里。東至榮州二百一十里。正北微東至陵州一百九十里。正西微北至雅州三百二十里。【略】

管縣八：龍遊，夾江，綏山，羅目，峨眉，玉津，平羌，犍爲。

《舊唐書》卷四一《地理志四·嘉州》　隋眉山郡。武德元年，改爲嘉州。【略】天寶元年，改爲犍爲郡。乾元元年，復爲嘉州。【略】舊領縣六，【略】天寶領縣八。【略】至京師二千七百二十里，至東都三千五百里。

《新唐書》卷四二《地理志六·嘉州犍爲郡》　本眉山郡，天寶元年更名。【略】縣八：龍游，平羌，峨眉，夾江，玉津，綏山，羅目，犍爲。

眉州

唐·杜佑《通典》卷一七六《州郡典六·通義郡》　東至仁壽郡八十里。南至犍爲郡百三十里。西至臨邛郡二百里。北至唐安郡二百里。東南到仁壽郡百里。西南到盧山郡三百九十里。西北到臨邛郡一百六十里。東北到仁壽郡籍縣百十里。去西京二千五百五十里，去東京三千二百八十里。

眉州。【略】梁置齊通郡及青州。西魏改青州爲眉州。隋煬帝以其地入眉山郡。大唐復置眉州，或爲通義郡。領縣五：通義，彭山，洪雅，青神，丹稜。

唐·李吉甫《元和郡縣圖志》卷三二《劍南道中·眉州》　後魏廢帝二年平蜀，改青州爲眉州，因峨眉山爲名也。武德元年改眉州爲嘉州，二年於通義縣復置眉州。【略】

八到：東北至上都二千二百一十里。東北至東都三千七十里。東南至嘉州一百四十里。東至陵州七十里。正西微北至邛州一百七十里。西北至蜀州一百七十里。北至成都府二百里。

《舊唐書》卷四一《地理志四·眉州》　隋眉山郡之通義縣。武德二年，割嘉州之通義、丹稜、洪雅、青神、南安五縣置眉州。【略】天寶元年，改爲通義郡。乾元元年，復爲眉州也。舊領縣五。【略】至京師二千五百五十里，至東都三千二百八十九里。

《新唐書》卷四二《地理志六·眉州通義郡》　武德二年析嘉州置。【略】縣五：通義，彭山，丹稜，洪雅，青神。

邛州

唐·杜佑《通典》卷一七六《州郡典六·臨邛郡》　東至唐安郡百十里。南至通義郡二百里。西至夷界百三十里，以山爲界，以西無郡縣相接，亦無道路。北至唐安郡百十里。東南到通義郡百六十里。西南到盧山郡一百里。東北到唐安郡百里。西北到夷界百二十里，以山爲界，險阻更無郡縣。去西京二千五百十五里，去東京三千三百七十里。

邛州。【略】後周置臨邛郡。隋廢爲縣，併入臨邛縣。大唐復置邛州，或爲臨邛郡。領縣七：臨邛，安仁，大邑，依政，蒲江，臨溪，火井。

唐·李吉甫《元和郡縣圖志》卷三一《劍南道上·邛州》 梁益州刺史蕭范於蒲水口立柵爲城以備生獠，名爲蒲口頓，武陵王蕭紀於蒲口頓改置邛州，南接邛來山，因以爲名，領依政一縣。隋大業二年廢，以縣屬雅州。武德元年，割雅州依政等五縣置邛州。

州境：東西二百八里。南北一百二十里。

八到：東北至上都二千一百七十里。東北至東都三千三十里。東南至眉州一百七十里。東北至蜀州八十里。西南至雅州一百七十里。西至羌夷一百三十里。【略】

管縣七：臨邛，大邑，安仁，依政，臨溪，火井，蒲江。

《舊唐書》卷四一《地理志四·邛州》 隋臨邛郡之依政縣。武德元年，割雅州之依政、臨邛、臨溪、蒲江、火井五縣，置邛州於依政縣。三年，又置安仁縣。顯慶二年，移州治於臨邛。天寶元年，改爲臨邛郡。乾元元年，復爲邛州。舊領縣六，【略】天寶領縣七。【略】在京師西南二千五百一十五里，至東都三千三百七十一里。

《新唐書》卷四二《地理志六·邛州臨邛郡》 武德元年析雅州置，顯慶二年徙治臨邛。【略】縣七：臨邛，依政，安仁，大邑，蒲江，臨溪，火井。

簡州

唐·杜佑《通典》卷一七五《州郡典五·陽安郡》 東至安岳郡一百八十里。南至資陽郡二百里。西至蜀郡一百二十里。北至梓潼郡一百五十五里。東南到資陽郡二百二十里。西南到仁壽郡一百八十里。西北到蜀郡一百五十里。東北到梓潼郡一百五十五里。去西京二千五百二十九里，去東京三千三百六十六里。

簡州。【略】隋置簡州，煬帝初州廢，併其地入蜀郡。大唐復置簡州，或爲陽安郡。領縣三：陽安，金水，平泉。

唐·李吉甫《元和郡縣圖志》卷三一《劍南道上·簡州》 南齊於此置牛鞞戍，隋仁壽三年於此置簡州，因境有賴簡池爲名。大業二年省，武德三年復置。

州境：東西二百一十三里。南北一百八十八里。

八到：東北至上都二千一百七十里。東北至東都二千九百里。正西微北至成都府一百五十里。正東微南至普州二百四十里。東北至梓州三百一十里。正西至陵州一百八十里。東南至資州三百二十里。【略】

管縣三：陽安，金水，平泉。

《舊唐書》卷四一《地理志四·簡州》 隋蜀郡之陽安縣。武德三年，分益州置。天寶元年，改爲陽安郡。乾元元年，復爲簡州。舊領縣三。【略】在京師西南二千七百里，至東都三千六百里。

資州

唐·杜佑《通典》卷一七六《州郡典六·資陽郡》 東至巴川郡五百六十五里。南至和義郡百六十里。西至仁壽郡二百三十里。北至安岳郡三百七十里。東南到和義郡百四十里。西南到仁壽郡二百六十里。西北到陽安郡二百二十里。東北到安岳郡三百三十里。去西京二千六百六十里，去東京三千五百十里。

資州。【略】隋煬帝初，置資陽郡。大唐爲資州，或爲資陽郡。領縣八：磐石，資陽，內江，丹山，龍水，月山，銀山，清溪。

唐·李吉甫《元和郡縣圖志》卷三一《劍南道上·資州》 後魏廢帝二年析武康郡之陽安縣置資州，取資水爲名也。隋大業三年，改爲資陽郡，武德元年復爲資州。

州境：東西三百四十八里。南北一百三十三里。

八到：東北至上都取遂州路二千三百三十里。東北至東都三千二百九十里。西北至簡州三百二十里。正北微東至普州一百七十里。正西至昌州二百六十里。西南至榮州二百六十里。東至合州五百六十五里。【略】

管縣八：磐石，資陽，內江，丹山，銀山，龍水，清溪，月山。

《舊唐書》卷四一《地理志四·資州》 隋資陽郡。武德元年，改爲資州，領磐石、內江、安岳、普慈、安居、隆康、資陽、大牢、威遠。【略】天寶元年，改爲資陽郡。乾元元年，復爲資州。乾元二年正月，分置昌州，尋廢也。舊領縣八。【略】至京師二千五百六十里，至東都三千五百一十里。

《新唐書》卷四二《地理志六・資州資陽郡》 本治磐石，咸通六年徙治内江，七年復治磐石。【略】縣八：磐石，資陽，清溪，内江，月山，龍水，銀山，丹山。

嶲州

唐・杜佑《通典》卷一七六《州郡典六・越嶲郡》 東至千費生蠻二百三十里。南至雲南郡界五百六十里。西至磨迷生蠻六百六十里。北至□□□□□□□□。【略】去西京三千五百七十里，去東京四千四百十里。

嶲州。【略】大唐置嶲州，或爲越嶲郡。領縣七：越嶲，昆明，蘇祁，邛部，會川，臺登，西瀘。

唐・李吉甫《元和郡縣圖志》卷三二《劍南道中・嶲州》 周武帝天和三年，開越嶲地，於嶲城置嚴州。隋開皇六年，改爲西寧州，十八年改爲嶲州。皇朝因之。至德二年没吐蕃，貞元十三年節度使韋皋收復。

州境：東西九百八十里。南北一千二百里。

八到：東北至上都三千一百三十里。東北至東都四千九十里。北至成都府一千二百九十里。東至蠻界約二百里。西至東瀘水二百里。南至瀘渡四百五十里。東南至姚州三百五十里。（西）〔東〕北至雅州六百九十里。【略】

管縣七：越嶲，西瀘，蘇祁，臺登，邛部，昆明，會川。

《舊唐書》卷四一《地理志四・嶲州》 隋越嶲郡。武德元年，改爲嶲州，領越嶲、邛都、可泉、蘇祁、臺登六縣。天寶元年，越嶲郡依舊都督府。乾元元年，復爲嶲州也。舊領縣十，【略】天寶領縣七。【略】在京師西南三千六百五十四里。

《新唐書》卷四二《地理志六・嶲州越嶲郡》 本治越嶲，至德二載没吐蕃，貞元十三年收復。大和五年爲蠻寇所破，六年徙治臺登。【略】縣九：臺登，越嶲，邛部，蘇祁，西瀘，昆明，和集，昌明，會川。

雅州

唐・杜佑《通典》卷一七六《州郡典六・盧山郡》 東至臨邛郡二百里。南至郡内嚴道縣界百五里。西至羈縻羅巖州界三百八十里。北至臨邛郡二百七十里。東南到通義郡三百四十里。西南到洪源郡二百里。西北到吐蕃野城界五百七十里。東北到臨邛郡二百里。去西京二千七百二十里，去東京三千五百五十里。

雅州。【略】大唐爲雅州，或爲盧山郡。領縣五：嚴道，百丈，盧山，榮經，漢源。

唐・李吉甫《元和郡縣圖志》卷三二《劍南道中・雅州》 後魏廢帝二年置蒙山郡於此，隋開皇十三年置蒙山縣並鎮，仁壽四年罷鎮，改置雅州，因州境雅安山爲名。大業三年，以雅州爲臨邛郡，武德元年復爲雅州。

州境：東西五百三十九里。南北四百三十五里。

八到：東北至上都二千三百四十里。東北至東都三千二百里。〔東南至嘉州三百二十里。東北至邛州一百七十里。〕西南至黎州二百四十里。西北至西山谷口和順鎮九十里。【略】

管縣五：嚴道，百丈，名山，盧山，榮經。

《舊唐書》卷四一《地理志四・雅州》 隋臨邛郡。武德元年，改爲雅州，領嚴道、名山、盧山、依政、臨邛、蒲江、臨溪、蒙陽、漢源、火井、長松、靈關、楊啓、嘉良、大利、陽山十六縣。【略】天寶元年，改爲盧山郡。乾元元年，復爲雅州，都督羈縻一十九州也。舊領縣五。【略】在京師西南二千七百二十三里，至東都三千五百一里。

《新唐書》卷四二《地理志六・雅州盧山郡》 本臨邛郡，天寶元年更名。【略】縣五：嚴道，盧山，名山，百丈，榮經。

黎州

唐・杜佑《通典》卷一七六《州郡典六・洪源郡》 東去一里，卽至高山萬重，更無郡縣。南至越嶲郡六百十里。西至郡界廓清鎮百六十里。北至盧山郡二百四十里。東南到粟蠻部落二百里。西南去郡一里，高山萬重。西北去郡五里，高山萬重。東北去郡二里，高山萬重。去西京二千九百五十五里，去東京三千七百五十里。

黎州。【略】後周置黎州。隋置登州，煬帝初廢，併其地入臨邛郡。

大唐復置黎州，或爲洪源郡。領縣三：漢源，飛越，通望。

唐・李吉甫《元和郡縣圖志》卷三二《劍南道中・黎州》 周天和三年開越巂，於此置黎州。隋廢州，置沈黎鎮。武德元年罷鎮爲南登州。大足元年，巡察使殷祚奏割雅州漢源、飛越、通望三縣置黎州，神龍三年，巂州都督元膺奏廢。開元三年，本道使陸象先重奏置，天寶初廢飛越縣，止領縣二。其州城，東西南三面並臨絕澗，唯北面稍平，貞元二年節度使韋皋鑿北面，隍塹深闊，又於州北故武侯城邐迤置堡三所，爲州城之援。管羈縻州五十七，並蠻夷部落大首領主之。【略】

管縣二：漢源，通望。

八到：東北至上都二千五百八十里。東北至東都二千四百三十里。東至戎城無路，約七百里。東北至雅州三百四十里。西南至巂州六百五十里。西至廓清城一百八十里。其城西臨大渡河，河西生羌蠻界。【略】

《舊唐書》卷四一《地理志四・黎州》 雅州之漢源縣。大足元年，割漢源、飛越二縣及巂州之陽山置黎州。天寶元年，改爲洪源郡。乾元元年，復爲黎州，領羈縻五十四州也。領縣三。【略】至京師二千九百五十里，至東都三千七百里。

《新唐書》卷四二《地理志六・黎州洪源郡》 大足元年以雅州之漢源、飛越，巂州之陽山置。神龍三年州廢，縣還故屬。開元四年復置。【略】縣三：漢源，飛越，通望。

茂州

唐・杜佑《通典》卷一七六《州郡典六・通化郡》 東至巴西郡四百里。南至濛陽郡三百七十里。西至維川郡二百二十里。北至臨翼郡百二十里。東南到德陽郡綿竹、當郡汶山二縣界馬鞍山二十里。西南到羈縻塗州三百七十里。西北到臨翼郡二百里。東北到巴西龍安、石泉兩縣界松嶺關百七十里。去西京二千七百四里，去東京三千三百六十里。東北取臨翼交川兩郡，去京二千三百六十四里；南取蜀路，去東京二千五百五十里；東北取臨翼、交川兩郡去東京三千一百十里。

茂州。【略】大唐初爲南會州，後改爲茂州，或爲通化郡。領縣四：汶山，石泉，汶川，通化。

唐・李吉甫《元和郡縣圖志》卷三二《劍南道中・茂州》 周保定四年立汶州，隋開皇五年改爲會州，大業三年罷會州爲汶山郡。武德三年，改置南會州總管府，貞觀八年改爲茂州，以茂滋山爲名。

州境：東西四百七十八里。南北三百六十里。

八到：東北至上都二千一百四十里。東北至東都三千里。南至成都府三百七十里。東至緜州取松嶺關路三百七十里。［南至彭州三百七十里。西至維州二百二十里。］北至翼州一百二十里。

《舊唐書》卷四一《地理志四・茂州》 隋汶山郡。武德元年，改爲會州，領汶山、北山、汶川、左封、通化、翼針、交川、翼水九縣。【略】四年，改爲南會州。【略】貞觀八年，改爲茂州，以郡界茂濕山爲名。仍置石泉縣。天寶元年，改爲通化郡。乾元元年，復爲茂州也。舊領縣四。【略】至京師西南二千七百九十四里，至東都三千一十四里。

《新唐書》卷四二《地理志六・茂州通化郡》 本汶山郡，武德元年曰會州，四年曰南會州，貞觀八年更州名，天寶元年更郡名。

翼州

唐・杜佑《通典》卷一七六《州郡典六・臨翼郡》 東至通化郡石泉縣八十里。南至通化郡百二十里。西至歸誠郡百九十里。北至交川郡百八十里。東南到通化郡二百里。西南到歸誠郡百五十里。西北到通化郡利溪山爲界八十里。東北到交川郡交川縣八十里。去西京二千四百二十里，去東京三千二百七十里。

翼州。【略】大唐爲翼州，或爲臨翼郡。領縣四：衛山，翼水，雞川，昭德。

唐・李吉甫《元和郡縣圖志》卷三二《劍南道中・翼州》 周武帝天和元年討蠶陵羌，又於七頃山下置翼州，以翼針水爲名。隋大業三年省州，改置和山鎮，以翼水等三縣屬會州。武德元年重置翼州。其城西枕大江，南面臨溪。

州境：東西三百三十里。南北一百七十里。

八到：東北至上都二千四百二十里。東北至東都三千二百七十里。南至茂州一百二十里。西至悉州二百二十里。西北至當州二百七十里。北

至松州一百八十里。【略】

管縣三：衛山，翼水，峨和。

《舊唐書》卷四一《地理志四·翼州》 隋汶山郡之翼針縣。武德元年，分置翼州。六年，自左封移州治於翼針。【略】天寶元年，改爲臨翼郡。乾元元年，復爲翼州也。舊領縣三，【略】天寶領縣二。【略】在京師西南二千九百三十里，至東都三千二百七十八里。

《新唐書》卷四二《地理志六·翼州臨翼郡》 武德元年析會州之左封、翼針置。咸亨三年僑治悉州之悉唐，上元二年還治翼針。【略】縣三：衛山，翼水，峨和。

維州

唐·杜佑《通典》卷一七六《州郡典六·維川郡》 東至羈縻塗州二百三十里。南至江源郡界二百六十里。西至歸誠郡界二百三十里。北至臨翼郡界九十里。東南到吐蕃界百六十里。西南到白狗嶺六十二里。西北到羅厥橋百三十里。東北到通化郡二百二十里。東取蜀郡去西京二千七百十里，去東京三千五百六十里。

維州。【略】隋置薛城戍。大唐武德初，於薑維故城置維州，或爲維川郡。領縣三：薛城，定廣，小封。

唐·李吉甫《元和郡縣圖志》卷三二《劍南道中·維州》 隋開皇四年，討叛羌，以其地置薛城戍，屬會州，後又没賊。武德七年，白狗羌首領内附，於薑維城置維州以統之。

州境：東西三百二十五里。

八到：東北至上都二千八百三十里。東北至東都三千五百六十里。東至真州一百里。東至茂州二百二十里。東北至恭州三百五十里。南至當州二百六十里。西至悉州二百五十里。【略】

管縣三：薛城，定廉，臨溪。

《舊唐書》卷四一《地理志四·維州》 武德元年，白苟羌降附，乃於薑維故城置維州，領金川、定廉二縣。貞觀元年，羌叛，州縣俱罷。二年，生羌首領董屈占者，請吏復立維州，移治於薑維城東，始屬茂州，爲羈縻州。麟德二年，進爲正州。【略】舊領縣三，【略】天寶領縣二。【略】至京師二千八百三十里，至東都三千五百六十三里。

《新唐書》卷四二《地理志六·維州維川郡》 武德七年以白狗羌戶於薑維故城置，並置金川、定廉二縣。貞觀元年以羌叛州廢，縣亦省，二年復置。麟德二年自羈縻州爲正州。【略】縣三：薛城，通化，歸化。

戎州

唐·杜佑《通典》卷一七六《州郡典六·南溪郡》 東至瀘川郡三百五十里。南至南溪郡胡門生獠界三百二十里。西至犍爲郡玉津縣界二百二十里。北至和義郡四百八十里。東南到瀘川郡三百五十里。西南到羈縻協州四百十里。西北到犍爲郡三百五十里。東北到和義郡四百里。去西京三千四百四十里，去東京四千四百里。

戎州。【略】隋置犍爲郡。大唐爲戎州，或爲南溪郡。領縣五：南溪，義賓，僰道，開邊，歸順。

唐·李吉甫《元和郡縣圖志》卷三一《劍南道上·戎州》 梁武帝大同十年，使先鐵討定夷獠，乃立戎州，即以鐵爲刺史，後遂不改。

州境：東西五百六十里。南北七百一十二里。

八到：東北至上都取嘉、眉州水陸相兼二千七百里。東北至東都三千五百六十里。東北至瀘州水路三百一十里，陸路三百四十里。北至榮州三百一十里。西南至石門鎮三百里。西北至嘉州水路三百五十里，陸路三百二十里。西南至南詔所居羊苴咩城二千三百里。北至姚州三百一十里。【略】

管縣五：僰道，義賓，開邊，南溪，歸順。

《舊唐書》卷四一《地理志四·戎州》 隋犍爲郡。武德元年，改爲戎州，領僰道、犍爲、南溪、開邊、鄢五縣。【略】天寶元年，改爲南溪郡，【略】乾元元年，復爲戎州。舊領縣六，【略】天寶領縣五。【略】在京師西南三千一百四里，至東都四千四百八十里。

《新唐書》卷四二《地理志六·戎州南溪郡》 本犍爲郡，治南溪，貞觀中徙治僰道。天寶元年更名。長慶中復治南溪。【略】縣五：南溪，僰道，義賓，開邊，歸順。

姚州

唐・杜佑《通典》卷一七六《州郡典六・雲南郡》　姚州。【略】大唐麟德元年，於昆明之弄棟川置姚州，或爲雲南郡。領縣三：姚城，長明，瀘南。

唐・李吉甫《元和郡縣圖志》卷三二《劍南道中・姚州》　本漢雲南縣之地，武德四年，安撫大使李英以此中人多姓姚，故置姚州，爲瀘南之巨屏。天寶十三年没蕃。貞元初蠻帥異牟尋歸國，册拜謂之南詔。九年，南詔又以其地内屬。【略】

八到：東北至上都四千三百里。東北至東都四千八百九里。東南至安南二千里。南至戎州三百一十里。西至羊苴咩城三百里。西北至福州三百五十里。北接巂州。【略】

管縣三：姚城，長明，長城。

《舊唐書》卷四一《地理志四・姚州》　武德四年置，在姚府舊城北百餘步。漢益州郡之雲南縣。【略】武德四年，安撫大使李英，以此州内人多姓姚，故置姚州，管州三十二。麟德元年，移姚州治於弄棟川。自是朝貢不絶。【略】領縣二：瀘南，長明。

《新唐書》卷四二《地理志六・姚州雲南郡》　武德四年以漢雲南縣地置。【略】縣三：姚城，瀘南，長明。

松州

唐・杜佑《通典》卷一七六《州郡典六・交川郡》　東至同昌郡三百三十里。南至臨翼郡百八十里。西至□□□□□□□。北至吐蕃界九十里。東南到通化郡三百里。西南到江源郡三百里。西北到吐蕃界五十里。東北到同昌郡三百里。去西京二千二百五十里，去東京三千五十里。

松州。【略】大唐武德元年置松州，或爲交川郡。領縣三：嘉誠，交川，平康。

唐・李吉甫《元和郡縣圖志》卷三二《劍南道中・松州》　後周保定五年，於此置龍涸防，天和元年改置扶州，領龍涸郡。隋開皇三年廢龍涸郡，置嘉誠鎮，與扶州同理焉。大業三年，改扶州爲同昌郡，領嘉誠縣。隋末陷於寇賊，武德元年隴、蜀平定，改置松州，貞觀三年置都督府，後但爲州。

州境：東西二百一十四里。南北一百七十七里。

八到：東北至上都一千九百里。東北至東都二千七百六十里。南至翼州一百八十里。［東北至扶州三百里。西南至當州三百里。］北至茂州三百三十里。【略】

管縣二：嘉誠，交川。

《舊唐書》卷四一《地理志四・松州》　隋同昌郡之嘉誠縣。武德元年，置松州。【略】天寶元年，改松州爲交川郡。乾元元年，復爲松州。據貞觀初分十道，松、文、扶、當、悉、柘、靜等屬隴右道。永徽之後，據梁州之境，割屬劍南道也。舊領縣三。【略】南至翼州一百八十里，東北至扶州三百三十八里，東至茂州三百里，西南至當州三百里，西北至吐蕃界九十里。至京師二千二百五十里，至東都三千五十里。

《新唐書》卷四二《地理志六・松州交川郡》　武德元年以扶州之嘉誠、會州之交川置，以地産甘松名。【略】縣四：嘉誠，交川，平康，鹽泉。

當州

唐・杜佑《通典》卷一七六《州郡典六・江源郡》　東至臨翼郡二百七十里。南至臨翼郡翼水縣八十里。西至□□□□□□□。北至□□□□□□□。東南到歸誠郡界三十里。西南到靜川郡、歸誠郡兩界。西北到故通軌縣鎮二百里，以西即是生羌。東北到交川郡三百里。去西京三千一百里，去東京三千九百里。

當州，歷代諸羌地。後周置覃州並覃川郡。隋廢，其地入汶山郡。大唐貞觀中置當州，或爲江源郡。領縣三：通軌，和利，谷和。

唐・李吉甫《元和郡縣圖志》卷三二《劍南道中・當州》　本漢蠶陵縣地，貞觀二十一年割松州通軌縣置當州，仍以羌首領爲刺史。

州境：東西二百六十八里。南北一百三十五里。

八到：東北至上都二千一百一十里。東北至東都二千九百七十里。東至翼州二百七十里。東南至悉州三十里。東北至松州三百里。西南至靜

州六十里。北至維州二百六十里。【略】

管縣四：通軌，利和，谷和，平康。

《舊唐書》卷四一《地理志四·當州》　本松州之通軌縣。貞觀二十一年，析置當州，以土出當歸爲名。州治利川，領通軌、左封二縣。顯慶二年，又析左封置悉州。儀鳳二年，移治逢臼橋。天寶元年，改爲江源郡。乾元元年，復爲當州。本屬隴右道也。領縣三。【略】至京師三千一百里，至東都三千九百里。東北至松州九百里。

《新唐書》卷四二《地理志六·當州江源郡》　貞觀二十一年，以羌首領董和那蓬固守松州功，析松州之通軌縣置，以地產當歸名。【略】縣三：通軌，利和，谷和。

悉州

唐·杜佑《通典》卷一七六《州郡典六·歸誠郡》　東至臨翼郡百九十里。南至臨翼郡二百五十里。西至靜川郡六十里。北至臨翼郡八十里。東南到棲雞川界百里。西南到靜川郡界百九十里。西北到江源界□□□□□。東北到臨翼郡百五十里。去西京二千九百六十四里，去東京三千七百六十里。

悉州，大唐顯慶中，割當州置悉州，或爲歸誠郡。領縣二：左封，歸誠。

唐·李吉甫《元和郡縣圖志》卷三二《劍南道中·悉州》　顯慶元年分當州置，在悉唐川，因以爲名。其首領任刺史。

州境：東西一百六十里。南北八十里。

八到：東北至上都二千三百里。東北至東都三千二百一十里。東至翼州二百二十里。西南至靜州六十里。東南至成都府六百五十里。［東至維州二百五十里。］【略】

管縣三：識臼，左封，歸誠。

《舊唐書》卷四一《地理志四·悉州》　本翼州之左封縣。顯慶元年，置悉州，領悉唐、左封、識臼三縣，治悉唐城。咸亨元年，移治左封。儀鳳二年，羌叛，又寄治當州城內，尋歸舊治。垂拱二年，置歸誠縣。載初元年，移治匪平川。天寶元年，改爲歸誠郡，割識臼屬臨翼郡。乾元元年，復爲悉州。舊屬隴右道松州都督，後屬劍南道。領縣二。【略】至京師二千七百五十里，至東都三千八百里。至西靜州六十里，西北至當州八十里也。

《新唐書》卷四二《地理志六·悉州歸誠郡》　顯慶元年以當州之左封置，並置悉唐、識臼二縣，治悉唐。咸亨元年徙治左封，儀鳳二年羌叛，僑治當州，俄徙治左封。【略】縣二：左封，歸誠。

靜州

唐·杜佑《通典》卷一七六《州郡典六·靜川郡》　東至歸誠郡界六十里。南至維川郡界百三十里。西至平戎城百里。北至江源郡界六十里。東南到臨翼郡嶺巖鎮百四十里。西南到恭化郡界六十里。西北到蓬山郡界三十五里。東北到江源郡六十里。去西京三千二十里，去東京四千二十里。

靜州，土地與當州同。大唐置靜州，或爲靜川郡。領縣二：悉唐，靜居。

唐·李吉甫《元和郡縣圖志》卷三二《劍南道中·靜州》　本漢蠶陵縣地，天授元年於此置靜州。其城據山，甚險固。

州境：東西三百二十里。南北二百三十里。

八到：東北至上都二千二百九十里。東北至東都三千一百五十里。東北至悉州六十里。西北至柘州三十里。南至赤和縣三十五里。東北至當州六十里。北至茹州六十里。【略】

管縣三：悉唐，靜居，清道。

《舊唐書》卷四一《地理志四·靜州》　本當州之悉唐縣。顯慶元年，於縣置悉州。咸亨元年，於悉州置翼州都督府，移悉州理左封置。儀鳳二年，罷都督府，翼州卻還治於翼針縣，於悉唐縣置南和州。天授二年，改爲靜州，比屬隴右道，隸松州都督。後割屬劍南。領縣二。【略】東北至當州六十里，東至悉州八十里。至京師與當州道里數同也。

《新唐書》卷四二《地理志六·靜州靜川郡》　本南和州，儀鳳元年以悉州之悉唐置，天授二年更名。【略】縣三：悉唐，靜居，清道。

柘州

唐・杜佑《通典》卷一七六《州郡典六・蓬山郡》 東至靜川郡三十里。南至維川郡三百里。西至郡内長碉鎮九十里。北至恭化郡柏嶺鎮八十里。【略】去西京三千五百里，去東京三千九百里。

柘州，土地與當州同。大唐置柘州，或爲蓬山郡。領縣二：柘，喬珠。

唐・李吉甫《元和郡縣圖志》卷三二《劍南道中・柘州》 儀鳳二年置，以山多柘木，因以爲名。其城四面險阻，易於固守。有安戎江、蓬婆水，在州南三十里。【略】

八到：東北至上都二千二百六十里。東北至東都三千一百三十里。［東南至靜州三十里。南至維州三百里。西至恭州一百里。］【略】

管縣二：柘，喬珠。

《舊唐書》卷四一《地理志四・柘州》 永徽後置。天寶元年，改爲蓬山郡。乾元元年，復爲柘州。本屬隴右道松州都督，後割屬劍南也。

《新唐書》卷四二《地理志六・柘州蓬山郡》 顯慶三年開置。【略】縣二：柘，喬珠。

恭州

唐・杜佑《通典》卷一七六《州郡典六・恭化郡》 東至蓬山郡界三十五里。南至維川郡二百三十里。西至□□□□□□□□。北至吐蕃白崖鎮七十里。東南到通化郡三百五十里。西南到平戎城百十里。西北到柏嶺鎮四十里。東北到靜川郡界□□□□□□□。去西京三千一百二十里，去東京三千九百五十里。

恭州，北接吐蕃，土地與當州同。大唐置恭州，或爲恭化郡。領縣三：和集，博恭，烈山。

唐・李吉甫《元和郡縣圖志》卷三二《劍南道中・恭州》 開元二十四年，析靜州部落於柘州西置。【略】

八到：東北至上都三千三十里。東北至東都三千一百五十里。東至柘州一百里。東南至茂州三百五十里。西南至維州三百五十里。【略】

管縣三：和集，博恭，烈山。

《舊唐書》卷四一《地理志四・恭州》 開元二十四年，分靜州廣平縣置恭州，仍置博恭、烈山二縣。天寶元年，改爲恭化郡。乾元元年，復爲恭州。本屬隴右道，後割屬劍南。領縣三。【略】東至柘州一百里，東北至靜州界。至京師三千一百二十里。

《新唐書》卷四二《地理志六・恭州恭化郡》 開元二十四年以靜州之廣平置。【略】縣三：和集，博恭，烈山。

保州

唐・杜佑《通典》卷一七六《州郡典六・雲山郡》 東至維川郡風流鎮四十里。南至吐蕃野城八十里。西至天寶軍百三十里。北至莫博大嶺七十里。【略】去西京二千八百里，去東京三千六百里。

奉州，蠻夷之地，南接吐蕃。大唐開置奉州，或爲雲山郡。領縣一：定廉。

《舊唐書》卷四一《地理志四・保州》 本維州之定廉縣。開元二十八年，置奉州，以董晏立爲刺史。領定廉一縣。天寶元年，改爲雲山郡。八載，移治所於天保軍，乃改爲天保郡。乾元元年二月，西山子弟兵馬使嗣歸誠王董嘉俊以西山管内天保郡歸附，乃爲保州，以嘉俊爲刺史。領縣三。【略】至京師二千九百四十里，至東都三千七百九十里。東至維州風流鎮四十五里也。

《新唐書》卷四二《地理志六・保州天保郡》 本奉州雲山郡，開元二十八年以維州之定廉置。天寶八年徙治天保軍，更郡名。廣德元年没吐蕃，乾元元年，嗣歸誠王董嘉俊以郡來歸，更州名。後又更名古州，其後復爲保州。【略】縣四：定廉，歸順，雲山，安居。

真州

唐・李吉甫《元和郡縣圖志》卷三二《劍南道中・真州》 在合江鎮西一百二十四里。其地本名真符，天寶三年，節度使章仇兼瓊以其地險阻，又當西山要路，奏置真符營，控押一州，仍置兵於其處。五年，節度使郭虛己緣羌、項搖動，仍奏置昭德郡，乾元元年改爲真州。【略】

八到：東北至上都二千一百八十里。東北至東都三千四十五里。東至冀州四十里。西至維州一百里。西北至茂州通化縣一百里。北至悉州界四十里。【略】

管縣四：真符，昭德，昭遠，雞川。

《舊唐書》卷四一《地理志四・真州》 天寶五載，分臨翼郡之昭德、雞川兩縣置昭德郡。乾元元年，改爲真州，取真符縣爲名也。領縣三。【略】至京師三千里，至東都三千八百五十里。

《新唐書》卷四二《地理志六・真州昭德郡》 天寶五載析臨翼郡置。【略】縣四：真符，雞川，昭德，昭遠。

霸州

《舊唐書》卷四一《地理志四・霸州》 天寶元年，因招附生羌置靜戎郡。乾元元年，改爲霸州也。領縣一。【略】至京師二千六百三十二里，至東都三千二百七十一里。

《新唐書》卷四二《地理志六・霸州靜戎郡》 天寶元年招附生羌置。【略】縣四：安信，牙利，保寧，歸化。

乾州

《舊唐書》卷一一《代宗紀》 （大曆）三年春正月【略】辛亥，劍南西山置乾州，管招武、寧遠二縣。

《新唐書》卷四二《地理志六・乾州》 大曆三年開西山置。縣二：招武，寧遠。

梓州

唐・杜佑《通典》卷一七六《州郡典六・梓潼郡》 東至南充郡二百五十里。南至安岳郡三百四十里。西至德陽郡二百二十里。北至普安郡三百六十里。東南到遂寧郡二百五十里。西南到陽安郡百八十里。西北到巴西郡百三十里。東北到閬中郡三百十五里。去西京二千九十里，去東京二千九百三十里。

梓州。【略】大唐爲梓州，或爲梓潼郡。領縣八：郪，射洪，通泉，鹽亭，飛烏，玄武，銅山，永泰。

唐・李吉甫《元和郡縣圖志》卷三三《劍南道下・梓州》 梁武陵王蕭紀於郡置新州，隋開皇末改爲梓州，因梓潼水爲名也。州城，宋元嘉中築，左帶涪水，右挾中江，居水陸之衝要。

州境：東西三百六十里。南北三百六十三里。

八到：東北至上都取緜州路一千八百六十四里。東北至東都二千七百三十四里。東南至遂州二百五十里。西至漢州二百一十里。西北至緜州一百三十里。正東微南至果州三百五十里。東北至閬州三百一十五里。西南至簡州三百一十里。正北微東至劍州三百六十里。正南微東至普州三百五十里。【略】

管縣九：郪，射洪，通泉，玄武，鹽亭，永泰，飛烏，銅山，涪城。

《舊唐書》卷四一《地理志四・梓州》 隋新城郡。武德元年，改爲梓州，領郪、射洪、鹽亭、飛烏四縣。【略】天寶元年，改爲梓潼郡。乾元元年，復爲梓州。乾元後，分屬爲東、西川，梓州恒爲東川節度使治所。舊領縣七，【略】天寶領縣八。【略】至京師二千九十里，至東都二千九百里。

《新唐書》卷四二《地理志六・梓州梓潼郡》 本新城郡，天寶元年更名。【略】縣九：郪，射洪，通泉，玄武，鹽亭，飛烏，永泰，銅山，涪城。

遂州

唐・杜佑《通典》卷一七六《州郡典六・遂寧郡》 東至南充郡百七十里。南至巴川郡三百八十里。西至安岳郡百六十里。北至梓潼郡二百五十里。東南到巴川郡三百八十里。西南到安岳郡百四十里。西北到梓潼郡二百五十里。東北到南充郡百七十里。去西京二千三百二十里，去東京三千百六十里。

遂州。【略】大唐爲遂州，或爲遂寧郡。領縣五：方義，長江，蓬溪，青石，遂寧。

唐・李吉甫《元和郡縣圖志》卷三三《劍南道下・遂州》 周保定二年立爲遂州，後因之。

州境：東西一百二十里。南北一百九十里。

八到：東北至上都取果州路二千二十里。東北至東都二千八百八十里。東北至果州一百七十里。西北至梓州二百五十里。東南至合州二百六十里。正南微西至普州一百四十里。

《舊唐書》卷四一《地理志四・遂州》 隋遂寧郡。武德元年，改爲遂州，領方義、長江、青石三縣。【略】天寶元年，改爲遂寧郡。乾元元年，復爲遂州。舊領縣三，【略】天寶領縣五。【略】至京師二千三百二十九里，至東京三千一百六十六里。

綿州

唐・杜佑《通典》卷一七六《州郡典六・巴西郡》 東至普安郡二百里。南至梓潼郡百三十里。西至通化郡四百里。北至江油郡二百五十里。東南到梓潼郡百三十里。西南到德陽郡百八十里。西北到江油郡二百五十里。東北到普安郡二百八十里。去西京二千五百里，去東京二千八百五十里。

綿州。【略】大唐爲綿州，或爲巴西郡。領縣九：巴西，涪城，昌明，魏城，羅江，龍安，神泉，西昌，鹽泉。

唐・李吉甫《元和郡縣圖志》卷三三《劍南道下・綿州》 隋開皇五年，改潼州爲綿州，因綿水爲名也。大業三年改爲金山郡，武德元年復爲綿州。按州理城，漢涪縣也，去成都三百五十里。依山作固，東據天池，西臨涪水，形如北斗，臥龍伏馬，爲蜀東北之要衝。【略】

州境：東西三百一里。南北二百六十里。

八到：東北至上都一千七百三十四里。東北至東都二千五百九十四里。西南至漢州一百八十里。東南至梓州一百三十里。西至茂州取松嶺路三百七十里。北至龍州二百二十里。【略】

管縣八：巴西，昌明，羅江，神泉，龍安，魏城，鹽泉，西昌。

《舊唐書》卷四一《地理志四・綿州》 隋金山郡。武德元年，改爲綿州，領巴西、昌隆、涪城、魏城、金山、萬安、神泉七縣。【略】舊領縣九，【略】天寶領縣九。【略】至京師二千五百九里，至東都三千二百五十九里。

《新唐書》卷四二《地理志六・綿州巴西郡》 本金山郡，天寶元年更名。【略】縣八：巴西，昌明，魏城，羅江，神泉，鹽泉，龍安，西昌。

劍州

唐・杜佑《通典》卷一七六《州郡典六・普安郡》 東至益昌郡二百里。南至梓潼郡三百六十里。西至巴西郡二百里。北至益昌郡百六十里。東南到閬中郡三百里。西南到巴西郡二百八十里。西北到江油郡二百九十里。東北到益昌郡二百里。去西京千六百六十里，去東京二千六十里。

劍州。【略】大唐爲始州，後改爲劍州，或爲普安郡。領縣八：普安，武連，陰平，梓潼，黃安，劍門，臨津，永歸。

唐・李吉甫《元和郡縣圖志》卷三三《劍南道下・劍州》 後魏廢帝二年，先下安州，始通巴、蜀，故改安州爲始州。隋大業三年，罷始州爲普安郡，武德元年復爲始州。先天二年改爲劍州，取劍閣爲名也。

州境：東西二百六十七里。南北二百五十六里。

八到：東北至上都一千四百三十里。東北至東都二千三百里。東南至閬州二百二十里。西北至龍州三百二十里。西南至緜州二百九十里。東北至利州一百九十里。【略】

管縣八：普安，梓潼，黃安，永歸，陰平，武連，臨津，劍門。

《舊唐書》卷四一《地理志四・劍州》 隋普安郡。武德元年，改爲始州，領縣七。聖曆二年，置劍門縣。先天二年，改始州爲劍州。天寶五年，改爲普安郡。乾元元年，復爲劍州也。舊領縣七，【略】天寶領縣八。【略】至京師一千六百六十二里，至東都二千五百六十里。

《新唐書》卷四二《地理志六・劍州普安郡》 本始州，先天二年更名。【略】縣八：普安，黃安，永歸，梓潼，陰平，臨津，武連，劍門。

合州

唐・杜佑《通典》卷一七五《州郡典五・巴川郡》 東至南平郡二百里。南至瀘川郡界六百六十二里。西至安岳郡三百八十里。北至南充郡四百四十里。東南到南平郡二百里。西南到瀘川郡五百九十里。西北到遂寧郡六百六十里。東北到潾山郡三百八十里。去西京二千八百十三里，去東京三千六百四十二里。

合州。【略】大唐爲合州，或爲巴川郡。領縣六：石鏡，漢初，銅梁，赤水，巴川，新明。

唐・李吉甫《元和郡縣圖志》卷三三《劍南道下・合州》　後魏恭帝於東宕渠郡改置合州，以涪江自梓、遂州來，至州南與嘉陵江合流，因名合州。

州境：東西三百二十四里。南北六百三十九里。

八到：東北至上都二千六百五十里。東北至東都三千五百一十里。西至遂州陸路二百六十里，水路三百七十里。西南至瀘州五百九十里。北至果州三百里。

《舊唐書》卷三九《地理志二・合州》　隋涪陵郡。武德元年，改爲合州，領石鏡、漢初、赤水三縣。三年，又置新明縣。天寶元年，改爲巴川郡。乾元元年，復爲合州。舊領縣四。【略】天寶領縣六。【略】在京師南二千四百五十里，至東都三千三百里。

《新唐書》卷四二《地理志六・合州巴川郡》　本涪陵郡，天寶元年更名。

龍　州

唐・杜佑《通典》卷一七六《州郡典六・江油郡》　東至益昌郡四百里。南至巴西郡三百五十里。西至交川郡三百三十里。北至陰平郡三百二十里。東南到普安郡二百九十里。西南到通化郡三百二十里。西北到同昌郡六百里。東北到益昌郡四百里。去西京二千一百六十里，去東京三千十五里。

龍州。【略】大唐爲龍州，或爲江油郡。領縣二：江油，清川。

唐・李吉甫《元和郡縣圖志》卷三三《劍南道下・龍州》　西魏禪帝二年平蜀，於此立龍州。隋末陷賊，武德元年隴蜀平定，改爲龍門郡，其年加『西』字，貞觀元年改爲龍州。

州境：東西四百六十八里。南北二百九十六里。

八到：東北至上都取利州路一千六百五十里。東北至東都二千五百一十里。東至利州四百里。西至緜州二百二十里。東南至劍州三百二十里。東至松州三百二十里。北至渝州取文州路三百三十里。西北至扶州六百里。西南至茂州四百九十里。

《舊唐書》卷四一《地理志四・龍州》　隋平武郡。武德元年，改爲龍門郡。其年，加『西』字。貞觀元年，改爲龍州。天寶元年，改爲江油郡。乾元元年，復爲龍州。舊屬隴右道，永徽後，割屬劍南也。舊領縣二。【略】在京師西南二千六百六十里，至東都三千一十五里。

《新唐書》卷四二《地理志六・龍州應靈郡》　本平武郡西龍州，義寧二年曰龍門郡，又曰西龍門郡，貞觀元年曰龍門州。初爲羈縻，屬茂州，垂拱中爲正州。天寶元年曰江油郡，至德二載更郡名，乾元元年更州名。

普　州

唐・杜佑《通典》卷一七五《州郡典五・安岳郡》　東至巴川郡六百六十里。南至資陽郡三百七十八里。西至陽安郡一百八十里。北至遂寧郡一百六十里。東南到巴川郡六百六十里。西南到資陽郡三百四十八里。西北到梓潼郡三百四十八里。東北到遂寧郡一百四十里。去西京二千五百二十里，去東京三千二百三里。

普州，【略】後周置普州。隋煬帝初州廢，以地入資陽郡。大唐復置普州，或爲安岳郡。領縣六：安岳，安居，普康，樂至，崇龕，普慈。

唐・李吉甫《元和郡縣圖志》卷三三《劍南道下・普州》　周武帝於此立普州，隋大業二年罷普州，以所領縣屬資州。武德二年重置。

州境：東西二百七十八里。南北三百九十三里。

八到：東北至上都二千一百六十里。東北至東都三千二十里。正北微東至遂州一百三十里。正西微北至簡州二百四十里。正南微西至資州一百七十里。正北微西至梓州二百五十里。【略】

管縣六：安岳，普康，安居，普慈，崇龕，樂至。

《舊唐書》卷四一《地理志四・普州》　隋資陽郡之安岳縣。武德二年，分資州之安岳、隆康、安居、普慈四縣置普州。三年，又置樂至、隆龕二縣。天寶元年，改爲安岳郡。乾元元年，復爲普州。舊領縣六，【略】天寶領縣四。【略】至京師二千三百六十里，至東都三千二百三里。

《新唐書》卷四二《地理志六・普州安岳郡》 武德二年析資州置。【略】縣六：安岳，安居，普慈，樂至，普康，崇龕。

渝州

唐・杜佑《通典》卷一七五《州郡典五・南平郡》 東至涪陵郡四百六十里。南至南川郡二百六十里。西至巴川郡二百里。北至潾山郡四百四十里。東南到南川郡二百九十三里。西南到瀘川郡七百五十里。西北到潾山郡潾水縣二百里。東北到涪陵郡三百七十里。去西京三千二百三十七里，去東京三千四百四十里。

渝州。【略】大唐爲渝州，或爲南平郡。領縣四：巴，江津，南平，萬壽。

唐・李吉甫《元和郡縣圖志》卷三三《劍南道下・渝州》 隋開皇九年，改楚州爲渝州，因渝水爲名。【略】

州境：東西五百一十六里。南北四百七十九里。

八到：東北至上都二千八百一十里。東北至東都三千八百一十里。正北至合州一百六十里。西南至瀘州水路七百里。東北至涪州水路三百四十里。西至渠州四百四十里。江津縣在州西一百二十里，縣南陸路至溱州三百六十里。又自江津縣南循僰溪水路至南州二百三十里。【略】

管縣五：巴，江津，萬壽，南平，壁山。

《舊唐書》卷三九《地理志二・渝州》 隋之巴郡。武德元年，置渝州，因開皇舊名，領江津、涪陵二縣。【略】天寶元年，改爲南平郡。乾元初，復爲渝州。舊領縣四。【略】在京師西南二千七百四十八里，至東都三千四百三十里。

《新唐書》卷四二《地理志六・渝州南平郡》 本巴郡，天寶元年更名。【略】縣五：巴，江津，萬壽，南平，壁山。

陵州

唐・杜佑《通典》卷一七五《州郡典五・仁壽郡》 東至資陽郡二百三十五里。南至和義郡三百六十里。西至通義郡八十里。北至蜀郡二百里。東南到和義郡三百三十里。西南到犍爲郡一百九十里。西北到通義郡一百里。東北到陽安郡一百八十里。去西京二千五百一十里，去東京三千四百八十里。

陵州。【略】大唐爲陵州，或爲仁壽郡。領縣六：仁壽，唐福，貴平，井研，始建，籍。

唐・李吉甫《元和郡縣圖志》卷三三《劍南道下・陵州》 州境：東西一百四十里。南北三百一十里。

八到：東北至上都二千二百一十里。東北至東都三千七十里。東北至成都府二百里。西至眉州七十里。東北至簡州一百八十里。東至資州二百三十五里。東南至榮州三百一十里。西至嘉州一百九十里。【略】

管縣五：仁壽，貴平，籍，始建，井研。

《舊唐書》卷四一《地理志四・陵州》 隋隆山郡。武德元年，改爲陵州，領仁壽、貴平、井研、始建、隆山五縣。貞觀元年，割隆山屬眉州。天寶元年，改爲仁壽郡。乾元元年，復爲陵州也。舊領縣四，【略】天寶領縣五。【略】至京師二千五百一十里，至東都三千四百八十四里。

《新唐書》卷四二《地理志六・陵州仁壽郡》 本隆山郡，天寶元年更名。【略】縣五：仁壽，貴平，井研，始建，籍。

榮州

唐・杜佑《通典》卷一七六《州郡典六・和義郡》 東至巴川郡四百九十里。南至南溪郡三百里。西至犍爲郡四百里。北至仁壽郡二百六十里。東南到瀘川郡四百五十里。西南到犍爲郡三百十里。西北到仁壽郡三百三十里。東北到資陽郡界二百十九里。去西京二千九百十里，去東京三千七百四十里。

榮州。【略】大唐置榮州，或爲和義郡。領縣六：旭川，威遠，公井，應靈，咨官，和義。

唐・李吉甫《元和郡縣圖志》卷三三《劍南道下・榮州》 隋開皇十三年置大牢縣，武德元年割資州大牢、威遠二縣，於公井鎮置榮州，取榮德山爲名也。

州境：東西一百八十三里。南北一百五十六里。

八到：東北至上都取資州路，二千四百九十四里。東北至東都三千三百五十里。東北至資州一百六十里。南至戎州三百一十里。東南至瀘州水陸路相兼五百四十里。西至嘉州二百一十里。西北至陵州二百一十里。【略】

管縣六：旭川，咨官，和義，威遠，公井，應靈。

《舊唐書》卷四一《地理志四・榮州》 隋資陽郡之大牢縣。武德元年，置榮州，領大牢、威遠二縣。貞觀元年，置旭川、婆日、至如三縣。二年，割瀘州之隆越來屬。六年，自公井移州治大牢，仍割嘉州資官來屬。八年，又割瀘州之和義來屬。廢婆日、至如、隆越三縣。永徽二年，移州治旭川。天寶元年，改爲和義郡。乾元元年，復爲榮州。舊領縣六。【略】至京師二千九百七十二里，至東都二千七百四十九里。

《新唐書》卷四二《地理志六・榮州和義郡》 武德元年析資州置，治公井，六年徙治大牢，永徽二年徙治旭川。【略】縣六：旭川，應靈，公井，資官，威遠，和義。

昌州

唐・李吉甫《元和郡縣圖志》卷三三《劍南道下・昌州》 本漢資中縣之東境，墊江縣之西境，江陽縣之北境，皇朝乾元元年，左拾遺李鼎祚奏以山川闊遠，請割瀘、普、渝、合、資、榮等六州，界置昌州，尋爲狂賊張朝等所焚，州遂罷廢。大曆十年，本道使崔寧又奏復置，以鎮押夷獠。其城南憑赤水，北倚長嵓，極爲險固。【略】

八到：北至上都取普州、遂州路二千五百四十里。東北至東都三千四百里。正南至瀘州取合江縣路三百八十里。正北微西至普州三百八十里。西北至資州三百里。東北至合州三百九十里。【略】

管縣四：靜南，昌元，永川，大足。

《新唐書》卷四二《地理志六・昌州》 乾元二年析資、瀘、普、合四州之地置，治昌元。大曆六年州、縣廢，其地各還故屬，十年復置。光啓元年徙治大足。【略】縣四：大足，靜南，昌元，永川。

瀘州

唐・杜佑《通典》卷一七五《州郡典五・瀘川郡》 東至南平郡七百五十里。南至都寧郡五百二十七里。西至南溪郡三百五十里。北至巴川郡五百九十里。東南到播川郡五百九十里。西南到南溪郡南溪縣一百九十七里。西北到和義郡四百五十里。東北到南平郡七百五十里。去西京三千二百八十四里，去東京四千一百九十六里。

瀘州。【略】大唐爲瀘州，或爲瀘川郡。領縣六：瀘川，富義，江安，綿水，涇南，合江。

唐・李吉甫《元和郡縣圖志》卷三三《劍南道下・瀘州》 魏置瀘州，取瀘水爲名。隋大業三年改爲瀘川郡，武德元年復爲瀘州。

州境：東西四百七十八里。南北五百六十三里。

八到：西北至資州泝流六百三十里，自資至上都二千三百三十里。東北至東都三千八百三十里。東北至渝州水路七百里。東北至合州五百九十里。西北至榮州五百四十里。西至戎州水路三百一十里，陸路二百四十里，山路險峻或不通。【略】

管縣五：瀘川，緜水，江安，富義，合江。

《舊唐書》卷四一《地理志四・瀘州》 隋瀘川郡。武德元年，改爲瀘州，領富世、江安、綿水、合江、來鳳、和義七縣。武德三年，置總管府，一州。【略】天寶元年，改爲瀘川郡，依舊都督。乾元元年，復爲瀘州。舊領縣六。【略】在京師西南三千三百里，至東都四千一百九十六里。

《新唐書》卷四二《地理志六・瀘州瀘川郡》 縣五：瀘川，富義，江安，合江，綿水。

嶺南道

唐・李林甫等《唐六典》卷三《尚書戶部》 十曰嶺南道，古楊州之南境，今廣、循、潮、漳、韶、連、端、康、岡、恩、高、春、封、辯、瀧、新、潘、雷、羅、儋、崖、瓊、振、桂、昭、富、梧、賀、龔、象、柳、宜、融、古、嚴、容、籐、義、竇、禺、白、廉、繡、黨、牢、巖、鬱林、平琴、邕、賓、貴、横、欽、潯、瀼、籠、田、武、環、澄、安南、驩、愛、陸、峰、湯、萇、福祿、龐，凡七十州焉。東、南際海，西極羣蠻，北據五嶺。其名山有黄嶺及鬱水之靈洲焉。其大川有桂水、鬱水。

《新唐書》卷四三上《地理志七上・嶺南道》 嶺南道，蓋古揚州之南境，漢南海、鬱林、蒼梧、珠崖、儋耳、交趾、合浦、九真、日南等郡。韶、廣、康、端、封、梧、藤、羅、雷、崖以東爲星紀分，桂、柳、鬱林、富、昭、蒙、龔、繡、容、白、羅而西及安南爲鶉尾分。爲州七十有三，都護府一，縣三百一十四。其名山：黄嶺、靈洲。其大川：桂、鬱。

廣州

唐・杜佑《通典》卷一八四《州郡典十四・南海郡》 東至海豐郡四百里。南至恩平郡五百里。西至高要郡二百四十里。北至始興郡八百里。東南到恩平郡四百里。西南到高要郡界二百三十里。西北到連山郡九百里。東北到海豐郡界三百五十里。去西京五千四百四十七里，去東京四千九百里。

廣州。【略】大唐改爲廣州，或爲南海郡。領縣十二：南海，番禺，增城，浛洭，東官，清遠，懷集，湞陽，永固，化蒙，寶安，四會。

唐・李吉甫《元和郡縣圖志》卷三四《嶺南道一・廣州》 武德四年討平蕭銑，復爲廣州。【略】

州境：東西六百四十八里。南北一千二百一十里。

八到：西北至上都取郴州路四千二百一十里，取虔州大庾嶺路五千二百一十里。西北至東都取桂州路五千八十五里。東北至韶州五百三十里。西北泝流至連州八百九十里。正西微北至端州沿泝相兼二百四十里。西南至恩州水路六百里。西北至賀州八百七十六里。正南至大海七十里。【略】

管縣十三：南海，番禺，化蒙，懷集，增城，浛水，東莞，新會，義寧，清遠，四會，湞陽，浛洭。

《舊唐書》卷四一《地理志四・廣州》 隋南海郡。武德四年，討平蕭銑，置廣州總管府。【略】廣州領南海、增城、清遠、政賓、寶安五縣。【略】天寶元年，改爲南海郡。乾元元年，復爲廣州。【略】舊領縣十，【略】天寶領縣十三。【略】在京師東南五千四百四十七里，至東都四千九百里。

《新唐書》卷四三上《地理志七上・廣州南海郡》 縣十三：南海，番禺，增城，四會，化蒙，懷集，浛水，東莞，清遠，浛洭，湞陽，新會，義寧。

岡州

唐・杜佑《通典》卷一八四《州郡典十四・義寧郡》 去西京六千三百五里。去東京

岡州。【略】大唐復置岡州，或爲義寧郡。領縣二：新會，義寧。

《舊唐書》卷四一《地理志四・岡州》 隋南海郡之新會縣。武德四年，平蕭銑，置岡州，領新會、封平、義寧三縣。【略】天寶元年，改爲義寧郡。乾元元年，復爲岡州也。舊領縣二。【略】在京師西南六千三百五里。

韶州

唐・杜佑《通典》卷一八四《州郡典十四・始興郡》 東至南康郡界七百里。南至南海郡八百里。西至桂陽郡五百里。北至仁化縣三百二十里，重山無路。東南到南海郡界七百里。西南到桂陽郡師子岡界四百二十里。西北到南陵郡界二百二十里。東北到仁化縣三百二十里。去西京四千九百三十二里，去東京四千一百四十二里。

韶州。【略】大唐置韶州，或爲始興郡。領縣六：始興，曲江，仁化，湞昌，翁源，樂昌。

唐・李吉甫《元和郡縣圖志》卷三四《嶺南道一・韶州》 武德四年平蕭銑，重於此置番州。貞觀元年改爲韶州，復舊名也。

州境：東西六百二十里。南北四百五里。

八到：西北至上都取郴州路三千六百八十五里，取虔州、吉州路四千六百八十里。西北至東都取郴州路三千四百二十五里，取虔州、吉州路

二千八百七十里。南至廣州，水陸相兼五百三十里。西北至郴州陸路四百一十里。東北至虔州陸路五百五十里。西至連州山路險峻五百里。【略】

管縣六：曲江，始興，樂昌，翁源，湞昌，仁化。

《舊唐書》卷四一《地理志四·韶州》　隋南海郡之曲江縣。武德四年，平蕭銑，置番州，領曲江、始興、樂昌、臨瀧、良化五縣。貞觀元年，改爲韶州，仍割湞州之翁源來屬。八年，廢臨瀧、良化二縣。天寶元年，改爲始興郡。乾元元年，復爲韶州。舊領縣四，【略】天寶領縣六。【略】南至廣州八百里，西至郴州五百里，東南至虔州七百里。至京師四千九百三十二里，至東都四千一百四十二里。

《新唐書》卷四三上《地理志七上·韶州始興郡》　本番州，武德四年析廣州之曲江、始興、樂昌、翁源置。尋更名東衡州，貞觀元年又更名。【略】縣六：曲江，始興，樂昌，翁源，仁化，湞昌。

循州

唐·杜佑《通典》卷一八四《州郡典十四·海豐郡》　東至潮陽郡五百一十七里。南至南海郡四百里。西至南海郡增城縣界□□□□□□□□。北至南康郡隔山嶺一千六百五十里。【略】去西京五千六百里，去東京四千八百里。

循州。【略】大唐復爲循州，或爲海豐郡。領縣六：歸善，海豐，興寧，博羅，河源，雷鄉。

唐·李吉甫《元和郡縣圖志》卷三四《嶺南道一·循州》　漢平南越，復置南海郡，今州卽漢南海郡之博羅縣也。梁置梁化郡，隋開皇十年於此置循州，取循江爲名也。大業三年改爲龍川郡，武德五年復改爲循州。

州境：東西九百八十三里。南北七十二里。

八到：西北至上都取廣、郴路四千六百一十里。西北至東都取廣、郴路四千四百五十里。北至虔州一千五百里。東北至韶州一千二百里。西至廣州水路沿泝相兼四百里，陸路三百五十里。南至海一百一十里。

《舊唐書》卷四一《地理志四·循州》　隋龍川郡。武德五年，改爲循州總管府，管循、潮二州。循州領歸善、河源、博羅、興寧、海豐、羅陽。【略】貞觀二年，廢都督府。天寶元年，改爲海豐郡。乾元元年，復爲循州。舊領縣五，【略】天寶領縣六。【略】南至廣州四百里，東至潮州五百一十七里，北至虔州隔山嶺一千六百五十里。至東都四千八百里。

潮州

唐·杜佑《通典》卷一八二《州郡典十二·潮陽郡》　東至大海一百二十七里。南至大海八十五里。西至海豐郡海豐縣五百七十里。北至南康郡一千五百六十七里。東南到大海六十九里。西南到潮陽縣二百七十里。西北到郡內程鄉縣五百七十五里。東北到漳浦郡五百六十里。去西京七千六百六十七里，去東京六千七百七十五里。

潮州。【略】大唐復爲潮州，或爲潮陽郡。領縣三：海陽，潮陽，程鄉。

唐·李吉甫《元和郡縣圖志》卷三四《嶺南道一·潮州》　（隋開皇）十一年，於義安縣立潮州，以潮流往復，因以爲名。大業三年罷州爲義安郡，武德四年復爲潮州。

州境：東西五百三十六里。南北四百八十四里。

八到：西北至上都取虔州路五千六百二十五里。西北至東都取虔州路四千八百一十里。西北至虔州一千五百里。東至大海一百二十里。西南至廣州水陸路相兼約一千六百里。西南至循州一千五百里。東北至漳州取漳浦縣路四百八十里。南至大海八十五里。

《新唐書》卷四三上《地理志七上·潮州潮陽郡》　本義安郡。縣三：海陽，潮陽，程鄉。

康州

唐·杜佑《通典》卷一八四《州郡典十四·晉康郡》　東至高要郡百六十里。南至開陽郡二百三十里。西至臨封郡百三十里。北至臨封郡百三十里。東南到新興郡二百七十里。西南到蒼梧郡二百八十四里。西北到臨封郡百三十里。東北到南海郡三百四十里。去西京五千七百五十里，去東京五千一百五十里。

康州。【略】大唐復爲康州，或爲晉康郡。領縣四：端溪，晉康，悅城，都城。

唐・李吉甫《元和郡縣圖志》卷三四《嶺南道一・康州》　漢武帝平南越置蒼梧郡，今州卽蒼梧郡之端溪縣也，【略】武德四年討平蕭銑，五年置康州。

州境：東西二百七十九里。南北二百四十五里。

八到：西北至上都四千二百五十五里。西北至東都四千五百一十五里。東至端州一百九十里。西南水路至瀧州一百八十里。西北泝流至封州一百二十五里。北至霍山一百二十里，與廣州化蒙縣分界。

《舊唐書》卷四一《地理志四・康州》　隋信安郡之端溪縣。武德四年，置康州都督府，督端、康、封、新、宋、瀧等州。九年，廢都督府及康州。貞觀元年，又置南康州。十一年廢，十二年又置康州。天寶元年，改爲晉康郡。乾元元年，復爲康州。舊領縣四。【略】東北至廣州三百四十里，西南至梧州二百八十四里，東至端州一百六十里，南至瀧州二百三十里，西至封州一百三十里，南至新州二百七十里。至京師五千七百五十里，至東都五千一百五十里。

《新唐書》卷四三上《地理志七上・康州晉康郡》　本南康州，武德六年析端州之端溪置，九年州廢。貞觀元年復置，十一年又廢，十二年復置，更名康州。

瀧州

唐・杜佑《通典》卷一八四《州郡典十四・開陽郡》　東至晉康郡三百三十里。南至南陵郡三百八十六里。西至高涼郡百八十里。北至連城郡二百七十七里。東南到銅陵郡二百六十里。西南到懷德郡百八十里。西北到思麻嶺四十七里。東北到晉康郡二百三十里。去西京六千一百一里，去東京五千四百里。

瀧州。【略】大唐復置瀧州，或爲開陽郡。領縣五：瀧水，開陽，建水，永寧，正義。

《舊唐書》卷四一《地理志四・瀧州》　隋永熙郡之瀧水縣。武德四年，平蕭銑，置瀧州。天寶元年，改爲開陽郡。乾元元年，復爲瀧州。舊領縣四，【略】天寶領縣五。

《新唐書》卷四三上《地理志七上・瀧州開陽郡》　本永熙郡，天寶元年更名。【略】縣四：瀧水，開陽，鎮南，建水。

端州

唐・杜佑《通典》卷一八四《州郡典十四・高要郡》　東至南海郡二百四十里。南至新興郡一百四十里。西至晉康郡一百六十里。北至南海郡清遠縣一百二十四里。東南到南海郡二百里。西南到新興郡一百三十里。西北到晉康郡一百二十四里。東北到南海郡一百二十里。去西京四千九百三十五里，去東京四千九百一十三里。

端州。【略】大唐爲端州，或爲高要郡。領縣二：高要，平興。

唐・李吉甫《元和郡縣圖志》卷三四《嶺南道一・端州》　隋開皇十一年置端州，大業三年罷爲信安郡，武德四年平蕭銑，五年重置端州，州當西江入廣州之要口也。

州境：東西一百五十八里。南北一百一十四里。

八到：西北至上都取韶、郴州路四千三百三十五里。西北至東都四千六百一十五里。[東至廣州二百八十四里。] 東至廣州義寧縣一百五十里。東南水路至廣州新會縣三百里。東北至廣州四會縣陸路一百八十里。北取廣州四會縣界水路至韶州六百四十里。西南水陸相兼至新州一百八十里。西至康州二百九十里。

《舊唐書》卷四一《地理志四・端州》　隋信安郡。武德元年，置端州，領高要、樂城、銅陵、平興、博林五縣。【略】天寶元年，爲高要郡。乾元元年，復爲端州。舊領縣二。【略】東至廣州二百四十里，南至新州一百四十里，西至康州一百六里。至京師四千九百三十五里，至東都四千七百里。

新州

唐・杜佑《通典》卷一八四《州郡典十四・新興郡》　東至義寧郡界四十一里。南至恩平郡界八十二里。西至晉康郡二百七十二里。北至高要郡一百四十里。東南到義寧郡三十四里。西南到銅陵郡一百七十里。西北到晉康郡二百七十二里。東北到高要郡一百四十里。去西京五千五百五十三里，去東京五千里。

新州。【略】梁置新州。隋屬信安郡。大唐亦爲新州，或爲新興郡。領縣三：新興，永順，索盧。

《舊唐書》卷四一《地理志四·新州》　隋信安郡之新興縣。武德四年，平蕭銑，置新州。天寶元年，改爲新興郡。乾元元年，復爲新州。舊領縣四，【略】天寶領縣三。【略】東至廣州義寧縣四十一里，北至端州一百四十里，西北至康州二百七十里，西南至勤州一百七十里。至京師五千五十二里，至東都五千里。

《新唐書》卷四三上《地理志七上·新州新興郡》　本新昌郡，武德四年以端州之新興置。【略】縣二：新興，永順。

封州

唐·杜佑《通典》卷一八四《州郡典十四·臨封郡》　東至晉康郡百三十里。南至晉康郡百三十里。西至蒼梧郡八十里。北至臨賀郡三百六十六里。東南到晉康郡百三十里。西南到晉康郡界百三十里。西北到蒼梧郡五十五里。東北到南海郡九十五里。去西京四千八百八十里，去東京四千五百一十里。

封州。【略】梁置梁信郡，兼置成州。隋平陳，廢梁信郡，改成州爲封州；煬帝初，州廢爲封川縣，屬蒼梧郡。大唐復置封州，或爲臨封郡。領縣二：封川，開建。

唐·李吉甫《元和郡縣圖志》卷三四《嶺南道一·封州》　今州卽漢蒼梧郡之廣信縣地也，梁於此置梁信郡，屬成州。隋開皇十年改爲封州，大業三年罷州，以縣屬蒼梧郡。武德四年，復置封州。

州境：東西一百二十八里。南北二百八十九里。

八到：西北至上都取梧、桂州路四千三百八十五里。西北至東都四千一百三十五里。東南泝流至康州一百二十里。北至賀州陸路三百九十里，水路六百四十里。西北泝流至梧州五十里。

《舊唐書》卷四一《地理志四·封州》　隋蒼梧郡之封川縣。武德四年，平蕭銑，置封州。天寶元年，改爲臨封郡。乾元元年，復爲封州。舊領縣四，【略】天寶領縣二。【略】東北至廣州九十五里，西北至梧州五十五里，東至康州一百三十里，北至賀州三百六十六里。至京師水陸四千五百一十里也。

《新唐書》卷四三上《地理志七上·封州臨封郡》　本廣信郡，天寶元年更名。

潘州

唐·杜佑《通典》卷一八四《州郡典十四·南潘郡》　東至高涼郡九十里。南至大海百五十六里。西至陵水郡百二十二里。北至懷德郡百五十里。東南到大海百六十里。西南到陵水郡百里。西北到溫水郡百十五里。東北到高涼郡九十里。去西京七千百八十七里，去東京六千三百八十九里。

潘州。【略】大唐武德四年置南宕州，八年改爲潘州，或爲南潘郡。領縣三：茂名，南巴，潘水。

《舊唐書》卷四一《地理志四·潘州》　隋合浦郡之定川縣。武德四年，置南宕州，領南昌、定川、陸川、思城、溫水、宕川六縣，治南昌縣。貞觀六年，移治定川。八年，改爲潘州，仍廢思城縣。天寶元年，改爲南潘郡。乾元元年，復爲潘州也。舊領縣五，【略】天寶後，領縣三。【略】至西京七千一百六十一里，至東都六千三百八十九里。至高州九十里，南至大海五十六里，至辯州一百二十里，北至竇州一百五十一里。

《新唐書》卷四三上《地理志七上·潘州南潘郡》　本南宕州南巴郡，武德四年以合浦郡之南昌、定川置。本治南昌，貞觀元年徙治定川，八年更名，後徙治茂名。後廢，地入高州。永徽元年復以茂名、南巴、毛山三縣置。

春州

唐·杜佑《通典》卷一八四《州郡典十四·南陵郡》　東至南海郡六百四十二里。南至恩平郡九十三里。西至高涼郡三百三十里。北至銅陵郡百二十三里。東南到恩平郡百三十里。西南到高涼郡三百三十里。西北到開陽郡界□□□□□□□□。東北到新興郡二百六里。去西京五千六百四十里，去東京五千四百五十里。

春州。【略】大唐武德四年，平蕭銑，置春州，或爲南陵郡。領縣二：陽春，羅水。

《舊唐書》卷四一《地理志四・春州》 隋高涼郡之陽春縣。武德四年，平蕭銑，置春州。天寶元年，改爲南陵郡。乾元元年，復爲春州。舊領縣一，【略】天寶領縣二。【略】至京師東南六千四百四十八里。東至廣州六百四十二里，南至恩州九十三里，西至高州三百三十里，東北至新州一百六十里，西北至瀧州界也。

《新唐書》卷四三上《地理志七上・春州南陵郡》 本陽春郡，武德四年以高涼郡之陽春置，天寶元年更郡名。

勤州

唐・杜佑《通典》卷一八四《州郡典十四・銅陵郡》 東至新興郡百七十五里。南至銅陵縣八十五里。西至開陽郡二百六十里。北至晉康郡界五十里。東南到新興郡三十五里。西南到南海郡六百三十五里。西北到晉康郡二百七十三里。東北到新興郡百七十五里。去西京五千三百九十里，去東京五千三百六十里。

勤州。【略】大唐置勤州，或爲銅陵郡。領縣二：富林，銅陵。

《舊唐書》卷四一《地理志四・勤州》 隋信安郡之高梁縣地。武德四年，置勤州，隸南康州總管。九年，改隸廣州，其年廢，縣屬春州。後置勤州，以銅陵來屬。仍析置富林縣。領縣三。【略】至京師五千三百九十里，至東都五千里。東至新州一百七十里，西至瀧州二百六十里，南至廣州六百三十五里，西北至康州二百七十三里。

《新唐書》卷四三上《地理志七上・勤州雲浮郡》 本銅陵郡，武德四年析春州置，五年州廢。萬歲通天二年復置，長安中復廢。開元十八年平春、瀧等州，首領陳行范餘黨保銅陵北山，廣州都督耿仁忠奏復置州，治富林洞，因以爲縣。乾元元年徙治銅陵。

羅州

唐・杜佑《通典》卷一八四《州郡典十四・招義郡》 東至當郡吳川縣大海一百四十里。南至海康郡二百五十里。西至合浦郡二百五十里。北至陵水郡一百五十里。東南到海康郡一百七里。西南到零綠縣一百二十里，至大海。西北到南昌郡二百三十里。東北到陵水郡百五十里。去西京七千四百十五里，去東京五千七百五里。

羅州。【略】梁陳置羅州及高興郡。隋平陳，郡廢，羅州如故；煬帝初州廢，並其地入高涼郡。大唐復爲羅州，或爲招義郡。領縣五：石城，吳川，南河，招義，零綠。

《舊唐書》卷四一《地理志四・羅州》 隋高涼郡之石龍縣地。武德五年，於縣置羅州，領石龍、吳川、陵羅、龍化、羅辯、南河、石城、招義、零綠、慈廉、羅肥十一縣。六年，移羅州於石城縣，於舊所置南石州，割石龍、陵羅、龍化、羅辯、慈廉、羅肥屬南石州。天寶元年，改羅州爲招義郡。乾元元年，復爲羅州。舊領縣五。【略】至京師六千五百二十二里，至東都五千七百五里。東至大海一百三十九里，南至雷州二百五十里，西至廉州二百五十里，北至辯州一百五十里，西南至零綠縣大海一百二十里，西北至白州二百三十里，東北至新州五十里。

《新唐書》卷四三上《地理志七上・羅州招義郡》 本石城郡，武德五年以高涼郡之石龍、吳川置，六年徙治石城。【略】縣四：廉江，吳川，幹水，零綠。

辯州

唐・杜佑《通典》卷一八四《州郡典十四・陵水郡》 東至南海郡千一百四十四里。南至招義郡界五十五里。西至南昌郡二百三十里。北至溫水郡三百八十二里。東南到南潘郡四十里。西南到招義郡百五十里。西北到南昌郡三百里。東北到□□□□□□。去西京五千七百十八里，去東京五千三百七十里。

辯州。【略】大唐置辯州，或爲陵水郡。領縣三：石龍，陵羅，龍化。

《舊唐書》卷四一《地理志四・辯州》 隋高涼郡之石龍縣。武德五年，置羅州，移治石城。於舊所置南石州，領石龍、陵羅、龍化、羅辯、慈廉、羅肥六縣。貞觀九年，改南石州爲辯州，省慈廉、羅肥二縣。天寶元年，改陵水郡。乾元元年，復爲辯州也。舊領縣四，【略】天寶後，領縣三。【略】至京師五千七百一十八里，至東都五千三百七十里。東至廣州一千一百四十四里，南至羅州吳川縣界五十里，南至白州博白縣二百三十里，北至禺州三百八十二里，南至潘州四十里，西南至羅州一百五十里，西北至白州三百里。

《新唐書》卷四三上《地理志七上・辯州陵水郡》　本南石州石龍郡，武德六年，以羅州之石龍、陵羅、龍化、羅辯、慈廉、羅肥置。貞觀九年更名。天祐元年，朱全忠以『辯』、『汴』聲近，表更名勳州。【略】縣二：石龍，陵羅。

高州

唐・杜佑《通典》卷一八四《州郡典十四・高涼郡》　東至南陵郡三百三十里。南至南潘郡九十里。西至□□□□□□□。北至開陽郡三百五十里。東南到南潘郡九十里。西南到□□□□□□□。西北到懷德郡九十二里。東北到開陽郡界三百五十里。去西京六千二百六十二里，去東京五千五百二十里。

高州。【略】齊亦爲高涼郡。梁兼置高州。隋平陳，郡廢，而高州如故；煬帝初州廢，屬高涼、永熙二郡地。大唐復爲高州，或爲高涼郡。領縣三：良德，電白，保定。

《舊唐書》卷四一《地理志四・高州》　隋高涼郡。舊治高涼縣，後改爲西平縣。貞觀二十三年，分西平、杜陵置恩州，高州移治良德縣。天寶元年，改爲高涼郡。乾元元年，復爲高州。領縣三。【略】西北至竇州九十二里，北至瀧州界三百五十里，西南至潘州九十里，東至春州三百三十里。至京師六千二百六十二里，至東都五千五百二十里。

《新唐書》卷四三上《地理志七上・高州高涼郡》　武德六年分廣州之電白、連江置。本治高涼，貞觀二十三年徙治良德，大曆十一年徙治電白。【略】縣三：電白，良德，保寧。

恩州

唐・杜佑《通典》卷一八四《州郡典十四・恩平郡》　去西京六千五百里，去東京五千六百里。

恩州。【略】大唐貞觀中置恩州，或爲恩平郡。領縣三：陽江，恩平，杜陵。

唐・李吉甫《元和郡縣圖志・闕卷逸文》卷三《嶺南道・恩州》　今州卽合浦郡之高涼縣地也。永徽元年置恩州。

《舊唐書》卷四一《地理志四・恩州》　隋高涼郡。武德四年，平蕭銑，置高州都督府，管高、春、羅、辯、雷、崖、儋、新八州。七年，割崖、儋、雷、新屬廣州。貞觀二十三年，廢高州都督府，置恩州。天寶元年，改爲恩平郡。乾元元年，復爲恩州，內有清海軍，管戍兵三千人也。領縣三。【略】至京師東南六千五百里。西北六十里接廣州界。

《新唐書》卷四三上《地理志七上・恩州恩平郡》　本齊安郡，貞觀二十三年以高州之西平、齊安、杜陵置。大順二年徙治恩平。【略】縣三：恩平，杜陵，陽江。

雷州

唐・杜佑《通典》卷一八四《州郡典十四・海康郡》　東至大海二十里。南至珠崖郡四百三十里。西至大海二百里。北至招義郡二百五十里。東南到大海十五里。西南到大海一百里。西北到招義郡一百六十里。東北到招義郡界二百五十里。去西京六千五百一十里，去東京五千九百三十里。

雷州。【略】大唐置雷州，或爲海康郡。領縣三：海康，遂溪，徐聞。

《舊唐書》卷四一《地理志四・雷州》　隋合浦郡之海康縣。武德四年，平蕭銑，置南合州，領海康、隋康、鐵杷、椹川四縣。貞觀元年，改爲東合州。二年，改隋康爲徐聞縣。八年，改東合州爲雷州。天寶元年，改爲海康郡。乾元元年，復爲雷州也。舊領縣四，【略】天寶領縣三。【略】至京師六千五百一十二里，至東都五千九百三十一里。東至大海二十里，西至大海一百里，東南至大海十五里，西南至大海一百里，隔海至崖州四百三十里，東北及西北與羅州接界。

《新唐書》卷四三上《地理志七上・雷州海康郡》　本南合州徐聞郡，武德四年以合浦郡之海康、隋康、鐵杷置。貞觀元年更名東合州，八年又更名。【略】縣三：海康，遂溪，徐聞。

崖州

唐·杜佑《通典》卷一八四《州郡典十四·珠崖郡》 去西京七千四百里，去東京六千七百里。

崖州。【略】海中之洲也。【略】梁置崖州。隋置珠崖郡。大唐爲崖州，或爲珠崖郡。領縣四：舍城，澄邁，文昌，臨高。

《舊唐書》卷四一《地理志四·崖州》 隋珠崖郡。武德四年，平蕭銑，置崖州，領舍城、平昌、澄邁、顔羅、臨機五縣。【略】天寶元年，改爲珠崖郡。乾元元年，復爲崖州，在廣府東南。舊領縣七。【略】至京師七千四百六十里，至東都六千三百里，廣府東南二千餘里。雷州徐聞縣南舟行，渡大海，四百三十里達崖州。

《新唐書》卷四三上《地理志七上·崖州珠崖郡》 縣三：舍城，澄邁，文昌。

瓊州

唐·杜佑《通典》卷一八四《州郡典十四·瓊山郡》 去西京八千六百里，去東京七千二百里。

瓊州。土地與珠崖郡同。大唐割崖州置瓊州，或爲瓊山郡。領縣五：瓊山，曾口，容瓊，樂會，顔羅。

《舊唐書》卷四一《地理志四·瓊州》 本隋珠崖郡之瓊山縣。貞觀五年，置瓊州，領瓊山、萬安二縣。【略】天寶元年，改爲瓊山郡。乾元元年，復爲瓊州。【略】領縣五，【略】兩京與崖州道里相類。西南至振州四百五十里，與崖州同在大海中也。

《新唐書》卷四三上《地理志七上·瓊州瓊山郡》 貞觀五年以崖州之瓊山置。自乾封後没山洞蠻，貞元五年，嶺南節度使李復討復之。【略】縣五：瓊山，臨高，曾口，樂會，顔羅。

振州

唐·杜佑《通典》卷一八四《州郡典十四·延德郡》 東至萬安郡百六十里。南至大海七里。西至昌化郡四百二十里。北至瓊山郡四百五十里。東南到大海二十七里。西南到大海十里。西北到延德縣九十里。東北到瓊山郡四百五十里。去西京八千六百六里，去東京七千七百九十七里。

振州，土地與珠崖郡同。隋置臨振郡。大唐置振州，或爲延德郡。領縣五：寧遠，延德，吉陽，臨川，落屯。

《舊唐書》卷四一《地理志四·振州》 隋臨振郡。武德五年，置振州。天寶元年，改爲臨振郡。乾元元年，復爲振州也。領縣四。【略】至京師八千六百六里，至東都七千七百九十七里。東至萬安州陵水縣一百六十里，南至大海，西北至儋州四百二十里，北至瓊州四百五十里，東南至大海二十七里，西南至大海千里，西北至延德縣九十里，與崖州同在大海洲中。

《新唐書》卷四三上《地理志七上·振州延德郡》 本臨振郡，又曰寧遠郡，天寶元年更名。【略】縣五：寧遠，延德，吉陽，臨川，落屯。

儋州

唐·杜佑《通典》卷一八四《州郡典十四·昌化郡》 去西京七千四百四十二里。去東京

儋州。土地與珠崖郡同。漢置儋耳郡。大唐置儋州，或爲昌化郡。領縣五：義倫，昌化，感恩，洛場，富羅。

《舊唐書》卷四一《地理志四·儋州》 隋儋耳郡。武德五年，置儋州，領義倫、昌化、感恩、富羅四縣。貞觀元年，分昌化置普安。天寶元年，改爲昌化郡。乾元元年，復爲儋州也。舊領縣五。【略】至京師七千四百四十二里。與崖州同在海中洲上，東至振州四百里。

《新唐書》卷四三上《地理志七上·儋州昌化郡》 本儋耳郡，隋珠崖郡治，天寶元年更名。【略】縣五：義倫，昌化，感恩，洛場，富羅。

萬安州

唐·杜佑《通典》卷一八四《州郡典十四·萬安郡》 去西京八千六百里，去東京七千七百九十里。

萬安州，土地與珠崖郡同。大唐置萬安州，或爲萬安郡。領縣四：

萬安，陵水，富雲，博遼。

唐・李吉甫《元和郡縣圖志・闕卷逸文》卷三《嶺南道・萬安州》 開元九年移理陵水。本崖州萬安縣地，龍朔二年改割萬安及臨世、陵水二縣於此置萬安州，

《舊唐書》卷四一《地理志四・萬安州》 與崖、儋同在大海洲中。唐置萬安州，失起置年月。天寶元年，改爲萬安郡。至德二年，改爲萬全郡。乾元元年，復爲萬安州。領縣四，無戶口。西接振州界。兩京道里，與振州相類也。

《新唐書》卷四三上《地理志七上・萬安州萬安郡》 龍朔二年以崖州之萬安置。開元九年徙治陵水。至德二載更名萬全郡。貞元元年復治萬全，後復故名。【略】縣四：萬安，陵水，富雲，博遼。

南海諸島

《新唐書》卷四三下《地理志七下》 廣州東南海行，二百里至屯門山。乃帆風西行，二日至九州石。又南二日，至象石。又西南三日行，至占不勞山，山在環王國東二百里海中。

唐・沈佺期《沈佺期集》卷二《度安海入龍編》 我来交趾郡，南與貫胸連。四氣分寒少，三光置日偏。尉佗曾馭國，翁仲久遊泉。邑屋遺甿在，魚鹽舊産傳。越人遥捧翟，漢將下看鳶。北斗崇山挂，南風漲海牽。别離頻破月，容鬢驟催年。昆弟推由命，妻孥割付緣。夢来魂尚擾，愁委疾空纏。虛道崩城淚，明心不應天。

唐・權德輿《權文公集》卷四《送安南裴都護》 忽佩交州印，初辭列宿文。莫言方任遠，且貴主憂分。迴轉朱鳶路，連飛翠羽羣。戈船航漲海，旌旆卷炎雲。絶徼褰帷識，名香夾轂焚。懷徠通北戶，長養洽南薰。暫歎同心阻，行看異績聞。歸時無所欲，薏苡或煩君。

宋・李昉等《文苑英華》卷一六一《〔唐〕杜審言〈南海亂石山作〉》 漲海積稽天，羣山高業地。相傳稱亂石，圖典失其事。懸危悉可驚，大小都不類。乍將雲島極，還與星河次。上聳或如飛，下臨仍欲墜。朝暾艷丹紫，夜魄烟青翠。穹崇霧雨蓄，幽隱靈山閟。萬尋掛鶴巢，千丈垂猿臂。昔去景風涉，今來姑洗至。觀此得詠歌，長時想精異。

清・彭定求等《全唐詩》卷七一六《曹松〈南遊〉》 直到南箕下，方諳漲海頭。君恩過銅柱，戎節限交州。犀占花陰卧，波衝瘴色流。遠夷非不樂，自是北人愁。

邕州

唐・杜佑《通典》卷一八四《州郡典十四・朗寧郡》 東至永定郡三百里。南至臨潭郡二百八十二里。西至横山郡六百四十二里。北至賀水郡三百里。東南到寧越郡三百五十里。西南到羈縻左州五百里。西北到思恩州四百九十里。東北到安城郡二百五十七里。去西京五千六百里，去東京五千三百二十七里。

邕州。【略】大唐武德四年，置南晉州，貞觀五年改爲邕州，或爲朗寧郡。領縣七：宣化，朗寧，思龍，如和，武緣，封陵，晉興。

唐・李吉甫《元和郡縣圖志》卷三八《嶺南道五・邕州》 晉於此置晉興郡。隋開皇十四年廢晉興郡爲晉興縣，屬簡州，大業三年州廢，以縣屬鬱林郡。武德四年，於此置南晉州，貞觀六年改爲邕州，因州西南邕溪水爲名。【略】

八到：北至上都取象州路四千七百七十五里，取藤州路五千四十五里。北至東都四千五百八十五里。東至欽州三百三十里。西南至瀼州二百八十里。西南至安南一千里。東北至澄州二百四十里。【略】

管縣七：宣化，武緣，晉興，朗寧，思籠，封陵，如和。

《舊唐書》卷四一《地理志四・邕州》 隋鬱林郡之宣化縣。武德四年，置南晉州，領宣化一縣。貞觀六年，改爲邕州都督府。天寶元年，改爲朗寧郡。乾元元年，復爲邕州。【略】舊領縣五。【略】至京師五千六百里，至東都五千三百二十七里。東南至欽州三百五十里，東北至賓州二百五十里，西南至羈縻左州五百里。

《新唐書》卷四三上《地理志七上・邕州朗寧郡》 本南晉州，武德四年以隋鬱林郡之宣化置，貞觀八年更名。【略】縣七：宣化，武緣，晉興，朗寧，思籠，如和，封陵。

澄州

唐・杜佑《通典》卷一八四《州郡典十四・賀水郡》 東至安城郡百六十五里。南至朗寧郡三百里。西至樂古郡五百七十九里。北至脩德郡四百三十五里。【略】去西京四千六百里，去東京四千三百里。

澄州，土地與賓州同。大唐置澄州，或爲賀水郡。領縣四：上林，止戈，無虞，賀水。

唐・李吉甫《元和郡縣圖志》卷三八《嶺南道五・澄州》 今州卽漢鬱林郡之領方縣地，漢領方縣，今賓州領方縣，自漢迄隋，其地不改。隋亂陷賊，武德四年平蕭銑，於此置南方州，貞觀八年改爲澄州。

州境：東西三百五十三里。南北三百三里。

八到：北至上都四千六百三十五里。東北至東都四千三百七十五里。東至貴州三百四十一里。西至邕州三百三十九里。南至賓州八十八里。北至嚴州三百三十里。【略】

管縣四：上林，無虞，止戈，賀水。

《舊唐書》卷四一《地理志四・澄州》 隋鬱林郡之嶺方縣地。武德四年，平蕭銑，置南方州，領無虞、琅邪、思干、上林、止戈、賀水、嶺方七縣。貞觀五年，以上林、止戈、琅邪、嶺方屬賓州。八年，改南方州爲澄州。天寶元年，改爲賀水郡。乾元元年，復爲澄州。舊領縣四。【略】至京師四千六百里，至東都四千三百里。南至邕州三百里，北至賓州四百三十里，東南至賓州一百二十里，西至古州五百七十九里。

《新唐書》卷四三上《地理志七上・澄州賀水郡》 本南方州，武德四年以鬱林郡之嶺方地置，貞觀八年更名。【略】縣四：上林，無虞，止戈，賀水。

賓州

唐・杜佑《通典》卷一八四《州郡典十四・安城郡》 東至懷澤郡界九十七里。南至永定郡二百五十里。西至賀水郡百六十五里。北至象郡界百二十里。東南到懷澤郡百七十里。西南到朗寧郡二百五十七里。西北到賀水郡百二十里。東北到象郡三百二十里。去西京四千五百里，去東京四千一百里。

賓州。【略】隋屬鬱林郡。大唐置賓州，或爲安城郡。領縣三：嶺方，瑯琊，保城。

唐・李吉甫《元和郡縣圖志》卷三八《嶺南道五・賓州》 今州卽漢鬱林郡之領方縣地，至隋不改。隋亂陷賊，貞觀五年析澄州三縣於此置賓州。

州境：東西一百三十一里。南北六十三里。

八到：北至上都四千五百九十五里。東北至東都四千三百三十五里。西南至邕州二百四十五里。西北至澄州八十八里。東至貴州二百二十五里。東北至嚴州一百九十里。【略】

管縣三：領方，瑯琊，保城。

《舊唐書》卷四一《地理志四・賓州》 隋鬱林郡之嶺方縣。貞觀五年，析南方州之嶺方、思干、琅邪、南尹州之安城置賓州。十二年省思干縣。天寶元年，改爲安城郡。至德二年九月，改爲嶺方郡。乾元元年，復爲賓州。舊領縣三。【略】至京師四千三百里，至東都四千一百里。南至淳州二百里，東南至貴州一百七十里，西至邕州二百五十七里，東南至蒙州三百二十里，西北至澄州一百二十里也。

《新唐書》卷四三上《地理志七上・賓州嶺方郡》 本安城郡，貞觀五年，析南方州之嶺方、思干、琅邪，南尹州之安城置。至德二載更名。【略】縣三：嶺方，琅邪，保城。

橫州

唐・杜佑《通典》卷一八四《州郡典十四・寧浦郡》 東至懷澤郡二百里。南至寧越郡三百五十里。西至永定郡百五十里。北至安城郡二百六十里。東南到樂山縣百七十里。西南到寧越郡百四十五里。西北到永定郡百五十七里。東北到當郡寧浦縣百五十五里。去西京五千五百三十五里，去東京四千七百里。

橫州。【略】秦桂林郡。二漢鬱林、合浦二郡地。吳置寧浦郡，晉因之，宋齊不改。梁又分置簡陽郡。隋平陳，二郡並廢，置簡州，後又爲緣州；煬帝廢州，屬鬱林郡。大唐割爲橫州，或爲寧浦郡。領縣三：寧浦，淳風，樂山。

唐·李吉甫《元和郡縣圖志》卷三八《嶺南道五·橫州》　今州卽漢合浦郡之高涼縣地也，在今高州界。晉於合浦北部置寧浦郡，隋開皇十年廢爲縣，以屬簡州。十八年改簡州爲緣州，大業三年廢州入鬱林郡。隋末陷賊，武德四年平蕭銑重置南簡州，貞觀八年改爲橫州。至德移於舊州東七里鬱江北岸。

州境：東西一百三十一里。南北二百一十一里。

八到：北至上都取貴、象州路四千七百五十里，取藤州水路四千一百七十五里。東北至東都四千三百九十五里。東北至貴州水路一百七十五里。西南至欽州水陸相兼三百一十一里。【略】

管縣四：寧浦，樂山，淳風，嶺山。

《舊唐書》卷四一《地理志四·橫州》　隋鬱林郡之寧浦縣。武德四年，置簡州，領寧浦、樂山、蒙澤、淳風、嶺山五縣。六年，改爲南簡州。貞觀八年，改橫州。天寶元年，改爲寧浦郡。乾元元年，復爲橫州也。舊領縣四，【略】天寶領縣三。【略】至京師五千五百三十九里，至東都四千七百五里。南至欽州三百五十里，西至巒州一百五十里，北至貴州一百六十里也。

《新唐書》卷四三上《地理志七上·橫州寧浦郡》　本簡州，武德四年以鬱林郡之寧浦、樂山置。六年曰南簡州，貞觀八年更名。【略】縣三：寧浦，從化，樂山。

潯州

唐·杜佑《通典》卷一八四《州郡典十四·潯江郡》　東至臨江郡百三十里。南至常林郡二百五十里。西至懷澤郡百五十里。北至蒙山郡三百六十里。東南到常林郡界百二十里。西南到鬱林郡界二百三十里。西北到象郡三百六十里。東北到臨江郡界百二十里。去西京五千九百六十里，去東京五千七百里。

潯州。【略】隋屬永平、鬱林二郡地。大唐置潯州，或爲潯江郡。領縣三：桂平，皇化，大賓。

唐·李吉甫《元和郡縣圖志》卷三八《嶺南道五·潯州》　本漢合浦郡地，貞觀七年分置潯州，取北潯江爲名。十二年廢入龔州，長壽元年又割龔州桂平、皇化、大賓三縣重置潯州。【略】

八到：北至上都四千六百九十五里。東北至東都四千一百七十五里。東北沿流至龔州一百二十里。西南泝流至貴州二百里，陸行一百里。南至繡州八十里。西北至象州陸路二百一十里。【略】

管縣三：桂平，皇化，大賓。

《舊唐書》卷四一《地理志四·潯州》　隋鬱林郡之桂平縣。貞觀七年，置潯州，領桂平、陵江、大賓、皇化四縣。十二年，廢潯州，以四縣屬龔州。後復置潯州，以桂平、大賓、皇化來屬，又省陵江入桂平。天寶元年，改爲潯江郡。乾元元年，復爲潯州也。舊領縣三。【略】至京師五千九百六十里，至東都五千七百里。東至龔州一百三十里，西至潘州二百五十里，西南至貴州一百五十里，西北至蒙州三百六十里。西南接鬱林州界。

《新唐書》卷四三上《地理志七上·潯州潯江郡》　貞觀七年以龔州之桂平、大賓置。十三年州廢，縣隸龔州，後復置。【略】縣三：桂平，皇化，大賓。

巒州

唐·杜佑《通典》卷一八四《州郡典十四·永定郡》　東至寧浦郡百五十里。南至寧浦郡百四十里。西至朗寧郡三百里。北至安城郡二百五十五里。【略】去西京五千三百里，去東京四千九百里。

巒州。秦屬桂林郡。大唐置淳州，天寶元年改爲永定郡，乾元元年復爲淳州，永貞元年改爲巒州。領縣三：永定，武羅，靈竹。

唐·李吉甫《元和郡縣圖志》卷三八《嶺南道五·巒州》　本漢領方縣地。貞觀末、永徽初置。後以蠻、獠背叛廢，於其城置驛，開元十五年李商隱重奏置。【略】

八到：（西）［東］北至上都取橫、象州路四千八百五十五里。（西）［東］北至東都四千六百三十五里。西泝流至邕州一百五十里。東沿流至橫州一百三十里。北至澄州抵大山，無路。【略】

管縣三：永定，武羅，靈竹。

《舊唐書》卷四一《地理志四·巒州》　秦桂林郡。唐置淳化，失起置年月。天寶元年，改爲永定郡。乾元元年，復爲淳州。永貞元年，改爲巒州也。領縣三，【略】至京師五千三百里，至東都四千九百里。南至橫州一百四十里，西至邕州三百里，北至賓州二百五十五里。

《新唐書》卷四三上《地理志七上·巒州永定郡》　本淳州，武德四年以故秦桂林郡地置，永貞元年更名。【略】縣三：永定，武羅，靈竹。

欽州

唐·杜佑《通典》卷一八四《州郡典十四·寧越郡》　東至安樂郡四百里。南至大海二百五十里。西至臨潭郡六百三十里。北至寧浦郡三百五十里。東南到合浦郡七百里。西南到玉山郡六百里。西北到朗寧郡三百五十里。東北到懷澤郡四百六十里。去西京五千二百五十里，去東京四千二百里。

欽州。【略】大唐爲欽州，或爲寧越郡。領縣五：欽江，靈山，遵化，內亭，保京。

唐·李吉甫《元和郡縣圖志》卷三八《嶺南道五·欽州》　梁武帝於今欽江縣南三里置安州，隋開皇十八年改安州爲欽州，取欽江爲名也。大業三年改爲寧越郡，武德四年平蕭銑，改爲州，仍爲都督府，貞觀元年罷都督府，復爲州。

州境：東西六百七十三里。南北四百四十里。

八到：北至上都五千五十五里。東北至東都四千八百五里。東北至橫州三百一十里。東至廉州三百三里。西南至陸州七百四十里。【略】

管縣五：欽江，安京，遵化，內亭，靈山。

《舊唐書》卷四一《地理志四·欽州》　隋寧越郡。武德四年，平蕭銑，改爲欽州總管府，管一州，領欽江、安京、南賓、遵化、內亭五縣。【略】天寶元年，改爲寧越郡。乾元元年，復爲欽州也。舊領縣七，【略】天寶領縣五。【略】至京師五千二百五十一里。東至巖州四百里，南至大海二百五十里，西至瀼州六百三十里，至橫州三百五十里，東南至廣州七百里，西南至陸州六百里，西至容州三百五十里，東北至貴州四百里。

《新唐書》卷四三上《地理志七上·欽州寧越郡》　縣五：欽江，保京，內亭，遵化，靈山。

貴州

唐·杜佑《通典》卷一八四《州郡典十四·懷澤郡》　東至常林郡一百里。南至鬱林郡百五十里。西至寧浦郡二百里。北至象郡三百里。東南到鬱林郡百五十里。西南到安城郡九十四里。西北到安城郡百七十里。東北到潯江郡百五十里。去西京五千三百八十里，去東京五千一百二十里。

貴州。【略】大唐置貴州，或爲懷澤郡。領縣四：鬱平，懷澤，義山，潮水。

唐·李吉甫《元和郡縣圖志》卷三八《嶺南道五·貴州》　武德四年平蕭銑，於郡置南尹州，並置總管府，八年改南尹州爲貴州。

州境：東西一百三十七里。南北二百一十八里。

八到：西北至上都取梧、桂州路四千八百七十五里，取象州路四千五百八里。東北至東都四千六百三十五里，取象州路四千三百二十五里。東北沿流至潯州二百一十五里，陸路一百四十里。東至繡州一百里。南至鬱林州一百四十里。西南沿流至橫州一百七十里。西南沿流至橫州一百七十里。西至賓州二百二十五里。北至象州三百一十里。【略】

管縣四：鬱林，懷澤，義山，潮水。

《舊唐書》卷四一《地理志四·貴州》　隋鬱林郡。武德四年，平蕭銑，置南尹州總管府，管南尹、南晉、南簡、南方、白、藤、南容、越、繡九州。南尹州領鬱林、馬嶺、安城、鬱平、石南、桂平、嶺山、興德、潮水、懷澤十一縣。五年，以桂平屬鷰州，嶺山屬南橫州。貞觀五年，以安城屬賓州。七年，罷都督府。九年，改南尹爲貴州。天寶元年，改爲懷澤郡。乾元元年，復爲貴州也。舊領縣八，【略】天寶後，領縣四。【略】至京師五千三百八十里，至東都五千一百二十里。東至繡州一百里，南至鬱林州一百五十里，西至橫州二百里，北至象州三百里，西南至賓州九十四里，東北至潯州一百五十里。

《新唐書》卷四三上《地理志七上·貴州懷澤郡》　本南定州鬱林郡，武德四年曰南尹州，貞觀八年曰貴州，天寶元年更郡名。【略】縣四：鬱林，懷澤，潮水，義山。

龔州

唐·杜佑《通典》卷一八四《州郡典十四·臨江郡》 東至感義郡百四十九里。南至常林郡九十五里。西至潯江郡百三十里。北至蒙山郡二百四十九里。東南到感義郡界八十三里。西南到潯江郡□□□□□□□。西北到蒙山郡八十四里。東北到開江郡□□□□□□□。去西京五千七百二十一里，去東京五千三百六十一里。

龔州。【略】大唐置龔州，或爲臨江郡。領縣六：平南，武林，隋建，大同，陽川，寧風。

唐·李吉甫《元和郡縣圖志》卷三七《嶺南道四·龔州》 隋永平郡之武林縣地也。貞觀三年，於此置鷰州，七年移鷰州於今州東六十五里，於鷰州舊理置龔州都督府，因龔江爲名也。【略】

八到：西北至上都取梧、桂路四千五百七十五里。北至東都四千三百一十五里。北至象州三百一十里。南至繡州一百七十四里。東至藤州一百四十里。西至潯州泝流一百三十里。正北微東至蒙州二百三十里。

【略】

管縣五：平南，武林，隋建，大同，陽川。

《舊唐書》卷四一《地理志四·龔州》 隋永平郡之武林縣。貞觀三年，置鷰州。七年，移鷰州於今州東。仍於鷰州之舊所置龔州都督府，督龔、潯、蒙、賓、澄、鷰七州。割藤州之武林、鷰州之泰川來屬。又立平南、西平、歸政、大同四縣。十二年，廢潯州，以桂平、陵江、大賓、皇化四縣來屬。其年，省泰川入平南，省陵江入桂平，省歸政入西平。又割藤州之隋建來屬。天寶元年，改爲臨江郡。乾元元年，復爲龔州。舊領縣八，【略】天寶領縣六。【略】至京師五千七百二十里，至東都五千三百六十一里。東至藤州一百四十九里，南至繡州九十五里，西至潯州一百三十里，北至蒙州二百四十里。

《新唐書》卷四三上《地理志七上·龔州臨江郡》 貞觀七年，以鷰州故治，析潯州之武林、鷰州之泰川置，後徙治平南。【略】縣五：平南，武林，隋建，大同，陽川。

象州

唐·杜佑《通典》卷一八四《州郡典十四·象郡》 東至蒙山郡百七十六里。南至懷澤郡三百里。西至龍城郡二百里。北至始安郡四百七十里。東南到潯江郡三百六十里。西南到脩德郡二百九十里。西北到龍城郡二百里。東北到龍城郡界二百二十里。去西京四千九百八十九里，去東京四千六百八十里。

象州。【略】隋平陳，置象州，因象山爲名。煬帝廢入始安郡。大唐復置象州，或爲象郡。領縣三：武化，陽壽，武仙。

唐·李吉甫《元和郡縣圖志》卷三七《嶺南道四·象州》 漢平南越，置鬱林郡，今州即鬱林郡中溜、潭中二縣地也，隋開皇十一年廢二縣，以潭中縣爲桂林縣，仍以桂林置象州。大業二年廢象州，以桂林縣屬桂州。武德四年平蕭銑，析桂林立武德縣，仍於縣理重置象州，取界内象山爲名。【略】

八到：北至上都四千二百二十五里。東北至東都三千九百六十五里。西南至嚴州二百八十里。東至康州陸路一百九十里。東南至潯州二百一十里。西至柳州一百六十里。【略】

管縣三：陽壽，武仙，武化。

《舊唐書》卷四一《地理志四·象州》 隋始安郡之桂林縣。武德四年，平蕭銑，置象州，領陽壽、西寧、桂林、武仙、武德五縣。貞觀十二年，省西寧縣，割廢晏州武化、長風來屬。天寶元年，改爲象山郡。乾元元年，復爲象州。舊領縣六，【略】天寶領縣三。【略】至京師四千九百八十九里。北至桂州四百里，東至象州一百七十六里，南至費州三百里，西北至柳州二百里，東南至潯州三百六十里，西南至嚴州二百九十里也。

《新唐書》卷四三上《地理志七上·象州象郡》 本桂林郡，武德四年以始安郡之陽壽、桂林置，以象山爲州名。貞觀十三年徙治武化，大曆十一年復治陽壽。【略】縣三：陽壽，武仙，武化。

藤州

唐·杜佑《通典》卷一八四《州郡典十四·感義郡》 東至連城郡

二百五十里。南至連城郡二百里。西至臨江郡百四十九里。北至蒼梧郡九十七里。東南到蒼梧郡一百九十八里。西南到普寧郡二百五十一里。西北到臨江郡一百四十九里。東北到蒼梧郡一百九十八里。去西京五千五百九十六里，去東京五千二百里。

藤州。【略】隋平陳，置藤州；煬帝初州廢，後置永平郡。大唐復爲藤州，或爲感義郡。領縣三：鐔津，感義，安昌。

《舊唐書》卷四一《地理志四・藤州》 隋永平郡。武德四年，置藤州，領永平、猛陵、安基、武林、隋建、陽安、普寧、戎城、寧人、淳人、大賓、賀川十二縣。【略】天寶元年，改爲感義郡。乾元元年，復爲藤州也。舊領縣六，【略】天寶領縣三。【略】至京師五千五百九十六里，至東都五千二百里。南至義州二百里，西至龔州一百四十九里，北至梧州九十七里。

《新唐書》卷四三上《地理志七上・藤州感義郡》 本永平郡，天寶元年更名。【略】縣四：鐔津，感義，義昌，寧風。

巖州

唐・杜佑《通典》卷一八四《州郡典十四・安樂郡》 巖州，土地與合浦郡同。大唐爲巖州，或爲安樂郡。領縣四：常樂，思封，高城，石巖。

《舊唐書》卷四一《地理志四・巖州》 土地與合浦郡同。唐置巖州，失起置年月。天寶元年，改爲安樂郡。至德二年，改爲常樂郡。乾元元年，復爲巖州。領縣四。【略】無兩京道里、四至州府也。

《新唐書》卷四三上《地理志七上・巖州常樂郡》 調露二年析橫、貴二州置，以巖岡之北因爲名。天寶元年曰安樂郡，至德二載更名。

宜州

《新唐書》卷四三上《地理志七上・宜州龍水郡》 唐開置，本粵州，乾封中更名。【略】縣四：龍水，崖山，東璽，天河。

瀼州

唐・杜佑《通典》卷一八四《州郡典十四・臨潭郡》 瀼州。【略】隋大將軍劉方始開此路，尋廢不通。大唐貞觀中，清平公李弘節尋劉方故道，開置瀼州，以達交趾。今州在鬱林之西南，交趾之東北。其後或爲臨潭郡。領縣四：臨江，波零，鵠山，弘遠。

《舊唐書》卷四一《地理志四・瀼州》 貞觀十二年，清平公李弘節遣欽州首領寧師京，尋劉方故道，行達交趾，開拓夷獠，置瀼州。天寶元年，改爲臨潭郡。乾元元年，復爲瀼州。領縣四，【略】無兩京地里。東至欽州六百三十里，北至容州二百八十二里。在安南府之東北、鬱林之西南。

《新唐書》卷四三上《地理志七上・瀼州臨潭郡》 貞觀十二年，清平公李弘節開夷獠置。縣四：瀼江，波零，鵠山，弘遠。

籠州

唐・杜佑《通典》卷一八四《州郡典十四・扶南郡》 籠州，大唐使清平公李弘節招降，置籠州，或爲扶南郡。領縣七：武勒，武禮，羅籠，扶南，龍賴，武觀，武江。

《舊唐書》卷四一《地理志四・籠州》 貞觀十二年，清平公李弘節遣龔州大同縣人龔固興招慰生蠻，置籠州。天寶元年，改爲扶南郡。乾元元年，復爲籠州。領縣七，【略】無四至州縣、兩京道里。

《新唐書》卷四三上《地理志七上・籠州扶南郡》 貞觀十二年，李弘節招慰生蠻置。縣七：武勒，武禮，羅龍，扶南，龍額，武觀，武江。

田州

唐・杜佑《通典》卷一八四《州郡典十四・橫山郡》 東、南、西、北、東南、西南、西北、東北以上疆境與朗寧郡同。去西京五千二百里，去東京四千八百六十里。

田州，土地與朗寧郡同。大唐爲田州，或爲橫山郡。領縣五：都救，惠佳，武龍，橫山，如賴。

《舊唐書》卷四一《地理志四・田州》 土地與邕州同，失廢置年月，疑是開元中置。天寶元年，改爲橫山郡。乾元元年，復爲田州。舊領縣五。【略】舊圖無四至州郡及兩京道里數。

《新唐書》卷四三上《地理志七上·田州横山郡》　開元中開蠻洞置，貞元二十一年廢，後復置。【略】縣五：都救，惠佳，武龍，横山，如賴。

環州

唐·杜佑《通典》卷一八四《州郡典十四·正平郡》　環州，大唐李弘節招降，置環州，或爲正平郡。領縣八：正平，福零，龍源，饒勉，思恩，武石，歌良，蒙都。

《舊唐書》卷四一《地理志四·環州》　貞觀十二年，清平公李弘節開拓生蠻，置環州，以環國爲名。天寶元年，改爲正平郡。乾元元年，復爲環州。領縣八，無户口及兩京道里，並四至州府。

《新唐書》卷四三上《地理志七上·田州横山郡》　貞觀十二年，李弘節開拓生蠻置。縣八：正平，福零，龍源，饒勉，思恩，武石，歌良，都蒙。

桂州

唐·杜佑《通典》卷一八四《州郡典十四·始安郡》　東至江華郡五百里。南至平樂郡二百一十里。西至融水郡四百九十三里。北至邵陽郡六百八十五里。東南到臨賀郡五百三十里。西南到龍城郡八百里。西北到潭陽郡界百五十里。東北到零陵郡五百五十里。去西京四千七百六十里，去東京四千四十里。

桂州。【略】大唐爲桂州，或爲始安郡。領縣十：臨桂，靈川，陽朔，荔浦，建陵，永豐，永福，理定，全義，純化。

唐·李吉甫《元和郡縣圖志》卷三七《嶺南道四·桂州》　梁天監六年，立桂州於蒼梧、鬱林之境，因桂江以爲名，大同六年移於今理。【略】天寶元年改爲始安郡，至德元年改爲建陵郡。

州境：東西三百八十一里。南北一百二十八里。

八到：北至上都三千七百五里。北至東都三千四百五十五里。東南至昭州二百三十五里。西南至象州五百二十里。東北至道州四百八十里。西至柳州五百四十里。南至蒙州三百五十里。西北至融州四百九十里。東南水路至梧州六百三十里。【略】

管縣十：臨桂，全義，靈川，陽朔，永福，建陵，理定，慕化，永豐，荔浦。

《舊唐書》卷四一《地理志四·桂州》　隋始安郡。武德四年，平蕭銑，置桂州總管府，【略】其桂州領始安、福祿、純化、興安、臨源、永福、陽朔、歸義、宣風、象十縣。【略】天寶元年，改爲始安郡，依舊都督府。至德二年九月，改爲建陵郡。乾元元年，復爲桂州，【略】舊領縣十。【略】至京師水陸路四千七百六十里，至東都水陸路四千四十里。東至道州五百里，西至容州四百九十三里，南至昭州二百一十里，北至邵州六百八十五里，東南至賀州五百三十里，西南至柳州八百里，東北至永州五百五十里。

《新唐書》卷四三上《地理志七上·桂州始安郡》　至德二載更郡曰建陵，後復故名。【略】縣十一：臨桂，理定，靈川，陽朔，荔浦，豐水，修仁，恭化，永福，全義，古。

梧州

唐·杜佑《通典》卷一八四《州郡典十四·蒼梧郡》　東至臨封郡八十里。南至□□□□□□□□。西至感義郡百九十里。北至開江郡界□□□□□□□□。東南到臨封郡五十五里。西南到□□□□□□□□。西北到開江郡六十里。東北到臨賀郡四百十里。去西京五千五百里，去東京五千一百里。

梧州。【略】二漢爲蒼梧郡，兼置交州，晉以後並因之。梁屬成州。隋平陳，改爲封州；煬帝初州廢，屬蒼梧、永平二郡地。大唐爲梧州，或爲蒼梧郡。領縣三：蒼梧，戎城，孟陵。

唐·李吉甫《元和郡縣圖志》卷三七《嶺南道四·梧州》　漢元鼎六年平呂嘉，又以其地爲蒼梧郡之廣信縣，領縣十自漢至陳，爲郡不改。隋開皇十年罷郡爲蒼梧縣，屬靜州，大業三年罷靜州，復爲蒼梧郡。武德五年，於郡置梧州。

州境：東西一百一十里。南北三百八十里。

八到：西北至上都取桂州路四千三百三十五里。西北至東都四千一百五里。東南沿流至封州五十里。西北泝流至富州三百二十里。正南微西至義州三百里。西南沿流至藤州一百里。西北至桂州六百三十里。

《舊唐書》卷四一《地理志四・梧州》 隋蒼梧郡。武德四年，平蕭銑，置梧州，領蒼梧、豪靜、開江三縣。貞觀八年，割藤州之孟陵、賀州之綏越來屬。十三年，廢豪靜縣。天寶元年，改爲蒼梧郡。乾元元年，復爲梧州也。舊領縣四，【略】天寶領縣三。【略】至京師五千五百里，至東都五千一百里。東至封州八十里，東北至賀州四百一十里，北接富州界，正西至藤州一百九十里。

《新唐書》卷四三上《地理志七上・梧州蒼梧郡》 武德四年以靜州之蒼梧、豪靜、開江置。

賀州

唐・杜佑《通典》卷一八四《州郡典十四・臨賀郡》 東至連山郡二百六十里。南至臨封郡三百六十六里。西至蒼梧郡，山嶺重疊，不知里數。北至江華郡四百里。東南到南海郡八百七十六里。西南到蒼梧郡四百二十二里。西北到開江郡三百二十里。東北到零陵郡山嶺，無里數。

賀州。【略】隋平陳，置賀州；煬帝初，廢爲縣，屬始安、熙平二郡。大唐復置賀州，或爲臨賀郡。領縣六：臨賀，桂嶺，馮乘，蕩山，富川，封陽。

唐・李吉甫《元和郡縣圖志》卷三七《嶺南道四・賀州》 漢蒼梧郡地，今州卽蒼梧郡之臨賀縣也。吳黄武五年，割蒼梧置臨賀郡。賀水出州東北界，西流，又注臨水，郡對臨、賀二水，故取名焉。【略】隋開皇元年，以郡爲賀州，大業二年廢州，以縣屬蒼梧郡。武德五年，復置賀州。

州境：東西三百七十里。南北四百一十里。

八到：西北至上都三千八百五十五里。西北至東都三千五百九十五里。西至昭州三百里。西南至富州三百一十里。南至封州三百六十里。西南至梧州四百一十里。東至連州二百七十里。【略】

管縣六：臨賀，封陽，馮乘，桂嶺，蕩山，富川。

《舊唐書》卷四一《地理志四・賀州》 隋蒼梧郡之臨賀縣。武德四年，平蕭銑，置賀州。天寶元年，改爲臨賀郡。乾元元年，復爲賀州也。舊領縣五，【略】天寶領縣六。【略】在京師東南四千一百三十里，至東都三千五百七十二里。東南至廣州八百七十六里，東至連州二百六十里，南至封州三百六十六里，北至道州四百里，北至富州三百二十里，西南至梧州四百二十二里也。

《新唐書》卷四三上《地理志七上・賀州臨賀郡》 本綏越郡，武德四年，以始安郡之富川、熙平郡之桂嶺、零陵郡之馮乘、蒼梧郡之封陽置。【略】縣六：臨賀，桂嶺，馮乘，封陽，富川，蕩山。

連州

唐・杜佑《通典》卷一八三《州郡典十三・連山郡》 東至桂陽郡南平縣二百一十里。南至南海郡九百里。西至臨賀郡二百六十九里。北至桂陽郡藍山縣二百五里。東南到始興郡五百一十里。西南到臨封郡六百三十里。西北到江華郡五百七十里。東北到桂陽郡三百九十二里。去西京三千八百五里，去東京三千五百八十九里。

連州。【略】煬帝初置熙平郡。大唐改爲連州，或爲連山郡。領縣三：桂陽，陽山，連山。

唐・李吉甫《元和郡縣圖志》卷二九《江南道五・連州》 隋文帝開皇十年置連州，因黄連嶺爲名。大業初改爲熙平郡，武德四年復爲連州。

州境：東西二百四十二里。南北四百里。

八到：西北至上都三千六百六十五里。東北至東都三千四百五里。東至韶州陸路五百里。西南至封州六百三十里。東至廣州八百九十里。西至賀州捷路二百七十里，取道州桂嶺路三百六十里。東北度嶺至郴州三百九十里。【略】

管縣三：桂陽，陽山，連山。

《舊唐書》卷四〇《地理志三・連州》 隋熙平郡。武德四年，平蕭銑，置連州。天寶元年，改爲連山郡。乾元元年，復爲連州。舊領縣三，【略】在京師南三千六百六十五里，至東都三千四百五里。

柳州

唐·杜佑《通典》卷一八四《州郡典十四·龍城郡》　東至始安郡四百七里。南至歸化州百二十里。西至龍水郡二百九里。北至融水郡三十里。東南到象郡二百里。西南到脩德郡百八十里。西北到龍水郡二百四十里。東北到始安郡八百里。去西京五千四百七十里，去東京五千六百里。

柳州。【略】大唐平蕭銑，置昆州，貞觀八年改爲柳州，或爲龍城郡。領縣馬平，龍城，洛封，洛容，象。

唐·李吉甫《元和郡縣圖志》卷三七《嶺南道四·柳州》　本漢鬱林郡潭中縣之地，迄陳不改。隋開皇十一年改潭中爲桂林縣，仍析桂林爲馬平縣，屬象州。隋末陷賊，武德四年平蕭銑，於此置昆州，又改爲南昆州，貞觀八年改爲柳州，因柳江爲名。【略】

八到：北至上都四千二百四十五里。東北至東都四千一百四十里。東至桂州五百四十里。東至象州一百六十里。北至融州陸路二百二十三里，水路三百八十里。【略】

管縣五：馬平，龍城，洛容，洛封，象。

《舊唐書》卷四一《地理志四·柳州》　隋始安郡之馬平縣。武德四年，平蕭銑，置昆州，領馬平、新平、文安、賀水、歸德五縣。【略】天寶元年，改爲龍城郡。乾元元年，復爲柳州，以州界柳嶺爲名。舊領縣四，【略】天寶領縣五。【略】至京師水陸相乘五千四百七十里，至東都水陸相乘五千六百里。東至桂州四百七里，至粵州二百九十里，北至融州二十里，東南至象州二百里，北至柳州三十里。

《新唐書》卷四三上《地理志七上·柳州龍城郡》　本昆州，武德四年以始安郡之馬平置，是年，更名南昆州，貞觀八年又以地當柳星更名。【略】縣五：馬平，龍城，象，洛曹，洛容。

富州

唐·杜佑《通典》卷一八四《州郡典十四·開江郡》　東至臨賀郡三百二十里。南至蒼梧郡二百二十八里。西至蒙山郡九十七里。北至平樂郡百六十六里。東南到蒼梧郡頓嶺九十里。西南到臨江郡古槎山百五十里。西北到始安郡大陣山八十里。東北到臨賀郡北都洞二百里。去西京五千一百三十里，去東京四千八百五十里。

富州。【略】梁爲開江、武成二郡地。陳置靜州，改開江、武成二郡爲逍遥郡。隋平陳，並廢爲縣，屬始安郡。大唐又置靜州，貞觀八年改爲富州，或爲開江郡。領縣三：龍平，開江，思勤。

唐·李吉甫《元和郡縣圖志》卷三七《嶺南道四·富州》　漢平南越，置蒼梧郡，今州卽漢蒼梧郡之臨賀縣地也。梁武帝分臨賀郡置南靜郡，隋開皇中廢。武德五年重置靜州，貞觀八年改爲富州，因富川水爲名也。

州境：東西一百七十六里。南北一百八十里。

八到：西北至上都四千九百五里。北至東都三千八百三十五里。東南沿流至梧州三百二十里。西北至昭州一百六十里。東北至賀州三百一十里。西至蒙州九十里。【略】

管縣三：龍平，開江，思勤。

《舊唐書》卷四一《地理志四·富州》　隋始安郡之龍平縣。武德四年，平蕭銑，置靜州，領龍平、博勞、歸化、安樂、開江、豪靜、蒼梧七縣。【略】貞觀八年，改爲富州，以富川水爲名。天寶元年，改爲開江郡。乾元元年，復爲富州。舊領縣三。【略】至京師五千一百三十里，至東都四千八百五十里。西北至桂州界八十里，東南至梧州界九十里，北至昭州一百六十六里。

《新唐書》卷四三上《地理志七上·富州開江郡》　本靜州龍平郡，武德四年，以始安郡之龍平、豪靜，蒼梧郡之蒼梧置，貞觀八年更名。【略】縣三：龍平，思勤，馬江。

昭州

唐·杜佑《通典》卷一八四《州郡典十四·平樂郡》　東至臨賀郡界百五十四里。南至開江郡百六十六里。西至始安郡二百二十里。北至零陵郡六百三十九里。東南到開江郡界六十二里。西南到始安郡界一百里。西北到始安郡二百里。東北到江華郡四百里。去西京四千四百三十里，去東京四千二百一十里。

昭州。【略】大唐武德四年，置樂州。貞觀八年，改爲昭州，或爲平樂郡。領縣三：平樂，永平，恭城。

唐・李吉甫《元和郡縣圖志》卷三七《嶺南道四・昭州》 本漢蒼梧郡之富川縣地也，吳甘露元年分富川縣置平樂縣，屬始安郡，至隋不改。武德四年，於縣置樂州，貞觀八年改樂州爲昭州，取境内昭潭爲名。

州境：東西一百七十五里。南北三百三十七里。

八到：西北至上都三千九百三十五里。西北至東都三千六百七十五里。西北至桂州二百里，水路三百里。北過嶺至永州六百里。東至賀州三百里。東北過嶺至道州四百里。東南水路至富州一百六十里。【略】

管縣三：平樂，恭城，永平。

《舊唐書》卷四一《地理志四・昭州》 隋始安郡之平樂縣。武德四年，平蕭銑，置樂州，領平樂、永豐、恭城、沙亭四縣。貞觀七年，省沙亭縣。八年，改爲昭州，以昭岡潭爲名。天寶元年，改爲平樂郡。乾元元年，復爲昭州也。舊領縣三。【略】至京師四千四百三十六里，至東都四千二百一十九里。西至桂州二百二十里，東北至道州四百里，北至永州六百三十九里，南至富州一百六十六里也。

《新唐書》卷四三上《地理志七上・昭州平樂郡》 本樂州，武德四年以始安郡之平樂置，貞觀八年更名。【略】縣三：平樂，恭城，永平。

蒙州

唐・杜佑《通典》卷一八四《州郡典十四・蒙山郡》 東至開江郡九十七里。南至始安郡二百四十九里。西至始安郡建陵縣九十里。北至始安郡荔浦縣四十里。東南到廢博勞縣界九十二里。西南到象郡百七十六里。西北到始安郡五十里。東北到開江郡界三十六里。去西京水陸五千一百里，去東京四千七百里。

蒙州。【略】大唐置蒙州，或爲蒙山郡。領縣三立山，純義，東區。

唐・李吉甫《元和郡縣圖志》卷三七《嶺南道四・蒙州》 本漢蒼梧郡地，今州卽漢蒼梧郡之荔浦縣也。隋開皇十年，分置隋化縣，屬桂州。武德五年於此置南恭州，貞觀八年改爲蒙州，因蒙水以爲名。【略】

八到：西北至上都四千五百五十二里。北至東都三千七百九十二里。南至龔州三百五十里。西南至象州三百五十里。東至富州九十里。北至桂州三百四十七里。西北至桂州荔浦縣八十里。【略】

管縣三：立山，正義，東區。

《舊唐書》卷四一《地理志四・蒙州》 隋始安郡之隋化縣。武德四年，置南恭州。割荔州之立山、東區、純義三縣分置嶺政縣。貞觀八年，改爲蒙州，取州東蒙山爲名。十二年，省嶺政入立山。天寶元年，改爲蒙山郡。乾元元年，復爲蒙州。舊領縣三。【略】至京師五千一百里，至東都四千七百里。南至桂州二百四十九里，東至富州九十七里，西南至象州一百七十六里。

《新唐書》卷四三上《地理志七上・蒙州蒙山郡》 本南恭州，武德五年析荔州之隋化置，貞觀八年更名。【略】縣三：立山，東區，正義。

嚴州

唐・杜佑《通典》卷一八四《州郡典十四・脩德郡》 東至象郡陽壽縣百三十里。南至象郡武化縣百一十里。西至懷澤郡九十三里。北至歸化州百五十里。東南到象郡界百八十里。西南到懷澤郡百三十里。西北到賀水郡八十五里。東北到龍城郡二百四十里。去西京五千三百一十七里，去東京四千八百九十三里。

嚴州。【略】大唐乾封三年，置嚴州，或爲脩德郡。領縣三：來賓，脩德，歸化。

唐・李吉甫《元和郡縣圖志》卷三七《嶺南道四・嚴州》 本漢鬱林郡中溜縣之地，乾封二年，於廢昆州樂沙縣置嚴州，仍改樂沙縣爲懷義縣。州城南枕大江，當桂州往邕州之路。在嚴岡之上，因爲名。

州境：東西一千四百四十一里。南北三百八十二里。

八到：北至上都四千四百五十里。東北至東都四千一百二十五里。西南至賓州一百九十里。南至澄州二百二十六里。東北至柳州陸路二百里。【略】

管縣二：循德，來賓。

《舊唐書》卷四一《地理志四・嚴州》 秦桂林郡地，後爲獠所據。乾封元年，招致生獠，置嚴州及三縣。天寶元年，改爲修德郡。乾元元年，復爲嚴州。領縣三。【略】至京師五千三百二十七里，至東都四千八百九十三里。東北至柳州二百四十里，東南接象州界，西北接澄州界也。

《新唐書》卷四三上《地理志七上・嚴州循德郡》 乾封二年招致生獠，以秦故桂林郡地置。【略】縣三：來賓，循德，歸化。

融州

唐・杜佑《通典》卷一八四《州郡典十四・融水郡》 東至始安郡四百九十三里。南至龍城郡三十里。西至武陵山二百里。【略】去西京五千二百七十里，去東京四千四百七十里。

融州。【略】土地與龍城郡同。大唐置融州，或爲融水郡。領縣三：融水，黄水，武陽。

唐・李吉甫《元和郡縣圖志》卷三七《嶺南道四・融州》 蕭齊於此置齊熙郡，梁大同中又於郡理置東寧州。隋開皇十八年改爲融州，廢齊熙郡爲義熙縣。大業二年州廢。武德四年平蕭銑，於義熙縣復置融州，因州界内融山爲名。

州境：東西四百四十七里。南北四百九十七里。

八到：北至上都取桂州路四千一百九十五里。東北至東都三千九百三十五里。東至桂州四百九十五里。南至柳州水路三百八十里，陸路二百三十里。【略】

管縣二：融水，武陽。

《舊唐書》卷四一《地理志四・融州》 隋始安郡之義熙縣。武德四年，平蕭銑，置融州，復開皇舊名，領義熙、臨牂、黄水、安修四縣。六年，改義熙爲融水。貞觀十三年，省安修入臨牂。天寶元年，改爲融水郡。乾元元年，復爲融州。舊領縣三。【略】至京師五千二百七十里，至東都四千四百七十里。東至桂州四百九十一里，南至柳州三十里，至武零山二百里也。

《新唐書》卷四三上《地理志七上・融州融水郡》 武德四年析始安郡之義熙置。【略】縣二：融水，武陽。

思唐州

唐・李吉甫《元和郡縣圖志》卷三七《嶺南道四・思唐州》 永崇二年，前桂州司馬夏侯處廉奏割龔、蒙、象三州置。開元二十四年奏爲羈縻州，建中元年昇爲正州額。【略】

八到：西北至上都四千二百一十里。［東］北至東都三千九百五十里。東至富州三百五十里。西至象州一百八十里。南至龔州一百四十里。北至蒙州一百六十里。【略】

管縣二：武郎，平原。

《新唐書》卷四三上《地理志七上・思唐州武郎郡》 永隆二年析龔、蒙、象三州置。開元二十四年爲羈縻州，建中元年爲正州。【略】縣二：武郎，思和。

古州

唐・杜佑《通典》卷一八四《州郡典十四・樂古郡》 去西京六千七百里，去東京六千三百里。

古州。【略】土地與臨潭郡同。大唐置古州，或爲樂古郡。領縣三：樂古，古書，樂興。

《舊唐書》卷四一《地理志四・古州》 土地與瀼州同年置。天寶元年，改爲樂古郡。乾元元年，復爲古州。

《新唐書》卷四三上《地理志七上・古州樂興郡》 貞觀十二年，李弘節開夷獠置。【略】縣三：樂山，古書，樂興。

容州

唐・杜佑《通典》卷一八四《州郡典十四・普寧郡》 東至感義郡二百五十九里。南至懷德郡二百里。西至温水郡九十五里。北至臨江郡百九十里。東南到感義郡二百五十里。西南到寧仁郡百五十里。西北到隋建縣三百六十里。東北到連城郡百里。去西京五千九百十里，去東京五千四百八十里。

容州。【略】隋爲合浦、永平二郡地。大唐平蕭銑後，置銅州，貞觀八年改銅州爲容州，或爲普寧郡。領縣六：北流，普寧，陵城，渭龍，羅竇，欣道。

唐·李吉甫《元和郡縣圖志·闕卷逸文》卷三《嶺南道·容州》 漢平南越，置合浦郡，屬交趾刺史。今州卽合浦郡之合浦縣地也，【略】蕭齊分南流郡置南流縣，廢北流郡置北流縣，尋又省高流，其北流縣屬合浦郡。以合浦郡之北流縣、永平郡之普寧縣於今州理北置銅州。貞觀八年改銅州爲容州。以州西帶銅山，因以爲名。

《舊唐書》卷四一《地理志四·容州》 隋合浦郡之北流縣。武德四年，平蕭銑，置銅州，領北流、豪石、宕昌、渭龍、南流、陵城、普寧、新安八縣。貞觀元年，改爲容州，以容山爲名。十一年，省新安縣。開元中，升爲都督府。天寶元年，改爲普寧郡。乾元元年，復爲容州都督府。【略】舊領縣七。【略】天寶後，領縣五。【略】至京師五千九百一十里，至東都五千四百八十五里。東至藤州二百五十九里，南至竇州二百里，西至禺州十五里，北至龔州二百里，西至隋建縣一百九十里，西北至黨州一百五十里，東北接義州界。

《新唐書》卷四三上《地理志七上·容州普寧郡》 本銅州，武德四年以合浦郡之北流、普寧置。貞觀八年更名。元和中徙治普寧。【略】縣六：普寧，北流，陵城，渭龍，欣道，陸川。

牢州

唐·杜佑《通典》卷一八四《州郡典十四·定川郡》 東至普寧郡百二十五里。南至南昌郡百里。西至鬱林郡百一十里。北至寧仁郡百里。【略】去西京六千一百五里，去東京五千八百三十六里。

牢州。【略】隋屬合浦郡。大唐置義州，後改爲智州，又改爲牢州，或爲定川郡。領縣三：南流，定川，宕川。

《舊唐書》卷四一《地理志四·牢州》 本巴、蜀徼外蠻夷地，漢牂柯郡地。武德二年，置義州。五年，改爲智州。貞觀十二年，改爲牢州，以牢石爲名。天寶元年，改爲定川郡。乾元元年，復爲牢州也。舊領縣三。【略】去京師與容州道里同。東至容州一百二十五里，南至白州一百里，西至鬱林州一百一十里，北至黨州一百里。

《新唐書》卷四三上《地理志七上·牢州定川郡》 本義州，武德二年以巴蜀徼外蠻夷地置。貞觀十一年以東北有牢石，因更名，徙治南流，後廢。乾封三年，將軍王杲平蠻獠復置。【略】縣三：南流，定川，宕川。

白州

唐·杜佑《通典》卷一八四《州郡典十四·南昌郡》 東至陵水郡三百里。南至招義郡三百三十里。西至朗平山八十里。北至定川郡一百里。東南到招義郡二百三十里。西南到合浦郡二百里。西北到定川郡七十五里。東北到温水郡二百里。去西京六千一百七十五里，去東京五千九百一十九里。

白州。【略】隋屬合浦郡。大唐平蕭銑，於此置南州，尋改爲白州，或爲南昌郡。領縣五：博白，建寧，周羅，龍豪，南昌。

唐·李吉甫《元和郡縣圖志·闕卷逸文》卷三《嶺南道·白州》 古越地，漢爲合浦縣地。武德四年置南州，六年改南州爲白州。

《舊唐書》卷四一《地理志四·白州》 隋合浦郡之合浦縣地。武德四年，置南州，領博白、朗平、周羅、龍豪、淳良、建寧六縣。六年，改爲白州。【略】天寶元年，改爲南昌郡。乾元元年，復爲白州。舊領縣四，【略】天寶領縣五。【略】至京師六千一百七十五里，至東都五千九百一十九里。東至辯州二百里，南至羅州二百二十里，西至州界朗平山八十里，北至牢州一百里，西南至廣州二百里，東北至禺州二百里。

《新唐書》卷四三上《地理志七上·白州南昌郡》 本南州，武德四年以合浦郡之合浦地置，六年更名。【略】縣四：博白，建寧，周羅，南昌。

山州

唐·杜佑《通典》卷一八四《州郡典十四·龍池郡》 去西京五千八百里，去東京四千三百里。

山州。【略】土地與白州同。大唐爲山州，或爲龍池郡。領縣二：龍池，盆山。

《舊唐書》卷四一《地理志四·山州》　失起置年月。天寶元年，改爲龍池郡。乾元元年，復爲山州。領縣二，無四至及京洛里數。

順　州

《新唐書》卷四三上《地理志七上·順州順義郡》　大曆八年，容管經略使王翃析禺、羅、辯、白四州置。【略】縣四：龍化，温水，南河，龍豪。

繡　州

唐·杜佑《通典》卷一八四《州郡典十四·常林郡》　東至□□□□□□□。南至寧仁郡五十里。西至懷澤郡百里。北至懷澤郡百里。【略】去西京六千二百里，去東京五千四百里。

繡州。【略】隋屬鬱林郡。大唐平蕭銑，置繡州，或爲常林郡。領縣三：常林，阿林，羅繡。

《舊唐書》卷四一《地理志四·繡州》　隋鬱林郡之阿林縣。武德四年，置林州，領常林、阿林、皇化、歸誠、羅繡、盧越等縣。六年，改爲繡州。【略】天寶元年，改爲常林郡。乾元元年，復爲繡州，領縣三。【略】至京師六千九十里，至東都五千五百里。南至黨州五十里，北至貴州一百里也。

《新唐書》卷四三上《地理志七上·繡州常林郡》　本林州，武德四年以鬱林郡之阿林縣及鬱平縣地置，六年更名。【略】縣三：常林，阿林，羅繡。

鬱林州

唐·杜佑《通典》卷一八四《州郡典十四·鬱林郡》　東至平琴郡九十里。南至定川郡一百一十里。西至安樂郡百一十六里。北至懷澤郡百五十里。東南到定川郡百一十里。西南到安樂郡百一十里。西北到懷澤郡百五十里。東北到寧仁郡七十五里。去西京五千五百七里，去東京五千一百六十八里。

鬱林州。【略】大唐爲鬱林州，或爲鬱林郡。領縣五：石南，鬱林，興業，興德，潭栗。

唐·李吉甫《元和郡縣圖志·闕卷逸文》卷三《嶺南道·鬱林州》　陳天嘉二年置石南郡，開皇十年改爲石南縣，武德四年於縣置鬱州，貞觀六年廢，以屬貴州，乾封元年又置鬱林州。

《舊唐書》卷四一《地理志四·鬱林州》　隋鬱林郡之石南縣。貞觀中置鬱林州，領石南、興德。天寶元年，改爲鬱林郡。乾元元年，復爲鬱林州也。領縣五。【略】至京師五千五百七里，至東都五千一百六十里。東至平琴州九十里，南至牢州一百二里，西南至昭州一百一十里，北至貴州一百五十里。

《新唐書》卷四三上《地理志七上·鬱林州鬱林郡》　本鬱州，麟德二年析貴州之石南、興德、鬱平置，乾封元年更名。【略】縣四：鬱平，興業，興德，潭栗。

黨　州

唐·杜佑《通典》卷一八四《州郡典十四·寧仁郡》　東至常林郡八十里。南至定川郡百里。西至平琴郡二十二里。北至常林郡五十里。東南到普寧郡百五十里。西南到平琴郡五十五里。西北到常林郡百里。東北到常林郡三十五里。去西京六千四百三十八里，去東京五千七百里。

黨州。【略】秦桂林郡地。大唐置黨州，或爲寧仁郡。領縣四：善勞，撫安，善文，寧仁。

《舊唐書》卷四一《地理志四·黨州》　古西甌所居。秦置桂林郡，漢爲鬱林郡。唐置黨州，失起置年月。與平琴州同土俗。西至平琴治所二十二里。天寶元年，以黨州爲寧仁郡。乾元元年，復爲黨州。建中二年二月，廢平琴州併入。領縣四。【略】至京師地理，與平琴州同。南至牢州一百里，北至繡州五十里，東南至容州一百五十里，北接繡州界百餘里也。

《新唐書》卷四三上《地理志七上·黨州寧仁郡》　本鬱林州地，永淳元年開古黨洞置。【略】縣八：撫安，善勞，善文，寧仁，容山，懷義，福陽，古符。

平琴州

唐·杜佑《通典》卷一八四《州郡典十四·平琴郡》 東至寧仁郡二十二里。南至定川郡一百里。西至鬱林郡九十里。北至當林郡九十二里。東南到定川郡百一十里。西南到□□□□□□。西北到懷澤郡百五十里。東北到寧仁郡□□□□□□。去西京六千四百八十里，去東京五千八百三十里。

平琴州。【略】舊鬱林郡地。大唐置平琴州，或爲平琴郡。領縣四：容山，懷義，福陽，古符。

《舊唐書》卷四一《地理志四·平琴州》 漢鬱林郡地。唐置平琴州，無年月。領縣四。天寶元年，改爲平琴郡。乾元元年，復爲州。建中併入黨州。今存。領縣四，【略】至京師六千四百八十里，至東都五千八百三十里。西至鬱林州九十里，東南至牢州一百一十里，北至貴州一百五十里，北至繡州九十二里，東至黨州二十二里。

竇州

唐·杜佑《通典》卷一八四《州郡典十四·懷德郡》 東至開陽郡百八十里。南至南潘郡百五十里。西至普寧郡二百里。北至連城郡二百三十里。東南到高凉郡九十二里。西南到温水郡百九十里。西北到連城郡百七十六里。東北到開陽郡一百八十里。去西京六千一百二里，去東京五千四百里。

竇州。【略】隋屬永熙郡。大唐武德五年，置南扶州。貞觀八年，改爲竇州，或爲懷德郡。領縣四：信義，懷德，潭峩，特亮。

《舊唐書》卷四一《地理志四·竇州》 隋永熙郡懷德縣。武德四年，置南扶州及五縣。以獠反寄瀧州。貞觀元年廢，以所管縣並屬瀧州。二年，獠平，復置南扶州，自瀧州還其故縣。五年復廢，縣隸瀧州。六年復置，以故縣來屬。其年，改南扶爲竇州。天寶元年，改爲懷德郡。乾元元年，復爲竇州。舊領縣五，【略】天寶領縣四。【略】至京師水陸六千一百二里，至東都水陸五千四百里。西至容州二百里，東至瀧州一百八十里，南至潘州一百五十里，東南至高州九十二里，北至義州一百三十里，西南至禺州一百九十里。

《新唐書》卷四三上《地理志七上·竇州懷德郡》 本南扶州，武德四年以永熙郡之懷德置。以獠叛，僑治瀧州，後徙治信義。貞觀元年州廢，以縣隸瀧州。二年復置，五年又廢，以縣隸瀧州。六年復置，八年更名。【略】縣四：信義，懷德，潭峩，特亮。

禺州

唐·杜佑《通典》卷一八四《州郡典十四·温水郡》 東至連城郡一百九十里。南至陵水郡三百里。西至南昌郡二百里。北至普寧郡一百十里。【略】西京五千三百五里，去東京五千里。

禺州。【略】大唐置南宕州，後改爲東峩州，又改爲禺州，或爲温水郡。領縣四：峩石，温水，陸川，扶桑。

《舊唐書》卷四一《地理志四·禺州》 隋合浦郡之定川縣。武德四年，置南宕州，領南昌、定川、陸川、思城、温水、宕川六縣，治南昌縣。貞觀六年，移治定川。八年，改爲潘州，仍廢思城。總章元年，改爲東峨州，移治峨石縣。二年，改爲禺州。天寶元年，改爲温水郡。乾元元年，復爲禺州。舊領縣五，【略】天寶領縣四。【略】至京師五千三百五十里，至東都五千里。至義州一百九十里，南至辯州三百里，西至白州二百里，北至容州一百一十里。

《新唐書》卷四三上《地理志七上·禺州温水郡》 本東峩州，乾封三年，將軍王杲奏析白、辯、竇、容四州置，總章二年更名。【略】縣四：峩石，羅辯，扶萊，宕昌。

廉州

唐·杜佑《通典》卷一八四《州郡典十四·合浦郡》 東至南昌郡二百里。南至招義郡三百五十里。西至寧越郡五百里。北至懷澤郡一百里。東南到南昌郡三百五十里。西南到招義郡五百七十里。西北到安南都護府一千里。東北到寧越郡七百里。去西京六千五百四十里，去東京五千八百三十里。

廉州。【略】大唐置廉州，或爲合浦郡。領縣四：合浦，封山，蔡龍，大廉。

《舊唐書》卷四一《地理志四・廉州》　隋合浦郡。武德五年，置越州，領合浦、安昌、高城、大廉、大都五縣。貞觀六年，置珠池。其年，改大都屬白州。八年，改越州爲廉州。【略】天寶元年，改爲合浦郡。乾元元年，復爲廉州。舊領縣五，至京師六千五百四十七里，至東都五千八百三十六里。東至白州二百里，南至羅州三百五十里，西北至安南府一千里，北至欽州七百里。

《新唐書》卷四三上《地理志七上・廉州合浦郡》　本合州，武德四年曰越州，貞觀八年更名，以本大廉洞地。【略】縣四：合浦，封山，蔡龍，大廉。

義州

唐・杜佑《通典》卷一八四《州郡典十四・連城郡》　東至蒼梧郡嶂嶺一百七十里。南至懷德郡三百三十里。西至普寧郡九十里。北至感義郡二百里。東南到懷德郡一百七十六里。西南到普寧郡二百里。西北到感義郡二百里。東北到開陽郡二百九十里。

義州。【略】大唐武德四年，置南義州。貞觀元年廢，以其地屬南建州；二年，復置義州。其後或爲連城郡。領縣三：岑溪，永樂，連城。

唐・李吉甫《元和郡縣圖志・闕卷逸文》卷三《嶺南道・義州》　本蒼梧郡猛陵縣之地也，陳於此置永樂郡。開皇十年罷郡爲永業縣，屬永熙郡。隋末陷賊。武德五年分永業縣置龍城縣，仍於縣置南義州，貞觀元年州廢，二年復置義州。

《舊唐書》卷四一《地理志四・義州》　隋永熙郡之永業縣。武德五年，置南義州及四縣。貞觀元年，州廢，以所領縣入南建州。二年，復置義州，還以故縣來屬。五年，廢義州，縣屬南建州。六年，復置義州。又改縣來屬。天寶元年，改爲連城郡。乾元元年，復爲義州。舊領縣四，【略】天寶領縣三，【略】至京師五千七百五十里，至東都四千六百九十里。東至梧州隔鄣嶺一百七十里，北至藤州二百里，西至容州九十里，東南至竇州一百七十二里，東北至瀧州二百七里。

《新唐書》卷四三上《地理志七上・義州連城郡》　本南義州，武德五年以永熙郡之永業縣地置。貞觀元年州廢，以縣隸南建州。二年復置，五年又廢，以縣隸南建州。六年復置，後第名義州。【略】縣三：岑溪，永業，連城。

陸州

唐・杜佑《通典》卷一八四《州郡典十四・玉山郡》　東至合浦郡界三百里。南至大海，不知里數。西至武安州三百七十里。北至恩平郡七百五十里。東南到海，不知里數。西南到當郡寧海縣二百四十里。西北到蘇茂郡一百三十里。東北到寧越郡六百里。去西京七千二十里，去東京七千四百二十里。

陸州。【略】梁分置黃州及寧海郡。隋平陳，郡廢，改黃州爲玉州；煬帝初州廢，併其地入寧越郡。大唐復置玉州，上元二年改爲陸州，或爲玉山郡。領縣三：烏雷，寧海，華清。

唐・李吉甫《元和郡縣圖志》卷三八《嶺南道五・陸州》　本漢交趾郡地，梁大同元年於郡分置黃州，隋開皇十八年改爲陸州，以在海南，有陸路通海北，因以爲名。州在窮海，不生菽粟，又無絲緜，惟捕海物以易衣食，蓋『島夷卉服』之類也。

州境：東西七百一十里。南北五十四里。

八到：西北至上都水陸相兼六千一百二十里。西北至東都五千八百六十里。東至廉州界三百里。東北至欽州六百里。西南至安南都護府百餘里。【略】

管縣三：寧海，烏雷，華清。

《舊唐書》卷四一《地理志四・陸州》　隋寧越郡之玉山縣。武德五年，置玉山州，領安海、海平二縣。貞觀二年，廢玉山州。上元二年，復置，改爲陸州，以州界山爲名。天寶元年，改爲玉山郡。乾元元年，復爲陸州。領縣三，【略】至京師七千二十六里，至東都七千里。東至廉州界三百里，南至大海，北至思州七百六十二里，東南際大海，西南至當州寧海二百四十里也。

《新唐書》卷四三上《地理志七上・陸州玉山郡》　本玉山州，武德五年以寧越郡之安海、玉山置。貞觀二年州廢，縣隸欽州。高宗上元二年復置，更名。【略】縣三：烏雷，華清，寧海。

峰州

唐·杜佑《通典》卷一八四《州郡典十四·承化郡》 峰州。【略】大唐復置峰州，或爲承化郡。領縣五：嘉寧，承化，新昌，嵩山，珠綠。

唐·李吉甫《元和郡縣圖志》卷三八《嶺南道五·峰州》 吴歸命侯建衡三年，分交趾立新昌郡，陳於此置興州，隋開皇十八年改爲峰州。大業二年州廢，以縣屬交州。武德四年又置峰州，兼管羈縻州二十八。

州境：東西九十七里。南北六十里。

八到：北至上都六千一百五十里。北至東都五千八百四十五里。東南至安南府一百三十里。南至漏口江一百里。北至羈縻南平州界二百里。【略】

管縣二：嘉寧，承化。

《舊唐書》卷四一《地理志四·峰州》 隋交趾郡之嘉寧縣。武德四年，置峰州，領嘉寧、新昌、安仁、竹輅、石堤、封溪六縣。貞觀元年，廢石堤、封溪入嘉寧，竹輅入新昌。天寶元年，改爲承化郡。乾元元年，復爲峰州也。舊領縣三，【略】天寶領縣五。【略】州在安南府西北，至京師七千七百一十里。

《新唐書》卷四三上《地理志七上·峰州承化郡》 武德四年以交趾郡之嘉寧置。【略】縣五：嘉寧，承化，新昌，高山，珠綠。

愛州

唐·杜佑《通典》卷一八四《州郡典十四·九真郡》 去西京八千八百里，去東京八千一百里。

愛州。【略】大唐爲愛州，或爲九真郡。領縣六：九真，安順，崇平，日南，無編，軍寧。

唐·李吉甫《元和郡縣圖志》卷三八《嶺南道五·愛州》 梁武帝【略】置愛州，隋大業三年改爲九真郡。武德五年，丘和歸國，罷郡復爲愛州。

州境：東西二百八十二里。南北四百一十里。

八到：北至上都六千四百七十五里。北至東都六千二百一十五里。東至海州一百四十里。東北至長州水行四百五十里。西至小獠界水行一百九十里。南至演州二百五十里。西北至小獠柵三百里。西北至安南都護府五百里，水路七百里。【略】

管縣五：九真，安順，崇平，日南，軍寧。

《舊唐書》卷四一《地理志四·愛州》 隋九真郡。武德五年，置愛州，領九真、松源、楊山、安順四縣。【略】天寶元年，改爲九真郡。乾元元年，復爲愛州。九真南與日南接界，西接牂柯界，北與巴蜀接，東北與鬱林州接，山險溪洞所居。舊領縣七，【略】天寶領縣六。【略】至京師八千八百里，至東都八千一百里。在交州西，不詳道里遠近。其南卽驩州界。

《新唐書》卷四三上《地理志七上·愛州九真郡》 縣六：九真，安順，崇平，軍事，日南，長林。

驩州

唐·杜佑《通典》卷一八四《州郡典十四·日南郡》 東至福祿郡界一百里。南至羅伏郡界一百五十里。西至環王國界八百里。北至九真郡界六百里。東南到海百五十里。西南到當郡界四百里。西北到靈跋江四百七十里。東北到陵水郡五百里。去西京陸路一萬二千四百五十里，水路一萬七千里。去東京陸路一萬五百九十五里，水路一萬七千二百二十里。

驩州。【略】大唐爲驩州，或爲日南郡。領縣四：九德，越裳，懷驩，浦陽。

唐·李吉甫《元和郡縣圖志》卷三八《嶺南道五·驩州》 梁武帝於此置德州，隋開皇十八年改爲驩州，取鹹驩縣爲名也。大業三年改爲日南郡。武德五年改爲南德州，仍置總管府，貞觀元年改爲驩州，兼管羈縻州六。【略】

八到：北至上都六千八百七十五里。東北至東都六千六百一十五里。東至海一百里。南至林邑國界一百九十里。北至演州一百五十里。【略】

管縣二：九德，越裳。

《舊唐書》卷四一《地理志四·驩州》 隋日南郡。武德五年，置南德州總管府，領德、明、智、驩、林、源、景、海八州。南德州領六縣。八年，改爲德州。貞觀初，改爲驩州，以舊驩州爲演州。二年，置驩州都督府，領驩、演、明、智、林、源、景、海八州。十二年，廢明、源、海三州。天寶元年，改爲日南郡。乾元元年，復爲驩州也。舊領縣六，【略】天寶領縣四。【略】至京師陸路一萬二千四百五十二里，水路一萬七千里，至東都一萬一千五百九十五里，水路一萬六千二百二十里。東至大海一百五十里，南至林州一百五十里，西至環王國界八百里，北至愛州界六百三里，南至盡當郡界四百里，西北到靈跋江四百七十里，東北至辯州五百二里。

《新唐書》卷四三上《地理志七上·驩州日南郡》 本南德州，武德八年曰德州，貞觀元年又更名。【略】縣四：九德，浦陽，越裳，懷驩。

長州

唐·杜佑《通典》卷一八四《州郡典十四·文陽郡》 長州。【略】土地與九真郡同。大唐爲長州，或爲文陽郡。領縣四：銅蔡，長山，其常，文陽。

唐·李吉甫《元和郡縣圖志》卷三八《嶺南道五·長州》 西北至府約一百里。【略】

管縣四：文陽，銅蔡，長山，其常。

《舊唐書》卷四一《地理志四·長州》 土俗與九真同。唐置長州，失起置年月。天寶元年，改爲文陽郡。乾元元年，復爲長州。領縣四，【略】無口及兩京道里、四至州府也。

福祿州

唐·杜佑《通典》卷一八四《州郡典十四·福祿郡》 福祿州。【略】土地與九真郡同。大唐爲福祿州，或爲福祿郡。領縣二：柔遠，唐林。

《舊唐書》卷四一《地理志四·福祿州》 土俗同九真郡之地，後爲生獠所據。龍朔三年，智州刺史謝法成招慰生獠昆明、北樓等七千餘落。總章二年，置福祿州以處之。天寶元年，改爲福祿郡。至德二年，改爲唐林郡。乾元元年，復爲福祿州。領縣二，無戶口及兩京道里、四至州郡。

《新唐書》卷四三上《地理志七上·福祿州唐林郡》 本福祿郡，總章二年，智州刺史謝法成招慰生獠昆明、北樓等七千餘落，以故唐林州地置。大足元年更名安武州，至德二載更郡曰唐林，乾元元年復州故名。【略】縣三：柔遠，唐林，福祿。

湯州

唐·杜佑《通典》卷一八四《州郡典十四·湯泉郡》 去西京六千八百三十里，去東京六千四百二十里。

湯州，秦屬象郡。大唐置湯州，或爲湯泉郡。領縣三：湯泉，綠水，羅韶。

《舊唐書》卷四一《地理志四·湯州》 秦象郡地。唐置湯州，失起置年月。天寶元年，改爲溫泉郡。乾元元年，復爲湯州也。領縣三，無戶口及無兩京道里、四至州府。

芝州

唐·杜佑《通典》卷一八四《州郡典十四·忻城郡》 芝州，土地與安南府同。大唐爲芝州，或爲忻城郡。領縣一：忻城。

《舊唐書》卷四一《地理志四·芝州》 土地與交州同。唐置芝州，失起置年月。天寶元年，改爲忻城郡。乾元元年，復爲芝州。領縣一：忻城。

《新唐書》卷四三上《地理志七上·芝州忻城郡》 唐置。【略】縣七：忻城，富川，平西，樂光，樂豔，多雲，思龍。

武峩州

唐·杜佑《通典》卷一八四《州郡典十四·武峩郡》 去西京七千三百里，去東京六千八百里。

武峩州，土地與安南府同。大唐置武峩州，或爲武峩郡。領縣五：如馬，武勞，武緣，梁山，武峩。

《舊唐書》卷四一《地理志四·武峨州》 土地與交州同。置武峨州，失起置年月。天寶元年，改爲武峨郡。乾元元年，復爲武峨州。領縣五，【略】無兩京道里及四至州府也。

《新唐書》卷四三上《地理志七上・武安州武曲郡》 唐置。【略】縣七：武峩，如馬，武義，武夷，武緣，武勞，梁山。

演州

唐・李吉甫《元和郡縣圖志》卷三八《嶺南道五・演州》 古南越地，漢九真郡之鹹驩縣地也，自漢迄隋不改。武德五年於此置驩州，領安人、扶演、相景、西源四縣。貞觀元年，以德州爲驩州，改此爲演州，因演水爲名。其州西控海，當中國往林邑、扶南之大路也。【略】

八到：北至上都六千七百二十五里。北至東都六千四百六十五里。北至愛州二百五十里。南至驩州一百五十里。東至大海六里。【略】

管縣三：忠義，懷驩，龍池。

《舊唐書》卷四一《地理志四・驩州》 隋日南郡。武德五年，【略】南德州領六縣。八年，改爲德州。貞觀初，改爲驩州，以舊驩州爲演州。【略】

懷驩，隋爲咸驩縣，屬九真郡。武德五年，於縣置驩州，領安人、扶演、相景、西源四縣，治安人。貞觀九年，改爲演州。十三年，省相景縣入扶演。十六年，廢演州。

《新唐書》卷四三上《地理志七上・演州龍池郡》 本忠義郡，又曰演水郡。貞觀中廢，廣德二年析驩州復置。【略】縣七：忠義，懷驩，龍池，思農，武郎，武容，武金。

武安州

唐・李吉甫《元和郡縣圖志》卷三八《嶺南道五・武安州》 管縣二：武安，臨江。

《舊唐書》卷四一《地理志四・安南都督府》 大足元年四月，置武安州，【略】隸安南府。

《新唐書》卷四三上《地理志七上・武安州武曲郡》 縣二：武安，臨江。

粵州

唐・杜佑《通典》卷一八四《州郡典十四・龍水郡》 粵州，土地與安南府同。大唐爲粵州，或爲龍水郡。領縣四：龍水，崖山，東璽，天河。

《舊唐書》卷四一《地理志四・粵州》 土地與交州同。唐置粵州，失起置年月。天寶元年，改爲龍水郡。乾元元年，復爲粵州。領縣四，無戶口數，亦無兩京道里及四至州府也。

林州

《舊唐書》卷四一《地理志四・林州》 隋林邑郡。貞觀九年，綏懷林邑置林州，寄治於驩州南界，今廢無名，領縣三，無戶口。去京師一萬二千里。

景州

《舊唐書》卷四一《地理志四・景州》 隋比景郡。貞觀二年，置南景州，寄治驩州南界。八年，改爲景州。後亦廢，無其名。領縣三，無戶口。至京師一萬一千五百里。

德化州

《舊唐書》卷四一《地理志四・德化州》 永泰二年四月，於安南府西界、牂柯南界置。領縣二：德化，歸義。

郎茫州

《舊唐書》卷四一《地理志四・郎茫州》 永泰二年四月，於安南府西界置，領縣二：龍然，福守。

南登州

《舊唐書》卷四一《地理志四・安南都督府》 大足元年四月，置【略】南登州，【略】隸安南府。

《新唐書》卷四三上《地理志七上·嶺南道》 又有南登州。

龐 州

《新唐書》卷四三上《地理志七上·嶺南道》 開元中安南所領有龐州。

節鎮建置分部

綜 述

唐·李林甫等《唐六典》卷五《尚書兵部》 凡天下之節度使有八：其一曰關内朔方節度使。其統有單于、安北，東受降城、中受降城、西受降城、豐安軍、定遠城皆屬焉。

其二曰河東節度使。其統有大同、横野、岢嵐三軍，雲州守捉使屬焉。

其三曰河北幽州節度使。其統有經略、平盧、静塞、威武、清夷、横海、高陽、唐興、恒陽、北平十軍，安東鎮守、渝關守捉、北平守捉三使屬焉。

其四曰河西節度使。其統有赤水、大斗、建康、玉門、墨離、豆盧六軍，新泉守捉、甘州守捉、肅州鎮守三使屬焉。

其五曰隴右節度使。其統有臨洮、河源、白水、安人、積石、莫門、振武七軍，平夷五門、富耳、藍州、平戎、綏和五守捉使皆屬焉。

其六曰劍南節度使，其統有昆明軍，松州、當州防禦，卭崍守捉，姚嶲州經略四使屬焉。

其七曰磧西節度使。其統有安西、疏勒、于闐、焉耆，為四鎮經略使，又有伊吾、瀚海二軍，西州鎮守使屬焉。

其八曰嶺南節度使。其統有廣、桂、邕、容、安南等五府經略使。若諸州在節度内者，皆受節度焉。其福州經略使、登州平海軍則不在節度之内。

凡親王總戎，則曰元帥。文武官總統者，則曰總管。以奉使言之，則曰節度使。有大使焉，有副大使焉，有副使焉，有判官焉。若大使加旌節以統軍，置木契以行動。

唐·杜佑《通典》卷一七二《州郡典二·序目下·大唐》 開元二十一年，【略】又於邊境置節度、經略使，式遏四夷。節度使十，經略守捉使三。大凡鎮兵四十九萬人，戎馬八萬餘疋。每歲經費衣賜則千二十萬疋段，軍倉則百九十萬石，大凡千二百十萬。開元、天寶，每歲邊用不過二百萬。

鎮西節度使，寧西域，統龜兹國、焉耆國、于闐國、疏勒國。

北庭節度使，防制突騎施、堅昆、斬啜，管瀚海軍、天山軍、伊吾軍。

河西節度使，斷隔羌胡，統赤水軍、大斗軍、建康軍、寧寇軍、玉門軍、墨離軍、豆盧軍、新泉軍、張掖郡守捉、烏城守捉、交城守捉、白亭守捉。

朔方節度使，捍禦北狄，統經略軍、豐安軍、定遠城、西城、安北都護府、東城、振武軍。

河東節度使，犄角朔方，統天兵軍、雲中郡守捉、大同軍、横野軍、定襄郡、雁門郡、樓煩郡、岢嵐軍。

范陽節度使，制臨奚、契丹，統經略軍、威武軍、清夷軍、静塞軍、恒陽軍、北平軍、高陽軍、唐興軍、横海軍。

平盧節度使，鎮撫室韋、靺鞨，統平盧軍、盧龍軍、渝關守捉、安東都護府。

隴右節度使，以備西戎，統臨洮軍、河源軍、白水軍、安人軍、振武軍、威戎軍、綏和守捉、合川郡界守捉、莫門軍、寧塞軍、積石軍、鎮西軍、平夷守捉。

劍南節度使，西抗吐蕃，南撫蠻獠，統團結營、臨翼郡、通化郡、維川郡、天寶軍、蓬山郡、交川郡、平戎城、盧山郡、江源郡、洪源郡、昆明軍、寧遠軍、雲南軍、澄川守捉、南江郡、歸誠郡。

嶺南五府經略使，綏静夷獠，統經略軍、清海軍、桂管經略使、容管經略使、鎮南經略使，邕管經略使。

又有經略守捉使三，以防海寇。長樂郡經略使，管兵千五百人。東萊郡守捉，管兵千人。東牟郡守捉。管兵千人。

《舊唐書》卷一二《德宗紀上》 建中元年春正月，【略】常參官、諸道節度觀察防禦等使、都知兵馬使、刺史、少尹、畿赤令、大理司直評事等，授訖三日內，于四方館上表讓一人以自代。其外官委長吏附送其表，付中書門下。每官闕，以舉多者授之。王府六品以上官及諸州縣有司可並省及諸官減者，量事廢省。天下子為父後者賜勳兩轉。己巳，福建觀察使鮑防、湖南觀察使蕭復讓憲官，從之。自兵興已來，方鎮重任必兼臺省長官，以至外府僚佐，亦帶臺省銜。至是除韓滉蘇州刺史，杜亞河中少尹，而領都團觀察使，不帶臺省兼官。自是諸道非節度而兼憲官者皆讓。

又 卷一五上《憲宗紀上》 （元和二年十二月）己卯，史官李吉甫撰《元和國計簿》，總計天下方鎮凡四十八。

又 卷一五下《憲宗紀下》 自貞元十年已後，朝廷威福日削，方鎮權重。

又 卷三八《地理志一》 自隋季喪亂，群盜初附，權置州郡，倍於開皇、大業之間，貞觀元年，悉令並省。【略】又於邊境置節度、經略使，式遏四夷。凡節度使十，經略守捉使三。

（大和）五年春正月庚子朔，【略】己未，詔方鎮節度觀察使請入觀者，先上表奏聞，候允則任進程。【略】癸亥，詔端午節辰，方鎮例有進奉，其雜彩匹段，許進生白綾絹。

宋·王溥《唐會要》卷七八《諸使中·節度使每使管內軍附》 武德元年，因隋舊制，呼為大總管。其年六月七日，諸州總管加號使持節。至七年二月十八日，改大總管為大都督。

貞觀三年八月，李靖除定襄道行軍大總管。貞觀三年已後，行軍即稱總管，本道即稱都督。永徽已後，除都督，帶使持節，即是節度使；不帶節者，不是節度使。景雲二年四月，賀拔延嗣除涼州都督，充河西節度使。此始有節度之號，遂至于今不改焉。

朔方節度使。開元元年十月六日敕：朔方行軍大總管宜準諸道例，改為朔方節度使。其定遠、豐安軍、西、中受降城、單于、豐、勝、靈、夏、鹽、銀、匡、長、安樂等州，並受節度。至十四年七月，除王浚帶關內支度、營田等使。十五年五月，除蕭嵩，又加鹽池使。二十年四月，除牛仙客，又加押諸蕃部落使。二十九年，除王忠嗣，又加水運使。天寶五載十二月，除張齊邱，又加管內諸軍採訪使。已後遂為定額。

豐安軍在靈州黃河西，去郡一百八十里。

定遠軍在靈州北二百里，先天二年正月郭元振置。

貞觀十三年三月十五日，置寧朔大使，以護突厥。即舊朔方節度之號。

河東節度使。開元十一年以前。稱天丘軍節度。其年三月四日，改為太原已北諸軍節度。至十八年十二月，宋之悌除河東節度，已後遂為定額。

大同軍，置在朔方州，本大武軍。調露二年，裴行儉改為神武軍。天授二年，改為平狄軍。大足元年五月十八日，改為大武軍。開元十二年三月四日，改為大同軍。

橫塞軍，初置在飛狐，復移于新州。開元六年六月二十三日，張嘉貞移于古代郡大安城南，以為九姓之援。天寶十三載十二月一日，改為大德軍。

岢嵐軍，武德中為鎮。永淳二年，改為柵，隸平狄軍。長安三年，李迥秀改為景龍中軍。張仁亶移軍朔方，留一千人充守捉，屬大武軍。開元十二年，崔隱甫又置軍。十五年，李嵩又廢為鎮。其後又改為軍。

天興軍，聖曆二年四月置，大足元年五月十八日廢，長安元年八月又置，景雲元年又廢，開元五年六月二十四日張嘉貞又置，十一年三月四日改為太原已北諸軍節度使。

清塞軍，貞元十五年四月以清塞城為軍。開元九年十一月四日敕：河東、河北不須別置支度，並令節度使自領支度。

隴右節度使。開元元年十二月，鄯州都督陽矩除隴右節度，自此始有節度之號。至十五年十二月，除張志亮，又兼經畧、度支、營田等使。已後為定額。

臨洮軍，置在狄道縣。開元七年，移洮州縣，就此軍焉。

河源軍，置在鄯州西南，又云本趙充國亭侯也。

白水軍，開元五年，郭知運、張懷亮置。

安人軍，置在星宿川，鄯州西北界。開元七年三月置。

積石軍，置在廓州達化縣西界，本吐谷渾居地。貞觀三年，吐谷渾叛，置靜邊鎮。儀鳳二年，置軍額焉。

莫門軍，置在洮州。儀鳳二年，置軍。開元十七年，洮州移隸臨洮軍，百姓隸岷州，置臨州。二十年七月，又改為洮州，今為臨洮軍是也

振武軍，置在鄯州鄯城縣西界吐蕃鐵仞城，亦名石堡城。開元十八年三月二十四日，信安王禕拔之，置。四月，改為振武軍。又二十九年十二月六日，蓋嘉運不能守，遂陷吐蕃。天寶八載六月，哥舒翰又拔之。閏六月三日，改為神武軍。

威戎軍，置在鄯州界。開元中，杜希望收吐蕃新城，置此軍。

鎮西軍，置在河州。開元二十六年八月，置神策軍。天寶十三載七月十七日，隴右節度哥舒翰以前年收黄河九曲，請分其地，置洮陽郡，內置軍焉，以成如璆為太守，充神策軍使。去臨洮軍二里。

宛秀軍，同前年，分九曲置澆河郡，內置軍焉，以臧奉忠為太守，充軍使。

保義軍，元和元年二月，改隴右經略使為軍。

河西節度使。景雲二年四月，賀拔廷嗣為涼州都督，充河西節度使，自此始有節度之號。至開元二年四月，除楊執一，又兼赤水、九姓、本道度支、營田等使。十一年四月，除張敬忠，又加經略使。十二年十月，除王君㚟，又加長行轉運使。自後遂為定額也。

赤水軍，置在涼州西城，本赤烏鎮有泉水赤，因以為名。武德二年七月，安修仁以其地來降，遂置軍焉。軍之大者，莫過于此。

新泉軍，大定元年，郭元振奏置。開元五年，改為守捉使。

天斗軍，本是守捉使。開元十六年，改為天斗軍焉。

建康軍，置在甘、肅二州界。證聖元年，王孝傑開西鎮，回以兩州界曠遠，置此軍焉。

寧寇軍，舊同城守捉。天寶元年五月五日，遂置焉。

玉門軍，本廢玉門縣。開元六年，置軍焉。

墨離軍，本是月支舊國。武德初，置軍焉。

豆盧軍，置在沙州。神龍元年九月，置軍。

白亭軍，天寶十四載正月三日置。

開元十四年三月二日敕：河西長行轉運、九姓即隸入支度使，宜加度支判官一人。

安西四鎮節度使。開元六年三月，楊嘉惠除四鎮節度、經略使，自此始有節度之號。十二年已後，或稱磧西節度，或稱四鎮節度。至二十一年十二月，王斛斯除安西四鎮節度，遂為定額。又先天元年十一月，史獻除伊西節度兼瀚海軍使，自後不改。開元十五年三月，又分伊西、北庭為兩節度。至二十九年十月二十九日，移隸伊西、北庭都督，屬四鎮節度使。至天寶十二載三月，始以安西四鎮節度封常清兼伊西、北庭節度、瀚海軍使。

伊吾軍，本昆吾國也。置在伊州，景龍四年五月置。

天山軍，置在西州，漢車師前王故國，地形高敞，改名高昌，貞觀十四年置。

瀚海軍，置在北都護府，本烏孫王境也。貞觀十四年置庭州，文明元年廢州置焉。長安十二年二月，改為燭龍軍。三年，郭元振奏置瀚海軍。

天山軍，並在碎葉城。

范陽節度使。先天二年，甄道一除幽州節度、經略、鎮守使。開元十五年，除李尚隱，又帶河北度支、營田使。二十七年，除李適之，加河北海運使。天寶元年，除裴寬為范陽節度使、經略、河北度支、營田、河北海運使，遂為定額。

經略軍，置在范陽城內。延載元年置。

漁陽軍，在幽州北盧龍右塞。開元十九年，改為靜塞軍。

清夷軍，垂拱二年，嬀州刺史鄭崇古奏置。

威武軍，大定元年置，在檀州。

北平軍，在定州西三里。

恒陽軍，恒州郭下。

高陽軍，本瀛州。開元二十年，移在易州。

唐興軍，在莫州。

横海軍，在滄州。並開元十四年四月十二日置，各以刺史為使。

懷柔軍，在蔚州界。先天元年八月八日置。

鎮安軍，貞元二年四月二十二日於燕城守捉置。

懷遠軍，在故遼城。天寶二年二月，安祿山奏置焉。

平盧軍節度使。開元七年閏七月，張敬忠除平盧軍節度使，自此始有節度之號。八年四月，除許欽琰，又帶管内諸軍諸蕃及度支、營田等使。二十八年二月，除王斛斯，又加押兩番及渤海、黑水等四府經略、處置使，遂為定額。

平盧軍，在柳城，本古遼西之地。

盧龍軍，置在北平郡古孤竹國。天寶二年置。

開元十三年三月二十日敕：平盧軍、幽州、太原、朔方、河西、隴右、劍南等七道節度使，宜各置木契行勘。

劍南節度使。開元五年二月，齊景昌除劍南節度使、度支、營田兼姚、嶲等州處置兵馬使，因此始有節度之號。至八年，除李濬，始下兼兵馬使。二十七年，除仇兼瓊，又兼山南西道採訪使。其後或兼或不兼，無定制。至上元二年二月，分為兩川。廣德二年正月八月，合為一道。大曆二年正月二十日，又分為兩川，至今不改。貞元十一年九月，韋皋為節度，就加統攝近界諸蠻，兼西山八國、雲南安撫等使。

天寶軍，置在雍州。開元二十九年置。

洪源軍，置在黎州漢黎郡地。開元三年置軍。

昆明軍，置在嶲州。開元十七年十一月置。

嶺南節度使。至德二載正月，賀蘭進明除嶺南五府經畧兼節度使，自此始有節度之號。已前但稱五府經畧，自此遂為定額。又杜佑為嶺南節度使，德宗興元，朝廷故事，執政往往遺忘。舊日嶺南節度，常兼五管經畧使，佑獨不兼，蓋一時之誤，後遂不帶五管經畧名目。至咸通三年五月，分為兩節度，以廣州為嶺南東道，邕州為嶺南西道。

清海軍，天寶元年置，在思州。

柔遠軍，貞元七年三月二十三日置。

淮南、河南、江東道，乾元元年三月六日置節度使。

鎮州節度使，大曆十四年四月，名其軍曰成德。至天祐二年九月，改為武順。

汴宋潁亳節度使，建中三年二月二日，名其軍曰宣武。

浙江節度使，建中二年六月，分浙江東、西節度使，尋改為鎮海軍，以團練為節度，徙理潤州。元和五年十一月，團練使奏：丹陽軍比因置節度，改為鎮海。今請依前置鎮海軍。從之。

滑州節度使，貞元元年五月，罷滑州永平軍。其年四月，名其軍曰義成。

淮西節度使，貞元二年二月改淮西節度為淮寧軍。

申光蔡等道節度使，貞元十四年正月名其軍曰彰義。

易定節度使，貞元十五年三月，滿城縣置永清軍。建中三年五月，名其軍曰義武。

安黄節度使，貞元十九年二月，名其軍曰奉義。

陳許節度使，貞元二十年四月，名其軍曰忠武。

徐州節度使，貞元二十一年三月，名其軍曰武寧。至咸通四年四月，降為支郡，隸兖州。至十一年十一月，改為感化軍。

劍南節度使，元和二年二月，改天威軍名曰天征軍。

荊南節度使，元和六年八月敕制：荊南是賦税之地，與關右諸鎮及河南、河北有重兵處體例不同。節度使之外，不合更置軍額。因循已久，煩弊實深。嚴綬所請停永安軍額，宜依。其合收錢米，委嚴綬于當府諸縣錮除。不支濟人戶，均減訖聞奏。

天平軍節度使，元和十四年三月，平李師道，以所管十二州，分三節度：馬總為天平軍節度，王遂為兖海沂密節度，薛平為平盧軍節度，仍加押新羅、渤海兩蕃使，仍舊為平盧軍，賜兩蕃使印一面。

河陽節度使，會昌四年十月，平劉稹，以河陽三城鎮遏使為孟州，號河陽軍，額、懌二州隸焉。

歸義軍節度，大中五年八月，沙州刺史張義潮以瓜、沙、伊、肅等十一州戶口來獻。自河隴陷蕃百餘年，至是悉獲故地，乃以沙州為歸義軍，授義潮節度使。

戎昭軍節度使，天佑二年九月，以金州置軍額。三年四月，復以為州。

義昌軍節度使，太和五年正月，以滄、景、德州號義昌軍。

山南東道節度使，乾元元年，置節度。元和十年十月，分為兩節度，以戶部侍郎李遜為襄復郢等節度使，右羽林大將軍高霞寓為唐鄧隋節度使。

景雲二年正月二十九日敕：諸道節度使除緣兵馬外，不得別理百姓訴訟事。元和六年十月詔曰：朕于百執事、羣有司方澄源流，以責實効。其諸道都團練使足修武備，以靜一方，而別置軍額，因加吏祿，亦既虛設，頗為浮費。思去煩以循本，期省事以便人。潤州鎮海軍、宣州采石軍、越州義勝軍、洪州南昌軍、福州靜海軍等使額，並宜停。所收使以下俸料，一事以上，各委本道充代百姓闕額兩稅，仍具數聞奏。庶幾愛人之心，不至于惜費；立制之意，必在於正名。

十三年二月，襄陽節度使李愬奏請判官、大將已下官凡一百五十員。上不悅，謂裴度曰：『李愬誠立奇功，然奏請過當。』遂留中不下。其年七月詔曰：事關軍旅，並屬節制；務繫州縣，悉歸察廉。二使所領，管轄諸道，度支、營田，承前各別置使。自艱虞以後，事稍因循。方鎮除授之時，或有兼帶此職，遂令所在各殊。今者務修舊章，思一法度，去煩就理，衆心為正。唯別置營田處，其使且令仍舊。其忠武、鳳翔、武寧、魏博、山南東西、橫海、邠寧、義成、河陽等道度支、營田使及淮南度支，近已定省。其餘諸道，並準此處分。

初，景雲、開元間，節度、度支、營田等使，諸道並置，又一人兼領者甚少。艱難以來，優寵節將，天下擁旄者常不下三十人，例銜節度、度支、營田、觀察使。其邊界藩鎮增置名額者，又不一。前後六十餘年，雖嘗增減官員及使額，而度支、營田以兩河諸將兼領，故朝廷不議停廢。至是羣盜漸息，宰臣等奏罷之。

乾符三年，以宰臣鄭從讜為北京留守、河東節度使，詔許自擇賓佐。

《新唐書》卷五〇《兵志》 蓋唐有天下二百餘年，而兵之大勢三變，其始盛時有府兵，府兵後廢而為彍騎，彍騎又廢，而方鎮之兵盛矣。及其末也，強臣悍將兵布天下，而天子亦自置兵于京師，曰禁軍。其後天子弱，方鎮強，而唐遂以亡滅者，措置之勢使然也。若乃將卒、營陣、車旗、器械、征防、守衛，凡兵之事不可以悉記，記其廢置、得失、終始、治亂、興滅之跡，以為後世戒云。【略】

夫所謂方鎮者，節度使之兵也。原其始，起于邊將之屯防者。唐初，兵之戍邊者，大曰軍，小曰守捉，曰城，曰鎮，而總之者曰道。若盧龍軍一，東軍等守捉十一，曰平盧道。橫海、北平、高陽、經略、安塞、納降、唐興、渤海、懷柔、威武、鎮遠、靜塞、雄武、鎮安、懷遠、保定軍十六，曰范陽道。天兵、大同、天安、橫野軍四，岢嵐等守捉五，曰河東道。朔方經略、豐安、定遠、新昌、天柱、宥州經略、橫塞、天德、天安軍九，三受降、豐寧、保寧、烏延等六城，新泉守捉一，曰關內道。赤水、大鬥、白亭、豆盧、墨離、建康、寧寇、玉門、伊吾、天山軍十，烏城等守捉十四，曰河西道。瀚海、清海、靜塞軍三，沙鉢等守捉十，曰北庭道。保大軍一，鷹娑都督一，蘭城等守捉八，曰安西道。鎮西、天成、振威、安人、綏戎、河源、白水、天威、榆林、臨洮、莫門、神策、寧邊、威勝、金天、武寧、曜武、積石軍十八，平夷、綏和、合川守捉三，曰隴右道。威戎、安夷、昆明、寧遠、洪源、通化、松當、平戎、天保、威遠軍十，羊灌田等守捉十五，新安等城三十二，犍為等鎮三十八，曰劍南道。嶺南、安南、桂管、邕管、容管經略、清海軍六，曰嶺南道。福州經略軍一，曰江南道。平海軍一，東牟、東萊守捉二，蓬萊鎮一，曰河南道。此自武德至天寶以前邊防之制。

其軍、城、鎮、守捉皆有使，而道有大將一人，曰大總管，已而更曰大都督。至太宗時，行軍征討曰大總管，在其本道曰大都督。自高宗永徽以後，都督帶使持節者，始謂之節度使，猶猶未以名官。景雲二年，以賀拔延嗣為涼州都督、河西節度使。自此而後，接乎開元，朔方、隴右、河東、河西諸鎮，皆置節度使。

及府兵法壞而方鎮盛，武夫悍將雖無事時，據要險，專方面，既有其土地，又有其人民，又有其甲兵，又有其財賦，以布列天下。然則方鎮不得不強，京師不得不弱，故曰措置之勢使然者，以此也。

及范陽節度使安祿山反，犯京師，天子之兵弱，不能抗，遂陷兩京。肅宗起靈武，而諸鎮之兵共起誅賊。其後祿山子慶緒及史思明父子繼起，中國大亂，肅宗命李光弼等討之，號『九節度之師』。久之，大盜既滅，而武夫戰卒以功起行陣，列為侯王者，皆除節度使。由是方鎮相望於內地，大者連州十餘，小者猶兼三四。故兵驕則逐帥，帥強則叛上。或父死子握其兵而不肯代；或取捨由於士卒，往往自擇將吏，號為『留後』，以邀命於朝。天子顧力不能制，則忍恥含垢，因而撫之，謂之姑息之政。蓋姑息起於兵驕，兵驕由由方鎮，姑息愈甚，而兵將愈俱驕。由是號令自出，以相侵擊，虜其將帥，並其土地，天子熟視不知所為，反為和解之，莫肯聽命。

始時為朝廷患者，號『河朔三鎮』。及其末，硃全忠以梁兵、李克用以晉兵更犯京師，而李茂貞、韓建近據岐、華，妄一喜怒，兵已至於國門，天子為殺大臣、罪己悔過，然後去。及昭宗用崔胤召梁兵以誅宦官，劫天子奔岐，梁兵圍之逾年。當此之時，天下之兵無復勤王者。向之所謂三鎮者，徒能始禍而已。其他大鎮，南則吳、浙、荆、湖、閩、廣，西則岐、蜀，北則燕、晉，而梁盜據其中，自國門以外，皆分裂于方鎮矣。

故兵之始重於外也，土地、民賦非天子有；既其盛也，號令、征代非其有；又其甚也，至無尺土，而不能庇其妻子宗族，遂以亡滅。語曰：『兵猶火也，弗戢將自焚。』夫惡危亂而欲安全者，庸君常主之能知，至於措置之失，則所謂困天下以養亂也。唐之置兵，既外柄以授人，而末大本小，方區區自為捍衛之計，可不哀哉！

又　卷六一《方鎮表一》　方鎮之患，始也各專其地以自世，既則迫於利害之謀，故其喜則連衡而叛上，怒則以力而相並，又其甚則起而弱王室。唐自中世以後，收功弭亂，雖常倚鎮兵，而其亡也亦終以此，可不戒哉！

宋·歐陽忞《輿地廣記》卷三《唐藩鎮》　貝、博、魏、相、磁、洺、衛。右魏博，傳五世，至田弘正入朝，十年復亂，更四姓，傳十世，有州七。

恒、冀、深、趙。右成德，更二姓，傳五世，至王承元入朝，明年王庭湊反，傳六世，有州四。

幽、涿、營、瀛、莫、平、薊、嬀、檀。右盧龍，更二姓，傳五世，至劉總入朝，六月朱克融反，傳十二世，有州九。

淄、青、齊、海、登、萊、沂、密、曹、濮、兖、鄆。右淄青，傳三世而滅，有州十二。

滄、景、德、棣。右滄景，傳三世，至程灌入朝，十六年而李全畧有之，至其子同捷而滅，有州四。

汴、潁、宋、亳。右宣武，傳四世而滅，有州四。

申、光、蔡。右彰義，傳三世而滅，有州三。

邢、汾、晉、澤、潞。右澤潞，傳三世而滅，有州五。

宋·呂祖謙《宋文鑑》卷一〇七《尹源〈唐說〉》　世言唐所以亡，由諸侯之彊。此未極于理。夫弱唐者，諸侯也。唐既弱矣而久不亡者，諸侯維之也。燕趙魏首亂，唐制專地而治，若古之建國，此諸侯之雄者，然皆恃唐為輕重。何則？假王命以相制，則易而順。唐雖病之，亦不得而外焉。故河北順而聽命，則天下為亂者不能遂其亂。河北不順而變，則姦雄或附而起。德宗世，朱泚、李希烈始遂其僭，而終敗亡者，田悅叛于前，武俊順于後也。憲宗討蜀平夏，誅蔡夷鄆，兵連四方而亂不生，卒成中興之功者，田氏秉命，王承宗歸國也。武宗將討劉稹之叛，先諭三鎮，絶其連衡之計，而王誅以成。如是二百年，姦臣逆豎專國命者有之，夷將相者有之，而不敢窺神器，非力不足，畏諸侯之勢也。及廣明之後，關東無復唐有，方鎮相侵伐者猶以王室為名。及梁祖舉河南，劉仁恭輕戰而敗，羅氏內附，王鎔請盟，于時河北之事去矣。梁人一舉而代唐有國，諸侯莫能與之爭，其勢然也。向使以僖、昭之弱，乘巢、蔡之亂，而田承嗣守魏，王武俊、朱滔據燕趙，彊相均，地相屬，其勢宜莫敢先動，况非義舉乎！如此，雖梁祖之暴，不過取伯于一方耳，安能彊禪天下？故唐之弱者，以河北之强也；唐之亡者，以河北之弱也。或曰：諸侯强則分天子之勢，子何議之過乎？曰：秦隋之勢，無分于諸侯，而亡速于唐，何如哉？

京畿節度使

《新唐書》卷六四《方鎮表一》　至德元載，置京畿節度使，領京兆、同、岐、金、商五州。

寶應元年，京畿節度使復領金、商。是年，廢節度使。

（廣德）二年，置京畿觀察使，以御史中丞兼之。

永泰元年，以御史大夫兼京畿觀察使。

（建中）四年，置京畿渭南節度觀察使，領金、商二州。是年，兼渭北、鄜坊、丹、延、綏五州。未幾，罷五州及金州，為京畿商州節度使。

興元元年，罷京畿節度使，以同州為奉誠軍節度，領同、晉、慈、隰四州。是年罷，以華州置潼關節度使。

佑國軍節度使

《新唐書》卷六四《方鎮表一》 天祐元年，以京畿置佑國軍節度使，領金、商二州。

又 卷六七《方鎮表四》 寶應元年，金、商二州隸京畿。罷武關内外四州防禦觀察使。

潼關防禦鎮國軍使

《舊唐書》卷三八《地理志一》 潼關防禦鎮國軍使。華州刺史領之。

《新唐書》卷六四《方鎮表一》 興元元年，以華州置潼關節度使。

（貞元）九年，罷潼關節度。

奉誠軍節度使

《舊唐書》卷三八《地理志一》 同州防禦長春宮使。同州刺史領之。

《新唐書》卷六四《方鎮表一》 興元元年，以同州為奉誠軍節度，領同、晉、慈、隰四州。

（乾元）二年，升同州為匡國軍節度。

（天祐）三年，置義勝軍節度使，領耀、鼎二州，罷匡國軍。

鳳翔隴節度使

唐・李吉甫《元和郡縣圖志》卷二《關内道二・同州》 今為鳳翔節度使理所。管州二：鳳翔府，隴州。縣十四。

《舊唐書》卷三八《地理志一》 鳳翔隴節度使。治鳳翔府，管鳳翔府、隴州。

《新唐書》卷六四《方鎮表一》 上元元年，置興鳳隴節度使。

保義軍節度使

《新唐書》卷六四《方鎮表一》 （建中）四年，興鳳隴節度賜號保義節度。是年，罷保義，以隴州置奉義軍節度使，尋廢。

涇原節度使

唐・李吉甫《元和郡縣圖志》卷二《關内道二・涇州》 今為涇原節度使理所。管州二：涇州，原州。縣九。

《舊唐書》卷一一《代宗紀》 （大曆三年十二月）己酉，以邠寧節度使馬璘為涇原節度，移鎮涇州，其邠寧割隸朔方軍。

又 卷三八《地理志一》 涇原節度使。治涇州，管涇、原、渭、武四州。

《新唐書》卷六四《方鎮表一》 （大曆）三年，置涇原節度使，治涇州。

（大曆）五年，涇原節度使馬璘訴地貧軍廩不給，遥領鄭、潁二州。

又 卷六七《方鎮表四》 （貞元）六年，涇原節度使兼領安西四鎮、北庭節度。

邠寧節度使

唐・李吉甫《元和郡縣圖志》卷三《關内道三・邠州》 今為邠寧節度使理所。管州三：邠州，寧州，慶州。縣二十。

《舊唐書》卷三八《地理志一》 邠寧節度使。治邠州，管邠、寧、慶、鄜、坊、丹、延、衍等州。

《新唐書》卷六四《方鎮表一》 （乾元）二年，置邠寧節度使，領州九：邠、寧、慶、涇、原、鄜、坊、丹、延。

（上元）二年，以涇、原、寧、慶、坊、丹、延隸邠寧節度。

（大曆）三年，罷邠寧節度使。

（大曆）十四年，復置邠寧慶節度使。

（大中）三年，邠寧節度以南山平夏部落叛，徙治寧州，及内附，復徙故治。

靜難軍節度使

《新唐書》卷六四《方鎮表一》 光啓元年，邠寧節度賜號靜難軍節度。

渭北鄜坊節度使

唐・李吉甫《元和郡縣圖志》卷三《關内道三・鄜州》　今為鄜坊觀察使理所。管州四：鄜州，坊州，丹州，延州。縣二十三。

《新唐書》卷六四《方鎮表一》　（上元元年）置渭北鄜坊節度使，治坊州，並領丹、延二州。

（永泰元年）渭北鄜坊節度使罷領丹、延二州，增領綏州，以丹、延二州別置都團練使，治延州。是年，增領安塞軍使，尋升為觀察使。

（大曆六年）渭北鄜坊節度使更名渭北節度使，復領丹、延二州，廢丹延觀察使。

朔方節度使

唐・李吉甫《元和郡縣圖志》卷四《關内道四・靈州》　開元二十一年，於邊境置節度使，以遏四夷，靈州常為朔方節度使理所。朔方節度，管兵六萬四千七百八人，馬二萬四千三百匹。衣賜二百萬匹段。

《舊唐書》卷三八《地理志一》　朔方節度使，捍禦北狄，統經略、豐安、定遠、西受降城、東受降城、安北都護、振武等七軍府。朔方節度使，治靈州，管兵六萬四千七百人，馬四千三百疋，衣賜二百萬疋段。經略軍，理靈州城內，管兵二萬七百人，馬三千疋。豐安軍，在靈州西黃河外百八十里，管兵八千人，馬千三百疋。安遠城，在靈州東北二百里黃河外，管兵七千人，馬三千疋。西受降城，在豐州北黃河外八十里，管兵七千人，馬千七百疋。安北都護府治，在中受降城黃河北岸，管兵六千人，馬二千疋。東受降城，在勝州東北二百里，管兵七千人，馬千七百疋。振武軍，在單于東都護府城內，管兵九千人，馬千六百疋。

朔方節度使。治靈州，管鹽、夏、綏、銀、宥、豐、會、麟、勝、單于府等州。

《新唐書》卷六四《方鎮表一》　（開元）九年，置朔方軍節度使，領單于大都護府，夏、鹽、綏、銀、豐、勝六州，定遠、豐安二軍，東、中、西三受降城。

（開元）十年，朔方節度增領魯、麗、契三州。

（開元）十四年，朔方節度領關內支度營田使。

（開元）十五年，朔方節度兼關內鹽池使。

（開元）十六年，廢達渾都督府。朔方節度兼檢校渾部落使。

（開元）二十年，朔方節度增領押諸蕃部落使及閑廄宮苑監牧使。

（開元）二十二年，朔方節度兼關內道採訪處置使，增涇、原、寧、慶、隴、鄜、坊、丹、延、會、宥、麟十二州。

（開元）二十九年，朔方節度兼六城水運使。

（天寶）元年，朔方節度增領邠州。

（天寶）八載，朔方節度兼隴右兵馬使。

（天寶）十三載，以豐州置九原朔方節度、隴右兵馬使。

寶應元年，【略】以鎮北隸朔方。

（廣德）二年，朔方節度復兼單于大都護，罷河中、振武節度，以所管七州隸朔方。

（大曆）三年，朔方節度增領邠、寧、慶三州。

（大中）八年，朔方節度增領威州。

夏綏銀宥節度使

唐・李吉甫《元和郡縣圖志》卷四《關内道四・夏州》　今為夏綏銀節度使理所。管州四：夏州，綏州，銀州，宥州。新置。縣十二。

《新唐書》卷六四《方鎮表一》　（貞元）三年，置夏州節度觀察處置押蕃落使，領綏、鹽二州，其後罷領鹽州。

（開成）三年，夏州節度使領采造供軍、銀川監牧使。

（大中）十年，夏州節度使增領撫平茜項等使。

（中和）二年，夏州節度賜號定難節度。

靈武節度使

唐・李吉甫《元和郡縣圖志》卷四《關内道四・靈州》　今為靈武節度使理所。管州三：靈州，會州，鹽州。縣十。

振武節度使

《新唐書》卷六四《方鎮表一》　乾元元年，置振武節度押藩落使，領鎮北大都護府、麟勝二州。

（上元）二年，麟、勝隸振武節度。

寶應元年，振武節度增領鎮北大都護府。

（廣德）二年，罷【略】振武節度。

（大曆）十四年，析置【略】振武【略】節度，【略】振武節度復領鎮北大都護府及綏銀二州、東中二受降城。

豐州都防禦使

唐·李吉甫《元和郡縣圖志》卷四《關內道四·豐州》 今置都防禦使。管州一，軍一，城二：豐州，天德軍，西受降城，中受降城。縣二。

其都防禦使及天德軍使，理在西城，今移理舊天德軍城。

東都畿汝防禦觀察使

《舊唐書》卷三八《地理志一》 東都畿汝防禦觀察使。領汝州，東都留守兼之。

《新唐書》卷六四《方鎮表一》 （至德）元載，置東畿觀察使，領懷、鄭、汝、陝四州，尋以鄭州隸淮西。

（廣德）二年，罷東畿觀察使。

（大曆）十四年，復置東畿觀察使，以留臺御史中丞兼之，復領汝州。

（建中二年），置河陽三城節度使，以東都畿觀察使兼之，領懷、鄭、汝、陝四州，尋置使，增領東畿五縣及衛州，亦曰懷衛節度使。

（建中）四年，罷觀察，置東畿汝州節度。

貞元元年，廢東都畿汝州節度，置都防禦使，以東都留守兼之，增領唐、鄧二州。

（貞元）二年，升東都畿汝州都防禦使為都防禦觀察使。

（貞元）五年，罷東都畿汝州觀察使，置都防禦使，汝州別置防禦使。

（元和）三年，罷東都畿汝州都防禦使。

（元和）十三年，汝州隸東畿，復置東都畿汝州都防禦使，兼東都留守如故，罷河陽節度。

長慶元年，東都畿防禦罷領汝州。

（長慶）二年，東都畿防禦復領汝州。

光啓元年，置東畿觀察兼防遏使。

（光化）三年，復置東畿觀察使兼防遏使。

天祐元年，罷東畿觀察使兼防遏使。

佑國軍節度使

《新唐書》卷六四《方鎮表一》 （光啓）二年，升東畿觀察兼防遏使為佑國軍節度。

（光化）三年，置佑國軍節度。

陝虢觀察使

唐·李吉甫《元和郡縣圖志》卷六《河南道二·陝州》 今為陝虢觀察使理所。管州三：陝州，虢州，汝州。縣二十一。

《舊唐書》卷三八《地理志一》 陝州節度使。治陝州，管陝、虢二州。

《新唐書》卷六四《方鎮表一》 乾元元年，陝州隸陝虢華節度。

二年，置陝虢華節度，領潼關防禦、團練、鎮守等使，治陝州。

上元元年，改陝虢華節度為陝西節度，兼神策軍使，尋置觀察使。

貞元元年，【略】置陝虢都防禦使，治陝州。

（中和）三年，升陝虢防禦觀察使為節度使。

龍紀元年，賜陝虢節度為保義軍節度。

河陽三城懷州節度使

唐·李吉甫《元和郡縣圖志》卷一六《河北道一·懷州》 今為河陽三城懷州節度使理所。管州一：懷州。縣十。內河陽、氾水、温縣、濟源、河清等五縣。

《舊唐書》卷三八《地理志一》 河陽三城節度使。治孟州，領孟、懷二州。

《新唐書》卷六四《方鎮表一》　（建中）二年，置河陽三城節度使。以东都畿觀察使兼之，領懷、鄭、汝、陝四州，尋置使，增領東畿五縣及衛州，亦曰懷衛節度使。

（會昌）三年，復置河陽節度，徙治孟州。

滑衛節度使

唐·李吉甫《元和郡縣圖志》卷八《河南道四·滑州》　滑州，靈昌。望。【略】今為鄭滑節度使理所。管州二：滑州，鄭州。縣十四。

《舊唐書》卷三八《地理志一》　義成軍節度使。治滑州，管滑、鄭、濮三州。

又《地理志一·潁州》　長慶二年，以潁州隸滑鄭節度使。

《新唐書》卷六五《方鎮表二》　（上元）二年，置滑衛節度使，治滑州，領州六：滑、衛、相、魏、德、貝。

（上元）二年，滑州隸滑衛節度。

（上元）二年，尋以亳州隸滑衛節度。

廣德元年，滑衛節度增領亳州，更號滑亳節度使，增領德州。

（大曆）四年，滑亳節度增領陳州。

（大曆）七年，賜滑亳節度使為永平節度使。

（大曆）十一年，永平節度使增領宋、泗二州。

（大曆十一年），宋、潁、泗三州隸永平軍節度。

（大曆十一年），以泗州隸永平軍節度。

（大曆）十四年，永平軍節度增領汴、潁二州徙治汴州。

（大曆）十四年，汴州隸永平軍節度。

（建中）二年，永平節度增領鄭州。

興元元年，永平軍節度【略】復領滑州，徙治滑州。

（貞元）元年，永平軍節度更號義成軍節度，增領許州

貞元元年，【略】許州里義成軍節度。

（長慶）二年，義成軍節度使復領潁州。

（光啓）二年，義成軍節度使改為宣義軍節度使，朱全忠請改，以避其父名。

又　卷六六《方鎮表三》　（上元二年），衛、相、貝、魏、博五州隸滑衛節度。

河南節度使

唐·李吉甫《元和郡縣圖志》卷七《河南道三·汴州》　今為汴宋節度使理所。管州四：汴州，宋州，亳州，潁州。縣二十八。

《舊唐書》卷三八《地理志一》　宣武軍節度使。治汴州，管汴、宋、亳、潁四州。

《新唐書》卷六五《方鎮表二》　至德元載，置河南節度使，治汴州，領郡十三：陳留、睢陽、靈昌、淮陽、汝陰、譙、濟陰、濮陽、淄川、琅邪、彭城、臨淮、東海。

乾元元年，廢河南節度使，置汴州都防禦使，領州十三如故。

（乾元）二年，廢汴州都防禦使，置汴滑節度使，治滑州，領州五：滑、濮、汴、曹、宋。又置河南節度使，治徐州，領州五：徐、泗、海、亳、潁。未幾，潁州隸鄭陳節度，尋復領潁州。是年，又以濮州隸兖鄆節度，潁、亳二州隸鄭陳節度。

（乾元二年），又置河南節度使，治徐州，領州五：徐、泗、海、亳、潁。

寶應元年，復置河南節度使，治汴州，領州八：汴、宋、曹、徐、潁、兖、鄆、濮。

寶應元年，潁、汴、宋、曹四州隸河南節度。

寶應元年，以兖、鄆、濮、徐四州隸河南節度。

（大曆）四年，河南節度增領泗州。

（大曆）十一年，廢河南節度使。

（建中）二年，置宋亳潁節度使，治宋州，尋號宣武軍節度使。

興元元年，永平軍節度以汴、滑二州隸宣武軍。

興元元年，宣武軍節度使徒治汴州。

貞元元年，唐州隸東都畿，許州里義成軍節度。

鄭陳節度使

《新唐書》卷六五《方鎮表二》（乾元）二年，置鄭陳節度使，領鄭、陳、亳、潁四州，治鄭州，尋增領申、光、壽三州。

（乾元）二年，【略】以陳、潁、亳隸陳鄭。

未幾，潁州隸鄭陳節度。

是年（乾元二年），又以【略】潁、亳二州隸鄭陳節度。

（上元）二年，廢鄭陳節度。

陳許節度使

唐・李吉甫《元和郡縣圖志》卷七《河南道三・許州》今為陳許節度使理所。管州二：許州，陳州。縣十三。

《舊唐書》卷三八《地理志一》忠武軍節度使。治許州，管許、陳、蔡三州。

《新唐書》卷六五《方鎮表二》（貞元）三年，置陳許節度使，治許州。

（貞元）三年，以許州隸陳許節度使。

忠武軍節度使

《舊唐書》卷三八《地理志一》忠武軍節度使。治許州，管許、陳、蔡三州。

《新唐書》卷六四《方鎮表一》乾寧元年，汝州隸忠武軍節度。

又　卷六五《方鎮表二》（貞元）十年，陳許節度賜號忠武軍節度。

（元和）十一年，忠武軍節度增領溵州。

（元和）十一年，以溵州隸忠武軍節度。

（元和）十三年，忠武軍節度增領蔡州。

乾寧元年，忠武軍節度增領汝州。

又　卷六六《方鎮表三》（貞元）三年，陳州隸陳許節度。

淮南西道節度使

《新唐書》卷六五《方鎮表二》至德元載，置淮南西道節度使，領義陽、弋陽、潁川、睢陽、汝南五郡，治潁川郡。

乾元元年，亳州隸淮西節度

乾元元年，淮南西道節度徙治鄭州，增領陳、潁、亳三州。

（乾元）二年，廢淮南西道節度使，以陳、潁、亳隸陳鄭。是年，復置淮南西道節度使，領申、光、壽、安、沔、蘄、黄七州，治壽州。

未幾，以三州隸淮西。

（上元）二年，廢汴滑、河南二節度，以徐、泗、汴、宋、曹五州隸淮西節度。

（上元）二年，廢鄭陳節度，以鄭、陳、亳、潁四州隸淮西。

（上元）二年，淮南西道節度使增領陳、鄭、潁、亳、汴、曹、宋、徐、泗九州，徙治安州，號淮西十六州節度使。

寶應元年，淮西節度增領許、隋、唐三州，以鄭州隸澤潞節度，潁、汴、宋、曹四州隸河南節度，泗州隸兗鄆節度，申州隸蔡汝節度。

（大曆）八年，淮西節度使徙治蔡州，廢蔡汝節度使，所管州皆隸淮西節度。

（大曆十一年），汴州隸淮西節度。

（大曆）十四年，淮西節度使復治蔡州，是年賜號淮寧軍節度，尋更號申光蔡節度使。

（元和）十一年，彰義軍節度增領唐、隋、鄧三州。

（元和）十二年，彰義軍節度復為淮西節度，增領溵州。

（元和）十三年，廢淮西節度。

又　卷六八《方鎮表五》（至德元載），尋以光州隸淮西。

（乾元）二年，壽州隸淮西節度。

蔡州節度使

唐・李吉甫《元和郡縣圖志》卷九《河南道五・蔡州》今為蔡州節度使理所。管州三：蔡州，申州，光州。縣二十。

《新唐書》卷六五《方鎮表二》　（大中）二年，置蔡州防禦使、龍陂監牧使。

又　卷六八《方鎮表五》　（中和）二年，蔡州置奉國軍節度。

（中和）二年，升蔡州防禦使為奉國軍節度。

（乾寧）四年，奉國軍節度增領申、和二州。

徐海沂密都團練觀察使

《新唐書》卷六五《方鎮表二》　（大曆）四年，置海沂密三州都防禦使，尋廢。

（建中）三年，置徐海沂密都團練觀察使，治徐州。

興元元年，廢徐海沂密都團練觀察使。

徐泗三州節度使

唐·李吉甫《元和郡縣圖志》卷九《河南道五·徐州》　今為徐泗節度使理所。管州四：徐州，宿州，泗州，濠州。縣一十六。

《新唐書》卷六五《方鎮表二》　（貞元）四年，置徐、泗、濠三州節度使，治徐州。

（貞元）十六年，廢徐、泗、濠三州節度使，未幾，復置泗、濠二州觀察使，隸淮南。

武寧軍節度使

《舊唐書》卷三八《地理志一》　武寧軍節度使。治徐州，管徐、泗、濠、宿四州。

《新唐書》卷六五《方鎮表二》　（元和）二年，廢泗、濠二州觀察使，置武寧軍節度使，治徐州，領徐、泗、濠三州。

（元和）四年，武寧軍節度使增領宿州。

（大和）七年，宿州復隸武寧節度。

（咸通）三年，罷武寧軍節度。置徐州團練防禦使，隸兗海。又置宿、泗等州團練觀察處置使，治宿州。

（咸通）四年，罷徐州防禦使。

（咸通）五年，置徐泗團練觀察處置使，治徐州。

（咸通）十年，置徐泗節度使，是年，復置都團練防禦使，增領濠、宿二州。

（咸通）十一年，置徐泗觀察使，尋賜號感化軍節度使。

（乾符）二年，感化軍節度使罷領泗州。

光化元年，感化軍節度復為武寧軍節度，未幾，復為感化軍節度。

（天復）二年，罷感化軍節度。

兗海節度使

《舊唐書》卷三八《地理志一》　兗海节度使。治兗州，管兗、海、沂、密四州。

《新唐書》卷六五《方鎮表二》　（咸通）三年，罷武寧軍節度。置徐州團練防禦使，隸兗海。又置宿、泗等州都團練觀察處置使，治宿州。

沂海節度使

《新唐書》卷六五《方鎮表二》　長慶元年，升沂海觀察使為節度使，徙治兗州。

（大和）八年，廢沂海節度使為觀察使。

（大中）五年，升沂海觀察使為節度使。

（咸通）三年，沂海節度使增領徐州。

（乾寧）四年，賜沂海節度使為泰寧軍節度使。

青密節度使

《新唐書》卷六五《方鎮表二》　至德元載，置青密節度使，領北海、高密、東牟、東萊四郡，治北海郡。

乾元元年，尋以滑、濮二州隸青密節度。

乾元元年，青密節度增領滑、濮二州。

（乾元）二年，青密节度使增领淄、沂、海三州。

上元元年，海州復隸青密節度。

（上元）二年，以齊州隸青密，而兗鄆節度增領徐州。

淄青節度使

唐・李吉甫《元和郡縣圖志》卷一〇《河南道六・鄆州》　今為淄青節度使理所。管州十二：鄆州，兖州，青州，齊州，曹州，濮州，密州，海州，沂州，萊州，淄州，登州。縣七十三。

《舊唐書》卷三八《地理志一》　天平軍節度使。治鄆州，管鄆、齊、曹，棣四州。

《新唐書》卷六五《方鎮表二》　（大曆）十一年，【略】曹、兖、鄆、濮、徐五州隸淄青節度。

（建中）三年，廢淄青平盧節度使，置淄青都團練觀察使，領淄、青、登、萊、齊、兖、鄆七州，治青州。

（元和）十五年，賜鄆曹濮節度使號天平軍節度使。

（咸通）五年，天平軍節度增領齊、棣二州。

淄青平盧軍節度使

《舊唐書》卷三八《地理志一》　平盧軍節度使。治青州，管淄、青、登、萊四州。

《新唐書》卷六五《方鎮表二》　（上元）二年，平盧軍節度使侯希逸引兵保青州，授青密節度使，遂廢淄沂節度，並所管五州，號淄青平盧節度，增領齊州。

寶應元年，登、萊、沂、海、泗隸淄青平盧節度。

永泰元年，淄青平盧節度增領押新羅渤海兩蕃使。

（大曆）四年，淄青平盧節度罷領海、沂、密三州，置海、沂、密三州都防禦使，尋廢，復以三州隸淄青平盧節度。

（大曆）十年，淄青平盧節度又領德州。

（大曆）十一年，淄青平盧節度增領鄆、曹、濮、徐、兖五州，以泗州隸永平軍節度。

興元元年，復置淄青平盧節度使，領青、淄、登、萊、齊、兖、鄆、徐、海、沂、密、曹、濮十三州，治青州，廢曹濮都團練觀察使。

（貞元）四年，淄青平盧節度使徙治鄆州。

（元和）十四年，淄青平盧節度使領青、淄、齊、登、萊五州，復治青州。

（大和）二年，淄青平盧節度增領棣州。

（咸通）十三年，淄青平盧節度復領齊、棣二州。

河東節度使

唐・李吉甫《元和郡縣圖志》卷一三《河東道二・太原府》　今為河東節度使理所。管州十一：太原府，汾州，沁州，儀州，嵐州，石州，忻州，代州，蔚州，朔州，雲州。縣四十七。

《舊唐書》卷三八《地理志一》　河東節度使。掎角朔方，以禦北狄，統天兵、大同、横野、岢嵐等四軍，忻、代、嵐三州，雲中守捉。河東節度使，治太原府，管兵五萬五千人，馬萬四千疋，衣賜歲百二十六萬疋段，軍糧五十萬石。天兵軍，理太原府城内，管兵三萬人，馬五千五百疋。雲中守捉，在單于府西北二百七十里，管兵七千七百人，馬二千疋。大同軍，在代州北三百里，管兵九千五百人，馬五千五百疋。横野軍，在蔚州東北一百四十里，管兵三千人，馬千八百疋。忻州，在太原府北百八十里，管兵七千八百人。代州，至太原府五百里，管兵四千人。嵐州，在太原府西北二百五十里，管兵三千人。岢嵐軍，在嵐州北百里，管兵一千人。

河東節度使。治太原府，管汾、遼、沁、嵐、石、忻、憲等州。

《新唐書》卷六五《方鎮表二》　（景雲）二年，北都長史領持節和戎、大武等諸軍州節度使。

（開元）十八年，更太原府以北諸軍州節度為河東節度。自後節度使領大同軍使，副使以代州刺史領之，復領儀、石二州。

興元元年，賜河東節度號保寧軍節度。

（貞元）三年，保寧軍節度復為河東節度。

長慶元年，河東節度使領押北山諸蕃使。

（會昌）三年，河東節度使罷領雲、朔、蔚三州，以雲、蔚、朔三州置大同都團練使，治雲州。

（中和）二年，河東節度增領麟州。

（中和）四年，河東節度復領雲、蔚二州。

（光啓）二年，河東節度增領憲州。

天兵軍節度使

《新唐書》卷六五《方鎮表二》　（開元）五年，領天兵軍大使。

（開元）八年，更天兵軍大使為天兵軍節度使。

（開元）十一年，更天兵軍節度為太原府以北諸軍州節度、河東道支度營田使兼北都留守，領太原及遼、石、嵐、汾、代、忻、朔、蔚、雲九州，治太原。

大同軍防禦使

《舊唐書》卷三八《地理志一》　大同軍防禦使。雲州刺史領之，管雲、蔚、朔三州。

河中節度使

唐・李吉甫《元和郡縣圖志》卷一二《河東道一・河中府》　今為河中節度使理所。管州五：河中府，絳州，晉州，慈州，隰州。縣三十七。

《舊唐書》卷三八《地理志一》　河中節度使。治河中府，管蒲、晉、絳、慈、隰等州。

《新唐書》卷六四《方鎮表一》　至德元載，【略】同州隸河中。

又　卷六六《方鎮表三》　至德元載，置河中防禦守捉蒲關使。

（至德）二載，升河中防禦為河中節度，兼蒲關防禦使，領蒲、晉、絳、隰、慈、虢、同七州，治蒲州。

（上元）二年，河中節度增領沁州。

興元元年，置晉慈隰節度使，治晉州。尋罷，復置河中節度使，領河中府、同絳虢陝四州。

（元和）三年，罷晉慈隰觀察使，以三州隸河中節度。

十四年，罷河中節度，置河中都防禦觀察使。

十五年，復置河中節度使。

光啓元年，賜河中節度號護國軍節度。

保義軍節度使

《新唐書》卷六六《方鎮表三》　大和元年，升晉慈觀察使為保義軍節度。是年罷，以二州隸河中節度。

澤潞節度使

唐・李吉甫《元和郡縣圖志》卷一五《河東道四・潞州》　今為澤潞節度使理所。管州五：潞州，澤州，邢州，洺州，磁州。慈、邢、洺本河北道，今屬澤潞節度使管內。縣三十七。

《新唐書》卷六五《方鎮表二》　寶應元年，以鄭州隸澤潞節度。

廣德元年，以衛州隸澤潞。

至德元載，置澤潞沁節度使，治潞州。

又　卷六六《方鎮表三》　是年（上元二年），復以沁州隸澤潞節度。

（上元）二年，澤潞節度增領沁州。

寶應元年，澤潞節度增領鄭州，又增領陳、邢、洺、趙四州。

寶應元年，邢州隸澤潞節度。

廣德元年，澤潞節度增領懷、衛二州。

（大曆）四年，澤潞節度增領潁州。

昭義軍節度使

《舊唐書》卷三八《地理志一》　昭義軍節度使。治潞州，領潞、澤、邢、洺、磁五州。

《新唐書》卷六六《方鎮表三》　大曆元年，相衛六州節度賜號昭義軍節度。

恒冀節度使

唐・李吉甫《元和郡縣圖志》卷一七《河北道二・恒州》　今為恒冀節度使理所。管州六：恒州，冀州，深州，趙州，德州，棣州。縣四十四。

《新唐書》卷六六《方鎮表三》 （建中）三年，罷成德軍節度，置恒冀都團練觀察使，治恒州。

興元元年，廢恒冀、深趙二觀察，復置成德軍節度使，領恒、冀、趙、深四州，治恒州。

成德軍節度使

《舊唐書》卷三八《地理志一》 成德军节度使。治恆州，领恆、赵、冀、深四州。

《新唐書》卷六六《方鎮表三》 寶應元年，置成德軍節度使，領恒、定、易、趙、深五州，治恒州。

寶應元年，【略】以恒、定、易、趙、深五州隸成德軍節度。

是年（寶應元年），以趙州隸成德軍節度。

廣德元年，成德軍節度增領冀州。

（建中）三年，德、棣二州【略】復隸成德軍節度。

寶應元年，復置成德軍節度使，領恒、冀、趙、深四州，治恒州。

貞元元年，成德軍節度增領德、棣二州。

長慶元年，復以深冀隸成德軍節度。

二年，更成德軍節度號武順軍節度。

易定節度使

唐・李吉甫《元和郡縣圖志》卷一八《河北道三・定州》 今為易定節度使理所。管州二：定州，易州。縣十六。

義武軍節度使

《舊唐書》卷一二《德宗本紀上》 （五月）辛亥，易定節度賜名義武軍。

又 卷三八《地理志一》 義武軍節度使。治定州，領易、祁二州。

幽州節度使

《舊唐書》卷三八《地理志一》 幽州節度使。治幽州，管幽、涿、瀛、莫、檀、薊、平、營、媯、順等十州。

《新唐書》卷六六《方鎮表三》 （開元）二年，置幽州節度、諸州軍管內經略、鎮守大使，領幽、易、平、檀、媯、燕六州，治幽州。

（開元）八年，幽州節度兼本軍州經略大使，並節度河北諸軍大使。

（開元）十五年，幽州節度大使兼河北支度營田使。

（開元）十八年，幽州節度增領薊、滄二州。

（開元）二十年，幽州節度使兼河北採訪處置使，增領衛、相、洺、貝、冀、魏、深、趙、恒、定、邢、德、博、棣、營、鄚十六州及安東都護府。

（開元）二十七年，幽州節度使增領河北海運使。

寶應元年，范陽節度使復為幽州節度使，及平盧陷，又兼盧龍節度使。

（建中）三年，幽州節度復領德、棣二州。

（長慶）二年，幽州節度復領瀛、莫二州。

范陽節度使

《舊唐書》卷三八《地理志一》 范陽節度使，臨制奚、契丹，統經略、威武、清夷、靜塞、恆陽、北平、高陽、唐興、橫海等九軍。范陽節度使，理幽州，管兵九萬一千四百人，馬六千五百疋，衣賜八十萬疋段，軍糧五十萬石。經略軍，在幽州城內，管軍三萬人，馬五千四百疋。威武軍，在檀州城內，管兵萬人，馬三百疋。清夷軍，在媯州城內，管兵萬人，馬三百疋。靜塞軍，在薊州城內，管兵萬六千人，馬五百疋。恆陽軍，在恆州城東，管兵三千五百人。北平軍，在定州城西，管兵六千人。高陽軍，在易州城內，管兵六千人。唐興軍，在莫州城內，管兵六千人。橫海軍，在滄州城內，管兵六千人。

《新唐書》卷六六《方鎮表三》 天寶元年，更幽州節度使為范陽節度使，增領歸順、歸德二郡。

平盧軍節度使

《舊唐書》卷三八《地理志一》 平盧軍節度使，鎮撫室韋、靺鞨，統平盧、盧龍二軍，榆關守捉，安東都護府。平盧軍節度使治，在營州，管兵萬七千五百人，馬五千五百疋。平盧軍，在營州城內，管兵萬六千人，馬四千二百疋。盧龍軍，在平州城內，管兵萬人，馬三百疋。榆關守捉，在營州城西四百八十里，管兵三百人，馬百疋。安東都護府，在營州東二百七十里，管兵八千五百人，馬七百疋。

《新唐書》卷六六《方鎮表三》 （開元）五年，營州置平盧軍使。

（開元）七年，升平盧軍使為平盧軍節度，經略、河北支度、管內諸蕃及營田等使，兼領安東都護及營、遼、燕三州。

二十八年，平盧軍節度使兼押兩蕃、渤海、黑水四府經略處置使。

（天寶）二年，平盧軍節度使治遼西故城，副都護領保定軍使。

寶應元年，置平盧防禦本軍營田使。

魏博節度使

唐・李吉甫《元和郡縣圖志》卷一六《河北道一・魏州》 今為魏博節度使理所。管州六：魏州，相州，博州，衛州，貝州，澶州。縣四十三。

《舊唐書》卷三八《地理志一》 魏博節度使。治魏州，管魏、貝、博、相、澶、衛六州。

《新唐書》卷六五《方鎮表二》 廣德元年，滄、德二州隸魏博節度。【略】未幾，瀛州復隸魏博節度。

又 卷六六《方鎮表三》 廣德元年，置魏博等州防禦使，領魏、博、貝、瀛、滄五州，治魏州。是年，升為節度使，增領德州。【略】未幾，復領瀛、滄二州。

（大和三年），相、衛、澶三州復隸魏博。

天雄軍節度使

《新唐書》卷六六《方鎮表三》 天祐元年，賜魏博節度號天雄軍節度。

滄景節度使

唐・李吉甫《元和郡縣圖志》卷一八《河北道三・滄州》 今為滄景節度使理所。管州二：滄州，景州。縣十二。

義昌軍節度使

《舊唐書》卷三八《地理志一》 義昌軍節度使。治滄州，管滄、景、德三州。

《新唐書》卷六六《方鎮表三》 景福元年，義昌軍節度復領景州。

橫海軍節度使

《舊唐書》卷一一《代宗紀》 （大曆）冬十月壬午，滄州置橫海軍。

《新唐書》卷六五《方鎮表二》 大和元年，齊州隸橫海節度。

又 卷六六《方鎮表三》 （開元）十三年，滄州置橫海軍使。

三年，置橫海軍節度使，領滄、景二州，治滄州。

（長慶二年），橫海節度使復領景州。

大和元年，橫海節度增領齊州。

南陽節度使

《新唐書》卷六七《方鎮表四》 至德元載，襄陽、南陽二郡皆置防禦守捉使，尋升南陽防禦為節度使。

襄陽節度使

唐・李吉甫《元和郡縣圖志》卷二一《山南道二・襄州》 今為襄陽節度使理所。管州八：襄州，鄧州，復州，郢州，唐州，隨州，均州，房州。縣三十八。

《舊唐書》卷三九《地理志二・山南道五・襄州》 天寶元年，改為襄陽郡。十四載，置防禦使。乾元元年，復為襄州。上元二年，置襄州節度使，領襄、鄧、均、房、金、商等州，自後為山南東道節度使治所。

山南東道節度使

《舊唐書》卷二〇下《哀帝紀》 （天祐三年）六月癸未朔。甲申，敕：『襄州近因趙匡凝作帥，請別立忠義軍額，即非往制，固是從權。忠義軍額宜停廢，依舊為山南東道節度使。」

又 卷三八《地理志一》 山南東道節度使。治襄州，管襄、復、均、房、鄧、唐、隨、郢等州。

《新唐書》卷六七《方鎮表四》 （至德）二載，廢南陽節度使，升襄陽防禦使為山南東道節度使，領襄、鄧、隋、唐、安、均、房、金、商九州，治襄州。

（貞元）三年，山南東道節度增領復州。

（元和十二年），以唐、隋、鄧三州還隸山南東道。

（元和）十四年，山南東道節度增領臨漢監牧使。

（天祐）三年，忠義軍節度復為山南東道節度。

山南西道節度使

唐・李吉甫《元和郡縣圖志》卷二二《山南道三・興元府》 今為山南西道節度使理所。管州十七：興元府，洋州，利州，鳳州，興州，成州，文州，扶州，集州，集州以下九州闕。壁州，巴州，蓬州，通州，開州，閬州，果州，渠州。縣八十八。

《舊唐書》卷三八《地理志一》 山南西道節度使。治興元府，管開、通、渠、興、集、鳳、洋、蓬、利、壁、巴、閬、果、金、商等州。

《新唐書》卷六七《方鎮表四》 至德元載，置山南西道防禦守捉使。

寶應元年，通、巴、蓬、渠四州【略】隸山南西道。

廣德元年，升山南西道防禦守捉使為節度使，尋降為觀察使，領梁、洋、集、壁、文、通、巴、興、鳳、利、開、渠、蓬十三州，治梁州。

建中元年，升山南西道觀察使為節度使。

興元元年，山南西道節度使兼興元尹，增領果、閬二州。

興元元年，閬州隸山南西道。

荊南節度使

《舊唐書》卷三八《地理志一》 荊南節度使。治江陵府，管歸、夔、峽、忠、萬、澧、朗等州，使親王領之。

又 卷三九《地理志二・荊州江陵府》 天寶元年，改為江陵郡。乾元元年三月，復為荊州大都督府。自至德後，中原多故，襄、鄧百姓，兩京衣冠，盡投江、湘，故荊南井邑，十倍其初，乃置荊南節度使。上元元年九月，置南都，以荊州為江陵府，長史為尹，觀察、制置，一準兩京。以舊相呂諲為尹，充荊南節度使，領澧、朗、硤、夔、忠、歸、萬等八州，又割黔中之涪，湖南之嶽、潭、衡、郴、邵、永、道、連八州，增置萬人軍，以永平為名。

《新唐書》卷六八《方鎮表五》 （至德）二載，置荊南節度，亦曰荊澧節度，領荊、澧、朗、郢、復、夔、峽、忠、萬、歸十州，治荊州。

上元元年，荊南節度使兼江陵尹。

上元元年，荊南節度復領澧、朗、忠、峽四州。

（上元）二年，荊南節度增領涪、衡、潭、嶽、寧、邵、永、道、連九州。

大曆元年，荊南節度復領澧、朗、涪三州。

（大和）六年，廢荊南節度使，置都團練觀察使。

（開成）三年，復置荊南節度使。

（大中）二年，荊南節度復領涪州。

夔峽節度使

《新唐書》卷六八《方鎮表五》 （至德）二載，升夔州防禦為夔峽節度使。

乾元元年，廢夔峽節度使。

（廣德）二年，置夔忠涪都防禦使，治夔州。

安西節度使

《舊唐書》卷三八《地理志一》 安西節度使，撫寧西域，統龜茲、焉耆、于闐、疏勒四國。安西都護府治所，在龜茲國城內，管戍兵二萬四千人，馬二千七百疋，衣賜六十二萬疋段。焉耆治所，在安西府東八百里。于闐，在安西府南二千里。疏勒，在安西府西二千餘里。

《新唐書》卷六七《方鎮表四》 景雲元年，安西都護四鎮經略大使。

（開元）四年，安西大都護領四鎮諸蕃落大使。

（開元）六年，安西都護領四鎮節度、支度經略使，副大都護領磧西節度、支度、經略等使，治西州。

（開元）十九年，合伊西、北庭二節度為安西四鎮北庭經略、節度使。

（開元）二十九年，復分置安西四鎮節度，治安西都護府。

（天寶）十三載，安西四鎮復兼北庭節度。

（至德）二載，更安西曰鎮西。

（大曆）二年，鎮西復為安西，其後增領五十七蕃使。

北庭伊西節度使

唐・李吉甫《元和郡縣圖志》卷四〇《隴右道下・庭州》 長安二年改置北庭都護府，按三十六蕃，開元二十一年改置北庭節度使，以防制突騎施、堅昆，斬啜。管瀚海軍，天山軍，伊吾軍。

《舊唐書》卷三八《地理志一》 北庭節度使，防制突騎施、堅昆、斬啜，管瀚海、天山、伊吾三軍。北庭節度使所治，在北庭都護府，管兵二萬人，馬五千匹，衣賜四十八萬匹段。突騎施牙帳，在北庭府西北三千餘里。堅昆，在北庭府北七千里。東北去斬啜千七百里。瀚海軍，在北庭府城內，管兵萬二千人，馬四千二百匹。天山軍，在西州城內，管兵五千人，馬五百匹。伊吾軍，在伊州西北三百里甘露川，管兵三千人，馬三百匹。

《新唐書》卷六七《方鎮表四》 （開元）二十九年，復分置【略】北庭伊西節度使，治北庭都護府。

河西節度使

唐・李吉甫《元和郡縣圖志》卷四〇《隴右道下・涼州》 武德二年討平李李軌，改為涼州，置河西節度使，備羌胡。統赤水軍，太斗軍，建康軍，寧寇軍，玉門軍，墨離軍，新泉軍，豆盧軍，張掖守捉，交城守捉，白亭軍。

《舊唐書》卷三八《地理志一》 河西節度使，斷隔羌胡。統赤水、大門、建康、寧寇、玉門、墨離、豆盧、新泉等八軍，張掖、交城、白亭三守捉。河西節度使治，在涼州，管兵七萬三千人，馬萬九千四百疋，衣賜歲百八十萬疋段。赤水軍，在涼州城內，管兵三萬三千人，馬萬三千疋。大門軍，在涼州西二百余里，管兵七千五百人，馬二千四百疋。建康軍，在甘州西二百里，管兵五千三百人，馬五百疋。寧寇軍，在涼州東北千餘里。玉門軍，在肅州西二百里，管兵五千二百人，馬六百疋。墨離軍，在瓜州西北千里，管兵五千人，馬四百疋。豆盧軍，在沙州城內，管兵四千三百人，馬四百疋。新泉軍，在會州西北二百余里，管兵千人。張掖守捉，在涼州南二里，管兵五百人。交城守捉，在涼州西二百里，管兵千人。白亭守捉，在涼州西北五百里，管兵千七百人。

《新唐書》卷六七《方鎮表四》 景雲元年，置河西諸軍州節度、支度營田督察九姓部落、赤水軍兵馬大使，領涼、甘、肅、伊、瓜、沙、西七州，治涼州。副使治甘州，領都知河西兵馬使。

（開元）二年，河西節度使兼隴右僸牧都使、本道支度營田等使。

（開元）七年，河西節度增領經略大使。

大曆元年，河西節度徙治沙州。

涼州節度使

《舊唐書》卷三八《地理志一》 涼州節度使。治涼州，管西、洮、鄯、臨、河等州。

《新唐書》卷六七《方鎮表四》 （咸通）四年，置涼州節度，領涼、洮、西、鄯、河、臨六州，治涼州。

（咸通）四年，河、鄯、西三州隸涼州節度。

瓜沙節度使

《舊唐書》卷三八《地理志一》 瓜沙節度使。治沙州，管沙、瓜、甘、肅、蘭、伊、岷、廓等州。

《新唐書》卷六七《方鎮表四》 （大中）五年，置歸義軍節度使，領沙、甘、瓜、肅、鄯、伊、西、河、蘭、岷、廓十一州，治沙州。

隴右節度使

唐・李吉甫《元和郡縣圖志》卷三九《隴右道上・鄯州》 開元二

十一年置隴右節度使，備西戎。統臨洮軍，河源軍，白水軍，安人軍，振威軍，威戎軍，綏和守捉，合川郡守捉，莫門軍，寧塞軍，積石軍，鎮西軍，平夷守捉。

《舊唐書》卷三八《地理志一》　隴右節度使，以備羌戎，統臨洮、河源、白水、安人、振威、威戎、莫門、寧塞、積石、鎮西等十軍，綏和、合川、平夷三守捉。隴右節度使，在鄯州，管兵七萬人，馬六百疋，衣賜二百五十萬疋段。臨洮軍，在鄯州城內，管兵萬五千人，馬八千疋。河源軍，在鄯州西百二十里，管兵四千人，馬六百五十疋。白水軍，在鄯州西北二百三十里，管兵四千人，馬五百疋。安人軍，在鄯州界星宿川西，兵萬人，馬三百五十疋。振威軍，在鄯州西三百里，管兵千人，馬五百疋。威戎軍，在鄯州西北三百五十里，管兵千人，馬五十疋。綏和守捉，在鄯州西南二百五十里，管兵千人。合川守捉，在鄯州南百八十里，管兵千人。莫門軍，在洮州城內，管兵五千五百人，馬二百疋。寧塞軍，在廓州城內，管兵五百人，馬五十疋。積石軍，在廓州西百八十里，管兵七千人，馬三百疋。鎮西軍，在河州城內，管兵萬一千人，馬三百疋。平夷守捉，在河州西南四十里，管兵三千人。

《新唐書》卷六七《方鎮表四》　（開元）五年，置隴右節度，亦曰隴西節度，兼隴右道經略大使，領秦、河、渭、鄯、蘭、臨、武、洮、岷、廓、疊、宕十二州，治鄯州。

（開元）十五年，隴右節度副使兼關西兵馬使。

秦州節度使

《舊唐書》卷三八《地理志一》　秦州节度使。治秦州，管秦、成、阶等州。

《新唐書》卷六四《方鎮表一》　（咸通）五年，秦州隸天雄軍節度。

又　卷六七《方鎮表四》　（大中）三年，升秦州防禦守捉使為秦成兩州經略、天雄軍使。

（咸通）五年，升秦成兩州經略、天雄軍使為天雄軍節度、觀察、處置、營田、押蕃落等使，增領階州。

劍南節度使

唐·李吉甫《元和郡縣圖志》卷三一《劍南道上·四川节度使》　今為四川節度使理所。管州二十六：成都府，彭州，蜀州，漢州，邛州，簡州，資州，嘉州，戎州，雅州，【略】眉州，松州，茂州，翼州，維州，當州，悉州，靜州，柘州，恭州，真州，黎州　州，姚州，協州，曲州。縣一百一十二。

《舊唐書》卷三八《地理志一》　劍南節度使，西抗吐蕃，南撫蠻獠，統團結營及松、維、蓬、恭、雅、黎、姚、悉等八州兵馬，天寶、平戎、昆明、寧遠、澄川、南江等六軍鎮。劍南節度使治，在成都府，管兵三萬九百人，馬二千疋，衣賜八十萬疋段，軍糧七十萬石。團結營，在成都府城內，管兵萬四千人，馬千八百疋。翼州，管兵五百人。茂州，管兵三百人。維州，管兵五百人。天寶軍，在恭州東南九十里，管兵千人。柘州，管兵五百人。松州，管兵二千八百人。平戎城，在恭州南八十里，管兵千人。雅州，管兵四百人。當州，管兵五百人。黎州，管兵千人。昆明軍，在嶲州南，管兵五千一百人，馬二百疋。寧遠城，在管兵二千人。悉州，管兵五千人。南江郡，管兵三百人。

又　卷四〇《地理志四·成都府》　（至德二年）又分為劍南東川、西川，各置節度使。廣德元年，黃門侍郎嚴武為成都尹，復併東、西川為一節度。自崔寧鎮蜀後，分為西川，自後不改。

《新唐書》卷六七《方鎮表四》　（開元）七年，升劍南支度、營田、處置、兵馬經略使為節度使，兼昆明軍使，領益、彭、蜀、漢、眉、綿、梓、遂、邛、劍、榮、陵、嘉、普、資、嶲、黎、戎、維、茂、簡、龍、雅、瀘、合二十五州，治益州。

（開元）二十二年，劍南節度兼山南西道採訪處置使，號山劍西道，增領文、扶、姚三州。

（開元）二十九年，劍南節度增領奉州。

天寶元年，劍南節度增領霸州。

（天寶）八載，劍南節度增領保寧都護府。

寶應元年，劍南節度增領通、巴、蓬、渠四州。

劍南西川節度使

《舊唐書》卷三八《地理志一》 劍南西川節度使。治成都府，管彭、蜀、漢、眉、嘉、資、簡、維、茂、黎、雅、松、扶、文、龍、戎、翼、邛、嶲、姚、柘、恭、當、悉、奉、疊、靜等州，使親王領之。

《新唐書》卷六七《方鎮表四》 （至德）二載，更劍南節度號西川節度使，兼成都尹，增領果州。

又 卷六八《方鎮表五》 （廣德）二年，劍南西川節度復領東川十五州。

又 卷六八《方鎮表五》 （廣德）二年，廢東川節度，以所管十五州隸西川節度。

劍南東川節度使

唐·李吉甫《元和郡縣圖志》卷三三《劍南道下·東川節度使》

梓州。【略】今為東川節度使理所。管州一十二：梓州，劍州，綿州，遂州，渝州，合州，普州，榮州，陵州，瀘州，龍州，昌州。縣六十九。都管戶三萬一千七百二十二。

《舊唐書》卷三八《地理志一》 劍南東川節度使。治梓州，管梓、綿、劍、普、榮、遂、合、渝、瀘等州。

又 卷四一《地理志四·梓州》 乾元後，分蜀為東、西川，梓州恒為東川節度使治所。

《新唐書》卷六七《方鎮表四》 （至德二載），以梓、遂、綿、劍、龍、閬、普、陵、瀘、榮、資、簡十二州隸東川節度。

又 卷六八《方鎮表五》 （至德）二載，置劍南東川節度使，領梓、遂、綿、劍、龍、閬、普、陵、瀘、榮、資、簡十二州，治梓州。

（乾元）二年，劍南東川增領昌、渝、合三州。

大曆元年，復置劍南東川節度使，領州如故。

（大曆）二年，廢劍南東川節度，置都防禦觀察使兼靜戎軍使，治遂州。尋復置節度使，治梓州。

淮南節度使

《舊唐書》卷三八《地理志一》 淮南節度使。治揚州，管揚、楚、滁、和、舒、壽、廬等州，使親王領之。

又 卷四〇《地理志三·揚州大都督府》 天寶元年，改為廣陵郡，依舊大都督府。乾元元年，復為揚州。自後置淮南節度使，親王為都督，領使。長史為節度副大使，知節度事。恒以此為治所。

《新唐書》卷六五《方鎮表二》 （貞元）十六年，【略】未幾，復置泗、濠二州觀察使，隸淮南。

長慶元年，宿州隸淮南節度。

（咸通）四年，以濠州隸淮南節度。

又 卷六八《方鎮表五》 至德元載，置淮南節度使，領揚、楚、滁、和、壽、廬、舒、光、蘄、安、黄、申、沔十三州，治揚州。

（建中）二年，淮南節度增領泗州。

（貞元）四年，淮南節度復領廬、壽二州。

（元和）二年，楚州隸淮南節度。

江東防禦使

《新唐書》卷六八《方鎮表五》 （至德）二載，置江東防禦使，治杭州。

浙江東道節度使

唐·李吉甫《元和郡縣圖志》卷二六《江南道二·越州》 今為浙東觀察使理所。

管州七：越州，婺州，衢州，處州，温州，臺州，明州。縣三十（七）［八］。

《舊唐書》卷三八《地理志一》 浙江東道節度使。治越州，管越、衢、婺、温、臺、明等州。或為觀察使。

《新唐書》卷六八《方鎮表五》 乾元元年，置浙江東道節度使，領越、睦、衢、婺、臺、明、處、温八州，治越州。

（大曆）五年，廢浙江東道節度使，置都團練守捉及觀察處置等使，領州如故。

義勝軍節度使

《新唐書》卷六四《方鎮表一》 （天祐）三年，置義勝軍節度使，領耀、鼎二州。

又 卷六八《方鎮表五》 （中和）三年，升浙江東道觀察使為義勝軍節度使。

（光啓）三年，改義勝軍節度為威勝軍節度。

浙江西道節度使

唐・李吉甫《元和郡縣圖志》卷二五《江南道一・潤州》 今為浙西觀察使理所。管州六：潤州，常州，蘇州，杭州，湖州，睦州。縣三十七。

《舊唐書》卷三八《地理志一》 浙江西道節度使。治潤州，管潤、蘇、常、杭、湖等州。或為觀察使。

又 卷四〇《地理志三・潤州》 永泰後，常為浙江西道觀察使理所。

《新唐書》卷六八《方鎮表五》 乾元元年，置浙江西道節度兼江寧軍使，領升、潤、宣、歙、饒、江、蘇、常、杭、湖十州，治升州，尋徙治蘇州，未幾，罷領宣、歙、饒三州，副使兼餘杭軍使，治杭州。

（乾元）二年，廢浙江西道節度使，置觀察處置都團練守捉及本道營田使，更領丹陽軍使，治蘇州，復領宣、歙、饒三州。

（上元）二年，浙江西道觀察使徙治宣州，罷領升州。杭州刺史領防禦使。

大曆元年，浙江西道觀察使罷領宣、歙二州。

（大曆）十二年，浙江西道觀察使罷領丹楊軍使。

（大曆）十四年，廢浙江東道都團練觀察使，以所管州隸浙江西道。

（建中）二年，廢浙江東道都團練觀察使，以所管州隸浙江西道。

（貞元）三年，分浙江東、西為二道，復置浙江西道都團練觀察使，領潤、江、常、蘇、杭、湖、睦七州，治蘇州。

鎮海軍節度使

《新唐書》卷四一《地理志五・杭州餘杭郡》 鎮海軍，建中二年置于潤州，元和六年廢，大和九年復置，景福二年徙屯。

又 卷六八《方鎮表五》 （建中）二年，合浙江東、西二道觀察置節度使，治潤州，尋賜號鎮海軍節度。

（元和）二年，升浙江西道都團練觀察使為鎮海軍節度使。

（元和）四年，廢浙江西道節度使，復置觀察使，領鎮海軍使。

（大和）九年，復置鎮海軍節度使，數日廢，既而復置，踰月又廢。

（大中）十二年，復置鎮海軍節度使。

（大中）十三年，廢鎮海軍節度使，置都團練觀察使。

（咸通）三年，置鎮海軍節度使。

（咸通）八年，廢鎮海軍節度使。

（咸通）十一年，置鎮海軍節度使。

（景福）二年，徙鎮海軍節度使治杭州。

宣歙觀察使

唐・李吉甫《元和郡縣圖志》卷二八《江南道四・宣州》 今為宣歙觀察使理所。管州三：宣州，歙州，池州。縣二十。

《舊唐書》卷三八《地理志一》 宣州觀察使。治宣州，管宣、歙、池等州。

《新唐書》卷六八《方鎮表五》 乾元元年，置宣歙饒觀察使，治宣州。

（乾元）二年，廢宣歙饒觀察使。

大曆元年，復置宣歙池等州都團練守捉觀察處置使兼採石軍使。

（大曆）十四年，廢宣歙池觀察使，置團練使。

寧國軍節度使

《新唐書》卷六八《方鎮表五》 景福元年，升宣歙團練使為寧國軍節度。

（天復）三年，廢寧國軍節度使復為都團練觀察使。

福建節度使

唐·李吉甫《元和郡縣圖志》卷二九《江南道五·福州》 今為福建觀察使理所。管州五：福州，建州，泉州，汀州。縣二十四。

《舊唐書》卷三八《地理志一》 福建觀察使。治福州，管福、建、泉、汀、漳等州。

《新唐書》卷六八《方鎮表五》 （開元）二十一年，置福建經略使，領福、泉、建、漳、潮五州，治福州。

（開元）二十二年，福建經略使增領汀州。

天寶元年，福建經略使復領漳、潮二州。

乾元元年，改福建經略使為都防禦使兼寧海軍使。

上元元年，升福建都防禦使為節度使。

（大曆）六年，廢福建節度使，置都團練觀察處置使。

長樂經略使

《舊唐書》卷三八《地理志一》 長樂經略使。福州刺史領之，管兵千五百人。

威武軍節度使

《新唐書》卷六八《方鎮表五》 （乾寧）四年，升福建都團練觀察處置使為威武軍節度使。

洪吉都防禦團練觀察處置使

《新唐書》卷六八《方鎮表五》 乾元元年，置洪吉都防禦團練觀察處置使兼莫㮚軍使，領洪、吉、虔、撫、袁五州，治洪州。

上元元年，洪吉觀察使增領信州。

江南西道節度使

唐·李吉甫《元和郡縣圖志》卷二八《江南道四·洪州》 今為江南西道觀察使理所。管州八：洪州，饒州，虔州，吉州，江州，袁州，信州，撫州。管縣三十八。

《舊唐書》卷三八《地理志一》 江南西道觀察使。治洪州，管洪、饒、吉、江、袁、信、虔、撫等州。喪亂後，時升為節度使。

《新唐書》卷六八《方鎮表五》 （廣德）二年，洪吉都防禦團練觀察使更號江南西道。

（建中）四年，升江南西道都防禦團練觀察使為節度使。

貞元元年，廢江南西道節度使，復置都團練觀察使。

（貞元）四年，江南西道觀察使增領江州。

鎮南軍節度使

《新唐書》卷六八《方鎮表五》 （咸通）六年，升江南西道團練觀察使為鎮南軍節度使。

乾符元年，廢鎮南軍節度，復置江南西道觀察使。

龍紀元年，復升江南西道觀察使為鎮南軍節度使。

鄂岳節度使

《舊唐書》卷四〇《地理志三·鄂州》 永泰後，置鄂岳觀察使，領鄂、岳、蘄、黃四州，恒以鄂州為使理所。

《新唐書》卷六五《方鎮表二》 永泰元年，沔、蘄、黃三州隸鄂岳節度。

又 卷六八《方鎮表五》 （乾元）二年，沔州隸鄂岳節度。

（乾元）二年，置鄂、岳、沔三州都團練守捉使，治鄂州。

永泰元年，蘄、黃二州隸鄂岳節度。

（元和）十五年，鄂岳觀察使增領申州。

武昌軍節度使

《舊唐書》卷三八《地理志一》 武昌軍節度使。治鄂州，管鄂、岳、蘄、黃、安、申、光等州。

《新唐書》卷六八《方鎮表五》 元和元年，罷奉義軍節度使，升鄂岳觀察使為武昌軍節度使，增領安、黄二州。

（元和）五年，罷武昌軍節度使，置鄂岳都團練觀察使。

大中元年，復置武昌軍節度使。

（大中）二年，罷武昌軍節度使。

（大中）四年，復置武昌軍節度。

（大中）六年，罷武昌軍節度。

（大中六年），以申州隸武昌軍節度。

文德元年，復置武昌軍節度。

湖南觀察使

唐・李吉甫《元和郡縣圖志》卷二九《江南道五・潭州》 今為湖南觀察使理所。管州七：潭州，郴州，永州，連州，道州，邵州。縣三十四。

《舊唐書》卷三八《地理志一》 湖南觀察使。治潭州，管潭、衡、郴、連、道、永、邵等州。

《新唐書》卷六九《方鎮表六》 （至德）二載，置衡州防禦使，領衡、涪、嶽、潭、郴、邵、永、道八州，治衡州。

（廣德）二年，置湖南都團練守捉觀察處置使，治衡州，領衡、潭、邵、永、道五州，治衡州。

黔州觀察使

唐・李吉甫《元和郡縣圖志》卷三〇《江南道六・黔州》 今為黔州觀察使理所。管州十五，黔州，涪州，夷州，思州，費州，南州，珍州，溱州，播州，辰州，錦州，敍州，溪州，施州，獎州。縣五十二。

《舊唐書》卷三八《地理志一》 黔中觀察使。治黔州，管涪、溪、思、費、辰、錦、播、施、珍、夷、業、溱、南、巫等州。

《新唐書》卷六九《方鎮表六》 （開元）二十九年，黔州置五溪諸州經略使。

（大曆）十二年，置黔州經略招討觀察使，領黔、施、夷、辰、思、費、溆、播、南、溱、珍、錦十二州，治黔州。

貞元元年，黔州觀察使徙治辰州，增領伈、溪二州。

（貞元）三年，黔州觀察使復治黔州。

（元和）三年，黔州觀察增領涪州。

武泰軍節度使

《新唐書》卷六九《方鎮表六》 大順元年，賜黔州觀察使號武泰軍節度。

（天復）三年，武泰軍節度徙治涪州。

嶺南節度使

唐・李吉甫《元和郡縣圖志》卷三四《嶺南道一・廣州》 今為嶺南節度使理所。管州二十二：廣州，循州，潮州，端州，康州，封州，韶州，春州，【略】闕。新州，雷州，羅州，高州，恩州，潘州，辯州，瀧州，勤州，崖州，瓊州，振州，儋州，萬安州。

《舊唐書》卷三八《地理志一》 嶺南五府經略使，綏靜夷獠，統經略、清海二軍，桂管、容管、安南、邕管四經略使。五府經略使治，在廣州，管兵萬五千四百人，輕稅本鎮以自給。經略軍，在廣州城內，管兵五千四百人。清海軍，在恩州城內，管兵二千人。桂管經略使，治桂州，管兵千人。容管經略使，治容州，管兵千一百人。安南經略使，治安南都護府，即交州，管兵四千二百人。邕管經略使，管兵七百人。

又 卷四一《地理志四・廣州中都督府》 永徽後，以廣、桂、容、邕、安南府，皆隸廣府都督統攝，謂之五府節度使，名嶺南五管。

《新唐書》卷六八《方鎮表五》 （開元）二十一年，漳、潮二州隸嶺南道經略使。

至德元載，升五府經略討擊使為嶺南節度使，領廣、韶、循、潮、康、瀧、端、新、封、春、勤、羅、潘、高、恩、雷、崖、瓊、振、儋、萬安、藤二十二州，治廣州。

又 卷六九《方鎮表六》 （咸通）三年，分嶺南節度為東西道，改嶺南節度為嶺南東道節度。

嶺南東道節度使

《舊唐書》卷三八《地理志一》　嶺南東道節度使。治廣州，管廣、韶、循、崗、恩、春、賀、潮、端、藤、康、封、瀧、高、義、新、勤、竇等州。

《新唐書》卷六九《方鎮表六》　（乾寧）二年，賜嶺南東道節度號清海軍節度。

嶺南西道節度使

《新唐書》卷六九《方鎮表六》　（咸通）三年，升邕管經略使為嶺南西道節度使，增領蒙州。

邕管經略使

唐·李吉甫《元和郡縣圖志》卷三八《嶺南道五·邕州》　今為邕管經略使理所。管州八：邕州，貴州，賓州，澄州，横州，欽州，潯州，巒州。縣三十三。

《舊唐書》卷三八《地理志一》　邕管經略使。治邕州，管邕、貴、黨、横、田、嚴、山、巒、羅、潘等州。

《新唐書》卷六九《方鎮表六》　（天寶）十四載，置邕州管內經略使，領邕、貴、横、欽、澄、賓、嚴、羅、淳、瀼、山、田、籠十三州，治邕州。

乾元元年，邕州管內經略使兼都防禦使，增領羅州。

（乾元）二年，升邕州管內都防禦經略使為節度使。

上元元年，廢邕州管內節度使，置都防禦經略使。

（大曆）五年，復置邕州管內都防禦使。

（大曆）八年，邕州管內都防禦使增領桂管諸州。

元和元年，邕州管內都防禦觀察經略使增領懷遠軍使。

（元和）十五年，廢邕管經略使。

（長慶）二年，復置邕管經略使。

咸通元年，廢容管觀察使，以所管十一州隸邕管經略使，未幾復置，領州如故。

咸通元年，邕管經略使增領容管十一州。

容管經略使

《舊唐書》卷三八《地理志一》　容管經略使。治容州，管容、辯、白、牢、欽、岩、禺、湯、瀼、古等州。

《新唐書》卷六九《方鎮表六》　建中元年，容管觀察使增領順、藤二州。

（乾寧）四年，升容管觀察使為寧遠軍節度使。

桂管經略觀察使

唐·李吉甫《元和郡縣圖志》卷三七《嶺南道四·桂州》　今為桂管經略使理所。管州十二：桂州，梧州，賀州，昭州，象州，柳州，嚴州，融州，龔州，富州，蒙州，思唐州。縣四十七。

《舊唐書》卷三八《地理志一》　嶺南西道桂管經略觀察使。治桂州，管桂、昭、蒙、富、梧、潯、龔、鬱林、平琴、賓、澄、繡、象、柳、融等州。

《新唐書》卷六九《方鎮表六》　景雲元年，桂州開耀後置管內經略使，領桂、梧、賀、連、柳、富、昭、蒙、嚴、環、融、古、思唐、龔十四州，治桂州。

（廣德）二年，廢邕州管內都防禦使，以所管州隸桂管經略使。

貞元元年，復置桂管經略招討使。

（光化）三年，升桂管經略使為靜江軍節度使。

安南都護節度使

《舊唐書》卷三八《地理志一》　安南都護節度使。治安南府，管交、武峨、粵、芝、愛、福祿、長、峰、陸、廉、雷、籠、環、崖、儋、振、瓊、萬安等州。

《新唐書》卷六九《方鎮表六》　（天寶）十載，置安南管內經略使，領交、陸、峯、愛、驩、長、福祿、芝、武峨、演、武安十一州，治交州。

乾元元年，升安南管內經略使為節度使。

（廣德）二年，改安南節度使為鎮南大都護、都防禦、觀察、經略使。

（咸通）七年，升安南都護為靜海軍節度使。

都護府和羈縻州建置分部

綜　述

唐·李林甫等《唐六典》卷三《尚書戶部》　凡天下【略】羈縻之州蓋八百焉。【略】單于、安西、安北爲大都護府，安南、安東、北庭爲上都護府。

唐·杜佑《通典》卷三二《職官十四·州郡上·都護》　大唐永徽中，始於邊方置安東、安西、安南、安北四大都護府，後又加單于、北庭都護府。麟德元年，改雲中都護為單于都護。

宋·王溥《唐會要》卷七《州縣分望道》　凡羈縻之州八百。

都護府有六。單于、安西、安北爲大都護，安南、安東、北庭爲大都護。

《新唐書》卷四三下《地理志七下·羈縻州》　唐興，初未暇於四夷，自太宗平突厥，西北諸蕃及蠻夷稍稍內屬，即其部落列置州縣。其大者為都督府，以其首領為都督、刺史，皆得世襲。雖貢賦版籍，多不上戶部，然聲教所暨，皆邊州都督、都護所領，著於令式。今録招降開置之目，以見其盛。【略】突厥、回紇、黨項、吐谷渾隸關內道者，為府二十九，州九十。突厥之別部及奚、契丹、靺鞨、降胡、高麗隸河北者，為府十四，州四十六。突厥、回紇、黨項、吐谷渾之別部及龜兹、于闐、焉耆、疏勒、河西內屬諸胡、西域十六國隸隴右者，為府五十一，州百九十八。羌、蠻隸劍南者，為州二百六十一。蠻隸江南者，為州五十一，隸嶺南者，為州九十三。又有黨項州二十四，不知其隸屬。大凡府州八百五十六，號為羈縻云。

安東大都護府

唐·杜佑《通典》卷一八〇《州郡典十·安東府》　東至越喜部落二千五百里。南至柳城郡界九十里。西至契丹界八十里。北至渤海一千九百五十里。東南到□□□□□□里。西南到魚胞柵五十里。西北到契丹衙帳一千里。東北到契丹界八十里。去西京五千三百二十里，去東京四千四百四十里。

安東大都護府。【略】大唐置安東都護府，前上元中，移於所。今府於遼東城。

宋·王溥《唐會要》卷七三《安東都護府》　總章元年九月十三日，遼東道行軍總管、司空李勣平遼東。其高麗舊有五部，一百七十六城，六十九萬七千戶。至十二月七日，分高麗地為九都督府，四十二州，一百縣，置安東都護府於平壤城以統之。擢其渠豪為都督及刺史、縣令，與華人參理。以右武衛將軍薛仁貴檢校安東都護，總兵二萬以鎮之。至咸亨元年四月，高麗餘衆有豪長劍牟岑者率衆叛，立高藏外孫舞為主，詔左衛大將軍高侃討平之。至三年十一月二十八日，移安東都護府於遼東故城。先有華人任官者，悉罷之。至儀鳳二年二月二日，移安東都護府於新城安置，仍令特進、左衛大將軍高侃充使鎮府。至聖曆元年六月三十日，改安東都護府為安東都督府，以右武衛大將軍高德武為都督。自是高麗舊衆分散，多投突厥及靺鞨，高氏君長遂絶，其地並没於諸蕃。

二年，鸞臺侍郎狄仁傑上表，請收安東，復其君長。曰：臣聞先王疆理天下，以為人極，皆是封域之內，樹之風聲，於是制井田，出兵賦，其逆命者因而誅焉。罪其君，弔其人，存其社稷，不奪其財，非欲土地之廣也，非貪玉帛之貨也。【略】今海中分為兩運，風波飄蕩，漫溺至多，准兵計糧，猶且不足。中國之與蕃夷，天文自隔。遼東所守，已是石田；靺鞨遐方，更為雞肋。弱枝強榦，有國通規。今欲肥四裔而瘠中國，恐非通典；且得其地不足以耕織，得其人不足以賦税。此乃前王之所棄，陛下勞師而取之，恐非天意。臣請罷薛仁貴，廢安東鎮。陛下允臣所請，即天啓其謀，非人力也。三韓君長，高氏為其主。誠願陛下以存亡繼絶之義，復其故地。此之美名，高於堯舜遠矣。

神龍元年二月四日，改安東都督為安東都護府。

開元二年十月二十四日，改平州為安東都護府，以許欽寂為之。

《舊唐書》卷三九《地理志二・安東都護府》 總章元年九月，司空李勣平高麗。高麗本五部，一百七十六城，戶六十九萬七千。其年十二月，分高麗地為九都督府，四十二州，一百縣，置安東都護府於平壤城以統之。用其酋渠為都督、刺史、縣令，令將軍薛仁貴以兵二萬鎮安東府。上元三年二月，移安東府於遼東郡故城置。儀鳳二年，又移置於新城。聖曆元年六月，改為安東都督府。神龍元年，復為安東都護府。開元二年，移安東都護于平州置。天寶二年，移於遼西故郡城置。至德後廢，初置領羈縻州十四，戶一千五百八十二。去京師四千六百二十五里，至東都三千八百二十里。

《新唐書》卷三九《地理志三・安東》 安東，上都護府。總章元年，李勣平高麗國，得城百七十六，分其地為都督府九，州四十二，縣一百，置安東都護府於平壤城以統之，用其酋渠為都督、刺史、縣令。上元三年徙遼東郡故城，儀鳳二年又徙新城。聖曆元年更名安東都督府，神龍元年復故名。開元二年徙于平州，天寶二年又徙於遼西故郡城。至德後廢。

又 卷四三下《地理志七下・羈縻州・河北道》 高麗降戶州十四，府九。太宗親征，得蓋牟城，置蓋州；得遼東城，置遼州；得白崖城，置岩州。及師還，拔蓋、遼二州之人以歸。高宗滅高麗，置都督府九，州四十二，後所存州止十四。初，顯慶五年平百濟，以其地置熊津、馬韓、東明、金連、德安五都督府，並置帶方州，麟德後廢。

南蘇州。蓋牟州。代那州。倉巖州。磨米州。積利州。黎山州。延津州。木底州。安市州。諸北州。識利州。拂涅州。拜漢州。

新城州都督府。遼城州都督府。哥勿州都督府。衛樂州都督府。舍利州都督府。居素州都督府。越喜州都督府。去旦州都督府。建安州都督府。

右隸安東都護府。

單于大都護府

唐・杜佑《通典》卷一七九《州郡典九・單于府》 去西京二千二百五十里，去東京二千里。

單于大都護府。【略】秦漢雲中郡地。大唐龍朔三年，置雲中都護府，又移瀚海都護府於磧北，瀚海都護舊曰燕然都護府。二府以磧為界。麟德元年，改雲中都護府為單于大都護府。

唐・李吉甫《元和郡縣圖志》卷四《關内道四・單于大都護府》

單于大都護府，今為振武節度使理所。

管府一，城一，州二：單于大都護府，東受降城，麟州，勝州。縣六。

［東受降城，在朔州北三百五十里］。本漢定襄郡之盛樂縣也，後魏都盛樂，亦謂此城。武德四年平突厥，於此置雲州，貞觀二十年改為雲州都督府，麟德元年，改為單于大都護府，垂拱二年改為鎮守使，聖曆元年改置安化都護，開元七年隸屬東受降城，八年復置單于大都護府。

八到：西南取太原路至上都一千九百二十里。東南至東都一千七百里。東南至河界靜邊軍一百二十里。南至朔州三百五十里。西南至東受降城一百二十里。北至黑砂磧口七百里。

《舊唐書》卷四《高宗紀上》 麟德元年春正月甲子，改雲中都護府為單于大都護府，官品同大都督府。

又 卷三九《地理志二・單于都護府》 單于都護府，秦漢時雲中郡城也。唐龍朔三年，置雲中都護府。麟德元年，改為單于大都護府。東南至朔州三百五十七里。振武軍在城內置。【略】在京師東北二千三百五十里，去東都二千里。

宋・王溥《唐會要》卷七三《單于都護府》 永徽元年九月八日，右衛中郎高侃執卓鼻可汗，獻於武德殿，以其餘衆於鬱都軍山分其地，置單于、瀚海二都護府。單于領郎山、雲中、桑乾三都督府，蘇農等十四州，瀚海領金微、新黎七都督府，仙蕚、賀蘭等八都督，各以首領為都督、刺史。

麟德元年正月十六日，敕改單于大都護府官秩同五大都督。初，阿史德上奏，望册親王為可汗。德曰：『單于者，天上之天。』上曰：『朕兒與卿為天上之天，可乎？』德曰：『死生足矣。』遂立單于大都護府，以殷王為都護，令與王造宅。

乾封二年，殷王改封相王，令發向單于。王奏曰：『兒朝去暮歸，得乎？』上曰：『去此二千里，卒未得來。』王曰：『不能去阿母。』矜其小，竟不遣之。垂拱二年，改為鎮守使。

聖曆元年五月九日，改為安北都護。開元二年閏正月五日，却置單于都護府，移安北都護於中受降城。

天寶四載十月，單于都護府置金河縣。

元和元年十一月，以范希朝為振武節度使，就加禮部尚書。振武有党項、室韋交居川阜，凌犯為盜，日入慝作，謂之『刮城門』，人情懼駭，鮮有寧日。希朝周視，居要害，營置堡柵，斥堠嚴密，人乃獲其安矣。蕃雖鼠竊狗盜，必殺無赦，蕃人甚憚之。蕃落之俗，有長帥至，必效奇駝名馬，雖廉者猶曰當從俗以致其歡。希朝一無所受。積十四年，皆保塞而不為寇。單于城中舊少樹，希朝於他處市柳子，命軍人種之，至今成林，居人賴之。

又《三受降城》 景雲二年三月一日，朔方道大總管張仁亶築三受降城於河上。先是，朔方軍北與突厥以河為界，河北岸有拂雲祠，突厥將上寇，必先詣祠，祭酹求福，因牧馬料兵而後渡河。時出啜盡聚衆西擊娑葛，仁亶請乘虛奪取漢南之地，於河北築三受降城，首尾相應，以絶其南寇之路。唐休璟以為兩漢以來，皆以黄河為界。今於寇境築城，恐費人力，終為賊寇所有，建議以為不能成功。睿宗竟從仁亶，留兵以助其功。時咸陽兵二百餘人逃歸，仁亶盡擒之，一時斬於城下，軍中股慄，役者盡力，六旬而三城俱就。以拂雲祠為中城，以東西相去各四百里，皆據通津，遥相應接，北拓三百餘里，於牛頭朝那山北置烽堠一百八十所。自是突厥不得度山放牧，朔方更無寇掠，減鎮兵數萬人。初建三城，不置擁門及卻敵戰格之具。或問之，仁亶曰：『兵法貴在攻取，不宜退守。寇若至此，即當戮力出戰。回顧望城，猶須斬之，何用守備，生其退衄之心？』其後常元楷為朔方總管，始作擁門。

元和十二年九月，西受降城為河徙浸毁。宰相李吉甫請移兵於天德故地，盧坦與李絳協議，以為西城張仁亶所築，得制匈奴上策。城當磧口，居虜要衝，美水豐草，邊防所利。今流水之決，不過退就二里，奈何棄萬代永安之策，狥一時省費之謀？況天德故城僻處确瘠，其北枕山，與河絶遠，烽候警備，不相統攝，接虜之奔突，勢無由知。無故蹙國二百里，非利也。及城使周懷義奏列利病，與坦議同，事竟不行。

寶曆元年五月，振武節度使張維請奏，以東受降城濱於河，歲久雉堞摧壞，請移於綏遠烽南。上賜錢一百萬，城之，至十月功畢。

《新唐書》卷三七《地理志一·單于大都護府》 單于大都護府，本雲中都護府，龍朔三年置，麟德元年更名。

又 卷四三下《地理志七下·羈縻州·關内道》 雲中都督府，貞觀四年析頡利右部置，僑治朔方境。領州五。貞觀二十三年分諸部置州三。舍利州。以舍利吐利部置。阿史那州。以阿史那部置。綽州。以綽部置。思壁州。白登州。貞觀末隸燕然都護，後復來屬。

桑乾都督府，龍朔三年分定襄置，僑治朔方。領州四。貞觀二十三年分諸部置州三。鬱射州。以鬱射施部置，初隸定襄，後來屬。藝失州。以多地藝失部置。卑失州。以卑失部置，初隸定襄，後來屬。叱略州。

呼延都督府，貞觀二十年置。領州三。貞觀二十三年分諸部置州三。賀魯州。以賀魯部置，初隸雲中都督，後來屬。葛邏州。以葛邏、挹怛部置，初隸雲中都督，後來屬。夾跌州。初為都督府，隸北庭，後為州，來屬。

右隸單于都護府。

安北大都護府

唐·杜佑《通典》卷一七三《州郡典三·安北府》 東至榆林郡三百五十里。南至朔方郡八百里。西至九原郡三百五十里。北至回紇界七百里。東南到榆林郡連穀縣四百里。西南到九原郡界一百二十里。西北到西城界一百二十里。東北到東城界一百二十里。去西京二千里，去東京二千二百里。

安北都護府。【略】 大唐分豐、勝二州界置瀚海都護府，總章中改為安北大都護府。有陰山、呼延渠。

《舊唐書》卷五《高宗紀下》 （總章二年）秋八月甲戌，改瀚海都護府為安北都護府。

又 卷三八《地理志一·安北大都護府》 開元十年，分豐、勝二州界置瀚海都護府。總章中，改為安北大都護府。北至陰山七十里，至回紇界七百里。【略】去京師二千七百里，至東都二千九百里。在黃河之北。

宋·王溥《唐會要》卷七三《安北都護府》 貞觀四年三月三日，分頡利之地為大州，左置定襄都督，右置雲中都督，以統降人。五年，阿使那阿咄苾敗走後，其渠豪首領至，皆拜將軍，布列朝廷，五品以上有百餘人，始與朝士相半。惟拓拔不至，遣使招慰之，使者相望於道。涼州都督李大亮以為於事無用，徒費人力，因上疏曰：『臣聞欲綏遠者，必先安近。中國百姓，天下本根，四裔之人，猶於枝葉。擾其根本，以厚枝葉而求久安，未之有也。故自古帝王化中國以信，御四裔以權。自陛下君臨區宇，深根固本，人逸兵強，九州殷盛，四裔賓服。今者招受突厥，雖入提封，臣愚稍覺勞費，未悟其有益也。以臣愚見，請停招慰。且謂之荒服者，故臣而不內。近日突厥傾國入朝，既不俘之江淮，以變其俗，乃置之內地，去京不遠。雖則寬仁之義，亦非久安之計也。以中國之租賦，供積惡之窮寇，恐無利也。』其後諸蕃渠長請上尊號為天可汗，上曰：『我為大唐天子，又行天可汗事乎？』是後降璽書，賜西域、北荒君長皆稱皇帝天可汗。諸蕃豪長有死亡者，必下詔册，立其後嗣焉。帥統四夷，自茲始也。

其後下詔議安邊之術，多言突厥恃強，擾亂邊陲，今日天喪之窮，來歸于我，本無慕義之心，因其歸命，遷其種落，俘之江南，散屬州縣，各使耕耘，變其風俗，百萬強寇可得化而為氓，則中國有加戶之利，塞北可空虛矣。中書侍郎顏師古上奏曰：『突厥部落並已歸降，東北諸蕃咸受正朔，突利入侍庭闕，頡利身為俘獲，沙漠之外，瀚海之北，莫不屈膝稽顙，乞骸請命，斯乃上古所不臣者，陛下得而臣之矣。惟陛下斷以神機，馭以長策，綱領一定，垂拱無為。臣聞古先哲王，內修德而後柔遠，是以要服之外，謂之荒服，言其恍惚喜怒，來去無常也。飽則飛去，飢則附人。今欲改其常性，同此齊氓，於事為難，理必不可。當因其習俗而撫馭之。臣愚以為，凡是突厥、鐵勒，終須河北居住，分置頭目，統領部落，節級高下，地界多少，伏聽量裁，為立條制，綏遠安邇，永永無極。』夏州都督竇靜上表曰：『臣聞遐荒重譯之人，聖王所以不爭者，以其不可以刑法繩，不可以仁義教，衣食仰給，不務耕桑，徒損有為之人，以資無知之利，得之則無益於理，失之則無益於化。然彼首丘之情，蓋未忘也。誠恐一朝變生，犯我王界，愚臣之所深慮。如臣計者，莫若因其破亡之後，加其無妄之福，假以賢王之號，配以宗室之女，分其土地，析其部落，使權弱勢分，易為羈制，自可永保邊塞，世為藩臣。此實長轡遠御之道也。』給事中杜楚客上議曰：『匈奴之人，秉心無常，難以德懷，易以威服。陛下納其降附，處之河南。招攜服遠，聞之前典。以臣愚見，必為後患。存亡繼絕，列聖通規。事不師古，難以長久。』禮部侍郎李百藥上議曰：『臣聞突厥內附，盡為臣妾，開闢以來，所未曾有。然種類區分，各有統攝。竊聞聖算，亦欲因其離散，隨其本部，署其君長，不相臣屬。阿史那種縱能樹立，惟臣其一族而已。國小則分其權勢，勢敵則難相吞滅，各自保全，必無抗衡于我之理。此誠安邊之上策，長勢之宏謨。仍請於定襄城中置都護府，為其節度。此之一策，必不可不行。』中書令溫彥博議曰：『惟漢武時，置降匈奴城於五原塞下，全其部落，得為扞蔽，又不離其本俗，因而撫之。一則實空虛之地，二則永無猜忌之心。若遣向江南，則乖物性，故非含育之道也。』秘書監魏徵議曰：『匈奴自古至今，未有如斯之破敗，蓋上天遺徙河北，居其故地。夫匈奴之人，強必盜寇，弱則卑服，豈顧恩義？天性然也。秦漢患其若是，故發猛將以擊之，收河北以為郡縣。陛下奈何以內地居之？且降僅十萬，數年之間，滋息百倍，居我肘腋，逼邇王畿。心腹之疾，將為後患，尤不可河南處也。』彥博又奏曰：『不然。天子之於物也，天覆地載，歸我者，我必撫之。今因破滅，餘落歸降，不加憐愍，棄而不納，非天地之道，阻遠人之意。臣愚以為不可。遣居河南，初無所患，謂死而生之，亡而存之，懷我德惠，終無叛逆。』魏徵又曰：『不然。晉亡有魏，時部落分居近邑。平吳之後，郭欽、江統勸武帝逐出塞外。不用欽等言，數年之後，遂傾瀍洛。前代覆車，殷鑑不遠。陛下必用彥博之言，所謂養畜自貽患也。』彥博又曰：『不然。聖人之道，無所不通。古先哲王，有教無類。突厥餘魄，以命歸我，我愛護之，收居內地，從我指揮，教以禮法，數歲之後，選其豪首，遣居宿衞，畏威懷惠，何患之有？且光武居南單于於內郡，為漢藩翰，終乎一世，不為叛逆。』朝士多同彥博議，上遂用之。封阿史那蘇尼失為懷德郡王，阿史那思摩為懷化郡王，處其部落於河南朔方之地，入居長安者近萬家。至十三年四月，【略】更議還其部落於河北，遂遣李思摩率所部建牙於河北，居磧南，令薛延陁居磧北。

二十一年正月九日，以鐵勒及回紇等十三部内附，置六都督府、回紇部置瀚海都督府，多濫葛部置燕然都督府，僕骨部置金微都督府，拔野古部置幽陵都督府，同羅部置雞林都督府，思結部置盧山都督府。七州，渾部置臯蘭州，斛薩部置高闕州，奚結部置雞鹿州，阿鐵部置雞田州，契苾羽部置榆溪州，思結別部置歸林州，白霫口部置寘顏州。並各以其渠帥為都督、刺史，給玄金魚，黃金為字，以為符信。於是回紇等請於回紇以南、突厥以北置郵驛，總六十六所，所以通北荒，號為參天可汗道，俾通貢焉，以貂皮充賦稅。至四月十日，置燕然都護府，以揚州司馬李素立為都護，瀚海等六都督，臯蘭等七州並隸焉。

二十三年二月四日，西蕃汝鉢羅業護率衆歸附。七日，以結骨部置堅昆都督，隸燕然都護府。至三月九日，分瀚海都督府所統骨利幹部為元闕州，俱羅敦部置燭龍州。

二十三年十月三日，諸突厥歸化，以舍利吐利部置舍利州，阿史那部置阿史那州，綽部置綽州，賀魯部置賀魯州，葛邏祿、悒怛二部置葛邏州，並隸雲中都督府。以蘇農部落置蘇農州，阿史德部置阿史德州，執失部置執失州，卑失部置卑失州，郁射部置郁射州，多地藝失部置藝失州，並隸定襄都督。

永徽元年三月三日，以臯蘭州為都督府，建置稽落州隸焉，廢高闕州。至十年三月二十日，以新移葛邏祿在烏都韃山者，左廂都落置狼山州，右廂部落置渾河州，並隸燕然都護府。至三年十一月四日。以阿特部落置稽落州，隸燕然都督府。

顯慶二年正月十四日，分葛邏祿部落，置陰山、大漠、玄池三都督府。

龍朔三年二月十五日，移燕然都護府於回紇部落，仍改名瀚海都護府。其舊瀚海都督府，移置雲中古城，改名雲中都護府。仍以磧為界，磧北諸蕃州悉隸瀚海，磧南並隸雲中。

總章二年八月二十八日，改瀚海都護府為安北都護府。開元八年六月二十日敕，單于、安北等大都護親王遙領者，加副大都護一人，准從三品，總知府事。其副都護准正四品上，長史正五品上，司馬五品下。天寶九載三月二十五日，靈州都督張齊邱上言，請於新築安北大都護府建記聖德碑，許之。

天寶四載十月，於單于都護府置金河縣，安北都護府置陰山縣。八載，於木剌山置橫塞軍城，及移安北大都護府於永清柵北築城，改橫山軍為天德軍。郭子儀仍為之使，兼九原太守、朔方節度、隴右兵馬使。

會昌五年七月，中書門下奏：塞北諸蕃皆云振武是單于故地，不可存其名號，以啓戎心。臣謹詳國史，武德四年平突厥後，於振武置雲中都督，麟德元年改為單于都護，聖曆元年改為安北都護，開元八年復為單于都護。其安北都護舊在天德，自貞觀二十一年在甘州，遷徙不定。今請改單于都護為安北都護。敕旨從之。

《新唐書》卷三七《地理志一·安北大都護府》　安北大都護府，本燕然都護府，龍朔三年曰瀚海都督府，總章二年更名。開元二年治中受降城，十年徙治豐、勝二州之境，十二年徙治天德軍。

又　卷四三下《地理志七下·羈縻州·關内道》　新黎州。貞觀二十三年以車鼻可汗之子羯漫陀部置。初為都督府，後為州。渾河州。永徽元年，以車鼻可汗余衆歌邏祿之烏德鞬山左廂部落置。狼山州。永徽元年以歌邏祿右廂部落置，為都督府，隸雲中都護。顯慶三年為州，來屬。

堅昆都督府。貞觀二十二年以沙鉢羅葉護部落置。

右隸安北都護府。

榆溪州。以契苾部置。寘顏州。以白部置。居延州。以白別部置。稽落州。本高闕州，以斛薩部置。永徽元年廢高闕州，更置稽落州，後又廢，三年以阿特部復置。余吾州。本玄闕州，貞觀中以骨利幹部置，龍朔中更名。浚稽州。仙萼州。初隸瀚海都護，後來屬。

瀚海都督府。以回紇部置。金微都督府。以僕固部置。幽陵都督府。以拔野古部置。龜林都督府。貞觀二年以同羅部落置。堅昆都督府。以結骨部置。

右隸安北都護府。

又　卷二一七上《回鶻傳上》　貞觀三年，始來朝獻方物。突厥已亡，惟回紇與薛延陀為最雄彊。菩薩死，其酋胡祿俟利發吐迷度與諸部攻薛延陀，殘之，并有其地，遂南踰賀蘭山，境諸河，遣使者獻款，太宗為幸靈州，次涇陽，受其功。於是鐵勒十一部皆來言：延陀不事大國，以自取亡，其下麕駭鳥散，不知所之。今各有分地，願歸命天子，請置唐官。有詔張飲高會，引見渠長等，以唐官官之，凡數千人。明年，復入朝，乃以回紇部為瀚海，多覽葛部為燕然，僕骨部為金微，拔野古部為幽陵，同羅部為龜林，思結部為盧山，皆號都督府。以渾為皐蘭州，斛薛為高闕州，阿跌為鷄田州，契苾羽為榆溪州，奚結為鷄鹿州，思結為蹛林州，白霫為寘顔州。其西北結骨部為堅昆府，北骨利幹為玄闕州，東北俱羅勃為燭龍州。皆以酋領為都督、刺史、長史、司馬。即故單于臺置燕然都護府統之，六都督、七州皆隸屬，以李素立為燕然都護。其都督、刺史給玄金魚符，黄金為文。天子方招寵遠夷，作絳黄瑞錦文袍、寶刀、珍器賜之。

北庭大都護府

唐・杜佑《通典》卷一七四《州郡典四・北庭府》 東至伊吾郡界六百八十里。南至交河郡界四百五十里。西至突騎施三千六百八十里。北至堅昆七千里。東南到伊吾郡界六百八十里。西南到焉耆鎮守軍八百七十里。西北到突騎施三千一百八十里。東北到迴紇界一千七百里。去西京六千一百三十里，去東京六千八百七十六里。

庭州。今理金滿縣。在流沙之西北，前漢烏孫之舊壤，後漢車師後王之地，歷代爲胡虜所居。大唐貞觀中，征高昌。於時西突厥屯兵於可汗浮圖城，與高昌相影響。及高昌既平，懼而來降，以其地爲庭州，後置北庭都護府。領縣三：金滿，蒲類，蒲類海一名婆悉海。有天山，自伊吾郡界入。輪臺。其三縣並貞觀中平高昌後同置。

《舊唐書》卷四〇《地理志三・北庭都護府》 貞觀十四年，侯君集討高昌，西突厥屯兵於浮圖城，與高昌相回應。及高昌平。二十年四月，西突厥泥伏沙鉢羅葉護阿史那賀魯率衆内附，乃置庭州，處葉護部落。長安二年，改為北庭都護府。自永徽至天寶，北庭節度使管鎮兵二萬人，馬五千匹；所統攝突騎施、堅昆、斬啜；又管瀚海、天山、伊吾三軍鎮兵萬余人，馬五千匹。【略】在京師西北五千七百二十里，東至伊州界六百八十里，南至西州界四百五十里，西至突騎施庭一千六百里，北至堅昆七千里，東至回鶻界一千七百里。

金滿，流沙州北，前後烏孫部舊地，方五千里。後漢車師後王庭胡故庭，有五城，俗號五城之地。貞觀十四年平高昌後，置庭州，以前故及突厥常居之。輪臺，取漢輪臺為名。蒲類，海名。已上三縣，貞觀十四年與庭州同置。

瀚海軍，開元中蓋嘉運置，在北庭都護府城内，管鎮兵萬二千人，馬四千二百匹。天山軍，開元中置伊州城内，管鎮兵五千人，馬五百匹，在都護府南五里。伊吾軍，開元中置，在伊州西北五百里。甘露州，管鎮兵三千人，馬三百匹，在北庭府東南七百里。

鹽治州都督府。鹽祿州都督府。陰山州都督府。大漠州都督府。輪臺州都督府。金滿州都督府。

玄池州。哥系州。咽面州。金附州。孤舒州。西鹽州。東鹽州。叱勒州。迦瑟州。馮洛州。已上十六番州，雜戎胡部落，寄於北庭府界内，無州縣戶口，隨地治畜牧。【略】

本龜茲國。顯慶中，自西州移府治於此。東至焉耆鎮守八百里，西至疏勒鎮守二千里，南至于闐二千里，東北至北庭府二千里，南至吐蕃界八百里，北至突騎施界雁沙川一千里。安西都護府，鎮兵二萬四千人，馬二千七百匹。都護兼鎮西節度使。

《新唐書》卷四〇《地理志四・北庭大都護府》 本庭州，貞觀十四年平高昌，以西突厥泥伏沙鉢羅葉護阿史那賀魯部落置，並置蒲昌縣，尋廢，顯慶三年復置，長安二年爲北庭都護府。【略】戶二千二百二十六，口九千九百六十四。縣四。有瀚海軍，本燭龍軍，長安二年置，三年更名，開元中蓋嘉運增築。西七百里有清海軍，本清海鎮，天寶中為軍。南有神山鎮。自庭州西延城西六十里有沙鉢城守捉，又有馮洛守捉，又八十里有耶勒城守捉，又八十里有俱六城守捉，又百里至輪臺縣。又百五十里有張堡城守捉，又渡里移得建河，七十里有烏宰守捉。又渡白楊河，七十里有清鎮軍城。又渡葉葉河，七十里有葉河守捉。又渡黑水，七十里有黑水守捉。又七十里有東林守捉，又七十里有西林守捉。又經黄草泊、大漠、小磧，渡石漆河，踰車嶺，至弓月城。過思渾川、蟄失蜜城，渡伊麗河，一名帝帝河，至碎葉界。又西行千里，至碎葉城。水皆北流入磧及入夷播海。金滿，下。輪臺，下。有靜塞軍，大曆六年置。後庭，下。本蒲類，隸西州，後來屬。寶應元年更名。有蒲類、郝遮、鹹泉三鎮，特羅堡。西海。下。寶應元年置。

又 卷四三下《地理志七下·羈縻州·隴右道》 特伽州。雞洛州。開元中又有火拔州、葛祿州，後不復見。

濛池都護府。貞觀二十三年，以阿史那賀魯部落置瑤池都督府，永徽四年廢。顯慶二年禽賀魯，分其地，置都護府二、都督府八，其役屬諸胡皆為州。昆陵都護府。

匐陵都督府。以處木昆部置。嗢鹿州都督府。以突騎施索葛莫賀部置。潔山都督府。以突騎施阿利施部置。雙河都督府。以攝舍提暾部置。鷹娑都督府。以鼠尼施處半部置。鹽泊州都督府。以胡祿屋闕部置。陰山州都督府。顯慶三年分葛邏祿三部置三府，以謀落部置。大漠州都督府。以葛邏祿熾俟部置。玄池州都督府。以葛邏祿踏實部置。金附州都督府。析大漠州置。輪臺州都督府。金滿州都督府。永徽五年以處月部落置為州，隸輪臺。龍朔二年為府。咽面州都督府。初，玄池、咽面為州，隸燕然，長安二年為都督府，隸北庭。鹽祿州都督府。哥系州都督府。孤舒州都督府。西鹽州都督府。東鹽州都督府。叱勒州都督府。迦瑟州都督府。憑洛州都督府。沙陀州都督府。答爛州都督府。

右隸北庭都護府。

安西大都護府

唐·杜佑《通典》卷一七四《州郡典四·安西府》 東至焉耆鎮守軍八百里，去交河郡七百里。南至吐蕃界八百里。西至疏勒鎮守捉軍三千里，去葱嶺七百里。北至突騎施界鷹娑川一千里。東南到吐蕃界屯城八百六十里。西南到于闐二十里。西北到疏勒一千里。東北到北庭府二千里。去西京七千六百里，去東京八千三百三十里。

安西都護府，本龜茲國也。大唐明慶中置。貞觀中，初置安西都護府於西州；明慶中，移於龜茲城。東接焉耆，西連疏勒，西去葱嶺七百里。南鄰吐蕃，北拒突厥。

唐·李吉甫《元和郡縣圖志》卷四〇《隴右道下·西州》 西州。交河，安西都護。【略】貞觀十四年，詔兵部尚書侯君集統薛萬鈞、牛進達等總兵討之。文泰病死，子智盛立。八月，君集進兵破之，下其二十二城，獲戶八千，列其地為西州，並置西安都護以統之。顯慶三年改置都督府，天寶元年復為西州。

《舊唐書》卷三《太宗紀下》（貞觀十四年九月）乙卯，於西州置安西都護府。

又 卷四《高宗紀上》（永徽二年十一月）丁丑，以高昌故地置安西都護府。【略】

（顯慶三年二月）甲寅，西域平，以其地置濛池、崑陵二都督府。復於龜茲國置安西都護府，以高昌故地為西州。

又 卷四〇《地理志三·安西大都護府》 貞觀十四年，侯君集平高昌，置西州都護府，治在西州。顯慶二年十一月，蘇定方平賀魯，分其地置濛池、昆陵二都護府。分其種落，列置州縣。於是西盡波斯國，皆隸安西都護府。仍移安西都護府理所于高昌故地。三年五月，移安西府于龜茲國。舊安西府復為西州。龍朔元年，西域吐火羅款塞，乃于于闐以西、波斯以東十六國，皆置都督，督州八十，縣一百一十，軍府一百二十六，仍立碑于吐火羅以志之。咸亨元年四月，吐蕃陷安西都護府。至長壽二年，收復安西四鎮，依前于龜茲國置安西都護府。至德後，河西、隴右戍兵皆徵集，收復兩京。上元元年，河西軍鎮多為吐蕃所陷。有舊將李元忠守北庭，郭昕守安西府，二鎮與沙陀、回鶻相依，吐蕃久攻之不下。建中元年，元忠、昕遣使間道奏事，德宗嘉之，以元忠為北庭都護，昕為安西都護。

又 《安西都護所統四鎮》 龜茲都護府。本龜茲國。其王姓白，理白山之南。去瓜州三千里，勝兵數千。貞觀二十二年，阿史那社尒破之，虜龜茲王而還，乃於其地置都督府，領蕃州之九。至顯慶三年，破賀魯，仍自西州移安西府置於龜茲國城。

毗沙都督府。本于闐國。在葱嶺北二百里，勝兵數千。俗多機巧。其王伏闍信，貞觀二十二年入朝。上元二年正月，置毗沙都督府，初管蕃州五。上元元年，分為十。在安西都護府西南二千里。

疏勒都督府。本疏勒國。在白山之南，勝兵二千。去瓜州四千六百里。貞觀九年，遣使朝貢，自是不絶。上元中，置疏勒都督府，在安西都護府西南二千里。

焉耆都督府。本焉耆國。其王姓龍，名突騎支，常役於西突厥。俗有魚鱉之利。貞觀十八年，郭孝恪平之，由是臣屬。上元中，置都督府處其部落，無蕃州。在安西都護府東八百里。

又《西域十六都督州府》 元年龍朔元年，西域諸國，遣使來内屬，乃分置十六都督府，州八十，縣一百一十，軍府一百二十六，皆隸安西都護府，仍於吐火羅國立碑以紀之。

月氏都督府。於吐火羅國所治遏换城置，以其王葉護領之。於其部内分置二十四州都督統之。

太汗都督府。於嚈噠部落所治活路城置，以其王太汗領之。仍分其部置十五州，太汗領之。

條枝都督府。於訶達羅支國所治伏寶瑟顛城置，以其王領之。仍於其部分置八州。

大馬都督府。於解蘇國所治數瞞城置，以其王領之。仍分其部置三州。

高附都督府。於骨咄施國所治妖沙城置，以其王領之。仍分其部置三州。

修鮮都督府。於罽賓國所治遏紇城置，以其王領之。仍分其部置十一州。

寫鳳都督府。於失苑延國所治伏戾城置，以其王領之。仍分其部置四州。

悅般都督府。於石汗那國所治豔城置，以其王領之。仍分其部置雙靡州。

奇沙州。於護特健國所治遏密城置，仍分其部置沛薄、大秦二州。

和默州。於怛没國所治怛城置，仍分置栗弋州。

拔擊州。於烏拉喝國所治摩竭城置。

昆墟州。於護密多國所治抵寶那城置。

至枏州。於俱密國所治措瑟城置。

鳥飛州。於護密多國所治摸廷城置。

王庭州。於久越得犍國所治步師城置。

波斯都督府。於波斯國所治陵城置。

右西域諸國，分置羈縻州軍府，皆屬安西都護統攝。自天寶十四載已前，朝貢不絶。今于安西府事末紀之，以表太平之盛業也。

宋·王溥《唐會要》卷七三《安西都護府》 貞觀十四年九月二十四日，侯君集平高昌國，於西州置安西都護府，治交河城。二十二年四月二十五日，突厥泥伏沙涉鉢羅葉護阿史都賀魯率衆内附，置於庭州。

二十三年二月十一日，置瑶池都督府，安西都護府，以賀魯為都督。至永徽二年正月二十五日，賀魯以府叛，自稱鉢羅可汗，據有西域之地。至四年三月十三日，廢瑶池都督府。

顯慶二年十一月，伊西道行軍總管蘇定方大破賀魯於金牙山，盡收其所據之地，西域悉平。定方悉命諸部歸其所居，開通道路，别置館驛，埋瘞骸骨，所在問疾苦。分其疆界，復其産業，賀魯所虜掠者悉檢還之，西域諸國安堵如故，擒賀魯以歸。

十一月，分其地置濛池、崑陵二都護府，以阿史彌財為崑陵都護，阿史那步真為濛池都護。其年十一月十七日，分其種落，列置州縣。處木昆部為匐延都督府，以和屋禄索葛莫賀部為鹽泊都督，以突騎施阿利施部為潔山都督府，以和禄屋闕啜部為鹽泊都督府，以攝舍瞰啜部為雙河都督府，以鼠尼施處半部為鷹沙都督府。其所役屬諸蕃國，皆置州府，西盡於波斯，並隸安西都護府。又以賀魯平，移安西都護府於高昌故地。至三年五月二日，移安西都護府於龜兹國，舊安西復為西州都督，以麴智湛為之，以統高昌故地。西域既平，遣使分往康國及吐火羅國，訪其風俗物産及古今廢置，盡圖以進，因令史官撰《西域圖志》六十卷。

四年正月，西蕃部落所置州府各給印契，以為徵發符信。

龍朔元年六月十七日，吐火羅道置州縣使王名遠進《西域圖志》，並請于闐以西、波斯以東十六國，分置都督府及州八十，縣一百一十，軍府一百二十六，仍以吐火羅立碑，以記聖德。詔從之。

以吐火羅國葉居遏换城，置月氏都督府。鉢勃城置藍氏州，縛北城置大夏州，俱禄提城置漢樓州，烏羅氈城置拂敵州，咄城置涉律州，羯城置嬀水州，勿波城置盤越州，烏羅渾城置忉密州，摩安城置伽棓州，阿捺臈城置栗特州，蘭州置依羅州，悉記帝城置雙泉州，昏磨城置祀惟州，悉密言城置遲散州，乞施巘州城置富樓州，泥射城置丁令州，折面城置薄知州，河碣城置桃槐州，頞厥伊城置闕州，達部范置大檀州，摧癃城置伏盧城州，乞鹿取城置身毒州，突厥施怛馱城置戎州，騎失常城置蔑領州，發落部州置疊仗州，抜特山城置苑湯州。

嚈噠部落活路城，置大汗都督府。弩那城置附黑州，摩路城置奄蔡州，婆多椤薩達健城置依耐州，少俱部落置薩州，烏漢言城置榆令州，遮瑟多城置安屋州，烏捺新城置烏丹州，速利城置諸色州，頊問城置迷密州，乍城置盼頻州，頌施各部落置宿利州，汗濯部落置賀那州。

阿落羅支國王居伏寶瑟城，置條支都督府。護閏城置細柳州，贇侯瑟鎮城置虞泉州，據瑟部落置黎靳州，遏忽部落置崦嵫州，烏羅難城置巨省州，遣萵部落置遺州，郝薩大城置西海州，浯恨部落置鎮西州，縛狼部落置乾池州。

解蘇王居數滿城，置天馬都督府。忽論城置落那州，達利薄紇城置東離州。

骨咄施國王居沃沙城，置高附都督府。葛羅犍城置五羽州，烏斯城置休密州。

罽賓國王居遏紇城，置修鮮都督府。羅曼城置毗舍州，賤那城置陰米州，和藍城置波路州，遺限置龍池州，塞奔彌羅城置弋州，濫犍城置羅羅州，半𥟖城置壇持州，勃逸城置烏利州，體換城置漠州，布路犍城置懸度州。

失范延國王居伏戾城，置麟鳳都督府。肩僚城置解谷州，俟麟城置洽倫州，縛時伏城置悉萬州，末揭薩且城置鉗敦州。

石汗那國王居□城，置悅船州。俱蘭城置雙靡州。

護時犍國王居遏密城，置奇沙州。曼山城置沛隸州，獻密城置大秦州。

但没國王居恒没城置和默州。弩羯城置粟弋州。

烏拉喝國王居摩竭城，置旅獒州。

多勒建國王居低保那城，置崑墟州。

那俱密國王居褚瑟城，置拔州。

護密多國王居模達城，置烏飛州。娑勒色訶城置鉢和州。

久越得建國王居步師城，置王庭州。

波斯國王居疾凌城，置波斯都督府。各置縣及折衝府，並隸安西都督府。

咸亨元年四月二十二日，吐蕃陷我安西，罷四鎮。

龜茲。理於白山之南，則漢西域舊地。勝兵數千。其王姓白氏。去瓜州三千里。貞觀二十年閏十月一日，阿史那社爾破其國，虜其王以歸。

于闐。在葱嶺北二百里。勝兵數千。俗多機巧，好說怪。在西南有北摩伽藍城，相傳云：是老子化神之所建也。初，老子至是，白日昇天，與時人辭訣曰：『我暫返天上，尋當下生。』其後出天竺國，化為王之太子，自稱白淨，因造此寺焉。二十二年閏二月內附，其王伏闍信入朝。上元二年正月二十一日，其地為毗沙都督府，分為十州。

焉耆。去瓜州二千里，則漢地也。其王姓龍，名突騎支，常役於西突厥。其俗頗有魚鹽之利。貞觀十八年十一月，左衛大將軍郭孝恪滅之。

疏勒。在白山之南，則漢地也。其王之族，類皆六指，非六指則不育。勝兵二千。去瓜州四千六百里。貞觀九年，遣使獻名馬內附。以上四鎮。

蘇氏《記》曰：咸亨元年四月，罷四鎮，是龜茲、于闐、焉耆、疏勒。至長壽二年十一月《復四鎮敕》是龜茲、于闐、疏勒、碎葉。兩四鎮不同，未知何故。

調露元年九月，安西都護王方翼築碎葉城，四面十二門，作屈曲隱伏出没之狀，五旬而畢。

長壽二年十一月十日，武威軍總管王孝傑克復四鎮，依前於龜茲置安西都護府。【略】

建中二年七月，加伊西北庭節度使李元忠北庭大都護，以四鎮節度留後；郭昕為安西大都護，四鎮節度、觀察使。詔曰：『二庭四鎮，統任西夏五十七蕃，十姓部落。國朝以來，相奉率職。自關隴失守，東西阻絕，忠義之徒泣血相守，慎固封畧，奉遵禮教，皆侯伯守將交修共理之所致也。其將士敍官，可超七資。』初，貞元兵興以來，安西、北庭為諸蕃所隔間者，節度李嗣業、荔非元禮、孫至直、馬璘輩皆遥領之。郭昕者，子儀猶子。李元忠，始曾令名忠，後賜改焉。自主其任，嘗發使奉表章於朝，數輩皆不達，信問不至朝者十餘年。及是，遣使自回紇歷諸蕃至，故有是命。

《新唐書》卷四〇《地理志四·安西大都護府》 安西大都護府，初治西州。顯慶二年平賀魯，析其地置濛池、昆陵二都護府，分種落列置州縣，西盡波斯國，皆隸安西，又徙治高昌故地。三年徙治龜茲都督府，而故府復為西州。咸亨元年，吐蕃陷都護府。長壽二年收復安西四鎮。至德元載更名鎮西。後復為安西。【略】吐蕃既侵河、隴，惟李元忠守北庭，郭昕守安西，與沙陀、回紇相依，吐蕃攻之久不下。建中二年，元忠、昕遣使間道入奏，詔各以為大都護，並為節度。【略】有保大軍，屯碎葉城。于闐東界有蘭城、坎城二守捉城。西有葱嶺守捉城，有胡弩、固城、吉良三鎮。東有且末鎮。西南有皮山鎮。焉耆西有于術、榆林、龍泉、東夷僻、西夷僻、赤岸六守捉城。

又 卷四三下《地理志七下·羈縻州·隴右道》 四鎮都督府，州三十四。咸亨元年，吐蕃陷安西，因罷四鎮，長壽二年復置。

龜兹都督府，貞觀二十年平龜兹置。領州九。闕。

毗沙都督府，本于闐國，貞觀二十二年內附，初置州五，高宗上元二年置府，析州為十。領州十。闕。

焉耆都督府，貞觀十八年滅焉耆置。有碎葉城，調露元年，都護王方翼築，四面十二門，為屈曲隱出伏没之狀云。

疏勒都督府，貞觀九年疏勒內附置。領州十五。闕。

河西內屬諸胡，州十二，府二。烏壘州。和墨州。温府州。蔚頭州。遍城州。耀建州。寅度州。豬拔州。達滿州。蒲順州。郢及滿州。乞乍州。

媯塞都督府。渠黎都督府。

西域府十六，州七十二。龍朔元年，以隴州南由令王名遠為吐火羅道置州縣使，自于闐以西，波斯以東，凡十六國，以其王都為都督府，以其屬部為州縣。凡州八十八，縣百一十，軍、府百二十六。

月支都督府，以吐火羅葉護阿緩城置。領州二十五。藍氏州。以鉢勃城置。大夏州。以縛叱城置。漢樓州以俱祿犍城置。弗敵州。以烏邏氈城置。沙律州。以咄城置。媯水州。以羯城置。盤越州。以忽婆城置。忸密州。以烏羅渾城置。伽倍州。以摩彥城置。粟特州。以阿捺臘城置。鉢羅州。以蘭城置。雙泉州。以悉計蜜悉帝城置。祀惟州。以昏磨城置。遲散州。以悉蜜言城置。富樓州。以乞施巘城置。丁零州。以泥射城置。薄知州。以析面城置。桃槐州。以阿臘城置。大檀州。以頰厥伊城具闕達官部落置。伏盧州。以播薩城置。身毒州。以乞澀職城置。西戎州。以突厥施怛駃城置。篾頡州。以騎失帝城置。疊仗州。以發部落城置。苑湯州。以拔特山城置。

大汗都督府，以嚈噠部落活路城置。領州十五。附墨州。以弩那城置。奄蔡州。以胡路城置。依耐州。以婆多欏薩達健城置。犁州。以少俱部落置。榆令州。以烏模言城置。安屋州。以遮瑟多城置。罽陵州。以數始城置。碣石州。以迦沙紛遮城置。波知州。以羯勞支城置。烏丹州。以烏捺斯城置。諸色州。以速利城置。迷蜜州。以順問城置。盻頓州。以乍城置。宿利州。以頌施谷部落置。賀那州。以汗曜部落置。

條支都督府，以訶達羅支國伏寶瑟顛城置。領州九。細柳州。以護聞城置。虞泉州。以贊候瑟顛城置。犁靳州。以據瑟部落置。崦嵫州。以遏忽部落置。巨雀州。以烏離難城置。遺州。以遺蘭部落置。西海州。以郝薩大城置。鎮西州。以活恨部落置。乾陀州。以縛狼部落置。

天馬都督府，以解蘇國數瞞城置。領州二。洛那州。以忽論城置。束離州。以達利薄紇城置。

高附都督府，以骨咄施沃沙城置。領州二。五翕州。以葛邏犍城置。休蜜州。以烏斯城置。

脩鮮都督府，以罽賓國遏紇城置。領州十。毗舍州。以羅漫城置。陰米州。以賤那城置。波路州。以和藍城置。龍池州。以遺恨城置。烏弋州。以塞奔你邏斯城置。羅羅州。以濫犍城置。檀特州。以半制城置。烏利州。以勃逸城置。漠州。以鶻換城置。懸度州。以布路犍城置。

寫鳳都督府，以帆延國羅爛城置。領州四。嶰谷州。以肩捺城置。泠淪州。以俟麟城置。悉萬州。以縛時伏城置。鉗敦州。以末臘薩旦城置。

悅般州都督府，以石汗那國豔城置。領雙靡州。以俱蘭城置。

奇沙州都督府，以護時犍國遏蜜城置。領州二。沛隸州。以漫山城置。大秦州。以睿蜜城置。

姑墨州都督府，以怛没國怛没城置。領栗弋州。以弩羯城置。

旅獒州都督府，以烏拉喝國摩竭城置。

昆墟州都督府，以多勒建國低寶那城置。

至拔州都督府，以俱蜜國褚瑟城置。

烏飛州都督府，以護蜜多國摸逵城置。領鉢和州。以娑勒色訶城置。

王庭州都督府，以久越得犍國步師城置。

波斯都督府。以波斯國疾陵城置。

右隸安西都護府。

安南大都護府

唐・杜佑《通典》卷一八四《州郡典十四・安南都護府》 東至朱鳶縣界水路五百里。南至朱鳶縣界阿勞江口水路百四十九里。西至九真郡界水路四百一十六里。北至武平縣界江源二百五十里。東南到朱鳶縣界五百里。西南到文陽郡水路一百五十里。西北到承化郡嘉寧縣江鎮一百五十里。東北到交趾縣十里。去西京七千二百五十三里，去東京七千二百二十五里。

安南府。今理宋平縣。【略】煬帝初州廢，置交趾郡。大唐為交州，後改曰安南都護府。

唐・李吉甫《元和郡縣圖志》卷三八《嶺南道五・安南》 安南，管州十三：交州，愛州，驩州，峰州，陸州，演州，已上朝貢。長州，諒州，武安州，唐林州，武定州，貢州。已上附貢。縣三十九。羈縻州三十二。

[交趾。上都護府。]【略】今為安南都護府理所。

《舊唐書》卷五《高宗紀下》 （調露二年八月）辛卯，改交州為安南都護府。

又 卷四一《地理志四・嶺南道・安南都督府》 安南府，在邕管之西。

安南都督府，隋交趾郡。武德五年，改為交州總管府，管交、峰、愛、仙、鳶、宋、慈、險、道、龍十州。其交州領交趾、懷德、南定、宋平四縣。六年，澄、慈、道、宋並加『南』字。七年，又置玉州，隸交府。貞觀元年，省南宋州以宋平縣，省隆州以陸平縣，省鳶州以硃鳶縣，省龍州以龍編縣，並隸交府。仍省懷德縣及南慈州。二年，廢玉州入欽州。六年，改南道州為仙州。十一年，廢仙州，以平道縣來屬。今督交、峰、愛、驩四州。調露元年八月，改交州都督府為安南都護府。大足元年四月，置武安州、南登州，並隸安南府。至德二年九月，改為鎮南都護府，後為安南府。刺史充都護，管兵四千二百。

宋・王溥《唐會要》卷七三《安南都護府》 調露元年八月七日，改交州都督府為安南都護府。大足元年四月二十六日，置武安州、南城州，並隸安南都護府。

開元二十四年正月，廣州寶安縣新置屯門鎮，領兵二千人，以防海口。

貞元七年五月，置柔遠軍於安南都護府。

元和四年八月，安南都護奏破環王偽國號愛州都統三萬餘人，及獲王子五十九人，器械、戰船、戰象等稱之。其年九月，安南都知兵馬使兼押衙、安南副都護杜英策等五人，狀舉本管經畧、招討、處置等使兼安南都護張舟到任以來政績事：安南羅城，先是經畧使伯夷築。當時百姓猶甚陸梁，纔高數尺，又甚湫隘。自張舟到任，因農隙之後，奏請新築。今城高二丈二尺，都開三門，各有樓。其東西門各三間，其南門五間，更置鼓角，城內造左右隨身十宮。前經畧使裴泰時，驩、愛城池被環王崑崙燒毀並盡。自張舟到任後，前年築驩州城，去年築愛州城。裴泰時，軍城不守，軍中器械却失並盡。趙昌到任日近，旋除廣州。自張舟到任，諸道求市，每月造成器械八千事，四年以來都計造成四十餘萬事，於大廳左右起甲仗樓四十間收貯。安南戎寇，難利鬬戰，先有戰棹不過十數隻，又甚遲鈍，與賊船不過相接。張舟自創新意，造艨艟舟四百餘隻，每船戰手二十五人，棹手三十二人，車弩一支，兩弓弩一支。棹出船內，廻船向背，皆疾如飛。敕旨：宜付所司。

寶曆元年五月，安南都護李元善奏移都護府於江北岸。

開成三年，安南都護馬植奏：當管羈縻州首領或居巢穴自固，為南蠻所誘，不可招諭，事有可虞。自來曉以逆順，今諸首領願納賦稅，其六縣請昇為州，以首領為刺史。從之。又所管陸州界廢珠池復生珠，以能政，就加中散大夫、檢校左散騎常侍。

四年十一月，安南都護馬植奏：當管經畧、押衙兼都知兵馬使杜存誠，管善良四鄉，請給發印一面。前件四鄉是獠戶，杜存誠祖父以來，相承管轄，其丁口稅賦與一郡有殊。伏以蠻貊不識書字，難憑印文。從前徵科，刻木權用。伏乞發印一面，令存誠行用。敕旨：宜依。

咸通六年十二月，安南都護高駢自海門進軍破蠻軍，收復安南府。自李琢失政，交趾陷没十年，蠻軍北寇邕、容界，人不聊生，至是方復故地。

《新唐書》卷四三上《地理志七上・嶺南道・安南中都護府》　安南中都護府，本交趾郡，武德五年曰交州，治交趾。調露元年曰安南都護府，至德二載曰鎮南都護府，大曆三年復為安南。寶曆元年徙治宋平。

又　卷四三下《地理志七下・羈縻州・嶺南道》　德化州。永泰二年以林覩符部落置。縣二：德化，歸義。郎茫州。永泰二年以林覩符部落分置。縣二：郎茫，古勇。龍武州。大曆中以潘歸國部落置。縣二：龍丘，福宇。歸化州。縣四：歸朝，洛都，落回，落巍。郡州。土貢：白鑞、孔雀尾。縣二：郡口，樂安。萬泉州。縣一：陸水。思農州。縣三：武郎，武容，武全。為州。縣三：都龍，漢會，武零。西原州。縣三：羅和，古林，羅淡。林西州。縣二：林西，甘橘。思廓州。縣三：都寧，昆陽，羅方。武靈州。縣三：文葛，甘郎，蘇物。新安州。縣三：歸化，賓陽，安德。金廓州。縣三：羅嘉，文龍，祿榮。提上州。縣三：長賓，提頭，硃綠。甘棠州。縣一：忠誠。武定州。縣三：福祿，柔遠，康林。都金州。縣四：溫泉，嘉陵，甘陽，都金。諒州。縣二：武興，古都。武陸州。開成三年，都護馬植表以武陸縣置。平原州。開成四年析都金州之平原館置。縣三：龍石，平林，龍當。龍州。武定州。真州。信州。思陵州。祿州。中宗時有單樂縣，後省。南平州。西平州。門州。餘州。歸州。金鄰州。儀鳳元年置。暑州。羅伏州。儋陵州。樊德州。金龍州。哥富州。貞元十二年置。尚思州。貞元十二年置。安德州。貞元十二年置。

右隸安南都護府。

保寧都護府

《新唐書》卷四二《地理志六・劍南道・保寧都護府》　天寶八載以劍南之索磨川置，領牂柯、吐蕃。

河北道所隸羈縻州

《新唐書》卷四三下《地理志七下・羈縻州・河北道》　奚州九，府一。

鮮州。武德五年析饒樂都督府置。僑治潞之古縣城。縣一：賓從。崇州。武德五年析饒樂都督府之可汗部落置。貞觀三年更名北黎州，治營州之廢陽師鎮。八年復故名。後與鮮州同僑治潞之古縣城。縣一：昌黎。順化州。縣一：懷遠。歸義州歸德郡。總章中以新羅戶置，僑治良鄉之廣陽城。縣一：歸義。後廢。開元中，信安王禕降契丹李詩部落五千帳，以其衆復置。

奉誠都督府，本饒樂都督府，唐初置，後廢。貞觀二十二年以內屬奚可度者部落更置，並以別帥五部置弱水等五州。開元二十三年更名。領州五。弱水州。以阿會部置。祁黎州。以處和部置。洛環州。以奧失部置。太魯州。以度稽部置。渴野州。以元俟析部置。

契丹州十七，府一。

玄州。貞觀二十年以紇主曲據部落置。僑治范陽之魯泊村。縣一：靜蕃。咸州。本遼州，武德二年以內稽部落置。初治燕支城，後僑治營州城中。貞觀元年更名。後治良鄉之石窟堡。縣一：威化。昌州。貞觀二年以松漠部落置，僑治營州之靜蕃戍。七年徙於三合鎮，後治安次之故常道城。縣一：龍山。師州。貞觀三年以契丹、室韋部落置，僑治營州之廢陽師鎮，後僑治良鄉之東閭城。縣一：陽師。帶州。貞觀十年以乙失革部落置。僑治昌平之清水店。縣一：孤竹。歸順州歸化郡，本彈汗州，貞觀二十二年以內屬契丹別帥析紇便部置。開元四年更名。縣一：懷柔。沃州。載初中析昌州置。萬歲通天元年没于李盡忠，開元二年復置。後僑治薊之南回城。縣一：濱海。信州。萬歲通天元年以乙失活部落置。僑治范陽境。縣一：黃龍。青山州。景雲元年析玄州置。僑治范陽之水門村。縣一：青山。

松漠都督府，貞觀二十二年以內屬契丹窟哥部置，其別帥七部分置峭落等八州。李盡忠叛後廢，開元二年復置。領州八。峭落州。以達稽部置。無逢州。以獨活部置。羽陵州。以芬問部置。白連州。以突便部置。徒何州。以芮奚部置。萬丹州。以墜斤部置。疋黎州。以伏部置。赤山州。以伏部分置。歸誠州。

靺鞨州三，府三。

慎州，武德初以涑沫、烏素固部落置。僑治良鄉之故都鄉城。縣一：逢龍。夷賓州。乾符中以愁思嶺部落置，僑治良鄉之古廣陽城。縣一：來蘇。黎州。載初二年析慎州置。僑治良鄉之故都鄉城。縣一：新黎。

黑水州都督府。開元十四年置。渤海都督府。安靜都督府。

右初皆隸營州都督，李盡忠陷營州，乃遷玄州于徐、宋之境，威州於幽州之境，昌、師、帶、鮮、信五州於青州之境，崇、慎二州於淄、青之境，夷賓州於徐州之境，黎州于宋州之境，在河南者十州，神龍初乃使北還，二年皆隸幽州都督府。

劍南道所隸羈縻州

《新唐書》卷四三下《地理志七下·羈縻州·劍南道》　諸羌州百六十八。

西雅州。貞觀五年置。縣三：新城，三泉，石龍。蛾州。貞觀五年置。縣二：常平，那川。拱州。顯慶元年以缽南伏浪恐部置。劍州。永徽五年以大首領凍就部落置。

右隸松州都督府。

塗州。武德元年以臨塗羌內附置，領臨塗、端源、婆覽三縣。貞觀元年州廢，縣亦省。二年析茂州之端源戍復置，縣三：端源，臨塗，悉鄰。炎州。本西封州，貞觀五年開生羌置，八年更名。縣三：大封，慕仙，義川。徹州。貞觀六年以西羌董洞貴部落置。縣三：文徹，俄耳，文進。向州。貞觀五年以生羌置。縣二：貝左，向貳。冉州。本西冉州，貞觀六年以徼外斂才羌地置，八年更名，九年第為冉州。縣四：冉山，磨山，玉溪，金水。穹州。本西博州，貞觀五年以生羌置，八年更名。縣五：小川，徹當，璧川，當博，恭耳。笮州。本西恭州，貞觀七年以白狗羌戶置，八年更名。縣三：遂都，亭勸，比思。蓬魯州。永徽二年，特浪生羌董悉奉求、辟惠生羌卜簷莫等種落萬餘戶內附，又析置州三十二：姜州。恕州。葛州。匆州。鞮州。占州。達州。浪州。邠州。斂州。補州。賴州。那州。舉州。多州。爾州。射州。鐸州。平祭州。時州。箭州。婆州。浩州。質州。居州。可州。宕州。歸化州。柰州。竺州。卓州。

右隸茂州都督府。

思亮州。杜州。初漢州。孚川州。渠川州。丘盧州。祐州。計州。龍施州。月亂州。浪彌州。月邊州。團州。櫃州。威川州。米羌州。

右隸嶲州都督府

當馬州。此下二十一州，天寶前置。林波州。中川州。林燒州。鉗矢州。會野州。當仁州。金林州。東嘉梁州。西嘉梁州。東石乳州。西石乳州。涉邛州。汶東州。費林州。徐渠州。強雞州。長臂州。楊常州。羅巖州。初隸黎州都督，後來屬。雉州。椎梅州。此下三十六州，開元後置。三井州。東鋒州。名配州。鉗恭州。斜恭州。畫重州。羅林州。籠羊州。龍逢州。敢川州。驚川州。榣眉州。木燭州。當品州。嚴城州。昌磊州。鉗并州。作重州。榣林州。三恭州。布嵐州。欠馬州。羅蓬州。論川州。讓川州。遠南州。卑廬州。夔龍州。耀川州。金川州。鹽井州。涼川州。夏梁州。甫和州。橛查州。

右隸雅州都督府

奉上州。此下二十二州，開元前置。輒榮州。劇川州。合欽州。蓬口州。博盧州。明川州。胣皮州。蓬矢州。大渡州。米川州。木屬州。河東州。甫嵐州。昌明州。歸化州。初隸嶲州，後來屬。象川州。叢夏州。和良州。和都州。附樹州。東川州。上貴州。此下二十八州，開元十七年置。滑川州。比川州。吉川州。甫萼州。比地州。蒼榮州。野川州。邛凍州。貴林州。牒珍州。浪彌州。郎郭州。上欽州。時蓬州。儼馬州。邛川州。護邛州。腳川州。開望州。上蓬州。比蓬州。剝重州。久護州。瑤劍州。明昌州。護川州。索古州。此下三州，大和以前置。諸柞州。柏坡州。

右隸黎州都督府

諸蠻州九十二。皆無城邑，椎髻皮服，惟來集于都督府，則衣冠如華人焉。

南寧州。漢夜郎地。武德元年開南中，因故同樂縣置，治味。四年置總管府。五年僑治益州，八年復治味，更名郎州。貞觀元年罷都督。開元五年復故名。天寶末沒於蠻，因廢。唐末復置州於清溪鎮，去黔州二十九日行。縣七：味，同樂，升麻，同起，新豐，隴堤，泉麻。昆州。本隋置，隋亂廢。武德元年開南中，復置。土貢：牛黃。縣四：益寧，晉寧，安寧，秦臧。有滇池，在晉寧。其秦臧，則故臧漢地也。梨州。本西寧州，武德七年析南寧州二縣置，貞觀八年更名。北接昆州。縣二：梁水，絳。匡州。本南雲州，武德七年置，貞觀八年更名。漢永昌郡地。縣二：勃弄，匡川。髳州。本西濮州，武德四年置，貞觀十一年更名。漢越嶲郡地，南接姚州。縣四：濮水，青蛉，岐星，銅山。尹州。武德四年置，北接州。縣五：馬邑，天池，鹽泉，百泉，湧泉。曾州。武德四年置，西接匡州。縣五：曾，三部，神泉，龍亭，長和。鉤州。本南龍州，武德七年置，貞觀十一年更名。東北接昆州。縣二：望水，唐封。裒州。武德七年置。本弄棟地，南接姚州。縣二：楊彼，樂強。宗州。本西宗州，武德七年置，貞觀十一年第名宗州。北接姚州。縣三：宗居，石塔，河西。微州。本西利州，武德七年置，貞觀十一年更名。北接縻州。縣二：深利，十部。縻州。本西豫州，武德七年置，貞觀三年更名。南接姚州。初為都督府，督縻、望、諺羅三州，後罷都督。縣二：磨豫，七部。望州。貞觀末以諸蠻內附，與傍州同置，初隸郎州都督，後來屬。諺羅州。盤州。本西平州，武德四年置，貞觀八年更名。故興古郡地，其南交州。縣三：附唐，平夷，盤水。麻州。貞觀二十二年析郎州置。英州。聲州。勤州。傍州。貞觀二十三年，諸蠻末徒莫祗、儉望二種落內附，置傍、望、求、丘、覽五州。求州。丘州。覽州。咸州。瀘慈州。歸武州。嚴州。湯望州。武德州。奏龍州。武鎮州。本武恒，避穆宗名改。南唐州。連州。縣六：當為，都寧，邏遊，羅龍，加平，清坎。南州。析盈州置。縣三：播政，百榮，洪盧。德州。析志州置。縣二：羅連，萬岩。為州。析扶德州置。縣二：扶，羅僧。洛州。析鏡州置。縣四：臨津，賓夷，曾城，蔥藥。移州。析悅州置。縣三：移當，臨河，湯陵。悅州。縣六：甘泉，青賓，臨川，悅水，夷鄰，胡播。鏡州。縣六：夷郎，賓唐，溪琳，琮連，池臨，野幷。筠州。縣八：鹽水，筠山，羅余，臨居，澄瀾，臨昆，唐川，尋源。志州。縣四：浮萍，雞惟，夷賓，河西。盈州。縣四：盈川，塗賽，播陵，施燕。武昌州。縣七：洪武，羅虹，琅林，夷朗，來賓，羅新，綺婆。扶德州。縣三：宋水，扶德，阿陰。播朗州。析犖州置。縣三：播勝，從顏，順化。信州。居州。炎州。馴州。縣五：馴祿，天池，方陀，羅藏，播騁。騁州。縣二：斛木，羅相。浪川州。貞元十三年，節度使韋皋表置。縣五：郎浪，郎違，何度，郎仁，因閤。協州。本隋置，隋亂廢。武德元年開南中復置。縣三：東安，西安，胡津。靖州。析協州置。縣二：靖川，分協。曲州。本恭州，隋置，隋亂廢。武德元年開南中復置，八年更名。故硃提郡，北接協州。縣二：硃提，唐興。硃提，本安上，武德七年更名。播陵州。析盈州置。鉗州析開邊縣置。哥靈州。滈州。縣三：拱平，掃宮，羅谷。切騎州。縣四：柳池，奏祿，縻托，通識。品州。縣三：八秤，松花，牧。從州。縣六：從花，昆池，武安，羅林，梯山，南寧。泂連州。縣三：泂連，羅名，新戍。碾衛州。縣三：麻金，碾衛，涪麻。

右隸戎州都督府。

于州。武德四年以古滇王國民多姚姓，因置姚州都督，並置州十三。異州。五陵州。袖州。和往州。舍利州。范鄧州。野共州。洪郎州。日南州。眉鄧州。澄備州。洛諾州。

右隸姚州都督府。

納州都寧郡。義鳳二年開山洞置。縣八：羅圍，播羅，施陽，都寧，羅當，羅藍，都，胡茂。先天二年與薩、晏、犖皆降為羈縻。薩州黃池郡。儀鳳二年招生獠置。縣二：黃池，播陵。晏州羅陽郡。儀鳳二年招生獠置。縣七：思峨，泂陰，新賓，扶來，思晏，哆岡，羅陽。犖州因忠郡。儀鳳二年開山洞置。縣五：哆摟，都檀，波婆，比求，播郎。奉州。儀鳳二年開山洞置。縣二：泂里，邏蓬。浙州。儀鳳二年開山洞置。縣四：浙源，越賓，洛川，鱗山。順州。載初二年置。縣五：曲水，順山，靈岩，來猿，龍池。思峨州。天授二年置。縣二：多溪，洛溪。淯州。久視元年置。縣四：新定，淯川，固城，居牢。能州。大足元年置。縣四：長寧，來銀，菊池，猿山。高州。縣三：泂巴，移甫，徒西。宋州。縣四：泂龍，泂支，宋水，盧吾。長寧州。縣四：婆員，波居，青盧，羅門。定州。縣二：支江，扶德。

右隸瀘州都督府。

江南道所隸羈縻州

《新唐書》卷四三下《地理志七下・羈縻州・江南道》 諸蠻州五十一。

牂州。武德三年以牂柯首領謝龍羽地置，四年更名柯州，後復故名。初，牂、琰、莊、充、應、矩六州皆為下州，開元中降牂、琰、莊為羈縻，天寶三載又降充、應、矩為羈縻。縣三：建安，賓化，新興。建安，本牂柯，武德二年更名。新興與州同置。琰州。貞觀四年置。縣五：武侯，望江，應江，始安，東南。貞觀中又領隆昆、琰川二縣，後省。莊州。本南壽州，貞觀三年以南謝蠻首領謝強地置，四年更名，十一年為都督府，景龍二年罷都督。故隋牂柯郡地。南百里有桂嶺關。縣七：石牛，南陽，輕水，多樂，樂安，石城，新安。貞觀中又領清蘭縣，後省。充州。武德三年，以牂柯蠻別部置，縣七：平蠻，東停，韶明，牂柯，東陵，辰水，思王。應州。貞觀三年以東謝首領謝元深地置，縣五：

都尚，婆覽，應江，惣隆，羅恭。矩州。武德四年置。明州。貞觀中以西趙首領趙磨酋地置。蔿州。勞州。羲州。福州。犍州。邦州。清州。峨州。蠻州。縣一：巴江。鼓州。濡州。琳州。縣三：多梅，古陽，多奉。鸞州。令州。那州。暉州。都州。總州。咸亨三年，昆明十四姓率戶二萬内屬分置。敦州。咸亨三年析内屬昆明部置，縣六：武寧，溝水，古質，昆川，叢燕，孤雲。殷州。咸亨三年析昆明部置，後廢。開元十五年分戎州復置，後又廢。貞元二年，節度使韋皋表復置。故南漢之境也。縣五：殷川，東公，龍原，韋川，賓川。初與敦州皆隸戎州都督，後來屬。候州。晃州。樊州。稜州。添州。普寧州。功州。亮州。茂龍州。延州。訓州。卿州。貞觀十五年置。雙城州。整州。懸州。撫水州。縣四：撫水，古勞，多蓬，京水。思源州。逸州。南平州。勳州。襲州。寶州。萬歲通天二年以昆明夷内附置。薑州。鴻州。縣五：樂鴻，思翁，都部，新庭，臨川。

右隸黔州都督府。

嶺南道所隸羈縻州

《新唐書》卷四三下《地理志七下・羈縻州・嶺南道》 諸蠻州九十二。

紆州。縣六：東區，吉陵，賓安，南山，都邦，紆質。歸思州。思順州。縣五：羅遵，履博，都恩，吉南，許水。蕃州。縣三：蕃水，都伊，思寮。溫泉州溫泉郡。土貢：金。縣二：溫泉，洛富。述昆州。土貢：桂心。縣五：夷蒙，夷水，古桂，臨山，都隴。格州。

右隸桂州都督府。

棖州。縣八：正平，富平，龍源，思恩，饒勉，武招，都象，歌良。歸順州。本歸淳，元和初更名。思剛州。侯州。歸誠州。倫州。石西州。思恩州。思同州。思明州。縣一：顯川。萬形州。萬承州。上思州。談州。思琅州。波州。員州。功饒州。萬德州。左州。思誠州。曷州。歸樂州。青州。得州。七源州。

右隸邕州都督府。

蜀爨蠻州十八。貞元七年領州名逸。

右隸峰州都督府。

邊區諸部分部

綜述

吐蕃

唐・杜佑《通典》卷一九〇《邊防六・西戎二・吐蕃》 吐蕃在吐谷渾西南，不知有國之所由。【略】其國出鄯城五百里，過烏海，入吐谷渾部落彌多彌蘇毗及白蘭等國，至吐蕃界。【略】其君長或在跋布川，或居邏娑川，有小城而不居，坐大氈帳，張大拂廬。【略】有可跋海，去赤嶺百里，方圓七十里，東南流入蠻，與蠻西二河合流，而東號為漾鼻水。又東南出會川，為瀘水焉。自赤嶺至邏娑川，絕無大樹木，唯有楊柳，人以為資。【略】其贊普弄贊雄霸西域。隋開皇中，其主論贊率弄贊都牂牁西疋播城，已五十年矣。國界西南與婆羅門接。自大唐初，已有勝兵數十萬，號為強國。【略】党項、白蘭諸部及吐谷渾西域諸國，咸畏懼之。至其主弃蘇農贊，貞觀十五年正月，以宗室女封文成公主，降於吐蕃，命禮部尚書江夏王道宗送之。贊普親迎於河源，見王人，執子婿禮甚謹。覩大國服飾禮儀之美，俯仰有媿沮之色，謂所親曰：『我祖父未有通婚大國者，今我得尚大唐公主，當築一城，以誇後代。』【略】吐蕃之并兼諸羌，雄霸西土，東贊有力焉。

《舊唐書》卷一九六上《吐蕃傳上》 吐蕃在長安之西八千里，本漢西羌之地也。其種落莫知所出也，或云南涼禿髮利鹿孤之後也。【略】其人或隨畜牧而不常厥居，然頗有城郭。其國都城，號為邏些城。【略】貞觀八年，其贊普棄宗弄讚始遣使朝貢。弄讚弱冠嗣位，性驍武，多英略，其鄰國羊同及諸羌並賓伏之。【略】聞突厥及吐谷渾皆尚公主，乃遣使隨德遐入朝，多賫金寶，奉表求婚。【略】遣使謝罪，因復請婚，太宗許之。弄讚乃遣其相祿東贊致禮，獻金五千兩，自餘寶玩數百事。貞觀十五年，太宗以文成公主妻之，令禮部尚書江夏郡王道宗主婚，持節送公主於吐蕃。弄讚率其部兵次栢海，親迎於河源，見道宗，執子壻之禮甚恭。既而歎大國服飾禮儀之美，俯仰有愧沮之色。及與公主歸國，謂所親曰：『我父祖未有通婚上國者，今我得尚大唐公主，為幸實多。當為公主築一城，以誇示後代。』遂築城邑，立棟宇，以居處焉。【略】（儀鳳三年）時吐蕃盡收羊同、党項及諸羌之地，東與涼松、茂、巂等州相接，南至婆羅門，西又攻陷龜兹、疏勒等四鎮，北抵突厥，地方萬餘里。自漢魏已來，西戎之盛，未之有也。

宋·王溥《唐會要》卷九七《吐蕃》 吐蕃者，在長安西八千里，本漢西羌之種也。【略】其國都號為邏娑城。【略】其贊普弄讚雄霸西域。貞觀八年九月，朝貢使至。十四年，遣其相祿東贊致禮，請婚姻，獻金五千兩，自餘寶數百事。十五年，以文成公主妻之。弄讚至栢海，親迎于河源，見王人，執子壻之禮甚恭，而歎大國禮儀之美，俯仰有媿沮之色。及與公主歸國，謂所親曰：『我祖父未有通婚上國者，今我得尚大唐公主，為幸實多。當為公主築一城，以誇示後代。』遂築城立棟宇以居處之。【略】先天元年十月二十六日，吐蕃遣使来朝。吐蕃自漢界出鄯城五百里，遇烏海，入吐部落彌多彌蘇毘及白蘭等國。【略】有可跋海，去赤嶺百里，方圓七里，東南流入蠻，與西洱河合流，而東號為撲鼻水。又南出會川，為瀘水焉。自赤嶺至邏娑川，絶無樹木惟有楊柳，人以為資。【略】（長慶二年）七月，入蕃會盟使劉元鼎奏：以五月六日與吐蕃盟于悶惶盧川。是川蓋贊普之夏衙也，中有臧河流焉，滿川多紫薇樹。

《新唐書》卷二一六上《吐蕃傳上》 吐蕃本西羌屬，蓋百有五十種，散處河湟江岷間，有發羌、唐旄等，然未始與中國通。居析支水西。祖曰鶻提勃悉野，健武多智，稍并諸羌，據其地。蕃發聲近，故其子孫曰吐蕃，而姓勃窣野。或曰南涼禿髮利鹿孤之後。【略】地直京師西八千里，距鄯善五百里。【略】其贊普居跋布川或邏娑川，有城郭廬舍不肯處，聯毳帳以居，號大拂廬。【略】贊生棄宗弄贊，亦名棄蘇農，亦號弗夜氏。其為人慷慨才雄，常驅野馬犛牛馳刺之，以為樂。西域諸國，共臣之。太宗貞觀八年，始遣使者來朝，帝遣行人馮德遐下書臨撫。弄贊聞突厥、吐谷渾竝得尚公主，乃遣使齎幣求昏。【略】以使者來謝罪，固請昏，許之。遣大論薛祿東贊獻黃金五千兩，它寶稱是，以為聘。十五年，妻以宗女文成公主，詔江夏王道宗持節護送，築館河源王之國。弄贊率兵次栢海親迎，見道宗執壻禮恭甚。見中國服飾之美，縮縮媿沮歸國。自以其先未有昏帝女者，乃為公主築一城，以夸後世，遂立宮室以居。【略】（儀鳳五年）因并西洱河諸蠻，盡臣羊同、党項諸羌。其地東與松、茂、巂接，南極婆羅門，西取四鎮，北抵突厥，幅員餘萬里，漢魏諸戎所無也。

宋·鄭樵《通志》卷四一《都邑略·四夷都·吐蕃》 吐蕃在吐谷渾西南。其先居跋布川，或居邏娑川。後徙都牂柯西疋播城。唐初大盛。其地東與松、茂、巂接，南極婆羅門，西取四鎮，北抵突厥，幅員萬里。

南詔

唐·李吉甫《元和郡縣志》卷三三《劍南道二·姚州》 貞元初，蠻帥異牟尋歸國册拜，謂之南詔。九年，南詔又以其地內屬。

唐·樊綽《蠻書》卷三《六詔》 六詔並烏蠻，又稱八詔，蓋白巖城時傍及劍川矣羅識二詔之後。開元元年中，蒙歸義攻石橋城，閣羅鳳攻石和，亦八詔之數也。【略】

蒙巂一詔，最大。【略】

三，越析，一詔也，亦謂之磨些詔。部落在賓居舊越析州也。去囊葱山一日程。【略】

四，浪穹，一詔也。【略】凡浪穹、邆賧，施浪，總謂之浪人，故云三浪詔也。

五，邆賧，一詔也。【略】咩羅皮後為邆賧州刺史，與蒙歸義同伐靜河蠻，遂分據大釐城。

六，施浪，一詔也。

八，蒙舍，一詔也。居蒙舍川，在諸部落之南，故稱南詔也。【略】開元初，（邏盛炎）卒，其子盛邏皮立，朝廷授持進、臺登郡王、知沙壺州刺史。【略】（天寶）七載，蒙歸義卒，閣羅鳳立，朝廷册襲雲南王。【略】閣羅鳳嘗謂後嗣悅歸皇化，但指大和城碑及表疏舊本，呈示漢使，足以雪吾前過也。鳳伽異先死。大曆十四年，閣羅鳳卒，伽異長男異牟尋繼立。【略】每歎地卑夷雜，禮義不通，隔越中華，杜絶聲教，【略】遂三路發使，冀有一達。一使出安南，一使出西川，一使由黔中。貞元十年，三使悉至闕下。朝廷納其誠款，許其歸化。節度恭承詔旨，專遣西川判官崔佐時親信數人，越雲南，與牟尋盟於玷蒼山下。誓文四本，内一本進獻，一本異牟尋置於玷蒼山下神祠石函内，一本納於祖父等廟，一本置府庫中，以示子孫，不令背逆，不令侵掠。貞元十年，以尚書祠部郎中兼御史中丞袁滋、内給事俱文珍、劉幽巖入雲南，持節册南詔異牟尋為雲南王，為西南之藩屏。牟尋男閣勸已後繼為王。

又 卷四《名類》 西爨，白蠻也；東爨，烏蠻也。當天寶中，東北自曲靖州，西南至宣城，邑落相望，牛馬被野。在石城、昆川、曲軛、晉寧、喻獻、安寧至龍和城，謂之西爨。在曲靖州、彌鹿川、升麻川，南至步頭，謂之東爨。風俗名爨也。

又 卷五《六瞼》 太和、陽苴咩謂之陽瞼，大釐謂之史瞼，邆川謂之賧瞼，蒙舍謂之蒙舍瞼，白崖謂之勃弄瞼。

太和城、大釐城、陽苴咩城，本皆河蠻所居之地也。開元二十五年，蒙歸義逐河蠻，奪據太和城。後數月，又襲破苴咩盛羅皮，取大釐城，仍築龍口城為保障。閣羅鳳多由太和、大釐、邆川來往。蒙歸義男等初立太和城，以為不安，遂改創陽苴咩城。

太和城，北去陽苴咩城一十五里。巷陌皆壘石為之，高丈餘，連延數里不斷。城中有大碑，閣羅鳳清平官王蠻利之文，論阻絶皇化之由，受制西戎之意。

龍口城，閣羅鳳所築。縈抱玷蒼南麓數里，城門臨洱水下。河上橋長百餘步，過橋分三路：直南蒙舍路，向西永昌路，向東白崖城路。

大釐城，南去陽苴咩城四十里，北去龍口城二十五里。邑居人戶尤衆。盛羅皮多在此城。幷陽苴咩，幷邆川，今並南詔往來所居也。家室共守，三處如一。東南十餘里有舍利水城，在洱河中流島上，四面臨水，夏月最清凉。南詔常於此城避暑。

陽苴咩城，南詔大衙門，上重樓，左右又有階道，高二丈餘，甃以青石為磴。樓前方二三里，南北城門相對，太和來往通衢也。從樓下門行三百步，至第二重門，門屋五間，兩行門樓相對，各有牓，幷清平官、大軍將、六曹長宅也。入第二重門，行二百餘步，至第三重門，門列戟，上有重樓。入門是屏墻，又行一百餘步，至大廳，階高丈餘，重屋製如蛛網，架空無柱。兩邊皆有門樓，下臨清池。大廳後小廳，小廳後即南詔宅也。客館在門樓外東南二里。館前有亭，亭臨方池，周迴七里，水深數丈，魚鼈悉有。

邆川城，舊邆川也。南去龍口城十五里。初望父部落居之，後浪穹詔豐咩襲而奪之。豐咩孫鐸望與南詔戰，敗，退保劍川南，遂有城。城依山足，東距瀘水，北有泥沙。自閣羅鳳及異牟尋皆填固增修，最為名邑。東北有史郎川，又東祿諾品川，又北俄坤。

蒙舍川，羅盛已上之地。舊為蒙舍州，去龍口城一日程。當五詔俱存，而蒙舍北有蒙嶲詔，即楊瓜州也。同在一川，地氣有瘴，肥沃宜禾稻。又有大池，周迴數十里，多魚及菱芡之屬。川中水東南與勃弄川合流。南有籠磨些川。凡邆川河，蒙舍謂之川賧。然邑落人衆，蔬果水蔆之味，則蒙舍為尤殷。

渠歛趙，本河東州也。西巖有石和城，烏蠻謂之土山坡陀者，謂此州城及太和城俱在陂陀山上故也。州中列樹夾道為交流，村邑連甍，溝塍彌望。大族有王、楊、李、趙四姓，皆白蠻也。云是沮蒲州人，遷涉至此，因以名州焉。東北至毛郎川，又東北至賓居湯，又北至越析川，磨些詔故地也。

白崖城，在勃弄川，天寶中附于忠、城、楊等五州之城也。依山為城，高十丈。四面皆引水環流，惟開南北兩門。南隅是舊城，周迴二里。東北隅新城，大曆七年閣羅鳳新築也。周迴四里。城北門外有慈竹叢，大如人脛，高百尺餘。城内有閣羅鳳所造大廳，修廊曲廡。廳後院橙枳青翠，俯臨北墉。舊城内有池，方三百餘步。池中有樓舍，云貯甲仗。川東西二十餘里，南北百餘里。清平官已下，官給分田悉在。南詔親屬，亦住此城傍。其南二十里有蠻子城，閣羅鳳庶弟誠節母子舊居也。正南去開南城十一日程。

又 卷六《雲南城鎮》 雲南、柘東、永昌、寧北、鎮西及開南、銀生等七城，則有大軍將領之，亦稱節度。貞元十年，掠吐蕃鐵橋城，今稱鐵橋節度，其餘鎮皆分隸焉。

雲南城，天寶中閣羅鳳所規置也。嘗為信州地，城池郭邑皆如漢制。州中南北二十餘里，東西四十五里。帶邑及過山雖有三千餘戶，田疇多廢，閭里少人。諸葛亮分永昌東北置雲南郡，斯即其故地也。西隔山有品瞼賧，亦名清字川，嘗為波州。大池遶山，長二十餘里。波州廢地在池東南隅，故渭北節度段子英，此州人也，故居、墳墓皆在。雲南東第二程有欠舍川、大都部落。第三程至石鼓驛，舊化川也。第四程至曲驛，有大覽賧、小覽賧，漢舊覽州也。

弄棟城，在故姚州川中。南北百餘里，東西三十餘里。廢城在東巖山上。當川中有平巖，周廻五六頃，新築弄棟城在其上。管雜蠻數部落，悉無漢人。姚州百姓陷蠻者，皆被移隸遠處。

柘東城，廣德二年鳳伽異所置也。其地漢舊昆州，故謂昆池。東北有井邑城隍，城西有漢城。土俗相傳，云是莊蹻故城。城之東十餘里有穀昌村，漢穀昌王故地也。貞元十年，南詔破西戎，遷施、順、磨些諸種數萬戶，以實其地。又從永昌以望苴子、望外喻等千餘戶，分隸城傍，以靜道路。

晉寧州，漢滇池故地也。在柘東城南八十里晉平川，幅員數百里。西爨王墓，纍纍相望。

石城川，味縣故地也。貞觀中為郎州，開元初改為南寧州。州城即諸葛亮戰處故城也。城中有諸葛亮所撰文，立二碑。背上篆文曰：『此碑如倒，蠻為漢奴。』近年蠻夷以木搘柱。臣今春見安南兵馬使郭廷宗曾奉使至柘東，停住一月日，館穀勤厚，贈遺不輕。又有夔鹿弄川，漢同勞縣故地也，在龍河過川南百餘里。

石城南面有新豐川，漢南寧州新豐縣故地也。廢城墻塹猶在，大小石城川同。

升麻川西川南有曲軛川，漢南寧州同起縣也。

安寧鎮，去柘東城西一日程，連然縣故地也。通海鎮，去安寧西第三程至龍封驛。驛前臨瘴川，去柘東城八日程，漢俞元縣故地也。量水川，漢舊黎州，今吐蕃呼為量水川。通海城南十四日程至步頭，從步頭船行，沿江三十五日出南蠻。夷人不解舟船，多取通海城路賈勇步入真、登州、林西原，取峰州路行。量水川西南至龍河，又南與青木香山路直，南至崑崙國矣。

寧北城，在漢桑榆縣之東境也。本無城池，今以浪人詔矣羅君舊宅為理所。東地有野共川，北地有虵川，又北有樻川，又北有郎婆川，又北有桑川，即至鐵橋城北九賧川。又西北有羅眉川，又西牟郎共城，又西至傍彌潛城。西有鹽井，鹽井西有斂尋城，皆施蠻、順蠻部落今所居之地也。又西北至聿賚城，又西北至弄視川。

鐵橋城，在劍川北三日程，川中平路有驛。貞元十年，南詔蒙異牟尋用軍，破東西兩城，斬斷鐵橋，大籠官已下投水死者以萬計。今西城，南詔置兵守禦。東城至神川以來，半為散地。見管浪加萌、於浪、傳兗、長褌、磨些、樸子、河人、弄棟等十餘種。

昆明城，在東瀘之西，去龍口十六日程。正北有諱苴川，正南至松外城，又正南至龍怯河。西南至小婆城，又西南至大婆城。西北至三探覽城，又西北至鐵橋東城。其鐵橋上下乃昆明、雙舍，至松外已東，邊近瀘水，並磨些種落所居之地。

永昌城，古哀牢地，在玷蒼山西六日程。西北去廣蕩城六十日程，廣蕩城接吐蕃界，隔候雪山。西邊大洞川，亦有諸葛武侯城。城中有神廟，土俗咸共敬畏，禱祝不闕。蠻夷騎馬，遙望廟，即下馬趨走。西南管柘南城，土俗相傳，呼為要鎮。正南過唐封川，至茫天連。自蘭滄江已西，越賧樸子，其種並是望苴子。俗尚勇力，土又多馬。開元已前閉絶，與六詔不通。盛羅皮始罷柘俞城，閣羅鳳已後漸就柔服。通計南詔兵數三萬，而永西居其一。又雜種有金齒、漆齒、銀齒、繡脚、穿鼻、裸形、磨些、望外喻等，皆三譯四譯，言語乃與河賧相通。

銀生城，在撲賧之南，去龍尾城十日程。東南有通覴川，又直南通河普川，又正南通羌浪川，卻是邊海無人之境也。東至送江川，南至邛鵝川。又南至林記川，又東南至大銀孔，又南有婆羅門、波斯、闍婆、勃泥、崑崙數種外通交易之處，多諸珍寶，以黄金、麝香為貴貨。撲子、長鬃等數十種蠻。又開南城，在龍尾城南十一日程，管柳追和都督城。又威遠城、奉逸城、利潤城，內有鹽井一百來所。茫乃道并黑齒等類十部落皆屬焉。陸路去永昌十日程，水路下彌臣國三十日程。南至南海，去崑崙國三日程。中間又管模迦羅、于泥、禮强子等族類五部落。

越禮城，在永昌北，管長傍、藤彎。長傍城三面高山，臨祿卑江。藤彎城，南至磨些樂城。西南有羅君尋城。又西至利城，渡水郎陽川，直南過山，至押西城。又南至首外川。又西至茫部落，又西至鹽井，又西至拔熬河。麗水城，尋傳大川城在水東。從上郎坪北里眉羅苴鹽井，又至安西城，直北至小婆羅門國。東有寶山城。又西渡麗水，至金寶城。眉羅苴西南有金生城。從金寶城北牟郎城渡麗水，至金寶城。從金寶城西至道吉川，東北至門波城，西北至廣蕩城，接吐蕃界，北對雪山，所管部落與鎮西城同。鎮西城南至蒼望城，臨麗水。東北至彌城，西北至麗水渡，麗水渡面南至祁鮮山。山西有神龍河柵。祁鮮已西，即裸形蠻也。管摩零都督城，在山上。自尋傳、祁鮮已往，悉有瘴毒。地平如砥，冬草木不枯，日從草際没。諸城鎮官懼瘴癘，或越在他處，不親視事。南詔特於摩零山上築城，置腹心理尋傳、長傍、摩零、金寶、彌城等五道事云。凡管金齒、漆齒、繡腳、繡面、彫題、僧耆等十餘部落。

又 卷尾《附録·雲南詔蒙異牟尋與中國誓文臣今録白進獻》 貞元十年歲次甲戌正月乙亥五月己卯，雲南詔異牟尋及清平官大軍將與劍南西川節度使崔佐時謹詣玷蒼山北，上請天地水三官、五嶽四瀆及管川谷諸神靈，同請降臨，永為證據。念異牟尋乃祖乃父忠赤附漢，去天寶九載，被姚川都督張乾陁等離間部落，因此與漢阻絶。經今四十三年，與吐蕃洽和為兄弟之國，吐蕃贊普册牟尋為日東王，亦無二心，亦無二志。去貞元四年，奉劍南節度使韋臯僕射書，具陳漢皇帝聖明，懷柔好生之德。七年，又蒙遣使段忠義等招諭兼送皇帝敕書，遂與清平官、大軍將、大首領等密圖大計，誠矢天地，發於禎祥，所管部落，誓心如一。去年四月十三日，差趙莫羅眉、揚大和眉等賫僕射來書，三路獻表，願歸清化，誓為漢臣。啓告祖宗，明神鑒照忠款。今再蒙皇帝，蒙劍南西川節度使韋臯僕射遣巡官崔佐時傳語，牟尋等契誠，誓無遷變。謹請西洱河、玷蒼山神祠監盟，牟尋與清平官洪驃利時、大軍將段盛等請全部落歸附漢朝，山河兩利，即願牟尋、清平官、大軍將等福祚無疆，子孫昌盛不絶，管諸賧首領永無離二。興兵動衆，討伐吐蕃，無不剋捷。如會盟之後，發起二心，及與吐蕃私相會合，或輒窺侵漢界内田地，即願天地神祇共降災罰，宗祠殄滅，部落不安，災疾臻凑，人戶流散，稼穡産畜悉皆減耗。如蒙漢與通和之後，有起異心，窺圖牟尋所管疆土，侵害百姓，致使部落不安，及有患難，不賜救恤，亦請准此誓文，神祇共罰。如蒙、天漢和通之後，更無異意，即願大漢國祚長久，福盛子孫，天下清平，永保無疆之祚。漢使崔佐時至益州，不為牟尋陳説，及節度使不為奏聞牟尋赤心歸國之意，亦願神祇降之災。今牟尋率衆官具牢醴到西洱河，奏請山川土地靈祇，請漢使計會，發動兵馬，同心戮力，共行討伐。然土蕃神川、崑明、會同已來，不假天兵，牟尋盡收復鐵橋為界，歸漢舊疆宇。謹率羣官，虔誠盟誓，共剋金契，永為誓信。其誓文，一本請劍南節度隨表進獻，一本藏於神室，一本投西洱河，一本牟尋留詔城内府庫，貽誡子孫。伏惟山川神祇，同鑒誠懇。

某年六月二十一日奏狀，今謹録白獻進。

《舊唐書》卷一九七《西南蠻傳·南詔蠻》 南詔蠻本烏蠻之別種也，姓蒙氏。蠻謂王為詔。自言哀牢之後，代居蒙舍州，為渠帥。在漢永昌故郡東，姚州之西。其先渠帥有六，自號六詔。【略】

盛邏皮死，子皮邏閣立。（開元）二十六年，詔授特進，封越國公，賜名曰歸義。其後破洱河蠻，以功策授雲南王。【略】歸義既併五詔，服羣蠻。【略】二十七年，徙居大和城。【略】（天寶）七年，歸義卒，詔立子閣羅鳳，襲雲南王。【略】大曆十四年，閣羅鳳子鳳迦異先閣羅鳳死，立迦異子，是為異牟尋。【略】（貞元七年）歲中三使，皆至京師，且曰牟尋請歸大國，永為藩國。【略】牟尋所都陽苴咩城，南去大和城十餘里，東北至成都二千四百里，東至安南，如至成都，通水陸行。【略】牟尋收鐵橋已來城壘一十六，擒其王五人，降其衆十餘萬。以祠部郎中兼御史中丞袁滋持節册南詔，仍賜牟尋印，鑄用黄金，以銀為窠，文曰『貞元册南詔印』。

宋·王溥《唐會要》卷九九《南詔蠻》 北與邛州接，部落四千餘戶。【略】貞觀三年，遣使内附，以其地隸渝州。【略】貞元十年三月，劍南節度使韋臯奏：雲南蠻王異牟尋領部落兵馬破吐蕃，并收鐵橋等以來城壘等，擒吐蕃列土王五人，歸降百姓一十二萬人，約計三萬餘戶，大小城一十六所。敕旨宣付所司。其年七月，詔賜南蠻異牟尋鑄印一，用黄金，銀為窠，其文曰『貞元册南詔印』。

宋・王溥《五代會要》卷三〇《南詔蠻》 南詔蠻本烏蠻之別種，在漢永昌之東，姚州之西。蠻俗謂王曰詔，其先渠帥有六，故號六詔，各有君長，不相統攝。在唐時，亦時來朝貢。

《新唐書》卷二二二上《南蠻傳上・南詔上》 南詔或曰鶴拓，曰龍尾，曰苴咩，曰陽劍，本哀牢夷後，烏蠻別種也。夷語王為詔。其先渠帥有六，自號六詔，曰蒙巂詔、越析詔、浪穹詔、邆賧詔、施浪詔、蒙舍詔，兵埒不能相君。蜀諸葛亮討定之。蒙舍詔在諸部南，故稱南詔。居永昌、姚州之間，鐵橋之南。東距爨，東南屬交趾，西摩伽陀，西北與吐蕃接，南女王，西南驃，北抵益州，東北際黔巫。王都羊苴咩城，別都曰善闡府。【略】出治軍壁稱節度。【略】外則有六節度，曰弄棟、永昌、銀生、劍川、柘東、麗水。有二都督，會川、通海。有十瞼，夷語瞼若州，曰雲南瞼，白厓瞼，亦曰勃弄瞼，品澹瞼，邆川瞼，蒙舍瞼，大釐瞼，亦曰史瞼，苴咩瞼，亦曰陽瞼，蒙秦瞼，大和瞼，趙川瞼。【略】

開元末，皮邏閣逐河蠻，取大和城，又襲大釐城守之因城龍口，夷語山坡陀為和，故謂大和，以處閤羅鳳。天子詔賜皮邏閣名歸義。【略】當是時，五詔微，歸義獨彊，【略】求合六詔為一，制可。歸義已幷羣蠻，遂破吐蕃。寖驕大，入朝天子，亦為加禮。又以破洱蠻功，馳遣中人册為雲南王，賜錦袍金鈿帶七事，於是徙治大和城。【略】

大曆十四年，閤羅鳳以鳳迦異前死，立其孫異牟尋以嗣。【略】更徙苴咩城築，袤十五里。【略】異牟尋請歸天子，為唐藩輔。獻金，示順革；丹，赤心也。德宗嘉之，賜以詔書。【略】乃遣弟湊羅棟、清平官尹仇寬等二十七人入獻地圖方物，請復號南詔。帝賜賚有加。【略】明年夏六月，册異牟尋為南詔王。【略】賜黃金印，文曰『貞元册南詔印』。【略】異牟尋攻吐蕃，復取昆明城以食鹽池，又破施蠻、順蠻，並虜其王，置白厓城，因定磨些蠻，隸昆山西爨故地。破茫蠻，掠弄棟蠻、漢裳蠻，以實雲南東北。

又 卷二二二中《南蠻傳中・南詔下》 先是，有時傍、矣川羅識二族，通號八詔。時傍母，歸義女也。其女復妻閤羅鳳。初，咩羅皮之敗，時傍入居邆川州，誘上浪千餘，勢稍張，為閤羅所猜，徙置白厓城，後與矣川羅識詣神川都督，求自立為詔，謀洩被殺。矣川羅識奔神川都督，送之羅些城。

蒙巂詔，最大。其王巂輔首死，無子，弟佉陽照立。佉陽照死，子照原立。喪明，子原羅質南詔。歸義欲幷國，故歸其子原羅，衆果立之。居數月，使人殺照原，逐原羅，遂有其地。

越析詔，或謂磨些詔，居故越析州，西距囊葱山一日行。貞元中，有豪酋張尋求烝其王波衝妻，因殺波衝。劍南節度使召尋求至姚州，殺之。部落無長，以地歸南詔。波衝兄子于贈持王所寶鐸鞘東北度瀘，邑于龍佉河，纔百里，號雙舍。使部酋楊墮居河東北。歸義樹壁，侵于贈，不克。閤羅鳳自請往擊楊墮，破之，于贈投瀘死，得鐸鞘，故王出軍必雙執之。

浪穹詔，其王豐時死，子羅鐸立。羅鐸死，子鐸羅望立，為浪穹州刺史。與南詔戰，不勝，挈其部保劍川，更稱劍浪。死，子望偏立。望偏死，子偏羅矣立。偏羅矣死，子羅君立。貞元中，南詔擊破劍川，虜羅君，徙永昌。凡浪穹、邆賧、施浪，總謂之浪人，亦稱三浪。

邆賧詔，其王豐咩，初據邆賧，為御史李知古所殺，子咩羅皮自為邆川州刺史，治大釐城。歸義襲敗之，復入邆賧，與浪穹、施浪合拒歸義。既戰大敗，歸義奪邆賧，咩羅皮走保野共川。死，子皮羅鄧立。皮羅鄧死，子鄧羅顛立。鄧羅顛死，子顛文託立。南詔破劍川，虜之，徙永昌。

施浪詔，其王施望欠居矣苴和城。有施各皮者，亦八詔之裔，據石和城。閤羅鳳攻虜之，而施望欠孤立，故與咩羅皮合攻歸義，不勝。歸義以兵脅降其部，施望欠以族走永昌，獻其女遺南詔丐和，歸義許之，度蘭江死。弟望千走吐蕃，吐蕃立為詔，納之劍川，衆數萬。望千死，子千傍羅顛立。南詔破劍川，千傍羅顛走瀘北。三浪悉滅，唯千傍羅顛及矣川羅識子孫在吐蕃。

明・謝肇淛《滇畧》卷一《版畧》 雲南，古梁州域，徼外西南夷所居也。【略】晉、宋、齊、梁、陳、隋，廢置不一，皆以守令治其人，酋長世其官，不相凌奪。唐貞觀末，册龍佑那十七代孫張樂進求為首領大將軍。時有哀牢夷細農邏者，耕于蒙之巍山，有祥異，所居成聚，樂進求遂遜國而去之。自是諸酋分立為六詔，而南詔強盛。開元間，遂幷五詔。朝廷遣使，册為雲南王。

清・馮甦《滇考》卷上《異牟尋復歸唐》 興元初，遷居羊苴咩城築，袤十五里。改國號曰大理，改元上元。封境内山川爲五嶽四瀆：中嶽點蒼山，東嶽絳雲露山，南嶽蒙樂山，西嶽高黎共山，北嶽玉龍山。四瀆一曰黑惠江，一曰瀾滄江，一曰金沙江，一曰潞江，并建祠及三皇廟，春秋致祭。【略】

外有六節度，曰弄棟，今姚安地；曰永昌，曰銀生，今景東、鎮沅；曰劍川，曰麗水，曰柘東，今安寧、昆陽之間。上元中，鳳伽異築城於此。有二都督，曰會川，曰通海。治民者有十瞼：一曰雲南瞼，一曰白崖瞼，又曰勃弄瞼，一品澹瞼，一邆川瞼，一蒙舍瞼，一大釐瞼，又曰史瞼，一苴咩瞼，又曰楊瞼，一蒙秦瞼，一矣和瞼，一趙川瞼。【略】

是時南詔之境，東至於銅柱、鐵橋、蟠桃、玉榆，東南至於交阯，南至於驃國木落山，西至於太石，西北至於吐番，北至於神川，東北至於黔巫，縱橫數千里，國富兵強。

流求

唐・韓愈《昌黎文集》卷二一《送鄭權尚書序》　其海外雜國，若躭浮羅、流求、毛人、夷亶之州，林邑、扶南、真臘、于陀利之屬，東南際天地，以萬數，或時候風潮朝貢。

唐・柳宗元《柳河東集》卷二六《嶺南節度饗軍堂記》　唐制，嶺南為五府，府部州以十數，其大小之戎，號令之用，則聽于節度使焉。其外大海多蠻夷，由流求、訶陵，西抵大夏、康居，環水而國以百數，則統于押藩舶使焉。內之幅員萬里，以執秩拱稽，時聽教命；外之羈屬數萬里，以譯言贄寶，歲帥貢職。合二使之重，以治于廣州，故賓、軍之事，宜無與校。

唐・劉恂《嶺表録異》卷下　陵州刺史周遇不茹葷血，嘗語劉恂云：頃年自青社之海歸閩，遭惡風，飄五日夜，不知行幾千里也，凡歷六國。【略】又經流虬國。其國人幺麽，一概皆服麻布而有禮，競將食物，求易釘鐵。

五代政區部

府州建置分部

綜述

《舊五代史》卷一五〇《郡縣志》　後唐長興三年四月中書門下奏：『據《十道圖》，舊制以王者所都之地為上，本朝都長安，遂以關內道為上。今宗廟、宮闕皆在洛陽，請以河南道為上，關內道為二，河東道第三，河北道第四，劍南道第五，江南道第六，淮南道第七，山西道第八，隴右道第九，嶺南道第十。』從之。

又　卷二九《唐書・明宗紀九》　（長興三年夏四月）戊午，中書奏：『准敕重定三京、諸道州府地望次第者。舊制以王者所都之地為上，今都洛陽，請以河南道為上，關內道為第二，河東道為第三，餘依舊制。其五府，按《十道圖》，以鳳翔為首，河中、成都、江陵、興元為次。中興初，升魏州為興唐府，鎮州為真定府，望升二府在五府之上，合為七州，餘依舊制。又天下舊有八大都督府，以靈州為首，陝、幽、魏、揚、潞、鎮、徐為次，其魏、鎮已升為七府兼具員內，相次升越、杭、福、潭等州為都督，望以十大都督府為額，仍據升降次第，以陝為首，餘依舊制。《十道圖》有大都護，請以安東大都護為首。防禦、團練等使，自來升降極多，今具見在，其員依新定《十道圖》以次第為定。』從之。

宋・王溥《五代會要》卷一九《諸府》　後唐長興三年四月，中書門下奏：『案《十道圖》，以關內道為上，遂以鳳翔為首，河中、成都、江陵、興元為次。中興初，升魏州為興唐府，鎮州為真定府，皆是創業興王之地。請升此二府於五府之上，合為七府。仍以興唐為首，真定、鳳翔、成都、江陵、興元為次。』從之。

宋·歐陽忞《輿地廣記》卷三《五代》 梁有州七十八。汴、洛、都。雍、兗、沂、密、青、淄、齊、棣、登、萊、徐、宿、鄆、曹、濮、宋、亳、單、潁、陳、蔡、許、汝、鄭、滑、襄、均、房、鄧、隨、郢、唐、復、安、申、蒲、孟、懷、晉、絳、浹、虢、華、商、同、耀、邠、寧、慶、衍、鄜、坊、丹、延、夏、銀、綏、宥、靈、鹽、魏、博、貝、衛、澶、相、邢、洺、磁、鎮、冀、深、趙、易、祁、定。

唐有州一百二十三。汴、洛、都。雍、兗、沂、密、青、淄、齊、棣、登、萊、徐、宿、鄆、曹、濮、宋、亳、單、潁、陳、蔡、許、汝、鄭、滑、襄、均、房、鄧、隨、郢、唐、復、安、申、蒲、孟、懷、晉、絳、陝、虢、華、商、同、耀、寧、慶、衍、鄜、坊、丹、延、夏、銀、綏、宥、靈、鹽、岐、隴、涇、原、渭、武、秦、成、階、鳳、乾、魏、博、貝、衛、澶、相、邢、洺、磁、鎮、冀、深、趙、易、祁、定、滄、景、德、瀛、莫、幽、涿、檀、薊、順、營、平、蔚、朔、雲、應、新、媯、儒、武、忻、代、嵐、石、憲、麟、府、幷、汾、慈、隰、澤、潞、沁、遼。

晉有州一百九。汴、洛、都。雍、兗、沂、密、青、淄、齊、棣、登、萊、徐、宿、鄆、曹、濮、宋、亳、單、潁、陳、蔡、許、汝、鄭、滑、襄、均、房、金、鄧、隨、郢、唐、復、安、申、蒲、孟、懷、晉、絳、陝、虢、華、商、同、耀、邠、寧、慶、衍、威、鄜、坊、丹、延、夏、銀、綏、宥、靈、鹽、岐、隴、涇、原、渭、武、秦、成、階、鳳、乾、魏、博、貝、衛、澶、相、邢、洺、磁、鎮、冀、深、趙、易、祁、定、滄、景、德、忻、代、嵐、石、憲、麟、府、幷、汾、慈、隰、澤、潞、沁、遼。

漢有州一百六。汴、洛、都。雍、兗、沂、密、青、淄、齊、棣、登、萊、徐、宿、鄆、曹、濮、宋、亳、單、潁、陳、蔡、許、汝、鄭、滑、襄、均、房、金、鄧、隨、郢、唐、復、安、申、蒲、孟、懷、晉、絳、陝、虢、華、商、同、耀、解、邠、寧、慶、衍、威、鄜、坊、丹、延、夏、銀、綏、宥、靈、鹽、岐、隴、涇、原、渭、武、乾、魏、博、貝、衛、澶、相、邢、洺、磁、鎮、冀、深、趙、易、祁、定、滄、景、德、忻、代、嵐、石、憲、麟、府、幷、汾、慈、隰、澤、潞、沁、遼。

周有州一百一十八。汴、洛、都。雍、兗、沂、密、青、淄、齊、棣、登、萊、徐、宿、鄆、曹、濮、濟、宋、亳、單、潁、陳、蔡、許、汝、鄭、滑、襄、均、房、金、鄧、隨、郢、唐、復、安、申、蒲、孟、懷、晉、絳、陝、虢、華、商、同、耀、解、邠、寧、慶、威、鄜、坊、丹、延、夏、銀、綏、宥、靈、鹽、岐、隴、涇、原、渭、秦、成、階、鳳、乾、魏、博、貝、衛、澶、相、邢、洺、磁、鎮、冀、深、趙、易、祁、定、滄、德、濱、瀛、莫、雄、霸、府、慈、隰、澤、潞、楊、楚、泗、滁、和、光、黃、舒、蘄、廬、壽、海、泰、濠、通。

清·陳鱣《續唐書》卷一六《地理志》 唐貞觀元年，分天下為十道。景雲二年，分置二十四都督府以統之。開元二十一年，又分置十五採訪使。及至乾符而後，日益割裂，而朱全忠篡取，得其七十八州。莊宗初起幷、代，取幽、滄，有三十五州；后取梁魏、博等十六州，合五十一州；以滅梁，岐王稱臣，又得七州；同光破蜀，惟得四州，而營、平二州陷於契丹，其增置一州，合一百二十三州。而自江以下，三十五州為南唐。其餘外屬，兼幷不常，蜀有四十六州，南漢有四十七州，楚有十州，吳越有十三州，閩有六州，南平有三州。至於晉、漢、周之地域，割裂紛更，時多建置，大抵非盡屬唐季之舊。

河南道

《舊五代史》卷一五〇《郡縣志·河南道》 西京河南府。滑州。許州。陝州。青州。兗州。宋州。陳州。曹州。亳州。鄭州。汝州。單州。濟州。濱州。密州。潁州。濮州。蔡州。

宋·王溥《五代會要》卷二〇《州縣分道改置·河南道》 滑州酸棗縣、長垣縣。梁開平三年二月，割隸汴州。後唐同光二年二月，酸棗縣却隸滑州，長垣縣却改為匡城縣。晉天福三年十月，酸棗縣却割隸開封府。

鄭州中牟縣、陽武縣。梁開平三年二月，割隸汴州。後唐同光二年二月敕：中牟縣却隸鄭州。晉天福三年十月，中牟縣却割屬開封府。

宋州襄邑縣。梁開平三年二月，割隸汴州。後唐同光二年二月，却隸宋州。晉天福三年十月，復割隸開封府。

曹州戴邑縣。梁開平三年二月，割隸汴州。後唐同光二年二月，復為考城縣。

許州扶溝縣。梁開平三年二月，割隸汴州。後唐同光二年二月，鄢陵縣却隸許州。天成元年九月，扶溝縣却隸許州。晉天福三年十月，並割屬開封府。

陳州太康縣。梁開平三年二月，割隸汴州。後唐同光二年二月，復隸陳州。晉天福三年十月，却屬開封府。

單州楚丘縣。梁開平四年四月，割隸宋州。碭山縣。後唐同光二年二月敕：碭山縣僞梁創為輝州，併單州後，理所于輝州。今宜却屬單州，其輝州依舊為碭山縣。

汝州葉縣、襄城縣。後唐同光二年十二月，租庸使奏：二縣原屬汝州，今隸許州。伏緣最鄰京畿，戶口全少，伏乞却割隸汝州。從之。臨汝縣。周顯德三年二月廢。

密州輔唐縣。梁開平二年八月，改為安丘縣。後唐同光元年十月，復為輔唐縣。晉天福七年七月，改為膠西縣，避國諱也。

濟州。周廣順二年九月，以鄆州鉅野升為州，其地望為上，割兖州任城、中都，單州金鄉等縣隸之。至其年十二月，又割鄆州鄆城縣隸之，中都縣却隸鄆州。

濱州。周顯德三年六月，以瞻國軍升為州，其地望為上，直屬京。割棣州渤海、蒲臺兩縣隸之。

《新五代史》卷六〇《職方考》 開封府。故統六縣。梁開平元年，割滑州之酸棗、長垣，鄭州之中牟、陽武，宋州之襄邑，曹州之考城更曰戴邑，許州之扶溝、鄢陵，陳州之太康隸焉。唐分酸棗、中牟、襄邑、焉陵、太康五縣還其故，晉升汴州為東京，復割五縣隸焉。

陳州。故屬忠武軍節度。晉開運二年置鎮安軍。漢初，軍廢。周廣順二年復之。

單州。唐末以宋州之碭山，梁太祖鄉里也，為置輝州，已而徙治單父。後唐滅梁，改輝州為單州。其屬縣置徙，傳記不同，今領單父、碭山、成武、魚臺四縣。

濟州。周廣順二年置，割鄆州之鉅野、鄆城，兖州之任城，單州之金鄉為屬縣而治鉅野。

濱州。周顯德三年置，以其濱海為名。初，五代之際，置榷鹽務於海傍，後為瞻國軍，周因置州，割棣州之渤海、蒲臺為屬縣而治渤海。

關內道

《舊五代史》卷一五〇《郡縣志·關內道》 雍州京兆府。同州。華州。耀州。乾州。隴州。涇州。原州。鄜州。威州。衍州。武州。良州。府州。雄州。警州。

宋·王溥《五代會要》卷二〇《州縣分道改置·關內道》 京兆府奉先縣。梁開平三年二月，割隸同州。後唐同光三年二月，却隸京兆府。武功縣、好畤縣。後唐長興元年五月敕：併臨等四鄉却隸京兆府。渭南縣。周顯德三年四月，割屬華州。同官縣。梁開平三年三月，割隸同州。後唐同光三年七月，割隸耀州。美原縣。後唐同光三年七月，割隸耀州。

華州洛南縣。後唐同光三年六月，河中府奏：韓城、郃陽、澄城縣，僞梁割屬當府。其澄城縣，今請却屬同州；韓城、郃陽縣，且屬當府。從之。天成元年七月敕：韓城、郃陽二縣，却割隸同州。

隴州汧陽縣、汧源縣、吳山縣。後唐長興元年五月，依舊割隸隴州。

涇州平涼縣。後唐清泰三年正月，涇州奏：平涼縣自吐蕃陷渭州，權于平涼縣為渭州理所，遂罷平涼縣。又有安國、耀武兩鎮，兼屬平涼。其賦租節目，並無縣管。今請却置平涼縣，管安國、耀武兩鎮人戶。從之。臨涇縣。後唐清泰三年二月，原州刺史翟建奏：本府自陷吐蕃，權于臨涇縣為理所。臨涇元屬涇州，刺史只管捕盜，其人戶即涇州管縣。既無屬縣，刺舉何施？伏乞割臨涇屬當州。從之。

鄜州鄜城縣。梁開平元年四月，改為昭化縣。後唐同光元年十月，復為鄜城縣。咸寧縣。周顯德三年三月十日廢。

威州。晉天福四年五月敕：靈州方渠鎮宜升為威州，隸靈武，仍割寧州木波、馬嶺二鎮隸之。周廣順二年三月，改為環州。顯德四年九月，降為通遠軍。

衍州。周顯德五年六月，廢為定平鎮，隸邠州。

武州。周顯德五年六月，廢為藩源縣，隸渭州。

《新五代史》卷六〇《職方考》 雍州。唐故上都，昭宗遷洛，廢為佑國軍。【略】唐滅梁，復為西京。

威州。晉天福四年置，割靈州之方渠，寧州之木波、馬嶺三鎮為屬而治方渠。周廣順二年改曰環州，顯德四年廢為通遠軍。

耀州。李茂貞置，治華原縣。梁初改曰崇州，唐同光元年復為耀州。

乾州。李茂貞置，治奉天縣。

同官。故屬京兆府，梁割隸同州。

美原。故屬同州，李茂貞置鼎州而治之。梁改為裕州，屬順義軍節度。

河東道

《舊五代史》卷一五〇《郡縣志·河東道》 并州太原府。潞州。澤州。晉州。新州。武州。雲州。應州。絳州。慈州。隰州。遼州。沁州。解州。勝州。河中府。

宋·王溥《五代會要》卷二〇《州縣分道改置·河東道》 絳州。梁開平四年四月，割隸晉州。後唐同光二年六月，却割屬河中府。

慈州、隰州。後唐同光二年六月，割隸晉州。

儀州。梁開平三年閏八月敕：兖州管内已有沂州，其儀州改為遼州。晉天福五年三月，并沁州割隸潞州。六年七月，并沁州却隸太原。

解州。漢乾祐元年九月，升解縣為州，割河中府聞喜、安邑、解三縣為屬邑。

河中府稷山縣。後唐同光二年正月，割隸絳州。

慈州仵城縣、呂香縣。周顯德三年三月降。

《新五代史》卷六〇《職方考》 解州。漢乾祐元年九月置，割河中之聞喜、安邑、解縣為屬而治解。

河北道

《舊五代史》卷一五〇《郡縣志·河北道》 魏州大名府。鎮州真定府。滄州。景州。德州。邢州。磁州。澶州。貝州。相州。泰州。雄州。幽州。新城縣。定州。博州。莫州。深州。瑞州。靜安軍。

宋·王溥《五代會要》卷二〇《州縣分道改置·河北道》 鎮州。後唐同光元年四月，改為北京。至十一月，却復為成德縣。

幽州北平縣。後唐長興三年八月，改為燕平縣。

滄州長蘆縣、乾符縣。周顯德三年十月，併入清池縣。無棣縣。周顯德五年，改為保順軍。弓高縣。周顯德六年二月，併入東光縣。

博州武水縣。周顯德三年十月，併入聊城。

深州博野縣。周顯德四年五月，割隸定州。

澤州。梁開平元年六月，割隸河陽。四年二月，隸潞州。

德州。晉天福五年十一月，移就長河縣，為理所。

泰州。後唐天成三年二月，升奉化軍為泰州，以清苑縣為理所。至晉開運二年九月，移就滿城縣。至周廣順二年二月廢州，其滿城縣割隸易州。

雄州、霸州。周顯德六年五月，以瓦橋關為雄州，割容城、歸義二縣隸之；益津關為霸州，割文安、大城二縣隸之；地望並為中州。時初平關南故也。

《新五代史》卷六〇《職方考》 大名府。大名，故曰貴鄉。後唐改曰廣晉，漢改曰大名。

霸州。周顯德六年克益津關置，治永清，割莫州之文安、瀛州之大城為屬。

磁州。梁改曰惠州，唐復曰磁州。

景州。唐故治弓高。周顯德三年廢為定遠軍，割其屬安陵縣屬德州，廢弓高縣入東光縣，為定遠軍治所。

劍南道

《舊五代史》卷一五〇《郡縣志·劍南道》 蜀州。漢州。彭州。

宋·王溥《五代會要》卷二〇《州縣分道改置·劍南道》 蜀州唐興縣。梁開平二年八月，改為陶胡縣。後唐同光元年十月，復為唐興縣。

彭州唐昌縣。梁開平二年八月，改為歸化縣。後唐同光元年十月，復為唐昌縣。

江南道

《舊五代史》卷一五〇《郡縣志·江南道》 黔州。處州。温州。婺州。湖州。秀州。全州。杭州。福州。臺州。明州。虔州。蘇州。邵州。郴州。建州。道州。鄂州。潭州。

宋·王溥《五代會要》卷二〇《州縣分道改置·江南道》 杭州臨安縣。梁開平二年正月，改為安國縣。

福州閩清縣。梁乾化元年十月，移就梅溪場置。

蘇州吳江縣。梁開平三年閏八月，兩浙奏於吳松江置縣。

明州望海縣。梁開平三年閏八月，兩浙奏置。

處州松陽縣。梁開平四年五月，改為長松縣。

秀州。晉天福三年十月，兩浙錢元瓘奏以杭州嘉興縣置州。

全州。晉天福四年四月，湖南馬希範奏以湘川縣置州，仍置湘川縣，併割灌陽縣隸之。

淮南道

《舊五代史》卷一五〇《郡縣志・淮南道》 安州。廬州。楚州。壽州。天長縣。

宋・王溥《五代會要》卷二〇《州縣分道改置・淮南道》 壽州。周顯德四年，移于潁州下蔡縣，仍以下蔡縣為倚郭，以舊壽州為壽春縣。盛唐縣。梁開平二年八月，改為灊山縣。後唐同光元年十月，復為盛唐。

《新五代史》卷六〇《職方考》 通州。本海陵之東境，南唐置靜海制置院，周世宗克淮南，升為靜海軍，後置通州，分其地置靜海、海門二縣為屬而治靜海。

山南道

《舊五代史》卷一五〇《郡縣志・山南道》 襄州。鄧州。唐州。復州。金州。忠州。萬州。夔州。利州。閬州。果州。朗州。集州。鳳州。唐州。商州。隨州。合州。雄勝軍。

宋・王溥《五代會要》卷二〇《州縣分道改置・山南道》 復州。梁乾化二年十月，割隸荊南。後唐天成二年五月，却隸襄州。天福五年七月，直屬京，升為防禦。

果州。後唐天成二年五月，隸利州。

唐州慈丘縣。周顯德三年三月廢。

鄧州臨湍縣。漢乾祐元年正月，改為瀨縣，避廟諱也。菊潭縣、向城縣。周顯德三年三月廢。

商州乾元縣。漢乾祐二年六月，改為乾祐縣，割隸京兆。

襄州樂鄉縣。周顯德六年二月，併入宣城。

隴右道

《舊五代史》卷一五〇《郡縣志・隴右道》 秦州。成州。洮州。

宋・王溥《五代會要》卷二〇《州縣分道改置・隴右道》 秦州天水縣、隴城縣。後唐長興三年二月，秦州奏，見管長道、成紀、清水三縣外，有十一鎮徵科，並係鎮將。今請以歸化、恕水、五龍、黃土四鎮就歸化鎮復置舊隴城縣；赤砂、染坊、夕陽、南冶、鐵務五鎮，就赤砂鎮復置舊天水縣。其白石、大潭、良恭三鎮，割屬長道縣。從之。

成州同谷縣、栗亭縣。後唐清泰三年六月，泰州奏：階州元管將利、福津兩縣，並無廵鎮。成州元管同谷縣，餘幷是鎮，便係徵科。今欲取成州西南近便鎮分，併入同谷縣。其東界四鎮，別創一縣者。州西南有府城、長豐、魏平三鎮，其地東至泥陽鎮界二十五里，北至黃竹路、金砂鎮界五十里，南至興州界三十里，西至白石鎮界一百一十里，西南至舊階州界砂地嶺四十五里。其三嶺管界併入同谷縣，廢其鎮額。州東界有勝仙、泥陽、金砂、栗亭四鎮，東至鳳州姜瞻鎮界十五里，南至果州界二十里，北至高橋界三十五里，西至同谷界三十五里，北至秦州界六十七里。欲併其四鎮地於栗亭縣，其徵科委縣司，捕盜委鎮司。從之。

嶺南道

《舊五代史》卷一五〇《郡縣志・嶺南道》 邕州。恩州。溥州。思唐州。潘州。桂州。

宋・王溥《五代會要》卷二〇《州縣分道改置・嶺南道》 潘州茂名縣。梁開平元年五月，改為越裳縣。至後唐同光元年十月，改為茂明縣。

桂州純化縣。梁開平元年五月，改為歸化縣。後唐同光元年十月，復為純化縣。

邕州。晉天福七年七月，改為誠州，避廟諱。

溥州。晉開運三年三月，升桂州全義縣為州，仍改全義縣為德昌縣，并割桂州臨川、廣明、義寧等三縣隸之。從湖南馬希範奏也。

節鎮建置分部

綜　述

宣武軍節度使

宋・王溥《五代會要》卷二四《諸道節度使軍額》　宋州。梁開平三年五月，升為宣武軍節度，割亳、輝、潁三州隸之。至後唐同光元年，改為歸德軍。

《新五代史》卷六〇《職方考》　汴州。唐故曰宣武軍。【略】後唐滅梁，復為宣武軍。

宋州。故屬宣武軍節度，梁初徙置宣武軍。唐滅梁，改曰歸德。

宣義軍節度使

宋・王溥《五代會要》卷二四《諸道節度使軍額》　滑州。唐光啓二年四月，改為宣義軍節度。至後唐同光元年十月，復為義成軍。

《新五代史》卷六〇《職方考》　滑州。唐故曰義成，以避梁王父諱改曰宣義。唐滅梁，復其故。

匡國軍節度使

宋・王溥《五代會要》卷二四《諸道節度使軍額》　許州。梁開平二年，改為匡國軍。後唐同光元年十月，復為忠武軍。

《新五代史》卷六〇《職方考》　許州。唐故曰忠武，梁改曰匡國。唐滅梁，復曰忠武。

鎮國軍節度使

宋・王溥《五代會要》卷二四《諸道節度使軍額》　陝州。梁開平二年四月，改為鎮國軍節度。至後唐同光三年二月，復為保義軍。

《新五代史》卷六〇《職方考》　陝州。唐故曰保義，梁改曰鎮國，後唐復曰保義。

平盧軍節度使

宋・王溥《五代會要》卷二四《諸道節度使軍額》　青州。晉開運元年十二月，降為防禦州，與登、萊、淄三州並屬京，以楊光遠叛命初平故也。至漢天福十二年六月，復舊為平盧軍節度。

兖州節度使

宋・王溥《五代會要》卷二四《諸道節度使軍額》　兖州。周廣順二年五月，降為防禦州，以慕容彦超叛命初平故也。

鎮安軍節度使

宋・王溥《五代會要》卷二四《諸道節度使軍額》　陳州。晉開運二年十月，升為鎮安軍節度。至漢天福十二年六月，降為刺史。周廣順元年正月，升為防禦州，二年七月復升為鎮安軍節度，以潁州隸之。

《新五代史》卷六〇《職方考》　陳州。故屬忠武軍節度，晉開運二年置鎮安軍。漢初軍廢，周廣順二年復之。

威信軍節度使

宋・王溥《五代會要》卷二四《諸道節度使軍額》　曹州。晉開運二年十月，升為威信軍節度。至漢天福十二年六月，降為刺史。至周廣順二年七月，復升彰信軍節度，以鄆州隸之。

《新五代史》卷六〇《職方考》　曹州。故屬宣武軍節度，晉開運二年置威信軍。漢初，軍廢。周廣順二年復置彰信軍。

永興軍節度使

《新五代史》卷六〇《職方考》　雍州。唐故上都，昭宗遷洛，廢為佑國軍。梁初改京兆府曰大安，佑國軍曰永平。唐滅梁，復為西京。晉廢為晉昌軍。漢改曰永興，周因之。

忠武軍節度使

《新五代史》卷六〇《職方考》　同州。唐故曰匡國，梁改曰忠武，後唐復曰匡國。

感化軍節度使

宋・王溥《五代會要》卷二四《諸道節度使軍額》　華州。初為感化軍，至後唐同光元年，改為鎮國軍。至顯德元年八月，降為刺史，直屬京。

《新五代史》卷六〇《職方考》　華州。唐故曰鎮國，梁改曰感化，後唐復曰鎮國。

靜勝軍節度使

宋・王溥《五代會要》卷二四《諸道節度使軍額》　耀州。梁正明元年十二月，改為崇州，升為靜勝軍節度。至後唐同光元年，改為順義軍。至二年三月，降為團練州。至周顯德二年，降為刺史，直屬京。

《新五代史》卷六〇《職方考》　耀州。本華原縣，唐末屬李茂貞，建為耀州，置義勝軍。梁末帝時，茂貞養子温韜以州降梁，梁改耀州為崇州，義勝曰靜勝。後唐復為耀州，改曰順義。

永安軍節度使

宋・王溥《五代會要》卷二四《諸道節度使軍額》　府州。漢天福十二年，升為永安軍節度。至乾祐三年四月，降為團練州。至顯德元年五月，復舊軍額。

《新五代史》卷五〇《雜傳・折從阮》　漢高祖入立，於府州建永安軍，以從阮為節度使。

又　卷六〇《職方考》　府州，晉置永安軍，漢罷之，周復。

忠義軍節度使

《新五代史》卷六〇《職方考》　延州，故屬保大軍節度。梁置忠義軍，唐改曰彰武。

河東節度使

《新五代史》卷六〇《職方考》　并州，後唐建北都，其軍仍曰河東。

又　卷七二《東漢世家・劉旻》　高祖事晉為河東節度使，以旻為都指揮使。

昭義軍節度使

宋・王溥《五代會要》卷二四《諸道節度使軍額》　潞州。梁龍德三年，改為昭義軍節度，以李繼韜歸故也。後唐同光元年，復為安義軍。至長興元年三月，復舊名昭義軍。

《新五代史》卷六〇《職方考》　潞州，唐故曰昭義。梁末帝時屬梁，改曰匡義，歲餘，唐滅梁，改曰安義。晉復曰昭義。

定昌軍節度使

宋・王溥《五代會要》卷二四《諸道節度使軍額》　晉州。梁開平四年四月升為定昌軍節度，以絳、沁二州隸之。至後唐同光元年，改為建雄軍。

《新五代史》卷六〇《職方考》　晉州。故屬護國軍節度，梁開平四年置定昌軍，貞明三年改曰建寧。唐改曰建雄。

威塞軍節度使

宋・王溥《五代會要》卷二四《諸道節度使軍額》　新州。後唐同光二年七月，升為威塞軍節度，以嬀、儒、武三州隸之。

《新五代史》卷六〇《職方考》　新州。唐同光元年置威塞軍。

彰國軍節度使

宋・王溥《五代會要》卷二四《諸道節度使軍額》　應州。後唐天成元年七月，升為彰國軍節度，以興唐軍為寰州以隸之。

《新五代史》卷六〇《職方考》　應州，故屬大同軍節度。唐明宗即位，以其應州人也，乃置彰國軍。

大同軍節度使

宋·王溥《五代會要》卷二四《諸道節度使軍額》　雲州。後唐同光二年七月，復為大同軍節度，以應州隸之。

靜塞軍節度使

宋·王溥《五代會要》卷二四《諸道節度使軍額》　代州。周顯德元年，升為靜塞軍節度，以初歸降故也。

寧化軍節度使

宋·王溥《五代會要》卷二四《諸道節度使軍額》　汾州。顯德元年五月，升為寧化軍節度，以初歸降故也。

順國軍節度使

宋·王溥《五代會要》卷二四《諸道節度使軍額》　鎮州。晉天福七年正月，改為順國軍節度，改常山為恒山郡，應軍額館驛帶常山名者並改為恒山，以安重榮叛命初平故也。至漢天福十二年八月，卻並復為成德軍。

《新五代史》卷六〇《職方考》　鎮州。故曰成德軍，梁初以成音犯廟諱，改曰武順。唐復曰成德，晉又改曰順德，漢復曰成德。

順化軍節度使

宋·王溥《五代會要》卷二四《諸道節度使軍額》　滄州。梁乾化二年三月改為順化軍節度，以張萬進歸順故也。至後唐同光元年，改為橫海軍。

《新五代史》卷六〇《職方考》　滄州。【略】周置保順軍。

保義軍節度使

宋·王溥《五代會要》卷二四《諸道節度使軍額》　邢州。梁開平二年六月，建為保義軍節度，割洺、惠二州隸之。至後唐同光元年，改為安國軍。

《新五代史》卷六〇《職方考》　邢州。故屬昭義軍節度，昭義所統澤、潞、邢、洺、磁五州。唐末孟方立為昭義軍節度使，徙其軍額于邢州，而澤、潞二州入于晉。方立但有邢、洺、磁三州。故當唐末有兩昭義軍。梁、晉之爭，或入于梁，或入于晉。梁以邢、洺、磁三州為保義軍。莊宗滅梁，改曰安國。

鎮寧軍節度使

宋·王溥《五代會要》卷二四《諸道節度使軍額》　澶州。晉天福三年十一月初，升為防禦，隸相州，移理所於德勝渡。至九年八月，升為節度，號鎮寧軍，以濮州隸之。

《新五代史》卷六〇《職方考》　澶州，故屬天雄軍節度。晉天福九年置鎮寧軍。

永清軍節度使

宋·王溥《五代會要》卷二四《諸道節度使軍額》　貝州。晉天福三年十二月，升為永清軍節度，以博、冀二州隸之。至周顯德元年十月，降為防禦州。

彰德軍節度使

宋·王溥《五代會要》卷二四《諸道節度使軍額》　相州。梁正明元年三月，魏博節度使楊師厚薨，乃割相州建節度，尋軍亂，以地歸後唐莊宗，卻為屬郡，隸魏州。至天福三年十月，復升為彰德軍節度，以澶衛二州隸之。

《新五代史》卷六〇《職方考》　相州。故屬天雄軍節度，梁末帝分置昭德軍，而天雄軍亂，遂入于晉。莊宗滅梁，復屬天雄。晉高祖置彰德軍。

靜海軍節度使

《舊五代史》卷七八《晉書·高祖紀四》（天福四年五月）辛亥，

置靜海軍於温州，從錢元瓘之請也。

宋·王溥《五代會要》卷二四《諸道節度使軍額》 温州。晉天福四年八月，升為靜海軍節度，從兩浙錢元瓘奏也。

宣德軍節度使

宋·王溥《五代會要》卷二四《諸道節度使軍額》 湖州。周顯德六年二月，升為宣德軍節度，從兩浙錢宏俶奏也。

昭信軍節度使

宋·王溥《五代會要》卷二四《諸道節度使軍額》 虔州。後唐長興二年八月，升為昭信軍節度。

安遠軍節度使

宋·王溥《五代會要》卷二四《諸道節度使軍額》 安州。後唐同光元年，改為安遠軍節度。至晉天福五年七月，降為防禦使，所管新州割隸許州，以李金全叛命故也。至漢天福十二年六月，復為安懷軍節度。至周顯德元年十月，又降為防禦州。

《新五代史》卷六〇《職方考》 安州。梁置宣威軍，唐改曰安遠，晉罷，漢復曰安遠，周又罷。

保信軍節度使

《舊五代史》卷三九《唐書·明宗紀五》（長興二年閏五月）癸丑，升廬州為昭順軍。

《新五代史》卷六〇《職方考》 廬州。周世宗克淮南，置保信軍。

順化軍節度使

宋·王溥《五代會要》卷二四《諸道節度使軍額》 楚州。後唐天成三年閏八月，升為順化軍節度。

忠正軍節度使

《舊五代史》卷三九《唐書·明宗紀五》（天成三年冬十月）詔升壽州為忠正軍。

宋·王溥《五代會要》卷二四《諸道節度使軍額》 壽州。後唐天成三年十月，升為中正軍節度。

《新五代史》卷六〇《職方考》 壽州。唐故曰忠正。【略】周世宗平淮南，復曰忠正。

山南東道節度使

宋·王溥《五代會要》卷二四《諸道節度使軍額》 襄州。晉天福七年，降為防禦州，直屬京，所管均、房二州割隸鄧州，以安從進叛命初平故也。至漢天福十二年六月，復舊為山南東道使。

《新五代史》卷六〇《職方考》 襄州，唐故曰山南東道。唐、梁之際改曰忠義軍。後以延州為忠義，襄州復曰山南東道。

宣化軍節度使

宋·王溥《五代會要》卷二四《諸道節度使軍額》 鄧州。梁開平三年五月，升為宣化軍節度，割泌、隨、復、郢四州隸之，與襄州分江心為界。至後唐同光元年，改為威勝軍。周廣順二年三月，改為武勝軍，避諱也。

《新五代史》卷六〇《職方考》 鄧州。故屬山南東道節度。梁破趙匡凝，分鄧州置宣化軍。唐改曰威勝。周改曰武勝。

懷德軍節度使

宋·王溥《五代會要》卷二四《諸道節度使軍額》 金州。晉天福四年五月，升為懷德軍節度。至漢天福十二年，復降為防禦州。

《新五代史》卷六〇《職方考》 金州。故屬山南東道節度。唐末置戎昭軍，已而廢之，遂入於蜀。至晉高祖時，又置懷德軍，尋罷。

寧江軍節度使

《舊五代史》卷三八《唐書·明宗紀四》（天成二年七月）丙寅，升夔州為寧江軍，以鄴（西方鄴）為節度使。

又 卷六一《唐書·西方鄴傳》（天成二年七月）以夔州為寧江軍，拜鄴節度使。

宋·王溥《五代會要》卷二四《諸道節度使軍額》 夔州。後唐天成二年七月，升為寧江軍節度。

保寧軍節度使

宋·王溥《五代會要》卷二四《諸道節度使軍額》 閬州。後唐天成四年十月，升為保寧軍節度。

保順軍節度使

宋·王溥《五代會要》卷二四《諸道節度使軍額》 洮州。後唐長興四年十一月，升為保順軍節度。

都護府

宋·王溥《五代會要》卷二四《都護府》 後唐長興三年四月，中書門下奏：『據《十道圖》，有大都護，除單于、北庭等府久不置外，今具員內，節度使中見有兩員外守安北都護、安東都護。今請祇以四大都護為定額，仍以安東大都護為首。』奉敕：『宜依。其安南大都護、安西大都護、安北大都護次之。』

十國政區部

綜述

《新五代史》卷六〇《職方考》 五代之際，外屬之州，揚州曰淮南，宣州曰寧國，鄂州曰武昌，洪州曰鎮南，福州曰武威，杭州曰鎮海，越州曰鎮東，江陵府曰荊南，益州、梓州曰劍南東、西川，遂州曰武信，興元府曰山南西道，洋州曰武定，黔州曰黔南，潭州曰武安，桂州曰靜江，容州曰寧遠，邕州曰建武，廣州曰清海，皆唐故號，更五代無所易，而今因之者也。其餘僭偽改置之名，不可悉考，而不足道，其因著於今者，略注於譜。

元·馬端臨《文獻通考》卷三一五《輿地考一·總敘》（宋太祖）建隆四年，荊南高繼沖來朝，得州府三，江陵府、歸、峽。縣一十七，戶一十四萬二千三百。

是年，平湖南，得州一十五，監一，潭、衡、邵、郴、道、永、全、岳、澧、朗、溥、辰、錦、溪、敍，桂陽監。縣六十六，戶九萬七千三百八十八。

乾德三年，平蜀，得州府四十六，益、彭、鄆、嘉、邛、蜀、綿、漢、資、簡、梓、遂、黎、雅、陵、戎、瀘、維、茂、昌、榮、果、閬、渠、合、龍、普、利、興、文、巴、劍、蓬、壁、夔、忠、萬、集、開、渝、涪、黔、施、達、洋，興元府。縣二百四十，戶五十三萬四千二十九。

開寶四年，平廣南，得州六十，廣、韶、潮、循、封、端、英、連、雄、恭、惠、康、恩、春、龍、勤、新、高、潘、雷、羅、辨、桂、賀、昭、梧、蒙、龔、象、富、融、宜、柳、嚴、思、唐、邕、澄、貴、巒、橫、賓、欽、潯、容、牢、白、廉、黨、綉、鬱林、滕、竇、義、禺、順、瓊、崖、儋、萬安、振。縣二百一十四，戶一十七萬二百六十三。

八年，平江南，得州一十九，軍三，昇、宣、歙、池、洪、潤、常、鄂、筠、饒、信、虔、吉、袁、撫、江、汀、建、劍，江陰、雄遠、建昌軍。縣一百八，戶六十五萬五千六十五。

（太宗太平興國）三年，陳洪進獻其地，得州二，漳、泉。縣十四，戶一十五萬一千九百七十八。

是年，錢俶亦獻其所管，得州一十三，軍一，杭、蘇、越、湖、衢、婺、台、明、溫、秀、處、睦、福，衣錦軍。縣八十六，戶五十五萬六百八十四。

四年，平太原，得州十，軍一，并、汾、嵐、憲、忻、代、遼、沁、隆、石州，寶興軍。縣四十一，戶三萬五千二百二十七。

《宋史》卷八五《地理志一·序》（太祖）建隆四年，取荊南，得州府三，江陵府、歸、峽。縣一十七，戶一十四萬二千三百。平湖南，得州一十五，監一，潭、衡、邵、郴、道、永、全、岳、澧、朗、蔣、辰、錦、溪、敍，桂陽監。縣六十六，戶九萬七千三百八十八。

乾德三年，平蜀，得州府四十六，益、彭、眉、嘉、邛、蜀、綿、漢、資、簡、遂、黎、雅、陵、戎、瀘、維、茂、昌、榮、果、閬、渠、合、龍、普、利、興、文、劍、蓬、璧、夔、忠、萬、集、開、渝、涪、黔、施、達、洋、興元府。縣一百九十八，戶五十三萬四千三十九。

開寶四年，平廣南，得州六十，廣、韶、潮、循、封、端、英、連、雄、龔、惠、康、忍、春、龍、勤、新、高、潘、雷、羅、辨、桂、賀、昭、梧、蒙、恭、象、富、融、宜、柳、嚴、思、唐、邕、澄、貴、巒、横、賓、欽、潯、容、牢、白、廉、黨、繡、鬱林、藤、竇、義、禺、順、瓊、崖、儋、萬安、振。縣二百一十四，戶一十七萬二百六十三。

八年，平江南，得州一十九，軍三，昇、宣、歙、池、洪、潤、常、鄂、筠、饒、信、虔、吉、袁、撫、江、汀、建、劍，江陰、雄遠、建昌軍。縣一百八，戶六十五萬五千六十五。【略】

太宗太平興國三年，陳洪進獻地，得州二，漳、泉。縣十四，戶十五萬一千九百七十八。

錢俶入朝，得州十三，軍一，杭、蘇、越、湖、衢、婺、合、明、温、秀、睦、福、處、衣錦。縣八十六，戶五十五萬六百八十。

四年，平太原，得州十，軍一，幷、汾、嵐、憲、忻、代、遼、沁、隆、石，寶興。縣四十，戶三萬五千二百二十。

清・吴任臣《十國春秋》卷一一三《十國藩鎮表》 十國撫有一隅，競相夸侈，大抵國内多設節度，周徧諸州，以示幅員之廣，而軍監不與焉。

前後蜀諸州節鎮建置

《舊五代史》卷三三《唐書第九・莊宗紀七》 （同光三年十一月）丙辰，蜀主王衍出降。【略】得節度州十，郡六十四，縣二百四十九。

宋・司馬光《資治通鑑》卷二七四《唐紀三・莊宗下》 （同光三年十一月）丁巳，大軍入成都。【略】自出師至克蜀，凡七十日。得節度十，州六十四，縣二百四十九。

宋・曾鞏《隆平集》卷一二《僞國》 王全斌平孟昶，得州四十五，縣一百八十九。

宋・李燾《續資治通鑑長編》卷六《太祖》 （乾德三年春正月）辛卯，王全斌等至升仙橋。蜀主備亡國之禮，見于軍門。【略】自全斌等發京師至昶降，才六十六日。凡得州四十六，縣二百四十。

《宋史》卷二《太祖紀二》 （乾德三年春正月）乙酉，蜀王孟昶降。得州四十五，縣一百九十八。

清・吴任臣《十國春秋》卷四九《後蜀二・後主紀》 宋自興師至滅蜀，凡六十六日。得州四十五，府一，縣一百九十八。

又 卷一一一《十國地理表上・前蜀・後蜀》 成都府。益州。領縣十。成都、華陽、郫、犀浦、新都、温江、新繁、雙流、靈池、廣都。

漢州。領縣五。雒、德陽、通計、緜竹、金堂。

彭州。領縣四。九隴、導江、濛陽、唐昌。

灌州。案《郡縣釋名》，孟蜀置灌州于導江灌口鎮。然前蜀武成元年，灌州奏武部郎中張道古卒，則灌州為名已久，當不自後蜀始矣。又《宋史地理志》云：導江縣灌口鎮，唐置鎮静軍。

蜀州。領縣五。晉原、青城、永康、唐興、新津。

綿州。領縣八。巴西、彰明、魏城、羅江、神泉、龍安、鹽泉、西昌。

眉州。領縣五。通義、彭山、青神、丹稜、洪雅。

嘉州。領縣七。龍游、犍為、玉津、夾江、平羌、羅目、綏山。

劍州。領縣九。普安、武連、陰平、梓潼、黄安、劍門、臨津、永歸、普成。

梓州。領縣八。郪、射洪、通泉、鹽亭、飛烏、玄武、銅山、永泰。

遂州。領縣五。方義、青石、長江、蓬溪、遂寧。

果州。領縣五。南充、相如、岳池、流溪、西充。

閬州。領縣九。閬中、蒼溪、晉安、西水、奉國、南部、新井、新政、岐平。

普州。領縣六。安岳、安居、普康、樂至、崇龕、普慈。

陵州。領縣五。仁壽、貴平、井研、始建、籍。

資州。領縣八。盤石、資陽、内江、銀山、丹山、龍水、月山、隋溪。

榮州。領縣六。旭川、威遠、公井、應靈、咨官、和義。

簡州。領縣三。陽安、金水、平泉。

邛州。領縣七。臨邛、火井、蒲江、依政、安仁、臨溪、大邑。

黎州。有木瓜關，前蜀高祖所築。領縣二。漢源、通望。

雅州。領縣五。嚴道、盧山、名山、百丈、榮經。

維州。領縣二。保寧、小封。

茂州。領縣四。汶山、石泉、汶川、通化。

文州。領縣一。曲水。

龍州。領縣二。江油、清州。

黔州。領縣六。彭水、黔江、杜洪、洋水、信寧、都儒。

施州。領縣二。清江、建始。

夔州。領縣三。奉節、巫山、大昌。

安州。舊為雲安縣，後置雲安監，屬夔州。前蜀永平時，升安州。

忠州。領縣五。臨江、豐都、墊江、南賓、桂溪。

萬州。領縣二。南浦、梁山。

興州。領縣二。順政、長舉。

利州。領縣五。綿谷、葭萌、益昌、嘉川、胤山。

開州。領縣三。開江、萬歲、新浦。

通州。領縣九。《宋史地理志》作達州。案宋乾德三年，始改達州。通川、永穆、三岡、石鼓、東鄉、宣溪、新寧、巴渠、閬英。

涪州。領縣五。涪陵、賓化、武龍、樂温、温山。

渝州。領縣五。巴、萬壽、南平、江津、壁山。

瀘州。領縣五。瀘川、富義、江安、綿水、合江。

合州。領縣六。石鏡、漢初、赤水、巴川、銅梁、新明。

昌州。領縣三。大足、昌元、永川。

巴州。領縣九。化成、盤道、清化、曾口、歸仁、始寧、其章、恩陽、七盤。

蓬州。領縣七。大寅、儀隴、伏虞、咸安、大竹、良山、岩渠。

集州。領縣四。難江、道平、大牟、嘉川。

壁州。領縣五。渃水、廣納、通江、白石、東巴。

渠州。領縣五。流江、潾水、潾山、大竹、渠江。

潾州。《通鑑》：魏王繼岌至興州，山南節度使王宗威以梁、開、通、渠、麟五州降。胡三省注云：渠州，潾山縣。唐武德元年置潾州，八年州廢，以潾山縣屬梁州，當是蜀復置潾州也。麟當作潾。

戎州。領縣五。南溪、義賓、樊道、開邊、歸順。

興元府。梁州，亦曰褒州，領縣五。南鄭、褒城、西、三泉、城固。

洋州。領縣四。興道、西鄉、黄金、真符。

源州。本州建置之由無考。案《通鑑》蜀源州都押牙文景琛據城叛。又薛氏《舊五代史》後蜀潘仁嗣授武定節度使，源壁等州觀察、營田、處置等使。周師攻秦、鳳，孟貽業駐軍平利，為褒源之援。則蜀置源州，屬武定軍無疑。胡三省曰：源州蓋蜀所置而尋廢，此其所以無傳。同光之克蜀也，得州六十四。見于歐陽氏《職方考》者，五十三州而已。如源州等，蓋皆六十四州之數。

金州。領縣五。前蜀□□得金州，已而入于唐。後蜀□□復得金州，未幾入于晋。商城、石泉、安康、洵康、淯陽、平利。

秦州。領縣五。秦、鳳、階、成四州，先為岐所有。前蜀高祖攻岐，得之。後唐破蜀，已而復失，唯得秦、鳳、階、成四州。漢初四州，又入于蜀，後為周世宗所取。成紀、天水、隴城、長道、清水。

鳳州。領縣四。梁泉、兩當、河池、黄花。

階州。領縣二。福津、將利。

成州。梁時改汶州，後唐時復故。領縣二。同谷、栗亭。

又 卷一一三《十國藩鎮表・前蜀・後蜀》 武德軍。梓州。武信軍。遂州。永平軍。前蜀邛州。武泰軍。黔州。鎮江軍。忠州。寧江軍。後蜀夔州。山南西道節度。興元府。天義軍。興元府。王蜀初改山南西道為天義軍，後復故。武定軍。洋州。兩蜀同。天雄軍。前蜀秦州。武興軍。前蜀鳳州。威武軍。後蜀鳳州。昭武軍。利州。保寧軍。後蜀閬州。永寧軍。後蜀果州。戎昭軍。前蜀金州。雄武軍。前蜀金州。威勝軍。後蜀金州。鎮靜軍。彭州。威戎軍。彭州。

吴與南唐諸州節鎮建置

《舊五代史》卷一一八《周書・世宗紀五》 淮南平，凡得州十四，縣六十。

宋・曾鞏《隆平集》卷一二《僞國》 曹彬平李煜，得州十九，軍三，縣一百八。

宋·李燾《續資治通鑑長編》卷一六《太祖》 開寶八年十二月己亥朔，江南捷書至。凡得州十九，軍三，縣一百有八。

《宋史》卷三《太祖紀三》（開寶八年冬十月）乙未，曹彬克昇州，俘其國主煜，江南平。凡得州十九，軍三，縣一百八十。

宋·馬令《南唐書》卷三〇《建國譜·州三十有五》 昇州，都。吴因唐為昇州，徐温建節，陞建康軍。南唐建都，置江寧府。潤州鎮海軍。置丹陽宫，尋罷。常州。以江陰縣别置軍。歙州。宣州寧國軍。江州奉化軍。洪州鎮南軍。顯德五年，東都入于周，以州建南都。撫州昭武軍。以東南境别置建武軍。袁州。吉州。虔州百勝軍。筠州。保大十年置。楊州淮南建東都。以六合置雄州，俄罷。復來歸，以天長置天長軍。鄂、池、饒、信四州。顯德五年入于周。楚州順化軍。顯德五年入于周。泗州静淮軍。顯德五年入于周。滁州。顯德五年入于周。和州。顯德五年入于周。光州。顯德五年入于周。黄州。顯德五年入于周。舒州。顯德五年入于周。蘄州。顯德五年入于周。廬州保信軍。顯德五年入于周。壽州清淮軍。顯德五年入于周。海州。顯德五年入于周。泰州。昇元元年置，顯德五年入于周。濠州定遠軍。顯德五年入于周。建州忠義軍。保大三年取，陞永安軍節度，俄改志義，後降軍事。汀州。保大三年取。劍州。保大三年置。漳州。保大三年取，改為南州，俄復舊。泉州清源軍。保大三年，取清源軍節度使。

又《取之而復失者十有一州》 福州。保大三年取，羈縻而已。四年，入吴越。

潭州。保大九年取，十年失。

衡州。保大九年取，十年失。

澧州。保大九年取，十年失。

朗州。保大九年取，十年失。

岳州。保大九年取，十年失。

道州。保大九年取，十年失。

永州。保大九年取，十年失。

邵州。保大九年取，十年失。

全州。保大九年取，十年失。

辰州。保大九年取，十年失。

嗚呼！乘釁以鬪，捷者勝之固易。地來而民去者，守之極難。南唐之克楚，始雖因其内鬩而終以任用匪人，不能振撫。故劉言之徒得以復張，嗣主初欲罷桂陽之師，解益陽之戍，即授言以節鉞。與夫曹公之應二袁者，可同論乎？

元·戚光《南唐書音釋·州軍總音釋凡州軍三十八》 昇。西都金陵府。以宣之當塗、廣信幷置蕪湖，銅陵、繁昌來屬，及當塗為雄遠軍；復以池之青陽來屬，與舊領上元、江寧、句容、溧水、溧陽為十縣也。揚。東都江都府。改江陽為廣陵，以海陵、興化屬泰，以天長置軍，尋改曰建武軍。改楊子曰永貞，以其白沙鎮為迎鑾鎮。雄。割揚之六合、天長置。楚。以鹽城屬泰。吴順化軍，宋淮安。泗。滁。改永陽曰來安。和。光。黄。舒。蘄。廬。昭順軍。壽。清順軍。海。泰。以揚之海陵置，領揚之興化、楚之鹽城，置泰興、如皋。濠。定遠軍。通。静海軍。雄遠軍。見昇州。潤。鎮海軍。常。宣。見昇州。歙。攝。池。康化軍。置銅陵。吴改至德為建德。饒。永平軍。置德興。信。置鉛山。江。奉化軍。置德安、瑞昌、湖口、東流，東流尋屬池。改潯陽曰德化。洪。南都南昌府。□置清江，改新吴為奉新，置靖安。鄂。武昌軍。筠。割洪之高安，置上高、萬載、清江。筠音匀。以南城置建武軍。州以出竹名。宋瑞州□□軍，吴招武軍。袁。置萬載。吉。置龍泉。虔。昭信軍。置瑞金、龍南、石城、上猶。宋改贛州。建。永安軍。改忠義軍，置歸化、建寧。汀。劍。割建、汀置。南。漳州改名，以泉州之長泰屬。泉。清源軍。

清·吴任臣《十國春秋》卷一一一《十國地理表上·吴·南唐》

東都江都府。揚州。吴改大都督府為江都府，建都。南唐昇元元年，建東都，領縣四。江都、廣陵、永貞、高郵。

西都江寧府。昇州大都督府。吴武義二年七月，改為金陵府。南唐改江寧府，建西都，領縣十。《鳳凰臺記事》云：六朝舊城近覆舟山，去秦淮五里。至楊吴時改築，跨秦淮，南北周廻二十五里。上元、江寧、句容、溧水、溧陽、廣德、蕪湖、銅陵、繁昌、青陽。

雄遠軍。舊為當塗縣。南唐置新和州，後改雄遠軍。

南都南昌府。洪州。南唐交泰二年十一月，改州為南昌府，建南都，領縣七。南昌、豐城、建昌、奉新、分寧、武寧、靖安、清江。南唐昇元二年八月戊寅，陞洪州瀟灘鎮為清江縣，不隸州。

雄州。南唐割揚之六合、天長，置雄州，俄罷，以六合隸江都府。按歐史

《職方考》云：南唐以天長為軍，六合為雄州。陸游《南唐元宗紀》云：雄州，天長縣名。今從《南唐州軍總音釋》。

建武軍。南唐以揚州天長縣置軍曰建武。又馬令《南唐書》作天長軍。《文獻通考》復謂南唐置建武軍，又改雄州，周改天長軍。未詳是非。

楚州。領縣四。山陽、盱眙、淮陰、寶應。

泗州。領縣六。臨淮、宿遷、下邳、漣水、虹、徐城。

滁州。領縣三。清流、全椒、來安。

和州。領縣三。歷陽、烏江、含山。

光州。領縣五。定城、固始、光山、仙居、殷城。

黄州。領縣三。黄岡、黄陂、麻城。

舒州。領縣五。懷寧、宿松、望江、太湖、桐城。

蘄州。領縣四。蘄春、黄梅、蘄水、廣濟。

廬州。領縣五。合肥、慎、巢、廬江、舒城。

壽州。領縣五。按南唐壽州即此地，周顯德四年移州于潁州下蔡縣，仍以下蔡縣為倚郭，以舊壽州為壽春縣。壽春、安豐、霍丘、來化、霍山。

海州。領縣四。朐山、東海、沭陽、懷仁。

泰州。吴置海陵制置院。南唐昇元元年，升為泰州，領縣五。海陵、興化、鹽城、泰興、如皋。

濠州。領縣三。鍾離、招義、定遠。

潤州。領縣四。南唐置丹陽宫，尋罷。丹徒、丹陽、延陵、金壇。

常州。領縣四。武進、義興、無錫、晉陵。

江陰軍。唐武德三年，以晉陵郡之江陰縣置暨州，九年廢。吴復以其地置江陰縣。

宣州。吴仍唐舊，南唐分當塗、廣德入江寧府，領縣七。宣城、涇、太平、旌德、南陵、綏安、寧國。

歙州。領縣六。歙、休寧、績溪、黟、祁門、婺源。

鄂州。吴領縣七。南唐益置嘉魚、永安、通山、大冶四縣，領縣十一。江夏、永興、唐年、漢陽、武昌、蒲圻、汉川、嘉魚、永安、通山、大冶。

池州。舊有青陽、銅陵二縣，後改隸江寧府，領縣三。貴池、石埭、建德。

饒州。領縣五。番昜、樂平、德興、餘干、浮梁。

信州。領縣五。上饒、貴溪、弋陽、玉山、鉛山。

江州。領縣六。德化、德安、瑞昌、湖口、彭澤、東流。

撫州。領縣四。臨川、南城、崇仁、南豐。

建武軍。南唐以撫州南城縣置建武軍。宋太平興國四年改建昌軍。或于五代作建昌軍，非。

袁州。領縣三。宜春、萍鄉、新喻。

吉州。領縣六。廬陵、新淦、太和、安福、龍泉、永新。

虔州。領縣十一。贛、虔化、南康、雩都、瑞金、信豐、龍南、石城、上猶、大庾、安遠。

筠州。唐武德七年置靖州，改為米州，又改筠州。八年州廢，屬洪州。南唐保大十年正月，復置筠州于高安縣，領縣四。高安、上高、萬載、清江。

又 卷一一三《十國藩鎮表·吴·南唐》 建康軍。昇州。靜淮軍。泗州。昭順軍。廬州。保信軍。廬州。清淮軍。壽州。定遠軍。濠州。靜海軍。海陵東境，南唐置靜海制置院。鎮海軍。潤州。建武軍。南唐昇元六年閏正月，改天長制置使為建武軍。寧國軍。宣州。武清軍。鄂州。武昌軍。鄂州。康化軍。池州。永平軍。饒州。奉化軍。江州。鎮南軍。洪州。昭武軍。撫州。百勝軍。虔州。永安軍。建州。清源軍。泉州。昌化軍。威武軍。以上二軍，不知其地。

吴越諸州節鎮建置

宋·錢儼《吴越備史·補遺》 於是所部州十三，縣八十六，【略】盡獻於朝。帝御崇元殿，受之。

宋·曾鞏《隆平集》卷一二《僞國》 錢俶所獻州十三，縣八十七。

宋·李燾《續資治通鑑長編》卷一九《太宗》 （太平興國三年）五月乙酉朔，【略】俶獨與仁冀決策，遂上表，獻所管十三州、一軍。上御崇元殿受朝，如冬正儀。【略】凡得縣八十六。

《宋史》卷四《太宗紀一》 （太平興國三年）五月乙酉，【略】錢俶獻其兩浙諸州，凡得州十三，軍一，縣八十六。

清·吴任臣《十國春秋》卷八二《吴越六·忠懿王世家下》 （太

平興國三年）五月乙酉，丞相崔仁冀勸王納土，不然禍且立至。王遂決策，上表云：【略】『願以所部十三州、一軍、八十六縣，【略】獻于下執事。』

又　卷一一二《十國地理表下·吳越》　西府杭州。唐大順元年，新夾城三十餘里。景福二年，作羅城七十里。光化二年四月，升為都督府，吳越謂之西府。天寶元年，梁敕升大都督府，後國中亦稱西都。領縣十一。錢塘、錢江、鹽官、餘杭、富春、桐廬、於潛、安國、新登、橫山、武康。

安國衣錦軍。唐光化三年，改臨安縣安衆營為衣錦營。天福五年，升為衣錦城。天祐四年三月，升衣錦城為安國衣錦軍。《宋史》：太平興國四年，改順化軍。

東府越州。唐乾寧四年，武肅王號越州為東府，後國中亦稱東都。吳越天寶元年，梁敕升越州為大都督府。領縣八。會稽、山陰、諸暨、瞻、餘姚、蕭山、上虞、新昌。

蘇州。領縣五。吳、長洲、崑山、常熟、吳江。

湖州。領縣四。烏程、德清、安吉、長興。

温州。領縣四。永嘉、瑞安、平陽、樂清。

台州。領縣五。臨海、黄巖、台興、永安、寧海。

明州。領縣六。吳越天寶二年，明州刺史黄晟卒，武肅王巡之，遂有其地，因城望海鎮。鄮、奉化、慈谿、象山、望海、翁山。

處州。領縣六。麗水、龍泉、遂昌、縉雲、青田、白龍。

衢州。領縣四。西安、江山、龍游、常山。

婺州。領縣七。金華、東陽、義烏、蘭溪、永康、武義、浦江。

睦州。領縣五。天福三年四月，城睦州。建德、壽昌、遂安、分水、青溪。

秀州。吳越寶大元年，武肅王于嘉興置開元府，割華亭、海鹽二縣屬焉。後唐長興三年，罷開元府。晉天福五年三月，文穆王奏以嘉興、海鹽、華亭置秀州，又置崇德縣。《五代會要》作天福三年十月置秀州，與《吳越備史》畧異。嘉興、海鹽、華亭、崇德。

又　卷一一三《十國藩鎮表·吳越》　鎮海軍。杭州。鎮東軍。越州。宣德軍。湖州。中吳軍。蘇州。武勝軍。婺州。奉國軍。明州。靜海軍。温州。德化軍。台州。彰武軍。福州。武康節度。

閩諸州節鎮建置

宋·曾鞏《隆平集》卷一二《偽國》　陳洪進所獻漳、泉二州，十二縣。

宋·李燾《續資治通鑑長編》卷一九《太宗》　太平興國三年【略】夏四月己卯，平海節度使陳洪進用其幕僚南安劉昌言之計，上表獻所管漳、泉二州，得縣十四。

《宋史》卷四《太宗紀一》　（太平興國三年夏四月）己卯，陳洪進獻漳、泉二州，凡得縣十四。

清·吳任臣《十國春秋》卷九三《閩四·列傳·陳洪進》　（太平興國三年四月）洪進因上表，言：【略】『願以所管漳、泉兩郡，獻于有司。』太宗嘉納之。凡為縣十四。

又　卷一一二《十國地理表下·閩》　南都一作東都長樂府。福州。唐天復時，王氏築羅城，其門七，南利涉，東南通津，東海晏，東北延遠，北永安，西北安善，西南清遠，西金斗。梁開平元年，又築夾城，在羅城外。其門六，南寧越，東南美化，東北井樓，北嚴勝，西北遺愛，西迎仙。貞明六年，升為大都督府。閩龍啓元年，改長樂府。天德二年，以福州為南都，領福、泉、建、汀、漳、鏞、鐔七州。福州領縣十一。南唐保大三年，取福州。明年入于吳越。案吳越得福州，以尤溪、德化隸福州，福州共領縣十三。乾祐元年，二縣失于唐，仍領縣十一。《閩中考》云：閩王審知築福州南北夾城，陶磚悉印錢文，後城歸吳越，人以為先兆。閩、侯官、長樂、連江、長溪、福清、古田、永泰、閩清、永貞、寧德。

泉州。領縣九。後入南唐。晉江、南安、莆田、仙遊、同安、清溪、永春、德化、長泰。

建州。領縣七。後入南唐。建安、邵武、浦城、建陽、松源、歸化、建寧。

汀州。領縣二。後入南唐。長汀、寧化。

南州。閩為漳州，後為南唐所取。保大四年，以董思安知州務。思安以父名章，辭之，命改南州。宋乾德四年，復改漳州。領縣三。一云南唐以泉州長泰來屬，未詳是非。漳浦、龍溪、龍岩。

鏞州。舊為將樂縣，屬建州。天德元年，升縣為鏞州。《閩書》云：將樂縣，王延政升為西鏞州，南唐尋為縣。

劍州。唐原為劍州，閩太祖改延平鎮，嗣王延翰改永平鎮。鄱陽王延政自立于劍州，升為龍津縣，尋置鐔州。南唐拔鐔州，以為制置鎮。明年改劍州，析建州之南平、劍浦、富沙三縣為屬。保大六年，復以福之尤溪，汀之沙縣來屬，升永昌場為順昌縣，領縣六。《南唐書》及《唐餘紀傳》云：保大三年，升建州平津為劍州。南平、劍浦、富沙、尤溪、沙、順昌。

又 卷一一三《十國藩鎮表・閩》 威武軍。福州。鎮武軍。建州。平海軍。泉州。

南漢諸州節鎮建置

宋・曾鞏《隆平集》卷一二《偽國》 潘美平劉鋹，得州四十一，縣六十五。

宋・李燾《續資治通鑑長編》卷一二《太祖》 （開寶四年二月）辛未，王師至白田，南漢主素服出降。【略】凡得州六十，縣二百十四。

《宋史》卷四八一《南漢劉氏世家》 城既破，【略】凡得州六十，縣二百四十。

清・吳任臣《十國春秋》卷六〇《南漢三・後主紀》 是役也，宋凡得州六十，縣二百四十。

又 卷一一二《十國地理表下・南漢》 興王府。廣州。高祖乾亨元年，改廣州為興王府，領縣十二。咸寧、常康、番禺、增城、四會、化蒙、懷集、東莞、清遠、涽水、浛洭、新會、義寧。

韶州。領縣五。曲江、始興、仁化、翁源、樂昌。

潮州。領縣二。海陽、潮陽。

禎州。南漢以循州歸善縣置禎州，以歸善、海豐、博羅、河源四縣來屬。歐史《職方考》作惠州。案宋天禧時，以州名犯太子名，始改為惠，五代時未嘗有惠州也。歸善、海豐、博羅、河源。

循州。南漢改舊循州為禎州，而別立循州于北境，領縣一。龍川。

齊昌府。乾亨元年，升循州之興寧縣為齊昌府。

封州。領縣二。封川、開建。

端州。領縣二。高要、平興。

英州。高祖割廣州之湞陽縣置。湞陽。

雄州。高祖割韶州之保昌縣置。保昌。

敬州。乾和時割潮州程鄉縣置敬州。或作恭州，非。恭乃宋避廟諱而稱之。程鄉。

康州。領縣四。端溪、晉康、悅城、都城。

恩州。領縣三。楊江、恩平、杜陵。

思州。領縣四。務川、寧彝、思印、思三。

瀧州。領縣五。瀧水、開陽、鎮南、安遂、建水。

勤州。領縣二。富林、銅陵。

新州。領縣二。新興、永順。

高州。領縣三。良德、電白、保定。

潘州。領縣三。茂名、南巴、潘川。

常州。領縣三。海康、遂溪、徐聞。

羅州。領縣五。石城、吳川、南河、招義、零綠。

辨州。唐天祐元年，朱全忠以辨、汴聲近，更名勳州，後復故。領縣二。石龍、陵羅。

邕州。舊為邕州，領縣七。光天元年即晉天福七年也，改為誠州，避廟諱，未幾復故。宣化、武緣、晉興、朗寧、思龍、如和、封陵。

澄州。領縣一。上林。

春州。領縣三。陽春、羅水、流南。

貴州。領縣四。高祖封子弘道為貴王，即此州。鬱平、懷澤、義山、潮水。

巒州。領縣三。宋開寶五年，始廢州入橫州。歐史《職方考》不列其名，誤。永令、武羅、靈川。

橫州。領縣三。寧浦、淳風、樂山。

賓州。領縣三。領方、琅邪、保城。

欽州。領縣五。欽江、靈山、遵化、內亭、保京。

潯州。領縣二。平桂、宣化。

容州。領縣四。北流、普寧、陵城、渭龍。

牢州。領縣三。南流、定川、岩川。

白州。領縣四。博白、建寧、周羅、南昌。

廉州。領縣四。合浦、封山、蔡龍、大廉。

常樂州。高祖乾亨元年，立常樂州及置博電等三縣。歐陽忞《輿地廣記》云：常樂州，南漢立。宋開寶五年，廢州省縣，以其地置石康縣。博電、零綠、鹽場。

黨州。領縣四。善勞、撫安、善文、寧仁。

繡州。領縣三。宋開寶五年，始廢州入容州普寧縣。歐史《職方考》不列其名，誤。常林、阿林、羅繡。

鬱林州。領縣五。石南、鬱林、興業、興德、潭栗。

藤州。領縣四。寧風、感義、義昌、鐔津。

竇州。領縣四。信義、懷德、潭峩、時亮。

義州。領縣三。岑溪、永業、連城。

禺州。領縣三。宋開寶五年，始廢州入容州。峩石、陸川、扶桑。

順州。唐大曆八年，析禺、羅、辨、白四州置，南漢因之。領縣四。龍化、温水、南河、龍豪。

瓊州。領縣三。州舊有曾口、顏羅二縣，南漢省。瓊山、容瓊、樂會。

崖州。領縣四。舍城、澄邁、文昌、臨高。

儋州。領縣四。州舊有富羅縣，南漢廢。義倫、昌化、感恩、洛陽。

萬安州。領縣二。州舊有富雲、博遼二縣，南漢省。萬安、陵水。

振州。領縣二。州舊有延德、臨川、落屯三縣，南漢廢。寧遠、吉陽。

思唐州。

交州。高祖封子弘操為交王。

又　卷一一三《十國藩鎮表·南漢》　清海軍。廣州。建武軍。邕州。寧遠軍。容州。靜海軍。交州。禎州節度。禎州。

清·劉應麟《南漢春秋》卷八《地理》　應麟論曰：歐陽《五代史》載南漢據有四十七州，《宋史》載滅南漢得六十州，吳任臣《十國春秋》載南漢六十四州。細核實得六十九府州。其中名號，間有不同，然亦亂世時或省或仍，乍得乍失，故有舛錯矣。要之，五季僭竊之國，南漢幅員亦為廣闊。惜相傳三世，位歷四君，遂爾出降，而其主竟有昏騃不知邊疆遠近者。信乎在德不在地，多亦奚為哉！

楚諸州節鎮建置

宋·曾鞏《隆平集》卷一二《僞國》　李處耘、慕容延釗平周保權，得州十四，縣五十八。

宋·李燾《續資治通鑑長編》卷四《太祖》（乾德元年三月）壬戌，王師入朗州。【略】於是盡復湖南舊地。凡得州十四，監一，縣六十六。

清·吳任臣《十國春秋》卷七〇《楚四·周保權傳》　周氏鎮湖南，凡二世八年。是役也，宋得州十五，監一，縣六十六。

又　卷一一二《十國地理表下·楚》　長沙府。潭州。武穆王以潭州為長沙府。潭至辰十州，周時屬周行逢，已而為南唐所取。領縣九。長沙、湘潭、湘鄉、益陽、醴陵、瀏陽、攸、龍喜、茶陵。

衡州。領縣五。衡陽、衡山、湘潭、耒陽、常寧。

澧州。領縣四。澧陽、安鄉、石門、慈利。

朗州。領縣三。武陵、龍陽、橋江。

岳州。五代初屬安武軍節度，已而隸湖南，後屬武平軍節度。領縣四。巴陵、華容、湘陰、平江。

道州。領縣四。營道、延喜、江華、永明。

永州。領縣二。零陵、祁陽。

邵州。石晉時改邵州為敏州。領縣二。邵陽、武岡。

全州。晉天福四年四月，文昭王奏以湘川為清湘縣，置全州，并割灌陽縣隸之。歐陽忞又作天福三年置。今從《五代會要》。清湘、灌陽。

辰州。領縣五。沅陵、溆浦、辰溪、盧溪、麻陽。

融州。領縣二。後歸南漢。融水、武陽。

郴州。舊領郴、南亭、資興、義章、藍山、義昌、高平、臨武八縣。晉天福初，文昭王奏改敦州，廢臨武、高平二縣，以其地入桂陽監。又廢資興縣為資興寨。漢乾祐時，復為郴州。後南漢乾和九年，遣將潘崇徹敗南唐兵于宜章，道取郴入焉。郴、南亭、義章、藍山、郴義。

桂陽監。唐于郴州境置監，掌鑄錢。晉天福初，以臨武、高平二縣益其地。

連州。領縣三。乾祐三年入南漢。桂陽、陽山、連山。

昭州。領縣三。乾祐三年入南漢。平樂、永平、恭城。

宜州。領縣四。後入南漢，省三縣。龍水、崖山、東璽、天河。

桂州。領縣十。後入南漢。臨桂、理定、靈川、陽朔、荔浦、修仁、純化、永福、永寧、古。

溥州。晉開運三年，文昭王奏立溥州于全義縣，改縣名曰德昌，并割桂州廣明、義寧二縣隸之。德昌、廣明、義寧。

賀州。領縣六。後入南漢。臨賀、桂嶺、馮乘、蕩山、富川、封陽。

梧州。領縣三。乾祐三年入。蒼州、戎城、孟陵。

蒙州。領縣三。後入南漢。立山、東區、正義。

嚴州。領縣三。乾祐三年入南漢。來賓、歸化、修德。

富州。領縣三。乾祐三年入南漢。龍平、思勤、馬江。

柳州。領縣三。乾祐三年入南漢。馬平、柳城、洛容。

龔州。領縣六。後入南漢。平南、武林、隋建、大同、陽川、寧風。

象州。領縣二。乾祐三年入南漢。案《輿地廣記》，唐時州有武化縣，五代時省。陽壽、武仙。

錦州。領縣五。盧陽、洛浦、招喻、常豐、渭陽。

溪州。領縣二。大鄉、三亭。

敘州。一作溆，秦漢黔中地也。唐為播、敘二州之境。後周時，周行逢死，敘州刺史鍾存志奔武陽，而楊正岩以十洞稱徽誠，二州即其地。一云溪洞誠州，楚文昭王有其地。是誠州又與敘州各為一地已，存以俟考。本州領縣三。渠陽、三江、羅蒙。

又 卷一一三《十國藩鎮表·楚》 武安軍。潭州。永順軍。朗州。武平軍。朗州。靜江軍。桂州置靜江軍節度，桂管防禦觀察使。武清軍。廖偃、彭師暠立衡山王，自置武清軍，衡山王以師暠為武清軍節度使。厥後周以周行逢為武清節度使。

南平諸州節鎮建置

宋·曾鞏《隆平集》卷一二《偽國》 高繼沖所獻州三，縣一十五。

宋·李燾《續資治通鑑長編》卷四《太祖》 （乾德元年二月）壬辰，師次荊門。【略】繼沖與延釗俱還，則王師已分據衝要，布列街巷矣。繼沖大懼，即詣延釗，納牌印，遣客將王昭濟等奉表，以三州、十七縣【略】來歸。

清·吳任臣《十國春秋》卷一〇一《荊南二·侍中繼沖世家》 繼沖亟歸，見旌旗甲馬布列衢巷，【略】遂詣延釗，納牌印，盡籍其境內州府三，縣一十七，【略】遣客將王昭濟、蕭仁楷奉表于宋。

又 卷一一二《十國地理表下·荊南》 江陵府。荊州。五代時改為府，領縣八。江陵、枝江、松滋、監利、石首、當陽、公安、長林。

荊門軍。五代更荊門縣為軍，治當陽，尋省。按唐貞元二十一年，析長林置荊門縣。《湖廣志》云：高季昌以荊門縣為軍。《文獻通考》又作宋開寶五年事，未詳孰是。

歸州。梁時屬蜀，後唐時為高氏所有，領縣三。秭歸、巴東、興山。

峽州。梁時屬蜀，後唐時為高氏所有，領縣四。夷陵、宜都、長陽、遠安。

又 卷一一三《十國藩鎮表·荊南》 荊南節度。江陵府。

北漢諸州節鎮建置

宋·曾鞏《隆平集》卷一二《偽國》 太宗皇帝親征太原劉繼元，得州十，縣四十一。

宋·李燾《續資治通鑑長編》卷二〇《太宗》 （太平興國四年五月甲申）北漢平。凡得州十，軍一，縣四十一。

《宋史》卷四《太宗紀一》 （太平興國四年五月）甲申，繼元降，北漢平。凡得州十，縣四十。

清·吳任臣《十國春秋》卷一〇五《北漢二·英武帝紀》 宋凡得州十，軍一，縣四十一。

又 卷一一二《十國地理表下·北漢》 太原府。并州。領縣十三。太原、青陽、文水、陽曲、樂平、清源、太谷、祁、榆次、盂、壽陽、廣陽、交城。

汾州。領縣五。溫城、平遥、介休、孝義、靈石。

嵐州。領縣四。北漢置勇雄鎮。宜芳、合河、嵐谷、靜樂。

岢嵐軍。北漢以嵐谷縣，建為軍。

憲州。宋白《續通典》曰：憲州，故樓煩監牧。唐昭宗龍紀元年，李克用表置憲州。漢、北漢因之。領縣三。樓煩、玄池、天池。

忻州。領縣二。秀容、定襄。

代州。領縣五。雁門、唐林、五臺、繁峙、崞寶興軍。五臺縣。劉繼顒于柏谷置銀冶，取鑛烹銀，即其冶建寶興軍。

遼州。唐為儀州，梁改為遼州，漢、北漢因之。領縣四。遼山、榆社、和順、平城。

沁州。領縣三。沁源、綿上、和川。

隆州。案祁縣東三十里有隆州故城，乃劉繼元築，以拒周者。《戍河東記》云：太平興國四年春，王師克嵐州，因次隆州，即此地也。又胡三省《通鑑》注云：宋太宗之平太原，折御卿自府州會兵，攻劉繼元，先克岢嵐軍，次克隆州。次克嵐州，則隆州蓋晉、漢間所置，其地在岢嵐、嵐谷之間。

石州。領縣五。離石，臨泉，平夷，方山，定胡。

《通鑑》載北漢據有十二州，中有蔚州之名。案晉以十六州與契丹，蔚州已在十六州之數，北漢安得復有蔚州？此所未詳也。今不列其名。

又 卷一一三《十國藩鎮表·北漢》 河東節度。并州。雁門節度。代州。寧化軍。嵐州。

戶口田土部

隋戶口田土分部

綜述

《隋書》卷二九《地理志上》 大凡【略】戶八百九十萬七千五百四十六，口四千六百一萬九千九百五十六。墾田五千五百八十五萬四千四十一頃，其邑居道路、山河溝洫、沙磧鹹鹵、丘陵阡陌皆不預焉。

又 卷二四《食貨志》 （開皇三年）帝乃令朔州總管趙仲卿，于長城以北大興屯田，以實塞下。又于河西勒百姓立堡，營田積穀。京師置常平監。是時山東尚承齊俗，機巧奸偽，避役惰遊者十六七。四方疲人，或詐老詐小，規免租賦。高祖令州縣大索貌閱，戶口不實者，正長遠配，而又開相糾之科。大功已下，兼令析籍，各為戶頭，以防容隱。於是計帳進四十四萬三千丁，新附一百六十四萬一千五百口。高熲又以人間課輸，雖有定分，年常征納，除注恆多，長吏肆情，文帳出沒，復無定簿，難以推校，乃為輸籍定樣，請遍下諸州。每年正月五日，縣令巡人，各隨便近，五黨三黨，共為一團，依樣定戶上下。帝從之。自是奸無所容矣。

時天下戶口歲增，京輔及三河，地少而人衆，衣食不給。議者咸欲徙就寬鄉。其年冬，帝命諸州考使議之。又令尚書以其事策問四方貢士，竟無長算。帝乃發使四出，均天下之田。其狹鄉，每丁才至二十畝，老小又少焉。

煬帝即位，是時戶口益多，府庫盈溢，乃除婦人及奴婢部曲之課。男子以二十二成丁。始建東都，以尚書令楊素為營作大監，每月役丁二百萬人。徙洛州郭內人及天下諸州富商大賈數萬家以實之。

明年，帝北巡狩。又興衆百萬，北築長城，西距榆林，東至紫河，綿亙千余里，死者太半。四年，發河北諸郡百餘萬衆，引沁水，南達於河，北通涿郡。

又 卷六七《裴蘊傳》 是歲，大業五年也。諸郡計帳進丁二十四萬三千，新附口六十四萬一千二百。帝臨朝覽狀，謂百官曰：『前代無好人，致此罔冒。今進民戶口皆從實者，全由裴蘊一人用心。古語云：「得賢而治。」驗之信矣。』

又 卷五六《薛冑傳》 先是，兗州城東沂、泗二水合而南流，汎濫大澤中。冑遂積石堰之，使決令西注，陂澤盡為良田。又通轉運，利盡淮海。百姓賴之，號為薛公豐兗渠。

唐·杜佑《通典》卷二《食貨典二·田制下》 隋文帝令，自諸王以下至於都督，皆給永業田，各有差。多者至百頃，少者至四十畝。其丁男、中男永業露田，皆遵後齊之制。並課樹以桑榆及棗。其園宅率三口給一畝，奴婢則五口給一畝。京官又給職分田，一品者給田五頃，至五品則為田三頃，其下每品以五十畝為差，至九品為一頃。外官亦各有職分田。

又給公廨田以供用。開皇九年，任墾田千九百四十萬四千二百六十七頃。隋開皇中，戶總八百九十萬七千五百三十六。按定墾之數，每戶合墾田二頃餘也。開皇十二年，文帝以天下戶口歲增，京輔及三河地少而人衆，衣食不給，議者咸欲徙就寬鄉。帝乃發使四出，均天下之田。其狹鄉，每丁纔至二十畝，老小又少焉。至大業中，天下墾田五千五百八十五萬四千四十頃。按其時有戶八百九十萬七千五百三十六，則每戶合得墾田五頃餘，恐本史之非實。

又《屯田》 隋文帝開皇三年，突厥犯塞，吐谷渾寇邊，轉輸勞弊，乃令朔方總管趙仲卿於長城以北，大興屯田。

又 卷七《食貨典七・歷代盛衰戶口・隋》 煬帝大業五年，戶八百九十萬七千五百三十六，口四千六百一萬九千九百五十六，此隋之極盛也。後周靜帝末授隋禪，有戶三百五十九萬九千六百四。至開皇九年平陳，得戶五十萬。及是纔二十六七年，直增四百八十萬七千九百三十二。

永徽三年，【略】高宗【略】因問隋有幾戶，今有幾戶。履行奏：『隋大業中戶八百七十萬，今戶三百八十萬。』

顯慶二年十月，上幸許、汝州，問中書令杜正倫【略】隋有幾戶。正倫奏：『大業初有八百餘萬戶，末年離亂，至武德有二百餘萬戶。』

又 卷七《食貨典七・丁中》 隋文帝頒新令，男女三歲以下為黃，十歲以下為小，十七以下為中。十八以上為丁，以從課役。六十為老，乃免。開皇三年，乃令人以二十一成丁。煬帝即位，戶口益多，男子以二十二成丁。高熲奏以人閒課稅，雖有定分，年常徵納，除注恆多，長吏肆情，文帳出沒，既無定簿，難以推校。乃為輸籍之樣，請遍下諸州，每年正月五日，縣令巡人，各隨近五黨三黨共為一團，依樣定戶上下。帝從之，自是姦無所容矣。

《舊唐書》卷三八《地理志一》 大凡隋簿，【略】戶八百九十萬七千五百三十六，口四千六百一萬九千九百五十六。

宋・王欽若等《冊府元龜》卷四八六《邦計部・戶籍》 隋高祖開皇二年受周禪，有戶三百六十萬。乃頒新令：男女三歲以下為黃，十歲以下為小，十七以下為中，十八以上為丁，以從課役。六十為老，乃免。

《新唐書》卷三七《地理一》 至隋滅陳，天下始合為一，【略】戶八百九十萬七千五百三十六，口四千六百一萬九千九百五十六。

宋・司馬光《資治通鑑》卷一七八《隋紀二・高祖文皇帝上之下》 時天下戶口歲增，京輔及三河地少而人衆，衣食不給，帝乃發使四出，均天下之田，其狹鄉每丁纔至二十畝，老少又少焉。

又 卷一八〇《隋紀四・高祖文皇帝下》 受禪之初，民戶不滿四百萬，末年，踰八百九十萬。元胡三省注：此以開皇初元戶口之數，比較仁壽末年大業初之數而言之也。按周之平齊，得戶三百三萬，而隋受周禪，戶不滿四百萬，則周氏初有關中，西並巴、署，南兼江、漢，見戶不滿百萬也。陳氏之亡，戶六十萬。大約隋氏混壹天下，見戶未及五百萬；及其盛也，蓋幾倍之。獨冀州已一百萬戶。注：隋以信都郡為冀州，此以古冀州之域言之也。

又 卷一八一《隋紀五・煬帝上之下》 （大業五年）大開屯田，扞禦吐谷渾，以通西域之路。是時天下凡有【略】戶八百九十萬有奇。

諸郡戶數

《隋書》卷二九《地理志上・京兆郡》 戶三十萬八千四百九十九。

又《馮翊郡》 戶九萬一千五百七十二。

又《扶風郡》 戶九萬二千二百二十三。

又《安定郡》 戶七萬六千二百八十一。

又《北地郡》 戶七萬六百九十。

又《上郡》 戶五萬三千四百八十九。

又《雕陰郡》 戶三萬六千一十八。

又《延安郡》 戶五萬三千九百三十九。

又《弘化郡》 戶五萬二千四百七十三。

又《平涼郡》 戶二萬七千九百九十五。

又《朔方郡》 戶一萬一千六百七十三。

又《鹽川郡》 戶三千七百六十三。

又《靈武郡》 戶一萬二千三百三十。

又《榆林郡》 戶二千三百三十。

又《五原郡》 戶二千三百三十。

又《天水郡》 戶五萬二千一百三十。

又《隴西郡》 戶一萬九千二百四十七。

又《金城郡》戶六千八百一十八。
又《枹罕郡》戶一萬三千一百五十七。
又《澆河郡》戶二千二百四十。
又《西平郡》戶三千一百一十八。
又《武威郡》戶一萬一千七百五。
又《張掖郡》戶六千一百二十六。
又《敦煌郡》戶七千七百七十九。
又《漢川郡》戶一萬一千九百一十。
又《西城郡》戶一萬四千三百四十一。
又《房陵郡》戶七千一百六。
又《清化郡》戶一萬六千五百三十九。
又《通川郡》戶一萬二千六百二十四。
又《宕渠郡》戶一萬四千三十五。
又《漢陽郡》戶一萬九百八十五。
又《臨洮郡》戶二萬八千九百七十一。
又《宕昌郡》戶六千九百九十六。
又《武都郡》戶一萬七百八十。
又《同昌郡》戶一萬二千二百四十八。
又《河池郡》戶一萬一千二百二。
又《順政郡》戶四千二百六十一。
又《義城郡》戶一萬五千九百五十。
又《平武郡》戶五千四百二十。
又《汶山郡》戶二萬四千一百五十九。
又《普安郡》戶三萬一千三百五十一。
又《金山郡》戶三萬六千九百六十三。
又《新城郡》戶三萬七百二十七。
又《巴西郡》戶四萬一千六十四。
又《遂寧郡》戶一萬二千六百二十二。
又《涪陵郡》戶九千九百二十一。
又《巴郡》戶一萬四千四百二十三。
又《巴東郡》戶二萬一千三百七十。
又《蜀郡》戶十萬五千五百八十六。
又《臨邛郡》戶二萬三千三百四十八。
又《眉山郡》戶二萬三千七百九十九。
又《隆山郡》戶一萬一千四十二。
又《資陽郡》戶二萬五千七百二十二。
又《瀘川郡》戶一千八百二。
又《犍為郡》戶四千八百五十九。
又《越巂郡》戶七千四百四十八。
又《黔安郡》戶一千四百六十。
又卷三〇《地理志中·河南郡》戶二十萬二千二百三十。
又《滎陽郡》戶十六萬九百六十四。
又《梁郡》戶十五萬五千四百七十七。
又《譙郡》戶七萬四千八百一十七。
又《濟陰郡》戶十四萬九百四十八。
又《襄城郡》戶十萬五千九百一十七。
又《潁川郡》戶十九萬五千六百四十。
又《汝南郡》戶十五萬二千七百八十五。
又《淮陽郡》戶十二萬七千一百四。
又《汝陰郡》戶六萬五千九百二十六。
又《上洛郡》戶一萬五百一十六。
又《弘農郡》戶二萬七千四百六十六。
又《淅陽郡》戶三萬七千二百五十。
又《南陽郡》戶七萬七千五百二十。
又《淯陽郡》戶一萬七千九百。
又《淮安郡》戶四萬六千八百四十。
又《東郡》戶十二萬一千九百五。
又《東平郡》戶八萬六千九十。
又《濟北郡》戶十萬五千六百六十。
又《武陽郡》戶二十一萬三千三十五。

又《渤海郡》戶十二萬二千九百九。

又《平原郡》戶十三萬五千八百二十二

又《信都郡》戶十六萬八千七百一十八。

又《清河郡》戶三十萬千六五百四十四。

又《魏郡》戶十二萬二百二十七。

又《汲郡》戶十一萬一千七百二十一。

又《河内郡》戶十三萬三千六百六。

又《長平郡》戶五萬四千九百一十三。

又《上黨郡》戶十二萬五千五十七。

又《河東郡》戶十五萬七千七十八。

又《絳郡》戶七萬一千八百七十六。

又《文城郡》戶二萬二千三百。

又《臨汾郡》戶七萬一千八百七十四。

又《龍泉郡》戶二萬五千八百三十。

又《西河郡》戶六萬七千三百五十一。

又《離石郡》戶二萬四千八十一。

又《雁門郡》戶四萬二千五百二。

又《馬邑郡》戶四千六百七十四。

又《定襄郡》戶三百七十四。

又《樓煩郡》戶二萬四千四百二十七。

又《太原郡》戶十七萬五千三。

又《襄國郡》戶十萬五千八百七十三。

又《武安郡》戶十一萬八千五百九十五。

又《趙郡》戶十四萬八千一百五十六。

又《恆山郡》戶十七萬七千五百七十一。

又《博陵郡》戶十萬二千八百一十七。

又《河間郡》戶十七萬三千八百八十三。

又《涿郡》戶八萬四千五十九。

又《上谷郡》戶三萬八千七百。

又《漁陽郡》戶三千九百二十五。

又《北平郡》戶二千二百六十九。

又《安樂郡》戶七千五百九十九。

又《遼西郡》戶七百五十一。

又《北海郡》戶十四萬七千八百四十五。

又《齊郡》戶十五萬二千三百二十三。

又《東萊郡》戶九萬三百五十一。

又《高密郡》戶七萬一千九百二十。

卷三一《地理志下·彭城郡》戶一十三萬二百三十二。

又《魯郡》戶十二萬四千一十九。

又《琅邪郡》戶六萬三千四百二十三。

又《東海郡》戶二萬七千八百五十八。

又《下邳郡》戶五萬二千七十。

又《江都郡》戶十一萬五千五百二十四。

又《鐘離郡》戶三萬五千一十五。

又《淮南郡》戶三萬四千二百七十八。

又《弋陽郡》戶四萬一千四百三十三。

又《蘄春郡》戶三萬四千六百九十。

又《廬江郡》戶四萬一千六百三十二。

又《同安郡》戶二萬一千七百六十六。

又《歷陽郡》戶八千二百五十四。

又《彤陽郡》戶二萬四千一百二十五。

又《宣城郡》戶一萬九千九百七十九。

又《毗陵郡》戶一萬七千五百九十九。

又《吴郡》戶一萬八千三百七十七。

又《會稽郡》戶二萬二百七十一。

又《餘杭郡》戶一萬五千三百八十。

又《新安郡》戶六千一百六十四。

又《東陽郡》戶一萬九千八百五。

又《永嘉郡》戶一萬五百四十二。

又《建安郡》戶一萬二千四百二十。

又《遂安郡》戶七千三百四十三。
又《鄱陽郡》戶一萬一百二。
又《臨川郡》戶一萬九百。
又《廬陵郡》戶二萬三千七百一十四。
又《南康郡》戶一萬一千一百六十八。
又《宜春郡》戶一萬一百一十六。
又《豫章郡》戶一萬二千二十一。
又《南海郡》戶三萬七千四百八十二。
又《龍川郡》戶六千四百二十。
又《義安郡》戶二千六十六。
又《高涼郡》戶九千九百一十七。
又《信安郡》戶一萬七千七百八十七
又《永熙郡》戶一萬四千三百一十九。
又《蒼梧郡》戶四千五百七十八。
又《始安郡》戶五萬四千五百一十七。
又《永平郡》戶三萬四千四十九。
又《鬱林郡》戶五萬九千二百。
又《合浦郡》戶二萬八千六百九十。
又《珠崖郡》戶一萬九千五百。
又《寧越郡》戶一萬二千六百七十。
又《交趾郡》戶三萬五十六。
又《九真郡》戶一萬六千一百三十五。
又《日南郡》戶九千九百一十五。
又《比景郡》戶一千八百一十五。
又《海陰郡》戶一千一百。
又《林邑郡》戶一千二百二十。
又《南郡》戶五萬八千八百三十六。
又《夷陵郡》戶五千一百七十九。
又《竟陵郡》戶五萬三千三百八十五。
又《沔陽郡》戶四萬一千七百一十四。
又《沅陵郡》戶四千一百四十。
又《武陵郡》戶三千四百一十六。
又《清江郡》戶二千六百五十八。
又《襄陽郡》戶九萬九千五百七十七。
又《春陵郡》戶四萬二千八百四十七。
又《漢東郡》戶四萬七千一百九十三。
又《安陸郡》戶六萬八千四十二。
又《永安郡》戶二萬八千三百九十八。
又《義陽郡》戶四萬五千九百三十。
又《九江郡》戶七千六百一十七。
又《江夏郡》戶一萬三千七百七十一。
又《澧陽郡》戶八千九百六。
又《巴陵郡》戶六千九百三十四。
又《長沙郡》戶一萬四千二百七十五。
又《衡山郡》戶五千六十八。
又《零陵郡》戶六千八百四十五。
又《熙平郡》戶一萬二百六十五。

論　說

唐·杜佑《通典》卷七《食貨七·歷代盛衰戶口》 論曰：【略】

隋受周禪，得戶三百六十萬。開皇九年平陳，又收戶五十萬。洎於大業二年，干戈不用，唯十八載有戶八百九十萬矣。自平陳後，又加四百八十餘萬。其時承西魏喪亂，周、齊分據，暴君慢吏，賦重役勤，人不堪命，多依豪室，禁網隳紊，姦偽尤滋。高熲覩流冗之病，建輸籍之法，於是定其名，輕其數，使人知為浮客，被彊家收大半之賦；為編甿，奉公上蒙輕減之征。浮客謂避公税，依强豪作佃家也。昔漢文三年，除人田租。荀悅論曰：古者什一而税，天下之中正。漢家或百而税一，可謂至輕矣。而豪强占田踰多，浮客輸大半之賦。公家之惠，優於三代。豪强之暴，酷於亡秦。是惠不下通，威福分於豪人也。不正其本，適足以資富强矣。高熲設輕税之法，浮客悉自歸於編戶。

隋代之盛，實由於斯。先敷其信，後行其令，烝庶懷惠，姦無所容。隋氏資儲徧於天下，人俗康阜，熲之力焉。功規蕭、葛，道亞伊、呂，近代以來，未之有也。隋氏西京太倉，東京含嘉倉，洛口倉，華州永豐倉，陝州太原倉，儲米粟多者千萬石，少者不減數百萬石。天下義倉又皆充滿，京都及并州庫，布帛各數千萬，而錫賚勳庸，并出豐厚，亦魏、晉以降之未有。

宋·蘇軾《東坡全集》卷四九《國學秋試策問》 問：古者以民之多寡，為國之貧富。故管仲以陰謀傾魯、梁之民，而商鞅亦招三晉之人，以并諸侯。當周之盛時，其民物之數登於王府者，蓋拜而受之。自漢以來，丁口之蕃息與倉廩府庫之盛，莫如隋。其貢賦輸籍之法，必有可觀者。然學者以其得天下不以道，又不過再世而亡，是以鄙之而無傳焉。孔子曰『不以人廢言』，而況可以廢一代之良法乎？文帝之初，有戶三百六十餘萬；平陳所得，又五十萬；至大業之始，不及二十年而增至八百九十餘萬者，何也？方是時，布帛之積至於無所容，資儲之在天下者至不可勝數；及其敗亡塗地，而洛口諸倉猶足以致百萬之衆。其法豈可少哉？

元·馬端臨《文獻通考》卷一〇《戶口考一·歷代戶口丁中賦役》 致堂胡氏曰：方隋之盛也，郡縣民戶尚版圖者八百九十餘萬。自李密、王竇為倡而山東盡為盜區，是後四方並興，擁衆十數萬而加多者垂五十餘黨，以郡縣反者尚不與焉。至唐武德六十年間，蓋干戈雲擾、狼吞虎噬者十三四年，而後內盜悉平。後二年，太宗即位，貞觀仁義之治興，休息生養。至高宗永徽三年，天下樂業阜生，將一世矣。有司奏戶口，纔及三百八十萬。然則略會之隋氏極盛之民，經離亂之後，十存不能一二，皆起於獨孤后無《關雎》之德，廢長立少，而其禍至此也。

元·釋念常《佛祖歷代通載》卷一〇《隋》 石室論曰：唐牧之云：昔有相士稱文帝當有天下，後果篡奪，得之周末。楊氏為八柱國，公侯相繼久矣。一旦以男子偷竊位號，不三十年，老壯嬰兒皆不得其死。彼知相法，當曰此為楊氏禍，乃可謂善相者。牧之之論，誠為警絶。然文帝削平天下，混一海宇，君臨萬國者二十四年。創置禮樂法度，多為唐所遵用。仁壽間，天下戶至八百七十萬。以唐疆宇之廣，歷五朝至天寶末，纔九百餘萬戶。隋文開統而身及太平，固一代之英主也。惜其末年，任一楊素而弗獲其終。

元·胡一桂《史纂通要》卷一四《隋》 開皇之中，天下戶八百九十萬。唐興，撫綏三十餘年，至永徽初，始及三百八十萬戶耳。吁！獨孤一行妬忌於宮闈之間，而滅天下之戶五六百萬。聖人刪《詩》，立《周南》之義，教訓萬世，后妃專以無妬忌為大美也。其意深且遠矣。

明·王禕《大事記續編》卷四八《隋煬皇帝》 解題曰：朱黼曰：隋氏貌閱戶口，至大業初，富庶之盛，幾漢元始，而裴蘊獻議，猶以民間版籍脱漏，戶口詐增老小為言，復令貌閱。一人不實，則官司解職；糾得一丁，令代賦役，於是進丁二十四萬有奇。其以老癃為丁壯，廢疾為平人，必矣。

唐戶口田土分部

綜述

唐·李林甫等《唐六典》卷三《尚書戶部》 凡天下之戶八百一萬八千七百一十，口四千六百二十八萬五千一百六十一。開元二十二年數。百戶為里，五里為鄉。兩京及州縣之郭內分為坊，郊外為村。里及村、坊皆有正，以司督察。四家為鄰，五家為保。保有長，以相禁約。凡男、女始生為『黃』，四歲為『小』，十六歲為『中』，二十有一為『丁』，六十為『老』。每一歲一造計帳，三年一造戶籍。縣以籍成於州，州成於省，戶部總而領焉。諸造籍起正月，畢三月，所須紙筆、裝潢、軸帙皆出當戶內，口別一錢。計帳所須，戶別一錢。凡天下之戶，量其資產，定為九等。每三年，縣司注定，州司覆之，然後注籍而申之於省。每定戶以仲年，子、卯、午、酉。造籍以季年。丑、辰、未、戌。州、縣之籍恒留五比，省籍留九比。凡戶之兩貫者，先從邊州為定，次從關內，次從軍府州；若俱者，各從其先貫焉。樂住之制：居狹鄉者，聽其從寬；居遠者，聽其從近；居輕役之地者，聽其從重。辨天下之四人，使各專其業：凡習學文武者為士，肆力耕桑者為農，功作貿易者為工，屠沽興販者為商。工、商之家不得預於士，食祿之人不得奪下人之利。

凡天下之田，五尺為步，二百有四十步為畝，畝百為頃。度其肥瘠寬狹，以居其人。凡給田之制有差：丁男、中男以一頃；中男年十八已上者，亦依丁男給。老男、篤疾、廢疾以四十畝；寡妻妾以三十畝，若為戶者則減丁之半。凡田分為二等：一曰永業，一曰口分。丁之田二為永業，八為口分。凡道士給田三十畝，女冠二十畝；僧、尼亦如之。凡官戶受田減百姓口分之半。凡天下百姓給園宅地者，良口三人已下給一畝，三口加一畝；賤口五人給一畝，五口加一畝，其口分、永業不與焉。凡給口分田皆從便近；居城之人本縣無田者，則隔縣給授。凡應收授之田皆起十月，畢十二月。凡授田先課後不課，先貧後富，先無後少。凡州、縣界內所部受田悉足者為寬鄉，不足者為狹鄉。

凡官人受永業田：親王一百頃，職事官正一品六十頃，郡王及職事官從一品五十頃，國公若職事官正二品四十頃，郡公若職事官從二品三十五頃，縣公若職事官正三品二十五頃，職事官從三品二十頃，侯若職事官正四品十四頃，伯若職事官從四品十一頃，子若職事官正五品八頃，男若職事官從五品五頃；上柱國三十頃，柱國二十五頃，上護軍二十頃，護軍十五頃，上輕車都尉一十頃，輕車都尉七頃上騎都尉六頃，騎都尉四頃，驍騎尉、飛騎尉各八十畝，雲騎尉、武騎尉各六十畝。其散官五品已上同職事給。

凡天下諸州公廨田：大都督府四十頃，中都督府三十五頃，下都督、都護、上州各三十頃，中州二十頃；宮總監、下州各十五頃，上縣十頃，中縣八頃，中下縣六頃，上牧監、上鎮各五頃，下縣及中牧、下牧、司竹監、中鎮、諸軍折沖府各四頃，諸冶監、諸倉監、下鎮、上關各三頃，互市監、諸屯監、上戍、中關及津各二頃，下關一頃五十畝；中戍、下戍、嶽、瀆各一頃。凡諸州及都護府官人職分田：二品一十二頃，三品、四品以二頃為差，五品至八品以一頃為差，九品二頃五十畝。

鎮、戍、關、津、嶽、瀆及在外監官：五品五頃，六品三頃五十畝，七品三頃，八品二頃，九品一頃五十畝。三衛中郎將、上府折沖都尉各六頃，中府、下府以五十畝為差，郎將各五頃；上府果毅都尉四頃，中府、下府以五十畝為差；上府長史、別將各三頃，中府、下府各二頃五十畝。親王府典軍五頃五十畝，副典軍四頃。千牛備身、備身左右、太子千牛備身各三頃。諸軍上折沖府兵曹各二頃，中府、下府各一頃五十畝。其外軍校尉一頃二十畝，旅帥一頃，隊正、副各八十畝。

唐·杜佑《通典》卷二《食貨典二·田制下》 天寶中應受田一千四百三十萬三千八百六十二頃十三畝。按十四年有戶八百九十萬餘，計定墾之數，每戶合一頃六十餘畝。至建中初，分遣黜陟使按比墾田田數，都得百十餘萬頃。

又《屯田》 大唐開元二十五年令：諸屯隸司農寺者，每三十頃以下、二十頃以上為一屯。隸州鎮諸軍者，每五十頃為一屯。應置者，皆隸尚書省處分。其舊屯重置者，一依承前封疆為定。新置者，並取荒閒無籍廣占之地。其屯雖料五十頃，易田之處各依鄉原量事加數。【略】天寶八年，天下屯收百九十一萬三千九百六十石，關內五十六萬三千八百一十石，河北四十萬三千二百八十石，河東二十四萬五千八百八十石，河西二十六萬八十八石，隴右四十四萬九百二石。後上元中於楚州古謝陽湖置洪澤屯，壽州置芍陂屯，厥田沃壤，大獲其利。

又《水利田》 大唐貞觀十八年，李襲稱為揚州大都府長史，乃引雷陂水，又築句城塘，以溉田八百餘頃，百姓獲其利，徵拜太府卿。人至今賴之。

永徽六年，雍州長史長孫祥奏言：『往日鄭、白渠溉田四萬餘頃，今為富商大賈競造碾磑，堰遏費水，渠流梗澀，止溉一萬許頃。請修營此渠，以便百姓。至於鹹鹵，亦堪為水田。』高宗曰：『疏導渠流，使通溉灌，濟汲炎旱，應大利益。』太尉無忌對曰：『白渠水帶泥淤，灌田益其肥美。又渠水發源本高，向下枝分極衆。若使流至同州，則水饒足。比為碾磑用水，洩渠水隨入滑；加以壅遏耗竭，所以得利遂少。』於是遣祥等分檢渠上碾磑，皆毀之。至大曆中，水田纔得六千二百餘頃。

又 卷七《食貨典七·歷代盛衰戶口·大唐》 大唐貞觀戶不滿三百萬。三年，戶部奏，中國人因塞外來歸及突厥前後降附開四夷為州縣，獲男女一百二十餘萬口。十四年，侯君集破高昌，得三郡、五縣、二十二城，戶八千四十六，口三萬七千三十一，馬四千三百匹。

總章元年十月，司空李勣破高麗國，虜其王，下城百七十，戶六十九萬七千二百。二年，徙高麗民三萬，配江淮以南、山南、京西。

（開元）九年正月，監察御史宇文融陳便宜，奏請檢察偽濫兼逃戶及籍外賸田。【略】寬等皆當時才彥，使還，得戶八十餘萬，田亦稱是。

融又上言：『天下所檢責客戶，除兩州計會歸本貫以外，便令所在編附。年限向滿，須准居人，更合所有優矜，即此輩僥幸，若徵課稅，即目擊未堪。竊料天下諸州，不可一例處置，且請從寬鄉有賸田州作法。竊計有賸田者減三四十州，取其賸田，通融支給。其賸地者三分請取其一分以下。其浮戶，請任其親戚鄉里相就，每十戶以上，共作一坊。每戶給五畝充宅，並為造一兩口室宇，開巷陌，立閭伍，種桑棗，築園蔬，使緩急相助，親鄰不失。丁別量給五十畝以上為私田，任其自營種。率十丁於近坊更共給一頃，以為公田，共令營種。每丁一月役功三日，計十丁一年共得三百六十日。營公田一頃，不啻得之，計平收一年不減百石，便納隨近州縣。除役功三十六日外，更無租稅。既是營田戶，且免征行，安堵有餘，必不流散。官司每丁納收十石，其粟更不別支用，每至不熟年，斗別二十價，然後支用。計一丁年還出兩丁以上，亦與正課不殊。則官收其役，不為矜縱，人緩其稅，又得安舒，倉廩日殷，久長為便。其狹鄉無賸地客多者，雖此法未該，准式許移窄就寬，不必要須留住。若寬鄉安置得所，人皆悅慕，則三兩年後，皆可改圖，棄地盡作公田，狹鄉總移寬處，倉儲既益，水旱無憂矣。』

（開元）二十年，戶七百八十六萬一千二百三十六，口四千五百四十三萬一千二百六十五。

天寶元年，戶八百三十四萬八千三百九十五，口四千五百三十一萬一千二百七十二。

（天寶）十四載，管戶總八百九十一萬四千七百九，應不課戶三百五十六萬五千五百一，應課戶五百三十四萬九千二百八十。管口總五千二百九十一萬九千三百九，不課口四千四百七十萬九百八十八，課口八百二十萬八千三百二十一。此國家之極盛也。按後漢自建武初至桓帝永壽三年，凡百三十年，有戶千六十七萬。按自周武帝建德六年平齊，至隋文帝開皇九年滅陳，凡十四年，然後車書混一，甲兵方息。至大業二年，凡十八年，有戶八百九十萬。我國家自武德初至天寶末，凡百三十八年，可以比崇漢室，而人戶纔比於隋氏，蓋有司不以經國馭遠為意，法令不行，所在隱漏之甚也。肅宗乾元三年，見到帳百六十九州，應管戶總百九十三萬三千一百三十四。不課戶總百一十七萬四千五百九十二，課戶七十五萬八千五百八十二。管口總千六百九十九萬三百八十六，不課口千四百六十一萬九千五百八十七，課口二百三十七萬七百九十九。自天寶十四年至乾元三年，損戶總五百九十八萬二千五百八十四，不課戶損二百三十九萬一千九百九，課戶損三百五十九萬六百七十五；損口總三千五百九十二萬八千七百二十三，不課口損三千七十一萬三百一，課口損五百二十一萬八千四百三十二。戶至大曆中，唯有百三十萬戶。建中初，命黜陟使往諸道按比戶口，約都得土戶百八十餘萬，客戶百三十餘萬。

又《丁中》 大唐武德七年定令，男女始生為黃，四歲為小，十六為中，二十一為丁，六十為老。

神龍元年，韋皇后求媚於人，上表，請天下百姓年二十二成丁，五十八免役，制從之。韋庶人誅後，復舊。

玄宗天寶三載十二月制，自今以後，百姓宜以十八以上為中男，二十三以上成丁。

九載制：『天下雖三載定戶，每載亦有團貌，自今以後，計其轉年合入中男、成丁、五十九者，任退團貌。』廣德元年制：『天下百姓二十五成丁，五十五入老。』

《舊唐書》卷四《高宗紀上》 （永徽三年七月）丁丑，上問戶部尚書高履行：『去年進戶多少？』履行奏稱：『進戶總一十五萬。』又問曰：『隋日有幾戶？今見有幾戶？』履行奏：『隋開皇中有戶八百七十萬，即今見有戶三百八十萬。』

又 卷九《玄宗紀下》 （天寶十三載）戶部進計帳，今年管戶八百五十二萬五千七百六十三，口四千八百九十萬九千八百。

又 卷三八《地理志一》 開元二十八年，戶部計帳，【略】戶八百四十一萬二千八百七十一，口四千八百一十四萬三千六百九，應受田一千四百四十萬三千八百六十二頃一十三畝。

又 卷四八《食貨志上》 開元中，有御史宇文融獻策，括籍外剩田：色役偽濫，及逃戶許歸首，免五年征賦。每丁量稅一千五百錢，置攝御史，分路檢括隱審。得戶八十余萬，田亦稱是，得錢數百萬貫，玄宗以為能，數年間拔為御史中丞、戶部侍郎。融又晝策開河北王莽河，溉田數千頃，以營稻田，事未果而融敗。

又　卷一五上《憲宗紀上》　（元和二年十二月）己卯，史官李吉甫撰《元和國計簿》，總計天下方鎮凡四十八，管州府二百九十五，縣一千四百五十三，戶二百四十四萬二百五十四，其鳳翔、鄜坊、邠寧、振武、涇原、銀夏、靈鹽、河東、易定、魏博、鎮冀、范陽、滄景、淮西、淄青十五道，凡七十一州，不申戶口。每歲賦入倚辦，止於浙江東西、宣歙、淮南、江西、鄂岳、福建、湖南等八道，合四十九州，一百四十四萬戶。比量天寶供稅之戶，則四分有一。天下兵戎仰給縣官者八十三萬餘人，比量天寶士馬，則三分加一，率以兩戶資一兵。

又　卷一三五《裴延齡傳》　延齡奏曰：『開元、天寶中，天下戶僅千萬，百司公務殷繁，官員尚或有闕。自兵興已來，戶口減耗大半，今一官可兼領數司。』

宋·王溥《唐會要》卷八四《戶口數》　永徽三年七月，戶部尚書高履行奏：計戶三百八十萬。

神龍元年十一月二十五日，戶部尚書蘇瓌奏：計戶六百一十五萬六千一百四十一。

開元十四年，戶部進計帳：今年管戶七百六萬九千五百六十五。

二十年，戶部計戶七百八十六萬一千二百四十六。

二十六年，計戶八百一萬八千七百一十。

天寶元年，計戶八百五十二萬五千七百六十三。

十三年，計戶九百六萬九千一百五十四。

至德元年，計戶八百一萬八千七百一。

乾元三年，計戶一百九十三萬一千一百二十五。

建中元年十二月，定天下兩稅戶，凡三百八十萬五千七十六。

元和戶二百四十七萬三千九百七十三。

長慶戶三百九十四萬四千九百八十二。

太和戶四百三十五萬七千五百七十五。

開成四年，計戶都管四百九十九萬六千七百五十二。

會昌戶四百九十五萬五千一百五十一。

又　《雜録》　永徽三年七月二十二日，上問戶部尚書高履行去年進戶多少，履行奏言：去年進戶總十五萬已上，天下進戶漸多。謂長孫無忌曰：『比來天下無事，戶口稍多。二三十年，足堪殷實。』因問隋有幾戶，今見在幾戶。履行奏：隋開皇中有八百七十萬，即今見戶三百八十萬。上曰：『自隋末亂離，戶口減耗。邇來雖復蘇息，猶大少於隋初。』

開元二十四年三月敕：朕以百姓為心，固非一人獨理，委之牧宰，輯寧兆庶。若考論政績，在戶口存亡。不有甄明，何憑賞罰？自今以後，天下諸州戶口，或刺史、縣令有離任者，並宜分明交付。州縣仍每至年終，各具存乏及增加實數同申，並委採訪使重覆報省，所司明為課最，具條件奏聞，隨事褒貶，以旌善惡。

貞元三年五月詔曰：諸州戶口減耗，三分去二，其官員亦合減省。

元和二年十二月，史官李吉甫等撰《元和國計簿》十卷。總計天下方鎮凡四十八，道管州府二百九十三，縣一千四百五十三，見定戶二百四十四萬二百五十四。其鳳翔、鄜坊、邠寧、振武、涇原、涼夏、靈鹽、河東、易定、魏博、鎮冀、范陽、滄景、淮西、淄青十五道七十一州，並不申戶口數。每歲縣賦入倚辦，止於浙西、浙東、宣歙、淮南、江西、鄂岳、福建、湖南等道，合四十州一百四十四萬戶。比量天寶供稅之戶，四分有一。天下兵戎，仰給縣官八十三萬餘人。比量士馬，三分加一，率以兩戶資一兵。其他水旱所損，徵科妄斂，又在常役之外。

六年二月制：自定兩稅以來，刺史以戶口增減為其殿最，故有析戶以張虛數，或分產以繫戶兼，招引浮客，用為增益。至於稅額，一無所加，徒使人心易搖，土著者寡。觀察使嚴加訪察，必令詣實。

會昌三年八月制：朕聞三代已前，未嘗言佛，漢魏之後，像教寖興。是遭逢季時，傳此異俗。且一夫不耕，有受其餒者；一婦不織，有受其寒者。今天下僧尼，不可勝數，皆待農而食，待蠶而衣。貞觀、開元，亦常釐革。剗除不盡，流衍滋多。中外諸臣，協予正意，濟人利衆，予不讓焉。天下所還俗僧尼二十六萬五千餘人，奴婢為兩稅戶十五萬人。

宋·王溥《五代會要》卷二五《租稅》　（同光三年）閏十二月，吏部尚書李琪上疏曰：【略】唐太宗文皇帝以四方初定，百姓未豐，延訪羣臣，各陳所見。唯魏徵獨勸文皇帝力行王道，由是輕徭薄賦，不奪農時，進賢良，悦忠直，天下斗粟直兩錢。自正觀至於開元，將及九百萬戶，五千三百萬口，墾田一千四百萬頃。比之近古，又多增加。

宋·王欽若等《册府元龜》卷四八六《邦計部·戶籍》 太宗貞觀中，戶不滿三百萬

（中宗神龍元年）十一月，戶部尚書蘇瓌奏，計戶六百三十五萬六千一百四十一。

玄宗開元九年正月二十八日，監察御史宇文融請簡察色役偽濫幷逃戶及籍田，因令充使，於是奏勸農判官數十人，使還，得戶八十餘萬，田亦稱是。

十四年，戶部進計帳，言今年管戶七百六萬九千五百六十五。

十八年十一月，【略】又敕：諸戶籍三年一造，起正月上旬，縣司責手實計帳赴州，依式勘造，鄉別為卷，總寫三通。其縫皆注某州某縣某年籍，州名用州印，縣名用縣印，三月三十日納訖，竝裝潢一通，送尚書省，州縣各留一通。所須紙筆裝潢，竝皆出當戶戶口，內外一錢。其戶每以造籍年，預定為九等，便注籍脚，有析生新附者于舊戶後，以次編附。

二十年，戶部計帳管戶七百八十六萬一千二百三十六，口四千五百四十三萬一千二百六十五。

二十二年，戶部計帳管戶八百萬八千七百一十。

二十九年二月敕：自今以後應造籍，宜令州縣長令、録事參軍審加勘覆。更有疏遺者，委所司具本判官及官長等名品録奏，其籍仍寫兩本送戶部。

天寶元年，【略】是年戶八百三十四萬八千三百九十五，口四千五百三十一萬一千二百七十二。一云計戶八百五十三萬五千七百六十三。

四載【略】制：天下籍造四本，京師、東京、尚書省、戶部各貯一本。

十三載，計戶九百六十一萬九千一百五十四。

肅宗至德二載，計戶八百一萬八千七百一十。

乾元三年，計戶一百九十三萬一千三百二十五。

（代宗廣德）二年，【略】是年計戶二百九十三萬三千一百二十五。

（德宗）建中元年十二月，定天下兩稅戶，凡三百八十萬五千七十六。

（穆宗）長慶中，戶三百九十四萬四千五百九十五。

敬宗寶曆中，戶三百九十七萬八千九百八十二。

文宗大和中，戶四百三十五萬七千五百七十三。

開成二年正月，戶部侍郎判度支王彦威進所撰《供軍圖》。其表畧曰：起自至德、乾元之後，迄于貞元、元和之際，天下有觀察者十，節度者二十有九，防禦者四，經畧者三。犄角之師，犬牙相制，大都通邑，無不有兵。約計中外兵額，又至八十餘萬。長慶戶口凡三百三十五萬，而兵額又約九十九萬，通計三戶資奉一兵。今計天下租賦，一歲所入，總不過三千五百餘萬，而上供之數，三之一焉。三分之中，二給衣賜。自留州使兵士衣食之外，其餘四十萬衆，仰給度支。伏以時逢理安，運屬神聖，然而兵不可弭，食或惟時，憂勤之端，兵食是切。臣謬司邦計，虔奉睿圖，輒纂事功，庶裨聖覽。

四年，計戶都管四百九十九萬六千七百五十二。

武宗會昌中，戶四百九十五萬五千一百五十一。

《新唐書》卷三七《地理志一》 開元二十八年戶部帳，【略】戶八百四十一萬二千八百七十一，口四千八百一十四萬三千六百九，應受田一千四百四十萬三千八百六十二頃。

又 卷五一《食貨志一》 唐制：度田以步，其闊一步，其長二百四十步為畝，百畝為頃。凡民始生為黃，四歲為小，十六為中，二十一為丁，六十為老。授田之制，丁及男年十八以上者，人一頃，其八十畝為口分，二十畝為永業；老及篤疾、廢疾者，人四十畝，寡妻妾三十畝，當戶者增二十畝，皆以二十畝為永業，其餘為口分。永業之田，樹以榆、棗、桑及所宜之木，皆有數。田多可以足其人者為寬鄉，少者為狹鄉。狹鄉授田，減寬鄉之半。其地有薄厚，歲一易者，倍受之。寬鄉三易者，不倍授。工商者，寬鄉減半，狹鄉不給。凡庶人徙鄉及貧無以葬者，得賣世業田。自狹鄉而徙寬鄉者，得並賣口分田。已賣者，不復授。死者收之，以授無田者。凡收授皆以歲十月。授田先貧及有課役者。凡田，鄉有餘以給比鄉，縣有餘以給比縣，州有餘以給近州。【略】

自王公以下，皆有永業田。【略】

凡里有手實，歲終具民之年與地之闊狹，為鄉帳。鄉成于縣，縣成於州，州成於戶部。又有計帳，具來歲課役以報度支。【略】

貞觀初，戶不及三百萬，絹一匹易米一斗。【略】高宗承之，海內艾安。太尉長孫無忌等輔政，天下未見失德。數引刺史入閤，問民疾苦。即位之歲，增戶十五萬。

又　卷五二《食貨志二》　自代宗時，始以畝定稅，而斂以夏秋。至德宗相楊炎，遂作兩稅法，夏輸無過六月，秋輸無過十一月。【略】舊戶三百八十萬五千，使者按比得主戶三百八十萬，客戶三十萬。天下之民，不土斷而地著，不更版籍而得其虛實。【略】

武宗即位，廢浮圖法，天下毀寺四千六百、招提蘭若四萬，籍僧尼為民二十六萬五千人，奴婢十五萬人，田數千萬頃。【略】

初，乾元末天下上計百六十九州，戶百九十三萬三千一百二十四，不課者百一十七萬四千五百九十二；口千六百九十九萬三百八十六，不課者千四百六十一萬九千五百八十七。減天寶戶五百九十八萬二千五百八十四，口三千五百九十二萬八千七百二十三。

元和中，供歲賦者，浙西、浙東、宣歙、淮南、江西、鄂岳、福建、湖南八道，戶百四十四萬，比天寶才四之一。兵食於官者八十三萬，加天寶三之一，通以二戶養一兵。京西北、河北以屯兵廣，無上供。至長慶，戶三百三十五萬，而兵九十九萬，率三戶以奉一兵。至武宗即位，戶二百一十一萬四千九百六十。會昌末，戶增至四百九十五萬五千一百五十一。

又　卷五三《食貨志三》　唐開軍府以扞要衝，因隙地置營田，天下屯總九百九十二。司農寺每屯三十頃，州、鎮諸軍每屯五十頃。水陸腴瘠、播殖地宜與其功庸煩省、收率之多少，皆決於尚書省。苑內屯以善農者為屯官、屯副，御史巡行蒞輸。上地五十畝，瘠地二十畝，稻田八十畝，則給牛一。諸屯以地良薄與歲之豐凶為三等，具民田歲穫多少，取中熟為率。有警，則以兵若夫千人助收。隸司農者，歲三月，卿、少卿循行，治不法者。凡屯田收多者，褒進之。歲以仲春籍來歲頃畝、州府軍鎮之遠近，上兵部，度便宜遣之。開元二十五年，詔屯官敘功以歲豐凶為上下。鎮戍地可耕者，人給十畝以供糧。方春，屯官巡行，謫作不時者。天下屯田收谷百九十餘萬斛。【略】

元和中，振武軍饑，宰相李絳請開營田，可省度支漕運及絕和糴欺隱。憲宗稱善，乃以韓重華為振武、京西營田、和糴、水運使，起代北，墾田三百頃，出贓罪吏九百餘人，給以耒耜、耕牛，假種糧，使償所負粟，二歲大熟。因募人為十五屯，每屯百三十人，人耕百畝，就高為堡，東起振武，西逾雲州，極於中受降城，凡六百餘里，列柵二十，墾田三千八百餘頃，歲收粟二十萬石，省度支錢二千余萬緡。重華入朝，奏請益開田五千頃，法用人七千，可以盡給五城。會李絳已罷，後宰相持其議而止。憲宗末，天下營田皆雇民或借庸以耕，又以瘠地易上地，民間苦之。穆宗即位，詔還所易地，而耕以官兵。耕官地者，給三之一以終身。靈武、邠寧，土廣肥而民不知耕。大和末，王起奏立營田。後黨項大擾河西，邠寧節度使畢諴亦募士開營田，歲收三十萬斛，省度支錢數百萬緡。

又　卷五五《食貨志五》　武德元年，文武官給祿，頗減隋制。【略】一品有職分田十二頃，二品十頃，三品九頃，四品七頃，五品六頃，六品四頃，七品三頃，五十畝，八品二頃五十畝，九品二頃，皆給百里內之地。諸州都督、都護、親王府官二品十二頃，三品十頃，四品八頃，五品七頃，六品五頃，七品四頃，八品三頃，九品二頃五十畝。鎮戍、關津、嶽瀆官五品五頃，六品三頃五十畝，七品三頃，八品二頃，九品一頃五十畝。三衛中郎將、上府折衝都尉六頃，中府五頃五十畝，下府及郎將五頃；上府果毅都尉四頃，中府三頃五十畝，下府三頃；上府長史、別將三頃，中府、下府二頃五十畝；親王府典軍五頃五十畝，副典軍四頃；千牛備身左右、太子千牛備身三頃；折沖上府兵曹二頃，中府、下府一頃五十畝。外軍校尉一頃二十畝，旅帥一頃，隊正、副八十畝。

親王以下又有永業田百頃，職事官一品六十頃，郡王、職事官從一品五十頃，國公、職事官從二品三十五頃，縣公、職事官三品二十五頃，職事官從三品二十頃，侯、職事官四品十二頃，子、職事官五品八頃，男、職事官從五品五頃，六品、七品二頃五十畝，八品、九品二頃。上柱國三十頃，柱國二十五頃，上護軍二十頃，護軍十五頃，上輕車都尉十頃，輕車都尉七頃，上騎都尉六頃，騎都尉四頃，驍騎、飛騎尉八十畝，雲騎、武騎尉六十畝。散官五品以上給同職事官。五品以上受田寬鄉，六品以下受於本鄉。解免者追田，除名者受口分之田，襲爵者不別給。流內九品以上口分田終其身，六十以上停私乃收。【略】

京司及州縣皆有公廨田，供公私之費。【略】

（開元）二十九年，以京畿地狹，計丁給田猶不足，於是分諸司官在都者，給職田於都畿，以京師地給貧民。【略】

（大曆）二年，復給京兆府及畿縣官職田，以三之一供軍饟。【略】

建中三年，【略】減王公以下永業田：郡王、職事官從一品田五十頃，國公、職事官正二品田四十頃，郡公、職事官從二品田三十頃，縣公、職事官正四品田十四頃，職事官從四品田十一頃。

又 卷九一《李襲譽傳》 高祖已定長安，【略】詔委典運，以饟東軍。擢累揚州大都督府長史，江南巡察大使，多所黜陟。揚州江吳大都會，俗喜商賈，不事農。襲譽為引雷陂水，築句城塘，溉田八百頃，以盡地利，民多歸本。

又 《温造傳》 出為朗州刺史，開後鄉渠百里，溉田二千頃。民獲其利，號右史渠。

又 卷一一一《薛平傳》 王師討蔡，繇左龍武大將軍授鄭滑節度使，數戰有功。始，河溢瓠子，東泛滑，距城纔二里所。平按求故道，出黎陽西南，因命其左裴弘泰往請魏博節度使田弘正，弘正許之。乃籍民田所當者，易以它地，疏道二十里，以釃水悍，還壖田七百頃於河南。自是滑人無患。

又 卷一四三《徐申傳》 遷韶州刺史。韶自兵興四十年，刺史以縣為治署，而令丞雜處民間。申按公田之廢者，募人假牛犂墾發，以所收半畀之。田久不治，故肥美，歲入凡三萬斛。

又 卷一七〇《高承簡傳》 裴度征蔡，奏署牙將。蔡平，詔析上蔡、郾城、遂平、西平四縣為溵州，拜承簡刺史，治郾城。始開屯田，列防庸，瀕溵綿地二百里無復水敗，皆為腴田。

又 卷一八三《畢諴傳》 出為邠寧節度，河西供軍、安撫使。諴到軍，遣吏懷諭，羌人皆順向。時戍兵常苦調饟乏，諴募士置屯田，歲收穀三十萬斛，以省度支經費。詔書嘉美。

又 卷二一六下《吐蕃傳下》 三州七關地腴衍者，聽民墾蓺，貸五歲賦。【略】四道兵能營田者，為給牛種，戍者倍其資饟，再歲一代。【略】兵欲墾田，與民同。初，太宗平薛仁杲，得隴上地；虜李軌，得涼州；破吐谷渾、高昌，開四鎮。玄宗繼收黄河磧石、宛秀等軍。中國無斥候警者，幾四十年。輪臺、伊吾屯田，禾菽彌望。

宋·呂夏卿《唐書直筆》卷四《新例須知·田數》 開元中，一千四百四十萬三千八百六十二頃一十三畝。大中中，一千一百六十八萬八千三百五十四頃。

又 《兵數》 開元中，四十九萬人。大中中，九十九萬七百一十五人。

宋·張邦基《墨莊漫録》卷二 仁宗嘗問孝肅包公拯歷代編戶多少之數，公悉考以對，以謂【略】隋煬帝大業二年，戶八百九十萬七千五百三十六。唐初戶不滿三百萬，高宗永徽元年增至三百八十萬。明皇天寶十三年，只及九百六萬九千一百五十四。自安史之亂，乾元已後，僅滿一百二萬。武宗會昌中，增至四百九十五萬五千一百五十一。

宋·司馬光《資治通鑑》卷一九九《唐紀十五·太宗上之中》 是歲（貞觀三年），戶部奏：中國人自塞外歸及四夷前後降附者，男女一百二十餘萬口。

又 卷二〇四《唐紀二十·則天皇后上之下》 （天授元年十月）西突厥十姓，自垂拱以來為東突厥所侵掠，散亡略盡。蒙池都護繼往絕可汗斛瑟羅收其餘衆六七萬人入居內地，拜右衛大將軍，改號竭忠事主可汗。

又 卷二〇五《唐紀二十一·則天皇后中之上》 （長壽元年）二月，己亥，吐蕃黨項部落萬餘人內附，分置十州。

又 卷二一二《唐紀二十八·玄宗上之下》 （開元九年二月）丁亥，制：『州縣逃妄戶口聽百日自首，或於所在附籍，或牒歸故鄉，各從所欲。過期不首，即加檢括，謫徙邊州；公私敢容庇者抵罪。』以宇文融充使，括逃移戶口及籍外田，所獲巧偽甚衆。遷兵部員外郎兼侍御史。融奏置勸農判官十人，並攝御史，分行天下。其新附客戶，免六年賦調。使者競為刻急，州縣承風勞擾，百姓苦之。陽翟尉皇甫憬上疏言其狀；上方任融，貶憬盈川尉。州縣希旨，務於獲多，虛張其數，或以實戶為客，凡得戶八十餘萬，田亦稱是。

又 卷二一四《唐紀三十·玄宗中之中》 是歲（開元二十八年），天下縣千五百七十三，戶八百四十一萬二千八百七十一，口四千八百一十四萬三千六百九。西京、東都米斛直錢不滿二百，絹匹亦如之。海內安富，行者雖萬里不持寸兵。

又 卷二一五《唐紀三十一·玄宗中之下》 是歲（天寶元年），天下縣一千五百二十八，鄉一萬六千八百二十九，戶八百五十二萬五千七百六十三，口四千八百九十萬九千八百。

又 卷二一七《唐紀三十三·玄宗下之下》 是歲（天寶十三載），戶部奏天下郡三百二十一，縣千五百三十八，鄉萬六千八百二十九，戶九百六萬九千一百五十四，口五千二百八十八萬四百八十八。

宋·范祖禹《帝學》卷四《仁宗上》 寶元二年三月壬寅，編修院與三司上歷代天下戶數：【略】唐九百六萬九千一百五十四。

宋·王應麟《通鑑地理通釋》卷三《歷代戶口》 唐武德初，二百餘萬戶。永徽元年，戶三百八十萬。去大業末三十六年。天寶十四年，戶八百九十一萬四千七百九，口五千二百九十一萬九千三百九，唐之極盛也。自武德初至天寶末，凡百三十八年，人戶纔比於隋氏。肅宗乾元三年，戶百九十三萬三千一百三十四。大曆中，唯有百三十萬戶。建中初，命黜陟使往諸道按比戶口，得主戶百八十餘萬，客戶一百三十餘萬，共三百一十萬。建中元年，定天下兩稅戶，凡三百八十萬五千七十六。元和二年，李吉甫等撰《元和國計簿》，見定戶二百四十四萬二百五十四。十五道七十一州不申戶口數，率以兩戶資一兵。王彥威上《古領圖》，言長慶籍戶三百五十萬，而兵乃九十九萬，率三戶資一兵。

元·馬端臨《文獻通考》卷一〇《戶口考一·歷代戶口丁中賦役》

唐貞觀，戶不滿三百萬。

三年，戶部奏中國人因塞外來歸及突厥前後降附，開四夷為州縣，獲男子一百二十餘萬口。侯君集破高昌，得三郡五縣二十二城，戶八千四十六，口萬七千三十一，馬千三百匹。

永徽元年，戶部奏：去年進戶一十五萬，通天下戶三百八十萬。

武后神龍元年，戶六百三十五萬六千一百四十一。

玄宗開元十四年，戶七百六萬九千五百六十五。

八年，宇文融請括籍外逃戶羨田，從之。見《田賦門》。

天寶十三載，戶九百六十一萬九千二百五十四。

肅宗至德二載，戶八百一萬八千七百一。

乾元三年，戶一百九十三萬三千一百二十五。

代宗廣德二年，戶二百九十三萬三千一百二十五。

德宗建中元年，定天下兩稅戶，凡三百八十萬五千七十六。

憲宗元和時，戶二百四十七萬三千九百六十三。

穆宗長慶時，戶三百九十四萬四千五百九十五。

敬宗寶曆時，戶三百九十七萬八千九百八十二。

文宗開成四年，戶四百九十九萬六千七百五十二。

武宗會昌時，戶四百九十五萬五千一百五十一。

諸道府州戶口數·關內道·京兆府

唐·杜佑《通典》卷一七三《州郡典三·京兆府》 戶三十三萬四千六百七十，口九十二萬三十一。

唐·李吉甫《元和郡縣圖志》卷一《關內道一·京兆府》 開元戶三十六萬二千九百九。【略】元和戶二十四萬一千二百二。

《舊唐書》卷三八《地理志一·京兆府》 舊領縣十八，戶二十萬七千六百五十，口九十二萬三千三百二十。天寶領縣二十三，戶三十六萬二千九百二十一，口一百九十六萬七千一百。

宋·宋敏求《長安志》卷一《管縣戶口·唐》 天寶元年領戶三十六萬二千九百二十一，口百九十六萬一百八十八。

華州

唐·杜佑《通典》卷一七三《州郡典三·華陰郡》 戶二萬二千七百四十四，口一十萬八千三百。

唐·李吉甫《元和郡縣圖志》卷二《關內道二·華州》 開元戶三萬七百八十七。【略】元和戶一千四百三十七。

《舊唐書》卷三八《地理志一・華州》　舊領縣二，戶一萬八千八百二十三，口八萬八千八百三十。天寶領縣三，戶三萬三千一百八十七，口二十一萬三千六百一十三。

同州

唐・杜佑《通典》卷一七三《州郡典三・馮翊郡》　戶五萬八千五百六十一，口三十八萬五千五百六十。

唐・李吉甫《元和郡縣圖志》卷二《關内道二・同州》　開元戶五萬六千五百九。【略】元和戶四千八百六十一。

《舊唐書》卷三八《地理志一・同州》　舊領縣九，戶五萬三千三百一十五，口二十三萬二千一十六。天寶領縣六，戶六萬九百二十八，口四十萬八千七百五。

商州

唐・杜佑《通典》卷一七五《州郡典五・上洛郡》　戶八千六百三十三，口五萬三千七百。

《舊唐書》卷三九《地理志二・商州》　舊領縣五，戶四千九百一，口二萬一千五十。天寶縣六，戶八千九百二十六，口五萬二千八十。

鳳翔府

唐・杜佑《通典》卷一七三《州郡典三・扶風郡》　戶五萬七千七十，口二十七萬五千六百七十。

唐・李吉甫《元和郡縣圖志》卷二《關内道二・鳳翔府》　開元戶四萬四千五百三十三。【略】元和戶七千五百八十。

《舊唐書》卷三八《地理志一・鳳翔府》　舊領縣八，戶二萬七千二百八十二，口十萬八千三百二十四。天寶領縣九，戶五萬八千四百八十六，口三十八萬四百六十三。

邠州

唐・杜佑《通典》卷一七三《州郡典三・新平郡》　戶二萬二千五百七十六，口十二萬一千五百六十。

唐・李吉甫《元和郡縣圖志》卷三《關内道三・邠州》　開元戶一萬九千四百六十一。【略】元和戶二千六百七十。

《舊唐書》卷三八《地理志一・邠州》　舊領縣四，戶一萬五千五百三十四，口六萬四千八百一十九。天寶戶二萬二千九百七十七，口十三萬五千二百五十。

隴州

唐・杜佑《通典》卷一七三《州郡典三・汧陽郡》　戶二萬二千八百六十八，口一萬七千三百九十。

唐・李吉甫《元和郡縣圖志》卷二《關内道二・隴州》　開元戶六千八十五。【略】元和戶七百八十四。

《舊唐書》卷三八《地理志一・隴州》　舊領縣五，戶四千五百七十一，口一萬八千六百三。天寶戶二萬四千六百五十二，口十萬一百四十八。

涇州

唐・杜佑《通典》卷一七三《州郡典三・安定郡》　戶三萬五百五十五，口十七萬五千五百六十。

唐・李吉甫《元和郡縣圖志》卷二《關内道二・涇州》　開元戶一萬五千九百五十二。【略】元和戶一千九百九十。

《舊唐書》卷三八《地理志一・涇州》　舊領縣五，戶八千七百七十三，口三萬五千九百二十一。天寶戶三萬一千三百六十五，口十八萬六千八百四十九。

寧州

唐・杜佑《通典》卷一七三《州郡典三・彭原郡》　戶三萬六千六百二十八，口二十萬六千三百九十。

唐・李吉甫《元和郡縣圖志》卷三《關内道三・寧州》　開元戶三萬二百二十六。【略】元和戶一千一百七。

《舊唐書》卷三八《地理志一・寧州》 舊領縣七，戶一萬五千四百九十一，口六萬六千一百三十五。天寶領縣六，戶三萬七千一百二十一，口二十二萬四千八百三十七。

原州

唐・杜佑《通典》卷一七三《州郡典三・平涼郡》 戶七千五百八十，口三萬九千一百二十三。

《舊唐書》卷三八《地理志一・原州》 舊領縣三，戶二千四百四十三，口一萬五百一十二。天寶領縣四，戶七千三百四十九，口三萬三千一百四十六。

慶州

唐・杜佑《通典》卷一七三《州郡典三・安化郡》 戶二萬四千三百九十，口一十萬七千四百六十。

唐・李吉甫《元和郡縣圖志》卷三《關内道三・原州》 開元戶一萬七千九百八十一。

《舊唐書》卷三八《地理志一・慶州》 舊領縣八，戶七千九百一十七，口三萬五千一十九。天寶領縣十，戶二萬三千九百四十九，口一十二萬四千三百三十六。

鄜州

唐・杜佑《通典》卷一七三《州郡典三・洛交郡》 戶二萬一千九百七十，口十四萬八千三百九十七。

唐・李吉甫《元和郡縣圖志》卷三《關内道三・鄜州》 開元戶三萬一百八十五。【略】元和戶七百五十。

《舊唐書》卷三八《地理志一・鄜州》 舊領縣五，戶一千七百三，口五萬一千二百一十六。天寶戶二萬三千四百八十三，口十五萬三千七百十四。

坊州

唐・杜佑《通典》卷一七三《州郡典三・中部郡》 戶二萬二千二百四十，口十萬八千四百三十。

唐・李吉甫《元和郡縣圖志》卷三《關内道三・坊州》 開元戶一萬五千七百十五。【略】元和戶一千八百四十二。

《舊唐書》卷三八《地理志一・坊州》 舊領縣二，戶七千五百七，口一萬一千六百七十一。天寶領縣四，戶二萬二千四百五十八，口十二萬二百八。

丹州

唐・杜佑《通典》卷一七三《州郡典三・咸寧郡》 戶一萬四千七百八十四，口八萬四千六百七十。

唐・李吉甫《元和郡縣圖志》卷三《關内道三・丹州》 開元戶一萬二千四百二十二。【略】元和戶八百十六。

《舊唐書》卷三八《地理志一・丹州》 舊領縣五，戶三千一百九十四，口一萬七千二十。天寶戶一萬五千一百五，口八萬七千六百二十五。

延州

唐・杜佑《通典》卷一七三《州郡典三・延安郡》 戶一萬八千七百八十，口九萬三千四百。

唐・李吉甫《元和郡縣圖志》卷三《關内道三・延州》 開元戶一萬六千三百四十五。【略】元和戶九百三十八。

《舊唐書》卷三八《地理志一・延州》 舊領縣九，戶九千三百四，口一萬四千一百七十六。天寶戶一萬八千九百五十四，口十萬四十。

靈州

唐・杜佑《通典》卷一七三《州郡典三・靈武郡》 戶萬二千九十，口五萬三千七百。

唐・李吉甫《元和郡縣圖志》卷四《關内道四・靈州》 開元戶九千六百六。

《舊唐書》卷三八《地理志一・靈州》 舊領縣五，戶四千六百四十，口二萬一千四百六十二。天寶領縣六，戶一萬一千四百五十六，口五萬三千一百六十三。

會州

唐・杜佑《通典》卷一七四《州郡典四・會寧郡》　戶四千四百二十八，口二萬五千七百五十一。

唐・李吉甫《元和郡縣圖志》卷四《關内道四・會州》　開元戶三千五百四十。

《舊唐書》卷三八《地理志一・會州》　領縣二，戶四千五百九十四，口二萬六千六百六十二。

鹽州

唐・杜佑《通典》卷一七三《州郡典三・五原郡》　戶三千五百六十，口一萬八千二百。

唐・李吉甫《元和郡縣圖志》卷四《關内道四・會州》　開元戶三千二十五。

《舊唐書》卷三八《地理志一・鹽州》　舊領縣二，戶九百三十二，口三千九百六十九。天寶戶二千九百二十九，口一萬六千六百六十五。

夏州

唐・杜佑《通典》卷一七三《州郡典三・朔方郡》　戶七千五百十六，口四萬二千四百十七。

唐・李吉甫《元和郡縣圖志》卷四《關内道四・夏州》　開元戶六千一百三十二。【略】元和戶三千一百。

《舊唐書》卷三八《地理志一・夏州》　舊領縣四，戶二千三百二十三，口一萬二百八十六。天寶戶九千二百一十三，口五萬三千一百四。

綏州

唐・杜佑《通典》卷一七三《州郡典三・上郡》　戶一萬五百五，口八萬四千六百三十。

唐・李吉甫《元和郡縣圖志》卷四《關内道四・綏州》　開元戶八千七百十五。【略】元和戶八百四十。

《舊唐書》卷三八《地理志一・綏州》　舊領縣五，戶三千一百六十三，口一萬六千一百二十九。天寶戶一萬八百六十七，口八萬九千一百一十一。

銀州

唐・杜佑《通典》卷一七三《州郡典三・銀川郡》　戶七千二百六十四，口四萬二千七十六。

唐・李吉甫《元和郡縣圖志》卷四《關内道四・銀州》　開元戶六千一百二十。

《舊唐書》卷三八《地理志一・銀州》　舊領縣四，戶一千四百九十五，口七千七百二。天寶戶七千六百二，口四萬五千五百二十七。

宥州

唐・杜佑《通典》卷一七三《州郡典三・寧朔郡》　戶七千五百九十，口三萬四千三百二十。

《舊唐書》卷三八《地理志一・宥州》　領縣三，戶七千八十三，口三萬二千六百五十二。

麟州

唐・杜佑《通典》卷一七三《州郡典三・新秦郡》　戶千七百五十四，口七千四百二十。

《舊唐書》卷三八《地理志一・麟州》　領縣三，戶二千四百二十八，口一萬九百三。

勝州

唐・杜佑《通典》卷一七三《州郡典三・榆林郡》　戶三千七百九十，口一萬八千七百九十。

唐・李吉甫《元和郡縣圖志》卷四《關内道四・勝州》　開元戶四千九十五。

《舊唐書》卷三八《地理志一・勝州》 領縣二，戶四千一百八十七，口二萬九百五十二。

豐州

唐・杜佑《通典》卷一七三《州郡典三・九原郡》 戶一千七百三十九，口九千一百四十。

唐・李吉甫《元和郡縣圖志》卷四《關内道四・豐州》 開元戶一千九百。

《舊唐書》卷三八《地理志一・豐州》 領縣二，戶二千八百一十三，口九千六百四十一。

河南道・河南府

唐・杜佑《通典》卷一七七《州郡典七・河南府》 戶十九萬三千四百八十，口百十五萬七百八十。

唐・李吉甫《元和郡縣圖志》卷五《河南道一・河南府》 開元戶一十二萬七千四百四十。【略】元和戶一萬八千七百九十九。

《舊唐書》卷三八《地理志一・河南府》 天寶領縣二十六，戶十九萬四千七百四十六，口一百一十八萬三千九十三。

汝州

唐・杜佑《通典》卷一七七《州郡典七・臨汝郡》 戶六萬四千八百九十，口二十七萬六千八百七十九。

唐・李吉甫《元和郡縣圖志》卷六《河南道二・汝州》 開元戶二萬六千五十二。【略】元和戶一萬三千七十九。

《舊唐書》卷三八《地理志一・汝州》 舊領縣三，戶三千八百八十四，口一萬七千五百三十四。天寶領縣七，戶六萬九千三百七十四，口二十七萬三千七百五十六。

陝州

唐・杜佑《通典》卷一七七《州郡典七・陝郡》 戶三萬六百八十，口十六萬八千一百八十。

唐・李吉甫《元和郡縣圖志》卷六《河南道二・陝州》 開元戶四萬七千三百二十二。【略】元和戶八千七百二十。

《舊唐書》卷三八《地理志一・陝州》 舊領縣五，戶二萬一千一百七十一，口八萬一千九百一十九。天寶領縣七，戶三萬九百五十，口十七萬二百三十八。

虢州

唐・杜佑《通典》卷一七七《州郡典七・弘農郡》 戶萬七千七百四十五，口八萬二千九百十五。

唐・李吉甫《元和郡縣圖志》卷六《河南道二・虢州》 開元戶一萬七千七百四十二。【略】元和戶五千二百三十六。

《舊唐書》卷三八《地理志一・虢州》 天寶領縣六，戶二萬八千二百四十九，口八萬八千四百十五。

滑州

唐・杜佑《通典》卷一八〇《州郡典十・靈昌郡》 戶六萬八千三百八十，口三十九萬七千六百七十。

唐・李吉甫《元和郡縣圖志》卷八《河南道四・滑州》 開元戶五萬三千六百二十七。【略】元和戶八千五十六。

《舊唐書》卷三八《地理志一・滑州》 舊領縣七，戶一萬三千七百三十八，口六萬四千九百六十。天寶戶七萬一千九百八十三，口四十二萬二千七百九十。

鄭州

唐・杜佑《通典》卷一七七《州郡典七・滎陽郡》 戶七萬四千八百九，口四十三萬四千三百六。

唐・李吉甫《元和郡縣圖志》卷八《河南道四・鄭州》 開元戶六萬四千六百一十九。【略】元和戶一萬三千九百四十四。

《舊唐書》卷三八《地理志一・鄭州》 舊領縣八，戶一萬八千七百九十三，口九萬三千九百三十七。天寶領縣七，戶七萬六千六百九十四，口三十六萬七千八百八十一。

潁州

唐·杜佑《通典》卷一七七《州郡典七·汝陰郡》 戶二萬九千三十七，口十八萬九千四百七。

唐·李吉甫《元和郡縣圖志》卷七《河南道三·潁州》 開元戶二萬八千一百七十九。【略】元和戶一萬一千五百二十九。

《舊唐書》卷三八《地理志一·潁州》 舊領縣三，戶二千九百五，口一萬四千一百八十五。天寶領縣四，戶三萬七百七，口二十萬二千八百九十。

許州

唐·杜佑《通典》卷一七七《州郡典七·潁川郡》 戶八萬六千四十，口五十二萬五千一百五十。

唐·李吉甫《元和郡縣圖志》卷八《河南道四·許州》 開元戶五萬九千七百十七。【略】元和戶五千二百九十一。

《舊唐書》卷三八《地理志一·許州》 舊領縣九，戶一萬五千七百一十五，口七萬二千二百二十九。天寶領縣七，戶七萬三千二百四十七，口四十八萬七千八百六十四。

陳州

唐·杜佑《通典》卷一七七《州郡典七·淮陽郡》 戶六萬二千七百十九，口三十五萬四千九百五十。

唐·李吉甫《元和郡縣圖志》卷八《河南道四·陳州》 開元戶五萬二千六百九十二。【略】元和戶四千三十八。

《舊唐書》卷三八《地理志一·陳州》 舊領縣四，戶六千三百六十七，口三萬九百六十一。天寶領縣六，戶六萬六千四百四十二，口四十萬二千四百八十六。

蔡州

唐·杜佑《通典》卷一七七《州郡典七·汝南郡》 戶七萬六千三百六十，口四十四萬六十九。

唐·李吉甫《元和郡縣圖志》卷九《河南道五·蔡州》 開元戶五萬一千二百一十。【略】元和戶一萬二百六十三。

《舊唐書》卷三八《地理志一·蔡州》 舊領縣十，戶一萬二千一百八十二，口六萬四百一十五。天寶領縣十一，戶八萬七百六十一，口四十六萬二百五。

汴州

唐·杜佑《通典》卷一七七《州郡典七·陳留郡》 戶十一萬五千五百五十，口五十二萬九千三百五十五。

唐·李吉甫《元和郡縣圖志》卷七《河南道三·汴州》 開元戶八萬二千一百九十。【略】元和戶八千二百一十八。

《舊唐書》卷三八《地理志一·汴州》 舊領縣五：浚儀、雍丘、陳留、中牟、尉氏，戶五萬七千七百一，口八萬二千八百七十九。天寶領縣六，戶十萬九千八百七十六，口五十七萬七千五百七。

宋州

唐·杜佑《通典》卷一七七《州郡典七·睢陽郡》 戶十二萬一千百七十，口八十一萬二千百七十。

唐·李吉甫《元和郡縣圖志》卷七《河南道三·宋州》 開元戶十萬三千。【略】元和戶五千二百。

《舊唐書》卷三八《地理志一·宋州》 舊領縣七，戶一萬一千三百三，口六萬一千七百二十。天寶領縣十，戶一十二萬四千二百六十八，口八十九萬七千四十一。

亳州

唐·杜佑《通典》卷一七七《州郡典七·譙郡》 戶八萬二千四百

六十八，口六十五萬五千二百。

唐·李吉甫《元和郡縣圖志》卷七《河南道三·亳州》　開元戶七萬七百三十二。【略】元和戶六千五百二。

《舊唐書》卷三八《地理志一·亳州》　舊領縣八，戶五千七百九十，口三萬三千一百七十七。天寶戶八萬八千九百六十，口六十七萬五千一百二十一。

徐州

唐·杜佑《通典》卷一八〇《州郡典十·彭城郡》　戶六萬六百七十，口四十五萬六百七十七。

唐·李吉甫《元和郡縣圖志》卷九《河南道五·徐州》　開元戶四萬九千七百二。【略】元和戶三千八百五十八。

《舊唐書》卷三八《地理志一·徐州》　舊領縣六，戶八千一百六十二，口四萬五千五百三十七。天寶領縣七，戶六萬五千一百七十，口四十七萬八千六百七十六。

泗州

唐·杜佑《通典》卷一八〇《州郡典十·臨淮郡》　戶三萬九千四百四，口二十萬七千三百八十八。

唐·李吉甫《元和郡縣圖志》卷九《河南道五·泗州》　開元戶三萬三百五十。【略】元和戶四千一十五。

《舊唐書》卷三八《地理志一·泗州》　舊領縣五，戶二千二百五十，口二萬六千九百二十。天寶領縣六，戶三萬七千五百二十六，口二十萬五千九百五十九。

濠州

唐·杜佑《通典》卷一八一《州郡典十一·鐘離郡》　戶二萬五百五十三，口十三萬八千三百六十一。

唐·李吉甫《元和郡縣圖志》卷九《河南道五·濠州》　開元戶二萬五百五十二。【略】元和戶二萬七百二。

《舊唐書》卷四〇《地理志三·濠州》　舊領縣三，戶二千六百六十，口一萬三千八百五十五。天寶戶二萬一千八百六十四，口十萬八千三百六十一。

宿州

唐·李吉甫《元和郡縣圖志》卷九《河南道五·宿州》　元和戶八千六百七十六。

鄆州

唐·杜佑《通典》卷一八〇《州郡典十·東平郡》　戶四萬二千七百五，口二十六萬七千三百十。

唐·李吉甫《元和郡縣圖志》卷一〇《河南道六·鄆州》　開元戶三萬三千三百八十九。

《舊唐書》卷三八《地理志一·鄆州》　舊領縣三，戶四千一百四十一，口二萬一千六百九十二。天寶領縣五，戶四萬四千二百九十九，口二十八萬四千五百三十。濟州舊領縣五，戶六千九百五，口三萬四千五百一十。天寶領戶三萬八千七百四十九，口二十一萬六千九百七十九，併入鄆州。

濟州

唐·杜佑《通典》卷一八〇《州郡典十·濟陽郡》　戶三萬八千五百十，口二十一萬六千九百七十。

《舊唐書》卷三八《地理志一·鄆州》　濟州舊領縣五，戶六千九百五，口三萬四千五百一十。天寶領戶三萬八千七百四十九，口二十一萬六千九百七十九，併入鄆州。

齊州

唐·杜佑《通典》卷一八〇《州郡典十·濟南郡》　戶六萬二千四百三十七，口三十五萬八千八。

唐·李吉甫《元和郡縣圖志》卷一〇《河南道六·齊州》　開元戶

四萬九千一百五十七。

《舊唐書》卷三八《地理志一・齊州》 舊領縣八，戶一萬一千五百九十三，口六萬一千七百七十一。天寶戶六萬二千四百八十五，口三十六萬五千九百七十二。

曹州

唐・杜佑《通典》卷一七七《州郡典七・濟陰郡》 戶十萬二千二百九十，口六十萬六千二百五十。

唐・李吉甫《元和郡縣圖志》卷一一《河南道七・曹州》 開元戶七萬三千一百六十一。

《舊唐書》卷三八《地理志一・曹州》 舊領縣五，戶九千二百四十四，口五萬四千九百八十一。天寶領縣六，戶十萬三百五十二，口七十一萬六千八百四十八。

濮州

唐・杜佑《通典》卷一八〇《州郡典十・濮陽郡》 戶五萬七千五百，口三十九萬二千六百二十。

唐・李吉甫《元和郡縣圖志》卷一一《河南道七・濮州》 開元戶四萬六千九百二十一。

《舊唐書》卷三八《地理志一・濮州》 舊領縣五，戶八千六百二十八，口四萬四千一百三十五。天寶戶五萬七千七百八十一，口四十萬六百四十八。

青州

唐・杜佑《通典》卷一八〇《州郡典十・北海郡》 戶六萬九千七百四十五，口四十二萬一千二百。

唐・李吉甫《元和郡縣圖志》卷一〇《河南道六・青州》 開元戶五萬五千一百三十一。

《舊唐書》卷三八《地理志一・青州》 舊領縣七，戶一萬六百五十八，口五萬六千三百一十七。天寶戶七萬三千一百四十八，口四十萬二千七百四。

淄州

唐・杜佑《通典》卷一八〇《州郡典十・淄川郡》 戶四萬二千八百八，口二十四萬一千三百。

唐・李吉甫《元和郡縣圖志》卷一一《河南道七・淄州》 開元戶三萬七千四百四。

《舊唐書》卷三八《地理志一・淄州》 舊領縣五，戶六千三百二十三，口三萬四千四百二十五。天寶戶四萬二千七百三十七，口二十萬三千八百二十一。

登州

唐・杜佑《通典》卷一八〇《州郡典十・東牟郡》 戶二萬一百八十五，口十一萬五千六百六十二。

唐・李吉甫《元和郡縣圖志》卷一一《河南道七・登州》 開元戶二萬八千五百三十三。

《舊唐書》卷三八《地理志一・登州》 天寶領縣四，戶二萬二百九十八，口一十萬八千九百。

萊州

唐・杜佑《通典》卷一八〇《州郡典十・東萊郡》 戶二萬六千九百四十六，口十五萬八千三百三。

唐・李吉甫《元和郡縣圖志》卷一一《河南道七・萊州》 開元戶二萬三千一百五。

《舊唐書》卷三八《地理志一・萊州》 舊領縣六，戶一萬一千五百六十八，口六萬三千三百九十六。天寶領縣四，戶二萬六千九百九十八，口七萬一千五百。

棣州

唐・杜佑《通典》卷一八〇《州郡典十・安樂郡》 戶三萬九千一

百五十，口二十三萬八千一百五十。

唐・李吉甫《元和郡縣圖志》卷一七《河北道二・棣州》 開元戶二萬五千五百四十五。【略】元和戶五千四百四十七。

《舊唐書》卷三八《地理志一・棣州》 領縣五，戶三萬九千一百五十，口二十三萬八千一百五十九。

兖州

唐・杜佑《通典》卷一八〇《州郡典十・魯郡》 戶八萬五千三百四十五，口五十三萬三千八百一十四。

唐・李吉甫《元和郡縣圖志》卷一〇《河南道六・兖州》 開元戶六萬七千三百九十七。

《舊唐書》卷三八《地理志一・兖州》 舊領縣八，戶九千三百六十六，口一萬五千四百二十八。天寶領縣十一，戶八萬八千九百八十七，口五十八萬六百八。

海州

唐・杜佑《通典》卷一八〇《州郡典十・東海郡》 戶二萬七千五百三十二，口十七萬三千七百二十四。

唐・李吉甫《元和郡縣圖志》卷一一《河南道七・海州》 開元戶二萬三千七百二十八。

《舊唐書》卷三八《地理志一・海州》 舊【略】戶八千九百九十九，口四萬三千六百九十三。天寶戶二萬八千五百四十九，口十八萬四千九。

沂州

唐・杜佑《通典》卷一八〇《州郡典十・瑯琊郡》 戶三萬二千三百五十二，口十八萬五千三百八十四。

唐・李吉甫《元和郡縣圖志》卷一一《河南道七・沂州》 開元戶二萬七千四百。

《舊唐書》卷三八《地理志一・沂州》 舊領縣五，戶四千六百五十二，口二萬三千九百。天寶戶三萬三千五百一十，口十九萬五千七百三十七。

密州

唐・杜佑《通典》卷一八〇《州郡典十・高密郡》 戶二萬六千九百八十，口十三萬二千三百二十四。

《舊唐書》卷三八《地理志一・密州》 舊領縣四，戶三千五百八十，口二萬八千五百九十三。天寶戶二萬八千二百九十二，口十四萬六千五百二十四。

河東道・河中府

唐・杜佑《通典》卷一七九《州郡典九・河東郡》 戶七萬二百七，口四十六萬一千八十。

唐・李吉甫《元和郡縣圖志》卷一二《河東道一・河中府》 開元戶七萬二百七。【略】元和戶一萬九千六百。

《舊唐書》卷三九《地理志二・河中府》 舊領縣五，戶三萬六千四百九十九，口十七萬三千七百八十四。天寶領縣八，戶七萬八百，口四十六萬九千二百一十三。

晉州

唐・杜佑《通典》卷一七九《州郡典九・平陽郡》 戶六萬四千八百，口四十二萬一千八百八十。

唐・李吉甫《元和郡縣圖志》卷一二《河東道一・晉州》 開元戶六萬八百五十三。【略】元和戶六千五百六十七。

《舊唐書》卷三九《地理志二・晉州》 舊領縣七，戶二萬一千六百一十七，口九萬七千五百五。天寶領縣九，戶六萬四千八百三十六，口四十二萬九千二百二十一。

絳州

唐・杜佑《通典》卷一七九《州郡典九・絳郡》 戶八萬二千二百，口五十一萬七千三百十。

唐・李吉甫《元和郡縣圖志》卷一二《河東道一・絳州》　開元戶八萬一千九百八十八。【略】元和戶一萬一千二百七十一。

《新唐書》卷三九《地理志三・絳州絳郡》　戶八萬二千二百四，口五十一萬七千三百三十一。

慈州

唐・杜佑《通典》卷一七九《州郡典九・文城郡》　戶一萬一千五百六十，口六萬六千三十。

唐・李吉甫《元和郡縣圖志》卷一二《河東道一・慈州》　開元戶一萬一千二百七十五。【略】元和戶一千八百七十七。

《舊唐書》卷三九《地理志二・慈州》　舊領縣五，戶五千二百四十五，口二萬二千六百五十一。天寶戶一萬一千六百一十六，口六萬二千四百八十六。

隰州

唐・杜佑《通典》卷一七九《州郡典九・大寧郡》　戶一萬九千二百十，口十三萬四千四百二十。

唐・李吉甫《元和郡縣圖志》卷一二《河東道一・隰州》　開元戶一萬八千五百八十三。【略】元和戶二萬三千三百四十九。

《舊唐書》卷三九《地理志二・隰州》　舊領縣六，戶八千二百二十二，口三萬八千三百九十五。天寶戶一萬九千四百五十五，口十二萬四千四百二十。

太原府

唐・杜佑《通典》卷一七九《州郡典九・太原府》　戶十二萬六千一百九，口七十六萬八千四百六十四。

唐・李吉甫《元和郡縣圖志》卷一三《河東道二・太原府》　開元戶十二萬六千八百四十。【略】元和戶十二萬四千。

《舊唐書》卷三九《地理志二・北京太原府》　舊領縣十四，戶九萬七千八百七十四，口二十萬九百三十六。天寶領縣十三，戶十二萬八千九百五，口七十七萬八千二百七十八。

汾州

唐・杜佑《通典》卷一七九《州郡典九・西河郡》　戶五萬八千五十，口三十二萬六千二百八十。

唐・李吉甫《元和郡縣圖志》卷一三《河東道二・汾州》　開元戶五萬三千七十六。【略】元和戶八千三百四。

《舊唐書》卷三九《地理志二・汾州》　舊領縣四，戶三萬四千九，口十萬六千三百八十四。天寶領縣五，戶五萬九千四百五十，口三十二萬二百三十三。

沁州

唐・杜佑《通典》卷一七九《州郡典九・陽城郡》　戶六千一百六十六，口三萬三千三百九十。

唐・李吉甫《元和郡縣圖志》卷一三《河東道二・沁州》　開元戶六千五百八十。【略】元和戶二千二百二十。

《舊唐書》卷三九《地理志二・沁州》　舊領縣三，戶三千九百五十六，口一萬六千一百七。天寶戶六千三百八，口三萬四千九百六十三。

儀州

唐・杜佑《通典》卷一七九《州郡典九・樂平郡》　戶九千五百六十，口五萬二百九十六。

唐・李吉甫《元和郡縣圖志》卷一三《河東道二・儀州》　開元戶七千九百七十五。【略】元和戶一千六百五十一。

《舊唐書》卷三九《地理志二・遼州》　舊領縣四，戶四千三百六十五，口八萬八千六百四十。天寶戶九千八百八十一，口五萬四千五百八十。

嵐州

唐・杜佑《通典》卷一七九《州郡典九・樓煩郡》　戶一萬五千六

百八十，口七萬二千二百六。

唐·李吉甫《元和郡縣圖志》卷一三《河東道二·嵐州》 開元戶一萬七百二十六。【略】元和戶六千三百八十二。

《舊唐書》卷三九《地理志二·嵐州》 舊領縣三，戶二千八百四十二，口一萬一千五百四十一。天寶領縣四，戶一萬六千七百四十八，口八萬四千六。

石州

唐·杜佑《通典》卷一七九《州郡典九·昌化郡》 戶一萬三千三百七十，口六萬四千三百四十。

唐·李吉甫《元和郡縣圖志》卷一四《河東道三·石州》 開元戶九千二百六十二。【略】元和戶五千二十。

《舊唐書》卷三九《地理志二·石州》 舊領縣五，戶三千七百五十八，口一萬七千四百二。天寶戶一萬四千二百九十四，口六萬六千九百三十五。

忻州

唐·杜佑《通典》卷一七九《州郡典九·定襄郡》 戶一萬五千三十八，口七萬七千九百三十。

唐·李吉甫《元和郡縣圖志》卷一四《河東道三·忻州》 開元戶一萬四千三百三十八。【略】元和戶四千二百四。

《舊唐書》卷三九《地理志二·忻州》 舊領縣二，戶四千九百八十七，口一萬七千一百三十。天寶戶一萬四千八百六，口八萬二千三十二。

代州

唐·杜佑《通典》卷一七九《州郡典九·雁門郡》 戶二萬一千二十，口十萬一千四百五十。

唐·李吉甫《元和郡縣圖志》卷一四《河東道三·代州》 開元戶一萬五千七十七。【略】元和戶二千一百二十。

《舊唐書》卷三九《地理志二·代州》 舊領縣五，戶九千二百五十九，口三萬六千二百三十四。天寶戶二萬一千二百八十，口十萬三百五十。

雲州

唐·杜佑《通典》卷一七九《州郡典九·雲中郡》 戶三千一百六十，口七千九百三十。

唐·李吉甫《元和郡縣圖志》卷一四《河東道三·雲州》 開元戶三千一百六十九。

《舊唐書》卷三九《地理志二·雲州》 領縣一，戶七十三，口五百六十一。

朔州

唐·杜佑《通典》卷一七九《州郡典九·馬邑郡》 戶六千三百，口二萬五千八百。

唐·李吉甫《元和郡縣圖志》卷一四《河東道三·朔州》 開元戶六千二十。【略】開和戶七百二十九。

《舊唐書》卷三九《地理志二·朔州》 舊領縣一，戶一千二百五十七，口四千九百一十三。天寶領縣二，戶五千四百九十三，口二萬四千五百三十三。

蔚州

唐·杜佑《通典》卷一七九《州郡典九·安邊郡》 戶四千六百十，口一萬八千二百。

唐·李吉甫《元和郡縣圖志》卷一四《河東道三·蔚州》 開元戶四千八百八十七。【略】元和戶一千五百六十三。

《舊唐書》卷三九《地理志二·蔚州》 舊領縣二，戶九百四十二，口三千七百四十八。天寶領縣三，戶五千五十二，口二萬九百五十八。

潞州

唐·杜佑《通典》卷一七九《州郡典九·上黨郡》 戶六萬七千九

百四十四，口三十七萬二千三百六十。

唐·李吉甫《元和郡縣圖志》卷一五《河東道四·潞州》 開元戶六元四千二百七十六。【略】元和戶一萬七千八百。

《舊唐書》卷三九《地理志二·潞州》 舊領縣五，戶一萬八千六百九十，口八萬三千四百五十五。舊于襄垣置韓州，領縣五，戶七千一十七，口三萬二千九百三十六。天寶領縣十，戶六萬八千三百九十一，口三十八萬八千六百六十。

澤州

唐·杜佑《通典》卷一七九《州郡典九·高平郡》 戶二萬七千五十，口十四萬三千七百。

唐·李吉甫《元和郡縣圖志》卷一五《河東道四·澤州》 開元戶二萬二千二百三十五。【略】元和戶三千五百二十七。

《舊唐書》卷三九《地理志二·澤州》 舊領縣六，戶一萬六百六十，口四萬六千七百三十二。天寶戶二萬七千八百二十二，口二十五萬七千九十。

河北道·懷州

唐·杜佑《通典》卷一七八《州郡典八·河內郡》 戶五萬四千一百，口三十一萬五千三百七十。

唐·李吉甫《元和郡縣圖志》卷一六《河北道一·懷州》 開元戶四萬三千一百七十五。【略】元和戶八千七百四十一。

《舊唐書》卷三九《地理志二·懷州》 舊領縣九，戶三萬九十，口十二萬六千九百一十六。天寶領縣五，戶五萬五千三百四十九，口三十一萬八千一百二十六。

魏州

唐·杜佑《通典》卷一八〇《州郡典十·魏郡》 戶十四萬九千七百二十，口六十萬八千五百。

唐·李吉甫《元和郡縣圖志》卷一六《河北道一·魏州》 開元戶十一萬七千五百七十五。【略】元和戶六千九百二十。

《舊唐書》卷三九《地理志二·魏州》 舊領縣十三，戶三萬四百四十，口十三萬六千六百一十二。天寶領縣十，戶十五萬一千五百九十六，口一百一十萬九千八百七十。

博州

唐·杜佑《通典》卷一八〇《州郡典十·博平郡》 戶五萬一千二百二，口四十七萬六百五十。

唐·李吉甫《元和郡縣圖志》卷一六《河北道一·博州》 開元戶三萬七千四百七十。【略】元和戶二千四百三十。

《舊唐書》卷三九《地理志二·博州》 舊領縣六，戶七千立方百八十二，口三萬七千三百九十四。天寶戶五萬二千六百三十一，口四十萬八千二百五十二。

相州

唐·杜佑《通典》卷一七八《州郡典八·鄴郡》 戶十萬九千四百五十，口五十九萬一百九十六。

唐·李吉甫《元和郡縣圖志》卷一六《河北道一·相州》 開元戶七萬八千。【略】元和戶三萬九千。

《舊唐書》卷三九《地理志二·相州》 舊領縣九，戶一萬一千四百九十，口七萬四千七百六十六。天寶縣十一，戶十萬一千一百四十二，口五十九萬一百九十六。

衞州

唐·杜佑《通典》卷一七八《州郡典八·汲郡》 戶四萬六千九百八十，口二十萬七千九百八十。

唐·李吉甫《元和郡縣圖志》卷一六《河北道一·衞州》 開元戶三萬六百六十六。【略】元和戶二千七百七十七。

《舊唐書》卷三九《地理志二·衞州》 舊領縣五，戶一萬一千九百三，口四萬三千六百八十二。天寶戶四萬八千五十六，口二十八萬四千六百三十。

貝　州

唐·杜佑《通典》卷一八〇《州郡典十·清河郡》　戶十一萬六千一百三十，口八十三萬二千五百。

唐·李吉甫《元和郡縣圖志》卷一六《河北道一·貝州》　開元戶八萬四千四百。【略】元和戶二萬一百二。

《舊唐書》卷三九《地理志二·隰州》　舊領縣九，戶一萬七千七百一十九，口九萬七十九。天寶戶十一萬一十五，口八十三萬四千七大量五十七。

澶　州

唐·李吉甫《元和郡縣圖志》卷一六《河北道一·澶州》　元和戶三千二百六十九。

邢　州

唐·杜佑《通典》卷一七八《州郡典八·鉅鹿郡》　戶六萬七千六百六十，口四十六萬二千七百八十。

唐·李吉甫《元和郡縣圖志》卷一五《河東道四·邢州》　開元戶五萬八千八百二十。【略】元和戶三千六百九十三。

《舊唐書》卷三九《地理志二·邢州》　舊領縣九，戶二萬一千九百八十五，口九萬九百六十。天寶戶七萬一百八十九，口三十八萬二千七百九十八。

洺　州

唐·杜佑《通典》卷一七八《州郡典八·廣平郡》　戶八萬九千二百九十，口六十六萬二千八百一十。

唐·李吉甫《元和郡縣圖志》卷一五《河東道四·洺州》　開元戶七萬七千一百五十。

《舊唐書》卷三九《地理志二·洺州》　舊領縣七，戶二萬二千九百三十三，口十萬一千三十。天寶領縣十，戶九萬一千六百六十六，口六十八萬三千二百八十。

磁　州

唐·李吉甫《元和郡縣圖志》卷一五《河東道四·磁州》　元和戶一千四十。

恒　州

唐·杜佑《通典》卷一七八《州郡典八·常山郡》　戶五萬三千五百十，口三十一萬七千七百十七。

唐·李吉甫《元和郡縣圖志》卷一七《河北道二·恒州》　開元戶四萬二千六百九十四。【略】元和戶一萬七千五百八十。

《舊唐書》卷三九《地理志二·鎮州》　舊領縣六，戶二萬六千一百一十三，口五萬四千五百四十三。天寶領縣九，戶五萬四千六百三十三，口三十四萬二千二百三十四。

冀　州

唐·杜佑《通典》卷一七八《州郡典八·信都郡》　戶十一萬一千八百八十，口八十二萬六千七百七十。

唐·李吉甫《元和郡縣圖志》卷一七《河北道二·冀州》　開元戶九萬四千一百二十。【略】元和戶八千九百六十七。

《舊唐書》卷三九《地理志二·冀州》　舊領縣六，戶一萬六千二十三，口七萬二千七百三十三。天寶領縣九，戶一十萬三千八百八十五，口八十三萬五百二十。

深　州

唐·杜佑《通典》卷一七八《州郡典八·饒陽郡》　戶四萬八千八百五十八，口三十四萬六千四百七十二。

唐·李吉甫《元和郡縣圖志》卷一七《河北道二·深州》　開元戶四萬二千二百一十五。【略】元和戶一萬四千九百九十七。

《舊唐書》卷三九《地理志二・深州》　舊領縣五，戶二萬一百五十六，口八萬七千。天寶縣四，戶萬八千八百二十五，口三十四萬六千四百七十二。

趙州

唐・杜佑《通典》卷一七八《州郡典八・趙郡》　戶六萬一千一百六十三，口三十七萬四千七百十二。

唐・李吉甫《元和郡縣圖志》卷一七《河北道二・趙州》　開元戶五萬一千四百三十。【略】元和戶八千一百七十七。

《舊唐書》卷三九《地理志二・趙州》　舊領縣九，戶二萬一千四百二十七，口八萬五千九百九十二。天寶戶六萬三千四百五十四，口三十九萬五千二百三十八。

滄州

唐・杜佑《通典》卷一八〇《州郡典十・景城郡》　戶十一萬八千六百七十八，口七十萬二千三百。

唐・李吉甫《元和郡縣圖志》卷一八《河北道三・滄州》　開元戶九萬八千一百五十七。【略】元和戶九千五百一十四。

《舊唐書》卷三九《地理志二・滄州》　舊領縣十，戶二萬五十二，口九萬五千七百九十六。天寶領縣十一，戶十二萬四千二十四，口八十二萬五千七百五。

景州

唐・李吉甫《元和郡縣圖志》卷一八《河北道三・景州》　元和戶二千二十五。

《舊唐書》卷三九《地理志二・景州》　領縣六，戶一萬一千三，口五萬七千五百三十二。

德州

唐・杜佑《通典》卷一八〇《州郡典十・平原郡》　戶七萬八千二百七十，口六十萬七千五百三十。

唐・李吉甫《元和郡縣圖志》卷一七《河北道二・德州》　開元戶六萬一千七百七十。【略】元和戶九千三百五十六。

《舊唐書》卷三九《地理志二・德州》　舊領縣八，戶一萬一百三十五，口五萬二千一百四十一。天寶領縣七，戶八萬三千三百一十一，口六十五萬九千八百五十五。

定州

唐・杜佑《通典》卷一七八《州郡典八・博陵郡》　戶七萬六千六百，口四十七萬七千二百六。

唐・李吉甫《元和郡縣圖志》卷一八《河北道三・定州》　開元戶六萬五千四百六十。【略】元和戶二萬六千八百三十二。

《舊唐書》卷三九《地理志二・定州》　舊領縣十一，戶二萬五千六百三十七，口八萬六千八百六十九。天寶戶七萬八千九十，口四十九萬六千六百七十六。

易州

唐・杜佑《通典》卷一七八《州郡典八・上谷郡》　戶四萬四千九百十二，口二十四萬五千八百七。

唐・李吉甫《元和郡縣圖志》卷一八《河北道三・易州》　開元戶三萬七千二百二十七。【略】元和戶五百六十九。

《舊唐書》卷三九《地理志二・易州》　舊領縣五，戶一萬二千八百二十，口六萬三千四百五十七。天寶領縣八，戶四萬四千二百三十，口二十五萬八千七百七十九。

幽州

唐・杜佑《通典》卷一七八《州郡典八・范陽郡》　戶七萬九百六，口三十九萬五百八十五。

《舊唐書》卷三九《地理志二・幽州》　舊領縣十。【略】戶二萬一千六百九十八，口十萬二千七百七十九。天寶縣十，戶六萬七千二百四十二，口十七萬一千三百一十二。

瀛州

《舊唐書》卷三九《地理志二·瀛洲》 舊戶三萬五千六百五，口十六萬四千。天寶領縣六，戶九萬八千一十八，口六十六萬三千一百七十一。

莫州

唐·杜佑《通典》卷一七八《州郡典八·文安郡》 戶五萬五百十，口三十二萬六千四百五十。

《舊唐書》卷三九《地理志二·莫州》 天寶領縣六，戶五萬三千四百九十三，口三十三萬九千九百七十二。

平州

唐·杜佑《通典》卷一七八《州郡典八·北平郡》 戶三千三十一，口一萬三千七百七十五。

《舊唐書》卷三九《地理志二·平州》 舊領縣一，戶六百三，口二千五百四十二。天寶領縣三，戶三千一百一十三，口二萬五千八十六。

媯州

唐·杜佑《通典》卷一七八《州郡典八·媯川郡》 戶二千三百五十，口一萬五百四十。

《舊唐書》卷三九《地理志二·媯州》 舊領縣一，戶四百七十六，口二千四百九十。天寶戶二千二百六十三，口一萬一千五百八十四。

檀州

唐·杜佑《通典》卷一七八《州郡典八·密雲郡》 戶六千一百三十八，口三萬一千六百三十七。

《舊唐書》卷三九《地理志二·檀州》 舊領縣二，戶一千七百三十七，口六千四百六十八。天寶戶六千六十四，口三萬二百四十六。

薊州

唐·杜佑《通典》卷一七八《州郡典八·漁陽郡》 戶四千八百二十九，口二萬五千四百八十七。

《舊唐書》卷三九《地理志二·薊州》 天寶領縣三，戶五千三百一十七，口二萬八千五百二十一。

營州

唐·杜佑《通典》卷一七八《州郡典八·柳城郡》 戶八百七十四，口三千。

《舊唐書》卷三九《地理志二·營州》 舊領縣一，戶一千三十一，口四千七百三十二。天寶戶九百九十七，口三千七百八十九。

順州

唐·杜佑《通典》卷一七八《州郡典八·順義郡》 戶五千七百十八，口一萬八千一百五十。

《舊唐書》卷三九《地理志二·順州》 舊領縣一，戶八十一，口二百一十九。天寶戶一千六十四，口五千一百五十七。

燕州

唐·杜佑《通典》卷一七八《州郡典八·歸德郡》 戶二千二百四十六，口一萬一千五百九十一。

《舊唐書》卷三九《地理志二·燕州》 所領戶出粟皆靺鞨別種，戶五百。天寶戶二千四十五，口一萬一千六百三。

威州

《舊唐書》卷三九《地理志二·威州》 舊領縣一，戶七百二十九，口四千二百二十二。天寶戶六百一十一，口一千八百六十九。

慎州

《舊唐書》卷三九《地理志二·慎州》 天寶領縣一，戶二百五十，口九百八十四。

玄　州

《舊唐書》卷三九《地理志二・玄州》　天寶領縣一，戶六百一十八，口一千三百三十三。

崇　州

《舊唐書》卷三九《地理志二・崇州》　舊領縣一，戶一百四十，口五百五十四。天寶戶二百，口七百一十六。

夷賓州

《舊唐書》卷三九《地理志二・夷賓州》　領縣一，戶一百三十，口六百四十八。

師　州

《舊唐書》卷三九《地理志二・隰州》　舊領縣一，戶一百三十八，口五百六十八。天寶戶三百一十四，口三千二百一十五。

鮮　州

《舊唐書》卷三九《地理志二・鮮州》　天寶領縣一，戶一百七，口三百六十七。

帶　州

《舊唐書》卷三九《地理志二・帶州》　天寶領縣一，戶五百六十九，口一千九百九十。

黎　州

《舊唐書》卷三九《地理志二・黎州》　天寶領縣一，戶五百六十九，口一千九百九十一。

沃　州

《舊唐書》卷三九《地理志二・沃州》　天寶領縣一，戶一百五十九，口六百一十九。

昌　州

《舊唐書》卷三九《地理志二・昌州》　舊領縣一，戶一百三十二，口四百八十七。大寶戶二百八十一，口一千八十八。

歸義州

《舊唐書》卷三九《地理志二・歸義州》　舊領縣一，戶一百九十五，口六百二十四。

瑞　州

《舊唐書》卷三九《地理志二・瑞州》　舊領縣一，戶六十，口三百六十五。天寶戶一百九十五，口六百二十四。

信　州

《舊唐書》卷三九《地理志二・信州》　天寶領縣一，戶四百一十四，口一千六百。

青山州

《舊唐書》卷三九《地理志二・青山州》　領縣一，戶六百二十二，口三千二百一十五。

凜　州

《舊唐書》卷三九《地理志二・凜州》　領縣一，戶六百四十八，口二千一百八十七。

山南東道・江陵府

唐・杜佑《通典》卷一八三《州郡典十三・江陵郡》　戶二萬八千

九百三十二，口十三萬七千五十四。

《舊唐書》卷三九《地理志二・荆州江陵府》　舊領縣八，戶一萬二百六十，口四萬九百五十八。天寶領縣七，戶三萬一百九十二，口四萬八千一百四十九。

峽州

唐・杜佑《通典》卷一八三《州郡典十三・夷陵郡》　戶七千三百一十七，口四萬二千六百六十八。

《舊唐書》卷三九《地理志二・硤州》　舊領縣五，戶四千三百，口一萬七千一百二十七。天寶戶八千九十八，口四萬五千六十六。

歸州

唐・杜佑《通典》卷一八三《州郡典十三・巴東郡》　戶四千三百六十四，口二萬一千五百三十四。

《舊唐書》卷三九《地理志二・歸州》　舊領縣三，戶三千五百三十一，口二萬一十一。天寶戶四千六百四十五，口二萬三千四百二十七。

夔州

唐・杜佑《通典》卷一七五《州郡典五・雲安郡》　戶一萬四千七百二十六，口七萬七千三百三十一。

《舊唐書》卷三九《地理志二・夔州》　舊領縣四，戶七千八百三十，口三萬九千五百五十。天寶戶一萬五千六百二十九，口六萬五十。

澧州

唐・杜佑《通典》卷一八三《州郡典十三・澧陽郡》　戶一萬六千一百九十，口八萬二千二百四十六。

《舊唐書》卷四〇《地理志三・澧州》　舊領縣五，戶三千四百七十四，口二萬五千八百二十六。天寶領縣四，戶一萬九千六百二十，口九萬三千三百四十九。

朗州

唐・杜佑《通典》卷一八三《州郡典十三・武陵郡》　戶七千七百二十二，口三萬九千一十七。

《舊唐書》卷四〇《地理志三・朗州》　舊領縣二，戶二千一百四十九，口一萬九百一十三。天寶戶九千三百六，口四萬三千七百十六。

忠州

唐・杜佑《通典》卷一七五《州郡典五・南賓郡》　戶六千五百三十九，口四萬二百三。

《舊唐書》卷三九《地理志二・忠州》　舊領縣五，戶八千三百一十九，口四萬九千四百七十八。天寶戶六千七百二十二，口四萬三千二十六。

涪州

唐・杜佑《通典》卷一七五《州郡典五・涪陵郡》　戶九千四百五，口四萬四千七百二十三。

唐・李吉甫《元和郡縣圖志》卷三〇《江南道六・涪州》　開元戶六千九百九。【略】元和戶三百五。

萬州

唐・杜佑《通典》卷一七五《州郡典五・南浦郡》　戶五千一百七十七，口二萬四千三百五十二。

《舊唐書》卷三九《地理志二・萬州》　舊領縣三，戶五千三百九十六，口三萬八千八百六十七。天寶戶五千一百七十九，口二萬五千七百四十六。

襄州

唐・杜佑《通典》卷一七七《州郡典七・襄陽郡》　戶四萬六千五十六，口二十三萬一千四百。

唐・李吉甫《元和郡縣圖志》卷二一《山南道二・襄州》 開元戶三萬六千三百五十七。【略】元和戶十萬七千一百七。

《舊唐書》卷三九《地理志二・襄州》 舊領縣七，戶八千九百五十七，口四萬五千一百九十五。天寶戶四萬七千七百八十，口二十五萬二千一。

唐　州

唐・杜佑《通典》卷一七七《州郡典七・淮安郡》 戶四萬一千七百五十，口十六萬三千四百九十。

唐・李吉甫《元和郡縣圖志》卷二一《山南道二・唐州》 開元戶二萬一千五百九十七。【略】元和戶四萬七百四十。

《舊唐書》卷三九《地理志二・唐州》 舊領縣六，戶四千七百二十六。口二萬二千二百九十九。天寶領縣七，戶四萬二千六百四十三，口十八萬三千三百六十。

隨　州

唐・杜佑《通典》卷一七七《州郡典七・漢東郡》 戶二萬二千七百五十，口十萬三千七百十。

唐・李吉甫《元和郡縣圖志》卷二一《山南道二・隨州》 開元戶一萬三千二百一十六。【略】元和戶一萬二千七百一十六。

《舊唐書》卷三九《地理志二・隋州》 舊領縣三，戶二千三百五十三，口一萬一千八百九十八。天寶縣四，戶二萬三千九百一十七，口十萬五千七百二十二。

鄧　州

唐・杜佑《通典》卷一七七《州郡典七・南陽郡》 戶四萬二千七百五十，口十六萬六百七十。

唐・李吉甫《元和郡縣圖志》卷二一《山南道二・鄧州》 開元戶三萬八千六百一十一。【略】元和戶一萬四千一百四。

《舊唐書》卷三九《地理志二・鄧州》 舊領縣六，戶三千七百五十四，口一萬八千二百一十二。天寶領縣七，戶四萬三千五十五，口十六萬五千二百五十七。

均　州

唐・杜佑《通典》卷一七七《州郡典七・武當郡》 戶九千一百，口四萬六千二百九十。

唐・李吉甫《元和郡縣圖志》卷二一《山南道二・均州》 開元戶九千八百五十九。【略】元和戶八千一百八十二。

《舊唐書》卷三九《地理志二・均州》 舊領縣三，戶二千八百二十九，口一萬二千五百九十三。天寶戶九千六百九十八，口五萬八百九。

房　州

唐・杜佑《通典》卷一七五《州郡典五・房陵郡》 戶一萬三千四百四十一，口六萬八百七十九。

唐・李吉甫《元和郡縣圖志》卷二一《山南道二・房州》 開元戶一萬四千四百三十二。【略】元和戶四千四百三十一。

《舊唐書》卷三九《地理志二・房州》 舊領縣四，戶四千五百三十三，口二萬一千五百七十九。天寶戶一萬四千四百二十二，口七萬一千七百八。

復　州

唐・杜佑《通典》卷一八三《州郡典十三・竟陵郡》 戶七千六百九十，口三萬六千九百九十九。

唐・李吉甫《元和郡縣圖志》卷二一《山南道二・復州》 開元戶五千二百三十二。【略】元和戶七千六百九十。

《舊唐書》卷三九《地理志二・復州》 舊領縣三，戶一千四百九十四，口六千二百一十八。天寶戶八千二百一十，口四萬四千八百八十五。

郢　州

唐・杜佑《通典》卷一八三《州郡典十三・富水郡》 戶一萬一千

七百二，口五萬五百九十。

唐・李吉甫《元和郡縣圖志》卷二一《山南道二・郢州》 開元戶五千六百九十九。【略】元和戶一萬一千九。

《舊唐書》卷三九《地理志二・郢州》 舊温州領縣三，戶一千五百八十，口七千一百七十三。天寶改郢州，戶一萬二千四十六，口五萬七千三百七十五。

金 州

唐・杜佑《通典》卷一七五《州郡典五・安康郡》 戶一萬三千七百八十六，口七萬七千七百二十五。

《舊唐書》卷三九《地理志二・金州》 舊領縣六，戶一萬四千九十一，口五萬三千二十九。天寶戶九千六百七十四，口五萬七千九百八十一。

山南西道・興元府

唐・杜佑《通典》卷一七五《州郡典五・漢中郡》 戶三萬五千一百六十八，口十四萬五千二百二十九。

《舊唐書》卷三九《地理志二・興元府》 舊領縣五，戶六千六百二十五，口二萬七千五百七十六。武德領縣六，戶三萬七千四百七十，口十五萬三千七百一十七。

洋 州

唐・杜佑《通典》卷一七五《州郡典五・洋川郡》 戶一萬三千八百四十九，口八萬八千三百二十七。

唐・李吉甫《元和郡縣圖志》卷二二《山南道三・洋州》 開元戶一萬八千八百八十九。【略】元和戶二千八百九十六。

《舊唐書》卷三九《地理志二・洋州》 舊領縣四，戶二千二百二十六，口一萬八千六十。天寶領縣五，戶二萬三千八百四十九，口八萬八千三百二十七。

利 州

唐・杜佑《通典》卷一七六《州郡典六・益昌郡》 戶萬三千九百十，口四萬四千六百。

唐・李吉甫《元和郡縣圖志》卷二二《山南道三・利州》 開元戶一萬一千八百八十一。【略】元和戶二千四百四十四。

《舊唐書》卷三九《地理志二・利州》 舊領縣七，戶九千六百二十八，口三萬一千九十三。天寶領縣六，戶二萬三千九百一十，口四萬四千六百。

鳳 州

唐・杜佑《通典》卷一七六《州郡典六・河池郡》 戶五千三百七十，口二萬五千五百二十。

唐・李吉甫《元和郡縣圖志》卷二二《山南道三・鳳州》 開元戶三千八百四十九。【略】元和戶一千三百五十八。

《舊唐書》卷三九《地理志二・鳳州》 舊領縣四，戶一千九百五十七，口九千七百九十四。天寶戶五千九百一十八，口二萬七千八百七十七。

興 州

唐・杜佑《通典》卷一七六《州郡典六・順政郡》 戶千九百七十九，口萬九百六十。

唐・李吉甫《元和郡縣圖志》卷二二《山南道三・興州》 開元戶二千四十五。【略】元和戶九百五十四。

《舊唐書》卷三九《地理志二・興州》 舊領縣三，戶一千二百二十五，口四千九百一十三。天寶戶二千二百二十四，口一萬一千四十六。

成 州

唐・杜佑《通典》卷一七六《州郡典六・同谷郡》 戶四千七百二十，口萬九千六百九十。

唐·李吉甫《元和郡縣圖志》卷二二《山南道三·成州》　開元戶四千九百五。

《舊唐書》卷四〇《地理志三·成州》　舊領縣三，戶一千五百四十六，口七千二百五十九。天寶戶四千七百二十七，口二萬一千五百八。

文州

唐·杜佑《通典》卷一七六《州郡典六·陰平郡》　戶千六百七十，口八萬四千八十五。

唐·李吉甫《元和郡縣圖志》卷二二《山南道三·文州》　開元戶一千七百六十九。【略】元和戶二百一十八。

《舊唐書》卷四一《地理志四·文州》　舊領縣二，戶一千九百八，口八千一百四十七。天寶戶一千六百八十六，口九千二百五。

扶州

唐·杜佑《通典》卷一七六《州郡典六·同昌郡》　戶二千三百二十，口萬三千七百七。

唐·李吉甫《元和郡縣圖志》卷二二《山南道三·文州》　開元戶二千一百九十五。

《舊唐書》卷四一《地理志四·扶州》　舊領縣四，戶一千九百二十八，口八五百五十六。天寶戶二千四百一十八，口一萬四千二百八十五。

集州

唐·杜佑《通典》卷一七五《州郡典五·符陽郡》　戶一萬一千四百九十，口六萬八百一十二。

《舊唐書》卷三九《地理志二·集州》　舊領縣一，戶一千一百二十六，口四千一十七。天寶領縣三，戶四千三百五十三，口二萬五千七百二十六。

壁州

唐·杜佑《通典》卷一七五《州郡典五·始寧郡》　戶一萬一千八百二十，口五萬三千六百六十五。

《舊唐書》卷三九《地理志二·壁州》　舊領縣三，戶一千四百九十二，口七千四百四十九。天寶縣四，戶一萬二千三百六十八，口五萬四千七百五十七。

巴州

唐·杜佑《通典》卷一七五《州郡典五·清化郡》　戶二萬七千七百二十，口八萬六千六。

《舊唐書》卷三九《地理志二·巴州》　舊領縣七，戶一萬九百三十三，口四萬七千八百九十。天寶領縣十，戶三萬二百一十，口九萬一千五十一。

蓬州

唐·杜佑《通典》卷一七五《州郡典五·咸安郡》　戶一萬五千七百六十二，口五萬三千二百五十三。

《舊唐書》卷三九《地理志二·蓬州》　舊領縣六，戶九千二百六十八，口三萬五千五百六十六。天寶縣七，戶一萬五千五百七十六，口五萬三千三百五十二。

通州

唐·杜佑《通典》卷一七五《州郡典五·漢中郡》　戶四千四百六十一，口十一萬七千三百六十七。

《舊唐書》卷三九《地理志二·信州》　舊領縣七，戶七千八百九十八，口三萬八千一百二十三。天寶戶四萬七百四十三，口十一萬八百四。

開州

唐·杜佑《通典》卷一七五《州郡典五·盛山郡》　戶五千六百四十四，口三萬一百二十五。

《舊唐書》卷三九《地理志二·開州》　舊領縣三，戶二千一百二十二，口一萬五千五百四。天寶戶五千六百六十，口三萬四百二十一。

閬州

唐・杜佑《通典》卷一七五《州郡典五・閬中郡》　戶一萬八千二百二十，口十一萬七百二十六。

《舊唐書》卷四一《地理志四・閬州》　舊領縣八，戶三萬八千九百四十九，口二十七萬三千五百四十三。今領縣九，戶二萬五千五百八十八，口十三萬二千一百九十二。

果州

唐・杜佑《通典》卷一七五《州郡典五・南充郡》　戶三萬五千四百四十一，口六萬八千六百七十二。

《舊唐書》卷四一《地理志四・果州》　舊領縣四，戶一萬三千五百一十，口七萬五千八百一十一。天寶領縣六，戶三萬三千九百四，口八萬九千二百二十五。

渠州

唐・杜佑《通典》卷一七五《州郡典五・潾山郡》　戶五千六百七十六，口一萬五千三百。

《舊唐書》卷三九《地理志二・渠州》　舊領縣四，戶九千七百二十六，口二萬一千五百五十二。天寶，戶九千九百五十七，口二萬六千五百二十四。

淮南道・揚州

唐・杜佑《通典》卷一八一《州郡典十一・廣陵郡》　戶七萬三千三百八十一，口四十六萬九千五百九十四。

《舊唐書》卷四〇《地理志三・揚州》　舊領縣四，戶二萬三千一百九十九，口九萬四千三百四十七。天寶領縣七，戶七萬七千一百五，口四十六萬七千八百五十七。

楚州

唐・杜佑《通典》卷一八一《州郡典十一・淮陰郡》　戶二萬六千一百一十八，口一十四萬二千九十。

《舊唐書》卷四〇《地理志三・楚州》　舊領縣四，戶三千三百五十七。口一萬六千二百六十二。天寶領縣五，戶二萬六千六十二，口十五萬三千。

滁州

唐・杜佑《通典》卷一八一《州郡典十一・永陽郡》　戶二萬六千二百一十一，口十四萬一千二百二十七。

《舊唐書》卷四〇《地理志三・滁州》　舊領縣二，戶四千六百八十九，口二萬一千五百三十五。天寶領縣三，戶二萬六千四百八十六，口十五萬二千三百七十四。

和州

唐・杜佑《通典》卷一八一《州郡典十一・歷陽郡》　戶二萬二千一百三十二，口十一萬六千一十六。

《舊唐書》卷四〇《地理志三・和州》　舊領縣二，戶五千七百三十，口三萬三千四百一。天寶領縣三，戶二萬四千七百九十四，口十二萬一千一十三。

壽州

唐・杜佑《通典》卷一八一《州郡典十一・壽春郡》　戶二萬九千七百十七，口十五萬三千一百九十二。

《舊唐書》卷四〇《地理志三・壽州》　舊領縣四，戶二千九百九十六，口一萬四千七百一十八。天寶領縣五，戶三萬五千五百八十二，口十八萬七千五百八十七。

廬州

唐・杜佑《通典》卷一八一《州郡典十一・廬江郡》　戶三萬八千三百二十九，口十七萬七千九百三十四。

《舊唐書》卷四〇《地理志三・廬州》　舊領縣四，戶五千三百五十八，口二萬七千五百一十三。天寶領縣五，戶四萬三千三百二十三，口二十萬五千三百九十六。

舒州

唐·杜佑《通典》卷一八一《州郡典十一·同安郡》　戶三萬五千五百二十四，口十六萬一千四十。

《舊唐書》卷四〇《地理志三·舒州》　舊領縣五，戶九千三百六十一，口三萬七千五百三十八。天寶戶三萬五千三百五十三，口十八萬六千三百九十八。

光州

唐·杜佑《通典》卷一八一《州郡典十一·弋陽郡》　戶三萬七百七十，口十四萬七千二百二十九。

唐·李吉甫《元和郡縣圖志》卷九《河南道五·光州》　開元戶二萬九千六百九十五。【略】元和戶一千九百九十。

《舊唐書》卷四〇《地理志三·光州》　舊領縣五，戶五千六百四十九，口二萬八千二百九十一。天寶戶三萬一千四百七十三，口十九萬八千五百八十。

蘄州

唐·杜佑《通典》卷一八一《州郡典十一·蘄春郡》　戶二萬五千六百二十，口十七萬一百九十八。

唐·李吉甫《元和郡縣圖志》卷二七《江南道三·蘄州》　開元戶二萬六千八百九。【略】元和戶一萬六千四百六十二。

《舊唐書》卷四〇《地理志三·蘄州》　舊領縣四，戶一萬六百一十二，口三萬九千六百七十八。天寶戶二萬六千八百九，口十八萬六千八百四十九。

安州

唐·杜佑《通典》卷一八三《州郡典十三·安陸郡》　戶二萬一千八百三十五，口十三萬二千一百四十九。

唐·李吉甫《元和郡縣圖志》卷二七《江南道三·安州》　開元戶二萬二千二百二十二。【略】元和戶九千八百一十九。

《舊唐書》卷四〇《地理志三·安州》　舊領縣六，戶六千三百三十八，口二萬六千五百一十九。天寶戶二萬二千二百二十一，口十七萬一千二百二。

黃州

唐·杜佑《通典》卷一八三《州郡典十三·齊安郡》　戶一萬四千七百八十七，口八萬四千一百八十二。

唐·李吉甫《元和郡縣圖志》卷二七《江南道三·黃州》　開元戶一萬三千七十三。【略】元和戶五千五十四。

《舊唐書》卷四〇《地理志三·黃州》　舊領縣三，戶四千八百九十六，口二萬二千六十。天寶戶一萬五千五百一十二，口九萬六千三百六十八。

申州

唐·杜佑《通典》卷一八三《州郡典十三·義陽郡》　戶二萬五千六百三十，口十三萬九千六百二十九。

唐·李吉甫《元和郡縣圖志》卷九《河南道五·申州》　開元戶二萬一千二十。【略】元和戶六百一十四。

《舊唐書》卷四〇《地理志三·申州》　舊領縣三，戶四千七百二十九，口二萬三千六十一。天寶，戶二萬五千八百六十四，口十四萬七千七百五十六。

江南東道·潤州

唐·杜佑《通典》卷一八二《州郡典十二·丹陽郡》　戶十萬三千三百六十四，口六十八萬七千三百。

唐·李吉甫《元和郡縣圖志》卷二五《江南道一·潤州》　開元戶九萬一千六百三十五。【略】元和戶五萬五千四百。

《舊唐書》卷四〇《地理志三・潤州》　舊領縣五，戶二萬五千三百六十一，口十二萬七千一百四。天寶領縣六，戶十萬二千三十三，口六十六萬二千七百六。

常州

唐・杜佑《通典》卷一八二《州郡典十二・晉陵郡》　戶十萬二千三百一十九，口六十五萬一千七百三十八。

唐・李吉甫《元和郡縣圖志》卷二五《江南道一・常州》　開元戶九萬六千四百七十五。【略】元和戶五萬四千七百六十七。

《舊唐書》卷四〇《地理志三・常州》　舊領縣四，戶二萬一千一百八十二，口十一萬一千六百六。天寶領縣五，戶十萬二千六百三十一，口六十九萬六百七十三。

蘇州

唐・杜佑《通典》卷一八二《州郡典十二・吳郡》　戶七萬六千一百四十七，口六十二萬四千四百一十三。

唐・李吉甫《元和郡縣圖志》卷二五《江南道一・蘇州》　開元戶六萬八千九十三。【略】元和戶十萬八百八。

《舊唐書》卷四〇《地理志三・蘇州》　舊領縣四，戶一萬一千八百五十九，口五萬四千四百七十一。天寶領縣六，戶七萬六千四百二十一，口六十三萬二千六百五十五。

湖州

唐・杜佑《通典》卷一八二《州郡典十二・吳興郡》　戶六萬八千五百八十一，口四十六萬一千四百七十九。

唐・李吉甫《元和郡縣圖志》卷二五《江南道一・湖州》　開元戶六萬一千一百三十三。【略】元和戶四萬三千四百六十七。

《舊唐書》卷四〇《地理志三・湖州》　舊領縣五，戶一萬四千一百三十五，口七萬六千四百三十。天寶領縣五，戶七萬三千三百六，口十七萬七千六百九十八。

杭州

唐・杜佑《通典》卷一八二《州郡典十二・餘杭郡》　戶八萬六千四百五十四，口五十七萬八千九十五。

唐・李吉甫《元和郡縣圖志》卷二五《江南道一・杭州》　開元戶八萬四千二百五十二。【略】元和戶五萬一千二百七十六。

《舊唐書》卷四〇《地理志三・杭州》　舊領縣五，戶三萬五百七十一，口十五萬三千七百二十。天寶領縣九，戶八萬六千二百五十八，口五十八萬五千九百六十三。

睦州

唐・杜佑《通典》卷一八二《州郡典十二・新定郡》　戶五萬四千七百四，口三十六萬二千三百八十九。

唐・李吉甫《元和郡縣圖志》卷二五《江南道一・睦州》　開元戶五萬五千五百一十六。【略】元和戶九千五十四。

《舊唐書》卷四〇《地理志三・睦州》　戶一萬二千六十四，口五萬九千六十八。天寶領縣六，戶五萬四千九百六十一，口三十八萬二千五百一大三。

越州

唐・杜佑《通典》卷一八二《州郡典十二・會稽郡》　戶八萬八千三百三十七，口五十二萬九千六百七十四。

唐・李吉甫《元和郡縣圖志》卷二六《江南道二・越州》　開元戶十萬七千六百四十五。【略】元和戶二萬六百八十五。

《舊唐書》卷四〇《地理志三・越州》　舊領縣五，戶二萬五千八百九十，口十二萬四千一十。天寶領縣七，戶九萬二百七十九，口五十二萬九千五百八十九。

明州

唐・杜佑《通典》卷一八二《州郡典十二・餘姚郡》　戶四萬一千

六百三十，口十七萬七千五百六十。

唐・李吉甫《元和郡縣圖志》卷二六《江南道二・明州》 元和戶四千八十三。

《舊唐書》卷四〇《地理志三・明州》 天寶領縣四，戶四萬二千二十七，口二十萬七千三十二。

衢州

唐・杜佑《通典》卷一八二《州郡典十二・信安郡》 戶六萬七千三百二十九，口四十二萬九千一百六十二。

唐・李吉甫《元和郡縣圖志》卷二六《江南道二・衢州》 開元戶六萬二千二百八十八。【略】元和戶一萬七千四百二十六。

《舊唐書》卷四〇《地理志三・衢州》 天寶領縣五，戶六萬八千四百七十二，口四十四萬四百一十一。

處州

唐・杜佑《通典》卷一八二《州郡典十二・縉雲郡》 戶四萬二千二百，口二十五萬二千。

唐・李吉甫《元和郡縣圖志》卷二六《江南道二・處州》 開元戶三萬三千二百七十八。【略】元和戶一萬九千七百二十六。

《舊唐書》卷四〇《地理志三・處州》 舊領縣四，戶一萬二千八百九十九，口十萬一千六百六。天寶領縣五，戶四萬二千九百三十六，口二十五萬八千二百四十八。

婺州

唐・杜佑《通典》卷一八二《州郡典十二・東陽郡》 戶十四萬三千八百八十三，口七十萬七千四百二十七。

唐・李吉甫《元和郡縣圖志》卷二六《江南道二・婺州》 開元戶九萬九千四百九。【略】元和戶四萬八千三十六。

《舊唐書》卷四〇《地理志三・婺州》 舊領縣五，戶三萬七千八百一十九，口二十二萬八千九百九十。天寶領縣七，戶十四萬四千八十六，口七十萬七千一百五十二。

温州

唐・杜佑《通典》卷一八二《州郡典十二・永嘉郡》 戶四萬二千二十八，口二十萬五千三百十四。

唐・李吉甫《元和郡縣圖志》卷二六《江南道二・温州》 開元戶三萬七千五百五十四。【略】元和戶八千四百十四。

《舊唐書》卷四〇《地理志三・温州》 天寶領縣四，戶四萬二千八百一十四，口二十四萬一千六百九十四。

臺州

唐・杜佑《通典》卷一八二《州郡典十二・臨海郡》 戶五萬五千六百五十八，口三十二萬四千九百六十一。

唐・李吉甫《元和郡縣圖志》卷二六《江南道二・臺州》 開元戶五萬。

《舊唐書》卷四〇《地理志三・臺州》 舊領縣二，戶六千五百八十三，口三萬五千三百八十三。天寶領縣六，戶八萬三千八百六十八，口四十八萬九千一十五。

福州

唐・杜佑《通典》卷一八二《州郡典十二・長樂郡》 戶三萬九千五百二十七，口二十一萬七千八百七十七。

唐・李吉甫《元和郡縣圖志》卷二九《江南道五・福州》 開元戶三萬一千六十七。【略】元和戶一萬九千四百五十五。

《舊唐書》卷四〇《地理志三・福州》 天寶領縣八，戶三萬四千八十四，口七萬五千八百七十六。

建州

唐・杜佑《通典》卷一八二《州郡典十二・建安郡》 戶二萬一千四百五十九，口十四萬二千一百六十四。

唐・李吉甫《元和郡縣圖志》卷二九《江南道五・建州》　開元戶二萬八百。【略】元和戶一萬五千四百八十。

《舊唐書》卷四〇《地理志三・建州》　舊領縣二，戶一萬五千三百三十六，口二萬二千八百二十。天寶領縣六，戶二萬七千二百七十，口一十四萬三千七百七十四。

泉州

唐・杜佑《通典》卷一八二《州郡典十二・清源郡》　戶二萬四千五百八十六，口一十五萬四千九。

唐・李吉甫《元和郡縣圖志》卷二九《江南道五・泉州》　開元戶五萬七百五十四。【略】元和戶三萬五千五百七十一。

《舊唐書》卷四〇《地理志三・泉州》　天寶領縣四，戶二萬三千八百六，口十六萬二百九十五。

汀州

唐・杜佑《通典》卷一八二《州郡典十二・臨汀郡》　戶五千三百三十，口一萬五千九百九十五。

唐・李吉甫《元和郡縣圖志》卷二九《江南道五・汀州》　元和戶二千六百一十八。

《舊唐書》卷四〇《地理志三・汀州》　天寶領縣三，戶四千六百八十，口一萬三千七百二。

漳州

唐・杜佑《通典》卷一八二《州郡典十二・漳浦郡》　戶二千六百三十二，口六千五百三十六。

唐・李吉甫《元和郡縣圖志》卷二九《江南道五・漳州》　開元戶一千六百九十。【略】元和戶一千三百四十三。

《舊唐書》卷四〇《地理志三・漳州》　天寶領縣二，戶五千三百四十六，口一萬七千九百四十。

江南西道・宣州

唐・杜佑《通典》卷一八一《州郡典十一・宣城郡》　戶十一萬七千一百九十五，口八十七萬九千四百四十四。

唐・李吉甫《元和郡縣圖志》卷二八《江南道四・宣州》　開元戶八萬七千二百三十一。【略】元和戶五萬七千三百五十。

《舊唐書》卷四〇《地理志三・宣州》　舊領縣八，戶二萬二千五百三十七，口九萬五千七百五十三。天寶領縣九，戶一十二萬一千二百四，口八十八萬四千九百八十五。

歙州

唐・杜佑《通典》卷一八二《州郡典十二・新安郡》　戶三萬九千七百五十七，口二十六萬四千三十二。

唐・李吉甫《元和郡縣圖志》卷二八《江南道四・歙州》　開元戶三萬一千九百六十一。【略】元和戶一萬六千七百五十四。

《舊唐書》卷四〇《地理志三・歙州》　舊領縣三，戶六千二十一，口二萬六千六百一十七。天寶領縣五，戶三萬八千三百三十，口二十六萬九千一百九。

池州

唐・杜佑《通典》卷一八一《州郡典十一・秋浦郡》　戶一萬九千□□□□□，口八萬七千九百六十七。

唐・李吉甫《元和郡縣圖志》卷二八《江南道四・池州》　元和戶一萬七千五百九十一。

《舊唐書》卷四〇《地理志三・池州》　領縣四，戶一萬九千，口八萬七千九百六十七。

洪州

唐・杜佑《通典》卷一八二《州郡典十二・章郡》　戶五萬五千七百一十七，口三十六萬一千二百二十。

唐・李吉甫《元和郡縣圖志》卷二八《江南道四・洪州》 開元戶五萬五千四百五。【略】元和戶九萬一千一百二十九。

《舊唐書》卷四〇《地理志三・洪州》 舊領縣四，戶一萬五千四百五十六，口七萬四千四十四。天寶領縣六，戶五萬五千五百三十，口三十五萬三千二百三十一。

江州

唐・杜佑《通典》卷一八二《州郡典十二・潯陽郡》 戶二萬六千五十八，口十四萬八千九百二十七。

唐・李吉甫《元和郡縣圖志》卷二八《江南道四・江州》 開元戶二萬一千八百六十五。【略】元和戶一萬七千九百四十五。

《舊唐書》卷四〇《地理志三・江州》 舊領縣三，戶六千三百六十，口二萬五千五百九十九。天寶戶二萬九千二十五，口十五萬五千七百四十四。

鄂州

唐・杜佑《通典》卷一八三《州郡典十三・江夏郡》 戶一萬九千四百一十七，口十一萬三千。

唐・李吉甫《元和郡縣圖志》卷二七《江南道三・鄂州》 開元戶一萬九千一百九十。【略】元和戶三萬八千六百一十八。

《舊唐書》卷四〇《地理志三・鄂州》 舊領縣四，戶三千七百五十四，口一萬四千六百一十五。天寶領縣五，戶一萬九千一百九十，口八萬四千五百六十三。

沔州

唐・杜佑《通典》卷一八三《州郡典十三・漢陽郡》 戶六千二百五十二，口三萬八千一百二十九。

唐・李吉甫《元和郡縣圖志》卷二七《江南道三・沔州》 開元戶五千二百八十六。【略】元和戶二千二百六十二。

岳州

唐・杜佑《通典》卷一八三《州郡典十三・巴陵郡》 戶一萬一千六百七十六，口四萬七千三十二。

唐・李吉甫《元和郡縣圖志》卷二七《江南道三・岳州》 開元戶九千一百六十五。【略】元和戶一千五百三十五。

《舊唐書》卷四〇《地理志三・岳州》 舊領縣四，戶四千二，口一萬七千五百五十六。天寶領縣五，戶一萬一千七百四十，口五萬二百九十八。

饒州

唐・杜佑《通典》卷一八二《州郡典十二・鄱陽郡》 戶四萬三千一百四十九，口二十三萬九千三百八十八。

唐・李吉甫《元和郡縣圖志》卷二八《江南道四・饒州》 開元戶一萬四千六十二。【略】元和戶四萬六千一百一十六。

《舊唐書》卷四〇《地理志三・饒州》 舊領縣四，戶一萬一千四百，口五萬九千八百一十七。天寶戶四萬八百九十九，口二十四萬四千三百五十。

虔州

唐・杜佑《通典》卷一八二《州郡典十二・南康郡》 戶三萬七千九百八十二，口二十萬七千九百九十二。

唐・李吉甫《元和郡縣圖志》卷二八《江南道四・虔州》 開元戶三萬二千八百三十七。【略】元和戶二萬六千二百六十。

《舊唐書》卷四〇《地理志三・虔州》 舊領縣四，戶八千九百九十四，口三萬九千九百一。天寶領縣六，戶三萬七千六百四十七，口二十七萬五千四百一十。

吉州

唐・杜佑《通典》卷一八二《州郡典十二・廬陵郡》 戶三萬九千

六百五十一，口二十二萬九千七百九十五。

唐・李吉甫《元和郡縣圖志》卷二八《江南道四・吉州》　開元戶三萬四千四百八十一。【略】元和戶四萬一千二十五。

《舊唐書》卷四〇《地理志三・吉州》　舊領縣四，戶一萬五千四十，口五萬三千二百八十五。天寶領縣五，戶三萬七千七百五十二，口二十三萬七千三十二。

袁州

唐・杜佑《通典》卷一八二《州郡典十二・宜春郡》　戶二萬九千三百九十一，口十五萬三千八百二。

唐・李吉甫《元和郡縣圖志》卷二八《江南道四・袁州》　開元戶二萬二千三百三十五。【略】元和戶一萬七千二百二十六。

《舊唐書》卷四〇《地理志三・袁州》　舊領縣三，戶四千六百三十六，口二萬五千七百一十六。天寶戶二萬七千九十一，口一十四萬四千九十六。

信州

唐・李吉甫《元和郡縣圖志》卷二八《江南道四・信州》　元和戶二萬八千七百一十一。

《舊唐書》卷四〇《地理志三・信州》　領縣四，戶四萬。

撫州

唐・杜佑《通典》卷一八二《州郡典十二・臨川郡》　戶二萬八千五百七，口十七萬一千九百二十。

唐・李吉甫《元和郡縣圖志》卷二八《江南道四・撫州》　開元戶二萬四千九百八十八。【略】元和戶二萬四千七百六十七。

《舊唐書》卷四〇《地理志三・撫州》　舊領縣三，戶七千三百五十四，口四萬六百八十五。天寶領縣四，戶三萬六百五，口十七萬六千三百九十四。

潭州

唐・杜佑《通典》卷一八三《州郡典十三・長沙郡》　戶三萬二千二百二十六，口十四萬六千六百。

唐・李吉甫《元和郡縣圖志》卷二九《江南道五・潭州》　開元戶二萬一千八百。【略】元和戶一萬五千四百四十四。

《舊唐書》卷四〇《地理志三・潭州》　舊領縣五，戶九千三十一，口四萬四百四十九。天寶領縣六，戶三萬二千二百七十二，口十九萬二千六百五十七。

衡州

唐・杜佑《通典》卷一八三《州郡典十三・衡陽郡》　戶三萬四千三百三十，口十九萬七千五百三十。

唐・李吉甫《元和郡縣圖志》卷二九《江南道五・衡州》　開元戶一萬三千五百一十三。【略】元和戶一萬八千四十七。

《舊唐書》卷四〇《地理志三・衡州》　舊領縣五，戶七千三百三十，口三萬四千四百八十一。天寶領縣六，戶三萬三千六百八十八，口十九萬九千二百二十八。

永州

唐・杜佑《通典》卷一八三《州郡典十三・零陵郡》　戶二萬九千一十三，口十七萬二千八百五十七。

唐・李吉甫《元和郡縣圖志》卷二九《江南道五・永州》　開元戶二萬七千五百九十。【略】元和戶八百九十四。

《舊唐書》卷四〇《地理志三・永州》　舊領縣三，戶六千三百四十八，口二萬七千五百八十三。天寶戶二萬七千四百九十四，口十七萬六千一百六十八。

道州

唐・杜佑《通典》卷一八三《州郡典十三・江華郡》　戶二萬七千

四百四十二，口一十六萬三千二百。

唐・李吉甫《元和郡縣圖志》卷二九《江南道五・道州》 開元戶二萬七千四百四十。【略】元和戶一萬八千三百三十八。

《舊唐書》卷四〇《地理志三・道州》 舊領縣三，戶六千六百一十三，口三萬一千八百八十。天寶領縣四，戶二萬二千五百五十一，口十三萬九千六十三。

郴州

唐・杜佑《通典》卷一八三《州郡典十三・桂陽郡》 戶二萬七千九百九十，口十七萬四千一百三十。

唐・李吉甫《元和郡縣圖志》卷二九《江南道五・郴州》 開元戶三萬二千一百七十六。【略】元和戶一萬六千四百三十七。

《舊唐書》卷四〇《地理志三・郴州》 舊領縣五，戶八千六百四十六，口四萬九千三百五十五。天寶領縣八，戶三萬一千三百三。

邵州

唐・杜佑《通典》卷一八三《州郡典十三・邵陽郡》 戶一萬二千三百二十三，口八萬九千一百五十四。

唐・李吉甫《元和郡縣圖志》卷二九《江南道五・邵州》 開元戶一萬二千三百二十。【略】元和戶一萬八百。

《舊唐書》卷四〇《地理志三・邵州》 舊領縣二，戶二千八百五十六，口一萬三千五百八十三。天寶戶一萬七千七十三，口七萬一千六百四十四。

黔中道・黔州

唐・杜佑《通典》卷一八三《州郡典十三・黔中郡》 戶四萬一百八十五，口二十萬三千三百五十七。

唐・李吉甫《元和郡縣圖志》卷三〇《江南道六・黔州》 開元戶三千九百六十三。【略】元和戶一千二百一十二。

《舊唐書》卷四〇《地理志三・黔州》 舊領縣五，戶五千九百一十三，口二萬七千四百三十三。天寶縣六，戶四千二百七十，口二萬四千二百四。

辰州

唐・杜佑《通典》卷一八三《州郡典十三・盧溪郡》 戶四千一百五十，口二萬七千二百七十。

唐・李吉甫《元和郡縣圖志》卷三〇《江南道六・辰州》 開元戶五千三百二十。【略】元和戶一千二百二十九。

《舊唐書》卷四〇《地理志三・辰州》 舊領縣七，戶九千二百八十三，口三萬九千二百二十五。天寶領縣五，戶四千二百四十一，口二萬八千五百五十四。

錦州

唐・杜佑《通典》卷一八三《州郡典十三・盧陽郡》 戶三千一百三十，口一萬四千六百九十。

唐・李吉甫《元和郡縣圖志》卷三〇《江南道六・錦州》 開元戶三千一百三。

《舊唐書》卷四〇《地理志三・錦州》 天寶領縣五，戶二千八百七十二，口一萬四千三百七十四。

施州

唐・杜佑《通典》卷一八三《州郡典十三・清江郡》 戶三千八百十五，口二萬五千三百八十。

唐・李吉甫《元和郡縣圖志》卷三〇《江南道六・施州》 開元戶三千四百七十六。【略】元和戶一千八百四十五。

《舊唐書》卷四〇《地理志三・施州》 舊領縣三，戶二千三百一十二，口一萬八百二十五。天寶領縣二，戶三千七百二，口一萬六千四百四十四。

敘州

唐・李吉甫《元和郡縣圖志》卷三〇《江南道六・敘州》 開元戶

四千九百四十。【略】元和户一千六百五十七。

《新唐書》卷四一《地理志五・淮南道》 户五千三百六十八，口二萬二千七百三十八。

奬州

唐・李吉甫《元和郡縣圖志》卷三〇《江南道六・奬州》 開元户一千七百四十。【略】元和户三百四十九。

《新唐書》卷四一《地理志五・奬州龍溪郡》 户千六百七十二，口七千二百八十四。

夷州

唐・杜佑《通典》卷一八三《州郡典十三・義泉郡》 户千二百二十七，口六千三百五十二。

唐・李吉甫《元和郡縣圖志》卷三〇《江南道六・夷州》 開元户一千四百八十七。

《舊唐書》卷四〇《地理志三・夷州》 舊領縣四，户二千二百四十一，口八千六百五十七。天寶縣五，户一千二百八十四，口七千一十三。

播州

唐・杜佑《通典》卷一八三《州郡典十三・播川郡》 户四千七百，口二萬三千。

《舊唐書》卷四〇《地理志三・播州》 領縣三，户四百九十，口二千一百六十八。

思州

唐・杜佑《通典》卷一八三《州郡典十三・寧夷郡》 户一千五百二十八，口八千一百。

唐・李吉甫《元和郡縣圖志》卷三〇《江南道六・思州》 開元户三千四百四十二。【略】元和户四百二十九。

《舊唐書》卷四〇《地理志三・思州》 舊領縣三，户一千六百三，口七千五百九十九。天寶户一千五百九十九，口一萬二千二十一。

費州

唐・杜佑《通典》卷一八三《州郡典十三・涪川郡》 户二千，口一萬一千。

唐・李吉甫《元和郡縣圖志》卷三〇《江南道六・費州》 開元户二百。

《舊唐書》卷四〇《地理志三・費州》 舊領縣四，户二千七百九，口六千九百五十。天寶户四百二十九，口二千六百九。

南州

唐・杜佑《通典》卷一七五《州郡典五・漢中郡》 户二千四百七十七，口一萬三百七十五。

唐・李吉甫《元和郡縣圖志》卷三〇《江南道六・南州》 開元户一千一百二十四。

《舊唐書》卷四〇《地理志三・南州》 舊領縣三，户三千五百八十三，口一萬三百六十六。天寶領縣二，户四百四十三，口二千四十三。

溪州

唐・杜佑《通典》卷一八三《州郡典十三・靈溪郡》 户二千六十七，口一萬三千五百九十四。

唐・李吉甫《元和郡縣圖志》卷三〇《江南道六・溪州》 開元户四百七十七。元和户八百八十九。

《舊唐書》卷四〇《地理志三・溪州》 領縣二，户二千一百八十四，口一萬五千二百八十二。

溱州

唐・杜佑《通典》卷一八三《州郡典十三・溱溪郡》 户二千一百，口九千二百。

唐・李吉甫《元和郡縣圖志》卷三〇《江南道六・溱州》 開元户

八百九十二。

《舊唐書》卷四〇《地理志三·溱州》 戶八百七十九，口五千四十五。

巫州

唐·杜佑《通典》卷一八三《州郡典十三·潭陽郡》 戶五千三百六十一，口二萬一千八百二十六。

《舊唐書》卷四〇《地理志三·巫州》 舊領縣三，戶四千三十二，口一萬四千四百九十五。天寶戶五千三百六十八，口一萬二千七百三十八。

業州

唐·杜佑《通典》卷一八三《州郡典十三·龍標郡》 戶一千四百二十三，口七千三百。

《舊唐書》卷四〇《地理志三·業州》 領縣三，戶一千六百七十二，口七千二百八十四。

珍州

唐·杜佑《通典》卷一八三《州郡典十三·夜郎郡》 戶二千六百，口一萬二千。

唐·李吉甫《元和郡縣圖志》卷三〇《江南道六·珍州》 開元戶二千六百。

《舊唐書》卷四〇《地理志三·珍州》 戶二百六十三，口一千三十四。

隴右道·秦州

唐·杜佑《通典》卷一七四《州郡典四·天水郡》 戶二萬五千六百五，口十一萬三千二百九十五。

唐·李吉甫《元和郡縣圖志》卷三九《隴右道上·秦州》 開元戶二萬五千七。

《舊唐書》卷四〇《地理志三·秦州》 舊領縣六，戶五千七百二十四，口二萬五千七十三。天寶領縣五，戶二萬四千八百二十七，口十萬九千七百。

河州

唐·杜佑《通典》卷一七四《州郡典四·安鄉郡》 戶五千七百九十二，口三萬一千三百。

唐·李吉甫《元和郡縣圖志》卷三九《隴右道上·河州》 開元戶五千二百八十三。

《舊唐書》卷四〇《地理志三·河州》 舊領縣三，戶三千三百九十一，口一萬二千六百五十五。天寶領縣三，戶五千七百八十二，口三萬六千八百八十六。

渭州

唐·杜佑《通典》卷一七四《州郡典四·隴西郡》 戶六千一百三十五，口三萬三千一百七。

唐·李吉甫《元和郡縣圖志》卷三九《隴右道上·渭州》 開元戶五千二百三十二。

《舊唐書》卷四〇《地理志三·渭州》 舊領縣四，戶一千九百八十九，口九千二十八。天寶戶六千四百二十五，口二萬四千五百二十。

鄯州

唐·杜佑《通典》卷一七四《州郡典四·西平郡》 戶五千七百九十四，口二萬八千六百九十九。

唐·李吉甫《元和郡縣圖志》卷三九《隴右道上·鄯州》 開元戶六千四百四十六。

《舊唐書》卷四〇《地理志三·鄯州》 舊領縣二，戶一千八百七

蘭州

唐·杜佑《通典》卷一七四《州郡典四·金城郡》 戶四千四百八

十九，口二萬一千三百八十六。

唐・李吉甫《元和郡縣圖志》卷三九《隴右道上・蘭州》 開元戶四千。

《舊唐書》卷四〇《地理志三・蘭州》 舊領縣三，戶一千六百七十五，口七千三百五。天寶領縣二，戶二千八百八十九，口一萬四千二百二十六。

臨州

《舊唐書》卷四〇《地理志三・臨州》 領縣二，戶二千八百九十九，口一萬四千二百二十六。

武州

唐・杜佑《通典》卷一七六《州郡典六・武都郡》 戶二千九百三十，口萬四千八百五十。

唐・李吉甫《元和郡縣圖志》卷三九《隴右道上・武州》 開元戶三千四百五十三。

《舊唐書》卷四〇《地理志三・武州》 舊領縣三，戶一千一百五十二，口五千三百八十一。天寶戶二千九百二十三，口一萬五千三百一十三。

洮州

唐・杜佑《通典》卷一七四《州郡典四・臨洮郡》 戶二千七百七十六，口一萬四千九百二十四。

唐・李吉甫《元和郡縣圖志》卷三九《隴右道上・洮州》 開元戶三千七百八十四。

《舊唐書》卷四〇《地理志三・洮州》 舊領縣二，戶二千三百六十三，口八千二百六十。天寶戶三千七百，口一萬五千六十。

岷州

唐・杜佑《通典》卷一七四《州郡典四・和政郡》 戶四千五百一十，口二萬六千六百一十四。

唐・李吉甫《元和郡縣圖志》卷三九《隴右道上・岷州》 開元戶三千九百五十。

《舊唐書》卷四〇《地理志三・岷州》 舊領縣四，戶四千五百八十三，口一萬九千二百三十九。天寶縣三，戶四千三百二十五，口二萬三千四百四十一。

廓州

唐・杜佑《通典》卷一七四《州郡典四・寧塞郡》 戶四千一百七十，口二萬九千七百二十三。

唐・李吉甫《元和郡縣圖志》卷三九《隴右道上・廓州》 開元戶三千九百六十四。

《舊唐書》卷四〇《地理志三・廓州》 舊領縣二，戶二千二十，口九千七百三十二。天寶縣三，戶四千二百六十一，口二萬四千四百。

疊州

唐・杜佑《通典》卷一七六《州郡典六・合川郡》 戶千三百十，口七千四百十五。

唐・李吉甫《元和郡縣圖志》卷三九《隴右道上・疊州》 開元戶一千二百七十七。

《舊唐書》卷四〇《地理志三・疊州》 舊領縣一，戶一千八十三，口四千六十九。天寶領縣二，戶一千二百七十五，口七千六百七十四。

芳州

唐・李吉甫《元和郡縣圖志》卷三九《隴右道上・芳州》 貞觀戶八百六十二。

宕州

唐・杜佑《通典》卷一七六《州郡典六・懷道郡》 戶千二百六十，口七千四十。

唐・李吉甫《元和郡縣圖志》卷三九《隴右道上・宕州》　開元戶一千六百五十九。

《舊唐書》卷四〇《地理志三・宕州》　舊領縣二，戶一百四十，口一千四百六十一。天寶戶一千一百九十，口七千一百九十九。

涼州

唐・杜佑《通典》卷一七四《州郡典四・武威郡》　戶二萬五千六百九十三，口一十二萬八千一百九十二。

唐・李吉甫《元和郡縣圖志》卷四〇《隴右道下・涼州》　開元戶二萬六千一百六十五。

《舊唐書》卷四〇《地理志三・涼州》　舊領縣三，戶八千二百三十一，口三萬三千三十。天寶領縣五，戶二萬二千四百六十二，口十二萬二百八十一。

沙州

唐・杜佑《通典》卷一七四《州郡典四・敦煌郡》　戶六千三百九十五，口三萬二千二百三十四。

唐・李吉甫《元和郡縣圖志》卷四〇《隴右道下・沙州》　開元戶六千四百六十六。

《舊唐書》卷四〇《地理志三・沙州》　舊領縣二，戶四千二百六十五，口一萬六千二百五十。

瓜州

唐・杜佑《通典》卷一七四《州郡典四・晉昌郡》　戶一千一百六十七，口三千八百六十四。

《舊唐書》卷四〇《地理志三・瓜州》　舊領縣二，戶一千一百六十四，口四千三百二十二。天寶戶四百七十七，口四千九百八十七。

甘州

唐・杜佑《通典》卷一七四《州郡典四・張掖郡》　戶六千六百三十九，口二萬三千三百四。

唐・李吉甫《元和郡縣圖志》卷四〇《隴右道下・甘州》　開元戶五千四十。

《舊唐書》卷四〇《地理志三・甘州》　舊領縣二，戶二千九百二十六，口一萬一千六百八十。天寶戶六千二百八十四，口二萬二千九十二。

肅州

唐・杜佑《通典》卷一七四《州郡典四・酒泉郡》　戶二千一百六，口七千九百一十二。

唐・李吉甫《元和郡縣圖志》卷四〇《隴右道下・肅州》　開元戶二千二百五十三。

《舊唐書》卷四〇《地理志三・肅州》　舊領縣三，戶一千七百三十一，口七千一百一十八。天寶領縣二，戶二千三百三十，口八千四百七十六。

伊州

唐・杜佑《通典》卷一七四《州郡典四・伊吾郡》　戶二千二百二十七，口八千七百五十六。

唐・李吉甫《元和郡縣圖志》卷四〇《隴右道下・伊州》　開元戶一千七百二十九。

《舊唐書》卷四〇《地理志三・伊州》　舊領縣三，戶一千三百三十二，口六千七百七十八。天寶領縣二，戶二千四百六十七，口一萬一百五十七。

西州

唐・杜佑《通典》卷一七四《州郡典四・交河郡》　戶一萬一千一百九十三，口五萬三百一十四。墾田九百頃。

唐・李吉甫《元和郡縣圖志》卷四〇《隴右道下・西州》　開元戶一萬一千六百四十七。

《舊唐書》卷四〇《地理志三・西州》　舊領縣五，戶六千四百六十六。天寶領縣五，戶九千一十六，口四萬九千四百七十六。

安西府

唐·杜佑《通典》卷一七四《州郡典四·安西府》 戶一萬一千一百六，口六萬三千一百六十八。

庭州

唐·李吉甫《元和郡縣圖志》卷四〇《隴右道下·庭州》 開元戶二千六百七十六。

劍南道·益州成都府

唐·杜佑《通典》卷一七六《州郡典六·蜀郡》 戶十五萬六千八百七十，口八十五萬八千三十。

唐·李吉甫《元和郡縣圖志》卷三一《劍南道上·成都府》 開元戶十三萬七千四十六。【略】元和戶四萬六千一十。

《舊唐書》卷四一《地理志四·成都府》 舊領縣十六，戶十一萬七千八百八十九，口七十四萬三百一十二。【略】天寶領縣十，戶十六萬九百五十，口九十二萬八千一百九十九。

彭州

唐·杜佑《通典》卷一七六《州郡典六·濛陽郡》 戶五萬五千八百十六，口三十三萬八千五百十八。

唐·李吉甫《元和郡縣圖志》卷三一《劍南道上·彭州》 開元戶五萬一百二十。【略】元和戶九千八百八十七。

《舊唐書》卷四一《地理志四·彭州》 領縣四，戶五萬五千九百二十二，口三十五萬七千三百八十七。

蜀州

唐·杜佑《通典》卷一七六《州郡典六·唐安郡》 戶五萬六千二百九十，口三十四萬一千一百。

唐·李吉甫《元和郡縣圖志》卷三一《劍南道上·蜀州》 開元戶五萬二十六。【略】元和戶一萬四千五百八。

《舊唐書》卷四一《地理志四·蜀州》 領縣四，戶五萬六千五百七十七，口三十九萬六百九十四。

漢州

唐·杜佑《通典》卷一七六《州郡典六·德陽郡》 戶六萬一千三百七十，口三十六萬四千二百。

唐·李吉甫《元和郡縣圖志》卷三一《劍南道上·漢州》 開元戶四萬二千五百。【略】元和戶二千一百一十三。

《新唐書》卷四二《地理志六·漢州德陽郡》 戶六萬九千五，口三十萬八千二百三。

嘉州

唐·杜佑《通典》卷一七五《州郡典五·犍為郡》 戶三萬五千八百四十二，口九萬九千四百九十。

唐·李吉甫《元和郡縣圖志》卷三一《劍南道上·嘉州》 開元戶二萬二千九百一十二。【略】元和戶一千九百七十五。

《舊唐書》卷四一《地理志四·嘉州》 舊領縣六，戶二萬五千八十五，口七萬五千三百九十一。天寶領縣八，戶三萬四千二百八十九，口九萬九千五百九十一。

眉州

唐·杜佑《通典》卷一七六《州郡典六·通義郡》 戶四萬四千六百四十，口十七萬五千四百。

唐·李吉甫《元和郡縣圖志》卷三二《劍南道中·眉州》 開元戶四萬二千八百三十六。【略】元和戶五千八百四。

《舊唐書》卷四一《地理志四·眉州》 舊領縣五，戶三萬六千九，口十六萬九千七百五十五。天寶戶四萬三千五百二十九，口一十七萬五千二百五十六。

邛州

唐・杜佑《通典》卷一七六《州郡典六・臨邛郡》 戶三萬八千八十五，口十八萬八百七十五。

唐・李吉甫《元和郡縣圖志》卷三一《劍南道上・邛州》 開元戶一萬三千五十二。【略】元和戶二萬五千一百七十六。

《舊唐書》卷四一《地理志四・邛州》 舊領縣六，戶一萬五千八百八十六，口七萬二千八百五十九。天寶領縣七，戶四萬二千一百七，口十九萬三百二十七。

簡州

唐・杜佑《通典》卷一七五《州郡典五・陽安郡》 戶二萬一千一百一十九，口一十萬九千六百九。

唐・李吉甫《元和郡縣圖志》卷三一《劍南道上・簡州》 開元戶二萬二百二十三。【略】元和戶二千五百二十二。

《舊唐書》卷四一《地理志四・簡州》 舊領縣三，戶一萬三千八百五，口七萬五千一百三十三。天寶戶二萬三千六十六，口十四萬三千一百九十。

資州

唐・杜佑《通典》卷一七六《州郡典六・和義郡》 戶二萬八千五百十四，口九萬六百六十。

唐・李吉甫《元和郡縣圖志》卷三一《劍南道上・資州》 開元戶一萬八千五百二十二。【略】元和戶二千四百九十九。

《舊唐書》卷四一《地理志四・資州》 舊領縣八，戶二萬九千三百四十七，口十五萬二千一百三十九。天寶戶二萬九千六百三十五，口十萬四千七百七十五。

嶲州

唐・杜佑《通典》卷一七六《州郡典六・越嶲郡》 戶四萬一千五百三十二，口十五萬七千六十。

唐・李吉甫《元和郡縣圖志》卷三二《劍南道中・嶲州》 開元戶三萬八千三十五。【略】元和戶一萬六千五百八十。

《舊唐書》卷四一《地理志四・嶲州》 舊領縣十，戶二萬三千五十四，口五萬三千六百一十八。天寶領縣七，戶四萬七百二十一，口十七萬五千二在八十。

雅州

唐・杜佑《通典》卷一七六《州郡典六・盧山郡》 戶九千四百八十，口四萬七千八百三十。

唐・李吉甫《元和郡縣圖志》卷三二《劍南道中・雅州》 開元戶六千五百八十九。【略】元和戶一千四百五十二。

《舊唐書》卷四一《地理志四・雅州》 舊領縣五，戶一萬三百六十二，口四萬一千七百二十三。天寶戶一萬八百九十二，口五萬四千四百一十九。

黎州

唐・杜佑《通典》卷一七六《州郡典六・洪源郡》 戶六千八百五十，口萬七千十。

唐・李吉甫《元和郡縣圖志》卷三二《劍南道中・黎州》 元和戶三百三十。

《舊唐書》卷四一《地理志四・黎州》 領縣三，戶一千七百三十一，口七千六百七十八。

茂州

唐・杜佑《通典》卷一七六《州郡典六・通化郡》 戶二千四百八十五，口萬三千二百。

唐・李吉甫《元和郡縣圖志》卷三二《劍南道中・茂州》 開元戶二千五百四十。【略】元和戶六百九十。

《舊唐書》卷四一《地理志四・茂州》 舊領縣四，戶三千三百八十六，口五萬三千七百六十一。天寶戶二千五百一十，口一萬三千二百四十二。

翼州

唐·杜佑《通典》卷一七六《州郡典六·臨翼郡》 戶千八百三十四，口九千一百九十。

唐·李吉甫《元和郡縣圖志》卷三二《劍南道中·翼州》 開元戶一千七百一十四。

《舊唐書》卷四一《地理志四·翼州》 舊領縣三，戶一千六百二，口三千八百九十八。天寶領縣三，戶七百一十一，口三千六百一十八。

維州

唐·杜佑《通典》卷一七六《州郡典六·維川郡》 戶千六十，口三千九百。

唐·李吉甫《元和郡縣圖志》卷三二《劍南道中·維州》 開元戶七百六十五。

《舊唐書》卷四一《地理志四·維州》 舊領縣三，戶二千一百四十二，無口。天寶領縣二，戶二千一百七十九，口三千一百九十八。

戎州

唐·杜佑《通典》卷一七六《州郡典六·南溪郡》 戶四千三十九，口萬三千七百七十。

唐·李吉甫《元和郡縣圖志》卷三一《劍南道上·戎州》 開元戶六千七百八十七。【略】元和戶一千二百九十三。

《舊唐書》卷四一《地理志四·戎州》 舊領縣六，戶三萬一千六百七十，口六萬一千二十六。天寶領縣五，戶四千三百五十九，口一萬六千三百七十五。

姚州

唐·杜佑《通典》卷一七六《州郡典六·雲南郡》 戶三千七百。

《新唐書》卷四二《地理志六·姚州雲南郡》 戶三千七百。

松州

唐·杜佑《通典》卷一七六《州郡典六·交川郡》 戶千五十，口五千六百五十。

唐·李吉甫《元和郡縣圖志》卷三二《劍南道中·松州》 開元戶七百二十。

《舊唐書》卷四一《地理志四·松州》 舊領縣三，戶六百一十二，口六千三百五。天寶戶一千七十六，口五千七百四十二。

當州

唐·杜佑《通典》卷一七六《州郡典六·江源郡》 戶千九百十，口萬四百。

《舊唐書》卷四一《地理志四·當州》 領縣三，戶二千一百四十六，口六千七百一十三。

悉州

唐·杜佑《通典》卷一七六《州郡典六·歸誠郡》 戶八百七十八，口三千八百六十。

唐·李吉甫《元和郡縣圖志》卷三二《劍南道中·悉州》 開元戶八百五十五。

《舊唐書》卷四一《地理志四·悉州》 領縣二，戶八百一十六，口三千九百一十四。

靜州

唐·李吉甫《元和郡縣圖志》卷三二《劍南道中·靜州》 開元戶六百七十二。

《舊唐書》卷四一《地理志四·靜州》 領縣二，戶一千五百七十七，口六千六百六十九。

柘州

唐・杜佑《通典》卷一七六《州郡典六・蓬山郡》　戶四百九十，口二千一百二十。

《新唐書》卷四二《地理志六・柘州蓬山郡》　戶四百九十五，口二千二百二十。

恭州

唐・杜佑《通典》卷一七六《州郡典六・恭化郡》　戶一千三百九十三，口四千一百四十五。

《舊唐書》卷四一《地理志四・恭州》　領縣三，戶一千一百八十九，口六千二百二十二。

保州

《舊唐書》卷四一《地理志四・保州》　領縣三，戶一千二百四十五，口四千五百三十六。

真州

《舊唐書》卷四一《地理志四・真州》　領縣三，戶六百七十六，口三千一百四十七。

霸州

《舊唐書》卷四一《地理志四・霸州》　領縣一，戶一百七十一，口一千八百六十一。

梓州

唐・杜佑《通典》卷一七六《州郡典六・梓潼郡》　戶五萬五千五百，口二十萬三千十。

唐・李吉甫《元和郡縣圖志》卷三三《劍南道下・梓州》　開元戶一萬五千四百七十八。【略】元和戶六千九百八十五。

《舊唐書》卷四一《地理志四・梓州》　舊領縣七，戶四萬五千九百二十九，口二十四萬八千三百九十四。天寶領縣八，戶六萬一千八百二十四，口二十四萬六千六百五十二。

遂州

唐・杜佑《通典》卷一七六《州郡典六・遂寧郡》　戶三萬四千百八十，口九萬六千八百六十。

唐・李吉甫《元和郡縣圖志》卷三三《劍南道下・遂州》　開元戶三萬七千三百七十七。【略】元和戶三千八百四十六。

《舊唐書》卷四一《地理志四・遂州》　舊領縣三，戶一萬二千九百七十七，口六萬六千四百六十九。天寶領縣五，戶三萬五千六百三十二，口十萬七千七百一十六。

綿州

唐・杜佑《通典》卷一七六《州郡典六・巴西郡》　戶三萬七千二百六十，口十六萬八千。

唐・李吉甫《元和郡縣圖志》卷三三《劍南道下・綿州》　開元戶五萬一千四百八十。【略】元和戶七千一百四十八。

《舊唐書》卷四一《地理志四・綿州》　舊領縣九，戶四萬三千九百四，口十九萬五千五百六十三。天寶領縣九，戶六萬五千六十六，口二十六萬三千三百五十二。

劍州

唐・杜佑《通典》卷一七六《州郡典六・普安郡》　戶二萬二千三百七十，口九萬一千六百八十。

唐・李吉甫《元和郡縣圖志》卷三三《劍南道下・劍州》　開元戶一萬三千九百七十六。【略】元和戶二千九百二。

《舊唐書》卷四一《地理志四・劍州》　舊領縣七，戶三萬六千七百一十四，口十九萬九十六。天寶領縣八，戶二萬三千五百一十，口一十萬四百五十。

合州

唐・杜佑《通典》卷一七五《州郡典五・巴川郡》 戶三萬七千一百二十二，口九萬二百八十。

唐・李吉甫《元和郡縣圖志》卷三三《劍南道下・合州》 開元戶二萬六十七。【略】元和戶二千八百九十二。

《舊唐書》卷三九《地理志二・合州》 舊領縣四，戶一萬四千九百三十四，口五萬二百一十。天寶領縣六，戶六萬六千八百一十四，口十萬七千二百二十。

龍州

唐・杜佑《通典》卷一七六《州郡典六・江油郡》 戶九百二十，口五千二百。

唐・李吉甫《元和郡縣圖志》卷三三《劍南道下・龍州》 開元戶九百一十七。【略】元和戶三百二十五。

《舊唐書》卷四一《地理志四・龍州》 舊領縣二，戶一千一十七，口六千一百四十九。天寶戶二千九在九十二，口四千二百二十八。

普州

唐・杜佑《通典》卷一七五《州郡典五・安岳郡》 戶一萬一千五百四十九，口五萬五千一百六十九。

唐・李吉甫《元和郡縣圖志》卷三三《劍南道下・普州》 開元戶三萬二千六百八。【略】元和戶一千六百五十二。

《舊唐書》卷四一《地理志四・普州》 舊領縣六，戶二萬五千八百四十，口六萬七千三百二十。天寶領縣四，戶二萬五千六百九十三，口七萬四千六百九十二。

渝州

唐・杜佑《通典》卷一七五《州郡典五・南平郡》 戶七千三百九十三，口二萬八千九十八。

唐・李吉甫《元和郡縣圖志》卷三三《劍南道下・渝州》 開元戶五千九百六十二。【略】元和戶八百三十四。

《舊唐書》卷三九《地理志二・渝州》 舊領縣四，戶一萬二千七百一十，口五萬七百一十三。天寶，戶六千九百九十五，口二萬七千六百八十五。

陵州

唐・杜佑《通典》卷一七五《州郡典五・仁壽郡》 戶二萬九千九百二十四，口八萬九千一百九十六。

唐・李吉甫《元和郡縣圖志》卷三三《劍南道下・陵州》 開元戶一萬七千九百五十五。【略】元和戶一千九百八十五。

《舊唐書》卷四一《地理志四・陵州》 舊領縣四，戶一萬七千四百四十一，口八萬一百一十。天寶領縣五，戶三萬四千七百二十八，口一十萬一百二十八。

榮州

唐・杜佑《通典》卷一七六《州郡典六・和義郡》 戶五千一百九十，口萬六千四百九十。

唐・李吉甫《元和郡縣圖志》卷三三《劍南道下・榮州》 開元戶四千八百七。【略】元和戶八百八十一。

《舊唐書》卷四一《地理志四・榮州》 舊領縣六，戶一萬二千二百六十二，口五萬六千六百一十四。天寶，戶五千六百三十九，口一萬八千二十四。

昌州

唐・李吉甫《元和郡縣圖志》卷三三《劍南道下・昌州》 元和戶一千一百九。

瀘州

唐・杜佑《通典》卷一七五《州郡典五・瀘川郡》 戶一萬四千七

百九十四，口三萬八千一百九十七。

唐・李吉甫《元和郡縣圖志》卷三三《劍南道下・瀘州》 開元戶一萬六千八百七。【略】元和戶一千九百六十九。

《舊唐書》卷四一《地理志四・瀘州》 舊領縣六，戶一萬九千一百一十六，口六萬六千八百二十八。天寶戶一萬六千五百九十四，口六萬五千七百一十一。

涂州

《舊唐書》卷四一《地理志四・涂州》 戶二千三百三十四，口四千二百六十一。

炎州

《舊唐書》卷四一《地理志四・炎州》 領戶五千七百，無口數。

徹州

《舊唐書》卷四一《地理志四・徹州》 領戶三千三百，無口數。

向州

《舊唐書》卷四一《地理志四・向州》 領戶一千六百二，口三千八百九十八。

冉州

《舊唐書》卷四一《地理志四・冉州》 領戶一千三百七十，無口。

穹州

《舊唐書》卷四一《地理志四・穹州》 領戶三千四百三十六，無口。

奉州

唐・杜佑《通典》卷一七六《州郡典六・雲山郡・奉州》 戶三百七十二，口千六百五十五。

嶺南道・廣州

唐・杜佑《通典》卷一八四《州郡典十四・南海郡》 戶五萬八千八百四十，口二十萬一千五百。

唐・李吉甫《元和郡縣圖志》卷三四《嶺南道一・廣州》 開元戶六萬四千二百五十。【略】元和戶七萬四千九十九。

《舊唐書》卷四一《地理志四・廣州》 舊領縣十，戶一萬二千四百六十三，口五萬九千一百一十四。天寶領縣十三，戶四萬二千二百三十五。

岡州

唐・杜佑《通典》卷一八四《州郡典十四・義寧郡》 戶五千六百五十。無口數。

《舊唐書》卷四一《地理志四・岡州》 舊領縣二，戶二千三百五十八，口八千六百六十二。天寶戶五千六百五十，無口數。在京師西南六千三百五里。

韶州

唐・杜佑《通典》卷一八四《州郡典十四・始興郡》 戶二萬四千二百，口十六萬八千九十。

唐・李吉甫《元和郡縣圖志》卷三四《嶺南道一・韶州》 開元戶二萬七百六十四。【略】元和戶九千六百六十四。

《舊唐書》卷四一《地理志四・韶州》 舊領縣四，戶六千九百六十，口四萬四百一十六。天寶領縣六，戶三萬一千，口十六萬八千九百四十八。

循州

唐・杜佑《通典》卷一八四《州郡典十四・海豐郡》 戶九千五百二十。無口數。

唐·李吉甫《元和郡縣圖志》卷三四《嶺南道一·循州》 開元戶九千五百二十五。【略】元和戶二千八十九。

《舊唐書》卷四一《地理志四·循州》 舊領縣五，戶六千八百九十一，口三萬六千四百三十六。天寶領縣六，戶九千五百二十五，無口數。

潮州

唐·杜佑《通典》卷一八二《州郡典十二·潮陽郡》 戶一萬三百二十四，口五萬一千六百七十四。

唐·李吉甫《元和郡縣圖志》卷三四《嶺南道一·潮州》 開元戶九千三百三十七。【略】元和戶一千九百五十五。

康州

唐·杜佑《通典》卷一八四《州郡典十四·晉康郡》 戶五千一百，口一萬七千二百一十。

唐·李吉甫《元和郡縣圖志》卷三四《嶺南道一·康州》 開元戶一萬三千一百五十二。

《舊唐書》卷四一《地理志四·康州》 舊領縣四，戶四千一百二十四，口一萬三千五百四。天寶戶一萬五百一十，口一萬七千二百一十九。

瀧州

唐·杜佑《通典》卷一八四《州郡典十四·開陽郡》 戶七百十，口一千八百三十。

《舊唐書》卷四一《地理志四·瀧州》 舊領縣四，戶三千六百二十七，口九千四百三十九。

端州

唐·杜佑《通典》卷一八四《州郡典十四·高要郡》 戶九千五百五十三，口二萬一百二十。

唐·李吉甫《元和郡縣圖志》卷三四《嶺南道一·端州》 開元戶八千一百四十二。【略】元和戶一千七百九十五。

《舊唐書》卷四一《地理志四·端州》 舊領縣二，戶四千四百九十一，口二萬四千三百三。天寶，戶九千五百，口二萬一千一百二十。

新州

唐·杜佑《通典》卷一八四《州郡典十四·新興郡》 戶四千五十，口九萬一百五十。

《舊唐書》卷四一《地理志四·新州》 舊領縣四，戶七千三百八十八，口三萬五千二十五。天寶領縣三，戶九千五百。

封州

唐·杜佑《通典》卷一八四《州郡典十四·臨封郡》 戶三千九百十，口八千九百二十。

唐·李吉甫《元和郡縣圖志》卷三四《嶺南道一·封州》 開元戶五千六百五十三。【略】元和戶八百一十一。

《舊唐書》卷四一《地理志四·封州》 舊領縣四，戶二千五百五十五，口一萬三千四百七十七。天寶領縣二，戶三千九百，口一萬一千八百二十七。

潘州

唐·杜佑《通典》卷一八四《州郡典十四·南潘郡》 戶二千九百五十，口八千九百六十。

《舊唐書》卷四一《地理志四·潘州》 舊領縣五，戶一萬七百四十八。天寶後，領縣三，戶四千三百，口八千九百六十七。

春州

唐·杜佑《通典》卷一八四《州郡典十四·南陵郡》 戶七百四十，口二千八百。

《舊唐書》卷四一《地理志四·春州》 舊領縣一，戶五千七百一十四，口二萬一千六十一。天寶領縣二，戶一萬一千二百一十八。

勤州

唐・杜佑《通典》卷一八四《州郡典十四・銅陵郡》 戶六百八十二，口一千九百三十三。

《舊唐書》卷四一《地理志四・勤州》 領縣三，戶六百八十二，口一千九百三十三。

羅州

唐・杜佑《通典》卷一八四《州郡典十四・招義郡》 戶一千二百六十八，口九千四百一十。

《舊唐書》卷四一《地理志四・羅州》 舊領縣五，戶五千四百六十，口八千四百一十一。

辯州

唐・杜佑《通典》卷一八四《州郡典十四・陵水郡》 戶一千六百二十，口五千三百二十。

《舊唐書》卷四一《地理志四・辯州》 領縣三，戶四千八百五十八，口一萬六千二百九。

高州

唐・杜佑《通典》卷一八四《州郡典十四・高涼郡》 戶五千八百五十，口一萬八千一百四十。

《舊唐書》卷四一《地理志四・高州》 領縣三，戶一萬二千四百。

恩州

唐・杜佑《通典》卷一八四《州郡典十四・恩平郡》 戶九千。無口數。

《舊唐書》卷四一《地理志四・恩州》 領縣三，戶九千，無口數。

雷州

唐・杜佑《通典》卷一八四《州郡典十四・海康郡》 戶四千三百三十，口二萬五百七十。

《舊唐書》卷四一《地理志四・雷州》 舊領縣四，戶二千四百五十八。天寶領縣三，戶四千三百二十，口二萬五百七十二。

崖州

唐・杜佑《通典》卷一八四《州郡典十四・珠崖郡》 戶二千五百，口一萬二千。

《舊唐書》卷四一《地理志四・崖州》 舊領縣七，戶六千六百四十六。天寶戶十一鄉。

瓊州

唐・杜佑《通典》卷一八四《州郡典十四・瓊山郡》 戶六百四十，口一千六百八十。

《舊唐書》卷四一《地理志四・瓊州》 領縣五，戶六百四十九。

振州

唐・杜佑《通典》卷一八四《州郡典十四・延德郡》 戶八百一十五，口二千八百二十。

《舊唐書》卷四一《地理志四・振州》 領縣四，戶八百一十九，口二千八百二十一。

儋州

唐・杜佑《通典》卷一八四《州郡典十四・昌化郡》 口七千三百。

《舊唐書》卷四一《地理志四・儋州》 舊領縣五，戶三千九百五十六。天寶，戶三千三百九。

萬安州

唐・杜佑《通典》卷一八四《州郡典十四・萬安郡》 戶七百二十，口一千六百。

《新唐書》卷四三上《地理志七上・萬安州萬安郡》 戶二千九百九

十七。

邕州

唐·杜佑《通典》卷一八四《州郡典十四·朗寧郡》 戶二千八百九十，口七千三百。

唐·李吉甫《元和郡縣圖志》卷三八《嶺南道五·邕州》 開元戶一千六百二十四。

《舊唐書》卷四一《地理志四·邕州》 舊領縣五，戶八千二百二十五。天寶後，戶二千八百九十三，口七千三百二。

澄州

唐·杜佑《通典》卷一八四《州郡典十四·賀水郡》 戶一千八百，口二千三百三十。

唐·李吉甫《元和郡縣圖志》卷三八《嶺南道五·澄州》 開元戶二千一百六十五。

《舊唐書》卷四一《地理志四·澄州》 舊領縣四，戶一萬八百六十八。天寶後，戶一千三百六十八，口八千五百八十。

賓州

唐·杜佑《通典》卷一八四《州郡典十四·安城郡》 戶一千三百六十，口八千五百八十。

唐·李吉甫《元和郡縣圖志》卷三八《嶺南道五·賓州》 開元戶一千八百九十五。

《舊唐書》卷四一《地理志四·賓州》 舊領縣三，戶七千四百八十五。天寶戶一千九百七十六，口八千五百八十。

橫州

唐·杜佑《通典》卷一八四《州郡典十四·寧浦郡》 戶一千九百二十，口八千三百四十。

唐·李吉甫《元和郡縣圖志》卷三八《嶺南道五·橫州》 開元戶一千三百七十八。

《舊唐書》卷四一《地理志四·橫州》 舊領縣四，戶一千一百二十八，口一萬七百三十四。天寶領縣三，戶一千九百七十八，口八千三百四十二。

潯州

唐·杜佑《通典》卷一八四《州郡典十四·潯江郡》 戶一千九百三十，口六千八百三十。

唐·李吉甫《元和郡縣圖志》卷三八《嶺南道五·潯州》 開元戶一千七百一十六。

《舊唐書》卷四一《地理志四·潯州》 舊領縣三，戶二千五百，口六千八百三十六。

巒州

唐·杜佑《通典》卷一八四《州郡典十四·永定郡》 戶七百七十，口三千八百。

《舊唐書》卷四一《地理志四·巒州》 領縣三，戶七百七十，口三千八百三。

欽州

唐·杜佑《通典》卷一八四《州郡典十四·寧越郡》 戶二千三百四十，口一萬四千四十。

唐·李吉甫《元和郡縣圖志》卷三八《嶺南道五·欽州》 開元戶二千二百八十。

《舊唐書》卷四一《地理志四·欽州》 舊領縣七，戶一萬四千七十二，口一萬八千一百二十七。天寶領縣五，戶二千七百，口一萬一百四十六。

貴州

唐·杜佑《通典》卷一八四《州郡典十四·懷澤郡》 戶三千二十

六，口九千三百。

唐·李吉甫《元和郡縣圖志》卷三八《嶺南道五·貴州》　開元戶三千六百二十九。

《舊唐書》卷四一《地理志四·貴州》　舊領縣八，戶二萬八千九百三十，口三萬一千九百九十六。天寶後，領縣四，戶三千二十六，口九千三百。

龔州

唐·杜佑《通典》卷一八四《州郡典十四·臨江郡》　戶五千，口二萬一千。

唐·李吉甫《元和郡縣圖志》卷三七《嶺南道四·龔州》　開元戶二千四百二十。【略】元和戶二百七十六。

《舊唐書》卷四一《地理志四·龔州》　舊領縣八，戶一萬三千八百二十一，口一萬一千一百二十八。天寶領縣六，戶九千，口二萬一千。

象州

唐·杜佑《通典》卷一八四《州郡典十四·象郡》　戶二千九百七十，口一萬八千九十。

唐·李吉甫《元和郡縣圖志》卷三七《嶺南道四·象州》　開元戶三千二百九十。【略】元和戶二百三十三。

《舊唐書》卷四一《地理志四·象州》　舊領縣六，戶一萬一千八百四十五，口一萬二千五百二十一。天寶領縣三，戶五千五百，口一萬八百九十。

藤州

唐·杜佑《通典》卷一八四《州郡典十四·感義郡》　戶三千九百八十。

《舊唐書》卷四一《地理志四·藤州》　舊領縣六，戶九千二百三十六，口一萬三百七十二。天寶領縣三，戶三千九百八十。

嚴州

唐·杜佑《通典》卷一八四《州郡典十四·安樂郡》　戶一千一百一十，口五千一百三十。

《舊唐書》卷四一《地理志四·嚴州》　領縣四，戶一千一百一十。

宜州

《新唐書》卷四三上《地理志七上·宜州龍水郡》　戶千二百二十，口三千二百三十。

瀼州

唐·杜佑《通典》卷一八四《州郡典十四·臨潭郡》　戶一千六百六十，口五千三百二十。

《舊唐書》卷四一《地理志四·瀼州》　領縣四，戶一千六百六十六。

籠州

唐·杜佑《通典》卷一八四《州郡典十四·扶南郡》　戶三千六百六十，口一萬二百。

《舊唐書》卷四一《地理志四·籠州》　領縣七，戶三千六百六十七。

田州

唐·杜佑《通典》卷一八四《州郡典十四·橫山郡》　戶四千一百六十，口一萬七百二十。

《舊唐書》卷四一《地理志四·田州》　舊領縣五，戶四千一百六十八。

桂州

唐·杜佑《通典》卷一八四《州郡典十四·始安郡》　戶一萬二千

七百七十，口七萬一千一十八。

唐·李吉甫《元和郡縣圖志》卷三七《嶺南道四·桂州》　開元戶三萬六千二百六十五。【略】元和戶八千六百五十。

《舊唐書》卷四一《地理志四·桂州》　舊領縣十，戶三萬二千七百八十一，口五萬六千五百二十六。天寶領戶一萬七千五百，口七萬一千一十八。

梧州

唐·杜佑《通典》卷一八四《州郡典十四·蒼梧郡》　戶一千一百，口六千二百七十。

唐·李吉甫《元和郡縣圖志》卷三七《嶺南道四·梧州》　開元戶二千二百九。【略】元和戶一千八百七十一。

《舊唐書》卷四一《地理志四·梧州》　舊領縣四，戶三千八十四，口五千四百二十三。天寶領縣三，戶五千。

賀州

唐·李吉甫《元和郡縣圖志》卷三七《嶺南道四·賀州》　開元戶二千五百三十七。【略】元和戶四百四十九。

《舊唐書》卷四一《地理志四·賀州》　舊領縣五，戶六千七百一十三，口一萬八千六百二十八。天寶領縣六，戶四千五百，無口數。

連州

唐·杜佑《通典》卷一八三《州郡典十三·連山郡》　戶一萬一千一百八十，口五萬六百二十九。

唐·李吉甫《元和郡縣圖志》卷二九《江南道五·連州》　開元戶一萬八百八十。【略】元和戶五千二百七十。

《舊唐書》卷四〇《地理志三·連州》　舊領縣三，戶五千五百六十三，口三萬一千九十四。天寶戶三萬二千二百一十，口一十四萬三千五百三十二。

柳州

唐·杜佑《通典》卷一八四《州郡典十四·龍城郡》　戶一千四百四十二，口萬五百五十。

唐·李吉甫《元和郡縣圖志》卷三七《嶺南道四·柳州》　開元戶一千三百一十四。【略】元和戶一千二百八十七。

《舊唐書》卷四一《地理志四·柳州》　舊領縣四，戶六千六百七十四，口七千六百三十七。天寶領縣五，戶二千二百三十二，口一萬一千五百五十。

富州

唐·杜佑《通典》卷一八四《州郡典十四·開江郡》　戶一千四百六十，口八千五百八十。

唐·李吉甫《元和郡縣圖志》卷三七《嶺南道四·富州》　開元戶一千三百一十一。【略】元和戶二百四十三。

《舊唐書》卷四一《地理志四·富州》　舊領縣三，戶三千三百四十九，口四千三百一十九。天寶戶一千二百九十。

昭州

唐·杜佑《通典》卷一八四《州郡典十四·平樂郡》　戶二千三百三十四，口二萬一千四百一十九。

唐·李吉甫《元和郡縣圖志》卷三七《嶺南道四·昭州》　開元戶七千三。【略】元和戶一千五百七十八。

《舊唐書》卷四一《地理志四·昭州》　舊領縣三，戶四千九百一十八，口一萬二千六百九十一。天寶戶三千五百。

蒙州

唐·杜佑《通典》卷一八四《州郡典十四·蒙山郡》　戶一千一百一十六，口五千九百三十三。

唐·李吉甫《元和郡縣圖志》卷三七《嶺南道四·蒙州》　開元戶

一千六百三十七。【略】元和戶二百七十二。

《舊唐書》卷四一《地理志四・蒙州》 舊領縣三，戶一千六十九。天寶戶一千五十九。

嚴州

唐・杜佑《通典》卷一八四《州郡典十四・修德郡》 戶一千八百一十，口七千五十。

唐・李吉甫《元和郡縣圖志》卷三七《嶺南道四・嚴州》 開元戶一千六百六十。【略】元和戶一百一十六。

《舊唐書》卷四一《地理志四・嚴州》 領縣三，戶一千八百五十九，口七千五十一。

融州

唐・杜佑《通典》卷一八四《州郡典十四・融水郡》 戶一千二百三十，口七千五百。

唐・李吉甫《元和郡縣圖志》卷三七《嶺南道四・融州》 開元戶一千七百七。【略】元和戶二百四十二。

《舊唐書》卷四一《地理志四・融州》 舊領縣三，戶二千七百九十四，口三千三百三十五。天寶戶一千二百三十二。

思唐州

唐・李吉甫《元和郡縣圖志》卷三七《嶺南道四・思唐州》 元和戶六十一。

《新唐書》卷四三上《地理志七上・思唐州武郎郡》 戶百四十一。縣二。

古州

唐・杜佑《通典》卷一八四《州郡典十四・樂古郡》 戶二百六十，口一千三百。

《新唐書》卷四三上《地理志七上・古州樂興郡》 戶二百八十五。

容州

唐・杜佑《通典》卷一八四《州郡典十四・普寧郡》 戶四千九十，口一萬七千八十。

《舊唐書》卷四一《地理志四・容州》 舊領縣七，戶八千八百九十。天寶後，領縣五，戶四千九百七十，口一萬七千八十七。

牢州

唐・杜佑《通典》卷一八四《州郡典十四・定川郡》 戶一千六百四十，口一萬一千七百五十。

《舊唐書》卷四一《地理志四・牢州》 舊領縣三，戶一千六百四十一，口一萬一千七百五十六。

白州

唐・杜佑《通典》卷一八四《州郡典十四・南昌郡》 戶二千五百二十，口九千四百九十。

《舊唐書》卷四一《地理志四・白州》 舊領縣四，戶八千二百六。天寶領縣五，戶二千五百七十四，口九千四百九十八。

山州

唐・杜佑《通典》卷一八四《州郡典十四・龍池郡》 戶一千三百，口五千二百。

《舊唐書》卷四一《地理志四・山州》 領縣二，戶一千三百二十。

順州

《新唐書》卷四三上《地理志七上・順州順義郡》 戶五百九。

繡州

唐・杜佑《通典》卷一八四《州郡典十四・常林郡》 戶一千七百二十，口一萬二百三十。

《舊唐書》卷四一《地理志四·繡州》　領縣三，戶九千七百七十三。

鬱林州

唐·杜佑《通典》卷一八四《州郡典十四·鬱林郡》　戶九千一百十，口九萬六百九十。

《舊唐書》卷四一《地理志四·鬱林州》　領縣五，戶一千九百一十八，口九千六百九十九。

黨州

唐·杜佑《通典》卷一八四《州郡典十四·寧仁郡》　戶一千三百，口六千二百二十。

《舊唐書》卷四一《地理志四·黨州》　領縣四，戶一千三百，口七千四百。

平琴州

唐·杜佑《通典》卷一八四《州郡典十四·平琴郡》　戶七百四十，口三千九百九十。

《舊唐書》卷四一《地理志四·平琴州》　領縣四，戶一千一百七十四。

竇州

唐·杜佑《通典》卷一八四《州郡典十四·懷德郡》　戶一千三百九十，口七千三百三十。

《舊唐書》卷四一《地理志四·竇州》　舊領縣五，戶三千五百五十。天寶領縣四，戶一千一十九。

禺州

唐·杜佑《通典》卷一八四《州郡典十四·温水郡》　戶三千一百八十，口一萬二百二十。

《舊唐書》卷四一《地理志四·禺州》　舊領縣五，戶一萬七百四十八。天寶領縣四，戶三千一百八十。

廉州

唐·杜佑《通典》卷一八四《州郡典十四·合浦郡》　戶三千一十，口一萬三千二十。

《舊唐書》卷四一《地理志四·廉州》　舊領縣五，戶一千五百二十二。天寶，戶三千三十二，口一萬三千二十九。

義州

唐·杜佑《通典》卷一八四《州郡典十四·連城郡》　戶一千一百一十，口七千三百三。

《舊唐書》卷四一《地理志四·義州》　舊領縣四，戶三千二百二十五，無口。天寶領縣三，戶一千一百一十，口七千三百三。

陸州

唐·杜佑《通典》卷一八四《州郡典十四·玉山郡》　戶四百九十，口二千七百一十。

唐·李吉甫《元和郡縣圖志》卷三八《嶺南道五·陸州》　開元戶一千九百三十四。【略】元和戶二百三十一。

《舊唐書》卷四一《地理志四·陸州》　領縣三，戶四百九十四，口二千六百七十四。

峰州

唐·杜佑《通典》卷一八四《州郡典十四·承化郡》　戶一千九百二十，口五千一百一十。

唐·李吉甫《元和郡縣圖志》卷三八《嶺南道五·峰州》　開元戶三千五百六十一。【略】元和戶一千四百八十二。

《舊唐書》卷四一《地理志四·峰州》　舊領縣三，戶五千四百四十四，口六千四百三十五。天寶領縣五，戶一千九百二十。

愛州

唐・杜佑《通典》卷一八四《州郡典十四・九真郡》 戶四萬七百，口十三萬五千三十。

唐・李吉甫《元和郡縣圖志》卷三八《嶺南道五・愛州》 開元戶一萬四千五十六。【略】元和戶五千三百七十九。

《舊唐書》卷四一《地理志四・愛州》 舊領縣七，戶九千八十，口三萬六千五百一十九。天寶領縣六，戶一萬四千七百。

驩州

唐・杜佑《通典》卷一八四《州郡典十四・日南郡》 戶九千六百一十九，口五萬三千八百一十八。

唐・李吉甫《元和郡縣圖志》卷三八《嶺南道五・驩州》 開元戶六千六百四十九。【略】元和戶三千八百四十二。

《舊唐書》卷四一《地理志四・驩州》 舊領縣六，戶六千五百七十九，口一萬六千六百八十九。天寶領縣四，戶九千六百一十九，口五萬八百一十八。

長州

唐・杜佑《通典》卷一八四《州郡典十四・文陽郡》 戶六百三十，口三千四十。

《舊唐書》卷四一《地理志四・長州》 領縣四，戶六百四十八。

福祿州

《新唐書》卷四三上《地理志七上・福祿州唐林郡》 戶三百一十七。

湯州

唐・杜佑《通典》卷一八四《州郡典十四・湯泉郡》 戶一千三百，口五千二百二十。

芝州

唐・杜佑《通典》卷一八四《州郡典十四・忻城郡》 戶一千二百，口五千三百。

《新唐書》卷四三上《地理志七上・芝州忻城郡》 戶千二百，口五千三百。

武峨州

唐・杜佑《通典》卷一八四《州郡典十四・武峨郡》 戶一千八百五十，口五千三百二十。

《舊唐書》卷四一《地理志四・武峨州》 領縣五，戶一千八百五十。

演州

唐・李吉甫《元和郡縣圖志》卷三八《嶺南道五・演州》 元和戶一千四百五十。

《新唐書》卷四三上《地理志七上・演州龍池郡》 戶千四百五十。

武安州

唐・李吉甫《元和郡縣圖志》卷三八《嶺南道五・武安州》 戶都四百五十六。

《新唐書》卷四三上《地理志七上・武安州武曲郡》 戶四百五十。

粵州

唐・杜佑《通典》卷一八四《州郡典十四・龍水郡》 戶一千二百二十，口三千二百三十。

安南都護府

唐・李吉甫《元和郡縣圖志》卷三八《嶺南道五・安南》 開元戶二萬五千六百九十四。【略】元和戶二萬七千一百三十五。

郡　州

唐・李吉甫《元和郡縣圖志》卷三八《嶺南道五・郡州》　戶都三百三十五。

諒　州

唐・李吉甫《元和郡縣圖志》卷三八《嶺南道五・諒州》　戶都五百五十。

唐林州

唐・李吉甫《元和郡縣圖志》卷三八《嶺南道五・唐林州》　戶都三百一十七。

武定州

唐・李吉甫《元和郡縣圖志》卷三八《嶺南道五・武定州》　戶都一千二百。

貢　州

唐・李吉甫《元和郡縣圖志》卷三八《嶺南道五・貢州》　戶都三百十八。

論　説

唐・杜佑《通典》卷七《食貨七・歷代盛衰戶口》　論曰：【略】國家貞觀中，有戶三百萬；至天寶末百三十餘年，纔如隋氏之數。聖唐之盛，邁於西漢。約計天下編戶，合踰元始之間，而名籍所少三百餘萬。自貞觀以後，加五百九十萬。其時天下戶，都有八百九十餘萬也。漢武黷兵，人戶減半，末年追悔，方息征伐。其後至平帝元始二年七十餘載，有戶千二百二十餘萬。唐百三十餘年中，雖時起兵戎，都不至減耗，而浮浪日衆，版圖不收。若此量漢時，實合有加數，約計天下人戶，少猶可有千三四百萬矣。直以選賢授任，多在藝文，才與職乖，法因事弊，隳循名責實之義，闕考言詢事之道。崇佚之所至，美價之所歸，不無輕薄之曹，浮華之伍。習程典，親簿領，謂之淺俗；務根本，去枝葉，目以迂闊。風流相尚，奔競相驅，職事委於羣胥，貨賄行於公府，而至此也。

自建中初，天下編甿百三十萬。賴分命黜陟，重為案比，收入公税，增倍而餘。諸道加出百八十萬，共得三百二十萬。遂令賦有常規，人知定制，貪冒之吏莫得生姦，狡猾之甿皆被其籍，誠適時之令典，拯弊之良圖。舊制：百姓供公上，計丁定庸調及租。其税戶雖兼出王公以下，比之二三，十分唯一耳。自兵興以後，經費不完，於是徵斂多名，且無恒數，貪吏横恣，因緣為姦，法令莫得檢制，烝庶不知告訴。其丁狡猾者，即多規避，或假名入仕，或託迹為僧，或占募軍伍，或依信豪族，兼諸色役，萬端蠲除。鈍劣者即被徵輸，困竭日甚。建中新令，並入兩税。恒額既立，加益莫由，浮浪悉收，規避無所。而使臣制置各殊，或有輕重未一，仍屬多故，兵革荐興，浮冗之輩，今則衆矣，徵輸之數，亦以闕矣。舊額既在，見人漸艱。詳今日之宜，酌晉、隋故事，版圖可增其倍，征繕自減其半。賦既均一，人知税輕，免流離之患，益農桑之業。安人濟用，莫過於斯矣。計諸道簿帳所收，可有二百五十餘萬戶。按歷代戶口，多不過五，少不減三。約計天下，除有兵馬多處食鹽，是知見在之數者，採晉、隋舊典制置，可得五百萬矣。以五百萬戶共出二百五十萬戶税，自然各減半數。

古之為理也，在於周知人數，乃均其事役，則庶功以興，國富家足，教從化被，風齊俗和。夫然，故災沴不生，悖亂不起。所以《周官》有比、閭、族、黨、州鄉、縣、遂之制，維持其政，綱紀其人。孟冬，司徒獻民數於王，王拜而受之。其敬之守之，如此之重也。及理道乖方，版圖脱漏，人如鳥獸，飛走莫制，家以之乏，國以之貧，姦冗漸興，傾覆不悟。斯政之大者遠者，將求理平之道，非其本歟？

宋・王應麟《通鑑地理通釋》卷三《歷代戶口》　（唐杜佑）《理道要訣》曰：秦漢以降，海内一家。孝平元始，桓帝永壽，有隋大業，唐家天寶，戶口殷盛，三代莫儔。

劉氏度曰：西漢之盛，以戶計者至于千二百二十三萬，以口計者至于五千九百五十九萬。考之後世，以隋大業之富而戶口之數終莫能及，以未有浮屠之法以耗之也。唐開元之間，治固不逮漢，而以口計者四千八百十四萬。自漢而降，無若開元者。豈非以開元初姚崇為相，一旦髮僧而農者餘萬二千人，磨以歲月，其徒稍衰故邪？

宋・李心傳《建炎雜記甲集》卷一七《財賦四・本朝視漢唐戶多丁少之弊》　西漢戶口，至盛之時率以十戶為四十八口有奇，東漢戶口率以十戶為五十二口，可準周之下農夫。唐戶人口，至盛之時率以十戶為五十八口有奇，可準周之中次。

元・馬端臨《文獻通考》卷一〇《戶口考一・歷代戶口丁中賦役》

致堂胡氏曰：世有博古者言，自古人主養民，至一千萬戶則止矣。三代以上無經據者，兩漢而後誠未有溢於一千萬戶，明皇幾之矣。繁夥既甚，理復虧耗，豈人力所能遏哉？是以數言，亦然亦不然也。然者，以漢文景而武帝繼之，以隋高祖而煬帝繼之，以明皇而祿山出焉。不然者，堯、舜、禹、啓，太平凡三百餘年。周成王身致刑措，康王、穆王、昭王嗣守丕業，太平亦二百餘年。豈與後世中國無事之時淺促之比也！然則唐、虞、夏、周之民，豈止一千萬戶而已哉？養之既至，教之又備，無夭札瘥及兵革殺戮之禍，父子祖孫連數十世為太平之民。王者代天理物，於是為盡矣。明皇享國雖久，戶口雖多，不待易世而身自毀之。比禍亂稍平，幾去其半，徒以內有一楊太真，外有一李林甫而致之。嗚呼！可不監哉？可不監哉？

致堂胡氏曰：天寶初，戶幾一千萬。元和初，合方鎮有戶百四十四萬，是十失其八也。憲宗急於用兵，則養民之政不得厚重，以用异、鎛聚斂，受諸道貢獻，百姓難乎其阜蕃矣。

又《歷代戶口丁中賦役》　愚嘗論漢以後以戶口定賦，故雖極盛之時，而郡國所上戶口版籍，終不能及三代兩漢之數。蓋以避賦重之故，遞相隱漏，且疑天寶以上，戶不應不課者居三分之一有奇。今觀乾元戶數，則不課者反居其太半，尤為可笑。然則是豈足憑乎？詳見《田賦門》。

又　卷三《田賦考三・歷代田賦之制》　又按：古今戶口之數，三代以前姑勿論。史所載西漢極盛之數，為孝平元始二年，人戶千一百二十三萬三千；東漢極盛之時，為桓帝永壽三年，戶千六十七萬七千九百六十。此《通典》所載之數。據《東漢書・郡國志》，計戶一千六百七萬九百六，則多《通典》五百八十三萬有奇，是又盛於前漢矣。【略】隋混一之後，至大業二年，戶八百九十萬七千有奇。唐天寶之初，戶八百三十四萬八千有奇。隋唐土地不殊兩漢，而戶口極盛之時，纔及其三之二，何也？蓋兩漢時戶賦輕，故當時郡國所上戶口版籍，其數必實。自魏、晉以來，戶口之賦頓重，則版籍容有隱漏不實，固其勢也。南北分裂之時，版籍尤為不明，或稱僑寄，或冒勳閥，或以三五十戶為一戶，苟避科役，是以戶數彌少。隋、唐混一之後，生齒宜日富。休養生息，莫如開皇、貞觀之間；考覈之詳，莫如天寶，而戶數終不能大盛。且天寶十四載所上戶，總八百九十一萬四千七百九，而不課戶至有三百五十六萬五千五百。夫不課者，鰥寡廢疾、奴婢及品官有蔭者皆是也。然天下戶口，豈容鰥寡廢疾、品官居其三之一有奇乎？是必有說矣。然則以戶口定賦，非特不能均貧富，而適以長姦偽矣。

又按：漢元始時，定墾田八百二十七萬五千三十六頃，計每戶合得田六十七畝百四十六步有奇。隋開皇時，墾田千九百四十萬四千二百六十七頃，計每戶合得田二頃有餘。夫均此宇宙也，田日加於前，戶日削於舊，何也？蓋一定而不可易者，田也，是以亂離之後，容有荒蕪而頃畝猶在。可損可益者，戶也，是以虛耗之餘，並緣為弊而版籍難憑。杜氏《通典》以為我國家自武德初至天寶末，凡百三十八年，可以比崇漢室，而人戶纔比於隋氏，蓋有司不以經國馭遠為意，法令不行，所在隱漏之甚。其說是矣，然不知庸調之征愈增，則戶口之數愈減，乃魏、晉以來之通病，不特唐為然也。漢之時，戶口之賦本輕，至孝宣時又行蠲減，且令流徙者復其賦，故膠東相王成遂偽上流民自占者八萬餘口，以徼顯賞。若如魏、晉以後之戶賦，則一郡豈敢偽占八萬口，以貽無窮之逋負乎？

明・丘濬《大學衍義補》卷一三《固邦本・蕃民之生》　臣按：天下盛衰在庶民，庶民多則國勢盛，庶民寡則國勢衰。蓋國之有民，猶倉廩之有粟，府藏之有財也。是故為國者莫急於養民，養民之政在乎去其害民者。爾所以使民受害而戶口不得阜蕃者，必有其根。故胡寅論隋氏之耗，不咎楊、玄感。李密也。而咎獨孤后；天寶之耗，不罪安、祿山。史思明而罪楊太真、李林甫；元和之耗，則又歸其獄於程异、皇甫鎛之聚斂焉。嗚呼！私意行於宮禁而災禍延於閭閻，小人用於廟堂而毒害及於黎庶。

人君之欲蓄民生者，其尚去讒、遠色、賤貨而一於貴德也哉！

藝文

唐・張説《張燕公集》卷二《奉和聖製送宇文融安輯戶口應制》 至德臨天下，勞情遍九圍。念兹人去本，蓬轉將何依？外避征戍數，內傷親黨稀。嗟不逢明盛，胡能照隱微！柏臺簡行李，蘭殿錫朝衣。別曲動秋風，恩令生春輝。使出四海安，詔下萬心歸。怍無夔龍佐，徒歌鴻雁飛。

唐・王維《王右丞集》卷四《新晴野望》 新晴原野曠，極目無氛垢。郭門臨渡頭，村樹連溪口。白水明田外，碧峰出山後。農月無閒人，傾家事南畝。

唐・高適《高常侍集》卷八《寄宿田家》 田家老翁住東陂，説道平生隱在兹。鬢白未曾記日月，山青每到識春時。門前種柳深成巷，野谷流泉添入池。牛壯日耕十畝地，人閑常掃一茅茨。

唐・儲光羲《儲光羲詩集》卷二《田家雜興》 種桑百餘樹，種黍三十畝。衣食既有餘，時時會親友。

唐・張籍《張司業集》卷二《野老歌》 老翁家貧在山住，耕種山田三四畝。苗疏稅多不得食，輸入官倉化為土。歲暮鋤犁倚空室，呼兒登山收橡實。西江賈客珠百斛，船中養犬長食肉。

唐・韋應物《韋蘇州集》卷三《贈李判官》 賓館在林表，望山啓西扉。下有千畝田，泱漭吴土肥。始耕已見穫，衫絺今授衣。

唐・白居易《白氏長慶集》卷三六《達哉樂天行》 起來與爾畫生計，薄産處置有後先。先賣南坊十畝園，次賣東郭五頃田，然後兼賣所居宅，髣髴獲緡二三千。

唐・韋莊《浣花集》卷三《洛北村居》 十畝松篁百畝田，歸來方屬大兵年。巖邊石室低臨水，雲外嵐峰半入天。

五代十國戶口田土分部

綜述

宋・王溥《五代會要》卷二五《團貌》 周顯德五年十月詔：『諸道州府，令團并鄉村，大率以百戶為一團，選三大戶為耆長。凡民家之有姦盗者，三大戶察之；民田之有耗登者，三大戶均之。仍每及三載，即一如是。』

又《賬籍》 梁開平三年三月，尚書戶部奏：『請詔天下州府，准舊章申送戶口帳籍。』從之。

又《逃戶》 後唐天成三年十二月十日，殿中監李延范奏：『請指揮諸道州府，每逃戶歸業後，委州司各與公憑，二年內放免兩稅差科。如有違，許州論詳勘責。若州縣官總得五百戶以上，乞等第獎酬。』從之。

長興三年七月二十七日敕：『應諸處凡有今年為經水潦逃戶，在園屋舍桑棗，一物已上，並可指揮州縣，散下鄉村，委逐村節級、鄰保人，分明文簿，各管見在，不得輒令毁拆房舍。斬伐樹木，及散失動使什物等。俟本戶歸業日，却依元數，責令交付訖，具無欠少罪結狀，申本州縣。如元數內稱有物欠少許，歸業戶陳狀訴論，所犯節級并鄉鄰保人等，並科違敕之罪，仍勒倍償。或至來年春入務後，有逃戶未歸者，其桑土即許鄰保人請佃，供輸租稅，種後本主歸來，亦准上指揮，至秋收後還之。』

周顯德二年五月二十五日敕：應自前及今後有逃戶莊田，許人請射承佃，供納租稅。如三周年內，本戶歸業者，其桑土不論荒熟，并莊田交還一半。五周年內归业者，三分交还一分。應已上承佃戶，如是自出力別蓋造到屋舍，及栽種到樹木園圃，並不在交還之限。如五周年外歸業者，莊田除本戶墳塋外，不在交付。如有荒廢桑土，承佃戶自來無力佃蒔，祇仰交割與歸業人戶佃蒔。

一、近北諸州，自契丹離亂，鄉村人戶多被邊軍打掠向北，近來多有百姓自番界回來，其莊田已被別戶請射，無處歸託。今後如有五周年內，其本主還來識認，不以桑土荒熟，并莊園三分中交還二分；十周年內來者交還一半；十五年內來者，三分中交還一分。應上項承佃戶，如是自出力別蓋造到屋舍，及栽種到樹木園圃，並不在給還之限。如十五周年外歸業者，其莊田除本戶墳塋外，不在交還；如有荒廢桑土，承佃戶自來無力佃蒔，祇仰交割與歸業人戶佃蒔。

一、應有坐罪家破逃人戶，其戶下物業，並許別戶陳告，請射承佃，供納租稅，充為承業，不限年歲，不在論認之限。所有本戶及鄉村節級，重行斷決。

一、諸州應有冒佃逃戶物業，不納租稅者，其本戶歸業之時，不計年限，並許論認。仰本縣立差人檢勘，交割與本戶為主。如本戶不來歸業，亦許別戶請射為主。所有冒佃人戶及本縣節級，重行科斷。如冒佃人戶自來陳首承認租稅者，特與免罪。

一、顯德二年正月二十五日已前，應有逃戶拋下莊田，自來全段無人承佃，曾經省司指揮，開闢租稅者，宜令本州縣招攜人戶歸業，及許別戶請射為主，與免一年差稅色役。至第二年已後，據見在桑木及租蒔到見苗，詣實供通，輸納租稅。

又《奴婢》 後唐同光二年二月敕：『應有百姓婦女，俘虜他處為婢妾者，不得占留，一任骨肉識認。』

天成元年十月三日敕：『京城諸道，若不是正口，不得私書契券，輒使良人。』

周顯德五年七月新定《刑統》：『詃誘良口，勾引逃亡奴婢，與貨賣所有資裝者，其私誘勾引之人，伏請處死，良口奴婢，並准律格處分。如是居停主人，元不是勾引之人，請行重斷。其或分受贓物至三疋已上者，處死。如有將良口于番界貨賣者，居停主人明知賣與番界，不告官者，亦請處死。』

又 卷二〇《量戶口定州府等第》 周廣順三年十一月敕：天下縣邑，素有等差，年代既深，增損不一。其中有戶口雖衆，地望則卑，地望雖高，戶口至少。每至調集，不便銓衡。宜正成規，庶協公共。應天下州府及縣除赤縣、畿縣、次赤、次畿外，其餘三千戶以上為望縣，二千戶以上為緊縣，一千戶以上為上縣，五百戶以上為中縣，不滿五百戶為中下縣。選人資敍合入下縣者，許入中下縣。宜令所司，據今年天下縣戶口數，定望、緊、上、中、下次第聞奏。吏部格式：據戶部今年諸州府所管縣戶數目，合定為望縣者六十四，緊縣七十，上縣一百二十四，中縣六十五，下縣九十七。欲依所定，移報銓曹。從之。

宋·王欽若等《册府元龜》卷四八六《邦計部·戶籍》 周世宗顯德五年十月，命左散騎常侍艾穎等三十四人使于諸州，簡定民租。明年春，使廻，總計簡到戶二百三十萬九千八百一十二，定墾田一百八萬五千八百三十四頃。淮南郡縣，不在此數。

《新五代史》卷四七《雜傳·張希崇》 拜汝州防禦使，遷靈武節度使。靈州地接外地，戍兵餉道常苦抄掠，希崇乃開屯田，教士耕種，軍以足食而省轉饋。明宗下詔褒美。

宋·張邦基《墨莊漫録》卷二 仁宗嘗問孝肅包公拯歷代編戶多少之數，公悉考以對，以謂【略】降及五代，四方竊據，大約各有數十萬。

清·嵇璜等《續通典》卷一〇《食貨·戶口丁中·五代》 五代亂亡相繼，疆土分裂，中原戶口之數，梁、唐、晉、漢，紀載莫詳。梁開平二年，尚書令戶部奏請，詔天下州府准舊章申送戶口帳籍。從之。唐天成三年，殿中監李延範奏請指揮，諸道州府每逃戶歸業後，委州司各與公憑，二年內放免兩税差科。如有違者，許州論訴勘責。若州縣官招得五百戶以上，乞等第獎酬。從之。周廣順三年，敕天下州府及縣除赤縣、畿縣、次赤、次畿外，其餘三千戶以上為望縣，二千戶以上為緊縣，一千戶以上為上縣，五百戶以上為中縣，不滿五百戶為中下縣。戶部奏：據今年諸州府所管縣戶數目，合定為望縣六十四，緊縣七十，上縣一百二十四，中縣六十五，下縣九十七。顯德六年，總簡戶二百三十萬九千八百一十二。此周之戶數略可考見者也。

前蜀

《舊五代史》卷三三《唐書·莊宗紀七》 （同光三年十一月）丙辰，蜀主王衍出降。【略】自興師凡七十五日，蜀平，得兵士三萬。

宋·司馬光《資治通鑑》卷二七四《唐紀三·莊宗下》 （同光三

年十一月）丁巳，大軍入成都。【略】自出師至克蜀，凡七十日。得【略】兵三萬。

清·吴任臣《十國春秋》卷三七《前蜀三·後主紀》 （咸康元年十一月）丁巳，唐大軍入城。【略】是役也，唐舉兵凡七十日，得【略】兵三萬。

後蜀

宋·曾鞏《隆平集》卷一二《僞國》 王全斌平孟昶，得【略】戶五十三萬四千二十九。

宋·李燾《續資治通鑑長編》卷六《太祖》 （乾德三年春正月）辛卯，王全斌等至升仙橋。蜀主備亡國之禮，見于軍門。【略】自全斌等發京師至昶降，才六十六日。凡得【略】戶五十三萬四千二十九。

元·馬端臨《文獻通考》卷一一《戶口考二·歷代戶口丁中賦役》 三年，蜀平，得戶五十三萬四千二十九。

《宋史》卷二《太祖紀二》 （乾德三年春正月）乙酉，蜀王孟昶降。得【略】戶五十三萬四千三十有九。

清·吴任臣《十國春秋》卷四九《後蜀二·後主紀》 宋自興師至滅蜀，凡六十六日。得【略】戶五十三萬四千三十有九。

南唐

《舊五代史》卷一一八《周書第九·世宗紀五》 淮南平，凡得【略】戶二十二萬六千五百七十四。

宋·曾鞏《隆平集》卷一二《僞國》 曹彬平李煜，得【略】戶六十五萬五千六十五。

宋·李燾《續資治通鑑長編》卷一六《太祖》 開寶八年十二月己亥朔，江南捷書至。凡得【略】戶六十五萬五千六十有五。

元·馬端臨《文獻通考》卷一一《戶口考二·歷代戶口丁中賦役》 八年，江南平，得戶六十五萬五千六十五。

《宋史》卷三《太祖紀三》 （開寶八年冬十月）乙未，曹彬克昇州，俘其國主煜，江南平。凡得【略】戶六十五萬五千六十。

宋·陸游《南唐書》卷一《烈祖紀》 （昇元三年夏四月）辛巳，有事於南郊。【略】每丁墾田及八十畝者，賜錢二萬，皆五年勿收租稅。

又 卷二《元宗紀》 （保大十一年）冬十月，築楚州白水塘，以溉屯田，遂詔州縣陂塘湮廢者皆脩復之。

吴越

宋·錢儼《吴越備史·補遺》 於是所部【略】戶五十五萬七百，兵一十一萬五千，暨民籍倉庫，盡獻於朝。帝御崇元殿，受之。

宋·曾鞏《隆平集》卷一二《僞國》 錢俶所獻【略】戶三十三萬四千九百三十二，口七十二萬四千七百，兵十一萬五千三十六。

宋·李燾《續資治通鑑長編》卷一九《太宗》 （太平興國三年）五月乙酉朔，【略】俶獨與仁冀決策，遂上表，獻所管十三州、一軍。【略】凡得【略】戶五十五萬六百八，兵十一萬五千三十六。

《宋史》卷四《太宗紀一》 （太平興國三年）五月乙酉，【略】錢俶獻其兩浙諸州，凡得【略】戶五十五萬六百八十，兵一十一萬五千三十六。

清·吴任臣《十國春秋》卷八二《吴越六·忠懿王世家下》 （太平興國三年）五月乙酉，丞相崔仁冀勸王納土，不然禍且立至。王遂決策，上表云：【略】『願以所部【略】戶五十五萬六百八十，兵一十一萬五千三十六，獻于下執事。』

閩

宋·曾鞏《隆平集》卷一二《僞國》 陳洪進所獻【略】共管戶一十一萬二十一，口三十一萬四千九百三十二，兵一萬八千七百二十七。

宋·李燾《續資治通鑑長編》卷一九《太宗》 太平興國三年【略】夏四月己卯，平海節度使陳洪進用其幕僚南安劉昌言之計，上表獻所管漳、泉二州，得【略】戶十五萬一千九百七十八，兵一萬八千七百二十七。

《宋史》卷四《太宗紀一》 （太平興國三年夏四月）己卯，陳洪進獻漳、泉二州，凡得【略】戶十五萬一千九百七十八，兵萬八千七百二十七。

清・吴任臣《十國春秋》卷九三《閩四・陳洪進傳》（太平興國三年四月）洪進因上表，言：【略】『願以所管漳、泉兩郡，獻于有司。』太宗嘉納之。凡為【略】戶十五萬一千九百七十八，兵萬八千七百二十七。

南漢

宋・曾鞏《隆平集》卷一二《僞國》　潘美平劉鋹，得【略】戶七萬五千一百三十九。

宋・李燾《續資治通鑑長編》卷一二《太祖》（開寶四年二月）辛未，王師至白田，南漢主素服出降。【略】凡得【略】戶十七萬二百六十三。

元・馬端臨《文獻通考》卷一一《戶口考二・歷代戶口丁中賦役》開寶四年，廣南平，得戶十七萬二百六十三。

《宋史》卷四八一《南漢劉氏世家》　城既破，【略】凡得【略】戶十七萬。

清・吴任臣《十國春秋》卷六〇《南漢三・後主紀》　是役也，宋凡得【略】戶十七萬二百六十三。

楚

宋・曾鞏《隆平集》卷一二《僞國》　李處耘、慕容延釗平周保權，得【略】戶九萬七千三百八十八。

宋・李燾《續資治通鑑長編》卷四《太祖》（乾德元年三月）壬戌，王師入朗州。【略】於是盡復湖南舊地。凡得【略】戶九萬七千三百八十八。

元・馬端臨《文獻通考》卷一一《戶口考二・歷代戶口丁中賦役》　湖南平，得戶九萬七千三百八十八。

清・吴任臣《十國春秋》卷七〇《楚四・周保權傳》　周氏鎮湖南，凡二世八年。是役也，宋得【略】戶九萬七千三百八十八。

南平

宋・曾鞏《隆平集》卷一二《僞國》　高繼沖所獻【略】戶一十四萬三千三百。

宋・李燾《續資治通鑑長編》卷四《太祖》（乾德元年二月）壬辰，師次荆門。【略】繼沖與延釗俱還，則王師已分據衝要，布列街巷矣。繼沖大懼，即詣延釗，納牌印，遣客將王昭濟等奉表，以【略】十四萬二千三百戶來歸。

元・馬端臨《文獻通考》卷一一《戶口考二・歷代戶口丁中賦役》乾德元年，平荆南，得戶十四萬二千三百。

清・吴任臣《十國春秋》卷一〇一《荆南二・侍中繼沖世家》　繼沖亟歸，見旌旗甲馬布列衢巷，【略】遂詣延釗，納牌印，盡籍其境内【略】戶一十四萬二千三百，遣客將王昭濟、蕭仁楷奉表于宋。

北漢

宋・曾鞏《隆平集》卷一二《僞國》　太宗皇帝親征太原劉繼元，得【略】戶三萬五千三百二十。

宋・李燾《續資治通鑑長編》卷二〇《太宗》（太平興國四年五月甲申）北漢平。凡得【略】戶三萬五千二百二十，兵三萬。

《宋史》卷四《太宗紀一》（太平興國四年五月）甲申，繼元降，北漢平。凡得【略】戶三萬五千二百二十。

清・吴任臣《十國春秋》卷一〇五《北漢二・英武帝紀》　宋凡得【略】戶三萬五千二百二十，兵三萬。

皇帝制度總部

帝系部

隋帝系分部

綜　述

宋·王欽若等《册府元龜》卷一《帝王部·帝系》 隋高祖文帝，姓楊氏，弘農華陰人。漢太尉震八代孫鉉，仕燕爲北平太守。鉉生元壽，後魏代爲武川鎮司馬，子孫因家焉。元壽生太原太守惠嘏。惠嘏生平原太守烈。烈生寧遠將軍禎。禎生大司空、隋國公忠，從周太祖起義關西，賜姓普六茹氏，開皇初，追謚武元皇帝。忠生高祖，受周禪，即皇帝位，復姓楊氏，母曰吕皇后，在位二十四年，年六十四。太子立，是爲煬帝，母曰獨孤皇后，在位十四年。唐高祖立帝之孫、元德太子昭之子，是爲恭帝，母曰韋妃，在位二年，禪于唐，封爲酅國公，明年薨，年十五。隋自高帝己酉建國至恭帝戊寅，凡三代，三帝，三十八年。

元·馬端臨《文獻通考》卷二五〇《帝系考一·帝號歷年·隋》 隋高祖文皇帝，弘農華陰人。姓楊氏，名堅。以辛丑受周禪，在位二十四年。甲子，崩，壽六十四。

改元二。開皇二十。仁壽四。

煬皇帝名廣，高祖次子。以甲子嗣立，在位十五年。戊寅，無道遇弒，壽五十。改元一。大業。

恭皇帝名侑，煬帝孫，元德太子之子。唐公李淵入長安，立之，以丁丑嗣位。戊寅禪於唐，封爲酅國公。武德二年，崩，壽十五。改元一。義寧。

右隋三帝，共三十八年，首辛丑，盡戊寅。

清·劉於義等［雍正］《陝西通志》卷四八《帝系一·帝王·隋姓楊氏》 高祖文皇帝諱堅，弘農華陰人。以歲辛丑春二月受禪，在位二十四年。

煬皇帝諱廣，文帝太子。以歲甲子秋七月即位，在位十三年。

恭皇帝諱侑，煬帝孫元德太子之子也。初封代王，以歲丁丑冬十一月，唐公李淵立帝於長安。戊寅夏五月，禪位於唐。在位二年。

右隋自高祖開皇元年辛丑至恭帝義寧二年戊寅，共都長安三十八年。

清·王之樞等《歷代紀事年表》卷五九《隋世系表畧》 楊氏，漢太尉震之後也。震八代孫鉉仕燕，爲北平太守。鉉生元壽，後魏爲武川鎮司馬，子孫因家焉。元壽生太原太守惠嘏，惠嘏生平原太守烈，烈生寧遠將軍禎，禎生忠，是爲皇考，仕周，封隋國公。以大統七年生高祖。高祖諱堅，弘農郡華陰人，以隋王受周禪，國號隋，都長安。煬帝大業三年，遷洛陽。歷四主，凡三十九年。

論　説

《隋書》卷二《高祖紀論》 史臣曰：高祖龍德在田，奇表見異，晦明藏用，故知我者希。始以外戚之尊，受託孤之任，與能之議，未爲當時所許。是以周室舊臣，咸懷憤惋。既而王謙固三蜀之阻，不踰朞月；尉迥舉全齊之衆，一戰而亡。斯乃非止人謀，抑亦天之所贊也。乘茲機運，遂遷周鼎。于時蠻夷猾夏，荆揚未一，劬勞日昃，經營四方。樓船南邁，則金陵失險；驃騎北指，則單于款塞。職方所載，並入疆理，《禹貢》所圖，咸受正朔。雖晉武之克平吳會，漢宣之推亡固存，比義論功，不能尚也。七德既敷，九歌已洽，要荒咸暨，尉候無警，於是躬節儉，平徭賦，倉廩實，法令行，君子咸樂其生，小人各安其業。强無陵弱，衆不暴寡，人物殷阜，朝野歡娱。二十年間，天下無事，區宇之内，晏如也。考之前王，足以參蹤盛烈。但素無術學，不能盡下，無寬仁之度，有刻薄之資。暨乎暮年，此風逾扇。又雅好符瑞，暗於大道，建彼維城，權侔京室，皆同帝制，靡所適從。聽哲婦之言，惑邪臣之説，溺寵廢嫡，託付失所。滅父子之道，開昆弟之隙，縱其尋斧，翦伐本支，墳土未乾，子孫繼踵屠戮，松檟纔列，天下已非隋有，惜哉！迹其衰怠之源，稽其亂亡之兆，起自高祖，成於煬帝，所由來遠矣，非一朝一夕。其不祀忽諸，未爲不幸也。

又　卷四《煬帝紀論》　史臣曰：　煬帝爰在弱齡，早有令聞，南平吳會，北却匈奴，昆弟之中，獨著聲績。於是矯情飾貌，肆厥姦回，故得獻后鍾心，文皇革慮，天方肇亂，遂登儲兩，踐峻極之崇基，承丕顯之休命。地廣三代，威振八紘，單于頓顙，越裳重譯。赤仄之泉，流溢于都內；紅腐之粟，委積於塞下。負其富强之資，思逞無厭之欲。狹殷周之制度，尚秦漢之規摹。恃才矜己，傲狠明德，內懷險躁，外示凝簡。盛冠服以飾其姦，除諫官以掩其過。淫荒無度，法令滋章，教絶四維，刑參五虐，鋤誅骨肉，屠剿忠良，受賞者莫見其功，爲戮者不知其罪。驕怒之兵屢動，土木之功不息。頻出朔方，三駕遼左，旌旗萬里，徵稅百端，猾吏侵漁，人不堪命。乃急令暴條以擾之，嚴刑峻法以臨之，甲兵威武以董之。自是海內騷然，無聊生矣。俄而玄感肇黎陽之亂，匈奴有鴈門之圍，天子方棄中土，遠之揚越，姦宄乘釁，强弱相陵，關梁閉而不通，皇輿往而不反。加之以師旅，因之以饑饉，流離道路，轉死溝壑，十八九焉。於是相聚萑蒲，蝟毛而起，大則跨州連郡，稱帝稱王；小則千百爲羣，攻城剽邑。流血成川澤，死人如亂麻，炊者不及析骸，食者不遑易子。茫茫九土，並爲麋鹿之場；□□黔黎，俱充蛇豕之餌。四方萬里，簡書相續，猶謂鼠竊狗盜，不足爲虞。上下相蒙，莫肯念亂，振蜉蝣之羽，窮長夜之樂。土崩魚爛，貫盈惡稔，普天之下，莫匪仇讎，左右之人，皆爲敵國。終然不悟，同彼望夷，遂以萬乘之尊，死於一夫之手。億兆靡感恩之士，九牧無勤王之師，子弟同就誅夷，骸骨棄而莫掩，社稷顛隕，本枝殄絶。自肇有書契，以迄于茲，宇宙崩離，生靈塗炭，喪身滅國，未有若斯之甚也。《書》曰：『天作孽，猶可違；自作孽，不可逭。』《傳》曰：『吉凶由人，祅不妄作。』又曰：『兵猶火也，不戢將自焚。』觀隋室之存亡，斯言信而有徵矣。

又　卷五《恭帝紀論》　史臣曰：　恭帝年在幼冲，遭家多難，一人失德，四海土崩，羣盜蜂起，豺狼塞路。南巢遂往，流彘不歸，既鍾百六之期，躬踐數終之運。謳歌有屬，笙鏞變響，雖欲不遵堯舜之迹，其庸可得乎？

宋·李昉等《文苑英華》卷七五三《［唐］朱敬則〈隋高祖論〉》

昔孫資陰謀，晉宣入輔，鄭譯矯制，隋文受遺，自此而有魏人，從斯以遷周鼎，蓋天厭亂德，神誘其衷，若妄指河冰，遂成王業，誤擊金鼓，仍啓霸圖也。況體貌奇特，儀表絶人，周太祖之欽明，異其風骨；齊憲王之聰察，憚以非常。韋鼎一見以委誠，趙公聞名而進女。是以稱劉季之靈怪者，不謀同詞；説中興之應讖者，往往偶語。屬周多世故，禍難荐臻，始以后父之尊，遂受托孤之寄，騎虎不下，掎角是因。不利孺子，非唯管叔之言；社稷輸人，寧止休公之對？所以尉遲舉魏，從亂如雲，王謙據蜀，其徒若市。遂能驅駕豪傑，委任忠良，不下廟堂，天下大定。然後謳歌允集，文物滿庭，卿雲曉聚，長星夜掃，拱揖而朝羣后，升壇而類上帝，紹舜禹之遺躅，光漢魏之大名。於是流曠蕩之玄風，浸淳古之膏澤，削秋荼之繁令，革亡國之哀聲。加之以恪勤，廣之以質素，太陽滿昆蟲之穴，湛露垂行葦之苕，教人七年，亦可以即戎矣。俄屬陳朝喪德，江海揚波，自絶於天，結怨于下，乃以開皇八年十月，承少昊之秋氣，動文昌之將星，下蜀漢之舟，翩翩龍躍；集幽并之騎，蕭蕭馬鳴。一葦而可以橫大江，三令而可以陵湯火。蔣山苦戰，子文之魂魄飛揚；建業大崩，叔寶之金湯不守。既遭岸上之虎，非復水中之龍，斬伯嚭以謝陳人，禮陸機而慰吳士。春波暫洗，汙俗咸新，秋露一零，弊化斯改。乃下制曰：今率土大同，含生遂性，内外職位，遐邇黎人，家家自修，人人克念，使不軌不物，蕩然俱盡。此乃憂勤之心，見於動靜，故使六合之中，觀如曉日，八紘之内，若遇新晴。況復盡力於人，勵精爲政，躬親以率下，因心以感物。煙火萬年，風雨四時，野有擊壤之歌，天無垂象之誡。玄方丹徼，煙燧不驚，玉檻金河，波瀾久息。天子登雲臺而訪道，實垂拱而無爲；公卿指日觀以推誠，願升中而每竭。可謂盡美矣，未盡善也。

然天性既猜，素無學術，意不及遠，政惟目前。是以牝雞司晨，讒人罔極，剖符罕山河之誓，同盟多翦黜之悲。恩不終於有功，罰每深於無罪，啓閲牆之兆，借實沈之兵。楊素決其波，張衡注其隙，柳遠草制，房陵尚遥，穆子授戈，豎牛仍在，禍非天降，釁是人謀。是以知隋運之不永矣。

君子曰：　昔陸孟知中興之微，宣帝始重儒術；李通稱漢家之命，世祖專信讖文。時好既行，其流遂廣，故子雲符命，尹敏僞言，即其類也。高祖少愛不經之談，遂好迂誕之説，所以王韶順旨，袁充取容，賞溢丘山，恩深江海，豈不弊乎？又祥瑞者，聖人之應也。至若八百集於孟津，六王至於陔下，周人岐山之北，晉衆江漢之南，負樂就陳，攜手適宋，牛馬内向，羣盗外奔，宗社乂安，黎民不散，此瑞之上也。若乃連珠共軫，的皪清漢之涯；合璧齊輝，光芒黄道之上。四時不爽，百穀用成，家有孝慈，人懷禮義，此善之應也。至如白鹿朱雁，璚露卿雲，鳩雀異毛，草木殊狀，此並沐我皇澤，煦我帝春，聖人圓城之中，天子生成之物，豈足表太平之日，顯休明之辰？而隋主好之，意不能盡，遂令巧僞相半，何其薄哉！近石虎之有中原也，伏心漢高，自儕光武，子女殁於淫昏，文物盡於鋒鏑，猶得厭六馬，駕四轔，燃連理之材，煮白雉之肉。若天道不惑，應降以災。由斯而談，斷可知矣。隋之眷眷，復何爲哉？

問曰：晉克金陵，功多者屬吏；隋平建業，德俊者尤□。豈争名於朝，事必須此。將廉恥道盡，莫畏簡書乎？君子曰：曉兵之家，因敵變化，故有功成請罪之義，君命不受之談。今者王濬乘風，賀若先戰，苟有大利，何簡細瑕？方知責兵士之汙宫闈，徵軍司之隱玉帛，豈不陋乎？始范燮後入，孟側不前，郤克有詞，馮異不語，時無君子，斯焉取斯。豈與夫自伐無慚，奮髯直出而相類乎？

又問曰：王者初興，必有佐命，莫不同聲相應，同氣相求。白雲之欝慶龍，清風之集雕虎，不以夷險易志，不以遠近隔心。千載一時，其來尚矣。三代以前，緬邈無際，两漢之後，聲名可尋。若乃庇俗匡時，體國經野，謀出心膂，政待股肱，但清濟之入濁河，波瀾莫辨；蚊虻之附驥尾，遲速罔知。既因論討之餘，願示懸衡之末。君子曰：神人無功，達人無迹。張子房玄機孤映，清識獨流，踐若發機，應同急箭，優游淡泊，神交太虚，非諸人所及也。至若陳平、荀彧、賈詡、荀攸、劉曄、郭嘉、田豐、祖授、崔浩、張賓等，可謂天下之菁英，帷幄之至妙。中權合變，因敗爲功，爰自秦漢，訖於周隋，蘭菊相薰，惟有此矣。加蕭何之鎮静關中，寇恂之安輯河内，葛亮相蜀，張昭輔吴，茂弘之經理瑯琊，景略之弼諧永固，劉穆之衆務必舉，揚遵彦百度惟貞，蘇綽共濟艱難，高熲同經草昧。雖功有大小，運或長短，咸非股肱之材，悉爲忠烈之士。若乃威以静國，謀以動鄰，提鼓出師，三軍賈勇，置兵境上，千里無塵，内外兼材，惟孔明、景略也。故崔浩云：王猛是符堅之管仲，劉裕是德宗之曹瞞。孫盛云：孔明善輔小國，子産之流也。斯言中矣。

又《隋煬帝論》 煬帝美姿儀，性聰慧，少好學，善屬文，故高祖、獻后特所鍾愛。矯情飾迹，有曹丕之釣名；傾承中使，若子楚之仁孝。況南平江左，北靖塞垣，楊素譽其賢，桑和説其貌。屬青宫失愛，紫掖流恩，遂映前星，乃昇明两。衣冠雖偉，入朝少四皓之賓；公宴雖多，言譚止七子之客。但奸心未露，僞迹斯窮，沐猴而冠，輕薄之材不久；況虎爲善，爪牙之毒會施。故無道於大漸之晨，蒸淫於易簀之夕，罕高宗之諒陰，有丹朱之慢遊。于時隋德在人，羣生樂業，二十年之訓聚，百萬衆之精彊。乘天下之有盈，驕海内之無事，乃自以土廣三代，威振百蠻，恃才矜己，傲狠明德，内懷險躁，外示寛平，盛衣服以掩姦，飾詞令以拒諫。更乃荒淫無度，法令滋章，人力盡於穿築，杼軸空於聚斂。十室之内，思亂者一二焉。方始馭八駿，建五牛，穆天子之白雲，更遠瑶池之外；秦始皇之觀日，方踐石梁之前。或以衢路受刑，或以滋味被戮，死不可無罪而免，賞不可有功而要，相顧凛然，莫知攸止。十室之内，思亂者五六焉。於是斛斯外奔，玄感内逆，兵陷遼水，糧斷河黎。月暈七重，知髦頭之犯畢；日光四散，覺兆庶之分崩。且選妖麗，恣朋淫，嘉羣嫗之慢言，樂少年之醜穢。不軌不物，無威無儀，關梁不通，賦役斷絶。更乃逆取五年之課，以充長夜之娱。十室之内，思亂者八九焉。

當此時也，小人方興，羣盗孔熾，大者剽州邑，小者刼村閭。擾擾四人，俱靡息肩之處；喧喧九土，居爲鬭戰之塲。天子乃幸維揚，泛舳艫，驅虎賁之騎，唱龍舟之歌。以大江爲天塹，以長淮爲地險。周章至於戲下，猶自未知；閻樂入於廡前，何不告我。昔爲天下之重，今乃一夫所輕，豈不惜哉？

彼煬帝者，聰明多智，廣學博聞，豈不知蛟龍失雲，漁夫足得爲害；鯨鯢出外，螻蟻可以爲災。忽乃棄崤函之奥區，違河洛之重阻，言賊者獲罪，敢諫者受刑，豈不是色醉其心，天奪其鑑，竄吴夷以避其地，虚宫闕以候聖人，蓋爲大唐之驅除也。

君子曰：小人之心猶火也，火之性必須有所燒，小人之心必須有所害。當其受寵遇也，排忠良，庇道德，辨足以移視聽，辭足以結主心，導之以淫奢，引之以苛刻，人困而不卹，政荒而不修。如螻蟻潰隄防，不覺其敗；如春風養草木，但見其盛。事至而未知，禍構而方懼。素無材略，不能以敗求全；本自少恩，豈能得衆成事？進退唯谷，無處容身，或出奔以圖生，或殺主而自解。緲觀史策，遍採興亡，開役者多是愛臣，害上者無非近習，然庸君暗主，莫肯遠之，復何言哉？

藝文

清・彭定求等《全唐詩》卷七二九《周曇〈詠史詩・隋門・隋文帝〉》　孤兒寡婦忍同欺，輔政剛教篡奪爲。矯詔必能疏昉譯，直臣誠合重顏儀。

又《煬帝》　拒諫勞兵作禍基，窮奢極武向戎夷。兆人疲弊不堪命，天下嗷嗷新主資。

宋・王十朋《梅溪前集》卷一〇《詠史詩・隋文帝》　孽后邪臣造釁端，房陵幽閉抱深寃。一朝變起宮闈內，方信當時用婦言。

又《煬帝》　汴水東流岸柳春，龍舟南下錦帆新。鳥聲勸酒梅花笑，笑殺隋亡亦似陳。

唐帝系分部

綜述

宋・王溥《唐會要》卷一《帝號上》　高祖神堯大聖大光孝皇帝諱淵。元皇帝第四子，母曰元貞皇后獨孤氏。隋義寧二年五月二十日，受禪于太極殿。年五十三。武德九年八月八日傳位，稱太上皇。貞觀九年五月六日，崩于大安宮垂拱前殿。年七十。【略】

太宗文武大聖大廣孝皇帝諱世民。高祖第二子，母曰太穆順聖皇后竇氏。隋開皇十八年十二月戊午，生于武功別館。武德元年六月一日，封秦王。

九年六月七日，冊爲皇太子。八月九日，即位于東宮明德殿。年二十七。貞觀二十三年五月二十六日，崩于翠微宮含風殿。年五十二。【略】

高宗天皇大聖大弘孝皇帝諱治。太宗第九子，母曰文德順聖皇后長孫氏。貞觀二年六月十三日，生于東宮麗正殿。二月，封晉王。十七年四月七日，冊爲皇太子。二十三年六月一日，即位。年二十二。咸亨五年八月十五日，稱天皇。弘道元年十二月四日，崩于東都貞觀殿。年五十六。【略】

中宗孝和大聖大昭孝皇帝諱顯。高宗第七子，母曰則天順聖皇后武氏。顯慶元年十一月五日生，二月二日封周公。儀鳳二年十月三日，徙封英王，改名哲。永隆元年八月二十三日，冊爲皇太子。弘道元年十二月六日，即位。年二十八。嗣聖元年二月六日，太后廢帝爲廬陵郡王，房州安置。聖曆元年六月，遣職方員外郎徐彥伯迎于房州。聖曆元年九月十五日，冊爲皇太子，依舊名顯。二年臘月二十五日，賜姓武氏。神龍元年二十四日，復位於通天宮端扆殿。年五十。二月五日，國號依舊稱大唐。十一月，加尊號應天皇帝。三年八月三日，加尊號應天神龍皇帝。景龍四年六月二十二日，崩于神龍殿。年五十五。【略】

睿宗玄真大聖大興孝皇帝諱旦。高宗第八子，母曰則天順聖皇后武氏。龍朔二年六月一日，生于蓬萊宮含涼殿。十一月十八日，封殷王。乾封元年七月，徙封豫王。總章二年十一月十二日，徙封冀王，改名輪。上元三年正月，徙封相王。永隆二年，又改封豫王，仍名旦。嗣聖元年二月七日，即位。年二十二。太后臨朝，天授元年九月，降爲皇嗣，改名輪。聖曆二年正月六日，立爲皇太弟，固辭不就。二月十四日，改封安國相王。唐隆元年六月二十四日，即位于承天樓。年四十九。延和元年七月二十五日，傳位。開元四年五月二十日，崩于百福殿。年五十五。【略】

玄宗至道大聖大明孝皇帝諱隆基。睿宗第三子，母曰昭成順聖皇后竇氏。垂拱元年八月五日，生于東都之別殿。以其日爲千秋節，後改爲長天節。三年閏正月二日，封楚王。長壽二年臘月，降封爲臨淄郡王。唐隆元年六月二十一日，進封平王。七月二十六日，冊爲皇太子。延和元年七月五日，即位。年二十八。【略】至德元年七月二日傳位，冊爲太上皇帝。【略】乾元【略】元年七月五日，崩于神龍殿。年七十八。【略】

肅宗文明武德大聖大宣孝皇帝諱亨。玄宗第三子，母曰元獻皇后楊氏。

景雲二年九月三日，生于東宮之別殿。以其日爲天平地成節。初諱嗣昇。先天元年九月，封陝王。開元十三年三月，徙封忠王，改諱浚。二十六年三月，改諱璵。六月三日，册爲皇太子。三十年九月，改諱紹。天寶二載，改諱亨。十五載七月十二日，即位于靈武殿。年四十六。【略】寶應元年四月十八日，崩于長生殿。年五十二。【略】

代宗睿文孝皇帝諱豫。肅宗長子，母曰章敬皇后吴氏。開元十四年十月十三日，生于中宫之别殿。以其日爲天興節。二十年八月二十一日，封廣平郡王，諱俶。至德二年十二月十五日，進封楚王。乾元元年三月，改封成王。五月十九日，册爲皇太子。十月五日，改諱豫。寶應元年四月二十一日，即位。年三十七。【略】大曆十四年五月二十日，崩于大明殿。年五十四。【略】

德宗神武孝文皇帝諱适。代宗長子，母曰睿真皇后沈氏。天寶元載壬戌歲四月十九日，生于長安大内之東宮。不置節名。元年建丑月，特拜進封奉節郡王。寶應元年五月，充天下兵馬元帥，進封魯王。八月，改封雍王。十月，出鎮陝州。廣德元年，拜尚書令、元帥如故，食實封二千戶，賜鐵券，圖形凌煙閣。三年，册爲皇太子。大曆十四年五月，即位。年三十八。【略】貞元二十一年正月，崩于會寧殿。年六十四。【略】

順宗至德弘道大聖大安孝皇帝諱誦。德宗長子，母曰昭德皇后王氏。上元二年辛丑歲正月十二日，生于長安之東内。不置節名。大曆十四年六月，封爲宣王。建中元年正月，册爲皇太子。貞元二十一年正月，即位。年四十五。七月，以疾未瘳，令皇太子監國。八月，傳位，居興慶宮，稱誥。元和元年正月，上尊號曰應乾聖壽太上皇。其月十九日，崩于興慶宮。年四十六。【略】

憲宗昭文章武大聖至仁孝皇帝諱純。順宗長子，母曰莊憲皇后王氏。大曆三年戊午歲二月十四日，生于長安之東内。不置節名。貞元四年六月，封爲廣陵王、開府儀同三司，名淳。二十一年四月，册爲皇太子，改諱純。七月，權勾當軍國事。永貞元年八月，即位。年二十八。【略】十五年正月二十七日，崩于大明宮之中和殿。年四十三。【略】

穆宗睿聖文惠孝皇帝諱恒。憲宗第三子，母曰懿安皇后郭氏。貞元十一年乙亥歲七月六日，生于大明殿。不置節名。二十一年四月，封爲延安郡王，名宥。元和元年八月，進封遂王。七年十月，册爲皇太子，改諱恒。十五年正月，即位。年二十六。【略】長慶【略】四年正月二十二日，崩于寢殿。年三十。【略】

敬宗睿武昭愍孝皇帝諱湛。穆宗長子，母曰恭僖皇后王氏。元和四年己丑歲六月九日，生于東宮之別殿。不置節名。長壽元年三月，封爲鄂王，尋改爲景王。二年十二月，册爲皇太子。四年正月，即位。年一十六。【略】寶曆【略】二年十二月八日，中官蘇明佐等作難，帝遇害。年十八。

又 卷二《帝號下》 文宗元聖昭獻孝皇帝諱昂。穆宗第二子，母曰貞獻皇后蕭氏。元和四年己丑歲十月十日生。以其日爲慶成節。長慶元年二月，封爲江王，名涵。寶曆二年十二月，即位，改名昂。年十八。開成五年正月四日，崩于大明宮之太和殿，年三十二。【略】

武宗至道昭肅孝皇帝諱炎。穆宗第五子，母曰宣懿皇后韋氏。元和九年甲午歲六月十一日，生于東宮。以其日爲慶陽節。長慶元年三月，封潁王，名瀍。開成五年正月，立爲皇太子。其年即位。年二十七。【略】會昌【略】六年三月，改名炎。其月二十三日，崩。年三十三。【略】

宣宗聖武獻文孝皇帝諱忱。憲宗第十三子，母曰孝明皇后鄭氏。元和五年庚寅六月二十三日，生于大明宮。以其日爲壽昌節。長慶元年辛丑，封光王，名怡。會昌六年丙寅三月二十一日，武宗不豫，立皇太弟勾當軍國，翌日即位，改名忱。年三十七。【略】大中三年己卯八月七日，崩于大明宮。年五十。【略】

懿宗昭聖恭惠孝皇帝諱漼。宣宗長子，母曰元昭皇后晁氏。太和七年癸丑十一月十四日，生于藩邸。以其日爲延慶節。大中元年丙寅，封鄆王，名温。大中十三年己卯八月，立爲皇太子，監國，改名漼。翌日，宣宗崩，即位。年二十七。【略】咸通十四年癸巳七月，崩于咸寧殿。年四十一。【略】

僖宗惠聖恭定孝皇帝諱儇。懿宗第五子，母曰惠安皇后王氏。咸通三年壬午五月八日，生于東内。以其日爲應天節。初封晉王，名儼。咸通十四年癸巳七月，立爲皇太子，改名儇。是月，懿宗崩，即位。年二十。【略】文德元年戊申【略】三月，崩于武德殿。年二十七。【略】

昭宗聖穆景文孝皇帝諱曄。懿宗第七子，母曰安惠皇后王氏。咸通八年三月二十三日，生于東内。以其日爲嘉會節。十三年壬辰四月，封壽王，名傑。乾符四年丁酉，遥鎮幽州，又名敏。文德元年戊申三月，立爲皇太弟，監國。翌日即位，并改名曄。年二十二。【略】天祐元年甲子八月，梁王密令蔣玄暉等弑于東都椒殿。年三十八。【略】

哀皇帝諱柷。昭宗第九子，母曰積善太皇后何氏。景福元年壬子九月三日，生于大内。以其日爲乾和節。乾寧四年丁巳，封輝王，名祚。天復三年癸亥二月，拜開府儀同三司，充諸道兵馬元帥。天祐元年甲子，昭宗崩。翌日，蔣玄暉矯遺詔以帝即位，改今名。年十三。天祐四年丁卯三月，禪位于梁。梁奉帝爲濟陰王，遷於曹州。明年二月，遇害前刺史氏叔琮之第。年十七。

宋·王欽若等《册府元龜》卷一《帝王部·帝系》

唐高祖神堯帝，姓李氏，隴西狄道人。【略】義寧二年，受隋禪，卽皇帝位，在位九年，傳位於皇太子，是爲太宗，年七十。太宗母曰竇皇后，在位二十三年，年五十七。太子立，是爲高宗，母曰文德長孫皇后，在位三十四年，年五十六。太子立三十六日，母武太后廢爲廬陵王。立次子相王，六年，又降爲皇嗣，賜姓武氏，太后遂革命稱周，凡十五年。復以廬陵王爲太子，尋卽皇帝位，是爲中宗，在位六年，年五十五。太子立，是爲少帝，母韋庶人，臨朝凡十七日，相王第三子臨淄王隆基平韋氏亂，奉相王卽皇帝位，是爲睿宗，在位三年，年五十九。太子立，是爲玄宗，母曰昭成竇皇后，在位四十四年，傳位於太子，是爲肅宗。玄宗稱太上皇，年七十八。肅宗母曰元獻楊皇后，在位七年，年五十二。太子立，是爲代宗，母曰章敬吳皇后，在位十七年，年五十四。太子立，是爲德宗，母曰睿貞沈太后，在位二十六年，年六十四。太子立，是爲順宗，母曰昭德王皇后，在位百八十日，傳位于太子，是爲憲宗。順宗稱太上皇，年四十六。憲宗母曰莊憲王太后，在位十五年，年四十三。太子立，是爲穆宗，母曰懿安郭皇太后，在位四年，年三十。太子立，是爲敬宗，母曰恭僖王太后，在位二年，年十八。弟、穆宗第二子江王立，是爲文宗，母曰貞獻蕭皇后，在位十四年，年三十二。弟、穆宗第五子潁王立，是爲武宗，母曰宣懿韋皇后，在位四年，年三十二。憲宗第十三子、皇太叔立，是爲宣宗，母曰孝明鄭皇后，在位十三年，年五十。太子立，是爲懿宗，母曰元昭晁太后，在位十四年，年四十一。太子立，是爲僖宗，母曰惠安王皇后，在位十五年，年二十七。母弟立，是爲昭宗，在位十六年，年三十八。第九子輝王立，是爲哀帝，母曰積善何太后，在位四年，禪于梁，梁封爲濟陰王，明年薨，年十七。唐自高祖戊寅歲建國至哀帝丁卯，凡十四代，二十帝，通武后革命，共二百九十年。

元·馬端臨《文獻通考》卷二五〇《帝系考一·帝號歷年·唐》

唐高祖神堯大聖大光孝皇帝，隴西成紀，名淵。以丁丑自太原留守起兵入長安。戊寅，受隋禪，卽皇帝位，時年五十三。在位九年。丙戌，傳位於太宗，稱太上皇，又十年。乙未，崩，壽七十二。改元一。武德九。

太宗文武大聖大廣孝皇帝，名世民，高祖次子，母竇皇后，初封秦王。太子建成誅。立爲皇太子。以丙戌嗣立，時年二十九，在位二十三年。己酉崩，壽五十二。改元一。貞觀二十。

高宗天皇大聖大弘孝皇帝，名治，太宗第九子，母長孫皇后，初封晉王。太子承乾廢，立爲皇太子。以己酉嗣立，時年二十二，在位三十四年，癸未崩，壽五十六。改元十四。永徽六，顯慶五，龍朔三，麟德二，乾封二，總章二，咸亨四，上元二，儀鳳三，調露元，永隆元，開曜元，永淳元，弘道元。

中宗孝和大聖大昭孝皇帝，名顯，高宗第七子，母武皇后，爲皇太子。癸未嗣立。甲申，武后廢之。後二十二年乙巳復辟，在位五年。庚戌，爲韋后所弑，壽五十五。改元三。神龍二，景龍三，唐隆元。【略】

睿宗元真大聖大興孝皇帝，名旦，高宗第八子，母武皇后，封豫王。武后既廢中宗，立之，臨朝。至庚寅，降立爲皇嗣。中宗復辟，封相王。韋后弑逆，臨淄王隆基誅之，迎立帝。以庚戌卽位，三年。壬子，傳位於太子隆基。後四年，丙辰，崩，壽五十五。改元三。景云二，太極元。

元宗至道大聖大明孝皇帝，名隆基，睿宗第三子，母竇皇后，封臨淄郡王。庚戌，韋后弑逆，以兵討誅之。睿宗卽位，立爲皇太子，以壬子嗣立，時年二十七，在位四十四年。乙未，禪位於太子。後七年，壬寅，崩，壽七十八。改元三。先天元，開元二十九，天寶十四。

肅宗文明武德大聖大宣孝皇帝，名亨，元宗第三子，母楊皇后，天寶中立爲皇太子。丙申，嗣立，時年四十五，在位七年。壬寅，崩，壽五十二。改元四。至德二，乾元二，上元二，寶應元。

代宗睿文孝武皇帝，名豫，肅宗太子，母吳皇后。以壬寅嗣立，時年三十六，在位十八年。己未，崩，壽五十四。改元三。廣德二，永泰二，大曆十二。

德宗神武孝文皇帝，名适，代宗太子，母沈皇后。以己未嗣立，時年三十八，在位二十六年。甲申，崩，壽六十四。改元三。建中四，興元元，貞元二十一。

順宗至德弘道大聖大安孝皇帝，名誦，德宗太子，母王皇后。以甲申嗣立，一年，崩，壽四十六。改元一。永貞。

憲宗昭文章武大聖至神孝皇帝，名純，母王皇后，順宗太子。以丙戌嗣立，時年二十八，在位十五年。庚子，崩，壽四十二。改元一。元和十四。

穆宗睿聖文惠孝皇帝，名恒，憲宗第三子，母郭皇后。以庚子嗣立，時年二十六，在位五年。甲辰，崩，壽三十。改元一。長慶四。

敬宗睿武昭愍孝皇帝，名湛，穆宗長子，母王皇后。以甲辰嗣立，時年十六，在位三年。丙午，爲宦官蘇佐明等所弑，壽十八。改元一。寶曆三。

文宗元聖昭獻孝皇帝，名昂，穆宗第二子，母蕭皇后，封江王。敬宗崩，王守澄等迎立之。以丙午嗣立，時年十八，在位十四年。庚申，崩，壽三十二。改元二。太和九，開成五。

武帝至道昭肅孝皇帝，名炎，穆宗第五子，母韋皇后，封潁王。文宗崩，仇士良等迎立之。以庚申嗣立，年二十七，在位六年。丙寅，崩，壽三十三。改元一。會昌六。

宣宗聖武獻文孝皇帝，名忱，憲宗第十三子，母鄭皇后，封光王。武宗崩，中官迎立之。以丙寅嗣立，時年三十七，在位十三年。己卯，崩，壽五十。改元一。大中十三。

懿宗昭聖恭惠孝皇帝，名漼，宣宗太子，母鼂皇后。以己卯嗣立，在位十四年。癸巳，崩，壽四十一。改元一。咸通十四。

僖宗惠聖恭定孝皇帝，名儇，懿宗第五子，母王皇后，立爲皇太子。以癸巳嗣立，時年二十，在位十六年。戊申，崩，壽二十六。改元五。乾符五，廣明元，中和四，光啓三，文德元。

昭宗聖穆景文孝皇帝，名曄，懿宗第七子，母王皇后，封壽王。以戊申嗣立，十六年。甲子，爲朱全忠所弑，壽三十八。改元七。龍紀元，大順，景福，乾寧四，光化三，天復三，天祐元。

哀皇帝，名柷，昭宗第九子，母何皇后，封輝王。昭宗遇弑，以甲子嗣立，三年。丁卯，禪於梁。明年遇害，壽十七。改元。盡天祐四年。

右唐二十帝，共二百九十年。首丁丑，盡丁卯，内武氏二十二年。

清・劉於義等［雍正］《陝西通志》卷四八《帝系一・帝王・唐姓李氏》

高祖皇帝諱淵，隴西成紀人。以歲戊寅夏五月受禪，在位九年。

太宗皇帝諱世民，高祖次子。以歲丙戌秋八月卽位，在位二十三年。

高宗皇帝諱治，太宗太子。初封晉王，以歲己酉夏六月卽位，在位三十四年。

中宗皇帝諱哲，高宗太子。以歲癸未冬十二月卽位，在位二十七年。按中宗嗣聖元年，武氏卽遷帝房州。十五年始還東都，在東宮者八年，是中宗在位僅六年耳。然帝在房州，唐統未絶，卽以中宗紀年，可也，故通爲二十七年云。

睿宗皇帝諱旦，中宗母弟。初封相王，以歲庚戌夏六月入卽位，在位三年。

玄宗皇帝諱隆基，睿宗太子。以歲壬子秋八月卽位，在位四十五年。

肅宗皇帝諱亨，初名嗣昇，更名浚，又更名璵，又更名紹。玄宗太子。以歲丙申秋七月卽位於靈武，在位七年。

代宗皇帝諱豫，肅宗太子。以歲壬寅夏四月卽位，在位十七年。

德宗皇帝諱适，代宗太子。以歲己未夏五月卽位，在位二十六年。

順宗皇帝諱誦，德宗太子。以歲乙酉春正月卽位，在位一年。

憲宗皇帝諱純，順宗太子。以歲乙酉秋八月卽位，在位十五年。

穆宗皇帝諱恒，憲宗太子。以歲庚子春閏正月卽位，在位四年。

敬宗皇帝諱湛，穆宗太子。以歲甲辰春正月卽位，在位二年。

文宗皇帝諱昂，穆宗次子。初封江王。以歲丙午冬十二月入卽位，在位十四年。

武宗皇帝諱炎，穆宗第五子。初封潁王，以歲庚申春正月入卽位，在位六年。

宣宗皇帝諱忱，憲宗第十三子。初封光王，以歲丙寅春三月入即位，在位十三年。

懿宗皇帝諱漼，宣宗長子。初封鄆王，以歲己卯秋八月入即位，在位十四年。

僖宗皇帝諱儇，初名儼，懿宗第五子。封普王，以歲癸巳秋七月入即位，在位十六年。

昭宗皇帝諱曄，懿宗第七子。初封壽王，以歲戊申春三月入即位，以歲甲子春正月遷都於洛陽，在位十六年。

右唐自高祖武德元年戊寅至昭宗天祐元年甲子，共都長安二百八十七年。

清・王之樞等《歷代紀事年表》卷六一《唐世系表畧》 李氏，當晉末，凉武昭王暠據秦凉。暠生歆，歆爲沮渠蒙遜所滅。歆生重耳，魏弘農太守。重耳生熙，金門鎮將，戍於武川，因留家焉。熙生天賜，天賜生虎，西魏時賜姓大野氏，官太尉，與李弼等八人佐周，代魏有功，皆爲柱國，號八柱國家。及周受魏禪，虎已卒，追封唐國公，謚襄。襄公生昞，襲封隋安州總管。卒謚仁，仁公即皇考也。生高祖，諱淵，隴西成紀人，襲封唐公。隋文帝與高祖素親愛，文帝相周，復高祖姓李氏，後進爵爲王。受隋禪，國號唐，都長安。傳二十主，并武后，凡二百九十年。

論説

《舊唐書》卷一《高祖紀論贊》 史臣曰：有隋季年，皇圖板蕩，荒主燀燎原之焰，羣盜發逐鹿之機，殄暴無厭，横流靡救。高祖審獨夫之運去，知新主之勃興，密運雄圖，未伸龍躍，而屈己求可汗之援，卑辭答李密之書，決神機而速若疾雷，驅豪傑而從如偃草。洎謳謠允屬，揖讓受終，刑名大剗於煩苛，爵位不踰於薖軸，繇是攫金有耻，伏莽知非，人懷漢道之寬平，不責高皇之慢駡。然而優柔失斷，浸潤得行，誅文静則議法不從，酬裴寂則曲恩太過，姦佞由之貝錦，嬖幸得以掇蜂。獻公遂間於申生，小白寧懷於召忽？一旦兵交愛子，矢集申孫，匈奴尋犯於便橋，京邑咸憂於左衽。不有聖子，王業殆哉！

贊曰：高皇創圖，勢若摧枯。國運神武，家難聖謨。言生牀第，禍切肌膚。鴟鴞之詠，無損於吾。

又 卷三《太宗紀論贊》 史臣曰：臣觀文皇帝發迹多奇，聰明神武，拔人物則不私於黨，負志業則咸盡其才。所以屈突、尉遲由仇敵而願傾心膂，馬周、劉洎自疏遠而卒委鈞衡，終平泰階，諒由斯道。嘗試論之，礎潤雲興，蟲鳴螽躍。雖堯舜之聖，不能用檮杌、窮奇而治平；伊呂之賢，不能爲夏桀、殷辛而昌盛。君臣之際，遭遇斯難，以至抉目剖心，蟲流筋擢，良由遭值之異也。以房、魏之智，不踰于丘、軻，遂能尊主庇民者，遭時也。或曰：以太宗之賢，失愛於昆弟，失教於諸子，何也？曰：然舜不能仁四罪，堯不能訓丹朱，斯前志也。當神堯任讒之年，建成忌功之日，苟除畏偪，孰顧分崩變故之興？間不容髮，方懼毀巢之禍，寧虞尺布之謠？承乾之愚，聖父不能移也。若文皇自定儲於哲嗣，不騁志於高麗，用人如貞觀之初，納諫比魏徵之日。況周發、周成之世襲，我有遺妍；較漢文、漢武之恢弘，彼多慚德。迹其聽斷不惑，從善如流，千載可稱一人而已。

贊曰：昌發啓國，一門三聖。文定高位，友于不令。管蔡既誅，成康道正。貞觀之風，到今歌詠。

又 卷五《高宗紀論贊》 史臣曰：大帝往在藩儲，見稱長者，暨昇旒扆，頓異明哉。虛襟似納於觸鱗，下詔無殊於扇暍。既蕩情於帷薄，遂忽怠於基扃。惑麥斛之佞言，中宮被毒；聽趙師之誣説，元舅銜冤。忠良自是脅肩，姦佞於焉得志，卒致盤維盡戮，宗社爲墟。古所謂一國爲一人興，前賢爲後愚廢，信矣哉！

贊曰：藉文鴻業，僅保餘位。封岱禮天，其德不類。伏戎于寢，構堂終墜。自蘊禍胎，邦家殄瘁。

又 卷七《中宗紀論》 史臣曰：廉士可以律貪夫，賢臣不能輔孱主，誠以志昏近習，心無遠圖，不知創業之難，唯取當年之樂。孝和皇帝越自負扆，遷于房陵，崎嶇瘴癘之鄉，契濶幽囚之地。所以張漢陽徘徊于克復，狄梁公哽咽以奏論，遂得生還，庸非己力。洎滌除金虎，再握璿衡，不能罪己，以謝萬方，而更漫游，以隳八政。縱艷妻之煽黨，則槊、柄爭衡；信妖女以撓權，則彝倫失序。桓、敬由之覆族，節愍所以興戈，竟以元首之尊，不免齊眉之禍。比漢、晉之惠，盈輩爲優，苟非繼以命世之才，則土德去也。

又《睿宗紀論贊》 史臣曰：法不一則姦僞起，政不一則朋黨生。上既啓其泉源，下胡息於奔競？觀夫天后之時，雲委於二張之第；孝和之世，波注於三王之門。獻奇則除設盈庭，納賄則斜封滿路。咸以進趨相軌，姦利是圖，如火投泉，安得無敗？洎景龍繼統，汙俗廓清，然猶投杼於乘輿之間，抵掌於太平之日，以至書頻告變，上不自安，宮臣致禦魅之科，天子慊巡邊之詔。彼既彎弓而射我，我則號泣以行刑。此雖鎮國之尤，亦是臨軒之失。夫君人孝愛，錫之以典刑，納之於軌物，俾無僭偪，下絶覬覦，自然治道惟新，亂階不作。孝和既已失之，玄真亦未爲得。

贊曰：孝和、玄真，皆肖先人。率情背禮，取樂於身。夷塗不履，覆轍攸遵。扶持聖嗣，賴有賢臣。

又 卷九《玄宗紀論贊》 史臣曰：孔子稱王者必世而後仁。李氏自武后移國三十餘年，朝廷罕有正人，附麗無非險輩。持苞苴而請謁，奔走權門；效鷹犬以飛馳，中傷端士。以致斲喪王室，屠害宗枝，骨鯁大臣屢遭誣陷，舞文酷吏坐致顯榮。禮儀無復興行，刑政壞於犬馬。端揆出阿黨之語，冕旒有和事之名。朋比成風，廉耻都盡。我開元之有天下也，糺之以典刑，明之以禮樂，愛之以慈儉，律之以軌儀。黜前朝徼倖之臣，杜其姦也；焚後庭珠翠之玩，戒其奢也。禁女樂而出宮嬪，明其教也；賜酺賞而放哇淫，懼其荒也；敍友于而敦骨肉，厚其俗也。蒐兵而責帥，明軍法也；朝集而計最，校吏能也。廟堂之上，無非經濟之才；表著之中，皆得論思之士。而又旁求宏碩，講道藝文，昌言嘉謨，日聞於獻納；長轡遠馭，志在於昇平。貞觀之風，一朝復振。于斯時也，烽燧不驚，華戎同軌，西蕃君長，越繩橋而競欵玉關；北狄酋渠，捐毳幕而爭趨鴈塞。象郡、炎州之玩，雞林、鯷海之珍，莫不結轍於象胥，騈羅於典屬，膜拜丹墀之下，夷歌立仗之前。可謂冠帶百蠻，車書萬里。天子乃覽雲臺之義，草泥金之札，然後封日觀，禪雲亭，訪道於穆清，怡神於玄牝，與民休息，比屋可封。於時垂髫之倪皆知禮讓，戴白之老不識兵戈，虜不敢乘月犯邊，士不敢彎弓報怨。康哉之頌，溢于八紘。所謂世而後仁，見於開元者矣。年踰三紀，可謂太平。於戲！國無賢臣，聖亦難理；山有猛虎，獸不敢窺。得人者昌，信不虛語。昔齊桓公行同禽獸，不失霸主之名；梁武帝靜比桑門，竟被臺城之酷。蓋得管仲則淫不害霸，任朱异則善不救亡。開元之初，賢臣當國，四門俱穆，百度唯貞，而釋老之流，頗以無爲請見。上乃務清淨，事薰修，留連軒后之文，舞詠伯陽之説。雖稍移於勤倦，亦未至於怠荒。俄而朝野怨咨，政刑紕繆，何哉？用人之失也。自天寶已還，小人道長，如山有朽壤，雖大必虧；木有蠹虫，其榮易落。以百口百心之讒諂，蔽兩目兩耳之聰明，苟非鐵腸石心，安得不惑？而獻可替否，靡聞姚、宋之言；妬賢害功，但有甫、忠之奏。豪猾因茲而睥睨，明哲於是乎卷懷。故祿山之徒，得行其僞。厲階之作，匪降自天，謀之不臧，前功併棄，惜哉！

贊曰：開元握圖，永鑑前車。景氣融朗，昏氛滌除。政纔勤倦，妖集廷除。先民之言，靡不有初。

又 卷一〇《肅宗紀論贊》 史臣曰：臣每讀《詩》，至許穆夫人閔宗國之顛覆，周大夫傷宮室之黍離，其辭情於邑，賦諭懃懇，未嘗不廢書興歎。及觀天寶失馭，流離奔播，又甚於詩人之於邑也。當其戎羯負恩，奄爲豨突，豺逐遽興於轂下，胡越寧慮於舟中，借人之戈，持之反刺，變生於不意也。所幸太王去國，豳人不忘於周君；新莽據圖，黔首仍思於漢德。是以宣皇帝蒙六聖之遺業，因百姓之樂推，號令朔方，旬日而車徒雲合，旋師右輔，朞月而關隴砥平，故兩都再復於鑾輿，九廟復歆於黍稷。觀其迎上皇於蜀道，陳拜慶於望賢，父子於是感傷，行路爲之隕涕。昔太公迎子，或從家令之言；而西伯事親，靡怠寢門之問。曾參、孝己，足以擬倫。然而道屈知幾，志微遠略，殘妖未殄，宜先恢復之謀；餘燼纔收，何暇昇平之禮？方聽王璵伏奏，輔國贊成，紺轅躬籍于春郊，翠幰先蠶於蘭館。或御殿曉宣時令，或登壇宿禮貴神。禮即宜然，時何暇給？鐘縣未移於簨簴，思明已陷於洛陽。是知祝史疇人，安能及遠？猶賴大臣宣力，諸將效忠，旄頭終隕於三川，杲日重明於六合。比平王之遷洛，我則英雄；論元帝之渡江，彼誠么麽。寧親復國，肅廼休哉！

贊曰：犬羊犯順，鞏輅播遷。凶徒竟斃，景祚重延。星馳蜀道，雨泣望賢。孝宣之謚，誰曰不然？

又　卷一一《代宗紀論贊》　史臣曰：嗚呼！治道之失也，若河決金堤，火炎崑崗，雖神禹之乘四載，玄冥之灑八瀛，亦不能堙洪濤而撲烈焰者，何也？良以勢既壞而不能遽救也。觀夫開元之治也，則橫制六合，駿奔百蠻；及天寶之亂也，天子不能守兩都，諸侯不能安九牧。是知有天下者，治道其可忽乎？明皇之失馭也，則祿山暴起於幽陵；至德之失馭也，則思明再陷於河洛；大曆之失馭也，則懷恩鄉導於犬戎。自三盜合從，九州羹沸，軍士膏於原野，民力殫於轉輸，室家相弔，人不聊生。而子儀號泣於用兵，元載殷憂於避狄，然而代宗皇帝少屬亂離，老於軍旅，識人間之情僞，知稼穡之艱難，內有李、郭之效忠，外有昆戎之幸利，遂得凶渠傳首，叛黨革心，關輔載寧，獯戎漸弭。至如諗輔國之惡，議元振之罪，去朝恩之權，不以酷刑，俾之自咎，亦立法念功之旨也。罪己以傷僕固，徹樂而悼神功，懲縉、載之姦回，重衮、綰之儒雅，脩己以禳星變，側身以謝咎徵，古之賢君未能及此，而猶有李靈耀作梗，田承嗣負恩，命將出軍，勞師弊賦者，蓋陽九之未泰，豈君道之過歟？

贊曰：羣盜方梗，諸戎競侵。猛士嘗膽，忠臣痛心。掃除沴氣，敷衍德音。延洪納祉，帝慮何深！

又　卷一三《德宗紀論贊》　史臣曰：德宗皇帝初總萬機，勵精治道，思政若渴，視民如傷，凝旒延納於讜言，側席思求於多士。其始也，去無名之費，罷不急之官，出永巷之嬪嬙，放文單之馴象，減太官之膳，誡服玩之奢，解鷹犬而放伶倫，止榷酤而絕貢奉，百神咸秩，五典克從，御正殿而策賢良，輟廷臣而治畿甸。此皆前王之能事，有國之大猷。率是而行，夫何敢議？加以天才秀茂，文思雕華，灑翰金鑾，無愧淮南之作；屬辭鉛槧，何慚隴坻之書！文雅中興，夐高前代，二《南》三祖，豈盛於茲？然而王霸迹殊，淳漓代變，揆時而理，斟酌斯難。苟於交喪之秋，輕取鄙夫之論，歷觀近世，靡不敗亡。德宗在藩齒胄之年，曾爲統帥；及出震承乾之日，頗負經綸。故從初罷郭令戎權，非次聽楊炎謬計，遂欲混同華裔，束縛奸豪，南行襄漢之誅，北舉恒陽之伐，出車雲擾，命將星繁，罄國用不足以餽軍，竭民力未聞于破賊。一旦德音掃地，愁歎連甍，果致五盜僭擬於天王，二朱憑凌於宗社。奉天之窘，可爲涕零，罪己之言，補之何益？所賴忠臣戮力，否運再昌，雖知非竟逐於楊炎，而受佞不忘於盧杞。用延賞之私怨，奪李晟之兵符；取延齡之奸謀，罷陸贄之相位。知人則哲，其若是乎？貞元之辰，吾道窮矣。

贊曰：聰明文思，惟睿作聖。保姦傷善，聽斷不令。御曆三九，適逢天幸。賜宴之辰，徒矜篇咏。

又　卷一四《順宗紀論》　史臣韓愈曰：順宗之爲太子也，留心藝術，善隸書。德宗工爲詩，每賜大臣方鎮詩制，必命書之。性寬仁有斷，禮重師傅，必先致拜。從幸奉天，賊泚逼迫，常身先禁旅，乘城拒戰，督勵將士，無不奮激。德宗在位歲久，稍不假權宰相，左右倖臣如裴延齡、李齊運、韋渠牟等因間用事，刻下取功，而排陷陸贄、張滂輩，人不敢言。太子從容論爭，故卒不任延齡。渠牟爲相，嘗侍宴魚藻宮，張水嬉，綵艦雕靡，宮人引舟爲擢歌，絲竹間發，德宗歡甚。太子引詩人『好樂無荒』爲對。每於敷奏，未嘗以顏色假借宦官。居儲位二十年，天下陰受其賜。惜乎寢疾踐祚，近習弄權，而能傳政元良，克昌運祚，賢哉！

又　卷一五《憲宗紀論贊》　史臣蔣係曰：憲宗嗣位之初，讀列聖《實録》，見貞觀、開元故事，竦慕不能釋卷。顧謂丞相曰：『太宗之創業如此，玄宗之致理如此，既覽國史，乃知萬倍不如先聖。當先聖之代，猶須宰執臣寮同心輔助，豈朕今日獨能爲理哉？』自是延英議政，晝漏率下五六刻方退。自貞元十年已後，朝廷威福日削，方鎮權重。德宗不委政宰相，人間細務多自臨決。姦佞之臣如裴延齡輩數人，得以錢穀數術進，宰相備位而已。及上自藩邸監國，以至臨御，訖于元和，軍國樞機盡歸之於宰相，由是中外咸理，紀律再張，果能剪削亂階，誅除羣盜，睿謀英斷，近古罕儔。唐室中興，章武而已。任异鎛之聚斂，逐羣度於藩方，政道國經未至衰紊。惜乎服食過當，閹豎竊發，苟天假之年，庶幾于理矣。

贊曰：貞元失馭，羣盜箕踞。章武赫斯，削平嘯聚。我有宰衡，耀德觀兵。元和之政，聞于頌聲。

又　卷一六《穆宗紀論贊》　史臣曰：臣觀五運之推遷，百王之隆替，亦無常治，亦無常亂，在人而已，匪降自天。當軒黃御宇之秋，則百年無事；在商辛握圖之日，則四海横流。昔章武皇帝痛國命之不行，惜朝綱之將墜，乃求賢俊，總攬英雄，果能扼大盜之喉，制姦臣之命，五十載已終之士，復入提封；百萬戶受弊之甿，重蘇景化。元和之政，幾致昇平。鴟梟方革於好音，龍鼎俄傷於短祚。苟或時有平、勃之佐，繼以文、景之才，則廷湊、克融，自縮螳螂之臂；智興、李齐，敢萌狗鼠之謀？強盜寧窺孟賁之金，餓隸不拾嬰兒之餌。觀夫孱主，可謂痛心。不知創業之艱難，不恤黎元之疾苦，謂威權在手，可以力制萬方；謂旒冕在躬，可以坐馳九有。曾不知聚則萬乘，散則獨夫，朝作股肱，暮爲讎敵。仲長子所謂至於運徙勢去，獨不覺悟者，豈非富貴生不仁，沉溺致愚疾，存亡以之迭代，治亂從此周復。誠哉是言也！

贊曰：惠王不令，敗度亂政。驕僻偶全，實賴遺慶。皇皇上帝，爲民立正。此何人哉？遽主鼎命。

又　卷一七上《敬宗紀論》　史臣曰：古人謂堯無子，舜無父，言其賢不肖之相遠也。以文惠驕誕之性，繼之以昭愍，固其宜也。而昭獻、昭肅英特不羣，文足以緯邦家，武足以平禍亂。三子之操行頓異，其何道哉？寶曆不君，國統幾絶，天未降喪，幸賴裴度，復任弼諧。彼狡童兮，夫何足議？

又　卷一七下《文宗紀論贊》　史臣曰：昭獻皇帝恭儉儒雅，出於自然，承父兄奢弊之餘，當閹寺撓權之際，而能以治易亂，化危爲安，太和之初，可謂明矣。初，帝在藩時，喜讀《貞觀政要》，每見太宗孜孜政道，有意于茲。洎即位之後，每延英對宰臣，率漏下十一刻。故事，天子隻日視事。帝謂宰輔曰：『朕欲與卿等每日相見，其輟朝放朝，用雙日可也。』時憲宗郭后居興慶宮，曰太皇太后。敬宗母寶曆太后及上母蕭太后，時呼三宮太后。帝性仁孝，三宮問安，其情如一。嘗内園進櫻桃，所司啓曰：『別賜三宮太后。』帝曰：『太后宮送物，焉得爲「賜」？』遽取筆改『賜』爲『奉』。宗正寺以祭器朽敗，請易之。及有司呈進，命陳於別殿，具冠帶而閱之，容色悽然。尤勤於政理，凡選内外羣官，宰府進名，帝必面訊其行能，然後補除。中書用鴻臚卿張賈爲衢州刺史，賈好博，朝辭日，帝謂之曰：『聞卿善長行。』對曰：『政事之餘，聊與賓客爲戲，非有所妨。』帝曰：『豈有好之而無妨也？』内外聞之悚息。而帝以累世變起禁闈，尤側目於中官，欲盡除之。然訓、注狂狡之流，制御無術，矢謀既誤，幾致顛危。所謂有帝王之道而無帝王之才，雖旰食焦憂，不能弭患。惜哉！

贊曰：昭獻統天，洪惟令德。心憤讐恥，志除凶慝。未殄夔魖，又生鬼蜮。天未好治，亂何由息。

又　卷一八上《武宗紀論》　史臣曰：開成中王室寖卑，政由閹寺，及綴衣將變，儲位遽移，昭肅以孤立維城，副茲當璧，而能雄謀勇斷，振已去之威權；運策勵精，拔非常之俊傑。屬天驕失國，潞孽阻兵，不惑盈庭之言，獨納大臣之計，戎車既駕，亂略底寧，紀律再張，聲名復振，足以蹈彰武出師之迹，繼元和戡亂之功。然後迂訪道之車，築禮神之館，棲心玄牝，物色幽人，將致俗於大庭，欲希蹤於姑射。於是削浮圖之法，懲游惰之民，志欲矯步丹梯，求珠赤水，徒見蕭衍、姚興之謬學，不悟秦王、漢武之非求。蓋惑於左道之言，偏斥異方之説，況身毒西來之教，向欲千禩，蚩蚩之民，習以成俗，畏其教甚於國法，樂其徒不異登僊。如文身祝髮之鄉，久習而莫知其醜；以吐火吞刀之戲，乍觀而便以爲神。安可正之以《咸》、《韶》？律之以章甫？加以笮融、何充之佞，代不乏人；非荀卿、孟子之賢，誰興正論？一朝隳殘金狄，燔棄胡書，結怨於膜拜之流，犯怒於鄙夫之口。哲王之舉，不駭物情，前代存而勿論，實爲中道，欲革斯弊，以俟河清。昭肅明照，聽斯弊矣。

又　卷一八下《宣宗紀論贊》　史臣曰：臣嘗聞黎老言大中故事，獻文皇帝器識深遠，久歷艱難，備知人間疾苦。自寶曆以來，中人擅權，事多假借，京師豪右，大擾窮民。洎大中臨馭，一之日權豪斂迹，二之日姦臣畏法，三之日閹寺讋氣，由是刑政不濫，賢能效用，百揆四嶽，穆若清風，十餘年間，頌聲載路。上宮中衣澣濯之衣，常膳不過數器。非母后侑膳，輒不舉樂。歲或小饑，憂形於色。雖左右近習，未嘗見怠惰之容。與羣臣言，儼然煦接，如待賓僚。或有所陳聞，虛襟聽納。舊時人主所行，黄門先以龍腦鬱金藉地上，悉命去之。宮人有疾，醫視之，既瘳，即袖金賜之，誡曰『勿令敕使知，謂予私於侍者。』其恭儉好善如此。季年風毒，召羅浮山人軒轅集訪以治國治身之要，其伎術詭異之道未嘗措言，集亦有道之士也。十三年春，堅求還山，上曰：『先生少留一年，候於羅浮山，別創一道館。』集無留意。上曰：『先生捨我亟去，國有災乎？朕有天下，竟得幾年？』集取筆寫『四十年』而『十』字挑上，乃十四年也。興替有數，其若是乎？而帝道皇猷，始終無缺，雖漢文景不足過也。惜乎簡籍遺落，舊事十無三四，吮墨揮翰，有所慊然。

贊曰：李之英主，實惟獻文。粃粺盡去，淑慝斯分。河隴歸地，朔漠消氛。到今遺老，歌詠明君。

又　卷一九上《懿宗紀論贊》　史臣曰：臣常接咸通耆老言恭惠皇帝故事。當大中時，四海承平，百職修舉，中外無粃，政府庫有餘貲，年穀屢登，封疆無擾。恭惠始承丕搆，頗亦勵精，延納讜言，尊崇耆德，數稔之內，洋洋頌聲。然器本中庸，流於近習，所親者巷伯，所昵者桑門，以蠱惑之侈言，亂驕淫之方寸，欲無怠忽，其可得乎？及釁結蠻陬，奸生戍卒，發五嶺之轉輸，寰海動摇；徵二蜀之扞防，蒸人盪覆。徐寇雖殄，河南幾空，然猶削軍賦而飾伽藍，困民財而修淨業，以諛佞爲愛己，謂忠諫爲妖言，爭趨險詖之途，罕勵貞方之節。見豕負塗之愛豎，非次寵昇，燋頭爛額之輔臣，無辜竄逐。是以干戈布野，蟲旱彌年，佛骨纔入於應門，龍輴已泣於蒼野。報應無必，斯其驗歟？土德凌夷，禍階於此。雖有景文之英繼，難以興焉。自茲龜玉之不昌，固其宜矣。黄髪遺叟，言之涕零。

贊曰：邦家治亂，在君聽斷。恭惠驕奢，賢良貶竄。凶豎當國，憸人滿朝。奸雄乘釁，貽謀道消。

又　卷一九下《僖宗紀論贊》　史臣曰：恭帝冲年纘曆，政在宦臣，愓勵虔恭，殷憂重慎。屬世道交喪，海縣横流，赤眉摇蕩於中原，黄屋流離於遐徼。黔黎塗炭，宗社丘墟，而猶藩垣多仗義之臣，心腹有盡忠之輔。驅駕豪傑，號令軍戎，終誅伏莽之徒，大雪失邦之恥。而令孜一爲謬計，幾喪丕圖。雖如綫之僅存，固棼絲之莫救。茫茫禹迹，空悲文命之艱難；赫赫宗周，竟墜文王之基業。非僖皇失道之過，其土運之窮歟？悲夫！

贊曰：運曆將窮，人君幼冲。塵飛巨盜，波駭羣雄。天既降喪，人罕輸忠。迴鑾返正，禁旅之功。

又　卷二〇下《哀帝紀論贊》　史臣曰：悲哉！土運之將亡也，五常殆盡，百怪斯呈，宇縣瓜分，皇圖瓦解。昭宗皇帝英猷奮發，志憤陵夷，旁求奇傑之才，欲拯淪胥之運，而世途多僻，忠義俱亡，極爵位以待賢豪，罄珍奇而託心腹，殷勤國士之遇，罕有託孤之賢。豢豐而犬豕轉獰，肉飽而虎狼愈暴。五侯九伯，無非問鼎之徒；四岳十連，皆畜無君之迹。雖蕭屏之臣扼腕，巖廊之輔痛心，空銜毁室之悲，寧救喪邦之禍？及扶風西幸，洛邑東遷，如寄珠於盜跖之門，蓄水於尾閭之上，往而不返，夫何言哉？至若川竭山崩，古今同歎，虎爭龍戰，興替無常。縱胠篋之不仁，亦攫金之有道。曹操請刑於椒壺，蓋迫陰謀；馬昭拒命於凌雲，寤於見討。誠知醜迹，得以爲詞。而全忠所行，止於殘忍，况自岐遷洛，天子塊然，六軍盡斥於秦人，四面皆環於汴卒。冕旒如寄，纖芥爲疑，迎鑾未及於崇朝，傳刃已聞於塗地。立嗣君於南面，斃母后於中闈，黄門與禁旅皆殲，宗室共衣冠並殪。復又盜鐘掩耳，嫁禍於人，何九六之數窮，偶天人之道盡！目擊斯亂，言之傷心。哀帝之時，政由凶族，雖揖讓之令，有類於山陽；而凌逼之權，過踰於侯景。人道寖薄，陰隲難徵。然以此受終，如何延永？

贊曰：勛華受命，揖讓告終。逆取順守，仁道已窮。暴則短祚，義則延洪。虞賓之禍，非止一宗。

《新唐書》卷一《高祖紀贊》　贊曰：自古受命之君，非有德不王。自夏后氏以來，始傳以世，而有賢有不肖，故其爲世數亦或短或長。論者乃謂周自后稷至於文、武，積功累仁，其來也遠，故其爲世尤長。然考於《世本》，夏、商、周皆出於黄帝。夏自鯀以前，商自契至於成湯，其間寂寥無聞，與周之興異矣。而漢亦起於亭長叛亡之徒，及其興也，有天下皆數百年而後已。由是言之，天命豈易知哉？然考其終始治亂，顧其功德有厚薄，與其制度紀綱所以維持者何如。而其後世或寖以隆昌，或遽以壞亂，或漸以陵遲，或能振而復起，或遂至於不可支持。雖各因其勢，然有德則興，無德則絶，豈非所謂天命者常不顯其符，而俾有國者兢兢以自勉耶？唐在周、隋之際，世雖貴矣，然烏有所謂積功累仁之漸，而高祖之興，亦何異因時而特起者歟？雖其有治有亂，或絶或微，然其有天下，年幾三百，可謂盛哉！豈非人厭隋亂而蒙德澤，繼以太宗之治，制度紀綱之法，後世有以憑藉扶持，而能永其天命歟！

又　卷二《太宗紀贊》　贊曰：甚矣，至治之君不世出也。禹有天下，傳十有六王，而少康有中興之業。湯有天下，傳二十八王，而其甚盛者號稱三宗。武王有天下，傳三十六王，而成康之治與宣之功，其餘無所稱焉。雖《詩》、《書》所載，時有闕略，然三代千有七百餘年，傳七十餘君，其卓然著見於後世者，此六七君而已。嗚呼！可謂難得也。唐有天下，傳世二十，其可稱者三君：玄宗、憲宗皆不克其終，盛哉太宗之烈也。其除隋之亂，比迹湯、武；致治之美，庶幾成、康。自古功德兼隆，由漢以来未之有也。至其牽於多愛，復立浮圖，好大喜功，勤兵以遠，此中材庸主之所常爲。然《春秋》之法，常責備於賢者。是以後世君子之欲成人之美者，莫不歎息於斯焉。

又　卷三《高宗紀贊》　贊曰：《小雅》曰：『赫赫宗周，襃姒滅之。』此周幽王之詩也。是時幽王雖亡，而太子宜臼立，是爲平王。而詩人乃言『滅之』者，以爲文、武之業於是蕩盡，東周雖在，不能復興矣。其曰『滅』者，甚疾之之辭也。武氏之亂，唐之宗室戕殺殆盡，其賢士大夫不免者十八九。以太宗之治，其遺德餘烈在人者未遠，而幾於遂絶，其爲惡豈一襃姒之比邪？以太宗之明，昧於知子，廢立之際，不能自決，卒用昏童。高宗溺愛衽席，不戒履霜之漸，而毒流天下，貽禍邦家。嗚呼！父子夫婦之間，可謂難哉！可不慎哉？

又　卷四《中宗紀贊》　贊曰：【略】至中宗韋氏，則禍不旋踵矣。然其親遭母后之難而躬自蹈之，所謂下愚之不移者歟？

又　卷五《睿宗玄宗紀贊》　贊曰：睿宗因其子之功而在位不久，固無可稱者。嗚呼！女子之禍於人者，甚矣。自高祖至于中宗數十年間，再罹女禍，唐祚既絶而復續，中宗不免其身，韋氏遂以滅族。玄宗親平其亂，可以鑑矣，而又敗以女子。方其勵精政事，開元之際幾致太平，何其盛也！及侈心一動，窮天下之欲不足爲其樂，而溺其所甚愛，忘其所可戒，至於竄身失國而不悔。考其始終之異，性習之相遠也至於如此。可不慎哉？可不慎哉？

又　卷六《肅宗代宗紀贊》　贊曰：天寶之亂，大盜遽起，天子出奔。方是時，肅宗以皇太子治兵討賊，眞得其職矣。然以僖宗之時，唐之威德在人，紀綱未壞，孰與天寶之際？而僖宗在蜀，諸鎮之兵糾合勠力，遂破黄巢而復京師。由是言之，肅宗雖不即尊位，亦可以破賊矣。蓋自高祖以來，三遜于位，以授其子，而獨睿宗上畏天戒，發于誠心。若高祖、玄宗，豈其志哉？代宗之時，餘孽猶在，平亂守成，蓋亦中材之主也。

又　卷七《德宗順宗憲宗紀贊》　贊曰：德宗猜忌刻薄，以彊明自任，恥見屈于正論，而忘受欺於姦諛。故其疑蕭復之輕己，謂姜公輔爲賣直而不能容，用盧杞、趙贊，則至於敗亂而終不悔。及奉天之難，深自懲艾，遂行姑息之政，由是朝廷益弱而方鎮愈彊，至於唐亡，其患以此。憲宗剛明果斷，自初即位，慨然發憤，志平僭叛，能用忠謀，不惑羣議，卒收成功。自吳元濟誅，彊藩悍將皆欲悔過而效順。當此之時，唐之威令幾於復振，則其爲優劣，不待較而可知也。及其晚節，信用非人，不終其業而身罹不測之禍，則尤甚於德宗。嗚呼！小人之能敗國也，不必愚君暗主；雖聰明聖智，苟有惑焉，未有不爲患者也。昔韓愈言，順宗在東宫二十年，天下陰受其賜，然享國日淺，不幸疾病，莫克有爲，亦可以悲夫。

又　卷八《穆宗敬宗文宗武宗宣宗紀贊》　贊曰：《春秋》之法，君弑而賊不討，則深責其國，以爲無臣子也。憲宗之弑，歷三世而賊猶在；至於文宗，不能明弘志等罪惡，以正國之典刑，僅能殺之而已，是可歎也。穆、敬昏童失德，以其在位不久，故天下未至於敗亂，而敬宗卒及其身，是豈有討賊之志哉？文宗恭儉儒雅，出於天性。嘗讀太宗《政要》，慨然慕之。及即位，鋭意於治，每延英對宰臣，率漏下十一刻。唐制，天子以隻日視朝；乃命輟朝放朝，皆用雙日。凡除吏，必召見訪問，親察其能否。故太和之初，政事脩飭，號爲清明。然其仁而少斷，承父兄之弊，宦官撓權制之，不得其術，故其終困以此。甘露之事，禍及忠良，不勝冤憤飲恨而已。由是言之，其能殺弘志，亦足伸其志也。昔武丁得一傅說，爲商高宗；武宗用一李德裕，遂成其功烈。然其奮然除去浮圖之法甚鋭，而躬受道家之籙，服藥以求長年，以此見其非明智之不惑者，持好惡有不同爾。宣宗精於聽斷而以察爲明，無復仁恩之意。嗚呼！自是而後，唐衰矣。

又　卷九《懿宗僖宗紀贊》　贊曰：唐自穆宗以來，八世而爲宦官所立者七君。然則唐之衰亡，豈止方鎮之患？蓋朝廷，天下之本也；人君者，朝廷之本也；始即位者，人君之本也。其本始不正，欲以正天下，其可得乎？懿、僖當唐政之始衰，而以昏庸相繼。乾符之際，歲大旱蝗，民愁盜起，其亂遂不可復支，蓋亦天人之會歟？

又　卷一〇《昭宗哀帝紀贊》　贊曰：自古亡國，未必皆愚庸暴虐之君也。其禍亂之來有漸積，及其大勢已去，適丁斯時，故雖有智勇，有不能爲者矣，可謂真不幸也，昭宗是已。昭宗爲人明雋，初亦有志於興復，而外患已成，内無賢佐，頗亦慨然思得非常之材，而用匪其人，徒以益亂。自唐之亡也，其遺毒餘酷，更五代五十餘年，至於天下分裂大壞，極亂而後止。迹其禍亂，其漸積豈一朝一夕哉？

藝文

宋·王十朋《梅溪前集》卷一〇《詠史詩·唐太宗》　仁義誰云不可行？文皇親見治功成。德彝可惜身先死，豈信人間有太平？

又《高宗》　貞觀基圖極盛隆，誰將神器付昏童？倒持利柄歸房闥，仙李枝柯一剪空。

又《明皇》　天寶君臣玩太平，梨園弟子奏新聲。貴妃一笑天顔喜，不覺紅塵暗兩京。

又《肅宗》　張后宫中巧弄權，上皇西内老誰憐？杜陵獨念君臣義，長向雲安拜杜鵑。

又《德宗》　敵箭侵陵御幄時，君臣相顧不勝悲。難平猶自惟天命，盧杞姦邪竟不知。

又《憲宗》　叛將連頭就典刑，元和功業竟無成。晚年誤信妖人術，禍自丹砂藥裹生。

又《文宗》　輦路青青春草多，凭高無語涕滂沱。禁中夜召詞臣語，受制家奴可奈何。

清·愛新覺羅·弘曆《御製詩四集》卷四九《全韻詩》　自漢失御，六朝亡迅。加之南北相排擯，倒行逆施，太原兵進。化家爲國帝出震，正統開基，掃除餘閏。李唐二百餘年演，嫡庶建立，惜未明慎。元武禍起家庭釁，喋血禁門，同氣推刃，高祖不明論允信。司馬光云：『高祖所以有天下，皆太宗之功。隱太子以庸劣居其右，地嫌勢逼，必不相容。鄉使高祖有文王之明，隱太子有泰伯之賢，太宗有子臧之節，則亂何自而生哉？』其論最爲允當。惜唐高祖當日見不及此，徒拘立嫡以長之説，遂使釁起家庭，而致太宗之失德也。右唐高祖

助高祖，開國運。勇天授，迅雷奮。繼臨御，多仁聞。能納諫，治匪紊。更愛民，恩無靳。善政夥，不勝捃。有慚德，可弗問。欲蓋愆，好名近。唐太宗嘉言善政，史不勝書，洵三代以下令辟，而其虚懷納諫，改過不吝，亦卓然可紀。若剪鬚吞蝗諸事，則不免近於好名。身有慚德，故欲博美譽爲晚。蓋所謂三代以下，惟恐不好名耳。三代下，垂芳訓。右唐太宗

起兵討韋氏，識英而志健。宋王能讓功，過建成以萬。内禪即帝位，初政頗勤綣。吾瘦天下肥，名言可爲勸。既而臨莅久，太平符所願。天寶易開元，志滿心驕頓。姚宋亦已没，李楊弄權溷。荒淫無不爲，親邪正人遠。一人前後異，敬怠殊方寸。侵尋致播遷，自取夫誰怨？右唐玄宗

乘危叛父，范氏語定案。聽讒殺子，宦妾恣爲亂。輔國脇上皇，君失乾斷。張后效武、韋，夫爲綱擅。父子君臣，夫婦胥無幹。始終懦柔，昏悖誠堪歎。藉李、郭克復，非出其算。若肅宗者，言之汙文翰。右唐肅宗

亡唐者二事，方鎮及豎宦。宦豎久已然，方鎮代宗慣。時雖有良將，亂用安則慢。弗能去奸相，每致忠良間。市馬悅回紇，匹值四十絹。佞佛章敬寺，七廟致詆謾。雖削元振爵，因納柳伉諫。即其誅朝恩，亦以詭計辦。得一而失百，那濟式微患。右唐代宗

踐阼初政頗可稱，曾不數年早更變。苛刻猜忌以爲明，恥見屈寧受欺面。盧杞趙贊用甘雲蔽天，蕭復之姜公輔棄若日臨霰。播越失陸惜徬徨，事平聽讒弗顧眷。陸贄從幸山南，道險澀，與從官相失，夜召贄不得，帝驚且泣，詔軍中得贄者賞千金。久之乃至，上喜甚。然贄數直諫，忤上意，又極言杞姦邪致亂，上雖貶杞，心頗不悅。後裴延齡言贄與李充等心懷怨望，激怒諸軍，上怒，欲誅贄等。會陽城論救，乃貶贄爲忠州别駕。宫市白望恣强奪，香山居易詩曾訕。末年姑息圖無事，朝廷益弱方鎮煽。唐家宗社未淪亡，貞觀餘惠人猶戀。右唐德宗

志平不掉，任賢自劭。藩鎮悍慓，無敢弗奉詔。元濟猶梟嘯，破蔡雪宵。服丹多躁，陷大禍堪弔。右唐憲宗

明·孫承恩《文簡集》卷四一《古像贊·唐高祖》　眞人天生，隱見隨時。忽而泥蟠，忽而雲飛。掃滌隋昏，光啓唐祚。禮賢納諫，大君之度。

又《唐太宗》　顯允太宗，聰明英武。龍奮晉陽，雨澤九土。安夏攘夷，雪耻酬古。文德武功，卓冠無伍。

又《唐玄宗》　廓清内難，光踐天位。推誠任賢，勵精圖治。四海寧謐，兆民阜成。開元之政，百世猶存。

又《唐德宗》　疇咨惟勤，志意亦鋭。斤斤其明，彊倖自遂。忌刻於始，姑息於終。弊源在兹，多言何庸。

又《唐憲宗》　志感時艱，治慕祖烈。好謀惟明，成功惟决。强梗效順，紀綱遂張。允毅允臧，中興煌煌。

又《唐武宗》　君得臣興，臣得君行。君臣道合，事乃有成。裕既賢弼，帝亦英主。會昌之功，卓然可紀。

又《唐宣宗》　法無偏頗，志尚勤儉。惜賞慎官，好賢納諫。我思大中，亦汔小康。忌刻害治，卒以弗昌。

後梁帝系分部

綜　述

宋·王溥《五代會要》卷一《帝號》　梁太祖神武元聖孝皇帝姓朱氏諱晃。追册文穆皇帝第三子，母曰文惠皇后王氏。唐大中六年十月二十一日生於單州碭山縣。以其日爲太明節。天復元年正月，封梁王。天祐二年十一月，加相國，總百揆，改封魏王，備九錫。四年四月十八日，受唐禪，即位於東都金祥殿，改名晃。年五十六。初名温，又賜名全忠。【略】乾化二年六月五日，爲其子郢王友珪所弑，崩於大内之寢殿。年六十一。【略】

末帝諱瑱。太祖第四，子母曰元正皇后張氏。唐文德元年九月十二日，生於汴州。以其日爲明聖節。梁開平元年，封均王。乾化三年二月十七日，侍衛都將袁象先率禁兵殺郢王於洛京，帝即位於汴州，改名瑱。年二十六。初名友貞，後又改名鍠。龍德三年十月八日，唐兵入汴州，爲控鶴將皇甫麟弑於建國樓之廊下。年三十六。

宋·王欽若等《册府元龜》卷一八二《閏位部·氏號》　梁太祖神武元聖孝皇帝，姓朱氏，宋州碭山人。其先舜司徒虎之後。高祖黯，曾祖茂琳，祖信，父誠。帝即誠之第三子，母曰文惠王皇后。唐哀帝天祐四年四月，以相國、梁王受禪，即皇帝位。在位八年，年六十一。明年，第四子東京留守均王友貞平庶人友珪，紹位，是爲末帝，母曰元貞張皇后。在位十一年，爲後唐所滅。

元·馬端臨《文獻通考》卷二五〇《帝系考一·帝號歷年·後梁》　後梁太祖神武元聖孝皇帝，單州碭山縣人。姓朱氏，名晃，初名温，賜名全忠。以丁卯受唐禪，即皇帝位，年五十六，在位六年。壬申，爲其子郢王友珪所弑，年六十二。改元二。開平四，乾化二。

末帝名瑱，太祖第三子，母張皇后，封均王。友珪弑逆，誅討之。以癸酉嗣立，在位十一年。癸未，唐兵入汴，爲其下所弑，年三十六。改元三。乾化三，貞明六，龍德二。

右後梁二帝，共十七年。首丁卯，盡癸未。

清·王之樞等《歷代紀事年表》卷七三《梁世系表畧》　朱氏，宋州碭山人。高祖黯，生茂林；茂林生信，信生誠，以五經教授鄉里。誠生温，是爲太祖。温仕唐，唐僖宗賜名全忠。以梁王受唐禪，更名晃。國號梁，都汴州，尋遷洛陽。傳二主，凡十七年。

後唐帝系分部

綜　述

宋·王溥《五代會要》卷一《帝號》　後唐莊宗光聖神閔孝皇帝姓李氏，諱存勗。追册武皇帝長子，母曰正簡皇后曹氏。唐光啓元年十二月二十二日，生於晉陽宮。以其日爲萬壽節。天祐五年正月，嗣晉王位。二十年四月二十五日，即位於魏州武德殿。年三十九。同光元年十月，平僞梁。【略】四年四月一日，京城軍亂，崩於絳霄殿之廊下。年四十二。【略】

明宗聖德和武欽孝皇帝。追册孝成皇帝長子，母曰追册懿皇后劉氏。唐咸通八年九月九日，生於代北金鳳殿。以其日爲應聖節。同光元年十一月，授番漢馬部總管。四年四月，即位於西宮，改名亶。年六十。初名嗣源。【略】其年（長興二年）十一月二十六日，崩於大内之雍和殿。年六十七。【略】

閔帝諱從厚。明宗第三子，母曰昭懿皇后夏氏。唐天祐十一年十一月二十八日，生於晉陽。未有節名。長興元年八月，封宋王。四年十二月一日，自魏府入纘皇統，即位於柩前。年二十一。應順元年四月七日，廢爲鄂王。其月九日，遇弑於衛州。年二十二。【略】

末帝諱從珂。本姓王氏，明宗養爲子，母曰宣憲皇后魏氏。唐光啓元年正月二十三日，生於鎮州平山縣之外舍。以其日爲千秋節。長興四年正月，封潞王。應順元年四月三日，自鳳翔入纘皇統。六月，赴西宮，即位於柩前。年五十。清泰三年閏十一月二十九日遇難，崩於後樓。年五十二。

宋・王欽若等《册府元龜》卷一《帝王部・帝系》　後唐太祖武帝，本姓朱耶氏，其先隴右金城人也。始祖拔野，唐貞觀中爲墨離軍使，從太宗討高麗、薛延陁有功，爲金方道副都護，因家於瓜州。太宗平薛延陁諸部，於安西、北庭置都護以屬之。分同羅、僕骨之人，置沙陁都督府，蓋北庭有磧曰沙陁，故因以爲名焉。永徽中，以拔野爲都督，其後子孫五世相承。曾祖盡忠，貞元中，繼爲沙陁府都督。既而爲吐蕃所陷，乃舉其族七千帳徙於甘州。盡忠尋率部衆三萬東奔，俄而吐蕃追兵大至，盡忠戰没。祖執宜，即盡忠之長子也，收合餘衆，至於靈州，德宗命爲陰山府都督。元和初，入爲金吾將軍，遷蔚州刺史，代北行營招撫使。莊宗即位，追謚爲昭烈皇帝，廟號懿祖。烈考國昌，本名赤心，仕唐朔州刺史。咸通中，討龐勛有功，入爲金吾上將軍，賜姓李氏，名國昌，仍係鄭王一房。出爲振武節度使，尋爲吐蕃所襲，退保於神武川。及武皇鎮太原，表爲代北軍節度使，中和三年薨。莊宗即位，追謚爲文皇帝，廟號獻祖。太祖，即獻祖之第三子也，母曰秦氏。仕唐，爲河東節度使，累封晉王。天祐四年，唐哀帝已禪于梁，改元開平，而太祖猶稱天祐，至五年，薨。年五十三。長子嗣晉王位，是爲莊宗。同光初，追謚爲武皇帝，廟號太祖。莊宗母曰貞簡曹皇后。天祐二十年，即皇帝位於鄴都。其年平梁，在位四年，年四十三。蕃漢馬步總管李嗣源爲三軍所立，百寮勸進，是爲明宗。明宗北代人，生於應州之金城縣，世事太祖，及其賜姓也，遂編入屬籍。四代祖聿，贈麟州刺史，天成初，追尊爲孝恭皇帝，廟號惠祖。曾祖敖，贈朔州刺史，追尊爲孝質皇帝，廟號毅祖。祖琰，贈蔚州刺史，追尊爲孝靖皇帝，廟號烈祖。考霓，贈汾州刺史，追尊爲孝成皇帝。初孝成事獻祖，爲愛將。獻祖之失振武，爲吐渾所攻，部下離散，孝成獨奮忠義，解蔚州之圍。明宗即孝成之元子，母曰劉氏，追尊孝成懿皇后。在位八年，年六十七。第三子宋王立，是爲愍帝，母曰昭懿皇后，在位百五十日，出奔於衛州。太后令降爲鄂王，薨，年二十一。明宗養子潞王立，是爲末帝，姓王，鎮州人，母曰宣憲魏皇后。在位三年，年五十三。晉高祖入洛，自焚。後唐自莊宗癸未歲建國至末帝丙申，凡三代，四主，十四年。

元・馬端臨《文獻通考》卷二五〇《帝系考一・帝號歷年・後唐》　後唐莊宗光聖神閔孝皇帝，其先沙陀人。唐賜姓李氏，名存勗，武帝之子。以癸未即皇帝位，滅梁，在位四年。丙戌，兵亂，中流矢，崩，壽四十二。改元一。同光四。

明宗聖德和武欽孝皇帝，代北金鳳城人。姓李氏，名亶。以丙戌嗣立，在位八年。癸巳，崩，壽六十七。改元二。天成四，長興四。

愍帝，名從厚，明宗第三子，封宋王。癸巳，嗣立。甲午，潞王兵入汴，廢之而自立，遇害。壽二十一。改元一。應順二。

廢帝，名從珂，本姓王氏，明宗養爲子，封潞王。以甲午廢愍帝，即位三年。丙申，石敬瑭舉兵犯闕，帝兵敗自焚，死，壽五十二。改元一。清泰三。

右後唐四帝，共十四年。首癸未，盡丙申。

清・王之樞等《歷代紀事年表》卷七五《唐世系表畧》　李氏，其先本號朱邪，出於西突厥，其後自號曰沙陀，而以朱邪爲姓。唐德宗時，朱邪盡忠居於北庭之金滿州。吐蕃攻陷北庭，徙盡忠於甘州。吐蕃爲回鶻所敗，盡忠與子執宜東走，吐蕃追及之，盡忠戰死，執宜歸唐，居之鹽州，以隸河西節度使范希朝。希朝徙鎮太原，居之定襄神武川之新城。執宜生赤心，咸通中以功拜振武節度使，賜姓名李國昌。國昌生克用，唐昭宗時封晉王，是爲皇考。生莊宗，諱存勗，襲封晉王。滅梁稱帝，國號唐，都魏州，尋遷洛陽。傳四主，凡十四年。

後晉帝系分部

綜　述

宋·王溥《五代會要》卷一《帝號》　晉高祖聖文章武明德孝皇帝姓石氏，諱敬瑭。追册孝元皇帝第二子，母追册懿皇后。唐景福元年二月二十八日，生於太原汾陽里。以其日爲天和節。長興三年十一月，授北京留守兼大同、振武、威塞、彰國馬步總管。清泰三年閏十一月十二日築壇，即位於太原府城之南。年四十五。其月二十六日至洛陽，二十九日受朝於文明殿。【略】（天福）七年六月十三日，崩於鄴都大内之保昌殿。年五十一。【略】

少帝諱重貴。高宗從子，父敬儒，母太妃安氏。唐天祐十一年六月二十七日，生於太原汾陽里。以其日爲啓聖節。天福三年十二月，授開封尹，封鄭王。六年十一月，授廣晉尹，封齊王。七年六月十三日，即位於柩前。年二十九。開運二年十二月，契丹犯闕。明年正月，降封負義侯。其月，舉族遷於契丹之黃龍府。年三十四。

宋·王欽若等《册府元龜》卷一《帝王部·帝系》　晉高祖姓石氏，北京晉陽人也。本衛大夫碏之後，至漢，奮自河内徙家長安，與子慶等德位俱盛，時號萬石君。漢衰，關輔亂，子孫流徙西裔，有居甘州者。四代祖璟，以唐元和中與沙陀軍都督朱耶氏靈武入附，憲宗嘉之，隸爲河東陰山府較，以邊功累官至朔州刺史。天福二年，追尊孝安皇帝，廟號靖祖。三代祖郴，早薨，贈右散騎常侍，追尊孝簡皇帝，廟號肅祖。祖昱，任振武防禦使，贈尚書右僕射，追尊孝平皇帝，廟號睿祖。考紹雍，蕃字臬捩鷄，善騎射，有經遠大略。始從後唐太祖平定巢賊。及事莊宗，拒梁人，戰上黨、栢仁，討薊門劉守光有功，功與周德威相亞。德威鎮薊，莊宗承制授平州刺史，行事多抗於德威，德威憚其名，嘗以禮下之。俄改洺州刺史，薨於任，贈太傅，追尊孝元皇帝，廟號憲祖。高祖卽憲祖第二子也，母曰何氏，追謚孝元懿皇后。高祖事後唐，尚明宗女永寧公主，爲河東節度使兼中書令，封趙國公。清泰三年，契丹酋長耶律氏至太原，册立爲大晉皇帝，是年入雒，在位七年，年五十一。從子齊王立，是爲少帝，父曰敬儒，爲莊宗騎將，早薨，母曰安太妃，在位五年，爲耶律氏所陷。

晉自唐祖丙申歲建國至少帝丙午，凡二代，二主，十一年。

元·馬端臨《文獻通考》卷二五〇《帝系考一·帝號歷年·後晉》　後晉高祖聖文章武明德孝皇帝，太原汾陽里人。姓石氏，名敬瑭。丙申，以北京留守舉兵入洛，即皇帝位，在位七年。壬寅，崩，壽五十二。改元一。天福七。

出帝，名重貴，本高祖從子，對齊王。以壬寅嗣立，在位四年。丙午，契丹入汴，北遷，卒於黃龍府，壽三十四。改元二。天福二，開運二。

右後晉二帝，共十一年。首丙申，盡丙午。

清·王之樞等《歷代紀事年表》卷七七《晉世系表畧》　石氏，不知其得姓之始。皇考臬捩雞，本出西夷，常從晉王李克用征伐有功，官至洺州刺史。臬捩雞生高祖，諱敬瑭。初尚唐明宗永寧公主，累官太原節度使。唐廢帝徙高祖鎮天平，高祖不受命，廢帝命將致討，高祖求援於契丹，契丹立以爲帝，國號晉，都洛陽，尋遷汴州。傳二主，又爲契丹所滅，凡十一年。

按《五代史·高祖本紀》一作父臬捩雞，一作考紹雍。意以高祖即帝位之後，追尊先代，易臬捩雞之名爲紹雍也。

後漢帝系分部

綜　述

宋·王溥《五代會要》卷一《帝號》　漢高祖睿文聖武昭肅孝皇帝姓劉氏，諱暠。追册章聖皇帝長子丹，追册章懿皇后安氏。唐乾寧二年二月四日，生於太原。以其日爲壽節。晉天福六年七月，授北京留守。開運三年四月，封北平王。四年二月十五日，受册於太原府第。其年六月十一日至東京，受朝於崇元殿，改名暠。年五十二。初名知遠。乾祐元年正月二十七

日，崩於大内萬壽殿。年五十四。【略】

隱帝諱承祐。高祖第二子，母曰皇后李氏。長興二年三月九日，生於太原。以其日爲嘉慶節。乾祐元年二月一日，封周王。其日卽位於柩前。年十八。三年十二月二十一日，爲左右郭允明弑於京北之趙村。年二十。

宋・王欽若等《册府元龜》卷一《帝王部・帝系》　漢高祖，姓劉氏，其先本沙陁部人也。四代祖湍，追尊爲明元皇帝，廟號文祖。曾祖昂，贈太保，追尊爲恭僖皇帝，廟號德祖。祖僎，贈太傅，追尊爲昭獻皇帝，廟號翼祖。考琠，事後唐武皇，爲列較，贈太師，追尊爲章聖皇帝，廟號顯祖。高祖卽顯祖之子，母曰安氏，追謚章懿皇后。高祖仕晉，爲河東節度使、太尉兼中書令，封北平王。開運四年正月，晉少主爲耶律氏所陷。二月，高祖卽皇帝位于太原，稱天福十二年，五月至東京，在位二年，年五十四。第二子周王立，是爲隱帝，母曰李太后，在位三年，禪於周。漢自高祖丁未歲建國至庚戌，凡二代，二主，共四年。

元・馬端臨《文獻通考》卷二五〇《帝系考一・帝號歷年・後漢》　後漢高祖睿文聖武昭肅孝皇帝，太原人，姓劉氏，名暠，初名知遠。契丹入中國，以丁未卽皇帝位於晉陽，繼遷於汴，在位二年。戊申，崩，壽五十四。改元一。乾佑二。

隱帝，名承祐，高祖第二子，封周王。以戊申嗣立，三年庚戌，郭威擁兵犯闕，遇弑，壽二十。

右後漢二帝，共四年。首丁未，盡庚戌。

清・王之樞等《歷代紀事年表》卷七九《漢世系表畧》　劉氏，其先沙陀人也。湍生昂，昂生僎，僎生琠，俱追尊爲皇帝。琠生高祖，諱知遠，仕晉，封北平王。晉主重貴北遷，高祖稱帝於晉陽，更名暠，國號漢，都汴。傳二主，凡四年。

後周帝系分部

綜　述

宋・王溥《五代會要》卷一《帝號》　周太祖聖神恭肅文武孝皇帝

姓郭氏，諱威。追册章肅皇帝長子，母追册章德皇后王氏。唐天祐元年七月二十八日，生於邢州堯山之舊宅。以其日爲永壽節。漢乾祐三年四月，授鄴都留守兼樞密使。其年十二月二十七日，監國。廣順元年正月五日，卽位於崇元殿。年四十八。【略】其月十七日，崩於大内之滋德殿。年五十一。【略】

世宗睿武孝文皇帝諱榮。太祖養子，姓柴氏，追册聖穆皇后之姪也。唐天祐十八年九月二十四日，生於邢州之别墅，以其日爲天清節。廣順三年三月，授開封尹，封晉王。顯德元年正月，判内外兵馬事。其月二十日，卽位於柩前。年三十四。六年六月十九日，崩於大内之萬歲殿。年三十九。【略】

恭帝諱宗訓。世宗後宫所生。廣順三年八月四日，生於澶州。以其日爲天壽節。顯德六年六月，封梁王。其月九日，卽位於柩前。年七歲。七年正月，禪位於宋。其年降封鄭王。年八歲。開寶六年春，崩於房陵。其月十日。

宋・王欽若等《册府元龜》卷一《帝王部・帝系》　周太祖，姓郭氏，邢州堯山人，或云本常氏子，幼隨母適郭氏，故冒其姓。高祖璟，廣順初追尊爲睿和皇帝，廟號信祖。曾祖諶，贈太保，追尊爲明憲皇帝，廟號僖祖。祖蘊，贈太傅，追尊爲翼順皇帝，廟號義祖。考簡，贈太師，追尊爲章肅皇帝，廟號慶祖。初，唐咸通中，代北、徐方用兵伐叛，信祖、僖祖從戎師，接戰以勇敢知名。義祖事後唐武皇，爲帳中親信。乾寧中，從征澤潞邢洛，累授河内馬步軍都虞候。武皇平安敬思，再定邢洛，移授邢之軍職，因卜居堯山縣。武皇經啓霸圖，觀兵大鹵，劉仁恭陸梁燕薊，窺伺中原，梁氏蠶食兩河，尋戈不息。慶祖爲武皇内牙愛將，專掌親軍，指麾所行，無不景從，攻城野戰，勇爵崇高。天復中，武皇兵出居庸山北，尅捷，以慶祖爲順州刺史。太祖卽慶祖之子，母曰王氏，追謚章德皇后。太祖仕漢，爲樞密使兼侍中，乾祐四年，受漢禪，在位四年，年五十一。養子開封尹晉王立，是爲世宗，本姓柴氏，蓋太祖聖穆皇后之姪，在位六年，年三十九。子梁王立，是爲恭帝，在位一年，禪於大宋。周自太祖辛亥歲建國至恭帝庚申凡三代三主，共十年。

元・馬端臨《文獻通考》卷二五〇《帝系考一・帝號歷年・後

周》 後周太祖聖神恭肅文武孝皇帝，邢州堯山人，姓郭氏，名威。辛亥，以鄴都留守入汴，即皇帝位，三年。癸丑，崩，壽五十一。改元一。廣順三。

世宗睿武孝文皇帝，本姓柴氏，名榮，太祖養子，封晉王。以甲寅嗣立，在位六年。己未崩，改元一。顯德六。

恭帝，名宗訓，世宗子，封梁王。以己未嗣立，庚申禪於宋。後十四年癸酉，崩，壽二十。

右後周三世，共九年。首辛亥，盡己未。

清·王之樞等《歷代紀事年表》卷八〇《周世系表畧》 郭氏，其先居邢州堯山。璟生諶，諶生藴，藴生晉順州刺史簡，俱追尊爲皇帝。簡生大祖，諱威，漢樞密使、鄴都留守。漢隱帝遇弒，太祖北擊契丹，至澶州軍變，引還，遂即大位，國號周，都汴。傳二姓三王，凡十年。

雜録

清·趙翼《廿二史劄記》卷二二《五代諸帝多無後》 梁祖朱温，子彬王友裕，早卒。郢王友珪，以弒逆被誅。養子博王友文，爲友珪矯殺。均王友貞，嗣位，是爲末帝，唐兵入，自殺於建國樓。康王友孜，末帝時先以謀反誅。賀王友雍。福王友璋。建王友徽。歐《史》謂此三人不知所終，薛《史》亦不載其卒，而王禹偁《五代史闕文》謂唐莊宗入，盡誅朱氏，則友璋等皆被殺也。《通鑑》則謂唐師將至，末帝疑兄弟乘危謀亂，盡殺之。是梁祖後無子孫也。唐武皇李克用有子落落及廷鸞，洹水、晉州二戰，皆爲梁所擒殺，見於《梁本紀》，而薛《史·宗室傳》、歐《史·家人傳》俱不載。其見於二史者，長子莊宗存勗，爲郭從謙所弒。睦王存義，以郭崇韜壻，先爲莊宗所殺。永王存霸，申王存渥，國變後俱逃太原，爲軍士所殺。通王存確，雅王存紀，爲霍彦威所殺。惟邕王存美，薛王存禮，薛《史》謂皆不知所終，《通鑑》則謂存美以病風偏枯，得免，居於晉陽，是武皇後僅存一廢疾之子也。莊宗子魏王繼岌，聞莊宗之變，自縊死。繼潼、繼嵩、繼蟾、繼嶢，薛《史》謂並不知所終。惟《清異録》謂唐福慶公主下降孟知祥，莊宗諸子削髮爲僧，間道走蜀，知祥以公主之姪，厚待之，則莊宗子有延於蜀者。明宗長子從審，莊宗改爲繼璟，爲元行欽所殺。次秦王從榮，以率兵入宮，爲安從益所殺。宋王從厚，即位，是爲愍帝，失國後以酖死。從璨，先以戲登御榻，爲安重誨陷死。許王從益，廢居於洛，契丹主北歸，蕭翰令知南朝軍國事，漢祖入洛，賜死。愍帝有子重哲，見《明宗紀》，而薛歐二《史》皆無傳，蓋亦不知所終。是明宗後無子孫也。廢帝長子重吉，爲愍帝所殺。次雍王重美，同廢帝自焚死。是廢帝後無子孫也。晉高祖子剡王重胤，本高祖弟，養爲子。虢王重英，皆高祖起兵時，爲唐廢帝所誅。楚王重信，壽王重乂，皆爲張從賓所殺。齊王重貴嗣位，本高祖兄敬儒子是爲出帝，後降契丹北遷。夔王重進，陳王重杲，早卒。少子重睿，從出帝北遷。重信有二子，及出帝子延寶、延煦，皆隨北遷，不知所終。是晉帝後亦無子孫在中國也。漢祖長子魏王承訓，先卒。次承祐，嗣位，是爲隱帝，爲郭允明所弒。次陳王承勳，以廢疾不得立，廣順初卒。是漢祖後無子孫也。周祖起兵於鄴，漢以兵圍其京邸，子青、哥意哥皆被誅。是周祖後無子孫也。世宗以養子嗣位，其子宜哥、喜哥、三哥，先在京邸，同爲漢所誅。次恭帝，遜位於宋。次熙謹，宋乾德二年卒。次熙讓、熙誨，不知所終。而恭帝遜位後，又十四年而殂。周子孫封崇義公，歷宋三百餘年，世襲不替，比於諸帝獨幸矣。

前蜀帝系分部

綜述

宋·王欽若等《册府元龜》卷二一九《僭僞部·姓系》 前蜀王建，字光圖，陳州項城人也。父慶，里之豪右。唐僖宗光啓元年入蜀郡，爲壁州刺史，率兵攻陷閬、利二州，又攻陷成都。昭宗隆紀元年，授西川節度副大使，知節度事。梁太祖開平二年，建自帝於成都，國稱大蜀，在位十二年，年七十二。子衍嗣。衍字化源，在位七年，年二十五，爲後唐所滅。建自唐光啓初入蜀，父子相承，凡四十年。

明・楊元裕《讀史關鍵・五朝志・附五季吳楚列國》 前蜀王建，據成都，統四十八州。唐天復三年，封蜀王，稱帝。傳子衍，降于後唐莊宗。凡二世，二十三年。

清・萬斯同《五代諸國世表・蜀》 王建，舞陽人。起行伍，唐封蜀王，後僭帝號。十二年卒，稱高祖。

衍，建子。立八年，爲唐所滅。

建以唐昭宗天復三年封蜀王，迄衍亡國，共二十三年。

論説

清・吳任臣《十國春秋》卷三六《前蜀二・高祖紀下》 論曰：先主負驍雄之資，奮不世出之畧，智驅田陳，力併楊顧，北問罪于岐隴，南禦侮于長和，功綦茂矣；而釁起蕭墻，戮及嗣子，何遇之酷也！卒之豔妻方處，母愛子抱，舍長立少，不再傳而失國，豈所稱貽厥孫謀、以燕翼子者乎？嗚呼！廢立之際，顧不重與？

又　卷三七《前蜀三・後主紀》 論曰：予作《前蜀後主紀》而深有感于興亡之際焉。夫莊宗，非司馬文王之比；繼岌、崇韜，非會、艾儔也。且是時，唐僅得天下之半，强藩割據，經畧未遑，假後主勤修政事，輯睦鄰封，啗以貨財，結以情好，尚可遷延國祚，更待真主。奈何閹人秉鈞于外朝，母后司晨于閫内，嬉遊山川，宣淫郡國，秦川之變，驟罹非辜。自古蜀亡，未有如王氏禍之烈者也。可不哀哉？

後蜀帝系分部

綜述

《舊五代史》卷一三六《僭僞傳・孟昶》 自知祥同光二年丙戌歲入蜀，父子相繼，凡四十年而亡。

宋・王欽若等《册府元龜》卷二一九《僭僞部・姓系》 後蜀孟知祥，字保裔，邢州龍岡人也。祖察、父道，世爲郡校；伯父方立，終於邢洺節度使；從父遷，位至澤潞節度使。知祥，後唐莊宗同光三年授西川節度副大使，知節度事。愍帝應順元年正月，稱帝於蜀，七月卒，年六十一。其子昶襲僞位。皇朝乾德三年，爲王師所平。知祥自後唐同光三年人蜀，父子相承，凡四十年。

《新五代史》卷六四《後蜀世家・孟昶》徐無黨注 知祥興滅年數甚明，諸書皆同，蓋自同光三年乙酉入蜀，至皇朝乾德三年乙丑國滅，凡四十一年。

明・楊元裕《讀史關鍵・五朝志・附五季吳楚列國》 後蜀孟知祥，爲西川節度使。後唐同光末，據成都稱帝，統四十六州。傳子昶。二世，凡四十一年。宋太祖乾德三年滅之。

清・萬斯同《五代諸國世表・後蜀》 孟知祥，邢州人。仕後唐爲西川節度使，遂據其地，僭帝號。二年卒，稱高祖。

昶，知祥子。立三十二年，爲宋所滅。

知祥以後唐同光二年入蜀，迄昶亡國，共四十一年。

論説

清・吳任臣《十國春秋》卷四八《後蜀一・高祖紀》 論曰：同光之末，莊宗罹禍，明宗入立，中原非復沙陀氏有也。高祖雄據西蜀，肇造丕基，庶幾乘時之英傑，議者輒以葭莩之戚，君臣之誼，責其不勤王，不謝罪，過矣。若乃叱斬李嚴，不動聲色，驅除董璋，舉無遺筭，克定東川，奄有山南，殆亦所謂天授威武者與？

又　卷四九《後蜀二・後主紀》 論曰：史言後主朝宋時，自二江至眉州，萬民擁道，痛哭慟絶者凡數百人，後主亦掩面而泣。藉非慈惠素著，亦何以深入人心如此哉？迹其生平行事，勸農恤刑，肇興文教，孜孜求治，與民休息，要未必如王衍荒淫之甚也。獨是用匪其人，生致淪喪，所由與前蜀之滅亡有異矣。

吳帝系分部

綜述

《舊五代史》卷一三四《僭僞傳·楊溥》 自唐大順二年，行密始有淮南之地，至溥遜位，凡四十七年而亡。

宋·王欽若《册府元龜》卷二一九《僭僞部·姓系》 吳楊行密，盧州人。唐僖宗光啓初，秦宗權擾淮右，郡將募能致戰擒賊者，行密應募，補爲隊長，因殺郡將，自權州兵，朝廷因正授盧州刺史。大順二年，畧有淮南之地。乾寧二年，授淮南節度副大使，知節度事，封弘農郡王。哀帝天祐三年卒。子渥襲其位，自稱吳王。在位三年，爲大將張顥所殺，別將徐温殺顥，立渥弟渭。凡十餘年，温乃册渭爲天子，國號大吳。渭僭號三年而卒，温乃推行密幼子溥爲主。晉天福二年，溥遜位温養子李昪。自唐大順二年至晉天福二年，凡四十七年。

明·楊元裕《讀史闗鍵·五朝志·附五季吳楚列國》 吳楊行密，初爲盜，後據淮南，今揚州府。統二十八州。子渥，唐天祐三年稱王被弒。隆演立，至弟溥稱帝，爲南唐李昪所篡。凡四主，四十六年。

清·萬斯同《五代諸國世表·吳》 楊行密，合肥人。起羣盜，據江淮，唐封吳王。子溥僭號，追尊太祖武皇帝。

渥，行密子。立四年，爲徐温所弑。弟溥僭號，追尊烈宗景皇帝。

隆演，渥弟，立十三年卒。弟溥僭號，追尊高祖宣皇帝。

溥，隆演弟，爲吳王八年，僭帝號。又十年，禪位于徐知誥。

行密以以唐昭宗天復二年封吳王，迄溥遜位，共三十九年。

論說

清·吳任臣《十國春秋》卷一《吳一·太祖世家》 論曰：唐末强藩分據，海内雲擾，太祖以三十六英雄起自草間，殲孫儒，禽趙鍠，破杜洪，滅田頵，聲罪汴彊，耀兵越儌，江淮南北以次削平，抑亦可謂非常之傑不世出者矣。《五代史》言其爲人寬仁雅信，能得士心，卒之開國廣陵，傳世四主，蓋有以也夫。

又 卷三《吳三·睿帝紀》 論曰：楊氏自紀祥等之亂，祭則弘農，政由東海，大權久爲它人竊矣。逮平陵越次以立，號爲共主，若贅疣然。改元稱尊，徒擁虚器，卒假禪讓之名，致移鼎祚之實。迹其由來，良非一日，勢使然也。要豈睿帝之罪哉？

南唐帝系分部

綜述

宋·王欽若等《册府元龜》卷二一九《僭僞部·姓系》 後唐李昪，本海州人，僞吳大丞相徐温之養子也。温字敦美，亦海州人，初從淮南節度使楊行密起兵於盧州，漸至軍校。唐末，青州王師範爲梁祖所攻，乞師於淮南，楊行密發兵赴之。温時爲小將，亦預行。其師次青之南鄙。師範已敗，淮兵大掠而還。昪時幼穉，爲温所虜，温愛其惠黠，遂育爲己子，名曰知誥。温仕吳至大丞相、都督中外諸軍事、諸道都統，封東海王。温卒，昪爲中書令，累封齊王。晉高祖天福二年，楊溥遜位於昪，國號大齊。昪自云唐玄宗第六子永王璘之裔。天寶末，安祿山連陷兩京，玄宗幸蜀，詔璘爲山南、嶺南、黔中、江南四道節度、採訪等使。璘至廣陵，大募兵甲，有窺圖江右之志。後爲官軍所敗，死於大庾嶺北，故昪指以爲遠祖，因還姓李氏，始改名曰昪，國號大唐。昪僭位七年卒，長子景嗣位，皇朝建隆二年卒。子煜襲僞位。開寶八年，爲王師所平。始昪以晉天福二年僭位，凡三世三十九年。

明·楊元裕《讀史闗鍵·五朝志·附五季吳楚列國》 南唐李昪，即徐知誥。初爲吳淮南節度使，封齊王。晉天福中，受吳禪稱帝。據金陵，國號唐，統三十五州。傳子景、孫煜。宋太祖開寶八年滅之。凡三主，三十九年。

清・萬斯同《五代諸國世表・南唐》 徐温，朐山人。起羣盜，仕吴爲大丞相，封東海王。徐知誥簒位，追尊義祖忠武皇帝。

李昪，徐州人。初爲徐温養子，名知誥。簒吴，改姓名。僭位七年。號烈祖高皇帝。

璟，昪子。立十八年卒，號元宗孝皇帝。

煜，璟子。立十六年，爲宋所滅。

昪以晉天福二年簒位，迄煜亡國，共三十九年。

論説

宋・馬令《南唐書》卷一《先主》 嗚嘑！積厚者流澤遠，積薄者流澤狹，不其然乎？舜之後千餘年而有陳，陳亡而田氏專政於齊，禹之後千餘年而有杞，杞削而勾踐得志於越。後世之君，建大義於一時而德不若舜、禹者，亦隨其澤之遠近而興起焉。故晉以天下喪於狄人而瑯琊繼之，唐以天下簒於朱梁而烈祖紹之。然則盗名器，操生殺，制一方之命，抗萬乘之勢者，豈非天歟？烈祖之起，雖無雄才大畧，而深沈寛裕本於天性，幸而適丁中原擾攘之際，故數年之間有足觀者。

又 卷四《嗣主書第四》 嗚呼甚哉！守成之難也。非特守之難，而授之者尤難；非授之難，而知其可受者為難。商有天下，成湯作之，太甲守之，而中有不類之憂。嚮非阿衡之佐，則求其思庸之復也，難矣。周有天下，武王作之，成王守之，而中有流言之變。嚮非周公征之，則求其鳧鷖之雅也，亦難矣。以唐太宗之豐功大業，一正天下，建不拔之基，而晉王之立，殺父之臣，失父之政，卒至於大亂，矧不及於太宗者乎！元宗即位一十九年，有經營四方之志，約己慎刑，勤政如一。嚮非任用羣小，屏棄忠良，國用不殫於閩楚，師旅不棄於淮甸，則庶幾完成之君也。《志》有之曰：『楊者，易生之木也。一人植之，十人拔之，無生楊矣。』以新造之唐而守之非道，不幾乎朝蒔而夕揠，其亡也不旋踵。故周世宗以衰世之鋒，一鼓而十四州之地掇如也。悲夫！

又 卷五《後主書第五》 嗚呼！隋文帝初輔政于周，內有五王之難，外羅尉遲迥、司馬消難、王謙之亂。方是時，指鹿逐兔，未知適從，武夫悍將，誰無覬覦？蕭巋承武皇享國之長，有席卷山南之勢，而區區敬慎，不敢連衡迴策者，信其臣柳莊之言，預知隋公之必興故也。矧迺蕞爾江南，獲覩真人之作，而不為之退聽，其罪當如何哉！李氏有國，肇於天福，盛於開運，削於顯德，亡於開寶。豈非有幸於亂世，而不容於治世歟？以周世宗之時，削國降號，稽首稱藩，其勢固已蹙矣。及屬皇朝，普天之下莫不翹首太平，而猶竊土賊民十有六年。外示柔服，內懷僭偽，豈非所謂逆命者哉？及其計窮勢迫，身為亡虜，猶有故國之思，何大愚之不靈也若此！後主《樂府詞》云：故國夢初歸，覺來雙淚垂。又云：小園昨夜又西風，故國不堪翹首月明中。皆思故國者也。

清・吴任臣《十國春秋》卷一五《南唐一・烈祖紀》 論曰：烈祖煢煢一身，不階尺土，托名徐氏，遂霸江南，挾莒人滅鄫之謀，創化家爲國之事。凡其巧於曲成者，皆天也。然息兵以養民，得賢以闢土，蓋實有君德焉。東海鯉魚，兆雖有自，要豈得謂竟非人力也邪？

又 卷一六《南唐二・元宗紀》 論曰：元宗在位，幾二十年。史稱其慈仁恭儉，禮賢愛民，裕然有人君之度。然兵氣方張，旋經敗衂，國威損矣，卒之淮南震驚，奉表削號。豈運會有固然與？抑任寄非才，以至此也。治亂顧不係于人哉！

又 卷一七《南唐三・後主紀》 論曰：後主恂恂大雅，美秀多文。鄉使國事無虞，中懷兢業，抑亦守邦之主也。乃運丁百六，晏然自侈，譜曲度僧，畧無虚日，遂至京都淪喪，出涕嗟若。斯與長城之玉樹後庭，賣身佛寺以亡國者，何其前後一轍邪？悲夫！

閩帝系分部

綜述

宋・王欽若等《册府元龜》卷二一九《僭偽部・姓系》 閩王審知，字信通，光州固始人。父恁，世爲農民。唐僖宗廣明中，黄巢犯闕，江淮盗賊蜂起，有賊帥王緒者，自稱將軍，陷固始縣。審知兄潮，時爲縣佐，緒署爲軍正，蔡賊秦宗權以緒爲光州刺史，尋遣兵攻緒。緒率衆渡江，所在剽略，自南康轉至閩中，入臨汀，自稱刺史。緒多疑忌，爲部將所殺。唐僖宗光啓二年，福建觀察使陳巖表潮爲泉州刺史。昭宗大順中，巖卒，子婿范暉自稱留後，潮遣審知將兵攻之，斬暉而降，由是盡有閩嶺五州之地。潮即表其事，昭宗因建威武軍於福州，以潮爲節度福建管内觀察使，命審知爲副。乾寧中，潮卒，審知遂繼兄位，封琅邪郡王。梁開平中，封閩王。後唐同光元年，審知卒，子延翰嗣，爲弟延均所殺，延均自稱帝，國號大閩。末帝清泰二年遇弑，子昶嗣。昶遇弑，審知少子延羲嗣。延羲遇弑，兄延政自稱帝於建州，晉開運三年爲李景所滅。始王氏以唐光啓丙午歲據有閩越，凡二世七主，通六十年。

明·楊元裕《讀史闕鍵·五朝志·附五季吴楚列國》 閩王審知，唐昭宗乾寧中爲節度使，據福州，統州五。傳延翰，至延鈞稱帝，子昶爲王曦所篡。至延政，爲南唐李景所滅。凡六主，五十四年。

清·萬斯同《五代諸國世表·閩》 王潮，固始人。爲唐福建觀察使。

審知，潮弟。代兄位，唐封琅邪王，梁封閩王。卒于後唐同光三年，謚忠懿。子鏻僭，追尊太祖孝皇帝。

延翰，審知子。襲王位一年，爲弟鏻所弑。

鏻，延翰弟。篡王位八年，僭稱帝號。又三年，爲其下李倣所弑。號太宗惠皇帝。

昶，鏻子。僭帝位五年，爲其下連重遇所逐，旋被殺。

延羲，鏻弟。立五年，爲連重遇所弑。號景宗。

延政，延羲弟。爲建州節度使，與延羲相攻，自建國號曰殷，改元僭位。明年，延羲被弑，國大亂。又二年，爲南唐所滅。

潮以唐景福元年據閩，迄延政亡國，共五十五年。

論說

清·吴任臣《十國春秋》卷九〇《閩一·司空世家》 論曰：太祖昆弟，英姿傑出，號稱三龍，據有閩疆，賓賢禮士，衣冠懷之，抑亦可謂開國之雄歟？迺卒之臣服中原，息兵養民，大指與吴越畧同，豈非度量有過人者遠哉？

又 卷九二《閩三·天德帝紀》 論曰：太祖開國時，相傳有僧陳『騎馬來，騎馬去』之讖說者，遂以司空拜泉州刺史，爲丙午歲；而《五代史》諸書載唐兵破建州，爲保大之四年，與讖語頗合。至司馬公所紀司空爲福建觀察使于景福二年，而天德帝歸金陵則在開運二年，與彼所稱傳國六十一年及五十五年，何至不侔也。今畧依涑水編年，以次其大概云。

南漢帝系分部

綜述

《舊五代史》卷一三五《僭偽傳·劉鋹》 陟始自梁貞明三年僭號，歷三世四主，至皇朝開寶四年，凡五十五年而亡。

宋·王欽若等《册府元龜》卷二一九《僭偽部·姓系》 前漢劉陟，其先彭城人。祖仁安，仕唐爲潮州長史，因家嶺表。父謙爲廣州牙校，以軍功拜封州刺史，領賀水鎮使。謙卒，子隱復領賀水鎮，兼封州刺史。唐末，嶺南節度使徐彦若薨，表隱爲兩使留後。梁太祖爲梁王時，表陟爲嶺南節度使。開平初，累封南海王，四年卒。陟，隱之弟也，代據其位。梁末帝貞明二年，僭號於廣州，國號大漢，後改曰龔。龔讀爲儼，古文無此字，蓋妄撰也。晉高祖天福七年卒。年五十四。長子玢嗣，玢在位一年，陟第二子晟殺玢自立。晟，周顯德五年卒，長子鋹嗣。皇朝開寶三年，爲王師所滅。始陟自梁貞明三年僭號，歷三世四主，凡五十五年。

《新五代史》卷六五《南漢世家·劉鋹》徐無黨注 隱興滅年世，諸書皆同。蓋自唐天祐二年隱爲廣州節度使，至皇朝開寶四年國滅，凡六十七年。《舊五代史》以梁貞明三年龔僭號爲始，故曰五十五年爾。

明·楊元裕《讀史闕鍵·五朝志·附五季吴楚列國》 南漢劉隱，梁開平中據廣州，統州十七。傳弟儼，稱帝，國號漢。子玢爲弟晟所篡。至劉鋹，宋開寶四年滅之。凡五主，六十七年。

清・萬斯同《五代諸國世表・南漢》 劉隱，上蔡人。爲唐嶺南節度使，遂據其地。梁封南平王。弟龑僭號，追尊襄皇帝。

龑，隱弟。代兄職，後僭帝位二十六年。號高祖天皇大帝。

玢，龑子。立二年，爲弟玢所弑。號殤帝。

晟，玢弟。立十六年卒，號中宗。

鋹，晟子。立十四年，爲宋所滅。

隱以唐昭宗天祐二年據廣州，迄鋹亡國，共六十七年。

論說

清・吳任臣《十國春秋》卷五八《南漢一・烈宗世家》 論曰：予采南漢逸事，至先主每視殺人，不勝其喜，復創爲水獄湯鑊、鋸解剥炙之刑，不禁掩卷歎曰：《十國世家》有云：『牢牲視人，嶺蜑遺劉。』豈虚語哉？夫時當五季，中原迭變，民不聊生，困已極矣。區區廣南之地，不務施德而虐及無辜，將天不厭亂，特假手以毒此一方民邪？不然，傳國三世，卜年六十，吾不能爲彭城氏解矣。

北漢帝系分部

綜述

宋・王欽若等《册府元龜》卷二一九《僭僞部・姓系》 後漢劉崇，太原人，漢高之從弟也。乾祐初，爲北京留守。周太祖廣順元年，崇僭號於河東，稱漢，改名旻。世宗顯德二年卒，子承均襲僞位。承均卒，子繼元嗣。皇朝太平興國四年，爲王師所平。

《新五代史》卷七〇《北漢世家・劉繼恩》徐無黨注 旻年世興滅，諸書皆同，自周廣順元年建號，至皇朝太平興國四年滅，凡二十八年，餘具《年譜》注。

明・楊元裕《讀史關鍵・五朝志・附五季吳楚列國》 北漢劉崇，知遠之弟。劉承祐既亡，據太原稱帝，統州十二，更名旻。傳子鈞，孫繼恩、繼元。宋太宗興國四年滅之。四世，凡二十八年；并前二王，共三十二年。

清・萬斯同《五代諸國世表・北漢》 劉旻，漢高祖知遠弟，爲太原尹。郭威篡位，旻遂即帝位，四年卒。

承均，旻子。立十三年卒。

繼恩，承均養子，本姓薛。立未踰年，爲盜所殺。

繼元，亦承均養子，本姓何。立十三年，爲宋所滅。

旻以周廣順元年稱帝，迄繼元亡國，共二十八年。

論說

清・吳任臣《十國春秋》卷一〇四《北漢一・世祖紀》 論曰：世謂世祖常致書于周，求立子贇而不得，後方稱帝。推其志，是不以喪君爲讎而以殺子爲讎也。要之，贇得立則漢祀未斬，贇故不獨爲世祖子矣。懼劉氏之餒而保一隅，以圖存其志，洵有足悲者。高平之戰，僅以身免。所以亡者，天耳。然則歷四君而卜年三十。嗚呼！夫豈盡人力也哉？

皇權標志部

名號分部

稱謂

綜述

《隋書》卷八四《北狄傳・突厥》 沙鉢畧遣使致書曰：『辰年九月

十日，從天生大突厥天下賢聖天子伊利俱盧設莫何始波羅可汗致書大隋皇帝：使人開府徐平和至，辱告言語具聞也。」【略】

沙鉢畧曰：『得作大隋天子奴，虞僕射之力也。』【略】

沙鉢畧大喜，乃立約，以磧為界。因上表曰：【略】『伏惟大隋皇帝之有四海，上契天心，下順民望，二儀之所覆載，七曜之所照臨，莫不委質來賓，回首面内，實萬世之一聖，千年之一期，求之古昔，未始聞也。【略】竊以天無二日，土無二王，伏惟大隋皇帝，真皇帝也。』【略】

啓民上表陳謝曰：『大隋聖人莫緣可汗憐養百姓，如天無不覆也，如地無不載也。諸姓蒙威恩，赤心歸服，並將部落，歸投聖人可汗來也。』

唐・李林甫等《唐六典》卷四《尚書禮部》 禮部郎中、員外郎掌貳尚書、侍郎舉其儀制而辨其名數。【略】凡君臣上下，皆有通稱。凡夷夏之通稱天子曰皇帝，臣下内外兼稱曰至尊，天子自稱曰朕，臣下敷奏於天子曰陛下。服御曰乘輿，行幸曰車駕。皇太子已下，率土之内於皇帝皆稱臣。六宫已下，率土之内婦人於太皇太后、皇太后、皇后皆稱妾。百官曰殿下，自稱曰臣。百官於皇太子亦曰殿下，自稱名，東宫官則稱臣。凡散官正二品，職事官從二品已上，爵郡王已上於公文，皆不稱姓。凡六品已上官人奏事，皆自稱官號，臣姓名，然後陳事。通事舍人、侍御史、殿中侍御史則不稱官號。凡上表、疏、牋、啓及判策文章，如平闕之式。謂昊天、后土、天神、地祇、上帝、天帝、廟號、祧皇、祖妣、皇考、皇妣、先帝、先后、皇帝、天子、陛下、至尊、太皇太后、皇太后、皇后、皇太子，皆平出。宗廟、社稷、太社、太稷神主，山陵陵號，乘輿、車駕，制書、詔旨，明制，聖化、天恩，慈旨、中宫、御前、闕廷、朝廷之類，並闕字。宗廟中、陵中、行陵，陵中樹木，待制乘輿車中、事舉陵廟名，為官如此之類，皆不闕字。若泛説古典聖及天地，不指説平闕之名者，亦不平出。若寫經史羣書及撰録舊事，其文有犯國諱者，皆為字不成。

唐・蕭嵩等《大唐開元禮》卷三《序例下・雜制》 皇帝、天子。夷夏通稱。陛下。對揚咫尺、上表通稱之。至尊。臣下内外通稱之。乘輿。服御所稱。車駕。行幸所稱。赴車駕所曰赴行在所。皇太子以下，率土之内，於皇帝皆稱臣。皇后以下，率土之内，於皇帝、太皇太后皆稱妾。六宫以下，率土婦人，於皇后同稱妾。百官上疏於太皇太后、皇太后、皇后稱殿下，自稱皆曰臣。百官及東宫官對皇太子皆曰殿下，百官自稱名，宫官自稱臣。

唐・杜佑《通典》卷一〇八《禮典六十八・開元禮纂類三・序例下・雜制》 皇帝、天子。天下通稱。陛下。對揚咫尺，上表通稱也。至尊。臣下内外通稱。乘輿。服御所稱。車駕。行幸所稱。赴車駕所曰赴行在所也。皇太子以下，率土之内，於皇帝，皆稱臣。皇后以下，率土之内，於皇帝、太皇太后，皆稱妾。六宫以下，率土婦人，於皇后，同稱妾。百官上疏及對皇太子，皆曰殿下。百官自稱名，宫官自稱臣。

又 卷二〇〇《邊防十六・北狄七・鹽漠念》 大唐貞觀中，戶部奏言：中國人自塞外來歸及突厥前後降附、開四夷為州縣者男女百二十餘萬口。時諸蕃君長詣闕稽顙，請太宗為天可汗。制曰：『我為大唐天子，又下行可汗事乎？』羣臣及諸蕃咸稱萬歲。是後以璽書賜西域北荒之君長，皆稱『皇帝天可汗』。諸蕃渠帥死亡者，必詔册立其後嗣焉。臨統四夷，自此始也。

唐・李德裕《會昌一品集》卷六《與紇扢斯可汗書》 我太宗文皇帝聖德高於百王，英材軼於千古，内定諸夏，外服百蠻。貞觀四年，西北蕃君長詣闕頓顙，請上尊號為天可汗。是復降璽書，西北蕃君長皆稱皇帝天可汗。臨統四夷，實自兹始。

《舊唐書》卷三《太宗紀下》 （貞觀）四年夏四月丁酉，御順天門，軍吏執頡利以獻捷。自是西北諸蕃咸請上尊號為天可汗，於是降璽書，册命其君長則兼稱之。【略】

（貞觀二十一年）九月甲辰，鐵勒諸部落俟斤頡利發等遣使相繼而至靈州者數千人，來貢方物，因請置吏，咸請至尊為天可汗，於是北荒悉平。為五言詩勒石，以序其事。

宋・王溥《唐會要》卷二六《牋表例》 （開元）二十三年八月《儀制令》：皇帝、天子。夷夏通稱。陛下。對御及上表通稱。至尊。臣下内外通稱。乘輿。服飾所稱。車駕。行幸所稱。行在所。亦行幸通稱。諸赴車駕所在者，准此。皇太子已下，率土之内，於皇帝皆稱臣。皇后已下，率土之内，於皇帝、太皇太后、皇太后皆稱妾。六宫以下，率土婦人，於皇后皆稱妾也。百官上疏于太皇太后、皇太后、皇后稱殿下，自稱皆曰臣。百官及東宫對皇太子皆稱殿下，上啓、表同。百官自稱名，宫官自稱臣。

又　卷一〇〇《雜録》　（貞觀）四年三月，諸蕃君長詣闕，請太宗為天可汗。乃下制：今後璽書賜西域北荒之君長，皆稱『皇帝天可汗』。諸番渠帥有死亡者，必下詔册立其後嗣焉。統制四夷，自此始也。

又　卷二七《行幸》　（開元十三年十月十三日）突厥朝命使阿史那德吉利發便下馬捧兔，跳躍蹈舞，謂譯者曰：『天可汗神武！天上則有，人世無也。』

《新唐書》卷二《太宗紀》　（貞觀四年）四月戊戌，西北君長請上號為天可汗。

又　卷二一五下《突厥傳》　明年遣使伊難如朝正月，獻方物曰：『禮天可汗如禮天。』

宋・司馬光《資治通鑑》卷二六六《後梁紀一・太祖神武元聖孝皇帝上》　（開平元年四月己酉）梁王始御金祥殿，受百官稱臣，下書稱教令，自稱曰寡人。

論説

《新唐書》卷二一九《北狄傳》　贊曰：唐之德大矣。際天所覆，悉臣而屬之，薄海内外，無不州縣，遂尊天子曰天可汗。三王以來，未有以過之。

宋・范祖禹《唐鑑》卷三《太宗一》　（貞觀）四年，滅突厥，四夷君長詣闕，請帝為天可汗。帝曰：『我為大唐天子，又下行可汗事乎？』羣臣及四夷皆稱萬歲。是後以璽書賜西北君長，皆稱天可汗。臣祖禹曰：孔子曰：『夷狄之有君，不如諸夏之亡也。』以其無君臣之禮也。太宗以萬乘之主而兼為夷狄之君，不耻其名而受其佞，事不師古，不足為後世法也。

宋・朱熹《資治通鑑綱目》卷三九下《[宋] 劉友益〈書法〉》　書『許之』何？譏也。中國帝王，其尊至矣，而顧以可汗之號爲美乎？許其稱己，非也；賜書夷狄，又以自稱，益非也。以此貽謀，願當一設，宜矣。

又　《[宋] 尹起莘〈發明〉》　名不正則言不順。烏有爲帝王之尊而可從夷狄之稱者哉？夫北狄在漢爲單于，在唐爲可汗，彼固酋虜之稱也。儻以中國之主而稱之，則是舉四海之内皆狄耳，辱莫大焉。《綱目》上書『四夷請帝爲天可汗』，其責固不在我；下書『許之』，其責始有所歸。此亦可爲好大而不師古者之戒。

雜録

唐・李匡乂《資暇集》卷下《阿茶公》　郡縣主宮禁，呼為『宅家子』，蓋以至尊以天下為宅，四海為家，不敢斥呼，故曰『宅家』，亦猶『陛下』之義。至公主已下，則加『子』字，亦猶帝子也。又為『阿宅家子』，阿，助詞也。急語乃以『宅家子』為『茶子』，既而亦云『阿茶子』，或削其『子』，遂曰『阿家』。以『宅家子』為『茶子』，既而亦云『阿茶子』，削其『子』字，遂曰『阿茶』。一説漢魏已來，宮中尊美之呼曰『大家子』，今急訛，以『大』為『宅』焉。

唐・崔令欽《教坊記》　凡樓下兩院進雜婦女，上必召内人姊妹入内賜食。【略】諸家散樂，呼天子為『崖公』。

宋・司馬光《資治通鑑》卷二七三《後唐紀二・莊宗光聖神閔孝皇帝中》　帝苦溽暑，於禁中擇高凉之所，皆不稱旨。宦者因言：『臣見長安全盛時，大明、興慶宮樓觀以百數。今日宅家曾無避暑之所，宮殿之盛曾不及當時公卿第舍耳。』帝乃命宮苑使王允平別建一樓以清暑。

宋・王應麟《困學紀聞》卷一八《評詩》　唐子西《内前行》云：『宅家喜得調元年。』唐時宮中謂天子為宅家。《通鑑》韓建發兵，圍十六宅。諸王呼曰：『宅家救兒。』劉季述等至思政殿，皇后趨至，拜曰：『軍容勿驚宅家。』

元・馬端臨《文獻通考》卷二五二《帝系考三・太上皇太皇太后皇太后》　睿宗在位二年，制傳位於太子。【略】八月庚子，玄宗即位，尊睿宗為太上皇。上皇自稱曰朕，命曰誥，五日一受朝於太極殿。皇帝自稱曰予，命曰制、敕，日受朝於武德殿。

明・徐應秋《玉芝堂談薈》卷一《天子別號》　唐文皇自稱天可汗；唐宣宗自稱鄉貢進士；南唐李后主自稱蓮峰居士，又自稱鍾隱居士；唐武宗《會昌投龍文》自稱繼元昭明三光弟子南嶽上真人。

年號

綜述

《隋書》卷一《高祖紀上》　開皇元年二月甲子，上自相府常服入宮，即皇帝位於臨光殿。設壇於南郊，遣使柴燎告天。是日，告廟，大赦，改元。

又　卷一九《天文志上》　及高祖踐極之後，大議造曆。張胄玄兼明揆測，言日長之瑞。有詔司存，而莫能考決。至開皇十九年，袁充為太史令，欲成胄玄舊事，復表曰：『隋興已後，日景漸長。開皇元年冬至之影，長一丈二尺七寸二分，自爾漸短。至十七年冬至影，一丈二尺六寸三分。四年冬至，在洛陽測影，長一丈二尺八寸八分。二年夏至影，一尺四寸八分，自爾漸短。至十六年夏至影，一尺四寸五分。其十八年冬至，陰云不測。元年、十七年、十八年夏至，亦陰云不測。周官以土圭之法正日影，日至之影，尺有五寸。鄭玄云：『冬至之景，一丈三尺。』今十六年夏至之影，短於舊五分，十七年冬至之影，短於舊三寸七分。日去極近，則影短而日長；去極遠，則影長而日短。行內道則去極近，行外道則去極遠。《堯典》云：『日短星昴，以正仲冬。』據昴星昏中，則知堯時仲冬，日在須女十度。以曆數推之，開皇以來冬至，日在斗十一度，與唐堯之代，去極俱近。謹案《元命包》云：『日月出內道，琁璣得其常，天帝崇靈，聖王初功。』京房《別對》曰：『太平日行上道，升平日行次道，霸代日行下道。』伏惟大隋啓運，上感乾元，影短日長，振古希有。是時廢庶人勇，晉王廣初為太子，充奏此事，深合時宜。上臨朝謂百官曰：『景長之慶，天之祐也。今太子新立，當須改元，宜取日長之意，以為年號。』由是改開皇二十一年為仁壽元年。

又　卷二二《五行志上》　煬帝即位，號年曰大業。識者惡之，曰：『於字離合為「大苦未」也。』尋而天下喪亂，率土遭荼炭之酷焉。

宋·王溥《唐會要》卷一《帝號上》　高祖神堯大聖大光孝皇帝諱淵。【略】年號一。盡武德九年。

太宗文武大聖大廣孝皇帝諱世民。【略】年號一。貞觀二十三年。

高宗天皇大聖大弘孝皇帝諱治。【略】年號十五。永徽七年正月七日改為顯慶，顯慶六年二月三十日改為龍朔，龍朔四年正月一日改為麟德，麟德三年正月五日改為乾封，乾封三年二月二十九日改為總章，總章三年三月十八日改為咸亨，咸亨五年八月十五日改為上元，上元三年十一月三日改為儀鳳，儀鳳三年四月二十二日敕改來年正月一日為通乾元年，十二月十日敕停不行，至四年六月十五日改為調露，調露元年八月二十三日改為永隆，永隆二年十月六日改為開耀，開耀二年二月十三日改為永淳，永淳二年十二月四日改為弘道元年。

中宗孝和大聖大昭孝皇帝諱顯。【略】年號三。神龍三年九月改為景龍，景龍四年六月四日改為唐隆元年。

睿宗玄真大聖大興孝皇帝諱旦。【略】年號三。景雲二年正月十九日改為太極，太極元年五月改為延和元年。

玄宗至道大聖大明孝皇帝諱隆基。【略】年號三。先天二年十一月一日改為開元，開元三十年正月一日改為天寶，天寶十五載七月十五日傳位。

肅宗文明武德大聖大宣孝皇帝諱亨。【略】年號五。至德三年三月五日改為乾元，乾元閏四月九日改為上元，上元二年九月二日改為元年，以今年十一月為歲首，以斗所建辰為名。建巳月，改元寶應，復以正月為歲首，建巳月為四月。

代宗睿文孝皇帝諱豫。【略】年號三。寶應二年七月二十日改為廣德，廣德三年正月一日改為永泰，永泰二年十月十二日改為大曆。

德宗神武孝文皇帝諱适。【略】年號三。建中盡四年，興元一年，貞元盡二十一年。

順宗至德弘道大聖大安孝皇帝諱誦。【略】年號一。永貞一年。

憲宗昭文章武大聖至仁孝皇帝諱純。【略】年號一。元和盡十四年。

穆宗睿聖文惠孝皇帝諱恒。【略】年號一。長慶四年。

敬宗睿武昭愍孝皇帝諱湛。【略】年號一。寶曆盡二年。

又　卷二《帝號下》　文宗元聖昭獻孝皇帝諱昂。【略】年號二。太和盡九年，開成五年。

武宗至道昭肅孝皇帝諱炎。【略】年號一。會昌盡六年。

宣宗聖武獻文孝皇帝諱忱。【略】年號一。大中十三年。

懿宗昭聖恭惠孝皇帝諱漼。【略】年號一。盡咸通十四年。

僖宗惠聖恭定孝皇帝諱儇。【略】年號五。乾符七年改廣明元年，廣明二年改中和元年，中和五年改光啓元年，光啓四年改文德元年。

昭宗聖穆景文孝皇帝諱曄。【略】年號七。龍紀二年改大順，大順三年改景福，景福三年改乾寧，乾寧五年改光化，光化四年改天復，天復四年改天祐。

哀皇帝諱柷。【略】年號一。盡天祐四年。

又 卷三《皇后·天后武氏》 年號二十。嗣聖二年二月七日，改為文明。文明元年九月五日，改為光宅。光宅二年正月一日，改為垂拱。垂拱五年正月一日，改為永昌。永昌五年十一月一日，改爲載初。載初元年九月九日稱周，改爲天授。天授三年四月四日，改爲如意。如意元年九月九日，改爲長壽。長壽三年五月十日，改為延載。延載二年三月一日，改為證聖。證聖元年九月二十九日，改為天册萬歲。天册萬歲二年臘月，改為萬歲登封。萬歲登封元年四月一日，改爲萬歲通天。萬歲通天二年九月九日，改爲神功。神功二年正月一日，改為聖歷。聖歷三年五月五日，改為久視。久視二年正月五日，改為大足。大足元年十月二十三日，改為長安。長安五年正月一日，改為神龍。

宋·王溥《五代會要》卷一《帝號》 梁太祖神武元聖孝皇帝姓朱氏諱晃。【略】年號二。開平盡四年，乾化盡二年。

末帝諱瑱。【略】年號三。自乾化三年至五年改正明，正明六年改龍德，龍德盡三年。

後唐莊宗光聖神閔孝皇帝姓李氏，諱存勗。【略】年號一。同光盡二年。

明宗聖德和武欽孝皇帝。【略】年號二。天成盡四年，長興盡二年。

閔帝諱從厚。【略】年號一。應順盡元年。

末帝諱從珂。【略】年號一。清泰盡二年。

晉高祖聖文章武明德孝皇帝姓石氏，諱敬瑭。【略】年號一。天福盡七年。

少帝諱重貴。【略】年號二。天福自七年至九年改開運，開運盡三年。

漢高祖睿文聖武昭肅孝皇帝姓劉氏，諱暠。【略】年號一。乾祐盡元年。

隱帝諱承祐。【略】年號一。乾祐盡三年。

周太祖聖神恭肅文武孝皇帝姓郭氏，諱威。【略】年號二。廣順盡二年，顯德盡元年。

世宗睿武孝文皇帝諱榮。【略】年號一。元稱顯德，盡六年。

恭帝諱宗訓。【略】年號一。依舊稱顯德。

宋·王欽若等《册府元龜》卷一五《帝王部·年號》 《傳》曰：履端於始，序則不愆。自三代之際，五行更王，雖三統循環，迭舉歲首，至于紀年摽曆，未聞他制。逮漢之文、景，始有前後之稱；施及孝武，肇創『建元』之號。厥後或章述德美，昭著祥異，或弭災厭勝，計功稱伐；或一號而不易，或一歲而屢改。其有矯時遵古，但紀歲曆者，亦不遠而復。斯乃前王因時立制，後代沿襲而不可易者也。【略】

隋高祖以後周大定元年二月甲子，自相國受禪即位，改元開皇元年。盡二十年。

仁壽元年。正月乙酉朔，大赦，改元。盡四年。

建德元年。三月，誅大冢宰宇文護，大赦，改元。盡六年。

煬帝大業元年。以仁壽四年七月即位，明年正月改元，盡十三年。初改大業，識者惡之，曰：『於字離合為「大苦未」也。』尋而天下喪亂，率土遭塗炭之酷焉。

恭帝義寧元年。大業十三年十一月壬戌，自代王為唐公所立，大赦，改元。盡二年五月，禪于唐。

唐高祖武德元年五月甲子，即皇帝位於太極殿，大赦天下，改隋義寧二年為唐武德元年。盡九年。

太宗以武德九年八月即位。明年正月乙酉，詔曰：『朕遐觀方册，歷選前聖，大道既隱，至公斯革，莫不思樹風聲，用隆龜鼎。太皇膺籙受圖，功成治定，鄙聖人之餘事，顧天下而窅然，永言俗累，高居物表。爰以大寶，俯授微躬，自肅奉神器，亟移灰律，三正在旦，萬國來庭。長世之術既弘，惟新之命方始，體元居正，今則其時。可改武德十年為貞觀元年。』盡二十三年。

高宗以貞觀二十三年五月即位。明年正月辛丑，詔曰：比者恭膺寶位，乃叶天時，繼奉休命，必因正朔。太宗文皇帝龔行天罰，寧一區夏，宏功無外，盛烈難名。攀望徽猷，哀盈園寢。朕以寡德，守茲神器，仰憑堂構，俯暢生靈，酌彼彝倫，道兼文武。方今孟陬獻蔀，常儀佇曆，三元首事，萬國来庭。宜遵經國之典，以叶陽秋之義，可改貞觀二十四年為永徽元年。盡六年。

顯慶元年。正月辛未，立代王弘為皇太子。壬申，大赦，改元。盡六年二月。

龍朔元年。二月乙未晦，以百濟初平，又益緜等五州皆言龍見，於是改元。盡三年。

麟德元年。正月，以絳州麟見於介山，含元殿前、銀臺閣内並覩麟趾，改元。盡二年。

乾封元年。正月戊辰朔，有事於泰山。壬申，御朝覲壇受賀，大赦，改元。盡三年二月。

總章元年。三月，明堂成，大赦，改元。盡三年三月。

咸亨元年。三月，京師旱，大赦，改元。盡五年七月。

上元元年。八月，追尊高祖、太宗，大赦，改元。盡三年十月。

儀鳳元年。十一月，陳州上言鳳凰見於宛丘縣，大赦，改元，盡四年六月。三年四月戊申，以旱大赦天下，改來年正月一日為通乾元年。二月，又詔停明年通乾之號，以反語不善故也。

調露元年。六月，大赦，改元。盡二年七月。

永隆元年。八月乙丑，立英王哲為太子，大赦，改元。盡二年九月。

開耀元年。十月乙丑，曲赦定襄軍，改元。盡二年正月。

永淳元年。二月癸未，以皇太子誕皇孫滿月，大赦，改元。盡二年十一月。

弘道元年。十二月丁巳，大赦，改元。盡其月。

中宗以弘道元年十二月甲子，自皇太子即位。明年正月，改元嗣聖。是年二月，則天皇后廢帝為廬陵王，立豫王旦，大赦，改元文明元年。其年九月甲寅，大赦，改元光宅元年。二年正月丁未朔，以徐敬業平，大赦，改元垂拱元年。五年正月乙卯朔，饗祀明堂，大赦，改為永昌元年。二年十一月庚辰朔，日南至，饗明堂，大赦，改為載初元年，用周正朔，以十一月為正月，十二月為臘月，正月為一月，十月為年終。其年九月壬午，則天革命稱周，廢豫王為皇嗣，賜姓武，大赦，改為天授元年。三年四月丙申，大赦，改為如意元年。九月庚子，大赦，改為長壽元年。三年五月，則天僭號越古金輪聖神皇帝，大赦，改元為延載元年。二年正月辛巳朔，則天僭加號慈氏，大赦，改為證聖元年。是年九月甲寅，則天加號天册，大赦，改為天册萬歲元年。二年三月，重造明堂成，號為通天宮，大赦，改為萬歲通天元年。二年九月，大享天宮，大赦，改為神功元年。二年正月壬戌，大赦，改為聖曆元年。三年五月癸丑，大赦，改為久視元年。二年正月丁丑，以成州有佛迹見，改為大足元年。其年十月，則天幸長安，大赦，改為長安元年，盡四年。

神龍元年。正月壬午朔，大赦，改元。是月甲戌，則天歸政於中宗。盡三年八月。

景龍元年。九月庚申，御太極殿，受神龍皇帝尊號，大赦，改元。盡四年五月。

温王唐隆元年。六月即位，大赦，改元。韋庶人臨朝，盡其月，遜位于睿宗。

睿宗景雲元年。十月，册玄宗為皇子。是日有景雲之瑞，改元。盡二年。

太極元年。正月戊子，幸滻東，親籍田。己丑，大赦，改元。盡其年四月。

延和元年。五月戊寅，有事于北郊。辛巳，大赦，改元。盡其年四月。

玄宗先天元年八月，自皇太子受太上皇傳位，大赦，改元。盡二年十一月。

開元元年。十一月，上尊號為開元神武皇帝。十二月庚寅，大赦，改元。盡二十九年。

天寶元年。正月丁未朔，御勤政樓，受朝賀，大赦，改元。三年，改年為載，盡十五載。

肅宗以天寶十五載七月甲子，即位於靈武，改元至德。盡二年。

乾元元年。正月乙巳，帝於興慶殿奉太上皇尊號曰太上至道大聖皇帝。禮畢，大赦，改元。盡三年四月。

上元元年。閏四月己卯，御鳴鳳門，大赦，改元。盡其年八月。

元年九月壬寅，制曰：『欽若昊天，定時成歲。《春秋》五始，義在體元。惟以紀年，更無潤色。至于漢武，飾以浮華，非前王之茂典，豈永代而為則？三代受命，正朔皆殊。宗周之王，實得天統。陽生元氣之本，律首黄鍾之尊，制度可存，叶用斯在。自今已後，朕號唯稱皇帝，其年號但稱元年。去上元之號，其以今年十一月為歲首，便數建丑、建寅，每月以所建為數。』盡其年三月。

寶應元年四月，詔曰：『上天降寶，獻自楚州，神明生曆數之符，合璧定妖災之氣。總集瑞氣，祇承鴻休，因以體元，叶乎五紀。其元年，改為寶應元年，建巳月為四月。依舊以正月一日為歲首。受兹福應，佇以升平。』是月，太子即位。

代宗以寶應元年四月即位。二年七月壬寅，羣臣上尊號。壬子，大赦，改元為廣德。盡二年。

永泰元年。正月癸巳朔，御含元殿，受朝賀，下制改元。盡二年十月。

大曆元年。十一月甲子，日長至，御含元殿，大赦，改元。盡十四年。

德宗以大曆十四年五月即位。明年正月丁卯朔，御含元殿，受朝賀，下詔改為建中。盡四年。

興元元年。正月癸酉朔，御含元殿，受朝賀，大赦，改元。盡一年。

貞元元年。正月丁酉朔，御含元殿，受朝賀，大赦，改元。盡二十一年七月。

順宗以貞元二十一年正月即位。八月庚子，傳位於皇太子，大赦，改元永貞。盡其年。

憲宗以永貞元年八月即位。明年正月，改元元和元年。盡十五年。

穆宗以元和十五年正月丙午即位。明年正月辛丑，郊祀，禮畢大赦，改元為長慶。盡四年。

敬宗以長慶四年正月癸酉即位。明年正月辛亥，親祀昊天上帝。禮畢，御丹鳳樓，大赦，改元寶曆。

文宗以寶曆二年十二月乙巳即位。明年二月乙巳，御宣政殿，大赦，改元太和。盡十年。

開成元年。正月辛丑朔，帝常服御宣政殿受賀，遂大赦，改元。盡五年。

武宗以開成五年正月即位。明年正月庚戌，郊廟，禮畢大赦，改元會昌。盡六年。

宣宗以會昌六年十月即位。明年正月戊申，郊廟，禮畢大赦，改元大中。盡十三年。

懿宗以大中十三年八月十三日即位。明年十一月丁未，郊廟，禮畢大赦，改元咸通。盡十四年。

僖宗以咸通十四年七月二十日即位。明年十一月庚寅，郊廟，禮畢大赦，改元乾符。盡七年。

廣明元年。正月，帝御宣政殿，改元。盡二年六月。

中和元年。七月，帝至蜀，改廣明二年為中和元年。議者以去年改元廣明，咸謂『廣』在『唐』脚之下而有日月，非其祥也，故至是改曰中和，塞浮議焉。盡五年二月。

光啓元年。三月丁卯，車駕至京師。己巳，御宣政殿，大赦，改元。識者曰：『啓』字『口』戴『戈』，亂未息也。盡四年正月。

文德元年。二月戊子，御承天門，大赦，改元。盡其年。

昭宗以文德元年三月八日即位。明年正月，御武德殿，受朝賀，宣制大赦，改元龍紀。盡其年。

大順元年。正月戊子朔，御武德殿，受朝賀，宰臣百官上徽號，禮畢，大赦，改元。盡二年。

景福元年。正月丙午朔，御武德殿，受朝賀，大赦，改元。盡二年。

乾寧元年。正月乙丑朔，御武德殿，受朝賀，大赦，改元。盡五年四月。

光化元年。正月己巳朔，以立后，改元。盡四年二月。

天復元年。三月甲戌，有事於宗廟。是日，御長樂門，大赦，改元。盡四年。

天祐元年。閏四月，謁太廟，禮畢，御光政門，大赦，改元。

哀帝以天祐元年八月即位，不改元。盡四年三月。

又 卷一八八《閏位部・年號》 梁太祖以唐天祐四年四月受禪，改元開平。盡五年四月。

乾化元年五月甲申朔，御朝元殿，大赦，改元。盡六年六月。

末帝以乾化三年二月即位於大梁。五年十一月，改元貞明。盡七年四月。先是，乾化二年六月，庶人友珪弑逆，明年正月，改元鳳曆。是年二月，誅友珪，帝復稱乾化，至是改焉。

龍德元年五月丙戌朔，改元。盡三年十月，為後唐所滅。

又 卷一五《帝王部・年號》 後唐莊宗以天祐二十年四月己巳即位，唐自天祐四年禪于梁，至是十八年，帝在太原，只稱天祐。改同光二年。盡四年。

明宗以同光四年四月即位，改元天成。盡四年。

長興元年。二月乙卯，祀圜丘，禮畢，大赦，改元。盡四年。

閔帝以長興四年十二月即位，明年正月戊寅，御明堂殿，大赦，改元應順。盡其年。

末帝以應順元年四月即位，改元清泰。盡三年。

晉高祖以清泰三年十一月即位，改元天福。盡七年。

少帝以天福七年六月十三日即位。九年七月辛未朔，御崇元殿，大赦，改元開運。盡三年。是日，宣赦未畢，會大雷雨，匆遽而罷。都下震死者數百人，明德門内震落石龍之首。識者以為石乃國姓，蓋不祥之甚。

漢高祖以開運四年二月即位于晉陽，謂羣僚曰：『帝王稱謂，孤已迫於羣情而遜避無所。其國號、正朔，未忍遽改。』繇是降制，以少帝開運四年敍天福十二年行事。蓋以心奉前朝，執至義也。盡其年。

乾祐元年正月乙卯，大赦，改元。盡其年。

隱帝諱承祐，以乾祐元年二月即位。初，高祖欲改年號，中書門下進擬『乾和』二字，高祖改為『乾祐』。至是，與帝名相符，帝亦不改。盡三年。

周太祖以乾祐四年正月即位，改元廣順。盡四年。

顯德元年。春正月乙未，祀圜丘，禮畢，御明德殿，大赦，改元。

世宗以顯德元年正月丙申即位，不改元。

恭帝以顯德六年六月甲午即位，不改元。盡其年。

又　卷二一九《僭偽部·年號》　自晉氏失馭，中原乏主，瞻烏逐鹿，亂靡有定。繇是北人乘釁，為天下倡，羼而和之者十有六焉。洎土運凌遲，五代喪亂，跨州連郡，僭竊相高，咸建號紀年，以備制度。前代策書，悉載其事。今之論次，所以明其叛渙之迹，為將来之戒耳。【略】

吳楊渭，淮南節度使，弘農郡王，行密次子。行密唐天祐三年卒，長子渥繼襲。是歲，梁太祖既受唐禪，改元開平，而渥猶稱天祐。至五年，渥為大將張顥所殺，顥自稱留後，將納欵於梁，又為别將徐温所殺，以渭為主。至十六年，温册渭為天子，改元武義。盡二年。

楊溥，渭之弟。渭卒，溥嗣偽位，改元順義，盡七年。又改乾貞，盡二年。又改太和，盡二年。又改天祚，盡二年。遜位於李昪。

前蜀王建，梁開平三年，以劍東南西川節度使、蜀王，僭即皇帝位於成都，改元武成，三年，改元永平，五年，改元通正。是年冬，改元天漢，又改元光天。

王衍，建之幼子。嗣偽位，改元乾德。六年十二月，改明年為咸康。

漢劉陟，青海静海兩軍節度使，南海王隱之弟。隱以梁開平四年卒，陟代據其位。貞明三年，僭號於廣州，國號大漢，改元乾亨。九年，白龍見於南海，改元白龍。四年，改元大有。凡僭號三十六年。

劉玢，陟長子。陟卒，玢嗣偽位，改元光天。在位一年，為弟晟所殺。

劉晟即偽位，改元應乾，又改元乾和。

劉鋹，晟之長子。襲偽位，改元太寶。

閩王延均，福建節度使、閩王審知次子。審知卒，長子延翰嗣，為延均所殺，延均襲位。後唐長興三年，上言吳越國王錢鏐薨，乞封為吳越王，不報，遂自稱皇帝，國號大閩，改元龍啓，在位十一年。

王昶，延均之子。嗣偽位，改元通文。

王延羲，審知之少子。嗣偽位，改元永隆，在位六年。

後蜀孟知祥，後唐應順六年，以劍東南西川節度使、蜀王，稱帝於蜀，改元明德，在位一年。

孟昶，知祥第三子。嗣偽位，猶稱明德。至四年冬，改明年為廣政。盡二十八年，歸皇朝。

唐李昪，晉天福二年，以偽吳太尉録尚書事，封齊王。受吳禪，僭即尊位，國號大齊，改元昇元，建都於金陵。尋改國為唐，在位七年。

李景，昪之長子。嗣偽位，改元保大。周世宗南伐，遂稱唐國主，行顯德年號。

後漢劉崇，周廣順元年，以河東節度使僭號於太原，稱漢，改名旻，仍以乾祐為年號。

崇卒，子均襲偽位。本紀不書年號。

清·鍾淵映《歷代建元考》卷六《隋楊氏》　高祖文皇帝堅，弘農人。仕周，襲爵隨公。以辛丑受周禪，改『隨』作『隋』。九年，平陳。在位二十四年。甲子，為太子廣所弒。改元二。開皇二十。仁壽四。以隋興以來，晝日漸長，取其意，以紀元。

煬皇帝廣，高祖次子。初封晉王，謀廢太子勇，立為太子。以甲子立，在位十四年。戊寅，為宇文化及弒于江都。越王侗立，追謚世祖明皇帝。改元一。大業十四。

恭皇帝侑，煬帝孫，元德太子之子。封代王，留守西京。以大業十三年丁丑，為唐公李淵所立，遙尊煬帝為上皇，禪于唐，封酅國公。明年

殂。改元一。義寧

秦王浩，高祖孫，秦王俊之子。宇文化及立之于江都，至魏縣弒之。恭皇帝侗，元德太子之子，代王兄。封越王，留守東京。戊寅，煬帝崩，為留守官所立。明年己卯，王世充簒立，被廢為潞國公，遇弒。改元一。皇泰。

右隋三帝三十八年，恭帝侗二年。

又《唐李氏》 高祖神堯大聖大光孝皇帝淵，隴西成紀人，凉太祖武昭王之後。隋時襲祖虎爵唐國公，以丁丑自太原留守起兵，入長安。戊寅，受隋禪。在位九年。丙戌，傳位于太子，稱太上皇。又十年乙未，崩。改元一。武德九。

太宗文武大聖大廣孝皇帝世民，高祖次子。初封秦王，隱太子建成誅，立為皇太子。丙戌，受内禪。在位二十三年，己酉崩。改元一。貞觀二十三。

愚案，宋應麟《玉海》載唐濮王天壽一號。濮王即魏王泰，太宗愛子，以奪嫡降封，無僭號改元之事。不知王氏何據，姑識于此。

高宗天皇天聖大弘孝皇帝治，太宗第九子。初封晉王，立為皇太子。以己酉嗣立，在位三十四年。癸未崩。改元十五。永徽六。顯慶五。龍朔三。麟德二。以絳州産麟，又含元殿前麟趾見，于是改元。乾封二。以封泰山改元。總章二。以將作明堂改元。咸亨四。上元二。儀鳳二。調露一。永隆一。開曜一。永淳二。以皇孫生改元。弘道一。

儀鳳三年四月，詔改明年為通乾元年。十二月，罷通乾號。

中宗孝和大聖大昭孝皇帝顯，高宗第七子。初封英王，名哲，立為皇太子。以癸未嗣立，元年甲申，武后廢為廬陵王，居房州。改元一。嗣聖。武后旋改文明。

則天武后，高宗后。以甲申廢中宗，立睿宗為帝，臨朝稱制。又五年，自稱皇帝，改國號周。乙巳，復位于中宗。偽立二十一年，改元十七。文明。旋改光宅。光宅一。垂拱四。永昌一。載初一。以始用周正，改永昌元年十一月為正月。天授二。元年即載初九月，是月始自稱皇帝。如意。九月。即長壽。長壽二。延載一。證聖一。天册萬歲。萬歲通天。神功一。聖曆二。久視二。元年始復夏正。大足。以成州言佛迹見，改元，旋改長安。長安四。

《通鑑》：太后春秋雖高，善自塗澤，雖左右不覺其衰。以齒落更生，御則天門，赦天下，改元通天。

《紀異録》曰：太后既立，國號周。又欲立武三思為後，狄仁傑切諫。后曰：『奈何有「武氏臨朝萬萬年」之謠？』對曰：『陛下改萬歲登封，又改萬歲通天，又改大足元年，則萬萬之數足矣。』后大悟，即有歸中宗之意。

中宗皇帝，以己亥自房州還，武后立為太子。乙巳，復立，反周為唐。庚戌，為韋后所弒。改元二。神龍二。景龍四。

殤皇帝重茂，中宗少子。封温王，以庚戌為韋后所立，遜于相王。改元一。唐隆。

愚案《玉海》云：或曰唐元、唐興、唐安，蓋開元、天寶之間避諱改稱者。而《唐會要》、《唐大詔令》皆書唐隆。實則明皇踐阼之懺，猶漢安樂之炎興也。

睿宗玄真大聖大興孝皇帝旦，高宗第八子。封豫王。嗣聖元年，為武后所立。天授元年，廢為皇嗣。中宗朝，封相王。韋后弒逆，王子臨淄王隆基誅之，以庚戌迎立帝。二年壬子，傳位太子。後四年崩。改元三。景雲二。太極。旋改延和。延和。玄宗立，改為先天。

玄宗至道大聖大明孝皇帝隆基，睿宗第三子。初封臨淄王。舉兵討韋氏，進封平王，旋立為太子。以壬子受禪立。乙未，安禄山反。丙申，幸蜀。太子即位靈武，尊為上皇。後還長安，壬寅崩。在位四十四年。改元三。先天元。開元二十九。天寶十四。天寶三年，始改『年』為『載』。

《嘉話録》：李丞相泌謂德宗曰：陛下天寶元年生。嚮外言改年之由，或以弘農得寶，此乃謬也。陛下此年降誕，故玄宗皇帝以天降至寶，因改年號天寶也。

《開元傳信録》曰：唐開元末，于弘農古函谷關得寶符，白石赤文，止識『桒』字。識者解之曰：『「桒者」四十八，所以察聖人御曆之數也。』及帝幸蜀之來歲，正四十八年。得寶之時，天下歌之曰：『得寶耶，弘農耶？弘農耶，得寶耶？』得寶之年，遂改年為天寶。

愚案，天寶元年春正月丁未朔改元。甲寅，陳王府參軍田同秀上言：

玄元皇帝于丹鳳門之空中，告以我藏靈符在尹喜故宅。上遣使于故函谷關尹喜臺旁，求得之。壬辰，羣臣上表，以函谷靈符，潛應年號。先天不違，請于尊號，如天號字。史書如此，其不因得寶改年，明矣。《録》言妄也。

天寶二載春正月丙申朔，改『年』曰『載』。

肅宗文明武德大聖大宣孝皇帝亨，玄宗第三子。封忠王，立為太子。丙申，玄宗幸蜀，即位于靈武。克復兩都，在位六年。壬寅崩。改元四。至德二。乾元二。自後復以『載』為『年』。上元二。寶應二。以楚州表言天賜寶玉，改元。

乾元二年制：去年號，但稱元年，以建子月為歲首，月皆以所建為數。明年建巳月甲子，改元寶應。復以建寅為正月，月數皆如其舊。

代宗睿文孝武皇帝豫，本名俶，肅宗太子。初封廣平王，將兵復兩京，以壬寅嗣立。在位十八年。己未崩。改元三。廣德三。永泰二。大曆十四。

德宗神武孝文皇帝适，代宗太子。以己未嗣立。癸亥，涇源兵亂，出奔。甲子，還京師。在位二十六年。甲申崩。改元三。建中四。興元一。貞元二十一。

愚案，《玉海》德宗擬改元元慶，復改貞元。蓋合貞觀、開元之名，從李泌言也。

順宗至德弘道大聖大安孝皇帝誦，德宗太子。以甲申嗣立。明年，傳位太子，稱上皇，崩。改元一。永貞。

憲宗昭文章武大聖至神孝皇帝純，順宗太子。以丙戌受内禪立，在位十五年。庚子崩。改元一。元和十四。

穆宗睿聖文惠孝皇帝恒，憲宗第三子。以庚子嗣立，在位五年。甲辰崩。改元一。長慶四。

敬宗睿武昭愍孝皇帝湛，穆宗長子。以甲辰嗣立，在位三年，為宦官蘇佐明等所弑。改元一。寶曆三。

文宗元聖昭獻孝皇帝昂，穆宗第二子。封江王。丙午，宦官王守澄等立之。在位十四年。庚申崩。改元二。太和九。開成五。

武宗至道昭肅孝皇帝炎，穆宗第五子。封潁王。庚申，中尉仇士良等迎立之。在位六年。丙寅崩。改元一。會昌六。

宣宗元聖至明成武憲文睿智章仁神聰懿道大孝皇帝忱，憲宗第十三子。封光王。丙寅，宦官迎立之。在位十三年。己卯崩。改元一。大中十三。

懿宗昭聖恭惠孝皇帝漼，宣宗長子，封鄆王。以己卯嗣立，在位十四年。癸巳崩。改元一。咸通十四。

蘇鶚《杜陽雜編》曰：宣宗製《泰邊陲曲》，其詞曰『海岳宴咸通』。及上垂拱，而年號咸通焉。

僖宗惠聖恭定孝皇帝儇，懿宗子。封晉王。以癸巳嗣立，庚子幸蜀。乙巳還長安，尋奔鳳翔，戊申還，崩。在位十六年。改元五。乾符五。廣明元。中和四。光啓三。文德。

唐無名氏《玉泉子貞録》：廣明年號，識者以為黄巢日月。明年，兩京没焉。

昭宗聖穆景文孝皇帝曄，懿宗第七子。封壽王。以戊申嗣立。庚申，為宦官劉季述等所幽，立太子裕。辛酉，反正。宦官韓全誨等劫幸鳳翔。癸亥，還京。甲子，遷洛，為朱全忠所弑。在位十六年。改元七。龍紀二。大順三。景福三。乾寧五。光化四。天復四。天祐一。

《大唐雜記》曰：唐昭宗文德二年正朔，御武德殿。有紫氣出昭德殿東隅，鬱鬱如烟，令大内留司尋其所出，得金龍子一枚，長五寸許。羣臣稱賀，帝曰：『朕不以金龍為祥瑞，而以偃息干戈為祥瑞。卿等各宜盡忠，以體朕懷。』門下奏請，改文德二年為龍紀元年。

昭宣光烈孝皇帝柷，昭宗第九子。封輝王。以甲子立。三年丁卯，為朱全忠所篡。明年被弑，不改元，但稱天祐年。

右唐二十帝，共二百九十年。

又　卷七《唐末諸國考·後梁朱氏》　太祖神武元聖孝皇帝晃，本名温，單州碭山人。棄黄巢降唐，賜名全忠，進封梁王。以天祐四年丁卯，篡位于大梁。己巳，遷洛陽。六年壬申，為子友珪所弑。改元二。開平四。乾化二。

郢王友珪，晃子。以壬申弑父自立。明年癸酉，均王友貞討誅之。僞元一。鳳曆。

均王瑱，原名友貞，晃子。以癸酉討逆，嗣立于大梁。癸未，唐兵入汴，為其下所殺。在位十一年，復稱乾化三年、四年，改元二。貞明六。龍德三。

右後梁二世，十七年。

又《後唐李氏》　莊宗光聖神閔孝皇帝存勗，太祖武帝克用長子。以天祐五年戊辰，嗣晉王位，仍天祐正朔。癸未，即皇帝位，紹唐正統。自將滅梁，都洛陽。四年丙戌，兵亂，中流矢崩。改元一。同光四。

明宗聖德和武欽孝皇帝亶，本名嗣源。代北人，太祖養為子。同光三年，為鄴都亂兵所立。丙戌，入洛嗣位。八年癸巳崩。改元二。天成四。元年即同光四年。長興四。

閔帝從厚，明宗第三子。封宋王，以癸巳嗣立。甲午，潞王兵入，出奔遇弒。改元一。應順。

胡三省《通鑑》注曰：取應天順人為義，非繼體之君，所以紀元也。

潞王從珂，本姓王氏，明宗養為子。以甲午廢閔帝自立，在位三年。丙申，石敬瑭兵逼，自焚殂。改元一。清泰。

右後唐四主十四年，前奉天祐十七年。

又《後晉石氏》　高祖聖文章武明德孝皇帝敬瑭，太原人。丙申，以北京留守舉兵反，契丹立為帝，都大梁。在位七年，壬寅殂。改元一。天福。

齊王重貴，敬瑭從子。以壬寅嗣立。丙午，契丹入大梁，北遷，後卒于黃龍府。仍稱天福二。改元一。開運。

右後晉二主，共十一年。

又《後漢劉氏》　高祖睿文聖武昭肅孝皇帝暠，本名知遠，太原人。契丹入中國，以丁未即位于晉陽，入都于大梁。二年戊申殂。仍稱天福二，改元一。乾祐。

《漢紀》：知遠初即位，自言未忍改晉，又惡開運之號，乃改稱天福十二年。

隱帝承祐，高祖第三子。封周王，以戊申嗣立。在位二年。庚戌，郭威犯闕遇弒。仍稱乾祐二年、三年，不改元。

右後漢二主四年。

又《北漢》　世祖神武皇帝旻，本名崇，高祖弟。郭威篡立，以辛亥即帝位于晉陽。甲寅殂。在位四年，不改元，仍稱乾祐。自四年至七年。

孝和皇帝鈞，本名承鈞，世祖長子。以乾祐七年甲寅嗣立，在位十四年，戊辰殂。仍稱乾祐二，八年、九年。改元一。天會。

彭城王繼元，孝和帝養子。戊辰，孝和殂，養子繼恩立，供奉官侯霸榮弒之。繼元嗣立，在位十一年。己卯，降于宋太宗。仍稱天會四，自十三年至十六年。改元一。廣運。

《考異》曰：劉恕云：《世宗實録》、薛《史·帝紀》、《僭偽傳》皆云顯德二年十二月，劉崇卒。《大定録》云：顯德二年春，是病死。《紀年通譜》：顯德二年，崇之乾祐八年。冬，崇死。顯德丙辰三年，承鈞改元天會戊辰。開寶元年，承鈞之天會十三年，死。開寶十一年，繼元改元廣運。興國四年，繼元之廣運十一年也。河東劉氏有國，全無紀録。惟其舊臣中書舍人、直翰林院王保衡歸朝後，所纂《晉陽偽□見聞要録》云：甲寅年春，南伐敗歸。夏，周師攻國都，旻積憂勞，成心病，是冬卒。丁巳年正月，鈞改乾祐十年為天會元年。又云：鈞丙戌年二十九承位，年四十三卒。右諫議大夫陽夢申奉敕撰《大漢都統進封定王劉繼顒神道碑》云：天會十二年，實皇帝踐阼之初年也。十七年，繼顒卒。末題廣運元年歲次甲戌九月丙午朔。今按周廣順元年辛亥，旻即帝位，稱乾祐四年。顯德元年甲寅，旻之乾祐七年也。旻卒，鈞改元。顯德四年丁巳，鈞改乾祐十年為天會元年。宋開寶元年戊辰，鈞之十二年也。鈞卒，繼元立，開寶七年甲戌，繼元改天會十八年為廣運元年。據曆，是歲九月丙午朔，興國四年己卯，繼元亡，廣運六年也。鈞以唐天成元年丙戌生，至顯德元年甲寅嗣位，乃二十九歲矣。鈞及繼元，踰年未改元。蓋孟蜀二主、漢隱帝、周世宗之比也。諸書皆傳聞相因，前後相戾，惟《晉陽見聞録·劉繼顒碑》歲月最可考證，故以為據。

右漢前二主四年，後三主二十八年，合三十二年。

又《後周郭氏》　太祖聖神恭肅文武孝皇帝威，邢州堯山人。辛亥，以鄴都留守入汴，自立為帝。三年癸丑殂，改元二。廣順二。顯德一。

世宗睿文孝武皇帝榮，本姓柴氏，太祖后之姪，養為子。封晉王，以甲寅嗣立，在位五年，己未殂。仍稱顯德五，自二年至六年。不改元。

恭皇帝宗訓，世宗子。封梁王，以己未嗣立。庚申，禪于宋。不改元。

右後周三世，共九年。

又《蜀王氏》 高祖神武聖文孝德明惠皇帝建，許州舞陽人。唐末有兩川，封蜀王。以天復七年丁卯，時唐已改元天祐，為梁所篡，建仍稱天復七年。即皇帝位于成都。戊寅殂。在位十一年，改元五。武成三。永平五。通正一。天漢一。以改國號漢改元。光天一。是年復國號蜀。

順正公衍，本名宗衍，建少子。封鄭王，立為太子。以戊寅嗣立，在位七年。乙酉，降于唐軍，遇害。改元二。乾德六。咸康一。

右前蜀二世三十五年，建號十八年。

又《吳楊氏》 太祖武皇帝行密，廬州合肥人。唐末有淮南，進封吳王，以天祐三年薨。

烈祖景皇帝渥，太祖子。以天祐三年丙寅嗣，稱弘農王。戊辰，張顥、徐溫遣人弒之。在位二年，仍稱天祐二。四年、五年。

高祖宣皇帝隆演，景帝弟。以戊辰嗣，稱弘農王。庚午，進封吳王。己卯，即吳國王位。在位十一年，仍稱唐天祐九，自六年至十五年。改元一，武義。

睿皇帝溥，宣帝弟。以庚辰嗣吳國王位。丁亥，稱帝，在位十六年。丁酉，禪于南唐，尊為讓皇帝，明年殂。改元四。順義六。乾貞二。太和六。天祚三。

右吳四世四十六年，建號十八年。

又《南唐》 烈祖光文肅武孝高皇帝昪，本名知誥，吳王恪之後。生于徐州，仕楊氏，封齊王。以天祚三年丁酉受禪，都金陵。在位七年，癸卯殂。改元一。昇元七。

元宗明道崇德文宣孝皇帝璟，初名景通，烈祖長子。封齊王，以癸卯嗣立。戊午，改稱國主，去年號，奉周正朔。在位十九年，遷南都殂。改元三。保大十五。中興。旋改交泰。交泰。

元宗即位，未踰年改元。太常博士韓熙載上疏曰：『踰年改元，古之制也。事不師古，弗可以訓。』時雖可其奏，而制書已行，竟不能從。

吳王煜，初名從嘉，元宗第六子。封吳王，以辛酉嗣立于金陵，在位十三年。乙亥，降于宋。後三年殂，唐祀始絶。

右南唐三主，三十九年。

又《南漢劉氏》 高祖天皇大帝龑，本名巖，其先上蔡人。聖武帝謙之子，烈宗襄帝隱之弟。隱唐末為清海節度使。隱卒，巖嗣立，以丁丑歲稱帝，國號越，尋改稱漢。在位二十三年，辛丑殂。改元三。乾亨八。白龍三。以白龍見改元。大有十四。以筮《易》得《大有》紀元。

《五代史》：乾亨九年，白龍見南宮三清殿，改元白龍，又更名龍天門，應龍見之祥。

殤帝玢，本名弘度，高祖長子。封秦王，以辛丑嗣立。二年癸卯，為弟晉王弘熙所弒。改元一。光天。

中宗文武光聖明孝皇帝晟，本名弘熙。高祖封晉王，以癸卯弒玢立，在位十四年。戊午殂。改元二。應乾。旋改乾和。乾和十四。

南越王鋹，本名繼興，中宗子。封衛王，以戊午嗣立，在位十四年。辛未，降于宋，後數年殂。改元一。大寶。

右南漢四主，建號五十二年，通前烈宗隱六十七年。

又《閩王氏》 太祖昭武孝皇帝審知，光州固始人。唐末，其兄潮引兵據福建。潮卒，審知嗣立，梁封閩王，以後唐同光三年薨。子延翰嗣立，稱閩國王，為審知養子延稟所殺，立延鈞。

惠宗齊肅明孝皇帝鏻，本名延鈞，太祖子。以丙戌嗣立，癸巳稱帝。三年乙未，為子繼鵬所弒。改元二。龍啓二。永和一。

康宗聖神英睿文明廣武應道大弘孝皇帝昶，本名繼鵬，惠宗子。封福王，以乙未自立，在位五年。己亥，為審知少子延義所弒。改元一。通文。

景宗睿文廣武明聖元德隆道大孝皇帝曦，本名延羲，太祖少子。以己亥弒昶自立，在位六年。甲辰，為其臣朱文進所弒。改元一。永隆。

閩景宗即位改元，國人相謂曰，可謂大昏元年。

福恭懿王延政，太祖子。封富沙王，以景宗永隆五年癸卯稱帝于建州，國號殷。明年，景宗遇弑。乙巳，復國號閩，尋降南唐，遷于金陵。改元一。天德三。

右閩六主五十五年，建號十三年。

又《後蜀孟氏》 高祖文武聖德英烈明孝皇帝知祥，邢州龍岡人。以唐同光中守西川，長興四年封蜀王，甲午稱帝，殂。改元一。明德。

楚恭孝王昶，本名仁贊，高祖太子。以甲午嗣立，在位三十一年。己丑，降于宋，至汴殂。仍稱明德三，改元一。廣政二十八。

右後蜀二世四十一年，建號三十二年。

清・趙翼《陔餘叢考》卷二五《歷代正史編年各號》 隋文帝。開皇，仁壽。煬帝。大業。代王侑。義寧。越王侗。皇泰。

唐高祖。武德。太宗。貞觀。高宗。永徽，顯慶，龍朔，麟德，乾封，儀鳳，調露，永隆，開耀，總章，咸亨，上元，永淳，宏道。豫王旦。文明，光宅，垂拱，永昌，載初。武后。天授，如意，長壽，延載，證聖，天册萬歲，萬歲登封，萬歲通天，神功，聖曆，久視，大足，長安。中宗。嗣聖，神龍，景龍。睿宗。景雲，太極，延和，先天。玄宗。開元，天寶。肅宗。至德，乾元，上元，寶應。代宗。廣德，永泰，大曆。德宗。建中，興元，貞元。順宗。永貞。憲宗。元和。穆宗。長慶。敬宗。寶曆。文宗。太和，開成。武宗。會昌。宣宗。大中。懿宗。咸通。僖宗。乾符，廣明，中和，光啓，文德。昭宗。龍紀，大順，景福，乾寧，光化，天復，天祐。

梁太祖。開平，乾化。末帝。貞明，龍德。

後唐莊宗。同光。明宗。天成，長興。愍帝。應順。潞王從珂。清泰。

晉高祖。天福。出帝。開運。

漢高祖。乾祐。隱帝。年號同。

周太祖。廣順，顯德。《玉海》又有天和、建德二號。世宗。仍顯德。恭帝。仍顯德。

又《歷代僭竊各年號》 五代梁郢王友珪篡位。鳳曆。

吳楊隆演。武義。楊溥。順義，乾貞，太和，天祚。

前蜀王建。武成，永平，通正，天漢，光天。王衍。乾德，咸康。

後蜀孟知祥。明德。孟昶。廣政。

南漢劉龑。乾亨，白龍，大有。劉玢。光天。劉晟。應乾，乾和。劉鋹。大寶。

閩王璘。龍啓。《玉海》又作永和。王昶。通文。王曦。永隆。王延政。天德。

南唐李昪。昇元。李景。保大、中興、交泰。

北漢劉承鈞。天會，見李惲《千佛樓銘》。劉繼元。廣運。

論説

宋・宋敏求《唐大詔令集》卷三《帝王・改元上・改元貞觀詔》

詔曰：朕遐觀方册，曆選前王，大道既隱，至公斯革，莫不思樹風聲，以隆鼎命。太皇膺籙受圖，功成治定，鄙聖人之餘事，顧天下而窅然，永言俗累，高居物表，爰以大寶，俯授微躬。自肅奉神器，亟移灰律，屬三正在旦，萬國來庭，長世之術既弘，惟新之命方始，體元居正，今則其時，可改武德十年為貞觀元年。

又《改元總章詔》 朕以寡薄，忝承丕緒，奉二聖之遺訓，撫億兆以初臨。馭朽兢懷，推溝在念，而上玄垂祐，宗社降休，歲稔時和，人殷俗阜，車書混一，文軌大同，檢玉泥金，升中告禪，百蠻執贄，萬國來庭，朝野懽娛，華夷胥悦。但為郊禋嚴配，未安太室，布政敷化，猶闕合宮。朕所以日昃忘疲，中宵輟寢，討論墳籍，錯綜羣言。採三代之精微，探九皇之至賾，斟酌前載，製造明堂。棟宇方圓之規，雖兼故實；肆筵陳俎之法，獨運裁成。宣諸內外，博考詳求，度其短長，長聞見。而鴻生碩儒，俱稱盡善，宜命有司，急及時赴作，務從折中，稱朕意焉。今陽和在辰，景風扇物，昆蟲草木，咸獲康寧，朕之百姓，尚多勞止，恩覃澤沛，與其更新，可大赦天下，改乾封二年為總章元年。大辟罪已下，皆赦除之。

又《改元弘道詔》 朕以寡昧，謬膺丕緒，未嘗不孜孜訪道，戰戰臨人，馭朽懷秋駕之危，負重積春水之懼，日慎一日，三十四載於今矣。何則？足寒傷心，人勞傷國，下安卽上逸，時弊卽君憂。所以身處九重，而情周萬姓，建本之懷遽切，抑末之念踰深。今雖庶績已凝，淳源未洽，履素歸厚者，遂寂寥而靡聞；徇華趨利者，尚馳騖而不息。顧以薄德，有謝移風，永睠羣方，在予多愧。況朕之綿系，兆自玄元，當遠叶先規，光宣道化，變率土於壽域，濟含生於福林。屬想華胥，載勞寤寐，所內外寮寀，各竭乃誠，敦惟黎民，俱崇簡質，舊染薄俗，咸與惟新。憑大道而開元，共普天而更始，宜申霈澤，廣被埏紘，可改永淳二年為弘道元年，大赦天下。前後責情流人並放還。老人年百歲已上者，版授下州刺史，婦人版授郡君；九十已上者，版授上州司馬，婦人版授縣君；八十已上者，版授縣令，并歸葥級量賜粟帛。孝子順孫、義夫節婦，表其門閭，終身勿事。鰥寡孤獨、篤疾不能自存者，量加賑給。仍天下諸州，置道士觀，上州三所，中州二所，下州一所，每觀各度七。人又比天后事條，深有益於為政，言近而意遠，事少而功多，務令崇用，式遵無怠。見任內外官，五品已上經四考，及守五品經三考，六品已下，計滿三考，政用清勤，狀無私犯者，各加二階。

又 卷四《改元中·改天寶三年為載制》 履端正名，義取垂範。體元設教，在乎變通。雖俗革從宜，罔不稽古。朕纘復興運，恭守睿圖，常恐至化猶微，淳風尚薄，未臻華胥之俗，莫登可封之人。故未明求衣，日昃忘食，勵精為理，思致雍和。歷觀載籍，詳求前制，而唐虞之際，煥乎可述。是用欽若舊典，以叶維新，可改天寶三年為三載。

《舊唐書》卷一一《代宗紀》 永泰元年春正月癸巳朔，制曰：叶五紀者，建號以體元；授四時者，布和而順氣。天心可見，人欲是從，爰立大中之道，式受惟新之命。朕嗣膺下武，獲主萬方，顧以薄德，乘茲艱運，戎麾問罪，今已十年。飲至策勳，惟凶渠之授首；勞師黷武，豈人主之用心。軍役屢興，干戈未戢，茫茫士庶，斃于鋒鏑。皇穹以朕為子，蒼生以朕為父，至德不能被物，精誠不能動天。俾我生靈，淪於溝壑，非朕之咎，孰之過歟？朕所以馭朽懸旌，坐而待曙，勞懷罪己之念，延想安人之策。亦惟羣公卿士，百辟庶僚，咸聽朕命，協宣乃力，履清白之道，還淳素之風。率是黎元，歸于仁壽，君臣一德，何以尚茲。迺者刑政不修，惠化未洽，既盡財力，良多抵犯，靜惟哀矜，實軫于懷。今將大振綱維，益明懲勸，肇舉改元之典，弘敷在宥之澤，可大赦天下，改廣德三年為永泰元年。

又 卷一二《德宗紀上》 興元元年春正月癸酉朔，上在奉天行宮受朝賀，詔曰：【略】『今上元統曆，獻歲發祥，宜革紀年之號，式敷在宥之澤，可大赦天下，改建中五年為興元元年。李希烈、田悅、王武俊、李納，咸以勳舊，繼守藩維，朕撫馭乖方，致其疑懼，皆由上失其道而下罹其災。一切並與洗滌，復其爵位，待之如初，仍即遣使宣諭。朱滔以泚連坐，路遠必不同謀，永念舊勳，務存弘貸，如能效順，亦與惟新。朱泚反易天常，盜竊名器，暴犯陵寢，所不忍言，獲罪祖宗，朕不敢赦。除泚外，並從原宥。應赴奉天并進收京城將士，並賜名『奉天定難功臣』，身有過犯，減罪三等，子孫過犯，減罪二等。先稅除陌、間架等錢，竹木茶漆等稅，並停。奉天升為赤縣。』

宋·孫甫《唐史論斷》卷上《太宗即位改元》 論曰：或問《春秋》書國君即位，必於元年正月，明新君踰年即位改元也。此書即位踰年，豈《春秋》之法乎？答曰：《尚書》記天子傳位改元之法，舜則曰月正元日，禹則曰正月朔旦。《春秋》即位改元之法，本於此，聖人以舜、禹之法為天下之至正也。然《顧命》康王之語，記成王崩，康王既為天子，乃釋冕反喪服。蓋以先君不書所終之年，天子即位不可一日而虛，故於柩前即位，明先君傳授之意，不及行舜、禹之法也。但踰年稱君改元，亦同其道矣。以天子不待踰年即位，則諸侯可知也。《春秋》一國之史，聖人修之，遂見天下大法，莫若舜、禹至正也。元年初即位，說者引《康誥》之文為定，以謂新年正月，必改元正位，百官以序，國史書即位以表之。此雖明不待踰年即位，元年見新君之法，不知聖人因而存舜、禹之道也。況魯侯即位，雖稱元年，必書『王正月』者，上以明王道之序，下以見諸侯奉王制而即位也。若夫修天子之史，可不知書元年即位之法乎？又後代事艱，天子繼統必待踰年，稱君，勢有不便矣，故當依實書之。雖略變古法，其曰以即位踰年改元，亦所以法《尚書》定位，《春秋》改元，見新君之意也。

又《顯慶改元》 論曰：人君即位之年，謂之元年。元，始也。人君布政自此始，故首月謂之正月，取其正始之義也。厥後以數繼之，終於一世。此前古不易之法也。至漢文惑方士之言，改後元年，始變古制。孝武因事，別立年名。歷代帝王，皆遵尚之。唐武德、貞觀，雖為年號，亦終其身。高宗不奉祖宗之法，且在位七年矣，而謂之元年，於理安乎？

若以立太子之始，得以改元，不知天下事統於天子乎，太子乎？事不師古，而至於此。曰：大臣昧於經義也。

又《乾封改元》 論曰：太宗以功德平治天下。其朝廷之事，則賢才在位，法度施設；其生民之樂，則刑罰幾措，歲時屢穰；其四夷之服，則大者來臣，小者安帖，前古聖王之治，何以加焉！尚謂封禪，盛德之事，慮己所為，未當天心，終不行其禮。高宗在位十餘年，雖賴先帝遺德，生民安業，四夷不動，奈朝廷之事，姦人亂政，忠賢竄戮，太子廢殺；臨朝聽斷，則中宮垂簾，威福不專於己。此大亂已見，有何功德可以告成？蓋徇后之欲舉，希闊儀物，誇耀天下耳。登封之後，歲饑民困，日食彗見，連年不已，豈非功德之薄，妄告於天？又千乘萬騎之行，勞費民力，干動和氣所致與？姦人預慮天時不順，先引漢乾封故事，建為年號。若以歲旱為乾封，則民之饑困，災變頻仍，是果天祐哉？為天下者，切戒於此，勿輕議盛德之事。

又 卷中《睿宗景雲年》 論曰：古之人君即位，必踰年而改元者，先君之年不可不終也，繼大位不可無始也，一年不可二君也。先君之年不終，則後嗣急於為君而忘孝心矣。繼大位無始，則布政立事，無以正本矣。一年二君，則國統不一而民聽惑矣。典法如是之重，人君可不謹其事歟？睿宗於中宗雖兄弟之序，然繼其位則同於先君，安得不待踰年而改元？蓋大臣昧於經義而然也。今書景雲年者，不可分中宗所終之一年為二，又不可記睿宗之始年謂之二年，故變其例，所以戒無禮而正不典也。

《新五代史》卷一〇《漢紀・隱帝》 嗚呼！人君即位稱元年，常事爾，古不以為重也。孔子未修《春秋》，其前固已如此。雖暴君昏主，妄庸之史，其記事先後遠近，莫不以歲月一二數之，乃理之自然也。其謂一為元，亦未嘗有法，蓋古人之語爾。及後世曲學之士，始謂孔子書元年為《春秋》大法，遂以改元為重事。自漢以後，又名年以建元，而正偽紛雜，稱號遂多，不勝其紀也。五代，亂世也。其事無法而不合於理者多矣，皆不足道也。至其年號乖錯，以惑後世，則不可以不明。初，梁太祖以乾化二年遇弒，明年末帝已誅友珪，黜其鳳曆之號，復稱乾化三年，尚為有說。至漢高祖建國，黜晉出帝開運四年，復稱天福十二年者，何哉？蓋以其愛憎之私爾。方出帝時，漢高祖居太原，常憤憤下視晉，而晉亦陽優禮之，幸而未見其隙。及契丹滅晉，漢未嘗有赴難之意，出帝已北遷，方陽以兵，聲言追之，至土門而還。及其即位，改元而黜開運之號，則其用心可知矣。蓋其於出帝無復君臣之義，而幸禍以為利者，其素志也，可勝歎哉！夫所謂有諸中必形於外者，其見於是乎！

又 卷七一《十國世家年譜》 嗚呼，堯、舜盛矣！三代之王，功有餘而德不足，故皆更始以自新，由是改正朔矣，至於後世，遂名年以建元。及僭竊交興，而稱號紛雜，則不可以不別也。五代十國，稱帝改元者七。吳越、荆、楚，常行中國年號。然予聞於故老，謂吳越亦嘗稱帝改元，而求其事迹不可得，頗疑吳越後自諱之。及旁采閩、楚、南漢諸國之書，與吳越往來者多矣，皆無稱帝之事。獨得其封落星石為寶石山制書，稱寶正六年辛卯，則知其嘗改元矣。辛卯，長興二年，乃鏐之末世也，然不見其終始所因，故不得而備列。錢氏訖五代，嘗外尊中國，豈其張軌之比乎。十國皆非中國有也，其稱帝改元與不，未足較其得失，故並列之，作《十國世家年譜》。

宋・洪邁《容齋續筆》卷一〇《踰年改元》 自漢武帝建元紀年之後，嗣君紹統，必踰年乃改元。雖安帝繼殤帝，亦終延平而為永初；桓帝繼質帝，亦終本初而為建和。唐宣宗以叔繼姪，亦終會昌六年而改大中。獨本朝太祖以開寶九年十月二十日上仙，太宗嗣位，是年十二月二十二日改為太平興國元年，去新歲纔八日耳。意當時星辰曆象，考卜兆祥，必有其說，而國史傳記皆失傳。竊計嶺蜀之遠，制書到時，已是二年之春。是時宰相薛居正、沈倫、盧多遜失於不考引故實，致行之弗審，使人君即位而無元年，尤為不可也。若唐順宗以貞元二十一年正月嗣位，至八月辛丑改元永正，蓋已稱太上皇，嫌於獨無紀年，故亟更之耳。劉禪、孫亮、石宏、苻生、李璟未踰年而改，此不足責。晉惠帝改武帝太熙為永熙，而以為欲長奉先王之制，亦非也。唐中宗仍武后神龍，梁末帝追承太祖乾化，孟昶仍父知祥明德，漢劉知遠追用晉天福，隱帝仍父乾祐，周世宗仍太祖顯德，皆非禮之正，無足議者。唐哀帝仍昭宗天祐，蓋畏朱溫而不敢云。

又 卷一三《紀年兆祥》 晉出帝『廣運』為軍走，隋煬帝『大業』

為大苦末，唐僖宗『廣明』為唐去丑口而著黄家日月，以兆巢賊之禍。

宋·孫奕《示兒編》卷一四《年號同》　同曰永昌，則晉元帝、唐則天。同曰永泰，則南齊明帝、唐代宗。同，以至父子有同號者。漢高祖與愍帝不改其乾祐，梁太祖與末帝不改其乾化，唐明宗與哀帝不改其天祐。三世有同號者，周太祖、世宗、恭帝相襲為顯德。大宋藝祖皇帝與蜀主王衍，同為乾德。

宋·周密《癸辛雜識後集·綱目用武后年號》　余向聞林竹溪先生云：歐公脩《唐書》作《武后紀》依《前漢》例也。天授以後，唐雖改號爲周，而史不以周新之，蓋黜之也。晦翁病其唐經亂周，史遂有嗣聖二十四年之號。年之首，書曰帝在某。帝在某，蓋以《春秋》之法正名也。每年之下，又細書武氏所改年號，垂拱則曰武氏垂拱，天授則曰周武氏天授。此意甚嚴。但武氏既革唐命，國號爲周，既有帝而又有周，有周則無唐矣，無唐則無帝矣。同一疆域也，而帝與周同書，則民有二王，天有二日矣，豈無窒礙？若《春秋》『公在乾侯』則魯國未嘗有他號。

宋·王應麟《玉海》卷一三《律曆·改元·總論改元》　年號及十年已上不改者，【略】隋文開皇二十，煬帝大業十三，唐太宗貞觀二十三，玄宗開元二十九，天寶十四，代宗大曆十四，德宗貞元二十一，憲宗元和十四，宣宗大中十三，懿宗咸通十四。【略】

顔氏謂年號起建元，劉氏据《封禪書》謂起元鼎，呂氏謂元鼎亦追改也。【略】歷代襲沿，或五六年，或三四年，或一歲再更，或一歲三號，一歲四號，記注繁蕪，莫之勝載。【略】間有復古號為元年，如魏廢帝、恭帝，周閔帝、明帝，唐肅宗，未幾仍舊。蓋《春秋》之義，不明久矣。【略】唐順宗以貞元二十一年正月嗣位，至八月改永貞，蓋已稱太上皇，嫌於獨無紀年，故亟更之。【略】

又有踰年而不改元者。唐中宗仍武后神龍，代宗繼寶應至七月。梁末帝追承乾化，晉少帝襲天福至九年。孟昶仍父明德，漢高祖追用晉天福；隱帝仍父乾祐，周世宗仍太祖顯德。皆非禮之正。唐哀帝仍昭宗天祐，蓋畏朱温而不敢云。【略】

梁末帝黜鳳曆，諉曰繼故。【略】漢高祖黜開運，最為無謂。自唐德宗慨想貞觀、開元之盛，改貞元以法二祖。紀元用先代名，始於唐德宗。貞元合貞觀、開元之名，用李泌之言。我朝因之。【略】

夫歷世無窮而美名有盡，於是有離合之讖，有重複之嫌。如永昌、隆昌，為二日；大亨為一人二月了；廣運為軍走，大業為大苦末，廣明為唐去丑口而著黄家日月。【略】此離合之讖也。

大足若數足而則天改之，天元為周號，昌字乃二日，而李泌議之【略】唐至德、永泰，襲陳、齊之舊。【略】漢哀之太初，晉元之建武，魏孝武之永興，唐肅宗之上元，皆自重一代之號。乾德，蜀號也，因宮人鑑背而後知。【略】此重複之嫌也。【略】然嘗有立始長順之筮，唐有元和、咸通之兆，我朝有重火之讖，是亦有數存焉。

宋·王應麟《困學紀聞》卷八　日無再中之理，而新垣平言之；日無漸長之理，而袁充言之。漢文、隋文，皆以是改元。漢文悟平之詐，而隋文終受充之欺。此存亡之判與？若璩按：漢文帝改後元元年，隋文帝改仁壽元年。

清·吴任臣《十國春秋》卷一〇五《北漢二·英武帝紀》　論曰：歐陽《五代史》言孝和帝殁于天會十三年，英武帝嗣位，即改元廣運，皆非也。嘗稽《定王劉繼顒碑》文，為右諫議大夫楊夢申所撰。中云『天會十二年，今皇帝踐阼之初年也。十七年，繼顒卒。』末署廣運元年歲次甲戌九月丙午朔。而李惲《千佛樓碑銘》，亦署廣運二年歲次乙亥八月庚午朔。夢申與惲，本北漢臣，此最可信者。予故得据之，以編漢年云。至兩主踰年，皆不改元，蓋當時漢隱帝、周世宗、孟蜀後主已行其事，於北漢又何異焉？

又　卷一〇九《十國紀元表》　十國稱帝者七，改元者八，而楚、荆南則行中朝年號，然吴越惟武肅三改元，文穆以下無聞焉。若荆南文獻王、楚恭孝王亦同奉吴與南唐正朔，而吴越、閩兩國又遵契丹會同之號者一年。彼此參錯，易於傳譌。今斷始於梁開平丁卯，終於宋太平興國己卯，凡七十三年。中間各國紀年，頗有可考，余得而備列之，作《十國紀元表》。

清·鍾淵映《歷代建元考》卷一《總論》　愚案改元及十年以上者，尚有【略】南唐玄宗保大十五，南漢高祖龑大有十四，中宗晟乾和十四，孟蜀後主昶廣政二十八。

清・愛新覺羅・弘曆《御製文三集》卷一三《書隋文帝改元事》

隋文改元之事，昔於《通鑑輯覽》但評其好祥貢諛及加課工役之非，而於袁充晝夜短長之妄，至引京房所説闢之，尚有未盡，兹故申而論之。夫晝長則夜短，夜長則晝短。《堯典》所載，千古不易之定論也。天不變，日月亦不變，豈有因世道之治亂而因之有長短之殊哉？如其所言，則堯舜之時，當何如其長；桀紂之時，當何如其短。且自上古以至於今，又當有幾多長短？殊節挈壺之士，當何以考之？此其貢諛，無勞更辨矣。又所引京房上道、次道、下道之説，更屬囈語。夫治《易》，以無私為本。京房以有私而治《易》，故其師焦贛即曰：『得我道以亡身者，京生也。』京房分卦直日，以風雨寒温為候。其説踳雜，且佚其本而被他人假藉以入者，又不知凡幾。漢室公卿以為煩碎不可行，是也。至於其後乃專言蒙氣，以為蔽己之賢之兆。此非私意而何？蒙氣之説，治曆之家不甚解。至我皇祖《考成》之書，乃明言其故。蒙氣即地中遊氣上騰於太陽未出之前，日出後漸次散去，日以為常。我皇祖御製《曆象考成》書内所言《清蒙氣差》一篇，最為詳盡。蓋清蒙之氣有厚薄高下，由於地勢之殊，於人事無關。若京房云係賢人閉塞之徵，已屬穿鑿附會；而且專指為蔽己之賢，更為用私可鄙矣。萬古有日月，即有此氣。與人之賢不肖，為隱顯何預？蓋略通陰陽天道之人不得志，舒其憤懣，幸灾樂禍，申己私，害公道似房者，不少矣。符其師言，不亦宜乎！然此等言世治則少，世亂則多，亦不可不知。

清・趙翼《陔餘叢考》卷二五《改元》　唐中宗嗣聖元年，武后既廢立，改元文明，九月又改元光宅。垂拱五年春改元永昌，十一月又改元載初。天授三年夏四月改元如意，秋九月又改元长壽。及长壽三年夏五月改元延載，十一月又改元證聖。其明年九月改元天册万歲，十二月又改万歲登封。其明年四月改元神功，十一月又改元聖曆。又四年改元大足，十月改元长安。按武后以建子月为正朔，凡十一月之改，已屬歲首。【略】是皆一歲两三號也。【略】

有應改元而不改者。人君即位，逾年即改元，而梁末帝、晉出帝、劉承钧皆踰年不改元，又明年始改。孟昶即位五年始改。【略】唐哀帝、漢隱帝、周世宗皆用先世年號，終身不改。哀帝、隱帝皆年少，且迫於權臣，故不暇及，世宗何以亦因循如此？豈以周太祖甫改元即崩，顯德之號初未嘗用，遂襲以紀年耶？

又有年號犯諱而不改者。梁末帝名友貞，而年號貞明。漢隱帝名承祐，而年號乾祐。【略】舉朝之人不聞議及，何也？

清・趙翼《廿二史劄記》卷一九《新舊唐書・唐有兩上元年號》

年號重襲，已見《叢考》前編，皆異代之君不知詳考，致有誤襲前代年號者。至唐則高宗有上元年號，而肅宗亦以上元紀年。高之與肅，相去不過六七十年，耳目相接，朝臣豈無記憶？乃以子孫複其祖宗之號，此何謂耶？

清・劉應麟《南漢春秋》卷七《紀元》　應麟論曰：南漢自高祖改元乾亨起，凡三世，歷四主，至後主大寶十四年出降，計竊據五十五年，改元者七。故高祖登位之初，命周傑筮《易》，卜國祚修短，得《比》至《復》。傑以卦有二土，土數生五成十，適符五十五年之數，而以五百五十年對者，蓋舉成數，以避害云爾。嗚呼！南漢得失，久已豫徵。夫石篆童謠，何待周傑之筮爲哉？然而不敢直對者，於此益見霸國君臣相對疑猜，非同心同德矣。

雜録

《隋書》卷三五《經籍志四・道經》　道經者，云有元始天尊，生於太元之先，稟自然之氣，沖虚凝遠，莫知其極。所以説天地淪壞，劫數終盡，略與佛經同。以為天尊之體，常存不滅。每至天地初開，或在玉京之上，或在窮桑之野，授以祕道，謂之開劫度人。然其開劫，非一度矣，故有延康、赤明、龍漢、開皇，是其年號。

唐・張鷟《朝野僉載》卷三　則天好禎祥。拾遺朱前疑説夢云則天髮白更黑，齒落更生，即授都官郎中，司刑事。因三百餘人，秋分後無計可作，乃於圜獄外羅牆角邊作聖人迹，長五尺。至夜半，三百人一時大叫，内使推問，云昨夜有聖人見，身長三丈，面作金色，云汝等並寃枉，不須怕懼。天子萬年，即有恩赦放汝。把火照之，見有巨迹，即大赦天下，改為大足元年。

唐・蘇鶚《杜陽雜編》卷下　宣宗製《泰邊陲曲》，其詞曰：『海岳晏咸通。』及上垂拱，而年號『咸通』焉。上仁孝之道，出於天性。

唐・佚名《玉泉子真録》 廣明之年號，識者以為『黄巢日月』。明年，兩京没焉。議者尤之。

唐・佚名《八寶記・雷公石二枚》 形如斧，長可四寸，闊二寸，無孔，膩如青玉。諸寶置之日中，則光氣連天。既進，肅宗已被疾，召代宗曰：『汝自楚王為太子，今天賜寶于楚州。天祚汝也，宜保之。』代宗受賜。即日改元寶應。既監國，賜真如號寶和，改縣為寶應。自是兵革稍息，海内小康，亦其應也。

《舊唐書》卷六《則天皇后紀》 （嗣聖元年七月）彗星見西北方，長二丈餘，經三十三日乃滅。九月，大赦天下，改元為光宅。

又 卷八《玄宗紀上》 七月己巳，睿宗御承天門，皇太子詣朝堂受册。是日有景雲之瑞，改元為景雲，大赦天下。

又 卷一〇《肅宗紀》 （上元二年九月）壬寅，制：朕獲守丕業，敢忘謙冲，欲垂範而自我，亦去華而就實。其乾元大聖光天文武孝感等尊崇之稱，何德以當之？欽若昊天，定時成歲，《春秋》五始，義在體元，惟以紀年，更無潤色。至于漢武，飾以浮華，非前王之茂典，豈永代而作則？自今已後，朕號唯稱皇帝，其年號但稱元年，去上元之號。

又 卷一九上《懿宗紀》 宣宗制《泰邊陲樂曲》，詞有『海岳晏咸通』之句。又大中末，京城小兒疊布漬水，紐之向日，謂之拔暈。帝果以鄆王即大位，以咸通為年號。

《新唐書》卷六《代宗紀》 肅宗去上元三年號，止稱元年，月以斗所建辰為名。元年建巳月，肅宗寢疾，乃詔皇太子監國。而楚州獻定國寶十有三，因曰：『楚者，太子之所封，今天降寶於楚，宜以建元。』乃以元年為寶應元年。

宋・張淏《雲谷雜紀》卷三 唐德宗初議改元，李泌曰：『本朝之盛，無如貞觀、開元，各取一字。』乃改號曰貞元。

宋・程大昌《演繁露續集》卷二《吴越改元》 『寶正六年，歲在辛卯。』見封落星石制書。辛卯，乃後唐明宗長興二年。寶太元年，羅隱《記修新城縣記》云『癸未歲』。癸未，乃後唐莊宗同光元年。《臨安記》。以此知吴越雖云禀中原正朔，既後唐長興、同光年號，與其寶正、寶太同歲而名不同，知吴越自嘗改元，審矣。

宋・洪邁《容齋四筆》卷五《錢武肅三改元》 歐陽公《五代史》敍列國《年譜》云：聞於故老，謂吴越亦嘗稱帝改元，而求其事迹不可得，頗疑吴越後自諱之。及旁采諸國書，與吴越往來者多矣，皆無稱帝之事，獨得其封落星石為寶石山制書，稱寶正六年辛卯耳。王順伯收《碑》有臨安府石屋崇化寺尊勝幢云：『時天寶四年歲次辛未四月某日，元帥府府庫使王某。』又明慶寺白傘蓋陀羅尼幢云：『吴越國女弟子吴氏十五娘建。』其《發願文・序》曰：『十五娘生忝霸朝，貴彰國懿。天寶五年太歲壬申月日題。』順伯考其歲年，知非唐天寶，而辛未乃梁開平五年，其五月改乾化，壬申乃二年。梁以丁卯篡唐，武肅是歲猶用唐天祐，次年自建元也。《錢唐湖廣潤龍王廟碑》云：錢鏐貞明二年丙子正月建。《新功臣壇院碑》、《封睦州墻下神廟敕》，皆貞明中。登聖寺磨崖：梁龍德元年歲次辛巳錢鏐建。又有龍德三年《上宫詩》。是歲梁亡。九里松觀音尊勝幢：寶大二年歲次乙酉建。衢州司馬墓誌云：寶大二年八月歿。順伯案：乙酉乃唐莊宗同光三年，其元年當在甲申。蓋自壬申以後，用梁紀元，至後唐革命，復自立正朔也。又水月寺幢云：寶正元年丙戌十月具位錢鏐建。是年為明宗天成。招賢寺幢云：丁亥寶正二年。又小昭慶、金牛、碼碯等九幢，皆二年至五年所刻。貢院前橋柱刻：寶正六年歲在辛卯造。然則寶大止二年而改寶正，寶正盡六年。次年壬辰，有天竺日觀庵經幢，復稱長興三年八月，用唐正朔。其年三月，武肅薨。方寢疾，語其子元瓘曰：『子孫善事中國。勿以易姓，廢事大之禮。』於是以遺命去國儀，用藩鎮法。然則有天寶、寶大、寶正三名，歐陽公但知其一耳。《通鑑》亦然。自是歷晉、漢、周及本朝，不復建元、今猶有清泰、天福、開運、會同、係契丹年。乾祐、廣順、顯德石刻存者三四十種，固未嘗稱帝也。

清・鍾淵映《歷代建元考》卷七《唐末諸國考・吴越》 武肅王錢鏐，杭州臨安人。以唐末有兩浙，進封越王，改王吴。梁封吴越王，唐進封國王。長興三年壬辰薨。改元四。後臣于中國，始不稱年號。天寶。寶大。寶正。寶一作保，正一作貞。廣初。

《通鑑考異》曰：閻自若《唐末泛聞録》云：同光四年，京師亂，朝命斷絶，鏐遂僭大號，改元保正。明年，唐明宗使命至，乃去號，復用唐正朔。《紀年通譜》云：鏐雖外勤貢奉而陰為僭竊，私改年號于其國。其後子孫奉中朝正朔，慚改元事，及錢俶納土，凡其境内有石刻偽號者，悉使人鑿去之。惟西湖落星山塔院中有鏐封此山為落星寶石山偽詔，勒之于石。雖經鑱毁，其文尚可讀，後題曰寶正六年，歲在辛卯。明宗長興二年也。其元年，即天成元年也。好事者或傳曰保正，非也。余公綽《閩王事迹》云：同光元年，梁策錢鏐為尚父，來年改寶正元年。永隆三年，吳越世宗文穆王薨。林仁志《閩王启運圖》云：同光元年，梁封浙東尚父為吳越國王，尋改元寶正。長興三年，吳越武肅王崩，子世皇嗣。永隆二年，吳越世皇崩，子成宗嗣。公綽、仁志所紀，年歲差繆，然可見錢氏改元及廟號，故兼載焉。至今兩浙民間猶謂錢鏐為錢太祖，今參取諸書為據。愚案温公《通鑑》及《目録》，止載寶正一號。而《玉海》載有天寶、寶大、寶正、廣初四號。薛氏《甲子會紀》謂天寶改于戊辰，唐天祐三年，朱梁之開平二年也。寶大改于甲申，唐同光二年。寶正改于丙戌，天成元年也。廣初則不辨何歲所改。《舊武原志》載土中得朱府君墓志，末題寶大元年，歲次甲申。其為錢氏所改無疑。天寶改元之歲，則唐室初亡，諸鎮猶稱天祐、天復，餘則盡禀梁正朔。錢氏即夜郎自大，烏得遽有年名？正史無徵，姑書以備考焉。

清・趙翼《陔餘叢考》卷二五《歷代僭竊各年號》　吳越錢鏐。寶正。見《五代史》。又有天寶、寶大二號，見《十國春秋》及洪容齋《隨筆》。又有廣初一號，見《玉海》。

謚號廟號

綜　述

《隋書》卷五九《越王侗傳》　宇文化及之弑逆也，文都等議，以侗，元德太子之子，屬最為近，於是乃共尊立，大赦，改元曰皇泰。謚帝曰明，廟號世祖。【略】下書曰：『我大隋之有天下，於茲三十八載。高祖文皇帝聖畧神功，載造區夏。世祖明皇帝則天法地，混一華戎。』

《舊唐書》卷一《高祖紀》　（義寧二年九月）辛未，追謚隋太上皇為煬帝。

宋・王欽若等《册府元龜》卷二九《帝王部・奉先》　煬帝以仁壽四年七月即位，上文皇帝尊謚。十月己卯，葬於太陵，廟號高祖。

《舊唐書》卷一《高祖紀》　（貞觀）九年五月庚子，高祖大漸。【略】是日，崩於太安宫之垂拱前殿，年七十。羣臣上謚曰大武皇帝，廟號高祖。

又　卷三《太宗紀下》　（貞觀二十三年五月）己巳，上崩於含風殿。【略】八月丙子，百僚上謚曰文皇帝，廟號太宗。庚寅，葬昭陵。上元元年八月，改上尊號曰文武聖皇帝。天寶十三載二月，改上尊號為文武大聖大廣孝皇帝。

又　卷五《高宗紀下》　（弘道元年）十二月丁巳，改元，大赦。是夕，皇帝崩于貞觀殿，年五十六。謚曰天皇大帝。天寶八載，改謚天皇大聖皇帝。十三載，增謚天皇大聖大弘孝皇帝。

又　卷七《中宗紀》　（景龍四年）六月壬午，帝遇毒，崩于神龍殿，年五十五。【略】九月丁卯，百官上謚曰孝和皇帝，廟號中宗。【略】天寶十三載二月，改謚曰大和大聖大昭孝皇帝。

又　《睿宗紀》　開元四年夏六月甲子，太上皇帝崩于百福殿，時年五十五。秋七月己亥，上尊謚曰大聖貞皇帝，廟號睿宗。【略】天寶十三載二月，改謚曰玄真大聖大興孝皇帝。

又　卷九《玄宗紀下》　上元二年四月甲寅，崩于神龍殿，時年七十八。羣臣上謚曰至道大聖大明孝皇帝，廟號玄宗。

又　卷一〇《肅宗紀》　（寶應元年四月）上自仲春不豫，聞上皇登遐，不勝哀悸，因茲大漸。【略】丁卯，宣遺詔。是日，上崩于長生殿，年五十二。羣臣上謚曰文明武德大聖大宣孝皇帝，廟號肅宗。

又　卷一一《代宗紀》　（大曆十四年五月辛酉）上崩於紫宸之内殿。【略】壬戌，遷神柩於太極殿，發喪。八月庚申，羣臣上尊謚曰睿文孝武皇帝，廟號代宗。

又　卷一三《德宗紀下》　（貞元）二十一年春正月辛未朔，御含元殿受朝賀。是日，上不康。【略】癸巳，會羣臣於宣政殿，宣遺詔：皇太子宜於柩前即位。是日，上崩於會寧殿，享壽六十四。【略】永貞元年九月丁卯，羣臣上謚曰神武孝文，廟號德宗。

又　卷一四《順宗紀》（元和元年正月）甲申，太上皇崩於興慶宫之咸寧殿，享年四十六歲。六月乙卯，皇帝率羣臣上大行太上皇謚曰至德大聖大安孝皇帝，廟號順宗。

又　卷一五《憲宗紀下》（元和十五年正月）庚子，【略】上崩於大明宫之中和殿，享年四十三。【略】辛丑，宣遺詔。壬寅，移仗西内。五月丁酉，羣臣上謚曰聖神章武孝皇帝，廟號憲宗。

又　卷一六《穆宗紀》（長慶四年正月）壬申，上崩於寢殿，時年三十。羣臣上謚曰睿聖文惠孝皇帝，廟號穆宗。

又　卷一七上《敬宗紀》（寶曆二年十二月）辛丑，帝夜獵還宫。【略】劉克明等同謀害帝，即時殂於室内，時年十八。羣臣上謚曰睿武昭愍孝皇帝，廟號敬宗。

又　卷一七下《文宗紀下》（開成五年正月）辛巳，上崩於大明宫之太和殿，壽享三十三。羣臣謚曰元聖昭獻皇帝，廟號文宗。

又　卷一八上《武宗紀》（會昌六年）三月壬寅，上不豫，制改御名炎。【略】是月二十三日，【略】崩，時年三十三。謚曰至道昭肅孝皇帝，廟號武宗。

又　卷一八下《宣宗紀》（大中二年）八月七日，【略】崩於大明宫，聖壽五十。【略】羣臣上謚曰聖武獻文孝皇帝，廟號宣宗。

又　卷一九上《懿宗紀》（咸通十四年七月辛巳）崩于咸寧殿，聖壽四十一。百僚上謚曰睿文昭聖恭惠孝皇帝，廟號懿宗。

又　卷一九下《僖宗紀》（文德元年三月）癸卯，【略】崩於武德殿，聖壽二十七。羣臣上謚曰惠聖恭定孝皇帝，廟號僖宗。

又　卷二〇上《昭宗紀》（天祐元年）八月壬辰朔。壬寅夜，朱全忠令左龍武統軍朱友恭、右龍武統軍氏叔琮、樞密使蔣玄暉弒昭宗於椒殿。【略】帝殂，年三十八。羣臣上謚曰聖穆景文孝皇帝，廟號昭宗。

又　卷二〇下《哀帝紀》　天祐五年二月二十一日，帝為全忠所害，時年十七，仍謚曰哀皇帝。【略】（後唐）明宗時就故陵置園邑，有司請謚曰昭宣光烈孝皇帝，廟號景宗。中書覆奏少帝行事，不合稱宗，存謚而已。知禮者亦以宣、景之謚非宜，今只取本謚，載之於紀。

宋·王溥《唐會要》卷一《帝號上》　高祖神堯大聖大光孝皇帝諱淵。【略】謚曰大武皇帝，廟號高祖。《哀册文》。秘書監虞世南撰。《謚册文》。闕。《謚議》。闕。

太宗文武大聖大廣孝皇帝諱世民。【略】謚曰文皇帝，廟號太宗。《哀册文》。中書令褚遂良撰。《謚議》。闕。

高宗天皇大聖大弘孝皇帝諱治。【略】謚曰天皇大帝，廟號高宗。《哀册文》。天后武氏撰。《謚册文》。闕。《謚議》。闕。

中宗孝和大聖大昭孝皇帝諱顯。【略】謚曰孝和皇帝，廟號中宗。《哀册文》。工部侍郎徐彦伯撰。《謚册文》。闕。《謚議》。闕。

睿宗玄真大聖大興孝皇帝諱旦。【略】謚曰大聖玄真皇帝，廟號睿宗。《哀册文》。紫微侍郎蘇頲撰。《謚册文》。闕。《謚議》。闕。

玄宗至道大聖大明孝皇帝諱隆基。【略】謚曰至道大聖大明孝皇帝，廟號玄宗。《哀册文》。左散騎常侍王縉撰。《謚册文》。闕。《謚議》。闕。

肅宗文明武德大聖大宣孝皇帝諱亨。【略】謚文明武德大聖大宣孝皇帝，廟號肅宗。《哀册文》。兵部侍郎裴士淹撰。《謚册文》。闕。《謚議》。闕。

代宗睿文孝皇帝諱豫。【略】謚睿文孝武皇帝，廟號代宗。《哀册文》。中書侍郎崔祐甫撰。《謚册文》。闕。《謚議》。闕。

德宗神武孝文皇帝諱适。【略】謚曰神武孝文皇帝，廟號德宗。《哀册文》。刑部侍郎許孟容撰。

順宗至德弘道大聖大安孝皇帝諱誦。【略】謚曰至德弘道大聖大安孝皇帝，廟號順宗。《哀册文》。吏部侍郎趙宗儒撰。《謚册文》。禮部侍郎崔汾撰。《謚議》。太常寺少卿崔樞撰。大中三年十二月，追崇尊謚曰至德弘道大聖大安孝皇帝。《謚册文》。中書侍郎馬植撰。《謚議》。兵部尚書歸融撰。

憲宗昭文章武大聖至仁孝皇帝諱純。【略】謚曰聖神章武孝皇帝，廟號憲宗。《哀册文》。門下侍郎令狐楚撰。《謚册文》。戶部侍郎楊於陵撰。《謚議》。權知禮部侍郎李建撰。大中三年十二月，追崇尊謚曰昭文章武大聖至仁孝皇帝。《謚册文》。左僕射平章白敏中撰。《謚議》。兵部尚書太常卿歸融撰。

穆宗睿聖文惠孝皇帝諱恒。【略】謚曰睿聖文惠孝皇帝，廟號穆宗。《哀册文》右僕射平章李逢吉撰。《謚册文》。中書侍郎平章事牛僧孺撰。《謚議》。闕。

敬宗睿武昭愍孝皇帝諱湛。【略】謚曰睿武昭愍孝皇帝，廟號敬宗。《哀册文》。司空平章事裴度撰。《謚册文》。右僕射竇易直撰。《謚議》。闕。

又　卷二《帝號下》　文宗元聖昭獻孝皇帝諱昂。【略】謚曰元聖昭獻孝皇帝，廟號文宗。《哀册文》。中書侍郎平章事鄭覃撰。《謚册文》。中書侍郎平章事李珏撰。《謚議》。太常少卿楊敬之撰。

武宗至道昭肅孝皇帝諱炎。【略】謚曰至道昭肅。《謚議》。禮部侍郎陳商撰。

宣宗聖武獻文孝皇帝諱忱。【略】謚曰聖武獻文孝皇帝，廟號宣宗。《哀册文》。中書侍郎蔣伸撰。《謚册文》。門下侍郎平章事夏侯孜撰。《謚議》。兵部侍郎鄭顥撰。

懿宗昭聖恭惠孝皇帝諱漼。【略】謚曰睿文昭聖恭惠孝皇帝，廟號懿宗。《哀册文》。中書侍郎平章事崔彦昭撰。《謚册文》。門下侍郎平章事王鐸撰。《謚議》。禮部侍郎崔沆撰。

僖宗惠聖恭定孝皇帝諱儇。【略】謚曰惠聖恭定孝皇帝，廟號僖宗。《哀册文》。中書侍郎平章事孔緯撰。《謚册文》。門下侍郎平章事韋昭度撰。《謚議》。右丞權知禮部侍郎柳玭撰。

昭宗聖穆景文孝皇帝諱曄。【略】謚曰聖穆景文孝皇帝，廟號昭宗。《哀册文》。中書侍郎平章事柳璨撰。《謚册文》。右僕射平章事裴樞撰。《謚議》。太常卿王溥撰。

哀皇帝諱柷。【略】謚曰哀皇帝。後唐莊宗初就故陵，置園邑，有司請謚曰昭宣光烈孝皇帝，廟號景宗。中書復奏據少帝行事，不合稱宗，存謚而已。知禮者亦以昭宣之謚非宜。

《新唐書》卷一《高祖紀》　（貞觀）九年五月，崩于垂拱前殿，年七十一。謚曰太武，廟號高祖。上元元年，改謚神堯皇帝。天寶八載，謚神堯大聖皇帝；十三載，增謚神堯大聖大光孝皇帝。

又　卷二《太宗紀》　（貞觀二十三年五月）己巳，皇帝崩于含風殿，年五十三。【略】壬申，發喪，謚曰文。上元元年，改謚文武聖皇帝；天寶八載，謚文武大聖皇帝；十三載，增謚文武大聖大廣孝皇帝。

又　卷三《高宗紀》　（弘道元年）十二月丁巳，改元大赦。是夕，皇帝崩于貞觀殿，年五十六。謚曰天皇大帝。天寶八載，改謚天皇大聖皇帝。十三載，增謚天皇大聖大弘孝皇帝。

又　卷四《中宗紀》　（景龍四年）六月，皇后及安樂公主、散騎常侍馬秦客反。壬午，皇帝崩，年五十五，謚曰孝和皇帝。天寶十三載，加謚大和大聖大昭孝皇帝。

又　卷五《睿宗紀》　開元四年六月，崩于百福殿，年五十五，謚曰大聖眞皇帝。天寶十三載，增謚玄眞大聖大興孝皇帝。

又　卷七《順宗紀》　元和元年正月，【略】崩于咸寧殿，年四十六。謚曰至德大聖大安孝皇帝。大中三年，增謚至德弘道大聖大安孝皇帝。

又　《憲宗紀》　（元和）十五年正月，【略】庚子，皇帝崩，年四十三，謚曰聖神章武孝皇帝。大中三年，加謚昭文章武大聖至神孝皇帝。

又　卷八《宣宗紀》　（大中十三年八月）癸巳，皇帝崩于咸寧殿，年五十。謚曰聖武獻文孝皇帝。咸通十三年，加謚元聖至明成武獻文睿智章仁神聰懿道大孝皇帝。

又　卷一〇上《昭宗紀》　（天祐元年）八月壬寅，【略】皇帝崩，年三十八。明年，起居郎蘇楷請更謚恭靈莊閔，廟號襄宗。至後唐同光初，復故號謚云。

又　卷一〇下《哀帝紀》　梁開平二年二月遇弑，年十七，謚曰哀帝。後唐明宗追謚昭宣光烈孝皇帝。

宋·王溥《五代會要》卷一《帝號》　梁太祖神武元聖孝皇帝姓朱氏諱晃。【略】謚曰神武元聖孝皇帝，廟號太祖。《哀册文》。中書侍郎平章事杜曉撰。《謚册文》。門下侍郎平章事趙光逢撰。《謚議》。太常卿李燕撰。

後唐莊宗光聖神閔孝皇帝姓李氏，諱存勗。【略】謚曰光聖神閔孝皇帝，廟號莊宗。《哀册文》。中書侍郎平章事韋説撰。《謚册文》。門下侍郎平章事豆盧革撰。《謚議》。太常卿崔協撰。

明宗聖德和武欽孝皇帝。【略】謚曰聖德和武欽孝皇帝，廟號明宗。《哀册文》。左僕射平章事李愚撰。《謚册文》。吏部尚書平章事劉煦撰。《謚議》。太常卿盧文紀撰。

閔帝諱從厚。【略】晉天福元年十二月，追謚曰閔帝。

晉高祖聖文章武明德孝皇帝姓石氏，諱敬瑭。【略】謚曰聖文章武明德孝皇帝，廟號高祖。《哀册文》。中書侍郎平章事和凝撰。《謚册文》。中書侍郎平章事和凝撰。《謚議》。太常卿崔協撰。

漢高祖睿文聖武昭肅孝皇帝姓劉氏，諱暠。【略】謚曰睿聖文武昭肅孝皇帝，廟號高祖。《哀册文》。右僕射平章事蘇禹珪撰。《謚册文》。右僕射平章事蘇禹珪撰。《謚議》。太常卿張昭撰。

隱帝諱承祐。【略】周廣順元年五月，追謚曰隱帝。

周太祖聖神恭肅文武孝皇帝姓郭氏，諱威。【略】謚曰聖神恭肅文武孝皇帝，廟號太祖。《哀册文》。中書侍郎平章事王溥撰。《謚册文》。右僕射平章事李穀撰。《謚議》。太常卿田敏撰。

世宗睿武孝文皇帝諱榮。【略】謚曰睿武孝文皇帝，廟號世宗。《哀册文》。禮部尚書平章事王溥撰。《謚册文》。中書侍郎平章事魏仁浦撰。《謚議》。翰林學士中書舍人判太常寺竇儼撰。

恭帝諱宗訓。【略】追謚恭帝。

宋·佚名《五國故事》卷上《僞吴楊氏》 先主行密，唐淮南節度使、中書令，終吴王。渭僭號，乃追册為武皇帝，廟號太祖。渥不稱僭號，渭稱吴，乃追謚為景皇帝。渭僭稱大吴，殂，謚曰宣皇帝。溥，僞號為讓皇帝，乃李氏傳位之後，册為高上崇古思玄讓皇帝，非在吴也。

又《僞唐李氏》 先主昪，僞謚為孝高皇帝，廟號烈祖。嗣主景，僞謚至道文宣孝皇帝，廟號太宗。後主煜，入國朝，封違命侯，旋封隴西郡公。殂，追封吴王。

又《前蜀王氏》 先主建，僞謚神武孝德明惠皇帝，廟號太祖。後主衍，歸降唐，明宗追封順聖公。

又《後蜀孟氏》 先主知祥，僞謚文宣帝，廟號高祖。後主昶歸朝，封秦國公。薨，追封楚王，謚曰恭孝。

清·吴任臣《十國春秋》卷一《吴一·太祖世家》 太祖姓楊，名行密，字化源，廬州合肥人也。【略】（天祐二年十一月）庚辰，王薨。年五十四，謚曰武忠。武義初，改謚曰孝武王，廟號太祖。乾貞元年，追尊為武皇帝。

又 卷二《吴二·烈祖世家》 烈祖名渥，字承天，太祖長子也。【略】（天祐五年五月）戊寅，張顥、徐温遣其黨紀祥、陳曄、黎璠、孫殷等，弑王於寢室。歐陽《史》云：執王，縊殺之。許云暴薨。時年二十三，謚曰威。【略】武義初，改謚景王，廟號烈祖。乾貞元年，追尊為景皇帝。

又《高祖世家》 高祖名隆演，字鴻源，太祖第二子也。【略】（武義二年五月）己丑，王薨。年二十四，謚曰宣。乾貞元年，尊為高祖宣皇帝。《通鑑目録》稱惠帝，不知何據。

又 卷三《吴三·睿帝紀》 睿帝名溥，太祖第四子也。【略】（乾貞元年）十一月庚戌，王御文明殿，即皇帝位。追尊孝武王曰武皇帝，景王曰景皇帝，宣王曰宣皇帝，廟號高祖。【略】

（昇元二年）冬十月辛丑，帝殂，年二十八歲。【略】齊主廢朝二十七日，追謚曰睿皇帝。

又 卷一三《吴十三·傳·徐温》 天祚三年，齊王知誥尊為太祖武王，及受禪，謚武皇帝。已而南唐復李姓，廟號義祖。

又 卷一五《南唐一·烈祖紀》 烈祖姓李名昪，字正倫，小字彭奴，徐州人也。【略】二月乙亥，改太祖廟號曰義祖。【略】

（昇元七年二月）庚午疾亟。【略】是夕，殂于昇元殿，年五十六。謚曰光文肅武孝高皇帝，廟號烈祖。

又 卷一六《南唐二·元宗紀》 元宗名璟，字伯玉，烈祖長子。【略】（建隆二年）六月己未，疾革。【略】庚申，殂于長春殿，年四十六。【略】秋八月，至金陵。丁未，殯于宫中萬壽殿。告哀于宋，且請追復帝號，許之。《宋史》云：景卒，其臣桂陽郡公徐邈奉遺表來上，太祖廢朝五日。子煜又遣其臣馮謐奉表，願追尊帝號，許之。乃謚曰明道崇德文宣孝皇帝，《宋史》無『宣』字。廟號元宗。《五國故事》作『至道文宣孝皇帝，廟號太宗』，非是。

又 卷二八《南唐十四·傳·韓熙載》 烈祖將葬，以熙載知禮令兼太常博士。時議者以孝高繼昭宗之後，廟合稱宗。熙載建議，以為古者帝王，已失之，已得之，謂之反正。非我失之，自我復之，謂之中興。中興之君，廟號稱祖。先帝興既墜之業，請上廟號曰烈祖。元宗嘉納之。

又　**卷三六《前蜀二·高祖紀下》**（高祖姓王名建。光天元年六月壬寅）帝殂，時梁貞明四年也。【略】在位十二年，年七十有二。謚神武聖文孝德明惠皇帝，廟號高祖。

又　**卷四八《後蜀一·高祖紀》**　高祖姓孟，名知祥，字保胤，邢州龍岡人也。【略】（明德元年七月乙巳）是夕殂，二十六日。年六十一。謚文武聖德英烈明孝皇帝，廟號高祖。

又　**卷五八《南漢一·烈宗世家》**　烈宗姓劉名隱。【略】乾化元年春正月，【略】丁亥薨。時年三十八，謚曰襄。乾亨元年，追尊曰襄皇帝，廟號烈宗。

又　**《高祖紀》**　高祖名龑，初名巖，代祖庶子也。【略】大有十五年春三月，帝不豫。【略】丁丑殂，年五十四。謚天皇大帝，廟號高祖。

又　**卷五九《南漢二·殤帝紀》**　殤帝名玢，高祖第三子也。【略】光天二年春三月丙戌，帝遇殺，殂。【略】帝立二年，年二十四，謚曰殤。

又　**《中宗紀》**　中宗名晟。【略】（乾和十六年）秋八月辛巳，帝殂，年三十九。謚曰文武光聖明孝皇帝，廟號中宗。

又　**卷九〇《閩一·太祖世家》**　太祖名審知，字信通。【略】（同光二年）冬十二月辛未，王薨。在位二十九年，年六十有四。謚曰忠懿。【略】明年，尊曰昭武王。【略】龍啓初，追謚昭武孝皇帝。《册府元龜》作武皇帝。廟號太祖。

又　**卷九一《閩二·惠宗紀》**　惠宗名鏻，《通鑑》作璘，今從《五代史》及《閩書》。初名延鈞，太祖次子也。【略】帝立凡十年。謚曰齊肅明孝皇帝，廟號惠宗。歐《史》作謚惠皇帝，廟號太宗。今從《通鑑》。

又　**《康宗本紀》**　康宗名繼鵬，惠宗長子也。【略】永隆初，謚帝曰聖神英睿文明廣武應道大弘孝皇帝，廟號康宗。

又　**卷九二《閩三·景宗紀》**　景宗名曦，初名延羲，太祖第二十八子也。《五代史》曰王審知少子。【略】（永隆六年三月）乙酉，后父真有疾，帝如真第問疾。文進、重遇使拱宸馬步使錢達拉于馬上而弑之。《五代史》又云：六月三日，曦出遊醉歸，重遇遣壯士拉于馬上而殺之。【略】已而葬帝于福州之城北，謚曰睿文廣武明聖元德隆道大孝皇帝，廟號景宗。

又　**卷一〇四《北漢一·世祖紀》**　世祖姓劉名旻，高祖之母弟也。【略】（乾祐七年十一月）是月，帝疾革，命皇子承鈞監國，尋殂。帝生于唐乾寧三年乙卯歲，年六十。廟號世祖。在位凡四年。

又　**卷一〇五《北漢二·睿宗紀》**　睿宗名鈞，初名承鈞，世祖次子也。【略】（天會十二年三月）戊申，遂殂，《遼史》作秋七月辛丑，漢主殂。年四十三。養子繼恩立，上謚曰孝和皇帝，廟號睿宗。

論説

唐·杜佑《通典》卷一〇四《禮典六十四·凶二十六·帝王謚號議·大唐》《大唐元陵謚册文》：維某年月日，哀子嗣皇帝臣諱，伏以聖德之大，上與天合，人道近暱，鮮克究知，敢盡其所見，泣以敍財成之業。伏惟大行皇帝，紹休七聖，臨照八極，以至道御羣有，以至化懷遠方，登假於上，敷聞在下。肇加元服，頃昇儲闈，生知之敏，動與神契。承順玄宗也，齊栗之容著；奉養肅宗也，愛敬之禮深。履蒸蒸，躬翼翼，不絕馳道，日朝寢門，此則首冠百王，大舜、周文之孝也。其於崇儒尚齒，尊道貴德，窮理盡性之學，經天緯地之文，包荒含垢之量，迪哲允龔之善，斯又睿聖不測，同符乎三五，無得而稱也。當禄山叛亂，陷覆二京，以天人之重，授元戎之律，師之所及，狂寇殲夷，復宗社之阽危，拯生靈於焚燎，則乾維重搆，宸極以安。及史盜閒釁，三河壓梗，在撫軍之際，思明隕命，乘踐祚之初，朝義授首，則梁陳底定，朔易從風。其或屈强於大梁，背誕於南越，莫不朝為梟鏡，夕為鯨鯢，此高光之功，神武之略也。自是肅勿羣后，賓延萬靈，洿瀦鬱没之刑寢，焚瘞懸沉之禮備。衣冠有淪於脇從者，釋而靡問；靈祇有闕於禋祀者，秩而致享。塈讒説，求讜言，扇以祥風，浸以膏澤，九譯奉貢，四夷將賓，丕冒出日，罔不率俾。猶復嚴恭寅畏，顧省闕遺，兢兢業業，日昃不暇，故得玄功廣運，協氣旁流，靈契畢發，元符洊至，則瑞璧出於泗，清瀾變於河。其餘見祉鱗羽、呈祥草木者，不可殫記。方議櫜弓偃伯，臻於太和，告禪於石閭，鏤功於金版，遽承憑几之命，奄遘綴衣之酷，號天叩地，罔所依歸。今龍攢就啓，屢輅將駕，采鴻儒碩生之議，考公卿百辟之請，僉以盛德大業，匪號謚莫宣，是用虔奉古訓，發揚茂實，謹遣攝太尉某奉册上尊謚曰睿文孝武皇帝，廟曰代宗。伏惟明靈降格，膺茲典禮，誕錫純嘏，貽宴後昆。嗚呼哀哉！

《舊唐書》卷一五七《王彦威傳》 憲宗晏駕，未定謚。淮南節度使李夷簡以憲宗功高列聖，宜特稱祖。穆宗下禮官議，彦威奏曰：『據《禮經》，三代之制，始封之君謂之太祖。太祖之外，又祖有功而宗有德。故夏后氏祖顓頊而宗禹，殷人祖契而宗湯，周人郊祀后稷，祖文王而宗武王。自東漢魏晉，漸違經意，沿革不一。子孫以推美為先，自始祖已下，並有建祖之制，蓋非典訓，不可法也。國朝祖宗制度，本於《周禮》，以景皇帝為太祖，又祖神堯而宗太宗。自高宗已降，但稱宗，謂之尊名，可為成法。不然，則太宗造有區夏，理致昇平；玄宗掃清内難，翊戴聖父；肅宗龍飛靈武，收復兩都，此皆應天順人，撥亂返正。至於廟號，亦但稱宗。謹按經義，祖者，始也；宗者，尊也。故《傳》曰：「始封必為祖。」《書》曰：「德高可宗，故號高宗。」今宜本三代之定制，去魏晉之亂法，守貞觀、開元之憲章，而擬議大名，垂以為訓。大行廟號，宜稱宗。』制從之。

又 卷二〇下《哀帝紀》 （天佑二年十月）甲午，起居郎蘇楷駁昭宗謚號曰：『帝王御宇，由理亂以審汙隆；宗祀配天，資謚號以定升降。故臣下君上皆不得而私也。伏以陛下順考古道，昭彰至公，既當不諱之朝，寧阻上言之路。伏以昭宗皇帝睿哲居尊，恭儉垂化，其於善美，孰敢蔽虧。然而否運莫興，至理猶鬱，遂致四方多事，萬乘頻遷。始則閹豎猖狂，受幽辱於東内；終則嬪嫱悖亂，罹夭閼於中闈。其於易名，宜循考行。有司先定尊謚曰：『聖穆景文孝皇帝』，廟號昭宗，敢言溢美，似異直書。按後漢和、安、順帝，緣非功德，遂改宗稱，以允臣下之請。今郊禋有日，祫祭惟時。將期允愜列聖之心，更下詳議新廟之稱。庶使叶先朝罪己之德，表聖主無私之明。楷，禮部尚書循之子，凡劣無藝。乾寧二年應進士登第後，物論以為濫，昭宗命翰林學士陸扆、祕書監馮渥覆試黜落，永不許入舉場，楷負愧銜怨。至是，全忠弑逆君上，柳璨陷害朝臣，乃與起居郎羅衮、起居舍人盧鼎連署駁議。楷目不知書，手僅能執筆，其文羅衮作也。時政出賊臣，哀帝不能制。太常卿張廷範改謚曰恭靈莊閔孝皇帝，廟號曰襄宗。全忠雄猜物竪，自楷駁謚後，深鄙之，既傳代之後，循、楷父子皆斥逐，不令在朝。丁未，所司改題昭宗神主，輟朝一日。

宋・王溥《唐會要》卷二《帝號下・雜録》 大曆十四年七月，禮儀使、吏部尚書顔真卿上言：高祖至肅宗七聖廟號、尊號名文字繁多，皇帝則悉有『大聖』之號，皇后則盡有『順聖』之名，使言之者惑於今，行之者異於古。請高祖以下累聖謚號，悉取初謚為定。謹按舊制上謚號，高祖為武皇帝，太宗為文皇帝，高宗為天皇大帝，中宗為孝和皇帝，睿宗為聖真皇帝，玄宗為孝明皇帝，肅宗為孝宣皇帝，其廟號如故。仍請準漢魏及國朝故事，於尚書省議定奏御。乃令尚書省議之。時以謚號前後繁多不經，儒學之臣思改者久矣。會真卿上奏，皆謂必克正焉。而兵部侍郎袁傪官以兵達不詳典故，乃上言：陵廟中玉册既刊矣，不可輕改。遂罷之。傪曾不知陵中玉册實紀其初號，後雖追尊而册文如故【略】。

天祐二年三月，起居郎蘇楷議昭宗謚號曰：皇帝御宇宙，治亂以審汙隆；宗祀配天，資謚以定升降，故臣下、君上皆不得而私也。有司先定尊謚曰聖穆景文孝皇帝，廟號昭宗。按後漢和帝、安帝、順帝緣非功德，遂加尊稱，亦允臣下之請。今郊禋有日，祫祭惟時，伏望別議新廟之稱，庶協先朝罪己之德。于是太常卿張廷範改謚曰恭靈莊閔孝皇帝，廟號襄宗。楷，禮部尚書循之子，凡劣無藝。乾寧二年，應進士登第，物論以為濫。昭宗命翰林學士陸扆、祕書監馮渥復試，黜落，不許再入舉場。楷負愧銜怒，至是與起居郎羅扆、起居舍人盧鼎連署議。楷目不知書，其文羅扆所作，蓋時政出賊臣，哀帝亦不能制之也。

宋・宋敏求《唐大詔令集》卷一三《帝王・謚議上・〈高宗天皇大帝謚議〉》 竊聞星迴日薄，懸象著明之謂天，龍躍鳳翔，握鏡乘時之謂聖。天以不言為德，非言無以暢其神；聖以無名會道，佇名然後筌其用。營窟橧巢之代，猶昧典章；如雲類海之君，方崇號謚。所以闡揚功美，榮鏡古今。伏惟大行皇帝，稟樞電以降靈，膺星虹而延睿。以大聖而乘聖，克昌寶曆之基；由至德而纂德，載廣金圖之運。對日之歲，窮象外之微言；弄田之辰，盡天下之能事。逮入膺儲副，養德春闈。恒侍禁中，問安之道斯極；長居膝下，候色之誠逾勵。因心隆於愛敬，率性感於神明。此先聖之孝德也。洎乎正位旒扆，光宅區縣，孚俗軫如傷之念，負重懷若勵之心。求瘼恤隱，寒扇渴漿，追夏禹之焚甲，襲殷湯之解網。一物有違，則滿堂興慮；一夫非獲，則推溝寘懷。此先聖之仁德也。無幽不察，觀六合於目前；無遠不招，視八紘於掌內。循機授政，則旁燭於九圍；命將出師，則坐知其萬里。此先聖之明德也。寅畏上玄，肅雍清廟，以義制事，以禮制心，提衡均馭朽之危，履石同蹈冰之懼。雖處泰而弗泰，固乘休而弗休。此先聖之恭德也。卑宫菲食，土簋茅檐，身好弋綈之衣，手無金玉之玩。翬裘必燼，牂袂可安，撤士星而莫施，却超影而勿馭。此先聖之廣德也。榮河緑錯，朗宸鑑而生知；温洛丹青，澡璇襟於性奥。汾水秋風之唱，仰天翰而扶輪。媯汭叢雲之詞，欽睿詞而擁篲。此先聖之文德也。□□□□，無遠而不懷；以我伐戎，有征而必伏。提封所亘，招地位於鄒、瀛；正朔所通，闢境踰於亥、步。此先聖之威德也。為於無事，動於自然。鳴鑾訪道，□拜小童之言；修德就閑，載感大庭之夢。此先聖之玄德也。體至道而調一氣，舒卷陰陽；運冲和而契兩儀，發揮風雨。將百靈以交際，亦萬物而通誠。珍瑞普彰，休徵畢應。此先聖之神德也。以茲九德，上則九玄，顧連陸於後塵，掩胥燧而高視。若乃子育羣方之惠，財受貺於玄符；封岳没金之勳，復推功於文帝。巍巍蕩蕩，無得而名。方冀千祥翊聖，萬瑞讚德，長居北極之尊，永契南山之壽。豈謂十枝墜景，遽淪懸晷之輝；八柱傾天，奄落閶陽之構。雲輿在御，仙路方遥，攀號無再奉之期，摧殞深百年之痛。鼎湖弓劍，逾增日遠之悲；璇寢衣冠，空愴月遊之感。顧以虚菲，夙承乾蔭，既忝彰明之地，常懷輔佐之誠。薦螢燭以耿光，引鶴露而添海。而聖德虚受，無來不應，每聽覽餘暇，侍奉詰言，論道德則洞啓玄樞，語忠孝則廣通心極。敍軒項之淳化，積若神交；述堯禹之清風，宛成晤對。在位三十五載，功超七十二君，圖象所莫傳，開闢所不覩。罄楚越之竹，書善未窮；極泉雲之才，頌德難盡。自賢猷厭俗，緹律亟移，禍變相仍，荒梗彌切。正惟憑几之夕，爰及啓欽之際。神情湛正，顧託殷勤，痛道貌之既遠，懼先旨之無述。所以偷延荒息，强終彝倫，望霄漢以興摧，瞻扆筵而永慕。今者龜謀既襲，蛩□將臨，敬上尊號之儀，燕叶大名之典。謹按自然覆育曰天，明一合道曰皇，無所不包曰大。謹狀上議曰天皇大帝，廟稱高宗。

又《德宗神武孝文皇帝謚議》 皇莫大於羲軒，帝莫加於唐虞。姒氏商鎬，亦續憲度，咸紀名謚，以揚昭光。徵儒臣之議，所以本至公也；號全德之尊，所以節一惠也。發揮茂曜，如揭日月。伏惟大行皇帝，文思睿哲，天縱神授，大明繼聖，大孝尊親，服道稽古，洗心藏密，巍巍易簡，赫赫功造。嚴祖宗而上下昭假，仁億兆而飛躍表靈。始者薊寇殘魂，戎旌未偃，方由雍邸，出總虞師，刷讎恥而戴君父，超維城而位少海。元良有問，曆數誕膺，同商宗而心在諒陰，泣漢制而禮從權令，然後諏咨對越，端拱而理。時丁祲沴，益起洮、列，宸筭獨復，雲雷駿奔，浹旬底定，鯨燎殲洗。反己哀痛，大猷彌尊，阪泉威武，止殺吊人之志也。邊方朔陲，玁狁昆夷，趦趄獷悍，不敢不率，丹穴南裔，扶桑東極，自古未化，占風而至，鏡照廣及，無思不服之德也。大本達道，是為中和，鼓而舞之，名我至樂，變革繁淫，以貞神人，奉順聖元，侯甸繼獻，九成八佾，聖作明述，垂衣脱劍，訢合猗那之奏也。觀文化成，匠物研精，四始六義，勤諧《風》、《雅》，洪音麗制，焜燿皦繹，立言垂訓，丹青玄鳥之作也。蠲痾保全，壽夭之門，方疏傳賜，日之廣利，機瘥不聞，長養推仁，施濟天地，如保赤子之誠也。教由德禮，人乃恥格，古作訓夏，我箴政刑，載弘哀敬，用息刀鋸，利見大循，本愧心之旨也。躬信厚而偷薄以革，體清明而貪饕以懲。納匪躬之直，無毁校防川之謨；推輔弼之功，有輻輳並進之歎。泥金方革，仙鼎忽成，汗漫無從，希夷永閟。哀同軌之將會，仰鴻名之可易，鋪衍至賾，錫乎無窮。謹按經義，參諸謚法，曰應物無方之謂神，保大定功之謂武，尊仁安義之謂孝，經天緯地之謂文。大行皇帝變化無窮，樞衡在握，神莫過焉；整旅善師，豺狼擾馴，武莫威焉；承休繼志，永錫不匱，孝莫大焉；輝焯玉度，焕乎黼藻，文莫逾焉。考墳史而徵德實，請上尊謚曰神武孝文皇帝，廟號曰德宗。

又《順宗至德大聖大安孝皇帝謚議》 臣上稽太古皇帝之建尊謚也，咸揭盛德，以旌至公。備禮於郊，即天成命，《大易》名之典也。故堯不稱巍巍成功，而以傳聖為盛德；禹不稱乃錫玄載，而以成功為盛德。此則五帝三王，統天作謚之大範也。伏惟大行太上皇，天作睿哲，生知太和，揚九聖之耿光，開萬紀之休運。雲行雨施，不俟終日，廣愛博教，克成浹辰。澤萬物，德大乎羲、軒；公天下，道高乎堯、舜。原夫君人之表，教於岐嶷，造物之用，先乎蓍龜。在物播為善之樂，主器流作貞之慶。視膳有法文之孝，撫軍有戡羿之庸。毓全德於春闈，積大望於覆育，垂三十載矣。三善方齊乎聖敬，六氣遽嬰乎沉痼。德宗皇帝慮繼明之重，深唯疾之憂，積其不懌，至於大漸。天崩地坼，當暝眩之辰；流沙漸海，有震動之懼。而大行太上皇，明德動天，神化無朕，上虔九廟，下恤兆人，深冀翌日之瘳，大慶即端之作，於是建冢嫡以發大號，赦天下以壯皇猷。聖作明述，周流灌注。若乃奄巖穴以搜賢才，能官則哲之道也；黜進獻以藝貢賦，籍田任土之利也；滌疵瑕而復放竄，解網泣辜之仁也；蠲逋責而惠困窮，寬大易簡之義也。用能垂拱而神人交泰，玄默而動植究安。巍巍蕩蕩，聖德如風烈雷迅，不崇朝而益乎八紘矣。猶以為黎獻之富教未洽，陵寢之制度未成，深圖甘害於恬頤，力政不憚於增劇。既而同軌畢至，萬邦咸寧。奉先之孝克終，傳聖之義斯舉。釋負寶位，栖神玉清，追姑射之高蹤，樂華胥之妙道。大矣哉！與天地合其德，則不為而成；與變化合其神，則不疾而速。聖造盤薄，玄風汪洋所謂天授，非人力也。方陋唐虞之異族，樂文武於同時，振耀重光，永清四海。孰謂初陽變候，素疾彌留，徵秘術而俞、扁必臻，走羣望而圭、璧斯罄。何翠華之不駐，乘白雲而上仙！攀號刀劍，哀震寰區。皇帝悼極憂以致養，痛大數之不延，外遵易月之命，內茹終天之酷。詞不朽於禮謚，旌罔極於受恩。敢揚聖德，垂鴻惇史。謹按《易》曰：『天地之大德曰生，聖人之大寶曰位。』《謚法》曰：『寬裕和平曰安，敬慎所安曰孝。』大行太上皇乘運統天，端拱造物，可謂至德；感神翊運，光明正位，可謂大聖；冰圖丕構，傳聖保和，可謂大安；九族安之，兆人賴之，可謂大孝。下採華夷之望，上合神祇之心，請上尊謚曰至德大聖大安孝皇帝，廟曰順宗。謹議。元和元年六月

又《憲宗聖神章武孝皇帝謚議》 王者崇高以配天，廣大以法地，章明以象日月，誠信以合四時，謂之令王。謚以全德，所以名盛烈，昭至公，堯、舜、禹、湯、文、武、成、康是也。伏惟大行皇帝，由疏封以繼明，自前星而受命。以四海為養，以萬乘問安。稽古法天，自家刑國，穆穆俊德，煌煌大明，焕乎人神，塞乎天地。國家天寶之季，宿兵中原，强侯專地，往往而有，號令不一，朝廷包羞。元和燀威，霆擊篲掃，戡夏剪蜀，擒潞殄吳，夷蔡取齊，朝滄納定，光千載之期運，平六葉之梗俗。動也用軒轅之干戈，静也戢武王之弓矢。聖神之道，其至矣乎！以無方之能，行不宰之用，濟天下之務，施天下之仁。夷狄之情偽，遐裔之虛實，揣其變化，權其後先，屈指前筭，若合符契。多士濟濟，任其器畧，文武俊傑，畢力致用。綱目張而萬化具，斟酌明而百事宜。委庶務於廟堂之上，壽百姓於循良之府。開直言之路，庶無蔽聽；施廣大之恩，物無違性。宥恕刑獄，哀惠困窮。省薄徭役，尊禮老耆。約己恭儉，推心平明。公卿大夫任德終始，近狎貴寵畏忌守法。採納羣正，聽斷精慎，忠直樹立，讒邪不行。巍巍成功，赫赫在上。《春秋左氏傳》曰：『武有七德，禁暴、戢兵、保大、定功、安人、和衆、豐財之謂也。』殲夷姦宄，災害訖息，禁暴也。淮河底定，大赦疵人，戢兵也。歸馬於汝南、漢南，散卒於齊梁、淮楚，保大也。封有勞，爵有德，定功也。寬天下之蠶絲，舉域中之方正，安人也。赦生致之寇虜，爵拒命之戎將，和衆也。乘輿服御，儉而有制，賜與供給，惠而中節，豐財也。神武不殺之德，其若是焉。不登羲軒年，不享堯舜壽，百姓思慕，如喪考妣，同軌畢至，相庭有時。敢奉官常，尊名稱德。謹按《謚法》：『兵禁殘暴曰聖，應變無方曰神，洪度大明曰章，為人除害曰武，慈惠愛親曰孝。』戮鯨鯢而清四海，不曰聖乎？裁造作而刑一德，不曰神乎？洞明哲而貞百度，不曰章乎？推仁義而服萬物，不曰武乎？載尊親而諧五典，不曰孝乎？《書》曰：『惟天聰明，惟聖時憲。』法也，敏也。謹酌之《謚法》，質諸大經，謹上尊謚曰聖神章武孝皇帝，廟號憲宗。謹議。

又《穆宗睿聖文惠孝皇帝謚議》 臣祐議曰：臣聞紹天人之盛美，庖犧建其極；含昊穹之正氣，金天侔其稱。仁聖或異，號謚則殊，至於兼包二體，昭宣一德，有自來矣。我今因之，爰徵克類，以騰茂實。伏惟大行皇帝，睿鑑通微，神智周物，平由藩邸，式踐儲闈，誕膺眷命，用建皇極。纘承丕緒，克紹洪勳，允釐帝載，光被王度。以易簡凝庶績，以仁和壽蒸人。明遂事而虛受，進昌言而不咈。清廟嚴薦，中壺問安，彰愛以誠，因心則著。永言恭默，思致雍熙，敷祐庶氓，宗承古訓。徵特牲之盛禮，蘊祈穀之至誠。親率公卿，祗奉郊祀，爰畀大輅，俯及端門，休祥告應，非煙在上，輪囷五色，迴復半空，六轡時按，百辟稱賀。迨圓丘

展敬，天感樂和，柴燎告終，人神胥悦。於是雷雨作解，惠及萬方，布乘春之煦育，行惟新之頒賜。詳延莊彦，敷納正辭，納哀敬之書，用寬大之典。鮐背是恤，繆獄斯平。優賫困窮，矜鰥逋賦。三光增耀，羣物昭蘇。葳蕤汪濊之澤，不可得而名也。東寇猖狂，在浚為畔，有征之日，殲厥渠魁。此所謂王者之師，不戰而剋也。昆夷恃衆，崆峒騁武，亟為邊患，時漸睿謨，煩戊己之戍，勞癸庚之餚。自我新命，咸歸舊封，款塞旁午，求成修好，俯從坎血之懇，猥加築館之榮。弓矢載櫜，亭障罷警，倚成輔弼，清一區宇，無私之覆既均，不宰之功遽化。矧乃優遊乎文、史之内，精窮乎草、隸之源，崇杖席而選文儒，設官司而尊侍從。所謂勤求為務，聽納居多，遵三代之盛猷，垂億載之休烈。雖疾留聖體而慮發宸衷，每求衣夙興，太陽但出，没金是請。方事撝謙憑玉，俄聞奄承末命，年冀踰於堯舜，時忽從於軒鼎。六龍飛蓋以上昇，萬姓號天而靡及。今因山既卜，同軌將臻，爰究德威，式循典禮。《周書》曰『睿作聖』文，前儒□睿，聖也。謹按《謚法》曰：『敬禮祀享，施為於人，皆曰聖。』大行皇帝虔恭郊廟，軫志黎元，教尚不嚴，化行無朕，不為聖歟？又『慈惠愛人，道德博聞，皆曰文。』赦三就之刑，採百氏之奥，仁恕育物，寬明致理，不為文歟？又『慈仁好與，柔質虚受，皆曰惠。』博錫貧窶，哀及鰥寡，開延納之路，容讜直之言，不為惠歟？又曰『秉德不回，慈惠愛親，皆曰孝。』文以繼明，聖資統御，服勤不替，就養無方，不為孝歟？考古謚而符德教，請上尊謚曰睿聖文惠孝皇帝，廟號曰穆宗。謹議。

又《敬宗睿武昭愍孝皇帝謚議》 定尊號，考聖烈，終古之重事。有司宜用大者遠者，上質百王之明例，下開千載之成法。參天人之意，極臣下之誠，約而舉之，以正大謚，故稱天以誄，大莫加焉。微臣得議，公莫至焉。所謂大者遠者，蓋總夫一朝之治化，四海之惠澤，夷夏之率職，元元之受賜，皇明所臨之遠近，睿斷所繫之巨小，何如耳。其他苟不足以升降盛德者，固可畧而不論。伏惟大行皇帝，以英睿之姿，紹膺丕曆，啓皇輝於磐石，浴聖德於少海，欽承册命，天下感悦。既即尊位，孝惠逾顯，列聖之道，率履無違。禮行乎郊禋，敬達乎宗廟。富四海以致養，榮西宫以問安。推恩廣愛，累霈鴻渥，發號施惠，洽於百靈，而又天姿嚴正，睿德沉毅。時海内承憲宗、穆宗威靈德澤之後，朝野無事，生人休息。初臨大寶，委政宰庭，雖當春秋至富，而遠蓄剛辯。既閲庶務，四聰益達，英斷自己，任賢不疑。故卒能光啓承明，載安天下。横議或熾，聖衷逾堅，忠勳内外，叶贊雄畧，於是舉兵食之大計，示經營乎四方，而不康之藩，首自夷獮，勵忠奮節，待帥於朝，祗承風化，遐邇聳動。夫不怒而威，不戰而勝，王者之武也。推是大指，引而伸之，則未形之用，可見矣。惜乎道未光乎天地，澤未浸乎四海，而變生非慮，遐邇號天。於戲！生靈之憤，其可既乎？七月將至，同軌既集。臣謹上稽國典，傍考物情，約以經義，合諸《謚法》，表功節惠，庶叶大中。《書》曰：『睿作聖。』夫以睿哲之材，經聖明之業，而祖宗成式，脩舉罔墜。禮百神而親九族，尊儒術而容諫諍，鋪鴻闡號，德用章明，非睿而何？《謚法》『威强睿德曰武。』制勝朝堂之上，而稜威遠馭，不俟車甲，非武而何？昔漢昭帝之所以為昭，知臣而已。《謚法》亦曰『明德有功曰昭。』大行皇帝雖謙讓，然終任其剛斷，以顯明德，非昭而何？夫愍者，臣下迫悦惋之誠，所深切者也。《謚法》『在國逢難曰愍。』聖朝既討讎戡亂，明告四方，有司所宜。率億兆之心，極君親之義，薦誠旌感，非愍而何？《謚法》『慈惠愛親，叶時肇享，皆曰孝。』孚愛敬於率土，刑家邦之孝理，躬親嚴配之典，奔走職來之助，廣慈至德，非孝而何？《傳》曰『臨之以莊則敬。』又《記》曰『莊敬則嚴威。』擬盛烈之形容，參歷古之訓典，謹上尊謚曰睿武昭愍孝皇帝，廟號敬宗。

宋·李昉等《文苑英華》卷八四〇《〔唐〕蘇滌〈宣宗謚議〉》 議曰：伏以皇天平分，盛王全用，施雷雨之廣澤，則庶物生成；務恩威之至仁，則四海亭育。遂使含靈受泰，觸類知懷。美謚大名，固當稱謂。伏惟大行皇帝，爰自盤維，膺茲九五，行越今古，仁被黔黎。孝惟生知，略不代出。以天下為己任，視宇内於掌中。坐朝而不問風霜，彌亂而不恡府帑。動惟師古，慮必歸周。聞善若驚，去疾務盡。前王之美事，列聖之令典，必擴而行之。加以講信脩睦，任賢興能。思念勳庸，則發凌煙之彩繪；敦序友于，則置雍和之宴錫。俯閲才彦，則命法官、諫官之次對；愛憫生育，則禁三月、五月之採捕。一物之不得其宜，納隍在慮；四方之稍有未泰，降食為心。命將則千里坐知，指縱則三邊克定。是以人並為使，物得自安。加以西平羌戎，南殄蠻寇，三州七關之地，坦然無虞；

四鎮際海之毗，晏然自靜。然後賑廩恤人，蠲農命使，遠無不肅，邇無不安。姦宄戢心，權豪屏息，京輦絶桴鼓之響，邊陲無烽燧之虞。可謂超三蹟五，度契踰繩者矣。故有讖曰：佇其云亭，齊人已臻於仁壽。不享堯運，不升軒雲，豈獨唐俗有喪考之悲？杞人懷崩天之怨而已。謹按《謚法》：『敬祀享禮曰聖，闢土斥境曰武，聰明睿知曰獻，經天緯地曰文，慈惠愛親曰孝。』先皇帝肅祇禋祀，非禮不行，得不謂之聖乎？收復舊疆，誅鋤梗鶩，得不謂之武乎？好文樂賢，興善不倦，得不謂之獻乎？虔奉天道，鋭意典法，得不謂之文乎？五十而慕，問安不懈，得不謂之孝乎？謹上尊謚曰聖武獻文孝皇帝，廟號宣宗。謹議。

《舊五代史》卷一四三《禮儀志下》　天成三年十一月，太常定唐少帝為昭宣光烈孝皇帝，廟號景宗。博士呂朋龜奏：『謹按禮經，臣不誄君，稱天以謚之，是以本朝故事，命太尉率百僚奉謚册告天于圜丘，迴讀于靈座前，並在七月之内，謚册入陵。若追尊定謚，命太尉讀謚册于太廟，藏册于本廟。伏以景宗皇帝，頃負沈冤，歲月深遠，園陵已修，不祔于廟，則景宗皇帝親在七廟之外。今聖朝申冤，追尊定謚，重新帝號，須撰禮儀。又《禮》云：君不逾年不入宗廟。且漢之殤、沖、質，君臣已成，晉之惠、懷、愍，俱負艱難，皆不列廟食，止祀於園寢。臣等切詳故實，欲請立景宗皇帝廟于園所，命使奉册書寶綬，上謚于廟，便奉太牢祀之，其四時委守奉薦。請下尚書省集三省官詳議施行。』右散騎常侍蕭希甫等議請依禮院所奏。奉敕：宜令本州城内選地起廟。乃于曹州立廟。

四年五月，中書門下奏：『先據太常寺定少帝謚昭宣光烈孝皇帝，號景宗者。伏以景宗生曾為帝，饗乃承祧，既號景宗，合入宗廟，如不入宗廟，難以言宗。於理而論，祧一遠廟，安少帝神主于太廟，即昭穆序而宗祀正。今或且居別廟，即請不言景宗，但云昭宣光烈孝皇帝。兼册文内有基字，是玄宗廟諱，雖尋常詔敕皆不迴避，少帝是繼世之孫，不欲斥列聖之諱，今改基爲宗字。』從之。

八月戊申，明宗服袞冕，御文明殿，追册昭宣光烈孝皇帝。禮畢，册使兵部尚書盧質押册出應天門登車，鹵簿鼓吹前導，入都亭驛，翌日，登車赴曹州。時議者以追尊則可，立之為宗，不入太廟，深為失禮。夫言宗者，功業纂于祖禰，德澤被于生民，發號申令可也。且輝王纂嗣之日，國命出于賊臣，君父銜冤，母后塗炭，遭罹放逐，鼎祚覆亡，追謚易名，當循故實。如漢之沖、質，晉之閔、懷，但尊稱而無廟號；前代亡國者周赧、漢獻、魏陳留，亦不稱宗；中興之追謚者孺子嬰，光武竟無追宗之典。設如自我作古，酌于人情，則謂之為景宣光烈，深不稱也。古之周景、漢景、周宣、漢宣，皆中興再造之主。至如國朝，太祖曰景皇帝，以受命而有唐室，宣宗皇帝以隔代承運，皇綱復振故也。今輝王亡國墜業，謂之宣景，得無謬乎！先是，太常既奏，下尚書省集議，雖有智者，依違不言。至是，既立為景宗，陵號温陵，乃於曹州置廟，以時告享，仍以本州刺史以下為三獻官。後宰臣知其非，乃奏去廟號。

宋·王溥《五代會要》卷一《帝號·雜録》　唐清泰元年四月，羣臣議明宗謚於南郊。太常卿盧文紀請謚曰聖智仁德欽孝皇帝，廟號明宗。宰臣馮道議曰：『按《謚法》：「發號出令能悦民曰和，克定禍亂曰武。」大行皇帝道契天和，功定神武，請改「聖智仁德」四字為聖德和武」，餘依太常所議。』從之。

宋·孫甫《唐史論斷》卷上《追尊祖宗自稱天皇后稱天后》　論曰：謚所以尊名也。古之天子、諸侯、卿大夫善名雖多，惟取一大善為稱，不使名浮於實也。歷代帝王謚號或實或虛，不能盡如古制，然必以祔廟之始一二字為定也。唐高祖起義兵，雖出太宗之謀，然親平大亂，成就王業，謚武宜矣。太宗以武功定天下，即位之後，行王道，致太平，推誠人心，幾致刑措，綱紀號令，與治古同，謚文宜矣。今高祖曰神堯，不惟越禮，適所以辱之。高祖於堯之道，安可擬議？況稱曰神堯，人必謂其名不稱。既知不稱，豈非辱之？太宗加武與聖，此不謂過，但廟號久定而增其名，又豈禮乎？二后號神聖，尤乖其實。孟子曰：『大而化之之謂聖，聖而不可知之之謂神。』豈中宮之位，可當其號？此武后自欲尊大，妄稱天后，高宗遂稱天皇，因追尊祖宗二后，用掩其迹。嗚呼！天子徇后之欲，僭大其稱，瀆祖宗，亂典禮，此高宗之過也。高宗之過，亦由大臣有司不守經義，逢君之惡所致爾。

雜録

《舊唐書》卷九《玄宗紀下》（天寶十三載）二月癸酉，上親朝獻太清宮，上玄元皇帝尊號曰大聖祖高上大道金闕玄元天皇大帝。甲戌，親饗太廟，上高祖謚曰神堯大聖大光孝皇帝，太宗謚曰太宗文武大聖大廣孝皇帝，高宗謚曰高宗天皇大聖大弘孝皇帝，中宗謚曰中宗太和大聖大昭孝皇帝，睿宗謚曰睿宗玄眞大聖大興孝皇帝。

又 卷八六《殤皇帝李重茂傳》 殤皇帝重茂，中宗第四子也。聖曆三年，封北海王。神龍初，進封温王。【略】景龍四年，中宗崩，韋庶人立重茂為帝，而自臨朝稱制。及韋氏敗，重茂遂遜位，讓叔父相王，退居別所。景云二年，改封襄王。【略】開元二年，轉房州刺史。尋薨，時年十七，謚曰殤皇帝。

又 卷一七七《楊發傳》 宣宗追尊順宗、憲宗等尊號，禮院奏廟中神主已題舊號，請改造及重題，詔禮官議。發與都官郎中盧搏獻議曰：

臣等伏尋舊典，粟王升祔之後，在禮無改造之文，亦無重加尊謚、改題神主之例。求之曠古，敻無其文。周加太王、王季、文王之謚，但以德合王周，遂加王號，未聞改謚易主。且文物大備，禮法可稱，最在兩漢，並無其事。光武中興，都洛陽，遣大司馬鄧禹入關，奉高祖已下十一帝后神主祔洛陽宗廟，蓋神主不合新造故也。自魏、晉迄於周、隋，雖代有放恣之君，亦有知禮講學之士，不聞加謚追尊、改主重題。書之史策，可以覆視。

今議者惟引東晉重造鄭太后神主事為證。伏以鄭太后本琅邪王妃，薨後已祔琅邪邸廟。其後，母以子貴，將升祔太廟。賀循請重造新主，改題皇后之號，備禮告祔，當時用之。伏以諸侯廟主與天子廟主長短不同。若以王妃八寸之主上配至極，禮似不同。時諂神貪君之私，用此謬禮，改造神主。比量晉事，又絕非宜。

且宣懿非穆宗之后，實武宗之母。母以子之貴，已祔別廟，正為得禮，饗薦無虧。今若從祀至尊，題主稱為太后，因臣因子，正得其宜。今乃別造新主，題去太字，即是穆宗上仙之後，臣下追致作嬪之禮，瀆亂正經，實驚有識。臣當時並列朝行，實知謬戾。以漢律，擅論宗廟者以大不敬論，又其時無詔下議，遂默塞不敢出言。今又欲重用東晉謬禮，穢媟聖朝大典。猥蒙下問，敢不盡言？

臣謹按國朝前例，甚有明文。武德元年五月，備法駕於長安通義里舊廟，奉迎宣簡公、懿王、景皇帝神主，升祔太廟。既言於舊廟奉迎，足明必奉舊主。其加謚追尊之禮，自古本無其事，自則天太后攝政之後累有之。自此之後，數用其禮。歷檢國史，並無改造重題之文。若故事有之，無不書於簡册。臣等愚見，宜但告新謚于廟而止。其改造重題之文，開元初，太常卿韋縚以高宗廟題武后神主云天后聖帝武氏，縚奏請削去天后聖帝之號，別題云則天順聖皇后武氏，詔從之，即不知其時削舊題耶？重造主耶？亦不知用何代典禮？禮之疑者，決在宸衷。以臣所見，但以新謚寶册告陵廟，正得其宜。改造重題，恐乖禮意。

時宰相覆奏就神主改題而知禮者非之，以發議為是。

宋・王溥《唐會要》卷二《帝號・雜録》 元和十五年四月，禮儀使奏：『羣臣告天，請大行皇帝謚，準禮及故事，合集中書門下、御史臺五品以上，尚書省四品以上，于南郊告天畢議定，然後連署聞奏。』【略】

大中三年十二月二十五日，追尊順宗、憲宗謚號。初，羣臣以河湟既復，請加尊號，上深執謙讓，三表不許，曰：『河湟已復，繼承先志。朕欲追尊順宗、憲宗謚號，以成功烈，其事如何？』宰臣白敏中等對曰：『臣等愚昧，思慮所不及。』故遂行之。至册日，上御宣政殿，百僚拜訖，乃降階受玉册于太尉。拜受訖，授禮官，將奉迎以退，上俯僂，不瞬目送使者，流涕嗚咽。俟太尉奉策出，升殿，羣臣莫敢動焉。先是，中書門下奏：『追尊二祖儀注，皇帝行事與差官展禮，舊記不同，禮許從宜，不必法古。臣等商量，其日皇帝于宣政殿受玉册，遣宰相已下持節奉册赴太廟，庶協典禮。』詔可之。

明・葉子奇《草木子》卷三《克謹篇》 歷代多崇徽號，褒美多至十餘言以上，皆後世羣臣之尊諛也。後世人誰誦之？初亦何益！【略】漢謚尚少，亦死而定名。至唐而生加美謚，至字最多，至為無謂。

尊號

綜述

宋・王溥《唐會要》卷一《帝號上》 高祖神堯大聖大光孝皇帝諱淵。【略】咸亨五年八月十五日，追尊高祖神堯皇帝。天寶八載六月十五日，追尊高祖神堯大聖皇帝。十三載二月九日，追尊高祖神堯大聖大光孝皇帝。

太宗文武大聖大廣孝皇帝諱世民。【略】咸亨五年八月十五日，追尊太宗文武聖皇帝。天寶八載六月十五日，追尊太宗文武大聖皇帝。十三載二月九日，加尊太宗文武大聖大廣孝皇帝。

高宗天皇大聖大弘孝皇帝諱治。【略】天寶八載六月十五日，加尊號高宗天皇大聖皇帝。十三載二月六日，加尊號高宗天皇大聖大弘孝皇帝。

中宗孝和大聖大昭孝皇帝諱顯。【略】天寶八載六月，追尊號中宗孝和大聖皇帝。十三載二月，追尊號中宗孝和大聖大昭孝皇帝。

睿宗玄真大聖大興孝皇帝諱旦。【略】天寶八載六月，追尊號睿宗玄真大聖皇帝。十二載二月，加尊號睿宗玄真大聖大興孝皇帝。

玄宗至道大聖大明孝皇帝諱隆基。【略】先天二年十月一日，加尊號開元神武聖烈皇帝。開元二十七年二月七日，加尊號開元聖文神武皇帝。天寶元載二月十一日，加尊號開元天寶聖文神武皇帝。七載五月十三日，加尊號開元天寶聖文神武應道皇帝。八載閏六月五日，加尊號開元天地大寶聖文神武應道皇帝。十三載二月七日，加尊號開元天地大寶聖文神武證道孝德皇帝。【略】至德【略】三年正月五日，加號太上至道聖皇帝。乾元元年正月，改尊號太上聖皇天帝。

肅宗文明武德大聖大宣孝皇帝諱亨。【略】至德三年正月五日，上尊號光天文武大孝感皇帝。乾元元年正月，加尊號乾元光天孝感皇帝。二年正月一日，加尊號乾元大聖光天文武孝感皇帝。上元二年九月二十一日，詔去皇號，唯稱皇帝。

代宗睿文孝皇帝諱豫。【略】寶應【略】二年七月七日，加尊號寶應元聖文武皇帝。

德宗神武孝文皇帝諱适。【略】建中元年正月，加尊號曰聖神文武皇帝。

憲宗昭文章武大聖至仁孝皇帝諱純。【略】元和三年正月，上尊號曰睿聖文武皇帝。十四年七月，又上尊號曰元和睿聖文武法天應道皇帝。

穆宗睿聖文惠孝皇帝諱恒。【略】長慶元年七月，上尊號曰文武孝德皇帝。

敬宗睿武昭愍孝皇帝諱湛。【略】寶曆元年四月，上尊號曰文武大聖廣孝皇帝。

又 卷二《帝號下》 武宗至道昭肅孝皇帝諱炎。【略】會昌二年正月，上尊號曰仁聖文武至仁大孝皇帝。五年正月，又上尊號曰仁聖文武章天成功神德明道至神太孝皇帝。

宣宗聖武獻文孝皇帝諱忱。【略】大中二年戊辰正月，上尊號曰聖敬文思和武光孝皇帝。【略】咸通十三年壬申，追崇尊號曰元聖至明成武獻文睿智章仁神聰懿道孝皇帝。

懿宗昭聖恭惠孝皇帝諱漼。【略】咸通三年壬午正月，上尊號曰睿文明聖孝德皇帝。咸通十二年壬午正月，上尊號曰睿文英武明德至仁大聖廣孝皇帝。

僖宗惠聖恭定孝皇帝諱儇。【略】乾符二年乙未正月，上尊號曰聖神聰睿仁哲明孝皇帝。文德元年戊申二月，又上尊號曰聖文睿德光武弘孝皇帝。

昭宗聖穆景文孝皇帝諱曄。【略】大順元年庚戌正月，上尊號曰聖文睿德光武弘孝皇帝。

宋・王溥《五代會要》卷一《帝號》 梁太祖神武元聖孝皇帝姓朱氏諱晃。【略】梁開平三年正月，上尊號曰睿文聖武廣孝皇帝。

後唐莊宗光聖神閔孝皇帝姓李氏，諱存勗。【略】（同光）二年四月，上尊號曰昭文睿武至德光孝皇帝。

明宗聖德和武欽孝皇帝。【略】長興元年四月，上尊號曰聖明神武文德恭孝皇帝。其年十一月，再上尊號曰聖明神武廣道法天文德恭孝皇帝。

晉高祖聖文章武明德孝皇帝姓石氏，諱敬瑭。【略】晉天福三年十月五日，契丹遣使，上尊號曰英武明義皇帝。

周太祖聖神恭肅文武孝皇帝姓郭氏，諱威。【略】顯德元年正月一日，上尊號曰聖明文武仁德皇帝。

《舊五代史》卷三二《唐書·莊宗紀》 癸酉，宰臣豆盧革率百官上尊號曰昭文睿武至德光孝皇帝。凡三上表，從之。

又 卷四二《唐書·明宗紀》 宰臣馮道率百寮拜表，請上尊號曰聖明神武文德恭孝皇帝，詔報不允。【略】宰臣馮再請上尊號，詔允之。

又 卷一一三《周書·太祖紀》 甲子，中書令馮道率百官上尊號曰聖明文武仁德皇帝，答詔不允。凡三上章，允之，仍俟郊禮畢施行。

宋·王欽若等《册府元龜》卷一六《帝王部·尊號一》 古者盛德之君，若九皇五帝，皆典籍之所述也。夏商而下，降號稱王。秦并天下，始兼三五而建號，然後尊極之名著矣。歷代而下，遵而不易，時或因革，理非沿襲，踵事增華，其流彌盛；乃至傾臣子之將順，頌君上之徽美，守闕上書，備物典策，所以極光大之稱，流景鑠之懿也。若乃欽明文思，溫恭允塞，堯舜之德，垂於緗素。至於濬哲之后，據天下之圖，受三靈之命，億兆欣戴，戎夷款附，功崇德鉅，仁深澤廣，繇是從人之欲，順帝之則，擁神休而尊明號，亦何讓焉！【略】

唐高宗上元元年八月，皇帝稱天皇，皇后稱天后，以避先帝、先后之稱。

中宗神龍元年十一月，文武百官上皇帝尊號曰應天皇帝。

三年八月，王公以下，表上尊號曰應天神龍皇帝。九月庚子，御太極殿受册。

玄宗先天二年十一月，羣臣上表，請加尊號為開元神武皇帝曰：『臣聞玄化不宰，是有强名，聖德彰聞，必崇大號。伏惟陛下，首出千古，體元獨斷，掃氛祲於軒宮，闡文明於宸極，皇綱絶而復正，神器危而重安。聖達神祇，功齊天地，若無尊號，臣下何稱？《易》曰：「陰陽不測之謂神。」《傳》曰：「保大定功之謂武。」陛下斷大事於俄頃，見成形於未兆，故一蓍呈祥，千里傳慶，斯所謂不測也。興王業於多難，安生靈於反側，故百神奉職，四夷納貢，斯可謂定功也。故臣等敢上尊號曰開元神武皇帝，伏惟從之。』手詔答曰：『朕觀上古人主，唯稱帝王一字，秦漢以來，乃兼皇帝。朕以薄德，嗣守寶位，乾乾惕厲，懼不克勝，豈自崇飾，以招譴咎？雖迫公卿之請，終負平生之心。所請加號，甚無謂也。』羣臣宗子及僧道耆艾等數百人又抗表三上，乃從之。戊子，遂行册禮，加尊號為開元神武皇帝。

開元二十七年二月，文武百官及僧道耆耋上表，請以『聖文』二字加尊號。凡八表，然後許之。

天寶元年正月甲寅，陳王府參軍田同秀上言，玄元皇帝降見于丹鳳門之通衢，告錫寶符尹喜故宅。遣使，發得之。二月，享玄元皇帝廟，百僚加尊號為開元天寶聖文神武皇帝。

七載五月壬申，文武百僚以休祥累見，上表請加尊號曰『應道』。表再上，固違不從。甲戌，又上表曰：『臣聞道之應也，萬姓叶心；德之至也，百靈表貺。是以帝王從天，以受休命；臣子奉主，以薦尊名。下戴上為至忠，上納下為大順。伏惟陛下，垂衣而端拱，司契而乘時，御宇而氣和，提象而物覩。臣等上稽儀極，下考前訓，旁求史氏，明徵道書，皆可以配至極之崇高，建大號之美稱。陛下宗師懸解，狹五帝之常道；恬愉自得，陋三王之仁義。同符帝典，振古莫儔。《靈寶經》曰：「大寶君者，大洞之尊神，玉皇之正氣。」陛下經高上之至理，復帝先之淳源，九炁生真，二合成德。殊休應道，已契靈文；景命揚符，宿彰仙籙。則知聖祖以大道授陛下久矣，當以應道答之。苟人望洽而固違，則羣情抑而不副。是以公卿宗子，懇誠於内；緇黄艾耋，瀝款於外。宜蒙納許，以昭介福。伏惟陛下承上玄乃顧之意，順普天翊戴之情，伏以端午良辰，萬壽来應，昌圖與兩儀配永，寶運與三景俱長。欽若鴻名，克彰厚慶，聿陳大禮，式茂元和。臣等謹竭愚誠，冒死請加尊號，期於成遂，以叶衆心。』帝手詔報曰：『禎祥者，所以合天人；鴻名者，所以彰德業。今封章繼至，誠請甚勤，敬膺神休，允答人望。宜依来請。』己卯，有司告獻太清宫太廟。庚辰，告昊天上帝、皇地祇、太社、太稷。壬午，公卿百辟奉册，上尊號曰開元天寶聖文神武應道皇帝。御興慶殿，受册。

八載六月，太白山人李渾上言，有神人言金星洞内有玉版石，記聖皇福壽之符。命御史中丞王鉷入仙遊谷，求而獲之以獻。帝御勤政樓，受焉。於是王公卿士道俗又請加尊號，表三上，不從。乃詔曰：『朕欲使人述日用道，遠親譽。願行其心，永守冲約。未允来請，宜識此懷。』

丙辰，文武百官、禮部尚書崔翹等又上表曰：『臣聞上玄成命，錫禎符以應期；聖皇乘時，受神册於興運。是以啓殊祥於景福，崇大號於至公。伏惟陛下，纘重玄之耿光，嗣五聖之丕緒。大德侔於天地，至化貫於陰陽。感玄道之尊，運百辟之議。三冒闕下，累陳洪名，陛下猶以固讓為心，不以至公為意。臣等請以符瑞，重敍明之。日者五星如連珠，兩曜如合璧，卿雲蔚膏露，凝天之貺也。瑤英産於金戺，玄記開於玉洞，神光見真誥，傳地之祥也。固知天地以鴻休報陛下，陛下以至德通乾元，允宜合符，克配徽號。伏奉乙卯詔書曰：「志存要玅，理却虚名。」臣又聞之，天不讓高，地不辭大，五帝法之而成象，三王參之而比德。先天地者，道也，聖祖已著於强名；合天地者，聖也，陛下允膺於大號。式彰玅用，豈曰虚名？況禎祥感通，既著於彼；靈應參會，又符於此。是以封章再獻而雲日重光，徽號三陳而烟霄降澤。天人交感，影響必臻。若然者，陛下安得闕三才之大端，抑萬姓之勤願，違祖宗之睠命，曠天地之符文？臣等固陋，猶知不可，況真宗示慶，秘簡呈文，乘王氣於玉行，擁神休於寶運。伏願光臨大寶，允答洪休，常垂覆載之仁，永保延長之曆。天下幸甚。』帝手詔從之。

閏月丙寅，親謁太清宮，上聖祖玄元皇帝為大道玄元，及高祖、太宗、高宗、中宗、睿宗皇帝並加『大聖』。丁卯，羣臣奉上尊號曰開元天地大寶聖文神武應道皇帝，御含元殿受册。

十二載十二月庚寅，文武百官、憲部尚書張筠等上表，請上尊號加『孝德』及改『應』為『證』，曰開元天地大寶聖文神武孝德證道皇帝。凡三上表。乃許之。十三載二月甲戌，御興慶殿受册。

肅宗至德二年十二月壬申，右僕射裴冕與百僚上言曰：『頃者逆寇亂常，悖違天紀，六位回薄，三光失序。上皇南巡以避狄，羣臣東没而面偽。當此時也，勇者不及奮，智者不及謀，則高祖、太宗之業，將墜於地矣。上皇知聖嗣在昌，人望大啓，乃付陛下以天地之事，將復高祖、太宗之業，告成功於天。伏惟陛下，至孝恭順，格於天地，不敢以剪逆夷難之務為上皇憂，遂乃赫然龍驤，雷動朔野，以一旅之衆，康天下之迍。躬堯之聰明，廣聽天下；率禹之勤儉，以先兆人。孝通德茂，格于三極。故蠻夷君長，来庭于要荒之外；五玉寶龜，納錫于旌門之内。其行如雲，其植如山，莫不裂眥致命，開懷飲鏃，死而後已，實乃甘心。是以瘈狗噬臍而遇毒，奔鯨觸綸而皆斃，大風一鼓而沴氣廓清，斯實再造生人之極也。陛下以上皇未至，延俟鑾輿，清宮待幸，守而不失。今上皇戾正，昭德報功，廣聖人崇本之義，徵王者未舉之禮，百神奉職，親受寶符，過堯邁舜，以慶天下。以陛下有光上皇之德，經天下之文，定禍亂之武，窮不測之聖，通神明之孝，故命陛下曰光天文武大聖孝感皇帝，皆象德景行，自然之符。陛下尚執謙冲，遷延若未當者。今羣臣咸服，睿謀肅將，天下猶各有茅土，銘勳景鍾。陛下盛德大業，終古獨立。不速即徽號，以蔚皇圖，臣恐天地神祇，勤勞仰止。臣謹與太常禮官等僉擇，請以来歲正月五日上尊號。伏惟陛下，膺天地之誡，恭上皇之命，遂羣臣之請，滿百靈之心，延光無窮，天下幸甚。』詔曰：『朕以眇躬，敬承明命，兩遭狂胡擾亂，宗社不寧。禀上皇至聖之謀，當仗鉞秉旄之任，大師一振，殘孽無遺。上皇厭彼代紛，棄茲人事，萬邦之重，俾付朕躬，傳授寶符，乃加徽號。朕再三固讓，實增黽勉，恭膺典册，感慶良深。覽卿等来章，倍加祇懼。依卿等所請。』

三年正月戊寅，太上皇御宣政殿，授帝傳國寶符及受命寶符，册帝尊號曰光天文武大聖孝感皇帝。上言曰：『陛下顧天位之累己，推以付臣。臣又畏天命以固辭，期不奉詔，未蒙詔許，以辱四海。而今加之徽號，錫以洪名，既受寶符，又傳神器，是重臣以不德，私臣以殊寵。豈天地之容乎？神人之望乎？臣聞禮有常尊，器不可假；名無虚立，義然後行。頃以寇逆憑陵，京闕失守，撫軍監國，事在一時，正位居中，尊無二上。至於光天之業，允文允武，聖繇天作，孝以感通，臣何有焉？此皆陛下之能事也。曲成之惠，在慈愛而愈深；至公之道，將詢謀而未叶。伏望寢茲嚴命，俯遂勤誠，臣之下情，不勝至願。』太上皇誥曰：『昊穹垂裕，宗社發祥。爾往在髫年，素彰岐嶷，洎乎問寢，日增孝敬。吾久勤庶務，嘗奉至真，特好清虚，尋將付託。爾以華戎鋭士，掃定神州，功乃格天，德惟邁古，是用受茲國寶，加以大號，典章斯集，喜慰盈懷。實謂道映前王，何必志在讓禮？克光丕業，以副至公，即斷来表。』帝再讓，不允。又以『大聖』二字，非所當之。言曰：『帝王者，天所命也；稱號者，人所奉也。惟有德克躋大寶，惟至聖始亨鴻休，於是乎人神形容其美行，歌咏之不足，或為之名焉。伏惟陛下，乾坤覆載，河海潤澤，道達生靈，惠懷蠻貊，尊九廟以崇孝，謁五陵以奉先，禮二郊以嚴禋，祠九宮以致敬。刻石北京，以揚祖烈；泥金東嶽，以告成功。自三五以還，歷選列辟，聰明文武，齊聖廣淵，丕懿純假，孰與比議？卓哉煌煌，真聖人之表也。夫天地至大，不能定愆伏之序；日月運行，不能正薄蝕之變。自狂孽開釁，俶擾天紀，與時消息，為人請命，舞干羽而氛祲永清，垂衣裳而衽席無改，納萬姓於仁壽之域，朝百神於清穆之上。窅然姑射之山，思訪襄城之野。斯又臣言之不及，稽古所未聞。羲軒唐虞，何足以云？今方推而不居，為而不有，付臣以宗廟重器，錫臣以后王徽章，何以克堪？辭不獲命，臣自奉明詔，夙夜於邑，以為名不可假，尊不可踰，敬承嚴旨，得為孝乎？至於所託者深，所荷者大，不敢悉拒，以違天衷。而「大聖」二字，得之不易。求諸故實，布在册書。伏望陛下顧茲當仁，期以制義。今王公侯伯，卿士兆人，詢謀僉同，稽首闕下。臣敢因衆人之議，成小子之志，上尊號於陛下，曰太上至道聖皇天帝。即命有司，擇日奉行册禮。其錫臣帝號「大聖」二字，伏願許停。如臣言可以簡當，所希採納；如臣誠不足動天，伏當待罪。將以明授受之道，辨上下之分。不勝臣子下情，懇願之極。伏惟陛下俯垂允許，以副四海之望。』表上不允。

又表曰：『陛下以宗社再安，天下交泰，付臣以神器，授臣以寶符，加臣以寵章，錫臣以徽號。君親之義，惠下之道已彰；臣子之心，奉上之禮未足。臣所以與王公卿士，百辟兆人，思垂裕後昆，乃悉數前美。仰陛下之行者，衆星之拱北辰；悅陛下之澤者，百川之赴東海。繇是累上尊號，敢冒宸威。陛下以無為之心，不宰萬物，抑而未允，至於再三，羣情顒顒，罔知所措。一昨辛卯，賜誥命曰，頻覽章表，懇至難違。爾實命惟新，洪名允集，用加「大聖」之字，克副昊天之心。若成命無渝，萬國同歡於翊戴；儻固辭不已，吾亦未膺乎典册。今不許撝謙，令斷来表，進迫嚴旨，何以克堪？退荷殊私，無任隕越，小子伏受命矣。伏惟陛下，允臣所請，則自下上上，日月之光昭；從上下下，雨露之恩廣。臣已詢諸龜筮，備其禮物，請以来月乙巳，奉上册禮，聖恩招納，即日付外施行，不勝懇願之至。』誥曰：『汝孝以奉親，明以御宇，上從君父之命，下順黎元之欲，既弘茂實，爰副崇名，千古攸高，百王是式。循環章奏，喜慰可知。予志每集虛，心嘗遺焰，方契真宗之旨，豈云稱號之榮？汝就養無違，歸尊有裕，載獻從龜之吉，復當乙巳之辰。已備典章，當依来請。』是月乙巳，於興慶殿册太上皇尊號曰太上至道聖皇天帝。

乾元元年十二月乙未，公卿道俗上表，請加號曰『乾元』。三表，乃許之。

二年正月朔，帝御含元殿，受朝賀，便册尊號曰乾元大聖光天文武孝感皇帝。

上元二年九月壬寅，詔曰：『朕獲守丕業，若履春冰，敢忘謙冲，日益招損？欲垂範而自我，亦去華而就實。其「乾元大聖光天文武孝感」等尊崇之稱，何德以當之？自今已後，朕號唯稱皇帝。』

代宗寶應二年四月辛巳，宰臣及文武百僚郭子儀等上尊號，表曰：『臣聞功莫大於締搆乾坤，孝莫先於纘承社稷。伏惟皇帝陛下，繼述冠於周武，中興邁於漢光。曩者巨逆慢天，中原失序，生人罹厥角之禍，皇運甚綴旒之危。陛下親討元凶，指麾戎旅，尊先帝於靈武，返上皇於巴蜀，以一旅而掃定二京，不再周而克寧九廟，是陛下締搆之功也。及乎先帝厭代，姦臣窺國，懷躡足之變，搆無將之端，陛下瞭將成之禍胎，挫已就之凶計，申大義而誅呂，全至公而嗣文，日月蝕而重明，寰宇傾而再定，陛下纘承之孝也。臣伏以古先帝王繼體踐祚者，年踰則改元；創業垂統者，功成則上號。陛下頃以先帝梓宮，象設猶在，橋山石室，弓劍未藏，固違體天之典，將申寧戚之義。孝思之至，又何加焉？今二聖靈輀，永安陵寢，萬方黎庶，悉夢華胥，聖人之哀榮畢矣，帝王之功業成矣。宜其大崇徽號，允羣臣顒然之望；惟新正朔，覃四海莫大之澤。伏願降明詔，下有司，許臣等徵三代之故事，考百王之通典，改元立號，革故鼎新，懸之無窮，倬映千古。臣子儀等與羣臣萬姓，不勝懇請大願之至。』手詔答曰：『朕嗣守洪業，欽承丕搆，克清多難，奄甸四方，聖靈在天，玄德敷佑，南面恭己，朕何有焉？巨猾削平，非予之武，言念海内，生人至艱。兵鋒猶虞，暴骨未掩，日旰忘食，宵分疚懷。遽稱成功，良謂虛美。玄宮甫畢，豈宜即及改元？寶位至尊，何以更言加號？宰臣之任，職在輔弼；勸進之詞，深所不取。』表三上，乃許之。

六月丙申，上表獻議曰：『陛下昔在藩邸，及登儲闈，聰明徇齊，齋肅端冕，遇闕則下，入廟必趨。及乎著代成人，繼明踐阼，聖姿天縱，神化日新。學冠九流，觀書過於乙夜；文高五始，逸興麗於秋風。此則陛下明昭之文德也。頃者凶羯亂常，彝倫失序，陛下親總戎旅，誅討元凶，掩慶緒於雒陽，斬朝義於河朔。罷三司而復其位職，人懷莫大之恩；收兩京而不問脅從，國荷非常之澤。洎先帝大漸，凶臣伺釁，陛下釋服即戎，提戈清難，九重讋慝，王室危於綴旒；百姓不知，天下安於山岳。此則陛下定難之武功也。若夫心游《繫》、《象》之表，理絶名言之外。聖斷沈遠，同陰陽之不測；睿謨鈎深，與鬼神而争奥。休氣潛盈，草木化為禎祥；淳風遠覃，蠻夷效其獻貢。加以明並日月，德參乾坤，風雨應時，自有雍熙之兆；魚鱉咸若，更登仁壽之期。此則陛下莫大之至聖也。至於色養盡心，慎終追遠，問安内豎，豈一日而忘朝；視膳宰夫，知再飰而方退。及乎三聖違代，九域侵臨，至性自天，哀容觸地。門外之禮，權依易月之期；從心之喪，實履終天之痛。財傾象設，力竭山陵，莫不德通於神明，哀感於天地。故得役徒百數之衆，皆曰子来；送終三十餘日，曾無塗潦。此則陛下感通之至孝也。若乃神告聖運，天呈寶符，陛下登極之辰，泗水見其五璧；天兵滅虜之日，黄河清於千里。神烏白雀之祥，填林溢囿；卿雲甘露之瑞，歲至月書。此皆靈貺昭告休期之大應也。且夫允恭濬哲，有軒轅戰伐之功焉。德合乾坤，有伏羲尊聖之業焉。降天休，呈地寶，有夏禹玄珪之感焉。經天緯地之謂文，立極中興之謂武。變化無方之謂聖，精誠上通之謂孝。降天和，騰地氣，生無期，出有為之謂寶。文以昭之，武以定之，聖以成之，孝以通之，寶以應之，夫然後可以充天地之洪名，崇帝王之大號。故臣等犯冒萬死，奉上寶應元聖文武孝皇帝尊號。伏願陛下，祇膺景命，對越神祇，應天理人，光膺大典。臣等謹當撰吉日，脩禮容，設九賓，覲羣后，昭告烈祖，清廟展黄琮之儀；有事昊穹，圜丘陳蒼璧之禮。臣子儀等與羣臣萬姓，不勝大慶，謹上尊號以聞。』詔下有司，七月壬寅，御宣政殿，受羣臣上尊號，册曰寶應元聖文武孝皇帝。

德宗建中元年正月丁卯朔，改元，羣臣上尊號曰聖神文武皇帝。興元元年正月朔，車駕在奉天，詔曰：『乃者公卿百寮用加虚美，以「聖神文武」之號，被蒙闇寡昧之躬，固辭不獲，俯遂羣議。昨因内省，良所瞿然。體陰陽不測之謂神，與天地合德之謂聖。豈伊淺劣所敢當？文者所以成化，武者所以定亂。朕自君臨于今六載，化之不被，亂是用興，豈可苟狥羣情，猥當徽號，重予不德，益用懷慚？自今以後，中外所上書奏，不得更言「聖神文武」之號。』

貞元五年十月，百僚累上表，請復徽號。詔曰：『三省来章，彌用兢惕，載崇大號，何以當之？前者示懷，蓋非冲讓，尚勞敦請，豈所宜然？卿等博達古今，列於朝右，思弘獻替，共致太和。豈以虚名，重予不德，再三循復，增恧于懷。想悉深衷，勿更陳請。』

六年九月戊午，百僚京城道俗等詣闕抗表，請上貞元聖神文武皇帝尊號，手詔不許。十月己亥，再詣闕抗表，猶不許。因謂侍臣曰：『今年春夏亢旱，粟麥不登，朕精誠祈禱，獲降甘雨，既致豐穰，告謝郊廟。朕儻因禋祀而受徽號，是有為為之，更勿煩請也。』

順宗永貞元年八月，禪位于憲宗。十二月辛酉，宰臣文武百僚等請上太上皇及皇帝尊號。表曰：『臣聞帝堯之禪虞舜也，業歸于異代；漢祖之尊太上也，禮循乎虚名。未有履尊極而捨萬乘之榮，奉晨昏而傳七廟之重。斯則堯圖非遠，漢道未全。倬然冠洪名而超古昔者，孰若今之盛也？伏惟皇帝陛下，誕受聖姿，欽膺寶曆，自天生德，與神合契。近者太上皇恭默在疚，禪授未行，萬國注心，思堯言以致理；羣生屬望，渴聖人之利見。陛下忠感於天地，孝達於神明，成堯舜之内禪，固邦家之景命。功莫盛於配天，孝莫大於寧親，讓莫高於傳聖。故太上皇釋天下之負，所以成其讓；陛下受宗祧之寄，所以保其功。惟文王為無憂，惟武王為善繼，夏祀永固，周命惟新，巍巍蕩蕩，固無德而稱矣。又聞皇帝之道，必體於至公；稱號所加，不私於為己。將體元以立政，必紀年以垂號。伏願肇兹獻歲，允極鴻名，發揮玄功，昭示景化，則太上皇之德，可表於徽册；陛下之孝，克施於寰海。然後父父子子，君君臣臣，仰東海者知聖化之深，躋南山者願聖人之壽。臣等不勝大願，請上太上尊號曰應乾聖壽太上皇，請上陛下尊號曰文武大聖孝德皇帝。因三正之慶會，鼓萬國之歡心，奉寶册以薦鴻徽，率羣臣而朝上日，然後退自問寢，列茲充庭，先陳教孝之儀，方受慶君之禮。斯實邦家之耿光也，古今之絶典也。雖朝賀有次，已稟於綸言；而徽號所尊，益勤於俞詔。兆人懇願，罔不顒然。』

憲宗詔答曰：『高祖、太宗，接千載之統，垂無疆之休。太上皇承九聖之烈，傳莫大之慶，嗣德纘業，允文允武，弘帝堯之欽明，宗玄元之清淨。付朕天下，頤神保和，至道光於唐虞，至仁合於天地。卿等虔述休德，祇獻鴻名，循省再三，允符朕志。朕獲守寶位，丕承睿訓，雖嚴恭寅畏，不敢怠遑，而澤未洽於羣生，理未臻於皇極。遽言徽號，何以當之？雖嘉乃誠，難遂來請。其上獻太上皇尊號，宜依所奏。凡百卿士，當體至懷。』

明年正月丙寅朔，太上皇居興慶宮，受朝賀。皇帝率百僚奉上尊號，曰應乾聖壽太上皇帝。

又《尊號第二》 憲宗元和元年十二月甲戌，宰臣及百僚表請上尊號曰文武聖德皇帝，不許。三年正月癸巳，御宣政殿，受徽號曰睿聖文武皇帝。王欽若等曰：本史闕羣臣所請之文。

十四年五月丙申，中書門下率百僚上表，請加尊號曰：『臣聞惟帝之尊，不言而理；惟天爲大，無得而名。所以舉鴻徽、昇大號者，尊乾坤之心也。伏惟睿聖文武皇帝陛下，璿樞御柄，氣母躋神，總三靈以紀元，宅萬國以鋪化。霽日出海，榮光照天，煙霞變舒，草樹動色。夫纂大寶者，重光之德崇；張帝圖者，屬統之功盛。十聖儲祉，貞明下土，一天鏡開，引耀幽蟄。此臣所以稽衆心而窺景鑠者也。臣聞孝於其父，則導善因心；忠於其君，則望美終日。蓋性本於内，義激於中，將曲成以無違，期取實而不苟。所以然者，陛下粵臨宸極，十有五年。道本至公，誠深馭朽，有盡下之意，無自我之規。以喜怒之氣，調陰陽之德。比類百則，有帝堯之聰明；周旋一心，秉神禹之恭儉。繇是朔陲之凶以謀勝，庸蜀之虜以刑誅，徐夷之固以德歸，吳寇之强以氣滅。茂昭以二郡至，弘正以全部來。幽、鎭無聲，滄、景交代。至若從史執縛，宗奭明刑，語於大朝，斯爲細事。頃自淮淝稔禍，海岱奮妖，歷五聖而不龔，稽四紀而負固。陛下英威電斷，睿略風行，決取必於天心，示不疑於輿聽。此忠賢所以盡力，猛毅所以捐軀，一舉而元濟受擒，再動而師道傳首。地維自正，天下一家，六十餘年，不聞此事。野老擊壤，仁風扇和，巍巍成功，蕩蕩區域，遠可以比崇於唐虞、軒頊，近可以丕顯於高祖、太宗。且玄宗自先天三年至天寶十三年，四十年間六上徽號。今陛下發揮玄祉，燀赫洪猷，攄積憤於祖宗，駕千齡於天地。飾文武之氣象，納廣大於昊穹。澤及隱微，仁霑動植，圓方不足稱其遠，辰象不足契其明。瑞舞神魚，祥升鳴鳳。若不駿尊大號，仰陟崇名，豈非臣下之愆與？臣等是以夕惕夙夜，翕肩累息，上探元命，下採羣情，不勝懇戴誠願之至，謹上尊號曰元和順天應道聖文神武皇帝，以崇莫大之業，以配無為之功。伏惟陛下，奉順人靈，俯從公議，鑒深誠於億兆，顧景貺於神祇，顒顒四海，孰不踴躍？』帝答詔不許。表四上，從之。七月己丑，御宣政殿，羣臣册上尊號。

穆宗長慶元年四月辛卯，中書門下及文武百僚請上尊號，表曰：『臣聞上帝至尊也，其名有九，所以顯高明之位；西方大聖也，其號有十，所以旌神化之功。王者提寶運而光宅，握瑶圖而首出，必建徽號，以稱鴻猷。斯乃臣子之誠，有所法則，天之所與，不可辭讓。伏惟皇帝陛下，欽明御曆，神武纂戎，挺上聖之姿，撫中興之運，鼓雷霆而清八極，懸日月而照九圍。粵若祗事郊廟，敬養長樂，大孝也。省刑責己，偃革息兵，大澤也。慶雲見，甘露降，羽毛呈瑞，草木發祥，天符也。億兆歡心而太和，蠻夷蹶角而威服，人瑞也。祖宗未賓之地，帝王不收之甿，皆勿耀天威，獨運聖算，未嘗血一刃，勞一夫。文軌罔不同，桀驁罔不化，則軒有版泉之戰，堯有丹浦之征。求之往籍，彼宜慚色。陛下有格天之大勳，動天之大德，徽烈已冠於前古，而稱號猶抑於當今。凡在朝野，敢不知罪？臣等不勝大願，伏乞迴天眷，啓宸衷，擇吉日，崇徽號，塞人祇慊慊之望，合夷夏顒顒之誠。』制答曰：『朕以菲德，初承大寶，嚴恭夙夜，脩己臨人，燭理未明，舉政多闕。雖展郊禋之禮，或稱瑞應之符，而俗尚凋訛，人未康乂。所患德之不立，豈患名之不尊？至於北狄求和，西戎即敍，南越投戈而率化，西戎繼踵而來王，不俟七旬之期，自銷積紀之弊。此皆宗社垂裕，公卿贊謀之力也，朕何有焉？遽議徽名，深懼未稱。卿等志思將順，誠切致君，宜體至懷，勿狥虛美。』表四上，從之。七月壬子，御宣政殿，受册文武孝德皇帝尊號。

敬宗寶曆元年四月丙寅，宰臣等抗疏，請上尊號，不許。自此累獻四表，詔方從之。癸巳，御宣政殿，受册文武大聖廣孝皇帝尊號。

文宗太和六年正月辛亥，中書門下及文武百官請上尊號，詔答不許。甲寅，再上表曰：『伏以昭闡大猷，崇建明號，爰自列聖，實從人心。或不踰於一二年，或至於再三册。伏惟陛下，握乾符而執左契，掃氛祲而廓夷途，時清俗平，世更於七，足以光寶祚，暢洪徽，追成規，崇典禮，而況百靈效祉，庶績其凝，祝告玄穹，孝光長樂，慶澤躋天而接地，仁風輝古而映今，休禎見於星雲，嘉瑞洽於禽草，英聲騰軼於八表，和氣旁達於九圍，而乃尚執勞謙，未允誠望，凡在臣庶，實所張惶。夫無爲而理者，不在於去名稱，在於遂萬物之宜，曲而成之者也。恭默思道者，不在於變典册，在於天下爲公，居而不有者也。故曰「惟天爲大，惟堯則之。」又曰「聖人無常心，以百姓之心爲心。」然則王者舉措有法，弛張隨時，伏望答上帝乃眷之懷，副下人傾心之望，略撝謙之小節，奉祖宗之舊儀。臣等不勝大願，謹上尊號曰太和文武至德皇帝。伏乞仰遵成式，俯順羣心，命有司擇吉日，光膺盛禮，允答天人。天下幸甚。』詔曰：『朕以否德，纂承睿圖，業業乾乾，懼不克荷。是用法天地無私之道以成化，象日月無私之照以燭幽。慕唐堯、虞舜之爲君，繼貞觀、開元之致理。朕以夕惕宵興，不遑暇逸，冀將紹復聖哲，保綏華夷。至於洪名，尤不輕議，尚未審度，豈可屬心？卿等台鉉重臣，翼宣元化，宜翊朕志，臻於緝熙。今陰雪傷和，尚資寬宥，乃以文武至德，加於朕躬，省視奏章，難從虛美。宜斷來表，深諒予懷。』庚申，表三上，詔答不許。

七年十二月甲午，中書門下請上尊號，表曰：『臣聞自古帝王之有天下也，必建崇名，立徽號。號者，功之表；名者，德之光。所以配天立極，傳於億祀，表功明德，示於四方。伏惟皇帝陛下，運啓中興，業隆大寶，總道德而施教，法陰陽以爲心，雖日昃忘勞之規，御朽興念之戒，身衣弋綈之儉，乙夜觀書之勤，斯皆前代之令猷，而哲王之懿範。有一於此，則爲聖明。陛下總而行之，孜孜不倦，而又抑退浮薄，崇奬貞廉，必齊素厚之風，每尚儒學之本。端靜邁於時俗，孝愛浹於人倫。掃滄、景之妖凶，定羌蠻之俶擾。去華尚樸，先自六宮；端本澄源，行乎四海。近者旱暵偶告，時雨稍愆，陛下切納隍之憂，深在予之責，德音纔發，靈貺已隨，變慝消災，有如影響。熒惑受制以軌道，壽星叶紀以揚光。品彙昭蘇，風雨時若。玄功之化，覆載同和；涵育之仁，肖翹皆遂。干戈載戢，華夏以清。自三代以還，仁明聰聖，未有如今日之盛者也。而自龍飛代邸，將及十年，聖德咸通，洪名久曠，何以彰祖宗之盛烈，副億兆之懇誠。臣又聞行過乎恭，自非中道；名以出信，斯蓋格言。使尊稱抑而未揚，大典闕而不舉，天地之符未答，神祇之望莫申。臣等不勝大願，謹上尊號曰太和文武仁聖皇帝。伏惟誕膺丕典，永峻鴻猷，葵藿纖誠，庶傾心於迴照；犬馬微志，獲蹈舞於康衢。無任悃欵屏營之至。』前後凡四上表，詔答不許。

宰臣以帝臨御八年，請加徽號，適有五坊中人薛季稜自同、華迴，因奏關輔村閭百姓凋弊，帝歎曰：『近甸今歲小稔，人尚如此，況江淮水潦之後，流離疾苦，未有弭災援溺之術焉。可虛飾鴻名，以自尊大乎？』因以通天帶賞季稜。由是宰臣不敢復請。

開成二年二月自朔至晦，方岳之臣請上尊號者二十二道，或至再請者，皆詔報不許。

武宗會昌二年四月乙丑朔，司空兼門下侍郎平章事李德裕等上章，請加尊號曰仁聖文武至神大孝皇帝。戊寅，御宣政殿受册。

五年正月己酉朔，太尉兼門下侍郎平章事李德裕及文武百官太常卿孫簡等六千二百二人等，奉玉册玉寶，上尊號曰仁聖文武章天成功神德明道大孝皇帝。

初，徽號内無『道』字，有中旨，令加之。中書奏曰：『伏以軒居崆峒，堯期姑射，未有不心遊至道而能功濟生靈。暨漢之文、景，尊奉黄老，理致刑措，時稱太康。開元中，玄宗經始清宮，崇追玄祖，闡繹道要，遂臻治平，六合晏然四十餘年。今者陛下，蹈軒后之靈蹤，遵開元之故事，進道不貴於拱璧，澄心已得於玄珠，聖壽必過於殷宗，景化方躋於漢武。臣等所上徽號，義雖盡美，意有未周。今謹上尊號爲仁聖文武章天成功神德明道大孝皇帝。所貴冠皇王之高號，盡臣子之至誠。伏希聖慈，容鑑丹懇。』

宣宗大中二年正月壬戌，宰臣率文武百僚上徽號曰聖敬文思和武光孝皇帝，御宣政殿受册。

懿宗咸通三年正月庚午，左僕射門下侍郎平章事杜悰率百僚上徽號曰睿文明聖孝德皇帝。

十二年正月戊申，宰臣路巖率文武百僚上徽號曰睿文英武明德至仁大聖廣孝皇帝，御含元殿受册

僖宗乾符二年正月己丑，宰臣崔彦昭率文武百僚上尊號曰聖神聰睿仁哲明孝皇帝，御正殿受册。

光啓元年五月，宰臣蕭遘率文武百僚上徽號曰至德光烈孝皇帝。御宣政殿受册，大赦。

昭宗大順元年正月，御武德殿，受朝賀，宰臣百官上徽號曰聖文睿德光武弘孝皇帝，大赦，改元。

後唐明宗長興元年三月庚辰，宰臣馮道率百僚拜表，請上尊號曰聖明神武文德恭孝皇帝。表曰：『先以中外同詞，華夷叶慶，敬遵往制，特上徽名。天睠未回，王言疊降，過持謙柄，尚拘羣情，將永顯於洪休，須再陳於丹素。伏以皇帝陛下，中興纘祀，下武應期，務實去華，還淳返樸。有聞善必行之聖，有無幽不燭之明。以神武戡定四方，以文德懷柔八極。惟恭與孝，繼祖承祧。臣等考尋帝載，奉揚休烈，請上尊號曰聖明文武恭孝皇帝。約就望而臆譚堯德，敍聲身而首贊禹謨。此際陛下以郊禋未展於泰壇，帝饗未修於清廟，易水之殘妖未殄，江陵之圖境未寧，堅違丹赤之誠，更待和平之日。今則乾坤大定，書軌混同，北暨幽陵，南窮丹徼，東踰滄海，西越流沙，率梯航者願布腹心，侯干羽者已陶聲教。圜丘報本，顯陳燔燎之儀；宗祏告虔，親奉《雲》、《韶》之薦。而況萬邦胥悦，百穀順成，天垂上瑞之文，人樂由庚之化。雞竿作解，風紀維新，野喧《擊壤》之歌，兵入《櫜弓》之詠。人祇訢合，日月重光，明哉康哉，美矣盛矣。臣等生逢景運，仰纘丕圖，曲將億兆之心，虔貢再三之請，冀茂實永光於圖史，徽猷式冠於古今。上契天心，下從人欲，凡厥臣庶，恭俟允命。』詔曰：『朕顧惟凉德，獲紹丕基，賴心膂之訏謨，繄股肱之寅亮。懼難負荷，嘗勵齋莊，惟誡荒寧，敢自滿假。卿等謨猷迭著，翼亮彌勤，遽以鴻名，將加眇質，雖驗忠貞之懇，誠非謙慎之懷。往年繼上封章，累增宣達，近者告虔宗廟，展禮郊丘，皆輔弼之盡心，亦纘承之常道。縱頻摧北虜，烽燧猶存；雖稍靜南方，車書未混。至於年穀豐稔，皆繇台輔燮調，豈予冲人，當斯盛美？爾宜明予畏相，體朕師臣，勉務弼諧，無忘裨救。堯舜禹湯之大道，足可敷陳；聖明神武之虚名，無煩往復。諒兹深意，即斷來表。』章三上，從之。

四年六月丙午，宰臣馮道、文武百僚拜章，請上徽號内加『廣道法天』四字，曰：『臣等聞乾文上布，嘗居莫大之尊；坤體下凝，克闡無疆之道。以是發生悠久，亭育運行，人識玄功，遂配高明之號；世祥陰德，爰標博厚之名。皆彰得一之靈，盡合通三之稱。帝王繼統，古今同符，皇風愈至於治平，羣願並虔於將順。伏惟聖明神武文德恭孝皇帝陛下，乾坤正氣，日月並明，千年膺出震之期，萬乘發承祧之日。寬仁大度，映惇史於前王；儉德淳風，契徽猷於太古。而自削平多難，纂紹洪基，視兆庶以如傷，致八紘之丕變。蠻夷率服，稼穡豐登，普天揚溢美之聲，當宁固持謙之旨。夙堅衆志，久抑鴻名。洎展禮祖宗，告虔天地，乃從人而降命，獲奉册以陳誠。紀述聖謨，但務屬詞之實；申明拜典，方諧得理之宜。郊祀以來，日新其化，四年益理，九土咸寧。惡黨挺妖，仗天威而悉殄；遠藩效順，感帝德以皆來。塞外休兵，域中無事，保深根而固蔕，延地久以天長。臣等輒據羣情，虔徵故事，合增加於徽稱，免漏略於宸猷。伏以道爲廣大之宗，天布生成之惠，仰惟一德，宜總二名。臣等伏請於尊號内加「廣道法天」四字，庶得彰明典禮，共傾翊戴之心；輝煥簡編，永表雍熙之運。』詔答曰：『朕猥以眇躬，虔承丕搆，統臨區宇，綿曆星霜，九有所賓，萬務思治。鑒往代興廢之本，稟前王嗣守之規，馭朽索以兢懷，攬宵衣而惕慮。顧惟寡昧，罔敢怠荒，而猶帝道未臻，皇猷罕著。至於五兵銷偃，九穀豐穰，内繇調燮之功，外假勳賢之力，豈兹凉德，擅彼徽名？今則漸冀小康，將凝大化，諒緊台甫車，俾契混同，何乃遽貢飾辭，爰加溢美？乍披來奏，深匪素懷。致君不在於斯文，尊主寧勞於懿號？未若罄舟楫濟川之業，竭股肱宣力之誠，使化被八荒，澤及四海，武功文德，感叶於休期；君賢臣忠，永標於良史。今兹來請，具驗乃心，徒切嘆嘉，必難依允。所上尊號，宜不允。』表三上，從之。

八月丁未，帝齋宿於明堂殿之寢室。戊申，被衮冕法服，御明堂殿，百僚朝服班於位。攝太尉馮道進玉册，攝中書令劉昫讀册。戊申，宣赦畢，帝移御榻，臨殿檻，親慰勞百姓。先是，積陰旬月，是日景物廓清。

帝甚悦，謂范延光等曰：『予之不德，兩增徽號，卿輩輔相之效也。』

晉高祖天福三年十月戊寅，北朝命使以寶册上帝徽號曰英武明義皇帝。左右金吾六軍儀仗、兵部法物、太常鼓吹、殿中省傘扇者等，並出城迎，引至崇元殿前陳列。帝受徽號畢，御殿，受百官賀。

周太祖廣順三年十月甲子南郊，大禮使、中書令、弘文館學士、齊國公馮道率文武百僚諸道節度使、内外將校官吏、耆老僧道等上表曰：『粤以惟帝事天，惟臣奉主，就陽展禮，一人虔報本之心；揆德弘猷，萬國切歸尊之願。載揚明號，思稱洪休，瞻旒冕以獻言，望昊穹而垂允。臣等頓首，臣聞德所以誕敷四海，名所以馳譽萬邦。苟黼藻之頌不傳，則就望之容何著？故質文迭用，賓實相符，禮有常尊，臣子合遵於舊典；功無與讓，君親當協於至公。伏惟皇帝陛下，清明在躬，純德受命，弘要道於天下，暢貞風於域中。通達無方，淵源不測。此所謂聖以合道也。外宣百度，上法三光，銅渾昭乾健之規，玉燭朗陽舒之景。無幽不燭，有感皆通。此所謂明以燭遠也。至如用姬公之典，以御十倫；敬孔子之祠，以興四教。觀書乙夜，狥鐸孟春。遠服殊鄰，王道無偏而蕩蕩；親平判壘，天網不漏而恢恢。虜帳以是魂銷，井土以之脅息。此所謂文以興教，武以宅功也。又若煦嫗萬物，昭蘇九圍，協天載以無聲，恢帝猷而有截。涵如東海，固比南山。此所謂仁以阜成，德以順正者也。皇帝陛下聖廣造化，明均照臨，同文班黼黻之章，常武蓄雷霆之勢。仁兼孝以並率，德與道而相權。總集衆方，光揚茂實。臣等不勝大願，謹上尊號曰聖明文武仁德皇帝。恭惟雍熙之代，開泰之朝，君臣崇相正之規，天地無不交之象。《書》曰「一人有慶」，當皇極之盛隆；《詩》曰「萬國作孚」，在鴻名之遠逮。臣等幸逢景運，獲事朝廷，表端揆而列羣司，各承豐澤；章至尊而舒盛德，敢怠前規？瀝懇傾輸，望恩俞允。』詔報曰：『眇覿前王德之盛者，或弦弧剡矢，去天下之暴；或手胼足胝，服四載之勤。德普施於民，而民不知其力，蓋為而不有，建之若偷，巍巍聖功，曾無稱號。苟異於是，孰不近名？朕曆數在躬，艱難承統，莫識三皇之道，徒知萬乘之尊，至於翼翼小心，孜孜庶政，推誠待物，損己益人。上帝佑予，於茲三祀，日慎一日，無德可稱。夫五禮交脩，四時不忒，振頹綱於會府，致函夏之小康，斯乃公輔庶臣舉職之明效也。七德訓戎，四鄙不聳，執干戈而衛社，撫封域以安民，此又勳臣將校爲時而宣力也。至若蟲螟消殄，風雨不愆，歲比豐登，民躋富壽，茲乃乾坤育物，宗社貽休。敢貪天功，以爲己力？而公卿協議，中外同詞，詣闕拜章，增予美號。雖爲臣之義，將順則然；諒愛君之心，殊不在此。朕顧寡薄，非所宜當。即斷來章，無至固執。所請宜不允。』表三上，從之。

《新五代史》卷二《梁紀・太祖》 （開平三年春正月）丙申，羣臣上尊號曰睿文聖武廣孝皇帝。

又 卷五《唐紀・莊宗》 （同光二年二月）癸酉，羣臣上尊號曰昭文睿武光孝皇帝。

又 卷六《唐紀・明宗》 （長興元年四月）戊午，羣臣上尊號曰聖明神武文德恭孝皇帝。

又 卷一一《周紀・太祖》 顯德元年春正月丙子朔，有事于南郊，大赦，改元，羣臣上尊號曰聖明文武仁德皇帝。

宋・王明清《揮麈後録》卷一 古之尊稱，曰皇曰帝曰王。自秦幷天下，始兼皇帝之尊，窮寵極崇，度越前載。後雖有作，亦無加焉。

【略】

唐高宗上元元年，帝自稱曰天皇，皇后曰天后。

武后垂拱三年五月，尊爲聖母神聖皇帝。天授元年九月，尊爲聖神皇帝。長壽二年九月，爲金輪聖神皇帝。證聖元年正月，爲慈氏越古金輪聖神皇帝。天册萬歲元年九月，爲天册金輪聖神皇帝。中宗反正後，神龍元年正月，尊爲則天大聖皇帝。

中宗神龍元年十一月，尊號應天皇帝。三年八月，尊號應天神龍皇帝。

玄宗先天二年十二月，尊號開元神武皇帝。二十七年二月，開元聖文神武皇帝。天寶元年二月，開元天寶聖文神武皇帝。七載五月，開元天寶聖文神武應道皇帝。十三載二月，上開元天地大寶聖文神武證道孝德皇帝。至德元載七月傳位後，肅宗上上皇天帝。三載正月，上太上至道聖皇天帝。乾元元年正月，改太上聖皇天帝。

肅宗正德三載正月，尊號光天文武大聖孝感皇帝。乾元元年正月，上乾元光天孝感皇帝。二年正月，上乾元大聖光天文武孝感皇帝。

代宗廣德元年七月，尊號寶應元聖文武仁孝皇帝。

德宗建中元年正月，尊號聖神文武皇帝。

順宗元和元年正月傳位後，憲宗上應乾聖壽太上皇。

憲宗元和三年正月，尊號睿聖文武皇帝。十四年七月，加元和聖文神武法天應道皇帝。

穆宗長慶元年七月，尊號文武孝德皇帝。

敬宗寶曆元年四月，尊號仁聖文武至神大孝皇帝。五年正月，加仁聖文武章天成功神德明道大孝皇帝。

宣宗大中二年正月，尊號聖敬文思神武光孝皇帝。

懿宗咸通三年正月，尊號睿文明聖孝德皇帝。十二年正月，加睿文英武明德至仁大聖廣孝皇帝。

僖宗乾符二年正月，尊號聖神聰睿仁哲明孝皇帝。

昭宗大順元年三月，尊號聖文睿德光武弘孝皇帝。

梁太祖開平三年正月，尊號睿文聖武廣孝皇帝。

後唐莊宗同光二年四月，尊號昭文睿武至德光孝皇帝。

明宗長興元年四月，尊號聖明神武文德恭孝皇帝。四年八月，聖明神武廣道法天文德恭孝皇帝。

晉高祖天福三年，契丹遣使，奉尊號英武明義皇帝。

周太祖，聖明文武仁德皇帝。

清·秦蕙田《五禮通考》卷一三〇《嘉禮三·上尊號》　蕙田案：尊號起於唐武后，中宗之世始以即位，繼以拜洛受圖，後乃往往以符瑞行之。元宗開元、天寶以來，殆數數矣。然其儀不傳。

《唐書·則天后本紀》：光宅元年二月甲子，皇帝率羣臣上尊號於武成殿。

《通鑑》：太后御武成殿，皇帝帥王公以下上尊號。

蕙田案：上尊號始此。

垂拱四年五月乙亥，加尊號為聖母神皇。

《通鑑》：武承嗣使鑿白石為文，曰『聖母臨人，永昌帝業。』末紫石，雜藥物填之，使雍州人唐同泰奉表獻之，稱獲之於洛水。太后喜，命其石曰《寶圖》，擢同泰為遊擊將軍。五月戊辰詔，當親拜洛，受《寶圖》。有事南郊，告謝昊天，禮畢，御明堂，朝羣臣。命諸州都督刺史及宗室外戚以拜洛前十日集神都。乙亥，太后加尊號為聖母神皇。

天授元年九月，改國號周，大赦，改元。乙酉，加尊號曰聖神皇帝。

二年九月乙未，加號金輪聖神皇帝。

延載元年五月甲午，加越古金輪聖神皇帝。

天冊萬歲元年正月辛巳，加號慈氏越古金輪聖神皇帝。

久視元年五月癸巳，大赦，改元。罷天冊金輪大聖號。

蕙田案：罷尊號始此。

長安五年，皇帝復於位。丁未，徙后於正陽宮。戊申，上后號曰則天大聖皇帝。

《中宗本紀》：神龍元年十一月戊寅，上尊號曰應天皇帝，皇后曰順天皇后。

景龍元年八月丙戌，上尊號曰應天神龍皇帝，皇后曰順天翊聖皇后。

《玄宗本紀》：開元元年十一月戊子，羣臣上尊號曰開元神武皇帝，大赦，改元。

二十七年二月，羣臣上尊號曰開元聖文神武皇帝，大赦，免今歲稅，賜文武官階爵版。

《通鑑》：羣臣請加尊號曰聖文。二月己巳，許之，因赦天下，免百姓今年田租。

天寶元年正月甲寅，陳王府參軍田同秀言玄元皇帝降於丹鳳門通衢。二月丁亥，羣臣上尊號曰開元天寶聖文神武皇帝。辛卯，享玄元皇帝於新廟，大赦。

《通鑑》：田同秀上言，見玄元皇帝於丹鳳門之空中，告以我藏靈符，在尹喜故宅。上遣使於故函谷關尹喜臺旁，求得之。壬辰，羣臣上表，以函谷靈符潛應年號，先天不違，請於尊號加『天寶』字，從之。

十三載二月壬申，朝獻太清宮，加上玄元皇帝號曰大聖祖高上大道金闕玄元天皇大帝。甲戌，羣臣上尊號曰開元天地大寶聖文神武證道孝德皇帝，大赦。

至德三載，上號曰太上至道聖皇天帝。

《肅宗本紀》：乾元元年正月戊寅，上皇天帝御宣政殿，受皇帝傳國受命寶符，册號曰光天文武大聖孝感皇帝。

《通鑑》：上皇御宣政殿受册，加上尊號，上固辭『大聖』之號，上皇不許，上尊上皇曰太上至道聖皇天帝。

二年正月己巳，羣臣上尊號曰乾元大聖光天文武孝感皇帝。

《通鑑》：乾元二年二月壬子，月食既。先是，百官請加皇后尊號曰輔聖，上以問中書舍人李揆，對曰：『自古皇后無尊號，惟韋后有之，豈足為法？』上驚曰：『庸人幾誤我！』

上元二年九月壬寅，大赦，去『乾元大聖光天文武孝感』號。

《通鑑》：壬寅，制去尊號，但稱皇帝；去年號，但稱元年。

《代宗本紀》：廣德元年七月壬寅，羣臣上尊號曰寶應元聖文武孝皇帝。壬子，大赦，改元。

《通鑑》注：以楚州所獻十三寶為上登極之符應也。

《德宗本紀》：建中元年正月丁卯改元，羣臣上尊號曰聖神文武皇帝。

興元元年正月癸酉，大赦，改元，去『聖神文武』號。

《順宗本紀》：永貞元年八月庚子，立皇太子為皇帝，自稱太上皇。

元和元年正月，皇帝率羣臣上尊號曰應乾聖壽太上皇。

《通鑑》：百官請上尊號曰文武大聖孝德皇帝，上許上上皇尊號而自辭不受。

《憲宗本紀》：元和三年正月癸巳，羣臣上尊號曰睿聖文武皇帝。

十四年七月己丑，羣臣上尊號曰元和聖文神武法天應道皇帝，大赦。

《穆宗本紀》：長慶元年七月壬子，羣臣上尊號曰文武孝德皇帝。

《敬宗本紀》：寶曆元年正月癸巳，羣臣上尊號曰文武大聖廣孝皇帝，大赦，賜文武官階勳爵。

蕙田案：敬宗弟文宗在位十四年，未上尊號。

《武宗本紀》：會昌二年四月丁亥，羣臣上尊號曰仁聖文武至神大孝皇帝，大赦，賜文武官階勳爵。

《宣宗本紀》：大中二年正月甲子，羣臣上尊號曰聖敬文思和武光孝皇帝，大赦，賜文武官階勳爵。

《懿宗本紀》：咸通三年正月庚午，羣臣上尊號曰睿文明聖孝德皇帝，大赦。

十一年正月甲寅，羣臣上尊號曰睿文英武明德至仁大聖廣孝皇帝，大赦。

《僖宗本紀》：乾符元年十一月庚寅，改元，羣臣上尊號曰聖神聰睿仁哲明孝皇帝。

光啓元年五月，羣臣上尊號曰至德光烈皇帝。

《昭宗本紀》：大順元年正月戊子，羣臣上尊號曰聖文睿德光武弘孝皇帝，大赦，改元。

蕙田案：上尊號自武后始，後遂奉為故事。唐一代之君，循行之。其不行者，一二帝而已。

《舊五代史》卷一三六《僭僞傳第三・孟昶》 偽廣政十三年，偽上尊號為睿文英武仁聖明孝皇帝。

又 卷一三四《僭僞傳第一・李昪》 偽吳天祚三年，楊溥遜位于昪，國號大齊，改元為昇元，建都于金陵，時晉氏天福二年也。昪乃册楊溥為讓皇，其册文曰『受禪老臣知誥謹上册皇帝為高尚思玄弘古讓皇』云。

《新五代史》卷六二《南唐世家・李昪》 （天祚三年）十月，溥遣攝太尉楊璘傳位於昪，國號齊，改元昇元。昪以册尊溥曰：『受禪老臣知誥謹上册皇帝為高尚思玄弘古讓皇帝。』

又 卷六五《南漢世家》 冬，晟祀天南郊，改元曰乾和，羣臣上尊號曰大聖文武大明至道大光孝皇帝。

宋・司馬光《資治通鑑》卷二八一《後晉紀二・高祖聖文章武明德孝皇帝上之下》 天福二年【略】冬十月甲申，齊王誥即皇帝位于金陵。大赦，改元昇元，國號唐。【略】乙酉，遣右丞相玠奉册詣吳主，稱『受禪老臣誥謹拜稽首，上皇帝尊號曰高尚思玄弘古讓皇。』

宋・馬令《南唐書》卷一《先主》 （天祚三年）冬十月，受吳禪。攝太尉楊璘奉上皇帝璽綬，國號大齊，改元昇元。策吳主曰：『受禪老臣知誥謹上策皇帝為高尚思玄弘古讓皇帝。』

宋・陸游《南唐書》卷一《烈祖紀》 昇元元年冬十月，吳帝禪位乎我。甲申，即皇帝位，改吳天祚三年為昇元元年，國號齊，以十二月二日為仁壽節。尊吳帝為高尚思玄弘古讓皇帝，上册稱『受禪老臣誥。』

宋·佚名《五國故事》卷上 俄而逼禪，稱楊氏欲入道，乃營室於茆山，遷溥居之。册曰：『受禪老臣知誥謹上尊號曰高尚思玄崇古讓皇帝。』

清·吴任臣《十國春秋》卷三《吴三·睿帝紀》（太和元年十一月）壬辰，帝加尊號曰睿聖文明光孝皇帝，大赦改元。【略】

（天祚元年）九月，帝加尊號曰睿聖文明光孝應天弘道廣德皇帝。【略】

（天祚三年）冬十月乙酉，齊主遣右丞相徐玠奉册詣帝，稱受禪老臣誥謹拜稽首，上皇帝尊號曰高尚思玄弘古讓皇帝。按歐陽氏《五代史》，馬令、陸游《南唐書》，陳霆《唐餘紀傳》皆作『高尚思玄弘古讓皇帝』，惟《通鑑》作『讓皇』，無『帝』字。今從諸書之稱。又《五國故事》作『高尚思玄崇古讓皇帝』。以『弘』為『崇』，疑宋人因廟諱而改也。

又 卷三六《前蜀二·高祖紀下》（武成元年六月）是月，立遂王宗懿為皇太子，羣臣上帝尊號曰英武聖皇帝。【略】

（永平元年十二月）丁巳，帝至成都，羣臣加上尊號曰英武睿聖光孝皇帝，加皇后尊號曰昭聖皇后。【略】

又 卷三七《前蜀三·後主紀》 永平二年春正月，羣臣又加上尊號曰英武睿聖神功文德光孝皇帝。 乾德元年春正月辛巳，帝祀南郊，大赦國內，羣臣上尊號曰聖德明孝皇帝。

又 卷四九《後蜀二·後主紀》（廣政十三年）是歲，帝加尊號曰睿文英武仁聖明孝皇帝，道號玉霄子。

又 卷五九《南漢二·中宗紀》（應乾元年）十一月丁亥，祀天南郊，大赦，改元乾和，羣臣上尊號曰大聖文武玄德大明至道大廣孝皇帝。歐陽《史》作大聖文武大明至道大光孝皇帝，今從《碧落洞天記》。

論說

宋·范祖禹《唐鑑》卷九《玄宗中》（開元）二十七年二月，羣臣上尊號曰開元聖文神武皇帝。臣祖禹曰：三皇稱皇，五帝稱帝，三王稱王，豈其德不足歟？名號一而已矣。及兼皇、帝之號，宋呂祖謙注：《史·秦始皇紀》：秦初并天下，廷尉斯等與博士議曰：『古有天皇、地皇，有泰皇，泰皇最貴。臣等昧死上尊號為泰皇。命為制，令為詔，天子自稱曰朕。』王曰：『去「泰」著「皇」，采上古帝位號，號曰皇帝。他如議。』制曰：『可。朕為始皇帝。』固已僭矣。後世因而不改，以為法後王也。漢哀惑於妖讖，太初始有陳聖劉太平之號。注：前哀帝太初元年，號曰陳聖劉太平皇帝。韋昭曰：敷陳聖劉之德。周宣驕恣，自稱天元。注：北後周宣帝號天元皇帝。高宗稱天皇，武后稱天后。注：唐高宗上元元年八月壬辰，皇帝稱天皇，皇后稱天后。尊號之興，蓋本於開元之際主驕臣諛，遂著以為故事，使其臣子生而加謚於君父，豈不悖哉？

宋·孫甫《唐史論斷》卷中《玄宗·開元神武皇帝尊號》 論曰：古天子之稱，曰皇曰帝曰王，蓋稱其德也。秦不顧德之所稱，但自務尊極，故稱皇帝，然亦未有尊號也。至漢哀帝，始有聖劉太平之號。此豈可為法乎？高祖、太宗各有功德，俱無尊號。高宗徇武后之意，始稱天皇；中宗從韋庶人之欲，乃號應天。二宗並為婦人所制，綱紀號令不由於己，其行事紛亂，果合天理乎？而稱曰天皇，號曰應天，是妄自尊大，但取千萬世罪與笑耳。明皇以賢繼位，祖宗善惡之事聞見固熟，何故忘高祖、太宗之實德，襲高宗、中宗之虛名？蓋臣下諂諛，不守經義，逢君之過而然也。故所上表，明言何必稽古？此人臣不忠之言耳。人君行事，不可泥古之迹，又不可不稽古之道。泥古迹則失於通變之機，不稽古道無以成大中之法。況明皇英偉之主，志氣雄俊，臣下常以古道諷之，尚慮越逸，可得更言何必稽古，以導其侈心耶？

雜録

《舊唐書》卷六《則天皇后紀》（永徽六年）高宗稱天皇，武后亦稱天后。【略】當時稱為二聖。【略】

（垂拱四年）夏四月，魏王武承嗣偽造瑞石文，云『聖母臨人，永昌帝業』。令雍州人唐同泰表稱獲之洛水。皇太后大悅，號其石為《寶圖》。擢授同泰游擊將軍。五月，皇太后加尊號曰聖母神皇。【略】

（載初元年九月）乙酉，加尊號曰聖神皇帝。【略】

（長壽二年）秋九月，上加金輪聖神皇帝號。【略】

（長壽三年）五月，上加尊號為越古金輪聖神皇帝。【略】

證聖元年春一月，上加尊號曰慈氏越古金輪聖神皇帝。【略】春二月，上去慈氏越古尊號。秋九月，親祀南郊，加尊號天冊金輪聖神皇帝。【略】

（聖曆三年）五月癸丑，上以所疾康復，大赦天下，改元為久視，停金輪等尊號。【略】

神龍元年春正月【略】戊申，皇帝上尊號曰則天大聖皇帝。

又　卷九《玄宗紀下》　（天寶八載閏六月）丙寅，上親謁太清宮，册聖祖玄元皇帝尊號為聖祖大道玄元皇帝。高祖、太宗、高宗、中宗、睿宗五帝，皆加『大聖皇帝』之字；太穆、文德、則天、和思、昭成皇后，皆加『順聖皇后』之字。

又　卷一二《德宗紀上》　興元元年春正月癸酉朔，上在奉天行宫受朝賀，詔曰：『立政興化，必在推誠；忘己濟人，不吝改過。朕嗣服丕構，君臨萬邦，失守宗祧，越在草莽。不念率德，誠莫追於既；往永言思咎，期有復於將來。明徵其義，以示天下。小子懼德不嗣，罔敢怠荒。然以長於深宫之中，暗於經國之務，積習易溺，居安忘危，不知稼穡之艱難，不恤征戍之勞苦。致澤靡下究，情不上通，事既壅隔，人懷疑阻。猶昧省己，遂用興戎，徵師四方，轉餉千里。賦車籍馬，遠近騷然；行賫居送，衆庶勞止。力役不息，田萊多荒。暴令峻於誅求，疲民空於杼軸，轉死溝壑，離去鄉里，邑里丘墟，人煙斷絶。天譴于上而朕不寤，人怨于下而朕不知。馴致亂階，變起都邑，賊臣乘釁，肆逆滔天，曾莫愧畏，敢行凌逼。萬品失序，九廟震驚，上累於祖宗，下負于蒸庶。痛心靦面，罪實在予，永言愧悼，若墜泉谷。賴天地降祐，人祇協謀，將相竭誠，爪牙宣力，羣盜斯屏，皇維載張。將弘遠圖，必布新令。朕晨興夕惕，惟省前非。乃者公卿百僚用加虛美，以聖神文武之號，被蒙暗寡昧之躬，固辭不獲，俯遂羣議。昨因內省，良所瞿然。自今已後，中外書奏不得言聖神文武之號。』

又　卷一六八《韋温傳》　羣臣上尊號，温上疏曰：『德如三皇止稱皇，功如五帝止稱帝。徽號之來，乃聖王之末事。今歲三川水災，江淮旱歉，恐非崇飾徽稱之時。』帝深嘉之，乃止。改侍御史。

《新唐書》卷四《則天順聖武皇后紀》　上元元年，高宗號天皇，皇后亦號天后。天下之人，謂之二聖。【略】

（天授元年九月）七日乙酉，加尊號曰聖神皇帝。【略】

（延載元年）五月甲午，加號越古金輪聖神皇帝。【略】

（五年正月）戊申，上后號曰則天大聖皇帝。

又　卷七六《后妃傳上・高宗則天皇后武氏》　太后知威柄在己，因大赦天下，改國號周，自稱聖神皇帝。【略】太后加號天册金輪聖神皇帝，遂封嵩山，禪少室。

宋・王溥《唐會要》卷二《帝號・雜録》　興元元年正月，上在奉天，頒罪己之詔，讓去徽號。其後雖剪大盜，復天步，羣臣屢請，終不許焉。【略】

大和七年十二月，宰臣王涯等四人上表請册徽號，不許。至開成二年二月，因御紫宸殿，宰相鄭覃、李固言、李石等以請，諸道節度觀察使頻有表章，以加徽號爲請。上固謙抑不允。其月自朔至晦，諸道節度觀察使請上徽號者，凡二十餘道，或再請、三請者，皆報不許焉。

宋・司馬光《資治通鑑》卷二八二《後晉紀三・高祖聖文章武明德孝皇帝中》　天福四年春正月，【略】唐羣臣，江王知證等累表，請唐主復姓李，立唐宗廟。乙丑，唐主許之。羣臣又請上尊號，唐主曰：『尊號虛美，且非古。』遂不受。其後子孫皆踵其法，不受尊號。又不以外戚輔政，宦者不得預事，皆他國所不及也。

清・吳任臣《十國春秋》卷一五《南唐一・烈祖紀》　（昇元三年春正月）丙寅至壬申，齊王璟等三上尊號曰應乾紹聖文武孝明皇帝。帝曰：『尊號虛美且非古。』遂不受。厥後子孫皆踵其法，不受尊號。

避諱

綜述

《隋書》卷五七《李孝貞傳》　開皇初，拜馮翊太守，為犯廟諱，於是稱字。

《北史》卷五九《李詢傳》　開皇初【略】上曰：『公主有大功於我，我何得向其女壻惜官？今授卿柱國。』敏迺拜而蹈舞，遂於坐發詔，授柱國，以本官宿衛。後避煬帝諱，改封經城縣公。

唐・長孫無忌等《唐律疏議》卷一〇《職制中・上書奏事犯諱》

諸上書若奏事誤犯宗廟諱者，杖八十。口誤及餘文書誤犯者，笞五十。

《疏義》曰：上書若奏事，皆須避宗廟諱。有誤犯者杖八十。若奏事口誤及餘文書誤犯者，各笞五十。即為名字觸犯者，徒三年。若嫌名及二名偏犯者，不坐。嫌名謂若『禹』與『雨』，『丘』與『區』；二名謂言『徵』不言『在』，言『在』不言『徵』之類。

《疏義》曰：普天率土，莫匪王臣。制字立名輒犯宗廟諱者，合徒三年。若嫌名者，則《禮》云『禹』與『雨』，謂聲嫌而字理殊；『丘』與『區』，意嫌而理不別。及二名偏犯者，謂複名而單犯，並不坐謂孔子母名徵在，孔子云『季孫之憂，不在顓臾』，即不言『徵』；又云『杞不足徵』，即不言『在』。此色既多，故云之類。

唐・杜佑《通典》卷二三《職官五・尚書下・戶部尚書》　開皇三年，改度支為民部，統度支、民部、金部、倉部四曹。國家修《隋志》，謂之戶部。蓋以廟諱故也。煬帝時，韋冲為民部尚書。又武德二年，隋民部尚書蕭瑀為相府司録。大唐永徽初，復改民部為戶部，廟諱故也。太宗在位，詔官名及公私文籍有『世民』兩字不相連者並不諱。至高宗，始諱之。

又　卷二四《職官六・御史臺》　隋以國諱，改中丞為大夫。大唐因隋，亦曰大夫。【略】

大唐永徽初，高宗即位。以國諱故，改持書侍御史為御史中丞。

又　卷二五《職官七・諸卿上・太常卿》　大唐初，有理禮郎四員，掌設板位、執儀行事。至永徽二年，以廟諱改為奉禮郎。【略】奉禮本名理禮。國家撰《五代史志》，至永徽七年乃成。於時此官已改，故《隋書・百官志》謂北齊及隋，理禮皆為奉禮。奉禮之名，雖見於前史，其改始，自永徽。

又　卷一〇四《禮典六十四・凶二十六・卒哭后諱及七廟諱字議》　大唐武德九年六月，太宗居春宮，總萬機，下《令》曰：『依《禮》，二名義不偏諱。尼父達聖，非無前旨。近代以來，曲為節制。兩字兼避，廢闕以多。率意而行，有違經誥。今其官號、人名及公私文籍有「世」及「民」兩字不連讀者，並不須諱避。』【略】

顯慶五年正月詔：『孔宣設教，正名為首；戴聖貽範，嫌名不諱。比見鈔寫古典，至於朕名，或闕其點畫，或隨便改換，恐六籍雅言，會意多爽，九流通義，指事全違。誠非立書之本。自今以後，繕寫舊典文書，並宜使成，不須隨義改易。』

又　《已遷主諱議》　大唐永徽二年十月，尚書左僕射于志寧奏言：依禮捨故而諱新，故謂親盡之祖。今皇祖弘農府君神主當遷，請依禮不諱。從之。

唐・趙璘《因話録》卷五《徵部》　武宗皇帝廟諱晱，改兩火相重，其偏傍言，談字已改為譚，淡改為澹，其噉字，俗多不定，舊或書餤，餤音譚。

宋・洪遵《翰苑羣書》卷五《〔唐〕楊鉅〈翰林學士院舊規・號簿例〉》　不得有行坐人字及諸凶惡文字及廟諱官諱事。

《舊唐書》卷二《太宗紀上》（武德九年六月）己巳，令曰：『依《禮》，二名不偏諱。近代已來，兩字兼避，廢闕已多，率意而行，有違經典。其官號、人名、公私文籍，有『世民』兩字不連續者，並不須諱。』

又　卷四《高宗紀上》（貞觀二十三年）秋七月丙午，有司請改治書侍御史為御史中丞，諸州治中為司馬，別駕為長史，治禮郎為奉禮郎，以避上名。以貞觀時不諱先帝二字，有司奏曰：『先帝二名，禮不偏諱。上既單名，臣子不合指斥。』上乃從之。

又　卷六《則天皇后紀》　載初元年春正月，【略】神皇自以『曌』字為名，遂改詔書為制書。

又 卷一四《憲宗紀上》 憲宗聖神章武孝皇帝諱純。【略】（順宗即位之年十月）丁未，改桂州純化縣為慕化縣，蒙州純義縣為正義縣。【略】（十二月）壬寅，改淳州為巒州，還淳縣為清溪縣，淳風縣為從化縣，姓淳于者改姓于。

又 卷一六《穆宗紀》 穆宗睿聖文惠孝皇帝諱恒。【略】（元和十五年正月）己未，改恆岳爲鎮岳，恆州爲鎮州，定州恆陽縣爲曲陽縣，恆王房子孫爲泜王房。

又 卷二〇下《哀帝紀》 哀皇帝諱柷。【略】（天佑元年九月）庚寅，中書奏：太常寺止鼓兩字敔上字犯御名，請改曰『肇』。從之。

又 卷一〇二《劉子玄傳》 景云中，累遷太子左庶子，兼崇文館學士，仍依舊修國史，加銀青光祿大夫。時玄宗在東宮，知幾以名音類上名，乃改子玄。

又 卷一二六《李涵傳》 德宗即位，以涵和易，無剸割之才，除太子少傅，充山陵副使。涵判官殿中侍御史呂渭上言：『涵父名少康，今官名犯諱，恐乖禮典。』【略】由是改涵為檢校工部尚書兼光祿卿，仍充山陵副使。

又 卷一五八《韋貫之傳》 韋貫之，本名純，以憲宗廟諱，遂以字稱。

又 卷一七三《李回傳》 字昭度，宗室郇王禕之後。父如仙。回本名躔，以避武宗廟諱。

又 卷一五八《鄭茂休傳》 茂諶避國諱，改茂休，開成二年登進士第。

五代・王定保《唐摭言》卷三《點檢文書》 狀元録事具啓事取人數，主司於其間點請三五人工於八韵五言者，或文字乖訛，便在點竄矣，大約避廟諱、御名、宰相諱。然三十所製，分為兩卷，以金鍘軸頭、青縹首進上。

宋・王溥《唐會要》卷二三《諱》 武德九年六月，太宗居春宮，總萬幾，下《令》曰：依禮，二名義不偏諱。尼父達聖，非無前旨。近代以來，曲為節制。兩字兼避，廢闕已多。率意而行，有違誥令。其官號、人名及公私文籍有『世』及『民』兩字不連續者，並不須避。

永徽二年十月七日，尚書左僕射于志寧奏言：依禮舍故而諱新，故謂親盡之祖。今皇祖弘農府君神主上遷，請依禮不諱。從之。

顯慶五年正月一日詔：孔宣設教，正名為首；戴聖貽範，嫌名不諱。比見抄寫古典，至于朕名，或缺其點畫，或隨便改換，恐六籍雅言，會意多爽，九流通義，指事全違，誠非立書之本。自今以後，繕寫舊典文書，並宜使成，不須隨義改易。【略】

永貞元年十二月，改淳州為蠻州，睦州還淳縣為清溪縣，橫州淳風縣為從化縣，淳于姓改為于，以音與憲宗名同也。論者以古不諱嫌名，若『禹』與『雨』，『驅』與『區』。臨文不諱，若文王名昌，武王名發，《周詩》曰『克昌厥後』，又曰『一之日觱發』；魯莊公名同，《春秋》曰『同盟于幽』；宣公名午，《書》曰『陳侯午卒』之類是也。今古時變，故廣避焉。

初，憲宗為廣陵王，順宗詔下，將册為皇太子。數日，兵部尚書王詔上陳，請改名紹，本名與憲宗諱同。時君子非之曰：『皇太子亦人臣也，東宮之臣當請改耳。奈何非其屬而遽請改名以避，豈得為以禮事上耶？』左司員外郎李藩曰：『歷代故事皆因無經學之臣而失之，卒不可復正，多此類。』是時常貫之為監察御史，名與東宮同，獨不請改，既而下詔，以陸淳為給事中，改名質，充皇太子侍讀。貫之不得已，乃上疏，改今名。大臣溺于風俗，以為細事而不正之，非故事也。

開成元年十一月，中書舍人崔龜從奏：前婺王府參軍宋昴與御名同，十年不改。昨日參選，追驗正身，改更稍遲，殊戾敕旨，宜殿兩選。

會昌六年四月二十日敕：中外官寮有名與御名同者及文字點畫相似，今後即任奏改。音韻文字點畫不同，不在奏改之限。

咸通十二年七月，侍御史李谿以奏狀內字與廟諱音同，罰一季俸。復執奏曰：臣按《禮記》不諱嫌名，又《職制律》諸犯廟諱嫌名不坐。注云若『禹』與『雨』，謂聲則同而字則異也。今若受罰，是違典例。乃免之。

天祐元年二月二十九日，中書門下奏：太常寺止鼓兩字敔字上犯御名，請改曰肇。從之。

又 卷六〇《御史臺・御史中丞》 隋以國諱，改中丞為治書侍御史。武德初，因隋舊制不改。貞觀二十三年七月三日，避高宗諱，改為御史中丞。

宋·王溥《五代會要》卷四《諱》 後唐天成元年六月十二日敕：朕聞古者酌禮以製名，懼廢於物，取其難犯而易避，貴便於時。況『徵在』二名，抑有前例。恭以太宗皇帝自登寶位，不改舊稱，時則臣有世南，官以民部，靡聞曲避，止禁連呼。朕以眇躬，托於人上，冀遵聖範，非敢有廢。文書內所有二字但不連稱，並不得迴避。如是，臣下之名不欲與君親同字者，任自更改，務從所便，庶體予懷。

三年正月詔曰：本朝列聖及親追四廟諱，近日章奏偏傍文字皆闕點畫。凡當出諱，止避正呼。若廻避於偏傍，則虧缺於文字。宜從朴素，庶便公私。此後凡廟諱但避正文，其偏傍文字不得減少點畫。

其年八月詔曰：凡有姓犯廟諱者，改以本望為姓。

清泰二年五月，中書門下奏：御名上一字與諸王相連。按太宗、玄宗朝故事，人臣諸王合避相連字，改從單名。從之。

晉天福三年二月，中書門下奏：《禮經》云：『禮，不諱嫌名，二名不偏諱。』注云：『嫌名謂聲音相近，若「禹」與「雨」，「丘」與「蓲」也。』二名不偏諱，孔子之母名『徵在』，言『在』不稱『徵』，言『徵』不稱『在』。此古禮也。唐太宗、玄宗二名皆諱，人姓與國音聲相近，是嫌名者，亦改姓氏，與古禮有異。若廟諱平聲字，即不諱餘例；若諱側字，即不諱平聲。所諱字正文，乃偏傍皆闕點畫。望令依令式施行。敕：朝廷之制，今古相沿。道在人弘，禮非天降。況以方開曆數，虔奉祖宗，雖逾孔子之文，爽周公之訓，冀崇孝行，永載簡編。所為二名及嫌名事，依唐朝施行。

又 卷二二《甲庫》 周顯德五年閏七月，吏部甲庫奏：【略】准長定格節文牒，吏部選差五考已上諳事令史五人，共行詳斷，及州縣官名犯廟諱、御名，並准格例改正。

《舊五代史》卷三《梁書·太祖紀三》 （開平元年五月）甲午，詔天下管屬及州縣官名犯廟諱者，各宜改換。城門郎改爲門局郎，茂州改爲汶州，桂州慕化縣改爲歸化縣，潘州茂名縣改爲越裳縣。詔樞密院宜改爲崇政院，以知院事敬翔爲院使。改文思院爲乾文院，同和院改爲儀鸞院。【略】（六月）癸卯，司天監奏日辰內有『戊』字，請改爲『武』。從之。

又 卷三六《唐書·明宗紀二》 （天成元年六月己巳）詔曰：古者酌禮以制名，懼廢於物，取其難犯而易避，貴便於時。況『徵在』二名，抑有前例。以太宗文皇帝自登寶位，不改舊稱，時即臣有世南，官有民部，靡聞曲避，止禁連呼。朕猥以眇躬，託於人上，止遵聖範，非敢自尊。應文書內所有二字但不連稱，不得迴避。如是，臣下之名不欲與君親同字者，任自改更。

又 卷三九《唐書·明宗紀五》 天成三年春正月【略】癸亥，詔應廟諱文字，只避正文。其偏旁文字，不用虧缺點畫。

八月癸酉朔，【略】詔凡有姓犯廟諱者，以本望為姓。

又 卷四七《唐書·末帝紀中》 （五月庚戌）中書奏：準勑，凡廟諱但迴避正文，其偏旁文字不在減少點畫。今定州節度使楊檀、檀州金壇等名，酌情制宜，並請改之其。表章文案偏旁字闕點畫，凡臣寮名涉偏旁，亦請改名。詔曰：偏旁文字，音韻懸殊，止避正呼，不宜全改。楊檀賜名光遠，餘依舊。

又 卷七六《晉書·高祖紀二》 （天福二年春正月丁巳）是日，詔曰：唐莊宗陵名與國諱同，宜改為伊陵。

又 卷七七《晉書·高祖紀三》 （天福三年二月）辛丑，中書上言：《禮經》云：『禮不諱嫌名，二名不偏諱。』注云：嫌名謂聲音相近，若『禹與『雨『丘與『區也。二名不偏諱，謂孔子之母名『徵在，言『在不稱『徵言『徵不稱『在，此古禮也。唐太宗二名並諱，玄宗二名亦同。人姓與國諱音聲相近是嫌名者，亦改姓氏，與古禮有異。廟諱平聲字，即不諱餘三聲；諱仄聲，即不諱平聲字。所諱字正文及偏旁闕點畫，望依令式施行。詔曰：朝廷之制，今古相沿；道在人弘，禮非天降。方開曆數，虔奉祖宗，雖踰孔子之文，未爽周公之訓。所謂二名及嫌名之宜，依唐禮施行。按太原縣有史匡翰碑，立于天福八年。匡翰，建瑭之子也。碑于『瑭字』空文以避諱，而建瑭父敬思，仍書『敬』字，蓋當時避諱之體如此。【略】

（四月）改雍熙樓為章和樓，避廟諱也。【略】（五月）丁巳，詔應諸州縣名犯廟諱者，並改之。

又 卷八二《晉書・少帝紀二》 天福八年秋七月【略】癸巳，改陝州甘棠驛為通津驛，避廟諱也。

又 卷九三《晉書・鄭雲叟傳》 鄭雲叟本名遨，雲叟其字也。以唐明中廟諱，故世傳其字也。

又 卷一二四《周書・史懿傳》 史懿，字繼美，代郡人也。本名犯太祖廟諱，故改焉。

又 卷一二五《周書・孫方諫傳》 孫方諫，鄭州清苑縣人也。本名方簡，廣順初，以犯廟諱，故改焉。

又 卷一三三《世襲傳・高季興》 高季興字貽孫，陝州硤石人也。本名季昌，及後唐莊宗即位，避其廟諱改焉。

又 卷一三四《僭偽傳・李景》 景本名璟。及將臣于周，以犯廟諱，故改之。昪之長子也。

又 卷一四九《職官志》 梁開平二年四月，改左右丞為左右司侍郎，避廟諱也。【略】

梁開平元年五月，改御食使為司膳使，小馬坊使為天驥使，文思院使為乾文院使，同和院使為儀鸞院使。其年又改城門郎為門局郎，避廟諱也。右改制

宋・王欽若等《册府元龜》卷三《帝王部・名諱》 煬帝諱廣。【略】長壽元年，立為皇太子，改廣川縣為長阿縣。【略】

太宗諱世民。【略】武德九年，立為皇太子。《令》曰：依《禮》『二名義不偏諱』。尼父達聖，非無前指，近代以來，曲為節制。兩字兼避，廢闕已多。率意而行，有違經誥。今宜依據禮典，務從簡約，仰效先哲，垂法將來。其官號人名及公私文籍有『世』及『民』兩字不連讀者，並不須避。至高宗即位，乃改民部為戶部以避之。【略】

中宗，諱顯，儀鳳二年十月封英王，改名哲。聖曆元年册爲皇太子，復名顯。神龍元年正月即位，改顯政殿爲昭慶殿，顯德殿爲章德殿，顯聖侯廟聖侯廟。【略】

玄宗諱隆基。先天二年正月詔：『改隆州爲閬州，自餘州縣等名有與皇帝名同者，便令所司改定。』至寶曆元年正月，太嘗寺禮院上言：『玄宗廟諱，准故事祧遷，後不當更諱。』制可之。【略】

代宗諱豫。初名俶。乾元元年十月立爲皇太子，因降誕日豫州奏百姓李氏有嘉禾生，及是册禮，肅宗詔改名豫。寶應元年即位，改豫州爲蔡州，泗州宿豫縣改爲宿遷縣，兖州方與縣改爲魚臺縣，洪州豫章縣改爲鍾陵縣，豫寧縣改爲武寧縣，古州樂豫縣改爲樂山縣。

德宗諱适。大曆十四年即位，改括州爲處州，括蒼縣爲麗水縣。

順宗諱誦。憲宗元和二年八月刑部奏：『改《律》卷第八爲《鬬競律》。』咸通十二年，分司侍御史李谿進狀曰：『臣准西臺牒及金部稱，奉六月二十七日勑內園院郝景全事奏狀內「訟」字音與廟諱同，奉勑罰臣一季俸者。右臣官位至卑，得蒙罰俸，屈與不屈，不合有以。事至分明，別關理體，若便隱默，恐負聖時。願陛下寬其罪戾，使得盡言。臣前奏狀稱「准勑因事告事，旁訟他人」，是咸通十一年十月十三日赦語。臣狀中具有「准赦」字，非臣自撰辭句。臣謹按《禮》：不諱嫌名。又按《職制律》：諸犯廟諱嫌名不坐。注云：「謂若禹與雨。」疏云：「謂聲同而字異。」注、疏重復，至易分曉。伏惟睿文英武明德至仁大聖廣孝皇帝陛下，明過帝堯，孝逾大舜，豈自發制勑而不避諱哉？故是審量禮律，以爲無妨耳。即引陛下勑文而言，不敢擅有移改，不謂內園使有此論奏也。臣之罰俸，實爲小屈，然今者非敢訴此罰俸也，實以從來制敕及百官表奏，曾有避嫌名例，而因臣致罰，即舊章自此有援引敕格者，亦須委曲迴避，便成訛弊。臣今已罰俸，不合上聞。臣聞趙充國爲將，不嫌伐一時事，以爲漢家後法。魏徵爲相，不存形迹，以致貞觀太平。臣雖未及將相，忝爲陛下持憲之臣，豈可以論俸爲嫌而使國家赦命有誤也？且順宗廟諱，萬國儀刑，誠不可同於小事。願陛下留意察納，別下明敕，使自後章奏，遵禮、律處分，則天下幸甚。』敕尋免所罰。【略】

穆宗諱同于真宗。初名宥，元和七年立爲皇太子，始更之。十五年即位，改恆岳爲鎮岳，恆州爲鎮州，定州恆陽縣爲曲陽縣，恆王房子孫爲泜王房。【略】

武宗諱炎。初名瀍，會昌六年三月制曰：『王者照臨萬宇，名豈尚于難知；敬順五行，理宜避于勝伏。徵諸前史，義實炳然。昔炎漢之興，洛傍去水，所都名號，猶乃避之；況我國家，祚昌土德，豈可以王氣勝于君名？所以憲宗繼明之初，貴以捨水，必有冥數，協于禎祥。漢宣帝柔服北夷，弘其祖業，功德之盛，侔於周宣。御曆十年，乃從美稱。朕遠

追大漢之事，近稟聖祖之謀，爰擇嘉名，式遵令典，庶承天意，永保鴻休。宜改名爲炎，仍令所司擇日，分命宰臣，告天地宗廟。其舊名，中外奏章不得更有廻避。告報遐邇，咸遂聞知。』【略】

哀帝諱祝。初封輝王，名祚。天祐元年八月立爲皇太子，監國，乃更之卽位。先是，太常寺有止鼓兩字樂器，上字犯御名。中書門下奏：『臣等謹按故事，漢室以北山改郡，蓋爲文皇；國朝以復姓稱子，實緣憲祖。或易建康之縣，或更昭穆之音，皆因踐祚之初，合舉避行之典。按《爾雅・釋樂》篇：「鼓謂之止，敔謂之籈。」今者陛下肇承丕祚，始值遷都，凡厥惟新，式叶正始。竊詳《爾雅》，肇亦訓始，臣等商量，望改爲肇。』從之。【略】

晉高祖諱敬塘。少帝天福七年敕：應殿名及州縣名、職名等有與高祖諱犯者，悉改之。明堂為宣德殿，唐州為沁州，思唐州為思化州，密州附唐縣為膠西縣，蔚州興唐縣為靈山縣，博州堂邑為河濱，高唐為濟城，定州唐縣為博陵，莫州唐興為宜州，真定府行唐為永昌，堂陽為蒲澤，彭州唐化為彭山，蜀州唐興為鄉城，道州延唐為延喜，福州福唐為南臺，壽州盛唐為來化，鄂州唐年為臨江，杭州錢唐為錢江，唐山為橫山，台州唐興為台興，隨州唐城為漢東，代州唐林為廣武，漢州金堂為漢城，合州石鏡為仙覽，復州竟陵為景陵，中書政事堂為廳堂，後官諸房頭為録事，餘並為主事。所有諸邑人姓名，犯者並改。又改陝府甘棠驛為通津驛。【略】

周太祖諱威。廣順元年正月即位。相州張彥成、澶州李洪義、侍衛步軍指揮使曹英、前陳州刺史馬令琮、慶州刺史郭彥欽，皆以名下一字與御名同，改為成、義、英、琮、欽。

二月，涇州節度使史康懿言，臣名下一字與御名同，改之。

三月，詔鄧州軍額改為武勝軍，靈武屬郡宜改為環州，避御名也。

八月，環州刺史雷彥洪以名下一字犯御名，改之。

十二月，御史臺奏：唐景雲二年，改左右屯衛大將軍為威衛。又唐高宗名治，其時改治書御史為御史中丞，諸州治中為司馬，蓋臣子上書，合避名也。請諸衛中舊是屯衛者，復舊名。從之。

又　卷一八二《閏位部・名諱》　梁太祖諱晃，初名温。唐僖宗中和三年，授宣武軍節度使，賜名全忠。天祐四年受禪，下令曰：王者創業興邦，立名傳世，必難知而示訓，從易避以便人。或稽其符命，應彼開基之義，垂諸象德之言。爰考簡書，求於往代，周王『昌』、『發』之號，漢帝『詢』、『衎』之文，或崇一德以徽稱，或爲二名而更易。先王令典，布在縑緗。寡人本名，兼於二字，且異帝王之稱，仍兼避易之難。郡職縣官，多須改換。況宗廟不遷之業，憲章百世之規，事叶典儀，豈憚革易？寡人今改名晃，是以天意雅符於明德，日光顯契於瑞文，昭融萬邦，理斯在是。庶順玄穹之意，永臻康濟之期。宜令有司分告天地宗廟，其舊名中外章疏不得更有廻避。

《新唐書》卷二一《禮樂志》　及高宗崩，改《治康》舞曰《化康》，以避諱。

又　卷一六九《韋貫之傳》　韋貫之名純，避憲宗諱，以字行。

又　卷一四六《李磎傳》　拭子磎，字景望，大中末擢進士，累遷戶部郎中，分司東都。劾奏内園使郝景全不法事，景全反摘磎奏犯順宗嫌名，坐奪俸。磎上言：因事告事、旁訟他人者，咸通詔語也。《禮》不諱嫌名，《律》廟諱嫌名不坐。豈臣所引詔書而有司輒論奏，臣恐自今用格令者委曲回避，旁緣為姦也。詔不奪俸。

《新五代史》卷三四《一行傳・鄭遨》　鄭遨字雲叟，滑州白馬人也。唐明宗祖廟諱遨，故世行其字。

又　卷五一《雜傳・楊光遠》　光遠初名檀。清泰二年，有司言明宗廟諱犯偏傍者皆易之，乃賜名光遠云。

又　卷六二《南唐世家・李景》　景益懼，始改名璟，以避周廟諱。

又　卷六九《南平世家・高季興》　高季興字貽孫，陝州硤石人也。本名季昌，避後唐獻祖廟諱，更名季興。

又　卷八四《吴越八傳・成及》　卒，年六十七。及天寶初，避梁廟諱，改姓為咸。梁太祖父烈祖名誠。

宋・錢儼《吴越備史》卷一《武肅王上》　鑑湖，昔賀知章所居者，一名賀湖。因犯僖宗廟諱，今以唐秘書此湖故名，易之也。

宋・陶穀《清異録》卷上《鈍公子》　朱全忠時，號鐘為大聖銅，俱以避諱故也。

宋·佚名《五國故事》卷上《僞唐李氏》　齊王即景之初封也，後爲吴王。本名景通，即位改曰璟。後避大周廟諱，遂更名景。

宋·馬令《南唐書》卷三《嗣主書第三》　帝益惡之。始改名景，以避周廟諱。

宋·王闢之《澠水燕談録》卷一〇　錢鏐之據錢塘也，子跛，鏐鍾愛之，諺謂跛爲瘸。杭人爲諱之，乃稱茄爲落蘇。楊行密之據淮陽，淮人避其名，以蜜爲蜂糖。由乎淮、浙之音訛也。以瘸爲茄，以蜜爲密，良可笑也。

宋·吴處厚《青箱雜記》卷二　錢武肅王諱鏐，至今吴越間謂石榴爲金櫻，劉家、留家爲金家、田家，留住爲駐住。又楊行密據江淮，至今民間猶謂蜜爲蜂糖，滁人猶謂荇溪爲菱溪。則俗語承諱久，未能頓易故也。

宋·王讜《唐語林》卷二《政事下》　宣宗崩，命内臣告哀。行及其國，南詔王豐祐已死，子坦綽酋龍繼立，號曰驃信。凶佷悖慢，謂我國亦有喪，朝廷不賜弔問詔書，又賜故王，於是待使者禮薄，旋又累犯封疆，掠越巂。朝廷以驃信名近廟諱，復無使朝貢，不告國喪，遂絶册立。

宋·曾敏行《獨醒雜志》卷一　江南呼蜜爲蜂糖，蓋避楊行密名也。行密在時，能以恩信結人。身死之日，國人皆爲之流涕。余里中有寺僧曰南華，藏楊、李二氏税帖，今尚無恙。予觀行密時所徵産錢，較之李氏輕數倍。故老相傳云，煜在位時，縱侈無度，故增賦至是。歐陽謂行密爲盗，亦有道。豈非以其寬厚愛人乎！

宋·鄭樵《通志》卷三〇《氏族畧第六·避諱》　姬氏避唐明皇諱，改爲周氏。弘氏避唐孝敬皇帝諱，改爲洪氏。淳于氏避唐憲宗諱，改爲于氏。啖氏避唐武宗諱，改爲澹氏。

宋·吴曾《能改齋漫録》卷五《丁産簿書言丁推》　畢仲詢《幕府燕談録》云：今之州縣造丁産簿書言丁推者，其推字殊無意義，當爲稚字，言其童稚未成丁也。蓋唐避高宗廟諱，治與稚音同，故改作推。

宋·王楙《野客叢書》卷九《古人避諱》　古今書籍，其間字文率多換易，莫知所自，往往出於當時避諱而然。僕不暇一一深考，姑著大略於兹，自可類推也。【略】　隋祖諱忠，凡言郎中，皆去中字，侍中爲侍内，中書爲内史，殿中侍御爲殿内侍御，置侍郎不置郎中，置御史大夫不置中丞，以治書御史代之。中廬爲次廬。至唐又避太子諱忠，亦以中書郎將爲旅賁郎將，中舍人爲内舍人。煬帝諱廣，以廣樂爲長樂，廣陵但稱江都。

唐祖諱虎，凡言虎，率改爲武，如武賁、武丘之類是也。高祖諱淵，趙淵爲趙文深。太宗諱世民，唐史中凡言世，皆曰代，凡言民，皆曰人，所謂治人、生人、富人侯之類是也。民部曰户部。高宗諱治，唐史中凡言治，皆曰理，如東漢注引王吉語而曰至理之主、才不代出者，章懷太子避當時諱也。武后諱曌，以詔書爲制書，鮑照爲鮑昭，懿德太子重照改曰重潤，劉思照改曰思昭。

睿宗諱旦，張仁亶改曰仁愿。玄宗諱隆基，惠文太子隆範、薛王隆業並去隆字。君基太一，民基太一，並作其字。隆州爲閬中，隆康爲普康，隆龕爲崇龕，隆山郡更名仁壽郡。

代宗諱豫，以豫章爲鍾陵，蘇預改名源明，以薯蕷爲薯藥。至本朝避英宗諱，曙曰山藥，簽署曰簽書。德宗諱适，改括州爲處州。憲宗諱淳，淳州更名巒州，韋純改名貫之，韋淳改名處厚，王純改名紹，陸淳改名質，柳淳改名灌，嚴純改名休復，李行純改名行諶，崔純亮改名仁範，程純改名弘，馮純改名約。穆宗諱恒，改恒山爲平山。敬宗諱弘，徐弘改名有功。文宗諱昂，宋緄《會要》作宋混。鄭涵避文宗舊諱涵，改名瀚。武宗諱炎，賈炎改名嵩。宣帝諱忱，常諶改名損，穆諶改名仁格。石晉高祖諱敬瑭，拆敬氏爲文氏、苟氏，至漢而復姓敬。本朝避翼祖諱，敬復改姓文，或姓苟。【略】

錢王諱鏐，以石榴爲金櫻，改劉氏爲金氏。楊行密據揚州，揚人呼蜜爲蜂糖。【略】

古人避諱，似此甚多，不可勝舉。《聞見録》謂德宗立，議改括州，適處士星應括州分野，遂改爲處州。處州合上聲呼，呼去聲，非也。【略】

《漢書》注以景字代丙字，如景科、景令之類，《晉書》與唐人文字皆然。《緗素雜記》亦莫曉所自。僕考之，蓋唐初爲世祖諱耳。

宋·洪邁《容齋續筆》卷六《戊爲武》　十干戊字，只與茂同音，俗輩呼為務，非也。吳中術者又稱為武。偶閱《舊五代史》：梁開平元年，司天監上言，日辰内『戊』字，請改為『武』。乃知亦有所自也。今北人語多曰『武』。朱温父名誠，以『戊』類『成』字，故司天謟之耳。

宋·洪邁《容齋隨筆》卷四《孟蜀避唐諱》 蜀本石九經，皆孟昶時所刻。其書『淵』『世』『民』三字皆缺畫，蓋為唐高祖、太宗諱也。昶父知祥嘗為莊宗、明宗臣，然於存勗、嗣源字乃不諱。前蜀王氏已稱帝，而其所立龍興寺碑，言及唐諸帝，亦皆半闕，乃知唐之澤遠矣。

宋·周密《齊東野語》卷四《避諱》 朱温之父名誠，以其類『戊』字，司天監上言，請改『戊己』之『戊』為『武』字。此全無義理。【略】

楊行密父名怤，與『夫』同音，改文散諸大夫為太卿，御史大夫為御史大卿，至有興唐寺鐘題誌云金紫光祿大兼御史大及銀青光祿大，皆直去『夫』字，尤為可怪。

《宋史》卷四七八《世家傳一·南唐李氏》 南唐李景，本名景通，後改為璟。避周廟諱，後改為景。

明·謝肇淛《滇略》卷七《事略》 （宣宗大中）十三年，豐祐死，子酋龍嗣。朝廷以名近廟諱，不行册禮。

清·吳任臣《十國春秋》卷一《吳一·太祖世家楊行密》 時滁人呼荇溪曰菱溪，揚州人呼蜜曰蜂糖，諱行密名也。

又 卷一六《南唐二·元宗紀》 凡天子儀制皆從降損，改名景，以避周廟諱。周信祖諱也。

論說

唐·韓愈《昌黎集》卷一二《諱辯》 愈與李賀書，勸賀舉進士，賀舉進士有名，與賀爭名者毀之曰：賀父名晉肅，賀不舉進士為是，勸之舉者為非，聽者不察也。和而唱之，同然一辭。皇甫湜曰：若不明白，子與賀且得罪。愈曰：然。《律》曰『二名不偏諱』，釋之者曰『謂若言「徵」不稱「在」，言「在」不稱「徵」』是也。《律》曰『不諱嫌名』，釋之者曰『謂若「禹」與「雨」，「丘」與「蓲」』之類是也。今賀父名晉肅，賀舉進士，為犯《二名律》乎？為犯《嫌名律》乎？父名晉肅，子不得舉進士，若父名仁，子不得為人乎？夫諱始於何時，作法制以教天下者，非周公、孔子歟？周公作詩不諱，孔子不偏諱二名，《春秋》不譏不諱嫌名。康王釗之孫，實為昭王。曾參之父名晳，曾子不諱。昔周之時有騏期，漢之時有杜度。此其子宜如何諱？將諱其嫌，遂諱其姓乎？將不諱其嫌者乎？漢諱武帝，名『徹』為『通』，不聞又諱車轍之『轍』為某字也。諱呂后，名『雉』為『野雞』，不聞又諱治天下之『治』為某字也。今上章及詔，不聞諱『滸』、『勢』、『秉』、『饑』也。惟宦官宮妾乃不敢言『諭』及『機』，以為觸犯。士君子言語行事，宜何所法守也？今考之於經，質之於律，稽之於國家之典，賀舉進士為可邪，為不可邪？凡事父母，得如曾參，可以無譏矣。作人得如周公、孔子，亦可以止矣。今世之士，不務行曾參、周公、孔子之行，而諱親之名則務勝於曾參、周公、孔子，亦見其惑也。夫周公、孔子、曾參卒不可勝，勝周公、孔子、曾參乃比於宦者宮妾，則是宦者宮妾之孝於其親，賢於周公、孔子、曾參者耶矣。

宋·吳縝《新唐書糾謬》卷八《楊隆禮嘗避諱改名而傳不載》 《楊慎矜傳》云：父隆禮，歷州刺史，善檢督吏，以嚴辦自名。開元初，為太府卿，任職二十年，年九十餘，以戶部尚書致仕，卒。

今案《宰相世系表》載隆禮為崇禮，此蓋隆禮以開元時避明皇帝諱，以崇易隆，理亦當然，而史家遺落其事，止書舊名，此其失也。或者謂此乃史之小疵，亦不足云。愚以為不然。夫史之作，豈獨止於勸懲而已哉？其筆削取捨，必使後世有考焉。方開元時，君父既名隆矣，為臣子者亦名隆而無所遷避，豈尊君嚴上之謂哉？今隆禮既嘗易名而史不載，使後世不知者或歸罪於隆禮，或遂援之以為說。此實史氏之深責，豈止小疵而已哉？況韋思謙嘗避諱而以字行，王紹、陸質亦嘗避諱改名，而史皆載於《傳》。以例言之，則隆禮之《傳》，其失昭然矣。

宋·彭乘《墨客揮犀》卷九 楊行密之據揚州，民呼蜜為蜂糖。夫蜜、密，二音也，呼吸不同，字體各異，亦由茄子、伽子之義。甚哉！南方之好避諱者如此。

宋·朱翌《猗覺寮雜記》卷下 始皇諱政，以正月為正月。呂后諱雉，以雉為野雞。楊行密據密州，州人以蜜為蜂糖。錢元瓘據浙，浙人以一貫為一千石。勒據長安，北人以羅勒為香菜，至今不改。必是當時犯諱令嚴，故人不敢犯。

宋·王觀國《學林》卷三《名諱》 隋室諱忠字，改中書省為內書省。凡中字，皆改為内也。隋煬帝名廣，故廣平郡改為永平郡，廣宗縣改為宗城縣之類是也。唐高祖之祖名虎，父名昞，故唐人文字，改虎為武，改昞為景。唐高祖名淵，故劉淵改稱劉元海，戴淵改稱戴若思，公孫淵改稱公孫文懿之類是也。唐太宗名世民，故唐人書世為世，書民為民，又改葉為□，以避世字；改昬為昏，以避民字，而唐人文字皆改民為人也。唐高宗名治，故唐人文字皆改治為理。武后名曌，音照，故高宗懿德太子名重照改名為重潤，而《鮑照文集》改為鮑昭之類是也。武后父名士彠，韋思謙本名仁約，以近武后父名為嫌，而以字行。唐明皇名隆基，故睿宗子惠文太子隆範、薛王隆業皆去隆字之類是也。唐睿宗名旦，張仁愿本名仁亶，以近睿宗諱，改為仁愿之類是也。高宗子封孝欽皇帝名洪，徐有功名洪敏，以避孝欽皇帝名而以字行。唐憲宗名純，故王純改為王紹之類是也。唐穆宗名亘，故亘州改為鎮州之類是也。李涵擢太子少傅，呂渭建言：涵父名少康當避。源乾曜以父名師民，不拜太子少師。賈曾以父名言忠，不拜中書舍人。李賀父名晉肅，有言賀不當應進士舉者，韓愈為作《諱辨》是也。朱温祖名茂琳，改戊為武，至今北人呼戊為武。又温父名誠，温篡唐，居汴州，人為諱城字，故韋城、考城、胙城、襄城等縣，至今但呼為韋縣、考縣、胙縣、襄縣也。李克用父名國昌，克用立州縣名，有昌字者悉改避之。又人名有昌字者，亦改避之，高季昌改為季興之類是也。自秦漢以下至五代，其酷諱可知也。

夫名者，所以别同姓而欲知其宗系之次也。前漢高祖十年，徙代王如意為趙王。平帝元壽二年，立代孝王玄孫之子如意為廣宗王，且劉氏同宗而同名如意，何以别之哉？《唐書》太宗子紀王慎，慎之子義陽王名琮，而奉天皇帝名琮。又太宗子鬱林王名恪，而憲宗子建王名恪。且李氏同宗而同名琮，又同名恪，何以别之哉？夏商之時質，質則事簡，故無所諱。周之時文，文則事備，故有諱而不酷諱也。秦漢以来，文乎文者也。文乎文則多事，多事則疑，疑則為之防也密矣。此其所以酷諱之也。

又 卷六《改地名》 隋煬帝名廣，改廣平郡為永平。凡此類，皆以名而廢國邑山川之號也。

宋·程大昌《演繁露》卷五《諱》 《左氏》曰：『周人以諱事神名，終將諱之。』言周人常時固嘗避其君上之名，不敢斥言矣。至事神之際，則雖他時嘗避者，亦正讀無避，蓋不敢伸其尊於所尊也，此之謂以諱事神名也。及嗣君繼立，則前君之名亦必諱之，是謂終將諱之也【略】唐太宗朝不諱『世』字，李世勣皆幷『世』名之，自見本項。

宋·洪邁《容齋三筆》卷一一《帝王諱名》 帝王諱名，自周世始有此制，然只避之於本廟中耳。【略】唯秦始皇以父莊襄王名楚，稱楚曰荆。其名曰政，自避其嫌，以正月為一月。蓋已非周禮矣。漢代所謂邦之字曰國，盈之字曰滿，徹之字曰通，雖但諱本字而吏民犯者有刑。唐太宗名世民，在位之日不偏諱，故戴胄、唐儉為民部尚書，虞世南、李世勣在朝。至于高宗，始改民部為戶部，世勣但為勣。韓公《諱辨》云：今上書及詔，不聞諱『滸』、『勢』、『秉』、『饑』，惟宦官宫妾乃不敢言『喻』及『機』，以為觸犯。此數者，皆其先世嫌名也。

宋·張淏《雲谷雜紀》卷四 予按温曾祖名茂琳，戊正其諱耳。今紹興府城隍廟有梁開平二年所刻《廟記》，稱城隍曰牆隍，歲次曰武辰。城、戊皆以朱氏正諱而易。容齋謂『戊』類『成』字，故司天諂之。非也。

宋·趙彦衛《雲麓漫鈔》卷九 古之聖王諱世，皆不知避。有一時暴起與僭偽之主，至今諱而不改者。【略】戊午，本作茂讀，亦以李唐諱，改云武，或曰務。浙人避錢氏諱，改劉為金。果有石榴，呼曰金櫻。江東人以楊行密諱，呼蜜為蠭糖。太一十神，有君基民，基避唐明皇諱，改作棊，至今不改。本草有薯蕷，避唐代宗諱，改云薯藥。避英宗諱，又改為山藥，則與薯蕷似不相干，今當云山蕷可也。

宋·陳叔方《潁川語小》卷上 《禮》所謂《詩》、《書》不諱者，謂教學之事，恐失其本義。臨文不諱者，謂臨禮文之事，行禮之時有所妨者，非謂執筆作文也。【略】如唐之以治為理，不特陸宣公《奏議》為多，而韓文公諸人應有所作，亦曰理亂，蓋高宗諱也。

宋·葉大慶《考古質疑》卷一 唐陸贄《論關中事宜》曰：『與理同道罔不興。』《請釋趙貴先罪狀》曰：『脅從罔理。』韓文《進士策問》

曰：『堯舜垂衣裳而天下理。』又曰：『無為而理者，其舜也歟！』『治』字皆易為『理』，避高宗諱也。然韓文《潮州上表》有曰『朝廷治平』，曰『為治日久』，曰『政治少懈』，曰『巍巍治功』。《賀即位表》云『君臣相戒，以致至治。』《舉張惟素自代》曰『文學治行，衆所推與！』《舉韓泰自代》曰『悉心為治。』何為不避之耶？又中宗諱顯，而韓文《袁州上表》曰『顯文頻煩。』《舉韋顗自代》曰『顯映班序。』至柳子厚《鼓吹曲·涇水黄篇》云『義和顯曜乘清氛。』皆犯中宗之諱，何也？韓公《羅池廟碑》曰『其日景辰矣』，而《賀慶雲表》乃曰『其日丙戌』。子厚《平淮夷雅》曰『命官分土，則《崧高》、《韓奕》、《烝人》矣。』案命官分土等句，係平淮夷雅之表，此似脱表字。而韓《賀即位表》乃曰『以和萬民。』又何耶？是二者，容或刊行之誤，而顯、治二字用之非一，不應皆誤也。當俟知者質之。

明·陳士元《名疑》卷三《避諱更名或以字行》 《北史》孔靖字季恭，《唐書》尉遲恭字敬德，秦瓊字叔寶，程齩字知節，温佶字輔國，姜確字行本，封倫字德彝，閻讓字在德，姚簡字思廉，高馮字季輔，論瑀字惟貞，蘇烈字定方，唐璿字休璟，徐洪字彦伯，薛禮字仁貴，韋仁約字思謙，徐弘敏字有功，王綝字方慶，武甄字平一，郭震字元振，嚴浚字挺之，劉知幾字子玄，韋純字貫之，張河字道源，張六朗字介然，徐曠字文遠，陸元朗字德明，元澹字行沖，嚴譔字善思。【略】此皆以字行者。【略】

唐高祖名淵，高祖之祖名虎，作史者避諱，稱劉淵為劉元海，戴淵為戴若思，石虎為石季龍，韓擒虎為韓擒。

明·張志淳《南園漫録》卷一《避諱》 《隨筆》謂孟蜀書刻避唐諱，以為唐澤遠，此恐不然。孟蜀初定書，多唐時所刻，後遂承之不改，何唐之澤乎？

清·顧炎武《日知録》卷二三《已祧不諱》 《册府元龜》：唐憲宗元和元年，禮儀使奏言：謹按《禮記》曰：『既卒哭，宰夫執木鐸以命于宫曰：「舍故而諱新。」此謂已遷之廟則不諱也。今順宗神主升祔禮畢，高宗、中宗神主上遷，請依禮不諱。制可。文宗開成中刻石經，凡高祖、太宗及肅、代、德、順、憲、穆、敬七宗諱並缺點畫。高、中、睿、玄四宗已祧，則不缺。文宗見爲天子，依古卒哭乃諱。鄭氏《曲禮》注曰：生者不相辟名。故御名亦不缺。韓退之辯諱，本為二名嫌名立論，而其中治天下之『治』，却犯正諱。蓋元和之元，高宗已祧，故其《潮州上表》曰『朝廷治平日久』，曰『政治少懈』，曰『巍巍治功』，曰『君臣相戒，以致至治。』《舉張行素》曰『文學治行，衆所推。』《平淮西碑》曰『大開明堂，坐以治之。』《韓弘神道碑銘》曰『無有外事，朝廷之治。』惟《諱辯》篇中，似不當用。【略】

後唐明宗天成四年，中書門下奏少帝册文内有基字，是玄宗廟諱。尋常詔敕皆不迴避，少帝是繼世之孫，册文内不欲斥列聖之諱，今改爲宗字。

又《皇太子名不諱》 《册府元龜》：唐王紹爲兵部尚書，紹名初與憲宗同，憲宗時爲廣陵王。順宗即位，將册爲皇太子，紹上言請改名。議者或非之曰：『皇太子，亦人臣也。漢魏故事，皇太子稱臣。晉咸寧中，議除此制，摯虞以爲《孝經》資於事父以事君，義兼臣子，則不嫌於稱臣。詔令依舊。東宫之臣，當請改爾。奈何非其屬而遽請改名，豈爲以禮事上邪？』左司員外郎李藩曰：『歷代故事，皆自不識大體之臣而失之。因不可復正，無足怪也。』【略】

唐中宗自房州還，復立爲皇太子。左庶子王方慶上言：太子皇儲，其名尊重，不敢指斥。晉尚書僕射山濤《啓事》稱皇太子而不言名。朝官猶尚如此，宫臣諱則不疑。今東宫殿及門名皆有觸犯，臨事論啓，迴避甚難。孝敬皇帝爲太子時，改弘教門爲崇教門；沛王爲皇太子，改崇賢館爲崇文館。皆避名諱，以遵典禮。伏望依例改换。制從之。史臣謂方慶欲尊太子，以示中興之漸，然則方慶之言，蓋有爲言之也。

又《二名不偏諱》 二名不偏諱，宋武公名司空，改司空爲司城，是其證也。杜氏《通典》：大唐武德九年六月，太宗居春宫，總萬幾，下《令》曰：依禮，二名不偏諱。其官號、人名及公私文籍有『世』及『民』兩字不連讀者，並不須諱避。《唐書·高宗紀》：貞觀二十三年七月丙午，改治書侍御史爲御史中丞，諸州治中爲司馬，别駕爲長史，治禮郎爲奉禮郎，以避上名。上以貞觀初不諱先帝二字，有司奏曰：『先帝二名，禮不偏諱。上既單名，臣子不合指斥。』上乃從之。《通典》又言：太宗時，二名不相連者並不諱，至玄宗始諱之。然永徽初已改民部爲戶部，而李世勣已去世字，單稱勣矣。又按《隋書》修於太宗時，而中間多有改世爲代，改民爲人者。此唐人偏諱之始，然亦有不盡然者。《經籍志》：《四民月令》作『四人』，而《齊民要術》仍『民』字，是亦《漢書》注所云史駮文者也。章懷太子注《後漢書》，亦有幷其本文而改之者，如《胡廣傳》『《詩》美先人，詢于芻蕘』之類。

又 《嫌名》 衛桓公名完，楚懷王名槐，古人不諱嫌名，故可以爲謚。韓文公《諱辯》言不諱『滸』、『勢』、『秉』、『機』，乃玄宗御删定《禮記・月令》曰『野雞入大水爲蜃』，曰『野雞始雊』，則諱雉，以與治同音也。李林甫《序》曰『璿樞玉衡，以齊七政』，則諱璣。德宗《九月九日賜曲江宴詩》『時此萬樞暇，適與佳節幷』，則諱機，以與基同音也。《南史》劉秉不稱名而書其字曰彦節，則諱秉，以與昞同音也。又如武后父諱士彠，而孫處約改名茂道，韋仁約改名思謙。睿宗諱旦，而張仁亶改名仁愿。玄宗諱隆基，而劉知幾改名子玄，箕州改名儀州。即今遼州。德宗諱适，而括州改名處州。順宗諱誦，而《鬬訟律》改爲《鬬競》。憲宗諱純，凡姓淳于者，改姓于。惟監察御史韋淳不改，既而有詔，以陸淳爲給事中，改名質。淳不得已，改名處厚。而懿宗以南詔酋龍名近玄宗諱，遂不行册禮。則退之所言，亦未爲定論也。唐自中葉以後，即士大夫亦諱嫌名，故舊史以韓愈爲李賀作《諱辯》爲紕繆；而《賈曾傳》則曰：拜中書舍人，曾以父名忠固辭。議者以爲中書是曹司名，又與曾父名音同字別，於禮無嫌，曾乃就職。《懿宗紀》則曰：咸通二年八月，中書舍人衛洙奏狀稱：蒙恩除授滑州刺史官號，内一字與臣家諱音同，請改授閒官。敕曰：嫌名不諱，著在禮文。成命已行，固難依允。是又以爲不當諱也。【略】

南唐玄宗初名璟，避周信祖廟諱，改名景。是不諱嫌名。

又 《以諱改年號》 唐中宗諱顯，玄宗諱隆基。唐人凡追稱高宗顯慶年號，多云明慶；永隆年號，多云永崇。

又 《前代諱》 孟蜀所刻石經，於唐高祖、太宗諱，皆缺書。石晉《相里金神道碑》『民』、『珉』二字，皆缺末筆。南漢劉巖尊其父謙爲代祖聖武皇帝，猶以『代』字易『世』。【略】杜氏《通典・釋法明遊天竺記》『明』下有國諱，改焉。四字當是小注，今本連作大文。

又 《以字爲諱》 《唐書・韓愈傳》拜中書舍人，有不悅愈者言，愈前左降爲江陵掾曹，荆南節度使裴均館之頗厚。近者均子鍔還省父，愈爲《序》餞鍔，仍呼其字。此論喧於朝列，坐是改太子右庶子。

清・閻若璩《潛邱劄記》卷五《補正日知録》 按吾邑晉祠有唐太初貞觀二十年御製碑，碑陰載當日從行諸臣姓名，内有李勣，已去却『世』字，單稱『勣』。是唐太宗在日已如此，不待永徽初也。

清・王士禎《池北偶談》卷二《不避廟諱》 唐避太宗御諱，率改世曰代。予讀皮襲美《文藪》，多不諱世字。《鹿門隱書》一條云：『三王之世，民知生而不知化。五帝之世，民知化而不知德。』又《與元徵君書》云：『懼來世聖人，責乎無意於民。』又皆世、民二字連用。

又 卷一九《避諱當改正》 古今避諱，有沿襲不改者。如秦始皇諱政，以正月為征月。晉避司馬昭諱，樂府以昭君為明君。唐祖諱虎，改虎林為武林。吕后諱雉，以雉為野鷄。武后諱曌，以詔書為制書，鮑照為鮑昭。楊行密據扬州，州人改蜜為蜂糖。錢元瓘據浙，浙人改一貫為一千之類，皆當改正。

清・姜宸英《湛園札記》卷一 齊張彫虎，隋韓擒虎，皆複名。史避諱，於韓則稱擒而去虎字，於張則改為武。然韓擒名著史籍，彫虎非《齊書》幾不知其原名矣。《文苑傳序》稱常侍張彫，與韓擒一例。於此猶可會意。韓擒一作禽，《隋書》云：禽本名擒虎。

清・館臣《隋書卷五十二考證・韓擒傳》 臣映斗按：韓擒本名擒虎，唐諱虎，遂去之，宋本皆仍其舊，監本或增虎字而本傳俱不增。考八代史書，諱字甚多，《隋書》如虎賁、虎衛、虎候、虎牙、虎牢，諱為武賁、武衛、武候、武牙、武牢；白虎諱為白獸，騎虎亦諱為騎獸。又如世諱為代，丙諱為景，淵諱為泉為深，民諱為人為萌。他如王世充、王世積諱為王充、王積。既不勝其改，保無不必改而誤改者。今仍其元本，以存故實，因考其畧，以例其餘焉。

清・館臣《舊五代史卷三考證・梁太祖紀三》 癸卯，司天監奏日辰内有『戊』字，請改為『武』。從之。案《容齋三筆》以為『戊』類『成』字，故司天謟之。不知『戊』字乃避梁祖曾祖茂林諱，非以其類『成』字也。《雲谷雜記》嘗辨正之。今崇福侯廟碑立於開平二年，上作

『武寅』，足證當時避諱之體。

雜録

唐・釋智昇《開元釋教録》卷九《總括羣經録上之九大唐傳譯之餘》 《佛頂勝陀羅尼經》一卷。初出與日照等出者同本。儀鳳四年正月五日譯畢。

右一部一卷，其本見在。

清信士杜行顗，京兆人。儀鳳中，任朝散郎，行鴻臚寺典客署令。顗明諸蕃語，兼有文藻，天竺語書亦窮其妙。於是有罽賓國僧佛陀波利齎梵經一夾，詣闕奉獻。天皇有詔，令顗翻出，名為《佛頂勝陀羅尼》，寗遠將軍慶婆及中印度人三藏法師地婆訶羅證譯，是時儀鳳四年正月也。此杜譯者，有廟諱、國諱，皆隱而避之。即『世尊』為『聖尊』，『世界』為『生界』，『大勢』為『大趣』，『救治』為『救除』。譯訖奉進，皇上讀訖，顧謂顗曰：『既是聖言，不須避諱。』杜時奉詔，以正屬有故而寢焉。荏苒之間，杜君長逝，未遑改正，其經遂行。後日照三藏奉詔再譯，名《佛頂最勝陀羅尼》。

唐・杜佑《通典》卷一〇四《禮典六十四・凶二十六・上表稱太子名議》 大唐武太后長安二年正月，麟臺監兼左庶子王方慶上言：謹按典籍所載，人臣與人主言及上表，未有稱皇太子名者，當為太子皇儲，不敢指斥。晉尚書僕射山濤《啓事》稱皇太子，不言名。濤，中朝名士，必詳典故。其不稱名，應有憑准。朝官尚猶如此，宮臣諱則不疑。今東宮殿及門名，皆有觸犯，臨事論啓，迴避甚難。孝敬皇帝為皇太子時，改弘教門為崇教門；沛王為皇太子，改崇賢館為崇文館，皆避名諱，以遵典禮。此則成例，並為軌模，伏請改換。從之。

又《授官與本名同宜改及官位犯祖諱議》 大唐延和元年，賈曾除中書舍人，固辭以父名忠同音。識者以為中書是曹司名，又與曾父音同字别，於禮無嫌，曾乃就職。

唐・李匡乂《資暇集》卷上 學者幸留意，乃知李氏絶筆之本懸諸日月焉，方之五臣，猶虎狗鳳雞耳。其改字也，至有『翩翻』對『恍惚』，則獨改『翩翻』為『翩翩』，與下句不相收。又李氏依舊本，不避國朝廟諱，五臣易而避之，宜矣。其有李本本作『泉』及年代字，五臣貴有異同，改其字，却犯國諱。豈唯矛楯而已哉！

《舊唐書》卷八九《王方慶傳》 方慶又上言：謹按史籍所載，人臣與人主言及上表，未有稱皇太子名者，當為太子皇儲，其名尊重，不敢指斥，所以不言。晉尚書僕射山濤《啓事》稱皇太子而不言名。濤，中朝名士，必詳典故。其不稱名，應有憑準。朝官尚猶如此，宮臣諱則不疑。今東宮殿及門名皆有觸犯，臨事論啓，迴避甚難。孝敬皇帝為太子時，改弘教門為崇教門；沛王為皇太子，改崇賢館為崇文館，皆避名諱，以遵典禮。此即成例，足為軌模。伏望天恩，因循舊式，付司改換。制從之。

宋・王溥《唐會要》卷四《儲君・雜録》 元和五年二月，太常禮院奏百官避皇太子名諱。詳《禮經》，公卿大夫與太子同名無嫌，蓋尊統于上，太子同在臣子之列。國朝故事，東宮官號并東宮殿及門名與太子名同皆改，然無百官避東宮名者。德宗在春宮，處州舊名不改，并御史院中同名者亦不改。伏以宮臣名及宮殿門名并百官宗姓中有與皇太子名同者，即于儀制，體合迴避。臺官及王公爵土名號，推義比例，並無改文。詔可。

又 卷三〇《雜記》 神龍元年十一月二十五日，有司奏以宮殿名與沛王諱同者，悉改焉，遂改昭慶殿、章德殿、昭賢侯廟。

宋・釋贊寧《宋高僧傳》卷四《義解篇第二之一・唐京師西明寺道世傳》 釋道世，字玄惲，姓韓氏。【略】名避太宗廟諱，多行字耳，故時稱玄惲焉。

宋・李昉等《太平廣記》卷六二《女仙七・諶母》 今洪州高安縣東四十里有黄堂靜壇，即許君立祠、朝拜聖母之所。其昇天事迹，在丹陽郡中。後避唐宣宗廟諱，鍾陵祠號為諶母。出《墉城集仙録》。

又 卷九六《異僧十・僧伽大師》 （中宗）詔賜所修寺額以臨淮寺為名，師請以普照王字為名，蓋欲依金像上字也。中宗以照字是天后廟諱，乃改為普光王寺，仍御筆親書其額以賜焉。出《本傳》及《紀聞録》。

《新五代史》卷五五《雜傳・劉昫》 昫在相位，不習典故。初，明宗崩，太常卿崔居儉以故事當為禮儀使，居儉辭以祖諱蠡，馮道改居儉祕書監，居儉怏怏失職。中書舍人李詳為居儉誥詞，有『聞名心懼』之語，昫輒易曰『有恥且格』。居儉訴曰：『名諱有令式，予何罪也？』當時聞者，皆傳以為笑。

宋・黄伯思《東觀餘論》卷上《第十王大令書下》 『七月二日獻之白』七字，人偽作也。下章草云『孫權據有江東，以歷三世』，亦《蜀志》中語，與第五卷章草不可争鋒也。語相接，字雖大小異，乃一人書語，已見本章。此段『世』字闕中畫，蓋唐人臨摹時，去之以避諱，猶今集《法帖》時『殷』、『敬』二字，多省其波也。

宋・王楙《野客叢書》卷九《古人避諱》 唐避章懷太子諱賢，以崇賢館為崇文館。

宋・洪邁《容齋四筆》卷一一《温大雅兄弟名字》 《新唐書》温大雅字彦弘，弟彦博字大臨，大有字彦將。舊史不載彦博字，它皆同。三温，兄弟也，而兩人以大為名，彦為字，一以彦為名，大為字。《宰相世系表》則云彦將字大有，而博、雅與《傳》同。讀者往往致疑。歐陽公《集古録》引顔思魯制《中書舍人彦將行證表》為是。然則惟彦博異耳，故或以為誤。予少時因文惠公得歐率更所書《虞恭公誌銘》，乃彦博也，其名字實然。後見《大唐創業起居注》，大雅所撰。其中云煬帝遣使，夜至太原，温彦將宿於城西樓上，首先見之，報兄彦弘，馳以啓帝。帝方卧，聞而驚起，執彦弘手而笑。据此，則三温之名皆從彦。而此書首題乃云大雅奉勑撰，不應於其間敢自稱字。已而詳考之，高宗太子弘為武后所酖，追尊為孝敬皇帝，廟曰義宗，列於太廟，故諱其名，如弘文館改為昭文館，弘農縣改為恒農，徐弘敏改為有功，韋弘機但為機，李含光本姓弘，易為李，曲阿弘氏，易為洪，則大雅之名，後人追改之也。顔魯公作《顔勤禮碑》，敍顔、温二家之盛，曰思魯大雅，愍楚彦博，遊秦彦將。以雅為名，亦由避諱耳。錢聞詩在太學，以此為策問，而言歐陽作《傳》，戾於聞見。彼蓋不察宋子京之作云。

宋・洪邁《容齋續筆》卷一三《貽子録》 先公自燕歸，得龍圖閣書一卷，曰《貽子録》。有御書兩印存，不言撰人姓名，而《序》云愚叟受知南平王，政寛事簡，意必高從誨擅荆渚時賓僚如孫光憲輩者所編。皆訓儆童蒙，其《修進》一章云：咸通年中，盧子期著《初舉子》一卷，細大無遺。就試三場，避國諱、宰相諱、主文諱。

宋・釋普濟《五燈會元》卷五《青原下四世・道吾智禪師法嗣》 問如何是祖師西來意？師乃皺齒示之。僧不會，後問九峰曰：『先師皺齒，意旨如何？』峰曰：『我寧可截舌，不犯國諱。』

宮殿分部

隋宮殿

綜述

《隋書》卷二九《地理志上・京兆郡》 大興。有長樂宮。

長安。帶郡。有仙都、福陽、太平等宮。

盩厔。有宜壽、仙遊、文山、鳳皇等宮。

鄠。有甘泉宮。

渭南。有步壽宮。

華陰。有興德宮。

又《馮翊郡》 朝邑。有長春宮。

又《扶風郡》 雍。有岐陽宮。

郿。有安仁宮，鳳泉宮。

普潤。有仁壽宮。

又 卷三〇《地理志中・河南郡》 桃林。有上陽宮。

陜。置弘農宮。

宜陽。有福昌宮。

壽安。有顯仁宮。

又《樓煩郡》 静樂。有汾陽宮。

又《太原郡》 太原。有晉陽宮。

又《北平郡》　盧龍。有臨渝宮。

又　卷三一《地理志下・江都郡》　江陽。有江都宮、揚子宮。

又　卷一《高祖紀上》　（開皇二年十月）庚寅，上疾愈，享百僚於觀德殿。賜錢帛，皆任其自取，盡力而出。【略】

（四年四月）丁未，宴突厥、高麗、吐谷渾，使者於大興殿。【略】

（七年二月）壬申，車駕幸醴泉宮。

又　卷二《高祖紀下》　（開皇十一年正月）丙午，皇太子妃袁氏薨，上舉哀於文思殿。【略】

（十三年）二月景子，詔營仁壽宮。【略】戊子，宴考使於嘉則殿。【略】

（仁壽四年七月）甲辰，上以疾甚，臥於仁壽宮，與百僚辭訣，并握手歔欷。丁未，崩于大寶殿，時年六十四。【略】（八月）丙子，殯于大興前殿。

又　卷三《煬帝紀上》　（大業元年三月戊申）又於阜澗，營顯仁宮，採海内奇禽異獸、草木之類，以實園苑。【略】

（三年八月）壬寅，次太原。詔營晉陽宮。【略】

（四年正月）庚戌，百僚大射允武殿。【略】

（四月丙午）起汾陽宮。【略】

（五年二月）己未，上御崇德殿之西院，愀然不悅，顧謂左右曰：『此先帝之所居，實用增感，情所未安，宜於此院之西，別營一殿。』【略】

（六年）三月癸亥，幸江都宮。【略】

（七年）夏四月庚午，至涿郡之臨朔宮。

又　卷四《煬帝紀下》　（大業十一年五月）乙酉，幸太原，避暑汾陽宮。【略】

（十二年二月）甲子夜，有大鳥似雕，飛入大業殿，止于御幄，至明而去。【略】

三月壬子，行幸涿郡。癸亥，次臨渝宮，親御戎服，禡祭皇帝，斬叛軍者以釁鼓。【略】

（六月）壬午，上于京華宮徵求螢火，得數斛，夜出遊山，放之，光徧巖谷。【略】

（七月）甲子，幸江都宮。【略】

（十三年十一月）上起宮丹陽，將遜于江左。【略】

（義寧二年三月）上崩于温室，時年五十。蕭后令宮人撤床簀為棺以埋之。化及發後，右御衛將軍陳稜奉梓宮于成象殿，葬吳公臺下。

又　卷五《恭帝紀》　義寧元年十一月壬戌，上即皇帝位於大興殿。【略】

（二年）三月景辰，右屯衛將軍宇文化及殺太上皇於江都宮。

又　卷八《禮儀志三》　開皇四年正月，梁主蕭巋朝于京師，次於郊外。【略】及奉見，高祖冠通天冠，服絳紗褎，御大興殿，如朝儀。巋服遠遊冠，朝服以入，君臣並拜，禮畢而出。【略】

大業七年，征遼東，煬帝遣諸將于薊城南桑乾河上，築社稷二壝，設方壝，行宜社禮。帝齋于臨朔宮懷荒殿，預告官及侍從，各齋於其所。十二衛士並齋。帝衮冕玉輅，備法駕。禮畢，御金輅，服通天冠，還宮。【略】衆軍將發，帝御臨朔宮，親授節度。

又　卷一二《禮儀志七》　及大業四年，煬帝北巡出塞，行宮設六合城，方一百二十步，高四丈二尺。六合，以木為之，方六尺，外面一方有板，離合為之，塗以青色。壘六板為城，高三丈六尺，上加女牆板，高六尺。開南北門。又于城四角起樓敵二，門觀、門樓檻皆丹青綺畫。又造六合殿、千人帳，載以槍車，車載六合三板。其車軨解合交叉，即為馬槍。每車上張幕，幕下張平一弩，傅矢，五人更守。兩車之間，施車軨馬槍，皆外其轅，以為外圍。次內布鐵菱，次內施螯鞬。每一螯鞬，中施弩床，長六尺，闊三尺。床桄陛插鋼錐，皆長五寸，謂之蝦須。皆施機關，張則錐皆外向。其床上施旋機弩，以繩連弩機，人從外來，觸繩則弩機旋轉，向觸所而發。其外又以矰周圍行宮，二丈一鈴一柱，柱舉矰去地二尺五寸。當行宮南北門，施槌磬，連矰，以機發之。有人觸矰，則衆鈴發響，槌擊兩磬，以知所警，名為擊警。八年征遼，又造鉤陳，以木板連如帳子。張之則綺文，卷之則直焉。帝御營與賊城相對，夜中設六合城，周回八里。城及女垣，合高十仞，上布甲士，立仗建旗。又四隅有闕，面別一觀，觀下開三門。其中施行殿，殿上容侍臣及三衛仗，合六百人。一宿而畢，望之若真，高麗旦忽見，謂之為神焉。

又　**卷一九《天文志上》**　宋元嘉所造義象器，開皇九年平陳後，并入長安。大業初，移於東都觀象殿。【略】

大業初，耿詢【略】又作候影分箭上水方器，置於東都乾陽殿前鼓下司辰。

又　**卷二二《五行志上》**　大業十一年，煬帝自京師如東都，至長樂宮，飲酒大醉，因賦五言詩。其卒章曰：『徒有歸飛心，無復因風力。』令美人再三吟詠，帝泣下霑襟，侍御者莫不歔欷。【略】帝復夢二豎子歌曰：『住亦死，去亦死，未若乘船度江水。』由是築宮丹陽，將居焉。功未就而帝被殺。

又　**卷二四《食貨志》**　煬帝即位。【略】又於阜澗，營顯仁宮。苑囿連接，北至新安，南及飛山，西至澠池，周圍數百里。課天下諸州，各貢草木花果、奇禽異獸於其中。

又　**卷三二《經籍志一》**　隋開皇三年，祕書監牛弘，表請分遣使人，搜訪異本。每書一卷，賞絹一匹，校寫既定，本即歸主。於是民間異書，往往間出。及平陳已後，經籍漸備。檢其所得，多太建時書，紙墨不精，書亦拙惡。於是總集編次，存為古本。召天下工書之士，京兆韋霈、南陽杜頵等，於祕書內補續殘缺，為正副二本，藏于宮中，其餘以實祕書內、外之閣，凡三萬餘卷。煬帝即位，祕閣之書限寫五十副本。分為三品：上品紅瑠璃軸，中品紺瑠璃軸，下品漆軸。於東都觀文殿東西廂構屋以貯之。東屋藏甲乙，西屋藏丙丁。又聚魏已來古迹名畫，於殿後起二臺，東曰妙楷臺，藏古迹；西曰寶臺，藏古畫。又於內道場，集道、佛經，別撰目録。

又　**卷三六《后妃傳·文帝獨孤皇后》**　仁壽二年八月甲子，月暈四重，己巳，太白犯軒轅。其夜，后崩於永安宮，時年五十。

又　**卷三九《陰世師傳》**　拜樓煩太守。時帝在汾陽宮，世師聞始畢可汗將為寇，勸帝幸太原。帝不從，遂有雁門之難。

又　**卷四三《楊子崇傳》**　復令檢校將軍事。從帝幸汾陽宮，子崇知突厥必為寇患，屢請早還京師。帝不納，尋有雁門之圍。

又　**卷四六《韋師傳》**　從上幸醴泉宮，上召師與左僕射高熲、上柱國韓擒等，於臥內賜宴，令各敍舊事，以為笑樂。

又　**卷四八《楊素傳》**　（仁壽）四年，從幸仁壽宮，宴賜重疊。及上不豫，素與兵部尚書柳述、黄門侍郎元巖等入閤侍疾。時皇太子入居大寶殿，慮上有不諱，須豫防擬，乃手自為書，封出問素。

又　**卷五一《長孫晟傳》**　（開皇十九年）尋以染干為意利彌豆啓人可汗，賜射於武安殿。

又　**卷五六《張衡傳》**　明年，帝幸汾陽宮，宴從官，特賜絹五百匹。時帝欲大汾陽宮，令衡與紀弘整具圖奏之。衡承間進諫曰：『比年勞役繁多，百姓疲敝，伏願留神，稍加折損。』帝意甚不平。

又　**卷五九《齊王楊暕傳》**　會帝于汾陽宮大獵，詔暕以千騎入圍。暕大獲麋鹿以獻。

又　**卷六二《裴肅傳》**　肅至京師，見上於含章殿。

又　**卷六三《樊子蓋傳》**　（大業）六年，帝避暑隴川宮。【略】是歲，朝於江都宮。【略】

十一年，從駕汾陽宮。至於雁門，車駕為突厥所圍，頻戰不利。

又　**卷六四《王辯傳》**　明年，渤海賊帥高士達自號東海公，衆以萬數，復令辯擊之，屢挫其鋭。帝在江都宮，聞而馳召之，及引見，禮賜甚厚。

又　**《陳稜傳》**　至彭城，賊帥孟讓衆將十萬，據都梁宮，阻淮為固。稜潛於下流而濟，至江都，率兵襲讓，破之。

又　**卷六五《吐萬緒傳》**　於陣斬管崇及其將軍陸顗等五千餘人，收其子女二萬餘口，送江都宮。

又　**《李景傳》**　（大業）五年，車騎西巡。【略】至隴川宮，帝將大獵，景與左武衛大將軍郭衍俱有難言，為人所奏。

又　**《趙才傳》**　（大業）十年，駕幸汾陽宮，以才留守東都。

又　**卷六六《源師傳》**　帝在顯仁宮，勅宮外衛士不得輒離所守。

又　**《郎茂傳》**　帝親征遼東，以茂為晉陽宮留守。

又　**卷六七《楊善會傳》**　其年從楊義臣斬漳南賊帥高士達，傳首江都宮，帝下詔褒揚之。

又　**卷六八《宇文愷傳》**　又造觀風行殿，上容侍衛者數百人，離合為之，下施輪軸推移，倏忽有若神功。戎狄見之，莫不驚駭。

又　卷七〇《楊玄感傳》　至弘農宮，父老遮，説玄感曰：『宮城空虛，又多積粟，攻之易下，進可絕敵人之食，退可割宜陽之地。』玄感以為然，留攻之。

又　卷七一《誠節傳·敬釗》　大業三年，煬帝避暑汾陽宮，代州長史柳銓、司馬崔寶山上其狀，付有司將加褒賞，會虞世基奏格而止。

又　卷七七《隱逸傳·崔頤》　大業四年，從駕汾陽宮，次河陽鎮。

又　卷八四《北狄傳·東突厥》　（大業）十一年，來朝於東都。其年，車駕避暑汾陽宮。八月，始畢率其種落入寇，圍帝於雁門。援兵方至，始畢引去。

又　《西突厥傳》　（大業）七年冬，處羅朝于臨朔宮，帝享之。

又　卷八五《王充傳》　時帝數幸江都，充善候人主顏色，阿諛順旨，每入言事，帝善之。又以郡丞領江都宮監，乃雕飾池臺，陰奏遠方珍物，以媚於帝，由是益昵之。

又　卷八五《宇文化及傳》　（義寧二年三月一日）至五更中，德戡授虔通兵，以換諸門衛士。虔通因自開門，領數百騎，至成象殿，殺將軍獨孤盛。【略】

十餘日，奪江都人舟楫，從水路西歸。至顯福宮，宿公麥孟才、折沖郎將沈光等，謀擊化及，反為所害。

又　卷九五《元德太子杨昭傳》　煬帝即位，便幸洛陽宮，昭留守京師。

唐·杜寶《大業雜記》　大業二年，勑有司於洛陽故王城東營建東京。【略】自東都至江都二千餘里，樹蔭相交，每兩驛置一宮，為停頓之所，自京師至江都離宮四十餘所。【略】

傍城行三里，有天經宮，南二里有仙都宮，並置先帝廟堂。【略】

乾陽門東西亦軒廊周帀，門內一百二十步有乾陽殿，殿基高九尺，從地至鴟尾高一百七十尺，又十三間二十九架，三陛軒文掍鏤檻，欒櫨百重，楶拱千構，雲楣綉柱，華榱碧璫，窮軒甍之壯麗。其柱大二十四圍，倚井垂蓮，仰之者眩曜。南軒垂以珠絲網絡十，不至地七尺，以防飛鳥，四面周以軒廊，坐宿衛兵。殿庭左右，各有大井，井面闊二十尺。庭東南、西南各有重樓，一懸鐘，一懸鼓；刻漏即在樓下，隨刻漏則鳴鐘、鼓。大殿北三十步有大業門，門內四十步有大業殿，規模小於乾陽殿而雕綺過之。乾陽殿東有東上閤，閤東二十步又南行六十步有東華門，門東四十步道北有文成門，門內有文成殿，周以軒廊。【略】乾陽殿西有西上閤，入內宮。閤西二十步又行六十步有西華門，出門西三十步，道有武安門，門內有武安殿，周以軒廊。【略】于其內宮各殿庭，並種枇杷、海棠、石榴、青梧桐及諸名藥奇卉。東有大井二，面闊十餘尺，深百餘尺。其三殿之內，內宮諸殿甚多，不能盡知。【略】

入明福門北行三十步有玄靖門，門內有玄靖殿，周以軒廊，即宮內別供養經像之處。出玄靖門橫街東行四十步有修文殿，西行百步有閶闔重門，門南北並有仰觀臺，高百尺。門西即入寶城，城內有儀鸞殿，殿南有鳥桲林、栗林，有葡萄架四行，行長百餘步，架南射堂。【略】出寶城門，西行七里至青城宮，即西苑之內也。

建國門西南十二里有景華宮，宮內有含景殿及射堂樓觀。池隍十餘里有甘泉宮，一名芳潤宮，周十餘里。【略】

大業元年春，遷都未成，敕內史舍人封德彝於此置宮。又敕揚州總管府長史王弘大修江都宮。又於揚子造臨江宮，內有凝暉殿及諸堂隍十餘所。又敕王弘於揚州造府及樓船水殿。【略】

二年正月，帝御成象殿大會，設庭燎，於江都門朝諸侯。成象殿即江都正殿，殿南有成象門，門南即江都門。二月，大駕出揚子，幸臨江宮，大會，賜百僚赤錢，於凝暉殿蒱戲為樂。【略】

七月，自江南還洛陽，敕於汾州西北四十里臨汾水，起汾陽宮，即管涔山河源所出之處。【略】

三年，帝御崇德殿，不怡，曰：『先朝不時御北殿，宜於此館之西，別為一殿。』因乃造承乾殿，後改為毓德殿。在京師。【略】先是，造觀風行殿，三間兩厦，丹柱素壁，雕梁綺棟，一日之內嶷然峙立。羌人見此，莫不驚駭，以為神異。【略】

四年二月，自京師還東都，造天經、仙都二宮。【略】

六年四月，帝幸瀧川宮避暑。【略】

十年，總公東進，幸北平榆林宮。四月，車駕幸汾陽宮避暑。宮地即汾河之源，上有名山管涔，高可千仞。帝於沿山造亭子十二所，其最上名翠微亭，次閬風、彩霞、臨月、飛芳、積翠、合璧、含暉、凝碧、紫岩、澄景，最下名尚陽亭。亭子內皆縱廣二丈，四邊安劍闌，每亭鋪六尺榻子一合。山下又有臨汾殿，敕從官縱觀。【略】

十二年春正月，又敕毗陵郡通守路道德，集十郡兵，近數萬人，於郡東南置宮苑，周十二里，其中有離宮十六所。其流觴曲水，別有涼殿四所，環以清流，共四殿，一曰圓基，二曰結綺，三曰飛宇，四曰漏景。其十六宮，亦以殿名名宮。芳夏池之左，一曰驪光宮，二曰流英宮，三曰紫芝宮，四曰凝華宮，五曰瑶景宮，六曰浮綵宮，七曰舒芳宮，八曰懿樂宮；右第一曰采璧宮，二曰椒房宮，三曰朝霞宮，四曰珠明宮，五曰翼仙宮，六曰翠微宮，七曰層成宮，八曰千金宮。及江左叛，燔燒遂盡。又欲於禹穴造宮，未就而天下大亂。十二月，修丹陽宮，欲東巡會稽等郡，羣臣皆不欲。

《舊唐書》卷一《高祖紀》（義寧元年十一月甲子）以武德殿為丞相府。

又 卷三九《地理志二·河東道》 嵐州。【略】静樂。有隋汾陽宮。

又 卷五四《王世充傳》 王世充字行滿，本姓支，西域胡人也。【略】大業中，累遷江都丞，兼領江都宮監。

又 卷五七《裴寂傳》 大業中，歷侍御史、駕部承務郎、晉陽宮副監。

又 卷八〇《上官儀傳》 父弘，隋江都宮副監，因家于江都。

宋·樂史《太平寰宇記》卷一六《河南道十六·泗州·臨淮縣》 都梁宮。周迴二里，在縣西南一十六里。隋大業元年，煬帝立名。宮在都梁，東據林麓，西枕長淮，南望巖峰，北瞰城郭。其中宮殿三重，長廊周迴。院之西，又有七眼泉，湧合為一，流于東泉，上作流盃殿。又于宮西南淮側造釣魚臺，臨淮高峰別造四望殿。其側有曲河，以安龍舟大舸。枕向淮渭，縈帶宮殿。至十年，為孟讓賊於此置營，遂廢。

宋·王欽若等《册府元龜》卷一三《帝王部·都邑》（隋高祖文帝開皇三年三月）是月，詔營仁壽宮。

十八年十一月，詔自京師至仁壽宮，置行宮十有二所。

（煬帝）大業元年建東都，於阜澗營顯仁宮，苑囿連接，北至新安，南及飛山，西至澠池，周圍數百里。課天下諸州各貢草木花果、奇禽異獸於其間。【略】

三年八月，次太原，詔營晉陽宮。【略】

（五年）二月己未，帝御崇德殿之西院，愀然不怡，顧謂左右曰：『此先帝之所居，實用增感，情所未安。宜於此院之西，別營一殿。』

《新唐書》卷三七《地理志一·關内道》 京兆府京兆郡。【略】興平。西十八里，有隋仙林宮。

渭南。東十五里，有隋崇業宮。

鄠。東南三十里，有隋太平宮。西南二十二里，有隋甘泉宮。

鳳翔府扶風郡。【略】盩厔。東南三十二里，有隋宜壽宮。

勝州榆林郡。【略】榆林。有隋故榆林宮。

又 卷三九《地理志三·河東道》 嵐州樓煩郡。【略】静樂。有隋故汾陽宮。

又 《河北道》 幽州范陽郡。【略】薊。有故隋臨朔宮。

又 卷八八《裴寂傳》 大業中，為齊州司戶參軍，歷侍御史，晉陽宮副監。

宋·司馬光《資治通鑑》卷一八〇《隋紀四·煬皇帝上之上》（大業元年三月戊申）勑宇文愷與內史舍人封德彝等營顯仁宮，南接阜澗，北跨洛濱。【略】自長安至江都，置離宮四十餘所。

又 卷一八一《隋紀五·煬皇帝上之下》（大業六年）三月癸亥，帝幸江都宮。初，帝欲大營汾陽宮，令御史大夫張衡具圖奏之，間進諫曰：『比年勞役繁多，百姓疲弊。伏願留神，稍加抑損。』帝意甚不平。【略】以王世充領江都宮監。【略】帝數幸江都，世充能伺候顏色，為阿諛，雕飾池臺，奏獻珍物，由是有寵。

元·王士點《禁扁》卷一《宮·隋》 紫微。青城。至寶城七里。景華。建國西南十二里。冷泉。有泉極冷。淩波。明德。朝陽。總仙。海中山上。積翠。一名翠微。棲雲。已上九宮，並在洛苑。

甘泉。太平宮西南二十里。仙經。仙都。仁壽。岐山。開皇十三年作。天經。松仙。疑即總仙。顯仁。一名藻澗。大業元年作于洛陽壽安縣。仙林。文帝作于興平縣西十八里。離光。離英。流英。紫芝。凝華。摇景。浮彩。舒芳。懿樂。彩璧。淑風。清暑。朱明。翼仙。層城。千金。長春。宇文舊宮。

臨江。揚州。汾陽。大業年作。臨朔。涿郡。福昌。福昌西十里，六昌谷之東。大業三年作。臨渝。崇業。去渭南東十五里。大業三年作。永安。太平。鄠縣東南三十里。弘聖。隴川。大業六年作。丹陽。普德。華州鄭縣。長樂。亭子。洛陽上春門東。金城。普德東。興德。馮翊南。冥壽。文山。鳳凰。三宮並盩厔。

顯陽。江都。敷水。改華陽，又改瑶華。醴泉。仙游。盩厔南三十五里。阜澗。一名甘泉，北通洛苑。江都。楊子。二宮並在江陽。歸雁。回流。九里。松林。楓林。大雷。小雷。春草。九華。光汾。已上十宮，並在江都。

都梁。盱眙東十五里。煬帝事游幸，自雍至揚，離宮四十二所，都梁其一也。其中宮殿三重。洪農。毗陵。大業十二年作。周圍十二里，內有十六離宮。

又 卷二《殿・隋》 乾陽。正。大業。志靜。修文。文成。武安。觀文。流盃。安福。寢。瑶光。九州池內。並在洛。曲水。含景。景華宮內。成務。大順。文華。春林。和春。仁智。洛宮中。

仁壽。大寶。大興。中華。嘉則。武德。觀德。明德。大儀。弘徽。桂華。圓基。澄華。景華。清暑。澄光。萃華。合歡。成象。崇德。臨芳。儀鸞。仁風。凝芳。紫鱗。武成。徽猷。紫微。香風。瑤泉。文思。漏景。含象。顯仁。巢鸞。含凉。臨華。允武。光辟。臨光。流盃。凝華。凝暉。結綺。飛宇。觀風。車殿。臨汾。車殿。

元・駱天驥《類編長安志》卷二《宮殿室庭・隋唐・離宮》 僊遊宮。在盩厔縣南三十五里。《舊圖經》曰：隋文帝於此避暑。

崇業宮。在渭南縣東一十五里。隋煬帝大業三年置。

甘泉宮。《長安志》：隋甘泉宮，在鄠縣西南甘谷口。

長春宮。《三輔會要》：長春宮在朝邑縣梁原上。保定元年，宇文護所築。隋文帝增修殿宇。煬帝大業十三年，唐高祖起義兵，自太原赴京師，於此休養士卒，西定長安。

望春宮。《長安志》：望春宮去京城東北一十二里，在唐禁苑內高原之上，東臨滻水西岸。《道里記》曰：隋文帝初置望春亭，改為望春宮，煬帝改為長樂宮。大業初，煬帝夜見太子勇領十餘人，各持兵器，問『楊廣何在？』帝懼之，走長樂宮。文武宿衛不知乘輿所在，比明，方移仗此宮。煬帝去洛陽，終大業不敢都長安。【略】

太平宮。《長安志》：隋太平宮在鄠縣東南三十里，對南山太平谷。

元・佚名《河南志》卷三《隋城闕古迹・宮城》 正殿曰乾陽殿。去乾陽門一百二十步。殿三十間，二十九架，闊九丈，從地至鴟尾二百七十尺。有三階軒，其柱大二十四圍。南軒垂以朱絲網路。王世充改曰福光殿。庭東西有鐘鼓重樓，漏刻在樓下。左右各有大井，井面闊二十尺。【略】東西上閤。在乾陽殿北各十二步。

大業門，在乾陽門北三十步。門內大業殿。相去四十步，其規制類乾陽而小。【略】

志靜殿。在顯福門北三十步。周以軒廊，即宮內共事佛像之所。修文殿。在志靜門橫街東四十步。殿內藏正御本書。【略】

出東華門，東有文成門，相去四十步。道北。內有文成殿，周以軒廊。【略】

出西華門，西有武安門，相去三十步。道北。內有武安殿。大業、文成、武安三殿。御座見朝臣，則宿衛隨入殿庭。並植枇杷、海棠、石榴、青梧桐樹。【略】

寶城門內有儀鸞殿。大業□年，有二鸞鳥降寶城內，因造殿及儀鸞雙表高尺餘。殿南有榅桲林、栗林、蒲桃架四行，長百餘步。架南有射堂，對閶闔門。觀文殿。殿前兩廂為書堂，各二十間。堂前通為閣道承殿。每一門有十二寶廚，高廣六尺，皆飾以雜寶。廚中皆江南晉、宋、齊、梁古書。廚前後方，五香牀裝以金玉，春夏鋪九尺象簟，秋設鳳紋綾花褥，冬則加錦裝須繡氈其間，內南北通為腅霓窗櫺。每三間，門一方，戶戶垂錦幰。流杯殿。殿上作漆渠九曲，煬帝與宮人為曲水之飲。安福殿。寢殿。

又《西苑》 冷泉宮。有泉極冷，因名之。積翠宮。有山池森翠，苑中之勝所。顯仁宮。南逼南山，北臨洛水。青城宮。北齊天保五年，常山王演所築，以拒周師，使其將嚴似略守之，亦號嚴城。煬帝因其城造宮。至寶城門七里。韋述云：古穀城也。淩波宮。在□□門西。□□二里。宮內有含景殿及射堂，樓觀池隍十數里。阜澗宮。別名甘泉宮。遷都未成，命內史舍人封德彝于此營造。周十餘里，宮北通西苑。其内多山阜，有閬風亭、麗日亭、棲霞觀、行雨臺、清暑殿。南有通仙飛橋、百尺澗、青蓮峰。峰上有翠微亭。後王世充建為甘州。又有朝陽宮，棲雲宮。成務殿、大順殿、文華殿、春林殿、和春殿。

又《雜録》 亭子宮。在上春門東十二里。南臨漕渠，北臨積潤池。池東二十里有華林園，備有池榭。

明・李賢等［天順］《明一統志》卷三二《西安府上・宮室》 長春宮。在朝邑縣治西北，後周建，隋文帝增廣之。

仙林宮。在興平縣西一十八里，隋建。

望春宮。在府城東一十里滻水兩岸，隋文帝建，煬帝改曰長樂宮。

又 卷二九《河南府・宮室》 顯仁宮。在洛陽縣皂澗，隋煬帝建。

福昌宮。在宜陽縣西坊郭保，隋煬帝建。

青城宮。在洛陽縣治北，隋大業初建。

上陽宮。在閿鄉縣舊湖城縣西北一里，隋建。

清・劉於義等［雍正］《陝西通志》卷七二《古迹一・宮闕・隋》 大興宮。隋文帝建，以城名。《馬志》。隋都城中正宮以及正殿，皆名大興。《雍録》。

大興殿。宮城之正殿也。《馬志》。開皇四年，宴突厥、高麗、吐谷渾使者於大興殿。《隋書・文帝本紀》。

中華殿。在大興殿之後。《馬志》。【略】

臨光殿。開皇元年二月，上自相府常服入宮，備禮，即皇帝位於臨光殿。《隋書・文帝本紀》。

觀德殿。開皇二年十月，上疾愈，享百寮于觀德殿，賜錢帛，任其自取，盡力而出。《隋書・文帝本紀》。

射殿。開皇六年九月，上素服，御射殿，召百寮射。《隋書・文帝本紀》。

文思殿。開皇十一年春正月，皇太子妃元氏薨，上舉哀於文思殿。《隋書・文帝本紀》。

嘉則殿。開皇十三年二月，宴考使於嘉則殿。《隋書・文帝本紀》。

武德殿。開皇十九年，大射武德殿，宴賜百官。《隋書・文帝本紀》。

允武殿。大業四年正月，百僚大射於允武殿。《隋書・煬帝本紀》。

崇德殿。大業五年二月，上御崇德殿之西院，愀然不悅，顧謂左右曰：『此先帝之所居，實用增感，情所未安，宜于此院之西，别營一殿。』《隋書・煬帝本紀》。

大業殿。大業十二年春正月，夜有二大鳥似鵰，飛入大業殿，止于御幄，至明而去。《隋書・煬帝本紀》。

東宮朝堂。在皇城内。《馬志》。

長樂宮。京兆郡大興有長樂宮。《隋書・地理志》。望春宮在西安府城東十里，隋文帝建，煬帝改名曰長樂宮。《馬志》。

仙都宮、福陽宮。俱在長安縣。《馬志》。京兆長安有仙都、福陽等宮。《隋書・地理志》。

僊林宮。在興平縣西十八里，隋文帝置。《馬志》。

太平宮。隋建，在鄠縣東南三十里草堂寺東，唐高祖避暑處。《賈志》。

遊仙宮。在盩厔縣南三十五里。《舊圖經》曰：隋文帝避暑於此。《馬志》。

宜壽宮。隋離宮，在宜壽城中。《賈志》。

崇業宮。在渭南縣東十五里，煬帝大業二年建。《馬志》。

醴泉宮。開皇七年二月，車駕幸醴泉宮。《隋書・文帝本紀》。

仁壽宮。在鳳翔麟遊縣西五里。《馬志》。文帝詔楊素營仁壽宮於岐山之北，素奏宇文愷、封德彝為土木監，於是夷山堙谷，以立宮殿，崇臺累榭，宛轉相屬。《通鑑》。

仁壽殿。在仁壽宮。《馬志》。

大寶殿。仁壽四年七月，上疾甚，卧仁壽宮，崩于大寶殿。《隋書・文帝本紀》。

岐陽宮。在鳳翔府城内，開皇六年建。《馬志》。

鳳泉宮、安仁宮。俱隋之離宮也，在鳳翔府郿縣。《馬志》。

金城宮。華陰東三十里，有隋金城宮。《唐書・地理志》。

普德宮。華州鄭縣有隋普德宮。《唐書・地理志》。

華陰宮。在華陰縣西十八里。《馬志》。華陰西有故隋華陰宮。《唐書・地理志》。

榆林宮。在勝州城内。煬帝大業三年置，因榆林郡為名。煬帝北巡，陳兵塞表，以威北狄，因幸此宮。突厥啓人可汗獻馬及兵器新帳，因賦詩云。《元和志》。按唐勝州治，即今榆林也。

又《隋宮闕附考》 景華宮。大業十二年五月，上於景華宮徵求螢火，得數斛，夜出遊山放之，光遍巖谷。《隋書・煬帝本紀》。《馬志》載之，未詳所在。

清・王士俊等［雍正］《河南通志》卷五二《古迹下・河南府》 青城宮。在洛陽縣治北，隋大業初建。

顯仁宮。在府城阜澗，隋煬帝建。

福昌宮。在宜陽縣西坊廓保，隋煬帝建。

修文殿。在東京，隋貯書之所。

儀鸞殿。在府城。隋煬帝大業十一年，有二孔雀自西苑飛集朝堂，校尉高德儒等奏以為鸞，於是百官稱賀，詔於其地造此殿。

清・趙宏恩等［雍正］《江南通志》卷三三《輿地志・古迹四・揚州府》 隋臨江宮。在江都縣南二十里。大業七年，帝升釣臺，臨揚子津，大宴百僚，遂建此，亦曰揚子宮。宮内有凝輝殿，宮西有懸鏡亭、澄月亭、春江亭。又有顯福宮，在城外東北，詳見宋《寶祐志》，趙鶴《郡乘》。【略】

隋江都宮。在甘泉縣大儀鄉。大業元年，敕王弘大修江都宮，中有成象殿、流珠堂、水精殿諸處。令宮人盛飾，謂之飛仙。今為上方禪智寺。又有十宮，在城北五里長阜苑内，曰歸雁，曰回流，曰松林，曰楓林，曰大雷，曰小雷，曰春草，曰九華，曰光汾，曰九里。

又 卷三六《輿地志・古迹七・泗州》 隋離宮，在州北青陽鎮西十里。煬帝所建，俗名花園。

都梁宮，在盱眙縣南十六里都梁山上。隋大業元年，建置離宮四十餘所，此其一也。宮之西有流杯殿、釣魚臺、四望殿，其側有曲河，以安龍舟大舸。

清・和珅等［乾隆］《清一統志》卷六七《揚州府二・古迹》 江都宮。在甘泉縣西五里故廣陵城内。中有成象殿、水精殿及流珠堂，皆隋煬帝建。《隋書・志》：江陽有江都宮。《輿地紀勝》：宮在江都縣西五里，今為上方禪寺。

顯福宮。在甘泉縣東北。隋城外離宮。《方輿紀要》：隋宇文化及弑煬帝，奪江都舟楫，行至顯慶宮，武賁郎將麥孟才等謀誅之，不克，即此。

秘宮。在甘泉縣北五里。隋煬帝建。《太平寰宇記》：秘宮在江都縣北五里長阜苑内，依林傍澗，高跨岡阜，隨城形置焉，曰歸雁、回流、九里、松風、平林、大雷、小雷、春草、九華、分輝。

臨江宮。在江都縣南二十里。隋大業七年，煬帝升雞臺，臨揚子津，大燕北僚，尋建臨江宮於此，亦曰揚子宮。十三年，駕出揚子，幸臨江宮，大會，賜百僚，百僚亦餞於凝暉殿庭，游戲為樂數日。《太平寰宇記》：又有等月亭、懸鏡亭、春江亭，皆在縣二十七里揚子宮以西。

又 卷九四《泗州・古迹》 隋離宮。在舊州治北青陽鎮西二十里，俗名花園。煬帝所建，遺址尚存。

都梁宮。在盱眙縣東南。《寰宇記》：都梁宮在縣南十六里都梁山上，周迴二里，隋大業元年，煬帝立。十年，賊孟驤於此置營，宮遂廢。

論說

《隋書》卷六九《王劭傳》 仁壽中，文獻皇后崩，劭復上言曰：『佛説人應生天上，及上品上生無量壽國之時，天佛放大光明，以香花妓樂來迎之。如來以明星出時入涅槃。伏惟大行皇后聖德仁慈，福善禎符，備諸祕記，皆云是妙善菩薩。臣謹案：八月二十二日，仁壽宮内再雨金銀之花。二十三日，大寶殿後夜有神光。二十四日卯時，永安宮北有自然種種音樂，震滿虚空。至夜五更中，奄然如寐，便即升遐，與經文所説，事皆符驗。臣又以愚意思之，皇后遷化，不在仁壽、大興宮者，蓋避至尊常居正處也。在永安宮者，象京師之永安門，平生所出入也。后升遐後二日，苑内夜有鍾聲三百餘處，此則生天之應顯然也。』上覽而且悲且喜。

唐・吴兢《貞觀政要》卷一〇《行幸》 貞觀初，太宗謂侍臣曰：『隋煬帝廣造宮室，以肆行幸，自西京至東都，離宮別館，相望道次，乃至并州、涿郡，無不悉然。馳道皆廣數百步，種樹以飾其傍。人力不堪，相聚爲賊。逮至末年，尺土一人，非復己有。以此觀之，廣宮室，好行幸，好去聲，竟有何益？此皆朕耳所聞、目所見，深以自誡。故不敢輕用人力，惟令平聲百姓安静，不有怨叛而已。』

貞觀十一年，太宗幸洛陽宮，泛舟于積翠池，顧謂侍臣曰：『此宮觀臺沼，並煬帝所為，所謂驅役生人，窮此雕麗，復不能守此一都，以萬人為慮，好行幸不息，人所不堪。昔詩人云：「何艸不黄？何日不行？」小東大東，杼軸其空。」正謂此也。遂使天下怨叛，身死國滅。今其宮苑，盡為我有。隋氏傾覆者，豈惟其君無道？亦由股肱無良，如宇文述、虞世基、裴蘊之徒。居高官，食厚祿，受人委任，惟行諂佞，蔽塞聰明。欲令其國無危，不可得也。』

《新唐書》卷九八《薛收傳》 （秦）王入觀隋宮室，且歎煬帝無道，殫人力以事夸侈。收進曰：『峻宇彫牆，殷辛以亡；土階茅茨，唐堯以昌。始皇興阿房而秦禍速，文帝罷露臺而漢祚永。後主曾不是察，奢虐是矜，死一夫之手，為後世笑，何此之能保哉？』王重其言，俄授天策府記室參軍。

宋・王應麟《困學紀聞》卷一〇《地理》 《中説》前述云：隋文帝坐太極殿召見，因奏太平之策十有二焉。按《唐會要》：武德元年五月，改隋大興殿為太極殿。隋無此名。

明・王世貞《弇州四部稿》卷一六六《説部・宛委餘編十一》 隋文帝遷都，其正宮、正殿皆名大興。隋煬帝因之，致美人於西苑。後多幸東京、江都，以及唐，改名太極宮，然俱無所增飾。

藝 文

唐・李商隱《李義山詩集》卷中《隋宮守歲》 消息東郊木帝迴，宮中行樂有新梅。沈香甲煎為庭燎，玉液瓊蘇作毒盃。遙望露盤疑是月，遠聞鼉鼓欲驚雷。昭陽第一傾城客，不踏金蓮不肯來。

明・汪廣洋《鳳池吟稿》卷七《關中懷古》 唐宮聞説是隋宮，一竭勤勞一享功。始信經營能取儉，後來締構轉為工。翔鸞棲鳳連雲表，拾翠承香結綺同。風景不殊朝市變，短沙零亂語秋蛩。

明・高啓《大全集》卷一七《十宮詞・隋宮》 五斛青螺一日銷，迷樓深貯萬妖嬈。衆中誰解留車駕，風浪如山莫渡遼。

明・孫蕡《西菴集》卷四《過隋宮故址》 伊昔隋家全盛年，周陳部曲按三邊。端門徹夜笙歌合，琪樹經春錦繡纏。經春錦繡何搖漾，別有迷樓九霄上。連栱飛甍次第開，朱簾繡柱森相向。樓中美女花葱蘢，寫翠圖黄映曉空。璧月瓊花新態度，臨風結綺舊丰容。碧山螢火光於電，更傍沈香山底宴。窈窕清歌来夢兒，輕盈妙舞蓮花旋。行樂還来爛漫遊，天京移蹕望揚州。高起離宮連鳳闕，斜穿汴水入龍舟。龍舟錦纜映牙檣，玉簫金管切雲長。仙禽自蛻葳蕤羽，野鳥還為鸞鳳翔。棹歌楊柳春風晚，扇影芙蓉秋露香。芙蓉秋露香飄玉，臺榭俄成走麋鹿。翠華夢斷雷塘路，鐵馬聲喧太行麓。遼東浪死鬼啼道，馬上夜遊誰度曲。燕泥時自落空梁，庭草無人隨意緑。繁華堪羡復堪憐，高塚麒麟若箇邊。古路斜陽懸木末，寒鴉流水遶村前。荒基遠對唐陵樹，斷碣猶存大業年。往事悠悠誰與共，臨風為爾一潸然。

明・沈周《石田詩選》卷八《隋宮圖》 誰云玉樹無人續？馬上還聞夜遊曲。君王不自固苞桑，却道雍州能破木。楊花千里撲離宮，富貴濃酣似夢中。百隊蛾眉皆闘月，千林彩樹不驚風。悲懽只在循環裏，莫道征遼偶然耳。鹿車載怨重於山，人心未愜遼東死。一聲桃李天下知，皇后自將神器移。漳南未顧鼠竊計，太原已及龍飛時。如何只醉揚州酒，酒杯在前兵在後。白練天教泄勇寃，醉骨沈沈當速朽。孤墳寂寞向雷塘，秋螢星散已無光。惟餘二十四橋月，獨照遊魂歸洛陽。

明・陸深《儼山集》卷二二《隋宮詞二首》 螺黛朝朝吏散來，糚殘猶展鏡奩開。門前報道宮車過，不似輕塵拂面回。

金鎖黄昏知幾重，夢回疏影月簾櫳。笙歌別殿承恩寵，半露春衫蜥蜴紅。

明・徐熥《幔亭集》卷一三《隋宮怨》 江南江北翠旂遥，夜夜深宮鎖寂寥。何處龍舟試歌舞，秦淮明月廣陵潮。

明・曹學佺《石倉歷代詩選》卷三六九《明詩次集三・童瑄〈題隋宮清夜遊圖〉》 欄干月轉垂楊影，露華如水銀屏冷。君王西苑夜未眠，紫衣小隊前馳引。清歌踏月立調遲，妙舞翻雲翠袖低。緑鬟侍擁抹螺黛，行行按節金蓮齊。十六院中多雅趣，臺觀縈紆疊青翠。芰荷池館晚風凉，剪綵為花能巧製。鑾輿馳逐過離宮，蓬萊路與瀛洲通。周環佳勝二百里，終宵行樂心無窮。絳紗寳燭銷紅雪，珠箔重重卷明月。宿鳥驚飛花底枝，銅龍冰向樓頭咽。追歡只謂常如斯，興亡豈意皆人為。一朝天下共騷動，始知樂極還生悲。向來富貴知何許，一代繁華逐流水。愁絶殘垣敗草深，幾度疏螢照寒雨。

清・愛新覺羅・弘曆《御製樂善堂全集定本》卷二七《十宮詞・隋宮》 海錯山珍雜綺羅，鑾輿空待未曾過。夜深欲識君遊處，但看飛螢點點多。

清・吴綺《林蕙堂全集》卷二三《藝香詞・太常引・隋宮弔古》 鬬雞臺下草如絲，吹斷玉參差。春到野田遲，有大業，垂楊幾枝？同來載酒，傷情詞客，惆悵落花時。苔蘚綠遺碑，訪徧了，雷塘未知。

又 《浪淘沙・和畢正持過北郊遇謝山人談隋宮故事》 螢火散空塘，老樹青蒼，李花開遍柳花亡。鳳艒龍舟纔一瞬，直恁荒涼。　殘照繞紅牆，禿了垂楊，兩丸飛處六朝忙。只有玉鈎斜上燕，猶記昭陽。

唐宮殿

綜　述

《舊唐書》卷三八《地理志一・關内道》 京師。皇城在西北隅，謂之西内。正門曰承天，正殿曰太極，太極之後殿曰兩儀，内别殿亭觀三十五所。京師西有大明、興慶。三宮謂之三内。【略】

東内曰大明宮，在西内之東北。高宗龍朔二年置。正門曰丹鳳，正殿曰含元，含元之後曰宣政，宣政左右有中書、門下二省，弘文、史二館。高宗已後，天子常居東内，别殿亭觀三十餘所。

南内曰興慶宮，在東内之南隆慶坊，本玄宗在藩時宅也。自東内達南内有夾城複道，經通化門達南内。人主往來，兩宮人莫知之。宮之西南隅有花蕚相輝、勤政務本之樓。

禁苑在皇城之北，苑城東西二十七里，南北三十里，至灞水，西連故長安城，南連京城，北枕渭水。苑内離宮亭觀二十四所。漢長安故城東西十三里，亦隷入苑中【略】

京兆府。【略】昭應。（天寶）七載，省新豐縣，改會昌為昭應，治温泉宮之西北。

同州。【略】宜君。管玉華宮。

鳳翔府。【略】麟遊。太宗改仁壽宮為九成宮。

又 《河南道》 東都。宮城在都城之西北隅，城東西四里一百八十步，南北二里一十五步。宮城有隔城四重，正門曰應天，正殿曰明堂，明堂之西有武成殿，即正衙聽政之所也。宮内别殿臺館三十五所。

上陽宮，在宮城之西南隅，南臨洛水，西拒穀水，東即宮城，北連禁苑。宮内正門、正殿皆東向，正門曰提象，正殿曰觀風。其内别殿亭觀九所。上陽之西，隔穀水有西上陽宮，虹梁跨穀，行幸往來，皆高宗龍朔後置。

禁苑在都城之西，東抵宮城，西臨九曲，北背邙阜，南距飛仙。苑城東面十七里，南面三十九里，西面五十里，北面二十里。苑内離宮亭觀一十四所。【略】

河南府。【略】壽安。長安四年，立興泰宮。

又 卷三九《地理志二・河東道》 河中府。【略】河西。管長春宮。

《舊唐書》卷一《高祖紀》 （武德元年五月），隋帝遜於舊邸。改大興殿為太極殿。【略】

（六年）夏四月己未，舊宅改為通義宮。【略】

十二月乙巳，以奉義監為龍躍宮，武功宅為慶善宮。【略】

（七年）五月，造仁智宮於宜州之宜君縣。【略】

（八年）夏四月，造太和宮於終南山。【略】

（九年）八月癸亥，詔傳位于皇太子。尊帝為太上皇，徙居弘義宮，改為太安宮。【略】

貞觀八年三月甲戌，高祖讌西突厥使者於兩儀殿，顧謂長孫無忌曰：『當今蠻夷率服，古未嘗有。』無忌上千萬歲壽。高祖大悦，以酒賜太宗。

又 卷二《太宗紀上》 （武德）四年二月，又進屯青城宮。

（武德九年）八月癸亥，高祖傳位於皇太子，太宗即位於東宮顯德殿。【略】

（九月）丁未，引諸衛騎兵統將等習射于顯德殿庭。【略】自是後，士卒皆為精鋭。

又　卷三《太宗紀下》　（貞觀十年六月）乙卯，皇后長孫氏崩于立正殿。【略】

（十一年正月）作飛山宫。【略】

夏四月甲子，震乾元殿前槐樹。【略】

（六月）丁巳，幸明德宫。【略】（七月）壬寅，废明德宫及飛山宫之元圃院，分給遭水之家，仍賜帛有差。【略】

秋七月庚子，建玉華宫於宜君縣之鳳凰谷。【略】

（十四年）八月庚午，新作襄城宫。【略】

十二月丁酉，交河道旋師。吏部尚書、陳國公侯君集執高昌王麴智盛，獻捷于觀德殿，行飲至之禮，賜酺三日。【略】

（十五年）五月壬申，并州僧道及老人等抗表，以太原王業所因，明年登封已後，願時臨幸。上於武成殿賜宴，因從容謂侍臣曰：『朕少在太原，喜羣聚博戲，暑往寒逝，逝將三十年矣。』【略】

（二十一年）夏四月乙丑，營太和宫於終南山之上，改為翠微山。【略】

（二十三年五月）上崩於含風殿，年五十二。

又　卷四《高宗紀上》　（永徽二年）九月癸巳，改九成宫為萬年宫，廢玉華宫以為佛寺。【略】

（三年三月）庚申，幸觀德殿，賜文武百官大射。【略】

（四年三月）丙辰，上御觀德殿，陳逆人房遺愛等口馬資財為五垜，引王公、諸親、蕃客及文武九品已上射。【略】

（顯慶二年）夏五月丙申，幸明德宫。【略】

（五年）夏四月戊寅，車駕還東都，造八關宫于東都苑內。【略】

五月壬戌，幸八關宫，改為合璧宫。【略】

（龍朔二年）夏四月庚申朔，至自東都。辛巳，造蓬萊宫成，徙居之。【略】（六月）乙亥，制蓬萊宫諸門殿亭等名。【略】

（三年）二月丙戌，隴、雍、同、岐等一十五州户口，徵修蓬萊宫。【略】丁酉，減京官一月俸，助修蓬萊宫。【略】

（四月）丙午，幸蓬萊宫新起含元殿。【略】（十月）丙午，含元殿前，麟趾見。【略】

（麟德二年三月）辛未，东都造乾元殿成。

又　卷五《高宗紀下》　（乾封二年二月）辛丑，改萬年宫依舊名九成宫。【略】

（咸亨元年）三月丁丑，改蓬萊宫為含元殿。【略】

（上元元年）九月辛亥，百僚俱新服，上宴之於麟德殿。【略】

（二年四月）乙亥，皇太子弘薨于合璧宫之綺雲宫。时帝幸合璧宫，是日還東都。【略】

（儀鳳三年）秋七月丁巳，宴近臣諸親於咸亨殿。【略】

（四年五月）戊戌，造紫桂宫於澠池之西。【略】

（永淳元年四月）戊寅，次澠池之紫桂宫。【略】

秋七月乙亥，造奉天宫於嵩山之陽，仍置高陽縣。又於藍田造萬全宫。【略】

二年春正月甲午朔，幸奉天宫，遣使祭嵩岳、少室、箕山、具茨等山，西王母、啓母、巢父、許由等祠。【略】

（弘道元年）十二月己酉。【略】是夕，帝崩於真觀殿，時年五十六。

又　卷六《則天皇后紀》　（垂拱）四年春二月，毁乾元殿，就其地造明堂。

（聖曆三年臘月）造三陽宫於嵩山。【略】

夏四月戊申，幸三陽宫。【略】秋七月甲戌，至自三陽宫。【略】

（久視元年）四月戊申，如三陽宫。【略】

（大足元年）夏五月，幸三陽宫。【略】秋七月甲戌，至自三陽宫。【略】

（長安）四年春正月，造興泰宫於壽安縣之萬安山。【略】

夏四月【略】丙子，幸興泰宫。（七月）甲午，至自興泰宫。【略】

（神龍元年正月）上傳位於皇太子，徙居上陽宫。【略】

（十一月壬寅）崩于上陽宫之仙居殿，年八十三。

又　卷七《中宗紀》　（神龍元年正月）丁未，天后徙居上陽宫。

（二月）辛未，上往觀風殿，朝天后。

（景龍三年七月）癸亥，御承慶殿，録囚徒。

又　卷八《玄宗紀上》（開元二年七月）以興慶里舊邸為興慶宮。【略】（十年）十月甲寅，幸壽安之故興泰宮，畋獵于上宜川。庚申，至自興泰宮。【略】

十六年春正月庚子，始聽政於興慶宮。【略】

（二十年十月）辛卯，至潞州之飛龍宮，給復三年。【略】

（二十三年）夏五月戊寅，宗子請率月俸於興慶宮建龍池，上《聖德頌》。

又　卷九《玄宗紀下》（開元二十六年）夏四月己亥朔，始令太常卿韋縚讀時令于宣政殿，百僚於殿上列坐而聽之。【略】

（二十七年）冬十月，毀東都明堂之上層，改拆下層為乾元殿。【略】

（開元二十九年）秋七月乙卯，洛水泛漲，毀天津橋及上陽宮仗舍。【略】（天寶元年）冬十月丁酉，幸温泉宮，辛丑，改驪山為會昌山。仍于秦坑儒之處立祠，以祀遭難諸儒。新成長生殿，名曰集靈臺，以祀天神。【略】（十二載十月）和雇京城丁戶一萬三千人，筑興慶宮牆，起樓觀。【略】

十五載春正月乙卯，御宣政殿受朝。

又　卷一〇《肅宗紀》（上元二年七月）甲辰，延英殿御座梁上生玉芝，一莖三花，上製《玉靈芝詩》。

又　卷一一《代宗紀》（永泰元年）十一月，宰臣河南都統王縉請減諸道軍資錢四十萬貫修洛陽宮，從之。【略】

（大曆二年十月）癸卯，上御紫宸殿，策試茂才異行、安貧樂道、孝悌力田、高蹈不仕等四科舉人。

又　卷一二《德宗紀上》（貞元三年四月）庚午，御德麟殿，試定《雜樂曲》，馬燧所獻。

又　卷一三《德宗紀下》　貞元四年春正月庚戌朔，上御丹鳳樓。【略】是日質明，含元殿前皆基欄檻壞損三十餘間，壓死衛士十餘人。【略】

（正月）甲寅，【略】宴羣臣於麟德殿，設九部樂，內出舞馬，上賦詩一章，羣臣屬和。【略】

（十四年）二月壬子朔。戊午，上御麟德殿，宴文武百僚，初奏《破陣樂》，遍奏九部樂，及宮中歌舞妓十數人列於庭。【略】

（貞元）十六年春正月庚子朔。【略】南詔獻《奉聖樂舞曲》，上閲於麟德殿前。

（十九年二月）丁亥，修含元殿。【略】

又　卷一五《憲宗紀下》（元和十二年六月）乙酉，京師大雨水，含元殿一柱傾。【略】

（十三年）二月乙亥，御麟德殿，宴羣臣，大合樂。凡三日而罷，頒賜有差。【略】

（十五年正月）庚子，【略】上崩於大明宮之中和殿，享年四十三。

又　卷一六《穆宗紀》（元和十五年正月）丙午，即皇帝位於太極殿東序。是日，召翰林學士段文昌、杜元穎、沈傳師、李肇，侍讀薛放、丁公著於思政殿，并賜金紫。【略】辛亥，上始御延英，對宰臣。

（七月）甲寅，御新成永安殿，觀百戲，極歡而罷。【略】乙卯，【略】新作寶慶殿。【略】丙寅，以新成永安殿，與中宮貴主密宴以樂之，嬪妃皆預。

（八月）戊申，以重陽節，曲宴郭釗兄弟、貴戚主壻等於宣和殿。

（九月）辛丑，大合樂於魚藻宮，觀競渡。

（長慶元年二月）戊申，裴度來朝，對於麟德殿，伏奏龍墀，因敍河北用兵，嗚咽流涕。上改容，慰勞之。

又　卷一七上《敬宗紀》（長慶四年二月）辛丑，上始御紫宸殿受朝。【略】

丁未，御中和殿擊毬，賜教坊樂官綾絹三千五百匹。戊申，擊毬於飛龍院。己酉，大合樂於中和殿，極歡而罷，內官頒賜有差。

（寶曆二年）五月戊辰朔，上御宣和殿，對內人親屬一千二百人，并於教坊賜食，各頒錦彩。【略】戊寅，幸魚藻宮，觀競渡。

九月丁丑朔，大和宴於宣和殿，陳百戲，自甲戌至丙子方已。

又　卷一七下《文宗紀下》（大和）七年春正月乙丑朔，御含元

殿，受朝賀。比年以用兵、雨雪，不行元會之儀。【略】

（八年正月）丁巳，聖體痊平，御太和殿，見内臣。甲子，御紫宸殿，見羣臣。【略】

（九年四月）辛丑，大風，含元殿四鴟吻并皆落，壞金吾仗舍。【略】

（八月）上幸左軍龍首殿，因幸梨園，含元殿大合樂。【略】

（開成四年十二月）乙亥，宰臣入謁，見上於太和殿。

又 **卷一八上《武宗紀》** （會昌二年四月）中書奏：『元日御含元殿，百官就列，唯宰相及兩省官皆未開扇前立於欄檻之内，及扇開，便侍立於御前。三朝大慶，萬邦稱賀，唯宰相侍臣同介冑武夫，竟不拜至尊而退，酌於禮意，事未得中。臣等請御殿日昧爽，宰相、兩省官鬬班於香案前，俟扇開，通事贊，兩省官再拜，拜訖，升殿侍立。』從之。【略】

（八月）上御麟德殿，見室韋首領督熱論等十五人。

又 **卷一八下《宣宗紀》** （大中元年二月）敕修百福殿。【略】八月，【略】神策軍奏修百福殿成，名其殿曰雍和殿，樓曰親親樓。凡廊舍屋宇七百間，以會諸王子孫。

又 **卷一九上《懿宗紀》** 咸通元年春正月，上御紫宸殿受朝，對室韋使。

又 **卷一九下《僖宗紀》** （廣明元年十二月甲申）上與諸王、妃后數百騎，自子城含光殿金光門出，幸山南，文武百官僚不之知，並無從行者，京城宴然。

又 **卷二〇上《昭宗紀》** （天復元年四月）李茂貞自鎮來朝，賜宴於壽春殿，進錢數萬緡。【略】

（天祐元年五月丙寅）宴百僚於崇勳殿，上贊述全忠之功業。【略】乙巳，全忠辭赴大梁，宴於崇勳殿。

又 **卷二〇下《哀帝紀》** （天祐二年五月）丙寅，有司修皇太后宫畢。中書奏：『皇太后慈惠臨人，寬仁馭物，早葉俔天之兆，克彰誕聖之符。今輪奐新宫，規摹舊典，崇訓既徵於信史，積善宜顯於昌期。太后宫請以積善為名。』從之。【略】

（五月）戊寅，宴羣臣於崇勳殿，全忠與王鎔、羅紹威置宴也。【略】

（三年六月）壬寅，敕：『文武百僚每月一度入閤於貞觀殿。貞觀大殿，朝廷正衙，遇正至之辰，受羣臣朝賀。比來視朔，未正規儀，今後於崇勳殿入閤。付所司。』

又 **卷二二《禮儀志二》** （天册萬歲元年正月）丙申，萬象神宫火。【略】

（神功元年）四月戊辰，置九鼎于通天宫。【略】

（開元）十年，復題乾元殿為明堂，而不行享祀之禮。二十五年，駕在西京，詔將作大匠康素往東都毁之。素以毁拆勞人，乃奏請且拆上層，卑於舊制九十五尺。又去柱心木，平座上置八角樓，樓上有八龍，騰身捧火珠，又小於舊制，周圍五尺，覆以眞瓦，取其永逸。依舊為乾元殿。

又 **卷二四《禮儀志四》** 開元二十六年，玄宗命太常卿韋縚每月進《月令》一篇。是後每孟月視日，玄宗御宣政殿，側置一榻，東面置案，命韋縚坐而讀之。諸司官長，亦升殿列座而聽焉。歲餘，罷之。乾元元年十二月丙寅立春，肅宗御宣政殿，命太常卿于休烈讀《春令》。常參官五品已上正員，並升殿預坐而聽之。

又 **卷八四《郝處俊傳》** 上元元年，高宗御含元殿東翔鸞閣，觀大酺。

又 **卷八九《狄仁傑傳》** 聖曆三年，則天幸三陽宫。【略】六月，左玉鈐衛大將軍李楷固、右武威衛將軍駱務整討契丹餘衆，擒之，獻俘於含樞殿。

又 **卷一八三《外戚傳·武三思》** 三思又以則天厭居深宫，又欲與張易之、昌宗等扈從馳騁，以弄其權。乃請創造三陽宫于嵩高山，興泰宫于萬壽山，請則天每歲臨幸，前後工役甚衆，百姓怨之。

又 **卷一八五上《良吏傳上·韋機》** 上元中，遷司農卿，檢校園苑，造上陽宫，并移中橋從立德坊曲徙於長夏門街，時人稱其省功便事。

又 **卷一九二《隱逸傳·潘师正》** 初置奉天殿，帝令所司於逍遥谷口特開一門，號曰仙遊門，又於北苑背面置尋真門，皆為師正立名焉。

宋·王溥《唐會要》卷三〇《大内》 武德元年五月二十一日，改隋大興殿為太極殿，改隋昭陽門為順天門，至神龍元年二月改為承天門。

顯慶五年八月，有抱屈人賫鼓於朝堂訴，上令東都置登聞鼓，西京亦然。

景雲元年十月二十一日，以京大内為太極宮。

又《弘義宮》 武德五年七月五日，營弘義宮。初，秦王居中承乾殿。高祖以秦王有剋定天下功，特給殊禮，別命此宮以居之。至九年七月，高祖以弘義宮有山林勝景，雅好之。至貞觀三年四月，乃徙居之，改為大安宮。六月二十三日，太宗正位於太極殿。監察御史馬周上疏曰：『臣伏見大安宮在城之西，其墻宇門闕之制，方之紫極，尚為卑小。臣伏以皇太子之宅猶處城中，大安乃至尊所居，更在城外，雖太上皇遊心道素，志存清儉，陛下重違慈旨，愛惜人力，蕃夷朝見及四方觀者，有不足瞻仰焉。臣願營築雉堞，修起門樓，務從高敞，以稱萬方之望，則大孝昭乎天下矣。』

又《通義宮》 武德六年四月二十四日，幸龍潛舊宅，改為通義宮。祭元皇帝於舊寢，以元貞皇后配享，上悲不自勝也。于是置酒高會，詔曰：『爰擇良辰，言遵邑里，禮同過沛，事等歸譙。故老咸臻，旅姻斯會，肅恭薦享，感慶兼集焉。』其年十二月九日，敕以奉義監為躍龍宮。即高祖舊居。

又《慶善宮》 武德元年十月十八日，以武功舊宅為武功宮。至六年十二月九日，改武功宮為慶善宮。太宗誕於此宮。至貞觀六年九月二十九日，太宗幸慶善宮，賦詩。在《樂》卷。其年，諫議大夫蘇世長侍宴於披香殿，酒酣，奏曰：『此殿隋煬帝所作邪？何雕麗之若此！』高祖謂曰：『卿好諫似直，其心實詐。豈不知此殿是我所造，何須設詭而疑煬帝乎？』世長曰：『臣實不知。若陛下作此，誠非所宜。臣昔在武功，幸常陪侍，見陛下宅宇纔蔽風霜，當此時，焉肯為是？今初有天下，而於隋宮之内又加雕飾，欲撥其亂，寧可得乎？』

又《太和宮》 武德八年四月二十一日，造太和宮於終南山。貞觀十年廢。至二十一年四月九日，上不豫。公卿上言：『請修廢太和宮。厥地清涼，可以清暑。臣等請徹俸祿，率子弟，微加功力，不日而就。』手詔曰：『比者風虚頗積，為弊至深，況復炎景蒸時，温風播節，沈痾屬此，理所不堪，久欲追涼，恐成勞擾。今卿等有請，即相機行。』于是遣將作大匠閻立德就順陽王第，取材瓦以建之。包山為苑，自栽木至於設幄，九日而畢功，因改為翠微宮。正門北開，謂之雲霞門。視朝殿，名翠微殿；寢名含風殿。并為皇太子搆別宮，正門西開，名金華門，殿名安喜殿。

又《洛陽宮》 武德四年十一月七日，使行臺僕射屈突通焚朝元殿應天門、紫微觀，以其太奢。至貞觀三年，太宗修洛陽宮，民部尚書戴胄諫曰：『關中河外，盡置軍團，富室强丁，並從戎旅，重以九成作役，餘丁向盡。去京二千里内，先配司農、將作，假有遺餘，勢何足紀？亂離甫爾，户口單弱，一人就役，舉家便廢。入軍者督其戎仗，從役者責其餱糧，盡室經營，多不能濟。以臣愚慮，恐致怨嗟。今丁役既盡，賦調不減，費用不止，帑藏空虚，且洛陽宮殿足蔽風雨，數年功畢，亦謂非晚。若頓修營，恐傷勞擾。』上嘉之，因謂侍臣曰：『戴胄於我無骨肉之親，但以忠直勵行，情深體國，事有機要，無不上聞。』

至七年六月二十二日發卒，又修洛陽宮。給事中張玄素諫曰：『陛下承百王之末，屬彫敝之餘，必欲節以禮制，陛下宜以身為先。東都未幸而即令補葺，豈民人之所望也？陛下初平東都之始，層樓廣殿皆令撤毁，天下翕然，同心欣仰。豈有初則惡其侈靡，今乃襲其雕麗？臣每承德音，未即巡幸，此則事不急之務，成虚費之勞。國無兼年之積，何用兩都之好？臣聞阿房成，秦人散；章華就，楚衆離。又乾陽畢功，隋人解體。以陛下今時功力，何如隋？日役瘡痍之人，襲亡隋之弊，深恐近於煬帝時矣。願陛下思之，無為由余所笑，則天下幸甚。』上大悦，謂房玄齡曰：『本修洛陽，意在便於百姓。今玄素上表，實亦可依。必事理須行，露坐亦得，何苦繕修？宜即停之。』

顯慶元年，敕司農少卿田仁佐因舊餘材，修乾元殿，高一百二十尺，東西三百四十五尺，南北一百七十六尺。至麟德二年三月十二日，所司奏乾元殿成，其應天門先亦焚之。及至造成，號為乾天門。神龍元年三月十一日，避天后號改為應天門。唐隆元年七月，避中宗號改為神龍門。開元敕，又為應天門。天寶二年十一月四日，又改為乾天門。

垂拱四年二月十日，拆乾元殿，于其地造明堂。至開元二十一年九月十日，於明堂舊址造乾元殿。

上元二年，高宗將還西京，乃謂司農少卿韋玄機曰：『兩都是朕東西之宅也。見在宮館，隋代所造，歲序既淹，漸將頽頓。欲修殊費材力，為之奈何？』玄機奏曰：『臣曹司舊式，差丁採木，皆有雇直。今戶奴採斫，足支十年。所納丁庸及蒲荷之直，在庫見貯四十萬貫，用之市材造瓦，不勞百姓，三載必成矣。』上大悅，乃召玄機攝東都將少府兩司使事，漸營之。于是玄機始造宿宇、高山等宮。其後上遊於洛之水北，乘高臨下，有登眺之美，乃敕玄機造一高館，及成臨幸。復令列岸修廊，連亘一里。又於澗曲，疏建陰殿。機得古銅器終盆而殘，中有鼇起雙鯉之狀，魚背有四字『長宜子孫』。

至儀鳳四年，車駕入洛，乃移御之。門即今之上陽宮也。尚書左僕射劉仁軌謂侍御史狄仁傑曰：『古之陂池臺榭，皆在深宮裏城之內，不欲外人見之，恐傷百姓之心也。玄機之作列岸修廊，在於宮城之外，萬方朝謁，無不覩之。此豈致君堯舜之意哉？』玄機聞之，曰：『天下百司，各奉其職。輔弼之臣，則思獻替之事。府藏之臣，行詔守官而已。吾不敢越分也。』

又《大明宮》 貞觀八年十月，營永安宮。至九年正月，改名大明宮，以備太上皇清燕。公卿百僚，争以私財助役。至龍朔二年，高宗染風痺，以宮內湫濕，乃修舊大明宮，改名蓬萊宮，北據高原，南望爽塏。六月七日，制蓬萊宮諸門殿亭等名。至三年二月二日，兖、雍、同、岐、豳、華、寧、鄜、坊、涇、原、絳、晉、蒲、慶等十五州，率口錢修蓬萊宮，二十五。減京官一月俸，助修蓬萊宮。四月二十二日，移仗就蓬萊宮，親作含元殿。二十五日，始御宸宮聽政，百僚奉賀新宮成也。初，遣司稼少卿梁孝仁監造，悉於亭院列白楊樹。左騎尉大將軍契苾何力同入宮中縱觀，孝仁指白楊曰：『此木易長，不過三二年，宮中可得蔭映。』何力不答，但誦古詩曰：『白楊多悲風，蕭蕭愁殺人。』意謂此特冢墓木也，孝仁遽令伐去之，更植桐柏，謂人曰：『禮失，求之于野。固不虛也。』

東臺侍郎張文瓘諫曰：『人力不可不惜，百姓不可不養。養之逸，則富以康；使之勞，則怨以叛。秦皇、漢武廣事四夷，多造宮室，致使土崩瓦解，戶口減半。臣聞制治於未亂，保邦於未危。人罔常懷，懷於有仁。陛下不制之於未亂之前，安能救於既危之後？百姓不堪其弊，必致禍難。殷鑑不遠，近在隋朝。臣願稍安撫之，無使生怨。』上深納其言。

永隆二年正月十日，王公已下以太子初立獻食，敕於宣政殿會百官及命婦。太常博士袁利貞上疏曰：『伏以恩旨，於宣政殿上兼設命婦坐位，奏九部伎及散樂，並從宣政門入。臣以為，前殿正寢，非命婦宴會之處；象闕路門，非倡優進御之所。望請命婦會於別殿，九部伎從東門入，散樂一色伏望停省。若於三殿別所，自可備極恩私。』上從之，改向麟德殿。

至開元十六年五月六日，唐昌公主出降，有司進儀注，於紫宸殿行五禮。右補闕施敬本、左拾遺張烜、右拾遺李鋭等連名上疏曰：『竊以紫宸殿者，漢之前殿，周之路寢，陛下所負黼扆、正黃屋、饗萬國、朝諸侯，人臣致敬之所，猶玄極可見，不可得而升也。昔周女出降於齊，而以魯侯為主，但有外館之法，而無路寢之事。今欲紫宸殿會禮，即當臣下攝行，馬入庭，醴升於牖，主人授幣，逡巡紫座之間；賓使就筵，登降赤墀之地。又據主人辭稱「我子有事，至於寡人之室」，言詞僭越，事理乖張，既黷威靈，深虧典制。其問名、納采等，並請權於別所。』上納其言，移於光順門外，設次行禮。

咸亨元年三月四日，改蓬萊宮為含元殿。

長安元年十一月，又改為大明宮。

十二月一日，改含元殿為大明殿。

神龍元年二月，復改為含元殿。

上元二年七月，延英殿當御坐生玉芝，一莖三花，親制《玉靈芝詩》三章，章八句。曰：『玉殿肅肅，靈芝煌煌。重英發秀，連葉分房。宗廟之福，垂其耿光。』『元氣産芝，明神合德。紫微間彩，白蕣呈色。載啓瑞圖，庶符皇極。天心有眷，王道惟直。』『幸生芳本，當我宸旒。效此靈質，寶玉獻猷。神惟不愛，道亦無求。端拱思維，永荷天休。』

建中元年九月，將作監言，請修內廊。是歲孟冬為魁罡，不利修作，太史請卜佗時。上曰：『啓塞從時，詭妄之書，勿信。』乃命修之。

貞元三年十二月，初作玄英門觀於大明宮北垣。

又《玉華宮》 貞觀二十一年七月十三日，創造玉華宮於坊州宜君縣之鳳凰谷，正門曰南風門，殿名玉華殿。皇太子所居南風門，東正門曰嘉禮門，殿名輝和殿。正殿瓦覆，餘皆葺之以茅，意在清潔，務從儉約。至永徽二年九月三日，廢玉華宮以為佛寺。苑內舊是百姓田，並還本主。

至二十二年四月二十四日，太宗以新造離宮，務從卑儉，終費人力，謂侍臣曰：『唐堯茅茨不剪，以為儉德。不知堯之時無瓦，不得不以茅茨，則於無瓦之晨為茅茨者，未為儉德。不剪之言，蓋書史粉飾之耳。朕今構采椽於椒風之日，立茅茨於有瓦之時，將為節儉，自當不謝古者。但宮室之廣，人役之勞，朕以此再思，不能無愧。』其月，徐充容上《表》曰：『妾聞為政之本，貴在無為。竊見土木之工，不可兼遂。北闕初建，南營翠微，曾未逾時，玉華復興。因山藉水，非無架築之勞；損之又損，頗有工力之費。縱以茅茨示約，猶興木石疲民；假使和雇取人，不無煩擾之弊。是以卑宮菲食，聖王之所安；金屋瑶臺，驕主之為麗。故有道之君，以逸逸人；無道之君，以樂樂身。願陛下使之以時，則力不竭矣，用而息之，則人斯悅矣。』

二十二年四月，太宗御製《玉華宮銘》，詔令皇太子已下並和。

又《九成宮》 永徽二年九月八日，改九成宮為萬年宮。至乾封二年二月十日，改為九成宮。三年四月，將作大匠閻立德造新殿成，移御之日，謂侍臣曰：『朕性不宜熱，所司頻奏，請造此殿。既作之後，深懼人勞。今既暑熱，朕在屋下，尚有流汗，匠工暴露，事亦可愍。所以不令精妙，意者祇避炎暑耳。』長孫無忌曰：『聖心每以恤民為念。天德如此，臣等不勝幸甚。』

五年三月，幸萬年宮。上謂太尉無忌曰：『此宮非直涼冷宜人，且去京不遠，殿雖已十年，屋宇無多損壞。昨者不易一椽一瓦，便已可安。不知公等得曹司廨署周足否？』乃親制《萬年宮銘》并《序》七百餘字。羣臣請刊石，建於永光門，詔從之。

又《奉天宮》 永淳元年七月，造奉天宮於嵩陽，仍置嵩陽縣。監察御史李善感諫曰：『自古帝王，莫不以登封為事。天皇以封泰山，告太平，致羣瑞，則與三皇五帝比崇。但數年百穀不稔，百姓餓死，道路相望，兼四夷交侵，日有徵發。天王恭默思諐，方便營造宮室，勞役不已，天下聞之，莫不失望。臣聞不矜細行，終累大德。臣忝任御史，是國家耳目。竊以此為憂。』上雖優容之，竟不納。其時承平已久，諫諍殆絶，善感既進諫書，時人甚稱之。

弘道元年十二月，遺詔廢之。

文明元年二月，改為嵩陽觀。

又《三陽宮興泰宮附》 聖曆三年十一月二十八日，造三陽宮於嵩陽縣。久視元年七月三日，左補闕張説以車駕在三陽宮，不時還都，上《疏》曰：『陛下出萬乘，幸離宮，暑退涼歸，未降還旨。愚臣固陋，非為長策，請為陛下陳其不可。三陽宮至洛城一百六十里，有伊水之隔，愕坂之峻，過夏涉秋，水潦方積，道壞山險，不通轉運，河廣無梁，咫尺千里，扈從兵馬，日費資給，連雨彌旬，恐難周濟。陛下太倉武庫，並在都邑；紅粟利器，蘊若邱山。奈何去宗廟之上都，安山谷之僻處？是猶倒持劍戟，示人鐏柄。夫禍變之生，在人所忽。故曰安心樂成，無行所悔。今國家北有强寇覬邊，南有夷獠騷徼，關西小旱，耕稼是憂，安東近平，輸漕方始。臣願陛下及時旋軫，天下羣生莫不幸甚。』

長安四年正月二十二日，毁三陽宮，取其材木造興泰宮於壽安縣之萬安山。左拾遺盧藏用上《表》諫曰：『臣愚，雖不達時變，竊讀書，見自古帝王之迹衆矣。臣聞土階三尺，茅茨不剪，采椽不斲者，堯舜之德也。卑宮室，菲飲食，盡力乎溝洫者，大禹之行也。惜中人十家之産而罷露臺之制者，漢文之明也。並能垂名無窮，為帝皇之烈，豈不克念狥物，博施濟衆，以臻於仁恕哉？今陛下崇邃宇，離宮別館亦已多矣。更窮人之力，專事土木。臣恐議者以陛下為不愛人，務奉己也。左右近臣，多以順意為忠；朝廷具寮，皆以犯顔為患。至令陛下不知百姓失業，百姓亦不知左右傷陛下之仁也。小臣固陋，不識忌諱，敢冒死上聞。乞下臣此章，與執政者議其可否。』

又《興慶宮》 開元二年七月二十九日，以興慶里舊邸為興慶宮。初，上在藩邸，與宋王等同居於興慶里，時人號曰五王子宅。至景龍末，宅内有龍池湧出，日以浸廣。望氣者云有天子氣。中宗數行其地，命泛舟以馳，象蹈氣以厭之。至是為宮焉。後於西南置樓，西面題曰花蕚相輝之樓，南面曰勤政務本之樓。至二十五年，玄宗謂諸王曰：『我自奉先帝宮室，不敢有加，時時補葺，已愧於勞人矣。惟興慶創制，乃朝廷百辟卿士以吾舊邸，因欲修建，不免羣卿考室之詞，以俟庶民子來之請，亦所以表休徵之地。新作南樓，本欲察甿俗，採風謡，以防壅塞，是亦我闢四門、達四聰之意。時有作樂宴慰，不徒然也。又因大哥讓朱邸，以成花蕚相輝之美。歷觀自古聖帝明王，有所興作，欲以助教化也。我所冀者，式崇敦睦，漸漬薄俗，令其知信厚爾。』至十六年正月三日，始移仗於興慶宮聽政。

二十年六月，廣花蕚樓，築夾城，至芙蓉園。十二月三日，毀東市東北角，道政坊西北角，以廣花蕚樓前。

天寶十載四月二十一日，興慶宮造交泰殿成。

元和十四年三月，詔左右軍容各以官健二千人修勤政樓。

太和三年十月，敕修南内天同殿十三間及勤政樓、明光樓。

大中五年，詔修明義樓。

又《華清宮》 開元十一年十月五日，置温泉宮於驪山。至天寶六載十月三日，改温泉宮為華清宮。至天寶九載九月，幸温泉宮，改驪山為會昌山。至十載，又改為昭應山。仍於秦坑儒之處立祠，以祀遭難諸儒。

天寶元年十月，造長生殿，名為集靈臺，以祀神。

又《諸宮》 武德七年五月十七日，造仁智宮於宜州宜君縣。

貞觀二年八月，上每日視政西宮，公卿奏以宮中卑濕，請立一閤。上曰：『若遂來請，縻費良多。昔漢文帝將起露臺而惜中人十家之産，朕德不逮乎漢帝而所費過之，豈為人父母之道哉？』竟不許。

十一年正月十四日，新作飛仙宮。七月二十日，廢明德宮及飛仙宮之園囿，以分給遭水之家。

十七年八月五日，營襄城宮。初，太宗將幸洛陽，遣將作大匠閻立德訪可清暑之地，以建離宮，遂於汝州西山前臨汝水旁通廣城，擇以置宮焉，役功一百九十萬，雜費稱是。至十五年三月七日，幸襄城宮。及至暑，熱甚，又多毒虺，太宗大怒，九日免立德官而罷其宮，分賜百姓。

顯慶五年四月八日，於東都苑内造八關涼宮。五月二十二日，改為合璧宮。

儀鳳三年正月七日，於藍田縣新作涼宮，宜名萬全宮。至弘道元年十二月七日，遺詔廢之。

四年五月十九日，造紫桂宮於澠池縣西。至永淳元年四月十三日，改芳桂宮。弘道元年，遺詔廢之。

長安二年六月，於雍州永安縣置涼宮，以永安為名，仍令特進武三思充使營造。

景龍三年十月，敕宮城皇門、京城門、禁苑門左右内外各給交魚符一，合巡魚符一，合左廂給開門魚一，合右廂給閉門魚一，合皆左符，付監門掌交番巡察。每夜并非時開閉，則用之。

開元十一年正月十四日，改潞州舊宅為飛龍宮。臺

又《雜記》 武德三年七月八日敕，隋代離宮別館遊憩所並廢。

開元二十六年正月六日，修望春宮。至十月，兩京路行宮各進造殿宇及屋千間。

（元和）三年十月，敕修南内宮墻舍共一千六百間。

（元和）十三年四月，詔六軍使創修麟德殿之右廊。是月後，龍首池起承暉殿，雕飾綺煥，徙植佛寺之花木充焉。

（元和十五年）其年七月，新作永安殿及寶慶殿，修日華門、通乾門并朝堂廊舍。

（太和）八年，敕修安福殿及南院屋宇一百八十八間，又修兩儀殿及甘露殿共一百七十二間。

大中元年二月，敕修百福殿院八十間。其年七月，敕觀政樓號雍和殿，別造屋宇廊舍七百間。

宋·宋敏求《唐大詔令集》卷一〇八《政事·營繕·建玉華宮於宜君縣鳳皇谷詔》 朕聞上代無為，簷茅而砌土；中季革用，卮玉而臺瓊。燥濕之致雖同，奢儉之情則異。朕承皇王之緒，執造化之綱，包萬類於心端，圖八紘於目際，夷夏一軌，區宇大同。雖則德有劣於難名，道方參於至有。若乃制衣服裳之后，環井羈馬之君，强弧制矢之奇，運車浮舟之智，濟時為美，功亦大焉。至若浩浩九齡，炎炎七載，融山拆地，滔天襄陵，生人之艱，勞亦極矣。彼數德者，功莫高乎吞狄；此兩災者，勞又甚乎裁宮。今雖菲食卑居，有慚於曩哲；安人濟難，不恧於前賢。然而人皆輕見重聞，貴耳賤目。德雖微也，以其古而為著；功雖巨也，以其今而成小。不以謬哉！每流鑑於前經，常披懷而自勗，思所以收驕閑逸，卷欲除華。而頻年已來，憂勞煩結，暨於茲歲，風疾彌時。嗟乎！濟世之心，患攢躬而靡制；摩天之力，痛沈己而難移。重以景熾流金，風湯溽暑，邅迴几席，旭暮增煩，俯仰巖廊，寢興深弊。唯冀廊景延涼，

蕩茲虛假。近因羣下之志，南勞翠微，本絶丹青之工，纔假林泉之勢，峰居隘乎蚊脚，山逕嶮乎焦原。雖一己之可娱，念百僚之有倦。所以載懷爽塏，爰制玉華，故遵意於淳朴，本無情於壯麗。尺版尺築，皆悉折庸；寸作寸功，故非虛役。猶恐遐邇乖聽，方興怨咨，非其樂勞人而竭力，好峻宇而雕牆，但以養性全生，不獨存私存己，怡神祈壽，良以為國為人。比者屢有征行，非無疲頓。前歲問罪遼左，去秋巡幸靈州，皆以剪害除凶，懷柔服叛，豈欲矜轍迹，騁遊盤而已哉？今復土木頓興，營繕屢動，永言及此，深念人勞，一則以為慚，一則以無愧。何則？匈奴為患，自古弊之。十月防河，人血丹於水脈；千里轉戰，漢骨浩於塞垣。當此之疲，人不堪命，尚興未央之役，猶起甘泉之功。今毳幕穹廬，聚為郡縣；天山瀚海，分為苑池。去既往之長勞，成將來之永逸。避迴一年之力役，創此新宮，想志士哲人不以為言也。布告黎庶，明此意焉。貞觀二十一年七月

又**《玉華宮成曲赦宜君縣制》** 昔周武應天，尅瑤臺而靡處；漢高作極，獲負陽而不居。散服桃林，革命先於卜洛；既還枌社，創制肇於疏龍。朕御九成，有乖斯義，以茲撫事，尤須改作。何者？大營仁壽，槩日凌雲；煬起乾陽，銜珠帶璧。比阿房而競爽，猶且有加；擬傾宮而騁麗，全為具體。隋德云謝，其微在茲。朕悼於懷，為日既久，故違其侈義，顯然令辰。加以心懷濟育，事切於肌膚；亟犯風霜，疾纏於腠理。每至隆曦届候，大火摛芒，雖對寒泉，如升頭痛之坂；或居珍簟，若涉炎火之林。由是岳牧憂惶，公卿駭懼，因累陳丹款，請建山宮。歷載深惟，切愛百金之費；詳思至理，宜順萬姓之心。朕往冒兵凶，為黔首而忘己；今茲清暑，豈勞人而取安？但以上奉宗祧，下寧兆庶，身非己有，不可自輕。敬思休攝之方，兼履古先之道，發明二指，創此一宮。即澗疏隍，凴巖搆宇，土無文繢，木不雕鎪，矯鋪首以荆扉，變綺窗而甕牖。負扆協幽貞之賞，垂纊體嘉遁之情。振此沖規，方垂帝範。今既成之不日，賴洽普天，宜順發生，弘茲霈澤，可曲赦宜君縣官及百姓幷督作官人丁匠等大辟罪以下，常赦不免者不在赦例。其營造監當官人，量加品秩；及衛士已上，並節級賜物。先在宮苑內住移出外者，給復三年。貞觀二十二年二月

又**《停修大明宮詔》** 卑宮致美，愛人之力；靈臺罷營，重費之廣。景彼前烈，吾無間然。頃以所居殿院，素非弘敞，時方暑雨，頗有鬱蒸。上禀聖慈，式遵時令，將修別寢，順彼高居。雖復工徒所須，止於蕃匠；補葺所擬，無煩外力。然以麥秋爰及，農務方勤，維夏在辰，執役為弊。營之則衆物有勞而一己逸，罷之則我躬未泰而萌庶安。夫生人樹君，將利之也。勞人自奉，予所不為。其修大明宮，宜即停，待至閑月，方使畢功。宣示百寮，使知予意。所有先役工匠，即優還價直，勿令懸欠，仍即放散。先天二年正月

又**《大明宮成放免囚徒等制》** 黄門：朕聞養人者，謂之司牧，非逸於人上；事天者，謂之帝王，蓋御於天下。故作為棟宇，以避燥濕，居於臺榭，以順高明，斯乃奉時而行政也。朕以不德，祇膺睿圖，賓什家之産，愛兆人之力，未嘗興功於土木，役思於池籞，冀之休艾，以致雍熙。自律應長嬴，時方大暑，溽雲屢起，温風且至，伏以太上皇晏居頤衛，滌慮清閑，迹不往於甘泉，心每期於汾水。朕侍於左右，以奉晨夕。助玄默之化，則虧於聽理；當炎蒸之序，又黷以囂煩。惕焉載懷，敢忘順色？然文明創兆，先聖所營，即舊不加，因時而往。千門萬户，外雖謂於別宮；一日三朝，中自連於複道。下所以寧問安之懇，上所以資習静之娱。實獲我心，俾康政理。古有服珍裘者，則念人之寒；居夏屋者，則念人之熱。況比歲阻饑，甫田不稔，或愚人陷罪，圜土稱寃。凡厥庶寮，將何以恤？兩京及諸州，宜令長官親理寃獄，除犯名教及官典犯贓幷緣妖偽以外，餘罪徒以下，咸宜放免。其有茂才異等，拔衆超羣，緣無紹介，久不聞達者，咸令自舉，朕當親問。其應宣撫使名聞舉人試第四等，宜准舊例，別加優奬。見任人各量與改轉前資，常選人至各依選例與處分其未出身者，並授散官。先天以來軍將押官等在臨陣戰亡者，令本軍勘績奏聞。其妄説灾祥，誑惑閭里，並令州縣長官等嚴加捉搦，仍令御史、金吾訪察繩糾。有能直言極諫，補朕之闕者，各封狀進，朕將親覽。如有可採，當加奬擢。其皇親諸親，其東宮承值任員外檢試等官，近停令至冬處分者，有家道貧迫、情願外任者，亦令所司勘績闕，量才注擬。其緣坐流人處置，有輕重不類者，令所司勘會奏聞，主者施行。開元二年六月八日

又《改明堂為乾元殿詔》 古之操皇綱，執大象者，何嘗不上稽天道，下順人極？或變通以隨時，爰損益以成務。且衢室創制，度堂以筵，因之以禮神，是光孝享，用之以布政，蓋稱視明，先王所以厚人倫，感天地者也。少陽有位，上帝斯歆。此則神貴於不黷，禮殷於至敬。今之明堂，俯鄰宮掖，此之嚴祀，有異肅恭。苟非憲章，將何軌物？由是禮官博士、卿大夫廣參羣議，欽若前古，宜存路寢之式，用罷辟雍之號，可改為乾元殿。每臨御，宜依正殿禮。開元五年八月

又《興慶宮成御朝德音》 朕昔在藩國，此維邸第，乾坤未泰，陰陽尚蒙，則有神物效靈，祥符肇配，飛佳氣於在田之際，湧瑞池於或躍之日。惟此舊居，式加新宇，周牆僅板於百堵，卑宮不階於五尺，棟梁之用，毀撤所餘，聊以紀天地之休徵，貽子孫之儉約耳。屬春令爰始，時惟發生，萬方來朝，千官入賀，既稱觴以獻壽，宜施惠以布德。況農祥在候，稼穡正興，或幽彼囹圄，獨隔陽和之澤；或迫於征徭，不遂農桑之務。言及於此，軫歎良深。其徒以下罪，且令責保；幷應當番兵、丁匠等灼然單貧者，所由勘會，並各營農所在訴訟，長官隨事疏理，勿使寃滯。非軍國所要，餘不急之務，一切並停。仍加勸課，循植農穡。其河北水損戶既屬春事，慮有乏絕不支濟者，宜委使與知縣相知，量加賑恤。諸處行人之家及鰥寡惸獨不能自存者，州縣長官親加優撫，使得存濟。應有差科，量事矜放。且宣風布化，職在令長有司；銓藻之次，特宜審擇其才。惟德與刑，為政之要。頃無關於風化，多取威於檟楚。理人之道，其若是乎？愚昧之流，或輕抵犯，宜加曉諭，使識章程。其含生之類，不得輒有屠殺。天下捕獵，亦宜禁斷，仍嚴加捉搦。百司各遵時令，務弘寬大之典，使政理無失，稱朕意焉。開元十六年正月

宋・王欽若等《册府元龜》卷一四《帝王部・都邑第二》 唐高祖武德元年五月，受隋禪，都長安。改隋大興殿為太極殿，昭陽門為順天門，離宮別館，游憩之所並廢。

十月，以武功舊宅為武功宮。

四年十二月，使行臺僕射屈突通焚乾元殿應天門、紫微宮，以其太奢。

五年七月，營弘義宮。初，秦王居宮中承乾殿。高祖以秦王有克定天下功，特降殊禮，別建此宮以居之。

六年四月，幸龍潛舊宅，改為通義宮。

十二月，以奉義監為龍躍宮，帝龍潛時莊舍也。又以武功宅為慶善宮。

七年五月，置仁智宮於宜州宜君縣。今防州縣。

八年四月，營太和宮於終南山。【略】

太宗貞觀三年四月，太上皇以弘義宮有山林勝景，乃徙居之，改為太安宮。六年，監察御史馬周上《疏》曰：臣伏見太安宮在城之西，其墻宇門闕之制，方之紫極，尚為卑小。臣伏以皇太子之宅猶處城中，太安宮至尊所居，更在城外，雖太上皇游心道素，志存清儉，陛下重違慈旨，愛惜人力，而番夷朝見及四方觀者，有不足瞻仰焉。臣願營築雉堞，修起門樓，務從高敞，以稱萬方之望，則大孝昭乎天下矣。

八年十月，營永安宮，改名大明宮，以備太上皇清暑。公卿百寮爭以私財助役。

十一年正月，新作飛山宮。

七月，廢明德宮及飛山宮之玄圃院，分給遭水之家。

十四年八月，營襄城宮。初，帝將幸雒陽，遣將作大匠閻立德行可清暑之地，以建離宮，於汝州西山前臨汝水傍通廣城澤，以置宮焉。役工一百九十餘萬，雜費稱是。

十五年三月，幸襄城宮。及至暑熱，又多毒虺，帝大怒，免立德官而罷其宮，分賜百姓。

二十年七月辛亥，宴五品已上於飛霜殿。其殿在玄武門北，因地形高敞，層閣三城，軒欄相注，又引水為潔淥池，樹白楊槐柳，與陰相接，以滌炎暑焉。【略】

二十一年，復營太和宮，籠山為苑。自初裁至於設幄，九日而罷功，因改名翠微宮。正門北開，謂之雲霞門，視朝殿名翠微殿，其寢殿名含風殿。幷為皇太子搆別宮，去臺連延里餘。正門西開，名金華門，內殿名喜安殿。

七月，建玉華宮於宜州宜君縣之鳳凰谷。【略】宮既成，正門謂之南風門，殿覆瓦餘，皆葺之以茅。帝以意在清涼，務從儉約，匠人以為層崑峻谷，玄覽遐長，於是疏泉抗殿，包山通苑。皇太子所居，南風門之東正

門謂之嘉禮門，殿名暉和殿。其官曹寺署，並皆創立。微事營造，庶物亦擾市取供，而折番和僱之費，以巨億計矣。及帝遊幸，敕奉御王孝積於顯道門內，起紫微殿十三間，文甓重基，高敞宏壯。帝見之甚悅。

高宗永徽二年九月，改九成宮為萬年宮，廢玉華殿以為佛寺。苑內及諸曹司舊是百姓田宅者，並還本主。

三年四月，將作大匠閻立德造新殿成，移御之日，謂侍臣曰：『朕性不宜熱，所司頻奏，請造此殿。既作之後，深懼人勞。今既暑熱，朕居屋下，尚有流汗，匠人暴露，事亦可愍。所以不令精妙，意者只避炎暑耳。』長孫無忌曰：『聖心每以恤人為念，天德如此，臣等不勝幸甚。』

五年三月，幸萬年宮。帝謂太尉長孫無忌曰：『此宮非直凉冷宜人，且去京不遠。朕離此十年，屋宇無多損壞。昨者不易一椽一瓦，便已可安。不知公等得安堵未？曹司廨署周足未？』乃親制《萬年宮銘》并《序》七百餘字。羣臣請刊石，建于永光門，詔從之。【略】

顯慶元年，敕司農少卿田仁汪因事東都舊殿餘址修乾元殿，高一百二十尺，東西三百四十五尺，南北一百七十六尺。

六月，改東宮弘教殿為崇教殿。

二年十二月，以雒陽宮為東都，雒州官吏階品准雍州。廢雒陽宮統監，改青城宮為東都苑北面監，明德宮為東都苑南面監。【略】

五年五月，【略】又於東都苑內造八關宮，尋改為合璧宮。【略】

九月，改東明門為賓耀門，西明門為宣耀門。時常機為司農少卿，受詔檢校東都營田園苑之事，帝謂之曰：『兩都是朕東西二宅也。今之宮館，隋代所造，歲序既淹，漸將頽毀。欲有修造，又費財力，如何？』機奏曰：『臣任司農，向以十年前後省費，今見貯錢三十萬貫。若以供葺理，可不勞而就也。』帝大悅，詔機兼統將作、少府二司，使漸營之。於是機始造宿羽、高山等宮【略】及機遷職，帝登雒水高岸，有臨眺之美，詔機於其所營上陽宮，宮成，移御之。

龍朔二年六月，帝染風痺，以宮內湫濕，乃修舊大明宮，改名蓬萊宮，北據高原，南望爽塏。是年，置正門曰丹鳳，正殿曰含元，含元殿之後曰宣政，宣政左右有中書、門下二省，弘文、史二館。

三年二月，稅隴、雍、同、岐、豳、華、寧、鄜、坊、涇、虢、絳、晉、蒲、慶等州率口錢，修蓬萊宮。又減京官一月俸，助修蓬萊宮。

四月，移仗就蓬萊宮。是月，始御紫宸殿聽政，百寮奉賀新落成也。初，遣司稼少卿梁孝仁監造，悉於庭院列白楊樹。右驍衛大將軍契苾何力入宮中縱觀，孝仁指白楊曰：『此木易長。不過二三年，宮中可得蔭映。』何力不答，但誦古詩『白楊多悲風，蕭蕭愁殺人』，意謂此是冢墓木也。孝仁遽令拔去之，更植梧桐，謂人曰：『禮失，求之於野。固不虛也。』

麟德二年二月，東都造乾元殿成。所司奏乾元殿成，其應天門先亦焚之。及是亦造成，為則天門。神龍元年三月十一日，避元天后號，改為應天門。唐隆元年七月，避中宗號，改為神龍門。開元初，又為應天門。

乾封二年二月，改萬年宮依舊為九成宮。

咸亨元年三月，改蓬萊宮為含元宮。長安元年十一月，又改為大明宮。十二月，又改為大明殿。神龍元年二月，復改為含元殿。

儀鳳三年正月，詔藍田縣新作凉宮，宜名萬全宮。

四年五月，造紫桂宮於澠池縣西。永淳元年四月，改芳桂宮。

是年，帝入雒，乃移御雒北陰殿。尚書左僕射劉仁軌謂侍御史狄仁傑曰：『古之陂池臺榭，皆在深宮重城之內，不欲外人見之，恐傷百姓之心也。韋玄機之作列岸脩廊，在於堙堞之外，萬方朝謁，無不覿之。此豈致君堯舜之意哉？』玄機聞之，曰：『天下有道，百司各奉職。輔弼之臣，則思獻替之事。腑臟之臣，行詔守官而已。吾不敢越分也。』

永淳元年七月，造奉天宮於嵩山之南，仍置嵩陽縣。【略】

睿宗景雲元年十月，以大內為太極宮。

玄宗開元二年七月，宋王成器等累上表，請以興慶舊里宅為宮，乃下制曰：『朕昔與弟兄聯居藩邸，虔奉聖訓，遂膺昌期，嘗思鄠杜之遊，頗有芒碭之氣。王等固陳符瑞，取則不遠，擬備巡幸，推而勿居。雖府在京師，亦同於譙沛。式遵故事，宜依今請。』遂以興慶里舊邸為興慶宮。初，帝在藩邸，與宋王等同居于興慶里，時人號曰五王子宅。至景隆末，宅內有龍池涌出，望氣者云有天子氣。中宗數行其地，命泛舟以馳，象踏氣以厭之。至是為宮焉。後於西南置樓，西面題曰花萼相輝之樓，南面題曰勤政務本之樓。至二十五年，帝戒諸王曰：『奉先帝宮室，不敢有加，時時補葺，已愧於勞人矣。唯興慶創制，乃朝廷百辟卿士以吾舊邸，因欲修建，不免羣卿考室之詞，是即庶民子來之請，亦所以表休徵之地。新作南樓，本欲察甿俗，採風謠，以防壅塞，是亦古闢四門、達四聰之意。時有作樂宴慰，不徒然也。今因大哥讓朱邸，以成花蕚相輝之美。歷觀自古聖帝明王，有所興作，欲以助教化也。吾所冀者，式崇敦睦，漸漬薄俗，令其人信厚耳。』興慶宮在東内之南，自東内達南内，有夾城複道，徑通北門，達南内。人主往來，兩宮莫知之。宮之西南隅，有花蕚相輝、勤政務本之樓。禁苑在皇城之北，苑東曲二十七里，南北三十三里，東至汶水，西連故長安城，南連京城，北枕渭水，苑内離宮亭以二十四所。漢長安故城東西十三里，亦隸入苑中。苑置四面監總監，以掌種植。

五年七月，改明堂為乾元殿。【略】

十一年。【略】是年，置温泉宮於驪山。

十六年正月，始移仗，於興慶宮聽政。【略】

二十六年正月，修望春宮。十月，兩京路行宮各造殿宇及屋千間。

二十七年九月，於明堂舊址造乾元殿。十月，毁東都明堂之上層，改下層為乾元殿。【略】

天寶元年十月，造長生殿，名為集靈臺，以祀天神。【略】

六載十月，改温泉宮為華清宮。【略】

十載四月，興慶宮作交泰殿。

十二載十月，城興慶宮，役京師及三輔人凡一萬三千人，並以時估酬錢。【略】

德宗貞元三年，作玄英門及觀於大明宮北垣。【略】

十三年三月，於麟德殿前新造亭子成，名曰會慶亭。五月，引龍首渠水自通化門入至太清宮前。【略】

十九年二月，修含元殿。【略】

（憲宗元和）三年十月，敕脩南内殿十三間墻舍共一千六百間及勤政樓、明光樓。【略】

十三年二月，詔六軍使創修麟德殿之右廊，又浚龍首池，起承暉殿，雕飾綺焕，徙置佛寺之花木以充焉。【略】

穆宗以元和十五年正月即位。【略】七月，新作永安殿及寶慶殿，及修日華門、通乾門并朝堂廊舍。【略】

敬宗寶曆元年七月乙亥，度支准宣進鏡銅三千餘斤，黄金銀薄總十萬，翻修清思院新殿及陽德殿圖障。

二年正月甲戌，左右神策六軍、威遠皇城左右金吾共差二萬人，入内穿池修殿。

是月，敕東都已來舊行宮，宜令度支郎官一人領都料匠，緣路檢計及雒城宮闕與東都留守商議計料，分析聞奏。【略】

文宗太和元年四月，詔毁昇陽殿東放鴨亭、望仙門側看樓十間，並敬宗所造也。【略】

二年八月，敕修安福樓及南殿院屋宇一百八十八間，又脩兩儀殿及甘露殿共一百七十二間。【略】

宣宗大中元年二月，敕修百福殿院八十間。

七月，敕親親樓號雍和殿，别造屋宇廊舍七百間。

《新唐書》卷三七《地理志一·關内道》 上都。宮城在北，長千四百四十步，廣九百六十步，周四千八百六十步，其崇三丈有半。龍朔後，皇帝常居大明宮，乃謂之西内。神龍元年，曰太極宮。

大明宮在禁苑東南，西接宮城之東北隅，長千八百步，廣千八十步，曰東内。本永安宮，貞觀八年置，九年曰大明宮，以備太上皇清暑，百官獻貲以助役。高宗以風痹，厭西内湫溼，龍朔三年，始大興葺，曰蓬萊宮。咸亨元年，曰含元宮。長安元年，復曰大明宮。

興慶宮，在皇城東南，距京城之東。開元初置，至十四年，又增廣之，謂之南内。二十年，築夾城，入芙蓉園。

京兆府京兆郡。【略】萬年。有南望春宮，臨滻水西岸，有北望春宮。長安。有大安宮。本弘義，後更名。南五十里太和谷有太和宮，武德八年置，貞觀十年廢，二十一年復置，曰翠微宮，籠山為苑。元和中，以為翠微寺。咸陽。有望賢宮。渭南。西十里有遊龍宮，開元二十五年更置。昭應。有宮在驪山下，貞觀十八年置。咸亨二年，始名温泉宮。天寶元年，更驪山曰會昌山。三載，以縣去宮遠，析新豐、萬年置會昌縣。六載，更温泉曰華清宮，治湯井為池，環山列宮室。又築羅城，置百司及十宅。高陵。西四十里有龍躍宮。武德六年，高祖以舊第置。德宗以為修真觀。藍田。永淳元年，作萬全宮，弘道元年廢。武功。有慶善宮，臨渭水。武德元年，高祖以舊第置宮，後廢為慈德寺。華原。有永安宮，長安二年置。神龍元年，復永安曰華原，有蒲萄園宮。

華州華陰郡。【略】鄭。東北三里有神臺宮，本隋普德宮，咸亨二年更名。

華陰。西十八里有瓊岳宮，故隋華陰宮，顯慶三年更名。東十三里有隋金城宮，武德三年廢，顯慶三年復置。

同州馮翊郡。【略】馮翊。南三十二里有興德宮，在志武里，高祖將趨長安所次。

朝邑。有長春宮。

鳳翔府扶風郡。【略】麟遊。西五里有九成宮，本隋仁壽宮。義寧元年廢，貞觀五年復置更名。永徽二年，曰萬年宮。乾封二年，復曰九成宮。周垣千八百步，并置禁苑及府庫、官寺等。又西三十里，有永安宮，貞觀八年置。

坊州中部郡。【略】宜君。有仁智宮，武德七年置。貞觀二十年，置玉華宮，復置縣，隸雍州。宮在北四里鳳凰谷。永徽二年，廢宮為玉華寺。

又　卷三八《地理志二·河南道》　東都。宮城在皇城北，長千六百二十步，廣八百有五步，周四千九百二十一步，其崇四丈八尺。以象北辰藩衛，曰紫微城，武后號太初宮。上陽宮在禁苑之東，東接皇城之西南隅，上元中置。高宗之季，常居以聽政。

河南府河南郡。【略】登封。永淳元年，營奉天宮，分陽城、緱氏復置，二年省。【略】有三陽宮，聖曆三年置。

澠池。西五里有紫桂宮，儀鳳二年置。調露二年，曰避暑宮。永淳元年，曰芳桂宮。弘道元年廢。

福昌。西十七里有蘭昌宮，有故隋福昌宮，顯慶三年復置。

永寧。西五里有崎岫宮，西三十三里有蘭峰宮，皆顯慶三年置。

壽安。西一十九里有連昌宮，顯慶三年置。西南四十里萬安山有興泰宮，長安四年置。

汝州臨汝郡。【略】臨汝。有清暑宮，在鳴皋山南，貞觀中置。

陝州陝郡。【略】陝。有陝城宮。

峽石。有繡嶺宮，顯慶三年置。

靈寶。有桃源宮，武德元年置。

虢州弘農郡。【略】閿鄉。有軒遊宮，故隋別院宮，咸亨五年更名。

湖城。有故隋上陽宮，貞觀初置，咸亨元年廢。

又　卷三九《地理志三·河東道》　安邑。有龍池宮，開元八年置。

北都。晉陽宮在都之西北。宮城周二千五百二十步，崇四丈八尺。

潞州上黨郡。【略】上黨。有啓聖宮，本飛龍，玄宗故第。開元十一年置，後又更名。

又　卷一《高祖紀》　（武德六年四月）己未，以故第為通義宮，祭元皇帝、元貞皇后于舊寢。【略】

（十二月）庚戌，以奉義監為龍躍宮，武功宅為慶善宮。【略】

（七年）五月丙戌，作仁智宮。【略】

（八年四月甲申）作太和宮。【略】

（貞觀）九年五月，崩於垂拱前殿，年七十一。

又　卷二《太宗紀》　（貞觀四年）六月乙卯，發卒治洛陽宮。【略】

（八年）十月，作永安宮。甲子，至自九成宮。【略】

（十一年正月）庚子，作飛山宮。【略】

（六月）丁巳，幸明德宮。【略】

（七月）丙申，作玉華宮。【略】

（十四年）八月庚午，新作襄城宮。【略】

（二十一年）四月乙丑，作翠微宮。【略】

（二十三年）四月乙亥，皇帝崩于含風殿，年五十三。

又　卷三《高宗紀》　（顯慶二年）五月丙申，幸明德宮。【略】

（五年）五月辛丑，作八關宮。【略】

（龍朔二年四月）辛巳，作蓬萊宮。【略】

（三年）二月，減百官一月俸，賦雍、同等十五州民錢，以作蓬萊宮。【略】

麟德元年二月戊子，如福昌宮。癸卯，如萬年宮。【略】

（調露元年五月）戊戌，作紫桂宮。【略】

（永淳元年）七月作萬泉宮。己亥，作奉天宮。【略】

（弘道元年）十二月丁巳，改元大赦。是夕，皇帝崩于貞觀殿，年五十六。

又　卷四《則天皇后紀》　（久視元年正月）戊寅，復于神都，作三陽宮。【略】

（長安元年十一月）戊寅，改含元宮為大明宮。【略】

四年正月丁未，作興泰宮。【略】（四月）丙子，如興泰宮，赦壽安縣，給復一年。【略】

（五年正月）丙午，皇帝復于位。丁未，徙后于上陽宮。

又 卷五《睿宗紀》 開元四年六月，崩于百福殿，年五十五。

又 《玄宗紀》 （開元二年六月）甲子，以太上皇避暑，徙御大明宮。【略】

九月庚寅，作興慶宮。丁酉，宴京師侍老於含元殿庭。【略】

（十年）十月甲寅，如興泰宮，獵于上宜川。【略】

上元元年，徙居于西内甘露殿。元年建巳月，崩于神龍殿，年七十八。

又 卷六《肅宗紀》 （寶應元年四月丙寅）是夜，皇帝崩于長生殿，年五十二。

又 《代宗紀》 （大曆十四年月辛酉）是夕，皇帝崩于紫宸内殿，年五十三。

又 卷七《德宗紀》 （貞元）二十一年正月癸巳，皇帝崩于會寧殿，年六十四。

又 《順宗紀》 （元和元年正月）是月，崩于咸寧殿，年四十六。

又 《憲宗紀》 永貞元年八月，順宗詔立為皇帝。乙巳，即皇帝位于太極殿。【略】

（元和三年）四月壬申，大風壞含元殿西闕檻。【略】

又 卷八《穆宗紀》 （長慶四年正月）壬申，皇帝崩于清思殿，年三十。

又 《敬宗紀》 （寶曆元年）五月庚戌，觀競渡於魚藻宮。【略】

（二年）三月戊寅，觀競渡於魚藻宮。【略】五月戊寅，觀競渡於魚藻宮。【略】（六月）甲子，觀驢鞠、角觝于三殿。【略】九月甲戌，觀百戲于宣和殿，三日而罷。

又 《文宗紀》 （開成五年正月）辛巳，皇帝崩于太和殿，年三十三。

又 《武宗紀》 （會昌六年三月）甲子，皇帝崩于大明宮，年三十三。

又 《宣宗紀》 （大中十三年八月）癸巳，皇帝崩于咸寧殿，年五十。

又 卷九《懿宗紀》 （咸通十四年）七月辛巳，皇帝崩于咸寧殿，年四十一。

又 《僖宗紀》 （文德元年三月）癸卯，皇帝崩于武德殿，年二十七。

又 卷三四《五行志》 貞元四年正月庚戌朔，德宗御含元殿，受朝賀。質明，殿階及欄檻三十餘間自壞，衛士死者十餘人。含元路寢，大朝會之所御也；正月朔，一歲之元。王者之事天，所以儆者重矣。

又 卷九〇《姜確傳》 確字行本，以字顯。貞觀中，為將作少匠。護作九成、洛陽宮及諸苑籞，以幹力稱，多所賚賞，游幸無不從，遷宣威將軍。

又 卷九八《韋挺傳》 武德七年，帝避暑仁智宮，或言太子與宮臣謀逆，又慶州刺史楊文幹坐大逆誅，辭連東宮，帝專責宮臣，由是挺與杜淹、王珪等皆流越巂。

又 卷一〇〇《閻讓傳》 太宗幸洛陽，詔立德按爽塏建離宮清暑，乃度地汝州西山，控汝水，睨廣成澤，號襄城宮，役凡百餘萬。宮成，煩燠不可居，帝廢之，以賜百姓，坐免官。【略】又營翠微、玉華二宮，擢工部尚書。

又 《韋弘機傳》 帝嘗言：『兩都，我東西宅，然因隋宮室，日仆不完。朕將更作，奈財用何？』弘機即言：『臣任司農十年，省惜常費，積三十萬緡，以治宮室，可不勞而成。』帝大悅，詔兼將作、少府二官，督營繕。初作宿羽、高山等宮，徙洛中橋於長夏門，廢利涉橋，人便之。天子乃登洛北絕岸，延眺良久，歎其美，詔即其地營宮，所謂上陽者。尚書左僕射劉仁軌謂侍御史狄仁傑曰：『古天子陂池臺榭皆深宮複禁，不欲百姓見之，恐傷其心。而今列岸謻廊，亙王城外，豈愛君哉？』弘機猥曰：『天下有道，百官奉職。任輔弼者，則思獻替事。我乃府藏臣，守官而已。』仁傑非之。【略】

永淳中，帝幸東都，至芳桂宮，召弘機使白衣檢校園苑，將復任之，為后掎而止。終檢校司農少卿事。

又 卷二〇六《外戚傳・武三思》 后春秋高，厭居宮中。三思欲因此市權，誘脅羣不肖，即建營三陽宮於嵩山，興泰宮於萬壽山，請太后歲臨幸。已與二張扈侍馳騁，竊威福自私云。工役鉅萬萬，百姓愁歎。

又 卷二二五下《逆臣傳・黄巢》 自祿山陷長安，宮闕完雄。吐蕃所燔，唯衢衖廬舍。朱泚亂定百餘年，治繕神麗，如開元時。至巢敗，方鎮兵互入虜掠，火大内，惟含元殿獨存。火所不及者，止西内、南内及光啓宮而已。

宋・程大昌《雍録》卷四《唐宮雜名》 玉華宮。在坊州宜君縣，貞觀二十一年造。

九成宮。在鳳翔府麟遊縣。本隋仁壽宮，文帝以避暑，每歲春往冬還，文帝竟終於此宮。太宗欲以宮奉高祖，高祖惡之不往。貞觀五年，太宗自修繕，以備清暑，改名九成宮。高宗永徽元年，改為萬年宮。

仁智宮。武德七年造，在宜州宜君縣。

秦蘭池宮。秦於蘭池側造宮，至唐猶在。太宗出征，高祖至此宮餞之。或云漢宮。

興德宮。在同州馮翊縣南。義旗初起，嘗駐此。

永安宮。貞觀八年置，在麟遊縣西。

慶善宮披香殿。本名武功，高祖舊第也。在武功縣渭水北，太宗誕生於此。貞觀六年，改慶善宮。上賦詩，呂才被之管絃，名《慶善樂》。有披香殿。

翠微宮。武德八年造，名太和，在終南山。貞觀二十一年，改翠微宮寢名含風殿。蘇文忠詩曰『植立含風廣殿』，用此也。太宗於此宮上僊。楊大年《談苑》曰：宮在驪山絶頂，太宗常避暑于此。後為寺，寺亦廢。有遊者題云：翠微寺本翠微宮，樓閣亭臺數十重。天子不來僧又去，樵夫時倒一株松。

魚藻宮。禁苑池中有山，山上建魚藻宮。王建《宮詞》曰：『魚藻宮中鎖翠娥，先皇幸處不曾過。而今池底休鋪錦，菱角雞頭積漸多。』先皇，德宗也。池底張錦，引水被之，令其光艷透見也。德宗亦已奢矣，故横取厚積，如大盈之類，豈獨為供軍之用也？若非王建得之内侍，外人安得而知？

元・王士點《禁扁》卷一《宮・唐》 太極。西京西内。大明。西京東内，即永安。龍朔二年作，後改蓬萊。興慶。西京南内玄宗舊第。大安。即弘義。武德五年作，貞觀二年改。通義。長安高祖舊第。武德六年作宮。永安。在麟德。貞觀八年作。龍躍。京兆武功西四十里奉義監，高祖舊宅。武德六年作。翠微宮。即太和，在長安太和。武德八年作，貞觀二十一年改。慶善。京兆武功南十八里，臨渭水。高祖舊宅，太宗生所。武德元年作武功宮，六年改。玉華。貞觀二十一年作。仁智。武德七年作。二宮並在宜君。九成。一名萬年，即隋仁壽。九曲。西京禁苑。

奉天。嵩南。永淳元年作。三陽。嵩陽。聖曆三年作。興泰。壽安縣西南四十里萬安山上。長安元年以三陽宮林作，周回四里。

華清。在驪山下。貞觀十八年營，名湯泉。咸亨二年，易名温泉。天寶六年，始改今名。飛仙。一作『飛山』。貞觀十二年作。魚藻。大明宮北。萬泉。一作『萬全』。在藍田。永淳元年作。紫桂。澠池西。儀鳳四年作。永淳元年改『昔桂』。弘道元年廢。高山。西苑北。飛龍。在上黨。玄宗故第。開元十一年作，後改啓聖。望賢。咸陽。

咸宜。漢故宮。在西京禁苑。冷泉。隋故宮。景華。望春。一在萬年縣，開元二十六年修。一在芳華苑東南隅。宿羽。合璧。苑中之西。顯慶三年作，初名『八關』。朝陽。龍鱗。苑之中央。太宗作。黄女。合璧之東黄女灣，三面臨洛水。明德。即隋顯仁。合璧東南。青城。宿羽西。積翠。一名翠微。栖雲。淩波。已上十四宮，並在芳華苑内。

上陽。西上陽。二宮並在芳華苑東，洛水西南上元中。

青女。芳樹。長春。隋故宮。積慶。郭太后自興慶移居。連昌。河南之壽安縣西二十九里。東西二百步，南北四百步。

綺岫。河南之永寧縣西五里。周三百步。諸宮皆列槐柏，此宮惟有櫟林。蘭峰。永寧西三十三里。長樂。繡嶺。陝州。已上四宮，並顯慶三年作，開元二十七年修。

晉陽。天授元年作。靈武。天寶末，肅宗作。桃源。靈寶縣。武德元年作。甘泉。已下三宮，並漢故宮。未央。通天。則天長壽改乾元為明堂，因號曰『萬象神宮』。證聖明堂火，更造，又號曰『通天宮』。興德。馮翊南卅二里。高祖起兵，决忠武園，因置亭作宮。陝城。陝縣。

金城。隋宮。武德三年廢，顯慶三年復。神臺。隋普德。咸亨二年改。蘭昌。隋福昌。在福昌西十七里。顯慶二年復，開元二十七年修，因改今名。周五百二十八步。華陰。隋瑤岳。顯慶三年改。崇業。隋故宮。在龍游東十五里。迎仙。龍游。渭南西十一里。開元二十五年作。昇仙。天寶二年作。

太初。即洛陽宮。武后改，尋復舊。太微。東都道宮。太清。即西都混元道宮。

汾陽。銀潢。《文苑英華》有魏元忠《侍宴銀潢宮詞》一首。含元。龍池。河中安邑縣。開元八年作。天華。襄城。汝州西山。貞觀十四年作。

紫極。昭仁。玄沼。西京禁苑内。昭德。近昭遠門。光啓。龍山池。咸通六年作。蘭池。高祖餞太宗于此。靜安。高祖別廟。崇聖。太宗別廟。在長安崇德坊下。積善。

又　卷二《殿·唐》　太極。即隋大興。武德。淑景。兩儀。即隋中華。甘露。百福。神龍。昭慶。承慶。承香。咸池。長樂。紫微。嘉壽。延嘉。延恩。萬春。千秋。就日。臨照。薰風。望仙。翔鳳。鶴羽。乘龍。大吉。立政。文思。安仁。觀德。凝陰。弘文。三十二殿並在太極宮。

含元。後改大明，尋復。麟德。一名『三殿』。紫宸。延英。宣政。承暉。含涼。拾翠。還周。觀德。金鑾。長安。改長樂。蓬萊。會寧。紫蘭。含冰。玄英。三清。碧羽。白華。大角。綾綺。長生。大福。咸寧。玄武。恩政。明義。承香。仙居。中和。大和。清思。紫蕭。珠鏡。玉清。承歡。凝霜。水香。含象。龍首。凝暉。並在東内苑。

觀德。迨後改拆為含元殿。寶慶。永安。並在内苑。

興慶。大同。交泰。冷泉。積慶。義安。龍池。南薰。新射。飛仙。同光。長慶。榮光。十三殿並在興慶宮。

承乾。垂拱。戢武。翠華。文殿。五殿並在大安宮。

光大。明德。即嘉德改顯德。崇教。即弘教。麗正。改集仙，又改集賢。承恩。崇文。崇仁。八風。一作『八殿』。射殿。九殿並在東宮。

咸泰。德陽。文思院。元和。嘉慶。昭敬。臨璧。德政。同文。保寧。興泰。雲韶。會宗。臨光。昭德。保安。宣明。靈臺。壽春。宣光。凝化。宣和。昇陽。會昌。壽昌。宣徽。並在西京，不見所在。

含元。即隋乾陽，武德四年焚。麟德二年，作乾元殿。長壽三年，改作明堂。其北造天堂。證聖二年火，更造明堂，號『通天宮』，其中號『端扆殿』。開元五年，為乾元殿。十年，復為明堂。二十七年，毀明堂之上層為新殿。明年，改含元。宣政。即武成改。貞觀。含元北。徽猷。貞觀北。文思。莊敬。飛香。觀文。流杯。潦渠九曲。弘徽。大儀。集仙。澄華。凝華。安福。仁智。蔭殿。觀象臺下。東西二十五丈，南北二十丈，壁厚三丈。五殿。下有五殿，上合為一，亦陰殿也。殿厚五丈，高九丈。瑤光。儀鸞。百戲。五明。集賢。長壽。仙居。儀歲。同明。德昌。洛城。飲羽。延祥。延壽。六合。弘福。改崇福。思政。即太極也。崇勳。六殿並在洛陽宮中。

觀風。正殿東向。仙居。甘露。麟趾。麗春。芬芳。六殿並在上陽宮。

成務。大順。文華。春林。和春。五殿並在芳華苑内。

連璧。齊聖。綺雲。三殿並在合璧宮中。

含樞。三陽。九玄。芳桂。介福。憲宗神御。虔思。宣宗憇所。二殿並在洛陽報聖寺。

通光。未央。昇陽。在望春宮。

翠微。正。含風。寢。喜安。儲。三殿並在翠微宮。玉晨。成都。長生。

飛霜。明珠。彈箏。玉女。四聖。七聖。鬭鷄。七殿並在華清宮。

玉華。暉和。儲。二殿在玉華宮中。

九成。小辛。崇德。咸亨。大辛。雲遶。一作『擾』。承恩。小犢。宿成。微暑。大犢。仰雨。偏樂。小真。講武。雲寢。大真。觀藝。大朝。偃日。排雲。含輝。避暑。伏龍。偃雨。齊政。淩陰。雲□。二十八殿在九成宮。

披香。慶善宮。雍和。即親親樓，在十六宅。含光。會昌。二殿在黎。

椒蘭。慶安。延喜。同心。含章。臨華。文成。

元·駱天驤《類編長安志》卷二《宮殿室庭·唐·西内宮殿》　西内宮城。南面六門，當正殿南曰承天門，隋開皇二年作，唐武德元年改順天門。承天門東曰長樂門，次曰廣運門，次東重明門，次東永春門。承天門西曰永安門。若元正、冬至，大陳設宴會，赦過宥罪，萬國之朝貢，四夷之賓客，則御承天門以聽政。東面一門，曰鳳皇門。西面二門，南曰通明門，北曰嘉猷門。北面三門，正北曰玄武門，次東曰安禮門，東宮北門曰玄德門。當承天門内，其北曰太極門，本隋大興門，唐改為大極門。

太極殿。西內正殿也。乃隋之大興殿，唐武德元年改為太極殿，朔望則坐而視朝焉。東有東上閤，西有西上閤，蓋古之中朝也。太極門正南承天門。左延明東南門下省，右延明門西南中書省。弘文館在門下省東，史館在門下省北。貞觀三年，置秘書內省，以修國史。

兩儀殿。在太極殿后。隋之中華殿，貞觀五年改為兩儀殿。常日聽政而視事，蓋古之內朝也。

千秋殿。在兩儀殿西。獻春門在兩儀殿之左，宜秋門在兩儀殿右，百福門在宜春門之右。

百福殿。宣宗時，神策軍奏百福殿成，賜名曰雍和殿，會諸王子孫。百福殿，承慶門內。

甘露殿。在兩儀殿北。門外有東西永巷。東出有東橫門，又東有日華門。西出有西橫門，又西有月華門。殿院北有東西千步廊舍，東至宮城，西至掖庭宮。明皇自蜀回還，居西內甘露殿。東有武德殿，延恩殿，萬春殿，千秋殿，承恩殿，立政殿，大吉殿。

凝陰殿。在紫雲閣西。《異聞集》曰：天寶七載，秦中旱，明皇於此令葉法善祠鏡龍，遂得甘雨。

承香殿。在延嘉殿北。西有昭慶殿，長樂殿，景福殿，神龍殿，安仁殿，淑景殿，延嘉殿，咸池殿，鶴羽殿。

弘文殿。貞觀初，於弘文殿收貯圖籍二十餘萬卷。虞世南選充直殿。

觀德殿。在玄武北門外。侯君集平高昌國，俘其君臣，獻於觀德殿。

嘉壽殿。太宗宴突厥賀魯於嘉壽殿。

紫微殿。貞觀末，阿史那社爾平龜茲，獻俘於紫微殿。又有興仁、宣猷、崇道、惠訓、昭德、正禮、宣光、通福、光昭、華光、暉儀、壽安、綏福等門，內又薰風、就日、翔風、臨照、望仙、乘龍等殿。

雍和殿。懿宗幸雍和殿，飛龍殿，驤德殿。又於興德殿，以會諸王及王子王孫等，賜宴。

又《大安宮宮殿》 大安宮。太宗初居承乾殿。武德五年，高祖以秦王有剋定天下之功，特降殊禮，別建此宮以居之，號弘義宮。八年，帝臨幸，朕以秦王有大功，故於宮中立山林勝景，雅好之。至貞觀三年，徙居之，在宮城之西。《馬周傳》：伏覩大安宮在宮城之西，其牆宮闕之制，尚為卑小。東宮太子之宅，猶處城中。大安宮至尊所居，更在城外。臣願營築雉堞，修起門樓，務從高顯，以稱萬方之望。

垂拱前殿。高祖崩於大安宮垂拱前殿。

戢武殿。太宗與公卿謁高祖於戢武殿。

文殿。貞觀七年四月，宴王公親屬於文殿。酒闌，徙翠華殿。

翠華殿。在大安宮東北垣上。遺址尚存，俗云祭酒臺。

又《掖庭宮宮殿》 掖庭宮。在宮城東西四里，即皇城，北抵苑西，即掖庭宮。《西京記》及《六典》：皇城東西五里百一十五步。今除宮城，四里外即是掖庭宮。東西廣一里一百一十五步。大安宮東西里數同。

掖庭西門。貞觀二年，左丞戴胄於掖庭房西門，簡宮人出之。今皇城內，亦有掖庭街。

又《東宮》 東宮正殿曰明德殿。本名嘉德殿，東內廊左嘉善門，西內廊有右嘉善門。按高祖傳位，太宗即位於明德殿。

崇教殿。在明德殿北，宮內殿也。本名弘教，長安二年改為崇教殿。

麗正殿。在崇教殿之北。高宗降誕此殿。開元初，詔此繕寫古今圖籍統記。開元中，改為集僊殿。

光大殿。在麗正殿北。明皇始詔沙門一行禪師於光大殿撰《大衍曆》，後徙就麗正殿。

承恩殿。在光大殿院內，明皇居春宮造。開元八年，勑一行禪師於院內注《易》。

宜春北院。《譚賓録》：天寶中，玄宗命宮女數百又為梨園第子，皆居宜春北院。

又《東內宮殿》 東內大明宮。在禁苑之東，南接京城之北面，西接宮城之東北隅。貞觀八年，置永安宮。九年，曰大明宮，以備太上皇清暑。百官獻貲以助役。龍朔二年，大加興葺，曰蓬萊宮。咸亨元年，曰含元宮。長安元年，復曰大明宮。初，高宗染風痹，以宮內湫濕，屋宇擁蔽，乃此置宮，司農少卿梁孝仁充使制造。北據高原，南望爽塏，每清天霽景，視終南山如指掌，宮城坊市俯而窺焉。其宮南北五里，東西三里。南面五門，正南曰丹鳳門，東曰望仙門，次東曰延政門。丹鳳門西曰建福門，門外百官待漏院。次西曰興安門。東面一門曰太和，南面一門曰日營，北面一門曰玄武。

含元殿。丹鳳門內，當中正殿。階高於平地四十餘尺。南至丹鳳門四百餘步，中無間隔，左右寬平，東西廣五百步。東南有翔鸞閣，西南有棲鳳閣，與殿飛廊相接。又有鐘樓、鼓樓。殿左右有砌道盤上，謂之龍尾道。夾道東有通乾門，西有觀象門。閣下即朝堂、肺石，一如承天之制。又有金吾左右仗院

宣政殿。東有東上閤門，西有西上閤門，即正衙殿也。殿前東廊曰日華門，殿前西廊曰月華門。

紫宸殿。在宣政殿北，紫宸門內，即內衙之正殿也。肅宗乃崩於紫宸殿。

蓬萊殿。在紫宸北。敬宗時，蓬萊殿會沙門道士四百餘人，賜食，給茶絹。

延英殿。肅宗時，梁上生玉芝，一莖三葉。苗晉卿相代宗時，年老蹇甚，乞間日入政事堂。帝憂之，聽入閣不趨。後改靈芝殿。

長安殿。在金鑾殿之西南。肅宗收京師，作新九廟主於長安殿安置。至德二載，收復京城，宮省門有『安』字者改之，為長樂殿。

金鑾殿。在金鑾門里。順宗召學士鄭絪至金鑾殿，立憲宗為皇子。

宣和殿。敬宗宴三日於宣和殿。又寶曆二年，御宣和殿，對內人親屬一千五百人賜宴，仍各賜錦彩。

延英殿。相對有思政殿，含涼殿，綾綺殿，珠鏡殿，還周殿，承歡殿，仙居殿。

麒麟殿。在仙居殿之西北。東南、西南皆有殿閣，東、西皆有樓，相連各有障日閣。內宴多於此殿。又有大福殿，拾翠殿，三清殿，含冰殿，凝霜殿，紫蘭殿，玄武殿，明義殿，承雲殿，修文等殿。又有碧羽、紫簫、承雲、修文等閣。又有翰林門，內有翰林院。至德以後，軍國務繁，其入直者，以文詞共掌詔勑。自此翰林院始有學士之名。其後置東翰林院於金鑾殿之西，隨上所在而遷取其便。

玉清殿。德宗義章公主薨於大明宮玉清殿。

清思殿。穆宗崩於大明宮清思殿。

長生殿。肅宗崩於大明宮長生殿。

會寧殿。德宗崩於大明宮會寧殿。

又《**南內宮殿**》　南內興慶宮。距外郭城東垣。武后大足元年，睿宗在藩，賜五王子宅，明皇始居之。宅臨大池，望氣者云『此池有天子氣』，故數宴遊，上巳泛舟以厭之。南街東出春明門，開元二十二年置宮，因本坊為名。十四年，又取永嘉坊、勝業坊之半，增廣之，謂之南內。宮之正門西向，曰興慶門。南曰通陽門。北曰躍龍門。西南隅曰勤政務本樓，南向，開元八年。每歲中秋節，酺飲於樓前。其西曰花萼相輝樓，寧王憲、申王撝、岐王範、薛王業邸第相望，環於宮側，明皇因題花萼相輝之名。帝時登樓，聞諸王音樂，咸召升樓，同榻宴謔。

興慶殿。在通陽門北，即正衙殿也。其後曰文泰殿，天寶十年作。前有瀛洲門，內有南薰殿。北有龍池，在躍龍門南。本是平地，自垂拱後，因雨水流潦，成小池，後又引龍首渠水支分溉之，日以滋廣。至景龍中，彌亙數頃，澄澹皎潔，深至數丈。常有雲氣，或有黃龍出其中。本以坊名池，俗亦呼為五王子池。置宮後，謂之龍池。拾遺蔡孚作《龍池篇》以讚其事，公卿多和之。後為景龍池，今俗語訛呼為九龍池。

大同殿。在勤政樓北大同門內。殿前左右有鐘樓、鼓樓。天寶七載，大同殿柱產玉芝，有神光。殿，太和三年修。《宮殿疏》曰：大同殿，十三間。

長慶殿。在通陽門東明義門內。《唐雜説》曰：明皇為太上皇，居興慶宮，每置酒長慶樓，南俯大道，裴回觀覽。

積慶殿。《唐雜記》：蕭太后徙居興慶宮積慶殿，中書門下奏准義安殿太后故事，號積慶皇太后。

義安殿。敬宗母王太后居義安殿。

冷井殿。懿安郭太后崩於是殿。又有新射、飛僊、同光、榮光等殿。其內有龍堂、五龍壇。沉香亭、金花落在池東。

又《**離宮**》　龍躍宮。在高陵縣西十四里。唐神堯舊宅。武德六年，以奉義宮建龍躍宮。德宗改為修真觀。內有神堯真容、御井、靈柏。

慶善宮。在武功縣南一十八里。神堯舊第也，太宗降誕之所。南臨渭水。武德元年，建武功宮。六年，改慶善宮。貞觀六年，太宗臨幸，燕羣

臣，賦詩。後廢為慈德寺。有詩曰：昔時高祖宅，今日梵王宮。塔聳白雲外，僧行綠樹中。真容唐列聖，墨迹宋坡公。半日休心處，烹茶話祖風。

望賢宮。在咸陽東數里。唐明皇自蜀還京，肅宗至望賢宮迎。明皇上馬，帝親攏馬行數十步，執鞭弭，道引明皇入開遠門。

華清宮。在臨潼縣南。貞觀十八年，太宗詔左屯衛大將軍姜行本、將作少匠閻立德營造殿，御賜名湯泉宮。太宗因幸製碑。咸亨二年，名温泉宮。天寶六載，改華清宮。驪山上下，益治湯井池，臺殿環列山谷，明皇歲幸焉。又築會昌羅城，即於湯所置百司及公卿邸第。祿山亂後，天子罕復遊幸。唐末圮廢。晉天福中，改靈泉觀，賜道士居之。

萬金宮。在藍田縣東四十五里。開耀二年，詔新造涼宮為萬金宮。高宗遺詔：萬金、芳桂、奉天等宮並停廢。武后詔：奉天宮置道士觀，芳桂、萬金置僧寺，以舊宮為名。【略】

遊龍宮。在渭南縣西一十一里。《兩京道里記》：唐開元二十五年勑：兩京行宮，遠近不等，宜令將作大匠康詧與州縣均融修葺。取黑龍飲渭名之，有遺址。

玉華宮。貞觀二十一年，於宜君縣鳳凰谷置玉華宮。永徽三年，縣廢，宮亦廢。今隸坊州，西四十里有故基，為佛寺。杜詩云：溪回松風長，蒼鼠竄古瓦。不知何王殿，遺構絕壁下。陰房鬼火青，壞道哀湍瀉。萬籟真笙竽，秋色正蕭灑。美人為黃土，況乃粉黛假。當時侍金輿，故物獨石馬。憂來藉草坐，浩歌淚盈把。冉冉征途間，誰是長年者。

翠微宮。《唐餘》曰：貞觀二十年，營大和宮於終南山上，改翠微宮。北門曰雲霞門，朝殿曰翠微，寢殿曰含風。太宗崩於含風殿，廢為翠微寺。詩云：翠微寺本翠微宮，樓閣亭臺幾十重。天子不來僧又去，樵夫時倒一株松。

魚藻宮。《會要》曰：魚藻宮去宮城十三里，在禁苑神策軍後。宮中有九曲山池。貞元十三年，詔魚藻池先深一丈，更淘四尺。穆宗初，又發神策六軍二千人浚之，又觀競渡。王建《宮詞》曰：魚藻宮中鎖翠娥，先皇幸處不曾過。而今水底休鋪錦，菱角雞頭積漸多。【略】

九成宮。《唐會要》曰：九成宮在鳳翔麟遊山，即隋之仁壽宮也。貞觀年，改九成宮。中有醴泉銘碑。

元·佚名《河南志》卷四《唐城闕古迹·宮城》 宮城。因隋名曰紫微城。周十三里二百四十一步，高四丈八尺。東西四里一百八十八步，南北二里八十五步。城中隔城四重。最北曰圓璧，次曰曜儀，次曰玄武，最南曰洛城。正觀六年，號為洛陽宮。武后光宅元年，名太初宮。【略】

乾元門內正殿，曰含元殿。隋之乾陽殿。武德四年，平王世充，遂焚之。麟德二年，命司農少卿田仁汪因舊址造乾元殿成，高一百二十尺，東西三百四十五尺，南北一百七十六尺。武后長壽三年，改造明堂，上圓下方，八窗四闥，高三丈，號萬象神宮。薛懷義充使檢校，去都百餘里外遙望見之。其北造天堂，以貯佛像。證聖元年，大明堂、天堂同焚，又敕更造明堂，侔前制。其上初制寶鳳，後以金珠代之，號通天宮。其中號端扆殿。不復造天堂。其所為佛光寺。明皇開元五年，幸東都，改為乾元殿。十年，復為明堂。二十七年，毀明堂之上層，改修下層為新殿。二十八年，佛光寺火，延燒廊舍，改新殿為含元殿。殿下有九州鼎，武后所鑄。

含元殿西有乘明門，其內曰宣政殿。常聽朝內殿。本名武成，後改宣政。天祐二年，改貞觀殿。【略】

宮內有貞觀殿。在含元殿北，隋煬帝造。自此以下，並永淳年製名。

徽猷殿。在貞觀殿北。殿前有石池，東西五十步，南北四十步。【略】

文思殿。在舊東華門之東北。

莊敬殿。在文思殿北。【略】

大儀殿。在莊敬殿之西。【略】

流杯殿。在麗春臺北。殿上漆渠九曲，從陶光園引水，注莊敬院。隋煬帝與宮人為曲水之飲。

宏徽殿。在流杯殿之北。【略】

觀文殿。在武成殿之北。【略】

集仙殿。在武成殿西北，武太后造。前有迎仙門。【略】

澄華殿。在登春閣之下。

凝華殿。在飛騎閣之下。

安福殿。在臨波閣北池之北。此院雕飾最□，煬帝寢御焉。【略】

瑤光殿。在池中洲上，隋造。【略】

閶闔門。在映日臺東北，隔城之上閣，南北皆有觀象臺，女使仰觀之所。下有蔭殿，東西二百五十尺，南北二百尺，壁前後三丈。

五殿。在隔城之西，映日臺之南。下有五殿，上合為一，亦蔭殿也。壁厚五尺，高九十尺。東西房廊皆五十間。【略】大帝常御此殿。殿南即洛城南門。

儀鸞殿。在五殿北。有射堋。殿東即雒城西門。【略】

又有五明殿。以上並出《六典》。【略】

明福之西曰崇賢門，其內曰集賢殿。武城之北曰長壽殿。集賢之北曰仙居殿，其東曰億歲殿，又東曰同明殿。【略】

上陽宮。在皇城之西南隅，上元中置。南臨洛水，西距穀水，東面即皇城、右掖門之南。上元中，司農卿韋機造。大帝末年，常居此宮聽政。【略】又西曰西上陽宮。兩宮夾穀水，虹橋回駕，以通往來。

又《東都苑》 苑內有合璧宮，顯慶五年，命田仁汪、徐感造八關涼宮，改名合璧宮，在苑之最西。當中殿曰連璧殿。又有齊聖殿，北據山阜，甚為宏壯。孝敬皇帝薨此宮之綺雲殿。冷泉宮，隋造。有泉極冷，因以為名。高山宮，在苑西北，司農卿韋機造。龍鱗宮，大帝所造。積翠宮，隋造。《六典》在作翠微宮。宿羽宮，韋機造。在苑東北，南臨大池，池流水盤屈。明德宮，在合璧宮東南。隋曰顯仁宮。南逼南山，北臨洛水。宮北有射堂、官馬坊。望春宮，在苑東南。青城宮，在宿羽宮西。黃女宮。在合璧宮東。三面臨洛水，水深潭處號黃女灣，因以為名。【略】淩波宮。隋造。隋及唐初，苑內又有朝陽宮、棲雲宮、景華宮；成務殿、大順殿、文華殿、春林殿、和春殿。

明·李賢等［天順］《明一統志》卷三二《西安府上·宮室》 龍躍宮。在高陵縣西一十四里，唐高祖舊宅。初名奉義，後改曰龍躍。

翠微宮。在府城南八十里終南山上。唐高祖建，名太和宮，太宗改曰翠微。內有含風等殿。

大明宮。在府治東北五里，唐東內也。貞觀中建。初名永安，後改曰蓬萊，又改曰大明。賈至等有《早朝大明宮詩》。

慶善宮。在武功縣南一十八里，臨渭水。唐武德初，高祖以舊第置宮。太宗生于此，後嘗臨幸，宴羣臣，賦詩。

華清宮。在驪山下，唐太宗建。以温湯所在，初名温泉宮。玄宗改曰華清，治湯為池，環山列宮室，每歲臨幸。內有飛霜、九龍、長生、明珠等殿。久廢，今湯存焉。唐崔魯詩：草遮回登絶鳴鑾，雲樹深深碧殿寒。明月自來還自去，更無人倚玉闌干。

興慶宮。在府治東南五里，唐南內也。玄宗建，內有文泰、南薰、大同等殿。

太極殿。唐西內正殿也。高祖因隋大興殿，改今名，乃朔望視朝之所。後有兩儀殿，則常日聽政之處。近又有甘露、神龍、萬春、千秋等殿。

顯德殿。在唐東宮，太宗即位于此。近有麗正、光大、崇仁等殿及崇文館、左右春坊。玄宗嘗講武于此。

宣政殿。在唐大明宮內，殿次北有紫宸、蓬萊、含元、麟德等殿。殿前東西廊有日華、月華二門，日華門東有弘文館。

金鑾殿。在宣政殿北。玄宗于此召見李白，論當世事，奏《頌》一篇。帝賜食，親為調羹，詔供奉翰林。

延英殿。在唐宣政殿次東，乃宰相啓事之所。相對有思政殿。憲宗朝，李絳盛夏對延英殿，汗浹衣，絳欲趨出，帝曰：『欲與卿講天下事，方甚樂也，奈何欲去？』

又 卷二九《河南府·宮室》 太初宮。在洛陽古皇城北，唐建。

三陽宮。在登封縣，唐聖曆間建。

奉天宮。在登封縣嵩山南，唐永淳初建。

避暑宮。在洛陽縣西北上店，唐武后建。

興泰宮。在宜陽縣西南萬安山，唐長安四年建。

蘭昌宮。在宜陽縣西上庄保，唐顯慶初建。

連昌宮。在宜陽縣舊壽安縣西二十九里，唐顯慶間建。

翠微宮。在靈寶縣北坊郭西里，武后東幸息駕之所。

繡嶺宮。在陝州城西南朱家原，唐顯慶初置。李洞詩：春草萋萋春水綠，野棠開盡飄香玉。繡嶺宮前鶴髮翁，猶唱開元太平曲。

崎岫宮。在永寧縣西五里，又縣西三十三里有蘭峰宮，皆唐顯慶三年建。

清·王士俊等［雍正］《河南通志》卷五二《古迹下·河南府》 望春宮。在唐禁苑中。唐沈佺期詩：芳郊綠樹散春晴，複道離宮烟霧生。楊柳千條花欲綻，蒲萄百丈蔓初縈。林香酒氣元相入，鳥囀歌聲各自成。定是風光牽宿醉，來晨復得幸昆明。

明德宮。在府城。貞觀十一年，太宗幸此。

避暑宮。在府城西北土店，唐武則天后所建。

通天宮。在府城，唐鑄九鼎處。

青龍宮。在府城，置九鼎處。
太初宮。在洛陽古皇城北，唐建。
洛陽宮。在府城，隋置，唐太宗六幸之。武后號太初宮。唐薛逢詩：憶昔聖皇初御天，玉輿頻此駐神仙。龍盤藻井噴紅艷，獸坐金床吐碧烟。雲外笙歌岐薛醉，月中臺榭后妃眠。自從戎馬生河洛，深鎖蓬萊一百年。
合璧宮。在洛陽禁苑中。見《六典》。
萬象神宮。在府城。天壽年，武后享此宮。
迎仙宮。在洛陽縣。張柬之斬張易之、張昌宗於此廡下。
上陽宮。一名西宮，在洛陽宮城內南隅。南臨洛水，西距穀水，東即宮城，北連禁苑。宮內門殿，皆東向。唐宗楚客詩：紫庭金鳳闕，丹禁玉鷄川。似立蓬瀛上，疑遊崑閬前。鳥將歌合囀，花共錦爭鮮。湛露飛堯酒，薰風入舜絃。水光搖落日，樹色帶晴烟。向夕迴瑀輦，佳氣滿巖泉。唐宋之問詩：廣樂張前殿，重裘感聖心。砌蓂霜月盡，庭樹雪雲深。舊渥驂宸御，慈恩忝翰林。微臣一何幸，再得聽瑤琴。
興泰宮。在宜陽縣西南萬安山，唐長安四年建。
蘭昌宮。在宜陽縣西上莊保，唐顯慶初建。
連昌宮。在宜陽縣舊壽安縣西二十九里，唐顯慶間建。一名玉陽宮。
三陽宮。在登封縣，唐聖曆間建。
奉天宮。在登封縣嵩山之陽，唐永淳初建。
崎岫宮。在永寧縣西五里，唐顯慶三年建。唐王建詩：玉樓傾倒粉墻空，重疊青山繞故宮。武帝去來紅袖盡，野花黃蝶領春風。
蘭峰宮。在崎岫宮西二十餘里，唐顯慶三年建。
紫桂宮。在澠池縣西五里，唐儀鳳初建。永淳初，改曰芳桂宮。
集賢殿。在府城，唐太宗時建。
甘露殿。在府城洛陽宮前。唐李嶠詩：月宇臨丹地，雲窗網碧紗。御筵陳桂醑，天酒酌榴花。水向浮橋直，城連禁苑斜。承恩恣歡賞，歸路滿烟霞。
長生殿。在府城。唐武后寢疾於此，張柬之斬易之、昌宗於殿廡下。
洛城殿。在府城。武后天授元年策問貢士，後廷對自此始。
觀風殿。在府城。武后徙上陽宮，率百官詣觀風殿，問起居。
乾元殿。在府城。玄宗開元五年，幸東都，將行大享禮，以武后所修明堂有乖典制，依舊制，造乾元殿。

麟趾殿。唐置，在洛陽大內。唐宋之問詩：北闕層城峻，西宮複道懸。乘輿歷萬戶，置酒望三川。花柳含丹日，山河入綺筵。欲知陪賞處，空外有飛烟。

論說

唐·吴兢《貞觀政要》卷六《悔過》 貞觀中，太子承乾多不修法度，魏王泰尤以才能為太宗所重，特詔泰移居武德殿。魏徵上疏諫曰：『魏王既是陛下愛子，須使知定分，常保安全，每事抑其驕奢，不處嫌疑之地也。今移居此殿，使在東宮之西，海陵昔居，時人以為不可，雖時移事異，猶恐人之多言。又王之本心，亦不寧息，既能以寵為懼，伏願成人之美。』太宗曰：『我幾不思量，甚大錯誤。』遂遣泰歸於本第。

又 卷一〇《災祥》 貞觀十一年大雨，穀水溢，衝洛城門，入洛陽宮，平地五尺，毀宮寺十九，所漂七百餘家。太宗謂侍臣曰：『朕之不德，皇天降災，將由視聽弗明，刑罰失度，遂使陰陽舛謬，雨水乖常。矜物罪己，載懷憂惕。朕又何情獨甘滋味？可令尚食斷肉，進蔬食。文武百官各上封事，極言得失。』

《舊唐書》卷七五《張玄素傳》 貞觀四年，詔發卒修洛陽宮乾陽殿，以備巡幸。玄素上書諫曰：『微臣竊思秦始皇之為君也，藉周室之餘，六國之盛，將貽之萬葉，及其子而亡，良由逞嗜奔慾，逆天害人者也。是知天下不可以力勝，神祇不可以親恃。惟當弘儉約，薄賦斂，慎終如始，可以永固。方今承百王之末，屬凋弊之餘，必欲節之以禮制，陛下宜以身為先。東都未有幸期，即何須補葺？諸王今並出藩，又須營構，興發漸多，豈疲人之所望？其不可一也。陛下初平東都之始，層樓廣殿，皆令撤毀，天下翕然，同心欣仰。豈有初則惡其侈靡，今乃襲其雕麗？其不可二也。每承音旨，未即巡幸，此則事不急之務，成虛費之勞。國無兼年之積，何用兩都之好？勞役過度，怨讟將起。其不可三也。百姓承亂離之後，財力凋盡，天恩含育，粗見存立，飢寒猶切，生計未安，三五年間，恐未平復。奈何營未幸之都，奪疲人之力？其不可四也。昔漢高祖將都洛陽，婁敬一言，即日西駕，豈不知地惟土中，貢賦所均，但以形勝不如關內也。伏惟陛下，化凋弊之人，革澆漓之俗，為日尚淺，未甚淳和，斟酌事宜，詎可東幸？其不可五也。臣又嘗見隋室造殿，楹棟宏壯，大木非隨近所有，多從豫章採來。二千人曳一柱，其下施轂，皆以生鐵為之。若用木輪，即便火出。鐵轂既生，行一二里，即有破壞，仍數百人別齎鐵轂以隨之，終日不過進三二十里。略計一柱，已用數十萬功，則餘費又過於此。臣聞阿房成，秦人散；章華就，楚衆離；及乾陽畢功，隋人解體。且以陛下今時功力，何如隋日？役瘡痍之人，襲亡隋之弊。以此言之，恐甚於煬帝。深願陛下思之，無為由余所笑，則天下幸甚。』

太宗曰：『卿謂我不如煬帝，何如桀紂？』對曰：『若此殿卒興，所謂同歸於亂。且陛下初平東都，太上皇敕大殿高門，並宜焚毀。陛下以瓦木可用，不宜焚灼，請賜與貧人。事雖不行，然天下翕然，謳歌至德。今若遵舊制，即是隋役復興。五六年間，趨捨頓異，何以昭示子孫，光敷四海？』太宗歎曰：『我不思量，遂至於此。』顧謂房玄齡曰：『洛陽土中，朝貢道均，朕故修營，意在便於百姓。今玄素上表，實亦可依。後必事理須行，露坐亦復何苦？所有作役，宜即停之。然以卑干尊，古來不易，非其忠直，安能若此？可賜綵二百匹。』侍中魏徵歎曰：『張公論事，遂有廻天之力。可謂仁人之言，其利溥哉！』

又　卷七〇《戴胄傳》　（貞觀）五年，太宗將修復洛陽宮。胄上表曰：『陛下當百王之弊，屬暴隋之後，拯餘燼於塗炭，救遺黎於倒懸。遠至邇安，率土清謐，大功大德，豈臣之所稱贊？臣誠小人，才識非遠，唯知耳目之近，不達長久之策，敢竭區區之誠，論臣職司之事。比見關中、河外，盡置軍團，富室强丁，並從戎旅。重以九成作役，餘丁向盡，去京二千里內，先配司農將作。假有遺餘，勢何足紀？亂離甫爾，戶口單弱，一人就役，舉家便廢。入軍者督其戎仗，從役者責其餱糧，盡室經營，多不能濟。以臣愚慮，恐致怨嗟。七月已來，霖潦過度，河南、河北，厥田洿下，時豐歲稔，猶未可量。加以軍國所須，皆資府庫，絹布所出，歲過百萬。丁既役盡，賦調不減，費用不止，帑藏其虛。且洛陽宮殿，足蔽風雨，數年功畢，亦謂非晚。若頓修營，恐傷勞擾。』太宗甚嘉之，因謂侍臣曰：『戴胄於我無骨肉之親，但以忠直勵行，情深體國，事有機要，無不以聞。所進官爵，以酬厥誠耳。』

又　卷七四《馬周傳》　（貞觀六年）是歲，周上疏曰：微臣每讀經史，見前賢忠孝之事。臣雖小人，竊希大道，未嘗不廢卷長想，思履其迹。臣以不幸，早失父母，犬馬之養，已無所施，顧來事可為者，唯忠義而已。是以徒步二千里，而自歸于陛下。陛下不以臣愚瞽，過垂齒録，竊自顧瞻，無階答謝，輒以微軀丹款，惟陛下所擇。

臣伏見大安宮在宮城之西，其墻宇宮闕之制，方之紫極，尚為卑小。臣伏以東宮，皇太子之宅，猶處城中；大安，乃至尊所居，更在城外。雖太上皇游心道素，志存清儉，陛下重違慈旨，愛惜人力，而蕃夷朝見及四方觀聽，有不足焉。臣願營築雉堞，修起門樓，務從高顯，以稱萬方之望，則大孝昭乎天下矣。

臣又伏見明敕，以二月二日幸九成宮。臣竊惟太上皇春秋已高，陛下宜朝夕視膳而晨昏起居。今所幸宮，去京三百餘里，鑾輿動軔，嚴蹕經旬，非可以旦暮至也。太上皇情或思感而欲即見陛下者，將何以赴之？且車駕今行，本為避暑，然則太上皇尚留熱所，而陛下自逐涼處，溫凊之道，臣竊未安。然敕書既出，業已成就，願示速返之期，以開衆惑。

又　卷九七《張說傳》　久視年，則天幸三陽宮，自夏涉秋，不時還都。說上疏諫曰：陛下屯萬乘，幸離宮，暑退涼歸，未降還旨。愚臣固陋，恐非良策，請爲陛下陳其不可。三陽宮去洛城一百六十里，有伊水之隔，崿坂之峻，過夏涉秋，水潦方積，道壞山險，不通轉運，河廣無梁，咫尺千里。扈從兵馬，日費資給。連而彌旬，即難周濟。陛下太倉、武庫，並在都邑，紅粟利器，蘊若山丘。奈何去宗廟之上都，安山谷之僻處？是猶倒持劍戟，示人鐏柄，臣竊爲陛下不取。夫禍變之生，在人所忽，故曰：『安樂必誡，無行所悔。』此不可止之理一也。

宮城褊小，萬方輻湊，塡城溢郭，併錘無所。排斥居人，蓬宿草次，風雨暴至，不知庇託，孤惸老病，流轉衢巷。陛下作人父母，將若之何？此不可止之理二也。

池亭奇巧，誘掖上心，削巒起觀，竭流漲海，俯貫地脈，仰出雲路，易山川之氣，奪農桑之土，延木石，運斧斤，山谷連聲，春夏不輟。勸陛下作此者，豈正人耶？《詩》云：『人亦勞止，汔可小康。』此不可止之理三也。

御苑東西二十里，所出入來往，雜人甚多，外無牆垣扃禁，內有榛蓁谿谷，猛獸所伏，暴慝是憑。陛下往往輕行，警蹕不肅，歷蒙密，乘嶮巇，卒然有逸獸狂夫，驚犯左右，豈不殆哉！雖萬全無疑，然人主之動，不宜易也。《易》曰：『思患預防。』願陛下爲萬姓持重。此不可止之理四也。

今國家北有胡寇覷邊，南有夷獠騷徼。關西小旱，耕稼是憂，安東近平，輸漕方始。臣願陛下及時旋軫，深居上京，息人以展農，修德以來遠，罷不急之役，省無用之費。澄心澹懷，惟億萬年。蒼蒼羣生，莫不幸甚。臣自度芻議，十不一從。何者？沮盤遊之娛，間林泚之玩，規遠圖而替近適，要後利而棄前歡，未沃明主之心，已戾貴臣之意。然臣血誠密奏而不愛死者，不願負陛下言責之職耳。輕觸天威，伏地待罪。

疏奏不省。

又　卷二二《禮儀志二》　（開元）五年正月，幸東都，將行大享之禮。太常少卿王仁忠、博士馮宗、陳貞節等議，以武氏所造明堂，有乖典制，奏議曰：

『明堂之建，其所從來遠矣！自天垂象，聖人則之。蒿柱茅簷之規，上圓下方之制，考之大數，不踰三七之間，定之方中，必居丙巳之地者，豈非得房心布政之所，當太微上帝之宮乎？故仰叶俯從，正名定位，人神不雜，各司其序，則嘉應響至，保合太和。

昔漢氏承秦，經籍道息，旁求湮墜，詳究難明。孝武初，議立明堂於長安城南，遭竇太后不好儒術，事乃中廢。孝成之代，又欲立於城南，議其制度，莫之能決。至孝平元始四年，始創造於南郊，以申嚴配。光武中元元年，立於國城之南。自魏、晉迄於梁朝，雖規制或殊，而所居之地，常取丙巳者，斯蓋百王不易之道也。

高宗天皇大帝纂承平之運，崇朴素之風，四夷來賓，九有咸乂。永徽三年，詔禮官學士議明堂制度，羣儒紛競，各執異端，久之不決因而遂止者，何也？非謂財不足，力不堪也，將以周、孔既遙，禮經且紊，事不師古，或爽天心，難用作程，神不孚祐者也。

則天太后總禁闈之政，藉軒臺之威，屬皇室中圮之期，躡和、熹從權之制。以為乾元大殿，承慶小寢，當正陽亭午之地，實先聖聽斷之宮。表順端闈，儲精營室，爰從朝享，未始臨御。乃起工徒，挽令摧覆。既毀之後，雷聲隱然，衆庶聞之，或以為神靈感動之象也。於是增土木之麗，因府庫之饒，南街北闕，建天樞大儀之制，乾元遺趾，興重閣層樓之業。煙焰蔽日，梁柱排云，人斯告勞，天實貽誡。煨燼甫爾，遽加修復。況乎地殊丙巳，未答靈心，迹匪膺期，乃申嚴配。事昧彝典，神不昭格。此其不可者一也。又明堂之制，木不鏤，土不文。今體式乖宜，違經紊禮，雕鐫所及，窮侈極麗。此其不可者二也。高明爽塏，事資虔敬，密邇宮掖，何以祈天？人神雜擾，不可放物。此其不可者三也。況兩京上都，萬方取則，而天子闕當陽之位，聽政居便殿之中，職司其憂，豈容沉默？當須審考曆之計，擇煩省之宜，不便者量事改修，可因者隨宜適用，削彼明堂之號，克復乾元之名，則當宁無偏，人識其舊矣。』詔令所司，詳議奏聞。

刑部尚書王志愔等奏議，咸以此堂所置，實乖典制，多請改削，依舊造乾元殿。乃下詔曰：『古之操皇綱、執大象者，何嘗不上稽天道，下順人極，或變通以隨時，爰損益以成務。且衢室創制，度堂以筵，用之以禮神，是光孝享，用之以布政，蓋稱視朔，先王所以厚人倫、感天地者也。少陽有位，上帝斯歆，此則神貴於不黷，禮殷於至敬。今之明堂，俯鄰宮掖，此之嚴祀，有異肅恭，苟非憲章，將何軌物？由是禮官博士、公卿大夫廣參羣議，欽若前古，宜存露寢之式，用罷辟雍之號。可改為乾元殿，每臨御，宜依正殿禮。』自是駕在東都，常以元日冬至於乾元殿受朝賀，季秋大享祀，依舊於圓丘行事。

《舊五代史》卷七六《晉書·高祖紀二》　（天福二年五月）丙辰，御史中丞張昭遠奏：『【略】臣竊尋漢秦已來，寰海之內鑾輿所至，多立宮名。近代隋室于揚州立江都宮，太原立汾陽宮，岐州立仁壽宮。唐朝于太原立晉陽宮，同州立長春宮，岐州立九成宮。宮中殿閣，皆題署牌，以類皇居。』

宋·邵博《聞見後録》卷二五　予昔遊長安，遇晁以道赴守成州，同至唐大明宮，登含元殿故基。蓋龍首山之東麓，高于平地四十餘尺。南向五門，中曰丹鳳門，正面南山，氣勢若相高下，遺址屹然可辨。自殿至門，南北四百餘步，東西五百步，為大庭。殿後彌望，盡耕為田。太液池故迹，尚數十頃，其中亦耕矣。明日追路以道，入咸陽，至漢未央建章宮故基。計其繁夥宏廓，過大明遠甚。其兼制夷夏，非壯麗無以重威，可信也。又明日，至秦阿房宫，一殿基東西五百步，南北五十丈，所謂上可坐萬人，下可建五丈旗，周馳為閣道，直抵南山，表山之巔為闕者。視未央建章，又不足道。縣令張琦者言，如周之鎬京豐宫、靈臺、明堂，辟水，地亦相邇，唯靈臺可辨，其崇才二十尺。宫殿則無復遺址。以道太息曰：『《詩》所謂「經始勿亟，庶民子來」者，其專以簡易儉約為德，初不言形勝富强，益知仁義之尊，道德之貴。彼阻固雄豪，皆生于不足。秦漢唐之迹，更可羞矣。』予追記其言，有可感者，故具書之。

宋·葉夢得《石林燕語》卷二 唐以宣政殿為前殿，謂之正衙，即古之内朝也；以紫宸殿為便殿，謂之上閤，即古之燕朝也；而外别有含元殿。古者天子三朝：外朝、内朝、燕朝。外朝在王宫庫門外，有非常之事，以詢萬民於宫中。内朝在路門外，燕朝在路門内。蓋内朝以見羣臣，或謂之路朝；燕朝以聽政，猶今之奏事，或謂之燕寢。鄭氏《小宗伯》注，以漢司徒府有天子以下大會殿，為周之外朝，而蕭何造未央宫，言前殿，則宜有後殿。大會殿設於司徒府，則為外朝；而宫中有前後殿，為内朝、燕朝。蓋去周猶未遠也。唐含元殿，宜如漢之大會殿，宣政、紫宸乃前、後殿。其沿習有自來矣。方其盛時，宣政蓋常朝日，見羣臣，遇朔望、陵寢薦食，然後御紫宸，旋傳宣唤仗入閤，宰相押之，由閤門進，百官隨之入，謂之唤仗入閤。紫宸殿言閤，猶古之言寢。此御朝之常制也。中世亂離，宣政不復御，正衙立仗之禮遂廢，惟以隻日常朝，御紫宸，而不設仗。敬宗始復修之，因以朔望陳仗紫宸，以為盛禮，亦謂之入閤，誤矣。

宋·王應麟《玉海》卷一五七《宫室·宫三·唐慶善宫·［宋］莫冲〈慶善宫記〉》 唐高祖神堯皇帝膺上天之正命，仗旗建號，是承隋，作民主。天下既定，作都長安，屬邑武功之南，故第存焉。迺即位之元年，詔以為武功宫。六年十二月庚戌，錫名慶善。明年十月，親臨幸焉。惟武功宅關中之奥，直太華而臨涇水，廣川名阜，左右回環，天府神皋，瓌偉絶特，蓋神設鬼造，以遺我神堯也。踐祚之後，九重邃宇，仰模帝居，其高明顯敞，瑰麗靚深，雖千百神功之舊，而帝心拳拳未嘗一日不在武功也。宅基業之宏大，念開創之本初，思有以顯飾而章異之，以貽子孫萬世之傳，矧惟密邇畿甸，去邑不百里而近，詎可以朝夕弗臨為戒？爰詔有司，闢其地而斥大焉云云。推原帝意，夫豈為宫室之奉，游觀之娱而已哉！昭上帝之既施，聳率土之觀瞻，不忘其初，期於久遠，使子孫知創業之艱難，持守盈成之弗易也。處心積慮，其深遠哉！太宗嗣服，斯宫實篤生之地，靈貺肇甄，厥惟二龍，仰憲光烈，以昭揭休命，聖心尤垂意焉。玉車再戾，合樂張燕，賦詩十篇，有『懷柔萬國，指揮八方』之語。吕才等謂帝以武定天下，而守之以文。制禮興樂，被飾隆平，尤為帝王之極功。至于聲詩紀述，加惠開迹之所庀，允協《雅》、《頌》之正，因取而被之管絃，名其樂曰《功成慶善》，樂成而斯宫之美益彰。太宗之雅志，其休矣乎！關中，漢舊都也。上囿禁苑之内，離宫别館三十六所，室宇之制盛矣。然長楊、五柞，止為投宿更衣之所，厘身於不急之務。至於慨念疇昔，睠懷枌榆，肇作新豐，置立社邑，外有勞民動衆之過，而故址湮没不彰，後世無考焉。今慶善之作，槩以西京宫室之制，雖未足競麗而争雄；若乃營繕之本旨，為昭休命而示子孫者，則西京之主，蓋未知出此也。

宋·程大昌《雍録》卷三《唐東内大明宫》 大明宫，地本太極宫之後苑東北面射殿也。地在龍首山上。太宗初於其地營永安宫，以備太上皇清暑。九年正月雖嘗改名大明宫，然太上皇仍居大安，不曾徙入也。龍朔二年，高宗染風痺，惡太極宫卑下，故就修大明宫，改名蓬萊宫，取殿後蓬萊池為名也。至三年四月移仗，御蓬萊宫之含元殿。二十五日，始御紫宸，改咸亨元年，改蓬萊宫為含元殿。長安五年，又改為大明宫。宫南端門名丹鳳，則在平地矣。門北三殿相沓，皆在山上。至紫宸又北，則為蓬萊殿。殿北有池，亦名蓬萊池，則在龍首山北平地矣。龍首山勢至此而盡，不與前三殿同其高敞也。詳見《唐宫總説》及《螭頭下》。《六典》曰：大明宫在禁苑之東南，其西接宫城之東北隅。夫其宫城正西，乃與大明東北相接，則凡大明一宫，皆在太極宫之東北也。故《長安志敍》載其地比太極宫承天門，則退北三坊，取此三坊地而中析之，以為六坊。中六坊地，以為丹鳳中門正街，西有横街，詳在《唐宫總説》。可以達于承天南，即朱雀正街矣。其如百司庶府，居民第宅，悉仍大興都城之舊，無所更易，故東内大明雖曰創營，而朝市悉仍隋舊，無所增移也。

又 卷四《延英殿》 高宗初創蓬萊宫，諸門殿亭皆已立名，至上元二年，延英殿當御座生玉芝，則是初有大明，卽有延英殿，顧召對宰臣，則始於代宗耳。代宗以苗晉卿年老蹇甚，聽入閤不趨，為御延英，此優禮也。案《六典》宣政殿前西上閤門之西，卽為延英門，門之左，卽延英殿。故陽城欲救陸贄，約拾遺王仲舒守延英殿閤上疏，伏閤不去也。案朝于宣政，卽名入閤，而延英又便殿之在西偏者，無閤可伏也。其曰守閤者，西上閤之西卽是延英殿門，故守此之閤，乞開延英，以受其對也。至《會要》所記則直曰城等數人守延英門上疏也。史家必言伏閤者，以入延英之路言之也。錢希白《南部新書》記唐制曰：凡內有公事商量，卽降宣付閤門，開延英。卽此可見，凡對延英，必自閤門而入也。《長安志》曰：延英在紫宸殿東。呂《圖》引李庚《賦》為據，曰『東則延英耽耽』，因謂延英當在殿東，而反詆《六典》謂在西者為誤，此失之矣。予案《會要》元和十五年，詔於西上閤門西廊內開便門，以通宰臣自閤中赴延英路，則延英不在紫宸殿東，亦已審矣。《六典》、《會要》皆唐人自記唐制，其為可信，豈不愈於李庚之一《賦》也哉？或者失考《六典》、《會要》，致有此誤也。至於《長安志》者，宋敏求自言其書皆本諸《長安圖經》，又本諸梁載言《十道志》，則《志》之傳信，豈如《六典》、《會要》之審也？僖宗時嘗易延英之名，以為『靈芝』，其必因上元所産之芝而制為美名也。及自蜀還，仍名延英。

又《長生殿》 二張受誅之地。《通監》云：在迎仙宮長生殿。《唐·五王傳》則言在迎仙宮集仙殿。未知孰是也。《長安志》有長生殿，但云肅宗終於此殿而不指言此殿之在大明或大極也。東宮有集仙殿，後為麗正、集賢，是東宮一宮，固在太極宮城之內矣。詳見《東宮》。當高宗時，大明宮已成，武后擅國，不應猶在東宮養病。予故謂當在大明正宮也。太子之已誅二張也，入后所寢長生殿白之，后謂之曰：『孺子誅，可還宮。』夫天后既自長生殿遣太子還宮，則可以見長生殿之與東宮不同一宮矣。肅宗不豫，張后召越王係授甲長生殿，使討李輔國。肅宗在長生殿，使使者逼張后下殿。則長生也者，必寢殿也。其位置與事，為可想而知也。麗山別有寢殿，亦名長生，在華清不在大明也。詳見《華清宮下》。故東宮麗山之集仙殿者，皆非武后寢疾之地也。

又《上陽宮》 武后既已傳位，徙居上陽宮，中宗率百官詣觀風殿起居。諸家無言上陽何在者，獨《長安志》內苑有上陽橋，不知此橋卽為上陽之橋耶？不敢主定也。崔皎《疏》曰：則天在西宮，人心猶有附會。則上陽宮必在大明之西矣。德宗建中十二年，高力士養女偽為帝母沈太后，上發宮人百餘人，齎乘輿御物，迎入上陽宮，就供奉。高氏自言是后，驗視者走馬入奏，上受百官賀。已而事覺，以牛車載高氏還家。按此既遣宮女就上陽供奉，則與德宗所御之宮自是不為一地矣。驗視者走馬入奏，又足以見其來自宮外也。夫姜皎指為西宮，而此又迎之宮外，予故疑其在大明之西也。大明之西，若不在禁苑，必在西內苑矣。洛陽有上陽宮，在洛城外，此之所言皆長安也，不可以參論。

又《望賢宮》 在咸陽縣東數里。元宗幸蜀還京，肅宗至望賢宮奉迎。德宗西幸，又自望賢宮出奉天也。

又《興慶宮說》 大興京城東南角有坊名隆慶，中有明皇為諸王時故宅，宅有井，井溢成池。中宗時，數有雲龍之祥，帝亦數幸以厭當之。後引龍首堰水注池，池面益廣，卽龍池也。明皇開元二年七月，以宅為宮，既取隆慶坊名，以為宮名。而帝之二名，其一為『隆』，故改『隆』為『興』，是為興慶宮也。其曰南內者，在太極宮東南也。寧、薛諸王宅地，皆並此宮，遂獻入之。故玄宗曰：『大兄遜朱邸，以成花蕚相輝之美。』《會要》。十六年，始移仗於興慶宮聽政。《會要》三十。諸王既獻宮地，仍別建第宅，環宮而居。帝於宮隅為二樓，西則花蕚相輝，南則勤政務本，西樓以燕兄弟而南樓以修政事也。開元二十年，築夾城，通芙蓉園，自大明宮夾東羅城，複道由通化安興門，次經春明門、延喜門，又可以達曲江芙蓉園，而外人不知也。玄宗自蜀回，居此宮。其南樓下臨通衢，故李輔國云『可通外人，恐或有變也。』

又《温泉說》 温泉在麗山，與帝都密邇，自秦、漢、隋、唐人主皆嘗遊幸，惟玄宗特侈，蓋卽山建宮，百司庶府皆行，各有寓止。自十月往，至歲盡，乃還宮。又緣楊妃之故，其奢蕩特為章著。大抵宮殿包裹麗山一山，而繚墻周徧其外，觀風樓下又有夾城，可通禁中。白居易追咎其事，作《歌》以為後監，世喜傳誦，然詩多不得其實也。華清宮者，本太宗温泉宮也。天寶六載，始名華清，而楊妃入宮，以太真得幸，已在三載，則華清未名而妃已先幸。今曰『春寒賜浴華清池，始是初承恩幸時』，此已誤矣。而又記其款昵，則曰『七月七日長生殿』，華清宮固有長生殿矣，而其地乃齋宿禮神之所，本非寢殿；帝又未嘗以七月至驪山，則白《歌》皆不審也。杜牧詩亦曰：『一騎紅塵妃子笑，無人知道荔枝來。』玄宗亦未嘗以六、七月幸華清宮，則遞進荔枝，亦不在幸山時也。案《樂天集·長恨歌》不自為《敍》，以陳鴻所傳麗山事為《敍》。樂天所《歌》，謂妃得幸在賜浴華清之時，及方士傳道妃語，皆本鴻《傳》以為之説也。《歌》之作也，在元和元年冬，蓋王質夫用鴻説勸樂天為之，而鴻自言亦謂得之傳聞，非玄宗《本紀》所載也。則樂天之誤，出於陳鴻也。然而事有不可專執故常者，觀風殿有複道可以潛通大明，則微行間出，亦不必正在十月矣。《唐志》記《荔枝香曲》所起曰：貴妃生日，燕長生殿，南方適進荔枝，因以《荔枝香》為曲。則荔枝熟時，亦自可幸麗山也。故予謂不可執守故常也。凡左方所録宮殿方向，《長安志》率取《津陽詩》注為據。《津陽詩》者，鄭愚之所作也。

又《長春宮》 長春宮在同州朝邑縣。《十道志》曰：周武帝保定五年，宇文護築。大業十三年，高祖起義，自河東引兵而西，濟河至朝邑，舍於長春宮。殆三數月休甲養士，仍資永豐倉粟為用，迄後此宮不廢。揆之商周，其殆西亳偃師之類歟？詳見予書《譜》。武德二年，嘗命太宗鎮此。

又《大安宮》 又有大安宮者，高祖以秦王功高，立宅以居之，名洪義宮。至貞觀三年，高祖為上皇，徙而居之，改名大安宮。在宮城外西偏，而太子宮中乃有顯德、弘文、麗正等殿，皆在太極宮城之內，故馬周致議，以為不倫也。太宗嘗獵昆明，獻獲于大安宮，蓋自昆明東歸之路也。詳見《大明宮下》。

又《龍躍宮》 宮在高陵縣西十里店，神堯舊宅也。本名通義宮，武德六年名龍躍宮，以通義監為龍躍寺。德宗改為修真觀，內有神堯真容。至朱梁，其宮廢。

宋·程大昌《演繁露》卷一一《左右史螭陛侍立》 王仁裕《入洛記》記含元殿所見甚詳，曰：玉階三級，第一級可高二丈許，每間引出一石螭頭，東西鱗次而排，一一皆存，猶不傾墊。第二、三級各高五尺許，蓮花石頂亦存，階兩面龍尾道，各上六七十步，方達第一級，皆花磚，微有虧損。賈黃中《談録》：含元殿前龍道，自平地，凡詰曲七轉，由丹鳳門北望，宛如龍尾，下垂於地，兩垠欄悉以青石為之，至今石柱猶有存者。仁裕所見，後唐時也。黃中所見，本朝初也。合二説驗之，則龍尾道夾殿階旁上，而玉階正在道中，階凡三大層，每層又自疏為小級，其下二大層，兩旁雖皆設扶欄，欄柱之上但刻為蓮花形，無壓頂橫石。其上一大層者，每小級固皆有欄，欄柱頂更有橫石通亘壓之，而刻其端為螭頭，溢出柱外，是其殿陛所謂螭首者也。然唐之大內有三：太極，西內也；含元，東內也。高宗別營大明宮，於故宮為東南偏，是名東內。自高宗後，累朝多居其地，故凡《唐史》所載朝會，多大明制也。宮據龍首山趾而高，自丹鳳門入，第一重為含元殿殿陛，從平地直上四十餘尺，方與殿平。王、賈所見階陛，皆含元制，而《唐志》記二史所立螭陛，則非含元也。含元第次，甲於諸殿，惟元正、冬至受朝，始出御之，他朝會否也。含元直北方，得宣政。宣政者正殿，亦名正衙，蓋朔望受朝之地。宣政之左，則為東上閤，右為西上閤，而宣政又北，始為紫宸。自開元後，每遇朔望薦獻宗廟，天子謙避正殿，輒虛宣政不御，而退御紫宸。紫宸無仗，則從宣政喚仗，自東、西二閤而入，百官隨之，所謂入閤也。《唐志》言在正殿則俯陛聽命者，謂宣政也；言仗在內閤而夾香案分立第二螭者，謂紫宸也。是《唐志》二史所立，皆不在含元殿，故王、賈所記螭陛，第可因之以想他殿，而不可憑之以證定《唐志》也。宣政、紫宸相為南北，合大明一宮，俱在龍首東麓。凡殿以次退而之北，則址亦以次北而加高。每殿必為峻道，乃始可升，則宣政、紫宸每陛每級壓欄，悉應有螭，故有第二螭首也。是二史所立，下乎赤墀而高乎前庭，故在宣政，則俯陛乃可聽命，在紫宸，則正直次二螭首，其地其制，皆相應也。

宋·程大昌《考古編》卷八《名宮闕忌》 唐東都有殿名正觀，『貞』字本犯嫌諱，今改用『正』，在舍殿北。煬帝所造，唐因之不改。世人擬定宮室、年號名稱，苟衰季已嘗有之，則雖已建已行，猶亟改避。正觀紀年，其治效亞次三代，豈亡隋殿名所得而汙？以此知禍福無不自己求，豈在區區小數間也？

元·李好文《長安志圖》卷中《圖志雜説》 龍首山。《古志》曰：山長六十里，頭入渭水，尾達樊川，頭高二十丈，尾漸下，可六七丈。又曰：漢取山土為城，山之餘尾在城西南數里乃盡。今按城南鼎門之西，南北附城，有土嶺，可二三百步，望之隱然如城，俗名之曰土蛇嶺，此即山之餘土也。又漢臺殿城闕皆取山土為之，是以高大，數千年不圮，《西京賦》曰『疏龍首以抗殿』是也。山之餘尾，城南皆已湮平，坡陀互出復見于唐大安宮西，東西横亙，迤邐而去。今大安宮城及內苑後墻、含元殿臺一帶，俱在山上，下去平地可六七丈，南望城市，俯而視焉。

原自含元以東，其地漸平，不見垠堮。一日登秦冢，望之隱然，而東直際滻水，與白鹿諸原映帶南去。又自長樂坡下，其岡中斷道出其間，其西廓然，率多塹掘。問之，人云安西築邸時，取其土也。

清・沈自南《藝林彙考・棟宇篇》卷一《宮殿類》 宮詞注：王建詩：『未明開著九重關，金畫黃龍五色旛。直到銀臺排仗合，聖人三殿對西番。』《唐宮城圖》：朱明門在太極殿前，中有嘉德門，東有日精門、左延明門，通訓門、恭禮門，西有月華門、右延明門、通明門、安仁門，故謂之九重關。《雍録》：三殿者，麟德殿也，一殿而有三面，故名三殿也。三院即三殿也。李絳為中書舍人，嘗言為舍人，踰月不得賜對，有詔明日對三殿也。凡蕃臣外夷来朝，率多設宴于此，至臣下亦多召對于此也。《長安志》：龍朔二年造宣政、紫宸、蓬萊三殿以此，又名之三殿也。《演繁露》：唐有三殿，則一殿而三面有殿也。方鎮外國來朝，則宴于此。《兩京新記》：大明宮有麟德殿，三面。玄宗與諸王近内臣宴，多于此殿。《獻替記》于三殿對學士，《會要》于三殿對南詔，皆其地也。【略】

《宮詞》注：王建詩『蓬萊正殿壓金鼇，紅日初生碧海濤。開著五門遥北望，柘黄新帕御牀高。』《唐書・高宗紀》：制蓬萊宮殿等名。《長安志》：紫宸殿後有蓬萊殿。《雍録》：高宗染風痺，惡太極宮卑下，故就修大明宮，改名蓬萊宮，取殿後蓬萊池為名也。咸亨元年，改蓬萊宮為含元殿。長安五年，又改為大明宮。殿北有池，亦名蓬萊池。今言金鼇者，意有橋駕出于池上也。《唐大明宮圖》：蓬萊殿坐北面南，前有宣政、齊禮、崇德、含曜、昭慶五門。故曰『開著五門遥北望』云。【略】

宮詞注：王建詞『上得青花龍尾道，側身偷覷正南山。』按龍尾道在含元殿，意此云殿前，即含元也。《唐大明宮圖》：含元殿在宣政門外，翔鸞閣在其東，棲鳳閣在其西。《長安志》：龍朔二年，造含元殿。《雍録》：龍尾道者，含元殿正南升殿之道也。賈黄中《談録》：含元殿前龍尾道，自平地凡詰曲七轉，由丹鳳北望，宛如龍尾下垂于地。兩垠欄檻，悉以青石為之，至今石柱猶有存者。《兩京新記》：含元殿左右有砌道盤上，謂之龍尾道。康駢《劇談録》：含元殿左右立棲鳳、翔鸞二閣，龍尾道出于閣前，殿門去南門二里。元會来朝者仰觀玉座，如在霄漢。蓋含元殿南疏階升殿，凡為三大層，自下而上，其下兩層皆培土鋪甎為陂陀斜道，不疏小級。其鋪甎處逶迤屈曲，凡七轉，自丹鳳北望則如龍行而垂其尾，是以命為龍尾道也。龍尾云者，亦附並龍首山為義而立名也，比之龍尾者。其培土處合為一階，而階上所鋪甎道則分而為兩，以引班對上，故仁裕曰：階兩面龍尾道，各六七十步也。《長安志》：大明宮北據高原，南望爽塏，每天晴日朗，南望終南山如指掌。故云『偷覷正南山』者，即終南山也。

藝文

唐・杜甫《杜工部詩集》卷四《宣政殿退朝晚出左掖》 天門日射黄金牓，春殿晴曛赤羽旗。宮草霏霏承委佩，爐煙細細駐遊絲。雲近蓬萊常五色，雪殘鳷鵲亦多時。侍臣緩步歸青瑣，退食從容出每遲。

又《紫宸殿退朝口號》 戶外昭容紫袖垂，雙瞻御座引朝儀。香飄合殿春風轉，花覆千官淑景移。晝漏稀聞高閣報，天顏有喜近臣知。宮中每出歸東省，會送夔龍集鳳池。

又 卷一五《秋興八首・其五》 蓬萊宮闕對南山，承露金莖霄漢間。西望瑤池降王母，東來紫氣滿函關。雲移雉尾開宮扇，日繞龍鱗識聖顔。一臥滄江驚歲晚，幾回青鎖點朝班。

唐・吴融《唐英歌詩》卷上《過九成宮》 鳳輦東歸二百年，九成宮殿半荒阡。魏公碑字封蒼蘚，文帝泉聲落野田。碧草斷霑仙掌露，緑楊猶憶御爐烟。昇平舊事無人說，萬疊青山但一川。

唐・李商隱《李義山詩集》卷上《九成宮》 十二層城閬苑西，平時避暑拂虹蜺。雲隨夏后雙龍尾，風逐周王八馬蹄。吴岳曉光連翠巘，甘泉晚景上丹梯。荔枝盧橘沾恩幸，鸞鵲天書濕紫泥。

宋·許有功《唐詩紀事》卷一三《魏元忠》 《侍宴銀潢宮應制》云：別殿秋雲上，離宮夏景移。寒風生玉樹，涼氣下瑶池。蹔花仍吐葉，嵓菌尚抽枝。願奉南山壽，千秋長若斯。元忠，《唐史》有《傳》。

元·方回《瀛奎律髓》卷一二《唐太宗〈秋日翠微宮〉》 秋光凝翠嶺，凉吹肅離宮。荷疏一蓋缺，樹冷半帷空。側陣移鴻影，圓花釘菊叢。攄懷俗塵外，高眺白雲中。

明·高棅《唐詩品彙》卷一《太宗皇帝〈幸武功慶善宮賦〉》 壽丘唯舊迹，豐邑乃前基。粵予承累聖，縣弧亦在兹。弱齡逢運改，提劍鬱匡時。指麾八荒定，懷柔萬國夷。梯山盛入款，駕海亦來思。單于陪武帳，日逐衛文轓。端扆朝四岳，無為任百司。霜節明秋景，輕冰結水湄。芸黄遍原隰，禾穎積京坻。共樂還鄉宴，歡此《大風》詩。

清·彭定求等《全唐詩》卷三《明皇帝〈過晉陽宮〉》 緬想封唐處，實惟建國初。俯察伊晉野，仰觀乃參虚。井邑龍斯躍，城池鳳翔餘。林塘猶沛澤，臺榭宛舊居。運革祚中否，時遷命兹符。顧循承丕構，怵惕多憂虞。尚恐威不逮，復慮化未孚。豈徒勞轍迹？所期訓戎車。習俗問黎人，親巡慰里閭。永言念成功，頌德臨康衢。長懷經綸日，歎息履庭隅。艱難安可忘？欲去良踟躕。

又《校獵義成宮喜逢大雪率題九韻以示羣官》 弧矢威天下，旌旗遊近縣。一面施鳥羅，三驅教人戰。暮雲成積雪，曉色開行殿。皓然原隰同，不覺林野變。北風勇士馬，東日華組練。觸地銀麞出，連山縞鹿見。月兔落高矰，星狼下急箭。既欣盈尺兆，復憶磻谿便。歲豐將遇賢，俱荷皇天眷。

又卷四《德宗皇帝〈麟德殿宴百僚〉》 憂勤承聖緒，開泰喜時康。恭己臨羣后，垂衣御八荒。務閒春向暮，朝罷日猶長。紫殿初筵列，彤庭廣樂張。成功歸輔弼，致理賴忠良。共此歡娱事，千秋樂未央。

又卷六一《李嶠〈夏晚九成宮呈同寮〉》 碣館分襄野，平臺架射峰。英藩信煒煒，勝地本從容。林引梧庭鳳，泉歸竹沼龍。小軒恒共處，長坂屬相從。野席蘭琴奏，山臺桂酒醲。一枰移晝景，六箸盡宵鐘。枚藻清詞律，鄒談耀辯鋒。結歡良有裕，聯寀媿無庸。暫悦丘中賞，還希物外蹤。風煙遠近至，魚鳥去來逢。月澗横千丈，雲崖列萬重。樹紅山果熟，崖綠水苔濃。願以西園柳，長間北巖松。

元·耶律鑄《雙溪醉隱集》卷五《過大明宮》 莫輾荒凉輦路開，牡丹花謝已封苔。苔錢不買春光住，枉了銜花鹿又來。

元·馬祖常《石田文集》卷二《華清宮故基》 開元人物盡，兹地尚華清。古道風塵急，温泉日夜生。碑詞惟石蘚，宫樹有春鶯。過客知王建，題詩不記名。

明·李蓘《元藝圃集》卷四《定子靜〈經過太平宮舊址〉》 開元皇帝太平宮，棨戟重臨玉殿空。龍虎氣收仙井上，風雷陰護石幢中。秋清雪瀑千尋落，雲際天梯九疊通。安得香爐峰色裏，更看飛觀紫冥濛。

明·高啓《大全集》卷一七《十宮詞·唐宮》 玉笛聲殘禁漏長，雲屏月帳醉焚香。五王宴罷皆歸院，大被空閒一夜凉。

明·徐熥《幔亭集》卷一三《唐宮怨》 一曲霓裳舞未休，月光如水上簾鉤。夢迴忽聽笙歌沸，猶是華清夜打毬。

明·曹學佺《石倉歷代詩選》卷四六九《明詩次集一百三·王九思〈過慶善宮〉》 皇天頗厭亂，太宗當其衝。天歌起晉陽，矯矯雲中龍。乃知溝澮間，神物固難容。誕育在兹壤，山川靈氣鍾。清渭環其區，終南如堵墉。遺宮閴蕭爽，朝暮聞清鐘。宮前斷碑臥，雨深苔蘚封。土民或拜舞，卜歲求豐凶。樵牧不敢入，亦欽王者蹤。客從滸西來，經此南課農。下馬瞻闕像，進止還肅雝。

清·劉於義等［雍正］《陝西通志》卷九六《藝文十二·［明］管楫〈含元殿故基〉》 唐家雙闕大明宮，廢址嵬然城角東。世代已非陵谷變，山河依舊市朝空。盈堆瓦礫農耕遍，無數牛羊野牧通。過客不須此惆悵，未央長樂總蒿蓬。

又卷九七《藝文十七·［宋］游師雄〈過九成宮舊址二首〉》 今古市朝已變，隋唐樓殿成空。惟有山頭明月，夜來猶照荒宮。

不見六龍駐蹕，空餘五栝陰森。當日宮前流水，潺湲直到如今。

清·愛新覺羅·弘曆《御製樂善堂全集定本》卷二七《十宮詞·唐宮》 沉香亭畔晚春妍，玉樹煙濃院宇連。何事宮娥羣戲劇，應緣分得洗兒錢。

清·愛新覺羅·弘曆《御製詩初集》卷一三《披香殿》 披香殿，營自唐，譎諫却有蘇世長。謂是煬帝之所爲，雕宋鏤壁何煒煌！傾宫鹿臺古豈無？庸主爲此非興王。太宗聞之亦驚訝，卿諫似直實多詐。臣諫雖詐心則忠，千金惜費實可風。雲龍風虎自景從，泰陛詎與叔世同。君不見十六院開西苑裏，當時朝士皆唯唯。

宋·李昉等《文苑英華》卷四七《〔唐〕佚名〈望春宫賦以春望郊野順時布和為韻〉》 青門之左兮，層宫嶙峋。資睿覽以臨下，得嘉名於望春。故在東以就乎陽位，當出震必俟於良辰。乃發惠和，式遵夫月令；無勞轍迹，自表於時巡。其初也，度宏規，法《大壯》，標上苑而獨出，儼複道而明望。遠天聽，以遂於羣生；浹皇情，用交乎四暢。鮮飆微扇，籠輕靄於高臺；淑氣初臨，鑠浮光於綵仗。吾君於是縱目前檻，馳神遠郊，散晴煙於地表，拂佳氣於林梢。觀青陽之煦然，載懷祈穀；聽鶬鶊之鳴矣，不使覆巢。布政有孚，宸遊是假，察微明於遠嶠，睇新緑於平野。南山之翠色盈前，渭水之素光在下。蓋將賦藉田於晉代，豈比撰吉日於周雅？美矣哉！矗雲楣以重疊，煥藻井以輝潤。居高而遠無不臨，涵澤而動無不順。諒可裨於恭默，非取樂於崇峻。況乎流鶯欲囀，初柳生姿，懿祥風之習習，增麗日之遲遲。偉鳳闕之樓臺，萬邦仰止；眄龍鱗之原隰，五稼惟時。聖上所以成化用彰，克勤是務；元功所以遐及仁術，紛其大布。斯宫寧夸後之為？斯望匪盤遊之故。既而天地叶，神人和，修文以昭士，耀武以止戈。然則賦望春之事，宜乎播大雅而登歌。

又《〔唐〕梁洽〈晴望長春宫賦以登陴起遐望為韻〉》 雲收野迥兮，目極千里。空浄川長兮，纖埃不起。視河外之離宫，信寰中之特美。非重樓之沓秀，繚長垣而層趾。詳巨制與宏模，固一君而萬祀。振秦晉之襟帶，據山河之表裏，諒神功之所營，匪靈光之能擬。邈矣轇轕，岌乎崚嶒，對華山之贔屭，挾重關之股肱。文物著明，則可久可大；制度豐敞，則不騫不崩。來蘇之詠已作，觀風之道斯宏。遠樹遥晴，掛長虹而欲飲；祥煙不散，俟吾君之復登。宫闕多奇，欒櫨疊施，倚萬楹以磊砢，洞千門而陸離。玲瓏玉樹，則偏澄霽色；連騫繡檻，則却映斜曦。設璇題以曜殿，粘頳壤以文陴。度之以几筵，則有典有則；約之以軌物，則不高不卑。當今取實去華，匪儉匪奢，撙節三代，光宅四遐。豫順以遊，御六龍而戾止；聲明自溢，奄九有而為家。且夫《書》稱『梓材』，《易》稱『大壯』，自昔棟宇之作，未有兹宫之狀。夫長者，仁壽之宗符；春者，發生之所向。伊嘉名之可偉，乃動植之攸尚。客有學古之流，乃含毫而一望。

又《〔唐〕賈登〈上陽宫賦〉》 天子卜惟洛食，受於《河圖》，開上陽之别館，取《大壯》之規模。爾其則以三象，當乎四術，沓雲構而承天，擎露盤而洗日，俯馳道而將半，臨御溝而對出。疑海上之仙家，似河邊之織室。昔者嚮明南面，十月遊巡，既其避暑，亦以迎春。鏤章霞布，環衛星陳，集諸侯則朝乎萬國，張廣樂則和乎千人。得横汾於即事，將宴鎬而為鄰。既而大駕斯去，華宫不御，閉玉戶而藏春，掩金臺而罷曙，見芳草之空積，看桂花之獨著。人多望幸之誠，地惜離宫之處。别有洛陽下客，東魯餘風，辭官北部，對問南宫，賦《甘泉》於此日，希客薦於揚雄。

又《〔唐〕謝觀〈上陽宫望幸賦〉》 宫闕崇崇，縈帶洛河之上，據臨天地之中。儼百司以環拱，流百川兮會同。曷君王之未顧，屹樓臺而鎮空。或斑白里人，或前後近侍，覩周公之舊制，憶開元之故事。當域中之正寢，寔王者之定位。何乃内外如一，東西有異，思紫泥而日日將來，仰玉輅而年年未至？徒使萬室向曙，千門洞開，藹臣心以西望，希天睠之東迴，見紅輪之漸晚，又翠華之不來。及夫玉漏報更，蟾輝永夜，皆傾耳以闇屬，恐飛詔之潛下，徒玉兔之屢虧，尚金龍之未駕。是必左右獻書，股肱啓謀，以為王者一德，合居上游，以為金城千里，能制諸侯。殊不知四海無虞，五兵載戢，與殷周而抗節，豈秦漢之能及？在仁義而聿修，奚險固之是急？且夫中岳為内，四岳為藩，此則前控伊闕，右闢轘轅，乃文公立圭之地，是成王定鼎之原。寧勞百二之勢，足居九五之尊。所以軋軋屬望，戀戀何言，尚軫憂人之念，未垂巡狩之恩。雖年華不負於照灼，而煙花暗老於宫垣。況復伊洛王畿，崤函近地，往復無勞人之役，邐迤有行宫之備。冀我皇之臨兮，示天下為家之意。

又 卷五八《〔唐〕李子卿〈駕幸九成宫賦以順時出豫觀風展義為韻〉》 皇帝握靈符之三載也，天地穆清，星日輝潤，野訪遺逸，朝登傑雋，化則垂拱而成，令則不言而信。時巡之儀展，秋獮之禮順。思訪俗而觀人，若乘乾而出震。右輔伊邇，離宮在茲，前瞻鳴鳳之岫，傍指神雞之祠。渭水煙波，接苑中之洲渚；岐山雲物，落禁裹之軒墀。誠而迴鑾，輅載羽旗，為宴鎬之樂，動橫汾之詞。況不勞於百姓，而有務於三時者哉！由是叶清秋，練吉日，乘石洗，皇輿出，七騶按隊，千乘扈蹕，戈矛林森，士馬櫛比，始地業而天旋，終電馳而飆疾。翻然而八駿騫騰，霍濩而六龍奔逸。雷公轉轂，風伯按馭，朱旗列而秋野生春，金甲照而暮川增曙。陋漢帝之遊衍，哂秦皇之逸豫。祥煙不散，近飛搶壘之間；瑞草常開，併拂車宮之處。廣陌鳴鑾，異彼遊盤，訪百年之疾苦，知五稼之艱難。成王之蒐由是問，古公之政有以觀。翠華来兮野老喜，屬車至兮國人歡。詎比夫隴塞回中，妄開行幸之路；泰郊時上，虛立禮神之壇？穆然深宮，駐蹕其中，樓枕嶺而倒影，殿當川而抱虹。閟邃而寒暑隔，岧嶤而雲霧通。前視八水，傍臨九峻，所以明四目，達四聰，凝睿想，播玄風，比遊心於汗漫，侔得道於崆峒。亦既下輦，於是端冕，補闕政，修墜典，《大風》之歌作，《湛露》之恩展。於是振旅建旆，迴鑾返蹕，百蠻懼威武，萬姓知教義。若臣者，巖穴久服，丘園来貢，未有燭於皇明，竊以覩於人瑞。敢獻揚雄之賦，庶獲有司之議。

又《［唐］林琨〈駕幸温泉宮賦以天下安樂明主宴遊為韻〉》 寒郊已暮兮，景氣澄鮮。遥林罷色兮，古岫蒼然。我皇將出豫滌思，觀風獵賢，於是旭月霽野，慶雲靄天，指鳳城之香陌，得驪阜之甘泉。乃垂瑚玉之輿，駕飛黃之馬，羅霜仗於灞亭之上，駐清蹕於泰山之下。賦汾水於秋風，詠在鎬於周雅。若其嚴氣盛陰，雲寒冰生，巨壑雪滿，層巒河海方閉，温泉正湍，豈獨鑒天心於曲渚，藻聖慮於清瀾？洞上善之為信，秉至柔之自安。伊昔竹殿始秋，梧宮未落，空望幸之杳眇，怨嬉遊之寂寞。芸從馥於玉階，月虛容於金閣。接遠樹於新豐，韻曉鐘於長樂。皇歡是幷，品物咸亨，透迤清沘，皎潔澄明，奏鈞天而寒谷變律，陳羽衛而陰飈換晴。故能蠲憂除患，利用永貞。于時澤洽羣臣，恩遍區宇，野豐擊壤，則有頌於康哉！帝之何力，空賡歌于聖主。因返旆迴鑾，逍遥近甸，度祥光之蕭索，鬱佳氣之葱蒨。鈎陳不改，下輦成宴。誡軹道而興嗟，想磻溪而流盼。然後省娱遊之樂，念淳朴之儔，開靈液之廣潤，與萬姓而同休。施兔罝於中谷，賁束帛於巖幽。獨有執戟三道，栖遲一丘，空想臣朔之列，常陪漢武之遊。

又《［唐］韓休〈駕幸華清宮賦以温泉毖湧盪邪難老為韵〉》 惟我皇御宇兮，法象乾坤。天步順動兮，行幸斯存。雨師灑路兮，九門洞啓。千旗火生兮，萬乘雷奔。紫雲霏微，随六龍而欲散還聚。白日照耀，候一人兮當寒却温。蓋上豫遊以叶運，豈伊沐浴而足論？若乃北騎殿後，鈎陳啓前，辭紫殿而魚不在藻，出青門而龍乃見田。霜戟森森以星布，玉輅迢迢而天旋。聲明動野，文物藻川。月落鳳城，已涉於玄灞；日生暘谷，俄届於甘泉。於是登三休兮憩神轡，朝百辟兮禮容備。玉堂憑艮，面鶉野以高明；石溜象蒙，遶龍宮之清毖。處無為兮既端拱，時或濯兮湯泉湧。聖躬清兮聖德廣，四目明兮四聰朗。與元氣之氛氲，如晴空之滌盪。觀夫巍峩宮闕，隱映烟霞，上薄鳥道，經廻日車，路臨八水，砌比萬家。樓觀排空，時既知於降聖；忠良在位，諒勿疑於去邪。儒有鵬無，翼風有摶。每俟命以居易，尚媿身於才難。觀國光以舉踵，歷華清而展歡。不賡歌以忭舞，夫何足以自安？乃為歌曰：素秋歸兮玄冬早，王是時兮出西鎬，幸華清兮順天道，瓊樓架虛兮靈仙保，長生殿前兮樹難老。甘液流兮，聖躬可澡。俾吾皇兮，億千壽考。

又《［唐］呂令問〈駕幸天安宮賦〉》 卓哉有唐之開元也，拉五帝而軼三皇。洒雲雨之霶澤，炯日月之重光。惠及豚魚，則鳥獸咸若；化被草木，則行葦不傷。爾其尚節儉，反貞淳，照之如日，育之如春，猶以為震出而亨，則随方而東狩；豫順以動，則因時而西巡。非以肆志放欲，蓋乃觀風勞人。於是乎天子乃命羣寮，考吉日，升玉輦，馳清蹕，霍濩沸渭，鏗訇洋溢。龍輿馳地，杳空山而自鳴；紅旗照天，轉洛橋而半出。若乃宸襟遠覽，睿賞遐宣，則野泛佳氣，樹生彩烟，過澠池而懷古，入傅巖而想賢。覽唐墟之遺迹，嘉舜風之慨然。白雲初飛，澡秋思於汾水；黄河一變，濯聖慮於秦川。是以問年德，恤惸獨，望秩山浸，肆覲羣牧，屬車所止，罔不清肅。乃有邑老田父，進而歌曰：歲既稔而時清，我后来兮應天行。東都士庶扶輪送，西土諸侯掃地迎。君之德兮德無有，路旁勞賚皆牛酒。乘輿一至長安城，千秋萬歲南山壽。

唐・孫樵《孫可之集》卷一《大明宮賦》 孫樵齒貢士名，旅見大明宮前庭，仰眙俛駭，陰意靈怪，莫歸魄動，中宵而夢。夢彼大明宮神前有云，且曰『太宗皇帝繚瀛啓居，廓穹起廬，圜然而劃，隆然而赫，孰窬孰隟，永求帝宅。帝詔吾司其宮，與日月終，翼聖護艱，十有六君，蕩妖斬氛，孰知吾勤？吾當廬陵錫武，廟祏徹主，吾則協二毗輔，左右提護。義甲憤徒，起帝仆周，吾則械二黠雛，俾即其誅。胡猘飽腯，踣肌齚骨，驚血濺闕，仰吠白日，二聖各轍，大麓北挈，吾則激髯孽悖節，俾濟逆殺，翼兩傑憤烈，俾克斷滅。薊梟妖狂，突集五堂，縱啄怒吞，大駕驚奔，吾則勵陰刀，翦其翼，俾不得逃明殛。三革蝕黑，孰匪吾力？吾見若正聲在懸，諍舌在軒，輟黈延諫，刳襟沃善，賞必正名，怒必正刑，當獄撤腥，當稼吞螟，吾則入瀆革濁，入囿肉角，甸澤莫溥，斗穀視土。吾見若姦聲在堂，諛舌在旁，窒聰怫諷，正斥邪寵，嘉賞失節，怒罰失殺，奪農而徭，厚征而雕，吾則反耀而彗，反澤而沴，蕩坤而坼，裂乾而石。然吾留帝宮中二百年，昔亦日月，今亦日月，往孰為設？今孰為缺？籍民其凋，有野而蒿；籍甲其虛，有壘而墟；西垣何縮，疋馬不牧；北垣何蹙，孤壘城粒。』言未及闋，樵迎斬其舌。且曰：『余聞宰獲其哲，得是赫日烈，老魅迹結，爾曾何伐？宰獲其慝，得是昏蝕，魅怪橫惑，爾曾何力？今者日白風清，忠簡盈庭，闔南俟霈，闔北俟霽，矧帝城闤闠，何賴窮邊？帑廩如封，何賴疲農？禁甲飽獰，尚何用天下兵？神曾何知？孰愧往時？』神不能對，退而笑曰：『孫樵誰欺乎？欺古乎？欺今乎？吁！』

唐·王勃《王子安集》卷一一《乾元殿頌并序》　臣聞鵬霄上廓，瓊都開紫帝之庭；鼇紀下清，珍野闢黃靈之館。兼山配極，照鸞闕於霞標；薦水涵元，湛驪宮於霧壑。斯則神徵語怪，功潛鳥迹之初；理涉非經，道昧鶉居之始。授鳳書而稽碧落，仙構罕存；按龜籙而質黃圖，金模間起。粵若風移處闇，增巢恢火運之機；業拒嚮明，上棟括《河圖》之奥。三堦布政，詠匪日於靈臺；百堵陳詩，頌斯干於考室。亦有黃軒瞰月，樵門頹九洛之功；瓊閫排烟，牧野構三河之酷。御燕臺而臨北極，缺王度於祈招；列雲閣而拒南山，隕皇謨於軹道。然則卑宮喪禮，采椽輕四海之尊；豐屋延災，柏梁非萬乘之有。雖因時立事，奢儉殊流，而弘道在人，興亡迭運。靈光末造，不窺九室之榮；景福宏規，猶擁三方之釁。瞻風舊史，逮曹馬而無譏；觀迹故墟，歷周隋而未得。自我唐太陵遷構，均五方於鶴几之前；中野凝圖，調六氣於虬牀之下。坐圭臺而清俯仰，晷緯齊明；臨鼎邑而重威靈，雲雷合響。得玄功於《大壯》，其至在茲乎！

我大唐雞渾制極，樹神宰而制山河；鶴讖裁儀，闢太虛而有天地。黃精吐瑞，潛龍苞象帝之基；紫氣徵祥，鳴鳳呈真王之表。高祖太武皇帝虹星湛色，開寶胄於金壺；蛟電凝陰，發皇明於石紐。白蛇宵斷，行移海岳之符；蒼兕晨驅，坐遘雲雷之業。屬東鄰委馭，扇虐政於叢祠；北拱隳尊，紊皇圖於寶極。葉鴻集野，瞻烏鮮投足之因；青犢嘯風，羣鹿無擇音之所。天街五裂，截鯨浦而飛芒；地紐三分，觸鼇山而按節。玄虬在御，掃圻甸而廓星都；黃鳥分麾，動扶摇而駭雲陣。鑣官杖鉞，跨高陌而登元；轡野韜戈，陟圮壇而擁號。皇圖不恃，聖人追卷領之風；神器無私，才子奉褰裳之運。

太宗皇帝雲房揖契，壓麟璽於庭軒；雷渚翔英，擾龍鈴於高席。八能亨運，抗鵷邸而杖朱髦；十亂恢基，臨鶴州而擁黃鉞。唐雲秘族，潛開白水之徵；代景迴輪，光踐丹丘之運。權輿象緯，削茅社而建瓊桃；草昧風雲，席羅圖而創璿曆。紫庭合粹，括宇宙於宸襟；丹扆凝尊，運陶鈞於寶思。摛碧霄而鍊石，上清耀魄之宮；詔寰海而捐珠，俯睇陽侯之室。功驅偃伯，頓鶚視於華封；道被來王，靜龍吟於武庫。玄樞上運，卜年開累聖之符；丹竈昇遐，遺範敞謀孫之晝。

皇帝陛下椒庭襲慶，曜璿萼於霞莊；蘭殿分休，湛珠衡於月館。道凝瓊鎮，下蒼掖而照重熙；業峻銅樓，憑紫軒而揖羣后。環四瀛於舜抱，漏蟻覃津；栖十景於堯衿，巢螟荷照。上元開籙，寶龜定皇邑之模；下武崇基，飛龍錫帝臺之構。貞明啓運，齊玉鏡於鸞門；易簡成功，偃銅符於鶴仗。懷降尊於襄野，太階忘七起之勞；念負重於焦原，巾席託三危之險。臨翠嬀而則道，天孕時成；坐玄扆而被圖，神超物妙。皇后星潯縱淑，曳珠紱於銅皐；雲野疏祥，抗瓊枝於桂浦。素蟾登慶，六虛充牝馬之貞；丹雀銜林，三雅合關雎之好。璿宮夜靜，居龍櫨而調元；金扆晨開，御鴛階而緝化。芝庭揖訓，遠清和鳳之儀；蘭珮承風，競峻當熊之節。皇太子承雲紫座，翊八柱於乾維；湛粹青衢，揖三樞於地戶。黃離踵曜，太陽分銑樹之輝；蒼震荐音，少海控銀河之色。鶴筌飛奏，想丹駕於瓊山；鮑俎捐芳，齒玄冠於賓序。彤闈問豎，禮崇監撫之威；黼席興賢，義極君親之愛。

若乃東門恤胤，疊仙構於熊山；西苑承家，導靈波於雁沼。桐圭作瑞，鳳毛曜丹穴之英；茅壤分維，麟趾冠玄丘之俊。巽宮延粹，闢朱柱於娥臺；兑野流芬，疏紫蘭於別館。頻隈毓範，雲扃分戚里之驩；覃嶼凝規，星閣絶郎官之請。雕龍命職，縱跳澤而驤鱗；翠鶡調司，順義飈而撫翼。月軒宵佇，虞谿降璿緯之精；震帳晨披，姜水洞金韜之賾。飛鶴書而抽海狀，桂壑於是投綸；轉麟旆而揖山容，松澗繇其削衽。軒圖瑞裔，泛花綬於雞林；農紀祥炎，濯蘭纓於鳳水。仙臺俶務，三珪銓棘序之風；天秩調邦，六府變槐衢之典。金門獻納，縱麟筆於苔牋；石館論思，覈龜章於竹槧。淹中訪禮，蹲龍摇壁水之波；稷下談經，飛兔躍環林之秀。詞庭吐鳳，翫鳥迹於春黌；書帳翻螢，閲蟲文於夏閣。杏花千畝，紺轅照帝籍之功；桑柘三宮，玄紱降親蠶之禮。圓丘上闢，奉蒼璧於靈壇；方澤下凝，列黄琮於寶墠。朱紘翠瓚，履霜懷四響之尊；複霤重簷，涓日正三綱之首。五靈奔慶，冠蛇澤於黄樞；六祀銜欣，飈麟烟於紺席。遺弓積慕，虔深太廟之儀。執豆推恩，道振明堂之禮。瑶山廣樂，備逸調於宮懸；洞庭仙奏，納遺歌於帝府。九韶分唱，后夔清桂序之音；六變同和，飛鳳掌梧軒之律。樽俎折旋之數，苞舉陰陽；堂庭節奏之規，彌綸宇宙。靈襟索隱，控風伯於詞林；睿想鈎深，詔天吳於筆海。神窮獨照，旁探赤水之珍；思洽幾深，迴寫丹谿之韻。金壇紫露，映銀籥而翻華；瑶林白雪，藻瓊章而吐絢。蟬機撮化，銅渾將九聖齊懸；虬箭司更，銀漏與三辰合運。爽鳩分職，素雲頳鳥啄之祥；神獬闢司，玄水照龍顔之則。黄沙鞠草，剗叢棘而遷訛；丹石滋苔，仰甘棠而息訟。融臯再稔，方聞外戶之謠；昧谷千箱，坐溢康衢之奏。百城烟峙，望秋露而乘風；千室雲開，合宵霆而組化。彤幃獨選，熊幡下蘆雁之祥；墨綬分賢，犀檢降槐鸞之祉。筠驂佇信，髦士剖竹而相尋；葦杖霑仁，鮐叟攀輪而不暇。龍蛇可踐，野人豐荷杖之驩；雞犬相聞，城尉輟鳴桴之響。五雲抽潤，湛芳氣於璿臺；六府威殷，唱豐歌於銅闕。不戒而畀東戶，恩周動植之津；博施而舉南風，化偃胎萌之宇。神謀備預，儼七萃於丹樞；邃署防微，肅千廬於紫衛。元戎握節，黄公授犀闕之圖；帝座聞鼙，玄女荐龍庭之策。禎柯捭刃，中權決勝於兩階；白羽俄麾，善陣推亡於四表。朱厓反景之域，削蛇弭於文陛；黑山明月之鄉，委龍琛於武帳。錦軒星鶩，控乾絡而觀風；繡服霞驚，浹神紘而問俗。川浮没羽，鯨谿静丹浦之虞；陸薦飛毛，熊獵動青雲之偵。銀關驟雨，望紫陌而趨恩；鐵幌馳風，計彤闈而瀝思。赤馬文猨之寶，叢積乎郊虞；紈牛露犬之貢，滿盈乎儲邸。青邱畫野，不踰征賦之鄉；蒼水奉圖，未盡提封之貫。

且夫緯武經文，宏業也；含幽育明，至誠也；混齊六合，大功也；規模百代，昌數也。故能襲九空而寧庶物，劃千里而統諸侯。休徵象德而動，嘉符觸類而至。風揚晷洽，藻乾慶於芳年；司節河清，靄坤禎於明渚。瑶枝結慶，泉埃蕩玉蓋之文；瓊液浮甘，天酒綴金莖之色。黄彝紫脱，溱仙穎於中畿；翠莖丹蓂，疊靈株於上序。騂眸候日，漾影蒙池，比翰翻風，栖光若木。祥飛井絡，震鱗題瑞朔之元；祉絢新郊，枵獸紀和年之序。具靈篇之絶貺，究仙諜之殊休，天人之際交矣，皇帝之道備矣。

繇是三靈物覲，扣蘭禁而棲誠；九服子來，詠嵩宮而騁力。去奢去甚，不矜黄屋之隆；匪樸匪雕，方順丹墀之請。宸規相宅，考周舊於靈都；睿覽思和，獲秦餘於正殿。羣臣列陛，奏蕭相之遺模；天子臨軒，採荀卿之故事。炎洲八桂，簉仙栱於林衡；岱畎五松，委靈材於梓匠。飛廉卷靄，衢宮記範，萬機抗九戶之尊；海孽移琛，千欒省十家之費。徹烟極而浮甍；屏翳收津，劃星墟而置槧。瑶階百雉，光懸寶露之壇；瓊壁萬尋，影綷崇霞之閣。拖虹梁而四注，星漢虧於上榮；疊雲棟而三休，寒暑隔於中霤。雕楣鶴企，沓勢分規，繡桷虬奔，殊形別起。圓瑫布藻，罄羽璧於狼泉；方鏡披蓮，孕化璣於蜃浦。芝樓對幄，薰傳五日之風；芸閣列錢，彩鍛三旬之霧。文疏罩迴，陰兔息肩於綺寮；翠幌籠霄，陽烏鎩翼於珠網。豐隆按節，下複橑而司階；列缺施鞭，低叢楹而假道。温房佇幸，煦芳景於佳辰；涼室乘閒，凜徂飈於火序。金鋪夕照，若帝圃之輝瓊英；寶綴晨懸，類阿房之聚銀燭。烟丘碧桂，翊珉陛而披香；雨岫禎筠，夾璿流而飈影。九衢翻翠，褋仙卉於中逵；四照霏紅，間靈葩於右城。神禽率舞，光浮肆夏之軒；瑞鳥相鳴，響叶鈞天之樂。

鈎陳宿列，儼雙碣於丹霄；綺繳霞周，闢千門於紫露。

爾其左扃嵩鎮，申侯降太室之禎；前枕莘郊，伊尹發空桑之秀。揭熊山而北眺，貝闕猶存；覩軃溜而西分，瓊臺易接。總交中宇，廓川陸而疏畿；竟想善鄰，揆風霜而建野。然則因秦構極，祖宗耀金策之符；作洛恢基，我后創璿居之始。援天引聖，隔代重暉，横紫都而可襲，配玄宫而非遠。故能使神光夜燭，鏡麟趾於文除；仙滰晨華，委鸞章於繡礎。靈爻密發，八方昭大有之和；寶篆潛開，六合啓同人之會。兩儀交慶，虚碧墠而翹旌；萬宇抃歡，指蒼車而候蹕。雖青蒲頌德，東朝獻龍鳳之圖；而丹極鳴謙，南面動貂羊之詔。百神推策，望璆徑而虔誠；三讓奉符，顧瑶壇而肅事。龜書吐瑞，按五校而分營；鳳策揚輝，翔八鸞而節步。帷宫霧轉，列芝蓋於中天；帳殿星離，軔蒲輪於大野。紫鱗充饋，若大帝之共臨；素鶴翔華，類羣仙之廣宴。花開瑞雪，委瓊饌而調芳；綵絢祥雲，夾珠旗而曳影。功推三祖，銀繩勒東岱之威；業峻一人，金筴奉南山之壽。

道既成矣，玄符集矣，代既貞矣，元勳緝矣。運三辰而虚玉柄，風兑渙其中乎；懸五禮而偃金科，雷坎光其作解。奔烽舉爵，溢仙酒於中衢；疊鼓分餚，浹宸輝於下里。呑九重而上運，控八聖而遐征。翔赤驥而睇風區，吟翠虬而掩霄甸。隱隱轟轟，雷動天驚。回輿斜眄，而降乎乾元之殿。司宫庀職，肅柢堮而神行；掌舍巡方，焕藂廊而洞啓。赫若朱螭，負漢而輝横海之鱗；默若蒼鵬，架壑而振垂天之翮。千官曉次，傃銀牓而端簪；萬戶宵披，候瓊膏而肅帶。靈戈列陛，天官具三揖之儀；雲輅充庭，宗伯寅九賓之禮。瑶鯨戒響，懸猛簴於端闈；銅狄分形，肅嚴扃於左序。排紫微而立極，宸儀冠明后之三；俯黄道而披軒，仙曆用乾元之九。蕩蕩乎，何聖人之無外；巍巍乎，而神功之不窮也。

臣勃席芳十步，企景三冬，雖承宣室之談，猶窘靈臺之影。仙壇遠秘，已多謝於祥鶤；大厦初成，復攀榮於賀雀。慨深梁甫，終乖捧日之歡；思極甘泉，未動淩雲之價。神圖不測，固流絢於丹縢；微志可存，庶鐫芳於翠琬。敢獻頌曰：

紫扃垂耀，黄樞鎮野。銀樹霜披，珠臺月寫。響明立極，横神廓社。《大壯》摛爻，《斯干》韻雅。其一

鶉居化没，狙詐道長。瓊構霞明，璜軒露敞。棄人崇欲，違天蠧象。南巢不救，東鄰長往。其二

瑶緘考懿，金板藏功。道凝茅屋，業盛蒿宫。龍階察祲，鵷閣調風。推訪華禮，酌儉思沖。其三

懸鼇結疊，傳翼生災。千甍嶺接，萬栱星開。爭圖絢侈，福極凶來。風寒碣館，露慘蘇臺。其四

十館瑩秦，金房砥室。千間架漢，韶雲閟日。濟惡承危，同亡異術。傾軥未遠，遺墟繼出。其五

龍川結禍，鶴塞稱符。塵驚八際，霧慘三都。穹廬寶極，罽幕璿樞。司宫墜典，掌舍淪圖。其六

蒼衢毓祉，丹丘表聖。鳳矯仙樞，龍迴寶命。道凝金册，功馳玉鏡。紫氣抽華，黄暉疊映。其七

神稽鶴讖，迹播雞渾。重光累極，翼子謀孫。經天緯象，就日提元。鸞軒湛粹，鳳几裁尊。其八

祥抽紫曆，業照彤管。珍雀朝翻，仙蟾夜滿。丹墟獻迹，青臺墜卵。椒闥儀風，芝闈奉款。其九

登三建緒，明兩開儀。龍譙霧鬱，鵷禁霞披。浪分璿渚，景峻瑶枝。黄扉曉列，丹轂宵移。其十

龜文獵彦，麟旌訪逸。桂客攀榮，松賓改律。紫鵷開紀，丹虬聳秩。縱壑摶飈，登山捧日。其十一

功融棘序，道備槐庭。不仁者遠，惟道斯行。烟摇墨綬，電轉朱軿。境懷春翟，野散秋螟。其十二

鄭竹分科，燕棠輟諷。銅機化極，珠囊業洞。禮貴丹虬，樂調朱鳳。珠坰獻寶，綿鄉委貢。其十三

龍關靜柝，鶴塞投弦。歌呈豹尾，舞進鳶肩。銅鐃月斥，鐵輞星懸。繩幽架險，驛霧馳烟。其十四

霧壇凝紫，河宫湛碧。翠蓮翻飈，丹蓂候魄。霜均電散，連珠契璧。藹蓋籠霏，花衢墜液。其十五

年和政美，化極風調。靈臺軫詠，考室興謡。循圖訪典，去泰捐雕。道存南面，讓屈東朝。其十六

望雲裁構，籠霄建宇。方鏡星離，圓瑠月聚。梓匠傾思，林衡授矩。畫栱栖烟，文軒架雨。其十七

芝房疊翠，桂廡流丹。霞張萬戶，霧葺千欒。重扃駐燠，洞牖栖寒。神加有敍，旣入無端。其十八

帝圖臨御，皇僚萃止。電戟揮霜，雲旌拒晷。紫宫可逼，黄街易履。鳳礎騰文，麟庭抗禮。其十九

珠泥暢績，銀繩鬱契。鶴嶺雲明，龍壇景惠。道超中古，功推下濟。惟帝惟天，惟天惟帝。其二十

唐·張説《張燕公集卷一一《上黨舊宫述聖頌》　維開元十有一祀正月，皇帝展儀于河東，挾右太行，留宴上黨，整兵耀武，入于太原。設都建頌，以崇王業。南轅汾脽，祈穀后土。天清日潤，神歆如答。三月庚午，飲至長安，六軍解嚴，四方和會。邇觀法象，遐詠德澤，大虞巡之典修，美漢祠之禮舉，人心翕而一變，神物效而無方。於是邠王臣守禮、寧王臣憲、申王臣範、薛王臣業獻書於内，開府儀同三司臣憬、尚書臣晙、臣象先、臣頲，御史大夫臣漼，抗疏於外，僉曰：『陛下受天曆數，稽聖典謀，道貫三靈，仁育萬類，掃陰沴而覩日，開闢之功也；尊文考而御天，帝王之孝也。天以陛下為子，人奉陛下為君。萬殊之福，祈應畢臻；三代之風，頌聲咸作。今潞人懷代邸，誅泗亭，採聖瑞，建玄石，將表潛龍之館，勒啓聖之圖，勤亦至矣。陛下推而不報，其何以下塞衆望，上對神休哉？臣聞天之所啓，人之欣戴，必憑睿聖玄懿之德，元命真符之紀，功業見乎變，德施加乎時。德厚者施溥，功玄者應速。或階晦以彰，或由難而昌。蓋生其德之謂天，授其時之謂命。天有成命，其可没乎？陛下昔居是州也，紫雲在天，神光照室，白鹿来擾，黄龍上昇，隴出仙洞而神魚躍，山開禪穴而靈鐘韻。謠言合讖，巨迹引途，嘉李傍連，神蓍自起。當此時也，金石預變，獄頌先歸，政殷六府，人重五教，陶無窳器，漁有讓泉，神而化之，人不知力。昔龍負圖而大舜登，狼銜鉤而后殷昌，元珪錫於夏禹，赤伏歸於漢光，猶言先運吐符，希代稱寶，未有窮祥極瑞，俶儻環異，如今之至者矣。若玄貺集而不彰，則神心不悦；鴻業成而不贊，則祝告無聞。是掩天休而蓋聖德也。臣子之罪，將何解焉？願聽潞人，以揚丕烈。』帝曰：『往者中宗違代，國步微艱，天祚我唐，大命集于睿宗大聖真皇帝。朕畏天將命，不敢怠遑。其乾符坤珍，皆先聖之餘福，朕何力之有焉？然重違昆弟公卿之請，抑以敬從，無為虚美，重朕不德也。』羣臣遊聖，蕩莫能名，約乎舊史，敢頌成績。曰：

帝德廣運，乃聖乃神，天祚聖兮。唐雖舊邦，其命惟新，再受命兮。帝初正人，降居上黨，天下往兮。黄龍晝見，攀天而上，九五象兮。帝適于野，紫雲之下，求必在兮。帝寢于堂，變龍有光，觀者駭兮。天迹星謠，木連蓍立，總神異兮。靈鍾化穴，縞鹿赤魚，可詭異兮。上天無聲，託類附形，覺悟人兮。聖皇齋栗，在得戒失，照事神兮。皤皤潞老，樂我王道，愛舊宫兮。赫赫頌功，與天比崇，攄無窮兮。

宋·姚鉉《唐文粹》卷一九上《楊炎〈靈武受命宫頌并序〉》　臣聞享天降命，惟德也；戡難奉時，惟聖也。必有非常之運，是興撥亂之功。君以蒼生為憂，不以濡足為患；以寧濟為業，不以修身為道。此陶唐所以捨而不畏，舜禹所以受而不疑。靈武宫，皇帝躍龍之所。日者奸臣竊命，四海蕩波，我聖皇天帝，探命曆之數，啓龍圖，作受命之書，付于我皇帝。皇帝方遊崆峒，以求至道，於是羣公卿士，負玉旒金璽，望氣茫碭之野，三進於閶闔之中，曰：『臣聞在昔，蚩尤連禍，大盜中國，神農氏兵莫能勝，天降玄女，勑軒轅氏，大定其災。厥後堯有九州之害而命禹，禹以四海之功而受舜。陛下主鬯大位，十有九年，精爽者皆美，德馨乾坤也，必聞幽贊。玄德上達，景福有歸，六聖覩命曆之期，兆人有臨難之請。陛下畏災運而不處，棄黎元而不顧，以至仁為薄，以大寶為輕。臣等若不克所請與，億兆之衆將披髮拊膺，號於天而訴於帝矣。』皇帝唯然改容曰：『豈人心歟？』丁卯，廣平王俶、太尉光弼、司徒子儀、尚書左僕射冕、兵部尚書輔國，與北軍將士、西土耆老萬五千人，排闥以訴帝曰：『今豺狼宂居宫闕，陛下兆庶為餌，宗廟為墟。若臣等誠懇未通，是高祖不歆於太廟，且陛下涉渭則洪流涸，迴鑾則慶雲見，布澤而川池廣，勤道而嘉禾生，靈祇髣髴，玄貺幽感。臣聞符命待聖而作，天運否終而會。葳蕤肸蠁，會也；睿武英明，聖也。臣等敢昧死上聞。』帝乃灑齋宫，啓金匱，嗚咽拜受，詔有司大赦天下，改元曰至德元年，尊聖父為文武太皇帝。是日烟雲變作，士庶踴躍，黄龍見於東郊，紫氣滿於天門。翌日也，數百里衣裳會；兼旬也，數千里朝貢會；踰月也，天下兵車會；

浹時也，四方戎狄會。以一旅成百萬之師，率胡夷平社稷之難。禮郊祀，戴聖皇，與人合誠心，以氣消夭癘，動罔不吉，歆無不報。是以白鹿擾於王庭，靈芝產於延英，化動而功成，淵默而頌聲。言禪代者，陋蒼梧易姓之名；語嗣守者，羞唐堯積善之辱。述戡定者，歎四紀而復夏；美中興者，嗤四七而滅新。於戲！神祇之所歸往，品物之所法象，鼓飛龍於尺水，仗大義於東向，矢謨發號，實在茲都。願篆石宮庭，以垂萬古，俾過山澤，知風雨之奧；窮造化，識天地之鑪。臣炎稽首，敢獻頌曰：

赫赫《河圖》，啓天之祜。雲從億萬，皇在九五。惟昔陶唐，克傳舜禹。濩也武也，夫何足數？彼妖者勃，惟暴惟貪。天實即命，人將不堪。皇曰內禪，于再于三。盡武之善，去湯之慚。兵車百萬，洶洶雷震。橫會九州，為行為陣。恃力者踣，從命者順。孝以奉天，神而撫運。至德唐堯，崇功大禹。皤皤北叟，垂白而覩。沛邑空歌，周原已古。徘徊頌聲，永介茲土。

清·劉於義等［雍正］《陝西通志》卷九一《藝文七·［唐］魏徵〈九成宮碑有銘〉》

維貞觀六年孟夏之月，皇帝避暑乎九成之宮。此則隋之仁壽宮也。冠山抗殿，絶壑為池，跨水架楹，分巖竦闕，高閣周建，長廊四起，棟宇膠葛，臺榭參差。仰視則迢遞百尋，下臨則崢嶸千仞。珠璧交暎，金碧相輝，照灼雲霞，蔽虧日月。觀其移山迴澗，窮泰極侈，以人從欲，良足深尤。至於炎景流金，無鬱蒸之氣；微風徐動，有淒清之涼。信安體之佳所，誠養身之勝地。漢之甘泉，不能尚也。

皇帝爰在弱冠，經營四方，逮乎立年，撫臨億兆。始以武功壹海內，終以文德懷遠人。東越青丘，南踰丹徼，皆獻琛奉贄，重譯來王。西暨輪臺，北距玄闕，並地列州縣，人充編戶。氣淑年和，邇安遠肅，羣生咸遂，靈貺畢臻。雖藉二儀之功，終資一人之慮。遺身利物，櫛風沐雨，百姓為心，憂勞成疾，同堯肌之如腊，甚禹足之胼胝，針石屢加，腠理猶滯。爰居京室，每弊炎暑，羣下請建離宮，庶可怡神養性。聖上愛一夫之力，惜十家之產，深閉固拒，未肯俯從。以為隋氏舊宮，營於曩代，棄之則可惜，毀之則重勞，事貴因循，何必改作。於是斲雕為樸，損之又損，去其太甚，葺其頹壞，雜丹墀以砂礫，間粉壁以塗泥，玉砌接於土階，茅茨續於瓊室。仰觀壯麗，可作鑑於既往；俯察卑儉，足垂訓於後昆。此所謂至人無為，大聖不作，彼竭其力，我享其功者也。然昔之池沼，咸引谷澗，宮城之內，本乏水源。求而無之，在乎一物。既非人力所致，聖心懷之不忘。粵以四月甲申朔，旬有六日己亥，上及中宮，歷覽臺觀，閒步西城之陰，躊躇高閣之下，俯察厥土，微覺有潤，因而以杖導之，有泉隨而湧出，乃承以石檻，引為一渠，其清若鏡，味甘如醴，南注丹霄之右，東流度於雙闕，貫穿青瑣，縈帶紫房，激揚清波，滌蕩瑕穢，可以導養正性，可以澂瑩心神。鑑暎羣形，潤生萬物，同湛恩之不竭，將元澤之常流。匪惟乾象之精，蓋亦坤靈之寶。

謹案《禮緯》云：『王者刑殺當罪，賞錫當功，得禮之宜，則醴泉出於闕庭。』《鶡冠子》曰：『聖人之德，上及太清，下及太寧，中及萬靈，則醴泉出。』《瑞應圖》曰：『王者純和飲食，不貢獻則醴泉出，飲之令人壽。』《東觀漢記》曰：『光武中元元年，醴泉出於京師，飲之者痼疾皆愈。』然則神物之來，實扶明聖，既可蠲茲沈痼，又將延彼遐齡。是以百辟卿士，相趨動色，我后固懷撝挹，推而弗有，雖休勿休，不徒聞於往昔，以祥為懼，實取驗於當今。斯乃上帝玄符，天子令德，豈臣之末學所能丕顯？但職在記言，屬茲書事，不可使國之盛美，有遺典策。敢陳實録，爰勒斯銘。其詞曰：

惟皇撫運，奄壹寰宇。千載膺期，萬物斯覩。功高大舜，勤深伯禹。絶後光前，登三邁五。握機蹈矩，乃聖乃神。武克禍亂，文懷遠人。書契未紀，開闢不臣。冠冕並襲，琛贄咸陳。大道無名，上德不德。元功潛運，幾深莫測。鑿井而飲，耕田而食。靡謝天功，安知帝力？上天之載，無臭無聲。萬物資始，品物流形。隨感變質，從德效靈。介焉如響，赫赫明明。雜遝景福，葳蕤繁祉。雲氏龍官，龜圖鳳紀。日含五色，烏呈三趾。頌不輟工，筆無停史。上善降祥，上知斯悅。流謙潤下，潺湲皎潔。萍旨醴甘，冰凝鏡澈。用之日新，挹之無竭。道隨時泰，慶與泉流。我后夕惕，雖休勿休。居崇茅宇，樂不般遊。黃屋非貴，天下為憂。人玩其華，我取其實。還淳反本，代文以質。居高思墜，持滿戒溢。念茲在茲，永保貞吉。

五代宮殿

綜　述

宋・王溥《五代會要》卷五《大内》　梁開平元年四月，改正衙殿為崇元殿，東殿為玄德殿，内殿為金祥殿，萬歲堂為萬歲殿。門如殿名。【略】

三年十一月，以乾文院為文思院，行從殿為興安殿，毬場為興安毬場，弓箭庫為宣威殿。

晉天福二年八月，改玄德殿為廣政殿，門為廣政門。四年，改明德殿為滋德殿。以宮城南門同名，故改之。【略】

右已上東京

梁開平二年正月，改正觀殿為文明殿，含元殿為朝元殿。【略】

後唐同光二年正月，朝元殿却改為含元殿，崇勳殿改為中興殿，【略】解愠殿為明瑞殿。其年九月，以内園新殿為長春殿。

右已上西京

（晉天福）七年三月。改宣明門為來鳳門，武德殿為視政殿，文思殿為崇德殿，畫堂為天清殿，寢殿為乾福殿。門如殿名。

右已上鄴都

又《太寧宮》　晉天福二年五月，御史臺奏：『汴州在梁室朱氏稱制之年，有京都之號。及唐莊宗平定河南，復廢為宣武軍。至明宗行幸之時，掌事者因緣修葺衙門城，遂挂梁室。時宮殿門牌額，當時識者，咸竊非之。一時車駕省方。暫居梁苑。臣觀衙城内齋閣牌額，一如明宗行幸之時，無都號而有殿名，恐非依據。臣等竊惟秦漢以來，寰海之内鑾輿所至，多立宮名。近代隋室於揚州立江都宮，太原立汾陽宮，岐州立仁壽宮。唐朝於太原立晉陽宮，同州立長春宮，岐州立九成宮。宮中殿閣，皆題署牌額，以類皇居。請准故事，於汴州衙城門權挂一宮門牌額，則其餘齋閣，並可取便為名。』敕：『行闕，宜以太寧宮為名。』

三年十月，敕汴州升為東京，其太寧宮門楼，宜以『顯德』為名。

又《長春宮》　梁開平元年五月，中書門下奏請廢同州長春宮使，從之。

後唐同光元年十一月，復置長春宮使額。

晉天福四年四月敕，其同州長春宮使額宜停，沿宮職務，委州司制置。

又《華清宮》　晉天福四年五月，廢為靈泉觀。

又《諸宮》　梁開平元年五月，以水北宅為大昌宮。

後唐天成元年六月，中書門下奏，請以洛京潛龍舊宅為至德宮，北京舊宅為積慶宮。從之。

晉天福三年十一月，中書門下奏，請以洛京潛龍舊宅為廣德宮，北京舊宅為興義宮，北京舊莊為慶昌宮。仍改鄉為龍飛鄉，里為神光里。

《舊五代史》卷三《梁書・太祖紀三》　（開平元年五月）辛卯，以東都舊第為建昌宮，改判建昌院事為建昌宮使。初，帝創業之時，以四鎮兵馬倉庫籍繁，因總置建昌院以領之。至是改為宮，蓋重其事也。

又　卷四《梁書・太祖紀四》　開平二年正月癸酉，帝御金祥殿，受宰臣、文武百官及諸藩屏陪臣稱賀。【略】

（八月）壬午，達雒陽。帝御文思殿，受朝參。【略】

（十月）乙巳，御内殿，宴宰臣、扈從官共四十五人。丙午，御毬場殿，宣夾馬都指揮使尹皓、韓瑭以下將士五百人，賜酒食。庚戌，至西都，御文明殿。【略】

十一月辛未，御宣和殿，宴宰臣、文武百官，以大駕還京故也。【略】

開平三年正月戊辰朔，帝御金祥殿，受宰臣翰林學士稱賀，文武百官拜表于東上閤門。【略】

甲午，上御文思殿，宴羣臣，賜金帛有差。【略】

（丙申）改西京貞觀殿為文明殿，含元殿為朝元殿。二月，改思政殿為金鑾殿。【略】

甲辰，又宴羣臣于崇勳殿，蓋藩臣進賀，勉而從之。【略】

（四月）己亥，御前殿，宴宰臣及冀王友謙、扈從官。甲寅，宴宰臣及扈從官于內殿。

八月甲午【略】又敕：朕以干戈尚熾，華夏未寧，宜循卑菲之言，用致雍熙之化。起八月一日，常朝不御金鑾、崇勳兩殿，只于便殿聽政。

又 卷五《梁書・太祖紀五》 開平三年九月癸巳朔，御崇勳殿，宴羣臣文武百官。【略】

十月癸未，大明節。帝御文明殿，設齋僧道，召宰臣翰林學士預之。【略】

十一月癸巳朔，帝齋於內殿，不視朝。甲午，日長至，五更一點自大內出，於文明殿受宰臣以下起居。【略】

戊午，御文明殿，册太傅張宗奭、太保韓建。【略】教改乾文院為文思院，行殿為興宅殿，毬場為興安毬場，又改弓箭庫殿為宣武殿。【略】

開平四年正月壬辰朔，帝御朝元殿，受百官稱賀，用禮樂也。【略】

（二月辛巳）乃御宣威殿，宴宰臣及文武官四品以上。【略】

辛亥，宴宰臣於內殿。

又 卷六《梁書・太祖紀六》 （開平四年十一月）己亥，日南至。帝被衮冕，御朝元殿，列細仗，奏樂于庭，羣臣稱賀。【略】

（乾化元年正月）詔徵陝州鎮國軍節度使楊師厚至京，見于崇勳殿，帝指授方畧。【略】

二月丙辰朔，帝御文明殿，羣臣入閤。【略】

（二月）戊戌，幸右龍虎軍，召文武官四品已上，宴于新殿。甲辰，幸左龍虎軍，新殿宴文武官四品已上。【略】

五月甲申朔，帝被冕旒，御朝元殿視朝，仗衛如式。【略】

八月庚申，幸保寧殿，閱天興控鶴兵事，軍使將校各有賜。【略】

九月辛巳朔，帝御文明殿，羣臣入閣，刑法待制官各奏事。己丑，宴羣臣于興安殿。

又 卷七《梁書・太祖紀七》 （乾化二年四月）己巳，至東都。博王友文以新創食殿上言，并進准備內宴錢三千貫，銀器一千五百兩。辛未，宴于食殿，召丞相及文武從官等侍焉。

又 卷一四《梁書・羅紹威傳》 車駕將入洛，奉詔重修五鳳樓朝元殿。巨木良匠，非當時所有，倏架于地，泝流西，立于舊址之上，張設綈繡，皆有副焉。太祖甚喜，以寶帶、名馬賜之。

又 卷三〇《唐書・莊宗紀四》 （同光元年冬十月）庚辰，帝御玄德殿。梁百官于朝堂待罪，詔釋之。【略】

己亥，宴勳臣于崇元殿，梁室故將咸預焉。

又 卷三一《唐書・莊宗紀五》 同光二年春正月庚子朔，帝御明堂殿，受朝賀，仗衛如式。【略】

丁未，詔改朝元殿復為明堂殿，又改崇勳殿為中興殿。【略】（庚戌）詔改【略】解卸殿為端明殿。【略】

甲寅，帝于中興殿，面賜郭崇韜鐵券。【略】

丙寅，帝赴明堂殿致齋。丁卯，朝饗于太微宮。【略】

（三月己酉）有司上言：『皇帝四月一日御文明殿，受册徽號，合服衮冕御殿。前一日，散齋於內殿。』從之。【略】

夏四月己巳朔，帝御文明殿，具衮冕，受册尊號，曰昭文睿武至德光孝皇帝。【略】

己卯，帝御文明殿，册魏國夫人劉氏為皇后。

又 卷三二《唐書・莊宗紀六》 （同光二年）夏五月己亥，帝御文明殿，册齊王張全義爲太尉。【略】

（九月癸卯）內園新殿成，名曰長春殿。【略】

同光三年春正月甲午朔，帝御明堂殿，受朝賀，仗衛如式。【略】

（五月）丁酉，皇太妃劉氏薨于晉陽，廢朝五日，帝于興安殿行服。

又 卷三三《唐書・莊宗紀七》 （同光三年十一月）庚午，宴諸王武臣于長春殿，始用樂。

又 卷三四《唐書・莊宗紀八》 （同光四年三月）丙子，樞密使李紹宏與宰相豆盧革、韋説會於中興殿之廊下，商議軍機。因奏魏王西征兵士將至，車駕且宜控汜水，以俟魏王。從之。【略】

四月丁丑朔。【略】帝為流矢所中，亭午，崩于絳霄殿之廡下，時年四十二。

又 卷三六《唐書・明宗紀二》 （天成元年）夏四月丙午，帝自興聖宮赴西宮。文武百僚縞素于位。帝服斬衰，親奉攢塗設奠，哭盡哀。乃於柩前即皇帝位，百官易吉服，班於位。帝御衮冕，受册訖，百僚稱

賀。【略】

辛亥，帝始聽政於中興殿。【略】

甲寅，帝御文明殿，受朝。【略】

（五月）丁巳，初詔文武百僚正衙常參外，五日一度內殿起居。【略】

（六月）丁酉，詔曰：『四夷來王，歷代故事，前後各因强弱撫制，互有典儀。大蕃須示于威容，即於正衙引對；小蕃但推於恩澤，仍於便殿撫懷。憲府奏論，禮院詳酌，皆徵故實，咸有明文。正衙威容，未可全廢。內殿恩澤，且可常行。若遇大蕃入朝，即準舊儀，於正殿排比鋪陳立仗，百官排班于正門，引入對見。』時百僚入閤，班退後部，引對朝貢蕃客。御史大夫李琪奏論之，下禮院檢討而降是命焉。【略】

（六月）丁未，中書門下奏：京城潛龍舊宅，望以至德宮為名。從之。【略】

秋七月乙卯朔，以太原舊宅為積慶宮。

又 卷三七《唐書·明宗紀三》 （天成元年八月）己亥，帝御文明殿，百官入閤。月望如月朔之儀，從新例也。【略】

癸亥，應聖節。百僚于敬愛寺設齋，召緇黄之衆于中興殿講論，從近例也。【略】

（冬十月）丁亥，雲南蠻州山後兩林百蠻都鬼主、右武衛大將軍李卑晚遣大鬼主傳能、何華等來朝貢。帝御文明殿對之，百僚稱賀。【略】

（十一月）癸丑，日南至。帝御文明殿，受朝賀，仗衛如式。

又 卷三八《唐書·明宗紀四》 天成二年春正月癸丑朔，帝御明堂殿，受朝賀，仗衛如常儀。【略】

冬十月己卯朔，帝御文明殿，視朝。【略】

十二月戊寅朔。【略】居數日，帝延宰臣于玄德殿，言及民事。

又 卷三九《唐書·明宗紀五》 天成三年春正月戊申朔，帝御崇元殿，受朝賀，仗衛如式。

（十月）戊午，契丹平州刺史張希崇已下八十餘人見于玄德殿，頒賜有差。【略】

（十一月）癸酉，日南至。帝御崇元殿，受朝賀。

又 卷四〇《唐書·明宗紀六》 天成四年春正月壬申朔，帝御崇元殿，受朝賀，仗衛如儀。【略】

（四月）壬寅，重修廣壽殿成，有司請以丹漆金碧飾之。帝曰：『此殿經焚，不可不修。但務宏壯，不勞華侈。』【略】

五月己巳朔，帝御文明殿，受朝。【略】

（六月戊申）詔鄴都仍舊為魏府，應魏府、汴州、益州宮殿悉去鴟尾，賜節度使為衙署。【略】

（八月）戊申，帝服兖冕，御文明殿，追册昭宣光烈孝皇帝。【略】

（十一月）己卯，日南至。帝御文明殿，受朝賀。

又 卷四一《唐書·明宗紀七》 長興元年春正月丙寅朔，帝御明堂殿，受朝賀，仗衛如常儀。【略】

（二月）壬子，帝宿齋于明堂殿。癸丑，朝獻太微宮。【略】

夏四月甲午朔。【略】後數日，帝于中興殿見宰臣。【略】

戊午，帝御文明殿，受册徽號。【略】

十一月庚申朔，帝御文明殿，册皇子秦王，仗衛樂懸如儀。【略】

甲申，日南至。帝御文明殿，受朝賀。

又 卷四二《唐書·明宗紀八》 長興二年春正月庚申朔，帝御明堂殿，受朝賀，仗衛如儀。【略】

五月戊午朔，帝御文明殿，受朝。【略】

（十一月）己丑，日南至。帝御文明殿，受賀。

又 卷四三《唐書·明宗紀九》 長興三年春正月癸未朔，帝御明堂殿，受朝賀，仗衛如式。【略】

五月壬午朔，帝御文明殿，受朝。【略】

甲午，日南至。帝御文明殿，受朝賀。

又 卷四四《唐書·明宗紀十》 長興四年春正月戊寅朔，帝御明光殿，受朝賀，仗衛如式。【略】

二月癸丑朔，帝于便殿，問范延光內外見管馬數。對曰三萬五千匹。【略】

六月丙午朔。【略】詔宮西新園宜名永芳園，其間新殿，宜名和慶殿。【略】

（八月）戊申，帝被衮冕，御明堂殿，受册徽號，曰聖明神武廣運法

天文德恭孝皇帝。【略】

（十一月）戊子，帝不豫。己丑，大漸，自廣壽殿移居雍和殿。【略】

戊戌，帝崩于大内之雍和殿壽，六十七。二月癸卯朔，遷梓宫于二儀殿。

又　卷四八《唐書·末帝紀下》（清泰三年六月）丙寅，御敷政殿，遣工部尚書崔居儉奉宣憲皇太后寶册於寢宫。

又　卷七六《晉書·高祖紀二》天福元年十一月己亥，帝御北京崇元殿，降制改長興七年爲天福元年，大赦天下。【略】

（閏十一月）甲申，車駕入内，御文明殿，受朝賀。【略】

（十二月）庚子，帝為皇弟故彰聖指揮使敬殷、沂州指揮使敬德、檢校太子賓客敬友舉哀于長春殿。【略】

天福二年春正月甲寅朔，帝御文明殿，受朝賀，仗衛如式。【略】

丙寅，改中興殿爲天福殿，門名從之。【略】

（二月）辛亥，天和節。帝御長春殿，召左右街僧録，威儀殿内譚經，循舊式也。【略】

夏五月壬子朔，帝御崇元殿，受朝賀，仗衛如式。【略】

（七月）壬申，帝御崇元殿，備禮册四廟，親授寶册于使攝太尉、守司空、門下侍郎平章事馮道，使副攝司徒、守工部尚書裴皞赴洛京行禮。【略】

（八月戊子）改玄德殿為廣政殿，門名從之。

又　卷七七《晉書·高祖紀三》天福三年正月戊申朔，帝御崇元殿，受朝賀，仗衛如式。【略】

（二月）乙巳，天和節。宴近臣於廣政殿。【略】

五月丁未朔，帝御崇元殿，受朝，仗衛如式。【略】

（己丑）以春，宴契丹册禮使於廣政殿。【略】

（十月）庚子，楊光遠朝覲到闕，對於便殿，錫賚甚厚。【略】

（十一月）丙寅，冬至。帝御崇元殿，受朝賀，仗衛如式。

又　卷七九《晉書·高祖紀五》天福五年春正月丁卯朔，帝御崇元殿，受朝賀，仗衛如式。【略】

夏四月丙申朔，晏羣臣于永福殿。【略】

（十月）己酉，晏羣臣于永福殿，賜帛有差。【略】

（十一月）丙子，冬至。帝御崇元殿，受朝賀，始用二舞。【略】

天福六年春正月辛酉朔，帝御崇元殿，受朝賀，仗衛如式。刑部員外郎李象上《二舞賦》，帝覽而嘉之，命編諸史册。

又　卷八〇《晉書·高祖紀六》天福六年秋七月己未朔，帝御崇元殿，視朝。【略】

（天福七年）二月丁亥，皇妹清平公主進封衛國長公主，契丹遣使來聘。己丑，宴于武德殿。【略】

（閏三月壬寅）詔改鄴都【略】武德殿為視政殿，文思殿為崇德殿，畫堂為天清殿，寢殿為乾福殿，其門悉從殿名。【略】

（六月）乙丑，帝崩于保昌殿。

又　卷八一《晉書·少帝紀一》（天福七年六月）庚午，始聽政于崇德殿門偏廊。【略】

秋七月癸未朔，百官素服臨于天清殿。戊子，詔應宫殿州縣及官府名號人姓名與先帝諱同音者改之，改西京明堂殿為宣德殿。【略】

丁酉，宰臣馮道等率文武百寮詣崇德殿門，拜表請御正殿，凡三上表，允之。【略】

庚子，帝御正殿，宣制，大赦天下。【略】

（九月）甲申，宴班師將校于崇德殿，賜物有差。

又　卷八二《晉書·少帝紀二》（天福八年十月）癸酉，命使攝太尉、右僕射平章事和凝，使副攝司徒、給事中邊光範追册故魏國夫人張氏為皇后，奉寶册至西莊影殿行禮，鹵簿儀仗如式。【略】

又　卷八三《晉書·少帝紀三》開運元年秋七月辛未朔，帝御崇元殿，大赦天下。

又　卷八四《晉書·少帝紀四》開運二年夏五月丙申朔，帝御崇元殿，受朝，大赦天下。【略】

六月乙丑朔，帝御崇元殿，百官入閣。【略】

（十一月）癸卯，日南至。帝御崇元殿，受朝賀。【略】

開運三年春正月癸巳朔，帝御崇元殿，受朝賀，仗衛如式。

又　卷八五《晉書·少帝紀五》（開運三年十一月）戊申，日南至。御崇元殿，受朝賀。

又　卷一〇〇《漢書·高祖紀下》　（天福十二年六月）甲戌，詔文武臣僚每遇内殿起居，輪次上封事。【略】

（十二月）甲午，以皇子開封尹承訓薨，廢朝三日，追封魏王。丁酉，帝舉哀于太平宮。【略】

（乾祐元年正月）二十七日丁丑，帝崩于萬歲殿。

又　卷一〇一《漢書·隱帝紀上》　（乾祐元年二月）丁亥，帝于萬歲殿門東廡下，見羣臣。【略】

三月甲寅，帝始御廣政殿，羣臣起居。【略】

（十二月）壬午，帝被衮冕，御崇元殿，授六廟寶册正使宰臣蘇禹珪，使副大府卿劉皥赴西京行禮。

又　卷一〇三《漢書·隱帝紀下》　乾祐三年（二月）戊午，宴羣臣于永福殿，帝初舉樂。【略】

五月戊戌朔，帝御崇元殿，受朝。

又　卷一一〇《周書·太祖紀一》　廣順元年春正月丁卯。【略】是日，帝自皐門入大内，御崇元殿，即皇帝位。

秋七月辛酉朔，帝被衮冕，御崇元殿，授太廟四室寶册于中書令馮道等，赴西京行禮。

又　卷一一二《周書·太祖紀三》　廣順二年五月丙辰朔，帝御崇元殿，受朝，仗衛如儀。【略】

（十一月）己卯，日南至。帝御崇元殿，受朝賀，仗衛如儀。【略】

（廣順三年）春正月壬子朔，帝御崇元殿，受朝賀，仗衛如儀。

又　卷一一三《周書·太祖紀四》　（廣順三年）五月己卯朔，帝御崇元殿，受朝賀，仗衛如儀。【略】

顯德元年春正月丙子朔，【略】帝御崇元殿，受册尊號。【略】

（壬辰）是日巳時，帝崩于滋德殿，聖壽五十一。祕不發喪。乙未，遷神柩于萬歲殿。

又　卷一一四《周書·世宗紀一》　（顯德元年正月）壬寅，帝見羣臣於萬歲殿門之東廡下。

又　卷一一七《周書·世宗紀四》　顯德四年春正月己丑朔，帝御崇元殿，受朝賀，仗衛如儀。【略】

（四月）時重修永福殿，命延希督役。上見役夫有就瓦中噉飯、以柿為匕者，大怒，斬延希而罷延勛等。【略】

五月丁亥朔，帝御崇元殿，受朝，仗衛如式。己丑，以修永福殿，改為廣政殿。

又　卷一一八《周書·世宗紀五》　（顯德五年）五月辛巳朔，上御崇元殿，受朝，仗衛如式。【略】

（九月）壬子，天清節。羣臣詣廣德殿，上壽。【略】

（十一月）辛亥，日南至。帝御崇元殿，受朝賀，仗衛如式。

又　卷一一九《周書·世宗紀六》　顯德六年春正月丁未朔，帝御崇元殿，受朝賀，仗衛如式。【略】

（六月）癸巳，帝崩於萬歲殿，聖壽三十九。

宋·王欽若等《册府元龜》卷一四《帝王部·都邑第二》　（後唐莊宗同光）二年正月丁未敕：朝元殿北是明堂殿，偽梁改為朝元殿，今復舊名。其崇勳殿宜改為中興殿，【略】解卸殿改為端明殿。【略】

（八月）壬午，西都奏重修華清宮温湯屋宇。【略】

（三年）四月壬寅，武德使上言：『重修嘉慶殿，請丹漆金碧以營之。』帝曰：『此殿為火所廢，不可不修，但務宏壯，何煩華侈？』尋改為廣壽殿。【略】

（明宗長興）四年六月，詔宮西新園宜名永芳園，其間新殿，宜名和慶殿。【略】

（晉高祖天福二年）七月，改玄德殿為廣政殿。【略】

十一月，改雒京潛龍宅為廣德宮，北京潛龍宅為興義宮。【略】

四年二月辛卯，改東京玉華殿為永福殿。三月己卯，改明德殿為滋德殿，宮城南門同名故也。【略】

七年閏三月，敕改宣明門為朱鳳，武德殿為視政，文思殿為崇德，晝堂為太清，寢殿為乾福，其門悉從殿名。【略】

漢高祖以天福十二年二月，即位於太原宮。【略】

（周）恭帝顯德六年十二月，改萬歲殿為紫宸殿。

《新五代史》卷二《梁紀·太祖下》　（乾化元年）九月辛巳朔，御文明殿，入閤。

又 卷五《唐紀·莊宗》 （同光二年正月）丁卯，七廟神主至自太原，祔于太廟，朝獻于太微宮。

又 卷六《唐紀·明宗》 （同光四年）四月丁亥，莊宗崩。己丑，入洛陽。甲午，監國，朝羣臣于興聖宮。【略】

丙午，始奠于西宮。【略】

（天成元年）八月乙酉朔。【略】閱稼于冷泉宮。【略】

九月己未，幸至德宮。【略】

（長興元年二月）癸丑，朝獻于太微宮。【略】

（四年十一月）戊戌，皇帝崩于雍和殿。【略】

廣壽殿火災，有司理之，請加丹雘。喟然歎曰：『天以火戒我，豈宜增以侈邪？』

又 卷七《唐紀·愍皇帝》 應順元年春正月壬申朔，視朝于廣壽殿。

又 《廢帝》 （清泰元年四月）入居于至德宮。

又 卷八《晉紀·高祖》 （七年六月）乙丑，皇帝崩于保昌殿。

又 卷一〇《漢紀·高祖》 （乾祐元年正月）丁丑，皇帝崩于萬歲殿。

又 卷一一《周紀·太祖》 （顯德元年正月壬辰）是日，皇帝崩于滋德殿。

又 卷一二《周紀·世宗》 （顯德六年六月）癸巳，皇帝崩於滋德殿。

又 卷一四《唐家人傳·莊宗神閔敬皇后劉氏》 同光二年四月己卯，皇帝御文明殿，遣使册劉氏為皇后。【略】

郭從謙反，莊宗中流矢，傷甚，卧絳霄殿廊下。渴欲得飲，后令宦者進飧酪，不自省視。莊宗崩，后與李存渥等焚嘉慶殿，擁百騎出師子門。

又 卷一五《唐家人傳·秦王從榮》 十一月戊子，雪。明宗幸宮西士和亭，得傷寒疾。己丑，從榮與樞密使朱弘昭、馮贇入，問起居於廣壽殿。帝不能知人，王淑妃告曰『從榮在此』，又曰『弘昭等在此』，皆不應。從榮等去，乃還於雍和殿，宮中皆慟哭。【略】

明日，從榮遣馬處鈞告馮贇曰：『吾今日入居興聖宮。』又告義誠，義誠許諾。贇即馳入内，見義誠及弘昭、漢瓊等，坐中興殿閤，議事。

元·王士點《禁扁》卷一《宮·五代》 建昌。梁宣武治所，因為宮。至德。唐。興聖。唐鄴宮。長壽。唐。太微。唐。大明。大寧。晉以建昌改。長春。唐莊宗母宮。冷泉。二宮並在洛。大昌。積慶。廣德。興義。慶昌。太平。昇平。

又 卷二《殿·五代》 崇元。梁。元德。晉改廣政。玄德。金祥。萬歲。滋德。晉改明德。已上在汴。朝元。即唐含元。梁改朝元，後唐改含化，晉又改宣德。文明。即唐貞觀，梁改今名。崇興勳。梁作。後唐改中興，晉又改天福。金鑾。後唐改二儀。興安。梁。宣威。梁。端明。後唐。含慶。永芳園中。延英。壽慶。後唐改廣壽。敷政。講武。長春。絳霄。雍和。已上並在洛。乾福。晉。武德。文思。天清。已上並在鄴。保昌。嘉慶。永福。

前後蜀等國宮殿

綜　述

元·王士點《禁扁》卷一《宮·雜》 丹陽。楊溥。永寧。溥為讓皇時居。顯聖。北漢。【略】寶皇。大明。長春。紫微。東華。躍龍。已上六宮並王閩。崇德。廣陵舊第。德昌。内帑別藏。積慶。改『崇道』。三宮並南唐。龍興。清和。金華。永康。迎仙。昭聖。天啓。水晶。已上八宮並前蜀。昌華。天明。甘泉。玩華。秀華。玉清。太微。七宮並劉晟。

又 卷二《殿·雜》 九龍。三清。劉龑。八卦。孟昶。文思。咸宜。玉華。壽昌。承乾。韻光。神光。神武。金華。明化。會同。天錫。明德。十三殿並王建。延昌。會真。重光。太清。四殿並王衍。崇元。光慶。崇德宮。英武。改明光。應乾。改垂拱。文明。改乾元。朝陽。改福昌。並在揚。宣政。潛龍。武功。光政。勤政。集賢。崇英。改延英。興祥。改昭德。凝華。改昇元。雍和。凝華後殿。穆清。即積慶。萬壽。金陵。長春。洪州。清輝。玉燭。武德。已上十九殿並南唐。

前蜀

宋·張唐英《蜀檮杌》卷上　（光化七年九月，王建）僭即偽位，號大蜀，改元武成。【略】十月，下偽詔，改堂宇廳館為宮殿。其畧曰：帝君之居，上應辰象，朝貢臻集，華夷會同。宮闕殿閣之深嚴，臺省府寺之宏壯，須分名號，以正觀瞻。況我肇啓丕圖，類有嘉瑞，允協上元之貺，式光萬世之基。至於廚廐之標題，倉庫之曹列，並宜從革，用永維新。

大衙門為宣德門，獅子門爲神獸門，大廳為會同殿，毬場門為神武門，毬場殿為神武殿，蜀王殿為承乾殿，清風樓為壽光閣，西亭子廳為咸宜殿，九頂堂為承乾殿。【略】舊宅為昭聖宮，堂為金華殿，摩訶池為龍躍池，設廳為韶光殿。【略】新西宅為天啓宮，堂為玉華殿。【略】

（乾德）三年三月，衍還成都。五月，宣華苑成，延袤十里。有重光、太清、延昌、會真之殿，清和、迎仙之宮，降真、蓬萊、丹霞之亭。土木之功，窮極奢巧。衍數於其中，為長夜之飲，嬪御雜坐，舃履交錯。

《新五代史》卷六三《前蜀世家》　（王衍）起宣華苑，苑有重光、太清、延昌、會眞之殿，清和、迎仙之宮，降眞、蓬萊、丹霞之亭，飛鸞之閣，瑞獸之門。又作怡神亭，與諸狎客、婦人日夜酣飲其中。

清·吳任臣《十國春秋》卷三六《前蜀二·高祖紀下》　（永平元年）是歲，始作新宮。【略】

（永平三年七月丁未）兼侍中王宗黯自大安門梯城而入，與瑤謙戰于會同殿前，瑤敗死。

（永平五年）是歲，起壽昌殿於龍興宮，繪帝象於壁。【略】

（通正元年）九月庚申，新宮成，在舊宮之北。

又　卷三七《前蜀三·後主紀》　（乾德三年）夏五月，命宣華苑內延袤十里，搆重光、太清、延昌、會真之殿，清和、迎仙之宮，降真、蓬萊、丹霞、怡神之亭，飛鸞之閣，瑞獸之門，土木之功，窮極奢巧。帝時與諸狎客、婦人嬉戲其中，為長夜之飲。【略】

乾德四年春二月，帝御文明殿，試制科。【略】

（五年七月）是月，帝受道籙于苑中。以杜光庭為傳真天師、崇真館大學士。起上清宮，塑王子晉像，尊為聖祖至道玉宸皇帝。又塑高祖及帝像侍立于左右，又於正殿塑玄元皇帝及唐諸帝，備法駕朝之。

後蜀

宋·陶穀《清異録》卷下《幈宮》　幈宮，孟蜀高祖晚年作。以畫屏七十，張關百紐而闔之，用為寢所。

宋·黄休復《益州名畫録》卷上《黄筌》　廣政癸丑歲，新搆八卦殿，又命筌于四壁畫四時花竹、兔雉鳥雀。其年冬，五方使於此殿前呈雄武軍進者白鷹，誤認殿上畫雉為生，掣臂數四。蜀王歎異久之，遂命翰林學士歐陽炯撰《壁畫奇異記》以旌之。

宋·佚名《宣和畫譜》卷一六《花鳥二·五代·黄筌》　黄筌，字要叔，成都人。以工畫，早得名于時。十七歲，事蜀後主王衍，為待詔。至孟昶，加檢挍少府監，累遷如京副使。【略】廣政癸丑歲，嘗畫野雉於八卦殿。有五方使呈鷹於陛殿之下，誤認雉為生，掣臂者數四。時蜀主孟昶嗟異之。

清·吳任臣《十國春秋》卷四九《後蜀二·後主紀》　初，高祖據有一方，晚年耑務奢侈。【略】寢室常設畫屏七十，張關百紐而合之，號曰幈宮。【略】

（廣政十六年）夏五月重午節，帝奉皇太后游凌波殿競渡。前蜀宣華苑也。

吳

《舊五代史》卷一三四《僭偽傳·楊溥》　晉天福二年，溥不得已遜位于昪。昪遷溥于潤州，築丹陽宮以處之。溥自是服羽衣，習辟穀之術。年餘，以幽死。昪又遷其族于海陵，吳人謂其居為永寧宮。周顯德中，李景聞周師渡淮，慮楊氏為變，使人盡殺之。

宋·鄭文寶《江表志》卷一　讓皇遷於太州永寧宮，數年未卒。每有嗣息及歲，即有中使賜衫笏加官，即日而終。

宋·佚名《五國故事》卷上　李氏以海陵為泰州，置永寧宮於州之門右，遷其族以處，使親信褚仁規為刺史，以專防護。後周世宗渡淮，李氏急使人赴海陵，盡害之。

宋・馬令《南唐書》卷一《先主》（昇元）二年夏四月，遷讓皇于丹陽，以王輿為浙西節度使留後，馬思讓為丹陽宮使，以嚴兵守之。【略】

（六年四月）遷讓皇子孫於海陵，號永寧宮。嚴兵守之，絶不通人。久而男女自為匹偶，吳人多哀憐之。

《新五代史》卷六一《吳世家・楊溥》 昇元六年，李昪遷其子孫於海陵，號永寧宮，嚴兵守之，絶不通人。久而男女自為匹偶，吳人多哀憐之。

宋・司馬光《資治通鑑》卷二八一《後晉紀二・高祖聖文章武明德孝皇帝上之下》（天福二年）冬十月己丑，唐主表讓皇改東都宮殿名，元胡三省注：唐都金陵，以江都為東都。皆取于仙經。讓皇常服羽衣，習辟穀術。

又 卷二八二《後晉紀三・高祖聖文章武明德孝皇帝中》 唐人遷讓皇之族於泰州，號永寧宮，防衛甚嚴。

宋・陸游《南唐書》卷一《烈祖紀》（昇元二年五月）戊午，改潤州州治為丹陽宮。【略】甲寅，徙讓皇居丹陽宮。

清・吳任臣《十國春秋》卷一《吳一・太祖世家》（天復二年）冬十月，李儼至揚州，王始建制勑院。每有封拜，輒以告儼，於紫極宮玄宗像前陳制書，再拜，然後下。

又 卷二《吳二・高祖世家》（武義元年）夏四月戊戌朔，温奉玉册寶綬，尊王即吳國王位，改天祐十六年為武義元年，大赦境内。建宗廟社稷，設百官，宮殿之物，皆用天子禮。

又 卷三《吳三・睿帝紀》（武義二年）冬十二月，金陵城成，建紫極宮於冶城故址。【略】

（乾貞元年）十一月庚戌，王御文明殿，即皇帝位。【略】

（太和五年）夏五月，宋齊邱勸徐知誥徙帝都金陵，知誥乃營宮城於金陵。【略】

（天祚二年十一月）於是江都宮多妖，帝曰：『吳祚其終乎？』左右曰：『此天意，非人事也。』【略】

（天祚三年冬十月）己丑，齊主表請改江都宮殿名，皆於《仙經》内取之。帝常服羽衣，習辟穀術。丙申，帝以齊主上表，致書辭之，齊主謝而不改。

昇元二年，帝屢請徙宮。五月，齊主改潤州牙城為丹楊宮，以李建勳充迎奉讓皇使，徙帝居丹楊宮。命馬思謙為丹楊宮使，以嚴兵守衛之。

又 卷四《吳四・太祖太妃史氏傳》 徐温暴張顥弑君罪，詣西宮白其事。

清・趙宏恩等［雍正］《江南通志》卷三三《輿地志・古迹四・揚州府》 南唐永寧宮。在泰州城内。李昪遷楊行密子孫於海陵，號其居曰永寧宮。相傳州治譙樓，即其宮闕故址。

楊吳故宮。在江都縣舊子城内，久廢。

清・和珅等［乾隆］《清一統志》卷六七《揚州府二・古迹》 楊行密宮。在甘泉縣舊子城内。按《方輿紀要》：南唐昇元六年，遷揚行密子孫於海陵，號其居曰永寧，嚴兵守之。夫所遷，乃行密子孫，方嚴兵錮守，豈得向容以宮名？《舊志》以為泰州有永寧宮者，非是。

南唐

宋・鄭文寶《南唐近事》卷二 （韓偓）為學士日，常視草金鑾内殿，深夜方還。

張易為太弟賓客，【略】嘗侍宴昭慶宮。

宋・馬令《南唐書》卷四《嗣主書第四》（建隆二年）秋七月，國主之喪至自豫章。【略】乃殯于萬壽殿，遣使入朝。

又 卷五《後主書》 初，金陵臺閣殿庭皆用鴟吻。自乾德後，朝廷使至，則去之；使還，復用。【略】

（建隆）五年春，命兩省侍郎、諫議大夫、給事中、中書舍人、集賢、勤政殿學士，分夕於光政殿宿直。國主引與譚論，或至夜分。

又 卷六《女憲傳・後主昭惠后周氏》 越三日，沐浴正衣糚，自内含玉，殂于瑤光殿之西室。時乾德二年十一月甲戌也。

宋・陶穀《清異録》卷上《紫風流》 廬山僧舍有麝囊花一藂，色正紫，類丁香，號紫風流。江南後主詔取數十根，植於移風殿，賜名蓬萊紫。

又 卷下《玉太古》 李煜偽長秋周氏，居柔儀殿。

宋・王銍《默記》卷中 《小説》載江南大將獲李后主寵姬者，見燈輒閉目云『烟氣』，易以蠟燭，亦閉目云『烟氣愈甚。』曰：『然則宮中未嘗點燭？』云：『宮中本閤每至夜，則懸大寶珠，光照一室，如日中也。』觀此，則李氏之豪侈，可知矣。

宋・陸游《南唐書》卷一《烈祖紀》 （昇元元年）十一月庚戌朔，改東都舊第為崇德宮。【略】

（昇元三年二月）己卯，帝御興祥殿，復姓。【略】庚午，作南郊行宮千間。【略】

（昇元四年）十一月乙丑，宴羣臣於崇德宮，故第也，以聽事為光慶殿。庚辰，改東都文明殿為乾元殿，英武殿為明光殿，應乾殿為垂拱殿，朝陽殿為福昌殿，積慶宮為崇道宮，西都崇英殿為延英殿，凝華內殿前為昇元殿，後為雍和殿，興祥殿為昭德殿，積慶殿為穆清殿。【略】

（昇元七年）二月庚午，帝崩於昇元殿。【略】

性節儉，常躡蒲履，用鐵盆盎。暑月，寢殿施青葛帷。左右宮婢裁數人，服飾樸陋。建國始，即金陵治所為宮，惟加鴟尾，設闌檻而已，終不改作。

又 卷二《元宗紀》 （建隆二年六月己未）夕有大星，隕於南都。庚申，殂於長春殿。【略】秋八月至金陵。丁未，殯於宮中萬壽殿。

又 卷三《後主紀》 （建隆二年）六月，元宗殂，太子嗣立於金陵，更名煜。【略】令諸司四品至九品無職事者，日二員待制於內殿。【略】

乾德五年春，命兩省侍郎、諫議、給事中、中書舍人、集賢、勤政殿學士更直光政殿，召對咨訪，率至夜分。【略】

開寶五年春二月，國主下令貶損儀制。【略】初，金陵殿闕皆設鴟吻，元宗雖臣於周，猶如故。乾德後，遇中朝使至，則去之，使還，復設。至是，遂去不復用。

又 卷六《刁彥能傳》 子衎，事後主，為祕書郎、集賢校理。以文翰見知，擢直清輝殿，閱中外章奏。

又 卷九《李建勳傳》 元宗嗣立，【略】聽朝之暇，多開延英殿，召公卿議當世事。人皆欣然望治，建勳獨謂所親曰：『上寬仁大度，優於先帝，但性習未定，宜得方正之士朝夕獻替。不然，恐未必能守先朝基業也。』

又 卷一五《蕭儼傳》 其後，元宗於宮中作大樓，召近臣入觀，皆歎其宏麗。儼獨曰：『比景陽但少一井耳。』元宗怒，貶舒州副使。

又 卷一八《高麗傳》 昇元二年，遣使來貢方物。【略】烈祖御武功殿，設細仗，見其使。自言代主朝覲，拜舞甚恭。宴於崇英殿，出龜茲樂，作番戲，召學士承旨孫忌侍宴。

清 吳任臣《十國春秋》卷一五《南唐一・烈祖紀》 （昇元元年）十一月庚戌朔，改東都舊地為崇德宮。

（昇元二年六月）是月，高麗使正朝廣評侍郎柳勳律貢方物。【略】帝御武功殿，設細仗受之。命學士承旨孫晟宴其使於崇英殿，奏龜茲樂，作番戲，以為樂。

（昇元三年二月）己卯，帝御興祥殿，改國號曰大唐，復姓李氏。

（三月）庚午，作南郊行宮千間。

（昇元四年）十一月乙丑，宴羣臣於崇德宮，故第也，以聽事為光慶殿。庚辰，改東都文明殿為乾元殿，英武殿為明光殿，應乾殿為垂拱殿，朝陽殿為福昌殿，積慶宮為崇道宮；西都崇英殿為延英殿，凝華內殿前為昇元殿，後為雍和殿，興祥殿為昭德殿，積慶殿為穆清殿。又有玉燭殿，見《金陵志》。

（昇元七年二月庚午）是夕，殂于昇元殿，年五十六。

又 卷一六《南唐二・元宗紀》 又帝在位，常搆一小殿，謂之龜頭。居常處，以視事。左右偵其所在，必問曰：『大家何在？龜頭頭裏？』及後有內附之事，人始悟其先兆。

又 卷二〇《南唐六・徐遊傳》 元宗創清暉殿于北苑，命遊與張洎為學士，入直其中。

閩

宋・馬令《南唐書》卷二八《滅國傳上・閩國》 繼鵬，鏻長子也。

既立，更名昶，改元通文。【略】三年夏，【略】重遇等夜帥衛士縱火焚南宮。昶挾愛姬子弟、黄門衛士斬關而出，宿于野次。

宋·司馬光《資治通鑑》卷二八一《後晉紀二·高祖聖文章武明德孝皇帝上之下》（天福二年四月）閩主作紫微宮，飾以水晶。土木之盛，倍于寶皇宮。

清·吴任臣《十國春秋》卷九一《閩二·嗣王世家》　王自是驕淫奢侈，跨城西西湖，築室十餘里，號曰水晶宮。每攜後庭游宴，從子城複道以出。

又《惠宗紀》（長興二年）六月，作寶皇宮，以道士陳守元為宮主。先是，福州有王霸壇、煉丹井。壇旁皂筴木久枯，一旦忽生枝葉，井中復有白龜浮出，會掘地得石銘，有『王霸裔孫』之文，王以謂應己，遂於壇側建宮，極土木之盛。而巫者徐彦朴、盛韜與守元，皆用左道以進。【略】

龍啓元年春正月，黄龍見真封宅，王更命其宅曰龍躍宮。又造東華宮，窮工極麗。宮中供匠作者萬人。遂詣寶皇宮受册，備儀入府，即皇帝位，國號大閩。【略】

初，昭武帝府舍皆庳陋。至是，大作宮殿，所費不貲。【略】

龍啓二年春正月上元節御大酺殿召弘文館直學士王倜等觀燈賜宴

又《康宗紀》（永和元年十二月）建明威殿。

通文二年夏四月，作紫微宮，以水晶飾之。【略】

（通文四年四月）作三清殿于内庭，《五代史》云：起三清臺，三層。鑄寶皇大帝無始天尊太上老君像，從道士陳守元言也。凡用黄金數千斤。日焚龍腦、薰陸諸香無筭。作樂臺下，晝夜不輟，云如此可求大還丹。政無大小，皆興傳寶皇命決之。【略】

（六月）乙未，徙長春宮。【略】秋七月乙巳，北宮火，焚宮殿殆盡。

又　卷九二《閩三·景宗紀》（永隆元年）十二月，王作新宮，徙居之。

（永隆二年十二月）建文德殿。《閩中考》云：當繼鵬、延曦時。又有文明殿、九龍殿、長春宮、東清門、金德門諸名。

（永隆四年八月）丙寅，宴羣臣於九龍殿。

又　卷九四《閩五·惠宗后陳氏傳》　太祖召為才人，其寵幸與黄夫人比。常築水晶宮于西湖旁，列亭榭十餘里。【略】龍啓元年，立為皇后。【略】始築長春宮居之。

又《康宗后李氏傳》　及通文改元，復立為皇后。别造紫微宮，為皇后遊幸之所。土木之盛，逾于東華。

又　卷九九《閩十·陳守元傳》　益勸康宗作三清殿于禁中，以黄金數千斤鑄寶皇及無始天尊老君像，晝夜作樂，焚香禱祀。政無大小，皆傳寶皇命決之，一國若狂。

南漢

宋·陶穀《清異録》卷下《藏用僊人》　廣府劉龑僭大號，晚年亦事奢靡。作南薰殿，柱皆通透刻鏤，礎石各置爐燃香，故有氣無形。嘗謂左右：『隋帝論車燒沉水，却成麄疏。争似我二十四箇藏用仙人？縱不及堯舜禹湯，不失作風流天子。』

《新五代史》卷六五《南漢世家》（劉龑）又好奢侈，悉聚南海珍寶，以為玉堂珠殿。【略】

（劉晟）益得志，遣巨艦指揮使暨彦贇以兵入海，掠商人金帛，作離宮游獵。故時劉氏有南宮、大明、昌華、甘泉、玩華、秀華、玉清、太微諸宮，凡數百，不可悉紀。

《宋史》卷四八一《世家傳四·南漢劉氏》（劉鋹）置媚川都，定其課，令入海五百尺採珠。所居宮殿，以珠、玳瑁飾之。陳延受作諸淫巧，日費數萬金。宮城左右離宮數十，鋹游幸，常至月餘或旬日。【略】

李托，封州封川人。少習騎射，以謹愿事龑，為内府局令。晟襲位，遷内侍省内侍，充宮闈諸衛押番兼秀華宮使。鋹立，改玩華宮使、内侍監兼列聖、景陽二宮使。

清·吴任臣《十國春秋》卷五八《南漢一·高祖紀》（乾亨元年十月）建玉堂珠殿。

（乾亨四年）是歲，文德殿成。著作郎陳光乂獻《賦》，賜珠數斤。

（乾亨八年）是歲，作南宮。王定保獻《南宮七奇賦》以美之。《廣東志》云：宮在今仙湖白蓮池，其前為藥洲。【略】帝酷喜夸大，嶺北商賈至

南海者，多召之，使升宮殿，示以珠玉之富。【略】

大有七年春月，帝作殿于内宮，曰昭陽殿。殿用金為仰陽，銀為地面，簷楹榱桷皆傅白金。殿下設水渠，浸以真珠。又琢水精、琥珀為日、月，列于東西玉柱之首。《五國故事》云：列于東西二樓之上。親題其牓于上。【略】

為人辨察，多權數。性好奢侈，悉聚南海珍寶翠羽，以飾宮室。建殿閣、秀華諸宮，務極瓌麗。晚年作南薰殿，柱皆通透刻鏤，礎石各置爐燃香，有氣無形。顧左右曰：『隋煬帝論車燒沉水，却成麄疏。爭似我二十四具藏用僊人？縱不及堯舜禹湯，亦不失作風流天子。』

又　卷五九《南漢二・殤帝紀》　光天二年春三月丙戌，帝遇殺，殂。【略】是夜，帝與諸王宴長春宮，閱之。帝大醉起，道庠因與思潮等掖帝，拉殺之。

又《中宗紀》　乾和二年春三月，帝使盜殺其弟越王弘昌于昌華宮。時弘昌謁襄帝陵于海曲，遂遇害。【略】

（乾和九年）帝自是愈得志，陰令巨艦指揮使暨彥贇以兵入海，掠商賈金帛，作離宮遊獵，益修葺南宮、大明、昌華、一作昭華。甘泉、玩華、秀華、玉清、太微諸宮，凡數千，不可勝紀。殿側皆置宮人，以候曉，名曰候窗監。每宴會，帝獨處殿廷間，侍宴臣僚皆結綵亭，列坐殿之兩隅。

又　卷六〇《南漢三・後主紀》　乾和十六年八月辛巳，襲位。【略】又踵祖父之奢，立萬政殿，飾一柱凡用白金三千錠。又以銀為殿衣，間以雲母，無名之費日有千萬。是歲，建天華宮于羅浮山。初，帝夢神人指羅浮山之西，迎祥寺西北有兩岸相叠一洞對流，可以為宮。及訪其地，則金沙洞也，遂築宮焉。已又夢金龍起于宮所，復改名曰黃龍洞。【略】

（大寶六年）置媚川都于合浦縣，定其課，令入海五百尺採珠。所居宮殿以珠、玳瑁飾之。【略】中官陳延壽作諸淫巧，動縻斗金。離宮數十，帝不時遊幸，常至月餘或旬日。

（七年）二月，命宮人鬭花内殿。帝向晨時，先啓後苑，集衆採擇。俄敕扃戶還宮，膳訖，角勝于殿中。

又　卷六二《南漢五・王定保傳》　定保善文辭。高祖常作南宮，極土木之盛。定保獻《南宮七奇賦》以美之，一時稱為絶論。

又《黃損傳》　未幾，高祖建南薰殿，雕沉香為龍柱，務極工巧，少不如意，輒誅工匠，前後十餘人。損極諫，致忤高祖意。

又　卷六三《南漢六・王詡傳》　大有七年，昭陽殿成。詡又著《昭陽殿賦》上之。是時獻賦者數十百人，稱詡為第一。

又　卷六五《南漢八・暨彥贇傳》　乾和時，累官巨艦指揮使，常以兵入海，掠商人金帛，為中宗離宮之費。

北漢

《新五代史》卷七〇《東漢世家・劉承鈞》　改乾祐十年曰天會元年，立七廟於顯聖宮。

《宋史》卷四八二《世家傳五・北漢劉氏》　（劉鈞）始建七廟於漢祖舊第，號顯聖宮。

清・吳任臣《十國春秋》卷一〇五《北漢二・睿宗紀》　（天會元年）七月，初立七廟于高祖舊第，號顯聖宮。

藝文

宋・扈仲榮等《成都文類》卷二《［前蜀］王衍〈宣華苑宮詞〉》

輝輝赫赫浮玉雲，宣華池上月華春。月華如水浸宮殿，有酒不醉真癡人。

宋・范成大《石湖詩集》卷一七《晚步宣華舊苑》　喬木如山廢苑西，古溝疏水靜鳴池。吏兵窸窣番更後，樓閣崔嵬欲暝時。有露冷螢猶照草，無風驚雀自還枝。歸來更了塵書債，目眚昏花燭穗垂。

宋・鄭文寶《江表志》卷一　讓皇居太州永寧宮，常賦詩曰：江南江北舊家鄉，三十年來夢一塲。吳苑宮園今冷落，廣陵臺榭亦荒凉。煙凝遠岫愁千點，雨滴孤舟淚數行。兄弟四人三百口，不堪回首細思量。

輿服分部

綜述

色彩崇尚

《隋書》卷一二《禮儀志七》 高祖初即位，將改周制，乃下詔曰：『宣尼制法，云行夏之時，乘殷之輅。弈葉共遵，理無可革。然三代所尚，衆論多端，或以為所建之時，或以為所感之瑞，或當其行色，因以從之。今雖夏數得天，歷代通用，漢尚于赤，魏尚于黄，驪馬玄牲，已弗相踵，明不可改，建寅歲首，常服于黑。朕初受天命，赤雀來儀，兼姬周已還，於兹六代。三正回復，五德相生，總以言之，並宜火色。垂衣已降，損益可知，尚色雖殊，常兼前代。其郊丘廟社，可依衮冕之儀，朝會衣裳，宜盡用赤。昔丹烏木運，姬有大白之旗，黄星土德，曹乘黑首之馬，在祀與戎，其尚恒異。今之戎服，皆比可尚黄，在外常所著者，通用雜色。祭祀之服，須合禮經，宜集通儒，更可詳議。』

太子庶子、攝太常少卿裴正奏曰：『竊見後周制冕，加為十二，既與前禮數乃不同，而色應五行，又非典故。謹案三代之冠，其名各别。六等之冕，承用區分，璪玉五采，隨班異飾，都無迎氣變色之文。唯《月令》者，起于秦代，乃有青旗赤玉，白駱黑衣，與四時而色變，全不言於弁冕。五時冕色，《禮》既無文，稽於正典，難以經證。且後魏已來，制度咸闕。天興之歲，草創繕修，所造車服，多參胡制。故魏收論之，稱為違古，是也。周氏因襲，將為故事，大象承統，咸取用之，輿輦衣冠，甚多迂怪。今皇隋革命，憲章前代，其魏、周輦輅不合制者，已敕有司盡令除廢，然衣冠禮器，尚且兼行。乃有立夏衮衣，以赤為質，迎秋平冕，用白成形，既越典章，須革其謬。謹案《續漢書・禮儀志》云「立春之日，京都皆著青衣」，秋夏悉如其色。逮于魏、晉，迎氣五郊，行禮之人，皆同此制。考尋故事，唯幘從衣色。今請冠及冕，色並用玄，唯應著幘者，任依漢、晉。』制曰：『可。』

唐・李林甫等《唐六典》卷四《尚書禮部》 凡服飾尚黄，旗幟尚赤。

唐・杜佑《通典》卷五五《禮典十五・吉十四・歷代所尚》 隋火德，以赤雀降祥之故，衣服、旗幟、犧牲尚赤，戎服以黄。七月，帝始服黄。

大唐土德。【略】天寶九載，制應緣隊仗所用絳色幡等，並改為赤黄色，天下皆然，納崔昌議，以土德承漢火行。

《舊唐書》卷六《則天皇后紀》 （嗣聖元年七月）彗星見西北方，長二丈餘，經三十三日乃滅。九月，大赦天下，改元為光宅。旗幟改從金色，飾以紫，畫以雜文。

又 卷四五《輿服志》 文明元年七月甲寅詔，旗幟皆從金色，飾之以紫，畫以雜文。

《新唐書》卷四《則天順聖武皇后紀》 （天授）二年正月甲戌，改置社稷，旗幟尚赤。

宋・王欽若等《册府元龜》卷一《帝王部・總序》 隋文受禪，次用火德，以有赤光之瑞，車服、旌旗悉皆尚赤，而帝服、戎服，悉皆以黄。唐氏承統，盛德在土。至開元中，有請改為金德者，終報罷之。天寶中，令諸衛緋色幡改為赤黄色，以應土德。

又 卷四《帝王部・運曆》 隋高祖受禪，召崔仲方與高炯議正朔、服色事。仲方曰：『晉為金行，後魏為水，周為木，皇家以火承木，得天之統。又聖躬載誕之初，有赤光之瑞，車服旗牲，並宜用赤。』又勸帝除六官，請依漢魏之舊，帝皆從之。開府盧賁奏改周代旗幟，更為嘉名。其青龍、騶虞、朱雀、玄武、千秋、萬歲之旗，皆賁所創也。

隋開皇元年六月癸為未詔：『以初受天命，赤雀降祥，五德相生，赤為火色，其郊及社廟，依服色之議，而朝會之服，旗幟犧牲，各令尚赤，戎服以黄。』七月乙卯，帝始服黄，百僚畢賀。

唐玄宗開元中，有上書請以皇家為金德者，中書令蕭嵩奏請集百僚詳議。侍中裴光庭以國家符命久著史策，若有改易，恐貽後學之誚，密奏請依舊為定。乃下詔停百僚集議之事。臣欽若等言：唐初事闕。天寶九載七月詔曰：『三王繼統，質文既不相襲；五德承時，服色遵于所尚。至於旗常改制，騂翰異宜，所以表軍國之容，合聲名之度，事之大者，安可因循而已焉？國家膺推紐之期，纂黄中之曆，憲章垂範，運既屬於維新；旗幟同色，義必在於革故。頃者俯納羣議，式明統緒，故得天人致和，風雨時若。豈朕躬菲德，克廣睿圖？實累聖鴻休，允膺景運。稽古之大，既有昭明；文物所資，理宜詳正。其諸衛應隊仗所用緋色幡等，並改為赤黄色。庶克遵於通變，諒有葉於從宜。其諸節度使並管内軍使等，亦宜准此。』

清·王夫之《讀通鑑論》卷一九《隋文帝·二》 開皇元年，隋主服黄，定黄為上服之尊，建為永制。以義類求之，明而不炫，韞而不幽，居青赤白黑之間而不過，尊之以為事天臨民之服可矣，迄於今莫之能易。

車輦

《隋書》卷一〇《禮儀志五》 開皇元年，内史令李德林奏，周、魏輿輦乖制，請皆廢毀。高祖從之。唯留魏太和時儀曹令李韶所制五輅，齊天保所遵用者。【略】於後著令，制五輅。

玉輅，青質，以玉諸末。重箱盤輿，左青龍，右白虎，金鳳翅，畫虡文鳥獸。黄屋左纛，金鳳在軾前，八鸞在衡，二鈴在軾。龍輈，前設鄣塵。青蓋黄裏，繡飾。博山鏡子，樹羽。輪皆朱斑重牙。左建旗，十有二旒，幓旒皆畫升龍，其長曳地。右載闟戟，長四尺，廣三尺，黻文。旗首金龍頭，銜結綬及鈴緌。駕蒼龍，金鍐方釳，插翟尾五隼，鏤錫，鞶纓十有二就。錫馬當顱，鏤金為之。鞶馬大帶，纓馬鞅，皆以五彩飾之。就成也，一帀為一就。祭祀、納后則供之。

金輅，赤質，以金飾諸末。左建旜，右建闟戟。闟畫鳥隼。餘與玉輅同。駕赤騮。朝覲會同，饗射飲至則供之。

象輅，黄質，以象飾諸末。左建旃，右建闟戟。旃畫黄麟。駕黄騮。行道則供之。

四望車，制同犢車。金飾，青油纁朱裏，通幰。拜陵臨吊則供之。

【略】

大業元年，更制車輦，五輅之外，設副車。詔尚書令楚公楊素、吏部尚書奇章公牛弘、工部尚書安平公宇文愷、内史侍郎虞世基、禮部侍郎許善心、太府少卿何稠、朝請郎閻毗等，詳議奏決。於是審擇前朝故事，定其取捨云。

玉輅，禋祀所用，飾以玉。《白武通》云：『玉輅，大輅也。』《周禮》巾車氏所掌，『鏤錫，樊纓十有再就，建太常，十有二旒。』虞氏謂之鸞車，夏后氏謂之鉤車，殷謂之大輅，周謂之乘輅。《大戴禮》著其形式，上蓋如規象天，二十八橑象列星，下方輿象地，三十輻象一月。前視則睹鑾和之聲，側觀則睹四時之運。昔成湯用而郊祀，因有山車之瑞，亦謂桑根車。蔡邕《獨斷》論漢制度，凡乘輿車，皆有六馬，羽蓋金爪，黄屋左纛，鏤鍐方釳，重轂繁纓，黄繒為蓋裏也。左纛，以旄牛尾建於竿上，其大如斗，立于左騑也。鏤鍐高闊各五寸，上如傘形，施於發上，而插翟尾也。方釳當顱，蓋馬冠也。繁纓，膺前索也。重轂，重施轂也。應劭《漢官》，大輅龍旗，畫龍於旗上也。董巴《志》謂為瑞山車，秦謂金根，即殷輅矣。司馬彪《志》亦云：『漢備五輅，或謂德車，其所駕馬，皆如方色。』唯晉太常卿摯虞，獨疑大輅，謂非玉輅。摯虞之説，理實可疑，而歷代通儒，混為玉輅，詳其施用，義亦不殊。左建太常。案《釋名》：『日月為常，畫日月於旗端，言常明也。』又云：『自夏始也。』奚仲為夏車正，加以旗常，於是旒就有差，用明尊卑之別也。董巴所述，全明漢制。天子建太常，十二斿，曳地，日月升龍，象天明也。今之玉輅，參用舊典，消息取捨，裁其折中。以青為質，玉飾其末。重箱盤輿，左龍右獸，金鳳翅，畫虡文。軛左立纛。金鳳一，在軾前。八鸞在衡，二鈴在軾。龍輈之上，前設鄣塵。青蓋黄裏，繡遊帶。金博山，綴以鏡子，下垂八佩。樹四十葆羽。軛皆朱斑重牙，復轄。左建太常，十有二旒，皆畫升龍日月，其長曳地。右載闟戟，長四尺，闊三尺，黻文。旗首金龍頭，銜鈴及緌，垂以結綬。駕蒼龍，金鍐方釳，插翟尾五隼，鏤錫，鞶纓十有二就，皆五繒罽，以為文飾。天子祭祀、納后則乘之。馭士二十八人，餘輅准此。

副車，案蔡邕《獨斷》，五輅之外，乃復設五色安車、立車各一乘，皆駕四馬，是為五時副車。俗人名曰五帝車者，蓋副車也。故張良狙擊秦皇帝，誤中副車。漢家制度，亦備副車。司馬彪云：『德車駕六，後駕四，是為副車。《魏志》亦云：『天子命太祖駕金根六馬，設五時副車』。江左乃闕，至梁始備。開皇中，不置副車，平陳得之，毀而弗用。至是復並設之。副玉輅色及旗章，一同正輅，唯降二等。駕用四馬、馭士二十四人。餘四副准此。

金輅，案《尚書》，即綴輅也。《周官》：『金輅，鏤錫，繁纓九就，建大旂，以賓，同姓以封。』夫禮窮則通，下得通於上也，故天子乘之，接賓宴，同姓諸侯，受而出封。【略】唯天子五輅，通駕六馬。旟旌旗旐，並十二旒。左建旟。案《爾雅》：『錯革鳥曰旟。』郭璞云：『此謂全剝鳥皮毛，置之竿上也。』舊説，刻為革鳥。孫叔敖云：『革，急也。言畫急疾鳥於旒上也。』《周官》所謂鳥隼為旟，亦是急義。今之金輅，赤質，黄金飾諸末。左建旟，畫飛隼，右建闟戟，鞶輿鳳翅等，並同玉輅。駕赤騮。臨朝會同，饗射飲至則用之。【略】

象輅，案《尚書》，即先輅也。《周禮》：『象輅，朱繁纓五就，建大赤，以朝，異姓以封。』左建旌。案《爾雅注》『旄首曰旌』，許慎所説『遊車載旌』。《廣雅》云：『天子旌高九刃，諸侯七刃，大夫五刃。』《周書·王會》：『張羽鳧旌。』《禮記》云：『龍旗九旒，天子之旌也。』今象輅，以黄為質，象飾諸末。左建旌，畫綠麟，右建闟戟。駕黄騮。祀后土則用之。

革輅，案《釋名》『天子車也』。《周禮》：『革輅，龍勒，條纓五就，建大白，用之即戎，以封四衞。』古者革挽而漆之，更無他飾。又有『戎輅之革，廣車之革，闕車之革，輕車之革』。此皆兵車，所謂五戎。然革輅亦名戎輅，天子在軍所乘。廣車，横陣車也。闕車，補闕車也。飾並以革，故『師供革車，各以其革』。摯虞議云，革輅第四。左建旃。案《釋名》『熊獸為旗』，《周官》『龍旗九旒，以象大火。』今革輅白質，鞔之以革。左建旗，畫騶虞，右建闟戟，駕白駱。巡守臨兵則用之。【略】馭士十六人。

木輅，案《尚書》，即次輅也。《周官》：『木輅，緇樊鵠纓，建麾，以畋，以封藩國。』晉摯虞云，畋輅第五。唯宋泰始詔，乘木輅以耕稼。徐爰《釋疑略》曰：『天子五輅，晉遷江左，闕其三，唯有金輅以郊，木輅即戎。宋大明時，始備其數。』凡五輅之蓋，旌旗之質及鞶纓，皆從方色。蓋裏並黄，雕飾如一。沈約曰：『金象革木，《禮圖》不載其形。』今旒數羽葆，並同玉輅。左建旐。案《周官》：『龜蛇為旐。』《釋名》云：『龜知氣兆之吉凶也。』許慎云：『旐有四斿，以象營室。』今木輅黑質，漆之。左建旐，畫玄武，右建闟戟。駕黑騮。畋獵用之。【略】駕士十四人。

安車，案《禮》，卿大夫致事則乘之，其制如輜軿。蔡邕《獨斷》有五色安車，皆畫輪重轂。今畫輪，重輿曲壁，紫油幢，絳裏通幰，朱絲絡網，赤鞶纓，駕四馬。省問臨幸則乘之。【略】

四望車，案《晉中朝大駕鹵簿》，四望車，駕牛，中道。【略】今四望車，制同犢車，黄金飾，青油幢朱裏，紫通幰，紫絲網，駕一牛。拜陵臨弔則用之。

耕根車，案沈約云：『親幸耕籍御之。三蓋車，一名芝車，又名耕根車。置耒耜於軾上。』即潘嶽所謂『紺轅屬於黛耜』者也。開皇無之，駕出親耕，則乘木輅，蓋依宋泰始之故事也。今耕根車，以青為質，三重施蓋，羽葆雕裝，並同玉輅。駕六馬。其軾平，以青囊盛耒而加於上。籍千畝，行三推禮，則親乘焉。

羊車，案晉司隸校尉劉毅，奏護軍羊琇私乘者也。開皇無之，至是始置焉。其制如軺車，金寶飾，紫錦幰，朱絲網。馭童二十人，皆兩鬟髻，服青衣，取年十四五者為，謂之羊車小史。駕以果下馬，其大如羊。

屬車，案古者諸侯貳車九乘，秦滅九國，兼其車服，故為八十一乘。漢遵不改。武帝祠太一甘泉，則盡用之。明帝上原陵，又用之。法駕三十六乘，小駕十二乘。開皇中，大駕十二乘，法駕減半。大業初，屬車備八十一乘，並如犢車，紫通幰，朱絲絡網，黄金飾。駕一牛。在鹵簿中，單行正道。至三年二月，帝嫌其多，問起部郎閻毗。毗曰：『臣共宇文愷參詳故實，此起于秦，遂為後式，故張衡賦云「屬車九九」是也。次及法駕，三分減一，此漢制也。故《文帝紀》「奉天子法駕迎代邸」，如淳曰「屬車三十六乘』是也。又據宋孝建時有司奏議，晉遷江左，唯設五乘，尚書令建平王宏曰：『八十一乘，無所准憑，江左五乘，儉不中禮。但帝王旗旒之數，皆用十二，今宜准此，設十二乘。』開皇平陳，因以為法令。憲章往古，大駕依秦，法駕依漢，小駕依宋，以為差等。』帝曰：『大駕宜用三十六，法駕宜用十二，小駕除之可也。』

輦，案《釋名》『人所輦也』。漢成帝遊後庭則乘之。徐爰《釋問》云：『天子御輦，侍中陪乘。』今輦，制象軺車，而不施輪，通幰朱絡，飾以金玉，用人荷之。

副輦，加笨，制如犢車，亦通幰朱絡，謂之蓬輦。自梁武帝始也。

輿，案《説文》云：『篚，竹輿也。』《周官》曰：『周人上輿。』漢室制度，以雕為之，方徑六尺。今輿，制如輦而但小耳，宮苑宴私則御之。

小輿，幰方，形同幄帳。自閤出，升正殿則御之。

又 卷六八《何稠傳》 舊制，五輅於轅上起箱，天子與參乘同在箱內。稠曰：『君臣同所，過為相逼。』乃廣為盤輿，別構欄楯，侍臣立於其中。于內復起須彌平坐，天子獨居其上。自餘麾幢文物，增損極多，事見《威儀志》。

唐・李林甫等《唐六典》卷一七《太僕寺・乘黃署》 凡乘輿五輅：《周禮》：『巾車氏掌王五輅。』有玉、金、象、革、木之制。至秦，唯乘金根車。漢承秦制，以為乘輿。晉武帝始備五輅，為天子法車。宋、齊、梁、陳相因不絕。後魏五輅各依方色，並駕五馬。後周設六官，置司輅之職。皇帝之輅十有二等：一曰蒼輅，二曰青輅，三曰朱輅，四曰黃輅，五曰白輅，六曰玄略，七曰玉輅，八曰碧輅，九曰金輅，十曰象輅，十一曰革輅，十二曰木輅。後閲視武庫，得魏舊物，有幹象輦，駕二十四馬；又有大樓輦車，駕二十牛；又有象輦，初駕二象，後以六駝代之，皆魏天興中之所制也。宣帝以來，皆服御之，兼以賜皇后。隋開皇元年，以魏、周輿輦非古之制，皆廢毀，改造五輅也。一曰玉輅，祭祀、納后則乘之；二曰金輅，饗射郊、征還飲至，則乘之；三曰象輅，行道則乘之；四曰革輅，巡狩、臨兵事則乘之；五曰木輅，田獵則乘之。凡玉輅青質，以玉飾諸末，駕六蒼龍；金輅赤質，以金飾諸末，駕六赤騮；象輅黃質，以黃飾諸末，駕六黃騮；革輅白質，挽之以革，駕六白駱；木輅黑質，漆之，駕六黑騮也。五輅皆重輿，左青龍，右白獸，金鳳翅，畫苣文鳥獸；黃屋，左纛，金鳳一，在軾前；十二鑾，在衡；二鈴，在軾；龍輈前設鄣塵，青蓋三層，裏黃，繡飾，上設博山方鏡，下圓鏡。樹羽輪，金根、朱班、重牙；左建旗十有二旒，皆畫升龍，其長曳地，青繡綢杠；右載闟戟，長四尺，廣三尺，黻文，旗首金龍，頭銜錦結綬及綏帶，垂鈴；金鍐、方釳，插翟尾五焦；鏤錫，鞶纓十二就。旌旗、蓋、鞶、纓皆從輅質。

耕根車青質，三重蓋，餘如玉輅。安車金飾，重輿曲壁，八鑾在衡，紫油通幰，紫油纁朱裏，朱絲絡網，朱鞶纓，朱覆發具絡。四望車制同安車，金飾，八鑾在衡，青油通幰，青油纁朱裏，朱絲絡網。大駕，則太僕卿馭；五輅駕士各三十二人，並平巾幘、青衫、大口褲；千牛將軍一人陪乘。

五輅皆有副車。按蔡邕《獨斷》云：『五格之外，復設五色安車、立車各一乘，皆駕四馬，是為五時副車。』故張良擊始皇，中副車。魏志云：『天子命太祖駕金根，六馬，設五時副車。』江左乃闕，至梁始備。隋開皇十四年始造五輅及副，皇朝因之。又有指南車，崔豹《古今注》云：『指南車，舊説云周公所作也。周公理致太平，越裳氏重譯來獻，使者迷其歸路，周公錫以軿車五乘，皆為司南之制，使越裳氏載之，周年而至其國。故常為先導，示服遠人，而正四方也。』秦、漢其制無聞。後漢張衡始復創造，漢末喪亂，其法不存。沈約《宋書》云：『魏明帝始令博士馬鈞造之，晉亂又亡。石虎使解飛、姚興使令狐生又造，宋武平關中，得之。其制如鼓車，設木人于車上，舉手指南。車驟回轉，所指微差。』至齊，祖沖之又造之。歷梁、陳、隋，無所變改，皇朝因之。駕四馬，正道，先啓而行。匠一人，駕士十四人。記里鼓車，崔豹《古今注》云：『車上為二層，皆有木人執槌。行一里，下一層擊鼓；行十里，上一層擊鐲。亦名大章車，所以識道里也。』白鷺車，《隋志》名鼓吹車。上施層樓，樓上有翔鷺棲焉。鸞旗車，《晉志》云：『鸞旗車，先格所載也。鸞旗者，謂析羽旄而編之，十二旒，列系幢傍也。』辟惡車，崔豹《古今注》云：『秦制也，桃弓、葦矢，所以禳祓不祥。』太卜令一人在車，執弓箭，平巾幘、緋裲襠、大口褲。皮軒車，《晉志》：『以獸皮為軒。』左金吾衛隊正一人在車，執弩，服同太卜令。自指南車皆駕四馬，正道，匠一人，駕士十四人。耕根車，《晉志》云：『建赤旗十有二旒，天子親耕所乘也。一名芝車，一名三蓋車。置耒耜於軾上。』駕六馬，駕士三十二人。安車，《晉・輿服志》云：『座乘謂之安車，倚乘謂之立車，各一乘，名五時車，俗謂之五帝車。』駕四馬，駕士二十四人。四望車，《晉志》云：『陽遂四望、穗窗、皂輪、小形車，駕牛。』《晉中朝大駕鹵簿》曰：『御四望車，駕牛，中道。』皇朝駕四馬也。羊車，《周遷輿服雜事》曰：『羊車，一名輦車，其上如軺，伏兔箱，漆畫輪軛。小兒衣青布褲褶，紫碧木攀青耳屬，五辨鬢，數人引之，今代名為羊車小史。而漢代或以人牽，或以駕果下馬。』《晉志》曰：『武帝乘羊車于後宮，恣意所之，宮女掛竹葉、楊條，候帝之來。』黃鉞車，崔豹《古今注》云：『黃鉞，三代通用以斷斬，今以黃鉞為乘輿之飾。武王以黃鉞斬紂，故王者以為戒。』駕二馬，左武衛隊正一人在車執之，武弁、朱衣、革帶。駕士一十二人。豹尾車。崔豹《古今注》云：『豹尾車，周制也，所以象君子豹變。尾，言謙也。古軍正建之，今唯乘輿得建焉。』《漢書》曰：『成帝以幸姬趙飛燕置屬車間豹尾中。』駕二馬，右武衛隊正一人在車執之，武弁、朱衣、革帶。駕士十二人也。

屬車一十有二，屬車一曰副車，一曰貳車，一曰佐車。漢因秦制：大駕屬車八十一乘，行則中央、左、右分之；法駕屬車三十六乘，最後車懸豹尾，皆皂蓋、朱裏。蔡邕《獨斷》曰：『古者，諸侯貳車九乘。秦滅九國，兼其車服，故為八十一乘。溪武祠太乙、甘泉皆盡用之，明帝上原陵又用之。法駕三十六乘，小駕一十二乘。』大業初，備八十一乘；三年，帝嫌其多，問閻毗，毗曰：『此起于秦，遂為後式。宋孝建時，議准旗旒之數，設十二乘。今憲章往古，大駕依秦，法駕依漢，小駕依宋。』帝曰：『大駕宜三十六，法駕宜用十二，小駕除之可也。』皇朝因之，置十二乘，駕牛，駕士各八人。自指南車駕士皆平巾幘、緋衫、大口褲，唯耕根車青衫，羊車服則殊也。大駕則用之。若法駕，則減五副車、白鷺、辟惡、安車、四望車，四分屬車之一，餘同大駕。若小駕，又減象輅、革輅、木輅、指南車、記里鼓車、鸞旗、皮軒、耕根、羊車、屬車、黃鉞、豹尾等車，餘同法駕。若有大禮，則以所御之輅進內；既事，則受而藏之。凡將有事，先期四十日，尚乘供馬，馬如輅色，率駕士預調習。指南等車亦如之。

又 卷一一《殿中省·尚乘局》 尚乘奉御，掌內外閑廄之馬，辨其麤良而率其習馭，直長為之貳。六閑一曰飛黃，二曰吉良，三曰龍媒，四曰騊駼，五曰駃騠，六曰天苑。左右凡十有二閑，分為二廄，一曰祥麟，二曰鳳苑，以繫飼馬。今仗內有飛龍、祥麟、鳳苑、鵷鑾、吉良、六羣等六廄，奔星、內駒等兩閑。仗外有左飛、右飛、左方、右方等四閑，東南內、西北內等兩廄。

又 《尚輦局》 隋有六輦，大禮皆乘之。**【略】**

尚輦奉御，掌輿輦繖扇之事，分其次序而辨其名數，直長為之貳。凡大朝會則陳於庭，大祭祀則陳於廟。輦有七：一曰大鳳輦，二曰大芳輦，三曰仙遊輦，四曰小輕輦，五曰芳亭輦，六曰大玉輦，七曰小玉輦。轝有三：一曰五色轝，二曰常平轝，其用如七輦之儀；三曰𪈿轝，則常御焉。

凡大朝會及祭祀，則出之於內；既事，復進而載之。凡繖扇，大朝會則繖二翰一，陳之于庭。孔雀扇一百五十有六，分居左右。舊翟尾扇，開元初改為繡孔雀，以省。若常聽朝，皆去扇，左右各留其三，以備常儀。崔豹《古今注》云：華蓋，黃帝所作也。與蚩尤戰於涿鹿之野，常有五色雲氣、金枝玉葉止於帝上，有花葩之象，故因作華蓋也。《通俗文》曰：張帛避雨，謂之繖蓋。《古今注》曰：翟尾扇起於殷代，高宗有雊雉之祥，服章多用翟羽。周制，以為王后、夫人之車服。輿輦有翣，即緝翟羽為扇翣以陣，蔽翳風塵也。

唐·杜佑《通典》卷六四《禮典二十四·嘉九·天子車輅·五輅》 隋開皇元年，內史令李德林奏：後魏輿輦乖制，請廢，唯留後魏太和時李韶所制五輅，北齊所遵者。後著令，制玉輅，青質，重箱盤輿，左龍右虎，金鳳翅，畫木虡文，軛左立纛，金鳳一在軾前，八鑾在衡，二鈴在軾。龍輈之上，前設障塵，青蓋黃裏，繡斿帶。金博山，綴以鏡子，下垂八佩。樹四十葆羽。輪皆朱斑重牙，復轄。左建太常，十有二斿，皆畫升龍日月，其長曳地。右載闟戟，長四尺，闊三尺，黻文。旗首金龍頭，銜鈴及綏，垂以結綬。駕蒼龍，金鍐方釳，插翟尾五焦，鏤鍚，鞶纓十有二就，皆五采罽為飾。天子祭祀、納后則乘之。

金輅，赤質，左建旟，畫飛隼，右建闟戟，盤輿鳳翅等，並同玉輅。駕赤騮。臨朝、會同、饗射、飲至則乘之。

象輅，黃質，左建旌，畫麟，右建闟戟，駕黃騮。祀后土則乘之。

革輅，白質，輓以革，左建旗，畫騶虞，右建闟戟，駕白駱。巡狩臨兵則乘之。

木輅，黑質，漆之，左建旐，畫玄武，右闟戟，駕黑騮。田獵則乘之。

其五輅，並駕六馬，馬飾同玉輅。復制安車，重輿曲壁，紫油纁裏，通幰，朱絲絡網，朱鞶纓。駕赤騮。臨幸所乘。按隋氏五輅，遠酌周禮，旗旒藻飾，近約漢制，文質相半。

大唐因隋制，玉、金、象、革、木，是為天子五輅。玉輅，青質，重輿，左青龍，右白虎，金鳳翅，畫木虡文鳥獸，黃屋左纛，金鳳一在軾前，十二鑾在衡，正輅鑾數皆准此。副輅及耕根車則八。二鈴在軾，龍輈前設障塵，青蓋黃裏，繡飾，博山鏡子，樹羽，輪皆朱斑重牙。左建旗十有二斿，斿畫升龍，其長曳地。右載闟戟，長四尺，廣三尺，黻文。旗首金龍頭銜結綬及鈴緌。駕蒼龍，金鍐方釳，插翟尾五焦，鏤錫，鞶纓十有二就。祭祀、納后則供之。

金輅，赤質，餘同玉輅，駕赤騮。饗射、祀還、飲至則供之。

象輅，黄質，餘同金輅，駕黄騮。行道則供之。

革輅，白質，鞔以革，餘同象輅，駕白駱。巡狩、臨兵事則供之。

木輅，黑質，漆之，餘同革輅，駕黑騮。田獵則供之。

旒旗鞶纓及蓋，皆從輅色。其蓋文裹俱用黄。其鏤錫，五輅並同其飾。武德初著令，天子鑾輅，玉金象革木五等，屬車十乘，指南車、記里鼓車、白鷺車、鸞旗車、辟惡車、皮軒車、耕根車、安車、四望車、羊車。貞觀元年十一月，始加黄鉞車、豹尾車，通為十二乘也，以為儀仗之用。大駕行幸，則分前後，施於鹵簿之內。若大陳設行，則分左右，施於儀仗之中。

高祖、太宗大禮則乘輅。高宗不喜乘輅，每有大禮則御輦。至武太后，以為常。玄宗以輦不中禮，廢而不用。開元十一年冬，祀南郊，乘輅而往，禮畢騎還。自是行幸郊祀，皆騎於儀仗之內。其五輅腰輿，陳於鹵簿而已。

又《副車》 隋因陳制，五時副車，色及旗章，一同正輅，唯降二等，駕用四馬。

大唐之制，副輅五乘，大駕行幸，皆次於五輅後為副。又五牛旗轝五，黄牛旗處內，赤青在左，白黑在右，各八人執，左右威衛隊正各一人檢校。大駕鹵簿，在小轝後。

又《戎車》 宋依漢制，戎車建矛麾，邪注之，載金鼓羽幢，置甲弩於軾上。輕車之制，因漢不易，以武剛車為殿。

齊梁以下，及後周與隋，或並用之。

又《指南車》 大唐修之，備於大駕，行則先導。

又《記里鼓車》 大唐復修，大駕鹵簿，次指南車後。

又《白鷺車》 隋一名鼓吹車，車上施層樓，樓上有翔鷺棲焉。大唐之制因之，駕四馬，大駕出，在記里鼓車後。

又《鸞旗車》 大唐備於大駕鹵簿，次白鷺車後。

又《辟惡車》 大唐之制，駕四馬。大駕出，在鸞旗車後。

又《皮軒車》 大唐備之大駕鹵簿，次於辟惡車後。

又《耕根車》 隋以青為質，三重蓋，羽葆雕裝，同玉輅。駕六馬。其軾平，以青囊盛耒耜而加之。籍田則之乘。大唐因隋，其飾不易，大駕行則備焉。

又《安車》 隋制，金飾，紫通幰，朱裏。駕四馬。臨幸及吊則供之。

大唐之制，以金飾，駕四馬，臨幸則乘之。大駕出，在耕根車後。

又《四望車》 隋制，同犢車，黄金飾，青油幢朱裏，紫通幰，紫絲網，駕一牛。拜陵、臨吊則乘之。

大唐之制，以金飾，駕四馬，拜陵、臨吊則乘之。大駕出，在安車後也。

又《羊車》 隋大業始置焉。金寶飾，紫錦幰，朱絲網。馭童二十人，皆兩環髻，服青衣，年十四五者為之，謂之羊車小史。駕果下馬，其大如羊。大唐因之，小史十四人。

又《黄鉞車》 大唐貞觀以後加之，備於大駕鹵簿。天寶元年，改為金鉞車。

又《豹尾車》大唐之制，大駕出，在黄鉞車後，駕二馬。右武衛隊正一人，在車執之。

又 卷六六《禮典二十六・嘉十一・輦輿》 隋制，輦而不施輪，通幰朱絡，飾以金玉，而人荷之。又依梁制副輦。復製輿，如輦而小，宮苑私宴御之。小輿，幰方，形同幄帳，自閣內，升正殿御之。

大唐制，輦有七：一曰大鳳輦，二曰大芳輦，三曰仙遊輦，四曰小輕輦，五曰芳亭輦，六曰大玉輦，七曰小玉輦。轝有三：一曰五色轝，二曰常平轝，三曰腰轝。大駕鹵簿先五輅以行。

《舊唐書》卷四五《輿服志》 唐制，天子車輿有玉輅、金輅、象輅、革輅、木輅，是為五輅，耕根車、安車、四望車，已上八等，並供服乘之用。其外有指南車、記里鼓車、白鷺車、鸞旗車、辟惡車、軒車、豹尾車、羊車、黄鉞車。豹尾、黄鉞二車，武德中無，自貞觀已後加焉。其黄鉞，天寶元年制改為金鉞。屬車十二乘，並為儀仗之用。大駕行幸，則分前後，施於鹵簿之內。若大陳設，則分左右，施于儀衛之內。

玉輅，青質，以玉飾諸末。重輿，左青龍，右白虎，金鳳翅，畫簾文鳥獸，黃屋左纛。金鳳一在軾前，十二鑾在衡，正縣鑾數，皆其副輅及耕根則八。二鈴在軾，龍輈前設鄣塵，青蓋黃裹，繡飾，博山鏡子，樹羽，輪皆朱班重牙。左建旗十有二旒，皆畫升龍，其長曳地。右載闟戟，長四尺，廣三尺，蔽文。旗首金龍頭銜結綬及鈴緌。駕蒼龍，金鍐方釳，插翟尾五焦，鏤錫，鞶纓十有二就。錫，馬當顱，鏤金為之。鞶纓鞍皆以五彩飾之。就，成也，一匝為一就也。祭祀、納后則供之。

金輅，赤質，以金飾諸末，餘與玉輅同，駕赤騮。鄉射、祀還、飲至則供之。

象輅，黃質，以象飾諸末，餘與玉輅同，駕黃騮。行道則供之。

革輅，白質，鞔之以革，餘與玉輅同，駕白駱。巡狩、臨兵事則供之。

木輅，黑質，漆之，餘與玉輅同，駕黑騮。畋獵則供之。

五輅之蓋，旌旗之質及鞶纓，皆從輅色，蓋之裹皆用黃。其鏤錫，五輅同。

耕根車，青質，蓋三重，餘與玉輅同。耕籍則用之。

安車，金飾，重輿曲壁，八鑾在衡，紫油纁，朱裏通幰，朱絲絡網，朱鞶纓，朱覆髮，貝絡，駕赤騮。臨幸則供之。

四望車，制同犢車，金飾，八鑾在衡，青油纁，朱裏通幰，朱絲絡網。拜陵、臨吊則供之。

自高宗不喜乘輅，每有大禮，則御輦以來往。爰洎則天以後，遂以為常。玄宗又以輦不中禮，又廢而不用。開元十一年冬，將有事於南郊，乘輅而往，禮畢，騎而還。自此行幸及郊祀等事，無遠近，皆騎于儀衛之內。其五輅及腰輿之屬，但陳於鹵簿而已。

又 卷一五《憲宗紀》 （元和十年十二月）庚申，新造指南車、記里鼓。

又 卷一六《穆宗紀》 （元和十五年七月）辛巳，金公亮修成指南車、記里鼓車。

又 卷四四《職官志三·殿中省·尚乘局》 奉御掌內外閑廄之馬，辨其麤良而率其習馭，直長為之貳。一曰左右飛黃閑，二曰左右吉良閑，三曰左右龍媒閑，四曰左右騊駼閑，五曰左右駃騠閑，六曰左右天苑閑。開元時，仗內六閑曰飛龍、祥麟、鳳苑、鵷鸞、吉良、六羣等，號六廄馬。【略】

進馬舊儀：每日尚乘以廄馬八疋，分為左右廂，立於正殿側宮門外，候仗下，即散。若大陳設，即馬在樂懸之北，與大象相次。進馬二人戎服，執鞭侍立於馬之左，隨馬進退。雖名管殿中，其實武職，用資蔭簡擇，一如千牛備身。天寶八載，李林甫用事，罷立仗馬，亦省進馬官。十二載，楊國忠當政，復立仗馬及進馬官。乾元復省，上元復置也。

宋·王溥《唐會要》卷三二《輅車》 武德初，著令，天子鑾輅五等：玉、金、象、革、木，以供服乘用之。屬車十乘：指南車、記里鼓車、白鷺車、鸞旗車、辟惡車、皮軒車、安車、耕根車、四望車、羊車。

貞觀元年十一月，始加豹尾車、黃鉞車，通為十二乘也，以為儀仗之用。大駕行幸，則分前後，施於鹵簿之內。若大陳設，則分左右，施于儀衛之中。高祖、太宗大禮則乘大輅。高宗不喜乘輅，每有大禮，則御輦。至則天以為常。元宗以輦不中禮，廢而不用。舊制，輦有七：一曰大鳳輦，二曰大芳輦，三曰仙遊輦，四曰小輕輦，五曰芳亭輦，六曰大玉輦，七曰小玉輦。轝有三：一曰五色轝，二曰常平轝，其用如七輦之儀；三曰腰轝，則常御焉。

開元十一年冬，祀南郊，乘輅而往，禮畢，騎還。自是行幸、郊祀，皆騎于儀衛之內。其五輅、腰轝，陳於鹵簿而已。

貞元十一年十一月十三日，戶部侍郎裴延齡奉進止，修造法駕、御輅、排城等。

元和十年十月，上閱新作指南車、記里車於麟德殿。

會昌六年十一月，太僕寺奏。請重修御輅、鼓、法駕等車二十四乘，並調馬拖車一十三乘。

又《乘車雜記》 天寶元載正月敕，黃鉞古乘，以金為飾。金者，應五行之數，其黃鉞宜改為金鉞，威武之儀也。

《新唐書》卷二四《車服志》 唐初受命，車服皆因隋舊。武德四年，始著車輿衣服之令，上得兼下，下不得儗上。凡天子之車，曰玉路者，祭祀、納后所乘也，青質，玉飾末；金路者，饗、射、祀還、飲至所乘也，赤質，金飾末；象路者，行道所乘也，黃質，象飾末；革路者，臨兵、巡守所乘也，白質，鞔以革；木路者，搜田所乘也，黑質，漆之。

五路皆重輿，左青龍，右白虎，金鳳翅，畫苣文鳥獸，黄屋左纛。金鳳一、鈴二在軾前，鸞十二在衡，龍輈前設鄣塵。青蓋三層，繡飾。上設博山方鏡，下圓鏡。樹羽。輪金根、朱班、重牙。左建旗，十有二旒，畫升龍，其長曳地，青繡綢杠。右載闟戟，長四尺，廣三尺，黻文。旗首金銜錦結綬及繡帶，垂鈴。金鍐方釳，插翟尾五焦，鏤錫，鞶纓十二就。旌旗、蓋、鞶纓，皆從路質，唯蓋裏皆用黄。五路皆有副。

耕根車者，耕籍所乘也。青質，三重蓋，餘如玉路。

安車者，臨幸所乘也。金飾，重輿曲壁，紫油纁，朱裏通幰，朱絲絡網，朱鞶纓，朱覆發具絡，駕赤騮。副路、耕根車、安車，皆八鸞。

四望車者，拜陵、臨吊所乘也。制如安車，青油纁，朱裏通幰，朱絲絡網。

又有屬車十乘：一曰指南車，二曰記里鼓車，三曰白鷺車，四曰鸞旗車，五曰辟惡車，六曰皮軒車，七曰羊車，與耕根車、四望車、安車為十乘。行幸陳於鹵簿，則分前後；大朝會，則分左右。

又　卷四七《百官志·尚乘局》　奉御二人，直長十人，掌内外閑廄之馬。左右六閑，一曰飛黄，二曰吉良，三曰龍媒，四曰騊駼，五曰駃騠，六曰天苑。凡外牧歲進良馬，印以三花飛鳳之字。飛龍廄日以八馬列宮門之外，號南衙立仗馬，仗下乃退。大陳設，則居樂縣之北，與象相次。

《舊五代史》卷五《梁書·太祖紀五》　（開平三年十一月）戊午，御文明殿，册太傅張宗奭、太保韓建。受册畢，金吾仗引昇輅車，儀仗導謁太廟訖，赴尚書省。

又　卷九七《晉書·范延光傳》　明宗從其請。延光自酉時至夜央，馳二百餘里，奄至城下，與賊交鬬。翌日，守陴者望見乘輿，乃相率開門。延光先入，與賊巷戰，至厚載門，盡殲其黨。明宗喜之。

又　卷一一九《周書·世宗紀六》　（顯德六年）夏四月辛卯，車駕次滄州。【略】是日，帝率諸軍北征。【略】壬寅，宿於野次。時帝先期而至，大軍未集，隨駕之士不及一旅，賴今上率材官騎士，以衛乘輿。

宋·王溥《五代會要》卷四《册命》　清泰元年六月，中書門下奏：據太常禮院申，册拜王公，如在京城，所司備鹵簿車輅法物，皇帝臨軒行册禮。如在外鎮正衙，命使押册赴本道行禮。車輅法物，故事不出都城，禮無明文。今奉制命，幽州趙德鈞封北平王，青州房知温封東平王，皆備禮册命。其合用車輅法物，在兵部、太常、太僕寺，請載往本州，行禮後送納本司。從之。

《新五代史》卷五一《雜傳·范延光》　遲明，明宗亦馳至。汴兵望見天子乘輿，乃開門，而延光先入，猶巷戰，殺傷甚衆。守殷死，汴州平。

又　卷七〇《東漢世家·劉旻》　旻又大敗，輜重器甲，乘輿服御物，皆為周師所獲。

儀仗

《隋書》卷一二《禮儀志七》　大駕則執黄麾仗，其次戟二十四。左青龍幢，右白獸幢，罕、畢各一，鈒金二十四，金節十二道，蓋獸，又絳引旛，朱幢，為持鈒前隊。應蹕，大都督二人領之，在御前横街南。左右武衛大將軍，領大仗左右廂，各六行，行别三百六十人，大都督一人領之。

唐·李林甫等《唐六典》卷一六《武庫令》　旗之制三十有二：一曰青龍旗，二曰白獸旗，三曰朱雀旗，四曰玄武旗，五曰黄龍負圖旗，六曰應龍旗，七曰龍馬旗，八曰玉馬旗，九曰鳳凰旗，十曰鸞旗，十一曰鵕鸃旗，十二曰太平旗，十三曰麒麟旗，十四曰飛麟旗，十五曰飛黄旗，十六曰駃騠旗，十七曰白澤旗，十八曰五牛旗，十九曰犀牛旗，二十曰金牛旗，二十一曰兕旗，二十二曰三角獸旗，二十三曰角端旗，二十四曰吉利旗，二十五曰驪馬蜀旗，二十六曰騶牙旗，二十七曰黄鹿旗，二十八曰白狼旗，二十九曰赤熊旗，三十曰辟邪旗，三十一曰苣文旗，三十二曰刃旗。《周禮·司常》掌九旗之名物，日月為常，交龍為旂，通帛為旃，雜帛為物，熊虎為旗，鳥隼為旟，龜蛇為旐，全羽為旞，析羽為旌。《列子》曰：『黄帝與炎帝戰于阪泉之野，以雕鶡鷹鳶為旗。』今白澤旗、朱雀、辟邪、玄武等旗，金吾隊所執。青龍、白獸、麒麟、角端、赤熊等旗，左右衛隊所執。鳳凰、飛黄、吉利、兕旗、太平等旗，驍衛隊所執。五牛、飛麟、駃騠、鸞旗、犀牛、鵕鸃、驪馬蜀等旗，武衛隊所執。應龍、三角獸、玉馬、白狼、龍馬、金牛等旗。領軍隊所執。黃龍負圖、黃鹿、騶牙、蒼烏等旗，威衛隊所執。苣文旗，脚為苣文。刃旗，火爛燔也。

又　卷一四《鼓吹署》　鼓吹令掌鼓吹施用調習之節，以備鹵簿之儀，丞為之貳。凡大駕行幸，鹵簿則分前後二部以統之。前部搊鼓十二，夾金鉦十二。次大鼓一百二十，次長鳴一百二十，次鐃鼓十二，夾歌、簫、笳各二十四。次大横吹一百二十，節鼓二，夾笛、簫、觱篥、笳、桃皮觱篥二十四。次搊鼓十二，夾金鉦十二。次小鼓一百二十，次中鳴一百二十，次羽葆鼓十二，夾歌、簫、笳各二十四。後部羽葆鼓十二，夾歌、簫、笳各二十四。次鐃鼓十二，夾歌、簫、笳各二十四。次小横吹一百二十，夾笛、簫、觱篥、笳、桃皮觱篥各二十四。大駕鼓吹，並朱漆畫。大鼓、小鼓，加金鐲。羽葆鼓鐃、節鼓，皆五綵重蓋。其羽葆鼓，仍飾以羽葆。長鳴、中鳴、大小横吹，五綵衣幡，緋掌，畫蛟龍五綵脚，大角幡亦如之。大鼓、長鳴、大横吹、節鼓及横吹後笛、簫、觱篥等，工人服皆緋地苣文袍、袴及帽。金鉦、搊鼓、小鼓、中鳴、小横吹及横吹後笛、簫、觱篥、笳、桃皮觱篥等，工人服並青地苣文袍、袴及帽。羽葆、鐃鼓及歌、簫、笳，工人服並武弁、朱褠衣、革帶。大角工人平巾幘，緋衫，白布大口袴。其鼓吹主帥服，與大角同。以下主帥，服亦准此也。法駕則三分減一，小駕則減大駕之半。【略】

凡大駕行幸，有夜警晨嚴之制。大駕夜警十二曲，中警七曲，晨嚴三通。【略】夜警衆一曲，轉次而振。晨嚴之曲，第一曰《元驎合遝》，第二曰《元驎他固夜》，第三曰《元驎跋至慮》。凡大駕鹵簿一千八百三十八人，分為二十四隊，列為二百一十四行。小駕鹵簿一千五百人，分為二十四隊，列為一百二十行。

唐·杜佑《通典》卷六六《禮典二十六·嘉十一·鹵簿》　隋煬帝大業初，復備大駕，屬車備八十一乘，並如犢車，紫通幰，朱絲絡，黃金飾，駕一牛。在鹵簿中，單行正道。後帝嫌多，大駕減為三十六乘，法駕宜用十二，小駕除之可也。

大唐大駕屬車十二乘，大駕行幸，則分前後施於鹵簿之內。若大陳設，則分左右施于衛內。其鹵簿制，具《開元禮》。

又　卷一〇七《禮典六十七·開元禮纂類二·序例中·大駕鹵簿》　導駕，先萬年縣令，次京兆牧，次太常卿，次司徒，次御史大夫，次兵部尚書。自縣令以下，並正道威儀，各乘輅。其鹵簿，各依本品給之。次清遊隊，白澤旗二，分左右，各一人執，二人引，二人夾也。金吾折衝二人。各領四十騎，戎服，分左右。次金吾大將軍二人，分左右。各二人執䂍稍，騎從，自龍旗以前檢校。次金吾果毅二人。領虞候佽飛四十八騎，夾道單行，分左右，引到黃麾仗也。次外鐵甲佽飛二十四騎。並行，分左右廂，各六重，引到步甲隊。次朱雀旗，一騎執，二騎引，二騎夾。金吾折衝都尉一人。領四十人，執横刀槊弩弓箭，騎從也。次龍旗十二。各一騎執。並戎服，被大袍，横行正道。每一旗前，二人騎，為二重，引前；每旗後，亦二人，護後。副竿二，分左右，又金吾果毅二人騎領也。次指南車，次記里鼓車，次白鷺車，次鸞旗車，次辟惡車，次皮軒車。並駕四馬，駕士各十四人，匠一人。次引駕十二重。重二人，並行正道，騎帶横刀。自皮軒車後，均布至細杖前，一重槊弩，一重弓箭相間。金吾果毅一人檢校。次鼓吹令二人，次搊鼓十二面，金鉦十二面，次大鼓百二十面，次長鳴百二十具，次鐃鼓十二面，歌簫笳各二十四；次大横吹百二十具，節鼓二面，笛、簫、篳篥、笳、桃皮篳篥各二十四；次搊鼓十二面，金鉦十二面，次小鼓百二十面，次中鳴百二十具，次羽葆鼓十二面，歌簫笳各二十四。自前搊鼓以下，工人皆自副並騎，分左右，横行。每鼓皆二人夾。每隊皆有主帥五人以上統領。次殿中侍御史二人。次黃麾，一人執。二人騎夾。次太史令一人。次相風轝。轝士八人。次搊鼓金鉦各一，司辰一人，典事一人，刻漏生四人，分左右。次行漏轝正道。匠一人，轝士四十人。次鈒戟前隊，左右武衛果毅各一人騎。騎分左右。次五色繡幡一。次金節十二。次罕、畢各一。左罕右畢。次朱雀幡一。次左青龍幢，右白武幢，各一。次導蓋一。又次稱長一。次鈒戟。各百四十四人，分左右也。次左右衛將軍各一。次御馬二十四疋。分左右也。次尚乘奉御二人。分左右也。次左青龍旗，右白武旗，各一。次左右衛果毅各一人。各領三十五人，騎分左右。次通事舍人八人，騎分左右。次侍御史二人，次御史中丞二人，次御史二人，次拾遺二人，次補闕二人。並騎分左右。次起居郎一人，在左。次起居舍人一人。在右。次諫議大夫二人。分左右。次給事中二人，在左。次中書舍人二人。在右。次黃門侍郎二人，在左。次中書侍郎二人。在右。次左散騎常侍二人，在左。次右散騎常侍二人。在右。次侍中二人，在左。次中書令二人。在右。自通事舍人以下，皆一人步從之。

次香蹬一。次左右衛將軍各一人，分左右。次班劍儀刀，左右廂，各十二行也。次左右衛郎將各一人，領散手翊衛三十人，帶横刀，騎在副杖槊翊衛内也。次左右驍衛郎將各一人，各領翊衛二十八人，甲騎具裝，執副仗槊，在散手外均布，曲折至後門。次左右衛供奉中郎將四人。領親勳翊衛四十八人，帶横刀，騎分左右，在三衛仗内也。

次玉輅，青質玉飾，駕青騮。大祭祀、納后則乘之。太僕卿御，駕士四十一人，千牛將軍一人陪乘。次左右衛大將軍各一人，夾玉輅。次千牛將軍一人，次中郎將二人，分左右。次千牛備身，分左右，騎在玉輅後。次御馬二疋，次左右監門校尉各一人。在後門内檢校。次牙門。二人執，四人夾。次左右監門校尉，各十二人騎。監當後門，十二行仗頭各一人。次左右驍衛翊衛，各三隊。每隊三十五人，並帶槊、弩箭、横刀，相間。前第一隊，各大將軍領，執鳳旗。第二隊，各將軍一人領，執飛黄旗。第三隊，各郎將一人領，執吉利旗也。次左右衛夾轂廂，各六隊。隊三十人。每隊各折衝一人、果毅一人檢校也。

次大繖二，在牙門後。次孔雀扇各四，分左右也。次腰轝一，次小團扇四，次方扇十二，花蓋二。次大輦一，尚輦奉御二人，殿中少監一人。騎從。次諸司供奉官二人。分左右。次御馬二十四疋，分左右。次尚乘直長二人。分左右。次大繖二，孔雀扇八，夾繖。次小扇十二，次朱畫團扇十二。次花蓋二，次俾倪十二，次玄武幢一，次絳麾二，次細槊十二。次後黄麾一，次殿中侍御史二人。騎分左右。次大角百二十具，金吾果毅一人。領横行十重也。

次後部鼓吹：羽葆鼓十二面，工人十二；歌簫笳各工人二十四。次鐃鼓十二面，工人各十二；歌簫笳各工人二十四。次小横吹百二十具，工人百二十；節鼓二面，工人各二；笛、簫、篳篥、笳、桃皮篳篥各工人二十四。

次芳輦一，主輦二百人也。次小輦一，主輦六十人也。次小轝一，奉轝十二人。次尚輦直長二人，分左右。次左右武衛五牛旗轝五。黄牛旗處内。赤青在左，白黑在右，各八人執。左右威衛隊正各一人檢校。次乘黄令一人，丞一人。騎分左右，檢校玉輅等。

次金輅，赤質以金飾，駕赤騮六。鄉射、還飲至則乘之。次象輅，黄質以象飾，駕黄騮六。行道則乘之。次革輅，白質，鞔之以革，駕白駱六。巡狩、臨兵事則乘之。各駕士三十二人。次五副輅，各駕四馬，駕士各二十八人。次耕根車，青質，蓋三重，駕六馬。耕籍則乘之。駕士三十二人。次安車，金飾，駕四馬。臨幸則乘之。次四望車。金飾，駕四馬。拜陵、臨吊則乘之。駕士各二十四人。次羊車。駕果下馬一，小吏十四人。次屬車十二，駕牛。駕士各八人。次門下省、中書省、秘書省、殿中監等局官各一人。並騎分左右。次黄鉞車，駕二馬，駕士十二人。次豹尾車。駕二馬，駕士十二人。次左右威衛折衝都尉各一人，領掩後二百人，各執大戟、刀楯、弓箭及弩。各五十人為一行，並横行。次左右領軍將軍各一人，各二人執䂎稍步從。次前後左右廂步甲隊四十八隊。前後各二十四隊，並鍪鎧弓刀楯，五色相間。隊引各三十人。

次左右廂黄麾仗，廂各十二部，部各十二行，並執弓刀戟楯及孔雀氅、鵝毛氅、雞毛氅等，行引十人。左右領軍黄麾仗，首尾廂各五色繡幡二十口，十口引前，十口掩後。廂各獨揭鼓十二重。重二人，在黄麾仗外。次左右衛將軍各一人，驍衛、武衛、威衛、領軍衛各大將軍一人。檢校黄麾仗。次殳仗，左右廂各千八人。廂別二百十五人執殳，二百十五人執叉，每殳一、叉一相間。次諸衛馬隊。左右廂各二十四隊。從十二旗，隊別主帥以下四十人，每隊皆折衝果毅一人檢校。前第一隊辟邪旗，第二隊應龍旗，第三隊玉馬旗，第四隊三角獸旗，第五隊黄龍負圖旗，第六隊黄鹿旗，第七隊飛麟旗，第八隊駃騠旗，第九隊鸞旗，第十隊鳳旗，第十一隊飛黄旗，第十二隊麟旗，第十三隊角端旗，第十四隊赤熊旗，次後第十五隊兕旗，第十六隊太平旗，第十七隊犀牛旗，第十八隊鵕鸃旗，第十九隊驪馬蜀旗，第二十隊騶牙旗，第二十一隊蒼烏旗，第二十二隊白狼旗，第二十三隊龍馬旗，第二十四隊金牛旗。次玄武隊，玄武旗一人執，二人引，二人夾。金吾折衝一人。領五十騎，分執槊弩。次玄武隊前，大戟隊後，當正道執殳仗行内置牙門一，二人執，四人夾，騎分左右。次牙門左右廂各開五門。門二人執，四人夾，並騎分左右。第一門在左右威衛黑質步甲隊後，白質步甲隊前。第二門在左右衛步甲隊後，左右領軍黄麾仗前。第三門在左右武衛黄麾仗後，左右驍衛黄麾仗前。第四門在左右領軍衛黄麾仗後，左右衛步甲隊前。第五門在左右武衛白質步甲隊後，黑質步甲隊前。右自清遊以下諸衛將軍，並平巾幘，紫裲襠，大口袴，錦螣蛇金隱起，帶弓箭横刀。中郎將、折衝果毅皆平巾幘，緋裲襠，大口袴，錦螣蛇銀梁金隱起，横刀弓箭。佽飛、執旗人、引駕三衛，並武弁，緋裲襠，大口袴。供奉並武弁朱衣，各一人步從。餘文武官及導駕官，並朱衣冠履，依本品服。其工人駕官，並絳衣平巾幘。餘並戎服准式。

若法駕，減大駕太常卿、司徒、兵部尚書、白鷺車、辟惡車、大輦、五副輅、安車、四望車，屬車減四，其清遊隊、持鈒隊、玄武隊皆四分減一，諸隊、鼓吹三分減一，餘同大駕。縣令以後、御史大夫以前威儀，亦三分減一。

小駕，又減法駕御史大夫、指南車、記里鼓車、鸞旗車、皮軒車、象輅、革輅、木輅、耕根車、羊車、黄鉞車、豹尾車、屬車、小輦、小轝，諸隊仗及鼓吹各減大駕半，餘同法駕。縣令州牧威儀減半。其新制苣文旗、雲旗、刀旗、肆神幢、長壽幢，及左右千牛將軍衣瑞牛文、左右衛瑞馬文、左右驍衛大蟲文、左右武衛瑞鷹文、左右威衛豹文、左右領軍白澤文、左右金吾辟邪文、左右監門獅子文，並繡為袍文，將軍、中郎將皆同。並冬正大會，通服之。

宋·李昉等《太平御覽》卷七七四《車部三·輅》

《鹵簿令》曰：玉輅駕六馬，太僕卿馭，駕士三十二人，並平巾幘，青衫，大口袴。千牛衛將軍一人陪乘，執金裝長刀，御乘輦，其輅衫腰輿後行。次金輅、象輅、木輅、革輅，以次相隨，並駕六馬，各駕士三十二人，並平巾幘，大口袴。衫色各從輅色，巾幘緋衫大袴。

又 卷七七五《車部四·指南車》

《鹵簿令》曰：指南車，駕四馬，正道。匠一人，駕士十四人，皆平巾幘，緋衫，大口袴。

又《乘輿雜車》

《鹵簿令》曰：記里車、白鷺、鸞旗等三車，並駕四馬，正道。匠各一人，駕士各十四人，皆平巾幘，緋衫，大口褲。

又曰：辟惡車，太僕令一人在車，執弩箭，平巾幘，緋裲襠，大口袴。皮軒，左右金吾隊正一人在車，執弩，服同太僕令。其行正道。駕馬行數、駕士服色人數儀，並同記里等車。

又曰：安車、四望車，並駕四馬，駕士各二十四人，服同上。

又曰：羊車，駕果下馬一，小吏十四人，並青絲布裙，紫碧腰襟，青耳屬，辮髮。

又曰：屬車十二乘，並駕牛，駕士各八人，服同記里等車。

又曰：黄鉞車，或曰金鉞車。左武衛隊正一人在車；次豹尾車，右武衛隊正一人在車，皆執武弁，朱衣，革帶，並駕三馬，駕士各十二人，服同上。

《新唐書》卷二三上《儀衛志上》 大駕鹵簿。天子將出，前二日，太樂令廟宮縣之樂於庭。晝漏上五刻，駕發。前發七刻，擊一鼓為一嚴。前五刻，擊二鼓為再嚴，侍中版奏『請中嚴』。有司陳鹵簿。前二刻，擊三鼓為三嚴，諸衛各督其隊與鈒、戟以次入陳殿庭。通事舍人引羣官立朝堂，侍中、中書令以下奉迎於西階，侍中負寶，乘黄令進路於太極殿西階南向，千牛將軍一人執長刀立路前北向，黄門侍郎一人立侍臣之前，贊者二人。既外辦，太僕卿攝衣而升，正立執轡。天子乘輿以出，降自西階，曲直華蓋，警蹕，侍衛，千牛將軍前執轡，天子升路，太僕卿授綏，侍中、中書令以下夾侍。

黄門侍郎前奏『請發』。鑾駕動，警蹕，鼓傳音，黄門侍郎與贊者夾引而出，千牛將軍夾路而趨。駕出承天門，侍郎乘馬奏『駕少留，敕侍臣乘馬』。侍中前承制，退稱：『制曰可。』黄門侍郎退稱：『侍臣乘馬。』贊者承傳，侍臣皆乘。侍衛之官各督其屬左右翊駕，在黄麾內。符寶郎奉六寶與殿中後部從，在黄鉞內。侍中、中書令以下夾侍路前，贊者在供奉官內。

侍臣乘畢，侍郎奏『請車右升』。侍中前承制，退稱：『制曰可。』侍郎復位，千牛將軍升。侍郎奏『請發』。萬年縣令先導，次京兆牧、太常卿、司徒、御史大夫、兵部尚書，皆乘路，鹵簿如本品。

次清遊隊。次左右金吾衛大將軍各一人，帶弓箭橫刀，檢校龍旗以前朱雀等隊，各二人持穳稍，騎夾。次左右金吾衛果毅都尉各一人，帶弓箭橫刀，領夾道鐵甲佽飛。次虞候佽飛四十八騎，平巾幘、緋裲襠、大口絝，帶弓箭、橫刀，夾道分左右，以屬黄麾仗。次外鐵甲佽飛二十四人，帶弓箭、橫刀，甲騎具裝，分左右廂，皆六重，以屬步甲隊。

次朱雀隊。次指南車、記里鼓車、白鷺車、鸞旗車、辟惡車、皮軒車，皆四馬，有正道匠一人，駕士十四人，皆平巾幘、大品絝、緋衫。太卜令一人，居辟惡車，服如佽飛，執弓箭。左金吾衛隊正一人，居皮軒車，服平巾幘、緋裲襠，銀裝儀刀，紫黄綬紛，執弩。次引駕十二重，重二人，皆騎，帶橫刀。自皮軒車後，屬於細仗前，槊、弓箭相間，左右金吾衛果毅都尉各一人主之。

次鼓吹。次黃麾仗一，執者武弁、朱衣、革帶，二人夾。次殿中侍御史二人導。次太史監一人，書令史一人，騎引相風、行漏輿。次相風輿，正道匠一人，輿士八人，服如正道匠。次撾鼓、金鉦，司辰、典事匠各一人，刻漏生四人，分左右。次行漏輿，正道匠一人，輿士十四人。

次持鈒前隊。次御馬二十四，分左右，各二人馭。次尚乘奉御二人，書令史二人，騎從。

次左青龍右白虎旗，執者一人，服如正道匠，引、夾各二人，皆騎。次左右衛果毅都尉各一人，各領二十五騎，二十人執槊，四人持弩，一人帶弓箭，行儀刀仗前。次通事舍人，四人在左，四人在右。侍御史，一人在左，一人在右。御史中丞，一人在左，一人在右。左拾遺一人在左，右拾遺一人在右。左補闕一人在左，右補闕一人在右。起居郎一人在左，起居舍人一人在右。諫議大夫，一人在左，一人在右。給事中二人在左，中書舍人二人在右。黃門侍郎二人在左，中書侍郎二人在右。左散騎常侍一人在左，右散騎常侍一人在右。侍中二人在左，中書令二人在右。通事舍人以下，皆一人從。次香蹬一，有衣，繡以黃龍，執者四人，服如折衝都尉。

次左右衛將軍二人，分左右，領班劍、儀刀，和一人從。次班劍、儀刀，左右廂各十二行：第一左右衛親衛各五十三人，第二左右衛親衛各五十五人，第三左右衛勳衛各五十七人，第四左右衛勳衛各五十九人，各執金銅裝班劍，纁朱綬紛；第五左右衛翊衛各六十一人，第六左右衛翊衛各六十三人，第七左右衛翊衛各六十五人，第八左右驍衛各六十七人，各執金銅裝儀刀，綠綟綬紛；第九左右武衛翊衛各六十九人，第十左右威衛翊衛各七十一人，第十一左右領軍衛翊衛各七十三人，第十二左右金吾衛翊衛各七十五人，各執銀裝儀刀，紫黃綬紛。自第一行有曲折三人陪後門，每行加一人，至第十二行曲折十四人。

次左右廂，諸衛中郎將主之，執班劍、儀刀，領親、勳、翊衛。次左右衛郎將各一人，皆領散手翊衛三十人，佩橫刀，騎，居副仗槊翊衛內。次左右驍衛郎將各一人，各領翊衛二十八人，甲騎具裝，執副仗槊，居散手衛外。次左右衛供奉中郎將、郎將四人，各領親、勳、翊衛四十八人，帶橫刀，騎，分左右，居三衛仗內。

次玉路，駕六馬，太僕卿馭之，駕士三十二人。凡五路，皆有副。駕士皆平巾幘、大口絝，衫從路色。玉路，服青衫。千牛衛將軍一人陪乘，執金裝長刀，左右衛大將軍各一人騎夾，皆一人從，居供奉官後。次千牛衛將軍一人，中郎將二人，皆一人從。次千牛備身、備身左右二人，騎，居玉路後，帶橫刀，執御刀、弓箭。次御馬二，各一人馭。次左右監門校尉二人，騎，執銀裝儀刀，居後門內。

次衙門旗，二人執，四人夾，皆騎，赤綦襖、黃冒、黃袍。次左右監門校尉各十二人，騎，擴銀裝儀刀，督後門，十二行，仗頭皆一人。次左右驍衛、翊衛各三隊，居副仗槊外。次左右衛夾轂，廂各六隊。

次大繖二，執者騎，橫行，居衙門後。次雉尾障扇四，執者騎，夾繖。次腰輿，輿士八人。次小團雉尾扇四，方雉尾扇十二，花蓋二，皆執者一人，夾腰輿。自大繖以下，執者服皆加折衝都尉。次掌輦四人，引輦。次大輦一，主輦二百人，平巾幘、黃絲布衫、大口絝、紫誕帶、紫行縢、鞋襪。尚輦奉御二人，主腰輿，各書令史二人騎從。

次殿中少監一人，督諸局供奉事，一人從。次諸司供奉官。次御馬二十四，各二人馭，分左右。次尚乘直長二人，平巾幘、緋絝褶，書令史二人騎從，居御馬後。

次後持鈒隊。次大繖二，雉尾扇八，夾繖左右橫行。次小雉尾扇、朱畫團扇，皆十二，左右橫行。次花蓋二，叉二。次俾倪十二，左右橫行。次玄武幢一，叉一，居絳麾內。次絳麾二，左右夾玄武幢。次細槊十二，孔雀為氅，左右橫行，居絳麾後。自槊、戟以下，執者服如橫麾仗，唯玄武幢執者服如罕、畢。

次後黃麾，執者一人，夾二人，皆騎。次殿中侍御史二人，分左右，各令史二人騎從，居黃麾後。次大角。次方輦一，主輦二百人。次小輦一，主輦六十人。次小輿一，奉輿十二人，服如主輦。次尚輦直長二人，分左右，檢校輦輿，皆書令史二人騎從。次左右武衛五牛旗輿五，赤青居左，黃居中，白黑居右，皆八人執之，平巾幘、大口絝，衫從旗色，左右威衛隊正各一人主之，騎，執銀裝長刀。

次乘黃令一，丞一人，分左右，檢校玉路，皆府史二人騎從。次金路、象路、革路、木路，皆駕六馬，駕士三十二人。次五副路，皆駕四馬，駕士二十八人。次耕根車，駕六馬，駕士三十二人。次安車、四望車，皆駕四馬，駕士二十四人。次羊車，駕果下馬一，小史十四人。次屬車十二乘，駕牛，駕士各八人。次門下、中書、秘書、殿中四省局官各一人，騎，分左右夾屬車，各五人從，唯符寶以十二人從。次黃鉞車，上建黃鉞，駕二馬，左武衛隊正一人在車，駕士十二人。次豹尾車，駕二馬，右衛武隊正一人在車，駕士十二人。

次左右威衛折衝都尉各一人，各領掩後二百人步從，五十人為行，大戟五十人，刀、楯、欑五十人，弓箭五十人，弩五十人，皆黑鍪、甲、覆膊、臂韝，橫行。次左右領軍衛將軍二人，領步甲隊及殳仗，各二人執䂎稍從。次前後左右廂步甲隊。次左右廂黃麾仗。次左右廂殳仗。

次諸衛馬隊，左右廂各二十四。自十二旗後，屬於玄武隊，前後有主帥以下四十人，皆戎服大袍，二人引旗，一人執，二人夾，二十人執槊，餘佩弩、弓箭。第一辟邪旗，左右金吾衛折衝都尉各一人主之，皆戎服大袍，佩弓箭、橫刀，騎。第二應龍旗，第三玉馬旗，第四三角獸旗，左右領軍衛果毅都尉各一人主之。第五黃龍負圖旗，第六黃鹿旗，左右威衛折衝都尉各一人主之。第七飛麟旗，第八駃騠旗，第九鸞旗，左右武衛果毅都尉各一人主之。第十鳳旗，第十一飛黃旗，左右驍衛折衝都尉各一人主之。第十二麟旗，第十三角端旗，以當御，第十四赤熊旗，左右衛折衝都尉各一人主之。第十五兕旗，第十六太平旗，左右驍衛果毅都尉各一人主之。第十七犀牛旗，第十八鵔鸃旗，第十九騼騳旗，左右武沖折衝都尉各一人主之。第二十騶牙旗，第二十一烏旗，左右威衛果毅都尉各一人主之。第二十二白狼旗，第二十三龍馬旗，第二十四金牛旗，左右領軍衛折衝都尉一人主之。其服皆如第一。

次玄武隊。次衙門一，居玄武隊前、大戟隊後，執者二人，夾四人，皆騎，分左右，赤綦襖，黃袍，黃冒。次衙門左右廂，廂有五門，執、夾人同上。第一門，居左右威衛黑質步甲隊之後，白質步甲隊之前。第二門，居左右衛步甲隊之後，左右領軍衛黃麾仗之前。第三門，居左右武衛黃麾仗之後，左右驍衛黃麾仗之前。第四門，居左右領軍衛黃麾仗之後，左右衛步甲隊之前。第五門，居左右武衛白質步甲隊之後，黑質步甲隊之前。五門別當步甲隊黃麾仗前、馬隊後，各六人分左右，戎服大袍，帶弓箭、橫刀。

凡衙門皆監門校尉六人，分左右，執銀裝長刀，騎。左右監門衛大將軍、將軍、中郎將，廂各巡行。校尉二人，往來檢校諸門。中郎將各一人騎從。左右金吾衛將軍循仗檢校，各二人，人執䂎稍，騎從。左右金吾衛果毅都尉二人，糾察仗內不法，各一人騎從。

駕所至，路南向，將軍降立于路右，侍中前奏「請降路」。天子降，乘輿而入，繖、扇、華蓋，侍衛。

駕還，一刻，擊一鼓為一嚴，仗衛還于塗。三刻，擊二鼓為再嚴，將士布隊仗，侍中奏「請中嚴」。五刻，擊三鼓為三嚴，黃門侍郎奏「請駕發」。鼓傳音，駕發，鼓吹振作。入門，太樂令命擊蕤賓之鐘，左五鐘皆應。鼓柷，奏《采茨》之樂。至太極門，戛敔，樂止。既入，鼓柷，奏《太和》之樂。回路南向，侍中請降路，乘輿乃入，繖、扇，侍御，警蹕如初。至門，戛敔，樂止。皇帝入，侍中版奏「請解嚴」。叩鉦，將士皆休。

又　卷二三下《儀衛志下》　大駕鹵簿鼓吹，分前後二部。鼓吹令二人，府、史二人騎從，分左右。

前部：掆鼓十二，夾金鉦十二，大鼓、長鳴皆百二十，鐃鼓十二，歌、簫、笳次之；大橫吹百二十，節鼓二，笛、簫、觱篥、笳、桃皮觱篥次之；掆鼓、夾金鉦皆十二，小鼓、中鳴皆百二十，羽葆鼓十二，歌、簫、笳次之。至相風輿，有掆鼓一、金鉦一，鼓左鉦右。至黃麾，有左右金吾衛果毅都尉二人主大角百二十，橫行十重；鼓吹丞二人，典事二人騎從。

次後部鼓吹：羽葆鼓十二，歌、簫、笳次之；鐃鼓十二，歌、簫、笳次之；小橫吹百二十，笛、簫、觱篥、笳、桃皮觱篥次之。凡歌、簫、笳工各二十四人，主帥四人，笛、簫、觱篥、笳、桃皮觱篥工各二十四人。

法駕，減太常卿、司徒、兵部尚書、白鷺車、辟惡車、大輦、五副路、安車、四望車，又減屬車四，清遊隊、持鈒隊、玄武隊皆減四之一，鼓吹減三之一。

小駕，又減御史大夫、指南車、記里鼓車、鸞旗車、皮軒車、象革木三路、耕根車、羊車、黄鉞車、豹尾車、屬車、小輦、小輿，諸隊及鼓吹減大駕之半。

凡鼓吹五部：一鼓吹，二羽葆，三鐃吹，四大横吹，五小横吹，總七十五曲。

鼓吹部有㭎鼓、大鼓、金鉦小鼓、長鳴、中鳴。㭎鼓十曲：一《警雷震》，二《猛獸駭》，三《鷙鳥擊》，四《龍媒蹀》，五《靈夔吼》，六《雕鶚爭》，七《壯士怒》，八《熊羆吼》，九《石墜崖》，十《波蕩壑》。大鼓十五曲，嚴用三曲：一《元驎合邏》，二《元驎他固夜》，三《元驎跋至慮》。警用十二曲：一《元咳大至遊》，二《阿列乾》，三《破達析利純》，四《賀羽真》，五《鳴都路跋》，六《他勃鳴路跋》，七《相雷析追》，八《元咳赤賴》，九《赤咳赤賴》，十《吐咳乞物真》，十一《貪大訐》，十二《賀粟胡真》。小鼓九曲：一《漁陽》，二《雞子》，三《警鼓》，四《三鳴》，五《合節》，六《覆參》，七《步鼓》，八《南陽會星》，九《單搖》。皆以為嚴、警，其一上馬用之。長鳴一曲三聲：一《龍吟聲》，二《彪吼聲》，三《河聲》。中鳴一曲三聲：一《盪聲》，二《牙聲》，三《送聲》。

羽葆部十八曲：一《太和》，二《休和》，三《七德》，四《騶虞》，五《基王化》，六《纂唐風》，七《厭炎精》，八《肇皇運》，九《躍龍飛》，十《殄馬邑》，十一《興晉陽》，十二《濟渭險》，十三《應聖期》，十四《御宸極》，十五《寧兆庶》，十六《服遐荒》，十七《龍池》，十八《破陣樂》。

鐃吹部七曲：一《破陣樂》，二《上車》，三《行車》，四《向城》，五《平安》，六《歡樂》，七《太平》。

大横吹部有節鼓二十四曲：一《悲風》，二《遊絃》，三《閑絃明君》，四《吳明君》，五《古明君》，六《長樂聲》，七《五調聲》，八《烏夜啼》，九《望鄉》，十《跨鞍》，十一《閑君》，十二《瑟調》，十三《止息》，十四《天女怨》，十五《楚客》，十六《楚妃歎》，十七《霜鴻引》，十八《楚歌》，十九《胡笳聲》，二十《辭漢》，二十一《對月》，二十二《胡笳明君》，二十三《湘妃怨》，二十四《沈湘》。

小横吹部有角、笛、簫、笳、觱篥、桃皮觱篥六種，曲名失傳。

伶工謂夜警為嚴，凡大駕嚴，夜警十二曲，中警三曲，五更嚴三遍。天子謁郊廟，夜五鼓過半，奏四嚴；車駕至橋，復奏一嚴。元和初，禮儀使高郢建議罷之。

《舊五代史》卷四《梁書·太祖紀四》（開平三年正月）己卯，備法駕六軍儀仗，入西都。

又　卷五《梁書·太祖紀五》（開平三年十一月甲午）自五鳳樓出，南郊。左右金吾、太常、兵部等司儀仗、法駕鹵簿及左右内直控鶴等，引從赴壇。

又　卷三〇《唐書·莊宗紀四》（同光元年）十二月庚午朔，車駕至西京。是日，有司自石橋具儀仗法物迎引，入于大内。

又　卷七七《晉書·高祖紀三》（天福三年十月）戊寅，契丹命使，以寶册上帝徽號，曰英武明義皇帝。是日，左右金吾六軍儀仗、太常鼓吹等，並出城迎引，至崇元殿前，陳列如儀。

又　卷一三七《外國傳一·契丹》　天福三年，又遣宰相馮道、左僕射劉昫等持節，册德光及其母氏徽號，賫鹵簿儀仗、法服車輅，於本國行禮。德光大悦，尋遣使，奉晉高祖為英武明義皇帝。

宋·王溥《五代會要》卷一六《殿中省》　漢乾祐三年八月，殿中省奏：當司儀仗車駕，都洛京時所差，至今管係，逐年分番祗候，執擎儀仗。昨京兆府奏，依千戶例差使，伏恐忽有大禮，無人供應。敕：殿中省執擎儀仗，關西道色役人員，地理遐遙，分番勞擾，宜據姓名，並還州縣。今後執擎人缺，別奏取裁。

宋·黄休復《益州名畫録》卷上《趙德齊》　光化年，王蜀先主受昭宗勑，置生祠，命德齊與高道興同手畫西平王儀仗旗纛旌麾、車輅法物及朝真殿上皇姑帝戚、后妃嬪御百堵。已，勑授翰林待詔，賜紫金魚袋。蜀光天元年戊寅歲，蜀先主殂逝，再命德齊與道興畫陵廟鬼神人馬及車輅儀仗、宮寢嬪御一百餘堵。

服飾

《隋書》卷一二《禮儀志七》　高祖初即位，【略】於是定令，採用東齊之法。乘輿衮冕，垂白珠十有二旒，以組為纓，色如其綬，黈纊充耳，玉笄。玄衣，纁裳。衣，山、龍、華蟲、火、宗彝五章；裳，藻、粉米、黼、黻四章。衣重宗彝，裳重黼黻，為十二等。衣褾、領織成升龍，白紗內單，黼領，青褾、襈、裾。革帶，玉鉤角枼，大帶，素帶朱裏，紕其外，上以朱，下以綠。韍隨裳色，龍、火、山三章。鹿盧玉具劍，火珠鏢首。白玉雙佩，玄組雙大綬，六采，玄、黃、赤、白、縹、綠，純玄質，長二丈四尺，五百首，廣一尺；小雙綬，長二尺六寸，色同大綬，而首半之，間施三玉環。朱襪赤舄，舄加金飾。祀圓丘、方澤、感帝、明堂、五郊、雩、蜡、封禪、朝日、夕月、宗廟、社稷、籍田、廟遣上將、征還飲至、元服、納后、正月受朝及臨軒拜王公，則服之。

通天冠，加金博山，附蟬十二首，施珠翠，黑介幘，玉簪導。絳紗袍，深衣制，白紗內單，皂領、褾、襈、裾，絳紗蔽膝，白假帶，方心曲領。其革帶、劍、佩、綬、舄，與上同。若未加元服，則雙童髻，空頂黑介幘，雙玉導，加寶飾。朔日受朝、元會及冬會、諸祭還，則服之。

武弁，金附蟬，平巾幘，餘服具服。講武、出征、四時搜狩、大射、禡、類、宜社、賞祖、罰社、纂嚴，則服之。

黑介幘，白紗單衣，烏皮履，拜陵則服之。

白紗帽，白練裙襦，烏皮履，視朝、聽訟及宴見賓客，皆服之。白帢，白紗單衣，烏皮履，舉哀則服之。

皇帝臨臣之喪，服錫衰；五等諸侯，緦衰；四品下，疑衰。【略】

高祖元正朝會，方御通天服，郊丘宗廟，盡用龍袞衣，大裘毳襔，皆未能備。至平陳，得其器物，衣冠法服，始依禮具。然皆藏御府，弗服用焉。百官常服，同於匹庶，皆著黃袍，出入殿省。高祖朝服亦如之，唯帶加十三環，以為差異。蓋取於便事。

及大業元年，煬帝始詔吏部尚書牛弘、工部尚書宇文愷、兼內史侍郎虞世基、給事郎許善心、儀曹郎袁郎等，憲章古制，創造衣冠，自天子逮于胥皂，服章皆有等差。若先所有者，則因循取用，弘等議定乘輿服，合八等焉。

大裘冕之制，案《周禮》，大裘之冕，無旒。《三禮衣服圖》：『大裘而冕，王祀昊天上帝及五帝之服。』至秦，除六冕，唯留玄冕。漢明帝永平中，方始創制。董巴志云：『漢六冕同制，皆闊七寸，長尺二寸，前圓後方。』於是遂依此為大裘冕制，青表，朱裏，不施旒纊，不通於下。其大裘之服，案《周官》注『羔裘也』。其制，准《禮圖》，以羔正黑者為之，取同色繒以為領袖。其裳用纁，而無章飾，絳襪，赤舄。祀圓丘、感帝、封禪、五郊、明堂、雩、蜡，皆服之。

袞冕之制，案《禮玉藻》『十有二旒』。《大戴禮》云：『冕而加旒，以蔽明也，琇纊塞耳，以蔽聰也。』又《禮含文嘉》：『前後邃延，不視邪也，加以黈纊，不聽讒也。』三王之冕，既不通制，故夫子云：『行夏之時，服周之冕。』今以采綖貫珠，為旒十二。邃延者，出冕前後而下垂之，旒齊於髆，纊齊於耳，組為纓，玉笄導。其為服之制，案《釋名》云『袞，卷也』，謂畫龍於上也。是時虞世基奏曰：

後周故事，升日月於旌旗，乃闕三辰，而章無十二。但有山、龍、華蟲作繪，宗彝、藻、火、粉米、黼、黻，乃與三公不異。開皇中，就裏欲生分別，故衣重宗彝，掌重黼黻，合重二物，以就九章，為十二等。但每一物，上下重行。袞服用九，鷩服用七，今重此三物，乃非典故。且周氏執謙，不敢負於日月，所以綴此三象，唯施太常，天王袞衣，章乃從九。但天子譬日，德在照臨，辰為帝位，月主正後，負此三物，合德齊明，自古有之，理應無惑。周執謙道，殊未可依，重用宗彝，又垂法服。

今準《尚書》：『予欲觀古人之服，日、月、星辰、山、龍、華蟲作會，宗彝、藻、火、粉米、黼黻絺繡。』具依此，於左右髆上為日月各一，當後領下而為星辰，又山、龍九物，各重行十二。又近代故實，依《尚書大傳》：『山龍純青，華蟲純黃，作會；宗彝純黑，藻純白，火純赤。』以此相間，而為五采。鄭玄議已自非之，云：『五采相錯，非一色也。』今並用織成於繡，五色錯文，准孔安國，衣質以玄，加山、龍、華蟲、火、宗彝等，並織成為五物；裳質以纁，加藻、粉米、黼、黻之四。衣裳通數，此為九章，兼上三辰，而備十二也。衣褾、領上各帖升龍，漢、晉以來，率皆如此。既是先王法服，不可乖于夏制，徵而用之，理將為允。

墨敕曰：『可。』承以單衣。又案董巴《輿服志》宗廟冕服云：『絳領、袖為內單衣。』又《車服雜記》曰：『天子釋奠、郊祭而單衣，以絳緣。』今用白紗為內單，黼領，絳褾，青裾及襈。革帶，玉鉤角枼，大帶朱裏，紕其外。紐約用組，上加朱韍。又案《說文》：『韠，韍也。所以蔽前。』《禮記》曰：『有虞氏韍，夏后氏山，殷火，周龍章。』鄭玄曰：『冕之韍也，舜始作之，以尊祭服。禹、湯至周，增以文飾。』《禮記》曰：『君朱韠。』鄭曰：『韠象裳色。』今依《白武通》注，以蔽裳前，上闊一尺，象天數也；下闊二尺，象地數也；長三尺，象三才也；加龍章山火，以備三代之法也。於是制袞冕之服，玄衣，纁裳，合九章為十二等。白紗內單，黼領，青褾，襈。革帶，玉鉤艓，大帶，韍。鹿盧玉具劍，火珠鏢首，白玉雙佩，玄組大、小綬。朱韈，赤舄，舄飾以金。宗廟、社稷、籍田、方澤、朝日、夕月、遣將授律、征還飲至、加元服、納后、正冬受朝、臨軒拜爵，皆服之。

通天冠之制，案董巴志：『冠高九寸，形正豎，頂少邪卻，後乃下直為鐵卷梁，前有高山。』故《禮圖》或謂之高山冠也。《晉起居注》，成帝咸和五年，制詔殿內曰：『平天、通天冠，並不能佳，可更修理之。』雖在《禮》無文，故知天子所冠，其來久矣。又徐氏《輿服注》曰：『通天冠，高九寸，黑介幘，金博山。』徐爰亦曰：『博山附蟬，謂之金顏。』今制依此，不通於下，獨天子元會臨軒服之。其服絳紗袍，深衣制，白紗內單，皂領，褾、裾、襈，絳紗蔽膝，白假帶，方心曲領。其劍、佩、綬、舄、革帶，皆與上同。元冬饗會、諸祭還，則服之。四時視朔，則內單、領、襈，各隨其方色。唯秋方色白，以綠代之。

遠遊冠之制，案《漢雜事》曰：『太子諸王服之。』故《淮南子》曰：『楚莊王冠通梁，組纓。』注云：『通梁，遠遊也。』晉令：『皇太子諸王，給遠遊冠。』徐氏《雜注》曰：『天子雜服，遠遊五梁。太子諸王三梁。』董巴志曰：『制如通天，有展筩，橫之幘上。』今制依此，天子加金博山，九首，施珠翠，黑介幘，金緣，以承之。翠緌纓，犀簪導。【略】其乘輿遠遊冠服，白紗單衣，承以裙襦，烏皮履。拜山陵則服之。

武弁之制，案徐爰《宋志》，謂籠冠是也。【略】今制，天子金博山。【略】其乘輿武弁之服，衣、裳、綬如通天之服。講武、出征、四時搜狩、大射、禡、類、宜社、賞祖、罰社、纂嚴，皆服之。

弁之制，案《五經通義》：『高五寸，前後玉飾。』《詩》云：『瑲弁如星。』董巴曰：『以鹿皮為之。』《尚書顧命》：『四人綦弁，執戈。』故知自天子至於執戈，通貴賤矣。《魏臺訪議》曰：『天子以五采玉珠十二飾之。』命參准此，通用烏漆紗而為之。天子十二琪。【略】乘輿鹿皮弁服，緋大襦，白羅裙，金烏皮履，革帶，小綬長二尺六寸，色同大綬，而首半之，間施三玉環，白玉佩一隻。視朝聽訟則服之。【略】

帽，古野人之服也。董巴云：『上古穴居野處，衣毛帽皮。』以此而言，不施衣冠，明矣。【略】後周之時，咸著突騎帽，如今胡帽，垂裙覆帶，蓋索發之遺象也。又文帝項有瘤疾，不欲人見，每常著焉。相魏之時，著而謁帝，故後周一代，將為雅服，小朝公宴，咸許戴之。開皇初，高祖常著烏紗帽，自朝貴已下，至於冗吏，通著入朝。今復製白紗高屋帽，其服，練裙襦烏皮履，宴接賓客則服之。

白帢，案《傅子》：『魏太祖以天下凶荒，資財乏匱，擬古皮弁，裁縑帛以為之。』蓋自魏始也。梁令，天子為朝臣等舉哀則服之。今亦准此。其服，白紗單衣，承以裙襦，烏皮履。舉哀臨喪則服之。

幘，【略】今天子畋獵御戎，文官出遊田裏，武官自一品已下，至於九品，並流外吏色，皆同烏。【略】其乘輿黑介幘之服，紫羅褶，南布褲，玉梁帶，紫絲鞋，長靿靴。畋獵豫遊則服之。【略】

開皇以來，天子用袞冕，自鷩之下，不施於尊，具依前式。【略】

纓。案《儀禮》曰：『天子朱纓，諸侯丹組纓。』今冕，天子已下皆朱纓。又《尉繚子》曰：『天子玄纓，諸侯素纓。』別尊卑也。今不用素，並從冠色焉。

佩。案《禮》，天子佩白玉。董巴、司馬彪云：『君臣佩玉，尊卑有序，所以章德也。』今參用杜夔之法，天子白玉，太子瑜玉，王山玄玉。自公已下，皆水蒼玉。

綬，案《禮》：『天子玄組綬，侯伯朱組綬，大夫純組綬，世子綦組綬。』《漢官》云：『蕭何為相國，佩綠綬，公侯紫，卿二千石青，令長千石黑。』今大抵准此。天子以雙綬，六采，玄黃赤白縹綠，純玄質，長二丈四尺，五百首，闊一尺，雙小綬，長二尺六寸，色同大綬，而首半之，間施四玉環。開皇用三，今加一。

又　卷三《煬帝紀上》　上常服，皮弁十有二琪。

唐·李林甫等《唐六典》卷一一《殿中省·尚衣局》　凡天子冕服

十有三：一曰大裘冕，二曰衮冕，三曰鷩冕，四曰毳冕，五曰絺冕，六曰玄冕，七曰通天冠，八曰武弁，九曰弁服，十曰黑介幘，十一曰白紗帽，十二曰平巾幘，十三曰翼善冠。

大裘冕，無旒，冕廣八寸，長一尺六寸。玄表纁裹以下，廣狹准此。金飾，玉簪導，以組為纓，色如其綬。裘以黑羔皮為之，玄領，青褾緣，朱裳。白紗中單，皁領，青褾、襈、裾，革帶，玉鉤鰈，大帶。素帶朱裏，紕其外，上以朱，下以綠，紐約用組。韍。韍，蔽膝也。凡韍皆隨裳色。鹿盧玉具劍，火珠鏢首。白玉雙佩，玄組雙大綬，六綵，玄、黃、赤、白、縹、綠，純玄質，長二丈四尺五寸，首廣一尺。小雙綬長二尺六寸，色同大綬而首半之，間施三玉環。朱韈赤舄。祀天神地祇則服之。

衮冕，垂白珠十有二旒，以組為纓，色如其綬，黈纊充耳，玉簪導。玄衣纁裳，十二章。八章在衣，日、月、星辰、山、龍、華蟲、火、宗彝；其四章在裳，藻、粉米、黼、黻。衣褾、領為昇龍，皆織成為之。山龍以下，每章一行，重以為等，每行十二。白紗中單，黼領，青褾、襈、裾，韍。革帶、大帶、劍、玉珮、綬、韈與上同。舄加金飾。享廟謁廟及廟遣上將、征還飲至、踐祚加元服、納后，若元日受朝及臨軒册拜王公，則服之。

鷩冕，服七章，三章在衣，華蟲、火、宗彝；四章在裳，藻粉、米、黼、黻。餘同衮冕。有事遠主則服之。

毳冕服，五章，三章在衣，宗彝、藻、粉米；二章在裳，黼、黻。餘同鷩冕。祭海嶽則服之。

絺冕，服三章，一章在衣，粉米；二章在裳，黼、黻。餘同毳冕。祭社稷、帝社則服之。

玄冕服，衣無章，裳刺黻一章。餘同絺冕。蜡祭百神、朝日夕月則服之。

通天冠，加金博山，附蟬十二首，施朱翠，黑介幘，髮纓翠緌，玉若犀簪導，絳紗袍，白紗中單，朱領、襈，白裙襦。亦裙衫。絳紗蔽膝，白假帶，方心曲領，其革帶、劍、珮、綬與上同。白韈，黑舄。若未加元服，則雙童髻，空頂黑介幘，雙玉導，加寶飾。諸祭還及冬至受朝、元會、冬會則服之。

武弁，金附蟬，平巾幘。餘同其服。講武出征、四時蒐狩、大射、禡、類、宜、賞祖、罰社、纂嚴則服之。

弁服，弁以鹿皮為之。十有二琪。琪以白玉珠為之。玉簪導，絳紗衣，素裳，革帶，白玉雙珮，鞶囊，小綬，白韈，烏皮履。朔日則服之。

黑介幘，白紗單衣，白裙襦，革帶，素韈，烏皮履。拜陵則服之。

白紗帽，亦烏紗。白裙襦，白襪，烏皮履。視朝聽訟及燕見賓客則服之。

平巾幘，金寶飾。導簪冠支皆以玉，紫褶，亦白褶。白袴，玉具裝，真珠寶鈿帶，箬韡。乘馬則服之。

翼善冠，其常服及白練裙襦通著之。若服袴褶，則與平巾幘通著。已上並右服有事及見賓客則服之。自隋文帝制柘黄袍及巾帶以聽朝，至今遂以為常。

又 卷四《尚書禮部》 乘輿之服，則有大裘冕、衮冕、鷩冕、毳冕、絺冕、玄冕、通天冠、武弁、弁服、白黑幘、白紗帽、平巾幘、翼善冠之服。並出於殿中省。

又 卷二二《織染署》 天子之冠二：一曰通天冠，二曰翼善冠。冕六：一曰大裘冕，二曰衮冕，三曰鷩冕，四曰毳冕，五曰絺冕，六曰玄冕。弁二：一曰武弁，二曰皮弁。幘二：一曰黑介幘，二曰平巾幘。帽一：曰白紗帽。

唐·杜佑《通典》卷五七《禮典十七·嘉二·君臣冠冕巾幘等制度·冕》 隋采北齊之法，衮冕垂白珠十二旒，以組為纓，色如其綬，黈纊充耳，玉笄。太子庶子裴正奏，色並用玄，旒齊於膊，纊齊於耳。唯應著幘者，任依漢晉法。【略】

大唐依《周禮》，制天子之六冕，有大裘冕、衮冕、鷩冕、毳冕、繡冕、玄冕。大裘冕，無旒，廣八寸，長一尺六寸，玄表纁裹，以下廣狹准此。金飾，玉簪導，《釋名》云：簪，建也，所以建冠於後也。亦謂之笄，所以拘冠使不墜也。導以擽鬢，使入巾幘之中。以組為纓，色如其綬。祀天神地祇服之。

衮冕，加金飾。垂白珠十有二旒，以組為纓，色如其綬，黈纊充耳，玉簪導，諸祭祀及踐祚、享廟、遣將、征還飲至、加元服、元日受朝等服之。鷩冕，有事還主服之。按《周禮》，遠主謂先公。毳冕，祭海嶽服之。繡冕，祭社稷、帝社服之。玄冕，蜡百神、朝日夕月服之。

自袞冕以下，旒數並依《周禮》。【略】

龍朔二年九月，司禮少常伯孫茂道奏稱：『准令諸臣九章服，君臣服冕，章數雖殊，飾龍名袞，尊卑相亂。今請諸臣九章衣以云及麟代龍，昊山為上，仍改冕名。』當時紛議不定。至儀鳳二年十一月，太常博士蘇知機上言曰：『前龍朔中，孫茂道奏請諸臣九章服，當時竟未施行。今請制大明冕十二章，乘輿服之，加日、月、星辰、龍、虎、山、火、麟、鳳、玄龜、雲、水等象。鷩冕八章，三公服之。毳冕六章，三品服之。繡冕四章，五品服之。』詔下有司詳議，崇文館學士楊炯奏曰：『謹按《虞書》：「予欲觀古人之象，日、月、星辰、山、龍、華蟲作繪，宗彝、藻、火、粉米、黼、黻、絺、繡。」由此言之，則其所從來者尚矣。逮及有周，乃以日月星辰為旌旗之飾，又登龍於山，登火于宗彝，於是制袞冕以祀先王也。九章者，法陽數也。以龍為首章者，袞者卷也，龍德神異，應變潛見，表聖王深沉遠智，卷舒神化也。又制鷩冕以祭先公也，鷩者雉也，有耿介之志，表公有賢才，能守耿介之節也。夫以周公之多才也，故化定制禮，功成作樂。夫以孔宣之將聖也，故行夏之時，服周之冕。先王以法服，乃此之自出也；天下之能事，於是乎畢矣。今蘇知機「請制大明冕十二章乘輿服之」者。謹按日月星辰，已施於旌旗矣；龍虎火者，又不逾于古矣。而云麟鳳有四靈之名，玄龜有負圖之應，云有紀官之號，水有盛德之祥，此蓋別表休徵，終是無餘比象。然則皇王受命，天地興符，仰觀則璧合珠連，俯察則銀黃玉紫，此固不可畢陳於法服也。若夫禮唯從俗，則命為制，令為詔，乃秦皇之故事，猶可以適於今矣。若夫義取隨時，則出稱警，入稱蹕，乃漢國之舊儀，猶可以行於代矣。亦何取于變周公之軌物，改尼父之法度者哉！』由是竟寢知機所請。

又《**通天冠**》　隋因之，加金博山，附蟬十二首，施珠翠，黑介幘，玉簪導。朔日元會、各朝會、諸祭還，則服之。

大唐因之，其纓改以翠緌。

又《**翼善冠**》　唐貞觀中制：月一日、十五日視朝，常服之。又與平巾幘通用。太宗初服翼善冠，賜貴臣進德冠，因謂侍臣曰：『幞頭起于周武帝，蓋取便於軍容耳。今四海無虞，此冠頗采古法，兼類幞頭，乃宜常服。』開元十七年，廢不行用。

又《**皮弁**》　隋因之。大業中所造，通用烏漆紗，前後二傍如蓮葉，四閒空處又安拳花，頂上當縫安金梁，梁上加琪。天子十二珠為之。【略】唯天子用含稜。後制鹿皮者，以賜近臣。

大唐因之，以鹿皮為之，玉簪導十二。朔日受朝則服之。

又《**幘**》　隋依之，天子畋獵、御戎，文官出遊，武官一品以下，並流外吏等，上下通服黑介幘、平巾黑幘。【略】其平巾黑幘之制，玉枝金花飾，犀簪導，紫羅褶。其御五輅人，逐其車色。

大唐因制，乘輿空頂黑介幘，雙玉導，加寶飾。祭還及冬至、朔日受朝會、臨軒拜王公則服之。黑介幘，拜陵則服之。平巾幘，金寶飾。導簪冠支皆以玉。乘馬則服之。

又《**帽**》　隋文帝開皇初，嘗著烏紗帽，自朝貴已下，至於冗吏，通著入朝。後復製白紗高屋帽，接賓客則服之。大業中，令五品以上通服朱紫，是以烏紗帽漸廢，貴賤通服折上巾。按後漢郭林宗行遇雨，沾巾角折。後周武帝建德中，因制折上巾。

大唐因之，制白紗帽，又制烏紗帽。視朝、聽訟、宴見賓客，則服之。

又　**卷六一《禮典二十一・嘉六・君臣服章制度》**　隋文帝即位，將改後周制度，乃下詔曰：『宣尼制法，損益可知。朕受天命，赤雀來儀，五德相生，並宜火色。其郊丘廟社，可依袞冕之儀，朝會衣裳，宜盡用赤。昔丹烏木運，姬有大白之旂；黃星土德，曹乘黑首之馬。在祀與戎，其尚恒異。今之戎服，皆可尚黃，在外常所著者，通用雜色。祭祀之服，須合禮經，宜集通儒，更可詳議。』太子庶子、攝太常少卿裴政奏：『後周制冕，並非典故。今采東齊之法。』

乘輿袞冕，玄衣纁裳。衣，山、龍、華蟲、火、宗彝五章；裳，藻、粉米、黼、黻四章。衣重宗彝，裳重黼黻，為十二等。衣褾領織成升龍，白紗內單，黼領，青褾、撚、裾。革帶，玉鉤𩍐；大帶，素帶朱裏，紕其外，上以朱，下以綠。韍隨裳色，山龍火三章。轆轤玉具劍，火珠鏢首。白玉雙佩，玄組雙大綬，六采，玄、黃、赤、白、縹、綠，純玄質，長二丈四尺，五百首，廣一尺；小雙綬，長二尺六寸，色同大綬，而首半之，間施三玉環。朱襪，赤舄，舄加金飾。祀圓丘、方澤、感帝、明堂、五郊、雩蜡、封禪、朝日、夕月、宗廟、社稷、籍田、廟遣上將、征還飲至、元服、納后、正月受朝及臨軒拜王公，則服之。

通天冠服，絳紗袍，深衣制，白紗內單，皂領、褾、襈、裾，絳紗蔽膝，白假帶，方心曲領。其革帶、劍、佩、綬、舄，與上同。黑介幘，白紗單衣，烏皮履，拜陵則服之。白紗帽，白練裙襦，烏皮履，視朝、聽訟及宴見賓客，皆服之。白帢，白紗單衣，烏皮履，舉哀則服之。【略】

大唐制，天子衣服，有大裘、衮冕、鷩冕、毳冕、絺冕、玄冕、通天冠、武弁、黑介幘、白紗帽、平巾幘、白帢，凡十二等。【略】

顯慶元年，修禮官臣無忌、志寧、敬宗等言：『准武德初撰《衣服令》，乘輿祀天地，服大裘冕，無旒。臣勘前件令，是武德初撰，雖憑《周禮》，理極未安。謹按《郊特牲》云：「周之始郊，日以至。」「被衮以象天，戴冕藻十有二旒，則天數也」。而此二禮，俱説周郊，衮與大裘，事乃有異。按《月令》：「孟冬，天子始裘。」明以御寒，理非當暑。若啓蟄祈穀，冬至報天，行事服裘，義歸通允。至於季夏迎氣，龍見而雩，炎熾方盛，如何可服？謹尋歷代，唯服衮章，與《郊特牲》義旨相協。周遷《輿服志》云：「漢明帝永平二年，詔采《周官》、《禮記》，始制祀天地服，唯天子備十二章。」沈約《宋書志》云：「魏晉郊天，亦皆服衮。」宋、魏、周、齊、隋禮令，祭服悉同。斯則百王通典，炎涼無妨，復與禮經，事無乖舛。今請憲章故實，郊祭天地，皆服衮冕，其大裘請停，仍改禮令。又檢《新禮》，皇帝祭社稷絺冕，四旒，衣三章。祭日月服玄冕，三旒，衣無章。謹按令文，是四品五品之服，此三公亞獻，皆服衮衣，孤卿助祭，服毳及鷩，斯乃乘輿章數，同於大夫，君少臣多，殊為不可。據《周禮》云：「祀昊天上帝則服大裘而冕，五帝亦如之。享先王則衮冕，享先公則鷩冕，祀四望山川則毳冕，祭社稷五祀則絺冕，諸小祀則玄冕。」又云：「公侯伯子男孤卿大夫之服，衮冕以下，皆如王之服。」所以《三禮義宗》，遂有二釋。一云公卿大夫助祭之日，所著之服，降王一等。又云悉與王同。求其折衷，俱未通允。但名位不同，禮亦異數。天子以十二為節，義在法天，豈有四旒三章，翻為御服？若諸臣助祭，冕與王同，便是貴賤無分，君臣不別。如其降王一等，則王著玄冕之時，羣臣次服爵弁，既屈天子，又貶公卿。《周禮》此文，久不施用。是故漢魏以降，相承舊事，皆服衮冕。今《新禮》親祭日月，乃服五品之服，唯臨事施行，極不穩便。請遵歷代故實，諸祭並用衮冕。』制可之。

無忌等又奏曰：『皇帝為諸臣及五服親舉哀，依禮著素服。今令乃云白帢，禮令乖舛，須歸一途。且白帢出自近代，事非稽古，雖著令文，不可行用。請改素服，以會禮文。』從之。

又　卷一〇八《典禮六十八·開元禮纂類三·序例下·君臣冕服冠衣制度》　大裘冕，無旒，金飾，玉簪導，以組為纓，色如其綬。令云：『冕長尺六寸，廣八寸，玄表纁裏。』以下廣狹皆准此。裘以黑羔皮為之。令云：『玄領、褾、襟緣，朱裳。』後有詔，夏月以葛代裘。白紗中單。令云：『皂領，青褾、襈、裾。』革帶，玉鉤鰈，大帶。令云：『素帶朱裏，紕其外，上以朱，下以綠，紐約用組。黻，蔽膝也，隨裳色。』鹿盧玉具劍，火珠鏢首。白玉雙珮，玄組雙綬，六采。令云：『玄、黃、赤、白、縹、綠，純玄質，長二丈四尺，五百首，廣一尺。小雙綬長二尺六寸，色同大綬而首半之，間施三玉環。』朱襪赤舄。祀天神地祇則服之。

衮冕，垂白珠，十有二旒，令云：『以組為纓，色如其綬。』黈纊充耳，玉簪導。玄衣纁裳，十二章。令云：『八章在衣，日、月、星辰、山、龍、華蟲、火、宗彝；四章在裳，藻、粉米、黼、黻。衣褾領為升龍，皆織成為之。龍山以下，每章一行，重以為等，每行十二也。』白紗中單。令云：『黻領，青褾、襈，裾，黻加龍、山、火三章。毳冕以上山、火二章，絺冕山一章，玄冕無章。』革帶、大帶、劍、玉珮、綬、襪與上同。舄加金飾。享廟、謁廟及朝遣上將、征還飲至、踐阼、加元服、納后、元日受朝及臨軒册拜王公則服之。

鷩冕，服七章，令云：『三章在衣，華蟲、火、宗彝；四章在裳，藻、粉米、黼、黻。』餘同衮冕。有事遠主則服之。

毳冕，服五章，令云：『三章在衣，宗彝、藻、粉米；二章在裳，黼、黻也。』餘同鷩冕。祭海嶽則服之。

絺冕，服三章，令云：『一章在衣，粉米；二章在裳，黼、黻。』餘同毳冕。祭社稷、先農則服之。

玄冕服，令云：『衣無章，裳刺黼一章。』餘同絺冕。蜡祭百神、朝日夕月則服之。

通天冠，加金博山，附蟬十二首，施珠翠，黑介幘，發纓翠緌，玉若犀簪導。絳紗袍，白紗中單，令云：『朱領、撚、裾。』白裙襦，令云：『亦裙衫也。』絳紗蔽膝，白假帶，方心曲領。其革帶、劍、珮、綬與上同。白襪，黑舄。令云：『若未加元服，則雙童髻，空頂黑介幘，雙玉導，加寶飾也。』諸祭還、冬至受朝、元會、冬會則服之。

武弁，金附蟬，平巾幘，餘同前服。講武、出征、四時蒐狩、大射、禡、類、宜社、賞祖、罰社、纂嚴則服之。

弁服，令云：『弁以鹿皮為之。』十二琪，令云：『琪以白玉珠為之。』玉簪導，絳紗衣，素裳，革帶，白玉雙佩，鞶囊，小綬，白襪，烏皮履。朔日受朝則服之。

黑介幘，白紗單衣，白裙襦，革帶，素韈，烏皮履。拜陵則服之。

白紗帽，令云：『赤烏紗帽。』白裙襦，白襪，烏皮履。視朝、聽訟及宴見賓客則服之。

平巾幘，金寶飾，導簪冠支皆以玉，紫褶，令云：『赤白褶。』白袴，玉具裝，真珠寶鈿帶，靴。乘馬則服之。

翼善冠，其常服及白練裙襦通著之。若服袴褶，則與平巾幘通著之。

《舊唐書》卷四四《職官志三·殿中省·尚衣局》 凡天子之服，冕十有三：一大裘冕，二衮冕，三鷩冕，四毳冕，五黻冕，六玄冕，七通天冠，八武弁，九弁服，十介幘，十一白紗帽，十二平巾幘，十三翼善冠。事具《輿服志》。

又 卷四五《輿服志》 唐制，天子衣服，有大裘之冕、衮冕、鷩冕、毳冕、繡冕、玄冕、通天冠、武弁、黑介幘、白紗帽、平巾幘、白帢，凡十二等。

大裘冕，無旒，廣八寸，長一尺六寸，玄裘纁裏，已下廣狹准此。金飾，玉簪導，以組為纓，色如其綬。裘以黑羔皮為之。玄領、褾、襟緣。朱裳，白紗中單，皂領，青褾、襈、裾。革帶，玉鉤䚢，大帶，素帶朱裏，紕其外，上以朱，下以綠，紐用組也。蔽膝隨裳。鹿盧玉具劍，火珠鏢首。白玉雙佩，玄組雙大綬，六彩，玄、黃、赤、白、縹、綠，純玄質，長二丈四尺，五百首，廣一尺。小雙綬長二尺一寸，色同大綬而首半之，間施三玉環。朱襪，赤舄。祀天神地祇則服之。

衮冕，金飾，垂白珠十二旒，以組為纓，色如其綬，黈纊充耳，玉簪導。玄衣，纁裳，十二章，八章在衣，日、月、星、龍、山、華蟲、火、宗彝，四章在裳，藻、粉米、黼、黻。衣褾、領為升龍，織成為之也。各為六等，龍、山以下，每章一行，十二。白紗中單，黼領，青褾、襈、裾，黻。繡龍、山、火三章，餘同上。革帶、大帶、劍、佩、綬與上同。舄加金飾。諸祭祀及廟遣上將、征還飲至、踐阼、加元服、納后若元日受朝，則服之。

鷩冕，服七章，三章在衣，華蟲、火、宗彝；四章在裳，藻、粉米、黼、黻。餘同衮冕。有事遠主則服之。

毳冕，服五章，三章在衣，宗彝、藻、粉米，二章在裳，黼、黻也。餘同鷩冕。祭海嶽則服之。

繡冕，服三章，一章在衣，粉米；二章在裳，黼、黻。餘同毳冕。祭社稷、帝社則服之。

玄冕服，衣無章，裳刺黼、黻一章。餘同繡冕。蠟祭百神、朝日夕月則服之。

通天冠，加金博山，附蟬十二首，施珠翠，黑介幘，發纓翠綏，玉若犀簪導。絳紗裏，白紗中單，領，褾，飾以織成。朱領、褾、襈、裾，白裙襦，亦裙衫也。絳紗蔽膝，白假帶，方心曲領。其革帶、佩、劍、綬、襪、舄與上同。若未加元服，則雙童髻，空頂黑介幘，雙玉導，加寶飾。諸祭還及冬至朔日受朝、臨軒拜王公、元會、冬會則服之。

武弁，金附蟬，平巾幘。餘同前服。講武、出征、四時搜狩、大射、禡、禷、宜社、賞祖、罰社、纂嚴則服之。

弁服，弁以麤皮為也。十有二琪，琪以白玉珠為之。玉簪導，絳紗衣，素裳，革帶，白玉雙珮，鞶龍，小綬，白襪，烏皮履。朔日受朝則服之。

黑介幘，白紗單衣，白裙襦，革帶，素韈，烏皮履。拜陵則服之。

白紗帽，亦烏紗也。白裙襦，亦裙衫也。白襪，烏皮履。視朝聽訟及宴見賓客則服之。

平巾幘，金寶飾。導簪冠文皆以玉，紫褶，亦白褶。白褲，玉具裝，真珠寶鈿帶。乘馬則服之。

白帢，臨大臣喪則服之。

太宗又制翼善冠，朔望視朝，以常服及帛練裙襦通著之。若服褲褶，又與平巾幘通用。著於令。其常服，赤黃袍衫，折上頭巾，九環帶，六合

靴，皆起自魏、周，便於戎事。自貞觀已後，非元日、冬至受朝及大祭祀，皆常服而已。【略】

開元十一年冬，玄宗將有事于南郊，中書令張説又奏稱：『准令皇帝祭昊天上帝，服大裘之冕，事出《周禮》，取其質也。永徽二年，高宗親享南郊用之。明慶年修禮，改用衮冕，事出《郊特牲》，取其文也。自則天已來用之。若遵古制，則應用大裘，若便於時，則衮冕為美。』令所司造二冕呈進，上以大裘樸略，冕又無旒，既不可通用於寒暑，乃廢不用之。自是元正朝會，依禮令用衮冕及通天冠，大祭祀依《郊特牲》亦用衮冕，自余諸服，雖在於令文，不復施用。十七年，朝拜五陵，但素服而已。朔望常朝，亦用常服，其翼善冠亦廢。【略】

（景龍二年七月）太子左庶子劉子玄進議曰：讌服，蓋古之褻服也，今亦謂之常服。【略】隋代帝王貴臣，多服黄文綾袍，烏紗帽，九環帶，烏皮六合靴。百官常服同於匹庶，皆著黄袍，出入殿省。天子朝服亦如之，惟帶加十三環，以爲差異，蓋取於便事。其烏紗帽漸廢，貴賤通服折上巾，其製周武帝建德年所造也。晉公宇文護始命袍加下襴。及大業元年，煬帝始制詔吏部尚書牛弘、工部尚書宇文愷、兼内史侍郎虞世基、給事郎許善心、儀曹郎袁朗等憲章古則，創造衣冠，自天子逮于胥吏，章服皆有等差。【略】

武德初，因隋舊制，天子讌服亦名常服，唯以黄袍及衫，後漸用赤黄，遂禁士庶，不得以赤黄爲衣服雜飾。

宋·王溥《唐會要》卷三一《輿服志·裘冕》 舊制：天子之服，則有大裘冕、衮冕、鷩冕、毳冕、絺冕、元冕、通天冠。武弁、黑介幘、白紗帽、平准帽、翼善冠之服。並出於殿中省。【略】

武德四年七月定制，凡衣服之令，天子之服有十二等：大裘冕、衮冕、鷩冕、毳冕、絺冕、玄冕、通天冠、武弁、黑介幘、白紗帽、平巾幘、白帢是也。

《新唐書》卷二四《車服志》 凡天子之服十四。大裘冕者，祀天地之服也。廣八寸，長一尺二寸，以板為之，黑表，纁裏，無旒，金飾玉簪導，組帶為纓，色如其綬，黈纊充耳。大裘，繒表，黑羔表為緣，纁裏，黑領、褾、襟緣，朱裳，白紗中單，皂領，青褾、襈、裾，朱襪，赤舄。鹿盧玉具劍，火珠鏢首，白玉雙佩。黑組大雙綬，黑質，黑、黄、赤、白、縹、緑為純，以備天地四方之色。廣一尺，長二丈四尺，五百首。紛廣二寸四分，長六尺四寸，色如綬。又有小雙綬，長二尺六寸，色如大綬，而首半之，間施三玉環。革帶，以白皮為之，以屬佩、綬、印章。鞶囊，亦曰鞶帶，博三寸半，加金鏤玉鉤艓。大帶，以素為之，以朱為裏，在腰及垂皆有裨，上以朱錦，貴正色也，下以緑錦，賤間色也，博四寸。紐約，貴賤皆用青組，博三寸。韍以繒為之，隨裳色，上廣一尺，以象天數，下廣二尺，以象地數，長三尺，朱質，畫龍、火、山三章，以象三才，其頸五寸，兩角有肩，廣二寸，以屬革帶。朝服謂之韠，冕服謂之韍。

衮冕者，踐阼、饗廟、征還、遣將、飲至、加元服、納后、元日受朝賀、臨軒册拜王公之服也。廣一尺二寸，長二尺四寸，金飾玉簪導，垂白珠十二旒，朱絲組帶為纓，色如綬。深青衣纁裳，十二章：日、月、星辰、山、龍、華蟲、火、宗彝八章在衣；藻、粉米、黼、黻四章在裳。衣畫，裳繡，以象天地之色也。自山、龍以下，每章一行為等，每行十二。衣、褾、領，畫以升龍，白紗中單，黻領，青褾、襈、裾，韍繡龍、山、火三章，舄加金飾。

鷩冕者，有事远主之服也。八旒，七章：华虫、火、宗彝四章在衣；藻、粉米、黼、黻四章在裳。

毳冕者，祭海嶽之服也。七旒，五章：宗彝、藻、粉米在衣；黼、黻在裳。

絺冕者，祭社稷饗先農之服也。六旒，三章：絺、粉米在衣；黼、黻在裳。

玄冕者，蜡祭百神、朝日、夕月之服也。五旒，裳刺黼一章。自衮冕以下，其制一也，簪導、劍、佩、綬皆同。

通天冠者，冬至受朝賀、祭還、燕羣臣、養老之服也。二十四梁，附蟬十二首，施珠翠、金博山，黑介幘，組纓翠緌，玉、犀簪導，絳紗袍，朱裏紅羅裳，白紗中單，朱領、褾、襈、裾，白裙襦，絳紗蔽膝，白羅方心曲領，白襪，黑舄。白假帶，其制垂二條帛，以變祭服之大帶。天子未加元服，以空頂黑介幘，雙童髻，雙玉導，加寶飾。三品以上亦加寶飾，五品以上雙玉導，金飾，六品以下無飾。

緇布冠者，始冠之服也。天子五梁，三品以上三梁，五品以上二梁，九品以上一梁。

武弁者，講武、出征、搜狩、大射、禡、類、宜社、賞祖、罰社、纂嚴之服也。有金附蟬，平巾幘。

弁服者，朔日受朝之服也。以鹿皮為之，有攀以持發，十有二琪，玉簪導，絳紗衣，素裳，白玉雙佩，革帶之後有鞶囊，以盛小雙綬，白襪，烏皮履。

黑介幘者，拜陵之服也。無飾，白紗單衣，白裙襦，革帶，素韈，烏皮履。

白紗帽者，視朝、聽訟、宴見賓客之服也。以烏紗為之，白裙襦、白襪，烏皮履。

平巾幘者，乘馬之服也。金飾，玉簪導，冠支以玉，紫褶，白褲，玉具裝，珠寶鈿帶，有韡。

白帢者，臨喪之服也。白紗單衣，烏皮履。【略】

初，隋文帝聽朝之服，以赭黃文綾袍，烏紗帽，折上巾，六合韡，與貴臣通服，唯天子之帶，有十三環。【略】至唐高祖，以赭黃袍、巾帶為常服。【略】既而天子袍衫稍用赤黃，遂禁臣民服。

宋·司馬光《資治通鑑》卷二二〇《唐紀三十六·肅宗文明武德大聖大宣孝皇帝中之下》（至德二載）十二月丙午，上皇至咸陽，上備法駕，迎於望賢宮。上皇在宮南樓，上釋黃袍，著紫袍，望樓下馬趨進，拜舞於樓下。上皇降樓，撫上而泣，上捧上皇足，嗚咽不自勝。上皇索黃袍，自為上著之，上伏地頓首，固辭。上皇曰：『天數人心，皆歸於汝。使朕得保養餘齒，汝之孝也。』上不得已，受之。

《舊五代史》卷四一《唐書·明宗紀七》（長興元年二月己亥）有司奏：皇帝致齋于明堂，按舊服通天冠、絳紗袍。文武五品已上，著袴褶。近例秪著朝服。從之。

又 卷一一三《周書·太祖紀》 臨晏駕，【略】又言：【略】澶州葬通天冠、絳紗袍；東京葬一副平天冠、衮龍服。

宋·王溥《五代會要》卷二《雜録》 天成四年九月，太常禮院奏：來年二月十八日，致齋於明堂，准舊儀，皇帝服通天冠、絳紗袍，文武五品以上着袴褶。陪臣近例，祇著朝服。從之。

又 卷三《緣廟裁製》 周廣順元年四月，中書門下奏：太常禮院申，七月一日皇帝御崇元殿，命使奉册四廟，准舊儀，服衮冕即座。

又 卷五《受朝賀》 晉天福四年十二月，太常禮院申奏：敕約《開元禮》，重正定冬朝會。按《開元禮》，三品已上升殿，羣官在慶，請沿近禮，依內晏列坐。據《開元禮》，稱賀後，皇帝戴通天冠，服絳紗袍，百官朝服侍坐，解劍履於樂府之西北。今京邑新造殿庭隘狹，請皇帝冠烏紗巾，服赭黃袍，百寮具公服。

《新五代史》卷四〇《雜傳·温韜》 （周太祖）又使葬其平生所服衮冕、通天冠、絳紗袍各二，其一於京師，其一於澶州。

又 卷五二《雜傳·張彥澤》 彥澤頓兵明德樓前，遣傳住兒入傳戎王宣語，帝脫黃袍，素服再拜受命。

又 卷七二《四夷傳·契丹》 （開運）四年二月丁丑朔，金吾六軍殿中省仗、太常樂舞，陳于廷。德光冠通天冠，服絳紗袍，執大珪，以視朝。大赦，改晉國為大遼國，開運四年為會同十年。

宋·邵伯温《聞見録》卷七 史曰：上北征之夕，次陳橋驛，羅彥環等獻中央之服，立上為天子，請登馬南歸。

宋·司馬光《涑水記聞》卷一 癸卯發師，宿陳橋。【略】諸將露刃，羅立于庭，曰：『諸軍無主，願奉太尉為天子。』太祖未及答，或以黃袍加太祖之身，衆皆拜于庭下，大呼稱萬歲，聲聞數里。

清·吴任臣《十國春秋》卷一六《南唐二·元宗紀》 保大元年春三月己卯朔，烈祖殂。已旬日，王猶未嗣位。方泣，讓諸弟，奉化節度使周宗偕，侍中徐玠至柩前，手取衮冕，衣王曰：『大行皇帝付殿下以神器之重，殿下固守小節，非所以遵先旨，崇孝道也。』是日，即皇帝位。

又 卷九一《閩二·惠宗紀》 又即位時，帝既被衮冕，怳惚不能自知，久而方蘇。

器物分部

綜述

璽印

《隋書》卷一二《禮儀志七》　神璽，寶而不用。受命璽，封禪則用之。皇帝行璽，封命諸侯及三師、三公，則用之。皇帝之璽，賜諸侯及三師、三公書，則用之。皇帝信璽，徵諸夏兵，則用之。天子行璽，封命蕃國之君，則用之。天子之璽，賜蕃國之君書，則用之。天子信璽，徵蕃國兵，則用之。常行詔勑，則用內史門下印。

又　卷一《高祖紀一》　（開皇二年五月）甲子，改傳國璽曰受命璽。

唐·李林甫等《唐六典》卷八《門下省·符寶郎》　符寶郎掌天子之八寶及國之符節，辨其所用。有事則請於內，既事則奉而藏之。八寶一曰神寶，所以承百王，鎮萬國。二曰授命寶，所以修封禪，禮神祇。徐令言《玉璽記》曰：玉璽者，傳國璽也。秦始皇取藍田玉，刻而為之。其書李斯所製，回文曰『受命于天，既壽永昌。』璽上隱起，為盤龍文，文曰『受天之命，皇帝壽昌。』方四寸，紐五龍盤。秦滅傳漢，歷王莽為元后投之于地，遂一角缺。莽滅，校尉公賓就收璽綬，詣更始於宛。更始敗，以璽上劉盆子，盆子降，面縛上璽綬光武，光武祠於高廟，受傳國璽。至靈帝崩，少帝失位，掌璽者投于井中，為孫堅所得。袁術拘其妻而奪之。術死，荆州刺史徐繆得璽還許，上之。漢滅傳魏，至晉懷帝，璽没于劉聡。聡死，劉曜得之，又傳於石勒、石季龍、冉閔。石季龍摩其隱起之文，又刻其傍為文曰『天命石氏』。後冉閔敗，其將蔣韓求救於晉，遂以璽送建業，永和八年也。歷東晉、宋、齊、梁，侯景竊位，為景所得。景敗，為將侯子監盗璽走江東，懼追兵，至投諸佛寺，為棲霞寺僧永得之。陳永定三年，僧永死，弟子普智奉獻。陳亡，璽傳於隋。又《晉陽秋》云：晉孝武十九年，雍州刺史郄恢於慕容永處得璽，乃送建業。其璽方六寸，厚一寸七分，高四寸六分，蟠龍隱起，文字巧妙，一與傳國璽同，但形制高大，玉色不逮耳。自晉至梁相傳，謂之鎮璽。及侯景敗，侍中趙思齊挟以度江，兖州刺史郭元建得之，以送于齊文宣帝。齊亡入周，周傳于隋。隋文帝初，亦謂之為傳國璽，開皇二年改為授命璽。至開皇九年，平江南，得真傳國璽，乃改前所得大者名神璽，至大業初，著之于令。隋末，又没于宇文化及、竇建德。武德四年，克平東夏，建德右僕射裴矩奉傳國璽及神璽六璽以獻。三曰皇帝行寶，答疏於王公則用之。四曰皇帝之寶，勞來勳賢則用之。五曰皇帝信寶，徵召臣下則用之。六曰天子行寶，答四夷書則用之。七曰天子之寶，慰撫蠻夷則用之。八曰天子信寶，發蕃國兵則用之。衛宏《漢舊儀》曰：天子有六璽，皆白玉螭，獸紐，文曰皇帝行璽，皇帝之璽，皇帝信璽，天子行璽，天子之璽，天子信璽。虞喜《志林》曰：所封事異，故文字不同。《漢儀》又云：以皇帝行璽為凡雜，以皇帝之璽賜諸侯王書，以皇帝信璽發兵。其徵大臣以天子行璽，外國事以天子之璽，鬼神事以天子信璽。皆以武都紫泥封，青布囊、白素裏兩端縫，尺一版，中約署，有事及發外國兵，用天子信璽。封拜外國及徵召，用天子行璽。賜匈奴單于、外國王書，用天子之璽。下竹使符徵召，大事行州郡國者，用皇帝信璽。諸下銅獸符，發郡國兵，用皇帝之璽。封拜王公以下，遣使就授，皆用皇帝行璽。若車駕行幸，次直侍中佩信璽、行璽以從。天子之信，古曰璽，今曰寶，其用以玉，其封以泥。皇后及太子之信曰寶，其用以金也。

凡大朝會，則捧寶以進于御座。車駕行幸，則奉寶以從于黄鉞之內。今元正朝會，則進神寶及受命寶。若行幸則合八寶為五轝，函籙封盛以從。

唐·杜佑《通典》卷六三《禮典二十三·嘉禮八·天子諸侯玉佩劍綬印璽》　隋制，神璽，寶而不用。受命璽，封禪則用之。餘六璽，行用並因舊制。【略】

大唐貞觀十六年，太宗刻受命玄璽，以白玉爲螭首，其文曰『皇帝景命，有德者昌。』長壽三年，改玉璽為符寶。神龍元年，改符寶復為璽。天寶十載，改傳國璽為承天大寶。天子之寶八：一曰『神寶』，所以臣百王，鎮萬國，寶而不用。二曰『受命寶』，所以修封禪，禮神祇。三曰『皇帝行寶』，答疏於王公則用之。四曰『皇帝之寶』，勞來勳賢則用之。五曰『皇帝信寶』，徵召下臣則用之。六曰『天子行寶』，答四夷書則用之。七曰『天子之寶』，慰撫蠻夷則用之。八曰『天子信寶』，發番國兵則用之。凡大朝會，則奉寶以進于御座。車駕行幸，則奉寶以從于黄鉞車之內。今元正朝會，進神寶及受命寶；若行幸，則合八寶為五轝，函録封盛以從。其佩玉綬兼臣下之制，具《開元禮序例》。

宋·王溥《唐會要》卷五六《符寶郎》　開元元年十一月十日敕：

『傳國八璽，既改為寶，其符璽郎宜改為符寶郎矣。』舊制，天子八寶：一曰神寶，所以承百王，鎮萬國；二曰受命寶，所以修封禪，禮神祇；三曰皇帝行寶，答疏於王公則用之；四曰皇帝之寶，勞來勳賢則用之；五曰皇帝信寶，徵召臣下則用之；六曰天子行寶，答四夷書則用之；七曰天子之寶，慰撫蠻夷則用之；八曰天子信寶，發番國兵則用之。

貞觀十六年，太宗刻受命玄璽，白玉為螭首。其文曰：『皇天景命，有德者昌。』

天寶五載六月十一日敕：『玉璽既改為寶，其璽書為寶書。』至十載正月十五日，復改為傳國寶，後又改為承天寶。

《舊唐書》卷四三《職官志二・符寶郎》 符寶郎掌天子八寶及國之符節，辯其所用，有事則請於內，既事則奉而藏之。八寶一曰神寶，所以承百王，鎮萬國。二曰受命寶，所以修封禪，禮神祇。三曰皇帝行寶，答疏於王公則用之。四曰皇帝之寶，勞來勳賢則用之。五曰皇帝信寶，徵召臣下則用之。六曰天子行寶，答四夷書則用之。七曰天子之寶，慰撫蠻夷則用之。八曰天子信寶，發番國兵則用之。凡大朝會，則捧寶以進于御座。車駕行幸，則奉寶以從于黃鉞之內。

《新唐書》卷二四《車服志》 天子有傳國璽及八璽，皆玉為之。神璽以鎮中國，藏而不用。受命璽以封禪禮神，皇帝行璽以報王公書，皇帝之璽以勞王公，皇帝信璽以召王公，天子行璽以報四夷書，天子之璽以勞四夷，天子信璽以召兵四夷，皆泥封。大朝會則符璽郎進神璽、受命璽於御座，行幸則合八璽為五轝，函封從於黃鉞之內。【略】

初，太宗刻受命玄璽，以白玉為螭首，文曰：『皇天景命，有德者昌。』至武后改諸璽皆為寶。中宗即位，復為璽。開元六年，復為寶。天寶初，改璽書為寶書。十載，改傳國寶為承天大寶。

又 卷四七《百官志二・門下省・符寶郎》 掌天子八寶及國之符節。有事則請於內，既事則奉而藏之。大朝會，則奉寶進于御座；行幸，則奉以從焉。

又 卷七六《后妃傳上・高宗則天皇后武氏》 於是汜人又上瑞石，太后乃郊上帝謝況，自號聖母神皇，作神皇璽。【略】

太后又自加號金輪聖神皇帝，置七寶于廷：曰金輪寶，曰白象寶，曰女寶，曰馬寶，曰珠寶，曰主兵臣寶，曰主藏臣寶，率大朝會則陳之。

宋・姚鉉《唐文粹》卷四《梁肅〈受命寶賦并序〉》 受命寶在昔曰傳國璽，自秦始皇有焉。蓋取夫一世二世，傳於無窮，故有傳國之號。歷兩漢至于陳隋，隋煬帝之遇禍也，宇文化及盜之而西，竇建德滅化及取焉。《易》稱物不可以終否。武德中，太宗一戎衣而天下大定，是器也與璽同歸。國家用之，以受命所承，更名大寶，而多歷年所。自前代觀之，受天明命則不求而得，僭賊劫遷則得之而失。蓋神物之所在，非徒然也。抑又聞之，鼎之輕重與璽之去留，莫不視德之上下，位之安危。若恃寶命在己而慆心堙耳，漸至危殆，以負扆之尊，被竊鈇之言。當此時也，此片玉耳，復何為哉？竊讀史氏，感興亡之器，忿覬覦之類，於是作《受命寶賦》。若形制之小大厚薄，則未始詳也，故不備焉。其辭曰：

物之貴兮，惟玉之英。翕二氣以成形，涵百寶之純精。卞氏得之，三獻而後明。當秦趙之抗衡，挺高價於連城。伊玩好之所資，微神器之鴻名。及夫秦始稱皇，削平六王，為龍為光，追琢成章，其文曰『受命于天，既壽永昌』。其始也，謂世有哲王，傳國寶之無疆，何逆天以暴物？不及期以降殃。惟陰騭之運行，終有授而不常。隨素車與白馬，歸赤精於路傍。逮夫漢業中微，后族專命，祿去公室，世移威柄，實沙麓之遺瘵，成巨君之篡害。雖擲地以慷慨，終莫救夫顛沛。俄漸臺之傾移，歷更始與赤眉，咸庸懦而不君，卒亂長而禍滋。洎四七之龍驤，為火主以得之，遂祀漢以配天，延二百之炎輝。苟非其人，寶命不歸。悼桓靈之不嗣，置天下於阽危。既而赤伏道喪，黃星兆發，雲雷邅迍，朝社播越，去乘輿而漂蕩，入智井以蕪沒。披草萊以拯之，實功存乎武烈。何典午之傾潰，劉石盜以自尊。既江表之卜年，遂歸明以去昏。五世推移，或亡或存，失由道喪，隋之并吞。始負險以爭雄，俄銜璧而來奔，惟大業之離阻，由君昏而瀆武。豺狼呀以當路，郊廟毀而失主。望夷之釁既發，斯器淪於醜虜。昊天有命，眷我高祖，騫飛汾晉，震疊關輔，雲行雨施，雷動飈舉。聖人既作，萬物斯覩。于時也，充、德扇結，東周匭鮠。帝謂文皇，陳師往伐，如火烈烈，如風發發，牛口先撥，虎牢則達，致四海於升平，混車書以同轍。惟神器之有在，終告歸于魏闕。考乎先王之統世也，以文經天，以武緯地，觀象備物，從宜制器，播而用之，為天下利。故曰大德曰生，大寶曰位。位之升降，惟道所至。先王審其所以，故為大於細，為難於易，然後本不搖而末不墜。安危之體，鑑此而已。若夫符命之所加，曆數之所歸，莫不天人合發，區宇樂推，休祥煥然，靈命顯思。是以有守有失，動而悅隨。苟貪叨而僭亂，莫不速禍而召危。此玉也，公路執持，衆叛而親離；趙高引佩，殿壞而身靡。惟前軌之昭昭，孰可幸捷以取之？答曰：吾皇有命，如天有日，傳寶在我，昏庸自佚，則陸渾無問鼎之事，歷代無奉璽之術。苟思慮於廢興，胡不既得而患失？於戲！天發禍機，聖人定之；天生神物，聖人用之。唐哉皇哉，大人造之。子孫百代，永言保之。

宋・王溥《五代會要》卷一三《符寶郎》　晉天福三年六月，中書門下奏：『准敕製皇帝受命寶。今按唐正觀十六年，太宗文皇帝刻之玄璽，白玉為螭首，其文曰「皇帝景命，有德者昌」。』敕：『宜以「受天明命，惟德允昌」為文，刻之。』

周廣順三年二月，內司製國寶兩坐，詔太常具制度以聞。有司奏：『按《唐六典》，符寶郎掌天子八寶，其一曰神寶，其二曰受命寶。其神寶方六寸，高四寸六分，厚一寸七分，蟠龍紐文，與傳國寶同。傳國寶，秦始皇帝以藍田玉刻之，李斯篆文，方四寸，面文曰「受命于天，既壽永昌」，紐盤五龍。二寶歷代相傳，以為神器。又別有六寶：一曰皇帝行璽，二曰皇帝之璽，三曰皇帝信璽，四曰天子行璽，五曰天子之璽，六曰天子信璽。此六寶因文為名，並白玉螭、虎紐。歷代相傳，亡則補之。北朝鑄之以金，至則天朝，以「璽」字涉嫌，改之為寶。貞觀十六年，別製玄璽一坐，其文曰「皇天景命，有德者昌」，白玉螭，虎紐。同光中，製寶一坐，文曰「皇帝受命之寶」。晉天福四年，製寶一坐，文曰「皇帝神寶」。其同光、天福二寶，內司製造，不見紐象幷尺寸制度。』敕：『今製國寶两坐，宜用白玉，方六寸，螭虎紐。』詔馮道書寶文，其一以『皇帝承天受命之寶』為文，其一以『皇帝神寶』爲文。按傳國寶，自秦始皇後，歷代傳受，至唐末帝自燔之際，以寶隨身焚焉。晉高祖受命，特製寶一坐。開運末，北戎犯闕，少帝遣其子延煦送於戎王。戎王訝其非真，少帝上表具述其事。及戎王北歸，齎以入蕃。漢朝二帝，未暇別製，至是始創爲之。

《舊五代史》卷八四《晉書・少帝紀四》　開運三年春正月癸巳朔，帝御崇元殿受朝賀，仗衛如式。詔改鑄天下合同印、書詔印、御前印，並以黃金為之。

《新五代史》卷六三《前蜀世家・王建》　初，田令孜之為監軍也，盜唐傳國璽入于蜀而埋之。（永平二年）二月，尚食使歐陽柔治令孜故第，穿地而得之，以獻。【略】

五月，梁遣光祿卿盧玭來聘，推建為兄，其印文曰『大梁入蜀之印』。辛相張格曰：『唐故事，奉使四夷，其印曰「大唐入某國之印」，今梁以兄事陛下，奈何卑我如夷狄？』建怒，欲殺梁使者，格曰：『此梁有司之過爾，不可以絶兩國之懽。』已而梁太祖崩，建遣將作監李紘弔之，遂刻其印文曰『大蜀入梁之印』。

大珪鎮圭

《隋書》卷一二《禮儀志七》　珽。案《禮》：『天子搢珽，方正於天下也。』又《五經異義》：『天子笏曰珽。珽，直無所屈也。』今制准此，長尺二寸，方而不折，以球玉為之。

唐・李林甫等《唐六典》卷一一《殿中省・尚衣局》　凡天子之大圭曰珽，長三尺。鎮圭長尺有二寸。有事于郊廟社稷，則出之于內；將享，至于中壝門，則奉鎮圭于監而進，既事，復受而藏之。

《舊唐書》卷四四《職官志三・殿中省・尚衣局》　凡天子之大珪曰珽，長三尺。鎮珪長尺有二寸。若有事於郊丘社稷，則出之於內；將享，至于中壝門，則奉鎮珪于監而進之，既事，受而藏之。

唐・元稹《元氏長慶集》卷二七《鎮圭賦以王者端拱四維鎮寧為韻依次用》　天子之鎮圭，十有二寸。其長義在撫十有二州之域，而為億兆之王。圭比德焉，所以美特達之美。鎮，大名也，有以示彈壓之强。以之徵守，則有土之臣至；以之恤患，則受災之地康。當宁乃無為於南面，朝日乃有事於東方。會百辟而執之，班五瑞於來者。作山龍之端表，我則清光皎然；雜蒲穀以成行，爾則鞠躬如也。想夫彤闈乍曉，碧砌生寒，當玉座而高居，狀中峰之冠瑤岫；透爐烟而迴出，意秋月之壓雲端。是以聖后矜持，庶寮瞻重，安八荒於度內，故捧必當心；握萬務於掌中，故大不盈拱。映冕旒則璿樞星綴，間黼黻而瓊枝花擁。豈獨使威儀可觀，亦以明社稷有奉。美哉！聖人之制器也，靡不有類。銳上以象天，方下而法地。備采章以盡飾，瑑崇高而定位。夫衆色不可以雜施，依方面之正者惟五；羣山不可以咸寫，選域中之大者有四。盡舉凡而得一，故相傳而莫二。義存敬慎，道在底綏，詳觀組約，足辨操持，俾經制之不亂，若繅藉之相維。況國家備物繼周，垂衣體舜，自天有命，非因桐葉而封唐；提象握機，故配土行而執鎮。豈惟傳歷代之瑞寶，抑亦彰受命之符信者也。

重曰：圭，鋭也，睿作思而百志靈。鎮，安也，安於道而萬物寧。亦嘗三復斯名矣，所以表道德之維馨若此，則君為道之本，器乃道之形。苟能據於道而依於德，亦可以執無名之璞，而逍遥乎大庭。

符契

《隋書》卷一《高祖紀上》（開皇七年四月）癸亥，頒青龍符於東方總管、刺史，西方以騶虞，南方以朱雀，北方以玄武。

又　卷二《高祖紀下》（開皇九年閏四月）丁丑，頒木魚符於總管、刺史，雌一雄一。

（十年）冬十月甲子，頒木魚符於京師官五品已上。

（十五年五月）丁亥，制京官五品已上佩銅魚符。

又　卷六三《樊子蓋傳》　帝顧謂子蓋曰：【略】『今為公别造玉麟符，以代銅獸。』

又　卷六三《衛玄傳》　帝謂之曰：『關右之任，一委於公。公安，社稷乃安；公危，社稷亦危。出入須有兵衛，坐卧恒宜自牢。勇夫重閉，此其義也。今特給千兵，以充侍從，賜以玉麟符。』

《舊唐書》卷五九《屈突通傳》　先是，文帝與諒有密約，曰：『若璽書召汝，於「敕」字之傍，别加一點，又與玉麟符合者，當就徵。』

唐・李林甫等《唐六典》卷八《門下省・符寶郎》　凡國有大事，則出納符節，辨其左右之異，藏其左而班其右，以合中外之契焉。一曰銅魚符，所以起軍旅，易守長。兩京留守若諸州、諸軍、折衝府、諸處捉兵鎮守之所及宫總監，皆給銅魚符。

二曰傳符，所以給郵驛，通制命。兩京留守及諸州若行軍所，並給傳符。諸應給魚符及傳符者，皆長官執之。其長官若被告謀反大逆，其魚符付以次官，無次官，付受告之司。

三曰隨身魚符，所以明貴賤，應徵召。親王及二品已上散官，京官文武職事五品已上，都督、刺史、大都督府長史、司馬、諸都護、副都護，並給隨身魚符。

四曰木契，所以重鎮守，慎出納。車駕巡幸，皇太子監國，有兵馬受處分者為木契。若王公以下、兩京留守及諸州有兵馬受處分，并行軍所及領兵五百人以上、馬五百疋以上征討，亦各給木契。其在外及行用法式，並准魚符。【略】

魚符之制，王畿之内，左三右一；王畿之外，左五右一。左者在内，右者在外。行用之日，從第一為首，後事須用，以次發之，周而復始。大事兼敕書，替代留守軍將及軍發後更添兵馬，新授都督、刺史，及改替、追喚别使，若禁推，請假敕許及别敕解任者，皆須得敕書。小事但降符函封，遣使合而行之。應用魚符行下者，尚書省録敕牒，門下省奏請，仍預遣官典，就門下對封，封内連寫敕符，與左魚同函封。上用門下省印，共追右符，函盛封印亦准此。

傳符之制，太子監國曰雙龍之符，左右各十。京都留守曰麟符，左二十，其右一十有九。東方曰青龍之符，西方曰騶虞之符，南方曰朱雀之符，北方曰玄武之符。左四右三，左者進内，右者付外。應執符人，其兩京留守並進内。若車駕巡幸，留右符，付留守人。

隨身魚符之制，左二右一。太子以玉，親王以金，庶官以銅，隨身魚符皆題云某位姓名，其官只有一員者，不須著姓名。即官名其曹司同者，雖一員，亦著姓名。隨身者，仍著姓名。並以袋盛。其袋三品已上飾以金，五品以上飾以銀，六品以下、守五品已上者不佩魚。若在家非時及出使，别敕召檢校并領兵在外，不别給符契。若須廻改處分者，勘符同，然後承用。佩以為飾。刻姓名者，去官而納焉。不刻者，傳而佩之。若傳佩魚，皆須遞相付。十日之内，申報禮部。

木契之制，太子監國，則王畿之内，左、右各三；王畿之外，左、右各五。庶官鎮守，則左右各十。

《舊唐書》卷四三《職官志二・符寶郎》　凡國有大事，則出納符節，辯其左右之異，藏其左而班其右，以合中外之契焉。一曰銅魚符，所以起軍旅，易守長。二曰傳符，所以給郵驛，通制命。三曰隨身魚符，所以明貴賤，應徵召。四曰木契，所以重鎮守，慎出納。【略】

魚符之制，王畿之内，左三右一；王畿之外，左五右一。左者在内，右者在外。行用之日，從第一為首，後事頒用，以次藏之，周而復始。大事兼敕書，小事但降符函封，遣使合而行之。

傳符之制，太子監國曰雙龍之符，左右各十。京都留守曰麟符，左二十，其右一十有九。東方曰青龍之符，西方曰騶虞之符，南方曰朱雀之符，北方曰玄武之符，左四右三。左者進内，右者付外。

隨身符之制，左二右一。太子以玉，親王以金，庶官以銅，佩以為飾。刻姓名者，去官而納焉；不刻者，傳而佩之。

木契之制，太子監國，則王畿之内，左右各三；王畿之外，左右各五。庶官鎮守，則左右各十。

宋・王溥《唐會要》卷一〇〇《雜録》 故事：西蕃諸國通唐使處，悉置銅魚，雄雌相合，各十二隻，皆銘其國名。第一至十二雄者留在内，雌者付本國。如國使正月来者，賫第一魚，餘月推此。閏月賫本月，而但校其雌雄。今乃依常禮待之，差謬則推案聞奏。

《新唐書》卷二四《車服志》 初，高祖入長安，罷隋竹使符，班銀菟符，其後改為銅魚符，以起軍旅，易守長，京都留守、折衝府、捉兵鎮守之所及左右金吾、宮苑總監、牧監皆給之。畿内則左三右一，畿外則左五右一，左者進内，右者在外，用始第一，周而復始。宮殿門、城門，給交魚符、巡魚符。左廂、右廂給開門符、閉門符。亦左符進内，右符監門掌之。蕃國亦給之，雄雌各十二，銘以國名，雄者進内，雌者付其國。朝貢使各齎其月魚而至，不合者劾奏。

傳信符者，以給郵驛，通制命。皇太子監國給雙龍符，左右皆十。兩京、北都留守給麟符，左二十，右十九。東方諸州給青龍符，南方諸州朱雀符，西方諸州騶虞符，北方諸州玄武符，皆左四右三。左者進内，右者付外。行軍所亦給之。

隨身魚符者，以明貴賤，應召命，左二右一，左者進内，右者隨身。皇太子以玉契召，勘合乃赴。親王以金，庶官以銅，皆題某位姓名。官有貳者加左右，皆盛以魚袋，三品以上飾以金，五品以上飾以銀。刻姓名者，去官納之，不刻者傳佩相付。

有傳符、銅魚符者，給封符印，發驛、封符及封魚函用之。有銅魚而無傳符者，給封函，還符、封函用之。

天子巡幸，則京師、東都留守給留守印，諸司從行者，給行從印。

木契符者，以重鎮守，慎出納，畿内左右皆三，畿外左右皆五。皇帝巡幸，太子監國，有軍旅之事則用之，王公征討皆給焉，左右各十九。太極殿前刻漏所，亦以左契給之，右以授承天門監門，晝夜勘合，然後鳴鼓。玄武門苑内諸門有喚人木契，左以進内，右以授監門，有敕召者用之。魚契所降，皆有敕書。尚書省符，與左同乃用。【略】

高宗給五品以上隨身魚銀袋，以防召命之詐，出内必合之。三品以上金飾袋。垂拱中，都督、刺史始賜魚。天授二年，改佩魚皆為龜。其後三品以上龜袋飾以金，四品以銀，五品以銅。中宗初，罷龜袋，復給以魚。郡王、嗣王亦佩金魚袋。景龍中，令特進佩魚，散官佩魚自此始也。然員外、試、檢校官，猶不佩魚。景云中，詔衣紫者魚袋以金飾之，衣緋者以銀飾之。開元初，駙馬都尉從五品者假紫金魚袋，都督、刺史品卑者假緋魚袋，五品以上檢校、試、判官皆佩魚。中書令張嘉貞奏，致仕者佩魚終身，自是百官賞緋、紫，必兼魚袋，謂之章服。當時服朱紫、佩魚者衆矣。

又 卷四七《百官志二・門下省・符寶郎》 大事出符，則藏其左而班其右，以合中外之契，兼以敕書；小事則降符函封，使合而行之。

宋・呂大臨《續考古圖》卷一《銅魚符》 銅魚符得之於潘勉之，驗之乃唐銅魚符也。以今黍尺校之，長一寸六分，闊五分，重二錢，符之雄者。其陽刻作魚鱗形，其陰面上隱起一『同』字，下刻『廉州第一』，皆楷書也。按《唐書・志》：高祖入長安，罷竹使符，班銀菟符，其後改為銅魚符，以起軍旅，易守長。京都留守、折衝府、捉兵鎮守之所及左右金吾、宮苑總監，皆給之。畿内則左三右一，畿外則左五右一。左者進内，右者進外，始第一，周而復始。

宋・江少虞《事實類苑》卷六二《古銅魚符》 李文邵推官於壽光縣東境稻田中得古銅魚左符，以遺余。銅正赤，長二寸許，背刻為魚頭尾鱗一具，面刻一『同』字，深二分許，所以合信也。環自刻刺史官氏，云『左雲麾將軍、行磨米州刺史、持節磨米州諸軍事高從政』。鐫刻極工，字小訛，筆法精妙，類歐陽率更書。按唐貞觀中，平高麗，裂其地為十二州，各因其酋長，以為刺史，磨米其一也。左符乃所頒者，當在其國，不知緣何遺于此也。

旌節

唐・李林甫等《唐六典》卷八《門下省・符寶郎》 五曰旌節。《周禮・掌儀》職曰：凡邦國之使節，山國用獸節，土國用人節，澤國用龍節，皆金也。又云：道路用旌節。注云：今漢使所擁是也。《漢書》曰：戾太子遣巫蠱事，不自明，取漢使節發兵，與丞相劉屈氂戰。初，漢節純赤，以太子持赤節，故更為黄旄，加以相别。蘇武在匈奴，執漢節毛落，並其事也。所以委良能，假賞罰。【略】

旌節之制，命大將帥及遣使於四方，則請而假之。旌以專賞，節以專殺。

唐・杜佑《通典》卷三二《職官十四・州郡上・都督・大唐》 其邊方有寇戎之地，則加以旌節，謂之節度使。

唐・劉禹錫《劉賓客文集》卷九《夔州刺史廳壁記》 開元中，猶領七州。天寶初，罷州置郡，號雲安。至德二年，命嗣道王鍊為太守，賜之旌節，統硤中五郡軍事。

《舊唐書》卷四三《職官志二・符寶郎》 五曰旌節，所以委良能，假賞罰。【略】旌節之制，命大將帥及遣使於四方，則請而佩之。旌以專賞，節以專殺。《周禮》之制，山國用虎節，土國用人節，澤國用龍節，皆金也。又云道路用旌節，即漢使所持者是也。

又 卷四四《職官志三・節度使》 節度使。天寶中，緣邊禦戎之地，置八節度使。受命之日，賜之旌節，謂之節度，使得以專制軍事。行則建節符，樹六纛，外任之重，無比焉。至德已後，天下用兵，中原刺史，亦循其例，受節度使之號。

《新唐書》卷二四《車服志》 大將出，賜旌以顓賞，節以顓殺。旌以絳帛五丈，粉畫虎，有銅龍一，首纏緋幡，紫縑為袋，油囊為表。節，懸畫木盤三，相去數寸，隅垂赤麻，餘與旌同。

又 卷四九下《百官志・節度使》 掌總軍旅，顓誅殺。初授，具帑抹兵仗，詣兵部辭見。觀察使亦如之。辭日，賜雙旌雙節，行則建節，樹六纛，中官祖送，次一驛，輒上聞。入境，州縣築節樓，迎以鼓角。衙仗居前，旌幢居中，大將鳴珂，金鉦鼓角居後。州縣齎印，迎于道左。視事之日，設禮案，高尺有二寸，方八尺。判三案，節度使判宰相，觀察使判節度使，團練使判觀察使。三日洗印，視其刓缺。

又 卷四七《百官志二・門下省・符寶郎》 凡命將遣使，皆請旌節，旌以顓賞，節以顓殺。

黄鉞

《隋書》卷四二《李德林傳》 高祖私問德林曰：「欲何以見處？」德林云：「即宜作大丞相，假黄鉞，都督内外諸軍事。不爾，無以壓衆心。」及發喪，便即依此。

又 卷五《恭帝紀》 （義寧元年十一月）甲子，以光禄大夫、大將軍、太尉唐公爲假黄鉞、使持節、大都督内外諸軍事、尚書令、大丞相，進封唐王。

唐・李林甫等《唐六典》卷一六《武庫令》 器用之制有八：【略】三曰鉞斧。《石氏星經》曰：天鉞一星，在井旁。《輿服志》曰：鉞，黄帝所造，塗以黄金，行則載以車，可以斬戮。《傳》云：湯伐昆吾，躬把大鉞。武王入商國，周公把大鉞，畢公把小鉞，以夾王。以鉄為之。《六韜》云：武王軍中有大柯斧，刃廣八寸，重八斤，名為天鉞。即今之大鉞也。魏晉已来，上公親征，猶假其器。

《舊唐書》卷一《高祖紀》 甲子，隋帝詔加高祖假黄鉞、使持節、大都督内外諸軍事，大丞相，進封唐王，總録萬機。

《新唐書》卷一五五《渾瑊傳》 乘輿進狩山南，瑊以諸軍衛入谷口。懷光追騎至後軍，擊郤之，遷檢校尚書左僕射同中書門下平章事、兼靈鹽豐夏定遠西城天德軍節度、朔方邠寧振武道永平軍奉天行營副元帥。帝臨軒授鉞，用漢拜韓信故事。制曰：「寇賊干紀，授爾節鉞，以戡多難。往欽哉！」瑊頓首曰：「敢不畢力，以對揚天子休命？」乃率諸軍趨京師。

尚方劍等

《隋書》卷七一《誠節傳・楊善會》 太僕楊義臣討金稱，復為賊所敗，退保臨清。取善會之策，頻與決戰，賊乃退走。乘勝遂破其營，盡俘其衆。金稱將數百人遁逃，後歸漳南，招集餘黨。善會追捕斬之，傳首行在所。帝賜以尚方甲槊弓劍，進拜清河通守。

又　卷六四《張奫傳》　徵入朝，拜大將軍。高祖命升御坐而宴之，謂奫曰：『卿可為朕兒，朕為卿父。今日聚集，示無外也。』其後賜綺羅千匹，綠沉甲、獸文具裝。

又　卷八四《北狄傳・西突厥》　帝取桃竹白羽箭一枝，以賜射匱，因謂之曰：『此事宜速，使疾如箭也。』使者返，路經處羅，處羅愛箭，將留之，使者譎而得免。射匱聞而大喜，興兵襲處羅，處羅大敗。

《舊唐書》卷八九《狄仁傑傳》　仁傑曰：【略】『如得尚方斬馬劍，加於君頸，雖死如歸。』

宋・陶穀《清異録》卷下《一丈威》　隋煬帝將征遼，將軍麥鐵杖見帝慷慨，誓死扞敵。帝賜御副鎗一丈威。

宋・錢儼《吳越備史》卷三《文穆王》　（後晉天福四年十月）仍賜御服紅羅真珠戰袍、金鎖甲各一副。

鐵券

《隋書》卷五九《越王侗傳》　宇文化及之弒逆也，文都等議，以侗元德太子之子，屬最為近，於是乃共尊立，大赦，改元曰皇泰。【略】尊其母劉良娣為皇太后，以段達為納言、右翊衛大將軍、攝禮部尚書，王世充亦納言、左翊衛大將軍、攝吏部尚書，元文都内史令、左驍衛大將軍，盧楚亦内史令，皇甫無逸兵部尚書、右武衛大將軍，郭文懿内史侍郎，趙長文黄門侍郎，委以機務。為金書鐵券，藏之宫掖。

《舊唐書》卷九《玄宗紀下》　（天寶七載）六月，范陽節度使安祿山賜實封及鐵券。

又　卷一一《代宗紀》　（寶應二年七月）壬子，御宣政殿，宣制，改元曰廣德，大赦天下。【略】功臣皆賜鐵券，藏名太廟，畫像凌烟閣。【略】

（大曆十二年四月癸未）給事中杜亞使魏州，賜田承嗣鐵券。

又　卷一二《德宗紀上》　（興元元年）甲子，加李懷光太尉，仍賜鐵券，赦三死罪。懷光怒曰：『凡人臣反逆，乃賜鐵券。今賜懷光，是反必矣。』乃投之于地上。命翰林學士陸贄曉諭之。

又　卷一九下《僖宗紀》　（中和三年）七月，制以西川節度使、開府儀同三司、守太尉同平章事、成都尹、上柱國、潁州郡王，食邑三千戶，實封四百戶陳敬瑄賜鐵券。

又　卷二〇上《昭宗紀》　（景福二年）十一月，制以【略】邠州節度使王行瑜賜號尚父，賜鐵券。【略】

（光化元年）九月戊辰朔。【略】制以鎮國、匡國等軍節度使韓建守太傅、中書令、興德尹，封潁川郡王，賜鐵券，幷御寫『忠貞』以遺之。

又　卷九一《桓彦範傳》　大理卿裴談奏云：『敬暉等祇合據勅斷罪，不可別俟推鞫，請並處斬籍没。』中宗納其議，仍以彦範等五人嘗賜鐵券，許以不死，乃長流彦範於瀼州，敬暉於崖州，張柬之於瀧州，袁恕己於環州，崔玄暐於古州，並終身禁錮。

又　《敬暉傳》　暉等以唐室中興，武氏諸王咸宜降爵，上章論奏，於是諸武降為公。武三思益怒，乃諷帝陽尊暉等為郡王，罷知政事，仍賜鐵券，恕十死。

又　卷一一〇《李光弼傳》　寶應元年，進封臨淮王，賜鐵券，圖形凌烟閣。

又　卷一二〇《郭子儀傳》　十一月，車駕自陝還宫。子儀伏地請罪，帝駐車，勞之曰：『朕用卿不早，故及於此。』乃賜鐵券，圖形凌烟閣。

又　卷一二一《僕固懷恩傳》　登里立，以懷恩女為可敦。至是，可汗請與懷恩及懷恩之母相見，詔從之。懷恩嫌疑，不敢，上因賜鐵券，手詔以遣之，即令其母便發，懷恩與迴紇可汗相見於太原。

又　《梁崇義傳》　時羣凶方自疑阻，朝廷將仗大信，欲來而安之，以示天下，乃加崇義同平章事，其妻子悉加封賞，且賜鐵券誓之。

又　《李懷光傳》　興元元年二月，詔加太尉，兼賜鐵券，遣李昇及中使鄧鳴鶴齎券喻旨。懷光怒甚，投券於地曰：『凡人臣反，則賜鐵券。今授懷光，是使反也。』詞氣益悖，衆為之懼。

又　卷一四一《田承嗣傳》　（大曆）十二年，承嗣復上章請罪，又赦之，復其官爵。承嗣有貝、博、魏、衛、相、磁、洺等七州，復為七州節度使。【略】仍令給事中杜亞宣諭，賜鐵券。

又　卷一四二《李寶臣傳》　故姓張，名忠志。【略】河朔平定，忠志與李懷仙、薛嵩、田承嗣各舉其地歸國，皆賜鐵券，誓以不死。

又　卷一七七《杜讓能傳》　昭宗纂嗣，賜扶危啓運保乂功臣，加開府儀同三司，尚書左僕射，封晉國公，增邑千戶，仍賜鐵券。

又　《孔緯傳》　車駕還宮，進位左僕射，賜持危啓運保乂功臣，食邑四千戶，食實封二百戶。賜鐵券，恕十死罪。

宋·宋敏求《唐大詔令集》卷六四《大臣·鐵券·賜護密國王子鐵券文》　維天寶元年歲次壬午九月癸卯朔，十六日戊午，皇帝若曰：咨爾護密國王子頡里匐夫，藩扞所寄，惟信是從，節義可稱，雖遠無隔。卿之先代，常附國朝，通使有恒，書譯相次。自卿父繼立，近阻强鄰，被制凶威，有違夙志。今遂能獻誠款，潛託歸懷，自非心悟遠圖，何克存先意念？此誠懇，嘉尚尤深。今賜卿丹書鐵券，以旌忠效，長表信義，永傳子孫，日月同明，山河齊久。可不美與！可不慎與！

又　《賜突騎施黑姓可汗鐵券文》　維天寶十二年歲次癸巳九月巳亥朔，六日甲辰，皇帝若曰：咨爾骨咄祿毗伽突騎施黑姓可汗登里伊羅密施。惟皇建極，聲教及於遐荒；惟帝念功，禮命加於恭順。卿雖擁在沙漠，常扞烟塵，識進退存亡之端，知古今成敗之數。久率蕃部，歸化朝廷，兼拒凶殘，挫其侵軼，精貫白日，義光青史，績因累著，嘉尚良深。今授卿特進，册為突騎可汗。重爵貴號，以崇其寵，丹書鐵券，以表其忠。宜保始終，永固誠節，山河帶礪，福祿長存。可不慎與！

又　《賜懷化王那俱車鼻施鐵券文》　維天寶十二年歲次癸巳十月戊辰朔，十四日辛巳，皇帝若曰：咨爾故石國順義王勇那俱車鼻施。夫柔遠之道，必先文德；録誠之美，是加命禮。卿之先代，累賓朝化，列在藩王，卿又能效節輸忠，克復居宇，扞邊率下，循職修貢，信彰夷落，義貫幽明。言念懇誠，良多嘉尚。今授卿特進，仍封懷化王，并賜丹書鐵券，以表忠赤。宜執於恭順，保於終始，每資犄角之用，永固山河之寵。可不美與！

又　《陸贄〈賜李納王武俊田悦等鐵券文〉》　維興元元年歲次甲子正月癸酉朔，二日甲戌，皇帝若曰：咨爾某某。嗚呼！君者所以撫人，失於所撫則叛；下者所以奉上，失於所奉為尤。各當其理，德用不擾。若乖其分，亂於是生。朕德薄化淺，昧於君道，罔自省咎，姑務責人。是以徵師徂征，連歲靡息。惟爾亦以誠志不達，反側於厥衷，阻衆興戎，結壘拒守。豈非上失所撫而下乖所奉與？《書曰》『萬方有罪，罪在朕躬。』我實不德，兆人何咎？俾廢其業，離其室家，陷於困窮，死於鋒刃，老疾廢養，孤窮靡依，怨結蒼旻，感傷和氣。朕為人父母，得不愧心？晨興以思，夕惕以懷。自予嗣位，迄今六載，天將悔禍，朕方覺悟。爾亦知衆心厭亂，思所以保安，叶於朕懷，有若符契。非天地合德，人神合謀，將止殺好生，則何以臻此？朕是以上順天意，俯從人心，滌爾瑕疵，復爾爵位，坦然靡阻，君臣如初。功書鼎彝，名藏王府，子孫代代，為國勳臣，山河帶礪，傳祚無絶。朕方布大信，承天子人，若食其言，何以享國？於戲！其敬聽朕命，用保無疆之休。吏部尚書同中書門下平章事蕭復宣。

又　《賜安西管内黄纛官鐵券文》　維貞元二年歲次丙寅八月丁巳朔，三日己未，皇帝若曰：咨爾西鎮節度管内黄姓纛官、驃騎大將軍、行左金吾衛大將軍、試太常卿頓啜護波支，惟乃祖乃父，代服聲教，勤勞王家，勳書鼎彝，名列藩籍。爾克紹爾祖先之烈，而重之以忠貞，嗣守職官，秖若教化，率其種落，保我疆陲，丹誠向風，萬里如近。是用稽之令典，錫以券書，若金之堅，永承無變，子孫繼襲，作我藩臣。爾其欽承，勿替休命。

又　《賜陳敬瑄鐵券文》　烹巨鰲者，鼎大於滄海；斬長鯨者，劍倚於青天。既立異勳，克膺殊寵，李晟免其十死，子儀成其九功。鏤以金鏞，賜其鐵券，後來繼者，豈在他人？歲寒知松柏之心，國難見忠貞之節。卿五山鎮地，一柱擎天，氣壓乾坤，量含宇宙。自居環衛，出擁旌幢，論清政而冰鏡無光，吐赤誠而朝霞失色。手持玉節，身鎮錦城，扶乾綱而萬國齊心，紐坤維而百蠻遶指。三川欽化，一境歸仁。朕以税駕褒斜，省方邛蜀，匍匐而来寧鳳輦，駈馳而速建龍宮，百辟來朝，萬方入貢。夏禹塗山之會，未盛於斯；漢高沛國之歡，無以過此。戮阡能如剪草，除秀昇若焚巢，不讓武侯之勳，無愧文翁之化。海東獻款，雲南披誠，九穀豊登，三農茂盛。濟贍軍國，拯接朝寮，内竭家財，外罄公帑，千官感惠，一國推功。今則巨猾奔逃，神州克復，將歸上國，即別成都。致朕身安，由卿忠力。前封公爵，後賜郡王，詢於衆情，未愜羣望。今賜卿鐵券，捨其十死，援泰山而立誓，指黄河以為盟。山無壞時，河無竭日，君君臣臣，父父子子，永遠貴昌，並皆無故。中和三年十月

又 《賜韓建鐵券文》 朕以前代功臣，實重信賞，至有刻於鼎鼒，紀在旂常，垂帶礪之言，保金石之誓。勳賢所付，宜懋明恩，況卿秉謙蹈和，持重守正，屬朕前歲巡狩，而乃躬親奉迎。季孫之道在事君，周勃之心唯安國。畢力扈駕，衛我出居，充奉行朝，更無餘事，可謂忠於社稷，光映簡書。旋以歸復京都，葺修宫闕，載宏舊制，皆叶規程。勝是殊庸，實用嘉矚。雖迭增崇數，而未足酬功，宜申誓券之文，以示旌勳之典。矧夫黄河不竭，青山匪窮，比此賞延，錫于苗裔，使卿永荷祿位，長受寵榮。對銘鏤以同堅，焕聲徽而轉美。卿恕九死，子孫恕二死，或犯常刑，所司不可加責。禮命甚重，往惟欽承，宜付史館，頒示天下。光化元年九月

《舊五代史》卷三〇《唐書・莊宗紀四》 （同光元年十月）甲午，以樞密使、檢校太保、守兵部尚書、太原縣男郭崇韜為開府儀同三司、守侍中、監修國史兼真定尹、成德軍節度使，依前樞密使、太原郡侯，仍賜鐵券。

又 卷三一《唐書・莊宗紀五》 （同光二年正月）甲寅，帝于中興殿，面賜郭崇韜鐵券。

（二月）丁亥，以天平軍節度使、蕃漢總管副使、開府儀同三司、檢校太傅兼中書令李嗣源為檢校太尉，依前天平軍節度使，加實封百戶，並賜鐵券。

又 卷三二《唐書・莊宗紀六》 （同光二年十一月）丁巳，河中節度使、守太師兼尚書令、西平王李繼麟可依前守太師兼尚書令、河中護國軍節度使、西平王，仍賜鐵券。

又 卷三五《唐書・明宗紀一》 （同光二年）二月，莊宗以郊大禮畢，賜帝鐵券。【略】

（天成三年十一月）丙申，帝謂侍臣曰：『古鐵券如何？』趙鳳對曰：『帝王誓文，許其子孫長享爵祿。』帝曰：『先朝所賜，惟朕與郭崇韜、李繼麟三人爾。崇韜、繼麟，尋已族滅。朕之危疑，慮在旦夕。』于是嗟嘆久之。趙鳳曰：『帝王執信，故不必銘金鏤石矣。』

又 卷五七《唐書・郭崇韜傳》 及郊禮畢，以崇韜兼領鎮冀州節度使，進封趙郡公，邑二千戶。賜鐵券，恕十死。

又 卷六三《唐書・朱友謙傳》 （同光）三年，賜姓，名繼麟，編入屬籍。賜之鐵券，恕死罪。

又 卷七七《晉書・高祖紀三》 （天福三年七月己巳）復范延光官爵，【略】賜鐵券。

天樞

《舊唐書》卷六《則天皇后紀》 （長壽三年八月）梁王武三思勸率諸蕃酋長奏請大徵斂東都銅鐵，造天樞於端門之外，立《頌》以紀上之功業。

《新唐書》卷四《則天順聖武皇后紀》 （天册萬歲元年）四月戊寅，建大周萬國頌德天樞。

又 卷七六《后妃傳上・高宗則天皇后武氏》 延載二年，武三思率蕃夷諸酋及耆老請作天樞，紀太后功德，以黜唐興周，制可。使納言姚璹護作。乃大裒銅鐵合冶之，署曰『大周萬國頌德天樞』，置端門外。其制若柱，度高一百五尺，八面，面別五尺，冶鐵象山為之趾，負以銅龍，石鑱怪獸環之。柱顛為云蓋，出大珠，高丈，圍三之。作四蛟，度丈二尺，以承珠。其趾山周百七十尺，度二丈。無慮用銅鐵二百萬斤。乃悉鏤羣臣、蕃酋名氏其上。

九鼎

宋・王溥《唐會要》卷二二《禮儀志二》 （萬歲通天元年）鑄銅為九州鼎，既成，置於明堂之庭，各依方位列焉。神都鼎高一丈八尺，受一千八百石。冀州鼎名武興，雍州鼎名長安，兖州名日觀，青州名少陽，徐州名東原，揚州名江都，荆州名江陵，梁州名成都。其八州鼎高一丈四尺，各受一千二百石。司農卿宗晉卿為九鼎使，都用銅五十六萬七百一十二斤。鼎上圖寫本州山川物產之像，仍令工書人著作郎賈膺福、殿中丞薛

昌容、鳳閣主事李元振、司農録事鍾紹京等分題之，左尚方署令曹元廓圖畫之。鼎成，自玄武門外曳入，令宰相、諸王率南北衙宿衛兵十餘萬人，並仗內大牛、白象共曳之。則天自為《曳鼎歌》，令相唱和。其時又造大儀鐘，斂天下三品金，竟不成。九鼎初成，欲以黄金千兩塗之。納言姚璹曰：『鼎者神器，貴于質樸，無假別為浮飾。臣觀其狀，光有五彩輝煥，錯雜其間，豈待金色為之炫耀？』乃止。其年九月，又大享於通天宮。以契丹破滅，九鼎初成，大赦。改元為神功。

《舊唐書》卷六《則天皇后紀》（萬歲通天二年）夏四月，鑄九鼎成，置于明堂之庭。

《新唐書》卷一〇二《姚璹傳》 時九鼎成，后欲用黄金塗之。璹奏：『鼎者神器，貴質朴，不待外飾。臣觀其上，先有五采雜昈，豈待塗金為符曜耶？』后乃止。

陵墓分部

隋帝陵墓

綜述

《隋書》卷二《高祖紀下》（仁壽二年閏十月）壬寅，葬獻皇后于太陵。【略】（四年七月）甲辰，上以疾甚，臥於仁壽宮，與百僚辭訣，並握手歔欷。丁未，崩於大寶殿，時年六十四。【略】冬十月己卯，合葬於太陵，同墳而異穴。

又 卷四八《楊素傳》 及獻皇后崩，山陵制度，多出於素。上善之，下詔曰：『君為元首，臣則股肱，共治萬姓，義同一體。【略】獻皇后奄離六宮，遠日云及，塋兆安厝，委素經營。然葬事依禮，唯卜泉石，至如吉凶，不由於此。素義存奉上，情深體國，欲使幽明俱泰，寶祚無窮，以為陰陽之書，聖人所作，禍福之理，特須審慎。乃徧歷川原，親自占擇，纖介不善，即更尋求，志圖元吉，孜孜不已，心力備盡，人靈協贊，遂得神皐福壤，營建山陵。論素此心，事極誠孝，豈與夫平戎定寇比其功業？非唯廊廟之器，實是社稷之臣。』

又 卷四《煬帝紀下》（義寧）二年三月，右屯衛將軍宇文化及、武賁郎將司馬德戡【略】等以驍果作亂，入犯宮闈，上崩于溫室，時年五十。蕭后令宮人撤牀簀為棺以埋之。化及發後，右禦衛將軍陳稜奉梓宮於成象殿，葬吳公臺下。發斂之始，容貌若生，衆咸異之。大唐平江南之後，改葬雷塘。

又 卷六四《陳稜傳》 俄而帝以弑崩，宇文化及引軍北上，召稜守江都。稜集衆縞素，為煬帝發喪，備儀衛，改葬於吳公臺下。

唐・李吉甫《元和郡縣志》卷二《關内道二・京兆府・武功縣》 隋文帝泰陵，在縣西南二十里三時原上。

宋・司馬光《資治通鑑》卷一八六《唐紀二・高祖神堯大聖光孝皇帝上之中》（武德元年八月丁酉）隋江郡太守陳稜，求得煬帝之柩，取宇文化及所留輦路鼓吹，粗備天子儀衛，改葬於江都宮西吳公臺下。元胡三省注：今揚州城西北有雷塘，塘西有吳公臺。相傳以為陳吳明徹攻廣陵所築弩臺，以射城中。其王公以下，皆列瘞於帝塋之側。

宋・宋敏求《長安志》卷一四《縣四・武功》 隋文帝太陵，在縣西南二十里三時原。

宋・王明清《揮麈前録》卷二 隋高祖文帝葬太陵，在武功縣。

元・馬端臨《文獻通考》卷一二五《王禮考二十・山陵》 隋文帝崩，葬太陵，與獨孤后同墳異穴。士庶赴葬者皆聽入視陵內。七月丁未崩，十月乙卯葬。

煬帝初葬吳公臺下，後改葬雷塘。

明・李賢等［天順］《明一統志》卷三二《西安府上・陵墓》 隋文帝泰陵。在武功縣西南二十里三時原。

清・劉於義等［雍正］《陝西通志》卷七一《陵墓二・扶風縣》 隋文帝泰陵，在邑東南四十五里。陵地九頃餘，城垣遺址尚存。《縣志》。陵高五丈周數百步《關中陵墓志》。按《元和志》，文帝泰陵在武功縣西南二十里三時原。考武功西南二十里已交扶風界，今陵在扶風境。

清·趙宏恩等［雍正］《江南通志》卷四〇《輿地志·壇廟四祠墓附·淮安府》 隋煬帝陵在府城西北十五里雷塘。大業時，葬於西院。唐武德中，奉詔改葬在此。

論　說

《隋書》卷七八《藝術傳·蕭吉》 及獻皇后崩，上令吉卜擇葬所，吉歷筮山原，至一處，云『卜年二千，卜世二百』，具圖而奏之。上曰：『吉凶由人，不在於地。高緯父葬，豈不卜乎。國尋滅亡。正如我家墓田，若云不吉，朕不當為天子，若云不凶，我弟不當戰没。』然竟從吉言。吉表曰：『去月十六日，皇后山陵西北，雞未鳴前，有黑云方圓五六百步，從地屬天。東南又有旌旗車馬帳幕，布滿七八里，并有人往來檢校，部伍甚整，日出乃滅，同見者十餘人。謹案《葬書》云：「氣王與姓相生，大吉。」今黑氣當冬王，與姓相生，是大吉利，子孫無疆之候也。』上大悅。其後上將親臨發殯，吉復奏上曰：『至尊本命辛酉，今歲斗魁及天罡，臨卯酉，謹按《陰陽書》，不得臨喪。』上不納。退而告族人蕭平仲曰：『皇太子遣宇文左率深謝余云：「公前稱我當為太子，竟有其驗，終不忘也。今卜山陵，務令我早立。我立之後，當以富貴相報。」吾記之曰：「後四載，太子御天下。」今山陵氣應，上又臨喪，兆益見矣。且太子得政，隋其亡乎！當有真人出治之矣。吾前紿云卜年二千者，是三十字也；卜世二百者，取三十二運也。吾言信矣。汝其誌之。』

宋·葉適《習學記言》卷三七《隋書》 素營獨孤山陵，隋文謂其能審陰陽禍福之理，偏歷川原，親自占擇，纖芥不善，即更尋求，心力備盡，遂得神皐福壤，營建山陵，豈與平戎定寇比其功業？彼其君臣，以詐力奪攘，得富貴不畏報復，而又取信於陰陽地理，以垂子孫無窮之基，殆與秦皇、漢武求長生異欲而同揆耶！

藝　文

唐·羅隱《羅昭諫集》卷四《煬帝陵》 入郭登橋出郭船，紅樓日日柳年年。君王忍把平陳業，只換雷塘數畝田。

宋·計敏夫《唐詩紀事》卷六七《徐振》 《雷塘》云：九重城闕悲凉盡，一聚園林怨恨長。花憶所爲猶自笑，草知無道更應荒。詩名占得風流在，酒興催教運祚亡。若問皇天惆悵事，只應斜日照雷塘。

宋·劉弇《龍雲集》卷六《雷塘》 磐嬉截長淮，聞自隋天子。運丁大業末，役跨遼東始。洶湧溝濁河，赤血洗千里。江都天東南，歲閲翠華指。錦帆抹非煙，疊鼓蓬蓬起。紫幰朱絲絡，百萬羅衛士。璇房貯彩女，灼灼艷芳李。虞公正逢惡，何稠甘没齒。一從水調奏，便識還聲已。浪傳遭箇春，不悟羊無尾。雷塘一掬土，僅足掩冠履。行人為傷心，清淚墮如水。池荒九曲春，尚想迷樓倚。落日注蕪城，牛羊下坡觜。

明·程敏政《新安文獻志》卷五三《［宋］汪稱隱〈雷塘〉》 雷塘千載恨，弔古重悽然。歌舞神州破，巡遊霸業偏。愁雲迷古墓，寒月照荒田。楊柳隋堤緑，年年繫客船。

元·舒頔《貞素齋集》卷七《雷塘隋煬帝所葬之地》 帝德當思萬世圖，牙檣錦纜下江都。盤遊未竟天兵到，占得雷塘地一區。

清·張豫章等《御選四朝詩·元詩》卷三二《蘇大年〈雷塘〉》 吳公臺下雷塘路，綿纜牙檣行樂處。當年玉樹後庭花，夢裏相逢惜春暮。君不見東家北舍人未歸，落花滿地蝴蝶飛。

明·胡儼《頤庵文選》卷下《雷塘》 吳公臺下是雷塘，望斷春山碧草長。却笑相逢追往事，樽前猶説舞腰傷。煬帝問張麗華事，見《大業拾遺記》。

清·胡文學《甬上耆舊詩》卷二〇《［明］汪坦〈雷塘〉》 揚州城北寺，廿里到雷塘。輦路銷金粉，春風散緑楊。山精古墓集，官柏鬼車藏。落日遊人歇，蕭條古帝鄉。

清·王士禎《精華録》卷五《吳公臺》 大業那堪問，長城怨有餘。回頭成一笑，三十六封書。

雜　録

《隋書》卷三四《楊達傳》 達為人弘厚，有局度。楊素每言曰：

『有君子之貌，兼君子之心者，唯楊達耳。』獻皇后及高祖山陵制度，達並參豫焉。

又 **卷六八《宇文愷傳》** 文獻皇后崩，愷與楊素營山陵事，上善之，復爵安平郡公，邑千戶。

又 **《何稠傳》** 仁壽初，文獻皇后崩，與宇文愷參典山陵制度。稠性少言，善候上旨，由是漸見親昵。及上疾篤，謂稠曰：『汝既曾葬皇后，今我方死，宜好安置。屬此何益，但不能忘懷耳。魂其有知，當相見於地下。』上因攬太子頸謂曰：『何稠用心，我付以後事，動靜當共平章。』

唐・李林甫等《唐六典》卷三《尚書戶部》 周文帝、隋文帝陵，各置二十人。周、隋諸帝陵，各置十人。皆取側近下戶充，仍分作四番上下。

《舊唐書》卷三《太宗紀下》 （貞觀十六年）冬十一月丙辰，狩于岐山。辛酉，使祭隋文帝陵墓。

宋・王欽若等《册府元龜》卷一七四《帝王部・修廢》 蓋夫興滅修廢者，仁政之攸先也。古之哲后，未有不先於茲道而天下歸心焉。若乃躬膺天祿，陟於元后，享曆彌久，傳祚悠遠，雖宗祀已絕而德施未已，其或遺風餘烈藹於舊邦，鴻猷大集流於載籍，屬巡豫之所出，瞻軌迹而匪遐，因慶賀之云始，著條式而咸備。繇是增飾園寢，申嚴廟貌，謹樵蘇之禁，給掃除之戶，秩以紀典，垂於令甲，雖餘分閏位，亦俯及之。蓋德之盛者，蔑以加此矣。【略】

唐高祖武德七年，幸樓觀，以太牢祭隋文帝陵。

太宗貞觀四年九月，詔曰：朕丕承先緒，積慶累仁，上纂鴻基，克隆寶祚，欽若稽古，緬想往册，英聲茂實，志深褒尚。始茲巡省，眺矚中塗，漢氏諸陵，北阜斯託，寂寥千載，邈而無祀，攬轡興懷，慨然遐念。開闢以降，肇有司牧，歷選列辟，遺迹可觀，良宰名卿，清徽不滅。宜令所司，普加研訪，爰自上古，洎于隋室，諸有名王聖帝盛德寵功，定亂弭災，安民濟物，及賢臣烈士立言顯行，緯武經文，致君利俗，丘壟可識，塋兆見在者，各隨所在條錄申奏，每加巡簡，禁芻牧，春秋二時，為其致祭。若有隳壞，即宜修補，務令周盡，以稱朕意。

六年三月，以少牢祭隋文帝陵。

明・李賢等［天順］《明一統志》卷二九《河南府・陵墓》 隋煬帝陵。在永寧縣東北。煬帝崩于江都，唐太宗為遷葬于此。

清・劉於義等［雍正］《陝西通志》卷七〇《陵墓一・咸陽縣》 隋煬帝陵，在咸陽縣東北三十五里，《府志》。在武功縣西原。《賈志》。按《揚州府志》，煬帝墓在城西雷唐側。考義寧二年，煬帝崩，蕭后令宮人殯於西院。陳稜改葬吳公臺下。唐復移葬雷塘。別無北徙之說，是咸陽、武功兩說，俱無據也。

唐帝陵墓

綜 述

唐・李吉甫《元和郡縣志》卷一《關內道一・京兆府雍州・三原縣》 高祖獻陵，在縣東十五里。

又 **《醴泉縣》** 太宗昭陵，在縣東北二十五里九嵕山。

又 **《奉天縣》** 梁山，高宗天皇大帝乾陵所在，因名曰奉天。

又 **《奉先縣》** 開元四年，以縣西北三十里有豐山，于此置睿宗橋陵，改為奉先縣，隸京兆。

玄宗泰陵，在縣東北二十里。

又 **《富平縣》** 中宗定陵，在縣西北十五里龍泉山。代宗元陵，在縣西北四十里檀山。順宗豐陵，在縣東北三十三里甕金山。

又 **《雲陽縣》** 德宗崇陵，在縣東二十里。

唐・柳宗元《柳河東集》卷八《唐故秘書少監陳公行狀》 昭陵山峻而高，寢宮在其上。內官憚其上下之勤，輓汲之艱也，謁于上，請更之。上下其議，宰相承而諷之，召官屬使如其請。公曰：『斯太宗之志也。其儉足以為法，其嚴足以有奉。吾敢顧其私容而替之也？』奏議不可。上又下其議，凡是公者六七人，其餘皆曰更之便。上獨斷焉，曰『京議得矣。』從之。

《舊唐書》卷一《高祖紀》（貞觀九年）十月庚寅，葬于獻陵。

又 卷三《太宗紀下》（貞觀九年）冬十月庚寅，葬高祖太武皇帝於獻陵。

（貞觀十年）冬十一月庚寅，葬文德皇后於昭陵。【略】

（二十三年五月）己巳，上崩于含風殿。【略】（八月）庚寅，葬昭陵。

又 卷四《高宗紀上》（貞觀二十三年八月）庚寅，葬太宗於昭陵。

又 卷五《高宗紀下》文明元年八月庚寅，葬於乾陵。

又 卷六《則天皇后紀》（神龍）二年五月庚申，祔葬于乾陵。

又 卷七《中宗紀》（景龍四年）十一月己酉，葬于定陵。

又《睿宗紀》（景雲元年）十一月己酉，葬孝和皇帝于定陵。

【略】

（開元四年）冬十月庚午，葬于橋陵。

又 卷八《玄宗紀上》（開元四年十月）庚午，葬睿宗大聖貞皇帝于橋陵。

又 卷九《玄宗紀下》上元二年四月甲寅，崩于神龍殿，時年七十八。【略】初，上皇親拜五陵，至橋陵，見金粟山崗有龍盤鳳翥之勢，復近先塋，謂侍臣曰：『吾千秋後宜葬此地，得奉先陵，不忘孝敬矣。』至是，追奉先旨以創寢園，以廣德元年三月辛酉葬于泰陵。

又 卷一〇《肅宗紀》寶應二年三月庚午，葬于建陵。

又 卷一一《代宗紀》（大曆十四年）十月己酉，葬于元陵。

又 卷一二《德宗紀上》（大曆十四年十月）己酉，葬代宗於元陵。

又 卷一三《德宗紀下》（貞元十四年）夏四月乙丑，以左諫議大夫平章事崔損為修奉八陵使。先是，昭陵寢殿為火所焚。至是，獻、昭、乾、定、泰五陵各造屋三百八十間。橋、元、建三陵，據闕補造。

【略】

（永貞元年）十月己酉，葬于崇陵，昭德皇后王氏祔焉。

又 卷一四《順宗紀下》（貞元二十一年）秋七月壬申，葬于豐陵。

又《憲宗紀上》（永貞元年十月）己酉，葬德宗皇帝于崇陵。

【略】

（元和元年）秋七月壬辰朔。壬寅，葬順宗于豐陵。

又 卷一五《憲宗紀下》（元和十一年八月）甲申，祔莊憲皇后於豐陵。【略】

（元和十五年五月）庚申，葬于景陵。

又 卷一六《穆宗紀》（元和十五年五月）庚申，葬憲宗於景陵。

【略】

（長慶四年）十一月庚申，葬于光陵。

又 卷一七上《敬宗紀》（長慶四年十一月）庚申，葬穆宗于光陵。【略】

大和元年七月十三日，葬于莊陵。

又《文宗紀上》（大和元年七月）癸酉，葬敬宗于莊陵。

又 卷一七下《文宗紀下》（開成五年）其年八月十七日，葬于章陵。

又 卷一八上《武宗紀》（開成五年）五月，中書奏：『六月十二日，皇帝載誕之辰，請以其日為慶陽節。祔宣懿太后于太廟。初，武宗欲啓穆宗陵祔葬，中書門下奏曰：『園陵已安，神道貴静。光陵二十餘載，福陵則近又修崇。竊惟孝思，足彰嚴奉。今若再因合祔，須啓二陵，或慮聖靈不安，未合先旨。又以陰陽避忌，亦有所疑。不移福陵，實協典禮。』乃止。【略】

（開成五年）八月十七日，葬文宗皇帝于章陵。【略】

（會昌六年）其年八月，葬于端陵，德妃王氏祔焉。

又 卷一八下《宣宗紀》（大中）十四年二月，葬于貞陵。

又 卷一九上《懿宗紀》（咸通元年）二月，葬宣宗皇帝于貞陵【略】。

十五年二月，葬于簡陵。

又　卷一九下《僖宗紀》（乾符元年）二月，葬懿宗于簡陵。【略】（文德元年）其年十二月，葬于靖陵。

又　卷二〇上《昭宗紀》（文德元年十二月）葬僖宗於靖陵。【略】（天祐）二年二月二十日，葬于和陵。

又　卷二〇下《哀帝紀》（天祐二年二月）己酉，葬昭宗皇帝於和陵。

又　卷三八《地理志一・京兆府》三原。（貞觀）九年，置高祖獻陵於縣之東南。【略】

富平。景雲二年，置中宗定陵於縣界。【略】

醴泉。貞觀十年，置昭陵於九嵕山，因析雲陽、咸陽二縣，置醴泉縣。【略】寶應二年，又置肅宗建陵，在縣北之憑山。【略】

奉先。舊蒲城縣，屬同州。開元四年，以管橋陵，改京兆府，仍改為奉先縣。【略】寶應二年又置玄宗泰陵於縣東北。

奉天。文明元年，以管乾陵，分醴泉置。

又　卷一三八《趙憬傳》寶應中，玄宗、肅宗梓宮未祔，有司議山陵制度，時西蕃入寇，天下饑饉，憬以褐衣上疏，宜遵儉制，時人稱之。

又　卷八六《孝敬皇帝李弘傳》上元二年，太子從幸合璧宮，尋薨，年二十四。【略】葬於緱氏縣景山之恭陵，制度一準天子之禮，百官從權制三十六日降服。高宗親為製《叡德紀》，并自書之於石，樹於陵側。初，將營築恭陵，功費鉅億，萬姓厭役，呼嗟滿道，遂亂投磚瓦而散。

又　卷八九《狄仁傑傳》時司農卿韋機兼領將作、少府二司，高宗以恭陵玄宮狹小，不容送終之具，遣機續成其功。機於埏之左右為便房四所，又造宿羽、高山、上陽等宮，莫不壯麗，仁傑奏其太過，機竟坐免官。

又　卷一〇〇《韋弘機傳》太子弘薨，詔蒲州刺史李冲寂治陵，成而玄堂阸，不容終具，將更為之。役者過期不遣，衆怨，夜燒營去。帝詔弘機嗣作，弘機令開隧左右為四便房，撙制禮物，裁工程，不多改作，如期而辦。

又　卷九《玄宗紀下》（開元二十九年十一月）辛未，太尉、寧王憲薨，謚為讓皇帝，葬于惠陵。

又　卷九五《讓皇帝李憲傳》及發引時，屬大雨，上令慶王潭已下泥中步送十數里，制號其墓為惠陵。

又　卷一〇七《奉天皇帝李琮傳》肅宗元年建寅月九日，詔追册為奉天皇帝，妃竇氏為恭應皇后，備禮改葬於華清宮北齊陵。

又　卷一一六《承天皇帝李倓傳》代宗即位，深思建寧之冤，追贈齊王。大曆三年五月，詔曰：『故齊王倓，承天祚之慶，保鴻名之光。【略】敬用追謚曰承天皇帝，與興信公主第十四女張氏冥婚，謚曰恭順皇后。有司準式，擇日册名，改葬于順陵，仍祔于奉天皇帝廟，同殿異室焉。』

宋・王溥《唐會要》卷一《帝號上》高祖神堯大聖大光孝皇帝諱淵。【略】其年（貞觀九年）十月庚寅，葬獻陵。在京兆府三原縣界。

太宗文武大聖大廣孝皇帝諱世民。【略】其年（貞觀二十三年）八月庚寅，葬昭陵。在京兆府醴泉縣界。

高宗天皇大聖大弘孝皇帝諱治。【略】文明元年八月庚寅，葬乾陵。在京兆府奉天縣界。

中宗孝和大聖大昭孝皇帝諱顯。【略】景雲元年十一月己酉，葬定陵。在京兆府富平縣界。

睿宗玄真大聖大興孝皇帝諱旦。【略】其年（開元四年）十月庚午，葬橋陵。在京兆府奉先縣界。

玄宗至道大聖大明孝皇帝諱隆基。【略】廣德元年辛酉，葬泰陵。在京兆府奉先縣界。

肅宗文明武德大聖大宣孝皇帝諱亨。【略】寶應二年三月庚午，葬于建陵。在京兆府醴泉縣界。

代宗睿文孝皇帝諱豫。【略】其年（大曆十四年）十月己酉，葬元陵。在京兆府富平縣界。

德宗神武孝文皇帝諱适。【略】（貞元二十一年）十月，葬崇陵。在京兆府雲陽縣界。

順宗至德弘道大聖大安孝皇帝諱誦。【略】（元和元年）七月，葬豐陵。

憲宗昭文章武大聖至仁孝皇帝諱純。【略】（元和十五年）五月，葬景陵。在京兆府奉先縣界。

穆宗睿聖文惠孝皇帝諱恒。【略】（長慶四年）十一月，葬光陵。在京兆府奉先縣界。

敬宗睿武昭愍孝皇帝諱湛。【略】太和元年七月，葬莊陵。在京兆府三原縣界。

又 卷二《帝號下》 文宗元聖昭獻孝皇帝諱昂。【略】（開成五年）八月，葬章陵。在京兆府富平縣界。

武宗至道昭肅孝皇帝諱炎。【略】（會昌六年）八月，葬端陵。在京兆府三原縣界。

宣宗聖武獻文孝皇帝諱忱。【略】大中十四年二月庚辰，葬貞陵。在京兆府雲陽縣界。

懿宗昭聖恭惠孝皇帝諱漼。【略】乾符元年二月甲午，葬簡陵。在京兆府富平縣界。

僖宗惠聖恭定孝皇帝諱儇。【略】文德元年十二月，葬靖陵。在京兆府奉天縣界。

昭宗聖穆景文孝皇帝諱曄。【略】（天祐元年）葬和陵。在河南府緱縣界。

哀皇帝諱柷。【略】（梁太祖開平元年）葬濟陰之定陶鄉。

又 卷二〇《陵議》 （貞觀）十八年，太宗謂侍臣曰：『昔漢家皆先造山陵，既達始終，身復親見，又省子孫經營，不費人功，我深以此為是。古者因山為墳，此誠便事，我看九嵕山孤聳迴繞，因而傍鑿，可置山陵處，朕寔有終焉之理。』乃詔曰：『《禮記》云：「君即位而為椑。」「莊周云：」息我以死。」「豈非聖人遠鑑深識，著之典誥，恐身後之日，子子孫孫，尚習流俗，猶循常禮，加四重之櫬，伐百祀之木，勞擾百姓，崇厚墳陵。今先為此制，務從儉約，於九嵕之上，足容一棺而已。木馬塗車，土桴葦籥，事合古典，不為世用。又佐命功臣，義深舟楫，追念在昔，何日忘之。漢氏將相陪陵，又給東園祕器，篤終之義，恩意深厚。自今以後功臣密戚及德業佐時者，如有薨亡，宜賜塋地一所，以及祕器，使窀穸之時，喪事無闕。』至二十三年八月十八日，山陵畢。陵在醴泉縣。因九嵕層峰，鑿山南面，深七十五丈，為玄宮。緣山傍巖，架梁為棧道，懸絶百仞，環繞二百三十步，始達玄宮門。頂上亦起遊殿。文德皇后即玄宮後，有五重石門，其門外於雙棧道上起舍，宮人供養如平常。及太宗山陵畢，宮人欲依故事留棧道，準舊山陵因使閻立德奏曰：『玄宮棧道，本留疑有今日，今既始終永畢，與前事不同。謹按故事，惟有寢宮安養供奉之法，而無陵上侍衛之儀，望除棧道，因同山岳。』上嗚咽不許，長孫無忌等援引禮經，重有表請，乃依奏。上欲闡揚先帝徽烈，乃令匠人琢石，寫諸蕃君長貞觀中擒伏歸化者形狀，而刻其官名。突厥頡利可汗、左衛大將軍阿史那咄苾、突厥頡利可汗、左衛大將軍阿史那十體苾、突厥一沴泥熟俟利苾、可汗左文衛大將軍阿史那李思摩、突厥答布可汗、右衛大將軍阿史那稱爾、薛延陀真珠昆伽可汗、吐蕃贊普、新羅樂浪郡五金真德、吐谷渾河源郡王、烏地枝勒豆可汗慕容諾曷鉢、龜茲王訶黎布失畢、于闐信、烏耆王龍交騎支、高昌王、左武衛將軍麴智盛、林邑王范鎮黎，婆羅門帝那伏帝國王河羅那順等十四人，列於陵司馬北門內，九嵕山之陰，以旌武功。及又刻石為常所乘破敵馬六匹於闕下也。

又 卷二一《陪陵名位》 舊制，凡功臣密戚，請陪陵葬者，聽之。以文武分爲左右而列。墳高四丈以下，三丈以上。若父祖陪陵，子孫從葬者，亦如之。若宮人陪葬，則陵戶為之成墳。凡諸陵皆置留守，領甲士，與陵令相知，巡警左右兆域內，禁人無得葬埋。古墳則不毀之。

獻陵陪葬名氏。楚國太妃萬氏，館陶公主，河間王孝恭，襄邑王神符，清河王誕，韓王元嘉，彭王元則，道王元慶，鄭王元懿，虢王元鳳，節王元亨，徐王元禮，滕王元嬰，鄧王元裕，魯王元夔，霍王元軌，江王元祥，密王元曉，并州總管張綸，榮國公樊興，平原郡公王楷，譚國公邱和，巢國公錢九隴，刑部尚書劉德茂，刑部尚書沈叔安。

昭陵陪葬名氏。越國太妃燕氏，趙國太妃楊氏，紀國太妃韋氏，賢妃鄭氏，才人徐氏，鄭國夫人，彭城郡夫人。蜀王愔，趙王福，紀王慎，越王貞，嗣紀王澄，曹王明，蔣王暉。清河公主駙馬程知亮，晉國公主駙馬韋思安，豫章公主駙馬唐義識，新興公主駙馬長孫曦，蘭陵公主駙馬竇懷哲，高密公主駙馬段綸，長樂公主駙馬長孫沖，遂安公主駙馬王大禮，南平公主駙馬劉玄懿，衡陽公主駙馬阿史那社爾，新城公主駙馬韋政舉，城陽公主駙馬薛權，長廣公主駙馬楊師道，襄城公主駙馬蕭鋭，長沙公主駙馬豆懷讓，安康公主駙馬獨孤諶，臨川公主駙馬周道務，普安公主駙馬史仁表。中書令馬周，中書令岑文本幷長男倩，中書令崔敦禮，英國公李靖，虞國公温彦博，宋國公蕭瑀，申國公高士廉，梁國公房玄齡，鄭國公魏徵，高陽公許敬宗，趙國公長孫無忌，莒國公唐儉，吏部侍郎馬戴，戶部尚書李大亮，兵部尚書房仁裕，禮部尚書張復胤，國子祭酒孔穎達，禮部侍郎孔志約，工部侍郎孔元惠，太常卿褚亮，禮部尚書虞世南，工部尚書閻文德，吏部侍郎姜晦，太常卿姜皎，殿中監唐嘉會，學士姚思廉，衛尉卿魏叔玉，光祿大夫姜遠，秘書監岑景倩，宗正卿李芝芳，光祿卿房光義幷男原州別駕仲暉、咸陽縣尉叔曜，衛尉卿房光敏幷男閬州刺史誕，清河郡主壻贈鴻臚卿竇廷蘭，金州刺史盧正誼，洪州刺史吳黑闥，晉州刺史裴藝，寧州刺史竇義節，衛州刺史蕭鄴，吏部郎中馬覬，幽州都督長孫敞，原中都督李政明，臨淮公李規，瑯琊公李珍，常山公李倩，華陽郡公李俊，中山王李琚，汝州別駕房漸，左清道率房恒，江夏王道宗，雍州長史李弼，夔國公弘基，觀國公楊仁恭，原州都督史幼虔，陝王府司馬史撝，薛謙，芮國公豆盧行業，西平郡王李琛，簡州刺史李震，安南都督姜簡，薛國公阿史那忠，鄂國公尉遲敬德，嘉國公周仁護，丹陽公李客師，鴈門公梁建方，虢國公張士貴，胡國公秦叔寶、周國公鄭仁護，將軍薛咄摩，大將軍蘇泥熟，大將軍漢東公李孟嘗，芮國公盧欽，大將軍尉遲寶琳，大將軍阿史那道真，大將軍邱行恭，大將軍賀蘭整，大將軍張世師，大將軍許洛仁，大將軍張延師，大將軍瑯琊王駢，大將軍懷德公子伯億，左金吾大將軍梁仁裕，大將軍史大奈，大將軍王波利，大將軍姜確，大將軍可行阿史那步員，大將軍史奕，大將軍李森，大將軍阿史那德昌，大將軍公孫雅靖，右監門將軍執失善，左金吾大將軍房先忠，内侍張阿難，横野軍都督渾大寧，于闐王尉遲光，盧國公程知節，將軍仇懷古，將軍杜君綽，將軍麻仁靖，將軍曾何道，將軍元沖，大將軍豆盧承基，將軍斛斯正貴，將軍徐定成，將軍康野，將軍段志玄，將軍薛萬，將軍李思玄，將軍李承祖，將軍薛承慶，右衛郎將軍尉遲昱，左衛郎將軍段存爽，天册府記室薛收，右衛大將軍李思摩，薩寶王贇普，新羅王金德真。初，長孫無忌自於昭陵封内，先造墳墓。至上元年九月七日，許歸葬。

乾陵陪葬名氏。章懷太子賢，懿德太子重潤，澤王上金，許王素節，邠王守禮。義陽公主，新都公主，永泰公主，安興公主。特進王及善，中書令薛元超，特進劉審禮，禮部尚書左僕射豆盧欽望，右僕射劉仁軌，左衛將軍李謹行，左武衛將軍高侃。

定陵陪葬名氏。節愍太子重俊，宜城公主，長寧公主，城安公主，定安公主，永壽公主幷駙馬韋鐍，駙馬王同皎。

橋陵陪葬名氏。惠宣太子業，惠莊太子撝，惠文太子範，金仙公主，梁國公主，鄎國公主，駙馬李思訓。

泰陵陪葬名氏。贈揚州大都督高力士。

建陵陪葬名氏。尚父汾陽王郭子儀。

元陵。無陪葬。

崇陵。無陪葬。

豐陵。無陪葬。

景陵陪葬名氏。惠昭太子寧，孝明太后鄭氏，懿安太后郭氏，賢妃王氏。

光陵陪葬名氏。恭僖太后王氏，貞獻太后蕭氏。

莊陵陪葬名氏。悼懷太子普。

章陵。無陪葬。

端陵陪葬名氏。賢妃王氏。

貞陵陪葬名氏。婕妤柳氏。

簡陵。無陪葬。

靖陵。無陪葬。

和陵。無陪葬。

讓皇帝惠陵陪葬名氏。鄭王筠，嗣寧王琳，同安王珣，蔡國公主。

貞觀八年，詔曰：『佐命功臣，義深舟楫，或定謀帷幄，或推身行陳，同濟艱危，克成鴻業，追念在昔，何日忘之？漢氏將相陪陵，又給東園祕器，篤終之義，恩意深厚。自今以後，功臣密戚，及德業佐時者，如有薨亡，宜賜塋地一所，及賜以祕器，使窀穸之時，喪事無闕。』

十一年十月二日，又詔曰：『諸侯列葬，周文創陳其禮；大臣陪陵，魏武重申其制。去病佐漢，還奉茂鄉之塋；夷吾相齊，終託牛山之墓。

斯蓋往聖垂範，前賢遺則，存曩昔之宿心，篤始終之大義也。皇運之初，時逢交泰，謀臣武將等，先朝特蒙顧遇者，自今以後，身薨之日，所司宜即以聞，並於獻陵左側賜以墓地，並給東園祕器。」

二十三年八月二十八日，詔曰：『周室姬公陪於畢陌，漢廷蕭相附彼高園。寵錫墳塋，聞諸前代，從窆陵邑，信有舊章。蓋以懿戚宗臣，類同本之枝幹；元功上宰，猶在身之股肱。今宜聿遵故實，取譬拱辰，庶在鳥耘之地，無虧魚水之道。宜令所司於昭陵南左右廂，封量取地，仍即標誌疆域，擬為葬所，以賜功臣。其有父祖陪陵，子孫欲來從葬者，亦宜聽許。』

永徽六年詔：『其祖父先陪獻陵，子孫欲隨葬，亦宜聽許。』

元和九年五月，左金吾衛大將軍郭釗奏：『亡祖故尚父子儀，陪葬建陵，欲於墳所種植楸松。』敕：『如遇年月通便，陵寢修營，宜令所司，許其栽種。』

又 卷二一《諸陵雜録》 讓皇帝惠陵。在京兆府奉先縣界，天寶元年正月葬。

承天皇帝順陵。在京兆府咸陽縣界，大曆三年四月七日葬。

殤帝無陵號。在京兆府武功縣。

孝敬皇帝恭陵。在河南府緱氏縣界，上元二年八月十九日葬。初修陵，蒲州刺史李仲寂充使，將成，而以玄宮狹小，不容送終之具，遽欲改拆之，留役滑、澤等州丁夫數千人，過期不遣。丁夫患苦，夜中投塼瓦以擊當作官，燒營而逃。遂遣司農卿韋機，續成其功。機始於隧道左右開便房四所，以貯明器，於是樽節禮物，校量功程，不改玄宮，及期而就。

奉天皇帝齊陵。在京兆府昭應縣界，元年建寅月六日葬。

《新唐書》卷二《太宗紀》 （貞觀九年）十月庚寅，葬太武皇帝于獻陵。

又 卷三《高宗紀》 （貞觀二十三年八月）庚寅，葬文皇帝于昭陵。

又 卷四《則天皇后紀》 （光宅元年）八月庚寅，葬天皇于乾陵。

又 《中宗紀》 （神龍二年）五月庚申，葬則天大聖皇后。

又 卷五《睿宗紀》 （景雲元年十一月）己酉，葬孝和皇帝于定陵。

又 《玄宗紀》 （開元四年）十月庚午，葬大聖真皇帝于橋陵。

又 卷六《代宗紀》 （廣德元年三月）辛酉，葬至道大聖大明孝皇帝于泰陵。【略】

庚午，葬文明武德大聖大宣孝皇帝于建陵。

又 卷七《德宗紀》 （大曆十四年十月）己酉，葬睿文孝武皇帝于元陵。

又 《憲宗紀》 （永貞元年十月）己酉，葬神武聖文皇帝于崇陵。

十一月己巳，祔睿真皇后于元陵寢宮。【略】

（元和元年）七月壬寅，葬至德大聖大安孝皇帝于豐陵。

又 卷八《穆宗紀》 （元和十五年）五月庚申，葬聖神章武孝皇帝于景陵。

又 《敬宗紀》 （長慶四年十一月）庚申，葬睿聖文惠孝皇帝于光陵。

又 《文宗紀》 （大和元年）七月癸酉，葬睿武昭愍孝皇帝于莊陵。

又 《武宗紀》 （開成五年八月）壬戌，葬元聖昭獻孝皇帝于章陵。

又 《宣宗紀》 （會昌六年八月）壬申，葬至道昭肅孝皇帝于端陵。【略】

（大中元年八月）庚子，葬貞獻皇太后于光陵。【略】

（二年五月）十一月壬午，葬懿安太皇太后于景陵。

又 卷九《懿宗紀》 （咸通元年）二月丙申，葬聖武獻文孝皇帝于貞陵。【略】

（七年）五月甲申，葬孝明太皇太后于景陵之園。

又 《僖宗紀》 乾符元年二月甲午，葬昭聖恭惠孝皇帝于簡陵。

又 卷一〇《昭宗紀》 （文德元年十月）辛卯，葬惠聖恭定孝皇帝於靖陵。

又 《哀帝紀》 （天祐二年二月）己酉，葬聖穆景文孝皇帝于和陵。

又　卷三七《地理志一·京兆府京兆郡》　雲陽。崇陵在北十五里嵯峨山，貞陵在西北四十里。【略】

三原。獻陵在東十八里，莊陵在西北五里，端陵在東十里。【略】

富平。定陵在西北十五里龍泉山，元陵在西北二十五里檀山，豐陵在東三十三里甕金山，章陵在西北二十里，簡陵在西北四十里。【略】

奉天。文明元年，析醴泉、始平、好畤、武功、豳州之永壽置，以奉乾陵，陵在北五里梁山。靖陵在東北十里。【略】

醴泉。貞觀十年營昭陵，析雲陽、咸陽復置。有芳山，有九嵕山。昭陵在西北六十里九嵕山。建陵在東北十八里武將山，一名馮山。

又　《同州馮翊郡》　奉先。橋陵在西北三十里豐山，泰陵在東北二十里金粟山，景陵在西北二十里金熾山，光陵在北十五里堯山，惠陵在西北十里。

又　卷三八《地理志二》　緱氏。有恭陵，有和陵，在太平山。本懊來山，天祐元年更名。

又　卷九七《魏徵傳》　文德皇后既葬，帝即苑中作層觀，以望昭陵，引徵同升。徵熟視，曰：『臣眊昏，不能見。』帝指示之，徵曰：『此昭陵邪？』帝曰：『然。』徵曰：『臣以為陛下望獻陵。若昭陵，臣固見之。』帝泣，為毀觀。

又　卷一九九《儒學傳中·彭景直》　（中宗）崩，葬定陵，有司議以和思皇后祔葬。后為武后所殺，不得其喪所，將以招魂合諸梓宮，景直曰：『招魂古無傳，不可。請如橋山藏衣冠故事，納后褘衣，復寢宮，舉衣魂輅，告以太牢，內之方中，奉帝梓棺右，覆以夷衾。』衆當其言。制曰：『可。』

又　卷三　《高宗紀》　（上元二年）八月庚寅，葬孝敬皇帝于恭陵。

又　卷四《則天皇后紀》　（垂拱三年）四月辛丑，追號孝敬皇帝妃裴氏曰哀皇后，葬于恭陵。

又　卷八一《孝敬皇帝李弘傳》　謚為孝敬皇帝，葬緱氏，墓號恭陵，制度盡用天子禮，百官從權制三十六日釋服。帝自製《睿德紀》，刻石陵側。營陵費鉅億，人厭苦之，投石傷所部官司，至相率亡去。

又　《讓皇帝李憲傳》　既發引，大雨，有詔慶王潭等涉途泥，步送十里，號其墓曰惠陵。

又　卷八二《奉天皇帝李琮傳》　肅宗立，詔曰：『靖德太子琮，親則朕兄，睿悊聰明，朕昔踐儲極，顧誠非次，君父有命，不敢違，永言懇讓，不克如素。宜進謚奉天皇帝，妃竇為恭應皇后。』詔尚書右僕射裴冕持節改葬，羣臣素服臨送達禮門，帝御門哭以過喪，墓號齊陵。

又　卷八三《承天皇帝李倓傳》　大曆三年，有詔以倓當艱難時，首定大謀，排衆議，於中興有功，乃進謚承天皇帝，以興信公主季女張為恭順皇后，冥配焉，葬順陵，祔主奉天皇帝廟，同殿異室云。

《舊五代史》卷三一《唐書·莊宗紀六》　（同光三年春正月）丙申，詔以昭宗少帝山陵未備，宜令有司別選園陵改葬。尋以年饑財匱而止。

宋·王欽若等《册府元龜》卷三一《帝王部·奉先第四》　（同光二年）八月，以宗正少卿李瓊往曹州檢行哀帝陵寢。三年正月丙申，勑曰：『朕顧惟寡德，獲嗣丕圖，奉先之道嘗勤，送往之誠靡怠。爰自重興廟社，載展郊禋，旋蕩滌于瑕疵，復涵濡于慶澤。蓋憂勞靜國，曠墜承祧，御朽若驚，涉川為懼。繇是推移歲月，鬱滯情懷。恭念昭宗晏駕之辰，少帝登遐之日，咸罹虺毒，遽殞龍髯，委冠劍于仇讎，託山陵于梟獍。靜惟規制，豈叶度程？存愴結以彌深，固寢興而增惕。虔思改卜，式慰允懷。宜令所司別選園陵，備禮遷葬，貴雪幽明之恨，以申追慕之心。凡百臣寮，體朕哀感。』雖有是命，以年饑財不足而止。

宋·宋敏求《長安志》卷二〇《縣十·三原》　高祖獻陵，在縣東一十八里龍池鄉唐朱村，封內二十里，下宮去陵五里。

敬宗莊陵，在縣西北五里太平鄉胡村，封內四十里，下宮去陵八里。

武宗端陵，在縣東一十里神泉鄉騰張村，封內四十里，下宮去陵四里。

又　《雲陽》　唐德宗崇陵，在縣北一十五里《陵廟記》在縣東北三十里嵯峨鄉化青村，封內四十里，下宮去陵五里。

宣宗貞陵，在縣西北四十里《陵廟記》在縣西十五里小王山谷口鄉鄧村，封內一百二十里，下宮去陵十里。

又　卷一六《縣六·醴泉》　九嵕山，在縣西四十里。《漢書·地理志》曰：谷口縣九嵕山在西。《四夷郡國縣道里記》曰：九嵕山東連仲山，西當涇水出焉。高六百五十丈，周十五里。

武將山在縣西北五十里，一名憑山。【略】

太宗昭陵，在縣西北五十里。《陵廟記》在縣東三十里。九嵕山白鹿、長樂、瑤臺三鄉界古逢南村。下宮去陵一十八里，封内周一百二十里。【略】

所乘六駿石像，在陵後。青騅，平竇建德時乘。《讚》曰：足輕電影，神發天機，策茲飛練，定我戎衣。什伐赤，平王世充、竇建德時乘。《讚》曰：瀍澗未静，斧鉞申威，朱汗騁足，青旌凱歸。有中四箭處。特勒驃，平宋金剛時乘。《讚》曰：應策騰空，承聲半漢，入險摧敵，乘危濟難。颯露紫，平東都時乘。《讚》曰：紫鷰超躍，骨騰神駿，氣讋三川，威凌八陣。拳毛騧，平劉黑闥時乘，有石真容自拔箭處。《讚》曰：月精按轡，天駟横行，弧矢載戢，氛埃廓清。有中九箭處。白蹄烏，平薛仁杲時乘。《讚》曰：倚天長劍，追風駿足，聳轡平隴，回鞭定蜀。

寢宮在山上。元無井泉，百姓供水勞弊，後經野火，徙瑤臺寺側，葺行宮。貞元十四年，欲就寺側修復之，以移改舊制，訪近臣集議，然後葺焉。

肅宗建陵，在縣東北一十八里武將山修文鄉劉村四十里，下宮去陵五里。

又 卷一九《縣九·奉天》 唐高宗乾陵，與武皇后合葬，在縣西北五里梁山鄉丈八青仁埪子三村界，周八十里，有于闐國所進無字碑。

僖宗靖陵，在縣東北一十五里岑陽鄉雞子堆，封内四十里，下宮去陵五里。與乾陵相接，隔豹谷。

又《富平》 唐中宗定陵，在縣西北一十五里《陵廟記》在縣東北一十三里龍泉山《陵廟記》曰屏風山周文鄉郭門村，封内四十里，下宮去陵五里。

代宗元陵，在縣西北三十里檀山永閏鄉管村，封内四十里，下宮去陵五里。

順宗豐陵，在縣東北三十五里金甕山通關鄉修善、義周、公孫三村，封内四十里，下宮去陵五里。

文宗章陵，在縣西北二十里天乳山永閏鄉洪波，封内四十五里，下宮去陵三里。【略】

懿宗簡陵，在縣西北四十里紫金山會善、永閏兩鄉范村，封内四十里，下宮去陵七里。

又 卷一八《縣八·蒲城》 本屬同州，唐開元四年以縣之豐山建睿宗橋陵，改為奉先縣，仍隸京兆府。【略】

豐山在縣西北三十里。一名蘇愚山。

金粟山在縣東北二十里。【略】

金熾山在縣西北二十里。

堯山亦名浮山，在縣北二十里。《舊圖經》曰：昔堯時洪水為災，諸山盡没，唯此山若浮，因以為名。【略】

唐睿宗橋陵，在縣西北二十里豐山《圖經》在蘇愚山善村，封内四十里。

玄宗泰陵，在縣東北三十里金粟山懷仁鄉散母村，封内七十六里，下宮去陵五里。

憲宗景陵，在縣東北一十三里金熾山豐陽鄉胡村，封内四十里。

穆宗光陵，在縣北二十里堯山西案嶺《圖經》在金熾山，《陵廟記》在浮山寧康鄉普濟、延興二村，封内四十里，下宮去陵五里。

讓皇帝惠陵，在縣西北一十里《陵廟記》一十五里豐陽鄉胡村，封内一十里。

又 卷一四《縣四·武功》 唐哀帝陵，在縣西原上。

宋·宋敏求《唐大詔令集》卷七六《典禮·陵寢上·營卜·九嵕山卜陵詔》 夫生者，天地之大德；壽者，修短之常數。故生有七尺之形，壽以百齡為限。含靈禀氣，莫不同焉，皆得之於自然，不可以分企也。雖復廻天轉日之力，盡妙窮神之智，生必有終，皆不能免。是以《禮記》云：『君即位而為椑。』莊周云：『勞我以形，息我以死。』聖人之至鑑，通賢之深識，著之典誥，貽之話言，顯説正詞，曾無隱諱。末代以来，明辟蓋寡，靡不矜黄屋之尊，慮白駒之過，並多拘忌，希慕遐齡，謂雲車易乘，羲輪可駐，軌同趨並，其弊甚矣。有隋之季，海内横流，豺狼肆暴，吞噬黔首，邑里凋殘，鞠為丘墟。朕投袂發憤，情深拯溺，扶翼義師，用濟塗炭。賴蒼昊降鑑，股肱宣力，提劍指麾，天下大定，氛祲清殄，區宇平一，反澆弊於淳樸，致王道於中和。此朕之宿志，於斯已畢。猶恐身後之日，子子孫孫尚習流俗，猶循常禮，加四重之櫬，伐百祀之木，勞擾百姓，崇厚墳陵。今預為此制，務從儉約，於九嵕之山，足容一棺而已。積以歲月，漸以備之，木馬塗車，土桴葦籥，事合古典，不為世用。又佐命功臣，義深舟楫，或定謀帷幄，或身摧行陣，同濟艱危，克成鴻業。追念在昔，何日忘之？使逝者無知，咸歸寂寞，若塋魂有識，還如疇曩，居止相望，不亦善乎！漢代時，使將相陪陵，又給以東園秘器，篤送終之義，恩意深厚。古人之志，豈異我哉？自今以後，功臣密戚及德業尤著，如有薨亡，宜賜塋地一所，賜以秘器，使窀穸時，喪事無闕。所司依此營備，稱朕意焉。貞觀十年二月

又 卷七七《典禮・陵寢下・優勞・高祖山陵畢賜元從功臣及營奉百姓恩澤詔》 高祖太武皇帝天縱神武，膺籙受圖，可久之德，格乎區宇，敦睦九族，協和萬邦，賢能必進，德化潛洽，革百王之弊，興三代之風，地平天成，邇安遠肅，至德被於四海，休烈光於千載，巍巍蕩蕩，無得而稱焉。朕嗣膺寶祚，夙夜兢惕，思述先志，被之率土。其內外姻戚，平生故舊，太原從官人及歷試之所文武僚佐，爰洎胥吏，往雖每降國恩，恐未周悉。或才用不申，階品屈滯，或家道貧匱，子孫沉淪，須有矜量，咸欲得所。先朝優勞庶政，惟以卹民為本。諸州都督、刺史政績可稱者，具名奏聞。其諸州百姓奉營山陵，宜量有蠲免，可令有司，詳為條例聞奏，並務從優厚，稱朕意焉。貞觀元年十一月

又 《崇陵優勞德音》 朕以寡昧，嗣膺大業，永惟列祖之德，肅奉山園之重，夕惕若厲，懼有缺遺。賴一二元臣，公卿庶士，叶乃心力，克申典禮。今九虞既畢，永慕惟深，爰奉疇勞之義，差其異數之命。山陵使杜祐若子若孫與一人五品正員官，禮儀使杜黃裳特加一階與一子六品官，副使李鄘、按行山陵地副使李扞賜一級，各與一子官。鹵簿使鄭雲達與一子出身，儀仗使舁梓宮官各賜爵一階，邑號爵賞，優賜有差。三京元高陵高陽縣人夫寒凍，近道鄰村坊市屋宇什物田苗被毀損，并近陵百姓偏有便役，委京兆府勘覆聞奏。挽郎挽士，量加優卹。甸內百姓奉山陵，秋冬滯雨，供應疲弊，所配折納、和糴並停。永貞元年十一月

又 《豐陵優勞德音》 朕聞王者大孝，本於無違。故由於禮則不僭，慎於終則歸厚。國有大事，付予沖人，永言營奉，哀惶靡措。雖仰遵先旨，已從儉於因山，而俯徇究荒，實載勤於復土。況七月之會，萬方必臻，有供億之繁，有車騎之雜，賴上天垂祐，庶務肅成，文武盡哀敬之容，道路無風雨之氣，粵自還座，至於返虞，人之叶從，禮無違者。此皆一二輔弼洎左右之臣，至於庶寮，罔不盡力。朕所加歎，不忘於懷，宜酬厥庸，以序功次。其山陵使宜與一子七品正員官，山陵禮儀使及陵所攝太尉行事官與一子八品正員官，山陵副使、兵部侍郎判度支李選，禮部侍郎崔頒，按行山陵地使並賜一級。挽郎及諸司職掌工巧雜役人夫車牛，並詢其勞績，扶以等級，賜官及出身，賜勳爵進階，減勞選各有差。元和元年

又 《景陵優勞德音》 勑：朕聞孝莫大於慎終，仁莫先於卹下。慎終故勿之有悔，卹下固可使忘勞。自陵寢戒期，郊甸充奉，屬春耕肇起，宿麥繼登，百役所集，羣司所備。上懼一物之遺缺，既懷罔極之誠；下廑兆人之疚瘵，又思不擾之德。方將號從靈駕，親至山園，情為事奪，竟不獲遂。賴一二元輔洎內外庶官，嚴敬協心，克修典禮，永言嘉歎，感咽增懷。義有必酬，式舉勞以申命；惠無不浹，仍蠲賦以加恩。山陵使兼陵所攝太尉行事官與一子六品正員官，山陵禮儀使與一子八品正員官，山陵副使柳公綽、按行山陵副使李曾並賜爵一級各與一子出身，橋道置頓使賜爵一級仍與一子官，內山陵使賜絹一百疋特加一階，山陵修築使賜絹七十疋特加一階，監修橋道使賜絹七十疋，內按行山陵地使賜絹五十疋，內山陵副使及修築副使各加一階，鹵簿、儀仗並賜一級各與一子出身，橋道置頓使各加兩階，舁梓宮三品以上賜爵兩級，四品、五品賜爵一級，六品以上各加一階。其中有合選人前資見任各減兩選。神策六軍修築山陵官健各賜絹兩疋。其檢校軍使及押當所由四品以上賜爵一級，仍加一級，五品以下各加兩階。陵所造作、押當使等三品、四品各加兩階，仍賜爵一級，五品以下各加兩階。其中正員六品以下，合選人前資見任各減三選，白身各賜勳三轉。諸司諸使應緣山陵修造及專知修造作并諸色檢校執當官，典白身及直司掌上巧兒工匠等五品以上，各加兩階，六品以下各加一階。合選人前資見任各減兩選，白身各賜勳兩轉。其給直和雇者，不在此限。吉凶儀仗諸色行從官等五品以下，各加一階。至三品、五品未合敘者賜爵一級，六品以下各加一階。如其中有合選人前資見任各減一選。諸司

諸使押管當官、置頓舉幕、往來檢校軍將中使等五品以上，六品以下並加兩階，白身各賜勳兩轉，合選人前資見任各減兩選。太極宮宿衛官及中使大內皇城留守及押當官等五品以上，各加兩階，六品以下，各加一階，白身各賜勳兩轉。撰《謚册》、《哀册》、《謚議》書册文及讀《謚册》、《哀册》、書寶讀寶官等五品以上，賜爵一級，六品以下各加一階，合選人前資見任各減一選。鐫造寶册、裝册及檢校官五品以上各加一階，六品以下各賜勳兩轉，合選人前資見任各減一選。題木主官加一階，舁寶册官五品以上各加兩階，六品以下各加一階，其中合選人前資見任各減一選。押鹵簿儀仗挽郎等見任者，各加兩階，合選人前資見任各減兩選。山陵禮儀、橋道置頓判官五品以上，各賜爵一級，仍加一階，六品以下各加兩階。其山陵使司官與軍將加一階，合選其知東渭橋官非時放選，仍優與處分。知道官前資見任各減三選，知頓官前資見任各減兩選。按行陵地、儀仗鹵簿判官及諸副使判官並諸司諸使監當雜職掌官吏等五品以上，各加兩階，六品以下各加一階，合選人前資見任各減兩選，白身各賜勳兩轉。其挽郎放出身後七選許集，挽士代哭挽歌等各減三年勞，合選者各減兩選，無勞可減者各賜勳兩轉。京兆府及諸州縣斷玄宮石匠及宮寢作頭巧兒，雖給庸直，就中辛苦，各賜勳一轉。諸色行事官及齋郎禮生并陰陽官三品以上各賜爵一級，四品以下各加一階，合選人前資見任各減一選，白身各減二年勞，考滿人放出身，其數處職掌任取穩便，從一項處分。應緣二仗三衛彍騎及諸色人匠并緣山陵應役人夫車牛等，各委本府長官、本軍本使本司量事優賞。諸道應副山陵參佐軍將等各加一階，諸色職役官吏應或減選，可減者宜令所司非時與處分。如有諸色流外充者，各於本色中量減二年勞，無勞可減者選日優與處分。京兆府今年夏青苗錢，應合徵共八萬三千五百六十貫文，並宜放免，仍委令狐楚便以山陵用不盡綾絹依實支付。京兆府充代百姓納青苗錢，其近迫鄉村、坊市、屋宇、什物、田苗等有被損毀并近陵百姓偏有使役，理宜節級優賞，並委京兆府審細勘覆聞奏。應隨靈駕挽郎、挽士諸色人夫等，泥雨中不免損傷，委京兆府審細訪姓名聞奏，量加優恤。其山陵禮儀鹵簿儀仗使并諸軍諸使諸司將官吏，如執當務重，功效尤異，委本軍本司本使具名聞奏，中書門下商量奏聽進止。宣示中外，咸使聞知。元和十五年六月十九日

又　《光陵優勞德音》　朕孤藐罹疾，慈嚴早違，靡日不懷，終天無逮。將欲躬護園寢，哀達神明，而公卿庶寮瀝懇伏奏，迫以重義，奪予至情。是賴一二鼎臣、凡百執事咸竭嚴奉，各表哀敬，百靈供衛，六合會同。終始四時，無爽違之憾；往復千里，免塗潦之虞。感歎盈懷，是申勞典，既加恩以頒錫，遂流澤以蠲租。山陵使、禮儀使兼陵所攝太尉行事官，各與一子七品正員官，仍特加一階。山陵副使、按行使並賜爵一級，各與一子出身。橋道置頓使賜爵一級，與一子官。內出山陵使兼賜修橋道使賜絹一百五十疋，銀器二事，特加一階。修築使賜絹七十疋，特加一階。按行使賜絹五十疋，特加一階。修築副使賜絹三十疋，加一階。鹵簿使、儀仗使並賜爵一級，各與一子出身。橋道置備副使各加兩階，舁梓宮官三品、五品賜爵一級，六品以下各加一階。神策六軍修築官健及檢校軍使、陵所造作押當官吏及中使等，并諸司諸使應緣山陵修道造作及專知執當工匠等，賜物加階爵咸選有差。吉凶儀使諸色行從官等五品以上，各加一階。如已至三品、五品未合敘者，賜爵一級，六品以下各加一階。撰《哀册》、書寶讀寶官等五品以上賜爵一級，六品以下各加一階。舁寶册官及橋道置頓官、儀仗鹵簿使判官等，各賜階級勳、改選減有差。其挽郎放出身後七選，許集南郊。及太尉、侍中告謚册謚寶，靈座前進謚寶，奏外辨奠玉幣酌獻等，各賜爵兩級，餘減勞、考有差。其數處職掌任所，便從一司處分。奉先縣營奉力役，勞敝極深，來年夏青苗錢宜令放免。櫟陽、美原、尚陵、富平，來年夏青苗錢每貫放二百文，不滿貫者每百放二十文，仍委逢吉與府司計科使，以山陵用不盡錢與填所放錢數。其近道鄉村、坊市、屋宇、什物、田苗等有被毀損，并近陵百姓偏有役使，理宜節級優賞，並委京兆府審勘聞奏。長慶四年十月護

又　《莊陵優勞德音》　禮重飾終，義崇敦孝，克勤奉衈之志，用申罔極之感。斯固寅亮輔臣、奔走多士效其忠力，濟是儀章，俾弘加勞之澤，庶表心誠之報。應緣莊宮奉其山陵使與一子七品正員官，仍特加一階。山陵副使、按行山陵地使並賜爵一級，各與一子出身。橋道置頓使賜爵一級，仍特加一階。內山陵兼監修橋道使賜絹一百五十疋，銀器二事，特加一階。內按行山陵副使賜絹五十疋，特加一階。山陵修築副使賜三十疋，加一階。鹵簿、儀仗使並宜賜爵一級，各與一子出身。橋道置頓副使

加兩階。昇梓宮官三品以上賜爵二級，四品賜一級。陵所造作押當官及中使等三品、四品，各加兩階。吉凶儀仗諸色行從官等，五品以上各加一階。太極宮宿衛官及中使大內皇城留守并押當官等，五品以上各加一階。撰《哀册》、《謚議》、《謚册》官，各賜爵一級。書《册》及讀《哀册》、書寶官等，五品以上賜爵一級，六品以下各加一階。鐫造寶册、裝寶册裝寶及檢校官，五品以上各賜勳兩轉。中書門下儀制官、題主官、舁寶册官，五品以上各加二階，六品以下各加一階。山陵使、禮儀使判官，各特加一階，五品以上仍賜爵一級。其專知橋道官，考滿日放選。其知東渭橋官非時放選，仍優與處分。知道路官各減兩選，知頓官各減三選。按行山陵使、儀仗鹵簿使判官并諸色諸使監掌雜職掌官吏等，各加二階。挽郎放出身後七選，許集南郊。及太極殿攝太尉、侍中告謚册寶，及靈座前進謚寶，奏外辨奠玉幣酌獻等官，賜爵兩轉。其山陵禮儀、鹵簿儀仗等使并諸使諸司軍將官吏，如執當務重，功效尤異，制敕中不該者，委本司官吏本司具名聞奏，中書門下奏聽進止。其三原縣百姓，今年秋青苗錢並放免。其高陵縣量放一半。太和元年八月

宋·王明清《揮麈前録》卷二 祖宗朝重先代陵寢，每下詔申樵採之禁，至於再三。置守冢戶，委逐處長吏及本縣令佐常切檢校，罷任有無廢闕，書於曆子。

唐高祖葬獻陵，在耀州三原縣東。太宗葬昭陵，在醴泉縣北九嵕山。【略】唐明皇泰陵，憲宗景陵，俱在奉天縣。肅宗建陵在醴泉縣，宣宗正陵在雲泉縣。【略】唐高宗乾陵，睿宗橋陵，穆宗光陵，僖宗靖陵，並葬奉天縣。中宗定陵，代宗元陵，順宗豐陵，文宗章陵，懿宗簡陵，並葬富平縣。德宗崇陵，敬宗莊陵，武宗端陵，並葬三原縣。昭宗和陵，葬河南緱氏縣。

元·馬端臨《文獻通考》卷一二五《王禮考二十·山陵》 唐高祖崩，葬獻陵。在京兆府三涼縣界。五月六日崩，十月庚寅葬。【略】

獻陵陪葬名氏：楚國太妃萬氏，館陶公主。河間王孝恭，襄邑王神符，清河王誕，韓王元嘉，彭王元則，道王元慶，鄭王元懿，虢王元鳳，鄷王元亨，徐王元禮，滕王元嬰，鄧王元裕，魯王元夔，霍王元軌，江王元祥，密王元曉。并州總管張綸，榮國公樊興，平原郡公王長楷，譚國公邱和，巢國公錢九龍，刑部尚書劉德威，刑部尚書沈叔安。【略】

（貞觀）十八年，帝謂侍臣曰：『昔漢家皆先造山陵，既達始終，身復親見，又省子孫經營，不頓費人功。古者因山為墳，此誠便事。九嵕山孤聳迴絶，因而旁鑿，可置山陵處，朕有終焉之理。』乃詔營山陵於九嵕山之上，足容一棺而已，務從儉約。又佐命功臣，義深舟楫，追念在昔，何日忘之？漢氏相將陪陵，又給東園祕器，篤終之義，恩意深厚。自今以後，功臣密戚及德業佐時者，如有薨亡，賜塋地一所，及賜以祕器，使窀穸之時，喪事無闕。凡功臣密戚請陪陵葬者，聽之。以文武分為左右而列。墳高四丈已下，三丈已上。若父祖陪陵，子孫從葬者亦如之。若宮人陪葬，則陵戶為之成墳。凡諸陵皆置留守，領甲士，與陵令日知巡警。左右兆域內，禁人無得葬埋。古墳則不毀之。

太宗崩，葬昭陵，在京兆府醴泉縣。因九嵕層峰鑿山，南西深七十五尺，為元宮。山旁巖架梁為棧道，懸絶百仞，繞山二百三十步，始達元宮門，頂上亦起遊殿。五月己巳崩，八月庚寅葬。

文德皇后即元宮後有五重石門，其門外於雙棧道上山起舍，宮人供養如平常。及太宗山陵畢，宮人亦依故事，留棧道准舊。山陵使閻立德奏曰：『元宮棧道本留，擬有今日。今既始終永畢，與前事不同。謹按故事，唯有寢宮安神供奉之法，而無陵上侍衛之儀。望除棧道，固同山嶽。』上嗚咽不許。長孫無忌等援引《禮經》，重有《表》請，乃依奏。

上欲闡揚先帝徽烈，乃令匠人琢石，寫諸蕃君長貞觀中擒服者頡利等十四人，列於北司馬門內。

昭陵陪葬名氏：越國太妃燕氏，趙國太妃楊氏，紀國太妃韋氏，賢妃鄭氏，才人徐氏，鄭國夫人，彭城郡夫人。蜀王愔，趙王福，紀王慎，越王貞，嗣紀王澄，曹王明，蔣王惲。清河公主駙馬程知亮，晉國公主駙馬韋思安，豫章公主駙馬唐善識，新興公主駙馬長孫曦，蘭陵公主駙馬竇懷哲，高密公主駙馬段綸，長樂公主駙馬長孫冲，遂安公主駙馬王大禮，南平公主駙馬劉元懿，衡陽公主駙馬阿史那杜爾，新城公主駙馬韋政舉，城陽公主駙馬薛瓘，長廣公主駙馬楊師道，襄城公主駙馬蕭銳，長沙公主駙馬豆盧讓，安康公主駙馬獨孤彥雲，臨川公主駙馬周道務，普安公主駙馬史仁表。中書令馬周，中書令岑文本并男方倩，中書令崔敦禮，英國公

李勣，衛國公李靖，虞國公溫彦博，宋國公蕭瑀，申國公高士廉，梁國公房玄齡，鄭國公魏徵，高陽公許敬宗，趙國公長孫無忌，莒國公唐儉，吏部侍郎馬載，戶部尚書李大亮，兵部尚書房仁裕，禮部尚書張復允，國子祭酒孔穎達，禮部侍郎孔志約，工部侍郎孔元惠，太常卿褚亮，禮部尚書虞世南，工部尚書閻立德，吏部侍郎姜晦，太常卿姜皎，殿中監唐嘉會，學士姚思廉，衛尉卿魏叔玉，光祿卿姜遠，祕書監岑景倩，宗正卿李芝芳，光祿卿房光義并男原州別駕暉、咸陽縣丞曜，衛尉卿房光敏并男閬州刺史誕，清河郡主壻贈鴻臚卿竇庭蘭，金州刺史虞正松，洪州刺史吳黑闥，晉州刺史裴藝，寧州刺史竇義節，衛州刺史蕭鄴，吏部郎中馬覬，幽州都督長孫敞，原州都督李政明，臨淮公李規，瑯琊公王珍，常州公李倩，千金公李俊，中山王李裾，汝州別駕房漸，左清道率房恒，江夏王道宗，雍州長史李弼，夔國公弘基，觀國公楊仁恭，原州都督史幼虔，陝王府司馬史為謙，芮國公豆盧行業，西平郡王李琛，簡州刺史李震，安南都督姜簡，薛國公阿史那忠，鄂國公尉遲敬德，嘉國公周仁護，丹陽公李客師，鴈門公梁建方，虢國公張士貴，胡國公秦叔寶，周國公鄭仁泰，大將軍薛咄摩，大將軍蘇泥熟，大將軍漢東公李孟嘗，芮國公盧寬，大將軍尉遲寶林，大將軍阿史那道眞，大將軍邱行恭，大將軍賀蘭整，大將軍張世師，大將軍許洛仁，大將軍張延師，大將軍瑯琊王駢，大將軍懷德公于伯億，左金吾大將軍梁仁裕，大將軍史大奈，大將軍卞波利，大將軍姜確，大將軍可汗阿史那步眞，大將軍史奕，大將軍李森，大將軍阿史那德昌，大將軍公孫雅靖，右監門將軍執失善，左金吾將軍房先忠，內侍張阿難，橫野軍都督拔拽，都督渾大寧，于闐王尉遲光，盧國公程知節，將軍仇懷古，將軍杜君綽，將軍麻仁靖，將軍賀拔儼，將軍何道，將軍楊思訓，將軍元仲文，將軍豆盧承基，將軍斛思正貴，將軍徐定成，將軍康野，將軍段志元，將軍薛萬鈞，將軍元思元，將軍李承祖，將軍薛承慶，右衛郎將軍尉遲昱，左衛郎將軍姜昕，中郎將殷存爽，天冊府記室薛收，右衛大將軍李思摩，薩寶王贇普，新羅王女德貞。初，長孫無忌自於昭陵封內先造墳墓，至上元元年九月七日，許歸葬。【略】

高宗崩，葬乾陵，在京兆府奉天縣界。弘道元年十二月四日崩，次年八月庚寅日葬。

乾陵陪葬名氏：章懷太子賢，懿德太子重潤，澤王上金，許王素節，邠王守禮。義陽公主，新都公主，永泰公主，安興公主。特進王及善，中書令薛元超，特進劉審禮，尚書左僕射豆盧欽望，左僕射楊再思，右僕射劉仁軌，左衛將軍李謹行，左武衛將軍高侃。【略】

武后崩，將合葬乾陵。給事中嚴善思建言：『尊者先葬，卑者不得入。今啓乾陵，是以卑動尊，術家所忌。且元闕石門，冶金錮隙，非攻鑿不能開神道，幽靜多所驚瀆。若別攻隧，以入其中，即往昔葬時神位前定，更且有害。曩營乾陵，因有大難，易姓建國二十餘年。今又營之，難且復生，合葬非古也。況事有不安，豈足循據？漢世皇后，別起陵墓，魏晉始合葬。漢積祀四百，魏晉祚卒不長，亦其驗也。今若更擇吉地，附近乾陵，取從葬之義，使神有知，無所不通，若其無知，合亦何益？山川精氣，上為列星，葬得其所，則神安而後嗣昌，失其宜則神危而後嗣損。願割私愛，使社稷久長。』中宗不納。【略】

中宗崩，葬定陵，在京兆府富平縣界。六月二日崩，十一月己酉葬。

睿宗崩，葬橋陵，在京兆府奉天縣界。五月十二日崩，十月庚午日葬。

【略】

橋陵陪葬名氏：節愍太子重俊，宜城公主，金城公主，長寧公主，城安公主，定安公主，鄎國公主，彭國公主駙馬李思訓。

開元十七年，元宗因拜橋陵，至金粟山，覩岡巒有龍盤鳳翔之勢，謂左右曰：『吾千秋後，宜葬於此。』後遂追先旨葬焉。【略】

玄宗崩，葬泰陵，在京兆府奉天縣界。四月五日崩，次年三月辛酉葬。

泰陵陪葬名氏：贈揚州大都督高力士。

肅宗崩，葬建陵，在京兆府醴泉縣界。四月十八日崩，次年三月庚午日葬。

建陵陪葬名氏：尚父汾陽王郭子儀。元和九年，左金吾衛大將軍郭釗奏：亡祖子儀，陪葬建陵，欲於墳所，種植松楸。敕：如遇年月通便，陵寢修營，宜令所司，許其種植。【略】

代宗崩，葬元陵，在京兆府富平縣界。五月二十日崩，十月己酉葬。

無陪葬。【略】

德宗崩，葬崇陵，在京兆府雲陽縣界。正月崩，十月葬。

無陪葬。

順宗崩，葬豐陵，在京兆府富平縣界。正月崩，七月葬。

無陪葬。

憲宗崩，葬景陵，在京兆府奉天縣界。正月崩，五月葬。

景陵陪葬名氏：惠昭太子寧，孝明太后鄭氏，懿安太后郭氏，賢妃王氏。

穆宗崩，葬光陵，在京兆府奉天縣界。正月崩，十一月葬。

光陵陪葬名氏：恭僖太后王氏，正獻太后蕭氏。

敬宗崩，葬莊陵，在京兆府三原縣界。十二月崩，次年七月葬。

莊陵陪葬名氏：悼懷太子普。

文宗崩，葬章陵，在京兆府富平縣界。正月崩，八月葬。

無陪葬。

武宗崩，葬端陵，在京兆府三原縣界。三月崩，八月葬。

端陵陪葬名氏：賢妃王氏。

宣宗崩，葬貞陵，在京兆府雲陽縣界。八月崩，次年二月葬。

正陵陪葬名氏：婕妤柳氏。

懿宗崩，葬簡陵，在京兆府富平縣界。七月崩，次年二月葬。

無陪葬。

僖宗崩，葬靖陵，在京兆府奉天縣界。三月崩，十二月葬。

無陪葬。

昭宗崩，葬和陵，在河南府緱氏縣界。

元・駱天驤《類編長安志》卷一〇《石刻・唐昭陵六馬贊》 歐陽詢八分書。初，太宗以文德皇后之葬，自為文，刻石於昭陵。又琢石像平生征伐所乘六馬，為《贊》刻之。至宋紹聖元年，武功游師雄見其舊石碑剝損殆盡，復畫《昭陵圖》並六駿馬像語，屬醴泉令傳宿刻二碑於縣北太宗廟，見存。

明・李賢等［天順］《明一統志》卷三二《西安府上・陵墓》 唐永康陵。在三原縣西北一十八里，葬高祖大父景皇帝。

高祖獻陵。在三原縣東一十八里，有廟。陪葬諸王十六，公主一，功臣六。

太宗昭陵。在醴泉縣九峻山，有廟存焉。陪葬諸王七，公主二十一，妃嬪八，諸臣墓見後。

高宗乾陵。在乾州西北五里梁山，與武后合葬。陪葬太子三，諸王三，公主一。

中宗定陵。在富平縣西北一十五里龍泉山。陪葬太子一，公主五。

睿宗橋陵。在蒲城縣豐山。陪葬太子三，公主三。

讓帝惠陵。在蒲城縣北一十五里。讓帝，玄宗兄、寧王憲也。薨，尊為帝。陪葬諸王三，公主三。

玄宗泰陵。在蒲城縣金粟山。其武皇后陵，在咸寧縣東四十里。

肅宗建陵。在乾州五將山。陪葬功臣郭子儀。

代宗元陵。在富平縣西北二十五里檀山。

德宗崇陵。在涇陽縣嵯峨山。

順宗豐陵。在富平縣東北三十三里金甕山。

憲宗景陵。在蒲城縣金幟山。陪葬后妃三。高祖、太宗、憲宗三陵，本朝載《祀典》。

穆宗光陵。在蒲城縣堯山。陪葬后二。

敬宗莊陵。在三原縣西北五里。陪葬悼懷太子。

文宗章陵。在富平縣西北二十里天乳山。陪葬楊賢妃。

武宗端陵。在三原縣東一十里。陪葬王賢妃。其母韋太后陵在咸寧縣東。

宣宗貞陵。在涇陽縣仲山。

懿宗簡陵。在富平縣西北四十里紫金山。其母晁太后陵與韋太后陵近。

僖宗靖陵。在乾州城東北一十里。其母王太后陵與晁太后陵近。

又 卷二九《河南府・陵墓》 唐中宗陵。在偃師縣東。昭宗和陵。在偃師縣南。

清・劉於義等［雍正］《陝西通志》卷九八《拾遺一・博古》 太宗葬文德后，御製《刻石文》幷《六馬像贊》，皆立陵後，歐陽詢書。高宗又詔殷仲容別題《馬贊》於石座。此宋游景叔所題，云得之《唐陵園記》者是也。景叔云：詢書不復見，獨殷書存。余兩度觀之，西第一，四蹄端立，有馬圉撫膺拔箭，人、馬相如鼻語。東第一、西第二，則三蹄立，而前左一足作跑勢，如索水草有嘶聲。餘三絕塵而奔，香鬃錦帶飄飄怒起，猶想見其籋雲掣電時也。其石高可四尺，馬軀可三尺，雖半刻而稜稜露骨。西第三石已仆，五馬亦多斷裂，然氣不彫喪。趙子函乃疑非唐時

物，謬矣。《昭陵志》

駿石居後殿左右，下一坎兩行，列數石人，皆不全。此貞觀中擒服諸番君長頡利等十四人之像，琢石列之北司馬門內。兩旁有土阜，中為甬路，遺迹可尋。《陵圖》所云『六駿馬刻石於北闕下』，即此地，蓋九嵕三面峭削，惟正北稍平衍，故表闕刻石，俱置於此。《昭陵志》

又 卷七一《陵墓二・乾州・唐高宗乾陵》 唐諸陵皆無碑記，惟乾陵西南隅有大碑，高三十餘尺。螭首龜趺，巋然表裏，無一字。《珍珠船》

正德乙巳，遊梁山。山在郡城西北，唐高宗、武后葬是，名乾陵。陵正南兩峰對峙，上表雙闕曰朱雀門，內列石器，首華表二，次飛龍馬二，朱雀二，馬十匹，仗劍者二十人。次二碑，東碑無文，間刻前人題名。西碑文曰《述聖記》，后自製也。碑製四方如局，俗曰七節碑，今仆矣。次雙闕，陵之內城門也。大獅二，南向，左右列諸番酋像，左之數二十有八，右之數三十，仆、豎相半。背有刻，皆剝落，不可讀。論者謂高宗之葬，諸番長來助者甚衆。武后不知太宗之餘威遺烈，乃欲張大其事，刻之以誇耀後世是也。復北行，抵後山下，並麓而西曰白虎門，北曰玄武，東曰青龍，皆表雙闕，樹石器。于是復抵朱雀門，將尋臨川上仙之迹而弔之，遂憩闕下，削苔讀碑。宋廷佐《遊乾陵記》

論說

唐・杜佑《通典》卷七九《禮典三十九・凶一・大喪初崩及山陵制》 大唐貞觀九年，高祖崩。詔定山陵制度，令依漢長陵故事，務存崇厚。時限既促，功役勞弊。祕書監虞世南上封事曰：

臣聞古之聖帝明王，所以薄葬者，非不欲崇高光明珍寶異物以厚其親，然審而言之，高墳厚壠，珍物必備，此適所以為親之累，非曰孝也。是以深思遠慮，安於菲薄，以為長久萬代之計，割其常情以定之耳。

昔漢成帝造延昌二陵，制度甚厚，功費甚多，諫議大夫劉向上書曰：『孝文居霸陵，悽愴悲懷，顧謂羣臣曰：「嗟乎！以北山石為椁，用紵絮斮陳漆其間，豈可動哉！」張釋之進曰：「使其中有可欲，雖錮南山，猶有隙；使其中無可欲，雖無石椁，又何戚焉？」夫死者無終極，而國家有廢興，釋之所言，為無窮計也。孝文寤焉，遂以薄葬。』

又漢氏之法，人君在位，三分天下貢賦，以一分入山陵。武帝歷年長久，比葬陵中，不復容物。霍光暗於大體，奢侈過度。其後至更始之敗，赤眉入長安，破茂陵取物，猶不能盡。無故聚斂百姓，為盜之用，甚無謂也。

魏文帝於首陽東為壽陵，作終制，其略曰：『昔堯葬壽陵，因山為體，無封樹，無立寢殿園邑，為棺椁足以藏骨，為衣衾足以朽肉。吾營此不食之地，欲使易代之後，不知其處。無藏金玉銅鐵，一以瓦器。自古及今，未有不亡之國，亦無不掘之墓。喪亂以來，漢氏諸陵，無不發掘，至乃燒取玉柙金縷，骸骨并盡，是焚如之刑也，豈不重痛哉！若違詔，妄有變改，吾為戮屍於地下，死而重死，不忠不孝。使魂而有知，將不福汝。以為永制，藏之宗廟。』魏文此制，可謂達於事矣。

今為丘壠如此，其內雖不藏珍寶，亦無益也。萬代之後，人但見高墳大冢，豈謂無金玉也。臣之愚計，以為漢文霸陵，既因山勢，雖不起墳，自然高敞。今之所卜，地勢卽平，不可不起。宜依《白虎通》所陳周制，為三仞之墳。其方中制度，事事減少。事竟之日，刻石於陵側，書今封大小高下之式，明器所須，皆以瓦木，合於禮文。一不得用金銀銅鐵，使後代子孫，並皆遵奉。一通藏之宗廟，豈不美乎！且臣下除服，用三十六日，已依霸陵；今為墳壠，又以長陵為法，非所依也。伏願深覽古今，為長久之慮。

書奏，不報。

虞世南又上疏曰：『漢家卽位之初，便營陵墓，近者十餘歲，遠者五十年，方始成就。今以數月之閒，而造數十年事，其於人力，亦以勞矣。漢家大郡五十萬戶，卽日人衆，未及往時，而工役與之一等，此臣所以致疑也。』

又公卿上奏，請遵遺詔，務從節儉，太宗乃令中書侍郎岑文本謂曰：『朕欲一如遺詔，但臣子之心，不忍頓為儉素。如欲稱朕崇厚之志，復恐百代之後，不免有廢毀之憂。朕為此不能自決，任卿等平章，必令得所，勿置朕於不孝之地。』因出虞世南封事，付所司詳議以聞。

司空房玄齡等議曰：『謹按漢高祖長陵高九丈，光武陵高六丈，漢文、魏文並不封不樹，因山為陵。竊以長陵制度，過為宏侈；二文立規，又傷矯俗。光武中興明主，多依典故，遵為成式，實謂攸宜。伏願仰遵顧命，俯順《禮經》。』詔曰：『朕既為子，卿等為臣，愛敬罔極，義猶一體，無容固陳節儉，陷朕於不義也。今便敬依來議。』於是山陵制度，頗有減省。

宋・姚鉉《唐文粹》卷三九《權德輿〈昭陵議〉》 右奉進止：寢宮在山上，置來多年，曾經野火燒爇，摧毀略盡。其宮尋移在瑤臺寺左側。今屬通年，欲議修置，緣舊宮本在山上，元無井泉，每緣供水稍遠，百姓非常勞弊。今欲於見住行宮處修造，所冀久遠便人，又為改移舊制，恐所見未周，宜令中書門下及百僚同商量可否聞奏。朝議郎、守尚書司勳郎中、知制誥、雲騎尉、賜緋魚袋臣權德輿議曰：臣聞古宗廟之制，前有廟，廟列昭穆；後有寢，寢陳衣冠。自秦漢已來，始因陵立廟，有寢宮便殿，雖廟居陵傍，而無必在山上、不在山下之定制。且禮文所貴，宜也，稱也；祀事所資，敬也，潔也。伏以昭陵因山，太宗所建宮在山上，以便當時。自野火延燒行宮山下，亦已久矣。今若伐木縮板，程功就險，神道貴靜，或非所宜，則與置陵之初事體為異。況舊制既毀，新宮是修，考於便地，可以經久，所謂宜且稱也。又井泉在下，汲引為易，饗獻之禮，是資嚴恭，本於明德惟馨，亦在吉蠲為饎，故《禮》之言『祭也，水曰清滌』，言其潔清滌濯也。又曰『不敢用常褻味』，所以交於神明也。因茲洌井，以備薦羞，所謂潔而敬也。凡舉事，必以制度當否為大，而以人力勞逸為細。若於事為當，又無所勞，不亦順昭陵愛人之心乎！不亦叶陛下從宜之禮乎！今列聖寢宮有在山下者矣，然則致敬來格之義，豈以山上、山下而為遠近邪？臣愚，以為但在柏城之內，則不示遠。陛下精誠慎重，詢及庶僚，徒獻所聞，伏增戰越。謹議。

《舊唐書》卷六三《封倫傳》 高祖嘗幸温湯，經秦始皇墓，謂倫曰：『古者帝王，竭生靈之力，殫府庫之財，營起山陵，此復何益？』倫曰：『上之化下，猶風之靡草。自秦、漢帝王盛為厚葬，故百官衆庶競相遵仿。凡是古冢丘封，悉多藏珍寶，咸見開發。若死而無知，厚葬深為虚費；若魂而有識，被發豈不痛哉。』高祖稱善，謂倫曰：『從今之後，宜自上導下，悉為薄葬。』

又 卷一九一《方伎傳・嚴善思》 神龍初，遷給事中。則天崩，將合葬乾陵，善思奏議曰：謹按《天元房録葬法》云：『尊者先葬，卑者不合於後開入。』則天太后卑於天皇大帝，今欲開乾陵合葬，即是以卑動尊，事既不經，恐非安穩。臣又聞乾陵玄闕，其門以石閉塞，其石縫隙，鑄鐵以固其中，今若開陵，必須鐫鑿。然以神明之道，體尚幽玄，今乃動衆加功，誠恐多所驚黷。又若別開門道，以入玄宮，即往者葬時，神位先定，今更改作，為害益深。又以修築乾陵之後，國頻有難，遂至則天太后權總萬機，二十餘年，其難始定。今乃更加營作，伏恐還有難生。但合葬非古，著在禮經，緣情為用，無足依准，況今事有不安，豈可復循斯制。伏見漢時諸陵，皇后多不合葬，魏、晉已降，始有合者。然以兩漢積年，向餘四百，魏、晉之後，祚皆不長。雖受命應期，有因天假，然以循機享德，亦在天時。但陵墓所安，必資勝地，後之胤嗣，用託靈根，或有不安，後嗣亦難長享。伏望依漢朝之故事，改魏、晉之頹綱，於乾陵之傍，更擇吉地，取生墓之法，別起一陵，既得從葬之儀，又成固本之業。臣伏以合葬者，人緣私情；不合者，前修故事。若以神道有知，幽途自得通會；若以死者無知，合之復有何益。然以山川精氣，上為星象，若葬得其所，則神安後昌，若葬失其宜，則神危後損。所以先哲垂範，具之葬經，欲使生人之道必安，死者之神必泰。伏望少迴天眷，俯覽臣言，行古昔之明規，割私情之爱欲，使社稷長享，天下乂安，凡在懷生，孰不慶幸。

疏奏不納。

宋・王溥《唐會要》卷二〇《陵議》 建中元年，德宗即位，將厚奉元陵，刑部員外郎令狐峘上疏諫曰：『臣聞《傳》曰：「近臣盡規。」《禮記》曰：「事君有犯而無隱。」臣讀《漢書劉向傳》，而見論王者山陵之誡，良史難歎，萬古芬芳。何者？聖賢之心，勤儉是務，必求諸道，不作無益。故舜葬蒼梧，不變其肆，禹葬會稽，不改其列，周武葬於畢陌，無邱壠之處；漢文葬於霸陵，因山谷之勢。禹非不忠也，啓非不順也，周公非不悌也，景帝非不孝也，其奉君親，皆從微薄。耳宋公始為厚葬，周蜃灰，益車馬，其臣華元、樂舉，《春秋》書為不臣。秦始皇葬驪山，魚膏為燈燭，水銀為江海，珍寶之藏，不可勝計，千載非之。宋桓魋為石槨，夫子曰：「不如速朽。」子游問喪具，夫子曰：「稱家之有無。」張釋之對孝文曰：「使其中無可欲，雖無石槨，又何戚焉？」漢文帝霸陵，皆用瓦器，不以金銀為飾。由是觀之，有德者葬愈薄，無德者葬愈厚，昭然可覩矣。陛下自臨御天下，聖政日新，進忠去邪，減膳節用，不珍云物之瑞，不近鷹犬之娱。有司給物，悉依元祐，利於人也。遠方底貢，惟供祀事，薄於己也。故澤州奏慶云，詔曰「以歲豐為嘉祥」；邕州奏金坑，詔曰「以不貪為寶。」恭惟聖慮，無非至理，而獨六月一日制節文云，緣應山陵制度，務從優厚，常竭帑藏，以供費用者。此誠仁孝之德，切於聖衷。伏以尊親之義，貴於合禮。陛下每下明詔，發德音，追蹤唐、虞，超邁周、漢，豈取悅凡常之口，有違賢哲之心，與失德之君，競於奢侈者也。臣又伏讀遺詔曰：「其喪儀制度，務從儉約。」陛下恭順先志，動無違者，若制度優厚，豈顧命之意耶？」疏奏，優詔從之。

貞元十四年四月詔曰：『昭陵舊寢宮在山上，置來多年，曾經野火燒爇，摧毀略盡，其宮尋移在瑤臺寺側。今屬通年，欲議修理，緣供水稍遠，百姓勞敝。今欲于見住行宮處修造，以冀久遠便安，又為改移舊制，恐在所未周，宜令中書門下百官，同商量可否聞奏。』于是吏部員外郎楊於陵議曰：『伏以陵園宮寢，非三代之制，自秦、漢以來有之。但相沿于陵旁制寢，未聞去陵有遠近步數之節。在漢宣、元之後，諸儒韋玄成、匡衡等迭建陵寢之議，或興或廢，亦無明徵。陛下嚴恭禋祀，至誠至慎，俯擇羣議，上參天心，則葺修之理，可得指事而言也。竊以陵寢經界，在柏城之內，非遠于陵也。若諸陵寢宮，皆因高有定制，去陵有定限，則縱非太宗之寢，雖遠井泉，皆宜循舊，不可移也。如但止于柏城之內，去陵遠近不一，則昭陵舊寢，焚爇既盡，行宮所卜，展敬多年。今便于側近循造，不出柏城之內，則與諸陵寢廟，復何異也？議者或以太宗創業垂統，功德巍巍，寢宮舊規，不合變易。復山上已毀之地，則為展孝，就山下載安之所，則為遠陵，甚不然也。何者？因陵建寢，當時之事也；乘變改作，順時之宜也。夫園塋本于安靜，繕建彰于動作，燎火之恐，當不安矣，版築之勞，斯為勤矣。將欲崇閟宇于荒廢，興大役于密邇，慮非聖靈之所憑依，區區財力之費，曾何足計？是則曩時之創立，以近爲便，今日之改制，以便為宜，奚必于柏城封域之中，生近陵之嫌也。伏惟陛下虔奉祖宗，盡心園寢，上以追孝敬，下以庇烝黎。臣識陋學淺，莫探往制，罄竭所見，謂宜改修。』太常博士韋彤奏議曰：『歷代禮書及國朝故事，未見有不可改移之禮。先王建都立邑，以安民也，有不便則為之遷，況其有故乎！伏以文皇寢園，頃遇焚爇，遂奉仙駕，久移舊宮，事則因災，非無故也。歲月傳敍，神御已安，就其修建，可謂至順。且陵旁置寢，是秦、漢之法，擇其高爽，務取清嚴，去陵遠近，本無著定。是以今之制置，里數不同，各于柏城，隨其便地，又非皆在山下也。臣訪聞昭陵舊寢，經火之後，人行遂少，林莽隱蔽，逕路欹危。伏以元宮尚幽，所奉宜靜，今若必須仍舊，土木興功，不惟負載至難，亦恐喧囂太逼。大道以變通則久，聖人以適時為禮。今陛下孝思所切，營建惟新，是則通于神明，豈伊常情所及？聖旨所示，謂于瑤臺寺左側，是必于昭陵柏城之內，不在瑤臺寺明矣。既不越封兆，而力役易從；俯近井泉，則膳羞愈潔。規模一定，垂之無窮，酌其便宜，誠為允當。』

初，正月中，令有司修葺陵寢，以昭陵舊宮先因火焚毀，故詔百官詳議。議者多云舊宮既被焚爇，請移就山下，或有議請修舊宮者，上意亦不欲遷移，由是復以山下為定。于是遣右諫議大夫、平章事崔損充修八陵使。及所司計料，獻、昭、乾、定、泰五陵，各造屋三百七十八間，橋陵一百四十間，元陵三十間，惟建陵不復創造，但修葺而已。所緣寢陵中帷幄牀褥一事以上，並令制置上親閱焉。

寶曆二年二月，太常奏：『追尊孝敬皇帝以下四陵，宜停朝拜事。孝敬皇帝恭陵，讓皇帝惠陵，奉天皇帝齊陵，承天皇帝順陵。前件四陵，昔年追尊大號，皆是恩制，緣情而行，當時已不合經典。今乃二時朝拜，上擬祖宗，竊以情禮之差，過猶不及。謹按《禮記》及歷代禮文并國朝故事，皇帝旁親無服，又云五代而親屬盡。伏以四陵親非祖宗，事無功德，緣情權制，禮合變更，有司因循，尚為常典。況今宗廟之上，遷世已遠，尊卑降殺，朝謁須停。』勅旨依奏。

《新唐書》卷一〇七《陳子昂傳》 文明初，舉進士。時高宗崩，將遷梓宮長安，於是關中無歲，子昂盛言東都勝墱，可營山陵。上書曰：

臣聞秦據咸陽，漢都長安，山河為固，而天下服者，以北假胡、宛之利，南資巴、蜀之饒，轉關東之粟而收山西之寶，長羈利策，橫制宇宙。今則不然，燕、代迫匈奴，巴、隴嬰吐蕃，西老千里贏糧，北丁十五乘塞，歲月奔命，秦之首尾不完，所餘獨三輔間耳。頃遭荒饉，百姓荐飢，薄河而右，惟有赤地；循隴以北，不逢青草。父兄轉徙，妻子流離。賴天悔禍，去年薄稔，羸耗之餘，幾不沈命。然流亡未還，白骨縱橫，阡陌無主，至於蓄積，尤可哀傷。陛下以先帝遺意，方大駕長驅，按節西京，千乘萬騎，何從仰給？山陵穿復，必資徒役，率癯弊之衆，興數萬之軍，調發近畿，督扶稚老，鏟山輦石，驅以就功，春作無時，何望有秋？彫甿遺噍，再罹艱苦，有不堪其困，則逸為盗賊，揭挺叫噱。可不深圖哉！

且天子以四海為家，舜葬蒼梧，禹葬會稽，豈愛夷裔而鄙中國耶？示無外也。周平王、漢光武都洛，而山陵寢廟並在西土者，實以時有不可，故遺小存大，去禍取福也。今景山崇秀，北對嵩、邙，右眄汝、海，祝融、太昊之故墟在焉。園陵之美，復何以加？且太原廥鉅萬之倉，洛口儲天下之粟，乃欲捨而不顧，儻鼠竊狗盗，西入陜郊，東犯虎牢，取敖倉一抔粟，陛下何與遏之？

武后奇其才，召見金華殿。子昂貌柔野，少威儀，而占對慷慨，擢麟臺正字。

又 卷一九九《儒學傳中·彭景直》 中宗景龍末，為太常博士。時獻、昭、乾三陵皆日祭，景直上言：

在禮，陵不日祭，宗廟有月祭，故王者設廟、祧、壇、墠，為親疏多少之殺。立七廟、一壇、一墠。曰考廟，曰王考廟，曰皇考廟，曰顯考廟，皆月祭。遠廟為祧，享嘗乃止。去祧為壇，去壇為墠，有禱祭之，無禱乃止。譙周曰：『天子始祖、高祖、曾祖、祖、考之廟，皆朔加薦，以象生時朔食，號月祭，二祧廟不月祭。』則古無日祭者，今諸陵朔、望進食，近古之殷事；諸節進食，近古之薦新。鄭玄曰：『殷事，月之朔、半，薦新奠也。』於《儀禮》，朔、半日，猶常日朝夕也，既大祥，即四時焉，此其祭皆在廟云。近世始以朔、望諸節祭陵寢，唯四時及臘，五享于廟。尋經質禮，無日祭於陵之文。漢時，京師自高祖下至宣帝，與太上皇、悼皇考陵旁立廟。園各有寢、便殿，故日祭諸寢，月祭諸便殿。貢禹以禮節煩數，白元帝願罷郡、國廟。丞相韋玄成等後因議七廟外寢園皆無復脩。議者亦以祭不欲數，宜復古四時祭於廟。劉歆引《春秋外傳》曰：『祖、禰日祭，曾、高月祀，二祧時享，壇墠歲貢。』魏、晉以降，不祭墓。唐家擇古作法，臣謂宜罷諸陵日祭，如禮便。

帝不從，因下詔：『有司言諸陵不當日進食。夫禮以人情為之沿革，何專古而泥所聞？乾陵宜朝晡進奠，昭、獻陵日一進，或所司乏于費，可減朕常膳為之。』

宋·程頤《二程文集》卷六《伊川文集一·代太中上皇帝書》 臣嘗遊秦中。歷觀漢唐諸陵無有完者，惟昭陵不犯，陵旁居人尚能道當日儉素之事。此所以歷數百年，屢經寇亂而獨全也。

宋·趙明誠《金石録》卷二三《跋尾十三·唐·唐昭陵刻石文》

右《唐昭陵刻石文》。太宗為文德皇后立，歐陽詢書。其文具載于《太宗實録》，今石刻已磨滅，故世頗罕傳。其畧可見者，有云『無金玉之寶，玩用之物，木馬寓人，有形而已。欲使盗賊息心，存亡無異。』又云『俯視漢家諸陵，猶如蟻垤，皆被穿窬。今營此陵，制度卑狹，用功省少，望與天地相畢，求無後患。』其言非不丁寧切至也，然竟不免温韜之禍。太宗英武聰明，過人甚遠，而於此眷眷不忘，何哉？以此知死生之際，能超然無累者，賢哲之所難也。又云『國家府藏，皆在目前，與在陵内何異？』其詞尤陋，得無為後達士所笑乎？

又 《唐昭陵六馬贊》 右《唐昭陵六馬贊》。初，太宗以文德皇后之葬，自為文，刻石于昭陵，又琢石象平生征伐所乘六馬，為《贊》刻之。皆歐陽詢八分書。世或以為殷仲容書，非是。至諸降將名氏，乃仲容書耳。今附於卷末云。

元·馬端臨《文獻通考》卷一二五《王禮考二十·山陵》 致堂《讀史管見》言：明皇於睿宗孝養素薄，故其崩也，五月而遽葬，以為薄於其親。然愚嘗考之，自漢以來，並未嘗守天子七月而葬之制，如隋以前，歷代葬期多只在一兩月之內，蓋以預規山陵而嗣君又急於從吉故也。雖至孝如晉武帝、魏孝文，亦迫於其臣下之請，不免徇近代之制。惟以禍亂不克葬者，方有數月之淹，如梁武帝父子是也。至唐高祖崩，五月而葬，則以升遐之後，方營山陵，故少遲於前代，虞世南《諫疏》可見。及太宗預為壽域，則又不及五月。高宗以後，或遲或速，大槩不越五六月。雖少遲於近代，而終未能復古禮。明皇蓋亦循故事耳，致堂豈未之考邪？

元・李好文《長安志圖》卷中《昭陵圖説諸陵附》　余觀自古帝王奢侈厚葬，莫若秦皇、漢武。工徒至六十萬，天下稅賦三分之一奉陵寢。秦陵纔高五十丈，茂陵十四丈而已，固不若唐制之因山也。昭陵之因九嵕，乾陵之因梁山，泰陵之因金粟堆，中峰特起，上摩煙霄，岡阜環抱，有龍蟠鳳翥之狀，民力省而形勢雄，何秦漢之足道哉？昔貞觀十八年，太宗語侍臣曰：『漢家先造山陵，身復親見，又省子孫經營煩費，我深是之。我看九嵕山孤聳迥絶，實有終焉之志。』乃詔先為此制，務從儉約，九嵕山上足容一棺而已。又慕漢之將相陪葬，自今後功臣密戚各賜塋地一所。至二十三年八月畢工，先葬文德皇后長孫氏。當時陪葬之盛與夫刻番酋之形，琢六駿之像，以旌武功，列于北闕，規模宏大，莫若昭陵。按陵今在醴泉縣北五十里。《唐陵園記》云在縣東三十里，蓋指舊醴泉縣而言之也。其封内周回一百二十里，下宮去陵十八里，今已廢毁。陪葬諸臣碑刻，十亡八九。悲夫！【略】

高宗乾陵在奉天縣。宋元祐中，計使游公圖而刻之，防禦推官趙楷為之《記》曰：乾陵之葬，諸蕃之來助者，何其衆也！武后曾不知太宗之餘威遺烈。乃欲張大誇示來世，於是録其酋長六十一人，各肖其形，鑴之琬琰，庶使後人皆可得而知之。【略】

措之《記》，文多不盡載，撮其大指，畧曰：唐之諸帝，功烈如太宗明皇者，可謂盛矣。宜其立隴完固，及于無窮。今兵火之餘，荒墟壞皿，瓦礫僅存，理亦宜也。獨高宗、武后之陵，崇丘磅礴，上詣青冥，雙闕聳峙，丹青猶在。是豈造物者有以扶護而致然耶？抑亦窮匱國力，深規厚圖，使人未易窺耶？轉運游公，一日按部過乾陵，慨然興歎，乃録高宗、天后時朝臣六十人，重圖于陵所。其間忠良骨鯁，高才俊逸如張說、蘇廷碩、狄仁傑、婁師德、劉仁軌、唐休、宋璟、李嶠、賀知章、馬周、李昭德、王綝、張仁愿、崔神慶、李務光、張柬之、魏元忠、陸元方、李懷遠、畢誠、杜景佺，皆一代善士，固當紀者。若夫武三思、韋巨源、崔湜、武承嗣、蘇味道、封德彝之輩，回邪憸佞，負國自謀，而皆繪形于壁，鑱記于石，丹青可渝而善惡之迹不可變，珉石可磨而勸戒之意不可泯，則斯名也，其與天地同于不朽哉？

措之《記》，在元祐七年六月吉日。唐之諸陵，各有陪葬，見于《志》者，此不具録。其諸帝之陵在乾陵之東者，僖宗靖陵也；在三原者，高祖獻陵也，敬宗莊陵也，武宗端陵也；在雲陽者，德宗崇陵也，宣宗貞陵也；在富平者，中宗定陵也，代宗元陵也，順宗豐陵也，文宗章陵也，懿宗簡陵也；在蒲城者，睿宗橋陵也，玄宗泰陵也，憲宗景陵也，穆宗光陵也。

清・黄宗羲《明文海》卷九二《黄省曾〈難墓有吉凶論〉》　然葬埋之術，莫尚於唐宋，亦莫慎於唐宋。自當時而觀之，唐則有若三原高祖之獻陵，敬宗之莊陵，武宗之端陵，九嵕太宗之昭陵，梁山高宗之乾陵，龍泉中宗之定陵，豐山睿宗之橋陵，金粟玄宗之泰陵，武將肅宗之建陵，檀山代宗之元陵，嵯峨德宗之崇陵，金甕順宗之豐陵，金幟憲宗之景陵，堯山穆宗之光陵，天乳文宗之章陵，仲山宣宗之貞陵，紫金懿宗之簡陵。宋則有若鞏縣昭武、太祖、太宗、真、仁、英、神、哲之八陵，會稽寶山徽、高、孝、光、寧、理、度之七陵，皆師極天下之妙工，土極天下之貴穴，日極天下之良辰，可謂卜之嚴，審之極矣，生氣可謂乘矣，本骸可謂得氣矣。何唐之祚，卒移於五代？宋之祚，卒移於元？陵寢之地。今為蔓草牧羊之所；而帝王之後，或流而為氓伍，化而為僕隸，而遺體不為之受蔭乎？帝王不能蔭子孫以帝王，則知公侯不能蔭子孫以公侯，【略】亦明矣。

清・顧炎武《日知録》卷一五《墓祭》　梁武帝、後周明帝始皆謁陵。唐太宗、玄宗亦並行之。《唐書・彭景直傳》：景龍末，為太常博士。時獻、昭、乾三陵皆日祭，景直請罷，不從。

開元二十年，敕寒食上墓，宜編入五禮，永為恒式。胡三省曰：唐開元敕寒食上墓，《禮經》無文。近代相傳，寖以成俗，宜許上墓，同拜埽禮。蓋但許士庶之家行之，而人君無此禮也。《五代會要》言，後唐莊宗每年寒食出祭，謂之破散，其後襲而行之。歐陽公《五代史》所謂寒食野祭而焚紙錢，即謂此也。而陵寢亦有衣冠嬪御之制。杜子美《橋陵詩》『宮女晚知曙，祠官朝見星。』韓退之《豐陵行》曰：『臣聞神道尚清靜，三代舊制存諸書，墓藏廟祭不可亂，欲言非職知何如。』蓋深非之也【略】

唐高宗顯慶三年十一月，伊麗道行軍副總管蕭嗣業擒阿史那賀魯至京師。甲午，獻於昭陵。總章元年十月，司空李勣破高麗，俘高藏男建、男産等至京師，獻於昭陵。許敬宗言：『古者軍凱旋，則飲至於廟，未聞獻馘於陵者。然陛下奉園寢與宗廟等，可行不疑。』此亦所謂自我作古者矣。

清·王夫之《讀通鑑論》卷二四《唐德宗·三》　不欲以其死累天下者，君子之義也；不忍于送死之大事，而不以天下故儉其親者，人子之心也；两者幷行而各盡。故《尸子》曰：『夫已多乎道。』豈必唯父命之是從哉？況乎有固吝之心，而託之遺命以自飾也！秦殫天下之力以役驪山，窮奢戕民，洵無道矣。乃欲之者，嬴政之自縱其惡，非胡亥之矯父命以崇侈虐民也。且秦之毒民而以自亡，豈但驪山之役哉？

《檀弓》出于汉儒之雜记，有非聖人之言者矣。其曰『葬也者，藏也，欲人之弗見之也，封樹云乎哉』？夫人不媿於天，不怨於人。死，天下知其死；葬，天下知其葬；懷其恩者，过墓而欷歔；聞其風者，望阡而愾想。即其不然，亦相忘於林巒之下。何所抱恨，何所含羞，而託鼠穴以深匿，欲人之弗知之邪？如其負大惡、施大怨，死而人且甘心焉，則不封不樹，裒然平土，而操以椓之，猶易易也。故以知《檀弓》之言，非夫子之言也。

曾子曰：『人未有自致者，必也親喪乎！』士庶人有財而得為，皆可致而無弗致也；況四海兆民之元后，父终母亡，終古止此一事，而為天下吝乎？喪禮之見于《士喪》者，且如彼其慎以周矣，遣車抗木，茵嬰明器，空中人之産，士貧且賤，猷且必供；以此推而上之，至於天子，率萬国以送其親，而迪民以歸厚，不可過也，而矧可不及邪？遺命雖嚴，在先君以自章其儉德，惟不朘削斯民、致之死亡，而已善承先志矣。若挾此为辭，吝財力以違可致之心，薄道取法於墨者，充塞仁義，其視委壑而聽狐蠅之嘬食也無幾，非不仁者，孰忍此哉？

唐德宗葬代宗於元陵，詔從優厚，而令狐峘曰：『遺詔務從儉薄；不當失顧命之意。』不仁哉其言之乎！為人子者，當親存之日，無言不順，無志不養，没而無遺訓之不奉，姑置此言焉可也。他不具遵，而唯薄葬之言為必從，將誰欺也？邪説誣民，若此類者，殆仁人之所必誅勿赦者與！

清·王士禛《居易録》卷二五　淮陰門人張力臣弨年七十矣，寄所刻《昭陵六馬圖贊及辯》云：唐太宗葬文德皇后於昭陵，御製《刻石文》幷《六馬像贊》皆立於陵後，命歐陽詢書，無庸疑矣。乃游景叔云：高宗又詔殷仲容，別題《馬贊》於石座。又云：詢書不復見，殷書獨存。今所傳之《贊》，正仲容所別題，非太宗御製。若然，則贊有異詞，書有兩種矣。謂得之《園陵記》，果足信否？是以趙紫函有四疑，范仲闇又援升菴殷譔歐書之説，互有不同。弨於康熙辛亥冬，從漢南過雲棧，冒雪至醴泉，抵趙村石鼓寺宿。明日，登九嵕甬道，恭謁殿前，上下歷覽，皆如《昭陵》諸《志》所云。

審視六馬，其制琢石如屏風，每方高四尺五寸，廣五尺五寸，厚一尺。週遭邊界稜起，馬身半鑿，空處刳下三寸。西第一，四蹄端立，有馬圉前立拔箭。東第一，西第二，則三蹄立，前左一蹄作奔勢，餘三則絶塵而奔，各馬頭之上一隅，皆留石一尺正方，與邊界相平，隱隱有字迹，是當日刻贊處也。下座每邊三馬相連，各離尺許，共置一座。座面之石，即與地平合縫，有鐵錠連屬，是石座無容書處也。不知景叔何以不察？紫函以為馬無座書，誠是矣。

弨忍凍槃旋其旁者兩日，撫摩推測，惟喜得上一隅書贊之處顯然可見。想因其地位頗狹，筆法細瘦，非同大書深刻，更經千百載風雨剝蝕，固當漫滅。幸趙氏《金石録》云：昭陵《刻石文》、《六馬贊》，皆歐陽詢八分書。世或以為殷仲容書，非是。至諸降將名氏，乃仲容書耳。今附於卷末。是歐、殷兩書，各存之徵也。今馬之上方無一字，可見是歐書已亡之徵也。又據《志》云：駿石居後殿左右，下一坎兩行，列數石人。或無上半，且下埋入於土，皆不全。此貞觀中擒服諸番將君長頡利等十四人之像，琢石刻之北司馬門内者。弨視之，其餘無幾，幷下半衣甲之紋，亦殘毁不可名狀，安得有胸前之字？是殷書已亡之徵也。紛紛懸擬，不須置辯，但觀趙説，自明矣。

越翊日，馳至舊縣，觀太宗廟遺址，見《昭陵圖》、《六駿圖》，即游景叔倣陵石制畫刻，一碑每馬高七寸許。二碑巍然對列。各拓數紙歸，乃倣刻為《圖》，綴鄙説焉。至番將十四人游記，止有十二人，蓋彼時已闕其二矣。

己未入都，見朱竹垞太史所，察《唐書列傳》，載有十人。其相同者七，不同者三，為棄宗弄讚、龜茲王白葉護、于闐王尉遲伏闍信。亦無確據，未敢指定誰是。附書於末，以待識者教之。癸酉端午日戊申。

清・劉於義等［雍正］《陝西通志》卷九四《藝文十・［清］范文光〈昭陵乾陵説〉》　文光居邠，嘗走長安，道過谷口，問太宗祠，人不識為太宗也，漫應曰唐王祠；即今昭陵，人亦應之曰唐王陵。私心怪之，以為太宗也，何王之有？然過奉天，問乾陵，人亦不知有高宗也，亦應之曰武則天陵。范子曰：光今而後，知小民之口勝史氏之筆多矣。太宗雖帝，要其功業，著於為王時。當隋季之亂，出之膏火，震以風雷，一時奉唐家者，獨此王耳，故至今王之也，實當年有以傳此名也。然則人心所屬，衆譽所歸，雖帝王位號赫著人間，斯民固有不從其尊者矣。若夫金輪氏，淫毒竊攘，使異世下一抔之土，且專其名，君子聽之，猶有禍心之惡焉。然高宗實不能夫，特稱之曰則天陵。所以愧後世之夫不能有其妻者，雖掘地及泉，骨可埋而名不許，嘻其甚矣。考亭、涑水，大儒秉筆，然定不敢易『帝』而『王』，去『帝』而『后』，而小民直與之，直奪之，百世千秋，萬人一舌。先正謂《春秋》史外傳心，豈知史外傳口？民言可畏，過者思之。

藝文

唐・杜甫《杜工部詩集》卷一《行次昭陵》　舊俗疲庸主，羣雄問獨夫。讖歸龍鳳質，威定虎狼都。天屬尊《堯典》，神功協《禹謨》。風雲隨絶足，日月繼高衢。文物多師古，朝廷半老儒。直詞寧戮辱？賢路不崎嶇！往者災猶降，蒼生喘未蘇。指揮安率土，盪滌撫洪鑪。壯士悲陵邑，幽人拜鼎湖。玉衣晨自舉，鐵馬汗常趨。松柏瞻虚殿，塵沙立暝途。寂寥開國日，流恨滿山隅。

又《重經昭陵》　草昧英雄起，謳歌曆數歸。風塵三尺劍，社稷一戎衣。翼亮貞文德，丕承戢武威。聖圖天廣大，宗祀日光輝。陵寢盤空曲，熊羆守翠微。再窺松柏路，還見五雲飛。

唐・權德輿《權文公集》卷六《仲秋朝拜昭陵》　清秋壽原上，詔拜承吉卜。嘗讀貞觀書，及茲幸齋沐。文皇昔潛耀，隋季自顛覆。撫運斯順人，救焚非逐鹿。神祇戴元聖，君父納大麓。良將授兵符，直臣調鼎餗。無疆傳慶祚，有截荷亭育。仙馭凌紫氛，神遊棄黃屋。方祇護山迹，先正陪巖腹。杳杳九嵕深，沉沉萬靈肅。鳥飛田已闢，龍去雲猶簇。金氣爽林巒，乾岡走崖谷。吾皇弘孝理，率土蒙景福。擁佑乃清夷，威靈諒回復。禮承三公重，心愧二卿祿。展敬何所伸？曾以斧山木。

又《奉和張監閣老過八陵院題贈杜卿崔員外》　崇飾山園孝理深，萬方同感聖人心。已聞東閣招從事，每向西垣奉德音。公府從容談婉婉，賓堦清切景沉沉。與君跬步如同舍，終日相期此盍簪。

又《奉和鄭賓客相公攝官豐陵扈從之作時充鹵簿使》　五輅導靈輼，千夫象繚垣。行宮移曉漏，綵仗下秋原。莫究希夷理，空懷渙汗恩。頤神方蹈道，傳聖乃尊尊。共祝如山壽，俄驚憑几言。遐荒七月會，肸蠁百靈奔。豹尾從風直，鸞旗暎日飜。塗芻聯法從，營騎肅旌門。杳靄虞泉夕，凄清楚挽喧。不堪程盡處，嗚咽望文園。

又卷一〇《奉使豐陵職司鹵簿通宵涉路因寄内》　綵仗列森森，行宮夜漏深。殳鋋方啓路，鉦鼓正交音。曙月思蘭室，前山辯穀林。家人念行役，應見此時心。

唐・韓愈《韓昌黎集》卷四《豐陵行》　羽衛煌煌一百里，曉出都門葬天子。羣臣雜沓馳後先，宮官穰穰來不已。是時新秋七月初，金神按節炎氣除。清風飄飄輕雨灑，偃蹇旂旆卷以舒。逾梁下坂笳鼓咽，嵽嵲遂走玄宮閭。哭聲訇天百鳥噪，幽坎晝閉空靈輿。皇帝孝心深且遠，資送禮備無羸餘。設官置衛鎖嬪妓，供養朝夕象平居。臣聞神道尚清淨，三代舊制存諸書。墓藏廟祭不可亂，欲言非職知何如。

唐・張籍《張司業集》卷五《拜豐陵》　歲朝園寢遣公卿，學省班中亦攝行。身逐陵官齊再拜，手提木鐸叩三聲。寒更報點來山殿，曉炬分行照柏城。却下龍門看漸遠，金峰高處日微明。

唐・李商隱《李義山詩集》卷中《過景陵》　武皇精魄久仙昇，帳殿凄涼煙霧凝。俱是蒼生留不得，鼎湖何異魏西陵。

宋・蘇軾《東坡全集》卷二七《昭陵六馬唐文皇戰馬也琢石象之立昭陵前客有持此石本示予為賦之》　天將剗隋亂，帝遣六龍來。森然風雲姿，颯爽毛骨開。飈馳不及視，山川儼莫回。長鳴視八表，擾擾萬駑駘。秦王龍鳳姿，魯鳥不足摧。腰間大白羽，中物如風雷。區區數豎子，搏取若提孩。手持掃天帚，六合如塵埃。艱難濟大業，一一非常才。維時六驥足，績與英衛陪。功成鏘八鸞，玉輅行天街。荒凉昭陵闕，古石埋蒼苔。

金·趙秉文《滏水集》卷五《過乾陵乾陵，故梁山也。舊有柏萬株，亡矣。有石蕃王像來朝者六十四，至今猶存。下有章懷太子墓》 曉日上乾陵，乾陵何巍巍！前瞻對雙闕，上有十丈碑。左右蕃夷像，想見朝貢時。一抔土未乾，衮服易褘衣。好還雖天道，剪伐盡本支。凄凉廬陵謫，慷慨黄臺辭。賴有狄相國，取日洗咸池。母后盜國鼎，吕氏非薄姬。中睿乃其子，天幸亦其宜。驪山三日火，見笑牧羊兒。如何陵上柏，獨有神護持？千秋百歲後，魂魄復來茲。故山草木赭，應悔復辟遲。天回西日照，歲暮北風吹。南登樂遊園，默誦昭陵詩。

元·吴萊《淵穎集》卷四《觀唐昭陵六駿石像圖》 汾陽帝子天下雄，起乘六駿即六龍。掃除關河玉腕雪，芟刈隴坂花鬉風。長安渭水開前殿，梟摧猘殄聞酣戰。芻料登槽徹鼓鉦，陣瘢著體傳弓箭。人馬驍矜一代豪，治功底定聖躬勞。羽林旌旗曉色静，沙苑監牧秋雲高。磊魂拳毛騧，犇騰特勒驃，武周、金剛驚走趠。熒煌颯霧紫，錯愕什伐赤，建德、世充愁辟易。最好青騅骨相殊，魁奇更得白蹄烏。千官盡堋山溝域，萬騎齊瘖石像圖。九峻寢園壓幽阻，太子率更題贊語。形容迅奮銀甲鬪，汗雨沾濡鐵衣舉。周王八駿但周流，王母樂譙崐崘丘。漢家九駿空逸軌，神駒遠産余吾水。壯哉六駿古今稀，金粟堆南又一時。後代子孫曾不鑑，詩人腸斷望雲騅。

元·顧瑛《草堂雅集》卷一《陳基〈題昭陵六馬圖〉》 秦王六馬一何驍，生死同心鄂與褒。酣戰每將戈止日，並驅長使血生毛。流傳弟子初名幹，服事將軍老姓曹。貌得真龍九重上，昭陵刻石世同高。

明·殷奎《强齋集》卷八《望昭陵》 仰止昭陵莽蒼中，孤峰奇峭插秋空。因山政恐勞民力，琢石何須象戰功？終見《蘭亭》歸御府，重聞華衮奠玄宮。獨憐陪葬諸臣在，不使春秋祭祀同。

又《登乾陵作》 觀闕傾頹石獸殘，凉風側帽話長安。函香不覺天能雨，移檄空憐土未乾。月過三原秋淡淡，雲來九峻夜漫漫。誰能喚起裴宫監，為説當初創業難。

明·李夢陽《空同集》卷二二《乾陵歌武后陵黄巢伐之事具雪航膚見》 九重之城雙闕峙，前有無字碑，突兀雲霄裏。相傳翁仲化作精，黄昏下山人不行。蹂人田禾食牛豕，强弩射之妖亦死。至今剥落臨道傍，大者虎馬小者羊。問此誰者陵？石立山崔嵬。銅鐵錮重泉，銀海中縈廻，巢也信力何由開？君不見金棺玉匣出人世，薔薇冷面飛塵埃。百年枯骨且不保，婦人立身何草草！

明·楊巍《存家詩稿》卷一《乾陵》 毒霧生陰壑，悲風吹曠野。殘燒無人收，山高土色赭。當時信奢麗，遺趾尚豁閜。蔓草纏翁仲，積沙没石馬。突兀七層碑，字蝕詎堪打？柏盡根亦無，泉涸水不瀉。彼巢敢肆虐，始悟漆銅假。文景葬平原，過客拜陵下。

清·劉於義等［雍正］《陝西通志》卷九五《藝文十一·［明］趙崡〈將登昭陵阻大風雨率爾短歌〉》 君不見九峻山，鴻濛突出涇渭間，兩峰横截青天色，俯視日月如雙丸，怪石谽谺勢絶斗，大者鯨吞小虎吼。唐帝龍髯此上升，玉柙珠襦今何有？御道曾聞鳳輦臨，元宫不復熊羆守。悲哉文武之臣附蟄冢，纍纍千秋魂魄能相依？余也過之生慷慨，腰有長虹倚翠微。恍惚似聞神靈怒，鞭驪龍兮叱馮夷。澎澎湃湃，狂風驟雨如翻浪，山精木鬼白日爭趺宕。疑是浴銕三萬自東來，鼓吹前後聲悲壯。又疑是褒公鄂公酣戰時，大呼動天天震盪。君不見昨日天晴今日陰，眼中之事等流雲。漢家長陵竄野鼠，秦帝驪山空草痕。願提一斗酒，澆君青樹根。盡灑英雄恨千古，雨捲風收天地昏。

又《［明］温自知〈乾陵〉》 女主踞洪圖，虎眎何雄哉！千秋王氣盡，陵墓空崔巍。我今登其顛，蕭蕭風怒來。饑鳶獵曠埜，寒狐叫山隈。粧閣豈云秘？翁仲生莓苔。石獸夜吼天，霜風日以摧。咄嗟此高阜，萬古埋雲雷。我本俠烈人，過揖長夜臺。腰下看青萍，肝胆歷然開。誰使貽妖氛，民生逢禍災？慷慨揮長劍，坐使鯨鯢頽。相顧起叱嘯，旦夕風雲迴。

又 卷九六《藝文十二·［明］來復〈望昭陵〉》 迴合園陵路，峻山護閟宫。樵蘇松柏盡，兵燹畫圖空。銕馬高原暮，珠襦王氣通。只疑龍馭近，扈從尚羣雄。

唐·張説《張燕公集》卷一三《禮儀使賀五陵祥瑞表幷答制》 右臣等伏以陛下孝通天地，親朝五陵。拜橋陵則紫氣見，獲白兔，甘露降白鴿，天光清和，日色明朗。拜定陵則有景雲見，甘露降。拜獻陵則甘露被樹，祥雲抱日。拜昭陵則先聖見，神遊薦享之際，陛下親聞刻息。初進服用樂器，自然發聲。又素像回面，甘露降滋。從祀先臣，歷聞蹈舞。拜乾陵則有靈草生，甘露降，日抱戴之瑞。此皆陛下虔誠上感，神靈福降，四海同萬方忭躍。臣等幸陪大禮，親覩禎祥，無任大慶之至。謹奉表陳賀以聞。臣説謹言。

朝拜園陵，馨申精到，深懼虚昧，未感靈心。今嘉瑞来臻，神無譴怒，欽承祥祉，慶兢兼懷，儒林史官，當實朝典。

唐·張九齡《曲江集》卷一五《賀昭陵徵應狀》 右御史中丞徐暉從京便還，向臣等説妖賊劉志誠，四日從咸陽北原向南，見昭陵山上有黑雲忽起，志誠謂其凶徒云：『此雲將有暴風，若衝頭立，恐有破敗。』志誠久從征伍，頗解雜占。其言未畢，飄風果至，直衝行首，莫不昏迷，衆心驚惶，不知所出。及至便橋之際，並即走散。又見父老云：往年權梁山之徒，將逞不軌，當時亦有烈風暴雨，發自昭陵。彼至京城，賊還破滅。謹參往事，與今同符者。伏以閭閻賊類，切敢猖狂，而祖宗威靈，亦已玄鑑。昔年感召，若命蚩尤；今者驅除，更假風伯。所以妖氛自殄，狡計莫施，晷刻之間，逃形無路。此皆神力潛運，昌曆無窮，將俾孫謀，用昭聖德。事堪懲惡，可以垂後。無任慶悦之至。仍望宣付史官，幷示朝列，謹録奏聞。謹奏。

御批：先帝應期，道光文武之業；亦既棄代，人畏軒轅之臺。忝以丕承，罔不夙夜，每有啓悟，形於動靜。豈兹狂悖，勞我神兵，保祐實深，戴賀增惕。古之靈應，未之前聞，所請宣付史官幷示朝列，固其宜也。並依。

唐·柳宗元《柳河東集》卷二一《裴瑾崇豐二陵集禮後序》 《傳》曰『《詩》、《書》執禮。』禮不執，則不行。自開元制禮，大臣諱避，去《國恤章》，而山陵之禮，遂無所執。世之不學者，乃妄取預凶事之説，而大典闕焉。由是累聖山陵，皆摭拾殘闕，附比倫類，已乃斥去，其後莫能徵。永貞、元和間，天禍仍遘，自崇陵至於豐陵，不能周歲。司空杜公，由太常相天下，連為禮儀使，擇其僚以備損益，於是河東裴瑾以太常丞，隴西辛秘以博士用焉。内之則攢塗秘器，象物之宜；外之則復土斥上，因山之制。上之則顧命典册，輿文物以受方國；下之則制服節文，頒憲則以示四方。由其肅恭，禮無不備。且苞幷總統千載之盈縮，羅絡旁午百氏之異同，搜揚翦截而畢得其中，顧問關決而不悖於事。議者以為司空公得其人，而邦典不墜。裴氏乃悉去其所刊定，及奏復於上，辨列於下，聯百執事之儀，以為《崇豐二陵集禮》，藏之於太常書閣。君子以為愛禮而近古焉者。

昔韋、孟以《詩》、《禮》傳楚，而郊廟之制，卒正於玄成。鄭玄以箋注師漢，而禪代之儀，卒集於小同。賈誼以經術起而嘉最好學，盧植以儒學用而諶為祭法。舊史咸以為榮。今裴氏、太尉公以禮匡義嗣，侍中公以禮議封禪，祠部公以禮承大事，大理公以禮輔東宫，而瑾也以禮奉二陵，又能成書，以充其闕。其為愛禮近古也，源遠乎哉！瑾字封叔，其伯仲咸以文學顯於世。大理之兄正平節公以儀範成家道，又以文雅經邦政。今相國郇公，其宗子也。郇公以孝友勤勞，揚於家邦，遊其門若聞《韶》、《頀》，入其廟如至鄒魯，恩溢于九族，禮儀乎他門。則封叔之習禮也，其出於孝悌歟？成書也，其本於忠敬歟？由於家而達於邦國，其取榮於史氏也，果矣。

宋·李昉等《文苑英華》卷五七一《〔唐〕上官儀〈為于侍中請赴山陵表〉》 臣某言：伏以塗宫方撤，祖載有期，蹐厚地而靡容，跼高穹而標絶。臣昔逢開運，委質藩朝，荏苒迄兹，年將一紀。位非德漸，榮以恩滋，顧視涯分，何階致此。而今谷林啓隧，宸衞將移，衽席遺簪，纏哀罔極。方願整素翮而攀慕，奉劍舄而崩號，送往已窮，事居方永，特希宸鑒，曲遂荒襟。伏紙失圖，罔知攸措。

又《〔唐〕于公異〈為崔冀公請赴山陵表〉》 臣某言：臣聞臣之事君，盡於追遠；子之事父，禮在送終。忠至苟全，死且無悔。臣某中謝。臣本山東布衣，耕于淇澳，弓裘陵替，無以庇身。屬天寶中，玄宗聖明，河海清晏，臣始忝宿衞，入侍丹墀，合門歡榮，長幼同慶。洎禄山叛命，慶緒西侵，玄宗以玉輅南巡，肅宗以金輿北幸，諸侯避狄，天子蒙塵。臣當此時，有死無貳。於是執殳荷戟，漸拜偏裨。逮肅宗克復兩京，再安九廟，臣遂東征西伐，式遏蕃蠻，荷寵承榮，稍遷將帥。先皇以臣頗經統領，久鎮方隅，天渙曲臨，授臣節制，一辭雲陛，十載守邊，空懸魏闕之心，未展子牟之戀，徒慙保障，有愧繭絲。肇自一官，累登三事，兢惶罔措，悲駭失圖，荷戴恩榮，不勝號絶。且諸侯五月，同盟至；天子七月，同軌至。今先皇厭代，已歷四旬，臣妾攀號，哀纏六合。況臣一身授任，九族霑榮，華轂朱輪，留蟬滿路，永惟恩寵，答荷何階。豈謂先皇升遐，臣不得執紼陵隧；陛下登極，臣不得稱慶闕庭。吉凶二途，禮制皆闕。伏乞皇慈，曲被天澤，俯臨許臣，匍匐玄堂，稽首黃壤，攀穹永訣，踴地長號，獲申罔極之哀，用畢終天之願。無任殞絶崩迷之至。

又《〔唐〕崔融〈為裴尚書慰山陵事畢上表〉》 臣某等言：自遏密纏悲，山陵啓卜，陛下情深撤帳，戀切遊冠，至於鹵簿吉凶，途程日月，莫不親垂睿旨，顯發宸衷。由是川后兢馳，山祇荐委，雲物澄霽，景氣清和。靈驂電轉，非因下人之力；神輦風行，自有上天之助。山河道路，曾不艱虞；木石犬馬，咸當感悅。豈非大孝所洽，通於神明，至聖所弘，動於天地者矣。伏以某日吉辰，永安神寢，郊原四合，門闕九重，傍奉園林，近瞻京邑，玄宮一閟，紫禁長辭，萬國同軌，五情分裂。伏惟皇太后，陛下哀慕永往，聖懷難居，臣等早侍軒墀，謬霑簪履，攀龍不及，顧慕軒轅之臺；耘鳥相驚，屏營會稽之野。限以歸從，末由詣闕，無任悲感之至。謹遣某奉表以聞。

又《〔唐〕權德輿〈代中書門下賀八陵脩復畢表〉》 臣某等言：臣聞宗廟之享，以致吉蠲；山園之制，以極嚴敬。國朝祀典，盡用漢法，寢宮便殿，永奉衣冠，日往月來，久未脩復。伏惟皇帝陛下，繼明恭己，大孝因心，丕承祖宗，對越天地，薦馨香於九廟，崇經構於八陵。庶民子來，百堵皆作，人神協吉，龜筮告猶，用成弈弈之新，實自蒸蒸之孝。行宮盡復，神御以安。掌禮之官，虔於受命；奉陵之縣，但覩成功。慮財用而靡賦於人，量事期而不愆于素，罔極之感，交於神明。奚斯《閟宮》，徒頌諸侯之事；叔孫原廟，蓋匪先王之法。孝彰禮備，豈比於今？列聖在天，萬方受祉，春秋匪懈，超冠百王。臣等謬參台司，獲承詔旨，無任誠賀之至。

又《〔唐〕令狐楚〈賀修八陵畢表〉》 臣某言：得進奏院狀報，八月十五日，百寮於宣政殿賀脩八陵畢。伏惟陛下，行通神明，孝彰天地，深懷遠慕，嚴奉諸陵。台階元臣，展敬以祇命；甸服蒸庶，忘勞而陳力。芟青蕪以疏徼道，掃紅腐而浄藩園。崇固護於岡陵，增肅清于松柏。漢朝充奉，徒見其遷人；魏時向望，空聞夫作樂。方今大禮，彼實缺然。天下臣妾，不勝幸甚。況臣名編竹籍，屬忝葭莩，感慶之誠，倍百恒品。

又《奉慰過山陵表》 伏承順宗至德大聖大安孝皇帝奄過山陵，率土臣庶，不勝號慕。伏惟陛下孝思天至，祇事薦誠，精貫昊穹，禮備園寢，攀慟罔極，聖情難居。臣謬列藩條，限於守職，不獲奔走，陪慰内庭，無任感愓兢越之至。

又《為福建閻常侍奉慰德宗山陵表》 臣某言：伏見制書，大行皇帝靈駕，尅以某月日遷座崇陵。先太后梓宮，自靖陵啓發，同時合祔。萬邦永慕，悲纏於弓劍；七月有期，痛延於鑾貊。伏惟皇帝陛下，孝思罔極，至性自天，攀奉山園，聖情難處，中慰先朝，臨御悠長，威靈遐被，儲祉傳聖，以福四方。今祇祔禮終，清廟如在，率土臣庶，實謂哀榮。臣職忝方隅，分憂地遠，不獲仰陪下列，奉慰外朝，無任瞻戀哀惶之至。

清·劉於義等〔雍正〕《陝西通志》卷九〇《藝文六·〔宋〕趙孚〈修唐憲宗陵廟碑銘〉》 伊昔有唐，元和聖帝，明在進賢，敏於去弊。納進賢者何？惟求康濟。去弊者何？不務奢麗。遠佞退邪，如日除翳。納言招諫，若金用礪。四海歸仁，萬方感惠。救衰亂時，成治平世。中興明主，廟號憲宗。聖文立德，神武成功。兩河五紀，地據寇戎，四郊一旦，民復皇風。戢兵禁暴，務穡勸農。國有賑貸，時無困窮。恤刑議獄，去濫推公。孝治其始，王道其終。我宋無運兮，功冠百王。禮神為民兮，化安萬方。欽帝德業兮，刋碑建廟。福我生靈兮，地久天長。

雜録

送葬赴陵

宋・王溥《唐會要》卷二一《諸陵雜録》　大曆十四年十月，代宗山陵靈駕發引，上號送于承天門，見轀輬不當道，指丁未間，問其故，有司對曰：『陛下本命在午，故不敢當道。』上號泣言曰：『安有枉靈駕而謀身利？』乃命直午而行。

宋・宋敏求《唐大詔令集》卷七六《典禮・陵寢上・扈從靈駕・太祖允百官表請不親至山陵詔》　朕永懷罔極，實願匍匐園陵。今汝等既以宗社事重，固相敦迫，敬依所請，倍增號絶。

又《隨靈駕赴陵所詔》　伏以山靈卜兆，追號罔極，日月遄流，先遠將至。且如追慕之痛，感在因心；終天之喪，思遵達禮。来月十一日，靈駕發引，朕侍從親赴陵所，宜令有司，隨事供擬。

又《親至和陵勑》　勑：朕祇荷丕圖，惟仰先訓，方追號弓之痛，俯臨同軌之期，將展孝思，宜親營護。皇太后義深鳴鳳，情極攀龍，亦欲專奉靈輿，躬及園陵寢廟，務盡追攀之道，用終哀敬之儀。其大行皇帝發引日，朕當從皇太后親至陵所，宜令中書門下准此指揮。天祐二年三月

又《答百僚不赴陵詔》　朕以痛深創鉅，園陵有期，冀當復土之辰，以慰終天之報。而公卿大臣敷陳典故，援引今古，以為一日萬機，不可斯須而曠。既執禮而愈切，難順情而有違。深抑荼蓼之哀懷，俯徇股肱之讜議。爰因晨省，已啓慈順，倍極摧傷，勉從来請。天祐二年正月

祭陵

唐・杜佑《通典》卷一一六《禮典七十六・開元禮纂類十一・吉八・皇帝拜陵》　將拜陵，所司承制，內外宣攝，隨職供辦。前發二日，太尉告太廟如常儀。將作先修理拜謁之所及寢宮。務極潔敬，不得喧雜。尚舍直長去陵十里所設行宮，奉御鋪御座齋室如常儀。守宮設從駕百官及皇親諸親并客使位及次如常儀。尚舍又於拜陵所道西量設小次，又於寢宮前之西南設大次東向如常儀。守宮量設侍臣次於大次西南，設羣官應陪位者次於侍臣次之西南，隨地之宜，皆東向北上，文官在北，武官在南，朝集使於武官之南。尚食先備太牢之饌，珍羞庶品，務極豐潔。太常滌棧牲牢及粢盛，光祿、司農及掌祠人供辦如式。

拜謁前一日，皇帝至行宮，詣齋室，仗衛如式。陵令以玉册進，御署訖，近臣奉出，陵令受訖，奉禮設御位於陵東南隅，西向。其有山谷隱映，則隨地設位，望陵而拜。又設位於寢宮之內寢殿東階之東南，西向。又設百官位於陵所，行從官及皇親諸親并客使等分方位於神道左右，相對為首；又設百官位於寢宮大次之前，分方序立如常，並隨地之宜。

拜謁日未明五刻，諸衛量設黄麾仗於陵寢陳布。其陵寢舊宿衛人，各依本職掌，不得移動。未明三刻，行從百官及諸皇親五等以上、諸親三等以上并客使等應陪位者俱就位。侍中版奏：『請中嚴。』其布位及進嚴典儀相贊設之。近仗就陳如常。未明一刻，侍中版奏：『外辦。』皇帝素服乘馬以出，勑侍臣上馬，曲直華蓋繖扇侍衛如常儀，詣陵西南小次，所控馬以入。

少頃，侍中版奏：『外辦。』皇帝步出次，博士引太常卿，太常卿前導，皇帝至位立。太常卿前奏：『請再拜。』博士與太常卿退立於後。皇帝再拜。太常卿又前奏：『請再拜。』皇帝又再拜。奉禮曰：『再拜。』贊者承傳，陪位者皆再拜，又再拜訖。凡贊拜進退，皆通事舍人贊相，以後准此。少頃，太常卿前奏：『請辭。』皇帝再拜，又再拜。奉禮曰：『奉辭。』贊者承傳，陪位者再拜，又再拜。

太常卿引皇帝還小次，乘馬出次，勑侍臣上馬，儀仗侍衛詣寢宮。皇帝從陵迴詣大次，乘馬以入，其仗衛等各立以俟，其行從百官及皇親諸親并客使等，並依位序立於大次之前。所司嚴潔具酒饌。

侍中版奏：『外辦。』皇帝步出大次，博士引太常卿，太常卿前導，皇帝至寢宮南門。仗衛停於門外。其應從入之官，臨時奏聽進止。博士引太常卿，太常卿前導，皇帝入內門，取東廊進至寢殿東階之東南，西面立定。太常卿前奏再拜訖，引皇帝升東階，當神座前，北面再拜訖，又當皇后神座前再拜訖，入，進省服翫，拂拭牀帳。勑所司進太牢之饌，加備珍

差陳設。若有太子、諸王、公主陪葬柏城內者，並於寢殿東廊下所司致祭，功臣陪葬者，於東廊下各奠饌布位，量定獻官行事。太常卿引皇帝出，詣酒罇所，酌酒進。其罇坫陳於當戶外之東南如常儀。皇帝入奠酒三爵訖，當神座前北向立。太祝二人對持玉册於室戶外之右，東向，一太祝東向跪讀祝文訖，皇帝再拜，又再拜。若更進奠服翫，即躬自執陳。訖，太常卿引皇帝出戶，當神座前北向立。太常卿奏：『請辭。』皇帝再拜，又再拜。訖，太常卿引皇帝出中門，太常卿前奏：『請權停。』其從官及行事官並出大門外奉候。其守宮使、內侍官引內官率寢宮內人謁見訖，皇帝出，侍衛如常儀，還大次。少頃，若猶宿，即乘馬還行宮。若更向前陵，即於大次更進發。皆近侍先奏取進止，與仗衛計會。

又《皇后拜陵》 所司先設大次於寢宮之東，隨地之宜，東向，鋪御座如常。又設先朝妃嬪次於大次之南。守宮設大長公主、長公主及諸親婦人、命婦等次於妃嬪之南，皆東向。及拜謁之處，皆障以行帷。

前一日，內謁者設中宮御位於寢宮東大次前近東，東向。又設先朝妃嬪以下位於御位西南，各於其次之東，皆重行東面，以北為上。司贊位於妃嬪東北，東面，掌贊二人在南，差退。

皇帝發行宮後，皇后乘四望車如常行之式，發行宮，之大次，改服假髻、白練單衣服。內典引各引妃嬪以下就位立訖，內侍版奏：『外辦。』司言引尚宮，尚宮引皇后，每尚宮前導，皆司言先引。出就位。尚服負琮寶以從如式。立定，尚儀前奏：『再拜。』退復位。皇后再拜。司贊曰：『再拜。』掌贊承傳，諸陪位者皆再拜。少頃，尚儀又前奏：『請再拜辭。』皇后再拜。司贊曰：『再拜。』掌贊承傳，諸陪位者皆再拜。尚宮引皇后還大次，謁寢宮如常儀。皇后初還大次，內典引各引陪位者退。

皇后拜陵，訖於寢宮東大次改服鈿釵禮衣。若服常服，臨時聽進止。乘輿詣寢宮，司服負琮寶以從，侍衛如常，先朝妃嬪、大長公主、長公主陪後如常式。至宮北門，降輿入大次。

皇帝既入寢宮，尚宮引皇后侍從如常。詣寢殿前西階之西，東面立。其妃嬪、公主等陪從立於皇后之南，皆東面北上。又設司贊位於妃嬪東北，東面；掌贊二人在南，差退。在位者立定，尚儀前奏：『請再拜。』皇后再拜。司贊曰：『再拜。』掌贊承傳妃嬪以下皆再拜。訖，尚宮引皇后升自西階，入室。妃嬪、公主等仍立於階下。詣先帝神座前，北面再拜。訖，尚宮又引皇后詣先帝皇后神座前，北面再拜。訖，復引皇后進省先后服翫。訖，引退西廂東面立進食訖，皇帝出，尚宮引皇后從出，降自西階，復階下位。尚儀奏：『再拜。』皇后再拜。訖，司贊曰：『再拜。』掌贊承傳，妃嬪以下皆再拜。訖，請皇后之大次更衣妃嬪以下皆更衣。皇后出寢宮北門，乘四望車還行宮，侍從如來儀。

又《太常卿行諸陵》 所司先擇吉日。行日之朝，車府令具軺車，駕一馬，清道。青衣、團扇、曲蓋、繖扇俱詣太常寺門布列以候。守宮先於陵南百步道東設次，西向北上。右校令具蒴除利器以備灑掃。

太常卿公服乘車，奉禮以下公服陪從，到次降車，停便座。奉禮設卿位於北門外之左，西向，陵官在卿位東南，執事官又於其南，俱西面北上。設奉禮位在陵官之西。西面，贊者二人在南，少退。

謁者引太常卿出次就位，贊引諸官以次就位。立定，奉禮曰：『再拜。』贊者承傳，在位者俱再拜。謁者引太常卿，贊引引諸官以次入奉行畢，謁者引復位。奉禮曰：『再拜。』在位者皆再拜。謁者引太常卿，贊引引諸官各就便坐。少頃，乘車發行次，詣諸陵奉行如上儀。若應須灑掃及芟薙脩理，皆即隨事處分。

《舊唐書》卷三《太宗紀下》（貞觀）十三年春正月乙巳朔，謁獻陵。曲赦三原縣及行從大辟罪。丁未，至自獻陵。

又 卷四《高宗紀上》（永徽元年）九月癸卯，右驍衛郎將高侃執車鼻可汗詣闕，獻于社廟及昭陵。【略】

（永徽）六年春正月壬申朔，親謁昭陵，曲赦禮泉縣民，放今年租賦。陵所宿衛將軍、郎將進爵一等，陵令、丞加階賜物。甲戌，至自昭陵。於陵側建佛寺。

又 卷八《玄宗紀上》（開元十七年）十一月庚申，親饗九廟。辛卯，發京師。丙申，謁橋陵。上望陵涕泣，左右並哀感。制奉先縣同赤縣，以所管萬三百戶供陵寢，三府兵馬供宿衛，曲赦縣內大辟罪已下。戊戌，謁定陵。己亥，謁獻陵。壬寅，謁昭陵。乙巳，謁乾陵。戊申，車駕還宮，大赦天下，流移人並放還，左降官移近處。百姓無出今年地稅之半。每陵取側近六鄉供陵寢。內外官三品已上加爵一等，四品已下賜一階，五品已上請父母亡者，依級賜官及邑號。

又 卷一八九下《儒學傳下・韋叔夏》 調露年，累除太常博士。後屬高宗崩，山陵舊儀多廢缺，叔夏與中書舍人賈太隱、太常博士裴守真等，草創撰定，由是授春官員外郎。

宋・王溥《唐會要》卷二〇《親謁陵自開元十七年後無親謁陵事》

貞觀十三年正月一日，太宗朝於獻陵。先是日，宿設黄麾使，周衛陵寢，至是質明，七廟子孫及諸侯百寮、蕃夷君長，皆陪列於司馬門内。太宗至小次，降輿納履，哭於闕門，西面再拜，慟絶不能興。禮畢，改服，入於寢宫，親執饌，閲視高祖及先后服御之物，匍匐牀前悲慟，左右侍御者，莫不歔欷。初，甲辰之夜，大雨雪，及太宗入陵，悲號嗚咽，百辟哀慟。有頃，云出於邱陵之上，俄而彌布，天地晦瞑。禮畢，太宗出自寢宫，步過司馬門，泥行二百餘步，於是風静雪止，天色開霽，咸以為孝感之所致焉。

永徽六年正月一日，親謁昭陵，文武百官，宗室子孫並陪。上降輦易服，行哭就位，再拜擗踊。禮畢，又改服，奉謁寢宫。其從聖宫妃嬪，大長公主以下，及越、趙、紀三國太妃等，皆先於神座左右侍列，如平生。上既入寢，哭踊，絶於地。進至東階，西面再拜。號慟久之，乃進太牢之饌，加珍羞具品，引太尉無忌、司空勣、越王貞、趙王福、曹王明及左右屯衛將軍程知節，並入執爵進俎。上至神座前，拜哭奠饌，設先帝先后衣服，拜辭訖。行哭出寢北門，乃御小輦還宫。

開元十七年十一月十日，上朝於橋陵，陵在奉先縣。至壖垣西闕，下馬悲泣。步至神午門，號擗再拜，悲感左右。禮畢還。下詔曰：『黄長軒臺，漢尊陵邑，名教之地，因心为則。宜進奉先縣職望班員，一同赤縣，所管萬三百戶，以供陵寢，即為永例。』十二日，朝於定陵，如橋陵之禮。陵在富平縣。時每發行宫，將謁，天尚未曉。給事中劉彤疏上諫曰：『將事發軫，路猶曛黑，紅塵四合，白刃交馳，往來不相知，左右不相識。假令有敗車逸馬，枯木朽株，則變在不慮，患生所忽，不可輕也。伏願慮及細微，以安宗社。拜陵之日，必假朝光，凡百歡心，普天幸甚。』制曰：『朕夙敬之志，惟在昧爽，卿重慎之誠，欲及辨色。國體宜爾，用納良言。然要須早朝，稍盡夜漏耳。』十三日，朝於獻陵。十六日，朝於昭陵。陵在醴泉縣，掌事者彷彿遥觀太宗玄神遊殿前，及上入寢宫，聞室中謦咳之音。上又令寢宫門外設奠，以祭陪陵功臣將相蕭瑀、房玄齡等數十人，如聞其抃蹈之聲。十九日，朝於乾陵。陵在奉先縣。諸陵各取側近六鄉百姓，以供養寢陵之役。

又《公卿巡陵》 顯慶五年二月二十四日，上以每年二月，太常卿、少卿分行二事陵，重人輕，文又不備，鹵簿威儀有闕，乃詔三公行事太常卿、少卿為副，太常造鹵簿事畢，則納於本司。仍著於令。

景龍二年三月，右臺御史唐紹以舊制元無諸陵起居之禮，惟貞觀式文，但以春秋仲月，命使巡陵，太后遂行每年四季之月及忌日降誕日，遣使往諸陵起居。準諸故事，元無此禮，遂上表：『曰臣伏以既安宅兆，禮不祭墓。所謂送形而往，山陵為幽静之宫；迎精而返，宗廟為享薦之室。但以春秋仲月，命使巡陵，鹵簿衣冠，禮容必備。自天授以後，時有起居因，循至今，乃為常事。起者以起動為稱，居者以居止為名，參侯動止，蓋非陵寢之法，豈可以事上之道，行之於時。望停四季及忌日降誕日并節日起居陵使，但準二時巡陵，庶得義合禮經，陵寢安謐。』手敕答曰：『乾陵每歲正旦、冬至、寒食遣外使去，二忌日遣内使去，其諸陵並依來表。』

開元十五年二月二十四日敕：『每年春秋二時，公卿巡陵，初發準式。其儀仗出城，欲至陵所十里内，還具儀仗。所須馬，以當界府驛馬充。其路以供遞車兩，來載儀仗，推輅三十人，餘差遣並停。所司别供，須依常式。』

二十七年八月十二日敕：『古者分命公卿，巡謁陵寢，率皆乘輅，以備其儀。雖則是常不可廢闕，而事有適要，亦在變通。宜令太僕寺司，每陵各支輅兩乘，并儀仗等，送之陵所貯掌，既免勞煩，無虧肅敬。其公卿出城日如常儀，至陵所準此。』二十八年七月十八日制：『伏以八代祖宣皇帝，七代祖光皇帝，六代祖景皇帝，五代祖元皇帝，自昔追尊號謚，稽古有則，而陵寢所奉，須廣彝章。其建初、起運二陵，仍準興寧陵例，置署官及陵戶。自今以後，每歲至春秋仲月，宜分命公卿，準諸陵例，分往巡謁。仍命所司，準數造輅，於陵署收掌。以充備禮之用。其建初、啓運、興寧、永康等四陵，宜别四時及八節，委所由州縣，數與陵署相知，造食進獻。』

天寶六載八月一日勅：『每年春秋二時，巡謁諸陵，差公卿各一人。奉禮郎一人右校署令，一人其奉禮郎右校署令，自今以後宜停，至陵所差縣官及陵官攝行事。其巡陵儀式，宜令太常寺修撰一本，送令管陵縣收掌，長行需用，仍令博士助教習讀，臨時讚相，永為常式。』

貞元四年二月，國子祭酒包佶奏：『每年二月八日，差公卿等朝拜諸陵。伏見陵臺所由引公卿至陵前，其禮簡畧，因循已久，恐非盡敬。謹按《開元禮》有公卿拜陵舊儀，望宣傳所司，詳定儀注，稍令備禮，以為永式。』勅旨：『宜令所司酌禮量宜，取其簡敬。』於是太常約用《開元禮》制，及勅文舊例修撰。五月，勅旨施行。所司先擇吉日，公卿待輅車、鹵簿，就太常寺發至陵，所司先於陵南北步道東，設次西向北上。公卿等到次，奉禮設公卿位於北門外之左，西向；陵官在公卿位東南；執事官又於其南，西向北上。設奉禮位於陵官西面；贊者二人在南少退。謁者引公卿出次就位，贊引諸官就位立。奉禮曰：『再拜。』贊者承傳，在位者俱再拜。謁者引公卿，贊引引諸官，出次，以奉行畢，退復位。奉祭禮曰：『再拜。』贊者承傳，在位者皆拜，謁者引公卿，贊引引諸官，各就次以還。若須洒掃及芟薙修理，即隨事處分。其奉禮郎、與謁等，應須權攝，請準天寶六載八月勅，所管縣及陵官、博士助教等充、又準開元皇帝行諸陵，即設太牢之饌，其公卿朝拜，備奉巡檢之禮，並無牲牢。

元和元年正月，禮儀使杜黄裳奏：『二月公卿拜諸陵，準禮，太上皇昇遐，準祭天地社稷，其拜陵及諸享祀，並合權停。』制曰：『可。』

長慶元年六月二十七日，吏部奏：『公卿拜陵，通取尚書省及四品以上清望官，中書省及諸司五品以上清望官及京兆少尹充。』從之。三年正月，御史臺奏：『應差定拜陵公卿，伏請除準式假外。如吏部差定奏下後，稱疾患事故者，望同臨祭出齊例論俸。應拜陵公卿，正衙辭後，並合當日出城。迎來因循，轉不遵守，動經累日，止宿於家，受命不恭，莫甚於此。臣請申明舊制，因事制酌宜，計其道程，前後辭發。』奏可。

記曰：『按《開元禮》，春秋二仲月，司徒、司空巡陵，春則掃除枯朽，秋則芟薙繁蕪。掃除者，當發生之時，欲使茂盛也。芟薙者，當秋殺之時，除去擁蔽，且慮火災也。今巡陵公卿，皆持斧擊樹三發，謂之告神，其為不經，一何甚也。』

又　卷二一《緣陵禮物》　舊儀注，品物時新，將堪供進，所司先進太常，令尚食相知簡擇，仍以滋味與斯物相宜者配之。冬魚等凡五十六品。

永徽二年七月二十九日，有司言：『謹按獻陵三年之後，每朔、望上食，冬、夏至伏、臘、清明、社節等日，亦準朔望上食。來月之後改復平常。昭陵所司上食，請依獻陵故事。』從之。

神龍二年二月，太常博士彭景直以為諸陵每日奠祭，乖於古禮上疏：『謹按《三禮》正文，無諸陵日祭之事，唯著宗廟月祭之禮。故《祭法》云：「天下有王，建國置都，設為廟祧壇墠而祭之，乃為親疏多少之數」，是故王立七廟，一壇、一墠。曰考廟，曰王考廟，曰皇考廟，曰顯考廟，曰祖考廟，皆月祭之。遠廟為祧，有二祧，享嘗乃止。去祧為壇，去壇為墠，有禱焉祭之，無禱乃止。則此禮典明，文義可求。』景直又按《禮論》譙周《祭志》云：『天子之廟，始祖及高祖、曾祖、祖考，皆每月朔望加薦，以象平生，朔食也，謂之月祭。二祧之廟，無月祭。此譙周所著，與古義禮相附近，亦無日祭之文。今諸陵月祭，有朔、望幷節日料，則古禮殷事之義也；諸節日猶古薦新之義，故鄭玄注《禮記》云：「殷事，月朔、月半薦新之奠也。」又注《儀禮》：「月朔、月半，猶平常之朝夕也，大祥之後，即四時焉。」此則古者祭皆在廟，近代以來，始有朔、望及諸節日，祭於陵寢，在廟惟曰時正享及臘為五享。前所奏定，並依古禮正文，更不旁引外傳。考據禮經，更無日祭。惟漢七廟議，京師自高祖下至宣帝，與太上皇、悼皇考，各自居陵旁立廟，又園中各有寢殿，日祭於寢，月祭於廟。時祭於便殿。至元帝時，貢禹以為太煩，奏請罷郡國廟。丞相韋玄成等議，七廟外寢園，皆無復祭。奏可。議者亦以祭不欲數，數則瀆，宜復古禮，四時祭於廟。丞相匡衡亦奏七廟迭毀之義，帝從之。又祭不欲疏，改劉歆以為禮去事殺，引《春秋外傳》云：「日祭，月祀，時享歲貢。祖、禰則日祭，曾、高則月祀，二祧則時享，壇墠則歲貢。」至後漢陵寢致祭，無明文以言；魏氏三祖及晉，皆不祭於墓；至於江右，亦不崇園寢；及宋、齊、梁、陳，其祭無聞。臣以為《三禮》者，不刊之書；懸諸日月，外傳所記，不與經合，不可依憑。國家率由典章，計論正理，模事作法，垂裕將來，擇善而行，依經為允。其諸陵日祭，請準禮停。』疏奏，上謂侍臣曰：『禮官奏言，諸陵準禮不合日別進食。但禮因人情，事有沿革，陵寢如昨，祇薦是常，乃援日月之期，請停朝夕之奠。乍覽此奏，哀慕增懷。乾陵宜依舊朝晡進奠，昭、獻二陵，每日一進，必若所司供辦辛苦，可減朕膳，以為常式。』

開元二年四月十五日勑：『頃者別致鷹狗，供奉山陵；至於料度，極多費損，有乖儀式，無益崇嚴。其諸陵所有奉供鷹狗等，並宜即停。』高宗時置。

三十三年四月勑：『獻、昭、乾、定、橋、恭六陵朔、望上食，歲冬至、寒食日，各設一祭。如節祭共朔、望日相逢，依節祭料。橋陵除此日外，仍每日進半口羊食。』

二十八年七月十八日勑：『其建初、啓運、興寧、永康四陵，每年四時八節，委所司別與陵署相知，造食進獻。』

天寶二年七月二十七日勑：『朕纂承丕業，肅恭祀事，至於諸節，常修薦享；且《詩》著授衣，令存休澣，在於臣子，猶及恩私。恭事園陵，未標令式，自今以後，每至九月一日，薦衣於陵寢，貽範千載，庶展孝思。但仲夏端午，事無典實，傳之淺俗，遂乃移風。況乎以孝導人，因親設教，變遊衣於漢紀，成獻服於禮文。宜宣示庶僚，令知朕意。』

大曆十四年九月，禮儀使顔真卿奏曰：『按《後漢禮儀志》云：「古不祭墓，漢諸陵皆有園寢，承秦所為也。建武以來，關西諸陵，但四時特牲祠，每帝幸長安，諸陵乃太牢祠；自洛陽諸陵至靈帝，皆以晦望二十四氣伏、社、臘日及四時祠；無每日上飯。其親陵一所，宮人隨鼓漏理被枕，其與洛陽諸陵及親陵，降殺不同之文也。」又《春秋傳》曰：「祖、禰則日祭，曾、高則月祭，二祧則時享，壇墠則歲貢，大禘則終王。」固以親疏相推，遠近為制。又祠部式，獻、昭、乾、定、橋、恭陵，並朔、望上食，歲及冬至、寒食，各設一祭。唯橋陵除此日外，每日供半口羊充薦。是則玄宗之於親陵，與諸陵且有異矣。今請元陵除朔、望及節祭外，每日更供半口羊充薦，準祠部式供擬，泰陵、建陵，則但朔望及歲冬至、寒食、伏臘、社日，各設一祭，每日更不合上食。』制曰：『可。』

元和元年七月，禮儀使杜黃裳奏引故事，豐陵日祭，崇陵唯朔望、節日、伏臘各設一祭。制可。

十五年四月，禮儀使奏：『按禮文令式，皇祖以上至太祖陵寢，朔望上食。其元日、寒食、冬至、臘、社日，各設一祭。皇考陵朔望及節祭外，每日進食。今豐陵各停日祭，景陵日祭如式。』供奉制曰：『可。』

至其年五月，殿中省奏：『尚食局供景陵千味食數，內魚肉等品委食，味皆肥鮮，掩俎之後，薫蒸頗極。今請移魚肉食於下宮，以時進饗，仍令尚藥局據數以香藥代之。』勑：『脯醢猪犢肉等，皆宜以香藥代，其酒依舊供用。』

又《諸陵雜録》 景龍二年三月十一日勑：『諸陵所使來往，宜令所支預料所須，送納陵署，仍令署官儉校，隨事供擬，不得差百戶私備支承。』

宋·宋敏求《唐大詔令集》卷七七《典禮·陵寢下·親謁·親謁陵曲赦醴泉縣德音》 朕恭膺大寶，嗣隆景業，虔奉成則，光闡洪休，昧旦兢懷，宵分動慮，蒼旻垂祐，宗社降靈，順黎元之心，藉忠賢之力，俗登仁壽，道暨升平，遠肅邇安，時康俗阜，履端授節，陽和肇氣，親率庶僚，奉謁陵寢。遺弓茹慕，切終身之憂；撫鏡纏悲，興寒泉之思。敬深如在，哀隆罔極。薦享既畢，情理獲申。式表因心，宜弘凱澤，可曲赦醴泉縣并行從人，大辟罪以下皆赦除之。百姓免今年租調。左監門員外將軍常基在此宿衛，進爵一等。陵令、陵丞各加一階，並節級賜物。永徽六年正月

又《蘇頲〈停親謁乾陵勑〉》 勑：昔有獻高寢，禮遵於仲月；將上原陵，覲達於中夜。所以銜悲罔極，申敬如在，鑑於前史，抑有舊章。朕以寡昧，早罹酷罰，屬遠安邇肅，慶承於七廟；霜來露往，感積於四時。頃迴旆洛師，停輿京邑，蓋非省風俗，希先王徯后之言，伏以瞻山園，奉聖人因親之教。有司已具，成命必行。渭北衣冠，預嚴於法駕；陵東松柏，傍蔭於清道。先陳翼翼之詩，後展蒸蒸之慕。孟冬戒序，計日數程，義在因心，不忘寢寐。但以近郊井隧，年時水旱，賦於納秸，未贍規田，取彼盈箱，曾徵實廩，而公卿常伯獻書立議，咸以為明察敬事，撫臨愛育，若萬乘不備其禮，故非敬也；百姓不勝其勞，故非愛也。況駿奔執豆，夙事於象居；攀戀遺弓，載勤於奉邑。以眇身之兼願，殊先志之恤隱，是則乖於濟物，咎必在予。所不忍言，諒非獲已，俯順衆情，逾

增遠思。前以今年十一月二十日親謁乾陵者，且停。

又《謁五陵赦》 祀之大者，莫尊於嚴享；德之至者，莫加於孝敬。故周廟頌《思文》之章，漢陵躬展事之禮，因心斯在，敢不肅祇？我國應天受期，駿惠不命，繼武宗文之德，重熙累洽之盛，故以道高系表，首冠帝先。朕以眇身，獲保鴻業，往屬多難，時逢國屯，推戴神宗，纂復興運，允廸前烈，載康兆人，皆仗卿士之叶謀，人祇之道贊，豈伊薄德，敢承天休？露往霜來，久積園陵之思；秋嘗夏禘，幸思孝享之誠。乃夏朔之辰，祥芝產於太室；及秋吉之日，珍木瑞於神宮。對月上靈，拜茲嘉貺。頃秋稼未實，民力尚勞。每事害農，豈惟在予一人之責？因親設教，恐違先旨隱恤之方。今三時已和，百禮斯洽，崇牙宿設，萬儛在庭。敬爾神工，駿奔執豆，蠲潔為糦，明德惟馨。有來雍雍，載懷怵惕之思；至止肅肅，如聞歎息之聲。降格有終，纏感罔極，閟宮鬱邑原廟，衣冠或將親掃。松柏用仰，崇飾增嚴，瞻弓劍而莫及，捧鏡奩而嗚咽。始自橋岳，終奉梁山，紫氣昇於舊原，甘露徧於陵樹。白兔馴擾，瑞草呈祥。恭惟昭陵，載感王業，肆台小子，夙奉睿圖。及齋誠虔誠，率祇祀典，聖容昭見，靈迹尤彰。每四方多虞，中國有事，雖升龍已遠而躍馬如神。及配奠壽宮，親聞忭躍，幽明合慶，今古未聞。蓋皇天眷於我唐，神心昌於後嗣。延祚之祉，豈獨在予一人？錫類之恩，宜廣覃於四海。可大赦天下。

又《供薦·停諸陵供奉鷹狗詔》 園陵之地，衣冠所遊，凡厥有司，罔不祇事。禮存則先型是訓，禮失則後代何觀？惟懷永圖，敢忘舊典！頃者別致鷹狗，供奉山陵，至於料度，極多費損。況昔誡禽荒，既非尋常所用；遠惟龍馭，每以仁愛為心。彼耕象與耘，鳥且增哀，慕豈飛蒼而走黃？更備畋獵，有乖儀式，無益崇嚴，載懷虧紊，良深悚惕。諸陵所有供奉鷹狗等，並宜即停。開元二年四月

又《九月一日薦衣陵寢制》 禋祀者，所以展誠敬之心；薦新者，所以申霜露之思。是知先王制禮，蓋緣情而感時。朕纘承丕業，肅恭祀事，至於諸節，當修薦享。自流火届期，商風改律，載深追遠，感物增懷。且《詩》著授衣，令存休澣。在於臣子，猶及思私，恭事園陵，未標典式。自今以後，每至九月一日，薦衣於陵寢，貽範千載，庶展孝思。且仲夏端午，事無故實，傳之淺俗，遂乃移風。況乎以孝導人，因親設教，感游衣於漢紀，成獻服於禮文。宣示寮庶，令知朕意。天寶二年八月

又 卷一二五《政事下·平亂·誅王涯告諸陵詔》 勑：凶徒竊發，震駭京師，中外協心，即時擒斬。昨者將戮叛黨，咸告廟社，國之大事，合謁諸陵。宜令所司，即擇日撰儀，差官奠告。大和九年十一月

《新唐書》卷一四《禮樂志四》 皇帝謁陵，行宮距陵十里，設坐於齋室，設小次於陵所道西南，大次於寢西南，侍臣次於大次西南，陪位者次又於西南，皆東向。文官於北，武官於南，朝集使又於其南，皆相地之宜。

前行二日，遣太尉告於廟。皇帝至行宮，即齋室。陵令以玉册進署。設御位於陵東南隅，西向，有岡麓之閡，則隨地之宜。又設位於寢宮之殿東陛之東南，西向。尊坫陳於堂戶東南。百官、行從、宗室、客使位神道左右，寢宮則分方序立大次前。

其日，未明五刻，陳黃麾大仗於陵寢。三刻，行事官及宗室親五等、諸親三等以上并客使之當陪者就位。皇帝素服乘馬，華蓋、繖、扇，侍臣騎從，詣小次。步出次，至位，再拜，又再拜。在位皆再拜，又再拜。少選，太常卿請辭，皇帝再拜，又再拜。奉禮曰：『奉辭。』在位者再拜。皇帝還小次，乘馬詣大次，仗衛列立以俟行。百官、宗室、諸親、客使序立次前。皇帝步至寢宮南門，仗衛止。乃入，繇東序進殿陛東南位，再拜；升自東階，北向，再拜，又再拜。入省服玩，抆拭帳簀，進太牢之饌，加珍羞。皇帝出尊所，酌酒，入，三奠爵，北向立。太祝二人持玉册于戶外，東向跪讀。皇帝再拜，又再拜，乃出戶，當前北向立。太常卿請辭，皇帝再拜，出東門，還大次，宿行宮。

若太子、諸王、公主陪葬柏城者，皆祭寢殿東廡；功臣陪葬者，祭東序。為位奠饌，以有司行事。

或皇后從謁，則設大次寢宮東，先朝妃嬪次於大次南，大長公主、諸親命婦之次又於其南，皆東向。以行帷具障謁所，內謁者設皇后位於寢宮東。大次前，少東。先朝妃嬪位西南，各於次東。司贊位妃嬪東北，皆東向。皇后既發行宮，皇后乘四望車之大次，改服假髻，白練單衣。內典引導妃嬪以下就位。皇后再拜，陪者皆拜。少選，遂辭，又拜，陪者皆拜。

皇后還寢東大次，陪者退。皇后鈿釵禮衣，乘輿詣寢宮，先朝妃嬪、大長公主以下從，至北門，降輿，入大次，詣寢殿前西階之西，妃嬪公主位於西，司贊位妃嬪東北，皆東向。皇后再拜，在位者皆拜。皇后繇西階入室，詣先帝前再拜，復詣先后前再拜，進省先后服玩，退西廂東向立，進食。皇帝出，乃降西階位。辭，再拜，妃嬪皆拜。詣大次更衣，皇帝過，乃出寢宮北門，乘車還。

天子不躬謁，則以太常卿行陵。所司撰日，車府令具軺車一馬清道，青衣、團扇、曲蓋、繖列，列俟于太常寺門。設次陵南百步道東，西向。右校令具薙器以備洒掃。太常卿公服乘車，奉禮郎以下從。至次，設卿位兆門外之左，陵官位卿東南，執事又於其南，皆西向。奉禮郎位陵官之西，贊引二人居南。太常卿以下再拜，在位皆拜。謁者導卿，贊引導衆官入，奉行，復位皆拜。出，乘車之它陵。有芟治，則命之。

凡國陵之制，皇祖以上至太祖陵，皆朔、望上食，元日、冬至、寒食、伏、臘、社各一祭。皇考陵，朔、望及節祭，而日進食。又薦新於諸陵，其物五十有六品。始將進御，所司必先以送太常與尚食，滋味薦之如宗廟。

貞觀十三年，太宗謁獻陵，帝至小次，降輿，納履，入闕門，西向再拜，慟哭俯伏殆不能興。禮畢，改服入寢宮，執饌以薦。閱高祖及太穆后服御，悲感左右。步出司馬北門，泥行二百步。

永徽二年，有司言：『先帝時，獻陵既三年，惟朔、望、冬至、夏伏、臘、清明、社上食，今昭陵喪期畢，請上食如獻陵。』從之。六年正月朔，高宗謁昭陵，行哭就位，再拜擗踊畢，易服謁寢宮。入寢哭踴，進東階，西向拜號，久，乃薦太牢之饌，加珍羞。拜哭奠饌。閱服御而後辭，行哭出寢北門，御小輦還。

顯慶五年，詔歲春、秋季一巡，宜以三公行陵，太常少卿貳之，太常給鹵簿，仍著於令。始，《貞觀禮》歲以春、秋仲月巡陵，至武后時，乃以四季月、生日、忌日遣使詣陵起居。景龍二年，右臺侍御史唐紹上書曰：『禮不祭墓，唐家之制，春、秋仲月以使具鹵簿衣冠巡陵。天授之後，乃有起居，遂為故事。夫起居者，參候動止，事生之道，非陵寢法。請停四季及生日、忌日、節日起居，準式二時巡陵。』手勅曰：『乾陵歲冬至、寒食以外使，二忌以內使朝奉。它陵如紹奏。』至是又獻、昭、乾陵皆日祭。太常博士彭景直上疏曰：『禮無日祭陵，惟宗廟月有祭。故王設廟、祧、壇、墠為親疏多少之數，立七廟、一壇、一墠。曰考廟、曰王考廟、曰皇考廟、曰顯考廟，皆月祭之。遠廟為祧，享嘗乃止。去祧為壇，去壇為墠，有禱焉祭之，無禱乃止。又譙周《祭志》：「天子始祖、高祖、曾祖、祖、考之廟，皆月朔加薦，以象平生朔食，謂之月祭，二祧之廟無月祭。」則古皆無日祭者。今諸陵朔、望食，則近於古之殷事；諸節日食，近於古之薦新。鄭注《禮記》：「殷事，月朔、半薦新之奠也。」又：「既大祥即四時焉。」其祭皆在廟，近代始以朔、望諸節祭陵寢，唯四時及臘五享廟。考經據禮，固無日祭於陵。唯漢七廟議，京師自高祖下至宣帝，與太上皇、悼皇考陵旁立廟，園各有寢、便殿，故日祭於寢，月祭於便殿。元帝時，貢禹以禮節煩數，願罷郡國廟。丞相韋玄成等又議七廟外，寢園皆無復。議者亦以祭不欲數，宜復古四時祭於廟。後劉歆引《春秋傳》日祭，月祀，時享，歲貢。祖禰則日祭，曾高則月祀，二祧則時享，壇、墠則歲貢。後漢陵寢之祭無傳焉，魏、晉以降，皆不祭墓。國家諸陵日祭請停如禮。』疏奏，天子以語侍臣曰：『禮官言諸陵不當日進食。夫禮以人情沿革，何專古為？乾陵宜朝晡進奠如故。昭、獻二陵日一進，或所司苦於費，可減朕常膳為之。』

開元十五年勅：『宣皇帝、光皇帝陵，以縣令檢校，州長官歲一巡。』又勅：『歲春、秋巡陵，公卿具仗出城，至陵十里復。』

十七年，玄宗謁橋陵，至壖垣西闕下馬，望陵涕泗，行及神午門，號慟再拜。且以三府兵馬供衛，遂謁定陵、獻陵、昭陵、乾陵乃還。

二十三年，詔獻、昭、乾、定、橋五陵，朔、望上食，歲冬至、寒食各日設一祭。若節與朔、望、忌日合，即準節祭料。橋陵日進半羊食。二十七年，勅公卿巡陵乘輅，其令太僕寺，陵給輅二乘及仗。明年，制：『以宣皇帝、光皇帝、景皇帝、元皇帝追尊號謚有制，而陵寢所奉未稱。建初、啓運陵如興寧、永康陵，置署官、陵戶，春、秋仲月，分命公卿巡謁。二十年詔：建初、啓運、興寧、永康陵，歲四時、八節，所司興陵署具食進。』天寶二年，始以九月朔薦衣於諸陵。又常以寒食薦餳粥、雞毬、雷車，五月薦衣、扇。

陵司舊曰署，十三載改獻、昭、乾、定、橋五陵署為臺，今為臺令，陞舊一階。是後諸陵署皆稱臺。

大曆十四年，禮儀使顔眞卿奏：『今元陵請朔、望、節祭，日薦，如故事；泰陵惟朔、望、歲冬至、寒食、伏、臘、社一祭，而罷日食。』制曰：『可。』貞元四年，國子祭酒包佶言：『歲二月、八月，公卿朝拜諸陵，陵臺所由導至陵下，禮略無以盡恭。』於是太常約舊禮草定曰：『所司先撰吉日，公卿輅車、鹵簿就太常寺發，抵陵南道東設次，西向北上。公卿既至次，奉禮郎設位北門外之左，陵官位其東南，執事官又於其南。謁者導公卿，典引導衆官就位，皆拜。公卿、衆官以次奉行，拜而還。』

故事，朝陵公卿發，天子視事不廢。十六年，拜陵官發，會董晉卒，廢朝。是後公卿發，乃因之不視事。

元和元年，禮儀使杜黃裳請如故事，豐陵日祭，崇陵唯祭朔、望、節日、伏、臘。二年，宰臣建言：『禮有著定，後世徇一時之慕，過於煩，幷故陵廟有薦新，而節有遺使，請歲太廟以時享，朔、望上食，諸陵以朔、望奠，親陵以朝晡奠，其餘享及忌日告陵皆停。』

又 卷二《太宗紀》 （貞觀）十三年正月乙巳，拜獻陵，赦三原及行從，免縣人今歲租賦，賜宿衛陵邑郎將、三原令爵一級。丁未，至自獻陵。

又 卷三《高宗紀》 （永徽）六年正月壬申，拜昭陵，赦禮泉及行從，免縣今歲租、調，陵所宿衛進爵一級，令、丞加一階。癸酉，以少牢祭陪葬者。甲戌，至自昭陵。

又 卷五《玄宗紀》 （開元十七年十一月）丙申，拜橋陵，赦奉先縣。戊戌，拜定陵。己亥，拜獻陵。壬寅，拜昭陵。乙巳，拜乾陵。戊申，至自乾陵，大赦。免金歲稅之半。賜文武官階、爵，侍老帛。旌表孝子順孫、義夫節婦，終身勿事。

又 卷八《宣宗紀》 （大中十二年）二月，廢穆宗忌日，停光陵朝拜及守陵宫人。

護 陵

唐・李林甫等《唐六典》卷三《尚書戶部》 凡京畿充奉陵縣及諸陵墓及廟邑戶，各有差降焉。橋陵盡以奉先，獻陵以三元，昭陵以豐泉，乾陵以奉天，定陵以富平，各三千戶。若獻祖、懿祖二陵，各置洒掃三十人。興寧、永康二陵，各置一百人。恭陵亦如之。

又 卷一四《諸陵署》 獻陵、昭陵、乾陵、定陵、橋陵、恭陵署。令各一人，從五品。【略】陵戶。乾陵、橋陵、昭陵各四百人，獻陵、定陵、恭陵各三百人。陵令掌先帝山陵，率戶守衛之事，丞為之貳。凡朔望、元正、冬至、寒食，皆修享於諸陵。若橋陵，則日獻羞焉。凡功臣密戚請陪陵葬者，聽之，以文、武分為左右而列墳。高四丈已下，三丈已上。若父祖陪陵子孫從葬者，亦如之。若宫人陪葬，則陵戶為之成墳。凡諸陵，皆置留守，領甲士，與陵令相左右。兆域內，禁人無得葬埋。古墳則不毀。

永康、興寧二陵署。令各一人，從七品下。【略】 陵令掌山陵營兆之事，率其戶而守陵焉。兵仗並皆給之。

《舊唐書》卷一七上《敬宗紀》 （長慶四年五月）己未，割富平縣之豐水鄉、下邽縣之翟公鄉、澄城縣之撫道鄉、白水縣之會賓鄉，以奉景陵。

又 卷二〇下《哀帝紀》 （天祐二年四月）壬辰，勑河南府緱氏縣令宜兼充和陵臺令，仍升為赤縣。

宋・王溥《唐會要》卷二一《諸陵雜録》 （開元）二十三年十二月三日勑：『諸陵使至先立封，封內有舊墳墓，不可移改。自今以後，不得更有埋葬。』【略】

貞元六年十一月十八日，勑諸陵柏城四面，合各三里內不得葬。如三里內一里外舊塋，須合祔者，任移他處。【略】

太和八年七月，大雨雹，定陵東廊下，地裂一百三十七尺，深五尺。詔宗正卿李仍叔啓告修塞。【略】

會昌二年四月二十三日勑節文：『諸陵柏栽，今後每至歲首，委有司于正月、二月、七月、八月四箇月內，擇動土利便之日，先下奉陵諸縣，分明榜示百姓，至時與設法栽植。畢日，縣司與守塋使同檢點，據數牒報，典折本戶稅錢。』

宋・王溥《五代會要》卷四《雜録》 後唐同光二年三月，以尚書工部郎中李途為長安兩路檢視諸陵使。其年五月二十四日，敕宗正寺：『嚴切指揮諸陵臺令、丞，不得輒令影占人戶。其諸陵舊例合破巡人，仍令酌量額定數目，自本州縣於中等人戶內差遣，交付陵所。切不得自招，影占人戶，攪擾鄉村，致妨縣司差遣色役使。仰密具本官姓名申奏，當行朝典，仍具條約，曉示諸陵臺及本州縣訖聞奏。』其年八月，中書門下奏：『諸陵臺令、丞，並請停廢，以本縣令兼知陵臺事。』從之。

三年六月敕：『關内諸陵，頃因喪亂，例遭穿廢，多未掩修。其下宮殿宇法物等，各令奉陵州縣府據所管陵園修製，仍四時各依例薦享。逐陵各差近陵百姓二十戶放雜差役，充陵戶，以備灑掃。其壽陵等一十陵，亦一例修掩，量差陵戶。仍授尚書工部郎中李途京兆少尹，充奉脩諸陵使。』

《舊五代史》卷三二《唐書・莊宗紀六》（同光三年六月）丙戌，詔曰：『關内諸陵，頃因喪亂，例遭穿穴，多未掩修。其下宮殿宇法物等，各令奉陵州府據所管陵園修製，仍四時各依舊例薦饗。每陵仰差近陵百姓二十戶充陵戶，以備灑掃。其壽陵等一十陵，亦一例修掩，量置陵戶。』戊子，以刑部尚書李琪充昭宗、少帝改卜園陵禮儀使。己丑，以工部郎中李途爲京北少尹，充修奉諸陵使。

宋・王欽若等《册府元龜》卷三〇《帝王部・奉先第三》（敬宗寶曆元年）七月辛亥敕：奉先一縣，獨奉八陵供辦，支持實為繁併。眷言物力，須議優矜。宜委京兆府減一半租并雜色役等，令諸縣均出。

又 卷一七四《帝王部・修廢》 蓋夫興滅修廢者，仁政之攸先也。古之哲后，未有不先於兹道而天下歸心焉。若乃躬膺天祿，陟於元后，享曆彌久，傳祚悠遠，雖宗祀已絶而德施未已，其或遺風餘烈藹於舊邦，鴻猷大集流於載籍，屬巡豫之所出，瞻軌迹而匪遐，因慶賀之云始，著條式而咸備。繇是增飾園寢，申嚴廟貌，謹樵蘇之禁，給掃除之戶，秩以紀典，垂於令甲，雖餘分閏位，亦俯及之。蓋德之盛者，蔑以加此矣。

【略】

後唐莊宗同光三年六月，巡簡諸陵使、工部郎中李途奏：昨計三十三陵及合重修下宮殿宇法物等。敕：關内諸陵，頃因喪亂，例遭穿穴，多未掩修。其下宮殿宇法物等，各令奉陵州府據所管陵園修製，仍四時各依例薦饗，及逐陵仰差近陵百姓二十戶放雜差遣，充陵戶，備洒掃。其壽陵等十二陵，亦一例修掩，可量置陵戶。

是月，敕刑部尚書李琪可充昭宗少帝改卜園陵禮儀使。又敕工部郎中李途授京兆府少尹充修奉諸陵使。

明宗天成二年三月丙寅，宗正丞李郁奏兩京畿甸園陵之制，其地四十里曰封山。爰自唐室已來，收在公田之籍，今方紹襲，宜正規儀。四月，敕三京諸縣有園陵處，每縣宜置一園陵令，都勒檢校勾當。

【略】

長興元年十月辛丑，宗正丞李疇奏：京畿内列聖園陵，自兵亂已來，人戶多於陵封内開掘，燒磚窑竈，掘斷岡阜，驚動神靈。此後請嚴切禁止。奉陵州縣凡有封内窑竈，並宜修塞。從之。

末帝清泰元年十一月己未，宗正寺言：御史臺轉報百司各抄《六典》令式内本司事舉行職典，宗廟陵園、列聖陵寢多在關西，梁季為賊臣盜發。同光初，曾差供奉官李説、工部郎中李途往關西巡陵祭告，屬朝廷有故不行。明宗天成初，差丞李郁檢校。又長興四年詔，掩閉無主墳墓。況列聖陵寢，伏遇中興，雖有修奉之言，而無掩閉之實。乞差官檢討修奉，置陵令一員，應屬陵之四封，各乞寺司管係。詔曰：所請修奉列聖陵寢及差官宣依，其陵令候事畢日以聞。

十二月丁卯，詔曰：列聖陵寢多在關西，中興已來未暇修奉。宜令京兆、河南、鳳翔等府，耀州、乾州奉陵諸縣，其陵園有所闕漏，本處量差人工修奉，仍人給日食，祭告。下太常、宗正寺參詳奏聞。

三年五月丁酉，詔京兆、河南府、鳳翔、耀州、乾州等奉陵州縣，緣本廟陵寢中為盜發，修奉未備，宜令本管州府量事差人修奉。其人工給食祭料，並從官給。

盗陵

《舊五代史》卷七三《唐書・温韜傳》 温韜，華原人。少為盜，據華原，事李茂貞，名彦韜，後降于梁，更名昭圖，為耀州節度。唐諸陵在内者，悉發之，取所藏金寶。而昭陵最固，悉藏前世圖書、鍾王紙墨，筆迹如新。【略】同光初，韜來朝，郭崇韜曰：『此劫陵賊，罪不可赦。』韜納賂劉后，賜姓名紹冲，遽遣還鎮。明宗即位，流于德州，俄賜死。

宋・馬令《南唐書》卷一五《隱者傳・鄭元素》 元素，温韜之甥也。自言韜發昭陵，從埏道下，見宮室制度閎麗，不異人間。中為正寢，東西廂列石牀，牀上石函，中有鐵匣，悉藏前世圖書、鍾王墨迹，紙墨如新。韜悉取之。韜死，元素得之為多。

《新五代史》卷四〇《雜傳・温韜》 韜在鎮七年，唐諸陵在其境内者悉發掘之，取其所藏金寶，而昭陵最固，韜從埏道下，見宮室制度閎麗，不異人間，中為正寢，東西廂列石牀，牀上石函中為鐵匣，悉藏前世圖書、鍾王筆迹，紙墨如新。韜悉取之，遂傳人間。惟乾陵風雨，不可發。

又 卷四七《雜傳・張筠》 有偏將侯莫陳威者，嘗與温韜發唐諸陵，分得寶貨，筠因以事殺威而取之。

宋・馬永易《實賓録》卷一四《劫陵塚賊》 五代梁温韜為義勝軍節度使，在鎮七年，唐諸陵在其境内者悉發掘之，取其金寶，徙鎮忠武。【略】受代歸闕，久留京師，親黨或憂其闕乏。其子揚言曰：『使一裸體黄漢，足了一年支費。』蓋謂劫陵所得金偶人也。

宋・江休復《嘉祐雜誌》 長安有寶貨行，搜奇物者畢萃焉。唐諸陵經五代發掘皆空，太平興國中，具衣冠掩塞，長老猶見之。

明・徐應秋《玉芝堂談薈》卷一〇《盜賊怨官吏》 黄巢入長安，唐諸陵皆被發掘。温韜在鎮七年，唐諸陵在境者悉發之，昭陵圖書寶玩，盡出人間。

佚聞

《舊唐書》卷一一《代宗紀》 （永泰元年二月）戊寅，党項羌寇富平，焚定陵寢殿。

又 卷一五《憲宗紀下》 （元和十年十一月）戊寅，盜焚獻陵寢宮。

又 卷一六《穆宗紀》 （元和十五年八月）京兆府戶曹參軍韋正牧專知景陵工作，刻削厨料充私用，計贓八千七百貫文，石作專知官奉仙縣令于翬刻削，計贓一萬三千貫，並宜決重杖處死。

又 卷一七《文宗紀下》 （開成四年十二月）乙卯，乾陵火。

又 卷一八下《宣宗紀》 （大中五年）十二月，盜斫景陵神門戟，京兆尹韋博罰兩月俸，貶宗正卿李文舉睦州刺史，陵令吳閱岳州司馬，奉先令裴讓隋州司馬。

又 卷一七二《令狐楚傳》 十五年正月，憲宗崩，詔楚為山陵使，仍撰《哀册文》。時天下怒皇甫鎛之奸邪，穆宗即位之四日，羣臣素服班於月華門外，宣詔貶鎛，將殺之。會蕭俛作相，託中官救解，方貶崖州。物議以楚因鎛作相而逐裴度，羣情共怒，以蕭俛之故，無敢措言。

其年六月，山陵畢，會有告楚親吏贓汙事發，出為宣歙觀察使。楚充奉山陵時，親吏韋正牧、奉天令于翬、翰林陰陽官等同隱官錢，不給工徒價錢，移為羨餘十五萬貫上獻。怨訴盈路，正牧等下獄伏罪，皆誅，楚再貶衡州刺史。

又 卷一六三《王起傳》 武宗即位，八月，充山陵鹵簿使。樞密使劉弘逸、薛季稜懼誅，欲因山陵兵士謀廢立。起與山陵使知其謀，密奏，皆伏誅。尋檢校左僕射、東都留守，判東都尚書省事。

《新唐書》卷八《玄宗紀上》 （開元四年）十二月乙卯，【略】其夜，定陵寢殿災。

又 卷六《代宗紀》 （大曆五年三月）丙戌，以昭陵皇堂有光，赦京兆關輔。

又 卷七《憲宗紀》 （元和十年十一月）戊寅，盜焚獻陵寢宮。【略】

（十一年十一月）甲戌，元陵火。

又 卷一〇《哀帝紀》 （天祐二年正月）丁丑，盜焚乾陵下宮。

又 卷一〇〇《閻讓傳》 文德皇后崩，攝司空，營昭陵，坐弛職免。【略】帝崩，復攝司空，典陵事，以勞進爵大安縣公。

五代諸帝陵墓

綜　述

宋・王溥《五代會要》卷一《帝號》　梁太祖神武元聖孝皇帝姓朱氏諱晃。【略】其年（乾化二年）十一月十日，葬宣陵。在洛京伊闕縣。

後唐莊宗光聖神閔孝皇帝姓李氏，諱存勗。【略】天成元年七月二十二日，葬雍陵。在洛京新安縣。至晉天福二年正月，以犯廟諱，改為伊陵。

明宗聖德和武欽孝皇帝。【略】清泰元年四月二十七日，葬徽陵。在洛京洛陽縣。

閔帝諱從厚。【略】晉天福元年十二月，【略】葬徽陵之封中。

末帝諱從珂。【略】晉天福元年十二月，追降為庶人，葬徽陵之封中。

晉高祖聖文章武明德孝皇帝姓石氏，諱敬瑭。【略】其年（）十月十日，葬顯陵。在洛京壽安縣內。

漢高祖睿文聖武昭肅孝皇帝姓劉氏，諱暠。【略】其年（乾祐元年）十一月二十七日，葬睿陵。在洛京都城縣。

隱帝諱承祐。【略】其年（周廣順元年）八月十二日，葬潁陵。在許州陽翟縣。

周太祖聖神恭肅文武孝皇帝姓郭氏，諱威。【略】其年（顯德元年）四月十二日，葬嵩陵。在鄭州新鄭縣。

世宗睿武孝文皇帝諱榮。【略】其年（顯德六年）十一月一日，葬慶陵。在鄭州管城縣。

恭帝諱宗訓。【略】葬順陵。在世宗慶陵之側。

《舊五代史》卷七《梁書・太祖紀七》　友珪葬太祖于伊闕縣，號宣陵。

又　卷三四《唐書・莊宗紀八》　（天成元年七月）是月丙子，葬于雍陵。

又　卷三六《唐書・明宗紀二》　（天成元年七月）乙亥，莊宗皇帝梓宮發引，帝縗服臨送於樓前。是日，葬莊宗於雍陵。

又　卷四四《唐書・明宗紀十》　（長興四年十一月）戊戌，帝崩於大內之雍和殿，壽六十七。【略】明年四月，【略】二十七日，葬于徽陵。

又　卷四五《唐書・閔帝紀》　（順應元年四月九日）帝遇鴆而崩，時年二十一。【略】晉高祖即位，謚曰閔，與秦王及末帝子重吉並葬于徽陵。域中封纔數尺，路人觀者悲之。

又　卷四六《唐書・末帝紀上》　（清泰元年四月）丙申，葬明宗皇帝於徽陵。

又　卷四八《唐書・末帝紀下》　（清泰二年閏十一月）庚辰，晉高祖至河陽。辛巳辰時，帝舉族與皇太后曹氏自燔於玄武樓。晉高祖入洛，得帝燼骨於火中，來年三月，詔葬於徽陵之封中。

又　卷八〇《晉書・高祖紀六》　（天福七年）以其年十一月十日庚寅，葬於顯陵。宰臣和凝撰《謚册》、《哀册文》。

又　卷八一《晉書・少帝紀一》　（天福七年）十一月庚寅，葬高祖皇帝於顯陵。

又　卷一〇〇《漢書・高祖紀下》　（乾祐元年）十一月壬申，葬於睿陵。

又　卷一〇一《漢書・隱帝紀上》　（乾祐元年）十月丙子朔，山陵使竇貞固上大行皇帝陵曰睿陵，從之。【略】（十一月）壬申，葬高祖皇帝於睿陵。

又　卷一〇三《漢書・隱帝紀下》　（乾祐三年十一月己酉）帝迴，與蘇逢吉、郭允明詣西北村舍，郭允明知事不濟，乃剚刃於帝而崩，時年二十。【略】（周太祖）以其年（廣順元年）八月二日，復遣前宗正卿劉皞護靈輴，備儀仗，葬于許州陽翟縣之潁陵，祔神主于高祖之寢宮。

又　卷一一一《周書・太祖紀二》　（廣順元年六月）己亥，太常少卿劉悅上漢少帝【略】陵曰潁陵，從之。

又　卷一一三《周書・太祖紀四》　（顯德元年正月）帝自郊禋後，其疾乍瘳乍劇，晉王省侍，不離左右。累諭晉王曰：『我若不起此疾，汝即速治山陵，不得久留殿内。陵所務從儉素，應緣山陵役力人匠，並須和雇，不計近遠，不得差配百姓。陵寢不須用石柱，費人功，只以磚代之。用瓦棺紙衣。臨入陵之時，召近税戶三十家為陵戶，下事前揭開瓦棺，遍視過陵內，切不得傷他人命。勿修下宮，不要守陵宮人，亦不得用石人石獸，只立一石記子，鐫字云：「大周天子臨晏駕，與嗣帝約，緣平生好儉素，只令著瓦棺紙衣葬。」若違此言，陰靈不相助。』又言：『朕攻收河府時，見李家十八帝陵園，廣費錢物人力，並遭開發。汝不聞漢文帝儉素，葬在霸陵原，至今見在。如每年寒食無事時，即仰量事差人灑掃，如無人去，只遙祭。兼仰於河府、魏府各葬一副劍甲，澶州葬通天冠、絳紗袍，東京葬一副平天冠、袞龍服。千萬千萬，莫忘朕言。』【略】四月乙巳，葬于嵩陵。宰臣李穀撰《謚册文》，王溥撰《哀册文》。

又　卷一一四《周書·世宗紀一》（顯德元年）夏四月乙巳，太祖靈駕發東京。乙卯，葬於嵩陵。

又　卷一一九《周書·世宗紀六》（顯德六年十一月）壬寅朔，葬于慶陵。

又　卷一二〇《周書·恭帝紀》（顯德六年八月）壬午，山陵使范質撰進大行皇帝陵名曰慶陵，從之。【略】十一月壬寅朔，葬世宗皇帝於慶陵，以貞惠皇后劉氏祔焉。【略】

（宋）開寶六年春，崩于房陵。【略】以其年十月，歸葬于世宗慶陵之側。詔有司定謚曰恭皇帝，陵曰順陵。

《新五代史》卷一三《梁太祖元貞皇后張氏傳》　初葬開封縣潤色鄉。末帝立，追謚曰元貞皇太后，祔於宣陵。

又　卷三〇《伶官傳》（同光三年）四月丁亥朔，【略】至午時，帝崩，五坊人善友聚樂器而焚之。嗣源入洛，得其骨，葬新安之雍陵。

又　卷七《唐紀·愍帝》（長興四年十一月）明宗崩。【略】（應順元年正月）乙未，朱弘昭、馮斌獻錢助作山陵。【略】（閏正月）北京留守石敬瑭獻銀絹助作山陵。【略】二月庚寅，視作山陵。

又　卷九《晉紀·出帝》（天福七年）十一月，契丹使大卿來。庚寅，葬聖文章武孝皇帝于顯陵。

又　卷一〇《漢紀·隱帝》（乾祐元年十一月）壬申，葬睿文聖武昭肅孝皇帝于睿陵。

又　卷一二《周紀·世宗》（顯德元年二月）夏四月乙卯，葬神聖文武恭肅孝皇帝于嵩陵。

又　《周紀·恭帝》　顯德六年六月癸巳，世宗崩。【略】冬十一月壬寅，葬睿武孝文皇帝于慶陵。

宋·王明清《揮麈前録》卷二　朱梁太祖葬興極陵，在伊闕縣。後唐莊宗葬伊陵，在新安縣。明宗葬徽陵，在洛陽東北。石晉高祖葬顯陵，在壽安縣。

元·馬端臨《文獻通考》卷一二五《王禮考二十·山陵》　梁太祖崩。葬宣陵，在洛京伊闕縣。六月五日崩，十月十日葬。【略】

後唐莊宗崩，葬雍陵，在洛京新安縣。四月崩，次年七月葬。

明宗崩，葬徽陵，在洛京洛陽縣。十一月崩，次年四月葬。【略】

晉高祖崩，葬顯陵，在洛京壽安縣。六月十三日崩，十月十日葬。

漢高祖崩，葬睿陵，在洛京都城縣。正月二十七日崩，十一月二十七日葬。

隱帝崩，葬潁陵，在許州陽翟縣。十一月二十一日崩，八月十二日葬。

周太祖崩，葬嵩陵，在鄭州新鄭縣。正月十七日崩，四月十二日葬。

【略】

世宗崩，葬慶陵，在鄭州管城縣。

恭帝崩，葬順陵，在慶陵之側。

明·李賢等［天順］《明一統志》卷二九《河南府·陵墓》　梁太祖極陵。在府城東南。唐莊宗陵。在新安縣。明宗徽陵。在府城東北。晉高祖顯陵。在宜陽縣西北。漢高祖睿陵。在登封縣東南。

清·和珅等［乾隆］《清一統志》卷一六三《河南府二·陵墓》　五代唐莊宗陵。在新安縣北七十里黃坂峪。明宗徽陵。在新安縣東北十里護駕莊。晉高祖顯陵。在宜陽縣西北。漢高祖睿陵。在登封縣東測景臺。

論　説

《新五代史》卷四〇《雜傳·温韜》　嗚呼！厚葬之弊，自秦漢以來，率多聰明英偉之主。雖有高談善説之士極陳其禍福，有不能開其惑者矣。豈非富貴之欲，溺其所自私者篤，而未然之禍，難述於無形，不足以動其心與？然而聞温韜之事者，可以少戒也。五代之君，往往不得其死，何暇顧其後哉？獨周太祖能鑑韜之禍，其將終也，為書以遺世宗，使以瓦棺紙衣而歛，將葬開棺示人，既葬刻石，以告後世毋作下宫，毋置守陵妾。其意丁寧切至，然《實録》不書其葬之薄厚也。又使葬其平生所服衮冕、通天冠、絳紗袍各二，其一於京師，其一於澶州；又葬其劍甲各二，其一於河中，其一於大名者，莫能原其旨也。

宋·應俊《補琴堂諭俗編》卷上《保墳墓》 墳墓者，父母之所由歸而子孫之所由生也。【略】雖然，吾嘗聞之唐人有言：『高墳厚壟，珍物畢備，此適所以為親之累，非曰孝也。』虞世南《諫厚葬書》。故後周太祖郭威屢戒晉王曰：柴榮，即世宗也。『昔吾西征，見唐十八陵，無不發掘者。此無他，惟多藏金玉故也。我死，當衣以紙衣，歛以瓦棺，速營葬，勿久留宫中，勿置守陵宫人，勿作石羊虎人馬，惟刻石，置陵前云：周天子平生好儉約，遺令用紙衣瓦棺，嗣天子不敢違也。汝或違吾，吾不福汝。』夫以天子之尊，猶慮及此，況庶人乎！

清·王夫之《讀通鑑論》卷三〇《五代下·一七》 周主威疾篤，遺命鑑唐十八陵發掘之祸，令嗣主以紙衣瓦棺斂己，自謂達於厚葬之非而善全其遺體矣。其得國也不以正，既無以求福於天；其在位也，雖賢於亂君，而固無德於天下，以大服於人；惴惴然朽骨之是憂，而教其臣子使不能盡一日之心力以效於君親，其智也，正其愚也。尤可哂者，令刻石陵前，以紙衣瓦棺正告天下後世，吾惡知其非厚葬而故以欺天下邪？則亂兵盗賊欲發掘者，抑必疑其欺己，愈疑而愈思發之。漢文令薄葬，而霸陵之發，寶玉充焉。言其可信，人其以言相信邪？

陵墓之發，自嬴政始。驪山之藏，非直厚葬已也，金銀寶玉，鼎彝鏡劍，玉以為匣，汞以為池，皆非生平待養之資，而藏之百年，愈為珍貴者，是以招寇。若夫古之慎終厚葬，以盡人子之心者，斂襚之衣無算，遺車明器祭器柳衣茵翣贈帛，見于《士喪禮》者，如彼其備。等而上之，至於天子，所以用其材而極孝養必具之物者，禮雖無考，而萃萬國之力以葬一人，其厚可知也。然皆先骨而朽，出於藏而不適於用。則人子之忱以舒，而終鮮發掘之患。先王之慮之也周，取義也正，而廣仁孝以盡臣子之情也至；不可過也，抑不可不及也。周主威不學無術，奚足以知此哉！墨氏無父，夷人道於禽獸，唯薄葬為其惡之大者。藉口安親而以濟其吝物寡恩之惡，禽道也。為君父者，以遺命倡之，亦不仁矣。

雜録

宋·王溥《五代會要》卷四《親謁陵》 後唐末帝清泰三年九月，車駕將北幸，太常博士段顒奏，河陽路當徽陵，今車駕經由，合親朝謁。於是至陵所朝拜。

周世宗顯德元年六月，車駕征太原回，親拜嵩陵，望陵號慟，至陵所俯伏哀泣，感於左右。再拜訖，祭奠而退。賜奉陵將吏及近郊人戶帛有差。

又《公卿巡陵》 後唐清泰二年正月，宗正寺奏：北京永興、長寧、建極三陵，應州遂、衍、奕三陵，准曹州温陵例，下本州府官朝拜。雍、坤、和、徽四陵，太常、宗正卿朝拜。從之。

晉開運三年七月，中書門下奏太常禮院狀得宗正寺牒，今年八月，擇日朝拜諸陵。今太卜署擇用八月十二日庚午，告北京義、惠、康、昌四陵。准天福二年七月敕，宜就昌陵都朝拜。其朝拜官以本府上佐官等行事，禮料亦准上供備。

又 卷四《雜録》 周廣順元年正月赦文：『唐莊宗、明宗、晉高祖，宜各置守陵十戶，以近陵人戶充。』五月，宗正寺奏：『準故事，諸陵有令、丞各一員，近令、丞不置，便委本縣令兼之。今緣河南洛陽是京邑，恐兼令、丞不便。伏候勑旨。』勑：『特置令、丞各一員。』

《舊五代史》卷九《梁書·末帝紀中》 （貞明三年十二月）己巳，帝幸洛陽，為來年有事於南郊也，遂幸伊闕，親拜宣陵。

又 卷七六《晉書·高祖紀二》 （天福二年春正月丁巳）是日，詔曰：唐莊宗陵名與國諱同，宜改為伊陵。應京畿及諸州縣舊有唐朝諸帝陵并眞源等縣，並不爲次赤部，以畿甸為望為定。其逐處縣令，不得以陵臺結銜。考滿日，依出選門官例指揮，隔任後準格施行例。

又 卷一一四《周書·世宗紀一》 （顯德元年六月）乙丑，幸新鄭縣。丙寅，帝親拜嵩陵祭奠，而賜守陵將吏及近陵戶帛有差。

宋·王欽若等《册府元龜》卷一七四《帝王部·修廢》 周太祖廣順元年正月，制曰：近代帝王所在陵寢，合禁樵採，俾奉神靈。唐莊宗、明宗、晉高祖各置守陵十戶，以近陵人戶充。【略】

十一月勑：唐明宗五廟在至德宫安置。其徽陵上下宫所管土田舍宇，宜令新除右監門衛將軍李重玉為主。其徽陵下宫及至德宫，緣廟合留物外，宜令内養劉延韜於金銀器物數内量事給李重玉遷葬。

《新五代史》卷五五《雜傳·盧文紀》 晉高祖起太原，廢帝北征，過拜徽陵，休仗舍。

又 卷一二《周紀·世宗》 （顯德元年六月）乙丑，次新鄭，遂拜嵩陵。

又 卷八《晉紀·高祖》 （天福）四年春正月，盜發唐愍皇帝墓。

元·馬端臨《文獻通考》卷一二五《王禮考二十·山陵》 末帝泰清三年，車駕北幸，路當徽陵，乃至陵所朝謁。【略】

世宗顯德元年六月，車駕征太原回，拜嵩陵。至陵所，哀泣感左右，祭奠而退。賜奉陵將吏及近郊人金帛有差。

前後蜀等國諸帝陵墓

綜述

清·吴任臣《十國春秋》卷一《吴一·太祖世家楊行密》 陵曰興陵。

又 卷二《吴二·烈祖世家楊渥》 陵曰紹陵。

又 《吴二·高祖世家楊隆演》 陵曰肅陵。

又 卷三《吴三·睿帝紀楊溥》 葬平陵。

又 卷一三《吴十三·列傳·徐温》 名其墳曰定陵。

又 卷一五《南唐一·烈祖紀李昪》 （昪元七年）十一月壬寅，葬永陵。

又 卷一六《南唐二·元宗紀李璟》 明年（建隆三年）正月戊寅，葬順陵。

又 卷三六《前蜀二·高祖紀下王建》 葬永陵。

又 卷三七《前蜀三·後主紀王衍》 後主名衍，字化源，舊名宗衍，及即位，去宗名衍。【略】十一月壬申，葬神武聖文孝德明惠帝于永陵，廟號高祖。

又 卷四八《後蜀一·高祖紀孟知祥》 陵曰和陵。

又 卷四九《後蜀二·後主紀孟昶》 （明德元年十二月）甲申，葬文武聖德英烈明孝皇帝于和陵，上廟號曰高祖。

又 卷五八《南漢一·烈宗世家劉隱》 陵曰德陵。

又 《南漢一·高祖紀劉龑》 陵曰康陵。在興王府城東二十里之漫山。陵中以鐵錮之，不可啓。

又 卷五九《南漢二·殤帝紀劉玢》 （光天元年）八月，葬天皇大帝于康陵，上廟號曰高祖。

又 《南漢二·中宗紀劉晟》 乾和十六年春□月，卜葬域于興王府城北，運甓為壙。帝親臨視之。【略】陵曰昭陵。

又 卷九〇《閩一·太祖世家王審知》 （同光二年十二月）葬于福州城北鳳池山。【略】長興三年，改葬蓮花山，有後唐所賜《神道碑》，張文蔚撰文。【略】陵曰宣陵。明宣德五年，種屯軍三十人盜發閩王冢。冢門堅甚而竅上隅入之。壙廣如屋，前祀王繪象，几列五供，悉用金玉珍寶器。後寢紅棺二，王夫人也。諸偷以分物不均，訟于懷安尉，尉得其金跳脱、玉帶，亦罷。已而訟于臺司，副使李素魯、僉事鄒穆捕治之，尉遂自首，上跳脱及帶，而諸生王琨者，自言王後，當領所盜物，且出其《家譜》，壙中物皆備載焉。於是按《譜》徵物，舉王繪像懸堂中，則方面大耳，巨目弓鼻，紫面修髯，儼然可畏。四圍朽盡，獨中心如故。内一水椀，其底寸許，如橄欖，瑩如金色。召回，回辨之曰：『此玻瓈椀。』乃歸琨像及壙中物十之一，而委庫吏鄭浩為王治塚。浩言壙中懸棺，推之可動，蓋已被發。墳前石人石獸，製極工巧云。

清·徐乾學《讀禮通考》卷九〇《葬考七·山陵三》 吴興陵。《五代史》：天祐二年十一月，楊行密卒。子渥立，溥僭號，追尊為太祖武皇帝，陵曰興陵。

紹陵。《五代史》：行密卒，渥嗣立。天祐五年，紀祥縊殺之。溥僭號，追尊為烈宗景皇帝，陵曰紹陵。

肅陵。《五代史》：渥死，隆演以次當立，即吳王位，改天祐十六年為武義元年。二年五月卒，弟溥立，僭號，追尊為高祖宣皇帝，陵曰肅陵。

南唐永陵。《江表志》：南唐高祖姓李，唐鄭王疏屬之派。受禪，國稱唐，在位七年。廟號烈祖，謚曰孝高，陵曰永陵。

《玉壺清話》：南唐先主昇殂，尊謚曰孝高皇帝。議者以先主繼唐昭宗之後，號當稱宗。韓熙載建議，以謂古者帝王已失之，己得之，謂之反正；非我失之，自我得之，謂之中興。今先主，中興之君也，宜當稱祖。衆是之，遂上廟號曰烈祖，陵曰永陵。

順陵。《江表志》：元宗名景，在位十九年。謚曰明道崇德文宣孝皇帝，陵曰順陵。

前蜀永陵。《蜀檮杌》：王建僭即偽位，號大蜀。光天二年六月薨，偽謚神武聖文孝德明惠皇帝，廟號高祖，葬永陵。

後蜀和陵。《五代史》：孟知祥卒，謚為文武聖德英烈孝明皇帝，廟號高祖，陵曰和陵。

南漢德陵。《五代會要》：開平四年四月，進封劉隱為南海王。

《十國春秋》：乾化元年三月丁亥，王薨。乾亨元年，追尊曰襄皇帝，廟號烈宗，陵曰德陵。

康陵。《十國春秋》：乾亨元年八月，王即皇帝位于番禺，改廣州為興王府。大有十五年三月丁丑殂，謚天皇大帝，廟號高祖，陵曰康陵。在興王府城東二十里之漫山，陵中以鐵錮之，不可啓。

《廣東通志》：明崇禎九年秋九月，廣州番禺縣城東二十餘里，雷出地成穴。耕者梁父投以巨石，空洞有聲，復內一雄雞其中，伺守至夜，聞雞鳴，無恙，乃率子弟入，見金人如翁仲者數輩環侍，舉之各重十五六斤。中二金像冕而坐，若王者與后之儀，各五六十斤。地皆金蠶、珠貝築之。有鏡一，自發光，燭暗中日月硯一，硯池中有玉魚遊動。其他異物甚多，不可指識。但先攜鏡歸家，光動鄰舍，亟碎之。鄰人覺，争往趨，白官邑有司，并拘繫之。亟臨其地搜發，公私交取無餘。中一棺已為掘者所糜，稍存齒骨。隧道二窐如城，高五尺，深三丈，中有碑文，始知為南漢王塚。文曰：『維大有十五年歲次壬寅四月甲寅朔，念四日丁丑，高祖天皇大帝崩于正寢。越光天元年五月癸未朔，十四日丙申，遷神于康陵，禮也。』文多破闕，不盡載。翰林學士、知制誥、正議大夫、尚書右丞、上紫金魚袋臣盧應勑撰并書。

昭陵。《五代史》：劉晟自言知星，末年，月食牛、女間，出書占之，歎曰：『吾當之矣。』因為長夜之飲。十六年，卜葬域于城北，運甓為壙，晟親臨視之。是秋卒。謚曰文武光聖明孝皇帝，廟號中宗，陵曰昭陵。

清·趙宏恩等［雍正］《江南通志》卷四〇《輿地志·壇廟四祠墓附·淮安府》 五代吳楊行密塚在儀徵縣西七十里。吳楊溥僭號，尊其父行密武皇帝，墓號興陵。

皇權行使部

政事決斷權分部

宰相任免

綜　述

《隋書》卷一《高祖紀上》 開皇元年二月甲子，上自相府，常服入宮，備禮即皇帝位於臨光殿。【略】以柱國、相國司馬、渤海郡公高熲為尚書左僕射兼納言，相國司録、沁源縣公虞慶則為內史監兼吏部尚書，相國內郎、咸安縣男李德林為內史令。【略】

乙亥【略】以上柱國、并州總管、申國公李穆為太師，上柱國、鄧國公竇熾為太傅。【略】

丁卯，以大將軍、金城郡公趙煚為尚書右僕射。【略】

（三月）戊戌，以太子少保蘇威兼納言、吏部尚書，餘官如故。【略】

（三年四月）壬申，以尚書右僕射趙煚兼內史令。

（四年）四月庚子，以吏部尚書虞慶則為尚書右僕射。【略】

又 卷二《高祖紀下》 （開皇九年閏四月）己卯，以吏部尚書蘇威為尚書右僕射。六月乙丑，以荆州總管楊素為納言。【略】

（十年）七月癸卯，以納言楊素為內史令。【略】

（十二年）二月己巳，以蜀王秀為內史令兼右領軍大將軍。【略】

秋七月乙巳，尚書右僕射、邳國公蘇威，禮部尚書容城縣侯盧愷，並坐事除名。

（十二月）乙酉，以上柱國、內史令楊素為尚書右僕射。【略】

（十九年）六月丁酉，以豫章王暕為內史令。【略】

秋八月癸卯，上柱國、尚書左僕射、齊國公高熲坐事免。【略】

仁壽元年春正月乙酉朔。【略】以尚書右僕射楊素為尚書左僕射，納言蘇威為尚書右僕射。【略】

（丁酉）以晉王昭為內史令。【略】

（二年十月）癸丑，以工部尚書楊達為納言。

又 卷三《煬帝紀上》 （大業元年）二月己卯，以尚書左僕射楊素為尚書令。【略】

（二年）六月壬子，以尚書令、太子太師楊素為司徒，進封豫章王。

【略】

（三年七月）景子，【略】尚書左僕射蘇威坐事免。

（九月）癸酉，以民部尚書楊文思為納言。【略】

（四年正月）壬申，以太府卿元壽為內史令。

又 卷四八《楊素傳》 蘇威為尚書右僕射，與高熲專掌朝政。素性疏而辯，高下在心。朝臣之內，頗推高熲，敬牛弘，厚接薛道衡，視蘇威蔑如也。自餘朝貴，多被陵轢。其才藝風調，優於高熲，至於推誠體國，處物平當，有宰相識度，不如熲遠矣。

又 卷二三《五行志下》 開皇二十年十一月。【略】時獨孤皇后干預政事，左僕射楊素權傾人主，帝聽二人之讒，而黜僕射高熲，廢太子勇為庶人。

又 卷四一《高熲傳》 熲竟坐免，以公就第。未幾，上幸秦王俊第，召熲侍宴，熲歔欷，悲不自勝。獨孤皇后亦對之泣，左右皆流涕。上謂熲曰：『朕不負公，公自負也。』因謂侍臣曰：『我於高熲勝兒子，雖或不見，常似目前。自其解落，瞑然忘之，如本無高熲。不可以身要君，自云第一也。』

又 卷四六《趙煚傳》 朝廷以煚曉習故事，徵拜尚書右僕射。視事未幾，以忤旨，尋出為陝州刺史，俄轉冀州刺史。

宋・宋敏求《唐大詔令集》卷四四《大臣・宰相・命相一・裴寂蕭瑀左右僕射制》 端揆之職，綜理百司，任望斯重，勳賢攸寄。尚書左僕射魏國公寂，風格淹粹，局量弘雅，早預經綸，元功特著，燮諧治本，茂績以宣。中書令宋國公蕭瑀，志懷貞確，業履沖素，歷居顯要，礪精治術，獻納惟允，周順有聞，宜穆彝章，允釐庶政。寂可尚書左僕射，瑀可尚書右僕射。武德六年四月

又 《裴寂司空制》 槐路清肅，台階重峻，經邦論道，燮諧是屬。然而表德優賢，昔王令典，庸勳紀績，列代通規。尚書左僕射魏國公寂，地冑清華，風神閑悟，立志温裕，局量弘雅。爰自義旗，早參締搆，宜契所感，實資同德。譬茲梁棟，有若鹽梅，翊贊綢繆，庶政惟允，歷居端揆，彝章緝穆，元功懋德，寵秩未臻，宜處鼎司，膺茲重望。可司空。武德九年九月

又 《長孫無忌右僕射制》 望隆朝右，任重國鈞，尚想風徽，義惟賢戚。吏部尚書、齊國公長孫無忌，識量宏遠，神情警發，道昭搢紳，才資文武。罇俎之策，電斷風馳，干戈所指，雲銷露澈。機深之理彌著，忠義之節以彰。斯固立德佐時，降靈輔闕，宜期以翼贊，授之端揆。可尚書右僕射。貞觀元年七月

又 《房玄齡杜如晦左右僕射制》 尚書政本，端揆任隆，自非經國大材，莫或斯舉。中書令兼太子詹事、邢國公房玄齡，器宇沉邃，風度宏遠，譽彰遐邇，道冠簪纓。兵部尚書檢校侍中蔡國公杜如晦，識量清

舉，神彩凝映，德宣內外，聲溢廟堂。朕自克平宇縣，締構資始，叶贊經綸，厥功甚茂。深謀秘畧，動合規矩，忠義讜言，事多啓沃。及典司樞要，綢繆宸扆，開物成務，知無不為。可謂神降英靈，天資人傑，並宜總司衡軸，光闡大猷。玄齡可尚書左僕射，餘如故。如晦可尚書右僕射。貞觀三年二月

又《李靖右僕射制》 端右望隆，寄任尤重，實資勳德，朝難其選。左光祿大夫、行兵部尚書、代國公李靖，識度宏遠，才畧優贍，博綜機務，兼資文武。誠著夷險，效彰吐納，便蕃省闥，詳謹有聞。宜緝彝倫，允茲名器。可尚書左僕射。貞觀四年八月

又《長孫無忌司空制》 論道台階，寔賴明哲，丹青神化，寄深燮理。自非鹽梅是屬，棟幹有歸，則曠職俟能，罔或必備。開府儀同三司、齊國公無忌，器宇凝正，風度峻遠，才包文武，地兼賢戚。誠著草昧之辰，業預艱難之始，功侔十亂，聲高三傑。亮采銓衡，庶僚有序，儀型端右，彝章以穆。自任參鼎司，位班槐路，撝挹之美，形於搢紳，翼贊之規，章於帷扆。宜崇名器，允副具瞻。可司空，所司具禮，以時册命。貞觀七年十一月

又《溫彥博右僕射制》 文昌治本，端副望隆，朝綱所屬，選衆斯在。中書令、虞國公溫彥博，體業貞固，學藝該明，器惟瑚璉，材稱棟幹。任總絲綸，職居近密，廼心著於帷幄，嘉謀表於樽俎。寄深啓沃，義切鹽梅，宜升禮閣，允茲彝序。可尚書右僕射，勳封如故。貞觀十年三月

又《長孫無忌司徒制》 古先哲后，咸正庶官，德優者爵高，功多者祿厚。是以經邦緯國，必俟蕭、曹之勳；燮理陰陽，允歸鍾、華之望。司徒、趙國公無忌，識量弘博，風度峻遠，地惟親賢，材稱梁棟。締構霸業，茂勳著於艱難；弼成王道，廼心竭於寅亮。鹽梅是寄，丹青攸屬，德綜機衡，聲猷具舉。自升槐鉉，歲月亟移，固以勒美太常，書忠甲令者矣。宜陟中台，式典邦教。可司徒。貞觀十六年七月

又《房玄齡司空制》 惟天為大，資四序以成功；惟王建國，候三台以弘化。故隆漢受命，吳、鄧飛聲；有晉勃興，荀、何底績。開府儀同三司、尚書左僕射、太子少師、上柱國、梁國公房玄齡，器範忠肅，識具明允，才稱王佐，望乃時英。霸圖爰始，預經綸之業；鼎命惟新，贊隆平之化。誠固金石，勳勤鍾鼎。自任總庶尹，職重朝端，心力盡於翼亮，憂勞積於歲序，而志在沖退，有懷止足，固陳衰疴，屢上表疏。然則燮揆禮閣，職務實繁，論道槐庭，望實攸屬，宜加寵命，平茲水土。可司空。貞觀十六年七月

又《狄仁傑內史制》 鸞臺：贊謀帷幄，秉鈞之任為重；典綜絲綸，揮翰之才是屬。銀青光祿大夫、守納言、上柱國、汝陽縣開國男狄仁傑，地華簪組，材標棟幹，城府凝深，宮牆峻邈，有八龍之藝術，兼三冬之文史。雅達政方，早膺朝寄，出移節傳，播良守之風；入踐臺閣，得名臣之體。豈惟懷道佐明，見期於管、樂？故以竭誠匡主，思致於堯、舜。九重肅侍，則深陳可否；百辟在庭，則顯言得失。雖從容顧問，禮被於皇闈；而斟酌輕重，事隆於紫誥。宜遷掌闥之秩，式懋專車之寵。可守內史，散官勳封如故。主者施行。聖曆三年十二月十八日

又《韋嗣立平章事制》 鸞臺：鳳池清切，鸞渚便繁，諷納兩闈，允資一德。中散大夫、守天官侍郎韋嗣立，當朝人望，奕代相門，道周性全，才高識遠。誠以待物，寬而容衆。往自綸翰，五字見推，洎處提衡，九流式序。懷宗廟之掌，有社稷之能。宜竭忠賢，翊宣化政。可守鳳閣侍郎、同鳳閣鸞臺平章事，散官如故。主者施行。

又《崔日用參知機務制》 門下：才為於時，以宣可大之業；精貫於日，以定非常之勛。古稱王佐，今乃人傑。大中大夫、守兵部侍郎兼知雍州長史、脩文館學士、騎都尉、安平縣開國子崔日用，果行育德，脩辭立誠，孝則揚親，忠於事主。堂堂乎貌，暢君子之風；謇謇其言，蘊大臣之節。故能書讀萬卷，文窮四始，高步登朝，平心待物。日者醜孽未殄，嘉謀潛斷，臨危不顧，見義而作，是用底績，實所緊賴。師兵戢矣，京兆晏如，宜緝台階之政，式拜掖垣之寵。可銀青光祿大夫、行黃門侍郎，參知機務，學士勳封如故。主者施行。唐隆元年七月四日

又《姚元之同三品制》 門下：王佐之重，師兵之任，旁求棟幹，膺此具瞻。同州刺史姚元之，宏畧冠時，偉才生代，識精鑑遠，正詞強學，有忠臣之操，得賢相之風。累踐台衡，匡益斯在，頃居藩郡，循良是屬。載懷一德，分命六官，訏謨允歸，文武兼濟。式憑帷幄之筭，宜副韜鈐之委。可兵部尚書同中書門下三品。先天二年六月

又《張説檢校中書令制》　門下：殷命百工，傅膺審象；漢推三傑，良屬運籌。不有斯人，孰賚予弼？尚書左丞張説，居正合道，體直理精，朕昔在承華，首延博望，談經之際，欽若讜言，摛翰之間，潤色鴻業，屢陳匡益，見嫉奸回。頃雖抗迹疏遠，而載懷飢渴；今羣凶已服，大猷伊始。永言亮采，光朕側席之期；俾茲啓沃，成朕濟川之望。宜登鼎鉉，式綜絲綸。可檢校中書令。先天二年七月

又《蘇頲〈劉幽求知軍國大事制〉》　門下：尚書佐理，四方取則，端揆成務，百工是師。非允具瞻，孰康庶績？封州流人劉幽求，風雲玄感，川嶽粹靈，學綜九流，文窮三變。義以臨事，精能貫日；忠以成謀，用若投水。茂勳立艱難之際，嘉話盈啓沃之初。存讜直以不顧，為奸邪之所忌。萌釁頗露，僭端竊發，元宰見逐，讒人孔多。既斥羣凶，方宣大化，期問政於經始，載登賢於夢卜。可依舊金紫光祿大夫、尚書左僕射、知軍國大事、監脩國史、上柱國、徐國公，仍依舊還實封。主者施行。先天二年八月一日

又《劉幽求同三品制》　門下：弼諧庶政，亮采有邦，不遇人傑，孰膺王佐？金紫光祿大夫、守尚書左僕射、知軍國大事、監脩國史、上柱國、徐國公劉幽求，緯量天假，宏才代出。子產之道，四既取諸身；皋陶之德，九以成其用。伊昔構屯，感憤謀始，洎於開泰，防萌釁初，景化俟其丹青，讒詞淆於白黑。頃居炎瘴，受釐之封莫聞；重踐台衡，從政之言益啓。睠茲密勿，方總訏謨，宜兼委於掖垣，仍具瞻於禮闈。可同中書門下三品，餘如故。主者施行。先天二年九月八日

又《張説中書令制》　門下：咸有其德，委廊廟之元宰；知無不為，歸掖垣之成務。銀青光祿大夫、檢校中書令、上柱國、燕國公張説，含弘育粹，特表人師，懸解精通，見期王佐。立言布文武之用，定策勵忠公之典。才冠代而不有，功至大而若虛。自頃弘益時政，發揮王道，萬事必理，一心從乂。以觀其獨，伯起慎於四知；嘗得其真，叔敖謹於三省。故能深而不竭，久而彌芳，宣大號於紫宸，潤昌圖於清禁。我憑柱石，爾作鹽梅，正名之謂，羣識斯集。可守中書令，散官勳封如故。先天二年九月十一日

又《姚崇兼紫微令制》　黃門：天之紫微，地在清禁，宰臣為重，庶政攸先。不有殊才，曷云兼寄？金紫光祿大夫、兵部尚書、同紫微黃門三品、監脩國史、上柱國、梁國公姚崇，河山粹氣，禮樂清英，德量在寬，公心益謹。詞必體要，行之自遠；學以窮微，志於可大。允茲忠讜，光我謀謨，聞善若驚，欲仁斯至。衣冠以為蓍蔡，廊廟資其柱石。朕之欽者管、樂，人之傑者蕭、張，遂能以身許國，開物成務，邦是用乂，朝惟得賢。北辰環拱，四垣近密，俾因題劍之榮，式演如絲之命。可兼紫微令，餘如故。主者施行。開元元年十二月九日

又《盧懷慎平章事制》　門下：宰輔之任，謨猷是屬。不有大才，孰康景化？黃門侍郎盧懷慎，貞良敦朴，孝悌仁厚，度量深於江海，堅清邁於冰雪。事皆體大，詎觀非聖之書？心必在公，雅契惟賢之典。故能危言正色，直道匪躬，比之微管，而求得説。宜寵瑣闈，參乎鼎坐。可同紫微黃門平章事。開元元年十二月

又《盧懷慎檢校黃門監制》　黃門：古稱納言，亦號常伯，厥命惟允，朕之股肱。俾乂成績，聿歸良輔。銀青光祿大夫、行黃門侍郎同紫微黃門平章事、上柱國、漁陽伯、開國伯盧懷慎，氣資温厚，生於薊北，年始英妙，出自山東。王佐所期，人師見屬。考彼揚歷，多所獻替，學以充其忠讜，才以運其清明。所謂許國忘身，立朝正色，有仲山甫之節，成管夷吾之能。故其道彌高，其心益下，可以敷我王度，弼於朕躬。用增華於侍帷，宜拜寵於參乘。可檢校黃門監，散官黃門如故。主者施行。開元三年正月十九日

又《源乾曜平章事制》　門下：軒夢三相，舜舉八元，必佇人傑，以宣邦政。尚書左丞、上柱國、安陽縣開國男源乾曜，博文强學，達識周才，貞白可以勵時，道義可以弘物。虛懷同於抱月，懸鏡不疲利器。比於成風，劃鐘無滯。固可光左曹之駮議，翊中禁之謀猷。用參金鉉之司，兼踐玉壺之副。可黃門侍郎紫微黃門平章事，勳封如故。開元四年十一月

又《宋璟兼黃門監蘇頲平章事制》　黃門：虞廷稱盛，任以夔、龍；周邦以寧，屬於閎、散。是知出納惟允，必俟英奇，啓沃以光，實資茂彥。銀青光祿大夫、守刑部尚書、上柱國、廣平郡開國公宋璟，宇量凝峻，執心勁直。銀青光祿大夫、行紫微侍郎兼知制誥、上柱國、許公蘇

頲，風檢詳密，藻思清華。或掌獻南宮，持平邦典；或揮翰西掖，匡輔政途。咸竭奉上之心，俱盡匪躬之節。九流俟其澄序，衆務資其弼諧。宜委銓官，兼侍帷幄。璟可守吏部尚書兼黃門監，頲可同紫微黃門平章事，散官勳封，並各如故。開元四年閏十二月

又《張説同三品制》　門下：乾坤以陰陽化成，后王以輔弼興理。所以寅亮天極，緝熙帝圖，匪賴大賢，孰寄斯任？天平軍節度大使、右羽林將軍兼幷州長史、攝御史大夫、燕國公兼脩國史張説，挺其公才，生我王國，體文武之道，則出將入相；盡忠貞之節，則前疑後丞。諒可以弘此大猷，總其邦政，允釐庶績，保乂皇家。可守兵部尚書同中書門下三品，勳封，修國史如故，即馳驛赴京。開元九年九月

又《張説兼中書令制》　中書政本，實管王言，咨爾夏部，僉曰惟允。兵部尚書同中書門下三品、燕國公張説，道合忠孝，文武典禮，當朝師表，一代詞宗。有公輔之材，懷大臣之節。儲宮侍講，早申翼贊，台座訏謨，備陳匡益。入則式是百辟，出則敷政四方。嘉績簡於朕心，茂功著於王室。賚予良弼，光輔中興，乃眷專車，是稱樞密。宜兼出納之任，式副具瞻之舉。可兼中書令。開元十一年二月

又　卷四五《大臣·宰相·命相二·張説中書令王晙同三品制》　門下：周稱内史，以司號令，漢曰尚書，是主喉舌，用平邦國，以佐王教。兵部尚書兼中書令張説，履道體正，經德立言。吏部尚書王晙，忠肅剛簡，博聞宏識。並才包王佐，望重時英，内訓五品，外清九服，嘉謨必盡，庶績允康。宜參五臣之命，以正三台之象。説可中書令，晙可兵部尚書同中書門下三品。開元十一年四月

又《張九齡〈韓休平章事制〉》　敕：思致雍熙，聿求元輔，久勤夢寐，延彼周行。大中大夫、守尚書右丞、上柱國韓休，藴道弘深，秉德經遠，清裁可以軌物，素行可以律人。一自登朝，備聞體國，志存公亮，誠著始終，而羽翼朕躬，金玉王度，人望是在，朝選無踰。宜拜命於瑣闈，俾兼和於鼎實。可守黄門侍郎同中書門下平章事。開元二十一年三月

又《徐安貞〈裴耀卿張九齡平章事制〉》　門下：風雲之感，必生王佐，廊廟之任，爰在柱臣。中大夫、守京兆尹、護軍、賜紫金魚袋裴耀卿，含元精之休，體度弘遠。正議大夫、前檢校中書侍郎、集賢院學士仍副知院事、上柱國、賜紫金魚袋、曲江縣開國男張九齡，挺天生之秀，器識通明。並風望素高，人倫是仰，可以叶彼寅亮，當兹啓沃。幹時侍士，既資鼎實之和；為國急賢，寧惟金革之事！耀卿可黄門侍郎同中書門下平章事、弘文館學士，散官勳如故。九齡可起復中書侍郎同中書門下平章事，兼脩國史，餘如故。主者施行。開元二十一年十二月

又《裴耀卿侍中張九齡中書李林甫同三品制》　門下：《春秋》之義，尚量卿材，王國克楨，莫先相位。用增其命，必正其名。中大夫、守黄門侍郎同中書門下平章事、弘文閣學士、賜紫金魚袋、上護軍裴耀卿，正議大夫、中書侍郎同中書門下平章事、集賢院學士副知院事兼修國史、紫金魚袋、上柱國、曲江縣開國男張九齡，經濟之才，式是百辟。正議大夫、檢校黄門侍郎、賜紫金魚袋、上柱國李林甫，泉源之智，迪惟前人。既樞密載光而親賢稱首，審能羣會，所莅有浮，寧惟是日疇咨，故以多年歷選。國鈞緊賴，邦禮克清，宜命曰鼎臣，置之廊廟。耀卿可銀青光祿大夫，守侍中，學士、勳如故，九齡可銀青光祿大夫、守中書令，集賢院修國史，勳如故。林甫可銀青光祿大夫，守禮部尚書門下三品，勳如故。主者施行。開元二十二年五月

又《陳希烈平章事制》　翊亮天工，緝熙帝載，賚予良弼，其在是乎！光祿大夫、行門下侍郎、集賢院學士副知院事兼侍講、崇玄館大學士、太清太微宮使、上柱國、臨潁縣開國侯陳希烈，中黄賦象，靈岳誕才，識洞精微，道含淳粹。依仁游藝，總儒門之四科；寶儉行慈，守玄宗之三德。自居近侍，忠懿逾彰，匪躬懷不二之心，正色有大臣之節。信可以允釐庶績，燮贊台階。可行門下侍郎同中書門下平章事，集賢院、弘文館學士，散官勳封如故。天寶五載四月

又《陳希烈左相制》　門下：仲虺相湯，言宣雅誥，子魚佐魏，任總中兵，將代天工，允憑時傑。光祿大夫、門下侍郎同中書門下平章事、集賢院弘文館學士、崇賢館大學士、太清太微宮使、上柱國、臨潁縣開國侯陳希烈，逸量宏達，英才卓邁，既履直而成範，亦資忠而炳德。學該流畧，義惟守於經門；文麗風騷，言必全於理要。自黄樞貳職，侍講金華，紫府弘真，參謀玉鉉，歲月逾久而其道彌光。人師有屬於在二，王度式歌於晝一。疇咨既久，亮采惟熙。宜正貂蟬之榮，用兼喉舌之寄。可

行左相兼兵部尚書，餘如故。天寶六載三月

又《楊國忠右相制》　先王立政，必惟擇賢，所以時亮天工，叶脩人紀，總兹三事，是屬中樞，審於百工，僉曰亞相。銀青光祿大夫、御史大夫判度支事、權知太府卿兼蜀郡長史、持節劍南節度支度營田等副大使、本道兼山南西道採訪處置使、兩京太府司農出納監倉祠祭木炭宫市、長春九成宫使、關内道及京畿採訪處置使、上柱國、弘農縣開國伯楊國忠，純粹精明，懸解虚受，比之管、樂，文多體要之詞；擬於丙、魏，武有韜鈐之學。直方其道，簡易能成，往自星即，爰秉天憲，邦國大政，弘益滋多，則造膝沃心，已期王佐，彌綸經濟，同致雍熙。况南臺冢宰，尤思藻鑑，西垣鼎座，深佇燮和。適會予宿心，命爾為相，宜兼啓密，式總如綸。可守右相兼吏部尚書、集賢殿學士、脩國史、崇玄館大學士、太清太微宫使，仍判度支及蜀郡大都督府長史、劍南節度支度營田副大使、本道兼山南西道採訪處置使、兩京出納勾當租庸鑄錢等使，並如故。天寶十一載十一月

又《韋見素平章事制》　門下：緝熙帝載，必俟大賢，砥礪公才，允膺殊賞。銀青光祿大夫、行尚書吏部侍郎、上柱國、彭城縣開國公韋見素，風度宏遠，操履貞固，懷至公之節，守難奪之誠。學富典墳，每思經濟之義；文雄縉紳，豈獨雕蟲之美！薦居東掖，顧問有光，累拜南宫，銓衡式序，清素之業，惠迪彌彰。爾惟不矜，朕志先定，信可發揮邦政，翊贊台階，將弘夢卜之感，俾協黎元之望。可守武部尚書同中書門下平章事，集賢院學士知門下省事，散官勳如故。天寶十三載八月

又《房琯平章事制》　敕：憲部侍郎房琯，清識雅量，工文茂學，秉忠義之規，靡悼艱險；挺松筠之操，寧移歲寒。宜承題劍之榮，式允濟川之望。可文部尚書同中書門下平章事。天寶十五載七月十四日

又《吕諲平章事制》　出納絲綸，是稱喉舌，調和鼎飪，必藉鹽梅。况艱難之際，擇賢必資於選衆；密勿之地，論道固期於得人。兵部侍郎吕諲，間氣挺生，宏才迥發，納言敏行，强識博聞，謀猷出三傑之先，德業處五人之上。久在朝列，尤推審慎，允得鈞黄之慶，宜膺補衮之求。可同中書門下平章事。乾元二年三月

又《李峴李揆第五琦平章事制》　出納帝命，經綸王言，兆若見於非熊，位必登於仲虺。行御史大夫、行京兆尹李峴，朝廷碩德，宗室蓋臣。中書舍人兼禮部侍郎李揆，文房學府，命代挺生。行户部侍郎兼御史大夫第五琦，武庫智囊，膺期間出。中和秀氣，維岳降靈，可以宣暢謀猷，恢弘體要，庶得道光風、力，名重伊、臯，俱當入夢之辰，共學從繩之直，既用登王輔，宜以道弼予。峴可行吏部尚書同中書門下平章事，揆可中書侍郎同中書門下平章事，琦可户部侍郎同中書門下平章事。乾元二年二月

又《苗晉卿侍中制》　宰輔之重，陶鈞所寄，用諧時望，必藉素名。是以殷登左相，伊尹成乎一德；漢命舊臣，孔光由其再起。蓋所以上扶皇極，下庇蒼甿，永懷寅亮之美，實屬股肱之任。特進、太子太傅、上柱國、韓國公苗晉卿，衣冠宿望，廊廟公才，體文雅之宏量，負經通之遠識。累踐臺閣，久彰名器。自艱難之際，叶贊有勞，早契風雲之期，備陳匡濟之術。頃以疲疴，固辭樞務，重違誠懇之志，爰假優崇之秩。雖訏謨暫間，而夢寐無忘。今戎事猶虞，蒸人未乂，漢將且聞於辭第，留侯豈遂於停飡？成余社稷之本，懿爾勳庸之望，固可勉紆新绂，載珥舊貂。宜罷輜車之禮，俾膺黄閣之政。上元元年五月

又《蕭華平章事制》　弼予之選，審像是求。天步未平，廟謀尤切，必資明表，佇以佐時，畫一之才，取則不遠。正議大夫、守河中尹兼御史中丞、充本州晉絳等州節度觀察處置使、上柱國、嗣徐國公、賜紫金魚袋蕭華，公輔成名，承家繼業，詞標麗則，德藴謨明，道開雲物之先，節貫嚴凝之序。早登臺閣，多識舊章，再履宫坊，尤敦至行。致君望美，閲相求能，且推伊陟之賢，更咨漢臣之閣。環依日月，佐理陰陽，俾參政於紫宸，用建中於皇極。可中書侍郎同中書門下平章事，集賢殿崇文館大學士兼脩國史，散官勳封賜如故。上元二年二月

又《裴遵度平章事制》　致君惟相，輔德在和，必俟三台之明，用增九鼎之重。彝倫所屬，元氣是調，乃眷公才，作予良弼。銀青光祿大夫、行尚書吏部侍郎、上柱國、河東縣侯裴遵度，體凝清粹，理暢黄中，學奥全經，詞深大雅。行歸於簡，節固於貞，公輔之望攸先，古人之風非邈。累階朝序，久踐天臺，凡所彌綸，多為故事，咸有斯在，王猷是經，庶弘翼善之功，克濟投艱之運，登榮瑣闥，參政兩闈。宜輟山公之

《啓》，以光《説命》之求。可行黄門侍郎同中書門下平章事，散官勳封如故。上元二年四月

又**《元載平章事制》** 天位惟艱，廟謀是切，委在公輔，正於四方，佇鼎實之能調，補袞章之有闕，眷求勵翼，式允僉諧。朝議大夫、守尚書戶部侍郎兼御史中丞、上柱國、許昌縣子、賜紫金魚袋、充度支等使元載，清明在躬，貞固幹事，言必有績，文而不華，准繩朝端，金玉王度，不有其善，遹觀厥成。固是生靈之傑，咸推宰輔之器。執茲大政，敍以彝倫，建中於人，莫匪爾相，丹青神化，參議兩闈。宜書《一德》之篇，俾叶賡歌之美。可同中書門下平章事，兼集賢院崇文館大學士脩國史，餘如故。元年建辰月

又**《劉晏平章事制》** 搆廣厦者，審象於宏材；經萬邦者，注意於良弼。自非道符夢卜，名冠簪裾，何以允副虛求，式諧時望？光祿大夫、國子祭酒兼御史大夫、京兆尹、判度支勾當度支等使、上柱國、彭城縣開國伯劉晏，應期生德，維岳降賢，文為君子之儒，器藴通人之量。學苞前典，志在於直方；詞蔚古風，義存於比興。自兼京劇，職總均輸，變而能通，弘適時之務；居難若易，多濟物之心。頃者戎事方殷，軍賦惟錯，率皆倚辦，每竭推誠。寇難初夷，皇猷咨弼。周王佐國，必自於天宮；漢代登台，咸由於亞相。宜膺選衆之舉，用成亮采之功。可金紫光祿大夫、吏部尚書同中書門下平章事，進封城郡開國公，食邑二千戶，勳及度支等使並如故。廣德元年五月

又**《楊綰常袞平章事制》** 體國經務，亮采惠疇，以遂萬物之宜，以形四方之理。彌縫百職，金玉王猷，平景緯於台階，濟鹽梅於鼎飪，必先時俊，允膺旁求。朝議大夫、守太常卿兼脩國史、賜紫金魚袋楊綰，贍學懿文，崇德廣業，表微藏用，適務知章。朝議郎、守尚書禮部侍郎、集賢院學士、上柱國、賜紫金魚袋常袞，志業貞諒，理識宏深，守正居中，確乎難奪。頃以戎車未戢，方事仍殷，永言庶政，有乖彝敍。今將本俗刑教，澄源振綱，宜九德以阜成，張四維而翼贊。洽於僉論，資爾具瞻，往副審詳之誠，懋緝時雍之化。綰可中書侍郎同中書門下平章事，集賢殿崇文館大學士脩國史，散官勳賜如故。袞可門下侍郎同中書門下平章事，太微宮使、崇賢館大學士，散官勳賜如故。大曆十二年四月

又**《陸贄〈蕭復劉從一姜公輔平章事制〉》** 敕：宰輔之任，獻替為務，内凝庶績，外撫四夷，調陰陽以成歲功，贊化育而熙帝載。若金用礪，其弼予違，如旱為霖，允從人望。矧時屬多難，彌切任賢，朕未嘗不朝夕論思，夢寐懷想，道之所在，仁遠乎哉！朝議大夫、守戶部尚書兼御史大夫、□□□□□充荆襄江西等道都元帥統軍長史、豐縣開國男、賜紫金魚袋蕭復，性質端亮，理識精敏，約己弘物，體方用圓，為邦益表其異能，及事亟聞其鯁議，動可為範，立不易方。守尚書吏部郎中兼御史中丞、充荆襄江西等道都元帥判官、賜緋魚袋劉從一，貞白其行，温恭其文，居簡而適用，必通體和，而臨事有立，持重能斷，色莊有恒，累更委任，多所裨益。守京兆府戶曹參軍、翰林學士、賜緋魚袋姜公輔，志懷濟物，鑑必通理，主文而諫，忠靡退言，經始以謀，事皆前定，道無屈撓，智叶變通。並可以參贊大猷，允膺僉矚，兵戎未靖，期爾經綸，都邑未康，期爾還定。予一人有過，爾是用匡；伊萬姓不寧，爾是用乂。欽哉！慎乃有位，咸懋厥官。復可守吏部尚書同平章事，散官封如故。從一可守尚書刑部侍郎同平章事，賜紫金魚袋。公輔可守諫議大夫平章事，賜紫金魚袋。建中四年十月

又**《劉滋崔造齊映平章事制》** 門下：朕嗣位君臨，精求理道，小大之務，靡不經心，日慎一日，於今八載。教化未洽，蒸黎未康，因之以甲兵，繼之以災沴。斯固鑑有所不至，慮有所不周，予衷浩然，若涉淵冰，思所以匡我致理，助我官人，宣其澤而四方以寧，執其要而百工式序。允是大任，其惟輔臣，夢想勞懷，敷求俊乂，得茲良弼，爰在周行。權知吏部侍郎劉滋，操履貞清，介然自守，居能慎獨，動不違仁，析理究其精微，勵學探其旨趣。給事中、賜緋魚袋崔造，性合道要，識通化源，適時有成務之才，事上懷匡弼之節，藴蓄氣業，居為名臣。中書舍人、賜紫金魚袋齊映，修己以立，自明而誠，體賢人可大之規，用君子時中之道，虛受能擇，清通不流。惟滋之直方，可以激風俗；惟造之體度，可以振綱條；惟映之精深，可以該物理。我有大典，爾其參之，懋昭厥猷，勿替休問。滋可守散騎常侍同平章事，造、映可各守本官同平章事，散官勳封賜並如故。貞元二年正月

又**《李泌平章事制》** 自昔元后，表正萬邦，必兼聽以求聞，乃

選賢而自輔。理亂之本，繫乎其任，授之以道，將在得人。朕嗣守丕圖，運逢多難，每虔心至理，思致和平，夕惕興懷，納隍是慮。今干戈甫戢，而戎狄為虞，豈誠信所未孚，何聲教之不洎？是以夢想良佐，追迪前聞，云誰之思，朕志先定。前檢校禮部尚書、陝虢觀察使李泌，山河粹氣，道德清英，殿為楨祥，生我王國。夷簡不雜，高明有融，深厚以致誠，直方而可大。識窮化本，動會時中，讜正居心，謀猷允哲。自膺分陝，累洽嘉聞，宜其入掌中樞，內司闕袞，贊兩儀之化育，貞百度之經綸，協和神人，參總廊廟。咨爾才實惠於邦家，往欽哉！式佇成績。可守中書侍郎同中書門下平章事。貞元三年六月

又 卷四六《大臣・宰相・命相三・權德輿〈齊抗平章事制〉》

敕：寅亮天工，緝熙王度，調陰陽以遂羣品，敷教化以統百官，必得其人，乃濟於理，是咨茂德，允式具瞻。中散大夫、守太常卿、上柱國、賜紫金魚袋齊抗，植操清貞，秉心諒實，精達政理，詳明典彝，才器可以濟時，忠正可以激俗。蒞事惟肅，休聲茂聞，宜入贊於中樞，俾發揮於景化，式是百辟，毗予一人。可守中書侍郎門下平章事，散官勳賜如故。於戲！政之得失，在於弼諧。爾其竭誠啓沃，以廣視聽，進規獻納，以贊謀猷，俾人叶中，時乃之績。無替朕命，厥惟懋哉！貞元十六年九月

又 《韋執誼平章事制》 門下：宰相之職，寅亮緝熙，導陰陽之和，贊天地之化，裁成百揆，總領庶官，非道契時中，識通理本，則何以敷暢皇極，阜安羣黎？朕以眇身，嗣守丕業，思立人紀，以承天休。其代予言，允屬良弼。朝議大夫、守吏部侍郎、騎都尉、賜緋魚袋韋執誼，孝友忠肅，自誠而明，茂實本於宗師，英華發於事業。久參內署，動直靜專，累踐中臺，職修事舉，克有公望，冠於羣倫。以予沖人，恭默思道，用是命爾，納誨弼違，必能刑四方之風，成天下之務。祗服乃職，厥惟欽哉！可守尚書左丞同中書門下平章事，賜紫金魚袋。永貞元年二月

又 《杜黃裳袁滋平章事制》 輔弼股肱之臣，所與共成天工，左右邦理者也。朕承至尊之重，居羣后之上，夙興寅畏，不敢康寧，思所以統天人之和，彰祖宗之烈，以行四方之政，以遂萬物之宜，敷求哲人，以輔台德。銀青光祿大夫、守太常卿充禮儀使、上柱國、鄭縣開國公杜黃裳，弘深易簡，資博厚之德。朝議郎、檢校左散騎常侍兼左金吾衛大將軍、充在街使、雲騎尉、賜紫金魚袋袁滋，沖茂精微，體誠明之性。咸以器業閎茂，服在大僚，祗事先朝，克荷休命，識達道奧，文為國經，可以儀刑具僚，參總庶務，寅亮天工，毗予一人，罔不同心，以匡乃辟。黃裳可門下侍郎平章事，滋可中書侍郎平章事。永貞元年七月

又 《鄭餘慶平章事制》 有天下者，曷常不選賢與能，納於輔弼，用乂厥辟，以和羣生？所以敍彝倫，平憲度，建用皇極，底於雍熙者也。朕祗若大訓，圖任舊人，疇咨庶工，用佐予理。朝議大夫、左丞、輕車都尉、賜紫金魚袋鄭餘慶，全器茂學，蹈中秉直，易則可久，和而不流。嘗踐禁闈，亦參袞職，每盡王臣之節，實彰君子之風，服於大僚，克有休問。洎綜理會府，紀綱羣司，率由舊章，載叶成憲，固可以儀型庶尹，寅亮天工。可中書門下侍郎平章事，餘並如故。永貞元年八月

又 《鄭絪平章事制》 朝廷者，天下之楨幹；宰輔者，王化之根源。朕夙寢晨興，講求為理之本，思所以仰承宗廟之重，俯叶億兆之心，諧和陰陽，茂育區夏，以貞百度，以敍九疇。佐予成功，實賴良弼，具瞻之地，公望攸歸。朝議大夫、守中書舍人、翰林學士、上柱國、賜紫金魚袋鄭絪，秉仁廸哲，守約居易，懿以文德，擇乎中庸，體元和之淑姿，服大雅之明訓。累登班序，休有令聞，羽儀周行，黼藻王度。洎發揮綸翰，典職禁闈，以温文雅麗之才，居獻納論思之地，從容中節，密勿盡規。先朝任能，委遇斯重，恪恭夙夜，綿歷歲年，誠節貫於屯夷，茂勳參於顧托，名書彝鼎，心著丹青。朕祗膺睿圖，誕受明命，弘宣大典，澤潤鴻猷，保乂於一人，儀刑於四國。簡於朕志，用選厥勞，圖任舊人，以匡乃辟，疇咨萬國，罔不僉同。宜膺弼采之求，式懋彌綸之績。於戲！為君之難，存乎舉而不任；為臣之患，在乎知而不言。事舉其中，政脩其本，永綏厥位，乃時之休。可中書侍郎同中書門下平章事，集賢殿大學士，散官勳賜如故。永貞元年十二月

又 《武元衡平章事制》 惟人代工，與物施化，成功者元首，輔翼者股肱。況國之號令，本於內史，政所關決，審於黃樞。爰發四方，用凝庶績，心求同德，資以弼予。朝議郎、守尚書戶部侍郎、文水縣開國子、賜緋魚袋武元衡，挺生偉才，克振前緒，蹈禮合樂，謙厚端和，居暗室而不欺，處巖廊而益重。文能合雅，道可立程，再司石室之圖，遂踐春

華之署。故事可舉，嘉猷日新，爰委地征，實惟邦本。勤於小物，弘以大綱，一心不移於吐茹，衆務必歸於領會，轡此時里，稱為名臣。朕祗奉鴻休，懼於負荷，居則神明之奥，位當億兆之尊，常恐明不燭幽，慮不及遠，一物未獲，萬方在予。《書》不云乎！『臣作股肱，耳目是命。』爾處茲弼，諧爾其慎，將明勉於規誨，必思袞闕，無或面從，直哉惟清，副我明命。可朝議大夫守門下侍郎平章事，賜紫金魚袋封如故。元和二年正月

又　**《李吉甫平章事制》**　門下：昔周宣王思弘文武之道，則以申、甫代天工。漢宣帝思繼祖宗之風，則以丙、魏執邦柄。是以克紹前烈，俱稱中興。朕以眇身，託於人上，亦思所以纘列聖之緒，致泰階之平，懷柔四夷，親附百姓，將成莫大之業，遂獲非常之才，授之鈞衡，俾作舟楫。銀青光祿大夫、行中書舍人、翰林學士、上柱國李吉甫，符彩外發，清明內融，體仁而温，抱義而峻。識洞精頤，知帝王致理之源；學該古今，窮天人相與之際。自擢於綸閣，列在禁闈，鼓三變之文，潤色王度；總五才之用，參贊廟謨。化俗思邁於成康，致君願及於堯舜。當注意之所向，每罄心而必陳。深中不回，獨立無懼，經綸常見於道達，激切多至於涕零。王綱以張，蜀寇斯殄，左右密勿，實由嘉言。降神而生，輔朕為理，調三光以序六氣，遂物情而熙帝載。是為中樞，司我大本，命爾俞往，其惟勗哉！於戲，宰輔之任，安危所寄，百辟為憲，萬邦是瞻。與其明察以為公，不若嚴重而有制；與其將順於甚美，不若匡救於纖違。審涇渭以序人倫，理繩墨以正天下。交泰之運，其若斯乎！敬聽朕言，以踐乃職。可守中書侍郎同中書門下平章事，散官勳如故。主者施行。元和二年正月

又　**《裴垍平章事制》**　門下：朕聞后德惟聖，臣德惟良。在太宗時，實有房、杜，贊貞觀之業；在玄宗時，則有姚、宋，輔開元之化。咸克佐我烈祖，格於皇天。朕祗奉丕圖，懋繼前烈，思欲貞百度，和萬邦，建中於人，垂拱而理，永惟房、杜之化，寤寐求思，至誠感通，上帝眷祐，果賚良弼，輔予一人。正議大夫、行尚書戶部侍郎、上柱國、賜紫金魚袋裴垍，器得天爵，文為國華，行有根源，言無枝葉。忠敬恭順，貫之以誠心；方潔貞廉，輔之以通識。玉立不倚，金和有聲。洎潤色綸言，密參樞務，嚴重得大臣之體，温雅秉君子之文。每獻納之時，動有直氣；當顧訪之際，言無隱情。遠圖是經，大事能斷，匡予不逮，時乃之功。及領地官，且司邦賦，會計務劇，出納事殷，捉利刃而皆虛，委棼絲而必理。歷試茲久，全才益彰，宜登中樞，以允僉望。夫宰輔者，下執邦柄，上代天工，為國蓍龜，注人耳目。爾尚降乃德，以親百姓；廣乃志，以序九流。匡朕心，以清化源；從人欲，以致和氣。予欲宣力，汝為股肱；予欲詢謀，汝為心膂。予違望於汝弼，勿謂不從；汝言逆於朕心，必求諸道。獨立勿懼，直躬而行。明聽斯言，敬踐厥位。嗚呼！罔俾房、宋，專美於前。可中書侍郎同中書門下平章事，散官勳賜如故。主者施行。元和二年九月

又　**《李藩平章事制》**　皇王理本，繫於輔弼，內以熙庶績，釐百工，外以撫四夷，式羣后。三五已降，崇替由之。朕祗荷丕圖，思底於道，夙夜惟厲，延登俊賢，若涉大川，俾作舟楫。朝散大夫、守給事中、上柱國李藩，天鍾粹美，氣稟清英，信在言前，行為人表。蘊經邦之識度，發自明誠；通理道之本根，鬱為公器。學探旨奧，文以忠貞，大玉斯實於東序，朱絃可薦於清廟。廣則難挹，剛而有容，處衆無溷其風標，存險常推其名節。累登華署，克贊彌綸，擢授左曹，專聞駁議。永惟股肱之任，翼亮是資，必求其人，豈限常次？黃樞選重，僉曰宜之。爰舉朝章，式副公望。於戲！爾惟率正，邪罔不匿。惟匪躬直誠，可以事上；惟秉鈞平施，可以致和。毗予一人，允理王事，懋乃嘉績，永孚於休。可朝議大夫、守門下侍郎同中書門下平章事，賜紫金魚袋。元和四年二月

又　**《權德輿平章事制》**　門下：夫宰相之任，上以代天工；輔佐之宜，下以立人極。爰得忠正，方膺股肱。正議大夫、守太常卿、上柱國、襄武開國侯、賜紫金魚袋權德輿，器度端實，知識通敏，學成師法，文為國華。素履常踐於貞方，黃中允合於易簡。自出入清列，茂著嘉聲，名利無屑於中懷，風雨不易其常性。驥騄之質，常識於遠途；鸞鳳之姿，宜巢於阿閣。期於至理，推之至公，寵以春卿，掌我樞務。輔天地之德，俾化及平民；導陰陽之和，使物靡疵厲。予違汝弼，言無面從，君可臣否，事已心許，用佇弘美，式副虛懷。可守禮部尚書門下平章事，散官勳封如故。元和五年九月

又《李吉甫平章事制》 輔弼之重，邦家所屬。寄深藩翰，則外撫諸侯；望切股肱，則内熙庶績。迭居其任，厥惟舊章。前淮南節度副大使知節度事、管内支度營田觀察處置等使、金紫光禄大夫、檢校兵部尚書侍郎兼中書侍郎同中書門下平章事、揚州大都督府長史、上柱國、趙國公、食邑三千户李吉甫，弘經遠之才，研極深之慮，脱畧細故，洞開中懷，文稽典謨，學升堂室。洎司我密命，言屢表於獨明；參於袞職，道每彰於孤直。貢其誠節，竭以公忠，墜典載張，彝倫攸序。匡予不逮，懷之豈忘？曩以淮海大都，吴楚雄鎮，歲屬艱食，人多愁聲，是假全才，用康疲俗，下流於永利，不憚乎勞心。故囊以長□，瀦其天澤，變舄鹵為稻粱之壤，致蒸黎有粒食之源，吏守成規，人無遷志。庶富之教，既宣於封内；輔相之宜，俾及於天下。顧茲重務，屬於良臣，去其外職之繁，專以中樞之任。至於别館良史之褒貶，内殿集賢之清秘，爰舉舊典，式洽新恩，無曠厥官，往踐乃位。可中書侍郎同中書門下平章事，兼集賢殿大學士監修國史，散官勳封如故。元和六年正月

又《李絳平章事制》 門下：司重柄者，允屬於長才；熙大猷者，固資於端士。朕纘承鴻緒，撫有萬方，夙夜祗勤，懼遠於道。故注意宰輔，勞懷夢想，誠以得失之效，邦家所繫，疇若僉論，簡予深衷，必惟其人，是舉成命。朝議郎、守尚書户部侍郎、驍騎尉、賜紫金魚袋李絳，質秀珪玉，文含采章，抱器挺生，居貞特立，有史魚秉直之操，勵山甫匪懈之誠。忠孝兩全，學識兼茂，清標可以範雅俗，正氣可以肅羣倫。頃自周行，俾參密命，動必以義，知無不為，謇謇懷匡濟之心，孜孜陳遠大之畧。言無隱避，居則静專，貫於終初，其道一致。地卿之貳，爰委典司，理財先示於簡廉，利物每懲其聚斂。通經立政，器用彌光，臺閣之間，聿有公望。是宜權衡百度，宰理庶工，允副具瞻，宰我樞務。於戲！予欲驅人俗以躋富壽，感人心而致和平，爾尚修明憲章，宣布德澤，必廣大其志，無皦察為公。恒其道以秉彝，裕其體以臨下。各任以職，無忘陳平之言；苟便於人，勿憚蕭何之請。敬茲寵擢，其懋戒哉！可朝議大夫、守中書侍郎同中書門下平章事，勳賜如故。主者施行。元和六年十一月

又《武元衡平章事制》 門下：邦國興替，將相是資。選衆而舉，思賢俾乂。故有台臣外撫，宣力以靖於四方；袞職迭居，懋功復凝於庶績。允茲崇踐，爰屬上才。前劍南西川節度副大使知節度事、管内支度營田觀察處置、統押近界諸蕃及西山八國雲南安撫等使、銀青光禄大夫、檢校吏部尚書兼門下侍郎同中書門下平章事、成都尹、上柱國、臨淮郡開國公、食邑二千户武元衡，粹厚端莊，簡易常一，有誠明之道以致用，有宏茂之畧以佐時。貞方素得於性術，操尚不愆於風雨。加以懿文合雅，聚學成師，通禮樂刑政之源，達古今通變之要。歷登華貫，休問穆然。洎處鈞衡，中立不倚，致君思堯、舜之盛，修職以丙、魏為宗。益部大藩，比仗兼濟，而能布宣威惠，撫莅蠻髦，綏道緝寧，疲黎安息，推心而下皆率附，正己而人自嚮方。臨之累年，理有異等。朕以出納王命，緝熙帝圖，總庶官之職業，為百度之扃鍵。惟此重任，屬於黄扉，分憂遂輟於殿邦，具瞻再歸於碩望。爾尚行之以忠正，煦之以和平，毗予一人，膏澤天下，祗膺禮命，無替徽猷。可守門下侍郎同中書門下平章事，兼崇賢館大學士，充太清宫使。元和八年三月

又《張弘靖平章事制》 門下：虞以為盛，猶咨五臣，殷之用興，亦賴三后。朕勵精恭己，十載於茲。常以國鈞，委之公輔，務熙庶績，敢怠旁求？思欲左右有人，在廣股肱之任。歷選列辟，洎於藩維，冀復賢能，俾匡正道。今茲所命，允屬至懷。河中晉絳慈隰等州節度支營田觀察處置等使、正議大夫、檢校禮部尚書兼河中尹、御史大夫、上柱國、高平縣開國子、食邑五百户、賜紫金魚袋張弘靖，德禀精微，器含沖用，温恭諒實，明允克誠。素推君子之風，雅有大臣之體，藴績稽古之學，發揮經緯之文。常司朕言，動叶謨訓，歷踐清貫，具揚淑聲。爰統方州，再膺節制，奉法遵道，勤公忘私，人無不懷，績用丕茂。予欲正百工之理，成泰階之平，若臨巨川，以重舟楫，是用命爾，列於中台。每念臣鄰之規，以貞棟崇之吉。少翁積慶，嗣德漢廷，文子勤身，繼匡晉室。爾惟朝夕納誨，以翊朕躬，是資袞職之勤，式重緇衣之美。仍帥司寇之屬，俾靖臯陶之刑。宜懋厥職，往踐於位。可守刑部尚書平章事，散官勳封如故。元和九年六月

又《韋貫之平章事制》 門下：弼成大化，參敍彝倫，克廣元首之明，斯服股肱之任。朕所以不自暇逸，務求賢能，式重舟楫之才，以弘經濟之道。疇若予志，僉諧乃公。中大夫、守尚書左丞、上輕車都護、賜

紫金魚袋韋貫之，清明在躬，禮樂之器，蘊珪璋特達之德，茂廉正博雅之規，静而知微，動必有守。凡踐列位，備聞嘉猷，當官而行，臨事能斷，道可鎮於風俗，望彌積於朝倫。是宜和静陰陽，紀綱邦國，命作心膂，列於台階。夫能慮四方，揆百事，愛利萬物，辨論羣才，示公忘私，時乃之職，而況圖靖藩服，繫在廟謀，不惟順下以訓人，奉上以宣力，因衆功而致用，熙衆志以為心，朝夕獻否可之誠，經綸底文武之績。祗膺厥命，勿懈於時。可守尚書右丞平章事，散官勳賜如故。元和五年十一月

又《裴度平章事制》 門下：輔相之任重，作于股肱；經濟之才難，注人耳目。苟非慮研物表，識洞事先，則何以出納中樞，平章大政？詢於時論，僉曰汝諧。朝議郎、守御史丞兼尚書刑部侍郎、飛騎尉、賜紫金魚袋裴度，勁直徇道，清明秉彝，文融菁華，行茂枝葉。居然廊廟之器，出於領袖之門。西掖司言，南臺執憲，常陳明畧，屢告嘉猷。實宣力以徇公，能外身而憂國。霜雪無改，雷風有恒。朕欲全觀其能，用試於事，俾歷戎閫，載馳使軒，玉澤渙汗以遐宣，軍情密勿而上達。將議抽擢，因罹震驚，崇道德之藩籬，士有致命；資忠信之甲胄，兵無容刃。人具瞻爾，天方賚予。昆命於龜，爰立作相。爾其展四體，堅一心，廣其道以用賢，厚其風以易俗。五兵未戢，爾惟保定武功；百姓未康，爾惟勤恤人隱。臨事必斷，當官而行，齊台階於底平，補衮職之有闕。光膺慎選，其戒之哉！可朝議大夫、守中書侍郎同中書門下平章事，勳賜如故。
元和十年六月

又 卷四七《大臣·宰相·命相四·李逢吉平章事制》 門下：朕觀古先哲王，興化致理，未嘗不選建良弼，熙寧庶工，俾之敷陳大猷，左右乃辟者也。朝議郎、守中書舍人、權知禮部貢舉、輕車都尉、賜緋魚袋李逢吉，疏通而守於經制，質厚而輔以文章。貞恒自居，和易待物，體賢人之志業，茂端士之風規。履歷班行，發揮事任，厥心匪懈，所至有聲。自彌綸粉闈，駮正瑣闥，且司言於西掖，嘗納訓於東儲。誠明一貫，聞望旁洽。俾司貢士，彌著嘉聞。方今外興不得已之師，内有不獲安之俗，恒忘食於將旰，每求衣於未明。冀清原野之誅，用止干戈之役。登爾匡輔，代予憂勤。爾宜宣至化於吾人，告嘉猷於厥后，銷弭氛祲，導迎和平。事有不舉于中，政或未孚於下，爾惟啓沃，無乃面從。可朝議大夫、守門下侍郎平章事，賜紫金魚袋。元和十一年二月

又《王涯平章事制》 門下：上宰參職，所以登三台之耀；中樞議政，在乎遂萬邦之宜。朕獲承鴻休，思建皇極，冀沃心而納誨，恒注意於求賢。通議大夫、尚書工部侍郎、知制誥翰林學士、上柱國、清源縣開國男、食邑三百戶、賜紫金魚袋王涯，動直静專，踐方居易，挺歲寒之勁質，抱夙夜之端誠。言惟守中，慮每經遠。屬者禁垣揮翰，五字日宣，選部持衡，九流風動，荐居肘腋之地，歷試股肱之才，進嘗伏於青蒲，出不洩其温樹。牟融得大臣之節，毛玠有古人之風。詢廟筭於生知，論兵鈐而暗合。方今戎車尚駕，郊壘猶多，必俟清明，以清氛祲。是用付以機密，陟於崇高。爾其發號令以端其四方，陳便宜以寬於百姓。行臺閣之故事，弘朝廷之大體，秉德以立，徇公不回。俾予一人，垂拱而理。敬聽朕命，懋哉！可守中書侍郎平章事。元和十一年十二月

又《崔羣平章事制》 門下：成萬方之化，通天下之志，緝熙帝載，昭暢玄猷，在於股肱之臣，共凝理本，旁求時彦，以叙彝倫。朝散大夫、尚書戶部侍郎、上柱國、賜紫金魚袋崔羣，精密由道，端莊保和，本清明之上才，體博厚之重德。學貫通儒之業，詞含大雅之風，居敬有恒，循性能斷。自承我密命，職參内廷，高文焕發於綸言，敏識詳達於國典。伏奏無撓，直躬不回，勤勞八年，始終一致。春闈取士，必後其浮華；地官理財，制能於輕重。儉以約己，忠惟事君，才適而用深，望積而實著。風猷已洽於人聽，倚屬方注於朕心。乃膺審像之試，以副具瞻之望。況奸凶叛逆，尚駕戎車，未明求衣，思戢干戈。爾宜酌古今之要，舉刑政之中，艱厥位以代天工，陳其謩以明皇極。敬茲重命，往踐台階。可守中書侍郎同中書門下平章事，散官勳賜如故。元和十二年七月

又《李鄘平章事制》 弼成庶政，必屬於長才；經制四方，是資於碩望。況參酌理本，燮和化源，苟非傑賢，孰允斯任？爰立爾德，將諧具瞻。淮南節度副大使知節度事、管内度支營田觀察處置等使、銀青光禄大夫、檢校尚書左僕射兼揚州大都督長史、御史大夫、上柱國、江夏縣開國侯、食邑一千戶李鄘，性惟直方，器本弘固，沖敏可以成務，通明可以質疑。懷匡主之忠規，蘊經邦之遠畧。歷居雄鎮，累服大僚，臺閣藩方，動留成式。資為重望，綽有餘才，必能翼宣鴻猷，導迎和祉。是用徵

拜，陟於黄樞。竭爾訏謨，司我號令，法期畫一，俗俾康寧，寅亮庶工，屬在良輔。爾其勤思至道，以洽太和，戒之敬之，往踐厥職。可守門下侍郎同中書門下平章事，散官勳封如故。元和十二年十月

又《李夷簡平章事制》 門下：致理之道，王者由其盡心；弼教之功，輔臣所以宣力。皇極是建，蒼生乃安，敷求實難，倚任斯重。將付大政，必惟僉諧。正議大夫、守御史大夫、上柱國、成紀縣開國侯、食邑一千戶、賜紫金魚袋李夷簡，才稱通明，性本嚴重，守以正直，傅之文華，羽儀朝端，冠耀宗籍。早司邦憲，爰總地征，糺逖無聞於避强，經費克均其定制。中立不撓，孤標出倫，聳善激貪，法行令肅。自鎮漢上，洎臨蜀川，儉德載彰，清規一貫。山岳比厚，風雷有常，勵貞峻以理心，竭忠勞而奉上。人望汲黯，印歸趙堯，俾之持綱，萬目斯舉。固可以總參庶務，允釐百工，燮和陰陽，宣發號令。是用申命，陟於台階。於戲！説積爾躬，夢協朕志，虚己將求其弘濟，鯁言罔懼於咈違。道必兼舉，位無苟曠，膺此寵權，敬哉戒哉！可守門下侍郎同中書門下平章事。元和十三年三月

又《皇甫鎛平章事制》 六符成像，所以平泰階；九賦克均，所以阜羣物。爰資宰臣，弘贊謀猷，達其富庶之源，以致雍熙之化。用輔台德，其允具瞻。朝請大夫、守尚書戶部侍郎、兼御史大夫判度支、上護軍、賜紫金魚袋皇甫鎛，行惟孤貞，性本堅直，秉仁履義，守正之方，才適變通，辭去枝葉，藴沖用於靈府，表公器於上林。夙懷經濟之謀，早在賢良之選。累踐華貫，服於大僚，端肅有常，發揮事任。自總邦計，貳領地官，屬以徵戎車，討平淮寇，發輓調食，制外自中，法無過差，動有成績。山甫彰勤恪之效，志在奉公；夷吾職輕重之權，誠宜佐國。是用命爾，俾昇台司，望以沃心，勞乎注意。尚興師旅，方殄妖氛，翼亮是參，經費仍屬。爾其悉乃心力，副於簡求，物有未遂其宜，望有未洽於道，罔或安位，必思匪躬。酌下土之盛虚，中樞之政令，光昭厥辟，時乃之休。可守尚書戶部侍郎同中書門下平章事，依前判度支。元和十年九月

又《程异平章事制》 門下：昔漢宣帝弘祖宗之業，正刑德之本，簡求輔相，以致中興。朕祇荷丕圖，思揚聖緒，每懷舟楫，以涉巨川，俾人不迷，用底於道。今獲良弼，式允僉諧。朝散大夫、守衛尉卿、御史大夫、充諸道鹽鐵轉運等使、賜紫金魚袋程异，厚德外嚴，沉機內朗，抱精微以致遠，本誠明以格物。盡瘁事國，誠明在公，常探化源，雅尚學術，揚歷斯久，公望藹然。自位列大僚，總茲劇務，達榷酤之利，適財賦之方，瞻出納於邦家，中績效於官業。頃以淮夷未殄，師旅在郊，有漕輓之勞，兼供億之費。言念多事，恐傷吾人，而异法能變通，道益明著，言無伐善，動必由衷，藴夷難致君之心，見懷道佐時之略。況屬饋軍之事，尚倚良能，載閲前功，宜當大用，乃服休命，俾參中樞，爰表秩於冬官，仍兼綜於舊職。膺茲重任，用表全才。爾宜左右朕躬，朝夕啓沃，干戈未戢，尤佇廟謀。敬聽斯言，副我明獎。可尚書工部侍郎同中書門下平章事，依前充諸道鹽鐵轉運使。元和十三年九月

又《令狐楚平章事制》 門下：贊天工而成光濟，叶帝力以致昇平，非中和稟氣，不能符燮調之道；非誠明在躬，何以膺弼亮之位？況今積妖已殄，而邊鄙猶虞；大化方行，而里閈未泰。將欲舉百度，甄羣材，外經四夷，內輯諸夏，納之壽域，被以仁風。代予之勤，其孰克任？眷求斯得，是用命之。河陽三城懷州節度使、朝議郎、使持節懷州諸軍事、守懷州刺史、兼御史大夫、賜紫金魚袋令狐楚，根於粹厚，著以端明，表山立之莊容，洞泉渟之精識。文高雄富，學茂該通。自頃揮翰掖垣，持囊禁署，常延造膝，屢竭沃心，發言必誠，臨事無惑，藹是公望，居然國楨。及剖符近郊，兼暢救人之術；仗節分閫，尤深馭衆之方。可謂器適中外，效宣文武。宜展舟楫之用，式登鼎鉉之司，管於中樞，持我大柄。於戲！輔翼之任，人臣極崇，未至而衆議有歸，既處而其名罕副。萬務攸託，朕何賴焉？爾其敬聽此言，深思其道，行致君之忠，終始勿渝；以報國為期，夙夜益勵。無俾厥后，有慚知臣。可朝議大夫、守中書侍郎同中書門下平章事。元和十四年七月

又《韓弘中書令制》 門下：納大忠，樹嘉績，為臣所以明極節；錫殊寵，進高秩，有國所以待元臣。況乎邦教誕敷，王言總會，百辟攸憲，四方式瞻，永念於懷，久虚其位，載揚成命，僉曰休哉！宣武軍節度使知節度事、汴亳潁等州觀察處置等使、開府儀同三司、守司徒兼侍中、使持節汴州諸軍事、汴州刺史、上柱國、許國公、食邑三千戶韓弘，降神挺材，積厚成器，中藴深閎之量，外標嚴重之姿。有匡國濟時之

心，推誠不耀；有夷凶禁暴之畧，仗義益彰。自作鎮浚郊，二十餘載，師徒稟訓而咸肅，吏士奉法而愈明。俗臻和平，人用庶富，威聲之重，隱若山崇。屬者淮濆濯征，命統羣帥，克殄殘孽，惟乃有指蹤之功；及齊境興妖，分師進討，遂梟元惡，惟乃有畧地之效。既聞旋旅，俄請執圭，深陳魏闕之誠，遠繼韓侯之志。朝天有慶，湛露方濃，又抗表章，固辭戎旅，三加敦諭，所守彌堅。于藩于宣，諒切於注意；我弼我輔，難違其哀懇。式遂良願，載兼上司。論道之崇，因之以齊七政；中樞之長，畀之以贊萬務。玄袞赤舄，備乎龍光，不有其人，孰膺斯任？於戲！出總兵柄，入參廟謨，家國之慶盈門，君臣之道交泰。為我柱石，古今曷儔？服而温恭，以佐乃辟。可依前守司徒兼中書令，散官勳封如故。主者施行。元和十四年八月三日

又《蕭俛平章事制》 廊廟之任，萬邦所瞻，調一氣之和，序五材之用，出納王命，發揮帝猷，簡求賢能，弘我邦本。朝議郎、守御史中丞、飛騎尉、襲徐國公、賜緋魚袋蕭俛，識通化源，道契休運，有戴君峻節之志，秉見義匪躬之誠。代襲公卿，族高軒冕，學貫古今之要，詞探雅誥之宗。嘗事先朝，職居宥密，奏議無撓，忠勞益彰。洎執憲南臺，肅清朝序，休望彌洽，直聲日聞。朕方臨萬邦，思致於理，若涉大水，浩無津涯，將務簡以安人，欲息兵而論道，審象而授，其代予勤。爾其端志絶私，去末學本，敍禮樂於邦國，施政教於人倫，舉其鈞衡，明示天下，無俾一德，專美於殷。爾其敬之，奉我成命。可朝散大夫、守中書侍郎同中書門下平章事，仍賜紫金魚袋。元和十五年閏正月

又《段文昌平章事制》 眷於良弼，期在濟時，必惟才臣，乃克成務。況端潔剛毅，可以肅具寮；敏裕周通，可以熙庶績。外無飾虚之禮，中有效實之誠，簡於朕心，乃命以位。朝散大夫、中書舍人、翰林學士、武騎尉、賜紫金魚袋段文昌，門襲忠勳，器包才傑，廣而不雜，峻而能温。脩詞每擬其菁華，所尚者風格；發言必探於指要，所貴者變通。識古今理亂之原，知遐邇利病之本。自掌文翰苑，列籍金門，出入五年，恭勤一致。屬朕初承寶命，屢進嘉猷，諒我憂惕之懷，竭其公忠之志。昨因召見，更有咨詢造膝之言。注意斯得，必能奉將明之大任，申獻替於虚襟。爰昇鼎鉉之司，冀展舟楫之用。於戲！萬務之始，九有所瞻，將致治平，可不兢勵？爾其夙夜惟慮，以匡朕躬，使四夷咸賓，百度惟理，阜俗必蘇其疲瘵，審官無鬱其賢能。理當詳於機深，道當固於久大。自推誠可以化物，惟先己可以律人。勉哉戒哉！無忝我首命之重。可守中書門下平章事。元和十五年閏正月

又《崔植平章事制》 夫宰相者，上調元化，以亮天工，下熙庶績，以輔君德。未有心不直而能叶於道，迹不正而能致其君，必求斯人，乃命以位。朝議郎、守御史中丞、武騎尉、賜紫金魚袋崔植，氣志凝遠，風標粹精，率性而行，潔己以進，周歷臺閣，藹然聲猷。頃者奸臣未除，利權方擅，情推刻下，其事將行，而植獨能横抗，申以駮議。朕每嘉望，不忘於懷。自膺寶圖，俾掌邦憲，又能悉心秉執，造膝敷陳，歸於無私，多所弘益。爰擢作相，冀能弼予。於戲！爾先太傅，當德宗始初清明，首居相位，克固直道，於今稱之。爾其嗣守家法，無廢朕命。可朝散大夫、守中書侍郎同中書門下平章事。元和十五年八月

又《杜元穎平章事制》 門下：王者昭宣令德，臨視百官，必在台臣，總其方畧。況先朝正奸佞之罪，型海内之心，既成大勳，付朕鴻業。思欲述事繼志，偃武興文，揚其耿光，屬在髦哲。朝散大夫、尚書戶部侍郎、知制誥翰林學士、上柱國、建平縣開國男、食邑三百戶、賜紫金魚袋杜元穎，識稟人秀，才為國華，器縝密以含章，言清明而體要。廉方不雜，峻直無徒，洞朗鑑而心運陽秋，鼓雄詞而氣幹山岳。爰以精粹，列於内庭，通賈生理亂之言，達管氏政刑之本。未至高位，蔚為名臣。間者妖孽相延，紛亂南北，朝夕機命，迅如風霆，而翰動若飛，神無滯用，思職必盡其心力，避榮克保其謙光。虔奉綴衣，導揚訓命，雅就忠貞之志，實有安定之功。本於忘身，受我以德，感激無隱，切劘盡規，既納誨於三篇，亦陳戒於六事。朕常委以大政，詢其遠猷，研機必精，應變當理，布舊章於河朔，推大信於昆夷。動無不諧，實由密贊，全器煇燿，淑聲流聞，昇於台階，允是瞻望。於戲！昔爾先祖，為唐宰衡，惟爾傳臧孫，有後之慶，秉召公是似之德，纂承舊服，協於至公，思貽厥之謀，率攸行之道。握制羣動，衡平衆邪，俾人不迷，時乃之績。可守戶部侍郎平章事。長慶元年二月

又《元稹〈王播平章事制〉》 門下：昔蕭何用新造之漢，而能

調發子弟，完補敗亡，使關東糧餽不絕者，以其盡得秦之圖籍，而周知其衆寡也。我國家乘十一聖之區宇，提億兆姓之生齒，而日不能足食足兵，朕甚懵焉。得非調陰陽、撫夷夏者，不欲侵泉貨之任，而主會計、校盈虛者，不得參邦國之重乎？予將兼之，允在能者。諸道鹽鐵轉運等使、大中大夫、守刑部侍郎、騎都尉、太原縣開國男、賜紫金魚袋王播，在德宗時，以對詔入仕，踐歷臺閣，由御史大夫、大京兆尹，掌縣官鹽鐵，為春曹尚書，乃長邑擧，以控蠻蜒，盡稱厥職，達於予聞。洎詔徵還，便殿與語，得所未得，聞所未聞，昭然發曚，幾至前席。重委操剸，銛刃益精，國有羡財，而人不加賦，東師在野，物力蕭然。不有主張，孰能戡濟？是用命爾作相，仍以舊務嬰之。爾其西備戎羌，東定燕冀，內實九府，外豊萬人，百度羣倫，罔不在爾。於戲！典謨訓誥，行之具存；邪正是非，知之孔易。予惟以不敏不明，茲故用爾為股肱耳目，又安能一二戒誨，垂之空言？爾其勵於爾心，無令人觀聽者，論爾於鄉校。可守中書侍郎同中書門下平章事，依前充鹽鐵轉運等使，散官勳封如故。長慶元年十月

又《元稹平章事制》 門下：御大器者，登俊賢以為輔弼；宣大化者，擢公忠以施政教。故能成天下之務，達天下之情，俾三光宣明，百度維貞正。我之倚注，方得其人，天實賚予，允副僉望。中散大夫、守尚書工部侍郎、上柱國、賜紫金魚袋元稹，珪璋茂器，鸞鳳貞姿，文涵六義之微，學探百氏之奧。剛而有斷，忠不近名，勁氣常勵於風霜，敏識頗知於今古。自恪居朝序，休問再揚，不自飾以取容，不苟安以廻慮，直躬以處，在危若夷，卓然見陶鑄之心，豁爾見江湖之量。間者司文禁署，主朕樞機，每因事以立言，累披誠而獻計。心惟體國，義乃忘身，深陳濟物之方，雅見經邦之志。朕思弘理本，用洽生靈，式資康濟之材，以暢和平之化。於戲！爾率於正，則不正者知懼；爾進於善，則不善者必悛。惟直道可以事君，惟至公可以格物。秉是數德，毗予一人，永孚於休，以底於道。可守尚書工部侍郎同中書門下平章事，散官勳封如故。

又《裴度平章事制》 涉大川者操巨艦，不畏於洪波；搆廣廈者揭宏材，乃安於棟宇。朕祗奉神器，尊臨萬邦，思弼諧輔相之臣，致易簡雍熙之業。爰得耆舊，委之衡樞，冀弘嘉猷，以闡玄化。淮南節度大使知節度事、管內營田觀察處置等使、光祿大夫、守司空同中書門下平章事、兼揚州大都督府長史、上柱國、晉國公、食邑三千戶裴度，氣稟宏朗，材優康濟，達識高議，兼明不渝，型儀可以光巖廊，度量有以方海岳。操握政柄，弛張化權，彝倫典謨，合若符契。昔我先聖，以武畧深計，中樞密勿，委之廟堂，四海咸理。朕側席虛心，勞懷宵旰，禮命元老，聞斯格言，衷懷洞然，雲霧皆豁。是用輟撫淮海，舉之台袞，换其戎律，列自黃扉，秩崇上公，望積師長。寄爾以周、召，待爾以蕭、曹，任爾以埏埴，授爾以鈞衡。於戲！衽席樽俎之內，堂室牖戶之間，無俟窺臨，可以觀察，不違宴息，其爾折衝，庶乎陰陽叶和，品物昭泰，惟言是納，爾舉必從。使益稷臯陶，爾無慚德，垂衣南面，我獲任賢。無易由言，式遵明命。可守司空兼門下侍郎同平章事，散官勳封如故。長慶三年三月

又《李逢吉平章事制》 朕聞天地洪爐，鼓之者橐籥；帝王大業，成之者股肱。堯舜垂衣，禹湯恭己，弘道任德，為予輔臣，則八表清寧，萬邦咸理。故伊尹之舉，臯陶之升，庶績其凝，不仁自遠。正議大夫、兵部尚書、輕車都尉李逢吉，大方比量，中正持心，真玉無瑕，堅金在礪，峻節而高山是仰，惟誠而止水可觀。剛柔所持，吐茹無易。往以青宮齒學，導我典墳，儀刑式孚，蘭茝馨茂。洎昇台席，翊奉先朝，訏謨審聞，獻替潛達，外順招德，中深至言，溫恭聿修，終始一貫。朕嗣守丕業，思得賢良，將俟和羹，期於舊老，易之襄漢，居以南宮，每詢嘉言，啓沃惟允。今授之相印，委以樞衡，代天之工，爾在專任。於戲！發號施令，選賢與能，申於百辟之上，行於四海之內。朝無黨比，人絕澆浮，黑白粲然，淄澠不溷。使巖廊重位，揚我清風，弘宣大猷，以暢王度。可守門下侍郎同中書門下平章事，散官勳如故。

又 卷四八《大臣・宰相・命相五・韓弘中書令制》 帝王之理天下也，外有方岳，所以宣教化；內立宰輔，所以秉樞衡。授任之重莫踰，人臣之位斯極。至於出分垣翰，入作股肱，非聞望尊高，功庸顯赫，則何以允膺僉屬，光贊謀猷？前忠晉絳隰等州節度觀察處置使、開府儀同三司、守司徒兼中書令、河中尹、上柱國、許國公、食邑三千戶韓弘，德器寬弘，識度邁遠，才資英特，學茂韜鈐，持蕭何畫一之心，有□□立斷之利。頃以開河右地，藩屏近郊，爰輟台臣，仗茲戎節，以清靜廉平之理，

牧我黎元；通明簡正之方，撫我師旅。奸盜自息，欺詐不生，晨勿飲羊，夜無驚犬。五都富庶，已飽仁惠之風；三軍訓齊，既習嚴明之令。寧資借寇，是用徵黄。今選日来朝，乘軒即路，宜先極拜，光我元臣，上宰重權，三公崇秩，俾復乃位，惟其敬之。可守司徒兼中書令，散官勳封如故。長慶二年十月

又《牛僧孺平章事制》 舟楫所以濟大川，棟梁所以成大厦。舟具而湍波不竦，材具而廊廟用崇。朕若涉之心，浩然增畏，垂衣端拱，期在股肱是用，擢彼英髦，付以衡右。朝議郎、守尚書戶部侍郎、上柱國、賜紫金魚袋牛僧孺，方直秉心，誠敬由己，玉堅持操，松貞表姿。文著經邦，業推匡代，中立不倚，孤標介然。日者選自南宫，演綸西掖，昇諸憲府，授以人曹，典謨訓誥之詞，紀綱准繩之度，施之必當，僉曰汝能。朕將寄以台階，委之鼎鉉，貞我庶績，登諸化源。爾宜克念前修，聿懷明哲，體乾坤易簡之法，廣日月無私之照，使風化日厚，澆浮自泯，好惡不競，彜倫永清。於戲！予視以能，乃昇於位，我心慎擇，惟賢自求。昔公孫弘以射策馳聲，名光相府。爾以掞天高稱，亦踐台司，勉同素絲之風，克副皋陶之舉，乃加命秩，用表新恩。可朝散大夫、尚書戶部侍郎同平章事，勳封如故。長慶二年三月

又《李程平章事制》 門下：理多務者，必資經遠之能；總衆材者，實在選舊而任。爰疇咨輿議，參詢廟廷，果獲誠臣，迺予高位。正議大夫、尚書吏部侍郎、上柱國、渭源縣開國男、食邑三百戶、賜紫金魚袋李程，文含鐘律，器挺珪璋，行己蹈常，與物無吝。早以詞翰，密侍帷幄，開弘碩問，發揮訓謨。周旋臺閣，閱歷中外，秀造稱其得俊，衡鏡表於無私。卑牧難踰，深藏不耀。朕負荷重任，祇守大業，自顧寡昧，動遵先規。委成台司，不操匠斵，自居無悔之地，以馳至正之途，而元輔披陳，勇於進類。嘗思任人與自任，不若因賢以求賢。命之僉求，以明名列上，而程為舉首，是必至公。爾宜謹繩墨以視諸侯，平好惡以待多士，秉彜倫以一流競，覈名實以鎮浮虚。叶睦乃僚，無替朕命。爰因銓品之鑑，載佇烹飪之功。可尚書吏部侍郎同中書門下平章事，散官勳賜如故。長慶四年五月

又《竇易平章事制》 門下：昔周宣王、漢宣帝思弘祖業，克紹先搆，用申、甫、邴、魏為相，然後周道重熙，漢德累洽。朕以沖眇，託於億兆之上，緬惟文祖、玄宗之理，若涉大水，浩無津涯，詢於巖廊，俾舉髦碩，而果得才傑，副予虚求，必惟其人，乃命以位。朝議郎，守尚書戶部侍郎兼御史大夫判度支、上柱國、賜紫金魚袋竇易，端厚靜愨，直方簡廉，氣深而和，識敏而達，每黜華而務實，不為善而近名。早以器能，揚歷中外，司憲著紀綱之績，廉俗垂惻隱之仁，輟於天官，掌我邦計，底慎財貨，均節委輸，賙給不窮，贍濟皆足。國有大柄，屬於全才，況朕新臨寶圖，萬務資始，審儀而授，其代予言。爾尚弼予一人，用底於道。且朕以丞相調兵食，以冢宰執歲成，我國家參用古制，以重其事也。爾往欽哉！無忝成命。可朝散大夫、守尚書戶部侍郎同中書門下平章事，判度支。長慶四年五月

又《裴度平章事制》 朕周觀帝王之道，春秋富則倚附舊老，享曆久則簡擢俊髦。故我玄宗開元之始，任宋璟、姚元之之輩，以調陰陽；東封以後，乃用李元紘、張九齡之儔，以承法度。洎予恭守大位，於今三年。巖廟藩封，建於左右前後，皆皇祖聖父之人，罔有易置。況勳望冠代，器業絶倫，副予揣掄，贊此休運，凡百有位，敬而聽之。山南西道節度觀察處置等使、光祿大夫、守司空同中書門下平章事、興元尹、上柱國、晉國公裴度，以忘家抵患，協於憲宗；以匪躬不撓，佐於先帝。十拜相詔，四登帥壇，接士猶布衣之心，忠時急戀闕之思。價重於内外，名殷於華夷。藉是風猷，俾參大柄，且輔吾志，亦用僉聞。於戲！君臣合符，不可多得，千載一遇，猶為比肩。爾宜援古以自强，垂後以居重，文終之畫一，平陽之幷容，諸葛持衡之公，相如引車之意，率彼四子，是為成人。服茲昌言，往踐乃位。可守司空同中書門下平章事，仍令有司，擇日備禮册命。寶曆二年二月

又《韋處厚平章事制》 搆大厦者，實先梁棟之材；濟巨川者，必資舟楫之用。朕越自藩邸，膺明大統，夙夜震兢，若蹈泉谷。況齊岷思乂，艱步甫寧，上奉山陵，七月之期，内佇訏謨，庶政之始，匡我眇末，寘之樞極。將恢興運之功，俾協具瞻之望，博求名實，獲茲忠賢，實帝賚予，其誰與讓？正議大夫、尚書兵部侍郎、知制誥充翰林學士、上柱國、賜紫金魚袋韋處厚，體道為徒，見義能往，居易以行古，至和而不流，冰

霜挺松柏之姿，貞白秉珪璋之德。文揮風雅，學該儒玄，器洽而保之以謙，識明而用之以晦。選自經藝，侍於穆宗，擢司密命，實贊先帝。一彼直操，彰其遠猷，臨危勵難奪之誠，推忠備弘益之道。屬者變生宮掖，謀俟經綸，首參底定之功，載竭忠貞之效。雪憤橫涕，披肝貢詞，約我以禹湯罪己之勤，博我以古今致治之要。聽必感動，悉其條陳，洪纖靡差，夢卜斯協。必能式是中外，啓茲雍熙，俾予沖人，克垂端拱。是用擢昇鼎鉉，式亮帝圖，庶無愧於知人，且用光於斯道。於戲！前哲有言，良臣惟聖，處殷憂舉衆之任，荷濟理沃心之期，任四方傾聽之勤，在百度維新之際。無怠於誨，無廢於身，無曠於登庸，無忽於詢度。慎爾初守，固其持平，協朝廷卿士之和心，復貞觀、開元之令政，用乂乃辟，罔非其中，崇易簡久大之規，茂庶富阜康之績。勿替明戒，時惟永圖。汝往欽哉！無忝我命。可中書侍郎同中書門下平章事，勳賜如故。寶曆二年二月

又《王播平章事制》 宰相之制，所以撫鎮國家，出納王命，弼亮刑政，燮理陰陽，為一人之股肱，注四方之耳目。僕射之職，在於參贊萬務，統率六官，師長百寮，總臨臺寺，冠中朝之碩望，為多士之具瞻。其有久司利權，累分閫寄，位重邦教，任隆台階，爰因入覲之榮，再賜登庸之命，俾升鼎鉉，用輟旌旄。淮南節度副大使知節度事、管內營田觀察處置臨海縣牧等使、兼諸道鹽鐵轉運等使、銀青光祿大夫、檢校司徒同中書門下平章事、揚州大都督府長史、上柱國、太原縣開國男、食邑七百戶王播，知識精深，機神敏達，長才適於通變，雅量得於寬明。亟登將壇，仍佩相印，休聲早振於全蜀，成績近著於維揚。山澤之貨無遺，輸轉之資相繼，用佐經費，克彰忠勞。朕獲守宗祧，君臨億兆，尚賴匡救，底於輯寧。於戲！爾有嘉謨，我求懿德，將期納誨，以及交修，冀霖雨之濡，能普施於四海；舟楫之利，無專美於一方。寵以端揆之榮，仍茲榷筦之重。往踐乃位，汝其欽哉！可尚書左僕射同中書門下平章事，依前充諸道鹽鐵轉運等使，散官勳封如故。大中元年六月

又《路隨平章事制》 綏輯萬邦，寔資乎元首；弼成庶績，允屬於股肱。將以道宣化源，崇固理本，立我皇極，贊於時邕。故任賢著於《禹謨》，納誨載於《說命》，眷求懿德，斯惟僉諧。中散大夫、守尚書兵部侍郎、知制誥充翰林學士、上輕車都尉、賜紫金魚袋路隨，性稟中庸，氣含大雅，身無擇行，學不為人，敏識周通，宏才恢博，挺然仁者之勇，蔚為君子之儒。祗事穆宗，侍經內殿，敷堯、舜之大典，暢周、孔之遺風。雅言玉音，奧義冰釋，潤色王度，發揮聖聰。出入禁闈，踐歷華冑，位彌高而唯謹，任愈重而滋恭。逮及先朝，復參密命，雍容侍從，早已賦於甘泉；左右便蕃，未嘗言於温樹。周旋九載，終始一心，直道匪躬，讜言盈耳。每訪謨猷之指，用陳匡益之誠。出不忘於詭詞，退必嚴于削藁。器可經國，忠能致君。迹其公正之方，用升毗倚之任。於戲！干戈未息，爾其弘智用，以靜寇攘；役戍尚勤，爾其宣柔服，以懷戎狄。均國賦以阜安百姓，振朝綱以綜覈羣才，退無後言，動必慮善。貞爾百度，弼予一人。寵以峻階，委以極務，往踐厥位，時乃之休。可正議大夫、守中書侍郎同中書門下平章事，勳賜如故。太和二年十一月

又《李宗閔平章事制》 王者祗順天道，統理人極，茂育品類，燮調陰陽，必在旁求股肱，宣翼機務。朕嗣守寶位，於今四年。屬滄景搆奸，河朔未靖，兵甲屢興，蒸黎匪寧，納隍在予，輟食興歎。今苗頑既革，華夏思安，爰登台座，弼我元化。正議大夫、尚書吏部侍郎、上柱國、襄武縣開國侯、食邑一千戶、賜紫金魚袋李宗閔，立德秉懿，履道居業，文行可以經邦國，忠正可以動神祇。周知變通，識達古今。自望高多士，名重四朝。奉絲綸於掖垣，平銓衡於省闥，公直有裕，清貞自持，固可以相導雍熙，光膺夢卜，匡弼台德，用濟巨川。宜昇樞機之尊，俾叶鈞衡之政。於戲！知臣匪易，求賢惟艱。膺三台之崇，贊萬機之重，啓沃之義，注於予懷。爾其舉正去邪，以清百辟，提綱舉法，以肅羣司，簡政勤心，以安兆姓，惟誠忠恕，以靖四方。嚴制度以弘典常，信賞罰以旌淑慝，有犯無隱，進思弼違，服茲寵光，尚致予理。敬戒休命，無替嘉猷。可守本官同中書門下侍郎平章事，散官勳封如故。太和三年八月

又《牛僧孺平章事制》 昔漢宣帝用丙、魏，以盛中興之業；我玄宗任姚、宋，以致開元之理。其術無他，得賢而已。朕猥居大寶，首涉五年。宵旰靡遑，憂勤至切，將倚任於國柄，宜登進於人傑，俾其復運樞極，載清化源，斷自朕懷，允膺僉屬。武昌軍節度使、鄂岳蘄安黃申等州觀察處置等使、金紫光祿大夫、檢校吏部尚書同中書門下平章事、持節鄂州諸軍事、鄂州刺史、上柱國、奇章郡國公牛僧孺，氣含元精，體包大

雅，識用夷密，襟靈沉粹，窮聖賢旨奧之學，鋪邦國經緯之文，蔚為名臣，秀出羣萃。長慶御曆，登賢濟人，廊廟有光，臣工得職，代天協理，時乃之休。先朝與能，出兼征鎮，毗俗丕變，師旅大和，宣力事君，時乃之績。朕飽聞器業，虛竚風儀，會曹參之促裝，喜韓侯之来覲，便殿延對，前席與言，通古今理亂之全源，知教化損益之物務。其應如響，不知所然。是宜卿長夏官，平章大政，康濟四海，毗予一人。於戲！君不能自為堯、舜，必待其臣以致之；臣不能自為伊、皋，必待其君而任之。致則期於盡忠，任固在於從善，然後上下交泰，君臣相須。爾其使百官得其人，萬事得其敍，邪正之路必判，清濁之流必分，金堅一心，柅制羣類，無重否德，予皆仰成。可兵部尚書同中書門下平章事，散官勳封如故。太和四年正月

又《宋申錫平章事制》 出納大命，宰司化元，調四氣以統和天人，貞百度以鎮安夷夏，必資髦傑，用委鈞衡。朕嗣守丕圖，思弘至理，萬務之重，屬於台臣，仄席勤求，冀匡不逮。況素效久彰於密勿，精材已得於詢謨，擢自内廷，授以衮職，爰立左右，斯為得人。朝議郎、守尚書右丞、上柱國、賜紫金魚袋宋申錫，岳降全德，天資正性，處約居厚，蹈中秉彝，文每掇其菁華，學必採其玄賾。風播休聞，超乎羣倫。自選於同行，參我内署，奉職恭肅，率心坦夷，蘊沖用以究國經，鋪訓詞以潤工度。密贊彌久，弘益滋多。朕累因暇日，召於别殿，訪以大政。觀其立誠，而胸襟洞開，肝鬲無隱，識精詞直，實契虚求。固可以提持化權，參決理本。是用昇於鼎鉉，付以樞機，由仙闈總轄之司，當宰輔具瞻之地。熙此庶績，弼予一人。於戲！元首以司牧萬方，股肱以協贊皇極，上推公以馭下，臣竭忠以戴君，際會交感，而臻大化。歷視前古，何莫由斯？予方悉是道，以臨兆人，爾宜悉乃心，以成一德。敬戒厥位，永孚於休。可正議大夫、行尚書右丞同中書門下平章事，勳賜如故。太和四年七月

又《李德裕平章事制》 弼亮鈞衡，宣翼統紀，明景化以凝庶績，啓嘉謨以建大中，爰求國楨，以輔台德。銀青光祿大夫、守兵部尚書、上柱國、贊皇縣開國伯、食邑七百戶李德裕，元精孕靈，和氣毓德，堅直成性，清明保躬，貞規澹夷，敏識沖遠，學總九流之奥，文師六義之宗，令聞丕昭，僉諧允屬。自提綱柏署，掌詰禁闈，釐紀律詳平之司，竭訏謨密勿之節。洎廉視浙右，總鎮滑臺，再委旌旄，緝安邛蜀，克有殊政，咸懷去思。諒惟全才，茂此聲績。朕以疇庸之典，彝訓所先，入還司馬之崇，彌積濟川之望。是宜納誨朝夕，擢居股肱，弘伊、吕之勳，以嗣章平之美。業傳相印，門襲戎旃，紹絲綸内職之榮，繼鼎鼐中樞之重。珪紱之盛，恩輝罕儔。爾罄乃忠貞，副我毗倚，無忝朕命，服茲寵光。可守本官同中書門下平章事，散官勳封如故。太和七年七月

又《王涯平章事制》 居端揆之任，再踐國鈞；稽筦榷之功，兼司邦計。爰崇舊德，以輯親規，簡自朕心，用光僉屬。金紫光祿大夫、守尚書右僕射、充諸道鹽鐵轉運等使、上柱國、開國公、食邑二千戶王涯，元精降靈，粹體秉哲，恬智成性，清貞保躬，文行可以經邦，風操可以鎮俗。以明用晦，處貴滋恭。憲宗以禁署竭忠，擢登輔弼；先帝以台階宿望，寵授旄旃。陰陽燮調，藩宗寧謐，機務允理，政經交修。洎銓綜九流，式序百禮，提釐紀律，統明貨泉，法必便人，事先體國，聲績茂暢，洽於羣謠。朕以邊鄙防禦，猶存兵戍，資儲之備，供億尚繁，頃者支費轉輸，任分兩使，量入制用，誠患多門，俾足食以豐財，在省員而簡務。是用合此兩柄，委於元僚，正資通變之初，藉我股肱之重。勉思率職，無或憚煩，敬戒乃心，欽承休命。可守本官同中書門下平章事，充度支及諸道鹽鐵轉運使。太和七年七月

又《李宗閔平章事制》 職代天工，望歸人傑，必資求舊，允副僉諧。山南西道節度、管内觀察處置等使、銀青光祿大夫、檢校禮部尚書同中書門下平章事、兼興元尹、上柱國、襄武縣開國侯、食邑一千戶李宗閔，巖廊正人，宗室全德，才惟不器，道實生知。悴茂體陰陽之和，周旋成禮樂之用。外弘疏朗，中實誠明。白璧凝温，朱絲秉直，文窮三變，學洞九源。早以忠規，契予審象，雅有全畧，能宣大猷，底寧戎蠻，協贊郊祀，見可而進，知難靡回。啓心常罄其嘉謀，造膝必聞其法語。行父事君，志存於嫉惡；皋陶承弼，道遠於不仁。康濟而金鏡有倫，燮調而玉燭無爽。謇諤勵大臣之節，端莊清至化之源。修明典章，慎選方岳，敷我利澤，臻於治平。自出鎮漢中，既周星律，巴俗雖歌於来暮，國人頗篤於去思。遂用徵還，蓋從公望。及延召宣室，益加前籌。是宜再陟中樞，直修衮職。咨爾良輔，其聽朕言。夫天地交泰則時和，君臣訢合則國治，眷

求一德，出納萬機，勉弘如水之心，式副濟川之用。命官罔及於私昵，詔爵必俟於賢能，俾庶績惟凝，彝倫攸敍。無忝注意，敬之戒之。可守中書侍郎同中書門下平章事，散官勳封如故。太和八年十月

又《賈餗平章事制》 寅亮皇猷，丹青景化，爰從選衆之舉，乃得非常之才。前浙江西道都團練觀察處置等使、朝議大夫、檢校禮部尚書、使持節潤州諸軍事兼潤州刺史、大夫上柱國、姑臧縣開國男、食邑三百戶、賜紫金魚袋賈餗，識達韻孤，學正行直，貞和自立，介特不羣。能操至公，每契中道，聲逸羣聽，善諧朕心。自尹京師，尤彰望寔，亟召便殿，屢陳嘉謨，罄肝膈以納忠規，推誠明而無外飾，察言考事，深用得之。近命列藩，聞茲僉論，固可以參我大政，陟於中樞。天起予懷，賚此良弼。爾其守法制，平鈞衡，匡王度以振國經，釐百工以凝庶績，舉直錯枉，當官而行。於戲！為君之戒，在知賢而不任；為臣之患，在保位而不言。罔或依違，虧吾則哲。可守中書侍郎同中書門下平章事，散官勳封如故。太和九年四月

又《李固言平章事制》 惟昔太宗，聰明睿聖，克致治平。惟魏徵佐佑文祖，叶建皇極。矧朕寡薄，思紹丕業，旁求魏徵之比，寘諸巖廊，庶匡不逮，用底於道。御史大夫李固言，生於山東，瑞此王國，爰在下位，早揚直聲。介然無朋，中立不懼，文經邦俗，行表人倫。和嶠負棟梁之材，辛毗有骨鯁之操，便蕃華貫，光啓令圖。日者徵自近郊，延於便殿，言多方格，道不容回，嘉謨有倫，正色無撓，朱絃暢疏越之韻，美玉呈特達之姿。洎長憲臺，彌彰休問，固可以斟酌理本，燮調化源。疇咨僉同，夢卜斯叶，命爾予弼，倚為股肱，登於黃樞，參我大政。爾當一乃心志，罄其忠貞，澄清流品，旌別淑慝，俾邊域殊方，咸率吾教，侯伯卿士，各稱厥官。罔曰難理，惟其至公；罔曰弗能，惟其悉力。欽哉是式，無忝前良。可門下侍郎平章事。太和九年七月

又 卷四九**《大臣・宰相・命相六・舒元輿李訓平章事制》** 出納王命，流品衆職，覃理化於區夏，謹法度於巖廊，是有文可經邦，才惟濟代，列於百辟之上，俾輝三台之光。今我夢勞，果獲惟肖，爰舉並命，以寵非常。朝議郎、守御史中丞兼刑部侍郎、上柱國、賜紫金魚袋舒元輿，杞梓長材，金玉正性，道懷丙、魏，詞贍菁英，居然不器之能，雅蹈中庸之美。自擢領綱紀，肅清朝廷，碩望允歸於同朝，讜言莫匪乎體國。守兵部郎中、知制誥充翰林學士、賜緋魚袋李訓，軒纓鼎族，河嶽間賢，德茂皋、夔，文含《雅》、《誥》，窮《易》超《象》、《繫》之表，吐論成邦國之經。洎參職內庭，發揮王度，盛業見乎造膝，明識藹於伏蒲。並沖敏執中，端粹不倚，咸蘊莫磷之志，克弘作礪之規，珪璋有聲，鸞鳳有采。朕常法言高視，所寶惟賢，方清化源，遂得時傑。於戲！君執象以端扆，臣推公以秉鈞，夙夜一心，小大同體，則和天地，序陰陽，臻乎治平。吾所寢寤，爾宜率匡國之道，明理人之方，俾其致君，無愧往哲。咸陟樞柄，佇弘大猷，秋官禮闈，莫非寵任。祗厥成命，往惟欽哉！往者朕究《大易》皆訓之義也，尚未終卷。政事之暇，宜三兩日，一度入翰林。元輿可守尚書刑部侍郎同中書門下平章事，訓可守尚書禮部侍郎同中書門下平章事，仍賜紫金魚袋。太和九年九月

又《歸融〈鄭覃平章事制〉》 朕嗣守丕圖，務弘至理，憂勤是切，宵旰靡遑，所以庶政萬幾，委諸丞相。乃者失於任使，妖沴遽生，方思正人，參我大柄。銀青光祿大夫、守尚書右僕射、上柱國、滎陽郡開國男、食邑二千戶鄭覃，天資直氣，岳降上才，性惟端莊，道本孤峻。文含風雅，學洞儒玄，通古今理亂之源，達教化損益之要。歷踐華貫，周旋大僚，休聞彰於搢紳，政事滿於臺閣。載居講席，密勿內庭，胸襟洞開，肝鬲無隱。嘗奏讜論，發言有先見之明；每勵貞規，勇退守獨立之節。洎擢膺揆務，總領庶官，堅操不回，墜典皆舉，盡瘁憂國，竭忠戴君。必能毗予一人，康濟四海，邪正之路既判，清濁之流自分。於戲！秉茲鈞衡，委乃髦碩，爾其使萬事得其序，百官得其人，用賢罔不精，立法罔不慎，弼亮刑政，燮和陰陽。其聽朕言，往踐厥位，克紹先德，巖廊有光。可守本官同中書門下平章事，散官勳封如故。太和九年十一月

又《李石平章事制》 朕嗣立君位，精求至道，日慎一日，於今十年。所期輔佐之臣，為我致理，中立匪懈，知無不為，今得其人，果副僉屬。朝議郎、尚書戶部侍郎判度支、上柱國、賜紫金魚袋李石，操履堅貞，志業弘茂，性合道要，識通化源。累佐藩方，備聞勳績，用司夕拜之任，旋加尹正之榮。爰委財征，備宣成效。是宜擢膺輔弼，俾勵政經。爾當勤成務之規，率致君之道，內貞百度，外靖四方，參毗宏規，課程庶

績，盡匪躬之節，竭宣力之能，大振朝綱，兼司國計，致億兆之庶富，成方夏之乂安。副予知臣，勉茂休烈。可朝議大夫、守本官同中書門下平章事，仍依前判度支，勳賜如故。太和九年十一月

又《李固言平章事制》 自昔皇王之有天下也，君非臣罔以濟其理，臣遇君然後顯其才，以調陰陽，以承法度。雖堯、舜不能自聖，雖臯、夔不能自賢，君臣相須，今古同體。余之夢卜，實有慕焉。檢校兵部尚書兼興元尹、御史大夫、山南西道節度、管内觀察處置等使李固言，稟河洛之上靈，孕乾坤之間氣，孤退獨立，公忠自持。擅菁英之雄文，洞旨要之奧學，仁歸信厚，動合典謨。巖廊正人，中外全德，官寮夙望，殷乎華夷。歷居大僚，咸稱厥職，乃者擢自輔相，委之樞衡，不依違以徇人，每精恪以憂國。植躬而謇諤彌勵，純和而節操不渝。洎仗鉞漢中，頒我條詔，端嚴以訓齊師律，寬惠以綏撫蒸黎，遂用徵還，俾副公議。召至宣室，前席與言，聽其誠詞，皆臻理化。是宜再參大柄，正位黄樞，為朝廷之股肱，聳搢紳之耳目，康濟四海，毗予一人。是非罔及於愛憎，任用必分其清濁，有犯無隱，進思弼違。勿忝我知，更光爾道。可守門下侍郎同中書門下平章事。開成元年四月

又《陳夷行平章事制》 王者任賢能，所以緝熙庶績；舉正直，期乎獻可弼違。苟非懋兹大任，何以光乎四海？翰林學士、將仕郎、守尚書工部侍郎、知制誥兼太子侍讀、上騎都尉、賜紫金魚袋陳夷行，元精降靈，厚載儲祉，聚蓄英粹，作時休祥。懷道清貞，執德謙茂，行高嵩華，弘包容之雅量；明洞水鏡，韜姸媸於默識。貞己滋潔，遇物能寬，雖墻岸孤峻而襟抱夷曠，孝友為修己之具，文學誠潤色之餘。衆推全才，時號端士。頃在郎署，雅有名稱，是用擢居禁密，俾輔導元良。論辨見賢人之業，教諭得名臣之體。星琯屢改，才術彌彰。古稱旁求於夢卜，曷若選之於言行？是用付以政柄，登於台階。任茲鈞衡之重，處以臯、夔之秩，人所注意，予將仰成。勉陳啓沃之術，以副具瞻之望。可守本官同中書門下平章事，散官勳賜如故。開成二年四月

又《楊嗣復李珏平章事制》 運行帝載，翊贊天工，必俟輔臣，以宣至化。將益秉鈞之重，是資並命之求。諸道鹽鐵轉運等使、正議大夫、守戶部尚書、上柱國、弘農郡開國伯、食邑七百戶、賜紫金魚袋楊嗣復，動必居正，言惟在公，峻若孤山，清猶止水，從政稟《詩》、《書》之教，承家達禮樂之源。朝議郎、守戶部侍郎判戶部事、上柱國、賜紫金魚袋李珏，質本温明，才惟俊茂，智能周物，弘本容非，守和有君子之儒，可大見賢人之業。咸挺為國傑，秀稟元精，生必為時，實稱希代。便蕃清秩，操履有常，調黄鐘而協諧，和朱絃而疏越。或總戎重鎮，敷惠寧人，卒乘有輯睦之功，惸嫠著昭蘇之詠。洎入司邦賦，爰掌版圖，事未展長，公望猶鬱。是可以宰領樞務，用弼予違。敍彝倫而建大中，罄訏謨而調元氣，乂寧華夏，保合神人，宜申補衮之規，致我垂衣之理。於戲！孔明匡鼎峙之國，尚聞魚水之詞；夷吾輔霸業之君，猶致鴻翼之論。矧予祇荷丕搆，雖未克前修，造次之間，而不忘遵道，宵衣旰食，一紀於兹。災殄尚生於旱蝗，黎元屢困於衣食。中夜靜慮，若涉大川，將求津涯，俟爾而濟。爾謂是，靡以拂吾心而不行；爾謂非，靡以徇吾志而苟用。開物成務，俾人於得時；求賢審官，寧我以多士。則魚水鴻翼，夫何足言！勉副簡求，無忝我休命。嗣復可守本官同中書門下平章事，依前充諸道鹽鐵使。珏可守本官同中書門下平章事，依前判戶部事。嗣復勳賜如故，珏散官勳賜如故。開成三年正月

又《裴度中書令制》 緝熙政柄，亮采皇猷，弘道德以輔昌圖，調陰陽而平經緯。我惟求舊，人亦與能，正位台階，實資元老。河東節度觀察處置等使、開府儀同三司、守司徒兼中書令、太原尹、北都留守、上柱國、晉國公、食邑三千戶、實封三百戶裴度，星辰稟秀，山岳炳靈，文蔚采章，量苞江海。負經邦之遠畧，懷許國之明誠，研幾而識洞蓍龜，運籌而道光竹帛。風雨一致，儀型四朝，萬邦所瞻，百辟為憲。洎揚兵雁塞，建旆龍山，謹管籥而戎索烟清，壯襟帶而軍牙氣肅，寇絶南牧，聲雄北門。懿茲殊庸，朕所嘉歎。是用專授衡軸，俾清化源，統和神人，茂育區夏。夫宰相之任，作予股肱，外可以懷柔四夷，内可以親附百姓，大可以贊亭毒，阜生成，小可以激貪廉，正雅俗。爾有休躅，予不重言。至於玉立巖廊，風行號令，端若植表，為時司南，開予胸襟，端我視聽，實賴人傑，代茲天工。爰罷麾幢，再操舟楫，展乞言之禮，豈惟論道之尊？佇竭訏謨，無虚毗倚。可守司徒兼中書令，散官勳封如故。開成三年十二月

又《崔鄲平章事制》 朕丕承寶圖，思臻古理，小大之政，皆倚輔臣。選衆攸難，得人而授。中大夫、守太常卿、上柱國、賜紫金魚袋崔鄲，天資正性，岳降瓌材，慎楊震之四知，高皋、陶之九德。抱負直質，秀發英華，動必蹈中和，言皆體要。聚學每探於精賾，馳騁九流；摛文若奏乎笙簧，抑揚三代。鴻量難挹，懿聲自高。乃者入典訓詞，出司俊髦，能用周密，靡混姸媸。銓總以明允為先，廉察以澄清為重。踐其職任，顯有休功。秩宗之選方登，公台之論彌欝。由是酌其望實，付以鈞衡，恢予之規摹，廣予之耳目。於戲！宰相之任，弼諧是資。予欲使六氣均調，惟爾贊；予欲使萬方平乂，惟爾成；予欲使臣工得職，惟爾諧；予欲使斜正不亂，惟爾翼。言罔慮於咈耳，進無忘於沃心，貞觀、開元之法度具存，房、魏、姚、宋之規猷盡在。咨爾丞相，舉而行之。可守本官同中書門下平章事，散官勳封如故。開成四年七月

又《崔珙平章事制》 一日萬幾，熙帝載者輔相；予違爾弼，成台德者股肱。天將瑞時，必有人傑，況當出震之日，實藉濟川之才。諸道鹽鐵轉運等使、銀青光祿大夫、守刑部尚書、上柱國崔珙，應期而生，希代之寶，量涵海岳，明並日月。懷倜儻之奇姿，抱英邁之正氣，挺質而珪璋比德，彯纓而冠蓋盈門。立言每見於經邦，行己諒先於及物。早持旄節，再踐郊壇，柔獷悍為忠義之心，變封疆為禮樂之俗。信入人腹，令行軍牙。及尹正神州，儀刑郡國，剛能嫉惡，明可照奸，三輔弘取則之風，四方稟承流之化。泉司筦榷，益茂器能，精若鑑金，利逾淬刃，歲以饒羨，國用富强。懿乃成功，允諧選衆，是宜亮采皇極，陟降台階，調陰陽於至和，濟生靈於將泰。四維咸舉，百度以貞，俾時式庸，佐朕為理。夫周以冢宰制國用，漢以丞相調兵食，猶怙牢盆之務，往居鈞軸之尊。后德惟臣，良臣惟聖。汝其納誨，予亦踐言，勉符魚水之資，永贊文明之化。服茲休命，敬之敬之。可守本官同中書門下平章事，依前充諸道鹽鐵轉運等使。開成五年五月

又《杜悰平章事制》 朕顧惟眇身，纘承大構，思有以允釐百事，表率萬邦，進髦傑於台階，庶緝熙於帝載。布誠聽問，側席眷求，爰於岳牧之中，載協蓍龜之兆。乃舉成命，以副具瞻。淮南節度副大使知節度事、充諸道鹽鐵轉運等使、光祿大夫、檢校尚書右僕射杜悰，器宇恢弘，襟度夷曠，學通九經之要，道符百代之源。寒松不凋，貞玉無玷，忠信勵事君之節，勤慎得成務之才。任歷殷繁，志惟匡益。洎臨淮海，兼掌貨泉，開張多濟物之功，饒羨指助軍之獻。既而積粟應輓，儲幣待供，師徒無歉食之虞，餽給有贏財之備，克就戎事，在我元臣。是以付以國鈞，俾司邦計，仍征筦榷之重務，藉輪經濟之良能。師長百寮，亦從舊貫。往踐大位，爾其欽哉！於戲，惟理亂在庶官，矧乎輔翼之臣？寅亮代天之化，必在參修政本，振起皇綱，興禮樂以厚人倫，竭謀猷以清氛祲。期於啓沃，以弼予違。無金玉爾音，將孤於虛佇也。可檢校尚書右僕射同中書門下平章事，充度支兼諸道鹽鐵轉運等使。會昌四年閏七月甲辰

又《李回平章事制》 我唐之盛，實曰貞觀、開元，則有若房、杜、姚、宋，彌綸大業。雖二祖之克聖，亦良弼之是賴。朕自膺寶祚，於茲六年，未嘗一日不念貞觀、開元之至理，其命相也，敢容易哉？是用藎臣，冀臻於道。戶部侍郎判戶部事李回，風雲玄感，山岳降神，蔚為人寶，好道天爵，心無適莫，惟直是從，事不留滯，應機輒發，靈府可以調元氣，宏材可以濟巨川，有君子欲訥之言，有賢人可大之業。掌綸西掖，克潤王猷，簡任南臺，是稱邦直。每揚清以激濁，嘗持正以照邪。凡有敷揚，皆稱朕意。況副予愛子，功機和戎，掌彼版圖，時維舉職，歷試皆可，實獲我心。是宜參務中樞，啓揚庶績，式光帝載，且寵正人。敬往欽哉！無替休命。可中書侍郎同中書門下平章事，充集賢殿大學士，依前判戶部事。會昌五年五月乙丑

又《崔鉉魏扶平章事制》 潤色王業，允俟於良臣；丹青帝圖，必資於宰輔。朕嗣膺大寶，思闡鴻猷，永惟化源，實屬髦傑，所期調六氣以遂物，總萬機而富人。夢帝賚予，爰立作相。正議大夫、守御史大夫崔鉉，山河秀氣，經緯長才，金聲含正始之和，玉立在風塵之表。正議大夫、行尚書兵部侍郎判戶部事魏扶，天與全德，性惟中庸，有致遠之宏謀，負佐王之盛業。並操身特立，抱氣挺生，高標旁映於羣倫，明議動符於大雅。早登華顯，備閱休嘉，穆然清明，鬱有素望。居易求己，秉仁立誠，每懷憂國之心，益竭徇公之志。或早以精慮，升於鼎司，深陳造膝之言，密勵匪躬之節。或嘗以敏用，服於大寮，智可洞於機權，才復推於練達。爰委綱憲，仗名節而立朝；亦總地官，嘗會計而經國。紀綱式敍，

征賦益饒，陟其休庸，付以大柄。朕欲宣明號令，弘濟生靈，致寰海之乂安，復河隍之土宇。爾宜從容奏議，朝夕揣摩，副華夏之具瞻，展舟航之大用。敬服明訓，式揚茂勳。鉉可中書侍郎同中書門下平章事，扶可守本官同中書門下平章事。太和三年四月

又《崔龜從平章事制》 丹青神化，寅亮天工，將寄陶鈞，必歸才望。故漢中大業，魏、邴克贊其謨謀；開元盛時，姚、宋同匡其治理。嘗覽前載，緬懷斯人，寤寐以求，夢卜終協，適當舉衆，不讓知賢。戶部尚書判度支崔龜從，道峻嵩華，志凌霄漢，氣包元精，識邁前哲。巖廊符瑞，禮樂英華，弘通多鑑物之明，堅正抱佐時之術。而學窮源委，詞涌濤波，吐論素勵於公忠，理躬不踰於信厚。烈焰方熾，珪璋更寒；飛霜已嚴，竹柏猶翠。自出入劇職，廻翔清途，經歷五年，恭勤一貫。粉署潔賜衣之操，掖垣高白鳳之文，澄清宣威，節制持重。暨位延舊德，再掌地圖，任切良材，柄崙國用，閭閻不困，帑藏有餘，邦賦程均節之能，軍食表供須之效。我有好爵，本邀茂勳，況乎國楨，宜在人傑，是用命汝，同心弼予，升於鼎司，執此政柄。吉甫德全於文武，彥回望著於台衡，既諧具瞻，實允元輔。當酌古訓，以恢今猷，帖人部喉舌之雄，免計曹經費之務。期爾鎮撫，式彰顯榮。於戲！惟木從繩，載懷藥石之戒；惟風偃草，冀流霖雨之功。與其順美以昭忠，不若盡規而輔德；與其嚴刑而就理，不若齊禮以安人。佇聞嘉言，共底交泰，無令伊、傅，獨美典墳。可戶部尚書同中書門下平章事。大中四年六月

又《魏謩平章事制》 天不能獨運，任寒暑而成歲功；君所以稱尊，仗股肱而熙帝載。高拱巖廊之上，卒成天地之宜。故風后登庸，軒圖以穆，文終佐理，漢業遂昌，何莫由斯，夫豈相遠？爰感風雲之會，果符夢卜之求，屬在休期，俾升良弼。戶部侍郎判戶部事魏謩，膺賢運之間氣，蓄王佐之洪材，山岳孤高，珪璋特達。道德忠信，資以修身，文章政事，乃其餘力。自騰芳詞苑，振迹諫垣，文宗知臣，深加寵遇。檢校甚峻，守道不回，未至達官，蔚為國器。星霜屢變，流落幾途，秀木摧風，燎原見玉，汲黯心存乎廊廟，望之志在於本朝。朕獲奉寶圖，勵精治本，盡伸人隱，思變時雍。佇聞宣室之言，是有夕扉之拜。偉其風望，委以憲綱，正色立朝，不仁自遠。貳於卿秩，掌我地征，吏不敢欺，身無伐善。彌見精強之用，頗聞流衍之能。朕嘗咨以謨猷，觀其識畧，動中理會，慮必輸忠，切劇每賴於沃心，慷慨不忘於造膝。是宜樹為明表，載之休聲，俾增輝於三台，允僉諧於四岳。於戲！調鹽梅之元鼎，濟舟楫之巨川，上維四方之安危，下繫羣生之舒慘。居是任者，不其重歟！夫激濁揚清，衆自聳善，存誠去偽，人斯歸厚。爾其開張教化之具，導迎陰陽之和，使萬物各遂其宜，百官得任其體。昔爾先祖，為唐輔臣，人鏡之名，阿衡比德。爾尚纘承義訓，克嗣清風，勉思貽厥之謀，以闡將明之業。勿畏嫌而避事，無執謙以自疑。永孚於休，用觀乃績。可守本官同中書門下平章事。大中五年十月

又《裴休平章事制》 我國家之稱至理，其惟貞觀、開元乎！雖盛德成於祖宗，而致君存乎輔弼。委是丕構，付於沖人，實資獻臣，共荷洪業，俾登玉鉉，用振金聲。正議大夫、守禮部尚書、充諸道鹽鐵轉運等使裴休，明堂梁棟，清廟瑚璉，道崇五美，學綜九流，持去邪與善之心，蘊尊主濟時之術。早升甲乙，首冠賢良，諫垣馳讜正之名，史氏動直言之筆。羽儀著定，律呂縉紳，仙闈道播於彌綸，右掖詞推於潤色。三臨藩郡，皆垂良吏之能；四貳卿曹，益見大臣之體。洎乎司貨泉之重，筦山澤之財，用適變通，法均寬猛，大計如富強之業，常規多饒羨之功。人無告勞，刃有餘地。是可以載光袞職，爰陟台階，式贊雍熙，宜膺夢卜。爾其允釐庶績，盛起訏謨，涉大川而示吾津涯，馭六馬而遺吾銜策，俾臻皇極，克嗣前修。於戲！人代天工，予違汝弼，悉乃心力，作吾股肱。無使阿衡專美於殷家，山甫獨稱於周室。勉弘懿德，勿忝虛懷。可守本官同中書門下平章事，依前充諸道鹽鐵轉運等使。大中六年八月

又 卷五〇《大臣·宰相·命相七·鄭朗平章事制》 雲因龍興，龍非雲無以施膏澤；臣由君用，君非臣無以播皇猷。信乎際會相須，以康天下。永言良弼，常切寤思，詳求國楨，乃獲時傑。通議大夫、上柱國、賜紫金魚袋鄭朗，間代應期，稟靈作瑞，王室髦彥，士林菁英。溫華凝珪玉之姿，磊落負棟梁之任。諫垣蘭省，常推讜正之風；廉俗登壇，克懋撫循之績。洎領劇務，益見藎忠，杜邪徑而啓公途，懲奸吏而絕私託。饋軍無闕，贍國有經，委以憲綱，尤彰直道。是宜毗贊大業，翊宣景化。朕以區區齊、晉，取霸諸侯，率由三賢協心，五臣同德。況今四海為

宅，百辟盈廷，未能寇靖塞陲，人歸壽域，豈無長策，俾及昇平？惕然疚懷，莫知攸措。肆予命汝，往踐台堦，勉弘濟代之功，罔致曠官之誚。善調兵食，以備我邊虞；慎舉典章，以貞我庶品。敬戒於位，惟其有終。可工部尚書同中書門下平章事。大中十年正月丁巳

又《崔慎由平章事制》　朕恭守睿圖，勵精理道，祗勤萬務，靡不經心。緬思垂拱以化成，莫若得賢而共濟。載勞夢卜，果獲貞良。大中大夫、守尚書戶部侍郎判戶部事、上柱國、賜紫金魚袋崔慎由，山岳降靈，和粹毓德，儀標鸞鳳，識洞蓍龜。文為華國，行冠人表，朱絃含清越之奏，白玉凝縝密之姿。播英聲於士林，彰美望於公器。洎擢參內署，潤色王猷，忠讜盡規，誠明納誨。既而廉問南服，宣暢皇風，盪寇消災，人安政集，康一方之疲俗，復二職於中臺。議論必本於古今，趣尚自歸其雅正。瀏河之右，仍歲艱荒，一自鎮臨，載聞惠化，俾司征賦，益覩公忠。固可以升於台階，秉我大柄，爰授相印，用參樞務。於戲！天地之道，成歲功者陰陽；帝王之基，保鴻業者輔相。念茲匡贊之大，宜竭啓沃之道。必使貞百度以振國經，凝庶績以弘理本，茂育區夏，統和神人，允資魚水之諧，克致休明之運。永綏厥位，無忝諸臣。可守工部侍郎同中書門下平章事。大中十年十二月

又《蕭鄴平章事制》　輔相之任也，調陰陽而撫夷夏，貞百度而康兆人，代天工為持國之柄。殷夢周卜，竭誠待賢，伊何人哉？予獨不可。寘於精懇，果得髦傑。朝散大夫、守尚書兵部侍郎判度支、上柱國、彭城縣開國男、食邑三百戶、賜紫金魚袋蕭鄴，天實佑朕，生此令人，星辰降祥，珪玉含瑞。蘊通明經遠之識，抱宰制利用之才。載居禁垣，重參宥密，資委既至，忠讜愈聞，爰付地征，仍司邦計，善為均節，益茂事功。道惟剛明，人無侵撓，風望彌峻，遐邇具瞻。思致昌期，必資俊德，是以簡自朕心，叶於僉諧，擢登中樞，持平庶政。爾其體太和而順元氣，推至心以序彝倫，短長之才罔有所廢，細大之務一以居心。扶皇極而作國楨，庇蒼生而遂物性。雖堯、舜比聖，朕豈敢言？而夔、龍致君，爾無多讓。周以冢宰致國用，漢任丞相調兵食，斯舊典也。爾其懋建嘉庸，對此崇寵。可守本官同中書門下平章事，仍判度支。大中十一年七月

又《劉瑑平章事制》　闡大化以建皇極，敷至德以乂黔首，百度惟允，八荒用寧，倚於輔臣，付以邦柄。求之夢獵，協於蓍龜，克諧明謨，允屬僉議，稽能必思於廟畧，疇德佇煥其國經。朝議大夫、守尚書戶部侍郎判度支、上柱國、賜紫金魚袋劉瑑，岳彩舒輝，鸞姿降靈，馭煙霄而六轡齊昇，布雲和而九成合奏。行居人表，文著國華。潤色詞林，早參宥密，彩筆既符於夢卜，温樹不漏於私言。再秉絲綸，貳於刑讞，振藻益茂，聽詞無寃。洎尹正洛師，擁旄梁苑，咸能變風俗而求人瘼，和號令以肅軍威。重委北門，輯茲王業，既聞報政，果叶予懷。是用付以煩難，慎司邦計，彌月探執，繫時功成。已洽咎夔之風，宜膺台階之命。爾其平章百姓，揚敷五教，使羣職必舉，四夷率賓，杜回邪之迹，開讜正之門，大道必寘其沃心，忠信無懼於逆耳。於戲！小大之政，既已咨之，成務且輟於司存，均節尚煩於廟筭。佩我明訓，服茲休嘉。可中書門下平章事，依前判度支。大中十二年正月

又《夏侯孜平章事制》　自古有天下、得列聖帝哲王之科者，必由良臣，以就景化。故君非輔弼，無以啓昌期；時未清平，不得稱賢相。契合交感，相須而成。苟非其人，豈副斯舉？朝請大夫、尚書兵部侍郎、充諸道鹽鐵轉運使、上柱國、賜紫金魚袋夏侯孜，禮樂重德，簪裾上流，才兼神器，智可周物，蘊範時之行義，富經國之文章。誠探奧微，器抱沖粹，早彰清烈，克著令名。用當七月，匡諫無隱。再歷三獨，禮繩不回。廉風俗而政清，提紀綱而望振。旋領版籍，亦司牢盆，推公秉持，息力完緝，法得其倫要，吏憚其威稜，國財可豊，官事具舉。是用陟此邦傑，付之廟謨，既諧朕心，且洽僉論。於戲！宰輔之臣，羣倫共瞻，政乖其宜則四海罹弊，事叶其序則萬人以蘇。副吾拔擢之恩，勵爾燮諧之道。朝廷聳望，爾其戒之。可中書門下平章事、轉運使。大中十二年四月

又《杜審權平章事制》　天設四序，運寒暑而成歲功；國有三台，仰弼諧以助君道。安危是繫，選任攸難。況朕涉道未明，纂圖方始，詳求英彥，思付洪鈞，至誠感通，果獲良輔。翰林學士承旨、通議大夫、守尚書兵部侍郎、知制誥、上柱國、賜紫金魚袋杜審權，喬岳望崇，澄波量度，禀五行之秀氣，挺百仞之貞材。虹玉潛輝，龍泉蘊利，文窮《騷》、《雅》，學洞玄、儒。毛价有古人之風，邴吉得大臣之體。自便蕃華貫，揚歷清途，南宮擅視草之工，西掖茂掌綸之業。洎司文柄，俾以掄

才，全任至公，號為得士。甘棠廉問，衆著謳謠，秋卿恤刑，事無枉撓。先皇帝因藉其令譽，擢處禁林，振藻屬詞，發揮神化，道一貫於終始，器兼適於圓方。逮余建統，屢承密旨，每多弘益，彌見慎修。既彰已試之能，宜懋殊常之寵。是用委茲大政，列在中樞，為朝廷之表儀，實人臣之極地。爾尚竭乃心力，作吾股肱，借箸必罄其嘉謨，推局罔遺於善策。用無黨之道，行惟一之心，使爵位功名，並光竹帛，垂於不朽，副茲寵榮。往欽哉！可守本官同中書門下平章事。大中十二年十二月

又《夏侯孜平章事制》 篙楫克修，航艦以之濟海；羽翮可厲，鵾鴻於是摩天。朕恭己寰瀛，勞誠夢獵，將以篙楫賢輔，羽翮寶臣，踵三代至理之英，濟羣生普洽之欲，載仗舊德，期獲我心。劍南西川節度副大使知節度事、管內觀察處置、統押近界諸蠻及西川八國雲南安撫等使、光祿大夫、檢校尚書右僕射同中書門下平章事、兼成都尹、上柱國、譙郡開國公、食邑二千戶夏侯孜，大昴分精，維嵩挺秀，擅四海之賢俊，作中朝之表儀。禮樂《詩》、《書》，資其懿範，温恭孝愛，輔以多才。服道而致身，含章而底力。經國之用，貫百川而不改其清；應物之明，體萬象而莫窮其照。周踐華列，多識舊章，郎署諫垣，休聲夙振。東陽故絳，惠愛洽聞。洎甘棠政成，天府徵命，兼領臺轄之任，再居邦憲之尊，正色無私，當官必舉，總征賦以贍國，幹山澤而富人，美利無遺，嘉猷益覩。積是朝德，昇於台司，內竭謨明，外弘體理，馳咎、夔之極摯，陋周、漢之遐蹤，克彰為輔之聲，允協有開之契。屬者以西南重鎮，邊徼多虞，爰賴專征，以隆外閫。福星時雨，既惠巴庸，景化元和，須歸鼎鉉。是用召於駟騎，待以天工，重開集鳳之池，再仰問牛之化。弼諧萬務，師長庶寮，亟付機衡，俾康區夏。於戲！刀非礪不割，魚非水不行。為君誠難，得時甚易。決疑定計，吾以爾為神龜；肥國救人，吾以爾為上藥。盡布四體，懋堅一心，勉哉勿疑，對揚休命。可尚書左僕射同中書門下平章事。咸通三年七月

又《楊收平章事制》 古先聖哲之御天下也，莫不勞於擇賢，逸於恭己，是以巖求匪易，殷代稱宗，畋獲甚難，周王膺命。肆朕在位，天授正人，於言語侍從之間，得亮采惠疇之美，固亦高邁前烈，垂休當朝。敬遵用汝之言，爰舉弼予之典，雅符不讓，斷自無私。翰林承旨、朝議大夫、尚書兵部侍郎、知制誥、上柱國、賜紫金魚袋楊收，器茂渾金，寶欽大玉，瑩清冰於溽暑，挺綠桂於嚴霜。行過曾、顔，道兼夷、惠，文冠一時，而若非游藝，學窮千古，而似不能言。自鴻飛名場，鷺振班列，憲署每聞其守法，曲臺咸著於推公。所莅有聲，歷試皆可，用彰簡要，已洽譽於含香；業擅精微，遂騰輝於視草。戒慎攸至，初終不渝，常懷造膝之忠，備見沃心之旨。謝安體識，王儉才能，動為僉論所諧，居溢具瞻之望。由是擢於禁苑，升以台階，俾申匡輔之勤，用畀燮和之重。爾其慕伊周之治，弘皋益之謨，九流既分，百辟斯正，嘉猷可舒於前席，妙畧尚在於止戈。式序三才，允歸一德，懋乃致主，副予知臣。無使載筆之休，獨稱於姚、宋也。可守本官同中書門下平章事。咸通三年三月

又《于琮平章事制》 在天垂象，常星既列於三台；惟國建官，庶政攸賴於四輔。朕每思至理，益慕無為，苟非正人，莫付大柄。爰得非熊之兆，乃遵審像之求，契予知臣，命爾作相。銀青光祿大夫、尚書兵部侍郎、充諸道鹽鐵轉運使、駙馬都尉、上柱國于琮，識洞蓍蔡，文窮典謨，居然國華，蔚為人瑞。自策名筮仕，淑問益高，伏蒲彰正直之名，起草著經綸之績。由是道光獨立，業擅自强，勇退無儔，謙光有裕。朕早聞博雅，堪備論思，擢於南宮，置之內署，果能恪慎，相副端貞，□□益實多，倚賴尤切。洎出貳司寇，亟居版圖，見君子之盡心，表人才之果決。鹺府任重，爰命專之，積弊潛聞其日除，嘉庸顯彰於歲計。咨爾全美，為予誠臣，歷試如斯，僉諧所至。是宜升於輔相，付以燮和，惟賢式契於《周官》，懋德雅叶於《殷誥》。且有成計，爾其聽焉。夫舉直則百度可貞，推公則彝倫攸敍，進善孤寒不棄，用才滯屈自伸。克勉斯言，是為良弼。敬承休命，往其欽哉！可守尚書兵部侍郎中書門下平章事、駙馬都尉。咸通八年七月

又《王鐸蕭遘平章事制》 門下：五帝垂衣，本資乎輔弼；三王御宇，必藉其謀猷。誠聖哲之規章，實邦家之軌範。然則得其人則天下致理，輕其任則海內多虞。興廢之端，古今斯在。開府儀同三司、行太子少師、上柱國、晉國公、食邑三千戶王鐸，台階降瑞，昇位呈祥，峻極承天，清暉助日。保道德而立性，因文章而飾身。良玉重貞，精金百煉。道惟經濟，自西號以安人；術本匡時，辭東山而為國。洎歷揚中外，出入

班行，栖息鸞臺，優游鳳沼，榮膺三事，冠絶羣寮，致君之業彌深，及物之功益著。朝散大夫、守尚書兵部侍郎判度支、上柱國、賜紫金魚袋蕭遘，紫庭鍾律，玄圃琳瑯，韻協金莖，光昭衮蔽。自精通藝行，履歷清崇，逸翰摩雲，高踪絶地。近者臺稱綢職，歲計成功，霜威已戢其奸邪，日用無虧於饋輓。昨以東隅寇盜，嘯聚為羣，俶擾關防，奔衝畿甸。朕巡遊梁、冀，將復京都，欲救生靈，必資賢相。乃朝廷碩德，社稷誠臣，載君之力無窮，許國之心益勵。是使重敷五教，爰總萬機，勿弃前修，無忘厚獎。乃孤標特立，潔白不渝，利可剸犀，清能鑑髦，輔成乾道，兼領冬曹，各副憂勤，可安宵旰。鐸可門下侍郎兼司徒同中書門下平章事，散官勳賜如故，仍令所司，擇日備禮册命。遘可銀青光祿大夫、守工部侍郎門下平章事，仍落下判度支事。主者施行。中和元年正月

又《鄭畋平章事制》 門下：任賢勿貳，有國之令圖；惟帝念功，昔人之善訓。朕遐觀往代，每慎厥終。其有道濟邦家，任已崇於屏翰；忠存宗社，義可貫於神明。宜徵帷幄之謀，重委廟堂之筭，冀清大難，以啓中興。開府儀同三司、守太子少傅、分司東都、上柱國、滎陽縣開國侯、食邑二千戶鄭畋，八柱比崇，三階垂耀，繁露演先儒之學，高風追大雅之文。外標威鳳之儀，内貯函牛之量。焕如綸之旨，共許才高；被貝錦之詞，彌彰道直。體茲全德，歷試崇資。燮贊中樞，極致君之事業；鎮臨輔甸，標坐樹之威名。洎虜犯封畿，塵飛象魏，避狄之謀既決，微、管之賴誠深。而能竭預慮之機，用安君父；舉從權之計，以誤奸凶。當代之勳，格天比盛。此際咸思義舉，盡藴忠謀。且聞盟主臧洪，登壇有誓，將軍祖逖，擊楫忘身，致蕃漢之齊驅，由懷柔之有術。今則不從人望，内斷予衷，罷列岳而登三公，自金壇而昇玉鉉。魚水之懽盡在，君臣之契可知。於戲！寰宇未清，予則仗綏懷之毗；園陵失守，予則佇收尅之功。次則揚惠化以拯窮人，弘無私而敍羣品。山河有誓，金石豈渝？更候殊庸，以膺極寵。可守司空兼門下侍郎同中書門下平章事，充太清宮使、弘文館大學士，餘如故。仍命所司，擇日備禮册命。主者施行。中和二年二月

又《韋昭度平章事制》 門下：朕聞先王之命相者，調爕陰陽，則四時順其序；均和品類，則萬物適其宜。然後扶危持顛，易亂成理，俾生植咸遂，邦家克寧。故周卜帝師，得諸渭水，殷夢賢佐，求之傅巖。我擇股肱，爰獲侍從。翰林學士承旨、銀青光祿大夫、行尚書兵部侍郎、知制誥、上柱國韋昭度，誠貫金石，行通神明，氣含元精，識同蓍蔡，窮文武施張之道，作棟梁舟楫之資。為時間生，作我良輔。洎昇名俊造，歷官清華，鴻翥九霄，驥逸千里。旋參宥密，備著聲猷。使我語言，進三代之風；使我典則，符百王之法。當風雨之如晦，勵節敬恭；念艱難之在途，夙勤晨夜。臨難得近臣之體，效忠彰明哲之心。是用總以萬機，納於百揆，作邦之楨，秉國之鈞。若魚水之相歡，諒雲龍之合應，君臣之道，今古攸同。於戲！竊逆滔天，兵戈散地，宮朝未復，宗社靡寧。爾宜動察安危，居圖匡濟，設六奇之秘策，發《三畧》之沉機，定元凶於一戎，振頹綱於四裔，紹貞觀太平之業，啓開元中興之期。光贊一人，永阜羣庶。勉集盛烈，克勤公家。往欽哉！敬服休命。可守本官同中書門下平章事，勳賜如故。主者施行。中和元年七月

又《陸扆平章事制》 門下：昔在太宗時，則有房、杜持國鈞；在玄宗時，則有姚、宋司政柄。降於列聖，代濟君臣。是知股肱、元首之間，未有不相資以成者也。況我薦逢難運，方計叛臣，宜搜間代之英，冀適濟時之用。其有懷材已試，亮節孔彰，俾膺霖雨之求，斯正彝倫之敍。式舉茂典，吾無所試。翰林學士承旨、銀青光祿大夫、守尚書左丞、知制誥、上柱國、嘉興縣開國男、食邑三百戶陸扆，簡節正音，温光瑞玉，《咸》、《濩》抱降神之韻，珪璋挺華國之容。包倚相之典墳，紹平原之詞藻。爰自高材，赴召丹地，代言絲綸，必本於典謨。獻納已觀其事業，仍歲扈和鑾之狩。六年專詔誥之勤，讜正自持，門望彌峻。況爾伯祖贄，昔以才行，嘗居禁林，當德宗避敵之秋，實廼祖納言之日，積其偉節，昇於鼎司，書命諫章，流在人口。是用選自密勿，陟之台衡，昭於前光，期以後效。執我大柄，貳茲地官，既表殊恩，且有丕訓。於戲！奸凶尚熾，干戈未平，生靈流離，宗社榛莽。爾其舉墜典，正頹綱，進賢良，遠奸慝。勿依違而避事，無拱默以樹恩。庶乎艱難，有望康濟。往踐乃位，敬而戒之。可尚書兵部侍郎同中書門下平章事。乾寧三年七月

又《韓儀〈朱朴平章事制〉》 門下：夢傅巖而得真相，則殷道中興；獵渭濱而載獻臣，則周朝致理。是知顯諸仁而藏諸用，君子但守

其沉機；懷其寶而迷其邦，大器曷虛其顯位？朕自逢多難，渴佇英賢，暗禱鬼神，明祈日月，果得其哲輔，契予勤求。朝散大夫、守國子毛詩博士、上柱國、賜紫金魚袋朱朴，學業優深，識用精敏，久回翔而不振，彌貞吉以自多。朕知其才，遂召與語，理亂立分於言下，聞所未聞；兵農皆在於彀中，得所未得。不覺前席，為之改容。須委化權，用襄昌運。是乃振於庠序，陟彼鈞衡，自我拔奇，寧拘品秩？於戲！時風甚薄，國步方難，兵戈未息於近郊，經制日隳於故事，宮闕焚蕩，邑里凋虛，外則未殄元凶，內則未凝庶績。整我綱紀，成我雍熙，百度羣倫，俟爾康濟。勉思敬戒，以服寵章。可朝散大夫、中書門下平章事，上柱國，賜紫金魚袋。乾寧二年八月

又《崔胤崔遠平章事制》 門下：擇股肱良臣，為社稷大計，斯實安危之本，必資經濟之才。應星象以調三台，平陰陽而調六氣，成彼非熊之兆，叶茲審象之求。既偶通賢，爰申並命。扶危匡國致理功臣、新授武定軍節度、湖南管內觀察處置等使、金紫光祿大夫、檢校禮部尚書同中書門下平章事、持節都督潭州諸軍事兼潭州刺史、上柱國、清河郡開國侯、食邑一千戶崔胤，公台貴胄，禮樂名門，秉直道以匡時，挺貞觀以華國。玉山孤峭，迥出千峰，冰鏡澄明，能涵萬象。翰林學士承旨、銀青光祿大夫、行尚書兵部侍郎、知制誥、上柱國、博陵縣開國男、食邑三百戶崔遠，珪璋蘊德，鸞鶴呈姿，持偉望以標奇，蘊神鋒而匿耀。朱弦逸韻，既可禮天，寶劍雄鋩，宜乎折滯。或繼應倚注，屢執鈞衡，或亟處深嚴，嘗司詔誥。燮理茂績，敏嘿嘉名，昭布朝倫，洋溢休稱。而體國勵志，罔牛之美早傳；戴君盡誠，吐鳳之名夙著。宜陟重任，詳觀厥能，升諸喉舌之司，寵以鑪錘之用。專秘殿之圖籍，度會府之財征，俾操化鈞，仍綰邦職。當此艱難之運，爰緊輔弼之功。噫！未復神州，尚茲多壘，仍歲有征巡之役，兆人懷蘇息之期。予心浩然，罔知克濟，咨爾良弼，共成懿圖。勉膺三事之榮，恪奉一時之寵。胤可守中書侍郎兼戶部尚書同中書門下平章事，集賢殿大學士判度支。遠可守本官同中書門下平章事，判戶部，散官勳封並如故。乾寧三年九月

又《韓儀〈王摶平章事制〉》 門下：朕聞軒轅得力牧，而為五帝首；夏禹任皋陶，而為三王祖。雖不言而化，自契於玄功，而端拱仰成，實資於哲輔。況有嘗持大柄，久竭訏謨，振寅亮於巖廊，立惠廸之軌躅，俾仍舊貫，再委平衡，斷自朕懷，用符僉屬。扶危匡國致理功臣、新授武勝軍節度、浙江東道管內觀察處置宣撫等使、金紫光祿大夫、檢校尚書右僕射同中書門下平章事、使持節越州諸軍事、越州刺史、上柱國、開國公、食邑三千戶王摶，道潔秋霜，文含春彩，動不逾矩，立必正方。行中孚絕類之貞，保大有匪躬之節。訥於言而敏於行，深恥名浮；竭其力而致其身，惟將道勝。頃歲朕察其才智，可委鈞衡，拔自貳卿，升之四輔，果能推誠匡國，罄慮憂時，敷沃心之嘉猷，進苦口之良藥。洎汧岐叛渙，京師戒嚴，罔懼觸鱗，屢陳逆耳。且摶以明君待我，故每敢極言；我以忠臣任摶，亦當加獎納。深知盡瘁，永用寘懷。自鑾輅省方，艱危扈蹕，澄心無撓，臨事應機，為時而生，信非虛語。昨以初清鏡水，新蕩稽山，慎擇周材，以康疲俗，是用掇於台鼎，俾踐師壇。念卿前後奏陳，有犯無隱。吾雖不敏，深諒至忠，靜復斯言，皆合朕意。讜正之言，久而彌芳。雖浙右之瘡痍，誠思惠養；顧岐陽之妖逆，尤藉機籌。宜歸班瑞之符，却秉代天之筆。爾宜內凝庶績，外殄元凶，勉精醫國之謀，報我知臣之德。天官重位，光祿崇階，兼以命之，用旌寵數。服茲休命，可不慎歟？可光祿大夫、吏部尚書同中書門下平章事，功臣勳封並如故。乾寧三年十月

又《張文蔚平章事制》 門下：古者明王，居億兆之上，慮弗用乂，兢兢業業，卜選夢徵，思得全才，俾謀共理。付之台鉉，仰以和平，既諧作礪之求，允繼非熊之兆。銀青光祿大夫、行尚書禮部侍郎、上柱國張文蔚，宇量沖穆，襟靈坦平，而又凌轢清華，騫翔顯重。久居內署，備著芳猷，論事而高議昇平，扈從而志堅尊獎。視草著博通之業，寡言彰慎密之規。朕乃掇自翰垣，委之大柄，克盡搜揚之道，頗開公正之門。是用列在鼎司，咨之衮職。爾其研求理道，精鍊事機，盡當朝贍國之謀，究前代銷兵之術。《書》載伊尹，實惟阿衡。今倚任之，亦惟若是。敬乃於位，思其有終。可同中書門下平章事，餘並如故。天祐二年三月

又《楊涉平章事制》 門下：持鈞軸以燮陰陽，是資至德；掌地征而富邦國，必仗通才。難虛作礪之求，式叶為霖之望。金紫光祿大夫、守尚書吏部侍郎、上柱國、弘農縣開國伯、食邑七百戶楊涉，代襲軒

裳，業通墳典，踐履華冑，周旋大僚。陳太丘雅尚清貧，葛稚川不貪榮祿，綽有休問，喧在羣言。往典貢闈，則文行兼採；近司銓管，則清濁咸分。至必可稱，動皆垂範。朕嗣丕祚，虔思小康，是用授以鈞衡，委之征賦。爾其克申蘊蓄，用副旁求，使干戈速偃於四郊，玉帛斷歸於內帑。仍司仙殿，更重化源，勉輔沖人，臻於理道。可尚書吏部侍郎同中書門下平章事，充集賢殿大學士判戶部事，散官勳封並如故。天祐二年二月

又 卷五五**《罷免上·長孫無忌開府儀同三司制》** 昔東漢功臣，莫任機揆，西京戚里，或存退讓，故能長守富貴，不懼危殆。尚書右僕射、齊國公無忌，神識清舉，風彩凝映，賢戚之望，朝野所推。比軒禁不虞，釁生慮表，倉卒之間，厥功以茂。自居樞要，聲實彌遠，然以椒掖之親，處權衡之地，深知止足，有戒滿盈，收袵之請，言辭懇切，宜遂其心，以勵貪競。可解尚書右僕射，仍進散位，開府儀同三司。貞觀二年正月

又 **《李靖特進制》** 高秩厚禮，允屬茂勳，貴德崇讓，用光彝典。尚書右僕射、代國公靖，器識恢弘，風度宏邈，早申期遇，夙投忠款，宣力運始，效績邊隅。南定荆揚，北清沙塞，皇威遠暢，功業有成。及參聞政本，職重端副，綢繆翌贊，勤勞宴績，知無不為，歲寒彌厲。既懷沖挹，以疾固辭，表疏懇至，情理難奪，煩以吏職，有乖養賢。宜加優寵，申其雅志。可特進，勳封如故，并賜物一千段，尚乘馬兩匹，祿賜、國官府住及親事帳內防閤等，並依舊給。患若少瘳，每三兩日至門下中書平章事。患若未除，任在第攝養。貞觀八年十一月

又 **《魏徵特進制》** 留侯名相，濟北之志已高；疏傅人師，東都之迹彌遠。後進仰其遺烈，前策以為美談，諒可以砥節勵行，化俗弘風者也。左光祿大夫、侍中、鄭國公魏徵，器識沉敏，軌儀詳整，文史優贍，學業該通。自參贊機衡，綢繆帷幄，知無不為，心力備盡。格言弗隱，正議日聞，一德載宣，四聰斯達。實賴嘉猷，用襄治道，而深執謙遜，志懷沖遠，詞誠懇切，良用憮然。杼柚于懷，屢移氣序，而固陳丹款，義在難違。今便申其雅志，以成厥美。可特進，封如故，仍知門下事。朝章國典，參議得失，自徒流以上罪，詳事奏聞。其祿賜及國官、防閤等，並同執事。貞觀十六年冊

又 **《王方慶麟臺監修國史制》** 鸞臺：芸閣秘文，蓬山奧府，是為國重，尤切帝艱。銀青光祿大夫、行鳳閣侍郎同鸞臺平章事、上柱國、石泉縣開國子王方慶，鐘鼎高門，簪纓舊德，學富今古，才優舒向。自參機密，亟改寒暄。蹇諤之風，不忘於獻替；謙挹之美，屢陳於衰疾。西垣掌事，雖藉謨猷；東觀屬詞，更資通博。宜掇鳳凰之省，俾緝麒麟之署。可麟臺監，仍監修國史，勳賜如故。主者施行。聖曆元年八月

又 **《姚元之相王府長史制》** 忠為令德，孝乃天經，義著君親，道存敬愛。其或兼者，可不美歟？銀青光祿大夫、行鳳閣侍郎兼檢校相王府長史、同鳳閣鸞臺三品姚元之，自掖垣趨走，廊廟謀猷，竭忠盡誠，讜言正議，始終無替，弘益以多。近以母氏衰老，情兼喜懼，在休沐之期，闕晨昏之禮，乞解所職，以就閑養。外奏內請，志剴詞勤，宜遂懇請，用敦孝道。睠彼藩邸，高選經佐，俾從梁苑之遊，以致潘園之樂。可行相王府長史，一事已上，並同三品。長安四年六月

又 **《張說停中書令制》** 門下：特進、行尚書右丞兼中書令、燕國公張說，往屬艱難，輸誠於履險；及茲輔相，潤色於告成。而不肅細微之人，頗乖周慎之旨。朕畧小任大，念舊録功，且法不欲屈，宜罷中樞之務，義亦有在，更全端右之榮。宜停中書令，仍修國史，於宅修撰。主者施行。

又 **《陸贄〈盧翰太子賓客制〉》** 敕：求賢審官，以康庶績，就閑優秩，以處舊臣，蓋欲敦始終之道，全進退之禮。金紫光祿大夫、門下侍郎同中書門下平章事、范陽郡公盧翰，頃因多難，從我于征，以其年乃老成，任推先進，方將求舊，擢處公衡。荏苒迄今，再淹星歲，勤勞既著，衰疾有加。宜徙職於春闈，用優賢於暮齒。可太子賓客，散官勳封如故。貞元二年正月

又 **《崔造太子右庶子制》** 敕：宰相之職，允釐百工，時惟仰成，不可廢闕。中散大夫、行給事中同平章事、上柱國、平安縣開國男、賜紫金魚袋崔造，頃在掖垣，參掌樞務，總領煩重，精勤彌深。亦既優賢，賜之長告，歲聿云暮，有加無瘳，披誠自陳，辭疏三上，知止之道，守之甚堅。處於休閑，遂其頤養。可太子右庶子，散官勳封如故。貞元二年十二月

又**《盧邁太子賓客制》** 任重謨猷，道存忠諒，辭疾之情既懇，優賢之義斯崇。中書侍郎平章事盧邁，朝序公才，操履端敏，弼諧庶政，夙夜惟寅，恭恪之心，每思獻納，而支體未適，固請優閑，累表陳情，懇誠彌切。將遂其志，予衷耿然，爰舉朝章，式加命秩。可太子賓客。貞元十三年九月

又**《趙宗儒太子右庶子制》** 任人之道，必先無私；求賢之宜，所期適用。給事中平章事趙宗儒，早以文學，累更職任，自居樞近，頗歷歲時。雖夙夜勤勞，而政理猶鬱，式移秩序，以叶朝經。可太子右庶子。貞元十四年七月

又**《鄭珣瑜吏部尚書高郢刑部尚書制》** 朕承天眷命，獲主兆人，思致雍熙，用康區夏。布和緝化，屬在輔臣，所任適宜，實謂通典。銀青光祿大夫、守吏部尚書平章事、上柱國鄭珣瑜，銀青光祿大夫、守刑部尚書平章事、上柱國高郢等，咸以忠清，累更朝列，秉彝廉慎，操履貞恒。自參輔中樞，皆能勵節，祗勤庶務，夙夜惟寅。歲月滋深，纓纏疾恙，衮職有闕，無以彌縫。況錯綜為選士之本，刑法乃生人之命，俾從專掌，以盡至公。宜輟台司，副予所委。珣瑜可吏部尚書，郢可刑部尚書。永貞元年二月

又**《鄭餘慶太子賓客制》** 御大器者，本於至公；服大寮者，歸於衆望。故上無虛授，下允具瞻。苟異於斯，則曠邦理。朝請大夫、守尚書左丞同中書門下平章事、輕車都尉、賜紫金魚袋鄭餘慶，常以懿文，累更近侍，亦以讜議，出佐遐藩。恭承宣室之召，再處廟堂之任。丞相所請，朕無不從，勞予虛襟，亦既周月。寂寥厥位，不聞直聲。昔魏相持綱，樞機周密；左雄匡政，朝廷肅然。總録之司，輕重攸繫。苟云不稱，亦在量能。俾從調護之班，猶示優崇之寵。可守太子賓客，散官勳如故。元和元年十二月

又**《鄭絪太子賓客制》** 門下：王者重輔弼之任，明進退之宜，見可即升，知否則捨。茲朕所以推誠不惑、與物無私者也。銀青光祿大夫、守門下侍郎同中書門下平章事兼弘文館大學士、上柱國、賜陽武縣開國侯鄭絪，早以令聞，入參禁署，永推勤績，出授台司。期爾有終，匡予不逮，歲月滋久，謀猷寖微，罔清浄以慎身，每因循而保位。既乖素履，且虧皇猷，宜副羣情，罷樞務。朕以其久居内職，累事先朝，恩厚君臣，貴令終始，俾就優閑之秩，用申寬大之恩。可太子賓客，散官勳封如故。主者施行。元和四年二月

又**《李藩太子詹事制》** 爰立輔臣，以熙庶績，聿膺其任，亦屬難能。至於明用舍之宜，全始終之道，茲惟大體，寧忘予懷？中散大夫、守門下侍郎同中書門下平章事兼弘文館大學士、上柱國、賜紫金魚袋李藩，早以學行，聞於縉紳，洎升朝端，克慎素履。頃者拔於非次，列在鈞衡，是宜有道以佐時，匪躬而納誨，用副明奬，越於常倫。而授任以來，再踰年序，夙夜之勤雖著，弼諧之效未孚。將何以允至公之求，成天下之務？宜輟黄樞之重，尚居卿尹之榮。爾其勉之，式欽優禮。可守太子詹事，散官勳賜如故。元和六年二月

又**《權德輿禮部尚書制》** 文昌六官，宗伯掌禮，選授之重，自昔攸難。非夫台衮之臣，分全於終始；縉紳之議，素洽於羣倫，則無以允是優崇，膺茲名秩。正議大夫、守禮部尚書同中書門下平章事、上柱國、扶風郡開國公權德輿，奧學雄詞，沖襟曠度，稟中和之氣，弘信厚之規。夙彰厥猷，歷踐清貫。乃者迴翔省闥，祗服大僚，咸推鎮俗之風，遂致濟川之望。朕永惟理本，宵旰在懷，常期獻納之功，深屬輔弼之任。爰徵僉論，俾列鼎司，勤勞亟涉於歲時，謙挹每形于造次。是用委春卿之職，輟樞務之殷，任事程能，庶光會府，帥屬而理，汝往欽哉！可禮部尚書。元和八年正月

又**《韋貫之吏部侍郎制》** 朕恭己臨人，勵精思理，一二執政，猶吾股肱。念終始之罔虧，於進退而尤重。苟或將命失中，輔導不專，依違於懷，尚慎斯舉。君臣之義，豈不弘乎？中大夫、守中書侍郎同中書門下平章事、上騎都尉、賜紫金魚袋韋貫之，早著淑聲，夙經顯貫，潤以文藻，懿其風猷，爰膺選衆之舉，式竚弼予之美。而自當鈞軸，屢變星霜，虛襟以聽，未聞至論。非啓沃之道，有所不行；何燮諧之功，蔑爾無效？欲抑浮華之路，在捐朋黨之私，人亦具瞻，事將爰副。用解樞機之務，俾居衡鏡之職。克允斯任，宜和厥心。可守尚書吏部侍郎，散官勳賜如故。

又**《李絳禮部尚書制》** 門下：輔相之任，所貴於納忠，進退之

宜，實重於由禮。其有以勞奉國，以疾固辭，予懷謙讓之風，是舉優崇之典。朝議大夫、守中書侍郎同中書門下平章事、上柱國、高邑縣開國男、食邑三百戶、賜紫金魚袋李絳，端莊秉彝，亮直循道，抱凌寒之勁節，標肅物之貞規。嘗以懿文，參於內署，亦以公望，貳於地卿，竭其智能，茂著官業。洎擢居衮職，左右朕躬，遠慮必陳，讜言無隱，懷致君之志，弘濟俗之方，確然貞操，欝有休問。而步履嬰疾，趨侍為難，披誠上聞，稽首求免。乃眷毗倚，久之未從。星霜屢遷，忠懇彌激，宗伯秩禮，時惟大寮，宜從喉舌之班，用輟鹽梅之寄。庶因清簡，俾遂頤真，膺茲寵章，敬服爾命。可守禮部尚書，散官勳賜如故。元和九年二月

又 卷五六《大臣・宰相・罷免下・李鄘戶部尚書制》 夫為君者，求舊以申其用，施恕以遂其情。為臣者，陳力以效其能，奉身以明其志。故在上則終始之道備，居下則進退之義全。茲惟休哉，用厚恩禮。銀青光祿大夫、守門下侍郎同中書門下平章事、上柱國、江夏縣開國侯、食邑一千戶李鄘，居潔履方，端明審固，有沉毅莊重之質，有堅剛迅敏之心，勁節夙表於屯夷，利器久彰於中外。朕所以迹其衆善，詢及庶工，登之台階，授以政柄，將欲藉其碩德，弘厥壯猷，而固辭之誠，再疏頗切，然猶未允其請，所冀式副予懷。迨此旬時，勞於夙夜，益願頤養，堅稱衰遲，宜罷樞軸之殷，俾居喉舌之重，就閑高秩，式示優崇。可守戶部尚書。元和十三年三月

又 《王涯兵部尚書制》 股肱之任，與國同體。苟或取容於位，啓沃無聞，將何以寅亮天工，弘宣德化？朕嗣膺丕業，爰任鈞衡，知善必昇，見否而退，茲所以推至公於天下也。銀青光祿大夫、守中書侍郎同中書門下平章事、上柱國、清源縣開國男王涯，素以藝文，早登華貫，參我宥密，再處內庭，位踐公台，拔於非次。誠宜匪躬峻節，納誨盡忠，而乃因循自持，謙默無補，期於進道，屢復星霜，空勞虛懷，未副明奬。雖夙夜之勤久著，而具瞻之望何從？君臣之大義存終始，宜解職於樞務，俾副曹於夏官，尚謂優崇，勉敬斯任。可行尚書兵部侍郎。元和十三年八月

又 《崔羣湖南觀察使制》 致君之道，爰在輔臣發輝政經，端理教化。其或彝倫未敍，公議不明，免其所職，我常典也。正議大夫、守中書侍郎同中書門下平章事、上柱國、賜紫金魚袋崔羣，根於溫敬，發以詞采，踐歷臺閣，潤色絲綸。嘗以敏才，列於宥密，考能觀行，益表謙勤，擢處鈞衡，用參大政。緝熙之績，每竭其謀猷；翊贊之心，亦彰於夙夜。旰食思理，注於話言，善而可行，無不虛受。而顧問之際，謂近於至公；詳聽之間，或違於事實。將何以同底于道，化洽萬方？宜罷印於中樞，俾報政於外服。優以顯秩，爾其勉之。可持節都督潭州諸軍事、潭州刺史兼御史大夫、湖南都團練觀察處置等使，勳賜如故。元和十四年十一月

又 《令狐楚宣歙池觀察使制》 朕聞為政以德，必推誠而任人；為君以道，必存體以立國。況乎位崇元輔，職總庶寮，衆方具瞻，時以輕重，得不明進退之禮，全始終之恩？大中大夫、守門下侍郎同中書門下平章事、上輕車都尉、賜紫金魚袋令狐楚，夙擅懿文，累階清貫。先朝特加寵命，奬擢內庭，出擁旌旄，入居鼎鉉。朕祇膺寶位，注意舊臣，方屬奉陵之時，委以復土之務。是宜竭心盡慮，使下不欺，而頗聞工徒之訴，累彰官吏之罪，遽有章表，固求退閒。宜歸相印之權，往授使符之命，仍兼榮於司憲，俾奉法以惠人。勉率乃心，表予洪覆。可使持節宣州諸軍事、宣州刺史兼御史大夫、宣歙池等州都團練觀察處置使，勳賜如故。元和十五年七月

又 《崔植刑部尚書制》 門下：宰相者，朕之腹心，和合天下，在乎鎮靜藩服，附親遠方，將弘遂物之宜，必有更張之道。正議大夫、守中書侍郎同中書門下平章事、武騎尉、賜紫金魚袋崔植，往在先朝，頗推廣直，馴行惟謹，保萬石之風；清德不渝，繼四公之業。遂昇左掖，實著能名，駁正之美，稱於朝列。朕以孝公太傅，代載忠貞，擢於相門，授以台席。顧惟寡昧，奉以丕圖，每念為君之難，敢忘從諫之義。推誠聽納，虛己諮詢，庶洽羣心，以迎和氣，叔敖是期於秉羽，汲黯謂致於寢謀，宵分以興，日旰忘食。昔藩國多事，平津讓侯，陰陽未和，石慶辭位。爾惟謙遜，豈常求安？稱疾拜章，勤亦至矣。雖惕日之年未及，而寢冰之意尚堅，遂輟樞機，用成美志。崇以天秩，長於秋官，君臣之間，朕無所愧。可守刑部尚書，散官勳賜如故。長慶三年二月

又 《元稹同州刺史制》 宰相者，位列巖廊，權參造化，內操政柄，上代天工。朕嗣守丕圖，思與至治，每於擢用，冀獲雋良。為善有

聞，必資獎寵，罷於愆謗，用罷台階。通議大夫、守尚書工部侍郎同中書門下平章事、上柱國、賜紫金魚袋元稹，游藝資身，明經筮仕，累膺科選，益振榮華。茂識宏才，登名晁、董之列；佳辭麗句，馳聲謝、鮑之間。頃在憲臺，嘗推舉職，比及遷黜，亦以直聞。是以擢在周行，典斯誥命。洎參處密近，旋委台衡，宜竭謀猷，盡以匡贊，而乃不思弘益之道，遂纓詿誤之愆。察以衷情，雖非為己，行茲左道，豈曰效忠？體涉異端，理宜俻罷。朕以君臣之分，貴獲始終，任使之時，亦獻誠懇，每思加膝，寧忍墜泉？猶弘在宥之心，俾列專城之寄。左郡之大，三輔推雄，控壓關河，連屬宮苑，勉於政績，副我優恩。可使持節同州諸軍事、守同州刺史，充本州防禦使、長春宮等使，散官勳賜如故。長慶二年六月

又《宋申錫太子右庶子制》 君臣之道，義切始終，股肱之良，任存正直。苟涉邪枉，自紊憲章，既虧恪慎之心，難委弼諧之任。正議大夫、行尚書右丞同中書門下平章事、上柱國、賜紫金魚袋宋申錫，學習儒門，職參翰苑，備我顧問，洽茲寵光。謂其啓沃竭忠，擢登台鉉，而乃踐修不慎，日底愆尤。知臣之規，俾予增愧。欲遏姦回之路，宜先勸懲之源。豈可猶秉樞機，仍司考轄？罷居台席，列位龍樓，誠謂寛恩，周全至體。朕以事狀之間，慮其寃濫，鞫驗之際，洎務詳明，當竚得情，以復申明。可行太子右庶子，散官勳封如故。太和五年三月

又《鄭朗太子少師制》 相輔之臣，賢傑是膺。苟或道茂台階，功宣時柄，洪化方深於倚注，微痾遽告其退休，宜降寵私，俾安頤攝，庶得君臣之義，實全終始之恩。通議大夫、守中書侍郎兼禮部尚書同中書門下平章事、監修國史、上柱國、賜紫金魚袋鄭朗，靈鳳耀儀，非熊表德，貞厚可以鎮風俗，謙恭可以和神人。量合澄波，氣凝金璞，論議必根於王化，文章雅叶於國經。起於卑寮，積乃重望。自周旋臺閣，總領藩方，故事書著於典章，仁聲藹流於謠詠。頃司邦計，國用以殷，逮領憲闈，朝綱載肅。洎乎克符夢卜，遂委鈞衡，理庶政而百度惟貞，調元氣而三光增耀，而又勤獻納，稍失節宣，屢陳謝病之辭，待舉優賢之命。是用釋茲機務，允乃至誠。爾其專一精神，輔助藥石，將圖有間，務在無營，往參六傅之榮，仍加貳令之職，用為羽翼，爰輟股肱，嘉猷永播於事公，深睠豈忘於興寢？慎爾多福，祇膺恩寵。可檢校尚書右僕射兼太子少師。大中十一年十月

又《鄭畋太子少傅分司東都制》 門下：將相之權，安危所係，注專戎律，秉持國鈞，謂成靖亂之謀，以著匡時之績。方期功就，俄以疾辭，仍乖撫字之方，且異毗予之道。尚居崇秩，猶念初心。諸軍四面行營都統、鳳翔隴等州節度觀察處置等使、開府儀同三司、守司空兼門下侍郎同中書門下平章事、鳳翔尹、上柱國、滎陽縣開國子、食邑二千戶鄭畋，藝高冊府，譽動詞林，禮樂在躬，衣簪奕代，虹玉動連城之價，朱絃含清廟之音。才無不周，識無不綜，踐歷既久，聞望時稱，禁林傳麗藻之工，鳳沼著經綸之業。洎凶徒犯順，上國罹災，駕當出於全蜀，鎮方臨於右輔，因時建策，遂首興師，上寛焦灼之懷，下慰蒸黎之望。念其竭節，頻降殊恩，任三事之優崇，專鉞之節制，許於除授，皆俾遵行，則朕於施功之臣，可謂無有愛惜。而不能傾心養士，盡力惜人，致興半菽之嗟，竟起多寒之怨。既乖撫馭，幾誤機權。賴仗義之徒，叶心王事，舉善暗符於朕意，推姦必達於勳庸，尚保傅於承華，仍優游於東洛。未妨頤養，猶示渥恩。凡百庶寮，宜體朕意。可太子少師、分司東都，散官勳封如故。仍且於興元管内便將養，疾損日赴任。主者施行。

又《裴胤鄂岳觀察使制》 特進、行門下侍郎兼兵部尚書同中書門下平章事、監修國史、上柱國裴胤，秀挺華宗，光膺積慶，高懸天爵，煥發人文，早著令名，亟昇清貫。自超翔宥密，演暢綸言，因成魚水之歡，遂委棟梁之任。張子房之借箸，遽展謨猷；謝安石之圍棋，將明氣度。繄乃之力，毗予化源。旋屬寇犯京師，駕惟巡省，益表忠貞之節，備彰患難之時。冒白刃以脱身，激丹誠而報國，安危所注，中外具瞻。道方被於匡周，功已參於微管。每寛宵旰，用慰憂勤，既在輿言，當存國體，爰從燮贊，待假優崇。朕以夏口奥區，武昌重地，況今萑蒲尚擾，細柳猶勤，全資濟物之仁，式叶觀風之政。念茲鈞軸，付以察廉，連數郡之豐盈，問兆人之疾苦，即冀烽烟弭息，寰宇清寧，俾俟侯藩，重歸相印。往踐乃位。可檢校兵部尚書兼御史大夫，充鄂岳州觀察使，散官勳封如故。主者施行。

又《崔胤吏部尚書制》 門下：天地廣運，寒暑所以推遷；帝王任人，理亂係於周稔。故叔敖三相，往道堪思；胡廣七為，前功斯在。

因詳文册，爰示徽章。扶危匡國致理功臣、光禄大夫、守中書侍郎兼吏部尚書同中書門下平章事、判度支、上柱國、清河郡開國公、食邑二千戶崔胤，金莖擢用，玉燭資和，朱絃含理代之音，蒼璧是禮天之器。自付政柄，累遇時艱，或已去而復還，每勤官而涖事。雖矜直道，終失中庸。朕昨者初復上京，方安庶品，且期静理，貴保和光，而於敷奏之間，獨有去留之説，徒妨事體，俾長紛争。是用輟乃鈞衡，專兹銓鏡，亦將示朝廷之典制，保君臣之始終。更茂前功，永孚於道。可守吏部尚書。光化二年正月

宋・王讜《唐語林》卷一《政事上》 宣宗命相，一出於己。嘗詔樞密院：兵部侍郎判度支蕭鄴可同中書門下平章事，仰指揮學士院降麻處分。樞密使王歸長、馬公儒以鄴先判度支，再審聖旨，未審下落，抑或仍舊。上疑左右黨蕭，乃詔翰林院：戶部侍郎判戶部事崔慎由可工部尚書平章事落下，判戶部。

宋・王欽若等《册府元龜》卷一九九《閏位部・命相》 梁太祖開平元年五月，以唐朝宰臣張文蔚、楊涉並為門下侍郎平章事，以御史大夫薛貽矩為中書侍郎平章事。是月，以清州節度使韓建守司徒平章事。帝以建有文武材，且詳於稼穡利害，軍旅之事籌度經費，欲盡詢焉，恩澤特異于時，罕有比者。隨拜為上相，賜賚甚厚。

二年四月，以吏部侍郎于兢為中書侍郎平章事，以翰林奉旨學士張策為刑部侍郎平章事。時帝在澤州，拜二相於行在。

三年九月，太常卿趙光逢為中書侍郎平章事，翰林學士奉旨、工部侍郎、知制誥杜曉為尚書戶部侍郎平章事。

十一月戊午，御文明殿，册太傅張宗奭，太保韓建。【略】

末帝即位初，以御史大夫姚洎為中書侍郎平章事。

貞明二年八月，以太子太保致仕趙光逢為司空兼門下侍郎平章事、弘文館大學士、延資庫使，充諸道鹽鐵轉運使。

十月，以中書侍郎兼吏部尚書同平章事敬翔為右僕射兼門下侍郎平章事、監修國史、判度支，以中書侍郎同平章事鄭珏為刑部尚書平章事、集賢殿大學士、判戶部。臣欽若等曰：敬翔庶人，友珪時偽署為相。鄭珏初相時，史失其年月。

四年四月，以吏部侍郎蕭頎為中書侍郎同平章事。

六年四月，以尚書左丞相李琪為中書侍郎平章事。

又 卷七四《帝王部・命相第四》 後唐莊宗同光元年四月，即位于魏。是月，以行臺左丞相豆盧革為門下侍郎平章事、太清宮使，以行臺右丞相盧程為中書侍郎平章事、修國史。時帝將行册禮，簡求輔相，詢于盧質，對曰：『若以本朝士族取人，則無踰定州節度判官豆盧革，河東觀察判官盧程。』帝因詔赴行臺，為右丞相。至是，改為行臺之命。

十一月，以尚書左丞趙光裔為中書侍郎，以尚書禮部侍郎韋説守本官並平章事。時盧程以狂妄免，郭崇韜自勳臣拜，議者以為，國朝典禮故實，須訪前代名家成法。光裔有宰相器。初，薛廷珪、李琪當武皇為晉王時，常因為册使，至太原，故皆有夙望，咸謂宜處台司。崇韜採言事者薛廷珪朽老，浮華無相業，琪雖文學高，傾險無士風，皆不可相。乃用光裔，與韋説同制。

明宗天成元年五月，制曰：欲運陰陽，賢者諒資於籌畫；將烹鼎飪，哲王取喻于鹽梅。是知心恬淡則燮理無差，意平正則調和靡慝。王者以二儀為法，百度是貞，將施理國之規，必慎代天之任。其有鎮時望重，濟物才高，或早推房、杜之風，或暗合孫、吳之略，咸膺妙選，適副旁求。光禄大夫、太子賓客、上柱國、滎陽郡開國侯、食邑一千戶鄭珏，禮樂成家，鈞台接武，珪璧耀無瑕之彩，《咸》、《韶》奏治代之音。雅度不羣，貞規拔俗，為搢紳之楷範，作文學之宗師。歷踐華資，嘗居重任，舒卷罔渝于古道，坦夷不易于沖襟。允謂正人，實符休運。正議大夫、守工部尚書、上柱國、樂安縣開國男、食邑三百戶、賜紫金魚袋任圜，儒玄繼代，簪組傳芳，藴穰苴文武之才，抱季子縱横之略。早參戎幕，既備展於良謀；洎歷尹京，復廣敷于善政。掩李牧防虞之術，繼蕭何饋運之勞。安北邊而顯賴殊功，代西蜀而固資婉畫。及康延孝忽從劍閣，欲襲錦川，統戎至及于三千，破賊將踰于萬數，奸凶盡戮，卭蜀再寧，静十道之妖氛，息三川之生聚。遠提鋭旅，來赴上京，適當纂紹之初，尤驗忠貞之節。而鬱于人望，協彼僉諧，宜膺並命之榮，允謂當仁之選。或升書殿，或掌國租，冀伸致主之嘉猷，别展富民之茂績。於戲！位尊百辟，職總萬幾，公忠則庶政惟和，便辟則彝倫攸斁，慎宣九德，勉阜羣生。珏可中書侍郎兼刑部尚書平章事、集賢殿大學士。圜可金紫光禄大夫、中書侍郎兼工部尚書平章事，判三司。時帝初即位，圜自蜀至，安重誨不欲獨拜宰輔，

共議朝望一人共之。孔循言珏，貞明時久在中書，性畏慎而長者，美詞翰，好人物。重誨即奏，與圜並命為相。

二年正月，制曰：昔舜命皋夔，百揆時敍，湯命仲虺，萬國咸寧，道既合于君臣，事實光于今古。朕克相上帝，敷佑下民，惟順考于典墳，俾旁求于彥傑，升之廊廟，付以鈞衡，期共治于寰區，冀永康於黎庶。厥有明哲，咸謂碩儒，早隆佐命之功，久負濟時之器，必使膺茲大任，弼我丕基。既詢謀以僉同，固朕志而先定，爰行並命，是降寵靈。端明殿學士、朝議大夫、守尚書兵部侍郎、上柱國、賜紫金魚袋馮道，四瀆凝休，五行鍾秀，積善克承于家訓，揚名端守于素風。孔門曾顏，寧同懿行？漢庭嚴樂，詎比宏才？温恭為君子之儒，慤厚有大臣之體。故自從龍契會，倚馬摛詞，首贊先朝，紹隆丕業。為善不伐，有能不矜，守廉貧則罔恥緼袍，持慎審則靡言温樹。自予纂嗣，賴爾弼違，爰精選于禁林，乃特遷于秘殿。愈陳規誡，屢罄論思，都正直以莫倫，諒貞純而罕匹。銀青光祿大夫、守太常卿、判吏部尚書銓事、上柱國崔協，星辰降彩，軒冕聯榮，禮樂稟于生知，《詩》、《書》博于時習。輝華繼世，可鄙荀、陳，清貴傳家，固超王、謝。自登高第，踐歷周行，居省闥則職業備脩，升憲府則朝綱克振。近者委司選部，命典秩宗，轄彼銓衡則羣才適序，調其律呂則雅音克諧，既揚正始之風，可驗中和之德。並以功庸夙著，問望彌高，宜允副于具瞻，俾顯當于爰立。是命寵升黃閣，光弼紫宸，或居書殿之榮，俱列戶封之貴。仍加峻級，以示新恩，道既叶于咨詢，心乃符于啓沃。於戲！知人則哲，予竊慕于前王；事君盡忠，爾已聞於當代。更宜夙夜慎保初終，使社稷以無憂，期子孫之有賴。往踐厥位，汝惟戒哉！道可正議大夫、中書侍郎平章事、充集賢殿學士。協可中書侍郎平章事。

初，豆盧革、韋說得罪，執政相與議宰相。時經始之初，言事者衆，咸以孔循少侍宮禁，諳故實，知朝廷人士之才行。安重誨多聽之。循意不欲河朔人居相位，初已援引鄭珏入中書。至是，任圜欲相李琪，而鄭珏與琪，梁時同在翰林為學士，二人不相善，故琪切齒。孔循既以珏為門人，亦排斥李琪，謂重誨曰：『李琪非無藝學，但不廉耳。宰相，人士之表儀，但得眞端，有器度，足以輔弼矣。朝論所與，莫若崔協。』重誨以為然。後重誨内殿中書闕人，欲擇丞相，而帝曰：『誰可相者？』乃以崔協對。任圜曰：『重誨未諳朝中人物，被人欺賣。如崔協者，天下皆知少識文字，時人呼為「無字碑」。臣以陛下藩邸之年，即回天睠，無才幸進。比不知書，一旦驟膺輔弼，終朝若負芒刺。以臣一人，取笑足矣。何容中書之内，更益笑端？』帝曰：『宰相重位，卿等更自詳審。然吾在藩時，識易州刺史韋肅，人言名家，待我常厚。置于此位，如何？以肅苟未可，則馮書記先朝判官，稱為長者，多才博學，與物無競，可以相矣。』書記即馮道也，嘗為莊宗霸府書記。帝素款顔，偶不記名，但云『書記』。朝退，宰臣樞密使休于中興殿廊舍，孔循不揖，拂衣徑去，曰：『天下事一則任圜，圜乃何人？崔協暴死，則已不死，會居此位。』重誨私謂圜曰：『今正闕人，協宜備員，可乎？』圜公言：『何狹哉？今朝廷有李琪者，學際天人，奕葉軒冕，論才校藝，可敵時輩百人，而讒夫巧辨，忌害其能。必舍琪而相協，何棄蘇合之丸，取蛣蜣之轉也？』重誨笑而止。然與循同職，循曰：『言琪之短，知協之長。』月餘，乃下此制，物論醜之。

三年三月癸亥，以成德軍節度使王建立為檢校太尉、尚書右僕射同中書門下平章事，充集賢殿大學士，判三司事。

長興二年三月，制曰：衡之平，不欺于物；水之止，洞鑑于形。厥有操心秤而無撓重輕，掛人鏡而自分姸醜。所以旁求多士，果得正人，符夢卜而惟吉之從，舉賢良而不仁者遠。命為余弼，僉曰汝諧。朝議大夫、守太常卿、上柱國、隴西縣開國男、食邑三百戶、賜紫金魚袋李愚，勁草凌風，孤松抱雪，向歷艱難之運，再逢開泰之期。先皇帝擢在禁林，輟隨征旆。鋒鋩翰墨，經劍閣而無競刋銘；糞土珠金，入刀州而未嘗關夢。罔矜諭蜀，素蘊致堯。洎朕纘紹丕圖，服勤内署，慎密而不言温樹，論思而守奉甘泉。及掌文闈，大開公道，樹杏壇而重興四教，歷蘭省而再陟二卿。當祀周郊，密承殷誥，泥金而將期獻頌，擊石而尋致來儀。既歷試諸艱，且爰立作相。是命亞鳳池之貴位，領虎殿之羣儒，仍進崇階，兼加好爵。於戲！久虛右席，俾運前籌，期偃戢於干戈，致混同于書軌。以毗乃辟，正事惟醇，則霖雨鹽梅，于是乎在。可正議大夫、守中書侍郎平章事、集賢殿大學士。

四年正月，制曰：端明殿學士、正議大夫、尚書兵部侍郎、柱國、彭城縣開國男、食邑三百戶、賜紫金魚袋劉昫，可中書侍郎平章事。

四月，制曰：朕聞燮理陰陽，霖雨之功是託；調和鼎鼐，鹽梅之味攸憑。蓋貞淳則克契二儀，正直則允諧庶品。必在懸衡秉志，定鏡操心，苟無爽于毫釐，則潛符于造化。將付代天之柄，宜歸不世之才。今得良臣，庶臻治道。端明殿學士、中大夫、尚書兵部侍郎、上柱國、賜紫金魚袋趙鳳，丹山瑞彩，赤壓靈鋒，清明猶水，鏡冰壺質，厚若渾金璞玉，動惟稽古，靜可鎮時。夢傳五色之毫，文章煥爛；力就三冬之志，學藝縱橫。頃在禁林，嘗傳職業，始中原之大定，屬萬國以來朝，制命聯綿，詔書疊委，共歎立成之敏，略無停綴之時。洎朕承基，復資演誥，俄遷居于祕殿，嘗密贊于鴻圖，實賴謀猷，每嘉經濟。爰司貢部，俾選儒徒，果無遺逸之名，足見搜羅之道。昨朕將還雒邑，特委浚郊，一時權藉于殿邦，朞月尋聞于報政。恩威並設，賞罰皆明，夷門無夜柝之喧，梁苑遂春臺之樂。克膺重寄，允謂周才，宜顯處于巖廊，貴大施于陶冶。黃扉峻秩，粉署崇資，兼煩筆削之功，更代簡編之職。勳階並進，爵邑維新，足為爰立之榮，在體勤求之意。唯思啓沃，端俟弼諧。於戲！應卜夢之祥，當股肱之任，關羣生之休戚，繫萬宇之安危。社稷是平，寰瀛繫賴，勉勤夙夜，無怠初終，勿令伊、説、皋、夔，咸擅美于前也。可正議大夫、門下侍郎兼工部尚書同平章事、監修國史，上柱國，仍封天水縣開國男，食邑三百戶。

末帝清泰元年七月，以檢校戶部尚書、守太常卿盧文紀為中書侍郎平章事。帝素不悅馮道，以奉山陵出鎮，而用李琪、劉昫。昫則太察而寡合，琪則氣剛而性褊，每于議論，動必相違，所以恩澤稽留，庶事停壅。帝頗患之，切擇輔臣，採之于人，又疑而未決，乃書作相姓名，置琉璃器中，一夜燃香，祝星辰，清早以箸夾之，首得文紀名，故命之。

八月，以尚書左丞姚顗為中書侍郎平章事。

十二月，以泰州節度使張延朗為中書侍郎平章事。

三年三月，以翰林學士、禮部侍郎馬胤孫為中書侍郎平章事。初，帝為潞王鎮河中，時胤孫為記室，留守西京，節度鳳翔，累轉觀察判官。及即位，用為翰林學士、戶部郎中、知制誥，賜紫金魚。未滿歲，改中書舍人、禮部侍郎，皆帶禁職。時藩邸舊臣韓昭胤、房暠為樞密使，劉延節、李專美為宣徽使，河南尹、雍王重美不平之，密奏曰：『馬胤孫者，只令視草，恐未得宜。』帝然之，尋拜中書侍郎平章事。

晉高祖天福元年閏十一月，制曰：天有寶圖應運者，文明之主；國調金鉉入司者，經緯之臣。將冀大同，須資良弼。況謂建邦之始，難虛納摻之官。其有霸府舊僚，前籌上密，歷歲寒而斯久；弘益嘗多，經艱險而不渝。忠貞彌篤，式旌懿德，宜舉徽章，乃擇吉辰，爰行並命。翰林學士承旨、知河東軍府事、正議大夫、尚書戶部侍郎、知制誥、賜紫金魚袋趙瑩，儒中端士，席上正人，襟靈而萬里坦夷，行葉而四時繁茂。洎陞簪履，旦夕之婉畫喧人；每侍籌帷，遐邇之折衝在我。翰林學士、權知樞密使事、正議大夫、尚書禮部侍郎、知制誥、賜紫金魚袋桑維翰，文場翹楚，學海波瀾，撓澄不變于二風，躁靜同歸于一德。誠抱兼人之器，諒懷經國之才。十年伸揮翰之勞，數鎮有從征之役。而皆功參佐命，績顯坐籌，蕭、曹遠接于英猷，房、杜近齊於芳烈。成予丕業，職爾元勳，既協良辰，難稽懋賞。自董戎而居廊廟，繇內翰而秉鈞衡，乃用器能，佇觀變贊。於戲！優賢異典，有國新恩，勉伸裨救之謀，共致升平之治。事繁罔避，言直勿辭，永修魚水之觀，以保雲龍之契。瑩可金紫光祿大夫、門下侍郎平章事集、賢殿大學士，依前權知樞密使事。

十二月，制曰：舜任五臣，坐致穆清之化；漢尊三傑，克成王霸之基。皆所以君臣義通，上下情洽，得以寅亮大化，導揚休聲，百工允釐，垂衣裳而御宇；萬方率服，鑄劍戟以為農。式繇輔弼之功，兆此隆平之運。朕謬膺開創，初統寰瀛，炤臨將被於淳風，宰制實憑於良輔。其有功宣締構，業紹經綸，兩朝輪翊戴之勳，萬彙仰陶鈞之力，是宜重膺夢卜，再踐廟堂，俾光新造之邦，共闡無為之化。經邦致理翊戴功臣、特進、守司空、上柱國、始平郡公、食邑二千五百戶、食實封三百戶馮道，禮天蒼璧，鎮國元龜，夏璜為稀世之珍，軒鏡是辟邪之寶。方諸才業，良、平有可差其肩；較彼忠貞，姚、宋不得並其轡。可謂人臣之刀尺，造化之丹青。自明宗皇帝克紹基扃，仰膺圖讖，於草昧皇靈之際，有攀鱗附翼之功。密贊皇猷，靜司帝誥，出納奉命，周旋八年。持葛秤以定錙銖，浮毀舟而拯沉溺。四時成歲，陰陽畢順於調燮；九德不愆，朝野咸推於表式。繫於薄德，獲彼寵靈，將惕勵以為懷，恐負荷之弗克。宜憑勳德，共濟艱難。是用重啓巖廊，俾持埏埴，水土之崇資不改，弘文之大柄仍兼。於戲！造膝陳謀，爾無辭於裨救；開懷納諫，朕不怠於聽從。致社稷於昌期，納生靈於壽域，共臻至理，勿墜前功，唯于大臣，不俟多訓。可守司空兼門下侍郎平章事、弘文館大學士。

三年正月，以兵部侍郎判戶部李崧為中書侍郎平章事，充樞密使。

五年八月，以翰林學士承旨、戶部侍郎和凝為中書侍郎平章事。

漢高祖以開運四年二月即位，稱天福十三年。四月，以河東節度判官蘇逢吉，觀察判官蘇禹珪並為中書侍郎平章事。九月，以吏部尚書竇貞固為司空兼門下侍郎平章事、弘文館大學士，以翰林學士、行中書舍人李濤為中書侍郎兼戶部尚書平章事。高祖有相濤意，濤未拜前一日，欲言事請見。高祖召與語，濤曰：『國家新造丕圖，內外藩輔並宜得人。苟非其人，無益招患。今相輔位缺，未審陛下欲命何人？』高祖曰：『竇貞固。』問其次，曰：『李濤。』濤恐悚，謝曰：『臣器狹性忠，憂時過當，輒有僭越敷奏。然臣才薄地卑，無輔弼之望。幸勿以臣汙制書。』翌日制出，拜平章事。

周太祖廣順元年正月即位，以前太師、齊國公馮道為中書令、弘文館大學士。

六月，以樞密使王峻為左僕射兼門下侍郎平章事、監脩國史、充樞密使，以樞密副使、兵部侍郎范質為中書侍郎平章事，以戶部侍郎判三司李穀為中書侍郎平章事，判三司。

顯德元年正月，制曰：鴻遇順風，比事者美良賢之任；鵬征積水，寓言者伸遠大之圖。位非才而不居，才非位而不展，兩端相叩，庶績方凝。爰升佐命之臣，以授調元之職。端明殿學士、通議大夫、尚書戶部侍郎、上柱國、太原縣開國男、食邑三百戶、賜紫金魚袋王溥，智出於衆，行高於人，茂學懿文而策名，長才廣度以成器。始歸霸府，當效折衝，洎翊造邦，尋參宥密。摛禁林之詞翰，伸祕殿之論思。履順持謙，奉公處正，紫宸三接，在注意以方深；黄閣九遷，諒登庸而允協。俾宣相業，共贊皇猷。食邑贈封，功臣改號，仍進階資之貴，俱為輔弼之光。爾其師克儉於焚機，繼在公於補袞，止辭而出，奉義而行，將聯賡載之歌，長保虔恭之位。佩服茲訓，式昭德音。可紫金光祿大夫、中書侍郎平章事。

世宗以是月丙申即位，七月癸巳，制曰：朕自履宸極，思平泰階。出一令，慮下民之未從；行一事，懼上玄之罔祐。晨興夕惕，終歲于茲。雖禮讓漸聞興行，而風雨未之咸若。豈刑政之斯闕，而德教之未敷哉？繇是進用良臣，輔宣元化，雖朕志先定，亦輿情具瞻。爰擇嘉辰，誕敷明命。樞密院直學士、中大夫、尚書工部侍郎、上柱國、晉陽縣開國男、食邑三百戶、賜紫金魚袋景範，昔佐先帝，每罄嘉謨，建事眇躬，愈傾忠節。奉上得大臣之體，檢身為君子之儒。一昨戎輅親征，皇都是守，贊勳賢於留府，副徵發於行營，軍政所資，國用無闕。今則靈臺偃革，宣室圖功，思先朝欲用之言，成聖考得賢之美，俾參大政，仍掌利權。爾其明聽朕言，往敷玄化。予欲則垂象而清品彙，爾則順天道以序彝倫。余欲恤刑名而息戰爭，爾則謹憲章而恢廟略。天人之際懸合，軍民之事罔渝，則國相之尊，非爾孰處？邦計之重，惟才是藏。勉思倜儻以致君，勿效因循而保位。佇聞成績，用副虛懷。可正議大夫、中書侍郎平章事、判三司。

又 卷三三三《宰輔部·罷免第二》 明宗天成二年丙戌，制曰：朕恭膺大寶，虔荷丕基，選衆與能，克保君臨之道；賓賢念舊，庶符帝賚之資。繇是推以腹心，授之衡柄，冀扶持於寡昧，申啓沃於始終。其樂在宴安，勇於沖退，宜暫均於勞逸，思顯示夫優隆。光祿大夫、門下侍郎兼工部尚書平章事、監脩國史、上柱國、樂安郡開國侯、食邑一千戶任圜，天授宏材，波澄偉度，早負公侯之器，深懷將相之資，智擅圓方，謀惟通變。先皇帝中興景運，再造鴻圖，夙參佐命之功，迥著安時之業。克平邛蜀，大掃妖氛，鬱有殊庸，雅為良弼。朕惟薄德，尋所注懷，爰自六卿，擢居四輔，秉國鈞之重任，掌邦計之劇權。內罄沃心，外彰陳力，方期委任，遽閱封章，曲徇汝懷，固違朕旨，既披陳而莫抑，在進退之有常。宜更鳳沼之尊，俾踐龍樓之秩，勉從頤養，勿替謀猷。可落平章事，太子少保。

三年三月己未，制曰：朕聞老氏談經，無如知止；素王窮易，當在庶幾。賢哲所以保身，進退於焉合道。其有位居元輔，功敍彝倫，節宣微爽於沖和，休致屢堅於章表。酌其陳力，莫若從人，俾回席於三台，就懸車於百揆。特進、行門下侍郎兼刑部尚書同中書門下平章事、充太微宮使、弘文館大學士、上柱國、滎陽郡開國公、食邑一千五百戶鄭珏，皇朝軒冕，清廟笙鏞，崇令望於縉紳，節雅音於律度。而自再持鈞軸，益顯公忠，尋更近市之居，兼杜掃門之迹，克己復禮，為官擇人。爰屬巡幸浚郊，務名賢而好善；經營雒邑，煩上相以卜年。方賴嘉猷，忽嬰美疢，豆耳何妨於寂聽，灰心頓悟於浮榮，高慕赤松，勇辭黄閣。朕以方調殷鼎，尚睠晉鏄，欲盡慇懃，具觀堅切，可久之規斯在，再三之請莫違。所以特許抽簪，免勞借箸，進崇階於開府，假優秩於不朝，仍益井田，俾厚風俗。於戲！奚祁請老，不無内舉之規；張禹言情，亦有私恩之事。唯卿奉身而退，其德不回，予寔嘉焉，美兼善也。勉從頤養，永保初終。可開府儀同三司、尚書左僕射致仕，仍加食邑五百户。

末帝清泰二年十月戊寅制：尚書左僕射、門下侍郎同平章事、弘文館大學士、太微宫使、趙郡公、食邑二千户、食實封二百户李愚，可守本官門下侍郎兼吏部尚書同平章事、監修國史、判三司。彭城郡公、邑千五百户劉昫，可守尚書右僕射。皆免知政事。【略】

漢隱帝乾祐元年二月，制曰：朕虔承遺訓，嗣守鴻基，常懼眇沖，不克負荷，所以師臣畏相，稽衆從人，採沃心造膝之謀，詢繼體守文之道。其或力非任重，才不逮時，有玷天工，顯貽物議，宜從罷免，用儆厥僭。開國佐命輔聖功臣、光禄大夫、行中書侍郎兼户部尚書同中書門下平章事、上柱國、隴西縣開國伯、食邑七百户李濤，早預朝倫，素虧時望，繼踐清華之列，曾無倜儻之名。先皇帝應運開階，濟物成務，未明求理，虚己待賢，擢自禁林，升之槐路，既委宰衡之任，蔑聞帷幄之謀。迨及眇躬，初親庶政，被顧問之際，屢覩醺酣；當獻替之時，無聞訦訏。復虧嚴重，但務詼諧。詎為君子之儒？殊失大臣之體。重以梓宫在殯，國步多艱，屢陳違衆之言，頻建出師之意。率爾獨見，豈是臧謀？朕方務含宏，冀全終始，雖包荒而在念，慮假器以興譏，俾輟中樞，式存大體，仍令還第，庶用省躬。惟爾自貽，無我有怨。苟能思過，豈吝推恩？可罷免，勒歸私第。

周顯德四年八月乙亥，制曰：鴻水未堙，舟楫賴濟川之用；密雲既雨，郊原成利物之功。惟賢哲之保躬，蹈初終於元吉。我有良相，時惟正人，七年竭力於扶持，六氣遂乖於頤養。踰歲伏枕，九陳讓章，敦論雖頻，告請彌切，暫輟秉鈞之任，不移論道之資，仍益户封，斯為異數。推忠協謀佐理功臣、特進、守司空門下侍郎同中書門下平章事、監脩國史、上柱國、隴西郡開國公、食邑一千五百户、食實封二百户李穀，昔事先朝，勤勞王室，暨登上相，佐佑朕躬。疾因憂國而有加，志在避權而知足，煩變調而斯久，釋難重以為宜。漸俟痊平，別期委任，俾展輅車之禮，用光水土之官。惟爾誠明，當體優異，凡百有位，知予尚賢。可守司空、加食邑五百户、食實封二百户，功臣散官勳如故。仍命所司，擇日備禮册命。

又　卷三三四《宰輔部·譴讓》　後唐李琪，仕梁為尚書左丞平章事，與蕭頃同為宰相。頃掎摭其咎，會琪除吏，是試攝名銜，衆署之後，改『試』為『守』，為頃所奏。末帝大怒，將投荒裔，而為趙巖、張漢傑所援，罷相為太子少保。

論説

宋·孫甫《唐史論斷》卷上《太宗·任用房杜》　論曰：人主之任大臣，不可不專，亦不可專。若深知其人可付國事，不專任之，何以責成功？蓋任專則責重，責重則人必盡其才力也。若知人未至而專任之，苟無成功，則有敗事；又或竊擅威福，有難制之患。二者惟在人主審之，不可一失，失則事機難追矣。太宗可謂能審任人之術者也。知房喬、杜如晦之賢而付以國事，房、杜方盡心職事，已著功效，陳師合以平常之見，欲移主意。如晦奏其事，意似不廣，然慮小臣間言，漸害於事，故言之爾。太宗不惑師合之言，喬、如晦荷信任如是，敢不盡其才力乎？此所以成太平之治也。然有太宗之明，房、杜之賢，則可以專任而不容人言。人主知人未至，當審其付任，不可執此以為法。

又《命李靖為僕射》　論曰：太宗之明，李靖之賢，君臣之心，可無間矣。況靖深入虜地，方成大功，安得容讒人之言，且謂靖軍無綱紀，致以虜中奇貨，散於亂兵之手。此不識事體之言也。靖善用兵，法令素整，以少精騎深入虜中，無綱紀，安能成功乎？虜中奇貨，若果有之，散之兵衆，正得其宜。突厥淩中國久矣，一旦平之，張天威，雪國恥，安邊寧人，非靖盡心，兵衆盡力，何以成此功？且寶貨散之軍衆，是上不奉君欲，下足恩衆心，吾謂正得事宜，但不知寶貨之有無爾。太宗為君，何至以奇寶為意，猜疑賢將？尚賴仁明之德，不行重責，靖之忠誠，無所觖望。不然，君臣之間，兩有大過矣。及數月，始悟其事，命靖為相，亦足光其功德。宜罪讒人，以戒於後世，可也。

又《高宗·命李勣為僕射同中書門下三品》　論曰：唐宋魏晉而下，歷代任宰相之制，以僕射、侍中、中書令為正宰相，故僕射二品，侍中、中書令三品，同中書門下三品。由李勣自尚書授詹事，詹事卑於尚書，藉其輔翼太子，故授之。同中書門下三品者，得預聞國政，此侍中、中書令之任也。今勣授開府儀同三司，又改授僕射，品已高而曰同三品，故蘇冕《會要》駁其事曰：李勣遷開府儀同三司，又改僕射。開府從一品，僕射從二品，今反同三品者，豈不與立號之意乖乎？杜佑《通典》曰：同中書門下三品，當以階卑官高，令所給祿秩同品耳。據此，似非位署後同三品者，止記初命，率不以為位號也。

又 卷中《玄宗・相姚元崇》 論曰：天子任輔臣，非知其忠，推誠待之，何以責成功？輔臣荷天子之知，非素蘊策畫，通達時務，盡節行之，何以稱大用？明皇之用相，姚元崇之事，君得其道矣。初，明皇以崇可相，將召之，張説輩讒言交結，一不能動，遂以大柄付之。崇荷其信任之意，力救時弊，行之不疑，數十年紛亂之政，旬日而變，紀綱法令卓然振起。非君臣相得之誠至深至悉，何以及此？然為姚崇則易，為明皇則難。自中宗復位，承武后暴政之餘，且為韋庶人所制，用姦貪，去忠良，官職無敍，紀綱大亂，重以太平暴横，不改其惡，中外人心，思治甚切。崇有才智，固能觀時事之弊，知變之之術，一日當國，政順人心，行之不難耳。明皇居藩邸，已憤時弊之甚，即位之始，鋭意求治，任崇固宜。但張説有輔翊舊勳，素親倚，方居左右，與崇不協。崇雖才過於説，適在疏遠。不任説而任崇，此所以為難也。嗚呼！人主知疏遠之臣可用，付以大柄，推誠待之，使盡其心，以成開元治平之業。後之人主，固宜以此為用賢之法也。

又 《用李林甫平章事》 論曰：帝王之命輔相，或自知其人，或大臣所薦，必名德有素、才能已試者，始可協天下之望。林甫先圖郎官，源乾曜薄其才行，不許。郎官不可為，則其人不賢，衆所知矣。及宇文融引之為黨，歷中丞、侍郎，無一善績可稱。雖為韓休所薦，休之言亦未必能信於主，但武妃、力士内為之助，遂至大用爾。假如明皇以林甫是韓休所薦，休有一時之名，其言雖可信，豈不思武妃、力士，吾之嬖寵者也？林甫為近臣，能使嬖寵者為之言，其人姦佞可知矣。假如惑嬖寵之言，不辯其佞，既相之後，能議何事？況不知學術有何所長而任之也。是林甫凡百奏請，但能希意旨，以取恩寵耳。人臣奏請之事，若有合於主意，當考其經世濟民，理道明白，始可無疑。若事事合於主意，是明有所希而然也。況本因嬖寵而用又，奏請之事皆合己意，凡帝王稍明理道者，豈不復慮哉？明皇天資不為不明，一日昏惑，都無念慮，遂使姦臣擅權，終亂天下，則嬖寵之為患也如此。夫帝王苟宗社之重，主生靈之命，不得賢輔，何以興起治道？求賢輔，無他術，必取名德有素、才能累試者，可矣。若名德未著，才能未彰，但取嬖寵之言而命之，以迎意希旨而任之，是上忘宗社之重，下輕生靈之命，欲天下不亂，不可得也。林甫任用浸久，内則起大獄，引楊國忠，使倚貴妃勢，以害忠良，致其權力；外則保任蕃將，使專節制，利其夷狄賤類，無入相之路，養成祿山凶威，則天寶之亂，林甫致之也。噫！天子一聽嬖寵之言，任姦人相國，以其迎意希旨而寵之，遂起大亂，己罹播遷之禍，民陷死亡之難。後世人主，得不戒之哉？

又 《代宗・李栖筠卒》 論曰：天子擇宰相，患不能知其人，故所用或不賢，賢者或不用。代宗於元載，知其不賢也；於李栖筠，知其賢也。知不賢而久用之，知其賢而不大用，何哉？大曆六年，代宗察載姦貪，故任栖筠為御史大夫，使制之。自是數年，栖筠雖盡公忠之節，而載姦貪日甚，卒不能制。蓋宰相任天下事，御史大夫主風憲，權固不侔；況載内結倖臣，外植姦黨，使栖筠並相，守道寡援，尚慮未勝，一風憲職，誠難制之也。代宗既知其賢，胡不罷載而相栖筠，何至使憂憤而終也？必以載有内外之助，未易可罷，則内外之黨能惑人主，始為之助。代宗知載姦貪，既已不惑，其黨安能為助？既不能助，又何憚而不罷也？至十二年，發載罪誅之，内援者戮，外黨者逐，又何難哉？豈非稔載之惡，俟其極而去之也。殊不知稔其惡數年間，亂國事，害生民多矣。蓋代宗優柔，雖察載之惡，而斷之不蚤，遂使姦臣大害於國，賢者憂憤而終。惜哉！

又 卷下《憲宗・用裴度相》 論曰：前代以來，天子有興治平亂之志，而或功不成、事不立者，明斷不足也。以天子之尊，有明斷之才，何為而不可？蓋當興治平亂之時，必究事機，詳利害，任賢者，去時弊，數者之類，君不能獨計，必謀之臣。臣未必皆賢，必有異同之論，若辯之不至則惑，惑則其事不行。雖或行之，一姦人沮之，則半道而止矣。此明斷不足之患也。憲宗用裴度為相，使平寇亂，可謂明斷至矣。憲宗以河北藩臣不奉朝命，方有平定之志。吳元濟於河南近鎮，擅襲父位，且放兵肆劫，命將討之。鎮、鄆二賊，同惡相援，乞赦元濟之罪，憲宗不許，但委武元衡經畫其事，又得裴度贊其大計，鎮、鄆二賊乘凶忿，恣行逆計，至遣其黨於都下害武元衡及傷裴度，中外惶駭，日虞不測。有獻計者請罷裴度官，以安賊心。憲宗大怒，曰：『若罷度官，是姦計得行，朝綱何以振舉？朕用裴度一人，足以破賊。』此真英主之言也。夫能知裴度之賢，足以破賊，明之至也。京師凶賊竊發，殺害宰相，不撓用兵之計，斷之至也。宜乎不數年誅除宿盜，平定兩河，盡復高祖、太宗之土。向非明斷之才，何以至此？夫用兵固難事，加六十年叛涣之地，朝廷恬於姑息，一日決計征討，止由明斷，遂果有功。若軍國之事不至如此之難者，天子以明斷行之，豈有不成乎？

又《注意相》論曰：古人謂天下安，注意相；天下危，注意將。此非通論。夫天下安，固注意於相；天下危，亦宜注意於相也。相得人，則將自出矣。今觀唐事，大可驗。德宗建中時，以兩河亂，鋭意平定，得馬燧、李抱真、李晟輩數名將，任之竟不能平魏博、淄青之亂，反致大變者，相不得人也。所相者盧杞，無公忠之心，無經營處置之才，雖有名將，功不克成也。憲宗自即位，有興復大業之志，首得杜黄裳陳安危之本，啓其機斷；繼得武元衡、裴垍、李絳、裴度謀議國事。數人皆公忠至明之人，故能選任將帥，平定寇亂。累年叛涣之地得為王土，四方之人再見太平者，相得人也。則所謂天下危，亦當注意於相，相得人，將自出矣，非其驗歟？

或曰：建中之間，叛者李希烈、田悦、朱滔皆劇賊，非元和中劉闢、李錡、盧從史、王承宗、吳元濟、李師道之比也。故馬燧輩不能平希烈等數賊，高崇文輩能平闢等數叛臣也。此由賊之强弱，將之用力難易，何繫於相之事焉？答曰：希烈等雖劇賊，過於闢等，然馬燧、李抱真、李晟之將，亦過於高崇文、李光顔、李愬之徒矣。將才、賊勢正兩相等，前後成功異者實繫於相也。建中、元和之事，難以疏舉，今舉一二顯者證之。馬燧輩敗田悦於洹水，悦奔魏州，城中敗卒無三二千人，皆夷傷未起，日夕俟降。燧等若乘勝進取，獲田悦，收魏博，反掌間耳。時河北劇賊惟悦，悦既平，李納勢孤，望風自降。況朱滔等未叛，河北既無事，河南諸賊無黨援，何能為哉？但燧與抱真不和，遷延不進，致悦嬰城固守，且誘朱滔等同叛，遂成横流之勢。蓋燧窺朝廷之事，盧杞所為險薄，專招怨讐，必無公平之法，故少所畏憚，敢乘私忿之心，不了國事也。杜黄裳薦高崇文討劉闢，崇文固盡心國事，黄裳尚慮未果成功，以其所憚者制之，諭之曰：『若不用命，當以劉澭代汝。』黄裳既薦名將，復以能者制之，崇文不得不速於立功也？裴度續督戰，淮西諸將聞之，無不用命，知度必能賞功罰罪也。以此證之，天下安危皆繫於相，豈不章章乎？然相之賢，非天子之明不能任，此又見憲宗之明也。憲宗之明，能任賢相，則德宗以政柄付之姦人，果何如主哉？元和之治，建中之亂，後之君天下者，宜鑑之。

又《裴度罷相位》論曰：憲宗用數賢相，故能平治天下，然數相中，裴度功尤大，惜乎以成大功，遽為姦人所擠，罷去相位。何前日用度之明，後罷度之昏也。當淮西之亂，鎮、鄆連謀，變起都城，宰輔被害。時不用度，賊勢莫遏，天下亂矣。憲宗既以明斷用度，度得盡其才，經營國事，故朝政日修，國威日振。平淮西，服鎮州，收淄青，四方欣欣，再見平世。度之大功如是，若久任之，貞觀之治可復也。但憲宗以世難漸平，有侈樂之態，奸人皇甫鎛本以聚斂進用，至為宰相。度極陳鎛姦惡之狀，一不聽納。鎛自知公議不容，益以狡計固寵。會内出陳朽庫物付度支，鎛以善價買之，用給邊軍，將士大怒，焚其所賜。度入言之，鎛於人主前引足指靴曰：『此乃内庫物也。臣以二千得之。』其堅如此，此真奴僕之態。憲宗寵奴僕之人，不顧忠臣之奏，竟以鎛言，罷度相位。何昏暗如此？蓋憲宗中智，可上可下之主也。當患難則能用忠良，稍無事則必説姦佞。用忠良，所以成己之事；説姦佞，又以濟己之欲。故前之用度，其明出中智之上，懼患難之大也。後日寵鎛，其昏在中智之下，見世事之平也。又素寵内臣吐突承璀，承璀方用事，鎛以賂結之，姦計日行，度不得不罷也。度既罷，鎛得專養君欲，自固恩勢。憲宗方蕩然自得，謂天下無事，唯慮年壽之不長，侈樂之不極。鎛進方士，以長生惑之。宦官衆多，日益親寵，不數月為金丹所誤，忿怒不常，宦官遂起逆謀矣。前日用賢，能平天下，後日寵姦，不保其身。以憲宗中智以上之主，功業已成，威福甚盛，一日昏惑，尚取大禍。後之人君功業威福不逮者，得不為戒？

又《懿宗・用韋保衡路巖相》 論曰：唐自天寶而下，巨盜繼起，時有忠傑將相救世定亂，加以元和、會昌，英主賢臣，功業甚盛，故歷年滋久，大勢不衰。懿宗居位，固中智以下之才，復將相不賢於前世，天下日以多事矣。兵亂淮徐，蠻寇蜀方，連年用兵，民力困弊。於時人君勤勞政事，倚任忠賢，尚可救時之患。懿宗乃用韋保衡、路巖作相，納賄樹私，大紊時政，刑殺無辜甚衆。大臣忠諫，逐之遐裔，保衡與巖乘勢陷人，恣行貶逐。二凶為患，中外所憂。懿宗方崇奉佛教，泰然自安，故國政多僻而時事不理。賢才既逐，而忠諫無聞，生民困弊，德澤不及於天下，大勢自是去矣。

又《僖宗・鄭畋罷相》 論曰：咸通衰亂之後，僖宗童年繼位，政在內臣，固無遠謀，以救世患難。雖宰相王鐸、崔彥昭有一時名望，亦非雄傑之才，不能力正時事。及鄭畋當政，謀議要切，多中事機，但同列盧攜昏庸不忠，與內臣田令孜相結，沮畋之言，不克施用。夫巢賊本負販之民，非祿山輩，但因饑年，驅細民，劫財物，資朝夕之用爾，何至成大亂？由朝廷衰微，邪臣誤計，任高駢、宋威輩，皆姦險無節，爭功忌能，玩寇久權，養成賊勢。賊勢既盛，駢以重兵，居天下之衝，反閉壁自固，賴畋作帥於岐，以謀破賊，振國之威；復傳檄諸鎮，激以忠義，致勤王之師大集關中。賊勢既蹙，雁門兵至，得以平之。況僖宗避難之初，賊乘勢而西，非畋遏其鋭，危亂可測乎？又以忠謀，致諸鎮勤王之舉。畋雖去鎮，不親平賊，其功則由畋也。僖宗賞畋之功，復命輔政，雖在衰世，亦秉朝綱。令孜凶橫，怒畋公正，與姦黨誣陷罷之。僖宗孱弱，不能主張賢相，天下之事因無所制，國祚必至於亡也。

清・王夫之《讀通鑑論》卷二一《唐中宗・一》 中宗嗣位兩月，失德未著，而武氏與裴炎亟廢而幽之。三葉全盛之天子，如掇虛器于井竈之間，任其所置，百官尸位，噤無敢言者，武氏何以得此於天下哉？國必有所恃以立，大臣者，所恃也。大臣秉道，而天子以不傾，即其懷姦，而猶依天子以自固，唯其任重而望隆，交深而位定，休戚相倚而情不容不固也。而高宗之世，大異於是。高宗在位三十四年，尚書令僕、左右相、侍中、同平章事，皆輔相之任，為國心膂者也，而乍進乍退，尸其位者四十三人，進不知其所自，退不知其所亡，無有一人為高宗所篤信而固任者，大臣之賤，于此極矣。長孫無忌、褚遂良、于志寧、高季輔、張行成，太宗所任以輔己者也，貶死黜廢，不能以一日安矣。保祿位以令終，唯懷姦之李勣耳。自是而外，若韓瑗、來濟、杜正倫、劉仁軌、上官儀、劉祥道，較無覆餗之傷，而斥罪旋加，倖免者亦託於守邊以免禍。若其他竊位懷祿之宵小，勿論李義府、許敬宗之為通國所指數；即若宇文節、柳奭、崔敦禮、辛茂將、許圉師、竇德玄、樂彥瑋、孫處約、薑恪、閻立本、陸敦信、楊弘武、戴至德、李安期、張文瓘、趙仁本、郝處俊、來恆、薛元超、高智周、張大安、崔知温、王德眞、郭待舉、岑長倩、魏玄同者，皆節不足以守筦庫，才不足以理下邑，或循次而升，或一言而合，或趨歧徑而詭遇，競相踵以贊天工。至其顧命託孤委畀九鼎者，則裴炎、劉景先、郭正一二三無賴之徒也。嗚呼！惡有任輔弼大臣如此之輕，而國可不亡者乎？

夫高宗柔懦之主也，柔者易以合，然而難以離也。乃合之易而離之亦易者，何也？惟其疑而已矣。疑者，己心之所自迷，人情之所自解者也。剛而責物已甚也，則疑；柔而自信無據也，則疑；兩者異趣同歸，以召敗亡一也。剛不以決邪正，而以行猜忮；柔不以安善類，而以聽讒諛；猜忮生於心，讒諛興於外，於是乎人皆可相，人皆不可相也，人皆可斥而可誅也。為大臣者，視黃閣為傳舍，悠悠於來去，而陌路其君親，不亦宜乎！孟子曰：『王無親臣矣。』無親臣，則不可以為父母，裴炎片語之失意，而廢中宗如捫虱於褌中，復奚恤哉？夫相代天工，天之所畀、人之所歸也；天下不能知其姓字，逆臣不屑奉為蓍龜，豔妻宵小，怙長存之勢，以役驟進驟退之鄙夫，談笑而移宗社，一多疑之所必致也。審察亂源，可以知所由來矣。

又《唐中宗・四》 武氏遷於上陽宮，姚元之涕泗嗚咽，以是出為亳州刺史。張柬之、敬暉惡足以察元之之智術哉？武氏廢，二張誅，而諸武安于磐石，中宗淫昏，得之性成，疢疾而不悟，其不能長此清晏也，衆人不知，而智者先見之矣。元之之智，垂死而可以制張說，方在圖功濟險之日，百憂千慮，周覽微察，早知五王之命縣于諸武之手，固不欲以身試其戈矛，以一涕謝諸武而遠引以出，故其後五王駢戮而元之安。或持正以居功，或用智以祈免，忠直之士不屑智士之為，而通識之士不尙婞直之節，其不相為謀也久矣。

或曰：『蔡邕一歎而受刑，元之弗慮，智亦疏矣。』曰：邕不與誅卓之謀，而元之贊興復之計，五王雖怒，不得以邕之罪罪元之，元之何惴焉。邕受董卓之辟於髡鉗之中，而王允不因卓而顯，元之雖見庸于武氏，柬之固武氏之相也，元之無憚而稱武氏曰舊君，武氏豈但元之之舊君乎？不得執以為辭，苛責以蔡邕之罪，元之所熟審而無嫌者也。夫其詭于自全，而貞概不立，誠不足為忠矣。而五王際國步之傾危，誅二豎子，廢一老嫗，謀定崇朝，事成指顧，非有補天浴日之艱難，乃得意以居，環列相位，裂土稱王，鳴豫以翱翔，心忘憯怛，則以視大臣孫膚引咎之忱，陰雨苞桑之計，道亦褊矣。廢其母，立其子，姦人未翦，宗社飄搖，不可涕也，亦未可笑也，又惡知元之之涕，非以悲五王之終窮而唐社之未有寧日也與？

又 卷二四《唐德宗·一二》 姦佞之惑人主也，類以聲色狗馬嬉遊相導，而掣曳之以從其所欲；不則結宮闈之寵、宦寺之援為內主，以移君之志。唯盧杞不然，蠱惑之具，一無所進；婦寺之交，一無所附；孤恃其機巧辯言以與物相枝距，而德宗眷倚如此其篤。至於保朱泚以百口，而泚旋反；命靈武、鹽夏、渭北援兵勿出乾陵，而諸軍潰敗；拒李懷光之入見，而懷光速叛；言發禍隨，捷如桴鼓，而事愈敗，德宗之聽之也愈堅。及乎公論不容，弗獲已以謫之，而猶依依然其不忍舍，杞何以得此于德宗邪？德宗謂『人言杞姦邪，朕殊不覺』者，亦以其無勸淫導侈之事，無宦官宮妾之援也。夫杞豈不欲為此哉？德宗之於嗜欲也輕，而宮中無韋后、楊妃之寵，禁門無元振、朝恩之權也。

德宗之所以求治而反亂，求親賢而反保姦者，無他，好與人相違而已。樂違人者，決於從人。一有所從，雷霆不能震，魁鬥不能移矣。杞知此而言無不與人相違也。其保朱泚也，非與泚有香火而為賊間也，衆言泚反，則日不反而已矣；其令援軍勿出乾陵也，非於諸將有隙而陷之死地也，渾瑊言漠谷之危，則日不危而已矣。故顏魯公涕泣言情而益其怒；李揆以天子所恤，而必驅之行。人所謂然，則必否之；人所謂非，則必是之。於是德宗周爰四顧，求一力矯衆論如杞者而不可得。志相孚也，氣相協也，孰有能間之者？蓋德宗亦猶杞而已。己偏任之，衆力攻之；衆愈攻之，己益任之。其終不以杞為姦邪者，抑豈別有所私于杞哉？嚮令舉朝譽杞，而杞不足以容矣。故姦邪必有黨，而杞無黨也。挾持以固寵於上者，正以孤立無援，信為忠貞之敻絕耳。

又 《唐德宗·三一》 陸敬輿之在翰林，言無不從，及其爰立，從違相半，其從也，皆有弗獲之色焉，何也？大權者，人主之所慎予，小人之所爭忮，君子之所慎處者也。敬輿之忠直明達，允為社稷之臣，而鄴侯將卒，不急引以自代，蓋鄴侯知此位之不易居，為德宗謀，為敬輿謀，固未可遽相敬輿也。

宰相之重，仕宦之止境也，苟資望之可為，皆垂涎而思得。董晉、竇參、苗晉卿所不敢相排以相奪者，徒鄴侯耳，非能忘情而甘出其下也。鄴侯以三朝元老立翼戴之功，而白衣歸山，屈身參佐，無求登臺輔之心，其大服不肖者之心夙矣。肅宗欲相之，而李輔國忌焉則去，代宗欲相之，而元載忌焉則去，君輸忱以延佇，己養重以徘徊，乃以大得志於多猜之主，宵小盈廷，而俛首以聽命，敬輿豈其等倫哉？自扈從以來，無日不在君側，無事不參大議，雖未授白麻，而鄴侯既卒，其必相也無疑矣。嗚呼！欲相未相之際，姦窺邪伺，攢萬矢以射一鵠，亦危矣哉！鄴侯之不薦以自代，全敬輿，即以留德宗法家拂士於他日，而敬輿不知也。

今為敬輿計，鄴侯在位，國政有託，而敬輿忘言，未可以去乎？董晉、竇參受平章之命，未可以去乎？竇參以貪敗，物望益歸於己，未可以去乎？參死，參黨疑敬輿之譖，未可以去乎？與忮陋之趙憬同升，未可以去乎？沾沾然若留身於巖廊以待枚卜之來，則倒授指摘於人，而敬輿之危益岌岌矣。及既相也，裴延齡判度支，苦諫而不從，吳通玄騰謗書於中外，董公輔以洩語坐貶，賈耽、盧邁相繼而登三事，及是而引身已晚矣。然且徘徊不決，坐待貶斥，幾以不保其腰領。以自全也，不宜，以靖國也，尤不可矣。何也？已被罪，而忠直之党危，邪佞之志得，禍必中於國家也。

宰相者，位亞於人主而權重於百僚者也。君子欲盡忠以衛社稷，奚必得此而後道可行乎？至於相，而適人間政之道詘矣。欲為繩愆糾謬之臣，則不如以筆簡侍帷帟之可自盡也。鄴侯知之，敬輿弗知也，二賢識量之優劣，於此辨矣。

雜　録

《隋書》卷四一《蘇威傳》（煬）帝以威先朝舊臣，漸加委任。後歲餘，復為納言，與左翊衛大將軍宇文述、黄門侍郎裴矩、御史大夫裴蘊、内史侍郎虞世基參掌朝政，時人稱為五貴。

宋·王溥《唐會要》卷五三《委任》　貞觀元年，尚書右僕射杜如晦奏言：『監察御史陳師合上狀論事，兼言人之思慮有限，一人不可總知數職，以論臣等。』太宗謂戴胄曰：『朕以至公治天下，今用玄齡、如晦，非爲勳舊，以其有才故也。此人妄事毁謗，上狀欲離間我君臣。昔蜀後主昏弱，齊文宣狂悖，然國稱治者，以任諸葛亮、楊遵彦不猜之故也。朕今任如晦等，亦復如此。』於是流師合於嶺外。【略】

永隆二年八月，高宗嘗謂中書令薛元超曰：『長得卿在中書，不藉多人也。』【略】

上元二年，張文瓘加侍中，或時在家，朝廷每有大事，上必問諸宰臣曰：『與文瓘議未？』奏云未議者，則遣其籌之；奏云已議者，皆報可。【略】

建中元年六月，中書侍郎、平章事崔祐甫薨。自冬染疾，輿入中書，臥而承旨，或休假在私第，大事必密咨以決焉。【略】

元和二年十一月，上鋭於爲治，謂宰相裴垍曰：『朕喜得人，聽政之暇，徧讀列聖實録，見貞觀、開元故事，竦慕不能釋卷。』又謂垍等曰：『太宗之創業如此，我讀國史，始知萬倍不及先聖。當先聖之代，猶須宰臣與百官同心輔助，豈朕今日獨能為治哉？事有乖宜，望卿盡力匡救。』垍等蹈舞進賀曰：『陛下言及於此，宗社無疆之福。臣等駑劣，不副聖心。』垍亦孜孜奉上，每思敷奏，伏引太宗躬動聽覽以諷上，上嘉納之。自是延英議政，書漏率下五六刻。自貞元十年以後，朝廷威柄日削，方鎮權重。德宗不任宰臣以事，人間細務多自臨決，裴延齡等得以姦進，而登臺輔者，備位而已。上在藩累月，言事者頗以此為言，上亦知其非。及永貞監國，羣臣謁見，宰相杜黄裳首以君臣大義，激起上心。上既聞黄裳之言，聳聽延納。黄裳首建誅劉闢之策。又李吉甫自翰林學士參定平蜀，蜀平而吉甫出鎮，垍又繼之。故自臨御，迄於元和，軍國樞機，盡歸之宰府。由是中外咸治，綱目用張焉。【略】

十二年八月，時以討元濟，聚天下之兵四年矣，財殫力屈。宰相三人，唯裴度獨言賊可滅，上病之，因使三相俱以狀陳利害。唯度獨不言利害，唯請以身自督戰。明日，延英對，宰臣將出，上獨止度謂曰：『卿必能行乎？』度稽首流涕曰：『臣誓不與此賊偕生。』上為之動。度又言：『賊已困，但以羣帥不一，故未降耳。』上深嘉之，即用度為淮西宣慰使，但以彰義軍節度使韓宏故，未為都統。而度實行元帥事，仍以郾城為治所。

又《雜録》（開元）十三年正月，國子祭酒楊綰拜中書侍郎、平章事，詔出，朝野相賀。綰素以德行顯著，質性貞廉，車服儉樸，居廟堂未數月，人心自化。御史中丞崔寬家富於財，有別墅在皇城之南，池館臺榭，當時第一，寛即日潛遣毁折。中書令郭子儀在邠寧行營，聞綰拜相，座内音樂減散五分之四。京兆尹黎幹以承恩，每出入騶馭百餘，亦即日減損。其餘望風變奢從儉者，不可勝數。【略】

貞元九年七月，詔宰相以旬秉筆決事。初，至德中，宰相迭秉筆處斷，每十日一易。及賈耽、趙憬、陸贄、盧邁同平章政事，百寮有司問白，相讓不言，於是奏議請旬秉筆者出應之。其後，又請每日更秉筆，迭以應事。【略】

十一年二月，門下侍郎平章事趙憬進上《審官六議》。憬初爲尚書左丞，甚有稱望。時宰相竇參惡其不附己，將加黜貶，德宗不從。及參逐，以憬與陸贄同為宰相，深於治道，論議多正。時裴延齡傾巧，特承恩幸，頗欲中傷良善，憬每為保護，而清正守約，德宗尤器重之。嘗於延英獨對，開陳大體，以任賢尚儉為本。至是，又上《審官六議》，上甚嘉納之。【略】

（元和）十三年九月，宰臣皇甫鎛奏：『舊例，平章事判度支，並中書省借闕官廳置院，臣以為事體非便。今請權借外命婦院内舍十數間，隔截置官典院。又舊例，置郎官二人，於中書判案人中差定，并量抽官典七人，隨官勾檢文案。伏以臣職在中書，務兼司計，錢穀事重，須自躬親。臣今酌量簡要，並自判抽，其餘尋常公事，各有本判郎官，今依條流勾當處置。臣仍請每月三度，候中書事簡入南省。」從之。【略】

太和元年五月十一日敕：「元首股肱，君臣象類，義深同體，理在坦懷。然自魏晉已降，參用霸制，虛儀搜索，因習尚存。朕方推表大信，寘人心腹，自今後，紫宸坐朝，衆寮既退，宰臣復進奏事，其監搜宜停。」

宋·孫光憲《北夢瑣言》卷一八《明宗命相》　明宗入朝，安重誨用事，取謀於孔循。舊相豆盧革、韋說出官，孔循不欲以河朔人入相，極薦崔協，而任圜力爭之，云：「崔協者，少識文字，時人呼為『無字碑』。有李琪者，學際天人，奕代軒冕，論才校藝，可敵時輩百人。讒夫巧沮，忌害其能。必舍李琪而相崔協，如棄蘇合之丸，取蛣蜣之轉也。」重誨笑而止。然以孔循故，終相之。帝曰：「馮書記先帝判官，與物無競，可以相矣。」由是道與協並命，而舍李琪。識者惜之。

宋·陶岳《五代史補》卷五《世宗問相於張昭遠》　世宗以張昭遠好古直，甚重之，因問曰：「朕欲一賢相，卿試為言，朝廷誰可？」昭遠對曰：「以臣所見，莫若李濤。」世宗嘗薄濤之為人，聞昭遠之舉，甚驚，曰：「李濤本非重厚，朕以為無大臣體。卿首舉此，何也？」昭遠曰：「陛下所問止名行，曾不問才略如何耳。且濤事晉高祖，曾上疏論邠州節度使張彥澤蓄無君心，宜早圖之，不然則為國患。晉主不納。其後契丹南侵，彥澤果有中渡之變，晉社殲焉。先帝潛龍時，亦上疏請解其兵權，以備非常之變。少主不納，未幾，先帝遂有天下。以國家安危未兆間，濤已先見，非賢而何？臣所首舉此者，正為此也。」世宗曰：「今卿言甚公。然此人終不可與中書安置。」居無何，濤亦卒。濤為人，不拘禮法。其弟瀚娶禮部尚書竇寧固之女，年甲稍高，成結之夕，竇氏出參，濤輒望塵下拜。瀚驚曰：「大哥風狂耶？新婦參阿伯，豈有答拜儀？」濤應曰：「我不風，只將謂是親家母。」瀚且慚且怒。既坐，竇氏復拜，濤又叉手當胸，作歇後語曰：「慚無竇建，繆作梁山，喏喏喏。」時聞者莫不絕倒。凡濤於閨門之內，不存禮法也如此。故世宗以為無大臣體，不復任用，宜哉！

人事措置

綜　述

《陳書》卷二七《姚察傳》　陳滅入隋。開皇九年，詔授祕書丞，別敕成《梁》、《陳》二代史。又敕於朱華閣長參。文帝知察蔬菲，別日乃獨召入內殿，賜菓菜，乃指察，謂朝臣曰：「聞姚察學行，當今無比。我平陳，唯得此一人。」十三年，襲封北絳郡公。

《隋書》卷四一《蘇夔傳》　遼東之役，夔領宿衛，以功拜朝散大夫。時帝方勤遠略，蠻夷朝貢，前後相屬。帝嘗從容謂宇文述、虞世基等曰：「四夷率服，觀禮華夏，鴻臚之職，須歸令望。寧有多才藝，美儀容，可以接對賓客者為之乎？」咸以夔對。帝然之，即日拜鴻臚少卿。其年，高昌王麴伯雅來朝，朝廷妻以公主，夔有雅望，令主婚焉。

又　卷四六《李雄傳》　及受禪，拜鴻臚卿，進爵高都郡公，食邑二千戶。後數年，晉王廣出鎮并州，以雄為河北行臺兵部尚書。上謂雄曰：「吾兒既少，更事未多。以卿兼文武才，今推誠相委，吾無北顧之憂矣。」雄頓首而言曰：「陛下不以臣之不肖，寄臣以重任。臣雖愚固，心非木石。謹當竭誠效命，以答鴻恩。」歔欷流涕，上慰諭而遣之。雄當官正直，侃然有不可犯之色，王甚敬憚，吏民稱焉。

又　《蘇孝慈傳》　高祖受禪，進爵安平郡公，拜太府卿。于時王業初基，百度伊始，徵天下工匠纖微之巧，無不畢集。孝慈總其事，世以為能。俄遷大司農。歲餘，拜兵部尚書，待遇踰密。時皇太子勇，頗知時政，上欲重宮官之望，多令大臣領其職，於是拜孝慈為太子右衛率，尚書如故。

又　卷四七《韋世康傳》　（開皇）十三年入朝，復拜吏部尚書。前後十餘年間，多所進拔，朝廷稱為廉平。嘗因休暇，謂子弟曰：「吾聞功遂身退，古人常道。今年將耳順，志在懸車。汝輩以為云何？」子福嗣答曰：「大人澡身浴德，名立官成。盈滿之誡，先哲所重，欲追蹤二疏，伏奉尊命。』後因侍宴，世康再拜，陳讓曰：『臣無尺寸之功，位亞台鉉。今犬馬齒載，不益明時，恐先朝露，無以塞責。願乞骸骨，退避賢能。』上曰：『朕夙夜庶幾，求賢若渴，冀與公共治天下，以致太平。今之所請，深乖本望。縱令筋骨衰謝，猶屈公卧治一隅。』於是出拜荆州總管。時天下唯置四大總管，并、揚、益三州，並親王臨統，唯荆州委於世康。時論以為美。

又《柳謇之傳》 時元德太子初薨，朝野注望，皆以齊王當立，帝方重王府之選。大業三年，車駕還京師，拜為齊王長史。帝法服臨軒，備儀衛，令齊王立於西朝堂之前，北面。遣吏部尚書牛弘、内史令楊約、左衛大將軍宇文述等，從殿廷引謇之，詣齊王所，西面立。牛弘宣敕，謂齊王曰：『我昔階緣恩寵，啓封晉陽，出藩之初，時年十二。先帝立我於西朝堂，乃令高熲、虞慶則、元旻等從内送王子相於我，于時誡我曰：「以汝幼沖，未更世事，今令子相作輔於汝。事無大小，皆可委之。無得昵近小人，疏遠子相。若從我言者，有益於社稷，成立汝名行。如不用此言，唯國及身，敗無日矣。」吾受敕之後，奉以周旋，不敢失墜。微子相之力，吾無今日矣。若與謇之從事，一如子相也。』又敕謇之曰：『今以卿作輔於齊，善思匡救之理，副朕所望。若齊王德業脩備，富貴自當鍾卿一門。若有不善，罪亦相及。』

又 卷五一《長孫晟傳》 晟送染干，安置于磧口。事畢入朝，遇高祖崩，匿喪未發。煬帝引晟於大行前，委以内衙宿衛，知門禁事，即日拜左領軍將軍。遇楊諒作逆，敕以本官為相州刺史，發山東兵馬，與李雄等共經略之。晟辭曰：『有男行布，今在逆地。忽蒙此任，情所不安。』帝曰：『公著勤誠，朕之所悉。今相州之地，本是齊都，人俗澆浮，易可搔擾。儻生變動，賊勢即張。思所以鎮之，非公莫可。公體國之深，終不可以兒害義，故用相委，公其勿辭。』於是遣捉相州。諒破，追還，轉武衛將軍。

又 卷五四《李徹傳》 高祖受禪，加上開府，轉雲州刺史。歲餘，徵為左武衛將軍。及晉王廣之鎮并州也，朝廷妙選正人有文武才幹者，為之寮佐。上以徹前代舊臣，數持軍旅，詔徹總晉王府軍事，進爵齊安郡公。時蜀王秀亦鎮益州，上謂侍臣曰：『安得文同王子相，武如李廣達者乎！』其見重如此。

又 卷五五《侯莫陳穎傳》 仁壽中，吏部尚書牛弘持節巡撫山東，以穎為第一。高祖嘉歎，優詔褒揚。時朝廷以嶺南刺史、縣令多貪鄙，蠻夷怨叛，妙簡清吏以鎮撫之。於是徵穎入朝，及進見，上與穎言及平生，以為歡笑。數日，進位大將軍，拜桂州總管十七州諸軍事，賜物而遣之。及到官，大崇恩信，民夷悦服，溪洞生越，多來歸附。

又《高勱傳》 隴右諸羌，數為寇亂。朝廷以勱有威名，拜洮州刺史。下車，大崇威惠，民夷悦附。其山谷間生羌，相率詣府稱謁，前後至者數千餘戶。豪猾屏迹，路不拾遺，在職數年，稱為治理。

又 卷五六《令狐熙傳》 及上祠太山還，次汴州，惡其殷盛，多有姦俠，於是以熙為汴州刺史。下車，禁游食，抑工商，民有向街開門者杜之，船客停於郭外，星居者勒為聚落，僑人逐令歸本。其有滯獄，並決遣之。令行禁止，稱為良政。上聞而嘉之，顧謂侍臣曰：『鄴都，天下難理處也。』敕相州刺史豆盧通，令習熙之法。其年來朝，考績為天下之最。賜帛三百匹，頒告天下。

又《楊汪傳》 數年，高祖謂諫議大夫王達曰：『卿為我覓一好左丞。』達遂私於汪曰：『我當薦君為左丞。若事果，當以良田相報也。』汪以達所言奏之，達竟以獲罪，卒拜汪為尚書左丞。汪明習法令，果於剖斷，當時號為稱職。煬帝即位，守大理卿。汪視事二日，帝將親省囚徒。其時繫囚二百餘人，汪通宵究審，詰朝而奏，曲盡事情，一無遺誤。帝甚嘉之。歲餘，拜國子祭酒。帝令百寮就學，與汪講論。天下通儒碩學多萃焉，論難鋒起，皆不能屈。帝令御史書其問答奏之，省而大悦，賜良馬一匹。

又 卷五八《明克讓傳》 高祖受禪，拜太子内舍人，轉率更令，進爵為侯。太子以師道處之，恩禮甚厚。每有四方珍味，輒以賜之。于時東宮盛徵天下才學之士，至於博物洽聞，皆出其下。

又 卷六一《宇文述傳》 開皇初，拜右衛大將軍。平陳之役，復以行軍總管率衆三萬，自六合而濟。時韓擒、賀若弼兩軍趣丹陽，述進據石頭，以為聲援。陳主既擒，而蕭瓛、蕭巖據東吳之地，擁兵拒守。述領行軍總管元契、張默言等討之，水陸兼進，落叢公燕榮以舟師自海至，亦受述節度。上下詔曰：『公鴻勳大業，名高望重，奉國之誠，久所知悉。金陵之寇，既已清蕩，而吳會之地，東路為遥。蕭巖、蕭瓛，並在其處。公率將戎旅，撫慰彼方，振揚國威，宣布朝化。以公明略，乘勝而往，風行電掃，自當稽服。若使干戈不用，黎庶獲安，方副朕懷公之力也。』【略】

及晉王為皇太子，以述為左衛率。舊令，率官第四品。上以述素貴，遂進率品為第三。其見重如此。煬帝嗣位，拜左衛大將軍，改封許國公。

又 卷六五《吐萬緒傳》 晉王廣之在藩也，頗見親遇。及為太子，引為左虞候率。煬帝嗣位，漢王諒時鎮并州，帝恐其為變，拜緒晉絳二州刺史，馳傳之官。緒未出關，諒已遣兵據蒲坂，斷河橋，緒不得進。詔緒率兵，從楊素擊破之，拜左武候將軍。

又 《薛世雄傳》 煬帝嗣位，番禺夷獠，相聚為亂，詔世雄討平之，遷右監門郎將。從帝征吐谷渾，進位通議大夫。世雄性廉謹，凡所行軍破敵之處，秋毫無犯，帝由是嘉之。帝嘗從容謂羣臣曰：『我欲舉好人，未知諸君識不？』羣臣咸曰：『臣等何能測聖心？』帝曰：『我欲舉者，薛世雄。』羣臣皆稱『善』。帝復曰：『世雄廉正節槩，有古人之風。』於是超拜右翊衛將軍。

又 卷六六《張虔威傳》 開皇初，晉王廣出鎮并州，盛選僚佐，以虔威為刑獄參軍，累遷為屬。王甚美其才，與河內張衡俱見禮重，晉邸稱為二張焉。及王為太子，遷員外散騎侍郎、太子內舍人。煬帝即位，授內史舍人，儀同三司。尋以藩邸之舊，加開府，尋拜謁者大夫。從幸江都，以本官攝江都贊治，稱為幹理。

又 卷七〇《李子雄傳》 遷幽州總管，尋徵拜民部尚書。子雄明辨，有器幹，帝甚任之。【略】從幸江都，帝以仗衛不整，顧子雄步伍之。子雄立指麾，六軍肅然。帝大悅曰：『公真武候才也。』尋轉右武候大將軍。

又 卷七三《循吏傳・郭絢》 煬帝將有事於遼東，以涿郡為衝要，訪可任者，聞絢有幹局，拜涿郡丞，吏人悅服。數載，遷為通守兼領留守。

又 卷七五《儒林傳・房暉遠》 及高祖受禪，遷太常博士。太常卿牛弘每稱為『五經庫』，吏部尚書韋世康薦之，為太學博士。尋與沛公鄭譯修正樂章，丁母憂解任。後數歲，授殄寇將軍，復為太常博士。未幾，擢為國子博士。

又 《馬光傳》 開皇初，高祖徵山東義學之士，光與張仲讓、孔籠、竇士榮、張黑奴、劉祖仁等俱至，並授太學博士，時人號為六儒。

又 《褚輝傳》 吳郡褚輝，字高明，以《三禮》學稱於江南。煬帝時，徵天下儒術之士，悉集內史省，相次講論，輝博辯，無能屈者。由是擢為太學博士。

又 卷七六《文學傳・王頍》 開皇五年，授著作佐郎，尋令於國子講授。會高祖親臨釋奠，國子祭酒元善講《孝經》，頍與相論難，詞義鋒起，善往往見屈。高祖大奇之，超授國子博士。

又 《庾自直傳》 大業初，授著作佐郎。自直解屬文，於五言詩尤善。性恭慎，不妄交遊，特為帝所愛。帝有篇章，必先示自直，令其詆訶。自直所難，帝輒改之，或至於再三，俟其稱善，然後方出。其見親禮如此。

宋・宋敏求《唐大詔令集》卷六二《大臣・册羣臣・册張允恭鄯州都督文》 維顯慶元年歲次丙辰，十二月辛卯朔，八日戊戌，皇帝若曰：夫安邊訓俗，有國之先務；簡賢任能，為政之常典。惟爾蘭州都督、安陸縣開國公張允恭，器宇詳整，識用通遠，夙著勤誠，早延恩遇。朔方違夐，羌戎薦居，降節監撫，綏懷攸屬。是用命爾為使持節、都督鄯蘭河儒廓深濠七州諸軍事、鄯州刺史，封如故。爾其鎮靜幽荒，式清姦宄，憺威稜以肅遠，明賞罰以垂信。無怠庶政，率由舊章，光膺寵命，可不慎歟？

又 《册唐臨吏部尚書文》 維顯慶二年歲次丁巳，十月丁亥朔，十九日乙巳，皇帝若曰：昔虞舜分司，元凱膺機揆之任；當塗受命，盧毓處銓綜之重。故能翊宣景化，協贊時雍。惟爾度支尚書唐臨，器識沉敏，操履貞潔，譽滿同行，效彰官次。損益機務，爰著循聲，藻鑑流品，是資清識。是用命爾為吏部尚書。爾其懸衡處物，虛心待士，求賢審官，循名責實，祇承朝寵，可不慎歟？

又 《册段寶玄越州都督文》 維顯慶三年歲次戊午，七月辛巳朔，十九日己亥，皇帝若曰：於戲！夫成俗康邦，寄深於岳牧；宣風闡化，任重於循良。惟爾銀青光禄大夫、行洛州長史段寶玄，體量凝整，理懷貞贍，總務仙臺，能官著於紀綱；分司棘署，令德表於平昃。三川之野，允敷聲績；九江之地，爰資鎮撫。是用命爾為使持節、都督越台括婺泉建六州諸軍事、越州刺史。爾其勤加恤隱，勉思為政，審之以刑獄，馭之以公平，革剽悍之風，歸淳質之軌。欽茲寵命，可不慎與？

又《册喬師望涼州刺史文》 維顯慶三年歲次戊午，十月庚辰朔，十一日庚寅，皇帝若曰：於戲！夫恤隱求瘼，義重於循良；撫衆懷邊，允資於才幹。惟爾正議大夫、涼州都督、駙馬都尉喬師望，風情敏濟，志略明遠，夙承寵榮，早預驅馳。仗節秋方，功勤克展；分符朔野，政利伊肅。玉門遠控，金城遐阻，人兼北狄，地雜西戎，刺舉為難，式遏斯重。是用命爾為使持節、八州諸軍事、涼州刺史，駙馬都尉如故。往欽哉！祇膺典册，勉修爾令德，思效爾忠規，垂清白之風，布平廣之化，絶姦宄於亭障，徵訟獄於閭里。嗣其和氣之美，革彼貪婪之化，光我王度，可不慎與？

又《册閻立本工部尚書文》 維顯慶四年歲次己未，三月戊寅朔，十七日甲午，皇帝若曰：職管納官，任專機事，上非德而不受，下非才而不處。咨爾將作大匠、上護軍閻立本，識局周敏，理懷通悟，體忠勤而表性，資仁恕以立身。而思協多能，藝兼衆美，委質運始，策名朝列，知效光於果職，聲猷布於曆紀。爰緝水土之官，實諧縉紳之論。是用命爾為兼工部尚書，勳官如故。往欽哉！其敬承休命，獻善之規攸屬，持平之務斯在。克恭惟允，可不慎與？

又《册李寬太子詹事文》 維顯慶四年歲次己未，三月戊寅朔，二十五日壬寅，皇帝若曰：於戲！弼諧儲副，必俟才英，總務宫端，允資忠量。故漢朝選德，受禮峻於賓卿；晉代遴賢，升榮歸於謝琰。咨爾金紫光禄大夫、懷州刺史、上原縣開國侯李寬，識局沉謹，理懷詳正，勤誠表於内外，智效張於文武。聲猷載闡，齒秩兼優，博望斷裁之規，與能僉屬；承華弹肅之寄，任賢在斯。是用命爾為太子詹事，封如故。往欽哉！其祇膺茂典，勉修乃職，景前哲之高踪，垂後昆之令譽。對揚休寵，可不慎與？

又《上官儀〈册李義府司列太常伯文〉》 皇帝若曰：於戲！山祇誕況，協申甫於昌期；河靈屬符，埒蕭張於景運。故乃訏謨帝載，蕨蕤鼎業，宣猷華於樽俎，爕政藻於丹青。望重九霄，道光五政。咨爾兼吏部李義府，遠資門德，獨秀人靈，照赤野而合輝，映青田而寫韻。孝睦為本，錫類之範彌彰；清白為基，畏知之迹愈劭。金嬴仞彩，辨終豹於書林；珠握分光，騁鄒龍於筆海。柏臺摛公晏之藻，蓬閣開良直之謨。勝望挺於何車，奇謀表於韓劍。彜倫寄其元穆，品鏡任其清通。矯翮培風，拂雲霓而高邁；聳鱗遊霧，排閶闔而上馳。行孚朋親，聲流簪組。是用命爾為司徒太常伯，勳封如故，同東西臺三品。往欽哉！爾其卑以待物，持盈之理斯存；慎以節躬，數服之情為重。道申規獻，義先啓沃，祇膺茂躅，可不慎與？ 龍朔二年二月五日

又《册劉伯英左監門衛大將軍文》 皇帝若曰：閶闔任隆，周盧禁切，既忠賢之允著，實韜略之兼優。惟爾冠軍大將軍、行左驍衛將軍、山陽郡開國公劉伯英，志力沉濟，襟情爽烈，早標奇正之術，彌光巡警之功。偃沙巨海，□□□□□□□功宣六豹，氣壓三韓，折衝之效有聞，爪牙之任攸屬。式疇徽烈，擢衛宸闈。是用命爾為左監門衛大將軍，封如故。往欽哉！爾其職司無荒，朕命不虞之寄，可不慎與？ 龍朔二年

又《册竇玄德司元太常伯文》 皇帝若曰：於戲！總務文昌，司會之名尤重；升榮建禮，内史之職彌隆。自非才氣兼洽，聲譽充盛，何自式管榮辱，對揚綸綍？惟爾大司憲、護軍竇玄德，門列克章，地華合緒，踐中和而立性，資乂德以含章。禮固騰芳，儒彌擅寶，寵謀動於簪紱，令範光於廊廟。攝官憲府，勵俗而挺嘉猷；受委王京，匪躬而輸懿績。效宣朝任，誠著周行，申其寬直之規，三攝損益之任。是用命爾為兼司元太常伯，勳官如故。往欽哉！爾其供奉彜倫，式昭王度，勉爾忠正之誠，無忝恪恭之表。納吉之寄，可不慎與？ 龍朔二年十月十一日

又《册薛孤吴仁右金吾大將軍文》 皇帝若曰：於戲！望重韜鈐，藉董戎之戒；志齊金石，膺禦武之求。用深聞鼙之慮，式著銜珠之象。惟爾右金吾將軍、朔方郡開國公薛孤吴仁，志局開爽，貞規久濟，日契絳官之術，宜符玉帳之機。賈勇三軍，著折關之實效；誠輸八陣，標斬將之奇功。樹績方隅，書勳王府，出茂於分閫，入隆於文

戰。騰此師訓，既穆朝經，錫以徽章，聿酧僉議。是用命爾為右金吾衛大將軍，封如故。往欽哉！其勵乃忠貞，恭茲獎飾，祇承寵命，可不慎與？

又**《册許敬宗太子太師文》**　皇帝若曰：於戲！鳳紀龍名，茂績光於銘槧；礪金鈎玉，嘉庸絢於緹油。蓋以協贊帝圖，弼成鼎命，矧乃望高咸一，超庶尹而馳風；道鬱半千，冠羣后而宣譽。咨爾光祿大夫、行右相許敬宗，藉敬生德，基賢誕秀，謀猷經制，識度英遠。培風逸幹，業峻於巨臣；滅景宏才，器隆於王佐。詞源清泌，濯色於彫聳；藝苑沖深，抽華於繡牒。揮汗淚於丹液，矯豐餌於雞栖。翊弘詞於青閨，彯長纓於鶴籥。訪温樹之緘對，譽宵燭而題明。盛列輝於西豪，茂表功於東第。寵翠泉軒，聖掩丹雲。固知其可以作訓元儲，聳摇山之回搆；喻水善二，激伊水之長瀾。是用命爾為太子太師，監修國史等並如故，同東西臺三品，仍知西臺事。往欽哉！爾其肫而乘謙，思克己而蹈禮恒。晨謁金墀，事切於忠謇；夜隨銀啓，義先於調護。靖恭朝列，可不慎乎？

又**《册張延師左衛大將軍文》**　皇帝若曰：於戲！姬曆初沖，是資方郡之列；漢圖攸永，往隆南北之軍。故鏤鼎垂勳，銘常紀效，坐樹之名為重，聞鼙之慮實深。惟爾左衛大將軍、檢校羽林軍、上柱國張延師，志局淹凝，識度閑雅，當風雲之會，遇經綸之日。執羈霸府，盡忠肅之勤誠；聳劍元戎，罄旌旄之茂績。有六奇之秘術，藴《三略》之宏規。邁遐烈於孫、吳，掩芳聲於羊、杜。酬報之迹，紀運頻周，光華之典，賢才攸屬。是用命爾為鎮軍大將軍、行左衛大將軍，餘如故。往欽哉！其敬揚爾績，勉膺朝獎，勉爾幹慎之規，宣明奇正之法。連徽往彦，可不慎與？

又　卷一〇〇**《政事・官制上・揀擇刺史制》**　朕聞彰善癉惡，有國之常典；糾寬濟猛，為政之通規。朕以薄德，謬膺明命，瞻言賞罰，未適時宜，致使億兆未安，賢良未進，小人未退，貪吏未懲，亡流者未歸，懷冤者未理。倉儲府庫，未免其空；卿士大夫，未任其職。在予之責，有愧良深。然不能致君於堯舜者，亦羣公卿士之所恥也。今當勵精為政，革弊創業，卿等將何以規補，致使咸亨，各以狀聞，朕當親覽。且共理天下者，在良二千石。宜令中書門下於外内官内揀擇，必取才望兼優，公清特著，可以宣風導俗者，具以名聞。但有司承寬，共為苟且，事多僭咎，無復紀綱，各令本司長官審善惡，有才職不相當，限十日進狀。景雲元年十一月

又**《令御史録奏内外官職事詔》**　寅亮天功，弼諧庶績，宰臣之任也；彰善癉惡，激濁揚清，御史之職也。政之理亂，寔此由焉。朕丕膺鴻緒，三年於茲。日旰而食，夜分而寢，萬乘非樂，四海為憂，思欲小康蒸人，允荅羣望。懲勸之詔，歲月相仍，然耳不聞彈劾之聲，目未觀剛正之舉。豈内外吏咸未狥公耶？將有司廻避，隱不聞耶？每念於此，惄焉如疚。言而不行，責在薄德，知而不奏，誰其過歟？御史等不樹紀綱，合從屏黜，但緣未親處分，志在含忍，宜許自新，以收後效。内外文武官有老弱疾患、貪暴侵漁、不舉職事、材職不相當者，三日内各録狀進。外州刺史上佐，多不簡擇。内外之職，出入須均。京官中有才幹堪理人者，量與升官。有清慎者，與京官。景雲二年十月

又**《簡京官為都督刺史詔》**　朕聞天為大者，孰先於育物？最靈者，莫甚於愛人。故樹之后王，以康兆庶。朕緬鑑前烈，深惟遠圖，懼德之不修，化之未偃，寅畏夙夜，如臨泉壑。然則疇咨命於四岳，黜陟存乎三載。既已百姓為心，非以一人獨理。今之牧守，古稱侯伯。賢者任之，則循良之迹著；不賢者任之，則愁苦之聲作。每冀精於所擇，委之俞往，豈時或頹靡，苟且尚多，吏之殊尤，寂寥不嗣。静言政要，朕用憮然。間歲水旱，周於郡國，倉廩不蓄，閭閻薦饑；加以出攝頗多，冗官增弊。至於處置，皆憑刺舉。當於京官内簡宏才通識，堪致理興化者，量授都督、刺史等；久在外藩，頗有進狀者，量授京官。使出入常均，永為恒式。課最超等，必議升遷；循默守常，必加黜免。昭昭賞罰，可不慎歟？昔國僑相鄭，以致和平；曹參相齊，貴於清浄。清浄則不擾，不擾則和平，和平則不争，不争則知恥。愛費而與休息，除煩而從簡易，自當農者歸畎畝，蠶者勤紡績。既富而教，乃克有成。道德齊禮，不遠斯復。庶幾在位，弘朕此心焉。開元二年正月

又**《刺史令久在任詔》**　與我共理，惟良二千石久於其政，然後可化成。前代以來，頗多僥倖，但因入考，即有改轉。自今以後，非灼然應黜陟者，更無遷易。敦此風俗，冀革苟且。又舊例，別駕皆是諸親。頃

年以來，頗多餘色，先授者未能頓己，此後自循舊章。去冬有因計入朝，不可更令却往，過事考了，並量材敍用。開元六年二月

又 **《張九齡〈處分縣令敕二道〉》** 敕旨：語諸縣令等，自古致理，其在命官，今之所切，莫如守宰。朕每屬意，尤重此官。有善者，雖遠必升；無能者，縱近而廢。固已維取才寔，非務官資。事亦坦然，天下所見，而浮競之輩，未識朕懷，俾其宰邑，便為棄地，或以煩碎而不專意，或以僻遠而不畏法，侵染成俗，妨奪為恒。嗷嗷下人，於何寄命？朕所以寢興軫念，思有以濟之，故令吏曹，精選才幹。卿等各膺推擇，用簡朕心。若能化績有成，聲寔相副，朕必有超擢，終不食言。如其謂人不知，唯利是視，徒速負敗，兩喪身名，智者所圖，應不至是。各宜勉勵，以副勤屬。開元年

又 敕：新除河南府密縣令張稷等，令長之任，黎庶尤切。比嘗選衆，未盡得人，然而勇進之流，乃非其好；矯弊之政，豈無所革？令既各膺獎用，當盡良能，周月有成，聲謠若著。所列清要，唯待才賢，既爾有聞，不患無位。各宜勉勵，以副朕心。開元年

又 **卷一〇一《政事·官制下·加散騎常侍員品詔》** 朕欲左右有人，朝夕進善，發自中禁，刑於四方，獻替於可否之間，論思於密勿之際，通天下之志，斷天下之疑，作而行之，道不遠矣。與我共此者，唯左右常侍乎！散騎之班，日親帷幄，切問近對之地，文章侍從之臣，賢不厭多，才不厭盛。寔將助益，廣以置官。重其任者崇其位，勸其善者厚其祿。中書門下省各加置散騎常侍四員，其官並為正三品，祿俸之外，優給雜料。仍委中書門下商量處分，必求望寔，以寘周行。臣哉鄰哉，汝為汝翼，慎茲高選，副朕意焉。

又 **《文武官參用詔》** 文武二柄，國家大綱；東西兩班，官職同體。咸匡聖運，共列朝廷，品秩相對於高卑，祿俸皆均於厚薄。不論前代，只考本朝。太宗皇帝以中外臣寮文武參用，或自軍衛而居臺省，亦由衣冠而秉節旄，足明於武列文班，不合清濁優劣。近代浮薄相尚，凌蔑舊章，假偃武以修文，竟棄本而逐末。雖藍衫魚簡，當一見而便許升堂；縱拖紫腰金，若非類而無由接席。以是顯揚榮辱，公別重輕，遽失人心，盡隳朝體，致其今日，寔此之由。須議改更，漸期通濟。今文武百官，自一品以下，逐月所有料錢並須均匀數目多少，一般支給。兼命使諸道，亦依輪次差遣。既就公平，必臻交泰，叶羣情於天下，崇故事於國初。凡百庶官，宜體朕意。天祐二年四月

又 **卷一一四《政事·禁錮·禁錮隋朝弒逆子孫詔》** 宇文化及、弟智及、司馬德戡、裴虔通、孟景、元禮、楊覽、唐奉義、牛方裕、元敏、薛良、馬舉元、武達、李孝本、李孝質、張愷、許弘仁、令狐行達、席德方、李覆等，大業季年，咸居列職，或恩結累世，任重一時，乃包藏凶慝，罔思忠義，爰在江都，遂行弒逆，罪百閻、趙，釁深梟獍。雖事是前代，歲月已久，而天下之惡，古今同棄。宜從重典，以勵臣節。其子及孫並宜禁錮，勿令齒敍。化及既為魁首，僭竊名號，一門之內，凶惡尤甚。但其弟士及，不預逆謀，雖云昆季，僅免誅戮，委贊皇朝，勳庸克著。彰善癉惡，伸有舊章，士及一房，不在此例。布告天下，咸使聞知。貞觀七年正月

又 **《楊素子孫不得任京官敕》** 隋尚書令楊素，昔任前朝，早荷殊遇，稟凶邪之德，懷謟佞之才，惑亂君上，離間骨肉，搖動冢嫡，寧唯掘蠱之禍，誘扇後主；卒成請蹯之釁，隋室喪亡。蓋唯多僻，究其萌兆，職此之由，生為不忠之人，死為不義之鬼。身雖幸免，子竟族誅。斯則奸逆之謀，是其庭訓；險薄之行，遂成門風。刑戮雖加，枝胤仍在，豈可復隨近侍，齒列朝行？朕接統百王，恭臨四海，上嘉賢佐，下惡賊臣。常欲從容於萬機之餘，褒貶於千載之外，況年代未遠，耳目所存者乎！其楊素及兄弟子孫已下，不得令任京官及侍衛。聖曆三年五月

宋·王欽若等《冊府元龜》卷七八《帝王部·委任第二》 太宗時，李勣為并州大都督府長史。在并州凡十六年，令行禁止，號為稱職。帝謂侍臣曰：『隋煬帝不能精選賢良，安撫邊境，唯築長城以備突厥。情識之惑，一至於此。朕今委任李勣於并州，遂使突厥畏威遁走，塞垣安静，豈不勝遠築長城耶？』

盧承慶為民部侍郎，太宗令承慶兼檢校兵部侍郎，仍知五品選事。承慶辭曰：『選事職在尚書，臣今掌之，便是越局。』帝不許，曰：『朕今信卿，卿何不自信也？』

楊恭仁為特進。貞觀五年十一月，以恭仁行雒州都督。太宗謂之曰：

『雒陽要重，古難其人。朕之子弟，多恐非所任，特以委公也。』【略】

李大亮為左衛大將軍。高宗居春坊，以大亮兼領太子右衛率，俄兼工部尚書，身居三職，宿衛兩宮。太宗每出巡幸，多令大亮居守。【略】

姜確，貞觀中拜宣威將軍，守屯衛將軍、攝將作如故。確性恭勤，雖祁寒暑雨，未嘗暫懈。太宗以是，益加任使。及營建昭陵，確又參典塋，制以勞正，授左屯衛將軍。自此之後，轉蒙親顧。玄武門宿衛及園苑之務，皆以為之。其屯營飛騎，亦分隸於確。每有遊幸，即領騎而從焉。【略】

李晦為雍州長史。高宗幸雒陽，以晦為京師留守。臨行，帝謂晦曰：『關中之事，一以付卿。但法律踊之，不可以成官政。令式之外，有異績利於人者，隨事即行，不須聞奏。』【略】

張光晟為單于都護兼御史中丞、振武軍使。代宗密謂之曰：『北蕃縱橫日久，當思所禦之計。』光晟既受命，至鎮，威令甚行。【略】

李勉為滑亳等州觀察使、永平軍節度等使。代宗以勉兼汴州刺史、充汴宋等八州節度觀察留後。時以汴州節度都虞侯李靈耀擅殺兵馬使濮州刺史孟鑑，潛結田承嗣為援，故有是命。【略】

敬宗寶曆元年四月，以前神策軍大將軍、知軍事兼御史大夫康志睦為檢校工部尚書兼青州刺史、御史大夫，充平盧軍節度、淄青等州觀察使。志睦父日知，興元初為趙州刺史。時成德軍節度使李寶臣死，其子惟岳不奉朝命，日知帥麾下蕃漢步騎二千人，自趙歸闕。德宗深嘉之，歷授官秩，至晉慈隰等州節度使。睦以父勳，於將為神策，累遷本軍大將軍。至是，帝以修謹可委，又本忠臣子弟，特授此鎮。然制下後，人情甚不協，諫官繼有章疏，帝竟不為之止。及在鎮，頗有理聲。【略】

（後唐）安元信從莊宗定魏博，元城之戰尅捷居多，移為博州刺史。與梁軍對壘得勝，遷元信為右廂排陣使。王處直引契丹背盟，北邊俶擾，以元信久在邊，用為大同軍節度使。

袁建豐為內衙副指揮使。時北討劉守光，建豐常先士卒，轉都教練使、權蕃漢總管。莊宗入鄴，以心腹幹能，選為魏府都巡檢使。【略】

符彥超為汾州刺史。同光末，為魏州軍亂，天下騷動，詔彥超北京巡檢。朝廷先令內養呂、鄭二人監兵及倉庫，明宗入雒，皇弟存詔單騎入河東，與呂、鄭謀殺彥超。張憲據城自衛，彥超知之。彥超部下殺呂、鄭、存詔於衙城，明宗又令其弟龍武都虞侯彥卿來安撫，遂請彥超入朝自雪。六月，彥超入覲，明宗便殿召見，撫諭曰：『河東無事，賴爾盡心也。』翌日，授建雄軍留後。未行，屬弟曹州刺史彥饒殺宣武亂軍，安輯汴州。明宗甚喜，召彥超曰：『吾與爾父為先朝立社稷，我於倉皇中軍民推戴，又得爾兄弟氣力，我更何憂？却為我往河東，撫育耆舊。』授檢校司徒、北京留守、太原尹。

閔帝時，宋令詢自帝在藩時補為客將，知書樂善，動皆懿禮。長興中，閔帝連殿大藩，遷為都押牙，參輔閫政，甚有時譽。閔帝深委之。【略】

周世宗顯德四年冬，再幸淮甸，命樞密使王朴兼東京留守，京邑庶務，悉以便宜制之。比及入蹕，都下肅如也。

又　卷四五七《臺省部一·選任》　唐盧承慶，美風儀，博學有才幹。貞觀初，為秦州都督府戶曹參軍，因奏河西軍事，太宗奇其明辯，擢考功員外郎。

李道裕，太宗時為將作少監。會刑部尚書張亮反，帝命百僚議其獄，多言亮當誅，惟道裕言亮反形未具，明其無罪。太宗既盛怒，竟斬于市，籍沒其家。歲餘，刑部侍郎有闕，令執政者妙擇其人，累奏皆不可。太宗曰：『朕得其人也。往者李道裕議張亮云反形未具，此言當矣。時雖不即從，至今追悔。』遂授道裕刑部侍郎。

岑文本為中書舍人。時中書侍郎顏師古以譴免職，溫彥博言於太宗曰：『師古諳練政事，長於文誥，時無逮者。』冀上復用之。太宗曰：『我自舉一人，公勿憂也。』於是以文本為中書侍郎。

楊玄禮為中書舍人。太宗有事遼東，以玄禮有文武才，擢拜兵部侍郎，專權兵機之務。

王及善則天時為益州都督府長史，以老病致仕，加光祿大夫。後契丹作亂，東山不安，召授滑州刺史，顧曰：『卿比在外，知國家事，有何不穩？』及善陳理亂之宜十餘道，則天曰：『彼末事也，此為本也。卿不可行。』遂留拜內史。

崔玄暐為天官侍郎，每介然自守，都絕請謁，頗為執政者所忌，轉文昌左丞。經月餘，則天謂曰：『自卿改職以來，選司大有罪過，或聞令史乃設齋自慶，此欲盛為貪惡耳。今要復舊任。』又除天官侍郎。【略】

席豫為吏部侍郎，玄宗謂之曰：『以卿前為考功，職事平允，故有此授。』

蘇頲為工部侍郎。玄宗謂宰臣曰：『有從工部侍郎得中書侍郎否？』對曰：『任賢用能，非臣等所及。』帝曰：『蘇頲可中書侍郎，仍供政事食。』明日，加知制誥。有政事食，自頲始也。頲入謝，帝曰：『常欲用卿，每有好官闕，即望宰相論及。宰相皆卿之故人，卒無言者，朕為卿嘆息。中書侍郎，朕極重惜。自陸象先改後，朕每思之，無出卿者。』

趙退翁自湖南觀察使受代歸京師，闔門静居，不與人交往。久之，特召對於別殿。退翁多學問，有詞辯，敷奏稱旨。德宗悅之，拜給事中。

蔣乂為司勳員外郎。貞元十八年，時集賢闕學士，求者甚衆。會詔問神策軍建置之繇，相府討求，不知所出，乃訪於乂，乂徵引根源，對甚詳悉。宰臣高郢、鄭珣瑜相顧曰：『集賢有人矣。』翌日，詔兼判集賢院事。

趙宗儒，貞元六年為司勳員外郎，判考功。宗儒復行貶考之令，自至德以來，考績之司，事多失寔，常參官及諸州刺史未嘗分其善惡，悉以中上考褒之。及是，褒貶稍明，人知戒懼。帝善之，遷宗儒考功郎中。

薛播，貞元中為禮部侍郎。朝廷難貢舉之任，以播素有監裁，遂膺其命。

呂元膺，元和中為給事中，出為同州刺史。及入謝，憲宗問以時政得失，元膺論奏，詞甚激切。帝嘉其剛正，翌日，謂宰臣曰：『呂元膺讜言直氣，今欲留在左右，使言得失。卿等以為何如？』李蕃、裴垍進賀曰：『陛下納諫，超冠前王乃，宗社無疆之福。臣等不能廣求直士，又不能數進直言，孤負聖心，合當罪責。今請以元膺復為給事中，以備顧問。』帝悅而從之。

孟簡，長慶中代崔羣為戶部侍郎。是官有二員，其判使案者，別居一署，謂之左戶。元和以還，號為清重之最。宰輔登用，多繇此而去，故羣入相，以簡代焉。

班肅為坊州刺史。長慶初，以肅為司封員外郎。時宰臣上言曰：『將欲清風俗，必在厚人倫。竊見皇甫鎛惟位盛時，班行之中多所親附；及得罪後，議論立變，憎嫉如讐。俗之衰薄，一至於此。惟班肅以曾為郎官，判度支案，終始如一，獨送出城。周行之間，多美其事。今郡秩已罷，望授一省官，以表其行。』故有是拜。

韋顗為戶部侍郎。長慶四年十月，以顗為御史中丞兼戶部侍郎，以御史中丞鄭覃為權知工部侍郎，以刑部侍郎韋景為吏部侍郎，以權知禮部侍郎李宗閔為權知兵部侍郎，以工部侍郎于敖為刑部侍郎，以中書舍人楊嗣復權知今年貢舉。是日，尚書六曹無不更換，人情異之。【略】

柳公權以中書舍人、翰林學士兼侍書。開成二年四月，以公權為諫議大夫、知制誥學士，侍書如初。初，上於便殿，召公權、周墀對。公權論事，切直忤旨，周墀為之惴慄。公權詞氣益堅，帝徐謂公權曰：『朕知舍人不合，却作諫議，以卿論事有爭臣之風，今授卿諫議大夫。』翌日詔下。

魏謩為起居舍人，充弘文館直學士。開成四年，以謩為諫議大夫兼起居舍人，充弘文館直學士。詔云：『朕以邦國之大，機務之多，惠有所未周，化有所未洽。不有忠讜之士左右輔益，逮暗無燭，不其難歟？今即高選正人，俾居諫省，朝政闕失，期乎必聞。是用簡自朕心，特申獎命。所期稱職，豈限賞資？』謩累疏讓官，帝遣宰臣宣旨，謩乃就官。

元晦為吏部郎中。會昌三年二月，除右諫議大夫。制曰：『昔汲黯薄淮陽守，願出入禁闥，補過拾遺，則諫諍之任，實資諒直。我求其比，今得正人。吏部郎中元晦往在內廷，曾感先顧，奮發忠懇，不私形骸，俯伏青蒲，至於零涕。數共工之罪，不蔽堯聰；辯垣平之詐，益彰文德。近因旌別邪正，宰弼上言，以魯公藏罟，莫如寘革於左右；漢后葺檻，孰若列雲於公卿？是用命爾，登于文陛。爾其副我寵擢，不替初心，無沾小名，以枉大節。勉服官業，期于有終。』

周世宗顯德六年，車駕幸滄州。四月辛卯，以前左諫議大夫薛居正為刑部侍郎、權判吏部銓司公事，仍賜金紫。是時居正銜命，先至滄州，以均定民租為事。帝既至，聞其幹事，故有是拜。

又 卷四八三《邦計部一·選任》 唐第五琦，天寶末以北海郡録事參軍，奏事至蜀中，得謁見玄宗。因奏言：『方今之急在兵，兵之强弱在賦。賦之所出，江淮居多。若假臣職任，使濟軍須，臣能使賞給之資，不勞聖慮。』玄宗大喜，即日拜監察御史、勾當江淮租庸使，尋遷殿中侍御史。肅宗乾元元年，加江南等五道度支使，促辦應卒，事無違闕，累遷度支郎中、戶部侍郎兼御史中丞、專判度支，領河南等道度支、都勾當轉運、租庸、鹽鐵、鑄錢，司農、太府出納山南東西、江西、淮南館驛等使。二年，以本司同中書門下平章事。尋貶忠州刺史，入為太子賓客，京兆尹。代宗廣德還琦，專度支。永泰二年，充京畿關內河東劍南山南西道轉運、常平、鑄錢、鹽鐵等使，前後領賦十餘年。

劉晏，肅宗上元初為京兆尹、戶部侍郎判度支，號為稱職。無何，為酷吏敬羽所搆，貶通州刺史。寶應元年，自通州召至，復為戶部侍郎兼御史大夫、京兆尹，充度支、轉連、鹽鐵、諸道鑄錢等使。二年，遷吏部尚書平章事。代宗廣德初罷相，為太子賓客、諸道轉運使，尋加御史大夫，充東都河南江淮轉運使。永泰二年，加東都畿內河南淮南江南東西湖南荆南山南東道轉運、常平、鑄錢、鹽鐵、轉運等使。

元載，自洪州刺史除度支郎中。載智性敏悟，善奏對，肅宗嘉之，委以國計，俾充使江淮，都領漕輓之任。尋加御史中丞，數月徵入，遷戶部侍郎度支使並諸道轉運使。

穆寧，代宗寶應初轉侍御史，為河南轉運、租庸、鹽鐵等使。明年，遷戶部員外郎。無幾，加兼御史中丞，為河南江淮轉運使。廣德初，遷庫部郎中。是時，河南不通漕輓，由漢沔自商山達京師。選鎮夏口者，代宗詔以寧為鄂州刺史、鄂岳沔都團練使及淮東西鄂岳租庸、鹽鐵、緣江轉運使。

韓滉，代宗大曆六年以尚書右丞改戶部侍郎判度支。初，自肅宗至德、乾元以後，所在軍興，賦稅無度，帑藏給納，多務因循。滉既掌計司，清勤檢轄，不容姦妄，後為鎮海軍節度使。至德宗貞元二年，来朝。時右丞相元琇判度支，以關輔旱儉，請運江淮租米，以給京師。德宗以滉浙江西東節度，素著威名，加江淮轉運使，又加度支運鹽鐵等使。

杜佑以肅宗大曆末為金部郎中，充水陸轉運使，改金部度支郎中兼和糴等使。時方軍興，餽運之務，悉委於佑，遷戶部侍郎判度支。

韓洄，德宗建中元年以諫議大夫為戶部侍郎判度支。先是，大曆末罷判度支，併其務，令轉運使劉晏兼領之。晏既罷黜，令天下錢穀各歸尚書省。令本司各廢罷職事久矣，徒收其名而莫綜其權，國用出入，未有所統，故復命洄還判度支，而令金部郎中杜佑為權勾當江淮水陸運使，如劉晏、韓滉舊制也。【略】

崔縱，建中末為汴西水陸運兩稅使，兼充魏州四節度行營都糧料使。時馬燧、李懷光等計田悅久無功，或以軍食不繼為辭，故命縱於澤潞之郊，督促餽運。

齊抗，興元初為工部員外郎，充江淮宣慰判官。會朱泚初平，旱蝗之後，國用空耗，轉運使元琇以抗有才，奏為倉部郎中，條理江淮鹽務。貞元初，琇又奏抗為水陸運副使，督江淮漕運，以給京師。

班宏，貞元初為吏部侍郎。是歲，仍歲旱蝗，帝以賦調為急，改戶部侍郎，為度支使韓滉之副。

蘇弁，貞元中為倉部郎中，仍判度支案。時裴延齡卒，德宗聞其才，特開延英，面賜金紫，授度支郎中、副知度支事，仍命立於正郎之首。副知之號，自此始也。

王紹，貞元中為倉部員外郎。時屬兵革、旱蝗之後，令戶部收闕官俸兼稅茶諸色無名之錢，以為水旱之備。紹自拜倉部，使准詔主判，及遷戶部郎中，皆獨司其務，擢拜戶部侍郎，尋加判度支。至憲宗元和七年，以兵部尚書權判戶部。

李巽，貞元末為兵部侍郎。時司徒杜佑判度支、鹽鐵運使，以巽幹理，奏為副使。累月，代佑全領度支、鹽鐵等使。【略】

王遂，元和中自司農卿出為柳州刺史。數年，用兵淮西，天子藉錢穀吏以集財賦，知遂强幹，乃用為宣州刺史、宣歙觀察使。淮蔡平，王師東討，召拜光祿卿，充淄青行營諸軍糧料使。

薛王知柔，昭宗乾寧二年以京兆尹兼戶部尚書、判鹽鐵度支事。制曰：國家自盜蟄中原，兵纏九縣，支度牢籠之務，施張經制之宜，率煩台臣，旁綜使務，綱條既正，豐阜可期。宜擇通才，俾繼成績，僉曰叔父，膺予揀求，詢謀協同，毗賴惟允，即以虛位，并而授之。匪私吾宗，示張王室。惟爾嗣同，薛王知柔，我之近屬，國之材人，識大體以立朝，蘊嘉謀而致用。粵自典司宗祏，尹正神皐，庇本枝而敦序有倫，臨帝甸而汙萊盡闢。政惟務本，生靈懷衣食之源；令著先庚，豪右屏椎埋之迹。

人懷其惠，吏不敢欺，封畿新轉置之規，園寢備薦羞之禮。府署完葺，京師底寧。疇茲多能，孰可加爾？朕言念銅鹽之重，賦輿之殷，勞於鈞衡，多歷年所。今將授爾，用展其材。矧乃司存，此專郎吏。乾元多難，方委公卿。離之合之，各繫緩急。今我用爾，思復舊章。惟簡身可以律人，惟奉上可以御下。取舍勿因於利，任使惟其所知。無以公務結私恩，無以公方樹私怨。惟是六者，竭乃一心，副吾超拔之恩，濟我艱難之運。悉仍舊貫，別示殊恩。於戲！朝廷之本，軍國之用，佇爾康濟，紓吾焦勞。往佩寵光，勉施才術。苟不稱是，又何敢以叔父私於天下哉？

後唐孟鵠，明宗天成二年以樞密院承旨充三司副使、權判三司。鵠本魏州案吏也。初，莊宗初定魏博，選幹吏以計兵賦。鵠為度支孔目官，掌邢洺錢穀司。明宗時，為邢洺節度使。軍賦三分之一屬霸府，鵠於調弄之間，不苛急，每事曲意承迎，上心甚德之。而度支使孔謙專典軍賦，而於藩鎮徵督苛急，明宗嘗切齒。及即位，鵠時為租庸院勾官，擢為客省副使、樞密院承旨。當年為三司副使。長興二年，遷左驍衛大將軍，充三司使。

晉劉處讓，初仕後唐為左驍衛大將軍。清泰三年夏，魏博屯將張令昭逐其帥，以城叛。朝廷命范延光領兵討之，以處讓為河北都轉運使。

漢劉審交，初仕後唐為北面轉運使判官。王都叛於定州，朝廷命王晏專師進討，審交為轉運供軍使。都平，以為遼州刺史，後為北面供軍使。晉高祖初踐阼，范延光以魏州叛，命楊光遠總兵討之，復召審交為供饋使。鄴中平，命審交為三司使。

王章，初事高祖為侍衛都孔目官。從至河東，專委錢穀。及即位初，除三司使。

周高防，以世宗顯德五年自戶部侍郎為西南面水陸轉運制置使。時帝將用師於西南，故有是命。

又　卷五一二《憲官部一・選任》　唐李素立丁憂，高祖令所司奪情授一七品清要官。所司擬雍州司録參軍，高祖曰：『此官要而不清。』又擬秘書郎，高祖曰：『此官清而不要。』遂擢授侍御史。

張行成，太宗貞觀初累補殿中侍御史，糾劾不避權戚，帝以為能，謂房玄齡曰：『觀古今用人，皆因媒介。若行成者，朕自舉之，無先容也。』

王至愔為汴州刺史。太極元年，睿宗以志愔有政聲名，兼御史中丞。

李栖筠為蘇州刺史。大曆六年，栖筠自蘇州入覲，敷奏詳明，不事權貴。代宗嘉其忠讜，留掌邦憲，特出內制，授御史大夫以寵之。

穆贊為刑部郎中，因次對，德宗嘉其材，擢為御史中丞。

薛存誠為給事中。瓊林庫使奏占工役太廣，存誠以為，比者姦人竄名，以避征徭，不可許。咸陽縣尉袁儋與軍鎮相競，軍人無理，遂肆侵誣，儋反受罰。二敕繼至，存誠皆執之。憲宗聞甚悅，命中使嘉慰之，由是擢拜御史中丞。未幾，再授給事中。數月，中丞闕，帝思存誠前效，謂宰臣曰：『持憲無以易存誠。』遂復為御史中丞。

丁居晦為翰林學士，文宗於麟德殿召對，因面授御史中丞。翼日制下，帝謂宰臣曰：『丁居晦作中丞，何如？』因悉數大臣而品第之，歎曰：『宋申錫堪任此官，惜哉！』又曰：『牛僧孺可為大夫。』宰臣鄭覃曰：『僧孺頃為中丞，未嘗搏擊，恐無風望。』帝曰：『不然。鸞鳳與鷹隼事異。』帝又曰：『居晦作得此官。朕曾以時諺謂杜甫、李白輩為四絕，問居晦。居晦曰：「此非君上要知之事。」常以此記得居晦，今所以擢為中丞。』

漢邊蔚，天福十二年為御史中丞。時高祖幸東京，以將整朝倫，務求能者，至是有斯命焉。

又　卷五五〇《詞臣部一・選任》　（唐）元萬頃為著作郎。則天諷高宗，廣召文詞之士，入禁中述撰。萬頃與左史范履冰、苗神客，右史周思茂、胡楚賓，咸預其選，時人謂之北門學士。萬頃屬文敏速，則天臨朝，遷鳳閣舍人。無幾，擢鳳閣侍郎。【略】

白居易，憲宗元和初應才識兼茂明於體用科，授盩厔尉、集賢校理。文詞富豔，尤精於詩，筆自讎校，至結綬畿甸，所著歌詩數十百篇，皆意在諷賦，箴時之病，補政之缺。士君子多之，往往流聞禁中。憲宗納諫思理，渴聞讜言，乃召入翰林為學士。【略】

梁趙光裔，太祖始授禪，自外制入為翰林學士。時詔制叢委，中命迅急，光裔遺詞供職，典而有體，時所許焉。

後唐王仁裕，初仕蜀為中書舍人。蜀亡，為汴州觀察判官。末帝清泰中，汴帥范延光言其不可滯於賓佐，末帝亦知其有才，乃召為司封員外、知制誥，充翰林學士。

又　卷五五四《國史部一・選任》　唐蕭瑀為中書令。武德五年十二月，詔曰：司典序言，史官記事，考論得失，究盡變通，所以裁成義類，懲惡勸善，多識前古，貽鑑將來。伏羲以降，周秦斯及，兩漢相傳，三國並命，迄于晉宋，載籍備焉。自有魏南徙，乘機撫運，周隋禪代，歷世相仍。梁氏稱邦，跨據淮海，齊遷龜鼎，陳建宗枋，莫不自命正朔，緜曆歲祀，各殊徽號，刪定禮儀。至於發迹開基，受終告代，嘉謀善政，名臣奇士，立言著績，無乏於時。然簡牘未編，紀傳咸闕，炎涼已積，謠俗遷訛，餘烈遺風，泯焉將墜。朕握圖馭宇，長世字民，方立典謨，永垂憲則。顧彼湮落，用深軫悼，有懷撰次，實資良直。中書令蕭瑀、給事中王敬業、著作郎殷聞禮，可修《魏史》。侍中陳叔達、秘書丞令狐德棻、太史庾儉，可修《周史》。兼中書令封德彝、中書舍人顔師古，可修《隋史》。大理卿崔善為、中書舍人孔紹安、太子洗馬蕭德言，可修《梁史》。太子詹事裴矩、兼吏部郎中祖孝孫、前秘書監魏徵，可修《齊史》。秘書監竇璡、給事中歐陽詢、秦王文學姚思廉，可修《陳史》。務加詳覈，博採舊文，義在不刊，書法無隱。

又　卷五九七《學校部一・選任》　唐徐文遠，雒州偃師人。博覽五經，尤精《左傳》。隋開皇中，累遷太學博士。大業初，擢授國子博士。時人稱文遠之《左氏》，爲一時之最。

陸德明，蘇州人。陳宣帝大建中，大徵四方名儒，講于承光殿。德明年弱冠，往預焉。後帝禎明中，爲國子助教。煬帝嗣位，以爲秘書學士。大業中，廣召明經之士，四方至者甚衆，遣德明與魯達、孔褒俱會門下省，共相駁難，無出其右者，授爲國子助教。高祖武德中，補太學博士。太宗貞觀中，拜國子博士。

孔穎達，字仲達，冀州衡水人。隋大業初，舉明經高第，授河内郡博士。煬帝徵諸郡儒官集於東都，令國子、秘書、學士與之論難，穎達爲最，補太學助教。太宗在藩，引爲秦府文學館學士。及即位，擢授國子博士。貞觀六年，累除國子司業。歲餘，遷太子右庶子，仍兼國子司業。與諸儒議曆及明堂，皆從穎達之説。十二年，拜國子祭酒。

司馬才章，魏州貴鄉人。父炟，博涉五經，善緯候。才章少傳其業，隋末爲郡博士。貞觀初，太宗謂侍臣曰：『隋末學者凋喪，儒教淩遲，唯陸德明、徐文遠爲儒玄壼奥。二三年間，相次殂殁。豈有後進之士經業優洽而未深用者乎？』因徵才章及王琰、王恭，俱拜爲博士。才章爲國子助教，王恭爲太學博士。【略】

馮伉，京兆人。少有經學，累登五經秀才及博士三史科。德宗貞元中，爲皇太子及諸王侍讀。憲宗元和初，拜國子祭酒，後爲散騎常侍，復領太學。【略】

周田敏，初仕漢，乾祐中爲戸部侍郎兼國子祭酒。時桑維翰執政，時或有不悦敏者，言未有學官兼丞郎者；又言敏長于經義，唯學官最稱職。維翰乃去戸部侍郎，祇爲祭酒，加檢校右僕射，尋而復除右丞，兼判國學。

又　卷六二〇《卿監部一・選任》　唐戴胄為兵部郎中。貞觀初，太宗謂封德彝曰：『大理之職，人命所懸。此官極妙選，公宜陳其堪者。』德彝未對，曰：『戴胄忠正清直，每事用心，即其人也。』於是除大理少卿。

楊崇禮為太府少卿，雖錢帛充牣，丈尺間皆躬自省閲，時議以為稱職，擢拜太府卿。

又　卷六二六《環衛部一・選任》　唐李粲，高祖時為左監門大將軍。初，高祖問粲年幾，對曰八十。高祖曰：『公清幹之譽，聞於隋日。今年齒雖邁，筋力未衰。但監門之職，非公莫可，意欲相兼，如何？』粲以年老辭讓，高祖曰：『藉公處分爾，豈欲煩公筋力耶？』於是詔曰：『非自殿廷，皆乘馬。』論者榮之。【略】

李多祚，驍勇善射，意氣感激。少以軍功，歷位右羽林將軍，前後掌禁兵北門宿衛二十餘年。

王及善除右千牛衛將軍，高宗謂曰：『朕以卿佩大横刀，在三品要職。他人非搜辟，不得至朕所。卿佩大横刀，在朕側。知此官貴否？』【略】

後唐張虔釗，遼州人也。初為太原牙校，以武勇聞於流輩。武皇、莊宗之世，累補左右突騎軍使。明宗素聞虔釗有將帥才，及即位，擢為護駕親軍都指揮使，領春秋刺史。

又 卷六七一《牧守部一・選任》 高士廉為光祿大夫。太宗以蜀王恪為益州大都督，幼未之藩，以士廉有重望，才足鎮静方面，拜左光祿大夫、行益州大都督府長史。

楊恭仁，貞觀五年遷雒州都督。太宗謂曰：『雒陽要重，古難其人。朕之子弟多矣，恐非所任，特以委公也。』

韋嗣立為鳳閣侍郎。則天長安中，納言李嶠、夏官尚書唐休景等奏曰：『臣等並以凡才，謬膺大任，不能使兵革止息，倉府殷盈，戶口尚有逋逃，官人未免濫濁，使陛下臨朝軫念，屢以為言，夙夜慚惶，不知啓處。伏思當今要務，莫若富國安人，安人之方，在擇刺史。竊見朝廷物議，遠近人情莫不重內官，輕外職。每出除授牧伯，皆再三披訴。比來所遣外任，多是貶累之人。風俗不澄，寔由於此。今望於臺閣寺監，妙簡賢良，分典大州，共康庶績。臣等請輟近侍，率先具僚，務在憂國濟人，庶當有所補益。』則天曰：『卿等處鸞臺鳳閣，誰為此行？』嗣立對曰：『臣以庸愚，謬膺奬擢，參掌機密，非所克堪，承乏外臺，庶當盡節。儻垂採録，臣願此行。』上令書名共探，著者則去。既而嗣立探得之，於是命嗣立及御史大夫楊再思等二十人，各以本官簡校刺史。其後以政績可稱者，惟常州刺史薛謙光，徐州刺史司馬鍠二人。後玄宗時，謙光為太子賓客，元行沖為散騎常侍。開元三年詔曰：周命召奭，相宅建邦，漢命蕭何，留臺作鎮。眷言斯士，任在其人。太子賓客、昭文館學士薛謙光，右散騎常侍元行沖等，國之耆儒，朝之碩彥。舉直錯枉，清心不可容非；彈見洽聞，白首以之從學。履歷時久，精明日新，必能慎固邦畿，保釐都邑，佇成居守之務，宜叶往命之。委謙光宜充東都留守，行沖為副。

王丘，開元十二年以黃門侍郎為懷州刺史，崔沔以中書侍郎為魏州刺史，王易從以吏部侍郎為揚州大都督府長史，韓休以禮部侍郎為虢州刺史，張景昇以大理少卿為滑州刺史，王昱以京兆少尹為常州刺史。制曰：昔皐繇與禹言，乃曰在知人，在安民。此皆念在邦本，光于帝載。乾乾夕惕，無忘厥旨。而長吏不稱，蒼生靡寧，深思循良，以矯過弊。仍重諸侯之選，故自朝廷之始。王丘等行為時宗，才稱人秀，寔有懿德，著于衣冠，加之善政，布在臺閣，咸以脩身之府，載深經國之圖。朕所明知，躬自推擇，是有煩卿之寄，用彰恤下之心，俾牧人宣條，無媿於明哲；而變風致理，可輯於遺黎。爾其克沃朕心，式欽往命。

因勑宰臣曰：朕欲妙擇牧宰，以崇風化，亦欲重其資望，以勵衣冠。自今以後，三省侍郎有缺先，求曾任刺史者。郎官缺，先求曾任縣令者。

源光裕，開元十三年以大理卿為鄭州刺史，楊承令以尚書左丞為汾州刺史，許景先以吏部侍郎為虢州刺史，寇泚以兵部侍郎為宋州刺史，鄭溫琦以禮部侍郎為邠州刺史，李昇以宗正卿為邢州刺史，袁仁敬以大理少卿為杭州刺史，崔志廉以鴻臚少卿為襄州刺史，蔣挺以國子司業為湖州刺史，裴觀以左威衛將軍為滄州刺史，崔誠以左司禦率府副率為遂州刺史。初，帝謂宰臣曰：刺史之任，必在得人。卿即於諸司中，選有寔望長官奏來，朕自選擇，乃有茲授。【略】

李峴，天寶末為京兆尹，著聲績。楊國忠惡其不附己，出為長沙太守。肅宗至德初，朝廷務收才傑，以清寇難，峴應召，至行在，拜扶風郡太守兼御史大夫。既收京師，拜禮部尚書、守京兆尹，復兼御史大夫。

李泌，天寶末為澧州刺史。詔曰：『今荆南都會，粵在澧陽，俾人歸厚，惟賢是牧。以泌文可以化成風俗，政可以全活惸嫠，爰命頒條，期乎共理。無薄淮陽之守，勉思渤海之功。』其見重如此

嗣曹王皐為處州別駕、行州事，人便之。徵至京師，久之未得召見，因上書言理道，拜衡州刺史。

李峘為戶部尚書。肅宗以兵興之故，軫慮遠人，乃拜峘都統江淮節度觀察使。

敬括為大理卿志尚簡淡代宗大歷初叛臣周智光復反詔選循良為近輔以括為同州刺史

張建封，貞元初為壽州刺史。會高承宗父子、獨孤莘相次為徐州刺史，人浸貧困，不能自存；又以咽喉要地，據江淮運路，朝廷思擇重臣以鎮者久之。至是，以建封為徐州刺史。【略】

裴佶遷諫議大夫。會黔中觀察使韋士文慘酷馭下，為夷獠所逐，俾佶代之，酋渠自化。【略】

趙昌，貞元七年為處州刺史。屬安南都護為夷獠所逐，遂拜安南都護，夷人率化。十餘年，因屋壞傷脛，懇疏乞還，以簡校兵部郎中裴泰代

焉，拜國子祭酒。及泰為酋領逐出，德宗召昌問狀，昌時年七十二，而精健如少年者。德宗奇之，復命為都護，南人相賀。

李鄘，初為京兆尹，遷尚書左丞。憲宗元和初，以京師多剽竊，復選為京兆尹，摧奸肅物，威望甚著。

孔戣為國子祭酒。初，廣州崔詠卒，宰臣奏擬，皆不可。帝因謂裴度：『嘗有諫進海蚶淡菜者，詞甚忠正。卿可求此人。』度出以訪，人或有言戣諫者。度即日以聞，乃命為廣州刺史。

辛秘為河南尹。是時以再討王承宗，以潞州壓賊境，凋費尤甚。朝議以兵革之後，思能完復者，乃命秘為潞州大都督府長史。

盧士玫為京兆少尹。穆宗長慶初，奉憲宗園寢，刑簡事集，時論推其有才，擢拜大尹。【略】

令狐楚鎮鄆州。時北門大旱，文宗意憂軫，以楚理鄆有績，擢為北都留守兼太原尹。楚久在并州，練其風俗，因人利之，故封内晏然。【略】

田牟，開成中為隴州刺史。會鹽州刺史王宰好以法臨黨項，羌人不安，以牟寬厚，故命易之。

後唐劉遂清，字得一。初仕梁，為保鑾軍使，歷内諸司使。明宗即位，加簡校尚書右僕射，委以西都監守。踰歲，以中山王都有不臣之迹，除遂清為易州刺史，俾遏其寇。衝既至郡，大有禦侮之畧，境内賴焉。王都平，加簡校司空，遷棣州刺史。

又 卷七〇一《令長部一·選任》 唐權懷恩，高宗時為尚乘奉御，有奉乘安畢羅善于調馬，帝頗狎之。懷恩因奏事，遇畢羅在帝左右，言戲無禮。懷恩既退，執而杖之。帝知而嗟賞，謂侍臣曰：『懷恩乃能不避强禦，真良吏也。』即日擢為萬年縣令。

竇申，德宗時為司勳員外郎。貞元二年正月，詔曰：政理之本，必在於親人；親人之官，莫切于長令。臺郎御史，選重當時，得以分朕之憂。司勳員外郎竇申等十人，咸以器能，精深理道，輟於周行，往涖通邑。申可長安縣令，鄭珦瑜檢校吏部員外郎兼奉先縣令，常武檢校禮部員外郎兼昭應縣令，賈全咸陽縣令兼監察御史，韋貞伯藍田縣令兼監察御史，崔淙以原縣令兼侍御史，王倉檢校比部員外郎兼美原縣令，李曾盩厔縣令兼監察御史，李鯤富平縣令兼殿中侍御史。

韋夏卿為刑部員外郎。時久旱，詔于郎官中選畿赤令，繇是改奉天縣令。

馮伉，貞元中為膳部員外郎。澤潞節度使李抱真卒，充弔贈使。抱真男遺伉帛數百疋，不納，又專送至京，伉因表奏，固請不受。屬醴泉闕縣令，宰臣進人名，德宗意不可，謂宰臣曰：『前使澤潞不受財帛者，此人必有清政，可以授之。』遂改醴泉縣令。

梁季文矩為司門郎中。太祖開平元年六月，以文矩為開之縣令，司勳員外郎孫拙為浚儀縣令。先是，二邑皆吏部注授，今昇為赤縣，故命二省郎理。

又 卷七〇八《宮臣部一·選任》 唐李綱，初為太子詹事，以太子建成漸狎無行之徒，有猜忌之謀，不可諫止，頻乞骸骨。高祖慢罵之，曰：『卿為何潘仁長史，何乃羞為朕尚書？且建成在東宫，遣卿輔導，何為屢致辭乎？』綱頓首陳謝，曰：潘仁，賊也，誠在殺害。每諫便止，所活極多。為其長史，故得無愧。陛下功成業泰，頗自矜伐。臣以凡劣，才乖元凱，所言如水投石，安敢久為尚書？兼以愚臣事太子，所懷鄙見，復不採納，既無補益，所以請退。』帝謝曰：『知公直士，勉弼我兒。』於是擢拜太子少保，尚書、詹事並如故。

杜淹。武德末隱太子誅後，擢為御史大夫、判太子詹事。詔東宫儀式簿領，並取淹節度。至貞觀初，為散騎常侍、行太子左庶子兼崇賢館學士。太宗謂曰：『國之儲副，自古所重。必擇善人，為之輔佐。今太子年在幼沖，志意未定，朕若朝夕見之，可得隨事誡約。今既委以監國，不在目前，知卿志懷貞慤，能執直道，故輟卿於朕，以輔太子，宜知委任輕重也。』

王珪為禮部尚書魏王泰師。太宗嘗謂侍臣曰：『古來帝子，生于宫闥，及其成人，無不驕逸。是以傾覆相踵，少能自濟。我今嚴教子弟，欲令皆得安全。王珪我久驅使，是所諳悉，以其意存忠孝，選為子師。爾宜語泰：「汝之待珪，如事我也，可以無過。」』泰每為之先拜，珪亦以師道自居，物議善之。【略】

于志寧為太子左庶子。太宗謂志寧曰：『古者太子既生，卜士負之，即置輔弼。昔成王幼小，周、召為師傅，日聞正道，習以成性。今皇太子

既幼小，卿當輔之正道，無使邪僻。關其心，勉之無忘。當稱所委，官賞可不次而得也。』【略】

長孫無忌為司徒，定策立晉王為太子，太宗以無忌為太子太師，房玄齡、蕭瑀為傅保。制曰：『明兩之重，實固宗祧；輔導之職，莫先師保。是以呂望、召、奭，騰芳于有周；叔孫、玄成，繼美於隆漢。司徒趙國公無忌，器範宏邈，風鑑秀遠，材稱棟幹，地兼姻戚。佐命之功，勒乎鍾鼎；論道之譽，穆乎台槐。股肱是屬，邦國攸賴。教諭少陽，僉望斯在。司空、梁國公玄齡，體業忠肅，識具弘通，誠著霸圖，功宣鼎業。奉上之節，所懷必盡；益國之事，知無不為。必能厲茲六行，審喻三善。特進宋國公瑀，操行清約，識局貞正，夙受先遇，早升朝右。立身之操，必在於直道；體國之心，無忘於忠義。輔翼儲貳，望實攸歸。無忌可太子太師，玄齡可太子太傅，瑀可太子太保。』又以黄門侍郎褚遂良為太子賓客。

李勣為兵部尚書，高宗踐儲宮，以勣為太子詹事兼右衛率、同中書門下三品。太宗謂勣曰：『我兒新登儲兩，卿舊長史。今以宮事相委，故有此授。雖屈階資，可勿怪也。』【略】

劉禕之為中書侍郎，轉相王府司馬。高宗謂曰：『朕之愛子，以卿忠孝之門，藉卿師範，所冀蓬生麻中，不扶自直耳。』

元讓，高宗末為太子右内率府長史，歲滿還鄉里。中宗居東宮，徵拜司議郎。及謁見，則天謂曰：『卿既孝於家，必能忠於國。今授此職，須知朕意，宜以孝道輔我兒也。』【略】

潘好禮，開元初為邠王府長史。六年二月，詔曰：『分命諸王，典於大郡，諒存公道，以鎮淳風。邠王禀性頗寬，馭下不肅，且復簡貴，未詳倫理。故選剛直，任之端寮。王家奴客等有違法綱者，長史潘好禮隨事檢校科決。若王有何怪僻，好禮具狀聞徹。』王歷虢、隴、襄、滑、晉等州刺史，時皆擇首僚以持綱紀。好禮與源乾曜、袁嘉祚皆為邠府長史兼州佐。

郗常通為國子博士。開元六年，皇太子及郯王嗣直等五人，年近十歲，尚未就學。左散騎常侍褚無量内繕寫《論語》、《孝經》各五本以獻。玄宗覽之，曰：『吾知無量意矣。』乃下詔曰：『修身貴乎慎始，篤學在乎自幼。朕諸子已各髫丱，須聞《詩》、禮，宜于儒官中選德行者宿三五人，入閣教授。』俄以常通、國子博士郭謙光、左拾遺潘元祚等為太子及郯王已下侍讀。【略】

歸登，貞元末為兵部員外郎、皇太子侍讀。順宗即位，遷給事中。元和四年，憲宗册皇太子，與呂元膺俱為皇太子侍讀。詔曰：輔翼元良，教諭成德，使目睹正事，耳聞正言，形于施為，漸于心術，非齊莊忠愨之士，不在茲選。工部侍郎歸登、給事中呂元膺，並踐履端方，行義修潔，通於經訓而得其要，達於教化而蹈其中。侍講承華，師範磐石，訪乃公議，副予精求。並可充皇太子諸王侍讀。【略】

薛放為兵部郎中。憲宗以儲皇好書，求端士輔導經義，旋充皇太子侍讀。

呂元膺為諫議大夫給事中，規諫大舉其職。及出為同州刺史，乃入謝，帝訪以時政，元膺抗辭直對，無所阿諛。帝察其忠藎，命復守舊官，加皇太子侍讀，賜以金紫。【略】

庾敬休為戶部侍郎。文宗太和六年，以敬休守本官兼魯王傅，又以太常少卿鄭肅守本官兼魯王府長史，以戶部郎中李踐方守本官兼魯王府司馬。魯王，帝之元子。帝以年幼，思賢傅輔導之。時魯王傅和元亮因侍制召問事，元亮出於卒吏，不知書，一不能對。後宰相延英奏事，帝從容曰：『魯王質性可教，宜擇賢士大夫為官屬。不可復用和元亮之輩。』因有是命【略】

狄兼謩，武宗會昌三年二月以兼謩兼益王傅，鄭簡之兼益王府長史。制曰：古者聖王之教子也，皆選天下之端士，以衛翼之。漢代梁王好書，則以賈誼經緯之才而耀明之。其淮陽好政，則以玄成讓兄之節而鎮静之。前王令猷，百代可法。況朕建立元子，錫之奥區，朱邸初開，黄髮是憲。以兼謩慷慨立志，有袁盎正席之忠；以簡之取捨俟時，有貢禹彈冠之操。皆行不苟合，誠無暗欺，歷職有聲，居正不撓。舉其素行，擢在顯僚。爾宜廣德義之風，明孝愛之道，俾其嚴於問寢，敬不絶馳，化與心成，中道若性。欽哉休命，可不勉歟？王欽若等按，《唐書本傳》不載此事。《唐年補録》有此詔，而不載兼謩等本官。

王績為太子賓客。昭宗乾寧四年，韓建獻封事十條，其三太子諸王請置師傅教導。乃以績為諸王侍讀。制曰：王者之子，在襁褓中，置三師訓之，由古道也。我思成人已来，遘此多難，師訓之義，蔚焉闕聞。南面稱尊，愧于寡昧。由是言念諸子，疚于厥心，擇正人為之傅導。今丞相言爾隤，老於大學，雅有德行，明君臣父子之道，知禮樂《詩》、《書》之源，可使高步承華，大參望苑。琢磨羽翼，朕有冀焉。爰授正卿，以加峻級，且旌優異，往為傅師。邪蒿鮑魚，勿俾登俎，胄筵講肆，為惜分陰，使其知東平為善之規，喜王褒《洞簫》之賦。承萬代之業，固磐石之基，斯實賴於老成人也。

後唐劉贊，明宗時為刑部侍郎。時秦王為元帥，秦王府判官、太子詹事王居敏與贊鄉曲之舊，以秦王盛年自恣，須朝中選端士納誨，冀其禀畏，乃奏薦贊焉。授秘書監、兼秦王傅。

又　卷六九《帝王部・審官》　唐太宗貞觀二十二年，幸翠微宮，授司農卿李緯為民部尚書。房玄齡時在京城留守，會有自京師來者，帝問曰：『玄齡聞李緯拜尚書，如何？』對曰：『玄齡但云李緯好髭鬚，更無他語。』帝遽改授緯雒州刺史。

高宗龍朔二年五月丙申，大司憲竇德玄為司元太常伯，左肅機源直心為奉常正卿，劉祥道正授司刑太常伯，守司宗正卿、駙馬都尉薛瓘為司宗正卿，司刑少常伯侯善業為守詳刑正卿，蘭臺侍郎、弘文館學士上官儀為西臺侍郎，檢校左相許圉師為左相，司列少常伯郝處俊為太子左中護，左中護賀蘭敏之為左侍郎、弘文館學士。德玄等所授官，並帝自注定。既而謂李勣等曰：『朕所授，未知允當與否。選賢任能，雖帝王之所務，然臣下宜各進乃誠，舉不失選，疇咨僉議，必盡是心。上下情通，何憂不理？但為永徽以來，頗聞朋黨，懲艾此事，實亦生疑。今不共公等商量，則自注定，自覺專固，以為媿也。』勣等引咎拜謝。及許圉師等入謝，帝謂曰：『搆大厦者，必藉羣材；理天下者，必資良佐。比來食祿之官，多不稱職，或遽相朋附，或忘公狥私，庶政未康，或繇於此。我所以就中揀擇，親注此官，各宜用心，勿踵前弊，無令後人嗤失鑑也。』

中宗景龍元年十一月，制曰：共理天下者，在良二千石。宜令中書門下於內外揀擇，必取材望兼優，公清特著，可以宣風導俗，具以名聞。

睿宗景雲元年九月丙子，制曰：建官惟賢，典誥丕訓，任人以器，先王令圖。蓋欲庶政和平，萬邦祗乂。朕以寡昧，克纘休業，求衣側席，無忘寤寐。頃屬奸回擅權，撓亂綱紀，互相引進，遞為比周，點汙清朝，實繇於此。遂使玉石無辨，涇渭莫分。其制敕授官，宜令所司勘責，不因別功，遂越賞授。先有負犯，罔冒得官，並量事處分。彰善癉惡，異等區分，梟鸞不接羽，蕕蘭不同類。宣示中外，知朕意焉。【略】

（開元）三年六月戊午，敕曰：刺史宜兼於京官中簡擇，歷任有善政者補置於司農、太府、少府等司。既掌財物，已知次第，復稱執事，不在取限。

八年，敕曰：刺史，古之通侯；公卿，國之重臣。百揆時敍，必在得賢；萬邦咸寧，期於共理。郎官出宰，抑於前事；方伯登台，聞之往躅。頃來朝士出牧，例非情愿，緣沙汰之色，或受此官。縱使超資，尚多懷耻。亦朝廷勳舊，暫鎮外臺，却任京都，無辭降屈，且希得人衆以為榮。為官擇人，豈合如此？自今已後，諸司清望官闕，先於牧守內精擇。其臺郎已下除改，亦於上佐縣令中通取。俾中外迭用，賢良靡遺，庶績其凝，九功惟允。即宜銓擇，以副朕懷。

十二年，以黃門侍郎王丘中書侍郎，崔沔為吏部侍郎，王易從等為諸州刺史。因敕宰臣曰：朕欲妙擇牧宰，以崇教化，欲重其資望，以勵衣冠。自今已後，三省侍郎有缺，先求曾任刺史者；郎官缺，先求曾任縣令者。

二十四年，帝以諸州別駕、長史、司馬，佐刺史之理，命有司考其勤勞及有政者，遂以衞州長史盧見象等二十二人遞遷其職。制曰：善為理者，固道在至公；能官人者，俾才無滯用。今之羣吏，列於郡國，績有可考，政或可觀，既久於所職，當敍之以位。衞州長史盧見象等，頃在條察，克著聲猷，計年有成，以時議進，期乎知勸，且曰無遺。彼欲速者，自衒而至，廉耻之道喪，干進之責深。悠悠斯人，朕無所取。凡百在位，宜悉乃懷。

天寶十載，詔曰：共理親人，在於郡守縣令。今二千石，朝廷精擇，咸得其人。縣令委之選司，慮未盡善。孰若連職同官，見其踪迹？宜令天下太守，各舉堪任縣令一人，善惡賞罰，必及所舉，所司仍明作條例。

肅宗至德二年十二月，詔簡擇郎官有堪任太守、縣令者，委京清資五品已上及郎官御史薦聞。

二年正月大赦，詔刺史上佐録事參軍、縣令，委中書門下速於諸色人中精加訪擇補擬，判司丞已下，宜令所繇銓揀。

乾元二年九月，詔曰：朕聞效官者，必量力而授任；致理者，亦擇才而簡能。況風化之源，本資於長吏；升降之義，用明於朝典。古之建萬國，親諸侯，蓋以撫綏黎民，宣布王化，則今之令、長，古稱子、男。矜孤恤寡，均徭省賦，皆是職也。朕以薄德，恭膺寶位，屬殘孽猶聚，戎軍未戢，雖憂國之計，且務於濟時，而恤人之心，每深於惠物。將求厚俗，必在審官。至於刺史、治中，皆制命所授，辨其材術，蓋在朝廷。先令中書門下精加擇訪，務德惟良，如非理人之材，並即量宜改授。且諸縣令，員數應多。如聞處理之間廉平者少，或使司所奏，以功見稱；或主司所擬，循資而授。儻乖任用，空忝親人。或有案牘之間，曾未閑於令式；征賦之際，皆委任於胥徒。繇是吏轉生奸，遂為蠹政，人不堪命，因而失業。興言及此，良用憮然。夫易柱以調弦，聲之和也；革弊而從理，政之體也。漢宣帝曰：『與我共理天下者，其惟良二千石乎！』因知方嶽之任，足以委黜陟之權矣。凡諸道節度，皆職備防戎，政在理兵，豈遑廉問？必令郎官、御史，分命巡察，則乘驛蹔往，難於委知，諒無益於澄清，反有增於勞擾。其天下縣令，各仰本州府長官審加詳擇。如有衰耄暗弱，或貪財縱暴，不閑時政，為害於人，並具名録奏，即與改替。其才職相當者，並依舊奏定。已後有不稱者，所繇官長量加殿黜，庶理人之職，無或謬焉。又入仕之流，本期展用，且無事實，豈可徒勞？今員外之官，所在甚衆，既不釐務，空效馳驅，將適鄉閭，復拘職守。念其旅寓，良可優矜。應州縣見任員外官，並任其所適，計秩滿後，各與成資，仍於本色內減一兩選與留。其先緣罪累貶授者，不在此限。如員外官中材識幹濟，曾經任使、州縣所資者亦任量留，上州不得過五人，中州不得過四人，下州不得過三人，上縣已上不得過一人。古之任官，必寄成政，如長吏數易，則綱條不恤，所以人懷苟進之心，俗靡居常之業。比者或開此弊，實謂未便於時。自今已後，刺史縣令更不得數有移改。善政聞於上，則當議擢遷；如道失厥中，亦自申懲誡。黜陟之道，固有彝章。又比來刺史之任，皆先奏州縣官屬，苟為改作，孰免顏情？自今已後，除帶刺史判官外，一切不得奏改。官吏到任之後，察有罪累及不稱職者，任具狀奏聞請，然後量所與替。其刺史非兼節度但有防禦使者，副使判官委於本州官中推擇，亦不得別奏人。並委中書門下者為常法，庶使官無失位，政有常經。宣示天下，宜知朕意。

德宗嗣位，以御史大夫、浙西觀察使李涵和易，無搏擊之才，除太子少傅。以父諱少康，改檢校工部尚書兼光禄卿。

貞元二年正月，詔常參官及節度觀察防禦軍使、城使兵馬使、諸州刺史少尹、赤令畿令，并七品已下清官及大理司直評事等，頃者令內外新授官人，三月內上表舉一人自代，欲於中選才堪者任用。比來所舉，多有無實，殊乖所謂求才之意。自今已後，每舉人皆令指陳其承前事迹，如有政能、行義、藝業勞效，各分析言之。

四年九月癸酉，詔中書門下選常參官曾為牧守理行有聞者，具名聞奏；與諸薦守宰、論政事、知所任者，具名封進；應被舉官等，令御史臺及吏部檢校勘資次，勿令踰越，然後臨試處分，仍永為常式。

十五年正月，以右諫議大夫知匭使田敦為兵部郎中。敦素承顧問，帝將用為兵部侍郎，又疑其年少，故且授郎中。

憲宗時，宰相以張仲素、段文昌進名為學士，帝阻之，以行止未正，不宜在內庭。

穆宗元和十五年二月，御丹鳳樓，大赦，詔擇刺史縣令，宜委門下、中書省、御史臺官有所請知，即具薦聞。如贓汙賤人，當坐舉。

長慶元年，以兵部尚書李絳為吏部尚書，以吏部尚書蕭俛為兵部尚書。制曰：絳、俛皆本朝先後之名相也。而吏司為劇，俛固以疾辭；兵務差閒，絳處之餘裕。各令總理，庶謂得宜。

文宗太和五年五月丙辰，以新授太子賓客王堪為均王傅。堪前為將作，監修太廟，違慢罰俸。及授太子賓客，給事中李固言曰：『調護之重，不宜坐馳慢以居之。』故再有此命。

開成元年四月壬申，帝御紫宸殿，問宰臣李石曰：『有何人候對？』石曰：『有令狐楚、鄭肅等。』石奏曰：『陛下今日令諸有司官各以公事面奏，未知決事之時對臣與覃，伏候臣等退。』帝曰：『有司公事，見亦無爽。』帝又曰：『吏部中事，非選才，安得摭實無濫？且欲變更，得否？』石曰：『縣令、録事參軍，改變即得。諸官且循舊為便。』帝曰：『選曹豈辨賢愚？但若配官耳。』乃詔兵部侍郎知銓事崔郾、尚書右丞知銓事鄭肅，問曰：『縣令、録事參軍，如何比擬？』曰：『資序相當，省問其為官之道，堪即注擬。』帝曰：『依資合得才不堪者，如何？』郾曰：『與遠處慢惡官。』帝曰：『若以遠地為慢惡與不堪者，即遠人何若也？殊可哀憫。尤須擇良吏處之。』帝曰：『朝廷求理，遠近皆須得人。苟用非其才，何繇得理？』宰臣對曰：『陛下求理意深，百司述職至少。今悉令有司官候對，一一處分，即何憂不理？』皆稱賀而退。又召御史中丞李翊、兵部尚書判戶部王超、禮部尚書高鍇、鴻臚卿李逵、司農卿李玘等，各問本司事。帝曰：『朝廷事，在衆官戮力同心，方得必理。勉務躬親公事。』

六月丙寅，宰臣奏事於紫宸殿。鄭覃等奏南省闕丞郎，請用秘書監張仲方。帝曰：『中臺郎，朝廷重選。仲方為京兆尹、華州刺史，不聞其政。苟授之，如有政者何？』帝前以渾瑊勳閥之家，疑其昧於政事，將不與郡，宰臣亟請之。今又以仲方官業無聞，不得在丞郎之選。宰臣等稱賀而退。

二年二月，帝御紫宸殿，謂宰臣曰：『且聞外郡，甚有無政處。卿亦知否？』李固言曰：『臣見説，鄧州王堪衰耄頗甚，隨州鄭襄亦無政術。』帝曰：『王堪豈不是貞元中御史否？時三院御史，只此一人猶在。』又問唐州是趙蕃否，宰臣皆曰是。鄭覃曰：『王堪，臣見是舊人，舉為刺史。鄭襄比來守官，亦無敗事。若言外郡不理，臣亦更有所聞。事未詳審，不敢指説。』宰臣退，召起居張次宗問刺史，次宗曰：『王堪實衰耄，恐須與替。』御史中丞狄兼謩奏本司事，帝亦以三郡訪之。兼謩曰：『王堪比亦廉直，但耄已及之。鄧州疆土缺館驛，多須才力任持，方可集事。又數道防秋兵，路出鄧州，饋餉之繁，不供是懼。唐州趙蕃，未聞有過。隨州鄭襄，臣素不識。』又問鄧州有何土產，對曰：『所出止於鹿紬絹與數種藥，列在貢籍。至如《南都賦》「穰橙鄧橘」，亦無其實。』蓋以兼謩嘗為鄧州刺史。

三年十一月癸酉，帝御紫宸殿，問宰臣曰：『天寶不治，當時姚、宋在否？』李珏曰：『此時姚亡宋罷。』珏又曰：『玄宗謂羣臣曰：「我自即位，不曾枉誅一人。不知任李林甫，破人家不少。」陳夷行曰：『陛下不可移權與人多時。』楊嗣復曰：『夷行此言未了，并惑陛下。頃太宗用房玄齡十六年，魏徵十五年，何嘗有變？臣以為用房、魏多時，不為不理。用邪佞，一日亦不可耳。』【略】

宣宗大中元年正月赦，制文：古者郎官出宰，公卿理郡，所以重親人之官，急為政之本。自澆風興扇，此道稍消，頡頏清途，便至顯貴。理人之術未嘗經心，欲使究百姓艱危，通天下利病，不可得也。朕為政之始，思厚時風，軒墀近臣，蓋備顧問。如其不知病苦，何以應朕訪求？自今後，諫議大夫、給事中、中書舍人未曾任刺史、縣令，或在任有敗累者，委宰臣不得進擬。

後唐莊宗同光二年二月，南郊畢，制曰：共理者，太守之官；親人者，縣宰之任。戈鋋稍弭，政術為先。刺史、縣令有勸課農桑，招復戶口，增加税額，檢勘不虛，委本道觀察使條件奏聞，當加進陟。如貪猥不理，害及於人者，速便停替。務於葺養，稱朕意焉。況親人之官，無先於令録；致治之道，必擇於才能。苟選任不自於朝廷，則恩澤全歸於侯伯。近日諸道奏請授官人數轉多，闕員全占，交隳體例，須正條綱。委中書門下舉舊例條理奏聞。刺史總一州之政，縣令專百里之權，至於糾督之司，並為親人之任。偽朝取士，多不擇才，蓋自藩方奏論，因及權勢囑託，公行賄賂，蔑顧典章。到官惟務於誅求，在任莫司於葺理。或聚蓄更希後任，或掊斂以報前恩。上下相蒙，遠邇為害，生靈困弊，職此之繇。自此牧守令録之官，委中書門下精加選擇，至於三銓注擬，亦在審詳吏能，如貪猥有聞，不得更受令録。及到官後，委本道觀察使切加銓轄，仍勒本州判官專為察訪。如掩贓罪，不具聞奏，豈為獨罪本官？兼亦累及長史。

晉高祖天福四年四月，以右驍衛大將軍李從朗領楚州防禦使。從朗，前朝宗子，帝之姻屬也。唐淑妃王氏累為請命，懇求郡寄，帝以前歷四州不聞其政，故與其名，錫其俸而著於班，不令釐事。

周太祖廣順元年九月丁亥，以司封員外郎桑能為鳳翔少尹，殿中侍御史竇元靖為京兆少尹，司門員外郎宋曙為陸渾令，工部員外郎易弼為贊善大夫，右補闕高守瓊為登封令。桑能，維翰之庶弟也。元靖，貞固之庶兄也。

世宗顯德二年正月甲戌，帝謂侍臣曰：『去歲濟州臨邑民來訴災彌，尋命使臣遍與通檢，所望供輸咸得均濟。昨聞廣種植戶民不欲通檢，咸忿其訴災者，至有潛其家産者。朕自聞之，極深軫憫。』侍臣對曰：『時季以來，民多疚惡。』帝曰：『非民之狡，蓋朕治之未至，亦猶親人之官未當耳。此後尤宜精求令長，免使黎民受弊。』

七月丙戌，帝謂侍臣曰：『藩郡賓職，下至令録，皆親吾民事，任非輕也。所宜歷試求人，委之共理。』宰臣奏曰：『人有雖負文學不能幹事者，有藝不及人能幹事者，有貌鄙言訥通理道者，有奇資辨言昧時務者。求人之道，自古為難。』帝曰：『豈朕不及前代明王，何奇材名士未盡出邪？』

《舊五代史》卷三二《唐書・莊宗紀六》 同光二年夏五月【略】壬寅，以教坊使陳俊爲景州刺史，内園使儲德源爲憲州刺史，皆梁之伶人也。初，帝平梁，俊與德源皆爲寵伶周匝所薦，帝因許除郡。郭崇韜以爲不可，伶官言之者衆，帝密召崇韜，謂之曰：『予已許除郡，經年未行，我慚見二人。卿當屈意行之。』故有是命。

又 卷三四《唐書・莊宗紀八》 同光四年【略】十二月，以戶部尚書王正言為興唐尹、知留守事。正言年耄風病，事多忽忘，比無經治之才。武德使史彦瓊者，以伶官得幸，帝待以腹心之任。都府之中，威福自我。正言已下，皆脅肩低首，曲事不暇。由是政無統攝，姦人得以窺圖。

又 卷六一《唐書・安重霸傳》 重霸在秦州，聞明宗起河北，即時遣使，以秦、成等州來降。天成初，用為閬州團練使。未幾召還，為左衛大將軍。常以姦佞，揣人主意，明宗尤愛之。長興末，明宗謂侍臣曰：『安重霸，朕之故人。以秦州歸國，其功不細，酬以團練、防禦，恐非懷來之道。』范延光曰：『將校内有自河東、河北從陛下龍飛故人，尚有未及團防者。今若遽授重霸方鎮，恐為人竊議。』明宗不悦。未幾，竟以同州節鉞授之。

《新五代史》卷三七《伶官傳》 莊宗既好俳優，又知音能度曲，至今汾晉之俗，往往能歌其聲，謂之御製者，皆是也。其小字亞子，當時人或謂之亞次。又別為優名以自目，曰李天下。自其為王，至於為天子，常身與俳優雜戲于庭，伶人由此用事，遂至於亡。【略】

其敗政亂國者，有景進、史彦瓊、郭門高三人為最。是時諸伶人出入宮掖，侮弄縉紳，羣臣憤嫉，莫敢出氣，或反相附託，以希恩倖，四方藩鎮，貨賂交行。而景進最居中用事。莊宗遣進等出訪民間，事無大小，皆以聞。每進奏事，殿中左右皆屏退。軍機國政，皆與參決。三司使孔謙兄事之，呼為『八哥』。

莊宗初入洛，居唐故宮室，而嬪御未備。閹宦希旨，多言宮中夜見鬼物，相驚恐。莊宗問所以禳之者，因曰：『故唐時後宮萬人，今空宮多怪，當實以人乃息。』莊宗欣然。其後幸鄴，乃遣進等採鄴美女千人，以充後宮，而進等緣以為姦，軍士妻女因而逃逸者數千人。莊宗還洛，進載鄴女千人以從，道路相屬，男女無別。

魏王繼岌已破蜀，劉皇后聽宦者讒言，遣繼岌賊殺郭崇韜。崇韜素嫉伶人，常裁抑之，伶人由此，皆樂其死。皇弟存乂，崇韜之壻也。進讒於莊宗曰：『存乂且反，為婦翁報仇。』乃因而殺之。

朱友謙，以梁河中降晉者。及莊宗入洛，伶人皆求賂於友謙，友謙不能給而辭焉。進乃讒友謙曰：『崇韜且誅，友謙不自安，必反。宜并誅之。』於是及其將五六人，皆族滅之，天下不勝其冤。進官至銀青光禄大夫、檢校左散騎常侍兼御史大夫、上柱國。

史彦瓊者，為武德使，居鄴都，而魏博六州之政，皆決彦瓊。自留守王正言而下，皆俛首承事之。是時郭崇韜以無罪見殺於蜀，天下未知其死也，第見京師殺其諸子，因相傳曰：『崇韜殺魏王繼岌，而自王於蜀矣，以故族其家。』鄴人聞之，方疑惑。已而朱友謙又見殺。友謙子建徽，為澶州刺史，有詔彦瓊，使殺之。彦瓊祕其事，夜半馳出城，鄴人見彦瓊無故夜馳出，因驚傳曰：『劉皇后怒崇韜之殺繼岌也，已弑帝而自立，急召彦瓊計事。』鄴都大恐。貝州人有來鄴者，傳此語以歸。戍卒皇甫暉聞之，由此劫趙在禮作亂。在禮已至館陶，鄴都巡檢使孫鐸見彦瓊，求兵禦賊，彦瓊不肯與，曰：『賊未至，至而給兵，豈晚邪？』已而賊至，彦瓊以兵登北門，聞賊呼聲大恐，棄其兵而走，單騎歸于京師。在禮由是得入于鄴，以成其叛亂者，由彦瓊啓而縱之也。

郭門高者，名從謙。門高，其優名也。雖以優進，而嘗有軍功，故以為從馬直指揮使。從馬直，蓋親軍也。從謙以姓郭，拜崇韜為叔父，而皇弟存乂，又以從謙為養子。崇韜死，存乂見囚，從謙置酒軍中，憤然流涕，稱此二人之寃。是時從馬直軍士王温宿衛禁中，夜謀亂，事覺被誅。莊宗戲從謙曰：『汝黨存乂、崇韜負我，又教王温反。復欲何為乎？』從謙恐，退而激其軍士曰：『罄爾之貲，食肉而飲酒，無為後日計也。』軍士問其故，從謙因曰：『上以王温故，俟破鄴，盡坑爾曹。』軍士信之，皆欲為亂。

李嗣源兵，反嚮京師。莊宗東幸汴州，而嗣源先入。莊宗至萬勝，不得進而還，軍士離散，尚有二萬餘人。居數日，莊宗復東幸汜水，謀扼關以為拒。四月丁亥朔，朝羣臣於中興殿，宰相對，三刻罷。從駕黄甲馬軍陣於宣仁門，步軍陣於五鳳門以俟。莊宗入食内殿，從謙自營中露刃注矢，馳攻興教門，與黄甲軍相射。莊宗聞亂，率諸王衛士擊亂兵，出門，亂兵縱火焚門，緣城而入。莊宗擊殺數十百人，亂兵從樓上射帝，帝傷重，踣于絳霄殿廊下。自皇后、諸王、左右皆奔走。至午時，帝崩。五坊人善友聚樂器而焚之。嗣源入洛，得其骨，葬新安之雍陵。以從謙為景州刺史，已而殺之。《傳》曰：『君以此始，必以此終。』莊宗好伶而弒於門高，焚以樂器，可不信哉！可不戒哉！

論説

唐・吴兢《貞觀政要》卷三《擇官》 貞觀二年，太宗謂侍臣曰：『朕每夜恒思百姓間事，或至夜半不寐，惟恐都督、刺史堪養百姓與否，故於屏風上録其姓名，坐卧恒看。在官如有善事，亦具列於名下。朕居深宫之中，視聽不能及遠，所委者惟都督刺史。此輩實理亂所繫，尤須得人。』

宋・王溥《唐會要》卷六八《刺史上》 貞觀三年，上謂侍臣曰：『朕每夜恆思百姓，閲事或至夜半不寐。唯思都督、刺史，堪養百姓，所以前代帝王，稱共治者，惟良二千石耳。雖文武百僚，各有所司，然治人之本，莫如刺史最重也。朕故屏風上録其姓名，坐臥常看，在官如有善惡事迹，具列於名下，擬憑黜陟。縣令甚是親民要職，昔孔宣父以大聖之德，尚為中都宰。至於升堂弟子七十二人，惟有言偃、子路、宓子賤始得相繼為此官。』乃詔内外五品已上，各舉堪為縣令者，以名聞。

十一年八月，侍御史馬周上疏曰：『治天下者以民爲本。欲令百姓安樂，惟在刺史、縣令。今縣令既衆，不能皆賢，若每州得良刺史，則境内蘇息。天下刺史，悉稱聖意，則陛下可端拱巖廊之上，百姓不慮不安。自古郡守、縣令，皆妙選賢德。欲有擢升宰相，必先試以臨人，或有從二千石入為丞相及司徒、太尉者。今朝廷獨重内官，刺史、縣令，頗輕其選。刺史多是武夫勳人，或京官不稱職，方始外出，邊遠之處，用人更輕。所以百姓未安，殆由於此。』太宗因謂侍臣曰：『刺史朕當自簡。縣令，詔京官五品已上，各舉一人。』

垂拱元年，秘書省正字陳子昂上疏曰：『臣竊惟刺史、縣令之職，實陛下政教之首也。得其人，則百姓家見而戶聞；不得其人，但委棄有司而挂壁耳。陛下欲使家傳禮讓，吏勖清勤，不重選刺史、縣令，將何道以致之也？臣比在草茅，爲百姓久矣。刺史、縣令之化，臣實悉知，國之興衰，莫不在此職也。何者？一州得賢明刺史，以至公循良為政者，則十萬家賴其福。若得貪暴刺史，以徇私苛虐爲政者，則十萬家受其禍。一州禍福，猶且如是，況天下之衆，豈得勝道哉。故臣以爲陛下政化之首，國家興衰，在此職也。伏願深思妙選，以救此弊。』

天授二年，獲嘉縣主簿劉知幾上疏曰：『臣聞漢宣帝云：「與我共治天下，其良二千石乎！」二千石者，今之刺史也。移風易俗，其寄不輕。求瘼字民，僉屬斯在。然則歷觀兩漢已降，迄乎魏、晉之年，方伯岳牧，臨州按郡，或十年不易，或一紀仍留，莫不盡其化民之方，責以治人之術。既而日就月將，風加草靡，故能化行千里，恩漸百城。今之牧伯，有異於是，倏來忽往，蓬轉萍流，近則累月仍遷，遠則踰年必徙。將廳事為逆旅，以下車爲傳舍。或云來歲入朝，必應改職；或道今兹會計，必是移藩。既懷苟且之謀，何假循良之績。用使百城千邑，無聞廉、杜之歌，萬國九州，罕見趙、張之政。臣望自今已後，刺史非三歲已上，不可遷官。仍以明察功過，精甄賞罰冀宏共治之風，以贊垂衣之化。』

長安四年三月，則天與宰相議及州縣官，納言李嶠等奏曰：『安人之方，須擇刺史。竊見朝廷物議，莫不重内官，輕外職。每除牧伯，皆再三披訴。比來所遣外任，多是貶累之人，風俗不澄，實由於此。今望於臺閣寺監，妙簡賢良，分典大州，共康庶績。臣等請輟近侍，率先具寮。』則天曰：『誰為此行？』鳳閣侍郎韋嗣立對曰：『參知機務，非臣所堪，承乏外臺，庶當盡節。儻垂採録，臣願此行。』於是以本官兼汴州刺史。

神龍元年正月，舉人趙冬曦上疏曰：『臣聞古之擇牧宰者，皆出於臺郎、御史，以為榮遷。何者？以為親民之職，人命所繫，故貴其位而重其人也。今則不然，京職之不稱者，乃左為外任。大邑之負累者，乃降為小邑。近官之不能者，乃遷為遠官。夫常人之心，未可卒革，此之不稱，彼焉能治。率土之濱，莫非王臣，何必貴大邑而賤小邑，重近民而棄遠民耶？夫食君之祿，而冒君之榮，陛下賜之死可矣，流之邊可矣。於左遷貶降之例，惡足為王者之政與？夫如是，則上下相同，而官得其實，而天下治矣。』

景龍二年，兵部尚書韋嗣立上疏曰：『刺史、縣令治人之首，近年已來，不存簡擇。京官有犯罪聲望下者，方遣牧州。吏部選入，暮年無手筆者，方擬縣令。此風久扇，上下同知，將此治人，何以致化？今歲非豐稔，戶口流亡，國用空虛，租調減削。陛下不以此留念，將何以治國乎？臣望下明制，共論前事，使有司改換簡擇。天下刺史、縣令皆取才能有稱望者充。自今已後，應有遷除諸曹侍郎，兩省、兩臺及五品已上清資望官，先於刺史內取。刺史無人，然後餘官中求。其御史員外郎等諸清要六品已上官，先於縣令中取。制中明言，如是則人爭就刺史、縣令矣。得刺史、縣令，天下大治，萬姓欣然，豈非太平樂事哉。』

其年，御史中丞盧懷慎上疏曰：『臣竊見比來州牧上佐等，在任多者一二，年少者三五月，遂即遷改，不論課最。爭求冒進，不顧廉恥，亦何暇為陛下宣風布化，求瘼恤民哉？戶口所以流散，倉庫所以空虛，百姓所以凋弊，日更滋甚，職為此也。昔漢宣帝時，黃霸增秩賜金，而不遷於潁川，可謂美政也。臣請望諸州都督、刺史、上佐等，在任未經四考已上，不許遷除。察其課效尤異者，或錫以車裘，或就加祿秩，或降使臨問，并璽書慰勉。若公卿有缺，則擢以勸能。其政績無聞，及犯貪暴者，放歸田里。則萬方之民一變於道。致此之美，革彼之弊，易於反掌，陛下何惜而不行之哉？』【略】

景雲元年十一月，諫議大夫甯原悌上疏曰：『今天下諸州，良牧益寡。何者？古難其選，今侮其職也。然而世所重於京都，時見輕於州縣者何也？古者牧守政成，擢登三事，郎官特秀，光宰一同。誠願尚書曠職，必於方伯求材，郎位闕官，必須循材擢用。茲令若行，仁風扇矣。』

明・湛若水《格物通》卷六五《舉措三》　臣若水通曰：都督臨刺史，刺史臨縣令，縣令近民。民之安否，治亂之所由生也。故刺史縣令，不可不察也。但患其遠於君而無以察之耳。太宗疏都督、刺史之名於屏風，而注其善惡之迹，以黜陟之。至於縣令，則命五品以上各舉其人焉。則都督、刺史、縣令之賢否，日寓於目，日聞於耳，舉措無有不當。是都督、刺史、縣令下親於民，上親於君，所謂天威不違咫尺，而各勉於善而懲其惡，民安而天下治矣。【略】

臣若水通曰：刺史、縣令，民之父母，一失其人，民受其殃。太宗納馬周之説而鄭重其選矣，獨謂刺史朕當自選，何邪？孟子曰：『左右皆曰賢，未可也。諸大夫皆曰賢，未可也。國人皆曰賢而後察之，見賢焉，然後用之。』博訪於人而決斷於獨，夫然後庶幾賢人可得也。太宗所謂自選者，焉知其不溺於私也哉？

清・王夫之《讀通鑑論》卷二二《唐玄宗・一〇》　漢之太守，去古諸侯也無幾，辟除賞罰兵刑賦役皆得以專制，而縣令聽命如其臣，故宣帝詔曰：『與我共天下者，其二千石乎！』太守之權重，則縣令之任輕，故天子詳于二千石之予奪，而治道畢舉矣。唐、宋以降，雖有府州以統縣，有稟承稽核之任，而誅賞廢置之權不得而專，縣令皆可自行其意以令其民，於是天下之治亂，生民之生死，惟縣令之仁暴貪廉是視，而縣令之重也甚矣。玄宗敕在京官五品以上、外官刺史四府上佐，各舉縣令，誠重之也。重之於舉之之始，必將以保任分功罪，其得也，但得文飾治具之士，葸弱免咎，而無以利民，其失也，舉主畏連坐之罰，而互相掩蔽以蓋其姦，則保舉之法，不足以肅官常，澤民生。固已重之者，豈徒在選舉之日乎？

夫縣令之任重矣，而其秩則卑，故後世多以為筮仕之官，才不才非有前效之可驗，欲先辨而使克副其職，雖具知人之鑑者未易也。然士當初受一命，初試一邑，苟非由胥史異途而升，則其不畏清議、甘為敗類、以病國虐民者，固鮮矣。無以激之，其濁不懲；無以揚之，其清不展；軏于上官，其用不登；責以奔趨，其節不立；夫亦存乎上之所以用之者耳。重憲紀以糾其不若，則有所戒也，縣清要以待其拔擢，則有所勸也。成法之外，許以因地而便民，則權可任也；供頓驛遞之役，委之簿尉，而弗效褻役之勞，則節可礪也。夫然，則賢者志得，而不才者亦勉而自惜；若其尤不肖者，固比類相形，愆尤易見，持法以議其後，亦不患稂莠之難除矣。何事於未試之前，以不可保之始終繩薦舉者，而責以所難知哉？

開元之制，乍行之以昭示上意之所重，可也，據以為法，而弊即在焉。重者，用之重也，非一選舉而可畢任賢養民之道也，用之重而治可幾矣。

又　卷二三《唐代宗・二》　以文取士而得眞才，以行取士而得篤行，則行愈于文多矣。以文取士而得僞飾之文，以行取士而得僞飾之行，則僞行之以害人心、壞風俗、傷政理者，倍於僞飾之文，支離浮曼，而害止於言也。且設科以取士，則必授之以式矣。文者，言治而要之事，言道而要之理，即下至駢偶聲韻之文，亦必裁之以章程，可式者也。行而務為之成法，則孝何據以為孝之程，廉何據以為廉之則邪？不問其心，而但求之外，非梟獍皆可云孝，非盜賊皆可云廉，不可式者也。極其弊，委之守令，而奔走於守令之門，臨以刺史，而奔走于刺史之門，以聲譽相奬，以攀援相競，乃至以賄賂相要，父母為羔鴈，廉恥為優俳，其不率天下以狂趨者能幾也？

鄉舉里選，三代之法也。而殷之大國方百里，周之大國五百里而止，其小者五十里耳，即其地，選其人，官其土，君大夫世與相狎，而賢姦易辨，猶今置鄉耆於一村一社而已，則公議固不容掩也。乃以四海之遼絶，刺史守令三載之乍臨，求知巖穴之行履，責以知人之哲，而升朝以任天下之大，何易易邪？又況曲士之垂腴而於請，賕吏之鬻民以徼利者哉！

漢之舉孝廉，舉其為吏於州郡者也。既為吏而與一鄉之政，能否可知其大凡矣，而清濁異流，臭味異合，請託易集，黨比相怙，孝者固非孝，廉者固非廉也，漢末之得士，概可見矣。況使求升朝而理、易地而官者，於未登仕籍之處士乎？楊綰懲進士之亡實，欲復孝廉之舉，終不可行，論者惜之。惜之者，未嘗體人情、揆事理、周世變、究終始，浮慕古昔，而徒以空言居勝者也。綰未幾而奏罷孝弟力田科，以無實狀、多僥倖故廢之，綰亦自知其前之失言矣。

然則行不足以取眞士，而以文取者可得士乎？夫非謂文之可以得士也，設取士之科者，止以別君子野人而止耳。雖有知人之哲，不能於始進而早辨其賢姦也。故三代之法，觀之於飲，觀之於射，觀其比禮比樂內正外直之度、拜起揖讓之容而已，疇爵行而合語，觀其稱古昔、道先王而已，觀之于此，而君子野人之辨，可十九得也。過此以往，敷奏以言，明試以功，皆論定後官之餘，乃以察其賢不肖而進退之。然則立法以取士，試之以策問，試之以詩賦，試之以經義，亦飲射之遺意而變通之，豈期於此而遽得眞士哉？習文教而與聞乎德言之緒論，為野人之所不勝，既由乎君子之途，則可望以循此而上達耳。授之以政，而智愚勤惰忠佞貪廉，自有秉憲者執法以議其後，其可縣行誼為標格，使之讎僞以藏姦乎？

又　卷三〇《五代下・一六》　夫國家之置守令，何為者也？豈徒以催科迫民而箕斂之乎？豈徒以守因陋就簡之陳格，而聽其日即於廢弛乎？豈徒以聽民之訟，斂鈞金束矢之入以為訟府，而啓民於爭乎？下有疾苦而不能達，則為達之，以不沮於上聞；上有德意而不能宣，則為宣之，以不窮於下逮。於是有上言便宜以拯民而益國者，參廷議而決其可行矣，即以屬之守令，使進其邑之士大夫與其耆老，按行閲視，條奏其方略，而即責之以行。苟其玩上旨以違民心，專改革而違國憲，則有誅殛貶褫之法以隨其後。賢者勸，不肖者懲，蔑不可舉也。

夫既有悉治理以上言者，娓娓而盡其利病，貪猾暴虐之吏，固無可容其欺蔽。即有老病疲茸、怠而坐弛之守令，監司得持課程以督其不逮，監司朋比飾説以罔上，司憲之臣，得持公議以糾其不若。廷臣清，監司無枉，守令不敢失墜，有言者必有行者，取之建官分職之司而已足，夫何阻隔不宣之足慮哉！若夫言利病者，徒取給於筆舌而固不可行，則守令得詳悉以上請，而仍享無事之清晏，奚用專使督行而有不得其人之憂哉！

明君之治，擇守令而已。守令不易知，擇司銓司憲者而已。司銓司憲者，日在天子之左右，其賢易辨也。而抑得賢宰相以持衡於上，指臂相使，綱維相挈，守令之得失，無不可通於密勿，則天子有德意而疾通於海內，何扞格之有乎！

雜録

《隋書》卷一《高祖紀上》（開皇三年）十一月己酉，發使巡省風俗，因下詔曰：『朕君臨區宇，深思治術，欲使生人從化，以德代刑，求草萊之善，旌閭里之行。民間情偽，咸欲備聞。已詔使人，所在賑恤，揚鑣分路，將遍四海，必令為朕耳目。如有文武才用，未為時知，宜以禮發遣，朕將銓擢。其有志節高妙，越等超倫，亦仰使人就加旌異，令一行一善獎於人。遠近官司，遐邇風俗，巨細必紀，還日奏聞。庶使不出戶庭，坐知萬里。』

又 卷二《高祖紀下》（開皇十六年）六月甲午制，工商不得進仕。

唐·杜佑《通典》卷一五《選舉三·歷代制下·大唐》 及神龍以來，復置員外官二千餘人，兼超授闕官為員外官者又千餘人。時李嶠居選部，引用權勢，以取聲名故爾。其員外官悉憑恃與正官紛競，至相毆擊者。及嶠復入相，乃深悟之，上疏請惜班榮，稍減除授。時中宮用事，恩澤橫出，除官有不由宰司，特敕斜封便拜，於是內外盈溢，居無廨署，時人謂之『三無坐處』，言宰相、御史及員外官也。

《舊唐書》卷七《睿宗紀》（景雲元年八月癸巳）先是，中宗時官爵渝濫，因依妃、主墨敕而授官者，謂之斜封。至是並令罷免。

又 卷五一《后妃傳上·中宗韋庶人》 時上官昭容與其母鄭氏及尚宮柴氏、賀婁氏樹用親黨，廣納貨賂，別降墨勑斜封授官。或出臧獲屠販之類，累居榮秩。

又 卷七七《柳澤傳》 先是，姚元之、宋璟知政事，奏請停中宗朝斜封官數千員。

《新唐書》卷四五《選舉志》 中宗時，韋后及太平、安樂公主等用事，於側門降墨敕斜封授官，號斜封官，凡數千員。內外盈溢，無廳事以居，當時謂之『三無坐處』，言宰相、御史及員外郎也。

又 卷一二九《李朝隱傳》 遷侍御史、吏部員外郎。時政出權幸，不關兩省而內授官，但斜封其狀，付中書，即宣所司。朝隱執罷千四百員，怨誹讙騰，朝隱胖然無避。

宋·王溥《唐會要》卷六七《員外官》 景龍二年，長慶、宜城、定安、新都、咸安等公主及皇后陸氏妹郕國夫人、馮氏妹崇國夫人并昭容上官氏，與其沛國夫人鄭氏、尚宮柴氏、賀婁氏、女巫第五英兒、隴西夫人趙氏，樹朋黨，咸能降墨勑斜封以授官。

又 卷五三《雜録》 顯慶三年七月，上謂宰臣曰：『四海之廣，唯在任賢。卿等用人，多作形迹，讓避親知，不能盡意，甚為不取。昔祁奚舉子，古人爲美談。即使卿等兒姪有材，必須依例進舉。』

乾封二年八月，高宗引侍臣，責以不進賢良，司刑少常伯李安期進曰：『臣聞聖帝明王，莫不勞於求賢，逸於任使。且十室之邑，必有忠信，況天下至廣，非無英彥。但比來公卿有所薦引，即遭囂謗，以為朋黨，沈屈者未申，而在位者已損，所以人思苟免，競為緘默。若陛下虛己招納，務於搜訪，不忌親讎，唯能是用，讒毀既不入，誰敢不竭忠誠。此皆事由陛下，非臣等所能致也。』上深然之。【略】

開元九年四月，侍中源乾曜上疏曰：『臣竊見勢要之家，併求京職，俊乂之士，多任外官，王道均平，不合如此。臣三男俱是京官，望出二人與外官，以叶均平之道。』上從之。【略】

元和二年七月，上謂宰臣曰：『當今政教，何者爲急？』李吉甫對曰：『爲政所重，諒非一端，自非事舉其中，固不可致於治理。然國以民爲本，親民之任，莫先牧宰，能否實繫一方。若廉察得人，委之臨撫，列郡承式，政化自宣，苟或非才，爲蠹實甚。由是而言，觀察、刺史之任為切。自昔唐虞三載考績，三考黜陟，故得久於其事，風化可成。而末世命官，多輕外任，選授之際，意涉沙汰，委以藩部，自然非才。刺史數廣，然非慎擇，加以更代促遽，民無安志，迎送之費，財耗不供，此最為弊。聖慮所及，實窮政本。伏望慎守良能，改革前失，則四海蒙福，民無苟且之心矣。』上深納之。

又 卷五九《兵部侍郎》（天寶）三載閏二月八日敕：『習武入官，已經精簡，隨番更試，事頗為煩。其武官，自今已後，因番試及過中書門下，宜停。』【略】

（元和）六年八月，中書門下奏：『得兵部侍郎許孟容等狀，當司准六月二日，減省官員及釐革三衛等應管京官及外官，共三千三百二十九員，京官七百六員，武官員數不多，俸錢比文官較少。又在中書門下兩省、御史臺、左右神策及諸軍諸使，挾敕驅使，員闕至少，難議停省，並請仍舊。外官二十六萬二十三員，所管諸府，自折衝以下，總無料錢，例多闕乏，空有府額。其鎮戍官等，或有任者，不過數員，縱使停減，並無損益。伏請存舊例，六番三衛，都四千九百六十三人，縱使分番當上，配役處多，移牒勘會，須得詳請，續商量聞奏。』敕旨依奏。【略】

大中五年十月，中書門下兩省奏：『應赴兵部武選門官、驅使官等，今年新格，令守選二年。得驅使官盧華等狀，稱各在省驅使，實緣長官辛苦，事力不濟，所以假此武官。若廢舊格，貧寒不逮，即須漸請停解，公事交見廢闕。』敕旨：『兩省、御史臺人吏，前舊例不選，數許赴集，宜令依舊例放選。』

又 卷六二《推事》 龍朔二年十月，秦令言新除監察御史，推雒州長史許力士子犯法，使還將奏。諸御史謂曰：『未經奏事，宜習之。』笑曰：『由來所便。』問作手狀，又都不曉。及奏，不稱臣，上問力士知否，對曰：『許長史不知。』上曰：『對朕猶喚許長史，豈能推事？』令法官重推，令言免官。【略】

天寶四載十二月十六日敕：『東西兩推及左右巡使，皆臺司重務，比來轉差新人，數有改易，既不經久，頗紊章程。宜簡擇的然公正精練者，令始末專知，不得輒替換。若無缺失，至改轉時遲速間，以為褒貶。』【略】

建中三年九月，御史臺奏：『其推知御史差使改移，其兩推卽須改入。舊例合有推官，今請置兩員，與本推御史同推。御史縱有改移，不失根本。若非職掌見任官，手力外，請給十年充糧料等，取贖錢。』敕旨依奏。

興元元年十月四日敕：『知東推、西推侍御史各一人，臺司以推鞫為重務，請令第一殿中同知東推，第二殿中同知西推，仍分日受事。一人有故，同推便知，先所置推官二員，請停。』【略】

元和五年四月，命監察御史楊寧往東都按大將令狐運事。時杜亞爲東都留守，素惡運。會盜發洛城之北，運適與其部下畋于北邙，亞意為盜，遂執訊之，逮繫者四十餘人。寧既按其事，亞以為不直，密表陳之，寧遂得罪。亞將逞其宿怒，且以得賊為功，上表指明運為盜之狀，上信而不疑。宰臣以獄大宜審，奏請覆之，命侍御史李元素就覆焉。亞迎路，以獄成告，元素驗之，五日，盡釋其囚以還。亞大驚且怒，親追送，馬上責之，元素不答。亞遂上疏，又論元素。元素還奏，言未畢，上怒曰：『出，俟命。』元素曰：『臣未盡詞。』上又曰：『且去。』元素復奏曰：『臣一出，不復得見陛下，乞容盡詞。』上意稍緩。元素盡言運寃狀明白，上乃悟曰：『非卿，孰能辨之？』後數月，竟得真賊。元素由是爲時器重，累遷給事中，每美官缺，必指元素焉。

又 卷六七《伎術官》 開元七年八月十五日敕：『出身非伎術，而以能任伎術官者，聽量與員外官。其選敍考勞，不須拘伎術例。』

又 《留守》 儀鳳元年十一月四日，司農卿韋宏機為東都留守。時有道士朱欽遂，為中官所使至都，所為橫恣，宏機執而囚之，奏曰：『道士假稱中官驅使，依倚形勢。臣恐虧損皇明，為禍患之漸。』高宗特發中官賜書慰諭，仍曰：『不須漏洩。』

又 卷六八《刺史上》 開元八年六月二十八日敕：『自今已後，諸司清望官闕，先於牧守內精擇。都督、刺史等要人，兼向京官簡授。其臺郎下除改，亦於上佐、縣令中通取。卽宜銓擇，以副朕懷。』

十二年六月二十四日敕：『自今已後，三省侍郎有缺，先求曾任刺史者。郎官缺，先求曾任縣令者。』

十九年七月十四日敕：『嶺南及黔府管內諸州幷蕃州，檢校及攝刺史，皆録奏，待敕到然後准式。其嶺南、黔府蕃州等刺史在任，不得輒請宿衛。』

二十二年八月敕：『刺史到任，不得當年入考。縣令闕，不得差使。』【略】

乾元二年九月敕：『比來刺史之任，皆先奏州縣官屬。今後除帶使次判官外，一切不得奏改。官吏到任之後，察有罪累，及不稱職者，任具狀奏聞請，然後令所由與替。其刺史非兼節度，但有防禦使者，副使判官，委於本州官中推擇，亦不得別奏人。並委中書門下，著為常式。』【略】

（開成元年）八月，中書門下奏：『致治親民，屬在守宰，朝廷近日命官，頗加推擇。從今已後，望令諸觀察使，每歲終，具部内刺史、縣令司牧方策，政事工拙上奏。其有教化具修，人知敬讓。賊盜逃去，遺路不行。刑獄無偏，賦税平允。撫綏孤弱，不虐幼賤。姦吏黠胥，侵牟止絶。田疇墾闢，逃戶歸復。道路平治，郵傳修節。府無留事，獄去繫囚。糾慝繩違，嫉惡樹善。以公滅私，絶去貨殖。夙興夜寐，宴戲省少。人無謗議，家有蓋藏。是謂循良之吏，愷悌君子。其能備此具美者，仰以其尤薦聞。朝廷特加褒賞，增秩改章，徵受顯重。如或數科之中，粗有提舉，勤恪不怠，處事無闕者，仰以次等薦聞，量加寵賞，借留未替，以候成績。其有昧此政經，所向無取。循資待録，無補於治。散材凡器，長在人上。亦仰以實奏聞，當請移於散秩。如有貪殘黷貨，枉法受贓，寃訴不伸，拷笞無罪，有一於此，具狀以聞。當加峻刑，投諸荒裔。賞善懲惡，期於必行。掾曹、邑佐，善惡特異者，亦仰聞狀。請頒示四方，專委廉察，仍令兩都御史臺，併出使郎官、御史，及巡院法憲官，常加採訪，具以事狀奏申。中書門下，都比較諸道觀察使承制勤怠之狀，每歲孟春，分析聞奏，因議懲奬。」敕旨依奏。

封賞

綜述

《隋書》卷五六《令狐熙傳》 上以嶺南夷越數為反亂，徵拜桂州總管十七州諸軍事，許以便宜從事，刺史以下官，得承制補授。給帳内五百人，賜帛五百匹，發傳送其家。

又 卷六〇《于仲文傳》 上以尚書文簿繁雜，吏多姦計，令仲文勘録省中事，其所發擿甚多。上嘉其明斷，厚加勞賞焉。

又 卷六三《樊子蓋傳》 車駕至高陽，追詣行在所。既而引見，帝迎勞之曰：『昔高祖留蕭何於關西，光武委寇恂以河内，公其人也。』子蓋謝曰：『臣任重器小，寧可竊譬兩賢？但以陛下威靈，小盜不足除耳。』進位光禄大夫，封建安侯，尚書如故。賜縑三千匹，女樂五十人。子蓋固讓，優詔不許。帝顧謂子蓋曰：『朕遣越王留守東都，示以皇枝盤石。社稷大事，終以委公。特宜持重戈甲五百人而後出，此亦勇夫重閉之義也。無賴不軌者，便誅鋤之。凡可施行，無勞形迹。今為公別造玉麟符，以代銅獸。』

又 卷六三《衛玄傳》 車駕至高陽，徵詣行在所。帝勞之曰：『社稷之臣也，使朕無西顧之憂。』乃下詔曰：『近者妖氛充斥，擾動關河，文昇率勵義勇，應機響赴，表裏奮擊，摧破凶醜，宜升榮命，式宏賞典。可右光禄大夫。』賜以良田甲第，資物鉅萬。還鎮京師，帝謂之曰：『關右之任，一委於公。公安，社稷乃安；公危，社稷亦危。出入須有兵衛，坐卧恒宜自牢。勇夫重閉，此其義也。今特給千兵，以充侍從，賜以玉麟符。』

又 卷六八《宇文愷傳》 及遷都，上以愷有巧思，詔領營新都。副監高熲雖總大綱，凡所規畫，皆出於愷。後決渭水達河，以通運漕，詔愷總督其事。後拜萊州刺史，甚有能名。兄忻被誅，除名於家，久不得調。會朝廷以魯班故道，久絶不行，令愷修復之。既而上建仁壽宮，訪可任者，右僕射楊素言愷有巧思，上然之，於是檢校將作大匠。歲餘，拜仁壽宮監，授儀同三司，尋為將作少監。文獻皇后崩，愷與楊素營山陵事，上善之，復爵安平郡公，邑千戶。煬帝即位，遷都洛陽，以愷為營東都副監，尋遷將作大匠。愷揣帝心在宏侈，於是東京制度窮極壯麗。帝大悦之，進位開府，拜工部尚書。及長城之役，詔愷規度之。時帝北巡，欲誇戎狄，令愷為大帳，其下坐數千人。帝大悦，賜物千段。又造觀風行殿，上容侍衛者數百人，離合為之，下施輪軸推移，倏忽有若神功。戎狄見之，莫不驚駭。帝彌悦焉。前後賞賚，不可勝紀。

又 卷八五《段達傳》 高智慧、李積等之作亂也，達率衆一萬擊定方、滁二州，賜縑千段，還進儀同。又破汪文進等於宣州，加開府，賜奴婢五十口，縑絹四千段。

宋・王溥《唐會要》卷四五《功臣》 （武德三年）其年三月，隋尚舍奉御郭弘道來歸，引見帝，泣曰：『臣識龍顏，在天下之先，今拜闕庭，在衆人之後。』遂拜同州刺史，每參見奏事，並升殿。

九年九月二十四日，詔曰：『褒賢昭德，昔王令典；旌善念功，有國彝訓。吏部尚書、上黨縣公長孫無忌，中書令、臨淄縣侯房玄齡，右武候大將軍尉遲敬德，兵部尚書、建平縣男杜如晦，左衛將軍、全椒縣子侯君集等，或夙預謨謀，綢繆帷幄，竭心傾懇，備申忠益；或早從任使，契闊戎麾，誠著艱難，績宣內外。義冠終始，志堅金石，誓以山河，實允朝議。無忌封齊國公，玄齡封邢國公，敬德封鄂國公，如晦封萊國公，君集封潞國公，其食邑各三千戶。』遣侍中陳叔達於殿階下唱名示之。上謂曰：『朕敍公卿勳勞，量定封邑，恐不能盡當，各自言。』從叔父淮安王神通進曰：『義旗初起，臣率兵先至，今房玄齡、杜如晦等刀筆之人，功居第一，臣竊不伏。』上曰：『義旗初起，人皆有心。叔父雖得率兵，未嘗身履行陣。山東未定，受委專征，建德南侵，全軍陷没；劉黑闥翻動，望風而破。今計勳行賞，玄齡等有籌謀帷幄，定社稷之功。所以漢之蕭何，雖無汗馬，指蹤推轂，故得功名第一。叔父于國至親，誠無所愛，但以不可緣私，濫與勳臣共賞耳！』初，將軍邱師利等咸自矜其功，或攘袂指天，以手畫地，及見淮安王理屈，自相謂曰：『陛下以至公行賞，不私其親，吾屬何宜妄訴。』【略】

（永徽）五年二月四日詔：『屈突通、殷開山並贈司空，長孫順德贈開府儀同三司，竇琮贈特進，史大奈贈輔國大將軍，温大雅贈尚書右僕射，權弘壽贈太子少師，劉政會、武士彠並贈幷州都督，張公謹贈荆州都督，李高遷贈涼州都督，李思行贈洪州都督，張平高贈潭州都督。』時武昭儀用事，贈其父，故引功臣以贈之。

總章元年三月六日詔：『太原元從，西府舊臣，今親詳覽，具為等級。贈司徒士彠，贈司空開山，贈司馬、淮安王神通，幷州都督劉弘基，贈幷州都督劉政會，幷州都督唐儉，左衛大將軍竇琮，荆州都督長孫順德，涼州都督史大奈，贈幽州都督龐卿惲，潭州都督錢九隴，贈華州刺史柴紹，贈潭州刺史張平高，贈工部尚書裴寂，洪州都督李思行，洪州都督秦行師，贈靈州都督許世緒，涼州都督李高遷，齊州刺史劉義節，贈太尉高士廉，贈司空屈突通，贈太尉房玄齡，贈司空杜如晦，贈司徒尉遲敬德，揚州都督段志玄，益州都督程知節，徐州刺史秦叔寶，涼州都督宇文士及，荆州都督張公謹，荆州都督杜君綽，荆州都督公孫武達，荆州都督李安遠，代州都督鄭仁泰，荆州都督李孟嘗，幽州都督獨孤彥云，始州刺史劉師立等，並立為第一功臣。其家見在朝無五品已上官者，子孫及曾孫擢一人授五品官；若先有四品、五品者，加授子孫等一人兩階；若三品已上，加爵三等。其第二等功臣，見在朝無五品已上官者，其子孫及曾係擢一人授從六品；若有五品已上者，加一階；六品官者，加兩階；三品已上官者，加爵一等。』時皇后欲褒崇其父，特在功臣之上故也。

神龍元年七月制：『段志玄、屈突通、蕭瑀、李靖、秦叔寶、長孫順德、劉宏基、宇文士及、錢九隴、程知節、龐卿惲、竇琮、苑君璋、李子和、張平高、張公謹、梁恪仁、安修仁、秦行師、獨孤彥云、蘇定方、李安遠、鄭仁泰、杜君綽、李孟嘗等二十五家，所食實封，並依舊給。』

其年九月敕：『自弘道以前，經任相三年已上，及秦府、晉府寮佐四品已上，幷食實封功臣，雖經罪責，不致破家。子孫無任京官者，將宜優與一官。英府、周府舊寮，五品已上子孫，亦宜準此。』

至德二年十二月十五日敕：『扈從劍南，締構靈武，册勳共三十三人。太子太師、豳國公韋見素加開府儀同三司，實封三百戶；開府儀同三司、齊國公高力士加實封三百戶；右龍武大將軍、潁川郡公陳元禮封蔡國公，實封三百戶；左龍武大將軍田長文封雁門郡公，實封二百戶；右龍武大將軍張崇俊封南陽郡公，實封二百戶；左羽林大將軍杜休祥封馮翊郡公，實封二百戶；尚書左僕射裴冕加開府儀同三司，封冀國公，實封三百戶；殿中監同正員、判行軍李輔國加開府儀同三司、殿中監、判行軍事，封成國公，實封五百戶；宗正卿、兼工部侍郎李遵加特進，封鄭國公，實封二百戶；鴻臚鄉、中軍都虞候李鼎開府儀同三司，封保定郡公，實封一百戶；鴻臚卿同正、中軍都知兵馬使管崇嗣封鉅鹿郡公，實封二百戶；右武衛大將軍王競加特進，太原縣侯，封一百戶；尚書左僕射、同中書門下平章事、朔方軍節度使子儀加司徒，代國公，實封一千戶；鴻臚卿、朔方兵馬使僕固懷恩封豐國公，實封二百戶；左金吾衛大將軍、四鎮伊西北庭行軍兵馬使李嗣業加兼衛尉卿，封虢國公，實封二百戶；司徒、兼戶部尚書、太原尹、同中書門下平章事、薊國公光弼，加司空，兼兵部尚書，封魏國公，實封八百戶；御史大夫、兼工部尚書、招討兩京幷定武威武興平等軍兼關內節度使、河西隴右伊西四鎮行軍兵馬使王思禮加開府儀同三司，封霍國公，實封三百戶；太常卿司正、兼御史大夫、淮南西道節度採訪使、潁川郡公來瑱加開府儀同三司，潁國公，實封二百戶；太僕卿、南陽太守、知襄陽郡事、金鄉公魯炅加開府儀同三司，岐國公，實封二百戶；京兆尹、京畿採訪計會招召宣慰使崔光遠加特進，禮部尚書，鄴國公，實封三百戶；開府儀同三司李光進封范陽郡公，實封二百戶；左相苗晉卿加特進，行侍中，韓國公，實卦五百戶；憲部尚書、同中書門下平章事李麟加金紫光祿大夫，封褒國公，實封五百戶；中書侍郎、同中書門下平章事崔圓加特進，中書令，趙國公，實封五百戶；中書侍郎、同中書門下平章事、河南節度採訪使張鎬加銀青光祿大夫，南陽郡公；太子少師房琯加金紫光祿大夫，清河郡公；太子少保、嗣虢王巨加光祿大夫；御史大夫、趙國公李峘加金紫光祿大夫，戶部尚書；吏部尚書、郇國公韋陟加金紫光祿大夫；禮部尚書李峴加光祿大夫，兼御史大夫，京兆尹，封梁國公；戶部侍郎蘇震加銀青光祿大夫，吏部侍郎。』

大曆十四年閏五月詔：『司徒、兼中書令、汾陽郡王子儀，賜號尚父，兼太尉、中書令，加實封通前二千戶，月給千五百人糧，二百匹馬芻穀。』【略】

（建中）二年六月，中書令郭子儀自蒲來朝。子儀勳伐居最，代宗不名，常呼為大臣。洎幸陝還，賜以鐵券，圖形凌煙閣。及上即位，恩禮益厚，每謁見，乘肩輿入自光順門，以造內殿，崇貴近古無匹。既病，上御紫宸殿，命舒王謨制書省之。是日子儀薨，上聞，傷痛久之，爲廢朝五日，册命曰：『尊爲尚父，官協太師，雖爵秩則同，而禮望尤重。斂以袞冕，旌我元臣。聖祖園陵，所宜陪葬。軾墓重文侯之德，象山追去病之勳。千載如存，九原可作，可贈太師。仍令所司備禮册命，贈絹三千匹、布千端、米麥三千石。凶喪所須，並令官給。』及葬，上御安福門臨哭送之，百寮陪位，特賜謚為忠武，配饗代宗廟庭。

興元元年正月一日赦文：『諸軍諸使諸道應赴奉天，及進收京城將士等，宜並賜名奉天定難功臣。身有過犯，遞減罪三等；子孫有過犯，遞減二等。』四月詔：『諸軍從奉天隨從將士，並賜名元從奉天定難功臣；從谷口以來隨從將士，賜名元從功臣。』【略】

（貞元）三年三月，册拜李晟為太尉，依前兼中書令。【略】

七年二月，詔授張巡男去病涇陽令，許遠男峴饒州司馬，南霽云男承嗣溫州別駕，顏眞卿男羣府河中戶曹參軍，顏杲卿孫謨左內率府兵曹參軍，旌忠烈之後也。【略】

元和二年七月，録配饗功臣之後，以蘇瓌孫繫為京兆府司録參軍，崔玄暐孫元方、張説孫嶅並爲監察御史，狄仁傑孫玄範為左拾遺，敬暉孫元亮、袁恕己孫師德相次録用焉。

四年三月，上覽貞觀故事，嘉魏徵諫諍匪躬，詔令京兆尹訪其子孫及故居，則質賣更數姓，析為九家矣。上愍之，出內庫錢二百萬贖之，以賜其孫稠及善馮等，禁其質賣。【略】

八年敕：『張茂昭立功河朔，舉族歸朝，義烈之風，史册攸載。如聞身歿之後，家無餘財，追懷舊勳，特越常典，宜歲賜絹二千匹，春秋二時支給。』

其年八月詔曰：『君臣運合，故徇國以忘家；勸賞義明，在褒功而顯節。存則酬其爵祿，歿則録其子孫，然後忠義不遺，典章斯在。故磁晉隰等州觀察使、檢校兵部尚書康日知，故徐州刺史、兼御史大夫李洧等一十家，皆有懋功，藏于盟府，故命搜訪後裔光賁前人。今志寧等或服戎著緒，或從官有成，或投迹軍府之中，或滯才州縣之職，咸皆甄録，各茂官榮。庶乎有祿者無忘于聿修，懷忠者使知其必報，勉膺光寵，無替前勞』。

十五年六月，敕以大理正段文通為殿中侍御史，前淮南營田副使、殿中侍御史顏顒為員外郎，長安縣丞顏諗權知大理正，渭南縣尉郭承嘏為監察御史，并準二月五日制。勳閥之後，可任臺省官者，故有此命。

大和二年六月，詔曰：『朕詳觀列聖紀册，祖宗盛業，燦然在前。其或道有汚隆，政有善否，未始不繫乎當時輔弼。常因便殿，言諸宰臣，勉其匡益，協心推戴。且以去歲乙巳，登應門，敷大號，俾疇賢相，以訪遺裔，或血食不繼，宗祊已蕪。如遂良之委笏面諍，名垂史書；仁傑之恢復廟社，事形先覺；宋璟之文吏骨鯁，功參治平；元紘之守規畫一，時成有裕。其胄僅存，不絕若髮；各授邑吏，使其自試。故中書令褚遂良五代孫虔可汝州臨汝縣尉，內史狄仁傑曾孫元封懷州修武縣尉，侍中宋璟曾孫渤岳州沅江縣尉，中書侍郎李元紘曾孫伉鄧州向城縣尉。』【略】

（大中二年）其年七月十一日，史館奏：『績選堪上凌煙閣功臣，除所有舊圖形、幷有子孫在中外任官令寫進外三十七人：禮部尚書、兼門下侍郎、平章事李峴，侍中、永寧郡公王珪，吏部尚書戴胄，中書令岑文本，中書令馬周，中書令、兼修國史韓瑗，侍中、兼修國史郝處俊，納言婁師德，文昌左相王及善，同鸞臺鳳閣平章事朱敬則，侍中、梁國公魏知古，尚書左丞、中書門下同三品陸象先，中書令張九齡，司空、魏國公裴寂，納言、魯國公劉文静，中書令、漢陽郡王張柬之，中書令、博陵郡王崔元暐，侍中、扶陽郡王桓彦範，尚書左僕射劉幽求，兵部尚書郭元振，吏部尚書房琯，常山郡太守袁履謙，北庭行營節度使李嗣業，主客郎中、河南節度副使張巡，睢陽太守許遠，御史中丞盧奕，右驍衛將軍南霽云，中書侍郎蕭華，中書侍郎張鎬，司徒李勉，平章事、監修國史張鎰，門下侍郎蕭復，兵部侍郎、平章事柳渾，檢校司空、平章事賈耽，北平郡王馬燧，東都留守李憕。』敕旨：『宜令御史臺散牒諸州，尋訪子孫，圖寫眞形進送。』

又　卷五三《崇奬》　開元十年八月，有上書者，以為國之執政，同其休戚，若不稍加崇寵，何以責其盡心。至十一月二十八日，敕曰：『侍中源乾曜、中書令張嘉貞、兵部尚書張説等忠誠輔弼，以致昇平，褒德賞功，先王制也。自今已後，中書門下宜供食，實封三百戶。自我禮賢，為百代法，仍令所司即令支給。』

二十年十二月制：『宰臣兼官者，並兩給俸祿。』【略】

（元和）七年六月，以平章事杜佑爲光祿大夫、守太保致仕，朝朔望春日，遣中使就宅賜絹五百疋，錢五百貫文。以佑前後懇請休退，遂有優賜。

又　卷六八《刺史上》　貞元二十年，贈故隋州刺史李惠登洪州都督。惠登少為平盧軍裨將，安祿山反，遂從兵馬使董泰涉海，戰收滄、棣等州。史思明反，復陷於賊，脫身投山南節度來瑱，瑱奏試金吾將軍。李希烈反，授惠登兵，令鎮隋州。貞元初，舉州歸順，隨授隋州刺史。時遭李希烈殲殘後，野曠無人。惠登樸質，不知書，率心為政，皆與理順。二十年間，田疇辟，戶口加，人歌謠之。時于頔爲山南東道節度，以其績上聞，加御史大夫，升其州爲上。及卒，故有是贈。

宋·宋敏求《唐大詔令集》卷六〇《大臣·將帥·賞功·隴右河西節度使哥舒翰西平郡王制》　授鉞登壇，所以理兵用武；益封命職，所以褒德酬庸。才傑者建希代之功，績茂者有非常之賞。哲王令典，無或踰之。開府儀同三司兼鴻臚卿員外置同正員、西平郡王、判武部事攝御史大夫、持節充隴右河西節度支營田長行轉運九姓等副大使、知節度事、赤水軍使、上柱國、涼國公哥舒翰，挺生朔陲，干城隴外，青蛇入笥，神發其祥，白武啣珠，天資我寶。美政以公惠益著，深畧以果斷能成。頃者戎大包藏，禍盈惡稔，南援蠻落，東窺塞垣。特禀廟謀，勵八神於金匱；長驅戎境，麾三軍於玉堂。决水奔雷，固無前敵，屠城拔壘，靡有孑遺。收九曲之舊疆，開千里之沃壤。亭障卧鼓，既成禁暴之勳；屯田饋軍，益以封財之用。則議功行賞，厚禮酬勞，俾吴芮之忠不獨光於漢，魏絳之樂無擅美於晉。仍兼望苑之榮，繫以公田之錫。可開府儀同三司、太子少保，封西平郡王，加賜實封二百戶，通前滿五百戶。賜音聲小兒十人，莊園各一所，與一子五品官，更與兩子官。用旌元帥之勞，以益三軍之氣也。餘並如故。天寶十二年七月

又　《郭子儀中書令李光弼侍中制》　朕聞古之哲王，成功立極，莫不旁求賢佐，用康帝道，由是軒登風力，所以戡亂保邦；漢用蕭曹，所以勤王足國。固能上扶王室，下濟蒼生，為社稷之寶臣，資帝王之大業，丕膺鼎位，實屬斯人。司徒兼尚書右僕射同中書門下平章事、兼靈州大都府長史、朔方節度使、上柱國、代國公子儀，道備文武，志懷忠亮，表弘才而應運，申茂績而經邦。司空兼兵部尚書同中書門下平章事、太原尹、河東節度使、上柱國、薊國公李光弼，業盛勳賢，材優將相，蘊權謀而制敵，勵誠節以匡時。往屬凶醜亂常，雲雷經始，咸能外持戎律，內翊皇圖，披荊棘而有功，歷險艱而無易。或分麾東討，掃昏祲於兩都；或仗節北臨，備長城於萬里。並以掃清寇孽，任切股肱，永維締搆之勳，久著山河之誓。今殘妖佇剪，介士猶虞，將終九伐之功，實藉二南之力。是用增其秩序，寵以樞衡，宜正位於台司，俾克宣於嘉績。子儀為中書令，光弼為侍中。乾元元年九月

又　《李光弼太尉中書令制》　上公之位，寵極人臣；中書之本，政先綸綍。是知應乾成象，用分台鼎之司；為國作楨，必藉勳賢之業。所以漢庭多難，絳侯居太尉之尊；晉室未安，温嶠掌中書之務。至若任

兼公相，道濟生靈，必俟非常之才，用膺莫大之寄。司空兼侍中、幽州大都督府長史、河北節度度支營田經畧等使、副元帥知諸道節度行營、上柱國、薊國公光弼，器格沉正，襟靈邃遠，感風雲之密契，蘊縱横之大才。成經綸之功，足以靖亂；懷忠孝之道，故能匡國。自逆寇搆禍，寰宇未清，義勇竭於忠心，勳庸著於王室。頃者豺狼餘孽，尚藉天討，蚊蚋相依，仍侵河外。是用仗其深畧，為我長城，有穰苴之法令，亞夫之威畧，遠能挫羣凶之鋭，全百勝之師，為廟堂之寶臣，成軍國之重任。雖吉甫作憲，道可經邦，而孫吳行兵，謀能制敵，克壯大業，無愧前賢。且官惟其人，固難虚授，爵以存善，抑聞舊章。况經綸之時，義參於締搆；艱難之際，功茂於始終。不有殊獎，寧彰厥德？是以載酬嘉績，俾允具瞻，宜進上台之秩，仍兼右弼之寵。可太尉兼中書令。乾元二年十二月

又《滑州節度使令狐彰加御史大夫制》　使持節滑州諸軍事、守滑州刺史攝御史大夫、充滑衛相魏德博六州節度使令狐彰，義勇無倫，忠貞有素，艱危效用，終始不渝。頃陷賊庭，忠誠屢達，來持漢節，壯志彌高，拔城變《六月》之師，破敵振三軍之氣。酬庸議賞，須越等夷。今淇澳未寧，河朔猶梗，廓清醜類，實屬元戎。宜列職於中司，俾承榮於茂秩。登壇受律，藉爾良謀，獻凱論功，佇聞嘉績。可銀青光祿大夫、守鴻臚卿、使持節滑州諸軍事、兼滑州刺史、御史大夫、充滑衛相魏德博等六州節度使。上元二年九月

又《常袞〈褒勞勳臣制〉》　敕：　方伯連帥，能修其職，則勞之以璽書，載之於正典。式是羣岳，歸於至公，以勸其職，頌聲興矣。《周禮》以孟春之月，懸法布令，採詩觀俗，亦褒異理行之時也。其有惠訓一方，吏之表率，朗然明舉，固可首之某官。某受任藩閫，三年有成，清節獨立，以身率下，化在於言前，風行於疆外，遠清西南之氛，齊一華夷之俗，而憂國如家，上下同體。屬關輔連雨，去秋非穰，以豐財節用之餘資，備邊出師之費。雖給馬官渡，足食成臯，勤王助邊，何以加此？誠堪垣翰之寄。奉上無私，亦將廉吏清風，夙夜相勉也。寐期休績，至于再三。詔書諭懷，宣示方鎮。

又《陸贄〈李晟司徒兼中書令制〉》　敕：　雲雷搆屯，宇縣興難，非山岳降神，不生良弼，非股肱協契，不集大勳。故高宗得傳説，中興殷邦；宣王任吉甫，重光周道。天寶之季，寇陷二京，時則先臣子儀，翼戴肅宗，戡定患難，再造區宇，於今賴之。肆予小子，獲纘丕構，不克負荷，失守宗祧。天祚我唐，降生忠烈，有社稷之臣曰開府儀同三司、檢校尚書左僕射同中書門下平章事、充神策軍節度使、鄜坊等州節度觀察處置等使、京畿渭南渭北商華等州兵馬副元帥、上柱國、合川郡王李晟，沉肅有勇，堅明能斷，聞難發憤，誓師徂征，誠激於衷，義形於色。自河之南，萬里濟師，殷然雷奔，大盜懾駭。屬王家不造，戎師誘姦，重茲播遷，郊甸震蕩，而晟蓄鋭養士，深壘固軍，以謀吞元凶，以義糾羣帥，躬擐甲冑，率先啓行，布忠信為軍聲，恃禮樂為戰器，廓清氛沴，寧復皇都，宗社載安，宇宙斯泰。佐予興運，時乃茂功。德厚者位崇，業盛者報重，登以元輔，建於上公，熙庶績而翼宣九歌，阜兆人而敬敷五教。疇其井賦，貽厥子孫，與國咸休，永播丕烈。可守司徒兼中書令，仍賜實封一千戶，餘並如故。朕還京後，所司擇日備禮册命，宣示中外，以彰大勳。

又《渾瑊侍中制》　敕：　王者敦德教以經邦國，興武事以定禍亂。執是二柄，毗予一人，得諸全才，康濟大難，以忠扶王室，以義奉天討，功崇祚土，德盛懋官，振揚洪休，備舉彝典。開府儀同三司、檢校尚書左僕射同中書門下平章事、兼靈州大都督府長史、充靈鹽銀夏等州節度、管内度支營田觀察處置押蕃等使、朔方邠寧振武奉天永平等軍行營節度副元帥、上柱國、樓煩郡王渾瑊，神降才傑，天資忠厚，協力興運，為國輔臣。往以盗起上京，駕急出狩，羣凶怙亂，載犯郊畿。時乃奮揚威武，董制師律，深居籌畫，奸慝寢謀，當敵指揮，士旅增氣，危城克固，我武用張。重以賊臣蔑恩，養寇資亂，再罹艱阻，越播巴梁。時乃幷轡載馳，釋羈從邁，有見危致命之節，有憂國滅私之誠，凛然貞規，介若金石。縱横蘊夷難之略，感激陳復國之謀，分總偏師，徑出重險，秉大節以示羣帥，布寛令以宥脅從。師次遠郊，摧凶靡抗，軍臨近甸，下邑如歸。推成功而不居，期盡敵以自效。率其全衆，揚旆追奔，雄威疾馳，元惡授首，柔德懷服，餘黨歸心，掃闢氛昏，安復陵寢。懋乃嘉績，其惟格天，士燮之讓能，耿弇之殄寇，總是二美，瑊其有焉。是以銘勳旂常，垂美竹帛，宜守台階之列，仍酬井邑之賦，祗膺時命，無替厥庸。可侍中，仍賜實封八百戶，兼官本使、副元帥，開府勳封如故。

又《高崇文劍南西川節度使制》　慶賞刑威，所以為國，既用鉞以誅有罪，則建侯以報有功。懲綱紀於未然，勸事君於已著。歷考前載，斯為大章。劍南東川節度副大使知節度事、管内度支營田觀察處置静戎軍等使、開府儀同三司、檢校兵部尚書使持節梓州諸軍事、兼梓州刺史、御史大夫、上柱國、渤海郡王高崇文，為時生材，經武成器，抱厥沉斷，確乎堅剛，鷙隼挺凌厲之姿，高秋凝肅殺之氣。自築壇受命，宜社徂征，形義色以即戎，瀝忠誠而誓衆。康衢以視其重阻，怒心如報於私讎。令踰風行，勢輟電走，殄凶邪於未障，完危壁於將傾。然後總無前之師，搏猶鬬之獸。仰斷飛鳥，高橫戰鋒，掩鬼神以用奇，越丘陵以制勝。生致逆豎，洞開金城，引漢將之旗鼓，見蜀川之父老。貞以紀律，弔其傷殘，兵無亂行，市不改肆。上清井絡，下静岷江。銘而篆之，豈有慚德？乃眷庸部，其惟奥區，畢功以除其禍災，圖勞宜享其土地。滌蕩汙俗，純綏異行，觀風勵韓、黄之化，按節修方、召之任。爰自六職，俾登三司，仍疏大封，且賜實食。不踰次以彰殊伐，不踰時以示休利。敬服嘉命，弘宣壯猷，殿兹坤維，屏我王室。可檢校司空兼成都尹、御史大夫、充劍南西川節度副大使知節度事、管内度支營田觀察處置，統押近界諸蠻及西山八國兼雲南安撫等使，仍改封南平郡王，食邑三千戶，并實封三百戶。

又《李愬移鎮加官階爵邑制》　伐叛除凶，必俟乎奇略；進封超位，允答於殊庸。況四紀逋誅，三州竊據，積妖遺育，縱逆延災，累年徂征，一舉坐致。論功既歸於異等，議賞豈待於踰時？唐隨等州節度觀察處置等使、通議大夫、檢校左散騎常侍、使持節鄧州諸軍事兼鄧州刺史、御史大夫、賜紫金魚袋李愬，宗臣之胤，王國克生，毅男蓄深，温良煦外。禮樂戰之器，默識其源；《詩》、《書》義之府，洞窺其室。雖早昇朝序，而未展將才。頃以懸弧滔天，宿兵既久，方城壓境，易帥頗頻，永懷韜畧之家，必有弓矢之嗣。乃執金鼓，載持干旄，果副眷求，克揚威令。緝夷傷之後，振法為雄；制密邇之間，保危成固。推忠孝以感物，本信惠而和人。一其鬬心，制彼死力，乘虛徑襲，負雪兼行，風驅如合於百人，雷震若出於九地。堅城立潰，狡豎生擒，遺氓安堵以知歸，餘黨釋甲而請命。古之良將，其孰過焉？已申獻捷之儀，當舉策勳之典。爰授名郡，俾牧重藩。自洛而遥，惟襄為大，綿亘楚服，横臨漁津，總八郡以澄清，秉三軍之節制，式因加地，往繼沉碑。特進左揆之尊，以崇天秩；仍假南臺之長，用峻霜威。表以勳階，錫之茅土，戶封真實，門貴延恩。給此寵榮，纂於茂烈。於戲！天鑑非昧，不庭者必誅；王爵無私，有功者是享。揚名繼美，惟孝著於家聲；鐘鼎山河，惟忠光於國籍。凡曰臣子，得無企歟？可銀青光禄大夫、檢校尚書左僕射、使持節襄州諸軍事、守襄州刺史、御史大夫、充山東南道節度、管内度支營田、襄鄧唐隨復郢均房等州觀察處置等使，仍賜上柱國，封涼國公，食邑三千戶，賜實封三百戶。與一子正員五品官。元和

又《田弘正兼侍中制》　古之所謂有功諸侯，出征不庭，入覲王室，既展述職之義，必加錫命之恩。彤弓所以表其威，玄衮所以榮其服，然後勳烈昭灼，寵章榮崇，臨於一方，示彼四國。《風》、《雅》所載，不其美歟！戎思忠臣，是有兹命。魏博等州節度觀察處置等使、光禄大夫、檢校司徒同中書門下平章事、兼魏州大都督府長史、上柱國、沂國公、食邑三十戶田弘正，受天地之正性，明君臣之大節，才貫文武，識探古今，熙百志以立身，堅一心而奉主。積誠自久，遇事乃彰，曉於羣情，率以大順，遂提六郡之地，首革兩河之風，及負海阻兵，徵師問罪，又能長驅義旅，直抵虜城，一鼓而凶徒褫魄，再戰而元惡傳首，永清氛沴，功實倬然。自秉圭來朝，鳴玉入侍，察其器度，詢以謀猷，每聞匡國之術，彌見致君之道，而懇誠戀闕，不願守藩。朕以將相之權，中外一體，苟意有攸往，則誠難遽從。況彼邦之人，皆願其至。師徒久服其訓令，黎庶咸思其惠和，鎮安之方，倚賴攸切。是用命爾，式遄其歸，且兼八舍之營，俾仍五教之重。又實其井賦，益以土田。褒賞之典，勸忠斯在。往涖乃服，厥惟懋哉。可檢校司徒兼侍中，依前魏州大都督府長史、充魏博等州節度觀察處置等使，仍賜食實封三百戶。元和

又《李光顔特進賜一子官制》　朕聞有天下者，道德仁義以為理，城郭濠池以為固。故曰不教民戰，是謂棄之。有備無患，何以應卒？此先王敺攘夷狄、保障黎元之大略也。五原居宥夏靈慶之中，當蛇豕豺狼之突，將搤咽喉之要，爰命腹心之臣，厥有成功，宜加茂典。邠寧慶等州節度觀察處置等使、金紫光禄大夫、檢校司空、使持節邠州諸軍事、邠州刺史兼御史大夫、上柱國、武威郡開國侯、食邑二千戶、食實封一百戶李光

顔，氣敵三軍，心師百行。有卞莊之勇，守之以仁；有日磾之誠，濟之以武。叱咤則風雲迴合，筵晏而樽俎周旋。蓋文武之全才，直古今之良將。是以淮蔡之役，百勝功高；青齊之師，一面居最。朕以蕭關尚警，馬嶺猶虞，五餌之詐可羞，百雉之防爰度。先是屬役，每難其人，惟爾良能，果諧予願。程功而不愆於素，訖事而不勞於人。比命有司，褒乃實力，僉曰古諸侯勳德優盛，則就加特進以寵之。我國家封植崇重，則朝請一子以異之。予嘉乃勳，兼用兩者。茲謂上賞，爾惟欽哉！可特進，餘如故，仍與一子正員四品常參官。元和

又《王智興等加官爵制》 王者誅暴亂，賞勳勞，既正紀綱，式頒爵位。朕以菲德，理乖勝殘，使釁生海盜，刑用戎鉞。屬者庭凑倚滄州為輔車，以謀專土；同捷恃棣州為屏扞，遂成阻命。實賴英帥，共恢壯猷，爰議酬庸，式獎宣力。武寧軍節度徐泗濠等，州觀察處置等使、充滄州行營招撫使、光祿大夫、守司徒同中書門下平章事、上柱國、太原郡開國公、食邑二千戶王智興，可特進，仍封代國公，食邑三千戶，餘如故。平盧軍節度使、淄青登萊棣等州觀察處置兼押新羅渤海兩蕃等使、銀青光祿大夫、檢校尚書右僕射、御史大夫、上柱國、會稽郡開國公、食邑一千五百戶康志睦，可檢校尚書左僕射，餘如故。太平軍節度、鄆曹諸軍事兼鄆州刺史、御史大夫。賜紫金魚袋崔弘禮，可檢校尚書右僕射，餘如故。其棣州城下武寧軍及諸道立功將士，除已甄録外，委智興條疏聞奏。棣州應見在百姓，宜復二年。其將士有決戰攻壘、奮不顧身、中刃被創、遂成廢疾者，並賜衣粮，終身勿絶。其武寧軍及平盧軍浙西宣歙天平等五處兵馬在棣州城下者，並宜放歸本道。於戲！並命申威，分疆剪寇，界大河之南北，委藩守以廓清，立績者既以勞旋，圖功者方期盡敵。勉弘朕策，無至老師，共輳輯寧，副我勤厲。元和二年十一月

又《李德裕〈王元逵同中書門下平章事制〉》 門下：古之命帥，必重其名，假三事之崇，允萬夫之望。故韓信以丞相擊魏，樊噲以相國伐燕，克成茂勳，抑有前典。成德軍節度、鎮冀深趙等州觀察處置兼充北面招討澤潞等使、金紫光祿大夫、檢校司徒兼鎮州大都督府長史、御史大夫、駙馬都尉、雲騎尉王元逵，生禀忠厚，天資誠信，奇正得於心機，嚴莊表於師律。去病之略，無假孫吳；翁歸之才，實備文武。屬狡童逆命，自固奴巢，果能揚義聲以載馳，繇直道而先奮，鋒逾駭電，勢盛疾雷，上據層巒，削成煙壘，下臨平壤，盡見秋毫。始殄伏莽之戎，遽收建瓴之險。陳兵原野，漸扼堯山，摧困獸之鬬心，碎螳蜋之怒臂。棄身者萬計，折首者七人。先獻戎俘，益彰臣節，則令望王師之陣，草木為兵；聞吾帥之風，椒蘭比德。顧其殘孽，豈復稽誅？夫賞不踰時，速之為貴。雖契敷五教，已列三公，而禹分兵麾，宜佩相印。是用命爾，升於鼎司。於戲！昔吳起有大功者三，不為魏相；竇嬰破藩國者七，未踐漢台。豈非名器之重，曷嘗虛授？爾其奮揚威武，殲厥渠魁，當感激以成功，勿遷延而玩寇。服茲休命，可不敬哉？可檢校司徒同中書門下平章事、兼鎮州大都督府長史，依前充成德軍節度、鎮冀深趙等州觀察處置兼充北面招討澤潞等使，散官駙馬勳如故。主者施行。會昌

又 卷六五《大臣·録勳·圖功臣像於凌煙閣詔》 自古皇王，褒崇功德，既勒名於鐘鼎，又圖形於丹青。是以甘露良佐，麟閣著其美；建武功臣，雲臺紀其迹。司徒、趙國公無忌，司空、揚州都督、河間王孝恭，司空、蔡文成公如晦，故司空、相州都督、太子太師、鄭文貞公徵，司空、梁國公玄齡，開府儀同三司、尚書左僕射、申國公士廉，開府儀同三司、鄂國公敬德，特進、衛國公靖，特進、宋國公瑀，故輔國大將軍、揚州都督、忠壯公志玄，輔國大將軍、夔國公弘基，故尚書左僕射、蔣國公通，故陝東道大行臺尚書左僕射、鄖節公開山，故荆州都督、譙襄公紹，故涇州都督、邳襄公順德，洛州都督、鄖國公張亮，光祿大夫、吏部尚書、陳國公侯君集，故左驍衛大將軍、郯襄公張公謹，右領軍大將軍、盧國公程知節，故禮部尚書、永興文懿公虞世南，故戶部尚書、渝襄公劉正會，光祿大夫、戶部尚書、莒國公唐儉，光祿大夫、兵部尚書、英國公李勣，故徐州都督、敬莊公秦叔寶等，才惟棟梁，謀猷經遠，綢繆帷幄，經營霸圖，或學綜儒宗，德光朝右，隱犯同致，忠讜日聞。或竭力義旗，委質藩邸，一心表節，百戰摽奇。或受服廟堂，闢土方面，重氛載朗，王略遐宣。並契闊迍夷，劬勞師旅，贊景業於草昧，翼淳化於隆平。茂績嘉融，冠冕列辟，昌言道直，寵冠縉紳，固以瞻伊、呂而連橫，邁方、召而長騖者矣。宜約故寔，弘茲令典，可並令畫於凌烟閣，庶念功之懷，無謝於前載；旌賢之義，永貽於後昆。貞觀十七年二月

又《贈淮寧軍大將軍周曾等敕》 敕：王者體至公而立極，明賞罰以垂法，旌德表善，發揮忠貞。其有推丹誠以奉君，臨大節而不奪，守志明節，殺身定難，則褒勸之典，所宜優異。李希烈背天逆物，通結羣盜，奸謀藏於汴宋，罪迹彰於汝鄭，傾陷城邑，虐毒蒸黎。忠義之徒，因懷感激。故淮寧軍節度都虞候、正議大夫、試大理卿兼許州別駕占闕、兼御史大夫、上柱國、政和郡王、食實封一百戶周曾，忍奸邪之亂紀，處危逼而思正，陰建明義，叶誅元凶，遂與故許州都督、鎮遏兵馬使、同御寧軍節度副使、開府儀同三司、賜太常卿兼御史中丞、上柱國、定州郡王、食實封五十戶王玢，故淮寧軍節度左廂兵馬使兼十將、開府儀同三司、賜太常卿兼潞州長史占闕、兼御史中丞、上柱國、常林郡王、食實封五十戶呂從賁，故十將、輔國大將軍、行右金吾大將軍員外置同正員、兼賜太常卿、上柱國、合浦郡王、食實封五十戶康秀，故節度監押衙宣德郎、監察御史裹行、賜緋魚袋姚憺，故十將、銀青光祿大夫、賜太子賓客、上柱國梁興朝，故十將、開府儀同三司、太常卿、河東縣開國伯賈樂卿，故輔國大將軍員外置同正員、兼賜太常卿侯山欽等，誓心定志，潛結忠謀，將臨汝海之郊，師以襄城之野，方議梟其同惡，獻首鎬京。率彼戎旗，南屯蔡邑，傳一檄以定計，擬尅日而就功。希冀有應，殲弭可期，事方垂成，為魁渠之所糾察，緬懷義烈，悉攖屠戮，無辜殞命，萬夫增憤，形質委于原野，忠魂越于草莽，恍惚幽壤，茫茫無依。朕所以負扆長嗟，坐朝興悼，念忠良之不造，空名在而身歿，休德壯志，貫于神明，而為元惡矯誣，翻欲歸過。豈可使義烈之績，泯而不彰？宜加褒贈，以示中外。曾可太尉，賜實封二百戶，通前三百戶。玢可司徒，賜實封二百戶，通前二百五十戶。從賁可尚書左僕射，賜實封一百戶，通前一百五十戶。秀琳可贈尚書右僕射，賜實封一百戶，通前一百五十戶。憺可贈兵部尚書，賜實封二百戶。興朝可贈戶部尚書，賜實封一百戶。樂卿可贈刑部尚書，賜實封二百戶。仙欽可贈工部尚書，賜實封一百戶。仍令右散騎常侍蕭昕往汝州界首，以禮致祭，并委李勉、哥舒曜與州計會，訪其家口，父子兄弟，俱以名聞，即當類敍，別有優奬。有子者仍許其回父官爵，其子孫三代以來有過犯者，得以遞減一等罪論，用彰峻節。淮寧軍節度押衙、中散大夫、試殿中監兼唐州別駕占闕、上柱國韋清，與周曾、姚憺，始末同志，曾等遇害，清以智免，率其麾下，間道歸誠，大節可嘉，公賞宜茂。可銀青光祿大夫、守太子賓客兼御史大夫、定安郡王、食邑三千戶，仍賜實封二百戶，勳如故。朕撫臨億兆，於今五年。每旰食宵衣，勤求政理，推誠委下，日冀休兵。明未燭幽，德慚柔遠，戎車尚戒，大信猶欝，使忠烈之士殞身賊庭。靜言興懷，一食三歎，罪己之責，實謂在予。其周曾等所賜實封，可載於典策，傳其子孫，永固山河之誓，代代無絕。自建中以來，如有為國竭誠，密圖元惡，事或未就，翻被誅夷，或名氏未彰，或休聲未振者。既死節於王事，宜書勳於竹帛。並委諸道招討、節度，所在博訪，明加曉示，得其事迹，具以奏聞，特以褒奬。朕方建明義於蠻貊，宣大信於四海，申必罰以懲其奸慝，施厚賞以報其勳庸。宜宣布天下，令知朕意。

建中四年

又《陸贄〈賜將士名奉天定難功臣詔〉》 敕：國家受天明命，平一宇内，自武德迄今天寶，百四十載。海内無事，崇德廣化，澤及生人，時洽和平，俗登富教，鰥寡孤獨咸得其所，鳥獸魚鱉亦莫不寧。凡今有生，實賴亭育。寇戎伺間，盜起幽燕，率土之人，莫保性命。肅宗以神武戡大難，先朝以仁德紹興運，區域再造，億兆再康，室家離拆而復安，子孫煦嫗而相守，勞徠安集，垂三十年。則我列聖之於天下也，惠澤深矣。朕以寡昧，祗膺寶曆，常恐不克負荷，罔敢怠荒。道有未明，事多乖謬，下情壅而不達，大信欝而不彰，兩河之間，羣祲連禍。朕務除大患，靡憚暫勞，是以興有征之師，問干紀之罪。昨以涇原士庶，將適汝郊，失於撫綏，致茲潰叛。朱泚乘釁，因搆異圖，肆其狼心，誘我蟊賊，謂君可以叛，謂天可以欺，橫忽凌悖，無所愧畏。朕至失守宮闕，出次郊畿，九廟震驚，萬姓奔駭。内省思咎，外顧懷慚，罪實在予，不敢自蔽。意者宗社降祐，大警于朕躬，夙夜殷憂，庶乎有補。實賴股肱心膂，勵從戎之節；方岳將校，集勤王之師。赴難如歸，見危思奮，堅貞勵操，何日忘之？平巨猾者，必仗於羣雄；賞茂績者，不限於彝典。保勳庸於帶礪，傳爵邑於子孫，崇功美名，與國終始。其諸軍諸使應到奉天懸將士等，宜並賜名『奉天定難功臣』實封者，子子孫孫，代代無絕。身有過犯，遞減罪二等；子孫有過犯，遞減一等。當戶應有差科徭役，一切蠲免。其功臣已後，雖衰老疾患，不任軍旅，當分粮賜等，並給金。終身死亡之後，回給家口，十年勿絶。如有能梟擒朱泚者，即以朱泚在身官爵與之，仍加食實封二千戶；朱泚所在有田宅財物，悉便充賜。其梟擒朱泚賊大將以下，並節級時加優寵，仍各與實封。應梟擒朱泚人所有田宅，便賜之。其餘立功，因應合授功立賞，並准今月七日十一日十四日敕處分。其今日已前身死王事者，追贈官爵，亦稱『奉天定難功臣』。子孫為功臣之家，應合襲封，減罪、放免差役等一切同例。宣告中外，令知朕懷。建中四年十一月二十四日

又《褒賞淮西立功將士詔》 叛臣希烈，竊據淮沂，師旅一興，繇聯莫解。服勞者役從不暇，受汙者無路自新，通邑化為丘墟，遺骸遍於原野。每念及此，心傷涕流。自昔勞師，靡有不悔。以虞舜之聖，屈於苗人，漢武之强，弊於戎虜，矧乎德猶不逮，力或未全，我其永懷，亦以自誓。乃者下哀痛之詔，布寬大之恩，普天戴新，殊化必宥，然則尚勞師旅，禦扞封陲，有累歲離棄室家，有經時不解甲胄，忠雖為國，咎實在予。君人若斯，寧不知愧？賴將相士旅，一其誠心，奮揚武威，慎固疆宇，遠人思服，元惡就誅，黎庶方致於安寧，役戍永期於休息。茂官以旌美，賜宴以勞還，賞不移時，式遵懿典。都統、檢校司空平章劉玄佐，宜與子孫一人五品正員官。節度使、檢校右僕射李澄，檢校工部尚書曲環，檢校戶部尚書李皐，兼御史大夫樊澤等，各與子孫一人七品正員官。都防禦使、工部尚書賈耽，都團練使、御史大夫盧玄卿、張建封等，各與子孫一人八品正員官。檢校司空平章事李抱貞，檢校司空平章事李納，檢校右僕射平章事韓滉，工部尚書田緒等，各遣將士五千人，赴河南行營，以討不庭，厥有成績。抱貞、納、滉各與子孫一人六品正員官，緒與子孫一人八品正員官。應淮西界州縣、本軍鎮守及諸道赴行營將士等，共賜物三千端疋，以充賞設，仍委本道條例奏聞，並與甄敍。其行營將健各放歸本道，明加宣諭，令悉朕懷。興元二年四月

又《令畫中宗以後功臣於凌煙閣詔》 昔我列祖，乘乾坤之盪滌，掃隋季之荒屯，則有熊羆之士，不二心之臣，左右經綸，參翼締構，用端命於上帝，付畀四方。宇宙既清，王業既成，乃圖厥容，列於新閣，懋昭績效，式表儀形，朝夕不忘，永垂來裔。君臣之義，厚莫重焉。貞元已巳歲秋九月，我行西宮，瞻宏閣崇構，見諸臣遺像，顒然肅然，和敬在色，想雲龍之叶應，感王業之艱難。覩往思今，取類非遠。且功與時並，才為代生，尊主庇人，何代不有？在中宗，則有桓彥範等，著匡載之績。在玄宗，則有劉幽求等，申翼奉之勳。在肅宗、代宗，則有郭子儀等，掃殄氛祲。今則李晟等，保乂朕躬，咸宣力肆勤，光復宗祏。訂之前列，夫豈多謝？闕而未録，孰謂旌賢？況念功紀德，文祖所為也。在予曷其敢怠？有司宜敍年代先後，為圖其像，列於舊臣之次，仍令皇太子書朕是命，紀於壁焉。庶播嘉庸，昭明天下。俾後之來者，知元勳之不朽。貞元元年

又《敍用勳舊武臣德音》 敕：朕聞昭德示威，先王所以用武；禁暴夷難，後代安能去兵？故文德誕敷，武備宣耀，外以環禦四海，內以底清中原，則軍旅之制有經，師律之能必表。朕纂承鴻業，虔奉丕圖，宵分永懷，何以康濟，豈獨鼓鼙有感，方思將帥之臣？征伐為心，乃寵干戈之士。況文武並用，古之格言，勳舊不酬，勞者何勸？惟我高祖、太宗，以晉陽之旅，平一海內。肅宗以靈武之衆，收復二京。代宗有陝郊元從之臣，德宗有奉天戡難之士。每念勳伐，無忘寤懷。如聞近日武班之中，淹滯頗多，雖負才略，無由自明。又有諸道薦送大將，或隨節度歸朝。自今已後，宜令神策大將軍、軍使及南衙常參武臣，各具由歷、受官年月、前後功勳，牒送中書門下。若勳伐素高、人才特異者，候有相當用處，即具名奏聞，量加奬擢。其常參官資考深久、未得遷轉者，准具年月與改轉，不得令有淹滯。其先受文武官者，亦宜准此。使幕賓寮，皆有年代改轉，軍府大將，豈可獨不敍遷？自今已後，諸道節度、都團練、經略等使下，各隨本處其大將名，自已曾受監察以上官者，並限三週年，量與改轉。如有功效、合非時與改者，不在此限。其職名是兵馬使、都虞候、押衙以上，前後並未曾奏官者，亦仰量績效，奏官轅門，委營壘分師，有役干戈，無由稼穡。況天寶以後，屯兵七十餘年，皆成父子之軍，不習農桑之業，一朝罷歸隴畝，頓絶衣粮，言念飢寒，深用嗟憫。應天下節度使、都團練、防禦、經略等軍所置兵數，各委本道據守舊額，以為定數，不得輒有減省。其有逃亡病死及犯解退，當時擇揀有武力藝能者添補。奮行於陣，決命捐軀，不顧危亡，每嘉忠烈。官健有死王事者，三週年不得停本分衣粮。如有父兄子弟，試其武藝，堪在軍中承名，請粮賜

者，先須收補。孝本安親，惟深養老，用敷恩惠，以慰耆年。應軍將及官健有父母年及七十已上，委本州、本道每至節歲，量與酒麵優養。守塞備邊，固不可廢，煙塵既静，亭障無虞。諸道舊有防秋兵馬在邊上者，自依年代替近。師旅屯集，饋運頗多，不免於諸道留守、留使錢内，每貫量抽二百文，以充國用。幽鎮既以浣雪，供費亦漸有常。其河北諸道及河東、兖鄆、淄青、汴宋、陳滁、澤潞、河陽、鄭滑等道幷諸鎮，並不量抽。刁斗晨嚴，烽煙夜警，勤勞沙塞，寒苦邊陲。其沿邊鎮戍烽子等，並委所管節度及城鎮使量與校量上下，使其勞逸得均。使命往来，本於傳達，軍期警急，遂至繁多，非惟郵傳不供，抑亦號令難一。自今已後，應沿山東行營兵馬未歸本道已来，進退事機，並宜轉委節度使，仍仰條疏舊弊，一一奏聞。除事關急切，須遣專使外，其餘書詔文牒，一切分付度支入遞，發遣制使、中使到行營，不得輒受人情物錢。及行非理鞭朴，當加訪察，義不優容。榷管之説，誠為救弊，隨方適變，所貴便人。其河南、河北鹽法，宜委鹽鐵使與本道節度使審計會商量，務以便人為法。閱習土宜，則通吏理，既因試效，可驗政能。應河北諸道宜委觀察使訪察管内，見攝官中如或清强，有才行課績者，具前後所攝年月幷事迹奏聞，當與改授。從政之方，必援風俗，視人相土，乃合所宜。弛張在達於無私，法令所期於不撓。應河北諸道幷鄆兖青等道應有新舊等科條，有不便於人、不宜於俗者，委宣慰使與所在長吏商量廢置，務從人便。於戲！朕代天子人，掾執重器，不以四海之富而恃其力，每以百姓為念而兢於心。慮文教之未敷，虞武備之多闕，所以輟食當宁，未夜求明，揣摩萬幾，寧止三省？頃以馭宇之歲，藩方久安，委寄廣謀，以緝軍政，而有司不達，苟以惜費為心，致兹停减之名，無裨毫厘之用，使軍中老幼，愁歎無歸。朕博聽羣言，用革羣弊，舉其指要，計叶人情，庶乎侯伯列城，典我師旅，勵精撫士，用副憂勤。中外宣示，明知朕意。長慶二年三月十日

又《大臣・録舊・賜盧懷慎家粟帛敕》 故銀青光祿大夫、檢校黄門監、漁陽縣開國伯、贈荆州大都督府盧懷慎，衣冠重望，廊廟周才，訏謨當三傑之一，學行總四科之二，等平津之輔漢，同季文之相魯。節鄰於古，儉實可師。雖清白燕翼，籯金非寶，然妻孥貧窶，擔石屢空，言念平昔，彌深歎悼。宜惜凌統之孤，用旌晏嬰之德。宜賜其家物一百段，米粟二百石。開元四年十一月

又 卷一〇四《政事・按察下・褒勸甄奬陷賊守節官詔》 敕：沮勸二柄，國之大綱，奬善懲違，固不可廢。頃以賊臣搆亂，京邑震騷，惟兹士人，奔竄無所。有從其誘脅，遂染汙名；有守以純誠，竟全貞節。忠而不報，豈朕意焉？應在京百司及京兆府長安、萬年兩縣，去年十月三日見任職事官，在城陷於賊中，潛藏不受逆命，並前資官在城被署官爵、頻遭廹脅者，始末不出，事迹昭著，衆所明知，並委御史臺訪察磨勘，覈其事實，勿容虚濫，仍限今月内具名銜狀聞奏。五品以上及常參官已受替者，委中書門下即與處分。六品以下，各減三選，不拘考例聽集。其未得資被替者，非時放選，仍稍優與處分。已喪亡並與追贈，恩加存没，以稱朕懷。

又《録用鄧州歸順官詔》 敕：迫以凶威，陷於寇境，義不受汙，忠誠奮感，履重險而不迴，處疾風而愈勁。忘軀徇義，獻款投誠，足以勵彼勤王，激其汙俗。去順效逆，固先典之攸嘉；懋德賞功，在彝章而不昧。咸從序用，俾服官常。

又 卷一〇七《政事・備禦・優獎西北庭將士詔》 二庭四鎮，統任西夏五十七蕃，十姓部落。國朝已來，相奉率職。自關隴失守，東西阻絶，忠義之徒泣血相守，慎固封略，奉遵禮教，皆侯伯守將交修共理之所致也。其將士敍官，可超七資。建中年

宋・王欽若等《册府元龜》卷一二八《帝王部・明賞第二》 唐高祖義師平京師，義寧二年正月，論功行賞，其登京城第一勳，授光祿大夫、開國郡公，物一千段。雖第一勳而身死者，亦准此，其官回授子弟，宅、奴婢仍並量給。第二勳人各授三轉，物二百段。第三勳人從朝散加、

武德二年四月甲寅，出庫物一百五十萬段，以分賜太原元從人。

太宗武德九年八月甲子即位，九月己酉，詔曰：『褒賢昭德，昔王令典；旌善念功，有國彝訓。吏部尚書、上黨縣公長孫無忌，中書令、臨淄侯房玄齡，右武侯大將軍尉遲敬德，兵部尚書、建平男杜如晦，左衛大將軍、椒子侯君集等，或夙預謨謀，綢繆帷幄，竭心懇到，備申忠益；或早從任使，契闊戎麾，誠著艱難，績宣内外，義貫終始，志貞金石，誓以河山，實允朝議。無忌可齊國公，君集可潞國公，食邑各三千戶，又眞

食邑各有差。』遣侍中陳叔達於殿下唱名示之，謂：『朕敍公等勳，量定封邑，不能盡當，宜各自言。』帝從父淮安王神通進曰：『義旗初起，臣率兵先至，今房玄齡、杜如晦等刀筆之人功名第一，臣竊不伏。』帝曰：『義旗初起，人皆有心。叔父雖得率兵，未嘗身履行陣。山東未定，受委專征。建德南侵，合軍咸没。於後劉黑闥翻動，叔父望風而敗，今計勳行賞，玄齡等有籌謀帷幄，畫定社稷之功，所以漢之蕭何，雖無汗馬指縱推轂，故得功居第一也。叔父於國至親，誠無所愛，但以不可緣私，濫與勳臣同賞耳。』初，丘師利等訴者極多，或懷袂指天，以手畫地，見淮安不得理，由是皆息，自相謂曰：『陛下以至公行賞，不私其親，吾屬何妄訴！』又云：秦府副護軍尉遲敬德從平隱太子巢刺王，論功行賞，敬德及長孫無忌爲第一，各賜絹一萬匹，齊府國司州幣器物，封其全邸物與敬德，賜吳國公，眞實封一千二百戶。

馬三寶爲太子監門，率領平道軍將。帝嗣位，有沙門法雅謀爲妖逆，三寶知而奏之，法雅竟坐誅。於是拜大將軍，賜帛五百匹，進爵爲公。

竇靖爲夏州都督，屬突厥攜貳，諸將出征，多詣其所。靖素知虜中虛實，具言方略。諸將因之，每致尅捷。帝稱善，賜物五百段。

高宗總章元年十二月破高麗，以僧信誠爲銀青光祿大夫，賞先降也。特進、東代都督、玄菟郡公泉南生爲右衛大將軍，進卞國公，賞其鄉導有功也。左驍衛大將軍、檢校右羽林軍兼檢校司文正卿、郕國公契苾何力爲鎮軍、行左衛大將軍，徙封涼國公。司空、英國公勣加授兼太子太師，仍加實封通舊一千一百戶，其嫡孫敬業授朝散大夫、右武衛將軍。薛仁貴爲威衛大將軍，封平陽郡公。右監門將軍、五原郡公李謹行爲右武衛大將軍。賞平高麗之功也。

睿宗景龍四年即位，六月辛丑，以平韋氏功論所賞，封薛宗暕爲立節郡王；鍾紹京銀青光祿大夫，行中書侍郎，賜爵潁川郡公；劉幽求爲中書舍人，仍參知機務，賜爵中山縣男。自餘封各有差。

玄宗先天二年七月，誅竇懷貞等。賞定策功臣，下制曰：『大臣立事，夷險不易，良相升朝，安危所繫。兵部尚書、同中書門下三品郭元振，偉材生代，宏量鎮時，經綸文章，今之王佐，出入將相，古之人傑，夙侍帷扆，疇咨廟堂，思志堯舜，以期管樂。朕往在儲闈，洎登寶位，每觀其人，聞義感激，願判忠邪，立誠慷慨，密陳弘益，爾其至矣，朕實嘉之。頃者梟獍興謀，干戈作釁，太上皇命朕除討。元振又馳奉宸極。始則賚予爲弼，終則寧朕問安，可謂格于皇天，貫于白日。元惡既翦，物共爲新，昌言是圖，朕豈忘舊，宜開井邑，永誓河山。元振可封爲代國公，食實封四百戶，賜物一千段。以前中書侍郎王琚爲戶部尚書，封趙國公，食實封三百戶。殿中監張皎爲工部尚書，封楚國公，食實封五百戶。太僕少卿王守一爲太常卿，封晉國公，食實封五百戶。殿中少監李令問爲殿中監，封宋國公，食實封五百戶。』庚午，琚、皎、令問皆以崇寵固辭，乃以琚復爲中書侍郎，加實封二百戶，通舊五百戶。皎爲殿中監，充內外閑廄使，加實封二百戶。通舊七百戶。令問復爲殿中少監，兼知尚書，加實封二百戶，通舊五百戶。進將軍王毛仲爲霍國公，賜實封一百戶，通舊三百戶。賜吏部侍郎兼雍州長史齊國公崔日用實封二百戶，通舊四百戶。又制曰：『侍中兼太子左庶子、梁國公魏知古，中書侍郎同中書門下三品陸象先，頃屬艱虞，殲殄凶醜，咸能倉卒之際，志不顧身。訏謨之初，邪莫干正，有罪斯服，抑惟王典，無言不酬，以勸臣節，俾加茅土，式寵鹽梅。知古賜食實封二百戶，物二百段；象先封兗國公，食實封二百戶，賜物五百段。』又賜姜皎、王守一、王琚、李令問、王毛仲甲第各一區，並加上柱國。

八月己亥，以中書令張説、郯王傅兼國子祭酒褚無量輔導有功，制曰：『無量執經傳禮，敷暢微言，俾予游夫子之門，知先生之道者，侍講之功也。説又定策監撫，謀始危言，防萌屯難，慮終竭節，以身許國，其誠動天。夫爵有德，封有功，眷彼茂勤，宜弘賞典，以桓榮之稽古，況蕭何之指縱，是用欽若朝經，差其井賦。説可封燕國公，食實封三百戶；無量可右散騎常侍兼國子祭酒，封舒國公，食實封三百戶。』

開元二年四月戊午，進封郭虔瓘爲太原郡開國公，食邑二千戶。封郭知運爲介林縣開國公，食邑一千戶，以賞功也。制曰：『賞有功、報有德者，政之急也。若功不賞，德不報，則何謂哉！右驍衛將軍兼北庭都護瀚海軍經略使、金山道副大總管招慰營田等使、太原縣開國子郭虔瓘，右驍衛中郎將、檢校伊州刺史兼伊吾軍使郭知運等，早負名節，見稱義勇，頃者柳中、金滿，偏師禦敵，蕭條窮漠之外，奔迫孤城之下，强寇益侵，援兵不至，既守而戰，背秋涉冬，櫪馬長嘶，戍人遠望，謀以十勝，成其九拒，遂能摧日，逐之遺種，斬天驕之愛息，豈耿恭、班超，獨高前史？將廉頗、李牧。與朕同時。眷言茂勳，是所嘉歎。信可疇其井邑，昭示遐邇，俾勞臣勸而懦夫立焉。』庚申，又以虔瓘爲左驍衛大將軍，知運爲右驍衛將軍，仍賜衣一襲，以崇其寵。

九年夏四月庚寅，胡賊康待賓據長泉縣作逆。秋七月己酉，擒待賓至京師，腰斬之。己丑，朔方道行軍大總管、兵部尚書、清涼縣開國男王晙進封清源縣開國公，食邑一千戶，兼與一子官，賜物五百匹。天興軍節度大使、右羽林軍將軍、檢校并州長史、攝御史大夫、燕國公張説與一子官，賜物一百匹。天興軍蕃漢討擊使、特進史獻與一子官，賜物二百五十匹。賞平胡之勳也。

十月癸未，以攝左羽林軍、隴右防禦使薛訥爲右羽林軍大將軍、上柱國，封河東郡開國公，賜物三百段，銀五百兩，錢三萬貫，賞功也。以隴右防禦副使、雲麾將軍、左羽林軍將軍、介休縣公郭知運進階冠軍，進封太原郡公，仍兼臨洮軍使，賜物三百匹，錢三十萬，銀四百兩。左武衛將軍、清涼縣侯白道恭進封清涼縣公，賜物二百匹，錢二十萬，銀二百兩。以右威衛將軍杜賓客爲霸州刺史，充豐安軍使，封建平縣開國男，賜物二百段，銀二百兩，錢二十萬。右監門衛將軍、臨洮軍使安思順爲洮州刺史，充莫門使，賜物二百段，銀三百兩，錢五十萬。右威衛郎將楊楚客爲右領軍衛中郎，賜物二百段，錢十萬，銀二百兩。並賞破吐蕃之功也。

十七年三月，瓜州刺史墨離軍使張守珪、沙州刺史賈思順領伊沙等州兵入吐蕃大同軍，大破吐蕃，驅剪不可勝紀。帝降書謂守珪曰：『吐蕃小寇，干我邊鄙，頻經喪衂，竟不悛懲。卿等早懷勇烈，久司戎旅，各效忠誠，暗申計略，遠聞決勝，嘉慰良深。守珪及思順並宜賜紫，其立功人敍録具狀奏聞，必須據實，勿使踰濫。今内出緋紫袍，卿等領取，量功分賞。其被傷人仍給醫藥，使得安全。陣亡人具名録奏，當加優贈。』

二十三年十二月，命十道採訪使舉良刺史、縣令，以陝州刺史崔希逸，潞州刺史宋鼎，濮州刺史趙冬曦，越州刺史元彦沖，澤州刺史李植，洛州刺史徐嶠之，易州刺史盧暉，莫州刺史鄭倩之，隴州刺史武崇節，廬州刺史竺承構，嶲州刺史許齊物，江州刺史李尚辭，河南府陸渾縣令李常，河南府長水縣令乙速孤令從，陝州河北縣令李抗，懷州脩武縣令唐昭明，京兆府高陵縣令裴迴，京兆府盩厔縣令戴休琁，京兆府奉先縣令李知止，京兆府涇陽縣令韋伯祥，太原府祁縣令李志遠，太原府清源縣令高播，蒲州永洛縣令裴朏，解縣令李戒之，齊州臨邑縣令上官貢，涇州定安縣令王履璡，洺州邯鄲縣令畢彦孫，趙州平棘縣令霍栖梧，梓州射洪縣令王休言，蘇州崑山縣令李叔，括州括蒼縣令祝紹，荊州當陽縣令趙廣微，荊州松滋縣令李修，荊州枝江縣令董琅，襄州安養縣令李泳等聞。上降書宣慰，刺史各賜帛八十匹，縣令五十匹。勑之曰：『卿等各能用心，副朕所委，今茲歲會，風政有歸，是用激揚，以勵清操。』

天寶三年制：『唐元功臣，締搆之初，竭其忠款，録功念舊，情所不忘，普恩之外，更加一階，其身没者各贈一官。』

十三年三月，隴右節度使哥舒翰破吐蕃洪濟大莫門等城，井牧九曲，其將咸來策勳。翰採摭具奏，乃以隴右十將、特進兼右金吾衛員外大將軍兼火拔州都督、燕王郡王火拔歸仁加驃騎大將軍，餘如故。河源軍使、左武衛員外大將軍王思禮，隴右兵馬使、右武衛員外大將軍彭元曜並如故，加特進隴右同節度副使、右羽林軍員外大將軍張擢，隴右都虞候、左武衛員外大將軍兼安鄉郡太守管崇嗣，隴右同節度副使、右武衛員外大將軍兼漢門軍使、臨洮郡太守成如璆，隴右同經略副使、右金吾衛員外大將軍兼寧塞郡太守康承獻，隴右討擊副使、右領軍衛員外大將軍魯炤，右領軍衛員外大將軍兼高蘭府都督渾惟明，並加雲麾軍將軍如故。積石軍使臧奉忠爲左金吾衛員外大將軍，鎮西軍使郭光朝爲右金吾衛員外大將軍，河西經略副使蘇法鼎爲威衛員外大將軍，隴右討擊副使郭英乂、彭體盈並爲左羽林軍員外將軍，並充本道驅使，以安西節度使、衛尉少卿員外置同正員兼安西副大都護、攝御史中丞封清有功，進加六階，自朝議大夫授銀青光祿大夫，仍遷鴻臚卿員外，置同正員，攝御史大夫，餘如故，並與一子五品，更與一子官，亡父、亡母、妻並加追贈，及賜莊宅各一所。

肅宗至德二年十二月，大赦天下，詔：『乘輿幸蜀，天步多艱，人心且搖，臣節斯見。太子太師、豳國公韋見素，開府儀同三司、内侍監、齊國公高力士，開府儀同三司、右龍武大將、潁川郡公陳玄禮，開府儀同三司、左龍武大將軍田長文，開府儀同三司、右龍武大將軍張崇俊，右龍武大將軍杜休詳等，勇不顧死，危能致命，或竭誠羽翼，仰北辰而環拱；或叶契心膂，聚東井以全歸。疇其錫社之封，永以誓河之義。見素加開府儀同三司，實封三百戶；力士加實封三百戶；玄禮進封蔡國公，實封三百戶；長文進封鴈門郡公；崇俊進封南陽郡公；休詳進封馮翊郡公。各實封二百戶。朕恭承天罰，誓兵朔野，幸興一旅之衆，遂成九有之師。言念經綸，豈忘締搆。銀青光祿大夫、尚書右僕射裴冕，識宇沖深，體局貞固，輸忠佐命，肇啓興王，加開府儀同三司，封冀國公，食實封三百戶。光祿大夫、殿中監同正員判行軍李輔國，志除君惡，忠誠濟危，加開府儀同三司、殿中監，依前判行軍事，封成國公，實封五百戶。銀青光祿大夫、宗正卿兼工部侍郎李遵，義切維城，勳參定國，加特進，封鄭國公，實封二百戶。開府儀同三司兼鴻臚卿同正員、中軍都知兵馬副大使管崇嗣，能訓戎律，以佐兵權，進封鉅鹿郡公，實封二百戶。中軍都虞候、特進鴻臚卿同正員李鼎，加開府儀同三司，進封保定公。加雲麾將軍、右武衛大將軍、右羽林軍、宿衛內供奉王兢，加特進太原縣侯。仍各封實封一百戶。自寇戎姦宄，王師未振，瞻言京國，尚聚犬羊。廣平王俶修學好古，令德孝恭，志存邦家，誓雪讎耻，爰鞠其旅，元戎啓行，可封爲楚王，食實封二千戶；銀青光祿大夫、尚書左僕射兼武部尚書、同中書門下平章事兼靈武大都督府長史、單于安北副都護、持節充朔方節度使、六城水運朔方管內採訪處置使郭子儀，才光三傑，功格十臣，克焯皇威，載昌大業，加司徒兼尚書左僕射，進封代國公，食實封二千戶。平章事已後並如故。開府儀同三司兼鴻臚卿、同正朔方左廂兵馬使、同節度副使、姑臧縣伯僕固懷恩，進封豐國公，食實封二百戶。開府儀同三司兼右金吾衛大將軍同正仍充四鎮伊西北庭行軍兵馬使李嗣業，履險忘軀，破敵拯難，兼衛尉卿同正，封虢國公，食實封二百戶。銀青光祿大夫、守司徒兼戶部尚書，同中書門下平章事兼御史大夫、鴻臚卿、太原尹、北京留守、河東節度副大使、薊國公李光弼，全德挺生，英才間出，干城禦侮，坐甲安邊，可司空兼兵部尚書門下平章事，進封鄭國公，食實封八百戶。開府儀同三司、御史大夫兼工部尚書、持節充招討西京并定武威武興平等軍兼關內節度、河西隴右伊西四鎮行營兵馬使王思禮，養銳先鳴，蓄奇後殿，可開府儀同三司、行工部尚書兼御史大夫，封霍國公，食實封五百戶。光祿大夫、太常卿司正兼御史大夫、淮南西道節度採訪使、潁川太守來瑱，可開府儀同三司兼御史大夫，封潁國公。餘如故。特進太僕卿、南陽太守兼御史大夫、權知襄陽郡事、金鄉縣公魯炅，蘊是韜略，副玆臨制，可開府儀同三司兼御史大夫，封祁國公，仍各食實封二百戶。兼京兆尹、持節充京畿採訪計會招召宣慰處置使崔光遠，毁家成國，致命前茅，可特進行禮部尚書，封鄴國公，食實封三百戶。開府儀同三司李光進，愼固封守，克獻殊勳，封范陽郡公，食實封二百戶。賢非后不享，后非賢罔乂，社稷之固，必在良臣。左相苗晉卿，忠不忘君，才惟濟代，弼成大業，保乂王家，可特進行侍中，封韓國公，食實封五百戶。憲部尚書同中書門下平章事李麟，蘊德成務，含貞軌物，發輝帝業，潤色皇猷，可金紫光祿大夫、刑部尚書、同中書門下平章事，封褒國公。銀青光祿大夫、中書侍郎、同中書門下平章事崔圓，允釐庶績，康濟多難，克清天下，大庇生人，可特進行中書令，封趙國公，食實封五百戶。朝散大夫、守中書侍郎、同中書門下平章事、河南節度採訪使、賜紫金魚袋張鎬，謀猷惟允，綱紀立程，總玆戎律，懿是謀府，封南陽縣公，餘並如故。銀青光祿大夫、太子少師房琯，嘗以經術輔導朕躬，加金紫光祿大夫，清河郡公。銀青光祿大夫、少保、嗣虢王巨。頃以宗枝，居守京邑，加光祿大夫。御史大夫、越國公峘，兼總元戎，克寧全蜀，可金紫光祿大夫。戶部尚書、銀青光祿大夫、守文部尚書、郇國公韋陟，持衡流品，式敍百工，可金紫光祿大夫。吏部尚書、銀青光祿大夫、禮部尚書李峴，饋運周給，開物成務，可光祿大夫、行御史大夫兼京兆尹，封涼國公。大中大夫、文部侍郎、賜紫金魚袋蘇震，供億蒸徒，臨事益辨，可銀青光祿大夫、行吏部侍郎。

代宗大曆二年二月，以前同華節度使、左廂兵馬使、試殿中監姚懷爲開府儀同三司，試太常卿，封感義郡王，依舊內飛龍射生供奉。前同華節度隨身、試太常卿李延俊爲特進，封承化郡王。賞戮華州叛將周智光功也。

德宗建中二年十二月庚寅，加河中節度馬燧檢校尚書左僕射，加澤潞節度李抱眞檢校兵部尚書，賞破田悅之功也。先是，悅遣將康愔領兵圍邢州，糧餉路絶，刺史李洪堅壁自守，賊不能陷。賊將楊朝光又率衆二萬圍臨洺，其守將張伾亦堅拒之，賊竟不能攻取，乃樹柴爲營，以禦官軍。燧與抱眞及神策將李晟合勢救之，大敗賊於雙罡，斬楊朝光，傳首京師，擒其大將盧子昌。燧等乘勝進軍，又破悅於臨洺，故燧等加官，又加洪兼御史大夫，伾檢校太子賓客兼御史中丞。

三年五月丁酉，加河東節度使檢校左僕射馬燧同中書門下平章事，澤潞節度使李抱眞檢校尚書左僕射，河陽三城節度使李芃檢校兵部尚書，神策行營招討使李晟檢校右散騎常侍，實封一百戶，賞破田悅功也。

興元元年春正月癸酉，德宗在奉天行在宮，受朝賀畢，大赦，改建中五年爲興元元年。制：『應赴奉天，并進收京城將士，並賜名奉天定難功臣，身過犯，遞減罪三等，子孫犯，減罪一等。諸道將士在行營，並超三資改官，仍各賜勳五轉。在本鎮者，依資與改官，各賜勳三轉。內外文武官三品已上，賜爵一級，四品已上，各加一階，仍並賜勳兩轉』。

五月，李晟等收復京師。六月乙酉，檢校左僕射、平章事、充神策軍節度等京畿商華等州副元帥、合川郡王李晟加司徒，兼中書令，仍賜實封一千戶，所司擇日册拜。加華州潼關節度使駱元光檢校右僕射，賜實封五百戶。加神策軍行營京畿商州節度使尚可孤右僕射，賜實封五百戶。以檢校太子詹事兼御史中丞田希鑒爲檢校工部尚書，兼涇州刺御史大夫、四鎮北庭行軍涇原軍節度使。

七月辛卯，赦書：收京城將士超八資改轉，已甄敍者更與超三資，扈從及收京將士及常參官，祖父母在先無官封，量授致仕官及邑號，已亡者與追贈。扈從將士三品已上賜爵兩級，四品已下各加兩級，贈勳三轉。諸州刺史普恩外，賜爵一級。諸道鎮軍及行營將士三品已上賜爵一級，四品已下加一階。

九月乙亥，加成德、幽州、盧龍等軍節度使、檢校司空平章事王武俊檢校司徒平章事，賜實封五百戶。加昭義軍節度使、檢校左僕射、平章事李抱眞加檢校司空平章事，加實封五百戶。以破朱滔等功，褒之也。

貞元二年四月甲申，詔曰：『李希烈棄義背恩，窮姦極暴，謂神器可以力取，謂生靈可以詐欺，志在凶殘，躬行僭竊，罪無與比，法所難容。朕以君德不修，致人於禍，究其端本，過實在予，忍使蒸黎，重相攻戰，屢施詔命，務欲懷柔。抑羣帥奮發之誠，駐諸軍討逐之勢，不憚屈己，期於息人。希烈曾無悛心，益逞驕志，虐毒滋甚，吞噬無厭，惡貫既盈，自底夷滅。開府儀同三司兼御史中丞陳仙奇，忠勇有謀，沉毅能斷，攄合境受汙之憤，導三軍思順之心，唱義一呼，羣情嚮附，廓淸氛祲，殲戮渠魁，驛書上聞，函首入獻。方隅既乂，戍役其休，懸賞之科，是宜必信，可檢校工部尚書兼蔡州刺史、御史大夫、淮西節度使，仍賜實封五百戶，將士等委仙奇即以諸色官錢優與宴設，其中首建謀議，同斬希烈人等，宜並條録聞奏，節級褒賞。』

五月，詔：『淮西接界州縣本軍鎮守及諸道赴行營將士等，宜共賜物二十萬端匹，以充賞設，仍委本道條録聞奏，並與甄敍，其行營將健，各放歸本道。明加宣諭，令悉朕懷。』

十年十二月，以靈州懷遠將士所破吐蕃收獲羊馬衣物，宜分賞有功將士，自今已後，並宜從此。

十二年，宣武軍節度李萬榮疾病，置其子廼爲兵馬使。廼殺大將爲亂，都虞候鄧惟恭等執送京師，帝以東都留守董晉爲節度，詔：『汴州將士等，志堅金石，節勵冰霜，叶奉邦家，咸懷憤激，不受熒惑，同疾姦凶，就縛軍中，傳獻闕下，勳庸特茂，遐邇所知，宜將忠勞，各加優賞，並與進改，仍委董晉一月內具名聞奏，仍共賜錢三十萬貫，委董晉逐便即取鹽鐵轉運使錢物各給。宣武軍節度、都虞候兼御史大夫鄧惟恭，都押衙兼御史大夫杜皓，大將王應鳳、曹元佀、楊燕奇、劉惟清、成文朝、陳沛、張庭芬、薛文翰、趙藏用、李庭光、宇文濟、李國信等，並竭忠效誠，績用昭著，惟恭可檢校左散騎常侍，依前兼御史大夫，賜實封一百二十戶，子一七品正員官，并賜物四百疋。杜皓英幹，並可右散騎常侍，依前兼御史大夫。應鳳已下，各加官賜物，押衙賈庭芬及同節度副使十將等二百六十三人，並優與改官。』

憲宗元和二年十月，潤州將張子良、李奉先、田少卿、裴行立等，生擒逆賊李錡，制曰：『天地之德，佐助者忠良；鬼神之靈，斃踣者盈貫。故有無狀之釁，顛越以敗嘗；則有不奪之誠，感慨以明節。《易》所謂功業見乎變，《書》所謂不善降百殃，積惡必至於滅身，見機寧俟於終日。應若影響，昭然著明。李錡受恩三朝，受任千里，勺水拳石，以至高深，潤草塗原，豈酬亭毒。而棄我厚德，稔其姦心，滔天以肆其逆謀，擢髮未窮其醜行。乃者式舉戎旃，申嚴國刑，將皷雷霆之威，以誅梟獍之罪。鎮海軍左廂兵馬使兼御史中丞張子良等，外弘治慮，内激精忠，擐甲執兵，取凶人之柄；瀝肝嘗膽，懷勁草之風。回戈以掩其羽毛，竟夕遂擒其魁首。天府無一金之費，已靜江流；王師無一戰之勞，已除人害。莫大之節，卓然無倫；非常之功，斯謂不朽。高位重賞，予何愛焉，殊加寵榮，顯示旌勸。其張子良等，超異酬賞，並從別敕處分。其立功將上等，并淮平西川節度例優賞甄敘。其左廂官健等，素聞效順，亦宜霑賞，亦並從別敕處分。』

十一月丁亥，以子良爲特進、檢校兵部尚書兼左金吾衛將軍、御史大夫，賜上柱國，進封南陽郡王，食實封一百五十戶，改名奉國。兵馬使兼御史中丞田少卿爲特進、檢校右散騎常侍、左羽林軍御史大夫，仍封代國公，食實封一百五十戶。兵馬使兼侍御史李奉先爲特進、檢校右散騎常侍，又羽林將軍、御史中丞，仍封邠國公、食實封一百五十戶。

四年，以左羽林將軍田少卿爲左金吾衛將軍，右羽林將軍李奉先爲右金吾衛將軍，稱賞擒李錡之功也。又以左羽林將軍張承金爲右神武大將軍知軍事，稱賞擒楊惠琳之功也。

五年四月，以昭義軍都知兵馬使、潞州左司馬兼御史中丞烏重胤爲懷州刺史兼御史大夫，充河陽三城懷州節度等使，以節度使盧從史潛通鎮州王承宗，重胤鎮撫，軍情無變，行賞典也。以前昭義將王翊元起復左龍武軍將軍知軍事，王獻爲右神武軍將軍知軍事，以功次重胤也。烏重胤故爲潞州諸將，會盧從史奉詔討賊，嘗懷異志，潛與王承宗通，連吐突承璀，以神策軍行營與從史對壘，將圖之。重胤通其謀，竟縛從史於帳下。於時重胤職總牙門，是日戒嚴，其軍莫敢動者。事聞朝廷，推重胤自都將兼潞州左司馬，拜懷州刺史，兼御史大夫、河陽三城節度。

八年八月，東都防禦使呂元膺奏淄青節度使留邸伏甲作亂。初，李師道置邸於河南府，兵諜雜以往來，更不敢辨，因吴元濟北犯，郊畿多警，防禦兵盡戍伊闕，師道潛以數千百人兵内邸，謀焚宫闕而肆殺掠，既烹牛饗衆矣，明日將出，會有卒楊進、李再興者，詣元膺告急，數日，盡獲之。賜揚進、李再興各錦綵三百匹，宅一區，授以郎將，及典軍，仍送西川收管。

十一年正月，詔討鎮州王承宗。乙亥，幽州奏破下武强縣。庚寅，授幽州將朱泗等五人刺史，敍武强功也。二月，以内庫繒絹四萬匹賞幽魏戰士。

十二年十月乙卯，淮西平。甲申，制：『收蔡州、擒吴元濟節度使及諸大將，並從別敕處分，諸立功將士委韓弘、裴度與行軍節度使及諸節度使計會速條流等第聞奏，即有甄昇。其賞物已令節級優厚支遣。』

十二月丙辰朔。壬戌制：『加彰義軍節度申光、蔡激觀察使、充淮西宣慰處置等使，朝議大夫、門下侍郎、平章事兼蔡州刺史、飛騎尉裴度金紫光禄大夫，依前門下侍郎、平章事、弘文館大學士，仍賜上柱國，封晉國公，食邑三千戶。以馬總爲檢校工部尚書、蔡州刺史、蔡、申、光節度等使。』又制，加以唐、鄧、隨等州觀察使、通議大夫、檢校左散騎常侍、鄧州刺史李愬，可銀青光禄大夫、檢校尚書左僕射、襄州刺史充山南東道節度襄、鄧八州觀察等使，賜上柱國，封涼國公，食邑三千戶，并賜實封五百戶，與一子正員五品官。韓弘加兼侍中，李光顏、烏重胤并檢校司空，光顏封武威郡公，重胤邠國公，以亘武軍都虞候韓公武檢校左常侍，充鄜坊丹延節度等使，魏博行營兵馬使田布爲右金吾將軍。並敍平寇之功也。

十一月甲午，以隨唐兵馬使李祐爲神武將軍知軍事，仍賜莊宅各一所，米粟二百石，録平蔡功也。

十五年，邠寧節度使李光顏来朝，制曰：『寰宇以清而兵不可失，干戈再戢而功不可忘，爰升經武之材，用輔同文之理，具瞻此允，注意尤深，蓋以奬舊勞而申賞典也。李光顏稟忠厚仁信之資，服禮樂詩書之訓，沉勇有決，剛嚴不殘，挺長劍之鋒稜，蓄殷雷之氣象，以忘身殉節爲任，以約己率衆爲心。屬先帝撫運勤人，鋤菑除害，能展七擒之略，以成四克之功。方夏甫寧，凱還未幾，驅仍歲陷堅之士，爲盛秋乘障之師，果逐奔戎，載完危壁，西絶夷落，威名赫然，念茲勳庸，當極寄任，是以徵自保塞，接于明庭，亟聞弘遠之規，復挹沖深之度，固可以内參鈞軸，外總麾旗，憲被萬邦，叶予一德，可不勉歟？可檢校司空、同中書門下平章事，依前邠寧節度等使。』帝以光顏功冠諸將，及徐泗李愬尅平淮夷，故皆召赴闕，宴賜優洽，已而皆帶宰相出鎮，所以報勳臣也。帝又御麟德殿，宴光顏及愬，各賜錦綵五百匹，銀瓶盤等五事，衣一襲，馬一疋。賓佐將校，頒賜有差。

穆宗以元和十五年即位。二月，御丹鳳樓，大赦，詔興元奉天功臣及蔡、鄆立功將士，普恩之外，更賜勳爵，亡殁者與追贈。

長慶二年二月，詔雪鎮州王承宗以左神策行營，樂壽鎮兵馬使傅良弼爲沂州刺史，以瀛州博野鎮遏使李寰爲沂州刺史，皆酬勞也。良弼、寰所鎮，介居燕趙，而二叛啗之以利，脅之以威，屢趣其降，各以一旅之衆，堅壁不戰，賊竟不能取，故賞之也。

八月，誅李介，汴州平。於是以義成、宣武兩軍節度檢校、右僕射韓充爲檢校司空，兼汴州刺史，充宣武軍節度、汴亳等州觀察處置等使。忠武軍節度、檢校司空平章事李光顔進位檢校司空兼侍中。武寧軍節度使、檢校工部尚書王智興進位檢校左僕射。以兖海沂密節度使、檢校工部尚書曹華爲檢校右僕射兼滑州刺史，充義成軍節度，鄭滑潁等州觀察處置等使。以宋州刺史高承簡爲檢校左常侍兼兖州刺史，充兖、海、沂、密等州節度觀察處置等使。以汴州防城兵馬使李質爲右金吾衛將軍。以亳州刺史田穎爲宋州刺史。並策勳也。又内出綾絹三十萬疋，付度支，充諸軍賞物。

敬宗長慶四年即位。四月丙申，有染坊供人張韶結染工無賴之徒百餘輩，犯右銀臺門入宮。帝在清思殿擊毬，聞警，將出幸右神策軍，左右皆曰：『盜入宮，未知衆寡，右軍遥遠，道路可虞，不如幸左軍之速至也。』遂幸左神策軍。初，帝嘗寵右軍中尉梁守謙，每游幸宴樂，兩軍或相誇耀，多加守謙之勝，而左軍軍士時以爲言，京師頗傳其事。及帝違難至左軍，中尉馬存亮匍匐出迎，捧帝足嗚咽涕泣，自負帝入軍中。帝極慰悦，既安堵存亮，又令大將軍康藝全率騎卒入宮討賊，與右軍兵馬使尚國忠引兵合擊賊衆，殲焉，賜康藝全、尚國忠等錦綵銀器有差，并共賜克右殿前軍官健錢一千貫文。五月己未，以藝全加檢校工部尚書兼御史大夫，旌討賊之功也。庚申，賜存亮實封二百户。

文宗太和二年十一月壬辰，詔曰：『王者誅暴亂，賞勳勞，既正紀綱，式頒爵位。朕以菲德，理乖勝殘，使釁生海盜，刑用戎鉞，屬者庭湊用滄州爲輔軍，以謀專土，同捷持棣州爲屏扞，遂成阻命，寔賴英帥，共恢壯圖，爰議疇庸，式奬宣力。武寧軍節度使、徐泗豪等州觀察處置等使、充滄州行營招撫使、光禄大夫、守司徒、中書門下平章事、上柱國、太原郡開國公、食邑二百户王智興，可特進、封代國公，食邑三千户，餘如故。平盧軍節度使、淄青登萊棣等州觀察處置等使兼押新羅渤海兩番等使、銀青光禄大夫、檢校尚書僕射、御史大夫、上柱國、會稽縣開國公、食邑一千户康志睦，可檢校尚書左僕射，餘如故。正議大夫、檢校工部尚書、使持節鄆州諸軍事兼鄆州刺史、御史大夫、賜紫金魚袋崔弘禮，可檢校尚書右僕射，餘如故。其棣州城下武寧軍節度使，諸道立功將士，已甄録外，委智興條疏聞奏。棣州應見在百姓，宜復一年，其將士有決戰攻壘，奮不顧身，中亦被瘡，遂成廢疾者，病賜衣糧，終身勿絶。其武寧軍及平盧軍浙西宣歙天平等五處兵馬在棣州城下者，並宜放歸本道。於戲！並命申威，分疆剪寇，界天河之南北，委藩守以廓清，立績者既以勞施，圖功者方期盡敵，勉弘勝策，無至老師，共臻輯寧，副我勤屬。』

是年，討滄州叛將李同捷。十月勑：『魏博新平原將士須有賞給，宜賜綾絹五萬匹，綿二萬。』

三年五月，滄州李同捷平，詔齊德將張慶旻等十三人，鄭滑將李著等五人，並進官級，賜幽州綾絹共二十萬疋，德州十五萬疋，充賞軍士。

九年十二月丙子，賜鳳翔軍將李叔和莊宅各一區，銀三千兩，綾絹七十疋，以斬鄭注功也。

懿宗咸通十一年二月勑：『征討徐州將士等，委吏部度支頒奬有差。』

昭宗文德元年即位，秦宗權被執，蔡、申、光等州平，詔賜蔡州行營兵士錢三十五萬貫，令度支逐近支給。

後唐莊宗，初爲晉王。天祐十四年二月，契丹攻幽州，命諸將進討。八月辛丑，獻捷于鄴。九月，班師。帝以横海軍節度使李存審檢校太傅，邢洺節度使閻寶檢校太尉，並平章事，方鎮如故，將士賞給有差。

同光元年四月，即位制曰：『應六軍及行營馬部蕃漢諸道將校兵士等，皆以身先冒刃，志切勤王，或竭節於忠勞，或連年而征戍，須加恩奬，倍撫苦辛。其將校並賜功臣名，仍未有官者，即超一資與檢校官。已有官者，亦超資加官。已官者，與加爵邑，如曾封爵者，即給一子六品正員官。其長行兵士，并賜功臣名。應將士等，並勒逐處，各定等第優賞。』

十月，制曰：『懋德賞功，百王明訓，疏封列爵，有國通規。應扈從征討將校及諸官員，職掌軍將節級馬步兵士及河北諸處屯駐守戍兵士等，皆情堅破敵，業茂平讎，副予勘定之謀，顯爾忠勤之節，並據等第，續議獎酬。』

二年二月，南郊禮畢，制曰：『賞不失勞，百王令典，人惟求舊，有國通規，當宜廣示恩，務酬嘉績。應自來立功將校兵士等，皆久經戎陣，備覩辛勤，並宜各轉官資，仍加賞給。』

三月，詔：『隨駕收復汴州幷扈從到洛及南郊立仗都將已下至節級長行軍將等，朕自削平諸夏，掃蕩羣凶，被介冑以征行，歷星霜而扈從，凡經百戰，盡立殊功，永念丹心，眞同赤子，若無旌賞，豈表恩榮。其都將官員司空已下者，宜並賜協謀定亂輔國功臣。自僕射尚書常侍至大夫中丞，宜並賜忠勇拱衛功臣。其初帶憲銜，宜並賜忠烈功臣。已有功臣名者，不在此限。其節級長行軍將，並宜賜扈蹕功臣。』

明宗以同光四年四月即位，改元天成。制曰：『鄴都赴難之際，定策功臣，宜特加恩，以彰豐報。其扈從將士及六軍諸衛諸道行營將校等，委中書門下，次第甄奬。』

是月，齊州防禦使安審通加檢校太傅，食邑四百戶。鄴都馬步軍都指揮使李正綱加檢校司空、湖州刺史，賜竭忠建策興復功臣，賞盧臺之功也。時盧臺戍軍亂，害副招討寧國軍節度使烏震，正剛尋與審通斬殺亂兵。

七月，宋州節度使王晏球與護駕親軍都指揮使張虔釗攻定州，帝令中使押御馬二匹，賜晏球、虔釗。

三年六月，招討王晏球獻曲陽之捷，令殿直陳知隱押銀腰帶鞍轡，賜北面立功將校。時帝在汴，王晏球討定州王都故也。

十月甲子，安州上言，屯駐左神捷右懷順兵士作叛，主帥高行珪襲殺出城，命使賜行珪鞍馬、御衣、寶帶，及賜都將已下有差。時行珪預覺其事，遂潛移鎧甲於別室，叛卒果先奔其庫，行珪有備，乃能禦之。

是月，代州刺史、檢校司空張朗超授檢校太保。初，契丹主赴援太原，代州張朗、忻州丁審琪守城，蕃軍由城下過，都不誘迫。時端明殿學士呂琦在忻州，及洪奉殿直四五人，州兵僅千人。琦謁審琪曰：『虜勢經城不問，可見其心，回日必無全理。與使君率在城軍民入五臺，避虜於鎭州界，策之上也。』審琪從之，翌日，詰且琦等遣人會，審琪拒關不納，軍士欲攻牙城，琦曰：『家國如斯，自相屠害，非人情。』遂率州兵趨眞定。審琪即日降契丹，唯朗屢煞虜族帳，故超授奬之。

四年二月辛亥，下制曰：『朕嘗披國史，備閱軍功，裴度之破淮西，無遺廟筭；石雄之攻山北，益展皇威。莫不仰遺烈於祖宗，委全才於將相。而自中山逆命，外域朋姦，奪戎旅以鷹揚，屠賊城而魚爛。夕聞告捷，明賞殊勳，竭忠建策，興復功臣。北面行營招討、歸德軍節度、宋亳單潁等州觀察處置、亳州太清宮等使、權知定州軍州事、特進檢校太傅、同中書門下平章事、使持節宋州諸軍事、宋州刺史、上柱國、琅琊郡開國侯、食邑一千戶王晏球，長劍倚天，洪河帶地，居萬夫之長，擅三傑之名，黃石兵書，運子房之籌略；清淮公族，興仲爽之源流。自統雄師，往收逆壘，摧曲陽之堅陣，厭滱水以驚波。爰築室以反耕，攻圍雉堞；果折骸而易子，傾覆烏巢。招降之士庶數千，撲之凶狂非一，王都授首，禿餧生擒，火焚而惡蔓皆除，雷掃而妖氛併息，諒茲丕績，宜降優恩，迺眷汝陽，實惟巨鎭。據犬牙之內地，當馬頰之要津，是命疇以勳庸，福其黎庶，進公國之品秩，崇藩后之等威。俾濬鳳池，仍加蟬冕，帷幄共推於重席，井田兼別於真封。於戲！解甲休兵，實歸於上將，安民和衆，議伏於賢臣。永保令猷，無替朕命。可依前檢校太傅兼侍中、使持節鄆州諸軍事、守鄆州刺史、充天平軍節度齊棣等州觀察處置使，仍進封開國公，加食邑一千五百戶，食實封一百戶。行營副招討、橫海軍節度觀察等使、守滄州刺史李從敏，可光祿大夫、檢校太保、使持節定州諸軍事、守定州刺史、充義武軍節度觀察北平軍等使，進封開國伯，加食邑一千二百戶。北面行營兵馬都監、鄭州防禦使張虔釗，可光祿大夫、檢校司徒、使持節滄州諸軍事、守滄州刺史、充橫海軍節度觀察等使，仍封清河縣開國子，食邑五百戶。』

又制：『朕聞魏絳和戎，始克諧於金石；祭遵征虜，終併息於烟塵。此乃先務懷柔，後申禁暴，明國家之耀德，表藩翰之圖功，既立丕勳，宜加懋賞，興邦守正，翊贊功臣。盧龍軍節度管內觀察處置押奚契丹兩藩經略盧龍軍等大使、特進檢校太尉、同中書門下平章事、幽州大都督府長史、上柱國、天水縣開國侯、食邑一千戶趙德鈞，崆峒禀氣，渤澥融精，傳相略於黃公，受兵符於玄女，而自羈縻戎馬，控制盧龍，洞曉蕃情，飽諳邊事，獲其五利，嘗姑息於鮮卑；運以六韜，果生擒於惕隱。可謂坐籌帷幄，能執干戈，終殄寇於中山，永摧凶於外域。犬羊南牧，賴掃蕩於尋時；貔虎北征，遂凱旋於此日。加以民軍胥悅，畏愛並行，薊門之人物如初，燕谷之粢盛畢備，得不籌其庶績，褒以徽章，就加進律之文，式叶陟明之典，是命寵頒，鳳綍榮列，貂冠正爵，位於三公，加井田於千戶，貴申殊渥，仍賜真封。於戲！事君之節已彰，燕山紀頌；教子之方大著，踐土臨戎。有國有家，惟忠惟孝，享茲具美，永保令猷。可依前檢校太尉兼侍中、幽州大都督府長史、充盧龍軍節度觀察等使，進封開國公，加食邑五百戶，食實封一百戶。』

乙卯，以前洺州團練使張進爲鄭州防禦使，泰州刺史安叔千爲涿州刺史，前棣州刺史潘環爲易州刺史，淄州刺史張從本爲隰州刺史，簡州刺史李思讓爲磁州刺史。賞中山之功也。時定州帥王處直養子王都，劫殺處直，嬰城以叛。

四月，以龍武都虞候、北面行營諸道左廂馬軍都指揮使符彥卿爲耀州團練使，神武都虞候、北面行營右廂馬軍都指揮使、守端州刺史高行周爲潁川團練使，賞中山之功也。

長興三年七月丁酉，云州節度使沙彥珣奏桑遷謀應太原，遷報應州尹暉，謀逐殺沙彥珣，暉復部送遷至伏罪。遣太子賓客聶延祚宣賜彥珣、尹暉戎服、金帶、錢幣，及犒賞在城軍士。

末帝清泰元年五月辛亥，以隨駕嚴衛指揮使領費州刺史尹暉爲齊州防禦使，捧聖都指揮使、繡州刺史康進海爲曹州刺史。先是，尹暉、進海與楊權始構軍入城奉帝故也。

晉高祖天福三年九月己巳，復魏府節度使范延光官爵。庚午，遣客省使李守貞押器幣，賜魏府立功將校。

六年八月壬寅，制：『朕頃當開創，爰在并、汾，或傾歸順之心，首謀推戴；或擁驍雄之旅，力效扶持。洎汜水興妖，鄴城伐罪，每令致討，皆立奇功，漸臻開泰之期，愈念艱危之節，宜頒殊渥，允答茂勳，應河東起義之初，佐命效順，及收復鄴都、汜水立功臣僚將校等，並與加恩。』

少帝開運二年正月甲辰，以青州平，詔行營將校自副兵馬使已上，各賜功臣名號。是月，宴青州立功將校於永福殿，賜李守貞、符彥卿玉帶、衣一襲、衣著、銀器、鞍轡、馬。散馬都監王景崇，護聖廂主王裔、楊實，都指揮使靳霸等，各等第賜金銀帶、衣服、段疋、銀器等。

周太祖以漢乾祐二年自河中征趙綰，至葉州，趙暉報蜀軍盡退，郭從義進攻有日，即統衆言旋。正月五日夜，賊水砦内勁將王三鐵者，領千人突出河西，攻白文珂砦。時文珂出迎帝，唯劉詞、葉仁魯等在砦，賊三道齊入，殺聲動地，會賊發火，洞炤内外，力戰敗之，死者僅七百人。翊日帝至，劉詞馬前請罪，帝曰：『吾嘗懸料，正疑此事，彼技殫矣，賴兄果敢，不爲虜嗤。』以鞍馬、衣服、幣帛勞之。八日，帝至西砦犒設，以縑帛、銀器，分遺戰傷將士。

廣順元年正月，即位。制曰：『馬步諸軍將士等，戮力推誠，輔忠效義，先則平持内難，後乃推戴朕躬，言念勳勞，所宜旌賞。其員僚將士等，各與等第，超加恩命，仍賜功臣名號；已有功臣名號者，別與改賜。』

四月乙未，以前景州刺史姚武爲申州刺史，前乾州刺史張昭瑀爲博州刺史，前遼州刺史劉洪爲衛州刺史，前萊州刺史符彥熊爲耀州團練使，前淄州刺史藥元福爲陳州刺史，皆以平徐方預軍功也。

二年二月丁亥朔，以晉州巡檢使、前密州防禦使王萬敢爲復州防禦使，晉州節度副使、領忠州刺史馬延翰自檢校刑部尚書加檢校右僕射，餘如故。皆獎拒并寇城守之功也。戊子，龍捷右第五軍指揮使、檢校司徒、領連州刺史史彥超加太保，進爵伯，加食邑三百戶。虎捷第五軍指揮使、檢校司空、領秀州刺史何徽加司徒，封太原縣男，食邑三百戶。亦以固守晉州之功也。

世宗顯德元年三月，親征河東。庚子，制：以侍衛馬步都虞候李重進兼忠武軍節度使，宣徽南院使向訓兼義成軍節度使，殿前都指揮使張永德兼武信軍節度使，以義成軍節度使白重贊爲保大軍節度使，以鄭州防禦使史彥超爲鎮國軍節度使。賞高平之功也。又以建雄軍節度使藥元福爲同州節度使，以宣徽北院使楊廷璋爲建雄軍節度使，以同州節度使張鐸爲彰義軍節度使，以内客省使吳延祚爲宣徽北院使，以龍捷左廂都指揮使李千爲遼州防禦使，以龍捷右廂都指揮使康延治爲萊州防禦使，以虎捷左廂都指揮使田瓊爲密州防禦使，以虎捷右廂都指揮使張順爲登州防禦使，以龍捷第三都指揮使孫延進爲鄭州防禦使，以前耀州團使符彦能爲澤州防禦使，又以散員都指揮使李繼勳爲殿前都虞候，以殿前都虞候韓令坤爲龍捷右廂都指揮使，以鐵騎第一軍都指揮使趙（宣祖廟諱）爲龍捷右廂都指揮使，以散員都指揮使慕容延釗爲虎捷左廂都指揮使，以控鶴第一軍都指揮使趙晁爲虎捷右廂都指揮使。五人并遥授團練使，其餘轉改有差。

四月，討太原回，詔：『潞州昨經圍閉，將校、官吏、職員同力守禦，兼以大駕駐蹕，迎奉無闕，應在城將校、官吏、職員，宜令本州具名銜以聞，各加恩澤。』

五月乙酉，以忻代招收指揮使秦珣爲歸州刺史。初，符彦卿之入賊境也，孟縣僞監押楊貴殺巡檢使趙筠，以戍兵數百來降。彦卿因請建孟縣爲州，上可之，遂以歸州爲名，命楊貴爲刺史，至是，以秦珣代之。珣本太原東山之賊帥也，廣順初，與其黨趙行能等内附，朝廷置忻代一路招收都指揮使，遥授忻州刺史，趙行能副之，自是賊之東境常爲珣等所苦，劉崇患之，竟不能制。代州鄭處謙之歸命也，蕃寇在郊，我軍未至，珣遣弟州帥兵三百以戍之，帝嘉其誠節，故有郡印之授。

六月，車駕征河東回。乙亥，制以天雄軍節度使、檢校太師、守太保兼中書令、大名尹、衛王符彦卿爲守太傅，仍封魏王。以天平軍節度使、檢校太師兼侍中郭從義爲中書令。以河陽三城節度使、檢校太尉、同中書門下平章事劉珣爲兼侍中，行京兆尹，充永興軍節度管内觀察處置等使。以昭義軍節度使、檢校太尉、同中書門下平章事李筠爲兼侍中。以河中護國軍節度使、檢校太尉、同中書門下平章事、行河中尹王彦超爲兼侍中，充忠武軍節度使，許蔡等州觀察處置等使。以忠武軍節度使兼侍衛馬步軍都虞候、檢校太保李重進爲同中書門下平章事，充歸德軍節度，宋、亳等州觀察處置等使，兼侍衛親軍馬步軍都指揮使。以武信軍節度使兼殿前都指揮使、檢校太保、駙馬都尉張永德爲檢校太傅，充義成軍節度使，滑、衛等州觀察處置等使，兼殿前都指揮使。以定國節度使、檢校太傅藥元福爲檢校太尉，充保義軍節度，陝、虢等州觀察處置等使。以保大軍節度使、檢校太傅白重贇爲檢校太尉，充河陽三城節度，孟、懷等州觀察處置等使。以保義軍節度使、檢校太保韓通爲檢校太傅，充彰信軍節度，曹、單等州觀察處置等使。時帝以即位之初，覃慶於諸侯，亦賞從征河東之勞也。

二年十一月，秦鳳等州，詔『應馬步軍營將士等，各與恩澤，其有歿於王事者，自副兵馬使以上，並與贈官，仍賜賻贈物。』

三年正月己亥，上於金祥殿賜陳州節度使向訓襲衣、金帶、銀器、繒帛、鞍馬，餘各有差，賞西征之功也。

六月甲子，以鳳翔節度使王景爲雄武軍節度使，兼西面緣邊都部署。以宣徽南院使、鎮安軍節度使向訓爲檢校太尉，依前宣徽南院使，充淮南節度使。以彰信軍節度使韓通爲檢校太尉、忠武軍節度使。以賞秦鳳之功也。

四年五月辛亥，賜應淮南征行軍士金銀錢帛有差，賞其勞也。

五年五月辛亥，以征淮南迴，降德音云：『睠彼戎士，咸遵武經，或從我征行，久服勤於甲胄；或守茲城邑，能安定於封圻。宜舉彝章，首膺懋賞。應侍衛殿前及諸道馬步軍將士等，各賜等第優給，餘從宣命處分。』

是月，帝以征淮南廻，賜宰臣樞密、侍衛、宣徽使及翰林學士、中書舍人内諸司使已下器幣鞍馬各有差，賞扈從之勞也。

又　卷一八〇《帝王部·濫賞》　唐穆宗以元和十五年正月即位，賜左右神策軍兵士錢每人五十貫，六軍威遠每人三十貫，左右金吾每人五十貫，非故事也。自憲宗御宇，至穆宗登祚，及長慶二年，十八年矣。凡朔方吳蜀洎山東西河，累興問罪之師，其間兵戈少息者無一歲，故帝自幼細聞軍旅之事，謂戎臣武卒常宜姑息，繼統之始，財以恣行給資。神策禁旅洎左右三軍，兵健號長行者，其名最末人，尚獲五萬。至於非時賜與，不可勝紀。驕横難戢，其勢已甚。令又降優假之詔，俾其蕃大，復有工賈胥吏竄昇朝籍者，厚持緡貨，納于方鎮。大鎮嗜利者，即以大將文符給之，偽其職秩年月，未幾則薦聞，必曰某以歲久宜遷，某以殊勳合獎。宰臣奏擬下，得王官。欲望兵復于農，官清其序，難矣。

敬宗以長慶四年正月即位。二月辛卯，召家令寺典張鍨入内，賜緋魚袋。甲午，以鍨為家令寺。小吏賜緋之後，又連有是命，人頗異之。三月壬子，帝幸内園，賜優人康赫赤金紫。【略】庚午，賜教坊錢一萬貫，以備行幸。樂官一十三人，並賜緋。乙亥，帝幸教坊，賜俳優綾絹三千五百疋。十一月丁未，賜教坊樂人李臻緋幷賜翊善坊宅一區。時穆宗攢宮已啓五日矣，龍輴動輙，期在旦夕，而甲第朱衣之賜，遽及倡優，衆皆竊議。

寶曆元年七月癸酉，賜善奕待詔王倚緋及綵絹銀器。閏七月壬申，賜教坊樂官任自達大寧坊宅一區。

二年十一月己卯，賜翰林僧惟真絹五十疋。惟真以異術出入禁署，故横及焉。【略】

後唐莊宗同光元年十月，入汴州，賜樂人周匝幣帛。周匝者，帝之寵伶也。胡柳之役，陷於賊。帝素喜優笑，每思之。至是復得，欣然慰接。周匝敍其違奉契闊，因言偶獲全者，皆偽廷教坊使陳俊之恩也。垂泣保薦，請除郡守，即時許之。議者憤其佞倖。

明宗天成元年七月庚辰，賜諫議大夫蕭希甫衣段二十疋，銀器五十兩，以訟豆盧革、韋説之罪，非賞典也。

八月癸巳，賜攝湯陰縣令王延禧、主簿柳承翰等緋魚。以帝今春赴難時經過，供頓之勞也。然主簿賜緋，賞典太過。【略】

晉少帝開運三年，詔：宋州節度使李守貞近以援送軍儲，殺戮蕃賊，繼聞克捷，宜示頒宣。護聖、奉國、興順、宗順、興國諸軍都指揮使，各絹十疋餘；自都虞候至散卒，七疋至十疋。其隨行人員與諸州本城將士，亦有等第賜賚。史官曰：昔衛青、霍去病深入虜磧，以斬首加級，用為定規，故謂首級，此其義也。守貞前引大軍，往取瀛州，境獲一刺史以退。此時言攻幽薊，賴張彥澤剿蕃較而回，徵師五萬，運糧千里，行扈所過，卷團一空，將吏醉飽，百草皆除，遂使河北生民無措足之所，而又軍去有賜，謂之挂甲錢，来則賞之，謂之卸甲錢。或微有功名，日皆次第優給繒帛，動計三十萬數，田力其何以濟？良可痛矣，良可駭矣。

漢高祖以晉天福十二年即位。時司天監趙延乂、冬官正吳正己、徐延浩等進來年曆日，賜器皿繒帛有差。星官有祿，給進曆日，職也。前代太史預言氣象水旱災變，使國有備，可賞之矣。至於中秋老人星見，日月薄蝕，皆常事也。賜賞非其時，況曆日乎？

宋·王溥《五代會要》卷一二《軍雜録》 後唐同光二年二月敕：『隨駕收復汴州，幷扈從到洛京南郊立仗都將官員，自檢校司空已下，宜並賜協謀定亂匡國功臣，自檢校僕射、尚書、常侍至大夫、中丞，宜並賜忠勇拱衛功臣，其初帶憲銜，並賜忠烈功臣，已有功臣名者，不在此限。其節級長行軍將，並賜扈蹕功臣。』唐玄宗平內難，賜衛士葛福順等爲唐元功臣，不過十數人。德宗駐蹕奉天，賜從車駕立功將校爲奉天定難功臣。及僖宗、昭宗，頻年播遷，功臣差多。至是徧及戎卒，非賞典也。

雜録

《隋書》卷一《高祖紀上》 （開皇六年）九月辛巳，上素服御射殿，詔百僚射，賜梁士彥三家資物。【略】辛丑，詔大象已來死事之家，咸令賑恤。

又 卷二《高祖紀下》 （開皇十二年）十一月辛亥，有事於南郊。壬子，宴百僚，頒賜各有差。【略】

（開皇十七年二月）壬寅，河男王昭納妃，宴羣臣，頒賜各有差。【略】

五月，宴百僚於玉女泉，頒賜各有差。

又 卷三《煬帝紀上》 （大業六年）夏四月丁未，宴江淮已南父老，頒賜各有差。【略】

（大業七年）二月己未，上升釣臺，臨揚子津，大宴百僚，頒賜各有差。

宋·王溥《唐會要》卷四五《功臣》 武德元年八月六日，詔曰：『朕起義晉陽，遂登皇極，經綸天下，實仗羣材。尚書令秦王、右僕射裴寂，或合契元謀，或同心運始，並蹈義輕生，捐家殉節，艱辛備履，金石不移，論此忠勤，理宜優異。官爵之榮，抑惟舊典；勳賢之議，宜有別恩，其罪非叛逆，可聽恕一死。其太原元謀勳效者，宜以名聞及所司進簿。尚書右僕射裴寂、納言劉文靜加恕二死。左驍衛大將軍長孫順德、右驍衛大將軍劉宏基、都水監趙文恪、右屯衛大將軍竇琮、衛尉少卿劉政會、鴻臚卿劉世龍、吏部侍郎殷開山、左翊衛大將軍柴紹、内史侍郎唐儉、庫部郎中武士彠、驃騎將軍張平高、左驍衛長史許世緒、李思行、李高遷等，並恕一死。』

三年二月十日詔曰：『貴爵尚齒，列代通規，進善優賢，有國彝訓。尚書左僕射魏國公寂，太子少保、新昌縣公綱，左武候大將軍、陳國公抗，太常卿、沛國公元璹，納言、漢東郡公叔達，內史令、宋國公瑀，兵部尚書、蔣國公通，戶部尚書、滎陽郡公善果，右武候大將軍羅侯，御史大夫、滑國公無逸，並職司近侍，任兼心膂，恩禮所加，義從隆渥。寂已下奏事及侍立，並令升殿。』【略】

貞觀六年九月，宴于慶善宮。時有班居尉遲敬德上者，敬德怒曰：『汝有何功，合坐我上？』任城王道宗因解諭之，敬德拳毆道宗，目幾眇。太宗不懌而罷，嘗謂敬德曰：『朕舊覽漢史，見漢高祖功臣獲罪者多，意常尤之。及居大位以來，恆欲保全功臣，令子孫無絶。然卿居官輒犯憲法，方知韓、彭夷戮，非漢祖之愆。國家大事，惟賞與罰，非分之恩，不可數行，勉自修飭，無貽後悔。』數年，敬德遂飛鍊金石，閑居服云母粉，穿築池臺，常奏清商樂以自奉養，不與外人交通，凡十六年。至顯慶三年十月卒，許敬宗請加贈，上曰：『敬德功業，誰之儔也？』對曰：『武德末年，二凶構亂，經綸中興之業，能置宗廟之安者，敬德功當第一。』太尉無忌曰：『敬德早從征伐，勳庸茂著，貞觀之初，特效殊績，比諸將帥，超越等倫。李靖南定荊、吳，北平突厥，外內之功雖別，論其勳效，實宜相準。』上以為然，遂贈司徒、并州都督。【略】

永徽三年十二月二十八日敕：『功臣貞觀二十三年已來簡退者，特宜同致仕例。其太原元從及秦府左右，仍各加階，先有正四品者，不在此例。』【略】

（大曆十四年）其年六月一日制：『條武德已來宰相及實封功臣，子孫沈翳者，量與一人正員官。』

七月二十六日，吏部請委史館精加檢勘，審定名迹。至建中元年九月五日，史館奏：『武德已來，實封陪葬配饗功臣名迹崇高者，十一人第一等：司空、魏國公裴寂，納言、魯國公劉文靜，太尉、趙國公長孫無忌，尚書左僕射、衛國公李靖，司空、英國公李勣，中書令、漢陽王張柬之，中書令、博陵王崔元暐，侍中、平陽王敬暉，侍中、扶陽王桓彥範，中書令、南陽王袁恕己，尚書左僕射、徐國公劉幽求。

二十四人第二等：司空、河間王孝恭，開府儀同三司、鄂國公尉遲敬德，特進、莒國公唐儉，輔國大將軍、夔國公劉弘基，左驍衛大將軍、薛國公長孫順德，行臺尚書左僕射、蔣國公屈突通，行臺尚書右僕射、鄖國公殷開山，戶部尚書、渝國公劉政會，工部尚書、應國公武士彠，荊州都督、譙國公柴紹，揚州都督、褒國公段志玄，右驍騎大將軍、郯國公張公謹，右領軍大將軍、盧國公程知節，徐州都督、胡國公秦叔寶，禮部尚書、永興縣公虞世南，工部尚書、武陽縣公李大亮，散騎常侍、豐城縣男姚思廉，左武候大將軍、邢國公蘇定方，夏官尚書、耿國公王孝傑，右武衛大將軍、韓國公張仁愿，光祿卿、琅琊郡公王同皎，兵部尚書、代國公郭元振，尚書左丞相、燕國公張説，兵部尚書、中山郡公王晙等。

三十四人第三等：司空、淮安王神通，特進、江夏王道宗，中書令、郢國公宇文士及，行臺左僕射、鄅國公竇軌，太府卿、葛國公劉義節，左屯衛大將軍、襄武郡公劉師立，右驍衛大將軍、梁國公安興貴，右武衛大將軍、申國公安修仁，左衛大將軍、譙國公竇琮，夔州都督、息國公張長遜，黔州都督、夷國公李子和，右光祿大夫、羅國公張平高，左監門大將軍、滎國公樊興，左武候大將軍、郇國公錢九隴，右武候大將軍、沔陽郡公公孫武達，左武衛大將軍、懷寧縣公杜君綽，右驍衛將軍、安化縣公龐卿惲，涼州都督、廣德郡公李安遠，涼州都督、同安郡公鄭仁泰，刑部尚書、吳興郡公沈叔安，右領軍大將軍、虢國公張士貴，左驍衛大將軍、畢國公阿史那社爾，右武衛大將軍、琅琊郡公牛進達，輔國大將軍、嘉州郡公周護仁，右武候大將軍、天水郡公丘行恭，尚書左僕射、宋國公唐休璟，右羽衛大將軍、遼陽王李多祚，吏部尚書、齊國公崔日用，戶部尚書、越國公鍾紹京，左武衛將軍、平陽郡公薛訥，右金吾大將軍、涼國公李延昌，光祿卿、申國公許乾輔，中書侍郎、趙國公王琚，特進、鄧國公張暐等。

至德已來將相，功效明著，已亡歿者，八人第一等：尚書左僕射、冀國公裴冕，吏部尚書、清河郡公房琯，門下侍郎、衛國公杜鴻漸，開府儀同三司、武威郡王李嗣業，衛尉卿顏杲卿，常山郡太守袁履謙，御史中丞張巡，將軍南霽云。

八人第二等：太尉、臨淮王李光弼，兵部尚書、涼國公李抱玉，司空霍國公王思禮，御史大夫劉正臣，范陽長史賈循，尚書右僕射、信都郡王田神功，左羽林大將軍薛景僊，睢陽太守許遠。

七人第三等：太子太師、豳國公韋見素，侍中、韓國公苗晉卿，尚書左僕射、趙國公崔圓，尚書右僕射辛云京，尚書右僕射、扶風郡王馬璘，右散騎常侍、太原尹鄧景山。』

史館奏：『按史傳考詳事實，約為三等，具列如前。』敕旨：『宜付尚書省百寮，與史官對定奏聞。』

建中元年十二月敕：『國初以來將相功臣，名迹崇高，功效明著者，宜差次分為二等。』

其月，定武德已來宰臣，以房玄齡、杜如晦、蕭瑀、高士廉、魏徵、王珪、戴胄、岑文本、馬周、劉洎、褚遂良、于志寧、張行成、高季輔、韓瑗、來濟、張文瓘、郝處俊、李義琰、裴炎、蘇良嗣、狄仁傑、婁師德、王方慶、王及善、魏元忠、姚崇、朱敬則、蘇瓌、宋璟、魏知古、陸象先、蘇頲、張嘉貞、李元紘、韓休、張九齡三十七人為上等；竇威、陳叔達等四十人爲次等。功臣以裴寂、劉文靜、長孫無忌、河間王孝恭、李靖、李勣、尉遲敬德、屈突通、殷開山、劉弘基、長孫順德、唐儉、柴紹、段志玄、劉政會、張公謹、程知節、秦叔寶、虞世南、李大亮、蘇定方、王孝傑、張柬之、崔元暐、敬暉、桓彥範、袁恕己、張仁愿、劉幽求、崔日用、郭元振、張説、王琚、王晙三十四人為上等；淮安王神通等五十人爲次等。至德以來將相既歿者，以裴冕、房琯、杜鴻漸、李嗣業、劉正臣、顔杲卿、袁履謙、張巡、許遠、盧弈、南霽云十一人為上等；李光弼等十五人為次等。【略】

（貞元）四年，詔為晟立五廟，贈晟高祖之隴州刺史，贈曾祖嵩澤州刺史，贈祖思恭幽州大都督，及令官給牲牢、祭器、牀帳，禮官贊儀以祔焉。尋詔晟長子愿爲嫡嗣，兼監察御史，特拜銀青光祿大夫、太子賓客，賜上柱國，使其得列棨戟。五年九月，晟與侍中馬燧召見于延英殿，上嘉其有大勳勞，乃詔曰：『昔我烈祖，乘乾坤之滌盪，埽隋季之荒屯，體元御極，作人父母，則有熊羆之士，不二心之臣，左右經綸，參翊締構，昭文德，恢武功，威不若，康不乂，用端命于上帝，俾懷柔于四方。宇宙既清，日月既正，王業既成，太階既平，乃圖厥容，列于斯閣，懋昭績效，表式儀形，一以無忘于朝夕，一以永垂于來裔。君臣之義，厚莫重焉。貞元己巳歲孟秋七月，我行西宮，瞻宏閣崇構，見老臣遺像，顒然肅然，和敬在色，想云龍之叶應，感致業之艱難。覩往思今，取類非遠。且功與時並，才為代生，茍蘊其材，遇其時，尊主庇人，何代不有？在中宗，則桓彥範等著匡戴之績；在玄宗，則劉幽求等申翼奉之勳；在肅宗，則郭子儀埽殄氛祲；今則李晟等保寧朕躬。咸宣力肆勤，光復宗祏。繼之前烈，夫豈多謝，闕而未録，孰謂旌賢。況念功紀德，文祖所為也。在予曷其敢怠！有司宜敍年代先後，各圖其像，列于舊臣之次，仍令皇太子書朕是命，紀于壁焉。庶永播嘉庸，昭示天下，俾後之來者，知元勳之不朽。』于是史官考其功績，第其前後，以褚遂良、蘇定方、郝處俊等二十七人充之。復命皇太子書其文以賜晟，刻石于門左。【略】

九年八月，太尉、兼中書令、西平郡王晟薨，上聞之，震悼出涕。比大斂，遣使親致書于柩前曰：『皇帝遣宮闈令第五守進伸旨于故前太尉、兼中書令、西平郡王、贈太師之靈曰：天祚我邦，是生才傑，稟陰陽之粹氣，實山岳之降靈。弘濟艱難，保佑王室；埽盪氛祲，廓清上京。忠誠感于人神，功業施于社稷，匡時定亂，實賴元勳。方將與國同休，永為邦翰。比嬰疾恙，雖歷旬時，日冀痊除，重期相見，弼予在位，終致和平。豈圖藥餌無徵，奄至薨逝。君臣之義，追慟益深，循省遺章，倍增感切。卿一門胤嗣，朕必終始保持。況愿等兄弟，承卿教訓，朕之志意，豈忘平生？卿縱不言，朕亦存信。比者卿在之日，卻未見朕深心，今卿與朕長乖，冀知朕誠志。無以為念，發言涕零，是用躬述數行，遣申所懷得盡。臨紙遺使，不能飾辭，魂而有知，當體朕意。』時初城鹽州，復鹽池，上賜宰臣新鹽，惻然思晟，命致鹽于靈座。又時遣中使至晟第，存撫諸子，教戒備致，每聞其子愿等有一善，上喜形于色。鴻勳盛業，恩寵始終，自古及今，無與晟比。

其年十月，司徒兼侍中馬燧對于延英殿。初，燧以足疾，許不朝謁。是日，燧以冬首朝請，上召對，命無拜而坐，謂之曰：『曩故太尉晟常與公俱來，今獨覩公。』不覺悲慟，歔欷久之。既而燧請退，病甚，仆于地，不能興，上親起之，送于階，命中貴人扶掖，燧頓首泣謝而出。先是，燧自平汴、宋、魏博、河中，其功益高，上乃下詔褒美，遷光祿大夫、兼侍中，并賜《宸扆》、《臺衡》二銘并序，勒石于起義堂西偏，上為題額，其恩寵如此。【略】

（大中）三年四月，宰臣奏：『伏以勳德之後，慶賞所延，每有恩制，多令訪録。所以興廢繼絶，尊賢報功，事歸勸獎，義主沈翳。近日諸家自論者衆，吏曹官闕合用者稀，縱欲比擬，亦未詳悉。應前件兩色子孫準前後制敕，令搜訪與官者，望許於吏部陳狀，便委磨勘。如審是嫡嗣，未有官名者，具狀聞奏，非時，與一正員解褐官。如有出身及已曾任官者，選日優與處分。如自以才行嘗登科第，及有諸房子孫不承祭祀，并及先因獎録已授正官者，並不在此限。即冀所加恩例，式叶本條。」敕旨宜依。【略】

咸通九年正月五日，安南觀察使高駢奏：「愛州日南郡北五里，有故中書令河南元忠公褚遂良墓。前都護崔耿，大中六年因訪丘墳，別立碑記云：「顯慶三年歿于海上，殯于此地，二男一孫祔焉。」伏乞尋訪苗裔，護喪歸葬。」從之，仍敕嶺南各委本道搜訪，如有褚氏事迹相類者，尋訪聞奏，當加優憫。

乾符六年十月，京兆府奏，故尚父子儀廟因霖雨倒塌。敕：「減賜御膳錢三千貫，雇丁匠修築，仍令所司，明年仲春以太牢祭于廟。」時禮部員外郎崔祐甫與諫官俱稱過當，章疏屢上，宰臣亦相次奏之。惟中書舍人李拯上疏請行前詔，乃以太牢祀之，而是非相半。其月，敕以故衛國公李德裕孫延吉起家為集賢校理。

天祐元年七月，中書門下奏：西都舊有凌煙閣，盡圖國初功臣。今遷都東京，乞委營造一閣，圖寫梁王全忠。敕旨：令于皇城内擇地營造，仍賜名天祐旌功之閣。

又 卷五三《崇獎》 龍朔二年，諸宰臣以政事堂供饌珍美，議減其料。東臺侍郎張文瓘曰：「此食，天子所以重機務、待賢才也。吾輩若不任其職，當即陳乞以避賢路，不可減削公膳以邀求名譽也。國家之所以費，不在於此，苟有益於公道，斯亦不為多也。」衆乃止。【略】

大曆十三年正月，中書侍郎、平章事楊綰居位旬日，為風恙所中，優詔令就中書攝養，每引見延英殿，特許扶入。及綰疾亟，上日發中使就第存問，又出内醫藥，一日之中，數輩相望於路。臨終，中使在門，以凶聞，走馬入奏，上驚悼久之。即日下詔，贈司徒，發使柩前册授。令及未斂，宰臣百官就第弔喪。上令宣旨謂百官曰：「天不使朕致太平，何奪我楊綰之速也！俯及大斂，與卿等悲悼。」太常初謚曰文貞，有詔改謚曰文簡。【略】

元和三年，杜佑以去年春已乞致政，上於舊臣極隆恩禮，表再請，上許，遂減其朝謁。居一歲，復令入中書議政事，復以不逮為請，遂許一月三度朝謁。【略】

四年二月，詔曰：「司徒、兼中書令裴度盛有勳業，累踐臺衡，比緣疾恙，仍未謝上，須加優異，用示恩榮。其本官俸料，所司起今日支給。」

長慶元年五月，敕宰相裴度自今後不用早入，以仗下赴中書及候對。

清·趙翼《廿二史劄記》卷二二《寵待功臣改賜鄉里名號》 《新唐書》朱滔將叛，劉怦諫之曰，「司徒兄弟，恩遇極矣，今昌平有太尉鄉司徒里，不朽業也」云云，是唐時寵待功臣，本有賜鄉里名號之例，按《劉子玄傳》，好著述，封居巢子。兄弟六人，俱有才名，人號其鄉曰高陽，里曰居巢。然則改鄉里名號，本民間所榮奬之舉，而朝廷因之。及唐末而益濫。唐昭宗以朱温有功，封沛郡王，詔改其鄉錦衣里為沛王里。梁開平中，錢鏐奏改其所居臨安縣之廣義鄉為衣錦鄉。俱見《梁紀》此皆出於特恩也。唐長興元年，詔羣臣職位帶平章事、侍中、中書令者，並與改鄉里名號，則并著為成例矣。《後唐紀》晉天福三年，詔帶使相、節度使者，自楊光遠以下七人，並改鄉里名號。又詔宰臣趙瑩、桑維翰、李崧，亦改鄉里名號。荆南節度使高從誨，本貫汴州浚儀縣王畿鄉表節坊，詔改為擁旌鄉浴鳳里。《晉紀》馮道《長樂老傳》自敘，因官貴，敕以其所生來蘇鄉改爲元輔鄉，朝漢里改為孝行里。後於河南置宅，又敕其所居三州鄉改為上相鄉，靈臺里改為中臺里。及官益進，又改上相鄉為太尉鄉，中臺里為侍中里。此隨官而屢改也。天福四年，中書奏以太原潛龍莊改為慶長宫，使相鄉改爲龍飛鄉，都尉里改為神光里。使相、都尉名號蓋皆未即位前所賜，至是又改焉。觀馮道之隨官改鄉名，則帝王潛邸自亦宜改稱矣。

懲罰

綜述

《隋書》卷二《高祖紀下》（開皇九年四月）己未，以陳都官尚書孔範，散騎常侍王嵯、王儀，御史中丞沈觀等，邪佞於其主，以致亡滅，皆投之邊裔。

又　卷四六《長孫平傳》　鄴都俗薄，舊號難治，前後刺史多不稱職。朝廷以平所在善稱，轉相州刺史，甚有能名。在州數年，會正月十五日百姓大戲，畫衣裳為鍪甲之象，上怒而免之。

又　卷四七《韋沖傳》　其兄子伯仁，随冲在府，掠人之妻，士卒縱暴，邊人失望。上聞而大怒，令蜀王秀治其事，益州長史元巖性方正，案冲無所寬貸，冲竟坐免。其弟太子洗馬世約譖巖於皇太子，上謂太子曰：『古人有沽酒酸而不售者，為噬犬耳。今何用世約乎？適累汝也。』世約遂除名。

又　卷五六《張衡傳》　（煬）帝欲大汾陽宫，令衡與紀弘整具圖奏之。衡承間進諫曰：『比年勞役繁多，百姓疲敝，伏願留神，稍加折損。』帝意甚不平。後嘗目衡，謂侍臣曰：『張衡自謂由其計畫，令我有天下也。』時齊王暕失愛於上，帝密令人求暕罪失，有人譖暕違制，將伊闕令皇甫詡從之汾陽宫。又録前幸涿郡及祠恒岳時，父老謁見者衣冠多不整。帝譴衡以憲司，皆不能舉正，出為榆林太守。

又　卷七一《劉子翊傳》　大業三年，除大理正，甚有當時之譽。擢授治書侍御史，每朝廷疑議，子翊為之辯析，多出衆人意表。從幸江都，值天下大亂，帝猶不悟，子翊因侍切諫，由是忤旨，令子翊為丹陽留守。

又　卷七三《循吏傳・梁彦光》　後數歲，轉相州刺史。彦光前在岐州，其俗頗質，以静鎮之，合境大化，奏課連，最為天下第一。及居相部，如岐州法。鄴都雜俗，人多變詐，為之作歌，稱其不能理化。上聞而譴之，竟坐免。

宋・王溥《唐會要》卷六一《彈劾》　永徽元年十月二十四日，中書令褚遂良抑買中書譯語人史訶擔宅，監察御史韋仁約劾之。大理丞張山壽斷，以遂良當徵銅二十斤。少卿張叡册以為非當，估宜從輕。仁約奏曰：『官市依估，私但兩和耳。園宅及田，不在市肆，豈用應估。叡册曲憑估買，斷為無罪。大理之職，豈可使斯人處之。』遂遷遂良及叡册官。

【略】

長安四年三月，監察御史蕭至忠，彈鳳閣侍郎、同鳳閣鸞臺三品蘇味道贓汙，貶官。御史大夫李承嘉，嘗召諸御史責之，曰：『近日彈事，不諮大夫，禮乎？』衆不敢對。至忠進曰：『故事，臺中無長官，御史人君耳目，比肩事主，得各彈事，不相關白。若先白大夫，而許彈則可，如不許彈，則如之何？大夫不知曰誰也。』承嘉默然，而憚其剛直。

神龍三年，吏部尚書蘇瓌按問鄭普思。其妻有寵於韋庶人，特敕令對御辨析，上屢抑瓌而理普思。侍御史范獻忠歷階而前曰：『臣請先罪蘇瓌』，上問其故，忠曰：『蘇瓌國之大臣，荷榮貴久矣，不能斬逆賊而後奏聞。今使眩惑天聰，搖動刑柄。而普思反狀昭露，陛下曲為申理，此則王者不死。今聖躬萬福，豈有剩天子耶！臣請先死，終不能事普思。』上意乃解，獄遂定。

其年，監察御史魏傳躬劾奏内常侍輔信義縱暴。竇懷貞曰：『輔常侍深為安樂公主所信任，權勢甚高，常成禍福，何得輒有糾彈？』傳躬曰：『今王綱漸壞，君子道消，正由此輩擅權耳！若得今日殺之，明日受誅，無所恨。』至景龍元年九月十二日，又劾奏銀青光禄大夫、西明寺主惠範奸贓四十萬，請寘於極法。上召之，有寬惠範之色。傳躬進曰：『刑賞者，國家大事。陛下賞已妄加，豈宜刑所不及。』削惠範官，放歸於第。

【略】

（三年）其年五月，李尚隱與監察御史李懷讓同奏吏部侍郎崔湜、鄭愔有所挾附，贓汙狼籍。詔監察御史裴漼按其事。時安樂公主用事，諷漼寬之，漼遂對仗重彈奏，愔竟從貶削。

開元二年，崔日知為京兆尹，貪暴犯法，御史大夫李傑糾劾之，反爲日知所搆。侍御史楊瑒廷奏曰：『彈劾之舉，若遭恐脅，以成奸人之謀，御史臺固可廢卻。』上以其言切直，遽令傑依舊視事，貶日知為黟縣丞。

其年三月，殿中御史郭震劾刑部尚書趙彥昭、太子賓客韋嗣立、青州刺史韋安石，曰：『彥昭以女巫趙五娘左道亂常，託為諸姑，潛相援引，既因提挈，遂踐臺階。或驅車造門，著婦人之服；或攜妻就謁，申猶子之情。同惡相濟，一至於此。又張易之兄弟，勢傾朝野，嗣立此際，結為舅甥。神龍之初，已合誅死，天網疏漏，腰領誤全。與安石託附阿韋，編諸屬籍。中宗晏駕，削太上皇輔政之制，定阿韋臨朝之策。比時朝野危懼，人臣怨憤。臣雖才識妄庸，忝司清憲，熟見奸僻，敢不糾彈。彥昭並請准法處分。』於是並罷官。

建中元年三月，監察御史張著冠豸冠，彈京兆尹、兼御史中丞嚴郢於紫宸殿。以郢奉詔浚陵陽渠，匿詔不時行，故使奔蹙，以歸怨於上。上卽位初，侍御史朱敖請復舊制，置朱衣、豸冠於內廊，有犯者，御史服以彈。又令御史得專彈劾，不復關白於中丞、大夫。至是，著首行之。乃削郢御史中丞，著特賜魚袋。自是日懸衣冠於宣政之左廊。然著希楊炎之意彈郢，人頗不直之。【略】

（貞元）九年正月，待御史殷永免官。初，奉誠軍節度使康日知朝覲失儀，為御史彈奏，詔捨之，因敕御史，有節將始至朝，禮小失，勿劾。及是，邠寧節度使張獻甫入閤失儀，永廷劾之。獻甫素服，待罪闕下，召見慰論。以永忘其前命，故免。【略】

（大和）七年九月，侍御史李款閤內彈奏前邠州行軍司馬鄭注，曰：『內通敕使，外連朝官，兩地往來，卜射財貨。晝伏夜動，干竊化權，人不敢言，道路以目。請付法司。』奏未報，款連上十餘疏，由是授注通王府司馬。

又　卷六七《留守》　景龍二年三月，侍中蘇瓌充西京留守。時祕書監鄭普思謀爲妖逆，雍、岐二州妖黨大發。收普思繫獄，考訊之。普思妻第五氏，以鬼道為韋庶人所寵，居止禁中。由是中宗特敕慰諭：令瓌釋普思之罪。瓌上言，普思幻惑，罪當不赦。尚書左僕射魏元忠奏曰：『蘇瓌長者，其忠懇如此，願陛下察之。』遂配流普思於嶺外。

又　卷六八《刺史上》　（開元）二十四年五月，夷州刺史楊濬犯贓，詔令杖六十，配流古州。左丞相裴耀卿曰：『臣以爲刺史、縣令，與諸吏稍別。人之父母，風化所瞻，一為本部長官，卽令終身致敬。況本州刺史，百姓所崇，一朝對其吏人，卽加杖屈，恐非敬官長勸風俗之意。伏望凡刺史、縣令於本部決杖，特乞停減。』【略】

（元和）九年十二月，袁州刺史李將順坐掊斂擾人，貶道州司戶參軍。時大寮有詣執政者，以為刺史抵禁，不經按訊，遽貶官，恐不可。乃追詔，遣御史馳往推究。

又　卷六六《大理寺》　開成四年二月，刑部奏：『大理司直張黔牟在寺宿直，以婢自隨，合判官一任，當徒一年。』從之。

宋·宋敏求《唐大詔令集》卷五七《大臣·宰相·貶降上·張嘉貞幽州刺史制》　中書令張嘉貞，備位宰官，夙承恩命，不能勵其公節，以訓私門。其弟嘉祐，頃緣獎愛，遷在清秩，憑寵自肆，黷貨有彰，豈可仍踐台階，儀刑百辟？貶居藩守，俾肅朝倫。可幽州刺史。

又　《杜暹荆州長史李元紘曹州刺史制》　出納王言，發揮綸翰，宰臣之任，選衆推賢。檢校黃門侍郎同中書門下平章事杜暹，同中書門下平章事李元紘等，咸勵忠勤，用登樞揆，雖清以自牧，而道則未宏，不能同心戮力，以祇帝載，而乃肆懷相短，以玷朝綸。朕緣事醜股肱，情惟隱蔽，掩其累而不率，遂其過而彌彰，將何以緝敍三光，儀刑官辟？宜回中禁，俾列專城。暹可荆州長史，元紘可曹州刺史。

又　《宇文融汝州刺史制》　事君之節，在於匪躬，為臣則忠，期於無隱。黃門侍郎同中書門下平章事宇文融，幸借藝能，俾承推薦，往以封輯田戶，漕運邊儲，用其籌謀，頗有弘益，三遷憲府，再入禮闈，仍仗以訏謨，委其密勿。雖十旬入拜，一日九遷，方此超騰，彼未為速。庶違爾弼，久則佇於昌言；謀而不臧，近頗彰於公論。交游非謹，舉薦或虧。將何以論道三台具瞻百辟？宜輟中樞之位，居外藩之寄。可汝州刺史。

又　《第五琦忠州長史制》　台庭之位，陶甄是屬，在和羹而或爽，當折足而貽憂。由是舜舉二臣，叶心者俾乂；漢閎三相，無能者同免。苟虧公議，抑有彝章。正議大夫、行尚書戶部侍郎同中書門下平章事、權知門下省事、上柱國、扶風縣男、賜紫金魚袋第五琦，夙表材幹，累遷要途，久專司於國賦，常有利於公家。往自艱難，備經任使，以獎其效，拔在鈞衡。比事每涉私，政非近體，率情變法，且違行古之方；封己怙權，稍闕在公之義。簿國靡費，聚斂尤繁，既罔上而取容，亦害下而恣怨。凡所進拔，悉收瑕釁。又與賀蘭進明並居權要，潛結往來，嘗夜會於私第，歸必淹於永漏。殊乖憲典，足表異端，頗招黨比之嫌，甚失弼諧之望。稽諸故事，合議刑章。但以任在股肱，理無按問，遂抑情於含匿，斯以禮而始終。豈可更踐台階，尚塵樞禁？宜申遠謫之命，俾肅懲違之典。可忠州長史員外置同正員，外官勳封如故。乾元二年十一月

又**《第五琦長流夷州制》** 君之使臣，期叶心以輔政；臣之事主，當盡忠以明職。苟或冒官罔上，黷利崇姦，靡懲折鼎之凶，載履覆車之轍，自貽厚責，難捨刑章。正議大夫、行忠州長史員外置同正員、外上柱國、扶風縣男第五琦，素以幹能，早膺任使，自艱難之際，帑藏是司，久彰歲月之勞，頗申强濟之用，所以收其課績，擢在台階。而行闕由衷，任性過量，務容身之計，虧許國之誠，變法多紊於常經，率情每違於直道。交惟黨比，用非忠良，頗乖秉鈞之體，諒乏致君之志。頃者遂從貶削，爰示典章，是以輿議日聞，僭違益露。引承福於肘腋，殖貨於中；處朱敏於膏腴，竊貲於外。懷金暗室，曾不慚於四知；納賄私家，動有踰於萬計。比令按問，咸伏其辜。且國賦邦徭，軍儲歲備，朕以戎車屢駕，甿俗未康，常有戒敕，令其節省。豈謂陰圖聚斂，擅出科條，上延謗於公家，下益疲於人業，狥私封己，歸怨稱君，忝曰人臣，胡寧忍此？況又深尤隱慝，累干刑書。朕亦含垢匿瑕，為之掩惡，議以明刑，合從秋令。顧君臣之義大，庶始終而禮全。夫除惡務本，國家之彝訓；申恩念舊，王者之深仁。屬陽和在辰，品物咸遂，由是抑從寬典，特屈嚴誅，宜寬殊死之命，俾就投荒之謫。可除名，長流夷州。馳驛發遣。朕差綱領，送至彼所，勿許東西。於戲！朕臨御以來，每更輔弼，皆宥以過失，存其祿位。今者琦之所犯，負國誠深，義不可以苟容，法不可以頻貸。申茲憲令，用警庶寮。凡百卿士，宜知朕意。乾元三年二月

又**《李揆袁州長史制》** 持衡當軸，體備股肱。若鼎餗之不知，慮鼓妖之有釁，台司稍紊，王度則乖，宜峻彝章，以懲不道。銀青光祿大夫、行中書侍郎同中書門下平章事、集賢殿崇文館大學士兼修國史、上柱國、姑臧縣開國伯李揆，本以藝文，累階資序，周旋近密，參掌絲綸，庶其翼亮之勤，列在訏謨之地。任惟過力，誠匪奉公，無聞憂國之心，不懼曠官之責。具瞻何取，進退求容，陰懷罔上之謀，更漏省中之語。端居相府，潛搆禍胎，動河南之八州，昧廟堂之三寶，將圖不軌，振擾方隅。考驗甚明，發姦斯在。私乘馹傳，自越章程，式按秋官，合從徽纆。但以任叨宰輔，久侍堦墀，特寬丹筆之書，猶左朱旛之職，俾從遠黜，以肅朝倫。可袁州長史員外置同正員，仍即馳驛赴任。

又**《王縉括州刺史制》** 門下侍郎中書門下平章事王縉，附會姦邪，阿炎讒諂，據茲犯狀，罪至難捨。矜以耄及，未忍加誅，俾申屈法之恩，貸以岳牧之秩。可使持節括州諸軍事、括州刺史，宜即赴任。於戲！朕恭己南面，推誠股肱，敷求哲人，將弼予理，昧於任使，過在朕躬，無曠厥官，各慎爾職。

又**《楊炎崖州司馬制》** 尚書左僕射楊炎，託以文藝，累登清貫，雖謫居荒服而虚稱猶在。朕初臨萬邦，思弘大化，務擢非次，招納時髦，拔自郡佐，登於台鼎，獨委心膂，信任無疑，而乃不思竭誠，敢為姦蠹，進邪醜正，既偽且妄，黨援因依，動涉情故，隳法敗度，罔上行私，苟利其身，不顧於國。加以内無訓誡，外有交通，縱恣詐欺，以成贓賄。詢其事迹，本末乖謬，蔑恩棄德，負我何深！考秋議刑，罪在難宥。但以朕於將相，義切始終，顧全大體，特有宏貸，俾從遠謫，以肅具寮。可崖州司馬員外置同正員，仍即馳驛發遣。

又**《鄭餘慶郴州司馬制》** 輔弼之臣，百辟是憲，苟二其行，則黷大猷。守中書門下平章事鄭餘慶，頃謂忠貞，擢居台輔，仍乖正直，有涉比周。棄法弄情，公行黨比，苟狥邪志，頗紊彝倫。謫佐遐藩，以懲不恪。朕擢於不次，誠冀效忠；乃自速辜，亦所難逭。凡百君子，宜悉朕懷。可郴州司馬置同正員。

又**《韋執誼崖州司馬制》** 為臣之道，必在盡忠。其有朋黨比周，挾邪敗度，事資懲戒，必正典刑。正議大夫、中書侍郎同中書門下平章事、崇文館大學士、修國史、賜紫金魚袋韋執誼，幸以藝文，久從任使，早居禁署，謬列鼎台，直諒無聞，姦回有素，負恩棄德，毀信廢忠，言必矯誣，動皆蒙蔽，官由黨進，政以賄成。朕初臨萬邦，務於弘大，每存容恕，冀有悛心，而乃不顧憲章，敢行欺罔，宜投荒服，以儆無良。以曾事先朝，嘗參近職，尚寬極法，俾佐遐藩。可崖州司馬員外置同正員，仍即

馳驛發遣。

又《于頔恩王傅絶朝謁制》　君之使臣也，有以極崇寵之恩；臣之事君也，是宜懷感勵之志。然後上下交應，始終可觀，道德齊禮之風行，遷善遠罪之功著。宇縣之内，歡然太和。其或誘勸無施，僻違自縱，干我邦紀，黷於彝倫，羣情所非，物聽增駭，雖欲覆護，厥路何由？尚復裁於朕心，特示宏貸，俯從屈法，用表曲全。非予敢私，誠謂遠體。金紫光禄大夫、守司空同中書門下平章事、充太微宫使、上柱國、燕國公于頔，軒裳之族，頗習藝文，累踐臺郎，亟分符守。特稱器幹，遂領藩方。爰自先朝，持節襄漢，率情肆暴，敗法作威，蔑易典章，公違詔旨，事皆顯白，僉論不容。朕以臨御之初，務修德化政，豈尚於至察？道姑務於包荒，由是大推衷誠，排絶衆議，賜以聯恩之寵，增其相位之榮，禮命所加，焜耀當代。洎秉圭來覲，和調台鼎，任兼論道之司，位冠羣臣之列。閨門子弟，紆章紱於周行；命秩車輿，極紛華於里巷。雖勳藏盟府，行滿縉紳，德澤優深，曾未階比，而罔戒盈覆，猶務希求，廣出貨財，潛信卜射。且又縱其勇敏，專殺私庭，害及平人，慘深支解。京轂之下，凶毒若兹，聞之震驚，增用悼痛。慮其曖昧，按驗皆明。家道則然，蒐慝斯在。自罹禁網，宜峻刑書。猶以嘗厚恩親，未忍置之嚴憲，遂申寛宥，俾傅王門，服於静專，庶能循省。可行恩王傅，散官勳封如故，仍絶朝謁。於戲！朕惟漢宣之理，在於信賞必罰，而伯宗有言，亦責匿瑕含垢。豈化之未至，將善或難躋？孤我初心，良增愧歎。凡百多士，宜悉朕懷。

又《皇甫鎛崖州司戶參軍制》　朕顧眇身，初膺大寶，思有以上諧天意，下悦人心，將澄理化之源，必分邪正之路。言念輔弼，方俟忠賢。其或挾姦容身，斂怨歸國，罪已暴於天下，法宜行於事初。不速去之，曷明予志？中大夫、守門下侍郎同中書門下平章事、上柱國、賜紫金魚袋皇甫鎛，器本凡近，性惟險狹，行靡所顧，文無可觀。雖早踐朝倫，而素乖公望。自掌邦計，屬當軍興，以剝下為狥公，既鼓衆怒；以矯迹為孤立，用塞人言。洎廛台司，益蠹時政。不知經國之大體，不慮安邊之遠圖，三軍多凍餒之憂，百姓深凋瘵之弊。事皆罔蔽，言悉虚誣，遠近咸知，朝野同怨，而又廣稱方事，上惑先朝，潛通姦人，罪在難捨。合加竄殛，以正刑章，俾黜遐荒，尚存寛典。凡百在位，宜悉朕懷。

又《元稹〈令狐楚衡州刺史制〉》　忠臣之節，莫大於送往事居；君子之方，寧忘於養廉遠耻？况位隆輔相，職奉園陵，蒙蔽之過屢聞，誠敬之心盡廢。朕雖含垢，人亦有言。深念君臣之恩，難厭公卿之論。宣歙等州都團練觀察處置等使、大中大夫、使持節宣州諸軍事、守宣州刺史兼御史大夫、上柱國、輕車都尉、賜紫金魚袋令狐楚，早以文藝，得踐班資，憲宗念才，擢居榮近。異端斯害，獨見不明，密隳討伐之謀，潛附奇邪之黨。因緣得地，進取多門，遂參台階，實妨賢路。朕以道遵無改，事貴有終，再命黄扉之榮，專奉玄宫之禮，而不能率下，罔念匡君，致于隳政牧之職，掩韋術、李鄘之舉。成朕不敏，職汝之由。前命秉軺，尚期改節，人心大惑，物議沸然。雖欲特容，難排衆怒，俾從謫守，猶奉詔條。予豈無恩？爾且自省。可使持節衡州諸軍事、守衡州刺史，散官勳賜如故。仍馳驛發遣。

又《宋申錫開州司馬制》　敕：正議大夫、新授太子右庶子、上柱國、賜紫金魚袋宋申錫，頃由藝文，擢居近密，謂能潔己，可以佐時，遂越常資，超升大任。自參樞務，驟易寒暄，嘉謀蔑聞，醜迹斯露，致兹獄訴，實駭朝聽。俾窮根本，亦對嗣稱，以左驗之間，有所漏網，正刑之際，始示寛恩。於戲！朕自君臨，推誠宰輔，常務仁恕，以保和平，豈意魚水之期，翻貽吳越之慮？撫事興歎，中宵耿然。是用重難，親臨鞫問，及諸耆德，徧於名卿，庶其盡忠，頗為審克，屈兹彝憲，俾佐遐藩。凡百具寮，宜知朕意。

又《李德裕袁州長史制》　有國之典，本於明罰；為君之道，必在去邪。皇王大政，諒無易此。姦宄與偕，誠敬盡虧，無君之心，因事輒見，豈可尚居崇秩，猶列東朝？銀青光禄大夫、守太子賓客分司東都、上柱國、贊皇縣開國伯、食邑七百戶李德裕，性本陰狡，才則脆弱，因緣薄藝，頡頏清途，既忝藩鎮，旋處鈞軸。靡懷愧畏，肆意欺誣，癈撓舊章，汩亂彝序。賢良盡逐，當白晝而重關；詭詐是謀，逮中宵而萬變。朕嘗以寒暑得疾，初甚驚人，凡百臣子，奔走道路，而德裕私室宴然，全無憂戚。王涯駐車道左，絡繹追呼，滿朝傾駭，竟以不至。又在西蜀之日，徵逋縣錢，僅三十萬貫，使疲羸老弱，徙轉溝壑。交結異類，任用憸人，賄賂流行，朱紫無辨。是宜處之重典，以正刑書，猶以夙經委使，載深寬宥。俾佐遐服，用示寬恩。可守袁州長史，馳驛發遣。

又《李宗閔明州刺史制》 夫輔宰之任，緝熙庶工，苟或政紊彝倫，迹涉黨比，則何以執是邦柄，毗予一人？銀青光禄大夫、守中書侍郎同中書門下平章事、上柱國、襄武縣開國侯、食邑一千戶李宗閔，頃以詞藝，列於班行，乃藉宗枝，驟升顯貫。朕嗣膺大寶，夢想勤勞，謂其忠厚小心，再委樞務，每必造膝而問，虛己以求。將欲俾人不迷，致我垂衣而理，付之鈞軸，斷然不疑，而乃事每懷私，言非納誨。近者別登俊彦，與之同列，忌賢不悦，物論諠譁，翼贊之效蔑聞，怨嫌之聲屢作。前後叨位，中外同辭，惟進奔競之徒，莫修恭慎之道。蔽我卑聽，擅我化權，不思急召之恩，都忘再擢之寵。況且志無報主，舉非正人，顧其操心，乃是速戾，則何以式是百辟，以維四方？尚從屈法之典，俾守遐藩之牧。所謂全體，良愧知臣。可明州刺史，仍馳驛赴任。

又《再貶李宗閔處州長史制》 明州刺史李宗閔，股肱之臣，付以大政，所宜竭節，以答殊榮。事或負予，法所難貸。雖欲終始，其可得乎？且細大之罪，既暴前詔；而交通匪類，蹤迹又彰。豈可尚領方州，牧我黎庶？宜謫遐佐，以肅朝倫。可處州長史，馳驛發遣。

又《三貶李宗閔潮州司戶制》 交結凶邪，叨取榮顯，姦險陰慝，因事盡彰。頃為吏部侍郎，令沈議於內人宋若憲處，密求宰相。及事蹤敗露，文字猶在。閲視之際，良深歎駭。既專樞柄，益附私黨，附下罔上，廢義滅公，言多矯誣，動挾欺詐，傷風敗政，負我何深！按之刑章，法在無赦。尚以早經任使，賜以全生，投之裔夷，實我恩貸。嗚呼！知人則哲。朕方自咎，為臣苟進，當鑑於斯。百爾君子，宜體予意。

又 卷五八《大臣・宰相・貶降下・李德裕潮州司馬制》 敕：録其自效，則付以國權；懲彼保姦，則舉茲朝憲。此王者所以本人情而張法理也。特進、行太子少保分司東都、上柱國、衛國公、食邑三千戶李德裕，憑藉鎡基，累承台衮，不能盡心奉國，竭節匡君，事必狥情，政多任己，愛憎頗乖於公道，昇黜或在於私門。遂使寃塞之徒，日聞騰口，積嫌之下，得以恣心。豈可尚居保傅之榮，猶列清崇之地？宜加竄斥，以戒僻違。嗚呼！朕臨御萬方，推誠庶物，顧彼纖瑣，皆欲保安，豈於將相舊臣，獨遺恩顧？而羣議不息，謗書盈篋，爰舉典章，事非獲已。凡百寮庶，宜體朕懷。可潮州司馬員外置同正員。仍所在馳驛。

又《李德裕崖州司戶制》 敕：朕祗荷丕業，思平泰階，將分邪正之流，冀使華夷胥悦。其有嘗登元輔，久奉武宗，深包禍心，盜弄國柄，雖行譴斥之典，未塞億兆之言，是用再舉朝章，式遵彝憲。守潮州司馬員外置同正員李德裕，早藉門地，叨踐清華，累膺將相之榮，惟以姦傾為業。當會昌之際，極公台之榮，騁諛佞而得君情，遂專恣而持國政。怙權生事，妬賢害忠，動多詭異之謀，潛懷僭越之志。秉直者必棄，嚮善者盡排。誣貞良造朋黨之名，肆讒搆生加誅之釁。奸有踰於指鹿，罪實見於欺天。頃者方處鈞衡，曾無嫌避，委國史於愛婿之手，寵秘文於弱子之身。洎參命書，亦引親昵。恭惟《元和實録》，乃不刊之書，擅敢改張，罔有畏忌，奪他人之懿績，為私門之令猷。又附會李紳之曲情，斷成吳湘之寃獄。凡彼簪纓之士，遏其進取之途。驕倨自誇，狡猾無對，擢爾之髮，數罪未窮。再窺罔上之由，益驗無君之意。使天下之士，重足而迹皆懾懼，奉爾而慢易在公。為臣至此，於法何逭？於戲！朕務全物體，久為含宏，雖黜降其官榮，尚蓋藏其醜狀，而睥睨未已，兢惕無聞。積惡既彰，公議難抑，是宜移投荒服，以謝萬方。中外臣寮，當鑑予旨。可崖州司戶參軍員外置同正員。仍仰所在，馳驛發遣。縱逢恩赦，不在量移之限。大中二年九月

又《李回太子賓客分司東都制》 敕：王者懸賞罰，以示萬方，況乎臣子若奮其良術，則宜擢處重任；或挾彼邪謀，固合稍加懲沮。惟此二柄，我何敢私？湖南都團練觀察處置等使、光禄大夫、行潭州刺史兼御史大夫、上柱國、隴西郡開國公、食邑二千戶李回，早以藝學科名，累登華貫，謂爾奉公約己，旋升大寮，因緣奬遷，遂陟台輔，而不能竭誠以盡忠，益枉道而求庇，交通財賄，導達姦邪。昨因推鞫凶徒，皆得發明事迹。朕務弘體裁，特免研窮，論既喧騰，理須移奪。況又聞頃司政柄，每欲除授，咸取決於德裕，不自行其至公。物議所興，以斯為重。豈可猶委澄清之任，復領湘潭？是宜輟從調護之班，俾分洛邑。爾其勉莅寵秩，幸予寬恩。可行太子賓客分司東都。大中二年九月

又《李回賀州刺史制》 敕：為臣竭公忠之誠，朝尊爵賞；事君乖毗倚之望，國有典章。惟此二道，理所不廢。湖南都團練觀察處置等

使、光祿大夫、行潭州刺史兼御史大夫、上柱國、隴西郡開國公、食邑二千戶李回，始以才術，升於台階，作予股肱，亦援星律，寄長兼於授鉞，道甚異於匪躬。亦既左遷，俾居廉問，而迹乖檢慎，事露端倪，秉鈞之勢已移，枉道之蹤乃見。負我非淺，叨榮故深。況又聞頃司政柄，應欲授除，咸取決於德裕，不自行其至公。人亦有言，孽亦何逭？朕匿瑕含垢，思全進退之宜，爾則同力協心，且易樞機之任。合歸嚴譴，猶示寬恩，故前制命爾為太子賓客，給事中封還我敕，且曰責坐之詞至重，降移之秩太輕，物論喧然，以為未當。爾實自搆，予何敢私？是用移謫臨賀，冀厭羣議，勉於三省，勿謂無恩。可持節賀州諸軍事、賀州刺史。仍所在馳驛赴任。大中二年九月

又《楊收端州司馬制》 敕：人臣之節，莫重於忠良；氏族所修，無外於清順。二者不立，何以正身？況乎居常伯之崇，應藩侯之寄，雖顧初終之體，當明懲勸之端。宣歙觀察使、檢校工部尚書、宣州刺史兼御史大夫楊收，始以文章，選在宥密，纔歷二歲，擢升台衡。謂其發自寒門，必有操奇，行孤貞之道報國，用恭儉之禮化時，夙夜勵精，以酬恩遇。而乃貪黷為業，溝壑難盈，逞其私懷，盜我名器，以官常為貨利之徑，持僭侈為暴橫之資，田產遍於四海，臺榭擬於中禁。而又結連姦黨，聽任憸人，險詐千端，回邪萬狀，欺罔彌甚，顧慮蔑聞。謂日月之照臨，或所隱漏；意天地之姦慝，可以包容。殊不知心既不悛，孽無以逭。去歲驗其事迹，未忍揭揚，委以察廉，僭咎時聞。縉紳之內，物議喧然；班列之中，怨念未息。朕以寬恕馭下，仁閔為心，中外臣寮，悉明此志。負我既甚，其法何如？竄於遐陬，式示嚴憲。爾惟自棄，毋或尤人。可守端州司馬員外置同正員。仍馳驛發遣。咸通八年八月

又《楊收長流驩州制》 敕：端州司馬楊收，起自孤寒，猥承委任，罔思報效，惟恣姦欺，心每挾邪，言常近利。江西置節制之額，務在虛兵；浙右創造船之名，便其盜用。兩地推覆，按驗分明。豈可尚佐專城，猶居仕籍？俾投荒裔，用塞愆尤。中外臣寮，各體朕意。宜除名，配驩州，充長流。百姓縱逢恩赦，不在量移之限，仍錮身。所在防押，遞送至彼，具到日申聞。仍路次縣給遞驢一頭，并熟食。咸通十年二月

又《孔緯荆南節度使制》 朕垂衣嚮明，負扆成化，內則委輔翼之任，外則寄藩屏之臣，比用股肱，是為心膂。況荆衡巨屏，禹貢右封，南制百蠻，西控三蜀，或膺統臨之命，爰崇迭處之榮。持危啓運保乂功臣、開府儀同三司、守太保兼門下侍郎同中書門下平章事、國子祭酒、充太清宮使、弘文館大學士、延資庫使、諸道鹽鐵轉運等使、上柱國、魯國公、食邑四千戶、食實封五百戶孔緯，闕里傳宗，儒林植操，出入累更於華貫，超升遂陟於鼎司。宜成我無為，歌我有截，豈可但崇朋助，罕究否藏？昨者張濬，首請興師，親求伐叛，且陳計畫，累贊征行，決言旬朔之間，兄著殊常之效。延英互奏，幾疑朕言，文字繼來，固違朕志，以至干戈一舉，星紀將周，并汾之寇孽未除，蒲晉之生靈已盡。搆茲紛擾，職爾披陳，罔思惑亂之由，堅執比周之計。詢於輿論，曷副旁求？今則正罷中樞，俾安外閫，尚顧始終之念，用成進退之宜。勉服明恩，往祇休命。可檢校太保兼御史大夫，充江陵尹、荆南節度觀察等使。大順二年正月

又《張濬鄂岳觀察使制》 昔漢武因恭儉富庶之後，建置朔方，孫弘沮之，十不得一。良史以弘有宰相之體，誠以愛人治國為先，拓境開邊為末。及孝宣帝值雄才削平之餘，將議北伐，魏相爭之，五將尋罷，果致中興，號為賢輔。況朕承天厭干戈之際，人思休息之時，敢望皐夔，共成堯日，庶幾孫魏，粗及漢年。苟異於斯，如何倚注？光祿大夫、守尚書右僕射兼中書侍郎同中書門下平章事、集賢殿大學士、判度支兼京畿諸道營田修國太廟使、充河東諸道行營兵馬招討指揮制置等使、河東節度觀察處置等使、上柱國、河間郡開國公、食邑三千戶、食實封二百戶張濬，早以盛名，稱為奇士，由是再加召用，委以鈞衡，謂其必致小康，克勝大任，而乃罔思守道，但欲邀功，是不詢之計謀，起無名之兵甲，自云一舉，止在旬時。堅請抗論，勢莫能奪，輕葛亮渭濱之役，小裴度淮右之行，而經歷寒暄，縻費百萬，虛誕張於朝野，詐詭布於華夷。橫草蔑聞，燎原愈急，俾擁旄乘馹之使，囚於虜庭；致勤王奉國之師，懷歸本土。忘廊廟之威重，結藩屏之寇讎，是使海內生靈，竭於貢賦，豈獨河中郡邑，蕩為丘墟。生此厲階，欲誰歸咎？嗚呼！徵晁錯之故事，仍王恢之舊章，國有明文，爾當何道？尚以愛人以禮，治體宜然，廉鎮劇權，武昌善地，宜罷軸樞之任，仍停度支之司。勉自深惟，以逃後命。可檢校尚

書右僕射，充鄂岳等州都團練觀察等使。大順二年正月

又《杜讓能梧州刺史制》 輔弼之事，安危所屬，大則調陰陽以期昭泰，次則撫夷夏以務洽平，俾比屋之可封，致乃后於無事。兆人允賴，百辟具瞻，苟異於斯，則將安用？扶危啓運保乂功臣、開府儀同三司、守太尉兼門下侍郎同中書門下平章事、太清宫使、弘文館大學士、延資庫使兼諸道鹽鐵轉運等使、上柱國、晉國公杜讓能，軒裳貴胄，禮樂清門，蹈姬孔之康莊，邁韋平之閥閱。夙推重望，早歷華資，洎陟台司，亟更年籥，方謂偉儒，克承大任，而乃首居帷幄，輕議干戈，棄卿士之臧謀，搆藩垣之深釁，啓詢之際，證執彌堅，果致兵集甸畿，人散都邑。尚賴祖宗垂祐，賢智叶謀，啓悟朕心，别施制命，詢彼輿人之論，咸推上相之尤。須示典章，用息騰沸。尚居列郡，式重大臣。可貶梧州刺史。景福二年九月

又《孫偓南州司馬制》 敕：金紫光禄大夫、守禮部尚書、安樂郡開國侯、食邑一千戶孫偓，夙通朝籍，累踐華資，竊顧多岐，遽隳直道，秉弼諧之大政，附伎術之小人。罔畏公言，自為良策，處嫌疑而不愧，謂寵利之可安，而屬我艱危，匪能匡救，頃因丕變，亦貸彝章。雖罷萬機，尚分六職，是惟循省，俾息沸騰。觀諫臣所上之言，陳取戾不已之狀，則正卿之位，非爾宜居。將儆後来，遂投荒服。行當咎己，無或尤人。可貶南州司馬員外置同正員，仍令所在馳驛發遣。乾寧四年八月

又《朱朴郴州司馬制》 敕：夔州司馬員外置同正員朱朴，本在寒微，偶升科第，復塵簪組，且列膠庠。不為自審之謀，但務夤緣之計，實因姦幸，濳致顯榮，亦謂術可弭兵，學能治國，叨半歲容身之貴，無一朝輔政之功。惟辱中台，頗興輿論，斥於散外，未絶他腸，越法制以有圖，信愆尤之自作。封章所指，竄逐尚輕，掾彼方州，亦云寛典。非我好黜，惟爾深思。可貶郴州司戶參軍。乾寧四年八月

又《王摶工部侍郎制》 天地之數，寒暑有推遷；輔弼之臣，任用有進退。蓋以其宣力斯久，克修是虧，俾夫退列貳卿，式示朝典。以禮之道，其在茲乎！扶危匡國致理功臣、開府儀同三司、守司空兼門下侍郎同中書門下平章事、監修國史、判度支、上柱國、魯國公、食邑三千戶、食實封一百戶王摶，始以菲才，擢升重位，亟移主律，蔑效公忠，惟務回邪，罔思致正，紊朝廷之綱紀，致經費之空虚，而又朋附近臣，隳張大體，豈可尚持政柄？所宜降處周行。猶念含弘，勉為循省。可特進、尚書工部侍郎。光化二年六月

又《王摶溪州刺史制》 敕：工部侍郎王摶，久司邦計，復掌國鈞，致帑藏之不豐，則材謀而安在？曾無讜正，但務回邪，盡非燮理之心，惟是貪婪之志。今則罷其大柄，復列二卿。雖優弘之制已行，在問俗之司俾任。可謫授溪州刺史，所在馳驛發遣。光化三年六月

又《王摶崖州司戶制》 敕：溪州刺史王摶，久居重位，罔著嘉猷，掌邦計而罕致豐盈，顧私室而惟多貪積。雖示朝黜，未塞羣情，俾從竹使之權，許履掾曹之職。可貶崖州司戶參軍員外置同正員。光化三年六月

又《崔胤工部尚書制》 食君之禄，合務於盡忠；秉國之鈞，宜思於致理。其有疊膺異渥，經執重權，遂萌狂悖之心，忽搆傾危之計，人知不可，天固難容。扶危定亂致理功臣、開府儀同三司、守司空兼門下侍郎平章事、充太清宫使、弘文館大學士、延資庫使、諸道鹽鐵轉運等使、判度支、上柱國、魏國公、食邑五千戶崔胤，奕葉公台，蟬聯珪組，冠歲多升於甲乙，壯年位列於公卿。趨向有聞，行藏可尚。朕採於羣議，詢彼輿情，冀有小康，遂登大任。殊不知漏卮難滿，器小易盈，曾無報國之心，但作危邦之計。四居極位，一無可稱。豈有都城合聚兵甲，暗養死士，將亂國經，聚貔虎以保其一方，致刁斗遠連於右輔。始則將京兆府官錢，委元規召卒；後則用度支權利，令陳班聚兵。士去公朝，權歸私室。百辟休戚，在其顧盼之間；四方是非，繫彼指呼之際。令狐涣姦纖有素，操守無堪，用作腹心，共張聲勢，遂令濫居深密，日在禁闈，罔惑朕躬，偽行書詔，致茲播越，職爾之由。豈有權重位崇，恩深獎厚，曾無惕厲，轉恣睢盱，顯搆外兵，將圖不軌。朕以士庶流散，兵革繁多，遂命宰臣，與之商議，五降内使，一貢表章，堅卧不來，拒詔如此。況又拘留庶吏，廢闕晨趨，人既奔驚，朕須巡幸，果見兵纏輦轂，火照宫闈，煙塵漲天，干戈匝野。致朕奔迫，及於岐陽，翠輦未安，鐵騎旋至，圍逼行在，焚燒屋廬。觀此阽危，咎將誰執？近省全忠表章，兼遣幕吏敷陳，言宰臣繼飛密緘，促其兵士西上，静詳搆扇，孰測包藏？無功及人，為國生事。

於戲！君人之道，委之宰衡，庶務殷繁，豈能親理？盡將機務，付爾主張，負我何多，搆亂致此？仍存大體，不謂無恩。可謫授朝散大夫、守工部尚書。天復二年十一月

又《裴樞登州刺史崔遠萊州刺史制》 敕：朕謬將眇質，叨荷丕圖，常懷馭朽之心，每軫泣辜之念。諒於黜陟，豈易施行？左僕射裴樞，右僕射崔遠，雖罷機衡，尚居揆路，既處優崇之任，未傷進退之規。不能屏志安家，但恣流言謗國，頗興物論，難抑朝章。須離八座之榮，尚付六條之政。勉思咎己，無志尤人。樞可責授朝散大夫、登州刺史。遠可責授朝散大夫、萊州刺史。並委御史臺催促出京。所在馳驛發遣。天祐二年五月

又《陸扆濮州司戶王溥淄州司戶制》 敕：朕以涼德，獲嗣丕圖，將弘至公，以凝庶績。憲章不濫，賞罰惟宜，俾恢理政之風，用振紀綱之典。其有嘗居宰輔，但協姦邪，苟玉石之未分，則稂莠而將茂，須行黜責，用致澄清。吏部尚書陸扆，早以文儒，亟揚華顯，自先皇帝議征峻隴，而扆確有救論，果犯雷霆，旋經遷貶。其後託茂貞之勢援，憑閹監之梯媒，尋復舊官，再升高位。惟知周比，寧務燮和？邇來多難，罔不由此。工部尚書王溥，亦茂貞奧主，崔胤門人，驟歷禁闈，俄塵袞職，但恣詭隨之志，曾無匪懈之稱。崔胤既寘嚴誅，而溥獨居清列。況朕恭承大寶，思拯彝倫，非為洗垢求瑕，但冀懲惡勸善。兼宜斥於外掾，不容在夫中臺。尚謂寬恩，勉當省過。扆可濮州司戶參軍，溥可淄州司戶參軍。天祐二年五月

又《裴贄青州司戶制》 敕：朕聞君臣之間，進退以禮，矧於耆舊，欲保初終。苟自掇於悔尤，亦須行於黜責。特進、守司空致政裴贄，早以公望，嘗踐台司，靡聞竭力以匡時，每務養恬而避事。洎從請老，不謂無恩，合慎樞機，動循規矩。雖云男退，乃有後言，自為徒薄之魁，頗失大臣之體。謫居郡掾，用立朝綱，尚謂過輕，所宜自咎。可貶青州司戶參軍。天祐二年六月

又《柳璨密州司戶制》 敕：明罰飭法，固有彝章，懲惡除邪，用攄衆怒。責授官、登州刺史柳璨，素矜憸巧，每務回邪，幸以庸才，驟持重柄，曾無微效，顯負明恩。詭譎多端，包藏莫測，但結連於凶險，獨傾陷於賢良。罪既貫盈，理須竄殛。尚處一麾之獨任，虧三尺之常刑。將塞羣言，須行重典。自貽顛覆，無乃怨尤。可貶密州司戶參軍。天祐二年十二月

又 卷六〇《大臣・將帥・貶責・薛訥除名為庶人制》 出師不臧，本於喪律；責帥歸罪，聞於記言。薛訥頃者總戎禦邊，建議為首，暗於料敵，輕於接戰，張我王師，衄之寇境。偏裨失節，乃斯令之不明；中軍靡旗，則厥謀之不振。況雁門斬級，魏尚豈得論功？馬邑亡輜，王恢必聞議罪。進退之咎，典刑攸屬。且觀其疇昔，頗嘗輸罄，每欲資忠報主，見義忘身。儻曹沫不死於辱，終能自奮。秦赦孟明之敗，漢從李廣之贖，古嘗有矣，朕每懷之。特緩嚴科，俾期後效。宜放其罪，所有官爵並除削。開元二年七月

宋・王欽若等《册府元龜》卷一五二《帝王部・明罰》 太宗貞觀二年六月，下詔曰：天地定位，君臣之義以彰；卑高既陳，人倫之道斯著。是用篤厚風俗，化成天下。雖復時經治亂，主或昏明，疾風勁草，芬芳無絶，剖心焚體，赴蹈如歸。夫豈不愛七尺之軀，重百年之命？諒繇君臣義重，名教所先，故能明大節於當時，立清風於身後。至如趙高之殞二世，董卓之鴆弘農，人神所疾，異代同憤。況凡庸小豎，有懷凶悖，遐觀典策，罔不誅夷。辰州刺史、長蛇縣男裴虔通，昔在隋代，委質藩寮，煬帝以舊邸之情，特相愛幸，遂乃忘蔑君親，潛圖弒逆，密伺間隙，招結羣醜，長戟流矢，一朝竊發。天下之惡，孰云可忍？宜其夷宗焚首，以彰大戮，但年代異時，兼累逢赦令，可特免極刑，投之四夷，用明逆順之理，以奬君臣之義。可除名削爵，遷配驩州。初，宇文化及得志，大見親委，及王世充敗，以彭城歸國。高祖方以綏懷為務，不之罪也。初授滁州總管。太宗嘗從容謂侍臣曰：『君雖不君，臣不可以不臣。虔通，煬帝故人也，而親為亂首。朕方崇教義，何得忘之？』後數日而發詔。虔通平常時每云身除隋室，以啓大唐，自以為功，頗有觖望之色。及得罪怨憤，歲餘而死。【略】

七月戊申，詔：萊州刺史牛方裕，絳州刺史薛世良，廣州都督府長史唐奉義，隋武牙郎將高元禮，並於隋代，俱蒙任使，乃協契宇文化及，搆成弑逆。宜依裴虔通除名，配流嶺表。【略】

十九年十一月庚辰，帝征遼迴，次易州界。司馬陳元璹令百姓種蔬坑

上，而微火煦之，欲其速生，以擬供進。太宗聞之，責其諂媚，詔免官。【略】

（高宗）龍朔三年四月壬辰，右史董思恭以知考功貢舉事，預賣策問受贓，帝令於朝堂斬之。百僚畢集，帝使謂之曰：『古者帝王，皆不獨理，藉股肱舟楫，共安百姓。今委寄公等，本望副朕心。董思恭賣策問，取錢物，悉已捜獲。亂我憲章，蠹害特甚。事須以殺止殺，懲警後來。公等宜看決思恭，與衆共棄。』使語思恭曰：『汝是百代寒微，未及倫伍。只如右史簡英俊為之，為汝薄解文章，所以不次擢授。計應少自勉厲，深荷恩榮，遂敢狼藉取錢，自觸刑網。汝須甘心服死，為天下鑒誡。』思恭臨刑告變，免死，長流嶺表。【略】

中宗神龍元年三月，制曰：國之大綱，惟刑與政。刑之不中，政乃必虧。劉光業、王德壽、王處貞、屈貞筠、鮑思恭、劉景陽等，庸流淺識，姦吏險夫，以酷暴為能官，以凶殘為奉法，往從按察，害虐在心，倏忽加刑，呼吸就戮，曝骨流血，其數甚多，寃濫之聲，盈於海内。朕惟新布澤，恩被人羣，撫事長懷，尤深惻隱。光業等五人積惡成釁，并謝生涯，雖其人已殂而其迹可貶。光業所有官爵，並宜追奪。其枉被殺人，各令州縣鄉里埋葬，還其官蔭。劉景陽身雖見在，情不可矜，特以會恩，免其嚴罰，宜從貶降，以釋寃情。【略】

是月又制：酷吏丘神勣、來子珣、萬國俊、周興、來俊臣、魚承曄、王景昭、索元禮、傅遊藝、王弘義、張知默、裴籍、焦仁亶、侯思止、郭霸、李敬仁、皇甫文備、陳嘉言等，雖已身死，并遺除名。

睿宗唐隆元年六月，以越州長史宋之問、饒州刺史冉祖雍，並交通凶逆，徙於嶺表。

景雲元年九月，制曰：潞州刺史趙彦昭，交結回邪，諂附凶孽，輿金輦貨，冒寵祈榮，可貶歸州刺史。先是，巫嫗趙氏昵於韋庶人，得封為隴西夫人，與彦昭鄰居，因附焉。及趙氏誅，自其家獲彦昭納賄賂，故貶官。

玄宗平韋庶人，以左御史大夫竇懷貞諂事逆徒，貶授濠州司馬員外郎。

先天二年九月壬戌，貶特進李嶠之子、太子率更令暢為虔州刺史，嶠隨暢之任。勑曰：事君之節，危而不變；為臣則忠，貳乃無赦。特進致仕李嶠，往緣宗韋弑逆，襲行戡定，揖讓之際，天命有歸，嶠妄有窺覦，不知逆順，伏陳詭計，朕親覽之。以其早負詞學，累居台輔，忍而莫言，將掩其惡。今忠邪既辨，與物惟新，賞罰儻乖，下民安勸？雖經赦典，猶宜放斥，於其老疾，俾遂餘生，聽随子暢赴任。

十月癸卯，帝親講武於驪山之下。徵兵二十萬，旌旗連亘五十餘里，戈鋋金甲，照曜天地，列大陣於長川，坐作進退，以金鼓之聲節之，三軍出入，號令如一。帝親擐戎服，持沉香大鎗，立於陣前，威振宇宙。長安士庶，奔走縱觀，填塞道路。兵部尚書郭元振，以虧失軍容，坐於纛下，將斬之。宰相劉幽求、張説跪馬前，諫曰：『元振翼戴上皇，有大功於國。雖犯軍令，不可加刑。伏望寬宥，以從人望。』帝乃捨之，配流新州。給事中、知禮部事唐紹，以董軍儀有失，坐於纛下斬之。

開元三年正月，以鄎王府長史崔恪與昆弟不睦，冀州刺史平嗣先久闕温清之禮，并解見任。

二月戊子，勑曰：涪州刺史周利貞、滑州刺史裴談、饒州刺史張利貞、大理評事張思敬、大理評事王承本、京兆府華元令劉暉、貝州鄃縣令楊允、陳州太康令康瑋、侍御史封詢行及判官張芝、衛遂之、公孫琰、申州司馬鍾思廉等十三人，皆為酷吏，比周興、來俊臣、侯思止等事迹稍輕，並宜放歸草澤，終身勿齒。【略】

十年閏五月乙酉，上封人蔣寵言事涉邪，杖四十，流于藤州。勑曰：朕以菲德，恭承大寶，執天下之政，奉宗廟之靈，于今十載矣。何嘗不日慎一日，雖休勿休，夙夜憂勞，無忘鑒寐，永惟萬事之統，恐累三光之明。幸天地休和，羣生樂業，尚且内惟輔弼，外咨牧宰，徵諫納善，舉才任賢，佇求瘼以利人，思進道以益化。宇宙至大，軍國事殷，慮一物之失所，當萬方之重責，故設匭鼓以通諫，許士庶之盡言。而政教未孚，澆訛日甚，獻言者苟求自達，論事者多涉於妄。國子進士、常州人蔣寵，學不師古，識未知今，或離間君臣，或非毀骨肉，固是異端阿僻之説，甚乖輸忠效直之意。若寖以成風，則姦險道長。人而無禮，法所宜誅。朕志在好生，情求進善，恐來者未悟，儻默而不言，思存大猷，務設寛典，宜決杖一頓，移貫藤州為百姓。自今已後，貢舉及陳奏上封者，必須景行循謹，

無使僥倖求名。若制令有虧，禮刑致紊，失於政理，責在朕躬，則敬佇昌言，法當無隱。百辟兆庶，識朕意焉。【略】

十五年，趙州平棘縣人趙乾祐獻書，妄引經義，論及休咎，配流安南。

是年，尚書左丞相張說、御史大夫崔德甫、中丞宇文融以朋黨坐，說致仕，德甫免官侍母，融出為魏州刺史。

十七年七月丁巳，吏部侍郎崔瀚坐交游非道。制曰：朕聞四時之義，信在不言，三代之風，德以歸厚。道可先乎訓俗，理必繇乎在位。有犯無隱，名教之攸先；上和下睦，憲章之惟舊。其有辯言亂政，實誡殷書，偽行登朝，深懲魯典。朝請大夫、守吏部侍郎、上護軍崔瀚，累踐清要，誠宜至公。承議郎、守興州別駕麻察，頻經貶逐，理合遷善，乃交搆將相，離間君臣，作諂黷之笙簧，是德義之蟊賊。都水監丞齊敷，靈州都督府兵曹參軍郭稟等，趨走末品，姦譎在心，左道與人，橫議於下。並青蠅可鑒，害馬難容，或任高星象，或名微草芥，上耻大夫之辱，下羞徒隸之刑。特解嚴誅，宜從遠逐。瀚可高州良德縣丞員外置長任。察可潯州皇化縣尉員外置長任。敷宜量決一百，長流崖州。稟亦量決一百，長流白州。仍並差使，馳驛領送。雖萬方之過，情切在予，而四罪以聞，刑其自爾。且如非賢勿理，食祿憂政，庶乎文武百辟，忠公事主，出惟長者之遊，言必先王之道，光昭雅訓，可不務乎？如或迹在不經，思出其位，雖輕勿赦，抑有常法，布之朝綱。知朕意焉。【略】

二十四年四月，詔曰：武温昚聚合姦黨，託附權要，妄搆異端，為其魁傑，兼有私穢，合當極法，宜重杖決一百。河南府福昌縣主簿魏萱、前睦州桐廬縣尉王延祐，相為黨與，朝夕談議，既涉非違，宜各決一頓，長流賓州。

天寶二年正月，貶吏部侍郎苗晉卿、吏部侍郎宋遥。時李林甫為尚書，專在廟堂銓事，唯委晉卿及宋遥主之。選人既多，每年兼命他官有識者同考定書判，務求其寔。是載春，御史中丞張倚男奭參選，晉卿與遥以倚初承恩，欲悅附之，考選人列等第，凡六十四人，癸甲乙丙科，奭在其首。衆知奭不讀書，論議紛然。有蘇孝藴者，嘗為范陽令，前事安祿山，具其事告之。祿山恩寵特異，謁見不常，因而奏之。玄宗大集登科人，御花蕚樓親試，升第者十無一二焉。奭手執試紙，竟日不下一字，時人謂之曳白。帝怒，貶晉卿為安康郡太守，遥為武當郡太守，倚為淮陽郡太守。敕曰：門庭之間，不能訓子，選調之際，仍以託人。時士子皆以為戲，笑考官。禮部郎中裴朏、起居舍人張烜、監察御史宋昱、右判拾遺孟正朝，皆貶官嶺外。

五載十月，河北道黜陟使以鄴郡鄠陽縣令楊懋等十五人清狀及善狀聞，劍南道黜陟使以江油郡太守趙憕等六人贓狀聞。初，詔委周親舉守令，及是考績，乃下詔曰：朕憂彼黎元，寄之牧宰，嘗慮授任非當，撫字乖方，頃所以設舉親之科，廣得賢之路，爰初詣闕，亦既明試以言，及乎從政，必欲深考其實。懸之賞罰，要以始終。近日分遣使臣，因之巡察，善惡之驗，事既足明，懲勸之端，言斯可復。其楊懋等七人，黜陟使並奏清狀，宜與改轉，其所舉主六品已下，付所司准此處分，五品已上，各賜一上下考。李連等八人，既奏善狀，除已改官者，至選日各減三兩選，仍稍優與處分，一中上考。趙憕等六人，但犯贓私，除已流貶者，自餘並速准律科斷。其舉主，各量犯者罪狀輕重，咸從貶黜。仍宣示中外，咸使知悉。

六載二月丁酉，嶺南五府經略採訪使彭果坐贓伏罪。詔曰：嶺南五府經略採訪使、光祿少卿兼南海郡太守、攝御史中丞彭果，頃者擢以非次，鎮彼方隅，不能慎守名簡，克副朝寄，而乃貪惏匪極，求欲無厭，官吏恣其侵漁，蒼生受其塗炭，醜聲轉露，穢迹彌彰。及令推窮，並自招伏。計其贓，數十萬有餘。議以常科，法當殊死，但尚寬典，免致嚴誅，宜從杖罰，俾徙荒徼，即就大理寺門，決六十，除名，長流溱溪郡。仍即差使，馳驛領送，至彼捉搦，勿許東西

十四載正月，左降官、澧陽郡長史吉温，坐非法伏罪。詔曰：太中大夫、澧陽長史員外置同正員吉温，頃因任使，輒肆威福，行刻物之法，人殆不堪；奮自賢之心，士無敢忤。況徇私傾險，公行毀譽，飾偽言而售詐，崇詭行以釣名。離貳朝廷，猜攜倫伍。近皆發露，薄從貶黜，而作孽未弭，隱慝更彰，且縱姦非，逼人子女，復受賄賂，莫懼彝章。或侵漁田宅，取納口馬。尚恐誣謬，當令按劾，及尋枝葉，咸悉根源。人之無良，乃至于此！國有常憲，合寘極刑，時屬陽生，特從寬議，宜謫遐裔，

以戒庶寮。可晉康郡端溪縣尉員外置長任。所在即馳驛發遣。【略】

（大曆四年正月）癸巳，詔曰：蓋議讞之道，期于無刑。有明罰以校其犯者，有立訓以導其迷者，有捨過以舉其才者，有諭旨以愧其心者。在於聽理，必參而用之。朝奉郎、守京兆府奉先縣令、賜緋魚袋張增，忝為奉法之吏，不具獄論而自專威命，雖義形嫉惡，而情近深文。鄜坊都防禦使衙前將、右驍衛大將軍員外置同正員、賜紫金魚袋叔孫勝，不率戒訓，自抵彝章，恣其舊猛，以至凌犯。豈非惠姦縱暴者歟？凡人之情，各於其黨，皆不能屈心引義，同合至公，過用此生，刑用此作。詢于卿士，咸引正議。朕以增之宰邑，頗有政能，惠于疲人，可謂良吏。勝亦久服戎事，備經戰守，艱虞已來，累有勳績。並寬以常憲，惜其所長，俾從罷黜，用佇來效。宜各解見任。其叔孫勝，仍付抱玉軍前驅使。初，勝之屬怒，率麾下數十人，突入公府。增遭毆辱，僅而獲全。帝聞而怒之，發御史訊鞫，咸得其狀，故有是命也。【略】

（十二年）十月，京畿水旱，京兆尹黎幹奏損田。戶部侍郎判度支韓滉執奏幹不實，乃命巡覆。時渭南縣令劉藻曲附度支，且善干名，以縣界田並無損白于府。及戶部分巡御史趙計，不欲忤度支，奏報協藻。帝覽奏，以為水旱咸均，不宜渭南獨免，申命侍御史朱敖再覆，敖復命渭南損田三千餘頃。帝歎息久之，大怒藻，因謂敖曰：『縣令職在字人，不損猶宜稱損，損而不問，豈有恤隱之意耶？卿之此行，可謂稱職。』下有司訊覆藻及趙計，並伏罪。乃罷藻為萬州南浦縣員外尉，計為澧州員外司戶參軍

又 卷一五三《帝王部·明罰第二》 （唐德宗）貞元四年四月，貶前福建觀察使吳詵為涪州刺史。初，詵為叛兵所逐，奔至建州，遣乞師於江西浙東，將議進討。帝責其失於撫馭，故貶之。自永泰、大曆已來，侯希逸、李忠臣皆為叛卒所逐，張伯儀敗於安州，李勉陷失汴州，朝廷既無貶責，更加寵任。及是，方黜詵官，議者以為刑典行焉。

八月辛亥，以前黔中觀察使李模為雅王傅。以其未奉命，擅離所部赴京師，示薄懲也。

八年六月，詔曰：前祠部員外郎于公異，頃以才藝，升於省闥。其少也，為父母之所不容。宜其引慝在躬，行孝不匱，匿名迹於畎畝，候安否於門閭，俾其親之過不彰，庶其誠之至必感。此閔子騫、王休徵所以著名於前古也。而公異安於棄斥，遊學遠方，忘其溫清之勤，竟至存亡之隔。為人子者，忍至是乎？宜放歸田廬，俾自循省。【略】

順宗貞元二十一年八月即位，改元永貞元年。制曰：銀青光祿大夫、守散騎常侍、翰林學士、上柱國、富陽縣開國男王伾，將仕郎、前守尚書戶部侍郎、充度支及諸道鹽鐵運等副使、賜紫金魚袋王叔文等，夙以薄伎，並參近署，偕緣際會，遂洽恩榮，驟居左掖之秩，超贊中邦之賦。曾不自厲，以效其誠，而乃漏泄密令，張皇威福，畜姦冒進，黷貨彰聞。迹其敗類，載深驚歎。夫去邪屏枉，為國之要，懲惡勸善，制政之先。恭聞上皇之旨，俾遠不仁之害，宜從貶削，猶示優容。伾可開州司馬員外置同正員，叔文可守渝州司戶參軍員外置同正員，並馳驛發遣。

十一月，詔貶撫州刺史韓泰為虔州司馬，河中少尹陳諫為台州司馬，邵州刺史柳宗元為永州司馬，連州刺史劉禹錫為朗州司馬，池州刺史韓曄為饒州司馬，和州刺史凌準為連州司馬，岳州刺史程异為柳州司馬。泰等皆以善於王叔文，前自郎官，出為刺史，時議猶為貸法，故再貶焉。【略】

（憲宗元和）四年二月丁未，國子監學生百餘人入監丞郭琬家，恣其詬辱，破什器，既而遁逸。擒獲九人，決配流天德軍。主簿啖元茂，罰一月俸料。

四月，貶沈達為泉州參軍，徐肇為建州參軍。二人為率府掾，各請演州、愛州婚假。御史臺奏，皆萬里之外，量其敍滿，猶有假稱，請重懲慢易。

五月，長安縣令鄭易，以擅於永平坊開渠，貶汴州刺史。京兆尹楊憑以不聞奏，罰一月俸料。左巡使、殿中御史李建不覺察，罰兩月俸料。

九月，堂後主書、宣州司馬滑渙貶為雷州司戶。渙久為主書，通於內樞密劉光琦，宰相杜祐、鄭絪等，皆低意善視之，談者至謂祐等私呼為『滑八』。宰相每議，為光琦所異同者，使渙通意，未嘗不得所欲。四方通貨，無虛日。其弟泳，官至刺史。及鄭餘慶為相，渙每指陳是非，餘慶怒其吏人而參於政事，叱之。後數日，餘慶罷為太子賓客。及罪發，帝命宰臣閭中書四門搜檢，盡得奸狀。籍沒家產，凡數千萬。中外書問綢密，

不可勝紀。

五年三月，户部尚書李元素免官，以出妻無狀故也。元素再娶妻王氏，石泉公方慶諸孫，性弱柔，元素為郎官時娶之，甚禮重。及貴，溺情僕妾，遂薄之。且無子，而前妻之子已長無良。元素寢疾，昏惑聽譖，遂出之，給與非厚。妻族上訴，乃詔曰：李元素病中上表，懇切披陳，去妻王氏，禮義殊乖，願從離絶。初謂素有醜行，不能顯言，以大官之家，所以令自處置。訪問不曾告報，妻族亦無明過可書。蓋是中情不和，遂至於此。脅以王命，當日遣歸，給送之間，又至單薄。豈惟王氏受辱，實亦朝情盡驚。如此理家，合當懲責。宜停官，仍令與王氏錢物通所奏數滿五千貫。

十一月庚子，黜金吾衛大將軍伊慎為右衛將軍。初，慎以錢三千萬，賂右神策軍護軍中尉第五從直，求為河中節度。從直恐事泄，奏之。帝怒，入其贓一千五百萬，仍黜其官。交通密近，坐死者三人。

六年正月癸丑，禮部奏國子監學生郭東野，怒決棘籬，折明經墨義榜毀裂。詔杖東野五十，配流韶州。【略】

十二月，勑萬年縣令杜羔長、安縣令許季同並宜停見任，京兆尹元義方宜罰一季俸祿。初，義方以兩縣納税踰程，繫縣吏，二令交救抗詞，辯列督責，不為之釋，而獻酬之言厲。於是二令見執政，請移授散員，因俱辭以府政細刻，力不能奉，故兩責焉。

甲申，勑：立戟官、中大夫、守京兆尹、上柱國、臨淄縣開國男、賜紫金魚袋元義方，朝議大夫、守尚書户部侍郎判度支、護軍、賜紫金魚袋盧坦，立戟雖令式所著，似有闕文，而臺閣相承，久為定制。盧坦、元義方如有所見，即合上聞，造次而行，殊乖審慎，宜各罰一月俸料，其戟仍令所司收納。左司郎中陸則，勾簡之任，發付不精。禮部員外郎崔備、工部員外郎元禮等，或以禮許人，或守官假器，比於申請，其過尤深。各罰一季俸料。緣兵興以來，勳賞超越，其所立戟，須有明文，宜令所司准舊制，侍官階勳至三品，然後申請，仍編於格令，永為常式。

閏十二月戊申，貶試太子通事舍人李涉硤州司倉參軍。涉微有詞藝，而性狂險，宰臣惡其為人，久不得用。涉嘗窺隙求進，屬初殺劉希先，黜吐突承璀，二人皆以久居權任，莫敢竊議，帝斷而不疑，時稱聖明。涉承釁謀結中要，將投匭奏疏，稱二人既崇寵之，任以腹心，不當疏斥而加刑戮。知匭使、諫議大夫孔戣見其副章，詰而不受，涉遂進於光順門，故為戣所論奏而貶焉。

七年六月戊戌，杖僧文溆一百，勒返俗，配流天德軍。文溆面佞口給，每開筵講經，專為詼談謔笑。庸人觀者，奔走如不及，相與效其聲調，周於閭陌。至是，奸穢大發，故及焉。

八年二月，御史臺奏：前永樂令吳憑，為僧鑒虚受託，與故邠寧節度使高崇文處，納賄錢四萬五千貫，並付杜黄裳男載，鞫訊引伏。勑：吳憑曾佐使府，忝履官途，自宜畏法慎身，豈得為人掌貨？事關非道，理合懲愆。宜配流韶州。其付杜載錢物，宰輔之任，寵寄實深，致茲賄財，不能拒絶，已令勘問，悉合徵收。責全終始之恩，俾弘寬大之典。其所用錢物，特宜矜免，杜載并釋放。僧鑒虚付京兆府決重杖一頓，處死。其財產奴婢，官收。

鑒虚在貞元中，以講説丐斂，用貨利，交貴權，因得交結主恩，陰挾用事。每受賄方鎮，以厚自奉養。晝服布褐，夕御纖麗，略無僧行。至是發覺，贓錢六十餘萬焉。黄裳為近代名相，然其家擁富貴，於廉隅無所顧。君子惜之。

七月丁丑，桂州觀察使房啓降授太僕少卿，繇前慢命故也。

九月戊午，重陽節。賜宰臣以下，宴於曲江。辛酉，罰國子司業韋纁等一十四人各一月俸，以其不赴曲江之宴也。【略】

九年正月己未，詔曰：光祿大夫、行太子詹事路恕，正議大夫、泗州刺史田景度，僥求非類，意望賄成，迹既涉於邪佞，罪難逃於典憲。恕可吉州刺史，景度可虔州刺史。右武衛將軍薛昌朝，惑於誑誘，通是貨財，可丹王府長史。右衛將軍趙良金，莫能修簡，妄有交通，可撫州刺史。

四月癸未，詔曰：信州刺史李位，心希祕術，迹狎匪人，謂捕景之可求，乃先風之是黜。名教之内，本無異端，典刑之中，豈容僻好？可守建州司馬。初，上密遣中使，往洪州訊事，朝野莫知其故。及觀察使裴堪奏到，方知信州小將韋岳告州刺史李位大逆。及追至，命三司使推所告，不實，量貶位而韋岳杖死。位好黄老及鍊餌金丹，遣山人王仁恭為

之，兼脩道教齊籙。岳有求不遂，怨憾，遂誣告位於當道。監軍使稱與術士同謀非望，三司按得情實，故有是命

是日，京兆府奏：故法曹陸賡男慎餘與兄博文居喪，衣華服，飲酒食肉於坊市。詔各決四十，慎餘流循州，博文遞歸本貫。

六月庚辰，勑：京兆府奏，推勘進狀人麻南史與弟軫稱同州韓城縣黄河西岸龍門山尋獲銅銀鑛及朱砂等，銷鍊得成，令中使領到山中尋問，皆妄。麻南史宜決六十，配流梧州。麻軫論罪非首，據年當贖，尚能同惡，亦合小懲，宜決四十，放。

庚子，勑：河南尹職在擿發奸盗，隱伏無遺。今河南府劫殺崔應家賊，彰暴若斯，收擒不獲，致使漏網，得非慢官？其河南尹及本縣令捕賊官，宜各罰一月俸料。其捕賊官至較考日，仍書下考。其留守下本巡所繇，宜委權德輿節級科罰。

十年五月辛未朔。詔曰：河南少尹潘高陽，頃以母老兄患，懇求寧覲。覽其章奏，用遂私情，而乃自求宴安，致茲淹緩，理裝踰月，即路涉旬，既乖人情，頗致物議。憲司舉劾，宜有薄懲。可均王府長史。

十一月戊寅，盗焚獻陵寢宫。永巷陵臺令武金益，以無備罰一月俸，官吏節級科罰。

十一年正月甲申，盗斷建陵門戟四十七竿。執戟官及臺令宗正卿等削罰有差，其戟令所司造供。【略】

十一月，元陵火。詔罰臺令李祐一月俸。

十二年三月甲申，勑：河中觀察使趙宗儒所收管内諸州錢物等，既有勑文，所宜遵守，縱緣軍用，亦合奏陳。宜罰一月俸料。崔鄯所令勘覆，頗未詳盡，以茲奉職，可謂慢官。宜罰一季俸。

是月，重貶江陵府兵曹參軍韋楚材為澧州司法參軍。制曰：頃因按事，兼舉憲章，閱實繩違，有乖詳審，既薄其責，仍掾大藩，載令研究其端，頗見異同之狀。況誡途祗命，淹駐近郊，苟於造次之間，靡懷敬慎之義。既茲速戾，豈謂周訪？更移遠藩，俾自懲省。初，楚材為監察御史，請按河中觀察使趙宗儒擅用貯備凶荒羨餘錢米，貫石數至八萬。詔發御史崔鄯覆之，則宗儒以行營軍且有詔命，分數不同，勑趙宗儒取繒絳等州錢物，事皆繇有水旱減錢，亦為明據，遂放罰俸料。以楚材舉不實，貶江陵府參軍。今再有是命。

十四年五月，勑：淄青營田副使兼齊州刺史嚴纂，頃在賊中，頗聞惡迹，比於流類，自合加刑。況昔歲赴官，便道潛竄，凶狂之狀，物議不容，投彼遐荒，尚謂弘貸。除名，配流雷州。【略】

穆宗元和十五年正月即位。閏月丁未，權罷西宫臨朝，集羣臣於月華門外，貶門下侍郎平章事皇甫鎛為崖州司戶參軍。【略】先是，鎛為門下侍郎平章事。時裴度有平齊、蔡及招來鎮、冀之功，鎛嫉之，與姦人合力，擠度於太原。崔羣有公望，為縉紳所重，鎛惡之，因議加尊號，奏云崔羣於陛下惜『孝德』二字，憲宗怒，竟黜羣於湖南。又與李道古叶為姦謀，薦引方士柳泌等。内將軍吐突承璀恩寵莫二，鎛復通書往來。帝在東宫，備聞其狀。至是，不俟聽政而逐之，士君子相賀於朝，六軍百姓相賀於市，四方之怨聲始息。

壬子，詔曰：左金吾衛將軍兼御史大夫李道古，幸以宗枝，早參名級，出分專面，入踐通班，誠宜祗慎周行，恪居官次，而乃利於苟進，忘彼慎身，持左道以事君，將行險以僥倖，因緣藥術，薦達妄庸，上惑先朝，俯招物議。迹其事狀，合正刑章。朕以臨御之初，務在寬大，特緩投荒之典，俾從佐郡之名。無謂優容而忽弘貸。可守循州司馬。

又詔曰：山人柳泌，輒懷左道，上惑先朝，固求牧人，貴欲疑衆，自知虚誕，仍更波逃。僧大通，醫方不精，藥術皆妄，既延禍釁，俱是奸邪。邦國固有常刑，人臣所宜共棄。宜並付京兆府，決痛杖一頓，處死。

翰林醫官董弘景、程準，山人李元戢、田佐元並流嶺表。【略】

（長慶）四年八月，勑：薛渾、李元本乖於簡慎，陷在典常，貸以微生，斯為屈法。薛渾杖八十，流崖州。李元本杖六十，流象州。薛樞導誘薛渾等，事情難恕，理須懲戒，以警無良，杖四十，流辰州。渾，士族；元本，故鳳翔節度使李惟簡之子，皆白晳少年。渾為進士，元本為京兆府參軍。時屬襄陽公主數遊市井，駙馬張克禮不能止之，樞居近主第，渾因之與元本俱得幸於主，主尤厚於渾，每出輒訪渾居，謁渾母，行婦姑之禮。有吏誰何者，皆重賄以免焉。克禮一日不勝其忿，遂詣闕陳訴。帝怒，立召主，囚於宫中。命仗内鞫渾、樞、元本，欲杖殺之。宰臣以渾、樞皆衣冠，元本祖寶臣及父皆經重任，救之以免。

敬宗寶曆元年六月，郢州長壽縣尉馬洪沼，告刺史馮定奪人妻及將闕

官職田祿粟糶貸收錢入己等事，詔監察御史李顧行推鞫，獄具上聞。制曰：馮定經使臣推問，無入己贓私，所告罰錢，皆公用。然長吏之體，有涉非議，刑賞或乖，宴遊不節，緣經恩赦，難更科書，猶持郡符，公議不可，宜停見任。

閏七月，同州韓城縣百姓王文秀等於本縣左神策軍渚田内放牧馬羣，牧小將劉興裔擅鞭扑，攝令李元珪遣縣吏率徒擒興裔，送州刺史蕭俛方結其狀，而軍司上聞，命監察御史崔璜就按得實。敕劉興裔付本軍科決停職，李元珪罷攝，仍罰直四十。自神策兵分鎮畿縣及近甸諸州，若羣牧、採造之名，其類不一，干法亂政，為蠹頗甚。及罪興裔，而猾黨為衂。

【略】

二年四月戊午，出左拾遺張權輿為河中府虞鄉縣令，坐前侵毁裴度故也。

庚申，京兆尹劉栖楚奏：准御史臺勘光陵造作東渭橋，虚豎物價，及將前市絹擡估給用，併役工不還價直，又率斂工匠錢物，充官典等，諸色破用都計贓二萬一千七十九貫石。本典鄭位、本判官、前司録參軍、今任水部員外郎鄭復，橋道使、前令尹、今任戶部侍郎崔元略。敕：鄭位所犯，罪固難容，宜付京兆尹准條科決。崔元略不能簡下，有涉慢官，宜罰一季俸料。鄭復專判文案，致令隱欺，宜罰五箇月俸料。

九月，出右拾遺程昔範為陝州安邑縣令，以其附會李逢吉與張權輿，妄論裴度也

文宗以寶曆二年十二月自江王入討内難。甲申，詔：殿前兵馬使王士遷、李忠亮、張士岌各杖一百，流天德軍。飛龍排馬官樊惟良、閻文顥各杖一百，流靈州。道士趙歸眞，流儋州。僧惟眞，流羅州。僧齊賢，流雷州。僧正簡，流辨州。待詔辛自政，杖一百，流永州。飛龍小兒五人，各杖一百，流康羅等州。高品、杜金立、許士莒，各杖一百，流儋州。品官邵士忠、李務眞、閻敬宗、李叔各杖一百，流瓊、珠、崖等州。左右軍仗毬軍將于登、王曰榮等六人，並於本軍，杖殺之。

又敕：道士紀處玄、楊冲虛，伎術人李元戢、王信，並配流嶺南。供奉官孫從彦、王從素，並杖六十，配陵。【略】

太和元年三月，敕：前鄉貢進士熊望。孔門高懸百行，繇至順者其身必榮；朝廷廣設衆官，踐正途者其道必達。爾乃因緣薄伎，偷冀褻幸，營居中之密職，擾惑朝經；鼓偪下之囂聲，因依邪隙。及衆議波湧，累月不寧，司門驗繻，累月至四。考覆謬妄，乃非坦途。朕大啓康莊，以端羣正，俾從投裔之典，用正嚮方之流。可守漳州司戶參軍員外置同正員，仍即所在，馳驛發遣。望性憸險，有口辯，往往得游公卿間，率以大言詭意，指抉時政。既由此而得進士第，益務干進。劉栖楚時以不次，居上列，廣樹朋黨，門庭無晝夜，塡雜不息。望出入栖楚家，雖密戚無異，陰語潛畫，人無知者。先帝遊宴之餘，亦時以工畫綴詩留意。每將召翰林學士，礙於禮敬，乃議別置東頭學士，以備曲讌。命採諸卑官才堪任學士者，栖楚輩即以望名字求宰臣奏署。事未及行，至是，雖加貶逐，議者皆以為幸。

栖楚任京兆府尹，附權怙寵，旦夕俟大用，因詣中書請屬吏，詞氣强厲，忤宰相韋處厚，不堪其傲，既而面折栖楚，遂陳牒請告歸第。帝聞之，立出栖楚為桂管都防禦觀察使。

二年十二月壬子朔，御史中丞温造奏云：十二月二十二日，初聞宮中遺火，緣妖賊並禁在臺，恐有奸謀，遂追集人吏，設備隄防，然後奔走入朝，到稍在後。兩巡使崔宣、姚合，其日臺中忽聞有火，遂追集所領，赴朝堂，到稍在後。臣等職列紀律之次，庶寮動皆取則，若不重罰，難勵衆情。自罰三十直，宜合請各罰二十直。宰相等奏禁中失火，火焰所及，迫近正衙，宰相已下，皆在火所。御史中丞合率僚屬，先至闕下。其日兩巡使，直至申時，火滅始到。中丞隔宿追朝，隨例方至，物情不可，議論喧然。其所議罰，纔比臺錯失脫，已上聞，又不待罪，有乖敬愼，恐須別議責罰。奉敕：事出非常，臺有妖賊，官曹備警，亦謂慮周。即合待罪朝堂，候處分，量罰自許，事涉乖議。温造、姚合、崔宣等，各罰一月俸。所請罰錢，宜並放。

三年三月，敕：三司准勘吏部踰濫官事，其間要切節目，皆如臺案李寶過狀稱，楊虞卿奴受錢三百千，勘是。前年虞卿察知，自送府縣，奴已決，責錢亦納官。又稱送錢并買婢等事，悉無証據。但虞卿兩年專判曹務，偽濫六十餘人，連甲圖空，近日無例，遂令祿位，制於胥徒。雖能續自舉明，終失從前鈐轄。況勘官知偽，久不公論，隱關報銓，每將私用。

公私且乖於較下，事理固難於守官。宜停見任，餘准前勑處分。

四年三月，御史臺奏：據京兆府狀稱於馮叔達邊卜射武昭錢五十貫文准去年十一月十八日赦文節目，合得洗雪。又前門下主事田伾犯罪亡命經恩不首縱寛本坐合准赦條宜配流韶州

五年五月，御史中丞宇文鼎奏：當司前後推覆偽造出身文書賣官，并造偽印行用等，囚張譸、劉嘗建、胡伯忠，犯罪並在太和三年十一月十八日恩赦前。准刑部、大理寺詳斷，悉處極刑。准《斷獄律》，赦前斷罪不當者，若處輕為重，宜改從輕；處重為輕，宜依輕法者。臣以前件囚等，並抵極法，悉經殊恩，或自赦文全生，或因起請減等。伏緣俱引霈澤，累陳訴詞，若非得中，恐未服罪。昨者一與一奪，事關起請，既生又死，稍覺二三。如臣所見，伏請赦書以前所犯者，特許減論；赦書以後所犯者，不得援例。庶使後無僥倖，令絶披陳。勑：張譸、胡伯忠、劉嘗建等，宜准元勑處分。

六年五月丙辰，貶左衛勳二府中郎將、左街副使田譸瀘州縣尉。以葬妻輀車僭侈，宰相因遇，驚異之，即貶。時豪富奢僭，下尤不制，及舉是典，人皆悅之。

開成元年二月，鄜坊節度使蕭洪奏：亡妻張氏，後娶王氏，請賜邑號。勑：方鎮班行，散官大夫已上者，自於有司陳狀，請妻封邑，本司磨勘，然後上陳。如妻已亡，又無此例。蕭洪黷於常典，輒自奏章，宜罰一月俸。

二年六月，荆南觀察使韋嘗奏教坊樂人八人到本道，求乞詔令，錮身送入城，委本司各杖四十。

三年二月甲午，詔：京兆府捕捉正月五日賊徒，經月未獲，官吏慢易，須有科懲。京兆尹崔洪宜罰一季俸，兩縣捕賊官烏行矩、韋文卿並停見任，餘准正月二十四日勑處分。

六月，詔曰：鄭州中牟縣私置壇場，度僧一百六十人，并仰勒歸俗色役。其刺史李欵，罰一季俸料。攝縣令、前管城縣令秦叔良，停攝官，仍殿本官兩選。

四年七月，貶襄王傅徐元弼為杭州刺史，大理少卿李衢為光王府長史，懲贓罪也。

十一月，鄭滑節度使裴弘泰奏慶成節日，放當州囚徒，以資聖壽。詔曰：弘泰以慶成令節擅放繫囚，雖云竭誠，且為干禁。恐開後例，須示薄懲。宜罰一季俸料。【略】

大中五年十二月，盜斫景陵神門戟。詔罰京兆尹韋博兩月俸，貶宗正卿李文舉睦州刺史，陵令吳閲岳州司馬，奉先令裴讓隋州司馬。

九年三月，吏部試宏詞舉人，漏泄題目，為御史臺所劾。侍郎裴諗改國子祭酒，郎中周敬復罰兩月俸料，考試官、刑部郎中唐枝出為處州刺史，監察御史馮顓罰一月俸料。其登科十人，並落下。

十一年四月，以朝議大夫、權知京兆尹崔郢為濮王傅、分司東都，以決殺府吏也。

十月，以入迴鶻册禮使、衛尉少卿王端章貶賀州司馬，副使、國子《禮記》博士李潯為郴州司馬，判官、河南府士曹參軍李寂為永州司馬。端章等出塞，為黑車子阻路而迴也【略】

（懿宗咸通）十三年五月，以左羽林軍張直方貶康州司馬同正，以部下為盜也。

又 卷一五四《帝王部·明罰第三》 （後唐莊宗同光二年）十二月壬午，勑：《周易》博士冀軫貶磁州司戶，《禮記》博士宋澶貶石州司戶，《春秋》博士陳處中謫授國子監丞，誤保選人故也。選人吳延皓，取亡叔告身，改舊名行事，付河南府處死。銓吏尹致，職居行首，但恣奸欺，窮奇備驗於行藏，積弊須去其元惡，可處死。鄭傳身為堂吏，事昧公心，勾當踰濫，選人曲委，寫造文狀，保奸斯在，情故可知，可流決邢州。承旨官王處環，是臺司首吏，職名不卑，誠宜助憲府之準繩，豈得叶選人之踰濫？決流忻州。裴温玉、皇甫源、邵仁部勾當選人，有涉踰濫，或出公驗，都昧精詳，各決杖，退充本司最下。令史、三銓官崔沂等，既已貶謫，劾其有司。冀軫與諸令史，共為嚢槖故也。

三年正月丁酉，中書門下奏：選人劉邽、麻温、田昭遠、賈思義、盧琢，皆是家狀內牧豎，丁父母憂，年月不同，已牓示駁放。劉邽、麻温塗毀告身，委本州重處。色役田昭遠已下，殿五選。從之。【略】

明宗天成元年四月辛丑，勑鄧州節度使李紹欽、太子少保李紹冲、汴州都麴務使辛廷尉、李繼宣等，並勒歸田里。紹欽本姓温，名韜。紹冲本

姓段，名凝。廷尉，偽開封尹王瓚之牙將也。朱友貞時依瓚勢，曲法亂政，汴人深惡之。繼宣，汴將孟審澄之子。審澄誅，亡命歸莊宗，劉皇后蓄之為子。時宮掖之間，穢聲流聞，比之四凶。帝在藩邸時，惡其為人，故並誅黜之。【略】

三年十一月，宗正卿李紆先補虛稱試御史權公裔攝陵臺令。紆欵稱公裔請假，與公裔狀不同。大理少卿張之愿詳斷，以報上不實者，徒一年。李紆前犯詐假，是重；今犯報上不實，是輕。準律雖寬，酌情尤重，請降特勑指揮。奉勑：李紆縱横詐偽，重疊欺君，雖奪一任告身，尚屈大朝憲法。玷予宗籍，時乃奸訛。宜奪歷任告身，仍配隴州，徒一年。【略】

四年二月，車駕自汴還京，至汜水，東都留司官、太子少傅李琪等奏曰：伏以陛下暫違清廟，纔過周星，初平作孽之守殷，次戮不臣之庭琬。今者敗契丹之凶黨，破真定之逆城，大振皇威，咸繇睿筭臣等，久違宸極，俱戀聖恩，恨不隨獸舞於汴郊，拜龍顔於梁苑，豈可只於清洛，坐俟迴鑾？願於次舍之間，得展會同之禮，庶傾就望，咸竭歡呼。臣等今乞於偃師東排班迎駕，稱賀後，先赴雒陽東祇候。奉勑：契丹即為凶黨，真定不是逆城，蓋闕審詳，有茲差誤。李琪罰一月俸。先是，定州王都叛命，琪不詳鎮州為真定，誤用之，故及於罰。【略】

長興元年正月乙亥，御史臺奏：京兆府牒送到爭論莊田人，詳牒内本府元未曾推勘，便送赴臺。伏准舊例，諸道州府責勘尋常公事，如曾經斷遣不了，方具奏聞，候勑下付臺，始行追勘，且無州縣直牒送臺。請行推勘，兼夾府尹判語，指揮臺司。勑旨：為官未可避事，夾判不合申臺。既有舉明，須行責罰。府司官吏已下等，第書罰。

九月庚午，濟州偽造嘉禾七莖共兩穗，本州長史皆罰直。

十月，吏部侍郎王權、將作監王澄、太僕少卿魏仁鍔、庫部郎中孔崇弼、司門郎中李殷夢、河南縣令郭正封等六人妻，敍封郡君、縣君者。勑旨：敍封之例，勑格甚明，況在所司，備經其事。既成差誤，蓋是因循，顯有糾彈，實為允當。欺即難恕，錯即可矜。然欲示戒懲，須行責罰。本行令史馬仁珪決臀杖七十，勒停本部判。郎中裴坦，罰兩月俸。【略】

二年三月，禮部令史吳知已揩改太廟齋郎李誼勑甲及堂判姓名為張昭，因偽出給優牒與張昭，齋郎呂圖陳告其偽，捕訊於御史臺。張昭、呂圖、李誼是諫議大夫張延雍、將作少監呂道昭、宗正卿李玩之子也，以蔭當補。獄成，吳知已欵伏。緣張延雍習為當省郎官，令知已專主張其子齋郎文書，緣奏覆未成，延雍累遣人催促，及召至面前苛克，以此怕懼，遂揩改李誼勑書張昭姓名，兼蒙昧本司官人，出給優牒，偽使符印有實。詔付大理寺定罪，少卿路阮詳斷，准格詐為制勑，偽行符印，罪當絞。其令史吳知已准格重杖一頓，處死。本司官祠部郎中王承弁，初不精詳，致彼罔冒，准詐偽律，合杖九十，如已去官，則減等。今王承弁已別除官，據格放罪。門下令史陳延祐，雖不與吳知已同情，有涉屬託，准律杖一百，放。堂後官何康初言屬託，不至瑕疵，准律杖罪。呂道昭、李玩、呂圖，事雖關連，別無深罪，准格並合釋放。諫議大夫張延雍補蔭，自有格文，催促失於事體，言苛尅之語，雖是見人，據引驗之詞，蓋亦虛指。伏候勑處分。勑旨曰：張延雍中官，舊居省署，蔭子合補齋郎，為優牒稽遲，於本司催促，苛克縱實，已該肆赦之恩，引驗無聞，自掇兩詞之詰，致淹折獄，宜示罰金。宜罰一季俸，餘依法，寺詳斷。

四月，以樞密院承旨李虔徽為忠武軍行軍司馬。虔徽，邢州人，始為郡史，而安重誨信愛之。至是驟昇厥職，行己之道，非其正也。重誨出鎮，故有是命。【略】

七月，澤州沁水縣令李炤、主簿樂鈞兩相鬬毆，及追至本州，不肯交割牌印。大理、刑部詳斷其罪，准律，罪當徒及罰銅，緣並該今年四月二十六日恩宥。勑旨：同官相毆，據法當徒，大理寺以所犯罪名合該恩勑，雖備陳格律，而合議矜寬。但李炤、樂鈞等處令佐之資，縱屠沽之行，既罵且鬬，自晝經宵，加以抗拒使符，執留縣印，仝乖事體，大紊紀綱。至於偶在勑前，合從赦限，豈可遣茲凶輩，親我疲民？免刑已是優弘，復職實非允當。其李炤、樂鈞，並勒停見任，餘依所奏。

三年正月，北京大將等辭歸本道，賜物有差。時有鐵林都長行一人退及南廊有言，聞於殿上，乃有宣問。其稱為量減下秋衣錢一千文，別添逐月料錢五百文，而不知所減少而益多。帝責其退有後言，笞歸田里。

四月，御史臺奏禮部貢院散從官呼延昭送到應學究科人李咸雍，稱於省門前高聲稱屈。勑曰：李咸雍既是書生，合知禮範，凡關事理，祇可披論。尚書省前，豈是喧呼之所？主司在內，何興詬罵之言？雖妄指陳，實為凶惡。苟無懲誡，難例輩流。宜令御史臺監送本貫，重處色役。【略】

四年四月，大理寺奏滑州人程洪與鄰人不協，自焚其屋，延及鄰人屋，燒家財蕩盡。伏緣三經赦恩，例合杖罪，令償所燒家財。勑旨：程洪宜配流德州，常知所在，餘依奏。

五月，獲嘉縣令盧嵩以戶民關延韜不伏責問喧悖，令從人曳撲，良久致死。大理寺斷：既關威力之條，合處殺人之罪，但以情非巨蠹，事准格文，爰該免死之科，式表好生之德。盧嵩准格，配流天德。曳撲人王光祚，配流登州。勑旨：盧嵩容易宰邑，造次怒人，不恕法以行刑，遂尋時而致死。原情則本非故殺，據律則當處極刑。小不忍而難追，內自訟而何及？法不可墜，義亦須明。但究彼根繇，以緣公事，罪雖甚重，理稍可疑。峻行則慮致民驕，輕恕則恐滋吏酷。永從遠竄，特貸餘生。聊以慰往者之魂，兼可戒為官之屬。嵩宜配蔚州，長流百姓，縱逢恩赦，不在於歸之限。其出身歷任告勑，付所司焚毀，餘依省寺詳斷。

七月，戶部奏：諸州所貢物，舊例每年冬至後到京，准備正仗於殿前陳列。據房州常貢物，至今年三月方至京，有違常式。勑旨：方州所尚，土貢為先，苟有稽遲，誠為怠易，須加懲罰，俾效恭勤。其錄事參軍孔霸文，宜罰一季俸。刺史尹暉，緣元勑不該宜放。本典以下，宜令本道觀察使量罪科責訖以聞【略】

清泰元年五月，中書門下言：以改元，分命朝臣奏告其應州四廟，差左監門衛將軍孔知鄴，稱疾；改差右驍衛將軍華光遠，稱墜馬傷足。詔曰：改元重事，告廟常規。凡在班行，宜思策勵。孔知鄴等方當任使，皆合恪恭，豈可居常則各冒寵光，臨事則自圖便穩？苟無懲誡，何肅紀綱？孔知鄴、華光遠並停見任。其告廟官，差右武衛將軍高允崇。

三年二月，監察使奏：薦饗太廟，其月十九日，尚書省受誓戒。故事，諸行事官質明至省，候太尉。其日，行事官與攝太尉宰臣，並先到。其攝司空、吏部侍郎龍敏後至，雖及受誓戒，其候太尉違禮。詔罰一季俸料。【略】

十二月，司天冬官正朱懋訟本監胡杲通，言前監徐鴻亡在殯，鴻男皓方行服，杲通署為監丞。下御史臺鞫問，杲通言：自授官後，有監丞高繼言曆算事徐皓工於推步，其祖保謙藝優，所以權署攝，不知徐鴻死，方在殯，其署徐皓，緣曆算事大。詔曰：徐皓伎術勘造，且宜落下，別後處分。高繼備知徐皓居喪，不合薦舉，宜停見任。杲通已下，並釋放。

晉高祖天福二年五月乙丑，御史臺奏：六宅使王繼弘、前洺州團練使高信，於崇禮門內相詬，已伏欵罪。勑曰：高信曾剖郡符，繼弘方參禁職，凡於語默，合曉規儀，豈得輒於內庭，恣行私忿，肆喧譁而頗甚，侮憲法以若無？既駭物情，尤傷事體。苟無懲沮，何戒踰違？尚示含容，止從譴逐。高信宜送復州收管，王繼弘勒停，送義州衙門前，仍常知所在。

四年十月，勑：李道牧前為陸渾縣主簿，狠直求官，强詞抗勑，厚誣宰輔，累犯乘輿，措言孰顧於斥尊，搆意只謀其撓政。將懲狡蠹，須舉典刑。宜令决杖配流，永不齒録。【略】

（周太祖廣順）二年八月，勑前明經劉繼倫决杖，仍追奪出身文書。先是，繼倫醉酒，於臨街民家踞床而坐。權知開封府袁義前驅騶道，叱之不起，又加慢罵。所司詰之以聞，遂有是責。

三年正月，責教坊樂人張錦繡等四人，各杖脊十七，除籍。控鶴官將虞候賈超等二人，各决杖二十，配流商州坑冶務收管。時安州節度使王令温受代入朝，樂人與控鶴官詣令温求丐，太祖知之，故有是責。

二月，勑鳳翔少尹桑能責授鄧州長史。能，故開封尹維翰之庶弟也。維翰父珙有愛姬，生子歲餘，珙卒，姬求出，遂攜兒而去，兒即能也，其後莫知所之。及維翰貴，前遣人求訪音問，微知在青州。會戶部侍郎王松權知青州，時維翰鎮兗州，以誠託松，松至郡訪能，果得之於博興縣民家。能母適玄氏，能即為玄氏子。松即送能至維翰所，維翰表其事。有頃，晉祖授能協律郎。維翰鎮京兆，以能為衙內都指揮使。維翰再入中書，改太常丞，累遷司封員外郎。能幼稚流落，長於他族，不識文字，性格鄙俗。及維翰薨，諸子幼弱，能以維翰舊第，得錢千緡，典帖與人。其宅，本辛氏之業也。辛氏定年限帖，典與維翰。及年限滿，能出為鳳翔少尹，辛氏乃詣維翰子坦贖之，坦辭以候取能旨，辛氏訴於官。樞密使王峻素知其事，深所不平，即追能證問，能具伏其罪。故貶逐之。

又相之湯陰民焦遠，詣闕門伐鼓，訟鎮將李柔豪奪二女。詔開封府鞫劾，勑李柔配役作坊。【略】

（世宗顯德）四年三月，追奪前許州行軍司馬韓倫在身官爵，仍配沙門島，縱逢恩赦，不在放還之限。倫，侍衛馬軍都指揮使令坤之父也。令坤兼鎮陳州，倫罷職於許而居於陳，軍州政事多所干預。及自於衙署，開壚以鬻酒，掊斂之暴，公私患之，為項城民武郁等所訟。帝命殿中侍御史率汀按之，倫詐報汀云准詔赴闕，汀即奏之。帝愈怒，遽令追劾，盡得事實。令坤數於帝前，泣請父命，故罪止於追削、配流而已。【略】

六年二月，杖落第舉人趙贊、朱夢叶、竇浚等於省門外，仍配邊郡。先是，禮部貢院上言，贊等酗酒，厲聲詬其考試官。下御史府訊之，伏罪，故杖之。

論説

宋·孫甫《唐史論斷》卷上《太宗·降李勣為疊州都督》 論曰：君待臣以道，臣以道報之；君待臣以利，臣以利報之。此歷代君臣之常理也。太宗用李勣，有本有末。其謀謨智力，立功立事，為大臣固宜。然以勣能不負李密，尤信其心，使輔太子，正為此節。勣雖高勳重望，位尚書，預中書門下事，寵已至矣。使輔太子，敢不盡力乎？何至無故譴逐，使太子他日授以僕射。且人受恩於父兄，未有不厚其子弟者。況天子以大位授人，又寵信之，豈於太子不盡力耶？然勣忠義之士，但風氣英豪，非感激不能盡節，一日無故逐之，使不無怏怏。太子雖授以僕射，勣之機心，豈不曉其利誘乎？至廢立皇后之際，不肯盡忠，雖勣無大臣節，亦太宗以利啓其心也。

又《高宗·長孫無忌黔州安置》 論曰：人主之惑讒言，由不知其人為蔽耳。高宗於許敬宗，非不知其人也。如敬宗修《太宗實録》，移《威鳳賦》事，高宗明知不足傳信，修史尚高下其手，他事固不可信矣。鞫獄之際，所嫉之人事外言其大罪，豈得信乎？況無忌親則元舅，位則三公，忠亮之誠，許國甚至，一姦人譖之，不自臨問，遂竄遐裔。此非不知敬宗之誣謗，無忌之非辜，正欲快孌者之意。使元舅以勳德重望，寃死遐徼，不惟昏塞之過，實不仁不孝之甚也。

又 卷中《肅宗·李峴降蜀州刺史》 論曰：肅宗逐李峴，不唯為內臣所制，亦昏暗然也。峴之名德，為時信重，作相未踰月，謀論風采已能聳動中外。及論毛若虚姦回，致崔伯陽等無罪譴逐，此固易明之事。一縣尉捕捉，殺馬坊卒，非凶暴之甚，安敢行法？李輔國言卒之寃，伯陽等按覆之，具得其狀。獨若虚附會輔國，力言其寃。肅宗不信伯陽等公正之言，但憑若虚姦奏，豈非為輔國所制？既枉逐正人，宰相辯之，復以為累，且對侍臣言峴專權，逐之遠郡，獨為寬法。是果不能辯曲直，察枉正，昏暗之甚也。輔國一閹人，以護從微勞，寵用過分，遂致强横，撓亂國法，公卿百官承附者衆。峴既為相，首論其狀，輔國尋讓任用，雖出忿意，是亦知懼也。一閹人强横，天子不能制，大臣不敢忤。賢者作相，首挫其鋒。若任之歲時，必能制其姦惡，不至於甚。峴方盡心國事，無所畏避，肅宗以為專權而逐之，養成輔國之勢，卒至大惡。噫！肅宗，中興之主也。以過寵內臣，遂昏懵至此，惜哉！

又《代宗·顏真卿降硤州》 論曰：君之逐臣也，或自見其過，或為人所言。自見其過，必無忌心，可矣。為人所言，尤當觀其狀，察其情也。顏真卿立朝，議論風節，時無倫比。元載作相，方引用私黨惡人之言，遂請百官言事，必先咨宰相而後上聞。真卿極論其事，以謂蔽塞言路，過於林甫、國忠。時中外傳布，稱真卿言為當，故載深銜之。因真卿攝祭太廟，以祭器不修，言於朝，遂誣以誹謗而逐之。且祭器不修，衆所共見，況繫有司之事，言之豈為誹謗哉？代宗雖非英睿之主，亦非昏庸，真卿之賢，理宜知之。載怨真卿之情，理宜察之，何不能辨其事而逐真卿？豈非以載方擅權，不能違其意乎？代宗行事，素尚寬厚，且容宰相擅權，而逐賢臣，則尚寬之為害也如此。夫君之為國也，必有駕馭大臣之術，有主張賢人之力，然後大臣不敢擅權，賢人得以立事。代宗不通是道，故元載積惡，真卿不容於立朝。大曆之政法廢弛，由此致也。

又 卷下《文宗·貶杜元穎》 論曰：杜元穎事憲宗，為翰林學士。穆宗即位，自司勳員外郎加中書舍人，不周歲用為宰相。時議訶臣進用之速，未有其比，宜罄所學，盡忠節以輔時治。苟謀議有失，但竭心於事，亦可見大臣報國之節，何得畧無能效著聞於時？已負國矣。及出鎮於蜀，遇昭愍沖年即位，首進罨畫打毬衣五百事。自後廣求珍異玩好之具，貢奉相繼，用圖恩寵，以至纖息倍斂，大取軍民之怨。不忠無識，一至於此。人臣已為將相矣，若守正獲寵，此固至榮。然於將相之位，又何以加？若守正自固，而為主所疏矣，己必無過，亦不為辱至，於名亦未必失。何乃遇人君沖年，專導侈欲，以圖恩寵？恩寵果深，欲何為哉？如李德裕在浙西，昭愍凡有宣索，再三論奏，罷其貢獻。此以生民為意，不奉君之侈欲也。觀德裕之賢，視元穎為何人？蓋元穎窺憲宗晚年及穆宗長年即位，多縱侈樂，厚纖人。二長君尚若此，昭愍童年，尤常奢逸，遂專以侈靡奉之。殊不知窺時作事而不正者，事極而禍變起矣。使元穎不誅斂民人，專奉君欲，未必不入登三事。苟不登三事，外不失方面之任，內不失尚書僕射之位。反以圖寵之，故專務誅剝，以取衆怨，蠻賊乘隙，大害一方，坐是貶死遐裔。後之為將相者，可不戒哉？

又《宣宗・貶李德裕》 論曰：李德裕以傑才為武宗經綸夷夏，屢成大功，振舉法令，致朝廷之治，誠賢相矣。但宣宗久不得位，又不為武宗所禮，舊怨已深。德裕是用事大臣，自不容矣。況德裕性剛少恕，不忘怨讎，與宗閔輩相排斥，凡十數年，略無悛意。宗閔固姦人，常任宰輔，為遠郡刺史矣。復乘成功之際，誣其罪而流竄。至牛僧孺，雖宗閔黨，然有一時名望，斥之遐裔，物議豈平？王涯、賈餗之禍，本仇士良誣謗，中外所知。德裕於二人，不聞有隙，但怨李訓陷己，而忿及涯、餗子孫，避禍於上黨者已為亂兵所害，又為赦書，實涯、餗之罪，言已戮其後嗣，布告中外。夫宗閔已逐，涯、餗子孫已戮，尚聲其罪以快忿心，則在朝之人常有不足者，得不懼乎？不惟不足者懼，凡有勢位於朝，非大賢至公之人，鮮不畏矣。蓋大賢至公，自知才用不在德裕下，彼雖大任，我亦能施為。或德裕專權，不容我之施設，但彼之謀國，無失足矣，何須功效出於我哉？此所以無畏也。如白敏中、令狐綯輩，才能望德裕絕遠，又固寵保位，無至公之心，於德裕雖無隙意，然德裕用，不便於己，故乘人主有不容之意，盡力陷之也。無隙者尚爾，常不足者可知矣。

雜　録

宋・王溥《唐會要》卷六一《彈劾》 顯慶元年八月，中書侍郎李義府恃寵用事，聞婦人淳于氏有美色，坐事繫大理，及諷大理寺丞畢正義枉法使出之，將納為妾。或有密言其狀者，上令給事中劉仁軌鞫之。義府恐洩其謀，遂逼正義自縊於獄中。上知而特原義府。侍御史王義方奏：『義府擅殺寺官，陛下雖已釋放，臣不應更有鞫問。然天子置三公、九卿、二十七大夫、八十一元士，本欲水火相濟，鹽梅相承，然後庶績咸熙，風雨交泰。則知人主不得獨是獨非，皆由聖旨。昔唐堯至聖，失之於四凶；漢祖深仁，失之於陳豨；光武聰明寬恕，失之於龐萌；魏武勇略英雄，失之於張邈。此並英雄之主，莫不失之於前，得之於後。陛下繼聖，撫育萬方，蠻陬夷落，猶懼刑網。輦轂咫尺，奸臣肆虐，殺六品寺丞，足使忠臣抗憤，義士扼腕。縱正義自取絞縊，此事彌不可容。使是畏義府之權勢，能殺身以滅口，則此生殺之威，上非主出；賞罰之柄，下移姦佞。臣恐履霜堅冰，積小成大，請乞重勘，審正義致死之由。雪冤氣於幽泉，誅姦臣於白日。』對仗叱義府令下，義府顧望不退。義方三叱，上既無言，義府趨出。義方乃讀彈文曰：『義府善柔成性，佞媚為姿，昔事馬周，分桃見寵；後交劉洎，割袖承恩。生其羽翼，長其光價，因緣際會，遂階通達，不能盡忠端節，對揚王休，策蹇勵駑，祗承皇眷。而反憑附城社，蔽虧日月，請託公行，交遊羣小。貪冶容之姣好，原有罪之淳于；恐漏洩其陰謀，殞無辜之正義。雖挾山超海之力，望此猶輕；回天轉日之威，方斯更劣。此而可恕，孰不可容。金風戒節，玉露啓寒，霜簡與秋典共清，忠臣將鷹鸇並擊，碎首玉階，庶明臣節，請付法推，以申典憲。』

龍朔二年三月，鐵勒道行軍大總管鄭仁泰、薛仁貴殺降九十餘萬，更就磧北討其餘衆，遇大雪，兵士糧盡，凍餓死者十八九。御史大夫楊德裔劾奏曰：『謹按仁泰，猥以非才，謬荷拔擢，擁旌瀚海，問罪天山。理應虔奉廟算，恭行天罰，而褊心無謀，短懷愎諫。乃肆凶殘，恣行殺戮。向若大軍初到，明諭天旨，撫納前降，招來後服。則鐵勒反善，不日斯平，仁泰素闕遠圖，莫曉機事，師徒無紀，軍令不明。遂使稽顙屈膝者，被塗炭之誅；懼死懷生者，因成絕漠之計。加以沙塞綿邈，風雪嚴凝，不量士馬疲疴，不度糧食多少，乃令班師。凍餒征夫，殞斃士馬，骸胔委積，刳剔縱橫，暴骨交衢，下實泉壤，深可悼恤。成規失守，明罰所誅。自聖朝削平天下以來，未有如仁泰此行，損威挫銳之甚。仁貴貪殘有素，平允乖方，縱矜所得，不補所喪。豈可並資誣罔，不寘準繩，撫悼存亡，理宜懲肅。其仁泰等故殺降人，餓殺兵士。並請付法，以申典憲。』

萬歲通天五年五月，監察御史紀履忠劾奏御史中丞來俊臣犯狀有五焉：『一專擅國權，二謀害良善，三贓賄貪濁，四失義背禮，五淫昏狼戾。論茲五罪，合至萬死，請下獄治罪。』

大足元年，張易之縱恣益橫，常私引相士李弘泰占吉凶，言涉不順。御史中丞宋璟請窮究其狀。則天曰：『易之等已自上聞。』璟曰：『謀反大逆，無容首免。易之等分外承恩，臣知言出禍從，義激於心，雖死不恨。』則天不悅。內史姚璹恐忤旨，遽宣敕令出。璟曰：『天顏咫尺，親奉德音，不煩宰相擅宣王命。』則天意解，及收易之等就臺。俄有敕特原之，仍令易之等就璟宅謝罪。璟拒而不見，曰：『公事當公言之。若私見，法無私也。』【略】

景龍二年十二月，御史中丞姚廷筠奏稱：『律令格式，懸之象魏，奉而行之，事無不理。比見諸司僚寀，不能遵守章程，事無大小，皆悉奏聞。臣聞為君者任臣，為臣者奉法。故云：汝為君目，將司明也。則知萬機務綜，不可偏覽也。所以設官分職，委任責成，百工惟時，以成垂拱之化。比者修一水牕，或伐一枯木，並皆上聞旒扆，取斷宸衷，豈代天理物，至公之道也。自今以後，若緣軍國大事，及牒式無文者，任奏取進止。自餘據章程合行者，各令準法處分。其故生疑滯，致有稽失者，望令準御史隨事糾彈。』上從之。

三年二月九日，娑葛入寇，監察御史崔琬劾奏兵部尚書宗楚客、侍中紀處訥，曰：『立性險詖，志越溪壑，幸以遭逢聖主，累忝殊榮。承愷悌之恩，居弼諧之地，不能克意砥礪，憂國如家。遂乃潛通獫狁，納貨取資，公引頑凶，受賂無限。且境外之交，情狀難測，今娑葛反叛，邊鄙不寧，由此賊臣，取怨中國。臣忝直指，義在觸邪。請黜巨蠹，用答大造，並請收禁，差三司追鞫。』【略】

元和三年三月，御史中丞盧坦舉奏：『前山南西道節度使柳晟，授任方隅，所寄尤重，至於敕令，首合遵行。一昨歸朝，固違明旨，復修貢獻，有紊典章，伏請付法。』又奏：『前浙東觀察使閻濟美，到城之時，亦有進獻。當時勘責，稱離越州後，方見赦書，道路已遙，付納無處者。既經鴻霈，須為商量，已書罰訖。伏准今年正月赦文，自今已後，諸道長史有赴闕廷者，並不得取本道錢物，妄稱進奉。柳晟等既違新令，不敢不奏。』初，坦既奏舉，晟、濟美，二人皆待罪於朝堂。上召坦對，褒慰久之，曰：『晟等所獻，皆以家財，朕已許原，不可失信。』坦奏曰：『赦令，天下之大信也，天下皆知之。今二臣違令，是不畏法，陛下奈何以小信而失天下大信乎！』上曰：『朕已受之，如何？』坦曰：『歸之有司，不入內藏，使四方知之，以昭聖德。』上稱善其言。

十五年三月，御史中丞崔植奏云：『元和十二年，御史臺奏請知彈侍御史被彈，卽請向下人承次監奏。或有不到，卽殿中侍御史於侍御史下立，以備其闕。臣伏以朝官入閣失儀，知彈侍御史合彈奏錯失，向下侍御史及中丞、大夫，遞相彈奏，事後入本班。候監奏出閣，然後合侍御史待罪。此乃殿廷舊制，於事為宜。今若移一殿中放彈御史之下，以防向上失錯，或殿中自錯，則擬更立何人向下？監奏繫於瞬息，只合知彈侍御史便了，不必別差殿中。既乖故實，終慮駁雜。伏請自今已後，卻依閤內故事，縱知彈侍御史自有錯失，不被彈奏。候班退監奏畢，然出待罪，冀從易便，永可遵行。』奏可。

長慶四年六月，侍御史溫造於閤內奏彈左金吾大將軍李祐近違敕罷吏，請進馬以論。祐趨出待罪，宣敕放之。

大和二年，義成軍節度使李聽為魏博所敗，喪師過半。御史中丞溫造、殿中侍御史崔蠡彈之，曰：『賞罰不立，無以示天下。李聽按甲遷延，逗撓軍政，以致狼狽就道，自圖苟免。伏請付法司論罪。』上特原之。

又 卷四一《雜記》 至元年建丑月二十一日，京兆尹魏少遊奏：『令長職在親民，丞、簿、尉有犯，無不委悉。比來各相蒙蔽，悉徇人情，百姓艱辛，職由于此。今以後丞、簿、尉有犯贓私，連坐縣令，其罪減所犯官二等，冀遞相管轄，不得為非。』敕旨：『依。天下諸州准此。』

又《左降官及流人》 （建中三年）其年四月，御史臺奏：『天下斷獄，一切請待讞報，以正刑名。唯除殺人當罪，自徒以上結竟者，並徙置邊州。』京兆尹嚴郢駁奏曰：『臣伏以徙置邊州者，流之異名。流罪者有三等，一例移配，或恐未當。其死罪除殺人之外，有十惡重罪、造偽刻印并主典偽用印，及強盜光火等，若一切免罪徙邊，於法太輕，不足懲戒。其徒罪條目至多，或鬬毆爭競，小有傷損，或夫妻離異，不犯義絕，或養男別姓，或立嫡違式，或私行度關，或相冒合戶。如此之類，不可悉數。今一切徒邊，與十惡、造僞同等，卽輕重懸殊。又准《刑部格》，京城毆雜，僭犯百端，觸網陷刑，徒罪偏廣，若皆送覆，繫滯實多。其徒以下罪，非除免官當及敕杖者，宜准外州縣例，量事處分。今若天下徒罪，悉申所司，皆待讞報，法司斷結，准式有程，州縣禁囚，動盈千百，計每月徒配，必不啻五六千人。此則百姓動搖，刑章紊撓。又邊州及近邊，犯死罪及徒流者，復何以處？伏請下刪定，使詳覆，然後施行。』從之。

又 卷六六《大理寺》 貞元四年十月，大理卿于頎奏：『諸處推事不盡，須重勘覆，或有誣告等，每失程期。稽滯旣多，寃濫難息。諸司及諸館驛，多以大理為閑司，文牒遞報，頗至稽滯失望。今後各令別置文例，切約所由，稍涉稽遲，許本寺差官累路勘覆。如所稽遲處分，州縣本判官，請書下考。諸司使本推官，奪一季俸料。』敕旨依奏。

又 卷六八《刺史上》 天寶十一載十二月敕：『牧宰字人，所寄尤重。至於祿料，頗亦優豐。自宜飭躬勵節，以肅官吏。如聞或犯贓私，深紊綱紀。今後刺史犯贓，宜加常式一等。』

誅殺

綜述

《隋書》卷二《高祖紀下》 （開皇十七年）十二月壬子，上柱國、右武候大將軍、魯國公虞慶則以罪伏誅。

又 卷三《煬帝紀上》 （大業三年七月）景子，殺光祿大夫賀若弼。

又 卷四《煬帝紀下》 又猜忌臣下，無所專任。朝臣有不合意者，必構其罪而族滅之。故高熲、賀若弼，先皇心膂，參謀帷幄；張衡、李金才，藩邸惟舊，績著經綸。或惡其直道，或忿其正議，求其無形之罪，加以丹頸之誅。其餘事君盡禮，謇謇匪躬，無辜無罪，橫受夷戮者，不可勝紀。

又 卷四一《高熲傳》 有司請斬熲。上曰：『去年殺虞慶則，今茲斬王世積。如更誅熲，天下其謂我何？』於是除名為民。**【略】** 煬帝卽位，拜為太常。時詔收周、齊故樂人及天下散樂，熲奏曰：『此樂久廢，今若徵之，恐無識之徒棄本逐末，遞相教習。』帝不悅。帝時侈靡，聲色滋甚，又起長城之役，熲甚病之，謂太常丞李懿曰：『周天元以好樂而亡，殷鑑不遙，安可復爾？』時帝遇啓民可汗恩禮過厚，熲謂太府卿何稠曰：『此虜頗知中國虛實，山川險易，恐為後患。』復謂觀德王雄曰：『近來朝廷，殊無綱紀。』有人奏之，帝以為謗訕朝政，於是下詔誅之，諸子徙邊。

又 卷四〇《王誼傳》 或告誼謀反，上令案其事，主者奏誼有不遜之言，實無反狀，上賜酒而釋之。于時上柱國元諧，亦頗失意，誼數與相往來，言論醜惡，胡僧告之。公卿奏誼大逆不道，罪當死。上見誼，愴然曰：『朕與公舊為同學，甚相憐愍，將奈國法何？』於是下詔曰：『誼有周之世，早豫人倫，朕共遊庠序，遂相親好。然性懷險薄，巫覡盈門，鬼言怪語，稱神道聖。朕受命之初，深存戒約，口云改悔，心實不悛，乃說四天王神道，誼應受命，書有誼讖，天有誼星，桃鹿二川，岐州之下，歲在辰巳，興帝王之業。密令卜問，伺殿省之灾。又說其身是明王，信用左道，所在詿誤，自言相表，當王不疑。此而赦之，將或為亂。禁暴除惡，宜伏國刑。』上復令大理正趙綽謂誼曰：『時命如此，將若之何？』於是賜死於家，時年四十六。

又 《元諧傳》 諧嘗與滂同謁上，諧私謂滂曰：『我是主人，殿上者賊也。』因令滂望氣，滂曰：『彼雲似蹲狗走鹿，不如我輩有福德雲。』上大怒，諧、滂、鸞、緒並伏誅，籍沒其家。

又 《王世積傳》 世積見上性忌刻，功臣多獲罪，由是縱酒，不與執政言及時事。上以為有酒疾，舍之宮內，令醫者療之。世積詭稱疾愈，始得就第。**【略】** 其親信安定皇甫孝諧有罪，吏捕之，亡抵世積，世積不納，由是有憾。**【略】** 因徼幸上變，稱世積嘗令道人相其貴不，道人答曰：『公當為國主。』謂其妻曰：『夫人當為皇后。』又將之涼州，其所親謂世積曰：『河西，天下精兵處，可以圖大事也。』世積曰：『涼州土曠人稀，非用武之國。』由是被徵入朝，按其事。有司奏左衛大將軍元旻、右衛大將軍元冑、左僕射高熲並與世積交通，受其名馬之贈，世積竟坐誅。旻、冑等免官，拜孝諧為上大將軍。

又《虞慶則傳》 先是，朝臣出征，上皆宴別，禮賜遣之。及慶則南討，辭上，上色不悅，慶則由是怏怏不得志。暨平賢，至潭州臨桂鎮，慶則觀眺山川形勢，曰：『此誠險固，加以足糧，若守得其人，攻不可拔。』遂使什柱馳詣京奏事，觀上顏色。什柱至京，因告慶則謀反。上案驗之，慶則於是伏誅，拜什柱為柱國。

又《元冑傳》 煬帝即位，不得調。慈州刺史上官政，坐事徙嶺南；將軍丘和亦以罪廢。冑與和有舊，因數從之遊。冑嘗酒酣，謂和曰：『上官政，壯士也。今徙嶺表，得無大事乎？』因自拊腹，曰：『若是公者，不徒然矣。』和明日奏之，冑竟坐死。於是徵政為驍衛將軍，拜和代州刺史。

又 卷五三《史萬歲傳》 開皇末，突厥達頭可汗犯塞，上令晉王廣及楊素出靈武道，漢王諒與萬歲出馬邑道。萬歲率柱國張定和、大將軍李藥王、楊義臣等出塞，至大斤山，與虜相遇。達頭遣使問曰：『隋將爲誰？』候騎報『史萬歲也』。突厥復問曰：『得非敦煌戍卒乎？』候騎曰：『是也。』達頭聞之，懼而引去。萬歲馳追百餘里乃及，擊大破之，斬數千級，逐北入磧數百里，虜遁逃而還。楊素害其功，因譖萬歲云：『突厥本降，初不爲寇，來於塞上畜牧耳。』遂寢其功。萬歲數抗表陳狀，上未之悟。會上從仁壽宮初還京師，廢皇太子，窮東宮黨與。上問萬歲所在，萬歲實在朝堂，楊素見上方怒，因曰：『萬歲謁東宮矣。』以激怒上。上謂爲信然，令召萬歲。時所將士卒在朝稱寃者數百人，萬歲謂之曰：『吾今日爲汝極言於上，事當決矣。』既見上，言將士有功，爲朝廷所抑，詞氣憤厲，忤於上。上大怒，令左右撲殺之。既而悔，追之不及，因下詔罪萬歲曰：『柱國、太平公萬歲，拔擢委任，每總戎機。往以南寧逆亂，令其出討。而昆州刺史爨翫包藏逆心，爲民興患。朕備有成勑，令將入朝。萬歲乃多受金銀，違勑令住，致爨翫尋爲反逆，更勞師旅，方始平定。所司檢校，罪合極刑，捨過念功，恕其性命，年月未久，即復本官。近復總戎，進討蕃裔。突厥達頭可汗領其凶衆，欲相拒抗，既見軍威，便即奔退，兵不血刃，賊徒瓦解。如此稱捷，國家盛事，朕欲成其勳庸，復加褒賞。而萬歲、定和通簿之日，乃懷姦詐，妄稱逆面交兵，不以實陳，懷反覆之方，弄國家之法。若竭誠立節，心無虛罔者，乃爲良將，至如萬歲，懷詐要功，便是國賊，朝憲難虧，不可再捨。』死之日，天下士庶聞者，識與不識，莫不寃惜。

又 卷八三《劉昉傳》 昉鬱鬱不得志。時柱國梁士彥、宇文忻俱失職忿望，昉並與之交，數相來往。士彥妻有美色，昉因與私通，士彥不之知也，情好彌協，遂相與謀反，許推士彥為帝。後事泄，上窮治之。昉自知不免，默無所對。下詔誅之，曰：

朕君臨四海，慈愛為心。加以起自布衣，入升皇極，公卿之內，非親則友，位雖差等，情皆舊人。護短全長，恒思覆育，每殷勤戒約，言無不盡。天之曆數，定於杳冥，豈慮苞藏之心，能為國家之害？欲使其長守富貴，不觸刑書故也。

上柱國、郕國公梁士彥，上柱國、杞國公宇文忻，柱國、舒國公劉昉等，朕受命之初，並展勤力，酬勳報效，榮高祿重。待之既厚，愛之實隆，朝夕宴言，備知朕意。但心如溪壑，志等豺狼，不荷朝恩，忽謀逆亂。士彥爰始幼來，恒自誣罔，稱有相者，云其應籙，年過六十，必據九五。初平尉迥，暫臨相州，已有反心，彰於行路。朕即遣人代之，不聲其罪。入京之後，逆意轉深。忻、昉之徒，言相扶助。士彥許率僮僕，剋期不遠，欲於蒲州起事。即斷河橋，捉黎陽之關，塞河陽之路，劫調布以為牟甲，募盜賊而為戰士，就食之人，亦云易集。輕忽朝廷，嗤笑官人，自謂一朝奮發，無人當者。其第二子剛，每常苦諫，第三子叔諧，固深勸獎。朕既聞知，猶恐枉濫，乃授晉部之任，欲驗蒲州之情。士彥得以欣然，云是天贊，忻及昉等，皆賀時來。忻往定鄴城，自矜不已，位極人臣，猶恨賞薄。云我欲反，何慮不成。怒色忿言，所在流布。朕深念其功，不計其禮，任以武候，授以領軍，寄之爪牙，委之心腹。忻密為異計，樹黨宮闈，多奏親友，入參宿衛。朕推心待物，言必依許。為而弗止，心迹漸彰，仍解禁兵，令其改悔。而志規不逞，愈結於懷，乃與士彥情意偏厚，要請神明，誓不負約。俱營賊逆，逢則交謀，委彥河東，自許關右，蒲津之事，即望從征，兩軍結東西之旅，一舉合連橫之勢，然後北破晉陽，還圖宗社。昉入佐相府，便為非法，三度事發，二度其婦自論。常云姓是『卯金刀』，名是『一萬日』，劉氏應王，為萬日天子。朕訓之導之，示其利害，每加寬宥，望其修改。口請自新，志存如舊，亦與士彥情好深重，逆節姦心，盡探肝鬲。嘗共士彥論太白所犯，問東井之間，思秦地之亂，訪軒轅之里，願宮掖之災。唯待蒲阪事興，欲在關內應接。殘賊之策，千端萬緒。惟忻及昉，名位並高，寧肯北面曲躬，臣於士彥，乃是各懷不遜，圖成亂階，一得擾攘之基，方逞吞并之事。人之姦詐，一至於此！雖國有常刑，罪在不赦，朕載思草創，咸著厥誠，情用愍然，未忍極法。士彥、忻、昉，身為謀首，叔諧贊成父意，義實難容，並已處盡。士彥、忻、昉兄弟叔姪，特恕其命，有官者除名。士彥小男女、忻母妻女及小男並放。士彥、叔諧妻妾及資財田宅，忻、昉妻妾及資財田宅，悉沒官。士彥、昉兒年十五以上遠配。上儀同薛摩兒，是士彥交舊，上柱國府戶曹參軍事裴石達，是士彥府僚，反狀逆心，巨細皆委。薛摩兒聞語，仍相應和，俱不申陳，宜從大辟。問即承引，頗是恕心，可除名免死。朕握圖當籙，六載於斯，政事徒勤，淳化未洽，興言軫念，良深歎憤！

臨刑，至朝堂，宇文忻見高熲，向之叩頭求哀。昉勃然謂忻曰：『事形如此，何叩頭之有！』於是伏誅，籍沒其家。後數日，上素服臨射殿，盡取昉、忻、士彥三家資物置於前，令百僚射取之，以為鑑誡云。

《舊唐書》卷一《高祖紀》（武德二年己亥）殺民部尚書、魯國公劉文靜。

又　卷四《高宗紀上》（麟德元年）十二月丙戌，殺西臺侍郎上官儀。

又　卷一八上《武宗紀》（開成五年正月）四日，文宗崩，宣遺詔，皇太弟宜於柩前即皇帝位，宰相楊嗣復攝冢宰。十四日，受册於正殿，時年二十七。陳王成美、安王溶，殂於邸第。初，楊賢妃有寵於文宗，而莊恪太子母王妃失寵怨望，為楊妃所譖。王妃死，太子廢。及開成末年，帝多疾，無嗣，賢妃請以安王溶嗣。帝謀於宰臣李珏，珏非之，乃立陳王。至是，仇士良立武宗，欲歸功於己，乃發安王舊事，故二王與賢妃皆死。

又　卷一九上《懿宗紀》（咸通）十三年五月乙亥，國子司業韋殷裕於閤門進狀，論淑妃弟郭敬述陰事。上怒甚，即日下京兆府，決殺殷裕，籍沒其家。

又　卷五七《劉文靜傳》　武德二年，從太宗鎮長春宮。文靜自以才能幹用在裴寂之右，又屢有軍功，而位居其下，意甚不平。每廷議，多相違戾。寂有所是，文靜必非之，由是與寂有隙。文靜嘗與其弟、通直散騎常侍文起酣宴，出言怨望，拔刀擊柱曰：『必當斬裴寂耳。』家中妖怪數見，文起憂之，遂召巫者，於星下被髮銜刀，為厭勝之法。時文靜有愛妾失寵，以狀告其兄，妾兄上變，高祖以之屬吏，遣裴寂、蕭瑀問狀。文靜曰：『起義之初，忝為司馬，計與長史，位望略同。今寂為僕射，據甲第，臣官賞不異眾人。東西征討，家口無託，實有觖望之心，因醉或有怨言，不能自保。』高祖謂羣臣曰：『文靜此言，反明白矣。』李綱、蕭瑀皆明其非反。太宗以文靜義旗初起，先定非常之策，始告寂知，及平京城，任遇懸隔，止以文靜為觖望，非敢謀反，極佑助之。而高祖素疏忌之。裴寂又言曰：『文靜才略，實冠時人，性復麤險，忿不思難，醜言悖逆，其狀已彰。當今天下未定，外有勍敵。今若赦之，必貽後患。』高祖竟聽其言，遂殺文靜、文起，仍籍沒其家。文靜臨刑，撫膺歎曰：『高鳥逝，良弓藏，故不虛也。』時年五十二。貞觀三年，追復官爵，以子樹義襲封魯國公，許尚公主。後與其兄樹藝怨其父被戮，又謀反，伏誅。

又　卷六九《盧祖尚傳》　貞觀初，交州都督遂安公壽以貪冒得罪，太宗思求良牧，朝臣咸言祖尚才兼文武，廉平正直，徵至京師。臨朝，謂之曰：『交州大藩，去京甚遠，須賢牧撫之。前後都督，皆不稱職。卿有安邊之略，為我鎮邊，勿以道遠為辭也。』祖尚拜謝而出，既而悔之，以舊疾為辭。太宗遣杜如晦諭旨，祖尚固辭。又遣其妻兄周範往諭之，曰：『匹夫相許，猶須存信。卿面許朕，豈得後方悔之？宜可早行，三年必自相召，卿勿推拒。朕不食言。』對曰：『嶺南瘴癘，皆日飲酒，臣不便酒，去無還理。』太宗大怒，曰：『我使人不從，何以為天下命？』斬之於朝。時年三十餘。尋悔之，使復其官蔭。

又　卷八〇《上官儀傳》　儀頗恃才任勢，故為當代所嫉。麟德元年，宦者王伏勝與梁王忠抵罪，許敬宗乃構儀與忠通謀，遂下獄而死，家口籍沒。

宋·司馬光《資治通鑑》卷二〇四《唐紀二十·則天順聖皇后上之下》（天授元年）八月甲寅，殺太子少保、納言裴居道。癸亥，殺尚書左丞張行廉。辛未，殺南安王潁等宗室十二人，又鞭殺故太子賢二子。唐之宗室，於是殆盡矣。其幼弱存者，亦流嶺南，又誅其親黨數百家。

又 卷二〇五《唐紀二十一·則天順聖皇后中之上》 長壽元年。【略】太后自垂拱以來，任用酷吏，先誅唐宗室貴戚數百人，次及大臣數百家。其刺史郎將以下，不可勝數。每除一官，戶婢竊相謂曰：『鬼朴又來矣。』不旬月，輒遭掩捕族誅。

又 卷二五二《唐紀六十八·懿宗昭聖恭惠孝皇帝下》（咸通十一年）秋八月乙未，同昌公主薨。上痛悼不已，殺翰林醫官韓宗劭等二十餘人，悉收捕其親族三百餘人，繫京兆獄。

宋·宋敏求《唐大詔令集》卷一二六《政事·誅戮上·劉洎自盡詔》 詔曰：小人在列，為蠹則深，巨猾當樞，懷奸必大。侍中、檢校戶部尚書、清苑縣開國男劉洎，出自閭伍，言行罕稱，於國無涓滴之勞，在朕匪枌榆之舊，但以駈策情久，頗有吏能，擢於凡瑣之間，收其鳴吠之用。超倫越次，使居常伯，紆青襲紫，攝職文昌，冀有葵藿之情，知慚雨露之澤。朕行履小乖和豫，凡百在位，忠孝纓心，每一引見，涕泗交集。洎獨容顏自若，密圖他志。今行御史進狀奏，洎乃與人切議，窺窬萬一，謀執朝衡，自處霍光之地；竊弄兵甲，擅總伊尹之權。猜忌大臣，擬皆夷戮。朕親加臨問，初猶不承，傍人執證，方始具伏。此而可恕，孰不可容？且皇太子某春秋鼎盛，聲溢震方，異漢昭之童幼，非周成之襁褓。鯢生負圖之望，是實無君之心。論其此罪，合從孥戮。但以夙經任過，不忍梟懸，宜免家累，賜其自盡。貞觀十九年十二月

又《楊慎矜自盡詔》 左道亂常，邦家所禁，凶謀逆節，天地不容。戶部侍郎兼御史中丞楊慎矜，潛蓄回邪，率由艱險，猥承門緒，得齒朝行。爰自卑微，謬加超擢，寄之帑藏，總被均輸。不知外矯清廉，內懷貪冒，起伏百變，以此狗身。首鼠萬端，恣為罔上，觸途苛刻，歸怨國家。還俗僧史敬忠，凶慝逆徒，狂愚賤品，乃妄陳讖緯，別覬異圖，密與交通，將期委質。仍自以亡國之後，克獲攸歸，遂妄託災祥，窺覦時變，用肆惡悖，心在不臣。惡迹既彰，疑駭咸服，戴天履地，面目何施？梟首夷宗，未云塞責。但以務弘大體，心在寬刑，尚免嚴誅，容其自斃。其楊慎矜，宜賜自盡。其兄少府少監慎餘，洛陽令慎名等，不令隨從，並為固惡，亦宜令自盡。其史敬忠首建逆謀，實為臣蠹，宜決重杖一百。鮮于賁詐稱敬忠當王，附會凶人，宜決重杖六十，長流。范滔妄說妖言，與之昵狎，宜決六十，長流嶺南臨江郡。其上庭耀既為論傭作，終不論告，決四十，配隸黔中郡。楊慎矜叶生前通事舍人辛景湊，別致非類，成此禍端，宜決四十，配流嶺南晉康郡。其義陽郡司馬嗣虢王臣，雖則不涉凶謀，而與敬忠相識，宜解却官，於南賓郡安置。其任太府少卿張瑄，素以妄庸，專行險詖，比緣慎矜薦引，驟歷班榮，因此結交，潛為黨援，況犯贓私，情逾難恕，宜決六十，長流嶺南臨封郡。其威衛執戟、天馬監副監万俟承暉，妄畜圖書，與慎矜解說，潛相黨附，為蠹實深，宜決重杖六十。其閑廐使、殿中監衛衢忝，膺重寄，宜存公道，受慎矜囑請，為承暉奏官，謟黷愈彰，比周斯在，宜貶與遠官。應配流及安置人等所在，即差網驛領送。其楊慎矜及兄弟并史敬忠有莊宅等，宜並官收。其家口男女等，並令所司准法，即配流嶺南諸郡。其張瑄及万俟承暉、鮮于賁等男女并一房家口，亦准此配流嶺南諸郡。凡其內外近親，不可尚列班榮及居京轂，宜令三司使即括責聞。且臣之事君，有死無二，匹夫徇義，或志亡軀。豈有六卿，任兼三獨，父子相續，俱承重委，兄弟不次，皆列通班，而更陰圖不軌，潛覬異望？靜言思此，良可歎息。除惡務本，與衆共之，令在惟行，蓋非獲已。中外寮庶，咸使聞知。

又《王鉷自盡詔》 敕曰：人臣無將，有必誅之義；王制所禁，在難捨之刑。銀青光祿大夫、御史大夫兼京兆尹、殿中監、閑廐使、隴右羣牧監使及天下戶口色役、利市和糴、方作園苑、長春宮栽接并京畿及關內採訪等王鉷，性本凶愎，行惟艱險，徒以早膺擢用，累踐崇班，持憲尹京，委重斯大，八閑六尚，寵寄惟深。殊不知外飾公忠，干冒非據，內懷奸詐，包藏不測。任海川狂愚不逞，妖惑無良，而乃潛與通情，乃希非望，及覺彰露，使令滅口。幸會聞此事迹，話於私庭，遽令追掩，殞於縣獄。邢縡久懷逆謀，專搆逆黨。其弟銲始終結約，常與交通，託云弟職，其實由己。今神明所殛，凶黨伏辜，縱刑且疏，欲逃其罰，然天地雖廣，

何所容身？宜賜自盡。戶部郎中王銲，蓄積梟獍之心，包藏狂悖之計，與逆人邢縡久託深交，供其資粮，同為凶惡，自申款暱，十載於茲，所有逆謀，咸共謀畫。此而不罰，其若法何？猶寬除死之典，俾從杖刑之責，宜於朝堂，集衆杖殺。

又《李林甫除削官秩詔》 為臣之道，二則有辟，事君之致，將而必誅。故左僕射兼右相吏部尚書、上柱國、晉國公、贈太尉、廣陵大都督李林甫，爰因宗室，獎以班序，建履清貫，尤特矯飾，鄙誠患失，狡迹多端。朕待以勿疑，任當殊重，恩私踰分，崇高至極，乘據樞衡，二十餘載。豈知外表廣慎，內藏凶險，籌謀不軌，覬覦非望。服此庸細，譖害惠良，悖德反經，師心蘊慝，禍福生於喜怒，榮辱由其愛憎，使縉紳箝口，行路側目。淫祀夜禱於神祇，厭勝家崇於蠱道。遵空養奸，實繁有徒。既畢禬禳，旋剿其命。阿布斯振降，塞上委於綏緝，敢行結交輸竭，深夜裹嚴室焚香，要之誓信，指期撤警，縱以叛離。且肆犬羊之羣，侵軼我疆埸；方申犄角之契，圖危我宗社。可隱之狀，所不忍言。以親黨薦引，咸歸朝班，子息蕃多，曾無教誨，貪叨納賂，倚依成奸，鬩墻屬聞，敗官相次，作偽滋久，晚節頗彰。含垢在予，猶示弘廠，鬼得誅而溢盡，惡布露而難容。建從詢鞫，事皆昭著。殲夷噍類，曷足懲愆？鞭斲屍棺，未云塞責。但以常經使任，特寬恒典，其在身官秩，並宜追除，則卑同凡庶，許其殯掩。男前將作監岫，率由劣行，不承教勗，驕恣越度，過失彌深，且配流嶺南及黔中延德郡。前司儲郎中崿，配流蒼梧郡。前太常少卿嶼，配流臨封郡。仍並除名，即綱馳驛領送。自餘有官者，令所司即勘會，亦除名，各配流嶺南及黔中。逆惡羣女在室并男未有官者，取其情願，任隨兄弟。朕念其驅策，尚懷仁恕，既貸生成之恩，赦其殞嗣之罰。仍每房各乞奴婢三兩人，並與緣身衣服粮食，使其存濟。自餘資產，一切官收。男孫有官者解却，無官者勒隨父，並家口並續遞。途流所至，彼捉搦勿許東西，縱會恩赦，不在量移之限。其林甫男女妻等，有罪非妄。惟其子壻、諫議大夫楊齊宣，覩其不善，尋有薄心，迹異同惡，頗申誠款。並自餘至親應合累者，續有處分。噫！堯謂達聰，四凶在列，周稱盛德，三監傲擾。知人之美，誠愧格言，明罰斯加，非無累歎。凡任咸自誠焉。

又《處置受賊偽官陳希烈等詔》 人臣之節，有死無二，為國之體，將而必誅。況乎委質賊庭，宴安逆命，耽受寵祿，淹延歲月，不顧恩義，助其效用。此而可宥，法將何施？達奚珣等，或受任台輔，位極人臣，累葉姻聯戚里，或歷踐臺閣，或職道中外。夫以犬馬微賤之畜，猶知戀主；龜蛇蠢動之類，皆能報恩。豈曰人臣，曾無感激，有靦面目，事於寇讎？亂臣賊子，何以過也？自逆賊作難，傾覆邦家，凡在黎元，皆含怨憤，殺身殉國者，何可勝數！此等黔首，猶懷國恩，豈有列在崇班，荷茲祿位，不思君親之分，唯與凶逆同心，受任於梟獍之間，咨謀於豺虺之輩？靜言思此，情何可矜？朕志欲含弘，法務寬貸，然凶惡之類，自招其咎，人神所棄，天地不容。原其本心，皆合殊死，就中情狀，仍有區分。達奚珣等一十八人，並宜處斬。陳希烈等七人，並賜自盡。前大理卿張均特宜免死，長流合郡。

又《周元幹等死没制》 敕：大逆不道，抵夷族之誅；同惡相濟，當棄市之法。以懲干紀，式按彝章。周元幹，賊臣之子，元惡成性，與交階亂，厥罪惟均。邵賁敢有包藏，恣其悖虐，怙侈滅義，攘敓矯虔，戮及無辜，罪浮於師。其周元曜、薄羅漢、尹元經、毛密彬、李尚林等，共肆醜圖，且明反狀。猶捨斧鑕，俾全腰領。其劉憲、周壽、崔勸等，同附姦邪，俱行扇惑，以情斯蠹，法當死没。並依前件。朕自君臨萬國，思措五刑，不虞凶殘，有此冒犯。寘以明憲，期於止殺。凡百卿士，知朕意焉。

又《李怙自盡制敕》 恃衆專殺，謂之亂常；合族併命，謂之不道。按以《春秋》，宜加重責。況自悖人理，實生厲階，合從棄市之論，尚就議親之減。李怙幸以宗屬，列於藩任，政之不修，亂是用長。輕侮法令，動搖軍州。御史姚奭，巡到所部，其弟參於佐理。諸將素有猜嫌，故加之罪，不可無狀，遂言使者之來，事在不測，俾其完聚兵甲，變更將守，潛疏其意，以搆禍萌，而怙親自點竄，詐云奭之遺隊，以此疑衆，因而合謀，弟兄家黨，咸盡淪胥而斃。又陷數家，勒兵抗威，以拒所統。人不堪命，一方騷然。頃發近信，審問按理，醜圖既露，奸狀甚明。示有小懲，以從遠斥。詢於羣議，頗屈常典。朕思以道德在宥，天使一代之人，登於仁壽之域，風化猶薄，正教不明，致令長吏，專此威暴，無罪無辜，橫分身首，寃氣慘結，有傷元和。惕然增懷，深自咎責，期於止殺，不可措刑。寬其斧鑕之誅，降從盤水之禮，宜賜自盡。雖不掩義，道在無私，而禮有緣情，實亦多愧。王者之法，敢忘至公？凡百卿士，宜悉朕意。

又《決李少良等制》 敕：李少良、衛從等，凶險悖戾，反常逆理，恣其讒説，將搆禍階，離間君臣，矯誣中外，醜圖奸狀，按驗皆明。豈殿中御史陸班，幸任清憲之職，仍參儒館之事，交結非類，包藏不測。豈有周行之列，容此一凶？亦概同惡，法當均罪。並宜付京兆府痛決一頓。朕每以君子小人，只同心異德，必先觀行，然後察言。豈茲譖讜，能迴聽斷？夫招賢納諫，君之休也；獻直盡規，臣之節也。常亦仄席思理，佇聞政道。豈謂奸慝，紊茲彝倫，須判忠邪，以正刑典。凡百有位，宜悉朕意。

又《姜敬初自盡制》 敕：不敬之大，在於毁犯園陵；自擅之重，切於矯誣詔令。有此亂常之道，必貽無赦之責。姜敬初自以頑劣，得參姻婭，録其先效，擢在西臺，素無行能，已速官謗。朕永感霜露，式瞻松柏，以其職司，俾往底事，輒於禁域，擅鑿連岡，當衣冠之出遊，臨歲月之所建，既有犯於神御，大不利於王室。其不可固有所專，一昨臨遣，再三戒敕，無君棄命，凶蠢尤深。《書》不云乎！『刑故無小。』況釋之有陵土之議，申屠致廟垣之誅。死未塞責，不忘私眷，特緩嚴刑，宜賜自盡。史忠烈、王臣子等，忝從所職，敢有挾邪，事既同科，法當均罪。亦宜賜自盡，其家資並收没。其駙馬裴倣，雖不知情，合當緣坐，宜削官爵，拘於私第。永清公主亦隨在宅，仍絶朝參，使知警懼。朕自君臨，每思刑措，豈圖戚里，干我國章？任匪其人，有慚所鑑。議法難恕，撫懷增傷。百辟卿士，知朕意焉。

又《劉希暹自盡制》 敕：合一體者，君臣之分；持二心者，天地同誅。搆茲亂階，與衆共棄。開府儀同三司、行太僕卿兼御史中丞、充神策軍兵馬都虞使、淄川郡王劉希暹，幸以微謬榮秩，典司禁戎，作我心膂，外雖承命，内不盡忠，泄漏朕言，幾危吾事。念常自任使，冀以自新，分委戎柄，授之經畧，而干冒貨賂，溪壑無厭，恣以苛刻，師人積怨，輒懷顧望，潛蓄異圖，假談咎徵，上悖天理，誘吾忠良之士，妄言禍亂之端。惡狀已彰，情在難恕。頼重賢竭力，沮發奸凶，遂命公卿，兼之法吏，再三訊鞫，情款昭然。戮市尸朝，未云塞責。氂纓盤水，尚許歸全。特從寬典，宜賜自盡。朕臨馭萬邦，於茲九稔。每以外攘夷狄，未戢干戈，常亦推食解衣，躬撫將校。義均休戚，期保終始，神明所知，誠契未負。禁網疏闊，小過必遺，豈虞奸臣，有此干紀？罪成惡稔，以寘嚴科。天下之法，不可私也。刑其無捨，良用撫然。文武庶寮，宜悉朕意。

又《誅元載敕》 任賢去邪，懸於常典；奬善懲惡，急於時政。和鼎之寄，匪易其人。中書侍郎、同中書門下平章事元載，性頗奸回，迹非正直，寵待踰分，早踐鈞衡。亮弼之功，未能經邦成務；挾邪之志，恒以罔上面欺。陰託妖巫，夜行解禱，遂行圖非望，庶逭典章。納受賍私，貨鬻官秩，凶妻忍害，暴子侵蛑。曾不隄防，恣其凌虐，行僻詞矯，心狠貌恭，使沉抑之流無用自達。賞罰差謬，罔不由茲。頃以君臣之間，重於去就，冀其遷善，掩而不言，曾無悔非，彌益凶戾。年序滋遠，釁惡貫盈，將肅正於朝猷，俾神明於憲納。宜賜自盡。朕涉道猶淺，知人不明，理績未彰，遺闕斯衆，致茲刑辟，憫愧良深。黽勉行之，務申沮勸。凡在中外，宜悉朕意。

又《劉宴賜自盡敕》 亂常干紀，罪莫大焉；除惡去邪，刑其無捨。忠州刺史劉宴，性本姦回，志惟凶慝，頃司邦賦，歷踐朝倫，割削為功，毒痛黎庶，按問贓賄，不知紀極。朕將崇政本，不去憸人，猶是含垢，務全大體，俾從降黜，尚列藩侯，黷亂之辜，掩而不問。旋乃結聚亡命，擅興師徒，罔有悛心，力行無度，違於人神，惡迹彰聞。受命連率，閱實其罪，而蒐乘補卒，遍於鄉閭，執鋭被堅，出乎郊境，拒捍朝旨，威脅使臣。人之無良，一至於此！孽由自作，法所不容。正其典刑，以懲姦蠹。宜賜自盡，仍令庾准差官勾當處置聞奏。

又《誅劉闢敕》 劉闢生於士族，別蓄梟心，驅劫蜀人，拒捍王命，逞其狂逆，詿誤一州，俾我黎元，肝腦塗地。賊將崔綱等，同惡相扇，至死不回。咸宜伏辜，以正刑典。劉闢男超郎，豺狼醜類，難議生全，務盡之刑。同類九人，並宜處斬。

又《誅李錡并男師回敕》 李錡幸國宗屬，早列方隅。德宗藉有土之權，委之以泉貨；順宗重維城之寄，授之以旌旄。恩深兩朝，榮溢當代。朕恭承寶祚，首命端揆，君臣之分益親，天地之恩彌渥。偽詞三上，懇請入朝，推以至誠，許其重任。曾不知居不疑之地，懷不測之端，有梟獍噬食之心，恃牛羊項領之力，久蓄亡命，敢有亂常，謂干戈可得而恃。悖言肆口，逆狀滔天，滅身之辜，擢髮難數。國有大典，與衆棄之。為人除害，非朕敢捨。致茲用辟，終所愧懷。李錡并男師回准法處斬。其餘支黨，已從別勑處分。

又《誅殺武元衡賊張宴等勑》 勑：張宴、李惠嵩、李寓、嚴清受命孽臣，害我良弼，凶虐之甚，古今所無。雖奸源不窮，而天網難漏。擒捕斯獲，兵刃俱存，自相證明，遂得情實。宜從極法，以快衆心。并康少賁造端合謀，不可異等，宜並處斬。張公佐、李少寧、徐良李、胡弟奴、高志巡、田再興、楊日暉、李進、胡袍直、劉憲生、秦詮及李惠嵩妻何馬等，並合從坐，況屬同情，宜付京兆府決痛杖一頓，處死。蘇表藏畜兵器，銜耀軍謀，朋遊悉無賴之徒，取受多不軌之物，屬當搜索，爰得其人。京輦之下，豈容此輩？宜決杖八十，配流費州。其妻阿康奴、綠耳等，不識陰情，難書罪罰。趙環等妻何樊、阿唐，張宴女二，初則不知，終然同惡。悉京兆府各決二十，放其鎮州進奏。趙環并官健及王承宗行官家人魏昇朝等一十八人，並赴京兆府收管，待後疏理處分。侯倫、李莫雖言已歸本道，欲於何處逃刑？待搜獲日，准例處分。張宴、趙環等七人，如更有親族，並宜搜檢，准今年八月勑處分。其刀劍器械等，並付所由，准法處分。

又 卷一二七《政事·誅戮下·誅吳元濟勑》 勑：吳元濟豺狼醜類，敢悖天常，不知覆育之恩，輒肆猖狂之計，拒捍成命，焚劫鄰封，詿誤我平人，殘傷我赤子，縣邑黎庶，號呼屢聞。朕為人父母，得不興愧？亦常告諭，曾靡悛心，稔匿挺災，日滋月甚。所以命貔貅之旅，致原野之謀，雷霆所當，巢穴盡覆。獲此凶豎，正其刑書，與衆棄之，斯為國典。宜准法處斬。其餘支黨，別從勑處分。

又《誅王涯等勑》 勑：王涯等身為宰臣，委任至重，與其從黨，恣其凶惡，潛搆姦謀。鄭注草萊卑末，寵遇殊常，而乃切發殿庭，同為之扶豎。邪險之狀，古今所未聞。賴宗社之降靈，重以叶力，斯須銷滅，京師晏寧。天下之人，所同歡快。謀惡之罪，國有常刑。其王涯、賈餗、舒元輿、王播、郭行興、李孝本、羅立言，宜令左右神策軍差兵馬防援准舊例，領赴郊廟及兩市，令衆訖於獨柳樹下。並令准法處分。

又《處置楊弁勑》 勑：楊弁起於卒伍，獲在偏裨，方屬徂征，敢為桀逆，迫逐師旅，嘯聚叛徒。朕姑務苟安，未加顯戮，捨置悖亂，令赴行營，遂駐南轅之盛，已盗北門之管，戰備符璽，并而竊之。咨石會之重關，潛輸逆鎮；釋賈羣之縲紲，俾遠奸謀。成榆社之義心，召漢水之同惡。蠆毒近發於懷袖，蟻壤幾類於江河。康政等被汾邑之遺風，習莘墟之有禮，遽忘臣節，仍助凶惡，抗弦登陴，曾不興感，以卵投石，自取滅亡。雖禁暴除殘，國之大典，然致陷辟，終用愧懷。

又《劉從諫剖棺暴尸勑》 勑：前代張角、王陵伏罪之後，皆以身死，並加追戮，抑有舊章。劉從諫疾困之時，置劉稹兵權，潛謀繼襲。雖先以削奪，合正刑書，宜令剖棺暴尸，就潞州市號令三日夜，便隨事埋瘞。會昌四年八月

又《誅郭誼等勑》 勑：理髖髀者，不可以嬰芒刃；圖草蔓者，必在乎絶本根。故代甲兵以正其刑，鐘鼓以聲其罪，爰用重典，以清亂邦。逆賊郭誼等，狐鼠之妖，依兵穴而自固；牛羊之力，得水草而逾凶。久從叛臣，皆負逆氣。頃者劉從諫背德反義，掩賊藏姦，積其怙亂之謀，無非親吏之計。劉公直、安全慶各憑地險，屢抗王師，每肆悖言，罔懷革面。吳寇將敗，周丘尚務於陸梁；隴坻向平，王捷猶稱其必死。況郭誼、王協，聞邢洺歸款，懼義旅覆巢，賣孽童以圖全，據堅城而請命，擐甲以祈於撫納，要君以蓋其前愆。天地神祇，所難容捨。昔伍被詣吏，不免就誅；延岑出降，終亦夷族。致之大辟，無用愧懷。郭誼、王協、劉公直、安全慶、李道德、李佐堯、劉武悳、宗可武，並宜處斬。其餘支黨，並宜別勑處分。

又《誅張谷等告示中外勑》 勑：頃者劉從諫與李訓、鄭注結刎頸之交，以濟其奸謀，以圖不軌，張皇兵勢，脅制朝廷，自擅一方，以為三窟。張谷、陳揚庭等，凶愚無行，狡詐多端，皆在京師，人皆嫌惡。自知險薄。無所庇身，投迹戎藩，寄命從諫。多懷怨望，得肆陰謀，或妄設妖言，成其逆志，或為草表章，飾其悖辭，無孝於君親，曾不愧天地。自朕君臨方宇，姑務含容，而怙亂益堅，包藏未息，誘受亡命，招聚異圖，志猶恃於金湯，心不利於王室。近又敢為狂計，扶取孽童，汙我忠義之軍，叶其豺狼之黨。天之所棄，神得而誅。逆賊劉稹弟植、曹九、滿郎、

五娘、君郎、肆娘、堂兄漢卿、匡周、堂弟會卿、匡堯、穗，逆賊張谷并男涯、解愁、何大偃、郎孫男小告、兄台男小曾、門奇、牽郎、修文、千駒，陳揚庭并男巢郎、宣力、男醜奴，張溢并男歡郎、三寶、門客甄伐、伎術人鄭諗、蔣黨，逆賊李訓兄仲景，郭行餘男台，王涯姪孫羽，韓約男茂章、茂實，王播男珪，並就昭義，梟斬訖。夫為善者，天報之以福；為不善，天報以殃。今沴氣既消，逆節咸服，方布和於四海，庶日戢於五岳。宣示中外，各令知悉。

又**《楊收賜自盡敕》** 敕：驩州流人楊收，謬承獎擢，任以台衡，意每肆其貪吸，迹頗彰於黷貨。欺天罔上，罪不可貸。毋俾生全，宜令内養郭全穆所在，賜自盡。咸通十年二月

又**《嚴譔自盡敕》** 敕：前鎮南軍節度使、檢校尚書嚴譔，器本瑣微，志惟凶險，廣用賄貨，結交奸邪，致楊收不顧刑章，恣為威福，以桂林江西之重，舉爾為名，納陳珍奇寶之私。切我良守，所令按復，不欲追窮。頃聞海隅多難，徵發為備，變寇未息，供饋方繁，或擅納衣粮，或廣補戍卒，剋剝求取，知無不為。罔地欺天，何嘗自愧？而又因推使，罔奏闕庭，欲以資財，用為排抑。楊收既嘗極典嚴誅，將令肅振朝綱，貴免紊亂邦憲。中外臣庶，當體予懷。宜所在賜自盡。咸通十年

又**《誅黔州刺史秦匡謀敕》** 敕：黔南舊制，兵數不少者，蓋沿天遠，地連昆夷，外有溪夷，内可固守。以數百兵置於要害，則千萬衆不能奪衝。秦匡謀守十四年，曾無少備，但聞侵擾溪洞，貪冒資財，人有離心，兵多虛額，致羣蠻如風火而至，使闔郡灰燼之餘。莫顧黎元，惟為酷毒，自携金帛，拋棄城池。報奏之間，謬妄非一。況統衆失律，負國深恩，天地不容，人神共怒。禍將福滅，惡滿貫盈，雖償棄市之誅，未塞亂常之罪。膏於鈇鉞，顯示華夷，欲使將來，知我用法。宜奪在身官爵，委京南節度使集衆處斬，其家口資財並籍没。仍令御史臺及諸道長吏檢查，并以其親屬令當連坐者，委御史臺及諸道提獲，具名聞奏。如待奏到，指揮處分。

又**《處置蕭遘等敕》** 敕：逆賊僞宰相蕭遘、鄭昌圖、裴徹，皆代荷國恩，身極人爵，或兩府鈞衡之任，或驟握兵賦之權。所宜罄竭丹誠，祗膺茂寵，而遽違臣節，輒肆逆謀，挾扶千萬之人，遂成簒奪；駈脅端良之士，大恣猖狂。惑藩方馳書檄，妄徵故事，欲動人情，並居僞廷，同於相位。事主之道，何以為心？賴遠近輸誠，祖宗垂祐，忠臣發憤，妖孽就誅。今則興復有期，廟朝重正，顧惟涼德，益所兢慚。然則刑賞之科，所以示天下，而申懲勸也。其於用舍，朕不敢私。撫事論辜，難逃極典。宜令所在，集衆斬訖聞奏，天下宜體朕懷。光啓三年三月

又**《誅杜讓能宣示天下》** 夫賞有功而刑有罪，治國明規；去邪心而任無私，君人大節。其有顯犯典憲，謀危宗祧，難貸大刑，式謝四海。崖州流人李周鐘，驩州流人段詡，儋州流人西門重遂，雷州司戶參軍杜讓能等，結為奸黨，請發禁軍，假言防託山南，心及攻伐近鎮，傾危宗社，讒搆忠良，包藏禍心，附會狂計。昊穹降鑑，宗廟炳靈，大臣繼有封章，列藩瀝懇論奏。朕親鞫問，罪狀顯然，須行憲章，諒非獲已。於戲！朕以眇身，嗣膺丕圖，任用之間，固無疑事。而讓能一居台鼎，八換星霜，必謂能罄忠誠，不辜所任。殊不知手探國柄，身作亂階，政以賄行，化由財進。舉枉錯直，愛憎繫於一時；鬻爵賣官，聚斂逾於巨萬。仍復舉倍息之利，恣兼備之心，市肆貨財，田歸私第，鄰伍店宅，旋入所居。政事決於胥吏，奢華縱於婦女。丘某一家杖殺，曾不奏聞；湖外二年兵戈，曾由敗易。或以蓋藏，或以誤枉，交通匪人。朕以久務含弘，未能決謫，一旦彰露，萬口咨嗟。重遂等人，始終同謀，表裏相濟，約貨則更相問遺，謀人即放還，至於烟塵，四郊迭起，紛被九陌。擁兵而固請巡幸，差人而縱寇宮中。頃刻之間，警蹕無禁，綴流壘卵，未足為危。四罪既誅，天下乃服。國法斯在，朕何敢私？尚慮道途傳聞，遠近誤謬，四海之内，未委事端，故降命書，明示天下。凡在臣庶，宜體朕懷。景福元年六月

又**《崔昭緯自盡敕》** 敕：朕猥以眇身，恭臨大寶，修前王之法度，奉列聖之紀綱。未嘗以喜怒之心，行其賞罰；惟務以誠信之道，示於寰區。有功有勞，既不吝其爵祿；負恩負法，寧可貸其誅夷？是謂至公，庶臻理道。左降官崔昭緯，頃居内署，粗著微勞，擢於侍從之司，委以燮調之任，而不能忠貞報國，端慎處身，潛交結於奸臣，致漏洩於機事，星霜累換，匡輔蔑聞。其罪一也。而又快其私忿，輒恣陰謀，托崔鋌之嶮巇，連行瑜之計策，遂令引兵向闕，怙衆脅君，故宰臣韋昭度、李

磧，並被無辜殺戮，幾危宗社，顯辱君親。其罪二也。及行瑜敗，國甫安，而乃自懼欺誣，別營附托，又於藩闈，潛請薦論，不惟苟免罪愆，兼亦再希任用。貪榮冒禄，僭濫無厭，敗俗傷風，賢愚共鄙。其罪三也。又將厚賂，欲結諸王，輕侮我之憲章，玷瀆朕之骨肉。貨財之數，文字具存。賴諸王作朕腹心，嫉其僭竊，盡將昭緯情款，兼其親吏姓名，直具奏聞，拒其求托。昭緯曾居宰輔，備歷清崇，但欲逞其回邪，都不顧其事體。觀其成見，實駭聽聞。其罪四也。自奸邪既露，情狀難容，尚示寬恩，未行極典，投於荒裔，冀其自新，不能退省罪尤，恭承制命，速赴貶所，用守常規，而敢猶務宴安，尋聞所在留駐，攪擾藩闈，侮慢朝章，曾無凜畏之心，可驗包藏之計，罔知僭咎，誹謗朝廷。其罪五也。朕以恩澤者，帝王之雨露；刑法者，邦國之雷霆。無雨露則庶物不榮，無雷霆則萬方不肅。朕體天道以化育，遵王度以澄清。罪既昭彰，理難含垢。凡百多士，宜體予懷。其崔昭緯，宜差所在賜自盡，中書門下准此處分。乾德三年五月

又《王摶自盡敕》　王摶村類蕭韋，器劣瓶筲，乘鈞無數于時情，畜志常多於奸計。結朋糾黨，蠹物害公，包聚貨財，肥濃家室，綰領官職，贍濟一門。雖行降黜之寬恩，未塞衆心之忿怒。須歸極典，方正朝綱。宜令內養似先、知贊於其所在，賜以自盡。光化三年六月

又《柳璨自盡敕》　密州司戶柳璨，交通悖逆，脅負明恩，每念禍於偷安，欲危人而自固。罔知畏憚，惟肆奸惡。既凶罪以貫盈，實朝野而共怒。況復聚貪爵秩，恣逞威權。據其狡猾之端，須降誅鋤之命。宜除名，配崖州，充長流百姓，委御史臺差人所在，賜自盡。天祐二年十二月

《舊五代史》卷三〇《唐書·莊宗紀四》　（同光元年十月丙戌）是日，以梁將段凝上疏，奏梁朝權臣趙巖等並助成虐政，結怨于人，聖政惟新，宜誅首惡。乃下詔曰：　朕既殄偽庭，顯平國患。好生之令含弘，雖切于予懷；懲惡之規決斷，難違于衆請。況趙巖、趙鵠等，自朕收城數日，布惠四方，尚匿迹以潛形，罔悛心而革面。須行赤族，以謝衆心。其張漢傑，昨于中都，與王彥章同時俘獲。此際未詳行止，偶示哀矜，今既上將陳詞，羣情激怒，往日既彰于僭濫，此時難漏于網羅。宜寘國刑，以塞羣論。除妻兒骨肉外，其他疏屬僕使，並從釋放。敬翔、李振，首佐朱温，共傾唐祚，屠害宗屬，殺戮朝臣，既寰宇以皆知，在人神而共怒。敬翔雖聞自盡，未豁幽冤，宜與李振並族于市。疏屬僕使，並從原宥。朱珪素聞狡蠹，唯矜讒邪，關惑人情，枉害良善，將清內外，須切去除，況衆狀指陳，亦宜誅戮。契丹實喇鄂博，既棄其母，又背其兄。朕比重懷來，厚加恩渥，看同骨肉，錫以姓名，兼分符竹之榮，疊被頒宣之渥。而乃輒辜重惠，復背明廷，罔顧欺違，竄歸偽室，既同梟獍，難貸刑章。可并妻子，同戮于市。其朱氏近親、趙鵠正身、趙巖家屬，仰嚴加擒捕。其餘文武職員將校，一切不問。

是日，趙巖、張希逸、張漢傑、張漢倫、張漢融、朱珪、敬翔、李振及契丹實喇鄂博等，并其妻孥，皆斬於汴橋。【略】

（乙未）詔處斬隨駕兵馬都監夏彥朗于和景門外。時宦官怙寵，廣侵占居人第舍，郭崇韜奏其事，乃斬彥朗以徇。

又　卷三四《唐書·莊宗紀八》　同光四年春正月，【略】甲子，魏王繼岌殺樞密使郭崇韜於西川，夷其族。【略】

庚辰，帝異母弟、鄜州節度使存乂伏誅。存乂，郭崇韜之子婿也，故亦及于禍。是日，以河中節度使、守太師兼尚書令、西平王李繼麟為滑州節度使，尋令朱守殷以兵圍其第，誅之，亦夷其族。【略】

丁亥，詔：『朱友謙同惡人史武等七人，已當國法，並籍没家產。』武等友謙舊將，時皆為刺史，並以無罪族誅。

又　卷三八《唐書·明宗紀四》　（天成二年二月）丙申，以從馬直指揮使郭從謙為景州刺史，尋令中使誅之，夷其族。以其首謀大逆，以弒莊宗也。

又　卷三九《唐書·明宗紀五》　（天成三年七月己未）曹州刺史成景宏貶綏州司戶參軍，續敕長流宥州，尋賜自盡。坐受本州倉吏錢百緡也。【略】

（閏月）戊申，趙德鈞獻戎俘于闕下。其蕃將特哩袞等五十人留于親衛，餘契丹六百人皆斬之。【略】

己巳，滑州掌書記孟昇匿母服，大理寺斷處流，特敕孟昇賜自盡。觀察使、觀察判官、録事參軍失其糾察，各行殿罰。襄邑縣民聞威，父為人所殺，不雪父冤，有狀和解，特敕處死。

（九月）乙未，詔德州流人温韜，遼州流人段凝，嵐州司戶陶玘，憲州司戶石知訥，原州司馬聶嶼，並宜賜死于本處，暴其宿惡而誅之也。

又 卷五二《唐書・李繼韜傳》 繼韜潛令紀綱書諭繼遠，欲軍城更變，望天子遣己安撫。事泄，斬于天津橋南。

又 卷五七《唐書・郭崇韜傳》 莊宗至汴州，宰相豆盧革在魏州，令崇韜權行中書事，俄拜侍中兼樞密使。及郊禮畢，以崇韜兼領鎮冀州節度使，進封趙郡公，邑二千戶，賜鐵券，恕十死。【略】莊宗初聞崇韜欲留蜀，心已不平，又聞全有蜀之妓樂珍玩，怒見顏色，即令中官馬彥珪馳入蜀，視崇韜去就，如班師則已，如實遲留，則與繼岌圖之。彥珪見皇后曰：『禍機之發，間不容髮，何能數千里外復稟聖旨哉？』皇后再言之，莊宗曰：『未知事之實否，詎可便令果決？』皇后乃自為教，與繼岌，令殺崇韜。【略】彥珪出皇后教，以示繼岌，繼岌曰：『大軍將發，他無釁端，安得為此負心事？公輩勿復言。』從襲等泣曰：『聖上既有口敕，王若不行，苟中途事洩，為患轉深。』繼岌曰：『上無詔書，徒以皇后教令，安得殺招討使？』從襲等巧造事端，以間之。繼岌既無英斷，僶俛從之。詰旦，從襲以繼岌之命，召崇韜計事。繼岌登樓，避之，崇韜入，左右檛殺之。崇韜有子五人，廷信、廷誨隨父死於蜀，廷說誅於洛陽，廷讓誅於魏州，廷議誅於太原。家產籍沒。

又 卷六三《唐書・朱友謙傳》 （同光）三年，賜姓名繼麟，編入屬籍，賜之鐵券，恕死罪。【略】四年正月，繼麟入覲，景進謂莊宗曰：『河中人有告變者，言繼麟與崇韜謀叛，聞崇韜死，又與李存乂構逆。當斷不斷，禍不旋踵。』羣閹異口同辭，莊宗駭惑不能決。是月二十三日，授繼麟滑州節度使。是夜，令朱守殷以兵圍其第，擒之，誅於徽安門外。詔繼岌誅令德于遂州，王思同誅令錫于許州，命夏魯奇誅其族于河中。初，魯奇至，友謙妻張氏率其家屬二百餘口，見魯奇曰：『請疏骨肉名字，無致他人橫死。』將刑，張氏持先賜鐵券，授魯奇曰：『皇帝所賜也。』是時百口塗地，冤酷之聲，行路流涕。

宋・王欽若等《册府元龜》卷一五四《帝王部・明罰第三》 （後唐莊宗同光）二年正月丙午，前新鄉鎮將李洪玫詣闕首罪，斬於天津橋南。洪玫先以城歸梁故也。

六月，蕃漢總管李嗣源遣使部送安義賊首領楊立、左重、趙實、韓貴等二十人到闕，令兩軍號令，磔於鎮國橋。【略】

（明宗天成）三年閏八月，滑州掌書記孟昇匿母憂，大理寺斷流。奉敕：朕以允從人望，嗣守帝圖，政必究於化源，道每從於德本。貴全國法，以正人倫。孟昇身被儒冠，職居賓幕，比資籌畫，以贊盤維，而乃都昧操脩，但貪榮祿，匿母喪而不舉，為人子以何堪？瀆汙時風，敗傷名教，五刑是重，十惡難寬。雖遺投荒，無如去世。孟昇賜自盡。觀察使、觀察判官、録事參軍失其糾察，各有殿罰。襄邑縣民周威父，為人所殺，不雪父冤，有狀和解，奉敕處死。

九月，敕：先監送諸州罪人温韜等，流言亂政，在憲典以難容；稔惡幸災，固人祇之共怒。温韜生為黔首，起自綠林，依憑中夏干戈，劫盜本朝陵寢。段凝豺狼類性，梟獍為謀，無辜而幾害平人，得便而嘗懷逆節。陶記曾司藩翰，恣黷貨財，自處竄流，彌興怨望。石如納比居賓佐，合務贊裨，當守殷門，撥發文字，扇搖戎帥。聶嶼擢從班列，委佐親賢，不守條章，彊買店宅。其後細詢行止，頗駭聽聞。喪妻未及於半年，別成姻媾；棄母動逾於千里，不奉晨昏。而皆自抵刑章，各居竄逐，都無省過，但出怨詞。在朕意雖欲含弘，於物論固難容赦。尚全大體，只罪一身，並令本處賜死。【略】

（四年）六月，有內班石重千等六人，控鶴官三人，矯傳聖旨，宣諭臣寮，多受其遺賂。是日發覺，殺四人，鞭五人背。

十二月，蔡州西平縣令李商為百姓告陳不公，大理寺斷止贖銅，以官當罪。敕旨：李商招愆，俱在案欵，大理定罪，備引格條。然亦事有所未圖，理有所未盡。古之立法，意在惜人，況自列聖相承，溥天無事，人皆知禁，刑遂從輕。喪亂已來，廉耻者少。朕一臨寰海，四換星灰，嘗宣無外之風，每革從前之弊。勤脩一德，深念五刑，寬則不威，暴則無惠，唯期不濫，皆守無私。李商不務養民，專謀潤己。初聞告不公之事件，決彼狀頭；又為奪有主之莊田，撻其本戶。國家給州縣篆印，只為行遣公文，而乃將印歷下鄉，從人戶取物。據茲行事，何以當官？今王饒所告，李商並招實罪。宜奪歷任官，重杖一頓，處死。元論人王饒四人，並宜放。仍令所在長吏，偏示衆多，居高者不得貪以陵卑，在下者不得驕而訕

上。體泣罪之意，聽祝網之言，各守公途，共資王道。【略】

（長興二年）五月丙子，國子勒停官張崇遠受賂補人，法寺定罪，為無祿者，減死一等。又引四月二十六日恩赦，俾從釋放。帝問張崇遠本官久無錢料，今有春冬逐月糧者。敕旨：設祿任能，立法懲惡，苟有違犯，須舉憲刑。崇遠流外授官，監中守職，雖官不請於俸祿，而職見請於依糧。贓罪既彰，死刑難貸。宜決重杖一頓，處死。

閏五月，誅河中節度、新除太子太師致仕安重誨。詔曰：朕猥以眇躬，纘承丕搆，欲華夷之共泰，於刑賞以無私。其有位極人臣，寵踰涯分，擅威權而積惡，詢物議以難容。苟緩刑章，是滋凶慝。安重誨始從幼稚，獲備指揮，既倚注以漸深，亦旌酬而益甚。自朕紹興王業，委掌樞機，官列三公，望崇四輔。謂勤劬之可恃，每率暴以居懷。且孟知祥、董璋自守藩維，素堅臣節，輒從間諜，令負憂疑。擢任姻親，往分符竹，潛設猜防之計，擅興割據之言。兩川飲恨以俱深，一旦飛章而頓絕。又錢鏐位冠王公，嘗輸愛戴。朕方禮優元老，恩遇遠人，而重誨採掇瑕疵，遽行止絕。且去年郊天禮畢，率土乂康，重誨既綰國權，復希兵柄，輒出渡淮之語，貴邀統衆之名。事雖不行，謀實可懼。其後終興戈甲，遽討巴邛，將士疲勞，梯船阻絕。又遣專臨寨所，俾料軍儲，恣威虐以復多，致民兵之共怨。朕尚存大體，特示優恩，爰自禁庭，委之藩翰，方緊共理，旋乃貢章。豈謂別有動搖，潛懷怨望？長子崇緒，親居內職。次子崇贊，顯列朝行。遣彼元隨，偷歸本道。據茲悖逆，須究端繇。勞千里以興師，致四方之駭聽，果明罪釁，難逭誅夷。其安重誨宜削奪自身官爵，仍并男崇贊、崇緒及重誨妻向、張等四人，宜並賜死。【略】

（三年）十二月，敕曰：國計之重，軍食為先。比防主守之隱欺，遂致監臨之鈐轄。丁延徽選從禁職，委以倉儲，蓋藉忠勤，特添俸給，所宜廉慎，以副指揮，而敢與專知官田繼勳、杜延德，副知趙德遵、楊仁祚等，相徇私情，擅出官物，腳夫論告，贓狀分明。及遣推窮，即稱貸借。按正律則罪加於凡盜，准後敕則名犯於極刑。況兩司簡詳，再經議讞，定法既當於不濫，懲奸斷在於必行。又據宰臣所問五條，康澄繼陳兩表，雖為滯獄，且貴盡心，但丁延徽所出軍須，已離當處，本無文紀，豈是公官？宜同入己而論，難逭滅身之罪。宜依兩司詳議，斷遣處分。其丁延徽、田繼勳贓滿二十疋，並決重杖一頓，處死。杜延德已下，各依本罪，決杖配流。【略】

末帝自鳳翔問君側之罪，至乾壕。南院宣徽使孟漢瓊以帝河中失守，在清化第。時明宗王淑妃嘗令傳教，往來錫賜，謂於己厚，見帝大哭，欲有所陳。帝曰：『事不言可知。』仍自預從臣之列，即命斬之路隅。漢瓊者，鎮州王鎔之小豎也。明宗在真定時入侍，性通黠，能交搆朋黨。初見秦王權重，乃挾妃子勢援，傾心事之。及朱弘昭、馮贇謀去秦王，又與之締結。長興之季，氣焰燻灼，開府、驃騎之資，期月遍歷。西軍既叛，人主拱手待斃，鄂王急召漢瓊，欲先令入鄴，漢瓊匿不奉召。知帝及陝，乃單馬趨陝，至澠池西，斬於路左。【略】

（清泰二年）十月，詔金州斬屯戍都監陳知隱。先是，蜀人侵軼，禦侮不嚴，突至城下，水寨失守故也。【略】

少帝開運二年春，誅青州節度使楊光遠部下指揮使張迥等五人。時光遠叛命，帝以戎事方興，慮其扇搖故也。

周太祖廣順元年五月甲申，敕考城縣巡檢供奉官馬彥勍處死，以在巡檢所停匿赦書，殺獄囚故也。【略】

世宗顯德元年九月辛丑，斬供奉官、副都知竹春璘於寧陵縣，以其先奉命在彼巡檢，有羣盗掠其客船，而不能登時擒殺故也。

十月，杖死供奉官郝光庭於府門，以其在葉縣巡檢，日挾私斷，殺平人故也。【略】

五年十二月，楚州兵馬都監武懷恩棄市，以其擅殺降卒廖約等四人故也。

宋・司馬光《資治通鑑》卷二九二《後周紀三・太祖聖神恭肅文武孝皇帝下》 （顯德元年）冬十月甲辰，左羽林大將軍孟漢卿坐納藁稅場官擾民，多取耗餘，賜死。有司奏漢卿罪不至死，上曰：『朕知之，欲以懲衆耳。』

論　説

宋・孫甫《唐史論斷》卷上《高祖・殺劉文静釋裴寂》 論曰：恩

與刑，人主之大權也。恩當其功，刑當其罪，則中外勸戒矣。反是道，何以服人心？裴寂、劉文静俱以佐命為大臣，文静才略功名過寂遠甚。高祖任情親寂而疏文静。文静失律則除名，及與寂有隙，出怨言，遂聽寂讒殺之。寂當將相之任，怯而無謀，屢為賊敗，既入朝，不加深罪，幸矣。顧待彌厚，可乎？施恩於寂太優，用刑於文静太暴，二者皆出於私。非聖子功德之大，人心去矣。

又　**《太宗・殺盧祖尚》**　論曰：人主操天下之勢，不可一日失威令。威令一失，則下起慢上之漸，漸若不止，則綱紀弛而權移於下，何以操天下之利勢？故曰人主不可一日失威令也。然威令之行，不可過中，過中則暴，暴則人心離矣。太宗之用威令，誠得其術，故内外之臣聞一令，罔不靡然從之。此無他，聰明之性，至公之心，剛嚴之體御於内外也。盧祖尚丁其時，荷其任，乃委曲思慮，以身為計，遂成驕慢之態，宜乎獲罪矣。然殺戮，刑之極，施於驕慢之罪，此似過中。人臣驕慢則殺之，復有罪之極者，何以加刑？若祖尚之罪，逐於遐裔而永棄之，未至失威令也。

又　**《劉洎賜死》**　論曰：劉洎之死，據舊史所書，由褚遂良之譖也。然伐遼之行，太宗諭洎輔翼太子之意，洎有誅大臣之對，時已責其疏健。太宗至自遼東，不豫，洎謁見而深憂之，復言誅大臣事，亦與前疏健之語何異？儻為遂良所奏，太宗疊前怒殺之迹，其事狀近於是矣。若洎止憂聖體，絶無他語，又引馬周自明，周對與洎不異，太宗何至偏信遂良，遽誅大臣乎？況洎有罪而周隱之，又安得止罪洎而不責周也？蓋遂良後諫廢立皇后事，以忠直被譴，姦人從而譖搆之，惟恐其無罪，故劉洎之子訴寃，李義府助之，賴樂彦瑋力辯其事，遂良譖洎之言，當出於此矣。又《貞觀實録》本敬播所修，號為詳正。後許敬宗專修史之任，頗以愛憎改易舊文，則遂良譖洎之事，安可信乎？

又　**《高宗・殺上官儀》**　論曰：《易》有君不密失臣之戒，《春秋》有君漏言之譏。聖人立法，使人君與臣下謀議，不可輕脱漏露，致羅其患，故申於《易》，著於《春秋》，丁寧如是也。況君乘怒自謀，使臣預議，一日推過於臣而殺之，豈人君之道？高宗立武后，過惡甚矣。后延邪人行厭勝，決廢之固宜。方與上官儀定議，后遽自申訴，兹以不密所致。若使行廢黜，后亦何所為？反懼后怒，言『儀教我』。此乃婦人童子之態，遂使姦人乘后之意，搆皇太子大臣，殺之，士大夫無事被逐者甚衆。后威權日盛，養成篡奪之勢，皆由高宗不君也。

又　**卷中《德宗・楊炎貶崖州司馬賜死》**　論曰：楊炎懷元載私恩，仇劉晏而害之，此固大罪，正名誅之，宜矣。然炎之害晏，本出私怨，德宗殺炎，又非公法。始炎譖晏，言嘗託附獨孤妃，欲立韓王。德宗不察虚實，便以晏不利於己，至遣使先殺晏，後詔以忠州叛罪之。此君與相，俱以私心，殺害勳賢，仍誣其罪，用掩己過。是上欺於天，下欺於人，中外寃惜，固不能已也。炎懼人言之多，奏遣腹心使於四方，言殺晏之事，本由君怒，以解己罪。德宗聞之，又惡殺勳賢之事在己，乃怒炎，有意誅之。若下詔述己聽讒殺賢之過，深自責，雪晏之枉，優加贈典，正炎之事，肆諸市朝，猶可戒己失道，明國常憲，使姦險者知懼，忠憤者快心。反擢用盧杞，姦惡益甚於炎，乃加炎他罪殺之，此豈公也？為君為相，逞私欲如是，相欲無禍，君欲不危，難哉！

又　**卷下《武宗・殺陳王安王》**　論曰：武宗殺陳王、安王，又欲殺李珏等，不惟褊狠之過，乃不思召後代之亂也。文宗繼昭愍即位，晚節無子，以陳王昭愍之子，立為儲貳。李珏之議，得其正矣。及文宗大漸，仇士良矯詔立武宗。武宗，文宗之弟，於次序不若陳王之正，然既即位，陳王、李珏何罪？乃聽士良之譖，乘褊狠之性也。已殺陳王矣，又欲殺珏。雖輔相懇救其事，然竟逐之。是使大臣當立儲貳之際，不得正議也。正議者獲罪，則後之大臣當國嗣之議，不敢忠言矣。臣不敢忠言，則天子之子必長年而大賢，可無他慮。若幼而未有賢名，或無子，孰敢正議其立者？大臣不敢正議，國嗣何時而定，争奪患起，何所不至，豈非召後代之亂耶？如嗣復立安王之議，乃為不正。然必事狀明白，中外所知，乃可罪之，以戒後挾私而議國事者。如事狀曖昧，寧知非譖，又安可罪哉？

金・王若虚《滹南集》卷二六《君事實辨》　齊人段志充請帝致政於太子，大臣乞誅之。詔曰：『朕之有罪，是其直也；若其無罪，是其狂也。』亦釋之。此可謂寬明矣。然於李君羨則以讖記之文而殺，劉洎則以廢立之語而殺。或怪其不能以斯心加諸彼，是不然。段志充輩，凡人皆知其不足道，故無所動其心。君羨與洎則觸其真諱惡之機，故不能自克耳。武后能容蘇安恒而不容魏元同、劉禕之，亦是類也。

清・王夫之《讀通鑑論》卷二〇《唐太宗・二四》　劉洎之殺，謂褚公譖之者，其為許敬宗之汙誣，固已。乃使褚公果以洎之言白於太宗，亦詎不可哉？太宗征高麗，留守西京者，房玄齡也；受命輔太子於定州者，高士廉、張行成、高季輔、馬周；而洎以新進與焉，非固為宗臣，負伊、周之獨任也。兵凶戰危，太宗春秋已高，安危未決也，太子柔弱，固有威福下移之防。洎於受命之日，遽亢爽無忌而大言曰：『大臣有罪，臣謹即行誅。』然則不幸而太宗不返，嗣君在疚，玄齡之項領，且懸於洎之鋒刃，而況士廉以下乎？又況其餘之未嘗受命者乎？

人臣而欲擅權以移國者，必立威以脅衆，子罕奪宋公之柄，用是術也。而曹操之殺孔融，司馬懿之殺曹爽，王敦之殺周顗、戴淵，無所稟承，猶無擇噬，矧洎已先言於當宁，挾既請之旨，復何所忌以戢其專殺乎？魏王泰未死，吳王恪物望所歸，洎執生殺之權以誅異己，欺太子之柔，唯其志以逞，何求而不得？然則伊、霍之事，洎即不言，抑必有其情焉，且又惡知洎之狂悖，不果有是言哉？

或曰：洎謹即行誅之對，剛而戇耳，非能有不軌之情也。曰：所惡於强臣者，唯其很耳。戇者，很之徒也。無所忌而函之心，乃可無所忌而矢諸口，遂以無所忌而見之事。司馬師、高澄、朱温、李茂貞唯其言之無忌者，有以震懾乎人心，而天下且詫之曰：此英雄之無隱也。當其曰『謹即行誅』，目無天子，心無大臣，百世而下，猶不測其威之所底止，而可留之以貽巽輭之沖人乎？使褚公果勸太宗以殺洎，亦忠臣之效也。

或曰：唐處方興之勢，而長孫無忌、房玄齡、李世勣以開國元臣匡扶王室，洎雖狂，無能為也。曰：人之可信以無妄動者，唯其慎以言、慮以動而已。不可言而言之，則亦不可為而為之。朱泚孤軍無助而走德宗，苗傅、劉正彦處張浚、韓世忠之間，而廢宋高，皆愚戇而不恤禍福者也。藉曰洎為文吏，兵柄不屬焉，范曄、王融亦非有兵之可恃，又孰能保洎之無他乎？使伏其辜，非過計而淫刑，審矣。

又　卷二四《唐德宗・七》　謂殺劉晏而羣叛懷疑以競起者，非也；晏自不當殺耳，不殺晏，而河北能戢志以聽命乎，誰其信之？不殺來瑱而僕固懷恩固反，不殺劉晏而河北固叛，賊指為名以激衆怨耳，實則了不相及之勢也。抑欲天子不敢殺一人，以媚天下而取容乎？惟岳既誅，成德已平，而處置朱滔、王武俊者乖方以致亂，則誠過已。雖然，滔、武俊之志，猶之乎承嗣、寶臣也，平一賊而進一賊，又豈易言哉？嗚呼！蓋至是而所以處此者誠難，論者設身處此，又將何以處之與？

雜録

宋・孫光憲《北夢瑣言》卷一八《明宗誅諸凶》　明宗即位之初，誅租庸使孔謙，歸德軍節度使元行欽，鄧州節度温韜，太子少保段凝，汴州麴務辛廷蔚、李繼宣等。孔謙者，魏州孔目吏。莊宗圖霸，以供饋兵食，謙有力焉。既為租庸使，曲事嬖倖，奪宰相權，專以聚斂為意，剝削為端，以犯衆怒，伏誅。元行欽為莊宗愛將，出入宮禁，曾無間隔，害明宗之子從璟，以是伏誅。段凝事梁，以姦佞進，身至節將，末年綰軍權，束手歸朝。温韜凶惡，發掘西京陵寢，莊宗中興，不寘其罪，厚賂伶官閹人，與段凝皆賜國姓，或擁旄鉞。明宗采衆議而誅之。

又　《明宗惡貪吏》　明宗皇帝，尤惡貪貨。【略】亳州刺史李鄴以贓穢，賜自盡。面戒汝州刺史萇簡，為其貪暴。汴州倉吏犯贓，内有史彦珣，舊將之子，又是駙馬石敬瑭親戚。王建立奏之，希免死。上曰：『王法無私，豈可徇親？』由是皆就戮。

又　《誅不孝》　緱氏縣令裴彦文事母不謹，誅之。襄邑人周威，父為人所殺，不雪父寃，有狀和解。明宗降敕賜死。

又　卷一九《戮丁延徽》　供奉官丁延徽巧事權貴，人多擁護。監倉犯贓，合處極法，侍衛使張從賓方便救之。上曰：『食我厚禄，偷我倉儲，期於決死。蘇秦説吾不得，非但卿言。』竟處死。

宋・陶岳《五代史補》卷五《周世宗誅高平敗將》　世宗之征東也，駐蹕於高平。劉崇兼契丹之衆來迎戰，時帥多持兩端，而王師不利。親軍帥樊愛能等各退衄，世宗赫怒，躍馬入陣，引五十人直衝崇之牙帳。崇方張樂飲酒，以示閒暇，及其奄至，莫不驚駭失次。世宗因以奮擊，遂敗之，追奔於城下。凱旋駐蹕潞州，且欲出其不意，以誅退衄者，乃置酒高會，指樊愛能等數人，責之曰：『汝等皆累朝宿將，非不能用兵者也。然退衄者無他，誠欲將寡人之物貨，賣與劉崇爾。不然，何寡人親信將帥而致是耶？如此，則卿等雖萬死，不足以謝天下矣。請諸將引頸，以待斧誅。』言訖，命壯士擒出，皆斬之。其有功之士，亦於是日行賞，自行伍拔出為將校者甚衆。其恩威並著，皆此類也。【略】論者謂：世宗患諸侯之難制也久矣，思欲誅之，未有其釁。高平之役，可謂天假，故其斬決而無貸焉。自是姑息之政不行，朝廷始尊大。自非英主，其孰能如此哉？

宋·佚名《五國故事》卷下　（南漢）晟乃襲僞位，改元應乾。【略】晚年猜忌功臣，誅戮相繼。陳道庠者，嘗為觝角，以弒殤玢者。晟既忌之，欲其自退，仍賜之《漢紀》一部。庠受賜，莫知其由，因以問內侍鄧申，申曰：『殺韓信，醢彭越之謂也。』庠因稱疾。晟聞之，反怒申以漏洩，乃兼誅之。晟每誅其親族，其子皆鴆死，女有色遂置嬪御之列。晟之所為，雖蠻夷不足以論理，而人倫之內，實所不忍聞焉。

軍事統領權分部

建軍

綜述

《隋書》卷二《高祖紀下》　（開皇八年十月）甲子，將伐陳，有事於太廟。命晉王廣、秦王俊、清河公楊素，並為行軍元帥，以伐陳。於是晉王廣出六合，秦王俊出襄陽，清河公楊素出信州，荆州刺史劉仁恩出江陵，宜陽公王世積出蘄春，新義公韓擒虎出廬江，襄邑公賀若弼出吳州，落叢公燕榮出東海，合總管九十，兵五十一萬八千，皆受晉王節度。東接滄海，西拒巴蜀，旌旗舟楫，橫亘數千里。【略】

（十年）五月乙未，詔曰：『魏末喪亂，宇縣瓜分，役車歲動，未遑休息，兵士軍人，權置坊府，南征北伐，居處無定，家無完堵，地罕包桑，恒為流寓之人，竟無鄉里之號。朕甚愍之。凡是軍人，可悉屬州縣，墾田籍帳，一與民同，軍府統領，宜依舊式。』罷山東、河南及北方緣邊之地新置軍府。

又　卷二八《百官志下》　煬帝即位，多所改革。三年，改左右衛為左右翊衛，左右備身為左右騎尉，左右武衛依舊名，改領軍為左右屯衛，加置左右禦，改左右武候為左右候衛，是為十二衛。【略】

十二衛各置大將軍一人，將軍二人，總府事，并統諸鷹揚府。【略】其軍士，左右衛所領，名為驍騎；左右驍衛所領，名豹騎；左右武衛所領，名熊渠；左右屯衛所領，名羽林；左右禦衛所領，名射聲；左右候衛所領，名佽飛；而總號衛士。

宋·司馬光《資治通鑑》卷一八一《隋紀五·煬皇帝上之下》（大業八年正月）壬午，詔左十二軍出鏤方、長岑、溟海、蓋馬、建安、南蘇、遼東、玄菟、扶餘、朝鮮、沃沮、樂浪等道，右十二軍出黏蟬、含資、渾彌、臨屯、候城、提奚、蹋頓、肅慎、碣石、東暆、帶方、襄平等道，駱驛引途，總集平壤。凡一百一十三萬三千八百人，號二百萬，其餽運者倍之。宜社於南桑乾水上，類上帝於臨朔宮南，祭馬祖於薊城北。帝親授節度，每軍大將、亞將各一人。騎兵四十隊，隊百人，十隊為團。步卒八十隊，分為四團，團各有偏將一人。其鎧胄、纓拂、旗旛，每團異色。受降使者一人，承詔慰撫，不受大將節制。其輜重散兵等，亦為四團，使步卒挾之而行，進止立營，皆有次敍儀法。

唐·杜佑《通典》卷二八《職官十·武官上·將軍總敍》　隋煬帝以左右衛，隋初舊名。左右屯衛，改左右領軍爲之。左右禦衛，新加置。左右候衛，改左右武候為之凡十二衛。各置大將軍一人，將軍二人，以總府事。每衛各置長史、録事參軍、司倉、兵騎鎧等參軍員。軍人總名衛士。蓋魏、周十二大將軍之遺制。

大唐武德【略】二年七月，高祖以天下未定，事資武力，將舉關中之衆，以臨四方，乃置十二軍，分關中諸府以隸焉。以萬年道爲參旗軍，長安道爲鼓旗軍，富平道爲玄戈軍，醴泉道爲丹鉞軍，同州道爲羽林軍，華州道爲騎官軍，寧州道爲折威軍，岐州道爲平道軍，豳州道爲招搖軍，麟州道爲苑遊軍，涇州道爲天紀軍，宜州道爲天節軍。每軍將一人，副一人，取威名素重者爲之，楊恭仁、劉弘基、長孫順德等並爲其將。督耕戰之備。自是士馬强勁，無敵於天下。五年省。七年，以突厥寇掠，復置十二軍，後又省之。其後定制，有左右衛，隋之翊衛。左右驍，左右武，左右威，左右威，隋之屯衛。左右領軍，左右金吾，金吾，隋之武候衛。左右監門，左右千牛，凡十六衛。大將軍各一人，左右衛及左右金吾總謂之四衛，其餘謂之雜衛。將軍總三十人。左右千牛衛將軍各一人，餘衛各二人。左右羽林，左右龍武，左右神武六軍，大將軍各一人，將軍各三人。皆有衛署。開元十二年，張説奏於三輔揀五尺八兵十二萬人，謂之彍騎，置於南衙，每月分番。自此以後，不復簡點。

《新唐書》卷五〇《兵志》 府兵之制，起自西魏、後周而備於隋，唐興因之。隋制十二衛，曰翊衛，曰驍騎衛，曰武衛，曰屯衛，曰禦衛，曰候衛，為左右，皆有將軍，以分統諸府之兵。府有郎將、副郎將、坊主、團主，以相統治。又有驃騎、車騎二府，皆有將軍，後更驃騎曰鷹揚郎將，車騎曰副郎將，別置折衝、果毅。

自高祖初起，開大將軍府，以建成為左領大都督，領左三軍；燉煌公為右領大都督，領右三軍；元吉統中軍。發自太原，有兵三萬人，及諸起義，以相屬與降羣盜，得兵二十萬。武德初，始置軍府，以驃騎、車騎兩將軍府領之。析關中為十二道，曰萬年道、長安道、富平道、醴泉道、同州道、華州道、寧州道、岐州道、豳州道、西麟州道、涇州道、宜州道，皆置府。三年，更以萬年道為參旗軍，長安道為鼓旗軍，富平道為玄戈軍，醴泉道為井鉞軍，同州道為羽林軍，華州道為騎官軍，寧州道為折威軍，岐州道為平道軍，豳州道為招摇軍，西麟州道為苑游軍，涇州道為天紀軍，宜州道為天節軍。軍置將、副各一人，以督耕戰，以車騎府統之。六年，以天下既定，遂廢十二軍，改驃騎曰統軍，車騎曰別將。居歲餘，十二軍復，而軍置將軍一人。軍有坊，置主一人，以檢察戶口，勸課農桑。

太宗貞觀十年，更號統軍為折衝都尉，別將為果毅都尉。諸府總曰折衝府，凡天下十道，置府六百三十四，皆有名號，而關內二百六十有一，皆以隸諸衛。凡府三等，兵千二百人為上，千人為中，八百人為下。府置折衝都尉一人，左右果毅都尉各一人，長史、兵曹別將各一人，校尉六人。士以三百人為團，團有校尉；五十人為隊，隊有正；十人為火，火有長。火備六馱馬。凡火具烏布幕、鐵馬盂、布槽、鍤、钁、鑿、碓、筐、斧、鉗、鋸皆一，甲牀二，鎌二。隊具火鑽一，胷馬繩一，首羈、足絆皆三。人具弓一，矢三十，胡祿、橫刀、礪石、大觿、氈帽、氈裝、行縢皆一，麥飯九斗，米二斗，皆自備，并其介胄、戎具，藏於庫。有所征行，則視其入而出給之。其番上宿衛者，惟給弓矢、橫刀而已。

凡民年二十為兵，六十而免。其能騎而射者為越騎，其餘為步兵、武騎，排□手、步射。每歲季冬，折衝都尉率五校兵馬之在府者，置左右二校尉位，相距百步，每校為步隊十，騎隊一，皆卷槊幡，展刃旗，散立以俟角手吹大角。一通，諸校皆斂人、騎為隊；二通，偃旗槊，解幡；三通，旗槊舉。左右校擊鼓，二校之人合譟而進。右校擊鉦，隊少却，左校進逐至右校立所；左校擊鉦，少却，右校進逐至左校立所。右校復擊鉦，隊還，左校復薄戰；皆擊鉦，隊各還。大角復鳴，一通，皆卷幡、攝矢、弛弓、匣刃；二通，旗槊舉，隊皆進；三通，左右校皆引還。是日也，因縱獵，獲各入其人。

其隸於衛也，左、右衛皆領六十府，諸衛領五十至四十，其餘以隸東宮六率。凡發府兵，皆下符契，州刺史與折衝勘契乃發。若全府發，則折衝都尉以下皆行，不盡則果毅行，少則別將行。當給馬者，官予其直，市之，每匹予錢二萬五千。刺史、折衝、果毅歲閱不任戰事者，鬻之，以其錢更市。不足，則一府共足之。

凡當宿衛者番上，兵部以遠近給番。五百里為五番，千里七番，一千五百里八番，二千里十番，外為十二番，皆一月上。若簡留直衛者，五百里為七番，千里八番，二千里十番，外為十二番，亦月上。

先天二年，詔曰：『往者分建府衛，計戶充兵，裁足周事。二十一入幕，六十一出軍，多憚勞以規避匿。今宜取年二十五以上，五十而免。屢征鎮者，十年免之。』雖有其言，而事不克行。

玄宗開元六年，始詔折衝府兵，每六歲一簡。自高宗、武后時，天下久不用兵，府兵之法寖壞，番役更代，多不以時，衛士稍稍亡匿。至是，益耗散，宿衛不能給。宰相張説乃請一切募士宿衛。十一年，取京兆、蒲、同、岐、華府兵及白丁，而益以潞州長從兵，共十二萬，號長從宿衛，歲二番。命尚書左丞蕭嵩與州吏共選之。明年，更號曰彍騎。又詔『諸州府馬闕，官私共補之。今兵貧難致，乃給以監牧馬。』然自是諸府士益多不補，折衝將又積歲不得遷，士人皆恥為之。

十三年，始以彍騎分隸十二衛，總十二萬，為六番，每衛萬人。京兆彍騎六萬六千，華州六千，同州九千，蒲州萬二千三百，絳州三千六百，晉州千五百，岐州六千，河南府三千，陝、虢、汝、鄭、懷、汴六州各六百，内弩手六千。其制皆擇下戶白丁、宗丁、品子彊壯五尺七寸以上，不足則兼以戶八等五尺以上，皆免征鎮、賦役。為四籍，兵部及州、縣、衛分掌之。十人為火，五火為團，皆有首長。又擇材勇者為番頭，頗習弩射。又有羽林軍飛騎，亦習弩。凡伏遠弩自能施張，縱矢三百步，四發而二中；擘張弩二百三十步，四發而二中；角弓弩二百步，四發而三中；單弓弩百六十步，四發而二中，皆為及第。諸軍皆近營為堋，士有便習者教試之，及第者有賞。

自天寶以後，彍騎之法，又稍變廢，士皆失拊循。八載，折衝諸府至無兵可交，李林甫遂請停上下魚書。其後徒有兵額、官吏，而戎器、馱馬、鍋幕、糗糧並廢矣。故時府人目番上宿衛者曰侍官，言侍衛天子。至是，衛佐悉以假人為童奴，京師人恥之，至相罵辱，必曰侍官。而六軍宿衛皆市人，富者販繒綵，食粱肉，壯者為角觝、拔河、翹木、扛鐵之戲。及祿山反，皆不能受甲矣。

初，府兵之置，居無事時耕於野，其番上者宿衛京師而已。若四方有事，則命將以出，事解輒罷，兵散于府，將歸于朝。故士不失業，而將帥無握兵之重，所以防微漸、絶禍亂之萌也。及府兵法壞而方鎮盛，武夫悍將雖無事時，據要險，專方面，既有其土地，又有其人民，又有其甲兵，又有其財賦，以布列天下。然則方鎮不得不彊，京師不得不弱，故曰措置之勢使然者，以此也。

夫所謂方鎮者，節度使之兵也。原其始，起於邊將之屯防者。唐初，兵之戍邊者，大曰軍，小曰守捉，曰城，曰鎮，而總之者曰道。若盧龍軍一，東軍等守捉十一，曰平盧道。橫海、北平、高陽、經略、安塞、納降、唐興、渤海、懷柔、威武、鎮遠、靜塞、雄武、鎮安、懷遠、保定軍十六，曰范陽道。天兵、大同、天安、橫野軍四，岢嵐等守捉五，曰河東道。朔方經略、豐安、定遠、新昌、天柱、宥州經略、橫塞、天德、天安軍九，三受降、豐寧、保寧、烏延等六城，新泉守捉一，曰關內道。赤水、大斗、白亭、豆盧、墨離、建康、寧寇、玉門、伊吾、天山軍十，烏城等守捉十四，曰河西道。瀚海、清海、静塞軍三，沙鉢等守捉十，曰北庭道。保大軍一，鷹娑都督一，蘭城等守捉八，曰安西道。鎮西、天成、振威、安人、綏戎、河源、白水、天威、榆林、臨洮、莫門、神策、寧邊、威勝、金天、武寧、曜武、積石軍十八，平夷、綏和、合川守捉三，曰隴右道。威戎、安夷、昆明、寧遠、洪源、通化、松當、平戎、天保、威遠軍十，羊灌田等守捉十五，新安等城三十二，犍為等鎮三十八，曰劍南道。嶺南、安南、桂管、邕管、容管經略、清海軍六，曰嶺南道。福州經略軍一，曰江南道。平海軍一，東牟、東萊守捉二，蓬萊鎮一，曰河南道。此自武德至天寶以前邊防之制。

其軍、城、鎮、守捉皆有使，而道有大將一人曰大總管，已而更曰大都督。至太宗時，行軍征討曰大總管，在其本道曰大都督。自高宗永徽以後，都督帶使持節者，始謂之節度使，然猶未以名官。景雲二年，以賀拔延嗣為涼州都督、河西節度使。自此而後，接乎開元，朔方、隴右、河東、河西諸鎮皆置節度使。

及范陽節度使安祿山反，犯京師，天子之兵，弱不能抗，遂陷兩京。肅宗起靈武，而諸鎮之兵，共起誅賊。其後祿山子慶緒及史思明父子繼起，中國大亂。肅宗命李光弼等討之，號九節度之師。久之，大盜既滅，而武夫戰卒以功起行陣，列為侯王者，皆除節度使。由是方鎮相望於內地，大者連州十餘，小者猶兼三四，故兵驕則逐帥，帥彊則叛上。或父死，子握其兵而不肯代；或取捨由於士卒，往往自擇將吏，號為留後，以邀命於朝。天子顧力不能制，則忍恥含垢，因而撫之，謂之姑息之政。蓋姑息起於兵驕，兵驕由於方鎮，姑息愈甚而兵將愈俱驕。由是號令自出，以相侵擊，虜其將帥，并其土地，天子熟視，不知所為，反為和解之，莫肯聽命。

始時為朝廷患者，號河朔三鎮。及其末，朱全忠以梁兵，李克用以晉兵更犯京師，而李茂貞、韓建近據岐、華，妄一喜怒，兵已至於國門，天子為殺大臣，罪已悔過，然後去。及昭宗用崔胤，召梁兵以誅宦官，劫天子奔岐，梁兵圍之逾年。當此之時，天下之兵無復勤王者。嚮之所謂三鎮者，徒能始禍而已。其他大鎮，南則吳、浙、荊、湖、閩、廣，西則岐、蜀，北則燕、晉，而梁盜據其中。自國門以外，皆分裂於方鎮矣。

故兵之始重於外也，土地民賦非天子有；既其盛也，號令征伐非其有；又其甚也，至無尺土而不能庇其妻子，宗族遂以亡滅。語曰『兵猶火也，弗戢將自焚。』夫惡危亂而欲安全者，庸君常主之能知；至於措置之失，則所謂困天下以養亂也。唐之置兵，既外柄以授人，而末大本小，方區區自為捍衛之計，可不哀哉？

夫所謂天子禁軍者，南、北衙兵也。南衙，諸衛兵是也；北衙者，禁軍也。初，高祖以義兵起太原，已定天下，悉罷遣歸，其願留宿衛者三萬人。高祖以渭北白渠旁民棄腴田分給之，號元從禁軍。後老不任事，以其子弟代，謂之父子軍。

及貞觀初，太宗擇善射者百人，為二番於北門長上，曰百騎，以從田獵。又置北衙七營，選材力驍壯，月以一營番上。十二年，始置左右屯營於玄武門，領以諸衛將軍，號飛騎。其法：取戶二等以上長六尺闊壯者，試弓馬四次上、翹關舉五、負米五斛行三十步者。復擇馬射為百騎，衣五色袍，乘六閑駁馬，虎皮韉，為游幸翊衛。

高宗龍朔二年，始取府兵越騎、步射，置左右羽林軍。大朝會，則執仗以衛階陛；行幸則夾馳道，為內仗。武后改百騎曰千騎，睿宗又改千騎曰萬騎，分左右營。及玄宗以萬騎平韋氏，改為左右龍武軍，皆用唐元功臣子弟，制若宿衛兵。是時良家子避征戍者，亦皆納資隸軍，分日更上，如羽林。

開元十二年，詔左右羽林軍、飛騎闕，取京旁州府士，以戶部印印其臂，為二籍，羽林、兵部分掌之。末年，禁兵寖耗。及祿山反，天子西駕，禁軍從者裁千人。肅宗赴靈武，士不滿百，及即位，稍復調補北軍。至德二載，置左右神武軍，補元從、扈從官子弟，不足則取它色，帶品者同四軍，亦曰神武天騎，制如羽林。總曰北衙六軍。又擇便騎射者置衙前射生手千人，亦曰供奉射生官，又曰殿前射生手，分左右廂，總號曰左右英武軍。乾元元年，李輔國用事，請選羽林騎士五百人徼巡。李揆曰：『漢以南北軍相制，故周勃以北軍安劉氏。朝廷置南北衙，文武區列，以相察伺。今用羽林代金吾警，忽有非常，何以制之？』遂罷。

上元中，以北衙軍使衛伯玉為神策軍節度使，鎮陝州；中使魚朝恩為觀軍容使，監其軍。初，哥舒翰破吐蕃臨洮西之磨環川，即其地置神策軍，以成如璆為軍使。及安祿山反，如璆以伯玉將兵千人赴難，伯玉與朝恩皆屯于陝。時邊土陷蹙，神策故地淪没，即詔伯玉所部兵號神策軍，以伯玉為節度使，與陝州節度使郭英乂皆鎮陝。其後伯玉罷，以英乂兼神策軍節度。英乂入為僕射，軍遂統於觀軍容使。

代宗即位，以射生軍入禁中清難，皆賜名『寶應功臣』，故射生軍又號寶應軍。廣德元年，代宗避吐蕃幸陝，朝恩舉在陝兵與神策軍迎扈，悉號神策軍。天子幸其營。及京師平，朝恩遂以軍歸禁中，自將之，然尚未與北軍齒也。

永泰元年，吐蕃復入寇，朝恩又以神策軍屯苑中。自是寖盛，分為左右廂，勢居北軍右，遂為天子禁軍，非它軍比。朝恩乃以觀軍容宣慰處置使知神策軍兵馬使。大曆四年，請以京兆之好畤，鳳翔之麟游、普潤皆隸神策軍。明年，復以興平、武功、扶風、天興隸之，朝廷不能遏。又用愛將劉希暹為神策虞候，主不法，遂置北軍獄。募坊市不逞，誣捕大姓，没産為賞，至有選舉旅寓而挾厚貲多橫死者。朝恩得罪死，以希暹代為神策軍使。是歲，希暹復得罪，以朝恩舊校王駕鶴代將。十數歲，德宗即位，以白志貞代之。是時神策兵雖處內，而多以裨將將兵征伐，往往有功。

【略】

貞元二年，改神策左右廂為左右神策軍，特置監句當左右神策軍，以寵中官，而益置大將軍以下。又改殿前射生左右廂曰殿前左右射生軍，亦置大將軍以下。三年，詔射生，神策，六軍將士，府縣以事辦治先奏，乃移軍，勿輒逮捕。京兆尹鄭叔則建言：『京劇輕猾所聚，慝作不常，俟奏報將失罪人，請非昏田，皆以時捕。』乃可之。

俄改殿前左右射生軍曰左右神威軍，置監左右神威軍使，左右神策軍皆加將軍二員，左右龍武軍加將軍一員，以待諸道大將有功者。自肅宗以後，北軍增置威武、長興等軍，名類頗多而廢置不一，惟羽林、龍武、神武、神策、神威最盛，總曰左右十軍矣。

其後，京畿之西多以神策軍鎮之，皆有屯營。軍司之人散處甸內，皆恃勢淩暴，民間苦之。自德宗幸梁還，以神策兵有勞，皆號『興元元從奉天定難功臣』，恕死罪。中書、御史府、兵部乃不能歲比其籍，京兆又不

敢總舉名實。三輔人假庇於軍，一牒至十數。長安姦人多寓占兩軍，身不宿衛，以錢代行，謂之納課戶。【略】

十四年，又詔左右神策置統軍，以崇親衛，如六軍。時邊兵衣饟多不贍，而戍卒屯防，藥茗蔬醬之給最厚，諸將務為詭辭，請遥隸神策軍，稟賜遂贏舊三倍，繇是塞上往往稱神策行營，皆内統於中人矣。其軍乃至十五萬。【略】

元和二年，省神武軍。明年，又廢左右神威軍，合為一，曰天威軍。八年，廢天威軍，以其兵、騎分隸左右神策軍。及僖宗幸蜀，田令孜募神策新軍為五十四都，離為十軍。令孜自為左右神策十軍兼十二衛觀軍容使，以左右神策大將軍為左右神策諸都指揮使，諸都又領以都將，亦曰都頭。【略】

（乾寧元年）詔嗣薛王知柔入長安，收禁軍，清宮室，月餘乃還。又詔諸王閲親軍，收拾神策亡散，得數萬，益置安聖、捧宸、保寧、安化軍，曰殿後四軍。嗣覃王允與嗣延王戒丕將之。

（三年）及還長安，左右神策軍復稍置之，以六千人為定。【略】於是悉誅宦官，而神策左右軍繇此廢矣。諸司悉歸尚書省郎官，兩軍兵皆隸六軍，而以崔胤判六軍十二衛事。六軍者，左右龍武、神武、羽林，其名存而已。自是軍司以宰相領。

及全忠歸，留步騎萬人，屯故兩軍，以子友倫為左右軍宿衛都指揮使，禁衛皆汴卒。崔胤乃奏：『六軍名存而兵亡，非所以壯京師。軍皆置步軍四將，騎軍一將，步將皆兵二百五十人，騎將皆百人，總六千六百人，番上如故事。』乃令六軍諸衛副使、京兆尹鄭元規立格，募兵於市，而全忠陰以汴人應之。胤死，以宰相裴樞判左三軍，獨孤損判右三軍，向所募士悉散去。全忠亦兼判左右六軍十二衛。及東遷，唯小黄門打毬供奉十數人，内園小兒五百人從，至穀水，又盡屠之，易以汴人，於是天子無一人之衛。昭宗遇弒，唐乃亡。

又 卷七八《河間元王孝恭傳》 明年，拜信州總管，承制得拜假。當是時，蕭銑據江陵，孝恭數進策圖銑，帝嘉納，進王趙郡，以信州為夔州，乃大治舟艦，肄水戰。會李靖使江南，孝恭倚其謀，遂圖江陵，盡召巴蜀首領子弟，收用之，外示引擢而内實質也。俄進荆湘道總管，統水陸十二軍，發夷陵，破銑二鎮，縱戰艦，放江中。諸將曰：『得舟當濟吾用，棄之反資賊，奈何？』孝恭曰：『銑之境南際嶺，左薄洞庭，地險士衆。若城未拔而援至，我且有内外憂。舟雖多，何所用之？今銑瀕江鎮戍，見艫舳蔽江下，必謂銑已敗，不即進兵，覘候往返，以引救期，則吾既拔江陵矣。』已而救兵到巴陵，見船，疑不進。銑内外阻絶，遂降。帝悦，遷荆州大總管，詔圖破銑狀以進。

宋·王溥《唐會要》卷七二《京城諸軍》 武德三年七月十一日，高祖以天下未定，將舉關中之衆，以臨四方，乃下詔曰：『周置六軍，每習蒐狩；漢增八校，畢選驍勇。故能化行九有，威震百蠻。況今伊洛猶蕪，江湖尚梗，各因部校，序其統屬，改復鉦鐸，創造徽章，取象天官，作其名號。』於是置十二衛將軍，分關内諸府隸焉。每將軍一人、副一人，取威名素重者為之，督以耕戰之事。軍名，傅奕所造。萬年道為參旗軍，長安道為鼓旗軍，富平道為玄戈軍，醴泉道為井鉞軍，同州道為羽林軍，華州道為官騎軍，寧州道為折威軍，岐州道為平道軍，豳州道為招摇軍，西麟道為遊奕軍，涇州道為天紀軍，宜州道為天節軍。至六年二月二十四日廢。八年五月，以突厥為患，復置十二軍。

又《羽林軍》 貞觀十二年十一月三日於玄武門置左右屯營，以諸衛將軍領之，其兵名曰『飛騎』，中簡才力驍健善騎射者，號為『百騎』。上遊幸，則依五色袍，乘六閑馬，賜猛獸衣韉以從之。至永昌元年十月二十八日，改『百騎』為『千騎』。至景云元年九月二十七日，改『千騎』為『萬騎』。

垂拱元年五月十七日，置左右羽林軍領羽林郎六千人。至天授二年三月三十日，改為左右羽林衛，以武攸寧為大將軍。神龍元年二月四日，又改為左右羽林軍。張柬之等將誅張易之兄弟，引右羽林大將軍李多祚籌其事，謂曰：『將軍在此間幾年？』曰：『三十年矣。』柬之曰：『將軍擊鍾鼎食，腰懸金紫綬，貴寵當代，位極武臣，豈非大帝之恩。將軍既感大帝殊澤，能有報乎？大帝之子，見在宮中。逆豎張易之兄弟擅權，朝夕危逼。宗社之重，在於將軍，誠能報恩，正屬今日。』多祚曰：『苟緣王室，惟相公所使，終不顧妻子性命。』因即引天地神祇為要誓，辭氣感激，義形於色。及平内難，封遼東郡王。

景雲元年八月二十五日，又改為左右羽林軍。乾元元年十月四日敕：『左右羽林、左右龍武、左右神武軍文武官，並昇同金吾四衛。』【略】

景龍元年十月，停戶奴為萬騎。【略】

開元十年九月二十七日敕：『駕在京，左右屯營宜於順義、景風門内安置。北衙亦著兩營，大明北門安置一營，大内北門安置一營。駕在東都，左右屯營於賓曜右渡門内安置，兼於玄武北門左右廂，各據地界，繞營城分配宿衛。』十八年十一月五日敕：『應補萬騎，宜待本使挾名録奏，敕下然後給食糧者。』二十六年十一月，析左右羽林軍置龍武軍，以左右萬騎營隸焉。或出二十七年三月二十七日。【略】

開元十年九月二十七日敕：駕在京右右屯營，宜於順義、景風門内安置，北衙亦著兩營，大明北門安置一營，大内北門安置。駕在東都，左右屯營於賓曜右渡門内安置，兼於玄武左右廂各據地界，繞營城分配宿衛。【略】

二十六年十一月五日，析左右羽林軍，置龍武軍，以左右萬騎營隸焉。【略】

（天寶）七載七月二十日敕：『左右羽林軍飛騎，請准後加數，通舊一萬五千人為定額，六番上下。』

至德二載十月十四日，左右神武兩軍，先取元扈從官子弟充，如不足，任於諸色中簡取二千人為定額。其帶品人，並同四軍例，白身准萬騎例，仍賜名『神武天騎』，永為恒式。【略】

廣德二年正月敕：『左右神武等軍，各一千五百人為定額。左右羽林軍，各以二千人為定額。』

貞元三年五月，左右神武等軍，各加將軍一員。上以諸道大將有功勞者，將擢掌禁兵，故增其官員以待之。仍以浙西大將王栖曜、李長榮，河東大將軍郭定元、符璘充之。

四年八月敕：『左右羽林軍飛騎等，兵部照補，格敕甚明，軍師不合擅有違越。自今以後，不得輒自召補。』

元和二年正月敕：『左右羽林軍應管月番飛騎，總五千六百一十三人，宜停。』其四月敕：『左右威遠營，置來已久，著在國章。近置英武軍及加軍額，宜從併省，以正舊名。其英武軍額宜停，將士及當軍一切以上，並合入左右威遠營，依前置使二人勾當。』

十三年十二月敕：『左右龍武等六軍營威遠營，應納課戶，其一千八百人所請衣糧，宜並勒停。仍委本軍具名牒送府縣收管。』自貞元以來，長安富戶皆隸要司，求影庇。禁軍挂籍，十五六焉。至有恃其多藏，安處闤闠，身不宿衛，以錢代行，謂之納課戶。至是禁絶。

天祐二年正月二十二日敕：『威遠軍宜停廢，其所管兵士，便隸六軍。其軍使張勤，宜却守本管歸班。』

又《神策軍》 天寶初，哥舒翰破吐蕃軍於臨洮城西二百餘里，遂請以其地為神策軍。朝廷以成如璆為洮陽太守，兼神策軍使。及安祿山反，如璆使其將衛伯玉領神策軍千餘人，赴難於相州城下。官軍相州之敗，伯玉收其兵，與觀軍容使魚朝恩同保陝州。時西邊土地已没，遂詔伯玉所領軍號神策軍，以伯玉為軍使，與陝州節度郭英乂同鎮於陝，觀軍容使魚朝恩亦在焉。敕伯玉以其兵東討有功，遂加號神策軍節度使。伯玉歸朝，英乂兼領神策軍節度使，尋追郭英乂為僕射，其軍遂統於觀軍容使。屬廣德初，代宗幸陝，朝恩率神策軍以迎，兼護車駕，幸其營焉。京師克平，朝恩以所統軍歸於禁中。至大曆五年，朝恩得罪死，以其將劉希暹代之。是歲，希暹復得罪，以朝恩舊將王駕鶴代將。建中四年，以白志貞代之。朱泚之亂，德宗幸奉天，志貞流貶。李晟自山東，詔神策行營節度使。興元克復，晟出鎮鳳翔，始分神策為左右廂，令内官竇文場、王希遷分知兩廂兵馬。

貞元二年九月二日，神策左右廂宜改為左右神策軍，每軍置大將軍二人，秩正三品，將軍各二人，從三品。殿前射生左右廂，宜改為殿前左右射生軍，各置大將軍二人，秩正三品，將軍二人，秩從三品將軍二人，秩從五品。其職田、俸錢、手力、糧料等，同六軍十二衛。至三年四月十七日，左右射生宜改為左右神威軍。五月，敕左右軍各加置將軍一員。【略】

十四年八月，詔曰：『左右軍特為親近，宜署統軍，以崇禁衛。其品秩俸祿料一事以上，同六軍統軍例。』【略】

元和二年正月，京兆尹李鄘奏：『三原、高陵、涇陽、興平等四縣兵，管烽二十八所，每年差烽子計九百七十五人。遠近無虞，畿内烽燧請停。』從之。

三年正月，詔普潤鎮兵馬使隸左神策軍，良原鎮兵馬使隸右神策軍。其月，罷左右神威軍額，合為一軍，號曰『天威軍』。至八年，廢天威軍，以其騎士分屬左右神策衛。穆宗嘗欲簡選武士，復立此軍，以為心腹。謀於宰臣，裴度以為不便，遂止。【略】

光啓六年四月，以右金吾衛將軍、齊國公田令孜為左右神策軍使。時自蜀中護駕，令孜詔募將軍五十四都，每都千人，左右神策各二十七都，分為五軍，令孜總領之。

又《府兵》 武德元年五月，改隋鷹揚郎將爲軍頭；六月十九日，改軍頭爲驃騎將軍，副爲車騎將軍。六年五月十六日，車騎將軍府隸驃騎府。七年三月六日，改驃騎將軍爲統軍，車騎爲副統軍。至貞觀十年，改統軍爲折衝都尉，副爲果毅都尉。凡府，以衛士一千二百人爲上府，一千人爲中府，八百人爲下府；在赤縣爲赤府，在畿爲畿府。衛士以三百人爲團，有校尉。五十人爲隊，三十人爲火，有長。備六馱馬驢、初置八馱，後改爲六。米糧、介胄、戎器、鍋幕，貯之府庫，以備武事。關內置府三百六十一，積兵士十六萬，舉關中之衆，以臨四方，迺置十二軍，分關中諸府以隸焉。每歲十一月，以衛士帳上於兵部，以俟徵發。天下衛士尚六十萬。初置，以成丁而入，六十出役，其家不免征徭。通計舊府六百三十三，河東道府額亞於關中。河北之地，人逐漸逃散，年月漸久，逃死者不補，三輔漸寡弱，宿衛之數不給。【略】

開元六年五月二十七日敕：『諸折沖府兵，每年一簡點。至時，所司條奏。』

十一年十一月二十日，兵部尚書張説置長從宿衛兵十萬人於南衙，簡京兆、蒲、同、岐等州府兵及白丁，准尺八例，一年兩番，州縣更不得雜使役。仍令尚書左丞蕭嵩與本州長官同揀擇以聞。至十三年二月二十一日，始名『彍騎』，分隸十二衛。

十六年二月二十五日，彍騎弓手宜改爲左右羽林騎。

二十六年八月十日敕：『三衛當番逢閏，併比諸色，稍亦艱辛。諸每至閏月，取以次番人循環當上，庶免偏併。』

二十九年閏四月敕：『應簡三衛彍騎，宜令京畿採訪使、御史中丞張倚兼知，不須更別差使。從今已後，使有移改，亦當令一中丞相知勾當。』

天寶八載五月九日，停折衝上府下魚書，以無兵可交。至末年，折衝府但有兵額，其軍士、戎器、六馱、鍋、幕糗糧幷廢。

又　卷七二《軍雜録》 開元十三年四月二十一日敕：四軍槍消，左飛騎用緑紛，右飛騎緋紛，左萬騎紅紛，右萬騎碧紛。

十五年二月三日敕：諸軍不得奏置參謀軍事。【略】

（天寶）十一載八月十一日，改諸衛士為武士。

十四載十一月二十七日，於京師召募十萬衆，號曰『天武健兒』。

【略】

廣德二年三月，禁王公百吏家及百姓著皂衫及壓耳帽子，異諸軍官健也。

永泰二年正月敕：『諸王駙馬不得參掌禁兵，見任官者，並令改職。』

大曆二年二月二日敕：『皇王等以上親，不許與軍將婚姻。駙馬、郡主壻，不許與軍將交游。』

十年正月詔：『諸道軍甲，每年秋末冬首一申，春夏不須申。其官健逃亡，非承正制敕，不得輒召募。』

宋·司馬光《資治通鑑》卷二一五《唐紀三十一·玄宗至道大聖大明孝皇帝中之下》 天寶元年春正月丁未朔，上御勤政樓，受朝賀，赦天下，改元。壬子，分平盧別為節度，以安禄山為節度使。是時天下聲教所被之州三百二十一，羈縻之州八百，置十節度經略使，以備邊。安西節度撫寧西域，統龜茲、焉耆、于闐、疏勒四鎮，治龜茲城，兵二萬四千。北庭節度防制突騎施、堅昆，統瀚海、天山、伊吾三軍，屯伊西二州之境，治北庭都護府，兵二萬人。河西節度斷隔吐蕃、突厥，統赤水、大斗、建康、寧寇、玉門、墨離、豆盧、新泉八軍，張掖、交城、白亭三守捉，屯涼、肅、瓜、沙、會五州之境，治涼州，兵七萬三千人。朔方節度捍禦突厥，統經略、豐安、定遠三軍，三受降城，安北單于二都護府，屯靈、夏、豐三州之境，治靈州，兵六萬四千七百人。河東節度與朔方犄角，以禦突厥，統天兵、大同、橫野、岢嵐四軍，雲中守捉，屯太原府忻、代、嵐三州之境，治太原府，兵五萬五千人。范陽節度臨制奚、契丹，統經略、威武、清夷、靜塞、恒陽、北平、高陽、唐興、横海九軍，屯幽、薊、媯、檀、易、恒、定、漠、滄九州之境，治幽州，兵九萬一千四百人。平盧節度鎮撫室韋、靺鞨，統平盧、盧龍二軍，榆關守捉，安東都護府，屯營、平二州之境，治營州，兵三萬七千五百人。隴右節度備禦吐蕃，統臨洮、河源、白水、安人、振威、威戎、漠門、寧塞、積石、鎮西十軍，綏和、合川、平夷三守捉，屯鄯廓、洮河之境，治鄯州，兵七萬五千人。劍南節度西抗吐蕃，南撫蠻獠，統天寶、平戎、昆明、寧遠、澄川、南江六軍，屯益、翼、茂、當、嶲、柘、松、維、恭、雅、黎、姚、悉十三州之境，治益州，兵三萬九百人。嶺南五府經略綏靜夷獠，統經略、清海二軍，桂、容、邕、交四營，治廣州，兵萬五千四百人。此外又有長樂經署，福州領之，兵千五百人。東萊守捉，萊州領之；東牟守捉，登州領之，兵各千人。凡鎮兵四十九萬人，馬八萬餘匹。開元之前，每歲供邊兵衣糧費不過二百萬。天寶之後，邊將奏益兵浸多，每歲用衣千二十萬疋，糧百九十萬斛，公私勞費，民始困苦矣。

宋·王溥《五代會要》卷一二《京城諸軍》 梁開平元年四月，改左右長直為左右龍虎軍，左右内衙為左右羽林軍，左右堅鋭、夾馬、突將為左右神武軍，左右親隨軍將馬軍為左右龍驤軍。其年九月，置左右天興、左右廣勝軍，仍以親王為軍使。

二年十月，置左右神捷軍。十二月，改左右天武為左右龍虎軍，左右龍虎為左右天武軍，右天威為左右羽林軍，左右羽林為左右天威軍，左左右英武為左右神武軍，左右神武為左右英武軍。前朝置龍虎六軍，謂之衛士。至是以天武、天威、英武等六軍，易其軍號而任勳舊焉。

後唐長興三年三月敕：『應軍神威、雄威及魏府廣捷以下指揮，宜改為左右羽林，置四十指揮，每十指揮立為一軍，每一軍置都指揮使一人，兼分為左右廂。』

應順元年三月，改左右羽林四十指揮為嚴衛左右軍，龍武、神武四十指揮為捧聖左右軍。

清泰元年六月，改捧聖馬軍為彰聖左右軍，嚴衛步軍為寧衛左右軍。

晉天福六年七月，改拱宸、威和内直軍並為興順。至八月，改奉德兩軍為護聖左右軍。

周廣順元年四月，改侍衛馬軍曰龍捷左右軍，步軍曰虎捷左右軍。御撰其名。

顯德元年十月，上謂侍臣曰：『侍衛兵士，累朝已來，老少相半，强懦不分，蓋徇人情，不能選練。今春朕在高平，與劉崇及蕃軍相遇，臨敵有指使不前者，苟非朕親當堅陣，幾至喪敗。況百戶農夫，未能贍一甲士，且兵在精不在衆，宜令一一點選，精鋭者升在上軍，怯懦者任從安便。庶期可用，又不虚費。』先是，上按于高平，觀其退縮，慨然有懲革之意。又以驍勇之士，多為外諸侯所占，于是召募天下豪傑，不以草澤為阻，進于闕下，躬親試閲，選武藝超絶及有身首者，分署為殿前諸班，因有散員、散指揮使、内殿前直、散都頭、鐵騎、控鶴之類。

二年十二月，改東西小卒為東西班承旨。其月，以新收復秦、鳳州所擒獲川軍，署為懷恩軍。

四年四月，以先降到江南兵士，分為六軍，共三十指揮，賜號懷德軍。

又《軍雜録》（開運元年五月）命諸道州府縣點集鄉兵，宜以武定爲名。至三年正月，改武定爲天威軍，尋命放散。

宋·王欽若等《册府元龜》卷一二四《帝王部·修武備》 唐高祖武德二年七月壬申，詔曰：『天生五材，司牧資其器用；武有七德，撥亂所以定功。故黄帝垂衣，尚有阪泉之戰；放勳光宅，猶稱丹浦之師。禁暴安人，率由兹道。創業垂統，莫此為先。是以周置六軍，每習蒐狩；漢增八校，畢選驍雄。故能化行九有，威震百蠻，姦宄不萌，虔劉息志。自季葉凌替，軍政湮亡，卒列不修，旌旗雜伍。符籍之内，空有調發之名；逗撓之間，竟無討襲之用。遂使戎狄放命，盜賊交侵，戰爭多虞，黔黎殄喪。朕受天明命，撫育萬方，爰自義師，克成帝業。至如超乘之士，莫匪百金；彀騎之才，豈唯七萃？今雖關塞寧謐，荒裔肅清，伊雒猶蕪，江湖尚梗。役車未息，戎馬載馳，武備之方，尤宜精練，所以各因部校，序其統屬。改授鉦鼓，創造徽章，取象天官，定其名號，庶使前茅後勁，類別區分，玉帳絳宫，刑德允備。蹈兹湯火，譬彼椒蘭，大定戎衣，止戈斯在。』於是置十二軍，分關内諸府以隸焉。萬年道為參旗軍，長安道為鼓旗軍，富平道為玄戈軍，醴泉道為井鉞軍，同州道為羽林軍，華州道為騎官軍，寧州道為折威軍，岐州道為平道軍，幽州道為招搖軍，麟州道為苑游軍，涇州道為天紀軍，宜州道為天節軍。時帝以天下未定，實資武力，將舉關中之衆，以臨四方，故興此制也。每軍一人，副一人，取威名素重者為之，督以耕戰之務。自是士馬精强，無敵於天下矣。

高宗儀鳳三年正月，遣左金吾衛將軍曹懷舜、金吾將軍李知十，分往河南北道，以募猛士。【略】

（玄宗）開元二年八月辛巳，上以河隴之故，命有司大募壯勇士從軍。既募，引見，置酒於朝堂享之。詔曰：『朕光宅四海，撫禦百蠻，屬疆埸未寧，軍國多費。每欲指揮方略，親率軍師，故召募爾等，擬從朕行。知爾等材力冠羣，藝能拔萃，但以不教人戰，豈知金鼓之聲，授以兵律，方辯干戈之勢，所以且遣薛訥等於隴右防禦使，令教習爾等。既練韜鈐，須明隊伍，使投石拔劍以勵威鋒，裹糧坐甲，待清逋寇。若能因機立效，遇敵邀勳，酬以官榮，必超格例，然後陪朕輿駕從戎塞垣。俾爾先驅，敬聽後命，今宴勞爾等，并賜錢三千貫，可節級領取。即宜好去。』

十月，薛訥克吐蕃，帝遂停親征，詔曰：『比來緣邊鎮軍每年更代，兵不識將，將不識兵。豈有緣路疲人，蓋是以卒與敵。其以西北軍鎮，宜加兵數，先以側近兵人充并，精加簡擇。其有勞考等色，所司具以條例奏聞。戰兵別簡爲隊伍，專令教練，不得輒有使役，仍令兵部侍郎裴漼、太常少卿蕫晦往軍州計會，便簡支配，有見集後軍兵，宜令兵部侍即韋抗、紫微舍人王珽郎簡擇以聞。』

八年八月，詔曰：『國家偃武，教修文德，百年於兹矣。自運屬清平，人忘爭戰，俎豆之事，常聞之矣，軍戎之禮，我所未暇。且五材并用，誰能去兵；四方雖安，不可忘戰。故《周禮》以軍禁糾邦國，以蒐狩習戎旅，不教人戰，是謂棄之。宜差使於兩京及諸州且揀取十萬人，務求灼然驍勇，不須限以蕃漢，皆放蕃役差科，唯令團伍教練，辨其旗物，簡其車徒，習攻取進退之方，陳威儀貴賤之等。俾夫少長有禮，疾徐有節，將以伐叛懷服，將以保大定功，葉於師貞，以弘武備。應須集期，及有蠲免，所司明爲條制，別作優異法奏聞。仍敕幽州刺史邵寵於幽、易兩州選二萬灼然驍勇者，充幽州經略軍健兒，不得雜使，租庸資課并放免。』【略】

（十一年十一月）敕：『宜於京兆、蒲、同、岐華等州府兵內及白丁中簡一十二萬人，名爲長從宿衛。準五尺八例，一年兩蕃，州縣不得更議雜驅使，仍令尚書左丞蕭嵩與本州官長同揀擇以聞。』

二十五年五月癸未，詔曰：『自天下一統，方隅底平，交趾西界於庸岷流沙，東洎於遼碣。烽亭既廣，徭戍轉增。朕永念征夫，無忘旰食。是用懷柔憬俗，賓禮戎臣，降子女以適其氈裘，捐繒玉以申其惠好。二十五年於兹矣，而情周萬，信結羣蠻。羌狄爲父子之邦，甌貊成冠帶之國，海內無事，邊方底寧，加以志道而一理，得清心而庶務簡。和氣來應，穰歲以臻。羣生樂業而自怡，有司措刑而不用。今欲小康戎旅，大致昇平，減停征徭，與人休息。諸方將相，三事公卿，宜協朕心，勉成良筭。宜令中書門下與諸道節度使各量軍鎮，閑劇審利害，計兵防健兒等作定額，委節度使放諸色征行人內及客戶中，召募取丁壯，情願充健兒長任邊軍者。每歲加於常例，給田地屋宅，務加優恤，使得存濟。每年逐季，本使具數報中書門下，至年終一時録奏。長駕遠馭，事藉經久，無害始慮之謀，以規苟且之利。

天寶十四年正月，詔河南置白亭管軍，武士健兒五千人，馬一千匹。

代宗大曆二年正月，詔潼關置鎮兵三千人。四年正月，遣內侍魚朝恩使於鳳翔之麟遊縣置。

七年正月丙辰，詔諸道軍數，每年秋末冬首一申，春夏不須申，其官健逃亡，非承正制，勑不得輒召募。【略】

憲宗元和四年四月，中書敍録諸道將士總八十八萬五千人，舉大數。其邊遠未至者，亦有焉。【略】

十二年正月辛酉，河東節度使張弘靖奏準，詔置子弟兵三千。

三月，義武軍節度使陳楚新置子弟義軍一萬，請衣及賜。可之。

敬宗寶曆二年九月，出內庫錢一萬貫，令內園召募力士。【略】

宣宗大中五年五月，敕：【略】每至年終，都具所教習馬步及各執所藝人數申兵部及中書門下，仍委兵部檢勘，都開件聞奏，所冀各盡伎能，自成勁鋭。其支郡有兵處，亦委本道點檢訓練，准詔處分。』

僖宗光啓元年三月，詔曰：【略】神策軍自經亂離，久未訓整，孤兒漸散，壯騎多亡。羽林之垂象，空存天陣，而疾雷不震。雖言無戰，豈忘有虞？宜委中書門下與本軍商量，案舊籍裁減元數，惟務揀實，仍令三司資助各修營壘，貴使繕完。又金吾諸衞等，城禁日嚴檄巡務，切須令集，事不可闕，人亦宜條録修補。』

四月，以從駕五十四都，分爲十軍。

昭宗天復三年五月，宰臣崔胤奏：『募置左右軍士共六千六百人。』從之。

後唐末帝清泰二年正月，詔諸州府本處牢城防禦，兵士都將內人數不足團併或闕稍多，量許招添。其就糧禁軍內本指揮將校，選偉壯長於武藝者，據人數差節級部送京師。

三年七月，置水軍五都，以董思鐸、馬暉、何温、安韜史、希儼為指揮使，尹居璠為都指揮，起鄴城。先是范延光進軍攻城，以濠水潤，溺兵士，故立此軍。【略】

（後晉）少帝以天福七年即位。九年，敕天下鳩集鄉兵，偏民七戶，共資一卒，兵仗器具均以出之。【略】

（周太祖廣順元年）五月戊子，河陽李暉言奉詔置水軍五百。【略】

（世宗顯德）四年二月，帝再征淮南，令右驍衞大將軍王環率舟師數千以從焉。先是，帝用師於壽春城下，覩吳人鋭於水戰。時我舟師未備，無以制之。帝憤激。及還京，遂於京城西汴河之涘造戰船數百艘，及成，又命於降卒中選水工數百，與我師同習水戰。數月之後，縱横出没，殆勝於吳師矣。至是，命環董之，俾自蔡河南入於潁，以溯淮上焉。【略】

（五年）五月壬午，賜淮南行營招收馬步軍軍號，馬軍曰雄健，步軍曰武健。

宋·陳傅良《歷代兵制》卷五《隋》 隋高祖繼周統，其兵制大抵仍周、齊府兵之舊，而特加潤飾焉。自今考之，其十二衞之制，則曰翊衞，曰驍騎衞，曰武衞，曰屯衞，曰禦衞，曰侯衞，各分左右，而置將軍以統諸府之兵。故當時之兵，互相統攝而權不分。諸府之兵有郎將、副郎將、坊主、團主之屬，以相統治。其外又有驃騎、車騎之軍，折衝、果毅之軍。雖增易不常，《唐·兵制》云：驃騎、車騎二府，皆有將軍。後更驃騎曰鷹揚郎將，車騎曰副郎將，別置折衝、果毅。而要其大槩，則周家井田之遺制也。故隋之兵威，視南北之國為尤强，是以征伐四克，而成一統之業，皆府兵之政也。

按魏、周、齊之世，已行租調之法，而府兵之制，由是而始基。《通鑑·陳紀》：齊顯祖令民十八受田，輸租調，二十充兵，六十免力役，六十六還田，免租調。周、魏見前。加以宇文泰之賢，專意法古，當時兵制，增損尤詳，然亦未易遽成也。故其制雖始於周、齊，而其效則漸見於隋，彰灼於唐。以此知先王之制，其廢既久，則復之必以漸歟？

隋取江南之役，凡總管兵合五十一萬八千，而散之於要害之地，凡八所，或出於六合，晉王廣。或出於襄陽，秦王俊。或出於永安，清河公楊素。以至江陵、劉仁恩。蘄春、王世積。廬州、韓擒虎。廣陵、賀若弼。東海，燕榮。皆列兵分戍。旌旗舟楫，亘數千里。然其節度，則總之晉王；其元帥，則歸之高熲，各相統攝焉。此高祖御兵之意，亦有所寓也。故擒叔寶，取金陵，不啻如振槁之易。

自煬帝不綱，府兵之制不講，至伐高麗之役，四方兵集平壤，凡一百一十三萬三千八百人。是以遠近騷動，士卒死亡，耕稼失時，田疇荒蕪，加之饑饉，穀價踴貴，輓運勞弊，大業七年，發鹿車夫六十餘萬，二人共推米三石，道塗嶮遠，不足以充餱糧，至鎮無可輸，皆懼罪亡命。而《遼東浪死》之歌作矣，鄒平民王薄，擁衆據長白山，自稱知世郎，言事可知矣。又作《無向遼東浪死歌》以相感勸，避征役者多歸之。隋遂以亡。

按煬帝大業八年，兵集平壤，驅督煩擾，所取之兵皆非府衞之制，故其間老癃羸弱，殆居其半，而訓練之制，寂焉不聞，況繫而置之堅城之下乎！遂使堂堂之衆，盡没遼東，煬帝凡九軍度遼，及還，至遼東城，惟二千七百人。資儲器械巨萬計，失之蕩盡。狼狽而歸，而黎陽、江都之盜已熾矣。

又 卷六《唐》 唐高祖初興，兵事屬之於子，高祖起太原，開大將軍府，以建成為左領大都督，領左三軍；太宗為右領大都督，領右三軍；元吉統中軍。庶事草創，兵制未暇講。及天下畧定，始置軍府，以驃騎、車騎兩府統之，分關中為十二道，萬年道，長安道，富平道，醴泉道，同州道，華州道，寧州道，岐州道，幽州道，西麟州道，涇州道，宜州道，皆置府。雖稍有更易，武德三年，更以萬年道為參旗軍，長安道為鼓旗軍，富平道為玄戈軍，醴泉道為井鉞軍，同州道為羽林軍，華州道為騎官軍，寧州道為折威軍，岐州道為平道軍，幽州道為招摇軍，西麟州道為苑游軍，涇州道為天紀軍，宜州道為天節軍，置將、副各一人，以督耕戰，以車騎統之。六年，以天下既定，遂廢十二軍，改驃騎曰統軍，車騎曰別將。居歲餘，復十二軍，而軍置將軍一人。軍有坊，置主一人，以勸課農桑。然每更而輒善。迨太宗貞觀初，而其制遂一定焉。

按唐之兵制，雖因隋舊，而與隋亦異，貞觀又與武德大異。隋制，每府有郎將、副將、坊主、團主，以相統治。始皆隸於十二衛之將軍，惟驃騎、車騎二府，各自有將軍。其後以將軍為郎將，而別置折衝、果毅。高祖之興，有兵二十萬。武德初，始置軍府，以關中驃騎、車騎鎮之。析關中之道為十二，未幾改為十道，並置府焉，凡六百三十四，而又統軍為折衝都尉，別將為果毅都尉，每府各置之，而皆隸於諸衛，謂之諸衛折衝府。左右衛皆領六十府，諸衛領五十至四十，其餘以隸東宮十帥。凡府三等：兵一千二百人為上，千人為中，八百人為下。士以三百人為團，五十人為隊，十人為火。備駱駝、驢馬、甲胄、器械、戎器、米麥，藏之庫。有所征行，則視其入而出給之。其番上者，惟給弓刀而已。凡民年二十為兵，六十而免。故兵制至此益善，比之於隋，則大備矣。

武德三年，初置十二軍，分關中諸府隸焉，皆取天星為名，以車騎府統之。每軍將、副各一人，取威名素重者為之，督耕戰之務。由是士馬精强，所向無敵。貞觀更置十道，置府六百三十四，而關中二百六十一，皆隸折衝及東宮十帥。其能騎射者為越騎，其餘為步兵，而番上者又有驃騎、豹騎、熊騎、渠羽、射聲、佽飛之名

按《唐本志》，置府六百三十四，關內二百六十一。蘇勉《會要》府六百三十四，關內二百六十一，《通鑑》從此數。而陸贄《奏議》諸府八百餘所，而在關中殆五百。杜牧《罪言》外開果毅折衝府五百七十四。《通典》折衝府五百九十三，鎮二百，戍三百九十二。此其數之不同也。

唐府兵當宿衛者番上，兵部以遠近給番，五百里五番，千里七番，一千五百里八番，二千里十番，二千外為十二番，於是諸衛將軍受其名簿而配以職焉。夫府兵雖散在諸道，然折衝都尉並遥隸於諸衛，乃內任官也，故《官制》係之於諸衛之後，不與外官同。

按《兵志》述唐制之美曰：府兵之置，居無事則耕於野，其番上者宿衛京師而已。若四方有事，則命將以出，事解輒罷，兵散於府，將歸於朝，故士不失業而將帥無握兵之重，所以防微杜漸，絕禍亂之萌也。自井田不復，兵制之善莫出於此，惜乎後人之不能遵也。

三衛五府之置：親衛之府一，勳衛之府二，翊衛之府二，此三衛五府也。武德、貞觀世重資廕，二品、三品子補親衛，三品孫、四品子補勳衛，四品孫、五品及上柱國子補翊衛。每月番上，宿衛內廡及城門。其後入官路艱，三衛非權勢子弟輒退番，柱國子有白首不得進者。流外雖鄙，不數年給廩祿，故三衛益賤，人罕趨之。

按《通鑑》唐之募置彍騎，府兵日益墮壞，死及逃亡者有不復點補。其駱駝、馬牛、器械、糗糧，耗散畧盡。府兵入宿衛者，謂之侍官，言其為天子侍衛者。其後本衛多以假人，役使如奴隸，長安人羞之，至相詬病。其戍邊者，又多為邊將所苦，利其死而没其財。其折衝果毅，又歷年不遷，士大夫亦恥為之。夫豈立法之初有不善也，其節目次第，非可預為之圖，亦在夫繼之者有以維持而潤色也。高元之君，何足以知之？

唐有南北衙。南衙，諸衛兵也；北衙，禁軍也。南衙領於金吾，北衙統於羽林。李揆曰：『朝廷置南北衙，文武區別，以相伺察也。』北衙之制，其後雖增易不常，名號不一，然皆天子宿衛之兵。說見後。而南衙之制，布之中外，綱維統攝，實為盡善。其發府兵，皆下符契，刺史與折衝勘契乃發。若全府發，則折衝都尉以下皆行，不盡則果毅行。每歲季冬，折衝都尉率五校兵馬之在府者，置左右校尉位，習戰陣之儀。是日也，因縱獵，獲各入其人。每歲季冬，折衝都尉率五校兵馬之在府者，置左右二校尉位，相距百步。每校為步隊十，騎隊一，皆卷矟幡，展刃旗，散立以候角手吹大角。一通，諸校皆斂人、騎為隊；二通，偃旗矟，解幡；三通，旗舉。左右校擊鼓，二校之人合譟而起。右校擊鉦，隊少却，左校進逐至右校立所；左校擊鉦，隊少却，右校進逐至左校立所。右校復擊鉦，隊還，左校復薄戰。皆擊鉦，隊各還。大角復鳴，一通，皆卷幡，攝矢，弛弓，匣刃；二通，旗矟舉，隊皆進；三通，左右校皆引還。

按唐之兵制，與漢之兵制大抵畧同。唐有南北衙之制，漢則有南北軍之制。唐之南衙領於金吾，北衙領於羽林，而漢則羽林為南，金吾為北耳。唐折衝府皆有木契、銅馬，朝廷徵發，下敕書、契魚，都督、郡府參驗皆合，然後遣之。漢則有銅虎符之制矣。唐每歲季冬，習戰陣之儀，漢則亦以每歲八月都試。唐惟折衝都尉自教，而漢都試之日，則郡縣之官盡會也。唐以民兵隸折衝府，府置折衝、果毅、長史校尉。漢之都尉，則唐

之折衝；漢之副尉，則唐之果毅也；漢之正丞，則唐之長史也。唐有越騎、步兵、驃騎、豹騎、熊騎、渠羽、射聲、佽飛之名，而漢則有輕車、騎士、材官、樓船之别。唐府兵宿衛，以近給番。漢之為材官者，亦為衛士，統於衛尉，故與唐類。唐之給番，雖在千里外者亦不免，而漢之淮南，地遠數千里，吏民往来徭役長安道者甚苦，賈誼嘗言之矣。是欲遠近均一，終恐病民也。唐之府兵，居關中者多，説者以為固本。以《漢·地里志》考之，天下郡國凡百有三，置都尉者九十。三輔至於山西之五原，纔二郡耳。唐之親衛、勳衛，皆以品官子弟為之。漢之期門、羽林，亦宿衛也，而以良家子弟為之。此其所以同也。然其所異者，唐置十六衛，各有上將軍、大將軍、將軍，其屬若郎將、長史之類尤多。漢則光祿勳、衛尉二卿爾，其屬吏亦少。漢有樓船之制，而唐不然，覩荆湘兼統水陸，《河間元王孝恭傳》：蕭銑據江陵，孝恭數進策圖銑，帝嘉納，進王趙郡，以信州為夔州，乃大治舟艦，肄水戰。俄進荆湘道總管，統水陸十二軍，發夷陵，破銑二鎮，縱戰艦，放江中。諸將曰：『得舟當濟吾用，棄之反資賊，奈何？』孝恭曰：『銑瀕江鎮戍，見艫舠蔽江中，必謂銑敗，不即進。』已而救兵到巴陵，見舩疑不進。銑内外阻絶，遂降。亦必有法矣。而《兵志》不述，惜哉！【略】

高宗以後，府兵之法浸壞，番役更代多不時，衛士稍稍亡匿。至開元間，宿衛不能給，張説乃請一切募士宿衛，取京兆、蒲、同、岐、華府兵及白丁，而益以潞州長從兵，共十二萬，號長從宿衛，歲一番。明年，更號曰彍騎，入隸十二衛，為六番，每衛萬人。而諸府士益多不補，折衝將又積歲不遷，士人皆恥為之，而府兵益廢。彍騎之制，皆擇下丁、白丁、宗丁、品子强壯之民，而為四籍，又别為番頭、羽林、飛騎之目。其初亦足以覊弭外患，自天寶後，其法浸以廢弛，士失拊循，往往流散，而折衝諸府至無兵可校，六軍諸衛皆市人，祿山反，不能受甲矣。

按開元十年，沿邊戍兵六十餘萬，張説以時無强寇，奏罷二十餘萬，使還農，上從之。旬日得精兵十三萬，隸諸衛，更番上下，兵、農之分，自此始矣。十一年，命尚書蕭嵩與蒲、同、岐、華州長官選府兵白丁一十二萬，謂之長從宿衛，分隸十二衛，而為六番。十三年，更命曰彍騎。天寶之後，復稍變廢。應募者皆市井無賴，未嘗習兵。承平日久，議者謂兵可稍減。是時民間挾兵者有禁，子弟為武官，父兄擯而不齒。猛將精兵皆聚於西北邊，中國益無武備。祿山潛窺中國，禍心一萌，陷河朔二十四郡，若入無人之境。唐祚之不絶者如縷，倘非天命不替，詎能振中興之業乎？

夫所謂方鎮者，節度使之兵也。其原皆起於邊將之屯防者。唐初，兵之戍邊者，大曰軍，小曰守捉，曰城，曰鎮，而總之曰道。故通天下十二道為軍八十，為守捉六十有七，為城三十有八，為鎮三十有九。自武德至天寶以前，守之不易。其軍、城、鎮、守捉皆有使，而道有大將一人曰大總管。已而，更曰大都督。在太宗時，行軍征討曰大總管，在本道曰大都督。自高宗永徽以後至景雲初，而節度使之名興矣。高宗永徽以後，都督帶使持節者，謂之節度使，然猶未以名官。景雲二年，以賀拔延嗣為凉州都督、河西節度使。自是而後，接乎開元，朔方、隴右、河東、河西諸鎮，皆置節度使。

開元之際，府兵之制既壞，迨天寶而彍騎之制又壞。天子所恃，節度方鎮之兵，而安祿山正以范陽道節度使反，天子之兵弱不能抗，而諸鎮之兵共起誅之，當時號九節度使之師。大盜既滅，武夫戰卒有功者皆除節度使，由是方鎮相望於内地，將驕兵悍，天子無以制，而卒以基亂。

按唐杜佑云：『國朝李靖平突厥，李勣滅高麗，侯君集覆高昌，蘇定方夷百濟，李敬元、婁師德、劉審禮皆以卿相，率兵禦戎。戎平師還，兵無久鎮。』此李唐之初，所以上無叛將，下無叛兵者，職此之由也。自彍騎之制壞，天子倚方鎮之兵，方鎮强，天子弱矣。祿山叛逆，遽陷兩京。肅宗即位靈武，而諸鎮之兵共起誅賊。其後祿山子慶緒及史思明父子繼起，肅宗命李光弼等討之，號九節度之師。大盜既滅，以功起行陣、列為侯王者，大者連州十餘，小者猶兼三四。故兵驕則逐帥，帥强則叛上。或父死，子握其兵而不肯代；或取舍由於士卒，往往自擇將吏，號為留後，以邀於朝。天子顧力不能制，因而撫之，謂之姑息之政。由是號令自出，以相侵擊，虜其將帥，幷其土地，天子反為和解之。始時為朝廷患者，號河朔三鎮。及其末，朱全忠以梁兵，李克用以晉兵，更犯京師。而李茂貞、韓建近據岐、華，妄一喜怒。昭宗用崔胤召梁兵以誅宦官，而宦官劫天子奔岐，梁兵圍之逾年。當此之時，天下之兵無復勤王者。向所謂三鎮，徒能始禍而已。其他大鎮，南則吴、浙、荆、湖、閩、廣，西則巴、蜀，北則燕、晉，而梁盜據其中。自國門以外，皆分裂於方鎮，而唐遂亡。史臣謂措置之勢使然，寧不信歟？

唐之北衙諸軍者，禁軍也。高祖定天下，以太原初起之兵三萬人留宿衛，號元從禁軍，後謂之父子軍。高祖以義兵起太原，已定天下，悉罷遣歸。其願留者三萬人，高祖以渭北白渠旁民棄田分給之，號元從禁軍。後老不任事，以其子弟代，謂之父子軍。貞觀初，太宗擇善射者百人，曰百騎。又擇有材勇者，置北衙七營。太宗貞觀初，擇善射百人，為二番於北門長上，曰百騎，以從田獵。又置北衙七營，選材力驍壯，月以一營番上。至十二年，更置左右屯營於玄武門，領以諸衛將軍，號飛騎。及高宗龍朔初，更置左右羽林軍，高宗龍朔二年，始取府兵越騎、步射置左右羽林軍。大朝會則執仗以衛階陛，行幸則夾馳道，為內仗。而禁軍日益盛矣。至於武后，改百騎曰千騎，睿宗改千騎曰萬騎。玄宗改萬騎為左右龍虎軍，玄宗以萬騎平韋氏，改為左右龍虎軍，皆用功臣子弟，制若宿兵也。而印臂之法，遂行於開元之初。玄宗開元十二年，左右羽林軍、飛騎闕，取京旁州府士，以戶部印印其臂，為二籍，羽林、兵部分掌之。迨天寶末，禁軍寖耗，入蜀之役，從者纔千人。肅宗赴靈武，士不滿百。至德二載，始置左右神武軍，亦曰神武天騎，制如羽林。總曰北衙六軍。至德二年，置左右神武軍，補元從、扈從官子弟，不足則取他色，帶品者同四軍。又擇便騎射生手千人，至德初，擇便騎射者置衙前射生手千人，亦曰供奉射生官，又曰殿前射生，分左右箱。總號曰左右英武軍。逮代宗以射生軍清內難，而寶應之名立矣。代宗即位，以射生軍入禁中，清內難，皆賜名『寶應功臣』，故射生軍又號寶應軍。廣德以後，吐蕃屢入寇，天子不能自立，而陝州神策之軍，遂為禁軍之首。上元中，以衛伯玉為神策節度使，鎮陝州。初，哥舒翰破吐蕃，即其地置神策軍，以成如璆為軍使。及安祿山反，如璆以伯玉將千人赴難。伯玉與魚朝恩皆屯於陝，時邊土限蹙，神策故地淪没，詔伯玉所部兵，號神策軍。廣德元年，代宗避吐蕃幸陝，朝恩舉在陝兵迎扈，悉號神策軍。及京師平，朝恩遂以兵歸禁中。永泰元年，吐蕃復入寇，朝恩又以神策軍屯苑中，自是寖盛，遂為天子禁軍，非他軍比。然而朝恩貪肆無極，自鳳翔、京兆、扶風等郡，皆屬其節度，大曆四年，朝恩請以京兆之好畤，鳳翔之麟游、普潤隸神策軍。明年，復以興平、武功、扶風、天興隸之。卒之軍政不立。逮建中之末，耗散畧盡，白志貞遂補之以市人。一旦涇原叛卒一呼，而天子無從衛之兵。建中四年，下詔募兵，以白志貞為使。志貞陰以市人補之，名隸籍而身居市肆。及涇卒潰叛，皆戢伏不出，帝遂出奔。非李晟持軍赴難，則唐事去矣。德宗出奔，李晟與其軍人他將，皆自飛狐道西兵赴難，遂為神策行營節度，屯渭北，軍遂振。自後雖更易不常，其權大率歸之閹寺。貞元二年，改神策左右箱為左右神策軍，特置監勾當左右神策軍，以寵中官，而益置大將軍以下。又改殿前射生左右廂曰殿前左右射生軍，亦置大將軍以下。三年，俄改殿前左右射生軍曰左右神威軍，置監左右神威軍使。左右神策軍皆加將軍二員，左右龍武軍加將軍一員，以待諸道大將軍有功者。自肅宗以後，北軍增置威武、長興等軍，名類頗多而廢置不一，惟羽林、龍武、神策、神威最盛，總曰左右十軍。德宗興元十二年，竇文瑒為左神策護軍中尉，霍仙鳴為右神策護軍中尉，張尚進為右神威軍中護軍，焦希望為左神威軍中護軍。十四年，又詔左右神策置統軍，以崇親衛。由是塞上往往稱神策行營，皆內統於中人矣。順宗即位，王叔文雖欲收神策兵權，而事卒不克。順宗即位，王叔文用事，欲取神策兵柄，乃用故將范希朝為左右神策、京西諸城鎮行營兵馬節度使，以奪宦者權而不克。至昭宗，以藩臣跋扈，而有宗室典禁兵之謀，可謂良策矣。特嗣覃諸王雖迭居閫外之寄，皆不足以支難，景福二年，昭宗以藩臣跋扈，天子孤弱，議以宗室典禁兵。及伐李茂貞，乃用嗣覃王允為京西招討使，神策諸都指揮使，李鐬副之。悉發五十四軍，屯興平。已而兵自潰，茂貞逼京師，昭宗為斬神策中尉西門重遂、李周譚，乃引去。乾寧元年，王行瑜、韓建及茂貞連兵犯闕，天子又殺宰相韋昭度、李磎，乃去太原。致駕陷於朱溫。可不戒夫？

又 卷七《五代》 梁祖以宛朐羣盜之黨而附黃巢為盜，後歸命於王重榮，遂秉旄宣武。巢陷京師，以朱溫為東南面行營先鋒。天子在蜀，諸鎮會兵討賊，賊勢日蹙，溫乃就王重榮以降，天子賜名全忠，拜宣武軍節度使。已而挾聽命之唐，鞭笞天下，卒收神器。其用兵嗜殺，且言天怒我殺人少，而殺降卒三千。太祖攻朱瑾，賀環馳救，擊敗之，降其卒三千。是日大風，揚沙蔽天，太祖曰：『天怒我殺人少耶？』盡殺降卒。李存孝出兵，窺山東三州，赤地數千里，而不相救。孟方立以邢、洺、磁三州自為昭義軍。晉數遣李存孝出兵，以窺山東，三州之人俘掠殆盡，赤地數千里，無復耕桑者累年。方立以孤城自守，求救於梁，梁方東事兗、鄆，不能救也。然精於兵算，遣將受畧，五日而下山東三州，晉兵出山東，攻相、衛。太祖遣從周畧地山東，五日而下三州，洺州、邢州、磁州。置銀槍效節軍，太祖與晉戰河北，乃以楊師厚為招討使，悉領梁之勁兵，矜倨難制，復置銀槍效節軍。置落鴈都。梁攻兗鄆，鄆州朱瑾募驍勇黥奴手，號燕子都。太祖勇士數百人，號落鴈都。又選富家子之材武者，置帳前，號廳子都。干戈日尋，負大惡逆，民心攜貳，弱子與莊宗為敵，此其所以亡也。

按梁起於盜賊，值時之亂，擾竊神器，幸以有成。當是之時，環境之外，皆其至讎勍敵。李克用居河東，與之鏖戰，蓋三十餘年。李茂貞居鳳翔，被圍經歲而不得食。朱瑾以勁騎奔淮南。楊行密據强兵，王吳。王鎔王趙，羅紹威王魏，劉仁恭王燕，王師範節度青州。使合謀幷力，連山東之卒以擊其東，率關隴之衆以攻其西，吳以江淮荆襄之兵挫其南，趙以燕上之騎奪其北，四面幷合，為梁者蓋束手就虜耳。雖僅免於身，而失之於子矣。

唐李克用以沙陀，唐德宗時有朱邪盡忠者，居於北庭之金滿州。其子執宜歸唐，號沙陀軍。執宜子國昌，國昌子克用。因黄巢之亂，有功於王室。巢陷京師。中和二年，克用以步兵萬七千來赴，敗巢，橫尸三十里。京師平，克用功第一。至張濬之戰，殺戮酷矣。大順元年，朱全忠及宰相張濬等請討克用，戰於陰地。濬軍三戰三敗，克用掠至河中，赤地千里。天復初，為梁所困，鋒鋭亦衰，僅保一隅。比莊宗嗣位，當時之兵，楊行密號黑雲都，楊行密據廬州，收兵數千，以皂衣蒙身，號黑雲都。劉仁恭號定霸都。梁攻滄州，劉仁恭調其境内凡年十五以上，七十以下，皆文其面，曰定霸都。而麾下諸將，皆老於行陣，與武皇齊駕並驅之人，莊宗皆能養之以恩，折之以氣，遂服其心。從定山東，取漁陽，兼魏博，置帳前銀槍都。楊師厚卒，梁以魏、博兵强，欲分為兩鎮，魏兵不願，縱火大掠，效節軍校張彦逼賀德倫求援於晉。晉王軍於臨清，張彦選效節銀槍軍五百人自衛，謁晉王。王以其陵脅主帥，誅之，即以其卒為帳前銀槍都。然楊劉短兵之戰，不其危乎？王彦章破德勝，唐軍東保楊劉，彦章圍之。莊宗引短兵出戰，為彦章伏兵所射，大敗。遣繼岌伐蜀，凡七十五日，蜀王衍降，兵不血刃，誠用兵之最易也。棄鄆之舉，非郭崇韜幾失之。從鄆入汴，八日而滅梁焉。唐自失德勝，梁兵日掠澶相，諸將皆曰：『不若棄鄆與梁，西取黎陽，以河為界。』莊宗問崇韜，曰：『臣自康延孝來，盡得梁之虛實矣。此天亡之時，願陛下分兵守魏，固楊劉，而自鄆長驅，擣其巢穴。不出半月，天下定矣。』莊宗夜度楊劉，從鄆入，襲汴，八日而滅梁。

明宗以所將騎五百，號橫衝都，進擊葛從周，由是李橫衝名重四方。以肥戰馬，瘠吾人為愧。明宗問范延光馬數幾何，對曰三萬五千。明宗歎曰：『太祖在太原時，不過七千。莊宗取河北，與梁戰河上，馬纔萬匹。今有三萬五千，馬多奈何？』延光曰：『一馬之費，可養步卒五人。三萬五千匹馬，十五萬人之食也。』明宗曰：『肥戰馬而瘠吾人，吾所愧也。』而敗契丹，殺戍軍之暴，何其甚耶！定州王都反，晏球為招討使，契丹遣托諾將萬騎救都，晏球敗之，橫尸棄甲六十餘里。明宗遣烏震往代房知温，知温誘殺之，軍亂，温又以騎兵盡殺亂者。明宗詔悉誅其家屬，魏州九指揮三千餘家數萬口，驅至漳水上殺之，漳水為之變色。

按歐陽公《史》論云：朱邪，部族之號耳。沙陀者，大磧也。至盡忠孫，始賜姓李氏，後代遂以沙陀為貴。然克用以朱邪之裔，奄踐汾晉；莊宗襲位，與梁對壘河上，卒之朱氏失國。既登大位，日與羣伶俳戲。劉后喜聚斂，而饑其師。郭崇韜以勳舊見戮。曾未三年，遽取顛覆。清泰間，呂琦言石敬瑭必以契丹為援，卒立晉者，契丹也。使帝能從其言，亦可以紓禍。惜其莫之能用，纔十年而易四姓，禍亂極矣。

晉高祖初隸明宗帳下，號左射軍。廢帝立，徙鎮天平而不受命，求援契丹，以竊帝位。天福元年，徙鎮天平。敬瑭不受命，謂其屬曰：『先帝授吾太原，使老焉。今無故而易，疑吾反也。太原地險而粟多，吾當内檄諸鎮，外求援於契丹。』桑維翰、劉智遠等以為然，乃上表論。廢帝遣張敬達討之，敬瑭求援於契丹，約為父子。契丹將兵至晉陽，陳於汾北之虎北口，與唐兵戰，大敗之。十一月，立敬瑭為晉皇帝。安重榮反，為偃月陣，以杜重威擊破之。安重榮反，杜重威逆戰於宗城。重榮為偃月陣，重威擊之不動，欲少却以伺之。王重胤曰：『兩軍方交，退者先敗。』乃分兵為三，重威先以左右隊，及其兩翼，戰酣，重胤以精兵擊中軍，重榮大敗。出帝籍民為武定軍，與契丹絶盟，雖連戰敗之，及梁漢璋、王清，繼以敗績，而晉卒滅。

按石敬瑭父臬捩鷄，出於西夷，自朱邪歸唐，明宗妻之以女。及地尊勢重，猜貳既生，乘隙而奮，求援契丹。自非邪律德光之師，不足以亡唐立晉。然彼雖有德於我，其遂可無以弭其後患耶？曁再傳，而為其所滅。桑維翰輩，可謂失謀矣。

元·馬端臨《文獻通考》卷一五一《兵考三·兵制·府兵圖》

上府，千二百人。折衝都尉。左果毅都尉、右果毅都尉同長史一人。

中府，千人。折衝都尉。左果毅都尉、右果毅都尉、兵曹一人，别將一人。

下府，八百人。折衝都尉。左果毅都尉、右果毅都尉同校尉一人。

坊，高祖置。坊主。一人。羽林軍。高宗。龍武軍。玄宗。

團，三百人。校尉。神武軍。肅宗。禁軍。英武軍。代宗。
隊，五十人。隊正。神策軍。代宗。
火，十人。火長。天威軍。順宗。神威軍。德宗。

章氏曰：《唐志》言，凡天下十道，置府六百三十四，皆有名號，而關內二百六十有一，皆以隸諸衛。《會要》云：折衝府二百八十，通計舊府六百三十三。陸贄《奏議》則以為太宗置府八百，在關中者五百。杜牧《原十六衛》：上畜養戎臣，外開折衝、果毅府五百七十有四。其數不同。府多在關中，說者以為固本，漢置都尉，亦此意。左右衛皆領六十府，諸衛領五十至四十，其餘以隸東宮十率府，而折衝亦隸焉。太子管軍，非古制也。唐只是折衝自教，漢都試之日，郡縣之官盡會。唐之府兵雖散在諸道，然折衝都尉並遥隸於諸衛，乃是內任官，故《官志》係之於諸衛之後，不與外官同。漢都尉不隸於衛尉，乃是外任官，故《表》係之郡守之後，與唐異。然而領兵則太守與都尉，刺史與折衝，同矣。唐以遠近分番，皆以一月，恐太紛擾，漢以二歲更代為善。又唐在二千里外者，亦不免，此法所以壞也。

又　卷一五二《兵考四·兵制》　梁太祖開平元年。初，帝在藩鎮，用法嚴。將校有戰没者，所部兵悉斬之，謂之拔隊斬。士卒失主將者，多亡逸不敢歸。帝乃命凡軍士，皆文其面，以記軍號。軍士或思鄉里逃去，關津輒執之，送所屬，無不死者。其鄉里亦不敢容。由是亡者皆聚山谷為盜，大為州縣之患。至是，詔赦其罪，自今文面亦聽還鄉里，盜減什七八。【略】

晉初置鄉兵，號天威軍，教習歲餘，村民不嫻軍旅，竟不可用，悉罷之，但令七戶，輸錢十千，其鎧仗悉輸官。而無賴子弟不復肯復農桑，多聚山林為盜。及契丹入汴，縱胡騎打草穀，民不堪命，所在盜起，攻陷州縣，長吏不能制。【略】

世宗即位，既敗北漢兵於高平，謀肅軍政。初，宿衛之士累朝相承，務求姑息，不欲簡閱，恐傷人情，由是羸老者居多，但驕蹇不用命，實不可用。每遇大敵，不走則降。其所以失國，多由此。帝因高平之戰，始知其弊。謂侍臣曰：『凡兵務精不務多。今以農夫百，未能當甲士一。奈何浚民之膏澤，養此無用之物乎？且健懦不分，衆何所勸？』乃命大簡諸軍，精鋭者升之上軍，羸者斥去之。又以驍勇之士多為諸藩鎮所蓄，詔募天下壯士，咸遣詣闕，命太祖皇帝選其尤者為殿前諸班；其騎、步諸軍，各命將帥選士。由是士卒精强，近代無比，征伐四方，所向皆捷，選練之力也。

論說

唐·陸贄《翰苑集》卷一一《論關中事宜狀》　臣聞國家之立也，本大而末小，是以能固。又聞理天下者，若身之使臂，臂之使指，則小大適稱而不悖焉。身所以能使臂者，身大於臂故也；臂所以能使指者，臂大於指故也。王畿者，四方之本也；京邑者，又王畿之本也。其勢當令京邑如身，王畿如臂，四方如指，故用即不悖，處則不危，斯乃居重馭輕，天子之大權也。非獨為御諸夏而已，抑又有鎮撫戎狄之術焉。是以前代之制，轉天下租税，委之京師；徙郡縣豪傑，處之陵邑；選四方壯勇，實之邊城。其賦役則輕近而重遠也，其惠化則悦近以来遠也。太宗文皇帝既定大業，萬方底乂，猶務戎備，不忘慮危，列置府兵，分隸禁衛，大凡諸府八百餘所，而在關中者，殆五百焉。舉天下不敵關中，則居重馭輕之意明矣。承平漸久，武備浸微，雖府衛具存而卒乘罕習，故禄山竊倒持之柄，乘外重之資，一舉滔天，兩京不守。尚賴經制頗存典刑，彊本之意則忘，緣邊之備猶在，加以諸牧有馬，每州有糧，故肅宗得以為資，中復興運。乾元之後，大憝初夷，繼有外虞，悉師東討，邊備既弛，禁戎亦空，吐蕃乘虛，深入為寇。故先皇帝莫與為禦，避之東遊，是皆失居重馭輕之權，忘深根固柢之慮。內寇則崤函失險，外侵則汧渭為戎。於斯之時，朝市離析，事變可慮，須臾萬端。雖有四方之師，寧救一朝之患？陛下追想及此，豈不為之寒心哉？尚賴宗社威靈，先皇仁聖，攘却醜類，再安宸居，城邑具全，宮廟無賓。此又非常之幸，振古所未聞焉，足以見天意之於皇家，保祐深矣，故示大儆，將弘永圖。陛下誠宜上副天心，下察時變，遠考前代成敗，近鑑國朝盛衰，垂無疆之休，建不拔之業。

唐·杜佑《通典》卷一四八《兵典序》　國朝李靖平突厥，李勣滅高麗，侯君集覆高昌，蘇定方夷百濟，李敬玄、王孝傑、婁師德、劉審禮皆是卿相，率兵禦戎，戎平師還，並無久鎮。其在邊境，唯明烽燧，審斥候，立障塞，備不虞而已。實安邊之良算，為國家之永圖。玄宗御極，承平歲久，天下乂安，財殷力盛。開元二十年以後，邀功之將務恢封略，以甘上心。將欲蕩滅奚、契丹，翦除蠻、吐蕃，喪師者失萬而言一，勝敵者獲一而言萬，寵錫云極，驕矜遂增。哥舒翰統西方二師，安祿山統東北三師，踐更之卒，俱授官名，郡縣之積，罄為祿秩。開元初，每歲邊費約用錢二百萬貫。開元末，已至一千萬貫。天寶末，更加四五百萬矣。按兵部格破敵戰功各有差等其授官十纔一二。天寶以後，邊帥怙寵，便請署官。易州遂城府、坊州安臺府，別將果毅之類，每一制，則同拔千餘人，其餘可知。雖在行間，無白身者。關輔及朔方、河隴四十餘郡，河北三十餘郡，每郡官倉粟，多者百萬石，少不減五十萬石，給充行官祿。暨天寶末，無不罄矣。糜耗天下，若斯之甚。於是驍將銳士，善馬精金，空於京師，萃於二統。邊陲勢強既如此，朝廷勢弱又如彼。姦人乘便，樂禍覬欲，脅之以害，誘之以利。祿山稱兵內侮，未必素蓄凶謀。是故地逼則勢疑，力侔則亂起，事理不得不然也。

唐·白居易《白氏長慶集》卷六四《策林三·復府兵置屯田》 夫欲分兵權，存戎備，助軍食，則在乎復府兵，置屯田而已。昔高祖始受隋禪，太宗既定天下，以為兵不可去，農不可廢，於是當要衝以開府，因隙地以營田，府有常官，田有常業，俾乎時而講武，歲以勸農，分上下之番，遞勞逸之序，故有虞則起為戰卒，無事則散為農夫，不待徵發而封域有備矣，不勞饋餉而軍食自充矣。此亦古者尉侯之制兵賦之義也。況今關畿之內，鎮壘相望，皆仰給於縣官，且無用於戰伐。若使反兵於舊府，興利於廢田，張以簿書，頒其廪積。因其卒也，安之以田宅；因其將也，命之以府官。始復於關中，稍置於天下，則兵權漸分而屯聚之弊日銷矣，戎備漸修而訓習之利日興矣，軍食漸給而飛輓之費日省矣。一事作而三利立，唯陛下裁之。

唐·杜牧《樊川集》卷一《原十六衛》 國家始踵隋制，開十六衛，將軍總三十員，屬官總一百二十八員。署宇分部，夾峙禁省，厥初歷今，未始替削。然自今觀之，設官言無謂者，其十六衛乎！本原事迹，其實天下之大命也。始自貞觀中，既武遂文，內以十六衛畜養戎臣，外開折衝、果毅府五百七十四以儲兵伍。或有不幸，方二三千里為寇土，數千百萬人為寇兵，蠻夷戎狄，踐踏四作。此時戎臣，當提兵居外。至如天下平一，暴勃消削，單車一符，將命四走，莫不信順。此時戎臣，當提兵居內。當其居內也，官為將軍，綬有朱紫，章有金銀，千百騎趨奉朝謁，第觀車馬，歌兒舞女。念功賞勞，出於曲賜，所部之兵，散舍諸府。上府不越一千二百人，三時耕稼，襏襫耞耒，一時治武，騎劍兵矢。裨衛以課父兄，相言不得業他。籍藏將府，伍散田畝，力解勢破，人人自愛。雖有蚩尤為師帥，亦不可使為亂耳。及其當居外也，緣部之兵，被檄乃來，受命於朝，不見妻子，斧鉞在前，爵賞在後，以首爭首，以力搏力，飄暴交捽，豈暇異略？雖有蚩尤為師帥，亦無能為叛也。

自貞觀至于開元末，百五十年間，戎臣兵伍，未始逆篡，此聖人所能柄統輕重，制障表裏，聖筭神術也。至于開元末，愚儒奏章曰：天下文勝矣，請罷府兵，詔曰可。武夫奏章曰：天下力强矣，請搏四夷，詔曰可。於是府兵內剷，邊兵外作，戎臣兵伍，湍奔矢往，內無一人矣。起遼走蜀，繚絡萬里，事五强寇，十餘年中，亡百萬人。尾大中乾，成燕偏重，而天下掀然，根萌燼燃。七聖旰食，求欲除之，且不能也。

由此觀之，戎臣兵伍，豈可一日使出落鈐鍵哉？然為國者，不能無也。居外則叛，居內則篡，使外不叛，內不篡，兵不離伍，無自焚之患，將保頸領，無烹狗之諭。古今已還，法術最長，其置府立衛乎！近代以來，於其將也，弊復為甚。人囂曰廷詔命將矣，名出視之，率市兒輩。蓋多賂金玉，負倚幽陰，折券交貨所能也，絕不識父母禮義之教，復無慷慨感慨之氣。百城千里，一朝得之，其强傑愎勃者則撓削法制，不使縛己，斬族忠良，不使違己。力壹勢便，罔不為寇。其陰泥巧狡者，亦能家筭口斂，委於邪倖，由卿市公，去郡得都，四履所治，指為別館。或一夫不幸而壽，則戞割生人，略匝天下。是以天下每每兵亂，湧溢齊人，乾耗鄉黨，風俗淫窳衰薄，教化恩澤，壅抑不下，召來災沴，被及牛馬。

嗟乎！自愚而知之人，其盡知之乎？且武者任誅，如天時有秋；文者任治，如天時有春。是天不能倒春、秋，是豪傑不能總文、武。是此輩受鉞誅暴乎？曰於是乎在。某人行教乎？曰於是乎在。欲禍蠹不作者，未之有也。伏惟文皇帝十六衛之旨，誰復而原其實？天下之大命也，故作《原十六衛》。

宋·司馬光《資治通鑑》卷二三二《唐紀四十八·德宗神武聖文皇帝七》　（貞元二年八月）初，上與李泌議復府兵，泌因爲上歷敘府兵自西魏以來興廢之由，且言：『府兵平日皆安居田畝，每府有折衝領之。折衝以農隙教習戰陳，國家有事徵發，則以符契下其州及府，參驗發之。至所期處，將帥按閱，有教習不精者罪其折衝，甚者罪及刺史。軍還則賜勳加賞，便道罷之。行者近不踰時，遠不經歲。高宗以劉仁軌為洮河鎮守使，以圖吐蕃，於是始有久戍之役。武后以來，承平日久，府兵浸墮，為人所賤，百姓耻之，至蒸熨手足以避其役。又牛仙客以積財得宰相，邊將效之。山東戍卒多齎繒帛自隨，邊將誘之，寄於府庫，晝則苦役，夜縶地牢，利其死而没入其財。故自天寶以後，山東戍卒還者什無二三。其殘虐如此，然未嘗有外叛内侮、殺帥自擅者，誠以顧戀田園，恐累宗族故也。自開元之末，張説始募長征兵，謂之彍騎，其後益為六軍。及李林甫為相，奏諸軍皆募人為之，兵不土著，又無宗族，不自重惜，忘身徇利，禍亂遂生，至今為梗。曏使府兵之法常存不廢，安有如此下陵上替之患哉？陛下思復府兵，此乃社稷之福，太平有日矣。』上曰：『俟平河中，當與卿議之。』

宋·孫甫《唐史論斷》卷上《高祖·復置十二軍》　論曰：國之用武，固常事，不可一日懈也。中夏之廣，外夷之衆，雖太平之世，黠惡者畏威服德而不敢動其心，常幸國之有事，起而為患爾，則武備可一日懈乎！況大亂初定，人心未寧，便欲為安逸之態而偃武事，及突厥入寇，乃謀遷都以避。經世之略，何其淺也！賴秦王堅議，不行謬策，令復置十二軍，以教諸府之兵。中國之威，自此盛矣。

《新唐書》卷五〇《兵志》　蓋唐有天下二百餘年，而兵之大勢三變。其始盛時，有府兵；府兵後廢，而為彍騎；彍騎又廢，而方鎮之兵盛矣。及其末也，彊臣悍將，兵布天下，而天子亦自置兵於京師，曰禁軍。其後天子弱，方鎮彊，而唐遂以亡滅者，措置之勢使然也。

宋·呂祖謙《歷代制度詳説》卷一一《兵制·制度·詳説》　古制兵之善，無如邱甸，後世則無如府衛。然此二者異用，不可以不知。自黄帝、堯舜以來，所以治天下，出於一本，故萬民無以生養，則授之田而使耕，築之室而使居，及其可以養生而無以自衛，則教之為兵，蓋本以備人之侵暴。當是時，盡天下之民皆可以為兵，乃是其理當然。而後世乃謂三代寓兵於農，是未嘗知立國意者也。至於聖人不作而力征争奪之事起，駈其民以為戰者，皆是為一人之私。孟子所謂梁惠王以土地之故，糜爛其民，及善戰者服上刑，言後世之兵非為民之舉，盡徇人君之私欲。雖桓、文之師，亦不過如此。

延及秦漢魏晉，南北十二國，割據天下，無日不用兵，既取其財，又奪其耕，又殺其身，生民之禍最酷。雖云兵、農已分，然其所謂調發皆具於民，蓋民無不可以為兵者，故府衛之制，取其人以為兵，皆蠲其征徭而使之有定籍於官。宿衛征行既有常數，則天下之民稍得休息。然則所謂府兵者，蓋始與民為二矣，而論者方以為與井田一法，豈不過哉？其後府兵之法壞而安史亂作，天下復被為兵之苦，與秦間左事無異，杜甫歌詩可見本末矣。欲一遵聖人治國之制，則莫如復邱乘之兵，既皆是自衛，則無不為兵之理。借不及此，而所以立兵者，或未免為一人之私，則莫如復唐府兵。彼得盡除賦役徭使，而吾常得其人為兵，是以利害相博，亦足以償矣。宋朝制兵之失，起於唐室方鎮之兵盛。自古未嘗有養兵數十年而不用者。孫武云：『興師十萬，日費千金。』古人止論興師之害耳。昆陽之役八十萬，淝水之役幾百萬，皆是臨時取具於民，豈有預養兵數十萬人以待用者耶？蓋唐末諸鎮，各擅財賦，養兵以抗人主，唐以是亡，而五代之變，皆因於兵。

宋·王應麟《困學紀聞》卷一四《考史》　唐府兵之數，《兵志》云：『十道置府六百三十四，而關内二百六十一。』《百官志》：『凡六百三十三。』陸贄云：『府兵八百所，而關中五百。』杜牧云：『折衝果毅府五百七十四。』《舊志》、《六典》云：『天下之府五百九十四。』《會要》云：『關内置府二百六十一，又置折衝府二百八十，通計舊府六百三十二。』《通典》云：『五百七十四。』《理道要訣》云：『五百九十三。』《鄴侯家傳》云：『諸道共六百三十府。』今以《地理志》考之，十道共有府五百六十六，關内二百七十三，餘九道二百九十三。參以《志》、《傳》，差互不齊。神宗問：『何處言府兵最備？』王文公對曰：『《李鄴侯傳》言之詳備。』然府數與諸書亦不同。

元·馬端臨《文獻通考》卷五八《職官考十二·左右神策軍》　按

《通典》敍唐十六衛建置官將之事詳矣，而左右神策軍獨闕焉。蓋杜公所言，多至德天、寶以前事，而神策雖萌芽於肅代之時，實磐固於德宗幸奉天之後。其初也，則劫制天子，專擅策立；而其末也，則外召賊臣，覆亡宗社。蓋唐自中葉以後，强藩擅兵，禁衛寡弱，而其僅存者，復為神策所併，視同中人之私屬。至昭宗之時，外不足以定寇，而内徒以脅君，逮中人誅，神策廢，而唐遂亡矣。

明・丘濬《大學衍義補》卷一一七《治國平天下之要・嚴武備・軍伍之制》　臣按史謂府兵之置，居無事時耕于野，其番上者，宿衛京師而已。若四方有事，則命將以出，事解輒罷，兵散于府，將歸于朝。故士不失業，而將帥無握兵之重，所以防微杜漸，絶禍亂之源也。嗚呼！太宗遠矣，而子孫不能守，唐遂因以衰，而至于亡。後之世主，其於祖宗之法，固不可輕改，而于兵尤當加慎重焉。

臣按歐陽脩謂，夫置兵所以止亂，及其弊也，適足為亂；又其甚也，至困天下，以養亂而遂至於亡焉。蓋以唐之子孫驕弱，不能謹守高祖太宗之法，屢變其制，馴致于天子弱而方鎮彊，而唐遂以亡滅，以為措置之勢使然。嗚呼！茲豈獨勢之使哉？蓋亦人謀之不臧也。

臣按李泌此言，可見府兵之善。三代以後，所僅見者也。蓋有恒産者，有恒心。有所顧惜者，然後不敢恣肆；有所係累者，然後不肯棄捨。凡民皆然，而兵尤甚。自井田之法廢，而兵、農遂分，而不可復合。惟唐府兵之制，稍近於古，然行之未久而遂廢。李泌當上陵下替之時，思欲復之，然終不能，復可慨也夫。

臣按蘇軾此《策》，于漢、唐、宋軍制之得失，瞭然明白。就其三者而論之，宋之禁軍不如漢之踐更，漢之踐更不如唐之府兵。三代之制不可遽復，必欲復古之漸，以壯國勢，以省國費，皆莫若唐府兵之盡善焉。然唐行之未百年而中變者，何也？蓋府兵之制，無事則番上，宿衛京師，有事則調發，出征四遠。雖曰寓兵于農，暇則耕稼，然軍府雜郡縣之中，士卒混編民之内，其他徭役科征，未能盡蠲。況又承平日久，兵政廢弛，番易更代，多不以時，非法徵求，分外驅役。此其立制非不善，而其行之既久，終不能以無弊也。設使當時知其弊之所在，補其罅，舉其偏，而振其所廢墜，雖至今存，可也。

明・方以智《通雅》卷二五《官制・兵制附》　五代有私兵，而親軍之號，始于明宗。後又有殿前都指揮使，亦親軍也。殿前司始于周世宗，宋以此禪，遂不除都檢點。

清・王夫之《讀通鑑論》卷二〇《唐太宗》　貞觀十年，定府兵之制，大約與秦、隋銷兵，宋罷方鎮之意略同。府兵者，猶之乎無兵也，而特勞天下之農民於番上之中，是以不三十年，武氏以一婦人輕移唐祚於宮闈，李敬業死而天下靡然順之，無有敢伸義問者，非必無忠憤之思興，力不能也。唐之亂亟矣，未有三十年而無大亂者，非能如漢、宋守成之代，晏安長久也。非玄宗罷府兵，改軍制，則安、史、懷恩、朱泚、河北、西川、淮、蔡之蠭起，唐久爲秦、隋，惡能待懿、僖之昏亂，黄巢起而始亡哉？

府軍之制，散處天下，不論其風氣之柔剛，任爲兵與否也；多者千二百人，少者百人，星列碁布於隴畝，乃至白首而不知有行陳，季冬習戰，呼號周折，一優人之戲而已。三百人之團正，五十人之隊正，十人之火長，編定而代襲之，無問其堪爲統率否也。尤可嗤者，兵械甲裝，無事則輸之庫，征行而後給之，刀鏽不淬，矢屈不檠，晴燥不潤，雨溽不暴，甲胄穿，刀刓弓解，典守之吏，取具而止，倉卒授之而不程以其力，莫能詰也。甲與身不相稱，攻與守不相宜，使操不適用之頑金，衣不蔽身之腐革，甚則刲撓竹以爲戈矛，漆敗紙以爲盾櫓，其不覆軍陷邑者幾何也？狃爲故事，而應以虚文，徒疲敝其民於道路，一月而更，而無適守者無固志，名爲有兵六百三十四府，而實無一卒之可憑；故安、史一擁番兵以渡河，而兩都瓦解。蓋天寶初改府兵易彍騎，而因循舊習，未能蠲積玩之弊以更張也。

後世論者，泥古而不知通，猶曰兵制莫善於唐，則何如秦、隋之盡銷弭而猶不驅農民以淪死地乎？詳考府兵之制，知其爲戲也，太宗之以弱天下者也。欲弱天下以自弱，則師唐法焉可爾。

又　卷二二《唐玄宗・一一》　罷兵必有所歸，兵罷而無所歸，則爲盜、爲亂。張説平麟州叛胡，奏罷邊兵二十萬人，而天下帖然，蓋其所罷者府兵也，府兵故農人也，歸而田其田、廬其廬，父子夫婦相保於穹窒粟薪之閑，故帖然也。於是而知府兵之徒以毒天下而無救於國之危亂，審矣。

説之言曰：『臣久在疆埸，具知其情，將帥苟以自衛及役使營私而已。』夫民之任爲兵者，必佻宕不戢、輕於死而憚於勞之徒，然後貪醲酒椎牛之利、而可任之以效死。夫府兵之初，利租庸之免，而自樂爲兵，或亦其材勇之可堪也。迨其後著籍而不可委卸，則視爲不獲已之役，而柔弱願樸者，皆垂涕就道以赴行伍。若此者，其鈍懦之材，既任爲役，而不任爲兵，畏死而不憚勞，則樂爲役以避鋒鏑，役之而無不受命，驕貪之將領，何所恤而不役以營私邪？團隊之長役之矣，偏裨役之矣，大將役之矣，行邊之大臣役之矣；乃至紈袴之子弟、元戎之僕妾役之矣，幕府之墨客，過從之遊士，彈箏擊筑、六博投瓊、調鷹飼犬之徒，皆得而役之。爲兵者，亦欣然願爲奴隸以偷一日之生。嗚呼！府兵者，惡得有兵哉？舉百萬井疆耕耨之丁壯爲奴隸而已矣。縱遣歸田，如奴隸之得爲良人，而何弗帖然邪？

無彊悍不受役之氣，有偷安不恤役之情，因其有可役之資，而幸收其效役之利，行則役於邊臣，居則役於長吏，一時不審，役以終身，先世不謀，役及後裔，天下之苦兵也，不待矢石相加、骴骼不返、而後怨毒填胸矣。是張説所奏罷之二十萬人，無一人可供戰守之用，徒苦此二十萬之農民於奉拚除、執虎子、築毬場、供負荷之下。故軍一罷，而玄宗知其勞民而弱國也，而募兵分隸之議行，漸改爲長從漸改爲彍騎。窮之必變，尚可須臾待哉？而論者猶責玄宗、張説之改制異於古法，從事於君子之道以垂法定制而保國安民者，不宜如此之鹵莽也。

所患者，法弊已極，習相沿而難革，雖與更張，害猶相襲。故自説罷邊兵而邊空，長從彍騎制未定而不收其用，邊將承之，畜私人，養番兵，自立軍府，以釀天寶之亂。蓋自府兵調戍之日，早已睥睨天下之無兵，而一旦撤歸，芻糧贏餘，唯其所爲，而朝廷固莫之能詰也。數十年府兵之流禍，而改制之初受之，乃舉而歸過於召募，胡不度人情、循事理，而充耳塞目以任浮游之説輕談天下事邪？

又《唐玄宗・二十》 秀者必士，樸者必農，僄而悍者必兵，天與之才，習成其性，不可移也，此之謂天秩，此之謂人官。帝王之所以分理人物而各安其所者，此而已矣。

唐之府兵，世著於伍，垂及百年，而違其材質，强使即戎，於是而中國無兵。安祿山以蕃騎渡河，入無人之境，直叩潼關，豈中原之民一皆肥弱，無可奮臂以興邪？顔魯公一振於平原，旬日之閒，而得勇士萬餘人，於是盧全誠於饒陽，李奐於河閒，李隨於博平，而顔常山所收河北義旅凡二十餘萬，張唯陽所糾合於雍邱者一日而得數千人，皆蹀血以與賊爭死命。斯固三數公忠勇之所激，而豈此數十萬比屋之民，皆養憤填胸、思拯國難者乎？僄輕鷙悍之材，誠思得當以自效，不樂於負耒披蓑，寧忘身以一逞，其材質不任農而任兵，性以成、情以定也。然則拘府兵之故紙，疑彍騎爲虛文，困天下材勇於隴首，蕩泆遊閒，抑不收農民之利者多矣。違其性，棄其長，强其短，徒弱其兵，復窳其農，唐安得有兵與民哉？

唯其不能收天下之材勇以爲國用，故散在天下，而天下皆得以收之，忠者以之效其忠，邪者以之黨其邪，各知有所募之主帥，而順之與逆，唯其馬首是瞻，於是乎藩鎮之勢成，而唐雖共主，亦與碁立以相敵。延及五代，天下分崩，互相吞滅，固幽、燕叛逆之所倡，抑河北、山東義兵之所啓也。若夫高僊芝、封常清迫而募於兩都者，則市井之罷民，初不足爲重輕者也。民懲府兵之害，聞召募出於朝廷，則畏一登籍而貽子孫之禍，固不如河北、山東、雍、睢牧守之號召，人樂於就而能得其死力也。

宰天下者，因其可兵而兵之，因其可農而農之，民不困，兵不枵，材武之士不爲將帥所私畜，而天下永定。因天也，因人也，王道之所以一用其自然也。

又 卷二六《唐文宗・六》 杜牧憤河朔三鎮之跋扈，傷府兵之廢敗，而建議欲追復之，徒爲卮言，貽後世以聽熒耳。牧知藩鎮之强在府兵既廢之後，而不知惟府兵之積弱，是以蕃兵重，邊將驕，欺唐之無兵，以馴致於桀驁而不可復詰也。且當太和之世，豈獨河北之抗命哉？澤潞、山南無非擁疆兵以傲岸者。而欲取區區聽命之州郡，勞其農而兵之，散其兵而農之，則國愈無兵、民愈困、亂將愈起。甚矣！空言無實，徒以熒慕古者之聽，而流禍於來今，未有已也。

府兵之害，反激而爲藩鎮，勢所必然，禍所必趨，已論之詳矣。乃若杜牧所言有可取，而唐之初制尚可支百年者，則十六衛是已。十六衛以畜養戎臣儲將帥之用者也，天下之兵各分屬焉，而環王都之左右，各有守駐以待命，蓋分合之勢，兩得之矣。分之爲十六，則其權不專，不致如晉、宋以後方州撫領擁兵而篡逆莫制也。統之以十六，則其綱不弛，不致如宋之廂軍解散弱靡以成乎積衰也。

夫邊不能無兵，邊兵不可以更戍而無固心，必矣。兵之爲用，有戰兵焉，有守兵焉。守兵者，欲其久住，而衛家即以衛國者也；而守之數不欲其多，千人乘城，十萬之師不能卒拔，而少則無糧薪不給之憂。戰兵者，欲其遄往而用其新氣者也；一戰之勇，功賞速效，虜退歸休，抑可無長征怨望之情。然則十六衛之與邊兵，互設以相濟，寇小人，則邊兵守而有餘，寇大人，則邊兵可固守以待，而十六衛之帥，唯天子使，以帥其屬而戰焉。若夫寇盜有竊發之心，逆臣萌不軌之志，則十六衛中天下以林立，而誰敢恣意以逞狂圖乎？

唯是十六衛之兵，必召募挑選，歸營訓練，而不可散之田畝，則三代以下必然之理勢，不可以寓兵於農之陳言，坐受其弊者也。就其地食其食，無千里飛挽之勞；就其近屬其衛，無居中遙制之病；衛率巡之，所司練之，有司供億之，皆甚便也。此則唐初之善制，不必府兵而可行之後世者也。以杜牧之時，尤可決行於一朝，非若府兵之久敝而不可再興者，何也？河朔之叛臣不可遽奪，而內地猶可爲也。且自憲宗以來，淄青、淮蔡、西川、淮南、賊平之日，兵不可散，固可移矣；成德、盧龍、魏博歸命之日，兵不能罷，亦可調矣。以恩恤之，以威臨之，仍使爲兵，而稍移易之，固皆不安南畝習於戎行者，又何難於措置之有哉？朝無人焉，慮不及此，而後天下終不可得而平。牧固不足以及此，而漫無憂國之心者，又勿論已。

命將

綜述

《隋書》卷二《高祖紀下》（開皇八年十月）己未，置淮南行臺省於壽春，以晉王廣為尚書令。辛酉，陳遣兼散騎常侍王琬、兼通直散騎常侍許善心來聘，拘留不遣。甲子，將伐陳，有事於太廟。命晉王廣、秦王俊、清河公楊素并為行軍元帥以伐陳。於是晉王廣出六合，秦王俊出襄陽，清河公楊素出信州，荊州刺史劉仁恩出江陵，宜陽公王世積出蘄春，新義公韓擒虎出廬江，襄邑公賀若弼出吳州，落叢公燕榮出東海，合總管九十，兵五十一萬八千，皆受晉王節度。東接滄海，西拒巴蜀，旌旗舟楫，横亙數千里。【略】

（十八年）二月甲辰，幸仁壽宮。乙巳，以漢王諒為行軍元帥，水陸三十萬伐高麗。

又　卷三九《源雄傳》　後數歲，轉懷州刺史，尋還朔州總管。突厥有來寇掠，雄輒捕斬之，深為北夷所憚。伐陳之役，高祖下冊書曰：『於戲！唯爾上大將軍、朔方公雄，識悟明允，風神果毅，往牧徐方，時逢寇逆，建旗馬邑，安撫北蕃，嘉謀絶外境之虞，挺劍息韋鞲之望。沙漠以北，俱荷威恩；呂梁之間，罔不懷惠。但江淮蕞爾，有陳僭逆，今將董率戎旅，清彼東南，是用命爾為行軍總管。往欽哉！』於是從秦王俊出信州道。及陳平，以功進位上柱國，賜子崇爵端氏縣伯，褒為安化縣伯，賜物五千段。復鎮朔州。

又　卷五二《韓擒傳》　開皇初，高祖潛有吞并江南之志。以擒有文武才用，夙著聲名，於是拜為廬州總管，委以平陳之任，甚為敵人所憚。及大舉伐陳，以擒為先鋒。擒率五百人宵濟，襲采石，守者皆醉，擒遂取之。進攻姑熟，半日而拔，次於新林。江南父老素聞其威信，來謁軍門，晝夜不絶。陳人大駭，其將樊巡、魯世真、田瑞等，相繼降之。晉王廣上狀，高祖聞而大悅，宴賜羣臣。

又　《韓洪傳》　數歲，轉廉州刺史。時突厥屢為邊患，朝廷以洪驍勇，檢校朔州總管事，尋拜代州總管。

又　《賀若弼傳》　高祖受禪，陰有并江南之志，訪可任者，高熲曰：『朝臣之内，文武才幹，無若賀若弼者。』高祖曰：『公得之矣。』於是拜弼為吳州總管，委以平陳之事。弼忻然以為己任，與壽州總管源雄並為重鎮。弼遺雄詩曰：『交河驃騎幕，合浦伏波營。勿使騏驎上，無我二人名。』獻取陳十策，上稱善，賜以寶刀。開皇九年，大舉伐陳，以弼為行軍總管。將渡江，酹酒而咒曰：『弼親承廟略，遠振國威，伐罪弔民，除凶翦暴。上天長江，鑑其若此。如使福善禍淫，大軍利涉。如事有乖違，得葬江魚腹中，死且不恨。』

又　卷五四《李衍傳》　後數年，朝廷將有事江南，詔衍於襄州道營戰船。及大舉伐陳，授行軍總管，從秦王俊出襄陽道。以功賜帛三千匹，米六百石，拜安州總管。

又　卷五五《杜彦傳》　歲餘，雲州總管賀婁子幹卒。上悼惜者久之，因謂侍臣曰：『榆林，國之重鎮。安得子幹之輩乎？』後數日，上曰：『吾思可以鎮榆林者，莫過杜彦。』於是徵拜雲州總管。突厥来寇，彦輒擒斬之。北夷畏憚，胡馬不敢至塞。

又　《周摇傳》　開皇初，突厥寇邊，燕薊多被其患。前總管李崇為虜所殺，上思所以鎮之，臨朝曰：『無以加周摇者。』拜為幽州總管六州五十鎮諸軍事。摇修鄣塞，謹斥候，邊民以安。

《舊唐書》卷一二四《侯希逸傳》　侯希逸，平盧人也。少習武藝。天寶末，安禄山反，署其腹心徐歸道為平盧節度。希逸為平盧裨將，率兵與安東都護王玄志襲殺歸道，使以聞，詔以玄志為平盧節度使。乾元元年冬，玄志病卒，軍人共推立希逸為平盧軍使，朝廷因授節度使。既數為賊所迫，希逸率勵將士，累破賊徒向潤客、李懷仙等。既淹歲月，且無救援，又為奚虜所侵，希逸拔其軍二萬餘人且戰，遂達于青州，會田神功、能元皓於兗州，青州遂陷於希逸，詔就加希逸為平盧淄青節度使。自是迄今，淄青節度皆帶平盧之名。

宋・宋敏求《唐大詔令集》卷五九《大臣・將帥・命將・蘇頲〈解琬朔方道後軍大總管制〉》　門下：鼓旗中軍，是推元帥，熊羆後勁，亦屬武臣。金紫光禄大夫、行左散騎常侍、上柱國、濟南郡開國公解琬，學窮經史，才蘊韜略，握兵之要，克壯其猷。右領軍衛大將軍兼檢校單于大都護、鎮守大使、上柱國、長平郡開國公張知運，久鎮邊庭，備詳敵勢，奪劍之勇，隱如敵國。並師旅是習，獯戎所憚，陰陽勝負，成誦在心，山川向背，若指之掌。寒膠已折，秋草具腓，宜屯細柳之營，俾作蘭皐之氣。琬可充朔方道後軍大總管，知運可充朔方道後軍副大總管，並准例發遣。主者施行。先天二年九月二十日

又　《王晙朔方道行軍總管制》　黄門：古者獫狁孔熾，匈奴寖驕，則設以三策，雖屬備戎之典；方於五材，未聞去兵之義。不有行者，誰能捍之？正議大夫、行鴻臚少卿、上柱國、朔方軍副大總管王晙，倜儻多智，堅剛竭節，每讀前史，思齊古人，辭家而志滅獯戎，報國而躬先將校。頃虞南牧，城彼朔方，蕭關洞開，沙漠無事，既獲全軍之利，則惟保塞之勞。嘉其善謀，必有成績。昔北逐狄者，任專而決；亦西護羌者，功遂而調。用明分閫之重，式副齊壇之期。朝賓僉諧，爾其懋往。可持節、充朔方道行軍大總管，仍兼安北大都護，豐安定遠三城等軍及側近州軍，宜依舊列，並受晙節制。其安北都護府，依於中受降城安置。兵須足食，理籍加屯。今正農時，務及耕種，并緣邊兵募，亦委量事通融。苟非切便，即停減，總處置訖奏聞。即馳驛，准例發遣。主者施行。開元二年二月初五日

又　《薛訥白衣攝左羽林將軍擊吐蕃制》　敕：棄瑕録用，有國通典，捨罪責功，先王舊式。薛訥蘊韜鈐之畧，嘗文武之任，委以分閫，冀静邊塵，遽聞喪律，實負朝寄。准其所犯，合置嚴刑。言念老臣，寛其小衂。既赦孟明之罪，佇收馮異之功。可隴右道防禦大使。開元二年八月

又　《蘇頲〈薛訥朔方道大總管制〉》　黄門：古之合將帥，訓甲兵，所以宣威武而制邊疆也。自非樂、郤之裔，孫、吳之才，何以總中軍而絶大漠矣。右羽林軍大將軍、上柱國、河東郡開國公、涼州鎮軍大總管薛訥，家代名將，國朝元老，知湧泉原，氣横風厲。廟堂之上，則寛而有謀；旗鼓之間，則勇而無撓。頃者單于地隔，驕子天亡，衆已離心，魁未懸首。弔伐大義，既憑推轂，逋逃殘孽，將待覆巢。鎮於朔陲，屬我南仲。宜持節朔方行軍大總管。太僕少卿、上柱國呂延祚，謀慮經遠，才明決斷。右威衛將軍兼靈州刺史、豐安軍使、上柱國杜賓客，三軍之雄，萬人之敵，以之入幕，孰不師臧？曾謂出軍，肅茲王命。宜並充副大總管節度。主者施行。開元三年十月十四日

又　《郭子儀兵馬副元帥制》　制：昔伊尹與湯合，傅説與高宗合，尚父與周合，故哲后良臣，莫不至合。非賢不乂，有開必先，久大之業也。公上畧雄才，博信明誼，受我旄鉞，輯寧區夏，典器銘彝，高視前古，實邦家之傑，豈獨為予？社稷之衛，可獨弼予，節制咨謀，安危斯屬。懼朕之不稱也，往惟欽哉！司空子儀可兵馬副元帥。主者施行。至

德二年四月十日

又《郭子儀東京畿山東河南諸道元帥制》 時屬艱難，用勤師旅，元帥之任，必藉廟謀。苟非人傑，孰久朝寄？兼司徒中書令、朔方節度副大使郭子儀，風雲有感，星象降生，秉文武之姿，懷經濟之器。自凶狂搆禍，區宇未寧，藴忠貞以立身，資義勇而成務。加其識度弘遠，謀慮沖深，張飛乃萬人之敵，卻縠是三軍之帥。故能掃清强寇，收復二京，建兹大勳，成我王業。雖少康嗣位，夏靡贊其功；光武中興，鄧禹集其事。以今觀古，未足多之。但以氛祲未清，軍戎是急，爰求碩德，仗以貞師，宜承重委，克濟多難。可充東京畿及山東道并河南諸道元帥，仍權知東京留守。乾元二年三日

又《李光弼副知行營事制》 元帥之任，實屬於師貞；左軍之選，諒資於邦傑。自非道申啓沃，學貫韜鈐，則何以翊分閫而專征，膺鑿門而受律？求諸將相，允得其人。司空兼侍中、薊國公光弼，器識弘遠，志懷沉毅，藴孫、吳之畧，有文、武之才。往屬艱難，備彰智勇，協雲雷而經始，保宗社之阽危。由是出備長城，入扶大厦，茂功懸於日月，嘉績被於巖廊。屬殘寇猶虞，總戎有命，用擇惟賢之佐，式弘建親之典，必能輯寧邦家，協贊天人，誓余丹浦之師，剿彼綠林之盜。載申朝獎，爰藉舊勳，宜副出車之命，仍踐分麾之寵。仍與天下兵馬元帥趙王係副知節度行營事。乾元二年七月

又《郭子儀都統諸道兵馬收范陽制》 敕：朕聞昆夷作患，周王授鉞於方叔；大宛不庭，漢主委兵於廣利。則知昏迷之黨，舞干不足以懷柔；聖哲之謀，伐叛必資于用武。事將禁暴，蓋非獲已。司徒兼中書令、朔方鄜坊邠寧等節度使、代國公子儀，慶鍾五百，運符魚水，挺文武之宏才，藴韜鈐之遠畧。積蒼生之重望，有命代之元勳。負鼎和羹，已申於啓沃；登壇制勝，實佇於謀猷。萬里長城，倚賴攸屬。今殘妖未殄，戎事猶殷，爰資一舉之功，以靖四方之難。宜令子儀都統諸道兵馬使，管崇嗣充副使，取邠州、慶、朔方路通往，收大同、横野清夷，便收范陽及河北。仍遣射生衙衛前六軍，英武、長興、寧國左右威遠驍騎等左廂一萬人，馬軍三千，步軍七千人，以開府李光進充都知兵馬使，特進鄔崇福充都虞候。右廂一萬人，馬軍三千人，步軍七千人，以開府儀同三司李鼎充都知兵馬使，特進王𤠫充都虞候。渭北官健一萬人，馬軍三千人，步軍八千人，以開府辛京杲充使。朔方留後蕃漢官健八千人，馬軍八百，步軍七千二百人，以兼御史中丞任敷、渾釋之同充使。蕃漢部落一萬人，馬軍五千，步軍五千人，以御史中丞慕容兆與新投降首領奴賴同統押充使。鄜坊等州官健一萬人，馬軍一千，步軍九千人，以攝御史中丞杜冕充使。寧州官健一萬人，馬軍一千，步軍九千人，以攝御史中丞桑如珪充使。涇原防禦官健二千人，馬軍五百人，步軍一千五百人，以大將軍閻英奇充使。蒐乘練卒，籍馬賦軍，合四方以齊心，率九夷而同力，金鼓作氣，鐵騎爭雄，欱野噴山，殷天動地，以仗順之師旅，討從逆之凶徒，人事天時，指期可定。今將畧高闕以出雲中，驅蚊蚋於幽燕，掃攙搶於鞏洛，削平天下，混一車書，然後獻凱清廟，策勳盟府，尅寧區夏，豈不盛與？兵馬既衆，恐路次難為供應，仍備六十日程糧、十馱遺發馬畜草料。所在量事支供，不得妄有煩擾百姓。仍委子儀即遣人先於諸道計會，分數次進發，仍與回紇兵馬犄角相應，逐便討除。所開軍務，應須處置，並委子儀續具狀奏聞。上元元年九月

又《李鼎隴西節度使制》 敕：勇而多謀，是資兼領；明則益辨，實仗宏才。開府儀同三司、行鳳翔尹兼御史大夫、充本府及秦隴興鳳成等州節度觀察使、保定郡開國公李鼎，成用通明，智略深遠，攻守之志，不憚勤勞，報效之誠，無忘夙夜。頃以岐陽近甸，王業大都，爰藉政能，委之鎮緝。下車未幾，克樹奇功，寇盜底寧，聲謠載洽。眷兹隴外，戎馬要衝，時屬艱虞，尤資式遏。制勝千里，諒在伊人，必當振我師徒，展兹籌畫，兼弱攻昧，在此行焉。可持節都督鄯州諸軍事、鄯州刺史、隴右節度營田等使，餘並如故。上元二年六月

又《李若幽朔方節度使賜名國貞制》 保大定功，事資於弘量；坐籌決勝，政總於中軍。今在必行，寇不可玩，欲清小醜，須委大臣。中大夫、守殿中監、賜紫金魚袋李若幽，宗室英髦，士林楨幹，出忠入孝，抱質懷文，包果斷之深謀，藴韜鈐之秘畧。累登清貫，克振休聲，名正西京，姦豪屏息，紀綱三蜀，卭僰乂安。庶黎賴其强明，縉紳推其利用。今河洛之境，未殄餘氛，晉魏之郊，比仍多壘。山河襟帶，關輔要衝，東盡太行，南鄰魏汭，擁旄亘野，精騎成羣。必俟元戎，以清妖孽。静言其

選，允謂當仁。地官高步於六卿，亞相作程於百辟。綜斯劇務，朝選攸歸，宜兼領護之權，以副師貞之吉。可戶部尚書兼御史大夫、持節充朔方鎮西北庭興平陳鄭等州節度、行營兵馬及河東節度都統處置使，鎮于絳，仍賜名國貞。上元元年八月

又《郭子儀汾陽郡王知朔方行營制》 命將之選，當仁實難。非夫文可經邦，未能安人和衆；武可禁暴，罔以克敵成功。允藉宏才，爰申錫命。司徒兼中書令、靈州大都督府長史、單于鎮北副大都護、持節充朔方節度、關内營田度支營田鹽池押諸蕃部落副大使、知節度六城水運使兼邠寧鄜坊等道節度副大使、上柱國、代國公子儀，河嶽間氣，巖廊重寶，器量深識，寬而有謀，術應通方，用而無滯。自經險阻，實擁旌旄，遂能克復二京，折衝千里，厥戎將殄，時乃之功。久勤啓沃，載竭忠讜，人所望也，天實賚予。今殘寇未寧，興師頗廣，雖鎮守經制已有區分，而籌畫指麾必資專制。將軍辭第，無以家為；丞相憂邊，思平國難。固以訏謨之命，申總統之威。其將戡定外虞，澄清列郡，光膺藩屏之寄，式崇社稷之勳。對揚休命，以永終譽。可封汾陽郡王，知朔方河中北庭潞儀沁等州節度行營兼興平定國等兵馬副元帥，仍充本管内觀察處置使，餘如故。

又《僕固懷恩朔方節度使制》 工部尚書兼御史大夫、隴右觀察處置等使、大寧郡王僕固懷恩，經武大才，濟時良具。今以寇窮河洛，思用討除，宜輟務於西陲，俾廓清於東夏。可充朔方行營節度使，餘如故。

又《常袞〈李抱玉河西等道副元帥制〉》 敕：周以元老監方伯，漢以丞相撫四夷，則軍國之務，中外一體。自華陽而西，至於隴坂，涉河之右，兼控五原，總三將之師，專萬里之寄，詰禁經武，宜有統制。憂邊謀帥，深仗輔臣。開府儀同三司、行兵部尚書同中書門下平章事、潞州大都督府長史知鳳翔府事、充懷鄭澤潞觀察處置等使、仍充南道通和蕃秦隴臨洮已來觀察處置等使、上柱國、涼國公李抱玉，文以經邦，德以鎮俗，孝友忠信，人倫模表，禮樂政刑，朝之訓式。以道匡朕，允升大猷，參聽斷之可否，載清静以寧一，兼委戎旅，屏於方夏，智謀變化，潛合神明，將校悅從，親如父子，事出韜鈐之外，功成戰伐之前。勤勞王家，以衛社稷，有致君庇人之績，冠旂常彝鼎之銘。故以國之憑倚，久任憂患，兵車之半，悉以與之。當不憚煩，以時鎮定也。可兼充山南西道觀察處置度支營田等使、判涼州事，隴右懷鄭潞澤等州使如故，充西南西道、河西隴右等道副元帥。

又《陸贄〈馬燧渾瑊副元帥同招討河中制〉》 敕：天地殊位，君臣異制，苟不率道，茲為亂常。退而增修，於是有舞干之義；諭以遷善，於是有文告之辭。若猶不悛，乃用致討，興戎動衆，豈得已哉？李懷光擢自軍旅，委之節制，亟有勞績，累加寵榮，總衆駿奔，自遠赴難，解圍逐寇，朕甚德之。位極上台，寄崇統帥，親之若同體，信之無間言。朕於斯人，亦已厚矣。而器小任重，固貽顛覆，有功自棄，無過自疑，崇信讒邪，却逐將帥，養寇資亂，蓄姦幸災。朕素所推誠，尚謂非實，優容任過，坦然如初。凶德既盈，醜迹彌露，謀危社稷，通結渠魁，公相往來，無復避忌，窮極凶悖，何所不忍？朕播遷巴梁，遠違陵寢，大懼失墜，為列聖羞，賴先澤在人，兆庶知感，朔方將校，忠節不渝。懷光既阻姦謀，詭稱效順，累陳款疏，請詣闕庭。朕深惟舊勳，務欲全貸，授以師傅之任，疇其井賦之食，璽書勞問，誓以終始。懷光遂殺辱使臣，完聚守備，將以悖慢之罪，加於忠義之軍。因茲脅從，有異同惡，謂衆可罔，謂天可欺，覆載所不容，人神所共棄。討除大憝，招輯非辜，爰資輔臣，以董戎寄。銀青光祿大夫、檢校司空平章事、兼太原尹、北京留守、充河中保寧軍節度觀察處置度支營田等使、北平郡王馬燧，操業端亮，氣宇弘遠，秉難奪之節，負不羈之才，恒持至公，深識大體，感激而三軍有勇，彌綸而庶績克諧。威聲所臨，郡邑皆服，殿於北土，隱若長城。元從奉天定難功臣、開府儀同三司、守侍中兼靈州大都督府長史、充靈鹽豐夏等州節度、管内度支營田觀察處置押蕃部落等使、仍充朔方軍邠寧振武奉天永平等軍行營節度兵馬副元帥、上柱國、樓煩郡王渾瑊，純粹積中，仁厚成性，蘊寬大以容衆，存誠信以撫人。事必沉詳，臨危益辦，節惟貞固，在險逾彰。弘濟艱難，懋昭勤伐，出納朕命，光膺具瞻。並文武全才，安危注意，副我憂矚，時惟二臣，比德協謀，往清多難。燧可兼充奉誠軍及晉絳慈隰等州節度幷管内諸軍行營兵馬副元帥，餘並如故。瑊可兼河州尹、充河中絳州節度觀察處置等使，仍充河中同絳陝虢等州節度支管内諸軍行營副元帥，功臣、開府、本官勳封並如故。嗚呼！朕之不明不敏，失於

君道，連禍未息，勞師靡居，中心自咎，鬱若焚灼。又以朔土之衆，大著忠勞，横遭汙脅，深所憫惜。爾其敬敷朕命，明諭朕懷，務於招綏，非黷威武。惟輸誠歸順，罔有不赦；惟執迷拒順，罰止元凶。寧失不經，無濫非罪。列爵懸賞，用俟勳賢。布告遠邇，咸令知悉。

又《李晟鳳翔隴右節度使兼涇原副元帥制》 敕：周之元老，以分陝為重；漢之丞相，以憂邊見稱。故方岳克寧，疆埸不聳，安人保泰，致理之端。今所以重煩上台，作鎮西土。奉天定難功臣、司徒兼中書令、充神策軍節度京畿渭南渭北商華等州兵馬副元帥、京畿渭南鄜坊丹延等州節度觀察處置等使、上柱國、合川郡王李晟，厲精剛之操，秉博厚之德，識時變通而大節不奪，虚受廣納而獨斷自明。奉法持身，論功先下，衆無犯命，人用樂從，懷德畏威，令行禁止。誓羣帥於危疑之際，駐孤軍於板蕩之中，氣凌風雲，誠動天地。一鼓而凶徒懾北，再駕而京邑廓清。師皆如歸，人不知戰，載安社稷，功格皇天。而明識秉彝，清風激俗，雅尚恬曠，撝謙有光。朕以汧隴近郊，扶風右地，川阜連亘，抵於回中，限界諸戎，屏藩王室，所屬誠重，允付元臣，兼二將之甲兵，崇十連之統帥，宣威耀德，罷警息人，俾予仰成，時乃之勳。可兼鳳翔尹、充鳳翔隴右涇原節度兼管内及四鎮北庭行營兵馬副元帥，改封西平郡王，功臣、本官兼官勳如故。興元元年八月四日

又《劉洽宋亳兵馬都統制》 敕：論道經邦，允歸碩望，建牙統衆，必藉雄才。中外具瞻，安危注意。今以二柄，付之元臣。開府儀同三司、檢校尚書左僕射同中書門下平章事、使持節、宋州諸軍事兼宋州刺史、充宣武軍節度支度營田、宋亳潁等州觀察處置等使，仍權知汴滑宋亳等道都統兵馬事、上柱國、懷德郡王劉洽，秉志端亮，飭躬簡儉，博厚足以容衆，和易足以長人。純孝榮親，盡忠事國，分我閫寄，殿於大邦，扼制淮夷，保鄣楚甸，戎捷繼至，軍聲載揚，殪羣凶於宛丘，殲大憝於梁野，控引漕輓，委輸京師。予嘉乃異勳，懋乃貞節，用錫丕命，俾揚洪休，燮贊三台，紀綱羣帥。式是大任，爾惟欽哉！可檢校司空同中書門下平章事，依前充宣武軍節度度支營田、宋亳潁管内兵馬都統，散官勳封如故。

又《范希朝京西行營節度使制》 古之命將帥，修封疆，在於整軍，非以耀武。故繕理亭障，訓齊車徒，以申國威，以固王畧。非誠節茂著，無以分統六師；非勳績彰明，無以幷護諸將。副茲重任，實在忠賢。特進、檢校右僕射兼右金吾衞大將軍、充右街使、成紀男范希朝，有貞臣之節，有良將之風，識達武經，學綜兵要，臨事能斷，好謀而成。嘗領元戎，鎮於朔野，控河上之塞，驅漠南之庭。修其政刑，諭以威德，士吏向慕，裔夷綏懷。入覲京師，策勳王府，洎司儆衞，禁旅增嚴，直道彌彰，嘉庸茂著。固可以總統北路，節制西陲，成魏絳和戎之勳，振晁錯備邊之策，俾異俗率化，穡人成功，師乘以和，烽堠無警，懋昭丕績，時乃之休。可開府儀同三司、檢校左僕射兼右神策京西諸城鎮行營兵馬，節度使封如故。貞元

又《裴度幽鎮兩道招撫使制》 門下：夫以區區秦伯，而猶念晉國，曰其君是惡，其人何罪？况朕均養億兆，為之君親，燕人冀人，皆吾乳哺而育之者。安忍以豺狼驅脅之故，絶其飛走，盡納網羅？止行犯命之誅，是用開其一面。河東節度觀察處置等使、金紫光祿大夫、守司空兼門下平章事、太原尹、北京留守、上柱國、晉國公裴度，昔者區域之中，蜂蟻巢聚，蔡有逆孽，齊有狡童。厥初圖征，疑議滿野，不懼不惑，挺然披攘。苟無司南，允罔能濟。佑我憲考，為唐神宗，實賴股肱，運用心力。肆予小子，蒙受景靈，冀服於前，燕平於後，而撫馭失理，盤牙復生。求思弭寧，中夕有得，國老尚在，夫何患焉？是用亟宣懇惻之誠，就加撫招之命。於戲！頃者師道、元濟，乘累代襲授之資，藉山東結連之勢。以丞相布畫於千里之外，使諸將持重於四封之中，而猶劉悟裂蛇豕之軀，李祐潰鯨鯢之腹。蓋逆順之情異而忠孝之道明也。况彼幽鎮，無名狂暴。以丞相近覩其宜，以諸將齊奮其力，斧鑕之刑坐迫，椒蘭之氣外薰。誰不自愛其生，焉能與亂同死？度宜開懷緩帶，以待其歸。可依前守司空兼門下侍郎平章事、河東節度使、充幽鎮兩道招撫使，餘如故。

又《元稹〈裴度鎮州四面招討使制〉》 門下：《傳》云死者不可復生，刑者不可復屬。是以先王斬一支指，殺一犬彘，莫不伏念隱悼，至於由時，決而行之，蓋不得已也。予於鎮人，亦既伏念，俟其悛革，詎止旬時？乃命相臣，招懷撫諭，矜其詿誤，示以生門，期於盡脱網羅，豈可驅之陷穽？而豺狼當道，荆棘牽衣，雖欲歸於有仁，厥路無由而至。

況王師壓境，義勇争先，朕每抑其鋒鋩，未忍覆其巢穴。是猶愛稂莠而傷稼穡，養癰疽以潰肌膚，獨懷兒女之仁，慮失祖宗之典。今上台居鎮，筭畫無遺，操晉陽之利兵，驅渥產之良馬，舉河東義武之衆，合滄景澤路之師，當元冀受命之初，乘田布雪寃之憤，舉毛拾芥，其易可知。兼用威恩，尚存招致。宜令河東節度使裴度充鎮州四面招討使。於戲！以一城之卒，敵天下之師，狥猖狂之徒，抗君父之命，我哀爾輩，死實無名。苟能自新，亦冀容汝。主者施行。

宋・王欽若等《册府元龜》卷一一九《帝王部・選將》　唐高祖武德六年八月，東南道行臺僕射輔公祐據丹陽反，僭稱宋王，遣趙郡王孝恭及嶺南道大使永康縣公李靖討之。

太宗貞觀三年十一月，以幷州都督李世勣為通漢道行軍總管，兵部尚書李靖為定襄道行軍總管，以擊突厥。

八年十二月命特進李靖、兵部尚書侯君集、刑部尚書任城王道宗、涼州都督李大亮等為大總管，各帥師分道以討吐谷渾。

十三年十二月，以吏部尚書侯君集為交河道行軍大總管，帥師伐高昌。【略】

高宗永徽二年七月，賀魯寇陷金嶺城蒲類縣，遣武候大將軍梁建方、右驍衛大將軍契苾何力為弓月道總管，以討之。

六年五月，命左屯衛太將軍濾國公程知節等五將軍帥師，出蔥山道以討賀魯。

顯慶元年二月，命右屯衛將軍蘇定方等四將軍為伊麗道將軍，帥師以討賀魯。【略】

（麟德）三年正月，以右相劉仁軌為遼東道總管。

總章二年六月，遣右衛大將軍、涼國公契苾何力為鷄海道大總管。

三年四月，以左衛大將軍薛仁貴為邏娑道行軍大總管，右衛員外大將軍阿史那道眞、左衛將軍郭待封為副，領兵五萬以擊吐蕃。【略】

永隆二年正月，遣禮部尚書裴行儉為定襄道大總管，帥師討突厥。

永淳二年十一月，命將軍程務挺為單于道安撫大使，以招討總管討山賊元珍、骨篤祿、賀魯等。

中宗神龍三年五月，以屯衛大將軍兼檢校雒州長史張仁亶為朔方道大總管，以備突厥。

玄宗開元二年四月庚午，敕曰：『大漠南守，長河北介，地險可憑，天兵有警。夏潦方壯，冬冰未合，料敵安邊，存乎備預。靈武道行軍副大總管、右領軍衛大將軍張知運，神氣雄傑，兵謀果斷。持軍出塞，可使單于喪膽；抗敵臨邊，足令勇夫增氣。宜令先持節赴軍，簡行處置，幷緣邊州軍兵馬等，亦委知運，量事均融。乃與幽州刺史、攝御使中丞強修計議，便宜支備。事訖，聽入京奏事。姚崇職兼樞劇，未要即行，副既掌同，一依軍令。』

三年夏四月庚申，帝以葛邏祿等部落新歸，恐邊境有虞，思建將帥，乃下詔曰：『命彼太師，聞乎《周頌》。安得猛士，欽若漢圖。朕懷柔百蠻，茂育萬姓，綏之則教人息戰，靖之則去兵不用。故玁戎是逐，前史嘗載；邊鄙為亂，先王必征。所以罰其浸驕，徵其即敍。朔方軍壘，接太原之備胡；右地城池，控張掖之遮虜。是用誡於師旅，揚我兵威。誰其任之，肅此將命？右羽林軍大將軍、上柱國、河東郡開國公薛訥，左衛大將軍、上柱國、太原郡開國公郭虔瓘等，既明且哲，緯武經文，登壇有大將之容，辭第有忠臣之志。或斬其愛子，掃塵而清北風；或俘其名王，御地而盡西海，故可以率如羆之勇，當非熊之寄。然則井陘之間，昔不成列；河源之路，舊多鑿空。設險而張遠謀，總戎而獻長策。俾爾之效，在於斯舉。固當殲其種落，告成於王，豈為完我甲兵，逸而待寇而已。訥可持節充梁州鎮軍大總管，赤水、建康、河源及緣邊州軍幷受節度，仍與郭虔瓘、張知運、杜賓客相知，共為表裏，夙設方略。虔瓘可持節充朔州鎮大總管，和戎、大武及幷州以北緣邊州軍幷受節度，仍與張知運、甄道一相知，共為掎角，勿失權宜。訥便特於涼州住，涼州都督楊執一為副大總管。虔瓘於幷州住，幷州長史王晙為副大總管，宜排比兵馬，精加教練。幽州有事，即令虔瓘將和戎兵馬從嘗州土門與甄道一計會，共討凶逆。其同華等兵及精騎健兒幷鞍馬等，依三月十五日制，仍令遠探，量事續遣。』【略】

（天寶）十五載，敕子儀圍雲中，收復河朔。以朔方節度副使、單于副都護李光弼為雲中太守，攝御史大夫，充河東節度副大使，知節度事，委以東討。《代宗實録》載：天寶末，安祿山反。玄宗注意武將，光弼、子儀皆蒙召見於內殿，并稱旨，特拜光弼代祿山為范陽節度使，委以東討。

肅宗上元二年二月，李光弼兵敗於邙山。河陽太守魚朝恩退保陝州。三年二月，河中軍亂，殺其帥李國貞。時太原節度使鄧景山亦為部下所殺，恐其合從連賊，朝廷憂之。後輩帥臣，未能彈壓，勢不獲已，遂用郭子儀為朔方、河中、北庭、潞、儀、澤、沁等州節度行營，行興平定國副元帥，充本管觀察、處置使，進封汾陽王，出鎮絳州。【略】

代宗寶應元年七月辛卯，詔曰：『工部尚書兼御史大夫、隴右節度觀察等使、大寧郡王僕固懷恩，經武大才，濟時良具。今以寇窘河雒，思用討除。宜輟務於西陲，俾廓清於東夏，可充朔方行營節度使，本官封如故。』時將收河雒，以懷恩宿將，勇而有謀，乃委以東討。

廣德元年冬，吐蕃寇京師，乘輿幸陝州，以右羽林大將軍衛伯玉有幹畧，可當重寄，乃拜荊南節度觀察等使。

二年正月丁巳，詔太子賓客薛景仙為南山、五溪谷防禦使。時蕃寇初潰，凶徒盜聚山谷，或至數百人，晝伏夜動，攻害閭里，人不甚寧。景仙素以勇猛知名，及是行也，老幼咸悅。

德宗建中四年七月，以神策大將軍尚可孤兼御史大夫，充荊襄應援淮西使。

興元元年四月，帝在梁州，臨軒備禮，授副元帥渾瑊節鉞。中書令宣制曰：『寇賊干紀，授爾節鉞，以戡多難。往欽哉！』瑊跪曰：『將相之重，悉以寄臣，誓當畢力，以揚陛下之休。』拜受而退。

八月癸卯，加神策軍京畿、渭南、渭北、鄜坊節度及兵馬副元帥、司徒兼中書令、合川郡王、食實封一千五百戶李晟兼鳳翔尹、充隴右節度、支度、營田、觀察使，仍充管內諸軍及涇原四鎮、北庭行營兵馬副元帥，改封西平郡王。加河東保寧軍節度觀察使、太原尹、北都留守、檢校司徒平章事、北平郡王馬燧奉城軍及晉慈隰節度并管內諸軍行營兵馬副元帥。以靈鹽豐夏節度使、邠寧、振武、奉天、永平等軍馬副元帥、侍中兼靈州大都督、樓煩郡王，食實封一千八百戶渾瑊為河中尹、河中絳州節度、觀察等使，仍充河中同絳陝虢節度及管內諸軍行營兵馬副元帥，改封咸寧郡王。

貞元初，樊澤為襄陽節度使。三年，代張伯儀為荊南節度觀察等使、江陵尹兼御史大夫。三歲加檢校禮部尚書。會襄州節度曹王皐卒於鎮，軍中剽掠擾亂，以澤威惠素著於襄漢，復代曹王皐為襄州刺史、山南東道節度使。

劉昌，初為宣武軍節度使劉玄佐兵馬使。貞元三年，玄佐朝京師，帝因以宣武士衆八千人委昌，北出五原。軍中有退卻沮事者，昌繼斬三百人，遂行。尋以本官授京西行營節度使。歲餘，授涇州刺史充四鎮北庭行營兼涇原節度、度支、營田等使。

李自良為河東軍都將。德宗欲以自良代馬燧為節度使。自良以事燧久，不欲代為軍帥。帝以河東密邇胡戎，難於擇帥。翌日，自良謝。帝謂之曰：『卿於馬燧，存軍中事分，誠為得體。然北門之寄，無易於卿。』即日，拜檢校工部尚書兼御史大夫、太原尹、北都留守、河東節度、度支、營田觀察等使。

十一年，河東節度李自良卒。以行軍司馬兼太原少尹、御史大夫李說知府事，為河東節度、支度、營田、觀察留後、北都副留守。初，自良得疾，凡六日卒。匿喪至明日，乃揚言病。丙戌，乃告喪。先是，都虞候張瑤久在軍，素得衆心。嘗請告還葬，自良未許。至是，李說與監軍王定遠謀，乃給瑤假，以大將毛朝陽代瑤。戊子，遣以聞。先是，中使第五國珍奉使靈朔，回至太原，遇自良病困，遲留。比知自良死，乃馳赴京師，先李說使至。帝因命國珍賫授誥命往太原，兼敕書三十餘封，賜其大將及管內刺史焉。【略】

十六年二月，以左神策軍行營、鹽夏綏銀州節度、觀察、押蕃落使韓全義為蔡州行營招討處置使，應北路行營諸軍將士并取全義指麾。陳許節度、度支、營田觀察使上官悅充副使。

李景略，貞元中為河東節度行營司馬。歲餘，風言回紇將南下陰山，豐州宜得其人。帝素知景略居邊練事，時方軫慮，中官竇文場在旁復言：『景略堪任。』於是以景略為豐州刺史、天德軍西受降城都防禦使。

高固，建中末為邠寧節度。渾瑊裨將李懷光既叛，使留後張昕取將士萬餘人，以資援河中。固時在軍中，斬昕以徇，授前軍兵馬使。貞元十七年，節度使楊朝晟卒，軍中請固為帥。德宗念固前功，因而授之，累官至檢校右僕射。

又　卷一二〇《帝王部·選將第二》　唐憲宗初，高崇文為長武城使。永貞元年冬，劉辟阻兵，朝議討伐。宰臣杜黃裳以為獨任崇文，可以成功。元和元年春，拜檢校工部尚書兼御史大夫、充右神策行營節度使兼統左右神策、奉天、麟遊諸鎮兵以討闢。時宿將專征者甚衆，人人自謂當選，及詔出大驚。崇文在長武練卒五千，常若寇至。及是，中使至長武，卯時宣命，而辰時出師，五千器用無闕者。

元和二年四月甲子，以尚書右僕射伊慎代范希朝為右金吾衛大將軍，以希朝代李欒為靈州長史，充朔方、靈、鹽節度，仍進位檢校司空，以右神策、鹽州、定遠三鎮兵馬隸焉。所以革近制，任邊將也。

四年十月，鎮州王承宗拒命。詔左神策護軍中尉吐突承璀討之。以左武衛將軍王萬敵為左神策軍行營先鋒兵馬使，仍復本姓趙氏。萬敵，本成德軍裨將也。以善戰為王武俊所重，令姓王氏。士眞時遣歸朝，習知鎮、冀事，故授以前鋒。

九年八月辛酉，以河陽節度使烏重胤為檢校工部尚書兼汝州刺史，充河陽三城、懷汝等州節度、觀察、處置、營田等使。討淮西，故移重胤壓境焉。

十一月甲午，以御史中丞胡證充振武、麟勝節度使。時振武累用節將，邊事曠廢，朝廷思用儒者以撫安之，乃有是命。

十一年七月，以荆南節度使袁滋為彰義軍節度使，以徐州刺史楊旻為唐州刺史兼御史中丞，充行營都知兵馬使。以滋儒者，故須復以旻將其兵。

渾鎬，歷延唐鄧州刺史。及討王承宗，屬義武軍節度任迪簡疾，不能軍。帝以鎬藉父名，足以鎮之，乃令代迪簡為帥。鎬始至，整練其衆，甚有威名。

十三年五月，以左僕射、山南東道節度使李愬為鳳翔節度使，路繇闕下，會李師道再叛，詔徵兵討之，遂改愬為徐泗節度使。及青、齊平，將有事燕、趙，又命愬以特進、檢校尚書右僕射同中書門下平章事為昭義軍節度使。抵四月，遷魏博等州節度使。

穆宗長慶元年八月，制曰：父子之讎不同天，雖下至匹士，而猶寢苦枕戈，以期必報。是以子胥不徇伍奢之死，卒能發荊王之墓，鞭不義之尸，取貴《春秋》，垂名萬古。而況於身備將壇，父死人手，家讎國耻，并在一門，當懷嘗膽之心，豈俟絕漿之禮？金革無避，其在茲乎！前涇原節度觀察處置使、檢校左散騎常侍兼涇州刺史、御史大夫田布，咨爾先臣，惟國元老，首自河朔，來朝帝庭。而又東取青、齊，北討深、趙，提挈義旅，勤勞王家。冒白刃而不疑，推赤心以自信。屬冀方求帥，予所重難，輟自大名，付茲巨鎮，而中臺暗折，上將妖侵，蟊賊潛寘於心腹，豺狼勃興於肘腋，人神憤痛，朝野驚嗟。深軫予懷，誓擒元惡。以布《詩》、《書》并習，忠孝兩全，常用魏師，克征淮孽，素行恩信，共著勳庸。豈無奮激之徒，為報寇讎之黨？且魏之諸將，繇爾父而崇高；魏之三軍，蒙爾父之仁愛。昔既同其美刺，今豈念其深寃？爾其淬礪勇夫，敬恭義士。一飯之飽，亦同於卒伍；一毫之費，必用於戈矛。非箅畫勿萌於心，非軍旅勿言於口。居則席藁，寒則抱冰，以喪禮處之，若哀心感者。必有為横刎頸，感智捐軀，下報營魂，旁清醜類。於虖！至誠何託，稔惡難逃，矧彼凶殘，去將安往？墨縗在體，玄纛在前，題劍執金，無忘哀敬。可起復寧遠將軍、守右金吾衛大將軍員外置同正員、檢校工部尚書兼魏州大都督府長史、充魏博等州節度觀察處置等使。

十月甲子，以河東節度使裴度兼充鎮西四面行營都招討使，以左領軍衛大將軍杜叔良為開府儀同三司、檢校工部尚書兼御史大夫，充深州諸道行營節度。戊辰，以深冀等州節度觀察使牛元翼為檢校工部尚書兼鎮州大都督長史、御史大夫，充成德軍節度、鎮深冀趙等州觀察等使。時王廷湊賊殺田弘正，竊據土地。朝廷以元翼鎮冀舊將，素以善戰聞，班位勇略在廷湊之右，故前命為深冀節度，及是，又以成德令付之，希鎮州兵士望風稟令，不戰而歸也。

丙戌，以深州行營節度使杜叔良為滄州刺史，充横海軍節度、滄德棣等州觀察處置等使，依前檢校工部尚書兼御史大夫，以代烏重胤。以重胤檢校司徒兼興元尹兼御史大夫，充山南西道節度使。重胤老于征行，以賊憑凌，未可輕進，觀望累月。帝意急於誅討，以叔良赴深州行營。面辭日，指期朝夕殄寇，故有此拜。

十二月戊寅，以鳳翔節度使李光顔為許州刺史充忠武軍、陳許蔡等州觀察處置等使，以代李遜，仍兼深州節度使，統諸軍。以李遜為鳳翔、隴州節度觀察處置等使。朝廷以光顏盡忠，常為陳許節度使，頗得士心，將討鎮、冀，遂有此拜。以遜文吏，故换鎮以便其事。陳州刺史兼御史中丞王沛宜委光顏量才任用。沛比為光顏麾下都將，部署有方略。淮、蔡平，授陳州刺史，以光顏方務征討，故委以軍任。

李聽為羽林軍，有名馬。穆宗在東宮，令近侍諷聽獻之。聽以職總軍，不敢從令，帝不悦。及即位之始，幽、冀不庭，太原與二鎮接境，方議易帥。宰臣進擬，帝皆不允。謂宰臣曰：『李聽為羽林將軍，不與朕馬，是必可任。』遂擢授檢校兵部尚書、太原節度觀察使兼太原尹，充北都留守。

文宗太和元年四月度申，以太僕卿高瑀為檢校左散騎常侍、充忠武軍節度、觀察、處置等使。初，瑀既以疾亟聞，議者多謂忠武之師，必自謀帥。或曰禁軍諸將得之，羣口囂囂，以節制之選，不繇執政。既而裴度、韋處厚等密議，以瑀嘗刺陳蔡二州，政皆可取，且熟忠武軍情，莫如瑀者。會陳、許表至，果以瑀為請。及啓事於延英，即以瑀名聞而拜焉。節度之權，自艱難以來，或以邪門而致。近歲則財鏹公行，略無避忌。貪邪之輩，汲汲焉日有窺伺。枉道輸貨，動逾億千，皆以倍稱之。約假於富族，及至鎮，則罄公帑以酬之。然後脂血疲人，補其所缺。天下節度、觀察之使，繇是而率十六七。故高瑀之拜，縉紳忭賀者彌月焉。宰臣戲相謂曰：『自今以後，作債節度使當少矣。』

烏重胤，太和初以檢校司徒為天平軍節度、鄆曹濮等州觀察、處置等使。時李同捷私據境土，謀襲父位，議者以為別命節制，慮孽童拒違。又朝廷方務安人，遂命同捷移鎮兗、海。以重胤羣帥中齒輩舊老，加太子太師平章事，俾兼統滄景仍舊，割齊州附之。蓋望不勞師而底定也。數月而卒，贈太尉。

三年冬，南蠻入寇。西川節度使杜元穎以失政貶黜，特詔東川節度郭釗兼領西川，以紓其亂。兵至成都府，賊蠻奔遁，遂以釗檢校司空、充劍南西川節度使。

四年二月，興元軍作亂，節度使李絳被害，假內追朝。詔曰：『漢水上游，梁山東險，控巴岷之道路，作咸鎬之藩屏。寔命長帥，必惟全才，簡求臣僚，僉屬邦彦。是用築齋壇以賜鈇鉞，登廉車以察風俗。一方之事，悉以咨之。中大夫守尚書右丞、上護軍、祁縣開國子、食邑五百戶、賜紫金魚袋溫造，風度端雅，質量閎厚，立朝正色，直道當官。自登周行，藹有休稱。前在憲府，爰持國綱。人所未能，心已獨至。聽言盡主於忠信，指事必根於理化。豈彼常意，自謂知人。洎南宮提領右轄，郎曹承式，體要弘通。屬聞漢中，撫事多故。非寬仁不可以理軍旅，非廉實不可以緝編甿。擇任之時，誠異他日。繇是命爾，尹正褒國，節制梁川，首列侍從之臣，秩遷御史之率。至若革故弊以存遠略，因其事以定衆心，姑務載安，勿使告病。弛張威惠，在爾能之。勗哉惟勤，無忝我推轂之命。可檢校散騎常侍兼興元尹、御史大夫充山南西道節度、管內觀察處置等使。』宣制畢，宰相及造幷興元宣慰使崔瑄，同赴對於延英。造素有威望，及是拜，中外莫不瞻矚。帝前席與語，凡數十百言，且趣令赴鎮。

七年正月甲寅，以新授鎮南節度使崔珙為武寧軍節度、徐泗觀察等使，以右金吾將軍王茂元為嶺南節度、觀察、經略等使。珙嘗為泗州刺史，深練兵事，頗得士心。前除廣州，申謝於延英，陳奏明辨，稱旨。時高瑀鎮徐州，王智興之後，兵驕不能制，帝嘗軫慮，遂命珙代焉。

九年，黨項寇邊，以左諫議大夫胡證有安邊才略，乃授單于都護、御史大夫、振武軍節度使。前任將帥非統馭之才，邊事曠廢，朝廷故特用證以鎮之。

僖宗乾符六年十月，制以鎮海軍節度、浙江西道觀察處置等使高駢檢校司徒同平章事、揚州大都督府長史、充淮南節度副大使知節度事、江淮鹽鐵轉運、江西行營招討等使，進封燕國公。初，駢在浙西，遣大將張麟，梁纘等大破黄巢於浙東。賊進寇福建，逾嶺表，故移鎮揚州。時賊北逾大庾嶺，朝廷授駢諸道行營兵馬都統。

中和元年，黄巢寇京城。七月乙卯，車駕幸西蜀。丁巳，以侍中王鐸檢校太尉、中書令兼滑州刺史、義成軍節度、鄭滑觀察處置兼統京城四面行營兵馬都統，以太子太師崔安潛為副觀軍容使，西門思恭為天下行營兵馬都監，押中書侍郎平章事、諸道鹽鐵轉運等使，韋昭度為供軍使。時淮南節度使高駢為諸道行營都統，自車駕出幸，中使相繼促駢起軍。駢托以周寶、劉漢宏不利於己，遷延半載，竟不出軍。乃以鐸為都統，以河中節度使王重榮為京城北面都統，義武軍節度使王處存為京城東面都統，鄜延節度使李存章為京城西北面都統，朔方軍節度使拓拔思恭為京城南面都

統，以忠武監軍使楊復光為天下行營兵馬都監，代西門思恭，許王鐸以便宜從事，遣郎官御史，分行天下，徵兵赴闕。【略】

（後唐莊宗）同光二年三月，幽州李存審疾篤，求入覲，議擇帥代之。方內宴，帝曰：『吾披榛故人，零落殆盡，所餘者存審耳。今復寒疾，北門之事，知付何人？』因目右武衛上將軍李行賢曰：『無易於卿。』即日，授特進、檢校太保、充幽州盧龍節度、行軍司馬。旬日，以李存審為汴州節度，以存賢代存審為幽州、盧龍節度使。

三年秋，客省使李嚴使西州回，言王衍可圖之狀。莊宗與郭崇韜議討伐之謀。方擇大將，時明宗為諸道兵馬總管，當行。崇韜自以官相傾，欲立大功以制之，乃奏曰：『契丹犯邊，北面須藉大臣，全倚總管鎮禦。臣伏念興聖宮使繼岌德望日隆，大功未著，宜依故事，以親王為元帥，付以討伐之權，俾成其威望。』莊宗方授繼岌，即曰：『小兒幼稚，安能獨行？卿當擇其副。』崇韜未答，帝曰：『無逾於卿者。』乃以繼岌為都統，崇韜為招討使。

明宗天成三年，荊南高季興叛。九月己亥，詔武寧軍節度使房知溫兼荊南行營招討使、知荊南行府事。以尚食使馬從斌守澤州刺史，中外分命，百道赴軍襄陽。

十月，定州王都反，以齊州防禦使孫璋充北面行營馬步都虞候。丙午，制橫海軍節度觀察等使、檢校司徒李從敏兼北面行營副招討使。是月丁酉，朔方軍大將已下，差人齎絹表到京，請朝廷命帥，以安藩閫。戊戌，以前襄州守禦并本州城兵馬都監、磁州刺史康福為檢校司空、靈州大都督府長史、行梁州刺史、充朔方河西等軍節度、靈威雄武涼州等觀察處置、管內營田押蕃落度支温乜榷税等使。

西方鄴弱冠歸梁，得侍左右，忿無權位。歸莊宗於河上，以為奉義指揮使。每從征伐，咸以身先。天成初，荊渚違命，上據三峽。明宗素知其才，擢授夔州刺史、充東南面行營招討副使。鄴將偏師，收復二州，畫圖上進。

長興三年十月戊午，帝禦廣壽殿，謂範延光、秦王從榮等曰：『契丹欲謀犯塞邊上，宜得嚴重帥臣。卿等商量誰為可者以聞。』甲戌，秦王從榮奏：『伏見北面奏報，契丹族帳近塞，吐渾、突厥已侵邊地。北面戍卒雖多，未有統率，早宜命大將。』帝曰：『卿等商量定未？』具奏曰：『將校之中，康義誠可。』帝曰：『召義誠來。』遂令宣徽使朱弘昭往知襄州事，代義誠，還京師。臣欽若等曰：時晉高祖首預其選，事具《帝王·創業門》。

末帝清泰二年，以安元信為大同軍節度使。元信初從莊宗定魏博，元城之戰，克捷居多，移為博州刺史。與梁軍對壘德勝渡，元信為右廂排陣使。王處直引契丹背盟，北邊俶擾，以元信久在邊，故有是命。

晉少帝開運元年八月，制曰：『宣王講武，逐獫狁於太原；漢帝出師，走匈奴於瀚海。是知蠻夷猾夏，不能絕之於古今；戎狄無厭，不能拘之以信義。先皇帝昔當草昧，方在龍潛，未登鄗邑之壇，始有晉陽之難。契丹主徑驅蕃部，直抵并郊，遂解重圍，助成大統。我之興也，彼有力焉。於是邀之以鬼神，申之以盟誓，載諸簡冊，傳厥子孫。爾後常念前因，每思厚報，減宮闈之服玩，罄府藏之珠珍，供億無時，道途相望。而契丹貪殘滋甚，驕縱異常，通使命於江淮，徵貢輸於郡國。苞藏既久，姦譎漸萌。既而興議喧嘩，羣情憤激，軍民扼腕，中外同辭，請興貔虎之師，以遏豺狼之患。先皇帝重其信誓，篤以初終，降萬乘之尊，禮不義之虜，耗中原之力，奉無已之求。迨于纘受丕圖，虔承顧命，每欲息民繼好，敢忘屈己從人？所以厚禮卑辭以隆其意，推心置腹以示其誠。其如鴆毒潛深，獸心難革，乘我歉歲，伐予大喪，平視中原，竊窺神器。朕實不德，民罹其殃，愧悼增深，寤寐興歎。向者躬提黃鉞，親指靈旗，駐於甘泉，自春徂夏。賴祖宗垂慶，天地儲休，猛將如雲，謀臣若雨，士百其勇，人一其心。寸鏃不遺，狂戎自潰，氛霾少息，師旅凱旋。今則漸入秋深，慮為邊患。朕以志平寇難，不敢荒寧，將期親率全師，恭行天討，庶幾一舉，永靜三邊。罔辭櫛沐之勞，用拯生靈之患，得不精求將帥，慎柬偏裨？冀成破竹之功，以殄折膠之寇，爰於剛日，乃降命書。

『順國軍節度、鎮深趙等州觀察處置、幽州道行營副招討等使、特進、檢校太師兼中書令、行真定尹、駙馬都尉杜重威，地居戚里，神授戎韜，久服金革之勞，累濟艱難之運。虎牢晝閉，一麾而螽賊自消；河朔未寧，再駕而氛妖繼息。戡定之業，溢於鼎鐘。太平軍節度、鄆齊棣等州觀察處置兼管內河堤等使、光祿大夫、檢校太尉平章事張從思，清明可鑑，忠正無邪，夙懷刺虎之謀，早列濯龍之籍。當襄陽之役，克成監護之勳；及北虜之來，實賴藩籬之固。器業之用，可謂縱横。西京留守、起復檢校太尉兼侍中、行河南尹景延廣，文武全才，雲龍際會，指經綸於掌內，藏甲馬於胸中。久權七萃之師，繼委十連之帥。軍民畏伏，畿甸肅清，左右之勞，書於盟府。武寧軍節度、徐宿等州觀察處置等使、開府儀同三司、檢校太師兼侍中趙在禮，河嶽鍾靈，松筠植性。授玉鈐之秘略，得金版之沈機。輔翼數朝，周旋重鎮。述職而必先九牧，事君而唯盡一心。尊獎之功，光乎史册。建雄軍節度、晉慈隰等州觀察處置等使、特進、檢校太師平章事安叔千，衆推武庫，素曉陣圖。疾惡如讎，見義思勇。觴酒豆肉，無虧撫士之心；尺籍伍符，盡得總戎之訣。軍旅之任，實契僉諧。前泰寧軍節度、充沂密等州觀察處置等使、特進、檢校太師平章事安審信，久處腹心，早攀鱗翼，倜儻乃萬夫之長，驍雄貞六郡之豪。鷙頷虎頭，咸仰將軍之相；牙璋犀節，累持方伯之權。英特之名，播於中外。河中護國將軍節度、管內觀察處置等使、開府儀同三司、檢校太師平章事安審琦，嚴明無翳，寬簡自居，善知奇正之謀，備熟孤虛之法。首赴風雲之會，昔同帶礪之盟。累殿藩垣，常堅夾輔，連帥之重，倚若長城。河陽三城節度、孟懷等州觀察處置、管內河堤等使、青州行營副都部署、特進、檢校太師符彦卿，惟爾先臣，實為名將，世襲弓裘之慶，門傳忠孝之規。西漢三雄，徒稱杰出；東京七校，乃為時生。竭盡之心，貫於金石。義成軍節度、滑漢等州觀察處置、管內河堤等使、北面行營馬步都虞候、開府儀同三司、檢校太師皇甫遇，劍敵萬人，力摧九虎。赤羽若日，蒲大夫之英風；快馬如龍，曹景宗之意氣。繼承重寄，必竭純誠，義烈之稱，播於寰海。北面行營馬部都排陣使兼馬軍都指揮使、特進、檢校太保、右神武統軍張彦澤，猛若關、張，氣吞荆、聶。薦膺委寄，每著勤勞。鳴鏑離絃，既得吟猿之妙；青萍出匣，久彰斷兕之名。營陣之間，皆推果毅。横海軍節度、滄景德等州觀察處置、管內河堤等使、幽州道行營右廂排陣使、特進、檢校太師王廷裔，鬼谷傳書，神龜授印。委鎮臨於滄海，賴控扼於邊陲。繕甲治兵，暗蓄摧凶之計；深溝高壘，不移持重之心。捍禦之謀，斷於胸臆。保義軍節度、陝虢等州觀察處置等使、特進、檢校太尉宋彦筠，威惠兼著，膽氣無儔。累佐戎權，善貞師律。千軍萬馬，憚陳慶之雄名；三令五申，得孫武之戰術。將帥之選，皆謂當仁。前懷德軍節度、管內觀察處置等使、光禄大夫、檢校太傅田武，早從戎伍，備歷艱難。安邊展頗、牧之才，制勝合韓、吳之法。向者仗其舊德，委以邊藩，頗資外御之功，實有分憂之績。忠貞之節，雅葉東求。北面行營步軍都排陣使兼步軍都指揮使、特進、檢校太保、左神武統軍潘環，幕府書勳，師干著效。攻城野戰，獨麾鄭國之旗；陷陣先登，幾獲魚門之胄。洎外環衛，彌見公忠。

『兵革之時，所宜登用，而皆位崇侯伯，任重茅土，俱為社稷之臣，悉是棟樑之具。或推忠徇義，或報國忘家，常堅翼戴之心，夙蘊澄清之志。朕所以告於宗廟，質以蓍龜，授之以征鼙，付之以蕭鐵，但以狂戎侵掠，生聚虔劉，既貽中國之羞，抑亦人臣之恥。爾等上則受先皇顧託，輔予沖人，次則副朝廷倚毘，委之重任，所宜同德比義，戮力齊心，各竭乃誠，共安國步，功業可以不朽，富貴可以無窮。況今芻粟俱充，士卒咸憤，旌旗萬隊，甲馬千羣，呼吸則山嶽蕩搖，號令則乾坤震動。以此制敵，何敵不摧？以此攻城，何城不克？竚期獻俘清廟，懸首素旗，同集大功，永清四海。於戲！周王任吉甫、南仲，乃慴戎夷；漢帝任去病、衛青，遂空沙漠。今吾命帥，皆謂得人，勉立異勳，速平多難，無令數子，獨擅前功。凡我股肱，當體朕意。杜重威充都招討使，張從思充兵馬都監，景延廣充馬步軍都排陣使，趙在禮充馬步軍都虞候，安叔千充馬步軍左排陣使，安審信充馬步軍右排陣使，安審琦充馬步軍都指揮使，符彦卿充馬軍左都指揮使，皇甫遇充馬軍右都指揮使，張彦澤充馬軍排陣使，王廷裔充步軍左都指揮使，宋彦筠充步軍右都指揮使，田武充步軍左廂排陣使，潘環充步軍右廂排陣使。』臣欽若曰：時漢高祖為太原留守，授北面行營都統，具《帝王·創業門》。

天福九年，契丹入侵，命宋州節度使高行周為北面行營都部署，河陽節度使符彦卿為騎軍右排陣使，宿州刺史梁進明副之。神武統軍皇甫遇為騎軍右排陣使，懷州刺史薛懷讓副之。陝府節度使王周為步軍左排陣使，沁州刺史劉詞副之。羽林統軍潘環為步軍右排陣使，麟州刺史尹實副之。護聖右廂主王景、王萬敢為騎軍左右將，慈州刺史周景殷、武衛將軍張鵬監護。奉國左右廂主李殷、程福贇為步軍左右將，閤門使蕭處仁、高勳監護。前絳州刺史劉在明為先鋒都指揮使，衛州刺史石公霸副之，坊州刺史陳思讓監護。又以前單州刺史劉喜為都壕寨使，前階州刺史姚武為都橋道使。

周高祖廣順二年正月，以侍衛步軍都指揮使曹英為兗州行營都部署，齊州防禦使史延韜為副部署，以皇城使向訓為兵馬都監，陳州防禦使樂元福為馬步軍都虞候，率兵討慕容彥超。

世宗顯德元年三月，以天雄軍節度使、衛王符彥卿為河東行營都部署，知太原行府事，澶州節度使郭崇為行營副都部署，宣徽南院使向訓為行營兵馬都監，侍衛都虞候李重進為行營都虞候，華州節度使史彥超為先鋒都指揮使，領步騎二萬，進討河東。詔河中節度使王彥超、陝府節度使韓通率兵自陰地關討賊，以河陽節度使劉詞為隨駕都部署，以鄜州節度使白重贊為隨駕副部署。

二年六月，以曹州節度使韓通充西南面行營都虞候。

七月，以鳳翔節度使王景兼西南面行營都招討使，以宣徽南院使、鎮安軍節度使向訓兼西南面行營都監，以討秦鳳。

十一月，以宰臣李穀為淮南道行營都部署，知廬壽州行府事，以許州節度使王彥超為行營副部署，命侍衛馬軍都指揮使韓令坤等一十二將，各帶行征之號以從焉。

三年正月，帝親征淮南。甲寅，次正陽，命侍衛馬步軍都指揮使李重進為淮南道行營都招討使，仍以襲衣、金帶、玉鞍、名馬等賜之。

論　說

唐・李靖《李衛公問對》卷下　太宗曰：『古者出師命將，齋三日，授之以鉞，曰「從此至天，將軍制之。」又授之以斧，曰「從此至地，將軍制之。」又推其轂，曰「進退惟時。」既行，軍中但聞將軍之令，不聞君命。」朕謂此禮久廢，今欲與卿參定遣將之儀，如何？』靖曰：『臣竊謂聖人制作，致齋於廟者，所以假威於神也。授斧鉞，又推其轂者，所以委寄以權也。今陛下每有出師，必與公卿議論，告廟而後遣，此則邀以神，至矣。每有任將，必使之便宜從事，此則假以權，重矣。何異于致齋、推轂耶？盡合古禮，其義同焉，不須參定。』上曰：『善。』乃命近臣書此二事，為後世法。

唐・陸贄《翰苑集》卷一六《奏草六・興元奏請許渾瑊李晟等諸軍兵馬自取機便狀》　右欽漵奉宣聖旨：省卿所奏蕃軍退歸及關中體勢，理皆切當，甚慰朕懷。然渾瑊、李晟等諸軍，須有商量規畫，令其進取。朕見欲遣使宣慰，卿宜審細條疏，速奏来者。臣聞將貴專謀，兵以奇勝，軍機遙制則失變，戎帥稟命則不威。是以古之賢君選將而任，分之於閫，誓莫干也；授之以鉞，俾專斷也。夫然，故軍敗則死衆，戰勝則策勳，不用刑而師律貞，不勞慮而武功立。其於委任之體，豈不博大哉！其於責成之利，豈不精覈哉！自昔帝王之所以夷大艱、成大業者，由此道也。其或疑於委任，以制斷由己為大權；昧於責成，以指麾順旨為良將。鋒鏑交於原野，而決策於九重之中；機會變於斯須，而定計於千里之外。違令則失順，從令則失宜，失順則挫君之嚴，失宜則敗君之衆。用捨相礙，否臧皆凶，上有掣肘之譏，下無死綏之志。其於分晝之道，豈不兩傷哉？其於經綸之術，豈不都謬哉？自昔帝王之所以長亂繁刑、喪師蹙國者，由此道也。

茲道得失，兵家大樞。當今事宜，所繫尤切。蓋以寇盜充斥，乘輿播遷，人心有觀變之摇，王室無自固之重。秦梁迴繚，千里迢遥，臨之以威則力勢不制，授之以策則阻遠不精。頃者驟降詔書，教諭羣帥，事無大小，悉為規裁。及乎章表陳誠，使臣復命，進退遲速，率乖聖謀。豈皆樂於違忤哉？亦由傳聞與指實不同，懸算與臨事有異故也。設使其中或有肆情干命者，陛下能於此時，戮其違詔之罪乎？臣竊恐未能也。陛下復能奪其兵而易其將帥乎？臣亦恐未能也。是則違命者既不果行罰，從命者又未必合宜，徒費空言，秪勞睿慮，匪唯無益，其損實多。何則？時方艱屯，下陵上替，凡在執干戈而衛社稷者，皆自謂勳業由己，義烈發心，安於專行，病於羈制。陛下宜俯徇斯意，因而委之，遂其所安，護其所病，敦以付授之義，固以親信之恩，假以便宜之權，待以殊常之賞，其餘細故，悉勿關言。所賜詔書，務從簡要，慎其言以取重，深其託以示誠，言見重則君道尊，託以誠則人心感，尊則不嚴而衆服，感則不令而事成。其勢當令智者騁謀，勇者奮力，小大咸極其分，賢愚各適其懷。將自效忠，兵自樂戰，與夫迫於驅制，不得已而從之者，志氣何啻百倍哉？夫君上之權特異臣下者，唯不自用，乃能用人，其要在順於物情，其契在通於時變。今之要契，頗具於茲。儻蒙究思，或有可取。謹奏。

又 卷一九《中書奏議三・論緣邊守備事宜狀》 凡欲選任將帥，必先考察行能，然後指以所授之方，語以所委之事，令其自揣可否，自陳規模。須某色甲兵，藉某人參佐，要若干士馬，用若干資糧，某處置營，某時成績，始終要領，悉俾經綸，於是觀其計謀，校其聲實。若謂材無足取，言不可行，則當退之於初，不宜貽慮於其後也。若謂志氣足任，方略可施，則當要之於終，不宜掣肘於其間也。夫如是，則疑者不使，使者不疑，勞神於選才，端拱於委任。既委其事，既足其求，然後可以覈其否臧，行其賞罰。受其賞者不以為濫，當其罰者無得而辭。付授之柄既專，苟且之心自息。是以古之遣將帥者，君親推轂而命之曰：『自閫以外，將軍裁之。』又賜鈇鉞，示令專斷。故軍容不入國，國容不入軍，將在軍，君命有所不受。誠謂機宜不可以遠決，號令不可以兩從，未有委任不專而望其尅敵成功者也。自頃邊軍去就，裁斷多出宸衷。選置戎臣，先求易制，多其部以分其力，輕其任以弱其心。雖有所懲，亦有所失。遂令分閫責成之義廢，死綏任咎之志衰。一則聽命，二亦聽命，爽於軍情亦聽命，乖於事宜亦聽命。若所置將帥，必取於承順無違，則如斯可矣。若有意乎平凶靖難，則不可也。夫兩疆相接，兩軍相持，事機之來，間不容息。蓄謀而俟，猶恐失之，臨時始謀，固已疏矣。況乎千里之遠，九重之深，陳述之難明，聽覽之不一，欲其事無遺策，雖聖者亦有所不能焉。設使謀慮能周，其如權變無及，戎虜馳突，迅如風飈，馹書上聞，旬月方報，守土者以兵寡不敢抗敵，分鎮者以無詔不肯出師，逗留之間，寇已奔逼，託於救援未至，各且閉壘自全，牧馬屯牛，鞠為椎剽，嗇夫樵婦，罄作俘囚。雖詔諸鎮發兵，唯以虛聲應援，互相瞻顧，莫敢遮邀。賊既縱掠退歸，此乃陳功告捷，其敗喪則減百而為一，其捃獲則張百而成千。將帥既幸於總制在朝，不憂罪累，陛下又以為大權由己，不究事情。用師若斯，可謂機失於遥制矣。

唐・白居易《白氏長慶集》卷六四《策林三・選將帥之方》 臣聞君明則將賢，將賢則兵勝，故有不能理兵之將，而無不可勝之兵；有不能選將之君，而無不可得之將。是以君功見於選將，將功見於理兵者也。然則選將之術，在乎因人之耳而聽之，因人之目而視之，因人之好惡而取捨之。故明王選將帥也，訪于衆，詢于人。若十人愛之，必十人之將也；百人悦之，必百人之將也；萬人伏之，必萬人之將也。臣以為賢愚之際，優劣之間，以此而求，十得八九矣。

明・丘濬《大學衍義補》卷一二九《治國平天下之要・嚴武備・將帥之任上之下》 臣按秦築長城以備虜，延長數萬里，役死百萬人。太宗以一人而當千萬里之衝，而衛千萬人之命，其過於長城遠矣。

臣按贄所謂敦以付授之義，固以親信之恩，假以便宜之權，待以殊常之賞，其餘細故，悉勿開言。此可以為人主委任將臣之法。至謂所賜詔書務從簡要，慎其言以取重，深其託以示誠，此可以為人主賜詔將臣之法。凡代王言者，不可不知也。末言君上之權，特異臣下，惟不自用，乃能用人，其要在於順物情，其契在於通時變。此數語者，非但用以制軍馭將，凡處天下事，皆所當然。

又 卷一三〇《治國平天下之要・嚴武備・將帥之任中》 臣按唐人選武將，不但於武臣，而亦於文吏中求焉。今宜立為定制。凡文吏能應武選者，優等擢用之，比其原資超三級。不如此，則人不肯應。何則？文吏少而重，武職多而輕故也。

臣按將才，古稱難得。然以臣觀之，非其才之難得，良以其人之不易知也。非獨上之人難於知人，而其人亦不易以自知也。蓋世之求將者，必求其智與勇。如有所用，必先有所試，可也。然試之以勇，可以得其膂力，而不能得其剛決；試之以智，可以得其謀論，而不能得其精審。是故匹夫之猛，未必可以當大敵；警敏之見，未必可以洞先機。此人君之求將，所以貴乎先事而預求，多方而廣蓄也。

又 卷一三一《治國平天下之要・嚴武備・將帥之任下》 臣按《六韜》之書，所謂避正殿，乃秦漢以後事，決非武王與太公問答之言。但其中所引遣將之儀，又非後人杜撰得出者。蓋古有此禮也。後世此禮不行，久矣。雖以唐太宗欲行參定，而李靖猶以為出師而行告廟，任將而許便宜，無以異於致齋、推轂，不須參定，況其他乎！夫出師命將，所以戡定禍亂，安定國家，付人以斬殺之權，俾其司三軍之命，夫豈細事？

而輕易苟簡，略無禮儀，何以激勸士心，增重將權，而使之出死力，以成武功哉？【略】

臣按贄之此奏，備述用師遙制之失，古今一律也。其中所謂雖有所懲，亦有所失，將帥既幸於總制在朝，不憂其罪累，陛下又以大權由己，不究事情，切中古今事情。至若所謂惟以虛聲應援，互相瞻顧，莫敢遮邀，賊既縱掠退歸，此乃陳功告捷，其喪敗則減百而為一，其捃獲則張百以成千。此又邊防陳功告捷之通弊也。【略】

臣按韓愈曰：『凡此蔡功，惟斷乃成。』斷之一言，誠人君制事之本也。苟其事合於天理之正，協於人謀之公，而又剛斷以主之於中，則天下無難為之事，人主無不成之功矣。史言討淮西者，勝則虛張殺獲，敗則匿之。此衰世將帥蒙蔽之常態，非獨唐之征淮西也。有國家者，不可不知。【略】

臣按既用為將帥，而又以中使監之者，疑之也。中使、將帥，同為臣子，何用分疑信於其間哉？夫疑人不用，用人不疑。監軍以中使，適使之撓將權，壞軍政，而懈士卒之心，未必有益也。

明・湛若水《格物通》卷七三《任將中》 臣若水通曰：太子，煬帝廣也。太子之問將，非所問矣，而弼之對，非所對矣。蓋為將之道，才德兼備，然後可稱也。剛中而應，行險而順，《易》之稱為『丈人』者，此將之道也。曰猛，曰鬬，曰騎，將於人可也，以之而將人，則敗矣。夫豈得謂之將乎？介胄之士，能稱者寡矣，間有之，亦偏裨之材爾。人君之用將，何所取哉？不得已取諸公卿之賢者，可也。昔太公為相，實兼司馬，周公冢宰，亦主東征。文、武一也，將、相豈有二哉？【略】

臣若水通曰：選將以智略為本。智略者，所以求必勝之道也。行師以賞罰為先。賞罰者，所以勵必死之士也。若選將則以將門，是未嘗選將也。賞罰而無實事，是未嘗賞罰也。豈任將之道哉？宋城魏元忠之言，豈可謂諸生不識時務者哉？欲知行師者，宜考焉。

臣若水通曰：仁貴驍勇冠軍，發三矢而定天山，提卒二千而降四十城。其威信服於敵也，久矣。所以鋒鏑未交，而聲名自足以奪敵人之氣。向使流死象州，則何以致敵之畏遁，而其為禍於國家者，可勝道哉？然則名將者，天下之所屬心，而安危之攸係也。為人君者，慎無輕黜之焉。【略】

臣若水通曰：古之命將者，跪而推轂曰：『閫以內，寡人制之；閫以外，將軍制之。』故將在軍，君命有所不受。此所以戰無不克而功無不成也。德宗之世，每有寇至，方從中覆，其有專制之權乎？一城之將，一旅之兵，各降中使監臨，其有由將之專乎？命將之制不修，則軍法之令不行。其不敗而有成功者，鮮矣。噫！斯弊也，自唐以來，非一日矣。陸贄此疏，真可以為後世命將者之戒矣，豈獨可用於德宗之世而已哉？

臣若水通曰：古之制，將在軍，則君命有所不受，是以能成功。《傳》曰：『有可以安國家、利社稷者，專之可也。』德宗多疑，贄之言反覆詳盡，而歸要於『自用』之一言，深切而著明矣。范祖禹曰：『師之道在擇人，而委任之不可以牽制也。而人君常欲權在於己，或不欲歸功於人，將在外而以君命制之。兵從中御，未有能成功者也。』盡之矣。贄之言既入，曾未踰月而諸將奏凱，京師克復。贄之言於是乎驗矣。蓋李晟、渾瑊，仲山甫之流也。贄之內相，其張仲孝友也哉！

又　卷七四《任將下》 臣若水通曰：古之將將之道，始焉擇之精，既焉任之專。夫選惟精，則我之志不疑；任惟專，則彼之權不撓。不然，上失其所以待將之道，下無以盡其為將之才，而衛內捍外之功，不可冀矣。唐之中葉，回紇吐蕃，出沒無常，有一子儀，幸而成功，猶未能以盡用也，況其他乎！若德宗猜疑之心，固非任將之道也。矧有權臣如延齡在內，而大將能立功矣乎？其能免乎？是故咫尺長安，而不得見，李懷光始有負功而叛者矣。嗚呼！此固陸贄拳拳之意也。

清・王夫之《讀通鑑論》卷二三《唐肅宗・一〇》 將與兵必相得也，兵不宜其將，非弱則訌。唐節度使死，因察軍中所欲立者授之，亦未為過也。其事自肅宗以平盧授侯希逸始。於是唐權下移，終其世於亂，而國以亡。蓋人君之心，有可洞然昭示使天下共見者，雖雄猜如曹孟德，而亦無所隱。有藏之密、慮之熟，決於一旦而天下莫測者，雖孔子之墮郈、費，亦未嘗示人以欲墮之志。非疑於人，信之在己者深也。

唐之中葉，節度使各有其兵，而非天子所能左右，其勢成矣。察三軍之志，立其所願戴者，使軍效於將，將效於國，亦不容已之勢也。非可以漢旦馳入營奪韓信、張耳之軍行焉者也。惟然，而此意可使將與兵知之乎？軍有帥，有偏裨，帥死而偏裨之可任與否，非不可以豫知者也。其為忠、為逆、為智為愚、為寬、為嚴，天子與大臣辨之審而慮之早，則帥一死而赫然以軍中所欲奉之主授以節鉞，而不待其陳請，則帥既感其特恩，兵亦服其夙斷。既憚其明見萬裏之威，復懷其實獲我心之德。雖有桀驁，敢生攜貳乎？天下止此數鎮，鎮之偏裨止此數人，天子大臣曾不察其可否，而待迫以詢之羣小邪？劉後主之闇也，猶能使李福問帥於諸葛方病之日；若祭遵、來歙死於倉卒，而兵柄有歸，尤先事以防不測，其計定矣。惡有縣三軍之任，搖搖不知所付，帥死而後就軍中以謀用舍哉？又況所遺者奄人，賄賂行，威權替，李懷玉得逞其奸，而唐無天子，養亂以垂亡，寄生之君，屍祿之相，不足與有為久矣。將有材而不能知，軍有情而不能得，浸使不問，軍中自為予奪，其召亂尤速也。操大權者，非一旦之能也。

親征

綜述

《隋書》卷三《煬帝紀上》（大業五年）夏四月己亥，大獵於隴西。**【略】**

癸亥，出臨津關，渡黄河，至西平，陳兵講武。

五月乙亥，上大獵於拔延山，長圍周亘二千里。庚辰，入長寧谷。壬午，度星嶺。甲申，宴羣臣於金山之上。丙戌，梁浩亹，御馬度而橋壞，斬朝散大夫黄亘及督役者九人。吐谷渾主率衆保覆袁川，帝分命內史元壽南屯金山，兵部尚書段文振北屯雪山，太僕卿楊義臣，東屯琵琶峽，將軍張壽西屯泥嶺，四面圍之。渾主伏允以數十騎遁出，遣其名王詐稱伏允，保車我真山。壬辰，詔右屯衛大將軍張定和往捕之。定和挺身挑戰，為賊所殺。亞將柳武建擊破之，斬首數百級。甲午，其仙頭王被圍窮蹙，率男女十餘萬口來降。

（六月）壬子，高昌王麴伯雅來朝，伊吾吐屯設等獻西域數千里之地。上大悅。癸丑，置西海、河源、鄯善、且末等四郡。

又 卷四《煬帝紀下》（大業）八年春正月辛巳，大軍集于涿郡。以兵部尚書段文振為左候衛大將軍。壬午，下詔曰：

天地大德，降繁霜於秋令；聖哲至仁，著甲兵於刑典。故知造化之有肅殺，義在無私，帝王之用干戈，蓋非獲已。版泉、丹浦，莫匪龔行，取亂覆昏，咸由順動。況乎甘野誓師，夏開承大禹之業；商郊問罪，周發成文王之志。永監前載，屬當朕躬。

粵我有隋，誕膺靈命，兼三才而建極，一六合而為家。提封所漸，細柳、盤桃之外；聲教爰暨，紫舌、黄枝之域。遠至邇安，罔不和會，功成治定，於是乎在。而高麗小醜，迷昏不恭，崇聚勃、碣之間，荐食遼、獩之境。雖復漢、魏誅戮，巢窟暫傾，亂離多阻，種落還集。萃川藪於往代，播實繁以迄今，睠彼華壤，翦為夷類。歷年永久，惡稔既盈，天道禍淫，亡徵已兆。亂常敗德，非可勝圖，掩慝懷姦，惟日不足。移告之嚴，未嘗面受，朝覲之禮，莫肯躬親。誘納亡叛，不知紀極，充斥邊垂，亟勞烽候，關柝以之不靜，生人為之廢業。在昔薄伐，已漏天網，既緩前禽之戮，未即後服之誅。曾不懷恩，翻為長惡。乃兼契丹之黨，虔劉海戍；習靺鞨之服，侵軼遼西。又青丘之表，咸修職貢，碧海之濱，同稟正朔，遂復敚攘琛賮，遏絶往來，虐及弗辜，誠而遇禍。輶軒奉使，爰暨海東，旌節所次，途經藩境，而擁塞道路，拒絶王人，無事君之心，豈為臣之禮？此而可忍，孰不可容！且法令苛酷，賦斂煩重，强臣豪族，咸執國鈞，朋黨比周，以之成俗，賄貨如市，寃枉莫伸。重以仍歲災凶，比屋饑饉，兵戈不息，徭役無期，力竭轉輸，身填溝壑。百姓愁苦，爰誰適從？境内哀惶，不勝其弊。迴首面内，各懷性命之圖；黄髮稚齒，咸興酷毒之歎。省俗觀風，爰屆幽朔，弔人問罪，無俟再駕。於是親總六師，用申九伐，拯厥阽危，協從天意，殄茲逋穢，克嗣先謨。

今宜授律啓行，分麾屆路，掩勃澥而雷震，歷夫餘以電掃。比戈按甲，誓旅而後行；三令五申，必勝而後戰。左第一軍可鏤方道，第二軍可長岑道，第三軍可海冥道，第四軍可蓋馬道，第五軍可建安道，第六軍可南蘇道，第七軍可遼東道，第八軍可玄菟道，第九軍可扶餘道，第十軍可朝鮮道，第十一軍可沃沮，道第十二軍可樂浪道。右第一軍可黏蟬道，第二軍可含資道，第三軍可渾彌道，第四軍可臨屯道，第五軍可候城道，第六軍可提奚道，第七軍可踏頓道，第八軍可肅慎道，第九軍可碣石道，第十軍可東暆道，第十一軍可帶方道，第十二軍可襄平道。凡此衆軍，先奉廟略，駱驛引途，總集平壤。莫非如豺如貔之勇，百戰百勝之雄，顧眄則山岳傾頹，叱吒則風云騰鬱，心德攸同，爪牙斯在。朕躬馭元戎，為其節度，涉遼而東，循海之右，解倒懸於遐裔，問疾苦於遺黎。其外輕齎遊闕，隨機赴響，卷甲銜枚，出其不意。又滄海道軍舟艫千里，高颿電逝，巨艦云飛，橫斷浿江，逕造平壤，島嶼之望斯絶，坎井之路已窮。其餘被髮左衽之人，控弦待發；微、盧、彭、濮之旅，不謀同辭。伏順臨逆，人百其勇，以此衆戰，勢等摧枯。

然則王者之師，義存止殺，聖人之教，必也勝殘。天罰有罪，本在元惡，人之多僻，脅從罔治。若高元泥首轅門，自歸司寇，即宜解縛焚櫬，弘之以恩。其餘臣人，歸朝奉順，咸加慰撫，各安生業，隨才任用，無隔夷夏。營壘所次，務在整肅，芻蕘有禁，秋毫勿犯，布以恩宥，喻以禍福。若其同惡相濟，抗拒官軍，國有常刑，俾無遺類。明加曉示，稱朕意焉。

總一百一十三萬三千八百，號二百萬，其餽運者倍之。癸未，第一軍發，終四十日，引師乃盡，旌旗亘千里。近古出師之盛，未之有也。【略】

（十年）二月辛未，詔百寮議伐高麗，數日無敢言者。戊子，詔曰：『竭力王役，致身戎事，咸由狥義，莫匪勤誠。委命草澤，棄骸原野，興言念之，每懷愍惻。往年出車問罪，將届遼濱，廟算勝略，具有進止。而諒惛凶，罔識成敗，高熲愎很，本無智謀，臨三軍猶兒戲，視人命如草芥，不遵成規，坐貽撓退，遂令死亡者衆，不及埋藏。今宜遣使人分道收葬，設祭於遼西郡，立道場一所。恩加泉壤，庶弭窮魂之冤；澤及枯骨，用弘仁者之惠。』

辛卯，詔曰：黄帝五十二戰，成湯二十七征，方乃德施諸侯，令行天下。盧芳小盜，漢祖尚且親戎；隗囂餘燼，光武猶自登隴，豈不欲除暴止戈，勞而後逸者哉！

朕纂成寶業，君臨天下，日月所照，風雨所沾，孰非我臣，獨隔聲教。蕞爾高麗，僻居荒表，鴟張狼噬，侮慢不恭，抄竊我邊陲，侵軼我城鎮。是以去歲出軍，問罪遼、碣，殪長蛇於玄菟，戮封豕於襄平。扶餘衆軍，風馳電逝，追奔逐北，徑踰浿水，滄海舟楫，衝賊腹心，焚其城郭，汙其宮室。高元伏鑕泥首，送款軍門，尋請入朝，歸罪司寇。朕以許其改過，乃詔班師。而長惡靡悛，宴安鴆毒，此而可忍，孰不可容！便可分命六師，百道俱進。朕當親執武節，臨御諸軍，秣馬丸都，觀兵遼水，順天誅於海外，救窮民於倒懸，征伐以正之，明德以誅之，止除元惡，餘無所問。若有識存亡之分，悟安危之機，翻然北首，自求多福，必其同惡相濟，抗拒王師，若火燎原，刑茲無赦。有司便宜宣布，咸使知聞。【略】

秋七月癸丑，車駕次懷遠鎮。【略】甲子，高麗遣使請降，囚送斛斯政。上大悦。八月己巳，班師。

又 卷八《禮儀志三》（大業八年正月）衆軍將發，帝御臨朔宮，親授節度。每軍，大將、亞將各一人。騎兵四十隊。隊百人置一纛。十隊爲團，團有偏將一人。第一團，皆青絲連明光甲、鐵具裝、青纓拂，建狻猊旗。第二團，絳絲連朱犀甲、獸文具裝、赤纓拂，建貔貅旗。第三團，白絲連明光甲、鐵具裝、素纓拂，建辟邪旗。第四團，烏絲連玄犀甲、獸文具裝、建纓拂，建六駮旗。前部鼓吹一部，大鼓、小鼓及鼙、長鳴、中鳴等各十八具，掆鼓、金鉦各二具。後部鐃吹一部，鐃二面，哥簫及笳各四具，節鼓一面，吳吹篳篥、橫笛各四具，大角十八具。又步卒八十隊，分爲四團。團有偏將一人。第一團，每隊給青隼盪幡一。第二團，每隊黄隼盪幡一。第三團，每隊白隼盪幡一。第四團，每隊蒼隼盪幡一。長槊楯弩及甲毦等，各稱兵數。受降使者一人，給二馬軺車一乘，白獸幡及節各一，騎吏三人，車輻白從十二人。承詔慰撫，不受大將制。戰陣則爲監軍。

軍將發，候大角一通，步卒第一團出營東門，東向陣。第二團出營南門，南向陣。第三團出營西門，西向陣。第四團出營北門，北向陣。陣四面團營，然後諸團嚴駕立。大角三通，則鐃鼓俱振，騎第一團引行。隊間相去各十五步。次第二團，次前部鼓吹，次弓矢一隊，合二百騎。建蹲獸旗，颰槊二張，大將在其下。次誕馬二十匹，次大角，次後部鐃，次第三團，次第四團，次受降使者。次及輜重戎車散兵等，亦有四團。第一輜重出，收東面陣，分爲兩道，夾以行。第二輜重，出收南面陣，夾以行。第三輜重出，收西面陣，夾以行。第四輜重出，收北面陣，夾以行。亞將領五百騎，建騰豹旗，殿軍後。至營，則第一團騎陣於東面，第二團騎陣於南面，鼓吹翊大將居中，騎馬南向。第三團騎陣於西面，第四團騎陣於北面，合爲方陣。四團外向，步卒翊輜重入於陣内，以次安營。營定，四面陣者，引騎入營。亞將率驍騎遊奕督察。其安營之制，以車外布，間設馬槍，次施兵幕，内安雜畜。事畢，大將、亞將等，各就牙帳。其馬步隊與軍中散兵，交爲兩番，五日而代。

於是每日遣一軍發，相去四十里，連營漸進。二十四日續發而盡。首尾相繼，鼓角相聞，旌旗亘九百六十里。天子六軍次發，兩部前後先置，又亘八十里。通諸道合三十軍，亘一千四十里。諸軍各以帛爲帶，長尺五寸，濶二寸，題其軍號爲記。御營内者，合十二衞、三臺、五省九寺，並分隸内外前後左右六軍，亦各題其軍號，不得自言臺省。王公已下，至于兵丁厮隸，悉以帛爲帶，綴于衣領，名『軍記帶』。諸軍並給幡數百，有事，使人交相去來者，執以行。不執幡而離本軍者，他軍驗軍記帶，知非部兵，則所在斬之。

《舊唐書》卷三《太宗紀下》 （貞觀十八年十一月）庚子，命太子詹事、英國公李勣為遼東道行軍總管出柳城，禮部尚書、江夏郡王道宗副之。刑部尚書、鄖國公張亮為平壤道行軍總管，以舟師出萊州，左領軍常何、瀘州都督左難當副之。發天下甲士，召募十萬，並趣平壤，以伐高麗。【略】

十九年春二月庚戌，上親統六軍，發洛陽。【略】三月壬辰，上發定州，以司徒、太子太師兼檢校侍中、趙公長孫無忌，中書令岑文本、楊師道從。夏四月癸卯，誓師於幽州城南，因大饗六軍，以遣之。丁未，中書令岑文本卒於師。癸亥，遼東道行軍大總管、英國公李世勣攻蓋牟城，破之。五月丁丑，車駕渡遼。甲申，上親率鐵騎，與李世勣會圍遼東城，因烈風，發火弩，斯須城上屋及樓皆盡，麾戰士令登，乃拔之。六月丙辰，師至安市城。丁巳，高麗別將高延壽、高惠真帥兵十五萬，來援安市，以拒王師。李世勣率兵奮擊，上自高峰，引軍臨之，高麗大潰，殺獲不可勝紀。延壽等以其衆降，因名所幸山為駐蹕山，刻石紀功焉，賜天下大酺二日。秋七月，李世勣進軍，攻安市城。至九月，不尅，乃班師。

又 卷八〇《褚遂良傳》 時太宗欲親征高麗，顧謂侍臣曰：『高麗莫離支，賊殺其主，虐用其人。夫出師弔伐，當乘機便。今因其弑虐，誅之甚易。』遂良對曰：『陛下兵機神算，人莫能知。昔隋末亂離，手平寇亂，及北狄侵邊，西蕃失禮，陛下欲命將擊之，羣臣莫不苦諫。陛下獨斷進討，卒並誅夷，海内之人，徼外之國，畏威懾伏，為此舉也。今陛下將興師遼東，臣意熒惑。何者？陛下神武，不比前代人君兵既渡遼，指期剋捷，萬一差跌，無以威示遠方。若再發忿兵，則安危難測。』太宗深然之。兵部尚書李勣曰：『近者延陁犯邊，陛下必欲追擊，此時陛下取魏徵之言，遂失機會。若如聖策，延陁無一人生還，可五十年間疆埸無事。』帝曰：『誠如卿言，由魏徵誤計耳。朕不欲以一計不當而尤之，後有良算，安肯矢謀？』繇是從勣之言，經畫渡遼之師。

遂良以太宗鋭意三韓，懼其遺悔，翌日上疏，諫曰：『臣聞有國家者譬諸身，兩京等於心腹，四境方乎手足，他方絶域若在身外。臣近於坐下，伏奉口敕，布語臣下云：「自欲伐遼。」臣數夜思量，不達其理。高麗王為陛下之所立，莫離支輒殺其主，陛下討逆收地，斯實乘機。關東賴陛下德澤，久無征戰，但命一二勇將，發兵四五萬，飛石輕梯，取如迴掌。大聖人有作，必履常規，貴能剋平凶亂，駕馭才傑。惟陛下弘兩儀之道，扇三五之風，提厲人物，皆思效命。昔侯君集、李靖，所謂庸夫猶能掃萬里之高昌，平千載之突厥，皆是陛下發蹤指示，聲歸聖明。臣旁求史籍，訖乎近代，為人之主，無自伐遼，人臣往征，則有之矣。漢朝則荀彘、楊僕，魏代則毌丘險、王頎。司馬懿猶為人臣，慕容皝僭號之子，皆為其主，長驅高麗，虜其人民，削平城壘。陛下立功同於天地，美化包於古昔，自當超邁於百王，豈止俯同於六子？陛下昔翦平寇逆，大有爪牙，年齒未衰，猶堪任用，匪唯陛下之所使，亦何行而不克？方今太子新立，年實幼少，自餘藩屏，陛下所知。今一旦棄金湯之全，渡遼海之外，臣忽三思，煩愁並集。大魚依於巨海，神龍據於川泉，此謂人君不可輕而遠也。且以長遼之左，或遇霖淫，水潦騰波，平地數尺。夫帶方、玄菟，海途深渺，非萬乘所宜行踐。東京太原，謂之中地，東揺可以為聲勢，西指足以摧延陁。其於西京，逕路非遠。為其節度，以設軍謀，繫莫離支頸，獻皇家之廟。此實處安全之上計，社稷之根本。特乞天慈，一垂省察。』太宗不納。

又 卷一九九上《東夷傳・高麗》 （貞觀）十七年，封其嗣王藏為遼東郡王、高麗王。又遣司農丞相里玄奬賫璽書往，説諭高麗，令勿攻新羅。蓋蘇文謂玄奬曰：『高麗、新羅，怨隙已久。往者隋室相侵，新羅乘釁奪高麗五百里之地城邑，新羅皆據有之。自非反地還城，此兵恐未能已。』玄奬曰：『既往之事，焉可追論？』蘇文竟不從。太宗顧謂侍臣曰：『莫離支賊弑其主，盡殺大臣，用刑有同坑穽，百姓轉動輒死，怨痛在心，道路以目。夫出師弔伐，須有其名。因其弑君虐下，敗之甚易也。』

十九年，命刑部尚書張亮為平壤道行軍大總管，領將軍常何等，率江淮嶺硤勁卒四萬，戰船五百艘，自萊州汎海趨平壤。又以特進、英國公李勣為遼東道行軍大總管，禮部尚書、江夏王道宗為副，領將軍張士貴等，率步騎六萬趨遼東。兩軍合勢，太宗親御六軍以會之。

宋・王溥《唐會要》卷二七《行幸》 （貞觀）十九年正月，上征遼，親率領六軍，發洛陽，至定州，詔皇太子監國。至幽州，大饗軍士。車馬渡遼，圍遼東城，破之，以其城為遼州。又進次安市城，依山大戰，虜其將帥，因名所幸山為駐蹕山，遂還。命中書侍郎許敬宗為文，刻石以記其迹。敬宗曰：『聖人與天地合德，山名駐蹕，蓋天意也，乘輿不復東矣。』

宋・宋敏求《唐大詔令集》卷一三〇《蕃夷・討伐・討高麗詔》

行師用兵，古之常道；取亂侮亡，先哲所貴。高麗莫離支蓋蘇文殺逆其主，酷害其臣，竊據邊隅，肆其蜂蠆。朕以君臣之義何忍？若不翦誅遐穢，何以懲肅中華？今欲巡幸幽薊，問罪遼碣，行止之宜，務存儉節。所過營頓，無勞精飾，食惟充饑，不須嘉饍。水可涉度者，無假造橋；路通行者，不勞修理。御營非近州縣，學生父老等無煩迎謁。隋室淪亡，其源可覩，良由志畧乖於遠圖，兵士疲於屢戰，政令失度，上下離心，德澤不加於匹夫，刻薄彌窮於百姓。當此之時也，高麗之主，仁愛其民，故百姓仰之如父母。煬帝殘暴其下，故衆庶視之如仇讎。以思亂之軍，擊安樂之卒，務其功也，不亦難乎！何異入水而惡其濡，踐雪而求無迹？朕緬懷前載，撫躬内省，昔受鉞專征，提戈撥亂，師有經年之舉，食無盈月之儲。至於賞罰之信，尚非自決。然猶所向風靡，前無横陣，蕩氛霧於五岳，翦豺狼於九野，定海内，安蒼生。然則行軍用兵，皆億兆所見，豈虚言哉？及端拱巖廊，定策帷扆，身處九重之内，謀決萬里之外。北殄匈奴種落，有若摧枯；西滅吐谷渾、高昌，易於拾芥。包絶漠而為苑，跨流沙以為池。黄帝不服之人，唐堯不臣之域，並皆委質奉貢，歸風順軌。崇威啓化之道，此亦天下所共聞也。況今豐稔多年，家給人足，餘粮栖畝，積粟紅倉。雖足以為兵儲，猶恐勞於轉運，故多斵牛羊以充食。人無裹粮之費，衆有隨身之廪。如斯之事，豈不優於曩日？加以躬先七卒，親決奇謀，使攻無所守，戰無拒畧。言必勝之道，蓋有五焉：一曰以我大擊其小，二曰我順而討其逆，三曰我安而乘其亂，四曰以我逸而敵其勞，五曰以我悦而當其怨。何憂不克？何憂不摧？布告元元，勿為疑懼耳。貞觀十八年十月

又 《親征高麗詔》 觀乎天道，鼓雷霆以肅萬物；求諸人事，陳余革以威四方。雖步驟殊時，質文異制，其倡攻殺，禁暴虐，戮干紀，討未賓，莫不仗義而申九伐，文德昭於率土，因時而董三令，武功成於止戈。朕祗膺寶曆，居臨宇縣，憑宗社之靈，藉卿士之力，神祇儲祉，夷夏宅心。故上柱國、遼東郡高麗王高建武，夙效丹款，早奉朝化，忠義之節，克著於嵎夷；職貢之典，不愆於王會。而其以莫離支蓋蘇文包藏凶慝，招集不逞，潛與計謀，奄行弑逆，寃酷纏於穢貊，痛悼徹於諸華。纂彼藩服，權其國政，法令無章，賞罰失所，下凌上替，遠怨邇嗟。加以好亂滋甚，窮兵不息，率其羣凶之徒，屢侵新羅之地。新羅喪土，憂危日深，遠請救援，行李相屬。朕愍其倒懸之急，爰命輶軒之使，備陳至理，喻以休兵。曾不知改，莫遵朝命，窺窬亭障，首鼠窟穴。完聚更切，賦歛尤繁，丁壯盡於鋒鏑，羸老弊於坂築。久廢耕桑，咸罹饑饉，生肉表異，顯其亡徵，雨血為妖，彰其數盡。比室愁苦，闔境哀惶，華髮青衿，不勝苛政，延頸企踵，思霑王澤。昔有苗弗率，勞大禹之駕；葛伯仇餉，動成湯之師。況亂常巨寇，紊三綱而肆逆；滔天元惡，窮五刑而莫大者哉！朕所以宵分興慮，日時忘食，討罪之懷，既深於投袂；救人之義，彌軫於納隍。類上帝而戒途，詔夏官而鞠旅。可先遣使持節遼東道大行軍總管英國公勣，副總管江夏王道宗，士馬如雲，長駈遼左，奪夷岳之威，

屠蚍豕於險瀆；成建瓴之勢，斬鯨鯢於鏤方。行軍總管執失思力、行軍總管契苾何力等，率其種落，隨機進討。契丹藩長于句、榆溪藩長蘇支、燕州刺史李玄正等，各率其衆，絶其走伏。使持節行軍大總管張亮、副總管常何、副總管左難當等，舟檝相繼，直指平壤。新羅王金善德傾其城邑，竭其府藏，荷不貲之澤，復累業之讎，出樂浪而衛腹心，臨沃沮而蕩巢穴。百濟王扶餘義慈，早著丹赤，深識時機，棄歷稔之私交，執順動之公義，羸粮蓄積，惟命是從。凡此諸軍，萬里齊舉，頓天羅於海浦，横地絡於遼陽。朕然後經塗白狼之右，親巡玄菟之城，執金鼓而戒六軍，載太常而麾八陣，使流湯者魚爛，掘炭者冰消，誅渠魁於惡稔，弔黎庶於崩角。其或擁衆立功，或間行自拔，宜弘寬大，各復農土。有勞者當加其賞，懷能者不滯其才。如其長惡莫悟，迷途遂往，斧鉞既下，必嬰喪元之悲；玉石一焚，徒致噬臍之歎。宜宣朕旨，咸使聞知。貞觀十八年十二月

又《高麗班師詔》 朕聞之，聖人慎罰，觀兵於再駕；明王舉事，制勝於三年。合諸侯以討逆，既擒而且縱；總海内以除殘，臨刑而止殺。其故何哉？信由上天之德曰生，王者之師曰義。是以網開三面，干舞七旬，豈有恣欲凌威，取鯨鯢而竭澤；覆巢探穴，罄麛卵以塗原者乎？憬彼夷島，僻居鯨壑，晉皇淹駕，纔克一城，隋帝頻師，淪兵百萬。朕光承寶曆，司牧普天。陶化紫宸，法兩儀而導俗；推心黔首，狥方宇以勞神。纖介不安，終宵輟寢，蠻陬未乂，日旰忘飡。是以遠涉天涯，比焦原而未險；長驅若木，譬平圃以非遥。憤角遼陽，躬親節度，揔金海表，震曜靈威，尅其玄菟、横山、蓋牟、磨迷、遼東、白巖、沙卑、陵谷、銀山、后黄等合一十城，凡獲戶六萬，口十有八萬。覆其新城、駐驆、建安三大陣，前後斬首四萬餘級，降其大將二，大裨將及官人酋帥子弟三千五百人，兵士十萬人，並給陳粮，放還本土。又獲馬牛各五萬，館穀十旬，不假運粮之費，徒兵累萬，咸發兼乘之歌。自夏涉秋，係虜相次，由燕及雍，負戴不絶。緬惟湯文取亂，常懷偃伯之心；虞夏勝殘，實弘光被之美。有懷戢武，再造何忘？但以賊帥莫離支猶不授首，本圖未果，志無旋旆，忽屬徼外霜嚴，海濱寒沍，念兹兆衆，便命班師。朕所向必摧，上靈之祐也；所攻無敵，勇夫之力也。方且仰酌玄澤，展大禮於郊禋；念此勤勞，録摧鋒於將士。有勳者别頒勞命，無勳者並加優卹。諸渡遼海人，應加賞命及優復者，所司宜明條例，具狀奏聞。朕將親為詳覽，以申後命。貞觀十九年十月

《舊五代史》卷二九《唐書・莊宗紀三》 （同光元年）夏四月己巳，帝昇壇，祭告昊天上帝，遂即皇帝位，文武臣寮稱賀。禮畢，御應天門宣制，改天祐二十年為同光元年。【略】六月己亥，帝親御軍至楊劉，登城，望見梁軍重壕複壘，以絶其路。帝乃選勇士，持短兵出戰。梁軍于城門外連延屈曲，穿掘小壕，伏甲兵于中，候帝軍至，則弓弩齊發，師人多傷，兵不得進。帝患之，問計于郭崇韜，崇韜請于下流，據河築壘，以救鄆州。又請帝日令勇士挑戰，旬日之内，寇若不至，營壘必成。帝善之，即令崇韜與毛璋率數千人，中夜往博州，濟河東，晝夜督役。居六日，營壘將成。戊子，梁將王彦章、杜晏球領徒數萬，晨壓帝之新壘。時板築雖畢，牆仞低庳，戰具未備，沙城散惡。王彦章列騎環城，虐用其人，使步軍堙壕登堞，又于上流下巨艦十餘艘，扼斷濟路。自旦至午，攻擊百端，城中危急。帝自楊劉引軍，陣于西岸，城中望之大呼。帝艤舟將渡，梁軍遂解圍，退保鄒家口。

秋七月丁未，帝御軍沿河而南，梁軍棄鄒家口，夜遁，委棄鍋甲芻糧千計。戊午，遣騎將李紹貽直抵梁軍壘。梁益恐，又聞李嗣源自鄆州引大軍將至，己未夜，梁軍拔營而遁，復保于楊村。帝軍屯于德勝。甲子，帝幸楊劉城，巡視梁軍故壘。

八月壬申朔，帝遣李紹斌以甲士五千援澤州。初，李繼韜之叛也，潞之舊將裴約以兵戍澤州，不徇繼韜之逆。既而梁遣董璋，率衆攻其城。約拒守久之，告急于帝，故遣紹斌救之，未至而城已陷，裴約被害。帝聞之，嗟痛不已。

甲戌，帝自楊劉歸鄴。梁以段凝代王彦章為帥。戊子，凝帥衆五萬，結營于王村，自高陵渡河。帝軍遇之，生擒梁前鋒軍士二百餘，戮于都市。

庚寅，帝御軍至朝城。戊戌，梁左右先鋒指揮使康延孝領百騎來奔，帝虚懷引見，賜御衣玉帶。屏人問之，對曰：『臣竊觀汴人，兵衆不少。論其君臣將校，則終見敗亡。趙巖、趙鵠、張漢傑居中專政，締結宮掖，賄賂公行。段凝素無武畧，一朝便見大用。霍彦威、王彦章皆宿將有名，

翻出其下。自彥章獲德勝南城，梁主亦稍奬使。彥章立性剛暴，不耐凌制。梁主一每發軍，即令近臣監護，進止可否，悉取監軍處分。彥章悒悒形于顏色。自河津失利，段凝、彥章又獻謀，欲數道舉軍，令董璋以陝虢澤潞之衆，趨石會關，以寇太原；霍彥威統關西汝洛之衆自相衞，以寇鎮定；段凝、杜晏球領大軍，以當陛下；令王彥章、張漢傑統禁軍，以攻鄆州，決取十月内大舉。又自滑州南決破河堤，使水東注曹濮之間，至于汶陽，瀰漫不絶，以陷北軍。臣在軍側，聞此議。臣惟汴人兵力，聚則不少，分則無餘。陛下但待分兵，領鐵騎五千，自鄆州兼程，直抵于汴。不旬日，天下事定矣。」帝懌然壯之。

九月壬寅朔，帝在朝城。凝兵至，臨河南與帝之騎軍接戰。是時澤潞叛，衞州黎陽為梁人所據。州以西，相以南，寇鈔日至，編戶流亡，計其軍賦，不支半年。又王郁、盧文進召契丹，南侵瀛涿。又聞梁人，將圖大舉。帝深憂之，召將吏謀其大計。或曰：『自我得汶陽以來，須大將固守。城門之外，元是賊疆，細而料之，得不如失。今若馳檄，告諭梁人，却衞州黎陽，以易鄆州，指河為界，約且休兵，我國力稍集，則議改圖。』帝曰：『嘻！行此謀，則無葬地矣。』時郭崇韜勸帝親御六軍，直趨汴州，半月之間，天下可定。帝曰：『正合朕意。大丈夫得則為王，失則為寇。予行，計決矣。』又問司天監，對曰：『今歲時不利深入，必無成功。』帝弗聽。

戊辰，梁將王彥章率衆至汶河，李嗣源遣騎軍偵視。至遞公鎮，梁軍來挑戰。嗣源以精騎，擊而敗之，生擒梁將任釗、田章等三百人，俘斬二百級。彥章引衆，保于中都。嗣源飛驛告捷，帝置酒，大悅曰：『是當決行渡河之策。』己巳，下令軍中將士家屬，並令歸鄴。

又 卷三〇《唐書·莊宗紀四》 同光元年冬十月【略】壬申，帝御大軍自楊劉濟河。癸酉，至鄆州。是夜，三鼓渡汶。時王彥章守中都。甲戌，帝攻之。中都素無城守，師既雲合，梁衆自潰。是日，擒梁將王彥章及都監張漢傑，趙廷隱、劉嗣彬、李知節、康文通、王山興等將吏二百餘人，斬馘二萬，奪馬千匹。時既獲中都之捷，帝召諸將，謀其所向。或言且徇兖州，徐圖進取。唯李嗣源曰：『宜急趨汴州。段凝方領大軍，駐于河上，假如便來赴援，直路又阻決河，須自滑州濟渡。十萬之衆，舟檝焉能卒辦？此去汴城咫尺，若晝夜兼程，信宿即至。段凝未起河壖，夷門已為我有矣。臣請以千騎前驅，陛下御軍徐進，鮮不克矣。』帝嘉之。是夜，嗣源率前軍先進。翼日，車駕即路。丁丑，次曹州，郡將出降。己卯遲明，前軍至汴城。嗣源令左右捉生攻封丘門，梁開封尹王瓚請以城降。俄而帝與大軍繼至，王瓚迎帝自大梁門入。梁朝文武官屬于馬前謁見，陳敍世代唐臣，陷在偽廷，今日再睹中興，雖死無恨。帝諭之曰：『朕二十年血戰，蓋為卿等家門。無足憂矣，各復乃位。』時梁末帝朱鍠已為其將皇甫麟所殺，獲其首，函之以獻。【略】庚辰，帝御玄德殿，梁百官于朝堂待罪，詔釋之。

宋·王欽若等《册府元龜》卷一一八《帝王部·親征第三》 後唐明宗天成二年十月乙酉，帝幸汴州。戊子，至京水店。汴州分巡院官王榮走馬報朱守殷已叛。帝親統禁軍，倍程先進。己丑，師臨汴州，四面逼之，人百其勇，鬬不踰時，城潰而入，戮其黨類，晡晚收軍。當日寧帖，告諭天下曰：『朕以名藩龍潛舊地，思覃風教，爰議巡遊。今月九日至滎陽，得朱守殷詐奏，稱本道都指揮使馬彥超等欲謀叛逆，輒使殺害。尋令宣徽使范延光徑往撫諭，自後更無申奏。節度使宋敬殷及使臣十餘並遭陷没。至十日，探知虜掠近城，居人上城閉門，顯為拒捍。朕親御六軍，徑臨孤壘，守殷逆黨，敵於鄭門。百姓望風下城效順，守殷一家遂自屠戮，尋獲首級，已復城池。且朱守殷久事本朝，繼膺重委。洎朕纘承宗社，前後累降，渥恩統處。尹宗蕃居節制，位兼將相，貴極人臣，此謂戮力一心，贊時為國。殊不知潛懷梟性，暗畜狼心，全無事上之忠，遽恣欺天之意。遂加誣於都校，兼殺戮於近臣，驅脅生靈，拒張車駕，果貽衆怒，誅厥全宗。凶狂之釁自招，悖逆之辜莫逭。一方既靜，萬國永安。凡所聞知，當極慶快。如有諸色人被朱守殷密行文字，妄有扇搖，蓋慮奸細，點黷良善。朕皆明察，不汝疵瑕，當各安懷，勿為挂慮。』庚寅，帝御玄德殿受賀。宣陝府節度使石敬瑭權知汴州事。辛卯，百官自鄭州到，立班稱賀。臣欽若等曰：後唐莊宗雖稱尊號，未至河南，其中征伐，并具《創業門》。

晉少帝天福九年正月乙亥，滄鎮貝鄴馳告契丹前鋒趙延壽趙、延昭領兵五萬將及甘陵。是日，發兵六千屯澶淵以待之。庚辰，以宋州節度使高行周為北面行營都部署；河陽節度使符彥卿為騎軍左排陣使，宿州刺史梁進明副之；神武統軍皇甫遇為騎軍右排陣使，懷州刺史薛懷副之；陝府節度使王周為步軍左排陣使，泌州刺史劉詞副之；羽林統軍潘環為步軍右排陣使，麟州刺史尹實副之。護聖左右廂主王景、王萬敢為騎軍左右將，慈州刺史周景殷、武衛將軍張鵬監護；奉國左右廂主李殷、程福贇為步軍左右將，閤門使蕭處仁高勳監護；前絳州刺史劉在明為先鋒都指揮使，衛州刺史石公霸副之，坊州刺史陳思讓監護。又以前單州刺史劉禧為都壕寨使，前階州刺史姚武為都橋道使。

壬午，詔曰：『朕以恭承先旨，尊奉北朝，無事不隨，有求皆應。竭國家之財用，務蕃漢之歡和。豈謂貪殘，終隳信義，直驅戎虜，深犯封疆。如是憑陵，安能俯就？顧師徒之憤惋，念生聚之凋傷。頃議親征，用平醜類。蓋救驚搔之患，寧辭跋涉之勞。取此月十三日，躬御六師，北征雜虜，指期旦夕，悉蕩氛霾。凡爾百寮，當體朕意。以前邠州節度使李同為東京留守，前晉州節度使周密、前同州節度使李懷忠為東京巡檢使。』

乙酉，帝離京。戊子，鎮、邢、雒、德四州告攻圍日急。辛卯，講武於北都。甲午，以北京留守劉知遠為幽州道行營招討使，鎮州節度使杜重威副之，定州節度使馬全節為都虞候，職員將校委招討使便宜署置。丙申，虜以偏師寇黎陽，遣右武衛上將軍張彥澤、亳州防禦使李蕚、坊州刺史陳思讓率勁騎三千拒之。辛丑，太原奏：與契丹偉王戰於秀容，斬首三千級，生擒五百人，獲其大將一十七，奪得偉王金槍鐵甲及旗幡等，潰散敵軍入鵶鳴谷，已進軍襲之。

三月丙午，先鋒指揮使石公霸遇敵數萬騎於戚城之北，為敵所圍。高行周、符彥卿在城之東南方，息於林下，忽聞衆至，駭愕督軍而進，纔數千騎，衆寡不較。行周遣人馳告景延廣請益師。延廣遲留，俟帝進止。既而行周等為敵圍之數重，三人大譟，瞋目奮擊，契丹傷死者甚多。帝自御親兵援之，前軍獲免。

戊申，李守直等軍至馬家渡，敵步卒萬人方築壘濬隍，以騎軍散列其外，舟楫數十猶渡兵未已。我師搏之，敵騎退走，遂攻其城，四面樹梯，一鼓而上。敵衆大敗，乘馬赴河溺者數千。西岸敵軍數萬，鼓譟揚旗，以脅我軍。及見東岸，俘執斬刈大半陷没水中，即大哭而去。是日，獲敵馬八百匹，執敵將莫城義節樓使崔裕、先鋒梁思榮、契丹大首領信悉、兵馬都監常尊王令威、吐渾將黨大地、羽林使閻令省、軍校張興、王佐卿、張令霸等魁首七十八人，部典節級五百人，送於行在。餘衆數千，即時斬之。

辛亥，夏州節度使李彝殷、銀州刺史李彝沼，合蕃漢之兵四萬抵麟州，濟河侵契丹之境。易州刺史安蕃約戰契丹於北平，獲車馬兵仗，賊走保祁溝關，斷其橋梁而還。乙卯，梁州刺史康彥進率兵侵瀛州，破荆窠、北薛二城。己未，定州節度使馬全節率州兵掠泰州，破白團城，生擒敵軍七百人，獲牛馬千餘及器械八百。滄州奏：敵皇城使李珂領兵三千，援送所掠男女三千餘人及貨貝等長蘆而歸。尋率輕騎攻其不意，斬獲千餘人，人口輜重悉委之而走。

三月癸酉朔，虜主耶律德光領兵十餘萬來戰。是日，高行周前軍在戚城之南。既午，其將趙延壽、趙延昭以數萬騎出於王師之西。德光以鐵騎出我師之東接戰，交相勝負。至晡時，德光以勁兵中央而來，帝亦出親軍列後陣，二陣俱列，東西偃月，際于河涘，旗幟鮮盛，士馬嚴整。德光望之，形於懼色，謂左右曰：『楊光遠言晉朝兵馬半已餓死，今日觀之，何其壯耶？』虜騎往來馳突，左折右旋，我師植立不動，萬弩齊彀，飛矢蔽地，馬行其中，多所躓蹶。賊軍稍却，王師亡命者告德光曰：『南軍東面人少，沿河城栅不固，宜并兵攻之。』德光乃令千騎為隊，前鋭後方，攻其東首。李守貞、薛懷讓以勝兵數千急赴之，大戰。王師敗，時夾馬軍士千餘人在堤間治水寨，使人亟召之。旗幡之末出於堰埭，虜以為偽遁，伏兵所起，遂整軍而立，良久復戰。守貞在戰之後，立馬於大塚之端，去陣三百餘步，不敢寸進。俄頃，王師又退至冢下，李守貞以數百騎短兵直進擊之。虜稍退，戰場之地，人馬死者無算。斷箭殘鏃交横，厚數寸。既而昏暝，乃擊鉦而去。夜行三十里，乃收合夷傷，萃於野次。甲戌，太原鎮定咸奏：『已各離本部，刻期於邯戰會合師徒。』乙亥，虜主帳内小校竊德光所乘馬來奔。辛巳，傳木書收軍北去。四月，帝還京。

開運元年十一月壬申，詔曰：『朕以蕃寇未平，邊陲多事。選求將帥，徵發師徒，北面屯軍，汾河守禦。即目雖無侵軼，亦須廣設隄防。朕將親率虎貔，躬擐甲冑，俟聞南牧，即便北征。不須先定日辰，別行曉諭。所有供億支用，宜令三司預自指揮。令隨從諸司職員并宜嘗備行。諸侯不得朝覲，亦不得以進獻供侍借斂吏民。凡百臣寮，當體是意。』

二年正月乙丑，離京。二月丙子，次澶州，大閱諸軍於戚城東。帝乘馬指揮於軍中。丁丑，復大閱，列左右陣，戎容甚肅。帝親乘馬指揮，至晚還行宮。己卯，敕以許州符彦卿充北面行營馬軍都指揮使，統軍潘環充北面行營步軍都指揮使。壬午，定州、易州各差人奏契丹攻圍祁州。癸未，宣差皇甫遇領馬步軍兵士二十九、指揮天威兵士二千一百八十人進發。是月，契丹陷祁州。刺史沈斌死之。

三月甲辰，都招討使杜威奏：『今月八日，臣與都監李守貞、副招討馬全節、安審琦、皇甫遇等部領大將發赴定州。』易州刺史安審約奏：『二月三日夜，差壯丁三百人入賊寨，斫營戮賊約千人，損馬七百匹。』又據狼山諸寨稱相繼邀殺蕃軍不少。庚戌，杜威大軍攻泰州。刺史晉廷謙以州降，獲守城兵士三百八十九人。辛亥，易州安審約奏：『狼山守把孫方簡掩殺，得其渠諧里相公一千餘人、奚車一兩，內有諧里妻及奴婢等。』甲寅，杜威收復滿城，獲契丹首領没刺相公及守城兵士一千九百六十四人，內七百人是新、蔚二州兵士，并放歸本道；其一千二百人是契丹，監送次。乙卯，收復遂城縣。其守城契丹留六十三人首領，餘並處斬。丁巳，杜威退還泰州。是日，契丹前鋒至涿州。戊午，杜威大軍在泰州，契丹前鋒至矣。己未，大軍離泰州，契丹踵其後。是夜，營於方順河側，賊亦相隨立牙帳。己未，大軍次陽城。庚申，契丹萬騎如牆而來。大軍步卒排斗底陣，騎軍鬬二十餘合。午後，張彦澤、皇甫遇、符彦卿等選勁騎擊賊，遂行千餘里，賊渡白溝而去。癸亥，戰于白團谷。是日，契丹主在奚車中，及軍敗走，車行十餘里，追兵既急，獲一橐駞乘之而走。

乙丑，杜威大軍自定州班師赴鎮州。敕曰：『睠唯泰郡，素乃漢疆，偶隸蕃戎，久罹塗炭。遇王師之進討，傾臣節以來降。況地處要衝，人推勇悍，將控臨於黠虜，宜係屬於雄藩。其泰州宜割屬定州為屬郡，以狼山寨主孫方簡為泰州刺史，仍檢校尚書右僕射本州守禦都指揮使充定州東西面都巡簡。』四月丙寅，朔北面軍前遣人走馬報：『前月二十八日殺戮賊軍大敗。』是月，帝還京。

漢高祖天福十二年九月，御札曰：『朕自副推崇，敢忘寅畏？及物必加於恩信，任人無間於親疏。期區宇之大同，俾蒸黎之小泰。洎朕始臨梁苑，畢會藩侯，蓋當再造之期，用普維新之命，莫不駿奔入覲，率俾爭先。旌旄之寄咸遷，帶礪之盟益固。魏博、杜重威負釁雖重，在朕含垢亦深，盡捨前非，只期後效。是以授之真秩，換彼名藩，而禍胎已成，梟氣復作。北勾賊虜，南拒朝章，若不加誅，何以為法？黷我天憲，勞我兵威，今則大進梯檣，克收壁壘。重念一夫作孽，百姓何辜？雖已推祝網之仁，尚宜軫納隍之慮，必恐孤城既拔，衆怒猶深，儻驚飈更迅於雷霆，即烈焰寧分於玉石。朕所以軫傷在念，想慮尤深，將親勞於六師，宜再詢於順動。豈辭櫛沐？須議省巡。取今月二十九日，車駕起離闕下，暫幸澶魏已來。凡百士庶，宜體朕意。』

十月戊戌，帝至鄴城阮亭，駐蹕行府。節度使高行周率羣校奉迎。午後，帝次御營。丙子，宣遣高行周督諸軍分攻城四面。是日，諸軍將士所傷甚衆，宣遣還營。始一日前諸軍入謁行宮，奏請攻城。帝曰：『朕本意自來者，止為魏民久嬰，城塹有倒懸之危，復以重威執迷，抱恥無出處之計。今欲示之以武威，來之以大義，恃其恩待必見歸投。若使城中億萬之命重遭塗炭，何以表朕弔伐之意也？如衆議，須意攻迫，但益兵張勢可矣！』時宰執奏曰：『兵法云：夫有金城湯池，內無積粟，雖善戰者不能守。況重威城孤兵散，勢窮力殫，輿櫬請死，期在旦夕而已。睿意所宣，生靈大幸，足以彰陛下有殷湯開網之仁也。』

乙未，帝乘馬巡城，宣遣諸軍以竹籠橋布列架壕水攻擊。至未時還宮。丁卯，諸軍馬步兵士一千餘人各願充梯頭，於行宮見帝，面賜慰勉，以俟指命。壬申，杜重威與妻石氏即石晉宋國長公主也，相次遣牙校崔華、鄭進齎表獻款，乞赴行在。甲戌，又遣觀察判官王敏賫表赴行宮。丁丑，重威出降，鄴都平。是日，除重威守太傅、中書令、楚國公。【略】

（太祖廣順二年）四月，內出御札曰：『昨以慕容彦超違負國朝，閉據城壘，尚稽顯戮，未決羣情，方屬災蒸，正勞師旅。朕恭臨萬國，深居九重，處宮闕之清虛，雖然遂性，念將士之勤苦，寧免疚心。暫自省巡，往申慰撫，況非遠路，不至甚勞。凡我臣寮，當體茲意。朕取五月五日進發，離京赴兗州城下，慰勞行營將士。沿路側近節度、防禦、團練刺史不得離本州府來赴朝覲。其隨駕一行供頓，并取係省錢物準備，差侍臣勾當，仍預告報，一路州縣並不得別有排比。其隨從臣寮、內外諸司官中已有供給，州縣亦不得別有破費祗供。其要載動用什物車乘，亦已指揮備辦。如闕少之時，候見宣命，即得供應，只不得預前排比。如吏私有人小小取索，并不得應副。或軍都及諸色人於路途店肆買所須什物，先還價錢。兩京留司百官只於遞中附表起居。時熱，不用差官至行在沿路所指揮事件。車駕回日，亦依此施行。以樞密副使鄭仁誨權大内都點檢，以中書侍郎同平章事判三司李穀權東京留守兼判開封府，侍衛馬軍都指揮郭崇在京都巡檢。』

庚申，帝發京師。戊辰，至兗州城下。乙亥旦，藥元福部下兵如羊馬城，遣奏帝。帝出宮督諸軍。繇是鼓譟而進，勇奮之勢不可遏。帝遣中使至南寨，促王峻進軍迫城。峻部下軍爭登城壘，賊衆奔潰。官軍遂入，直抵牙門。慕容彦超親率其黨來抵官軍。官軍退却，緣城而出，會城北大軍已攀堞而入，彦超復結隊死戰。虎揵都指揮使杜珣、東西班都虞候薄令遷死之。少頃，城南諸軍復入。彦超勢窘，乃與妻投井而死。彦超長子繼勳與徒黨五百餘自東門奔。帝遣騎兵追之。王峻亦領親騎追及，盡殺之，生擒繼勳以獻。六師大掠城中，死者萬人，兗州平。

世宗顯德元年三月癸未，内出御札曰：『朕自遘閔凶，再經晦朔，山陵已卜，日月有期。未忘荼蓼之情，豈願干戈之役？而河東劉崇幸災樂禍，安忍阻兵，乘我大喪，犯予邊境，勾引蕃寇，抽率鄉兵，殺害生靈，覬覦州郡。朕為萬姓之父母，守先帝之基扃，聞此侵凌，難以啓處，所宜順天地不容之意，從驍雄共憤之心，親御甲兵，往寧邊鄙。務清患難，敢避驅馳。凡在衆多，當體兹意。朕取此月十一日親率大軍取河陽路親征，竚平妖孽，永泰寰區。應沿路排當，并不得差遣百姓，科配州縣及於人戶處借索劫掠。遠近節度刺史並不得輒離理所，求赴朝覲。應諸司各宜應奉公事者，即仰從駕。諸無事者，不在扈隨，務從省要，免至勞煩。故兹札示，想宜知悉。以樞密使鄭仁誨為東京留守。』

乙酉，帝御戎服，親總六師出東都。壬辰，次澤州。未晡，帝披甲具戎器觀兵於東北郊。郊距州十五里，夜宿於村舍。癸巳，前鋒與賊軍相遇。甲午，賊陳於高平縣南之高原，有賊中來者云劉崇自將騎三萬餘騎，嚴陳以待王師，鄉兵不與其數。初偵邏者云崇營於八議關關南，距高平四十里。契丹聚於長子縣，賊將張暉領三千餘騎為前鋒。帝慮其奔遁，促兵以擊之。崇東西列陣，頗亦嚴整。河陽節度使劉詞師在後，勢未相繼。羣情私相惴恐，惟帝鋭氣益振，乃命侍衛馬步都虞候李重進與滑州節度使白重贊將左，居陣之西廂；侍衛馬軍都指揮使樊愛能、步軍都指揮使何徽將右，居陣之東廂；宣徽使向訓、鄭州防禦使史彦超以精騎當其中；殿前都指揮使張永德以禁兵衛蹕。帝介馬觀陣，兩軍交鋒，未幾，樊愛能望賊而遁，東廂騎軍潰亂，步卒數萬皆解甲投賊，呼萬歲數聲。帝覺勢危，乃自率親騎臨陣督戰。時太祖馳騎於陣前，臣欽若等曰：自此以後言太祖者，皆皇朝太祖歷試之事。先犯其鋒，萬旅觀之，無不披靡。繇是戰士皆奮命爭先，賊軍大敗。日暮，賊萬餘阻澗而陣，會劉詞領兵至，與大軍追之。賊軍又潰，臨陣斬賊將張暉及偽樞密使王延嗣，諸將分兵追襲，勢若風雨，僵尸棄甲填滿山谷。初夜，王師至高平，降賊軍數千人，所棄輜重兵器駞馬及偽乘輿器服等，不可勝紀。

壬寅，以天雄軍節度使衛王符彦卿為河東行營、一行都部署兼知太原行府事，澶州節度使郭崇副之，宣徽南院使向訓為監護，侍衛馬步都虞候李重進為行軍馬步都虞候，鎮國軍節度使王彦超為先鋒都指揮使領步騎二萬，進發討賊。乃詔河中節度使王彦超、陝府節度使韓通自陰地關入，與符彦卿會合進軍。又以河陽節度使劉詞為隨駕都督署，鄜州節度使白重贊為副。

五月甲戌朔，帝宿於團柏谷。乙亥，次落漠驛。丙午，至太原城下，駐蹕於行宮。符彦卿率諸將已下來見。庚辰，命彦卿、郭從義、向訓、白重贊、史彦超等率步騎萬餘赴忻州。蓋自忻、代歸順之後，蕃戎猶在境，故命諸將進軍以討之。帝復耀兵城下。癸未，幸城西，命諸軍飛砲以擊城。乙酉，親領六師巡城。戊子，幸太原城之東，引飛砲擊其門壘而旋。庚寅，城之四面設洞屋飛砲之具。辛卯，領親騎迫其東門，仍以飛砲擊之。壬辰，帝巡按四面軍砦。癸巳，遣李筠、張永德以三千騎赴忻州。時符彦卿等以契丹在忻北，請益兵以驅之，故遣筠等往焉。

六月癸卯朔，帝巡賊城，親御軍士。己巳遲明，帝發自太原，夕次於來遠驛。是行也，大集兵車及徵山東、懷、孟、蒲、陝丁夫數萬，修洞屋雲梯以攻其城。旦夕之間，期於必取。會大雨，時行軍士勞苦，又聞忻口之師不捷，帝遂決還京之意。庚午，至自太原。

三年正月，帝將南征。庚子，御札曰：『朕以中原雖靜，四表未寧，臨戎罔憚於躬親，問罪須勤於櫛沐，今訓齊驍銳，巡幸邊陲，用壯軍容，永安國步。宜取此月内車駕進發，暫幸淮。上凡關舊儀，有司準式。以宣徽南院使、陳州節度使向訓為權東京留守兼判開封府事，以端明殿學士、左散騎常侍、權知開封府事王朴為權東京副留守，命曹州節度使韓通權點檢侍衛司及為在京内外都巡檢，以權判三司張美為大内都點檢。』

是日，宣侍衛都指揮使、歸德節度使李重進領兵赴晉陽。壬寅，帝南幸。丙辰，至壽州城下。帝親率六師圍其城數匝，號令之聲振於原野。列御營於州西北淝河之涘以駐蹕焉。丁巳，徵宋、亳、陳、潁、徐、宿、許、蔡等州丁夫數千萬以備攻城之役。又命中使高彥彬等四人各領兵於壽州四面安撫編戶及禁其俘掠。又命侍衛步軍都指揮使李繼勳領兵於城之南，效順都指揮使唐景恩領兵於城之東，各進洞屋雲梯以攻之。壬戌，太祖上言，敗淮賊萬餘衆於渦口，斬偽兵馬都監四方館使何延錫、靜江軍使李鐸等於陣，擒偽壽州節度使劉仁贍姪天忠、指揮使崇浦及獲戰船五十餘隻。初，吳人遣軍萬餘衆，維舟於淮，列砦於塗山之下。上命太祖領鐵騎數千以襲。太祖將至賊砦十餘里，復其餘軍，遣輕騎百餘扣其砦門與之交鋒。既而為偽遁之勢，仍令數騎棄其馬而遁。吳人得其馬，大喜，因鼓譟而來，離其砦數里。太祖奮伏兵以擊之，殺獲殆盡，死者不可勝紀。

二月甲戌，徐州遣牙將王嵒，押泗州牙校王知朗齎江南國主李景書一函來，上書云：『唐皇帝奉書於大周皇帝。』不答。戊寅，命鄧州節度使侯章為攻取賊水砦都部署，右驍衛大將軍王環副之。四月乙亥，帝至濠州，駐蹕於其城南。己卯，韓令坤上言：『敗楚州賊將馬在貴等萬餘衆於灣頭堰，獲偽連州刺史秦進崇等。』是日，殿前都指揮使張永德上言：『敗泗州賊軍千餘人於曲溪堰。』先是，江南既失，揚州乃令鄰郡，悉發部兵，同謀收復。至是，皆為我師所敗。庚辰，詔諭諸道曰：『朕自渡長淮，尋清千里戎輅；方期於南下，金陵哀告而上章。乞駐禁軍，稱臣待罪。念其危迫，未遣攻收，不謂忽逞狂謀，又屯殘寇。韓令坤、趙憤其姦詐，戮力掃除。銳旅纔交，賊徒大敗。生擒偽將，盡奪樓船。佇於旦夕之間，便見澄清之運。凡聞克捷，諒極歡呼。』五月，自宿宋還京。六月，李繼勳攻壽州，為賊所敗。時李重進駐軍於其城北，聞繼勳之敗，幾不能守。將議退軍，會太祖自六合領兵歸闕，路出於壽春，因為駐留旬日。重進倚以為援，故其軍復振。

四年正月戊申，御札曰：『朕躬臨庶政，志靜八方。顧淮海之未賓，命師徒而致討，克捷相繼，殺獲甚多。料彼孤危，安能抵拒？然以將士在外，攻戰逾年，竭力盡忠，摧凶破敵。念茲辛苦，嘗軫憂勞，暫議省巡，親行慰撫。且地理之不遠，諒回復以非遥。今取二月内，暫幸淮上，應自來緣路供頓，務從省略。凡有費用，并以官物供備，所在不得科配。其諸約束條件，一如近年巡按之例。』

二月甲戌，以樞密副使王朴為權東京留守兼判開封府事，以内客省使昝居潤副焉。以三司使張美為大内都巡檢，以侍衛都虞候韓通為京城内外都巡檢。乙亥，帝衣戎服率步騎數萬，繇薰風門出。三月己丑，次石硤山，瞰山川之形勢。是夜，大陳師旅，繇浮橋濟淮，抵壽州之北。庚寅旦，帝躬擐甲冑，擁兵於紫金山南，乃命太祖領殿前諸軍擊賊先鋒砦，一鼓而破之，斬吳寇千餘級。餘衆復保山砦，攻之未下。帝復命太祖領兵伏紫金山，攻一砦，破之，又殺獲賊軍二千餘衆，遂斷其來道。繇是賊兵首尾不能相救。至暮，帝分兵守其城砦，回次於下蔡行宫。辛卯夜，偽監軍使朱仁裕、孫璘等相次各舉其砦来降，降其卒萬餘衆。帝慮其餘黨沿流東潰，遽命步將趙晁率舟師數千沿淮而下。是日，帝復領兵次於趙步。詰旦，淮南岸賊之大砦已為王師所陷，殺獲萬餘衆，擒賊將偽應援使、建州節度使許文顯、偽應援都軍使、前湖南節度使邊鎬等。其餘黨果沿流東下，帝遂自趙步領親騎數百循淮之北岸以逐之。又命趙晁等諸將縱舟師順流以擊之。時太祖於淮南岸追擊賊卒，或殺或溺，殆將萬數。日既晡，帝乘勝馳騎至荆山。洪洪距趙步蓋二百餘里，沿路又有雒口等砦，砦皆迎刃而下之。殺溺之外，擒賊軍數千人，獲戰艦糧船共數百餘隻，稻米七萬餘石，鎧甲三萬餘副。克捷之速，未之有也。是夜，帝入於鎮淮軍，以駐蹕焉。

甲午，詔發近縣丁夫數千城鎮淮軍。軍有二城，夾淮相對，仍命徙下蔡浮橋，維於其間。甲辰，幸壽州城北，耀兵而還。丙午，壽州劉仁贍奉表請降。戊辰，帝率六師於壽州城北，受劉仁贍降。詔諭天下曰：『朕昨者再舉銳師，重清淮甸，憑玄穹之助順，賴將相之協心。盡至援軍，便臨孤壘。劉仁贍智勇俱竭，請罪軍門，相次遣男奉表輸誠，乞全生聚。今月十一日，大陳兵衆，直抵城池，劉仁贍率在城兵士一萬餘衆及軍府將吏、僧道、百姓等出城納款，尋便撫安。壽春既靜於煙塵，江表竚同於文軌。遠聞克捷，當慰衷誠。』

丙辰，帝議還京。四月，至自壽州。東京留司文武百官迎見於高砦鎮，且以勝捷稱賀。上顧盼者久之。兵部尚書張昭因伏奏於馬前曰：『陛下昨離京之日，臣等親奉德音，期以兩月還京。今纔五十餘日矣！料敵班師皆如睿算，臣等不勝慶忭。』再拜呼萬歲。上大悅。

十月戊辰，降御札曰：『向者以淮甸未平，王師致討，寔賴忠貞之力，繼成克捷之功。漸屬嚴凝，念彼征役，況今邊陲無事，軍旅正雄，須議省巡，親躬撫問，將布混同之化，罔辭櫛沐之勞。止期一兩月間，車駕却還京闕。凡在中外，當體朕懷。今取此月內，暫幸淮上，應往来沿路供頓，務從省畧。凡有費用，并以官物供備，所在不得科配。』己巳，以樞密使王朴充東京權留守，三司使張美充大內都點檢。壬申，帝離京。丁亥，至濠州城西，設御營以駐蹕焉。戊子，帝親領兵破賊砦一所，殺淮賊數百人。砦在濠州東北十八里灘上，其灘廣袤數重，淮水浸而圜之，乃濠上之咽喉。先是，賊據其地，泊舟楫以自固，恃其四面水深，謂我師必不能濟。帝之將行也，令悉索行在槖駞以往，臣寮咸不喻其旨，及至，命甲士數百人跨槖駞以濟。癸巳，帝親領兵於濠州城下，分命諸軍攻破賊城水砦，斬獲數百人。先是，賊以戰船數百泊於城北，植木於淮以梗我舟師之路。是日辰時，帝乘勝命水軍鼓戰棹以往，盡拔其木，因縱火焚其巨艦四隻，戰船七十餘隻，斬二千餘級，餘衆皆自溺死。至午時，又命大軍攻破羊馬城，殺賊軍五百餘人，自此，城中膽破矣。

丙辰夜，偽濠州團練使郭廷渭差人賫陳情表来上，且言家在江南，慮既降之後，掇孥戮之禍，欲先令人稟命於李景，望許令健步南去。帝尋降璽書慰諭，亦俞其請。辛丑，帝聞渙河已東有賊船數百隻，聲言来救應濠州，乃親領甲兵，及發戰棹，水陸東下，連夜而行。時太祖率精騎前導。癸卯，大破淮賊於洞口，斬級五千，收降二千餘人，獲戰船三百餘隻，因鼓行而東，所至皆下。

太祖乘戰船以逐淮寇。至暮，為賊船所圍，太祖引滿射殺數人。淮寇稍却，因縱兵以擊之，斬其將卒百餘人，餘皆棄船，自溺死者甚衆，因盡焚其舟楫。乙巳，至泗州城下，太祖率兵先攻其南，因焚其城門，遂乘勝麾軍破其水砦、月城。是夜，帝據月城樓，親冒矢石，率禁軍以攻其城。丙午冬至，分命諸軍急攻泗州。是時太祖於城之西北隅構洞屋樹云梯，已傅其城矣。一夕，摧其城闉，我師有登其陴取戰具而回者，城中大懼。

十二月乙卯，泗州守將范再遇以其城降，獲降卒三千餘人。是日，帝御泗州城樓，受宰臣以下稱賀。戊午，帝聞有賊船數百泊於洞口，先令輕騎偵之，賊乃退保於清口。是日平明，領親騎發自泗州，緜淮之北岸，太祖領兵緜淮之南岸，夾淮齊進。又命諸將率戰棹沿流而下。己未，至清口，方舟以濟。庚申，追及淮賊。是夜，月色如練，步騎數萬夾淮，舟師沿流且戰且行，金鼓之聲，聞數十里。辛酉，至楚州西北。帝乃駐馬指畫，諸將一鼓而進破之，賊衆數千猶陣於南岸。太祖領數十騎馳進擊之，即時大敗。因逐至楚州北門，斬獲甚衆。是時，有賊船數隻順流東下，帝乃親率驍騎循淮以追之。又命太祖領精騎前進，行六十餘里，太祖擒其首領偽保太軍節度使、濠泗楚海都應援使陳承昭以歸。數其收獲戰船，除燒盪外得三百餘隻，降卒除殺溺水得七千餘人。自是，長淮之中，南人之戰棹盡矣。壬戌，偽濠州團練使郭廷渭，乙丑，偽雄武軍使崔萬迪皆以城歸順。丁丑，泰州平。是月，江南李景遣兵驅虜揚州士庶渡江，焚其州郭而去。

五年正月丙戌，右龍武將軍王漢璋奏攻下海州。乙巳，帝親攻楚州。丙午，拔之，斬偽守將張彥卿等。二月，天長軍使易贇以城歸順。戊午，帝南巡。丁卯，駐蹕於廣陵。三月壬午朔，幸泰州，駐蹕於行宮。丙戌，瓜步鎮羌人押潤州軍將丘亮到行宮，且言江南李景欲差使朝貢。丁亥，帝發自泰州，復幸廣陵。壬辰，幸迎鑾江口，命武衛大將軍李繼勳已下，帥黑龍船三十隻於江中灘上，殺吳寇數百人，虜賊船二隻以歸。癸巳，帝復幸江口，命太祖帥戰棹入江，以逐賊船。軍士乘勝因直抵南岸，焚其營柵，至暮而回。

丙申，江南國主李景遣其臣偽兵部侍郎陳覺奉表来上，仍進方物。是日，帝召覺對於帳殿凡數刻，覺奏云：『臣願自過江取本國表章，進納廬、舒、蘄、黃四州之地，乞畫江為界，以事陛下。』哀告之詞，悽然可憫。帝曰：『能如是，朕復何求？若吳主復能舉國内附，則亦當待以優禮，固不阻他稱朕。』己亥，李景遣其臣劉承遇奉表以廬、舒、蘄、黃四州來上，且乞畫江為界，江北平。

六年三月丙寅，御札曰：『朕猥以涼德，紹此丕圖，既為萬乘之君，宜去兆民之患。雖晨興夕惕，每常思於萬機，而紫塞黃河，猶未親於經畧，秋夏則波濤罔測，三冬則邊鄙驚擾，將期安國利人，豈憚櫛風沐雨？今取此月内，駕幸滄州。已來應沿路排頓，幷以官物充，餘依舊例。以右羽林統軍李繼勳充棹船左廂都部署，前澤州刺史劉洪副之。以前虢州刺史劉漢遇充棹船右廂都部署，客省副使劉贊原副之，以宣徽南院使吳廷祚為權東京留守判開封府，事宣徽北院使昝居潤副之，以三司使張美為權大内都部署。』

甲戌，帝離京。辛卯，至滄州。是日，晝漏未盡，帝戎服乘馬，率步騎數萬發自滄州，直趨虜界。中夜駐蹕於野次。壬辰，至乾寧軍。己未，帝大治舟師以備北伐。丁酉，御龍舟率内六軍，鳴鼙鼓棹，順流而北，艘船戰艦首尾數十里。己亥，至獨流口，自北泝流以進。庚子，雲旗傃西北而行，又傃西南而行，皆順河路也。壬寅，以自關之西河路漸隘，水不能勝舟，有巨舫數千艘，不能進。乃捨之，其餘小舟即命步卒挽之以進。是時，帝亦捨龍舟，乘馬登陸，按轡而西。癸卯，帝入于瓦橋關，駐蹕於行宮。太祖未及解鞍，旋聞關西之北有敵騎數千，乃領百餘騎往擊之。胡兵皆望塵而退。

五月乙巳朔，侍衛使李重進以下諸將相次帥師而至。是日，偽瀛州刺史高彥暉上表歸順，關南平。是行也，王師數萬，不亡一矢，而虜界城邑皆迎刃而下。

論　說

宋・孫甫《唐史論斷》卷上《太宗・親征高麗》　論曰：貞觀中，天下治平，四夷賓服，天子威德甚盛。太宗練兵，帥尚功名，其志甚銳。以此不衰怠之意臨天下，可預防患難，求保太平之業也。但因一遠夷之臣，殺主害民，復侵陵鄰國，詔罷兵不聽，然彼有罪，豈預中國之事？命一二將帥出師境上，示征討救援之勢，使畏威懷德，足為天子能事，何至決親征之計乎？忠賢交諫，莫非苦言，李勣一議，堅不可動，遂舉中國數萬之衆，驅之異域，輕其性命，已似忍心。況以萬乘之尊，與遠夷爭勝，又自輕之甚。雖平遼東數城，破延壽大軍，何足益其威德？若延壽納對盧之計，危可測乎？此蓋太宗英雄自恃，忽於深慮；李勣順意生事，遂成誤計。且初議伐遼，褚遂良諫止其事，太宗然之。勣至追述延陀犯邊，聖策本欲追擊，由魏徵苦諫，致失事機。以此激之，遂定親征之議。及敗延壽之衆，太宗下馬謝天，則危心可知矣。語從行軍人戰死者加勛級，牓殯地，則中國士衆殞命於遠夷，可知矣。天子荷宗廟社稷之重，為天下生靈之主，一旦不因中國之事，履危難，輕人命，威德無乃損乎？且李勣追咎魏徵諫擊延陀事，謂之失策，如延陀犯邊，太宗命將禦之，大破其衆，以示中國之威，不追擊之，亦未為失。高麗本不敢犯邊，何至親征乎？勣順意生事，無以逃其罪矣。房喬忍死上表，懇諫伐遼，賢哉！

宋・司馬光《資治通鑑》卷二九四《後周紀五・世宗睿文孝武皇帝下》　臣光曰：或問臣：五代帝王，唐莊宗、周世宗皆稱英武，二主孰賢？臣應之曰：夫天子，所以統治萬國，討其不服，撫其微弱，行其號令，壹其法度，敦明信義，以兼愛兆民者也。莊宗既滅梁，海内震動，湖南馬氏遣子希範入貢，莊宗曰：『比聞馬氏之業，終為高郁所奪。今有兒如此，郁豈能得之哉？』郁，馬氏之良佐也。希範兄希聲，聞莊宗言，卒矯其父命而殺之。此乃市道商賈之所為，豈帝王之體哉？蓋莊宗，善戰者也，故能以弱晉勝彊梁，既得之，曾不數年，外内離叛，置身無所。誠由知用兵之術，不知為天下之道故也。世宗以信令御羣臣，以正義責諸國，王環以不降受賞，劉仁贍以堅守蒙褒，嚴續以盡忠獲存，蜀兵以反覆就誅，馮道以失節被棄，張美以私恩見疏。江南未服，則親犯矢石，期於必克，既服則愛之如子，推誠盡言，為之遠慮。其宏規大度，豈得與莊宗同日語哉？《書》曰：『無偏無黨，王道蕩蕩。』又曰：『大邦畏其力，小邦懷其德。』世宗近之矣。

明・夏良勝《中庸衍義》卷一七《平天下之義・衍經常之治》　歐陽修曰：為人君者，以細務而責人，專大事而獨斷，此致治之要術也。納一言而可用，雖衆說不得以阻之，此力行之果斷也。知此二者，天下無難治矣。

臣良勝曰：天下之治，非一人之治也；天下之言，非一人之言也。修之事宋，當仁宗、英宗之時，庸有主威未斷，事或阻於衆議，如濮王典禮者。是修乃一人之言，非所以為天下之治也。堯之禪舜，事孰有大於此？而咨四岳。既薦舜而復試之，豈以獨斷為賢乎？謀及卿士，謀及庶人，謀及龜筮，豈不以阻衆説者為是乎？唐太宗征遼，似獨斷矣，而終悔不從魏徵之言。宋神宗之新法，似無阻矣，卒有誤於安石之僻。故臣未敢以修之言為然。

清・王夫之《讀通鑑論》卷二〇《唐太宗・二三》 隋之攻高麗而不克也，君非其君，將非其將，士卒怨於下，盜賊亂於內，固其宜矣。唐太宗百戰以蕩羣雄，李世勣、程名振、張亮，皆戰將也，天下抑非楊廣狼戾以疲敝之天下，太宗自信其必克，人且屬目以待成功，乃其難也，無異於隋，於是而知王者行師之大略矣。

太宗自克白巖，將舍安市不攻，徑取建安，策之善者也，而世勣不從。高延壽、高惠真請拔烏骨城，收其資糧，鼓行以攻平壤，而長孫無忌不可。乃以困于安市城下，而狼狽班師。夫世勣、無忌豈不知困守堅城之無益，而阻撓奇計，太宗自策既審，且喜聞二高之言，而終聽二將以遷延，何也？唯天子親將，勝敗所系者重，世績、無忌不敢以萬乘嘗試，太宗亦自顧而不能忘豫且之戒也。向令命將以行，則韓信之度井陘、劉裕之入河、渭，出險而收功；即令功墮師撓，固無系於安危之大數，世勣、無忌亦何憚而次且哉？

苻堅不自將以犯晉，則不大潰以啓鮮卑之速叛；竇建德不自將以救雒，則不被擒而兩敗以俱亡；完顏亮不自將以窺江，則不挫於采石，而國內立君以行弑；佛狸之威，折於盱眙；石重貴之身，擒於契丹；區區盜賊夷狄之主，且輕動而召危亡，況六宇維繫於一人而輕試於小夷乎？怯而無功，世勣、無忌尚老成持重之謀也。不然，土木之禍，天維傾折，悔將奚及邪？王欽若詆寇准以孤注，欽若誠奸，准亦幸矣；鼓一往之氣，以天子渡河為準之壯猷，幾何而不誤來世哉？春秋書從王伐鄭，諱其敗以譏之，射肩而後，王室不可復興，桓王自貽之也。故曰天子討而不伐。

雜録

宋・王欽若等《册府元龜》卷一一八《帝王部・親征第三》 唐玄宗開元二年十月，吐蕃復侵渭源。帝思親征，乃下制曰：『朕聞夷不亂華，既殊於中外；虜或犯塞，必興於甲兵。我國家一戎定業，累聖膺期，干戚斯舞，梯航畢至。小蕃遠寇，假息游魂，爰自昔年，慕我朝化，申以婚姻之好，結為舅甥之國。歲時往復，信使相望。繒纊以益其饒，衣冠以增其寵。鴻恩大造，特加於蠻貊；狼子野心，遂同於梟獍。在於亭障，頗開驚擾。已命師徒，遄往追躡。摧凶殄逆，今也其時；滅迹掃塵，期之不日。然以問罪之義，百王所以龔行；戒嚴之典，六軍所以親御。是用中宵按劍，昧曉求衣。豈自逸於崇高，而不勤於櫛沐？眷茲右輔，遠界西陲，雖駐蹕之暫勞，佇觀兵而決勝。宜取今月，擇日進發。其差取後軍四萬人，諸色蕃兵二萬人，京兆府兵一萬人，飛騎二萬人，量追三百里內兵，留當下人充萬騎五萬一千人。幽隴兵各二千人，岐州兵五千人，并集本州待進止。其馬四萬匹，取三百里內諸廐及府馬充。所追兵馬及押官委本州精簡赴集。衛尉卿兼檢校左金吾大將軍王毛仲為左一軍總管，右金吾將軍康海源為副；左武衛大將軍李昌為右一軍總管，左武衛將軍馬衛為副；左羽林大將軍趙成恩為左二軍總管，右領軍將軍衛秦義禮為副；右羽林將軍楊敬述為左三軍總管，右領軍將軍鮮于庭誨為副；左羽林將軍馬崇為右三軍總管，右監門將軍執失善光為副。所司準式。俾其長驅隴坻，深入湟中，授以方略，掃清氛祲。其緣頓支供，務從省約。』

丁巳，敕曰：『戎狄憑陵，每勞征戍，比興師旅，猶未掃除，緣邊之人，頗有其患。朕為父母，實用憂勤。今欲親案邊疆，躬行弔伐，宜令朝廷召募勇夫壯士拔萃逸羣者，稱為屯衛飛騎，且各量與賜帛。行迴之日，簡入羽林，自餘之人，取為長行。仍令兵部侍郎韋抗、紫微舍人王珽即於朝堂簡募，十日內具所得人姓名奏聞。』

戊午，至自溫湯。命左驍衛大將軍裴元哲領兵二萬人馳驛往隴右，與薛訥同討逆虜。薛訥引兵至渭源，遇吐蕃賊數萬，戰於武階驛，與王晙犄角夾攻之，大破賊衆，追奔至洮水。又戰於城堡，豐安軍使王海賓先鋒，力戰死之。將士乘勝進擊，又敗之。獲數萬人，擒其酋率將士，盡收其所掠羊馬，幷獲其器械不可勝數。時帝方欲親征，及聞納等克捷，大悅，遂停親征。

宋·宋敏求《唐大詔令集》卷一一九《政事·討伐上·親征安祿山詔》 黄軒撫運，既統蚩尤之旅；炎漢應期，亦有陳豨之伐。雖德合仁覆，或震雷霆之威；功侔載物，匪容原野之罪。蓋所以除殘禁暴，伐罪恤人。聖帝賢君，孰能無此？朕以菲薄，纘承丕構，乘時御宇，虔繼統於百王；旰食宵衣，軫納隍於一物。多歷年所，億兆咸知。安祿山本自細微，擢之行伍，進小忠而自售，包巨猾以貪天。予每含容，冀其遷善，列在衣冠之右，授之師旅之權。賜與無涯，邀求罔極。凡經寵任，中外畢聞。今遂竊我干戈，欺我將士，妄宣密旨，假託妖言，人畏凶殘，苟從逼脅，稱兵向闕，殺掠無辜。此而可原，孰不可忍？前所出師命將，足以除凶去孽。仍聞阻兵西路，左次南轅。朕義在救焚，情存拯溺，雖螗蜋舉斧，自當屠潰，而蜂蠆有毒，必籍討除。今親總六師，率衆百萬，鋪敦元惡，巡幸洛陽，將以觀風，因之掃殄。太山壓卵，未可喻其重輕；洪波注螢，不暇收其光焰。宜令所司，即擇日進發。其河西、隴右、朔方除先發蕃漢將士及守軍郡城堡之外，自餘馬步軍將、兵健等，一切並赴行營，各委節度使統領，仍限今月二十日齊到。既緣剪除凶逆，暫赴東京，宮掖侍從，並令減省。至於供億，都無所須。其扈從文武官及飛騎閑廄馬家幷諸色人等應食公粮者，並以官物支供，仍從此身齎鍋幕，緣路並不須置頓，在於黎庶，固免勞煩。布告遐邇，宜知朕意。天寶十四年十二月

法律掌控權分部

立法

綜述

《隋書》卷一《高祖紀上》 開皇元年十月戊子，行新律。

又 卷二《高祖紀下》 （开皇十五年）十二月戊子，勑盜邊糧一升已上皆斬，並籍没其家。**【略】**

（仁壽四年六月丁未）遺詔曰：**【略】**自古哲王，因人作法，前帝後帝，沿革隨時。律、令、格、式或有不便於事者，宜依前敕脩改，務當政要。嗚呼，敬之哉！無墜朕命。

又 卷三《煬帝紀上》 （大業三年四月）甲申，頒律令。

《隋書》卷二五《刑法志》 高祖既受周禪，開皇元年，乃詔尚書左僕射、勃海公高熲，上柱國、沛公鄭譯，上柱國、清河郡公楊素，大理前少卿、平源縣公常明，刑部侍郎、保城縣公韓濬，比部侍郎李諤，兼考功侍郎柳雄亮等，更定新律，奏上之。其刑名有五：一曰死刑二，有絞，有斬。二曰流刑三，有一千里、千五百里、二千里。應配者，一千里居作二年，一千五百里居作二年半，二千里居作三年。應住居作者，三流俱役三年。近流加杖一百，一等加三十。三曰徒刑五，有一年、一年半、二年、二年半、三年。四曰杖刑五，自五十至於百。五曰笞刑五，自十至於五十。而蠲除前代鞭刑及梟首轘裂之法。其流徒之罪皆減從輕。唯大逆謀反叛者，父子兄弟皆斬，家口没官。又置十惡之條，多採後齊之制，而頗有損益。一曰謀反，二曰謀大逆，三曰謀叛，四曰惡逆，五曰不道，六曰大不敬，七曰不孝，八曰不睦，九曰不義，十曰内亂。犯十惡及故殺人獄成者，雖會赦，猶除名。

其在八議之科，及官品第七已上犯罪，皆例減一等。其品第九已上犯者，聽贖。應贖者，皆以銅代絹。贖銅一斤爲一負，負十爲殿。笞十者銅一斤，加至杖百則十斤。徒一年，贖銅二十斤，每等則加銅十斤，三年則六十斤矣。流一千里，贖銅八十斤，每等則加銅十斤，二千里則百斤矣。二死皆贖銅百二十斤。犯私罪以官當徒者，五品已上，一官當徒二年；九品已上，一官當徒一年；當流者，三流同比徒三年。若犯公罪者，徒各加一年，當流者各加一等。其累徒過九年者，流二千里。

定訖，詔頒之曰：『帝王作法，沿革不同，取適於時，故有損益。夫絞以致斃，斬則殊刑，除惡之體，於斯已極。梟首轘身，義無所取，不益懲肅之理，徒表安忍之懷。鞭之爲用，殘剝膚體，徹骨侵肌，酷均臠切。雖云遠古之式，事乖仁者之刑，梟轘及鞭，並令去也。貴礪帶之書，不當

徒罰，廣軒冕之蔭，旁及諸親。流役六年，改爲五載，刑徒五歲，變從三祀。其餘以輕代重，化死爲生，條目甚多，備於簡策。宜班諸海內，爲時軌範，雜格嚴科，並宜除削。先施法令，欲人無犯之心，國有常刑，誅而不怒之義。措而不用，庶或非遠，萬方百辟，知吾此懷。』【略】

三年，因覽刑部奏，斷獄數猶至萬條。以爲律尚嚴密，故人多陷罪。又敕蘇威、牛弘等，更定新律。除死罪八十一條，流罪一百五十四條，徒杖等千餘條，定留唯五百條。凡十二卷。一曰名例，二曰衛禁，三曰職制，四曰戶婚，五曰廄庫，六曰擅興，七曰賊盜，八曰鬬訟，九曰詐偽，十曰雜律，十一曰捕亡，十二曰斷獄。自是刑網簡要，疏而不失。【略】

（六年）又詔免尉迥、王謙、司馬消難三道逆人家口之配没者，悉官酬贖，使為編戶，因除孥戮相坐之法。【略】

煬帝即位，以高祖禁網深刻，又敕修律令，除十惡之條。時斗稱皆小舊二倍，其贖銅亦加二倍爲差。杖百則三十斤矣。徒一年者六十斤，每等加三十斤爲差，三年則一百八十斤矣。流無異等，贖二百四十斤。二死同贖三百六十斤。其實不異。開皇舊制，釁門子弟，不得居宿衛近侍之官。先是蕭巖以叛誅，崔君綽坐連庶人勇事，家口籍没。巖以中宮故，君綽緣女入宮愛幸，帝乃下詔革前制曰：『罪不及嗣，既弘至孝之道；恩由義斷，以勸事君之節。故羊鮒從戮，彌見叔向之誠，季布立勳，無預丁公之禍，用能樹聲往代，貽範將來。朕虛己爲政，思遵舊典，推心待物，每從寬政。六位成象，美厥含弘，一眚掩德，甚非謂也。諸犯罪被戮之門，期已下親，仍令合仕，聽預宿衛近侍之官。』

三年，新律成。凡五百條，爲十八篇。詔施行之，謂之《大業律》。一曰名例，二曰衛宮，三曰違制，四曰請求，五曰戶，六曰婚，七曰擅興，八曰告劾，九曰賊，十曰盜，十一曰鬬，十二曰捕亡，十三曰倉庫，十四曰廄牧，十五曰關市，十六曰雜，十七曰詐偽，十八曰斷獄。其五刑之內，降從輕典者，二百餘條。其枷杖決罰訊囚之制，並輕於舊。是時百姓久厭嚴刻，喜於刑寬。後帝乃外征四夷，內窮嗜慾，兵革歲動，賦斂滋繁。有司皆臨時迫脅，苟求濟事，憲章遐棄，賄賂公行，窮人無告，聚爲盜賊。帝乃更立嚴刑，勑天下竊盜已上，罪無輕重，不待聞奏，皆斬。百姓轉相羣聚，攻剽城邑，誅罰不能禁。帝以盜賊不息，乃益肆淫刑。九年，又詔爲盜者籍没其家。自是羣賊大起，郡縣官人，又各專威福，生殺任情矣。及楊玄感反，帝誅之，罪及九族。其尤重者，行轘裂梟首之刑。或磔而射之，命公卿已下，臠噉其肉。百姓怨嗟，天下大潰，及恭帝即位，獄訟有歸焉。

宋·王欽若等《册府元龜》卷六一一《刑法部·定律令第三》

（隋高祖開皇）六年，除孥戮相坐之令。【略】

十三年二月，制坐事官者，配流一年。

是年，制私家不得隱藏緯候圖讖。

是年，改徒及流並爲配防。

十五年二月，收天下兵器。敢有私造者，坐之。關中緣邊，不在其例。

十二月，敕盜邊糧一升已上，皆斬，並籍没其家。【略】

十八年五月，詔畜貓鬼、蠱毒、厭魅、野道之家，投於四裔。

九月，敕舍客無公驗者，坐及刺史、縣令。【略】

煬帝大業三年四月，頒律令。【略】

四年十月乙卯，頒新式于天下。

九年八月，制盜賊籍没其家。

唐·杜佑《通典》卷一六五《刑典三·刑制下》

大唐高祖起義至京師，約法十二條，唯制殺人、劫盜、背軍、叛逆者死，餘並蠲除之。及受禪，又制五十三條格，入於新律，武德七年頒行之。

至太宗即位，制絞刑之屬五十條，免死，斷右趾。其後，蜀王府法曹參軍裴弘獻又駮律令不便者四十餘事，太宗遂令删改之。除斷趾法，改爲加役流三千里，居作二年。比古死刑，殆除其半。據有司定律五百條，分爲十二卷，於隋代舊律，減大辟入流九十二條，減入徒者七十一條。具寬恕篇。又定令千五百九十條，爲三十卷。貞觀十一年正月，頒行之。又删武德、貞觀以來敕格三千餘件，定留七百條，以爲格十八卷。國家程式雖則具存，今所纂録不可悉載，取其朝夕要切，簡易精詳，則臨事不惑耳。他皆類此。七年十二月，詔：『三品以上犯公罪流、私罪徒，送問日不須追身。』

高宗永徽初，又令長孫無忌等撰定格式，舊制不便者，皆隨有無删改。遂分格為兩部：曹司常務為《留司格》，天下所共者為《散頒格》。

四年，有司又撰《律疏》三十卷，頒天下。麟德二年，重定格式行之。儀鳳二年，又刪緝格式行之。及文明元年四月，敕：『律令格式，内外官人退食之暇，各宜尋覽。仍以當司格令，書於廳事之壁，俯仰觀瞻，庶免遺忘。』貞觀二年七月，刑部侍郎韓回奏：『刑部掌律令，定刑名，按覆大理及諸州應奏之事，並無為諸司尋檢格式文。比年諸司每有予奪，悉出檢頭，下吏得以生姦，法直因之輕重。又先有敕：當司格令並書於廳事之壁。此則百司皆合自有程式，不惟刑部獨有典章。訛弊日深，事須改正。』敕旨：『宜委諸曹，各以本司雜錢，置所要律令格式。其中要節，仍准舊例，録郎官廳壁。左右丞勾當事畢，日奏其所請，諸司於刑部檢事，待本司寫格令等了日停。』

武太后臨朝，又令有司刪定格式，加計帳及勾帳式，通舊式成二十卷。又以武德以來、垂拱以前詔敕便於時者，編為新格二卷，太后自製《序》。其二卷之外，別編六卷，堪為當司行用，為《垂拱留司格》。時韋方質詳練法理，又委其事咸陽尉王守慎，又有經治之才，故垂拱格、式，議者稱為詳密。其律唯改二十四條。

神龍中，又刪定垂拱格及神龍元年以來制敕，為《散頒格》七卷。又刪補舊式為二十卷，頒於天下。景龍三年八月敕：『應酬功賞，須依格式，格式無文，然始比例。其制敕不言自今以後及永為常式者，不得舉引為例。』

開元初，玄宗又令刪定格式令，名為《開元格》。六年，又令刪定律令格式，名為《開元後格》。至二十五年，又令刪緝舊格式律令及敕，總七千四百八十條。其千三百四條於事非要，並刪除之。二千一百五十條隨文損益，三千五百九十四條仍舊不改，總成《律》十二卷，《疏》三十卷，《令》三十卷，《式》二十卷，《開元新格》十卷。又撰《格式律令事類》四十卷，以類相從，便於省覽。二十五年九月奏上之，敕於尚書都省寫五十本，發使散於天下。略件文要節如後：開元十四年九月敕：『如聞用例破敕及令式，深非道理。自今以後，不得更然。』二十五年九月，兵部尚書同中書門下三品李林甫奏：『今年五月三十日以前制敕，不入新格式者，望並不在行用。』

名例律曰：笞刑五。自十至五十。贖銅從一斤至五斤。杖刑五。自六十至百。其贖銅從六斤至十斤。徒刑五。自一年至三年。其贖從二十斤至六十斤。流刑三。自二千里至三千里。其贖從八十斤至百斤。

十惡：一曰謀反。謂謀危社稷。二曰謀大逆。謂謀毀宗廟、山陵及宮闕。三曰謀叛。謂謀背國從偽。四曰惡逆。謂毆及謀殺祖父母、父母，殺伯叔父母、姑、兄、姊、外祖父母、夫、夫之祖父母、父母。五曰不道。謂殺一家非死罪三人，及支解人，造畜蠱毒、厭魅。六曰大不敬。謂盜大祀神御之物、乘輿服御物；盜及偽造御寶；合和御藥，誤不如本方及封題誤；若造御膳，誤犯食禁；御幸舟船，誤不牢固；指斥乘輿，情理切害，及對捍制使，而無人臣之禮。七曰不孝。謂告言詛詈祖父母、父母，及祖父母，父母在，別籍異財，若供養有缺。居父母喪，身自嫁娶，若作樂，釋服從吉。聞祖父母、父母喪，匿不舉哀。詐稱祖父母、父母死。八曰不睦。謂謀殺及賣緦麻以上親，毆告夫及大功以上尊長、小功尊屬。九曰不義。謂殺本屬府主、刺史、縣令、見受業師；吏卒殺本部五品以上官長；及聞夫喪，匿不舉哀，若作樂，釋服從吉及改嫁。十曰內亂。謂姦小功以上親、父祖妾，及與和者。

八議：一曰議親。謂皇帝袒免以上親，及太皇太后、皇太后緦麻以上親，皇后小功以上親。二曰議故。謂故舊。三曰議賢。謂有大德行。四曰議能。謂有大才藝。五曰議功。謂有大功勳。六曰議貴。謂職事官三品以上，散官二品以上，及爵一品者。七曰議勤。謂有大勤勞。八曰議賓。謂承先代之後為國賓者。

諸八議者，犯死罪，皆條所坐及應議之狀，先奏請議，議定奏裁。議者，原情議罪。稱定刑之律，而不正決之。流罪以下，減一等。其犯十惡者，不用此律。

諸謀反及大逆者，皆斬，父子年十六以上，皆絞。十五以下及母女、妻妾、子妻妾亦同。祖孫、兄弟姊妹若部曲、資財、田宅，並沒官。男夫年八十及篤疾，婦人年六十及廢疾者，並免。餘條婦人應緣坐者，准此。伯叔父、兄弟之子，皆流三千里，不限籍之同異。即雖謀反，辭理不能動衆，威力不足率人者，亦皆斬。謂結謀真實而不能為害者。若自述休徵，假託靈異，謬稱兵馬，虛説反由，傳惑衆人，而無真狀可驗者，自從妖法。父子、母女、妻妾流三千里。資財不在沒限。其謀大逆者，絞。

諸口陳欲反之言，心無真實之計，而無狀可尋者，流二千里。

諸謀叛者，絞。已上道者，皆斬。謂協同謀計乃坐，被驅率者，非。餘條被驅率，准此。妻子流二千里。若率部衆百人以上，父母、妻子流三千里。所率雖不滿百人，以故為害者，以百人以上論。害，為有所攻擊、擄掠之者。即亡命山澤，不從追喚者，以謀叛論。其抗拒將吏者，以上道論。

諸謀殺周親尊長、外祖父母、夫、夫之祖父母者，皆斬。犯姦而姦人殺其夫，所姦妻妾雖不知情，與同罪。謀殺緦麻以上尊長者，流二千里。已傷者，絞。已殺者，皆斬。即尊長謀殺卑幼者，各依故殺罪減二等。已傷者，減一等。已殺者，依故殺法。

諸部曲、奴婢謀殺主者，皆斬。謀殺主之周親及外祖父母者，絞。已傷者，皆斬。

諸妻妾謀殺故夫之祖父母、父母者，流二千里。已傷者，絞。已殺者，皆斬。部曲、奴婢謀殺舊主者，罪亦同。故夫，謂夫亡改嫁。舊主，謂主放為良者。餘條故夫、舊主准此。

諸告祖父母、父母者，絞。謂非緣坐之罪及謀叛以上而故告者。下條准此。即嫡、繼、慈母殺其父，及所養者殺其本生，並聽告。

諸告周親尊長、外祖父母、夫、夫之祖父母，雖得實，徒二年。其告事重者，減所告罪一等。所犯雖不合論，告之者猶坐。即誣告重者，加所誣罪三等。告大功尊長，告減一等；小功、緦麻，減二等。誣告重者，各加所誣罪一等。即非相容隱，被告者論如律。若告謀反、逆、叛者，各不坐。其相侵犯，自理訴者，聽。下條准此。

諸告緦麻、小功卑幼，雖得實，杖八十；大功以上，遞減一等。誣告重者，周親減所誣罪二等，大功減一等，小功以下以凡人論。即誣告子孫、外孫、子孫之婦妾及己之妾者，各勿論。

諸子孫違犯教令，及供養有缺者，徒二年。謂可從而違，堪供而缺者。須祖父母、父母告，乃坐。

諸部曲、奴婢告主，非謀反、逆、叛者，皆絞。被告者，同首法。告主之周親及外祖父母者，流；大功以下親，徒一年。誣告重者，緦麻加凡人一等；小功、大功，遞加一等。即奴婢訴良，妄稱主壓者，徒三年。部曲，減一等。

諸同居，若大功以上親及外祖父母、外孫，若孫之婦、夫之兄弟及兄弟妻，有罪相為隱；部曲、奴婢為主隱：皆勿論。即漏露其事及擿語消息，亦不坐。其小功以下相隱，減凡人三等。若犯謀叛以上，不用此律。

諸居父母喪，生子及兄弟別籍、異財者，徒一年。

諸放部曲為良，已給放書而壓為賤者，徒二年。若壓為部曲及放奴婢為良而壓為賤者，各減一等。各還正之。

諸同居卑幼，私輒用財者，十疋笞十，十疋加一等，罪止杖一百。即同居應分，不均平者，計所侵，坐贓論減三等。

諸居父母及夫喪而嫁娶者，徒三年。妾，減三等。各離之。知而共為婚姻者，各減五等。不知者，不坐。若居周喪而嫁娶者，杖一百。卑幼，減二等。妾，不坐。

諸居父母喪，與應嫁娶人主婚者，杖一百。

諸謀殺人者，徒三年。已傷者，絞。已殺者，斬。從而加功者，絞；不加功者，流三千里。造意者雖不行，仍為首。僱人殺者，亦同。即從者不行，減行者一等。餘條不行，皆准此。

諸以毒藥藥人及賣者，絞。謂堪以殺人者。雖毒藥可以療病，買者將與毒人，賣者不知情，不坐。即賣買而未用者，流二千里。脯肉有毒，曾經病人，有餘者速焚之，違者杖九十。若故與人食並出賣令人病者，徒一年。以故致死者，絞。即人自食致死者，從過失殺人法。盜而食者，不坐。

諸有所憎惡，而造厭魅及造符書咒詛，欲以殺人者，各以謀殺論減二等。於周親尊長及外祖父母、夫、夫之祖父母、父母，各不減。以故致死者，各依本殺法。欲疾苦人者，又減二等。即子孫於祖父母、父母，部曲、奴婢於主者，各不減。即於祖父母、父母及主，直求愛媚而厭祝者，流二千里。若涉乘輿者，皆斬。

諸殘害死屍，謂焚燒、支解之類。及棄屍水中者，各減鬭殺罪一等。緦麻以上尊長，不減。棄而不失及髡髮若傷者，各又減一等。即子孫於祖父母、父母，部曲、奴婢於主者，各不減。皆謂意在於惡者。

諸穿地得死人不更埋，及於塚墓燻狐狸而燒棺槨者，徒二年。燒屍者，徒三年。緦麻以上尊長，各遞加一等。卑幼，各依凡人遞減一等。若子孫於祖父母、父母，部曲、奴婢於主塚墓燻狐狸者，徒二年。燒棺槨者，流三千里。燒屍者，絞。

諸強盜，謂以威若力而取其財。先強後盜，先盜後強等。若與人藥酒及食，使狂亂取財，亦是。即得闌遺之物，毆擊財主而不還，及竊盜發覺，棄財逃走，財主追捕，因相拒捍，如此之類，事有因緣者，非強盜。不得財，徒二年。一疋徒三年，二疋加一等，十疋及傷人者絞，殺人者斬。殺傷奴婢亦同。雖非財主，但因盜殺傷者，皆是。其持杖者，雖不得財，流三千里。五疋者，絞。傷人者，斬。

諸竊盜，不得財，笞五十。一尺杖六十，一疋加一等，五疋徒一年，五疋加一等，五十疋加役流。

諸監臨者，若相主財物而監守自盜，亦同。加凡盜二等，三十疋絞。本條已有加者，累加之。

諸盜經斷後，仍更行盜，前後三犯徒者，流二千里；三犯流者，絞。三盜，止數赦後為坐。其於親屬相盜者，不用此律。

諸有事以財行求，得枉法者，坐贓論；不枉法者，減二等。即同事共與者，首則併贓論，從者依已分法。

諸監臨主司受財而枉法者，一尺杖一百，一疋加一等，十五疋絞。不枉法者，一尺杖九十，一疋加一等，三十疋加役流。無祿者，各減一等。枉法者，二十疋絞；不枉法者，四十疋加役流。

諸監臨之官，受所監臨財物者，一尺笞四十，一疋加一等；八疋徒一年，八疋加一等；五十疋流二千里。與者，減五等，罪止杖一百。乞取者，加一等。强乞取者，准枉法論。

諸官人因使，於使所受送遺及乞取者，與監臨同。經過處取者，減一等。糾彈之官不減。即强乞取者，各與監臨罪同。

諸貸所監臨財物者，坐贓論。授訖未上，亦同。餘條取受及相犯者，准此。若百日不還，以受所監臨財物論。强者，各加二等。餘條强者，准此。若賣買有賸利者，計利以乞取監臨財物論。强市者，笞五十；有賸利者，計利准枉法論。即斷契有數，違負不還過五十日者，以受所監臨財物論。即借衣服、器玩之屬，經三十日不還者，坐贓論，罪止徒一年。

諸監臨之官，私役所監臨及借奴婢、牛馬駝騾驢、車船、碾磑、邸店之類，各計傭賃，以受所監臨財物論。即役使非供己者，非供己，謂流外官及雜任應供官事者。計傭坐贓論，罪止杖一百。其應供己驅使而收傭直者，罪亦如之。供己求輸傭直者，不坐。若有吉凶，借使所監臨者，不得過二十人，不得過五日。其於親屬，雖過限及受饋、乞貸，皆勿論。親屬，謂緦麻以上及大功以上婚姻之家。餘條親屬，准此。營公廨借使者，計傭賃，坐贓論減二等。即因市易賸利及懸欠者，亦如之。

諸監臨之官，受豬羊供饋，謂非坐者。坐贓論。强者，依强取監臨財物法。

諸率斂所監臨財物，饋遺人，雖不入己，以受所監臨財物論。

諸監臨之官家人，於所部有受乞、借貸、役使、賣買有賸利之屬，各減官人罪二等。官人知情，與同罪；不知情者，各減家人罪五等。其在官非監臨及家人有犯者，各減監臨及監臨家人一等。

諸去官而受舊官屬、士庶饋與，若乞取、借貸之屬，各減在官時三等。謂家口未離本任所者。

諸因官挾勢及豪强之人乞索者，坐贓論減一等。將送者為從。親故相與，勿論。

諸監臨主守，以官物私自貸若貸人及貸之者，無文記，以盜論。有文記，准盜論。文記，謂取抄署之類。立判案，減二等。即充公廨及用公廨物，若出付市易而私用者，減一等坐之。雖貸亦同。餘條公廨，准此。即主守私貸，無文記者，依盜法。所貸之人，不能備償者，徵判署之官。下條私借，亦准此。

諸坐贓致罪者，一尺笞二十，一疋加一等，十疋徒一年，罪止徒三年。謂非監臨主司而因事受財者。與者，減五等。

諸於他人地內得宿藏物，隱而不送者，計合還主之分，坐贓論減三等。若得古器，形制異而不送官者，罪亦如之。

諸鬭毆人者，笞四十。謂以手足擊人者。傷及以他物毆人者，杖六十。見血為傷。非手足者，其餘皆為他物，即兵不用刃亦是。傷及拔髮方寸以上，杖八十。若血從耳目出及內損吐血者，各加二等。

諸鬭毆人，折齒、毀缺耳鼻，眇一目及折手足指，眇謂虧損其明，而猶見物。若破骨及湯火傷人者，徒一年。折二齒二指，以上及髡髮者，徒一年半。

諸鬭以兵刃，斫射人不著者，杖一百。兵刃，謂弓箭、刀槊、矛贊之屬。即毆罪重者，從毆法。若刃傷，刃謂金鐵，無大小之限，堪以殺人者。及折人肋，眇其兩目，墮人胎，徒二年。墮胎者，謂辜內子死乃坐。諸鬭毆，折跌人支體及瞎其一目者，徒三年。折支者，折骨跌體者，骨蹉跌，失其常處。辜內平復者，各減二等。餘條折跌平復，准此。即損二事以上及因舊患令至篤疾，若斷舌及毀敗人陰陽者，流三千里。

諸鬭毆殺人者，絞。以刃及故殺人者，斬。雖因鬭而用兵刃殺人者，與故殺同。謂人以兵刃逼己，因用兵刃拒而傷殺者，依鬭法。餘條用兵刃，准此。不因鬭，故毆傷人者，加鬭毆傷罪一等。雖因鬭，但絕時而殺傷者，從故殺傷法。謂忿競之後，各已分散，聲不相接，去而復來，是名絕時。

諸保辜者，手足毆傷人限十日，以他物毆傷人者二十日，以刃及湯火傷人者三十日，折跌支體及破骨者五十日。毆、傷不相須。餘毆傷及殺傷，各准此。限內死者，各依殺人論。其在限外及雖在限內以他故死者，各依本毆傷法。他故，謂別增餘患而死者。

諸同謀共毆傷人者，各以下手重者為重罪，元謀減一等，從者又減一等。若元謀下手重者，餘各減二等。至死者，隨所因為重罪。其不同謀者，各依所毆傷殺論。其事不可分者，以後下手為重罪。若亂毆傷，不知先後輕重者，以謀首及初鬭者為重罪，餘各減二等。

諸毆制使若本屬府主、刺史、縣令，及吏卒毆本部五品以上官長，徒三年。傷者，流二千里。折傷者，絞。折傷，謂折齒以上。若毆六品以下官長，各減三等；減罪輕者，加凡鬭一等。死者，斬。詈者，各減毆罪三等。須親自聞之，乃成詈。即毆佐職者，徒一年。傷重者，加凡鬭傷一等。死者，斬。

諸造妖書及妖言者，絞。造，謂自造休咎及鬼神之言，妄説吉凶，涉於不順。傳用以惑衆者，亦如之。傳，謂傳言。用，謂用書。其不滿衆者，流三千里。言理無害者，杖一百。即私有妖書，雖不行用，徒二年。言理無害者，杖六十。

諸夜無故入人家者，笞四十。主人登時格殺者，勿論。若知非侵犯而殺傷者，減鬭殺傷二等。其就拘執而殺傷者，各以鬭殺傷論，至死者加役流。

諸盜官文書印者，徒二年；餘印，杖一百。謂貪利之而非行用者。餘印，謂印物及畜產者。

諸無官犯罪，有官事發，流罪以下，以贖論。謂從流外及庶人而任流內者，不以官當、除免。犯十惡及五流者，不用此律。卑官犯罪，遷官事發；在官犯罪，去官事發；或事發去官；犯公罪流以下，各勿論。餘罪，論如律。有官犯罪，無官事發；有蔭犯罪，無蔭事發；無蔭犯罪，有蔭事發：並從官、蔭之法。

諸犯私罪，以官當徒者，私罪，謂私自犯及對制詐不以實，受請枉法之類。五品以上，一官當徒二年；九品以上，一官當徒一年。若犯公罪，公罪，謂緣公事致罪而無私曲者。各加一年當。以官當流者，三流同比徒四年。其有二官，謂職事官、散官、衛官同為一官，勳官為一官。先以高者當，若去官未敍，亦准此。次以勳官當。行守者，各以本品當，仍各解見任。若有餘罪及更犯者，聽以歷任之官當。歷任，謂降所不至者。其流內官而任流外職犯罪，以流內官當及贖徒一年者，各解流外任。

諸流配人，在道會赦，計行程過限者，不得以赦原。謂從上道日總計，行程有違者。有故者，不用此律。若程內逃亡，亦不在免限。即逃者身死，所隨家口仍准上法聽還。

諸年七十以上，十五以下及廢疾，犯流罪以下，收贖。犯加役流、反逆緣坐流及會赦猶流者，不用此律。至配所，免居作。八十以上，十歲以下及篤疾，犯反逆、殺人應死者，上請；盜及傷人者，亦收贖；有官爵者，各從官當、除免法。餘皆勿論。九十以上，七歲以下，雖有死罪，不加刑。緣坐應配沒者，不用此律。即有人教令，罪其教令者。若有贓應備，受贓者備之。

諸犯罪時雖未老疾，而事發時老疾者，依老疾論。若在徒年限內老疾者，亦如之。犯罪時幼小，事發時長大，依幼小論。

諸以贓入罪，正贓見在者，還官主。轉易得他物及生產蕃育，皆為見在。已費用者，死及配流勿徵，別犯流及身死者，亦同。餘皆徵之。盜者倍備。若計傭賃為贓者，亦勿徵。諸平贓者，皆據犯處當時物價及上絹估。平功傭者，計人日為絹三尺。牛、馬、駝、騾、驢、車亦同。其船及碾磑、邸店之類，亦依犯時價值。傭賃雖多，各不得過其本價。

諸犯罪未發而自首者，原其罪。正贓猶徵如法。其輕罪雖發，因首重罪者，免其重罪。即因問所劾之事，而別言餘罪者，亦如之。即遣人代首，若於法得相容隱者為首及相告言者，各聽如罪人身自首法。緣坐之罪及謀叛以上，本服周親雖捕告，俱同自首例。其聞首、告，被追不赴者，不得原罪。謂止坐不赴者身。即自首不實及不盡者，以不實、不盡之罪罪之，至死者聽減一等。自首贓數不盡者，止計不盡之數科之。其知人欲告及亡叛而自首者，減罪二等坐之。即亡叛者雖不自首，能還歸本所者，亦同。其於人損傷，因犯殺傷而自首者，得免所因之罪，仍從故殺傷法。本應過失者，聽從本法。於物不可備償，本物見在，首者聽同免法。即事發逃亡，雖不得首所犯之罪，得減逃亡之坐。若越度關及姦，私度亦同。姦，謂犯良人。并私習天文者，並不在自首之例。

諸共犯罪者，以造意為首，隨從者減一等。若家人共犯，止坐尊長。於法不坐者，歸罪於其次尊長。尊長，謂男夫。侵損於人者，以凡人首從論。即共監臨主守為犯，雖造意，仍以監主為首，凡人以常從論。

諸二罪以上俱發，以重者論。謂非應累者，唯具條其狀，不累輕以加重。若重罪應贖，輕罪應居作、官當者，以居作、官當為重。等者從一。若一罪先發，已經論決，餘罪後發，其輕若等，勿論；重者，更論之，通計前罪，以充後數。即以贓致罪，頻犯者並累科。若罪法不等者，以重贓併滿輕贓，各倍論。累，謂止累見發之贓。倍，謂二尺為一尺。不等，謂以强盗、枉法等贓，併從竊盗、受所監臨之類。即監臨主司，因事受財，而同事共與，若一事頻受及於所監守頻盗者，累而不倍。其一事分為二罪，罪法若等，則累論；罪法不等，則以重法併滿輕法。罪法等者，謂若貿易官物，計其等准盗論，計其利以盗論之類。罪法不等者，謂若請官器仗，以亡失併從毀傷，以考校不實併從失不實之類。累併不加重者，止從重論。其應除免、倍、没、備償、罪止者，各盡本法。

諸脱户者，家長徒三年。無課役者，減二等。女户，又減三等。謂一户俱不附貫。若不由家長，罪其所由。即見在使任者，雖脱户及計口多者，各從漏口法。脱口及增減年狀，謂疾、老、中、小之類。以免課役，一口徒一年，二口加一等，罪止徒三年。其增減非免課役及漏無課役口者，四口為一口，罪止徒一年半。即不滿四口，杖六十。部曲、奴婢亦同。

諸祖父母、父母在，而子孫別籍、異財者，徒三年。別籍、異財不相須。下條准此。若祖父母、父母令別籍及以子孫妄繼人後者，徒二年，子孫不坐。

諸擅發兵，十人以上徒一年，百人徒一年半，二百人加一等，千人絞。謂無警急，又不先言上而輒發兵者。雖即言上，而不待報，猶為擅。施文書未行，即不坐。給與者，隨所給人數，減擅發一等。亦謂不先言上待報者。告令發遣即坐。其寇賊卒來，欲有攻襲，即城屯反叛，若賊有内應，急須兵者，得便調發。雖非所屬，比部官司亦得調發給與，並即言上。各謂急須兵，不容得先言上者。若不即調發及不即給與者，准所須人數，並與擅發罪同。其不即言上者，亦准所發人數，減罪一等。若有逃亡、盗賊，權差人夫，足以追捕者，不用此律。

諸主將守城，為賊所攻，不固守而棄去，及守備不設，為賊所掩覆者，斬。若連接寇賊，被遣斥候不覺賊來者，徒三年。以故致有覆敗者，亦斬。

諸主將以下，臨陣先退，若寇賊對陣，捨仗投軍，及棄賊來降而輒殺者，斬。即違犯軍令，軍還以後，在律有條者，依律斷；無條者，勿論。

諸私有禁兵器者，徒一年半。謂非弓、箭、刀、楯、短矛者。弩一張，加二等。甲一領及弩三張，流二千里。甲三領及弩五張，絞。私造者，各加一等。甲，謂皮、鐵等。具裝與甲同。即得闌遺，過三十日不送官者，同私有法。造未成者，減二等。即私有甲、弩，非全成者，杖一百。餘非全成者，勿論。

諸言告人罪，非叛以上者，皆令三審。應受辭牒，官司並具曉示，並得叛坐之情。每審皆别日受辭，若使人在路，不得留待别日受辭者，聽當日三審。官人於審後判記審訖，然後付司。若事有切害者，不在此例。切害，謂殺人、賊盗、逃亡若强姦良人，並及更有急速之類。不解書者，典為書之。前人合禁，告人亦禁，辨定放之。即鄰伍告者有死罪，留告人散禁；流以下，責保參對。誣告人者，各反坐。即糾彈之官挾私彈事不實者，亦如之。反坐致罪，准前人入罪法。至死而前人未決者，聽減一等。其本應加杖及贖者，止依杖贖法。即誣官人及有蔭者，依常律。若告二罪以上，重事實，及數事等，但一事實，除其罪。重事虚，反其所剩。即罪至所止者，所誣雖多，不反坐。其告二人以上，雖實者多，猶以虚者反坐。謂告二人以上，但一人不實，罪雖輕，猶反其坐。若上表告人，已經聞奏，事有不實，反坐罪輕者，從上書詐不實論。

諸誣告本屬府主、刺史、縣令者，加所誣罪二等。

諸投匿名書告人罪者，流二千里。謂絕匿姓名及假人姓名，以避己告者。

棄置、懸之，俱是。得書者，皆即焚之。若將送官司者，徒一年。官司受而為理者，加二等。被告者，不坐。輒上聞者，徒三年。

諸以赦前事相告言者，以其罪罪之。官司受而為理者，以故入人罪論。至死者，各加役流。若事須追究者，不用此律。追究，謂婚姻、良賤、赦限外蔽匿、應改正、徵收及追見贓之類。

諸被囚禁，不得告舉他事。其為獄官酷己者，聽之。即年八十以上、十歲以下及篤疾者，聽告謀反、逆、叛、子孫不孝及同居之內為人侵犯者。餘並不得告。官司受而為理者，各減所理罪三等。

上元元年十二月，刑部奏：『准《名例律》注云：「獄成，謂贓狀露驗及尚書省斷訖未奏。」疏云：「贓，謂所犯之贓，見獲本物；狀，謂殺人之類，得狀為驗。雖在州縣，並為獄成。尚書省斷訖未奏者，謂刑部覆訖未奏，亦為獄成。」今法官商量，若款自承伏，已經聞奏，及有赦付法，刑名更無可移者，謂同獄成。臣今與法官審加詳議，仍永為恒式。』敕旨依。

二年六月，刑部奏：『謹按五刑，笞、杖、徒、流、死是也。今准敕除削絞死罪，唯有四刑。每有思慮，須降死刑，不免還許斬絞。敕律互用，法理難明。又應決重杖之人，令式先無分析，京城知是蠹害，決殺者多死；外州見流嶺南，決不至死。決有兩種，法開二門。』敕旨：『斬、絞刑宜依格律處分。』

寶應元年九月，刑部、大理奏：『准式，制敕處分與一頓杖者，決四十；至到與一頓及重杖一頓，並決六十。無文至死者，謂准式處分。又制敕或有令決痛杖一頓者，式文既不載杖數，請准至到與一頓決六十，並不至死。』敕旨依。

建中三年八月，刑部侍郎班宏奏：『其十惡中，惡逆以上四等罪，請准律用刑；其餘及犯別罪，應合處斬刑，自今以後，並請決重杖一頓處死，以代極法。重杖既是死刑，諸司使不在奏請決重杖限。』敕旨依。

又 卷一六七《刑典五・雜議下》 （貞觀）二十一年，刑部奏言：『准律：「謀反大逆，父子皆死，兄弟處流。」此則輕而不懲，望請改重法。』制遣百僚詳議。司議郎敬播議曰：『昆弟孔懷，人倫雖重，比於父子，情理有殊。生有異室之文，死有別宗之義。今有高官重爵，本蔭唯逮子孫；胙土析珪，餘光不及昆季。豈有不霑其蔭，輒受其辜，背理違情，恐爲太甚。必其反茲春令，踵彼秋荼，創次骨於道德之辰，建深文於刑措之日，臣將不可，物論誰宜？』詔從之。

又 卷一七〇《刑典八・寬恕》 大唐高祖初至京師，革隋峻法，約為十二條，殺人、劫盜、背軍、叛逆者死，餘並蠲除之。及受禪，詔宰相劉文靜因開皇律令而損益之，盡刪大業苛慘之法，制五十三條，務存寬簡，以便於時。

及太宗初，令公卿更議絞刑之屬五十條，免死，唯斷其右趾，應死者多蒙全活。太宗尋又矜其受刑之苦，謂蕭瑀曰：『前代不行肉刑久矣，今斷人右趾，念其受痛，意甚不忍。』瑀曰：『古之肉刑，乃死刑之外。陛下於死刑之內，降從斷趾，便是以生易死，足為寬法。』上曰：『朕意以為如此，故欲行之。又有上書言此非便，公可更思之。』其後，蜀王府法曹參軍裴弘獻上疏駁律，遂令參掌刪改之。於是與房玄齡等建議，以為古肉刑既廢，制為死、流、徒、杖、笞凡五等，以備五刑。今復設刖足，是為六刑。減死意在於寬，加刑又如煩峻。與八座定議奏聞。於是又除斷趾法，改為加役流三千里，居作二年。【略】

太宗嘗録囚徒，憫其將死，為之動容，顧謂侍臣曰：『刑典仍用，蓋風化未洽之咎。愚人何罪，而肆重刑乎？用刑之道，當審事理之輕重，然後加之以刑罰。何有不察其本而一概加誅，非所以恤刑重人命也。然反逆有二：一為興師動衆，一為惡言犯法。輕重有差，而連坐皆死，豈朕情之所安哉？』更令百僚詳議。於是玄齡等復定議曰：『按禮，孫為王父尸；按令，祖有蔭孫之義。然則祖孫親重，兄弟屬輕。應重反流，合輕翻死，據禮論情，深為未愜。今定律：祖孫與兄弟緣坐，俱配没。其以惡言犯法不能為害者，情狀稍輕，兄弟免死，配流為允。』從之。自是比古死刑，殆除其半。據隋代舊律，減大辟入流者九十二條，減流入徒者七十一條。其當徒之法，唯奪一官。除名之人，仍同士伍。凡削苛去慘、變重為輕者，不可勝紀。【略】

（高宗）總章二年五月，上以常法外先決杖一百者，多致殞斃，乃下詔曰：『別令於律外決杖一百者，前後總五十九條，內有盜竊及蠹害尤甚者。今量留十二條，自餘四十七條，並宜停廢。』

唐・吳兢《貞觀政要》卷八《刑法》 貞觀二年，太宗謂侍臣曰：『比有奴告主謀逆，此極弊法，特須禁斷。假令有謀反者，必不獨成，終將與人計之；衆計之事，必有他人論之，豈藉奴告也？自今奴告主者，不須受，盡令斬決。』

《舊唐書》卷三《太宗紀下》 （貞觀十一年正月）庚子，頒新律於天下。

又 卷四《高宗紀上》 （永徽二年）閏月辛未，頒新定律、令、格、式於天下。【略】

（永徽四年）十一月癸丑，【略】頒新律疏於天下。

又 卷七《睿宗紀》 （太極元年二月）己巳，頒新格式於天下。

夏四月辛丑，制曰：朕聞措刑由於用刑，去殺存乎必殺。明罰峻典，自古而然；立制齊人，於是乎在。自我朝建國，僅將百年，天下和平，其來已久。往承隋季，守法頗專；比襲時安，持綱日緩。況朕薄德，甚莫逮先；惟人難理，遠不如昔。粤從守位，三載于兹，庶務煩勞，不損晷景。嘗謂自我作則，感而成化；痛乎迷俗忘返，不威罔懲。將至純風，先歸重典。比者贓賄不息，渝濫公行，放心未寧，禁犯無懼。此焉暫革，期於承平，遂割小慈，以崇大體。自今已後，造僞頭首者斬，仍没一房資財，同用廕者並停奪。非頭首者絞。其承前造僞人，限十日内首使盡。官典主司枉法受贓一匹已上，先決杖一百。其緣贓及惡狀被解及與替者，非選時不得輒入京城。縱家貫在京，不得輒至朝堂，妄有披訴。如有此色，並決杖仍加貶斥。其先在京城者，限三日内勒還。上下官僚輒緣私情相囑者，其受囑人宜封狀奏聞。成器已下，朕自決罰。其餘王公已下，並解見任官，三五年間不須齒録。其進狀人別加褒賞。御史宜令分察諸司。

又 卷五〇《刑法志》 自漢迄隋，世有增損，而罕能折衷。隋文帝參用周、齊舊政，以定律令，除苛慘之法，務在寬平。比及晚年，漸亦滋虐。煬帝忌刻，法令尤峻，人不堪命，遂至於亡。

高祖初起義師於太原，即布寬大之令。百姓苦隋苛政，競來歸附。旬月之間，遂成帝業。既平京城，約法爲十二條。惟制殺人、劫盜、背軍、叛逆者死，餘並蠲除之。及受禪，詔納言劉文靜與當朝通識之士，因開皇律令而損益之，盡削大業所用煩峻之法。又制五十三條格，務在寬簡，取便於時。尋又勑尚書左僕射裴寂、尚書右僕射蕭瑀及大理卿崔善爲、給事中王敬業、中書舍人劉林甫顔師古王孝遠、涇州別駕靖延、太常丞丁孝烏、隋大理丞房軸、上將府參軍李桐客、太常博士徐上機等，撰定律令，大略以開皇爲準。於時諸事始定，邊方尚梗，救時之弊，有所未暇，惟正五十三條格，入於新律，餘無所改。至武德七年五月奏上，乃下詔曰：

古不云乎，『萬邦之君，有典有則。』故九疇之敍，興於夏世，兩觀之法，大備隆周。所以禁暴懲姦，弘風闡化，安民立政，莫此爲先。自戰國紛擾，恃詐任力，苛制煩刑，於兹競起。秦并天下，隳滅禮教，恣行酷烈，害虐蒸民，宇内騷然，遂以顛覆。漢氏撥亂，思易前軌，雖復務從約法，蠲削嚴刑，尚行葅醢之誅，猶設錙銖之禁。字民之道，實有未弘，刑措之風，以兹莫致。爰及魏、晉，流弊相沿，寬猛乖方，綱維失序。下凌上替，政散民凋。皆由法令湮訛，條章混謬。自斯以後，宇縣瓜分，戎馬交馳，未遑典制。有隋之世，雖云釐革，然而損益不定，疏舛尚多，品式章程，罕能甄備。加以微文曲致，覽者惑其淺深，異例同科，用者殊其輕重，遂使姦吏巧詆，任情與奪，愚民妄觸，動陷羅網，屢聞釐革，卒以無成。

朕膺期受籙，寧濟區宇，永言至治，興寐爲勞。補千年之墜典，拯百王之餘弊，思所以正本澄源，式清流末，永垂憲則，貽範後昆。爰命羣才，修定科律。但今古異務，文質不同，喪亂之後，事殊曩代，應機適變，救弊斯在。是以斟酌繁省，取合時宜，矯正差遺，務從體要。迄兹歷稔，撰次始畢，宜下四方，即令頒用。庶使吏曹簡肅，無取懸石之多；奏讞平允，靡競錐刀之末。勝殘去殺，此焉非遠。

於是頒行天下。

及太宗即位，又命長孫無忌、房玄齡與學士法官更加釐改。戴胄、魏徵又言舊律令重，於是議絞刑之屬五十條，免死罪，斷其右趾。應死者，多蒙全活。【略】自是比古死刑，殆除其半。

玄齡等遂與法司定律五百條，分為十二卷：一曰名例，二曰衛禁，三曰職制，四曰戶婚，五曰廐庫，六曰擅興，七曰賊盜，八曰鬬訟，九曰詐僞，十曰雜律，十一曰捕亡，十二曰斷獄。有笞、杖、徒、流、死，為五刑。笞刑五條，自笞十至五十。杖刑五條，自杖六十至杖一百。徒刑五條，自徒一年，遞加半年，至三年。流刑三條，自流二千里，遞加五百里，至三千里。死刑二條：絞、斬。大凡二十等。

又有議請減贖當免之法八：一曰議親，二曰議故，三曰議賢，四曰議能，五曰議功，六曰議貴，七曰議賓，八曰議勳。八議者，犯者死罪，皆條所坐及應議之狀奏請，議定奏裁。流罪已下，減一等。若官爵五品已上，及皇太子妃大功已上親，應議者周以上親，犯死罪者上請。流罪已下，亦減一等。若七品以上官及官爵得請者之祖父母、父母、兄弟、姊妹、妻、子孫，犯流罪已下，各減一等。若應議請減及九品已上官，若官品得減者之祖父母、父母、妻、子孫，犯流罪已下，聽贖。其贖法：笞十，贖銅一斤。遞加一斤，至杖一百，則贖銅十斤。自此已上，遞加十斤，至徒三年，則贖銅六十斤。流二千里者，贖銅八十斤。流二千五百里者，贖銅九十斤。流三千里者，贖銅一百二十斤。又許以官當罪，以官當徒者，五品已上犯私罪者，一官當徒二年。九品已上，一官當徒一年。若犯公罪者，各加一年。以官當流者，三流同比徒四年，仍各解見任。除名者，比徒三年。免官者，比徒二年。免所居官者，比徒一年。

又有十惡之條：一曰謀反，二曰謀大逆，三曰謀叛，四曰謀惡逆，五曰不道，六曰大不敬，七曰不孝，八曰不睦，九曰不義，十曰內亂。其犯十惡者，不得依議請之例。年七十以上、十五以下及廢疾，犯流罪以下，亦聽贖。八十已上、十歲以下及篤疾，犯反逆殺人應死者，上請，盜及傷人，亦收贖，餘皆勿論。九十以上、七歲以下，雖有死罪，不加刑。比隋代舊律，減大辟者九十二條，減流入徒者七十一條。其當徒之法，唯奪一官，除名之人，仍同士伍。凡削煩去蠹，變重為輕者，不可勝紀。

又定《令》一千五百九十條為三十卷。貞觀十一年正月，頒下之。又刪武德、貞觀已來敕格三千餘件，定留七百條，以為《格》十八卷，留本司施行。斟酌今古，除煩去弊，甚為寬簡，便於人者。以尚書省諸曹為之目，初為七卷。其曹之常務，但留本司者，別為《留司格》一卷。蓋編録當時制敕，永為法則，以為故事。《貞觀格》十八卷，房玄齡等刪定。《永徽留司格》十八卷，《散頒格》七卷，長孫無忌等刪定。永徽中，又令源直心等刪定，惟改易官號、曹局之名，不易篇目。《永徽留司格後本》，劉仁軌等刪定。《垂拱留司格》六卷，《散頒格》三卷，裴居道刪定。《太極格》十卷，岑羲等刪定。《開元前格》十卷，姚崇等刪定。《開元後格》十卷，宋璟等刪定。皆以尚書省二十四司為篇目。凡《式》三十有三篇，亦以尚書省列曹及秘書、大常、司農、光祿、太僕、太府、少府及監門、宿衛、計帳名其篇目，為二十卷。《永徽式》十四卷，《垂拱》、《神龍》、《開元式》並二十卷，其刪定格令同。【略】

（高宗）永徽初，勑太尉長孫無忌、司空李勣、左僕射于志寧、右僕射張行成、侍中高季輔、黄門侍郎宇文節柳奭、右丞段寶玄、太常少卿令狐德棻、吏部侍郎高敬言、刑部侍郎劉燕客、給事中趙文恪、中書舍人李友益、少府丞張行實、大理丞元紹、太府丞王文端、刑部郎中賈敏行等，共撰定律令格式。舊制不便者，皆隨刪改。遂分格為兩部：曹司常務為《留司格》，天下所共者為《散頒格》。其《散頒格》下州縣，《留司格》但留本司行用焉。

三年，詔曰：『律學未有定疏，每年所舉明法，遂無憑準。宜廣召解律人條義疏奏聞。仍使中書、門下監定。』於是太尉趙國公無忌、司空英國公勣、尚書左僕射兼太子少師監修國史燕國公志寧、銀青光祿大夫刑部尚書唐臨、太中大夫守大理卿段寶玄、朝議大夫守尚書右丞劉燕客、朝議大夫守御史中丞賈敏行等，參撰《律疏》，成三十卷，四年十月奏之，頒於天下。自是斷獄者皆引疏分析之。【略】

永徽六年七月，上謂侍臣曰：『律通比附條例太多。』左僕射志寧等對：『舊律多比附斷事，乃稍難解。科條極衆，數至三千。隋日再定，惟留五百。以事類相似者，比附科斷。今日所停，即是參取《隋律》修易。條章既少，極成省便。』

龍朔二年，改易官號，因敕司刑太常伯源直心、少常伯李敬玄、司刑大夫李文禮等重定格式，惟改曹局之名而不易篇第。麟德二年奏上。至儀鳳中，官號復舊，又敕左僕射劉仁軌、右僕射戴志德、侍中張文瓘、中書令李敬玄、右庶子郝處俊、黄門侍郎來恒、左庶子高智周、右庶子李義琰、吏部侍郎裴行儉、馬戴、兵部侍郎蕭德昭、裴炎、工部侍郎李義琛、刑部侍郎張楚金、部郎中盧律師等，刪緝格式。儀鳳二年二月九日，撰定奏上。

先是，詳刑少卿趙仁本撰《法例》三卷，引以斷獄，時議亦為折衷。

後高宗覽之，以為煩文不便，因謂侍臣曰：『律令格式，天下通規。非朕庸虛，所能創制。並是武德之際，貞觀已來，或取定宸衷，參詳衆議，條章備舉，軌躅昭然，臨事遵行，自不能盡。何為更須作例，致使觸緒多疑？計此因循，非適今日，速宜改轍，不得更然。』自是《法例》遂廢不用。【略】

則天又敕内史裴居道、夏官尚書岑長倩、鳳閣侍郎韋方質，與刪定官袁智弘等十餘人，刪改格式，加計帳及勾帳式，通舊式成二十卷。又以武德已來，垂拱已後詔敕便於時者，編為《新格》二卷。則天自製《序》。其二卷之外，別編六卷，堪為當司行用，為《垂拱留司格》。時韋方質詳練法理，又委其事於咸陽尉王守慎，又有經理之才，故《垂拱格》、《式》，議者稱為詳密。其律令惟改二十四條。又有不便者，大抵依舊。【略】

中宗神龍元年。【略】時既改易，制盡依貞觀、永徽故事。敕中書令韋安石、禮部侍郎祝欽明、尚書右丞蘇瓌、兵部郎中狄光嗣等，刪定《垂拱格》後至神龍元年已來制敕，為《散頒格》七卷。又刪補舊式，為二十卷，頒於天下。

景雲初，睿宗又敕戶部尚書岑羲、中書侍郎陸象先、右散騎常侍徐堅、右司郎中唐紹、刑部員外郎邵知與、刪定官大理寺丞陳義海、右衛長史張處斌、大理評事張名播、左衛率府倉曹參軍羅思貞、刑部主事閻義顓凡十人，刪定格式律令。太極元年二月奏上，名為《太極格》。

開元初，玄宗敕黄門監盧懷慎、紫微侍郎兼刑部尚書李乂、紫微侍郎蘇頲、紫微舍人呂延祚、給事中魏奉古、大理評事高智靜、同州韓城縣丞侯郢璡、瀛州司法參軍閻義顓等，刪定格式令，至三年三月奏上，名為《開元格》。

六年，玄宗又敕吏部侍郎兼侍中宋璟、中書侍郎蘇頲、尚書左丞盧從愿、吏部侍郎裴漼慕容珣、戶部侍郎楊滔、中書舍人劉令植、大理司直高智靜、幽州司功參軍侯郢璡等九人，刪定律令格式，至七年三月奏上。律令式仍舊名，格曰《開元後格》。十九年，侍中裴光庭、中書令蕭嵩，又以格後制敕行用之後，頗與格文相違，於事非便，奏令所司刪撰《格後長行敕》六卷，頒於天下。

二十二年，戶部尚書李林甫又受詔改修格令。林甫遷中書令，乃與侍中牛仙客、御史中丞王敬從，與明法之官前左武衛胄曹參軍崔見衛、州司戶參軍、直中書陳承信，酸棗尉、直刑部俞元杞等，共加刪緝舊格式律令及敕，總七千二十六條。其一千三百二十四條於事非要，並刪之。二千一百八十條隨文損益，三千五百九十四條仍舊不改。總成律十二卷，《律疏》三十卷，《令》三十卷，《式》二十卷，《開元新格》十卷。又撰《格式律令事類》四十卷，以類相從，便於省覽。二十五年九月奏上，敕於尚書都省寫五十本，發使散於天下。【略】

大曆十四年六月一日，德宗御丹鳳樓大赦。赦書節文：『律令格式條目有未折衷者，委中書門下簡擇理識通明官共刪定。自至德已來制敕，或因人奏請，或臨事頒行，差互不同，使人疑惑，中書門下與刪定官詳決，取堪久長行用者，編入格條。』三司使，準式以御史中丞、中書舍人、給事中各一人為之，每日於朝堂受詞，推勘處分。建中二年，罷刪定格令使並三司使。先是，以中書門下充刪定格令使，又以給事中、中書舍人、御史中丞為三司使。至是中書門下奏請復舊，以刑部、御史臺、大理寺為之。其格令委刑部刪定。【略】

元和十三年八月，鳳翔節度使鄭餘慶等詳定《格後敕》三十卷，右司郎中崔郾等六人修上。其年，刑部侍郎許孟容、蔣乂等奉詔刪定，復勒成三十卷，刑部侍郎劉伯芻等考定，如其舊卷。【略】

太和七年十二月，刑部奏：『先奉敕詳定前大理丞謝登《新編格後敕》六十卷者。臣等據謝登所進，詳諸理例，參以格式，或事非久要，恩出一時，或前後差殊，或書寫錯誤，並已落下及改正訖。去繁舉要，列司分門，都為五十卷。伏請宣下施行。』可之。【略】

開成四年，兩省詳定《刑法格》一十卷，敕令施行。

會昌元年九月，庫部郎中、知制誥紇干泉等奏：『準刑部奏，犯贓官五品已上，合抵死刑，請準獄官，令賜死於家者。伏請永為定格。』從之

大中五年四月，刑部侍郎劉瑑等奉敕修《大中刑法總要格後敕》六十卷，起貞觀二年六月二十日，至大中五年四月十三日，凡二百二十四年雜敕，都計六百四十六門，一千一百六十五條。

七年五月，左衛率倉曹參軍張戣進《大中刑法統類》一十二卷。敕

刑部詳定，奏行之。

宋·王溥《唐會要》卷三九《定格令》 高祖初入關，除苛政，約法十二條。唯制殺人、劫盗、背軍、叛逆者死，餘並蠲除之。

武德元年六月一日，詔劉文靜與當朝通識之士，因隋開皇律令而損益之，遂制爲五十三條，務從寬簡，取便於時。其年十一月四日，頒下。仍令尚書令左僕射裴寂、吏部尚書殷開山、大理卿郎楚之、司門郎中沈叔安、内史舍人崔善爲等，更撰定律令。十二月十二日，又加内史令蕭瑀、禮部尚書李綱、國子博士丁孝烏等同修之。至七年三月二十九日成，詔頒於天下。大略以開皇爲准，正五十三條，凡律五百條格，入於新律，他無所改正。

貞觀十一年正月十四日，頒新格於天下。凡律五百條，分爲十二卷，減大辟者九十二條，減流入徒者七十一條；分爲三十卷，二十七篇，一千五百九十條；格七百條，以爲通式。

至永徽二年閏九月十四日，上新删定律令格式。太尉長孫無忌、開府儀同三司李勣、尚書左僕射于志寧、尚書右僕射張行、侍中高季輔、黄門侍郎宇文節柳奭、尚書右丞段寶元、吏部侍郎高敬言、刑部侍郎劉燕客、太常少卿令狐德棻、給事中趙文恪、中書舍人李友益、刑部郎中賈敏、行少府監丞張行實、大理丞元詔、太府丞王文端等同修。勒成律十二卷，令三十卷，式四十卷，頒於天下。遂分格為兩部：曹司常務者為《留司格》，天下所共者為《散頒格》。《散頒格》下州縣，《留司格》本司行用。

至三年五月，詔：『律學未有定疏，每年所舉明法，遂無憑準，宜廣召解律人修義疏奏聞，仍使中書門下監定。』參撰《律疏》，成三十卷，太尉長孫無忌、司空李勣、尚書左僕射于志寧、刑部尚書唐紹、大理卿段寶元、尚書右丞劉燕客、御史中丞賈敏行等同撰。四年十月九日上之，詔頒於天下。

龍朔二年二月，改易官名，敕司刑太常伯源直心等重定格式，唯改曹局之名，而不易篇第，至麟德二年奏上之。至儀鳳二年，官號復舊，又敕删輯。三月九日，删輯格式畢，上之。尚書左僕射劉仁軌、尚書右僕射戴至德、侍中張文瓘、中書令李敬玄、太子右庶子郝處俊、黄門侍郎來恆、太子左庶子高智周、吏部侍郎裴行儉馬炎、兵部侍郎蕭德昭裴炎、工部侍郎李義琰、刑部侍郎張楚金、右司郎中盧律師等。

至垂拱元年三月二十六日，删改格式，加《計帳》及《勾帳式》，通舊式成二十卷。又以武德以來垂拱已前詔敕便於時者，編為新格二卷，内史裴居道、夏官尚書岑長倩、鳳閣侍郎韋方質與删定官袁智宏等十餘人同修，則天自製《序》。其二卷之外，别編六卷，堪為當司行用，為《垂拱留司格》。時韋方質詳練法理，又委其事於咸陽縣尉王守慎，有經理之才，故《垂拱格》、《式》，議者稱為詳密。其律唯改二十四條，又有不便者，大抵仍舊。

至神龍元年六月二十七日，又删定《垂拱格》及《格後敕》，尚書左僕射唐休璟、中書令韋安石、散騎常侍李懷遠、禮部尚書祝欽明、尚書右丞蘇瓌、兵部郎中姜師度、戶部郎中狄光嗣等同删定。至神龍二年正月二十五日已前制敕，為《散頒格》七卷。又删補舊式，為二十卷，表上之。制：令頒於天下。

景龍元年十月十九日，以神龍元年所删定格式漏略，命刑部尚書張錫集諸明閑法理人，重加删定。至景云元年，敕又令删定格令。太極元年二月二十五日，奏上之，名為《太極格》，戶部尚書岑羲、中書侍郎陸象先、左散騎常侍徐堅、右司郎中唐詔、刑部員外郎邵知與、大理丞陳義海、左衛長史張處斌、大理評事張名播、左衛倉曹參軍羅思貞、刑部主事閻義顓等同修。

開元三年正月，又敕删定格式令，上之，名為《開元格》。六卷，黄門監盧懷慎、刑部尚書李乂、紫微侍郎蘇頲、紫微舍人呂延祚、給事中魏奉古、大理評事高智靜、韓城縣丞侯郢璡、瀛州司法參軍閻義顓等同修。至七年三月十九日，修令格，仍舊名曰《開元後格》，吏部尚書宋璟、中書侍郎蘇頲、尚書左丞盧從愿、吏部侍郎裴漼慕容珣、戶部侍郎楊緍、中書舍人劉令植、大理司直高智靜、幽州司功參軍侯郢璡等同修。十九年，侍中裴光庭、中書令蕭嵩、又以格後制敕行用之後，與格文相違，于事非便，奏令所司删撰《格後長行敕》六卷，頒于天下。

二十五年九月一日，復删輯舊格式律令，中書李林甫、侍中牛仙客、中丞王敬從、前左武衛胄曹參軍崔冕、衛州司戶參軍直中書陳承信、酸棗縣尉、直刑部俞元杞等，共加删緝舊格式律令及敕，總七千二十六條，其一千三百二十四條。于事非要並刪除之，二千一百八十條。隨事損益，三千五百九十四條仍舊不改，總成律十二卷。律疏三十卷。令三十卷。式二十卷。《開元新格》十卷，又撰《格式律令事類》四十卷，以類相從，便于省覽。奉敕：于尚書都省寫五十本，頒于天下。二十五年九月三日，兵部尚書李林甫奏：『今年五月三十日前敕，不入新格式者，並望不任行用限。』

至貞元元年十月，尚書省進《貞元定格後敕》三十卷，留中不出。至元和二年七月，詔刑部侍郎許孟容、大理少卿謝登、吏部郎中房式、兵部郎中熊執易、度支郎中崔光、禮部員外郎韋貫之等，刪定《開元格後敕》。其月，刑部奏改律卷第八為《鬬競》。至十年十月，刑部尚書權德輿奏：『自開元二十五年脩《格式律令事類》及奏定《處分長行敕》等，自大曆十四年六月、元和二年正月，兩度制刪之，並施行。伏以諸司所奏，苟便一時，事非經久。或舊章既具，徒吏煩文。獄理重輕，繫人性命。其元和二年准制刪定，至元和五年刪定畢，所奏三十卷，歲月最近，伏望且送臣本司。其元和五年已後續有敕文合長行，望令諸司録送刑部。臣請與本司侍郎、郎官參詳錯綜，同編入本，續具聞奏，庶人知守法，吏絕舞文。』從之。

至十三年八月，鳳翔節度使等同詳定《格後敕》三十卷。左司郎中崔郾、吏部郎中陳諷、禮部員外郎庾敬休及著作郎王長文、集賢校理元從質、國子博士林寶同脩上。其年刑部侍郎許孟容等，尋又奉詔刪定《格後敕》，勒成三十卷。刑部尚書劉伯芻等考定，脩為三十卷。至長慶三年正月，刑部奏請戶部郎中王貞、司門員外郎齊推詳正敕格，從之。其月，又請奏本司郎中裴潾、司門郎中文格、本司員外郎孫革、王永，大理司直楊倞與本司尚書崔植、侍郎景重詳正敕格。奏可。至開成元年三月，刑部奏：『伏准今年正月十日制，刑法科條，頗聞繁冗，主吏縱捨，未有所徵。宜擇刑部、大理官，即令商量條流要害，重脩格式，務於簡當，焚去冗長，以正刑名者。伏以律、令、格、式，著自漢初，其後經歷代增脩，皇朝貞觀、開元又重刪定，理例精詳，難議刊改。自開元二十六年刪定格令後，至今九十餘年。中外百司，皆有奏請，各司其局，不能守至公。其間或恩出一時，便為永式。前後矛盾，是非不同。吏緣為姦，人受其屈。伏見自貞元已來，累曾別勑選重臣，置院刪定。前後數四，徒涉歷三十歲，卒未堪行。今若止令刑部、大理官商量，重脩格式，遽焚冗長，伏恐奸吏翻緣此舞文。伏請但集蕭昕刪定建中已來制敕，分明比類，刪去前後矛盾及理例重錯者，條流編次，具卷數聞奏行用。所刪去者，伏請不焚，官同封印，付庫收貯。仍慎擇法官處置，省寺所斷刑獄有不當者，官吏重加貶黜。所冀人知自效，吏不敢欺，上副陛下哀矜欽恤之意。』敕旨：宜依。

至大中五年四月，刑部及大理卿等奉勑脩《大中刑法統類》，為六十卷，起貞觀二年六月二十日，至大中五年四月十三日，凡二百二十四年雜勑，都計六百四十六門，二千一百六十五條。至十年五月一日，左衛率府倉曹參軍張戣集録律令格式條件相類者一千一百五十條，分為一百二十門，號曰《刑律統類》，上之。

景龍三年八月九日敕：『應酬功賞，須依格式，格式無文，乃始比例。其制敕不言自今以後及永為常式者，不得攀引為例。』文明元年四月十四日敕：『律、令、格、式，為政之本。內外官人退食之暇，各宜尋覽。仍以當司格、令，書於在官廳事之壁，俯仰觀瞻，使免遺忘錯誤。』

開元十四年九月三日敕：『如聞用例破敕及令式，深非道理。自今已後，不得更然。』

貞元二年七月二十三日，刑部侍郎韓洄奏：『刑部掌律令，定刑名，按覆大理及諸州應奏之事，並無為諸司尋檢格式之文。比年諸司，每有與奪，悉出檢頭，下吏得生奸，法直因之輕重。又文明敕，當司格令並書于廳事之壁，此則百司皆合自有程式，不唯刑部。獨有典章。訛弊日深，事須改正。』敕旨：『宜委諸曹司。各以本司雜錢，置所要律令格式。其中要節，仍准舊例，録在官廳壁。左右丞勾當事畢日奏聞。其所諸司于刑部檢事，待本司寫格令等了日停。』

寶曆二年十月，大理卿裴向進前本寺丞盧紓所撰《刑法要録》十卷。

大和四年七月，大理卿裴誼奏：『當寺《格後敕》六十卷，得丞謝登狀，准御史臺近奏，從今已後，刑部、大理寺詳斷刑獄，一切取最後敕為定。』

會昌元年九月，庫部郎中、知制誥紇干泉等奏：『准刑部奏，犯贓官五品以上，合抵死刑，請準獄官令賜死于家者。伏請永為定式。』敕旨：宜依。

又《議刑輕重》（貞觀）十六年七月敕：『今後自害之人，據法加罪，仍從賦役。』自隋季政亂，征役繁多，人不聊生。又自折生體，稱為『福手』、『福足』，以避征戍。無賴之徒，尚習未除，故立此例。【略】

乾符四年正月五日敕：『法律有去任勿論之條，頗為僥倖，今後應刪。吏所犯諸罪，五年之後，去任勿論；五年內，同見任官例追收，據事定刑。』

又 卷四〇《君上慎恤》 天寶元年二月二十一日敕：『官吏准律應枉法贓十五匹合絞者，自今已後，特宜加至二十匹。仍即編諸律，著為不刊。』

又《定贓估》 開元十六年五月三日，御史中丞李林甫奏：『天下定贓估，互有高下。如山南絹賤，河南絹貴。賤處計贓，不至三百，即入死刑。貴處至七百已上，方至死刑。即輕重不侔，刑典安寄？請天下定贓估，絹每匹計五百五十價為限。』敕：『依。其應徵贓入公私，依例程。』

至上元二年正月二十八日敕：『先准格例，每例五百五十價，估當絹一匹。自今已後，應定贓數，宜約當時絹估，並准實錢。庶協從寬，俾在不易。』刑部尚書盧正己奏。

天寶六年四月八日敕節文：『其贖銅如情願納錢，每觔一百二十文。若負欠官物，應徵正贓，及贖物無財，以備官役折庸。其物雖多，止限三年。一人一日折絹四尺。若會恩旨。其物合免者，停役。』

上元二年正月敕：『《名例律》評贓者，皆據犯處當時物價，及上絹估評功庸者。計一人一日。為絹三尺，牛、馬、驢、騾車亦同。其船及碾磑邸店之類，各依當時賃直。庸雖多，不得過其本價。自今已後，應定贓數。宜約當時絹估，並准實錢。』

元和三年正月敕：『今後應坐贓及他罪當贖者，諸道委觀察判官一人專勾當，及時申報。如蔽匿不申者，節級科貶加罪。不系奏官長，量情處置者，其贓但准前申送御史臺充本色給用。仍差御史一人，專知贓贖。不得以贓罰為名。如罪名未正，妄罰其財，亦委觀察判官勾當。差定後先，具名聞奏。』

太和九年十月，大理丞周太元奏：『准制條云，雜物依上估絹結贓，所犯若干匹，並無估定計折字者。伏以監利物與兩稅物，好惡有殊，一例科決，慮憂有屈。今請盜換兩稅綢綾絹等物，請依元盜換匹數結罪科斷，更不估定。如盜換監利物，雜麻布焦葛匹段絲綿紙，及諸色進貢物，不是兩稅匹段等，請准法式，估定數依上絹結贓科斷。』敕旨：『依奏。』

大中六年閏七月敕：『應犯贓人，其平贓定估等，議取所犯處及所犯月上絹之價。假有蒲州盜鹽，嶲州事發，鹽已費使，依令懸平，即蒲州中估之鹽，准蒲州上絹之價。於嶲州決斷之類，縱有賣價貴賤，所估不同，亦依估為定。』

其年十月，中書門下奏：「其犯贓人平贓定估等，其外州府，比者雖准律文，取當處上估絹定贓平估，或有不出土絹處，縱有出處，亦慮結獄之時，須為勘估，因其貴賤，便生異端。兼以州府絹價，除果、閬州外，無貴于宋、亳州。上估絹者，則外州府不計有土絹及無土絹處，並請一例取宋、亳州上絹估，每匹九百文結計。如所取得絹已費使，及不記得當時州土色目，即請取犯處市肆見貨當處中估絹價平之。如不出絹處，亦請以當處見貨雜州中估絹價平之。庶推劾有准，斷覆無疑。」從之。

又 卷四一《雜記》 延載元年敕：『盜公私尊像，入大逆條；盜佛殿內物，同乘御物。』

神龍三年八月七日：『反逆緣坐人應没官者，年至十六以上，並配嶺南遠惡州為城奴。』【略】

開元三年二月敕：『禁別宅婦人，如犯者五品已上，貶遠惡州，婦人配入掖庭。』【略】

天寶五載十一月五日敕：『其偽畫印，宜用偽鑄印刻印之例處分，永為常式。』【略】

貞元六年十一月八日敕：『自今已後，太守縣令有犯贓者，宜令加常式一等。』

《新唐書》卷五六《刑法志》 唐之刑書有四，曰：律、令、格、式。令者，尊卑貴賤之等數，國家之制度也；格者，百官有司之所常行之事也；式者，其所常守之法也。凡邦國之政，必從事於此三者。其有所違及人之爲惡而入於罪戾者，一斷以律。律之爲書，因隋之舊，爲十有二篇：一曰名例，二曰衛禁，三曰職制，四曰戶婚，五曰廄庫，六曰擅興，七曰賊盜，八曰鬭訟，九曰詐僞，十曰雜律，十一曰捕亡，十二曰斷獄。

其用刑有五：一曰笞。笞之爲言恥也；凡過之小者，捶撻以恥之。漢用竹，後世更以楚。《書》曰『撲作教刑』是也。二曰杖。杖者，持也：可持以擊也。《書》曰『鞭作官刑』是也。三曰徒。徒者，奴也；蓋奴辱之。《周禮》曰：其奴，男子入於罪隸，任之以事，寘之圜土而教之，量其罪之輕重，有年數而捨。四曰流。《書》云『流宥五刑』，謂不忍刑殺，宥之於遠也。五曰死。乃古大辟之刑也。

自隋以前，死刑有五，曰：磬、絞、斬、梟、裂。而流、徒之刑，鞭笞兼用，數皆踰百。至隋始定爲：笞刑五，自十至於五十；杖刑五，自六十至於百；徒刑五，自一年至於三年；流刑三，自一千里至於二千里；死刑二，絞、斬。除其鞭刑及梟首、轘裂之酷。又有議、請、減、贖、當、免之法。唐皆因之。然隋文帝性刻深，而煬帝昏亂，民不勝其毒。

唐興，高祖入京師，約法十二條，惟殺人、劫盜、背軍、叛逆者死。及受禪，命納言劉文靜等損益律令。武德二年，頒新格五十三條，唯吏受賕、犯盜、詐冒府庫物，赦不原。【略】（四年）又詔僕射裴寂等十五人更撰律令，凡律五百，麗以五十三條。流罪三，皆加千里；居作三歲至二歲半者悉爲一歲。餘無改焉。

太宗即位，詔長孫無忌、房玄齡等復定舊令，議絞刑之屬五十，皆免死而斷右趾。既而又哀其斷毀支體，謂侍臣曰：『肉刑，前代除之久矣，今復斷人趾，吾不忍也。』王珪、蕭瑀、陳叔達對曰：『受刑者當死而獲生，豈憚去一趾？去趾，所以使見者知懼。今以死刑爲斷趾，蓋寬之也。』帝曰：『公等更思之。』其後蜀王法曹參軍裴弘獻駁律令四十餘事，乃詔房玄齡與弘獻等重加删定。玄齡等以謂『古者五刑，刖居其一。及肉刑既廢，今以笞、杖、徒、流、死爲五刑，而又刖足，是六刑也。』於是除斷趾法，爲加役流三千里，居作二年。【略】

故時律，兄弟分居，蔭不相及，而連坐則俱死。同州人房强以弟謀反當從坐，帝因録囚爲之動容，曰：『反逆有二：興師動衆一也，惡言犯法二也。輕重固異，而鈞謂之反，連坐皆死，豈定法耶？』玄齡等議曰：『禮，孫爲父尸，故祖有陰孫令，是祖孫重而兄弟輕。』於是令：反逆者，祖孫與兄弟緣坐，皆配没；惡言犯法者，兄弟配流而已。玄齡等遂與法司增損隋律，降大辟爲流者九十二，流爲徒者七十一，以爲律；定令一千五百四十六條，以爲令；又删武德以來敕三千餘條爲七百條，以爲格；又取尚書省列曹及諸寺、監、十六衛計帳以爲式。【略】

自房玄齡等更定律令格式，訖太宗世用之，無所變改。高宗初即位，詔律學之士撰《律疏》，又詔長孫無忌等增損格敕。其曹司常務曰《留司格》，頒之天下曰《散頒格》。龍朔、儀鳳中，司刑太常伯李敬玄、左僕射劉仁軌相繼又加刊正。武后時，内史裴居道、鳳閣侍郎韋方質等，又删武德以後至于垂拱詔敕，為新格，藏於有司，曰《垂拱留司格》。神龍元年，中書令韋安石又續其後至於神龍為《散頒格》。睿宗即位，戶部尚書岑羲等又著《太極格》。玄宗開元三年，黄門監盧懷慎等又著《開元格》。至二十五年，中書令李林甫又著《新格》，凡所損益數千條。明年，吏部尚書宋璟又著《後格》，皆以『開元』名書。天寶四載，又詔刑部尚書蕭炅稍復增損之。

肅宗、代宗，無所改造。至德宗時，詔中書門下選律學之士，取至德以來制敕奏讞，掇其可為法者，藏之而不名書。憲宗時，刑部侍郎許孟容等删天寶以後敕為《開元格後敕》。文宗命尚書省郎官各删本司敕，而丞與侍郎覆視，中書門下參其可否而奏之，為《太和格後敕》。開成三年，刑部侍郎狄兼謩採開元二十六年以後至于開成制敕，删其繁者，為《開成詳定格》。宣宗時，左衛率府倉曹參軍張戣以刑律分類為門，而附以格敕，為《大中刑律統類》，詔刑部頒行之。此其當世所施行而著見者，其餘有其書而不常行者，不足紀也。《書》曰：『慎乃出令。』蓋法令在簡，簡則明；行之在久，久則信。而中材之主，庸愚之吏，常莫克守之，而喜為變革。至其繁積，則雖有精明之士，不能徧習，而吏得上下以為姦。此刑書之弊也。蓋自高宗以來，其大節鮮可紀，而格令之書不勝其繁也。

宋·宋敏求《唐大詔令集》卷八二《政事·刑法·頒行新律詔》

象服畫冠，化隆上乘，道德齊禮，刑清中代。暨乎大道既隱，淳風已衰，桁楊所以實煩，手足為之無措。自斯以降，禁網愈密。太宗文皇帝撥亂反正，恤獄慎刑，杜澆弊之大源，削煩苛之峻法。道臻刑措，二十三年。玉几遺訓，皇令刊改。朕仰遵先旨，旁求故實，乃制太尉、揚州都督無忌，開府儀同三司勣，尚書左僕射行成，光禄大夫、侍中高季輔，右丞段寶玄，太常少卿令狐德棻，吏部侍郎高敬言，刑部郎中賈名行等，爰逮朝賢，詳定法律，酌前王之令典，考列辟之舊章，適其輕重之宜，採其寬猛之要，使夫畫一之制簡而易從，約法之章疏而不漏。再移期月，方始勒成。宜頒下普天，垂之来葉，設而不犯，均被上皇。凡在羣臣，逮於列岳，其務在審慎，稱朕意焉。永徽二年九月

又《頒行新令制》 門下：蓋大帝臨下，覆幬之德彰焉；聖人在上，財成之迹著焉。然則統天理運，微政令不能通其道；經國訓人，非渙汗無以宣其化。故羲爻演繇，后以施命誥四方；《虞典》記言，帝乃敷文被九域。豈惟遒人振鐸，理存乎闡教：象闕懸書，義在於垂法。雖時分步驟，必循先甲之規；代變驪騵，無革違名之軌。既而淳源已往，澆風漸扇，奸宄於是萌生，譎詐以之飈起。相彼羣俗，頗乖於信義；顧茲庶尹，罕嗣於忠勤。尺一交馳，徒有書亭之弊；五條問出，猶招挂壁之譏。非所謂光闡帝圖，作為人極者也。由此綠綈爰降，尤慎於繁冗；黄素所施，彌崇於喻曉。皇家創業，抑揚前古，粤在貞觀，大啓憲章，浹聲教於幽潛，燭文明於區宇。鴻池衍誥，統理詳密，螭鈕騰文，規模宏遠，固以貽厥將来，懸諸日月。朕祇肅鴻業，恭臨寶位，握千載之禎符，承百王之末緒。凝神閒館，託軒夢以憂人；採誦康衢，用堯心而拯物。然以萬機事廣，恐聽覽之或遺；四海務殷，慮緝采之多厭。南宮故事，綜覆已殫，內史舊章，搜羅殆盡。自御宸扆，每懷冰谷，身雖處於巖廊，情寔係於億兆。比者在外州府，敷陳表疏，示下諸司，亦多奏請。朕以為帝命多緒，範圍之旨宏；王言如絲，彌綸之道洽。前後處分，因事立文。歲序既淹，條流遂積，覽之者滋惑，行之者愈怠。但政貴有恒，詞務體要，道廣則難備，事簡則易從。故自永徽以来詔敕，俱令沙汰，詳稽得失，甄別異同，原始要終，捐華摭實。其有在俗非便，事縱省而悉除；於時適宜，文雖繁而必録。援義刪定，以類區分。上稟先規，下齊庶政，導生靈之耳目，闢風化之聲牖。俾夫施之萬祀，周知訓夏之方；布之八埏，共識司南之路。仍令所司編次，具為卷帙施行，此外並停。自今以後，諸有表奏，事非要切，並准敕令，各申所司。可頒示普天，使知朕意。儀鳳元年十二月五日

又《頒律令格式制》 門下：朕聞唐虞膺籙，畫象而人知禁；夏商御圖，設刑而罪不息。周秦以降，沿革罕同，漢魏而還，條流浸廣。雖或輕或重，一弛一張，義在於訓人，事期於肅物。然則刑辟勿用，見稱於昔典；法令滋章，貽譏於前哲。朕情在愛育，志切哀矜。疏網恢恢，寔素懷之所尚；苛政察察，良夙心之所鄙。方冀化致無為，業先刑措，近見所司進律、令、格、式，一一自觀。至於經邦成務之規，訓俗懲違之範，萬目咸舉，一事無遺。但能奉以周旋，守而勿失，自可懸諸日月，播之黎庶，何事不理？何化不成？先聖憂勤萬務，遺念庶績，或慮須有弛張，所以泛令刪定。今既綱維備舉，法制宏通，理在不刊，義歸無改，豈可更有異同，別加撰削？必年月久遠，於時用不便，當廣延羣議，與公卿等謀之。今未有疑，無容措筆。其先定律、令、格、式之本，宜早宣布。凡厥在職，務須遵奉。輒造異端，妄踰軌躅者，咸禁除之，庶用刑符於畫一，守法在於無二。內外寮寀，知朕意焉。文明元年四月二十六日

又《孫逖〈頒行新定律令格式敕〉》 敕：簡而易從，疏而不漏，二者之義，良有旨哉！朕思正國綱，舉為大化，至於律、令、格、式，政之隄防，豈非沿襲，亦致增損。條流既廣，繁冗遂多，或輕重不倫，或交互相背。侮法之吏，因以情坐，得罪之人，何妨誤入。觸類而長，頗乖折中，永言於此，是用興懷。先令中書門下及明法人等商量刊定，兼亦採諸羣議，徧示具寮。洎乎畢功，已淹歲序，近者親覽，又歷旬時。如此再三，事亦詳慎。不刊之典，故亦庶乎！適時之方，斯其宜矣。可頒告天下。

又《刪定制敕》 元和、長慶之中，皆因用兵，且欲濟事，所下制條，或是權宜。今四方少寧，庶政須理。每有司檢舉行下，則諸道援引申論，所執不同，遂成舛駁。若不刊定，則無准憑。宜令尚書省諸行郎官，各取本司元和以来敕，參詳定訖，送都省，令左右丞重與尚書侍郎覆視，更加裁度，送中書門下議定奏聞。太和元年六月

《舊五代史》卷一四七《刑法志》 梁太祖開平三年十一月，詔太常

卿李燕、御史蕭頃、中書舍人張袞、户部侍郎崔沂、大理卿王鄯、刑部郎中崔誥共刪定律令格式。

四年十二月，宰臣薛貽矩奏：『太常卿李燕等重刊定律令三十卷，式二十卷，格一十卷，目録一十三卷，律疏三十卷，凡五部一十帙，共一百三卷。敕中書舍人李仁儉詣閤門奉進，伏請目為《大梁新定格式律令》，仍頒下施行。』從之。

唐莊宗同光元年十二月，御史臺奏：『當司刑部大理寺本朝法書，自朱温僭逆，刪改事條，或重貨財，輕入人命，或自狥枉過，濫加刑罰。今見在三司收貯刑書，並是僞廷刪改者。兼僞廷先下諸道，追取本朝法書焚燬，或經兵火所遺，皆無舊本節目，只定州敕庫有本朝法書具在。請敕定州節度使速寫副本進納，庶刑法令式並合本朝舊制。』從之。未幾，定州王都進納《唐朝格式律令》，凡二百八十六卷。

二年二月，刑部尚書盧價奏，纂集《同光刑律統類》，凡一十三卷，上之。

周太祖廣順元年六月，勑侍御史盧億、刑部員外郎曹匪躬、大理正段濤同議定重寫法書一百四十八卷。先是，漢隱帝末因兵亂，法書亡失。至是，大理奏重寫律令格式統類編勑，凡改點畫及義理之誤字，凡二百一十四。以晉漢及國初事關刑法勑條凡二十六件，分為二卷，附于編勑，目為《大周續編勑》，命省寺行用焉。

二年二月，中書門下奏：『准元年正月五日赦書節文，今後應犯竊盜贓及和姦者，並依晉天福元年已前條制施行。諸處犯罪人等，除反逆罪外，其餘罪並不籍没家産，誅及骨肉，一依格令處分者。請再下明旨，頒示天下。』乃下詔曰：『赦書節文，明有釐革，切慮邊城遠郡，未得審詳，宜更申明，免至差誤。其盜賊若是强盜，並准自來格條斷遣。其犯竊盜者，計贓絹滿三匹已上者，並集衆決殺。其絹以本處上估價為定。不滿三匹者，等第決斷。應有夫婦人被强姦者，男子決殺，婦人不坐。其犯和姦者，並准律科斷，罪不至死。其餘姦私罪犯，准格律處分。應諸色罪人，除謀反大逆外，其餘並不得誅殺骨肉，籍没家産。』先是，晉天福中敕，凡和姦者，男子、婦人並處極法。至是，始改從律文焉。

世宗顯德四年五月，中書門下奏：『准宣，法書行用多時，文意古質，條目繁細，使人難會，兼前後敕格，互換重疊，亦難詳定。宜令中書門下並重刪定，務從節要，所貴天下易為詳究者。伏以刑法者，御人之銜勒，救弊之斧斤，故鞭撲不可一日弛之于家，刑法不可一日廢之于國。雖堯舜淳古之代，亦不能舍此而致理矣。今奉制旨，刪定律令，有以見聖君欽恤明罰，勑法之意也。竊以律令之書，政理之本經，聖賢之損益，爲古今之章程。歷代以來，謂之彝典。今朝廷之所行用者一十二卷，律疏三十卷，式二十卷，令三十卷，《開成格》一十卷，《大中統類》一十二卷，後唐以來至漢末編勑三十二卷，及皇朝制勑等。折獄定刑，無出于此。律令則文辭古質，看覽者難以詳明。格敕則條目繁多，檢閲者或有疑誤。加之邊遠之地，貪猾之徒，緣此爲姦，寖以成弊。方屬盛明之運，宜申畫一之規，所冀民不陷刑，吏知所守。臣等商量，望准聖旨施行，仍差侍御史知雜事張湜、太子右庶子劇可久、殿中侍御史帥汀、職方郎中鄧守中、倉部郎中王瑩、司封員外郎賈玭、太常博士趙礪、國子博士李光贊、大理正蘇曉、太子中允王伸等一十人，編集新格，勒成部帙。律令之有難解者，就文訓釋；格勑之有繁雜者，隨事刪除。止要諧理省文，兼且直書易會。其中有輕重未當，便于古而不便于今；矛盾相違，可于此而不可于彼，盡宜改正，無或牽拘。候編集畢日，委御史臺、尚書省四品以上及兩省五品以上官參詳可否，送中書門下議定。奏取進止。』詔從之。自是湜等於都省集議刪定，仍令大官供膳。

五年七月，中書門下奏：『侍御史知雜事張湜等九人奉詔編集刑書，悉有條貫。兵部尚書張昭等一十人參詳旨要，更加損益。臣質、臣溥據文評議，備見精審。其所編集者，用律為正，辭旨之有難解者，釋以疏意；義理之有易了者，略其疏文。式令之有附近者次之，格勑之有廢置者又次之。事有不便，於該説未盡者，別立新條於本條之下。其有文理深古，慮人疑惑者，別以朱字訓釋。至于朝廷之禁令，州縣之常科，各以類分，悉令編附。所冀發函展卷，綱目無遺，究本討原，刑政咸在。其所編集，勒成一部，別有目録，凡二十一卷。刑名之要，盡統於兹，目之為《大周刑統》。欲請頒行天下，與律疏令式通行。其《刑法統類》、《開成格》、編勑等，採掇既盡，不在法司行使之限。自來有宣命指揮公事及三司臨時條法，州縣見今施行，不在編集之數，應該京百司公事逐司各有見行條件，望令本司删集，送中書門下詳議聞奏。』敕：『宜依。仍頒行天下。』乃賜侍御史知雜事張湜等九人各銀器二十兩，雜綵三十四，賞删定《刑統》之勞也。【略】

内外官當贖之法，梁、唐皆無定制，多示優容，或因時分輕重。晉天福六年五月，尚書刑部員外郎李象請：『今後凡是散官，不計高低，若犯罪不得當贖，亦不得上請詳定院覆奏。應内外文武官，有品官者自從品官法，無品官有散試官者，應内外帶職廷臣賓從，有功將校等，並請同九品官例。其京都運巡使及諸道州府衙前職員，内外雜任鎮將等，並請准律，不得上請當贖。其巡司馬步司判官，雖有曾歷品官者，亦請同流外職。准律，杖罪以下，依決罰例，徒罪以上，仍依當贖法。』

至周顯德五年七月，新定《刑統》：『今後定罪，諸道行軍司馬、節度副使、副留守，准從五品官例。諸道兩使判官、防禦團練副使，准從六品官例。節度掌書記、團判官、兩蕃營田等使判官，准從七品官例。諸道推巡及軍事判官，准從八品官例。諸軍將校内諸司使、使副、供奉、殿直，臨時奏聽敕旨。』由是内外品官當贖之法，始有定制焉。

宋·王溥《五代會要》卷九《定格令》 梁開平三年十月，敕太常卿李燕、御史司憲蕭頃、中書舍人張衮、尚書戶部侍郎崔沂、大理寺卿王鄯、尚書刑部郎中崔誥、共删定律令格式。至四年十二月，中書門下奏：『新删定令三十卷，式二十卷，格一十卷，律並目録一十三卷，律疏三十卷，共一百三卷。請目爲《大梁新定格式律令》，頒下施行。』從之。

後唐同光三年二月，刑部尚書盧質上新集《同光刑律統類》十三卷。

天成元年九月二十八日，御史大夫李琪奏：『奉八月二十八日敕，以大理寺所奏管見四部法書内有《開元格》一卷，《開成格》一十一卷，故大理卿楊遘所奏行僞梁格並《目録》一十一卷，與《開成格》防有舛誤，未審祇依楊遘先奏施行，為復别頒聖旨，令臣等重加商較刊定奏聞者。今莫若廢僞梁之新格，行本朝之舊章，遵而行之，違者抵罪。』

至其年十月二十一日，御史臺、刑部、大理寺奏：『奉九月二十八日敕：「宜依李琪所奏，廢僞梁格，施行本朝格令者。」伏詳敕命，未該律令。伏以開元朝與開成隔越七帝，年代既深，法制多異，且有重輕。律無二等，若將兩朝格文並行，伏慮重疊舛誤。況法者天下之大理，非一人之法，乃天下之法也，故爲一代不變之制。又准敕：「立後格合破前格。」若將《開元格》與《開成格》並行，實難檢舉。又有《大和格》五十二卷，《刑法要録》一十卷，《格式律令事類》四十卷，《大中刑法格後敕》六十卷，共一百六十一卷，久不檢舉，伏請定其予奪。奉敕：「宜令御史臺、刑部、大理寺同詳定一件格施行者。」今集衆商量，《開元格》多定條流公事，《開成格》關于刑獄，今欲且使《開成格》。』從之。

長興四年六月，敕御史中丞龍敏、給事中張鵬、中書舍人盧道、尚書刑部侍郎任贊、大理卿李延範等詳定《大中統類》。

清泰二年四月，御史中丞盧撰等進清泰元年以前十一年内制敕，可久遠施行者，凡三百九十四道，編爲三十卷；其不中選者，各令本司封閉，不得行用。敕付御史臺頒行。

晉天福三年六月，中書門下奏：『伏觀天福元年十一月敕節文，唐明宗朝敕命法制，仰所在遵行，不得改易。今諸司每有公事，見執清泰元年十月十四日編敕施行，稱明宗朝敕，除編集外，並已封鎖不行。臣等商量，望差官將編集及封鎖前後敕文，並在祥定。其經久可行條件，别録奏聞。』從之。遂差左諫議大夫薛融、秘書監丞呂琦、尚書駕部員外郎知雜事劉皞、尚書刑部郎中司徒詡、大理正張仁瑑同參詳。至四年七月，薛融等上所祥定編敕三百六十八道，分為三十一卷，令有司寫録，與格式參用。

周廣順元年六月，命侍御史盧億等，以晉、漢及國初事關刑法敕條一十六件，編爲二卷，目爲《大周續編敕》。

顯德四年五月二十四日，中書門下奏：『准宣，法書行用多時，文意古質，條目繁細，使人難會。兼前後敕格，差謬重疊，亦難詳究。宜令中書門下並行删定，務從簡要，所貴天下易爲頒行者。伏以刑法者，禦人之銜勒，救弊之斧斤，故鞭撲不可一日弛於家，刑罰不可一日廢于國，雖堯、舜淳古之代，亦不能舍此而致理矣。今奉制書，删律令之書。竊以律令之書，致理之本，經聖賢之損益，爲今古之章程，歷代已來，謂之彝典。朝廷之所行用者，律一十二卷，律疏三十卷，式二十卷，令三十卷，《開成格》一十卷，《大中統類》一十二卷，後唐以來致漢末編敕三十二卷，及皇朝制敕等。折獄定刑，無出於此。律令則文辭古質，看覽者難以詳明。格敕則條目煩多，檢閱者或有疑誤。加以邊遠之地，貪猾之徒，緣此爲奸，寖以成弊，方屬聖明之運，宜申畫一之規，所冀民不陷刑，吏知所守。

『臣等商量，望准聖旨施行，仍差侍御史知雜事張湜、太子右庶子劇可久、殿中侍御史李汀、職方郎中劉守中、倉部郎中王瞀、司封員外郎賈玭、太常博士趙礪、國子博士李光贊、大理寺正蘇曉、太子中允王伸等十人，編集新格，勒成簿帙。律令之有難解者，就文訓，格敕之有繁雜者，隨事删除，止要諳理省文，兼且直書易會。其中有輕重未當便于古而不便於今，矛盾相攻，可於此而不可於彼，盡宜改正，毋或牽拘。候集編畢日，委御史臺、尚書省四品已上官，及兩省五品已上官參詳可否，送中書門下議定，奏進取止。』從之。

至五年七月七日，中書門下及兵部尚書張昭遠等奏：『所編集勒成一部，別有目録，凡二十一卷，目之為《大周刑統》。伏請頒行天下，與律疏令式通行，其《刑罰法統類》、《開成編敕》等采掇既盡，不在法司行使之限。自來有宣令指揮公事，三司臨時條法，州縣見今施行，不在編集之數。應該京百司公事，各有見行條件，望令本司删集，送中書門下詳議奏聞者。』奉敕：『宜依。』

又 《議刑輕重》 後唐天成二年二月十五日，御史臺、刑部、大理寺奏：『奉天成元年十二月一十日敕：「越訴之條，本防虚妄，須用懲斷，以絶效尤。如或實抱深寃，無門上訴，其越訴律內，不載杖數，仍令大理寺別具奏聞者。」寺司准《名例律》，諸防罪而無正條，若或不經臺省，何得復讐？事在酌中，理難執律，其應出律者，則舉重以明輕，其應入罪者，則舉輕以明重。《疏》云：斷罪而無條。謂一部律內犯無罪名者，准《雜律》，不應得爲而爲者，笞四十。謂律令無條理不可爲者，事理重者杖八十。《疏》云：雖犯輕重，觸類宏多，金科玉條，包羅難盡。其有在律在令無有正條，若不輕重相明，無文可以比附，臨時處斷，量情爲罪，庶補遺闕，故立此條，其情輕者笞四十，事理重者杖八十。』奉敕：『宜依。』【略】

長興二年四月，大理寺劇可久奏：『准《開成格》：「應盜賊須得本贓，然後科罪。如有推勘因而致死者，以故殺論。」臣請起今已後，若因而致死，無故即請減一等。別增病症而死者，從辜限，正賊減本罪五等。』中書門下復奏：『今後凡關賊，徒若推勘因而致死者，有故以故殺論，無故減一等。如拷決因增疾患，候驗分明，如無他故，雖辜內致死，亦以減一等論。』從之。

至晉天福六年五月十五日，尚書刑部員外郎李象奏：『據《刑法統類》節文云：「盜賊未見本贓，推勘因而致死者，有故者以故殺論。其無故者減一等。」又云：「今後或有故者以故殺論，或無故者其影迹顯然，支證不謬，堅持奸惡，不招本情，以此致死者，減故殺罪三等。其或妄被舉引，終是平人，以此致死者，減故殺罪一等。」臣按上文云：「有故殺者，以故殺論。」即此是矣。其無故殺者，亦坐減一等罪，即恐未當。假如官司或有判獄，未見本情，不可全不詰問。托言有故者，則是曾行拷掠，及違令式，或粗大勘捧，强相抑壓，以此致死者，並屬有故。無故者，即是推勘之司，不曾拷掠，又不違法律，亦不堅有抑壓，此則並屬無故，不坐罪。假若有犯事人舊患病疾，推勘之際，卒暴身亡，不可以坐推司減等之罪，又據《斷獄律》云：「若依法使杖，依數拷決而邂逅致死者勿論。」邂逅，謂不期致死而死，且彼言拷決，尚許勿論，此云無故，卻令坐罪，事實相背，理有未通。請今後推勘之時致死者，若實情無故，請依邂逅勿論之義。』

詳定院奏：『臣等參詳，若違法拷掠，即非關托故挾情以致其死但有情故者，依故殺論。若雖不依法拷掠，即非托故挾情以致其死而無情故者，請減故殺一等。若本無情故，又依法拷掠或未拷掠，或依詰問未詰問，及不抑壓因他故致死，並屬邂逅勿論之義。』從之。

又 《定贓》 後唐長興四年六月十四日准敕：『枉法贓十五匹絞，准格加至二十匹。乃自喪亂以來，廉耻者少，舉律行令，戒人遠財。國家常切好生，上下頗能知禁，犯既漸寡，法亦宜輕。起今後犯枉法贓者，宜准格文處分。贓名條內有以准加減及同字者並倍贓累贓，並宜准律令格式處分。凡有告事者，除鹽麴條流外，宜據輕重依理施行，不在格賞之限。』

清泰元年九月，大理寺奏：『所用法書竊盜條，准建中年，贓滿三匹以上決殺，不及三匹量情決杖。本條量情之文不定，詔御史中丞龍敏等議。贓滿三匹，准舊法；一匹已上，決徒二年半；一匹以下，量罪以杖。大理寺又以量罪之文不定，申奏集寺重議。今議定贓滿一匹，徒二年半；不及一匹，徒一年半；不得財，杖七十。』從之。

二年五月，中書門下奏：『刺史位列公侯，縣令爲人父母，衹合倍加乳哺，豈可自致瘡痍？一昨張宗胤，胥吏訟論，合當極典，法司援律，罪止徒流。臣聞立法稍嚴，則人不敢犯，其見行法律，望下所司更加斟酌。』御史臺、刑部、大理寺同議奏曰：『准律，枉法贓十五匹絞，天寶元載加至二十匹。請今後枉法贓十五匹准律絞，不枉法贓准三十匹加徒流。受所監臨贓五十匹流二千里。今請依《統類》不枉法贓過三十匹，受所監臨贓過五十匹。』從之。

晉天福五年十月敕：『今後竊盜贓滿五匹者處死，三匹以上決杖配流，以盜論者依律文處分。』

漢天福十二年八月敕：『應天下凡關强盜捉獲，不計贓物多少，按驗不虛，並宜處死。』

又 卷一〇《刑法雜録》 （晉天福）五年三月十日敕：『剺耳稱寃人，准大中六年十二月十五日敕，若有犯者，決杖流配，訴雖有理，不在申明。今後所陳，與為勘斷，剺耳之罪，准律別科。』

六年五月十五日，尚書刑部員外郎李象奏：『請今後凡是散官，不計高低，若犯罪不得當贖，亦不得上請。』詳定院覆奏：『應內外文武官，有品官者自依品官法，無品官者、有散試官者，應內外帶職廷臣賓從、有功將校等，並請同九品官例。其京都軍巡使及諸道州府衙前職員、內外雜任鎮將等，並請准律，不得上請當贖。其巡司馬步司判官，雖有曾歷品官者，亦請同流外職。准律，杖罪已下依決罰例，徒罪已上仍依當贖法。』

周顯德五年七月，新定《刑統》：今後定罪，諸道行軍司馬、節度副使、副留守，准從五品例。諸道兩使判官、防禦團練副使，准從六品官例。節度掌書記、防團判官、兩藩營田等判官，准從七品官例。諸道推巡及軍事判官，准從八品官例。諸軍將校，內諸司副、供奉官、殿直，臨時奏聽聖旨。【略】

（顯德五年七月七日）又敕：『諸盜經防後仍更行盜，前後三犯，並曾經官司推問伏罪，不問赦前後，贓多少，並取決殺。』

又 卷二六《鹽鐵雜條上》 後唐長興四年五月七日，諸道鹽鐵轉運使奏：諸道州府鹽法條流元末，一概定奪，謹具如後：

應食顆鹽州府，省司各置糶折博場院，應是鄉村，並通私商興販。所有折博，每年人戶蠶鹽，並不許挾帶一斤一兩入城，侵奪榷糶課利。如違犯者，一兩以上至一斤，賣買人各杖六十；一斤以上至三斤，買賣人各杖七十；三斤以上至五斤，買賣人各杖八十；五斤以上至十斤，買賣人各徒三年；十斤以上不計多少，買賣人各決脊杖二十，處死。所有犯鹽人隨行錢、騾畜等，並納入官。所有元本家業莊，田如是全家逃走者，即行點納。仍許搬載腳戶、經過店主並禦下人力等糾告，等第支與優給。如知情不告，與賣鹽人同罪。

其犯鹽人經過處，地分門司、廂界巡檢、節級、所由並諸色關連人等，不專覺察，委本州臨特斷訖散省。如是門司關津口鋪捉獲私鹽，即依下項等第，支給一半賣錢。十斤以上至五十斤，支賞錢二十千，五十斤以上至一百斤，支賞錢三十千，一百斤以上，支賞錢五十千。

應食末鹽地界，州府縣鎮所有糶院，內外禁法，即末鹽一概條流。應刮鹹煎鹹，不計多少斤兩，並處極法，並許四鄰及諸色人等陳告，等第支給賞錢。欲指揮此後犯一兩以上至一斤，買賣人各杖六十；一斤以上至二斤，買賣人各杖七十；二斤以上至三斤，買賣人各徒一年；三斤以上至五斤，買賣人各徒二年；五斤以上，買賣人各決脊杖處死。如是收到鹹土、鹽水，即委本處煎煉鹽數，准條科斷。或有已曾違犯不至死刑，經斷後，公然不懼條流再犯者，不計斤兩多少，所犯人並處極法。其糶場院員寮，節級人力、煎鹹池客、灶戶、搬鹽舡綱、押綱軍將、衙官、梢工等，具知鹽法，如有公然偷盜官鹽，或將貨賣，其買賣人及過鹽主人知情不告，並依前項刮鹹例，五斤以上處死，其諸色關連人等，首告支賞錢；即准洛京、邢、鎮條流事例指揮。

顆、末、青、白等鹽，元不許界分參雜，其顆鹽先許通商之時，指揮不得將帶入末鹽地界。如有違犯，一斤一兩並處極法。所隨行物色，除鹽外，一半納官，一半與捉事充賞。其餘鹽色，未有畫一條流，其洛京、並、鎮、定、邢州管內，多有北京末鹽入界，捉獲並依洛京條流科斷。欲指揮此後但是顆、末、青、白諸色鹽侵界參雜，捉獲並准洛京條流施行。慶州青、白榷稅院，元有透稅條流，所有隨行驢物色，一半衹與捉事人充賞，其餘一半並鹽並納入官。欲並且依舊，一斗以上至三斗，杖七十；

三斗以上至五斗，徒一年；五斗以上，處死。

安邑、解縣兩池鹽院，河中節度使兼判之時，申到畫一事件條流等，准敕牒，兩地所出鹽，舊日若無文榜，如擅將一斤一兩，准元敕條並處極法。其犯鹽人應有錢物，並與捉事人充賞。者切以兩池禁棘峻阻、不通行人，四面各置埸門弓射，分擘鹽池地分居住，並在棘圍里面，更不別有差遣，祇令巡防鹽池。如此後有人偷盜官鹽一斤一兩出池，其犯鹽人並准元敕條流處分，應有隨行錢物，並納入官。其捉事人依下項定支授給；若是巡檢弓射，池埸門子自不專切巡察，致有透漏到棘圍外，被別人捉獲，及有糾告，兼同行反告官中更不坐罪，陳告人亦依捉事人支賞。應有知情偷盜官鹽之人，亦依犯鹽人一例處斷。其不知情關連人，臨時酌情定罪，所有透漏地分官射及池埸門子，如是透漏出鹽二十斤以下，徒一年半。十斤以上至二十斤，支賞錢一十千；二十斤以上至五十斤，支賞錢二十千；五十斤以上至一百斤，支賞錢三十千；一百斤以上，支賞錢五十千。前項所定奪到鹽法條流，其應屬州府捉獲抵犯之人，便委本府州檢條流科斷訖申奏，別報省司。其屬省院捉到犯鹽之人，幹死刑者，即勘情罪由犯上，省司指揮。不至極刑者，便委務司准條流決放訖申報。從之。

又　卷二七《鹽鐵雜條下》　周廣順二年九月十八日敕：條流禁私鹽麴法如後：

一、諸色犯鹽麴，所犯一斤以下至一兩，杖八十，配役；五斤以下一斤以上，徒三年，配役；五斤以上，並決重杖一頓，處死。

一、應所犯鹽麴，關津門司、廂巡門如有透漏，並行勘斷。

一、刮煎煉私鹽，所犯一斤以下，徒三年，配役；一斤以上，並法重杖一頓，處死。犯私鹽，若捉到水，祇煎成鹽，秤槃定罪。逐處凡鹵之地，所在官吏節級所由，常須巡檢，村坊鄰保，遞相覺察。若有所犯處彰露，並行勘斷。

一、所犯私鹽，捉事、告事人各賚賞錢，以系省錢充，至死刑者賞五十千，不及死刑者三十千。

一、顆、末鹽各有界分，若將本地分鹽侵越疆界，同諸色犯鹽例科斷。

一、鄉村人戶所請蠶鹽，祇得將歸裹繭供食，不得別將轉易貨賣，投托與人，如違，並同諸色犯鹽例科斷。若是所請蠶鹽，道路津濟，經過州府縣鎮，委三司明行指揮。

一、凡買鹽麴，並須於官埸務內買，若衷私投托興販；其買賣人並同諸色犯鹽麴例。

一、諸官埸官務，如有羨餘出剩鹽麴，並許盡底到官。如衷私貨買者，買賣人並同諸色人犯鹽麴科斷。若鹽鋪酒店戶及諸色人，與埸院私衷貨者，並同罪斷。

一、所犯私鹽麴，有同情共犯者，若是骨肉卑幼奴婢同犯，祇家長主首如家長主首不知情，祇罪造意者，餘減等科斷。若是他人同犯，並同情科斷遣，若與他人同犯據遂人腳下所犯斤兩，依輕重斷遣。

一、州縣城鎮郭下人戶，係屋稅合請鹽者，若是州府，並於城內請給，若是外縣郭鎮下人戶，亦許將鹽歸家供食。仰本縣預取逐戶合請鹽數目，攢定文帳，部領人戶給，勒本處官吏及所在埸務，同防檢入城。若縣鎮郭下人戶城外別有莊田，亦仰本縣預前分擘開坐，勿令一處分給供使。

一、應諸道今後若捉獲犯私鹽麴人，罪犯分明，正該條法，便仰斷遣訖奏。若稍涉疑誤，祇須申奏取裁。

顯德二年八月二十四日宣頭節文，改正鹽法如後：

一、贍國軍堂埸務，邢、洺州鹽務，應有見垛貯鹽貨處，並煎鹽煬灶，及應是鹻地，並須四面修置牆塹。如是地里遙遠，難為修置牆塹，即作濠籬規隔。內偷盜夾帶官鹽，兼於濠籬外煎造鹽貨，便仰收捉，及許諸色人陳告，所犯不計多少斤兩，並決重杖一頓，處死。其經歷地方及門引節級人員，並當量罪酌斷，所有捉事、告事人賞錢，一兩以上至一斤，賞錢二十千；一斤以上至十斤，賞錢三十千；十斤以上，賞錢五十千。

一、應有不係官中煎鹽處，鹻地並須標識，委本州府差公幹職員與巡鹽節級、村保、地主、鄰人，同共巡檢。若諸色偷刮鹻地，便即收捉，及許人陳告。若勘逐不虛，捉事人每獲一人，賞絹一十匹，獲二人，賞絹二十匹，獲三人以上，不計人數，賞絹五十匹。刮鹻煎鹽人並知情人，所犯不計多少斤兩並決重杖一頓，處死。其刮處地分，並刮人住處巡檢、節級、所由、村保等，徒二年半，令衆一月，依衆勾當。刮處地主，不切檢校，徒二年，令衆一月。

一、顆鹽地分界內，有人刮煎煉貨鹽並依前法。

一、今緣改價賣鹽，慮有別界分鹽貨，遞相侵犯，及將鹽入城，諸色犯鹽人，今下一司依下項條目科防：其犯鹽人隨行物色，給與本家，其鹽没入官，所經歷地分節級人員，並行勘防。一兩至一斤，決脊杖五十，令衆半月，捉事、告事人賞錢五千；一斤以上至一十斤，徒一年半，令衆一月，捉事、告事人賞錢七千；十斤以上，不計多少，徒二年，配發運務役一年，捉事、告事人賞錢七千。

一、諸州人戶所請蠶鹽，不得於鄉村里貨賣，及信團頭、腳戶、縣司請鹽節級所由等克折糶賣。如有犯者，依諸色犯鹽例科防。

一、如有人於河東界將鹽過來，自家界內有人往彼興販鹽貨，所犯者並處斬。其犯鹽人隨行驢畜資財，並與捉事人充賞。

宋·鄭樵《通志》卷六五《藝文略·史類·刑法·令》　《梁令》三十卷。朱梁時修。

又　《格》　《梁格》十卷。《朱梁格目録》一卷。《後唐長定格》一卷。《傍通開元格》一卷。

又　《式》　《梁式》二十卷。《併贓折杖式》一卷。

又　《總類》　《偽吳刪定格令》五十卷。楊行密時所修。《江南刪定條》三十卷。偽唐李氏刪定。

論説

唐·吳兢《貞觀政要》卷八《赦令》　貞觀十年，太宗謂侍臣曰：『國家法令，惟須簡約，不可一罪作數種條。格式既多，官人不能盡記，更生奸詐，若欲出罪即引輕條，若欲入罪即引重條。數變法者，實不益道理，宜令審細，毋使互文。』

唐·長孫無忌等《唐律疏議》卷首《進律表》　臣無忌等言：臣聞三才既分，法星著於元象；六位斯列，《習》、《坎》彰於《易經》。故知出震乘時，開物成務，莫不作訓以臨函夏，垂時以牧黎元。昔周后登極，呂侯闡其茂範。大夫之述三言，金篆騰其高軌；安衆之陳九法，玉牒播其宏規。前哲比之以隄防，往賢譬之以銜勒。輕重失序，則繫之以存亡；寬猛乖方，則階之以得喪。泣辜慎罰，文命所以會昌；斮脛剖心，獨夫於是邉覆。三族之刑設，禍起於望夷；五虐之制興，師亡於涿鹿。齊景網峻，時英有『踊貴』之談；周幽獄繁，詩人致《菀柳》之刺。所以當塗撫運，樂平除慘酷之刑；金行提象，鎮南削煩苛之法，而體國經野，御辨登樞，莫不崇寬簡以宏風，樹仁惠以裁化。景胄以之碩茂，寶祚於是克崇。徽猷列於緗圖，鴻名勒於青史。暨炎靈委御，人物道銷，霧翳三光，塵驚九服。秋卿司於邦典，高下在心；獄吏傅於爰書，出没由己。內史溺灰然而被辱，丞相見牘背而行賕。戮逮棄灰，誅及偶語，長平痛積寃之氣，司敗切瘐死之魂。遂使五樓之羣，爭迴地軸，十角之旅，競入天田。國步於是艱難，刑政於焉弛紊。殷憂俟來蘇之后，多難佇撥亂之君。大唐握乾符以應期，得天統而御曆。誅阪泉之巨猾，剿丹浦之凶渠。掃旬始而靜天綱，廓妖氛而清地紀。朱旗乃舉東城，高滅楚之功；黃鉞裁麾西土，建翦商之業。總六合而光宅，包四大以凝旒。異域於是來庭，殊方所以受職。航少海以朝絳闕，梯崐山以謁紫宸。椎髻之酋，加之以文冕；窮髮之長，寵之以徽章。《王會》之所不書，塗山之所莫紀。歌九功以協金奏，運七政以齊玉衡。律增甲乙之科，以正澆俗；禮崇升降之制，以拯頹風。蕩蕩巍巍，信無德而稱也。

伏惟皇帝陛下，體元纂業，則大臨人，覆載並於乾坤，照臨運於日月。坐青蒲而化光四表，負丹扆而德被九圍。日旰忘餐，心存於哀矜；宵分不寐，志在於明威。一夫向隅而責躬，萬方有犯而罪己。仍慮三辟攸斁，八刑尚密，平反之吏從寬而失情，次骨之人舞智而陷網。刑靡定法，律無正條，徽纆妄施，手足安措？乃制太尉、揚州都督、監修國史、上柱國、趙國公長孫無忌，司空、上柱國、英國公李勣，尚書左僕射兼太子少師、監修國史、上柱國、燕國公于志寧，尚書右僕射監修國史、上柱國、開國公褚遂良，銀青光祿大夫、守中書令、監修國史、上騎都尉柳奭，銀青光祿大夫、守刑部尚書、上輕車都尉唐臨，大中大夫、守大理卿、輕車都尉段寶元，大中大夫、守皇門侍郎、護軍、潁川縣開國公韓瑗，大中大夫、守中書侍郎、監修國史、驍騎尉來濟，朝議大夫、守中書侍郎辛茂將，朝議大夫、守尚書右丞、輕騎都尉劉燕客，朝請大夫、使持節潁州諸軍事、守潁州刺史、輕車都尉裴宏獻，朝議大夫、守御史中丞、上柱國賈敏行，朝議郎、守刑部郎中、輕車都尉王懷恪。前雍州盩厔縣令、雲騎尉董雄，朝議郎、行大理丞、護軍路立，承奉郎、守雍州始平縣丞、驍騎尉石士逵，大理評事、雲騎尉曹惠果，儒林郎、守律學博士、飛騎尉司馬鋭等，摭金匱之故事，採石室之逸書，捐彼凝脂，敦茲簡要，網羅《訓》、《誥》，研覈《丘》、《墳》，撰《律疏》三十卷，筆削已了，實三典之隱括，信百代之準繩。銘之景鐘，將二儀而並久；布之象魏，與七曜而長懸。庶一面之祝，遠超於殷簡；十失之歎，永弭於漢圖。謹詣朝堂，奉表以聞。臣無忌等誠惶誠恐，頓首頓首。永徽四年十一月十九日進。

唐・杜佑《通典》卷一六五《刑典三・刑制下》　原夫先王之制刑也，本於愛人求理，非徒害人作威。往古樸淳，事簡刑省。唐、虞及於三代刑制，其略可知。令王則輕，虐後遂重。於善也，則云『罰不及嗣』；其不善也，乃云『罪人以族』。斯則前賢臧否之辨歟？秦法苛峻，天下潰叛。漢祖蠲除，約定三章，大辟之罪，猶誅三族。孝文雖罷肉刑，新垣亦罹斯酷。其後顔異陷反脣棄市，楊惲坐諷議腰斬。洎乎曹、馬經綸之際，忤者三族皆夷。後魏有門房之誅。歷代蓋治時少，罕遇輕刑；亂時久，多遭刑重。國家子育萬姓，輕簡刑章，徵之前代，未有其比。所以幽陵之盜西軼，犬戎之寇東侵，京師傾陷，皇輿巡狩，億兆戮力，大憝旋殲。自海內興戎，今以累紀，征繕未減，杼軸屢空，蒸庶無離怨心者，寔由刑輕之故。

或曰：『荀卿有言，代治則刑重，代亂則刑輕。欲求於治，必用重典。』斯乃一端偏見，諒非適時通論也。夫刑之輕重利害，已粗言之矣。夫『刑者，成也。一成而不可變，故君子盡心焉』。謂之『君子』，則曰賢人；欲求賢人，固不易得。矧天下數百千郡縣，豈得衆多君子乎？佑以爲條章嚴繁，雖決斷必中，似不及條章輕簡，而決斷時漏。故老氏云：『其政悶悶，其人淳淳；其政察察，其人缺缺。』又語曰：『寧失不經。』仁惻之旨也。

又　卷一六七《刑典五・雜議下》　神龍元年正月，趙冬曦上書曰：『臣聞夫今之律者，昔乃有千餘條。近有隋之姦臣，將弄其法，故著律曰：「犯罪而律無正條者，應出罪則舉重以明輕，應入罪則舉輕以明重。」立夫一言，而廢其數百條。自是迄今，竟無刊革，遂使死生罔由乎法律，輕重必因乎愛憎，賞罰者不知其然，舉事者不知其犯。臣恐賈誼見之，必爲慟哭矣！夫立法者，貴乎下人盡知，則天下不敢犯耳，何必飾其文義、簡其科條哉？夫條科省則下人難知，文義深則法吏得便。下人難知，則暗陷機阱矣，安得無犯法之人哉！法吏得便，則比附而用之矣，安得無弄法之臣哉！臣請律令格式，復更刊定，其科條言罪，直書其事，無假飾文；其以准、加減、比附、原情及舉輕以明重，不應爲而爲之類，皆勿用之。使愚夫愚婦聞之必悟，則相率而遠之矣，亦安肯知而故犯哉！苟有犯者，雖貴必坐，則宇宙之內，肅然咸服矣。故曰：「法明則人信，法一則主尊」。《書》曰：「刑期於無刑。」誠哉是言。』

又　卷一七〇《刑典八・寬恕》　論曰：聖唐刑名，極於輕簡。太宗文皇帝降隋氏大辟刑百六十三條入流、入徒免死，其下遞減唯輕。開闢以來，未有斯比。如罪惡既著，制命已行，愛惜人命，務在哀矜，臨於剿絕，仍令數覆。獲罪自然引分，萬姓由是歸仁，感茲煦嫗，藏於骨髓。雖武太后革命二紀，安禄山傾陷兩京，西戎侵軼，賊泚竊發，皇輿巡狩，宇內憂虞，億兆同心，妖氛旋廓，刑輕故也。國家仁深德厚，固可侔於堯舜，夏殷以降，無足徵矣。

金・王若虛《滹南集》卷二六《君事實辨》　唐太宗嘗云：『奴告主反，此弊事也。謀反不能獨成，必與人共成之，何患不發而使奴告邪？自今有告者勿受，仍斬之。』君子曰：太宗之立法是矣，惜其猶以利害言也。夫以奴告主，理所不容，自當禁之。縱使無由得發，亦豈可許乎？乃不學之過也。

元・方回《古今考》卷三七《隋開皇始除宮刑》　隋以前反逆，緣坐男子十五以下不應死者，皆宮之。隋開皇之初，始除男女宮刑，婦人猶閉于宮。是次死之刑，於四刑最重。

紫陽方氏曰：隋文帝除宮刑，盛德事也。因早死，煬帝以無道失之。古之閹宦，取自然之閉塞者。或以淫宮之，則宮者使守宮，亦不專為宦寺。

明・王樵《方麓集》卷二《法原》　隋文帝定新律，除死罪八十一條，流罪百五十四條，徒等千餘條，定留唯五百條。一曰名例，二曰衛禁，三曰職制，四曰戶婚，五曰廄庫，六曰擅興，七曰賊盜，八曰鬬訟，九曰詐僞，十曰雜律，十一曰捕亡，十二曰斷獄。煬帝新律，一曰名例，二曰衛宮，三曰違制，四曰請賕，五曰戶，六曰婚，七曰擅興，八曰告劾，九曰賊，十曰盜，十一曰鬬，十二曰捕亡，十三曰倉庫，十四曰廄牧，十五曰關市，十六曰雜，十七曰詐僞，十八曰斷獄，亦凡五百條。

唐之刑書有四，曰律、令、格、式。令者，尊卑貴賤之等數，國家之制度也。格者，百官有司之所常行之事也。式者，其所常守之法也。凡邦國之政，必從事于此。三者其有所違及人之為惡而入于罪者，則斷以律。律之為書，因隋初之舊。篇目同。其刑五，一曰笞，二曰杖，三曰徒，四曰流，五曰死。

自隋以前，死刑有五，而流徒之刑，鞭笞兼用，數皆踰百。至隋，始定徒一年、一年半、二年、二年半、三年，凡五等。流刑千里、千五百里、二千里，凡三等。死刑止絞、斬，除其鞭刑及梟首、轘裂之酷。又有議請減贖當免之法。唐皆因之。然隋文帝性刻深，至於殿前決人，盜一錢亦死；而煬帝昏亂，盜賊蜂起，更為嚴制，民不聊生。

唐高祖起義入京，約法十二條，惟殺人劫盜背軍叛逆者死。武德二年，又頒新格五十三條。太宗即位，定律五百條，於隋世舊律減大辟入流者九十二條，入徒者七十一條。玄宗刪定律、令、格、式，總成《律》十二卷，《疏》三十卷，《令》三十卷，《式》二十卷，《開元初格》十卷。至今前代之律皆不傳，傳者唐律也。

五代時，周世宗命竇儀解律，名曰《刑統》。本文是歷代相傳，注字是世宗所修。

清·王夫之《讀通鑑論》卷一九《隋文帝·三》 今之律，其大略皆隋裴政之所定也。政之澤遠矣，千餘年間，非無暴君酷吏，而不能逞其淫虐，法定故也。古肉刑之不復用，漢文之仁也。然漢之刑，多爲之制，故五胡以來，獸之食人也得恣其忿慘。至於拓拔、宇文、高氏之世，定死刑以五：曰磬、絞、斬、梟、磔，又有門房之誅焉，皆漢法之不定啓之也。政爲隋定律，制死刑以二：曰絞、曰斬，改鞭爲杖，改杖爲笞，非謀反大逆無族刑，垂至於今，所承用者，皆政之制也。若於絞、斬之外，加以淩遲，則政之所除，女直、蒙古之所設也。夫刑極於死而止矣，其不得不有死刑者，以止惡，以懲惡，不得已而用也。大惡者，不殺而不止，故殺之以絕其惡；大惡者，相襲而無所懲，故殺此以戒其餘；先王之於此也，以生道殺人也，非以惡惡之甚而欲快其怒也。極於死而止矣，梟之、磔之、轘之，於死者又何恤焉，徒以逞其扼腕齧齦之忿而怖人已耳。司刑者快之，其仇讎快之，於死者何加焉，徒使罪人之子孫，或有能知仁孝者，無以自容於天地之間。一怒之伸，慘至於斯，無裨於風化，而祇令腥聞上徹於天，裴政之澤斬，而後世之怒淫，不亦懵乎？隋一天下，蠲索虜鮮卑之虐，以啓唐二百餘年承平之運，非苟而已也；蓋有人焉，足以與於先王之德政，而惜其不能大用也。

罪刑擅斷

綜　述

《隋書》卷二五《刑法志》 高祖性猜忌，素不悅學，既任智而獲大位，因以文法自矜，明察臨下。恒令左右覘視內外，有小過失，則加以重罪。又患令史贓汙，因私使人以錢帛遺之，得犯立斬。每於殿廷打人，一日之中，或至數四。嘗怒問事揮楚不甚，即命斬之。十年，尚書左僕射高熲、治書侍御史柳彧等諫，以爲朝堂非殺人之所，殿庭非決罰之地。帝不納。熲等乃盡詣朝堂請罪，曰：『陛下子育羣生，務在去弊，而百姓無知，犯者不息，致陛下決罰過嚴。皆臣等不能有所裨益，請自退屏，以避賢路。』帝於是顧謂領左右都督田元曰：『吾杖重乎？』元曰：『重。』帝問其狀，元舉手曰：『陛下杖大如指，棰楚人三十者，比常杖數百，故多致死。』帝不懌，乃令殿內去杖，欲有決罰，各付所由。後楚州行參軍李君才上言，帝寵高熲過甚，上大怒，命杖之，而殿內無杖，遂以馬鞭笞殺之。自是殿內復置杖。未幾怒甚，又於殿庭殺人，兵部侍郎馮基固諫，帝不從，竟於殿庭行決。帝亦尋悔，宣慰馮基，而怒羣僚之不諫者。

【略】

十六年，有司奏合川倉粟少七千石，命斛律孝卿鞫問其事，以爲主典所竊。復令孝卿馳驛斬之，没其家爲奴婢，鬻粟以填之。是後盜邊糧者，一升已上皆死，家口没官。

上又以典吏久居其職，肆情爲姦。諸州縣佐史，三年一代，經任者不得重居之。十七年，詔又以所在官人，不相敬憚，多自寬縱，事難克舉。諸有殿失，雖備科條，或據律乃輕，論情則重，不即決罪，無以懲肅。其諸司屬官，若有愆犯，聽於律外斟酌決杖。於是上下相驅，迭行棰楚，以殘暴爲幹能，以守法爲懦弱。

是時帝意每尚慘急，而姦回不止，京市白日，公行掣盜，人間强盜，亦往往而有。帝患之，問羣臣斷禁之法。楊素等未及言，帝曰：『朕知之矣。』詔有能糾告者，没賊家産業，以賞糾人。時月之間，内外寧息。其後無賴之徒，候富人子弟出路者，而故遺物於其前，偶拾取則擒以送官，而取其賞。大抵被陷者甚衆。帝知之，乃命盜一錢已上皆棄市。行旅皆晏起早宿，天下懔懔焉。此後又定制，行署取一錢已上，聞見不告言者，坐至死。自此四人共盜一榱桶，三人同竊一瓜，事發即時行決。有數人劫執事而謂之曰：『吾豈求財者邪？但爲枉人來耳。而爲我奏至尊，自古以來，體國立法，未有盜一錢而死也。而不爲我以聞，吾更來，而屬無類矣。』帝聞之，爲停盜取一錢棄市之法。

帝嘗發怒，六月棒殺人。大理少卿趙綽固爭曰：『季夏之月，天地成長庶類。不可以此時誅殺。』帝報曰：『六月雖曰生長，此時必有雷霆。天道既於炎陽之時，震其威怒，我則天而行，有何不可？』遂殺之。大理掌固來曠上封事，言大理官司恩寬。帝以曠爲忠直，遣每旦於五品行中參見。曠又告少卿趙綽濫免徒囚，帝使信臣推驗，初無阿曲。帝又怒曠，命斬之。綽因固爭，以爲曠不合死。帝乃拂衣入閤，綽又矯言，臣更不理曠，自有他事未及奏聞。帝命引入閤，綽再拜請曰：『臣有死罪三。臣爲大理少卿，不能制馭掌固，使曠觸掛天刑，死罪一也。囚不合死，而臣不能死爭，死罪二也。臣本無他事，而妄言求入，死罪三也。』帝解顔。會獻皇后在坐，帝賜綽二金盃酒，飲訖，並以盃賜之。曠因免死，配徒廣州。

帝以年齡晚暮，尤崇尚佛道，又素信鬼神。二十年，詔：沙門道士壞佛像天尊，百姓壞嶽瀆神像，皆以惡逆論。帝猜忌二朝臣寮，用法尤峻。御史監帥於元正日不劾武官衣劍之不齊者，或以白帝。帝謂之曰：『爾爲御史，何縱捨自由？』命殺之。諫議大夫毛思祖諫，又殺之。左領軍府長史考校不平，將作寺丞以諫麥䴬遲晚，武庫令以署庭荒蕪，獨孤師以受蕃客鸚鵡，帝察知，並親臨斬決。

仁壽中，用法益峻，帝既喜怒不恒，不復依準科律。時楊素正被委任，素又稟性高下，公卿股慄，不敢措言。素於鴻臚少卿陳延不平，經蕃客館，庭中有馬屎，又庶僕氈上樗蒲。旋以白帝，帝大怒曰：『主客令不灑掃庭内，掌固以私戲汙敗官氈，罪狀何以加此？』皆於西市棒殺，而榜棰陳延，殆至於斃。大理寺丞楊遠、劉子通等，性愛深文，每隨牙奏獄，能承順帝旨。帝大悦，並遣於殿庭三品行中供奉，每有詔獄，專使主之。候帝所不快，則案以重抵，無殊罪而死者，不可勝原。遠又能附楊素，每於塗中接候，而以囚名白之，皆隨素所爲輕重。其臨終赴市者，莫不塗中呼枉，仰天而哭。越公素侮弄朝權，帝亦不之能悉。

又 卷二《高祖紀下》（開皇十七年）三月丙辰，詔曰：『分職設官，共理時務，班位高下，各有等差。若所在官人不相敬憚，多自寬縱，事難克舉。諸有殿失，雖備科條，或據律乃輕，論情則重，不即決罪，無以懲肅。其諸司論屬官，若有愆犯，聽於律外斟酌決杖。』

又 卷三《煬帝紀上》（大業）三年春正月癸亥，敕并州逆黨已流配而逃亡者，所獲之處，即宜斬決。

唐·杜佑《通典》卷一七〇《刑典八·峻酷》 大唐武太后臨朝，屬徐敬業、越王貞等起兵，遂立威刑，以服天下，將移神器，漸引酷吏，務令深文。長壽年，有上書人言嶺表流人有陰謀逆者，乃遣司刑評事萬國俊就按之，若得反狀，便行斬決。國俊至廣州，遍召流人，擁之水曲，以次加戮，三百餘人一時併命。然後鍛煉，曲成反狀。仍更誣奏云：『諸道流人，咸有怨恨。若不推究，為變非遥。』太后又命攝監察御史劉光業、王德壽、鮑思恭、王處貞、屈貞筠等，分往劍南、黔中、安南、嶺南等六道按鞫流人。光業誅九百餘人，德壽誅七百人，其餘少者不減數百人，亦有雜犯及遠年流人枉及禍焉。

時周興、來俊臣等，相次推究大獄。乃于都城麗景門内，新置推事使院，時人謂之『新開獄』。俊臣又與侍御史侯思止、王弘義、郭霸、李敬仁，評事康暐、衛遂忠等，招集告事者數百人，共為羅織，以陷良善。前後枉遭殺害者，不可勝數。又造《告密羅織經》一卷，其意旨皆網羅前人，織成反狀。俊臣每鞫囚，無問輕重，多以醋灌鼻。禁地牢中，或盛之於甕，以火圜繞炙之，兼絕其糧餉，至有抽衣絮以啖之者。又作大枷，凡有十號：一曰定百脈，二曰喘不得，三曰突地吼，四曰著即承，五曰失魂膽，六曰實同反，七曰反是實，八曰死豬愁，九曰求即死，十曰求破家。又令寢處糞穢，備諸苦毒。有制書寬囚徒，俊臣必先遣獄卒盡殺重囚，然後宣示。自是海內凶懼，道路側目。

《舊唐書》卷六四《滕王元嬰傳》 兄弟六人，垂拱中並陷詔獄。

又 卷七〇《岑長倩傳》 天授二年，加特進、輔國大將軍。其年，鳳閣舍人張嘉福與洛州人王慶之等，列名上表，請立武承嗣為皇太子。長倩以皇嗣在東宮，不可更立承嗣，與地官尚書格輔元竟不署名，仍奏請切責上書者。由是大忤諸武意，乃斥令西征吐蕃，充武威道行軍大總管。中路召還，下制獄，被誅，仍發掘其父祖墳墓。來俊臣又脅迫長倩子靈源，令誣納言歐陽通及格輔元等數十人，皆陷以同反之罪，並誅死。

又 卷七八《于志寧傳》 高宗之將廢王庶人也，長孫無忌、褚遂良執正不從，而李勣、許敬宗密申勸請，志寧獨無言，以持兩端。及許敬宗推鞫長孫無忌詔獄，因誣構志寧黨附無忌，坐是免職，尋降授榮州刺史。

又 卷八四《郝處俊傳》 處俊孫象賢，垂拱中為太子通事舍人，坐事伏誅，臨刑言多不順。則天大怒，令斬訖仍支解其體，發其父母墳墓，焚爇屍體，處俊亦坐斲棺毀柩。自此法司每將殺人，必先以木丸塞其口，然後加刑，訖於則天之代。

又 卷九〇《杜景儉傳》 天授中，與徐有功、來俊臣、侯思止專理制獄。時人稱云：『遇徐、杜者必生，遇來、侯者必死。』

又 卷九一《桓彥範傳》 長安三年，歷遷御史中丞。四年，轉司刑少卿。時司僕卿張昌宗坐遣術人李弘泰占己有天分，御史中丞宋璟請收付制獄，窮理其罪，則天不許。彥範上疏曰：『昌宗無德無才，謬承恩寵，自宜粉骨碎肌，以答殊造。豈得苞藏禍心，有此占相？陛下以簪履恩久，不忍加刑。昌宗以逆亂罪多，自招其咎。此是皇天降怒，非唯陛下故誅。違天不祥，乞陛下裁擇。原其本奏，以防事敗，事敗即言奏訖，不敗則候時為逆。此乃姦臣詭計，疑惑聖心。今果遂其所謀，陛下何忍不察？若昌宗無此占相，奏後不合更與弘泰往還，尚令修福，復擬禳厄。此則期於必遂，元無悔心。縱雖奏聞，情實難恕。此而可捨，誰其可刑？況經兩度事彰，天恩並垂捨宥，昌宗自為得計，人亦以為應運，即不勞兵甲，天下皆從。萬方譏之，以為陛下縱成其亂也。君在，臣圖天分，是為逆臣。不誅，社稷亡矣。伏請付鸞臺、鳳閣三司，考竟其罪。』疏奏，不報。

又 卷九二《魏元忠傳》 時張易之、昌宗權寵日盛，傾朝附之。元忠嘗奏則天曰：『臣承先帝顧眄，受陛下厚恩，不徇忠死節，使小人得在君側，臣之罪也。』則天不悅。易之、昌宗由是含怒，因則天不豫，乃譖元忠與司禮丞高戩潛謀曰：『主上老矣。吾屬當挾太子而令天下。』則天惑其言，乃下元忠詔獄，召太子相王及諸宰相，令昌宗與元忠等殿前參對，反復不決。昌宗又引鳳閣舍人張說，令執證元忠。說初偽許之，及則天召說驗問，說確稱元忠實無此語，則天乃悟元忠被誣。然以昌宗之故，特貶授端州高要尉。

又 卷九六《姚崇傳》 聖曆初，則天謂侍臣曰：『往者周興、來俊臣等推勘詔獄，朝臣遞相牽引，咸承反逆。國家有法，朕豈能違？中間疑有枉濫，更使近臣就獄親問，皆得手狀，承引不虛，朕不以為疑，即可其奏。近日周興、來俊臣死後，更無聞有反逆者。然則以前就戮者，不有冤濫耶？』元崇對曰：『自垂拱已後，被告身死破家者，皆是枉酷，自誣而死。告者特以為功，天下號為羅織，甚於漢之黨錮。陛下令近臣就獄問者，近臣亦不自保，何敢輒有動搖？被問者若翻，又懼遭其毒手。將軍張虔勗、李安靜等，皆是也。賴上天降靈，聖情發寤，誅鋤凶豎，朝廷乂安。今日已後，臣以微軀及一門百口保見在內外官，更無反逆者。乞陛下得告狀，但收掌，不須推問。若後有徵驗，反逆有實，臣請受知而不告之罪。』則天大悅，曰：『以前宰相，皆順成其事，陷朕為淫刑之主。聞卿所說，甚合朕心。』其日，遣中使送銀千兩，以賜元崇。

又 卷九七《劉幽求傳》 （張）暐又洩其謀於侍御史鄧光賓，玄宗大懼，遽列上其狀。睿宗下幽求等詔獄，令法官推鞫之。法官奏幽求等以疏間親，罪當死。玄宗屢救獲免，乃流幽求于封州，暐于峰州。

又 卷一〇一《韓思復傳》 景龍中，累遷給事中。時左散騎常侍嚴善思坐譙王重福事，下制獄。有司言：『善思昔嘗任汝州刺史，素與重福交遊，召至京師，竟不言其謀逆，唯奏云東都有兵氣，據狀正當匿反，請從絞刑。』思復駁奏曰：『議獄緩死，列聖明規。刑疑從輕，有國常典。嚴善思往在先朝，屬韋氏擅內，恃寵宮掖，謀危宗社。善思此時遂能先覺，因詣相府，有所發明，進論聖躬，必登宸極。雖交遊重福，蓋謀陷韋氏。及其謁見，猶不奏聞，將此行藏，即從極法？且赦追善思，書至便發。向懷逆節，寧即奔命？一面疏網，誠合順生；三驅取禽，來而可宥。惟刑是恤，事合昭詳。請付刑部集羣官，議定奏裁，以符慎獄。』是時議者多云善思合從原宥，有司仍執前議，請誅之。思復又駁曰：『臣聞刑人於市，爵人於朝，必僉謀攸同，始行之無惑。謹按諸司所議，嚴善思十纔一入，抵罪惟輕。夫帝閽九重，塗遠千里，故借天下之耳以聽，聽無不聰；借天下之目以視，視無不接。今羣言上聞，採擇宜審。若棄多就少，臣實懼焉。輿誦一乖，下情不達。雖欲從衆，其可及乎？凡百京司，逢時之泰。列官分職，有賢有親。親則列藩諸王，陛下愛子；賢則胙茅開國，陛下名臣。見無禮於君，寧肯雷同不異？今措詞多出，法令從輕。』上納其奏，竟免善思死，配流靜州。

又 卷一三七《于邵傳》 頃之，與御史中丞袁高、給事中蔣鎮雜理左丞薛邕詔獄。邵以為邕犯在赦前，奏出之。失旨，貶桂州長史。貞元初，除原王傅。

又 卷一八三《外戚傳・武懿宗》 懿宗又自天授已來，嘗受中旨，推鞫制獄，王公大臣多被陷成其罪。時人以為周興、來俊臣之亞焉。

又 卷一八四《宦官傳・李輔國》 常在銀臺門受事，置察事廳子數十人。官吏有小過，無不伺知，即加推訊。府縣按鞫，三司制獄，必詣輔國取決，隨意區分，皆稱制敕，無敢異議者。

又 卷一八五上《良吏傳上・薛季昶》 則天初，上封事，解褐，拜監察御史。頻按制獄，稱旨，累遷御史中丞。

又 卷一八六上《酷吏傳上・來俊臣》 則天以為忠，累遷侍御史，加朝散大夫。按制獄，少不會意者必引之，前後坐族千餘家。【略】則天於是於麗景門別置推事院，俊臣推勘必獲。專令俊臣等按鞫，亦號為『新開門』。但入新開門者，百不全一。弘義戲謂麗景門為『例竟門』，言入此門者，例皆竟也。

又 《周興傳》 自垂拱已來，屢受制獄。被其陷害者，數千人。

又 《丘神勣傳》 尋復入為左金吾衛將軍，深見親委。受詔與周興、來俊臣鞫制獄，俱號為酷吏。

又 《索元禮傳》 光宅初，徐敬業起兵揚州，以匡復為名。則天震怒，又恐人心動搖，欲以威，制天下。元禮探其旨，告事召見，擢為游擊將軍，令於洛州牧院推案制獄。元禮性殘忍，推一人，廣令引數千百人，衣冠震懼，甚於狼虎。則天數召見賞賜，張其權勢，凡為殺戮者數千人。【略】天下之人謂之『來索』，言酷毒之極又首按制獄也。

又 《侯思止傳》 天授三年，乃拜朝散大夫、左臺侍御史。元禮復教曰：『在上知侯大無宅，儻以諸役官宅見借，可辭謝而不受。在上必問所由，即奏云諸反逆人，臣惡其名，不願坐其宅。』則天復大悅，恩澤甚優。思止既按制獄，苛酷日甚。嘗按中丞魏元忠，曰『急認白司馬，不然即喫孟青。』白司馬者，洛陽有坂，號白司馬坂。孟青者，將軍姓孟名青棒，即殺琅邪王沖者也。思止閭巷庸奴，常以此謂諸囚也。

又 《萬國俊傳》 天授二年，攝右臺監察御史，常與俊臣同按制獄。長壽二年，有上封事，言嶺南流人有陰謀逆者，乃遣國俊就按之，若得反狀，便斬決。國俊至廣州，遍召流人，置于別所，矯制賜自盡，並號哭稱寃不服。國俊乃引出，擁之水曲，以次加戮，三百餘人一時併命。然後鍛鍊，曲成反狀，仍誣奏云：『諸流人咸有怨望，若不推究，為變不遙。』則天深然其奏。

又 《來子珣傳》 永昌元年四月，以上書陳事，除左臺監察御史。時朝士有不帶靴而朝者，子珣彈之曰：『臣聞束帶立於朝。』舉朝大噱。則天委之按制獄，多希旨，賜姓武氏，字家臣。

又 卷一八六下《酷吏傳下・吉温》 會李林甫將起刑獄，除不附己者，乃引之於門，與羅希奭同鍛鍊詔獄。【略】

温早以嚴毒聞，頻知詔獄，忍行枉濫。推事未訊問，已作奏狀，計贓數。及被引問，便懼慴，即隨意而書，無敢惜其生者。因不加栲擊，獄成矣。林甫深以溫為能，擢戶部郎中、常帶御史。

又　卷一八八《孝友傳·裴守真》　天授中，為司府丞。則天特令推究詔獄，務存平恕，前後奏免數十家。由是不合旨，出為汴州司錄。

《新唐書》卷五六《刑法志》　武后已稱制，懼天下不服，欲制以威，乃修後周告密之法，詔官司受訊有言密事者，馳驛奏之。自徐敬業、越王貞、琅邪王沖等起兵討亂，武氏益恐，乃引酷吏周興、來俊臣輩，典大獄，與侯思止、王弘義、郭弘霸、李敬仁、康暐、衛遂忠等，集告事數百人，共為羅織，構陷無辜。自唐之宗室與朝廷之士，日被告捕，不可勝數，天下之人為之仄足。如狄仁傑、魏元忠等，皆幾不免。左臺御史周矩上疏曰：『比姦憸告訐，習以為常。推劾之吏，以深刻為功。鑿空爭能，相矜以虐。泥耳囊頭，摺脅籤爪，縣髮燻耳，臥鄰穢溺，刻害支體，糜爛獄中，號曰「獄持」。閉絶食飲，晝夜使不得眠，號曰「宿囚」。殘賊威暴，取快目前。被誣者苟求得死，何所不至？為國者以仁為宗，以刑為助。周用仁而昌，秦用刑而亡。願陛下緩刑用仁，天下幸甚。』武后不納。

麟臺正字陳子昂亦上書切諫，不省。及周興、來俊臣等誅死，后亦老，其意少衰。而狄仁傑、姚崇、宋璟、王及善相與論垂拱以來酷濫之冤，太后感寤，由是不復殺戮。然其毒虐所被，自古未之有也。【略】

安史之亂，偽官陸大鈞等背賊來歸。及慶緒奔河北，脅從者相率待罪闕下。自大臣陳希烈等，合數百人。以御史大夫李峴、中丞崔器等為三司使，而肅宗方喜刑名，器亦刻深，乃以河南尹達奚珣等三十九人為重罪，斬于獨柳樹者十一人，珣及韋恒腰斬，陳希烈等賜自盡於獄中者七人，其餘決重杖死者二十一人，以歲除日行刑，集百官臨視，家屬流竄。

初，史思明、高秀巖等自拔歸命，聞珣等被誅，懼不自安，乃復叛，而三司用刑連年，流貶相繼。及王嶼為相，請詔三司推覈未已者，一切免之。然河北叛人，畏誅不降，兵連不解。朝廷屢起大獄，肅宗後亦悔，歎曰：『朕為三司所誤。』臨崩，詔天下流人皆釋之。【略】

武宗用李德裕誅劉稹等，大刑舉矣，而性嚴刻，故時竊盜無死所，以原民情，迫於飢寒也。至是，贓滿千錢者死，至宣宗乃罷之。而宣宗亦自喜刑名，常曰『犯我法，雖子弟不宥也。』然少仁恩，唐德自是衰矣。

宋·佚名《五國故事》卷下　（南漢高祖）巖，性嚴酷，果於殺戮。每視事，則垂簾於便殿，使有司引罪人於殿下，設其非法之具而屠膾之，故有湯鑊、鐵牀之獄，又有投湯鑊之慘，後更加日曝，沃以鹽醋，肌體腐爛，尚能行立，久之乃死。其餘則鎚鋸互作，血肉交飛，腥穢之氣，寃痛之聲充沸庭廡，而巖之唇吻，必垂涎及頤頷，吞嚥膚血之氣者久之，方復常態。有司候其復常，乃引罪人而退。蓋妖蜃毒龍之類，非可待以人倫也。

清·趙翼《廿二史劄記》卷二二《五代濫刑》　五代亂世，本無刑章，視人命如草芥，動以族誅爲事。梁祖以舊怨，使人族王師範於洛，師範設席與宗族飲，謂使者曰：『死者人所不免，然恐少長失序，下愧先人。』酒半，命少長以次就戮。《師範傳》。唐莊宗既滅梁，詔梁臣趙巖等並族於市，除妻兒骨肉外，其疏屬僕隸並釋。《莊宗紀》。又命夏魯奇族誅朱友謙於河中，友謙妻張氏率其家屬二百餘口，見魯奇曰：『請別骨肉，無致他人橫死。』《友謙傳》。汴州控鶴指揮使張諫謀叛，既伏誅，又集其黨三千人並族之，並誅滑州長劍等軍士數百人，夷其族。《明宗紀》

漢三司使王章被殺，有女適張貽肅，病已踰年，扶病就戮。《章傳》。是族誅之法，凡罪人之父兄妻妾子孫並女之出嫁者，無一得免，非法之刑，於茲極矣，而尤莫如漢代之濫。史弘肇爲將，麾下稍忤意，即撾殺之。故漢祖起義之初，弘肇統兵先行，所過秋毫無犯，兩京帖然，未嘗非其嚴刑之效。隱帝時，李守貞等反，京師多流言，弘肇督兵巡察，罪無大小，皆死，有白晝仰觀天者，亦腰斬於市。凡民抵罪，弘肇但以三指示吏，吏即腰斬。又爲斷舌、決口、斮筋、折足之刑。於是無賴之輩望風逃匿，路有遺物，人不敢取，亦未嘗非靖亂之法。然不問罪之輕重，理之是非，但云有犯，即處極刑。枉濫之家莫敢上訴，軍吏因之爲奸，嫁禍脅人，不可勝數。故相李崧之弟嶼，有僕葛延遇，乾没嶼貲，嶼責之，延遇遂告崧、嶼通李守貞謀反，坐是族誅。何福進有玉枕，遣奴賣之江南，奴隱其價，福進笞之，奴即誣告福進通吳，弘肇輒治，福進棄市，帳下分取其妻子而籍其家財。於是前資故將之家，姑息僮奴，無復主僕之分。《弘肇傳》。此京師之濫刑也。

蘇逢吉爲相，以天下多盜，自草詔，凡盜所居，本家及鄰保皆族誅。

或謂盜無族誅法，況鄰保乎，乃但去族字。由是鄆州捕賊使者張令柔殺平陰縣十七村人皆盡。衛州刺史葉仁魯帥兵捕盜，有村民十數方逐盜入山，仁魯並疑其爲盜，斷其腳筋，宛轉號呼而死。《逢吉傳》。劉銖立法深峻，左右有忤意，即令人倒曳而出，數百步，體無完膚。每杖人，雙杖對下，謂之『合歡杖』。或杖人如其歲數，謂之『隨年杖』。《銖傳》。此又藩郡之濫刑也。

毒痛四海，殃及萬方，劉氏父子二帝，享國不及四年，楊、史、蘇、劉諸人亦皆被横禍，無一善終者。此固天道之報施昭然，而民之生於是時，不知如何措手足也。

論說

唐·陳子昂《陳拾遺集》卷九《諫用刑書》 將仕郎、守麟臺正字、臣陳子昂謹頓首冒死，詣闕上疏。臣本蜀之匹夫，官不望達，陛下過意，擢臣草莽之下，升在麟臺之閣，光寵自天，卓若日月。微臣固陋，將何克負？然臣聞忠臣事君，有死無二，懷佞不諫，罪莫大焉。況在明聖之朝，當不諱之日，方復鉗口下列，俛仰偷榮，非臣之始願也。不勝愚惑，輒奏狂昧之說，伏惟陛下少加察焉。

臣聞古之御天下者，其政有三：王者化之，用仁義也；霸者威之，任權智也；强國脅之，務刑罰也。是以化之不足，然後威之；威之不變，然後刑之；故至於刑，則非王者所貴矣。況欲光宅天下，追功上皇，專任刑殺，以為威斷，可謂策之失者也。伏覩陛下，聖德聰明，遊心太古，將制靜宇宙，保乂黎民，發號施令，出於誠慊，天下蒼生，莫不想望聖風，冀見神化。道德為政，將待於陛下矣。

且臣聞之，聖人出，必有驅除。天人之符，休命也。日者東南微孽，敢謀亂常，陛下順天行誅，罪惡咸服，豈非天意欲彰陛下神武之功哉？而執事者不察天心，以為人意，惡其首亂倡禍，法合誅屠，將息奸源，窮其黨與，遂使陛下大開詔獄，重設嚴刑，冀以懲創，勸於天下。逆黨親屬及其交遊，有迹涉嫌疑，辭相逮引，莫不窮捕考訊，枝葉蟠拏，大或流血，小禦魑魅。至有奸人熒惑，乘險相誣，糾告疑似，冀圖爵賞，叫于闕下者，日有數矣。于時朝廷皇皇，莫有自固，海內傾聽，以相驚恐。賴陛下仁慈，憫斯危懼，賜以恩詔，許其大功已上，一切勿論，時人獲泰，謂生再造。愚臣竊亦欣然，賀陛下聖明，得天下之機也。不謂議者異見，又執前圖。比者刑獄，紛紛復起。陛下不深思天意，以順休期，尚以督察為理，威刑為務，使前者之詔不信於人。愚臣昧焉，竊恐非三皇五帝伐罪弔人之意也。

臣竊觀當今天下，百姓思安久矣。曩屬北狄侵塞，西戎寇邊，兵革相屠，向歷十載。關河自北，轉輸幽燕，秦蜀之西，馳騖湟海。當時天下疲極矣，重以大兵之後，屢遭凶年，流離饑餓，死喪略半。幸賴陛下以至聖之德，撫寧兆人，邊境獲安，中國無事，陰陽大順，年穀屢登，天下父子，始得相養矣。故揚州搆禍，殆踰五旬，而海內晏然，纖塵不動，豈非天下蒸庶，厭凶亂哉？臣以此卜之，知百姓思安久矣。今陛下不務玄默，以救疲人，而反任威刑，以失其望，欲察察為政，肅理寰區。臣愚暗昧，竊有大惑。且臣聞，刑者，政之末節也。先王以禁暴整亂，不得已而用之。今天下幸安，萬物思泰，陛下乃以末節之法，察理平人，臣愚以為，非適變隨時之議也。頃年以來，伏見諸方告密，囚累百千輩，大抵所告，皆以揚州為名，及其窮究，百無一實。陛下仁恕，又屈法容之，傍訴他事，亦為推劾，遂使奸惡之黨，決意相讐，睚眦之嫌，即稱有密，一人被訟，百人滿獄，使者推捕，冠蓋如雲。或謂陛下愛一人而害百人，天下喁喁，莫知寧所。

臣聞自古聖人，不有外患，必有內憂，物理之自然也。臣亦不敢以遠古言之，請借隋而況。臣聞長老言隋之末代，天下猶平，煬帝不龔，窮毒威武，厭居皇極，自總元戎，以百萬之師，觀兵遼海，天下始騷然矣。遂使楊玄感挾不臣之勢，有大盜之心，欲因人謀，以竊皇業，乃稱兵中夏，將據洛陽，哮闞之勢，傾宇宙矣。然亂未踰月，而首足異處。何者？天下之弊，未有土崩，蒸民之心，猶望樂業。煬帝不悟，暗忽人機，自以為元惡既誅，天下無巨猾也，皇極之任，可以刑罰理之，遂使兵部尚書樊子蓋專行屠戮，大窮黨與，海內豪士，無不罹殃，遂至殺人如麻，血流成澤，天下靡然，始思為亂矣。於是蕭銑、朱粲，起於荆南；李密、竇建德，亂於河北。四海雲摇遂並起，而隋族亡矣，豈不哀哉？長老至今談之，委曲如是。臣竊以此，上觀三代夏、殷、周興亡，下逮秦、漢、魏、晉理亂，莫不皆以毒刑而致敗壞也。

夫大獄一起，不能無濫。何者？刀筆之吏，寡識大方，斷獄能者，名在急刻。文深網密，則共稱至公，爰及人主，亦謂其奉法。於是利在殺人，害在平恕，故獄吏相誡，以殺為詞，非憎於人也，而利在己。故上以希人主之旨，下以圖榮身之利，徇利既多，則不能無濫，濫及良善，則淫刑逞矣。夫人情，莫不自愛其身。陛下以此察之，豈能無濫也？寃人吁嗟，感傷和氣，和氣悖亂，羣生癘疫，水旱隨之，則有凶年，人既失業，則禍亂之心，怵焉而生矣。頃來亢陽愆候，密雲而不雨，農夫釋耒，瞻望嗷嗷。豈不由陛下之有聖德，而不降澤於下人也？倘旱遂過春，廢於蒔種，今年稼穡，必有損矣。陛下何不敬承天意，以澤恤人？臣聞古者明王重慎刑罰，蓋懼此也。《書》不云乎！『與其殺不辜，寧失不經。』陛下奈何以堂堂之聖，猶務彊霸之威哉？愚臣竊為陛下不取也。

且愚人安則樂生，危則思變，故事有招禍，而法有起奸。倘大獄未休，支黨日廣，天下疑惑，相恐無辜，人情之變，不可不察。昔漢武帝時，巫蠱獄起，江充行詐，惑亂京師，致使太子奔走，兵交宮闕，無辜被害者，以千萬數，劉氏宗廟，幾傾覆矣。賴武帝得壺關三老上書，廓然感悟，夷江充三族，餘獄不論，天下以安爾。臣每讀《漢書》至此，未嘗不為戾太子流涕也。古人云：『前事之不忘，後事之師。』伏願陛下念之。

臣不避湯鑊之罪，以螻蟻之命，輕觸宸嚴，臣非不惡死而貪生也，誠恐負陛下恩遇。臣不敢以微命蔽塞聰明，亦非敢欲陛下頓息刑罰，望在恤刑爾。乞三事大夫，圖其可否，往者不可諫，來者猶可追，無以臣微而忽其奏，天下幸甚。臣子昂誠惶誠恐，死罪死罪。

宋·李昉等《文苑英華》卷六九七《刑法·〔唐〕周矩〈為索元禮首案制獄疏〉》 頃者小人告訐，習以為常，內外諸司，人懷苟免，姑息臺隸，承接強梁，非故欲其然，規避誣搆耳。又推劾之吏，皆以深刻為功，鑿空爭能，相矜以虐。泥耳籠頭，枷研楔總，摺脅籤爪，懸髮薰鼻，卧鄰矢溺，曾不聊生，號為『獄持』。將或累日節食，連宵緩問，晝夜搖鏁，使不得眠，號曰『宿囚』。此等既非木石，且拔目前，苟求賒死。臣竊聽輿議，皆稱天下太平，何苦要反？豈被告者盡是英雄，以求帝王耶？只是不堪楚毒，自誣耳。何以覈之？陛下試取所告狀，酌其虛實者，付令推微諷動，以探其情，所推者必上下其手，希聖旨也。願陛下察之。今朝士側息不安，皆以為陛下朝與之密，夕與之讎，不可保也。聞有追攝，與妻子即為死訣。故為國者以仁為宗，以刑為助。周用仁而昌，秦用刑而亡，此之謂也。願陛下緩刑用仁，天下幸甚。

又《〔唐〕韋嗣立〈論刑罰多濫疏〉》 臣竊嘗聞之，在堯、舜之日，晝其衣冠；當文、景之時，幾致刑措。歷茲千載，以為美談。臣伏惟陛下，濬哲欽明，窮神知化，自軒、昊以降，莫之與京。獨有往之論法，或未盡善，皆由主司姦凶，惑亂於視聽，尋而陛下聖察，具詳之矣，然竟未能明其本源，察其前事，令天下萬姓識陛下本心。尚使四海多銜寃之人，九泉有抱痛之鬼。臣誠愚昧，不識大綱，請為陛下，始末而言其事。

楊、豫之後，刑獄漸興，用法之伍，務於窮竟，連坐相牽，數年不絕，遂使巨姦大猾，伺隙乘間，內包豺狼之心，外示鷹鸇之迹，陰圖潛結，共相影會，構似是之言，成不赦之罪，皆深為巧詆，恣行楚毒，人不勝痛，便乞自誣，公卿士庶，連頸受戮，道路藉藉，雖知非辜，而鍛鍊已成，辯占皆合，縱皐陶為理，于公定刑，則謂汙宮毀柩，猶未塞責。雖陛下仁慈哀念，恤獄緩死，及覽辭狀，便已周密，皆謂勘鞫得情，是其實犯。雖欲寬捨，其如法何？於是小乃身誅，大則族滅，相緣共坐者不可勝言。此豈宿搆讎嫌，將申報復？皆圖苟成功效，自求官賞。當時稱傳，謂為羅織。其中陷刑得罪者，雖有敏識通才，被告言者，便遭枉抑，心徒痛其寃酷，口莫能以自明，或受誅夷，或遭殛竄，並甘心引分，赴之如歸。故知弄法侮文，傷人實甚。賴陛下特迴聖察，昭然詳究，周興、邱勣之類，弘義、俊臣之徒，皆相次伏誅，事暴遐邇而朝野慶泰，若再覩陽和。且如仁傑、元忠，俱羅枉陷，被勘鞫之際，亦皆已自誣。向非陛下至明，垂心省察，則葅醢之戮，已及其身，欲望輸忠聖代，安可復得？陛下擢而升之，各為良輔。國之棟幹，稱此二人，何乃前非而後是哉？誠由枉陷與甄明耳。

臣但恐往之得罪者多，並皆此流，則向時之寃者，其數甚衆。昔殺一孝婦，尚或降災，而濫者蓋多，寧無寃氣？寃氣上達，則水旱所興。欲望歲登，不可得也。陛下儻弘天地之大德，施雷雨之深仁，歸罪於陷刻之徒，降恩於枉濫之伍，自垂拱已來大辟罪已下，常赦所不原者，罪無輕重，一皆原洗，被以昭蘇。伏法之輩，追還官爵；緣累之徒，普霑恩造。如此則天下皆知比所陷罪，元非陛下之意，咸是虐吏之辜。幽明歡忻則感通和氣，和氣下降則風雨以時，風雨以時則國豐歲稔。歲既稔矣，人亦安矣，太平之美，亦何遠哉！伏願陛下深察。

又《[唐]蘇安恒〈為魏元忠疏〉》　臣伏聞明王有含天下之量，有濟天下之心，必能達天下之善，除天下之惡。若為君主而不行此四者，則當神怨鬼怨，陰錯陽亂。欲使國家榮泰，其可得乎？陛下革命之初，勤於庶政，親總萬機，博采謀猷，旁求俊彥，故四海之內，以陛下為納諫之主。陛下暮年以來，怠於政教，讒邪結黨，水火成災，百姓不親，五品不遜，故四海之內，以陛下為受佞之主矣。邪正莫辯，獄訟含寃。豈陛下昔是而今非？蓋居安忘危之失也。臣竊見御史大夫、檢校太子左庶子、同鳳閣、鸞臺平章事魏元忠，廉直有聞，位居宰輔。履忠正之基者，用元忠為龜鏡；踐邪佞之路者，嫉元忠若仇讎。麟臺監張易之兄弟，在身無德，於國無功，不逾數年，遂極隆貴，自當飲冰懷懼，酌水思清，夙夜兢兢，以報恩造。不謂溪壑其志，豺狼其心，欲指鹿而為馬，先害忠而損善，將斯亂代之法，乃汙明君之朝。自元忠下獄，臣見長安城內，街談巷議，皆以陛下委任姦佞，斥逐賢良。以元忠必無不順之言，以易之必有交亂之意。相逢偶語，人心不安。雖有忠臣烈士，空撫髀於私室，而鉗口不敢言者，皆懼易之等威權，恐無辜而受戮，亦徒虛死耳。今虜賊强盛，賦斂煩重，以臣觀之，萬姓不勝其弊，況又聞陛下縱逸姦慝，禁錮良善。儻刑罰失中，則遐邇生變。臣恐四夷因之，則窺覘得失，以為邊郡之患；百姓怨憤，即結聚義兵，以除君側之惡。復恐逐鹿之黨，叩關而至，亂階之徒，從中相應，争鋒於朱雀門內，問鼎於大明殿前。陛下將何事以謝之，復何方以禦之？臣今為陛下計，安百姓之心者，莫若收雷電之威，解元忠之網，復其爵位，君臣如初，則天下幸甚。陛下好生惡殺，縱不能斬佞臣頭，以塞人望，臣請奪其寵榮，剪其羽翼，無使權柄在手，驕横日滋，專國俗於穰侯，迴天過於左悺，則社稷危矣。惟陛下圖之。臣本微賤，不識元忠、易之，豈此可親而彼可疏耶？但恐讒邪長而忠臣絶。伏願陛下特垂天鑑，察臣此心。即微臣朝志得行，夕死無恨。

宋・姚鉉《唐文粹》卷二八《去濫刑・朱敬則〈諫除濫刑疏〉》　臣聞李斯之相秦也，行申、商之法，重刑、名之家，杜私門，張公室，棄無用之費，損不急之官，惜日愛功，疾耕急戰，人繁國富，乃屠諸侯，此救弊之術也。故曰刻薄可施於進趨，變詐可陳於攻戰。兵猶火也，不戢將自焚。況鋒鏑已銷，石城又毁，諒可易之以寬泰，潤之以淳和，八風之樂以柔之，三代之禮以導之。秦既不然，淫虐滋甚，往而不返，卒至土崩。此不知變之禍也。陸賈、叔孫通之事漢王也，當滎陽、成皋之間，糧饋已窮，智勇俱困，不敢開一説，效一奇，惟進豪猾之才，薦貪暴之客。及區宇適平，干戈向戢，金鼓之聲未歇，傷痍之痛尚聞，二子顧盻，綽有餘態。及陳《詩》、《書》，説禮樂，開王道，謀帝圖，高皇帝忿曰：『吾以馬上得之，安事《詩》、《書》乎？』對曰：『馬上得之，可馬上理之乎？』高皇默然。於是陸賈著《新語》，叔孫通定禮儀，始知天子之尊。此知變之善也。向使高皇排二子而不教，置《詩》、《書》而不顧，重攻戰之吏，尊首級之材。複道爭功，張良已知其變；拔劍擊柱，吾屬不得無謀。即晷漏難逾，何二十帝乎？亡秦是續，何二百年乎？故曰：仁義者，聖人之蘧廬；禮經者，先王之陳迹。然則祝辭向畢，芻狗須投，淳精已流，糟粕可棄。仁義尚捨，況輕此者乎！

自文明草昧，天地屯蒙，二叔流言，四凶構難。不設鉤距，無以應天順人；不切刑名，不可摧姦息暴。故置神器，開吉端，曲直之影必呈，包藏之心盡露。神道助直，無罪不除，人心保寧，無妖不戮。以茲妙筭，窮造化之幽深；用此神謀，入天人之祕術。故能計不下席，聽不出闈，蒼生晏然，紫宸易主。大哉偉哉！無得而稱也。豈比造攻鳴條，大戰牧野，血變草木，頭折不周，可同年而語乎？然而急趨無善迹，促柱少和聲，拯溺不規行，療飢非鼎食。即向時之妙策，乃當今之芻狗也。伏願覽秦漢之得失，考時事之合宜，審糟粕之可遺，覺蘧廬之須毁。見機而作，豈勞終日乎？陛下必不可偃蹇太平，徘徊中路，伏願改法制，立章程，下恬愉之辭，流曠蕩之澤，斷萋菲之牙角，頓姦險之鋒芒，塞羅織之源，掃朋黨之迹，使天下蒼生坦然大悦，豈不樂哉！

恤刑

綜述

《隋書》卷二五《刑法志》 自前代相承，有司訊考，皆以法外。或有用大棒束杖，車輻鞵底，壓踝杖桄之屬，楚毒備至，多所誣伏。雖文致於法，而每有枉濫，莫能自理。至是盡除苛慘之法，訊囚不得過二百，枷杖大小，咸爲之程品，行杖者不得易人。

帝又以律令初行，人未知禁，故犯法者衆。又下吏承苛政之後，務鍛鍊以致人罪。乃詔申敕四方，敦理辭訟。有枉屈縣不理者，令以次經郡及州，至省仍不理，乃詣闕申訴。有所未愜，聽撾登聞鼓，有司録狀奏之。帝又每季親録囚徒。常以秋分之前，省閱諸州申奏罪狀。【略】於是置律博士弟子員。斷決大獄，皆先牒明法，定其罪名，然後依斷。

五年，侍官慕容天遠，糾都督田元，冒請義倉，事實而始平縣律生輔恩，舞文陷天遠，遂更反坐。帝聞之，乃下詔曰：『人命之重，懸在律文，刊定科條，俾令易曉。分官命職，恒選循吏，小大之獄，理無疑舛。而因襲往代，別置律官，報判之人，推其爲首。殺生之柄，常委小人，刑罰所以未清，威福所以妄作。爲政之失，莫大於斯。其大理律博士、尚書刑部曹明法、州縣律生，並可停廢。』自是諸曹決事，皆令具寫律文斷之。

六年，敕諸州長史已下，行參軍已上，並令習律，集京之日，試其通不。【略】又命諸州囚有處死，不得馳驛行決。【略】

十二年，帝以用律者多致踳駁，罪同論異，詔諸州死罪不得便決，悉移大理案覆，事盡然後上省奏裁。十三年，改徒及流並爲配防。十五年制，死罪者三奏而後決。

又 卷二《高祖紀下》 （開皇十六年）秋八月丙戌，詔決死罪者，三奏而後行刑。

唐·吴兢《貞觀政要》卷八《刑法》 貞觀元年，【略】太宗又曰：『古者斷獄，必訊於三槐、九棘之官，今三公、九卿，即其職也。自今以後，大辟罪，皆令中書、門下四品已上及尚書九卿議之，如此，庶免寃濫。』由是至四年，斷死刑，天下二十九人，幾致刑措。【略】

貞觀五年，張蘊古為大理丞。相州人李好德素有風疾，言涉妖妄，詔令鞫其獄。蘊古言：『好德癲病有征，法不當坐。』太宗許將寬宥，蘊古密報其旨，仍引與博戲。持書侍御史權萬紀劾奏之，太宗大怒，令斬於東市。既而悔之，謂房玄齡曰：『公等食人之祿，須憂人之憂，事無巨細，咸當留意。今不問則不言，見事都不諫諍，何所輔弼？如蘊古身為法官，與囚博戲，漏泄朕言，此亦罪狀甚重，若據常律，未至極刑。朕當時盛怒，即令處置，公等竟無一言，所司又不覆奏，遂即決之，豈是道理。』因詔曰：『凡有死刑，雖令即決，皆須五覆奏。』五覆奏，自蘊古始也。又曰：『守文定罪，或恐有寃。自今以後，門下省覆，有據法令合死而情可矜者，宜録奏聞。』【略】

貞觀五年，詔曰：『在京諸司，比來奏決死囚，雖云三覆，一日即了，都未暇審思，三奏何益？縱有追悔，又無所及。自今後，在京諸司奏決死囚，宜二日中五覆奏，天下諸州三覆奏。』又手詔敕曰：『比來有司斷獄，多據律文，雖情在可矜而不敢違法，守文定罪，或恐有寃。自今門下省復有據法合死，而情在可矜者，宜録狀奏聞。』

貞觀九年，鹽澤道行軍總管、岷州都督高甑生坐違李靖節度，又誣告靖謀逆，減死徙邊。時有上言者曰：『甑生舊秦府功臣，請寬其過。』太宗曰：『雖是藩邸舊勞，誠不可忘，然理國守法，事須畫一，今若赦之，使開僥倖之路。且國家建義太原，元從及征戰有功者甚衆，若甑生獲免，誰不覬覦，有功之人，皆須犯法。我所以必不赦者，正為此也。』【略】

貞觀十四年，戴州刺史賈崇以所部有犯十惡者，被刺史劾奏。太宗謂侍臣曰：『昔陶唐大聖，柳下惠大賢，其子丹朱甚不肖，其弟盜蹠為巨惡。夫以聖賢之訓，父子兄弟之親，尚不能使陶染變革，去惡從善。今遣刺史，化被下人，咸歸善道，豈可得也。若令緣此皆被貶降，或恐遞相掩蔽，罪人斯失。諸州有犯十惡者，刺史不須從坐，但令明加糾訪科罪，庶可肅清奸惡。』

唐·杜佑《通典》卷一六七《刑典五·雜議下》 大唐律曰『八議』，具《刑制》下篇。諸疑獄，法官執見不同者，得爲異議，議不得過三。

貞觀十四年，尚書左丞韋悰句司農木橦七十價，百姓者四十價，奏其乾没。上令大理卿孫伏伽亟書司農罪，伏伽曰：『司農無罪。』上驚問之，伏伽曰：『只爲官木橦貴，所以百姓者賤。向使官木橦賤，百姓者無由賤矣。但見司農識大體，而不知其過。』上乃悟，顧謂韋悰曰：『卿識用不逮伏伽遠矣。』遂罷司農罪。【略】

永徽二年七月，華州刺史蕭齡之，前任廣州都督，受左智遠及馮盎妻等金銀奴婢，詔付羣臣議奏，上怒，令於朝堂處盡。御史大夫唐臨奏曰：『臣聞國家大典，在於刑賞，古先聖王，惟刑是恤。今天下太平，合用堯、舜之典。比來有司多行重法，敍勳必須刻削，論罪務從重科，非是憎惡前人，止欲自爲身計。今議齡之事，有輕有重，重者至流、死，輕者請除名。以齡之受委大藩，贓罰狼藉，原情取事，死有餘辜。然既遣詳議，終須近法。臣竊以律有八議，並依《周禮》舊文，矜其異於衆臣，所以特製議法。《禮》「王族刑於僻處」，所以議親；「刑不上大夫」，所以議貴。明知重其親貴，議欲緩刑；非爲嫉其賢能，謀致深法。今議官必於常法之外，議令入重，正與堯舜相反，不可爲萬代法。臣既處法官，敢不以聞。』詔遂配流嶺南。【略】

開元十年十一月，前廣州都督裴伷先下獄，中書令張嘉貞奏請決杖。兵部尚書張説進曰：『臣聞刑不上大夫，以其近於君也，故曰：「士可殺，不可辱。」臣今秋巡邊，中途聞薑皎朝堂決杖流。皎是三品，亦有微功，不宜決杖廷辱，以卒伍待之。且律有八議，勳貴在焉。今伷先不可輕行決罰。』上然其言。嘉貞不悦，退而謂説曰：『何言事之深也？』説曰：『宰相者，時來則爲，豈能長據？若貴臣盡當可杖，但恐吾等行當及之。此言非爲伷先，乃爲天下士君子也。』

又 卷一七〇《刑典八・寬恕》 殿中監盧寬持私藥入尚食廚，所司議當重刑。上曰：『祇是錯誤不解。』遂赦之。

二年三月，大理少卿胡演進每月囚帳，上覽焉。問曰：『其閒罪亦有情可矜，何容皆以律斷？』對曰：『原情宥罪，非臣下所敢。』上謂侍臣曰：『古人云：「鬻棺之家，欲歲之疫。」匪欲害於人，利於棺售故耳。今法司覆理一獄，必求深刻，欲成其考。今作何法，得使平允？』王珪奏曰：『但選良善平恕人，斷獄允當者，賞之，即姦僞自息。』上曰：『古者斷獄，必訊於三槐九棘之官。今三公九卿，即其職也。自今大辟罪，皆令中書、門下四品以上及尚書議之。』後大理引囚過，次到岐州刺史鄭善果。上謂演曰：『如鄭善果等，官位不卑，縱令犯罪，不可與諸囚同例。自今三品以上犯罪，不須將身過朝堂聽進止。』【略】

又制：『在京見禁囚，刑部每月一奏。從立春至秋分，不得奏決死刑。其大祭祀及致齋日、朔望、上下弦、二十四氣、雨未晴、夜未明、斷屠日月及假日，並不得奏決死刑。』因大理丞張蘊古、交州都督盧祖尚並以忤旨誅斬，帝尋追悔，遂下制，凡決死刑，雖令即殺，二日中五覆奏，下諸州三覆奏。初，河內人李好德風疾瞀亂，有妖妄之言，詔大理丞張蘊古按其事。蘊古奏好德顛病有徵，法不當坐。理書侍御史權萬紀劾蘊古貫屬相州，好德兄厚德為其刺史，情在阿縱。又，盧祖尚固辭交州。並處斬。既而悔之，遂有此制。

上又曰：『古之行刑，君為徹樂減膳。朕廷無恆設之樂，莫知何徹，然對食即不啖酒肉。自今以後，令尚食相知，刑人日勿進酒肉。內教坊及太常，並宜停教。曹司斷獄，多據律令，雖情在可矜，而不敢違法，守文定罪，或恐有寃。自今門下覆理，有據法合死而情在可宥者，宜録狀奏。』自是全活者甚衆。其五覆奏，決以前一日一覆奏，決日又三覆奏。唯犯惡逆者，一覆而已。著之於令。

四年十一月，制：『決罪人不得鞭背。』太宗以暇日開明堂圖，見五藏之系，咸附背脊，乃歎曰：『夫箠者，刑之最輕者也。死者，生之至重者也。豈容犯最輕之刑而或致死？自古帝王不悟，不亦悲夫！』即日遂有此制。【略】

高宗即位，遵貞觀故事，務在恤刑。嘗問大理卿唐臨在獄繫囚之數，臨對曰：『見囚五十餘人，唯二人合死。』上以囚數全少，甚喜也。【略】

開元十年六月敕：『自今以後，准格敕應合決杖人，若有便流移左貶之色，杖訖，許一月內將息，然後發遣。其緣惡逆、指斥乘輿者，臨時發遣。』

二十五年，刑部斷獄，天下死罪唯有五十八人。大理少卿徐嶠上言：『大理獄院，由來相傳殺氣太盛，鳥雀不栖，至是有鵲巢其樹。』於是百僚上表賀，以為幾至刑措。【略】

（天寶）六載正月敕：『自今以後，所斷絞、斬刑者，宜削除此條，仍令法官約近例，詳定處分。』

《舊唐書》卷三《太宗紀下》 （貞觀五年八月）戊申，初令天下決死刑必三覆奏，在京諸司五覆奏，其日尚食進蔬食，內教坊及太常不舉樂。

又 卷九《玄宗紀下》 開元二十五年春正月壬午，制：『朕猥集休運，多謝哲王，然而哀矜之情，小大必慎。自臨寰宇，子育黎烝，未嘗行極刑，起大獄。上玄降鑑，應以祥和，思恊平邦之典，致之仁壽之域。自今有犯死刑，除十惡罪，宜令中書門下與法官詳所犯輕重，具狀奏聞。』

又 卷一八下《宣宗紀》 （大中四年）四月，勑：『法司用刑，或持巧詐，分律兩端，遂成其罪。既奸吏得計，則黎庶何安？自今後應書罪定刑，宜直指其事，不得舞文，妄有援引。』

又刑部奏：『准今年正月一日勑節文，據會昌元年三月二十六日勑，竊盜贓至一貫文處死，宜委所司重詳定條目奏聞。臣等檢校，並請准建中三年三月二十四日勑，竊盜贓滿三疋已上決殺，如贓數不充，量請科放。』從之。

七月丙子，大理卿劉濛奏：『古者懸法示人，欲使人從善遠罪，至於不犯，以致刑措。准大和二年十月二十六日刑部侍郎高釴條疏，准勘節目一十一件，下諸州府粉壁書於録事參軍食堂，每申奏罪人，須依前件節目。歲月滋久，文字湮淪，州縣推案，多違漏節目。今後請下諸道，令刻石置於會食之所，使官吏起坐觀省，記憶條目，庶令案牘周詳。』從之。

又 卷五〇《刑法志》 則天臨朝，初欲大收人望。垂拱初年，令鎔銅為匭，四面置門，各依方色，共為一室。東面名曰延恩匭，上賦頌及許求官爵者封表投之。南面曰招諫匭，有言時政得失及直言諫諍者投之。西面曰申冤匭，有得罪冤濫者投之。北面曰通玄匭，有玄象災變及軍謀秘策者投之。每日置之於朝堂，以收天下表疏。既出之後，不逞之徒，或至攻訐陰私，謗訕朝政者。後乃令中書、門下官一人，專監其所投之狀，仍責識官，然後許進封，行之至今焉。【略】

（元和）六年九月，富平縣人梁悅，為父殺讎人秦果，投縣請罪。勑：『復讎殺人，固有彝典。以其申冤請罪，視死如歸，自詣公門，發於天性。志在徇節，本無求生之心；寧失不經，特從減死之法。宜決一百，配流循州。』

宋·王溥《唐會要》卷三九《議刑輕重》 武德九年九月八日，吏部尚書、權檢校左武衛大將軍長孫無忌被召，不解佩刀，入東上閤門。尚書右僕射封德彝議，以監門校尉不覺，合死；無忌誤帶刀入，徒二年，罰銅二十斤。詔從之。大理少卿戴胄駁曰：『校尉不覺，與無忌帶入同為誤耳。臣子之于君，不得稱誤。准律云：「供御湯藥、飲食、舟船，誤不如法者，皆死。」陛下若録其功，非憲司所決，若當據法，罰銅未為得衷。』太宗曰：『法者，非朕一人之法也，何得以無忌國親，便欲阿之？』更令重議。德彝執議如初。胄又駁曰：『校尉緣無忌以致罪，法當輕。若論其過，則其情一也。生死頓殊，敢以固請。』乃免校尉死刑。

其年九月，盛開選舉。或有詐偽資蔭者。上令自首，不首者死。俄有詐偽者，大理少卿戴胄斷流。上曰：『朕下敕不首者死。今斷流，示天下以不信。卿欲賣獄乎？』胄曰：『陛下當即殺之，非臣所及。今既付所司，臣不敢虧法。』上曰：『卿自守法，而令我失信耶？』胄曰：『法者，國家之所以大信於天下；言者，當時喜怒之所發耳。陛下發一朝之忿而許殺之，既知不可，寘之於流，此乃忍小忿而存大信。若順忿違信，臣竊為陛下惜之。』上曰：『法有所失，公能正之，朕何憂也。』【略】

（貞觀）十一年五月，上問大理寺卿劉德威曰：『近來刑網稍密，何也？』對曰：『誠在君上，不由臣下。主好寬則寬，好急則急。律文失入減三等，失出減五等。今則反是，失入則無辜，失出則獲大罪。所以吏各自愛，競執深文，畏罪之所致耳。』太宗然其言。由是失於出入者，各依律文。【略】

十八年九月，茂州童子張仲文忽自稱天子，口署其流輩數人為官司。大理以為指斥乘輿，雖會赦猶斬。太常卿、攝刑部尚書韋挺奏：『仲文所犯，止當妖言，今既會赦，准法免死。』上怒挺曰：『去十五年，懷州人吳法至浪入先置鉤陳，口稱天子，大理、刑部皆言指斥乘輿，咸斷處斬。今仲文稱妖，乃同罪異罰。卿乃作福於下，而歸虐於上耶！』挺拜謝趨退。自是憲司不敢以聞。數日，刑部尚書張亮復奏：『仲文請依前以妖言論。』上謂亮曰：『韋挺不識刑典，以重為輕，當時怪其所執，不為處斷。卿今日復為執奏，不過欲自取刪正之名耳。屈法要名，朕所不尚。」亮默然就列。上謂之曰：「爾無恨色，而我有猜心。夫人君含容，屈在於我，可申君所請，屈我所見。其仲文宜處以妖言。」【略】

元和二年十一月，斬李錡並男師回於子城西南隅。初，詔書削錡屬籍，宰臣鄭絪、李吉甫等，議其所坐，親疏未定，乃召兵部郎中蔣乂問曰：「詔罪錡一房，當是大功內耶？」乂曰：「大功是錡堂兄弟，即淮安王神通之下。錡即淮安王五代孫也。淮安有大功于國，陪陵配饗，事著史冊。今若以其裔孫叛逆之罪，而上累淮安，非也。」吉甫又問曰：「錡親兄弟當連坐否？」乂曰：「錡親昆弟皆是若幽之子，若幽累著功勳，死于王事。即使錡之兄弟從坐，若幽便當籍沒者，于典禮亦所未安。」宰臣頗以為然。

五年五月敕：「李師古嘗經任使，待以始終，雖是師道近親，典章宜有差降。其妻裴氏及女宜娘，並于鄧州安置。」又敕：「李宗奭本於凶狠，自抵誅夷，用戒倡狂，合從孥戮。故其微細。已正刑章；特示含宏，載寬緣坐。其妻韋氏及男女等，先收在掖庭，並宜放出。」前數日，上謂宰臣曰：「李師古雖自襲祖父，然朝廷待以始終，其妻于師道，即嫂叔也，雖曰逆人親屬，量其輕重，宜降等。又宗奭雖抵嚴憲，其情比之大逆。亦有不同。其妻士族也，今與其子女，俱在掖庭，於法皆似過深，卿等曾留意否？」崔羣對曰：「聖情仁惻，罪止凶魁，其妻子近屬儻獲寬恕，實合宏覆之道。」上遂出之。准法，逆人親屬得原免者，唯止一身。至是，其奴婢資貨，悉令還付。

長慶二年四月，刑部員外郎孫革奏：「准京兆府申，云陽力人張莅欠羽林官騎康憲錢米，徵理之，莅乘醉拉憲，氣息將絕。憲男買得，年十四，將救其父，以莅角抵力人，不敢揮解，遂將木鍤擊莅之首，見血，後三日致死者。准律，父為人所毆，子往救，擊其人折傷，減比鬬三等，至死者，依常律。即買得合當死刑。伏以律令者，用防凶暴；孝行者，以開教化。今買得救父難，是性孝非暴，擊張莅，是心切非凶。以髫丱之歲，正父子之親，若非聖化所加，童子安能及此？《王制》稱五刑之理，必原父子之親；《春秋》之義，原心定罪；《周書》以訓，諸罰有權。今買得生被皇風，幼符至孝，哀矜之宥，伏在聖慈。職當讞刑，合申善惡，謹先具事由陳奏。伏冀下中書門下商量。」敕旨：「康買得尚在童年，能知子道，雖殺人當死，而為父可哀。若從沉命之科，恐失原情之義，宜付法司，減死罪一等處分。」

寶曆三年，京兆府有姑鞭婦致死者，奏請斷以償死。刑部尚書柳公綽議：「以尊毆卑，非毆也。且其子在，以妻而戮其母，非教也。」遂減死焉。

太和四年十二月，刑部員外郎張諷、大理少卿崔圮等奏議親、議貴事。其一議親曰：「皇帝至太皇太后、皇后親，有內外服同者，皆在議條。伏以親疏之序，既有等衰，即雨露之恩，皆宜沾洽，此實皇王大猷，自家刑國，親九族協萬邦之旨也。近者，絳州刺史裴銳所犯贓罪至深，陛下以太皇太后之親，下尚書省集議。此乃陛下知刑賞之理重，與衆共之。伏請今後親有任刺史、監臨、主守，犯贓罪得蒙減死者，必重其過，直以贓罪為汙累，定刑流決外，其後子孫，並不得任理人官及為監臨、主守，庶得家知其恥，人革非心。」其一議貴曰：「謹按禮經，貴謂近於君也，非獨高秩厚俸之為貴。今後刺史非在朝文武職事三品官任者，於所部犯贓抵死罪，並不得以刺史品秩議貴，征司議條，免所犯罪。如先任在朝三品，合在議條者，即准議親條決流外，子孫者，未得任理人官及監臨、主守。如有法官及本官推官，不詳官品，妄有引議，請科違敕罪。其功勤賓故等，有犯贓罪同者，並請准親貴之法。」敕：「官必任親賢貴，無宜輕授，罰不及嗣，經訓具有明文，若坐子孫，慮傷事理。此一節且仍舊，餘依。」

六年五月，興平縣民上官興因醉殺人而亡，官捕其父囚之，興自歸有司請罪。京兆尹杜悰、御史中丞宇文鼎以興自首免父之囚，其孝可獎，請免死。詔兩省官參議，皆言殺人者死，古今共守，興不可免，久不決。上竟以興免父囚，近於義，依悰等議，免死，決杖八十，配流靈州。【略】

會昌元年十二月，都省奏：「准開成五年十二月十四日中書門下奏：『准律，竊盜五匹以上，加役流。』今自京兆、河南尹，逮於牧守，所在為政，寬猛不同，或以百錢以下斃踣，或至數十千不死。輕重既違法律，多以收禁為名，法自專行，人皆異政。然禁嚴則盜賊屏息，閭里皆安；政緩則攘竊盜行，平人受弊。定其取捨，在峻典刑。自今已後，天下州府竊盜賊，計贓幾貫，須處極法。臣等商量，望委中書門下五品以上，尚書省四品以上，御史臺五品已上，與京兆尹同議奏聞，仍編入格令。所冀巽懦者政無寬縱，剛戾者刑不至殘，各奉朝章，法歸畫一。其强盜賊，法律已重，不在此限。仍委出使郎官、御史，及度支鹽鐵巡院察訪，務令遵守，不得隳違者。伏以竊盜本無死刑，遂使刑法不一。臣等既奉詔旨，敢不盡心？臣請自今已後，入不應竊盜賊贓至絹三疋，即處極法，如未滿二疋，即任節級科處，不失罪人，其計贓數，即請准律以所在估絹為定。其兩京及軍府浩穰之地，或事繁一時，制斷有異，則請許量情定罪，務在得中。自然法禁不虧，刑名可守。』敕旨：『朝廷施令，所貴必行，合於事情，方可經久。自今已後，竊盜計贓至錢一貫以上，處極法。抵犯者便准法處分，不得以收禁為名。其奴婢本主及親戚同居行盜，並許減等，任長使酌度輕重處分。如再四抵犯，及有徒黨須懲，不在此例。』

三年十二月，澤潞劉禎平，欲定其母裴氏罪，令百寮議之。刑部郎中陳商議曰：『《周禮·司寇》之職：「男子入於罪隸，女子入於舂槁。」《漢律》云：「妻子没為奴婢。」鍾繇曰：「自古帝王，罪及妻子。」又晉朝議「在室之女，從父母之誅；既適之婦，從夫家之罰。」謹按奴婢舂槁，罪罰之類，名則為重，而非罪刑。然事出一時，法由情斷。裴氏為惡有素，為奸已成，分衣固其人心，中令安其逆志。臣等參議，宜從重典。』從之。

五年正月三日制節文：『據律，已去任者，公罪流已下勿論。公罪之條，情有輕重，苟涉欺詐，豈得勿論？自後公罪有情狀難恕，並不在勿論之限。』

大中四年正月敕：『攘竊之興，起於不足。近日刑法頗峻，竊盜益煩，贓至一千，便處極法。輕人性命，重彼貨財，既多殺傷，且乖教化。況非舊制，須議更改。其會昌元年二月二十六日敕，宜令所司，重詳定條流。』時刑部及大理卿同議，奏請依建中三年三月二十四日敕，每有盜賊贓滿絹三疋已上，決殺；如贓數不充，量情科處。

五年十月敕：『今後有官典犯贓及諸色取受，但是全未發覺已前，能經陳首，即准律文與減等。如知事發，已有萌兆，雖未被追捕勘問，亦不許陳首之限。』

又　卷四〇《君上慎恤》　武德二年二月，武功人嚴甘羅行劫，為吏所拘。高祖謂曰：『汝何為作賊？』甘羅言：『饑寒交切，所以為盜。』高祖曰：『吾為汝君，使汝窮乏，吾罪也。』因命捨之。【略】

開元十二年四月敕：『比來犯盜，先決一百，雖非死刑，大半殞斃。言念於此，良用惻然。今後抵罪人合杖，敕杖並從寬，決杖六十，一房家口，移隸磧西。其嶺南人移隸安南，江淮人移隸廣府，劍南人移隸姚嶲州，其磧西、姚嶲、安南人，各依常式。』【略】

（天寶）四年八月十二日敕：『刑之所設，將以閑邪，法不在嚴，貴於知禁。今後應犯徒罪者，並量事宜，配于諸軍效力。』【略】

貞元八年十一月敕：『比來所司斷罪，拘守科條，或至死刑，猶先決杖。處之極法，更此傷殘，惻隱之懷，實所不忍。自今已後，罪之死者，先決杖宜停。』

十三年四月敕：『農事方興，時雨猶少，言念囚繫，慮有滯冤。京城百司及畿內。有禁囚李士政等六人，合處極法，宜從寬典，各決四十，配流諸州。其餘禁繫者，委御史臺與諸司計會。敕到後五日內，疏理訖聞奏。』【略】

元和四年二月敕：『自今已後，在京諸司應決死囚，不承正勑，並不得行決。如事迹凶險，須速決遣，并有別處分者，亦令一度覆奏。』時右街功德使吐突承璀牒京兆府稱奏，敕令杖死殺人僧惠寂，府司都不覆奏，故有是詔。

八年九月詔書：減死戍邊，前代美政，量其遠近，宜有便宜。自今已後，兩京及關內、河南、河東、河北、淮南、山南東西兩道州府犯罪繫囚，除大逆及手殺人外，其餘應入死罪，並免死，配流天德五城諸鎮。有妻兒者，亦任自隨。又緣頃年已來所有配隸，或非重辟，使至遠遷，有司上陳，又煩年限。今後如有輕犯，更不得配流五城。【略】

（開成四年）十月敕：『自今已後，將敕決死囚不令覆奏者，有司亦須准故事覆奏。』

太和二年二月，刑部奏：『伏准今年正月三日制，刑獄之內，官吏用情，推斷不平。因成冤濫者。無問有贓無贓，並不在原免之限。又准律文。出入人罪，合當坐者，不言有贓無贓，今請准律科本罪，不得原免。』

敕旨：依。

三年三月敕：『京畿之內，萬類聚居，觸刑章者，多於天下，加以百役牽應，由斯致咎，若一一不恕，則殺戮滋多。應京畿內見禁囚犯，死者降一等；從流當徙者，以遠近節級遞減一等處分。』

四年四月敕：『法寺用法，或持巧詐，分律兩端，遂成其罪。既奸吏得計，則黎庶何安？今後宜令每書罪定刑，但直指其事，不得舞文，妄有援引。仍須頒示天下長吏，嚴加覺察，不得輒用奸吏，如有此色，當即停解。』

八年四月敕：『朕比屬暇日，周覽國史，伏睹太宗因閱《明堂孔穴圖》，見五臟之系咸附於背，乃制決罪人不得鞭背。且人之有生，系於臟腑。針灸失所，尚致夭傷。鞭撲苟施，能無枉橫。況五刑之內，笞最為輕，豈可以至輕之刑而或致之死？朕恭承丕業，思奉貽謀，言念於茲，載懷惻隱。其天下州府應犯輕罪人，除罪狀巨蠹法所難原者，其他過誤罪愆及尋常公事違犯，並宜准貞觀四年十一月十七日制處分，不得鞭背。今年以後，每立夏至秋已前，犯罪人就州府常條之中，亦宜量與矜減，仍速為疏理，不得久令禁繫。仍並委御史臺切加糾察，永為常式。』【略】

光化元年八月二十七日敕：『近日用刑，皆隳舊例，多黷斧鑕，鮮行鞭笞。今後應天下州縣科斷罪人，切須明於格律，不得以軍法戮人。』

又　卷四一《雜記》　（貞觀）十三年八月敕：『身體髮膚，受之父母，不合毀傷。比來訴競之人，即自刑害耳目。今後犯者先決四十，然後依法。』【略】

廣德元年七月十一日敕節文：『應天下刑獄，大理正斷，刑部詳覆，下中書門下處分。』【略】

大中五年四月敕：『應諸道州府及京諸司所有推勘奏狀，宜令具小節目，狀於大狀前同進。』

七年四月六日敕：『法司斷罪，每脊杖一下，折法杖十下，臀杖一下，折笞杖五下，則吏無逾制，法守常規。』

又　卷二七《行幸》　（貞觀）二十一年九月，太宗辟人，從兩騎幸故未央宮，遇一衞士，佩刀不去，車駕至，惶懼待罪。太宗謂之曰：『仗司之失，非汝之罪，今若付法，當死者便數人。』因赦去之。

又　卷六六《大理寺》　開元八年敕：『內外官犯贓賄，及私自侵漁入己，至解免已上，有訴合雪及減罪者，並令大理審詳犯狀，申刑部詳覆。如實冤濫，仍録名送中書門下。其有遠年斷雪，近請除罪，亦准此。其餘具《刑部格》。』

宋·宋敏求《唐大詔令集》卷八二《政事·刑法·糾劾違律行事詔》　朕恭膺寶命，撫臨率土，永鑑前王，憲章典故雖文質遞變，沿革不同，而發號施令，殊塗一揆。皆所以成當世之典謨，開生民之耳目，納之軌度，令行禁止。自律令班下，積有歲時，內外羣官，多不尋究，所行之事，動乖文旨。此乃臣有所隱，民不見德，與不令而誅，何以異也？斯豈守道履正，狥公奉法者乎？自今以後，官人行事，與律乖違者，仰所司糾劾，具以名聞。貞觀元年八月

又　《法司及別敕推事並依律文詔》　朕聞大小之情，義重前誥，哀矜勿喜，道光遐冊。朕恭膺寶業，嗣臨億兆，留心聽斷，劬勞日積，一物乖方，納隍軫慮。今既科格咸備，憲制久行，訊鞫之法，律條具載，深文之吏猶乖遵奉，肆行慘虐，曾靡仁心。在含氣之倫，稟柔脆之質，乃有懸枷著樹，經日不脱，身被五木，連宵忍凍，動轉有碍，食飲乖節。殘酷之事，非復一途，楚痛切心，何求不得？念及於此，深以矜懷。又投匿名書，國有常禁，凡厥寮庶，咸應具悉。近遂有人，向朝堂之側，投書於地，隱其姓名，誣人之罪。朕察其所陳，皆極虛妄。此風若扇，為蠹方深。自今以後，內外法司及別敕推事，並依律文，勿更別為酷法。其匿名書，並宜准律處分。庶使泣辜之事，遠覃於四海；恤刑之旨，長垂於萬年。永徽六年十一月

又　《恤刑詔》　哀矜折獄，義光《呂訓》，明慎用刑，事昭姬《象》。朕以寡昧，嗣登宸極，思闡大猷，式隆景運。蹈冰彌懼，屬想於寰中；馭朽彌競，馳襟於裕下。虛己待物，每從寬政。如聞率土州縣，留獄尚繁，困於囚繫，致於病死，一歲之中，數盈二百。蓋由上乏亭育之化，下乖堯舜之心。深責在躬，興言多愧。抑又聞之，共成我理天下者，其惟良二千石。今之所任，或虧政道，未詳欽恤之旨，苟狥苛刻之情，幽縶困滯，証逮遐廣，寒暑相襲，風露交侵，淹乎年歲，成其疾苦。加以杖笞失度，桎梏違方，巧詆深文，生全安在？獄市之寄，何其爽與！自茲

以後，宜革前弊。罪無大小，不得稽留。其囚疾患及輕罪並笞杖等，雖法有恒規，恐典吏妄生威福，官人不存檢校，或顔面囑請，觸類以之。若仍舊不悛，當加重罪。布告天下，知朕意焉。龍朔二年八月

又《申理冤屈制》 門下：大帝降覽，無幽不燭，下人上訴，在屈必申。將使處巖廊者，戶牖絶千里之遥；御億兆者，閽庭無九重之隔。故堯推心以撫俗，業濟天下；湯克己以察冤，惠孚海内。朕祗膺曆嗣，寅奉璇圖，常居安以戒危，每在得而思失，慮一夫之弗獲，憂萬方之罪己。為承平既久，區宇至廣，州邑相望，衆庶殷阜，事繁則詐起，法弊則奸生。念兹冤滯，載懷悱惻。是以頻發詔書，庶幾息訟，比命申理，未副朕懷。百姓雖事披論，官司不能正斷。及於三司陳訴，不為究尋，向省告言，又却付州縣。至財物相侵，婚田交争，或為判官受囑，有理者不申；或以按主取錢，合得者被奪。或積嫌累載，横誣非罪；或肆忿一朝，枉加殺害。或頻經行陣，竟無優賞；或不當矢石，便獲勳庸。改換文簿，更相替奪，或於所部，憑情織作，少付絲麻，多收絹布；或營造器物，耕事田疇，即役履功，雇無半直。又境内市買，無所畏憚，虚立賤價，抑取貴物，寔食貪利以侵人，乃據詳估以放罪。或進退丁戶等色，多有請託；或解補省佐之流，專納賄賂。或徵科賦，差點兵防，無錢則貧弱先充，行貨則富强獲免。亦有鄉邑豪族，容其造請，或酒食交往，或妻子去還，假託威恩，公行侵暴。凡如此事，固非一緒。經歷臺省，往来州縣，動淹年歲，曾無與奪。欲使元元何所控告，見在京師訟人？宜令朝散大夫、守御史中丞崔謐，朝散大夫、守給事中劉景先，朝請郎、守中書舍人裴敬彝等，於南衙門下外省，共理冤屈。所有訴訟，隨狀為勘。其當理者速即奏聞，無理者示語發遣。其有虚相搆架，浪擾官司，若經處分，諠訴不絶者，宜即科決，使知懲勸。仍限今年十二月内使了。其在外州縣，所有訴説，寃滯文案，見未斷絶者，並令當處，速為盡理勘斷，務使甘伏，勿使淹滯。若處斷不平，所司糺察得寔者，所由官人隨即糾付。可布告遐邇，使知朕意。儀鳳二年十一月十三日

又《減大理丞廢秋官獄敕》 鸞臺：崇德簡刑，列辟之彝範；并官省事，有國之良圖。聖人執契以乘時，道苞乾大；善政改絃而馭俗，義叶鼎新。朕處荷先基，恭臨下土，運一心之淺慮，憂四海之羣生，馭朽載兢，踐冰惟惕。幸賴九玄垂祐，七廟宣靈，天地以清，風雨咸若，菽粟登稔，疆徼無虞，茂祉日繁，休禎歲集。答昊穹之睠命，順億兆之識知。蒼璧靈壇，展嚴禋於上帝；黄金秘牒，追顯號於前王。大典聿申，鴻符允暢。斯寔祖宗之遐慶，函夏之多福，豈朕虚薄，能臻此乎？但萬歲初元，肇開昌曆，九章恒憲，甫釋嚴科，遠近無縲絏之冤，老幼有歌謡之樂，人皆遷善，政在惟新。丹筆刑官，已絶理梧之聽；黄沙獄戶，將為鞠草之場。而法禁之曹，寀寮斯衆，司刑一局，便有八丞。既罕囚徒，静無推案，豈煩多士，虚習《夏書》？宜減二員，俾從他職。文昌國府，建禮天闈，庶政是歸，具寮攸仰，諒青縑之美地，非赬服之攸居。雖復時有申讞，頗須聽斷，兩造之文必具，五詞之理易窮。詎假狴牢，方甄枉直？仙臺置獄，甚為非宜。今欲總撤疏羅，寧可别施囹圄。其秋官獄，即宜除毁。朕既深居秘宇，不能遍覽綿區，唯仗時賢，共康天下。州牧縣宰，寄重親人，僚守勾曹，任惟綱紀。百姓或有所犯，必須盡理推尋。審知罪狀分明，方可禁身科斷。不得才聞小過，遽縶圜扉。高下其心，同叔魚之鬻獄；輕重其手，爽定國之平刑。黠吏崇奸，恣其乾没，要因多滯，積以炎凉。有一於兹，當加貶譴。幸悉心而慎罰，同底績以勝殘。佇宏勿辟之規，用闡無為之化。將使三千之罪，永絶於當年；豈惟數百之刑，僅寬於昔代！布告天下，識朕意焉。登封元年十月十一日

又《申冤制》 門下：九重深邃，非訪問之可聞；萬邦遐曠，因表疏而方達。朕尊居黄屋，心念蒼生。微物不安，每切納隍之慮；一人失業，更縈宵旰之懷。思欲下情上通，無令擁隔，所以明四聰者也。其官人百姓等，有冤滯未申，或獄訟失職，或賢才不舉，或進獻謀猷，如此之流，任其投匭。凡百士庶，宜識朕懷。神龍元年二月二十七日

又《孫逖〈寬徒刑配諸軍效力敕〉》 敕：刑之所設，將以閑邪。法不在嚴，貴於知禁。朕自臨萬國，向踰三紀，思宏至道之化，寔務好生之德。比者應犯極法，皆令免死配流，所以市無刑人，獄無冤繫。哀矜勿喜，冀洽於生靈；小大以情，寧忘於鑑寐！至於徒罪，雖非重刑，力役之外，不免拘縶，載罹寒暑，誠可矜量。自今以後，其犯罪應合徒者，並配諸軍效力。庶感激之士，因以成功；寬大之恩，叶於在宥。且本置杖罪，是代肉刑，將以矜人，非惟重法。今官吏決罰，或有生情，因兹致

死，深可哀憫。其犯杖罪、情非巨蠹者，亦令效力。宜令所司作載，限立條例處分。天寶四年七月

又《罪至死者勿決先杖敕》比者所司斷罪，拘守科條，或至死刑，猶決先杖，處之極法。重此傷殘，非惻隱也。自今罪至死者，勿決先杖。貞元八年十一月

《舊五代史》卷一四七《刑法志》（唐同光三年）六月甲寅敕：刑以秋冬，雖關惻隱，罪多連累，翻慮滯淹。若或十人之中，止爲一夫抵死，豈可以輕附重，禁錮逾時？言念哀矜，又難全廢。其諸司囚徒，罪無輕重，並宜各委本司，據罪詳斷申奏。輕者即時疏理，重者候過立春，至秋分，然後行法。如是事繫軍機，須行嚴令。或謀惡逆，或畜奸邪，或行劫殺人，難於留滯，並不在此限。

天成元年十一月庚申敕：應天下州使繫囚，除大辟罪以上，委所在長史速推勘決斷，不得傍追證對。經過食宿之地，除當死刑外，並仰釋放，兼不許徵治。

二年春，左拾遺李同上言：『天下繫囚，請委長史逐旬親自引問，質其罪狀眞虛，然後論之以法，庶無枉濫。』從之。

六月，大理少卿王欝上言：『凡決極刑，合三覆奏。近年以來，全不守此。伏乞今後前一日，令各一覆奏。』奉敕：宜依。

八月，西京奏：奉近勑，在京犯極刑者，令決前一日，各一覆奏。緣當府地遠，此後凡有極刑，不審准條疏覆奏。』奉勑旨：『昨六月二十日所降敕文，秪為應在洛京有犯極刑者覆奏。其諸道已降旨命，准舊例施行。今詳西京所奏，尚未明近勑，兼慮諸道有此疑惑，故令曉諭。』

十月辛丑德音：爲政之要，切在無私；聽訟之方，唯期不濫。天下諸州官員，如有善推疑獄及曾雪寃濫，兼有異政者，當具姓名聞奏，別加甄獎。

長興元年二月，制曰：欲通和氣，必在伸寃，將設公方，實資奬善。州縣官僚能雪寃獄、活人生命者，許非時選，仍加階超資注官，與轉服色，已著緋者與轉兼官。

二年二月辛亥，赦：朕猥以眇躬，薦承鴻業，念彼疲瘵，勞於寐興。或慮官不得人，因成紊亂；或慮刑非其罪，遂至怨嗟。王化所興，獄訟為本。苟無訓勵，必有滯淹。近日諸道百姓，或諸多違犯，或小可鬭爭。官吏曲縱胥徒，巧求瑕釁。初則滋張節目，作法拘囚，終則誅剝貨財，市恩出拔。外憑公道，内徇私情，無理者轉務遷延，有理者却思退縮，積成訛弊，漸失紀綱。自今後，切委逐處官吏州牧縣宰等，深體余懷，各舉爾職。凡關推究，速與剸裁，如敢苟縱依違，遂成枉濫，或經臺訴屈，或投匭伸寃，勘問不虛，其元推官典並當責罰，其逐處觀察使、刺史別議朝典。宜令諸道州府，各依此處分。所管屬郡，委本道嚴切指揮。【略】

四月，前濮州録事參軍崔琮上言：『諸道獄囚，恐不依法拷掠，或不勝苦致斃，翻以病聞。請置病囚院，兼加醫藥。』中書覆云：『有罪當刑，仰天無恨；無病致斃，没地銜寃。燃死灰而必在至仁，照覆盆而須資異鑑。《書》著「欽哉」之旨，《禮》標「侀也」之文，因彰善于泣辜，更推恩于扇暍。所謂置病囚院，望依，仍委隨長史專切經心，或有病囚，當時遣醫人診候治療，後據所犯輕重決斷。如敢故違，致病囚負屈身亡，本處官吏並加嚴斷。兼每及夏至，五日一度，差人洗刷枷匣。』【略】

清泰元年五月丁丑詔：在京諸獄及天下州府見繫罪人，正當暑毒之時，未免拘囚之苦。誠知負罪，特軫予懷。恐法吏生情，滯於決斷，詔至，所在長吏親自慮問，據輕重疾速斷遣，無淹滯。

晉天福二年八月，勑下刑部大理寺、御史臺及三京諸道州府：今後或有繫囚染疾者，並令逐處軍醫看候，于公廨錢内量支藥價。或事輕者，仍許家人候看。【略】

（四年）三月庚午，詳定院奏：『前守洪洞縣主簿盧燦進策云：「伏以刑獄至重，朝廷所難，尚書省分職六司，天下謂之會府，且諸道決獄，若關人命，即刑部不合不知。欲請州府凡斷大辟罪人訖，逐季具有無申報刑部，仍具録案款事節並本判官、馬步都虞候、司法參軍、法直官、馬步司判官名銜申聞。所貴或有案内情曲不圓，刑部可行覆勘。如此，則天下遵守法律，不敢輕易刑書。非唯免有銜寃，抑亦勸其立政者。」臣等參詳，伏以人命至重，國法須精，雖載舊章，更宜條理。誠爲允當，望賜施行。』從之。

五月，詔曰：刑獄之難，古今所重，但關人命，實動天心。或有寃魂，則傷和氣。應諸道州府，凡有囚徒，據推勘到案款，一一盡理，子細

檢律令格勅。其間或有疑者，准令文讞，大理寺亦疑，申尚書省。省、寺明有指歸，州府然後决遣。【略】

六年秋七月庚辰，詔曰：政教所切，獄訟惟先。推窮須察於事情，斷遣必遵於條法，用弘欽恤，以致和平。應三京、鄴都及諸道州府見禁諸色人等，宜令逐處長史，常切提撕，疾速决遣，每務公當，勿使滯淹。

【略】

開運二年五月壬戌，殿中丞桑簡能上封事曰：『伏以天地育萬物，廣博厚之恩；帝王牧黎元，行寬大之令。是知恤刑緩獄，乃爲政之先；布德行惠，實愛民之本。今盛夏之月，農事方殷，是雷風長養之時，乃動植蕃蕪之際，宜順時令，以弘至仁。竊以諸道州府都郡縣應見禁罪人，或有久在囹圄，稍滯區分，胥吏侮文，枝蔓乃衆，捶楚之下，或陷無辜。縲絏之中，莫能自理，苟一人拘繫，則數人營財，物用既殫，工業亦罷。若此之類，實繁有徒。切恐官吏因循，寖成斯弊。伏乞降詔旨，令所在刑獄，委長史親自録問量罪，疾速斷遣，務絶冤濫，勿得淹留，庶免虚禁平人，妨奪農力，冀召和氣，以慶明時。』勅曰：『囹圄之中，縲絏之苦，奸吏苟窮於枝蔓，平人用費於貨財。由茲滯淹，兼致屈塞。桑簡能體茲軫憫，專有敷陳，請長史躬親，免獄官抑逼，深為允當，宜再頒行。宜依。』

十月甲子，秘書省著作郎邊玗上封事曰：『臣聞從諫如流，人君之令範；極言無隱，臣子之常規。蓋欲表大國之任人，致萬邦之無事。前文備載，可舉而行。伏以皇帝陛下，德合上玄，運膺下武，旰食宵衣而軫念，好生惡殺以推仁。凡措典刑，固無冤枉。然以照臨之内，州郡尤多，若不再具舉明，伏恐漸成奸弊。臣竊見諸道刑獄，前朝曾降敕文，凡是禁繫罪人，五日一度録問，但以年月稍遠，漸致因循。或長史事煩，不暇躬親點檢；或胥徒啓倖，妄要追領證明。慮有涉於淫刑，即恐傷於和氣。伏乞特降詔旨，自今後，諸道並委長史五日一度，當面同共録問，所冀處法者無倖，銜冤者獲伸，俾令四海九州，咸歌聖德，五風十雨，永致昌期。』勅曰：『人之命，無以復生；國之刑，不可濫舉。雖一成之典，務在公平，而三覆其詞，所宜詳審。凡居法吏，合究獄情。邊玗近陟周行，俄陳讜議，更彰欽恤，宜允申明。』

三年十一月丁未，左拾遺竇儼上疏曰：『臣伏覩《名例律疏》云：死刑者，古先哲王則天垂象，本欲生之，義期止殺，絞、斬之坐，皆刑之極也。又准天成三年閏八月二十三日勅，行極法日，宜不舉樂，減常膳。又刑部式，决重杖一頓處死，以代極法。斯皆人君哀矜不捨之道也。竊以蚩尤為五虐之科，尚行鞭朴；漢祖約三章之法，止有死刑。絞者筋骨相連，斬者頭頸異處。大辟之目，不出兩端，淫刑所興，近聞數等。蓋緣外地不守通規，肆率情性，或以長釘貫篸人手足，或以短刀臠割人肌膚，乃至累朝，半生半死，俾冤聲而上達，致和氣以有傷。將弘守位之仁，在峻推行之令。欲乞特下明勅，嚴加禁斷者。』勅曰：『文物方興，刑罰須當。有罪宜從於正法，去邪漸契於古風。竇儼所貢奏章，實裨理道。宜依所奏，准律令施行。』

漢乾祐二年正月勅：政貴寬易，刑尚哀矜，慮滋蔓之生奸，實軫傷而是念。今屬三元改候，四序履端，將冀和平，無如獄訟。應三京、鄴都諸道州府見繫罪人，委逐處長史躬親慮問，其於决斷，務在公平，但見其情，即為具獄，勿令牽引，遂致淹停，無縱舞文，有傷和氣。

四月甲午，勅曰：月届正陽，候當小暑，乃挺重出輕之日，是恤刑議獄之辰。有罪者速就勘窮，薄罰者畫時疏决，用符時令，勿縱滯淹。三京、鄴都諸道州府在獄見繫罪人，宜令所司，疾速斷遣，無致淹滯枉濫。

【略】

周廣順三年四月乙亥勅：朕以時當化育，氣屬炎蒸，乃思縲絏之人，是軫哀矜之念。慮其非所，案鞫淹延，或枉濫窮屈而未得伸宣，或饑渴疾病而無所控告。以罪當刑者，唯彼自召，法不可移；非理受苦者，為上不明，安得無慮？欽恤之道，夙宵靡寧。應諸道州府見繫罪人，宜令官吏疾速推鞫，據輕斷遣，不得淹滯。仍令獄吏洒掃牢獄，當令虚歇，洗滌枷械，無令蚤虱，供給水漿，無令饑渴。如有疾患，令其家人看承。囚人無主，官差醫工診候，勿致病亡。循典法之成規，順長贏之時令，俾無淹滯，以致治平。

又賜諸州詔曰：朕以敷政之勤，惟刑是重，既未能化人於無罪，則不可為上而失刑。況時當長贏，事貴清適，念囹圄之閉固，復桎梏之拘縻，處於炎蒸，何異焚灼？在州及所屬刑獄見繫罪人，卿可躬親録問，省略區分，于入務不行者令俟務開繫，有理須申者速期疏决，俾皆平允，無至滯淹。又以獄吏逞任情之奸，囚人被非法之苦，宜加檢察，勿縱侵欺。常令凈掃獄房，洗刷枷匣，知其饑渴，共與水漿。有病者聽骨肉看承，無主者遣醫工救療。勿令非理致斃，以致和氣有傷。卿忠幹分憂，仁明涖事，必能奉詔，體我用心。睠委于茲，興寐無已。餘從敕命處分。

顯德元年十一月，帝謂侍臣曰：『天下所奏獄訟，多追引證，甚致淹延，有及百餘日而未決者。其中有徒黨反告者，劫主陳訴者及妄遭牽引者，慮獄吏作倖遲留，致生人休廢活業。朕每念此，彌切疚懷。此後宜條貫所在藩郡，令選明幹寮吏當其訴訟，如獄不滯留，人無枉撓，明具聞奏，量與甄奬。』

又　卷三九《唐書・明宗紀五》（天成三年正月）丁巳，詔曰：『朕聞堯、舜有恤刑之典，貴務好生；禹、湯申罪己之言，庶明知過。今月十七日，據巡檢軍使渾公兒口奏稱，有百姓二人，以竹竿習戰鬬之事。朕初聞奏報，實所不容，率爾傳宣，令付石敬瑭處置。今旦重誨敷奏，方知悉是幼童為戲，載聆讜議，方覺失刑，循揣再三，愧惕非一。亦以渾公兒誑誣頗甚，石敬瑭詳覆稍乖，致人枉法而殂，處朕有過之地。今減常膳十日，以謝幽冤。其石敬瑭是朕懿親，合施極諫，既茲錯誤，宜示省循。可罰一月俸。渾公兒決脊杖二十，仍銷在身職銜，配流登州。小兒骨肉，賜絹五十匹、粟麥各百石，便令如法埋葬。兼此後在朝及諸道州府，凡有極刑，並須子細裁遣，不得因循。』百寮進表稱賀。

宋・王溥《五代會要》卷九《議刑輕重》（後唐天成二年）七月，洺州平恩縣百姓高弘超，其父暉爲鄉人王感所殺，弘超挾刃殺感，擕其首自陳。大理寺以故殺論，尚書刑部員外郎李恩夢覆曰：『伏以挾刃殺人，按律處死，投獄自首，降罪垂文。高宏超既遂報讎，固不逃法，戴天罔愧，視死如歸，歷代以來，事多貸命。長慶六年有康買得，父憲爲力人張涖乘醉拉憲，氣息將絶，買得年十四，以木鍤擊涖，後三日致死。敕旨：「康買得尚在童年，能知子道，雖殺人當死，而爲父可哀。若從償命之科，恐失度情之義，宜減死罪處分。」又元和六年，富平人梁悅殺父之讎，投縣請罪，敕旨：「復讎殺人，固有彝典，以其伸冤請罪，自詣公門，發於天性，本無求生，寧失不經，特宜減死。」方今明時，有此孝子，其高宏超若使須歸極法，實慮未契鴻慈。』

奉敕：『忠孝之道，乃治國之大柄，典刑之要本。誅惡之深文，差若毫釐，系之理道。昔紀信替主赴難，尚青史之永刊；今高宏超爲父復讎，即丹書之不尚。人倫之□，法網宜矜，可減死一等。』【略】

晉天福三年八月，大理寺奏：『左街韓延嗣爲百姓李延暉沖者，本街使連喝不住，毆擊致死。准律，鬬毆者原無殺心，因相鬬毆而殺人者，依故殺人者斬。其韓延嗣准律合斬。《刑法統類》節文：絞刑決重杖一頓處死。』敕：『法寺定法，比不因鬬毆故傷人，辜内死者以殺人論。蓋防相類，且非本條，罪有可疑，法當在宥。徒二年半，刺面配華州，發運務收管。』

又　《定贓》周廣順三年二月，中書門下奏：『今後應犯竊盜贓及和姦者，並依晉天福元年以前條制施行。應諸處犯罪人等，除反逆外，其餘罪並不得籍没家産，及誅骨肉，一依格令處分。請再下明敕，頒示天下。』乃下詔曰：『赦書節文，明有釐革，竊慮邊城遠郡，未得祥審，宜更申明，免至舛誤。其盜賊，若强盜，並准向來格條斷遣；其犯竊盜者，計贓絹滿三匹者，並准律決殺。其絹以本處上估價爲定，不滿三匹者，第等決斷。應有夫婦人被强姦者，男子決殺，婦人不坐；其犯和姦者，男子婦人並准律科斷，罪不至死；其餘姦私，准格律處分。』

又　卷一〇《刑法雜録》後唐同光三年六月二十一日，大理寺奏：『准諸獄例，立春已後，秋分已前，不得奏決死刑，違者徒一年。今寺、司相次有案牘，若准律文候秋分後申奏，必慮刑獄延留者。』詔曰：『刑以秋冬，雖關惻隱，罪多連累，翻慮淹延。若或十人之中，止於一夫抵罪，豈可以輕附重，禁錮逾時。言念哀矜，又難全廢。其諸司囚徒，罪無輕重，並宜各委本司據罪詳斷。輕者即時疏理，重者候過立春，至秋分然後行法。如關係軍機，須行嚴令，或謀爲逆惡，或蘊蓄奸邪，或行劫殺人，難於留滯，並不在此限。』

其年閏十二月二十五日，大理少卿魏近奏：『此後伏請指揮天下州府，應所禁囚徒，不計州縣府巡大小刑獄，委觀察使、刺史填送清强判官一員，於本防每月二十六日兩衙引問，明置獄狀，細述事端，大則盡理推尋，小則立限決遣。其外縣鎮禁人，三日外具事節申本州府，仍勘問指揮。』奉敕：『宜依。』

天成元年十一月六日敕：『應天下刑獄公事，訪聞近日多有寃滯，自今後每捉到正賊，但見贓驗，便行正斷，不得更追關連祇證人宿食去處。』

二年六月十二日，大理少卿王爵奏：『伏惟正觀五年八月二十一日敕：「極刑雖令即決，仍三覆奏，在京五覆奏，決前三奏，決日兩奏，准犯惡逆者一覆奏。著於格令。」又准建中三年十一月十四日敕：「應決大辟罪，在京者宜令行決之司三覆奏，決前兩奏，決日一奏。」謹按斷獄，諸死罪囚不待覆奏報下而決者，流二千里；即奏報應決者，聽三日乃行刑，若限未滿而行刑者徒一年。伏以人命至重，死不再生，近年以來，全不覆奏，或防赦宥，已被誅夷，伏乞敕下所司，應在京有犯極刑者，令決前、決日各一覆奏，聽進止。有凶逆犯軍令者，亦許臨時一覆奏。應諸州府乞別降敕命指揮。』奉敕：『宜依。』

三年七月十七日敕節文：『今後指揮諸道州府，凡有推鞫囚獄，案成後逐處委觀察、防禦、團練、軍事判官，引所勘囚人，面前録問，如有異同，即移司別勘。若見本情，其前推勘官吏量罪科責。如無異同，即於案後別連一狀，云所録問囚人無疑，案同轉上本處觀察團練使、刺史。有案牘未經録問，不得便令詳斷。如防禦、團練、刺史州有合申節使公案，亦仰本處録問過，即得申送。』

其年八月十五日，少府少監申著瑀奏：『伏乞指揮諸道州府，此後或顯犯憲章者，候文案畢，任依格法防懲。如未明事理，不得行責情杖。』從之。

其年閏八月敕：『古者賞以春夏，刑以秋冬，將賞為之加膳，將刑為之不舉樂。今朕切於禁暴，樂在勸能。其或秋後有功，不可待冰泮而行賞；春時有罪，不可俟霜降而加刑。漸向太平，方行古道。況賞不在偺，則立功者轉多，刑不濫施，則犯法者漸少。其在京或遇行極法日，宜不舉樂，朕減常膳。諸州使遇行極法日，亦禁聲樂。』

長興二年四月二日敕：『諸道州府各置病囚院，仍委隨處長吏，嵩加經心。或有病囚，當時差人診候，療理後據所犯輕重決斷。如敢故違，致病囚負屈身死，本官吏並加嚴斷。兼每年自夏初至八月末已來，每五日一次，差人洗刷枷杻。』

其年閏五月敕：『應律、令、格、式，《六典》准舊制，令百司各於其間録出本局公事，巨細一一抄寫，不得漏落纖毫，集成卷軸，兼粉壁書在公廳。若未有廨署者，其文書委官主掌，仍每有新授官到，令自寫録一本披尋。或因領問之時，須知次第，仍令御史防告諭。限兩月內抄録及粉壁書寫須畢，其間或有未可便行及曾釐革事件，委逐司旋申中書。』

四年六月，大理正張仁瑑奏：『伏見諸道州府刑殺罪人，雖有骨肉，尋時不容收瘞，皆給喪葬行人，載于城外，或殘害屍髮，多致邀求。准《獄官令》：「諸大辟罪，官給酒食，聽親故辭訣，宣告犯狀日未後行刑。」注云：「決之經宿，所司即爲埋瘞，若有親故，亦任葬。」又條：「諸囚死無親故者，官給棺，於官地埋瘞，置磚銘於壙內，立牌於塚上，書其姓名。」請依令指揮。』從之。

其年七月，前潞州屯留縣主簿李光鼎獻時務：『凡當道推刑獄，請令于本判官防前當面責勘。據遞到疑狀，判官與本司官典同對練，候勘鞫了日，都將印縫分付本典結案。』從之。

應順元年三月十三日敕：『今後應三京及諸道州府，凡有刑獄，並須據罪斷遣。除準敕勘鞫及合奏覆外，其餘不得便將擬案聞奏。』

晉天福三年八月二十六日，敕下刑部、大理寺、御史臺防及三京、諸道州府：『今後或有系囚染病者，並令逐處醫工看候，于公廨錢內量支藥價。或事輕者，仍許家人看候。所有罪犯合處杖責者，仍候痊復日科決。』

四年九月，相州奏：『管內所獲賊人，從來籍没財産，云是鄴都舊例，格律未見明文。』敕：『今後凡有賊人，准格定罪，不得没納家資。天下諸州准此。』【略】

七年十一月二十九日敕：『宜令四京及諸道州府，遇大祭祀、正冬、寒食、立春、立夏、雨雪未晴，已上曰並不得行極法。如有已防下文案，可取次日及雨雪定後施行。』

開運三年十二月十三日，詳定院奏：『今後在京及諸道州府，如有准敕決笞杖者，差一員公幹清强官監視。』從之。

周廣順元年正月五日赦節文：『今後應諸色犯罪，除反逆罪外，並不得没籍家貲，誅及骨肉，一依格令處分。』

三年二月中書門下奏：『起今後應天下諸道州府防遣死罪者，候斷遣訖録原案聞奏，仍分明録推司官典及詳防檢法官姓名，具檢用法條朱書，不得漏落。』

顯德元年十月敕：『應諸司賊盗，宜委本府州節度防禦團練等使、刺史專切斷除。其部内凡有賊盗及逃走軍健、諸色亡命之人，並須覺察，設計差人收拏，不計遠近，以獲為限。應有婚姻鬬競，賊盗公事，仰逐月長吏躬親鞫問，仍令本判官不時提舉，疾速區分，庶光敕命。凡有大辟罪防訖，其公案申奏，今後仰抄録要當事節，兼於前面朱書罪人入禁至防了日數奏聞。』

二年四月五日敕：『應諸道見禁罪人，無家人供給乞食者，每人逐日破官米二升，不得任信獄子節給減消罪人口食。仍令不住供給水漿，灑掃獄内，每五日一度洗刷枷杻。如有病疾者，晝時差人看驗醫療。』

五年七月七日敕：『州縣自官已下，因公事行責情杖，量其罪輕重用，不得過臀十五杖。因責情杖致死者，具事由聞奏。』

論説

唐·吴兢《貞觀政要》卷八《刑法》 貞觀元年，太宗謂侍臣曰：『死者不可再生，用法務在寬簡。古人云，鬻棺者，欲歲之疫，非疾於人，利於棺售故耳。今法司核理一獄，必求深刻，欲成其考課。今作何法，得使平允？』諫議大夫王珪進曰：『但選公直良善人，斷獄允當者，增秩賜金，即奸偽自息。』詔從之。【略】

貞觀十六年，太宗謂大理卿孫伏伽曰：『夫作甲者欲其堅，恐人之傷；作箭者欲其鋭，恐人不傷。何則？各有司存，利在稱職故也。朕常問法官刑罰輕重，每稱法網寬於往代。仍恐主獄之司，利在殺人，危人自達，以釣聲價，今之所憂，正在此耳！深宜禁止，務在寬平。』

《舊唐書》卷五〇《刑法志》 永徽五年五月，上謂侍臣曰：『獄訟繁多，皆由刑罰枉濫。故曰「刑者，成也，一成而不可變。」末代斷獄之人，皆以苛刻為明，是以秦氏網密秋荼，而獲罪者衆。今天下無事，四海乂安，欲與公等共行寬政，今日刑罰得無枉濫乎？』無忌對曰：『陛下欲得刑法寬平，臣下猶不識聖意。此法弊來已久，非止今日。若情在體國，即共號癡人，意在深文，便稱好吏。所以罪雖合杖，必欲遣徒，理有可生，務入於死，非憎前人，陷於死刑。陛下矜而令放，法司亦宜固請，但陛下喜怒不妄加於人，刑罰自然適中。』上以為然。

雜録

《舊唐書》卷一六《穆宗紀》 （長慶元年）五月丙申朔。戊戌，以刑獄淹滯，立程：凡大事，大理寺三十五日詳斷訖，申刑部，三十日聞奏；中事，大理寺三十日，刑部二十五日；小事，大理寺二十五日，刑部二十日。所斷罪二十件已上為大，十件已上為中，十件已下為小。刑部四覆官、大理六丞每月常須二十日入省寺，其廚料令戶部加給。從中丞牛僧孺奏也。

又 卷一八下《宣宗紀》 （大中四年）八月，刑部侍郎、御史中丞魏謩奏：『諸道州府百姓詣臺訴事，多差御史推劾，臣恐煩勞州縣，先請差度支、戶部、鹽鐵院官帶憲銜者推劾。又各得三司使申稱，院官人數不多，例專掌院務，課績不辦。今諸道觀察使幕中判官，少不下五六人，請於其中帶憲銜者委令推劾。如累推有勞，能雪冤滯，御史臺闕官，便令奏用。』從之。

又 卷五〇《刑法志》 元和四年九月，勑：『刑部大理決斷系囚，過為淹遲，是長奸幸。自今已後，大理寺檢斷，不得過二十日，刑部覆下，不得過十日。如刑部覆有異同，寺司重加不得過十五日，省司量覆不得過七日。如有牒外州府節目及於京城内勘，本推即日以報。牒到後計日數，被勘司卻報不得過五日。仍令刑部具遣牒及報牒月日，牒報都省及分察使，各准勑文勾舉糾訪。』

宋·王溥《唐會要》卷四〇《君上慎恤》 開成四年五月敕：『京城百司及府縣禁囚，動經歲月，推鞫未畢。其有絶小事者，經數個月不速窮詰，延至暑時。蓋由官吏因循，致茲留獄。炎蒸在候，冤滯難堪。宜付御史臺委裴元裕選强明御史三兩人，各本司分閲文按，據理疏決聞奏。如官吏稽慢，亦具名銜聞奏。』【略】

咸通十四年五月敕：『慎恤刑獄，《大易》格言。《語》曰：「如得其情，則哀矜而勿喜。」而獄吏苛刻，務在舞文；守臣因循，罕聞親事，以此械系之輩，溢於狴牢，逮捕之徒，繫于簡牘，實傷和氣，用致沴氛。況時屬歊蒸，化先茂育，宜覃赦宥，以順生成。其諸州府罪人，並委本道十日內速理。或信任人吏，生情系留，觀察使判官、州府本曹官，必加懲譴。』

録囚

宋・王溥《五代會要》卷九《徒流人》 後唐清泰三年二月，尚書刑部侍郎中李元龜奏：『准《開成格》，應斷天下徒流人到所流處，本管盡時申御史臺，候年月滿日申奏，得放還本貫。近年凡徒流人，所管雖奏，不申御史臺報大理寺，所以不知放還年月。望依格律處分。』從之。

綜述

《隋書》卷二《高祖紀下》 （開皇十年七月）庚戌，上親録囚徒。

【略】

（十二年八月）戊戌，上親録囚徒。【略】

（十七年）三月）辛酉，上親録囚徒。【略】

（十八年）冬十一月甲戌，上親録囚徒。

唐・杜佑《通典》卷一七〇《刑典八・寬恕》 （貞觀）六年十二月，上親録囚徒，放死罪三百九十人歸於家，令明年秋來就刑。其後，應期畢至，詔悉原之。

《舊唐書》卷一《高祖紀》 （武德元年）九月乙巳，親録囚徒。

【略】

八年春二月己巳，親録囚徒，多所原宥。

又 卷三《太宗紀下》 （貞觀六年）十二月辛未，親録囚徒，歸死罪者二百九十人于家，令明年秋末就刑。其後應期畢至，詔悉原之。

【略】

（十年十二月）乙亥，親録京師囚徒。

又 卷四《高宗紀上》 （永徽四年四月）壬寅，以旱，避正殿，減膳，親録繫囚，遣使分省天下冤獄，詔文武官極言得失。【略】

（顯慶三年二月）壬午，親録囚徒，多所原宥。【略】

（龍朔三年二月）庚戌，詔曰：『天德施生，陽和在節，言念幽圄，載惻分宵。雖復每有哀矜，猶恐未免枉濫。在京繫囚應流死者，每日將二十人過。』於是親自臨問，多所原宥。不盡者，令皇太子録之。

又 卷五《高宗紀下》 （乾封）二年春正月丁丑，以去冬至于是月無雨雪，避正殿，減膳，親録囚徒。【略】

（咸亨二年六月）丁亥，以旱，親録囚徒。【略】

（儀鳳）三年四月丁亥朔，以旱，避正殿，親録囚徒，悉原之。

又 卷七《中宗紀》 （景龍三年六月）壬寅，以旱，避正殿，減膳，親録囚徒。

又 卷九《玄宗紀下》 （天寶十四載）八月壬辰，上親録囚徒。

宋・王溥《唐會要》卷四〇《君上慎恤》 （貞觀）六年十二月十日，親録囚徒。放死罪三百九十人，歸於家，令明年秋來就刑。其後應期畢至，詔悉原之。

宋・王欽若等《册府元龜》卷四三《帝王部・度量》 貞觀三年，帝親録繫囚。有劉恭者，項有腠文，自云當王天下，坐是被拘。帝見之，曰：『項有腠文，何預於物？若天將興之，非朕能害。若無天命，縱腠何為？』乃釋之。

論説

宋・歐陽修《文忠集》卷一八《縱囚論》 信義行於君子，而刑戮施於小人。刑入于死者，乃罪大惡極，此又小人之尤甚者也。寧以義死，不苟幸生，而視死如歸，此又君子之尤難者也。方唐太宗之六年，録大辟囚三百餘人，縱使還家，約其自歸，以就死。是以君子之難能，期小人之尤者以必能也。其囚及期而卒自歸無後者，是君子之所難，而小人之所易也。此豈近於人情？或曰：罪大惡極，誠小人矣。及施恩德以臨之，可使變而為君子。蓋恩德入人之深，而移人之速有如是者矣。曰：太宗之為此，所以求此名也。然安知夫縱之去也，不意其必來以冀免，所以縱之乎？又安知夫被縱而去也，不意其自歸而必獲免，所以復來乎？夫意其必來而縱之，是上賊下之情也。意其必免而復來，是下賊上之心也。吾見上下交相賊，以成此名也。烏有所謂施恩德與夫知信義者哉？不然，太宗施德於天下，於兹六年矣，不能使小人不為極惡大罪，而一日之恩，能使視死如歸而存信義，此又不通之論也。然則何為而可？曰：縱而來歸，殺之無赦，而又縱之，而又來，則可知為恩德之致爾。然此必無之事也。若夫縱而來歸而赦之，可偶一為之爾。若屢為之，則殺人者皆不死。是可為天下之常法乎？不可為常者，其聖人之法乎？是以堯舜三王之治，必本於人情，不立異以為高，不逆情以干譽。

明・楊慎《升菴集》卷五二《縱囚論》 六一公論唐太宗縱囚，其説卓矣。然予考縱囚自歸之事，不始於太宗。後漢之鍾離意，南宋之傅翽，後魏之張華原，隋之王伽皆然，史書之，以為美。太宗好名者，蓋慕而效之耳。

清・愛新覺羅・弘曆《御製文二集》卷三四《讀歐陽修縱囚論》

自天子以至於庶人，壹是皆以修身為本。修身若何？忠孝而已矣。唐太宗要父以叛君，殺兄以逼父，忠孝之道泯矣。自知無以取譽於後世，故即位之後，於凡好名之事，無所不為。人之言曰：『三代以下，惟恐不好名。』此雖矯枉之論，然在人臣或猶可，而在人君則斷斷不可。蓋名者，實之末，而君者，臣之率。天下之情偽萬變，而總不出於為名。為上者竭誠以感下，猶懼弗當而顧先，率以從其末，幾何其不喪其實，而失為君之道哉？太宗好名之事，不一而足。向於《樂善堂集》，曾論及之，而莫過於縱囚之特甚。歐陽修作《縱囚論》而評之曰：『安知夫縱之去也，不意其必来以冀免，所以縱之乎？又安知夫被縱而去也，不意其自歸而必獲免，所以復来乎？是上下交相賊，以成此名。烏有所謂施恩德與夫知信義哉？』太宗設詐沽譽，此數語足以抉其隱微矣。既又斷之曰：『縱而来歸，殺之無赦，而又縱之，而又来，則可知為恩德之致。』修之此語，蓋以闢太宗之為詐耳，而未免失之以辭害義。蓋縱而来歸，殺之無赦，則再縱者，豈肯復来乎？是略託於存信義者被殺，而怙終不悛者反得生，有是理乎？雖然，三百人衆矣，豈皆能為君子之所難，而無一二求倖免者？太宗，多術人也。意彼時必有以密示司理，期三百人以必来而必免。苟其不来，必大索天下而誅之，且及其父母妻子。夫三百人者，原在此域中也。其敢不来以冀倖免，而不来以累及其父母妻子乎？史官無識，未求其詳而載之，反以為盛德之感。有識者觀之，實不值一噱之兒戲耳。而歐氏猶以可偶一為之，予以為即偶一為之，亦不可。

赦宥

綜述

《隋書》卷一《高祖紀上》 （開皇元年二月甲子）是日告廟，大赦改元。【略】

四月辛巳，大赦。【略】

三年春正月庚子，將入新都，大赦天下。【略】

（九月）癸丑，大赦天下。【略】

（六年二月）庚子，大赦天下。

又 卷二《高祖紀下》 （開皇九年四月）辛亥，大赦天下。【略】

（十五年正月）庚午，上以歲旱，祠太山，以謝愆咎。大赦天下。【略】

夏四月己丑朔，大赦天下。【略】

十九年春正月癸酉，大赦天下。【略】

仁壽元年春正月乙酉朔，大赦改元。【略】

四年春正月景辰，大赦。【略】

夏四月乙卯，上不豫。六月庚申，大赦天下。

又 卷三《煬帝紀上》 大業元年春正月壬辰朔，大赦改元。【略】

（二年）四月庚戌，上自伊闕，陳法駕，備千乘萬騎，入於東京。辛亥，上御端門，大赦。【略】

（三年四月）甲申，頒律令，大赦天下。【略】

（四年）八月辛酉，親祠恒岳，河北道郡守畢集。大赦天下。【略】

（五年六月）戊午，大赦天下。開皇已來流配，悉放還鄉，晉陽逆黨，不在此例。

又 卷四《煬帝紀下》 （大業九年正月）戊戌，大赦。【略】

（十年）十二月壬申，上如東都。其日，大赦天下。

又 卷五《恭帝紀》 義寧元年十一月壬戌，上卽皇帝位於大興殿。詔曰：【略】可大赦天下，改大業十三年為義寧元年。十一月十六日昧爽以前大辟罪以下，皆赦除之。常赦所不免者，不在赦限。

唐·杜佑《通典》卷一六九《刑法典七·赦宥》 《大唐令》曰：『赦日，武庫令設金雞及鼓於宮城門外之右，勒集囚徒於闕前，撾鼓千聲訖，宣制放。其赦書頒諸州，用絹寫行下。』律曰：『會赦及降者，盜者准枉法猶徵正贓，餘贓非見在及收贖之物限內未送者，並從赦降原。』

武德四年，王充、竇建德平，大赦天下。既而責其黨與，並令遷配。侍書侍御史孫伏伽諫曰：『今月十三日發雷雨之制，既云常赦不免皆赦除之，此非直赦其有罪，亦是與天下斷當，許以更新。因何王充、建德部下赦後又欲遷之？此是陛下自違本心，欲遣下人若為取則？如臣愚見，經赦合免責情欲遷配者，並請放之，則天下幸甚。』

《舊唐書》卷一《高祖紀》 （武德四年）秋七月甲子，秦王凱旋，獻俘於太廟。丁卯，大赦天下。【略】

（七年）夏四月庚子，大赦天下，頒行新律令。【略】

（八年六月庚申）詔立秦王為皇太子，總統萬機，大赦天下。

又 卷二《太宗紀上》 （武德九年）八月癸亥，高祖傳位於皇太子，太宗即位於東宮顯德殿。遣司空、魏國公裴寂，柴告于南郊，大赦天下。武德元年以來責情流配者，並放還。【略】

（貞觀二年三月）庚午，大赦天下。

又 卷三《太宗紀下》 （貞觀）十六年春正月辛未，詔在京及諸州死罪囚徒，配西州為戶；流人未達前所者，徙防西州。

又 卷四《高宗紀上》 （永徽）三年春正月癸亥，以去秋至于是月不雨，上避正殿，降天下死罪及流罪遞減一等，徒以下咸宥之。

又 卷五《高宗紀下》 乾封元年正月五日已前，大赦天下，賜酺七日。

又 卷七《中宗紀》 （景龍三年）十一月乙丑，親祀南郊，皇后登壇亞獻，左僕射舒國公韋巨源為終獻。大赦天下，見系囚徒及十惡咸赦除之，雜犯流人並放還。

又 《睿宗紀》 （景雲二年四月）壬寅，大赦天下。【略】

八月乙卯，詔以興聖寺是高祖舊宅，有柿樹，天授中枯死，至是重生，大赦天下。其謀殺、劫殺、造偽頭首並免死配流嶺南，官典受贓者特從放免。【略】

（先天二年）秋七月甲子，太平公主與僕射竇懷貞、侍中岑羲、中書令蕭至忠、左羽林大將軍常元楷等謀逆，事覺，皇帝率兵誅之。【略】兵部尚書郭元振從上御承天門樓，大赦天下。自大辟罪已下，無輕重，咸赦除之。

又 卷八《玄宗紀上》 （開元五年）二月甲戌，至自東都，大赦天下，唯謀反大逆不在赦限，餘並宥之。【略】

（十三年正月）戊子，降死罪從流，流已下罪悉原之。【略】

（十六年）九月丙午，以久雨，降死罪從流，徒以下原之。【略】

（十七年四月癸亥）制天下繫囚死罪減一等，餘並宥之。【略】

（二十年十月）辛丑，至北都。癸丑，曲赦太原，給復三年。

又 卷九《玄宗紀下》 （天寶元年四月）丙申，合祭天地於南郊。制天下囚徒，罪無輕重並釋放。

又 卷一〇《肅宗紀》 （上元二年正月）甲寅，詔府縣、御史臺、大理疏理繫囚，死罪降從流，流已下並釋放。【略】

（寶應元年）建辰月庚辰朔。壬午，詔天下見禁繫囚，無輕重一切釋放。

又 卷一一《代宗紀》 （大曆四年七月）癸未，以天下刑官濫刑，詔：至理之代，先德後刑，上歡然以臨下，下欣然而奉上，禍亂不作，法令可施。去聖久遠，薄於教化，簡書填委，獄訟煩興。苛吏舞文，寃人致辟，思欲刷耻改行，厥路無由，豈天地父母慈愛之意也！朕主三靈之重，託羣后之上，夕惕若厲，不敢荒寧。內訪卿士，外咨方岳，日不暇給，八年于茲，而大道淳風，鬱而不振。四郊多壘，連歲備邊，師旅在外，役費尤廣，賦役轉輸，疾耗吾人，困竭無聊，窮斯濫矣。下庶暗昧，不見刑網，戎士在軍，未習法令，犯禁抵罪，其徒實繁。狴犴之間，未詳事實，吏議不決，動淹時月，傷沮和氣，屢彰咎徵。此皆朕之不明，教之未至，上失其道而繩下以刑，敢不罪己以答災眚。人者君之支體，害之則君有所傷；刑者教之輔助，失之則人無所措。慮有寃濫，慘然憂傷，用明慎罰之典，俾弘在宥之澤。其天下見禁囚，死罪降從流，流已下釋放，左降、流人、移隸等，委所司奏聽進止。【略】

（五年）六月己未，彗星始滅，赦天下見禁囚徒。【略】

（九年四月）壬辰，詔赦大辟以下繫囚，無輕重釋放。

又　卷一二《德宗紀上》（大曆十四年）六月己亥朔，御丹鳳樓，大赦天下，罪無輕重，咸赦除之。

又　卷一四《憲宗紀上》（元和元年正月）丁卯，御含元殿受朝賀。禮畢，御丹鳳樓，大赦天下，改元曰元和。自正月二日昧爽已前，大辟罪已下，常赦不原者，咸赦除之。

又　卷一七上《敬宗紀》（寶曆元年四月）癸巳，羣臣上徽號曰文武大聖廣孝皇帝，御宣政殿受册。禮畢，御丹鳳樓，大赦天下，大辟罪已下，無輕重，咸赦除之。

《舊五代史》卷一〇《梁書·末帝紀下》（貞明六年）夏四月丁亥，制曰：【略】『應天下見禁罪人，如犯大辟，合抵極刑者，宜示好生，特令減死。除準格律，常赦不原外，徒流已下，遞減一等。』

又　卷四七《唐書·末帝紀中》（清泰二年五月）乙巳，詔：『天下見禁囚徒，自五月十二日以前，除十惡五逆、放火燒舍、持杖殺人、官典犯贓、僞行印信、合造毒藥並見欠省錢外，罪無輕重，一切釋放。』

又　卷七六《晉書·高祖紀二》（天福二年八月）乙巳，詔：『天下見禁囚徒，除十惡五逆、放火劫舍、持杖殺人、合造毒藥、官典犯贓、欠負官錢外，其餘不問輕重、已發覺未發覺、已結正未結正，並從釋放。應自張從賓作亂以來，有曾被張從賓及張延播脅從染汙者，及符彦饒下隨身軍將等，兼安州王暉徒黨，除已誅戮外，並從釋放，一切不問。』

論　說

唐·吳兢《貞觀政要》卷八《赦令》　貞觀七年，太宗謂侍臣曰：『天下愚人者多，智人者少，智者不肯為惡，愚人好犯憲章。凡赦宥之恩，惟及不軌之輩。古語云：「小人之幸，君子之不幸。」「一歲再赦，善人喑啞。」凡養稂莠者傷禾稼，惠奸宄者賊良人，昔「文王作罰，刑茲無赦。」又蜀先主嘗謂諸葛亮曰：「吾周旋陳元方、鄭康成之間，每見啓告理亂之道備矣，曾不語赦。」故諸葛亮理蜀十年不赦，而蜀大化。梁武帝每年數赦，卒至傾敗。夫謀小仁者，大仁之賊，故我有天下已來，絶不放赦。今四海安寧，禮義興行，非常之恩，彌不可數。將恐愚人常冀僥倖，惟欲犯法，不能改過。』

宋·王溥《唐會要》卷三九《議刑輕重》　開成三年五月，刑部奏：『准今年二月八日赦書，官典犯罪，不在此限者。伏以律載贓名，其數有六，官典有犯，並列科則。其間有入己者，罪即懸别。今請監臨主守將官物私自貸用，並借貸人，及百端欺詐等，不在赦限；如將官物還充公用，文記分明者，並請原免。』敕旨：『宜依。』

又　卷四〇《論赦宥》　證聖元年，獲嘉縣主簿劉知幾上表曰：『臣聞小不忍，亂大謀。小仁者，大仁之賊。竊以赦之為用，復何益於國哉！若乃皇業權輿，天地初辟，嗣君即位，黎元更始，則時藉非常之慶，申以再造之恩，必求之政術，猶為未允。況乃時非變革，代屬清平，而輒降彼謬恩，原茲罪罰者乎？是以歷觀夐古，兩漢舊事，匡衡儒學之俊才，吳漢弼諧之良輔，至於讜言規主，惟願勿赦。劉先主亦嘗謂諸葛亮曰：「我周旋陳元方、鄭康成間。每見啓告理亂之道備矣，曾不語赦也。」若劉景升、季玉父子，歲歲赦宥，何益於理？」及後主嗣業，蜀赦漸多。故孟光於衆中責費禕曰：「夫赦者，偏枯之物，非明世所宜有也。今主上仁賢，百寮稱職，有何旦夕之急而數惠奸宄之徒？上違天時，下違人理，豈具瞻之美所望於明德哉？」自是蜀政淩遲，浸以雕弊，自皇家受命，赦宥之澤可謂多矣，近則一年再降，遠則每歲無遺。至若違法悖禮之徒，無賴不仁之輩，編户則敓攘為業，當官則贓賄是求，莫不公然故犯，了無疑憚。設使身嬰桎梏，迹窘狴牢，而元日之朝，指期天澤；重陽之節，佇降皇恩。如其忖度，咸果釋免。且下愚不移，習性難改，雖頻煩肆眚，每放自新，而見利忘義，終焉不易。用使俗多頑悖，時罕廉隅，為善者不沐恩光，作惡者獨承僥倖。若乃方正直言之士，守善嫉惡之夫，每欲覽轡埋輪，效鷹鸇而報國；褰帷露冕，去螯賊以安人，而遇赦無以效其功，閲恩無所施其巧。古語云：「小人之幸，君子不幸。」其斯之謂也。伏望遠覽匡、吳、陳、鄭之説，近尋劉、葛、費、孟之談，而今而後，頗節於赦。」【略】

開成元年五月，上御紫宸殿，問宰臣曰：「為政之道，自古所難。」宰臣李石曰：「但朝廷法令行則易。」上曰：「凡犯罪過人，不得赦宥。」

宋·王溥《五代會要》卷九《論赦宥》 晉天福三年二月，左散騎常侍張允，進《駁赦論》曰：「臣聞《管子》曰：『赦者小利而大害，久則不勝其禍？不赦者小害而大利，久則不勝其福。』又《漢紀》云：『吳漢病篤，帝問所欲言。對曰：願陛下無為赦耳』竊觀自古帝王，皆以水旱則降德音而宥過，開狴牢而放囚，冀感天心以赦救災者，非也。假有二人訟，一人有罪，一人無罪，有罪者見赦，則喜無罪者銜冤。銜冤者何疏乎？見赦者何親乎？如此則是致災之道，非救災之術也。小民遇天災則喜，皆勸為惡，曰：國家好行赦，必赦我以救災。如此則赦者教民為惡也。且天道福善禍淫，若以赦為惡之人而變災為福，則是天助惡民也。故曰天降之災，所以警誡人主，豈以濫舍有罪而能救其災乎？是知赦不可行也，明矣。」上深納之。

清·王夫之《讀通鑑論》卷二〇《唐太宗·二》 旱饑而赦，以是仁民，非所以仁之也。太宗曰：『赦者，小人之幸，君子之不幸。』亦既知之矣；而貞觀二年以旱赦天下，通道不篤，知不可而復為，非君師之道矣。

夫赦亦有時焉而可者，夷狄盜賊僭據上國，豈豈之氓脅從以徼幸，上不能固保其民，使羣陷於逆，則盪滌而矜全之可耳。旱饑之民，流離道殣者，類不能為奸惡；而奸惡之徒，雖旱饑而固不至於餒瘠者也。如曰衣食不足，而非僻以起，則夫犯者在未饑以前，固非為饑所迫，而奚所恤哉？省囚系以疏冤滯，宥過誤以恤惷愚，止訟獄以專農務，則君上應行之政，無歲不宜，而不待旱饑。至於旱饑之歲，豪民擅粟以掠市子女，遊民結党以彊要糴貸，甚且競起為盜以攘殺願懦；非法不懲，非刑不戢；而更縱不軌之徒，使無所創艾以橫行郊邑，又豈非凶年之大蠹哉？

蠲逋欠，減租庸，所以救荒也。困于征輸者，樸民也。蠲免與赦罪並行於一紙，則等朴民於奸宄，名不正，實不符，亦重辱吾衽席之赤子矣。不雜赦罪之令於蠲租之詔，尤人君扶正人心之大權，而時君不察，曰『以此答上天好生之心』，天其樂佑此頑民以賊凋零之孑遺乎？體天心以達民隱，非市恩之俗吏所得與焉，久矣。

財政支配權分部

賦稅

綜述

《隋書》卷二四《食貨志》 丁男一牀，租粟三石。桑土調以絹絁，麻土以布絹。絁以疋，加綿三兩；布以端，加麻三斤。單丁及僕隸各半之。未受地者，皆不課。有品爵及孝子順孫、義夫節婦，並免課役。【略】

開皇三年正月，帝入新宮。【略】減調絹一疋為二丈。先是，尚依周末之弊，官置酒坊收利，鹽池、鹽井皆禁百姓採用。至是，罷酒坊，通鹽池、鹽井，與百姓共之，遠近大悅。【略】

高熲又以人間課輸，雖有定分，年常徵納，除注恒多，長吏肆情，文帳出没，復無定簿，難以推校，乃為輸籍定樣，請徧下諸州，每年正月五日，縣令巡人，各隨便近五黨、三黨，共為一團，依樣定戶上下。帝從之。自是，姦無所容矣。

時百姓承平日久，雖數遭水旱而戶口歲增。諸州調物，每歲河南自潼關，河北自蒲坂達于京師，相屬於路，晝夜不絕者數月。【略】

開皇八年五月，高熲奏：諸州無課調處及課州管戶數少者，官人祿力乘前已來，恒出隨近之州，但判官本為牧人，役力理出所部，請於所管戶內計戶徵稅。帝從之。【略】

煬帝即位。是時戶口益多，府庫盈溢，乃除婦人及奴婢、部曲之課，

男子以二十二成丁。【略】

（大業）六年，將征高麗，有司奏兵馬已多損耗，詔又課天下富人量其貲產，出錢市武馬，填元數限，令取足。復點兵具器仗，皆令精新，濫惡則使人便斬。於是馬匹至十萬。

每急徭卒賦，有所徵求，長吏必先賤買之，然後宣下，乃貴賣與人，旦暮之間，價盈數倍。裒刻徵斂，取辦一時，彊者聚而為盜，弱者自賣為奴婢。

九年詔，又課關中富人計其資產出驢，往伊吾、河源、且末運糧，多者至數百頭，每頭價至萬餘。

唐·李林甫等《唐六典》卷三《尚書戶部》 凡賦役之制有四：一曰租，二曰調，三曰役，四曰雜徭。開元二十二年敕，以為天下無事，百姓徭役務從減省，遂減諸司色役一十二萬二百九十四。課戶每丁租粟二石，其調隨鄉土所產，綾、絹、絁各二丈，布加五分之一。輸綾、絹、絁者綿三兩，輸布者麻三斤。皆書印焉。若當戶不成匹、端、屯、綟者，皆隨近合成。其調麻每年支科有餘，折一斤納粟一斗。凡丁，歲役二旬。有閏之年，加二日。無事則收其庸，每日三尺；布加五分之一。有事而加役者，旬有五日免其調，三旬則租調俱免。通正役，並不得過五十日。凡庸、調之物，仲秋而斂之，季秋發於州。租則准土收穫早晚，量事而斂之，仲冬起輸，孟春而納畢。江南諸州從水路運送之處，若冬月水淺上埭難者，四月已後運送。本州納者，季冬而畢。

凡諸國蕃胡內附者，亦定爲九等，四等已上爲上戶，七等已上爲次戶，八等已下爲下戶。上戶丁稅銀錢十文，次戶五文，下戶免之。附貫經二年已上者，上戶丁輸羊二口，次戶一口，下戶三戶共一口。無羊之處，准白羊估，折納輕貨。若有征行，令自備鞍馬，過三十日已上者，免當年輸羊。凡內附後所生子，即同百姓，不得爲蕃戶也。

凡嶺南諸州稅米者，上戶一石二斗，次戶八斗，下戶六斗。若夷獠之戶，皆從半輸輕稅。諸州、高麗、百濟應差征鎮者，並令免課役。

凡天下諸州稅錢，各有準常。三年一大稅，其率一百五十萬貫；每年一小稅，其率四十萬貫，以供軍國、傳驛及郵遞之用。每年又別稅八十萬貫，以供外官之月料及公廨之用。凡水旱蟲霜爲災害，則有分數。十分損四已上免租，損六已上免租調，損七已上課役俱免；若桑麻損盡者，各免調；若已役已輸者，聽免其來年。凡丁新附於籍帳者，春附則課役並徵，夏附則免課從役，秋附則課役俱免。其詐冒隱避以免課役，不限附之早晚，皆徵之。

凡丁戶，皆有優復蠲免之制。諸皇宗籍屬宗正者，及諸親五品已上父祖兄弟子孫，及諸色雜有職掌人。若孝子順孫、義夫節婦志行聞於鄉閭者，州縣申省奏聞，表其門閭，同籍悉免課役。有精誠致應者，則加優賞焉。

唐·杜佑《通典》卷六《食貨典六·賦稅下》 大唐武德元年，詔曰：宗緒之情，義越常品，宜加惠澤，以明等級。諸宗姓有官者，宜在同列之上；未有職任者，不在徭役之限。二年制：每一丁，租二石。若嶺南諸州則稅米，上戶一石二斗，次戶八斗，下戶六斗。若夷獠之戶，皆從半輸。蕃人內附者，上戶丁稅錢十文，次戶五文，下戶免之。附經二年者，上戶丁輸羊二口，次戶一口，下戶三戶共一口。凡水旱蟲霜為災，十分損四分以上免租，損六分以上免租調，損七分以上課役俱免。

六年三月，令天下戶量其資產，定為三等。至九年三月詔：天下戶立三等，未盡升降，宜為九等。

貞觀二年四月，戶部尚書韓仲良奏：王公以下墾田，畝納二升。其粟麥稻之屬，各依大唐土地，貯之州縣，以備凶年。

永徽五年二月敕：二年一定戶。

龍朔三年秋七月制：衛士八等以下，每年五十八放令出軍，仍免庸調。

武太后長安元年十月詔：天下諸州王公以下，宜准往例稅戶。至大曆四年正月制下，一例加稅。其見任官一品至於九品，同上上至下下戶等級之數，并寄田、寄莊及前資勳蔭寄住家一切並稅，蓋近如晉、宋土斷之類也。上上戶四千，每等減五百，至下中七百，下下戶至於五百。

開元八年二月，制曰：頃者以庸調無憑，好惡須准，故遣作樣，以頒諸州，令其好不得過精，惡不得至濫，任土作貢，防源斯在。諸州送物，作巧生端，苟欲副於斤兩，遂則加其丈尺，有至五丈為疋者，理甚不然。闊尺八寸，長四丈，同文共軌，其事久行。立樣之時，已載此數。若求兩而加尺，甚暮四而朝三。宜令所司簡閱有踰於比年常例尺丈過多者，奏聞。

二十二年五月敕：定戶之時，百姓非商戶郭外居宅及每丁一牛，不得將入貨財數。其雜匠及募士幷諸色同類有番役、合免征行者，一戶之內四丁以上，任此免役，不得過兩人。三丁以上，不得過一人。

二十五年定令：諸課戶一丁租調，准武德二年之制。其調絹、絁、布並隨鄉土所出，絹、絁各二丈，布則二丈五尺。輸絹、絁者綿三兩，輸布者麻三斤。其絹、絁為疋，布為端，綿為屯，麻為綟。若當戶不成疋、端、屯、綟者，皆隨近合成。其調麻每年支料有餘，折一斤輸粟一斗，與租同受。其江南諸州，租並迴造納布。准令，布帛皆濶尺八寸、長四丈為疋，布五丈為端，綿六兩為屯，絲五兩為絇，麻三斤為綟。諸丁匠不役者收庸，無絹之鄉絁、布三尺。絁、絹各三尺，布則三尺七寸五分。

三月敕：關內諸州庸調資課，並宜准時價變粟取米，送至京，逐要支用。其路遠處不可運送者，宜所在收貯，便充隨近軍糧。其河北、河南有不通水利，宜折租造絹，以代關中調課。

天寶元年正月赦文：如聞百姓之內有戶高丁多，苟為規避，父母見在，乃別籍異居，宜令州縣勘會。一家之中有十丁以上者，放兩丁征行賦役；五丁以上者，放一丁，即令同籍共居，以敦風教。其侍丁孝者，假免差科。

建中元年制：百姓及客等約丁產，定等第，均率作，年支兩稅。其應稅斛斗，據大曆十四年見佃青苗地額均稅，夏稅六月內納畢，秋稅十一月內納畢。其舊租庸及諸色名目，一切並停。

凡權衡度量之制，以北方秬黍中者一黍之廣為分，十分為寸，十寸為尺，十尺為丈；量以秬黍中者容千二百為龠，二龠為合，十合為升，十升為斗，十斗為斛；權衡以秬黍中者百黍之重為銖，二十四銖為兩，三兩為大兩，十六兩為斤。調鍾律，測晷景，合湯藥及冠冕制用小升小兩，自餘公私用大升大兩。

諸課役，每年計帳至尚書省，度支配來年事，限十月三十日以前奏訖。若須折受餘物，亦先支料，同時處分。若軍國所須、庫藏見無者，錄狀奏聞，不得便即科下。

諸庸調物，每年八月上旬起輸，三十日內畢。九月上旬各發本州，租調車舟未發間有身死者，其物却還。其運脚出庸調之家，任和顧送達。所須裹束調度，折庸調充，隨物輸納。

諸租，准州土收穫早晚，斟量路程嶮易遠近，次第分配。本州收穫訖發遣，十一月起輸，正月三十日內納畢。若江南諸州從水路運送、冬月水淺上埭艱難者，四月以後運送，五月三十日內納完。其輸本州者，十二月三十日內納畢。若無粟之鄉輸稻麥，隨熟即輸，不拘此限，即納當州。未入倉窖及外配未上道有身死者，幷却還。應貯米處，折粟一斛，輸米六斗。其雜折皆隨土毛，准當鄉時價。

諸邊遠州有夷獠雜類之所，應輸課役者，隨事斟量，不必同之華夏。

諸任官應免課役者，皆待蠲符至，然後注免；符雖未至、驗告身灼然實者，亦免。其雜任被解應附者，皆依本司解時日月據徵。諸春季附者課役並徵，夏季附者免課從役，秋季附者俱免。其詐冒隱避以免課役，不限附之早晚，皆徵發當年課役。逃亡者，附亦同之。

諸人居狹鄉、樂遷就寬鄉者，去本居千里外復三年，五百里外復二年，三百里外復一年。一遷之後，不復更移。諸沒落外蕃得還者，一年以上復三年，二年以上復四年，三年以上復五年。外蕃之人投化者復十年。諸部曲、奴婢放附戶貫復三年。諸孝子順孫、義夫節婦志行聞於鄉閭者，申尚書省奏聞，表其門閭，同籍悉免課役。諸丁匠歲役工二十日，有閏之年加二日。須留役者，滿十五日免調，三十日租調俱免。從日少者見役日折免。通正役，並不過五十日。正役，謂二十日庸也。

天寶三年制：每歲庸調徵收，延至九月三十日。

五年制：天下百姓單貧不能存濟者租庸，每鄉通放三十丁。其年五月，停郡縣官白直課錢，但計數多少，同料錢加稅充用。即應差丁充白直幷停。

按天寶中，天下計帳戶約有八百九十餘萬，其稅錢約得二百餘萬貫，大約高等少，下等多。今一例為八等以下戶計之，其八等戶所稅四百五十二，九等戶則二百二十二。今通以二百五十為率，自七載至十四載六七年間，與此大數，或多少加減不同，所以言約。他皆類此。其地稅約得千二百四十餘萬石。西漢每戶所墾田不過七十畝，今亦准此，約計數。課丁八百二十餘萬，其庸調租等約出絲綿郡縣計三百七十餘萬丁，庸調輸絹約七百四十餘萬疋，每丁計兩疋。綿則百八十五萬餘屯，每丁三兩、六兩為屯，則兩丁合成一屯。租粟則七百四十餘萬石。每丁兩石。約出布郡縣計四百五十餘萬丁，庸調輸布約千三十五萬餘端。每丁兩端一丈五尺，十丁則二十三端也。其租：約百九十餘萬丁江南郡縣，折納布約五百七十餘萬端；大約八等以下戶計之，八等折租，每丁三端一丈，九等則二端二丈。今通以三端為率。二百六十餘萬丁江北郡縣，納粟約五百二十餘萬石。大凡都計租稅、庸調，每歲錢、粟、絹、綿、布約得五千二百二十餘萬端、疋、屯、貫、石，諸色資課及勾剝所獲不在其中。據天寶中度支每歲所入端、屯、疋、貫、石都五千七百餘萬，計稅錢地稅庸調折租得五千三百四十餘萬端、疋、屯，其資課及勾剝等當合得四百七十餘萬。其度支歲計，粟則二千五百餘萬石，三百萬折充絹布，添入兩京庫。三百萬迴充米豆，供尚食及諸司官廚等料，並入京倉。四百萬江淮迴造米轉入京，充官祿及諸司糧料。五百萬留當州官祿及遞糧。一千萬諸道節度軍糧及貯備當州倉。布、絹、綿則二千七百餘萬端、屯、疋，千三百萬入西京，一百萬入東京，千三百萬諸道兵賜及和糴，幷遠小州便充官料郵驛等費。錢則二百餘萬貫。百四十萬諸道州官課料及市驛馬，六十餘萬添充諸軍州和糴軍糧。

自開元中及於天寶，開拓邊境，多立功勳，每歲軍用日增，其費糴米粟則三百六十萬疋段，朔方、河西各八十萬，隴右百萬，伊西、北庭八萬，安西十二萬，河東節度及羣牧使各四十萬。給衣則五百三十萬，朔方百二十萬，隴右百五十萬，河西百萬，伊西、北庭四十萬，安西三十萬，河東節度四十萬，羣牧五十萬。別支計則二百一十萬，河東五十萬，幽州、劍南各八十萬。餽軍食則百九十萬石。河東五十萬，幽州、劍南各七十萬。大凡一千二百六十萬，開元以前，每歲邊夷戎所用不過二百萬貫，自後經費日廣，以至於此。而錫賚之費，此不與焉。

其時錢穀之司，唯務割剝，迴殘賸利，名目萬端，府藏雖豐，閭閻困矣。尚書省度支，總天下經費。自安祿山反，至德、乾元之際，置度支使。永泰之後，度支罷使，置轉運使以掌其外，度支以掌於內。建中初，又罷轉運使，復歸度支。分命黜陟使往諸道收戶口及錢穀名數，每歲天下共歛三千餘萬貫，其二千五十餘萬貫以供外費，九百五十餘萬貫供京師。稅米麥共千六百餘萬石，其二百餘萬石供京師，千四百萬石給充外費。

又 卷一〇《食貨典十·鹽鐵》 隋開皇三年，通鹽池鹽井，並與百姓共之。

大唐開元元年十一月，左拾遺劉彤論鹽鐵上表曰：『臣聞漢孝武之時，外討戎夷，內興宮室，殫費之甚，實倍當今。然而古費多而貨有餘，今用少而財不足者，何也？豈非古取山澤而今取貧人哉！取山澤，則公利厚而人歸於農；取貧人，則公利薄而人去其業。故先王作法也，山海有官，虞衡有職，輕重有術，禁發有時，一則專農，二則饒國。夫煮海為鹽，採山鑄錢，伐木為室，農餘之輩也。寒而無衣，飢而無食，傭賃自資者，窮苦之流也。若能收山海厚利，奪農餘之人，調斂重徭，免窮苦之子，所謂損有餘而益不足，帝王之道，可不謂然乎？臣願陛下詔鹽鐵伐木等官收興利，貨於人，則不及數年，府有餘儲矣。然後下寬大之令，蠲窮獨之徭，可以惠羣生，可以柔荒服。雖戎狄未服，堯湯水旱，無足虞也。』玄宗令宰臣議其可否，咸以鹽鐵之利，甚益國用，遂令將作大匠薑師度、戶部侍郎强循俱攝御史中丞，與諸道按察使檢責海內鹽鐵之課。

二十五年倉部格：『蒲州鹽池，令州司監當租分與有力之家營種之，課收鹽。每年上中下畦通融收一萬石，仍差官人檢校。若陂渠穿穴，所須功力，先以營種之家人丁充。若破壞過多量力不濟者，聽役隨近人夫。』

又屯田格：『幽州鹽屯，每屯配丁五十人，一年收率滿二千八百石以上，準營田第二等，二千四百石以上準第三等，二千石以上準第四等。大同橫野軍鹽屯配兵五十人，每屯一年收率千五百石以上準第二等，千二百石以上準第三等，九百石以上準第四等。又成州長道縣鹽井一所，並節級有賞罰。蜀道陵、綿等十州鹽井總九十所，每年課鹽都當錢八千五十八貫。陵州鹽井一所，課都當錢二千六十一貫。綿州井四所，都當錢二百九十二貫。資州井六十八所，都當錢一千八十三貫。瀘州井五所，都當錢一千八百五十貫。榮州井十二所，都當錢四百貫。梓州都當錢七百一十七貫。遂州四百一十五貫。閬州一千七百貫。普州二百七貫。果州二十六貫。若閏月，共計加一月課，隨月徵納，任以錢銀兼納。其銀兩別常以二百價為估。其課依都數納官，欠即均徵灶戶。』

自兵興，上元以後，天下出鹽，各置鹽司，節級權利，每歲所入九百餘萬貫文。

又 卷一一《食貨典十一·榷酤》 隋文帝開皇三年，罷酒坊，與百姓共之。

大唐廣德二年十二月敕，天下州各量定酤酒戶，隨月納稅。除此外，不問官私，一切禁斷。大曆六年二月，量定三等，逐月稅錢，並充布絹進奉。建中三年制，禁人酤酒，官司置店自酤，收利以助軍費。

又《雜稅》 隋文帝登庸，又除入市之稅。

大唐開元十八年，御史大夫李朝隱奏請薄百姓一年稅錢充本，依舊令高戶及典正等捉，隨月收利，將供官人料錢。自天寶末年，盜賊奔突，克復之後，府庫一空。又所在屯師，用度不足，於是遣御史康云閒出江淮，陶鋭往蜀漢，豪商富戶，皆籍其家資，所有財貨畜產，或五分納一，謂之率貸，所收巨萬計。蓋權時之宜。其後諸道節度使、觀察使多率稅商賈，以充軍資雜用，或於津濟要路及市肆閒交易之處，計錢至一千以上者，皆以分數稅之。自是商旅無利，多失業矣。上元中，敕江淮堰埭商旅牽船過處，准斛斗納錢，謂之埭程。大曆初，諸州府應稅青苗錢，每畝十文，充百司手力資課。三年十月十六日，臺司奏，緣兵馬未散，百司支計不給，每畝更加五文。貞元九年制，天下出茶州，商人販者，十分稅一。

《舊唐書》卷四八《食貨志上》 武德七年始定律令。【略】賦役之法，每丁歲入租粟二石，調則隨鄉土所產，綾、絹、絁各二丈，布加五分之一。輸綾、絹、絁者，兼調綿三兩；輸布者，麻三斤。凡丁，歲役二旬。若不役，則收其傭，每日絹三尺；有事而加役者，旬有五日，免其調，三旬則租、調俱免。通正役，並不過五十日。若嶺南諸州，則稅米，上戶一石二斗，次戶八斗，下戶六斗。若夷獠之戶，皆從半輸。蕃胡內附者，上戶丁稅錢十文，次戶五文，下戶免之。附經二年者，上戶丁輸羊二口，次戶一口，下三戶共一口。凡水旱、蟲霜為災，十分損四已上，免租；損六已上，免調；損七已上，課役俱免。凡天下人戶，量其資產，定為九等。每三年，縣司注定，州司覆之。【略】

男女始生者為黃，四歲為小，十六為中，二十一為丁，六十為老。每歲一造計帳，三年一造戶籍，州縣留五比，尚書省留三比。

神龍元年，韋庶人為皇后，務欲求媚於人，上表請以二十二為丁，五十八為老，制從之。及韋氏誅，復舊。至天寶三年，又降優制，以十八為中男，二十二為丁。天下籍始造四本，京師及東京尚書省、戶部各貯一本，以備車駕行幸，省於載運之費焉。【略】

（開元）二十二年五月敕：定戶口之時，百姓非商戶郭外居宅及每丁一牛不得將入貨財數。其雜匠及幕士并諸色同類有蕃役合免征行者，一戶之內四丁已上，任此色役，不得過兩人；三丁已上，不得過一人。

其年七月十八日敕：自今已後，京兆府、關內諸州應徵庸調及資課，並限十月三十日畢至。

天寶三載二月二十五日赦文：每載庸調八月徵，以農功未畢，恐難濟辦。自今已後，延至九月三十日為限。

二十五年三月敕：關輔庸調所稅非少，既寡蠶桑，皆資菽粟，常賤糶貴買，損費逾深。又江淮等苦變造之勞，河路增轉輸之弊，每計其運脚，數倍加錢。今歲屬和平，庶物穰賤，南畝有十千之獲，京師同水火之饒，均其餘以減遠費，順其便使農無傷。自今已後，關內諸州庸調資課並宜準時價變粟取米，送至京，逐要支用。其路遠處不可運送者，宜所在收貯，便充隨近軍糧。其河南、河北有不通水利，宜折租造絹，以代關中調課。所司仍明為條件，稱朕意焉。

天寶元年正月一日赦文：如聞百姓之內，有戶高丁多，苟為規避，父母見在，乃別籍異居。宜令州縣勘會，其一家之中有十丁已上者，放兩丁。征行賦役，五丁已上放一丁。即令同籍共居，以敦風教。其侍丁孝假免差科。

廣德元年七月詔：一戶之中，三丁放一丁。庸調地稅，依舊每畝稅二升。天下男子，宜二十三成丁，五十八為老。

永泰元年五月，京兆麥大稔。京兆尹第五琦奏請每十畝官稅一畝，效古什一之稅。從之。

二年五月，諸道稅地錢使、殿中侍御史韋光裔等自諸道使還，得錢四百九十萬貫。乾元以來，屬天下用兵，京師百寮俸錢減耗。上即位，推恩庶寮，下議公卿，或以稅畝有苗者，公私咸濟，乃分遣憲官，稅天下地青苗錢，以充百司課料。至是，仍以御史大夫為稅地錢物使，歲以為常，均給百官。

大曆四年正月十八日敕：有司定天下百姓及王公已下每年稅錢，分為九等：上上戶四千文，上中戶三千五百文，上下戶三千文，中上戶二千五百文，中中戶二千文，中下戶一千五百文，下上戶一千文，下中戶七百文，下下戶五百文。其見官一品，準上上戶；九品，準下下戶；餘品並準依此戶等稅。若一戶數處任官，亦每處依品納稅。其內外官仍據正員及占額內闕者稅，其試、及、同正員文武官不在稅限。其百姓有邸店、行鋪及鑪冶，應準式合加本戶二等稅者，依此稅數勘責徵納。其寄莊戶準舊例從八等戶稅，寄住戶從九等戶稅，比類百姓，事恐不均，宜各遞加一等稅。其諸色浮客及權時寄住田等，無問有官無官，各所在為兩等收稅。稍殷者準八等戶，餘準九等戶。如數處有莊田，亦每處稅。諸道將士莊田，既緣防禦勤勞，不可同百姓例，並一切從九等輸稅。

其年十二月敕：今關輔墾田漸廣，江淮轉漕，常加計一年之儲，有太半之助，其於稅地，固可從輕。其京兆來秋稅，宜分作兩等，上下各半，上等每畝稅一斗，下等每畝稅六升。其荒田如能佃者，宜準今年十月二十九日敕，一切每畝稅二升。仍委京兆尹及令長，一一存撫，令知朕意。

五年三月優詔：定京兆府百姓稅，夏稅上田畝稅六升，下田畝稅四升；秋稅上田畝稅五升，下田畝稅三升。荒田開佃者，畝率二升。

八年正月二十五日敕：青苗地頭錢，天下每畝率十五文；以京師煩劇，先加至三十文。自今已後，宜準諸州，每畝十五文。

建中元年二月，遣黜陟使分行天下。其詔略曰：戶無主客，以見居為簿；人無丁中，以貧富為差。行商者，在郡縣稅三十之一。居人之稅，秋、夏兩徵之，各有不便者三之，餘征賦悉罷，而丁額不廢。其田畝之稅，率以大曆十四年墾數為準。徵夏稅無過六月，秋稅無過十一月，違者進退長吏。令黜陟使各量風土所宜，人戶多少均之，定其賦。尚書、度支總統焉。

三年五月，淮南節度使陳少遊請於本道兩稅錢，每千增二百。因詔他州，悉如之。

八年四月，劍南西川觀察使韋皋奏請加稅什二，以增給官吏。從之。

元和十五年八月，中書門下奏：『伏準今年閏正月十七日敕，令百寮議錢貨輕重者。今據羣官楊於陵等議，伏請天下兩稅、榷鹽、酒利等，悉以布帛、絲綿任土所產物充稅，並不徵見錢，則物漸重，錢漸輕，農人見免賤賣匹帛者。伏以羣臣所議，事皆至當，深利公私，請商量付度支，據諸州府應徵兩稅供上都及留州、留使舊額，起元和十六年已後，並改配端匹、斤兩之物為稅額。如大曆已前租庸課調不計錢，令其折納，使人知定制，供辦有常，仍約元和十五年徵納布帛等估價。其舊納虛估物與依虛估物迴計，如舊納實估物并見錢，即於端匹、斤兩上量加估價迴計。變法在長其物價，價長則永利公私，初雖微有加饒，法行即當就實，比舊給用，固利而不害，仍作條件處置，編入旨符。其鹽利、酒利，本以榷率計錢，有殊兩稅之名，不可除去。錢額中有令納見錢者，亦請令折納時估匹段。上既不專以錢為稅，人得以所產輸官，錢貨必均其重輕，隴畝自廣於蠶織，便時惠下，庶得其宜。其土之絲麻，或地連邊塞，風俗更異，賦入不同，亦請商量，委所司裁酌，隨便宜處置。』詔從之。

太和四年五月，劍南西川宣撫使、諫議大夫崔戎奏：準詔旨制置西川事條，今與郭釗商量，兩稅錢數內三分，二分納見錢，一分折納匹段。每二貫加饒百姓五百文，計一十三萬四千二百四十三貫文，依此曉諭。百姓訖經賊，州縣準詔，三分減放一分，計減錢六萬七千六百二十貫文。不經賊處，先徵見錢，今三分，一分折納雜物，計優饒百姓一十三萬貫。舊有稅薑芋之類，每畝至七八百，徵斂不時，今併省稅名，盡依諸處，為四限等第，先給戶帖，餘一切名目勒停。【略】

開元元年十一月，河中尹姜師度以安邑鹽池漸涸，師度開拓，疏決水道，置為鹽屯，公私大收其利。其年十一月五日，左拾遺劉彤上表曰：『臣聞漢孝武為政，廐馬三十萬，後宮數萬人，外討戎夷，內興宮室，殫費之甚，實百當今。而古費多而貨有餘，今用少而財不足，何也？豈非古取山澤而今取貧民哉！取山澤則公利厚，而人歸於農；取貧民則公利薄，而人去其業。故先王作法也，山海有官，虞衡有職，輕重有術，禁發有時，一則專農，二則饒國，濟人盛事也。臣實為今疑之。夫煮海為鹽，採山鑄錢，伐木為室，豐餘之輩。寒而無衣，飢而無食，傭賃自資者，窮苦之流也。若能以山海厚利，資農餘之人，薄斂輕傜，免窮苦之子，所謂損有餘而益不足，帝王之道，可不謂然乎！臣願陛下詔鹽鐵木等官收興利，貿遷於人，則不及數年，府有餘儲矣。然後下寬貸之令，蠲窮獨之傜，可以惠羣生，可以柔荒服。雖戎狄猾夏，堯湯水旱，無足虞也。奉天適變，惟在陛下行之。』

上令宰臣議其可否，咸以鹽鐵之利，甚益國用，遂令將作大匠姜師度、戶部侍郎强循俱攝御史中丞，與諸道按察使檢責海内鹽鐵之課。比令使人勾當。除此外，更無別求。在外不細委知，如聞稱有侵刻，宜令本州刺史上佐一人檢校，依令式收税。如有落帳欺没，仍委按察使糾覺奏聞。其姜師度除蒲州鹽池以外，州自餘處，更不須巡檢。【略】

（元和）六年閏十二月，度支盧坦奏：『河中兩池顆鹽，敕文只許於京畿、鳳翔、陝、虢、河中澤潞、河南許、汝等十五州界内糶貨。比來因循，兼越興、鳳、文、成等六州。臣移牒勘責，得山南西道觀察使報，其果、閬兩州鹽，本土戶人及巴南諸郡市糶，又供當軍士馬，尚有懸欠，若兼數州，自然闕絶。又得興元府諸耆老狀申訴。臣今商量，河中鹽請放入六州界糶貨。』從之。

十年七月，度支使皇甫鎛奏，加峽内四監、劍南東西川、山南西道鹽估，以利供軍。從之。

十三年，鹽鐵使程异奏：『應諸州府先請置茶鹽店收税。伏準今年正月一日赦文，其諸州府因用兵已來，或慮有權置職名及擅加科配事，非常制，一切禁斷者。伏以榷税茶鹽，本資財賦，贍濟軍鎮，蓋是從權。昨兵罷，自合便停。事久實為重斂。其諸道先所置店及收諸色錢物等，雖非擅加，且異常制。伏請準赦文，勒停。』從之。

十四年三月，鄆、青、兖三州，各置榷鹽院。

長慶元年三月敕：『河朔初平，人希德澤，且務寬泰，使之獲安。其河北榷鹽法且權停，仍令度支與鎮、冀、魏、博等道節度審察商量，如能約計課利錢數，分付榷鹽院，亦任穩便。』自天寶末兵興以來，河北鹽法，羈縻而已。暨元和中，皇甫鎛奏置税鹽院，同江淮兩池榷利，人苦犯禁，戎鎮亦頻上訴，故有是命。

其月，鹽鐵使王播奏：『揚州、白沙兩處納榷場，請依舊為院。』又奏：『諸道鹽院糶鹽付商人，請每斗加五十，通舊三百文價。諸處煎鹽停場，置小鋪糶鹽，每斗加二十文，通舊一百九十文價。』又奏：『應管煎鹽戶及鹽商，并諸鹽院停場官吏所由等，前後制敕，除兩税外，不許差役追擾。今請更有違越者，縣令、刺史貶黜罰俸。』從之。

二年五月，詔曰：『兵革初寧，亦資榷筦，閭閻重困，則可蠲除。如聞淄、青、鄆三道，往來糶鹽價錢，近取七十萬貫，軍資給費，優贍有餘。自鹽鐵使收管已來，軍府頓絶其利，遂使經行陣者有停糧之怨，服隴畝者有加税之嗟，犯鹽禁者困鞭撻之刑，理生業者乏齏醬之具。雖縣官受利，而郡府益空。俾人獲安寧，我因節用。其鹽鐵先於淄、青、兖、鄆等道管内，置小鋪糶鹽，巡院納榷，起今年五月一日已後，一切並停。仍各委本道約校比來節度使自收管充軍府逐急用度，及均減管内貧下百姓兩税錢數。至年終，各具糶鹽所得錢，并均減兩税，奏聞。』

安邑、解縣兩池，舊置榷鹽使，仍各别置院官。元和三年七月，復以安邑、解縣兩池留後為榷鹽使。先是，兩池鹽務隸度支，其職視諸道巡院。貞元十六年，史牟以金部郎中主池務，恥同諸院，遂奏置使額。二十一年，鹽鐵、度支合為一使，以杜佑兼領。佑以度支既稱使，其所管不宜更有使名，遂與東渭橋使同奏罷之。至是，裴均主池務，職轉繁劇，復有是請。

太和三年四月，敕安邑、解縣兩池榷課，以實錢一百萬貫為定額。至大中二年正月，敕但取匹段精好，不必計舊額錢數。及大中年，度支奏納榷利一百二十一萬五千餘貫。【略】

烏池在鹽州，舊置榷税使。長慶元年三月，敕烏池每年糶鹽收博榷米，以一十五萬石為定額。

温池，大中四年三月因收復河隴，敕令度支收管，温池鹽仍差靈州分巡院官勾當。至六年三月，敕令割屬威州，置榷税使，緣新制置，未立榷課定額。

又 卷四九《食貨志下》 天寶以來，楊國忠、王鉷皆兼重使，以權天下。肅宗初，第五琦始以錢穀得見，請於江淮分置租庸使，市輕貨以救軍食，遂拜監察御史，為之使。乾元元年，加度支郎中，尋兼中丞，為鹽鐵使。於是始大鹽法，就山海井竈，收榷其鹽，立監院官吏。其舊業戶洎浮人欲以鹽為業者，免其雜役，隸鹽鐵使。常戶自租庸外無横賦，人不益税而國用以饒。【略】

自兵興已來，凶荒相屬，京師米斛萬錢，官廚無兼時之食，百姓在畿甸者，拔穀挼穗，以供禁軍。洎晏掌國計，復江淮轉運之制，歲入米數十萬斛，以濟關中。代第五琦領鹽務，其法益密。初年入錢六十萬，季年則十倍其初。

大曆末，通天下之財，而計其所入，總一千二百萬貫，而鹽利過半。【略】

自榷筦之興，惟劉晏得其術，而（李）巽次之。然初年之利，類晏之季年；季年之利，則三倍於晏矣。

（元和）六年，【略】（王）播遂奏：『元和五年，江淮、河南、嶺南、峽中、兗、鄆等鹽利錢六百九十八萬貫。比量改法已前舊鹽利，時價四倍虛估，即此錢為一千七百四十餘萬貫矣。請付度支收管。』從之。【略】

七年，王播奏去年鹽利除割峽內鹽，收錢六百八十五萬，從實估也。【略】

十三年正月，播又奏『以軍興之時，財用是切。頃者劉晏領使，皆自按置租庸，至於州縣否臧、錢穀利病之物，虛實皆得而知。今臣守務在城，不得自往，請令臣副使程异出巡江淮，其州府上供錢穀，一切勘問。』從之。

閏五月，异至江淮，得錢一百八十五萬貫以進。【略】

（大中）六年五月，又立稅茶之法，凡十二條陳奏。上大悅，詔曰：『裴休興利除害，深見奉公。』盡可其奏。【略】

建中四年六月，戶部侍郎趙贊請置大田：天下田計其頃畝，官收十分之一。擇其上腴，樹桑環之，曰公桑。自王公至于匹庶，差借其力，得穀絲，以給國用。詔從其說。贊熟計之，自以為非便，皆寢不下。復請行常平稅茶之法。又以軍須迫蹙，常平利不時集，乃請稅屋間架，算除陌錢。間架法，凡屋兩架為一間，屋有貴賤，約價三等，上價間出錢二千，中價一千，下價五百。所由吏秉算執籌，入人之廬舍，而計其數。衣冠士族或貧無他財，獨守故業，坐多屋出算者，動數十萬，人不勝其苦。凡沒一間者，杖六十，告者賞錢五十貫，取於其家。除陌法，天下公私給與貨易，率一貫舊算二十，益加算為五十。給與他物或兩換者，約錢為率算之。市牙各給印紙，人有買賣，隨自署記，翌日合算之。有自貿易不用市牙者，驗其私簿；無私簿者，投狀自集。其有隱錢百者，沒入二千，杖六十，告者賞十千，取其家資。法既行，而主人市牙得專其柄，率多隱盜。公家所入，曾不得半，而怨讟之聲，囂然滿於天下。至興元二年正月一日赦，悉停罷。

貞元九年正月，復稅茶。先是，諸道鹽鐵使張滂奏曰：『伏以去歲水災，詔令減稅。今之國用，須有供儲。伏請於出茶州縣及茶山外商人要路，委所由定三等時估，每十稅一，充所放兩稅。其明年以後所得，稅外貯之。若諸州遭水旱，賦稅不辦，以此代之。』詔可之，仍委滂具處置條奏。自此每歲得錢四十萬貫。然稅無虛歲，遭水旱處亦未嘗以錢拯贍。

太和七年，御史臺奏：『伏準太和三年十一月十八日赦文，天下除兩稅外，不得妄有科配。其擅加雜榷，率一切宜停，令御史臺嚴加察訪者。臣昨因嶺南道擅置竹練場，稅法至重，害人頗深。伏請起今已後，應諸道自太和三年準赦文所停兩稅外科配雜榷率等復却置者，仰敕至後十日內，具却置事由聞奏。仍申臺司，每有出使郎官御史，便令嚴加察訪。苟有此色，本判官重加懲責，長吏奏聽進止。』從之。

九年十二月，左僕射令狐楚奏新置榷茶使額：『伏以江淮間數年以來，水旱疾疫，凋傷頗甚，愁歎未平。今夏及秋，稍校豐稔，方須惠恤，各使安存。昨者忽奏榷茶實為蠹政。蓋是王涯破滅將至，怨怒合歸。豈有令百姓移茶樹就官場中栽，摘茶葉於官場中造？有同兒戲，不近人情，方有恩權，無敢沮議，朝班相顧而失色，道路以目而吞聲。今宗社降靈，姦凶盡戮，聖明垂佑，黎庶各安。微臣伏蒙天恩，兼授使務，官銜之內，猶帶此名，俯仰若驚，夙宵知愧。伏乞特廻聖聽，下鑑愚誠，速委宰臣，除此使額。緣國家之用或闕，山澤之利有遺，許臣條流，續具奏聞。採造欲及，妨廢為虞。前月二十一日內殿奏對之次，鄭覃與臣同陳論訖，伏望聖慈，早賜處分，一依舊法，不用新條。惟納榷之時，須節級加價，商人轉擡，必校稍貴。即是錢出萬國，利歸有司，既無害茶商，又不擾茶戶。上以彰陛下愛人之德，下以竭微臣憂國之心。遠近傳聞，必當咸悅。』詔可之。先是，鹽鐵使王涯表請，使茶山之人移植根本，舊有貯積，皆使焚棄，天下怨之。及是，楚主之，故奏罷焉。

開成二年十二月，武寧軍節度使薛元賞奏：『泗口稅場，應是經過衣冠商客金銀羊馬、斛斗見錢、茶鹽綾絹等，一物已上並稅。今商量，其雜稅並請停絕。』詔許之。

大中六年正月，鹽鐵轉運使裴休奏：『諸道節度、觀察使，置店停上茶商，每斤收搨地錢，并税經過商人，頗乖法理。今請釐革横税，以通舟船，商旅既安，課利自厚。今又正税茶商，多被私販茶人侵奪其利。今請强幹官吏，先於出茶山口，及廬、壽、淮南界内，布置把捉，曉諭招收，量加半税，給陳首帖子，令其所在公行，從此通流，更無苛奪。所冀招恤窮困，下絶姦欺，使私販者免犯法之憂，正税者無失利之歎。欲尋究根本，須舉綱條。』敕旨：依奏。

其年四月，淮南及天平軍節度使并浙西觀察使，皆奏軍用困竭，伏乞且賜依舊税茶。敕旨：『裴休條流茶法，事極精詳，制置之初，理須畫一。並宜準今年正月二十六日敕處分。』

建中三年，初榷酒，天下悉令官釀。斛收直三千，米雖賤，不得減二千。委州縣綜領。醨薄私釀，罪有差。以京師王者都，特免其榷。

元和六年六月，京兆府奏：『榷酒錢除出正酒戶外，一切隨兩税青苗據貫均率。』從之。

會昌六年九月敕：揚州等八道州府，置榷麴并置官店沽酒，代百姓納榷酒錢，并充資助軍用，各有榷許限。揚州、陳許、汴州、襄州、河東五處榷麴，浙西、浙東、鄂岳三處置官沽酒。如聞禁止私酤，過於嚴酷，一人違犯，連累數家，閭里之間，不免咨怨。宜從今以後，如有人私沽酒及置私麴者，但許罪止一身，并所由容縱，任據罪處分。鄉井之内，如不知情，並不得追擾。其所犯之人，任用重典，兼不得没入家産。

又 卷一一八《楊炎傳》 初定令式，國家有租賦庸調之法。開元中，玄宗修道德，以寬仁為理本，故不為版籍之書，人戶寖溢，隄防不禁，丁口轉死，非舊名矣，田畝移換，非舊額矣，貧富昇降，非舊第矣。戶部徒以空文，總其故書，蓋得非當時之實。舊制，人丁戍邊者，蠲其租庸，六歲免歸。玄宗方事夷狄，戍者多死不返，邊將怙寵而諱，不以死申，故其貫籍之名不除。至天寶中，王鉷為戶口使，方務聚斂，以丁籍且存，則丁身焉往？是隱課而不出耳。遂案舊籍，計除六年之外，積徵其家三十年租庸。天下之人苦而無告，則租庸之法弊久矣。迨至德之後，天下兵起，始以兵役，因之饑癘，徵求運輸，百役並作，人戶凋耗，版圖空虛。軍國之用，仰給於度支、轉運二使。四方征鎮，又自給於節度、都團練使，賦斂之司數四而莫相統攝，於是綱目大壞，朝廷不能覆諸使，諸使不能覆諸州。四方貢獻，悉入内庫，權臣猾吏因緣為姦，或公託進獻、私為贓盗者，動萬萬計。河南、山東、荆襄、劍南有重兵處，皆厚自奉養，王賦所入無幾，吏職之名隨人署置，俸給厚薄由其增損，故科斂之名凡數百，廢者不削，重者不去，新舊仍積，不知其涯。百姓受命而供之，瀝膏血，鬻親愛，旬輸月送無休息。吏因其苛，蠶食于人。凡富人多丁者，率為官為僧，以色役免。貧人無所入則丁存，故課免於上而賦增於下。是以天下殘瘁，蕩為浮人，鄉居地著者百不四五。如是者殆三十年。

炎因奏對，懇言其弊，乃請作兩税法，以一其名。曰凡百役之費，一錢之斂，先度其數而賦於人，量出以制入。戶無主客，以見居為簿；人無丁中，以貧富為差。不居處而行商者，在所郡縣，税三十之一，度所與居者，均使無僥利。居人之税，秋、夏兩徵之。俗有不便者，正之。其租庸雜徭悉省，而丁額不廢。申報出入如舊式。其田畝之税，率以大曆十四年墾田之數為準，而均徵之。夏税無過六月，秋税無過十一月。逾歲之後，有戶增而税減輕及人散而失均者，進退長吏，而以尚書度支總統焉。

德宗善而行之，詔諭中外，而掌賦者沮其非利，言租庸之令四百餘年舊制，不可輕改。上行之不疑，天下便之。人不土斷而地著，賦不加斂而增入，版籍不造而得其虛實，貪吏不誡而姦無所取。自是輕重之權，始歸於朝廷。

宋·王溥《唐會要》卷八三《租税上》 武德二年二月十四日制：『每丁租二石，絹二丈，綿三兩。自兹以外，不得横有調斂。』

七年三月二十九日，始定均田賦税。凡天下丁男，給田一頃，篤疾廢疾，給四十畝，寡妻妾，三十畝，若為戶者，加二十畝。所授之田，十分之二分為世業，餘以為口分，世業之田，身死則承戶者授之，口分則收入官，更以給人。每丁歲入粟二石，調則隨鄉土所産，綾絹絁各二丈，布加五分之一。輸綾絹絁者，兼調綿三兩，輸布者，麻三觔。凡丁，歲役二旬，若不役，則收其傭，每日三尺。有事而加役者，旬有五日，免其調，三旬則租調俱免，通正役不過五十日。若夷獠之戶，皆從半税。凡水旱蟲傷為災，十分損四已上，免租，損六已上，免調，損七已上，課役俱免。

【略】

開元八年正月二十日敕：『頃者，以庸調無憑，好惡須準，故遣作樣，以頒諸州，令其好不得過精，惡不得至濫，任土作貢，防源斯在。而諸州送物，作巧生端，苟欲副於斤兩，遂則加其丈尺，至有五丈為匹者，理甚不然。闊一尺八寸，長四丈，同文共軌，其事久行，立樣之時，亦載此數。若求兩而加尺，甚暮四而朝三。宜令所司簡閱，有踰於比年常例，丈尺過多，奏聞。』

十六年七月敕：『諸州租及地税等，宜令州縣長吏專勾當，依限徵納訖，具所納數。及徵官名品申省。如徵納違限，及檢覆不實，所由官並先與替，仍准法科懲。』

二十二年五月十三日敕：『定戶之時，百姓非商戶，郭外居宅，及每丁一牛，不得將入貨財數。其雜匠及幕士，並諸色同類有番役，合免征行者，一戶之內，四丁已上，任此色役，不得過兩人，三丁已上，不得過一人。』

其年七月十八日敕『自今已後，京兆府關內諸州，應徵庸調及資課，並限十月三日畢至。』天寶三載二月二十五日赦文：『每載庸調，八月徵收，農功未畢，恐難濟辦，自今已後，延至九月三十日為限。』

二十五年三月三日敕：『關輔庸調，所税非少，既寡蠶桑，皆資菽粟，常賤糴貴買，損費逾深。又江淮苦變造之勞，河路增轉輸之弊，每計其運腳，數倍加錢。今歲屬和平，庶物穰賤，南畝有十千之獲，京師同水火之饒。均其餘以減遠費，順其便使農無傷。自今已後，關內諸州庸調資課，並宜准時價變粟取米，送至京，逐要支用。其路遠處，不可運送者，宜所在收貯，便充隨近軍糧。其河南河北，有不通水利，宜折租造絹，以代關中調課。所司仍明為條件，稱朕意焉。』

二十九年二月十二日敕：『自今已後，應緣納物，或有濫惡者，更不徵折估，但明為殿最，責在所由者，請准二十七年二月七日敕，起請條析處分。』

天寶元年正月一日赦文：『如聞百姓之內，有戶高丁多，苟為規避，父母現在，乃別籍異居，宜令州縣勘會。其一家之中，有十丁已上者，放兩丁征行賦役，五丁已上者放一丁，即令同籍共居，以敦風教。其侍丁孝假，與免差科。』

九載十二月敕：『自今已後，天下兩税，其諸色輸納官典，受一錢已上，並同枉法贓論。官人先解見任，典正等先決四十，委採訪使巡察。若不能舉按者，採訪使別有處分。』

廣德元年七月十一日制：『一戶之中，有三丁，放一丁，庸調地税依舊。』

大曆四年正月十八日敕：『天下及王公已下，自今已後，宜准度支長行旨條，每年税錢，上上戶四千文，上中戶三千五百文，上下戶三千文，中上戶二千五百文，中中戶二千文，中下戶一千五百文，下上戶一千文，下中戶七百文，下下戶五百文。其現任官一品，准上上戶税，九品准下下戶税，餘品並准依此戶等税。若一戶數處任官，亦每處依品納税。其內外官，仍據正員及占額內闕者税。其試及同正員文武官，不在税限。其百姓有邸店行鋪及爐冶，應准式合加本戶二等税者，依此税數勘責徵納。其寄莊戶，准舊例從八等戶税，寄住戶從九等戶税，比類百姓，事恐不均，宜各遞加一等税。其諸色浮客及權時寄住戶等，無問有官無官，亦所在為兩等收税，稍殷有者，准八等戶税，餘准九等戶税，如數處有莊田，亦每處納税，諸道將士莊田，既緣防禦勤勞，不可同百姓例，並一切從九等輸税。』

八年正月二十五日敕：『青苗地額錢，天下每畝率十五文。以京師煩劇，先加至三十文，自今已後，宜准諸州每畝十五文。』

十四年五月：『內莊宅使奏，州府没入之田，有租萬四千餘斛，官中主之為冗費。』上令分給所在，以為軍儲。

建中元年正月五日赦文：『宜委黜陟使與觀察使及刺史轉運所由，計百姓及客戶，約丁產，定等第，均率作年支兩税。如當處土風不便，更立一限。其比來徵科色目，一切停罷。』至二月十一日起請條請，令黜陟觀察使及州縣長官，據舊徵税數，及人戶土客定等第錢數多少，為夏秋兩税。其鰥寡惸獨不支濟者，准制放免。其丁租庸調，並入兩税，州縣常存丁額，准式申報。其應科斛斗，請據大曆十四年見佃青苗地額均税。夏税六月內納畢，秋税十一月內納畢。其黜陟使每道定税訖，具當州府應税都數，及徵納期限，並支留合送等錢物斛斗，分析聞奏，並報度支、金部、倉部，比部。其月，大赦天下，遣黜陟使觀風俗，仍與觀察使刺史計人產等級為兩税法。此外斂者，以枉法論。

其年八月，宰相楊炎上疏奏曰：『國家初定令式，有租賦庸調之法。至開元中，元宗修道德，以寬仁為治本，故不為版籍之書，人戶寖溢，隄防不禁。丁口轉死，非舊名矣，田畝移換，非舊額矣，貧富升降，非舊第矣。戶部徒以空文，總其故書，蓋非得當時之實。舊制，人丁戍邊者，蠲其租庸，六歲免歸。元宗方事夷狄，戍者多死不返，邊將怙寵而諱敗，不以死申，故其貫籍之名不除。至天寶中，王鉷為戶口使，方務聚斂，以丁籍且存，則丁身焉往，是隱課而不出耳。遂按舊籍，計除六年之外，積徵其家三十年租庸。天下之人，苦而無告，則租庸之法，弊久矣。迨至德之後，天下兵起，始以兵役，因之飢癘，徵求運輸，百役並作，人戶凋耗，版圖空乘。軍國之用，仰給於度支轉運二使，四方大鎮，又自給於節度、團練使，賦斂之司，增數而莫相統攝。於是綱目大壞，朝廷不能覆諸使，諸使不能覆諸州。四方貢獻，悉入內庫。權臣猾吏，緣以為奸，或公託進獻，私為贓盜者，動以萬計，有重兵處，皆厚自奉養，正賦所入無幾。吏之職名，隨人署置，俸給厚薄，由其增損。故科斂之名凡數百，廢者不削，重者不去，新舊仍積，不知其涯。百姓受命而供之，旬輸月送，無有休息。吏因其苛，蠶食於人。凡富人多丁，率為官為僧，以色役免，貧人無所入，則丁存，故課免於上而賦增於下。是以天下殘瘁，蕩為浮人，鄉居地著者，百不四五，如是者迨三十年。』

炎遂請作兩稅法，以一其名。曰『凡百役之費，一錢之斂，先度其數，而賦於人，量出以制入。戶無土客，以見居為薄，人無丁中，以貧富為差。不居處而行商者，在所州縣稅三十之一，度所取與居者均，使無僥倖。居人之稅，秋夏兩徵之，俗有不便者正之。其租庸雜徭，悉省而丁額不廢，申報出入，如舊式。其田畝之稅，率以大曆十四年墾田之數為准，而均徵之。夏稅無過六月，秋稅無過十一月。逾歲之後，有戶增而稅減輕及人散而失均者，進退長吏，而以度支總統之。』德宗善而行之。

三年五月，初加稅，時淮南節度使陳少遊，請於當道兩稅錢，每一千加稅二百，度支因請諸道悉如之。

貞元二年正月詔：『天下兩稅錢，委本州揀擇官典送上都，其應定色目、程限、腳價、錢物，委度支條流聞奏。』

四年正月一日赦文：『其京兆府今年已後，准當府每年敕額，應合給用錢物斛斗及草者，宜便於兩稅內比諸州府例克留，免其重迭請受，餘送納度支。其河南府亦宜准此。』

八年四月，劍南西川觀察使韋皋奏，請加稅什二，以增給官吏，從之。

十二年十月，虢州刺史崔衍奏：『所部多是山田，且當郵傳衝要，屬歲不稔，頗有流離，舊額賦租，特乞蠲減。臣伏見比來諸州，論百姓間事，患在長吏因循，不為申請，不患陛下不優恤，患在申請不指實，不患朝廷不矜放。有以不言受譴者，未有以言得罪者。陛下授臣以疲民，臣用不敢迴顧，苟求自安，敢罄狂聲。』上瀆聰聽，辭理切直，為時所稱。

元和四年十二月，度支奏：『諸州府應供上都兩稅匹段，及留使留州錢物等，自元和四年已後，據州縣官正料錢，數內一半，任依省估例徵納見錢支給，仍先以都下兩稅戶合納見錢充。如不足，即於當州兩稅錢內，據貫均配支給。其餘留使留州雜給用錢，即合委本州府並依送省輕貨中，估折納匹段充。如本戶稅錢校少，不成端匹者，任折納絲綿充數。如舊例徵納雜物斛斗支用者，即任准舊例處分。應帶節度觀察使州府，合送上都兩稅錢，既須差綱發遣，其留使錢，又配管內諸州供送，事頗重疊。其諸道留使錢，各委節度觀察使，先以本州舊額留使及送上都兩稅錢充，如不足，即於管內諸州兩稅錢內，據貫均配。其諸州舊額供使錢，即隨夏稅日限收，送上都度支收入，次年旨符，便為定制。伏以諸道兩稅，徵斂不常，閭井之間，頗聞困弊臣今類會如前。』敕旨：『自今已後，送省及留使匹段，不得剝徵折估錢。其供軍醬菜等價直，合以留州使錢充者，亦令見錢匹段均納，仍具每州每使合納見錢數，及州縣官俸料內一半見錢數，同分析聞奏，仍使編入今年旨條，以為常制。餘依。』先是，方鎮皆以實估斂於人，乘估聞於上，宰相裴垍俾有司奏請釐革，今受其賜。

五年正月，度支奏：『諸州府見錢，准敕宜於管內州據都徵錢數，逐貫均配，其先不徵見錢州郡，不在分配限。都配定一州見錢數，任刺史看百姓穩便處置，其敕文不加減者，即准州府所申為定額。如於敕額見錢外，輒擅配一錢，及納物不依送省中估，刺史縣令錄事參軍，請與節級科貶。』

六年二月制：『編戶之征，既有藝極，字甿之要，當恤有無。苟徵斂之不時，則困弊之無日。近緣諸州送使錢物，迴充上供，合送使司，又立程限。所以每至歲首，給用無資，不免量抽夏税，新陳未接，營辦尤難，委觀察使且以供軍錢，方圓借使，輒不得量抽百姓。夏貢有差，先乎任土，周幣殊等，實在便民。近日所徵布帛，並先定物樣，一例作中估受納，精粗不等，退換者多，轉將貨賣，皆致損折。其諸道留使留州錢數内絹帛等，但得有用處，隨其高下約中估物價優饒與納，則私無棄物，官靡遺財。其所納見錢，仍許五分之中，量徵二分，餘三分兼納實估匹段。」先是，天下百姓輸賦於府，一曰上供，二曰送使，三曰留州。自建中初定税，時貨重錢輕，是後貨輕錢重，齊人所出，固已倍其初征矣。其留州送使，所在長吏，又降省估使就實估，以自封殖，而重賦於人。及裴垍為相，奏請天下留州送使物，一切令依省估。其所在觀察使，仍以其莅之郡租賦自給，若不足，然後許徵於支郡。其諸州送使額，悉變為上供，故疲民稍息肩。

其年六月，令京兆府：『其兩税宜以粟麥絲絹等折納。』

十一年六月，京兆府奏：『今年諸縣夏税，折納綾、絹、絁、紬、絲、綿等，並請依本縣時價，祇定上中二等，每匹加饒二百文，綿每兩加饒二十文，其下等物，不在納限。小戶本錢不足，任納絲綿斛［斗］，須是本戶，如非本戶，輒合集錢買成匹段代納者，所由決十五，枷項令衆。』敕旨依奏。

十四年二月敕：『如聞諸道州府長吏等，或有本任得替後，遂於當處買百姓莊園舍宅，或因替代情弊，便破定正額兩税，不出差科。今後有此色，並勒依元額為定。』

又　卷八四《租税下》　元和十五年八月，中書門下奏：『伏準今年閏正月十七日敕，令百僚議錢貨輕重者。今據羣官戶部尚書楊於陵等，伏請天下兩税榷鹽酒利等，悉以布帛絲綿，任土所產物充税，並不徵見錢，則物漸重，錢漸輕，農人見免賤賣匹帛者。伏以羣官所議，事皆至當，深利公私，請商量付度支，據諸州府應徵兩税，供上都及留州留使舊額，起元和十年以後，並改配端匹觔兩之物為税額。如大曆以前租庸課調，不計錢，令其折納，使人知定制，供辦有常，仍約元和十五年徵納布帛等估價。其有舊納乘估物，與依乘估物迴計。如舊納實估物，並見錢，即於端匹斤兩上，量加估價迴計。變法在長其物價，價長則永利公私。初雖微有加饒，法行即當就實，比舊給用，固利而不害，仍作條件處置，編入旨符，其鹽利酒利，本以榷率計錢，有殊兩税之名，不可除去錢額，但舊額中有令納見錢者，亦請令折納時估匹段。官既不專以錢為税，人得以所產用輸，則錢貨必均其輕重，隴畝自廣於蠶織，便時惠下，庶得其宜。其土乏絲麻，或地連邊塞，風俗既異，賦入不同，請商量委所司裁酌，隨便宜處置。』敕旨：『宜依。』

大和二年二月，興元尹王涯奏：『興元府南鄭兩税錢額素高，每年徵科，例多懸欠。今請於管内四州均攤，代納二千五百貫文，配蓬州七百五十貫，集州七百五十貫，通州五百貫，巴州五百貫。』敕旨：『宜付所司。』

四年五月敕：『劍南西川宣撫使諫議大夫崔戎奏，准詔旨制置西川事條，今與郭釗商量，兩税錢數内三分，二分納見錢，一分折納匹段，每二貫加饒百姓五百文，計一十三萬四千二百四十三貫文，依此曉諭百姓訖。經賊州縣，准詔三分減放一分，計減錢六萬七千六百二十貫文。不經賊處，先徵見錢令三分，一分折納雜物，計優饒百姓一十三萬。舊有税薑芋之類，每畝至七八百，徵斂不時，今併省税名，盡依諸處為四限等第，先給戶帖，餘一切名目敕停。』敕旨：『宜依。』

六年，天平軍奏，請起元和七年，歲供兩税榷酒等錢十五萬貫，粟五萬石。自元和末，收復李師道十二州，朝廷不安反側，征賦所入，盡留贍軍，至是方歸王府。

開成二年二月敕節文：『諸州府或遇水旱，有欠税額，合供錢物斛斗，伏請委州縣長官，設法招攜，及召戶承佃，其錢陸續填納，年終後，具歸復填補錢物數聞奏，並報度支。其刺史縣令得替，須代替人交割，仍須分明具見在土客戶，交付後人，不得遞相推注，申破税錢。其所招之口，不得將當處大戶，劈為小戶，別有配率。』

四年十月，中書門下奏：『准開成元年三月十日敕，宜令兩税州府，各於見任官中，揀擇清強長定綱，往來送，五萬至十萬為一綱，綱官考滿，本州便與依資奏改，通計十年往來，優成與依資選，還當處令録長馬如本州官資望無相當者，許優成奏他處官者。伏以諸道有上供兩税錢物者，大小計百餘處，舊例差州縣官充綱，亦不聞過有敗闕。若依敕以長定綱為名，則命官不以才能，賦祿難憑僦運。況江淮財賦大州，每年差綱十餘輩，若令長定，則官員長占於此流，若祇取數人，綱運當虧其大半。臣等商量，長定綱起來年已後勒停。臣又准開成元年已前旨條，州縣官充綱送輕貨四萬已上，無欠少，不逾程限者，書上考，十萬減選一，其餘優奬，猶以稍輕。送二萬至五萬，依舊書上考，五萬至七萬，與減一選，七萬至十萬，減兩選，十萬至十五萬，減三選。如一度充綱，優勞未足，考秩之內，情願再差者，旨條先有約絕，此後望令開許。如年少及材質不當，但令准舊例，以課料資陪，不必一例依次差遣。其餘並望准前旨條處分。』敕旨：『宜依。』

其年十二月，邕管經略使唐宏實，當管上供兩税錢一千四百七十三貫文，其見錢每年附廣州綱送納，敕曰：『邕管兩税錢八百餘千，自令輸納，頗甚艱弊，宜委嶺南西道觀察使，每年與受領過易輕貨，附綱送省，其蹴運腳錢，仍令於放數內抽折。』

會昌元年正月制：『租斂有常，王制斯具，徵率無藝，齊民何依？內外諸州府百姓，所種田苗，率税斛斗，素有定額。如聞近年長吏，不守法制，分外徵求，致使力農之夫，轉加困弊。亦有每年差官巡檢，勞擾頗深。自今已後，州縣每縣所徵科斛斗，一切依額為定，不得隨年檢責。數外如有荒閑陂澤山原，百姓有人力，能墾闢耕種，州縣不得輒問所收苗子，五年不在税限。五年之外，依例收税。於一鄉之中，先填貧戶欠闕，如無欠闕。即均減衆戶合徵斛斗，但令不失元額，不得隨田加税。仍委本道觀察使每年秋成之時，具管內墾闢田地頃畝，及合徵上供留州若使斛斗數，分析聞奏。如所奏數外，有賸納人戶斛斗，刺史已下，並節級重加懲貶，觀察使奏聽進止。仍令出使郎官御史，及度支鹽鐵知院官，訪察聞奏。』

大中二年正月制：『諸州府縣等納税，祇合先差優長戶車牛。近者多是權要及富豪之家，悉請留縣輸納，致使單貧之人，卻須僱腳搬載。從今已後，其留縣並須先饒貧下，不支濟戶，如有違越，節級官吏，量加科殿。』

四年正月制：『其天下諸州府百姓，兩税之外，輒不許分外更有差率，已頻申飭，尚恐因循，宜委御史臺切加糾察。其諸道州府應所徵兩税匹段等物，並留州使錢物，納匹段乘實估價，及見錢，從前皆有定制。如聞近日或有於乘估匹段數內，徵實估物，及其間分數，亦不盡依敕條，宜委長吏，切加遵守，如有違越，必議科繩，本判官專知官當重懲責。又青苗兩税，本繫田土，地既屬人，税合隨去，從前赦令，累有申明，豪富之家，尚不恭守，皆是承其急切，私勒契書。自今已後，勒州縣切加覺察，如有此色，須議痛懲，其地仍便勒還本主，更不在論理價值之限。』

六年三月敕：『先賜鄭光鄠縣及云陽縣莊各一所，府縣所有兩税及差科色役，並特宜放者。』中書門下奏：『伏以鄭光是陛下元舅，寵待固合異等。然而據地出税，天下皆同，隨戶雜徭，久已成例，將務致治，實為本根。近日陛下屢發德音，欲使中外畫一，凡在士庶，無不仰戴聖慈。今獨忽免鄭光莊田，則似稍乖前意。況征賦所入，經費有常，差使不均，怨嗟斯起，事雖至微，繫體則大。臣等備位臺司，每承誡勵，苟有管見，合具啓陳，謹録奏聞，伏聽敕旨。』奉批答：『省所奏具悉。朕以鄭光元舅之尊，貴欲優異，令免征税，初不細思。卿等列位股肱，每存匡益，事無大小，必竭公忠。況親戚之間，人所難議，苟非愛我，豈進嘉言。庶事能盡如斯，天下何憂不治，有始有卒，當共守之。省覽再三，良增慰悅，所奏宜體朕懷。』

又《雜税》 建中元年九月，戶部侍郎趙贊請置常平輕重本錢，從之，贊於是條奏諸道津要都會之所，皆置吏，閱商人財貨，計錢每貫税二十文；天下所出竹、木、茶、漆，皆什一税之，充常平本錢，時軍用稍廣，常賦不足，所税亦隨盡，竟莫得充本儲積焉。

四年六月，判度支戶部侍郎趙贊請置大田：天下田計其頃畝，官收十分之一。擇其上腴，樹桑環之，曰公田公桑。自王公至於匹庶，差借其力，得穀絲以給國用。詔從其說。贊熟計之，自以為非便，皆寢不下。請行常平税茶之法又以軍須迫蹙，常平利不時集，乃請税屋間架等，除算陌錢，間架法：凡屋兩架為一間，屋有貴賤，約價三等，上價間出錢二千，中價一千，下價五百。所由吏秉算執籌，入人之廬舍，而計其數。衣冠士族，或貧無他財，獨守故業，坐多屋出算者，動數十萬，人不勝其苦。凡沒一間者，杖六十，告者賞錢五十貫，取於犯家。除陌法：天下公私給與貿易，率一貫舊算二十，益加算為五十，給與他物，或兩換者，約錢為率算之，市牙各給印紙，人有買賣，隨自署記，翌日合算之；有自貿易，不用市牙者，給其私簿；無私簿者，投狀自集。其有隱錢百者沒入二千，杖六十，告者賞十千，出於犯罪人家。法既行，而主人市牙，得專其柄，率多隱盜，公家所入，曾不得半，而怨讟之苦，囂然滿於天下。至興元二年正月一日赦，悉停罷。貞元九年正月，初稅茶。先是，諸道鹽鐵使張滂奏曰：『伏以去歲水災，詔令減稅，今之國用，須有供儲。伏請於出茶州縣及茶山外，商人要路，委所由定三等時估，每十稅一，充所放兩稅，其明年已後所得稅，外貯之，若諸州遭水旱，賦稅不辦，以此代之。』詔曰：『可，仍委張滂具處置條奏。』自此每歲得錢四十萬貫，茶之有稅，自此始也。然稅茶無乘歲，遭水旱處，亦未嘗以稅茶錢拯贍。

元和三年十月，禁採銀。一兩已上者，笞二十，遞出本界，州縣官吏，節級科罰。

長慶元年，鹽鐵使王播奏茶稅一百增之五十。左拾遺李玨上疏論之曰：『榷率救弊，起自干戈，天下無虞，即宜蠲省。況稅茶之事，尤出近年，在貞元元年中，不得不爾，今四海鏡淨，八方砥平，厚斂於民，殊傷國體，其不可一也。又茶為食物，無異米鹽，人之所資，遠近同俗，既祛渴乏，難捨斯須，田閭之間，嗜好尤切。今增稅既重，時估必增，流弊於民，先及貧弱，其不可二也。且山澤之饒，出無定數，量斤論稅，所冀售多。價高則市者希，價賤則市者廣，歲終上計，其利幾何，未見阜財，徒聞斂怨，其不可三也。臣不敢遠徵故事，直以目前所見陳之。伏望暫留聰明，少垂念慮，特追敕更賜商量。陛下即位之初，已徵聚斂，外官抽貫，旋有詔停，洋洋德音，千古不朽。今若榷茶加稅，頗失人情，臣忝職諫司，不敢緘默。時禁中造百尺樓，因計不充，王播希恩增稅，疏奏不省。

大和七年四月，御史臺奏：『伏准太和三年十二月十八日赦文，天下除兩稅外，不得妄有科配，其擅加雜榷率，一切宜停，令御史臺嚴加察訪者。臣伏以方今天下無事，聖政日修，務去煩苛，與人蘇息。臣昨因嶺南道擅置竹練場，稅法至重，害人頗深。博訪諸道，委知自太和三年准赦文兩稅外停廢等事，旬月之內，或以督察不嚴，或以長吏更改，依前即置，重困齊民。伏望起今後，應諸道自太和三年准赦文所停稅外，科配雜榷率等復已卻置者，仰敕到十日內，具卻置事由聞奏，仍申報臺司。每有出使郎官御史，令嚴加察訪，苟有此色，本判官重加懲責，長吏奏聽進止。』敕旨：『宜依。』

開成二年十二月，武寧軍節度使薛元賞奏：『泗口稅場，應是經過衣冠商客，金銀、羊馬、斛斗、見錢、茶鹽、綾絹等，一物已上並稅。今商量，其雜稅物請停絕。』敕旨：『淮泗通津，向來京國，自有率稅，頗聞怨讟，薛元賞到鎮之初，首請除去，表章適至，詾誅已興。泗口稅據元賞所奏並停，所置當官司所由並罷，委元賞當日榜示，其泗口稅額，淮徐泗觀察使今年前後兩度奏狀，內豎共得錢一萬八千五十五貫文，內十驛一萬一千三百貫文，委戶部每年以實錢逐近支付。泗宿二州，以度支上供錢賜充本軍用。其他未贍，委任才臣，共息怨諮，以安行旅。』

大中六年正月，鹽鐵轉運使、兵部侍郎裴休奏：『諸道節度使、觀察使，置店停止茶商，每斤收搨地錢，並稅經過商人，頗乖法理。今請釐革橫稅，以通舟船，商旅既安，課利自厚。今又正稅茶商，多被私販茶人侵奪其利。今請强幹官吏，先於出茶山口，及廬、壽、淮南界內，佈置把捉，曉諭招收，量加半稅，給陳首帖子，令其所在公行，從此通流，更無苛奪。所冀招懷窮困，下絕奸欺，使私販者免犯法之擾，正稅者無失利之歎。尋究根本，須舉綱條。』敕旨。宜依。其年四月，淮南及天平軍節度使、浙西觀察使皆奏軍用困竭，伏乞且賜依舊稅茶，敕旨：裴休條疏茶法，事極精詳，制置之初，理須畫一。

又 卷八七《轉運鹽鐵總敍》 代第五琦鹽務，法益精密。初年入錢六十萬，季年則十倍其初。大曆末，通天下之財，而計其所入，總一千二百萬貫，而鹽利過半。【略】

（貞元）九年，張滂奏立稅茶法。郡國有茶山，及商賈以茶為利者，委院司分置諸場，立三等時估為價，為什一之稅。是歲得緡四十一萬，茶之有稅，自滂始也。【略】

（元和）四年四月五日，（李）巽卒。自榷管之興，唯劉晏得其術，而巽次之，然初年之利，類晏之季年，季年之利，則三倍于晏矣。【略】六年，【略】（盧）坦改戶部侍郎，以京兆尹王播代之，播遂奏：『元和五年，江淮、河南、嶺南、峽中、兗鄆等鹽利錢六百九十八萬貫。比量改法已前舊鹽利時價，四倍虛估，即此錢當為千七百四十餘萬貫矣，請付度支收管。』從之。【略】七年，王播奏：『去年鹽利，除割峽內井鹽，收錢六百八十五萬。』從實估也。【略】

八年，以崔倰為揚子留後，淮嶺已東兩稅使；崔椃為江陵留後，荆南已東南兩稅使。

十三年，播又奏『以軍興之時，財用是切。頃者，劉晏領使；皆自案租庸，至於州縣否臧，錢穀利病之物，虛實皆得而知。今臣守務在城，不得自往，請令臣副使程出巡江淮，具州府上供錢穀，一切勘問。』從之。閏五月，至江淮，得錢一百八十五萬貫以進。【略】

開成元年，李石以中書侍郎判收茶法，復貞元之制也。【略】

（大中）六年五月，又立稅茶之法，凡十二條，陳奏。上大悅，詔曰：『裴休興利除害，深見奉公。』盡可其奏。【略】

天復中，朱全忠兼鎮河中，兩池鹽課，始加至五十車。

又 卷八八《鹽鐵》 開元元年十一月，河中尹姜師度以安邑鹽池漸涸，開拓疏決水道，置為鹽屯，公私大收其利。

其年十一月五日，左拾遺劉彤論鹽鐵上表曰：『臣聞漢孝武為政，廄馬三十萬，後宮數萬人，外討戎夷，內興宮室，殫費之甚什百當今。然而古費多而貨有餘，今用少而財不足者，何也？豈非古取山澤，而今取貧民哉！取山澤，則公利厚而人歸於農，取貧民，則公利薄而人去其業。故先王之作法也，山海有官，虞衡有職，輕重有術，禁發有時。一則專農，二則饒國，濟民盛事也，臣實為當今宜之。夫煮海為鹽，采山鑄錢，伐木為室，豐餘之輩也。寒而無衣，饑而無食，傭賃自資者，窮苦之流也。若能收山海厚利，奪豐餘之人，蠲調斂重徭，免窮苦之子，所謂損有餘而益不足，帝王之道，可不謂然乎？然臣願陛下詔鹽鐵木等官，各收其利，貿遷於人，則不及數年，府有餘儲矣。然後下寬大之令，蠲窮獨之徭，可以惠羣生，可以柔荒服。雖戎狄降服，堯湯水旱，無足虞也。奉天適變，惟在陛下行之。』上令宰臣議其可否，咸以鹽鐵之利，甚益國用。遂令將作大匠姜師度，戶部侍郎强循，俱攝御史中丞，與諸道按察使，檢校海內鹽鐵之課。至十年八月十日敕，諸州所造鹽鐵，每年合有官課，比令使人勾當，除此更無別求。在外不細委知，如聞稍有侵克，宜令本州刺史上佐一人檢校，依令式收稅。如有落帳欺没，仍委按察糾覺奏聞。其姜師度除蒲州鹽池以外，自餘處更不須巡檢。【略】

（元和）四年十二月，御史中丞李夷簡奏：『諸州使有兩稅外，雜榷率及違敕不法事，請諸道鹽鐵轉運度支，巡院察訪，狀報臺司，以憑聞奏。』從之。【略】

六年閏十二月，戶部侍郎、判度支盧坦奏：『河中兩池顆鹽，敕文祗許於京畿鳳翔、陝虢、河中澤潞、河南、許汝等十五州界內糶貨，比來因循，兼越興元府及洋州、興、鳳、文、成等六州。臣移牒勘責，得山南西道觀察使報，其果、閬兩州鹽，本土戶人及巴南諸郡市糴，又供當軍士馬，尚有懸欠，若兼數州，自然闕絕。又得興元府諸耆老狀申訴。臣今商量，河中鹽請放入六州界糶貨。』從之。

十年七月，度支皇甫鎛奏，加陝西內四監，劍南東西兩川山南西道鹽估，以利供軍，從之。

十三年，鹽鐵使程异奏：『應諸州府先請置茶鹽店收稅，伏准今年正月一日赦文，其諸道州府，因用兵以來，或慮有權置職名，及擅加科配，事非常制，一切禁斷者。伏以榷稅茶鹽，本資財賦，贍濟軍鎮，蓋是從權，兵罷自合便停，事久實為重斂，其諸道先所置店及收諸色錢物等，雖非擅加，且異常制，伏請准敕文勒停。』從之。

十四年三月，鄆、青、兗三州各置榷鹽院。【略】

長慶元年三月敕：『河朔初平，人希德澤，且務寬泰，使之獲安。其河北榷鹽法宜權停，仍令度支與鎮冀、魏博等道節度審察商量，如能約計課利錢數都收管，每年據數付榷鹽院，亦任穩便。』自天寶末，兵興以來，河北鹽法，羈縻而已。暨元和中，用皇甫鎛奏，置稅鹽院，同江淮兩池榷利，人苦犯禁，戎鎮亦頻上訴，故有是命。

其月，鹽鐵使王播奏：『揚州白沙兩處納榷場，請依舊為院。』又奏：『請諸鹽院糶鹽，付商人，請每斗加五十文，通舊二百文價，諸道處煎鹽場，停置小鋪糶鹽，每斗加二十文，通舊一百九十文價。』又奏：『應管煎鹽戶及鹽商，並諸鹽院停場官吏所由等，前後制敕，除兩稅外，不許差役追擾，今請更有違越者，縣令奏聞貶黜，刺史罰一季俸錢，再犯者，奏聽進止。』並從之。【略】

（二年）五月敕：『兵革初寧，實資榷管，閭閻重困，則可蠲除。如聞淄青、兗、鄆三道，往年糶鹽價錢，近收七十萬貫，軍資給費，優贍有餘。自鹽鐵使收管已來，軍府頓絕其利，遂使經行陳者，有停糧之怨，服隴畝者，興加税之嗟。雖縣官受利，而郡府益空。俾人獲安寧，我能節用，其鹽鐵使先於淄青兗鄆等道管內置小鋪糶鹽，及巡院納榷，起長慶二年五月一日以後，一切並停，仍委薛平馬總曹華約校比年節度使自收管，充軍府，州縣逐急用度，及均減管內貧下百姓兩税錢數，兼委節度觀察使，至年終，各具糶鹽所得錢，並減放貧下税數聞奏。』【略】

開成元年閏五月七日，鹽鐵使奏：『應犯鹽人，准貞元十九年太和四年已前敕條，一石已上者，止於決脊杖二十，征納罰錢足。於太和四年八月二十已後，前鹽鐵使奏，二石以上者，所犯人處死，其居停並將舡容載受故擔鹽等人，並准犯鹽條問處分。近日決殺人轉多，榷課不加舊，今請卻依貞元舊條，其犯鹽一石以上至二石者，請決脊杖二十，補充當據捉鹽所由待捉得犯鹽人日放。如犯三石已上者，即是囊橐奸人，背違法禁，請決訖待瘡損錮身，牒送西北邊諸州府效力，仍每季多具人數及所配去處申奏。挾持軍器，與所由捍敵，方就擒者，即請准舊條，同光火賊例處分。』從之。【略】

五年九月敕：『税茶法，起來年，卻付鹽鐵使收管。』

又《榷酤》 貞元二年十二月，度支奏：『請於京城及畿縣行榷酒之法，每斗榷酒錢百五十文，其酒戶與免雜差役。』從之。

元和六年，京兆府奏：『榷酒錢除出正酒戶外，一切隨兩税青苗錢據貫均率。』從之。

十二年四月，戶部奏：『準敕文，如配戶出榷酒錢處，即不待更置官店榷酤，其中或恐諸州府先有不配戶出錢者，即須榷酤，請委州府長官，據當處錢額，約米麴時價收利，應額足即止，仍限起請到後一月日內處置。』

十四年七月，湖州刺史李應奏：『先是，官中酤酒，代百姓納榷，歲月既久，為弊滋深。伏望許令百姓自酤，取舊額，仍許入兩税，隨貫均出，依舊例折納輕貨，送上都。』許之。

太和八年二月九日敕節文：『京邑之內，本無酤榷。自貞元用兵之後，費用稍廣，始定戶店等第，令其納榷，殊非惠民，今後特宜停廢。』

會昌六年九月敕：『揚州等八道州府，置榷麴並置官店酤酒，代百姓納榷酒錢，並充資助軍用，各有榷許限，揚州、陳許、汴州、襄州、河東五處榷麴，浙西、浙東、鄂嶽三處，置官店酤酒。如聞禁止私酤，過聞嚴酷，一人違犯，連累數家，閭裏之間，不免咨怨。宜從今已後，如有人私酤酒及置私麴者，但許罪止一身，並所由容縱，任據罪處分，鄉井之內，如不知情，並不得追擾，其所犯之人，任用重典，兼不得没入家産。』

又 卷五九《虞部員外郎》 大曆十四年八月，虞部奏：『准式，山澤之利，公私共之者，比來除長春宮所收，占恡甚多，望令關內州府審勘頃畝，先均給貧下百姓，據厚薄節給輕税五分之一。徵納訖，市輕貨送上都。如所由輒有隱漏，及收管不盡，並請准條科罪。』敕旨：依奏。

又《度支使》（貞元）二年十二月，度支奏：『請於京城及畿縣行榷酒法，每斗榷一百五十文，其酒戶並蠲免雜役。』從之。【略】

元和十四年六月，判度支皇甫鏄奏：『諸道州府監院，每年送上都兩税、榷酒、鹽利、支放米價等疋段，加估定數。』從之。給事中崔植抗論，以為用兵歲久，百姓凋弊，往者雖估逾其實，不可復追，疏奏不從。

又《延資庫使》 會昌五年九月，敕置備邊庫，收納度支、戶部、鹽鐵三司錢物，至大中三年十月，敕改延資庫。初以度支郎中判，至四年八月，敕以宰相判。右僕射平章事白敏中、崔鉉相繼判。其錢三司率送。初年，戶部每年二十萬貫疋，度支、鹽鐵每年三十萬貫疋，次年以軍用足，三分減其一，諸道進奉助軍錢物則收納焉。

咸通五年七月，延資庫使夏侯孜奏：『鹽鐵、戶部先積欠當使咸通四年已前延資錢絹三百六十九萬餘貫疋，內戶部每年合送錢二十六萬四千二百八十五貫疋，從大中十二年至咸通四年九月已前，除納收外，欠一百五十萬五千七百一十四貫疋。當使緣戶部積欠數多，先具申奏，請於諸道州府場監院，合納戶部所收八十文除陌錢內割一十五文，屬當使自收管。敕命雖行，所送稽緩。今得戶部牒，稱所收管除陌錢，除錢絹外，更有諸雜貨物。延資庫徵收不便，請起今年，合納延資庫錢物，一時便足。其已前積欠，候物力稍充，積漸填塞。其所割十五文錢，即當使仍舊收管。又緣累歲已來，嶺南用兵，多支戶部錢物，當使不欲堅論舊欠，請依戶部商量，合納今年一年額色錢絹須足，明年即依舊制，三月九日兩限送納畢。其已前積欠，仍令戶部自立填納期限者。』敕旨依之。

八年九月，延資庫使曹確奏：『戶部每年合送當使三月、九月兩限絹二十一萬四千一百疋，錢五萬貫，自大中八年已後至咸通四年，積欠一百五十萬五千七百餘貫疋。前使杜悰申奏，起請咸通二年正月以後，於諸道州府場鹽院合送戶部八十文除陌錢內割十五文，當使收管，以填積欠。續據戶部牒，稱州府除陌錢有折色零碎，請起咸通五年所合送延資庫錢絹，逐年兩限須足，其除陌十五文，當司仍舊收管。前使夏侯孜具事由申奏，且請依戶部論請期限。其咸通五年錢絹，戶部已送納自六年至八年，其錢絹依前不全送，又積欠三十六萬五千五百七十貫文者。伏以所置延資庫，初以備邊為名至大中三年，始改今號。若財貨不充，則名額虛設。當置之時，所令三司逐分減送當使收管元敕，只有錢數，但令本司減割送庫，不定色目。以此因循，漸墮舊制，年月既久，積欠轉多。既無計以徵收，乃指色以取濟，稍稱備邊名號，得遵元敕指揮，乃割戶部除陌八十文內十五文收管，及戶部請逐年送庫，須且稟從。今既積欠又多，終慮不及期限，臣今酌量，請諸道州府場監院合送戶部錢絹內分配，令勒留不合送延資庫數目，令本處別為綱運，與戶部綱同送上都，直納延資庫，則戶部免有逋懸，不至累年積欠。』從之。

《新唐書》卷五一《食貨志一》 唐制，【略】凡授田者，丁歲輸粟二斛，稻三斛，謂之租。丁隨鄉所出，歲輸絹二匹，綾、絁二丈，布加五之一，綿三兩，麻三斤，非蠶鄉則輸銀十四兩，謂之調。用人之力，歲二十日，閏加二日，不役者日為絹三尺，謂之庸。有事而加役二十五日者免調，三十日者租、調皆免，通正役不過五十日。【略】

凡里有手實，歲終具民之年與地闊陿，為鄉帳。鄉成於縣，縣成於州，州成於戶部。又有計帳，具來歲課役以報度支。國有所須，先奏而斂。凡稅斂之數，書于縣門、村坊，與衆知之。水旱霜蝗耗十四者，免其租。桑麻盡者，免其調。田耗十之六者，免租調。耗七者，諸役皆免。凡新附之戶，春以三月免役，夏以六月免課，秋以九月課役皆免。【略】

貞觀中，初稅草以給諸閑，而驛馬有牧田。太宗方銳意於治，官吏考課，以鰥寡少者進考，如增戶法，失勸導者，以減戶論。配租以斂穫早晚、險易、遠近為差。庸、調輸以八月，發以九月。同時輸者，先遠民。皆自槩量。州府歲市土所出為貢，其價視絹之上下，無過五十匹。異物、滋味、口馬、鷹犬，非有詔不獻。有加配，則以代租賦。【略】

高宗承之，海內乂安。太尉長孫無忌等輔政，天下未見失德，數引刺史入閤，問民疾苦。即位之歲，增戶十五萬。及中書令李義府、侍中許敬宗既用事，役費並起。永淳以後，給用亦不足。加以武后之亂，紀綱大壞，民不勝其毒。【略】

開元八年，頒庸調法于天下。好不過精，惡不至濫，闊者一尺八寸，長者四丈。然是時，天下戶未嘗升降，監察御史宇文融獻策，括籍外羨田、逃戶，自占者給復五年，每丁稅錢千五百。以攝御史分行括實。陽翟尉皇甫憬上書，言其不可。玄宗方任用融，乃貶憬為盈川尉。諸道所括，得客戶八十餘萬，田亦稱是。州縣希旨，張虛數，以正田為羨，編戶為客，歲終，籍錢數百萬緡。

十六年，乃詔每三歲以九等定籍，而庸調折租所取華好，州縣長官勸織，中書門下察濫惡以貶官吏，精者褒賞之。【略】

先是，揚州租調以錢，嶺南以米，安南以絲，益州以羅紬綾絹供春綵。因詔江南亦以布代租。

中書令李林甫以租庸、丁防、和糴、春綵、稅草無定法，歲為旨符，遣使一告，費紙五十餘萬，條目既多，覆問踰年，乃與採訪朝集使議革之，為長行旨，以授朝集使及送旨符使，歲有所支，進畫附驛以達，每州不過二紙。

凡庸、調、租、資課，皆任土所宜。州縣長官涖定麤良，具上、中、下三物之樣，輸京都。有濫惡，督中物之直。

二十五年，以江淮輸運有河洛之艱，而關中蠶桑少，菽粟常賤，乃命庸、調、資課皆以米。凶年樂輸布絹者，亦從之。河南北不通運州，租皆為絹，代關中庸、課，詔度支減轉運。

明年，又詔民三歲以下為黃，十五以下為小，二十以下為中。又以民門戶高丁多者，率與父母別籍異居，以避征戍，乃詔十丁以上免二丁，五丁以上免一丁，侍丁孝者免徭役。天寶三載，更民十八以上為中男，二十三以上成丁。五載，詔貧不能自濟者，每鄉免三十丁租庸。男子七十五以上、婦人七十以上，中男一人為侍。八十以上，以令式從事。

是時海内富實，米斗之價錢十三，青、齊間斗纔三錢，絹一匹錢二百。道路列肆，具酒食以待行人。店有驛驢，行千里，不持尺兵。天下歲入之物，租錢二百餘萬緡，粟千九百八十餘萬斛，庸調絹七百四十萬匹，綿百八十餘萬屯，布千三十五萬餘端。【略】

及安祿山反，司空楊國忠以為正庫物不可以給士，遣侍御史崔衆至太原納錢度僧尼道士，旬日得百萬緡而已。自兩京陷没，民物耗弊，天下蕭然。

肅宗即位，遣御史鄭叔清等籍江淮、蜀漢富商右族訾畜，十收其二，謂之率貸。諸道亦税商賈，以贍軍，錢一千者有税。於是北海郡録事參軍第五琦以錢穀得見，請於江淮置租庸使，吴鹽、蜀麻、銅冶皆有税，市輕貨繇江陵、襄陽、上津路，轉至鳳翔。明年，鄭叔清與宰相裴冕建議，以天下用度不充，諸道得召人納錢，給空名告身，授官勳邑號。度道士、僧尼，不可勝計。納錢百千，賜明經出身。商賈助軍者，給復。及兩京平，又於關輔諸州，納錢度道士、僧尼萬人。而百姓殘於兵盜，米斗至錢七千，鬻籺為糧，民行乞食者屬路。乃詔能賑貧乏者，寵以爵秩。【略】

廣德元年，詔一戶二丁者，免一丁，凡畝税二升。男子二十五為成丁，五十五為老，以優民。而彊宼未夷，民耗斂重。及吐蕃逼京師，近甸屯兵數萬，百官進俸錢，又率戶以給軍糧。至大曆元年，詔流民還者，給復二年；田園盡，則授以逃田。天下苗一畝，税錢十五。市輕貨給百官手力課。以國用急，不及秋，方苗青，即征之，號『青苗錢』。又有『地頭錢』，每畝二十，通名為青苗錢。又詔上都秋税分二等，上等畝税一斗，下等六升，荒田畝税二升。五年，始定法：夏上田畝税六升，下田畝四升；秋上田畝税五升，下田畝三升。荒田如故。青苗錢畝加一倍，而地頭錢不在焉。

又 卷五二《食貨志二》 租庸調之法，以人丁為本。自開元以後，天下戶籍久不更造，丁口轉死，田畝賣易，貧富升降不實。其後國家侈費無節，而大盜起，兵興，財用益屈，而租庸調法弊壞。自代宗時，始以畝定税而斂以夏秋。至德宗相楊炎，遂作兩税法，夏輸無過六月，秋輸無過十一月，置兩税使以總之。量出制入，戶無主、客，以居者為簿；人無丁、中，以貧富為差；商賈税三十之一，與居者均役。田税視大曆十四年墾田之數為定。遣黜陟使，按比諸道丁産等級，免鰥寡惸獨不濟者。敢有加斂，以枉法論。議者以租庸調，高祖、太宗之法也，不可輕改。而德宗方信用炎，不疑也。舊戶三百八十萬五千，使者按比，得主戶三百八十萬，客戶三十萬。天下之民，不土斷而地著，不更版籍，而得其虚實。歲斂錢二千五十餘萬緡，米四百萬斛，以供外；錢九百五十餘萬緡，米千六百餘萬斛，以供京師。

税法既行，民力未及寛，而朱滔、王武俊、田悦合從而叛，用益不給，而借商之令出。初，太常博士韋都賓、陳京請借富商錢，德宗以問度支杜佑，以為軍費裁支數月，幸得商錢五百萬緡，可支半歲。乃以戶部侍郎趙贊判度支代佑，行借錢令，約罷兵，乃償之。京兆少尹韋楨、長安丞薛萃搜督甚峻，民有不勝其寃自經者，家若被盜。然總京師豪人田宅、奴婢之估，裁得八十萬緡。又取僦櫃納質錢及粟麥糶於市者，四取其一，長安為罷市。市民相率遮邀宰相哭訴，盧杞疾驅而過。韋楨懼，乃請錢不及百緡，粟麥不及五十斛者免，而所獲裁二百萬緡。淮南節度使陳少游增其本道税錢，每緡二百，因詔天下皆增之。【略】

是時，諸道討賊，兵在外者，度支給出界糧。每軍以臺省官一人為糧料使，主供億。士卒出境，則給酒肉，一卒出境，兼三人之費，將士利之，逾境而屯。趙贊復請税間架，算除陌。其法：屋二架為間，上間錢二千，中間一千，下間五百；匿一間杖六十，告者賞錢五萬。除陌法：公私貿易，千錢舊算二十，加為五十；物兩相易者，約直為率。而民益愁怨。及涇原兵反，大謼長安市中曰：『不奪爾商戶僦質，不税爾間架、除陌矣。』於是間架、除陌、竹、木、茶、漆、鐵之税皆罷。

朱泚平，天下戶口，三耗其二。貞元四年，詔天下兩税，審等第高下，三年一定戶。自初定兩税，貨重錢輕，乃計錢而輸綾絹，既而物價愈下，所納愈多，絹匹為錢三千二百。其後一匹為錢一千六百，輸一者過二。雖賦不增舊，而民愈困矣。度支以税物頒諸司，皆增本價為虚估給之。而繆以濫惡督州縣剗價，謂之『折納』。復有『進奉』、『宣索』之名。改科役曰『召雇』，率配曰『和市』，以巧避微文，比大曆之數再倍。又癘疫水旱，戶口減耗，刺史析戶，張虚數以寛責。逃死闕税，取於

居者，一室空而四鄰亦盡。戶版不緝，無浮游之禁，州縣行小惠以傾誘鄰境，新收者優假之，唯安居不遷之民，賦役日重。【略】

及討淮西，判度支楊於陵坐饋餫不繼貶，以司農卿皇甫鎛代之，由是益為刻剝。司農卿王遂、京兆尹李翛號能聚斂，乃以為宣歙、浙西觀察使，予之富饒之地，以辦財賦。鹽鐵使王播言：『劉晏領使時，自按租庸，然後知州縣錢穀利病虛實。』乃以副使程异巡江淮，覈州府上供錢穀。异至江淮，得錢百八十五萬貫。其年，遂代播為鹽鐵使。

是時，河北兵討王承宗，於是募人入粟河北、淮西者，自千斛以上，皆授以官。度支鹽鐵與諸道貢獻尤甚，號『助軍錢』。及賊平，則有賀禮及助賞設物。羣臣上尊號，又有獻賀物。

穆宗即位，一切罷之。兩稅外加率一錢者，以枉法贓論。然自在藩邸時，習見用兵之弊，以謂戎臣武卒，法當姑息。及即位，自神策諸軍，非時賞賜，不可勝紀。已而幽州兵囚張弘靖，鎮州殺田弘正，兩鎮用兵，置南北供軍院。而行營軍十五萬，不能亢兩鎮萬餘之衆，而饋運不能給，帛粟未至而諸軍或彊奪於道。

蓋自建中定兩稅，而物輕錢重，民以為患，至是四十年。當時為絹二匹半者為八匹，大率加三倍。豪家大商，積錢以逐輕重，故農人日困，末業日增。帝亦以貨輕錢重，民困而用不充，詔百官議革其弊，而議者多請重挾銅之律。戶部尚書楊於陵曰：『王者制錢，以權百貨，貿遷有無，變通不倦，使物無甚貴甚賤，其術非他，在上而已。何則？上之所重，人必從之。古者權之於上，今索之於下；昔散之四方，今藏之公府；昔廣鑄以資用，今減鑪以廢功；昔行之於中原，今洩之於邊裔。又有閭井送終之唅，商賈貸舉之積，江湖壓覆之耗，則錢焉得不重？貨焉得不輕？開元中，天下鑄錢七十餘鑪，歲盈百萬。今纔十數鑪，歲八十五萬而已。大曆以前，淄青、太原、魏博雜鉛鐵以通時用，嶺南雜以金銀、丹砂、象齒，今一用泉貨，故錢不足。今宜使天下兩稅、榷酒、鹽利、上供及留州、送使錢，悉輸以布帛穀粟，則人寬於所求，然後出內府之積，收市廛之滯，廣山鑄之數，限邊裔之出，禁私家之積，則貨日重而錢日輕矣。』宰相善其議，由是兩稅、上供、留州，皆易以布帛、絲纊，租庸課調不計錢而納布帛，唯鹽酒本以榷率計錢，與兩稅異，不可去錢。

文宗太和九年，以天下回殘錢置常平、義倉本錢，歲增市之。非遇水旱不增者，判官罰俸。書下考，州縣假借，以枉法論。

文宗嘗召監倉御史崔虞問太倉粟數，對曰：『有粟二百五十萬石。』帝曰：『今歲費廣而所畜寡，奈何？』乃詔出使郎官、御史督察州縣壅遏錢穀者。時豪民侵噬產業不移戶，州縣不敢傜役，而征稅皆出下貧，至於依富為奴客，役罰峻於州縣。長吏歲輒遣吏巡覆田稅，民苦其擾。

武宗即位，廢浮屠法，天下毀寺四千六百，招提蘭若四萬，籍僧尼為民二十六萬五千人，奴婢十五萬人，田數千萬頃，大秦穆護、祆二千餘人。上都、東都每街留寺二，每寺僧三十人，諸道留僧以三等，不過二十人。腴田鬻錢送戶部，中下田給寺家奴婢丁壯者為兩稅戶，人十畝。以僧尼既盡，兩京悲田養病坊，給寺田十頃，諸州七頃，主以耆壽。

自會昌末，置備邊庫，收度支、戶部、鹽鐵錢物。宣宗更號延資庫。初以度支郎中判之，至是以屬宰相，其任益重。戶部歲送錢帛二十萬，度支、鹽鐵送者三十萬，諸道進奉助軍錢皆輸焉。

懿宗時，雲南蠻數內寇，徙兵戍嶺南。淮北大水，征賦不能辦，人人思亂。及龐勛反，附者六七萬。自關東至海大旱，冬蔬皆盡，貧者以蓬子為麪，槐葉為齏。乾符初，大水，山東饑。中官田令孜為神策中軍，怙權用事，督賦益急。王仙芝、黃巢等起，天下遂亂，公私困竭。昭宗在鳳翔，為梁兵所圍，城中人相食，父食其子，而天子食粥，六宮及宗室多饑死。其窮至於如此，遂以亡。

初，乾元末，天下上計百六十九州，戶百九十三萬三千一百二十四，不課者百一十七萬四千五百九十二；口千六百九十九萬三百八十六，不課者千四百六十一萬九千五百八十七。減天寶戶五百九十八萬二千五百八十四，口三千五百九十二萬八千七百二十三。

元和中，供歲賦者，浙西、浙東、宣歙、淮南、江西、鄂岳、福建、湖南八道，戶百四十四萬，比天寶纔四之一。兵入於官者八十三萬，加天寶三之一，通以二戶養一兵。京西北、河北以屯兵廣，無上供。至長慶，戶三百三十五萬，而兵九十九萬，率三戶以奉一兵。至武宗即位，戶二百一十一萬四千九百六十。會昌末，戶增至四百九十五萬五千一百五十一。

宣宗既復河湟，天下兩稅、榷酒、茶鹽錢，歲入九百二十二萬緡，歲之常費，率少三百餘萬，有司遠取後年乃濟。及羣盜起，諸鎮不復上計云。

又　卷五四《食貨志四》　唐有鹽池十八，井六百四十，皆隸度支。蒲州安邑、解縣有池五，總曰兩池，歲得鹽萬斛，以供京師。鹽州五原有烏池、白池、瓦池、細項池，靈州有温泉池、兩井池、長尾池、五泉池、紅桃池、回樂池、弘静池，會州有河池，三州皆輸米以代鹽。安北都護府有胡落池，歲得鹽萬四千斛，以給振武、天德。黔州有井四十一，成州、巂州井各一，果、閬、開、通井百二十三，山南西院領之。邛、眉、嘉有井十三，劍南西川院領之。梓、遂、緜、合、昌、渝、瀘、資、榮、陵、簡有井四百六十，劍南東川院領之。皆隨月督課。幽州大同、横野軍有鹽屯，每屯有丁有兵，歲得鹽二千八百斛，下者千五百斛。負海州歲免租為鹽二萬斛，以輸司農。青、楚、海、滄、棣、杭、蘇等州，以鹽價市輕貨，亦輸司農。

天寶、至德間，鹽每斗十錢。乾元元年，鹽鐵鑄錢使第五琦初變鹽法，就山海井竈近利之地，置鹽院。游民業鹽者，為亭戶，免雜傜。盜鬻者，論以法。及琦為諸州榷鹽鐵使，盡榷天下鹽，斗加時價百錢而出之，為錢一百一十。

自兵起，流庸未復，税賦不足供費。鹽鐵使劉晏以為因民所急而税之，則國足用。於是上鹽法輕重之宜，以鹽吏多則州縣擾，出鹽鄉因舊監置吏，亭戶糶商人，縱其所之。江、嶺去鹽遠者，有常平鹽，每商人不至，則減價以糶民，官收厚利而人不知貴。晏又以鹽生霖潦則鹵薄，暵旱則土溜墳，乃隨時為令，遣吏曉導，倍於勸農。吴、越、揚、楚鹽廩至數千，積鹽二萬餘石。有漣水、湖州、越州、杭州四場，嘉興、海陵、鹽城、新亭、臨平、蘭亭、永嘉、大昌、候官、富都十監，歲得錢百餘萬緡，以當百餘州之賦。自淮北置巡院十三，曰揚州、陳許、汴州、廬壽、白沙、淮西、甬橋、浙西、宋州、泗州、嶺南、兗鄆、鄭滑，捕私鹽者，姦盜為之衰息。然諸道加榷鹽錢，商人舟所過有税。晏奏罷州縣率税，禁堰埭邀以利者。晏之始至也，鹽利歲纔四十萬緡，至大曆末，六百餘萬緡。天下之賦，鹽利居半，宮闈服御、軍饟、百官禄俸，皆仰給焉。明年而晏罷。

貞元四年，淮西節度使陳少游奏加民賦，自此江淮鹽每斗亦增二百，為錢三百一十，其後復增六十。河中兩池鹽，每斗為錢三百七十。江淮豪賈射利，或時倍之，官收不能過半，民始怨矣。

劉晏鹽法既成，商人納絹以代鹽利者，每緡加錢二百，以備將士春服。包佶為汴東水陸運兩税鹽鐵使，許以漆器、瑇瑁、綾綺代鹽價，雖不可用者，亦高估而售之，廣虚數以罔上。亭戶冒法，私鬻不絶，巡捕之卒，遍于州縣。鹽估益貴，商人乘時射利，遠鄉貧民困高估，至有淡食者。巡吏既多，官冗傷財，當時病之。其後軍費日增，鹽價寖貴，有以穀數斗易鹽一升。私糶犯法，未嘗少息。

順宗時，始減江淮鹽價，每斗為錢二百五十，河中兩池鹽，斗錢三百。增雲安、渙陽、塗溍三監。其後鹽鐵使李錡奏江淮鹽斗減錢十，以便民，未幾復舊。方是時，錡盛貢獻以固寵，朝廷大臣皆餌以厚貨，鹽鐵之利，積于私室而國用耗屈，榷鹽法大壞，多為虚估，率千錢不滿百三十而已。

兵部侍郎李巽為使，以鹽利皆歸度支，物無虚估，天下糶鹽税茶，其贏六百六十五萬緡。初歲之利，如劉晏之季年，其後則三倍晏時矣。兩池鹽利，歲收百五十餘萬緡。四方豪商猾賈雜處解縣，主以郎官，其佐貳皆御史。鹽民田園籍於縣，而令不得以縣民治之。

憲宗之討淮西也，度支使皇甫鎛加劍南東西兩川、山南西道鹽估以供軍。貞元中，盜鬻兩池鹽一石者死。至元和中，減死流天德五城。鎛奏論死如初。一斗以上杖背，没其車驢，能捕斗鹽者賞千錢。節度觀察使以判官，州以司録事參軍察私鹽，漏一石以上，罰課料。鬻兩池鹽者，坊市居邸主人、市儈皆論坐。盜刮鹻土一斗，比鹽一升。州縣團保相察，比於貞元加酷矣。自兵興，河北鹽法羈縻而已。至皇甫鎛，又奏置榷鹽使，如江淮榷法，犯禁歲多。及田弘正舉魏博歸朝廷，穆宗命河北罷榷鹽。戶部侍郎張平叔議榷鹽法弊，請糶鹽可以富國。詔公卿議其可否，中書舍人韋處厚、兵部侍郎韓愈條詰之，以為不可，平叔屈服。

是時奉天鹵池生水柏，以灰一斛得鹽十二斤，利倍鹻鹵。文宗時，采灰一斗，比鹽一斤論罪。開成末，詔私鹽月再犯者，易縣令，罰刺史俸；十犯，則罰觀察、判官課料。

宣宗即位，茶鹽之法益密。糶鹽少、私盜多者，謫觀察、判官，不計十犯。戶部侍郎判度支盧弘正以兩池鹽法敝，遣巡院官司空輿更立新法，其課倍入，遷榷鹽使。以壕籬者，鹽池之堤禁，有盜壞與鬻鹺皆死，鹽盜持弓矢者亦皆死刑。兵部侍郎判度支周墀又言：兩池鹽盜販者，迹其居處，保、社按罪。鬻五石，市二石，亭戶盜糶二石，皆死。

是時江吳羣盜，以所剽物易茶鹽，不受者焚其室廬，吏不敢枝梧，鎮戍、場鋪、堰埭以關通致富。宣宗乃擇嘗更兩畿輔望縣令者為監院官。戶部侍郎裴休為鹽鐵使，上鹽法八事，其法皆施行，兩池榷課大增。

其後兵遍天下，諸鎮擅利，兩池為河中節度使王重榮所有，歲貢鹽三千車。中官田令孜募新軍五十四都，餫轉不足，乃倡議兩池復歸鹽鐵使，而重榮不奉詔，至舉兵反，僖宗為再出，然而卒不能奪。

唐初無酒禁。乾元元年，京師酒貴，肅宗以稟食方屈，乃禁京城酤酒，期以麥熟如初。二年，飢，復禁酤，非光祿祭祀，燕蕃客，不御酒。

廣德二年，定天下酤戶以月收稅。建中元年罷之。三年，復禁民酤，以佐軍費，置肆釀酒，斛收直三千，州縣總領，醨薄私釀者論其罪。尋以京師四方所湊，罷榷。

貞元二年，復禁京城、畿縣酒。天下置肆以酤者，斗錢百五十，免其傜役，獨淮南、忠武、宣武、河東榷麴而已。元和六年，罷京師酤肆，以榷酒錢隨兩稅青苗斂之。太和八年，遂罷京師榷酤。凡天下榷酒，為錢百五十六萬餘緡，而釀費居三之一，貧戶逃酤不在焉。昭宗世，以用度不足，易京畿近鎮麴法，復榷酒以贍軍。鳳翔節度使李茂貞方顓其利，按兵請入奏利害，天子遽罷之。

初，德宗納戶部侍郎趙贊議，稅天下茶、漆、竹、木，十取一，以為常平本錢。及出奉天，乃悼悔，下詔亟罷之。及朱泚平，佞臣希意興利者益進。貞元八年，以水災減稅。明年，諸道鹽鐵使張滂奏，出茶州縣若山及商人要路，以三等定估，十稅其一。自是，歲得錢四十萬緡，然水旱亦未嘗拯之也。

穆宗即位，兩鎮用兵，帑藏空虛，禁中起百尺樓，費不可勝計。鹽鐵使王播圖寵以自幸，乃增天下茶稅，率百錢增五十。江淮、浙東西、嶺南、福建、荊襄茶，播自領之，兩川以戶部領之。天下茶加斤至二十兩，播又奏加取焉。右拾遺李珏上疏諫曰：『榷率起於養兵，今邊境無虞而厚斂傷民，不可一也。茗飲，人之所資，重稅則價必增，貧弱益困，不可二也。山澤之饒，其出不貲，論稅以售多為利，價騰踊則市者稀，不可三也。』其後王涯判二使，置榷茶使，徙民茶樹於官場，焚其舊積者，天下大怨。令狐楚代為鹽鐵使兼榷茶使，復令納榷，加價而已。李石為相，以茶稅皆歸鹽鐵，復貞元之制。

武宗即位，鹽鐵轉運使崔珙又增江淮茶稅。是時，茶商所過州縣有重稅，或掠奪舟車，露積雨中，諸道置邸以收稅，謂之『蹋地錢』，故私販益起。大中初，鹽鐵轉運使裴休著條約：私鬻三犯，皆三百斤，乃論死。長行羣旅，茶雖少皆死。雇載三犯至五百斤，居舍儈保四犯至千斤者，皆死。園戶私鬻百斤以上杖背，三犯加重傜。伐園失業者，刺史、縣令以縱私鹽論。廬壽、淮南皆加半稅，私商給自首之帖。天下稅茶增倍貞元。江淮茶為大摸，一斤至五十兩。諸道鹽鐵使于悰每斤增稅錢五，謂之『剩茶錢』，自是斤兩復舊。

凡銀、銅、鐵、錫之冶一百六十八。陝、宣、潤、饒、衢、信五州，銀冶五十八，銅冶九十六，鐵山五，錫山二，鉛山四。汾州礬山七。麟德二年，廢陝州銅冶四十八。

開元十五年，初稅伊陽五重山銀、錫。德宗時，戶部侍郎韓洄建議，山澤之利宜歸王者，自是皆隸鹽鐵使。

元和初，天下銀冶廢者四十，歲采銀萬二千兩，銅二十六萬六千斤，鐵二百七萬斤，錫五萬斤，鉛無常數。

開成元年，復以山澤之利歸州縣，刺史選吏主之。其後諸州牟利以自殖，舉天下不過七萬餘緡，不能當一縣之茶稅。及宣宗增河湟戍兵衣絹五十二萬餘疋，鹽鐵轉運使裴休請復歸鹽鐵使，以供國用，增銀冶二，鐵山七十一，廢銅冶二十七，鉛山一。天下歲率銀一萬五千兩，銅六十五萬五千斤，鉛十一萬四千斤，錫萬七千斤，鐵五十三萬二千斤。

又　卷一四五《楊炎傳》　初定令，有租賦庸調法。自開元承平久，不爲版籍，法度玩敝而丁口轉死，田畝換易，貧富升降，悉非向時，而戶部歲以空文上之。又戍邊者，蠲其租庸，六歲免歸。玄宗事夷狄，戍者多死，邊將諱不以聞，故貫籍不除。天寶中，王鉷爲戶口使，方務聚斂，以其籍存而丁不在，是隱課不出，乃按舊籍，除當免者，積三十年責其租庸，人苦無告，故法遂大敝。至德後，天下起兵，因以饑癘，百役並作，人戶凋耗，版圖空虛。軍國之用，仰給於度支、轉運使。四方征鎮，又自給於節度、都團練使。賦斂之司數四莫相統攝，綱目大壞。朝廷不能覆諸使，諸使不能覆諸州。四方貢獻，悉入內庫，權臣巧吏因得旁緣，公託進獻、私為贓盜者，動萬萬計。河南、山東、荆襄、劍南重兵處，皆厚自奉養，王賦所入無幾，科斂凡數百名，廢者不削，重者不去，新舊仍積，不知其涯。百姓竭膏血，鬻親愛，旬輸月送，無有休息。吏因其苛，蠶食于人。富人多丁者，以宦學、釋老得免。貧人無所入則丁存，故課免於上而賦增於下。是以天下殘瘁，蕩為浮人，鄉居地著者百不四五。

炎疾其敝，乃請為兩稅法，以一其制。凡百役之費，一錢之斂，先度其數而賦於人，量出制入。戶無主客，以見居為簿；人無丁中，以貧富為差。不居處而行商者，在所州縣，稅三十之一，度所取與居者，均使無僥利。居人之稅，秋、夏兩入之。俗有不便者，正之。其稅庸雜徭悉省，而丁額不廢。其田畝之稅，率以大曆十四年墾田之數為準，而均收之。夏稅盡六月，秋稅盡十一月。歲終，以戶賦增失進退長吏，而尚書度支總焉。

帝善之，使諭中外，議者沮詰，以爲租庸令行數百年，不可輕改。帝不聽，天下果利之。自是人不土斷而地著，賦不加斂而增入，版籍不造而得其虛實，吏不誡而姦無所取。輕重之權，始歸朝廷矣。

《舊五代史》卷一四六《食貨志》 梁祖之開國也，屬黃巢大亂之後，以夷門一鎮，外嚴烽堠，內辟汙萊，厲以耕桑，薄以租賦，士雖苦戰，民則樂輸，二紀之間，俄成霸業。及末帝與莊宗對壘於河上，河南之民雖困于輦運，亦未至流亡。其義無他，蓋賦斂輕而丘園可戀故也。及莊宗平定梁室，任吏人孔謙為租庸使，峻法以剝下，厚斂以奉上，民產雖竭，軍食尚虧，加之以兵革，因之以饑饉，不三四年，以致顛隕。其義無他，蓋賦役重而寰區失望故也。

唐同光三年二月敕：魏府小菉豆稅，每畝減放三升。城内店寺園囿，比來無稅，頃因為命，遂有配徵。後來以所徵物色，添助軍裝衣賜，將令通濟，宜示矜蠲。今據緊慢去處，于見輸稅絲上，每兩作三等，酌量納錢，收市軍裝衣賜，其絲仍與除放。

其年閏十二月，吏部尚書李琪上言，請賦稅不以折納為事，一切以本色輸官。又不以紐配為名，止以正稅加納。敕曰：本朝徵科，惟配有兩稅，至于折納，當不施為。宜依李琪所論，應逐稅合納錢物斛斗鹽錢等，宜令租庸司指揮，並准元徵本色輸納，不得改更。若合有移改，即須具事由聞奏。

天成元年四月敕：應納夏秋稅，先有省耗，每斗一升。今後止納正稅數，不量省耗。

四年五月，戶部奏：『三京、鄴都諸道州府逐年所徵夏秋稅租，兼鹽麴折徵，諸般錢穀起徵，各視其地節候早晚，分立期限。』其月勑：『百姓今年夏苗，委人戶自通供手狀，具頃畝多少，五家為保，委無隱漏，攢連手狀送於本州，本州具狀送省，州縣不得迭差人檢括，如人戶隱欺，許令陳告，其田倍令并徵。』

長興二年六月敕：委諸道觀察使，屬縣於每村定有力人戶充村長，與村人議，有力人戶出剩田苗，補貧下不迨，肯者即具狀徵收，有詞者即排段檢括。自今年起為定額，有經災沴及逐年逋處，不在此限。

三年十二月，三司奏請：『諸道上供稅物，充兵士衣賜不足。其天下所納斛斗及錢，除支贍外，請依時折納綾羅絹帛。』從之。

晉天福四年正月敕：應諸道節度、刺史，不得擅加賦役及於縣邑別立監徵。所納田租，委人戶自量自槩。

周顯德三年十月，宣三司指揮諸道州府，今後夏稅以六月一日起徵，秋稅至十月一日起徵，永為定制。【略】

晉天福中，河南、河北諸州，除俵散蠶鹽徵錢外，每年末鹽界分塲務，約糶一十七萬貫有餘。言事者稱，雖得此錢，百姓多犯鹽法，請將上件食鹽錢於諸道州府計戶，每戶一貫至二百，為五等配之。然後任人逐便興販。既不虧官，又益百姓。朝廷行之，諸處塲務亦且仍舊。俄而鹽貨頓賤，去出鹽遠處州縣，每斤不過二十文，近處不過一十文。掌事者又難驟改其法，奏請重制鹽塲稅，蓋欲絕其興販，歸利於小官也。

七年十二月，宣旨下三司，應有往來鹽貨，悉稅之，過稅每斤七文，住稅每斤十文。其諸道州府應有屬州鹽務，並令省司差人勾當。既而糶鹽

雖多，而人戶鹽錢又不放免，至今民甚苦之。【略】

（周廣順）三年三月，詔曰：青白池務，素有定規，祇自近年，頗乖循守。比來青鹽一石，抽稅錢八百文足陌、鹽一斗；白鹽一石，抽稅錢五百文、鹽五升。其後青鹽一石，抽錢一千、鹽一斗。訪問更改已來，不便商販，蕃人漢戶，求利艱難。宜與優饒，庶令存濟。今後每青鹽一石，依舊抽稅錢八百文，以八十五為陌，鹽一斗；白鹽一石，抽稅錢五百，鹽五升。此外更不得別有邀求。訪聞邊上鎮鋪，於蕃漢戶市易糶糴，私有抽稅。今後一切止絶。【略】

後唐天成三年七月，詔曰：應三京、鄴都諸道州府鄉村人戶，自今年七月後，於是秋田苗上，每畝納麴錢五文足陌，一任百姓自造私麴，醞酒供家，其錢隨夏秋徵納。其京都及諸道州府縣鎮坊界內，應逐年買官麴酒戶，便許自造麴，醞酒貨賣。仍取天成二年正月至年終一年逐戶計算都買麴錢數內，十分只納二分，以充榷酒錢，便從今年七月後，管數徵納。榷酒戶外，其餘諸色人亦許私造酒麴供家，即不得衷私賣酒。如有故違，便即糾察，勒依中等酒戶納榷。其坊村一任沽賣，不在納榷之限。時孔循以麴法殺一家于洛陽，或獻此議，以為愛其人，便于國，故行之。

長興元年二月赦書節文：諸道州府人戶，每秋苗一畝上，元徵麴錢五文。今後特放二文，只徵三文。

二年，詔曰：酒醴所重，麴蘖是須。緣賣價太高，禁條頗峻，士庶因斯而抵犯，刑名由是以滋彰。爰行改革之文，庶息煩苛之政。各隨苗畝，量定稅錢。訪聞數年已來，雖犯法者稀，而傷民則甚。蓋以亂離日久，貧下戶多，纔遇昇平，便勤稼穡，各務耕田鑿井，孰能枕麴藉糟？既隨例以均攤，遂抱虛而輸納，漸成凋弊，深可憫傷。況欲置豐財，必除時病，有利之事，方切施行，無名之求，尤宜廢罷。但得日新之理，何辭夕改之嫌？應在京諸道苗畝上所徵麴錢等，便從今年夏並放。其麴官中自造，委逐州減舊價一半，於在城撲斷貨賣。除在城居人不得私造外，鄉村人戶或要供家，一任私造。勑下之日，人甚説之。

顯德四年七月，詔曰：諸道州府麴務，今後一依往例，官中禁法賣麴，逐處先置都務，候勑到日，並仰停罷。據見在麴數，准備貨賣，兼據年計合，使麴數依時蹋造，候人戶將到價錢，據數給麴。不得賒賣抑配與人。

又 卷三四《唐書·莊宗紀八》（同光四年三月）戊午，詔河南府預借今年夏秋租稅。時年饑民困，百姓不勝其酷。京畿之民多號泣于路，議者以為劉盆子復生矣。

宋·王溥《五代會要》卷二五《租稅》 後唐同光三年二月敕：『魏府小菉豆稅，每畝減放三升。城內店宅園囿，比來無稅，頃因僞命，遂有配徵，後來以所徵物色，添助軍裝衣賜，將令通濟，宜示矜蠲。今據緊慢去處於見輸稅絲上，每兩作三等，酌量納錢。貫與充本迴圖收市軍裝衣賜。其絲仍與除放。』

其年閏十二月，吏部尚書李琪上疏曰：臣聞古人有言，穀者人之司命，地者穀之所生，人者君之所理。有其穀則國力備，定其地則人食足，察其人則徭役均。知此三者為國之急務也，軒、黄已前，不可詳記。自堯堙洪水，禹作司空，於是辨九等之田收什一之税。其時戶口一千三百餘萬，定墾田約九百二十萬頃，最爲太平之盛。及殷革夏命，重立田制，每私田十畝種公田一畝，水旱同之，亦什一之義也。洎周室立井田之法，大約百里之國，提封萬井，出車千乘，戎馬四千匹，畿內兵車萬乘，馬四萬匹。以田法論之，亦什一之制也。故當成、康之世，比堯、舜之朝，戶口更增二十餘萬，非他術也，蓋三代之前，皆量入以為出，計農以為軍，雖逢水旱之災，而有凶荒之備。降及秦、漢，重稅工商，急關市之征，倍舟車之算，人口既以減耗，古制猶復兼行。按此時戶口，尚有千二百餘萬，墾田亦八百餘萬頃。至乎三國並興，兩晉之後，則農夫少於軍衆，戰馬多於耕牛，供軍須奪於農糧，秣為必侵於牛草。於是天下戶口止有二百四十餘萬。

洎隋文之代，與漢比崇，及煬帝之年，又三分去二。唐太宗文皇帝以四夷初定，百姓未豐，延訪羣臣，各陳所見。唯魏徵獨勸文皇帝力行王道，由是轉徭薄賦，不奪農時，進賢良，悦忠直，天下斗粟值兩錢。自貞觀至於開元，將及九百萬戶，五千三百萬口，墾田一千四百萬頃。比之近古，又多增加。是知救人瘼者以重斂為病源，料兵食者以惠能為軍政。仲尼云：『百姓足，君孰與不足。』臣之此言，是魏徵所以勸文皇也，伏惟深留宸鑒。如以六軍方闕，未可輕徭，兩稅之餘，猶需重斂，則但不以折納為爭事，一切以本色輸官，又不以紐括為名，止以正稅加納，天下幸甚。敕：『本朝征科，唯配有兩稅，至於折納，彼不施為。宜依李琪所論，應逐稅合納錢物、斛斗、鹽錢等，宜令租庸司指揮，並准元征本色輸納，不得更改。若有移改，即須具事由聞奏。』

天成元年四月赦節文：『應納夏秋稅子，先有省耗，每斗一升，今後止納正稅數，不量省耗。』

四年五月五日，戶部奏：『三京、鄴都、諸道州府，逐年所征夏秋稅租，兼鹽麴折征，諸般錢穀等起征，餘流如後：四十七處節常早，大小麥、麯麥、豌豆五月十五日起征，八月一日納足；正稅匹帛、錢鞋，地頭麴蠶鹽及諸色折科，六月五日起徵，八月二十日納足。河南府、華州、耀、陝、絳、鄭、孟、懷、陳、齊、棣、延、兗、沂、塗、宿、汝、申、安、滑、濮、澶、襄、均、房、雍、許、邢、洺、磁、唐、隋、郢、蔡、同、鄆、魏、汴、潁、復、鄜、宋、亳、蒲等州，二十三處節差晚，隨本處與立兩等期限。一十六處較晚，大小麥、麯麥、豌豆六月一日起征，至八月十五日納足；正稅匹帛、錢鞋、地頭麴蠶，鹽及諸色折科，六月十一日起征，至八月二十五日納足。幽定、鎮滄、晉隰、慈密、青、鄧、淄萊、邠寧慶等，七處節尤晚，大小麥、豌豆六月十日起征，至九月納足；正稅匹帛、錢鞋、麴錢等六月二十日起征，至九月納足。並潞澤應威塞軍大同軍振武軍。』其月敕：『百姓今年夏苗，委人戶自通供手狀，具頃畝多少，五家為保，委無漏攢，連狀本州具狀送省，州縣不得迭差人檢括。如人戶欺，許令陳告，其田倍令並征。』

長興二年六月：『委諸道觀察使屬縣，於每村定有力人戶充村長，與村人議，有力人戶出剩田苗，補貧下不迨頃苗自肯者。即具狀徵收，有力者即排段檢括。自今年起為定額。有經災沴及逐年逋處，不在此限。』

三年十二月，三司奏請：『諸道上供稅物，充兵士衣賜不足，其天下所納斛斗及錢，除支贍外，請依時估折納綾羅絹帛。』從之。

晉天福四年正月敕：『應諸道節度，刺史，不得擅加賦役，及於縣邑別立監征，所納田租，委人戶自量自槩。』

周顯德三年十月，宣三司指揮諸道州府，今後夏稅以六月一日起征，秋稅至十月一日止征，永為定制。

五年七月，詔曰：『朕以寰宇雖安，烝民未泰，當一夜觀書之際，校前賢阜俗之方，近覽元稹《長慶集》，見在同州時所上《均田表》，較當時之利病曲盡其情，俾一境之生靈，咸受其賜。傳於方冊，可得披尋。因令制素成圖，直書其事，庶王公觀覽，觸目警心，利國便民，無亂條制，背經合道，盡系變通。但要適宜，所冀濟務，系乃勳舊，共庇黎元。今賜元稹所奏《均田圖》一面，至可領也。』是時上將均定天下民租故先以均田圖遍賜諸侯。其年十月，賜諸道均田詔曰：『朕以干戈既弭，寰海漸寧，言念地征，罕臻藉極，須議並行均定，所冀永適重輕。卿受任方隅，深究治本，必能副寡昧平分之意，察鄉閭致病之源，明示條章，用分寄任，竚令集事，允屬推公。今差使臣往彼檢括，餘從別敕。』乃命左散騎常侍艾穎等三十四人下諸州檢定民租。

又《雜録》 後唐長興元年三月十三日敕：『天下州府受納稈草，每束納錢一文，足一百束，納拘子四莖，充積年供使，棗鍼一莖，充稕場院。其草併柴蒿，一束納錢一文；其納絹絁布綾羅，每匹納錢一十二文足；絲綿紬子麻皮等，每一十兩納耗半兩；糓每量納錢一文足，見錢每貫納七文足。省庫收納上件前物，元條流見錢每貫納二文足，絲綿紬子每一百兩，納耗一兩其諸色匹段並無加耗。』

二年閏五月敕：『今後諸州府所納稈草，每二十束別加耗一束充場司耗折。其每束上舊納盤纏錢一文，仰官典同供繫暨，一一分明上歷，至納遣了絕已來，公使不得輒將出外。』

周廣順元年三月二十八日敕：『諸道州府牛皮，今後犯一張，本犯人徒三年，刺配重處色役，本管節級所由，杖九十。兩張以上，本人處死，本管節級所由，徒二年半，刺配重處色役；告事人賞錢五十千。其人戶有牛死者，其本戶報告本地方所由節級鄰保人，仰當日內同檢驗過，令本主畫時剝皮，及申報本處官吏，限十日內須送納畢。其筋骨不得隱落。』

二年十一月敕：『應天下人所納牛皮，令將逐年所納數，三分內減收二分，其一分於人戶苗畝上配定。每秋夏苗共十頃，納連角牛皮一張，其黃牛納乾筋四兩水牛半斤。犢皮不在納限。其皮人戶自詣本州送納，所司不得邀難。所有牛馬驢騾皮筋骨，今後官中更不禁斷，並許私家共使買賣，祇不得將出化外敵疆仍仰關津界首，子細覺察捕捉，所犯人必加深罪。其州縣先置巡檢牛皮節級，及朝廷先降條法，一切停廢。』

顯德三年五月敕：『應天下今後公私織造凡絹帛防布、綾羅錦綺及諸色匹帛，其幅尺斤兩，並須合向來制度，不得輕弱假僞，罔冒取價。如有物色已上等，限一百日內，並須破貨了絶。如限外敢有違犯織造貨買者，仰所在節級所由，檢捉送官。』其年十月敕：『舊制織絁絹布、綾羅錦綺、紗縠等，幅闊二尺。起來年後公私織造，並須及二尺五分，不得夾帶粉藥。宜令諸道州府，嚴切指揮，來年所納官絹，每疋須及一十二兩。河北諸州，並萊、登、沂、密州，須及一十二兩。絁紬止要夾密停均，不定斤兩，絁紬絹長依舊四十二尺。』

四年二月六日敕節文：『節文諸道州府所管屬縣，每年秋夏征科了畢後，多是卻追縣典上州防來文鈔，因茲科配斂掠，宜令今後秋夏征科了足日，仰本州府但取倉場庫務，納欠文鈔。如無異同，不在更追官典。諸道州府管內縣內鎮，每有追攝公事，自前多差衙前使院職員及散從步奏官，今後如是常程，追攝公事，祗令府望知後承受遞送，不得更差專人。若要切公事及軍期，不在此限。』

五年六月四日敕：『諸道州府應有商賈興販牛畜，不計黃牛、水牛，凡經過處，並不得抽稅，如是貨賣處，祗仰據賣價每一千抽稅錢二十，不得別有邀難。』

又　卷二六《鹽》　後唐同光三年二月敕：『魏府每年所征隨絲鹽錢，每兩與減放五文；逐年俵賣蠶鹽、食鹽、大鹽、甜次冷鹽，每斗與減五十；欒鹽與減三十。』

天成元年四月敕：『諸州府百姓合散蠶鹽，今後每年抵二月內，一度俵散，依夏稅限納錢。』

晉天福元年十一月敕節文：『洛京管內逐年所配人戶食鹽，起來年每斗減放十文。』

七年十一月，宣防下三司：『應有往來鹽貨悉稅之，過稅每斤七文，住稅每斤十文。其諸道應有系屬州府鹽務，並令省司差人勾當。』先是，諸州府除俵散蠶鹽征錢外，每年米鹽界分場務，約糶錢一十七萬貫有餘。言事者稱雖得此錢，百姓多犯鹽法，請將上件食鹽錢於諸道州府計戶，每戶一貫至二百，為五等配之。然後任人逐便興販，既不虧官，又益百姓。朝廷行之，諸處場務且仍舊。俄而鹽貨頓賤，去出鹽諸處州縣每斤不過二十文，掌事者又稱驟改其法，奏請重置稅焉。蓋欲絶興販，歸利於官，場院糶鹽雖多，人戶鹽錢又不放免，民甚苦之。

周廣順二年三月敕：『青、白池務，素有定規，只自近年，頗乖循守。北來青鹽一石，抽稅錢八百，鹽一斗；白鹽一石，抽稅錢五百，鹽五升。訪聞改法已來，不便商販，宜令慶州鹽務，今後每青鹽一石，依舊抽稅八百、八十五陌，鹽一斗，白鹽一石，抽稅錢五百、八十五陌，鹽五升。此外更不得別有邀求。』青、白鹽池在鹽州北。唐朝元管四池：曰烏池、白池、瓦窯池、紐頂池。今出稅置吏，惟有青、白二池。

三年二月敕：『諸州府並外縣鎮城內，其居人屋稅鹽，今後不俵，其鹽錢亦不征納。所有鄉村人戶合請蠶鹽，所在州縣城鎮嚴切檢校，不得放入城門。』

顯德元年十二月，上謂侍臣曰：『朕覽食末鹽州郡，犯私鹽多於顆鹽界分。蓋卑濕之地，易於刮鹹煎造，豈惟違我榷法，兼又汙我好鹽。況末鹽煎煉，搬運費用，倍於顆鹽。今宜分割十餘州，令食顆鹽，不唯輦運省力，兼又少人犯禁。』自是曹、宋已西十餘州，皆食顆鹽。

三年十月敕：『漳河以北州府管界，是官場糶鹽，今後除城郭草市內，仍舊禁法，其鄉村並不鹽貨通商。逐處有鹽鹵之地，一任人戶煎煉，興販但不得逾越漳河，入不過商界。』

又《鐵》　後唐長興二年十二月敕：『今後不計農器、燒器、動使諸物，並許百姓逐便自鑄造，諸道監治，除當年定數鑄辦供軍熟鐵並器物外，祗管出生鐵比已前價，各隨逐處現定高低，每斤一例減十文貨賣，雜使熟鐵亦任百姓自煉。巡檢節級勾當賣鐵官並鋪戶，一切並廢。鄉村百姓，祗于係省夏秋苗畝內納農器錢一文五分足，隨夏秋稅二時送納。』

晉天福六年八月敕：『諸道鐵冶三司先條流，百姓農具，破者須於官場中賣，鑄時卻於官場中買鐵。今後並許百姓取便鑄造買賣。所在場院，不得禁止攪擾。』

又《麴》　梁開平三年十一月敕：『聽諸道州府百姓自造麴，官中不禁。』

後唐天成三年七月十三日敕：『應三京、鄴都、諸道州府鄉村人戶，自今年七月後，於夏秋田苗上，畝納麴錢五文、足陌。一任百姓造麴，醞酒供家，其錢隨夏秋徵納，並不折色，其京都及諸道州府縣鎮坊界及關城草市內，應逐年買官麴酒戶，便許自造麴，醞酒貨賣，仍取天成二年正月至年終，一年逐戶計筭，都買麴錢數內十分祇納二分，以充酒錢，便從今年七月後，管數征納。酒戶外，餘諸色人亦許私造酒麴供家，即不得衷私賣酒。如有故違，便仰糾察，勒依中等酒戶納榷，其村坊一任沽賣，不在納之限。其麴命到後，任便踏造。如賣麴酒戶中，有去年曾買官麴，今年因事不便買麴任開店者，則與出落。如觀新敕，有情願開店投者，則不計舊戶、新戶，便令依見納錢等戶例出榷。此估酒戶中有無力開店賣酒者，亦許隨處陳狀，其舊納錢並宜停廢，應諸處亦仰十分減八分價錢出賣，不得更請官本踏造。』

長興二年三月節文：『諸道州府人戶，每秋苗一畝上，元徵麴錢五文，今後特放二文，仍徵三文。』

二年五月敕：『應三京、諸道州府，苗畝上所徵麴錢，便從今年夏並放。其麴官中自造，委逐州減舊價一半，於在城撲斷貨。除在城居人，不得私造城外，鄉村人戶，或要供家，一任自造。』既下，人甚便之。其年七月，三司奏：『諸道州府申論，先有敕命，許百姓造麴，不來官場收買。伏慮課額不迨，請准前麴法，百姓與在城條法，一例指揮。』從之。仍據百姓已造到麴，務令送納入官，量支還麥本。

周顯德四年七月敕：『諸道州府麴務，今後往例，官中禁法賣麴，逐處先置都務處，到日，並仰停罷。據見在麴數，準備貨賣，兼據年計合使麴數，依時踏造。候人戶將到價錢，據數給麴，不得賒賣抑配與人。其外塲酒務，一切仍舊。應鄉村人戶，今後並許自造米醋，及賣糟造醋供食。仍許於本州縣界，就精美處沽賣，其酒麴條法依舊施行。』先是，晉、漢、已來，諸道州府皆防計麴額，置都務以沽，酒民間酒醋皆漓薄，上知其弊端，故命改法。

宋·王欽若等《册府元龜》卷五〇四《邦計部·關市》　後唐莊宗同光二年二月庚午，租庸使孔謙奏：諸道綱運商旅，多於私路苟免商税，不繇官路往来。宜令所在關防，嚴加捉搦。山谷私由道路，仍須彰塞，以戢行人。

三年八月戊寅，免湖南蹋地茶税沿路税錢。

明宗天成元年四月，詔曰：省司及諸府置税茶塲院，自湖南至京六七處納税，以致商旅不通，及州使置雜税務，交下煩碎。宜定合税物色名目，商旅即許收税，不得邀難。百姓諸道鹽務破脚價極多獲少，須有條流，以成規制。

又詔：諸州雜税，宜定合税物色名目，不得邀難商旅。租庸司先將係省錢物與人廻圖，宜令盡底收納，以塞倖門。

四年七月，兵部員外郎趙燕奏：切見京城人買賣莊宅，官中印契每貫抽税契錢二十文，其市牙人每貫收錢一百文。甚苦貧民，請行條理。』從之。

長興元年正月，許州奏：准詔放過淮南客二百三十人，通商也。

九月，燕人梁庭投匭陳狀云：『天下商税處，多不繇舊時關市制度，以此倍擾農商，亦請減除奸弊。』敕旨：『並許施行。』

二年八月敕：應三京諸道州府商税等，多不係屬州府，皆是省司差置塲官。朕自受命開基，勵精布政，將推誠而感物，每屈己以從人。況於列侯，尤所注意。豈可山河重寄，並在藩方，關市徵租，獨歸省務？加以所置職掌，素處幽微，向闤闠以肆威，與王公而抗禮。蓋已往從權之事，豈將来經久之規？特議改更，貴除繁屑。自今已後，諸商税並委逐處州府撲斷，依省司常年定額，勾當辨集，冀除生事之端，不爽豐財之理。

晉高祖天福元年閏十一月壬午勑：關防凡有征税，省司曾降條流，慮多時而或有隱藏，因肆赦而再須條貫。應諸道商税，仰逐處將省司合收税條件文，牓於本院前，分明張懸，不得收卷。牓内該税名目分數者，即得收税。如牓内元不該税，着係税物色，即不得收税。宜令所在長吏，常加覺察。如敢有違條流，不將文牓張懸，將不合係税物色收税，罔欺官法、停住商賈者，盡行具名申送。

七年十一月，宣旨下三司：應有往来鹽貨，悉税之。過税每斤七文，住税每斤一十文。其諸道州府應有屬州鹽務，並令省司差人勾當。既而糴鹽雖多，而人戶鹽錢又不放免，至今民甚苦之。

漢高祖乾祐元年，詔曰：軍國之費，務在豐財，關市之征，資於行旅。所宜優假，俾遂流應天下。商旅來，所在並須饒借，不得妄有邀勒。

隱帝乾祐二年，國子司業樊倫上言三事，其一耕桑未至，國多游民，關市之中，税物苛細，請稍減省，以惠疲民。百姓賣物不多，所歷關市，並望除税。

三年六月，太常少卿劉悦上言：臣伏見買賣耕牛，官中元無商税。近日關市場院，不禀敕文，悉是收税，歲計其利所入無多，在於農民，即疲於市易。請重降敕文，明行止絶，勸人耕稼。國之大計，倉廩有積，何莫由斯？

周太祖廣順元年十二月甲寅，相州李筠乞除放黄澤關商税課利。從之。

二年十一月，鄆州言：奉詔已示諭商税院，不收絲麻鞵等税。

三年正月，澶州言：『於商税舊額上，添長錢二千八百貫，麴務添七千貫，從今年三月初一納起。』詔褒之。

《新五代史》卷二六《唐臣傳第十四・孔謙》 以謙為租庸使，賜豐財贍國功臣。謙無佗能，直以聚斂為事。莊宗初即位，推恩天下，除百姓田租，放諸場務課利欠負者，謙悉違詔督理。故事，觀察使所治屬州，事皆不得專達，上所賦調，亦下觀察使行之。而謙直以租庸帖調發諸州，不關觀察。觀察使交章論理，以謂制勑不下支郡，刺史不專奏事，唐制也。租庸直帖，沿偽梁之弊，不可為法。今唐運中興，願還舊制。詔從其請，而謙不奉詔，卒行直帖。又請減百官俸錢，省罷節度觀察判官、推官等員數；以至鄣塞天下山谷徑路，禁止行人，以收商旅。征算遣大程官，放猪羊柴炭，占庇人戶；更制括田竿尺，盡率州使公廨錢。由是天下皆怨苦之。明宗立，下詔暴謙罪，斬于洛陽市，籍没其家。遂罷租庸使額，分鹽鐵、度支、戶部為三司。

宋・司馬光《資治通鑑》卷二七四《後唐紀三・莊宗光聖神閔孝皇帝下》 （同光四年三月）戊辰，以軍食不足，敕河南尹豫借夏秋税，民不聊生。

又 卷二七〇《後梁紀五・均王中》 （貞明四年）知誥悉反知訓所為，事吴王盡恭，接士大夫以謙，御衆以寬，約身以儉。以吴王之命，悉蠲天祐十三年以前逋税，餘俟豐年乃輸之。【略】先是，吴有丁口錢，又計畝輸錢，錢重物輕，民甚苦之。齊丘説知誥，以為『錢非耕桑所得，今使民輸錢，是教民弃本逐末也。請蠲丁口錢，自餘税悉輸穀帛紬絹，匹直千錢者當税三千。』或曰：『如此，縣官歲失錢億萬計。』齊丘曰：『安有民富而國家貧者邪？』知誥從之。由是江淮間曠土盡闢，桑柘滿野，國以富强。

宋・程大昌《演繁露續集》卷二《江南丁口錢》 吴有丁口錢，又計畝輸錢。徐知誥秉吴政，宋齊丘説徐知誥，請減丁口錢。從之。由是江淮曠土盡闢，桑柘滿野，國以富强。

宋・馬令《南唐書》卷四《嗣主書第四》 （顯德五年十二月）昇元初，括定民賦。每正苗一斛，别輸三斗於官廩，授鹽二斤，謂之鹽米。至是，淮甸鹽場皆入於周，遂不支鹽，而輸米如初，以為定式。

宋・龍袞《江南野史》卷三《後主》 又先主世，槩括定民産，自正斛上别輸三斗於官廩，受鹽二觔，謂之鹽米，百姓便之。及世宗克淮南，鹽貨遂艱，官無可支，至今輸之，猶為定制。

宋・王應麟《困學紀聞》卷一六《歷代田制考》 南唐烈祖分遣使者，按行民田，以肥瘠定其税。

清・吴任臣《十國春秋》卷三《吴三・睿帝紀》 （順義二年）命官興版簿，定租税。厥田上上者，每頃税錢二貫一百文；中田一頃，税錢一貫八百文；下田一頃，税錢一貫五百文。皆輸足陌見錢。若見錢不足，許依市價，折以金銀，并計丁口課調，亦科錢以為率。守員外郎宋齊邱上策曰：『江淮之地，自唐季以來，為戰爭之所。今兵革乍息，甿黎始安，而必率以見錢，折以金銀，斯非民耕桑可得也，將興販以求之，是教民棄本而逐末耳。乞虚升時價，悉收穀帛本色為便。』是時絹每匹市價五百文，紬六百文，綿每兩十五文，請匹絹升為一貫七百文，紬為二貫四百文，綿為四十文，皆足錢。又請蠲丁口錢。朝議喧然沮之，以為如此，則縣官歲失錢億萬計。齊邱曰：『安有民富而國家貧者邪？』乃致書於徐知誥，謂『明公總百官，理大國，督民見錢與金銀，求國富庶，所謂擁篲救火，撓水求清，欲火滅水清，可得乎？』知誥得書，曰：『此勸農上策也。』即行之。自是不十年間，野無閒田，桑無隙地。

又 卷一〇《吴十・汪台符傳》 台符常請括定田賦，每正苗一斛，別輸三斗，官授鹽一斤，謂之鹽米，入倉則有蘑米。太和末，知誥使民入米請鹽，即其法也。南唐昇元中，限民田物畜高下為三等，科其均輸，以為定制；又貨鬻有征稅，舟行有力勝，皆用台符之言云。

又　卷四九《後蜀二·後主紀》（廣政二十五年）冬十二月，遣使督諸路累年逋稅，龍游令田淳上疏言擾民犯天意，聚財損君道，語甚切直。帝不能用。

論　說

唐·陸贄《翰苑集》卷二二《中書奏議六·均節賦稅恤百姓第一條論兩稅之弊須有釐革》　國朝著令，賦役之法有三：一曰租，二曰調，三曰庸。古者一井之地，九夫共之，公田在中，藉而不稅。私田不善則非吏，公田不善則非民。事頗纖微，難於防檢，春秋之際，已不能行。故國家襲其要而去其煩，丁男一人，授田百畝，但歲納租稅二石而已。言以公田假人而收其租入，故謂之租。古者任土之宜，以奠賦法。國家就因往制，簡而一之，每丁各隨鄉土所出，歲輸若絹、若綾、若絁共二丈，綿三兩。其無蠶桑之處，則輸布二丈五尺，麻三斤。以其據丁戶調而取之，故謂之調。古者用人之力，歲不過三日，後代多事，其增十之。國家斟酌物宜，立為中制，每丁一歲，定役二旬，若不役，則收其庸，日準三尺。以其出絹而當庸直，故謂之庸。此三道者，皆宗本前哲之規模，參考歷代之利害。其取法也遠，其立意也深，其斂財也均，其域人也固，其裁規也簡，其備慮也周。有田則有租，有家則有調，有身則有庸，天下為家，法制均一，雖欲轉徙，莫容其姦，故人無搖心而事有定制。以之厚生，則不隄防而家業可久；以之成務，則不校閱而衆寡可知。以之為理，則法不煩而教化行；以之成賦，則下不困而上用足。三代創制，百王是程，雖維御損益之術小殊，而其義則一也。

天寶季歲，羯胡亂華，海内波搖，兆庶雲擾，版圖隳於避地，賦法壞於奉軍。建中之初，再造百度，執事者知弊之宜革，而所作兼失其源；知簡之可從，而所操不得其要，舊患雖減，新沴復滋，救跛成痿，展轉增劇。凡欲拯其積弊，須窮致弊之由。時弊則但理其時，法弊則全革其法。而又揆新校舊，慮遠圖難，規略未詳悉，固不果行；利害非相懸，固不苟變。所為必當，其悔乃亡。若好革而不知原始要終，斯皆以弊易弊者也。至如賦役舊法，乃是聖祖典章，行之百年，人以為便。兵興之後，供億不恒，乘急誅求，漸隳經制。此所謂時之弊，非法弊也。時有弊而未理，法無弊而已更，埽庸調之成規，創兩稅之新制，立意且爽，彌綸又疏，竭耗編甿，日日滋甚。夫作法裕於人，未有不得人者也；作法裕於財，未有不失人者也。

陛下初膺寶位，思致理平，誕發德音，哀痛流弊，念徵役之頻重，憫烝黎之困窮，分命使臣，敷揚惠化，誠宜損上益下，嗇用節財，窒侈欲以盪其貪風，息冗費以紓其厚斂。而乃搜摘郡邑，劾驗簿書，每州各取大曆中一年科率錢穀數最多者，便為兩稅定額。此乃採非法之權令，以為經制；總無名之暴賦，以立恒規。是務取財，豈云恤隱？作法而不以裕人拯病為本，得非立意且爽者乎？

夫財之所生，必因人力。工而能勤則豐富，拙而兼惰則窶空。是以先王之制賦入也，必以丁夫為本，無求於力分之外，無貸於力分之内。故不以務穡增其稅，不以輟稼減其租，則播種多；不以殖產厚其征，不以流寓免其調，則地著固；不以飭勵重其役，不以窳怠蠲其庸，則功力勤。如是，然後能使人安其居，盡其力，相觀而化，時靡遁心，雖有惰遊不率之人，亦已懲矣。兩稅之立，則異於斯。唯以資產為宗，不以丁身為本，資產少者則其稅少，資產多者則其稅多。曾不悟資產之中，事情不一：有藏於襟懷囊篋，物雖貴而人莫能窺；有積於場圃囤倉，直雖輕而衆以為富；有流通蕃息之貨，數雖寡而計日收贏；有廬舍器用之資，價雖高而終歲無利。如此之比，其流實繁。一概計估筭緡，宜其失平長偽。由是務輕費而樂轉徙者，恒脫於徭稅；敦本業而樹居產者，每困於徵求。此乃誘之為姦，敺之避役，力用不得不弛，風俗不得不訛，閭井不得不殘，賦入不得不闕。復以創制之首，不務齊平，但令本道本州各依舊額徵稅。軍興已久，事例不常，供應有煩簡之殊，牧守有能否之異。所在徭賦，輕重相懸，既成新規，須懲積弊，化之所在，足使無偏，減重分輕，是將均濟。而乃急於聚斂，懼或蠲除，不量物力所堪，唯以舊額為準。舊重之處，流亡益多；舊輕之鄉，歸附益衆。有流亡，則已重者攤徵轉重；有歸附，則已輕者散出轉輕。高下相傾，勢何能止？

又以謀始之際，不立科條，分遣使臣，凡十餘輩，專行其意，各制一隅，遂使人殊見，道異法，低昂不類，緩急不倫。逮至復命于朝，竟無類會裁處。其於踳駁，胡可勝言？利害相形，事尤非便。作法而不以究微防患為慮，得非彌綸又疏者乎？立意且爽，彌綸又疏，凡厥疲人，已嬰其弊，就加保育，猶懼不支，況復亟繚棼絲，重傷宿痏，其為擾病，抑又甚焉。請為陛下舉其尤者六七端，則人之困窮，固可知矣。

大曆中，紀綱廢弛，百事從權，至於率稅少多，皆在牧守裁制。邦賦既無定限，官私懼有闕供，每至徵配之初，例必廣張名數，以備不時之命，且為施惠之資。應用有餘，則遂減放增損，既由郡邑，消息易協物宜，故法雖久刓而人未甚瘁。及總雜徵虛數，以為兩稅恒規，悉登地官，咸繫經費，計奏一定，有加無除。此則人益困窮，其事一也。本徵賦斂繁重，所以變舊從新。新法既行，已重於舊，旋屬征討，國用不充，復以供軍為名，每貫加徵二百。當道或增戎旅，又許量事取資。詔敕皆謂權宜，悉令事畢停罷。息兵已久，加稅如初。此則人益困窮，其事二也。定稅之數，皆計緡錢，納稅之時，多配綾絹。往者納絹一疋，當錢三千二三百文。今者納絹，一疋當錢一千五六百文。往輸其一者，今過於二矣。雖官非增賦而私已倍輸。此則人益困窮，其事三也。諸州稅物，送至上都度支，頒給羣司，例皆增長本價，而又繆稱折估，抑使剝徵，姦吏因緣，得行侵奪，所獲殊寡，所擾殊多。此則人益困窮，其事四也。稅法之重若是，既於已極之中，而復有奉進宣索之繁，尚在其外。方岳頗拘於成例，莫敢闕供；朝典又束以彝章，不許別稅。綺麗之飾，紈素之饒，非從地生，非自天降，若不出編戶之筋力膏髓，將安所取哉？於是有巧避微文，曲承睿旨，變徵役以召雇之目，換科配以和市之名，廣其課而狹償其庸，精其入而麤計其直。以召雇為目而捕之，不得不來；以和市為名而迫之，不得不出。其為妨抑，特甚常徭。此則人益困窮，其事五也。大曆中，非法賦斂，急備供軍，折估、宣索、進奉之類者，既並收入兩稅矣。今於兩稅之外，非法之事，復又並存。此則人益困窮，其事六也。建中定稅之始，諸道已不均齊。其後或吏理失宜，或兵賦偏重，或癘疾鍾害，或水旱薦災，田里荒蕪，戶口減耗。牧守苟避於殿責，罕盡申聞，所司姑務於取求，莫肯矜恤。遂於逃死闕乏，稅額累加。見在疲甿，一室已空，四鄰繼盡，漸行增廣，何由自存？此則人益困窮，其事七也。

自至德訖於大曆，二十年餘，兵亂相乘，海內罷弊。幸遇陛下，紹膺寶運，憂濟生靈，誕敷聖謨，痛矯前弊，重愛人節用之旨，宣輕徭薄賦之名，率土烝黎，感涕相賀，延頸企踵，咸以為太平可期。既而制失其中，斂從其重，頗乖始望，已沮羣心。因之以兵甲，而煩暴之取轉加；繼之以獻求，而靜約之風浸靡。臣所知者，纔梗槩耳，而人益困窮之事，已有七焉。臣所不知，何啻於此？陛下倘追思大曆中所聞人間疾苦，而又有此七事重增於前，則人之無聊，不問可悉。昔魯哀公問於有若曰：『年饑，用不足，如之何？』有若對曰：『盍徹乎！』哀公曰：『二，吾猶不足，如之何其徹也？』有若曰：『百姓足，君孰與不足？百姓不足，君孰與足？』孔子曰：『有國有家者，不患寡而患不均，不患貧而患不安。』蓋均而無怨，節而無貧，和而無寡，安而無傾。漢文恤患救災，則命郡國無來獻，是以人為本，以財為末，人安則財贍，本固則邦寧。今百姓艱窮，非止不足，稅額類例，非止不均，求取繁多，非止來獻，誠可哀憫，亦可憂危。此而不圖，何者為急？

聖情重慎，每戒作為，伏知貴欲因循，不敢盡求釐革。且去其大甚，亦足小休，望令所司與宰臣參量，據每年支用色目中，有不急者、無益者，罷廢之；有過制者、廣費者，減節之。遂以罷減之資，迴給要切之用。其百姓稅錢，因軍興每貫加徵二百者，下詔停之。用復其言，俾人知信，下之化上，不令而行。諸道權宜加徵，亦當自請蠲放。如是則困窮之中，十緩其二三矣。供御之物，各有典司，任土之宜，各有常貢。過此以往，復何所須？假欲崇飾燕居，儲備賜與，天子之貴，寧憂乏財？但敕有司，何求不給？豈必旁延進獻，別徇營求，減德示私，傷風敗法，因依縱擾，為害最深。陛下臨御之初，已弘清淨之化，下無曲獻，上絕私求。近歲以來，稍渝前旨。今但滌除流誤，振起聖猷，則淳風再興，賄道中寢。雖有貪饕之輩，曷由復肆侵漁？州郡羡財，亦將焉往？若不上輸王府，理須下紓疲人。如是，則困窮之中，十又緩其四五矣。所定稅物估價，合依當處月平。百姓輸納之時，累經州縣簡閱，事或涉於姦冒，過則不在戶人。重重剝徵，理甚無謂。望令所司，應諸州府送稅物到京，但與色樣相符，不得虛稱折估。如濫惡尤甚，給用不充，唯罪元納官司，亦勿更徵百姓。根本既自端静，枝葉無因動摇。如是，則困窮之中，十又緩其二三矣。然後據每年見供賦税之處，詳諭詔旨，咸俾均平。每道各令知兩税判官一人赴京，與度支類會參定，通計戶數，以配税錢，輕重之間，大約可准。而又量土地之沃瘠，計物産之少多，倫比諸州，定為兩等。州等下者，其每戶配錢之數少；州等高者，其每戶配錢之數多。多少已差，悉令折衷。仍委觀察使更於當管所配錢數之内，均融處置，務盡事宜。就於一管之中，輕重不得偏併，雖或未盡齊一，決當不甚低昂。既免擾人，且不變法，粗均勞逸，足救凋殘，非但徵賦易供，亦冀逋逃漸息。俟稍寧阜，更擇所宜。

又《均節賦税恤百姓第二條請兩税以布帛爲額不計錢數》 夫國家之制賦税也，必先導以厚生之業，而後取其什一焉。其所取也，量人之力，任土之宜。非力之所出，則不征；非土之所有，則不貢。謂之通法，歷代常行。大凡生於天地之間，而五材之用為急。五材者，金、木、水、火、土也。水、火不資於作為，金、木自産於山澤，唯土爰播植，非力不成，衣食之源，皆出於此，故可以勉人功、定賦入者，唯布麻繒纊與百穀焉。先王懼物之貴賤失平，而人之交易難准，又立貨泉之法，以節輕重之宜。斂散弛張，必由於是。蓋御財之大柄，為國之利權，守之在官，不以任下。然則穀帛者，人之所為也；錢貨者，官之所爲也。人之所為者，故租税取焉；官之所為者，故賦斂捨焉。此又事理著明者也。是以國朝著令，稽古作程，所取於人，不踰其分。租出穀，庸出絹，調雜出繒纊布麻。非此族也，不在賦法。列聖遺典，粲然可徵。曷常有禁人鑄錢而以錢為賦者也？

今之兩税，獨異舊章，違任土之通方，效筭緡之末法，不稽事理，不揆人功，但估資産為差，便以錢穀定税。臨時折徵雜物，每歲色目頗殊，唯計求得之利宜，靡論供辦之難易。所徵非所業，所業非所徵，遂或增價以買其所無，減價以賣其所有，一增一減，耗損已多。且百姓所營，唯在耕織，人力之作為有限，物價之貴賤無恒，而乃定税計錢，折錢納物，是將有限之産，以奉無恒之輸。納物賤則供税之所出漸多，多則人力不給。納物貴則收税之所入漸少，少則國用不充。公私二途，常不兼濟，以此為法，未之前聞。往者初定兩税之時，百姓納税，一疋折錢三千二三百文。大率萬錢，為絹三疋，價計稍貴，數則不多。及乎頒給軍裝，計數而不計價，此所謂税入少而國用不充者也。近者百姓納絹，一疋折錢一千五六百文。大率萬錢，為絹六疋，價既轉賤，數則漸加。向之蠶織不殊，而所輸尚欲過倍，此所謂供税多而人力不給者也。今欲不甚改法而粗救災害者，在乎約循典制而以時變損益之。臣謂宜令所司，勘會諸州府初納兩税年絹布，定估比類，當今時價，加賤減貴，酌取其中，總計合税之錢，折為布帛之數，仍依庸、調舊制，各隨鄉土所宜。某州某年定出税布若干端，某州某年定出税絹若干疋，其有絁綿雜貨，亦隨所出定名，勿更計錢，以為税數。如此，則土有常制，人有常輸。衆皆知上令之不遷，於是一其心而懷專其業。應出布麻者，則務於紡績；供綿絹者，則事於蠶桑。日作月營，自然便習，各修家技，皆足供官。無求人假手之勞，無賤鬻貴買之費，無暴徵急辦之弊，無易常改作之煩。物甚賤而人之所出不加，物甚貴而官之所入不減。是以家給而國足，事均而法行。此直稍循令典之舊規，固非創制之可疑者也。然蚩蚩之俗，罕究事情，好騁異端，妄行沮議。臣請假為問答，以備討論。陛下誠有意乎怜愍蒼生，將務救恤，但垂聽覽，必有可行。

議者若曰：每歲經費所資，大抵皆約錢數。若令以布帛為額，是令支計無憑。答曰：國初約法已來，常賦率由布帛，輸二甲子，制用不愆。何獨當今，則難支計？且經費之大，其流有三：軍食一也，軍衣二也，内外官月俸及諸色資課三也。軍衣固在於布帛，軍食又取於地租，其計錢為數者，獨月俸資課而已。制禄唯不計錢，故三代以食人衆寡為差，兩漢以石數多少為秩。蓋以錢者，官府之權貨；禄者，吏屬之常資。以常徇權，則豐約之度不得恒於家；以權為常，則輕重之柄不得專於國。故先王制禄以食，而平貨以錢，然後國有權而家有節矣。況今餽餉方廣，倉儲未豐，盡復古規，或慮不足。若但據羣官月俸之等，隨百役資課之差，各依錢數少多，折為布帛定數，某官月給俸絹若干疋，某役月給資布若干端，所給色目精麤，有司明立條例，便為恒制，更不計錢。物甚賤而官之所給不加，物甚貴而私之所禀不減，官私有准，何利如之！生人大端，衣食為切。有職田以供食，有俸絹以供衣，從事之家，固足自給。以茲制事，誰曰不然？夫然，則國之用財，多是布帛，定以為賦，復何所傷？

議者若曰：吏祿軍裝，雖頒布粟，至於以時斂糴，用權物價重輕，是必須錢，於何取給？答曰：古之聖人，所以取山澤之蘊材，作泉布之寶貨，國專其利而不與人共之者，蓋為此也。物賤由乎錢少，少則重，重則加鑄而散之使輕；物貴由乎錢多，多則輕，輕則作法而斂之使重。是乃物之貴賤，繫於錢之多少；錢之多少，在於官之盈縮。官失其守，反求於人，人不得鑄錢而限令供稅，是使貧者破産而假資於富有之室，富者蓄貨而竊行於輕重之權，下困齊人，上虧利柄。今之所病，諒在於斯。誠宜廣即山殖貨之功，峻用銅為器之禁。苟制持得所，則錢不乏矣。有糶鹽以入其直，有榷酒以納其資，苟消息合宜，則錢可收矣。錢可收，固可以斂輕為重；錢不乏，固可以散重為輕。弛張在官，何所不可？慮無所給，是未知方。

議者若曰：自定兩稅以來，恒使計錢納物，物價漸賤，所納漸多，出給之時，又增虛估，廣求羨利，以贍庫錢，歲計月支，猶患不足。今若定供布帛，出納以平軍國之資，無乃有闕。答曰：自天寶以後，師旅數起，法度消亡。肅宗撥滔天之災而急於功賞，先帝邁含垢之德而緩於糾繩。由是用頗殷繁，俗亦靡弊，公賦已重，別獻繼興，別獻既行，私賂競長，誅求刻剝，日長月滋，積累以至於大曆之間，所謂取之極甚者也。今既總收極甚之數，定為兩稅矣，所定別獻之類，復在數外矣。間緣軍用不給，已嘗加徵矣。近屬折納價錢，則又多獲矣。比於大曆極甚之數，殆將再益其倍焉。復幸年穀屢豐，兵車少息而用常不足，其故何哉？蓋以事逐情生，費從事廣。物有劑而用無節，夫安得不乏乎？苟能黜其情，約其用，非但可以布帛為稅，雖更減其稅，亦可也。苟務逞其情，侈其用，非但行今重稅之不足，雖更加其稅，亦不足也。夫地力之生物有大數，人力之成物有大限。取之有度，用之有節則常足；取之無度，用之無節則常不足。生物之豐敗由天，用物之多少由人。是以聖王立程，量入為出，雖遇災難，下無困窮。理化既衰，則乃反是，量出為入，不恤所無。故魯哀公問『年饑，用不足，如之何？』有若對以『盍徹。』桀用天下而不足，湯用七十里而有餘。是乃用之盈虛，在節與不節耳。不節則雖盈必竭，能節則雖虛必盈。衛文公承滅國之餘，建新徙之業，革車不過三十乘，豈不甚殆哉！而能衣大布，冠大帛，約己率下，通商務農，卒以富強，見稱載籍。漢文帝接秦、項積久傷夷之弊，繼高、呂革創多事之時，家國虛殘，日不暇給，而能躬儉節用，靜事息人，服弋綈，履革舄，却駿馬而不御，罷露臺而不修，屢賜田租，以厚烝庶，遂使戶口蕃息，百物阜殷。乃至鄉曲宴遊，乘牝牸者不得赴會。子孫生長，或有積數十歲，不識市鄽。御府之錢，貫朽而不可校。太倉之粟，紅腐而不可食。國富於上，人安於下，生享遐福，没垂令名，人到於今，稱其仁賢，可謂盛矣。太宗文皇帝收合板蕩，再造寰區。武德年中，革車屢動，繼以災歉，人多流離。貞觀之初，薦屬霜旱，自關輔綿及三河之地米價騰貴，斗易一縑，道路之間，餒殍相藉。太宗敦行儉約，撫養困窮，視人如傷，勞徠不倦。百姓有鬻男女者，出御府金帛，贖還其家。嚴禁貪殘，慎節徭賦，弛不急之用，省無事之官，黜損乘輿，斥出宮女。太宗嘗有氣疾，百官以大内卑濕，請營一閣以居，尚憚煩勞，竟不之許。是以至誠上感，淳化下敷，四方大和，百穀連稔。貞觀八年以後，米升至四五錢。俗阜化行，人知義讓，行旅萬里，或不齎粮。故人到於今，談帝王之盛，則必先太宗之聖功；論理道之崇，則必慕貞觀之故事。此三君者，其經始，豈不艱窘哉？皆以嗇用愛人，竟獲豐福。是所謂能節雖虛必盈之效也。

秦始皇據崤函之固，藉雄富之業，專力農戰，廣收材豪，故能芟滅暴強，宰制天下。功成志滿，自謂有太山之安，貪欲熾然，以為六合莫予違也。於是發閭左之戍，徵太半之賦，進諫者謂之宣謗，恤隱者謂之收恩。故徵發未終，而宗社已泯。漢武帝遇時運理平之會，承文、景勤儉之積，内廣興作，外張甲兵，侈汰無窮，遂至殫竭。大搜財貨，筭及舟車，遠近騷然，幾至顛覆。賴武帝英姿大度，付任以能，納諫無疑，改過不悋，下哀痛之詔，罷征伐之勞，封丞相為富民侯，以示休息，邦本搖而復定，帝祚危而再安。隋氏因周室平齊之資，府庫充實，開皇之際，理尚清廉。是時公私豐饒，議者以比漢之文、景。煬帝嗣位，肆行驕奢，竭耗生靈，不知止息，海内怨叛，以至於亡。此三君者，其所憑藉，豈不豐厚哉？此皆以縱欲殘人，竟致蹙喪。是所謂不節則雖盈必竭之效也。秦、隋不悟而遂滅，漢武中悔而獲存，乃知懲與不懲，覺與不覺，其於得失相遠，復有存滅之殊。安可不思？安可不懼？今人窮日甚，國用歲加，不時節量，其勢必蹙。而議者但憂財利之不足，罔慮安危之不持。若然者，則太宗、漢文之德曷見稱？秦皇、隋煬之敗靡足戒。唯欲是逞，復何規哉？幸屬休明，將期致理，急聚斂而忽於勤恤，固非聖代之所宜言也。

又《均節賦税恤百姓第三條論長吏以增户加税闢田為課績》 夫欲施教化，立度程，必先域人，使之地著。古之王者，設井田之法以安其業，立五宗之制以綴其恩，猶懼其未也，又教之族墳墓，敬桑梓，將以固人之志，定人之居，俾皆重遷，然可為理。厥後又督之以出鄉遊墮之禁，糾之以板圖比閲之方。雖訓導漸微，而檢制猶密。歷代因襲，以為彝章。其理也，必謹於隄防；其亂也，必慢於經界。斯道崇替，與時興衰。人主失之，則不可御寰區；守長失之，則不可釐郡邑。理人之要，莫急於茲。頃因兵興，典制弛廢，户板之紀綱罔緝，土斷之條約不明，恣人浮流，莫克禁止，縱之則湊集，整之則驚離，恒懷倖心，靡固本業。是以賦税不一，教令不行，長人者又罕能推忠恕易地之情，體至公徇國之意，迭行小惠，競誘姦甿，以傾奪鄰境為智能，以招萃逋逃為理化。捨彼適此者，既謂新收而獲宥；倏忽往來者，又以復業而見優。唯懷土安居、首末不遷者，則使之日重，斂之日加。是令地著之人，恒代惰游服役，則何異驅之轉徙，教之澆訛？此由牧宰不克弘通，各私所部之過也。及夫廉使奏課，會府考功，但守常規，不稽時變。

其所以為長吏之能者，大約在於四科：一曰户口增加，二曰田野墾闢，三曰税錢長數，四曰徵辦先期。此四者，誠吏職之所崇，然立法齊人，久無不弊。法之所沮，則人飾巧而苟避其網；法之所勸，則人興偽以曲附其文。理之者若不知維御損益之宜，則巧偽萌生，恒因沮勸而滋矣。夫課吏之法，所貴户口增加者，豈不以撫字得所，人益阜蕃乎？今或詭情以誘其姦浮，苛法以析其親族。苟益户數，務登賞條。所誘者將議薄征，已遽驚散；所析者不勝重税，又漸流亡。州縣破傷，多起於此。長吏相效以為績，安忍莫懲；齊人相扇以成風，規避轉甚。不究實而務增户口，有如是之病焉。

所貴田野墾闢者，豈不以訓導有術，人皆樂業乎？今或牽率黎烝，播植荒廢，約以年限，免其地租。苟農夫不增而墾田欲廣，新畝雖闢，舊畲反蕪，人利免租，頗亦從令。年限纔滿，復為汙萊，有益煩勞，無增稼穡。不度力而務闢田野，有如是之病焉。

所貴税錢長數者，豈不以既庶而富，人可加賦乎？今或重困疲羸，力求附益，捶骨瀝髓，隳家取財，苟媚聚斂之司，以為仕進之路。不恤人而務長税數，有如是之病焉。

所貴徵辦先期者，豈不以物力優贍，人皆樂輸乎？今或肆毒作威，殘人逞欲，事有常限，因而促之，不量時宜，唯尚强濟，絲不容織，粟不暇舂，矜伊貧虚，能不奔迸？不恕物而務先徵辦，有如是之病焉。

然則引人逋逃，蹙人艱窘，唯茲四病，亦有助焉。此由考覈不切事情，而泛循舊轍之過也。且夫户口增加，田野墾闢，税錢長數，徵辦先期，若不以實事驗之，則真偽莫得而辨。將驗之以實，則租賦須加，所加既出於人，固有受其損者。此州若增客户，彼郡必減居人。增處邀賞而税數有加，減處懼罪而税數不降。倘國家所設考課之法，必欲崇於聚斂，則如斯可矣。將有意乎富俗而務理，豈不剌謬歟？

當今之要，在於厚人而薄財，損上以益下。下苟利矣，上必安焉，則少損者所以招大益也。人既厚矣，財必贍焉，則暫薄者所以成永厚也。臣愚，謂宜申命有司，詳定考績。往貴於加者，今務於減焉。假如一州之中，所税舊有定額，凡管幾許百姓，復作幾等差科，每等有若干户人，每户出若干税物，各令條舉都數年别，一申使司，使司詳覆有憑，然後録報户部。若當管之内，人益阜殷，所定税額有餘，任其據户均減，率計減數多少，以為考課等差。其當管税物，通比校，每户十分減三分者為上課，十分減二分者次焉，十分減一分者又次焉。如或人多流亡，加税見户，比校殿罰，法亦如之。其百姓所出田租，則各以去年應輸之數，便為定額。每歲據徵，更不勘責檢巡。增闢者勿益其租，廢耕者不降其數，足以誘導墾植，且免妨奪農功。事簡體弘，人必悦勸。每至定户之際，但據雜産校量。田既自有恒租，不宜更入兩税。如此，則吏無苟且，俗變澆浮，不督課而人自樂耕，不防閑而衆皆安土。斯亦當今富人固本之要術，在陛下舉而行之。

又《均節賦税恤百姓第四條論税期限迫促》 建官立國，所以養人也；賦人取財，所以資國也。明君不厚其所資而害其所養，故必先人事而借其暇力，先家給而斂其餘財，遂人所營，恤人所乏，借必以度，斂必以時，有度則忘勞，得時則易給。是以官事無闕，人力不殫，公私相全，上下交愛。古之得衆者，其率用此歟？法制或虧，本末倒置，但務取人以資國，不思立國以養人，非獨徭賦繁多，夐無蠲貸，至於徵收迫促，亦不矜量。蠶事方興，已輸縑稅，農功未艾，遽斂穀租。上司之繩責既嚴，下吏之威暴愈促。有者急賣而耗其半直，無者求假而費其倍酬。所繫遲速之間，不過月旬之異。一寬稅限，歲歲相承，遲無所妨，速不為益，何急敦逼，重傷疲人？頃緣定稅之初，期約未甚詳衷，旋屬征役多故，復令先限量徵。近雖優延，尚未均濟。望委轉運使與諸道觀察使商議，更詳定徵稅期限聞奏。各隨當土風俗所便，時候所宜，務於紓人，俾得辦集。所謂惠而不費者，則此類也。

唐・李翺《李文公集》卷九《疏改稅法》　臣以為自建中元年初定兩稅，至今四十年矣。當時絹一匹為錢四千，米一斗為錢二百，稅戶之輸十千者，為絹二匹半而足矣。今稅額如故，而粟帛日賤，錢益加重。絹一匹，價不過八百；米一斗，不過五十。稅戶之輸十千者，為絹十有二匹然後可。況又督其錢，使之賤賣者耶？假令官雜虛估以受之，尚猶為絹八匹，乃僅可滿十千之數。是為比建中之初為稅，加三倍矣。雖明詔屢下，哀恤元元，不改其法，終無所救。然物極宜變，正當斯時。推本弊乃錢重，而督之於百姓之所生也。錢者，官司所鑄；粟帛者，農之所出。今乃使農人賤賣粟帛，易錢入官，是豈非顛倒而取其無者耶？由是豪家大商，皆多積錢，以逐輕重，故農人日困，末業日增，一年水旱，百姓菜色。家無滿歲之食，況有三年之蓄乎！百姓無三年之積，而望太平之興，亦未可也。今若詔天下，不問遠近，一切令不督見錢，皆納布帛；凡官司出納，以布帛為准，幅廣不得過一尺九寸，長不過四十尺，比兩稅之初，猶為重加一尺，然百姓自重得輕，必樂而易輸，不敢復望如建中之初矣。行之三五年，臣必知農人漸有蓄積，雖遇一年水旱，未有菜色；父母夫婦，能相保矣。若稅法如舊，不速更改，雖神農、后稷復生，教人耕織，勤不失時，亦不能躋於充足矣。故臣曰：改稅法，不督錢而納布帛，則百姓足。

《舊唐書》卷四八《食貨志上》　隋文帝因周氏平齊之後，府庫充實，庶事節儉，未嘗虛費，開皇之初，議者以比漢代文、景，有粟陳貫朽之積。

煬帝即位，大縱奢靡，加以東西行幸，輿駕不息，征討四夷，兵車屢動，西失律於沙徼，東喪師於遼碣，數年之間，公私罄竭，財力既殫，國遂亡矣。

高祖發迹太原，因晉陽宮留守庫物，以供軍用。既平京城，先封府庫，賞賜給用，皆有節制，徵斂賦役，務在寬簡，未及踰年，遂成帝業。其後掌財賦者，世有人焉。開元已前，事歸尚書省；開元已後，權移他官。由是有轉運使、租庸使、鹽鐵使、度支鹽鐵轉運使、常平鑄錢鹽鐵使、租庸青苗使、水陸運鹽鐵租庸使、兩稅使，隨事立名，沿革不一。設官分職，選賢任能，得其人則有益於國家，非其才則貽患於黎庶。此又不可不知也。如裴耀卿、劉晏、李巽數君子，便時利物，富國安民，足為世法者也。

開元中，有御史宇文融獻策，括籍外剩田，色役偽濫及逃戶許歸首免。五年征賦，每丁量稅一千五百錢。置攝御史，分路檢括隱審，得戶八十餘萬，田亦稱是，得錢數百萬貫。玄宗以為能，數年間拔為御史中丞。戶部侍郎融又畫策，開河北王莽河，溉田數千頃，以營稻田，事未果而融敗。時又楊崇禮為太府卿，清嚴善勾剝，分寸錙銖，躬親不厭，轉輸納欠，折估漬損，必令徵送，天下州縣徵財帛，四時不止。及老病致仕，以其子慎矜為御史，專知太府出納；其弟慎名，又專知京倉，皆以苛刻害人。承主恩而徵責，又有韋堅規、宇文融、楊慎矜之迹，乃請於江淮轉運租米，取州縣義倉粟，轉市輕貨，差富戶押船，若遲留損壞，皆徵船戶。關中漕渠，鑿廣運潭，以挽山東之粟，歲四百萬石。帝以為能，又至貴盛。【略】

又楊國忠藉椒房之勢，承恩幸，帶四十餘使云。經其聽覽，必數倍弘益，又見寵貴。太平既久，天下至安，人不願亂，而此數人，設詭計以侵擾之，凡二十五人同為剝喪，而人無敢言之者。及安祿山反於范陽，兩京倉庫盈溢，而不可名。楊國忠設計，稱不可耗正庫之物，乃使御史崔衆於河東納錢度僧尼、道士，旬日間得錢百萬。

玄宗幸巴蜀，鄭昉使劍南，請於江陵稅鹽麻以資國，官置吏以督之。肅宗建號於靈武，後用雲間鄭叔清為御史，於江淮間豪族富商率貸及賣官爵，以裨國用。德宗朝討河朔及李希烈，物力耗竭，趙贊司國計，纖瑣刻剝，以為國用不足，宜賦取於下，以資軍蓄，與諫官陳京等更陳計策，贊請稅京師居人屋宅，據其間架，差等計入。陳京又請籍列肆商賈資產，以分數借之。宰相同為欺罔，遂行其計，中外沸騰，人懷怨望。時又配王公已下及嘗在方鎮之家，出家僮及馬，以助征行，公私囂然矣。後又張滂、裴延齡、王涯等剝下媚上。此皆足為世戒者也。

又 卷九四《崔融傳》 長安二年，再遷鳳閣舍人。三年，兼修國史。時有司表稅關市，融深以為不可，上疏諫曰：伏見有司稅關市事條，不限工商，但是行人盡稅者。臣謹按《周禮》九賦，其七曰關市之賦。竊惟市縱繁巧，關通末遊，欲令此徒止抑，所以咸增賦稅。臣謹商度今古，料量家國，竊將為不可稅。謹件事迹如左，伏惟聖旨擇焉。

往古之時，淳樸未散，公田籍而不稅，關防譏而不征。中代已來，澆風驟進，桑麻疲弊，稼穡辛勤，於是各徇通財，爭趨作巧，求徑捷之欲速，忘歲計之無餘，遂使田萊日荒，倉廩不積，蠶織休廢，弊緼闕如，饑寒猥臻，亂離斯起。先王懲其若此，所以變古隨時，依本者恒科，占末者增稅。夫關市之稅者，謂市及國門關門者也。唯斂出入之商賈，不稅來往之行人。今若不論商人，通取諸色，事不師古，法乃任情。悠悠末代，於何瞻仰？濟濟盛朝，自取嗤笑。雖欲憲章姬典，乃是違背《周官》。臣知其不可者一也。

臣謹案《易·繫辭》稱：『庖羲氏没，神農氏作，日中為市，致天下之人，聚天下之貨，交易而退，各得其所。』班《志》亦云：『財者，帝王聚人，守位養成，羣生奉順天德，理國安人之本也。士農工商，四人有業。學以居位曰士，闢土殖穀曰農，作巧成器曰工，通財鬻貨曰商。聖王量能授事，四人陳力受職。』然則四人各業久矣，今復安得動而搖之！蕭何云：『人情一定，不可復動。』班固又云：曹參相齊，齊國安集，大稱賢相。參去，屬其後相曰：『以齊獄市為寄，慎勿擾也。』後相曰：『理無大於此者乎？』參曰：『不然。夫獄市者，所以幷容也。今若擾之，姦人安所容乎？吾是以先之。』夫獄市，兼受善惡。若窮極姦人無所容竄，姦人無所容竄久且為亂。秦人極刑而天下叛，孝武峻法而刑獄繁，此其效也。老子曰：『我無為而人自化，我好静而人自正。』參欲以道化其本，不欲擾其末。臣知其不可者二也。

四海之廣，九州之雜，關必據險路，市必憑要津。若乃富商大賈，豪宗惡少，輕死重義，結黨連羣，喑嗚則彎弓，睚眦則挺劍，小有失意，且猶如此，一旦變法，定是相驚，乘茲困窮，或致騷動，便恐南走越，北走胡，非唯流逆齊人，亦自攪亂殊俗。又如邊徼之地，寇賊為鄰，興胡之旅，歲月相繼。儻同科賦，致有猜疑，一從散亡，何以制禁？求利雖切，為害方深。而有司上言，不識大體，徒欲益帑藏，助軍國，殊不知軍國益擾，帑藏逾空。臣知其不可者三也。

孟軻又云：『古之為關也，將以禦暴；今之為關也，將以為暴。』今行者皆稅，本末同流，且如天下諸津，舟航所聚，旁通巴漢，前指閩越，七澤十藪，三江五湖，控引河洛，兼包淮海，弘舸巨艦，千軸萬艘，交貿往還，昧旦永日。今若江津河口，置鋪納稅，納稅則檢覆，檢覆則遲留。此津纔過，彼鋪復止，非唯國家稅錢，更遭主司僦賂。船有大小，載有少多，量物而稅，觸途淹久，統論一日之中，未過十分之一。因此壅滯，必致吁嗟。一朝失利，則萬商廢業；萬商廢業，則人不聊生。其間或有輕訬任俠之徒，斬龍刺蛟之黨，鄱陽暴虐之客，富平悍壯之夫，居則藏鏹，出便竦劍，加之以重稅，因之以威脅，一旦獸窮則搏，鳥窮則攫，執事者復何以安之哉？臣知其不可者四也。

五帝之初，不可詳已。三王之後，厥有著云。秦漢相承，典章大備。至如關市之稅，史籍有文。秦政以雄圖武力，捨之而不用也。漢武以霸略英才，去之而勿取也。何則？關為禦暴之所，市為聚人之地，稅市則人散，稅關則暴興，暴興則起異圖，人散則懷不軌。夫人心莫不背善而樂禍，易動而難安。一市不安，則天下之市心搖矣；一關不安，則天下之關心動矣。況澆風久扇，變法為難，徒欲禁末流，規小利，豈知失玄默，亂大倫？魏、晉眇小，齊、隋齷齪，亦所不行斯道者也。臣知其不可者五也。

今之所以稅關市者，何也？豈不以國用不足，邊寇為虞，一行斯術，冀有殷贍然也。微臣敢借前箸以籌之。伏惟陛下，當聖期，御玄籙，沉璧于洛，刻石于嵩，鑄寶鼎以窮姦，坐明堂而布政，神化廣洽，至德潛通。東夷讋驚，應時平殄；南蠻纔動，計日歸降。西域五十餘國，廣輪一萬餘里，城堡清夷，亭堠静謐。比為患者，唯苦二蕃。今吐蕃請命，邊事不起，即日雖尚屯兵，久後終成弛柝。獨有獸𡁥，假息孤恩，惡貫禍盈，覆亡不暇。征役日已省矣，繁費日已稀矣，然猶下明制，遵太樸，愛人力，惜人財，王侯舊封，妃主新禮，所有支料，咸令減削。此陛下以躬率先，堯舜之用心也。且關中河北，水旱數年，諸處逃亡，今始安輯。儻加重稅，或慮相驚，況承平歲積，薄賦日久，俗荷深恩，人知自樂，卒有變法，必多生怨，生怨則驚擾，驚擾則不安。中既不安，外何能禦？文王曰：『帝王富其人，霸王富其地。理國若不足，亂國若有餘。』古人有言：『帝王藏於天下，諸侯藏於百姓，農夫藏於庾，商賈藏於篋。』惟陛下詳之。必若師興有費，國儲多窘，即請倍算商客，加斂平人。如此，則國保富强，人免憂懼，天下幸甚。臣知其不可者六也。

陛下留神繫表，屬想政源，冒茲炎熾，早朝晏坐，一日二日，機務不遺，先天後天，虛心密應。時政得失，小子何知？率陳瞽辭，伏紙惶懼。

又　卷一〇五《王鉷傳》　史臣曰：夫姦佞之輩，惟事悅人；聚斂之臣，無非害物。賈禍招怨，敗國喪身，罕不由斯道也。君人者，中智已降，亦心緣利動，言為甘聞，志雖慕於聖明，情不勝於嗜欲。徒有賢佐，無如之何。所以《禮經》，戒其勿蓄。宇文融、韋堅、楊慎矜、王鉷，皆開元之倖人也。或以括戶取媚，或以漕運承恩，或以聚貨得權，或以剝下獲寵，負勢自用，人莫敢違。張説、李林甫手握大權，承主恩顧，尚遭凌擯，以身下之，他人即可知也。然天道惡盈，器滿則覆，終雖不令，其弊已多，良可痛也。宋璟、裴耀卿、許景先獲居重任，因融薦之，此亦有鳳之一毛也。玄宗以聖哲之姿，處高明之位，未免此累，或承之羞。後之帝王，得不深鑑？

又　卷一七一《李渤傳》　時皇甫鎛作相，剝下希旨。會澤潞節度使郗士美卒，渤充弔祭使，路次陝西，渤上疏曰：『臣出使經行，歷求利病，竊知渭南縣長源鄉本有四百戶，今纔一百餘戶；闅鄉縣本有三千戶，今纔有一千戶；其他州縣，大約相似。訪尋積弊，始自均攤逃戶。凡十家之内，大半逃亡，亦須五家攤稅，似投石井中，非到底不止。攤逃之弊，苛虐如斯。此皆聚斂之臣剝下媚上，唯思竭澤，不慮無魚。乞降詔書，絶攤逃之弊。其逃亡戶以其家産錢數為定，徵有所欠，乞降特恩免之。計不數年，人必歸於農矣。夫農者，國之本，本立然後可以議太平。若不由茲而云太平者，謬矣。』

《新唐書》卷五一《食貨志一》　古之善治其國而愛養斯民者，必立經常簡易之法，使上愛物，以養其下，下勉力，以事其上，上足而下不困。故量人之力而授之田，量地之産而取以給公上，量其入而出之，以為用度之數。是三者常相須以濟而不可失，失其一則不能守其二。及暴君庸主，縱其佚欲，而苟且之吏從之，變制合時，以取寵於其上。故用於上者無節，而取於下者無限，民竭其力而不能供，由是上愈不足而下愈困，則財利之説興而聚斂之臣用。《記》曰『寧畜盜臣』。盜臣誠可惡，然一人之害爾。聚斂之臣用，則經常之法壞而下不勝其弊焉。唐之始時，授人以口分、世業田，而取之以租庸調之法。其用之也有節，蓋其畜兵以府衛之制，故兵雖多而無所損；設官有常員之數，故官不濫而易禄。雖不及三代之盛時，然亦可以為經常之法也。及其弊也，兵冗官濫，為之大蠹。自天寶以來，大盜屢起，方鎮數叛，兵革之興，累世不息，而用度之數不能節矣。加以驕君昏主，姦吏邪臣，取濟一時，屢更其制，而經常之法蕩然盡矣。由是財利之説興，聚斂之臣進。蓋口分、世業之田壞而為兼并，租庸調之法壞而為兩稅。至於鹽鐵、轉運、屯田、和糴、鑄錢、括苗、榷利、借商、進奉、獻助，無所不為矣。蓋愈煩而愈弊，以至於亡焉。

又　卷五二《食貨志二》　（貞元）十二年，河南尹齊抗復論其弊，以為『軍興，國用稍廣，隨要而稅，吏擾人勞，陛下變為兩稅，督納有時，貪暴無容其姦，二十年間，府庫充牣。但定稅之初，錢輕貨重，故陛下以錢為稅。今錢重貨輕，若更為稅名，以就其輕，其利有六：吏絶其姦，一也；人用不擾，二也；靜而獲利，三也；用不乏錢，四也；不勞而易知，五也；農桑自勸，六也。百姓本出布帛，而稅反配錢，至輸時復取布帛，更為三估計折，州縣升降成姦。若直定布帛，無估可折。蓋以錢為稅則人力竭，而有司不之覺。今兩稅出於農人，農人所有，唯布帛而已。用布帛處多，用錢處少，又有鼓鑄，以助國計，何必取於農人哉？』

宋・司馬光《資治通鑑》卷二四二《唐紀五十八・穆宗睿聖文惠孝皇帝中》　（長慶二年四月甲戌）戶部侍郎判度支張平叔上言：官自糶

鹽，可以獲利一倍；又請令所由，將鹽就村糶易；又乞令宰相領鹽鐵使；又請以糶鹽多少，為刺史縣令殿最；又乞檢責所在實戶，據口團保，給一年鹽，使其四季輸價，又行此策後，富商大賈或行財賄，邀截喧訴，其為首者，所在杖殺，連狀人皆杖脊。詔百官議其可否。兵部侍郎韓愈上言，以為『城郭之外，少有見錢，糴鹽多用雜物貿易，鹽商則無物不取，或賒貸徐還。用此取濟，兩得利便。今令吏人坐鋪自糶，非得見錢，必不敢授。如此貧者無從得鹽，自然坐失常課，如何更有倍利？又若令人吏將鹽家至而戶糶，必索百姓供應，騷擾極多。又刺史、縣令，職在分憂，豈可惟以鹽利多少，為之升黜，不復考其理行？又貧家食鹽至少，或有淡食，動經旬月。若據戶給鹽，依時徵價，官吏畏罪，必用威刑。臣恐因此所在不安，此尤不可之大者也。』中書舍人韋處厚議，以為『宰相處論道之地，雜以鹺務，實非所宜。竇參、皇甫鎛皆以錢穀為相，名、利難兼，卒蹈禍敗。又欲以重法，禁人喧訴。夫強人之所不能，事必不立；禁人之所必犯，法必不行矣。』事遂寢。

宋·呂祖謙《歷代制度詳說》卷三《賦役·詳說》 及至魏晉，有戶調之名。凡有戶者出布帛，有田者出租賦。當時有戶調之名，役法尚存古制，但日新漸增，至南北朝，增三代之三日至於四十五日。自漢至南北朝，賦役經常之法如此。至唐高祖，總括歷代之政，立租庸之法。租者，乃孟子所謂『粟米之征』；調者，乃孟子所謂『布縷之征』。由漢以來所謂戶調，有家則有調，後魏亦謂之戶調。在後魏，以一夫一婦出帛一匹；在北齊，則有一床、半床之制。已娶者則一床，未娶者則半床。此是租庸也。庸者，乃孟子所謂『力役之征』。前代有事則用民力，無事則休息。至唐則算無事不役之時，減一歲作一十五日，計日輸，而所謂有身則有役。唐高祖庸調之法，承習三代、漢魏、南北之制，雖或輕或重，要之規摹，尚不失舊。德宗時，楊炎為相，以戶籍隱漏，徵求煩多，變而為兩稅之法。兩稅之法既立，三代之制皆不復見。然而兩稅在德宗，一時之間雖號為整辨，然取大曆中科徭最多以為數。雖曰自所稅之外，並不取之於民，其後如間架，如借商，如除陌，取於民者不一。

楊炎所以為千古之罪人，何以言之？兩稅未立之前，非無暴君汙吏。所謂汙吏，尚有經常，有權時，然而分外，不過一時橫斂。斂之重者，無如王莽，計本取息，十分之一。役之多者，無如隋煬帝，開汴河，民八百萬。不過權時如此，經常正法，元不曾動。有王者作，經常之制，自吾復古。楊炎併兩稅之後，經常、權時混為一區。有王者作，無所取證，而經常、權時者，皆在其中。民力安得不重？因楊炎之變古亂常，所以為千古之罪人。大抵田制，雖商鞅亂之於戰國，而租稅由有歷代之典制。惟兩稅之法立，古制然後掃地。賦役之畧如此。大抵賦役之法，其根本一見於戶籍丁數，若戶丁產不定，雖有良法美意，亦無自而行。三代之時，所謂田皆在官之田，所謂民年三十受田，六十歸田，所謂人戶始生，閭史書之。是時賦役之法，無緣進退得。自井田變而為阡陌占田無限，戶之高下，田之多少，得以為奸。雖一時為治者，如高熲之在隋，盡括隱丁，隋之富强，自漢以來莫及。宇文融之括隱戶賸田，阡陌之害，流弊於無窮。大抵租庸調之法，自漢以來，固是或輕或重，然而先王之制，尚有存而可見者。唐高祖於四十五日之役，減其大半，然自是又添一個庸。至安祿山暴賦橫斂，一時所取。大曆之間，租庸調之法雖行法者非其人，似若有弊，然而法元不曾改。自楊炎相德宗，考之當時，固當通變之，可惜趣辦一時，非久經之制。

又 卷六《酒禁·詳說》 自桑弘羊建榷酒之利，與往昔大相反，不過榷其利，佐武帝用兵，興宮室之侈靡，意不於防民之得失，多設利網，為罔利之具。延及隋唐，皆如此。到得第三節，與前面甚相反，前面二者雖有優劣，然大率惟恐人飲酒；到後來，惟恐人不飲酒。設心大不同，不過私家不得擅利，公家却自專其利。

宋·洪邁《容齋續筆》卷一六《宋齊邱》 自用兵以来，令民間以見錢紐納稅直，既為不堪，然於其中所謂和買折帛，尤為名不正而斂最重。偶閲大中祥符間太常博士許載著《吳唐拾遺録》，所載多諸書未有者。其《勸農桑》一篇正云：吳順義年中，差官興版簿，定租稅。厥田上上者，每一頃稅錢二貫一百文；中田一頃，稅錢一貫八百；下田一頃，千五百。皆足陌見錢。如見錢不足，許依市價，折以金銀。算計丁口課調，亦科錢。宋齊邱時為員外郎，上策乞虛擡時價而折紬綿絹本色，曰：『江淮之地，唐季已来，戰爭之所。今兵革乍息，黎甿始安，而必率以見錢，折以金銀，此非民耕鑿可得也，無興販以求之，是為教民棄本逐末耳。』是時絹每匹市價五百文，紬六百文，綿每兩十五文。齊邱請絹每匹擡為一貫七百，紬為二貫四百，綿為四十文，皆足錢。丁口課調，亦請蠲除。朝議喧然沮之，謂虧損官錢萬數不少。齊邱致書于徐知誥曰：『明公總百官，理大國，督民見錢與金銀，求國富庶，所謂擁篲救火，撓水求清，欲火滅水清，可得乎？』知誥得書，曰：『此勸農上策也。』即行之。自是不十年間，野無閒田，桑無隙地。自吳變唐，自唐歸宋，民到于今受其賜。齊邱之事美矣，徐知誥亟聽而行之，可謂賢輔相。而《九國志·齊邱傳》中略不書，《資治通鑑》亦佚此事。今之君子為國，唯知浚民以益利，豈不有靦於偏閏之臣乎？

元·馬端臨《文獻通考》卷二三《國用考一·歷代國用》 按古今稱國計之富者，莫如隋。然考之史傳，則未見其有以為富國之術也。蓋周之時，酒有榷，鹽池、鹽井有禁，入市有稅。至開皇三年，而並罷之。夫酒榷、鹽鐵、市征，乃後世以為關於邦財之大者，而隋一無所取，則所仰賦稅而已。然開皇三年，調絹一疋者減為二丈，役丁十二番者減為三十日，則行蘇威之言也。繼而開皇九年，以江表初平，給復十年，自餘諸州並免當年租稅。十年，以宇內無事，益寬徭賦，百姓年五十者輸庸停放。十二年，詔河北、河東今年田租三分減一，兵減半，功調全免。則其於賦稅，復闊略如此。然文帝受禪之初，即營新都徙居之。繼而平陳，又繼而討江南嶺表之反側者，則此十餘年之間，營繕征伐，未嘗廢也。史稱帝於賞賜有功，並無所愛。平陳凱旋，因行慶賞，自門外夾道，列布帛之積，達於南郭，以次頒給，所費三百餘萬段。則又未嘗嗇於用財也。夫既非苛賦斂以取財，且時有征役以糜財，而賞賜復不吝財，則宜用度之空匱也，而何以殷富如此？史求其說而不可得，則以為帝躬履儉約，六宮服澣濯之衣，乘輿供御有故敝者，隨令補用，非燕享，不過一肉。有司嘗以布袋貯乾薑，以氈袋進香，皆以為費用，大加譴責。嗚呼！夫然後知《大易》所謂『節以制度，不傷財，不害民。』孟子所謂『賢君必恭儉禮下，取於民有制』者，信利國之良策，而非迂闊之談也。漢、隋二文帝，皆以躬履朴儉，富其國。漢文師黃老，隋文任法律，而所行暗合聖賢如此。

又 卷二《田賦考二·歷代田賦之制》 右此租庸調徵科之數，依杜佑《通典》及王溥《唐會要》所載，陸宣公《奏議》及《資治通鑑》所言皆同。《新唐書·食貨志》以為每丁輸粟二斛，稻三斛，調則歲輸絹二疋，綾、絁各二丈，布加五之一，綿三兩，麻三斤，非蠶鄉，則輸銀十四兩。疑太重，今不取。

又 卷三《田賦考三·歷代田賦之制》 按以錢輸稅而不以穀帛，以資力定稅而不問身丁，人皆以為行兩稅以後之弊。今觀此，則由來久矣。

租庸調法，以人丁為本。開元後，久不為版籍，法度廢弊，丁口轉死，田畝換易，貧富升降，悉非向時，而戶部歲以空文上之。又戍邊者蠲其租庸，六歲免歸。玄宗事夷狄，戍者多死，邊將諱不以聞，故貫籍不除。天寶中，王鉷為戶口使，務聚斂，以其籍存而丁不在，是隱課不出，乃按舊籍除當免者，積三十年，責其租庸，人苦無告，法遂大弊。至德後，天下兵起，人口凋耗，版圖空虛，賦斂之司莫相統攝，紀綱大壞。王賦所入，無科斂凡數百名，廢者不削，重者不去，吏因其苛，蠶食於人。富人多丁者，以宦學、釋老得免，貧人無所入則丁存，故課免於上而賦增於下，是以天下殘瘁，蕩為浮人，鄉居土著者百不四五。炎疾其弊，乃請為兩稅法，以一其制。議者以為租庸調，高祖、太宗之法，不可輕改，而帝方任炎，乃行之。自是吏姦無所容，輕重之權始歸朝廷矣。

按宇文融、楊炎皆以革弊自任，融則守高祖、太宗之法，炎則變高祖、太宗之法。然融守法而人病之，則以其逼脅州縣，妄增逃羨，以為功也。炎變法而人安之，則以其隨順人情，姑視貧富，以制賦也。融當承平之時，簿書尚可稽考，乃不能為熟議緩行之規。炎當離亂之後，版籍既已隳廢，故不容不為權時施宜之舉。今必優融而劣炎，則為不當於事情矣。

按自秦廢井田之制，隳什一之法，任民所耕，不計多少，於是始舍地而稅人，征賦二十倍於古。漢高祖始理田租，十五而稅一，其後遂至三十而稅一，皆是度田而稅之。然漢時亦有稅人之法。按漢高祖四年，初為算賦，注民十五以上至六十五出賦錢，人百二十為一算；七歲至十五，出口賦，人錢二十。此每歲所出也。然至文帝時，即令丁男三歲而一事賦四十，則是算賦減其三之二，且三歲方徵一次，則成丁者一歲所賦，不過十三錢有奇，其賦甚輕。至昭、宣帝以後，又時有減免。蓋漢時，官未嘗有授田限田之法，是以豪強田連阡陌，而貧弱無置錐之地。故田稅隨占田多寡，為之厚薄，而人稅則無分貧富。然所稅，每歲不過十三錢有奇耳。至魏武初平，袁紹乃令田每畝輸粟四升，又每戶輸絹二疋，綿二斤，則戶口之賦始重矣。晉武帝又增而為絹三疋，綿三斤，其賦益重。然晉制，男子一人占田七十畝，女子及丁男、丁女占田皆有差，則出此戶賦者，亦皆有田之人，非鑿空而稅之，宜其重於漢也。自是相承，戶稅皆重。然至元魏，而均田之法大行，齊、周、隋、唐因之，賦稅沿革，微有不同，史文簡畧，不能詳知。然大槩計畝而稅之令少，計戶而稅之令多。然其時戶戶授田，則雖不必履畝論稅，只逐戶賦之，則田稅在其中矣。至唐始分為租庸調，田則出粟稻為租，身與戶則出絹布綾綿諸物為庸調。然口分，世業，每人為田一頃，則亦不殊元魏以來之法，而所謂租庸調者，皆此受田一頃之人所出也。

中葉以後，法制隳弛，田畝之在人者不能禁其賣易，官授田之法盡廢，則向之所謂輸庸調者，多無田之人矣。乃欲按籍而徵之，令其與豪富兼幷者一例出賦，可乎？又況遭安史之亂，丁口流離轉徙，版籍徒有空文，豈堪按以為額？蓋當大亂之後，人口死徙虛耗，豈復承平之舊？其不可轉移失陷者，獨田畝耳。然則視大曆十四年墾田之數，以定兩稅之法，雖非經國之遠圖，乃救弊之良法也。但立法之初，不任土所宜，輸其所有，乃計綾帛而輸錢，既而物價愈下，所納愈多，遂至輸一者過二，重為民困。此乃掊刻之吏所為，非法之不善也。陸宣公與齊抗所言，固為切當，然必欲復租庸調之法，必先復口分、世業之法，均天下之田，使貧富等而後可。若不能均田，則兩稅乃不可易之法矣。

又歷代口賦，皆視丁中以為厚薄。然人之貧富不齊，由來久矣。今有幼未成丁而承襲世資、家累千金者，乃薄賦之。又有年齒已壯而身居窮約、家無置錐者，乃厚賦之。豈不背繆？今兩稅之法，人無丁中，以貧富為差，尤為的當。宣公所謂計估算緡，失平長偽，挾輕費轉徙者脫傜稅，敦本業不遷者困斂求，乃誘之為姦，毆之避役。此亦是有司奉行者不明不公之過，非法之弊。蓋力田務本與商賈逐末，皆足以致富。雖曰逐末者易於脫免，務本者困於徵求，然所困猶富人也，不猶愈於庸調之法不變，不問貧富而一概按元籍徵之乎？蓋賦稅必視田畝，乃古今不可易之法。三代之貢、助、徹，亦只視田而賦之，未嘗別有戶口之賦。蓋雖授人以田而未嘗別有戶賦者，三代也。不授人以田而輕其戶賦者，兩漢也。因授田之名而重其戶賦，田之授否不常而賦之重者，已不可復輕，遂至重為民病，則自魏至唐之中葉是也。自兩稅之法行，而此弊革矣。豈可以其出於楊炎而少之乎？

按兩稅不徵粟帛而徵錢，吏得為姦以病民。穆宗時嘗復舊制，徵粟帛矣。今復有此令，豈又嘗變易邪？計貨徵錢，必有估直，而估乃有虛、實之異，舞文如此。今禁其於定制外多科，固不若仍復粟帛之徵，則自不能多求於定數之外也。

按同光三年，是為莊宗既滅梁、蜀之後，驕侈自恣，賞賚無節，倉廩空虛，軍民咨怨。孔謙復行尅剝之政，民力重困，而國用不支，將以危亡之時也。然則琪言雖美，詔敕雖再，祇虛文耳。

又　卷一四《征榷考一·征商關市》　按鬻賣而有稅，理也；經過而有稅，非理也。觀此則其来已久，而牛畜之外，餘物俱有過稅，商旅安得願出其塗乎？

又　卷一八《征榷考五·榷茶》　致堂胡氏曰：茶者，生人之所日用也，其急甚於酒。然王鉷、楊慎矜、韋堅以及劉晏，皆置而不征，猶為忠厚。天地生物，凡以養人，取之不可悉也，張滂稅茶則悉矣。凡言利者，未嘗不假托美名，以奉人主私欲，滂以茶稅錢代水旱田租是也。既以立額，則後莫肯蠲，非惟不蠲，從而增廣其數，其法嚴峻者有之矣。至於官盡榷之，商旅不得貿遷，而必與官為市。在私則終不能禁，而椎埋惡少竊販之害興，偶有敗獲，姦人猾吏相為囊橐，獄迄不直而治所由歷，株連枝蔓，致良民破產，接村比里，甚則盜賊出焉。在公則收貯不虔，發泄不時，至於朽敗，與新斂相妨，或没入竊販，無所售用，於是舉而焚之，或乃沉之，殃民害物，咸弗恤也。其原則在於得數十萬緡錢而已。夫弛山澤之禁以予民，王政也。必不得已，聽商旅貿遷而薄其征。茶也者，東南所有，西北所無，雖曰薄征，其入於王府者，亦不貲矣。息盜奪，止訟獄，佐國用，其利亦大矣。張滂、王涯，豈足效哉？

明·丘濬《大學衍義補》卷二二《治國平天下之要·制國用·貢賦之常·賦稅》　臣竊以謂土地萬世而不變，丁口有時而盛衰。定稅以丁，稽考為難；定稅以畝，檢覈為易。兩稅以資產為宗，未必全非也。但立法之初，謂兩稅之外，不許分毫科率，然兵興費廣，不能不於稅外別有徵求耳。此時之弊，非法之弊也。自唐立此法之後，至今行之，遂為百世不易之制。

又　卷二四《治國平天下之要・制國用・經制之義下》　臣按橫斂厚征，治天下之大蠹也。然橫斂厚征之法之行，民雖怨咨愁蹙，然猶歸咎上人之用非其人，取非其道，幸其一旦更之，尚可以為生也。惟豫借之令一行，示天下以國儲之虛，歲計之竭，天下之人譁然，謂天下不復可為，而生其泮渙離散之心者，未必不自此也。譬則富室之居鄉落也，平時貧民資其儲蓄而賴以舉貸，一旦反假借於鄰家，其家之寥落可知矣。唐莊宗，亂世之君，不得已而為此，猶為非策，況國家府庫未至於匱絶而遽為此舉，可乎？

又　卷二八《治國平天下之要・制國用・山澤之利上》　臣按天生一世之物，以供一世之用，人用一世之物，必成一世之事，物各異用而用之，各有所宜。漢以大司農掌天下之錢穀，以給百官祿俸，軍國饋餉，而山澤之利則掌之少府，而以私奉養焉。唐至中葉兵起，流庸未復，稅賦不足，凡天下所謂軍饟祿俸，皆仰給於鹽，天下之賦，鹽居其半。嗚呼！天地生物，止於此數，人力有限而用度無窮，自非剝削竈戶，折閲商賈，何以得鹽利如此之多哉？當是之時，所征於民稅賦，不知何在，而專仰給於一鹽如此。若以為兵起民貧，然農民皆貧，而竈戶獨富乎？劉晏雖曰善於理財，然知利國之為利，而不知利民之為大利；知專於取利而可以得利，而不知薄於取利而可以大得利也。

又　卷二九《治國平天下之要・制國用・山澤之利下》　臣按茶之有稅，始此。昔者三代盛時，山澤之利，皆以予民。秦漢以來，始奪民之利而有鹽鐵之賦。蓋其初意，恐豪强之專其利，或藉此以叛亂，非專以利國也，其後則以利國矣。然鹽鐵之為用，民食淡則不能下咽，民徒手則不能斷物以成器，是不可一日闕焉者也。於是而榷之，已非王政，矧茶之為物，民之日用不可無，非可以他物代之，胡亦榷以為利焉？嗚呼！民資五穀以為食，所以下食者鹽，而消其食者茶也。既以稅其食，而又稅其所下食之具，及其所消食者亦稅之，民亦不幸而生於唐宋之世哉！

臣按茶有稅，始於趙贊，然尋即亟罷。張滂所得，其利尚微，至王播增稅而又置使以榷茶，遂為天下生民無窮之害。

又　卷三〇《治國平天下之要・制國用・征榷之課》　臣按穀麥既已納稅，用穀以為酒，又稅之；造麥為麴以醖酒，又稅之；用米與麴以為醋，又稅之。是則穀麥一類，農耕以為食，官既取之；商糴於農，以為酒，為麴，為醋，官又取之。此一物而三四出稅也。嗚呼！此皆末世之事，隆盛之時所無有也。是豈上天生物養民，人君代天子民之意哉？

清・顧炎武《日知録》卷一〇《行鹽》　唐劉晏為轉連使，專用榷鹽法，充軍國之費。時自許、汝、鄭、鄧之西，皆食河東池鹽，度支主之；汴、滑、唐、蔡之東，皆食海鹽，晏主之。晏以為鹽吏多則州縣擾，故但於出鹽之鄉置鹽官，收鹽戶所主之鹽，轉鬻於商人，任其所之。自餘州縣，不復置官。其江、嶺間去鹽鄉遠者，轉官鹽於彼貯之，或商絶鹽，貴則減價鬻之，謂之常平鹽，官獲其利而民不乏鹽。始江淮鹽利不過四十萬緡，季年乃六百萬緡。由是國用充足而民不困弊。今日鹽利之不可興，正以鹽吏之不可罷。讀史者，可以慨然有省矣。

又《豫借》　唐玄宗天寶三載，制曰：每載庸調八月徵收，農功未畢，恐難濟辦。自今已後，延至九月二十日為限。至代宗廣德二年七月庚子，稅天下地畝青苗錢，以給百官俸。田一畝，稅錢十五。所謂青苗錢者，以國用急，不及待秋，方苗青而徵之，故號青苗錢。主其任者，為青苗使。此與宋王安石所行青苗錢之法不同。彼則當青黄未接之時，貸錢於貧民而取其息。本謂之常平錢，民間名為青苗錢耳。遂為後代豫借之始。陸宣公言：蠶事方興，已輸縑稅，農功未艾，遽斂穀租。上司之繩責既嚴，下吏之威暴愈促，有者急賣而耗其半直，無者求假而費其倍酬。憲宗元和六年二月，制以新陳未接，營辦尤艱，凡有給用，委觀察使以供軍錢方員借便，不得量抽百姓。故韓文公有《游城南》詩云：『白布長衫紫領巾，差科未動是閒身。麥苗含穟桑生葚，共向田頭樂社神。』是三、四月之間，尚未動差科也。至後唐莊宗同光四年三月戊辰，以軍食不足，敕河南尹豫借夏秋稅。其時外内離叛，未及一月，國亡主滅。明宗即位，頗知愛民，見於《文獻通考》所載長興四年起徵條流，其節候早者五月十五日起徵，八月一日納足，遞而下之，其尤晚者六月十五日起徵，九月納足。周世宗顯德三年十月丙子，上謂侍臣曰：『近朝徵斂穀帛，多不俟收穫紡績之畢。』乃詔三司，自今夏税以六月、秋税以十月起徵。是莊宗雖有三月豫借之令，而實未嘗行也。乃後代國勢阽危非若同光，而春初即出榜開徵，其病民又甚矣。

清·王夫之《讀通鑑論》卷二〇《唐高祖·九》 租、庸、調之法，拓拔氏始之，至唐初而定。戶賦田百畝，所輸之租粟二石，其輕莫以過也；調隨土宜，庸役兩旬，不役則輸絹六丈。重之於調、庸，而輕之於粟，三代以下郡縣之天下，取民之制，酌情度理，適用宜民，斯為較得矣。

地之有稼穡也，天地所以給斯人之養者也。人之戴君而胥匡以生也，禦其害，協其居，坊其疆以淫，撫其弱以萎，君子既勞心以治人，則有力可勞者當為之效也。地産之有餘者，桑麻金錫茶漆竹木椶葦之屬，人不必待以生，而或不勞而多獲，以資人君為民立國經理綢繆之用，固當即取於民以用者也。酌之情，度之理，租不可不輕，而庸、調無嫌於重，豈非君以養民、民以奉公之大義乎？故曰『明看中五穀』。穀者，民生死之大司也。箕斂以聚之上，紅朽盈而多豢不耕之人，下及於犬馬，則賤矣；開民之利。勸之以耕，使裕於養，而流通其餘，以供日用之需，所以貴之也；示民以不愛其力以事上，而重愛其粟，雖君上而不輕與，則貴之也至矣。

故惟重之於庸，而輕之於租，民乃知耕之為利，雖不耕而不容偷窳以免役，於是天下無閑舊，而田無鹵莽，耕亦征也，不耕亦征也，其不勸於耕者鮮矣。

且按唐開元戶數凡九百六十一萬九千有奇，戶租二石，為租千九百二十三萬有奇，以萬曆清丈所定，夏秋税糧二千六百六十三萬有奇較之，其差無幾也。田百畝而租二石，幾百而取一矣，而可給二百二十萬人之食以鑲兵，而不止三年之餘一。粟之取也薄，而庸、調之取絹綿土物也廣，則官吏胥役百工之給，皆以庸、調之所輸給之，使求粟以贍其俯仰，皆出貨賄以餬糴於農民，而耕者鹽酪醫藥昏喪之用，粟不死而貨賄不騰。調、庸之職貢一定於戶口而不移，勿問田之有無，而責之不貸，則逐末者無所逃於溥天率土之下，以嫁苦於農人。徭不因田而始有，租以薄取而易輸，汙吏猾胥無可求多於阡陌，則人抑視田為有利無害之資，自不折入於疆豪，以役耕夫而恣取其半。以此計之，唐之民固中天以後樂利之民也；此法廢而後民不適有生，田盡入於疆豪而不可止矣。

役其人，不私其土，天之制也；用其有餘之力，不奪其勤耕之獲，道之中也；效其土物之貢，不斂其待命之粟，情之順也；耕者無虐取之憂，不耕者無幸逃之利，義之正也。若夫三代之制，田税十一，而二十取一，孟子斥之為小貉，何也？三代沿上古之封建，國小而君多，聘享征伐一取之田，蓋積數千年之困敝，而暴君橫取，無異於今川、廣之土司，吸齕其部民，使鵠面鳩形，衣百結而食草木。三代聖王，無能疾出其民於水火，為撙節焉以漸蘇其生命，十一者，先王不得已之為也。且天子之畿，東西南北之相距，五百里而已，舟車之挽運，旬日而往還，侯國百里之封，居五十裏之中，可旦輸而夕返。今合四海以供一王，而饋餫周於遠塞，使輸十一於京邊，萬裏之勞，民之死者十九，而誰以軀命殉一頃之荒瘠乎？弗獲已而折色輕齊之制以稍寬之，乃粟之貴賤無恒，而定之以一切之准，墨吏抑盡廢本色，於就近支銷而厚取其值，其便賤糴以應非時之誅求，臺非奸詭豪彊，未有敢名田為已有者。若且不察而十一征之，誰為此至不仁之言曰中正之制，以勦絕生民之命乎？

乃若唐之庸，重矣，以後世困農而恣遊民之逋役則重也，以較三代則尤輕。古者七十二井而出長轂一乘，步卒七十二人，九百畝而一人為兵。畝百步耳，九百畝，今之四百畝而不足也。以中則准之，凡糧二十石有奇而出一兵。無歲不征，無年不戰，死傷道殞，復補伍於一井之中。唐府兵之未盡革也，求兵於免租免庸之夫，且讀杜甫無家、垂老、新婚三別之詩，千古猶為墮淚。則三代之民，其死亡流離於鋒矢之下，亦慘矣哉，抑且君行師從，卿行旅從，狩覲、會盟、聘問、逆女、會葬，乃至遊觀、畋獵，皆奔走千百之耕夫於道路，暑暍凍瘃，饑渴勞敝而死者，不知凡幾，而築城、穿池、營宮室、築苑囿之役不與焉，其視一歲之庸，一戶數口而折絹六丈者，利害奚若也？論者不體三代聖王因時補救不得已之心，而猶曰十一取民，寓兵於農之可行於今也，不智而不仁，學焉而不思，亦忍矣哉！後王參古以宜民，唐室租、庸、調，畫一仁民之法，即有損益，無可廢矣。

又 卷二三《唐肅宗·三》 自唐以上，財賦所自出，皆取之豫、兗、冀，雍而已足，未嘗求足於江、淮也。恃江、淮以為資，自第五琦始。當其時，賊據幽、冀，陷兩都，山東雖未盡失，而隔絕不通，蜀賦既寡，又限以劍門、棧道之險，所可資以贍軍者唯江、淮，故琦請督租庸自漢水達洋州，以輸於扶風，一時不獲已之計也。乃自是以後，人視江、淮為腴土，劉晏因之輦東南以供西北，東南之民力殫焉，垂及千年而未得稍紓。嗚呼！朝廷既以為外府，垂腴朵頤之官吏，亦視以為羶場，耕夫紅女有宵匪旦，以應密罟之誅求，乃至衣被之靡麗，口實之珍奇，苛細煩勞以聽貪人之侈濫，匪舌是出，不敢告勞，亦將孰與念之哉！

自漢以上，吳、越、楚、閩，皆荒服也。自晉東遷，而江、淮之力始盡。然唐以前，姚秦、拓拔、宇文，唐以後，自朱温以迄宋初，江南割據，而河雒、關中未嘗不足以立國。九州之廣，豈必江濱海澨之可漁獵乎？祖第五琦、劉晏之術者，因其人惜廉隅，畏鞭笞，易於弋取，而見為無盡之藏。竭三吳以奉西北，而西北坐食之；三吳之人不給饘粥之食，抑待哺於上游，而上游無三年之積，一罹水旱，死徙相望。乃西北蒙坐食之休，而民抑不為之加富者，豈徒天道之虧盈哉？坐食而驕，驕而佚，月倍三釜之餐，上無再易之力，陂堰不修，桑蠶不事，舉先王盡力溝洫之良田，聽命於旱蝗而不思捍救，仍饑相迫，則夫削妻骸，弟烹兄肉，其彊者彎弓馳馬以殺奪行旅，而猶睥睨東南，妬勞人之采梠剝蟹也。誰使之然，非偏困東南以驕西北者縱之而誰咎邪？驕之使橫，佚之使惰，貪欲可遂，則笑傲以忘所自來；供億不遑，則忮忿而狂興以逞。其野人惡舌暗惡，以脅羸懦之馴民；其士大夫氣湧膽張，恫喝以淩衣冠之雅士。於是國家無事，則依中涓、附戚裏而不惜廉隅；天下有虞，則降盜賊、戴夷狄而不知君父；何一而非坐食東南者之教猱豢虎，以使農非農、士非士，日漸月靡，俾波逝而無回瀾哉？

冀士者，唐堯勤儉之餘澤也；三河者，商家六百載奠安之樂土也；長安者，周、漢之所久安而長治也。生於此遂，教於此敷，一移其儲偫之權於江介，而中原幾為無實之土。第五琦不得已而偶用之，害遂延於千載。秉國之均，不平謂何。非均平方正之君子，以大公宰六合，未易以齊五方而綏四海。邵康節猶抑南以伸北，亦不審民情天化之變矣。

又《唐代宗・六》 讀古人書，不揆其實，欲以制法，則殃民者亦攀援附托以起，非但耕戰刑名之邪說足以禍天下也。

三代取民之法，皆曰什一，當其時必有以處之者，民乃不困。其約略可考者，則有中地下地，一易再易，田萊相參之法，名為什一，非什一也。以國之經費言之，天下既自上古以來封建相沿，而各君其國，以與天子相頡頏，以孟子所言，率今一小縣，而有五世之廟，路寢三門之制；百官有司，則以周初千八百國計之，以次國二卿為准，南不盡楚塞，西不踰河、隴，東不有吳、越，中原侯甸未訖六州，而為卿者已三千六百人，人食一千六百之粟，而大夫士府史胥徒坐食無算，今天下十不得一也；幣帛饔飧見於聘禮者，如此其繁，比年三年數舉而偏於友邦，皆民之晝耕夕織、勤苦而僅獲者也。後世而倖免此矣，則無三王寬恤之仁，而欲十取其一，以供貪君之慢藏，哀哉！苟有惻隱之心者，誰忍言此哉？

然而第五琦竊其語以橫征，欲詰其非，則且曰此禹、湯、文、武，裁中正之法以仁天下，而孟子謂異於貉迫者也，胡不可行也？乃代宗行之三年，而民皆流亡，卒不可行而止。以此推之，後世無識之士，欲撓亂成法，謂三代之制一一可行之今，適足以賊民病國，為天下僇，類此者衆矣。不體三代聖人之心，達其時變，而徒言法古者，皆第五琦之徒也，惡逾於商鞅矣。何也？彼猶可鉗束其民而民從之，此則旦令行而夕哭於野，無有能從之者也。三十取一，民猶不適有生，況什一乎？

又 卷二四《唐德宗・五》 言治道者諱言財利，斥劉晏為小人。晏之不得為君子也自有在，以理財而斥之，則倨驕浮薄之言，非君子之正論也。夫所惡於聚財者，以其殃民也。使國無恒畜，而事起倉卒，危亡待命，不能坐受其斃，抑必橫取無藝以迫民於死，其殃民又孰甚焉？故所惡於聚財之臣者，唯其殃民也，如不殃民而能應變以濟國用，民無橫取無藝之苦，詎非為功於天下哉？

晏之理財於兵興之日，非宇文融、王鉷、元載之額外苛求以困農也，察諸道之豐凶，豐則貴，凶則賤糶，使自有餘息以供國，而又以蠲免救助濟民之餒瘠，其所取盈者，奸商豪民之居贏，與墨吏之妄濫而已。仁民也，非以殃民也。榷鹽之利，得之奸商，非得之食鹽之民也；漕運之羨，得之徒勞之費，非得之輸挽之民也。上不在官，下不在民，晏乃居中而使租、庸不加，軍食以足。晏死兩午，而括富商、增稅錢、減陌錢、稅閑架，重剝餘民之政興，晏為小人，則彼且為君子乎？

抑考當日戶口虛盈之數，而晏體國安民之心，不可没矣。兵興以來，戶不過二百萬，晏任財賦之季年，增戶百萬，非晏所統者不增，夫豈晏有術以餌之，使鄰民以歸己邪？戶口之耗，非果盡死亡也。貪汙之吏，舉百費而一責之農民，猾胥持權，以私利為登耗，民不任其誅求，賄吏而自詭於逃亡死絕，猾胥鬻天子之民以充囊匯，偷窳之守令，亦以戶少易征，免於催科不足之罰，而善匿者長子孫，據阡陌，征徭不及，以為法外之民，其著籍而重受荼毒，皆窮鄉願樸者爾。戶日耗，賦必日增，僅存之土著，日斃於杖箠凶系之下，此其所以增者百一、而減者十三也。晏唯通有無、收監利、清挽兌，以給軍用，而常賦有經以不濫；且所任以理租、庸者，一皆官箴在念之文士，而吏不得以持權。則彼民也，既優遊於奉公之不擾，自不樂受猾胥之脅索，抑安居晏寢，無漏逃受戮之隱憂，有田而租，有口而庸、調，何憚而不為版籍之良民，以康乃身心邪？然則非晏所統而戶不增者，非不增也，增於吏而不增於國也。晏得其樂於附籍之本情，以杜奸胥之詭，使樂輸者無中侵之傷，故民心得而戶口實，仁人君子所以體民而生聚者，亦此而已。豈乞靈於造物而使無夭劄，遙呼于胡、越而使受戎索哉？然則晏之於財賦，君子之用心也，不可以他行之瑕責之也。

又《唐德宗·六》　無利於國，無補於民，聽奸人之挾持，為立法禁，以驅役天下而桎梏之，是謂稗政。能知此者，可與定國家之大計矣。

劉晏庀軍國之用，未嘗有搜求苛斂於民，而以榷鹽為主。鹽之為利，其來舊矣。而法愈繁則財愈絀，民愈苦於淡食，私販者遂為亂階，無他，聽奸商之邪說，以擅利於己，而衆害叢集矣。官榷之，不能官賣之也；官賣之，而有抑配、有比較、有增價、有解耗，殃民已亟，則私販雖死而不懲。必也，官於出鹽之鄉，收積以鬻于商，而商之奸不讎矣。統此食鹽之地，統此歲辦之鹽，期於官無留鹽、商無守支、民無缺乏，踴貴而止耳。官總而計之，自竈丁牢盆薪芻糧值之外，計所得者若干，足以裕國用而止耳。一入商人之舟車，其之東之西，或貴或賤，可勿問也。而奸商乃脅官以限地界。地界限，則奸商可以唯意低昂，居盈待乏，而過索於民。民苦其貴，而破界以市於他境，官抑受商之餌，為之禁制，徽纆日累於廷，掠奪日喧於野，民乃激而走挺，於是結旅操兵，相抗相殺，而盜賊以起。元末泰州之禍，亦孔烈矣。若此者，於國無錙銖之利，君與有司受奸商之羈絭，以毒民而激之亂，制法之愚，莫甚於此，而相沿不革，何也？朝廷欲鹽之速讎，不得其術，而墨吏貪奸商之賄，為施網罟，以恣其射利之壟斷，民窮國亂，皆所弗恤也。

晏知之矣，省官以省掣查支放之煩，則商既不病；一委之商，而任其所往，商亦未嘗無利也。相所缺而趨之，捷者獲焉，鈍者自咎其拙，莫能怨也。而私販之刑不設，爭盜抑無緣以起。其在民也，此方挾乏以增價，而彼已至，又唯恐其讎之不先，則踴貴之害亦除。守此以行，雖百王不能易也。晏決策行之，而後世猶限地界以徇奸商，不亦愚乎？

持其大綱，疏其節目，為政之上術也。統此一王之天下，官有煮海之饒，民獲流通之利，片言而決耳，善持大計者，豈有不測之術哉？得其要而奸不能欺，千載莫察焉，亦可歎已！

又《唐德宗·三四》　自米粟外，民所輸者，本色、折色奚便？國之利不宜計也，而必計利民。利民者，非一切之法所可據為典要，唯其時而已。唐之初制，租出穀，庸出絹，調出繒、纊、布，其後兩稅法行，繒、纊、布改令納錢。陸敬輿上言：『所征非所業，所業非所征，請令仍輸本色。』執常理以言之，宜無以易也；揣事理以言之，則有未允者焉。

絹、繒、纊、布之精粗至不齊矣，不求其精，則民俗之偷也，且以行濫之物輸官，而吏以包容受賕，既損國計、導民奸，而取有用之絲枲，為速敝之絹布，滅裂物產，於民亦病矣。如必求其精且良與？而精粗者，無定之數也，墨吏、猾胥操權以苛責為索賄之媒，民困不可言矣。錢則緡足而無可挾之辭矣，以絹、布、綿、縷而易錢，愚氓雖受欺於奸賈，而無恐喝之威，則其受抑者無幾，雖勞而無大損也，此折錢之一便也。

又《唐德宗·三五》　陸敬輿論稅限迫促之言曰：『蠶事方興，已輸縑稅；農功未畢，遽斂穀租。上責既嚴，吏威愈促。急賣而耗其半直，求假而費其倍償。』悲哉！亂世之民；愚哉！亂世之君也。

民之可悲者，聶夷中之詩盡之矣。其甚者，不待二月而始賣新絲，五月而始糴新穀也。君之愚也，促之甚，則民益貧；民益貧，則稅益逋；

耕桑之獲，止有此數，促之速盡，後雖死於桁楊，而必無以繼；流亡日苦，起為盜賊，而後下蠲逋之令，計其所得，減於緩徵者，十之三四矣；何其愚也！迫促之令，君惛而不知計，民惴而不敢違。墨吏得此以張其威焰，猾胥得此以讎其罔毒，積金屯粟之豪民得此以持貧民之生死，而奪其田廬子女。亂世之上下，胥以迫促為便，而國日蠹、民日死，夫誰念之？

孟子曰：『用其一，緩其二。』緩之為利溥矣哉！所謂緩者，非競置之謂也，通數十百年而計之，緩者數月而已。絀邪臣急功之謀，斥帑臣吝發之說，燭計臣卸責之私，姑忍之，少待之，留一春夏之閑，俟之秋冬，而明歲之春夏裕矣，源源相繼，實亦未嘗有緩也。統計之於累歲之余，初何有濡遲之憂哉？國家當急遽之時，自有不急之費，取此而姑忍之，少待之，可省以應急需者不患乏也，而柰何遽責之千里之遙、轉輸之不逮事者也：緩者，驕帥、奸臣、墨吏、猾胥、豪民之大不便，而人君深長之益也，愚者自不知耳。君愚，而百姓之可悲、無所控告矣。

又　卷三〇《五代下·二二》　周主立二税征限，夏税以六月，秋税以八月，兩税既行，無有便於此矣。急於此，則民病，易知也；緩於此，則民亦病，未易知也。

夫惟富人之求而無不給也，則急之與緩勿擇也。貧民者歲之所獲，僅此而已矣，急之則稱貸而倍償，固也；獲之有量，而須用者無方，乘其方有之日，使以其應輸者輸官，則所餘為私家之養者，或足或乏，皆可經度以節一歲之用。六月而蠶織成矣，十月而禾黍登矣，而上無期以限之，愚民忘他日之催科，婦子鬻絲粟之有羨，遊食之工賈，鄉鄰之醵會，相與糜其贏餘，室已如縣而徵求始迫，於是移來歲未審之豐歉，倍息以貸而求免於桁楊。上且曰：吾已緩之，而猶不我應，民之頑也乃不知緩之正所以迫之也哉！

情不可不諒也，時不可不知也，役車其休之後，予以從容謀生之計，而暇豫以圖，方春於耜之勞，民不能自度，上為度之。而當其緩也不容急，當其急也不容緩，憂民之憂者，不可不察也。以六月征者，期成於八月；以十月征者，期盡於一冬。力可供，則必之以速完；貧不可支，則蠲除於限末。嚴豪民玩上之罰，開貧寡自全之路，一歲畢一歲之征，民習而安焉。王者復起，不能易也。

清·趙翼《廿二史劄記》卷二二《五代史·五代鹽麴之禁》　五代橫征無藝。洪《容齋隨筆》記朱温以夷門一鎮，力征而得天下，士雖苦戰，民則樂輸，末帝與唐莊宗對壘於河上，民雖困於輦運，亦未至流亡，由賦斂輕而田園可戀故也。及唐莊宗任吏人孔謙為三司使，峻法以剝下，厚斂以奉上，於是賦斂日重，而歷代因之。今即據鹽、麴二事，可見其大概也。凡鹽鐺戶應納鹽利，每斗折納白米一斗五升，晉初始令折錢收納，竈戶所納如此，鹽價之貴可知也。海鹽界分每年收錢一千七萬貫，以區區數十州之地，而收價如此，其價更可知也。每城坊官自賣鹽，鄉村則案戶配食，依田税輸錢。其私販之禁，十斤以上即處死，刮鹻煎鹽者，不論斤兩皆死。凡告者，十斤以上賞錢二十千，五十斤以上三十千，百斤以上五十千。其法令之嚴可知也。晉高祖知鹽貴之病民，乃詔計戶徵税，每戶自一千至二百文，分五等，聽商人販鹽，民自買食，一時頗以為便。出帝時，又令諸州郡税鹽，過税斤七錢，住税斤十錢，蓋已案戶徵鹽錢，不便改法，乃又加徵商税，使利歸於官也。漢乾祐中，青鹽一石，抽税一千文、鹽一斗，是又加重於出帝時矣。周廣順中，始詔青鹽一石抽八百文、鹽一斗，白鹽一石抽五百文、鹽五升。然鹽價既因抽税增貴，而案戶所徵之鹽税又不放免，是一鹽而二税，民益苦之。此鹽法之大概也。其酒麴之禁，孔循曾以麴法殺一家於洛陽。私麴五斤以上皆死。明宗乃詔鄉村人戶於秋田苗上，每畝納錢五文，聽民自造麴釀酒。其城坊亦聽自造而榷其税。長興中，又減五文為三文。尋仍詔官自造麴，減舊價之半，賣民釀酒。漢乾祐中，私麴之禁，不論斤兩皆死。周廣順中，仍改為五斤以上。然五斤私麴即處極刑，亦可見法令之酷矣。此麴法之大概也。以上俱見薛《史》及《五代會要》。即此二事，峻法專利，民已不堪命，況賦役繁重，橫征百出，加以藩鎮之私斂，如趙在禮之拔釘錢，每戶一千；劉銖之加派秋苗，每畝率錢三千，夏苗畝二千。民之生於是時者，可勝慨哉！

藝文

唐·王建《王司馬集》卷二《海人謠》　海人無家海裏住，採珠殺象為歲賦。惡波横天山塞路，未央宮中常滿庫。

唐·張籍《張司業集》卷二《野老歌》 老農家貧在山住，耕種山田三四畝。苗疏税多不得食，輸入官倉化為土。歲暮鋤犁倚空室，呼兒登山收橡實。西江賈客珠百斛，船中養犬長食肉。

唐·白居易《白氏長慶集》卷二《重賦》 厚地植桑麻，所要濟生民。生民理布帛，所求活一身。身外充征賦，上以奉君親。國家定兩税，本意在愛人。厥初防其淫，明敕内外臣。税外加一物，皆以枉法論。奈何歲月久，貪吏得因循。浚我以求寵，斂索無冬春。織絹未成疋，繰絲未盈斤，里胥迫我納，不許暫逡巡。歲暮天地閉，陰風生破村。夜深烟火盡，霰雪白紛紛。幼者形不蔽，老者體無温。悲喘與寒氣，併入鼻中辛。昨日輸殘税，因窺官庫門。繒帛如山積，絲絮如雲屯。號爲羡餘物，隨月獻至尊。奪我身上暖，買爾眼前恩。進入瓊林庫，歲久化爲塵。

又《贈友》 私家無錢鑪，平地無銅山。胡爲秋夏税，歲歲輸銅錢？錢力日已重，農力日已殫。賤糶粟與麥，賤貿絲與綿。歲暮衣食盡，焉得無饑寒？吾聞國之初，有制垂不刊。傭必算丁口，租必計桑田。不求土所無，不强人所難。量入以爲出，上足下亦安。兵興一變法，兵息遂不還。使我農桑人，顦顇畎畝間。誰能革此弊，待君秉利權。復彼租庸法，令如貞觀年。

又 卷四《新樂府·杜陵叟 傷農夫之困也》 杜陵叟，杜陵居，歲種薄田一頃餘。三月無雨旱風起，麥苗不秀多黄死。九月降霜秋早寒，禾穗未熟皆青乾。長吏明知不申破，急斂暴徵求考課。典桑賣地納官租，明年衣食將何如？剥我身上帛，奪我口中粟。虐人害物即豺狼，何必鉤爪鋸牙食人肉。不知何人奏皇帝，帝心惻隱知八弊，白麻紙上書德音，京畿盡放今年税。昨日里胥方到門，手持尺牒牓鄉村，十家租税九家畢，乘受吾君蠲免恩。

唐·元稹《元氏長慶集》卷二三《樂府·織婦詞》 織婦何太忙？蠶經三卧行欲老，蠶神女聖早成絲。今年絲税抽徵早，早徵非是官人惡。去歲官家事戎索，征人戰苦束刀瘡，主將勳高换羅幕。繅絲織帛猶努力，變緝撩機苦難織。東家頭白雙女兒，為解挑紋嫁不得。簷前嫋嫋游絲上，上有蜘蛛巧來往。羨他蟲豸解緣天，能向虚空織羅網。

又《田家詞》 牛吒吒，田确确，旱塊敲牛蹄趵趵。種得官倉珠顆穀，六十年來兵蔟蔟。月月食糧車轆轆，一日官軍收海服。驅牛駕車食牛肉，歸來收得牛兩角。重鑄鋤犁作斤劚，姑舂婦擔去輸官。輸官不足歸賣屋，願官早勝讐早覆。農死有兒牛有犢，不遣官軍糧不足。

唐·杜荀鶴《唐風集》卷二《山中寡婦》 夫因兵死守蓬茅，麻苧衣衫鬢髮焦。桑柘廢來猶納税，田園荒後尚徵苗。時挑野菜和根煮，旋斫生柴帶葉燒。任是深山更深處，也應無計避征徭。

唐·皮日休《文藪》卷一〇《農父謡》 農父寃辛苦，向我述其情。雖將一人農，可備十人征。如何江淮粟，輓漕輸咸京。黄河水如電，一半沉與傾。均輸利其事，職司安敢評！三川豈不農？三輔豈不耕？奚不車其粟，用以供天兵！美哉農父言，何計達王程？

宋·姚鉉《唐文粹》卷一六下《詩癸·李紳〈憫農〉》 春種一粒粟，秋收萬顆子。四海無閒田，農夫猶餓死。

又《聶夷中〈傷田家〉》 二月賣新絲，五月糶新穀。醫得眼前瘡，剜却心頭肉。我願君王心，化作光明燭。不照綺羅筵，偏照逃亡屋。

又《袁高〈茶山作〉》 禹貢道遠俗，所圖在安人。后王失其本，職吏不敢承。亦有姦佞者，因兹欲求伸。動生千金費，日使萬姓貧。我來顧渚源，得與茶事親。甿輟耕農耒，採採實苦辛。一夫且當役，盡室皆同臻。捫葛上欹壁，蓬頭入荒榛。終朝不盈掬，手足皆鞁鱗。悲嗟遍空山，草木為不春。陰嶺芽未吐，使者牒已頻。心爭造化力，先走挺塵均。選納無晝夜，擣聲昏繼晨。衆工何枯槁，俯視彌傷神。皇帝尚巡狩，東郊路多堙。周迴繞天涯，所獻逾艱勤。況滅兵革困，量茲固疲民。未知供御餘，誰合分此珍？顧省忝邦守，又慚復因循。茫茫滄海間，丹憤何由申？

雜録

唐·杜佑《通典》卷一一《食貨典十·鬻爵》 大唐至德二年七月，宣諭使侍御史鄭叔清奏：『承前諸使下召納錢物，多給空名告身，雖假以官，賞其忠義，猶未盡才能。今皆量文武才藝，兼情願穩便，據條格擬同申奏聞，便寫告身。諸道士、女道士、僧、尼如納錢，請准敕回授餘人，並情願還俗，授官勳邑號等，亦聽。如無人回授及不願還俗者，准法不合畜奴婢、田宅、資財，既助國納錢，不可更拘常格。其所有資財能率十分納三分助國，餘七分並任終身自蔭，身歿之後，亦任回與近親。又准敕，納錢百千文，與明經出身，如曾受業，粗通帖策，修身慎行，鄉曲所知者，量減二十千文。如先經舉送，到省落第，灼然有憑，帖策不甚寥落者，減五十千文。若粗識文字者，准元敕處分。未曾讀學，不識文字者，加三十千。應授職事官並勳階邑號及贈官等，有合蔭子孫者，如戶內兼蔭丁中三人以上免課役者，加一百千文。每加一丁中，累加三十千文。其商賈，准令所在收税，如能據所有資財十分納四助軍者，便與終身優復。如於敕條外有悉以家產助國，嘉其竭誠，待以非次。如先出身及官資，並量資歷好惡，各據本條格例，節級優加擬授。如七十以上情願授致仕官者，每色內量十分減二分錢。』時屬幽寇內侮，天下多虞，軍用不充，權為此制，尋即停罷。

宋·王溥《唐會要》卷二七《行幸》 貞元三年十二月，上獵於新店，幸野人趙光奇家，問曰：『百姓樂乎？』對曰：『不樂。』上曰：『仍歲頗稔，何不樂乎？』對曰：『蓋由陛下詔令，不信於人，所以然也。前詔云於税之外，悉無他徭，今非兩税，而誅求者殆過之。後詔云和糴於百姓，曾不識一錢而强取之。始云所糴粟麥，納于近次。今則遣致於京西，破產奉役，不能支也。百姓愁苦如此，何有於樂乎？雖頻降恤民之詔，而有司多不奉令。亦恐陛下深在九重，未之知也。』上感異之，因詔除其家。

貢納

綜述

《隋書》卷二四《食貨志》 煬帝即位【略】又於阜澗營顯仁宮，苑囿連接，北至新安，南及飛山，西至澠池，周圍數百里。課天下諸州各貢草木花果、奇禽異獸於其中。【略】

又造龍舟，【略】以幸江都。【略】所經州縣，並令供頓獻食，豐辦者加官爵，闕乏者譴至死。

又盛修車輿輦輅、旌旗羽儀之飾，課天下州縣凡骨角齒牙、皮革毛羽可飾器用，堪為氅毦者，皆責焉。徵發倉卒，朝命夕辦，百姓求捕，網罟偏野，水陸禽獸殆盡，猶不能給，而買於豪富蓄積之家，其價騰踊。是歲翟雉尾一直十縑，白鷺鮮半之。

宋·司馬光《資治通鑑》卷一八〇《隋紀四·煬皇帝上之上》 （大業元年）八月壬寅，上行幸江都。【略】所過州縣，五百里內皆令獻食，多者一州至百轝，極水陸珍奇。後宮厭飫，將發之際，多棄埋之。【略】

（三年六月）帝過雁門，雁門太守丘和獻食甚精。至馬邑，馬邑太守楊廓獨無所獻，帝不悅，以和為博陵太守，仍使廓至博陵，觀和為式。由是所至獻食，競為豐侈。【略】

（十二年十二月）帝至江都，江淮郡官謁見者，專問禮餉豐薄，豐則超遷丞守，薄則率從停解。江都郡丞王世充獻銅鏡屏風，遷通守。歷陽郡丞趙元楷獻異味，遷江都郡丞。由是郡縣競務刻剝，以充貢獻。民外為盜賊所掠，內為郡縣所賦，生計無遺，加之饑饉無食，民始采樹皮葉，或擣藁為末，或煮土而食之，諸物皆盡，乃自相食。而官食猶充牣，吏皆畏灋，莫敢賑救。

唐·李林甫等《唐六典》卷三《尚書戶部》 凡天下十道，任土所出而爲貢賦之差。分十道以總之。一曰關內道。【略】厥貢：岱赭、鹽山、角弓、龍鬚席、蓯蓉、野馬皮、麝香。【略】

二曰河南道。【略】厥貢：紬、絁、文綾、絲葛、水葱、藨心席、瓷石之器。【略】

三曰河東道。【略】厥貢：絹扇、龍鬚席、墨、蠟、石英、麝香、漆、人參。【略】

四曰河北道。【略】厥貢：羅、綾、平紬、絲布、絲紬、鳳翮葦席、墨。【略】

五曰山南道。【略】厥貢：金、漆、蜜蠟、蠟燭、鋼鐵、芒硝、麝香、布、交梭白縠、紬紵、綾、葛、綵綸、蘭干。【略】

六曰隴右道。【略】厥貢：麩金、礪石、碁石、蜜蠟、蠟燭、毛毼、麝香、白氎及鳥獸之角、羽毛、皮革。【略】

七曰淮南道。【略】厥貢：交梭紵、絺、孔雀熟絲布、青銅鏡。【略】

八曰江南道。【略】厥貢：紗、編、綾、綸、蕉、葛、練、麩金、犀角、鮫魚、藤紙、朱砂、水銀、零陵香。【略】

九曰劍南道。【略】厥貢：麩金、羅、綾、綿、紬、交梭、彌牟布、絲、葛、麝香、羚羊、犛牛角尾。

十曰嶺南道。【略】厥貢：金、銀、沉香、甲香、水馬、翡翠、孔雀、象牙、犀角、龜殼、龜鼊、綵藤、竹布。

唐・杜佑《通典》卷六《食貨六・賦稅下》 天下諸郡每年常貢：按《令》文，諸郡貢獻皆取當土所出，准絹為價，不得過五十疋，並以官物充市，所貢至薄，其物易供。聖朝常制於斯在矣。其有加於此，亦折租賦，不別徵科。

京兆府。貢葵草蓆、地骨白皮、酸棗仁。

華陰郡。貢鷂子十聯，烏鶻五聯，茯苓三十八斤，細辛四斤，茯神三十八斤。今華州。

馮翊郡。貢白裹皺文皮三十一領。今同州。

扶風郡。貢龍鬚蓆十領。今岐州。

新平郡。貢剪刀十具，蛇膽十斤，蓽豆、澡豆五石，白火筯二十具。今邠州。

安定郡。貢龍鬚蓆十領。今涇州。

彭原郡。貢五色龍鬚蓆十領，莞菁，菴蔄子，亭長，假蘇，荊芥。今寧州。

汧陽郡。貢龍鬚蓆六領。今隴州。

中部郡。貢龍鬚蓆六領。今坊州。

洛交郡。貢龍鬚蓆六領。今鄜州。

朔方郡。貢白氊十領。今夏州。

安化郡。貢麝香二十五顆。今慶州。

靈武郡。貢鹿角膠、代赭、花蓯蓉、白鵰翎。今靈州。

榆林郡。貢青鹿角兩具，徐長卿十斤，赤芍藥十斤。今勝州。

延安郡。貢麝香三十顆。今延州。

咸寧郡。貢麝香一顆。今丹州。

銀川郡。貢女稽布五端。今銀州。

平涼郡。貢九尺白氊十領。今原州。

九原郡。貢野馬胯皮二十一片，白麥麵，印盛鹽。今豐州。

會寧郡。貢駝毛褐兩段。今會州。

五原郡。貢鹽山四十顆。今鹽州。

新秦郡。貢青地鹿角二具，鹿角三十具。今麟州。

單于都護府。貢生野馬胯皮，總十二片。

安北都護府。貢生野馬胯皮二十一片。

太原府。貢銅鏡兩面，甘草三十一斤，礬石三十斤，龍骨三十斤，蒲萄，粉屑，柏子仁。

上黨郡。貢人參二百，小兩墨三梃。今潞州。

河東郡。貢綾絹扇四面，龍骨二十斤，棗八千顆，鳳栖梨三千五百顆。今蒲州。

絳郡。貢粱穀二十石，墨千四百七十梃，白縠五百疋，梨三千顆。今絳州。

平陽郡。貢蠟燭三十條。今晉州。

西河郡。貢龍鬚蓆十領，石膏五十斤，消石五十斤。今汾州。

弘農郡。貢麝香十顆，硯瓦十具。今虢州。

高平郡。貢白石英五十小兩，人參三十兩。今澤州。

太寧郡。貢胡女布五端。今隰州。

昌化郡。貢胡女布五端。今石州。

文城郡。貢蠟二百斤。今慈州。

陽城郡。貢龍鬚蓆六領。今沁州。

定襄郡。貢豹尾十枚。今忻州。

樂平郡。貢人參三十兩。今儀州。

雁門郡。貢白雁翎五具，熟青二十兩，熟綠二十兩。今代州。

樓煩郡。貢麝香十顆。今嵐州。

安邊郡。貢松子一石。今蔚州。

馬邑郡。貢白鵰翎五具。今朔州。

河南府。貢瓷器十五事。

陝郡。貢柏子仁、瓜蔞根各三十斤。今陝州。
陳留郡。貢絹二十疋。今汴州。
滎陽郡。貢絹二十疋，麻黄二十斤。今鄭州。
臨汝郡。貢絁二十疋。今汝州。
睢陽郡。貢絹二十疋。今宋州。
靈昌郡。貢綾二十疋並方文。今滑州。
潁川郡。貢絹十疋，蔗心蓆六領。今許州。
譙郡。貢絹二十疋。今亳州。
濮陽郡。貢絹二十疋。今濮州。
濟陰郡。貢蛇床子二十斤，絹二十疋。今曹州。
北海郡。貢棗兩石，仙文綾十疋。今青州。
淮陽郡。貢絹十疋。今陳州。
汝南郡。貢鸂鶒綾十疋。今豫州。
東平郡。貢絹二十疋。今鄆州。
淄川郡。貢防風五十斤，進理石五斤。今淄州。
臨淄郡。貢絲葛十五疋。今齊州。
魯郡。貢鏡花綾十疋，紫石英二十五兩。今兖州。
彭城郡。貢絹二十疋。今徐州。
臨淮郡。貢綿二十屯，貲布十疋。今泗州。
汝陰郡。貢綿二十屯。今潁州。
東海郡。貢楚布十疋。今海州。
濟陽郡。貢阿膠二百小斤，鹿角膠三十小斤。今濟州。
瑯琊郡。貢紫石英二十兩。今沂州。
高密郡。貢貲布十端，牛黄一斤，海蛤二十兩。今密州。
東牟郡。貢牛黄百二十八銖，水葱蓆六領。今登州。
范陽郡。貢綾二十疋。今幽州。
河内郡。貢平紗十疋。今懷州。
魏郡。貢白綿紬八疋，白平紬八疋。今魏州。
汲郡。貢綿三百兩。今衞州。
鄴郡。貢紗十疋，鳳翮蓆六領，胡粉百圓。今相州。
廣平郡。貢平紬十疋。今洺州。
清河郡。貢氈十領。今貝州。
信都郡。貢絹二十疋，綿二十屯。今冀州。
平原郡。貢絹二十疋。今德州。
饒陽郡。貢絹二十疋。今深州。
河間郡。貢絹三十疋。今瀛州。
東萊郡。貢牛黄百二十二兩。今萊州。
常山郡。貢梨六百顆，羅二十疋。今恒州。
景城郡。貢細簟四領，細柳箱八十合，糖蟹二十三坩，鱧鮬三百五十梃。今滄州。
博陵郡。貢細綾千二百七十疋，兩窠細綾十五疋，瑞綾二百五十五疋，大獨窠綾二十五疋，獨窠綾十疋。今定州。
趙郡。貢錦五十疋。今趙州。
鉅鹿郡。貢絲布十疋。今邢州。
博平郡。貢紬十疋。今博州。
文安郡。貢綿三百兩。今莫州。
上谷郡。貢墨二百梃。今易州。
樂安郡。貢絹十疋。今棣州。
北平郡。貢蔓荆子四斤。今平州。
密雲郡。貢人參五斤。今檀州。
嬀川郡。貢麝香十顆。今嬀州。
漁陽郡。貢鹿角膠十斤。今薊州。
柳城郡。貢麝香十顆。今營州。
歸德郡。貢豹尾三枚。今燕州。
安東都護府。貢人參五斤。
武威郡。貢野馬皮五張，白小麥十石。今凉州。
天水郡。貢龍鬚蓆六領，芎藭四十斤。今秦州。
安西都護府。貢硇砂五十斤，緋氈五領。
北庭都護府。貢陰牙角五隻，速霍角十隻，阿魏截根二十斤。
交河郡。貢氈布十端。今西州。

晉昌郡。貢草豉子、野馬皮、黄礬、絳礬、胡桐律。今瓜州。
西平郡。貢牸犀角十隻。今鄯州。
隴西郡。貢麝香十顆，秦艽。今渭州。
燉煌郡。貢碁子二十具，石膏。今沙州。
酒泉郡。貢肉蓯蓉二十斤，柏脉根二十，野馬皮兩張。今肅州。
金城郡。貢麝香十顆，鼧鼥鼠六頭。今蘭州。
安鄉郡。貢麝香二十顆。今河州。
同谷郡。貢蠟燭十條。今成州。
和政郡。貢龍鬚蓆六領，並青黄色。今岷州。
武都郡。貢蠟燭十條，密蠟，羚羊角。今武州。
臨洮郡。貢麝香十顆。今洮州。
懷道郡。貢麩金十兩，散金十兩。今宕州。
寧塞郡。貢麩金六兩，大黄，戎鹽。今廓州。
合川郡。貢麝香二十顆。今疊州。
張掖郡。貢野馬皮十張，枸杞子六斗，葉二十斤。今甘州。
伊吾郡。貢陰牙角五隻，胡桐律二十五斤。今伊州。
廣陵郡。貢蕃客錦袍五十領，錦被五十張，半臂錦百段，新加錦袍二百領，青銅鏡十面，莞蓆十領，獨窠細綾十疋，蛇床子一斗，蛇床仁一斗，鐵精一斤，兔絲子一斤，白芒十五斤，空青三兩，造水牛皮甲千領并袋。今揚州。
安陸郡。貢青紵十五疋。今安州。
弋陽郡。貢葛十疋，生石斛六十斤。今光州。
義陽郡。貢葛十疋。今申州。
廬江郡。貢絲布十疋，石斛六十斤。今廬州。
蘄春郡。貢白苧布十五疋，烏蛇脯。今蘄州。
同安郡。貢蠟五十斤，石斛六十斤。今舒州。
歷陽郡。貢麻布十疋。今和州。
鍾離郡。貢絲布十疋。今濠州。
壽春郡。貢絲布十疋，生石斛五十斤。今壽州。
齊安郡。貢紫苧布十端，虻虫二斤。今黄州。
淮陰郡。貢貲布十疋。今楚州。
漢陽郡。貢麻貲布十疋。今沔州。
江陵郡。貢白方文綾二十疋，橘皮九十斤，梔子五斤，貝母十斤，覆盆子三斤，石龍芮一斤，烏梅肉十斤。今荆州。
永陽郡。貢苧練布十五疋。今滁州。
襄陽郡。貢五盛碎古文庫路真二具，十盛花庫路真二具。今襄州。
南陽郡。貢絲布十疋。今鄧州。
淮安郡。貢絹千疋。今唐州。
上洛郡。貢麝香三十顆。今商州。
安康郡。貢麩金五兩，乾漆六斤，杜仲二十斤，椒目十斤，黄蘗六斤，枳實六斤，枳殼十四斤，茶芽一斤，椒子一石，雷丸五兩。今金州。
武當郡。貢麝香二十顆。今均州。
房陵郡。貢麝香二十顆，雷丸，石膏，蒼礬石。今房州。
漢東郡。貢綾十疋，葛五疋，覆盆子。今隋州。
南浦郡。貢金五兩。今萬州。
澧陽郡。貢柑子四百顆，橘子七百顆，龜子綾十疋，恒山一斤，五入簟四領，蜀漆一斤。今澧州。
雲安郡。貢蠟百斤。今夔州。
竟陵郡。貢白苧布一端。今復州。
武陵郡。貢紵練布十端。今朗州。
夷陵郡。貢茶二百五十斤，柑子二千顆，五加皮二斤，杜若二斤，芒硝四十斤，鬼臼二斤，蠟百斤。今峽州。
南賓郡。貢蘇薰蓆四領，綿紬五疋。今忠州。
富水郡。貢白苧布十端。今郢州。
巴東郡。貢蠟四十斤。今歸州。
漢中郡。貢紅花百斤，胭脂一升。今梁州。
通川郡。貢綿紬三疋，蜂香五斤，藥子二百顆。今通州。
順政郡。貢蠟六十斤。今興州。
巴川郡。貢牡丹皮十斤，藥子二百顆。今合州。
清化郡。貢綿紬十疋。今巴州。
洋川郡。貢白櫻十疋。今洋州。

河池郡。貢蠟百斤。今鳳州。
益昌郡。貢絲布十疋。今利州。
咸安郡。貢綿紬十疋。今蓬州。
始寧郡。貢綿紬十疋。今壁州。
盛山郡。貢蠟四十斤，車前子一斤。今開州。
南平郡。貢葛五疋。今渝州。
符陽郡。貢蠟五十斤，藥子二百顆。今集州。
潾山郡。貢綿紬十疋，買子木十斤，子一升。今渠州。
丹陽郡。貢方文綾七疋，水文綾八疋。今潤州。
晉陵郡。貢細青苧布十疋。今常州。
吳郡。貢絲葛十疋，白石脂三十斤，蛇床子三升，鯔魚皮三十頭，鮍魚腊五十頭，鴨胞七斤，肚魚五十頭，魚子五升，嫩藕三百段。今蘇州。
餘杭郡。貢白編綾十疋，橘子二千顆，蜜姜十石。今杭州。
會稽郡。貢朱砂一十兩，白編綾十疋，交梭綾十疋，輕調十疋。今越州。
餘姚郡。貢附子百枚。今明州。
東陽郡。貢紙六千張，綿六百兩，葛粉二十石。今婺州。
新定郡。貢文綾二十疋，竹簟一合。今睦州。
信安郡。貢綿百屯，紙六千張。今衢州。
吳興郡。貢苧布三十端。今湖州。
臨海郡。貢鮫魚皮百張，乾薑百斤，乳柑六千顆，金漆五升三合。今台州。
永嘉郡。貢鮫魚皮三十張。今温州。
新安郡。貢苧布十五端，竹簟一合。今歙州。
長樂郡。貢蕉布二十疋，海蛤一升。今福州。
清源郡。貢綿二百兩。今泉州。
建安郡。貢蕉布二十疋，練十疋。今建州。
臨汀郡。貢蠟燭二十條。今汀州。
漳浦郡。貢鮫魚皮二十張，甲香五斤。今漳州。
潮陽郡。貢蕉布十疋，蚺蛇膽十枚，鮫魚皮十張，甲香五斤，石井，銀石，水馬。今潮州。
宣城郡。貢白苧布十疋。今宣州。
豫章郡。貢葛五十疋，柑子六千顆。今洪州。
鄱陽郡。貢麩金十兩，簟一合。今饒州。
長沙郡。貢葛十五疋。今潭州。
南康郡。貢竹布二十疋。今虔州。
零陵郡。貢葛十疋，石鷰二百顆。今永州。
臨川郡。貢葛布十疋，箭簳百萬莖。今撫州。
桂陽郡。貢白苧布十疋。今郴州。
廬陵郡。貢白苧布二十端，陟厘十斤。今吉州。
潯陽郡。貢葛十疋，生石斛十斤。今江州。
江華郡。貢零陵香百，白布十端。今道州。
衡陽郡。貢麩金十四兩。今衡州。
江夏郡。貢銀五十兩。今鄂州。
宜春郡。貢白苧布十疋。今袁州。
巴陵郡。貢白苧布十疋。今岳州。
邵陽郡。貢銀二十兩。今邵州。
蜀郡。貢單絲羅二十疋，高苧衫段二十疋。今益州。
唐安郡。貢羅二十疋。今蜀州。
濛陽郡。貢交梭二十疋。今彭州。
德陽郡。貢彌布十疋，紵布十疋。今漢州。
通義郡。貢麩金八兩，柑子不限多少。今眉州。
梓潼郡。貢綾十六疋。今梓州。
巴西郡。貢雙紃二十疋。今綿州。
普安郡。貢絲布十疋，蘇薰席六領。今劍州。
閬中郡。貢重連綾二十疋。今閬州。
資陽郡。貢麩金七兩，柑子不限多少。今資州。
臨邛郡。貢絲布十疋。今邛州。
通化郡。貢麝香六十枚，齊香十枚，扇香十枚，顆香三十枚。今茂州。
交川郡。貢麝香三十顆，當歸七斤，羌活五斤，野狐尾五枚。今松州。
越巂郡。貢絲布十疋，進刀子靶六十枚。今巂州。
南溪郡。貢葛十疋，六月進荔枝煎。今戎州。

遂寧郡。貢樗蒲綾十五疋，乾天門冬百一十斤。今遂州。
南充郡。貢絲布十疋。今果州。
仁壽郡。貢細葛五疋。今陵州。
犍為郡。貢麩金五兩。今嘉州。
盧山郡。貢金、落雁木。今雅州。
瀘川郡。貢葛十疋。今瀘州。
陽安郡。貢綿紬十疋，柑子不限多少。今簡州。
安岳郡。貢葛十疋，天門冬煎四斗。今普州。
洪源郡。貢蜀椒一石。今黎州。
陰平郡。貢麝香二十顆，白密一石。今文州。
同昌郡。貢麝香十顆。今扶州。
江油郡。貢麩金六兩，羚羊角六具。今龍州。
臨翼郡。貢麝香三十四顆，氂牛尾五斤，當歸十斤。今翼州。
歸誠郡。貢麝香六顆，氂牛尾五斤，當歸二十斤。今悉州。
靜川郡。貢麝香六顆，當歸十斤，羌活十斤，氂牛尾五斤。今靜州。
恭化郡。貢麝香二十顆，當歸十斤，羌活十斤。今恭州。
維川郡。貢麝香二十顆，氂牛尾十斤。今維州。
和義郡。貢班布六疋。今榮州。
雲山郡。貢麝香十顆，墨氂牛尾二斤。今奉州。
蓬山郡。貢麝香十顆，當歸十斤，羌活十斤。今柘州。
黔中郡。貢朱砂十斤。今黔州。
盧溪郡。貢光明砂四斤。今辰州。
靈溪郡。貢朱砂十斤，茶芽二百斤。今溪州。
潭陽郡。貢麩金八兩。今巫州。
盧陽郡。貢光明砂一斤。今錦州。
清江郡。貢黃連十斤，蠟十斤，黃子二百顆。今施州。
涪陵郡。貢連頭獠布十段。今費州。
寧夷郡。貢蠟五十斤。今思州。
義泉郡。貢蠟燭十條。今夷州。
龍溪郡。貢蠟二十斤。今業州。

南川郡。貢布五端。今南州。
南海郡。貢生沉香七十斤，甲香三十斤，石斛二十斤，鼊皮三十斤，蚺蛇膽五枚，詹沉香二十五斤，藤簟二合，竹簟五領。今廣州。
始安郡。貢銀百兩。今桂州。
安南都護府。貢蕉布十端，檳榔二千顆，魚皮二十張，蚺蛇膽二十枚，翠毛二百合。
普寧郡。貢朱砂二十斤，水銀二十斤。今容州。
始興郡。貢鍾乳二十四斤十二兩二分，竹子布十五疋，石斛二十斤。今韶州。
臨賀郡。貢銀三十兩。今賀州。
連山郡。貢細布十疋，鍾乳十兩。今連州。
高要郡。貢銀二十兩。今端州。
平樂郡。貢銀二十兩。今昭州。
新興郡。貢銀五十兩，蕉布五疋。今新州。
南潘郡。貢銀二十兩。今潘州。
陵水郡。貢銀二十兩。今辯州。
高涼郡。貢銀二十兩，蚺蛇膽二枚。今高州。
海康郡。貢絲電四疋。今雷州。
臨江郡。貢銀二十兩。今龔州。
潯江郡。貢銀二十兩。今潯州。
蒙山郡。貢麩金十兩。今蒙州。
開江郡。貢班布五端。今富州。
循德郡。貢銀二十兩。今嚴州。
臨封郡。貢銀二十兩，石斛十小斤。今封州。
南陵郡。貢銀二十兩，石斛十小斤。今春州。
招義郡。貢銀二十兩。今羅州。
日南郡。貢象牙二根，犀角四根，沉香二十斤，金薄黃屑四石。今驩州。
定川郡。貢銀二十兩。今牢州。
懷德郡。貢銀二十兩。今竇州。
寧浦郡。貢銀二十兩。今橫州。

象郡。貢銀二十兩。今象州。
開陽郡。貢石斛三斤，銀二十兩。今瀧州。
感義郡。貢銀一十兩。今藤州。
平琴郡。貢銀二十兩。今平琴州。
合浦郡。貢銀二十兩。今廉州。
連城郡。貢銀二十兩。今義州。
玉山郡。貢玳瑁二具，鼉皮六十斤，翠毛三百合，甲香二斤。今陸州。
寧仁郡。貢銀二十兩。今黨州。
懷澤郡。貢細白苧布十端。今貴州。
龍城郡。貢銀二十兩。今柳州。
同陵郡。貢石斛二十小斤，銀二十兩。今勤州。
海豐郡。貢五色藤鏡匣一具，蚺蛇膽三枚，甲煎二兩，鯅魚皮三，笙臺一。今循州。
晉康郡。貢銀二十兩。今康州。
恩平郡。貢銀二十兩。今恩州。
朱崖郡。貢銀二十兩，真珠二斤，玳瑁一具。今崖州。
萬安郡。貢銀二十兩。今萬安州。
延德郡。貢藤盤。今振州。

《新唐書》卷三七《地理志一·關内道》 厥貢：毛、羽、革、角、布、席、弓、刀。

又 《京兆府》 厥貢：水土稻、麥、麰、紫稈粟、隔紗、縠席、韡鞾、蠟、酸棗仁、地骨皮、櫻桃、藕粉。

又 卷三八《地理志二·河南道》 厥貢：絲布、葛、席、埏埴盎缶。

又 《河南府》 土貢：文綾、繒、縠、絲葛、埏埴盎缶、苟杞、黄精、美果華、酸棗。

又 卷三九《地理志三·河東道》 厥貢：布、席、豹尾、熊鞹、鵰羽。

又 《河北道》 厥貢：羅、綾、紬、紗、鳳翮葦席。

又 卷四〇《地理志四·山南道》 厥貢：金、絲、紵、漆。

又 《隴右道》 厥貢：金屑、礪石、鳥獸、革角。

又 卷四一《地理志五·淮南道》 厥貢：絲、布、紵、葛。

又 《江南道》 厥貢：金、銀、紗、綾、蕉、葛、綿、練、鮫革、藤紙、丹沙。

又 卷四二《地理志六·劍南道》 厥貢：金、布、絲、葛、羅、綾、綿紬、羚角、犛尾。

又 卷四三上《地理志七上·嶺南道》 厥貢：金、銀、孔翠、犀、象、綵藤、竹布。

宋·王溥《唐會要》卷五九《水部員外郎》 貞元元年十二月九日敕：『立春日，前内外兩井納冰，總二千五百段，每段長一尺，厚一尺五寸，宜令府縣句當，澄濾淨潔供進。』

宋·王溥《五代會要》卷一三《門下省》 後唐天成元年九月二十五日，門下、中書兩省狀：『准舊例，檢校官合納本省禮錢。伏見尚書檢校官禮錢，近降敕命，除翊衛勳庸、藩垣將佐外，其餘不帶平章事節度使，及防禦、團練、刺史、諸道副使、郎中已下，並三司職掌監院官、縣令、録事參軍、判官等，凡關此例，並可徵收者，伏緣省司舊例，别無錢物，祗徵禮錢，以充公廨破使，蓋值離亂，致失規繩，節目縱有檢校官，未奉敕命許令依舊徵理，其檢校左右散騎常侍，乞依尚書省、除翊衛勳庸、藩垣將佐外，並許徵收，所冀朝廷故事，免失于根源；省閤舊儀，長存於規制。謹具本朝元徵舊例錢數，乞奏聞者。中書約本省舊徵禮錢及蠲減錢數如左，防禦、團練、刺史、諸道郎官、三司職掌、檢校左右散騎常侍，舊例各納錢一十五千，今減外各納錢五千。兩府及次府少尹、左右司馬、别駕、長史，舊例各納錢十千，減外各納錢四千。諸道將校，舊例納錢五千，減外各納錢三千。都押衙至大將，各納錢五千，減外各納錢二千五百。進奏官各納錢二千。其餘都頭、指揮使已下，並與免放。』右奉敕：『宜令門下中書兩省准此，逐月具數申中書門下。』

又 《中書省》 後唐天成元年十二月二十三日，中書奏：『伏准故事，應諸道節度使凡帶平章事，宜於中書都堂上事，禮絶百寮，等威無異，刊石紀壁，以列姓名，事係殊恩，慶垂後裔。舊例，赴鎮後合納禮錢一千貫，充中書及兩省公使。伏自近來，全隳往例。今皇綱再整，墜典咸修，合舉成規，冀將集事。臣等商量，今請諸道藩鎮帶平章事處，各納禮錢五百千，中書建立石亭子一所，鐫紀宰臣使相爵位姓名，授上年月，其所納錢，請充中書修建公署，及添置都堂内鋪陳什物。』敕從之。

又　卷一四《尚書省》　後唐天成元年七月二十七日，尚書省准堂帖：『應内外帶職除官，自三公至郎官，合納禮錢送尚書省，都司具舊例如左：檢校太師、太尉舊例各合納錢四十千，准躅減外，今各合納錢二十千，檢校太傅、太保舊例各納三十千，減外今納十五千。檢校司徒、司空舊例各納錢二十千，減外今納錢一十千。檢校僕射、尚書舊例各納一十五千，減外今納七千。檢校郎中、員外郎舊例各納錢一十千，減外今納三千四百。』敕：『會府華資，皇朝寵秩，凡霑新命，合納禮錢。爰自近年，全隳舊例，方當提舉，宜振規繩。其間除翊衛勳庸、藩垣將佐自軍功遷陟外，其餘自不帶平章事節度使及防禦、團練、刺史、諸道副使、判官以下，三司職掌監院官、縣令、録事參軍、判官等，凡關此例，並可徵納。其檢校官，自員外郎至左僕射，祇取初轉一任納錢，若未改呼，不更徵納。仍委尚書省都司逐月具數，申中書門下。』

《舊五代史》卷一一〇《周書·太祖紀一》　（廣順元年正月己卯）是日，詔曰：朕以眇末之身，託于王公之上，懼德弗類，撫躬靡遑，豈可化未及人而過自奉養，道未方古而不知節量？與其耗費以勞人，曷若儉約而克己！昨者所頒赦令，已述至懷。宫闈服御之所須，悉從減損；珍巧纖奇之厥貢，並使寢停。尚有未該，再宜條舉。應天下州府舊貢滋味食饌之物，所宜除減。其兩浙進細酒、海味、薑瓜，湖南枕子茶、乳糖、白沙糖、橄欖子，鎮州高公米、水梨，易、定栗子，河東白社梨、米粉、菉豆粉、玉屑粄子麵，永興御田紅杭米、新大麥麵，興平蘇栗子，華州麝香、羚羊角、熊膽、獺肝、朱柿、熊白，河中樹紅棗、五味子、輕餳，同州石鏊餅，晉、絳葡萄、黄消梨，陝府鳳栖梨，襄州紫薑、新筍、橘子，安州折粳米、糟味，青州水梨，河陽諸雜果子，許州御李子，鄭州新筍、鵝梨，懷州寒食杏仁，申州蘘荷，亳州萆薢，沿淮州郡淮白魚，如聞此等之物，雖皆出于土産，亦有取于民家，未免勞煩，率皆糜費，加之力役負荷，馳驅道途，積于有司之中，甚為無用之物。今後並不須進奉。諸州府更有舊例所進食味，其未該者宜奏，取進止。

宋·王欽若等《册府元龜》卷一六八《帝王部·却貢獻》　周太祖廣順元年正月庚辰，御札宣示羣臣，曰：朕以眇末之身，託王公之上，深懼弗類，撫躬匪遑，豈可化未及人而過自奉養，道未方古而不知節量？與其耗費以勞人，曷若儉約而克己！昨者所頒赦令，已述至懷。宫闈服御之所須，悉從減損；珍巧纖奇之厥貢，並使寢停。尚有未該，再宜條舉。應天下州縣舊貢滋味食饌之物，所宜除減。其兩浙進細酒、海味、薑瓜，湖南枕子茶、乳糖、白沙糖、橄欖子，鎮州高公米、水梨，易、定栗子，河東白杜梨、米粉、菉豆粉、玉屑粹子麵，永興玉田紅花杭米、新大麥麵，興平蘇小栗子，華州麝香、羚羊角、熊膽、獺肝、朱柿、熊白，河中樹紅棗、五味子、輕餳，同州石鏊餅，晉、絳葡萄、黄消梨，陝府鳳栖梨，襄州紫薑、新笋、橘子，安州折粳米、糟味，青州水梨，河陽諸雜菓子，許州御李子，鄭州新笋、鵞梨，懷州寒食杏仁，申州蘘荷，亳州萆薢，沿淮州郡淮白魚，如聞此等之物，雖即出於土産，亦有取于民家，未免勞煩，率多糜費。至時奔迫以來獻，逐歲收斂以為常。所奉止于朕躬，所損被于甿庶，加之力役負荷，馳驅道途，積于有司之中，甚為無用之物。此而不止，孰曰知微？其常貢上件物色，今後並不許進奉。諸州府更有舊例所進食味，其未該者宜奏，取進止。此外猶有數處時新之物，不敢全罷，蓋或奉于太后，薦于祖宗，苟至悉除，恐隳常敬。告于中外，宜副朕心。

帝嘗于便殿，謂樞密使王俊曰：『語云「飢者不厭糟糠，寒者不厭裋褐。」是知充飲禦寒，取足而已。存理路者，亦不可以貴賤易其操。朕少孤微，艱辛備歷，逢時喪亂，享帝王之位，安敢過自奉養，以困黎民？卿可為予疏録前代州府所獻滋味、時菓之類，不便于民者，一切減省之。』故有是詔。

又　卷一六九《帝王部·納貢獻》　（後唐明宗天成元年）九月壬申，河中進百司紙三萬張，詔紙二萬張，舊制也。十一月戊辰，戶部侍郎王權奏：『每年正仗，天下貢物陳于殿庭，屬戶部司引進。切以近年以來，未甚齊整。本二百餘州貢物，今止六十餘州。伏以任土勤王，本朝故事，異申尊奬，所謂駿奔。伏乞遍下諸州，請依貢式陳進，正仗之日，所貴整齊。』從之。

論說

唐·吳兢《貞觀政要》卷八《貢賦》 貞觀二年，太宗謂朝集使曰：『任土作貢，布在前典，當州所產，則充庭實。比聞都督、刺史邀射聲名，厥土所賦，或嫌其不善，逾境外求，更相仿效，遂以成俗。極為勞擾，宜改此弊，不得更然。』

元·馬端臨《文獻通考》卷首《自序》 《禹貢》八州，皆有貢物，而冀州獨無之。甸服有米粟之輸，而餘四服俱無之。說者以為王畿之外，八州俱以田賦所當供者市易所貢之物，故不輸粟。然則土貢即租稅也。漢唐以來，任土所貢，無代無之。著之令甲，猶曰當其租入。然叔季之世，務為苛橫，往往租自租，而貢自貢矣。至於珍禽奇獸，袞服異味，或荒淫之君降旨取索，或姦諂之臣希意創貢，往往有出於經常之外者。甚至掊留官賦，陰增民輸，而名之曰『羨餘』，以供貢奉。上下相蒙，苟悅其名，而於百姓則重困矣。

明·丘濬《大學衍義補》卷二二《治國平天下之要·制國用·貢賦之常·貢獻》 臣按人君為天之子，代天以理民，不能自理，故分命其臣以理之。其所食之祿，天祿也；所涖之職，天職也；所治之民，天民也。天子不過承天意以予之耳。今顧因其所貢，以私奉己者，而酬之以官，豈天意哉？人君為此，其拂天甚矣。煬帝之為煬也，宜哉！

臣按太宗謂：踰境外求，極為勞擾。竊以謂郡國貢獻，非但踰所任之境而求之為勞擾也，至於道里之遠，輦運之煩，經過州邑起役丁夫，傭債車馬，官府為之廢政，農作為之妨業。上之所得無幾，計其所費，百倍於所貢之物，亦有之矣。況又遣使齎貨，求之中國之外，越沙漠、漲海之涯。其為勞擾，又可勝言哉？

臣按周太祖此詔，可謂切要，讀之使人竦然。唐白居易有詩云：『割我心頭肉，市汝眼前恩。進入瓊林庫，歲久化為塵。』可與周祖此詔並傳後世。人主恒心惟而口誦之，天下不勝幸甚。

徭役

綜述

《隋書》卷二四《食貨志》 高祖登庸，罷東京之役，除入市之稅。是時尉迥、王謙、司馬消難相次叛逆，興師誅討，賞費鉅萬。及受禪，又遷都，發山東丁毀造宮室，仍依周制，役丁為十二番，匠則六番。【略】

開皇三年正月，帝入新宮。初令軍人以二十一成丁，減十二番每歲為二十日役。【略】

十年五月，又以宇內無事，益寬徭賦。百姓年五十者，輸庸停防。【略】

十三年，帝命楊素出，於岐州北造仁壽宮。素遂夷山堙谷，營構觀宇，崇臺累榭，宛轉相屬，役使嚴急，丁夫多死，疲敝顛仆者推填坑坎，覆以土石，因而築為平地，死者以萬數。宮成，帝行幸焉。時方暑月，而死人相次於道，素乃一切焚除之。帝頗知其事，甚不悅。及入新宮，遊觀乃喜，又謂素為忠。【略】

（開皇）四年，詔曰：『京邑所居，五方輻輳，重關四塞，水陸艱難。大河之流，波瀾東注，百州海瀆，萬里交通。雖三門之下，或有危慮。若發自小平，陸運至陝，還從河水，入於渭川，兼及上流，控引汾晉，舟車來去，為益殊廣。而渭川水力，大小無常，流淺沙深，即成阻閡。計其途路，數百而已，動移氣序，不能往復，汎舟之役，人亦勞止。朕君臨區宇，興利除害，公私之弊，情甚愍之。故東發潼關，西引渭水，因藉人力，開通漕渠，量事程功，易可成就。已令工匠巡歷渠道，觀地理之宜，審終久之義，一得開鑿，萬代無毀。可使官及私家方舟巨舫，晨昏漕運，沿泝不停，旬日之功，堪省億萬。誠知時當炎暑，動致殷勤，然不有暫勞，安能永逸？宣告人庶，知朕意焉。』於是命宇文愷率水工，鑿渠引渭水，自大興城東至潼關三百餘里，名曰廣通渠，轉運通利，關內賴之。【略】

（十六年二月）其後，山東頻年霖雨，杞、宋、陳、亳、曹、戴、譙、潁等諸州達于滄海，皆困水災，所在沉溺。十八年，天子遣使將水工巡行川源，相視高下，發隨近丁，以疏導之。【略】

煬帝即位，【略】始建東都。以尚書令楊素為營作大監，每月役丁二百萬人。【略】

開渠引穀洛水，自苑西入而東注于洛。又自板渚引河，達于淮海，謂之御河。河畔築御道，樹以柳。

又命黃門侍郎王弘、上儀同于士澄往江南諸州採大木，引至東都。所經州縣遞送往返，首尾相屬不絕者千里。而東都役使促迫，僵仆而斃者十四五焉。每月載死丁，東至城皋，北至河陽，車相望於道。【略】

明年，帝北巡狩，又興衆百萬，北築長城，西距榆林，東至紫河，綿亘千餘里死者大半。

四年，發河北諸郡百餘萬衆，引沁水，南達於河北，通涿郡。自是以丁男不供，始以婦人從役。【略】

（九年）又發諸州丁，分為四番，於遼西柳城營屯。往來艱苦，生業盡罄，盜賊四起，道路隔絶。

又　卷一《高祖紀上》　（開皇二年）三月戊申，開渠引杜陽水於三畤原。

（七年二月）是月，發丁男十萬餘，脩築長城，二旬而罷。

夏四月【略】庚戌，於揚州開山陽瀆，以通運漕。

又　卷二《高祖紀下》　（開皇十五年）六月戊子，詔鑿底柱。

又　卷三《煬帝紀上》　（仁壽四年）十一月乙未，幸洛陽。景申，發丁男數十萬掘塹，自龍門東，接長平、汲郡，抵臨清關，度河至浚儀、襄城，達於上洛，以置關防。【略】

（大業元年三月）辛亥，發河南諸郡男女百餘萬，開通濟渠。自西苑引穀洛水，達于河。自板渚引河，通于淮。

又　卷四六《元暉傳》　開皇初，拜都官尚書兼領太僕，奏請決杜陽水，灌三畤原，溉舃鹵之地數千頃，民賴其利。

宋・司馬光《資治通鑑》卷一八〇《隋紀四・煬皇帝上之上》

（大業元年三月）辛亥，命尚書右丞皇甫議發河南、淮北諸郡民，前後百餘萬，開通濟渠。自西苑引穀洛水，達于河。復自板渚引河，歷滎澤入汴。又自大梁之東，引汴水入泗，達于淮。又發淮南民十餘萬，開邗溝，自山陽至揚子入江。渠廣四十步，渠旁皆築御道，樹以柳。

唐・杜佑《通典》卷一〇《食貨典十・漕運》　大唐咸亨三年，於岐州陳倉縣東南開渠，引渭水入昇原渠，通船栰至京故城。【略】

（開元）二十七年，河南採訪使、汴州刺史齊澣以江淮漕運經淮水波濤有沈損，遂開廣濟渠下流，自泗州虹縣至楚州淮陰縣北十八里，合於淮，不踰時畢功。既而以水流浚急，行旅艱險，旋即停廢，卻由舊河。

二十九年，陝州刺史李齊物避三門河路急峻，於其北鑿石渠通運船，為漫流，河泥旋填淤塞，不可漕而止。

天寶二年，左常侍兼陝州刺史韋堅開漕河，自苑西引渭水，因古渠至華陰入渭，引永豐倉及三門倉米以給京師，名曰廣運潭。

《舊唐書》卷四九《食貨志下》　武德八年十二月，水部郎中姜行本請於隴州開五節堰，引水通運，許之。

永徽元年，薛大鼎為滄州刺史。界內有無棣河，隋末填廢。大鼎奏開之，引魚鹽於海。百姓歌之曰：『新河得通舟檝利，直達滄海魚鹽至。昔日徒行今騁駟，美哉薛公德滂被。』【略】

大足元年六月，於東都立德坊南穿新潭，安置諸州租船。

神龍三年，滄州刺史姜師度於薊州之北，漲水為溝，以備奚契丹之寇。又約舊渠，傍海穿漕，號為平虜渠，以避海難運糧。

開元二年，河南尹李傑奏汴州東有梁公堰，年久堰破，江淮漕運不通，發汴鄭丁夫以濬之，省功速就，公私深以為利。

十五年正月，令將作大匠范安及檢行鄭州河口斗門。先是，洛陽人劉宗器上言，請塞汜水舊汴河口，於下流滎澤界開梁公堰，置斗門，以通淮汴，擢拜左衛率府冑曹。至是，新漕塞，行舟不通，貶宗器焉。安及遂發河南府、懷、鄭、汴、滑三萬人疏決，開舊河口，旬日而畢。【略】

二十九年，陝郡太守李齊物，鑿三門山以通運，闢三門巔，踰巖險之地，俾負索引艦，升于安流，自齊物始也。

天寶三載，韋堅代蕭炅，以滻水作廣運潭於望春之東，而藏舟焉。

宋・王溥《唐會要》卷八七《漕運》　永徽元年，薛大鼎為滄州刺史，界内有無棣河，隋末填塞。大鼎奏之，引魚鹽於海。百姓歌之曰：『新河得通舟楫利，直達滄海魚鹽至。當日徒行今騁駟，美哉薛公德滂被。』

顯慶元年十月，苑西面監褚朗請開砥柱三門，鑿山架險，擬通車陸運。於是發卒六千人，一月而功畢。後水漲引舟，竟不能進。【略】

大足元年六月九日，於東都立德坊南，穿新潭，安置諸州租船。

神龍三年，滄州刺史姜師度於薊州之北漲水為溝，以備契丹、奚之入寇。又約舊渠，傍海穿漕，號為平虜渠，以避海難，運糧者至今賴焉。【略】

開元二年，河南尹李傑奏，汴州東有梁公堰破，江淮漕運不通。傑奉發汴、鄭丁夫，以濬之，省功速就，公私深以為利。刻石水濱，以紀其績。【略】

十五年正月十二日，令將作大匠范安友檢行鄭州河口斗門。先是，洛陽人劉宗器上言，請塞汜水舊汴河，於下流滎澤界開梁公堰，置斗門，以通淮汴，擢拜宗器左衛率府胄曹。至是，新漕填塞，行舟不通，貶宗器為循州安懷戍主。安友遂發河南府、懷、鄭、汴、滑、衛三萬人疏決，開舊河口，旬日畢。【略】

二十六年十一月五日，潤州刺史齊澣奏：『常州北界隔吳江，至瓜步江為限，每船渡，繞瓜步江沙尾，紆回六十里，多為風濤所損。臣請於京口埭下，直截渡江二十里，開伊婁河二十五里，即達揚子縣，無風水災。』又減租腳錢，歲收利百億。又立伊婁埭，皆官收其課，迄今用之。

二十八年九月，魏州刺史盧暉開通濟渠，自石灰窠引流至州城西，都注魏橋，夾州制樓百餘間，以貯江淮之貨。

二十九年十一月，陝郡太守李齊物鑿三門上路通流，便於漕運。開渠得古黎鏵三于石下。皆有文曰：『平陸』，遂改河北縣為平陸縣。至天寶元年正月二十五日，渠成放流。其年。陝郡太守韋堅奏引灞、滻二水開廣運潭於望春亭之東，自華陰永豐倉以通河、渭。廣運潭渠既成。至二年三月二十六日敕：『古之善政，貴於足食，欲求富國，必先利人，朕以關輔之間，尤資殷贍，比來轉輸，未免艱辛，故置此潭，以通漕運。萬世之利，一朝而成，其潭宜以「運」為名。』

其年，京兆尹韓朝宗分渭水入自金光門，置潭於西市之西街，以貯材木。

永泰二年七月十日，鑿運水渠，自京兆府直東至薦福寺東街，至北國子監正東，至於城東街正北，又過景風門、延喜門，入于苑，闊八尺，深丈餘，京兆尹黎幹奏。【略】

寶曆二年正月，鹽鐵使王播奏：『揚州城内舊漕河水淺，舟船澀滯，轉輸不及期程。今從閶門外古七里港開河，向東屈曲，取禪智寺橋東通舊官河，計長一十九里，其功役所費，當使自方圓支遣。』從之。【略】

（咸通）八年三月，安南都護高駢奏：『安南至邕管，水路湍險，已令工人鑿去巨石，漕船無滯。』詔褒美之。

又《轉運鹽鐵總敍》（開元）二十九年，陝郡太守李齊物，鑿三門山以通運，闢三門巔，逾巖險之地，俾負索引艦，升于安流，自齊物始也。

天寶二載，韋堅代蕭炅，以滻水作廣運潭於望春之東，而藏舟焉。

又 卷八九《疏鑿利人》（武德）七年四月九日，同州治中雲得臣開渠，自龍門引黃河，溉田六千餘頃。

貞觀十一年，揚州大都督府長史李襲譽以江都俗好商賈，不事農業，譽乃引雷陂水，又築勾城塘，溉田八百餘頃，百姓獲其利。【略】

（大曆）十二年，京兆尹黎幹開決鄭、白二水支渠及稻田磑碾，復秦、漢水道，以溉陸田。【略】

（貞元）八年三月，嗣曹王皋爲荆南節度使觀察。先是，江陵東北七十里廢田旁漢古堤壞決，凡二處，每夏則為浸溢。皋使命塞之，廣良田五千頃，畝收一鍾。又規江南廢洲爲廬舍，架江爲二橋，流人自占者二千餘戶。自荆至樂鄉凡二百餘里，旅舍鄉聚凡十數，大者皆數百家。【略】

十三年七月詔曰：『昆明池俯近都城，蒲魚所產，宜令京兆尹韓皋充使修堰。』【略】

元和八年，孟簡爲常州刺史，開漕古孟瀆，長四十里，得沃壤四千餘頃。觀察使舉其課，遂就賜金紫焉。其年四月，以神策軍士修城南之汶渠。

其年十二月，魏博觀察使田弘正奏準詔開衛州黎陽縣古黃河道，從鄭滑節度使薛平之請也。先是，滑州多水災，其城西去黃河二里，每夏漲溢，則浸壞城郭，水及羊馬城之半。平詢諸將吏，得古河道於衛州黎陽縣界，遣從事裴弘泰以水患告於弘正，請開古河，用分水力。弘正遂與平皆上聞，詔許之。乃於鄭、滑兩郡徵徒萬人，鑿古河，南北長十四里，東西闊六十步，深一丈七尺，決舊河以注新河，遂無水患，詔並褒美焉。

十三年，湖州刺史于頔復長城縣方山之西湖。西湖，南朝疏鑿，溉田三千頃，歲久堙廢，至是復之。秔稻蒲魚之利，賴以濟。

長慶二年，温造為朗州刺史，奏開後鄉渠九十七里，溉田二千頃，郡人利之，名為右史渠。至太和五年七月，造復為河陽節度使，奏浚懷州古渠枋口堰，役功四萬，溉濟源、河內、温、武陟四縣田五千頃。

四年七月，詔疏靈州特進渠，置營田六百頃。

大曆二年二月，以詔應令劉仁師充修渠堰副使。初，仁師為高陵令，上言三白渠可利者遠，而涇陽獨有之，條理上聞，其弊遂革，關中大賴焉。

又　卷八六《城郭》　永徽五年十一月十一日，和雇雍州夫四萬一千人，修京羅城郭，三十日畢。九門各施觀，明德觀正門，以工部尚書閻立德為始。【略】

長壽元年九月，神都改造文昌臺，及造定鼎、上東等城門，修築外郭，並鳳閣侍郎李昭德所制，時人以為能。

開元十八年四月一日，築京城，九十日畢。【略】

天寶二年正月二十八日，築神都羅城，號曰『金城』。

六載十二月二十一日，築會昌城于湯所，置百司及公卿邸第。

十三載十月十七日，和雇華陰、扶風、馮翊三郡丁匠，及京城人夫一萬三千五百人，築興慶宮城，並起樓，四十九日畢。【略】

建中元年五月，築奉天城。四年十月，上避難于奉天。初，術士桑道茂奏請城奉天，為王者之居，至是方驗。【略】

（貞元）九年二月，詔復築鹽州城。先是，貞元三年，城為吐蕃所壞，自後塞外無保障，犬戎入寇。既城之後，邊患頓息。

元和三年，涇原節度使段佑請修臨涇城，在涇州北八十里，以扼犬戎之衝，詔從之。

八年，河東節度使張宏靖奏修古舜城，從之。

長慶四年三月，夏州節度使李祐奏于塞外築烏延、宥州、臨塞、陰河、陶子等五城，以備蕃寇。

大和元年四月，鳳翔府築臨汧城于汧陽縣西北八十里。【略】

咸通六年四月，西州節度使牛蕘奏于蠻界築新安城，遏戎州，功畢。時南詔蠻入寇姚、嶲，陳許大將顏復戍嶲州，奏築二城。其年秋，六姓蠻攻遏戎州，爲復所敗，退去。

又　卷五九《戶部員外郎》　開元四年五月二十九日敕：『蠲符，每年令當州取緊厚紙，背上皆書某州某年及紙次第，長官句當同署印記。京兆、河南、六百張，上州四百張，中州三百張，下州二百張。安南道、廣、桂、容等五府，准下州數，管內州蠲同。此紙不別書題州名，並赴朝集使，送戶部本判官掌納，依次用之。』

《新唐書》卷五一《食貨志一》　玄宗初立求治，蠲徭役者給蠲符，以流外及九品京官為蠲使，歲再遣之。

又　卷五三《食貨志三》　顯慶元年，苑西監褚朗議鑿三門山為梁，可通陸運，乃發卒六千鑿之，功不成。其後將作大匠楊務廉又鑿為棧，以輓漕舟。輓夫繫二鈲於胸，而繩多絕，輓夫輒墜死，則以逃亡報，因繫其父母妻子，人以為苦。【略】

（開元）二十九年，陝郡太守李齊物鑿砥柱為門，以通漕，開其山顛為輓路，燒石沃醯而鑿之。然棄石入河，激水益湍怒，舟不能入新門，候其水漲，以人輓舟而上。天子疑之，遣宦者按視，齊物厚賂使者，還言便。

齊物入為鴻臚卿，以長安令韋堅代之，兼水陸運使。堅治漢隋運渠，起關門，抵長安，通山東租賦。乃絕灞、滻，並渭而東，至永豐倉與渭合。又於長樂坡瀕苑墻鑿潭於望春樓下，以聚漕舟。【略】天子望見大悅，賜其潭名曰廣運潭。【略】

江淮水陸轉運使杜佑以秦漢運路出浚儀十里入琵琶溝，絕蔡河，至陳州而合，自隋鑿汴河，官漕不通，若導流培岸，功用甚寡；疏雞鳴岡首尾，可以通舟，陸行纔四十里，則江、湖、黔中、嶺南、蜀、漢之粟可方舟而下，繇白沙趣東關，歷潁、蔡，涉汴抵東都，無濁河泝淮之阻，減故

道二千餘里。會李納將李洧以徐州歸命，淮路通而止。【略】

是時，汴宋節度使春夏遣官監汴水，察盜灌溉者。歲漕經底柱，覆者幾半。河中有山，號『米堆』，運舟入三門，雇平陸人為門匠，執標指麾，一舟百日乃能上。諺曰『古無門匠墓』，謂皆溺死也。陝虢觀察使李泌益鑿集津倉山西逕為運道，屬于三門倉，治上路以回空車，費錢五萬緡，下路減半；又為入渭船，方五板，輸東渭橋太倉米至凡百三十萬石，遂罷南路陸運。【略】

初，揚州疏太子港、陳登塘，凡三十四陂，以益漕河，輒復堙塞。淮南節度使杜亞乃濬渠蜀岡，疏句城湖、愛敬陂，起隄貫城，以通大舟。河益庫，水下走淮，夏則舟不得前。節度使李吉甫築平津堰，以洩有餘，防不足，漕流遂通。【略】

秦漢時故漕興成堰，東達永豐倉，咸陽縣令韓遼請疏之，自咸陽抵潼關三百里，可以罷車輓之勞。宰相李固言以為非時，文宗曰：『苟利於人，陰陽拘忌，非朕所顧也。』議遂決。堰成，罷輓車之牛以供農耕，關中賴其利。

宋·王溥《五代會要》卷二六《城郭》 周廣順二年正月，詔開封府修補京師羅城，率畿內丁夫五萬五千，版築旬日而罷。

又 卷二七《漕運》 （後唐長興）四年三月三日，三司奏：『洛河水運自洛口至京，往來牽船下卸，皆是水運牙官，每人管定四十石。今洛岸至倉門稍遠，牙官運轉艱難，近日例多逃走。今欲於沿河北岸，別鑿一灣，引船直至艙門下卸，其工欲於諸軍傔人內差借。』從之。尋命捧聖衛指揮使朱洪實鑿開河灣，至贍國倉門。【略】

（周顯德）四年四月，詔疏下汴水一派，北入於五丈河，又東北達於濟。自是齊、魯之舟楫，皆至京師。

六年二月，命侍衛馬軍指揮使韓令坤自京東流下汴水，入于蔡河，命侍衛步軍都指揮使袁彥浚五丈河，以通漕運。

又 《疏鑿利人》 周顯德五年十一月，以尚書司勳郎中何幼沖為關西渠堰使，命於雍、耀二州界，疏涇水以溉田。

宋·王欽若等《册府元龜》卷四九七《邦計部·河渠》 梁太祖開平二年春正月，荆州奏聞白小河，此河環遶州郭，以導大江，近年壅塞，舟楫不通。是時疏之，頗為民便，運漕商賈之利，復如曩歲。

後唐莊宗同光二年四月癸酉，蔡州朱勍奏開淘雒河到故雒城。

七月甲辰，右監門衛上將軍婁繼英督汴、滑兵士脩酸棗縣堤，連年河水溺曹、濮故也。

三年正月壬子，青州符習承命左役徒修酸棗縣堯堤。初，僞廷決此堤，引河水，東注至於鄆、濮以限我軍，自是民罹水患。帝先遣婁繼英領諸軍脩塞，尋而復壞。乃命習以濟厥功。

二月，雒京奏，朱殷脩築月波隄畢功，引水入新開河。

三月己亥，西京奏，制置三白渠，起置營田務一十一。壬寅，符習奏脩堯堤水口畢。

七月丁未，鄴都副留守張憲奏，御河漲溢，慮漂溺城池，已於石灰窯口開故河道，以分水勢。

四年七月乙卯，汴州孔循奏，汴河汎漲，恐漂没城，河已於城西、城東權開壕口，引水入古河。

五年正月，租庸使奏，鄴都差夫一萬五千，於衛州界脩河堤，又於宋州創斗門。

明宗天成三年正月，陳州奏，開潁河。

四年十二月庚申，脩雒河北岸，宣差左衛上將軍李承約祭之。張敬詢為滑州節度使，長興初，敬詢以河水連年溢堤，乃自酸棗縣界至濮州廣隄防一丈五尺，東西二百里。

長興三年三月，幽州奏，重開府東南河路一百五十里，闊九十步，以通漕運。

五月，幽州進呈《新開東南河路圖》。自王馬口至淤口，長一百六十五里，闊六十五步，深一丈二尺，可勝漕船千石。

四年二月辛酉，濮州進《重脩堤圖》，備載沿河地理名。帝指示行臺砦、麻石砦、德勝南北城鐵邱，帝愀然興歎，曰：『吾佐先朝定天下，於此堤塢間大小數百戰。時事如昨，奄忽十年。遽閲此圖，令人悲歎。』又指一丘阜曰：『此吾擐甲之臺也。』

是年四月，靈武奏，開渠白河，引黃河水入大城溉田。

末帝清泰元年七月，河中言，取去秋草七千圍，堙塞堤堰。【略】

（晉高祖天福）六年九月，前鄴都皇城使張延美進表陳利便，請開淘相州界天平渠，通濟運。從之，仍委自往計度。

七年三月己未，宋州節度安彦威奏到：『滑州脩河堤時，以瓠子河漲溢，詔彦威督諸道軍民，自豕韋之北，築堰數十里，給私財以犒民，民無散者，竟止其害，鄆、曹、濮賴之。』以功加邠國公，詔於河決之地建碑立廟。

四月，詔曰：近年以來，大河頻決，漂盪人戶，妨廢農桑，言念蒸黎，因兹凋弊。凡居牧守，皆委山河，既已在封巡，所宜專切。起今後，宜令沿河廣晉、開封府尹、逐處觀察、防禦使、刺史等，並兼河堤使名額，任便差選職員，分擘勾當。有堤堰薄怯、水勢衝注處，預先計度，不得臨時失於防護。

漢隱帝乾祐二年，有補闕盧振上言：臣伏見汴河兩岸，堤堰不牢，每年潰決，正當農時，勞民功役。以臣愚管，沿汴水有故河道陂澤處，置立斗門，水漲溢時，以分其勢，即澇歲無漂沫之患，旱年獲澆溉之饒，庶幾編甿，差免勞役。

三年，遣前棣州刺史周景殷，河陰淘杼汴口，又令鄭州疏引郭西水入中牟渠，以增蔡水漕運。

李欽明為司勳員外郎。是年，欽明言：【略】臣伏請開決汴水，取定力禪院西一半幷港，穿大城向南至斗門，可費三五千工。自水匱蔡水，路纔五六里，水勢便於開決。陳蔡漕運，必倍嘗年，私下往來，更豐財貨。此之利便，實益轉輸。

周太祖廣順三年【略】六月，鄭州夫一千五百人，脩原武河堤。宿州言，遣虎揵廂主何徽率兵往靈河脩堤。

八月，淄州臨河鎮淄水決，鄒平、長山人四千堙塞。是月，河陰新堤壞三百步，遣中使於贊往相度脩治。【略】

世宗顯德元年十一月戊戌，命宰臣李穀往鄆、齊管内相度，脩築河堤。

二年三月壬午，李穀治河堤廻見。先是，河水自楊劉北至博州界一百二十里，連歲東岸而為派者十有二焉，復滙為大澤，漫漫數百里。又東北壞古堤而出，注齊、棣、淄、青，至于海澨，壞民廬舍，占民良田，殆不可勝計。流民但收野稗捕魚而食。朝廷連年命使視之，無敢議其工者。帝嗟東民之病，故命輔相親督其事，凡役徒六萬，三十日而罷。

四年四月，詔疏汴水一派，北入於五丈河，又東北達於濟。至是，齊、魯之舟楫亦達於京師矣。

五年三月，世宗在淮南，會濬汴口，導其流而達於淮。汴河自唐室之季，為淮賊所決，自埇橋東南，悉滙為汙澤。帝於二年冬，將議南征，即詔徐州節度使武行德發其部内丁夫，因其古堤，疏而導之，東至於泗上。是時人皆竊議，以為無益。惟帝不然之，曰：『二三年之後，當知其利矣。』至是，果符聖慮。由是江淮舟楫，果達於京師。萬世之利，其斯之謂乎！

十二月戊寅，以工部郎中何幼沖為司勳郎中，充關西渠堰使，仍命於雍、耀之間，疏涇水以溉稻田。【略】

（六年二月）壬午，命侍衛都指揮使韓通宣往徽南院使吳延祚，發徐、宿、宋、單等州丁夫數萬，以濬汴河。

甲申，命馬軍都指揮使韓令坤自京東道汴水入於蔡河，又命步軍都指揮使袁彦濬五丈河，分遣使臣，發畿内及滑、亳等州丁夫數千，以供其役。

論説

明·丘濬《大學衍義補》卷三三《治國平天下之要·制國用·漕輓之宜上》 臣按隋雖無道，然開此三渠，以通天下，漕雖一時役重民苦，然百世之後，賴以通濟。

清·王夫之《讀通鑑論》卷一九《隋文帝·一一》 民之不輯也久矣，考其時，北築長城，東巡泰嶽，作仁壽宮，而丁夫死者萬計，別宮十二，相因營造，則其搜剔丁壯以供土木也，不待煬帝之驕淫，而民已無餘地以求生矣。

藝文

唐・白居易《白氏長慶集》卷四《新樂府・隋堤柳　憫亡國也》

隋堤柳，歲久年深盡衰朽。風飄飄兮雨蕭蕭，三株兩株汴河口。老枝病葉愁殺人，曾經大業年中春。大業年中煬天子，種柳成行夾流水。西自黃河東至淮，綠陰一千三百里。大業末年春暮月，柳色如煙絮如雪。南幸江都恣佚遊，應將此柳繫龍舟。紫髯郎將護錦纜，青蛾御史直迷樓。海內財力此時竭，舟中歌笑何日休？上荒下困勢不久，宗社之危如綴旒。煬天子，自言福祚長無窮，豈知皇子封酅公，龍舟未過彭城閤，義旗已入長安宮。蕭墻禍生人事變，晏駕不得歸秦中。土墳數尺何處葬？吳公臺下多悲風。二百年來汴河路，沙草和煙朝復暮。後王何以鑒前王？請看隋堤亡國樹。

唐・李商隱《李義山詩集》卷上《隋堤》　乘興南遊不戒嚴，九重誰省諫書函？春風舉國裁宮錦，半作障泥半作帆。

唐・羅隱《羅昭諫集》卷四《隋堤柳》　夾岸依依千里遙，路人回首認隋朝。春風未借宣華意，猶費工夫長綠條。

清・彭定求等《全唐詩》卷六〇四《許棠〈汴河十二韻〉》　昔年開汴水，元應別有由。或兼通楚塞，寧獨為揚州？直斷平蕪色，橫分積石流。所思千里便，豈計萬方憂？首甚資功濟，終難弭宴遊。空懷龍舸下，不見錦帆收。浪倒長汀柳，風欹遠岸樓。奔逾懷許竭，澄徹泗濱休。路要多行客，魚稀少釣舟。日開天際晚，雁合磧西秋。一派注滄海，幾人生白頭。常期身事畢，於此泳東浮。

又　卷六一五《皮日休〈汴河懷古二首〉》　萬艘龍舸綠絲間，載到揚州盡不還。應是天教開汴水，一千餘里地無山。

盡道隋亡為此河，至今千里賴通波。若無水殿龍舟事，共禹論功不較多。

又　卷六四三《李山甫〈隋堤柳〉》　曾傍龍舟拂翠華，至今凝恨倚天涯。但經春色還秋色，不覺楊家是李家。背日古陰從北朽，逐波疎影向南斜。年年只有晴風便，遙為雷塘送雪花。

又　卷六七〇《秦韜玉〈隋隄〉》　種柳開河為勝遊，隄前常使路人愁。陰埋野色萬條思，翠束寒聲千里秋。西日至今悲兔苑，東坡終不反龍舟。遠山應見繁華事，不語青青對水流。

又　卷七〇三《翁承贊〈隋堤柳〉》　春半煙深汴水東，黃金絲軟不勝風。輕籠行殿迷天子，拋擲長安似夢中。

又　卷七四一《陳峴〈隋堤柳〉》　錦纜龍舟萬里來，醉鄉繁盛忽塵埃。空餘兩岸千株柳，雨葉風花作恨媒。

又　卷八六二《方壺居士〈隋堤詞〉》　嘗憶江都大業秋，曾隨鑾蹕戲龍舟。傷心一覺興亡夢，隄柳無情識世愁。

倉儲

綜述

《隋書》卷二四《食貨志》　開皇三年，朝廷以京師倉廩尚虛，議為水旱之備，於是詔於蒲、陝、虢、熊、伊、洛、鄭、懷、邵、衛、汴、許、汝等水次十三州，置募運米丁。又於衛州置黎陽倉，洛州置河陽倉，陝州置常平倉，華州置廣通倉，轉相灌注，漕關東及汾晉之粟，以給京師。【略】

五年五月，工部尚書襄陽縣公長孫平奏曰：『古者三年耕而餘一年之積，九年作而有三年之儲。雖水旱為災，而人無菜色，皆由勸導有方，蓄積先備故也。去年亢陽，關內不熟，陛下哀愍黎元，甚於赤子，運山東之粟，置常平之官，開發倉廩，普加賑賜，少食之人莫不豐足。鴻恩大德，前古未比。其強宗富室家道有餘者，皆競出私財，遞相賙贍。此乃風行草偃，從化而然。但經國之理，須存定式。』於是奏令諸州百姓及軍人勸課，當社共立義倉。收穫之日，隨其所得，勸課出粟及麥，於當社造倉窖貯之。即委社司，執帳檢校。每年收積，勿使損敗。若時或不熟，當社有饑饉者，即以此穀賑給。自是諸州儲峙委積。【略】

（十四年）東巡狩，因祠泰山。是時義倉，貯在人間，多有費損。十五年二月，詔曰：『本置義倉，止防水旱。百姓之徒，不思久計，輕爾費損，於後乏絶。又北境諸州，異於餘處，雲、夏、長、靈、鹽、蘭、豐、鄯、涼、甘、瓜等州所有義倉雜種，並納本州。若人有旱儉少糧，先給雜種及遠年粟。』

十六年正月，又詔秦、叠、成、康、武、文、芳、宕、旭、洮、岷、渭、紀、河、廓、豳、隴、涇、寧、原、敷、丹、延、綏、銀、扶等州社倉，並於當縣安置。二月，又詔社倉准上中下三等税，上戶不過一石，中戶不過七斗，下戶不過四斗。【略】

宋·司馬光《資治通鑑》卷一八〇《隋紀四·煬皇帝上之上》

煬帝即位，新置興洛及迴洛倉。

（大業二年十月）置洛口倉於鞏東南原上，築倉城，周回二十餘里，穿三千窖，窖容八千石以還。置監官并鎮兵千人。十二月，置回洛倉於洛陽北七里，倉城周回十里，穿三百窖。

唐·杜佑《通典》卷一二《食貨典十二·輕重》 隋文帝開皇三年，衛州置黎陽倉，洛州置河陽倉，陝州置常平倉，華州置廣通倉，轉相灌注，漕關東及汾、晉之粟，以給京師。京師置常平監。

五年，工部尚書長孫平奏：『古者三年耕而餘一年之積，九年作而有三年之儲，雖水旱為災，人無菜色，皆由勸導有方，蓄積先備。請令諸州百姓及軍人勸課當社，共立義倉，收穫之日，隨其所得，勸課出粟及麥，於當社造倉窖貯之。即委社司，執帳檢校，每年收積，勿使損敗。若時或不熟，當社有饑饉者，即以此穀振給。』自是諸州儲峙委積。

至十五年，以義倉貯在人閒，多有費損，詔曰：『本置義倉，止防水旱，百姓之徒，不思久計，輕爾費損，於後乏絶。又北境諸州，異於餘處，靈、夏、甘、瓜等十一州所有義倉雜種，並納本州。若人有旱儉少糧，先給雜種及遠年粟。』

十六年，又詔秦、渭、河、廓、豳、隴、涇、寧、原、敷、丹、延、綏、銀等州社倉，並於當縣安置。又詔社倉準上中下三等税，上戶不過一石，中戶不過七斗，下戶不過四斗。

大唐武德五年，廢常平監。八年敕，諸州斗秤，京太府校。

貞觀初，尚書左丞戴冑上言曰：『水旱凶災，前聖之所不免；國無九年儲蓄，《禮經》之所明誡。今喪亂之後，戶口凋殘，每歲租米，未實倉廩，隨即出給，纔供當年。若遇凶災，將何振恤？故隋開皇立制，天下之人，節級輸粟，名為社倉。終於文皇，得無饑饉。及大業中，國用不足，並取社倉，以充官費，故至末塗，無以支給。今請自王公以下，爰及衆庶，計所墾田稼穡頃畝，每至秋熟，準其見苗，以理勸課，盡令出粟。稻麥之鄉，亦同此税。各納所在，為立義倉。年穀不登，百姓饑饉，當所州縣，隨便取給。』太宗曰：『既為百姓，先作儲貯，官為舉掌，以備凶年。非朕所須橫生賦斂，利人之事，深是可嘉。宜下有司，議立條制。』戶部尚書韓仲良奏：『王公以下墾田，畝納二升。其粟麥粳稻之屬，各依土地。貯之州縣，以備凶年。』制從之。自是天下州縣始置義倉，每有饑饉，則開倉振給。

高宗永徽二年九月，頒新格：『義倉據地取税，實是勞煩。宜令率戶出粟，上上戶五石，餘各有差。』六年，京東西市置常平倉。高宗、武太后數十年閒，義倉不許雜用，其後公私窘迫，貸義倉支用。自中宗神龍之後，天下義倉，費用向盡。

開元二十五年定式：『王公以下，每年戶別據所種田，畝別税粟二升，以為義倉。其商賈戶若無田及不足者，上上戶税五石，上中以下遞減各有差。諸出給雜種準粟者，稻穀一斗五升當粟一斗。其折納糙米者，稻三石折納糙米一石四斗。』

天寶八年，凡天下諸色米，都九千六百六萬二千二百二十石。

和糴，一百一十三萬九千五百三十石。【略】

諸色倉糧，總千二百六十五萬六千六百二十石。【略】

正倉，總四千二百一十二萬六千一百八十四石。【略】

義倉，總六千三百一十七萬七千六百六十石。

又 卷二六《職官八·常平署》 凡天下倉廩，和糴者為常平倉，正租為正倉，地子為義倉。天寶八年，通計天下倉糧屯收并和糴等見數，凡一億九千六百六萬二千二百二十石。

《舊唐書》卷四九《食貨志下》 武德元年九月四日，置社倉。其月二十二日詔曰：『特建農圃，本督耕耘，思俾齊民，既康且富。鍾庾之量，冀同水火，宜置常平監官，以均天下之貨。市肆騰踴，則減價而出；田穡豐羡，則增糴而收。庶使公私俱濟，家給人足，抑止兼并，宣通壅滯。』至五年十二月，廢常平監官。

貞觀二年四月，尚書左丞戴胄上言曰：水旱凶災，前聖之所不免；國無九年儲畜，《禮經》之所明誡。今喪亂之後，戶口凋殘，每歲納租禾，實倉廩，隨時出給，纔供當年。若有凶災，將何賑恤？故隋開皇立制，天下之人節級輸粟，多為社倉，終於文皇，得無饑饉。及大業中年，國用不足，並貸社倉之物，以充官費，故至末塗，無以支給。今請自王公已下，爰及衆庶，計所墾田稼穡頃畝，至秋熟，準其見在苗，以理勸課，盡令出粟稻麥之鄉，亦同此稅，各納所在，為立義倉。若年穀不登，百姓飢饉，當所州縣，隨便取給。』太宗曰：『既為百姓預作儲貯，官為舉掌，以備凶年，非朕所須橫生賦斂，利人之事，深是可嘉。宜下所司，議立條制。』戶部尚書韓仲良奏：『王公已下，墾田畝納二升。其粟麥粳稻之屬，各依土地，貯之州縣，以備凶年。』可之。自是天下州縣，始置義倉。每有饑饉，則開倉賑給。以至高宗、則天數十年間，義倉不許雜用。其後公私窮迫，漸貸義倉支用。自中宗神龍之後，天下義倉，費用向盡。

高宗永徽二年六月，敕：義倉據地收稅，實是勞煩。宜令率戶出粟，上上戶五石，餘各有差。

六年，京東西二市置常平倉。明慶二年十二月，京常平倉置常平署官員。

開元二年九月，敕：天下諸州，今年稍熟，穀價全賤，或慮傷農。常平之法，行之自古。宜令諸州加時價三兩錢糴，不得抑斂，仍交相付領，勿許懸欠。蠶麥時熟，穀米必貴，即令減價出糶。豆穀等堪貯者熟，亦準此以時出入，務在利人。其常平所須錢物，宜令所司支料奏聞。

四年五月二十一日詔：諸州縣義倉，本備飢年賑給。近年已來，每三年一度，以百姓義倉糙米遠赴京納，仍勒百姓私出脚錢。自今已後，更不得義倉變造。

七年六月敕：關內、隴右、河南、河北五道及荊、揚、襄、夔、綿、益、彭、蜀、漢、劍、茂等州，並置常平倉。其本上州三千貫，中州二千貫，下州一千貫。

十六年十月敕：自今歲普熟，穀價至賤，必恐傷農。加錢收糴，以實倉廩，縱逢水旱，不慮阻飢，公私之間，或亦為便。宜令所在，以常平本錢及當處物，各於時價上量加三錢，百姓有糶易者，為收糴。事須兩和，不得限數。配糴訖具，所用錢物及所糴物數，申所司，仍令上佐一人專勾當。

天寶六載三月，太府少卿張瑄奏：準四載五月并五載三月敕節文：至貴時賤價出糶，賤時加價收糴。若百姓未辦錢物者，任準開元二十年七月敕量事賒糶，至粟麥熟時徵納。臣使司商量，且糶舊糴新，不同別用。其賒糶者至納錢日，若粟麥雜種等時價甚賤，恐更迴易艱辛。請加價，便與折納。

廣德二年正月，第五琦奏：每州常平倉及庫使司商量置本錢，隨當處米物時價，賤則加價收糴，貴則減價糶賣。

建中元年七月敕：夫常平者，常使穀價如一，大豐不為之減，大儉不為之加，雖遇災荒，人無菜色。自今已後，忽米價貴時，宜量出官米十萬石，麥十萬石，每石量付兩市行人，下價糶貨。

三年九月，戶部侍郎趙贊上言曰：『伏以舊制，置倉儲粟，名曰常平。軍興已來，此事闕廢，或因凶荒流散，餓死相食者，不可勝紀。古者平準之法，使萬室之邑，必有萬鍾之藏；千室之邑，必有千鍾之藏。春以奉耕，夏以奉耘。雖有大賈富家，不得豪奪吾人者，蓋謂能行輕重之法也。自陛下登極以來，許京城兩市置常平，官糴鹽米。雖經頻年少雨，米價未騰貴，此乃即日明驗，實要推而廣之。當興軍之時與承平或異，事須兼儲布帛，以備時須。臣今商量，請於兩都并江陵東都、揚、汴、蘇、洪等州府，各置常平輕重本錢，上至百萬貫，下至數十萬貫，隨其所宜，量定多少。唯置斛斗、疋段、絲麻等，候物貴則下價出賣，物賤則加價收糴，權其輕重，以利疲人。』從之。贊於是條奏，諸道要都會之所，皆置吏，閱商人財貨計錢，每貫稅二十。天下所出竹木茶漆，皆十一稅之，以充常平本。時國用稍廣，常賦不足，所稅亦隨時而盡，終不能為常平本。

貞元八年十月敕：諸軍鎮和糴貯備共三十三萬石價之外，更量與優饒。其粟及麻，據米數準折虛價直，委度支以停江淮運脚錢充，並支綾絹絁綿，勿令折估。所糴粟等，委本道節度使監軍同勾當別貯，非承特敕，不得給用。

十四年六月詔：以米價稍貴，令度支出官米十萬石於兩街賤糶。其年九月，以歲飢，出太倉三十萬石出糶。是歲冬，河南府穀貴人流，令以含嘉倉粟七萬石出糶。

十五年二月，以久旱歲飢，出太倉粟十八萬石，於諸縣賤糶。

元和元年正月制：歲時有豐歉，穀價有重輕。將備水旱之虞，在權聚斂之術。應天下州府每年所税地丁數內，宜十分取二分，均充常平倉及義倉。仍各逐穩便收貯，以時出糶，務在救人賑貸。所宜速奏。

六年二月制：如聞京畿之內，舊穀已盡，宿麥未登，宜以常平、義倉粟二十四萬石貸借百姓。諸道州府有乏少糧種處，亦委所在官長，用常平、義倉米借貸淮南、浙西、宣歙等道。

元和二年四月，賑貸並且停徵，容至豐年，然後填納。

九年四月詔：出太倉粟七十萬石，開六場糶之，并賑貸外縣百姓，至秋熟徵納，便於外縣收貯，以防水旱。

十二年四月詔：出粟二十五萬石，分兩街，降估出糶。其年九月詔：諸道應遭水州府，河中、澤潞、河東、幽州、江陵府等管內及鄭、滑、滄、景、易、定、陳、許、晉、隰、蘇、襄、復、台、越、唐、隨、鄧等州人戶，宜令本州厚加優恤，仍各以當處義倉斛斗，據所損多少，量事賑給。

十三年正月，戶部侍郎孟簡奏：『天下州府常平、義倉等斛斗，請準舊例，減估出糶，但以石數奏申有司，更不收管內州縣，得專以利百姓。』從之。

長慶四年二月敕：出太倉陳粟三十萬石，於兩街出糶。其年三月制曰：義倉之制，其來日久。近歲所在，盜用没入，致使小有水旱，生人坐委溝壑。永言其弊，職此之由。宜令諸州録事參軍專主勾當。苟為長吏迫制，即許驛表上聞。考滿之日，戶部差官交割，如無欠負，與減一選，如欠少者，量加一選，欠數過多，戶部奏聞，節級科處。

太和四年八月敕：今年秋稼似熟，宜於關內七州府及鳳翔府和糴一百萬石。

大中六年四月，戶部奏：『諸州府常平、義倉斛斗，本防水旱，賑貸百姓。其有災沴州府地遠，申奏往復，已至流亡。自今已後，諸道遭災旱，請委所在長吏差清强官審勘，如實有水旱處，便任先從貧下不支濟戶給貸。』從之。

又　卷二《太宗紀上》（貞觀二年四月）初詔天下州縣並置義倉。

又　卷三《太宗紀下》（貞觀十三年十二月）詔於洛、湘、幽、徐、齊、并、秦、蒲等州，並置常平倉。

又　卷一八下《宣宗紀》（大中六年）四月丁酉敕：『常平、義倉斛斗，每年檢勘實水旱災處，録事參軍先勘人戶多少，支給先貧戶，富戶不在支給之限。』

宋·王溥《唐會要》卷八八《倉及常平倉》　武德元年九月四日，置社倉。其月二十二日，詔曰：『特建農圃，用督耕耘，思俾齊民，既庶且富。鐘庾之量，冀同水火。宜置常平監官，以均天下之貨。市肆騰踴，則減價而出；田穡豐羨，則增價而收。庶使公私俱濟，家給人足，抑止兼併，宣通擁滯。』至五年十二月，廢常平監官。

貞觀二年四月三日，尚書左丞戴胄上言曰：『水旱凶災，前聖之所不免；國無九年儲蓄，《禮經》之所明誡。今喪亂之後，戶口雕殘，每歲納租，未實倉廩，隨時出給，纔供常年，若有凶災，將何賑恤？故隋開皇立制，天下之人，節級輸粟，多為社倉，終於文皇，一代得無饑饉。及大業中年，國用不足，並貸社倉之物，以充官費，故至末塗，無以支給，今請自王公已下，爰及衆庶，計所墾田稼穡頃畝，每至秋熟，准其見苗，以理勸課，盡令出粟。麥稻之鄉，亦同此税。各納所在，立為義倉。若年穀不登，百姓饑饉，當所州縣，隨便取給，則有無均平，常免匱竭。』上曰：『既為百姓先作儲貯，官為舉掌，以備凶年，非朕所須橫生賦斂，利人之事，深是可嘉。宜下有司，議立條制。』戶部尚書韓仲良奏：『王公已下，墾田畝納二升。其粟麥粳稻之屬，各依土地，貯之州縣，以備凶年。』制可之，令窖苦宜以葛蔓為之。

十三年十二月十四日，詔於洛、相、幽、徐、齊、并、秦、蒲等州，置常平倉。

永徽二年閏九月六日敕：『義倉據地收税，實是勞煩。宜令率戶出粟，上上戶五石餘各有差。』

六年，京東二市置常平倉，以大雨道路不通，京師米貴。

顯慶二年十二月三日，京常平倉，置常平署官員。

咸亨元年閏九月六日，置河陽倉，隸司農寺。

三年六月十七日，于洛州柏崖置敖倉，容二十萬石，至開元十年九月十一日廢。

開元二年九月二十五日敕：『天下諸州，今年稍熟，穀價全賤，或慮傷農。常平之法，行之自古，宜令諸州，加時價三兩錢糴，不得抑斂，仍交相付領，勿許懸久。蠶麥時熟，穀米必貴，即令減價出糶。豆穀等堪貯者熟，亦宜准此。以時出入，務在利人。其常平所須錢物，宜令所司支料奏聞。』

四年五月二十一日詔：『州縣義倉，本備饑年賑給。近年以來，每三年一度，以百姓義倉糙米，遠送京納，仍勒百姓私出腳錢。自今以後，更不得以義倉變造。』

七年六月敕：『關內、隴右、河南、河北五道，及荆、揚、襄、夔、綿、益、彭、蜀、漢、劍、茂等州，並置常平倉。其本上州三千貫，中州二千貫，下州一千貫。每糴具本利與正倉帳同申。』

十年九月十五日，廢河陽，柏崖，坦縣等倉。

十六年十月二日敕：『自今歲普熟，穀價至賤，必恐傷農。加錢收糴，以實倉廩，縱逢水旱，不慮阻饑，公私之間，或亦為便。宜令所在以常平本錢及當處物，各於時價上量加三錢，百姓有糶易者，為收糴。事須兩和，不得限數配糴。訖具所用錢物，及所收糴物數，具申所司。仍令上佐一人專勾當。』

二十二年八月九日敕：『應給貸糧，本州録奏，敕到，三口以下，給米一石，六口以下，給兩石，七口以下，給三石。如給粟，准米計折。』

二十八年正月敕：『諸州水旱，皆待奏報然後賑給，道路悠遠，往復淹遲，宜令給訖奏聞。』

天寶六載三月二十二日，太府少卿張瑄奏：『准四年五月八日，並五載三月十六日敕節文，至貴時賤價出糶，賤時加價收糴。若百姓未辦錢物者，任准開元二十八年七月九日敕量事賒糶，至粟麥熟時徵納。臣使司商量，且糶舊糴新，不同別用。其賒糶者，至納錢日，若粟麥雜種等時價甚賤，恐更回易艱辛。請加價，便與折納。』

廣德二年正月二十五日第五琦奏：『每州置常平倉及庫使，自商量置本錢，隨當處米物時價，賤則加價收糴，貴則減價糶賣。』

建中元年七月敕：『夫常平者，常使穀價如一，大豐不為之減，大儉不為之加，雖遇災荒，民無菜色。自今已後，忽米價貴時，宜量出官米十萬石，麥十萬石，每日量付市行人，下價糶貨。』

三年九月，戶部侍郎趙贊上言曰：『伏以舊制，置倉儲粟，名曰常平。軍興已來，此事寖廢，因循未齊，垂三十年。其間或因凶荒流散，餒死相食者，不可勝紀。古者平準之法，使萬室之邑，必有萬鐘之藏，春以奉耕，夏以奉耘，雖有大賈富家，不得豪奪吾民者，蓋謂能行轉重之法也。自陛下登極以來，許京城兩市置常平，官糴鹽米，雖經頻年少雨，米價未騰貴，此乃即日明驗，實要推而廣之。當軍興之時與承平或異，事須兼儲布帛，以備時須。臣今商量，請於兩都並江陵、東都、揚、汴、蘇、洪等州府，各置常平輕重本錢，上至百萬貫，下至數十萬貫，隨其所宜，量定多少。唯置斛斗、匹段、絲麻等，候物貴則減價出賣，物賤則加價收糴，權其輕重，以利疲民。』從之。贊於是條奏諸道津要都會之所，皆置吏，閱商人財貨計錢，每貫稅二十文，天下所出竹、木、茶、漆，皆十一稅之，以充常平本。時國用稍廣，常賦不足，所稅亦隨得而盡，終不能為常平本。

貞元八年十月敕：『諸軍鎮和糴貯備共三十三萬石，米價之外，更量與優饒。其粟及麥，據米數准折虛價直。委度支以停減江淮運腳錢充，並支綾絹絁綿，勿令折估。其所糴粟等，委本道節度使監軍同勾當別貯，非承特詔，不得給用。』

十四年六月詔，以米價稍貴，令度支出官米十萬石，於兩街賤糶。其月，以久旱穀貴人流，出太倉粟分給京畿諸縣。其年七月，詔賑給京畿麥種三萬石。其年九月，以歲饑，出太倉粟三十萬出糶。其年十二月，以河南府穀貴人流，令以含嘉倉七萬石出糶。

十五年二月，以久旱歲饑，出太倉粟十八萬石，于諸縣賤糶。

十九年十月，太倉奏請依《六典》置太倉令兩員，丞六員，監事十員，支計官驅使官三人，典六人，府史六人，從之。

元和元年正月制：『歲時有豐歉，穀價有重輕，將備水旱之虞，在權聚斂之術。應天下州府每年所稅地子數內，宜十分取二分，均充常平倉及義倉，仍各逐穩便收貯，以時糶糴，務在救乏賑貸。所宜速須聞奏。』

三年八月，司農少卿崔酆奏，停太倉丞二員，監事二員，從之。

六年二月制：『如聞京畿之內，舊穀已盡，宿麥未登，宜以常平、義倉粟二十四萬石，貸借百姓。諸道州府有乏少糧種處，亦委所在官長，用常平、義倉米借貸，淮南、浙西、宣歙等道，准元和二年四月賑貸，並宜停徵，容至豐年，然後徵納。』

九年四月，詔出太倉粟七十萬石，開六場糶之，並賑貸外縣百姓，至秋熟征納，便於外縣收貯，以防水旱。

十二年四月，詔出粟二十五萬石，分兩街降估出糶。九月詔：『諸道應遭水州府，河中、澤潞、河東、幽州、江陵府等管內，及鄭、滑、滄、景、易、定、陳、許、晉、隰、蘇、襄、復、臺、越、唐、隨、鄧等州人戶，宜令本州厚加優恤。仍各以當處義倉斛斗，據所損多少，量事賑給訖，具數聞奏。其人戶中有漂溺致死者，仍委所在收瘗。其屋宇摧倒，亦委長吏量事勸課修葺，使得安存。』

十三年正月，戶部侍郎孟簡奏：『天下州府常平義倉等斛斗，請准舊例，減估出糶，但以石數奏申有司，更不收管州縣，得專以利百姓。』從之。

長慶二年十月詔：『江淮諸州，旱損頗多，所在米價，不免踴貴。委淮南、浙西、浙東、宣歙、江西、福建等道觀察使，各于本道有水旱處，取常平、義倉斛斗，據時估減，半價出糶，以惠貧民。』

四年二月敕，出太倉陳米三十萬石，於兩街出糶。

其年三月，制曰：『義倉之制，其來日久。近歲所在，盜用没入，致使小有水旱，生民坐委溝壑。推言其弊，職此之由。宜令諸州録事參軍專主勾當。苟為長吏迫制，即許驛表上聞。考滿之日，戶部差官交割。如無欠負，與減一選，如欠少者，量加一選，欠數過多，戶部奏聞，節級科處。』

太和四年八月敕：『今年秋稼似熟，宜於關內七州府及鳳翔府，和糴一百萬石。』

開成元年八月，戶部奏：『應諸州府所置常平、義倉，伏請起今後，通公私田畝，別納粟一升，逐年添置義倉。斂之至輕，事必通濟，歲月稍久，自致充盈，縱逢水旱之災，永絕流亡之慮。』敕從之。

其年十一月，忠武軍節度使杜悰、天平軍節度使王源申奏：『當道常平、義倉斛斗，除元額外，請別置十萬石，以備凶年。』從之。

大中六年四月，戶部奏：『請道州府收管常平、義倉斛斗，今後如有災荒水旱外，請委所在長吏，差清强官勘審。如實，便任開倉。先從貧下不濟戶給貸訖，具數分析申奏，並報戶部。不得妄有給與富豪人戶。其斛斗，仍仰本州録事參軍至當年秋熟專勾當，據數追收。如州府妄有給使，其録事參軍、本判官，請重加殿罰，長吏具名申奏。』敕旨：『宜依。』

其年十一月敕：『應畿內諸縣百姓軍戶，合送納諸倉及諸使兩稅，送納斛斗舊例，每斗函頭耗物遽除，皆有數限。訪聞近日諸倉所由，分外邀額利，索耗物，致使京畿諸縣，轉更雕弊。農桑無利，職此之由。自今以後，祇令依官額，餘並禁斷。』

又 卷九〇《閉糴》 開元二年閏二月十八日敕：『年歲不稔，有無須通，所在州縣，不得閉糴，各令當處長吏檢校。』

上元元年九月敕：『先緣諸道閉糴，頻有處分，如聞所在米粟，尚未流通，宜令諸節度觀察使，各將管內捉搦，不得輒令閉糴。』

大曆十一年六月十三日敕：『自今以後，所在一切不得閉糴，及隔絕榷稅。』

貞元九年正月詔：『諸州府不得輒有閉糴。』

太和三年九月敕：『河南、河北諸道，頻年水患，重加兵役，農耕多廢，粒食未豐。比令使臣分路賑恤，冀其有濟，得接秋成。今諸道穀尚未減賤，而徐泗管內，又遭水潦。如聞江淮諸郡，所在豐稔，困於甚賤，不但傷農。州縣長吏，苟思自便，潛設條約，不令出界。雖無明榜，以避詔條，而商旅不通，米價懸異，致令水旱之處，種植無資。宜令御史台揀擇御史一人，于河南巡察，但每道每州界首，物價不等，米商不行，即是潛有約勒，不必更待文榜為驗，便具事狀，及本界刺史縣令觀察判官名銜聞奏。河南通商之後，淮南諸郡，米價漸起，輾轉連接之處，直至江西、湖南、荆襄以東，並須約勒，依此舉勘聞奏。仍各委觀察使審詳前後敕條，與御史相知，切加訪察，不得稍有容隱。』

咸通七年十月二十三日，御史臺奏：『今後如有所在閒閉糴者，長吏必加貶降，本判官録事參軍並停見任，書下考，仍勒州縣各以版榜寫録此條，懸示百姓，每道委觀察判官，每州委録事參軍勾當，逐月具申閉糴事由申台。』從之。

又《和糴》 證聖元年三月二十一日敕：『州縣軍司府官等，不得輒取和糴物，亦不得遣人替名代取。』

興元元年閏十月詔：『江淮之間，連歲豐稔，迫於供賦，頗亦傷農。收其有餘，濟彼不足，宜令度支於淮南浙江東西道加價和糴三五十萬石，差官般運，於諸處減價出糶。貴從權便，以利於民。』

貞元二年九月，度支奏：『京兆、河南、河中、同、華、陝、虢、晉、絳、鄜、坊、丹、延等州府，夏秋兩税、青苗等錢物，悉折糴粟麥，所在儲積，以備軍食。京兆府兼給錢收糴，每斗於時估外，更加錢納於太倉。』詔可之。

其年十一月，度支奏：『請於京兆府折明年夏税錢二十二萬四千貫文，又請度支給錢，添成四十萬貫，令京兆府今年内收糴粟麥五十萬石，以備軍倉。』詔從之。

四年八月詔，京兆府於時價外，加估和糴。差清强官先給價直，然後貯納。續令所司，自般運，載至太倉。並差御史分路訪察，有違敕文，令長以下，當重科貶。先是，京畿和糴，多被抑配，或物估逾於時價，或先斂而後給直，追集停擁，百姓苦之。及聞是詔，莫不歡忻樂輸焉。

元和七年七月，戶部侍郎判度支盧坦奏：『今冬諸州和糴貯粟，澤、潞四十萬石，鄭、滑、易定各一十五萬石，夏州八萬石，河陽一十萬石，太原二十萬石。以今秋豐稔，必資蓄備，其澤、潞、易、定、鄭、滑、河陽委本道差判官和糴，各於時價每斗加十文，所冀民知勸農，國有常備。』從之。

長慶元年二月敕：『春農方興，種植是切，其京北京西和糴使宜勒停。』先是，度支以邊儲無備，請置和糴使，經年無效，徒擾邊民，故罷之。

四年八月，詔於關内及關外，折糴和糴粟一百五十萬石，用備饑歉。其和糴價，以戶部錢充，收貯，尋常不得支用。

寶曆元年八月，敕以兩京河西大稔，委度支和糴二百萬斛，以備災沴。

大中六年五月敕：『自收關隴，便討黨項，邊境生民，皆失活業，連屬艱食，遂不寧居。兼軍儲未得殷豐，切在多方贍助。今年京畿及西北邊，稍似時熟，即京畿人家，競搬運斛入城，收為蓄積，致使邊塞粟麥，依前踴貴。兼省司和糴，亦頗艱難，其弊至深，須有厘革，其京西北今年夏秋斛，一切禁斷，不得令入京畿兩界。』

《新唐書》卷五一《食貨志一》 其凶荒，則有社倉賑給，不足則徙民就食諸州。尚書左丞戴胄建議，自王公以下，計墾田秋熟，所在為義倉，歲凶以給民。太宗善之，乃詔畝税二升，粟麥秔稻，隨土地所宜。寬鄉斂以所種，狹鄉據青苗簿而督之。田耗十四者，免其半耗；十七者，皆免之。商賈無田者，以其戶為九等，出粟自五石至于五斗為差。下下戶及夷獠，不取焉。歲不登，則以賑民，或貸為種子，則至秋而償。其後洛、相、幽、徐、齊、并、秦、蒲州，又置常平倉，粟藏九年，米藏五年；下溼之地粟藏五年，米藏三年。皆著于《令》。

又 卷五二《食貨志二》 自太宗時，置義倉及常平倉，以備凶荒。高宗以後，稍假義倉，以給他費。至神龍中，略盡。玄宗即位，復置之。其後第五琦請天下常平倉皆置庫，以畜本錢。至是，趙贊又言：自軍興，常平倉廢，垂三十年，凶荒潰散，餧死相食，不可勝紀。陛下即位，京城兩市置常平官，雖頻年少雨，米不騰貴。可推而廣之，宜兼儲布帛。請於兩都、江陵、成都、揚、汴、蘇、洪置常平輕重本錢，上至百萬緡，下至十萬，積米粟、布帛、絲麻，貴則下價而出之，賤則加估而收之。諸道津會置吏，閲商賈錢，每緡税二十；竹木茶漆，税十之一，以贍常平本錢。德宗納其策。屬軍用迫蹙，亦隨而耗竭，不能備常平之積。**【略】**

文宗太和九年，以天下回殘錢置常平、義倉本錢，歲增市之。非遇水旱不增者，判官罰俸。書下，考州縣假借，以枉法論。文宗嘗召監倉御史崔虞，問太倉粟數。對曰：『有粟二百五十萬石。』

又 卷五三《食貨志三》 貞觀、開元後，邊土西舉高昌、龜茲、焉耆、小勃律，北抵薛延陀故地，緣邊數十州，戍重兵。營田及地租不足以供軍，於是初有和糴。牛仙客為相，有彭果者，獻策廣關輔之糴，京師糧稟益羡。自是玄宗不復幸東都。天寶中，歲以錢六十萬緡，賦諸道和糴，斗增三錢，每歲短遞輸京倉者百餘萬斛。米賤則少府加估，而糴貴則賤價而糶。

貞元初，吐蕃刦盟，召諸道兵十七萬戍邊。關中為吐蕃蹂躪者二十年矣，北至河曲，人戶無幾，諸道戍兵月給粟十七萬斛，皆糴於關中。宰相陸贄『以關中穀賤，請和糴，可至百餘萬斛。計諸縣船車至太倉，穀價四十有餘，米價七十，則一年和糴之數，當轉運之二年，一斗轉運之資，當和糴之五斗。減轉運以實邊，存轉運以備時要。江淮米至河陰者罷八十萬斛，河陰米至太原倉者罷五十萬，太原米至東渭橋者罷二十萬。以所減米糴江淮水菑州縣，斗減時五十以救乏。京城東渭橋之糴，斗增時三十以利農。以江淮糴米及減運直市絹帛送上都。』帝乃命度支增估糴粟三十三萬斛，然不能盡用贄議。憲宗即位之初，有司以歲豐熟，請畿內和糴。當時府縣配戶督限，有稽違則迫蹙鞭撻，甚於稅賦，號為和糴，其實害民。

宋·王溥《五代會要》卷二七《倉》 梁開平四年五月，補開封府及河南、河北倉吏，非舊典也。

後唐天成二年六月二十九日，戶部奏：『先准天成元年五月十五日敕，檢納夏秋苗子斛斗，一斗祇納一斗，官中納不收耗。人戶送納之時，如有使官布袋者，每一布袋，使百姓納錢八文。內五文與擎布袋人，餘三文即與倉司充吃食、鋪襯、紙筆、盤纏。若是人戶出布袋，祇令納三文與倉司。』

長興二年閏五月三日敕：『諸道州府所納兩稅斛斗，今後每斗上納加耗二合，準備倉司耗折，其收到布袋錢，仰官典同共繫署，一一分明上歷支緡。』

晉天福八年五月十五日，三司奏：『天下今後諸倉，請據人戶元納耗二升，內一升依舊送納本色，充備防雀耗折；一升即令人戶送納價錢兩文足，與元納錢八文足，共一十文足，充備倉司斗袋人夫及諸色吃食、紙筆、鋪襯、盤纏支費。』從之。

周廣順元年正月敕節文：『其諸道州府倉場庫務，宜令節度使、刺史專切鈐轄，掌納官吏一依省條指揮，不得納斗餘、秤耗。舊來所進羨餘物，今後一切停罷。』

又《閉糴》 後唐同光三年閏十二月十九日敕：『今歲自京以東，水潦為患，物價騰湧，人戶多於西京收糴斛斗。近聞京西諸道州府，逐道皆有稅錢，遂不通行，乃同閉糴。宜令宣下京西諸道州府，凡閉糴斛斗，不得輒有稅率，及經過水陸門坊鎮縣，妄有邀難。』

周廣順元年四月敕：『天災流行，分野代有，苟或閉糴，豈是愛人？宜令沿淮渡口鎮浦，不得搉淮南人糴易。』

三年七月，敕沿淮諸州，防檢淮南人所糴量倉，如是以驢騾為馱，及負擔過，即放過，不得以舟車輦運過淮。先是，淮南大旱，井泉竭，太祖愍之，命許博糴。至是聞吳人收糴入官，以備軍倉，詔止輦運過者。

宋·王欽若等《册府元龜》卷五〇二《邦計部·常平》 後唐明宗天成二年六月，中書舍人張文寶請復常平倉。

四年九月，左補闕張昭遠奏：『切見今秋物價絶賤，百姓隨地畝細配錢物，名目多般，皆賤糴供輸，極傷農業。既未能減放貯，請加估折納斛斗，稍便於民。又國朝已來，備凶年之法，州府置常平倉，饑歲以賑貧民。請於天下最豐熟處，折納斛斗，以倉貯之，依常平法出納，則國家常有粟而民不匱也。』疏奏不報。

長興元年五月，右司郎中盧導奏請置常平、義倉，以備凶年。

漢隱帝乾祐二年，太子詹事曹允昇上言：『國以民為本，民以食為天。時或水旱為災，蟲蝗害稼。既無九年之蓄，寧救萬姓之饑？天災流行，古今代有，而前代縱逢災歉，免至流亡，蓋以分災恤民，素有儲備。臣請依古法，置常平倉。請於天下京都州府租賦五斛斗上，每斗別納一升，別倉貯積。若凶災之處，出貸貧民，豐年即納本數，庶幾生聚，永洽綏懷。』

論説

唐·陸贄《翰苑集》卷二二《中書奏議六·均節賦税恤百姓第五條請以税茶錢置義倉以備水旱》 臣聞仁君在上，則海內無餒殍之人，豈必耕而餉之，爨而食之哉？蓋以慮得其宜，制得其道，致人於歉乏之外，設備於災沴之前，是以年雖大殺，衆不恇懼。夫水旱為敗，堯、湯被之矣。陰陽相寇，聖何禦哉？所貴堯、湯之盛者，在於遺患能濟耳。凡厥哲后，皆謹循之。故《王制》記虞、夏、殷、周四代之法，乃云『國無九年之蓄曰不足，無六年之蓄曰急，無三年之蓄曰國非其國也。』《周官》司徒之屬亦云：『掌鄉里之委積，以恤艱阨；縣鄙之委積，以待凶荒。』王制既衰，雜以權術，魏用平糴之法，漢置常平之倉，利兼公私，頗亦為便。隋氏立制，始創社倉，終於開皇，人不饑饉。貞觀初，戴胄建積穀備災之議，太宗悅焉，因命有司詳立條制，所在貯粟，號為義倉，豐則斂藏，儉則散給。歷高宗之代五六十載，人賴其資。國步中艱，斯制亦弛，開元之際，漸復修崇。是知儲積備災，聖王之急務也。《語》曰：『百姓足，君孰與不足？百姓不足，君孰與足？』此言君養人以成國，人戴君以成生，上下相成，事如一體。然則古稱九年、六年之蓄者，蓋率土臣庶，通為之計耳，固非獨豐公庾，不及編甿。《記》所謂『雖有凶旱水溢，人無菜色』，良以此也。後代失典籍備慮之旨，忘先王子愛之心，所蓄糧儲，唯計廩庾，犬彘厭人之食而不知檢，溝壑委人之骨而不能恤，亂興於下，禍延於上，雖有公粟，豈得而食諸？故立國而不先養人，國固不立矣；養人而不先足食，人固不養矣；足食而不先備災，食固不足矣。為官而備者，人必不贍；為人而備者，官必不窮。是故論德昏明，在乎所務本末。務本則其末自遂，務末則其本兼亡。國本於人，安得不務，頃以寇戎為梗，師旅亟興，惠恤之方，多所未暇。每遇陰陽愆候，年不順成，官司所儲，祇給軍食。支計苟有闕，猶須更取於人，人之凶荒，豈遑賑救？人小乏則求取息利，人大乏則賣鬻田廬。幸逢有年，纔償逋債，斂穫始畢，糇糧已空，執契擔囊，行復貸假，重重計息，食每不充。倘遇薦饑，遂至顛沛，室家相棄，骨肉分離，乞為奴僕，猶莫之售，或行丐鄽里，或緼死道途。天災流行四方，代有率計。被其害者，每歲常不下一二十州。以陛下為人父母之心，若垂省憂，固足傷惻，幸有可救之道焉，可捨而不念哉？今賦役已繁，人力已竭，窮歲汲汲，永無贏餘。課之聚糧，終不能致，將樹儲蓄，根本必藉官司助成。陛下誠能為人備災，過聽愚計，不害經費，可垂永圖。

近者有司奏請，税茶歲約得五十萬貫，元敕令貯戶部，用救百姓凶饑。今以蓄粮，適副前旨。望令轉運使總計諸道戶口多少，每年所得税茶錢，使均融分配，各令當道巡院主掌。每至穀麥熟時，即與觀察使計會，散就管內州縣和糴，便於當處置倉收納。每州令録事參軍專知，仍定觀察判官一人，與和糴巡院官同勾當，亦以義倉為名。除賑給百姓已外，一切不得貸便支用。如時當大稔，事至傷農，則優與價錢，廣其糴數，穀若稍貴，糴亦便停。所糴少多，與年上下，準平穀價，恒使得中。每遇災荒，即以賑給，小歉則隨事借貸，大饑則録奏分頒，許從便宜，務使周濟，循環斂散，遂以為常。如此，則蓄財息債者不能耗吾人，聚穀幸災者無以牟大利。富不至侈，貧不至饑，農不至傷，糴不至貴，一舉事而衆美具，可不務乎？俟人小休，漸勸私積，平糴之法斯在，社倉之制兼行，不出十年之中，必盈三歲之蓄。弘長不已，升平可期，使一代黎人永無餒乏，此堯、湯所以見稱於千古也。願陛下遵之慕之，繼之齊之。苟能存誠，蔑有不至。

唐・杜佑《通典》卷一二《食貨典十二・輕重》　論曰：【略】天下農人，皆當糶鬻，豪商富室，乘急賤收，旋致罄竭，更仍貴糴，往復受弊，無有已時。欲其安業，不可得矣。故晁錯曰：『欲民務農，在於貴粟；貴粟之道，在於使民以粟為賞罰。』如此農民有錢，粟有所泄，謂官以治之也。誠如是，則天下之田盡闢，天下之倉盡盈，然後行其軌數，度其輕重，化以王道，扇之和風，率循禮義之方，皆登仁壽之域，斯不為難矣。在昔堯、湯之水旱作沴，而人無捐瘠，以國有儲蓄。若賦斂之數重，黎庶之力竭，而公府之積無經歲之用，不幸有一二千里水旱蟲霜，或一方興師動衆，廢於藝殖，寧免賦闕而用乏，人流而國危者哉？

唐・白居易《白氏長慶集》卷五八《論和糴狀・今年和糴折糴利害事宜》　右臣伏見有司，以今年豐熟，請令畿內及諸處和糴，令收賤穀，以利農人。以臣所觀，有害無利。何者？凡曰和糴，則官出錢，人出穀，兩和商量，然後交易也。比來和糴，事或不然。但令府縣散配戶人，促立程限，嚴加徵催；苟有稽遲，則被追捉，迫蹙鞭撻，甚于稅賦。號為和糴，其實害人。倘依前而行，臣故曰有害無利也。今若有司出錢，開場自糴，比于時價，稍有優饒，利之誘人，人必情願。且本請和糴，以圖利人，人若有利，自然願來。利害之間，可以此辩，今若除前之弊，行此之便，是真得和糴利人之道也。二端取捨，伏惟聖旨裁之。必不得已，則不如折糴。折糴者，折青苗稅錢，使納斛斗，免令賤糴，別納見錢，在於農人，亦甚為利。況度支比來所支和糴價錢，多是雜色匹段，百姓又須轉賣，然後將納稅錢。至于給付不免侵偷，貨易不免折損。所失過本，其弊可知。今若量折稅錢，使納斛斗，既無賤糶麥粟之費，又無轉賣匹段之勞，利歸於人，美歸于上，則折糴之便，豈不昭然？由是而論，則配戶不如開場，和糴不如折糴，亦甚明矣。

臣久處村閭，曾為和糴之戶，親被迫蹙，實不堪命。臣近為畿尉，曾領和糴之司，親自鞭撻，所不忍覩。臣頃者常欲疏此人病，聞于天聰，疏遠賤微，無由上達。今幸擢居禁職，列在諫官，苟有他聞，猶合陳獻，況備諳此事，深知此弊。臣若緘默，隱而不言，不惟上孤聖恩，實亦內負夙願。猶慮愚誠不至，聖鑒未迴，即望試令左右可親信者一人，潛問鄉村百姓和糴之與折糴，孰利而孰害乎，則知臣言不敢苟耳。或慮陛下以敕命已下，難于移改，以臣所見，事有不然。夫聖人之舉事也，唯務便人，唯求利物。若損益將半，則不必遷移；若利害相懸，則事須追改。不獨于此，其他亦然。伏望宸衷，審賜詳察，謹具奏聞。謹奏。

元·馬端臨《文獻通考》卷二五《國用考三·漕運》 致堂胡氏曰：隋煬積米，其多至二千六百餘萬石，何凶旱水溢之足虞？然極奢於內，窮武於外，耕桑失業，民不聊生，所謂江河之水不能實漏甕，倉窖充盈，適足為重斂多藏之罪耳。

明·丘濬《大學衍義補》卷三三《治國平天下之要·制國用·漕輓之宜上》 臣按國家以得民心為治本，倉廩之積雖多，不足恃也。其多，適足以為盜賊之資耳。

清·王夫之《讀通鑑論》卷一九《隋文帝·六》 有名美而非政之善者，義倉是也。隋度支尚書長孫平始請立之，家出粟麥一石，儲之當社，凶年散之，使其行之而善，足以賑之也。抑一鄉一社，有君子長者德望足以服鄉人，而行之十姓百家焉可矣。不然，令之嚴而祇以病民，令之不嚴，不三歲而廢矣。且即有君子長者主其事，行乎一鄉，亦及身而止耳。惡有一鄉之事，數十年之規，而可通之天下，為一代之法也哉？

行之善，而猶不足以賑荒者，假使社有百家，歲儲一石，二年而遇水旱，曾三百石之足以濟百家乎？倘水旱在三年之外，粟且腐壞蟲蝕，而不可食也。且儲粟以一石為率，將限之邪？抑貧富之有差邪？有差，而人詭於貧，誰屍其富？家限之，則歲計不足，而遑計他年？均之為農，而有餘以資義倉，其勤者也，及其受粟而多取之者，其惰者也；非果有君子長者以仁厚化其鄉，而惰者亦勸於耕，以廉於取，則徒取之彼以與此，而誰其甘之？不應，抑將刑罰以督之，井里不寧而訐訟興，何義之有？而惰窳不節之罷民，且恃之以益其驕怠。況乎人視為不得已而束于法以應令，穅覈濕腐雜投而速蠹，僅以博好義之乘名，抑何為者邪？況行之久而長吏玩為故常，不復稽察，里胥之乾沒，無與為治，民大病而匄免不能，抑其必致之勢矣。

夫王者之愛養天下，如天而可以止矣，寬其役，薄其賦，不幸而罹乎水旱，則蠲徵以蘇之，開糶以濟之。而防之平日者，抑商賈，禁賃傭，懲游惰，修陂池，治堤防，雖有水旱，而民之死者亦僅矣。賦輕役簡，務農重穀，而猶有流離道殣者，此其人自絕於天，天亦無如之何，而何事損勤苦之民，使不軌之徒懸望以增其敖慢哉？故文王發政施仁，所先者鰥、寡、孤、獨，所發者公家之廩，非取之於民而以飽不勤不節之惰農也。孟子曰：『惠而不知為政。』捐己以惠民，且不知養民之大經，況强以義脅民而攘之為己惠乎？夫義倉者，一鄉之善士，當上失其道，橫徵困民之世，行之十姓百家以苟全一隅者可也。為人上者而行之，其視梁惠王之盡心奚愈哉？

又《隋煬帝·七》 隋之毒民亟矣，而其殃民以取滅亡者，僅以兩都六軍宮官匠胥之仰給，為數十年之計，置雒口、興雒、回雒、黎陽、永豐諸倉，斂天下之口食，貯之無用之地，於是粟窮於比屋，一遇凶年，則流亡殍死，而盜以之亟起，雖死而不恤，旋撲旋興，不亡隋而不止。其究也，所斂而積者，只為李密聚衆、唐公得民之資，不亦愚乎？隋之富，漢、唐之盛未之逮也，逆廣北出塞以驕突厥，東渡海以征高麗，離宮遍於天下，錦綺珠玉狼戾充盈，給其窮奢，尚有贏餘以供李密、唐公之撝散，皆文帝周於攘聚之所積也。粟者財之本也，粟聚則財無不聚，召奢誨淫，皆此粟為之也。貴五穀者，如是以為貴，則何如無貴之為愈哉？

又 卷二四《唐德宗·三二》 貞元八年，江、淮水潦，米價加倍，畿輔公儲委積，陸敬輿請減江、淮運米，令京兆邊鎮和糴，酌一時之緩急，權其重輕，信得之矣，然未可為立國之令圖也。豐凶者，不定之數；

田畝所出，則有定之獲也。豐而餘，凶而不足，通十年之算，豐而有餘，凶而猶無不足，則遠方之租米，畢令輕齊，京邊之庸調，悉使納米可也。如其不然，則豐年之所偶餘，留之民閑，以待凶歲，使無頓竭之憂；奈何乍見其豐，遽糴之以空在民之藏乎？

為國用計者，耕九餘三，恒使有餘以待凶歲。如其饋有限，吏祿軍食，豐僅給而凶則乏，又值京邊穀餘而價賤，則抑以錢絹代給，使吏與軍自糴於民，猶之可爾。何也？自糴則食有節而支不糜，民尚不至虛廩困以自匱。若官與和糴，就令無抑買捐民之弊，而必求如額以供坐食者之狼戾與窖藏之紅朽，不復念此粟者，他日小民炊煙屢絕，求粒米而無從者邪！況乎立國有經，恒畜有餘以待水旱，則江、淮薦饑，自可取足太倉，捐歲運以蘇民，何事斂民之積以虛根本哉？

敬與所陳，令江、淮斗米折錢八十，計其所羸餘錢十萬四千緡，一時行之，覺為公私之兩利，而國無常守之經，官操商敗之計，空內地之積，奪凶歲之儲，使牟利之臣，因得營私以殃民，其失也大矣。以要言之，京邊之盈餘，不可聚於上而急食之也。此不易之定論也。

貨幣

綜述

《隋書》卷二四《食貨志》 高祖既受周禪，以天下錢貨輕重不等，乃更鑄新錢，背面肉好，皆有周郭，文曰『五銖』，而重如其文。每錢一千，重四斤二兩。是時錢既新出，百姓或私有鎔鑄。三年四月，詔四面諸關各付百錢為樣，從關外來，勘樣相似，然後得過；樣不同者，即壞以為銅，入官。詔行新錢已後，前代舊錢有五行大布、永通萬國及齊常平，所在勿用。以貿易不止，四年，詔仍依舊不禁者，縣令奪半年祿。然百姓習用既久，尚猶不絕。五年正月，詔又嚴其制。自是錢貨始一，所在流布，百姓便之。

是時見用之錢，皆須和以錫鑞。錫鑞既賤，求利者多私鑄之錢，不可禁約。其年詔，乃禁出錫鑞之處，並不得私有採取。十年，詔晉王廣聽於揚州立五鑪鑄錢。其後姦狡稍漸磨鑪錢郭，取銅私鑄，又雜以錫錢，遞相放效，錢遂輕薄，乃下惡錢之禁。京師及諸州邸肆之上，皆令立榜，置樣為准；不中樣者，不入於市。十八年，詔漢王諒聽於并州立五鑪鑄錢。是時江南人間錢少，晉王廣又聽於鄂州白紵山有銅鑛處，錮銅鑄錢，於是詔聽置十鑪鑄錢。又詔蜀王秀聽於益州立五鑪鑄錢。是時錢益濫惡，乃令有司括天下邸肆見錢，非官鑄者，皆毀之，其銅入官；而京師以惡錢貿易，為吏所執，有死者。數年之間，私鑄頗息。

大業已後，王綱弛紊。巨姦大猾遂多私鑄，錢轉薄惡。初，每千猶重二斤，後漸輕至一斤。或翦鐵鍱，裁皮，糊紙，以為錢。相雜用之，貨賤物貴，以至於亡。

唐・李林甫等《唐六典》卷二二《諸鑄錢監》 隋高祖以天下錢貨不等，更鑄新錢，背面內外皆有周郭，文曰『五銖』，重如其文，每一千重四斤一兩。自漢至隋，雖時或輕重，皆用五銖。皇朝武德中，悉除五銖，更鑄『開通元寶』錢。乾封初，又鑄『乾封泉寶』錢，尋廢。開元中，以錢濫惡，江、淮間尤甚，有勑禁斷，令御史往江、淮間收斂，納官鎔之。其求稍廣，州縣恐其錢數不充，隨以好錢繼之。自是，百姓財幣耗損，御史坐是左遷。舊法，每一千重六斤四兩。近所鑄者，多重七斤。錢文本歐陽詢所書。錢官，漢氏初屬少府，後屬水衡，後漢屬司農。魏晉已下，或屬少府，或屬司農。皇朝少府置十鑪，諸州亦皆屬焉。及少府罷鑄錢，諸州遂別。今絳州三十鑪，楊、宣、鄂、蔚各十鑪，益、鄂、郴各五鑪，洋州三鑪，定州一鑪。

唐・杜佑《通典》卷九《食貨典九・錢幣下》 大唐武德四年，廢五銖錢，鑄『開通元寶』錢。每十錢重一兩，計一千重六斤四兩，歐陽詢為文，書含八分及隸體。每兩二十四銖，則一錢重二銖半以下，古秤比今秤三之一也，則今錢為古秤之七銖以上，古五銖則加重二銖以上。輕重大小，最為折衷，遠近便之。後盜鑄漸起。

顯慶五年，以天下惡錢轉多，所在官為市取，五文惡錢，酬一好錢。其年，又改以好錢一文，易惡錢二文。

乾封元年，造『乾封泉寶』錢，直開元錢十。周年以後，舊錢並廢。

二年詔，開元錢依舊施行，乾封錢貯。

儀鳳四年四月，令東都出遠年糙米及粟，就市糶，斗別納惡錢百文。其惡錢令少府、司農相知，即令鑄破。其厚重合斤兩者，任將行用。時米粟漸貴，議為鑄錢漸多，所以錢賤而物貴，於是權停少府監鑄錢，尋而復舊。

永淳元年五月敕：『私鑄錢造意人及句合頭首者，並處絞，仍先決杖一百。從及居停主人加役流，各決杖六十。若家人共犯，坐其家長；老疾不坐者，則罪歸其以次家長。其鑄錢處，鄰保配徒一年；里正、坊正、村正各決六十。若有糾告者，即以所鑄錢毀破并銅物等賞糾人。同犯自首免罪，依例酬賞。』

武太后長安中，又令懸樣於市，令百姓依樣用錢。俄又簡擇艱難，交易留滯，又降敕，非鐵錫銅蕩穿穴者，並許行用。其熟銅、排斗、沙澀厚大者，皆不許簡。自是盜鑄蜂起，濫惡益衆。江淮之南，盜鑄尤甚，或就陂湖巨海深山之中鼓鑄。

神龍、先天之際，兩京用錢尤甚濫惡。其郴、衡私鑄小錢，纔有輪郭，及鐵錫之屬，亦堪行用。乃有買錫，以錢模之，斯須盈千，便齎用之。

開元五年，宋璟知政事，奏請一切禁斷惡錢。六年正月詔，又切禁斷天下惡錢，不堪行用者，并銷破覆鑄。由是四民擾駭，穀帛踴貴。二月又敕：『古者聚萬方之貨，設九府之法，以通天下，以便生人。若輕重得中，則利可和義；若真偽相雜，則官失其守。頃者用錢，不論此道，深恐貧窶日困，姦豪歲滋，所以申明舊章，懸設諸樣，欲其人安俗阜，禁止令行。』

十七年制曰：『古者作錢，以通有無之鄉，以平小大之價，以全服用之物，以濟單貧之資。錢之所利，人之所急，然絲布財穀，四民為本，若本賤末貴，則人弃賤而務貴。故有盜鑄者，冒嚴刑而不悔，藏鏹者非倍息而不出。今天下泉貨益少，幣帛頗輕，欲使天下流通，焉可得也。且銅者餒不可食，寒不可衣，既不堪於器用，又不同於寶物，唯以鑄錢，使其流布。宜令所在加鑄，委按察使申明格文，禁斷私賣銅錫。仍禁造銅器，所有采銅錫鉛，官為市取，勿抑其價，務利於人。』

二十年九月，制曰：『綾羅絹布雜貨等，交易皆合通用。如闕市肆，必須見錢，深非道理。自今以後，與錢貨兼用，違者准法罪之。』

二十二年三月敕：『布帛不可以尺寸為交易，菽粟不可以抄勺貿有無。古之為錢，以通貨幣。頃雖官鑄，所入無幾，約工計本，勞費又多，公私之間，給用不贍，永言其弊，豈無變通。往者漢文之時，已有放鑄之令，雖見非於賈誼，亦無廢於賢君。古往今來，代革時異。亦欲不禁私鑄，其理如何？』

中書侍郎張九齡奏請不斷鑄錢。上令百官詳議。黄門侍郎、平章事裴耀卿、黄門侍郎李林甫、河南少尹蕭炅等皆曰：『錢者通貨，有國之權，是以歷代禁之，以絶姦濫。今若一啓此門，但恐小人弃農逐利，而濫惡更甚，於事不便。』

左監門衛録事參軍劉秩上議曰：『古者以珠玉為上幣，黄金為中幣，刀布為下幣。今之錢，即古之下幣也。今若捨之，任人自鑄，則上無以御下，下無以事上，其不可一也。夫物賤則傷農，錢輕則傷賈。故善為國者，觀物之貴賤，錢之輕重，夫物重則錢輕，錢輕由乎物多，多則作法收之使少；少則重，重則作法布之使輕。輕重之本，必由乎是，奈何而假於人？其不可二也。夫鑄錢不雜以鉛鐵則無利，雜以鉛鐵則惡，如不重禁，不足以懲息。且方今塞其私鑄之路，人猶冒死以犯之，況啓其源而欲人之從令乎！是設陷穽而誘之入，其不可三也。夫許人鑄錢，無利則人不鑄，有利則人去南畝者衆，去南畝者衆則草不墾，草不墾又隣於寒餒，其不可四也。夫人富溢則不可以賞勸，貧餒則不可以威禁。故法令不行，人之不理，皆由貧富之不齊也。若許其鑄錢，則貧者必不能為，臣恐貧者彌貧，而服役於富室，富室乘之而益恣。昔漢文之時，吴濞，諸侯也，富埒天子；鄧通，大夫也，財侔王者。此皆鑄錢之所致。必欲許其私鑄，是與人利權，其不可五也。今必以錢重而傷本，工費而利寡，則臣願言其失，以效愚計。夫錢重者，由人鑄日滋於前，而爐不加於舊。又公錢重，與銅之價頗等，故盜鑄者破重錢以為輕錢，禁寬則行，禁嚴則止，止則弃矣。此錢之所以少也。夫鑄錢用不贍者，由乎銅貴，銅貴之由，在於采用者衆。夫銅之為兵則不如鐵，以為器則不如漆，禁之無害，陛下何不禁於人？禁於人則銅無所用，銅無所用則益賤，賤則錢之用給矣。夫銅不布下，則盜鑄者無因而鑄，無因而鑄則公錢不破，人不犯死刑，錢又日增，不復利矣。是一舉而四美兼也。』時公卿羣官皆建議以為不便，事既不行，但勑郡縣嚴斷惡錢而已。

至天寶之初，兩京用錢稍好，米粟豐賤。數載之後，漸又濫惡。府縣不許好錢加價迴博，令好惡通用。富商姦人，漸收好錢，潛將往江淮南，每一錢貨得私鑄惡錢五文，假託公錢，將入京私用。京城錢日加碎惡，鵝眼、鐵錫、古文、綖環之類，每貫重不過三四斤。

十一載二月勑：『泉貨之用，所以通有無；輕重之權，所以禁踰越。故周立九府之法，漢備三官之制。永言適便，必在從宜。如聞京城行用之錢，頗多濫惡，所資懲革，絕其訛謬。然安人在於存養，化俗期於變通，法若從寬，事堪持久。宜令所司即出錢三數十萬貫，分於兩市，百姓間應交易所用不堪久行用者，官為換取，仍限一月日內使盡。庶單貧無患，商旅必通。其過限輒敢違犯者，一事以上，並作條件處分。』是時京城百姓，久用惡錢，制下之後，頗相驚擾。時又令於龍興觀南街開場，出左藏庫內排斗錢，許市人博換，貧弱者又争次不得。俄又宣勑，除鐵錫、銅沙、穿穴、古文，餘並依舊行用，久之乃定。

乾元元年，有司以甲兵未息，給用猶費，奏鑄『乾元重寶』錢。每貫十斤，一文當開元通寶錢一十文。又鑄重稜錢，每貫重二十斤，一文當開通五十文。皆鑄錢使第五琦所奏也。姦猾之人，多破用舊錢，私鑄新錢，雖獲深利，隨遭重刑，公私不便，尋總停廢，還用開元通寶錢。人間無復有乾元、重稜二錢者，蓋並鑄為器物矣。按天寶中，諸州凡置九十九鑪鑄錢。絳州三十鑪，揚、潤、宣、鄂、蔚各十鑪，益、鄧、郴各五鑪，洋州三鑪，定州一鑪。約每鑪役丁匠三十人。每年除六月七月停作，餘十月作十番。每鑄約用銅二萬一千二百一十斤，白鑞三千七百九斤，黑錫五百四十斤。約每貫錢用銅鑞錫價約七百五十文，丁匠在外。每鑪計鑄錢三千三百貫，約一歲計鑄錢三十二萬七千餘貫文。

《舊唐書》卷一《高祖紀》（武德四年）秋七月甲子，秦王凱旋，獻俘於太廟。【略】廢五銖錢，行『開元通寶』錢。

又　卷五《高宗紀下》（乾封元年二月）五月庚寅，改鑄『乾封泉寶』錢。【略】

（二年正月）罷乾封錢，復行『開元通寶』錢。

又　卷八《玄宗紀上》（開元六年正月）辛酉，禁斷天下諸州惡錢，行二銖四分已上好錢，不堪用者並即銷破覆鑄。【略】

（二十二年三月）壬午，欲令不禁私鑄錢，遣公卿百僚詳議可否。衆以為不可，遂止。

又　卷一〇《肅宗紀》（乾元二年九月）戊辰，新鑄大錢，文加『乾元重寶』，而重其輪，用一當五十，以二十二斤成貫。【略】

（上元元年）六月乙丑，詔先鑄重稜錢一當五十，宜減當三十文；開元宜一當十。

又　卷四八《食貨志上》　高祖即位，仍用隋之五銖錢。武德四年七月，廢五銖錢，行『開元通寶』錢。徑八分，重二銖四絫，積十文重一兩，一千文重六斤四兩。仍置錢監於洛、并、幽、益等州。秦王、齊王各賜三鑪鑄錢，右僕射裴寂賜一鑪。敢有盜鑄者身死，家口配没。

五年五月，又於桂州置監。議者以新錢輕重大小，最為折衷，遠近甚便之。後盜鑄漸起，而所在用錢濫惡。

顯慶五年九月，敕以惡錢轉多，令所在官私為市，取以五惡錢，酬一好錢。百姓以惡錢價賤，私自藏之，以候官禁之弛。高宗又令以好錢一文，買惡錢兩文。弊仍不息。至乾封元年封嶽之後，又改造新錢，文曰『乾封泉寶』。徑一寸，重二銖六分，仍與舊錢並行。新錢一文，當舊錢之十。周年之後，舊錢並廢。初，『開元』錢之文，給事中歐陽詢制詞及書，時稱其工。其字含八分及隸體，其詞先上後下，次左後右，讀之自上及左，廻環讀之，其義亦通，流俗謂之『開通元寶』錢。及鑄新錢，乃同流俗，『乾』字直上，『封』字在左，尋寤錢文之誤。又緣改鑄，商賈不通，米帛增價，乃議却，用舊錢。

二年正月，下詔曰：『泉布之興，其来自久，實古今之要重，為公私之寶用。年月既深，偽濫斯起，所以採「乾封」之號，改鑄新錢。靜而思之，將為未可。高祖撥亂反正，爰創軌模。太宗立極承天，無所改作。今廢舊造新，恐乖先旨。其「開元通寶」，宜依舊施行，為萬代之法。乾封新鑄之錢，令所司貯納，更不須鑄。』仍令天下置鑄之處，並鑄『開元通寶』錢。既而私鑄更多，錢復濫惡。

高宗嘗臨軒，謂侍臣曰：『錢之為用，行之已久，公私要便，莫甚於斯。比為州縣不存檢校，私鑄過多，如聞荆、潭、宣、衡犯法尤甚，遂有將船栰宿於江中，所部官人不能覺察。自今嚴加禁斷，所在追納惡錢，一二年間使盡。』當時雖有約敕，而姦濫不息。儀鳳四年四月，令東都出遠年糙米及粟，就市給糶，斗別納惡錢百文。其惡錢，令少府、司農相知，即令鑄破。其厚重徑合斤兩者，任將行用。時米粟漸貴，議者以為鑄錢漸多，所以錢賤而物貴。於是權停少府監鑄錢，尋而復舊。

則天長安中，又令懸樣於市，令百姓依樣用錢。俄又簡擇艱難，交易留滯，又降敕：『非鐵錫銅蕩穿穴者，並許行用。其有熟銅、排斗、沙澁厚大者，皆不許簡。』自是盜鑄蜂起，濫惡益衆。江淮之南盜鑄者，或就陂湖、巨海、深山之中，波濤險峻，人迹罕到，州縣莫能禁約。以至神龍、先天之際，兩京用錢尤濫。其郴、衡私鑄小錢，纔有輪郭，及鐵錫五銖之屬，亦堪行用，乃有買錫鎔銷，以錢模夾之，斯須則盈千百，便賫用之

開元五年，車駕往東都。宋璟知政事，奏請一切禁斷惡錢。

六年正月，又切斷天下惡錢，行二銖四絫錢，不堪行用者並銷破復鑄。至二月，又敕曰：『古者聚萬方之貨，設九府之法，以通天下，以便生人。若輕重得中，則利可知矣；若眞偽相雜，則官失其守。頃者用錢，不論此道，深恐貧寠日困，姦豪歲滋。所以申明舊章，懸設諸樣，欲其人安俗阜，禁止令行。』時江淮錢尤濫惡，有官鑪、偏鑪、稜錢、時錢等數色。璟乃遣監察御史蕭隱之充江淮使，隱之乃令率戶出錢，務加督責，百姓乃以上青錢充惡錢納之。其小惡者，或沉之於江湖，以免罪戾。於是市井不通，貨價騰起，流聞京師，隱之貶官，璟因之罷相。乃以張嘉貞知政事，嘉貞乃弛其禁，人乃安之。

開元二十二年，中書侍郎張九齡初知政事，奏請不禁鑄錢。玄宗令百官詳議，黃門侍郎裴耀卿、李林甫，河南少尹蕭炅等皆曰：『錢者通貨，有國之權，是以歷代禁之，以絶姦濫。今若一啓此門，但恐小人棄農逐利，而濫惡更甚，於事不便。

左監門録事參軍劉秩上議曰：『伏奉今月二十一日敕，欲不禁鑄錢，令百寮詳議可否者。夫錢之興，其來尚矣，將以平輕重而權本末。齊桓得其術而國以霸，周景失其道而人用弊。考諸載籍，國之興衰，實繫於是。陛下思變古以濟今，欲反經以合道，而不即改作，詢之芻蕘。臣雖惷愚，敢不薦其聞見？古者以珠玉為上幣，黃金為中幣，刀布為下幣。管仲曰：「夫三幣，握之則非有補於煖也，舍之則非有損於飽也。先王以守財物，以御人事，而平天下也，是以命之曰衡。衡者，使物一高一下，不得有常，故與之在君，奪之在君，貧之在君，富之在君。是以人戴君如日月，親君如父母，用此術也，是為人主之權。」今之錢，即古之下幣也。陛下若捨之任人，則上無以御下，下無以事上，其不可一也。夫物賤則傷農，錢輕則傷賈，故善為國者，觀物之貴賤，錢之輕重。夫物重則錢輕，錢輕由乎物多，多則作法，收之使少，少則重，重則作法，布之使輕。輕重之本，必由乎是。奈何而假於人？其不可二也。夫鑄錢，不雜以鉛鐵則無利，雜以鉛鐵則惡。惡不重禁之，不足以懲息。且方今塞其私鑄之路，人猶冒死以犯之，況啓其源而欲人之從令乎？是設陷穽而誘之入。其不可三也。夫許人鑄錢，無利則人不鑄，有利則人去南畝者衆。去南畝者衆，則草不墾，草不墾，又鄰於寒餒。其不可四也。夫人富溢則不可以賞勸，貧餒則不可以威禁。法令不行，人之不理，皆由貧富之不齊也。若許其鑄錢，則貧者必不能為。臣恐貧者彌貧而服役於富室，富室乘之而益恣。昔漢文之時，吳濞，諸侯也，富埒天子；鄧通，大夫也，財侔王者。此皆鑄錢之所致也。必欲許其私鑄，是與人利權而捨其柄。其不可五也。陛下必以錢重而傷本，工費而利寡，則臣願言其失，以效愚計。夫錢重者，由人日滋於前而鑪不加於舊。又公錢重，與銅之價頗等。故盜鑄者破重錢以為輕錢，錢輕禁寛則行，禁嚴則止，止則棄矣。此錢之所以少也。夫鑄錢用不贍者，在乎銅貴，銅貴在採用者衆。夫銅以為兵則不如鐵，以為器則不如漆，禁之無害。陛下何不禁於人？禁於人則銅無所用，銅益賤則錢之用給矣。夫銅不布下，則盜鑄者無因而鑄，則公錢不破，人不犯死刑，錢又日增，末復利矣。是一舉而四美兼也，惟陛下熟察之。』時公卿羣官皆建議，以為不便。事既不行，但敕郡縣嚴斷惡錢而已。

至天寶之初，兩京用錢稍好，米價豐賤。數載之後，漸又濫惡。府縣不許好者加價迴博，好惡通用。富商姦人漸收好錢，潛將往江淮之南，每錢貨得私鑄惡者五文，假託官錢，將入京私用。京城錢日加碎惡，鵝眼、

鐵錫、古文、綖環之類，每貫重不過三四斤。

十一載二月，下敕曰：『錢貨之用，所以通有無；輕重之權，所以禁踰越。故周立九府之法，漢備三官之制，永言適便，必在從宜。如聞京師行用之錢，頗多濫惡，所資懲革，絶其訛謬。然安人在於存養，化俗期於變通。法若從寬，事堪持久。宜令所司，即出錢三數十萬貫，分於兩市。百姓間應交易所用錢不堪久行用者，官為換取，仍限一月日内使盡。庶單貧無患，商旅必通。其過限輒違死者，一事已上，並作條件處分。』是時京城百姓，久用惡錢。制下之後，頗相驚擾。時又令於龍興觀南街開場，出左藏庫内排斗錢，許市人博換。貧弱者又爭次不得，俄又宣敕，除鐵錫、銅沙、穿穴、古文，餘並許依舊行用。久之乃定。

乾元元年七月，詔曰：『錢貨之興，其來久矣。代有沿革，時為重輕。周興九府，實啓流泉之利；漢造五銖，亦弘改鑄之法。必令小大兼適，母子相權，事有益於公私，理宜循於通變。但以干戈未息，帑藏猶虚，卜式獻助軍之誠，弘羊興富國之算。静言立法，諒在便人。御史中丞第五琦奏請改錢，以一當十，别為新鑄，不廢舊錢，冀實三官之資，用收十倍之利，所謂於人不擾，從古有經，宜聽於諸監，别鑄一當十錢，文曰「乾元重寶」。其「開元通寶」，著依舊行用。所請採鑄捉搦處置，即條件聞奏。』

二年三月，琦入為相，又請更鑄『重輪乾元』錢，一當五十，二十斤成貫。詔可之。於是新錢與『乾元』、『開元通寶』錢三品並行。尋而穀價騰貴，米斗至七千，餓死者相枕於道，乃擡舊開元錢以一當十，減乾元錢以一當三十。緣人厭錢價不定，人間擡加價錢為虚錢。長安城中競為盜鑄，寺觀鐘及銅象多壞為錢。姦人豪族犯禁者不絶，京兆尹鄭叔清擒捕之，少不容縱，數月間搒死者八百餘人，人益無聊矣。

上元元年六月，詔曰：『因時立制，頃議新錢，且是從權，知非經久。如聞官鑪之外，私鑄頗多，吞併小錢，踰濫成弊。抵罪雖衆，禁姦未絶。況物價益起，人心不安，事藉變通，期於折衷。其「重稜」五十價錢，宜減作三十文行用。其「開元」舊時錢，宜一當十文行用。其「乾元」十當錢，宜依前行用。仍令中京及畿縣内依此處分，諸州待進止。』七月敕：『「重稜」五十價錢，先令畿内減至三十價行。其天下諸州，並宜準此。』

寶應元年四月，改行『乾元』錢一以當二，乾元『重稜』小錢亦以一當二，『重稜』大錢一以當三。尋又改行乾元大、小錢並以一當一。其私鑄重稜大錢，不在行用之限。

大曆四年正月，關内道鑄錢等使、戶部侍郎第五琦上言。請於絳州汾陽、銅原兩監，增置五鑪鑄錢，許之。

建中元年九月，戶部侍郎韓洄上言：『江淮錢監，歲共鑄錢四萬五千貫，輸于京師。度工用轉送之費，每貫計錢二千，是本倍利也。今商州有紅崖冶，出銅益多。又有洛源監，久廢不理。請增工鑿山以取銅，興洛源錢監，置十鑪鑄之，歲計出錢七萬二千貫，度工用轉送之費，貫計錢九百，則利浮本也。其江淮七監，請皆停罷。』從之。

貞元九年正月，張滂奏：諸州府公私諸色鑄造銅器雜物等，伏以國家錢少，損失多門，興販之徒潛將銷鑄錢一千，為銅六斤，造寫器物則斤直六百餘。有利既厚，銷鑄遂多。江淮之間，錢實減耗。伏請準從前敕文，除鑄錢外，一切禁斷。

元和三年五月，鹽鐵使李巽上言：『得湖南院申，郴州平陽、高亭兩縣界有平陽冶及馬迹、曲木等古銅坑，約二百八十餘井。差官檢覆，實有銅錫。今請於郴州舊桂陽監置鑪兩所，採銅鑄錢，每日約二十貫，計一年鑄成七千貫，有益於人。』從之。

其年六月，詔曰：『泉貨之法，義在通流。若錢有所壅，貨當益賤。故藏錢者得乘人之急，居貨者必損己之資。今欲著錢令以出滯藏，加鼓鑄以資流布，使商旅知禁，農桑獲安。義切救時，情非欲利。若革之無漸，恐人或相驚。應天下商賈先蓄見錢者，委所在長吏，令收市貨物。官中不得輒有程限逼迫，商人任其貨易，以求便利。計周歲之後，此法遍行，朕當別立新規，設蓄錢之禁。所以先有告示，許有方圓，意在他時，行法不貸。又天下有銀之山，必有銅鑛。銅者可資於鼓鑄，銀者無益於生人。權其重輕，使務專一。其天下自五嶺以北見採銀坑，並宜禁斷。恐所在坑戶不免失業，各委本州府長吏勸課，令其採銅，助官中鑄作。仍委鹽鐵使條疏聞奏。』

四年閏三月，京城時用錢，每貫頭除二十文，陌内欠錢及有鉛錫錢等。

貞元九年三月二十六日，敕：陌内欠錢，法當禁斷。慮因捉搦，或亦生姦。使人易從，切於不擾。自今已後，有因交關用欠陌錢者，宜但令本行頭及居停主人、牙人等，檢察送官。如有容隱，兼許賣物領錢人糾告，其行頭主人、牙人，重加科罪。府縣所由祇承人等，並不須干擾。若非因買賣，自將錢於街衢行者，一切勿問。

其年六月，敕：五嶺已北所有銀坑，依前任百姓開採，禁見錢出嶺。

六年二月，制：公私交易十貫錢已上，即須兼用匹段。委度支、鹽鐵使及京兆尹即具作分數，條疏聞奏。茶商等公私便換見錢，並須禁斷。

其年三月，河東節度使王鍔奏請於當管蔚州界加置鑪，鑄銅錢，廢管内錫錢。許之，仍令加至五鑪。

七年五月，戶部王紹、度支盧坦、鹽鐵王播等奏：『伏以京都時用，多重見錢，官中支計，近日殊少。蓋緣比來不許商人便換，因茲家有滯藏，所以物價轉高，錢多不出。臣等今商量，伏請許令商人於三司，任便換見錢，一切依舊禁約。伏以比來諸司諸使等，或有便商人，錢多留城中，逐時收貯，積藏私室，無復通流。伏請自今已後，嚴加禁約。』從之。

八年四月，敕：以錢重貨輕，出内庫錢五十萬貫，令兩市收市布帛，每端匹估，加十之一。

十二年正月，敕：『泉貨之設，故有常規，將使重輕得宜，是資斂散有節，必通其變，以利於人。今繒帛轉賤，公私俱敝，宜出見錢五十萬貫，令京兆府揀擇要便處開場，依市價交易。選清强官吏，切加勾當。仍各委本司，先作處置條件聞奏。必使事堪經久，法可通行。』

又敕：『近日布帛轉輕，見錢漸少，皆緣所在壅塞，不得通流。宜令京城内自文武官僚，不問品秩高下，并公郡縣主、中使等，下至士庶商旅，寺觀坊市所有私貯見錢，並不得過五千貫。如有過此，許從敕出後，限一月内，任將市別物收貯。如錢數校多，處置未了，任於限内，於地界州縣陳狀更請限。縱有此色，亦不得過兩箇月。若一家内別有宅舍、店鋪等，所貯錢並須計用在此數。其兄弟本來異居、曾經分析者，不在此限。如限滿後有違犯者，白身人等宜付所司，決痛杖一頓，處死。其文武官及公主等，並委有司聞奏，當重科貶。戚屬、中使亦具名銜聞奏。其贓貯錢不限多少，並勒納官。數内五分取一，分充賞錢，止於五千貫。此外察獲及有人論告，亦重科處分，并量給告者。』時京師里閭、區肆所積，多方鎮錢，王鍔、韓弘、李惟簡，少者不下五十萬貫。於是競買第屋，以變其錢。多者竟里巷傭僦，以歸其直。而高貲大賈者，多依倚左右軍官錢為名，府縣不得窮驗，法竟不行。

十四年六月，敕：應屬諸軍諸使更有犯時用錢，每貫除二十文，足陌内欠錢及有鉛錫錢者，宜令京兆府枷項收禁，牒報本軍本使府司，差人就軍及看決二十。如情狀難容，復有違拒者，及令府司聞奏。

十五年八月，中書門下奏：『伏準羣官所議鑄錢，或請收市人間銅物，令州郡鑄錢。當開元以前，未置鹽鐵使，亦令州郡勾當鑄造。令若兩稅納匹段，或慮兼要通用見錢，欲令諸道公私銅器，各納所在節度、團練、防禦、經略使，便據元敕，給與價直，并折兩稅，仍令本處軍人鎔鑄，其鑄本請以留州、留使年支未用物充，所鑄錢便充軍府州縣公用。當處軍人，自有糧賜，亦校省本，所資衆力，并收衆銅，天下併功，速濟時用。待一年後，鑄器物盡則停。其州府有出銅鉛，可以開鑄處，具申有司，便令同諸監冶例，每年與本充鑄。其收市銅器期限，并禁鑄造買賣銅物等，待議定，便令有司條疏聞奏。其上都鑄錢及收銅器，續處分。將欲頒行，尚資周慮，請令中書、門下兩省、御史臺并諸司長官商量，重議聞奏。』從之。

長慶元年九月，敕：泉貨之義，所貴通流。如聞比來用錢，所在除陌不一。與其禁人之必犯，未若從俗之所宜。交易往來，務令可守。其内外公私給用錢，從今以後，宜每貫一例除墊八十，以九百二十文成貫。不得更有加除及陌内欠少。

太和三年六月，中書門下奏：『準元和四年閏三月敕，應有鉛錫錢並合納官，如有人糾得一錢，賞百錢者。當時敕條，貴在峻切，今詳事實，必不可行。只如告一錢，賞百錢，則有人告一百貫錫錢，須賞一萬貫銅錢。執此而行，事無畔際。今請以鉛錫錢交易者，一貫已下，以州府常行決脊杖；二十、十貫已下，決六十，徒三年。過十貫已上，所在集衆決殺。其受鉛錫錢交易者，亦準此處分。其用鉛錫錢，仍納官。其能糾告者，每一貫賞五千文，不滿貫者，準此計賞。累至三百千，仍且取當處官錢給付。其所犯人罪不死者，徵納家資，充填賞錢。』可之。

四年十一月，敕：『應私貯見錢家，除合貯數外，一萬貫至十萬貫，限一周年内處置畢；十萬貫至二十萬貫以下者，限二周年處置畢。如有不守期限，安然蓄積，過本限即任人糾告，及所由覺察，其所犯家錢，並準元和十二年敕納官，據數五分取一分充賞。糾告人賞錢數，止於五千貫。應犯錢法人色目，決斷科貶，並準元和十二年敕處分。其所由覺察，亦量賞一半。』事竟不行。

五年二月，鹽鐵使奏：『湖南管内諸州百姓私鑄造到錢，伏緣衡、道數州連接嶺南，山洞深邃，百姓依模監司錢樣，競鑄造到脆惡姦錢，轉將賤價博易，與好錢相和行用。其江西、鄂岳、桂管鑄濫錢，並請委本道觀察使條疏禁絶。』敕旨：『宜依。』

會昌六年二月，敕：緣諸道鼓鑄佛像、鐘磬等，新錢已有次第，須令舊錢流布，絹帛價稍增。文武百寮俸料，宜起三月一日，並給見錢。其一半先給虚估匹段，對估價支給。』敕：『比緣錢重幣輕，生人坐困，今加鼓鑄，必在流行。通變救時，莫切於此。宜申先甲之令，以誡居貨之徒。京城及諸道起今年十月以後，公私行用，並取新錢。其舊錢權停三數年。如有違犯，同用鉛錫惡錢，例科斷，其舊錢並納官。』事竟不行。

宋·王溥《唐會要》卷八九《泉貨》 武德四年七月十日，廢五銖錢，行『開元通寶』錢，徑八分，重二銖四絫，十文重一兩，一千文重六觔四兩。以輕重大小，最爲折衷，遠近甚便之。其錢文，給事中歐陽詢製詞及書，時稱其工。其字含八分及篆、隸三體。其詞先上後下，次左後右讀之。自上及左，迴環讀之，其義亦通，流俗謂之『開元通寶』錢。鄭虔《會粹》云：『詢初進□模，因文德皇后掐一甲迹，故錢上有掐文。』十八日，置錢監於洛、并、幽、益等諸州，秦王、齊王賜三鑪鑄錢，裴寂賜一鑪。敢有盜鑄者，身死，家口籍没。至五年三月二十四日，桂州置錢監。

顯慶五年九月，以天下惡錢多，令官私以五惡錢酬一好錢贖取。至十月，以好錢一文博惡錢兩文。至儀鳳四年四月，以天下惡錢甚多，令東都出遠年糙米及粟，就市糶，斗別納惡錢百文。其惡錢令少府、司農相知，即令鑄破，其厚重徑合觔兩者，任將行用。至先天元年九月二十七日，京中用錢惡，貨物踴貴，諫議大夫楊乘受上疏曰：『伏見市井用錢，不勝濫惡，有加鐵錫，即非公鑄，虧損正道，惑亂平民。銅錫亂雜，僞錢豐多，正刑漸失於科條，明罰未加於守長。帝京三市，人雜五方，淫巧競馳，侈僞成俗。至於商賈積滯，富豪藏鏹，兼并之人，歲增儲蓄，貧素之士，日有空乘。公錢未益於時須，禁法不當於世要。其惡錢臣望官爲博取，納鑄錢州，京城並以好錢爲用。』書奏，付中書門下詳議，以為擾政，不行。至開元六年正月十八日，敕禁斷惡錢，行三銖四絫已上舊錢，更收人間惡錢，鎔破復鑄，準樣式錢。敕禁出之後，百姓喧然，物價摇動，商人不甘交易。宰相宋璟、蘇頲奏請出太府錢五萬貫，分於南、北兩市平價買百姓間所賣之物堪貯掌官須者，庶得好錢散行人間，從之。又降敕：『近斷惡錢，恐人少錢行用，其兩京文武官夏季防閤、庶僕，宜即先給錢，待後季任取所配物貨賣，準數還官。』

七年二月詔：『天下惡錢，並令禁斷，錢令初下，或恐艱辛，宜量出米十萬石，令府縣及太府寺選交易穩便處所分置，依時價糶與百姓，收取惡錢，便送少府監搥碎。』

乾封元年五月二十三日，盜鑄轉多，遂改鑄新文，曰『乾封泉寶』。錢徑寸，重二銖六分，其『開元通寶』必舊錢並行用。其新錢一文，當舊錢之十。周年之後，舊錢並廢。其後悟錢文之誤，米、帛增價，乃議卻用舊錢。至二年正月二十九日，詔：『比以僞濫斯起，所以採乾封之號，改鑄新錢，静而思之，將爲未可。高祖撥亂反正，爰創軌模；太宗立極承天，無所改作。今廢舊造新，恐乖先旨。其「開元通寶」宜依舊施行，為萬世法。乾封新鑄錢令所司貯納，更不須鑄。仍令天下置鑄之處，並鑄「開元通寶」錢。』至乾元元年七月十六日，詔：『錢貨之興，其來久矣。蓋代有沿革，時爲重輕。周興九府，實啓流泉之利；漢造五銖，亦弘改鑄之法。必令大小兼適，母子相權，事有益於公私，理宜循於通變。但以干戈未息，帑藏猶乘，卜式獻軍之誠，弘羊興國之算，静言立法，諒在便民。御史中丞第五琦奏請改錢，以一當十，別為新鑄，不廢舊錢，冀實三官之資，用收十倍之利。所為於民不擾，從古有經。宜聽於諸監別鑄一當十錢，其文曰「乾元重寶」。』而重其輪以別之，一當五十，以二十斤成貫，仍令鑄錢使即勾當起鑄。至三年十二月，詔：『頃屬權臣，變法非良，遂使貨物相沿，穀帛騰踴，求之輿議，弊實由斯。今欲仍從舊貫，漸罷新錢，又慮權行，轉資艱急。如或猶循所務，未塞其源，實恐物價乘騰，黎元失業。靜言體要，用藉良圖。宜令文武百官九品以上，並於尚書省集議，委中書門下詳議聞奏。』

至上元元年六月七日，詔：『其「重稜五十價」錢，宜減作三十文行用。其「開元」舊錢，宜一錢十文行用。「乾元當十」錢，宜依前行用。仍令京中及畿縣內依此處分，諸州待後進止。』至七月二十五日，敕：『先造「重稜五十價」錢，先令畿內減三十價行，其天下諸州，並宜準此。』至十二月二十九日，詔：『應典貼莊宅、店鋪、田地、磑碾等，先為「實錢」典貼者，令還以「實錢」價。先以「乘錢」典貼者，令以「乘錢」贖。其餘交關，並依前用「當十」錢。』由是錢有乘、實之稱。至寶應元年五月十九日，赦文：『集「開元」、「乾元重稜」錢，並宜準一文用，不須計以乘數。』

開元二十二年三月二十一日敕：『布帛不可以尺寸爲交易，菽粟不可以秒忽貿有無。古之為錢，以通貨幣，豈無變通？往者漢文之時，已有放鑄之令，雖見非於賈誼，亦無費於賢君。古往今來，時移事異，亦欲不禁私鑄，其理如何？公卿百寮詳議可否。』秘書監崔沔議曰：『夫國之有錢，時所通用，若許私鑄，人必競爲。各徇所求，小如有利，漸忘本業，大計斯貧。是以賈生之陳七福，規于更漢令；太公之創九府，將以殷貧人。況依法則不成，違法則有利，謹按《漢書》，文帝雖除盜鑄錢令，而不得雜以鉛鐵為他巧者。然則雖許私鑄，不容奸錢；錢不容奸，則鑄者無利；鑄者無利，則私鑄自息。斯則除之與不除，爲法正等。能謹於法而節其用，則令行而詐不起，事變而奸不生，斯所以稱賢君也。今若聽其私鑄，嚴斷惡錢，官必得人，人皆知禁誡，則漢政可侔，猶恐未若皇唐之舊也。今君稅銅折役，則官冶可成，計估度庸，則私錢無利。易而可久，簡而難誣，謹守舊章，無越制度。且錢之為物，貴以通貨，利不在多，何待私鑄然後足用也。』左監門録事參軍劉秩議曰：『古者以珠玉為上幣，黄金爲中幣，刀布為下幣。管子曰：「夫三幣，握之則非有補于煖也，捨之則非有損于飽也。先王以守財物，以御人事，而平天下也。」是以命之曰衡。衡者，使物一高一下，不得有常。故與之在君，奪之在君。是以民戴君如日月，親君如父母，用此術也，是為人主之權。今之錢，卽古之下幣也。陛下若捨之任人，則上無以御下，下無以事上，其不可一也。夫物賤則傷農，錢輕則傷賈。故善爲國者，觀物之貴賤，錢之輕重。夫物重則錢輕，錢輕由乎物多，多則作法收之使少，少則錢重，重則作法布之使輕。輕重之本，必由乎是，奈何而假於人？其不可二也。夫鑄錢不雜以鉛鐵則無利，雜以鉛鐵則惡，不重禁不足以懲惡。方今塞其私鑄之路，人猶冒死以犯之，況啓其源而欲人之從令乎？是設陷穽而誘之入，其不可三也。夫許人鑄錢，無利則人不鑄，有利則人去南畝者衆；去南畝者衆，則草萊不墾；草萊不墾，又鄰於寒餒，其不可四也。夫人富溢則不可以賞勸，貧餒則不可以威禁，故法令不行，民之不治，皆由貧富之不齊也。若許其鑄錢，則貧者必不能爲。臣恐貧者彌貧而服役於富室，富室乘之則益恣。昔漢文之時，吳濞，諸侯也，富埒天子；鄧通，大夫也，財侔王者。此皆鑄錢所致也。必欲許其私鑄，是與人利權而捨其柄，其不可五也。陛下必以錢重而傷本，工費而利寡，則臣願言其失，以效愚計。夫錢重者，猶人鑄日滋於前，而爐不加於舊。又公錢重，與銅之價頗等，故盜鑄者破重錢爲輕錢。禁寬則行，禁嚴則止，止則棄矣，此錢之所以少也。夫鑄錢用不贍者，在乎銅貴；銅貴之由，在於採用者衆矣。夫銅以爲兵則不如鐵，以爲器則不如錫，禁之無害，陛下何不禁於人？禁於人，則銅無所用；銅無所用，則銅益賤；銅賤則錢之用給矣。夫銅不布下，則盜鑄者無因而鑄；無因而鑄，則公錢不破，公錢不破，則人不犯死刑，錢又日增，末復利矣。是一舉而四善兼也，伏維陛下熟察之。』

其年十月六日敕：『貨物兼通，將以利用，而布帛為本，錢刀是末，賤本貴末，為弊則深，法教之間，宜有變革。自今已後，所有莊宅，以馬交易，並先用絹、布、綾、羅、絲、綿等，其餘市價至一千以上，亦令錢物兼用，違者科罪。』

二十六年，於宣、潤等州置錢監。

乾元元年七月，戶部侍郎第五琦以國用未足，幣重貨輕，乃先鑄『乾元重寶』錢，以一當十用，行之。及作相，請更鑄『重輪乾元』錢，以一當五十，與『乾元』、『開元寶』錢三品並行。既而物價騰貴，餓迫死亡，枕籍道路。又盜鑄爭起，中外皆以爲琦變法之弊，封奏日聞，遂貶忠州長史。

建中元年九月，戶部侍郎韓洄上言：『江淮錢監，歲出錢四萬五千貫，輸於京師。度工用轉送之費，每貫計錢二千，是本倍利也。今商州紅崖冶出銅益多，又有洛源監，久廢不治。請增工鑿山以取銅，洛源故監置十鑪鑄之，歲計出錢七萬二千貫，度工用轉送之費，貫計錢九百，則利浮本矣。其江淮七監請皆停罷。』從之。

二年八月，諸道鹽鐵使包佶奏：『江淮百姓近日市肆交易錢，交下粗惡，揀擇納官者，三分纔有二分，餘並鉛錫銅盪，不敷斤兩，致使絹價騰貴，惡錢漸多。訪聞諸州山野地窖，皆有私錢，轉相貨易，奸濫漸深。今委本道觀察使明立賞罰，切加禁斷。』

四年六月，判度支、侍郎趙贊以常賦不足用，乃請採連州白銅鑄大錢，以一當十，權其輕重。

貞元九年正月，張滂奏：『諸州府公私諸色鑄造銅器雜物等，伏以國家錢少，損失多門。興販之徒，潛將銷鑄。每銷錢一千，為銅六斤，造寫雜物器物，則斤直六千餘。其利既厚，銷鑄遂多，江淮之間，錢實減耗。伏請準從前敕文，除鑄鏡外，一切禁斷。』

十年六月敕：『今後天下鑄造買賣銅器，並不須禁止。其器物約每斤價值，不得過一百六十文，委所在長吏及巡院同勾當訪察。如有銷錢為銅，以盜鑄錢罪論。』

十四年十二月，鹽鐵使李若初奏請：『諸道州府，多以近日泉貨數少，繒帛價輕，禁止見錢，不令出界，致使課利有缺，商賈不通，請指揮見錢，任其往來，勿使禁止。』從之。

元和元年二月，以錢少，禁用銅器。

二年二月，詔曰：『錢貴物賤，傷農害工，權其輕重，須有通變。比者鉛錫無禁，鼓鑄有妨，其江淮諸州府收市鉛銅等，先已令諸道知院官勾當，緣令初出，未各頒行，宜委諸道觀察使等與知院官專切勾當，事畢日，仍委鹽鐵使據所得數類會聞奏。』四月，禁鉛錫錢。

三年五月，鹽鐵使李巽上言：『得湖南院申：郴州平陽、高亭兩縣界，有平陽冶及馬迹、曲木等古銅坑，約二百八十餘井，差官檢覆，實有銅錫。今請郴州舊桂陽監置鑪兩所，採銅鑄錢，每日約二十貫，計一年鑄成七千貫，有益於民。』從之。

其年六月，詔曰：『泉貨之法，義在通流。若錢有所壅，貨當益賤，故藏錢者得乘人之急，居貨者必損己之資。今欲著錢令以出滯藏，加鼓鑄以資流布，使商旅知禁，農桑獲安，義切救時，情非欲利。若革之無漸，恐人或相驚。應天下商賈先蓄見錢者，委所在長吏，令收市貨物，官中不得輒有程限，逼迫商人，任其貨易，以求便利。計周歲之後，此法遍行，朕當別立新規，設蓄錢之禁。所以先有告示，許其方圓，意在他時，行法不貸。又天下有銀之山，必有銅鑛。銅者可資於鼓鑄，銀者無益於生民，權其重輕，使務專一。天下自五嶺以北，見採銀坑，並宜禁斷。恐所在坑戶，不免失業，各委本州府長吏觀課，令其採銅，助官中鑄作。仍委鹽鐵使作法條流聞奏。』

四年閏三月，京城時用錢，每貫頭除二十文，陌內欠錢及有鉛錫錢，准貞元九年三月二十六日敕：『陌內欠錢，法當禁斷，慮因捉搦，或亦生奸，使人易從，切於不擾。自今以後，有因交關用欠陌錢者，宜但令本行頭及居停主人、牙人等檢察送官。如有容隱，兼許賣物領錢人糾告，其行頭主人、牙人，重加科罪。府縣所由祗承人等，並不須干擾。若非因買賣，自將錢於街衢行者，一切勿問。』

其年六月敕：『五嶺已北所有銀坑，依前任百姓開採，禁見錢出嶺。』

六年二月制：『公私交易十貫錢已上，即須兼用疋段。委度支、鹽鐵使及京兆尹即具作分數，條流聞奏。茶商等公私使換見錢，並須禁斷。』

其年三月，河東節度使王鍔奏請於當管蔚州界加置爐鑄銅錢，廢管內錫錢。詔許之，仍令加至五爐。

七年五月，兵部尚書、判戶部事王紹，戶部侍郎、判度支盧坦，鹽鐵使王播等奏：『伏以京都時用，多重見錢，官中支計，近日殊少。蓋緣比來不許商人便換，因茲家有滯藏，所以物價轉輕，錢多不出。臣等今商量，伏請許令商人于戶部、度支、鹽鐵三司，任便換見錢，一切依舊禁約。伏以比來諸司諸使等，或有便商人錢，多留城中，逐時收貯，積藏私室，無復流通。伏請自今以後，嚴加禁約。』從之。

八年四月，敕以錢重貨輕，出內庫錢五十萬貫，令兩常平收市布帛，每疋段估加十之一。

十一年九月敕：『今後應內外支用錢，宜每貫除墊一陌外，量抽五十文，仍委本道、本司、本使據數逐季收計。其諸道錢便差綱部送度支收管，以備軍需。』時以淮西用兵，從有司之請也。

十二年正月敕：『泉貨之設，古有常規，將使重輕得宜，是資斂散有節，必通其變，以利於人。今繒帛轉賤，公私俱弊。宜出見錢五十萬貫，令京兆府揀擇要便處開場，依市價交易，選擇清强官吏，專切勾當。仍各委本司先作處置條件聞奏，必使事堪經久，法可通行。』又敕：『近日布帛轉輕，見錢漸少，皆緣所在擁塞，不得通流。宜令京城內自文武官寮，不問品秩高下，並公、郡、縣主，中使等已下，至士庶商旅等，寺觀坊市，所有私貯見錢，並不得過五十貫。如有過此，許從敕出後，限一月內任將別物收貯。如錢數校多，處置未了，其任便於限內於地界州縣陳狀，更請限。縱有此色，亦不得過兩月。若一家內別有宅舍店鋪等，所貯錢並須計同此數。其兄弟本來異居曾經分析者，不在此限。如限滿後有違犯者，白身人等，宜付所司，痛杖一頓處死；其文武官及公主等，並委有司聞奏，當重科貶；戚屬中使，亦具名銜聞奏。其賸貯錢不限多少，並勒納官。數內五分取一分充賞錢數，其賞錢止於五千貫。此外察獲，及有人論告，亦重科處，並量給告者。』時京師里閭區肆所積，多方鎮錢，如王鍔、韓宏、李惟簡，少者不下五十萬貫。於是競買第屋，以變其錢，多者竟里巷傭僦，以歸其直。而高貲大賈者，多依倚左右軍官錢為名，府縣不得窮驗，法竟不行。

十四年六月敕：『應屬諸軍諸使，更有犯時用錢每貫除二十文，足陌內欠錢及有鉛錫錢者，宜令京兆府枷項收禁，牒報本軍本使府司，差人就軍及看決二十。如情狀難容，復有違拒者，仍令府司聞奏。』

十五年八月，中書門下奏：『伏準羣官所議鑄錢，或請收市民間銅物，令州郡鑄錢。當開元以前，鹽鐵使未置，亦令州郡勾當鑄造。今若兩稅納疋段，或慮兼要通用見錢。欲令諸道公私銅器，各納所在節度、團練、防禦、經略使，便據元敕給與價直，並折兩稅。仍令本處軍民鎔鑄。其鑄本請以留州、留使年支未用物充，所鑄錢便充軍府州縣公用。當處軍人，自有糧賜，亦校省本，所資衆力，並收衆銅，天下併功，速濟時用。待一年後，鑄器物盡則停。其州府有出銅鉛可以開爐鑄處，具申有司，便令同諸監冶例，每年與本充鑄。其收市銅器期限、並禁鑄造買賣銅物等，待議定，便令有司條流聞奏。其上都鑄錢及收銅器，請各處分。將欲頒行，尚資周慮，請令中書門下兩省、尚書省、御史臺並諸司長官商量，重議聞奏。』從之。

寶曆元年八月敕令：『銷鑄見錢為佛像者，同盜鑄錢論。』

長慶元年九月敕：『泉貨之義，所貴流通。如聞比來用錢，所在除陌不一。與其禁人之必犯，未若從俗之所宜，交易往來，務令可守。其內外公私給用錢，從今以後，宜每貫一例除墊八十，以九百二十文成貫，不得更有加除及陌內少欠。』

大和三年六月，中書門下奏：『準元和四年閏三月敕，應有鉛錫錢，並合納官，如有人糺得一錢，賞百錢者。當時敕條，貴在峻切，今詳事實，必不可行。祇如告一錢賞百錢，則有告一百貫錫錢，須賞一萬貫銅錢，執此而行，事無畔際。昨因任清等犯罪，施行不得，遂參酌事理，量情科賞。或恐已後民間更有犯者，宜立節文，令可遵守。臣等商量，自今已後，有用鉛錫錢交易者，一貫已下，以州府常行杖決脊杖二十；十貫以下，決六十，徒三年；過十貫以上，所在集衆決殺。其受鉛錫錢交易者，亦準此處分。其所用鉛錫錢，仍納官。其能糺告者，每貫賞錢五千文，不滿一貫，準此例，累賞至於三百千，仍且取當處官錢給付。其所犯人罪不至死者，徵納家資，充填賞錢。其元和四年閏三月敕，便望刪去。』可之。

四年十一月敕：『應私貯見錢家，除合貯數外，一萬貫至十萬貫，限一周年內處置畢；十萬貫至二十萬貫以下者，限二周年內處置畢。如有不守期限，安然蓄積，過本限，即任人糺告，及所由覺察，其所犯家錢，並準元和十二年敕納官。據數五分取一分，充賞糺告人賞錢，數止於五千貫。應犯錢法人色目決斷科貶，並準元和十二年敕處分。其所由覺察，亦量賞一半。』事竟不行。

五年二月，鹽鐵使奏：『湖南管內諸州百姓，私鑄「造到」錢，伏緣衡、道數州，連接嶺南，山洞深邃，百姓依模監司錢樣，競鑄「造到」脆惡奸錢，轉將賤價博易，與好錢相和行用。其江西、鄂岳、桂管、嶺南等道，應有出銅錫之處，亦慮私鑄濫錢，並請委本道觀察使條流禁絕。』敕旨：『宜依。』

會昌六年二月敕：『緣諸道鼓鑄佛像、鐘磬等，新錢已有次第，須令舊錢流布，絹價稍增。文武百僚俸料，宜起三月一日，並給見錢。其一半先給乘估疋段，對估價支給。』敕：『比緣錢重幣輕，生民坐困，今加鼓鑄，必在流行，通變救時，莫切於此。宜申先甲之令，以戒居貨之徒。京城及諸道起今年十月以後，公私行用，並取新錢，其舊錢權停三數年。如有違犯，同用鉛錫惡錢例科斷，其舊錢並納官。』事竟不行。

天祐二年四月敕：『準向來事例，每貫抽除外，以八百五十文爲貫，每陌八十五文。如聞坊市之中，多以八十爲陌，更有除折，今後委河南府指揮市肆交易，並須以八十五文為陌，不得更有改移。』

《新唐書》卷五四《食貨志四》 隋末行五銖白錢，天下盜起，私鑄錢行，千錢初重二斤，其後愈輕，不及一斤。鐵葉、皮紙，皆以為錢。高祖入長安，民間行綫環錢，其製輕小，凡八九萬，纔滿半斛。武德四年，鑄『開元通寶』，徑八分，重二銖四參，積十錢重一兩，得輕重、大小之中。其文以八分、篆、隸三體。洛、并、幽、益、桂等州，皆置監。賜秦王、齊王三鑪，右僕射裴寂一鑪以鑄。盜鑄者論死，没其家屬。其後盜鑄漸起。顯慶五年，以惡錢多，官為市之，以一善錢售五惡錢。民間藏惡錢，以待禁弛。乾封元年，改鑄『乾封泉寶』錢，徑寸，重二銖六分，以一當舊錢之十。踰年而舊錢多廢。明年，以商賈不通，米帛踊貴，復行『開元通寶』錢，天下皆鑄之，然私錢犯法日蕃，有以舟筏鑄江中者。詔所在納惡錢，而姦亦不息。儀鳳中，瀕江民多私鑄錢為業，詔巡江官督捕。載銅錫鑞過百斤者，没官。四年，命東都糶米粟，斗別納惡錢百，少府、司農毀之。是時鑄多錢賤，米粟踊貴，乃罷少府鑄，尋復舊。永淳元年，私鑄者抵死，鄰保、里坊、村正皆從坐。

武后時，錢非穿穴及鐵錫銅液，皆得用之，熟銅、排斗、沙澀之錢皆售。自是盜鑄蜂起，江淮游民依大山陂海以鑄，吏莫能捕。

先天之際，兩京錢益濫。郴、衡錢纔有輪郭，鐵錫五銖之屬，皆可用之，或鎔錫模錢，須臾百十。開元初，宰相宋璟請禁惡錢，行二銖四參錢，毀舊錢不可用者。江淮有官鑪錢、偏鑪錢、稜錢、時錢，遣監察御史蕭隱之使江淮，率戶出惡錢，捕責甚峻。上青錢皆輸官，小惡者沈江湖，市井不通，物價益貴，隱之坐貶官。宋璟又請出米十萬斛，收惡錢，少府毀之。

十一年，詔所在加鑄，禁賣銅錫及造銅器者。

二十年，千錢以重六斤四兩為率，每錢重二銖四參。禁缺頓、沙澀、盪染、白彊、黑彊之錢。首者官為市之。銅一斤，為錢八千。

二十二年，宰相張九齡建議：『古者以布帛菽粟，不可尺寸抄勺而均，乃為錢以通貿易。官鑄所入無幾而工費多，宜縱民鑄。』議下百官。宰相裴耀卿、黄門侍郎李林甫、河南少尹蕭炅、秘書監崔沔，皆以為嚴斷惡錢，則人知禁；稅銅折役，則官冶可成。計估度庸，則私錢以利薄而自息。若許私鑄，則下皆棄農而競利矣。左監門衛録事參軍事劉秩曰：『今之錢，古之下幣也。若捨之任人，則上無以御下，下無以事上。不可一也。物賤傷農，錢輕傷賈，物重則錢輕，錢輕由乎物多，多則作法收之使少，物少則作法布之使輕。奈何假人？不可二也。鑄錢不雜鉛鐵則無利，雜則錢惡。今塞私鑄之路，人猶冒死，況設陷穽誘之。不可三也。鑄錢無利則人不鑄，有利則去南畝者衆。不可四也。人富則不可以賞勸，貧則不可以威禁。法不行，人不理，繇貧富不齊。若得鑄錢，貧者服役於富室，富室乘而益恣。不可五也。夫錢重，繇人日滋於前而鑪不加舊。公錢與銅價頗等，故破重錢為輕錢。銅之不贍，在採用者衆也。銅之為兵不如鐵，為器不如漆，禁銅則人無所用，盜鑄者少，公錢不破，人不犯死，錢又日增。是一舉而四美兼也。』是時公卿皆以縱民鑄為不便，於是下詔，禁惡錢而已。信安郡王禕復言國用不足，請縱私鑄。議者皆畏禕帝弟之貴，莫敢與抗，獨倉部郎中韋伯陽以為不可，禕議亦格。

二十六年，宣、潤等州初置錢監。兩京用錢稍善，米粟價益下。其後錢又漸惡，詔出銅所在置監，鑄『開元通寶』錢。京師庫藏皆滿，天下盜鑄益起，廣陵、丹陽、宣城尤甚。京師權豪，歲歲取之，舟車相屬。江淮偏鑪錢數十種，雜以鐵錫，輕漫無復錢形。公鑄者號官鑪錢，一以當偏鑪錢七八，富商往往藏之，以易江淮私鑄者。兩京錢有鵝眼、古文、綫環之別，每貫重不過三四斤，至剪鐵而緡之。宰相李林甫請出絹布三百萬匹，平估收錢，物價踊貴，訴者日萬人。兵部侍郎楊國忠欲招權以市恩，揚鞭市門，曰『行當復之。』明日詔，復行舊錢。

天寶十一載，又出錢三十萬緡，易兩市惡錢。出左藏庫排斗錢，許民易之。國忠又言：錢非鐵錫、銅沙、穿穴、古文，皆得用之。是時增調農人鑄錢，既非所習，皆不聊生。內作判官韋倫請厚價募工，繇是役用減而鼓鑄多。天下鑪九十九：絳州三十，揚、潤、宣、鄂、蔚皆十，益、郴皆五，洋州三，定州一。每鑪歲鑄錢三千三百緡，役丁匠三十，費銅二萬一千二百斤，鑞三千七百斤，錫五百斤。每千錢，費錢七百五十。天下歲鑄三十二萬七千緡。

肅宗乾元元年，經費不給，鑄錢使第五琦鑄『乾元重寶』錢，徑一寸，每緡重十斤，與『開元通寶』參用，以一當十，亦號『乾元十當』錢。

先是，諸鑪鑄錢窳薄，鎔破錢及佛像，謂之盤陀，皆鑄為私錢，犯者杖死。第五琦為相，復命絳州諸鑪鑄重輪乾元錢，徑一寸二分，其文亦曰『乾元重寶』。背之外郭為重輪，每緡重十二斤，與『開元通寶』錢並行，以一當五十。是時民間行三錢，大而重稜者亦號『重稜錢』。法既屢易，物價騰踊，米斗錢至七千，餓死者滿道。初有虛錢京師人人私鑄併小錢壞鍾像犯禁者愈衆鄭叔清為京兆尹數月榜死者八百餘人。

肅宗以新錢不便，命百官集議，不能改。上元元年，減重輪錢以一當三十，開元舊錢與乾元十當錢，皆以一當十。碾磑鬻受，得為實錢。虛錢交易，皆用十當錢。由是錢有虛、實之名。史思明據東都，亦鑄『得一元寶』錢，徑一寸四分，以一當『開元通寶』之百。既而惡『得一』非長祚之兆，改其文曰『順天元寶』。

代宗即位，『乾元重寶』錢以一當二，重輪錢以一當三。凡三日，而大、小錢皆以一當一。自第五琦更鑄，犯法者日數百，州縣不能禁止。至是，人甚便之。其後民間乾元、重稜二錢，鑄為器，不復出矣。

當時議者以為，自天寶至今，戶九百餘萬。《王制》上農夫食九人，中農夫七人。以中農夫計之，為六千三百萬人。少壯相均，人食米二升，日費米百二十六萬斛，歲費四萬五千三百六十萬斛，而衣倍之，吉凶之禮再倍，餘三年之儲以備水旱凶災，當米十三萬六千八十萬斛。以貴賤豐儉相當，則米之直，與錢均也。田以高下、肥瘠、豐耗為率，一頃出米五十餘斛，當田二千七百二十一萬六千頃，而錢亦歲毀於棺瓶埋藏，焚溺其間。銅貴錢賤，有鑄以為器者。不出十年，錢幾盡，不足周當世之用。諸道鹽鐵轉運使劉晏以江嶺諸州任土所出，皆重靡賤弱之貨，輸京師，不足以供道路之直，於是積之江淮，易銅鉛、薪炭，廣鑄錢，歲得十餘萬緡，輸京師及荊揚二州。自是錢日增矣。

大曆七年，禁天下鑄銅器。建中初，戶部侍郎韓洄以商州紅崖冶銅多，請復洛源廢監，起十鑪，歲鑄錢七萬二千緡，每千錢費九百。德宗從之。

江淮多鉛錫錢，以銅盪外，不盈斤兩，帛價益貴。銷千錢為銅六斤，鑄器則斤得錢六百，故銷鑄者多而錢益耗。判度支趙贊採連州白銅，鑄大錢，一當十，以權輕重。

貞元初，駱谷、散關禁行人以一錢出者。諸道鹽鐵使張滂奏禁江淮鑄銅為器，惟鑄鑑而已。

十年，詔天下鑄銅器，每器一斤，其直不得過百六十。銷錢者，以盜鑄論。然而民間錢益少，繒帛價輕，州縣禁錢不出境，商賈皆絕。浙西觀察使李若初請通錢往來，而京師商賈齎錢四方貿易者，不可勝計。詔復禁之。

二十年，命市井交易，以綾羅、絹布、雜貨與錢兼用。

憲宗以錢少，復禁用銅器。時商賈至京師，委錢諸道進奏院及諸軍諸使，富家以輕裝趨四方，合券乃取之，號『飛錢』。京兆尹裴武請禁與商賈飛錢者廋索，諸坊十人為保。鹽鐵使李巽以郴州平陽銅坑二百八十餘復置桂陽監，以兩鑪，日鑄錢二十萬。天下歲鑄錢十三萬五千緡，命商賈蓄錢者皆出以市貨。天下有銀之山，必有銅，唯銀無益於人，五嶺以北採銀一兩者，流它州，官吏論罪。

元和四年，京師用錢，緡少二十及有鉛錫錢者，捕之。非交易而錢行衢路者，不問。復詔采五嶺銀坑，禁錢出嶺。

六年，貿易錢十緡以上者，參用布帛。蔚州三河冶距飛狐故監二十里而近，河東節度使王鍔置鑪，疏拒馬河水鑄錢，工費尤省。以刺史李聽為使，以五鑪鑄，每鑪月鑄錢三十萬。自是河東錫錢皆廢。

自京師禁飛錢，家有滯藏，物價寖輕，判度支盧坦、兵部尚書判戶部事王紹、鹽鐵使王播請許商人於戶部、度支、鹽鐵三司飛錢，每千錢增給百錢，然商人無至者。復許與商人敵貫而易之，然錢重帛輕如故。憲宗為之出內庫錢五十萬緡，市布帛，每疋加舊估十之一。會吳元濟、王承宗連衡拒命，以七道兵討之，經費屈竭，皇甫鎛建議：內外用錢，每緡墊二十外，復抽五十送度支，以贍軍。

十二年，復給京兆府錢五十萬緡，市布帛。而富家錢過五千貫者死，王公重貶，沒入於官，以五之一賞告者。京師區肆所積，皆方鎮錢，少亦五十萬緡，乃爭市第宅，然富賈倚左右神策軍官錢為名，府縣不敢劾問。民間墊陌有至七十者，鉛錫錢益多，吏捕犯者，多屬諸軍諸使，譁集市人，彊奪毆傷吏卒。京兆尹崔元略請犯者本軍本使涖決，帝不能用，詔送本軍本使，而京兆府遣人涖決。

穆宗即位，京師鬻金銀，十兩亦墊一兩；糴米鹽，百錢墊七八。京兆尹柳公綽以嚴法禁止之。尋以所在用錢，墊陌不一，詔從俗所宜，內外給用，每緡墊八十。

寶曆初，河南尹王起請銷錢為佛像者，以盜鑄錢論。

太和三年，詔：佛像以鉛錫土木為之，飾帶以金銀、鍮石、烏油、藍鐵，唯鑑磬釘鐶鈕，得用銅，餘皆禁之。盜鑄者死。是時峻鉛錫錢之禁，告千錢者賞以五千。

四年，詔：積錢以七千緡為率。十萬緡者，期以一年出之；二十萬以二年。凡交易百緡以上者，疋帛、米粟居半。河南府、揚州、江陵府，以都會之劇，約束如京師。未幾皆罷。

八年，河東錫錢復起，鹽鐵使王涯置飛狐鑄錢院於蔚州。天下歲鑄錢，不及十萬緡。文宗病幣輕錢重，詔方鎮縱錢穀交易。時雖禁銅為器，而江淮、嶺南列肆鬻之，鑄千錢為器，售利數倍。宰相李珏請加鑪鑄錢，於是禁銅器，官一切為市之。天下銅坑五十，歲采銅二十六萬六千斤。

及武宗廢浮屠法，永平監官李郁彥請以銅像、鍾、磬、鑪、鐸皆歸巡院，州縣銅益多矣。鹽鐵使以工有常力，不足以加鑄，許諸道觀察使皆得置錢坊。淮南節度使李紳請天下以州名鑄錢，京師為京錢，大小徑寸如『開元通寶』，交易禁用舊錢。

會宣宗即位，盡黜會昌之政，新錢以字可辨，復鑄為像。

昭宗末，京師用錢，八百五十為貫，每百纔八十五，河南府以八十為百云。

《舊五代史》卷一四六《食貨志》 唐同光二年，度支奏請牓示府州縣鎮，軍民商旅凡有買賣，並須使八十陌錢。

二月詔曰：錢者，古之泉布，蓋取其流行天下，布散人間。無積滯則交易通，多貯藏則士農困。故西漢興改幣之制，立告緡之條，所以權蓄賈而防大姦也。宜令所司散下州府，常須檢察，不得令富室分外收貯見錢。又工人銷鑄為銅器，兼沿邊州鎮設法鈐轄，勿令商人搬載出境。

三月，知唐州晏駢安奏：市肆間點檢錢帛，內有錫鑞小錢，揀得不少，皆是江南綱商挾帶而來。詔曰：帛布之幣，雜以鉛錫，惟是江湖之外，盜鑄尤多，市肆之間，公行無畏。因是綱商挾帶，舟檝往來，換易好錢，藏貯富室。實為蠹弊，須有條流。宜令京城、諸道，於坊市行使錢內，點檢雜惡鉛錫錢，並宜禁斷。沿江州縣，每有舟船到岸，嚴加覺察，不許將雜鉛錫惡錢往來換易好錢。如有私載，並行收納。

天成元年八月，中書門下奏：『訪聞近日諸道州府所賣銅器價貴，多是銷鎔見錢，以邀厚利。』乃下詔曰：『宜令遍行曉告，如原舊係銅器及碎銅，即許鑄造器物。仍生銅器物，每斤價定二百文；熟銅器物，每斤四百文。如違省價，買賣之人依盜鑄錢律文科斷。』

清泰二年十二月，詔御史臺曉告中外，禁用鉛錢。如違犯，准條流處分。

晉天福二年，詔禁一切銅器，其銅鏡今後官鑄造，於東京置場貨賣，許人收買，於諸處興販去。

周廣順元年三月勑：銅法，今後官中更不禁斷，一任興販，所在一色即不得瀉破為銅器貨賣。如有犯者，有人糾告捉獲，所犯人不計多少斤兩，並處死。其地分所由節級，決脊杖十七放，鄰保人決臀杖十七放，其告事人給與賞錢一百貫文。

江南因唐舊制，饒州置永平監，歲鑄錢。池州永寧監，建州永豐監並歲鑄錢。杭州置保興監鑄錢。

宋・王溥《五代會要》卷二七《泉貨》 後唐同光二年三月敕：『泉布之弊，雜以鉛錫，惟是江、湖之外，盜鑄尤多，市肆之間，公行無畏。因是綱商夾帶，舟載往來，換易好錢，藏貯富室，實為蠹弊，須有條流。宜令京城及諸道，於行市行使錢内點檢，雜惡鉛錫，並宜禁斷。沿江州縣，每有舟船到岸，嚴加覺察，若私載往來，並宜收納。』

天成元年八月，中書門下奏：『訪聞近日諸道州府所買賣銅器價貴，多是銷鎔見錢，以邀厚利。』敕：『宜便行曉告，如原舊破損銅器及碎銅，即許鑄造器物；如生銅器物，每斤價定二百；熟銅器物，每斤四百。如違省價，買賣之人，依盜鑄錢律文科斷。』其年十一月六日敕：『諸道州府約勒見錢，素有條制，若全禁斷，實匪通規。宜令遍指揮三司及諸道州府，其諸城門所出見錢，如五百已上，不得放出。如稍違犯，即準舊條指揮。其沿淮諸州縣鎮，亦準元降敕命處分。』其年十二月敕：『行使銅錢之内，訪聞夾帶鐵鑞，若不嚴設條流，轉恐私家鑄造。應中外所使銅錢内，鐵鑞錢即宜毁棄，不得輒更有行使。如違，其所使錢，不計多少，並納入官，仍科深罪。』

二年七月十二日，度支奏：『三京、鄴都並諸道州府，市肆買賣，所使見錢等，每有條章，每陌八十文。近訪聞在京及諸道街坊市肆人户，不顧條章，皆將短陌轉換長錢，但恣欺罔，殊無畏忌。若不條約，轉啓倖門。請更嚴降指揮，及榜示管界州府縣鎮軍人、百姓、商旅等，凡有買賣，並須使八十陌錢。兼令巡司、廂界節級、所由點檢覺察。如有無知之輩，依前故違，輒將短錢興販，便仰收捉，委逐州府枷項收禁勘責。所犯人，準條奉處斷訖申奏。其錢盡底没納入官。』奉敕：『宜依度支所奏。』

四年九月敕：『先條流三京、諸道州府，不得於市使錢内夾帶鉛鐵錢，雖已約束，仍聞公然行使。今後有人於錢陌内捉到一文至兩文。所使錢不計多少，並納入官，所犯人準條流科罪。』

清泰二年十二月敕：『御史臺宜曉告中外，不得使用鉛錢。如違犯者，準條流處分。』

晉天福三年三月敕：『歷代鑄錢，濟時爲寶，久無監務，已絶增添。近來趨利之人，違法甚衆，銷鎔不已，毁蠹日滋。禁制未嚴，奸弊莫止，須行重法，以息濫源。宜令鹽鐵使禁止私下行造鑄寫銅器。』其年十一月詔曰：『國家所資，泉貨爲重，銷蠹則甚，添鑄無聞。爰降條章，俾臻富庶。宜令三京、鄴都、諸道州府，無問公私，應有銅者，並許鑄錢。仍以「天福元寶」爲文，左環讀之。委鹽鐵司鑄樣頒下諸道，令每一錢重二銖四參，十錢重一兩。或慮諸色人接便將鉛鐵鑄造，雜亂銅錢，仍令三京、鄴都、諸道州府，依舊禁斷。尚慮逐處銅數不多，宜令諸道應有久廢銅冶處，許百姓取便開鍊，永遠爲主，官中不取課利。其有生熟銅，仍許所在中賣入官，或任自鑄錢行用。其餘許鑄外，不得接便別鑄銅器。如有違犯者，並準三年三月敕條處分。』其年十二月敕：『先許鑄錢，仍每一錢重二銖四參，十錢重一兩。切慮逐處缺銅，難依先定銖兩，宜令天下無問公私，應有銅處，有鑄錢者，一任取便酌量輕重鑄造。因茲不得入鉛并鐵，及缺漏不堪久遠流行。仍委鹽鐵使明行曉示，餘準元敕指揮。仍付所司。』

四年七月敕：『先令天下州府公私鑄錢，近聞以鉛錫相參，缺薄小弱，有違條制，不可久行。今後衹官鑄錢，私鑄錢下禁依舊法。』

周廣順元年三月二十八日敕：『銅法今後官中更不禁斷，一任興販。所有錢一色即不得銷鑄爲銅器貨賣。如有犯者，有人糾告捉獲，所犯人不計多少斤兩，並處死。其地分所由節級，徒一年，鄰保人杖七十，其告事人給與當錢一百貫。』

顯德二年九月一日敕：『國家之利，泉貨爲先，近朝已來，久絶鑄造，至於私下，不禁銷鎔，歲月漸深，奸弊尤甚。今採銅興冶，立監鑄錢，冀便公私，宜行條制。起今後，除朝廷法物、軍器、官物及鏡，并寺觀内鍾、磬、鈸、相輪、火珠、鈴鐸外，其餘銅器，一切禁斷。應兩京、諸道州府銅象器物，諸色裝鉸所用銅，限敕到五十日内，並須毁廢送官。其私下所納到銅，據斤兩給付價錢。如出限及有隱藏及埋窖使用者，一兩至一斤，所犯人及知情人徒二年，所由節級、四鄰杖七十，捉事、告事人賞錢十貫；一斤至五斤，所犯及知情人各徒三年，所由節級、四鄰杖九十，捉事、告事人賞錢二十貫；五斤已上，不計多少，所犯人處死，知情人徒三年，配役一年，所由節級、四鄰杖一百，捉事、告事人賞錢三十貫。其人户若納到熟銅，每斤官中給錢一百五十，生銅每斤一百。其銅鏡令官中鑄造，於東京置場貨賣，許人收買，於諸處興販。其朝廷及諸州見管法物、軍器、官物，舊用銅製造幷裝飾者，候經使用破壞，即時改造，仍今後不得更使銅。内有合使銅者，奏取進止。』

四年二月十一日，宣命指揮：『限外有人將銅器及銅於官場貨賣，支給價錢，如是隱藏及使用者，並準元敕科斷。其熟銅令每斤添及二百、生銅每斤添及一百五十收買。所有諸處山場野務採鍊淘沙到，舊例銅每二十兩為一斤，今特與十六兩為一斤，給錢一百三十收買。兼知高麗多有銅貨，仍許青、登、萊州人戶興販，如有將來中賣入官者，便仰給錢收買，即不得私下買賣。」

《新五代史》卷六二《南唐世家·李景》　景困於用兵，鍾謨請鑄大錢，以一當十，文曰「永通泉貨」。謨嘗得罪，而大錢廢。韓熙載又鑄鐵錢，以一當二。

宋·馬令《南唐書》卷四《嗣主書第四》　（顯德六年）秋七月，鍾謨請鑄大錢，以一當十，文曰「永通泉貨」。

又　卷五《後主書》　（乾德）二年春正月，始用鐵錢，以鐵錢使、戶部侍郎韓熙載為兵部侍郎、勤政殿學士。初，烈祖將殂，謂元宗曰：「德昌宮泉布億萬緡，以給軍用。吾死，善修鄰好。北方有事，不可失也。」及元宗即位，兵屢起，德昌泉布既竭，遂鑄唐國錢，其文曰「唐國通寶」；又鑄「大唐通寶」，與唐國錢通用。數年漸弊，百姓盜鑄，極為輕小。保大末，兵窘財乏，鍾謨改鑄大錢，以一當十，文曰「永通泉貨」，徑寸七分，重十八銖，字八分書，背面勾好，皆有周郭。謨誅，遂廢。至是，有鐵錢之議。每十錢以鐵錢六，雜銅錢四，既而不用銅錢，民間但以鐵錢貿易。物價增涌，民復盜鑄，頗多芒刺，不及官場圓淨。雖重其法，犯者益衆。至末年，銅錢一當鐵錢十。禮部侍郎湯悅上言，泉布屢變，亂之招也，且豪民富商不保其貲，則日益思亂。累數百言，不報。

宋·龍衮《江南野史》卷三《後主》　乾德二年，始用鐵錢，以十當銅之一。初，嗣主即位，征伐頻起，先主德昌泉布既竭，遂議鑄唐國錢，其眉曰「唐國通寶」，約一千，重三斤十二兩。至數年而弊作，百姓盜鑄，幾至一觔餘。以一文置之水上，浮而不沉，雖嚴禁不止。至是，有鐵錢之議。既行，至數年，物價漸增，諸郡之民復盜鑄者頗多而輕小，環外芒刺，不及官場圓淨。國家雖以法繩之，犯者配遠郡。民罹之者益衆而不止。

宋·陸游《南唐書》卷二《元宗紀》　顯德六年秋七月，鑄大錢，文曰「永通泉貨」，一當十，與舊錢並行。又鑄「唐國通寶」錢，一當「開通」錢之二。

元·馬端臨《文獻通考》卷九《錢幣考二·歷代錢幣之制》　唐主李璟既失江北，困於用兵，鍾謨請鑄大錢，以一當十，文曰「永通泉貨」。謨得罪，而大錢廢。韓熙載又鑄鐵錢，以一當二，錢有銅、鐵二等。

五代相承，用唐錢。諸國割據者，江南曰「唐國通寶」，又別鑄如唐制而篆文。其後鑄鐵錢，每十錢以鐵錢六，權銅錢四而行。乾德後，只以鐵錢貿易。凡十當銅錢一。兩浙、河東自鑄銅錢，亦如唐制。西川、湖南、福建皆用鐵錢，與銅錢兼行。湖南文曰「乾封泉寶」，徑寸，以一當十。福建如唐制。

清·吴任臣《十國春秋》卷四九《後蜀二·後主紀》　（廣政二十五年）是歲，行用鐵錢。初，鐵錢多於外郡邊界參用，每錢千凡四百為銅，六百為鐵。《四川總志》云：孟氏每銀一兩，直銅錢千七百文；絹一疋，直錢千二百文。至是，流入成都，率銅錢十分雜鐵錢一分，大盈庫錢往往有鐵錢相混，蓋鑄之精工，與銅錢相類也。按《十國紀年·後蜀史》：廣政二十五年，以屯戍既廣，調度不足，始鑄鐵錢。据此，則鐵錢是歲始鑄矣。今不從。

論　說

宋·呂祖謙《歷代制度詳說》卷七《錢幣·詳說》　自漢至隋，其泉布更易雖不可知，要知五銖之錢最為得中。自漢至隋，屢更屢易，惟五銖之法，終不可易。自唐至五代，惟武德時，初鑄「開元」錢，最得其平。自唐至五代，惟開元之法，終不可易。論者蓋無不此為當，以此知數千載前，有五銖，復有「開元」，最可用。何故？論太重，有所謂直百當千之錢；論太輕，則有所謂榆莢三銖之錢。然而皆不得中，惟五銖、「開元」銖兩之多寡，鼓鑄之精密，相望不可易。【略】

國家之所以設錢，以權輕重本末，未嘗取利。論財計不精者，但以鑄錢所入多為利，殊不知權歸公上。鑄錢雖多，利之小者；權歸公上，利之大者。【略】

或者自緣錢薄惡後，論者紛紛，或是立法以禁惡錢，或是惡錢為國賦。條目不一，皆是不揣其本而齊其末。若是上之人不惜銅愛工，使奸民無利，乃是國家之大利。帛布之法，總而論之，如周如秦，如漢五銖，如唐『開元』，其規或可以為式，此是錢之正也。若一時之所鑄，如後漢鑄大錢，以平軍市之財，第五琦鑄『乾元』錢，此是錢之權也。如漢武帝以鹿皮為幣，王莽以龜貝為幣，此是錢之蠹也。或見財貨之多，欲得廢錢；或見財貨之少，欲得鼓鑄，皆一時矯枉之論，不可通行者也。

宋·姚寬《西溪叢語》卷下　《唐·食貨志》云：武德四年，鑄『開元通寶』錢，徑八分，重二銖四絫，積十錢重一兩，得輕重大小之中。其文以八分、篆、隸三體。又云：開化二十六年已後，錢甚惡，詔所在置監，鑄『開元通寶』錢，京師庫藏皆滿。肅宗上元元年，以開元舊錢一當十。孔毅夫云：『開元通寶』錢，給事中歐陽詢撰其文并書，回環可讀。俗不知，以為開元錢明皇所鑄。《六典》謂之『開元通寶』。司馬光云：薛璫《唐聖運圖》云：初進蠟様，文德皇后掐一甲，故錢上有甲痕焉。凌璠《唐録政要》以為竇皇后。是時竇后已崩，文德后未立，今皆不取。李審言《記聞》云：唐之錢文，如『乾元』、『開元』曰『重寶』、『通寶』，世俗淺者有云『乾重』、『開通』，朝士尚有如此言者，尤可笑也。馬永卿云：『開元通寶』，蓋唐二百八十九年，獨鑄此錢。洛、并、幽、桂等州，皆置監。故開元錢如此之多，而明皇記號，偶相合耳。

元·馬端臨《文獻通考》卷八《錢幣考一·歷代錢幣之制》　按後之為國者，不能制民之産以均貧富，而徒欲設法以限豪强兼并之徒。限民名田，猶云可也。限民蓄錢，不亦甚乎！然買田者志於吞併，故必須上之人立法，以限其頃畝。蓄錢者志於流通，初不煩上之人立法，以教其懋遷也。今以錢重物輕之故，立蓄錢之限，然錢重物輕，正藏鏹逐利者之所樂聞也。人棄我取，誰無是心？正不必設法禁以驅之，徒開告訐之門而重為煩擾耳。

又　卷九《錢幣考二·歷代錢幣之制》　致堂胡氏曰：令之而行，禁之而止，惟為人所難者能，若世宗欲禁銷錢而毀銅像是也。銅像，人所敬畏，尚且毀之，錢之不可銷，必矣。韓愈拜京兆尹，神策六軍不敢犯法，曰是尚欲除佛者，亦猶是也。銷錢為器，其利十倍。錢所以權百貨，平低昂，其鑄之也，不計費，不謀息，今而銷之，可不禁乎？

明·丘濬《大學衍義補》卷二六《治國平天下之要·制國用·銅楮之幣上》　臣按太公圜法，凡泉輕重以銖。今之一兩，即古之二十四銖。計一錢則重二銖半以下，古秤比今秤三之一，則今一錢為古之七銖以上。凡造一錢，用銅一錢，此『開通元寶』所以最得輕重大小之中也。此後之錢，如宋元『太平』、『淳化』之類，皆倣此製，至今行之。後有作者，皆當準此，以為常法。

又　卷二七《治國平天下之要·制國用·銅楮之幣下》　臣按，利之在天下，固不可禁，亦不可不禁。漢文帝放鑄而海内富庶，唐高宗私鑄者抵死，鄰保從坐，亦不聞其大治。何也？利之為利，處義之下，害之上。利以為人，則上和於義，而利在其中。利以為己，則下流於害，而未必得利。是故聖人之制事，無往而不以義，惟義是主。擇其有利於人者，而定為中制，使天下之人皆蒙其利，而不罹其害焉。天地間為利之途轍孔多，錢也者，寓利之器，昔人所謂貧可使富、賤可使貴、死可使生之具，神通之物也。上之人苟以利天下為心，必操切之，使不至於旁落，上焉者不至為劉濞以滅家，下焉者不至為鄧通以亡身，則利權常在上。得其贏餘，以減田租，省力役，又由是以賑貧窮，惠鰥寡，使天下之人養生喪死皆無憾，是則人君操利之權，資以行義，使天下之人不罹其害而獲其利也。《易》曰：『利者，義之和。』豈不信然？所謂操之之權奈何？劉秩曰：『物賤則傷農，錢賤則傷賈。故善為國者，觀物之貴賤，錢之輕重。夫物重則錢輕，錢輕繇乎物多，多則作法收之使少，少則重，重則作法布之使輕。輕重之本，必繇乎是。』是也。

臣按昔人有言：買田者志於吞併，故必須上之人立法，以限其頃畝。蓄錢者志於流通，初不煩上之人立法，以教其懋遷也。憲宗徒以錢重物輕之故，立畜錢之限，不亦甚乎！

臣按世宗毀佛像以鑄錢，毅然不惑，可謂剛明之主。

清·顧炎武《日知録》卷一一《五銖錢》　古錢惟五銖及『開元通寶』最多。五銖，隋開皇元年鑄。『開元』，唐武德四年鑄。

又　《開元錢》　自宋以後，皆先有年號而後有錢文。唐之『開元』，則先有錢文而後有年號。

又 卷一二《財用》 古人制幣，以權百貨之輕重。錢者，幣之一也，將以導利而布之上下，非以為人主之私藏也。【略】唐憲宗時，白居易《策》言：『今天下之錢，日以減耗，或積於內府，或滯於私家。若復日月徵收，歲時輸納，臣恐穀帛之價轉賤，農桑之業益傷。十年以後，其弊必更甚於今日。』而元和八年四月，敕以錢重貨輕，出內庫錢五十萬貫，令兩市收買布帛，每端匹，視舊估加十之一。十二年正月，又敕出內庫錢五十萬貫，令京兆府揀擇要便處開場，依市價交易。今日之銀，猶夫前代之錢也，乃歲歲徵數百萬，貯之京庫，而不知所以流通之術，於是銀之在下者，至於竭涸而無以繼上之求，然後民窮而盜起矣。單穆公有言：『絶民用以實王府，猶塞川原而為潢汙也。』自古以來，有民窮財盡而人主獨擁多藏於上者乎？此無他，不知錢幣之本為上下通共之財，而以為一家之物也。《詩》曰：『不弔昊天，不宜空我師。』有子曰：『百姓不足，君孰與足？』古人其知之矣。

清・王夫之《讀通鑑論》卷二〇《唐太宗・一三》 銀之為用，自宋以上，用飾器服，與黄金珠玉等，而未得與錢、布、粟、帛通用於民間。權萬紀請采銀宣、饒，而太宗斥之，亦猶罷采珠以懲侈耳。後世官賦民用以銀為主，錢、布、粟、帛皆受重輕之命於銀。夫銀，藏畜不蝕，鍊鑠不減，藏之約而齎之也易，人習於便利，知千百年之無以能易之矣。則發山采礦，無大損於民，而厚利存焉，庸詎不可哉？然而大害存焉者，非庸人之所知也。

奚以明其然邪？銀之為物也，固不若銅、鉄為械器之必需，而上類黄金，下同鉛、錫，亡足貴者。尊之以為錢、布、粟、帛之母，而持其輕重之權，蓋出於一時之制，上下競奔走以趨之，殆於愚天下之人而蠱之也。故其物愈多，而天下愈貧也。采之自上，而禁下之采，則上積其盈，以籠致耕夫紅女之絲粟，而財亟聚於上，民日貧餒而不自知。既以殫民之畜積矣。且大利之孔，未可以刑法禁塞之也。嚴禁民采，則刑殺日繁，而終不可戢。若其不禁而任民之自采乎？則貪惰之民，皆舍其穡事，以徼幸于詭獲，而田之汙萊也積；且聚游民於山谷，而唯力是視以取盈，則爭殺興而亂必起。一旦山竭澤枯，游民不能解散，而亂必成；即幸不亂也，耕者桑者戮力所獲，養游民以博無用之物，銀日益而絲粟日銷，國不危，民不死，其奚待焉？自非參百年之終始以究利病者，奚足以察此哉？

嗚呼！自銀之用流行於天下，役粟帛而操錢之重輕也，天下之害不可訖矣。錢較粟帛而齎之輕矣，藏之約矣，銀較錢而更輕更約矣；吏之貪墨者，暮夜之投，歸装之載，珠寶非易致之物，則銀其最便也。不然，汎舟驅車，銜尾載道，雖不恤廉隅者不敢也。民之為盜也，不能負石粟，持百緡，即以錢而力盡於十緡矣，穴而入、篋而胠者，其利薄，其刑重，非至亡賴者不為，銀則十餘人而可挾萬金以去。近自成化以來，大河南北單騎一矢劫商旅者，俄頃而獲千緡之值。是銀之流行，汙吏箕斂、大盜晝攫之尤利也，為毒於天下，豈不烈哉？無已，杜塞其采鍊之源，而聽其暗耗，廣冶鑄以漸奪其權，而租税之入，以本色為主，遠不能致而後參之以錢，行之百年，使銀日賤而賤均鉛錫，將耕桑廣殖，墨吏有所止而盜賊可以戢，尚有瘥乎？

天地之産，難得而不易貿遷者，以安民於所止而裕之也；帝王之政，繁重而不取便安者，以息民之偷而節其溢也。旦斸諸山，夕煅諸冶，徑寸而足數十人之衣食，奸者逞，願者削，召攘奪而棄本務，飢不可食，寒不可衣，而走死天下者，唯銀也。采礦之禁，惡可不嚴哉？權萬紀之削奪，有餘辜矣。

雜録

宋・王溥《唐會要》卷八八《雜録》 長安元年十一月十三日敕：『負債出舉，不得迴利作本，并法外生利，仍令州縣嚴加禁斷。』

開元十五年七月二十七日敕：『應天下諸州縣官，寄附部人興易，及部内放債等，並宜禁斷。』

十六年二月十六日詔：『比來公私舉放，取利頗深，有損貧下，事須釐革。自今已後，天下負舉，祇宜四分收利，官本五分取利。』

二十年九月二十九日敕：『綾、羅、絹、布、雜貨等，交易皆合通用，如聞市肆，必須見錢，深非通理。自今後與錢貨兼用，違者準法罪之。』

元和五年十一月敕：『應中外官有子弟凶惡，不告家長，私舉公私錢，無尊長同署文契者，其舉錢主幷保人各決二十，仍均攤貨納。應諸色買賣相當後，勒買人面付賣人價錢，如違，牙人重杖二十。』京兆尹王播所奏也。

寶曆元年正月七日敕節文：『應京城内有私債，經十年已上，曾出利過本兩倍，本部主及元保人死亡，並無家產者，宜令臺府勿為徵理。』

内庫

綜述

《隋書》卷二四《食貨志》（開皇）十二年，有司上言，庫藏皆滿。帝曰：『朕既薄賦於人，又大經賜用，何得爾也？』對曰：『用處常出，納處常入，略計每年賜用至數百萬段，曾無減損。』於是乃更闢左藏之院，構屋以受之。

《舊唐書》卷四八《食貨志上》又王鉷進計，奮身自為戶口色役使，徵剝財貨，每歲進錢百億，寶貨稱是，云非正額租庸，便入百寶、大盈庫，以供人主宴私賞賜之用。玄宗日益眷之，數年間亦為御史大夫、京兆尹，帶二十餘使。【略】

先是，興元克復京師後，府藏盡虛，諸道初有進奉，以資經費，復時有宣索。其後諸賊既平，朝廷無事，常賦之外，進奉不息。韋皐劍南有日進，李兼江西有月進，杜亞揚州，劉贊宣州，王緯、李錡浙西，皆競為進奉，以固恩澤。貢入之奏皆曰：臣於正稅外方圓，亦曰羨餘。節度使或託言密旨，乘此盜貿官物。諸道有謫罰官吏，入其財者，刻祿廩。通津達道者稅之，蒔蔬藝果者稅之，死亡者稅之。節度、觀察交代，或先期稅入，以為進奉，然十獻其二三耳。其餘沒入，不可勝紀。此節度使進奉也。

其後裴肅為常州刺史，乃鬻貨薪炭，按牘百賈之上，皆規利焉。歲餘又進奉，無幾遷浙東觀察使。天下刺史進奉，自肅始也。劉贊死於宣州，嚴綬為判官，傾軍府資用進奉，無幾拜刑部員外郎，天下判官進奉，自綬始也。習以為常，流宕忘返。

又 卷一〇五《王鉷傳》既為戶口色役使，時有敕給百姓一年復，鉷即奏徵其脚錢，廣張其數，又市輕貨，乃甚於不放。輸納物者有浸漬折估，皆下本郡徵納。又敕本郡高戶為租庸脚士，皆破其家產，彌年不了，恣行割剝，以媚於時，人用嗟怨。古制，天子六官皆有品秩高下，其俸物因有等差。唐法沿於周、隋，妃嬪、宮官位有尊卑，亦隨其品而給授，以供衣服鉛粉之費，以奉於宸極。玄宗在位多載，妃御承恩多賞賜，不欲頻於左、右藏取之。鉷探旨意，歲進錢寶百億萬，便貯於内庫，以恣主恩錫賚。鉷云：『此是常年額外物，非征稅物。』玄宗以為鉷有富國之術，利於王用，益厚待之。

又 卷一一八《楊炎傳》初，國家舊制，天下財賦皆納於左藏庫，而太府四時以數聞，尚書比部覆其出入，上下相轄，無失遺。及第五琦為度支鹽鐵使，京師多豪將，求取無節，琦不能禁，乃悉以租賦進入大盈内庫，以中人主之意。天子以取給為便，故不復出。是以天下公賦為人君私藏，有司不得窺其多少，國用不能計其贏縮，殆二十年矣。中官以冗名持簿書、領其事者三百人，皆奉給其間，連結根固不可動。及炎作相，頓首於上前，論之曰：『夫財賦，邦國之大本，生人之喉命，天下理亂輕重，皆由焉。是以前代歷選重臣主之，猶懼不集，往往覆敗，大計一失，則天下動搖。先朝權制，中人領其職，以五尺宦豎操邦之本，豐儉盈虛，雖大臣不得知，則無以計天下利害。臣愚，待罪宰輔。陛下至德，惟人是恤，參校蠹弊，無斯之甚。請出之，以歸有司，度宮中經費一歲幾何，量數奉入，不敢虧用。如此，然後可以議政。惟陛下察焉。』詔曰：『凡財賦皆歸左藏庫，一用舊式。每歲於數中，量進三五十萬入大盈，而度支先以其全數聞。』炎以片言移人主意，議者以為難，中外稱之。

又 卷一二七《姚令言傳》建中四年，李希烈叛，寇陷汝州，詔哥舒曜率師攻之，營于襄城。希烈兵數萬圍襄城，勢甚危急。十月，詔令言率本鎮兵五萬赴援。涇師離鎮，多攜子弟而來，望至京師，以獲厚賞。及師上路，一無所賜。時詔京兆尹王翃犒軍士，唯糲食菜肴而已。軍士覆而不顧，皆憤怒，揚言曰：『吾輩棄父母妻子，將死於難，而食不得飽，安能以草命捍白刃耶？國家瓊林、大盈，寶貨堆積。不取此以自活，何往耶？』行次滻水，乃返戈大呼，鼓譟而還。令言曰：『比約東都，有厚賞。兒郎勿草草，此非求活之良圖也。』衆不聽，以戈環令言請退。令言急奏之，上恐，令內庫出繒綵二十車馳賜之。軍聲浩浩，令言不能戢。

又　卷一三五《裴延齡傳》　時陸贄秉政，上素所禮重，每於延英，極論其誕妄，不可令掌財賦。德宗以為排擯，待延齡益厚。贄上書疏其失曰：【略】『前歲秋首，班宏喪亡，特詔延齡繼司邦賦。數日之內，遽銜功能，奏稱勾獲隱欺，計錢二十萬貫，請貯別庫，以為羨餘，供御所須，永無匱乏。陛下欣然信納，因謂委任得人。既賴盈餘之財，稍弘心意之欲，興作浸廣，宣索漸多。【略】國家府庫，出納有常。延齡險猾售奸，詭譎求媚，遂於左藏之內，分建六庫之名，意在別貯贏餘，以奉人主私欲。曾不知王者之體，天下為家。國不足則取之於人，人不足則資之於國，在國為官物，在人為私財。何謂贏餘，須別收貯？是必巧詐以變移官物，暴法以刻削私財。捨此二途，其將安取？陛下方務崇信，不加檢裁，姑務保持，曾無詰責。【略】于時內府之積，尚如丘山，竟資凶渠，以餌貪卒。此則陛下躬覩之矣。是乃失人而聚貨，夫何利之有焉？【略】及乎重圍既解，諸路稍通，賦稅漸臻，貢獻繼至，乃於行宮外廡之下，別置瓊林、大盈之司，未賞功勞，遽私賄玩，其沮惟新之望，頗携死義之心。於是輿誦興譏而軍士始怨矣。財聚人散，不其然乎！』

又　《皇甫鎛傳》　時憲宗以世道漸平，欲肆意娛樂，池臺館宇稍增崇飾，而异、鎛探知上旨，數貢羨餘，以備經構。故帝獨排物議，相之。

又　卷一三九《陸贄傳》　初，德宗蒼黃出幸，府藏委棄，凝冽之際，士衆多寒，服御之外，無尺縑丈帛。及賊泚解圍，諸藩貢奉繼至，乃於奉天行在，貯貢物於廊下，仍題曰『瓊林』、『大盈』二庫名。

又　卷一四九《歸融傳》　開成元年，兼御史中丞、湖南觀察使盧周仁違敕進羨餘錢十萬貫。融奏曰：『天下一家，何非君土？中外財賦，皆陛下府庫也。周仁輒陳小利，妄設異端，言南方火災，恐成灰燼，進於京國，姑狥私誠，入財貨以希恩，待朝廷而何淺！臣恐天下放效，以羨餘為名，因緣刻剝，生人受弊。周仁請行重責，以例列藩。其所進錢，請還湖南，代貧下租稅。』詔周仁所進，於河陰院收貯，以備水旱。

又　卷一六二《王遂傳》　初，師之出也，歲計兵食三百萬石。及鄆賊誅，遂進羨餘一百萬，上以為能。時分師道所據十二州為三鎮，乃以遂為沂州刺史、沂兗海等州觀察使。

又　卷一六四《王播傳》　明年正月，播復領鹽鐵轉運使。播既得舊職，乃于銅鹽之內，巧為賦斂，以事月進，名為羨餘，其實正額，務希獎擢，不恤人言。【略】太和元年五月，自淮南入覲，進大小銀盌三千四百枚，綾絹二十萬匹。六月，拜尚書左僕射同平章事，領使如故。

又　卷一七〇《裴度傳》　（憲宗）其浚龍首渠，起凝暉殿，雕飾綺煥，徙佛寺花木，以植于庭。有程异、皇甫鎛者，姦纖用事。二人領度支鹽鐵，數貢羨餘錢，助帝營造。帝又以异、鎛平蔡時供饋不乏，二人並命，拜同平章事。度延英面論曰：『程异、皇甫鎛，錢穀吏耳，非代天理物之器也。陛下徇耳目之欲，拔置相位，天下人騰口掉舌，以為不可。於陛下無益，願徐思其宜。』帝不省納。度三上疏論之，請罷己相位，上都不省。

又　卷一七四《李德裕傳》　昭愍皇帝童年纘曆，頗事奢靡。即位之年七月，詔浙西造銀盝子粧具二十事進內。德裕奏曰：『臣百生多幸，獲遇昌期，受寄名藩，常憂曠職，孜孜夙夜，上報國恩。數年已來，災旱相繼，罄竭微慮，粗免流亡，物力之間，尚未完復。臣伏準今年三月三日赦文，常貢之外，不令進獻。此則陛下至聖至明，細微洞照，一恐聚斂之吏緣以成姦，一恐凋瘵之人不勝其弊，上弘儉約之德，下敷惻隱之心，萬國羣甿，鼓舞未息。昨奉五月二十三日詔書，令訪茅山真隱，將欲師處謙守約之道，發務實去華之美，雖無人上塞丹詔，實率土已偃玄風。豈止微臣，獨懷抃賀！況進獻之事，臣子常心，雖有敕文不許，亦合竭力上貢。唯臣當道，素號富饒，近年已來，比舊即異。貞元中，李錡任觀察使日，職兼鹽鐵，百姓除隨貫出榷酒錢外，更置官酤，兩重納榷，獲利至厚。又訪聞當時進奉，亦兼用鹽鐵羨餘，貢獻繁多，自後莫及。至薛苹任觀察使時，又奏置榷酒，上供之外，頗有餘財，軍用之間，實為優足。自元和十四年七月三日敕，却停榷酤。又準元和十五年五月七日赦文，諸州羨餘，不令送使，唯有留使錢五十萬貫。每年支用，猶欠十三萬貫。不足常須，是事節儉，百計補填，經費之中，未免懸欠。至於綾紗等物，猶是本州所出，易於方圓，金銀不出當州，皆須外處迴市。去二月中奉宣，令進盝子，計用銀九千四百餘兩。其時貯備，都無二三百兩，乃諸頭收市，方獲制造上供。昨又奉宣旨，令進粧具二十件，計用銀一萬三千兩，金一百三十兩。尋令併合四節進奉金銀，造成兩具進納。訖今差人於淮南收買，旋到旋造，星夜不輟。雖力營求，深憂不迨。臣若因循不奏，則負陛下任使之恩；若分外誅求，又累陛下慈儉之德。伏乞陛下覽前件榷酤及諸州羨餘之目，則知臣軍用偏短，本末有由。伏料陛下見臣奏論，必賜詳悉，知臣竭愛君守事之節，盡納忠罄直之心。伏乞聖慈，宣令宰臣商議，何以遣臣上不違宣索，下不闕軍儲，不困疲人，不斂物怨。前後詔敕，並可遵承。輒冒宸嚴，不勝戰汗之至。』時準赦不許進獻，踰月之後，徵貢之使道路相繼，故德裕因訴而諷之。事奏不報。

又詔進可幅盤條繚綾一千匹。德裕又論曰：『臣昨緣宣索，已具軍資歲計及近年物力聞奏，伏料聖慈必垂省覽。又奉詔旨，令織定羅紗袍段及可幅盤條繚綾一千匹。伏讀詔書，倍增惶灼。臣伏見太宗朝，臺使至涼州，見名鷹，諷李大亮獻之。大亮密表陳誠，太宗賜詔云，使遣獻之，遂不曲順，再三嘉歎，載在史書。又玄宗命中使於江南，採鵁鶄諸鳥，汴州刺史倪若水陳論，玄宗亦賜詔嘉納，其鳥即時皆放。又令皇甫詢於益州織半臂背子、琵琶扞撥、鏤牙合子等，蘇頲不奉詔書，輒自停織。太宗、玄宗皆不加罪，欣納所陳。臣竊以鵁鶄、鏤牙，至為微細，若水等尚以勞人損德，瀝款效忠。當聖祖之朝，有臣如此，豈明王之代，獨無其人？蓋有位者蔽而不言，必非陛下拒而不納。又伏覩四月二十三日德音云：「方、召侯伯，有位之士，無或棄吾，謂不可教。其有違道傷理，徇欲懷安，面刺廷攻，無有隱諱。」則是陛下納誨從善，道光祖宗，不盡忠規，過在臣下。況玄鵝天馬、掬豹盤條，文彩珍奇，只合聖躬自服。今所織千匹，費用至多。在臣愚誠，亦所未諭。昔漢文帝衣弋綈之衣，元帝罷輕纖之服，仁德慈儉，至今稱之。伏乞陛下，近覽太宗、玄宗之容納，遠思漢文、孝元之恭己，以臣前表，宣示羣臣，酌臣當道物力所宜，更賜節減，則海隅蒼生，無不受賜。臣不勝懇切兢惶之至。』優詔報之，其繚綾罷進。

宋·王溥《唐會要》卷五八《戶部侍郎》　開成元年，湖南觀察使盧周仁進羨餘錢十萬貫，戶部侍郎歸融奏曰：『天下一家，何非君土？中外財賦，皆陛下府庫也。周仁輒陳小利，妄說異端，言南方火災，恐成灰燼，進于京國，如徇私恩。臣恐天下倣傚，以羨餘為名，刻剝生民。其所進錢，請還湖南，代貧戶租稅。』

又　卷五九《度支使》　（建中元年）其年八月，宰相楊炎論奏曰：『夫財賦，邦國之大本，生人之喉命，天下治亂輕重皆由焉。是以前代歷選重臣主之，猶懼不集，往往覆敗，大計一失，則天下搖矣。先朝權制，內臣領其職，以五尺宦豎操邦國之本，豐儉盈虛，雖大臣不得知，無以計天下利害。臣愚，待罪宰輔。陛下至德，惟民是恤，參校蠹弊，無斯之甚。請出之以歸有司，然後可以議政。』上然之，詔：『今後財賦皆歸左藏庫，一用舊式，每歲量進三五十萬入大盈，而度支先以全數聞奏。』初，國家舊制，天下財賦皆納於左藏庫，而太府四時以聞奏，尚書比部覆其出入，上下相轄，無甚失誤。及第五琦為度支、鹽鐵使，時京師多豪將，求取無節，琦不能禁，乃悉以租賦進入大盈內庫，以中人主之意。天子以取給為便，故不復出。是以天下公賦，為人君私積，有司不得窺其多少，國用不能計其贏縮，迨二十年。中官以冗名持簿書，領其事者三百人，皆奉給其間，連結根固不可動。及炎作相，片言復之，中外稱美焉。

【略】

永貞元年八月，度支使奏：『當司別貯庫，往年裴延齡領使務，始奏置之，只將正庫物，減充別貯，唯是虛言，更無實益，又創置官典守等，不免加彼料糧，伏請併入正庫，庶事且費省。』從之。

又　卷八八《鹽鐵》　（貞元）二十一年二月，停鹽鐵使月進舊錢。總悉入正庫，以助經費，而主此務者，稍以時市珍玩時新物充進獻，以求恩澤。其後益甚，歲進錢物，謂之羨餘，而經入益少。及貞元末，遂月獻焉，謂之『月進』。及是而罷。

《新唐書》卷五一《食貨志一》　天子驕於佚樂，而用不知節。大抵用物之數，常過其所入。於是錢穀之臣，始事朘刻。太府卿楊崇禮句剝分銖，有欠折漬損者，州縣督選，歷年不止。其子慎矜專知太府，次子慎名知京倉，亦以苛刻結主恩。王鉷為戶口色役使，歲進錢百億萬緡，非租庸正額者，積百寶大盈庫，以供天子燕私。【略】

故事，天下財賦歸左藏，而太府以時上其數，尚書比部覆其出入。是時，京師豪將假取不能禁，第五琦為度支鹽鐵使，請皆歸大盈庫，供天子給賜，主以中官。自是天下之財為人君私藏，有司不得程其多少。【略】（代宗）性儉約，身所御衣，必浣染至再三，欲以先天下。然生日、端午、四方貢獻至數千萬者，加以恩澤，而諸道尚侈麗以自媚。

又 卷五二《食貨志二》 初，德宗居奉天，儲畜空窘，嘗遣卒視賊，以苦寒乞襦袴，帝不能致，剔親王帶金而鬻之。朱泚既平，於是帝屬意聚斂，常賦之外，進奉不息。劍南西川節度使韋皐有日進，江西觀察使李兼有月進，淮南節度使杜亞、宣歙觀察使劉贊、鎮海節度使王緯、李錡，皆徼射恩澤，以常賦入貢，名為『羨餘』。至代易又有『進奉』。當是時，戶部錢物，所在州府及巡院皆得擅留，或矯密旨加斂，讁官吏，刻祿稟，增稅通津、死人及蔬果。凡代易進奉，取於稅入，十獻二三，無敢問者。常州刺史裴肅鬻薪炭案紙為進奉，得遷浙東觀察使。刺史進奉，自肅始也。劉贊卒于宣州，其判官嚴綬傾軍府為進奉，召為刑部員外郎。判官進奉，自綬始也。自裴延齡用事，益為天子積私財，而生民重困。延齡死，而人相賀。

是時宮中取物於市，以中官為宮市使，兩市置『白望』數十百人，以鹽估敝衣、絹帛，尺寸分裂酬其直。又索進奉門戶及脚價錢，有齎物入市而空歸者。每中官出，沽漿賣餅之家皆徹肆塞門。諫官、御史數上疏諫，不聽，人不堪其弊。戶部侍郎蘇弁言：『京師游手數千萬家，無生業者仰宮市以活，奈何罷？』帝悅，以為然。京兆尹韋湊奏：『小人因宮市為姦，眞偽難辨。宜下府縣供送。』帝許之。中官言百姓賴宮市以養者也，湊反得罪。

順宗即位，乃罷宮市使及鹽鐵使月進。憲宗又罷除官受代進奉及諸道兩稅外榷率，分天下之賦以為三：一曰上供，二曰送使，三曰留州。宰相裴垍又令諸道節度、觀察調費取於所治州，不足則取於屬州，而屬州送使之餘與其上供者，皆輸度支。

是時因德宗府庫之積，頗約費用，天子身服澣濯。及劉闢、李錡既平，訾藏皆入內庫。山南東道節度使于頔、河東節度使王鍔進獻甚厚。翰林學士李絳嘗諫曰：『方鎮進獻，因緣為姦，以侵百姓，非聖政所宜。』帝喟然曰：『誠知非至德事，然兩河中夏貢賦之地，朝覲久廢，河湟陷沒，烽候列於郊甸，方刷祖宗之恥，不忍重斂於人也。』然獨不知進獻之取於人者重矣。

又 卷一三四《王鉷傳》 帝在位久，妃御服玩脂澤之費日侈，而橫與別賜，不絕于時，重取於左右藏。故鉷迎帝旨，歲進錢鉅億萬，儲禁中，以為歲租外物，供天子私帑。帝以鉷有富國術，寵遇益厚。

又 卷一四五《楊炎傳》 舊制，天下財賦，皆入左藏庫，而太府四時以數聞，尚書比部覆出納，舉無干欺。及第五琦為度支鹽鐵使，京師豪將求取無節，琦不能禁，乃悉租賦進大盈內庫。天子以給取為便，故不復出。自是天下公賦爲人君私藏，有司不得計贏少，而宦官以冗名持簿者三百人，奉給其間，根柢連結不可動。及炎爲相，言於帝曰：『財賦者，邦國大本而生人之喉命。天下治亂重輕繫焉。先朝權制，以中人領其職。五尺宦豎操邦之柄，豐儉盈虛，雖大臣不得知，則無以計天下利害。陛下至德，惟人是恤，參計敝蠹，莫與斯甚。臣請出之，以歸有司，度宮中經費一歲幾何，量數奉入，不敢以闕。如此，然後可以議政。惟陛下審察。』帝從之，乃詔歲中裁取以入大盈度支具數先聞。

又 卷一五七《陸贄傳》 始帝播遷，府藏委棄，衛兵無褚衣。至是，天下貢奉稍至，乃於行在夾廡，署『瓊林』、『大盈』二庫，別藏貢物。

又 卷一七七《錢徽傳》 憲宗嘗獨召徽，從容言它學士皆高選，宜預聞機密，廣參決，帝稱其長者。是時內積財，圖復河湟，然禁無名貢獻，而至者不甚却。徽懇諫，罷之。帝密戒後有獻，毋入右銀臺門，以避學士。

又 卷一八〇《李德裕傳》 敬宗立，侈用無度，詔浙西上脂盝妝具。德裕奏：『比年旱災，物力未完，乃三月壬子赦令，常貢之外，悉罷進獻。此陛下恐聚斂之吏緣以成姦，彫寠之人不勝其敝也。本道素號富饒，更李錡、薛苹皆榷酒於民，供有羨財。元和詔書，停榷酤。又赦令禁諸州羨餘，無送使。今存者，惟留使錢五十萬緡，率歲經費，常少十三萬。軍用褊急，今所須脂盝妝具，度用銀二萬三千兩，金百三十兩。物非土產，雖力營索，尚恐不逮。願詔宰相議，何以俾臣不違詔旨，不乏軍興，不疲人，不歛怨，則前敕後詔，咸可遵承。』不報。方是時，罷進獻不閱月，而求貢使者足相接于道，故德裕推一以諷它。

又詔索盤條繚綾千匹，復奏言：『太宗時，使至涼州，見名鷹，諷李大亮獻之，大亮諫止，賜詔嘉歎。玄宗時，使者抵江南，捕鵁鶄、翠鳥，汴州刺史倪若水言之，即見褒納。皇甫詢織半臂，造琵琶捍撥、鏤牙筩於益州，蘇頲不奉詔，帝不加罪。夫鵁鶄、鏤牙，微物也。二三臣尚以勞人損德為言，豈二祖有臣如此，今獨無之？蓋有位者蔽而不聞，非陛下拒不納也。且立鵝天馬、盤條掬豹，文彩怪麗，惟乘輿當御。今廣用千匹，臣所未諭。昔漢文身衣弋綈，元帝罷輕纖服，故仁德慈儉，至今稱之。願陛下師二祖容納，遠思漢家恭約，裁賜節減，則海隅蒼生，畢受賜矣。』優詔為停。

又　卷二二五中《逆臣傳・朱泚》　李希烈圍哥舒曜於襄城，詔涇原節度使姚令言督鎮兵五千東救曜。過闕下，師次滻水，京兆尹王翃使吏供軍糲飯菜肴，衆怒不肯食。羣譟曰：『吾等棄父母妻子，前死敵而乃食此，庸能持身蹈白刃耶？今瓊林、大盈，庫寶貨如山。尚何往？』乃盡甲反旗而鼓。帝聞，命中人持賜往，人二縑。士愈悖，射中人，中人反走。

宋・司馬光《資治通鑑》卷二三三《唐紀四十九・德宗神武聖文皇帝八》　（貞元四年）二月，元友直運淮南錢帛二十萬至長安，李泌悉輸之大盈庫。然上猶數有宣索，仍敕諸道勿令宰相知。泌聞之，惆悵而不敢言。

又　卷二四九《唐紀六十五・宣宗元聖至明成武獻文睿智章仁神聰懿道大孝皇帝下》　（大中十二年七月）丁卯，右補闕、內供奉張潛上疏，以為藩府代移之際，皆奏倉庫蓄積之數，以羨餘多為課績，朝廷亦因而甄奬。竊惟藩府財賦，所出有常，苟非賦歛過差及停廢將士，減削衣糧，則羨餘何從而致？比來南方諸鎮，數有不寧，皆此故也。一朝有變，所蓄之財悉遭剽掠，又發兵致討，費用百倍。然則朝廷竟有何利？乞自今藩府長吏，不增賦歛，不減糧賜，獨節遊宴、省浮費能致羨餘者，然後賞之。上嘉納之。

又　卷二七三《後唐紀二・莊宗光聖神閔孝皇帝中》　（同光二年）二月己巳朔，上祀南郊，大赦。孔謙欲聚歛以求媚，凡赦文所蠲者，謙復徵之。自是每有詔令，人皆不信，百姓愁怨。郭崇韜初至汴洛，頗受藩鎮餽遺，所親或諫之，崇韜曰：『吾位兼將相，祿賜巨萬，豈藉外財？但以偽梁之季，賄賂成風。今河南藩鎮，皆梁之舊臣，主上之仇讎也。若拒其意，能無懼乎？吾特為國家藏之私室耳。』及將祀南郊，崇韜首獻勞軍錢十萬緡。先是，宦官勸帝分天下財賦為內、外府：州縣上供者入外府，充經費；方鎮貢獻者入內府，充宴遊及給賜左右。於是外府常虛竭無餘，而內府山積。及有司辦郊祀，乏勞軍錢，崇韜言於上曰：『臣已傾家所有，以助大禮。願陛下亦出內府之財，以助有司。』上默然久之，曰：『吾晉陽自有儲積，可令租庸輦取以相助。』於是取李繼韜私第金帛數十萬以益之。軍士皆不滿望，始怨恨，有離心矣。

《舊五代史》卷三四《唐書・莊宗紀八》　（同光四年三月）壬戌，宰臣豆盧革率百官上表，以魏博軍變，請出內府金帛，優給將士。不報。時知星者上言，客星犯天庫，宜散府藏；又云流星犯天棓，主御前，有急兵。帝召宰臣於便殿，皇后出宮中粧奩銀盆各二幷皇子滿哥三人，謂宰臣曰：『外人謂內府金寶無數，向者諸侯貢獻，旋供賜與。今宮中有者，粧奩、嬰孺而已。可鬻之給軍。』革等惶恐而退。

又　卷一〇四《漢書・高祖李皇后傳》　高祖建義于太原，欲行頒賚于軍士，以公帑不足，議率井邑，助成其事。后聞而諫曰：『自晉高祖建義，及國家興運，雖出于天意，亦土地人民，福力同致耳。未能惠其衆而欲奪其財，非新天子卹隱之理也。今後宮所積，宜悉以散之。設使不厚，人無怨言。』高祖改容曰：『敬聞命矣。』遂停歛貸之命。后傾內府以助之，中外聞者無不感悅。

《新五代史》卷六四《後蜀世家第四》　已而唐兵破蜀，莊宗遂以知祥為成都尹、劍南西川節度副大使。知祥馳至京師，莊宗戒有司盛供帳，多出內府珍奇諸物，以宴勞之。

宋・王欽若等《册府元龜》卷一九七《閏位部・納貢獻》　梁太祖開平元年五月壬午，保義軍節度使朱友謙進百官衣二百副。其月，廣州進奇寶名藥，品類甚多。河南尹張全義進開平元年已前羨餘錢十萬貫、紬六千疋、綿三十萬兩，仍請每年上供定額，每歲貢絹三萬疋，以為常式。荊南高季昌進瑞橘數十顆，質狀百味，倍勝常貢，且橘當冬熟，今方仲夏，時人咸異其事，因稱為瑞。

十月，廣州進獻助軍錢二十萬，又進龍腦、腰帶、珍珠枕、玳瑁、香藥等。

十一月，廣州進龍形通犀腰帶、金托裏含棱玳瑁器百餘副，香藥珍巧甚多。

二年正月，幽州劉守文進海東鷹鶻、蕃馬、氈罽方物。

九月，福州貢玳瑁、琉璃、犀象器並珍玩香藥、奇品海味，色類良多，價累千萬。

十一月，諸道節度刺史各進賀冬田器、鞍馬、綾羅等。

三年四月，幽州節度使劉守光進蕃中生異馬一匹，鞍後毛長五寸，名烏龍。兩浙節度使錢鏐進睦州大茶三百一十籠、洞牙弩百枝、桐木槍二千條，賜進奉使紀君武銀帛有差。是年冬，諸道節度使、刺史咸貢鞍馬、銀絹、羅綺賀正。

四年五月，自朔旦至癸巳，內外以午日奉獻巨萬，計馬三千蹄，餘稱是。【略】

七月，福州貢方物，獻桐皮扇。廣州貢犀玉，獻船上薔薇水。

十月己卯，新修天驥院，帝開宴落成，內外並獻馬，而魏博進絹四萬疋，以為駔價。

乾化元年，兩浙進大方茶二萬斤、琢畫宮衣五百副。廣州貢犀象奇珍及金銀等，其估數千萬。安南兩使留後曲美進筒中蕉五百疋、龍腦、郁金各五瓶，他海貨等有差。又進南蠻通好金器六物、銀器十二並乾陀綾花、越毛等雜織奇巧者各三十件。【略】

二年四月，廣州獻金銀、犀牙雜寶貨及名香等，合估數千萬。是月，客省引進使韋堅使廣州回，以銀、茶上獻，其估凡五百餘萬。福建進供御金花銀器一百件，各五千兩。

又 卷一六九《帝王部·納貢獻》 後唐莊宗同光元年十一月，偽永平軍節度使張筠遣其弟鑊，進馬三十匹，銀二千兩，御衣千段。【略】

二年正月，鳳翔節度使李茂貞進龍鳳玉帶。是月，涇原節度使李曮進寶裝針珥錦綵於皇后宮，及河南尹張全義諸藩鎮進暖殿物，貢羊馬等。【略】

三月，淮南楊溥遣其右威衛上將軍許確進賀郊天銀二千兩，錦綺羅一千二百疋，細茶五百斤，象牙四株，犀角十株。

五月，故秦王李茂貞遣使王修進遺留禮物水晶鞍、盤龍玉帶、馬瑙酒盃、翡翠爵、琉璃瓶、玳瑁唾盂、銀蓮花座珊瑚樹一株、軍器、繒絲錦等。

九月，兩浙錢鏐遣使錢詢貢方物銀器、越綾、吳綾、越絹、龍鳳衣、絲鞋屐子，進萬壽節金器盤、龍鳳錦織成紅羅縠袍襖衫段、五色長連衣段、綾絹金稜、祕色甆器、銀裝花櫚木厨子、金排方盤、龍帶御衣、白龍瑙、紅地龍鳳錦被、紅藤龍鳳箱等。

十月，湖南進羅浮柑子。福建節度使王審知進萬壽節幷賀皇太后到京金銀、象牙、犀珠、香藥、金裝寶帶、錦文織成菩薩幡等。

是月，湖南馬殷進萬壽節銀、龍鳳陷花漆浴斛一、盤龍御衣、龍鳳蹙金鞾腰、龍鳳裝箭箙、龍鳳朱背弓、紅絲弦、金鍍頭箭、銀千兩。又安義孔勍進寶裝酒器。

十二月，淮南吳國主楊溥遣使王權進賀正金花銀器、錦絲千段、御衣、金器洎太后禮物。

三年二月，桂州馬賨貢方物。【略】

五月，吳越王錢鏐獻孔雀二。又淮南吳越國主遣使王浩獻重午物銀、錦紗縠、細茶簟扇、龍鳳紗紋厨。諸州府各貢端午物。

九月，徐州進九鍊神鋼刀、劍各一。

十月，兩浙錢鏐留後錢元瓘、蘇州節度錢元璙各貢進金銀、錦綺數千件、御服犀帶、九經書史、《漢》、《唐書》共四百二十三卷。

四年正月，【略】兩浙錢鏐貢佛頭螺子青一、山螺子青十、婆薩石蟹子四、空青四，其表不題。

又沙州節度使曹義全進謝賜旌節官誥玉鞍馬二、玉團硇砂散、玉鞍轡鉸具、安西白氎、胡錦、雄黃、波斯國紅地松樹、毦褐、胡桐、淚金、星舉、大鵬沙。

二月，沙州曹義全進和市馬百匹、羚羊角、硇砂、氂牛尾，又進皇后白玉符、金青符、白玉獅子指環、金剛杵。瓜州刺史慕容歸盈貢馬。

明宗天成元年五月，西都知府張籛進魏王繼岌打毬馬七十二匹。

【略】

（十一月）淮南偽吴主楊溥遣使魯思鄖來賀帝登極，持銀千兩、金百兩、綾一千二百疋、茶三百觔，受之。

二年四月，吴主楊溥差右威衛將軍雷峴進銀千兩、綾羅錦綺千疋，修重午之禮。

九月，潞王從珂鎮河中，進青氊帳一頂，制度極廣，幷隨帳諸物並金銀裝、雕鏤龍鳳，甚有奇功。帝嘉賞之。【略】

十一月，福建節度使王延鈞進犀牙、香藥、海味等。

三年五月，西川進助大禮錢五千萬、白熟布十萬疋。十月前北京皇城使李繼中弟姪三人，進馬二百五十匹、金器八百兩、銀萬兩，家機錦百疋、白羅三百疋、綾三千疋、絹三千疋。【略】

十一月，安重誨以生辰諸處人事得馬五十匹，進充内廐。【略】

（四年）五月甲午，東川進助南郊錢十萬貫。

八月乙丑，兩浙錢鏐使袁韜進銀五千兩、茶二萬七千斤，謝恩加其諸子官。

十月戊戌，福建王延鈞進謝恩銀器六千五百兩、金器一百兩、錦綺羅共三千疋幷犀牙、玳瑁、真珠、龍腦、笏扇、白氎、紅氎、香藥等，又進謝恩進封母為魯國太夫人銀四千五百兩、茶蕉、海蛤、通㮿箭等。

長興元年五月，靈武進野駞峰二枚。

十月，福建王延鈞進賀郊禮畢銀七千兩及蕉牙、香藥、金器百兩。

【略】

四年十月己巳，夏州李彝超進馬五十匹。是月，前秦州節度使劉仲殷受代歸京，獻馬七十匹。

廢帝清泰元年五月壬戌，平盧軍節度使房知温來朝及與諸將歸鎮，宴于長春殿，始奏樂。知温獻奉數萬計。

七月辛丑，前邠州節度使康福入朝，獻金龍鞍勒馬十一匹。

九月辛酉，兩浙錢元瓘獻銀五千兩、綾絹五千疋。又元瓘弟蘇州中吴軍節度使元球及諸弟領安南桂廣節度使元球等四人，共貢銀七千兩，綾絹七千疋。【略】

二年九月甲寅，兩浙貢茶香、綾絹三萬六千計。是月，杭州錢元瓘進銀、綾絹各五千兩疋，錦綺五百連，金花食器二千兩，金稜祕色磁器二百事。是年，静海軍節度使錢元珦、中吴軍錢元球，各貢銀、綾羅、器物等。

十月己巳，鎮州董温琪獻御服羅錦絹三百疋、銀一千兩。非禮也，言貢奉可也。

十一月乙未，前靈武節度使張希崇入朝，獻馬五十匹、玉團隴右地圖、斜褐、氂牛尾、野馬皮、拒霜菜。

晉高祖天福二年二月【略】丁酉，故青州節度使房知温子彦儒進絹一萬疋。四月戊子，房彦儒又進絹五千疋。

己酉，秦州康福進戰馬十匹，供御馬一匹、玉鞍轡一副。是年，幽州趙思温進端午鞍馬器四、縑帛等物。是年，襄州安從進進謝恩加官絹一千疋、金一千兩、銀一千兩、犀三株、牙一株。

九月，鎮州安重榮進馬三十匹。

十月，宋州趙在禮進織成龍鳳紅錦煖帳一副。是月，吴越王錢元瓘進銀五千兩、絹四千疋、吴越異紋綾一千疋、羅二百疋，又進金帶御衣、雜寶、茶器、金銀裝創幷細紅甲寶裝、弓箭弩等，又進雜細香藥一千斤、牙五株、真珠二十斤、茶五萬斤。

十一月甲寅，前涇州李德充進戰馬三十匹、犛牛四頭。

丁巳，襄州安從進進絹一千疋、馬二十匹。

十二月丙申，宋州趙在禮進助國絹三千疋。

辛丑，湖南馬希範進銀二千兩，賀日南至。乙丑，又進金漆柏木銀裝起突龍鳳茶床、椅子、踏床子、紅羅金銀錦繡褥、紅絲網子，又進金銀、玳瑁、白檀香器四及銀結條假果花樹、龍鳳鑾書鼓等物，又進含膏桃源洞白茅、百靈藤、渠江南嶽紫蓋峰、白雲洞清花等茶，又進蟬翼鍾乳乳頭香、石亭脂木瓜丸一萬顆。帝覽之，謂侍臣曰：『奇巧蕩心，斯何用耳。藥茗可進而丸可食乎？但地僻海曲，習以成風，來遠之道，遽止為難。宜令所司與收。』

三年正月壬戌，昭義軍杜重威進助國馬二十匹、銀五百兩、玉帶五條。

五月己巳，招討使楊光遠進謝恩加官馬十匹、絹一千疋、銀器一千兩。

六月丁丑，鄆州安審琦進謝恩加官馬十匹、銀五百兩、絲一千兩、絹五百疋。

丁亥，河中安審信進謝恩加官馬三十匹。

壬寅，荆南節度使高從誨進謝恩加官馬二十匹、銀二千兩。

甲辰，陝府李從敏進謝恩加官馬十匹、錢一萬貫。

是月，北京留守安彥威進加官馬一十匹、錢三千貫。

七月庚戌，西京留守李周進謝恩加官馬一十匹、銀二千兩。鎮州安重榮進謝恩加官馬十匹、絹二千疋。

八月丁丑，秦州節度使康福進謝恩加官銀五百兩，馬三十匹。

乙未，鳳翔李從曮進謝恩册授秦王馬五十匹。

九月乙丑，鄆州安審琦進添都馬五十匹，徐州萇從簡直進馬三十匹，又亳州團練使郎萬全直進馬二十五匹。

丁丑，滄州馬全節進御衣、織成紅錦床褥、雜色綾一千疋、綿五千兩。

十月乙亥，福建節度使王繼恭進奉天和節並賀冬端午銀共五十兩。是月，王繼恭又進金器六事二百兩、金花細縷銀器三千兩、真珠二十斤、犀三十株、銀裝交床五十副、牙二十株，又進大茶八十斤、香藥一萬斤、朱笴銀纓槍二百條、通節箭笴三萬莖，又進五色桐皮扇子、海蛤靨靴、細蕉藥、木瓜等物。

丁丑，范延光差男守節、守嚴等進謝恩，累差使臣安撫馬三十匹、銀一千兩、絹三十二疋。

乙酉，青州王建立進謝恩賜册禮銀器一千兩、繒帛二十疋。

丙戌，兩浙錢元瓘進謝恩除天下兵馬副元帥、吴越國王金器五百兩、銀一萬兩、吴越異紋綾八千疋、金條紗三千疋、絹二萬疋、綿九萬兩、大茶、腦源茶共六萬四千斤，又進大排方通犀瑞象腰帶。

戊子，前鄆州安審琦進絹三千疋、絲萬兩。兩浙錢元瓘又進真珠二十斤、牙三十株、乾姜五萬斤、蘇木五萬斤、雜香五十斤。

辛卯，宋州趙在禮進助國錢二萬貫。

丙申，魏府楊光遠進謝恩允臣朝覲馬三匹、絹一千疋、玉腰帶、金酒器等，又進謝恩賜旌節官誥馬五匹、絹一千疋、銀器三百兩。新授晉昌安審琦進謝恩賜旌節官誥馬二匹、絹一千疋，又進請開内宴金腰帶一條、絲一萬兩、樂官絹二百疋。

壬寅，徐州萇從簡進錢一千貫、絹一千疋。是月，鎮州安重榮進錢一萬貫。

十一月乙巳，鄆州范延光來朝，進馬三千匹、絹二千疋、銀二千兩。

丙午，又進請開内宴絹一千疋、伶官絹二百疋。定州皇甫遇進絹三千疋。

丁未，范延光又進絲十萬兩。耀州團練使安元信進添都馬二十五匹。

甲寅，新授西京留守楊光遠進謝恩馬三十匹、銀器三百兩、絹一千疋。

丁巳，鄴都副留守、太子太師致仕范延光進謝恩馬十匹、絹一千疋、玉腰帶一條、金匣盛金酒器一副。

壬申，前西京留守高行周進絹一千疋，馬十匹。

十二月己卯，新授鄴都留守高行周進謝恩馬十匹、絹一千疋、銀器三百兩、内宴錢一萬貫。

乙酉，湖南馬希範進御輦一乘、金漆柏木鏤金花板、銀裝真珠、車渠紅絲網囊，又進謝恩除江南諸道都統絹二千疋，又進謝改功臣加食邑銀、鈔羅四十面、重二千兩，又進土絹、土絁、吉貝布共三千疋，謝恩放免逐年三十五萬茶稅，又進麩金五十兩。

五年二月戊申，湖南進卧輦一乘、御衣一襲與鳳文之靴、龍玉之帶。

六年八月甲寅，湖南遣使進金銀器及方物。

十月己丑，吴越王錢元瓘進金帶一條、金器三百兩、銀八千兩、綾三千疋、絹二萬疋、金條紗五百疋、綿五萬兩、茶三萬斤，謝恩加守尚書令。辛卯，又進象牙、諸色香藥、軍器、金裝茶床、金銀稜甆器、細茶、法酒事件萬餘。

甲午，湖南貢諸色香藥、蠟面含膏茶。

壬子，福州王延羲遣使進銀四千兩、象牙二十株、葛五十疋、乾薑、蕉乳香、沉香、玳瑁諸物，謝恩加官。别進端午節銀一千兩、細葛二十疋、海蛤、靴栽、扇子等物，又進茶五千斤。福建、兩浙、隔閡淮南，陸

道不通，歲以海船来往，風濤無常，故凡節度申貢，或先時或不及時也。【略】

（十一月）壬申，荆南遣使進金器一百兩、御衣段羅綾絹一百五十疋、白龍腦香二斤、九鍊純鋼金花手劍二口，謝恩賜御馬，別進賀冬至銀五百兩。【略】

丁酉，湖南遣使獻吉貝等三千疋、白蠟一萬斤、朱砂五百斤并諸香藥五千餘斤，別進漆萬餘事。

七年三月戊寅，涇州節度使張彦澤到闕，進朝見謝恩馬九匹，又進馬五十匹并銀鞍轡、黑漆銀錢子馬面人、鐵甲弓箭袋、渾銀裝劍共五十副，又進駱駞二十頭。己卯，又進馬五十匹、供御金鍍銀鞍轡一副。庚辰，又進馬五十匹、金鞍轡、全人馬甲、弓箭各五十副。彦澤在前任，擅討吐蕃部族，為其所敗，遂括境内馬千餘匹，以補其數。至是，頻有是獻。

四月己巳，新授龍武軍大將軍張彦澤進謝恩馬十匹。

五月甲申朔，荆南遣使進賀端午白金、茜緋、簟扇等物。

少帝以天福七年七月即位。十一月，兩浙錢弘佐遣使進鋌銀五千兩、絹五千疋、絲一萬兩，謝恩封吳越國王，又貢細甲弓弩箭、扇子等，又貢蘇木二萬斤、乾薑三萬斤、茶二萬五千斤及祕色甆器、鞋履、細酒糟薑、細紙等。回鶻托都督已下，進硇砂千八百斤、犛牛尾一千斤、白布一萬疋、斜褐一百段、玉梳、玉裝、刀子等物。

十二月，福建王延羲遣使進鋌銀二千兩、花鼓六面，謝降恩命。又進象牙十株、紅蕉二百疋、蟬紗二百疋、餅香、沉香、煎香共六百斤、胡椒六百斤、肉豆蔻三百斤、箭幹二萬隻，謝賜國信。又進鋌銀四千兩，貢蕉二十疋、海蛤十斤、扇子、靴裁具等，充端午、天和節、正冬獻賀。又直進鋌銀一千兩、葛一萬疋、細蕉二百疋、粉薑五千斤、象牙十株、蠟面茶二百斤、大茶五千斤。【略】

八年十月，鎮州節度使杜重威直進馬五十匹。【略】

開運二年十月，湖南進供御細絹六千疋、衣着白羅一百疋、筒卷白羅十疋、錦綺褥面十牀、錦綺背十合。淮南進羅縠一百疋，謝恩賜御馬。

三年九月，前青州防禦使翟光業進絹一千疋、綿三千兩、絲七千兩。

十月，河府侯益進馬五十匹。是月，陝府焦繼勳進馬四十匹、絹一千疋。是月，華州安審信進馬四十匹，太子太師致仕劉景巖進馬三十匹，鳳翔李從儼進馬四十匹。

十月，兩浙錢弘佐進謝恩授守太尉册命銀五千兩、綾五千疋、絹一萬疋，又茶一萬八百斤、腦源茶三萬四千斤，又進乳香、黄散香共一千斤，又進乾薑三萬斤、蘇木三萬斤、箭笴一萬莖、諸色戎仗等物，又進啓聖節金大排方座龍腰帶一條、御衣一襲十六事、金花銀器一千五百兩、御服錦綺綾羅五百疋。

漢高祖天福十二年，荆南高從誨賀登極，進金花銀器一千兩、異紋綺錦、法錦三百疋、筒卷白羅二百疋、白花羅一百疋、絨毛暖座兩枚、九鍊純鋼手刀一口。

乾祐元年六月壬寅，高從誨貢金器二百兩、銀器千兩、細綿五十疋、繡錦六銖五十段、羅二百疋、龍腦二斤，以首過自新，故書。

十月丁酉，湖南馬希廣貢除夜遊春圖、女俠畫障、真珠枕及端午金銀彫裝物色。帝年未及冠，服玩好奢，嘗為七寶枕、玉枕、玉缸缾盤之類，而湖湘貢侈物，益蕩其心。

十一月，兩浙貢茶三萬四千斤及香藥、兵仗。湖南貢茶五萬斤。

十二月癸未，史弘肇獻錢萬緡、馬二十匹，以助軍討叛。又朗州節度馬希蕚獻銀器千五百兩，降詔獎飾，仍諭之云：『所修職貢，舊有規程。念航深梯險之勞，重違卿意；在誘善勸忠之道，本實朕心。今後凡有進獻，可與希廣商量，庶叶雍和，不爽體制。』

隱帝乾祐二年九月壬寅，湖南馬希廣獻絹二萬疋、銀一萬五千兩、玳瑁寶裝龍鳳板牀、盤龍椅子、蹋牀子、銀戲龍二、銀食器六十八事、真珠花、銀果子，其銀共千兩。【略】

周太祖廣順元年正月，荆南高保融貢銀一千兩、法錦二十疋，賀登極。【略】

己未，昭義常思貢錢三十萬，賀太子鎮澶州。又直進錢二千五百貫、布二千五百疋、粟七千石。故史弘肇弟弘福貢馬五匹、綿綵五百疋，謝禮葬兄弘肇。漢末，弘肇、楊邠、王章遇害，帝葬以王禮，喪事並官給。【略】

（四月）荆南高保融貢銀二千兩，謝加恩，別進請開宴絹一千疋、金酒器重五十兩、素羅花羅花縠子各百疋、長金線絨毛暖十二。

壬子，兖州慕容彦超獻龍鳳鞍轡御馬、縑帛，賀册德妃。高保融又貢端午銀絹、青于扇等。

五月甲子，鎮州武行德來朝，獻粟二萬石。

七月，邠州侯章進馬三十匹。甲申，慕容彦超上章謝賜西京興教坊第一區、長男衙内指揮使繼勳遥領明州刺史、次男繼雲轉官，進絹千疋、絲三千兩，别進永壽節祝壽絹二千疋。

十二月，荆南獻銀五百兩，慕容彦超獻馬二匹，皆賀正也。

二年三月，鄆州高行周進助軍絹五千疋，并戎裝、器仗五百事。

【略】

五月，車駕親征兖州，次曹州。鄭孔璋獻銀射盌百雙、衣著三百疋。鄆澶宋許四鎮，各獻茶藥。

是月甲子旦，次成武。鄆州高行周自鎮來朝，貢絹三十疋及器械。【略】丙寅，次張康鎮。徐州王晏來朝，進馬七匹。戊寅，青州節度使符彦卿來朝，獻馬十三匹。己卯，又進錦綵三千疋、軍糧萬石。

六月丁亥，廻次鄆州。高行周進錢絹，請開宴，又進車駕巡幸絹五千疋、錢五百萬。戊子，宴于行宫，行周以金酒器、鞍馬為壽。辛卯，次澶濮，滑州扈彦珂來朝，王殷獻馬十匹、三千金酒器。

八月，昭義節度使常思來朝，獻絹三千疋、銀千兩、粟二萬斛、草三萬圍。

九月戊午，故高行周男、前鄆州衙内指揮使高懷德進馬五十五匹。壬戌，靈武節度使留後馮繼業獻馬百匹，謝弔祭。定州進所獲契丹馬六千一百匹。

十一月甲寅，兩浙錢弘俶遣判官貢奉御衣、犀帶、金銀裝兵仗、金銀器、綾絹、茶香、藥物、祕色甆器、鞍屐、海味、酒等。涼州申師厚進馬一百一十六匹，詔還其直。【略】

（十二月）戊子，邠州侯章罷鎮至闕，獻馬百匹、絹五千疋。【略】

（三年正月）丁卯，朗州獻茶二萬斤。【略】

二月，延州衙内指揮使高紹基獻馬四十二匹。紹基父死，擅知軍政，潛有覬望，及軍屯近鎮，故懼而獻奉。三月，又獻馬五十匹、駞三十頭、銀千兩、金器百兩。

三月，高懷德進絹三千疋、銀三千兩、金酒器六副、馬十五匹。敕賜亡父行周謚及立碑。

四月丙寅，宋州節度使常思入朝，獻縑、銀匹兩各二千五百、大絁綾五百疋。又鳳翔趙暉來朝。進馬一百一十七匹、絹五千疋、銀五千兩，賜襲金帶。又西涼府節度使牛師厚遣都知兵馬使拓跋貞美等四十九人，朝貢駞馬。又鳳翔趙暉進牽櫳官衙隊一百九十五，又進絹三千疋、金三百兩。

五月甲申，宴于廣政殿。宋州常思獻上壽金酒器，同州薛懷讓獻銀五百兩、馬五匹。

十一月乙巳，襄州安審琦獻銀萬兩，助郊祭。

乙亥，兩浙錢弘俶貢謝恩綾絹二萬八千疋、銀器六千兩、綿五萬兩、茶三萬五千斤、御衣兩襲、通犀帶、戲龍金帶、香藥、甆器、銀裝甲仗、法酒、海味等。

戊寅，涇州節度使史懿朝見，獻駞馬二百、銀千兩。

癸卯，鄭州防禦使王萬敢獻助郊祭絹二千疋。

六年六月，【略】荆南高保融進白龍腦、法錦、金酒器、紅六銖段五十、白羅、花羅、熟縠、鹿胎袴段、六銖襜面等，各一百，九鍊神鋼陷金銀刀、劍各一。【略】

世宗顯德三年二月丁亥，荆南節度使高保融進御衣金帶、九鍊純鋼手刀、弓箭等。

十一月丙辰，吴越王錢俶進銀五千兩、綾一萬疋，又進天清節金花銀器千五百兩，又御服金帶、錦綺綾羅等。

五年二月，幸揚州。壬申，吴越王錢俶進御衣犀帶、綾絹、白金、香藥等，又進供軍稻米二十萬石。

四月，吴越王錢俶進綾絹各二萬疋、銀一萬兩，稱謝恩賜國信。

閏七月癸丑，吴越王錢俶遣使朝貢，進銀五千兩、絹二萬疋、銀器三千兩、細衣段二千連，又御衣盤龍犀帶等。

八月，吴越王錢俶進銀五千兩、絹萬疋，稱賀車駕還京，又進龍船一隻、天禄船一隻，皆以白金飾之。帝幸新河亭，命宰臣及從官已下觀吴越所進龍舟，時京師庶士，觀者如堵。

十一月，吳越王錢俶進茶三萬四千八百斤、綿五萬兩及香藥、器甲等。

十二月，吳越王錢俶進銀五千兩、絹三萬疋、綿十萬兩，稱謝恩賜國信，又進賀正錢一千貫、絹一千疋。

宋·馬令《南唐書》卷五《後主書》 初，烈祖將殂，謂元宗曰：『德昌宮泉布億萬緡，以給軍用。』

又 卷二二《歸明傳·劉承勳》 遷德昌宮使。南唐自吳建國，保有江淮，籠山澤之利，帑藏頗盈。德昌宮，其外府也，金帛泉貨多在焉。禪代之後，邦國新造，而簿籍淆亂，鈎校不明。承勳由是多入私家，盜用無算。

宋·陸游《南唐書》卷一《烈祖紀》 帝臨崩，謂齊王璟曰：『德昌宮儲戎器金帛七百萬。汝守成業，宜善交鄰國，以保社稷。』

又 卷一五《劉承勳傳》 遷德昌宮使。德昌宮者，蓋南唐內帑別藏也。自吳建國，有江淮之地，比他國最為富饒，山澤之利，歲入不貲。烈祖勵以節儉，一金不妄用，其積如山。太子嘗欲一杉木作版障，有司以聞，烈祖書奏後曰：『杉木不乏，但欲作戰艦。以竹代之，可也。』然德昌宮簿煩委，無由勾校，承勳獨任其事，盜用無筭。保大後，貢奉事興，倉猝取辦，愈得以為姦利。

清·吳任臣《十國春秋》卷三〇《南唐十六·劉承勳傳》 遷德昌宮使。德昌宮者，故內帑別藏也。自楊氏建國，撫有江淮，比他國最為富饒，山澤之利，歲入不貲。烈祖勵以節儉，一金寸物不妄費，其積如山。太子常欲一杉木作版障，有司以聞，烈祖署奏後曰：『杉木不乏，但欲作戰艦。以竹代，可也。』然德昌宮簿煩委，不克盡勾校，承勳獨任其事，資用無算。保大後，貢奉日繁，愈得以為姦利。

論說

唐·陸贄《翰苑集》卷一四《奏草四·奉天請罷瓊林大盈二庫狀》

右臣聞作法於涼，其弊猶貪，作法於貪，弊將安救？示人以義，其患猶私，示人以私，患必難弭。故聖人之立教也，賤貨而尊讓，遠利而尚廉。天子不問有無，諸侯不言多少，百乘之室不畜聚斂之臣。夫豈皆能忘其欲賄之心哉？誠懼賄之生人心而開禍端，傷風教而亂邦家耳。是以務鳩斂而厚其帑櫝之積者，匹夫之富也。務散發而收其兆庶之心者，天子之富也。天子所作，與天同方，生之長之而不恃其為，成之收之而不私其有，付物以道，混然忘情，取之不為貪，散之不為費。以言乎體則博大，以言乎術則精微。亦何必撓廢公方，崇聚私貨，降至尊而代有司之守，辱萬乘以效匹夫之藏。虧法失人，誘姦聚怨，以斯制事，豈不過哉？

今之瓊林、大盈，自古悉無其制。傳諸耆舊之說，皆云創自開元，貴臣貪權，飾巧求媚，乃言郡邑貢、賦所用，盍各區分？稅賦當委之有司，以給經用；貢獻宜歸乎天子，以奉私求。玄宗悅之，新是二庫，蕩心侈欲，萌柢於茲。迨乎失邦，終以餌寇。《記》曰：『貨悖而入，必悖而出。』豈非其明效歟？陛下嗣位之初，務遵理道，敦行約儉，斥遠貪饕。雖內庫舊藏，未歸太府，而諸方曲獻，不入禁闈。清風肅然，海內丕變。議者咸謂漢文却馬，晉武焚裘之事，復見於當今。近以寇逆亂常，鑾輿外幸，既屬憂危之運，宜增儆勵之誠。臣昨奉使軍營，出遊行殿，忽覩右廊之下，牓列二庫之名，矍然若驚，不識所以。何則？天衢尚梗，師旅方殷，瘡痛呻吟之聲噢咻未息，忠勤戰守之效賞賚未行，而諸道貢珍，遽私別庫，萬目所視，孰能忍懷？竊揣軍情，或生觖望。試詢候館之吏，兼採道路之言，果如所虞，積憾已甚。或忿形謗讟，或醜肆謳謠，頗含思亂之情，亦有悔忠之意。是知甿俗，昏鄙識昧，高卑不可以尊極臨，而可以誠義感。頃者六師初降，百物無儲，外扞凶徒，內防危堞，晝夜不息，迨將五旬。凍餒交侵，死傷相枕，畢命同力，竟夷大艱。良以陛下不厚其身，不私其欲，絕甘以同卒伍，輟食以啗功勞。無猛制而人不攜，懷所感也；無厚賞而人不怨，悉所無也。今者攻圍已解，衣食已豐，而謠讟方興，軍情稍阻，豈不以勇夫恒性，嗜貨矜功？其患難既與之同憂，而好樂不與之同利，苟異恬默，能無怨咨？此理之常，固不足怪。

《記》曰：『財散則民聚，財聚則民散。』豈非其殷鑑歟？衆怒難任，蓄怨終泄，其患豈徒人散而已，亦將慮有構姦鼓亂、干紀而強取者焉。夫國家作事，以公共為心者，人必樂而從之；以私奉為心者，人必咈而叛之。故燕昭築金臺，天下稱其賢；殷紂作玉杯，百代傳其惡。蓋為人與為己殊也。周文之囿百里，時患其尚小；齊宣之囿四十里，時病其太大。蓋同利與專利異也。為人上者，當辨察茲理，洒濯其心，奉三無私，以壹有衆，人或不率，於是用刑。然則宣其利而禁其私，天子所恃，以理天下之具也。捨此不務而壅利行私，欲人無貪，不可得已。今茲二庫，珍幣所歸，不領度支，是行私也；不給經費，非宣利也。物情離怨，不亦宜乎！智者因危而建安，明者矯失而成德。以陛下天姿英聖，儻加之見善必遷，是將化蓄怨為銜恩，反過差為至當，促殄遺孽，永垂鴻名，易如轉規，指顧可致。然事有未可知者，但在陛下行與否耳。能則安，否則危；能則成德，否則失道。此乃必定之理也。願陛下慎之惜之。

陛下誠能近想重圍之殷憂，追戒平居之專欲，器用取給不在過豐，衣食所安必以分下，凡在二庫貨賄，盡令出賜有功，坦然布懷，與衆同欲，是後納貢，必歸有司，每獲珍華，先給軍賞，瓌異纖麗，一無上供，推赤心於其腹中，降殊恩於其望外。將卒慕陛下必信之賞，人思建功；兆庶悅陛下改過之誠，孰不歸德？如此則亂必靖，賊必平，徐駕六龍，旋復都邑，興行墜典，整緝棼綱，乘輿有舊儀，郡國有恒賦。天子之貴，豈當憂貧？是乃散其小儲而成其大儲也，損其小寶而固其大寶也。舉一事而衆美具，行之又何疑焉？悋少失多，廉賈不處，溺近迷遠，中人所非。況乎大聖應機，固當不俟終日。不勝管窺願效之至，謹陳冒以聞。謹奏。

又　卷一七《中書奏議一·謝旨因論所宣事狀》　朝廷取之於方鎮，方鎮復取之於州，州取之於縣，縣取之於鄉，鄉將安取哉？是皆出於疲人之肝腦筋髓耳。自大盜猾夏，耗斁生人，天下常屯百萬之師，坐受衣食。農夫蠶婦凍而織，餒而耕，殫力忍死，以供十倍之賦，日日引頸，望覩昇平之化，惠恤之恩，凡四十九年矣。荐屬多故，有加無瘳。持利權、食厚祿者當憂隱忸怩，憫愧黎庶，而又交通私賄，扇起貪風，是令已困之甿，重遭過分之擾。陛下尚以為鞭靴之類，受亦無妨。若使天下納賂，唯有二三宰臣，四方誅求，止於鞭靴細物，行之不足以傷化，絶之不足以利人，則臣固已微抑私心，將順睿旨矣。若使國家致理，必資饋遺通情，辭之足以失天下之心，受之足以濟天下之務，則臣固亦不避汙行，助我聖功矣。臣所以未敢奉詔、冒昧塵煩者，審知此道不唯無益，必有甚損故也。亦冀陛下詳察其理，普澄其源，弘清浄無欲之風，守慈儉不貪之寶，是將感人心而天下服，何有事情不通之患乎？

夫貨賄上行，則賞罰之柄失；貪求下布，則廉恥之道衰。何者？善惡不分，功過無辯，以貨賄之多少，為課績之重輕，守道闕供，或時致怨招累；求得當欲，可以釋罪賈榮。忍行刻剝者見謂公忠，巧飾玩好者或稱才智，此謂賞罰之柄失也。上好利則下思聚斂，上求賄則下肆侵蟊，不懷愧心，但逞私欲，遞相企效，習以成風，閭閻日殘，紀綱日壞，不可以禮義勸，不可以刑法懲，此由廉恥之道衰也。作法於涼，其弊猶貪；作法於貪，其弊斯亂。利於小者，必害於大；易於始者，必悔於終。賄道一開，展轉滋甚，鞭靴不已，必及衣裘，衣裘不已，必及幣帛，幣帛不已，必及車輿，車輿不已，必及金璧。日見可欲，何能自窒于心？已與交私，固難中絶其意。是以涓流不止，谿壑成災，毫末既差，丘山聚釁。自昔國家敗亡多矣，何嘗有以約，失之者乎？

臣竊料郡府之不願行賄於朝廷，猶鄉閭之不願輸貨於郡府也。但以行之者有利，不行者有虞，故為安身保位之謀，不得不行耳。夫豈樂而行之哉？假如四方俱賂於朝廷，朝廷受其三而却其一，有所受，有所却，二端相反，則遇却者或有意疑乎見拒而不通焉。四方俱賂于朝廷，朝廷俱辭而不受，則咸知不受者，乃朝廷之常理耳。適所以服其心而誘其善，復何嫌阻之有乎？陛下若謂問遺可以通物情，絜矩不足敦理化，則自建中以來，股肱耳目之間，蓋常有交利行私者矣，乃其所也，陛下何尤焉。陛下嗣位之初，躬行節儉，郡國無來獻，朝廷無私求，行李無黷貨之人，邇臣無受賂之事，四方風動，幾致清平。旋以刑峻賦繁，兵連禍結，理功中否，至化未凝，洎大憝殲夷，皇運興復，征伐之役頗息於前時，清約之風亦虧於往日。此則雖革一弊，亦喪一美焉。曩興師徒，人困暴賦，今罷征伐，人困私求。是乃殘瘁之餘，永無蘇息之望。使萬方黎獻，當陛下休明之代，不登富壽，不洽雍熙，追懷前修，實用心熱，而議者反以納賂通情之理以惑陛下，斯不亦誣上行私之甚者乎！

夫天下，公器也；王綱，大權也。執大權者，不任其小數；守公器者，不徇于私情。任小數而御大權，則忿戾之禍起；徇私情以持公器，則姦亂之釁生。故《春秋傳》曰：『在上位者，洒濯其心以待之，而後可以理人。』言私曲之不可以莅衆庶也。又曰：『國家之敗，由官邪也。』

官之失德，寵賂彰也。君人者將昭德塞違，以臨照百官，百官於是乎戒懼，而不敢易紀律。』言賄利之不可以化百官也。又曰：『長國家者，非無賄之難，無令名之難。諸侯之賄，聚於公室，則諸侯貳。』言貪欲之不可以懷諸侯也。古之懷諸侯者，蓋有其道矣。唯不務賄，然後得之。故《禮記》云：『凡為天下國家有九經，其一曰理亂持危，朝聘以時，厚往而薄來，所以懷諸侯也。』是知懷撫之道，貴德賤財。於往也則厚其贈送之資，於來也則薄其贄幣之禮。訓人以尊讓，示人以不貪，始于朝廷，行于郡國，廉節之風漸廣，侵漁之害不萌，里閭獲安，郡國斯乂，朝廷益尊。所謂化自上流，理由下濟，近者悅服而遠者歸懷，是皆無賄之致也。及夫王綱浸壞，德化陵夷，然後滅公議而徇私情，盛誅求而崇饋獻。故《禮記》曰：『天子微，諸侯僭，於是相覿以貨，相賂以利，而天下之禮亂矣。』是知傷風害禮，莫甚於斯，暴物殘人，莫大於賂。利於絕私去賄者，莫先於君主；務於愛人助理者，莫切於輔臣。然則君主輔臣之間，固不可以語及於私賄矣，況又躬行乎！

唐·李翶《李文公集》卷九《疏絕進獻》　臣以為自建中以來，稅法不更，百姓之困，已備於前篇矣。今節度、觀察使之進獻，必曰軍府羡餘，不取於百姓。且供軍及留州錢各有定額，若非兵士闕數不填及減刻所給，則錢帛非天之所雨也，非如泉之可涌而生也。不取於百姓，將安取之哉？故有作官店以居商賈者，有醸酒而官沽者。其他雜率，巧設名號。是皆奪百姓之利，虧三代之法，公託進獻，因得自成其私，甚非太平之事也。比年天下皆厚留度支錢蓄兵士者，以中原之有寇賊也。今吳元濟、李師道皆梟斬矣，中原無虞而蓄兵如故，以耗百姓，臣以為非是也。若選達吏事之臣三五人，往諸道與其節度使、團練使言每道要留兵數，以備鎮守，責其兵士見在實數，因使其逃亡不補，自可以每年十銷一矣。告之以中原無事，蕃夷可虞，每道宜配兵若干人，取其衣糧以賜邊兵而召戰士，使邊兵實，則蕃夷不足慮也。夫錢帛，皆國家之錢帛也，宜作明法以取之是也。若使通達吏事之臣往使焉，雖其將帥之不誠蓋者，亦不敢有所隱矣。今受進獻，則節度、使團練使皆多方刻下為蓄聚，其自為私者三分，其所進獻者一分也。是豈非兩稅之外，又加稅焉？百姓之所不樂其業，而父子、夫婦或有不能相養矣。父子、夫婦不能相養，而望太平之興，雖婦人女子皆知其未可也。臣故曰：絕進獻，以寬百姓稅租之重，則下不困。

宋·孫甫《唐史論斷》卷中《玄宗·用聚斂臣王鉷》　論曰：貞觀十年，治書侍御史權萬紀奏銀坑事，太宗惡其言利，遂斥之，不令立朝。詳味當時致治之風，堯舜何以加焉！天子富有天下，惟患德義之不充，不患財用之不足。貞觀中，天子勤勞政治，敦尚儉德，非賢者不厚禮，非功臣不寵賜，內無嬖人專其恩，外無姦臣竊其澤，所用固有節，所斂固不厚，但慮人才未盡用，生民未盡蘇，意常不足爾。天子務德義如此，所以言利之臣不能治也。天寶之初，天子厭倦萬機，日恣侈逸，內有嬖人擅其寵，外有姦臣導其欲，恩倖寖廣，用度日增，常入之物不足以充其費，必誅剝生民而後已。此所以言利之臣，必用於時也。韋堅以渭運寵，楊謹矜以積財進，至王鉷任用，則剝割極矣。民以戍死邊，追理舊課，詔恩給復，而廣收脚費，寃痛之聲，徧於天下。鉷方以所聚之物，謂之『羡餘』，納於內庫，以奉天子私費。嗚呼！天子之費，豈有私乎？且天子為生民主，民勤力以奉之，財賦之入，固有常數。入既有常，用得無節乎？故行賞於人，使內外稱之曰宜也；施惠於人，使內外稱之曰宜也。今乃恣奢逸，廣偏賜，嬖寵之家競為僭侈，權倖之輩各極其欲。是明皇用聚斂之臣，割肌膚，搥骨髓，以快姦人女子之心爾。快姦人女子之心，而取天下之怨，欲天下不亂，不可得也。王鉷聚斂極矣，繼以楊國忠用事，尤恣無名之取，故明皇私費滋廣而內庫盈積，季年之亂，復資盜賊之用。是明皇寵姦巧之臣，窮生民之力，始則奉私慾，終乃為賊資也。世之論治亂者，多謂繫之時數。今以太宗、明皇之事驗之，太宗斥言利之臣而天下自治，明皇用聚斂之臣而天下自亂。然則治亂果繫於時數乎？後之王者，宜鑑於此。

《新唐書》卷一三四《宇文韋楊王等傳贊》　贊曰：開元中，宇文融始以言利，得幸於時。天子見海內完治，偃然有攘卻四夷之心，融度帝方調兵食，故議取隱戶剩田，以中主欲。利説一開，天子恨得之晚，不十年而取宰相。雖後得罪，而追恨融才，有所未盡也。孟子所謂『上下征利而國危』者，可不信哉！天寶以來，外奉軍興，內蠱艷妃，所費愈不貲計。於是韋堅、楊慎矜、王鉷、楊國忠各以哀刻進，剝下益上，歲進羡緡百億萬，為天子私藏，以濟橫賜，而天下經費自如，帝以為能，故重官累使，尊顯烜赫。然天下流亡，日多於前，有司備員不復事，而堅等所欲既充，還用權媢，以相屠脅，四族皆覆，為天下笑。夫民可安而不可擾，利可通而不可竭。觀數子乃欲擾而竭之，斂怨基亡，則向所謂利者，顧不反哉？鉷、國忠後出，横虐最甚。當方毒天下，復思融云。

宋・呂祖謙《宋文鑑》卷一〇二《策・田況〈内帑〉》 王者官天下，家六合，風化普暨，孰非王土？經産雜出，悉為邦賦。故守之以至德，推之以大公，調度所共，皆有藝極，國計之外，不聞私積。《周禮》内府受九貢，以待邦之大用；外府供百物，以待邦之小用。以此故有内外之異，非天子之私藏也。若或任聚斂之臣，規蘊蓄之厚，雖恭儉之主嗇用而致，然於德音無所益也。況繼統之君席有其富，或肆侈靡以遺患乎！唐明皇踐祚之初，鋭意於理，躬履儉德，述宣醲化，後之言治者，比開元如貞觀。逮乎末年，乃恃泰寧，内縱奢樂，權臣怙寵，巧説媚上，以謂賦税所取，則歸之有司，以濟用度；進獻所入，當納於天子，以奉宴私。明皇悦之，遂為瓊林、大盈之庫。王鉷每歲進錢百億，皆云不出租庸，侵牟黎元，厚餌寇盜。厥後韋皐、李兼、杜亞、劉贊之徒，競為貢奉，曲祈恩寵，至於裴肅窮賈鬻之利，以遷廉察；嚴綬傾軍府之資，以拜刑曹。末俗流風，遂而莫禦。陸贄嘗為德宗備陳其失，可謂切至端嚴之論也。

宋・司馬光《資治通鑑》卷二三三《唐紀四十九・德宗神武聖文皇帝八》 臣光曰：王者以天下為家，天下之財皆其有也。阜天下之財，以養天下之民，己必豫焉。或乃更為私藏，此匹夫之鄙志也。古人有言：貧不學儉。夫多財者，奢欲之所自來也。李泌欲弭德宗之欲而豐其私財，財豐則欲滋矣。財不稱欲，能無求乎？是猶啓其門而禁其出也。雖德宗之多僻，亦泌所以相之者非其道故也。

《新五代史》卷四六《雜傳第三十四》 嗚呼！五代之民，其何以堪之哉？上輸兵賦之急，下困剝斂之苛，自莊宗以來，方鎮進獻之事稍作，至於晉而不可勝紀矣。其添都助國之物，動以千數計，至於來朝奉使，買宴贖罪，莫不出於進獻。而功臣大將，不幸而死，則其子孫率以家貲求刺史，其物多者得大州善地。蓋自天子，皆以賄賂爲事矣。則爲其民者，其何以堪之哉？

宋・洪邁《容齋續筆》卷七《伾文用事》 白樂天諷諫，元和四年作，其中《賣炭翁》一篇，蓋為宮市，然則未嘗能絶也。

元・馬端臨《文獻通考》卷二二《土貢考一・歷代土貢・進奉羨餘》 致堂胡氏曰：憲宗喜進奉，上承乃祖代、德之弊，然當朝多賢，相繼論列，雖寔不能革，猶文為之禁。穆、敬而後，遂無復諫者。非無進奉也，蓋以為常例矣。故李德裕收諸道助軍錢帛入備邊庫，然因私獻，以為公家費，策之次也。觀張潛《疏》，則益信羨餘之進，累朝相襲，明矣。雖然，潛之言曰：『長吏不增賦斂，不減糧賜，獨節游宴，省浮費而能致羨，然後賞之。』審如是，將安取餘？且方鎮專制境内，其倚法剝削，朝廷何自而稽之？羨餘之名存而甄獎之令在，彼必曰此皆節省所得，而非增削所致也。悦其名不去其實，病源曷瘳？不若禁絶羨餘，無得進奉，則民瘼庶乎其少損矣。

又 卷首《自序》 賈山《至言》曰：『昔者周蓋千八百國，以九州之民養千八百國之君，君有餘財，民有餘力，而頌聲作。秦皇帝以千八百國之民自養，力罷不能勝其役，財盡而不能勝其求。一君之身耳，所自養者，馳騁弋獵之娱，天下弗能供也。』然則國之廢興，非財也，財少而國延，財多而國促，其效可覩矣。然自《周官》六典有太府，又有王府、内府，且有『惟王不會』之説，後之為國者因之。兩漢財賦曰大農者，國家之帑藏也；曰少府，曰水衡者，人主之私蓄也。唐既有轉運、度支，而復有瓊林、大盈。宋既有户部三司，而復有封樁、内藏。於是天下之財，其歸於上者，復有公、私。恭儉賢主常捐内帑，以濟軍國之用，故民裕而其祚昌；淫侈僻王至糜外府，以供耳目之娱，故財匱而其民怨。此又歷代制國用者龜鑑也。

明・丘濬《大學衍義補》卷二二《治國平天下之要・制國用・貢賦之常・貢獻》 臣按唐制，州府歲貢土物，其賈視絹無過五十匹，所貢至薄，其物易供。間加此數，亦折租賦，不別徵科。及考其所以為貢者，不過藥物、食用而已。祖宗以此為制，後世子孫乃有如代宗之生日貢獻至數千萬、加以恩澤者；德宗之臣有日進、月進因而得遷官者。嗚呼！祖宗立制之善，而子孫猶繼之以不善，況貽謀不善者哉？

臣按普天之下，莫非王土。凡土所生之物，何者而非天子之物乎！

有之固不足以為夸，無之亦不足以為歉。為萬乘之主而欲人之貢獻，既知其非而禁之，而又不甚却，復因人言而罷之，而又戒勿使之知。吁！學士雖不知，吾所戒之人則知之矣；非但所戒之人知之，而當世史臣且筆之於册焉。歷今數百年，猶如昨日乎！然人主舉措，可不慎哉？

又　卷二四《治國平天下之要·制國用·經制之義下》　臣按《周禮》以太宰、司徒掌國家財用，蓋以大臣以道佐君，得以相可否，辨是非，而為上之人所嚴憚，故人君有非義之取，非禮之用，不急之為，非徒不敢擅取而私用之，抑且為之中止而潛銷者有焉。苟以中人主之，則上之人平日相與褻狎私暱，凡不可語人者，皆可與之謀而為之矣。況彼小人，無深識遠慮，委曲奉承上人之不暇，且人微言輕又，安敢逆上意哉？德宗為君，楊炎為相，無可取者，惟此一事，差强人意。范祖禹謂炎知為相之體，德宗知為國之務，後世所當取法者也。

臣按德宗宣索於諸道，而敕其勿使宰相知；李泌知德宗非禮誅求，而惆悵不敢言，胥失之矣。然德宗之失，是猶知所畏，而泌之失，則是為人臣而不忠也。泌盍因其不欲人知，一點明處而盡言之？安知德宗之不見聽歟？如此非徒得《大易》納約自牖之意，而於所謂无咎善補過者，亦有之矣。

清·王夫之《讀通鑑論》卷二二《唐玄宗·二一》　夫大損於民而大傷於國者，莫甚於聚財於天子之藏而枵其外，窘百官之用而削於民，二者皆以訓盜也；盜國而民受其傷，盜民而國為之乏矣。輦天下之金粟錢貨於內帑，置之無用之地，積久而不可用，愈積愈亢，而數不可稽，天子莫能問也，大臣莫能詰也，則一聽之宦竪戚畹及主藏之奸胥，日竊月匿，以致於銷耗；且復以有為無，欺嗣君之闇，而更加賦以殫民之生計，是盜國而民傷也。有司無可贍之用，不得不為因公之科斂，以取足於民，於是而蔽上以盜民者，相習為故；且有司之科斂者一，而奸吏猾胥以及十姓百家之魁長乘之而交相為盜，官盜一，而其下之層累以相剝者不但二也；民乃急其私科，緩其正税，逋欠頻仍以徼幸於恩貸，匿田脱户，弊百出以欺朝廷，而歲之所人，十不得五，是盜民而因以乏國也。

清·趙翼《廿二史劄記》卷二二《五代史·五代諸侯貢奉多用鞍馬器械》　用兵之世，武備是亟，故五代藩鎮貢獻，多以鞍馬器械為先。《梁紀》：開平二年，大明節，内外臣僚各以奇貨、良馬上壽。清明宴，以鞍轡馬及金銀器為獻者，殆千萬。午日，獻者巨萬，馬三千蹄。已又詔諸道進獻，不得以金寶裝飾戈甲劍戟。至於鞍勒，亦不用塗金及雕刻龍鳳。可見是時貢獻，專以戎備為重也。歐《史》云：自唐莊宗以來，方鎮進獻之事稍作。至於晉，而添都助國之物動以千計，其來朝奉使，買宴贖罪，無不出於貢獻云。今按莊宗甫滅梁，河南尹張全義即進暖殿物，後遂寵冠羣臣，命劉皇后拜之為父。自是貢獻貲財之風大起。明宗南郊，詔兩川進助郊禮物五十萬，並有明下詔徵者矣。《明宗紀》。天成中，任圜奏，故事貢獻雖以進馬為名，卻將綾絹金銀折充馬價，今乞從之。《五代會要》。則並明令折價矣。晉天福三年，諸鎮皆進物以助國。及高祖崩，節度使景延廣、李守貞、郭謹等，皆進錢粟，助作山陵。《晉紀》。蓋後唐以後，又無不用財物也，然進戎備之例亦未停止。周太祖詔諸州不得以器械進貢，先是諸道州府各有作院，課造軍器，逐季搬送入京，既留上供錢帛應用，又於部内廣配土產物，民甚苦之。除上供軍器外，節度使、刺史又多私造，以進貢為名，悉取之於民，至是始罷之。《周本紀》。貢獻專以戎器馬匹，似亦適於時用而非無名，乃其害已如此，何況唐、晉之竭民財以充進奉也。

按是時，又有以進獻而免禍得官者。袁象先在梁時鎮宋州，積貲千萬，入唐，輦其貲賂將相，奉宮闈，遂有寵。其卒也，長子正辭，當唐廢帝時，進其父錢五萬緡，領衢州刺史。晉祖時，又獻五萬緡，求為真刺史，乃拜雄州。雄州在靈武西，正辭不欲行，復獻數萬緡，乃得免。出帝時，又獻三萬緡，帝欲與内郡，未授而卒。《象先傳》。李嗣昭鎮昭義，妻楊氏善積財，嗣昭夾城之圍，多賴以濟。嗣昭歿，子繼韜謀反，遇赦入朝，楊氏以銀數十萬隨之行，厚賂皇后及伶人、宦官，遂得解，莊宗轉寵繼韜。又一子繼忠，家於晉陽，貲尚鉅萬，晉祖起兵時，貸以充用。既入立，甚德之，以繼忠為沂、棣、單三州刺史。楊氏平生積財，嗣昭父子三人皆賴之。《嗣昭傳》。房知温歷諸鎮節度，積貲鉅萬。其卒也，子彥儒獻其父錢三萬緡、絹布三萬匹、金百兩、銀千兩，遂拜沂州刺史。《知温傳》。歐《史》所謂功臣大將死，子孫率以家財求刺史，物多者得大州善地，蓋是時風氣如此。

唐・白居易《白氏長慶集》卷四《新樂府・賣炭翁　苦宮市也》

賣炭翁，伐薪燒炭南山中。滿面塵灰烟火色，兩鬢蒼蒼十指黑。賣炭得錢何所營？身上衣裳口中食。可憐身上衣正單，心憂炭賤願天寒。夜來城外一尺雪，曉駕炭車輾冰轍。牛困人饑日已高，市南門外泥中歇。翩翩兩騎來是誰？黄衣使者白衫兒。手把文章口稱敕，迴車叱牛牽向北。一車炭重千餘斤，宮使驅將惜不得。半疋紅紗一丈綾，繫向牛頭充炭直。

又《新樂府・紅線毯　憂蠶桑之費也》　紅線毯，擇繭繰絲清水煮，揀絲練線紅藍染，染為紅線紅於藍，織作披香殿上毯。披香殿廣十丈餘，紅線織成可殿鋪。綵絲茸茸香拂拂，線軟花乘不勝物。美人蹋上歌舞來，羅襪繡鞋隨步沒。太原毯澀毳縷硬，蜀都褥薄錦花冷。不如此毯温且柔，年年十月來宣州。宣城太守加樣織，自謂為臣能竭力。百夫同擔進宮中，線厚絲多卷不得。宣城太守知不知，一丈毯，千兩絲。地不知寒人要暖，少奪人衣作地衣。貞元中，宣州進開樣加絲毯。

又《新樂府・繚綾　念女工之勞也》　繚綾繚綾何所似？不似羅綃與紈綺。應似天台山上明月前，四十五尺瀑布泉。中有文章又奇絶，地鋪白煙花簇雪。織者何人衣者誰？越溪寒女漢宮姬。去年中使宣口敕，天上取樣人間織。織為雲外秋雁行，染作江南春水色。廣裁衫袖長製裙，金斗熨波刀剪紋。異彩奇文相隱映，轉側看花看不定。昭陽舞人恩正深，春衣一對直千金。汗沾粉汙不再著，曳土踏泥無惜心。繚綾織成費工績，莫比尋常繒與帛。絲細繰多女手疼，扎扎千聲不盈尺。昭陽殿裏歌舞人，若見織時應也惜。

清・愛新覺羅・弘曆《御製詩四集》卷四四《用白居易新樂府成五十章並效其體・賣炭翁　苦宮市也》　賣炭翁，賣炭得錢養妻子。忽遇貞元開宮市，官吏弗主主宦寺。抑買以賤勒賣貴，白望數百為驅使。一車炭償一丈綾，較賤丈夫罔利猶堪鄙。孰謂天子而為此？建封入朝對便殿，亟言其弊德宗之意亦稍變。既聞度支乃希宦者意，謂仰給者遊手將及萬。自是諫者皆不聽，白傅用是刺政亂，其時罪魁實蘇弁。

皇位繼承部

嫡長子世襲制分部

綜述

《隋書》卷二《高祖紀下》（開皇二十年十月）乙丑，皇太子勇及諸子並廢為庶人。【略】十一月戊子，【略】以晉王廣為皇太子。

又　卷三《煬帝紀上》　煬皇帝諱廣，【略】高祖第二子也。【略】及太子勇廢，立上為皇太子。【略】（仁壽）四年七月，高祖崩，上即皇帝位於仁壽宮。

《舊唐書》卷三《太宗紀下》（貞觀二十三年三月）丁卯，勑皇太子於金液門聽政。【略】己巳，上崩於含風殿，年五十二。遺詔皇太子即位於柩前，喪紀宜用漢制。秘不發喪。

又　卷四《高宗紀上》　高宗天皇大聖大弘孝皇帝諱治，太宗第九子也。母曰文德順聖長孫皇后。【略】（貞觀）十七年，皇太子承乾廢，魏王泰亦以罪黜。太宗與長孫無忌、房玄齡、李勣等計議，立晉王為皇太子。太宗每視朝，常令在側，觀決庶政，或令參議，太宗數稱其善。【略】二十三年五月己巳，太宗崩。【略】六月甲戌朔，皇太子即皇帝位。時年二十二。詔曰：『大行皇帝奄棄普天，痛貫心靈，若寘湯火。思遵大孝，不敢滅身，永慕長號，將何逮及？粵以孤眇，屬當元嗣，思勵空薄，康濟黎元，敬順惟新，仰昭先德，宜布凱澤，被乎億兆。可大赦天下。』

又　卷一〇《肅宗紀》　上自仲春不豫，聞上皇登遐，不勝哀慟，因茲大漸。（寶應元年四月）乙丑，詔皇太子監國。

又　卷一一《代宗紀》　代宗睿文孝武皇帝諱豫，肅宗長子。【略】乾元元年三月，改封成王，四月庚寅，立為皇太子，改名豫。【略】

寶應元年四月，肅宗大漸，所幸張皇后無子，后懼上功高難制，陰引越王係於宮中，將圖廢立。乙丑，皇后矯詔召太子。中官李輔國、程元振素知之，乃勒兵於凌霄門，俟太子至，即衛從太子入飛龍廄以俟其變。是夕，勒兵於三殿，收捕越王係及內官朱光輝、馬英俊等禁錮之，幽皇后於別殿。丁卯，肅宗崩，元振等始迎上於九仙門，見羣臣，行監國之禮。己巳，即皇帝位於柩前。【略】

（大曆十四年五月辛酉）上崩于紫宸之內殿，遺詔皇太子柩前即位。

又 卷一二《德宗紀上》 德宗神武孝文皇帝諱适，代宗長子。母曰睿貞皇后沈氏。【略】廣德二年二月，立爲皇太子。大曆十四年五月辛酉，代宗崩。癸亥，即位於太極殿。

又 卷一四《順宗紀》 順宗至德大聖大安孝皇帝諱誦，德宗長子。母昭德皇后王氏。【略】大曆十四年六月，封宣王。建中元年正月丁卯，立為皇太子。貞元二十一年正月癸巳，德宗崩。丙申，即位於太極殿。上自二十年九月風病，不能言。暨德宗不豫，諸王親戚皆侍醫藥，獨上卧病不能侍。德宗彌留，思見太子，涕咽久之。大行發喪，人情震懼，上力疾衰服，見百寮於九仙門。既即位，知社稷有奉，中外始安。庚子，羣臣上書請聽政。

又 卷一六《穆宗紀》 穆宗睿聖文惠孝皇帝諱恒，憲宗第三子。母曰懿安皇后郭氏。【略】初名宥，封建安郡王。元和元年八月，進封遂王。五年三月，領彰義軍節度大使。七年十月，册爲皇太子，改今諱。十五年正月庚子，憲宗崩。丙午，即皇帝位於太極殿東序。

又 卷一七上《敬宗紀》 敬宗睿武昭愍孝皇帝諱湛，穆宗長子，【略】長慶元年三月，封景王。二年十二月，立爲皇太子。四年正月壬申，穆宗崩。癸酉，皇太子即位柩前，時年十六。

又 卷一九上《懿宗紀》 懿宗昭聖恭惠孝皇帝諱漼，宣宗長子。母曰元昭皇太后晁氏。【略】會昌六年十月，封鄆王。本名温，大中十三年八月七日宣遺詔，立為皇太子，監國，改今名。十三日，柩前即帝位，年二十七。【略】宣宗制《泰邊陲》樂曲詞，有『海晏咸通』之句。又大中末，京城小兒疊布漬水，紐之向日，謂之『拔暈』。帝果以鄆王即大位，以咸通為年號。

又 卷一九下《僖宗紀》 僖宗惠聖恭定孝皇帝諱儇，懿宗第五子。母曰惠安皇后王氏。【略】初封普王，名儼。十四年七月，懿宗大漸。其月十八日，制曰：朕守大器之重，居兆人之上，日慎一日，如履如臨，旰昃勞懷，寢興思理，涉道猶淺，導化未孚。而攝養乖方，寒暑成癘，實有慮於闕政，且無暇於怡神，恙未少瘳，日加寖劇。萬務凡總，須有主張，考思舊章，謀于卿士，思闡鴻業，式建皇儲。第五男普王儼，改名儇。孝敬温恭，寬和博厚，日新令德，天假英姿，言皆中規，動必由禮，俾崇邦本，允協人心。宜立為皇太子，權勾當軍國政事。咨爾中外卿士，洎于腹心之臣，敬保予胤，輔成予志，各竭乃心，以安黎庶。布告中外，知朕意焉。』是日，懿宗崩。二十日，即皇帝位於柩前。時年十二。左軍中尉劉行深、右軍中尉韓文約居中執政，並封國公。

又 卷五二《后妃傳下·肅宗張皇后》 寶應元年四月，肅宗大漸，后與內官朱輝光、馬英俊、啖廷瑤、陳仙甫等謀立越王係，矯詔召太子入侍疾。中官程元振、李輔國知其謀，及太子入，二人以難告，請太子在飛龍廄。元振率禁軍收越王，捕朱輝光等。俄而肅宗崩，太子監國，遂移后於別殿，幽崩。誅馬英俊，女道士許靈素配流，山人申大芝賜死，駙馬都尉清貶硤州司馬，弟延和郡主壻鴻臚卿潛貶郴州司馬，舅鴻臚卿竇履信貶道州刺史。

又 卷一一六《越王係傳》 寶應元年四月，肅宗寢疾彌留。皇后張氏與中官李輔國有隙，因皇太子監國，謀誅輔國，使人以肅宗命召太子入宮。皇后謂太子曰：『賊臣輔國，久典禁軍，四方詔令，皆出其口。頃矯制命，逼徙聖皇，今聖體彌留，心懷怏怏，常忌吾與汝。又聞射生內侍程元振結託黃門，將圖不軌，若不誅之，禍在頃刻。』太子泣而對曰：『此二人是陛下勳舊內臣，今聖躬不康，重以此事驚撓聖慮，情所難任。若決行此命，當出外徐圖之。』后知太子難與共事，乃召係謂之曰：『皇太子仁惠，不足以圖平禍難。』復以除輔國謀告之，曰：『汝能行此事乎？』係曰：『能。』后令內謁者監段恒俊與越王謀，召中官有武勇者二百餘人，授甲於長生殿。是月乙丑，皇后矯詔召太子，程元振伺知之，告輔國。元振握兵於凌霄門候之，太子既至，以難告。太子曰：『必無此事。聖恙危篤，吾豈懼死不赴召乎？』元振曰：『為社稷計，行則禍及矣。』

遂以兵護太子匿於飛龍廄。丙寅夜，元振、輔國勒兵於三殿前，收捕越王及同謀內侍朱光輝、段恒俊等百餘人禁繫，幽皇后於別殿，侍者十數人隨之。是日，皇后、越王俱為輔國所害。

宋・王欽若等《册府元龜》卷一〇《帝王部・繼統第二》 隋煬帝，高帝第二子。高帝事迹，具《帝王・創業門》。開皇八年，立為皇太子。仁壽四年七月，即皇帝位於仁壽宮。【略】

高宗天皇大帝，太宗第九子。貞觀五年，封晉王。十七年，立為皇太子。二十三年春，太宗不豫，詔太子於金液門聽政。四月，從幸翠微宮。五月己巳，太宗晏駕。庚午，發自翠微宮，至京。六月甲戌，太子即皇帝位。

又 卷一一《帝王部・繼統第三》 代宗，肅宗長子也。開元二十八年，封爲廣平郡王。肅宗即位，改封楚王，徙代王。乾元元年四月，立爲皇太子。元年建巳月，是歲去年號，以十二辰冠月。肅宗寢疾，時皇后張氏有寵，無子。慮宮車晏駕，失權勢，結少子越王係密構異謀，將圖廢立。乙丑，皇后矯詔召太子，會宦官程元振知之，潛發於李輔國。輔國久掌禁兵，素與皇后嫌隙，又聞元振言，有自得色，乃與元振定策，伏兵於凌霄門，擁太子，請不赴召。以兵翼太子，入飛龍廄，俟變而動。既夜，輔國、元振乃勒兵會于三殿，收捕越王係及同謀中宮朱光輝、馬英俊等百餘人，禁錮之，逼皇后，幽於別殿。

丁卯，肅宗崩，元振等始迎太子於九仙門，見羣臣，行監國之禮。翌日，宣制。太子擗踊盡哀，羣臣勸進，太子益哀號，羣臣又陳顧命大旨：『祖宗洪業，未宜以情自私。』己巳，即皇帝位于兩儀殿。初，有司陳御座于殿之中間，帝號泣，遜不敢當，哀感左右。有司乃徙坐于殿之左个，然後從之。百辟卿士洎南北軍仗衛萬餘人咸呼萬歲，左僕射、攝太尉裴冕升殿，跪上誡曰：『我國家奄有四海，惟天下君。伏惟皇帝陛下敬之，以揚累聖之丕烈。』羣臣再拜，呼萬歲。

庚午，羣臣等上表，請聽政，帝不答。以侍中苗晉卿攝冢宰，於太極殿鐘樓之東，張幄視事，百官以聽。辛未，晉卿固辭，上言曰：『伏奉今月二十一日恩勅，令臣攝冢宰。臣以昔者天子居喪之時百官聽于冢宰，蓋君幼小，御極事殷理衆。然沿革不一，今古異宜，而周武、漢文，合於通變，垂範作則，可舉而行。又事或墨縗，時遇金革，豈哀非銜恤，而義在於斯？且百善之至，無以加於孝也，其有容累心絶，指景悼生，此匹夫守節之常情，殊非王者嗣續之大計。昨二十日，陛下即位，是承先帝遺顧之言，亦前代不易之典。則知所略不爲害，所存是適權，防微滅端，所利者大。陛下因此純至，天地明察。伏以報劬勞之恩，申罔極之思，終身之痛，豈計朝夕！以一日之內，萬務在中，須達宸聰，始成國政。今百寮萬姓及僧道耆壽，相顧聚言，以臣老且無能，愚豈測聖，況久無居攝，臣不敢奉詔。特乞陛下遵遺命，三日而聽政。衆情不勝懇願，伏望割痛抑哀，爲天下幸。』又不答。宰臣及文武百官表三上，從之。

德宗，代宗長子。肅宗元年建丑月封奉節郡王。代宗即位，徙封魯王，又封雍王。廣德二年，立爲皇太子。大曆十四年五月癸亥，帝即位於太極前殿。

順宗，德宗長子。大曆十四年，封宣王。建中元年，立爲皇太子。貞元二十一年正月丙申，太子即位于太極殿。册曰：『維貞元二十一年歲次乙酉正月辛未朔二十三日癸巳，皇帝若曰：於戲！天下之大，實惟重器，祖宗之業，允爲元良。咨爾皇太子誦，睿哲温恭，寬仁慈惠。文武之道，禀自生知，孝友之誠，發於天性。自膺上嗣，毓德春闈，恪慎於厥躬，祗勤于大訓，必能誕敷至化，安勸庶邦。朕寢疾彌留，弗興弗瘳，是用命爾繼統，俾紹前烈，宜陟元后，永綏兆人。其令中書侍郎同平章事高郢，奉册即皇帝位。爾惟奉若天道，以康四海，懋建皇極，以熙庶工，無忝我高祖、太宗之休命。』初，帝自二十年九月得風疾，因不能言，使四面出求醫藥，海內皆聞知。德宗憂戚形于顔色，數自臨視。二十一年正月朔，含元殿受朝賀，還至別殿，諸王親戚進賀，獨皇太子疾不能朝，德宗爲之涕泣悲傷嘆息，因感疾，恍惚益甚。二十餘日，中外不通，不知兩宮安否。朝臣咸懼，莫知所爲，雖翰林內臣，亦無知者。二十三日，帝知內外憂疑，紫衣麻鞋，不俟正冠，出九仙門召見諸軍使，京師稍安。二十四日，宣遺詔，帝縗服見百寮。二十六日，即位。軍士尚疑，皆企足引頸瞻視，既而曰：『真太子也！』喜且泣，内外遂安。【略】

穆宗，憲宗子。貞元末，封建安郡王。元和元年，進封遂王。七年，册為皇太子。十五年正月辛丑，皇太子即位。【略】閏正月丙午，宣顧命册曰：『於戲！上天降鑒，保乂于我國家。十聖丕承，光宅四海，鴻休大業。以逮予一人，嚴恭祗畏，懼弗克荷，賴宗社垂慶，生靈乂安。今朕寢疾彌留，弗興弗瘖，神器所付，屬之元良。咨爾皇太子某，孝友聰明，温文睿哲，自主匕鬯，日新厥德，必能纘序朕志，綏靖萬邦。是用命爾陟于元后，宜令中書侍郎同平章事令狐楚奉册，即皇帝位。懋建皇極，無忝我祖宗之休烈。』是日，中書門下率羣臣再上表，請聽政，許之。壬子，始御延英殿，對宰臣及次對官奏事，如常儀。

敬宗，穆宗長子。長慶二年十二月，立爲皇太子。四年正月癸酉，即帝位，時年十六，以門下侍郎、平章事李逢吉攝冢宰。其日，移仗西宫，發哀于太極殿，分命攝太尉告天地社稷、太清宫、太廟。丙子，帝即位于太極殿東序，册曰：『維長慶四年歲次甲辰正月辛亥朔二十六日丙子，皇帝若曰：惟天輔唐德，我祖宗克荅天意，邁德勤道，紹休大業於一人，嗣守四海，祗事天地，愛育萬物，罔或怠惰，于兹五年。今寢疾彌留，不興不瘖，獲以重器，付之元良。咨爾皇太子湛，列祖儲愛，自天生德，孝友慈惠，温良肅恭，必能緝寧邦家，輝光緒業。是用命爾陟于元后，宜令中書侍郎、平章事牛僧孺奉册即皇帝位。爾有孝敬之志，可以奉宗廟；爾有廣厚之量，可以奉神祇。和惠可以撫萬邦，仁愛可以親九族。任賢尚德，遠佞去邪，爾惟欽承，無忝我祖宗之休烈。』於是中書侍郎、平章事牛僧孺讀册，進册，門下侍郎、平章事李逢吉宣制，進寶，太常少卿馮宿導引乘輿，刑部尚書段文昌率百寮奉誡辭。【略】

懿宗皇帝，宣宗長子。會昌六年十月，封鄆王，本名温。大中十三年八月七日，詔立爲皇太子，監國。十三日即皇帝位，時年二十七。

僖宗皇帝，懿宗第五子。初封普王。咸通十四年七月十八日，制曰：『朕守大器之重，居兆人之上，日慎一日，如履如臨，旰昃勞懷，寢興思理，涉道猶淺，德化未孚。而攝養乖方，寒暑成癘，實有慮於闕政，且無暇于怡神，竟未少瘳，日加寖劇。萬務繁總，須有主張，考思舊章，謀於卿士，思闡鴻業，式建皇儲。第五男普王儼，改名儇。孝恭温敬，寬和博厚，日新令德，天假英姿，言皆中規，動必繇禮，俾崇邦本，允叶人心。宜立為皇太子，權勾當軍國政事。咨爾中外卿士，洎于腹心之臣，敬保裔子，輔成予志，各竭乃心，以安黎元。告布中外，知朕意焉。』二十日，皇帝即位，時年十二。左軍中尉劉行深、右軍中尉韓文約居中執軍政。

《新唐書》卷三《高宗紀》 高宗天皇大聖大弘孝皇帝諱治，字為善，太宗第九子也。母曰文德皇后長孫氏。始封晉王。貞觀七年，遙領幷州都督。十七年，太子承乾廢而魏王泰次當立，亦以罪黜，乃立子治為皇太子。【略】太宗每視朝，皇太子常侍觀決庶政。二十三年，太宗有疾，詔皇太子聽政於金液門。四月，從幸翠微宫。太宗崩，以羽檄發六府甲士四千衛皇太子入于京師。六月甲戌，即皇帝位于柩前。大赦。

又 卷六《代宗紀》 代宗睿文孝武皇帝諱豫，肅宗長子也。母曰章敬皇后吴氏。玄宗諸孫百餘人，代宗最長，爲嫡皇孫。【略】肅宗還京師。十二月，進封楚王。

乾元元年三月，徙封成王。四月，立為皇太子。初，太子生之歲，豫州獻嘉禾，於是以為祥，乃更名豫。

肅宗去上元三年號，止稱元年，月以斗所建辰為名。元年建巳月，肅宗寢疾，乃詔皇太子監國。而楚州獻定國寶十有三，因曰：『楚者，太子之所封，今天降寶於楚，宜以建元。』乃以元年為寶應元年。

肅宗張皇后惡李輔國，欲圖之，召問太子，太子不許，乃與越王係謀之。肅宗疾革。四月丁卯，皇后與係將召太子入宫，飛龍副使程元振得其謀，以告輔國。輔國止太子無入，率兵入，殺係及兗王僩，幽皇后于别殿。是夕，肅宗崩，乃迎太子見羣臣於九仙門。明日，發喪。己巳，即皇帝位于柩前。癸酉，始聽政。

又 卷七《德宗紀》 神武聖文皇帝諱适，代宗長子也。母曰睿真皇太后沈氏。【略】廣德二年二月，立為皇太子。大曆十四年五月辛酉，代宗崩。癸亥，即皇帝位于太極殿。

又 《順宗紀》 順宗至德弘道大聖大安孝皇帝諱誦，德宗長子也。母曰昭德皇后王氏。始封宣城郡王，大曆十四年六月，進封宣王。十二月乙卯，立爲皇太子。【略】

（貞元二十一年正月）癸巳，德宗崩。丙申，即皇帝位于太極殿。

又 卷八《穆宗紀》 穆宗睿聖文惠孝皇帝諱恒，憲宗第三子也。母曰懿安皇太后郭氏。始封建安郡王，進封遂王，遙領彰義軍節度使。元和七年，惠昭太子薨，左神策軍中尉吐突承璀欲立澧王惲，而惲母賤不當立，乃立遂王為皇太子。

十五年正月庚子，憲宗崩，陳弘志殺吐突承璀及澧王。辛丑，遺詔皇太子卽皇帝位于柩前。司空兼中書令韓弘攝冢宰。閏月丙午，皇太子卽皇帝位于太極殿。

又《敬宗紀》 敬宗睿武昭愍孝皇帝諱湛，穆宗長子也。【略】長慶二年十二月，【略】宰相李逢吉請立景王爲皇太子。

四年正月，穆宗崩。癸酉，門下侍郎平章事李逢吉攝冢宰。丙子，皇太子卽皇帝位于太極殿。

又 卷九《懿宗紀》 懿宗昭聖恭惠孝皇帝諱漼，宣宗長子也。母曰元昭皇太后鼂氏。始封鄆王，宣宗愛夔王滋，欲立爲皇太子，而鄆王長，故久不決。大中十三年八月，宣宗疾，大漸，以夔王屬內樞密使王歸長、馬公儒、宣徽南院使王居方等。而左神策護軍中尉王宗實、副使亓元實矯詔立鄆王為皇太子。癸巳，卽皇帝位于柩前。王宗實殺王歸長、馬公儒、王居方。庚子，始聽政。

又《僖宗紀》 僖宗惠聖恭定孝皇帝諱儇，懿宗第五子也。母曰惠安皇太后王氏。始封普王，名儼。咸通十四年七月，懿宗疾，大漸，左右神策護軍中尉劉行深、韓文約立普王為皇太子。辛巳，卽皇帝位于柩前。八月癸巳，始聽政。

又 卷一五〇《李揆傳》 （肅宗皇后張氏）有子數歲，欲立爲太子，而帝意未決。時代宗已封成王，帝從容語揆曰：『成王長，有功，將定太子，卿意謂何？』揆曰：『陛下此言，社稷福也。』因再拜賀。帝曰：『朕計決矣。』

又 卷一七四《李逢吉傳》 （穆宗）暴疾，中外阻遏，逢吉因中人梁守謙、劉弘規、王守澄議，請立景王爲皇太子，帝不能言，頷之而已。明日下詔，皇太子遂定。

又 卷二〇七《宦官傳上·程元振》 張皇后謀立越王，元振見太子，發其姦，與李輔國助討難，立太子，是為代宗。

又 卷二〇八《宦官傳下·李輔國》 張皇后數疾其顓，帝寢疾，太子監國，后召太子，將誅輔國及程元振，太子不從，更召越王、兗王圖之。元振告輔國，卽伏兵凌霄門，迎太子，伺變，是夜捕二王及中人朱輝光、馬英俊等囚之，而殺后它殿。

宋·宋敏求《唐大詔令集》卷三〇《皇太子·傳位·楊綰〈肅宗命皇太子卽位詔〉》 於戲！奉天地者，是稱大寶；承宗廟者，必在元良。吾以薄德，纂承丕緒，今以憂勞所積，遘疾彌留，用申顧命。誠爾元子：爾性稟生知，幼有明德，烝烝之孝，言必因心，温恭睿哲，允文允武。往在西土，爰討凶渠，命爾總戎，克宣王畧，收復中夏。唯爾之功，遂昇以儲闈，將中我鴻業，爾有令聞，萬方宅心。吾大漸之後，卽宜膺寶位。夫天下至廣，神器所重，丕承累聖之德，虔奉大中之道。必當任賢勿貳，去邪勿疑，以慈惠為心，開諫諍之路。兢兢業業，無怠無荒。嗚呼戒之，無替厥命。

南唐·佚名《釣磯立談》 烈祖一日晝寢，夢一黃龍出殿之西楹，矯首內向，如窺伺狀。烈祖驚起，使人偵之，顧見元宗方倚楹而立，遣人候上動靜，於是立嫡之意遂決。

宋·鄭文寶《南唐近事》卷一 烈祖嘗晝寢，夢一黃龍繚繞殿檻，鱗甲炳煥，照耀庭宇，殆非常狀，逼而視之，蜿蜒如故。上既寤，使視前殿，卽齊王凭檻而立，偵上之安否。問其至止時刻及視向背，皆符所夢。上曰：『天意諄諄，信非偶爾。成吾家事，其惟此子乎！』旬月之間，遂正儲位。齊王，卽元宗居藩日所封之爵也。

《舊五代史》卷一三四《僭僞傳第一·李景》 昪僭位凡七年，子景立。景本名璟，及將臣于周，以犯廟諱，故改之。昪之長子也。昪卒，乃襲僞位，改元為保太。【略】皇朝建隆二年夏，景以疾卒于金陵，時年四十六。以其子煜，襲僞位。

又《王延鈞傳》 延鈞，審知次子。後唐長興三年，上言吳越國王錢鏐薨，乞封為吳越王，不報。未幾，自稱帝，國號大閩，改元龍啓，然猶稱藩于朝廷。清泰元年遇弑，子昶嗣。

又 卷一三五《僭僞傳第二·劉陟》 劉陟卽劉龑，初名陟。【略】梁貞明三年八月，陟乃僭號於廣州，國號大漢。【略】晉天福七年夏四月，陟以疾卒。【略】子玢嗣。

玢，陟長子也。初封賓王，又封秦王。陟卒，遂襲位，僞號光天。玢性庸昧，僭位之後，大恣荒淫，尋為其弟晟等所弑。在位一年，僞謚為殤

帝。【略】

晟，陟第二子也。偽封勤王，又封晉王。玢之立也，多行淫虐，人皆患之。晟因與其弟、偽越王昌等同謀弑玢，自立為帝，改元為應乾，又改為乾和。【略】周顯德五年秋八月，晟以疾卒。【略】

鋹，晟長子也，偽封衛王。晟卒，乃襲偽位，時年十七，改元為大寶。

又 卷一三六《僭偽傳第三・王建》 建自帝於成都，改元永平。五年，改元通正。是年冬，改元天漢，又改元光天。在位十二年，年七十二。子衍嗣。【略】

衍，建之幼子也。建卒，衍襲偽位，改元乾德。

又《孟昶傳》 昶，知祥之第三子也。【略】知祥僭號，偽册為皇太子。知祥卒，遂襲其偽位，時年十六。

《新五代史》卷六二《南唐世家》 七年，昪卒，年五十六。【略】子景立。

景初名景通，昪長子也。既立，又改名璟。【略】昪卒，嗣立，改元保大。【略】

煜字重光，初名從嘉，景第六子也。【略】建隆二年，景遷南都，立煜為太子，留監國。景卒，煜嗣立於金陵。

又 卷六三《前蜀世家》 光天元年六月，建卒，年七十二。【略】太子立，去宗名衍。

衍字化源。【略】其母徐賢妃也。以母寵，得立為皇太子，開崇賢府，置官屬，後更曰天策府。衍為人方頤大口，垂手過膝，顧目見耳，頗知學問，能為浮艷之詞。元膺死，建以豳王宗輅貌類己，信王宗傑於諸子最材賢，欲於兩人擇立之。而徐妃專寵，建老昏耄，妃與宦者唐文扆教相士言衍相最貴，又諷宰相張格贊成之。衍由是得為太子。建卒，衍立。

又 卷六四《後蜀世家》 四月，知祥改元曰明德。六月，虔釗等至成都，知祥宴勞之。虔釗奉觴起為壽，知祥手緩，不能舉觴，遂病。以其子昶為皇太子，監國。【略】

昶，知祥第三子也。【略】知祥病，昶監國。知祥已卒，而祕未發喪。王處回夜過趙季良，相對泣涕不已。季良正色曰：『今彊侯握兵，專伺時變。當速立嗣君，以絶非望。泣無益也。』處回遂與季良立昶，而後發喪。昶立，不改元，仍稱明德。至五年，始改元曰廣政。

又 卷六五《南漢世家》 貞明三年，龑即皇帝位，國號大越，改元曰乾亨。【略】（白龍）十五年，龑卒，年五十四。【略】子玢立。

玢初名洪度，封秦王。龑子耀樞、龜圖皆早死，玢次當立。龑病卧寢中，召右僕射王翻與語，呼洪度、洪熙小字，曰：『壽、雋雖長，然皆不足任吾事。惟洪昌類我，吾欲立之，奈何？吾子孫不肖，後世如鼠入牛角，勢當漸小爾。』因泣下歔欷。翻為龑謀，出洪度以邕州，洪熙容州，然後立洪昌為太子。議已定，崇文使蕭益入問疾，龑以告之，益諫曰：『少者得立，長者爭之，禍始此矣。』由是洪度卒得立，更名玢，改元曰光天。

玢立二年，年二十四。謚曰殤。弟晟立。【略】晟初名洪熙，封晉王。既弑玢，遂自立，改元曰應乾。【略】晟既弑兄立，不順，懼衆不服，乃益峻刑法以威衆。【略】十六年，【略】是秋卒，年三十九。【略】子鋹立。鋹初名繼興，封衛王。晟卒，以長子立。改元曰大寶。

又 卷六八《閩世家》 鏻乃即皇帝位，受册於寶皇。以黃龍見真封宅，改元為龍啓，國號閩。【略】繼鵬，鏻長子也。既立，更名昶。改元通文。

清・吳任臣《十國春秋》卷一六《南唐二・元宗紀》 元宗名璟，字伯玉，烈祖長子。母元敬皇后。初名景通。風度高秀，工屬文。年始十歲，官駕部郎中，累進諸衛將軍，拜司徒平章事、知中外諸軍事都統。烈祖為齊王，立為王太子，固讓。及受禪，封吳王，徙封齊王，為諸道兵馬大元帥。昪元四年八月，立為皇太子，復固讓曰：『前世以嫡庶不明，故早建元良，示之定分。如臣兄弟，稟承聖教，實為敦睦，願寢此禮。』烈祖下詔，稱其『守廉退之風，師忠貞之節。有子如此，予復何憂？』七年二月，烈祖晏駕，秘不發喪，而下制命王監國大赦，頒賚有差。丙子，始宣遺詔。

保大元年春三月己卯朔，烈祖殂已旬日，王猶未嗣位，方泣讓諸弟。奉化節度使周宗偕侍中徐玠至柩前，手取衮冕衣王曰：『大行皇帝付殿下以神器之重，殿下固守小節，非所以遵先旨，崇孝道也。』是日，即皇帝位。大赦境內，改元保大。

又 **卷一七《南唐三·後主紀》** 後主名煜，字重光，初名從嘉，元宗第六子也。母光穆聖后鍾氏。為人仁惠，有慧性，雅善屬文，工書畫，知音律。廣額豐頰，駢齒，一目重瞳子。文獻太子惡其有奇表，從嘉避禍，惟覃思經籍，歷封安定郡公、鄭王。文獻太子薨，徙吳王，以尚書令知政事，居東宮。建隆二年，元宗南遷，立為太子，留金陵監國，以嚴續、殷崇義輔之，張洎主牋奏。六月，元宗晏駕，嗣立于金陵，更今名。

又 **卷三七《前蜀三·後主紀》** 後主名衍，字化源。舊名宗衍，及即位，去宗名衍。高祖十一子，衍為最幼，蓋賢妃徐氏所生也。為人方頤大口，垂手過膝，顧目見耳，頗知學問。童年即能屬文，甚有才思，尤酷好靡麗之辭，嘗集豔體詩二百篇，號曰《烟花集》。凡有所著，蜀人皆傳誦焉。初封鄭王，為左奉鑾軍使。元膺死，徐妃與宦者唐文扆教相士言衍相極貴，又諷宰相張格贊成之，由是得立為皇太子。高祖既晏駕，光天元年六月癸卯嗣皇帝位。時年十八。

又 **卷四八《後蜀一·高祖紀》** 帝以七夕，宴丹霞樓，觀宮人乞巧，病遂增劇。甲子，立皇子東川節度使同平章事、親衛馬步都指揮使仁贊為太子，仍監國。召司空同平章事趙季良與李仁罕、趙廷隱、王處回、張公鐸、侯洪實同受遺詔輔政。是夕殂，年六十一。

又 **卷四九《後蜀二·後主紀》** 後主昶，字保元。初名仁贊，高祖第三子也。母貴妃李氏以天祐十六年十一月生仁贊于太原。幼時聰悟才辨，有日者周玄豹相之，謂高祖曰：『此兒骨法非常，宜愛之。』後又遣玄豹熟視仁贊於戲劇處，既而告曰：『四十年偏霸之主，非等閒也。』由是高祖特加愛念。起家西川節度行軍司馬。高祖稱皇帝，進檢校太保、東川節度使同中書門下平章事，充崇聖宮使。及高祖病革，立為皇太子，權監軍國事。頃之，高祖晏駕，秘不發喪。樞密使王處回夜啓義興門，過司空趙季良，涕泣。季良曰：『泣無益也。當速立嗣君，以絶非望。』處回收淚謝之，遂與季良宣遺制，命太子仁贊更名昶，蓋明德元年七月丙寅也。丁卯，昶於柩前嗣皇帝位。時年十六。

又 **卷五八《南漢一·高祖紀》** 大有十五年春三月，帝不豫，以子秦王弘度、晉王弘熙皆驕恣，而越王弘昌頗孝謹，與右僕射兼西御院使王翻謀，出弘度鎮邕州，弘熙鎮容州，而立弘昌。議已定，會崇文使蕭益問疾，帝以其事訪之，益執立嫡以長之義甚堅，遂止。丁丑殂。

又 **卷五九《南漢二·殤帝紀》** 殤帝名玢，高祖第三子也。初名弘度，封賓王，已改封秦王。母趙昭儀，素無寵。是時弘度兄耀樞、龜圖皆先死，弘度以次當嗣立，而高帝以弘度不類己，陰與王翻謀，欲出弘度及其弟弘熙于邕、容二州，逾次立越王弘昌。會蕭益力諫，不得行。由是高祖晏駕，弘度即皇帝位，更今名。改大有十五年為光天元年。

又 **卷六〇《南漢三·後主紀》** 後主名鋹，初名繼興，封衛王，中宗長子也。乾和十六年八月辛巳襲位，更今名，改是年為大寶元年。帝時年十六。

又 **卷九一《閩二·康宗紀》** 康宗名繼鵬，惠宗長子也。惠宗既殂，明日辛巳，繼鵬稱皇太后令監國。是日，即皇帝位。更名昶。

論説

宋·呂夏卿《唐書直筆》卷一《帝紀·即位》 繼世而立，書『即位』，用常文。書曰『皇太子即位于柩前』，書『柩前』，示承顧命之重也。

繼故而立，其賊不討，則為子之誼輕，不稱『太子』，無嗣父之道也。

清·王夫之《讀通鑑論》卷二五《唐憲宗·一八》 憲宗之崩，見弒已明，而史氏以疑傳之，莫能申畫一之法，謂內侍陳弘志為戎首者，非無據矣。而流觀終始，則弘志特推刃之賊，而汙瀦之首辟，不僅在弘志也。

由前事而觀之，郭氏受册先皇，為廣陵王妃，伉儷已定；憲宗立，羣臣屢請正位中宮，而憲宗不從；已而與吐突承璀謀廢穆宗，立澧王惲，事雖未行，而郭妃母子亦岌岌矣。穆宗憂而謀於郭釗，釗曰俟之，則『今將』之志，藏之久矣。

由後事而觀之，陳弘志者，非能執中外之權，如吐突承璀、王守澄之殺生在握也。憲宗雖服藥躁怒，而固為英主，不至如敬宗之狂蕩昏虐也。

承璀倚憲宗以執大命，而志在灃王，弘志以幺麼乍起而行弒，正承璀執言討賊擁立灃王一機會，而奈何聽其凶逆，莫為防制？如謂承璀力所不逮，則王守澄當因之以誅弘志，而分罪於承璀，以夷滅之，其辭尤順。今皆不然，在宮在官，相率以隱，俯首結舌，任弘志之優遊，則豈弘志之能得此於盈廷乎？

帝弒未幾，而郭氏皇太后之命行矣。穆宗非能孝者，而奉之極其尊養。郭氏雖飾賢聲以自暴，而侈靡遊佚，固一不軌之婦人，其去武、韋無幾也。憲宗未殯，承璀殺矣，灃王亦相繼而含冤以死矣。穆宗母子擁帝后之尊，恬然而不復問；舉朝卿士，默塞而不敢言；裴度雖出鎮河東，固尸元老之望，韓愈、柳公權、崔羣皆有清直之譽，而談笑以視先君之受刃。區區一埽除之弘志，安能得此於天下，則上下保姦之情形，又不可掩矣。

考諸稗官之傳記，宣宗既立，追憲宗之讎，郭氏迫欲墜樓。弒逆之迹，暴露於論定之後，則憲宗之賊，非郭氏、穆宗而誰哉？釁之所自生，則惟承璀惑主以易儲，故激而生變，郭釗所云俟之者，正俟此一日也。穆宗以適長嗣統，逆出秘密，故大臣不敢言，史臣不敢述，而苟且塗飾；不唯郭氏宜韋后之誅，穆宗逃劉劭之戮，陳弘志抑以逸罰為千秋之疑案。嗚呼！唐至是，猶謂國之有人乎？而裴度、張弘靖、柳公權，韓愈之為人臣，亦可知矣。

內禪分部

綜　述

《舊唐書》卷一《高祖紀》（武德九年）六月庚申，秦王以皇太子建成與齊王元吉同謀害己，率兵誅之。詔立秦王爲皇太子，繼統萬機，大赦天下。八月癸亥，詔傳位于皇太子。尊帝爲太上皇，徙居弘義宮，改名太安宮。

又　卷二《太宗紀上》（武德九年）八月癸亥，高祖傳位於皇太子，太宗卽位於東宮顯德殿。遣司空、魏國公裴寂柴告于南郊。大赦天下。

又　卷七《睿宗紀》（延和元年）八月庚子，帝傳位于皇太子，自稱太上皇帝，五日一度受朝於太極殿，自稱曰朕，三品已上除授及大刑獄，並自決之，其處分事稱誥、令。皇帝每日受朝於武德殿，自稱曰予，三品已下除授及徒罪並令決之，其處分事稱制、敕。

又　卷八《玄宗紀》　延和元年六月，凶黨因術人聞睿宗曰：『據玄象，帝座及前星有災，皇太子合作天子，不合更居東宮矣。』睿宗曰：『傳德避災，吾意決矣。』七月壬午，制曰：

朕以寡昧，虔奉鴻休，本殊王季之賢，早達延陵之節。昔在聖曆，已讓皇嗣之尊；爰暨神龍，終辭太弟之授。豈唯衣冠所覩，抑亦兆庶咸知。頃屬國步不夷，時艱主幼，大業有綴旒之懼，寶位深墜地之憂，議迫公卿，遂司契纂，日慎一日，以至于今。一紀之勞，勤亦至矣；萬方之俗，化漸行矣。將成宿願，脫屣寰區。昔堯之禪舜，唯能是與，禹以命啓，匪私其親，神器之重，允歸公授。皇太子基有大功於天地，定阽危於社稷，温文既習，聖敬克躋。委之監國，已移歲年，時政益明，庶工惟序。朕之知子，庶不負時，曆數在躬，宜陟元后。可令卽皇帝位，有司擇日授册。朕方比迹洪古，希風太皇，神與化遊，思與道合，無為無事，豈不美歟！王公百僚，宜識朕意。

上意惶懼，馳見叩頭，請所以傳位之旨。睿宗曰：『吾因汝功業得宗社。今帝座有眚，思欲遜避，唯聖德大勳，始轉禍爲福。易位於汝，吾知晚矣。』上始居武德殿視事，三品以下除授及徒罪皆自決之。

先天二年七月三日，【略】睿宗明日下詔曰：『朕將高居無爲，自今軍國政刑一事已上，並取皇帝處分。』

又　卷一四《順宗紀》（貞元二十一年）八月丁酉朔。庚子，詔：『惟皇天佑命烈祖，誕受方國，九聖儲祉，萬邦咸休。肆予一人，獲纘丕業，嚴恭守位，不遑暇逸。而天佑不降，疾恙無瘳，將何以奉宗廟之靈，展郊禋之禮！疇咨庶尹，對越上玄，內愧于朕心，上畏于天命。夙夜祗慄，深惟永圖。一日萬機，不可以久曠；天工人代，不可以久違。皇太子純睿哲温文，寬和仁惠，孝友之德，愛敬之誠，通乎神明，格于上下。是用法皇王至公之道，遵父子傳歸之制，付之重器，以撫兆人。必能宣祖宗之重光，荷天地之休命，奉若成憲，永綏四方。宜令皇太子卽皇帝位，朕稱太上皇，居興慶宮，制稱誥。』辛丑，誥：『有天下傳歸於子，前王之制也。欽若大典，斯為至公，式揚耿光，用體文德。朕獲奉宗廟，臨御萬方。降疾不瘳，庶政多闕。乃命元子，代予守邦，爰以令辰，光膺册禮，宜以今月九日册皇帝於宣政殿。國有大命，恩俾惟新，宜因紀元之慶，用覃在宥之澤。』

又《憲宗紀上》 憲宗聖神章武孝皇帝諱純，順宗長子也，母曰莊憲王太后。大曆十三年二月生于長安之東內。六七歲時，德宗抱置膝上，問曰：『汝誰子，在吾懷？』對曰：『是第三天子。』德宗異而憐之。貞元四年六月，封廣陵王。順宗卽位之年四月，册為皇太子。七月乙未，權勾當軍國政事。

八月丁酉朔，受內禪。乙巳，卽皇帝位於宣政殿。

又 卷一八四《宦官傳・俱文珍》 俱文珍，貞元末宦官，後從義父姓，曰劉貞亮。性忠正，剛而蹈義。順宗卽位，風疾不能視朝政，而宦官李忠言與牛美人侍病，美人受旨於帝，復宣之於忠言，忠言授之王叔文。叔文與朝士柳宗元、劉禹錫、韓曄等圖議，然後下中書，俾韋執誼施行，故王之權振天下。叔文欲奪宦者兵權，每忠言宣命，內臣無敢言者，唯貞亮建議與之爭。知其朋徒熾，慮隳朝政，乃與中官劉光琦、薛文珍、尚衍、解玉等謀，奏請立廣陵王為皇太子，勾當軍國大事，順宗可之。貞亮遂召學士衛次公、鄭絪、李程、王涯入金鑾殿，草立儲君詔。及太子受內禪，盡逐叔文之黨，政事悉委舊臣，時議嘉貞亮之忠藎。累遷至右衛大將軍，知內侍省事。元和八年卒，憲宗思其翊戴之功，贈開府儀同三司。

宋・王欽若等《册府元龜》卷一〇《帝王部・繼統第二》 唐太宗文皇帝，高祖第二子。高祖事迹具《帝王・創業門》。武德元年，封秦王。九年六月癸亥，立爲太子，軍機、兵仗、倉糧，凡厥庶政，事無大小，悉委皇太子斷決，然後聞奏。是月壬申，高祖手詔司空裴寂等曰：『朕當加尊號爲太上皇，有司擇日，宜速聞奏。』八月癸亥，高祖詔曰：『乾道統天，文明於是馭曆；大寶曰位，宸極所以居尊。在昔勛華，不昌厥緒，揖遜之禮，旁求歷試。三代以降，天下爲家，繼體承基，裔嗣相襲，故能孝饗宗廟，卜世長遠，貽慶後昆，克隆鼎祚。朕膺期受命，握圖闡極，大拯横流，載寧區夏，然而昧旦丕顯，日昃坐朝，馭朽兢懷，履冰在念，憂勤庶政，九載于茲。今英華已竭，耄期勤倦，久懷物表，高蹈風云，釋累遺塵，有同脫屣，深求閑逸，用保休和。皇太子世民，久叶祥符，夙彰奇表，天縱神武，智韞機深。自雲雷締搆，霸業伊始，義旗之舉，首創成規，京邑克平，莫非其力。乃皇極已建，天步猶艱，內發謀猷，外清氛祲，英圖冠世，妙算窮神，伐暴除凶，無思不服；薛舉負西戎之衆，武周引北狄之兵，禍起蜂飛，假名竊號，元戎所指，折首傾巢；王世充藉府庫之資，憑山河之固，信臣精卒，承間守險，建德因之，同惡相濟，金鼓纔震，一縱兩擒，師不踰時，戎衣大定；夷劉闥於趙魏，覆徐郎於譙兗，功格穹蒼，德孚宇宙，雄才宏略，振古莫儔，造我大唐，繄其是賴。既而居中作相，任隆列辟，百揆時總，三階以平，地屬元良，實惟固本，萬邦咸正，兆庶樂推，晷律呈象，休徵允集，華夏載佇，謳頌知歸。今傳皇帝位於世民，所司備禮，以時册授，公卿百官，四方岳牧，及長吏，下至士民，宜悉祗奉，以稱朕意。夫政惟通變，禮貴從宜，利在因民，義存適要，條章法度不便於時者，隨時改易，勿有疑滯。昔漢祖撥亂，身定大功，羣臣推奉，光宅帝位，而事父資敬，五日一朝，備禮尊崇，號稱太上。朕方游心恬淡，安神玄默，無爲拱揖，憲章往古稱謂之儀，一准漢代。庶宗社之固，申錫無疆，天祿之期，永安勿替。布告天下，咸使知聞。』太宗沖議，不敢奉詔。翌日，朝于西宮，面奏，請曰：『堯舜雖以至德有禪授之事，然親覽庶政，並經百年。陛下以至聖之德撫有四海，始將十載，臣望陛下遵堯舜之道，以百姓爲心。』高祖曰：『吾思此事已熟，懷之已久，故欲怡神以養生，不欲矯情以從物，惟恐性不能盡歡娛，身不能恣逸樂，目不能觀五色，耳不能聽五音，口不能極膏腴，鼻不能嗅芬馥。今傳授得所，業泰身安，此是怡神以養生，會吾之宿志。若乃飾仁義，務智能，勞神以施號令，疲形以行賞罰，此是矯情以從物，非吾心之所取也。夫善治外者不傷性，善治內者不累身，吾方以道攝生養性，故脫屣於汝，豈可嬰吾以負重哉！』太宗稽首固請，高祖曰：『夫爲人子，務自勞身，致其親於安樂。吾老矣，傳汝以萬機，若不從，是非孝也。』太宗弗敢辭。於是遣兼太尉、司空、魏國公裴寂賜策曰：『夫天生蒸民，樹以司牧，三靈輔德，百姓與能，粵自夏殷，傳業裔祚，軌物長世，率由茲道。朕祇膺靈命，肇開寶曆，聲教所覃，無思不服。然而萬機填委，九區輻湊，明發不寐，考極觀書，聽政勞神，經謀損慮，深思閑曠，釋茲重負。咨爾聰明神武，德實天生，君人之量，爰備夙夜，王業初基，雷云伊始，英謀獨斷，祕策潛深；及擴定關隴，澄清河洛，北通玄塞，東静青丘，宏圖遐舉，元功克茂，氛霧廓清，鯨鯢斯盡。澤霑方外，聲暢無垠，總統機衡，百工以乂，敷弘德化，四門允穆，謳歌所屬，宇内宅心，象緯告徵，靈命斯在。朕是用上稽蒼昊，俯順黔黎，推而弗居，永垂顯號，致皇帝位於爾躬。今命司空、上柱國、魏國公寂，尚書左僕射、上柱國、宋國公瑀賚綬授爾，其纂承洪緒，對揚休命，式隆寶祚，以康四海。』太宗固讓，詔不許之。甲子，太宗卽位于東宮顯德殿，遣兼太尉、司空裴寂柴燎告天於南郊曰：『皇帝臣某，敢以玄牡，昭告皇皇后帝：太上皇厭居宸極，凝情姑射，倦此萬機，釋茲重負，人神不可以乏主，天序不可以無統，曆數有歸，猥當寡薄，神器有奉，用集大命，懼忝帝位，固辭弗克，遂膺大禮，臨馭兆民。敬簡元日，告類上帝，卽皇帝位。惟神敷祐萬邦，永綏天極。』

貞觀三年四月，高祖以弘義宮有山林勝地，乃徙居焉，改名大安宮，詔曰：『《書》云：「知人則哲，唯帝難之。」《易》曰：「通其變，使民不倦。」故太伯端委，周室以隆，東海就國，漢基方永，立權致治，不其然乎！朕世襲緇衣，家傳鼎業，佐魏及周，勤勞王室。有隋御曆，地居戚里，嘗以補天在慮，納揆爲心。大業道喪，皇極如燬，傾維折柱，天下分離，塗炭納隍，黔黎殆盡，顧茲九有，鋒鏑縱橫，静念持扶，計無所出。世民幼懷大度，性合天道，韞經緯之奇文，包湯武之弘略，深謀秘策，沃朕救溺之心；壯思雄圖，起予救焚之志。因其感激，許以經綸，糾合義師，投袂而起；車次於平陽之郊，劍及於孟津之會，元戎所詣，冰消霧捲，曾未浹旬，廓清京邑，定非常之業，建不世之功，三古以來，未之聞也。朱旗西指，則仁杲喪元，白羽東臨，則世充泥首；摧武周如拉朽，收建德若拾遺。至若黑闥逋誅，圓郎小醜，三捷七擒，不可勝計。一人之力，冠今超古，暴之遐邇，豈待昌言。往以建成嫡長，冀其養德日就，不謂匿怨友于，忌能毁善，讒言屢發，殆至鑠金。賴天啓朕心，宗社降福，密悟凶邪，指麾殲殄。朕愧受浸潤，深念元功，乃敬授帝圖，先天傳政。懼其溢滿驕上，未稱三靈之心，縱慾肆情，不恤萬方之重。朕故仍居紫極，處之肅成，察其復禮，觀其齊政，露往霜來，四載於茲矣。比聞思我王度，克難克艱，昧旦丕顯，去奢去泰。朝夕視膳，蒸蒸之性日嚴；昃景憂民，翼翼之情日慎。南越稽首，北狄款關，四海晏然，五兵偃戢。招君璋之衆，只用尺書；屠師都之城，無虧寸刃。公卿輯睦，遠邇乂安，金鼓絶於疆埸，心鏡懸於億兆，盡善盡美，吾無間然。匪天祐之，孰能至此！令月吉辰，風調雨順，朕俯觀人事，仰鑑穹旻，當養性别宫，使其正位居極。宜令有司具禮，務在周備，朕得脱屣高蹈，擬迹於軒轅，授曆傳璽，爰屬於啓誦。大寶既固，卜年惟永，付託有所，何樂如之！百辟卿士等，或晉陽從我，同披荆棘，或秦邸故吏，早預腹心，並以德舉言揚，進忠顯孝，保乂社稷。天平地成，唯當帶礪山河，與國休戚，可悉心輔弼。無黨無偏，罔或廢哉！替爾丕績，善事元首，稱朕意焉。』

太宗奉表陳讓曰：『臣聞：至敬無文，至誠不飾。地居臣子，不以小忠撓志；情兼家國，不以細行嬰心。臣蒙獎厲，擢居天策，戰必以死，實深愍於黎庶，奮不顧命，願無忝於宗祏。規摹指麾，皆禀聖算，人心神誘，遂得成功，安敢貪天，自稱己力！前以聖人大寶，濫鍾愚懦，臣謂肅成理務，禮通監撫，日慎一日，不敢推辭。今奉茲詔，更垂獎予，以四海乂安，褰裳紫極，歸尊軒轅，天下幸甚！令臣自當啓誦，不覺厚顔。頃者陰陽尚愆，嘉穀未稔，政治有虧，刑典不措。恐眇身多罪，以及萬方，伏願天慈仍安太極，待民知堯力，王燭順序，網開湯祝，金科削編，然後降輦西宮，於事非晚。付臣宣室，亦敢當仁。臣志在忘私，冒陳丹款。』

高祖手詔曰：『君之於臣，尚須探察，父之審子，豈可同常。汝夙懷忠孝，吾愛汝亦過於諸子，況立功德，具如前詔。所恨吾受讒言，幾至投杼，上玄降福，神器安寧，此乃宗廟有靈，非獨吾之幸也。比察汝布政，聽汝德音，洋洋盈耳，副吾所望。昔齊有粃政而致小白，晉有艱難而獲重耳，今天下慶賴，在汝一人。頃者寒暑不調，水旱乖節，止是吾之與汝安處未得其位，乃致承乾所居，非少陽之體。吾今往西宮，方思萬代之福，汝何勞撝抑，頻此言請？且深思大道，永保社稷，善始令終，無或懈怠，奉行吾詔，勿以小讓爲懷，至公之言，彼宮此室，勢何殊也！異姓賢者，尚欲權之，今汝已克負荷，應兹當璧，極慰吾意。宜絶常辭也。』太宗不敢忤意，乃止。乙亥，太上皇居於大安宮，太宗親侍畢輦，百僚陪從，置酒高會，極歡而罷。甲午，太宗正位於太極殿。

又 卷一一《帝王部·繼統第三》 唐玄宗至道大聖大明孝皇帝，睿宗第三子。垂拱三年，封楚王。長壽二年，改封臨淄郡王。景龍四年六月庚子，平韋庶人。甲辰，少帝讓睿宗為皇帝。丙午，立為皇太子。延和元年七月壬辰，睿宗傳位於皇太子，制曰：『朕聞宇宙者，至公之器，不獲已而臨之。帝王者，因時之運，非有待而居之，蓋在於拯俗濟人，功成名遂而已。朕以寡昧，處奉鴻休，本殊王季之賢，早達延陵之節。昔在聖曆，已讓皇嗣之尊；爰洎神龍，終辭太弟之授。屬國步不夷，時難主幼，大業有綴旒之懼，寶位深墜地之憂，議迫公卿，遂登皇極，日愼一日，以至於今。俗化漸行，將成宿願。昔禹以命啓，匪私其親，神器之重，允歸公授。皇太子隆基有大功於天地，定阽危於社稷，温文既習，聖敬克躋。委之監撫，已移年歲，時政益明，庶官惟序。朕之知子，庶不負時，曆數在躬，宜陟元后。可令卽皇帝位，有司擇日册授。朕方比迹洪古，希風太皇。王公百寮，宜識朕意。』先是，彗星從西方經軒轅入太微，至于大角，數日乃滅，睿宗以為革舊布新之政。又太子仁愛日聞，故順天傳位，乃謂太平公主曰：『昔中宗之朝，悖逆驕縱，擅權侈靡，天變屢臻。我當時極諫請擇賢子立之，以應災異，中宗不悅，我憂惶數日不食。豈在彼能諫，於己不行？』

是日，將軍龐承宗、左拾遺韓朝宗諫曰：『自頃國家多難，賴陛下聖德，保存社稷。綏撫四方，今日忽有此讓，臣等不知所出。皇太子雖聖明，且應養德春宮，依前監撫，未宜卽位。』睿宗不聽。皇太子自東宮馳入請見，自投於地，叩頭曰：『臣以微功，非次見擢，偏守儲貳，日夜兢惶。不知陛下何以傳位於臣？』睿宗曰：『往以韋氏弑逆，社稷殆危，汝以弱年，夷凶靜亂，安我宗廟，爾之力也。今天意人事，汝合當之。』太子固辭，睿宗曰：『不有此讓，何以禳災？汝若行孝，豈宜於柩前卽位邪？』於是太子流涕而出。

丙申，皇太子讓表曰：『神器者，天下之大寶；受與者，帝王之大節。臣義兼隱犯，誠深愛敬，凡所上陳，理無苟免。國家盛德，創物垂範，雖時始百年，而運經厄會。陛下振清廟之徽光，蕩攙搶之氛慝。紹膺永命，導揚洪休，千載一期，實仰玄造。便欲抗心太素，獨善鴻元，登平之俗，未躋於下，武卜代之期耴，虧於一簣。伏願霈然易慮，俯順羣心，則區宇永寧，人神胥悅。若命在必遂，誠無所感，必將殞越為期，竄伏無地。』書奏，不許。皇太子累讓，睿宗答曰：『汝為孝友，須遵朕命，用陟元后，無宜固辭。汝為季俗多虞，淳風未洽，欲朕迴慮，兼理萬機。昔舜之禪禹，猶躬行巡狩，況朕授汝，豈忘家國！其軍國大務及授三品已上並重刑獄，當兼省之。』

八月庚子，册太子為皇帝，受册悲涕，左右莫不感動。又奉册睿宗為太上皇，命皇帝聽朝於武德殿。上皇稱朕，有命稱誥，皇帝稱予，有命稱制敕，五日一受朝於太極殿。

先天二年七月乙丑，尚書左僕射竇懷貞等與太平公主同謀，將議廢立，期以羽林兵作亂，帝密知之，因以中旨告岐王範、薛王業、兵部尚書郭元振等，定計誅之。

丙寅，太上皇誥曰：『大寶之尊，諒非為己，神器之重，必在與能。自昔與王，率由兹道。我國家運光五聖，業盛百齡，大賚洽於人心，淳風偃於區外。而道不常泰，時更小屯，朕以菲薄，屬兹多難，仰讓王之宿志，順公議於羣情，丕業既康，天保斯定。皇帝神武攸縱，睿哲克躋，安宗社於綴旒，拯生人於在溺，用遵內禪，令總朕師，夙夜在勤，政刑益理。昨者姦臣構釁，潛發禁闈，凶黨布於蕭牆，飛變聞於帷扆。朕慮深倉卒，受命討除，皇帝遂與岐王範、薛王業等，勵兹孝心，率彼義勇，戮鯨鯢於闕下，掃攙搶於天路，元惡大憝，罔不伏誅。人神用康，功業彌廣，信可總璇衡之大政，守國家之鴻緒。能事備矣，朕又何憂！自今已後，軍國政刑一事已上，宜並取皇帝處分。其岐王範、薛王業宜各加實封一千戶。朕方閑居大庭，緬懷汾水，無為養志，以遂素心。凡百卿士，以洎黎庶，宜體朕懷，各盡誠節。布告遐邇，咸使知聞。』帝伏地流涕，再拜受誥。

癸酉，敕曰：『王公、文武百官等，邇者事出不虞，凶邪構逆，賴天地叶德，宗社降靈，應時誅翦，朝野寧謐，慶慰之至，與卿等同懷。太上皇志尚無為，捐兹俗務，軍國庶政，委成朕躬。祇奉聖謨，膺斯負重。顧惟菲薄，何以克堪。若臨大川，罔知攸濟。冀王公卿士，百辟庶寮，戮力同心，輔相休命，各盡誠節，共洽維新。』【略】

憲宗，順宗長子。貞元四年，封廣陵郡王。二十一年，順宗即位，立爲皇太子。七月乙未，詔權令皇太子勾當軍國政事。八月庚子，詔曰：『惟皇天佑命烈祖，誕受方國，九聖儲祉，萬邦咸休。肆予一人，獲纘丕業，嚴恭守位，不遑暇逸。而天祐弗降，疾恙弗瘳，將何以奉宗廟之靈，展禋祀之禮？疇咨庶尹，對越上玄，內媿于朕心，上畏乎天命，夙夜祇慄，深惟永圖。一日萬機，不可以久曠；天工人代，不可以久違。皇太子純，睿哲溫文，寬和慈惠，孝友之德，仁愛之誠，通乎神明，格于上下。是用推皇王至公之道，遵父子傳歸之制，付之重器，以撫兆人，必能宣祖宗之重光，荷天地之休命，奉若成憲，撫綏四方。宜令皇太子卽皇帝位，朕稱太上皇，居興慶宮，制敕稱誥。所司擇日行册禮。』辛丑，太上皇居興慶宮，誥宜以九日册皇帝于宣政殿，改貞元二十一年爲永貞元年。

八月乙巳，帝卽位于宣政殿，册曰：『維永貞元年歲次乙酉八月丁酉朔九日乙巳，太上皇若曰：咨爾皇太子純，惟皇上帝，降休于我家，用集大命，克綏厥猷，惟后祇率大典，兹惟艱哉。朕承累聖休德，膺守邦之重，不蒙天祐，降疾在躬，上不能昭事郊丘，祇見烈祖；下不能臨視庶政，保綏兆人。是用命爾當位嗣統，宜陟元后，代予憂勤。今遣使檢校司徒、平章事杜佑，副使、門下侍郎、平章事杜黃裳，持節册命，於戲！爾有光大之德，敷於萬邦；爾有仁孝之誠，刑于九族。慈和寬簡，克享天心。玄符不可以固違，明命不可以不畏，爾惟察納忠直，子惠困窮，咨于朕言，慎乃儉德。臨庶官以敬，哀庶獄以情，允執其中，無忝爾祖宗之丕訓。』

《新唐書》卷一《高祖紀》 （武德九年六月庚申）秦王世民殺皇太子建成、齊王元吉，大赦。【略】癸亥，立秦王世民為皇太子，聽政。【略】（八月）甲子，皇太子即皇帝位。貞觀三年，太上皇徙居大安宮。

又 卷二《太宗紀》 （武德）八年，進位中書令。初，高祖起太原，非其本意而事出太宗。及取天下，破宋金剛、王世充、竇建德等，太宗功益高，而高祖屢許以為太子。太子建成懼廢，與齊王元吉謀害太宗，未發。九年六月，太宗以兵入玄武門，殺太子建成及齊王元吉。高祖大驚，乃以太宗為皇太子。八月甲子，即皇帝位於東宮顯德殿。

（貞觀三年）四月乙亥，太上皇徙居於大安宮。

又 卷五《睿宗紀》 （先天二年）七月甲子，大赦。乙丑，誥歸政于皇帝。

又 《玄宗紀》 睿宗即位，立為皇太子。景雲二年，監國，聽除六品以下官。延和元年，星官言帝坐前星有變。睿宗曰：『傳德避災，吾意決矣。』七月壬辰制，皇太子宜即皇帝位。太子惶懼入請，睿宗曰：『此吾所以答天戒也。』皇太子乃御武德殿，除三品以下官。八月庚子，即皇帝位。

又 卷七《憲宗紀》 憲宗昭文章武大聖至神孝皇帝諱純，順宗長子也。母曰莊憲皇太后王氏。貞元四年六月己亥，封廣陵郡王。二十一年三月，立爲皇太子。

永貞元年八月，順宗詔立爲皇帝。乙巳，卽皇帝位於太極殿。丁未，始聽政。

又 卷七九《隱太子李建成傳》 突厥寇邊，太子薦元吉北討，欲因其兵作亂。長孫無忌、房玄齡、杜如晦、尉遲敬德、侯君集等勸秦王先圖之。王乃密奏建成等與後宮亂，因曰：『臣無負兄弟，今乃欲殺臣，是為世充、建德復仇。使臣死，雖地下，愧見諸賊。』帝大驚，報曰：『旦日當窮治，而必早參。』張婕妤馳語建成，乃召元吉謀，曰：『請勒宮甲，託疾不朝。』建成曰：『善，然不共入朝，事何繇知？』遲明，乘馬至玄武門，秦王先至，以勇士九人自衛。時帝已召裴寂、蕭瑀、陳叔達、封德彝、宇文士及、竇誕、顏師古等入。建成、元吉至臨湖殿，覺變，遽反走，秦王隨呼之，元吉引弓欲射，不能彀者三。秦王射建成即死，元吉中矢走，敬德追殺之。俄而東宮、齊府兵三千攻玄武門，閉不得入。接戰久之，矢及殿屋。王左右數百騎至，合擊之，衆遂潰。帝謂裴寂等曰：『事今奈何？』蕭瑀、陳叔達曰：『臣聞內外無限，父子不親，失而弗斷，反蒙其亂。建成、元吉自草昧以來，未始與謀，既立，又無功德，疑貳相濟，為蕭牆憂。秦王功蓋天下，內外歸心，立為太子，付軍國大務，陛下釋重負矣。』帝曰：『此吾志也！』乃召秦王至，尉撫之曰：『朕幾有投杼之惑。』秦王號泣不能止。

又　卷一五八《韋皋傳》　順宗立，詔檢校太尉。會王叔文等干政，皋遣劉闢來京師謁叔文曰：『公使私於君，請盡領劍南，則惟君之報。不然，惟君之怨。』叔文怒，欲斬闢，闢遁去。皋知叔文多釁，又自以大臣可與國大議，卽上表請皇太子監國，又上牋太子，暴叔文、伾之姦，且勸進。會大臣繼請，太子遂受禪，因投殛姦黨。

又　卷二〇七《宦官傳上·劉貞亮》　會順宗立，淹痼弗能朝，惟李忠言、牛美人侍。美人以帝旨付忠言，忠言授之王叔文，叔文與柳宗元等裁定，然後下中書。然未得縱欲，遂奪神策兵以自彊，卽用范希朝為京西北禁軍都將，收宦者權。而忠言素懦謹，每見叔文與論事，無敢異同，唯貞亮乃與之爭。又惡朋黨熾結，因與中人劉光琦、薛文珍、尚衍、解玉、呂如全等同勸帝立廣陵王為太子監國，帝納其奏，貞亮召學士衞次公、鄭絪、李程、王涯至金鑾殿草定制詔。太子已立，盡逐叔文黨，委政大臣，議者美其忠。

宋·宋敏求《唐大詔令集》卷三〇《皇太子·傳位·賈曾〈睿宗命皇太子卽位制〉》　朕以寡昧，虔奉鴻休，本殊王季之賢，早達延州之節。昔在聖曆，已讓皇儲之尊；爰曁神龍，終辭太弟之授。豈惟衣冠所睹，抑亦兆庶咸知。頃屬國步不夷，時艱主幼，大業有綴旒之懼，寶位深墜地之憂。議迫公卿，遂司契象，日愼一日，已至於今。一紀之勞，勤亦至矣；萬方之俗，化漸行矣。將成夙願，脫屣寰區。昔堯之禪舜，惟能是與；禹以命啓，匪私其親。神器之重，允歸公授。皇太子某，有大功於天地，定阽危於社稷。溫文既習，聖敬克躋，委之監撫，已逾年歲，時政益明，庶工惟敍。朕之知子，庶不負時，曆數在躬，宜陟元后。可令卽皇帝位，有司擇日授册。朕方比迹洪古，希風太皇，神與化遊，思與道合，無為無事，豈不美歟！三公百寮，宜識朕意。延和元年七月

又　《睿宗令明皇總軍國刑政詔》　大寶之尊，諒殊於為己；神器之重，必在於與能。自昔興王，率由斯道。我國家運光五聖，業盛百齡，大賚合於人心，淳風偃於區外。而道不恒泰，時更小屯，朕以菲薄，屬茲多難，抑讓王之宿志，順公議於羣情，丕業既康，天保斯定。皇帝神武攸縱，睿哲克躋，安宗社於綴旒，拯生人於在溺。用遵舊典，令總朕師，夙夜在勤，刑政益理。昨者姦臣搆釁，竊犯禁闈，凶黨布於蕭牆，飛變聞於惟扆。朕慮深倉卒，爰命討除，皇帝遂與岐王範、薛王業等，勵茲孝心，率彼義勇，戮鯨鯢於闕下，掃欃槍於天路。元惡大憝，罔不伏誅，人神用康，功業彌廣。信可總璿衡之大政，守家國之鴻緒。能事備矣，朕又何憂？自今以後，軍國政刑，一事已上，並取皇帝處分。其岐王範、薛王業，宜各實封一千戶。朕方高居大庭，緬懷汾水，無為養志，以遂素心。凡百卿士，洎於黎庶，宜體朕懷，各盡臣節。布告遐邇，咸使聞知。先天二年七月

又　《順宗命皇太子卽位詔》　敕：惟皇天祐命，烈祖誕受方國，九聖儲祉，萬邦咸休。肆予一人，獲纘丕業，嚴恭守位，不遑暇逸，而天祐不降，疾恙不瘳，將何以奉宗廟之靈，展郊禋之禮？疇咨庶尹，對越上天，內愧於朕心，上畏於天命。夙夜祗慄，深維永圖。一日萬幾，不可以久曠；天工人代，不可以久違。皇太子純，睿哲溫文，寬和慈惠，孝友之德，仁愛之誠，通於神明，格於上下。是用舉皇王至公之道，遵父子傳歸之制，付之重器，以撫兆人，必能宣祖宗之重光，荷天地之休命，奉若成憲，永綏四方。宜令皇太子卽皇帝位。朕稱太上皇，居興慶宮，制敕稱誥。所司擇日册禮，布告中外，令知朕意。貞元二十一年八月

又　《鄭絪〈順宗傳位皇太子改元詔〉》　門下：有天下者，傳歸於子，前王之制也。欽若大典，斯為至公，式揚耿光，用體文德。朕獲奉宗廟，臨御萬方，降疾不瘳，庶政多闕，乃命元子，代予守邦，爰以令辰，光膺册禮。宜以今月元日，册皇帝於宣政殿。仍令檢校司徒平章事杜佑充册使，門下侍郎平章事杜黃裳充副使。國有大命，恩俾惟新，宜因紀元之慶，用覃在宥之澤。宜改貞元二十一年為永貞元年。自永貞元年八月五日昧爽已前天下應犯死罪，特降從流；流罪已下，各減一等。布告中外，咸使聞知。

論說

宋·呂夏卿《唐書直筆》卷一《帝紀·內禪》　內禪，非正之制也。涉權宜而逼大體，則書踐阼而不稱太子。傳襲計定，人無異志，則書踐阼

而不稱皇帝，若讓不忍嗣然。

《高祖紀》書曰：『武德九年八月，皇帝傳位為太上皇。』《睿宗紀》書曰：『先天元年八月，皇帝傳位為太上皇。』《太宗紀》書曰：『八月，太上皇傳位，皇帝踐阼于顯德殿。』《明皇紀》書曰：『八月，太上皇傳位。庚子，皇帝踐阼于武德殿。』《太宗》、《明皇紀》皆先載建成、元吉、太平公主之難，及事克，內禪之命行焉，臣子之謀，非一朝一夕之故變也。于傳位之下，復出『太上皇傳位』，明神器有所授也。《順宗紀》書曰：『貞元二十一年八月，皇帝傳位于皇太子。』《憲宗紀》書曰：貞元二十一年八月，內禪。乙巳，皇太子踐阼於宣政殿。』錄『內禪』以起踐阼者，人望所屬，宗廟有主。推天命之歸，故不書『太上傳位』，不嫌所授不明也。受內禪不書『即位』，嫌父在而取大寶；稱『踐阼』，明代父之誼，從緩文。

宋·孫甫《唐史論斷》卷中《睿宗·傳位皇太子使主細務》 論曰：睿宗以次子平王賢而有功，取內外屬望之意，從長子辭讓之誠，立為太子。又以時多難，上象示變，知行事不當天意，遂傳位於子，實大公之心，安宗社之計也。奈何為一妹所惑，雖傳位而不授以政，使太子稱帝而主細務，自稱太上皇而斷大事。此體豈正乎？故養成一妹大惡，致姦人黨附從而逆謀，賴太子英果，先事誅之。不然，內難可測乎？蓋睿宗雖大公之心而明斷不至也，惜哉！

元·馬端臨《文獻通考》卷二五二《帝系考三·太上皇太皇太后皇太后》 致堂胡氏曰：睿宗每自謂素懷淡泊，不樂世務，然則盍不於傳位之時盡釋萬機？則太平亦無所恃而謀亂。乃有眷眷之情，尚知大政昧於亢龍有悔之義，是以不智處身，而以不孝處其子也。豈非後王之戒哉？

又曰：玄宗舉兵誅討韋氏，雪君憤辱，厥功雖大，而意在自取，不得已而歸之於父。尋又怵惑邪說，殺父同氣，至使睿宗盡釋大權，而問安侍膳，以天下養之，事一無聞焉。其友愛隆厚，獨施之五王，同寢、共宴、遊戲、賞樂，更奏絲竹，親煮藥餌，何其至也。豈非以手足天性均出於父乎？施諸手足者如此，於父宜何如而孝養無聞，五月而葬不太薄乎？古之人所以大過人者無他，善推其所為而已。玄宗能其小而不能其大，力於次者而忽於至者，不推其所為，無乃初心有利欲之蔽乎？無乃感宋王之讓己而薄其父乎？雖享國日久而天理好還，終不可逭。是故正其義不謀其利者，為子則孝，為臣則忠，自天子至於庶人，其揆一也。

藩王入繼分部

綜　述

《舊唐書》卷一八上《武宗紀》 （會昌六年）三月壬寅，上不豫，制改御名炎。帝重方士，頗服食修攝，親受法籙，至是藥躁，喜怒失常，疾既篤，旬日不能言。宰相李德裕等請見，不許，中外莫知安否，人情危懼。是月二十三日，宣遺詔，以皇太叔光王柩前即位。是日崩，時年三十三。

又 卷一八下《宣宗紀》 宣宗聖武獻文孝皇帝諱忱，憲宗第十三子，母曰孝明皇后鄭氏。元和五年六月二十二日，生於大明宮。長慶元年三月，封光王，名怡。會昌六年三月一日，武宗疾篤，遺詔立爲皇太叔，權勾當軍國政事。翌日，柩前卽帝位，改今名。時年三十七。

宋·王欽若等《册府元龜》卷一一《帝王部·繼統第三》 宣宗皇帝，憲宗第十三子。長慶元年三月封光王，名怡。會昌六年三月十一日，詔立爲皇太叔，權勾當軍國政事。翌日，卽皇帝位，時年三十七。帝外寬和而內朗嚴，寡言，視瞻特異。會昌朝，愈事韜晦，羣居遊處，未嘗有言。文宗、武宗幸十六宅宴集，强誘其言以爲戲劇，謂之光叔。武宗氣豪，尤不爲禮。及監國之日，哀毀滿容，接待羣僚，決斷庶務，人方見其隱德焉。

《新唐書》卷八《武宗紀》 （會昌六年）三月壬戌，不豫。左神策軍護軍中尉馬元贄立光王怡為皇太叔，權句當軍國政事。甲子，皇帝崩于大明宮。年三十三。

又 《宣宗紀》 宣宗元聖至明成武獻文睿智章仁神聰懿道大孝皇帝諱忱，憲宗第十三子也。母曰孝明皇太后鄭氏。始封光王。性嚴重寡言，宮中或以為不惠。會昌六年，武宗疾，大漸，左神策軍護軍中尉馬元贄立光王為皇太叔。三月甲子，即皇帝位于柩前。四月乙亥，始聽政。

宋・宋敏求《唐大詔令集》卷三〇《皇太子・監國・武宗立光王為皇太叔勾當軍國勅》 勅：朕以微眇，獲守宗祧，祇荷鴻休，懼不克濟，乾乾夕惕，若涉春冰，旰昃忘疲，宵分假寐，而陽和布候，同陰交爭，寒暑所侵，乖於攝理，忽嬰疾疢，羸已經時，漸覺衰羸，藥餌未效。臣僚愛我，中外叶心，禱祝畢為，針石備至。皇子沖幼，未經師資，軍國事重，須選賢德。稽於訓典，謀及大臣，用建明哲，以貳神器。親叔光王怡，宜改為忱。植性忠孝，翼翼小心，禮樂生知，聰明天縱，温文敏裕，博厚寬仁，言必依經，雅符於《詩》、《禮》；動不違矩，式合於《典》、《謨》，俾奉丕圖，必愜人欲。可立為皇太叔，應軍國政事，便令權勾當。百辟卿士，中外庶官，宜竭乃心，輔成予志。嗚呼！萬幾不可以久曠，兆人不可以乏統，惟義是守，朕不敢私。宣布中外，咸令知悉。會昌六年三月二十一日

《舊五代史》卷八《梁書・末帝紀上》 乾化二年六月三日，庶人友珪弑逆，矯太祖詔，遣供奉官丁昭浦馳至東京，密令帝害博王友文。友珪即位，以帝爲東京留守，行開封府尹，檢校司徒。友珪以簒逆居位，羣情不附。會趙巖至東京，從帝私讌，因言及社稷事，帝以誠款謀之，巖曰：『此事易如反掌，成敗在招討楊令公之手，但得一言諭禁軍，其事立辦。』巖時典禁軍，洎還洛，以謀告侍衛親軍袁象先。帝令腹心馬慎交之魏州見師厚，且言成事之日，賜勞軍錢五十萬緡，仍許兼鎮。慎交，燕人也，素有膽辨，乃説師厚曰：『郢王殺君害父，簒居大位，宫中荒淫，靡所不至。洛下人情已去，東京物望所歸，公若因而成之，則有輔立之功，討賊之效。』師厚猶豫未決，謂從事曰：『吾於郢王，君臣之分已定，無故改圖，人謂我何！』慎交曰：『郢王以子弑父，是曰元凶。均王爲君爲親，正名仗義。彼若一朝事成，令公何情自處！』師厚驚曰：『幾悮計耳！』乃令小校王舜賢至洛，密與趙巖、袁象先圖議。時有左右龍驤都在東京，帝僞作友珪詔，遣還洛下。先是，劉重遇部下龍驤一指揮於懷州叛，經年搜捕其黨，帝因遣人激怒其衆曰：『郢王以龍驤軍嘗叛，追汝等洛下，將盡坑之。』翌日，乃以僞詔示之，將校垂泣告帝，乞指生路。帝諭之曰：『先帝三十餘年，經營社稷，千征萬戰，爾等皆曾從行。今日先帝尚落人奸計，爾等安所逃避。』因出梁祖御像以示諸將，帝歔欷而泣曰：『郢王賊害君父，違天逆地，復欲屠滅親軍，爾等苟能自趨洛陽，擒取逆豎，告謝先帝，即轉禍爲福矣。』衆踴躍曰：『王言是也。』皆呼萬歲，請帝爲主，時友珪改元之二月十五日也。

帝乃遣人告趙巖、袁象先、傅暉、朱珪等。十七日，象先引禁軍千人突入宫城，遂誅友珪。事定，象先遣趙巖齎傳國寶至東京，請帝即位於洛陽。帝報之曰：『夷門，太祖創業之地，居天下之衝，北拒幷、汾，東至淮海，國家藩鎮，多在厥東，命將出師，利於便近，若都洛下，非良圖也。公等如堅推戴，册禮宜在東京，賊平之日，即謁洛陽陵廟。』是月，帝即位於東京。

又 卷四四《唐書・明宗紀十》 （長興四年十一月）壬辰，天下大元帥、守尚書令兼侍中秦王從榮領兵陣於天津橋，内出禁軍拒之。從榮敗奔河南府，遇害。【略】戊戌，帝崩於大内之雍和殿，壽六十七。

十二月癸卯朔，遷梓宫於二儀殿。宋王從厚自鄴都至。是日發哀，百僚縞素於位，中書侍郎、平章事劉昫宣遺制，宋王從厚於柩前即皇帝位，服紀以日易月，一如舊制云。

又 卷四五《唐書・閔帝紀》 閔帝諱從厚，小字菩薩奴，明宗第三子也。【略】長興元年，改授鎮州節度使，尋封宋王。二年，加檢校太尉兼侍中，移鎮鄴都。三年，加中書令。秦王從榮，帝同母兄也，以帝有望德，深所猜忌。帝在鄴宫恒憂其禍，然善于承順，竟免間隙。四年十一月二十日，秦王誅。翼日，明宗遣宣徽使孟漢瓊馳驛召帝。二十六日，明宗崩。二十九日，帝至自鄴。十二月癸卯朔，發喪于西宫，帝于柩前即位。

又 卷八〇《晉書・高祖紀六》 （天福七年六月）乙丑，帝崩于保昌殿，壽五十一。遺制：齊王重貴于柩前即皇帝位。

又 卷八一《晉書・少帝紀一》 少帝名重貴，高祖之從子也。【略】六年，高祖幸鄴，改廣晉尹，進封齊王。七年正月，加兼侍中。是歲六月十三日乙丑，高祖崩，承遺制，命柩前即皇帝位。帝在幷州，未著人望。及保釐浚郊，大有寬裕之稱。從幸鄴都，是歲遇旱，高祖遣祈雨于白龍潭，有白龍見于潭心，是夜澍雨尺餘，人皆異之。至是，果登大位焉。

又　卷一〇〇《漢書・高祖紀下》（乾祐元年正月）二十七日丁丑，帝崩于萬歲殿，時年五十四。祕不發喪。**【略】**二月辛巳朔，内降遺制：皇子周王承祐可于柩前即皇帝位。

又　卷一〇一《漢書・隱帝紀上》　隱皇帝，諱承祐，高祖第二子也。**【略】**高祖鎮太原，署節院使，累官至檢校尚書右僕射。國初，授左衛大將軍、檢校司空，遷大内都點檢、檢校太保。

乾祐元年正月二十七日，高祖崩，秘不發喪。二月辛巳，授特進、檢校太尉、同平章事，封周王。宣制畢，有頃，召文武百僚赴萬歲殿内，降大行皇帝遺制，云：『周王承祐，可于柩前即皇帝位。服紀日月，一依舊制。』是日，内外發哀成服。**【略】**甲申，羣臣上表請聽政，詔答不允，凡四上表，從之。

又　卷一一三《周書・太祖紀四》（顯德元年正月壬辰）是日巳時，帝崩于滋德殿，聖壽五十一。祕不發喪。乙未，遷神柩于萬歲殿，召文武百官，班于殿庭，宣遺制：晉王榮可于柩前即皇帝位，服紀月日，一如舊制云。

又　卷一一四《周書・世宗紀一》　世宗睿武孝文皇帝，諱榮，太祖之養子，蓋聖穆皇后之姪也。本姓柴氏。**【略】**（廣順）三年正月，帝入覲。三月，授開封尹兼功德使，封晉王。

（顯德元年正月）壬辰，太祖崩，祕不發喪。丙申，内出太祖遺制：『晉王榮可於柩前卽位。』羣臣奉帝卽皇帝位。庚子，宰臣馮道率百僚上表請聽政，凡三上。壬寅，帝見羣臣於萬歲殿門之東廡下。

又　卷一一九《周書・世宗紀六》（顯德六年六月）癸巳，帝崩於萬歲殿，**【略】**甲午，宣遺制，梁王於柩前卽皇帝位，服紀月日，一依舊制。是日，羣臣奉梁王卽位於殿東楹。

又　卷一二〇《周書・恭帝紀》　恭帝諱宗訓，世宗子也。廣順三年歲在癸丑八月四日生於澶州之府第。顯德六年六月癸未，制授特進、左衛上將軍，封梁王，食邑三千戶，實封五百戶。癸巳，世宗崩。甲午，内出遺制，命帝柩前即皇帝位。是日，羣臣奉帝即位。

又　卷一三四《僭僞傳第一・王延羲》　昶嗣僞位。**【略】**改元通大後遇弑，審知少子延羲嗣。通大，延羲嗣僞位改元永隆，在位六年遇弑。

宋・王欽若等《册府元龜》卷一一《帝王部・繼統第三》　閔帝，明宗第三子。初封宋王，出鎮鄴宮。長興四年八月，明宗不豫。十一月二十一日，秦王從榮謀逆，伏誅。明宗徵宋王，令宣徽使孟漢瓊馳驛召帝于鄴，二十九日至自鄴。十二月癸卯，卽皇帝位。**【略】**

晉少帝，高祖從子。天福元年，爲北京留守。二年，授開封尹。三年，封鄭王，俄加同平章事。六年，高祖幸鄴，十二月以帝爲廣晉尹，封齊王。七年六月，卽皇帝位。

漢隱帝，高祖第二子。天福十二年，高祖踐祚，以帝爲左衛將軍、檢校司徒，尋爲大内都檢校太保。乾佑元年二月辛巳，授帝特進、檢校太尉、同平章事，封周王。宣制畢，有頃，召文武百寮赴萬歲殿宣制，卽皇帝位。

周世宗，太祖養子。廣順元年，太祖踐祚，授澶州節度使、檢校太保。二年，加同平章事。三年三月，除開封尹、晉王。顯德元年正月，加侍中、判内外兵馬事。是月丙申，宣制，卽皇帝位。

恭帝，世宗之子。顯德六年六月癸未，制授左衛上將軍，封梁王。甲午，宣制，卽皇帝位。

論　說

清・王夫之《讀通鑑論》卷三〇《五代下・一四》　無子而立族子，因昭穆之序，爲子以奉宗祀，自天子達於士，一也，而天子因授以天下爲尤重。異姓者不得爲後，大法存焉。《春秋》莒人後鄫，而書之曰滅，至嚴矣。乃事有至變者焉，則郭氏是已。郭威起於卒伍，旁無支庶，年老無子，更無可立之羣從；柴氏之子，旣其内姻，從之鞠養，而抑賢能可以託國，求同姓之支子必不可得，舍郭榮亦將孰託哉？卽立宗廟，以天子之禮祀其先，神雖不歆非類，而豈自我餒之乎？故立異姓以爲後，未可爲郭氏責也。

或曰：威無同姓可立之後，知榮之賢，引而置之將相之位，以國禪之而不改其族姓，倣堯、舜之道，不亦美乎？舜宗堯而祖文祖，祀亦可弗絶也。曰：時則上古，人則聖人，在位者則皋、夔、稷、契，而後舜、禹之受禪，天下歸心焉。乃欲使篡奪之君，擾亂之世，强藩睥睨以思弋獲之大位，取一大賢以下之少年，遽委以受終，庸詎得哉？舜穆四門、敍百揆，雷雨弗迷，而共、驩猶信于廷，三苗猶叛于外。若禹平水土、定九州，大勳著於天人，羣後之傾心久矣，舜抑承堯之已迹而踵行之，而榮惡足以勝之？自朱、李以來，位將相而狂爭者，非一人也。郭氏之興，榮無尺寸之功，環四方而冥立者，皆履虎咥人之武人，榮雖賢，不知其賢也，孤雛視之而已。俄而將相矣，俄而天子矣，爭奪者攘臂而仍之，不能一朝居也，徒爲子噲、子之，而敢言堯、舜乎？

所難處者，榮既嗣立而無以處柴守禮耳。論者乃欲別爲郭氏立後，而尊守禮爲太上皇，則何其不審而易於言也！郭氏無可立之後明矣，將誰立邪？榮之得國，實以養子受世適之命，郭氏之恩，何遽忍忘。身非漢高自我而有天下，則不得加皇號於私親。禮之所不許者，宋英宗且不得加于濮王，而況守禮乎！然則將如之何？守禮之爲光祿卿，先朝之命也。迎養宮中，正名之曰所生父，其沒也，葬以卿，祭以天子；其服，視同姓之爲人後者爲之朞；則庶乎變而不失其常矣。外繼竄宗之法，不可執也。爲天子而旁無可立之支庶，古今僅一郭氏，道窮則變，變乃通也。

大臣擁立分部

綜述

《隋書》卷五《恭帝紀》 恭皇帝諱侑，元德太子之子也。母曰韋妃。性聰敏，有氣度。大業三年，立為陳王。後數載，徙為代王，邑萬戶。及煬帝親征遼東，令於京師總留事。十一年，從幸晉陽，拜太原太守，尋鎮京師。義兵入長安，尊煬帝為太上皇，奉帝纂業。義寧元年十一月壬戌，上即皇帝位於大興殿。【略】甲子，以光祿大夫、大將軍、太尉唐公為假黄鉞使持節大都督内外諸軍事、尚書令、大丞相，進封唐王。

《舊唐書》卷一《高祖紀》 （大業十三年）十一月丙辰，攻拔京城。【略】癸亥，率百僚備法駕，立代王侑為天子，遥尊煬帝為太上皇，大赦，改元為義寧。甲子，隋帝詔加高祖假黄鉞使持節大都督内外諸軍事、大丞相，進封唐王，總録萬機。以武德殿為丞相府，改教為令。以隴西公建成為唐國世子，太宗為京兆尹，改封秦公，姑臧公元吉為齊公。

又 卷六《則天皇后紀》 神龍元年春正月【略】癸亥，麟臺監張易之與弟司僕卿昌宗反，皇太子率左右羽林軍桓彦範、敬暉等以羽林兵入禁中誅之。甲辰，皇太子監國，總統萬機，大赦天下。是日，上傳皇帝位于皇太子，徙居上陽宮。

又 卷七《中宗紀》 中宗太和聖昭孝皇帝諱顯，高宗第七子。母曰則天順聖皇后。【略】永隆元年，章懷太子廢。其年立為皇太子。弘道元年十二月，高宗崩，遺詔皇太子柩前即帝位。皇太后臨朝稱制，改元嗣聖元年。二月，皇太后廢帝為廬陵王，幽於別所。其年五月，遷於均州，尋徙居房陵。聖曆元年，召還東都，立為皇太子，依舊名顯。時張易之與弟昌宗潛圖逆亂。神龍元年正月，鳳閣侍郎張柬之、鸞臺侍郎崔玄暐、左羽林將軍敬暉、右羽林將軍桓彦範、司刑少卿袁恕己等定策，率羽林兵誅易之、昌宗，迎皇太子監國，總司庶政，大赦天下。【略】乙巳，則天傳位於皇太子。丙午，即皇帝位於通天宮。

又 《睿宗紀》 睿宗玄真大聖大興孝皇帝諱旦，高宗第八子，中宗母弟。【略】乾封元年，徙封豫王。總章二年，徙封冀王。上初名旭輪，至是去旭字。上元二年，徙封相王，拜右衛大將軍。儀鳳三年，遷洛牧，改名旦。徙封豫王。嗣聖元年，則天臨朝，廢中宗為廬陵王，立豫王為皇帝，仍臨朝稱制。及革命，改國號為周，降帝為皇嗣，令依舊名輪，徙居東宮，其具儀，一比皇太子。聖曆元年，中宗自房陵還，帝數稱疾不朝，請讓位於中宗，則天遂立中宗為皇太子，封帝為相王，又改名旦，授太子右衛率。長安中，并司徒、右羽林衛大將軍。自則天初臨朝及革命之際，王室屢有變故，帝每恭儉退讓，竟免于禍。神龍元年，以誅張易之昆弟功，進號安國相王，遷太尉，加實封。其年，立為皇太弟，固辭不受。景龍四年夏六月，中宗崩，韋庶人臨朝，引用其黨，分握政柄，忌帝望實素高，潛謀危害。庚子夜，臨淄王諱與太平公主子薛崇簡、前朝邑尉劉幽求、長上果毅麻嗣宗、苑總監鍾紹京等，率兵入北軍，誅韋温、紀處訥、宗楚客、武延秀、馬秦客、葉静能、趙履温、楊均等，諸韋武黨與皆誅

之。辛丑，帝挾少帝御安福門樓，慰諭百姓，大赦天下。【略】

癸卯，【略】誅吏部尚書張嘉福於懷州。其日，王公百寮上表，咸以國家多難，宜立長君，以帝衆望所歸，請即尊位。甲辰，少帝詔曰：『自古帝王，必有符命，兄弟相及，存諸典禮。朕以孤藐，遭家艱難，顧茲蒙識，未洽治途，茫茫四海，將何所屬？累聖丕基，若墜于地。王室多難，義擇長君，思與羣公，推崇明聖。叔父相王，高宗之子，昔以天下，讓于先帝，孝友寬簡，彰信兆人。神龍之初，已有明旨，將立太弟，以為副君。為王懇辭，未行册命，所以東宮虛位，至于歷年。徽綴在辰，禍變倉卒，然後稱制，許立沖人，欽奉前懷，願遵理命。上申天聖之旨，下遂蒼生之心，俯稽圖緯之文，仰跂祖宗之烈。擇今日，請叔父相王即皇帝位。朕退守本藩，歸于舊邸。凡百卿士，敬承朕言，克贊我天人之休期，光我有唐之勳業。布告遐邇，咸使聞知。』相王上表讓曰：『臣以宗社事重，家國情深，誅鋤巨逆，奉戴嗣主。今承制旨，猥推宸極，在臣虛薄，不敢祇膺，循環震驚，無任感哽。』制答曰：『皇極大寶，天下至公，王者臨之，蓋非獲已。王先聖舊意，蒼生推仰，龍光紫宸，貴允係望。請遵前旨，勿或推讓。』于是少帝遜于別宮。是日，即皇帝位，御承天門樓，大赦天下。【略】封少帝為溫王。

又　卷九《玄宗紀下》（天寶十五載八月）癸巳，靈武使至，始知皇太子即位。丁酉，上用靈武册稱上皇，詔稱誥。己亥，上皇臨軒册肅宗，命宰臣韋見素、房琯使靈武，册命曰：『朕稱太上皇，軍國大事先取皇帝處分，後奏朕知。候克復兩京，朕當怡神姑射，偃息大庭。』

又　卷一〇《肅宗紀》（天寶十五載）七月辛酉，上至靈武，時魏少遊預備供帳，無不畢備。裴冕、杜鴻漸等從容進曰：『今寇逆亂常，毒流函谷，主上倦勤大位，移幸蜀川。江山阻險，奏請路絕，宗社神器，須有所歸。萬姓顒顒，思崇明聖，天意人事，不可固違。伏願殿下順其樂推，以安社稷，王者之大孝也。』上曰：『俟平寇逆，奉迎鑾輿，從容儲闈，侍膳左右，豈不樂哉！公等何急也？』冕等凡六上牋，辭情激切，上不獲已，乃從。

是月甲子，上即皇帝位於靈武。禮畢，冕等跪進曰：『自逆賊憑陵，兩京失守，聖皇傳位陛下，再安區宇，臣稽首上千萬歲壽。』羣臣舞蹈稱萬歲。上流涕歔欷，感動左右。即日奏其事於上皇。是日，御靈武南門，下制曰：

朕聞聖人畏天命，帝者奉天時。知皇靈睠命，不敢違而去之；知曆數所歸，不獲已而當之。在昔帝王，靡不由斯而有天下者也。乃者羯胡亂常，京闕失守，天未悔禍，羣凶尚扇。聖皇久厭大位，思傳眇身，軍興之初，已有成命，予恐不德，罔敢祇承。今羣工卿士僉曰：『孝莫大於繼德，功莫盛於中興。』朕所以治兵朔方，將殄寇逆，務以大者，本其孝乎。須安兆庶之心，敬順羣臣之請，乃以七月甲子，即皇帝位於靈武。敬崇徽號，上尊聖皇曰上皇天帝，所司擇日昭告上帝。朕以薄德，謬當重位，既展承天之禮，宜覃率土之澤，可大赦天下，改元曰至德。【略】

（至德元載八月壬午）上皇至成都，大赦。癸巳，上所奉表始達成都。丁酉，上皇遜位稱誥，遣左相韋見素、文部尚書房琯、門下侍郎崔渙等奉册書赴靈武。【略】

九月戊辰，上南幸彭原郡。【略】丙子，至順化郡，韋見素、房琯、崔渙等自蜀郡齎上册書及傳國寶等至。【略】

（至德二載十二月）甲子，上皇御宣政殿，授上傳國璽，上於殿下涕泣而受之。

又　卷二〇下《哀帝紀》　哀皇帝諱柷，昭宗第九子。母曰積善太后何氏。【略】乾寧四年二月，封輝王，名祚。天復三年二月，拜開府儀同三司，充諸道兵馬元帥。天祐元年八月十二日，昭宗遇弒。翌日，蔣玄暉矯宣遺詔，曰：『我國家化隋為唐，奄有天下，三百年之盛業，十八葉之耿光。朕自纘丕圖，垂將二紀，雖恭勤無怠，屬運數多艱。致寰宇之未寧，睹兵戈之屢起，賴勳賢協力，宗社再安。豈意宮闈之間，禍亂忽作，昭儀李漸榮、河東夫人裴貞一潛懷逆節，輒肆狂謀，傷疻既深，已及危革。萬機不可以久曠，四海不可以乏君，神鼎所歸，須有纘繼。輝王祚幼彰岐嶷，長實端良，裒然不羣，予所鍾愛，必能克奉丕訓，以安兆人。宜立為皇太子，仍改名柷，監軍國事。於戲！孝愛可以承九廟，恭儉可以安萬邦，無樂逸遊，志康寰宇。百辟卿士，佑茲沖人，載揚我高祖、太宗之休烈。』是日遷神柩于西宮，文武百僚班慰於延和門外。

其日午時，又矯宣皇太后令曰：『予遭家不造，急變爰臻，禍生女職之徒，事起宮奚之輩。皇帝自罹鋒刃，已至彌留，不及顧遺，號慟徒切。定大計者安社稷，纂丕圖者擇賢明，議屬未亡人，須示建長策。承高祖之寶運，繫元勳之忠規，伏示股肱，以匡沖昧。皇太子柷宜於柩前即皇帝位，其哀制並依祖宗故事，中書門下准前處分。於戲！送往事居，古人令範，行今報舊，前哲格言。抆淚敷宣，言不能喻。』

帝時年十三，乙且監國，柩前即位，宜差太常卿王溥充禮儀使，又令太子家令李能告哀於十六宅。丙午，大行皇帝大殮，皇太子柩前即皇帝位。

又　卷八二《許敬宗傳》　義府少子湛，年六歲時，以父貴授周王文學。神龍初，累遷右散騎常侍，襲封河間郡公。時鳳閣侍郎張柬之將誅張易之兄弟，遂引湛為左羽林將軍，令與敬暉等啓請皇太子，備陳將誅易之兄弟意，太子許之。及兵發，湛與右羽林大將軍李多祚等詣東宮迎皇太子，拒而不時出，湛進啓曰：『逆豎反道亂常，將圖不軌，宗社危敗，實在須臾。湛等諸將與南衙執事克期誅翦，伏願殿下暫至玄武門，以副衆望。』太子曰：『凶豎悖亂，誠合誅夷，然聖躬不豫，慮有驚動。公等且止，以俟後圖。』湛曰：『諸將棄家族，共宰相同心戮力，匡輔社稷，殿下奈何不哀其懇誠而欲陷之鼎鑊？湛等微命，雖不足惜，殿下速出自止遏。』太子乃馳馬就路。湛從至玄武門，斬關而入，率所部兵直至則天所寢長生殿，環繞侍衛。因奏：『臣等奉令誅逆賊易之、昌宗，恐有漏洩，遂不獲預奏。輒陳兵禁掖，是臣等死罪。』則天謂湛曰：『卿亦是誅易之軍將耶？我於汝父子恩不少，何至是也！』則天移就上陽宮，因留湛宿衛。中宗即位，拜右羽林大將軍，進封趙國公，加實封通前滿五百戶。

又　卷八九《狄仁傑傳》　初，中宗在房陵，而吉頊、李昭德皆有匡復讜言，則天無復辟意，唯仁傑每從容奏對，無不以子母恩情為言，則天亦漸省悟，竟召還中宗，復為諸貳。初，中宗自房陵還宮，則天匿之帳中，召仁傑，以廬陵為言。仁傑慷慨敷奏，言發涕流。遽出中宗，謂仁傑曰：『還卿儲君。』仁傑降階泣賀，既已奏曰：『太子還宮，人無知者，物議安審是非？』則天以為然，乃復置中宗於龍門，具禮迎歸，人情感悅。

又　卷九一《桓彥範傳》　神龍元年正月，彥範與敬暉及左羽林將軍李湛李多祚、右羽林將軍楊元琰、左威衛將軍薛思行等，率左右羽林兵及千騎五百餘人討易之、昌宗於宮中，令李湛、李多祚就東宮迎皇太子。兵至玄武門，彥範等奉太子斬關而入，兵士大譟。時則天在迎仙宮之集仙殿。斬易之、昌宗於廊下，并就第斬其兄汴州刺史昌期、司禮少卿同休，並梟首於天津橋南。士庶見者，莫不歡叫相賀，或臠割其肉，一夕都盡。明日，太子即位，彥範以功加銀青光祿大夫，拜納言，賜勳上柱國，封譙郡公，賜實封五百戶。又改為侍中，從新令也。

又　卷一〇八《韋見素傳》　（天寶十五年七月），皇太子即位於靈武，道路艱澀，音驛未通。八月，肅宗使至，始知靈武即位。尋命見素與宰臣房琯賫傳國寶玉册奉使靈武，宣傳詔命，便行册禮。將行，上皇謂見素等曰：『皇帝自幼仁孝，與諸子有異，朕豈不知。往十三年，已有傳位之意，屬其歲水旱，左右勸朕且俟豐年。爾來便屬祿山構逆，方隅震擾，未遂此心。昨發馬嵬，亦有處分。今皇帝受命，朕心頓如釋負。勞卿等遠去，勉輔佐之。多難興王，自古皆有，卿等乃心王室，以宗社為念，早定中原，吾之望也。』見素等悲泣不自勝。仍以見素子諤及中書舍人賈至充册禮使判官。時肅宗已迴幸順化郡。九月，見素等至，册禮畢，從幸彭原郡。

又　卷一一六《承天皇帝李倓傳》　承天皇帝倓，肅宗第三子也。天寶中，封建寧郡王，授太常卿同正員。英毅有才略，善射。祿山之亂，玄宗幸蜀，倓兄弟典親兵扈從。車駕渡渭，百姓遮道乞留太子，太子諭之曰：『至尊奔播，吾不忍違離左右，俟吾見上奏聞。』倓於行宮謂太子曰：『逆胡犯順，四海分崩，不因人情，何以興復？夫有國家者，大孝莫若存社稷。今從至尊入蜀，則散關已東，非皇家所有，何以維屬人情？殿下宜購募豪傑，暫往河西，收拾戎馬，點集防邊將卒，不下十萬人，光弼、子儀，全軍河朔，謀為興復，計之上也。』廣平王亦贊成之，於是令李輔國奏聞。玄宗欣然聽納，乃分從官、士卒以遣之。

時敗卒膽破，兵仗不完，太子既北上，渡渭，一日百戰。倓自選驍騎數百衛從，每蒼黃顛沛之際，血戰在前。太子或過時不得食，倓涕泗不自勝，上尤憐之，軍士屬目歸於倓。至靈武，太子即帝位。廣平既為元子，欲以倓為天下兵馬元帥。侍臣曰：『廣平王家嗣，有君人之量。』上曰：

『廣平地當儲貳，何假更為元帥？』左右曰：『廣平今未册立，艱難時人尤屬望於元帥。況太子從曰撫軍，守曰監國。今之元帥，撫軍也，廣平為宜。』遂以廣平為元帥，倓典親軍，李輔國為元帥府司馬。

又 卷一八四《宦官傳·李輔國》 李輔國，本名靜忠，閑廄馬家小兒。少為閹，貌陋，粗知書計。為僕，事高力士，年且四十餘，令掌廄中簿籍。天寶中，閑廄使王鉷嘉其畜牧之能，薦入東宮。祿山之亂，玄宗幸蜀，輔國侍太子扈從，至馬嵬，誅楊國忠，輔國獻計太子，請分玄宗麾下兵，北趨朔方，以圖興復。輔國從至靈武，勸太子卽帝位，以系人心。肅宗卽位，擢為太子家令，判元帥府行軍司馬事，以心腹委之，仍賜名護國，四方奏事，御前符印軍號，一以委之。

宋·王欽若等《册府元龜》卷一〇《帝王部·繼統第二》 （隋）恭帝，元德太子之子。大業三年，封陳王，又徙為代王。十三年十月，唐高祖義兵入長安，尊煬帝為太上皇帝，奉帝纂業。壬戌，卽皇帝位於大興殿，尋禪於唐。【略】

中宗孝和皇帝，高宗第七子。母曰天后武氏。二歲，封周王。儀鳳二年，徙封英王。永隆元年，立為皇太子。弘道元年十二月，太子卽位，天后臨朝。明年正月甲申朔，改元嗣聖元年。二月戊午，天后廢帝為廬陵郡王。五月，遷於均州，尋徙居房陵。聖曆元年，召赴上都，皇嗣卽睿宗也讓位于帝，遂立為皇太子。神龍元年正月甲戌，天后傳位於太子。乙亥，卽皇帝位於通天宮之端扆殿。

睿宗大聖真皇帝，中宗母弟。龍朔二年，封殷王。乾封元年，改豫王。總章二年，徙冀王。上元三年，改相王。嗣聖元年，皇太后武氏廢中宗爲廬陵王。文明元年二月，立爲皇帝，太后臨朝。天授元年，降爲皇嗣。聖曆元年，讓位於中宗，復降爲相王。景龍四年六月，少帝卽位，年十六，韋庶人專政。庚子，帝第三子、臨淄王隆基率朝邑縣尉劉幽求、長上折衝麻嗣宗、內苑總監鍾紹京等討捕韋氏，并其黨與誅之。辛丑，奉少主御安福門樓，大赦天下。癸卯，王公卿士咸以王室多故，義擇長君，以帝衆望所歸，固請卽尊位。是日，少帝讓于叔父。甲辰，帝自兩儀殿出於太極殿，少帝於殿東隅次幕內西面，帝於梓宮側東向太平公主曰：『少帝欲以此位讓叔父，合否？』幽求跪曰：『少帝仁孝，追蹤舜、禹，大王恩慈倍過之矣。今家國事重，有此推讓，誠爲至公也。』是日，少帝制曰：『自古帝王，必有符命，兄弟相及，存諸典禮。朕以孤藐，遭家多難，顧茲蒙識，不曉政途，茫茫四海，將何所屬？累聖丕業，若墜於地。王室多故，義擇長君，思與羣公，推崇明聖。叔父相王，高宗之子，昔以天下讓于先帝，孝友寬簡，彰信兆人。神龍之初，已有明旨將立太弟以爲嗣君，因王懇辭，未行册命，所以東宮曠位，于今歷年。綴衣在辰，禍變倉卒，後掖稱制，計立沖人。欽奉前懔，願遵理命。上申平昔之文，仰復祖宗之烈。起今日，請叔父相王卽皇帝位，朕退守舊藩，歸于外邸。凡百卿士，敬承朕意，贊我天人之休期，光我有唐之洪業。』帝固讓，有制不許。是日，卽皇帝位，大赦天下，於是降少帝爲温王。丙午，帝縞服於太極東廊，引羣公卿士謂曰：『朕與蒼生有幸，且得社稷安寧，自大行晏駕，韋氏篡逆，元惡大憝，並從誅翦。嗣皇年幼，未曉政途，推讓朕躬，事非獲已。今與卿等相見，不勝悲感。』甲戌，命温王重茂於內宅安厝。明年正月，以温王重茂爲襄王，食巴、集等州，實封二千戶，於集州安置。【略】

肅宗文明武德大聖大宣孝皇帝，玄宗第三子。先天元年，封陝王。開元十五年，改封忠王。二十六年，立為皇太子。天寶十五載六月，安祿山犯長安，玄宗幸蜀。將發馬嵬，百姓數百人遮道攀附，玄宗遲留久之。乃令皇太子後殿宣慰，百姓因請皇太子留曰：『願得戮力以從，卻收長安。今者主上、殿下皆入蜀川，則宗社誰主？萬姓何歸？殿下不納臣言，臣等皆死於此矣。』宦者高力士馳以告玄宗，玄宗曰：『是天啓也。』乃命後軍及飛龍廄馬與東宮內人等留太子，因宣口勅謂將士曰：『太子仁孝，可奉宗廟。汝等善輔導之。』又語太子曰：『汝好去！百姓屬望，慎勿違之。莫以吾為意。又西戎北狄，吾昔厚之，今聞難，必得其用，汝勉之哉！』皇太子既至靈武，羣臣稱馬嵬傳言之命勸進，以七月甲子，卽位改元為至德元年。道路險澀，表疏未達。八月丁亥，北使至蜀，具陳羣臣懇請、太子辭避之旨，玄宗乃下詔曰：『元子亨睿哲聰明，恪慎克孝，才備文武，量吞海嶽，付之神器，不曰宜然。今宗社未安，國家多難，宜令卽皇帝位，朕稱太上皇。且天下兵權，宜制在中夏，朕據巴蜀，應卒則難。其四海軍權，先取皇帝處分，然後奏朕知。待克復上京，朕將凝神靜慮，偃息大庭也。』是月，命宰相韋見素、崔渙、房琯持節齎玉册赴靈武，宣傳位之命，親語見素等曰：『皇帝自幼聰明，與諸子有異，朕豈不知大限！往十三載冬，已有傳位之意，屬水旱年饑，左右勸朕，且俟豐歲。二載，便屬祿山構逆，方隅震擾，未遂此心。昨者馬嵬亦潛有處分，今皇帝受命，慰朕之心，如釋負擔。勞卿等去，以輔佐之。多難興王，自古皆有，卿等乃心在王室，以宗社為念，早定中原，朕之望也。』

九月丙子，見素等至順化郡，奉册書及傳國寶，帝不敢受。二年十月，平西京，車駕發鳳翔，還京。丁卯，入長安，道俗士女百姓萬衆出國門，二十里路傍不斷，持幡花鼓車歌舞音樂，望車趍拜，抃躍蹈舞，呼萬歲，歡叫聲振原野。長老皆悲喜涕泣曰：『不圖今日復見我聖君！』帝亦感惻而勞徠之。關內夾路縛棚幕，青翠相連亘於子城。帝自朱雀門入，居大明宮。十二月，玄宗至自蜀都。甲子，玄宗御宣政殿，羽儀容衛陳九賓于庭，授傳國璽於殿上，帝於殿下涕泣拜受，入幕次，百寮稱賀，蹈舞，呼萬歲。【略】

哀宗皇帝，昭宗第九子。乾寧四年二月，封輝王。天復三年二月，拜開府儀同三司，充諸道兵馬元帥。天佑元年八月十三日，蔣玄暉矯宣昭宗詔卽皇帝位，時年十三。

《新唐書》卷四《則天皇后紀》 （長安五年正月）癸卯，張柬之、崔玄暐及左羽林衛將軍敬暉、檢校左羽林衛將軍桓彦範、司刑少卿袁恕己、左羽林衛將軍李湛、薛思行、趙承恩、右羽林衛將軍楊元琰、左羽林衛大將軍李多祚、職方郎中崔泰之、庫部員外郎朱敬則、司刑評事冀仲甫、檢校司農少卿兼知總監翟世言、內直郎王同皎率左右羽林兵以討亂；麟臺監張易之、春官侍郎張昌宗、汴州刺史張昌期、司禮少卿張同休、通事舍人張景雄伏誅。丙午，皇帝復于位。丁未，徙后于上陽宮。

又 《中宗紀》 中宗大和大聖大昭孝皇帝諱顯，高宗第七子也。母曰則天順聖皇后武氏。高宗崩，以皇太子卽皇帝位，而皇太后臨朝稱制。嗣聖元年正月，廢居于均州，又遷于房州。聖曆二年，復為皇太子。太后老且病。神龍元年正月，張柬之等以羽林兵討亂。甲辰，皇太子監國，大赦改元。丙午，復于位。

又 卷五《睿宗紀》 睿宗玄真大聖大興孝皇帝諱旦，高宗第八子也。始封殷王。【略】徙封豫王，又封冀王。【略】徙封相王，復封豫王。武后廢中宗，立為皇帝。其改國號周，以為皇嗣，居于東宮。中宗自房州還，復為皇太子。【略】中宗復位，進號安國相王。

景雲元年六月壬午，韋皇后弑中宗，矯詔立温王重茂為皇太子。【略】發諸府兵五萬，屯京師，以韋温總知內外兵馬。甲申，乃發喪，又矯遺詔，自立為皇太后，皇太子卽皇帝位。以睿宗參謀政事。大赦，改元曰唐隆。太后臨朝攝政，罷睿宗參謀政事，以為太尉。【略】

庚子，臨淄郡王隆基率萬騎兵入北軍討亂，誅韋氏、安樂公主及韋巨源、馬秦客、駙馬都尉武延秀、光祿少卿楊均。辛丑，睿宗奉皇帝御安福門，大赦。賜文武官階勳爵，免天下歲租之半。進封隆基為平王。【略】甲辰，安國相王卽皇帝位于承天門。

又 《玄宗紀》 （天寶十五載八月）癸巳，皇太子卽皇帝位于靈武，以聞。庚子，上皇天帝誥遣韋見素、房琯、崔渙奉皇帝册于靈武。

又 卷六《肅宗紀》 （天寶）十五載，玄宗避賊，行至馬嵬，父老遮道請留太子討賊，玄宗許之，遣壽王瑁及內侍高力士諭太子，太子乃還。六月丁酉，至渭北便橋，橋絕，募水濱居民得三千餘人，涉而濟。遇潼關散卒，以為賊，與戰，多傷，既而覺之，收其餘以涉，後軍多没者。夕次永壽縣，吏民稍持牛酒來獻。新平郡太守薛羽、保定郡太守徐轂聞賊且至，皆棄城走。己亥，太子次保定，捕得羽、轂，斬之。辛丑，次平涼郡，得牧馬牛羊，兵始振。朔方留後支度副使杜鴻漸、六城水陸運使魏少游、節度判官崔漪、支度判官崔簡金、關內鹽池判官李涵、河西行軍司馬裴冕迎太子，治兵于朔方。庚戌，次豐寧，見大河之險，將保之，會天大風，迴趨靈武。

七月辛酉，至于靈武。壬戌，裴冕等請皇太子卽皇帝位。甲子，卽皇帝位于靈武，尊皇帝曰上皇天帝，大赦，改元至德。【略】

乾元元年正月戊寅，上皇天帝御宣政殿，授皇帝傳國、受命寶符，册號曰光天文武大聖孝感皇帝。

又 卷一〇《哀帝紀》 昭宣光烈孝皇帝諱祝，昭宗第九子也。母曰皇太后何氏。始封輝王。朱全忠已弑昭宗，矯詔立為皇太子，監軍國事。

天祐元年八月丙午，卽皇帝位于柩前。

又　卷一一五《狄仁傑傳》　張易之嘗從容問自安計，仁傑曰：『惟勸迎廬陵王，可以免禍。』會后欲以武三思為太子，以問宰相，衆莫敢對。仁傑曰：『臣觀天人未厭唐德。比匈奴犯邊，陛下使梁王三思募勇士於市，踰月不及千人。廬陵王代之，不浹日輒五萬。今欲繼統，非廬陵王莫可。』后怒，罷議。久之，召謂曰：『朕數夢雙陸不勝，何也？』於是仁傑與王方慶俱在，二人同辭對曰：『雙陸不勝，無子也。天其意者，以儆陛下乎！且太子天下本，本一搖，天下危矣。文皇帝身蹈鋒鏑，勤勞而有天下，傳之子孫。先帝寢疾，詔陛下監國，陛下掩神器而取之。十有餘年，又欲以三思為後。且姑、姪與子、母孰親？陛下立廬陵王，則千秋萬歲後，常享宗廟。三思立廟，不祔姑。』后感悟，即日遣徐彥伯迎廬陵王於房州。王至，后匿王帳中，召見仁傑，語廬陵事。仁傑敷請切至，涕下不能止。后乃使王出，曰：『還爾太子。』仁傑降拜，頓首曰：『太子歸，未有知者。人言紛紛，何所信？』后然之。更令太子舍龍門，具禮迎還，中外大悅。初，吉頊、李昭德數請還太子，而后意不回，唯仁傑每以母子天性為言，后雖忮忍，不能無感，故卒復唐嗣。

宋·宋敏求《唐大詔令集》卷三〇《皇太子·傳位·賈至〈明皇令肅宗即位詔〉》　敕：帝王受命，必膺圖籙，上叶天道，下順人心，不可以智求，不可以力取。是故我國家之有區夏也，乾符疊委，人瑞薦臻，土應其德，山呼其祚。高祖當寶運，太宗定鴻業，高宗寧蒸黎，中宗復舊績，睿宗弘至理。朕恭五聖之謨訓，師三代之淳樸，常以道德為念，不以富貴為心。爰自弱齡，即尚玄默。屬神龍之際，邦家中否，是用憤發，掃除欃槍，翼戴先皇，再正宸極，蓋宗廟是為，豈朕私躬哉？先帝以朕有戡難之功，命朕掌主鬯之任，辭不獲已，遂踐皇極。聿来臨御，垂五十載。常思我烈祖玄天之道，保其清靜之宗，伊萬方事殷，或日昃不暇食。昔堯厭倦勤，尚以禪舜，高居汾陽，況我元子某，睿哲聰明，恪慎克孝，才備文武，量吞海岳，付之神器，不亦宜然。今宗社未安，國家多難，其英勇雄毅，總戎專征，代朕憂勤，斯為克荷，宜即皇帝位。仍令所司擇日，宰相持節，往宣朕命。其諸禮儀，皆准故事。有如神祇簡册、申令須及者，朕稱誥焉。衣冠表疏，禮數須及者，朕稱太上皇焉。且天下兵權，制在中夏。朕處巴蜀，卒應則難。其四海軍郡，先奏取皇帝進止，仍奏朕知。皇帝處分訖，仍量事奏報。寇難未定，朕實同憂，誥制所行，須相知悉。皇帝未至長安已来，其有與此便近，去皇帝路遠，奏報難通之處，朕且以誥旨，隨事處置，仍令所司，奏報皇帝。待克復上京已後，朕將凝神靜慮，偃息大庭，縱姑射之人，紹鼎湖之事。於戲！禪讓之禮，聖賢高躅，前代明王，非不慕之，皆享祚短促而不暇也。唯唐虞靈長，能擅厥美。俱革命易姓，宗廟失尊，非一其心，萬古不易之道也。朕之傳位，有異《虞典》，不改舊物，其命維新。奉禋祀於祖宗，繼雍熙於宇宙。布告億兆，咸使聞知。至德元年八月十六日

《舊五代史》卷一三四《僭偽傳第一·楊渭》　渭，渥之弟也。既立，政事咸委于徐溫。時溫為鎮海軍節度、內外馬步軍都指揮使，乃于上元縣置昇州，盛開幕府，自握兵柄于上流。其子知訓等于揚州居以秉政，凡十餘年。溫乃册渭為天子，國號大吳，改唐天祐十六年為武義元年。渭以溫為大丞相、都督中外諸軍事。渭僭號凡三年而卒，謚為惠帝。

溥，行密幼子也。初封丹陽王。渭卒，徐溫乃推溥為主，復僭偽號。

又　《僭偽傳第一·李昪》　明年，溫册楊渭為天子，僭稱大吳，改唐天祐十六年為武義元年。十八年，渭死。溫聞之，自金陵馳歸揚州，夜入廣陵，議有所立。或有希溫旨，言及蜀先主遺命諸葛亮之事，溫厲聲曰：『若楊氏無男有女，當立矣。無得異議。』由是羣心乃定。遂迎丹陽王溥于潤州，以其年六月十八日即偽位，改元為順義。自是，溫父子愈盛，中外共專其國，楊氏主祭而已。

《新五代史》卷六一《吳世家》　溥，行密第四子也。隆演建國，封丹陽郡公。隆演卒，弟廬江公濛次當立，而徐氏秉政，不欲長君，乃立溥。【略】七年，大丞相徐溫率吳文武上表勸溥即皇帝位，溥未許而溫病。十月，溫卒。十一月庚戌，溥御文明殿，即皇帝位。改元曰乾貞，大赦境內。【略】以徐知誥為太尉兼侍中，拜溫子知詢輔國大將軍、金陵尹，治溫舊鎮。

又　卷六八《閩世家》　控鶴都將連重遇、拱宸都將朱文進皆以此怒激其軍。是歲夏，術者言昶宮中當有災，昶徙南宮避災，而宮中火，昶疑重遇軍士縱火，內學士陳郯素以便佞為昶所親信，昶以火事語之，郯反

以告重遇。重遇懼，夜率衛士縱火焚南宮。昶挾愛姬、子弟、黄門衛士斬關而出，宿于野次。重遇迎延羲，立之。延羲令其子繼業率兵襲昶，及之，射殺數人。昶知不免，擲弓于地，繼業執而殺之，及其妻子皆死，無遺類。延羲立，謚昶曰康宗。

延羲，審知少子也。既立，更名曦。遣使朝貢于晉。改元永隆。

宋·馬令《南唐書》卷一《先主》 （昇元二年十二月）福州亂，連重遇弑其君昶，立王子曦。

清·吴任臣《十國春秋》卷三《吴三·睿帝紀》 睿帝名溥，太祖第四子也。【略】（乾貞元年十月）會温欲帥諸藩鎮入朝，勸王稱帝，將行有疾，乃遣知詢奉表勸進，因留代知誥執政。知誥草表，欲求洪州節度使，俟旦上之。是夕，温凶問至，乃止。知詢亟歸金陵，王贈温齊王，謚曰忠武。十一月庚戌，王御文明殿，即皇帝位。【略】甲子，大赦改元。丙子，【略】以徐知詢為諸道副都統、鎮海寧國節度使兼侍中，加徐知誥都督中外諸軍事，封潯陽公，未幾，改豫章公。

又 卷五九《南漢二·中宗紀》 中宗名晟，初名弘熙，封晉王。既令力士弑殤帝，明旦，百官諸王莫敢入宮。越王弘昌乃帥諸弟臨于寢殿，迎弘熙即皇帝位，更今名。改光天二年為應乾元年。

又 卷九二《閩三·景宗紀》 景宗名曦，初名延羲，太祖第二十八子也。《五代史》曰：王審知少子。先是，被幽私第。時有白烟一穗，忽起庭石之上，逾時方散。延羲懼，密召天師陳守元禳之。守元曰：『未必不為嘉兆也。』未幾，連重遇將兵來迎。延羲謂康宗使收之，急逃厠中，久之乃出。及康宗遇害，延羲自稱威武節度使、閩國王，更今名，時通文四年閏七月壬午也。是月，改通文四年為永隆元年。

又 卷九八《閩九·傳·朱文進連重遇》 朱文進，永泰人。連重遇，光山人。初，惠宗以太祖元從為拱宸、控鶴二都，命文進為拱宸都將，重遇為控鶴都將，號親兵。及康宗立，更募勇士，為宸衛都以自衛，其賜予視二都為獨厚。文進、重遇遂以此激怒其軍。時北宮火，求賊不獲，康宗命重遇將内外營兵掃除餘燼，日役萬人，士卒多苦之。又疑重遇軍士縱火，稍語内學士陳郯，已而語洩，重遇懼，帥二都兵縱火焚南宮。康宗挾愛姬、子弟、黄門衛士斬關出，宿于野次。重遇迎景宗為君，而康宗遂不免。

論説

元·馬端臨《文獻通考》卷二五二《帝系考三·太上皇太皇太后皇太后》 致堂胡氏曰：靈武即位之事，玄宗既有傳位之命，則太子非叛也。范氏《唐鑑》謂肅宗以皇太子討賊，遂自稱帝，此乃太子叛父，何以討祿山也。其失在玄宗命不亟行，而裴冕諸人急於榮貴，是以致此咎也。唐高祖睿玄之為上皇，非所欲也。勢可以釋位而不釋，遂至逼迫，不見幾故也。而太宗明肅，不能少待，或稱兵，或借便，皆有奪位之惡，欲速見小利故也。父不父，子不子，昧於《春秋》，首惡誅之，戒甚矣。豈非後世之大鑑歟？

又曰：内寵嬖豎，合而為一，人主不悟，又委信之，其終不至於簒弑逆亂者，古無有也。肅宗之事亦可以為監矣。夫祖考所為賢且德也，子孫希之鮮能及者，非賢非德也，子孫效之，鮮不過焉。兩漢而下，繼世之君往往柩前即位，孰有為天子，子親承大寶，得問安侍膳，舉四海之養以全其孝，盡其樂。如唐數君可謂千載一時不可逢之嘉會矣。而太宗、明皇、肅宗之孝道無稱焉，豈非自太宗失之歟？高祖、睿玄晚節末路，不免兵甲震驚之禍，而玄宗尤酷。嗚呼！悲夫！輔國之言曰：『陛下當為社稷大計，豈得徇匹夫之孝？夫孝以奉父母為先，然後上及於祖宗。今父在也，乃困其身、怵其心而社稷是安，此中人以下所能辨者。』肅宗不察，蓋自馬嵬西行，輔國已有是言，今又云爾，是知肅宗為人可誘以利故也。當是白刃脇遷，盡去左右之人，而居西内，上皇辟穀成疾，以致殂隕，其異於趙武靈王沙邱之禍幾希矣。夫以討賊之故，奪父之位，其終至於如此，使安慶緒、史朝義而有知，豈不含笑於九泉？元結頌唐中興曰『盛德曰大業』，是過譽其始而未知其終也。

清·王夫之《讀通鑑論》卷二三《唐肅宗·一》 肅宗自立於靈武，律以君臣父子之大倫，罪無可辭也。裴冕、杜鴻漸等之勸進，名為社稷計，實以居擁戴之功取卿相，其心可誅也。史稱顔魯公頒赦書於諸郡，河南、江、淮知肅宗之立，徇國之志益堅，若以此舉為收拾人心之大計，豈其然乎？

玄宗之召亂也，失德而固未嘗失道也。淫荒積於宮闈，用舍亂於朝右，授賊以柄而保寇以滋，斁倫傷教，誠不足以任君師、佑下民。而誅殺不淫，未嘗如漢桓、靈之搒掠，宋哲、徽之竄逐也；賦役不繁，未嘗如秦之築長城，治驪山，隋之征高麗、開汴渠也。天不佑玄宗，而人不厭唐德，祿山以凶淫狂騃之胡雛，縣軍向闕，得志而驕，無終日之謀以固其勢，無錙銖之惠以餌其民，蟪蛄之春秋，人知其速隕，豈待靈武之詔，始足動天下以去逆效順哉？

雖然，肅宗不立，而天下抑有不可知者。幸而不然，人不知其變之必至耳。國雖不固，君雖不令，未有一寇甫興而即滅者，秦之無道，陳涉不能代之以興，況唐立國百年，民無荼毒，天寶之富庶甲乎古今，豈易傾哉？而有不可知者，亂者，所以召亂也；止亂者，尤亂之所自生也。袁、曹討董卓，而漢亡於袁、曹；劉裕誅桓玄，而晉亡於劉裕；禍發而不戰，惡知其極？定之不早，意外之變繼起，而天下乃以分崩，是則安、史雖平，唐尤岌岌也。

於稽其時，玄宗聞東京之陷，既欲使太子監國矣；其發馬嵬，且宣傳位之旨矣。乃未幾而以太子充元帥，諸王分總天下節制，以分太子之權。忽予忽奪，疑天下而召紛爭，所謂一言而可以喪邦者在此矣。盛王琦、豐王珙，皆隨駕在蜀；吳王祇、虢王巨，皆受專征之命；永王璘之出江南，業已抱異志而往；是蕭梁骨肉分爭之勢也。河北、雍、睢之義旅，罔測所歸；河西李嗣業，且欲保境以觀釁；安西李栖筠，愈遠處而無適從；李、郭雖心王室，且斂兵入井陘，求主未得而疑；同羅叛歸，結諸胡以內寇，僕固玢敗而降之為內導，以掣河東、朔方之肘；此漢末荆、益，西晉河西之勢也。使一路奮起討賊，而諸方不受其統率，則爭競以生；又李克用、朱全忠不相下之形也。諸王各依一鎮以立，諸鎮各挾之以為名；抑西晉八王之禍也。居今驗古，不憂安、史之不亡，而亡安、史者即以亡唐。託玄宗二三不定之命，割裂以雄長於其方，太子雖有元帥之虛名，亦惡能統一而使無參差乎？玄宗之猶豫不決，吝以天下授太子，不盡皆楊氏銜士之罪也，其父子之間，離忌而足以召亂久矣。

肅宗亟立，天下乃定歸於一，西收涼、隴，北撫朔、夏，以身當賊，而功不分於他人，諸王諸帥無可挾之勛名以嗣起為亂，天未厭唐，啓裴、杜之心，使因私以濟公，未嘗不為唐幸也。蓋肅宗亦未嘗不慮此矣，而非冕、鴻漸之所能及也。肅宗自立之罪無可辭，而猶可原也。冕、鴻漸斁大倫以徼擁戴之功，唐雖由之以安，允為名教之罪人，惡在心，奚容貸哉？

又《唐肅宗·四》 制治於未亂，保邦於未危，乃可以爲天子之大臣。《易》曰：『其亡！其亡！繫于苞桑。』九四捍禦之功，不如上九之豫防，足以傾否，九五之不亡，上九繫之也，李長源當之矣。其與肅宗議功臣之賞，勿以官而以封邑，故賊平而無挾功以逼上之大臣，此之謂保邦於未危。不然，則如劉裕之誅桓玄，李克用之驅黃巢，社稷隨之以傾矣。其諫肅宗以元帥授廣平，勿授建寧也，故國儲定而人心一。全二王兄弟之恩，息骨肉猜疑之釁，此之謂制治於未亂。不然，則且如太宗宮門流血之慘，玄宗太平搆禍之危，家國交受其傷矣。太原之起，秦王謀定而乃以告；韋氏之誅，臨淄不告相王而行；非適非長而獨建大功，變起宮庭，高祖、睿宗亦無如之何也，非君父之舍適長而授庶少以權也。使肅宗以元帥授建寧，則業受命於己矣，是他日之爭端，肅宗自啓之也。乃肅宗之欲命建寧，非有私寵之情，以建寧英果之姿，成功較易，則爲當日平賊計者，固得命帥之宜，廷臣自以爲允。乃長源於圖功之始，豫計未有之隙，早塗塈以泯其迹，決之一言，而亂萌永塞；所貴於天子之有大臣者，唯此而已矣。事已舛，禍已生，始持正以爭於後，則雖以身殉，國家不蒙其佑，奚足賴哉？且夫逆賊有必亡之勢，諸將有克敵之能，廣平雖才讓建寧，亦非深宮豢養無所識知者也。假元子之寵靈，爲將士先，自可制賊之死命，無待建寧而始勝其任，長源知之審矣。廣平爲帥，兩京旋復，亦非拘名義以隳大功。知深慮遠，與道相扶，仁人之言其利溥，此之謂也。故曰必如是而後可以爲天子大臣也。

又《唐肅宗·七》 肅宗表請上皇，自求還東宮修人子之職，雖其飾詞，亦子道之常耳，而李長源料玄宗之咈然，果徬徨不進，得羣臣就養之表，而後欣然就道，抑何至於此哉？言之必如其事也，事之必如其心也，君子之以立誠而動物，無有不然者也。然有時乎以交天下之人，猶出之以遜讓，飾之以文詞，抑以昭雍容謙挹之度，而遠直情徑行草野倨侮之惡，君臣朋友賓主之間，蓋亦擇其可用而用之矣。獨至於父子之際，固無所容此也。幼而哺以乳，未嘗讓乳也；長而食以食，未嘗讓食也；壯而授以室，未嘗讓室也；天性自然之愛，不忍欺也。可欲者欲之，可得者得之，以誠請，以誠受，天子雖尊，天下雖大，亦將徹之卮酒豆肉而已矣，父猶父也，子猶子也，奪之非怨，予之非恩，父母而賓客之，豈復有人之心哉？

肅宗自立於靈武，其不道固矣，天下不可欺，而尤不可自欺其心，以上欺其父。偽為辭讓以告天下，人亦孰與諒之？乃於拜表奉迎之日，悲歡交集之頃，為飾説以告父，此何心邪？賊未破，京未收，寸功不見於社稷，則居大位而不疑；已破賊收京，飲至論功，正南面之尊，乃曰退就東宮，歸大位於已稱上皇之老父乎？肅宗之為此也，探玄宗失位怏悒之情而制之也。若曰吾非不欲避位，而天命已去，人心已解，父且不能含羞拂衆以復貪大寶，折服其不平之氣，而使箝口戢志以無敢復他也。嗚呼！天理滅，人心絶矣。

玄宗固曰彼已自立而復為此辭者，不以父待我，而以相敵之情相制，心叵測矣。司馬懿稱病以謝曹爽，唐高祖輸款以推李密，其後竟如之何也，尚能忘憂以安寢食哉？不孝之大者，莫甚於匿情以相脅，故自立之罪可原，而請就東宮之惡不可逭。非鄴侯之善處，則南宮禁錮，不待他日，且使自斃於成都，惡尤烈於衛輒矣。羣臣表至，玄宗乃曰：『今日為天子父乃貴。』所以明其不復願為天子而自保其餘年也，悲哉！

清·趙翼《陔餘叢考》卷四一《唐中宗復位由張易之兄弟》 中宗之召還，固由狄仁傑以母天子性感動武后，世皆知之，其實乃張易之兄弟力也。《唐書·仁傑傳》：易之問自安計，仁傑勸迎廬陵王。《吉頊傳》：易之以兄弟寵盛，謀自全之計於頊，頊曰：『公家以寵倖進，非有大功於天下，勢必危。吾有策，非惟保身，且福及後嗣：天下思唐久矣，廬陵斥外，相王幽閉，上春秋高，諸武非海内所屬意，公何不請迎立廬陵，以繫人望，易弔為賀之資也。』易之、昌宗乘間如頊教，后意乃定，遂還中宗。是廬陵之復，仁傑與頊發其端，而成之者易之兄弟也。凶穢之朝，欲濟大事，固有非正人所能為，而反藉嬖幸以集事者。

宦官擁立分部

綜　述

《舊唐書》卷一七上《文宗紀上》 文宗元聖昭獻孝皇帝諱昂，穆宗第二子。【略】初名涵。寶曆二年十二月八日，敬宗遇害，賊蘇佐明等矯制立絳王勾當軍國事。樞密使王守澄、中尉梁守謙率禁軍討賊，誅絳王，迎上于江邸。癸卯，見宰臣于閤内，下教處分軍國事。【略】宰臣百僚三上表勸進。乙巳，卽位於宣政殿。丙午，上赴西宮成服。丁未，宰臣百僚上表請聽政，三表，許之。

又 卷一七下《文宗紀下》 （開成）五年春正月戊寅朔，上不康，不受朝賀。己卯，詔立親弟潁王瀍爲皇太弟，權勾當軍國事。

又 卷一八上《武宗紀》 武宗至道昭肅孝皇帝諱炎，穆宗第五子。母曰宣懿皇后韋氏。元和九年六月十二日，生於東宮。長慶元年三月，封潁王，本名瀍。開成中加開府儀同三司、檢校吏部尚書，依百官例，逐月給俸料。

初，文宗追悔莊恪太子殂不由道，乃以敬宗子陳王成美為皇太子，開成四年冬十月宣制，未遑册禮。五年正月二日，文宗暴疾，宰相李珏、知樞密劉弘逸奉密旨，以皇太子監國。兩軍中尉仇士良、魚弘志矯詔迎潁王於十六宅，曰：『朕自嬰疾疹，有加無瘳，懼不能躬總萬機，日釐庶政。稽於謨訓，謀及大臣，用建親賢，以貳神器。親弟潁王瀍昔在藩邸，與朕常同師訓，動成儀矩，性稟寬仁。俾奉昌圖，必諧人欲。可立為皇太弟，應軍國政事，便令權勾當。百辟卿士，中外庶臣，宜竭迺心，輔成予志。陳王成美先立為皇太子，以其尚年沖幼，未漸師資，比日重難，不遑册命，迴踐朱邸，式協至公，可復封陳王。』是夜，士良統兵士於十六宅迎太弟赴少陽院，百官謁見於東宮思賢殿。三日，仇士良收捕仙韶院副使尉遲璋殺之，屠其家。四日，文宗崩，宣遺詔：皇太弟宜於柩前卽皇帝位，宰相楊嗣復攝冢宰。十四日，受册於正殿，時年二十七。

又　卷二〇上《昭宗紀》　昭宗聖穆景文孝皇帝諱曄，懿宗第七子。【略】帝於僖宗，母弟也，尤相親睦。【略】文德元年二月，僖宗暴不豫。時初復宮闈，人心傾矚，遽聞被疾，軍民駭愕。及大漸之夕，而未知所立。羣臣以吉王最賢，又在壽王之上，將立之，唯軍容楊復恭請以壽王監國。三月六日，宣遺詔立爲皇太弟。八日，柩前即位，時年二十二。以司空韋昭度攝冢宰。己丑，見羣臣，始聽政。

又　卷一七六《楊嗣復傳》　（開成四年），罷鄭覃、夷行知政事。自是，政歸嗣復，進加門下侍郎。明年正月，文宗崩。

先是，以敬宗子陳王為皇太子。中尉仇士良違遺令立武宗。武宗之立，既非宰相本意，甚薄執政之臣。其年秋，李德裕自淮南入輔政。九月，出嗣復為湖南觀察使。明年，誅樞密薛季稜、劉弘逸。中人言：『二人頃附嗣復、李珏，不利於陛下。』武宗性急，立命中使往湖南、桂管，殺嗣復與珏。宰相崔鄲、崔珙等亟請開延英，因極言國朝故事，大臣非惡逆顯著，未有誅戮者，願陛下復思其宜。帝良久改容曰：『朕纘嗣之際，宰相何嘗比數。李珏、季稜志在扶册陳王，嗣復、弘逸志在樹立安王。立陳王猶是文宗遺旨，嗣復欲立安王，全是希楊妃意旨。嗣復嘗與妃書云：「姑姑何不斅則天臨朝！」』珙等曰：『此事曖昧，眞虛難辨。』帝曰：『楊妃曾臥疾，妃弟玄思，文宗令入內侍疾月餘，此時通導意旨。朕細問內人，情狀皎然，我不欲宣出於外。向使安王得志，我豈有今日？然為卿等恕之。』乃追潭、桂二中使，再貶嗣復潮州刺史。

宋·王欽若等《册府元龜》卷一一《帝王部·繼統第三》　文宗，敬宗弟。初封江王。寶曆二年十二月辛丑，敬宗夜獵還宮，遇中官劉克明之逆。壬寅，樞密使王守澄以兵衛迎江王入宮。癸卯，教曰：『大行皇帝聰斷英明，臨下以法，方將致理，以一區夏，而妖凶構禍，矯宣遺言。不詢羣臣，專斷神器，恃近而迫衆，倚兵而取威，謂天地可欺，神明可罔。既而姦謀發洩，凶黨彰聞，寡人義重君臣，毒甚手足，拊膺號惋，誓清凶徒。果有義烈，副此誠志，遂以宰相定議，乃親率左右神策護軍中尉、心腹近臣及諸職事官并左右神策六軍使兼諸軍使及飛龍將士等，搜擿伏匿，大擒諸妖，或血刃當辜，或赴井自斃，其劉克明、田務澄、蘇佐明、王嘉憲、石定寬等二十八人，並正刑書，罔有漏逸。歡呼震地，忭快聞天，此皆宗社威靈，文武協力，翦盪凶寇，克有成筭。豈伊菲薄，敢貪天功，想于羣公多士，中外藩嶽，皆累朝勳績，先聖寵任，致茲剛憤，哀慶當同。大行皇帝正柩于太極殿前，率依光陵故事。有司條上，務盡誠信。其冢宰司空、平章事裴度當攝，立功將士，節級各有優賞。布告遐邇，咸使聞知。』宣訖，宰臣裴度、竇易直率百寮於紫宸外廊上謁江王，王以素服見度等，再拜慰賀訖，退。又率百寮上勸進表三。甲辰，江王於少陽院封六軍使段嶷、左右神策軍使何少哲等一十六人，命移仗西內，以太子太保趙宗儒爲大明宮留後。

乙巳，帝御宣政殿，即位。諸衛各勒兵屯諸門，黃麾大仗陳於殿庭，押册寶自西階下。文武羣官入，就位。侍中板奏，請中外嚴辨。帝出自序門，服其服，遠遊冠、絳紗袍，執笏就中間南向位立定，册使宣云：『伏奉太皇太后令，江王即皇帝位。』禮儀使奏請再拜，舉册官奉册就皇帝前，攝中書令、司空、兼門下侍郎、平章事裴度進讀曰：『維寶曆二年歲次丙午十二月甲午朔十二日乙巳，太皇太后若曰：大行皇帝睿哲英能，對天明命，方夏底緝，夷蠻貢庭，宜荷九廟之靈，永饗億年之祿。豈虞姦妖竊發，矯專神器，蠱惑中外，扇誘羣萌，駭動神人，釁深梟獍。咨爾江王昂，聰哲孕粹，清明敏和，智筭機閑，謀玄電發，躬率義勇，太清凶徒。且膺當璧之符，爰攄枕戈之憤，既殲巨害，當饗豊福。是用命爾陟于元后，宜令司空、平章事裴度奉册即皇帝位。永惟高祖太宗之前定隋亂，玄宗之寢漬利澤，憲宗之堅拔蠹孽，艱勤險阻，勗乃負荷。小心以事上帝，恭儉以勤邦家，懋于令聞，持久如始，敬之哉！』讀册稱賀，帝受策以授左右；侍中進寶，帝受寶，以授左右。又奏請改服袞冕，即御座，受萬方朝賀。殿中監進鎮珪，內高品承旨，索扇開，帝正袞冕，負扆南面，侍中就升御座之右，西南立。符寶置於御座前。羣官在位者，皆再拜。攝太尉、兵部尚書段文昌進當香案前，跪奏曰：『我國家奄宅萬方，光被四表。太行皇帝丕承祖業，嗣唐配天。伏惟皇帝陛下，敬之哉！』百寮皆再拜。攝侍中、門下侍郎、平章事竇易直承旨，臨階西向，稱有制，在位者皆再拜。宣云：『顧以薄德，嗣守鴻業，祇奉詔命，感懼良深。』在位者皆再拜。侍中奏禮畢，帝降座，御輦還宮。

武宗皇帝，穆宗第五子，文宗之弟也。初封潁王，本名瀍。初，文宗追悔莊恪太子殂不由道，乃以敬宗子陳王成美爲皇太子。開成四年冬十月宣制，未遑册禮。五年正月二日，文宗暴疾，宰相李珏、知樞密劉弘季奉密旨，以皇太子監國。兩軍中尉仇士良、魚弘志矯詔迎潁王於十六宅，曰：『朕自嬰疾疢，有加無瘳，懼不能躬總萬機，日釐庶政。稽于古訓，謀及大臣，用建親賢，以貳神器。親弟潁王瀍，昔在藩邸，與朕嘗同師訓。動成儀矩，性禀寬仁，俾奉昌圖，必諧人欲，可立爲皇太弟，一應軍國政事便令權勾當。百辟卿士，中外庶臣，宜竭乃心，輔成予志。陳王成美先立爲皇太子，以其年尚沖幼，未漸師資，比日重難，不行册命，迴踐朱邸，式叶至公，可復封陳王。』是夜，士良統兵士於十六宅迎太弟赴少陽院，百官謁見於東宮思賢殿。四日，宣詔皇太弟宜卽皇帝位，宰相楊嗣復攝冢宰。十四日，受册於正殿，時年二十。【略】

昭宗皇帝，懿宗第七子。咸通十三年四月，封壽王。乾符四年，授開府儀同三司，幽州大都督，幽州盧龍等軍節度、押奚、契丹管內觀察處置等使。帝於僖宗母弟也。尤相親睦，自艱難播越，嘗隨侍左右，握兵中要，皆奇而愛之。文德元年二月，僖宗暴不豫。時初復宮闈，人心傾矚，遽聞被疾，軍民駭愕。及大漸之夕，未知所立，羣臣以吉王最賢，又在壽王之上，將立之，唯軍容使楊復恭請以壽王監國三月六日，宣詔立為皇太弟，八日卽位，時年二十二。

《新唐書》卷八《文宗紀》 文宗元聖昭獻皇帝諱昂，穆宗第二子也。母曰貞獻皇太后蕭氏。始封江王。

寶曆二年十二月，敬宗崩，劉克明等矯詔以絳王悟句當軍國事。壬寅，內樞密使王守澄、楊承和、神策護軍中尉魏從簡梁守謙奉江王而立之，率神策六軍、飛龍兵誅克明，殺絳王。乙巳，江王卽皇帝位于宣政殿。戊申，始聽政。

又 《武宗紀》 武宗至道昭肅孝皇帝諱炎，穆宗第五子也。母曰宣懿皇太后韋氏。始封潁王，累加開府儀同三司、檢校吏部尚書。

開成五年正月，文宗疾大漸，神策軍護軍中尉仇士良、魚弘志矯詔廢皇太子成美復為陳王，立潁王為皇太弟。辛巳，卽皇帝位于柩前。辛卯，殺陳王成美及安王溶、賢妃楊氏。甲午，始聽政。

又 卷一〇《昭宗紀》 昭宗聖穆景文孝皇帝諱曄，懿宗第七子也。【略】始封壽王。乾符二年，領幽州盧龍軍節度使。僖宗遇亂再出奔，壽王握兵侍左右，尤見倚信。

文德元年三月，僖宗疾大漸，羣臣以吉王長，且欲立之。觀軍容使楊復恭率兵迎壽王，立為皇太弟，改名敏。乙巳，卽皇帝位于柩前。

又 卷二〇八《宦者傳下·劉克明》 劉克明亦亡所來，得幸敬宗。【略】帝獵夜還，與克明、田務澄、許文端、石定寬、蘇佐明、王嘉憲、閻惟直等二十有八人羣飲，既酣，帝更衣，燭忽滅，克明與佐明、定寬弑帝更衣室，矯詔召翰林學士路隋作詔書，命絳王領軍國事。明日，下遺詔，絳王卽位。克明等恃功，將易置左右，自引支黨顓兵柄。于時，樞密使王守澄、楊承和、中尉梁守謙、魏從簡與宰相裴度共迎江王，發左、右神策及六軍飛龍兵討之，克明投井死，出其尸戮之。務澄等皆斬首以徇，籍入家貲，又殺其黨數十人。

又 卷二〇七《宦者傳上·仇士良》 始，樞密使劉弘逸、薛季稜、宰相李珏楊嗣復謀奉太子監國，士良與弘志議更立，珏不從，乃矯詔立潁王為皇太弟，士良以兵奉迎，而太子還為陳王。初，莊恪太子薨，楊賢妃謀引安王，不克。武宗已立，士良發其事，勸帝除之以絕人望，故王、妃皆死。

宋·宋敏求《唐大詔令集》卷三〇《皇太子·監國·文宗立潁王為皇太弟勾當軍國敕》 敕：朕顧以眇身，獲承丕構，嚴恭寅畏，十有五年。列聖鴻猷，朕豈能荷？涉冰匪懼，馭朽非難，雖宇內小康而大道猶鬱，方自砥礪，期臻洽平，天不祐予，夙嬰疾疹，政慮多闕，心靡遑安。近者凝沍所侵，久而寖劇。臣僚愛我，內外一心，禱祀畢為，藥石備至，亟換旬朔，有加無瘳，懼不能躬總萬幾，日釐庶政。稽於古訓，謀及大臣，用建親賢，以貳神器。親弟潁王諱，朕昔在藩邸，常同師訓，動成儀矩。性秉寬仁，俾奉昌圖，必諧人欲，可立為皇太弟，應軍國政事，便令權勾當。百辟卿士，中外庶臣，宜竭乃心，輔成予志。陳王成美，先立為皇太子。以其年尚沖幼，未漸師資，比每念重難，不行册命，迴踐朱邸，允叶至公。可依前復封為陳王。嗚呼！萬務不可以久曠，萬方不可以乏統，惟義所在，朕不敢私。宣布中外，咸令知悉。開成五年正月二日

又 《僖宗立壽王為皇太弟知軍國詔》 門下：朕幼荷丕搆，夙夜

不逞，蓋以三百年之鴻基，十七聖之大業，守文重事，偃武貞期。惟懼沖人，不克負荷，果致干戈四處，寇盜連年，再省藩維，兩違陵廟，上愧高祖、太宗之締搆，下慙中外羣后之匡扶。既積殷憂，俄成疾疹，而上天降祐，中道獲痊，萬乘還宫，六龍挽駕，御端門而肆赦，閲諸夏而駿奔。雖有愧中興，而克全舊物。繄爾中外方俟，報功寧期。痊疾未瘳，尚嬰沉痼，徒思勿藥，詎報有徵？腠理是加，連綿莫療。永惟八方之大，萬務之殷，既不躬親，固當壅滯。朕親弟壽王傑，天資穎悟，生禀温文，孝友通於神明，仁愛格於上下，必能體朕憂惕，濟我艱難，用叶和平，得就頤養。宜册為皇太弟，知軍國政事。咨爾内外大臣，羣方庶尹，悉宜聽監國處分，盡心輔戴，寧國安人，酌變從宜，同底於理。布告天下，咸使聞知。光啓四年三月六日

軍士擁立分部

綜　述

《舊五代史》卷三五《唐書·明宗紀一》（同光）四年二月六日，趙在禮據魏州反。莊宗遣元行欽將兵攻之，行欽不利，退保衛州。初，帝善遇樞密使李紹宏，又帝在洛陽，羣小多以飛語謗毁，紹宏每為庇護。會行欽兵退，河南尹張全義密奏，請委帝北伐，紹宏贊成之，遂遣帝將兵渡河。三月六日，帝至鄴都，趙在禮等登城謝罪，出牲餼以勞師，帝亦慰納之，營于鄴城之西南，下令以九日攻城。八日夜，軍亂。從馬直軍士有張破敗者，號令諸軍各殺都將，縱火焚營，讙譟雷動。至五鼓，亂兵逼帝營，親軍搏戰傷夷者殆半，亂兵益盛。帝叱之，責其狂逆之狀。亂兵對曰：『昨貝州戍兵，主上不垂厚宥。又聞鄴城平定之後，欲盡坑全軍。某等初無叛志，直畏死耳。已共諸軍商量，與城中合勢，擊退諸道之師。欲主上帝河南，請令公帝河北。』帝泣而拒之。亂兵呼曰：『令公欲何之？不帝河北，則為他人所有。苟不見幾，事當不測。』抽戈露刃，環帝左右。安重誨、霍彦威躡帝足，請詭隨之，因為亂兵迫入鄴城。懸橋已發，共扶帝越濠而入。趙在禮等歡泣奉迎。

四月丁亥朔，至甖子谷，聞蕭牆釁作，莊宗晏駕，帝慟哭不自勝，詰旦，朱守殷遣人馳報：『京城大亂，燔剽不息，請速至京師。』己丑，帝至洛陽，止於舊宅，分命諸將止其焚掠。百官弊衣旅見，帝謝之，歛袵泣涕。時魏王繼岌征蜀未還，帝謂朱守殷曰：『公善巡撫，以待魏王。吾當奉大行梓宫山陵禮畢，即歸藩矣。』是日，羣臣諸將上牋勸進，帝面諭止之。樞密使李紹宏張居翰、宰相豆盧革韋説、六軍馬步都虞候朱守殷、青州節度使符習、徐州節度使霍彦威、宋州節度使杜晏球、兖州節度使房知温等頓首言曰：『帝王應運，蓋有天命，三靈所屬，當協冥符。福之所鍾，不可以謙遜免；道之已喪，不可以智力求。前代因敗爲功，殷憂啓聖，少康重興於有夏，平王再復於宗周，其命惟新，不失舊物。今日廟社無依，人神乏主，天命所屬，人何能爭！光武所謂「使成帝再生，無以讓天下」。願殿下俯徇樂推，時哉無失，軍國大事，望以教令施行。』帝優答不從。

壬辰，文武百僚三拜牋請行監國之儀，以安宗社，答旨從之。既而有司上監國儀注。甲午，幸大内興聖宫，始受百僚班見之儀。所司議即位儀注，霍彦威、孔循等言：『唐之運數已衰，不如自創新號。』因請改國號，不從土德。帝問藩邸侍臣，左右奏曰：『先帝以錫姓宗屬，爲唐雪冤，以繼唐祚。今梁朝舊人，不願殿下稱唐，請更名號。』帝曰：『予年十三事獻祖，以予宗屬，愛幸不異所生。事武皇三十年，排難解紛，櫛風沐雨，冒刃血戰，體無完膚，何艱險之不歷！武皇功業即予功業，先帝天下即予天下也。兄亡弟紹，於義何嫌。且同宗異號，出何典禮？運之衰隆，吾自當之，衆之莠言，吾無取也。』時羣臣集議，依違不定，唯吏部尚書李琪議曰：『殿下宗室勳賢，立大功於三世，一朝雨泣赴難，安定宗社，撫事因心，不失舊物。若別新統制，則先朝便是路人，煢煢梓宫，何所歸往！不唯殿下追感舊君之義，羣臣何安！請以本朝言之，則睿宗、文宗、武宗皆以弟兄相繼，即位柩前，如儲后之儀可也。』於是羣議始定。

又　卷三六《唐書·明宗紀二》　天成元年夏四月丙午，帝自興聖宫赴西宫，文武百僚縞素于位，帝服斬衰，親奉攢塗設奠，哭盡哀，乃於

柩前卽皇帝位。

又　卷四六《唐書·末帝紀上》　末帝諱從珂，本姓王氏，鎮州人也。母宣憲皇后魏氏，以光啓元年歲在己巳正月二十三日，生帝于平山。景福中，明宗為武皇騎將，畧地至平山，遇魏氏擄之。帝時年十餘歲，明宗養為己子，小字二十三。帝幼謹重寡言，及壯，長七尺餘，方頤大體，材貌雄偉，以驍果稱。明宗甚愛之。【略】

（長興）四年五月，封潞王。閔帝卽位，加兼侍中。既而帝子重吉出刺亳州，女尼入宮，帝方憂不測。應順元年二月，移帝鎮太原，是時不降制書，唯以宣授而已。帝聞之，召賓佐將吏以謀之，皆曰：『主上年幼，未親庶事，軍國大政悉委朱弘昭等，王必無保全之理。』判官馬裔孫曰：『君命召，不俟駕行焉。諸君凶言，非令圖也。』是夜，帝令李專美草檄求援諸道，欲誅君側之罪。朝廷命王思同率師來討，三月十五日，外兵大集，十六日，大將督衆攻城，帝登城垂泣，諭於外曰：『我年未二十從先帝征伐，出生入死，金瘡滿身，樹立得社稷，軍士從我登陣者多矣。今朝廷信任賊臣，殘害骨肉，且我有何罪！』因慟哭，聞者哀之。時羽林都指揮使楊思權謂衆曰：『大相公，吾主也。』遂引軍自西門入，嚴衛都指揮使尹暉亦引軍自東門而入，外軍悉潰。十七日，率居民家財以賞軍士。是日，帝整衆而東。二十日，次長安，副留守劉遂雍以城降，率京兆居民家財犒軍。二十三日，次靈口，誅王思同。二十四日，次華州，收藥彦稠繫獄。二十五日，次閿鄉，王仲杲父子迎謁，命誅之。二十六日，次靈寶，河中節度使安彦威來降，待罪，宥之，遣歸鎮。陝州節度使康思立奉迎。二十七日，次陝州，下令告諭京城。二十八日，康義誠軍前兵士相繼來降，義誠詣軍門請罪，帝宥之。駕下諸軍畢至，誅宣徽南院使孟漢瓊於路左。是夜，閔帝與帳下親騎百餘出玄武門而去。

夏四月壬申，帝至蔣橋，文武百官立班奉迎，教旨以未拜梓宮，未可相見，俟會於至德宮，時六軍勳臣及節將內職已累表勸進。是日，帝入謁太后、太妃，至西宮，伏梓宮慟哭，宰相與百僚班見致拜，帝答拜。馮道等上牋勸進，帝立謂羣臣曰：『予之此行，事非獲已，當俟主上歸闕，園陵禮終，退守藩服。諸公言遽及此，信無謂也。』

衛州刺史王弘贄奏，閔帝以前月二十九日至州。癸酉，皇太后下令，降閔帝為鄂王。又太后令曰：『先皇帝誕膺天睠，光紹帝圖，明誠動於三靈，德澤被於四海，方期偃革，遽歎遺弓。自少主之承祧，爲奸臣之擅命，離間骨肉，猜忌磐維，既輒易於藩垣，復驟興於兵甲。遂致輕離社稷，大撓軍民，萬世鴻基，將墜於地。皇長子潞王從珂，位居冢嗣，德茂沖年，乃武乃文，惟忠惟孝。前朝廓清多難，有戰伐之大功；纘紹丕圖，有夾輔之盛業。今以宗祧乏祀，園寢有期，須委親賢，俾居監撫，免萬機之壅滯，慰兆庶之推崇。可起今月四日知軍國事，權以書詔印施行。』是日，監國在至德宮，宰臣馮道等率百官班於宮門待罪，帝出於庭曰：『相公諸人何罪，請復位。』乃退。甲戌，太后令曰：『先皇帝櫛風沐雨，平定華夷，嗣洪業於艱難，致蒼生於富庶。鄂王嗣位，奸臣弄權，作福作威，不誠不信，離間骨肉，猜忌磐維。鄂王輕捨宗祧，不克負荷，洪基大寶，危若綴旒，須立長君，以紹丕搆。皇長子潞王從珂，日躋孝敬，天縱聰明，有神武之英姿，有寬仁之偉略。先朝經綸草昧，廓靜寰區，辛勤有百戰之勞，忠貞贊一統之運，臣誠子道，冠古超今。而又克己化民，推心撫士，率土之謳歌有屬，上蒼之睠命攸臨。一日萬機，不可以暫曠；九州四海，不可以無歸。況因山有期，同軌斯至，永言嗣守，屬任元良，宜卽皇帝位。』

乙亥，監國赴西宮，柩前告奠卽位。攝中書令李愚宣册書曰：『維應順元年歲次甲午，四月庚午朔，六日乙亥，文武百僚，特進、守司空兼門下侍郎、同中書門下平章事、充太微宮使、弘文館大學士、上柱國、始平郡公、食邑二千五百戶臣馮道等九千五百九十三人上言：「帝王興運，天地同符，河出圖而洛出書，云從龍而風從虎。莫不恢張八表，覆育兆民，立大定之基，保無疆之祚。人謠再洽，天命顯歸，須登宸極之尊，以奉祖宗之祀。伏惟皇帝陛下，天資仁智，神助機權，奉莊宗於多難之時，從先帝於四征之際，凡當決勝，無不成功。洎正皇綱，每嚴師律，爲國家之志大，守臣子之道全。自泣遺弓，常悲易月，欲期同軌，親赴因山。而自鄂王承祧，奸臣擅命，致神祇之乏饗，激朝野以歸心。使屈者伸，令否者泰，人情大順，天象至明。聚東井以呈祥，拱北辰而應運。由是文武百辟，岳牧羣賢，至於比屋之倫，盡祝當陽之位。今則承太后慈旨，守先朝遠圖，撫四海九州，享千齡萬祀。臣等不勝大願，謹上寶册，稟太后令，奉皇帝踐祚。臣等誠慶誠忭，謹言。」』帝就殿之東楹，受羣臣稱賀。

又 卷一一〇《周書·太祖紀一》 太祖聖神恭肅文武孝皇帝姓郭氏，諱威，字文仲，邢州堯山人也。或云本常氏之子，幼隨母適郭氏，故冒其姓焉。

（乾祐三年十一月）二十二日旦，郭允明弒漢隱帝于北郊。【略】帝與王峻詣太后宮起居，請立嗣君，乃以高祖姪徐州節度使贇入繼大統。語在《漢紀》。二十七日，帝以嗣君未至，請太后臨朝。會鎮、定州馳奏契丹入寇，河北諸州告急，太后命帝北征。十二月一日，帝發，離京師。四日至滑州，駐馬數日。會湘陰公遣使慰勞，諸將受宣之際，相顧不拜，皆竊言曰：『我輩陷京師，各各負罪。若劉氏復立，則無種矣。』或有以其言告帝者，帝愕然，即時進，途十六日，至澶州。是日旭旦，日邊有紫氣來，當帝之馬首。十九日，下令諸軍進發。二十日，諸軍將士大譟，趨驛如墻而進，帝閉門拒之。軍士登墻越屋而入，請帝為天子。亂軍山積，登階匝陛，扶抱擁迫，或有裂黄旗以被帝體，以代赭袍。山呼震地，帝在萬衆之中，聲氣沮喪，悶絶數四。左右親衛，星散竄匿。帝即登城樓，稍得安息。諸軍遂擁帝南行。【略】

二十七日，漢太后令曰：『樞密使、侍中郭威，以英武之才，兼内外之任，剪除禍亂，弘濟艱難，功業格天，人望冠世。今則軍民愛戴，朝野推崇，宜總萬幾，以允羣議。可監國，中外庶事，並取監國處分。』

二十八日，監國詔曰：『寡人出自軍戎，本無德望，因緣際會，叨竊寵靈。高祖皇帝甫在經綸，待之心腹；洎登大位，尋付重權。當顧命之時，受忍死之寄，與諸勳舊輔，立嗣君。旋屬三叛連衡，四郊多壘，謬膺朝旨，委以專征，兼守重藩。俾當勍敵，敢不横身戮力，竭節盡心？冀肅静于疆埸，用保安于宗社。不謂姦邪搆亂，將相連誅，偶脱鋒鋩，克平患難，志安劉氏，願報漢恩，推擇長君，以紹丕搆。遂奏太后，請立徐州相公，奉迎已在于道途，行李未及于都輦。尋以北面事急，寇騎深侵，遂領師徒，徑往掩襲，行次近鎮，已渡洪河。十二月二十日，將登澶州，軍情忽變，旌旗倒指，喊叫連天，引袂牽襟，迫請為主，環繞而逃避無所，紛紜而逼脅愈堅。頃刻之間，安危莫保，事不獲已，須至徇從，于是馬步諸軍，擁至京闕。今奉太后誥旨，以時運艱危，機務難曠，俾令監國，遜避無由，僶俛遵承，夙夜憂愧云。』

時文武百官、内外將帥、藩臣郡守等相繼上表勸進。三十日夜，御營西北隅步軍將校因醉揚言：『昨澶州馬軍扶策，今步軍亦欲扶策。』尋令虞候詰其姓名，昧旦擒而斬之。其一軍仍納甲仗，遣中使監送就糧所。

廣順元年春正月丁卯，漢太后誥曰：『遂古已來，受命相繼，是不一姓，傳諸百王，莫不人心順之則興，天命去之則廢。昭然事迹，著在典書。予否運所丁，遭家不造，姦邪搆亂，朋黨横行，大臣冤枉以被誅，少主倉卒而及禍。人自作孽，天道寧論？監國威深念漢恩，切安劉氏，既平亂略，復正頽綱，思固護于基扃，擇繼嗣于宗室，而獄訟盡歸于西伯，謳謠不在于丹朱，六師竭推戴之誠，萬國仰欽明之德。鼎革斯契，圖籙有歸，予作佳賓，固以為幸。今奉符寶授監國，可即皇帝位。於戲！天祿在躬，神器自至，允集天命，永綏兆民。敬之哉！』

是日，帝自皐門入大内，御崇元殿，即皇帝位。制曰：『自古受命之君，興邦建統，莫不上符天意，下順人心。是以夏德既衰，爰啓有商之祚；炎風不競，肇開皇魏之基。朕早事前朝，久居重位，受遺輔政，敢忘伊、霍之忠？仗鉞臨戎，復委韓、彭之任。匪躬盡瘁，焦思勞心，討叛涣于河、潼，張聲援于岐、雍，竟平大憝，粗立微勞。纔旋旆于關西，尋統兵于河朔，訓齊師旅，固護邊陲，只將身許國家，不以賊遺君父。外憂少息，内患俄生，羣小連謀，大臣遇害，棟梁既壞，社稷將傾。朕方在藩維，以遭讒搆，逃一生于萬死，徑赴闕庭；梟四罪于九衢，幸安區宇。將延漢祚，擇立劉宗。徵命已行，軍情忽變。朕以衆庶所迫，逃避無由，扶擁至京，尊戴為主，重以中外勸進，方岳推崇，僶俛雖順于羣心，臨御實慙于涼德。改元建號，祗率于舊章；革故鼎新，宜覃于霈澤。朕本姬氏之遠裔，虢叔之後昆，積慶累功，格天光表。盛德既延于百世，大命復集于眇躬。今建國，宜以「大周」為號，可改漢乾祐四年為廣順元年。自正月五日昧爽已前，應天下罪人常赦所不原者，咸赦除之。』

宋·王欽若等《册府元龜》卷一一《帝王部·繼統第三》 後唐明宗，太祖養子。莊宗朝爲蕃漢馬步軍總管，兼中書令。同光四年二月，趙在禮盜據魏州，莊宗遣元行欽將兵攻之，不利。河南尹張全義密奏，請委帝將兵赴鄴。時趙太據邢州，王景戡據滄州，皆自稱劉後，軍鎮多叛。三月六日，帝至鄴都西南隅御水之南，在禮登水樓謝罪，帝謂之曰：『謀之不臧，一至於是。吾來招撫，尚可保明，當與將士善謀，勿貽族滅。』又出牲餼勞師，帝皆領慰之，令蒐閱期，以九日攻城。八日，帝移營渡河觀音門外，分命詰旦進攻。是夜，從馬直軍吏有張破敗者，號令共殺都將，縱火焚營，讙譟雷駭。五鼓，亂軍徒黨逼帝營，言已共諸軍商量，且與城中合勢，擊退諸道之師，欲主上帝河南，令公帝河北，且與軍民爲主，幸延晷漏矣。帝泣而諭之，亂兵乃抽戈露刃，環帝左右，呼曰：『今公欲何之？不帝河北，則爲他人所有！』安重誨、霍彦威躡帝足，請詭從之，亂兵逼帝入鄴都。懸橋已發，皆扶帝越河。帝既入，在禮引將校奉迎泣謝。【略】

四月丁亥，帝入甖子谷，聞蕭墻釁作，莊宗晏駕，慟哭不自勝，謂諸將曰：『吾比星行赴難，君父如此，吾安所歸？』詰旦，朱守殷遣人馳報，言：『京城大亂，兩日以來燔剽不息，願令公速至京師救難。』三日，帝幸至德宮，分命諸將止焚剽。百官敝衣旅見，帝謝之，歛衽歔欷。時皇太子繼岌征蜀未還，皇弟存霸已下皆領麾鉞，内難前歸鎮。帝謂朱守殷曰：『公善巡徼，以待魏王。淑妃、德妃在宮，供膳尤宜豐備。吾奉大行梓宮幸山陵畢，社稷有奉，則仗鉞歸藩，爲國家當北面之事。』是日，宰相豆盧革率百寮拜牋勸進，帝不從。又三牋勸行監國之儀，以安宗社。霍彦威、孔循等請改國號，不行土德正朔，豆盧革不能決。安重晦具奏，上顧謂藩邸、近侍曰：『若何改國號爲正朔？』左右奏曰：『先帝以錫氏宗屬，爲唐雪冤，繼爲昭宗皇帝後，國號曰唐。今僞朝舊人，不欲殿下稱唐，請更名號耳。』帝因嗚噎泣下曰：『異乎予所聞也！予年十三事獻祖文皇帝，以予宗屬，愛幸不異所生。事武皇帝垂三十年，何艱險之不嘗！排難解紛，櫛風沐雨，冒刃血戰，體無完膚，闢土開基，以至今日，卽武帝功業，予功業也，先帝天下，予天下也。兄亡弟紹，於義何嫌，同宗異號，出何典禮？人之多僻，可見其心，曆之衰隆，吾當自受，莠言無所取也。』彦威等言『唐之運曆已衰，不如自創新號』，故上言『衰隆自受』。執政召廷臣議，依違不能決，吏部尚書李琪曰：『殿下以宗室勳賢，立大功於三世，一昨雨泣赴難，安定廟朝，撫事因心，不失舊物。若一旦別移統制，先朝便是路人，煢煢梓宮，何所歸往！不惟殿下失追感舊君之義，吾輩何安！況以前事宗室，言之則漢昭帝無後，霍光徵劉賀宣帝典喪事是也；以本朝言之，則孝和元玄眞文宗、武宗皆以兄弟出繼典喪事，卽位如儲后之儀。遵行此禮，斷自不疑。』遂卽帝位。【略】

末帝，明宗養子。天成初，除河東節度使。二年，加同平章事。長興二年，授京兆尹、西京留守。三年，移鳳翔節度使。四年五月，封潞王。閔帝卽位，加侍中。應順元年二月，移鎮太原。是時不降制書，惟以宣授，帝聞之，召賓佐將吏謀之，皆曰：『主上年幼，未親庶事，軍國大政，悉委朱弘昭等，王必無保全之理。』判官馬裔孫曰：『君命召，不俟駕行焉。諸君凶言，熒惑聞聽，非令圖也。』乃罷。是夕，召行軍副使謀，令判官李專美草檄書乞援於諸道藩侯，請助兵糧，欲問君側之罪。閔帝命王思同率兵攻鳳翔，三月十五日，大集城下。十六日，帝登城垂泣，告諭於外曰：『我年未二十，從先帝征伐，出生入死，金瘡滿身，樹立社稷，軍士從我登陣者多矣。今朝廷信任賊臣，殘害骨肉，且我有何罪！』因慟哭，聞者哀之。時羽林都指揮使楊思權謂衆曰：『大相公，吾主也。』遂引軍自西門入，嚴衛都指揮使尹暉亦引軍自東門入，外軍悉潰。十七日，索居民家財以賞軍士。是日，建大將旗鼓，整衆而東。二十日，次長安，副留守劉遂雍以城降。二十三日，次靈口，駕下軍執王思同來降，是日，誅之。二十四日，次華州，收節度使樂彦稠繫獄。二十五日，次閿鄉，王仲皋父子迎謁，命誅之。二十六日，次靈寶，河中節度使安彦威來降，待罪，宥之。是日，陝州節度使康思立奉迎。二十七日，次陝州。二十八日，閔帝招討使康義誠前軍棄甲結隊纍纍而至。二十九日，義誠至，泥首請罪。帝上太后牋，取進止。三十日，太后傳令至幷，内司迎奉。是夜，閔帝出奔。

四月壬申，帝至蔣橋，文武百官立班奉迎，教旨以未拜梓宮，未可相見。是日，入謁太后、太妃，伏梓宮慟哭，宰臣馮道等上牋勸進。癸酉，太后下令，以帝爲監國。甲戌，又下令曰：『先皇帝櫛風沐雨，平定華夷，嗣洪業於艱難，致蒼生於富庶，八年臨御，萬彙舒蘇，歸牛休馬，方期於偃戢，宵衣旰食，久積於憂勞，竟至倦勤，俄悲厭代。爰自鄂王嗣位，姦臣弄權，作福作災，不誠不信，離間我骨肉，猜忌我親賢，不自制書，擅移藩邸，而又遽興戈甲，大撓軍民。遂致鄂王輕釋宗祧，不克負荷，洪基大寶，危若綴旒，須立長君，以紹不構。皇長子潞王從珂，日躋孝敬，天縱聰明，有神武之英姿，有寬仁之偉量；先朝經綸草昧，廓靜寰區，辛勤有百戰之勞，竭盡贊一平之運。臣誠子道，冠古越今，而又克己化民，推心撫事，率土之謳歌有屬，上玄之睠命攸臨。一日萬機，不可以暫曠；九州四海，不可以無歸。況因山有期，同軌斯至，永言嗣守，屬在元良，宜卽皇帝位。』是日，暴雨。乙亥，帝赴西宮告奠，遂卽帝位。

又　卷八《帝王部・創業第四》　周太祖，慶祖之子。【略】（乾祐三年十一月）二十二日旦，隱帝自砦乘馬將還宮，而前鋒已及，乃西南以避之，事迫而郭允明遂行弑逆。辰巳，時諸軍畢入京城。晚，太祖將入宮門待罪，進名朝太后，以軍未整戢，且歸舊第。二十四日，率羣臣起居於明德門外，奏曰：昨者左右熒惑輿駕蒼皇歸闕，師徒未免驚動。帝王出令，其位難虛，軍國事多，早宜册立嗣君，以係人望。伏請太后行教令指揮。』太后令曰：『北京留守崇，許州節度使信，高祖皇帝之愛弟也。徐州節度使贇，開封尹勳，皆高祖之裔子也。俱列盤維，皆分屏翰，已委文武百寮、六軍將校議擇賢明，以承大統。』二十六日，帝率羣臣，班於明德門外，起居太后，獻議請以劉贇入承正統。太后下令，宜備法駕，迎贇於徐州，即皇帝位。即遣太師馮道備儀注，往奉迎。二十七日，帝率羣臣，班於明德門外拜章，以新君未知，軍國之事，一日萬機，不可暫廢，請太后權臨朝聽政。二十九日，鎮、定言契丹入寇，三道而來。太后令帝赴北面軍前，為都統帥，相度進取。新君未至，其軍國公事委王峻已下商量施行，其兵馬軍事委王殷勾當巡簡。

十二月甲午朔，帝北征。十九日，六軍履冰渡河，次澶州驛舍。二十日早，步兵前進，帝於庭中省其裝發，忽聞驛外閧譟，聲如雷霆，俄而上卒不繇門戶，登墻越屋，雲屯山積，來迫帝曰：『天子請侍中自作，劉家社稷盡矣。縱然立得，亦無好事，却報讐於將校也。』亂軍得黄袍，扶抱帝，加袍於背，不肯解。帝紿之曰：『爾等解去，我無所避也。』

二十日，帝上太后牋，論列澶州三軍逼脅之事，不獲已班師。又言『臣事先帝，過承君父之恩，及奉嗣君，願竭腹心之效。豈期禍難，事與願違。方擇當璧之賢，又爽大横之兆。永言膝下，何慰慈顏？望太后以宗子待微臣，臣敢不奉宗廟如本朝，事太后為慈母！悃款之至，祈戀增深。』太后令曰：『侍中功烈崇高，德聲昭著，剪除禍亂，安定乾坤，謳詠有歸，曆數攸屬，所以羣情推戴，億兆同歡。老身未終殘年，屬茲多難，唯以衰朽，托於始終。載省來牋，如母見待，感切深意，涕泗横流。其諸誠懷，難盡宣述。』是日，王峻以所立新君在宋州，恐聞澶州軍變之事，部下為亂，令郭崇率騎七百急赴之。二十三日，帝至韋城。二十五日，至七里店，東西步騎陳列。是日，百寮上章勸進，御營於皐門村。二十六日，太后以帝為監國，中外庶事並聽監國處分。

四年正月丁卯，漢太后令奉符寶授監國，即皇帝位。是日，太祖自皐門歸大內，御崇元殿，即位。制以『大周』為號，改乾祐四年為廣順元年。

《新五代史》卷四六《雜傳第三十四・霍彦威》　其後，趙在禮反，彦威别討趙太於邢州，破之，還以兵屬明宗，討在禮。明宗軍變，從馬直軍吏張破敗率衆殺將校，縱火焚營譟呼。明宗叱之曰：『自吾爲帥十有餘年，何負爾輩？今賊城破在旦夕，乃爾輩立功名、取富貴之時。況爾天子親軍，返效賊邪？』軍士對曰：『城中之人何罪？戍卒思歸而不得耳。天子不垂原宥，志在剿除，且聞破魏之後，欲盡坑魏博諸軍。某等初無叛心，直畏死耳。今宜與城中合勢，擊退諸鎮之兵，請天子帝河南，令公帝河北。』明宗涕泣諭之，亂兵環列而呼曰：『令公不欲帝河北，則佗人有之。我輩狼虎，豈識尊卑？』彦威與安重誨勸明宗許之，乃擁兵入城，與在禮合。彦威獨不入。明宗入城，與在禮置酒大會，而部兵在外者聞明宗反，皆潰去，獨彦威所將五千人，營城西北隅不動。居二日，明宗復出，得彦威兵，乃之魏縣，謀欲還鎮州，彦威、重誨勸明宗以兵南向。莊宗崩，彦威從明宗入洛陽，首率羣臣勸進，内外機事，皆決彦威。

又　卷四八《雜傳第三十六・楊思權》　潞王從珂反鳳翔，興元張虔釗會諸鎮兵討賊。諸鎮兵圍鳳翔，思權攻城西，嚴衛指揮使尹暉攻城東，破其兩關城。從珂登城，呼外兵，告以己非反者。其語甚哀，外兵聞者皆悲之。而虔釗督戰甚急，軍士反兵逐虔釗，思權因呼其衆曰：『潞王，眞吾主也！』即擁軍士入城降。暉聞思權已降，亦麾其軍，使解甲。由是諸鎮之兵皆潰。思權與暉入見從珂，思權前曰：『臣以赤心奉殿下，俟後事成，願不以防禦、團練使處臣。』乃出一紙於懷中，曰：『願志臣姓名，以爲驗。』從珂即書曰：『可邠寧節度使。』

又　卷三三《死事傳第二十一・王思同》　應順元年二月，潞王從珂反鳳翔，馳檄四鄰，言姦臣幸先帝疾病，賊殺秦王而立幼嗣，侵弱宗室，動摇藩方，陳已所以興兵討亂之狀，因遣伶奴安十十以五絃謁思同，欲因其懽，以通意。是時諸鎮皆懷嚮背，所得潞王書檄，雖以上聞而不絶其使，獨思同執十十及從珂所使推官郝詡等，送京師。愍帝嘉其忠，即以思同為西面行營馬步軍都部署。三月，會諸鎮兵圍鳳翔，破東西關城。從珂兵弱而守甚堅，外兵傷死者衆。從珂登城，呼外兵而泣曰：『吾從先帝二十年，大小數百戰，甲不解體，金瘡滿身，士卒固嘗從我矣。今先帝新棄天下，而朝廷信用姦人，離間骨肉，我實何罪而見伐乎？』因慟哭。士卒聞者，皆悲憐之。興元張虔釗攻城西，督戰甚急，士卒苦之，反兵攻虔釗，虔釗走。羽林指揮使楊思權呼曰：『潞王，吾主也！』乃引軍自西門入降從珂，而思同未知，猶督戰。嚴衛指揮使尹暉麾其衆曰：『城西軍入城，受賞矣。何用戰邪？』士卒解甲棄仗，聲聞數里，遂皆入城降。諸鎮之兵皆潰。

論說

清・趙翼《廿二史劄記》卷二一《五代諸帝多由軍士擁立》　宋太祖由陳橋兵變，遂登帝位。查初白詩云：『千秋疑案陳橋驛，一著黄袍便罷兵。』蓋以為世所稀有之異事也。不知五代諸帝多由軍士擁立，相沿為故事，至宋祖已第四帝矣。宋祖之前有周太祖郭威，郭威之前有唐廢帝潞王從珂，從珂之前有唐明宗李嗣源，如一轍也。趙在禮為軍士皇甫暉等所逼，據鄴城叛，莊宗遣嗣源討之。方下令攻城，軍吏張破敗忽縱火譟呼，嗣源叱之，對曰：『城中之人何罪，但思歸不得耳。今宜與城中合勢，請天子帝河南，令公帝河北。』嗣源涕泣諭之，亂兵呼曰：『令公不欲，則他人有之。我輩狼虎，豈識尊卑！』安重誨、霍彦威等勸嗣源許之，乃擁嗣源入城，與在禮合。率兵而南，遂得為帝。此唐明宗之由軍士擁立也。

潞王從珂為鳳翔節度使，因朝命移鎮，心懷疑懼，遂據城拒命。愍帝命王思同等討之，張虔釗會諸鎮兵皆集，楊思權攻城西，尹暉攻城東。從珂登城，呼外兵曰：『吾從先帝二十年，大小數百戰，士卒固嘗從我矣。今先帝新棄天下，我實何罪而見伐乎？』因慟哭。外兵聞者皆哀之。思權呼其衆曰：『潞王眞吾主也。』即擁軍士入城。暉聞之，亦解甲降。從珂由是率衆而東，遂得為帝。此廢帝之由軍士擁立也。

郭威以漢隱帝欲誅己，遂起兵犯闕，隱帝遇弑，威請太后臨朝，又迎立湘陰公。會契丹兵入滑州，威率兵北伐，至澶州，軍校何福進等與軍士大呼，越屋而入，請威為天子，或有裂黄旗以加其身者，山呼震地，擁威南還，遂得為帝。此周祖之由軍士擁立也。

尚有擁立而未成者，石敬瑭為河東節度使時，因出獵，軍中忽有擁之呼萬歲者，敬瑭惶惑不知所為。段希堯勸其斬倡亂者李暉等三十餘人，乃止。敬瑭為帝後，命楊光遠討范延光，至滑州，軍士推光遠為主，光遠曰：『天子豈汝等販弄之物？』乃止。苻彦饒率兵戍瓦橋關，裨將張諫等迎彦饒為帥，彦饒偽許之，約明日以軍禮見於南衙，遂伏甲盡殺亂者。郭威自澶州入京，有步軍校因醉揚言，昨澶州馬軍扶策，今我步軍亦欲扶策。威聞急擒其人斬之，令步軍皆納甲仗，始不為亂。此皆擁立未成，故其事未甚著，然亦可見是時軍士策立天子，竟習以為常。

推原其始，蓋由於唐中葉以後，河朔諸鎮，各自分據，每一節度使卒，朝廷必遣中使往察軍情，所欲立者即授以旄節。至五代，其風益甚，由是軍士擅廢立之權，往往害一帥，立一帥，有同兒戲。今就唐末及五代計之，黄巢之亂，武寧節度使支詳遣時溥率兵赴難，兵大呼反，逐支詳，推溥為留後。青州王敬武卒，三軍推其子師範為留後。義武王處存卒，軍中推其子郜為留後。李克用之起也，康君立等推為大同軍防禦使。朱瑄本鄆州指揮使，軍中推為本州留後。天雄軍亂，囚其節度使樂彦貞，幷殺其子從訓，聚而呼曰：『孰願為節度使者？』羅弘信出應之，牙軍遂推為留後。夏州李思諫卒，軍中立其子彝昌為留後。趙在禮之被逼而反也，軍士皇甫暉因戍兵思歸，劫軍將楊仁晸為帥，仁晸不從，暉殺之，又推一小校，小校不從，亦殺之，乃擕二首詣在禮曰：『不從者視此。』在禮不得已從之，遂為其帥。如此類者，不一而足。計諸鎮由朝命除拜者十之五六，由軍中推戴者十之三四。藩鎮既由兵士擁立，其勢遂及於帝王，亦風會所必至也。

乃其所以好為擁立者亦自有故。擁立藩鎮，則主帥德之畏之，旬犒月宴，若奉驕子，雖有犯法，亦不敢問，如魏博牙兵是也。擁立天子，則將校皆得超遷，軍士又得賞賜、剽掠。如明宗之立，趙在禮即授滄州節度使，皇甫暉亦擢陳州刺史。楊思權叛降廢帝於鳳翔時，先謂廢帝曰：『望殿下定京師後，與臣一鎮，勿置在防禦、團練之列。』乃懷中出一紙，廢帝即書可邠寧節度使，後果與尹暉皆授節鎮。同時立功之相里金、王建立，亦擢節度使。周祖即位，亦以佐命之王峻為樞密使，郭崇為節度使。此將校之所以利於擁立也。至軍士之得重賞，恣劫奪，更無紀極。明宗之入洛也，京師大亂，焚剽不息，明宗亟命止焚掠，百官皆敝衣來見。廢帝之反，愍帝遣兵討之，幸左藏庫，賞軍人各絹二十匹，錢五千。軍士負物，揚言於路曰：『到鳳翔，更請一分。』王師既降，廢帝許以事成重賞，軍士皆過望。及入立，有司獻庫籍甚少，廢帝大怒，自諸鎮至刺史，皆進錢帛助賞，猶不足，乃率民財佐用，囚繫滿獄，又借民屋課五月。諸軍猶不滿欲，相與謠曰：『去卻生菩薩，扶起一條鐵。』先是帝在鳳翔，許入洛後，人各賞百緡，至是以禁軍在鳳翔降者楊思權等，各賞馬二，駝一，錢七十緡，軍士二十緡，在京者十緡。周太祖初至滑州時，王峻諭軍士曰：『我得公處分，俟入京，許爾等旬日剽掠。』衆皆踴躍。及至汴，自迎春門入，諸軍大掠，煙火四發。明日，王峻、郭崇曰：『若不禁止，比夜化為空城矣！』由是命諸將斬其尤甚者，晡時乃定。而前滑州節度使白再榮已為亂軍所害，侍郎張允墜屋死。安叔千家貲已掠盡，軍士猶意其有所藏，箠掠不已，傷重，歸於洛陽。時有趙童子者，善射，憤軍士剽掠，乃大呼曰：『太尉志除君側之惡，鼠輩敢爾！乃賊也！』持弓矢據巷口，來犯者輒殺，由是保全者數十家。後周祖聞民間有趙氏當有天下之謠，疑此童子，遂使人誣告殺之。又趙鳳見居民無不剽之室，亦獨守里門，軍不敢犯。是周祖犯闕時，居民得免劫奪者，惟此二趙之里，其他自公卿以下無不被害也。此軍士之利於擁立也。王政不綱，權反在下，下淩上替，禍亂相尋，藩鎮既蔑視朝廷，軍士亦脅制主帥，古來僭亂之極，未有如五代者，開闢以來一大劫運也。

異族政權扶立分部

綜述

《舊五代史》卷四八《唐書·末帝紀下》（清泰二年五月）戊戌，昭義奏，河東節度使石敬瑭叛。【略】

（閏十一月）丁卯，戎王立石敬瑭為大晉皇帝。

又 卷七五《晉書·高祖紀一》（清泰二年）十一月，戎王會帝於營，謂帝曰：『我三千里赴義，事須必成。觀爾體貌恢廓，識量深遠，眞國主也。天命有屬，事不可失，欲徇蕃漢羣議，册爾為天子。』帝飾讓久之。既而諸軍勸請相繼，乃命築壇於晉陽城南，册帝為大晉皇帝，戎王自解衣冠授焉。文曰：

維天顯九年，歲次丙申，十一月丙戌朔，十二日丁酉，大契丹皇帝若曰：於戲！元氣肇開，樹之以君；天命不恆，人輔以德。故商德衰而周德盛，秦德亂而漢國昌，人事天心，古今靡異。

咨爾子晉王，神鍾睿哲，天贊英雄，叶夢日以儲祥，應澄河而啓運。迨事數帝，歷試諸艱。武略文經，迺由天縱；忠規孝節，固自生知。猥以眇躬，奄有北土，暨明宗之享國也，與我先哲王保奉明契，所期子孫順承，患難相濟，丹書未泯，白日難欺，顧予纂承，匪敢失墜。爾惟近戚，實系本枝，所以余視爾若子，爾待予猶父也。

朕昨以獨夫從珂，本非公族，竊據寶圖，棄義忘恩，逆天暴物，誅剪骨肉，離間忠良，聽任矯諛，威虐黎獻，華夷震悚，內外崩離。知爾無辜，為彼致害，敢徵衆旅，來逼嚴城，雖併吞之志甚堅，而幽顯之情何負，達於聞聽，深激憤驚。乃命興師，為爾除患，親提萬旅，遠殄羣凶，但赴急難，罔辭艱險。果見神祇助順，卿士叶謀，旗一麾而棄甲平山，鼓三作而殭屍徧野。雖以遂予本志，快彼羣心，將期稅駕金河，班師玉塞。

矧中原無主，四海未寧，茫茫生民，若墜塗炭。況萬幾不可以暫廢，大寶不可以久虛，拯溺救焚，當在此日。爾有庇民之德，格于上下；爾有戡難之勳，光于區宇；爾有無私之行，通乎神明；爾有不言之信，彰乎兆庶。予懋乃德，嘉乃丕績，天之曆數在爾躬，是用命爾，當踐皇極。仍以爾自茲井土，首建義旂，宜以國號曰晉，朕永與為父子之邦，保山河之誓。於戲！補百王之闕禮，行茲盛典；成千載之大義，遂我初心。爾其永保兆民，勉持一德，慎乃有位，允執厥中，亦惟無疆之休，其誠之哉！

禮畢，帝鼓吹導從而歸。【略】是日，帝言于戎王，願以雁門已北及幽州之地為戎王壽，仍約歲輸帛三十萬，戎王許之。

又 卷一三七《外國傳·契丹》 長興末，契丹迫雲州，明宗命晉高祖為河東節度使兼北面蕃漢總管。清泰三年，晉高祖為張敬達等攻圍甚急，遣指揮使何福齎表乞師，願為臣子。德光白其母曰：『兒昨夢太原石郎發使到國，今果至矣，事符天意，必須赴之。』德光乃自率五萬騎由雁門至晉陽，卽日大破敬達之衆于城下。尋册晉高祖為大晉皇帝，約為父子之國，割幽州管內及新、武、雲、應、朔州之地以賂之，仍每歲許輸帛三十萬。時幽州趙德鈞屯兵于團栢谷，遣使至幕帳，求立己為帝，以石氏世襲太原，德光對使指帳前一石曰：『我已許石郎為父子之盟，石爛可改矣。』楊光遠等殺張敬達降于契丹，德光戲謂光遠等曰：『汝輩大是惡漢兒，不用鹽酪，食却一萬匹戰馬。』光遠等大慚。晉高祖南行，德光自送至潞州。時趙德鈞、趙延壽自潞州出降于契丹，德光鎖之，令隨牙帳。晉高祖入洛，尋遣宰相趙瑩致謝于契丹。天福三年，又遣宰臣馮道、左僕射劉昫等持節册德光及其母氏徽號，賫鹵簿、儀仗、法服、車輅於本國行禮。德光大悅，尋遣使奉晉高祖為英武明義皇帝。

又 卷一三五《僭偽傳第二·劉崇》 周廣順元年正月，崇僭號於河東，稱漢，改名旻，仍以乾祐為年號。署其子承鈞為侍衛親軍都指揮使、太原尹。【略】崇自僭稱之後，以重幣求援於契丹，仍稱侄以事之，契丹偽册為英武皇帝。【略】顯德二年十一月，崇以病死，其子承鈞襲偽位。

《新五代史》卷七二《四夷附録第一·契丹》 德光事其母甚謹，常侍立其側，國事必告而後行。石敬瑭反，唐遣張敬達等討之。敬瑭遣使求救於德光。德光白其母曰：『吾嘗夢石郎召我，而使者果至，豈非天邪！』母召胡巫問吉凶，巫言吉，乃許。是歲九月，契丹出雁門，車騎連亙數十里，將至太原，遣人謂敬瑭曰：『吾為爾今日破敵可乎？』敬瑭報曰：『皇帝赴難，要在成功，不在速，大兵遠來，而唐軍甚盛，願少待之。』使者未至，而兵已交。敬達大敗。敬瑭夜出北門見德光，約為父子，問曰：『大兵遠來，戰速而勝者，何也？』德光曰：『吾謂唐兵能守雁門而扼諸險要，則事未可知。今兵長驅深入而無阻，吾知大事必濟。且吾兵多難久，宜以神速破之。此其所以勝也。』敬達敗，退保晉安寨，德光圍之。唐遣趙德鈞、延壽救敬達，而德鈞父子按兵團柏谷不救。德光謂敬瑭曰：『吾三千里赴義，義當徹頭。』乃築壇晉城南，立敬瑭為皇帝，自解衣冠被之，册曰：『咨爾子晉王，予視爾猶子，爾視予猶父。』已而，楊光遠殺張敬達降晉。晉高祖自太原入洛陽，德光送至潞州，趙德鈞、延壽出降。德光謂晉高祖曰：『大事已成。吾命大相温從爾渡河，吾亦留此，俟爾入洛而後北。』臨訣，執手噓嚱，脫白貂裘以衣高祖，遺以良馬二十四，戰馬千二百匹，戒曰：『子子孫孫無相忘！』時天顯九年也。

又 卷七〇《東漢世家·劉旻》 乃以周廣順元年正月戊寅，卽皇帝位于太原。【略】遣通事舍人李辨間行使于契丹。契丹永康王兀欲與旻約為父子之國，旻乃遣宰相鄭珙致書兀欲，稱姪皇帝，以叔父事之而已。兀欲遣燕王述軋、政事令高勳以册尊旻為大漢神武皇帝，并册旻妻為皇后。【略】明年十一月卒，年六十。子承鈞立。

承鈞，旻次子也。少頗好學，工書。旻卒，承鈞遣人奉表契丹，自稱男。述律答之以詔，呼承鈞為兒，許其嗣位。

清·吴任臣《十國春秋》卷一〇四《北漢一·世祖紀》 世祖姓劉，名旻，高祖之母弟也，同為章懿皇后所出。初名崇。【略】乾祐四年春正月戊寅，帝即位于晉陽，仍用乾祐年號。所有者，幷、汾、忻、代、嵐、憲、隆、沁、遼、麟、石諸州之地。【略】是時遼將潘耀尼稱君命，遺書皇子承鈞，帝令承鈞復書，言本朝淪亡，紹襲帝位，願循晉室故事，求援北朝。許之。【略】二月丁巳，遣通事舍人李辯使于遼，乞兵為援。三月甲戌，辯至于遼，遼主烏雲與帝約為父子之國，使伊喇摩哩來報聘。【略】夏四月，遼遣使來，告周使田敏約歲輸錢十萬緡，帝命宰相鄭珙以厚賂謝遼，自稱姪皇帝，致書于叔天授皇帝。【略】六月，遼主遣燕王蘇頁、政事令高勳冊命帝為大漢神武皇帝，妃為皇后。又以黄騮、九龍十二稻玉帶報聘。帝更名旻。

（乾祐七年十一月）帝疾革，命皇子承鈞監國，尋殂。

又 卷一〇五《北漢二·睿宗紀》 睿宗名鈞，初名承鈞，世祖次子也。以後唐天成元年丙戌生。幼而穎異，性孝謹，頗好學，工書。世祖既晏駕，承鈞謂服喪以日易月，非禮也，始行三年喪禮。奉表于遼，自稱曰男。遼主裕嚕答之以詔，呼為『兒皇帝』；遣驃騎大將軍、知内侍省事劉承訓冊命承鈞為天子。更名鈞，時年二十九也。仍稱乾祐，不改元。

太子制度部

冊立太子儀分部

綜 述

唐·杜佑《通典》卷一二五《禮典八十五·開元禮纂類二十·嘉四·臨軒冊命皇太子》 卜日，告圓丘，告方丘、太廟，並有司行事如常儀。

臨軒冊命。前一日，尚舍奉御設御幄座於太極殿北壁下，南向。守宮設皇太子次於東朝堂之北，西向。設羣官次於東西朝堂。太樂令展宮懸於殿庭，又設舉麾位於上下。鼓吹令設十二案於建鼓之外。乘黄令陳車輅，尚輦奉御陳輿輦，並如常儀。典儀設皇太子版位於橫街之南，道東，北向。設羣官版位：文官一品以下五品以上於懸東，六品以下於橫街之南，俱西面北上；武官一品以下五品以上於懸西，六品以下橫街之南，俱東面。諸親於五品以上之南，皇宗親於東，異姓親於西。蕃客分方於六品以下之南，皆以北為上，並如常儀。若有朝集使，分方於文武官當品之下，諸州使人分方於朝集使九品之後。設典儀位於懸之東北，贊者二人在南，少退，俱西向。奉禮設門外位，皆如元日之儀。

其日，皇太子日未出前二刻，宮官應從者俱服其服，諸衛各勒所部陳設如常。左庶子版奏：『請中嚴。』諸侍衛之官各服其器服，詣閤奉迎。僕進金輅於閤外，南向；左内率一人執刀立輅前，北向。贊善一人在侍臣之前，贊者二人又在贊善之前。左庶子版奏：『外辦。』僕奮衣而升，正立執轡。皇太子具服，遠遊冠，若未冠則雙童髻。絳紗袍，升輿以出，左右侍衛如常，左内率前執轡。皇太子升輅，僕立授綏。左庶子以下夾侍如式。贊善進當輅前，跪奏稱：『贊善臣某言，請發引。』俛伏，興，退復位。凡贊善奏請，皆進當輅前，跪稱具官臣某言訖，俛伏，興。輅動，贊善與贊者夾引以出，左右内率夾輅而趨。至侍臣上馬所，贊善奏稱：『請輅權停，令侍臣上馬。』左庶子前承令，退稱：『令曰諾。』贊善退稱：『侍臣上馬。』贊者承傳，文武侍臣皆上馬。左庶子以下夾侍於輅前，贊者在供奉官人内。侍臣上馬畢，贊善奏稱：『請令車右升。』左庶子前承令，退稱：『令曰諾。』贊善退復位。左内率升訖，贊善奏稱：『請發引。』退復位。皇太子輅動，三師乘車訓導，三少乘車訓從，鳴鐃而行，文武宮臣皆乘車以從。至下車所，鐃吹止。至次前，迴輅西向，内率降立於輅右。左庶子進當輅前，跪奏稱：『左庶子臣某言，請降輅。』俛伏，興，還侍位。皇太子降輅，舍人引皇太子就便座，侍衛如常儀。

其日，依時刻諸衛勒所部列黄麾仗屯門及陳殿庭如常儀。羣官、諸親、客使等依時刻俱集朝堂次，各服其服。侍中版奏：『請中嚴。』鈒戟近仗入陳於殿庭，太樂令帥工人入就位，協律郎入就舉麾位。諸侍衛之官各服其器服，符寶郎奉寶，俱詣閤奉迎。通事舍人引羣官、客使各就朝堂前位。典儀帥贊者先入就位，舍人各引羣官、客使以次入就位。皇太子出次，舍人引皇太子，三師三少導從如式，入立於殿外之東，西面。諸衛率、左右舍人及近侍者量人從入。黄門侍郎以冊及寶綬各置於案，皆令史二人絳公服對舉案，立於門内道北，西面；冊案於北，中書侍郎立於案後。

侍中版奏：『外辦。』皇帝服衮冕之服，御輿以出，曲直華蓋警蹕侍衛如常。皇帝將出，仗動，太樂令令撞黄鍾之鐘，右五鐘皆應，協律郎跪，俛伏，舉麾，鼓柷，奏太和之樂，鼓吹振作，皇帝出自西房，即御座南向坐，符寶郎奉寶置於御座如常，協律郎偃麾，戛敔，樂止。

舍人引皇太子入就位，三師三少以下從入者立於皇太子東南，西面北上。皇太子初入門，《舒和之樂》作，至位，樂止。典儀曰：「再拜。」贊者承傳，皇太子再拜。典儀曰：「再拜。」羣官在位者皆再拜。中書令降立於皇太子東北，西面。中書侍郎一人引册案，又中書侍郎一人引璽綬案，進立於中書令之南，少退，俱西面。中書侍郎取册授中書令，退復位。中書令稱：「有制。」皇太子再拜。讀册訖，皇太子再拜，進受册，退授左庶子。中書侍郎取璽綬，進授中書令，皇太子又進受璽綬，退授左庶子。中書令以下還侍位，持案者以案退。典儀曰：「再拜。」皇太子再拜。典儀又曰：「再拜。」羣官在位者皆再拜。舍人引皇太子出，初行樂作，出門樂止。

侍中跪奏稱：「侍中臣某言，禮畢。」俛伏，興，還侍位。皇帝興，太樂令令撞蕤賓之鐘，左五鐘皆應，鼓柷，奏《太和之樂》，鼓吹振作，皇帝降座，御輿入自東房，侍衛警蹕如常儀，侍臣從至閤，樂止。通事舍人引羣官在位者以次出。蕃客先出。

朝皇后。前一日，所司設皇太子次於永安門外之西，東向，周以行帷，鋪座如式。又設三師三少等便座於西南，東向北上。

其日，諸衛各勒所部屯門列仗及陳布於皇后正殿南門之外。皇太子將至，尚儀版奏：「請中嚴。」皇太子受册訖，舍人引皇太子，三師三少導從及餘侍衛皆如常儀，詣皇后所御之殿閤外道東，西面立。六尚以下各服其服，俱詣皇后內閤奉迎。尚儀版奏：「外辦。」皇后首飾禕衣，御輿以出，即御座南向坐，侍衛如式。內謁者監引皇太子至肅章門，其侍衛之官並立於門外。司賓承引皇太子入立於庭，北面立定。皇太子再拜訖，司賓引皇太子至閤，內謁者監承引以出，舍人引之次，侍衛如式。三師三少以下各之次。

謁太廟。前一日，右校掃除廟之內外，守宮設皇太子次於廟西南，東向。又設三師以下及文武官次於皇太子次之後，少近西，俱東向。奉禮設皇太子版位於廟庭道東，北向。

其日，皇太子入受册，所司轉鹵簿仗衛於永安門西以俟。皇太子朝皇后訖，出，舍人引之次，侍衛如常。僕進金輅於次前。左庶子版奏：「外辦。」皇太子出次乘輅，奏請發引及侍臣陪從、鐃吹聲作皆如初儀。至安上門街當廟西，鐃吹止。至次前，迴輅東向，內率降立於輅右。左庶子進當輅前，跪稱：「左庶子臣某言，請降輅。」俛伏，興，還侍位。皇太子降輅，乘輿入次，侍衛如常儀。

皇太子入次一刻頃，率更令立於次門之外。左庶子版奏：「外辦。」皇太子出次，侍衛如常。率更令引皇太子入自南門，三師三少導從如式，庶子二人，一人贊左，一人贊右，舍人二人從，近仗量人從入。皇太子至位，立定，率更令奏：「請殿下再拜。」皇太子再拜。少頃，率更令奏：「殿下辭。」皇太子再拜辭。率更令前奏：「禮畢。」率更令引皇太子出自南門，入次，侍衛如常。

皇太子既入便次，有司轉仗衛於還塗如來儀。僕進金輅於次前如常。左庶子版奏：「外辦。」皇太子乘輿出次，升輅，侍衛如常，侍臣上馬陪從皆如來儀。輅動，過廟，鳴鐃而行。至重明門，宮官文武俱下馬，皇太子乘輅入，三師三少還。皇太子至東閤前，迴輅南向。左庶子跪奏：「請降輅。」俛伏，興。皇太子降輅，乘輿以入，侍臣從至閤。左庶子版奏請將士各還本所。

會羣臣。會羣臣皆如元會之儀。其日上壽辭曰：「具官某等稽首言，皇太子岐嶷夙著，令月吉日，光踐承華，臣等不勝大慶，謹上千萬歲壽。」

羣臣上禮。前一日，守宮量設次於東西朝堂如常。

其日，應上禮之官依時刻各集於次，皆服其服。奉禮先設上禮之官位於東朝堂之前，近南：文東武西，重行北面，相對為首。設中書舍人位於文官為首者之北，南向。設奉禮位於文官東北，贊者二人在南，差退，俱西向。謁者引上禮之官就位立定。令史二人對舉表案，禮部郎中引中書舍人，前取表授舍人訖，引案退。奉禮唱：「再拜。」贊者承傳，在位者皆再拜。中書舍人奉表入進，謁者引在位者退。

皇后受羣臣賀。皆如元日奉賀之儀。其賀辭同會禮「謹奉賀」，以內給事宣令答云「知」。

皇后會命婦。皆如元會之儀。其上壽辭云「具位妾姓等言」。餘同上。

皇太子會羣臣。皆如元會之儀。其賀云：「伏惟殿下，固天攸縱，德業日新，式光宸宮，普天同慶。某等情百常品，不勝忻悅。」左庶子宣令答云：「某以不敏，夙恭禮訓，祗奉朝命，慚懼惟深。」

皇太子會宮臣。皆如元會之儀。其上壽同上。

宮臣上禮。前一日，守宮量設次於東宮朝堂如常。其日，應上禮之官依時刻各集於次，皆服朝服。奉禮先設上禮之官位於朝堂前，文東武西，重行北向，相對為首。設皇太子舍人位於文官為首者之北，南向。設奉禮位於文官東北，贊者一人在南，差退，俱西向。通事舍人各引上禮之官皆就位立定。令史二人對舉表案，詹事前承引就太子舍人取表，授舍人訖，引案退。奉禮唱：「再拜。」贊者承傳，在位者皆再拜。舍人以表入，謁者引在位者皆退。

又《內册皇太子》 卜日、告圜丘、方丘、太廟，並有司行事如常儀。

臨軒命使。其儀與臨軒册后命使同。惟司徒為副，及宣制云「册某為皇太子」為異。

皇太子受册。前一日，守宮設册使次於重明門外道西，副使次又於其西，俱南向，並鋪牀席。又設宮臣文武官次於東宮朝堂如常。所司陳設皇太子羽儀、車輿及樂懸等，並如元日受朝儀。掌筵設皇太子受册位於內殿之庭階間，北向。掌儀設宮臣版位於殿庭：文官五品以上於懸東，六品以下於橫街之南，皆西面北上；武官五品以上於懸西，六品以下於橫街南，當文官，皆東面北上。奉禮設朝堂前位如常。

其日，諸衛率各勒所部屯門列仗如式。宮官於册使未到之前，量時刻赴集次，改服朝服，各就朝堂前位。太尉、司徒既受命，出至朝堂，乘輅，備鹵簿、鼓吹、持節如式。其册璽綬各以油絡網犢車載而行。至東宮朝堂，降輅，謁者引就次，持節者前導，持案者從之，掌次者延入次。初册使將至，通事舍人各引宮臣入就殿庭位。左庶子版奏：「請中嚴。」宮臣入訖，通事舍人引太尉、司徒入立於左閤門外，西面北上。持幡節册璽案者至閤門外，並以給使代。

左庶子版奏：「外辦。」皇太子著雙童髻，絳紗袍，就受册位。所司先奏請左庶子一人引導相禮。典直承引太尉以下入。太尉立於階間，南面；司徒立於太尉西南，東面，節在太尉東，少南，西面；册璽案在司徒西南，東面。掌書二人立於皇太子之左，少前，東面。司徒就案取册，進，東面授太尉，持節者脫節衣，太尉稱：「有詔。」左庶子贊皇太子再拜，皇太子再拜。太尉宣册訖，左庶子又贊再拜，皇太子又再拜。左庶子進詣太尉前受册，退授皇太子，皇太子受以授掌書。司徒又次取璽綬進，東面授太尉，左庶子進太尉前，受，退授皇太子，皇太子受以授掌書訖，持節者加節衣，左庶子贊引皇太子退。典直各引太尉以下出至閤外，通事舍人承引以出。其案及幡節等並轉付令史、主節。又通事舍人各引宮臣以次出。

太尉、司徒乘輅詣朝堂，至降車所，降輅，入至太極殿庭大橫街南，御道東，北向西上立。中書令立於太尉東北，西面。太尉等再拜，復命曰：「奉詔册皇太子，禮畢。」又再拜。中書令奏聞。太尉等退。鹵簿幡節等還本司。

皇太子朝謁。其日册訖，皇太子著雙童髻，絳紗袍，詣皇帝所御殿如常內朝之式。至閤，司賓引入，至殿前，北面再拜。司賓引退，詣皇后所御殿前，北面再拜。司賓引出，還宮如常。

謁太廟。皇帝會羣臣。羣臣上禮。皇后受羣臣賀。皇后會外命婦。皇太子會羣臣。皇太子會宮臣。宮臣上禮。右以上並如臨軒册命儀。

《新唐書》卷一九《禮樂志九・臨軒册皇太子》 有司卜日，告于天地宗廟。前一日，尚舍設御幄于太極殿，有司設太子次于東朝堂之北，西向。又設版位於大橫街之南，展縣，設桉，陳車輿，及文武羣官、朝集、蕃客之次位，皆如加元服之日。

其日，前二刻，宮官服其器服，諸衛率各勒所部陳于庭。左庶子奏「請中嚴」。侍衛之官奉迎，僕進金路，內率一人執刀。贊善奏「發引」。令侍臣上馬，庶子承令。其餘略如皇帝出宮之禮。皇太子遠遊冠、絳紗袍，三師導，三少從，鳴鐃而行。降路入次，亦如鑾駕。

其日，列黃麾大仗，侍中請「中嚴」。有司與羣官皆入就位。三師、三少導從，皇太子立於殿門外之東，西向。黃門侍郎以册、寶綬桉立於殿內道北，西面，中書侍郎立桉後。侍中乃奏「外辦」。皇帝服衮冕，出自西房，即御座。皇太子入就位。典儀曰：「再拜。」皇太子再拜。又曰：「再拜。」在位者皆再拜。中書令降，立於皇太子東北，西向。中書侍郎一人引册、一人引寶綬桉立於其東，西面，以册授之。中書令曰：「有制。」皇太子再拜，中書令跪讀册，皇太子再拜受册，左庶子受之。侍郎以璽綬授中書令，皇太子進受，以授左庶子。皇太子再拜，在位者皆再拜。侍中奏『禮畢』。皇帝入自東房，在位者以次出。

《舊唐書》卷八《玄宗紀》 睿宗即位，與侍臣議立皇太子，僉曰：『除天下之禍者，享天下之福；拯天下之危者，受天下之安。平王有聖德，定天下，又聞成器已下咸有推讓，宜膺主鬯，以副羣心。』睿宗從之。丙午，制曰：

舜去四凶而功格天地，武有七德而戡定黎人，故知有大勳者必受神明之福，仗高義者必爲匕鬯之主。朕恭臨寶位，亭育寰區，以萬物之心爲心，以兆人之命爲命。雖承繼之道，咸以冢嫡居尊；而無私之懷，必推功業爲首。然後可保安社稷，永奉宗祧。第三子平王基孝而克忠，義而能勇。比以朕居藩邸，虔守國彝，貴戚中人，都無引接。羣邪害正，凶黨實繁，利口巧言，讒説罔極。韋温、延秀，朋黨競起；晉卿、楚客，交構其間。潛結回邪，排擠端善，潛貯兵甲，將害朕躬。基密聞其期，先難奮發，推身鞠弭，衆應如歸，呼吸之間，凶渠殄滅。安七廟於幾墜，拯羣臣於將殞。方舜之功過四，比武之德逾七。靈祇望在，昆弟樂推。一人元良，萬邦以定。爲副君者，非此而誰？可立爲皇太子。有司擇日，備禮册命。

七月己巳，睿宗御承天門，皇太子詣朝堂受册。是日有景雲之瑞，改元爲景雲，大赦天下。

又 卷一六《穆宗紀》 （長慶二年十二月）丙午，上御宣政殿，册皇太子。受册畢，百寮謁太子於東宮，太子舉簾執笏答拜，宮寮拜則受之。

宋·王溥《唐會要》卷四《儲君·雜録》 長慶二年十二月，上御紫宸殿，册皇太子。故事，册太子御宣政殿，時以聖體未康，慮勞登御，故從便也。是日，備宮懸于殿庭，列内仗于兩閣門内。羣臣辨色序立于宣政門外，俄就外廊食訖，始具衣冠劍履，入自月華門，列位于正衙，辰後一刻方入閤。上臨軒，復以中官列侍，太子步自崇明門，以宮寮翼從，駙馬二人扶衣冠，禮儀使導以進。及樂作，扇開，羣臣拜訖，太子進至龍墀東南，再拜受册。攝中書令杜元穎跪讀册文訖，以授太子，太子再拜舞蹈，乃歸于崇明門幕殿。羣臣賀皇帝訖，退詣崇明門謁太子，太子命舉簾執笏答拜，宮寮拜則受之。

《新唐書》卷六《肅宗紀》 （開元）二十五年，皇太子瑛廢死，明年，立爲皇太子。有司行册禮，其儀有中嚴、外辦，其服絳紗。太子曰：『此天子禮也。』乃下公卿議。太師蕭嵩、左丞相裴耀卿請改『外辦』爲『外備』，絳紗衣爲朱明服，乃從之。

《隋書》卷二《高祖紀下》 （仁壽四年七月）遺詔曰：『人生子孫，誰不愛念，既為天下，事須割情。勇及秀等，並懷悖惡，既知無臣子之心，所以廢黜。古人有言：「知臣莫若於君，知子莫若於父。」若令勇、秀得志，共治家國，必當戮辱徧於公卿，酷毒流於人庶。今惡子孫已為百姓黜屏，好子孫足堪負荷大業。此雖朕家事，理不容隱，前對文武侍衛，具已論述。皇太子廣，地居上嗣，仁孝著聞，以其行業，堪成朕志。但令内外羣官，同心戮力，以此共治天下，朕雖瞑目，何所復恨？』

又 卷四五《房陵王勇傳》 高祖戎服陳兵，御武德殿，集百官立於東面，諸親立於西面，引勇及諸子列於殿庭，命薛道衡宣廢勇之詔曰：『太子之位，實為國本。苟非其人，不可虚立。自古儲副，或有不才，長惡不悛，仍令守器，皆由情溺寵愛，失於至理，致使宗社傾亡，蒼生塗地。由此言之，天下安危，繫乎上嗣，大業傳世，豈不重哉！皇太子勇，地則居長，情所鍾愛。初登大位，即建春宮，冀德業日新，隆茲負荷。而性識庸闇，仁孝無聞，昵近小人，委任姦佞，前後愆釁，難以具紀。但百姓者，天之百姓。朕恭天命，屬當安育，雖欲愛子，實畏上靈，豈敢以不肖之子而亂天下？勇及其男女為王、公主者，並可廢為庶人。顧惟兆庶，事不獲已。興言及此，良深愧歎。』

《北史》卷七一《隋房陵王勇傳》 勇嘗文飾蜀鎧，帝見而不悦，恐致奢侈之漸，因誡之曰：『我歷觀前代帝王，未有奢華而能長久者。汝當儲后，若不上稱帝心，下合人意，何以承宗廟之重，居兆人之上？吾昔衣服，各留一物，時復看，以自警戒。又擬分賜汝兄弟。恐汝以今日皇太子之心，忘昔時之事，故令高熲賜汝我舊所帶刀子一枚，幷葅醬一合。汝昔作上士時，所常食如此。若存憶前事，應知我心。』

宋·宋敏求《唐大詔令集》卷二八《皇太子·册文·册晉王為皇太子文》 維貞觀十七年歲次甲辰四月某朔日。於戲！惟爾并州都督、右武侯大將軍、晉王治，忠肅恭懿，宣慈惠和，仁孝出於自然，信義備於成德。禎祥夙著，睿哲日新，永言少陽，匕鬯是寄。疇咨朝列，卿士協從，是用命爾為皇太子。往欽哉！爾其思王道之艱難，遵聖人之炯戒，勤修六德，勉行三善，無或舉非法度，忘恭儉而好驕奢；無或理乖彝倫，遠忠良而近邪佞。非履道無以彰名，非任賢無以成德。爾身為善，國家以安；爾身為惡，天下以殆。睦九族而禮庶僚，懷萬邦而憂遐邇，兢兢業業，無怠無荒。克念爾祖宗，以寧我社稷。可不慎與？

又《冊代王為皇太子文》 維永徽七年歲次丁巳正月丙寅朔，六日辛未。於戲！夫明兩載象，道貫三才，元良表德，業隆千古。是以夏啓作貳，光闡高猷，姬誦升儲，發揮王道。詳求典冊，式瞻匕鬯，固本垂統，允歸正緒。惟爾代王弘，猗蘭毓祉，喬桂凝華，岐嶷表於天姿，符瑞彰於神授。器業宏遠，風鑑昭朗，踐嘉義而總深仁，捨幼志而標成德。爰資玉裕，早振金聲。朕虔奉靈圖，肅膺丕業，仰惟七廟之重，思隆萬葉之慶，疇咨列辟，欽若前修，是用命爾為皇太子。往欽哉！爾其祗奉憲章，率由軌度，盡謙恭於齒胄，審方俗於迎郊。春禮冬詩，趨庭靡懈，三善六德，勗志無愆。絕驕奢之心，納忠良之諫。播徽猷於外宇，申敬奉於中闈。允睦周親，務敦堯族，永隆四術，式寧萬類。無荒無怠，保我宗基。可不慎與？

又《冊平王為皇太子文》 維唐隆元年歲次庚戌七月庚申朔，二十日己巳，皇帝若曰：天有丕命，集寶位於朕躬，所以奉若天道，建茲元嗣，其明聽朕言。咨爾平王隆基，幼而聰允，長而寬博，有夙成之量焉。夫禮以修外，樂以修內者，是務於文也；春夏學干戈，秋冬學羽籥者，是兼於武也。繫於百姓，聞於天下者，是由於仁也；一日三朝，嘗藥侍膳者，是資於孝也。爾有文武仁孝之德，以知父子君臣之道，朕甚休之。間者賊臣搆逆，窺竊神器，則我有唐之祚，危若綴旒。爾乂寧邦家，忠衛社稷，誅其凶惡，以之康濟。主匕鬯者，非爾而誰？是用命爾為皇太子。古人有言曰：『爾身克正，罔敢不正？人心罔中，惟爾之中。』昭昭臨下，不可不畏，慎簡乃僚，允廸端士，恭儉惟德，遠於憸人，則萬邦以貞，荅揚我四聖之鴻烈。敬之哉！

又《冊郢王為皇太子文》 維開元三年歲次乙卯正月甲申朔，四日丁亥，皇帝若曰：於戲！《書》不云乎，『一人元良，萬邦以貞。』《易》不云乎，『黃離元吉，得中道也。』將以守監從撫，主器承祧，執經陳東序之容，端冕見南郊之禮。本支百世，宜哉福祿。咨爾郢王嗣謙，忠肅恭懿，元良利貞，遵在鎬之惠慈，稟生譙之祥應。學能知道，孝乃因心，書及春卿，懸推早秀，言窮淑譽，遠愧生知。當試象之年，備成人之敏，九玄贊命，百姓與能，正位少陽，欽惟大典。是用命爾為皇太子。其在靖恭爾位，聿修厥德。《詩》、《書》、禮、樂，敦說為本；父、子、君、臣，威儀罔忒。寢門問豎，必視寒暄；望遠招賢，用資端直。使三靈合契，四海係心，延我累聖之業，積爾重輝之慶。必敬必戒，無怠無荒。往欽哉！可不慎與？

又《冊忠王為皇太子文》 維開元二十六年歲次戊寅七月戊寅朔，二日己卯，皇帝若曰：於戲！受天命者，皇王之業大；為國本者，儲副之位崇。所以上承宗祧，下固黎獻。咨爾開府儀同三司、單于大都護、河東河北道行軍元帥、朔方軍節度大使兼關內度支營田鹽池押諸蕃部落等使、上柱國、忠王璵，幼而夙成，長有宏量，佩服仁義，周旋禮樂，忠孝極於君親，友愛聞於兄弟。正以率下，謙以持盈，識洞於微，知周於物，通刑政之大體，負文武之殊能。果於積德，樂於為善。凡此數德，嘗試皆能然。豈矜知子之明，諒曰至公之義。況復仰稽天道，俯察人心，立長則順，天所助也，議才則賢，人之望焉。是用命爾為皇太子。往欽哉！爾其敬膺典策，無忘戒慎，思創業之多難，知守器之為重。作貞萬國，允協重明，以揚列祖之耿光，永貽多嗣之承式。可不慎與？

又《冊成王為皇太子文》 維乾元元年歲次戊戌十月庚子朔，五日甲辰，皇帝若曰：於戲！自昔聖王，咸建儲貳，蓋將嗣守神器，虔奉宗禋，是以《禮經》著元貞之德，《易象》載重明之義。朕纂服鴻緒，丕承前烈，爰升匕鬯之賢，是符當璧之命。咨爾太尉、成王俶，道備文武，生資睿哲，温文彰於日就，孝友禀於天成。往以凶醜亂華，干戈集事，是能出陪戎駕，入奉廟朝，克符丹水之師，實剪綠林之盜。所謂功定社稷，義寧君親。今萬邦以貞，三善斯屬，宜膺上嗣之典，俾踐少陽之位。是用命爾為皇太子，以副朕躬。爾其思王業之艱難，遵聖人之炯戒，非尊賢無以成德，非廣孝無以承親，遠斥便佞，詢謀正直，兢兢業業，庶保於大猷，然後無忝於祖宗，克寧我邦國。往欽哉！丕膺景命，可不慎與？

又 **潘炎《冊雍王為皇太子文》** 維廣德二年歲次甲辰三月戊辰朔，二日己巳，皇帝若曰：昔者哲王，必建元子，上以奉宗廟，下以係生民。固本乃安，立長乃順，經明者是稱其兩，樂善者不止於三。資於君父之間，運在神明之側。稽古承式，肆予命汝。天下兵馬元師、尚書令、雍王适，智崇天錫，德茂日新，文實志經，武兼講藝。性深於孝，尤切於問安；識蘊其明，更精於簡牘。奉辭伐叛，禀命成師，積稔逋誅，一戎底定。業著於內，功加於時，萬方以貞，朕志允定。是用命爾為皇太子，以踐於儲宮。往欽哉！無以不副忘其恭，無以不會易其度。覩圖書之得失，思締搆之艱難。夙夜惟寅，主玆匕鬯，永懷我高祖、太宗之丕命。可不慎與？

又 **《冊廣陵郡王為皇太子文》** 維貞元二十一年歲次乙酉四月庚午朔，六日乙亥，皇帝若曰：建儲貳者，必歸於上嗣；固邦本者，允屬於元良。咨爾元子、廣陵郡王某，幼挺岐嶷，長標洵淑，佩《詩》、《禮》之明訓，禀忠孝之弘規。居常保謙，動必循道，識達刑政，器含温文。愛敬奉於君親，仁德聞於兆庶。神祇龜筮，罔不協從。是用命爾為皇太子。於戲！惟我列祖之有天下也，功格於上帝，祚流於無窮。光纘洪緒，逮予十葉，虔恭寅畏，日慎一日。付爾以承祧之重，勵爾以主鬯之勤，以貞萬國之心，以揚三善之德。爾其尊師重傅，親賢遠佞，非道勿履，非禮勿行。對越天地之耿光，丕承祖宗之休烈。可不慎與？

又 **《冊鄧王為皇太子文》** 維元和四年歲次己丑十月癸酉朔，十八日庚寅，皇帝若曰：於戲！昔禹有聖子，克承父業，故三王代襲，以天下為家。我唐受天明命，垂二百年。欽惟十聖虔嗣寶曆，亦罔敢越子；丕知傳序相受，以及予一人。獲奉珪幣，事上帝，承宗廟，夙夜祇懼，不敢荒寧，永惟負恩。思建儲貳，須假五載，相時一德，允屬於爾。元子鄧王寧，惟爾兩曜分輝，五行總秀，體資上哲，性被至仁。粤在幼沖，挺然岐嶷，寬厚之量匪由師訓，温文之德禀自生知。爰撫藩封，式崇盤石。河間之泉懿，决策不窮；東海之開明，視牘能辨；陪享宗祀，贊獻郊禋，展禮克誠，執事惟敬，勤供子道，左右朕志。旋觀表識，宜踐青宮。詶於蓍龜，靈命不二，謀及卿士，人心協同。尚膺匕鬯，允事監撫。是用命爾為皇太子。往欽哉！莫尊匪君，爾為之臣；莫親匪父，爾為之子。愛敬誠矣，忠孝並焉。爾其虛受以下賢，齋肅以成德，無以崇廣處己，無以怠忽臨人。繼明四方，作貞萬國，永言配命，可不慎與？

又 **《冊遂王為皇太子文》** 維元和七年歲次壬辰十月丙戌朔，十七日壬寅，皇帝若曰：於戲！建立儲嗣，崇嚴國本，所以承祧守器，所以繼文統業。欽若前訓，時惟典常。越我祖宗，克享天祿，奄宅九有，貽慶億齡，肆予一人。序承丕構，纂武烈祖，延洪本支，受無疆惟休，亦無疆惟恤。負荷斯重，祇勤若厲，永懷嗣訓，當副君臨。咨爾遂王恒，體乾降靈，襲聖生德，教深蘊瑟，氣叶吹銅，早集大成，不屑幼志，温文得於天縱，孝友因於自然。符采昭融，器業英遠，爰膺錫社，實寄維城。懿河間之不羣，慕東平之最樂。自頃離明輟曜，震位虛宮，地德可尊，人神攸屬。式稽令典，載煥徽章，是用冊爾為皇太子。往欽哉！有國而家，有君而父，義兼二極，重繫萬邦。何好非賢？何惡非佞？何行非道？何敬非刑？居上勿驕，從諫勿咈，懋昭乃德，惟懷永圖。用陪貳朕躬，以對揚休命。可不慎與？

又 **《冊景王為皇太子文》** 維長慶二年歲次壬寅十月丁亥朔，二十日丙午，皇帝若曰：於戲！惟辟奉天，必建儲位，率命上嗣，以立人極，所以大一統而貞萬邦也。粤我祖宗，乃聖乃神，繼體垂休，奄宅四海。洎予寡昧，祇荷丕緒，夙夜兢勵，深惟永圖。用稽古命嗣，以承無疆之慶。咨爾元子景王湛，粹哲自天，温文在躬，夙成厚德，勿形幼志，爰謀表社，克彰孝恭，敏事居敬，日新其度。是用命爾為皇太子。爾其欽哉！主善勿懈，由禮勿違，勉以入德，勤以聚業，修志罔怠，自誠而明，則可以刑於邦家，對於上下，用光我烈祖之休命。可不慎與？

又 **《冊魯王為皇太子文》** 維太和七年歲次癸丑八月甲申朔，七日庚寅，皇帝若曰：欽若天道，君臨萬方，必崇上嗣，以固邦本，所以尊守器而重承祧也。我祖宗受天明命，光宅區夏，玄光被於生靈，利澤霈於遐荒。逮予寡昧，繼纘鴻序，虔畏寅懼，不克負荷。思崇大典，用建元良，俾膺主鬯之重，式叶奉先之慶。咨爾元子魯王永惟，哲淑聰明，温文粹和，風表岐嶷，生知孝敬。洎茅苴分社，磐石啓藩，藴東平樂善之心，慕河間大雅之操。天縱宏量，日新令猷，人神協志，蓍龜獻兆。是用命爾為皇太子。往惟欽哉！修己有度，敬事無違，居必思義，動必率禮，講道勵學，親師尚賢，則可以正耀於前星，配德於重海，以承列祖，以奉粢盛，恢弘懿圖，無忝丕命。可不慎與？

又《薛庭珪〈册德王為皇太子文〉》 維乾寧四年歲次丁巳三月癸卯朔，十七日己未，皇帝若曰：夫立愛惟明，建善則固，先王盛躅，有國丕圖。承祧仰鏡於前星，守器適當乎長子。遐瞻載籍，眇覩洪荒，雖步、驟隨時，質、文異制，逮於傳序，罔不率循。國家高視百王，同符三代，平一區宇，統和人神，垂三百年，歷十八葉。暨朕寡昧，祗荷景靈，屬天步艱難，岱宗牢落，烝人未乂，舊典爰曠。庶尹卿士，藩輔元僚，思正儲闈，式固鴻業。咨爾長子德王裕，象叶肯構，明啓少陽，温文在躬，睦友成性。博聞强識，無愧於老成；學禮讀書，庶資乎師訓。廼輯羣議，爰咨舊章，是用命爾為皇太子。嘻！毓問承華，重輝望苑，永貞萬國，明照四方。入則有師，出則有保，無怠三善，往崇四術。務親正人，誡近邪僻。淑慎爾止，峻防所岐，勉爾厥猷，罔墜丕訓。

論說

宋・王溥《唐會要》卷四《儲君》 （貞觀）十六年二月，諫議大夫褚遂良諫曰：「昔聖人制禮，尊嫡卑庶，謂之儲君。道亞霄極，其為崇重，用物不計，泉貨財帛與王者共之。庶子體卑，不得為例，所以塞嫌疑之漸，除禍亂之源。而先王必本人情，然後制法，知有國家，必有嫡庶。然庶子雖愛，不得超越嫡子，正禮特須尊崇。如當親者疏，當尊者卑，則佞巧之奸，承機而動，私恩害公，或至亂國。臣伏見東宫料物，歲得四萬段，付市貨賣，凡值一萬一千貫文，魏王支別封及廪物，一年凡值一萬六千貫文，是儲君料物，翻少藩王，朝野聞見，以為非是。昔漢明帝披輿地圖，等諸國户口，令諸子租歲不過二千萬，明德馬后為言，亦不偏得。此則防其嗜欲，節其驕恣。伏願陛下頗擇漢法，弘此無偏，儲君之用，微附古昔，則天下幸甚。」因詔曰：「儲貳不會，自古常式，近代以來，多為節限，求之故寔，深非事宜。自今皇太子出用庫物，所司勿為限制。」

【略】

十七年三月，左屯衛中郎將李安儼上表言：「皇太子及諸王，陛下處置，未為得所。太子國之本也，伏願深思遠慮，以安天下之情。」上曰：「我識卿意。我兒雖患腳，猶是長嫡，豈可舍嫡立庶乎！」

宋・王欽若等《册府元龜》卷二五六《儲宫部・總序》 昔三王家天下，以傳於子。司馬遷作《本紀》，載夏、商之世系詳矣。而姒氏多父子繼立，商人率兄弟相及，儲嫡之制無聞焉。《禮》有《文王世子》之篇，《春秋傳》載「王世子會于首止」，而諸侯之嫡子，亦稱世子。蓋成周之制，天王之子稱王，世子諸侯之子稱世子，又皆有太子之稱。秦併六國，兼皇、帝而建號。漢承秦法，崇建儲貳，以嫡嗣為皇太子，諸侯王之嫡子稱世子焉。歷世以還，遵其位號，蓋《大易》述主器之義，實長於震宫；《書》紀元良之重，以正于萬國。前星少海之象，著乎穹厚；撫軍監國之任，備乎出處。繼明承序，于以顯守祧之貴；廟趨郊見，于以彰率禮之教。授經齒學，所以敦道義之則；安車金璽，所以異車服之等。至於宫朝之設，則承華、博望，越藩邸之範；官屬之次，則保傅、三少，峻天秩之品。其後加四率之衛，益坊寺之職，命爵之敍，侔於上臺，奉養之給，亞於尊極。良以其承萬代之業，居羣后之上，帝宸之貳體，率土之繫心，當副君之任，為天下之本。故其禮秩之尤重，而安危之斯屬焉。今之所紀者，自文、武而降，包舉鼎國，幷敍南北，以迄于前唐。

又《建立》 王者建立儲貳，所以重宗廟社稷而安天下也。自内禪已還，或弟或子，尊尊親親，各以其道。故周文三朝之事，著于《禮經》；漢明四重之德，形于詩什。《書》曰：「一人元良，萬邦以貞。」《易》曰：「明兩作《離》，大人以繼明，照于四方。」此之謂也。若乃東海辭讓，劉氏隆於永平；晉王矯飾，楊宗覆于大業。以愛則臨淄、京兆，幾遺魏嗣之賢；以功則貞觀、開元，卒致唐祚之盛。繇斯而言，主匕鬯、承大統者，非徒人事，蓋亦有天意焉。

宋・呂夏卿《唐書直筆》卷一《帝紀・立太子》 太子，社稷之繫。父在，不得以君稱，書名，從臣下之辭。人神所歸，則書「立」。《睿宗紀》書曰「景雲元年七月，立皇太子隆基」是也。立不以正，非天下之心所在，則書「子」，從私恩也。《高宗紀》書曰「永隆元年八月，立子哲為皇太子」是也。

宋·孫甫《唐史論斷》卷上《高祖·立建成為太子》 論曰：立太子必嫡長者，使天下之心有繫，以止爭奪之患也。行之乎，世固為常法。若夫大公之世，子不賢，尚求聖人，以傳大位，況長子不賢，次子聖乎！安得局於常法也？唐有天下，本秦王之謀。秦王功德之大，海内屬望，其勢可終為人臣乎？建成自舉義以來，無一事可稱道，但以年長，使居聖子上，至愚者知其不可也。雖秦王以常禮讓，胡不虛其位，待天命之歸？況受禪之初，天下未定，何汲汲於立太子也？善哉！寧王憲讓太子之言曰：『時平則先嫡長，世難則歸有功。』此萬世不易之論也。

又《太宗·立晉王為太子》 論曰：王者立太子以嫡，以年，以德，固有常理。若嫡與年者，或昏庸，或過惡，固不可不擇於諸子也。擇之之法，取衆望，決己意，則天下歸心矣。太宗，英主也，斷大事未嘗有疑。晚年牽愛，不能定一子。泰長而有過，立晉王無疑，何至投牀自苦，取決於無忌之言。太子，君之副，社稷之本，豈使一臣立之，仍命拜謝？賴太子良善，人情可屬，無忌終不擅其恩。不如是，必起亂階矣。

又 卷中《玄宗·册忠王為皇太子》 論曰：國之廢立太子，可容易哉？其立之也，非嫡不可，非長不可，非賢不可。開元初，明皇立瑛為太子，非嫡也，非長也，但以母善歌舞寵之，遂立其子。立之固容易耳，然立之二十餘年，名分久定，雖不聞大善，亦不聞有過，又可容易廢之乎？不惟廢之，復殺之矣。此雖武妃妖惑，林甫賊計所致，迹其本末，亦由張説之過也。明皇諸子，皆非中宮所生也。慎擇賢者，立之可矣。何必即位之初，急立太子。蓋方寵瑛母，用悦其意耳。立之歲久，中外不聞其過，人心有奉矣。開元十七年，忠王領河北元帥與百官相見，張説退而言曰：『嘗觀《太宗寫真圖》，忠王奇表，寔類聖祖，社稷之福也。』太子在上，而説稱忠王奇表，比之聖祖，事果便乎？蓋昭成方娠，説侍讀東宫，知其異事，謂王當受天命，故因事言之，使衆知耳，亦或有結王之意。説事明皇，不惟東宫之舊，復贊先天監國之事，情義至密，非他相可比。故任用以來，言必從，計必行。觀忠王之事，豈無密謀潛議也？若果以瑛之才不能任唐事，忠王賢足以代之，何不定計退瑛於藩而立忠王，使父子之際無大過？何得密稱忠王之善，而無所定計，計雖不定，明皇意已移矣。天子於太子有移意，則變寵姦賊之言入之易爾。以此論之，豈非張説之過也？不然，二十五年張九齡以直被黜，朝廷之士知明皇方惡直言，林甫方肆凶計，誰復開口敢謀國事？明皇於林甫之言，無不聽納，惟立壽王瑁事不聽，而卒立忠王也。然瑛之才，遠不逮忠王，無以辯之，但以國有太子，而説稱忠王之美，又不贊定立子之計，使處置得所，終致明皇殺子之惡，説無以逃其罪矣。

清·王夫之《讀通鑑論》卷二〇《唐高祖·一一》 謂高祖之立建成為得適長之禮者，非也。立子以適長，此嗣有天下，太子諸王皆生長深宫，天顯之序，不可以寵嬖亂也。初有天下，而創制自己，以賢以功，為天下而得人，作君師以佑下民，不可以守法之例例之矣。抑謂高祖宜置建成而立世民者，亦非也。睿宗舍宋王成器而立隆基，討賊後以靖國家，隆基自冒險為之，事成乃奉睿寧以正位，睿宗初不與聞，而況宋王？則宋王固辭，而睿宗決策可也。太原之起，雖由秦王，而建成分將以嚮向長安，功雖不逮，固協謀而戮力與偕矣。同事而年抑長，且建成亦錚錚自立，非若隋太子勇之失德章聞也，高祖又惡得而廢之？故高祖之處此難矣，非直難也，誠無以處之，智者不能為之辯，勇者不能為之決也。君子且無以處此，而奚翅高祖？

處此而無難者，其唯聖人乎！泰伯之成其至德者，豈徒其仁孝之得於天者厚乎？太王、姜女以仁敬孝慈敦彝倫修内教於宫中者，其養之也久矣。詩之頌王季也，曰『則友其兄』。王季固不以得國而易其兄弟之歡也。王季無得國之心，而泰伯可成其三讓之美，一門之内，人修君子長者之行，而静以聽夫天命。故王季得國，猶未得也；泰伯辭國，猶未辭也；内教修而禮讓興，讓者得仁，而受者無疑於失義。邠人之稱太王，曰『仁人也』。豈一朝一夕之故哉？

唐高祖之守太原，縱酒納賄以自蔑，宫人私侍，而嘗試生死以殉其嗜欲，則秦王矯舉以奮興，一唯其才之可以大有為，而馳騁俠烈之氣，蕩其天性，固無名義之可繫其心，逮成尤劣焉，而以望三後忠厚開國之休，使遜心以聽高祖之命，其可得乎？高祖之不能式穀其子，既如此矣；而所左右後先者，又行險徼幸若裴寂之流而已。東宫天策士各以所知遇為私人，自不覩慈懿之士，耳不聞孝友之言，導以爭猜而亟奪其惻隱，高祖若木偶之屍位於上，而無可如何，誠哉其無可如何也！源之不清，其流孰能澄汰哉？

後世之不足以法三代者，此也，非井田封建飾文具以强民之謂也。王之所以王，霸之所以霸，聖之所以聖，賊之所以賊，反身而誠，不言而喻。保爾子孫，寧爾邦家，豈他求之哉？自非聖人，未有能免於禍亂者。立適之法，與賢之權，皆足以召亂，況井田封建之畫地為守者乎？

又《唐高祖·一二》 魏徵、王珪必死於建成之難乎？曰：未見其可也。事太宗而效忠焉，有以異於管仲之相桓公乎？曰：有異焉，而未為殊異也。《傳》曰『食焉不辟其難』，非至論也。君子之身，天植之，親生之，生死者，名義之所維，性情之所主，而僅以殉食乎？君臣之義，生於性者也，性不隨物以遷，君一而已，猶父之不可有二也。管仲，齊之臣，齊侯其君也；徵、珪，唐之臣，高祖其君也。仲之事子糾，齊侯命之，徵、珪之事太子，高祖命之。天之所秩，性之所安，義之所承，君一而已。即以食論，仲食齊侯之食，徵、珪食高祖之食，子糾、建成弗與焉，而況君子之死，必不以殉食乎？故無知者，齊襄之賊，管仲不共戴天之讎也。使唐高而蒙篡弑之禍，徵、珪有死有亡，而必不可一日立於其廷，子糾、建成，君臣之分未定，奚足為之死邪？為之死，是一日而有二君矣。胥為君之子也，或廢或立，君主之，當國之大臣引經衷道以裁之，為宮僚者，不得以所事者為適主，而隨之以爭。建成以長，世民以功，兩俱有可立之道，君命我以事彼，則事彼而已矣；君命我以事此，則事此而已矣：高祖初未嘗以苟息之任任征與珪，使以死拒世民也。則建成死，高祖立世民為太子，非敵國也，非君讎也，改而事之，無傷乎義，無損乎仁，奚為其不可哉？

然則徵、珪之有異於管仲者，何也？襄公弑，糾與小白出亡於外，入而討賊，不幸而兄弟爭，仲之所不謀也。子糾敗，仲囚於魯，桓公釋之而使相，仲未嘗就公求免以自試也。建成、世民之含毒以爭久矣，知其必有蹀血宮門之慘，不能弭止其慝，抑不能辭宮僚以去之，欲徼幸以觀變，二子之志偷矣。太子死，遽即秦王而請見，尤義之所不許也，斯則其不得與管仲均者也。夫魏征起於羣盜之中，幸自拔以歸唐，功名之士耳。『介於石，不終日』，而後可以知幾。亦惡足以及此哉？

又《唐太宗·二〇》 立子以適，而適長者不肖，必不足以承社稷，以此而變故起於宮闈，兵刃加於骨肉，此人主之所甚難，而雖有社稷之臣，不能任其議也。魏王泰投太宗之懷，曰：『臣今日始得為陛下子。』褚遂良即以此折泰之姦，偉矣；而唐幾亡於高宗，遂良致命以自靖，弗能靖國焉。故曰人主之甚難，而社稷臣不能任其議也。

丹朱不肖，堯以天下與舜，聖人創非常之舉，非後世所可學也。舜立而丹朱安虞賓之位，魏王不竄，能帖然於高宗之世哉？太宗能保高宗之容承乾與泰，而不能必泰安於藩服以承事高宗，則抑情伸法以制泰，事有弗獲已者；自投於牀，抽刀欲刎，嗚呼！英武如太宗，而欷歔以求死也，亦可悲矣哉！

或曰：『立適長而不能賢，擇人以輔之，勿憂矣。』似也；太宗之世，忠直老臣，無有過魏征者，固以師保之任任之矣。乃征嘗為建成之宮僚，效既可覩。徵以正月卒，而承乾以四月反，徵即不死，固無能改於其德，大難興，徵為袁淑而已，紇干、承基之流，於徵何憚焉？

教者，君父之反身也，非可僅責之師保也。光武廢東海、立明帝、而漢道昌，東海亦保其福祿，不待竄也，光武之為君父者無愧也。太宗蹀兄弟之血於宮門，早教猱以升木，竄逐其所寵愛，以徇長孫無忌之請，知高宗之不能克家而姑授之，置吳王恪之賢以陷之死，夫亦反身不令，故無以救其終也。漢文守藩代北，際內亂而無窺覬之心，迎立已定，猶三讓焉，然有司請建太子，猶遲久而不定，誠慎之也，非敢執嫡長以輕天位，況太宗之有慚德也乎？

又 卷二一《唐高宗·一》 房遺愛狂騃，與婦人謀逆以自斃，而荆王元景、吳王恪駢首就戮，李道宗亦坐流以死。嗚呼！元景之長而有功，恪之至親而賢，道宗之同姓而為元勳，使其存也，武氏尚未能以一婦人而制唐之命也。夫長孫無忌之決於誅殺，固非挾私以爭權，蓋亦衛高宗而使安其位爾。乃衛高宗而不恤唐之宗社，則私於其出，無忌之惡也。原其所自失，其太宗之自貽乎！

承乾廢，魏王絀，太宗既知恪之可以守國也，則如光武之立明帝，自決於衷，而不當與無忌謀。如以高宗為嫡子而分不可紊，則抑自決於衷，而尤不當與無忌謀。疑而未決，則在廷自有可參大議之臣，如德宗之於李泌，宋仁宗之於韓琦，資其識以成其斷。唯無忌者，高宗之元舅也，而可與辨高宗與恪之廢立乎？乃告無忌曰：『雉奴弱，恪英果類我，我欲立之。』事既不果，無忌所早作夜思以疑恪、忌恪、畏恪之怨已而欲剿絕其命者，終不忘矣。唐無夾輔之親賢，而已以先後已謝之威靈，不能敵房帷之親寵，終亦必亡者，皆其所懵焉不顧者矣。太宗一言之失，問非其人，而不保其愛子，不永其宗祧。《易》曰：『君不密，則失臣。』豈徒君臣，父不密，且失其子矣。無忌怙外戚以為擘固之圖，太宗不察焉，顧謂無忌曰：『公以恪，非己之甥邪？』愈發其隱，而無忌之志愈憯矣。房玄齡、褚遂良之贊立高宗，義之正也；太宗之疑於立恪，道之權也；無忌之固請立高宗，情之私也。挾私而終之以戕殺，無忌之惡稔，而太宗不灼見而早防之，不保其子，不亦宜乎！

或曰：褚公受顧命輔國政，不能止無忌之姦，且道宗之竄，公實與謀，豈亦挾私以翦宗子乎？夫房遺愛已探無忌之意旨，誣恪以求自免，言已出而若有征，褚公未易任其無患，恪且死，罵無忌而不及公，則謂公之陷道宗者，亦許敬宗之誣，史無與正之與？

太子輿服璽印分部

車乘

綜述

《隋書》卷一〇《禮儀志五》 皇太子金輅，赤質，金飾諸末。重較，箱畫虡文鳥獸，黃屋，伏鹿軾，龍輈。金鳳一，在軾前。設鄣塵。朱蓋黃裏。輪畫朱牙。左建旂，九旒，右載闟戟。旂首金龍頭，銜結綬及鈴綏。駕赤騂四。八鑾在衡，二鈴在軾。金鍐方釳，插翟尾五隼、鏤鍚，鞶纓九就。從祀享、正冬大朝、納妃則乘之。

軺車，金飾諸末，紫通幰朱裏，駕一馬。五日常朝及朝饗宮臣，出入行道乘之。

四望車，金飾諸末，紫油纁通幰朱裏，朱絲絡網，駕一馬。弔臨則乘之。【略】

開皇三年閏十二月，並詔停造而盡用舊物。至九年平陳，又得輿輦舊著令者，以付有司，所不載者並皆毀棄。雖從儉省，而於禮多闕。十四年，詔又以見所乘車輅因循近代，事非經典，令更議定。

唐・杜佑《通典》卷六五《禮典二十五・嘉十・皇太子皇子車輅》

隋皇太子金輅，赤質，金飾諸末，重較，箱畫簴文鳥獸，黃屋，伏鹿軾，龍輈，金鳳一在軾，前設鄣塵，朱蓋黃裏，輪畫朱牙，左建旂九旒，右載闟戟，旂首金龍頭銜結綬及鈴綏，駕赤騮四，八鑾在衡，二鈴在軾，金鍐方釳，插翟尾五焦，鏤鍚，鞶纓九就。從祀享朝、正冬大朝、納妃則乘之。

軺車，金飾諸末，紫通幰朱裏，駕一馬。五日常朝及朝饗宮官，出入行道則乘之。

四望車，金飾諸末，紫油幢通幰朱裏，朱絲絡網，駕一馬。弔臨則乘之。

大唐因隋制。

唐・李林甫等《唐六典》卷二七《家令率更令僕寺》 皇太子之車輅三，一曰金輅，二曰軺車，三曰四望車。

金輅，赤質，金飾諸末，重較箱，畫苣文鳥獸，黃屋，伏鹿軾，龍輈，金鳳一在軾；前設鄣塵，朱蓋黃裏；畫輪朱牙；左建旗九旒，右載闟戟；旂首金龍頭，銜結綬及鈴綏；駕赤騮四；八鑾在衡，二鈴在軾；金鍐方釳，翟尾五焦；鏤鍚，鞶纓九就。從祀享、正、冬大朝、納妃則供之。

軺車，金飾諸末；紫油通幰，紫油纁朱裏；駕一馬。五日常朝及朝饗宮臣出入行道則供之。

四望車，金飾諸末；紫油通幰，紫油薰朱裏；朱絲絡網；駕一馬。弔臨則供之。

凡皇太子備禮而出，則率廄牧令進輅，僕親馭焉。

《舊唐書》卷四五《輿服志》 皇太子車輅，有金輅、軺車、四望車。

金輅，赤質，金飾諸末，重較，箱畫虡文鳥獸，黃屋，伏鹿軾，龍輈，金鳳一在軾，前設鄣塵，朱蓋黃裏，輪畫朱牙，左建旂九旒，右載闟戟，旂首金龍頭銜結綬及鈴緌，駕赤騮四，八鑾在衡，二鈴在軾，金鍐方釳，插翟尾五焦，鏤錫，鞶纓九就。從祀享、正冬大朝、納妃則供之。

軺車，金飾諸末，紫通幰朱裏，駕一馬。五日常服及朝享宮臣、出入行道則供之。

四望車，金飾諸末，紫油纁，通幰朱裏，朱絲絡網，駕一馬。弔臨則供之。

《新唐書》卷二四《車服志·皇太子之車》　皇太子之車三：金路者，從祀、朝賀、納妃所乘也，赤質，金飾末，重較，箱畫苣文鳥獸，黃屋，伏鹿軾，龍輈，金鳳一，在軾前，設鄣塵，朱黃蓋裏，輪畫朱牙。左建旂九旒，右載闟戟，旂首金龍銜結綬及鈴緌，入鸞二鈴，金鍐方釳，樹翟尾五焦，鏤錫，鞶纓九就。

軺車者，五日常服、朝饗、宮臣、出入行道所乘也。

四望車者，臨弔所乘也。二車皆金飾末，紫油纁，朱裏通幰。

儀仗

綜述

《隋書》卷九《禮儀志四》　隋制，正旦及冬至，文物充庭，皇帝出西房，即御座。皇太子鹵簿至顯陽門外入賀，復詣皇后。

唐·杜佑《通典》卷一〇七《禮典六十七·開元禮纂類二·序列中·皇太子鹵簿》　家令，次率更令，次詹事，並乘軺車。次太保，次太傅，次太師。自家令以下，並正道威儀，鹵簿各依本品。三師各乘輅。次清遊隊旗，一人執，二人引，二人夾，領三十騎。次左右清道率府率各一人，次外清道直簿二十四人。騎分左右，夾道單行。次龍旗六，各一人騎執，每旗前，二人騎爲二重，引前；每旗後，亦二人重騎，護後。次細引六重。重二人，並行正道。次率更丞一人，撾鼓金鉦各二面，左鼓，右鉦。次大鼓三十六面，騎，橫行正道。次長鳴三十六具。騎，橫行正道。次鐃吹一部，鐃鼓二面，各一騎執，二人騎夾。簫笳各六。騎，並橫行。次橫吹一部，橫吹十具，節鼓二面，各一騎執，二人騎夾。笛簫篳篥笳各六。騎並橫行。次撾鼓金鉦各二面，一騎執，左鼓，右鉦。次小鼓三十六面，次中鳴三十六具。並騎，橫行正道。次誕馬十疋，分左右，二人執。次廄牧令一人，在左。丞一人，在右。次左右翊府郎將各一人，騎領班劍。次左右衛翊衛二十四人。騎執班劍。次通事舍人四人，騎分左右。次司直二人，騎分左右。次文學四人，騎分左右。次洗馬二人，騎分左右。次司議郎二人，騎分左右。次太子舍人二人，騎分左右。次中允二人，騎分左右。次中舍人二人，騎分左右。次左右諭德二人，騎分左右。次左右庶子四人，騎分左右。次左右副率各一人，次親勳翊衛廂各中郎將一人，並領儀刀六行。第一行親衛二十三人，第二行親衛二十五人，第三行勳衛二十七人，第四行勳衛二十九人，第五行翊衛三十一人，第六行翊衛三十三人，皆曲折騎陪後行。次三衛十八人，騎分左右。郎將二人。騎分左右，在六行儀刀仗內，夾輅。

次金輅，赤質金飾，駕四馬，從祀享廟、正冬大朝、納妃則乘之。僕一人駁，左右率一人執儀刀陪乘，駕士二十二人。次左右衛率各一人，夾輅。次左右率各一人，副率各一人騎。領細刀弓箭。次千牛，騎執細刀、弓箭。次左右監門府直長各六人，監後門。次左右衛率府。廂各翊衛二隊，並騎，在執儀刀行外，前後過三衛仗。次厭角隊各三十六騎。分執旗弓箭槊弩，各郎將一人領。次繖二、扇四，次腰轝一、團扇二、小方扇八，次內直郎二人。檢校腰轝。次誕馬十疋，分左右，次典乘二人，分左右。次朱漆團扇六，紫曲蓋六。次諸司供奉官二人。次大角三十六具，橫行，六重。次鐃吹一部，鼓二面，簫笳各六，並騎橫行。次橫吹一部，橫吹十具，節鼓二面，笛簫篳篥笳各六，並騎橫行。次令官師二人。次副輅，駕四馬。駕士二十二人。次軺車，金飾，駕一馬，五日常朝及朝饗宮臣、出入行道則乘之。駕士十四人。次四望車。金飾，駕一馬，臨弔則乘之。駕士十人。次左右廂步隊十六隊，隊別三十人，果毅一人，皆執弓箭刀槊弩，相間。次左右司禦率各一人。檢校步隊。

次儀仗，左右廂各六色，色九行，行六人，皆執戟、弓箭、鋋、刀楯、儀鍠五色幡、油戟，相間。廂各獨揭鼓六重。重二人，皆儀仗外。次左右廂，各百五十人，執殳。並分前後，在步隊儀仗外，馬隊內，前接六旗，後盡鹵簿，廂各果毅一人，主帥七人騎領，分前後。次左右廂馬隊，廂各十隊。隊引主帥以下三十一人，並戎服，帶橫刀、弓箭、弩槊，隊引旗一，果毅一人領之。次後拒隊，旗一，領三十騎，果毅一人領。前當正道殳仗內，開牙門。次左右廂各開牙門三。前第一門，左右司禦率府步隊後，左右衛率府步隊前。開第二門，左右衛率府步隊後，左右司禦率府儀仗前。開第三門，左右司禦率府儀仗後，左右衛率府儀仗前。每門皆二人執，四人夾。左右監門副率各二人，直長二人，騎，來去檢校也。次左右清道率府副率各二人。杖內檢校，並糾察非違。率應得穳槊從者，並不得將入儀仗內。次少師，次少傅，次少保。隊仗引盡則次三少，正道乘輅，威儀各依本品。文武官以次陪從。若常行及常朝，去諸馬隊、鼓吹、金輅、四望車、家令、率更、詹事、太保、太師、少保、少師。其隊仗三分減一，清道、儀刀、鞬馬各減半，乘輅車。餘同大仗。其二傅皆乘犢車，依式導從，所將從不得過十人，太傅加清道二人，導引其鹵簿。內導從官、三師、三少若有事故及無其人，則闕之，總不須攝。餘若有事故及無其人，即別遣人攝行。若皇太子在學，太傅、少傅導從如式。

《新唐書》卷二三下《儀衛志下》 皇太子出，則鹵簿陳於重明門外。其日三刻，宮臣皆集於次，左庶子版奏『請中嚴』。典謁引宮臣就位，侍衛官服其器服，左庶子負璽詣閤奉迎，僕進車若輦於西閤外，南嚮，內率一人執刀立車前，北嚮，中允一人立侍臣之前，贊者二人立中允之前。前二刻，諸衛之官詣閤奉迎，宮臣應從者各出次，立於門外，文東武西，重行北嚮北上。

左庶子版奏『外辦』，僕升正位執轡，皇太子乘輿而出，內率前執轡，皇太子升車，僕立授綏，左庶子以下夾侍。中允奏『請發』，車動，贊者夾引而出，內率夾車而趨，出重明門，中允奏『請停車，侍臣上馬』。左庶子前承令，退稱：『令曰諾』。中允退稱：『侍臣上馬。』贊者承傳，侍臣皆騎。中允奏『請車右升』。左庶子前承令，退稱：『令曰諾』。內率升訖，中允奏『請發』。車動，鼓吹振作，太傅乘車訓導，少傅乘車訓從。

出延喜門，家令先導，次率更令、詹事、太保、太傅、太師，皆軺車，備鹵簿。

次清遊隊，旗一，執者一人，佩橫刀，引、夾皆二人，亦佩弓箭、橫刀，騎。次清道率府折衝都尉一人，佩弓箭、橫刀，領騎三十，亦佩橫刀，十八人執槊，九人挾弓箭，三人持弩，各二人騎從。次左右清道率府率各一人，騎，佩橫刀、弓箭，領清道直盪及檢校清遊隊各二人，執穳槊騎從。次外清道直盪二十四人，騎，佩弓箭、橫刀，夾道。

次龍旗六，各一人騎執，佩橫刀，戎服大袍，橫行正道，每旗前後二人騎，爲二重，前引後護，皆佩弓箭、橫刀，戎服大袍。次副竿二，分左右，各一人騎執。次細引六重，皆騎，佩橫刀，每重二人。自龍旗後屬於細仗，槊、弓箭相間，廂各果毅都尉一人主之。

次率更丞一人，府、史二人騎從，領鼓吹。次誕馬十，分左右，執者各二人。次廄牧令一人居左，丞一人居右，各府、史二人騎從。

次左右翊府郎將二人，主班劍。次左右翊衛二十四人，執班劍，分左右。次通事舍人四人、司直二人、文學四人、洗馬二人，司議郎二人居左，太子舍人二人居右，中允二人居左，中舍人二人居右，左右諭德二人，左右庶子四人，騎，分左右，皆一人從。次左右衛率府副率二人步從。

次親、勳、翊衛，廂各中郎將、郎將一人，皆領儀刀六行：第一親衛二十三人，第二親衛二十五人，皆執金銅裝儀刀，纁朱綬紛；第三勳衛二十七人，第四勳衛二十九人，皆執銀裝儀刀，綠綟紛；第五翊衛三十一人，第六翊衛三十三人，皆執鍮石裝儀刀，紫黄綬紛。自第一行有曲折三人陪後門，每行加一人，至第六行八人。次三衛十八人，騎，分左右夾路。

次金路，駕四馬，駕士二十三人，僕寺僕馭，左右率府率二人執儀刀陪乘。次左右衛率府率二人，夾路，各一人從，居供奉官後。次左右內率府率二人，副率二人，領細刀、弓箭，皆一人從。次千牛，騎，執細刀、弓箭。次三衛儀刀仗，後開衙門。次左右監門率府直長各六人，執鍮石儀刀，騎，監後門。次左右衛率府，廂各翊衛二隊，皆騎，在執儀刀行外；壓角隊各三十人，騎，佩橫刀，一人執旗，二人引，二人夾，十五人執槊，七人佩弓箭，三人佩弩，隊各郎將一人主之。

次繖，二人執，雉尾扇四，夾繖。次腰輿一，執者八人，團雉尾扇二，小方雉尾扇八，以夾腰輿，內直郎二人主之，各令史二人騎從。次誕馬十，分左右，馭者各二人。次典乘二人，各府、史二人騎從。次左右司禦率府校尉二人騎從，佩鍮石裝儀刀，領團扇、曲蓋。次朱漆團扇六，紫曲蓋六，各橫行。次諸司供奉。次左右清道率府校尉二人，騎，佩鍮石裝儀刀，主大角。

次副路，駕四馬，駕士二十二人；軺車，駕一馬，駕士十四人；四望車，駕一馬，駕士十人。

次左右廂步隊十六，每隊果毅都尉一人，領騎三十人，戎服大袍，佩橫刀，一人執旗，二人引，二人夾，二十五人佩弓箭，前隊持槊，與佩弓箭隊以次相間。次左右司禦率府副率各一人，騎，檢校步隊，二人執䂎槊騎從。

次儀仗，左右廂各六色，每色九行，行六人，赤綦襖、冒，行縢、鞋韤。第一戟，赤氅，六人；第二弓箭，六人；第三儀鋋，毦，六人；第四刀楯，六人；第五儀鍠，五色旛，六人；第六油戟，六人。次前仗首，左右廂各六色，每色三行，行六人，左右司禦率府二人，果毅都尉各一人，主帥各六人主之；次左右廂各六色，每色三行，行六人，左右衛率府副率二人，果毅都尉各一人，主帥各六人主之。左右司禦率府主帥各六人騎護後，率及副率各一人步從。廂有絳引旛十二，引前者六，引後者六。廂各有獨揭鼓六重，重二人，居儀仗外，殳仗內，皆赤綦襖、冒，行縢，鞋韤。左右司禦率府四重，左右衛率府二重。

次左右廂皆百五十人，左右司禦率府各八十六人，左右衛率府各六十四人，赤綦襖、冒，主殳，分前後，居步隊外、馬隊內。各司禦率府果毅都尉一人主之，各一人騎從。廂各主帥七人，左右司禦率府各四人，左右衛率府各三人，騎，分前後。

次左右廂馬隊，廂各十隊，隊有主帥以下三十一人，戎服大袍，佩橫刀，騎。隊有旗一，執者一人，引、夾各二人，皆佩弓箭，十六人持槊，七人佩弓箭，三人佩弩。第一，左右清道率府果毅都尉二人主之。第二、第三、第四，左右司禦率府果毅都尉二人主之。第五、第六、第七，左右衛率府果毅都尉主之。第八、第九、第十，左右司禦率府果毅都尉二人主之。皆戎服大袍，佩弓箭、橫刀。

次後拒隊，旗一，執者佩橫刀，引、夾路各二人，佩弓箭、橫刀。次

清道率府果毅都尉一人，領四十騎，佩橫刀，凡執槊二十人，佩弓箭十六人，佩弩四人，騎從。次後拒隊，前當正道殳仗內，有衙門。次左右廂各有衙門三：第一，當左右司禦率府步隊後，左右衛率府步隊前；第二，當左右衛率府步隊後，左右司禦率府儀仗前；第三，當左右司禦率府儀仗後，左右衛率府步隊前。每門二人執，四人夾，皆騎，赤綦襖，黃袍、冒。門有監門率府直長二人檢校，左右監門率府副率各二人檢校諸門，各一人騎從。

次左右清道率府、副率各二人，檢校仗內不法，各一人騎從。次少師、少傅、少保，正道乘路，備鹵簿，文武以次從。

皇太子所至，回車南嚮，左庶子跪奏「請降路」。

還宮，一嚴，轉仗衛於還塗。再嚴，左庶子版奏「請中嚴」。三嚴，僕進車，左庶子版奏「外辦」。皇太子乘輿出門外，降輿，乘車，左庶子請車右升，侍臣皆騎，車動，至重明門，宮官下馬，皇太子乘車而入，太傅、少傅還。皇太子至殿前，車南嚮，左庶子奏「請降」，皇太子乘輿而入，侍臣從至閤，左庶子版奏「解嚴」。

若常行、常朝，無馬隊、鼓吹、金路、四望車、家令、率更令、詹事、太保、太師、少保、少師，又減隊仗三之一，清道、儀刀、誕馬皆減半，乘軺車而已。二傅乘犢車，導從十人，太傅加清道二人。

服飾

綜述

《隋書》卷一二《禮儀志七》 皇太子袞冕，垂白珠九旒，青纊充耳，犀笄。玄衣，纁裳。衣，山、龍、華蟲、火、宗彝五章；裳，藻、粉米、黼黻四章。織成爲之。白紗內單，黼領，青褾、襈、裾。革帶，金鉤䚢，大帶，素帶不朱裏，亦紕以朱綠。黻隨裳色，火、山二章。玉具劍，火珠鏢首。瑜玉雙佩，朱組。雙，大綬，四采，赤白縹紺，純朱質，長一丈八尺，三百二十首，廣九寸；小雙綬，長二尺六寸，色同大綬，

而首半之，間施二玉環。朱韈，赤舄，以金飾。侍從皇帝祭祀及謁廟、元服、納妃，則服之。

遠遊三梁冠，加金附蟬，九首，施珠翠，黑介幘，纓翠緌，犀簪導。絳紗袍，白紗內單，皁領，褾、襈、裾，白假帶，方心曲領，絳紗蔽膝，韈，舄。其革帶、劍、佩、綬與上同。未冠則雙童髻，空頂黑介幘，雙玉導，加寶飾。謁廟、還宮、元日朔日入朝、釋奠，則服之。【略】

皇太子臨弔三師、三少，則錫衰；宮臣四品已上，緦衰；五品已下，疑衰。【略】

皇太子服六等，袞冕九旒，朱組纓，青纊玧耳，犀簪導。紺衣，纁裳，去日月星辰爲九章。白紗內單，黼黻領，青褾、襈、裾。革帶，金鉤鰈，大帶，韍二章，玉具劍。侍從祭祀，及謁廟、加元服、納妃，則服之。據晉咸寧四年故事，衣色用玄，改用紺。舊章用織成，降以繡。玉具劍，故事以火珠鏢首，改以白珠。開皇中，皇太子冕同天子，貫白珠。及仁壽元年，煬帝爲太子，以白珠太逼，表請從青珠。於是太子袞冕，與三公王等，皆青珠九旒。旒短不及髆，降天子二寸。

遠遊冠，金附蟬，加寶飾珠翠，九首，珠纓翠緌，犀簪導。絳紗袍，白紗內單，皁領、褾、襈、裾。白假帶，方心曲領，絳紗蔽膝。韈，舄，革帶，劍，佩，綬同袞冕。未冠則雙童髻，空頂黑介幘，雙玉導，加寶飾珠翠，二首。謁廟還，元日、朔旦入朝，釋奠，則服之。【略】

遠遊三梁冠，從省服，絳紗單衣，革帶，金鉤鰈，假帶，方心，佩一隻，紛長六尺四寸，闊二寸四分，色同於綬。金縷鞶囊，白韈，烏皮履，金飾。五日常朝則服之。

鹿皮弁，九琪，服絳羅襦，白羅裙，革帶，履，韈，佩，紛，如從省服。在宮聽政則服之。

平巾，黑幘，玉冠枝，金花飾，犀簪導，紫羅褶，南布袴，玉梁帶，長靿靴。侍從田狩則服之。

白帢，素單衣，烏皮履。為宮臣舉哀弔喪則服之。【略】

皇太子，朱雙綬，四采，赤白縹紺，純朱質，長一丈八尺，三百二十首，闊九寸；雙小綬，長一尺六寸，色同大綬，而首半之，間施三玉環。開皇用二，今加一。三公，綠綟綬，四采，綠黃縹紫，純綠質，黃文織之，長一丈八尺，二百四十首，闊九寸，與親王綬，俱施二玉環。

唐・李林甫等《唐六典》卷二六《太子三師三少詹事府左右春坊內官》 凡皇太子之服：袞冕，垂白珠九旒，以組爲纓，色如其綬；青纊充耳；犀簪導；玄衣、纁裳，九章，每章一行，重以爲等，每行九；五章在衣：山、龍、華蟲、火、宗彝；四章在裳：藻、粉米、黼、黻。織成爲之。白紗中單，黼領，青褾、襈、裾；革帶，金鉤鰈，大帶；素帶不朱裏，亦純以朱綠，紐約用組。韍：隨裳色，火、山二章。玉具劍，金寶飾。玉鏢首；瑜玉雙佩；朱組雙大綬，四彩：赤、白、縹、紺，純朱質，長一丈八尺，三百二十首，廣九寸；小雙綬長二尺六寸，色同大綬，而首半之，間施二玉環。朱襪，赤舄；加金飾。侍從皇帝祭祀及謁廟、加元服、納妃則服之。

具服遠遊三梁冠，加金附蟬九首，施珠翠；黑介幘，發纓翠緌，犀簪導；絳紗袍；白紗中單，皂領、褾、襈、裾；白裙襦，白假帶；方心，曲領，絳紗蔽膝；其革帶、劍、佩、綬與上同。白襪，黑舄；未冠則雙童髻，空頂黑介幘，雙玉導，加寶飾；謁廟還宮，元日、冬至、朔日入朝，釋奠則服之。其朔、望日入朝通服褲褶，五日常朝亦准此。

公服遠遊冠，簪導以上並同前。絳紗單衣；白裙襦；革帶，金鉤鰈，假帶；瑜玉只佩，方心；紛；鞶囊；長六尺四寸，廣二寸四分，色同大綬。白襪，烏皮履；五日常朝、元日、冬至受朝則服之。

烏紗帽，白裙襦，白襪，烏皮履；視事及宴見賓客則服之。

弁服，弁以鹿皮爲之。犀簪導，組纓，玉琪九；絳紗衣，素裳；革帶；鞶囊；小綬，隻佩；白襪，烏皮履；朔、望及視事則兼服之。

平巾幘，金飾。犀簪導；紫褶，白袴；玉梁珠寶鈿帶；著鞾；乘馬則服之。

進德冠，九琪，加金飾，其常服及白練裙襦通著之，若服袴褶，則與平巾幘通著。

唐・杜佑《通典》卷一〇八《禮典六十八・開元禮纂類三・序列下・君臣冕服冠衣制度》 皇太子袞冕，垂白珠九旒，令云：『以組爲纓，色如其綬。』青纊充耳，犀簪導。玄衣纁裳九章，令云：『五章在衣，山、龍、華蟲、火、宗彝；四章在裳，藻、粉米、黼、黻。織成爲之，每章一行，重以爲等，每行九。』白紗中單。令云：『黼領，青褾、襈、裾。』革帶，金鉤䚢，大帶。令云：『素帶不朱裏，亦紕以朱綠，紐約用組。黻隨裳色，火山二章。』玉具劍，令云：『金寶飾，玉鏢首。』瑜玉雙珮，朱組雙大綬。令云：『四采，赤白縹紺，純朱質。長丈八尺，三百二十首，廣九寸。小雙綬長二尺六寸，色同大綬而首半之，間施二玉環。』朱韈赤舄。令云：『舄加金飾。』侍從祭祀及謁廟、加元服、納妃則服之。

具服，遠遊三梁冠，加金附蟬九首，施珠翠，黑介幘，髮纓翠緌，犀簪導。絳紗袍，白紗中單，令云：『皁領、褾、襈、裾。』白裙襦，白假帶，方心曲領，絳紗蔽膝。其革帶、劍、珮、綬與上同。白韈黑舄。未冠則雙童髻，空頂黑介幘，雙玉導，加寶飾。謁廟還宮、元日冬至朔日入朝、釋奠則服之。其朔望日入朝，通服袴褶。五日常朝亦準此。

公服，遠遊冠，簪導以上並同前。絳紗單衣，白裙襦，革帶，瑜玉隻珮，方心，紛，鞶囊，令云：『長六尺四寸，廣二寸四分，色同大綬。』白韈，烏皮履。五日常朝、元日冬至受朝則服之。

烏紗帽，白裙襦，白韈，烏皮履，視事及宴見賓客則服之。

弁服，犀簪導，組纓，玉琪九，絳紗衣，素裳，革鞶囊，小綬，雙珮，白韈，烏皮履，朔日及視事則兼服之。

平巾幘，金飾，犀簪導，紫褶，白袴，玉梁珠寶鈿帶，靴，乘馬服之。

進德冠，九琪，加金飾。其常服及白練裙襦通著之。若服袴褶，則與平巾幘通著之。

《舊唐書》卷四五《輿服志》 《武德令》，皇太子衣服，有袞冕、具服遠遊三梁冠、公服遠遊冠、烏紗帽、平巾幘五等。貞觀已後，又加弁服進德冠之制。

袞冕，白珠九旒，以組爲纓，色如其綬，青纊充耳，犀簪導。玄衣，纁裳，九章。五章在衣，龍、山、華蟲、火、宗彝，四章在裳，藻、粉米、黼、黻，織成爲之。白紗中單，黼領，青褾、襈、裾。革帶，金鉤䚢，大帶，素帶朱裏，亦紕以朱綠，皆用組。黻。隨裳色，火、山二章也。玉具劍，金寶飾也。玉鏢首。瑜玉雙珮，朱組雙大綬，四綵，赤、白、縹、紺，純朱質，長一丈八尺，三百二十首，廣九寸。小雙綬長二尺六寸，色同大綬而首半之，施二玉環也。朱襪，赤舄。舄加金飾。侍從皇帝祭祀及謁廟、加元服、納妃則服之。

具服遠遊三梁冠，加金附蟬九首，施珠翠，黑介幘，髮纓翠緌，犀簪導。絳紗袍，白紗中單，皁領、褾、襈、裙，白裙襦，白假帶，方心曲領，絳紗蔽膝。其革帶、劍、珮、綬、襪、舄與上同。後改用白襪、黑舄。未冠則雙童髻，空頂黑介幘，雙玉導，加寶飾。謁廟還宮、元日冬至朔日入朝、釋奠則服之。

公服遠遊冠，簪導以下並同前也。絳紗單衣，白裙襦，革帶，金鉤䚢，假帶，方心，紛，鞶囊，長六尺四寸，廣二寸四分，色同大綬。白襪，烏皮履。五日常服、元日冬至受朝則服之。

烏紗帽，白裙襦，白襪，烏皮履，視事及宴見賓客則服之。

平巾幘，紫褶，白袴，寶鈿起梁帶，乘馬則服之。

弁服，弁以鹿皮爲之。犀簪導，組纓，玉琪九，絳紗衣，素裳，革帶，鞶囊，小綬，雙珮，白襪，烏皮履，朔望及視事則兼服之。

進德冠，九琪，加金飾，其常服及白練裙襦通著之。若服袴褶，則與平巾幘通著。

自永徽已後，唯服袞冕、具服、公服而已。若乘馬袴褶，則著進德冠，自餘並廢。若讌服、常服，紫衫袍與諸王同。

《新唐書》卷二四《車服志·皇太子之服》 皇太子之服六：

袞冕者，從祀、謁廟、加元服、納妃之服也。白珠九旒，紅絲組爲纓，犀簪導，青纊充耳。黑衣纁裳，凡九章：龍、山、華蟲、火、宗彝在衣，藻、粉米、黼、黻在裳。白紗中單，黼領，青褾、襈、裾。革帶金鉤䚢，大帶，瑜玉雙佩。朱組雙大綬，朱質，赤、白、縹、紺爲純，長一丈八尺，廣九寸，三百二十首。黻隨裳色，有火、山二章。白韈，赤舄，朱履，加金塗銀釦飾。鹿盧玉具劍如天子。

遠遊冠者，謁廟、還宮、元日朔日入朝、釋奠之服也。以具服，遠遊冠三梁，加金博山，附蟬九首，施珠翠，黑介幘，髮纓翠緌，犀簪導，絳紗袍，紅裳，白紗中單，黑領、褾、襈、裾，白裙、襦，白假帶，方心曲領，絳紗蔽膝，白韈，黑舄。朔日入朝，通服袴褶。

公服者，五日常朝、元日冬至受朝之服也。遠遊冠，絳紗單衣，白裙、襦，革帶金鉤艓，假帶，瑜玉隻佩，方心，紛，金縷鞶囊，純長六尺四寸，廣二寸四分，色如大綬。

烏紗帽者，視事及燕見賓客之服也。白裙、襦，烏皮履。

弁服者，朔望視事之服也。鹿皮爲之，犀簪導，組纓九琪，絳紗衣，素裳，革帶，鞶囊，小綬，雙佩。自具服以下，皆白韈，烏皮履。

平巾幘者，乘馬之服也。金飾，犀簪導，紫裙，白袴，起梁珠寶鈿帶，韈。進德冠者，亦乘馬之服也。九琪，加金飾，有袴褶，常服則有白裙、襦。

論説

《隋書》卷一二《禮儀志七》 始，後周採用《周禮》，皇太子朝賀，皆袞冕九章服。開皇初，自非助祭，皆冠遠遊冠。至此，牛弘奏云：『皇太子冬正大朝，請服袞冕。』帝問給事郎許善心曰：『太子朝謁，著遠遊冠，有何典故？』對曰：『晉令皇太子給五時朝服、遠遊冠。至宋泰始六年，更議儀注，儀曹郎丘仲起議：「案《周禮》，公自袞冕已下，至卿大夫之玄冕，皆其朝聘之服也。伏尋古之公侯，尚得服袞，以入朝見，況皇太子儲副之尊，謂宜式遵盛典，服袞朝賀。」兼左丞陸澄議：「服冕以朝，實著經典，自秦除六冕之制，後漢始備古章。魏、晉以來，非祀宗朝，不欲令臣下服於袞冕，位爲公者，必加侍官，故太子入朝，因亦不著。但承天作副，禮絶羣後，宜遵前王之令典，革近代之陋制，皇太子朝，請服冕。」自宋以下，始定此儀。至梁簡文之爲太子，嫌於上逼，還冠遠遊，下及於陳，皆依此法。後周之時，亦言服袞入朝。至於開皇，復遵魏、晉故事。臣謂袞冕之服，章玉雖差，一日而觀，頗欲相類。臣子之道，義無上逼。故晉武帝太始三年，詔太宰安平王孚著侍内之服，四年，又賜趙、燕、樂安王等散騎常侍之服。自斯以後，臺鼎貴臣，並加貂璫武弁，故皇太子遂著遠遊，謙不逼尊，於理爲允。』帝曰：『善。』竟用開皇舊式。

唐・杜佑《通典》卷六一《禮典二十一・嘉六・君臣服章制度》

（開元）二十六年，肅宗爲皇太子，受册，太常所撰儀注，有服絳紗袍之文。太子以爲與皇帝所稱同，上表辭不敢當，請有以易之。上令百官詳議。尚書左丞相裴耀卿、太子太師蕭嵩等奏曰：『謹按《衣服令》，皇太子具服，有遠遊冠，三梁，加金附蟬九首，施珠翠，黑介幘，髮纓綏，犀簪導，絳紗袍，白紗中單，皁領、褾、襈，白裙襦，方心曲領，絳紗蔽膝，革帶，劍，佩，綬等，謁廟還宫、元日冬至朔日入朝、釋奠則服之。其絳紗袍，則是冠衣之内一物之數，與裙襦、劍、佩等無别。至於貴賤之差，尊卑之異，則冠爲首飾，名制有殊，並珠旒及裳采章之數，多少有别，自外不可事事差異。亦有上下通服，名制是同，禮重則具服，禮輕則從省。今以至敬之情，有所不敢，衣服不可減省，謂須更變名。望所撰儀注，不以絳紗袍爲稱，但稱爲具服，則尊卑有差，謙光成德。』議奏上，手敕改爲朱明服，下所司行用焉。

《舊唐書》卷一四九《柳冕傳》 貞元初，爲太常博士。二年，昭德王皇后之喪，論皇太子服紀。左補闕穆質請依禮週期而除，冕與同職張薦等奏議曰：準《開元禮》，子爲母齊衰三年，此王公已下服紀。皇太子爲皇后喪服，國禮無聞。昔晉武帝元皇后崩，其時亦疑太子所服。杜元凱奏議曰：『古者天子三年之喪，既葬除服。魏氏革命，亦以既葬爲節。故天子諸侯之禮嘗已具矣，惡其害己而削去其籍。今其存者唯《士喪禮》一篇，戴聖之《記》錯雜其内，亦難以取正。皇太子配至尊，與國爲體，固宜卒哭而除服。』於是山濤、魏舒並同其議，晉朝從之。歷代遵行，垂之不朽。

臣謹按《實録》，文德皇后以貞觀十年九月崩，十一月葬，至十一年正月，除晉王治爲幷州都督。晉王即高宗在藩所封，文德皇后幼子，據其命官，當已除之義也。今請皇太子依魏、晉故事，爲大行皇后喪服，葬而虞，虞而卒哭，卒哭而除，心喪終制，庶存厭降之禮。

事下中書，宰臣召問禮官曰：『《語》云，「子食於有喪者之側，未嘗飽也。」今豈可令皇太子衰服侍膳，至於既葬乎？準令，羣臣齊衰，給假三十日即公除。約於此制，更審議之。』張薦曰：『請依宋、齊間皇后爲父母服三十日公除例，爲皇太子喪服之節。』薦以既公除，詣於正内，則服墨慘，歸至本院，衰麻如故。穆質曰：『杜元凱既葬除服之論，不足爲法。臣愚以爲遵三年之制則太重，從三十日之變太輕，唯行古之道，以周年爲定。』詔宰臣與禮官定可否。宰臣以穆質所奏問博士，冕對曰：『準《禮》三年喪，無貴賤一也。豈有以父母貴賤而差降喪服之節乎？且《禮》有公門脱齊衰，《開元禮》皇后爲父母服十三月，其從朝旨，十三日而除；皇太子爲外祖父母服五月，其從朝旨，則五日而除。所以然者，恐喪服侍奉，有傷至尊之意也。故從權制，昭著國章，公門脱衰，義亦在此，豈皆爲金革乎？皇太子今若抑哀公除，墨慘朝覲，歸至本院，依舊衰麻，酌於變通，庶可傳繼。』宰臣然其議，遂命太常卿鄭叔則草奏，以冕議爲是。而穆質堅執前義，請依古禮，不妨太子墨衰於内也。宰臣齊映、劉滋參酌羣議，請依叔則之議，制從之。及董晉爲太常卿，德宗謂之曰：『皇太子所行周服，非朕本意，有諫官横論之。今熟計之，即禮官請依魏、晉故事，斯甚折衷。』明年冬，上以太子久在喪，合至正月晦受吉服，欲以其年十一月釋衰麻，以及新正稱慶。有司皆論不可，乃止。

雜録

《隋書》卷九《禮儀志四》 隋皇太子將冠，前一日，皇帝齋於大興殿。皇太子與賓贊及預從官，齋於正寢。其日質明，有司告廟，各設筵於阼階。皇帝衮冕入拜，即御座。賓揖皇太子進，升筵，西向坐。贊冠者坐櫛，設纚。賓盥訖，進加緇布冠。贊冠進設頍纓。賓揖皇太子適東序，衣玄衣素裳以出。贊冠者又坐櫛，賓進加遠遊冠。改服訖，賓又受冕。太子適東序，改服以出。賓揖皇太子南面立，賓進受醴，進筵前，北面立祝。皇太子拜受觶。賓復位，東面答拜。贊冠者奉饌於筵前，皇太子祭奠。禮畢，降筵，進當御東面拜。納言承詔，詣太子戒訖，太子拜。贊冠者引太子降自西階。賓少進，字之。贊冠者引皇太子進，立於庭，東面。諸親拜訖，贊冠者拜，太子皆答拜。與賓贊俱復位。納言承詔降，令有司致禮。賓贊又拜。皇帝降復阼階，拜，皇太子已下皆拜。皇帝出，更衣還宮。皇太子從至闕，因入見皇后，拜而還。

唐・杜佑《通典》卷五六《禮典十六・嘉一・皇太子冠》 大唐貞觀五年正月，有司上言：『皇太子將行冠禮，宜用二月爲吉，請追兵以備儀注。』太宗曰：『今東作方興，恐妨農事。』令改用十月，太子少保蕭瑀奏稱：『准陰陽家，用二月爲勝。』上曰：『陰陽拘忌，朕所不行。若動静必依陰陽，不顧禮義，欲求福祐，其可得乎！若所行皆遵正道，自然當與吉會。且吉凶在人，豈假陰陽拘忌？農時甚要，不可暫失。』

開元六年，侍中宋璟上表曰：『臣伏以太常狀，准東宮典記，有上禮之儀。謹按上禮非古，從南齊、後魏方始有此事。而垂拱、神龍，更扇其道，羣臣斂錢獻食，君上厚賜答之，姑息施恩，方便求利。皇太子冠乃盛禮，自然合有錫賚。上臺東宮兩處宴會，非不優厚。其上禮宜停其儀。』具《開元禮》。

又 卷一二六《禮典八十六・開元禮纂類二十一・嘉五・皇太子加元服》 告太廟。皇太子將冠，先告太廟，如常告之儀。

臨軒命賓贊。所司先奏請司徒一人爲賓，卿一人爲贊冠，吏部承以戒之。

前一日，尚舍奉御整飭御幄於太極殿，衛尉設羣官、朝集使、諸蕃客次於左右朝堂。太樂令展宮懸之樂於殿庭，設舉麾位於殿上，一位於懸下。鼓吹令設十二案，乘黄令陳車輅，尚輦奉御陳輿輦。典儀設文官一品以下五品以上位於横街之北，西面北上，諸州使人五品以上合班；六品以下位於横街南，諸州使人六品以下、諸蕃客又在南，皆西面北上。設武官五品以上位於横街北，東面北上，諸州使人五品以上合班，諸親位於其南；六品以下位於横街南，諸州使人六品以下及蕃客等又於其南，皆東面北上。設典儀位於懸之東北，贊者二人在南，少退，俱西向。設賓受命位於横街南道東，北面，贊者位又於其後，少東，北面。奉禮郎設門外文官一品以下位於順天門外道東，每等異位，重行西面；武官三品以下位於門西，每等異位，重行東面：並以北爲上。

其日，諸衛勒所部列黄麾仗如常儀。羣官各依時刻集朝堂，俱就次各服其服。侍中量時版奏：『請中嚴。』協律郎、太樂令帥工人就位。諸侍衛之官各服其器服奉迎。典儀帥贊者先入就位。通事舍人引先置羣官入，立定，又引賓贊入立於太極門外道東，西向。黄門侍郎引主節持幡節，中書侍郎引制書案，立於樂懸東南，西面北上。

侍中版奏：『外辦。』皇帝服通天冠、絳紗袍以出，曲直華蓋警蹕侍衛如常儀。皇帝將出，仗動，太樂令令撞黄鍾之鐘，右五鐘皆應，協律郎舉麾，鼓柷，奏《太和之樂》。皇帝升輿，出自西房，即御座，南向坐，符寶郎奉寶置於御座，樂止。

通事舍人引賓贊入就位，賓贊初行入門，《舒和之樂》作，至位樂止。立定，典儀曰：『再拜。』侍中及舍人前承制，侍中降至賓前，稱『有制』。公再拜。『將加冠於某之首，公其將事』。公少進，北面再拜稽首，辭曰：『臣不敏，恐不能供事，敢辭。』侍中升奏，又承制降稱：『制旨某公將事，無辭。』公再拜，退，復位。侍中退。舍人至卿前，稱『敕旨』。卿再拜。『將加冠於某之首，卿宜贊冠』。卿再拜。舍人退。黄門侍郎引主節至賓所，主節以節授黄門侍郎，黄門侍郎執節立於賓東北，西面。賓再拜，受節，付主節訖，又再拜。主節立於賓後，黄門侍郎退。中書侍郎引制書案至賓所，取制書，在賓東北，西面立。賓再拜，受制書，執立，又再拜。持案者立於賓後，中書侍郎退。典儀曰：『再拜。』贊者承傳，羣官在位者皆再拜。舍人引賓贊出，賓贊初行樂作，出門樂止。

侍中前，跪奏稱：『侍中臣某言，禮畢。』俛伏，興，還侍位。皇帝興，太樂令撞蕤賓之鐘，左五鐘皆應，鼓柷，奏《太和之樂》。皇帝降座，侍衛警蹕如來儀，入自東房，樂止。舍人引一品以下以次出。初賓贊出門，賓以制書置於案，幡節引制書案升車，從輅而行。威儀鼓吹詣東宮，降輅，入次，賓贊具服。其一品以下以次出。蕃客各還館。九品以上詣東宮朝堂次，服其服，就位如冠儀。

又《冠》 前一日，衛尉設賓次於重明門外道西，南向，贊冠次又於其西，南向，並鋪床席。又於重明門內道西施一次，擬會賓贊。設文武羣官九品以上及諸親並宮臣次如常儀。奉禮設文武羣官九品以上、諸親在五品之下及宮臣門外位如常儀。典儀設殿庭位：文武羣官共宮臣合班，諸親在五品下；文官在東，西面，武官在西，東面，皆以北爲上。又設皇太子位於閤外道東，西向。設三師位於閤外道西，三少位於三師之南，少退，東向。典儀又設皇太子受制位於樂懸北，北面。所由設軒懸之樂於殿庭，又設舉麾位於殿上，一位於懸下。有司設皇太子羽儀車輿於殿庭如常儀。典設郎帥其屬鋪解劍席於懸之東北。

冠日平明，宮臣皆朝服，非宮臣者公服，三師、三少公服，並集於重明門外次。宗正卿乘犢車侍從，詣左春坊權停。左右二率各勒所部屯門列仗。左庶子版奏：『請中嚴。』工人及諸行事之官各入就位。奉禮郎設罍洗於東階東南，罍在洗東，篚在洗西，南肆。篚實巾加勺羃。典禮郎鋪皇太子冠席於殿上東壁下近南，西向。設賓席於西階上，東向。設主人席於皇太子席西南，西向。設三師席於冠席北，三少席於冠席南。典設郎張帷幄於東序內，設褥席於帷中。又張帷幄於序外，擬置饌物等。內直郎陳服於帷內，東領北上。袞冕服，玄衣纁裳，九章。白紗中單，黼領，青褾、襈、裾。革帶，金鉤䚢，大帶，朱韍二章，玉具劍火珠鏢首，瑜玉雙珮。朱組雙大綬，四綵赤白縹紺，純朱質，長一丈八尺，三百二十首，廣九寸。小綬長二尺六寸，色同大綬，而首半之，間施二玉環。白韈赤舄，金飾。象笏。遠遊冠服，絳紗袍，白紗中單，皁領、褾、襈、裾。白方心曲領假帶，絳紗蔽膝。白練裙襦，白韈黑舄。其革帶、劍、珮、綬、笏與冕服同。緇布冠，玄衣素韠，白紗中單，青領、褾、襈、裾。履、韈、革帶、大帶、笏，緇纚。用皁羅巾方六寸，屬帶於前兩隅。犀簪二物同箱，在服南。櫛實於箱，又在南。莞筵四，紛純；纈席四，繢純，又在南。良醞令實側樽甒醴加勺羃於序外帷內。設罍在洗北，篚在洗南，東肆，實巾一，角觶角柶各一，加羃。太官令實饌豆九籩九於樽西，俎三在豆北。執在庭罍洗者，絳公服，立於罍洗之南，北向。執帷內樽罍洗籩豆俎等，並絳公服，立於樽罍豆俎之所。冕，白珠九旒，犀導，組纓，青纊充耳；遠遊三梁冠，金附蟬九首，施珠翠，黑介幘，犀導，髪纓翠綏；緇布冠，青組纓屬於冠。冠冕各一箱盛，奉禮郎三人各執立於階之西，東面北上。主人贊冠者，庶子爲之。升，詣東序帷內，少北，戶東西面立。典謁引羣官以次入就常位。

初賓贊入次，左庶子版奏：『外辦。』通事舍人引三師等入就閤外道西位，東面立。皇太子著空頂黑介幘，雙童髻，玉導，寶飾綵衣，紫褶綠蕙，織成縹領，綠錦紳，烏皮履。乘輿以出，洗馬迎於閤門外。左庶子跪奏稱：『左庶子臣某言，請殿下降輿。』俛伏，興，還侍位。皇太子降輿，洗馬引之道東位，西向立。左庶子又前跪奏稱：『左庶子臣某言，請殿下再拜。』皇太子再拜，三師、三少答再拜。洗馬引就階東南位，三師訓導在前，三少訓從於後，千牛仗二人夾左右，其餘仗衛列於師保之外。

通事舍人引宗正卿入見皇太子訖，通事舍人引出迎賓。洗馬引皇太子，初行樂作；至階東，西面立，偃麾，樂止。凡樂皆伶官帥舉麾，工鼓柷而後作，偃麾戛敔而後止。宗正卿迎賓於門東，西面。賓立於門西，東面。宗正卿再拜，賓不答拜。賓入門，樂作。主人從入立於樂懸東北，西面。賓入，贊冠者從入，舍人引賓贊詣殿階閒南面立，樂止。贊冠者立於賓西南，東面；節在賓東少南，西面；制案在贊冠西南，東面。賓就案取制執。洗馬引皇太子詣受制位，北面立，皇太子初行樂作，至位樂止。主節脫節衣，賓稱：『有制。』皇太子再拜。宣詔曰：『制皇太子某，吉日元服，率由舊章，命太尉就宮展禮。』訖，皇太子又再拜。少傅進詣賓前受制書，退授皇太子，皇太子受制書付庶子。案退。

洗馬引皇太子師保等如式升東階，量人從升。初行樂作，至階樂止。入東序帷內，近北西向立。師保等就席位訖，賓升西階，宗正卿升東階，各立席後。初賓升，舍人引贊冠者詣罍洗盥手，升自東階，詣序帷內，於主人贊冠之南，俱西面。贊引皇太子出立於席東，西面。賓之贊冠者取纚櫛二箱，坐奠於皇太子筵南端，興，席北少東西向立。

賓揖皇太子進，升筵，西向坐。賓之贊冠者進筵前，東面坐，脫空頂黑介幘置於箱，櫛畢，設纚，興，少北南面立。賓降盥，主人從降，樂作，賓升，樂止，主人從升。執緇布冠者升，賓降一等受之，右執項，左執前，進皇太子筵前，東向立，祝曰：『令月吉日，始加元服，棄厥幼志，慎其成德，壽考維祺，以介景福。』乃跪，冠，興，復位東面立。賓之贊冠者進筵前，東面跪，結纓，興，復位。皇太子興，賓揖皇太子，贊冠者引皇太子適東序帷內，著玄衣素裳之服以出，立於席東，西面。

賓揖皇太子，皇太子進，升筵西向坐。賓之贊冠者進筵前東面跪，脫緇布冠，置於黑介幘之箱，櫛纚依舊不解，興，復位。賓降二等受遠遊冠，右執項，左執前，進皇太子筵前，東向祝曰：『吉月令辰，乃申嘉服，克敬威儀，式昭厥德，眉壽萬年，永受祺福。』乃跪，冠，興，復位。賓之贊冠者跪，設簪結纓，興，復位。皇太子興，賓揖皇太子，贊冠者引皇太子適東序帷內，著朝服以出，立於席東，西面。

賓揖皇太子，皇太子進，升筵，西向坐。賓之贊冠者進筵前，東向跪，脫遠遊冠，置於纚箱，櫛纚依舊不解，興，復位。賓降三等受冕，右執項，左執前，進皇太子筵前，東向祝曰：『以歲之正，以月之令，咸加其服，以成厥德，萬壽無疆，承天之慶。』乃跪，冠，興，賓復位。賓之贊冠者跪，設簪結纓，興，復位。皇太子興，賓揖皇太子，贊冠者引皇太子適東序，著袞冕之服以出，立於席東，西面。贊冠者徹纚櫛二箱入於帷內，又取筵入於帷內。

主人贊冠者又設醴皇太子席於室戶西，南向，下莞上藻。賓之贊冠者於東序帷內盥手洗觶；典膳郎酌醴，加柶，覆之，面柄；賓之贊冠者受，面葉，立於序內，南面立。賓揖皇太子，贊冠者引皇太子就筵西，南面立。賓進受醴，加柶，面柄，進皇太子筵前，北面立，祝曰：『甘醴惟厚，嘉薦令芳。拜受祭之，以定厥祥。承天之休，壽考不忘。』皇太子筵西拜受觶，賓復位，東面答拜。贊冠者興進饌者承饌陳於皇太子筵前。皇太子升筵，坐，左執觶，右執脯，擩於醢，祭於籩豆之閒。贊冠者取韭葅，遍擩於豆，以授皇太子，又祭於籩豆之閒。贊冠者取肺一以授皇太子。皇太子奠觶於薦西，興，受肺，卻左手執本，坐，繚，右手執末以祭，上左手，嚌之，興，以授贊冠者，贊冠者加於俎。皇太子帨手，興，取觶，以柶祭醴三，始扱一祭，又扱再祭，加柶於觶，面葉，興；筵末坐，啐醴，建柶，興；降筵西南，南面坐，奠觶，再拜，執觶興。賓答拜。皇太子升筵，坐，奠觶於薦東，興，降筵。

贊冠者引皇太子降自西階，立於西階之東，南面。賓初答拜訖，降立於西階之西近南，東面，引賓之贊冠者隨降立於賓西南，東面。皇太子立定，賓少進，字之曰：『禮儀既備，令月吉日，昭告厥字，君子攸宜，宜之於嘏，永受保之。奉敕字某。』皇太子再拜，曰：『某雖不敏，敢不祗奉。』又再拜。洗馬引皇太子降，初行樂作，至阼階下位，樂止。三師在南，北面，三少在北，南面，立定，皇太子西面再拜，三師等答再拜以出。於三師拜訖，典儀曰：『再拜。』贊者承傳，羣官在位者皆再拜。左庶子前，稱『禮畢』。皇太子乘輿以入，侍臣從至閤如常儀。初皇太子降，通事舍人引賓贊及宗正卿出就會所。

會賓贊。賓既出，立於會所門外之西，東面北上。宗正卿立於門東，西面。立定，一揖一讓而入。宗正卿立於座東，西面，賓贊立於座西，東面，俱再拜，就座，俛伏，坐。遂行酒，酒至，賓主俱興，再拜，就席坐飲。食至，賓主俱興，設食訖，賓主俱坐食。會訖，賓主俱興，賓贊立於西廂，東面南上；宗正卿立於東廂，西面。執事者奉束帛之篚以授宗正卿，又執事者奉束帛篚立於宗正卿之後，後牽乘馬入陳於庭，北首西上。賓贊俱迴，北面西上，再拜。宗正卿以幣篚進，西南向授賓；執事者以幣進授贊冠者。宗正卿與執事者退復位。賓贊降，從者訝受幣。賓當庭實揖左馬以出，三馬從出，從者訝受馬。宗正卿出門東，西面；賓出門西，東面北上。宗正卿與賓俱揖而退。賓贊就車輅，詣順天門外復命。

朝謁。朝前，衛尉先於順天門外東朝堂之北設太子次，又於後設三師、三少及詹事等次。皇太子冠訖，諸衛率依常行鹵簿，陳列威儀仗衛，前後部鼓吹備列。師傅以下及宮臣皆服其服。皇太子服遠遊冠，絳紗袍，乘輿以出，儀衛侍從如常禮，洗馬前導。皇太子出重明門，左庶子跪奏：『請降輿升輅。』又右庶子稱：『令曰諾。』左庶子俛伏，興。皇太子降輿升金輅，三師乘軺車訓導在前，三少亦乘軺車訓從在後，威儀仗衛依鹵簿發引，鳴鐃而行。至長樂門，鐃吹止。至順天門次，迴輅西向。左庶子跪奏：『請降輅就次。』又右庶子稱：『令曰諾。』左庶子俛伏，興。皇太子降輅，洗馬前導入次，左庶子侍左，右庶子侍右。舍人引三師、三少、詹事就次。皇太子停於次少頃，舍人奏聞。典儀先於皇帝所御殿前設皇太子位。左庶子跪奏：『請入。』又右庶子稱：『令曰諾。』左庶子俛伏，興。皇太子出次，左庶子等夾侍，舍人引洗馬導引。當門揖，引入。外官不入，諸儀衛鹵簿等悉陳列於門外。皇太子入自東上閤，洗馬、左庶子等從入。至皇帝所御殿前位，北向立，從官陪後。左庶子贊拜，皇太子再拜。侍中宣敕戒曰：『事親以孝，接下以仁，使人以義，養人以惠。』訖，皇太子再拜，少進，稱：『臣雖不敏，敢不祇奉。』又再拜訖，引下詣皇后所御殿。至殿院，內給事奏聞。出，引皇太子入，洗馬、左庶子等不入。太子至皇后所御殿前北向立，再拜。尚儀前承令，降詣皇太子西北，東面稱：『令旨。』皇太子再拜。宣令戒之，詞如皇帝。皇太子再拜，少進，稱：『臣夙夜祇奉，不敢失墜。』又再拜。司言引至閤，舍人承引以出。皇太子還如來儀。

皇太子謁太廟。前一日，皇太子宿齋於正殿，其宮臣從入廟者，宿齋於家正寢。所司掃除廟之內外。衛尉設皇太子次於廟西南角，東向。又設三師以下及宮官次於皇太子之後，少近西，俱東向。又設宮官次於東宮朝堂。奉禮郎設皇太子版位於廟庭道東，北向。典儀設宮臣位於重明門外，文官在東，西面，武官在西，東面，每等異位，重行，俱以北爲上。

其日未明，所司依鹵簿陳設於重明門外。宮臣應從者，依時刻集朝堂次，皆服朝服，非朝服者服常服。諸衛率各勒所部，陳設如式。左庶子版奏：『請中嚴。』僕策輅於西閤外，南向。車右執刀立於輅前，北向。舍人引宮官各就位。侍衛之官各服其器服，右庶子負寶如式，俱詣閤奉迎。左庶子版奏：『外辦。』僕奮衣而升，正立執轡。皇太子服遠遊冠、絳紗袍以出，左右侍衛如常。洗馬引皇太子升，僕立授綏，命車右升訖，車驅，左庶子以下夾侍如式。出重明門，左庶子進當輅前，跪奏稱：『左庶子臣某言，請車輅權停，令侍臣上馬。』俛伏，興，退稱：『侍臣上馬。』贊者唱：『侍臣上馬。』文武侍臣皆上馬。宮官上馬畢，左庶子進當輅前，跪奏稱：『左庶子臣某言，請發引。』俛伏，興，退復位。皇太子車輅動，鐃吹不作，文官在左，武官在右。至下馬所，侍臣並下車馬。皇太子至次所，迴輅南向。左庶子跪奏稱：『左庶子臣某言，請殿下降輅。』俛伏，興，還侍位。皇太子降輅，洗馬引入次，侍臣立如常。皇太子入次一刻頃，左庶子跪奏稱：『左庶子臣某言，請殿下出次。』俛伏，興。皇太子出次，謁者引家令，家令引皇太子，入自南門，三師三少導從如式。庶子二人，一人贊左，一人贊右。舍人二人從，近仗量人從入。皇太子至位，立定，家令奏：『請殿下再拜。』皇太子再拜。少頃，家令奏：『皇太子再拜辭。』皇太子又再拜訖，家令奏：『事畢。』謁者引家令，家令引皇太子，出自南門，升輅還宮如來儀。至重明門外，皇太子乘輅入。將士停，三師三少還。皇太子至殿前，迴輅。左庶子跪奏：『請殿下降輅。』俛伏，興。皇太子降，入，侍臣從至閤。左庶子跪，奏請將士各還本位。其還宮，鳴鐃吹如常。

會羣臣。皇太子冠見廟之明日，皇帝會羣臣如元會之儀。其上壽詞云：『皇太子爰以吉辰，載加元服，德成禮備，普天同慶。臣等不勝悅慶，謹上千萬歲。』

羣臣上禮。先上禮三日，本司宣令諸應上禮文武之官，一品以下，五品以上。前一日，衛尉量設次於東朝堂。晝漏上水七刻，各集於次，皆朝服。奉禮郎先設上禮之官位於東朝堂南，文東武西，北面重行，相對爲首。又設中書舍人位於文官爲首者之北，南向。設奉禮郎位於文官東北，贊者二人在其南，差退，俱西向。牛酒在文武二位之閒，少前。舍人各引應上禮之官就位。立定，令史二人對舉賀録案，禮部郎中引就中書舍人前，取賀録授舍人訖，引案退。奉禮郎唱『再拜』，贊者承傳，在位者皆再拜。中書舍人奉賀録入進。舍人引在位者退。酒十二斛，犢十二頭，赤繩爲籠頭，奏訖，並付所司。

皇太子會宫臣。皇太子會宫臣如常會之儀。上壽與上同詞。

宫臣上禮。先上禮一日，詹事宣告上禮之官，詹事以下，七品以上。晝漏上水七刻，皆朝服集東宫南門之左。典儀先設羣官位於中門外，北面，以西爲上。牛酒置其位西五步，少近。晝漏上水八刻，通事舍人引羣官皆就位。立定，詹事丞奉羣官簡録案於詹事前，東面跪授導客舍人，導客舍人西面立受，迴南向立。典儀唱：『再拜。』詹事以下俛伏，興，皆再拜。導客舍人以簡録案入。通事舍人引羣官以下。左庶子省進酒九斛，盛以銅鍾一斛，犢九頭，赤繩爲籠頭，皆付所司。

《新唐書》卷一七《禮樂志七·皇太子加元服》 有司豫奏司徒一人爲賓，卿一人爲贊冠，吏部承以戒之。前一日，尚舍設御幄於太極殿，有司設羣官之次位，展縣，設桉，陳車輿，皆如皇帝之冠。設賓受命位於横街南道東，贊冠位於其後，少東，皆北面。又設文武官門外位於順天門外道東、西。其日，侍中奏『請中嚴』。羣官有司皆就位。賓、贊入立於太極門外道東，西面。黄門侍郎引主節持幡節，中書侍郎引制書桉，立於樂縣東南，西面北上。侍中奏『外辦』。皇帝服通天冠、絳紗袍，乘輿出自西房，即御坐。賓、贊入就位。典儀曰：『再拜。』在位皆再拜。侍中及舍人前承制，侍中降至賓前，稱『有制』。公再拜。侍中曰：『將加冠於某之首，公其將事。』公少進，北面再拜稽首，辭曰：『臣不敏，恐不能供事，敢辭。』侍中升奏，又承制降，稱：『制旨公其將事，無辭。』公再拜。侍中、舍人至卿前稱敕旨，卿再拜。侍中曰：『將加冠於某之首，卿宜贊冠。』卿再拜。黄門侍郎執節立於賓東北，西面。賓再拜受節，付於主節，又再拜。中書侍郎取制書立賓東北，西面。賓再拜，受制書，又再拜。典儀曰：『再拜。』贊者承傳，在位皆再拜。賓、贊出，皇帝降坐，入自東房，在位者以次出。初，賓、贊出門，以制書置於桉，引以幡節，威儀、鐃吹及九品以上，皆詣東宫朝堂。

冠前一日，衛尉設賓次於重明門外道西，南向，贊冠於其西南。又設次於門內道西，以待賓、贊。又設皇太子位於閤外道東，西向。三師位於道西，三少位於其南少退，俱東向。又設軒縣於庭，皇太子受制位於縣北，解劍席於東北，皆北面。

冠日平明，宫臣皆朝服，其餘公服，集於重明門外朝堂。宗正卿乘車侍從，詣左春坊權停。左右二率各勒所部，屯門列仗。左庶子版奏『請中嚴』。羣官有司入就位。設罍洗於東階東南。設冠席於殿上東壁下少南，西向；賓席於西階上，東向；主人席於皇太子席西南，西向；三師席於冠席北，三少席於冠席南。張帷於東序內，設褥席於帷中。又張帷於序外，具饌。內直郎陳服於帷內，東領北上：衮冕，金飾象笏；遠遊冠，緇布冠，服玄衣、素裳、素韠、白紗中單、青領褾襈裾，履、襪，革帶、大帶，笏。緇纚、犀簪二物同箱，在服南。櫛實於箱，又在南。莞筵四，藻席四，又在南。良醖令實側尊甒醴於序外帷內，設罍洗於尊東，實巾一，角觶、柶各一。太官令實饌豆九、籩九於尊西，俎三在豆北。衮冕，遠遊三梁冠、黑介幘，緇布冠青組纓屬於冠，冠、冕各一箱。奉禮郎三人各執立於西階之西，東面北上。主人、贊冠者，宗正卿爲主人，庶子爲贊冠者。升，詣東序帷內少北，戶東、西立。典謁引羣官以次入就位。

初，賓、贊入次，左庶子版奏『外辦』。通事舍人引三師等入就閤外道西位，東面立。皇太子空頂黑介幘、雙童髻、綵衣、紫袴褶、織成褾領、緑紳、烏皮履，乘輿以出。洗馬迎於閤門外，左庶子請降輿，洗馬引之道東位，西向立。左庶子請再拜。三師、三少答拜。乃就階東南位。三師在前，三少在後，千牛二人夾左右，其餘仗衛列於師、保之外。皇太子乃出迎賓，至阼階東，西面立。宗正卿立於門東，西面。賓立於西，東面。宗正卿再拜，賓不答拜。賓入，主人從入，立於縣東北，西面。賓入，贊冠者從，賓詣殿階間，南面。贊冠者立於賓西南，東面。節在賓東少南，西面。制桉在贊冠西南，東面。賓執制，皇太子詣受制位，北面立。主節脫節衣，賓稱『有制』。皇太子再拜。宣詔曰：『有制，皇太子某，吉日元服，率由舊章，命太尉某就宫展禮。』皇太子再拜。少傅進詣賓前，受制書，以授皇太子，付於庶子。皇太子升東階，入於東序帷內，近北，南面立。賓升西階，及宗正卿各立席後。

初，賓升，贊冠者詣罍洗，盥手，升自東階帷內，於主人冠贊之南，俱西面。主人贊冠者引皇太子出，立於席東，西面。賓贊冠者取纚、櫛二箱，坐奠於筵。皇太子進，升筵，西面坐。賓之贊冠者東面坐，脫幘置於箱，櫛畢，設纚，興，少北，南面立。執緇布冠者升，賓降一等受之，右執頂，左執前，進，東向立，祝曰：『令月吉日，始加元服。棄爾幼志，慎其成德。壽考惟祺，以介景福。』乃跪，冠，興，復位。皇太子東面立，賓揖皇太子，贊冠者引適東序帷內，服玄衣素裳之服以出，立於席東，西面。賓揖皇太子升筵，西向坐。賓之贊冠者進，跪脫緇布冠，置於箱，興，復位。賓降二等，受遠遊冠，右執頂，左執前，進，祝曰：『吉月令辰，乃申嘉服。克敬威儀，式昭厥德。眉壽萬歲，永壽胡福。』乃跪，冠，興，復位。皇太子興，賓揖皇太子，贊冠者引適東序帷內，朝服以出，立於席東，西面。賓揖皇太子升筵坐，賓之贊冠者跪脫遠遊冠，興，復位。賓降三等受冕，右執頂，左執前，進，祝曰：『以歲之正，以月之令。咸加其服，以成厥德。萬壽無疆，承天之慶。』乃跪，冠，興，復位。每冠，皆贊冠者跪設簪、結纓。

皇太子興，賓揖皇太子適東序，服袞冕之服以出，立於席東，西面。贊冠者徹纚、櫛箱以入，又取筵入於帷內。主人贊冠者又設醴，皇太子席於室戶西，南向，下莞上藻。賓之贊冠者於東序外帷內，盥手洗觶。典膳郎酌醴，加柶覆之，面柄，授贊冠，立於序內，南面。賓揖皇太子就筵西，南面立。賓進，受醴，加柶，面柄，進，北向立，祝曰：『甘醴唯厚，嘉薦令芳。拜受祭之，以定厥祥。承天之休，壽考不忘。』皇太子拜，受觶。賓復位，東面答拜。贊冠者與進饌者奉饌設於筵前，皇太子升筵坐，左執觶，右取脯，擩於醢，祭於籩、豆之間。贊冠者取韭葅，遍擩於豆，以授皇太子，又祭於籩、豆之間。贊冠者取胏一，以授皇太子，皇太子奠觶於薦西，興，受胏，卻左手執本坐，繚右手絕末以祭。上左手嚌之，興，以授贊冠者，加於俎。皇太子坐，帨手取觶，以柶祭醴三，始扱一祭，又扱再祭，加柶於觶，面葉，興，筵末坐，啐醴，建柶，興，降筵西，南面坐，奠觶，再拜，執觶，興。賓答拜。皇太子降，立於西階之東，南面。賓降，立於西階之西少南，贊冠隨降，立於賓西南，皆東面。賓少進，字之，祝曰：『禮儀既備，令月吉日。昭告厥字，君子攸宜。宜之於嘏，永受保之。奉敕字某。』皇太子再拜曰：『某雖不敏，敢不祇奉。』又再拜。洗馬引太子降阼階位，三師在南，北面，三少在北，南面立。皇太子西面再拜，三師等各再拜以出。典儀曰：『再拜。』贊者承傳，在位者皆再拜。左庶子前稱『禮畢』。皇太子乘輿以入，侍臣從至閤，賓、贊及宗正卿出就會。

璽印

綜述

《隋書》卷一二《禮儀志七》 皇太子璽，宮內大事用之。小事用左、右庶子印。

《新唐書》卷二四《車服志》 皇太子及妃璽，皆金爲之，藏而不用。【略】皇太子以左春坊印，妃以內坊印。

宋・王應麟《玉海》卷七二《禮儀・册禮・至道朝元殿皇太子册禮》 《會要》：八月二十三日，門下省言：『按《開元禮》册皇太子寶，以黃金為之，方一寸。又《隋志》皇太子寶龜紐，文曰「皇太子寶」，朱組大綬。請如舊制製造。』從之。

太子官屬分部

綜述

唐・杜佑《通典》卷三〇《職官典二十・東宮官敍》 凡三王教世子，必以禮樂。樂所以修內，禮所以修外，禮樂交錯於中，發形於外，是故其成也懌，恭敬而温文。立太傅少傅以養之，欲其知父子君臣之道也。

太傅審父子君臣之道以示之，少傅奉世子以觀太傅之德行而審諭之。太傅在前，少傅在後，入則有保，出則有師，是以教諭而德成也。師也者，教之以事而諭諸德者也。保也者，慎其身以輔翼之而歸諸道者也。秦漢以下，始加置詹事、中庶子及諸府寺等官，亦有以他官而監護者。自魏明帝以後，久曠東宫，制度闕廢，官司不具。晉初，詹事、左右率、庶子、中舍人諸官並未置。唯置衛率令典兵，二傅幷攝衆事。至咸寧元年，始置詹事，以領宫事。宋孝武置東宫率更令等官，其中庶子、庶子、中舍人、舍人、洗馬各減舊員之半。後周加置太子諫議員四人。至隋罷詹事，分東宫置門下坊、典書坊，以分統諸局。門下坊有左庶子二人，内舍人四人，録事二人，統司經、宫門、内直、典膳、藥藏、齋帥等六局。典書坊有右庶子二人，舍人、通事舍人各八人，領内坊。大唐置詹事府以統衆務，置左右二春坊以領諸局。龍朔二年，改門下坊爲左春坊，典書坊爲右春坊。咸亨初復舊。景雲元年又改爲之。左春坊置左庶子二人，中允二人，司議郎四人，録事二人，左諭德一人，左贊善大夫五人，崇文館校書二人，亦統六局。六局之中，唯改齋帥爲典設，餘局名與隋同。其六局長官，唯司經置洗馬，宫門置大夫，餘各置監，以局名冠之，所職如其名。龍朔中，改宫門大夫及諸監並爲郎，遂爲永制也。右春坊置右庶子二人，中舍人二人，舍人四人，録事二人，右諭德一人，右贊善大夫五人，通事舍人八人，兼領内坊。内坊置典内二人，掌閤内諸事。諸坊局小吏各有差。因隋制也。

唐・李林甫等《唐六典》卷二六《太子三師三少詹事府左右春坊内官》　太子三師。太子太師一人，太子太傅一人，太子太保一人。

太子三少。太子少師一人，太子少傅一人，太子少保一人。

太子賓客四人。

太子詹事府。詹事一人，少詹事一人，丞二人，主簿一人，録事二人，令史九人，書令史十八人。

太子司直二人。令史一人。書令史二人。亭長四人。掌固六人。

太子左春坊。左庶子二人，中允一人，司議郎四人，録事二人，主事二人，令史七人，書令史十四人。

太子左諭德一人。左贊善大夫五人，傳令四人，掌儀二人，贊者四人，亭長四人，掌固十三人。

崇文館。學士無員數。學生二十人，校書二人，令史二人，典書二人，搨書手二人，書手十人，熟紙匠三人，裝潢匠五人，筆匠三人。

司經局。洗馬一人，文學三人，書令史二人，書史四人，校書四人，正字二人，典書四人，楷書二十五人，掌固六人。

典膳局。典膳郎、丞各二人，書令史二人，書史四人，主食六人，典食二百人，掌固四人。

藥藏局。藥藏郎、丞各二人，書令史一人，書史二人，侍醫四人，典藥九人，掌固六人，藥僮十八人。

内直局。内直郎、丞各一人，書令史二人，書史四人，典服三十人，典扇、典翰各十五人，掌固六人。

典設局。典設郎四人，書令史二人，書史四人，幕士六百人，掌固十二人。

宫門局。宫門郎、丞各二人，書令史二人，書史四人，門僕一百三十三人，掌固四人。

太子右春坊。右庶子一人，中舍人二人，録事一人，主事二人，令史九人，書令史十八人。

太子右諭德一人。右贊善大夫五人，傳令四人。

太子通事舍人八人。典謁二十一人，亭長六人，掌固十二人。

太子内坊。典内二人，丞二人，録事二人，令史三人，書令史五人，典直四人，導客舍人六人，閤帥六人，内閽八人，内給使無員數，内廐二人，典事二人，駕士三十人，亭長二人，掌固四人。

又　卷二七《家令率更僕寺》　太子家令寺。家令一人，丞二人，主簿一人，録事一人，府十人，史二十人，亭長四人，掌固六人。

食官署。令一人，丞二人，府二人，史四人，掌膳十二人，供膳四百人，奉觶三十人，掌固四人。

典倉署。令一人，丞二人，府三人，史五人，掌固四人，園丞二人，史二人，典事六人。

司藏署。令一人，丞一人，府三人，史五人，典事四人，掌固四人。

太子率更寺。令一人，丞一人，主簿一人，録事一人，府三人，史四人，伶官師二人，漏刻博士二人，掌漏六人，漏童六十人，典鼓二十四人，亭長四人，掌固四人。

太子僕寺。僕一人，丞一人，主簿一人，録事一人，府三人，史五人，亭長四人，掌固四人。

廐牧署。令一人，丞二人，府三人，史五人，典乘四人，典事六人，牧長四人，翼馭十五人，駕士三十人，獸醫二十人，掌固四人。

又　卷二八《太子左右衛及諸率府》　太子左右衛率府。率各一人，副率二人，長史一人，録事參軍事一人，録事一人，倉曹參軍事一人，府一人，史二人，兵曹參軍事一人，府二人，史三人，冑曹參軍事一人，府二人，史二人，亭長二人，掌固二人，司階一人，中候二人，司戈二人，執戟二人。

左右率府親府勳府翊府。中郎將各一人，左郎將一人，右郎將一人，録事一人，兵曹參軍事一人，府一人，史二人，校尉五人，旅帥十人，隊正二十人，副隊正二十人。

太子左右司禦率府。率各一人，副率二人，長史一人，録事參軍事一人，録事一人，史二人，倉曹參軍事一人，府一人，史二人，兵曹參軍事一人，府二人，史三人，冑曹參軍事一人，府二人，史三人，亭長二人，掌固二人，司階一人，中候二人，司戈二人，執戟三人。

太子左右清道率府。率各一人，副率二人，長史一人，録事參軍事一人，録事一人，史二人，倉曹參軍事一人，府一人，史二人，兵曹參軍事一人，府二人，史三人，冑曹參軍事一人，府二人，史二人，亭長二人，掌固二人，司階一人，中候二人，司戈二人，執戟三人。

太子左右監門率府。率各一人，副率二人，長史一人，録事參軍事一人，録事一人，史二人，兵曹參軍事一人，府二人，史二人，冑曹參軍一人，府二人，史二人，亭長二人，掌固二人，監門直長七十八人。

太子左右內率府。率各一人，副率一人，長史一人，録事參軍事一人，録事一人，史二人，兵曹參軍事一人，府一人，史二人，冑曹參軍事一人，府一人，史一人，亭長二人，掌固二人，千牛十六人，備身二十八人，主仗六十人。

《舊唐書》卷四二《職官志一》　武德七年定令。【略】東宮置三師、三少、詹事府、門下典書兩坊；次內坊；次家令、率更、僕三寺；次左右衛率府、左右宗衛率府、左右虞候率府、左右監門率府、左右內率府爲十率府。【略】

龍朔二年二月甲子，改百司及官名。【略】詹事爲端尹府，門下、典書爲左右春坊，左右庶子爲左右中護，中允爲左贊善大夫，洗馬爲司經大夫，中舍人爲右贊善大夫。家令寺爲宮府寺，率更寺爲司更寺，僕寺爲馭僕寺，長官並爲大夫。左右衛率府爲典戎衛，左右宗衛率府爲司御衛，左右虞候率府爲清道衛，監門率府爲崇掖衛，內率府爲奉裕衛。【略】

司議郎爲左司議郎，太子舍人爲右司議郎。典膳、藥藏、內直監、宮門大夫，並改爲郎。太子千牛爲奉裕。【略】

咸亨元年十二月詔：『龍朔二年新改尚書省百司及僕射已下官名，並依舊。其東宮十率府，有異上臺諸衛，各宜依舊爲率府。其左司議郎除左字。』【略】

垂拱元年二月，【略】詹事爲太尹，少詹事爲少尹。左右內率府爲左右奉裕率府，千牛爲左右奉裕，左右監門率府爲左右控鶴禁率府，諸衛鎧曹改爲冑曹，司膳寺餚藏署改爲珍羞署。【略】

景雲二年，復置太子左右諭德、太子左右贊善大夫各兩員。【略】

職事官資，則清濁區分，以次補授。又以三品已上官，【略】太子少詹事、左右庶子【略】爲清望官。太子左右諭德、左右衛左右千牛衛中郎將、太子左右率府左右內率府率及副、太子左右衛率府中郎將、【略】太子中允、中舍人、左右贊善大夫、洗馬、【略】左右衛率府郎將、【略】太子司議郎、【略】太子舍人、【略】詹事丞、太子文學、【略】詹事司直【略】爲清官。

《新五代史》卷六三《前蜀世家》　（王元膺）年十七為皇太子，判六軍，創天武、神機營。開永和府，置官屬。建以元膺年少任重，以記事戒之，令一切學朕所為，則可以保國。又命道士廣成先生杜光庭為之師。【略】

衍字化源。【略】以母寵得立為皇太子。開崇賢府，置官屬，後更曰天策府。

宋・司馬光《資治通鑑》卷二六七《後梁紀二・太祖神武元聖孝皇帝中》　（開平三年八月甲寅）蜀主命太子宗懿判六軍，開永和府，妙選朝士為僚屬。

宋·張唐英《蜀檮杌》卷上 （前蜀永平）四年二月，以太子衍判内外六軍事，詔以東宮為崇賢府，凡文學道德之士得以延納訪問。

宋·陸游《南唐書》卷一三《潘佑》 後主在東宮，開崇文館以招賢，佑預其間。

清·吳任臣《十國春秋》卷一一四《十國百官表·吳》 太子中允。

又《南唐》 太子太師太傅太保。少師少傅少保。【略】太子賓客。太子詹事。太子左右庶子。司議郎。太子左右諭德。太子洗馬。東宮使。崇文館直學士。

又《前蜀》 太子太師太傅太保。少師少傅少保。太子洗馬。永和府官。崇賢府官屬。後改天策府。天策府掌書記。

又《後蜀》 太子太師太傅太保。太子少師少傅少保。太子賓客。太子左右贊善大夫。太子鳳儀闕舍。

又 卷二七《南唐十三·傳·潘佑》 後主在東宮，開崇文館以招賢，佑預其選。

太子三師

《隋書》卷二八《百官志下》 太子置太師、太傅、太保。

唐·李林甫等《唐六典》卷二六《太子三師三少詹事府左右春坊内官》 太子太師一人，太傅一人，太保一人，並從一品。《禮記》曰：「三至之教太子，入則有保，出則有師。」《史記》：「秦孝公使商鞅設法，而黥太子師、傅。」則秦有其職也。漢氏唯置太傅，秩二千石，屬官有太子門大夫、庶子、洗馬、舍人。至後漢，太子太傅秩中二千石，掌輔導太子，禮如師，不領官屬。至魏，太子太傅爲第三品。漢、魏故事：皇太子於二傅執弟子禮，皆爲『書』，不曰『令』；太傅於太子不稱臣。晉初，東宮不置詹事，事由二傅，少傅立草，太傅書真。武帝後以爲儲副體尊，遂命諸公居之，而本司位重，或行或領也。咸寧中，備六傅之職：朗陵公何劭爲太子太師，避景帝諱，改爲『帥』；安豐侯王戎爲太傅；武陵侯楊濟爲太保。其後或置或省。懷帝爲太弟，又備六傅。東晉明帝在儲宮，置保、傅之位，而無二師。《晉令》：『太子太保品第三，進賢兩梁冠，絳朝服，佩水蒼玉，銀章、青綬。』宋、齊、梁並不置。後魏、北齊置之，正第二品，號『東宮三太』。後周不置，隋氏置之，正第二品，皇朝因之，而加其秩。太子出，則乘輅備儀。

太子三師，以道德輔教太子者也。至於動靜起居，言語視聽，皆有以師焉。

唐·杜佑《通典》卷三〇《職官典十二·太子六傅》 大唐六傅不必備，唯其人。太子出則乘輅備儀，以爲後從。貞觀中，太宗撰太子接三師之儀，出殿門迎，太子先拜，三師答拜，每門讓。三師坐，太子乃坐。與三師書，前名『惶恐』，後名『惶恐再拜』。先天元年十二月，詔東宮三師三少，宜開府，置令、丞各一人，隸詹事府。尋罷。

《舊唐書》卷四四《職官志三·東宮官屬》 太子太師、太傅、太保各一人。並從一品。師傅，宮官，南朝不置。後魏、北齊，師傅品第二，號東宮三太。隋品亦第二。武德定令，加從一品也。

宋·王溥《唐會要》卷六七《東宮官》 太子太師太傅太保。隋朝秩二品，皇朝因之。

《新唐書》卷四九上《百官志四·東宮官》 太子太師，太傅，太保各一人，從一品。掌輔導皇太子。每見，迎拜殿門，三師答拜，每門必讓，三師坐，太子乃坐。與三師書，前名『惶恐』，後名『惶恐再拜』。太子出，則乘路備鹵簿以從。

太子三少

《隋書》卷二八《百官志下》 太子置【略】少師、少傅、少保。

唐·李林甫等《唐六典》卷二六《太子三師三少詹事府左右春坊内官》 太子少師一人，少傅一人，少保一人，並正二品。《禮記》云：「三王教太子，立太傅、少傅以養之，太傅在前，少傅在後。」秦、漢因之。《百官表》：「太子少傅秩二千石。」「後漢秩二千石，聽領東宮官屬。魏故事：太傅於太子不稱臣，少傅稱臣。晉咸寧中備六傅之職，始置少師、少保，以臨海侯裴楷爲少師，以上蔡伯和嶠爲少保。其後或置或廢。至晉懷帝爲太弟，又備六傅之職。東晉明帝在儲宮，置保傅之位，而無師。歷宋、齊、梁、陳並不置。後魏、北齊皆置之，號『東宮三少』。隋氏降太師一等，皇朝因之。太子出入，則乘輅備儀，以爲後從。

太子三少，掌奉皇太子，以觀三師之道德而教諭焉。凡三師、三少，官不必備，唯其人，無其人則闕之。

《舊唐書》卷四四《職官志三・東宮官屬》　太子少師、少傅、少保各一員。並正二品。三少，亦古官，歷代或置或省。南朝並不置。後魏、北齊置之，品第三，號東宮三少。皇家定令，正二品。三師三少之職，掌教諭太子。無其人，則闕之。

宋・王溥《唐會要》卷六七《東宮官》　少師、少傅、少保。隋朝降三師一等，皇朝因之。至先天元年二月二十六日，詔東宮三師三少，宜開府，置令、丞各一人，仍隸詹事府也。

《新唐書》卷四九上《百官志四・東宮官》　少師、少傅、少保各一人，從二品。掌曉三師德行，以諭皇太子，奉太子以觀三師之道德。自太師以下唯其人，不必備。先天元年開府，置令、丞各一人，隸詹事府。尋廢。

太子賓客

唐・李林甫等《唐六典》卷二六《太子三師三少詹事府左右春坊內官》　太子賓客四人，正三品。《漢書》：『高祖欲廢太子，呂氏用張良計，致商山四皓，以爲賓客。』又：『孝武帝爲太子立博望苑，使通賓客。』則其義也。若有宴賜諸司長官，太子賓客則皆預焉。

太子賓客，掌侍從規諫，贊相禮儀，而先後焉。凡皇太子有賓客宴會，則爲之上齒。

唐・杜佑《通典》卷三〇《職官典十二・太子賓客》　大唐顯慶元年正月，以左僕射兼太子少師于志寧兼太子太傅，侍中韓瑗、中書令來濟、禮部尚書許敬宗，並爲皇太子賓客，遂爲官員，定置四人。掌調護侍從規諫。凡太子有賓客之事，則爲上齒，蓋取象於四皓焉。資位閑重，其流不雜。

《舊唐書》卷四《高宗紀上》（顯慶元年正月）甲子，【略】侍中韓瑗、中書令來濟、禮部尚書許敬宗，並爲太子賓客，始有賓客也。

又　卷一二《德宗紀上》（興元元年正月），太子賓客加四員。

又　卷四四《職官志三・東宮官屬》　太子賓客四員。正三品。古無此官，皇家顯慶元年春始置四員也。掌侍從規諫，贊相禮儀。

宋・王溥《唐會要》卷六七《東宮官》　太子賓客。顯慶元年正月十九日置，初無員品，選高名重德者爲之，遂以韓瑗、來濟、許敬宗兼之。開元中，始編入令，置四員。建中四年九月二十五日，又加兩員。興元元年正月二十九日，又加四員。貞元四年正月一日敕：『宜留元額四員，餘並勒停。』

《新唐書》卷四九上《百官志四・東宮官》　太子賓客四人，正三品。掌侍從規諫，贊相禮儀，宴會則上齒。侍讀，無常員，掌講導經學。貞觀十八年，以宰相兼賓客。開元中，定員四人。太宗時，晉王府有侍讀，及爲太子亦置焉。其後，或置或否。開元初，十王宅引辭學工書者入教，亦爲侍讀。

太子詹事府

《隋書》卷二八《百官志下》　開皇初，置詹事。二年定令罷之。

唐・李林甫等《唐六典》卷二六《太子三師三少詹事府左右春坊內官》　太子詹事府：詹事一人，正三品。《漢書百官表》：『詹事，秦官，掌皇后、皇太子家，秩二千石。』應劭云：『詹，省也，給也。』言給事太子。漢東宮屬官太子門大夫、庶子、洗馬、舍人屬二傅；率更、家令、丞，僕，中盾，衛率，廚，廄長、丞屬詹事。成帝省詹事，後漢因之，其太子官悉屬少傅，而太傅不領官屬。魏復置詹事，品第三，掌東宮內外衆務。晉初不置詹事，東宮諸署悉隸二傅。後以保、傅位尊，不宜親務，武帝咸寧初，用黄門侍郎楊珧爲詹事，掌東宮之任。珧遷爲少傅，復省。惠帝元康中復置。永康中，齊王冏輔政，復省。太安中復置，懷帝又省，江左復置。《晉令》：『詹事，品第三，銀章、青綬，絳朝服，兩梁冠。局事擬尚書令，位視領、護將軍、中書令。長三令、四率、中庶子、庶子、洗馬、舍人。』其後用人漸重，或以令、僕射領之。宋、齊品秩、儀服略同於晉。梁秩中二千石，品第三；後定十八班，班第十四。陳因之。後魏太子詹事左、右置二人，其後唯置一人；初第二品下，太和末，降爲第三品。北齊品同魏氏，總東宮內外衆務，事無大小皆統之；領家令、率更、僕三寺，左、右衛二坊。後周置太子宮正、宮尹。隋開皇元年更置詹事，二年罷之，皇朝復置。龍朔二年改爲端尹，咸亨元年復舊。天授中改爲宮尹，神龍元年復舊。

少詹事一人，正四品上。皇朝置。龍朔二年改爲少尹，咸亨元年復舊。天授中復爲少尹，神龍元年復舊。

太子詹事之職，統東宮三寺、十率府之政令，舉其綱紀，而修其職務；少詹事爲之貳。凡天子六官之典制，皆視其事而承受焉。

丞二人，正六品上。漢因秦置詹事丞，秩六百石。東漢省。至魏、晉，皆隨詹事置省。永康中，省詹事，置丞一人，文書關六傅。晉令：『詹事丞一人，品第七；銅印、墨綬，進賢一梁冠，皂朝服；局擬尚書左、右丞。』過江，多用員外郎及博士爲之，遷爲尚書郎。宋、齊品服同晉氏。梁、陳品第八。後魏初，從五品中；太和末，第七品下。北齊第七品下。隋初置一人，皇朝加至二人。龍朔二年改爲端尹丞，咸亨元年復故。天授中又改爲宮尹丞，神龍元年復故。

主簿一人，從七品上。晉始置主簿，史闕其員品。歷宋、齊、梁、陳、後魏、北齊、隋，詹事府皆有五官、功曹、主簿，亦史闕其員品。皇朝置一人。龍朔、咸亨、天授、神龍並隨府改復。

録事二人，正九品下。

丞掌判府事。凡敕令及尚書省、二坊符牒下於東宮諸司者，皆發之，若東宮諸司之申上者，亦如之。

主簿掌付所受諸司之移、判及彈頭之事而勾會之。凡三寺、十率府文符之隱漏，程限稽失，大事啓文，小事下率更以繩之；及掌印，勾檢稽失。

録事掌受事發辰。

太子司直二人，正七品上。皇朝龍朔三年置桂坊，比御史臺。置令一人，比御史大夫；司直二人，比侍御史。職在彈劾，以肅宮寮。其後廢桂坊，以司直隸詹事府。

司直掌彈劾宮寮，糺舉職事。凡皇太子朝宮臣，則分知東西班。凡諸司文武應參官，每月皆具在否，以判正焉；凡諸率府配兵于諸職掌者，亦如之；皆受而檢察，其過犯者，隨以彈啓。若皇太子監國，詹事及左、右庶子為三司使，則司直一人與司議、舍人分日受啓狀，詳其可否，以申理之。若皇太子出，則於鹵簿内分以糺察。

唐·杜佑《通典》卷三〇《職官典十二·太子詹事》 隋開皇初，置詹事，二年罷之。大唐復置詹事府，詹事一人，掌内外衆務，糾彈非違，總判府事。置少詹事一人以貳之。龍朔二年，改詹事爲端尹，詹事府爲端尹府。少詹事爲少尹，咸亨初復舊。垂拱元年，又改詹事爲宮尹，少詹事爲少尹，神龍初復舊。

丞。【略】隋初置一人。大唐置二人，掌文武官簿帳、朝集、假使。

主簿。一人。晉始置，自後歷代皆有。大唐因之，掌付事、句稽、監印、紙筆。

司直。二人。大唐龍朔三年置桂坊，比御史臺，置令一人，比大夫；司直二人，比侍御史。掌彈劾宮府寮。其後廢桂坊，以司直隸詹事府。

《舊唐書》卷四四《職官志三·東宮官屬》 太子詹事一員，正三品。少詹事一員。正四品上。詹事，秦官，掌皇太子宮。龍朔二年改爲端尹，天授爲宮尹，神龍復也。詹事統東宮三寺十率府之政令。少詹爲之貳。凡天子六官之典制，皆視其事而承受之。

丞二人，正六品上。主簿一人，從七品上。録事二人，正九品下。令史九人，書令史十八人。丞掌判府事。主簿掌印，檢勾稽。録事掌受事發辰。

司直一人，正九品上。令史一人，書令史二人，亭長四人，掌固六人。司直掌彈劾宮僚，糾舉職事。太子朝，宮臣則分知東西班。凡諸司文武應參官，每月皆具在否以刺之。

宋·王溥《唐會要》卷六七《詹事府》 龍朔二年，改端尹府。咸亨元年，復爲詹事府。光宅元年，改爲宮尹府。神龍元年，又改爲詹事府。

詹事一人。貞觀元年置。龍朔二年，改爲端尹。咸亨元年復舊。天授中。改爲宮尹。神龍元年，復爲詹事。

少詹事一人。貞觀初置。龍朔二年，改少尹。咸亨元年，復舊。天授中，又爲少尹。神龍元年，復故。

丞二人。龍朔二年，改為端尹丞。咸亨中，復故。天授中，又改為宮尹丞。神龍元年，復故。

司直二人。顯慶元年置。龍朔二年二月九日，改隸桂坊。後罷桂坊，卻隸詹事府。【略】

開成二年。宰臣鄭覃兼太子太師，欲於尚書省上事。太子詹事馮定奏曰：『據太子太師隸詹事府，不合於都省上事。』乃詔於本府上事。

《新唐書》卷四九上《百官志四·東宮官》 詹事府，太子詹事一人，正三品；少詹事一人，正四品上。掌統三寺、十率府之政，少詹事爲之貳。皇太子書稱令，庶子以下署名奉行，書案、畫日。

丞二人，正六品上。掌判府事，知文武官簿、假使。凡敕令及尚書省、二坊符牒下東宮諸司者，皆發焉。

主簿一人，從七品上；録事二人，正九品下。隋廢詹事府。武德初復置。龍朔二年曰端尹府，詹事曰端尹，少詹事曰少尹。武後光宅元年改曰宮尹府，詹事曰宮尹，少詹事曰少尹。有令史九人，書令史十八人。

司直二人，正七品上。掌糾劾宮寮及率府之兵。皇太子朝，則分知東西班。監國，則詹事、庶子爲三司使，司直一人與司議郎、舍人分日受理啓狀。太子出，則分察鹵簿之內。有令史一人，書令史二人，亭長四人，掌固六人。

左春坊（門下坊）

《隋書》卷二八《百官志下》　門下坊，置左庶子二人，內舍人四人，録事二人，主事令史四人。統司經、宮門、內直、典膳、藥藏、齋帥等六局。司經置洗馬四人，校書六人，正字二人。宮門置大夫二人。內直置監、副監各二人，監殿舍人四人。典膳、藥藏、並置監、丞各二人。藥藏又有侍醫四人。齋帥置四人。【略】煬帝即位，多所改革。【略】門下坊減內舍人、洗馬員，各置二人；減侍醫，置二人；改門大夫為宮門監，正字為正書。

唐・李林甫等《唐六典》卷二六《太子三師三少詹事府左右春坊內官》　太子左春坊：左庶子二人，正四品上。《禮記》曰：『古者，周天子有庶子之官，職諸侯、卿大夫之庶子，掌其戒令與其教理，别其等，正其位。國有大事，則率國子而致於太子，唯所用之。若有甲兵之事，則授之車甲，合其卒伍置其有司，以軍法理之，司馬弗征。』至秦因之，置中庶子員。漢太子太傅屬官有庶子，王莽改曰中尚翼子。後漢太子少傅屬官有太子中庶子，員五人，秩六百石，職如侍中；庶子，無員數，秩四百石。庶子職如三署郎。環濟要畧曰：『庶子主宮中並諸吏之適子及支庶版籍。』魏因之。晉太子詹事有中庶子、庶子各四人，局擬散騎常侍，品第五；班同三令、四率，次中書侍郎下；絳朝服，武冠，平巾幘。高功中庶子與高功中舍人共掌禁令，糺正違闕，侍從左右，儐相威儀，盡規獻納，奏事文書皆典綜之。釋奠，中庶子扶左，庶子扶右。宋文帝元嘉初，詔中庶子隨太子入直上宮；十四年，又詔還直東宮。梁中庶子、庶子各四人，中庶子功高者一人為祭酒，行則負璽，前、後部護駕，與高功中舍人一人共掌其坊之禁令，班第十一，從四品；庶子班第九，從五品。陳因之。後魏有太子中庶子、庶子員。北齊有門下坊，中庶子四人領之；有典書坊，庶子四人領之。中庶子第四品上。隋門下坊置左庶子二人領之，典書坊置右庶子二人領之，至是始改為左、右矣。左庶子正四品上，右庶子四品下。皇朝因之。龍朔二年，改門下坊為左春坊，左庶子為太子左中護；咸亨元年復故。左庶子在東宮，職擬侍中。

太子中允二人，正五品下。後漢太子官屬有中允，在中庶子下、洗馬上。此後無聞。皇朝貞觀初，改太子中舍人為中允，位右庶子下，而中舍人復置。龍朔二年改曰太子左贊善大夫，咸亨元年復為太子中允，而左贊善大夫仍置。太子中允職擬黄門侍郎。

左庶子之職，掌侍從，贊相禮儀，駁正啓奏，監省封題，中允為之貳。凡皇太子從大祀及朝會，出則版奏外辨中嚴，入則解嚴焉。凡令書下于左春坊，則與中允、司儀郎等覆啓以書諾；及覆下，以皇上太子所書者留為按，更寫令書，印署，注令諾，送詹事府。若皇太子監國，事在尚書者，如令書之法。

太子司議郎四人，正六品上。貞觀十八年置，龍朔二年改為太子左司議郎，咸亨元年復舊。職擬給事中。

録事二人，從八品下；主事三人，從九品下。

司議郎掌侍從規諫，駁正啓奏，以佐庶子、中允之闕。凡皇太子之出入朝謁、從享，及釋奠於先聖先師，講學、臨冑，撫軍、監國之命可傳於史册者，並録為記注。若宮坊之內祥瑞、災眚，及伶官之改變音律、新曲調，宮臣之宮長除拜、薨卒，亦皆記焉。每歲終，則送之於史館。

太子左諭德一人，正四品下。龍朔三年置。職擬左散騎常侍。

太子左贊善大夫五人，正五品上。龍朔二年改太子中允為之，咸亨元年復置中允，而贊善大夫不廢，又加置五人。職擬諫議大夫。

左諭德掌諭太子以道德也。皇太子朝宮臣，則列侍於左階；出入，則騎從於正道之左。其內外庶政有可為規諷者，隨事而贊諭焉。

左贊善掌翊贊太子以規諷也。皇太子出入動静，苟非其德義，則必陳古以箴焉。

唐・杜佑《通典》卷三〇《職官典十二・太子庶子》　隋分爲左右庶子，各二人，分統門下、典書二坊事。劉行本爲左庶子，卒後而太子勇廢。文帝曰：『若使劉行本在，勇當不及於此。』

大唐亦各二人，分掌左右春坊事。龍朔二年，改左右庶子爲左右中護，咸亨初復舊。左擬侍中而右擬中書令。貞觀中詔曰：皇太子與百官書疏，未有制式。近代以來，例皆名目，無以別貴賤。今凡處分論事之書，皇太子並宜稱令，右庶子以下署名宣奉行書。其餘與諸親及師傅等書，不在此限。于志寧爲太子右庶子，撰《諫苑》二十卷，以進於太子。太子名承乾。

中允、司議郎，司經、洗馬、文學、校書、正字，典膳、藥藏、內直、典設、宮門等局郎丞，崇文館，並屬左春坊。

又《中允》 大唐貞觀初，改太子中舍人為中允，置二員。其後復置中舍人。龍朔二年，又改中允為左贊善大夫。咸亨元年，復為中允，而左贊善仍置焉。中允掌侍從禮儀，駁正啓奏，并監藥及通判坊局事。若庶子闕，則監封題。職擬黄門侍郎。永徽三年，以皇太子諱忠，改為內允。太子遜位而官復舊。

又《司議郎》 大唐貞觀五年，皇太子上表請置史職，用司箴誡，乃於門下坊置太子司議郎四人，精選名士以居之。龍朔中分為左右，以左司議郎替司議郎，以右司議郎替舍人。咸亨初復舊。掌侍從規諫，駁正啓奏，并録東宮記注，分判坊事，職擬給事中。

又《左右諭德》 龍朔三年，初置太子左右諭德各一員，掌侍從贊諭，職比常侍。

又《左右贊善大夫》 龍朔二年，初置左贊善大夫，替中允；置右贊善大夫，替中舍人。咸亨元年，中允、舍人復舊，而贊善大夫別自爲官。左右各五人。皆掌侍從翊贊，比諫議大夫。

《舊唐書》卷四四《職官志三·東宮官屬》 太子左春坊。左庶子二人，正四品上。中允二人。正五品下。左庶子掌侍從贊相，駁正啓奏。中允為之貳。

司議郎四人，正六品上。録事二人，從八品下。主事二人，從九品下。令史七人，書令史十四人。司議郎掌啓奏記注宮內祥瑞，宮長除拜薨卒，每年終送史館。

左諭德一人，正四品下。左贊善大夫五人，正五品上。傳令四人，掌儀二人，贊者四人。左諭德掌諷諭規諫。

又 卷三《太宗紀下》 （貞觀十八年十月）甲辰，初置太子司議郎官員。

又 卷四《高宗紀上》 （永徽三年）九月丁巳，改太子中允為內允。

宋·王溥《唐會要》卷六七《左春坊》 本門下坊。龍朔二年，改為左春坊。咸亨元年，復為門下坊。景雲二年八月二十五日，改為左春坊。

左右庶子。龍朔二年，改為左右中護。咸亨元年，復為庶子。【略】貞元元年七月勑：左右庶子准天寶三年勑，合在左右侍丞郎之下，諸司四品官之上。今在少卿之下，非也，宜改正。【略】

中允。武德初，為內允。三年三月十日，改中允，又隸門下坊。永徽三年八月二十日，又避皇太子諱，改為內允，中舍人改為內舍人。顯慶元年，太子廢，復為中允。龍朔二年，改為左贊善大夫。咸亨年，改復為中允。

司議郎，貞觀十八年十月四日，皇太子上表曰：『臣聞《漢書》曰「太子既冠成人，乃有紀過之史。」今所以冒敢陳聞，請遵故實，願置史職，用為箴誡。』于是門下坊置司議郎四員，正六品上，掌侍奉規諫，駁正啓奏，并録東宮記注，分判坊事，以敬播、來濟為之。馬周嘆曰：『所恨資品妄高，不得歷居此職，不無恨焉。』

儀鳳四年五月，皇太子賢頗邇聲色，司議郎韋承慶上書諫曰：『臣聞太子者，君之貳，國之本也。所以承宗廟之重，繫億兆之心，萬國以貞，四海屬望。況殿下有少陽之位，有天挺之姿，片善而天下必聞，小能而天下咸服。豈可不為盡善盡美之事，以取可久可大之名哉！伏願博覽羣書，以廣其德；屏退聲色，以抑其情，為上嗣之首稱，奉聖人之洪業。』

左右諭德。龍朔二年，置左右諭德各一人。

左右贊善大夫。龍朔二年，改中允為贊善大夫。至咸亨元年，復為中允。儀鳳四年二月十一日，別置左右贊善大夫，各十員，以授諸王之子。景雲二年二月五日，始兼用庶姓。開元七年，各省五員。

貞元十六年五月，以崔芊為右贊善大夫，充太子侍宜，新名也。

《新唐書》卷四九上《百官志四·東宮》 左春坊、左庶子二人，正四品上；中允二人，正五品下。掌侍從贊相，駁正啓奏。總司經、典膳、藥藏、內直、典設、宮門六局。皇太子出，則版奏外辦、中嚴；入則解嚴。凡令書下，則與中允、司議郎等畫諾、覆審，留所畫以為案，更為印署，注令諸，送詹事府。

司議郎二人，正六品上。掌侍從規諫，駁正啓奏。凡皇太子出入、朝謁、從祀、釋奠、講學、監國之命，可傳於史册者，録為記注；宫坊祥眚，官長除拜、薨卒，歲終則録送史館。

左諭德一人，正四品下。掌諭皇太子以道德，隨事諷贊。皇太子朝宫臣，則列侍左階，出入騎從。

左贊善大夫五人，正五品上。掌傳令，諷過失，贊禮儀，以經教授諸郡王。録事二人，從八品下；主事三人，從九品下。隋有内允。武德三年改曰中舍人，隸門下坊。貞觀初曰中允，十八年置司議郎。永徽三年，避皇太子名，復改中允曰内允。太子廢，復舊。龍朔二年，改門下坊曰左春坊，左庶子曰左中護，中允曰左贊善大夫，司議郎分左右，置左右諭德各一人。咸亨元年，皆復舊，司議郎不分左右，其後諭德廢而司議郎復分。儀鳳四年，置左右贊善大夫各十人，以同姓為之。景雲二年，始兼用庶姓，改門下坊曰左春坊，復置諭德、庶子以比侍中，中允以比門下侍郎，司議郎以比給事中，贊善大夫以比諫議大夫，諭德以比散騎常侍。右坊，則庶子以比中書令，中舍人以比中書侍郎，太子監國則庶子比尚書令。有令史六人，書令史十二人，傳令四人，掌儀二人，贊者三人，亭長三人，掌固十人。

崇文館

唐・李林甫等《唐六典》卷二六《太子三師三少詹事府左右春坊内官》 崇文館：學士。魏文帝招文儒之士，始置崇文館，王肅以散騎常侍領崇文館祭酒。自後無聞。貞觀中，崇文館有學士、直學士員，不常置。掌教授學生等業。

校書二人，從九品下。本置讎校，開元七年改為校書。

崇文館學士掌刊正經籍圖書，以教授諸生。其課試、舉送如弘文館。

校書掌校理四庫書籍，正其訛謬。

唐・杜佑《通典》卷三〇《職官典十二・崇文館學士》 貞觀中，置崇賢館，有學士、直學士員，掌經籍圖書，教授諸生，屬左春坊。龍朔二年，改司經局為桂坊，管崇賢館，而罷隸左春坊，兼置文學四員、司直二員。司直正七品上，職為東宫之憲司。府門北向，以象御史臺也。其後省桂坊。而崇賢又屬左春坊，後沛王賢為皇太子，避其名改為崇文館，其學士例與弘文館同。

《舊唐書》卷四四《職官志三・東宫官屬》 崇文館。貞觀中置，太子學館也。學士、直學士，員數不定。學生二十人，校書二人，從九品下。令史二人，典書二人，搨書手二人，書手十人，熟紙匠三人，裝潢匠五人，筆匠三人。

學士掌東宫經籍圖書，以教授諸生。凡課試舉送，如弘文館。校書掌校理四庫書籍。

宋・王溥《唐會要》卷六四《崇文館》 顯慶元年三月十六日，皇太子弘請於崇賢館置學士，并置生徒，詔許之。始置二十員，其東宫三師、三少、賓客、詹事、左右庶子、左右衛率及崇賢館三品學士子孫，亦宜通取。至上元二年八月二十七日，改崇賢館為崇文館。避章懷太子諱也。

永隆二年二月六日，皇太子親行釋奠之禮。禮畢，上表請博延耆碩英髦之士，為崇文館學士，許之。於是薛元超表薦鄭祖元、鄧元挺、楊炯、崔融等並為崇文學士。至貞元八年四月二十八日，崇文館宜令左春坊勾當。

《新唐書》卷四九上《百官志四・東宫官》 崇文館，學士二人，掌經籍圖書，教授諸生，課試舉送如弘文館。校書郎二人，從九品下。掌校理書籍。貞觀十三年置崇賢館。顯慶元年，置學生二十人。上元二年，避太子名，改曰崇文館。有學士、直學士及讎校，皆無常員，無其人則庶子領館事。開元七年，改讎校曰校書郎。乾元初，以宰相為學士，總館事。貞元八年，隸左春坊。有館生十五人，書直一人，令史二人，書令史二人，典書二人，搨書手二人，楷書手十人，熟紙匠一人裝潢匠二人，筆匠一人。

又 卷四四《選舉志上》 東宫有崇文館，生二十人。

司經局

唐・李林甫等《唐六典》卷二六《太子三師三少詹事府左右春坊内官》 司經局：洗馬二人，從五品下。《國語》云：『勾踐為夫差洗馬。』漢太子少傅屬官有太子洗馬。後漢員十六人，秩比六百石，職如謁者。太子出，則當直者一人在前導威儀，蓋洗馬之義也。魏因之。晉太子詹事屬官太子洗馬八人，掌皇太子圖籍經書；職如謁者，局準秘書郎；品第七；班同舍人，次中舍人下；絳朝服，進賢一梁冠，黑介幘。宋祖置八人。齊太子洗馬一人。梁典經局有太子洗馬八人，統典經守舍人、典事守舍人員，班第六，正七品，陳因之。北齊典書坊有太子洗馬二人，從五品上。隋門下坊司經局置洗馬四人，從五品上。至大業中，減二人。皇朝因之。龍朔二年改為太子司經大夫，咸亨元年復舊。

文學三人，正六品下。魏置太子文學。魏武為丞相，命司馬宣王為文學掾，甚為世子所信，與吴質、朱鑠、陳羣號為太子四友。自晉之後不置。至後周建德三年，置太子文學十人，後廢。皇朝顯慶中始置。校書四人，正九品下；宋孝建中，太子洗馬有校書吏四人，此後無聞。至北齊，有太子校書郎，從九品上。隋司經局置校書六人，從九品上。皇朝減置四人。

正字二人，從九品上。隋司經局置正字二人，從九品下。煬帝改為正書，皇朝復為正字。

洗馬掌經、史、子、集四庫圖書刊緝之事，立正本、副本、貯本以備供進。凡天下之圖書上於東宮者，皆受而藏之。文學掌分知經籍，侍奉文章，總緝經籍，繕寫裝染之功，筆札給用之數，皆料度之。

校書、正字掌校理刊正經、史、子、集四庫之書。

唐·杜佑《通典》卷三〇《職官典十二·洗馬》 隋曰司經局，置洗馬四人。煬帝減二人，大唐司經局洗馬二人。龍朔二年，改洗馬為司經大夫。三年，改司經局為桂坊。一云析司經局置桂坊。司經大夫通判坊事，罷隸左春坊。咸亨初復舊，掌侍奉及經史圖籍，判局事。

又《文學》 至後周建德三年，太子文學十人，後省。龍朔三年，置太子文學四員，屬桂坊。桂坊廢而屬司經。開元中，定制為三員，掌侍奉，分掌四部書，判書功事。

又《校書》 隋太子校書有六人。大唐四人，掌讎校經籍。無郎字。初，弘文、崇文二館置讎校，開元六年省讎校，置校書。弘文四員，崇文二員。

又《正字》 隋太子正字二員，煬帝改為正書。大唐復為正字，亦置二人，掌刊正文字。

《舊唐書》卷四四《職官志三·東宮官屬》 司經局。洗馬二人，從五品下。洗馬，漢官，為太子前馬。太子文學三人，正六品。校書四人，正九品。正字二人，從九品上。書令史二人，楷書手二十五人，典書四人。

洗馬掌四庫圖籍繕寫、刊緝之事。文學掌侍奉文章。校書、正字掌典校四庫書籍。

宋·王溥《唐會要》卷六七《左春坊》 司經局。龍朔二年二月九日，改爲桂坊，罷隸左春坊，管崇賢館，仍置太子文學四員，司直三員，咸亨年，改爲司經局，仍依舊隸左春坊，其崇賢館及司直，並依舊。

洗馬。龍朔二年，改為司經大夫。三年三月九日，改為桂坊大夫。咸亨元年，復舊。

《新唐書》卷四九上《百官志四·東宫官》 司經局，洗馬二人，從五品下。掌經籍，出入侍從。圖書上東宮者，皆受而藏之。

文學三人，正六品下。分知經籍，侍奉文章。

校書四人，正九品下；正字二人，從九品上。掌校刊經史。唐改太子正書曰正字，龍朔三年，改司經局曰桂坊，罷隸左春坊，領崇賢館，比御史臺；以詹事一人為令，比御史大夫，司直二人比侍御史，以洗馬為司經大夫。置文學四人，録事一人，正九品下。三年，改司經大夫曰桂坊大夫，糾正違失。咸亨元年，復隸左春坊省録事。有書令史二人，書吏二人，典書四人，楷書二十五人，掌固六人，裝潢匠二人，熟紙匠、筆匠各一人。

典膳局

唐·李林甫等《唐六典》卷二六《太子三師三少詹事府左右春坊内官》 典膳局：典膳郎二人，正六品上。自漢以來並有太子食官。北齊門下坊始別置典膳局，有監、丞各二人；監六品下。隋改為正七品下。皇朝因之。龍朔二年改爲太子典膳郎。

丞二人，正八品上。北齊典膳局有丞二人，正八品下。隋正九品下，皇朝復為八品上。

典膳郎掌進膳嘗食之事，丞為之貳。每夕，局官於厨更直。

唐·杜佑《通典》卷三〇《職官典十二·典膳郎》 隋如北齊之制。大唐典膳局有郎二人，丞二人。郎掌進膳嘗食之事，丞貳之。乾封元年，皇太子久在内不出，典膳丞邢文偉減膳，上啓曰：『竊見《禮大戴記》曰：「太子既冠，成人，免於保傅之嚴，則有司過之史，虧膳之宰。史之義不得不書過，不書則死之。宰之義不得不撤膳，不撤則死之。」』近日以來，未甚談議，不接謁見，常三朝之後，但與内人獨居，何由發揮聖智，使睿哲文明者乎！今史雖闕官，宰當奉職，忝備所司，不敢逃死。謹守《禮經》，遽申減膳，其年，右史闕，宰臣進擬數人，高宗曰：『邢文偉嫌我兒不讀書，不肯與肉喫，此人甚直，可用。」遂拜焉。

《舊唐書》卷四四《職官志三・東宮官屬》 典膳局：典膳郎二人，正六品上。丞二人，正八品上。書令史二人，主食六人，典食二百人，掌固四人。

典膳郎掌進膳嘗食，每夕局官於廚更直。

《新唐書》卷四九上《百官志四・東宮官》 典膳局，典膳郎二人，從六品下，丞二人，正八品上。掌進膳、嘗食，丞為之貳。每夕，更直於廚。龍朔二年，改典膳監曰典膳郎。有書令史二人，書吏四人，主食六人，典食二百人，掌固四人。

藥藏局

唐・李林甫等《唐六典》卷二六《太子三師三少詹事府左右春坊內官》 藥藏局：藥藏郎二人，正六品上。北齊門下坊領藥藏局，有監、丞各二人，正六品下；侍藥四人，正七品下。隋門下坊領藥藏局監、丞二人，侍藥四人；監，正七品下。皇朝改監為太子藥藏郎。

丞二人，正八品上。北齊藥藏局有丞二人，正八品下。隋正九品下，皇朝因之。

藥藏郎掌和齊醫藥之事；丞為之貳。凡皇太子有疾，命侍醫入診候以議方藥。應進藥，命藥僮擣篩之，侍醫和成之；將進，宮臣監嘗，如尚藥局之職。

唐・杜佑《通典》卷三〇《職官典十二・藥藏郎》 隋如北齊之制。大唐藥藏局有郎二人，丞二人。郎掌和劑醫藥之事，丞貳之。

《舊唐書》卷四四《職官志三・東宮官屬》 藥藏局：藥藏郎二人，正六品上。丞二人，正八品上。侍醫典藥九人，藥童十八人，掌固六人。

藥藏郎掌和劑醫藥。

《新唐書》卷四九上《百官志四・東宮官》 藥藏局，藥藏郎二人，從六品下；丞二人，正八品上。掌和醫藥，丞為之貳。皇太子有疾，侍醫診候議方。藥將進，宮臣涖嘗，如尚藥局之職。有書令史一人，書吏二人，侍醫四人，典藥二人，藥童六人，掌固四人。

內直局

唐・李林甫等《唐六典》卷二六《太子三師三少詹事府左右春坊內官》 內直局：內直郎二人，從六品下。《齊職儀》：「太子有內直兵局內直兵史二人，五品勳位。」梁有齋內、主璽、主衣、扶持等局，各置有司，以承其事。陳因之。北齊門下坊領殿內局，有內直監二人，正六品下。隋門下坊領內直局，置內直監二人，品同北齊。皇朝因之，職擬尚輦奉御。龍朔二年改曰太子內直郎。

丞二人，正八品下。北齊殿內局有副直監四人，從六品下。隋內直局有副監二人，品同北齊。皇朝因改為丞。

內直郎掌符璽、繖扇、几案、衣服之事；丞為之貳。

唐・杜佑《通典》卷三〇《職官典十二・內直郎》 隋如北齊制。大唐內直局有郎二人，丞二人。掌符璽、繖扇、几案、衣服之事，丞貳之。

《舊唐書》卷四四《職官志三・東宮官屬》 內直局：內直郎二人，從六品下。丞二人，正八品下。典服三十人，典扇十五人，典翰十五人，掌固六人。

內直郎掌符璽、繖扇、几案、衣服之事。

《新唐書》卷四九上《百官志四・東宮官》 內直局，內直郎二人，從六品下。丞二人，正八品下。掌符璽、衣服、繖扇、几案、筆硯、垣牆。龍朔二年，改監曰內直郎，副監曰丞。有令史一人，書吏三人，典服十二人，典扇八人，典翰八人，掌固六人。武德中，有典璽四人，開元中廢。

典設局

唐・李林甫等《唐六典》卷二六《太子三師三少詹事府左右春坊內官》 典設局：典設郎四人，從六品下。南齊有齋居局齋居庫丞一人。梁有齋內局，各置有司，以承其事。陳因之。北齊門下坊有齋帥局，有太子齋帥、內閤帥各二人；太子齋帥，正八品下。隋門下坊領齋帥局，有齋帥四人，正七品下。皇朝因之。龍朔二年，改太子齋帥為太子典設郎。

典設郎掌湯沐、灑掃、鋪陳之事。凡大祭祀，皇太子散齋三日於別殿，致齋二日於正殿。前一日，設幄坐於正殿東序及室內，俱西向，又張帷於前楹下；殿若無室，則張帷。若大禮應供者亦如之。

唐·杜佑《通典》卷三〇《職官典十二·典設郎》　隋如北齊制。

大唐典設局有郎四人。掌凡大祭祀湯沐、灑掃、鋪陳之事。

《舊唐書》卷四四《職官志三·東宮官屬》　典設局：典設郎四人，從六品下。丞二人，正八品下。幕士六百人。

典設郎掌湯沐、灑掃、鋪陳之事。凡大祭祀，太子助祭，則於正殿東設幄坐。

宋·王溥《唐會要》卷六七《左春坊》　典設局。《武德令》為濟司局，典設郎為太子齋郎。

《新唐書》卷四九上《百官志四·東宮官》　典設局，典設郎四人，從六品下，丞二人，正八品下。掌湯沐、燈燭、汛掃、鋪設。凡皇太子散齋別殿、致齋正殿，前一日設幄坐于東序及室內，張帷前楹。龍朔二年，改齋帥局曰典設局，齋帥曰郎。有書令史二人，書吏四人，幕士二百四十五人，掌固十二人。

宮門局

唐·李林甫等《唐六典》卷二六《太子三師三少詹事府左右春坊內官》　宮門局：宮門郎二人，從六品下。漢太子太傅屬官有太子門大夫。後漢置二人，秩六百石，職比郎將。魏因之。晉太子門大夫局准公車令，班同中舍人；主通遠近牋表，宮門禁防。宋品第六，秩六百石，從駕在詹事後。齊、梁、陳因之，皆置一人。北齊門大夫坊置門大夫、主簿各一人，門大夫從六品上，并統伶官西涼二部、伶官清商二部。隋曰宮門局，置大夫二人，從六品上。煬帝改為宮門監，皇朝復為宮門大夫。龍朔二年改為宮門郎，職比城門郎。

丞二人，正八品下。皇朝置。

宮門郎掌內外宮門管鑰之事。凡宮殿門，夜漏盡，擊漏鼓，開；夜漏上水一刻，擊漏鼓，閉。每歲終行儺，應經所由門，並先一刻早開。若皇太子不在，則閉東宮正門，其宮城門使、宿衛人應入宮殿者，各於左、右廂便門出入；至皇太子還仗，乃開。凡宮中漏刻晝夜惟唱時，不復擊鼓；若開、閉門及每夜一更盡，依法擊鐘。

唐·杜佑《通典》卷三〇《職官典十二·宮門郎》　北齊謂之門大夫坊，并統伶官。隋煬帝改門大夫為宮門監。大唐初為宮門大夫。今宮門局有監，郎二人，丞二人。郎掌東宮殿門管鑰及啓閉之事，丞貳之。

《舊唐書》卷四四《職官志三·東宮官屬》　宮門局：宮門郎二人，從六品下。丞二人，正八品下。门僕一百三十人。

宮門郎掌內外宮門管鑰之事。其鐘鼓刻漏，一如皇居之制也。

《新唐書》卷四九上《百官志四·東宮官》　宮門局，宮門郎二人，從六品下；丞二人，正八品下。掌宮門管籥。凡夜漏盡，擊漏鼓而開；夜漏上水一刻，擊漏鼓而閉。歲終行儺，則先一刻而啓。皇太子不在，則闔正門；還仗，如常。凡宮中，明時不鼓。龍朔二年，改宮門監曰宮門郎。有書令史一人，書吏二人，門僕百人，掌固四人。

右春坊（典書坊）

《隋書》卷二八《百官志下》　典書坊，右庶子二人，舍人、通事舍人各八人，録事二人，主事令史四人，內坊典內及丞各二人，丞直四人，録事一人。內廐置尉二人，掌內車輿之事。【略】煬帝即位，多所改革。【略】典書坊改太子舍人為管記舍人，減置四人。改通事舍人為宣令舍人，為八員。

唐·李林甫等《唐六典》卷二六《太子三師三少詹事府左右春坊內官》　太子右春坊：右庶子二人，正四品下。其説已具於左庶子。隋門下坊置左庶子二人以領之，典書坊以右庶子二人領之；右庶子正四品下。皇朝因之。至龍朔二年，始改典書坊為右春坊，右庶子為太子右中護。咸亨元年復為右庶子。在東宮，職擬中書令。

太子中舍人二人，正五品下。太子中舍人，本漢、魏太子舍人也。晉惠帝在儲宮，以舍人四人有文學才美者，與中庶子共理文書；至咸寧二年，齊王攸為太傅，遂加名為中舍人，位敍同尚書郎。其後資漸高，擬黃門侍郎，班同門大夫，次尚書郎下。高功中舍人與高功中庶子共掌禁令，糾正違闕，侍從左右，儐相威儀，盡規獻納，奏事文書，皆典給之，監合嘗藥。大、小會，二官舉案正直，從大、小駕，一人前部護駕，一人後部護駕，同中庶子。月檢奏直臣名，更直五日，典文疏，如中書郎。宋有四人，齊有一人。梁有四人，高功一人與中庶子祭酒共掌其坊之禁令，班第八，正六品。陳因之。後魏第五品上。北齊門下坊有四人，品同後魏。隋改為太子內舍人四人，正五品上；煬帝減二人。皇朝復為中舍人，職擬中書侍郎。

右庶子之職，掌侍從左右，獻納啓奏，宣傳令言；中舍人為之貳。凡皇太子監國，於宮內下令書，太子親書日至春坊，則宣傳之。

太子舍人四人，正六品上。漢成帝時，太學弟子三千人。王莽秉政，歲課一科二十人為太子舍人。晉十六人，品第七，班同食官令，在洗馬下，掌表、啓、牋、疏。高功一人，與高功庶子共掌一坊禁令，糾諸違。從駕，則正直從，次直守；妃出，則次直從。宋四人，齊一人。梁庶子下有太子舍人十六人，職如晉氏，班第三，從八品。陳因之。後魏有太子舍人員。北齊二十人，從第六品，隋八人，皇朝四人。龍朔二年改為太子右司議郎，咸亨元年復為太子舍人。

太子舍人掌侍從，行令書、令旨及表、啓之事。皇太子通表如諸臣之禮。諸臣及宮臣上皇太子，大事以牋，小事以啓，其封題皆曰『上於右春坊』，通事舍人開封以進。其事可施行者，皆下於舍人，與庶子參詳之，然後進；不可者則否。

太子右諭德一人，正四品下。龍朔二年置，職擬右散騎常侍。

太子右贊善大夫五人，正五品上。龍朔二年改太子中允為右贊善大夫，咸亨元年復為中允，而贊善大夫不廢，又加置五人。職比諫議大夫。

右諭德掌如其左。皇太子朝宮臣，則列侍於右階之下，出入，則騎於正道之右。

右贊善大夫掌如其左。凡皇太子朝宮臣，則列於右階之下。

太子通事舍人八人，正七品下。《齊職儀》：『中庶子下有門下通事守舍人四人，三品勳祿敍，武冠，朱服。』又：『庶子下有內典書通事舍人二人，品服同舍人，擬中書通事舍人，掌宣傳令書，內外啓奏。』梁中庶子有通事舍人；又，庶子下通事舍人二人，視南臺御史，並一班，從九品。陳因之，北齊門下坊有通事守舍人四人。隋典書坊有通事舍人八人，正七品下。煬帝改太子通事舍人為宣令舍人，皇朝復為通事舍人。

通事舍人掌導引東宮諸臣辭見之禮，及承令勞問之事；凡大朝謁及正、冬，百官與諸方之使者參見東宮，亦如之。若皇太子行，先一日，京文武官職事九品已上奉辭；及還宮之明日，參見亦如之。

太子內坊：典內一人，從五品下。晉有太子寺人監員。又《齊職儀》：『太子三卿、校，各有寺人二人。』隋文帝始置太子內坊，有典內等員，皇朝因之。

丞二人，從七品下。隋文帝置內坊丞二人，皇朝因之。

典直四人，正九品下。隋內坊置丞四人，皇朝改為典直。

典內掌東宮閤內之禁令及宮人糧廩賜與之出入，丞為之貳。凡任典直以儀式，導客主之儐序，任閤帥以門戶，任內閽以出入，任給使以繖扇，任內廐以車轝，任典事以牛馬，典內統而監主之。凡皇太子妃之親，內命婦之母幷郡主合乘車出入者，亦監之。凡宮人、命婦亡葬之制，皆率其屬而供其職。

唐·杜佑《通典》卷三〇《職官典十二·太子庶子》 中舍人、舍人、通事舍人，並屬右春坊。

又《中舍人》 隋曰內舍人，四員，屬門下坊。煬帝減二人。大唐中舍人二員，掌侍從令書奏疏，通判坊事，擬中書侍郎。永徽三年，以皇太子諱忠，改為內舍人。太子遜位而官復舊。或謂之太子中書舍人。《孝和實録》曰：『王友貞，太子中書舍人。』

又《舍人》 隋典書坊有八人，煬帝改爲管記，舍人減四員。大唐復為太子舍人四人。掌侍從表啓，宣行令旨，分判坊事。龍朔二年，改爲右司議郎。咸亨元年，復舊。

又《通事舍人》 北齊門下坊有通事舍人八人。至隋亦有之。煬帝改為宣令舍人，八員。大唐復為通事舍人，亦有八員，掌引導辭見，承令勞問。

《舊唐書》卷四四《職官志三·東宮官屬》 太子右春坊：右庶子二人，正四品下。中舍人二人，正五品上。舍人四人，正六品上。録事一人，從八品下。主事二人，從九品下。

舍人掌行令書令旨及表啓之事。太子通表，如諸臣之禮。諸臣及宮臣上皇太子，大事以牋，小事以啓，其封題皆曰『上右春坊通事舍人開封以進』。其事可施行者皆下於坊，舍人開，庶子參詳之，然後進。不可者則否。

右諭德一人，正四品下。右贊善大夫五人，正五品上。傳令四人。諭德、贊善，掌事如左。

通事舍人八人，正七品下。典謁二十人。舍人掌導引宮臣辭見及承令勞問之事。

太子內坊：皆宦者為司局。典內二人，從五品下。録事一人，典直四人，正九品下。導客舍人六人，閤帥六人，內閽八人，內給使，無員數。內廄二十人，典事二人，駕士三十人。

典內掌東宮閤門之禁令及宮人衣廩賜與之出入，丞為之貳。典直主儀式，導客主儐序，閤帥主門戶，內閽主出入，給使主職扇，內廄主車輿，典事主牛馬，典內統而監之。

宋・王溥《唐會要》卷六七《右春坊》 武德初，因隋舊，號典書坊。龍朔二年，改為右春坊。咸亨元年，又改為典書坊。景龍元年，改為右春坊。

舍人。龍朔年，改為右司議。咸亨元年，復舊。

《新唐書》卷四九上《百官志四・東宮官》 右春坊，右庶子二人，正四品下；中舍人二人，正五品下。掌侍從、獻納、啓奏，中舍人為之貳。皇太子監國，下令書則畫日，至春坊則庶子宣傳，中舍人奉行。

太子舍人四人，正六品上。掌行令書、表啓。諸臣上皇太子，大事以牋，小事以啓，其封題皆上右春坊通事舍人以進。

通事舍人八人，正七品下。掌導宮臣辭見，承令勞問。右諭德一人，右贊善大夫五人，録事一人，主事二人，品皆如左春坊。隋內舍人隸典書坊。武德初改曰中舍人，管記舍人曰太子舍人。永徽元年，避太子名，復改中舍人曰內舍人。龍朔二年，改典書坊曰右春坊，右庶子曰右中護，中舍人曰右贊善大夫，舍人曰右司議郎。有令史九人，書令史十八人，傳令四人，典謁四人，亭長六人，掌固十人。

家令寺（宮府寺）

《隋書》卷二八《百官志下》 家令、掌刑法、食膳、倉庫、什物、奴婢等事。率更令、掌伎樂、漏刻、僕，掌宗族親疏、車輿騎乘。各一人。三寺各置丞、家令二人，寺各一人。録事。家令二人，寺各一人。家令領食官、典倉、司藏三署令、各一人。丞。食官二人，典倉一人，司藏三人。僕寺領廄牧令、一人。員。【略】煬帝即位，多所改革。【略】家令改為司府令，內坊承直改為典直。

唐・李林甫等《唐六典》卷二七《家令率更令僕寺》 太子家令寺：家令一人，從四品上。秦、漢詹事屬官有太子家令、丞。張晏云：『太子稱家，故曰家令。』又《茂陵中書》：『太子家令，秩八百石。』後漢太子少傅屬官有太子家令，秩一千石，主食穀、飲食，又領食官令、丞。魏因之。晉家令品第五，銅印、墨綬，進賢兩梁冠，絳朝服，比司農、少府。晉太康八年，詔曰：『太子家令、率更令、僕，東宮之達官也，宜進品第五，與中庶子、二率同。』宋太子家令主內茵蓐、牀几諸供中之物，又知官奴婢月用錢，內庫米鹽、車牛、刑獄。齊因之。自宋、齊已來，清流者不為之。梁天監六年，武帝以三卿陵替乃詔革選，家令視通直常侍，率更、僕視黃門。陳因之。後魏太子三卿從三品上，太和二十二年降為從四品上。北齊詹事領家令，有丞、功曹、主簿，領食官、典倉、司藏等三署令、丞，又領內坊令、丞。隋家令寺掌刑法、食膳、倉庫等事，領食官、典倉、司藏三署令、丞。煬帝改為司府令，皇朝復為家令。龍朔二年改為宮府寺大夫，咸亨元年復舊。

丞二人，從七品上。漢家令有丞。後漢、魏無聞。《宋書》云：『家令丞一人，晉代置。』宋、齊因之。梁、陳家令丞一人；位不登十八班者別為七班，家令丞七班。後魏太和二十二年，太子三卿丞第九品下。北齊家令丞一人。隋家令丞二人，皇朝因之。龍朔二年改為宮府丞，咸亨元年復舊。

主簿一人，正九品下。晉家令置主簿，宋、齊因之。《齊職儀》：『家令主簿一人，四品勳位，掌總署諸曹事。』梁、陳、後魏無聞。北齊家令有主簿員。隋家令主簿一人，皇朝因之。

家令之職，掌皇太子之飲膳、倉儲、庫藏之政令，總食官、典倉、司藏三署名官屬。凡皇太子備禮出入，則乘軺車，具威儀，先諸臣以導引。若祭祀、賓客，則供酒食，以為獻主。若進獻、賜與，則奉金玉、貨幣，而以法式贊之。凡宮坊府署廨宇及牀几、茵蓐席、器物不供於將作、少府者，皆供之。

丞掌判寺事。凡食官、典倉、司藏之出納，籍其名數，以時刺于詹事。凡莊宅、田園，必審其頃畝，分其疆界，寘于籍書；若租稅，隨其良瘠而為收斂之數，以時入之，禁其逋違者。若宮、朝、坊、府有土木營繕，則下於司藏，命典事以受之。

主簿掌印及勾檢稽失。凡寺、署之出入財物，役使工徒，則刺詹事，上于尚書；有所隱漏，言于司直；事若重者，舉咨家令，以啓聞。

唐・杜佑《通典》卷三〇《職官典十二・太子家令》 隋掌刑法、食膳、倉庫、奴婢等。煬帝改為司府令。大唐復為家令寺，置家令一人，唯不主刑法，餘與隋同。龍朔二年，改家令寺為宮府寺，家令為宮府大夫。咸亨初復舊。丞二人，主簿一人。領食官署、典倉署、司藏署，署令各一人，丞各二人。

丞。【略】隋家令丞二人，大唐因之。龍朔二年，改為宮府丞。咸亨元年復舊。掌判寺事。

主簿。【略】北齊家令有主簿員，隋亦然。大唐因之，掌印并及句舉。

《舊唐書》卷四四《職官志三·東宮官屬》 太子家令寺：令一人，從四品上。丞二人，從七品上。主簿一人，正九品下。録事一人。

家令掌太子飲膳、倉儲、庫藏之政令，總食官、典倉、司藏三署之官屬。

宋·王溥《唐會要》卷六七《家令寺》 龍朔二年，改為宮府寺，家令為宮府大夫。咸亨元年，復為家令寺。

《新唐書》卷四九上《百官志四·東宮官》 家令寺，家令一人，從四品上。掌飲膳、倉儲。總食官、典倉、司藏三署。皇太子出入，則乘軺車為導；祭祀、賓客，則供酒食；賜予，則奉金玉、貨幣。凡牀几、茵席、器物，非取於將作、少府者，皆供焉。丞二人，從七品下，掌判寺事。凡三署出納，皆刺於詹事。莊宅、田園，審肥瘠為收斂之數。宮、朝、坊府土木營繕，則下於司藏。主簿一人，正九品下。唐改司府令曰家令。龍朔二年，改家令寺曰宮府寺，家令曰大夫。有録事一人，府十人，史二十人，亭長四人，掌固四人，雜匠百人。

食官署

唐·李林甫等《唐六典》卷二七《家令率更令僕寺》 食官署：令一人，從八品下。漢詹事屬官有食官令、長、丞。後漢太子少傅屬官有太子食官令一人，秩六百石，主飲食。晉太子食官令職如太官令。宋中庶子屬官有食官令，齊詹事屬官有太子食官令。《齊職儀》：『食官令一人，三品勳位，掌厨膳之事。』梁庶子有食官局，陳因之。後魏太子食官令五品上。北齊食官令、丞又別領器局、酒局二丞。隋家令寺統食官令、丞，皇朝因之。

丞二人，從九品下。兩漢食官皆有丞，魏、晉、宋無聞。齊建元中，置食官丞四人。《梁選簿》有東宮食官丞，爲三品蘊位。後魏、北齊太子食官丞一人。隋食官丞二人，皇朝因之。

食官令掌飲膳之事；丞為之貳。凡為酒醴，必辨其麴糵、黍秫、秔稻之宜，陶器、水火之用，以成乎沉浮、清濁之良；凡為膳羞，必辨其牲牢、禽獸之名物，割烹、煎和之制度，以協乎五味、五香之正，然後可以供其享獻焉。凡四時之令節，供進及設食，得專營造，不用啓聞。其六品已下官於家令厨食者，元正、冬至、寒食亦供焉。左、右廂牙前坐日，職事官三品以上供十盤；宮臣六參日二十五盤；其食有餘，賜左、右春坊供奉官、詹事司直。若非坐日，供三盤。丞判署事。

唐·杜佑《通典》卷三〇《職官典十二·食官署》 隋家令寺統食官令、丞，令一人，丞二人。大唐因之，掌飲膳之事。

《舊唐書》卷四四《職官志三·東宮官屬》 食官署：令一人，從八品下。丞二人，從九品下。掌膳十二人，奉觶三十人。

食官令掌飲膳之事。

《新唐書》卷四九上《百官志四·東宮官》 食官署，令一人，從八品下。丞二人，從九品下。掌飲膳、酒醴。凡四時供送設食皆顓焉。供六品以下元日、寒食、冬至食於家令廚者。有府二人，史四人，掌膳四人，供膳百四十人，奉觶三十人。

典倉署

唐·李林甫等《唐六典》卷二七《家令率更令僕寺》 典倉署：令一人，從八品下。後漢太子少傅屬官有太子倉令一人，秩六百石，主倉穀。魏、晉已下無聞。後魏有太子倉令，第五品中。北齊家令寺領典倉署令、丞，典食署又別領園丞。隋家令寺統典倉令、丞，皇朝因之。

丞二人，從九品下。隋典倉丞二人，皇朝因之。

典倉署令掌九穀入藏之數，及醯醢、庶羞、器皿、燈燭之事，舉其名數，而司其出納，丞為之貳。凡諸園圃樹藝者，皆受令焉。每月籍其出納之數，以上于寺，歲終則申詹事府。凡戶奴婢及番戶、雜戶皆給其資糧及春、冬衣服等，數如司農給付之法；若本司用不足者，則官給。丞判署事。

唐·杜佑《通典》卷三〇《職官典十二·典倉署》 隋家令寺統典倉令、丞，令一人，丞二人。大唐因之，掌穀藏出納及醯醢庶羞之事。

《舊唐書》卷四四《職官志三·東宮官屬》 典倉署：令一人，從八品下。丞二人，從九品下。園丞二人，典事六人。

典倉令掌九穀人藏，及醯醢、庶羞、器皿、燈燭之事。

《新唐書》卷四九上《百官志四・東宮官》 典倉署，令一人，從八品下；丞二人，從九品下。掌九穀、醯醢、庶羞、器皿、燈燭。凡園圃樹藝，皆受令焉。每月籍出納上於寺，歲終上詹事府。給戶奴婢、番戶、雜戶資糧衣服。有府三人，史五人，園丞二人，史二人。

司藏署

唐・李林甫等《唐六典》卷二七《家令率更令僕寺》 司藏署：令一人，從八品下。晉家令有主物吏四人，梁庶子屬官有錫賜庫局丞，又有東宮衛庫丞，為三品勳位。北齊家令寺領司藏署令、丞，司藏又別領仗軍、與作二局丞。隋家令寺統司藏署令、丞，皇朝因之。

丞二人，從九品下。隋有司藏丞二人，皇朝因之。

司藏令掌庫藏財貨出納營繕之法式。凡諸司應納財物者，皆受而藏之；應出給者，則監而付之。其財物之出於庫藏無衆寡，皆具其給賜之名數，每月上寺，歲終則以貨幣出入之數會之。丞判署事。

唐・杜佑《通典》卷三〇《職官典十二・司藏署》 隋家令統司藏署令一人，丞二人。大唐因之，掌藏庫財貨營繕之事。

《舊唐書》卷四四《職官志三・東宮官屬》 司藏署： 令一人，從八品下。丞二人，從九品下。

司藏令掌庫藏財貨、出納、營繕之事。

《新唐書》卷四九上《百官志四・東宮官》 司藏署，令一人，從八品下；丞二人；從九品下。掌庫藏財貨出納、營繕。有府三人，史四人，計史一人。

司更寺（率更令）

唐・李林甫等《唐六典》卷二七《家令率更令僕寺》 太子率更寺令： 一人，從四品上。漢詹事府屬官有太子率更令、丞。後漢太子少傅屬官有太子率更令，秩千石，主庶子、舍人更直，職似光祿勳。魏因之。晉詹事屬官有太子率更令一人，銅印、墨綬，進賢兩梁冠，絳朝服；掌宮殿門戶之禁，郎將屯衛之士；局擬光祿勳、衛尉。太康八年，進品第五。宋、齊因之。梁率更令視黃門，陳因之。後魏太和二十二年為從四品上。北齊詹事率更令有丞、功曹、主簿，領中盾署令、丞各一人，掌周衛禁防，漏刻鐘鼓。隋率更寺令一人，皇朝因之。龍朔二年改為司更大夫，咸亨元年復舊。

丞一人，從七品上。後漢率更丞一人，秩四百石。魏、晉、宋、齊、梁、陳皆一人。後魏太子三卿丞第九品下。北齊、隋皆一人，皇朝因之。

主簿一人，正九品下。晉率更令置主簿一人，宋代無聞。《齊職儀》：『太子率更令主簿，四品勳位。』梁、陳、後魏無聞。北齊、隋太子率更寺主簿一人，皇朝因之。

率更令之職，掌宗族次序，禮樂、刑罰及漏刻之政令。凡皇太子釋奠於先聖先師，講學齒胄，皆總其儀注，而為之導引。若皇太子備禮出入，則乘軺車，位亞家令焉。

凡張樂，軒縣之制：鎛鐘之簴三，編鐘之簴三，編磬之簴三；凡九簴。每位各建鼓凡三人，柷敔二人；鐘、磬，簴各一人。每編鐘下笙、竽、笛、箎、塤各一人。每編磬下歌二人，琴、瑟、箏、筑各一人。文、武二舞各六佾。其簨、簴皆金三博山，飾以崇牙、流蘇、樹羽。其樂器應漆者，皆朱漆之。鐃鼓、節鼓朱漆畫，加五綵重蓋；大鼓、小鼓及餘鼓吹並朱漆，羽葆鼓飾以羽葆。長鳴、中鳴、大小橫吹五綵衣幡，緋掌，畫蹲豹五綵腳；大角幡亦如之。其大鼓、長鳴、大橫吹、節鼓及橫吹後笛、簫、篳篥、笳等工人皆服緋地苣文袍、袴及帽。金鉦、掆鼓皆加六角紫繖。小鼓、中鳴等，小橫吹及鐃，及橫吹後笛、簫、篳、篥、笳等工人皆服青地苣文袍、袴及帽。鐃鼓及簫、笳工人服並武弁、朱褠衣、革帶。大角工人平巾幘、緋衫、白布大口袴。

凡鐘、鼓新成，並以羊、豕各一釁之。若皇太子親戎，則以猳、豚以釁鼓。

教樂，淫聲、過聲、凶聲、慢聲皆禁之。

凡漏刻，令博士以教之；掌漏以典之；漏童司刻，分時以唱之。晝夜之刻百：冬至則晝四十，夜六十；夏至則晝六十，夜四十；春、秋分則晝、夜五十。

凡諸坊、寺、府之有犯者，令其主司定罪，庶人杖已下決之，官吏杖已下皆送於大理。若皇太子未立及未即東宮，其宮、坊、寺、府之犯罪者，皆斷於大理。

丞掌判禮樂、刑獄之事。凡官臣有犯理于率更者，皆親問之，乃斷其罪，而上於詹事。

主簿掌印及勾檢稽失。凡宗族不序，禮儀不節，音律不諧，漏刻不審，刑名不法，皆舉而正之。若所司決囚，與其丞同監之。

唐·杜佑《通典》卷三〇《職官典十二·太子率更令》 隋掌伎樂漏刻，有令、丞、録事各一人。大唐因之，加掌皇族次序及刑法事。龍朔二年，改率更寺為司更寺，改令為大夫。咸亨初復舊。丞、主簿各一人。

丞。後漢率更置丞一人。歷代悉有，唯後周無。大唐因隋，掌判禮樂刑罰之事。

主簿。晉置一人。宋無，齊有之，自後無聞。北齊、隋又有之。大唐因之。掌印及句舉。

《舊唐書》卷四四《職官志三·東宮官屬》 太子率更寺：令一人，從四品上。丞二人，從七品上。主簿一人，正九品下。録事一人，伶官師二人，漏刻博士二人，掌漏六人，漏童六十人，典鼓二十四人。

率更令掌宗族次序、禮樂、刑罰及漏刻之政令。

宋·王溥《唐會要》卷六七《率更令》 龍朔二年，改為司更寺令，為司更大夫。咸亨元年，復為率更令。

《新唐書》卷四九上《百官志四·東宮官》 率更寺，令一人，從四品上。掌宗族次序、禮樂、刑罰及漏刻之政。太子釋奠、講學、齒胄，則總其儀；出入，乘軺車為導，居家令之次。坊、寺、府有罪者，論罰，庶人杖以下，皆送大理。皇太子未立，判斷於大理。

丞一人，從七品上。掌貳令事。宮臣有犯理於率更者，躬問蔽罪而上於詹事。

主簿一人，正九品下。掌印句。凡宗族不序，禮儀不節，音律不諧，漏刻不審，刑名不法，皆舉而正之。決囚，則與丞同涖。龍塑二年，改曰司更寺，令曰司更大夫。有録事一人，府三人，史四人，漏刻博士三人，掌漏六人，漏童二十人，典鐘、典鼓各十二人，亭長四人，掌固四人。漏刻博士掌教漏刻。

太子馭僕寺

唐·李林甫等《唐六典》卷二七《家令率更令僕寺》 太子僕寺：僕一人，從四品上。漢詹事屬官有太子僕、長、丞。後漢太子少傅屬官有太子僕一人，秩千石，主車馬，職如太僕。太子五日一朝，非入朝日，遣僕及中允朝入，請問起居。魏因之。晉詹事屬官有太子僕，銅印、墨綬，進賢兩梁冠，絳朝服；主輿馬、親族，局擬太僕、宗正；太康八年，進品第五。宋、齊品秩冠服同家令寺；從駕乘安車，次家令。梁太子僕視黄門，陳因之。後魏品同家令。北齊詹事領太子僕；僕寺置丞、功曹、主簿，領厩牧署令、丞，又別有車輿局丞。隋僕寺僕一人，掌宗族親疏，車輿騎乘；領厩牧署令、丞。皇朝因之。龍朔二年改為馭僕大夫，咸亨元年復舊。

丞一人，從七品上。梁太子僕有丞，陳因之。後魏太子三卿丞第九品下。北齊、隋太子僕丞一人，皇朝因之。

主簿一人，正九品下。晉太子僕置主簿，宋無聞。《齊職儀》：『太子僕主簿，四品勳位。』梁、陳、後魏無聞。北齊、隋有太子僕主簿一人，皇朝因之。

太子僕之職，掌車輿、騎乘、儀仗之政令及喪葬之禮物，辨其次敍與其出入，而供給之。【略】

丞掌判寺事。凡車輿、儀仗有虧闕，則移於主司，以修補之。凡馬及雜畜之料應供於外司者，每歲季夏，上于詹事。芻粟貯掌於厩所者，以時出入之，而節其數。

主簿掌印及勾檢稽失。凡厩牧之畜養，車騎之駕馭，儀仗之付受，喪葬之供給，各有其程，違則糾正之。

唐·杜佑《通典》卷三〇《職官典十二·太子僕》 隋僕寺，置僕一人，掌皇族親疏、車輿騎乘，領廄牧署令。大唐因之，加掌儀仗喪葬而不掌親族。龍朔二年，改僕寺為馭僕寺，改僕為大夫。咸亨初復。舊丞主簿各一人，統廄牧署。

丞。【略】後魏、北齊、隋並有之。大唐因之。

主簿。【略】北齊、隋皆有之。大唐因之。

《舊唐書》卷四四《職官志三·東宮官屬》 太子僕寺：僕一人，從四品下。丞一人，從七品上。主簿一人，正九品下。録事一人。

太子僕掌車輿、乘騎、儀仗之政令及喪葬之禮物，辨其次序。

宋·王溥《唐會要》卷六七《僕寺》 龍朔二年，改為馭僕寺，僕為馭僕大夫。咸亨元年，復為僕寺。

《新唐書》卷四九上《百官志四·東宮官》 僕寺，僕一人，從四品上。掌車輿、乘騎、儀仗、喪葬，總廄牧署。太子出，則率廄牧令進路，親馭。

丞一人，從七品上。掌判寺事。凡馬畜芻粟，歲以季夏上於詹事。以時出入而節其數。

主簿一人，正九品下。掌廄牧畜養、車騎駕馭、儀仗。龍朔二年，改曰馭僕寺，僕曰大夫。有進馬十一人，録事一人，府三人，史五人，亭長三人，掌固三人。

廄牧署

唐・李林甫等《唐六典》卷二七《家令率更令僕寺》　厩牧署：令一人，從八品下。漢詹事屬官有太子厩長、丞。後漢太子少傅屬官有太子厩長一人，秩四百石，主車馬。魏、晉因之。《齊職儀》：「云東宮屬官有内厩局、外厩局。」梁、陳因之。後魏有太子厩長，從九品上。隋太子僕寺統厩牧署令、丞，皇朝因之。

丞二人，從九品下。漢有太子厩丞，自後闕文。齊置太子内厩、外厩丞各一人，梁、陳因之。北齊有太子厩牧署丞、車輿局丞。隋太子僕寺統厩牧丞二人，皇朝因之。

厩牧署令、丞掌車馬、閑厩、牧畜之事。凡皇太子將備禮而出，則率典乘先期調習輅馬，率駕士駕馭車乘。及出，則進輅或軺車於西閤門外，南向以候皇太子之升。禮畢，皇太子降輅，則自西閤之外以輅及軺歸於署。其隴右羣牧隸於東宮者，皆受其政令焉。

唐・杜佑《通典》卷三〇《職官典十二・廄牧署》　隋僕寺統廄牧署令、丞。大唐因之，掌車馬、閑廄、牧畜之事。

《舊唐書》卷四四《職官志三・東宫官屬》　厩牧署：令一人，從八品下。丞二人，從九品下。典乘四人，牧長四人，翼馭十五人，駕士三十人，獸醫二十人。

厩牧令掌車馬、閑厩、牧畜之事。

《新唐書》卷四九上《百官志四・東宫官》　廄牧署，令一人，從八品下；丞二人，從九品下。掌車馬、閑廄、牧畜。皇太子出，則率典乘先期習路馬，率駕士馭車乘，既出，進路，式路車於西閤外，南向以俟。凡羣牧隸東宫者，皆受其職事。典乘四人，從九品下。有府三人，史六人，翼馭十人，駕士十五人，掌閑六百人，獸醫十人，主酪三十人。翼馭掌調馬執馭。

太子左右衛率府（典戎衛）

《隋書》卷二八《百官志下》　左右衛，各置率一人，副率二人，掌宫中禁衛。各置長史，司馬及録事，功、倉、兵、騎兵等曹參軍事，法曹、鎧曹行參軍各一人，行參軍、四人。員。又各有直閤四人，直寢八人，直齋、直後各十人。【略】

煬帝即位，多所改革。【略】左右衛率改為左右侍率，正四品。改親衛為功曹，勳衛為義曹，翊衛為良曹。罷直齋、直閤員。

唐・李林甫等《唐六典》卷二八《太子左右衛及諸率府》　太子左右衛率府，率各一人，正四品上。秦、漢詹事屬官有太子衛率、後漢為少傅屬官，秩四百石，主門衛士。魏因之。晉初為中衛率，太始五年，分為左、右二率。惠帝為太子，加置前衛率；愍懷在東宫，又加後衛率。故元康之中凡四衛率。成都王穎為太弟，又置中衛率，是為五率。凡太子出，前衛率導，在前黄麾外；左、右二率從，俠導輿車；後衛率從，在烏皮外；並載戟執刀。四率各丞一人。服視左、右衛將軍，品第五，位同中庶子。過江，省前、後率，至孝武帝復置，宋又省。齊左、右衛率武冠，絳朝服，品第五，秩千石。梁位視御史中丞，左衛率領果毅、統遠、立忠、建寧、陵鋒、夷寇、祚德等七營，右衛率領崇榮、永吉、崇和、細射等四營。陳因之。後魏太和二十二年，太子左、右衛率從第三品。北齊有太子左、右衛坊率。後周東宫官員有司戎、司武、司衛之類。至隋文，帝始分置左右衛率、左右宗衛率、左右虞候開府、左右内率、左右監門率，凡十府，以備儲闈武衛之職。煬帝改左、右衛率爲左、右侍率，皇朝復為左、右衛。龍朔二年改左、右衛府為左、右典戎衛，咸亨如故。掌統東宫二寺十率府之事，舉其紀綱而修其職務焉。

副率各二人，從四品上。隋文帝置，煬帝改為左、右侍副率，皇朝復為左、右衛副率。龍朔、咸亨隨衛改復。

左、右衛率掌東宫兵仗羽衛之政令，以總諸曹之事，凡親、勳、翊府及廣濟等五府屬焉；副率為之貳。凡元正、冬至，皇太子朝宫臣及諸方使，則率衛府之屬以儀仗為左、右廂之周衛。若皇太子備禮出入，則如鹵簿之法以從。每月，親、勳、翊三府之衛及廣濟等五府之超乘應番上者，配于所職。

長史各一人，正七品上。隋置，皇朝因之。

録事參軍事各一人，從八品上。隋置，皇朝因之。

倉曹參軍事各一人，從八品下。隋置，皇朝因之。

兵曹參軍事各一人，從八品下。隋置，皇朝因之。

胄曹參軍事各一人，從八品下。隋置，為鎧曹，皇朝因之。長安中改為胄曹參，軍神龍初復為鎧曹，太極中又為胄曹。

司階各一人，從六品上；中候各二人，從七品下；司戈各二人，從八品下；執戟各三人，從九品下。

長史掌判諸曹及三府、五府之貳。凡府事，大事則從其長，小事則專達。季秋，以其屬官之狀上於率，而為之考課。

録事參軍事掌監印、發付、勾稽。倉曹掌親、勳、翊三府、廣濟等五府文官之簿書，凡勳階、考課、假使、禄賜，及公廨、財物、田園、食料皆典之。

兵曹掌親、勳、翊三府、廣濟等五府武官，親、勳、翊衛衛士之名簿，及其番上，差遣之法式。凡上番者，皆受其名簿，而咨配于率。兼知公、私馬及雜畜之簿帳。

胄曹掌親、勳、翊三府、廣濟等五府器械諸公廨繕造之物事。凡大朝會，行從應請戎仗者，則具其名數，受之於主司，既事而歸之。

左右率府親府、勳府、翊府中郎將各一人，從四品上。中郎將之説，已具上左、右衛。梁左衛率領七營，右衛率領四營。二率各領殿中將軍十人，員外將軍十人。又有正員司馬、員外司馬；屯騎、步兵、翊軍三校尉，謂之三校；旅賁中郎將、冗從僕射，謂之二將。又有左、右積弩將軍各一人。北齊太子左、右衛坊率各領騎官備身員，又有内直備身。備身正、副都督，備身五職等員，又有直閤、直前、直後員，又有旅騎、屯衛、典軍等校尉各二人，騎尉三十人。隋左、右衛率下有直閤四人、直寢八人，直齊、直後各十人。皇朝左、右衛率各置親、勳、翊三府，每府中郎將一人、郎將二人，掌其府校尉。旅帥及親、勳、翊衛之屬以宿衛。

左、右郎將各一人，正五品下。皇朝置。

中郎將、郎將掌其府校尉、旅帥及親、勳、翊衛之屬以宿衛，而總其府事。

兵曹掌判勾。若大朝會及皇太子備禮出入，則從鹵簿之法，而監其羽儀。

唐·杜佑《通典》卷三〇《職官典十二·左右衛率府》 隋曰左右率，兼有副率二人。文帝以太子勇頗知時政，欲重宮官之資，故以大臣領其職。蘇孝慈自兵部尚書拜右衛率，尚書如故。上將廢太子，憚其在東宮，乃出為湘州刺史。煬帝改左右衛率為左右侍率，兼置副率二人，大唐為左右衛率府。龍朔二年，改其府為左右典戎衛。咸亨元年復舊。置率各一人，領兵宿衛，督攝隊伍，總判府事。李靖為中書令，行左衛率，轉兵部尚書。副率二人，掌貳率事。長史各一人，隋置。大唐因之，掌通判。自長史以下，胄曹以上，諸率府並同。

録事參軍各一人，隋置。大唐因之，掌句稽監印。

倉曹參軍各一人，隋置。大唐因之。掌官員、假使、儀式、糧廩、膳羞、田園、公廨、選所、監藥等事。

兵曹參軍各一人，隋置。大唐因之，掌府内衛士以上名帳差科及公私馬驢等。

胄曹參軍各一人。隋置為鎧曹。大唐長安中，改為胄曹參軍。神龍初，復為鎧曹。太極中，復為胄曹。掌軍器、儀仗、公廨、營造、罪罰。長史以下官局所領職務，諸率府並同。

親府、勳府、翊府中郎將各一人。【略】 隋左右衛率下直閤四人，直寢八人，直齋、直後各十人。大唐則曰親、勳、翊三府，各置中郎將、左右郎將各一人。大唐置録事、兵曹參軍各一人。

《舊唐書》卷四四《職官志三·東宮武官》 太子左右衛率府：秦、漢有太子衛率，主門衛。晉分左右中前四衛率，後代因置左右率。北齊為衛率坊。隨初始分置左右衛率府、左右宗衛率、左右虞候、左右内率、左右監門率十府，以備儲闈武衛之職。煬帝改為左右侍率，國家復為衛率龍朔改為左右典戎衛，咸亨復。率各一員，正四品上。副率各一人。從四品上。

左右衛率掌東宮兵仗羽衛之政令，總諸曹之事。凡親勳翊府及廣濟等五府屬焉。凡正、至太子朝，宮臣率其屬儀仗，為左右廂之周衛，出入如鹵簿之法。

長史各一人，正七品上。録事參軍事各一人，從八品上。倉曹參軍一人，從八品下。兵曹參軍一人，從八品下。胄曹參軍一人，從八品下。司階一人，從六品上。中候二人，從七品下。司戈二人，從八品下。執戟三人，從九品下。

長史掌判諸曹及三府五府之貳。録事掌監印勾稽。官掌本曹簿籍。職事皆視上臺。

親府勳翊府中郎將各一人，從四品上。左右郎將各一人，正五品下。録事一人，兵曹參軍一人，校尉五人，旅帥十人，隊正二十人，副隊正二十人。

郎將掌其府之屬以宿衞，而總其事。職掌一視上臺親府。

宋·王溥《唐會要》卷七一《東宮諸衞》 左右衞率府。龍朔二年二月四日，改為典戎衞。咸亨元年十二月十四日，復舊。

《新唐書》卷四九上《百官志四·東宮官》 太子左右率府，率各一人，正四品上；副率各二人，從四品上。掌兵仗、儀衞。凡諸曹及三府、外府皆隸焉。元日、冬至，皇太子朝宮臣、諸方使，則率衞府之屬為衞。每月三府三衞及五府超乘番上者，配以職。武德五年，改左右侍率曰左右衞率府，左右武侍衞率曰左右宗衞率府，左右宮門將曰左右監門率府，龍朔二年，改左右衞率府曰左右典戎衞，左右宗衞率府曰左右司禦率府，左右虞候率府曰左右清道衞，左右內率府曰左右奉裕衞，左右監門率府曰左右崇掖衞。武后垂拱中，改左右監門率府曰左右鶴禁衞。神龍元年，改左右司禦率府曰左右宗衞府，左右清道衞曰左右虞候率府。景雲二年，左右宗衞府復曰左右司禦率府。開元初，左右虞候率府復曰左右清道率府。

長史各一人，正七品上。掌判諸曹府。季秋以屬官功狀上於率，而為考課。

録事參軍事各一人，從八品上；倉曹參軍事、兵曹參軍事、胄曹參軍事、騎曹參軍事各一人，從八品下；倉曹掌文官簿書，兵曹掌武官簿書，胄曹掌器械、公廨營繕。司階各一人，從六品上；中候各二人，從七品下；司戈各二人，從八品上；執戟各三人，散長上各十人，從九品下。左右司御、清道、監門、內率府，自率以下品同。有録事一人，府一人，史一人。倉曹，府一人，史二人；兵曹、胄曹、各府二人，史三人；騎曹，府五人，史七人。亭長、掌固各二人。

親府、勳府、翊府三府，每府中郎將各一人，從四品上；左右郎將各一人，正五品下。中郎、郎將、掌其府校尉、旅帥及親、勳翊衞之屬宿衞，而總其事。

兵曹參軍事各一人，從九品上。掌判句。朝會及皇太子出，則從鹵簿而涖其儀。親衞從七品上，勳衞正八品上，翊衞從八品上，員皆亡。校尉各五人，從六品上；旅帥各十人，正七品下；隊正各二十人，從八品上。武德元年，改功曹曰親衞，義曹曰勳衞，良曹日翊衞，置三府，有録事一人，府史各一人。

左右司衞率府（宗衞率府）

《隋書》卷二八《百官志下》 左右宗衞，制官如左右衞，各掌以宗人侍衞，加置行參軍二人，而無直閤、直寢、直齋、直後等員。【略】煬帝即位，多所改革。【略】左右宗衞率改為左右武侍率，正四品。

唐·李林甫等《唐六典》卷二八《太子左右衞及諸率府》 太子左右司禦率府：率各一人，正四品上。隋文帝置左、右宗衞率各一人，副率二人，掌領宗人侍衞，職擬左、右領軍將軍，加置行參軍二人。煬帝改為右、右武侍率，皇朝復為左、右宗衞。龍朔二年改為左、右司御衞率府，神龍初又為宗衞，開元初復為左、右司禦率府。

副率各二人，從四品上。隋文帝置，皇朝因之。其後改復，皆隨於府。

左、右司禦率府率掌同左、右衞率，副率為之貳。郊城等三府之旅賁應番上者，各配于所職。

長史各一人，正七品上。

録事參軍事各一人，從八品上。

倉曹參軍事各一人，從八品下。

兵曹參軍事各一人，從八品下。

胄曹參軍事各一人，從八品下。隋置左、右虞候開府，初無録事，有長史及四曹參軍；至煬帝改為率府，始置録事，皇朝因之。餘具上說。

司階各一人，從六品上；中候各二人，從七品下；司戈各二人，從八品下；執戟各三人，從九品下。

長史掌判諸曹及郊城等三府之貳，餘皆如左、右率府。

唐·杜佑《通典》卷三〇《職官典十二·左右衞率府》 隋文帝置左右宗衞，其官制如左右衞，各掌以皇族侍衞。煬帝改為左右武侍率。大唐復為左右宗衞率府。龍朔二年，改為左右司御衞，後改衞為率府焉。神龍初，復為宗衛。景雲二，年復為司禦率府，置率各一人，所掌與左右衛率同。副率以下職亦同，他准此。副率各二人，長史、録事及倉、兵、胄曹參軍各一人。

《舊唐書》卷四四《職官志三・東宮武官》 太子左右司禦率府：本號左右宗衛府，龍朔改為司禦率府。率各一人，正四品上。副率各二人。從四品上。司禦率掌同左右率。

長史、録事參軍事、倉兵胄三曹參軍、司階、中候、司戈、執戟。人數、品秩、職掌如左右衛府也。

宋・王溥《唐會要》卷七一《東宮諸衛》 左右司禦率府。龍朔二年，為左右司御衛。咸亨元年，改宗衛。景雲二年八月二十八日，改為司禦率府。

《新唐書》卷四九上《百官志四・東宮官》 太子左右司禦率府，率各一人，正四品上；副率各二人，從四品上。掌同左右衛。凡諸曹及外府旅賁番上者隸焉。

長史各一人，正七品上；録事參軍事各一人，從八品上；倉曹參軍事、兵曹參軍事、胄曹參軍事、騎曹參軍事，各一人，從八品下；司階各一人，中候各二人，司戈各二人，執戟各三人。親衛、勳衛、翊衛三府中郎將以下，如左右衛率府。有録事一人，史二人。倉曹，府一人，史二人；兵曹，府二人，史三人；胄曹，府、史各二人。亭長一人，掌固二人。

左右清道府（虞候率府）

《隋書》卷二八《百官志下》 左右虞候，各置開府一人，掌斥候伺非。長史已下，如左右衛，而無録事參軍員，減行參軍一人。【略】煬帝即位，多所改革。【略】左右虞候開府改為左右虞候率，正四品，並置府率。

唐・李林甫等《唐六典》卷二八《太子左右衛及諸率府》 太子左右清道率府：率各一人，正四品上。隋文帝置左、右虞候，各開府一人，掌斥候非違，職擬左、右金吾將軍；煬帝改為左、右虞候率，又各置副率二人。皇朝因之。龍朔二年改為左、右清道衛，神龍初又為虞候率府，開元初復為清道率府。

副率各二人，從四品上。隋煬帝置，皇朝因之。龍朔、神龍、開元隨府改復。

左、右清道率府率掌東宮内外晝夜巡警之法，以戒不虞，凡絳邑等三府皆屬焉；副率為之貳。凡皇太子出入，則領其屬以清游隊為之先，以後拒隊為之殿，其餘依鹵簿之法以從。凡仗衛之出入，置細引以導之，兼為之糺正。凡五十人，用左、右率之親、勳、翊衛為之，分為五番，每番有主帥及中郎或左、右郎將一人領焉。每月，絳邑等三府之直盪應番上者，配于所職。

長史各一人，正七品上。

録事參軍事各一人，從八品上。

倉曹參軍事各一人，從八品下。

兵曹參軍事各一人，從八品下。

胄曹參軍事各一人，從八品下。

司階各一人，從六品上；中候各二人，從七品下；司戈各二人，從八品下；執戟各三人，從九品下。

長史掌判諸曹及絳邑等三府之貳，餘如左、右率府。

唐・杜佑《通典》卷三〇《職官典十二・左右清道率府》 隋有左右虞候，各置開府一人，掌斥候，伺姦非。長史以下如左右衛。煬帝改開府為左右虞候，并置副率二人。大唐為左右虞候率府，職擬左右金吾。龍朔二年，改為左右清道衛。神龍初，又為虞候率府。開元初，為清道率府，各置率一人，掌斥候道路，先驅後殿，伺察姦非。副率各二人，長史、録事及倉、兵、胄曹參軍各一人。

《舊唐書》卷四四《職官志三・東宮武官》 太子左右清道率府：隋文置左右虞候府，各開府一人，掌斥候。國初亦為左右虞候，龍朔改為清道率府，神龍又為虞候，開元復為清道也。率各一人，正四品上。副率各二人。從四品上。清道率掌東宮内外晝夜巡警之法。

長史、録事參軍事、倉兵胄三曹參軍、司階、中候、司戈、執戟。人數、品秩如左右衛率府。

宋・王溥《唐會要》卷七一《東宮諸衛》 左右清道率府。龍朔年，為左右清道衛。咸亨年，改為虞候。神龍元年，復為左右清道率府。

《新唐書》卷四九上《百官志四・東宮官》 太子左右清道率府，率各一人，副率各二人。掌晝夜巡警。凡諸曹及外府直盪番上者隸焉。皇太子出，則以清游隊先導，後拒隊為殿。

長史各一人，從八品上；倉曹參軍事、兵曹參軍事、胄曹參軍事各一人從八品下左右司階各一人左右中候各二人左右司戈各一人，左右執戟各三人。親衛、勳衛、翊衛三府中郎將以下，如左右衛率府。有録事一人，史二人，亭長二人，掌固二人。倉曹，府一人，史二人；兵曹，府二人，史三人；胄曹，府二人，史二人。細引押仗五十人。

左右監門率府（崇掖衛）

《隋書》卷二八《百官志下》　左右監門，各率一人，副率二人，掌諸門禁。長史已下，同内率府，而各有直長十人。【略】煬帝即位，多所改革。【略】左右監門率改為宮門將，降為正五品。監門直長改為直事，置六十人。

唐・李林甫等《唐六典》卷二八《太子左右衛及諸率府》　太子左右監門率府：率各一人，正四品上。隋文帝置左、右監門率各一人，副率各二人，掌諸門禁，職擬左、右監門將軍，各有直長十人。煬帝改為左、右宮門將，降為正五品。皇朝復改為監門率。龍朔二年改爲左、右崇掖衛，咸亨復舊。垂拱中改為鶴禁衛，神龍初復舊。

副率各二人，從四品上。隋文帝置，正五品；皇朝因之。龍朔、開元隨府改復。

左、右監門率府率掌東宮諸門禁衛之法，副率為之貳。凡東宮諸司應以籍入于宮殿者，皆本司具其官爵、姓名以牒門司，門司送于監門，監門之主與判曹印署，復送于門司，門司會之，同則聽入。凡東宮内、外門之守者，並司其出入。凡財物、器用之出入於宮禁者，皆以籍傍爲據，左、右監門以出入之。若皇太子出入，則依鹵簿之法，率其屬於牙門之左右，以爲捍守。

長史各一人，從七品上。

録事參軍事各一人，正九品上。

兵曹參軍事各一人，正九品下。

胄曹參軍事各一人，正九品下。隋置左、右監門率，有長史以下等員，無倉曹，以兵曹兼掌其事，皇朝因之。

長史掌判諸門禁衛之貳。

録事參軍事掌印，兼勾稽失。

兵曹兼倉曹之職，餘皆如左、右率府。其諸司籍傍判於監門者，檢其官爵、姓名、年貌，監其器物，檢其名數；月終，諸門之籍傍歸於府者，則會其出入之數。

胄曹掌器械及公私馬、驢、雜畜，土木繕造之事。凡諸府直馬配於左、右監門之巡探者，則請其料，歸於馬主，禁其隱没棄遺者。

唐・杜佑《通典》卷三〇《職官典十二・左右監門率府》　隋左右監門率各置一人，掌諸門禁。煬帝改為監門將軍。大唐復為左右監門率，擬左右監門。龍朔二年，改為左右崇掖衛。咸亨初，復舊。垂拱中，改為鶴禁衛。神龍初，復舊。各置率一人，掌門禁、籍傍。副率各二人，長史、録事參軍及兵、胄二曹參軍各一人。

《舊唐書》卷四四《職官志三・東宮武官》　太子左右監門率府：隋置此官，國家因之。率各一人，正四品上。副率各二人。正四品上。左右監門率掌東宮禁衛之法。應以籍入宮殿門者，二率司其出入，如上臺之法。長史、録事參軍事、兵胄二曹參軍、監門直長七十八人。人數、品秩，同諸率府。

宋・王溥《唐會要》卷七一《東宮諸衛》　左右監門率府。龍朔年，改為崇掖衛。垂拱元年二月二日，改為鶴禁府。神龍元年，復為左右監門。

《新唐書》卷四九上《百官志四・東宮官》　太子左右監門率府，率各一人，副率各二人。掌諸門禁衛。凡財物器用，出者有籍。

長史各一人，録事參軍事各一人，正九品上；兵曹參軍事各一人，正九品下，兼領倉曹；胄曹參軍事各一人，正九品下；監門直長七十八人，從七品下。唐改宮門將曰監門率，直事曰直長。有録事一人，史二人，亭長一人，掌固二人。兵曹，府二人，史二人；胄曹，府二人，史三人。

左右内率府（奉裕衛）

《隋書》卷二八《百官志下》　左右内率，副率，各一人。掌領備身已上禁内侍衛，供奉兵仗。又無功騎、兵法等曹及行參軍員，餘與虞候同。有千牛備身八人，掌執千牛刀。備身左右八人，掌供奉弓箭。備身二十人，掌宿衛侍從。【略】煬帝即位，多所改革。【略】左右内率降為正五品，千牛備身改為司仗左右，備身左右改為主射左右。各員八人。

唐・李林甫等《唐六典》卷二八《太子左右衛及諸率府》 太子左右内率府，率各一人，正四品上。隋文帝置左、右内率、副率，領東宫千牛、備身侍奉之事，職擬千牛將軍。其備身有：千牛備身八人，掌執千牛刀；備身左右十六人，掌供奉弓箭；備身二十人，掌宿衛侍從。煬帝降内率為正五品，皇朝因加至四品上。龍朔二年改為左、右奉裕率，神龍初復舊。

副率各一人，從四品上。隋置，皇朝因之。龍朔、神龍隨府改復。

左、右内率府率之職，掌東宫千牛、備身侍奉之事，而主其兵仗，總其府事；而副率為之貳。以千牛執細刀、弓箭，以備身宿衛、侍從，以主仗守戎服、器物。凡皇太子坐朝，則領千牛、備身之屬升殿。若射于射宫，則率領其屬以從，位定，千牛、備身奉細弓及矢，立於東階上，西面；率奉弓，副率奉矢及決拾，北面張弓，左執弣，右執簫以進，副率以巾拂矢而進，進訖，各退立於位。及射，左、右内率啓其矢中及不中；既事，受亦如之。

長史各一人，從七品上。

録事參軍事各一人，正九品上。

兵曹參軍事各一人，正九品下。

胄曹參軍事各一人，正九品下。隋置右、右内率，有長史以下等員，無兵曹，皇朝置之。

長史掌判諸曹官吏及千牛、備身之貳，餘如左、右率府。

録事參軍事掌印，兼勾簿書及其勳階、考課稽失。

兵曹掌文武官及千牛、備身之簿書，及其勳階、考課、假使、禄俸之事。

胄曹掌細引仗及羽儀之物，自千牛以下各分而典之。

唐・杜佑《通典》卷三〇《職官典十二・左右内率府》 隋置左右内率、副率各一人，掌領備身以上，所領千牛以下與千牛衛同。禁内侍衛，供奉兵仗。大唐為左右内率府。龍朔二年，改為左右奉裕率。咸亨初，復舊。各置率一人，掌侍衛左右，供奉兵仗。副率、長史、録事參軍及兵、胄二曹參軍各一人。千牛各十六人，掌執細刀弓箭，宿衛侍從。備身各二十八人，掌宿衛侍從。龍朔二年，改太子左右千牛備身為太子左右奉裕，尋復舊。

《舊唐書》卷四四《職官志三・東宫武官》 太子左右内率府：隋初置内率府，擬上臺千牛衛。龍朔初，為奉裕率，咸亨復。率各一人，正四品上。副率各一人。從四品上。左右内率之職，掌東宫千牛備身侍奉之事，而立其兵仗，總其府事。

長史、録事參軍事、兵胄二曹參軍，人數、品秩如諸率。千牛十六人，備身二十八人，主仗六十人。

宋・王溥《唐會要》卷七《東宫諸衛》 内率府。龍朔年，改為神裕衛。咸亨年，復為内率府。垂拱元年二月二日，改為左右奉禦率府。神龍元年，復舊。興元元年十月詔：『軍衛及率府五品已上正員武官，得替及以理去任者，宜令兵部，準五品已上文官例，每年作限條件聞奏。』

又 卷七一《太子千牛》 太子千牛。龍朔年，改為左右奉裕。咸亨年，復舊。

《新唐書》卷四九上《百官志四・東宫官》 太子左右内率府，率各一人，副率各一人。掌千牛供奉之事。皇太子坐日，領千牛升殿。射于射宫，則千牛奉弓矢立東階，西面；率奉弓，副率奉矢、決拾。北面張弓，左執弣，右執簫以進，副率以弓拂矢而進，各退立於位。既射，左内率啓其中否。長史各一人，録事參軍事各一人，正九品上；兵曹參軍事各一人，正九品下，兼領倉曹胄曹；參軍事各一人，正九品下；千牛各四十四人，從七品上。唐置兵曹，改司使左右復曰千牛備身，主射左右復曰備身左右，弓箭備身去弓箭之名。龍朔二年，改千牛備身曰奉裕。開元中，千牛備身、備身左右，幷為千牛。有備身二十八人，主仗四十人録事一人，史二人。兵曹，府一人，史二人；胄曹，府一人，史一人。

東宫左勳衛

宋・王欽若等《册府元龜》卷七六六《總録部・攀附第二》 唐憲，仕隋東宫左勳衛。

《新唐書》卷八九《唐憲傳》 儉弟憲。憲字茂彝，仕隋為東宫左勳衛。

太子僕射

《舊唐書》卷一六一《楊元卿傳》（憲宗）詔授元卿岳王府司馬，尋遷太子僕射。

宋·王溥《唐會要》卷六二《推事》 長安三年九月八日，魏元忠為張易之所構，配流嶺表。太子僕射崔貞慎、東宮率府獨孤禕等，送至郊外。

東宮九牧監

《新唐書》卷四八《百官志三·太僕寺·東宮九牧監》 丞二人，正八品上；録事一人，從九品下。掌牧養馬牛，以供皇太子之用。有録事史各一人，府三人，史六人。初，監有監、副監、丞、主簿、録事各一人，府二人，史四人，典事四人，掌固二人。自監以下，品同下牧監。又有馬牧使，有丞以下官。

論説

唐·吴兢《貞觀政要》卷四《尊敬師傅》 貞觀八年，太宗謂侍臣曰：『上智之人，自無所染，但中智之人無恒，從教而變，況太子師保，古難其選。成王幼小，周、召爲保傅。左右皆賢，日聞雅訓，足以長仁益德，使爲聖君。秦之胡亥，用趙高作傅，教以刑法，及其嗣位，誅功臣，殺親族，酷暴不已，旋踵而亡。故知人之善惡誠由近習。朕今爲太子、諸王精選師傅，令其式瞻禮度，有所裨益。公等可訪正直忠信者，各舉三兩人。』

貞觀十一年，以禮部尚書王珪兼為魏王師。太宗謂尚書左僕射房玄齡曰：『古來帝子，生於深宮，及其成人，無不驕逸。是以傾覆相踵，少能自濟。我今嚴教子弟，欲皆得安全。王珪，我久驅使，甚知剛直，志存忠孝，選為子師，卿宜語泰：「每對王珪，如見我面，宜加尊敬，不得懈怠。」』珪亦以師道自處。時議善之也。

貞觀十七年，太宗謂司徒長孫無忌、司空房玄齡曰：『三師以德道人者也，若師體卑，太子無所取則。』於是詔令撰太子接三師儀注。太子出殿門迎，先拜三師，三師答拜，每門讓三師。三師坐，太子乃坐。與三師書，前名惶恐，後名惶恐再拜。

貞觀十八年，高宗初立爲皇太子，尚未尊賢重道，太宗又嘗令太子居寢殿之側，絶不往東宮。散騎常侍劉洎上書曰：

臣聞郊迎四方，孟侯所以成德；齒學三讓，元良由是作貞。斯皆屈主祀之尊，申下交之義。故得芻言咸薦，睿問旁通，不出軒庭，坐知天壤，率由茲道，永固鴻基者焉。至若生乎深宮之中，長乎婦人之手，未曾識憂懼，無由曉風雅。雖復神機不測，天縱生知，而開物成務，終由外奬。匪夫崇彼幹籥，聽茲謠頌，何以辨章庶類，甄覈彝倫？曆考聖賢，咸資琢玉。是故周儲上哲，師望、奭而加裕；漢嗣深仁，引園、綺而昭德。原夫太子，宗祧是繫，善惡之際，興亡斯在，不勤于始，將悔于終。是以晁錯上書，令通政術；賈誼獻策，務知禮教。竊惟皇太子玉裕挺生，金聲夙振，明允篤誠之美，孝友仁義之方，皆挺自天姿，非勞審諭，固以華夷仰德，翔泳希風矣。然則寢門視膳，已表於三朝；藝宮論道，宜弘於四術。雖富於春秋，飭躬有漸，實恐歲月易往，墮業興譏，取適晏安，言從此始。臣以愚短，幸參侍從，思廣儲明，暫願聞徹，不敢曲陳故事，切請以聖德言之。

伏惟陛下誕睿膺圖，登庸歷試。多才多藝，道著於匡時；允文允武，功成於纂祀。萬方即敍，九圍清晏。尚且雖休勿休，日慎一日，求異聞於振古，勞睿思於當年。乙夜觀書，事高漢帝；馬上披卷，勤過魏王。陛下自勵如此，而令太子優遊棄日，不習圖書，臣所未諭一也。加以暫屏機務，即寓雕蟲。紆寶思於天文，則長河韜映；摛玉華於仙札，則流霞成彩。固以錙銖萬代，冠冕百王，屈、宋不足以升堂，鍾、張何階於入室。陛下自好如此，而太子悠然靜處，不尋篇翰，臣所未諭二也。陛下備該衆妙，獨秀寰中，猶晦天聰，俯詢凡識。聽朝之隟，引見羣官，降以温顔，訪以今古。故得朝廷是非，閭裏好惡，凡有巨細，必關聞聽。陛下自行如此，而令太子久趨入侍，不接正人，臣所未諭三也。陛下若謂無益，則何事勞神；若謂有成，則宜申貽厥。蔑而不急，未見其可。伏願俯推睿範，訓及儲君，授以良書，娛之嘉客。朝披經史，觀成敗於前蹤；晚接賓遊，訪得失於當代。間以書札，繼以篇章，則日聞所未聞，日見所未見。副德愈光，羣生之福也。

竊以良娣之選，偏於中國。仰惟聖旨，本求典內，冀防微，慎遠慮，臣下所知。暨乎徵簡人物，則與聘納相違，監撫二周，未近一士。愚謂內既如彼，外亦宜然者。恐招物議，謂陛下重內而輕外也。古之太子，問安而退，所以廣敬於君父；異宮而處，所以分別於嫌疑。今太子一侍天闈，動移旬朔，師傅已下，無由接見。假令供奉有隙，暫還東朝，拜謁既疏，且事俯仰，規諫之道，固所未暇。陛下不可以親教，宮寀無因以進言，雖有具寮，竟將何補？

伏願俯循前躅，稍抑下流，弘遠大之規，展師友之義。則離徽克茂，帝圖斯廣，凡在黎元，孰不慶賴。太子温良恭儉，聰明睿哲，含靈所悉，臣豈不知。而淺識勤勤，思效愚忠者，願滄溟益潤，日月增華也。

太宗乃令洎與岑文本、馬周遞日往東宮，與皇太子談論。

又《教戒太子諸王》 貞觀七年，太宗謂太子左庶子于志寧、杜正倫曰：『卿等輔導太子，常須爲説百姓間利害事。朕年十八，猶在人間，百姓艱難，無不諳練。及居帝位，每商量處置，或時有乖疏，得人諫諍，方始覺悟。若無忠諫者爲説，何由行得好事？況太子生長深宮，百姓艱難，都不聞見乎？且人主安危所繫，不可輒爲驕縱。但出敕云，有諫者即斬，必知天下士庶無敢更發直言。故克己勵精，容納諫諍，卿等常須以此意共其談説。每見有不是事，宜極言切諫，令有所裨益也。』

貞觀十八年，太宗謂侍臣曰：『古有胎教世子，朕則不暇。但近自建立太子，遇物必有誨諭，見其臨食將飯，謂曰：「汝知飯乎？」對曰：「不知。」曰：「凡稼穡艱難，皆出人力，不奪其時，常有此飯。」見其乘馬，又謂曰：「汝知馬乎？」對曰：「不知。」曰：「能代人勞苦者也，以時消息，不盡其力，則可以常有馬也。」見其乘舟，又謂曰：「汝知舟乎？」對曰：「不知。」曰：「舟所以比人君，水所以比黎庶，水能載舟，亦能覆舟。爾方爲人主，可不畏懼！」見其休於曲木之下，又謂曰：「汝知此樹乎？」對曰：「不知。」曰：「此木雖曲，得繩則正，爲人君雖無道，受諫則聖。此傅説所言，可以自鑑。」』

貞觀七年，太宗謂侍中魏徵曰：『自古侯王能自保全者甚少，皆由生長富貴，好尚驕逸，多不解親君子遠小人故爾。朕所有子弟欲使見前言往行，冀其以爲規範。』因命徵録古來帝王子弟成敗事，名爲《自古諸侯王善惡録》，以賜諸王。其序曰：

觀夫膺期受命，握圖御宇，咸建懿親，藩屏王室，布在方策，可得而言。自軒分二十五子，舜舉一十六族，爰曆周、漢，以逮陳、隋，分裂山河，大啓磐石者衆矣。或保乂王家，與時升降；或失其土宇，不祀忽諸。然考其隆替，察其興滅，功成名立，咸資始封之君，國喪身亡，多因繼體之后。其故何哉？始封之君，時逢草昧，見王業之艱阻，知父兄之憂勤。是以在上不驕，夙夜匪懈，或設醴以求賢；或吐飡而接士。故甘忠言之逆耳，得百姓之懽心。樹至德於生前，流遺愛於身後。暨夫子孫繼體，多屬隆平，生自深宮之中，長居婦人之手，不以高危爲憂懼，豈知稼穡之艱難？昵近小人，疏遠君子，綢繆哲婦，傲狠明德。犯義悖禮，淫荒無度，不遵典憲，僭差越等。恃一顧之權寵，便懷匹嫡之心；矜一事之微勞，遂有無厭之望。棄忠貞之正路，蹈奸宄之迷塗。愎諫違卜，往而不返。雖梁孝、齊冏之勳庸，淮南、東阿之才俊，摧摩霄之逸翮，成窮轍之涸鱗，棄桓、文之大功，就梁、董之顯戮。垂爲炯戒，可不惜乎？皇帝以聖哲之資，拯傾危之運，耀七德以清六合，總萬國而朝百靈，懷柔四荒，親睦九族。念華蕚於《棠棣》，寄維城於宗子。心乎愛矣，靡日不思，爰命下臣，考覽載籍，博求鑑鏡，貽厥孫謀。臣輒竭愚誠，稽諸前訓。凡爲藩爲翰，有國有家者，其興也必由於積善，其亡也皆在於積惡。故知善不積不足以成名，惡不積不足以滅身。然則禍福無門，吉凶由己，惟人所召，豈徒言哉！今録自古諸王行事得失，分其善惡各爲一篇，名曰《諸王善惡録》，欲使見善思齊，足以揚名不朽；聞惡能改，庶得免乎大過。從善則有譽，改過則無咎。興亡是系，可不勉歟？

太宗覽而稱善，謂諸王曰：『此宜置於座右，用爲立身之本。』

貞觀十年，太宗謂荆王元景、漢王元昌、吳王恪、魏王泰等曰：『自漢已來，帝弟帝子，受茅土、居榮貴者甚衆，惟東平及河間王最有令名，得保其祿位。如楚王瑋之徒，覆亡非一，並爲生長富貴，好自驕逸所致。汝等鑑誡，宜熟思之。揀擇賢才，爲汝師友，須受其諫諍，勿得自專。我聞以德服物，信非虛說。比嘗夢中見一人云虞舜，我不覺竦然敬異，豈不爲仰其德也！向若夢見桀、紂，必應斫之。桀、紂雖是天子，今若相喚作桀、紂，人必大怒。顏回、閔子騫、郭林宗、黄叔度，雖是布衣，今若相稱贊道類此四賢，必當大喜。故知人之立身，所貴者惟在德行，何必要論榮貴。汝等位列藩王，家食實封，更能克修德行，豈不具美也？且君子小人本無常，行善事則爲君子，行惡事則爲小人，當須自克勵，使善事日聞，勿縱欲肆情，自陷刑戮。』

又　卷六《杜讒邪》　貞觀十年，太宗謂侍臣曰：『太子保傅，古難其選。成王幼小，以周、召爲保傅，左右皆賢，足以長仁，致理太平，稱爲聖主。及秦之胡亥，始皇所愛，趙高作傅，教以刑法。及其篡也，誅功臣，殺親戚，酷烈不已，旋踵亦亡。以此而言，人之善惡，誠由近習。朕弱冠交遊，惟柴紹、竇誕等，爲人既非三益，及朕居茲寶位，經理天下，雖不及堯、舜之明，庶免乎孫皓、高緯之暴。以此而言，復不由染，何也？』魏徵曰：『中人可與爲善，可與爲惡，然上智之人自無所染。陛下受命自天，平定寇亂，救萬民之命，理致升平，豈紹、誕之徒能累聖德？但經云：「放鄭聲，遠佞人。」近習之間，尤宜深慎。』太宗曰：『善。』

《舊唐書》卷七四《劉洎傳》　太宗嘗怒苑西守監穆裕，命於朝堂斬之，皇太子遽進諫。太宗謂司徒長孫無忌曰：『夫人久相與處，自然染習。自朕臨御天下，虛心正直，即有魏徵朝夕進諫。自徵云亡，劉洎、岑文本、馬周、褚遂良等繼之。皇太子幼在朕膝前，每見朕心悅諫，昔者因染以成性，固有今日之諫耳。』

又　卷一八九上《儒學傳上·蕭德言》　時高宗為晉王，詔德言授經講業，及升春宮，仍兼侍讀。尋以年老請致仕，太宗不許，又遣之書曰：『朕歷觀前代，詳覽儒林，至於顏、閔之才，不終其壽；游、夏之德，不逮其學。惟卿幼挺珪璋，早標美譽，下帷閉戶，包括六經，映雪聚螢，牢籠百氏。自隋季版蕩，庠序無聞，儒道墜泥塗，《詩》《書》填坑穽。眷言墳典，每用傷懷。頃年已來，天下無事，方欲建禮作樂，偃武修文。卿年齒已衰，教將何恃？所冀才德猶茂，卧振高風，使濟南伏生，重在於茲日；關西孔子，故顯於當今。令問令望，何其美也！念卿疲朽，何以可言？』

宋·王溥《唐會要》卷四《儲君》　太子建成，高祖長子。武德元年六月七日，册為皇太子。九年六月四日，伏法，追封息王。初，武德元年六月，萬年縣法曹孫伏伽上疏諫曰：『臣聞性相近而習相遠，以其所好相染故也。皇太子及諸王等左右羣僚，不可不擇而任之。但是無德義之人，家門不能邕睦，及好奢華馳騁，嫚遊聲色，不得使親而近之。臣歷觀往古。下覽近代，至于子孫不孝，兄弟離間，莫不為左右亂之。願陛下選賢才，以為皇太子僚友，如此則克隆磐石，永固維城矣。』【略】

（貞觀十六年）至其年八月十四日，上謂侍臣曰：『當今國家何事最急？各為我言之。』右僕射高士廉曰：『養百姓最急。』黄門侍郎劉洎曰：『撫四夷最急。』中書侍郎岑文本曰：『行禮義最急。』諫議大夫褚遂良曰：『當今四方仰德，誰敢為非，但太子、諸王，須有定分。陛下宜為萬代法，以遺子孫。』上曰：『此言是也。朕年將五十，已覺衰怠。既以長子守器東宮，弟及庶子，數將五十，心常憂慮，頗在此耳。但自古嫡庶無良佐，何嘗不傾敗家國。公等為朕搜訪賢德，以輔儲君，爰及諸王，咸求正士。且事人歲久，則分義情深，非意窺覬，多由此作。』于是限王府官寮，不得過四考。

又　卷二六《皇太子見三師禮》　貞觀十一年七月，禮部尚書王珪兼魏王師，上問黄門侍郎韋挺曰：『泰昨與珪相見，若爲禮節？』挺對曰：『見師之禮，拜答如儀訖。』王問珪忠孝，珪答曰：『陛下，王之君也，事君思盡忠。陛下，王之父也，事父思盡孝。忠孝之道，可以享天佑，餘芳可以垂後葉。』王曰：『忠孝之道，已聞教矣，願聞所習。』答曰：『漢東平王蒼云：「爲善最樂。」』上曰：『我常語泰，汝之事師，如事我也。』泰每先拜珪，珪亦以師道自居，物議善之。

《新唐書》卷一〇一《蕭瑀傳》　晉王爲皇太子，拜太子太保、同中書門下三品。帝曰：『三師，以德導太子者也，禮不尊，則無所取法。』乃詔：『師入謁，太子出門迎拜，師答拜；每門，讓乃入；師坐，然後坐；書前後著名，稱惶恐。』

又　卷一七四《李逢吉傳》　始，王叔文、王伾蒙幸太子宮，而橈國政，稹謂宜選正人輔導，因獻言曰：

伏見陛下降明詔，脩廢學，增冑子，然而事有先於此，臣敢昧死言之。賈誼有言：『三代之君仁且久者，教之然也。』周成王本中才，近管、蔡則讒入，任周、召則善聞。豈天聰明哉？而克終于道者，教也。始爲太子也，太公爲師，周公爲傅，召公爲保，伯禽、唐叔與游，目不閲冗䙝，耳不聞優笑，居不近庸邪，玩不備珍異。及爲君也，血氣既定，游習既成，雖有放心，不能奪已成之性。則彼道德之言，固吾所習聞，陳之者易諭焉；回佞庸違，固吾所積懼，諂之者易辨焉。人之情莫不耀所能，黨所近，苟得志，必快其所蘊。物性亦然，故魚得水而游，鳥乘風而翔，火得薪而熾。夫成王所蘊，道德也；所近，聖賢也。快其蘊，則興禮樂，朝諸侯，措刑罰，教之至也。

秦則不然，滅先王之學，黜師保之位。胡亥之生也，詩書不得聞，聖賢不得近。彼趙高，刑餘之人，傅之以殘忍戕賊之術，日恣睢，天下之人未盡愚，而亥不能分馬鹿矣；高之威懾天下，而亥自幽深宮矣。若秦亡則有以致之也。

太宗爲太子，選知道德者十八人與之游；即位後，雖間宴飲食，十八人者皆在。上之失無不言，下之情無不達，不四三年而名高盛古，斯游習之致也。貞觀以來，保、傅皆宰相兼領，餘官亦時重選，故馬周恨位高不爲司議郎，其驗也。

母后臨朝，翦棄王室，中、睿爲太子，雖有骨鯁敢言之士，不得在調護保安職，及讒言中傷，惟樂工剖腹爲證，豈不哀哉！比來茲弊尤甚，師資保傅，不疾廢眊瞶，即休戎罷帥者處之。又以僻滯華首之儒備侍直、侍讀，越月踰時不得召。夫以匹士之愛其子，猶求明哲慈惠之師，豈天下元良而反不及乎？

臣以爲高祖至陛下十一聖，生而神明，長而仁聖，以是爲屑屑者，故不之省。設萬世之後，有周成中才，生於深宮，無保助之教，則將不能知喜怒哀樂所自，況稼穡艱難乎！願令皇太子洎諸王齒冑講業，行嚴師問道之禮，輟禽色之娛，資游習之善，豈不美哉！

又　卷一九九《儒学傳中·徐齊聃》　咸亨初，詔突厥酋長子弟得事東宮，齊聃上書諫，以爲：『氊裘冒頓之裔，解辮削衽，使在左右，非所謂「恭慎威儀，以近有德」，「任官惟賢才，左右惟其人」之義。』

雜録

《隋書》卷二《高祖紀下》　（開皇二十年）十二月戊午，詔東宮屬不得稱臣於皇太子。

又　卷八《禮儀志三》　隋制，皇太子親戎，及大將出師，則以猳肫一釁鼓，皆告社廟。受斧鉞訖，不得反宿於家。開皇八年，晉王廣將伐陳，内史令李德林攝太尉，告于太祖廟。禮畢，又命有司宜于太社。

又　卷四五《房陵王勇傳》　其後經冬至，百官朝勇，勇張樂受賀。高祖知之，問朝臣曰：『近聞至節，内外百官，相率朝東宮，是何禮也？』太常少卿辛亶對曰：『於東宮是賀，不得言朝。』高祖曰：『改節稱賀，正可三數十人，逐情各去。何因有司徵召，一時普集，太子法服設樂以待之？東宮如此，殊乖禮制。』於是下詔曰：『禮有等差，君臣不雜，爰自近代，聖教漸虧，俯仰逐情，因循成俗。皇太子雖居上嗣，義兼臣子，而諸方岳牧，正冬朝賀，任土作貢，別上東宮。事非典則，宜悉停斷。』自此恩寵始衰，漸生疑阻。

時高祖令選宗衛侍官，以入上臺宿衛。高熲奏稱，若盡取强者，恐東宮宿衛太劣。高祖作色曰：『我有時行動，宿衛須得雄毅。太子毓德東宮，左右何須强武？此極敝法，甚非我意。如我商量，恒於交番之日，分向東宮上下，團伍不別，豈非好事？我熟見前代，公不須仍踵舊風。』蓋疑高熲男尚勇女，形於此言，以防之也。

又　卷五八《明克讓傳》　高祖受禪，拜太子内舍人，轉率更令，進爵為侯。太子以師道處之，恩禮甚厚。

《舊唐書》卷七三《姚思廉傳》　父察，陳吏部尚書，入隋歷太子内舍人、祕書丞、北絳公。學兼儒史，見重於二代。

又　卷六三《蕭瑀傳》　（貞觀十七年）立晉王爲皇太子，拜瑀太子太保，仍知政事。

又　卷一一九《常衮傳》　（代宗時）百官俸料寡薄，綰與衮奏請加之。時韓滉判度支，衮與滉各騁私懷，所加俸料，厚薄由己。時少列各定月俸爲三十五千，滉怒司業張參，唯止給三十千；衮惡少詹事趙惎，遂給二十五千。太子洗馬，實司經局長官，文學爲之貳，袞有親戚任文學者給十二千，而給洗馬十千。其輕重任情，不通時政，多如此類。

又 卷一七三《李固言傳》 （大和）五年，宋申錫爲王守澄誣陷，固言與同列伏閤論之。將作監王堪修奉太廟弛慢，罰俸，仍改官爲太子賓客。制出，固言封還曰：『東宮調護之地，不可令弛慢被罰之人處之。』改爲均王傅。

又 卷一七六《鄭肅傳》 時魯王永有寵，文宗擇名儒爲其府屬，用戶部侍郎庾敬休兼王傅，戶部郎中李踐方兼司馬，以肅本官兼長史，由是知名。明年，魯王爲太子，肅加給事中。【略】帝以肅嘗侍太子，言論典正，復令兼太子賓客，爲東宮授經。既而太子失寵，上不悅，有廢斥意。肅因召見，深陳邦國大本、君臣父子之義，上改容嘉之，而太子竟以楊妃故得罪，乃以肅檢校禮部尚書，兼河中尹、河中節度、晉絳觀察等使。會昌初，武宗思太子永之無罪，盡誅陷永之黨。朝議稱肅忠正，有大臣之節，召拜太常卿，累遷戶部、兵部尚書。

又 卷一八五上《良吏傳・蔣儼》 永淳元年，【略】徵隱士田遊巖為太子洗馬，在宮竟無匡輔，儼乃貽書以責之曰：『足下負巢、由之峻節，傲唐、虞之聖主，養煙霞之逸氣，守林壑之遁情，有年載矣，故能聲出區宇，名流海內。主上屈萬乘之重，申三顧之榮，遇子以商山之客，待子以不臣之禮，將以輔導儲貳，漸染芝蘭耳。皇太子春秋鼎盛，聖道未周，拾遺補闕，臣子恆務。僕以不才，猶參廷諜，誠以素非德望，位班卒伍，言以人廢，不蒙採掇。足下受調護之寄，是可言之秋，唯唯而無一談，悠悠以卒年歲。向使不餐周粟，僕何敢言，祿及親矣，將何酬塞？想為不達，謹書起予。』遊巖竟不能答。

又 卷一八九下《儒學傳下・蘇弁》 舊制：太子詹事班次太常、宗正卿已下。貞元三年，御史中丞竇參敍定班，移詹事在河南、太原尹之下。弁乃引舊班制立，臺官詰之，仍給云：『自已白宰相，請依舊。』故爲儒立彈之。

《新唐書》卷九九《李綱傳》 事隋為太子洗馬。太子勇宴宮臣，左庶子唐令則奏琵琶，又歌《武媚娘曲》。綱曰：『令則官調護，乃自比倡優，進淫聲，惑視聽，誠使上聞之，豈不為殿下累乎？臣請正其罪。』勇曰：『置之，我欲為樂耳！』後勇廢，文帝切讓，官屬無敢對，綱獨曰：『陛下不素教，故太子至此。太子資中人，得賢者輔而善，得不肖導而惡，奈何歌舞鷹犬纖兒使日侍側？何特太子罪邪？』帝曰：『以汝為洗馬，何不擇人？』綱曰：『臣非東宮得言者。』帝曰：『朕過矣！』擢尚書右丞。

又 卷一〇二《姚珽傳》 珽，篤學有立志，擢明經。歷六州刺史，政皆有績，數被褒賜，累封宣城郡公。遷太子詹事，兼左庶子。時節愍太子稍失道，珽凡四上書諫。其一曰：『臣聞賈誼稱「選天下端士，使與太子居處出入，故太子見正事，聞正言，行正道，左右前後皆正人也。夫習與正人居，不能無正；習與不正人居，不能無不正。教得而左右正，則太子正；太子正，天下定矣」。伏見內置作坊，諸工伎得入宮闈之內、禁衛之所，或言語內出，或事狀外通，小人無知，因爲詐僞，有玷盛德。臣望悉出宮內造作付所司。』

其二曰：『漢文帝身弋綈，足草舄。齊高帝闌檻用銅者，皆易以鐵。經侯帶玉具劍、環佩以過魏太子，太子不視。經侯曰：「魏國亦有寶乎？」太子曰：「主信臣忠，魏之寶也。」「經侯委劍佩去，杜門不出。夫聖賢以簡素爲貴，皇王以菲薄爲德，惟殿下留心恭儉，損省玩好，以訓天下。』

其三曰：『前世東宮門閤，往來皆有簿籍。殿下時有所須，唯門司宣令，姦僞乘之，因緣增損。近呂昇之乃代署宣敕，賴殿下糾發其姦。以後墨令及覆事，並請內印畫署，冀免詐繆。』

其四曰：『聖人不專其德，賢智必有所師。今司經無學士，供奉無侍讀。宜視膳時奏請其人，俾奉講勸。夫經所以立行修身，史所以諳識成敗，斯急務也。』太子雖稱善，不能用其言。及敗，索宮中，得珽諫書，中宗嘉歎。時宮臣皆得罪，獨珽擢右散騎常侍，遷秘書監。

又 《岑文本傳》 晉王爲皇太子，大臣多兼宮官，帝欲文本兼攝，辭曰：『臣守一職，猶懼其盈，不顧希恩東宮，請一心以事陛下。』帝乃止，但詔五日一參東宮。每進見，太子答拜。

又 卷一〇三《張玄素傳》 時太子承乾事游畋，不悅學。玄素上書曰：『天道無親，惟德是輔。苟違天道，人神棄之。古者田三驅，非以教殺，除民害也。今反以獵為娛，行之無常，不損盛德哉？《傳曰》：『事不師古，匪説攸聞。』然則探道在學古，學古在師訓。孔穎達奉詔講勸，宜數逮問，裨萬分。博選賢傑，朝夕侍左右，與相規摩。日知所亡，月無忘所能，此則善美矣。

夫在人上者常求為善也，然性不勝情，耽惑成亂，下有諛言，君道乃虧。古人有云：『勿以惡小不去，善小不為。』禍福之來，皆根於初，護終若始，猶懼其替，始不護焉，終將安歸？

太子不納。又上書曰：周公資聖人，而握沐吐飧，下白屋，況下周公之人哉？殿下睿質天就，尚須學以表飾之。孔穎達、趙弘智皆宿德鉅髦，兼識政機，望數召見，述古今，增懿明德。雕蟲小技，正可閒召，代博弈，不宜屢也。騎射畋游，褻戲酣歌，悦耳目，移情靈，不可以御。夫心為萬事主，動而無節則亂，敗德之原，實在於此。帝知數財正太子，頻擢至銀青光祿大夫，行左庶子。

太子久不見賓友，玄素曰：『宮中所見止婦人，不知如樊姬等可與益聖德者幾何？若無之，即便詖豔嬖，何足顧哉！上惟東宮之重，高署賢才為寮佐，今乃不得進見，將何以朝納誨、夕補遺哉？』太子諱其切，夜遣戶奴以騎檛狙擊，危脱死。嘗聞宮中擊鼓，叩閤正言，太子出鼓，對玄素破之。既不悛，醜德日聞。玄素不能已，上書曰：孔子曰：『能近取譬，可謂仁之方也。』書傳所載或遠，臣請以近事喻之。周武帝平山東，庳宮陋食以安海內，而太子贇有穢德，烏丸軌以聞，帝慈仁不忍廢。及踐祚，狂暴日熾，宗祀以亡，隋文帝所代是也。文帝因周衰，藉女資，雖無大功於人，然布德行惠，上下安賴。勇為太子，驕肆敗度，今宮中山池，殿下所親見者也。當是時，自謂有太山之安，詎知壬臣敢進其説哉？向使動靜有常，進止有度，親君子，疏小人，黜浮華，守恭儉，雖有離間，烏能致慈父之隙哉？蓋積德弗純，令問不著，一遭讒，遂成其禍。

今上以殿下父子親，故所資用不為限節，然詔未六旬，而用踰七萬，驕奢亡藝，孰有過此？龍樓、望苑，為工匠之肆，既闕視膳問安之宜，又無悦學好道之實。上違君父慈訓之方，下有因緣戮辱之罪。所施與者，不游手雜色，則圖畫雕鏤之人。外所瞻仰，此失已暴，內隱密者，尚可勝計哉？右庶子趙弘智經明行脩，臣謂宜數進召，以廣徽美；今反猜嫌，謂妄相推引。從善若流，尚恐不逮，飾非拒諫，禍可既乎？書入，太子怒，遣刺客伺之。會宮廢，玄素坐除名為民。頃之，召授潮州刺史，徙鄧州，訖不復親近。高宗時，以老致仕。麟德初卒。

又　卷一〇四《于志寧傳》（太宗）嘗謂志寧曰：『古者太子既生，士負之，即置輔弼。昔成王以周、召為師傅，日聞正道，習以成性。今太子幼，卿當輔以正道，無使邪僻啓其心。勉之，官賞可不次得也。』太子承乾數有過惡，志寧欲救止之，上《諫苑》以諷。帝見大悦，賜黄金十斤、絹三百匹。俄兼詹事，以母喪免，有詔起復本官，固請終喪，帝遣中書侍郎岑文本敦譬曰：『忠孝不兩立，今太子須人教約，卿彊起，為我卒輔道之。』志寧乃就職。

時太子以農時造曲室，累月不止，又好音樂過度。志寧諫，以為『今東宮乃隋所營，當時號為侈麗，豈容復事磨礱彩飾於其間？丁匠官奴皆犯法亡命，鉗鑿槌杵，往來出入，監門、宿衛、直長、千牛不得苛問。爪牙在外，廝役在內，其可無憂乎？又宮中數聞鼓聲，太樂伎兒輒留不出，往年口敕丁寧，殿下可不思之？』太子不納。而左右多任宦官，志寧復諫曰：『奄官者，體非全氣，專柔便佞，託親近為威權，假出納為禍福。故伊戾敗宋，易牙亂齊，趙高亡秦，張讓傾漢。近高齊任鄧長顒為侍中，陳德信為開府，內預宴私，外干朝政，齊卒顛覆。今殿下左右前後皆用寺人，輕忽高班，陵轢貴仕，品命失序，經紀不立，行路之人咸以為怪。』太子益不悦。

東宮僕御舊得番休，而太子不聽，又私引突厥，與相狎比。志寧懷不能已，上疏極言曰：『竊見僕寺司馭，爰及獸醫，自春迄夏，不得番息。或家有慈親，以闕溫清，或室有幼弱，以虧撫養，殆非恕愛之意。又突厥達哥支等，人狀野心，不可以禮教期，不可以仁信待。狎而近之，無益令望，有損盛德。況引內閤中，使常親近，人皆震駭，而殿下獨安此乎？』太子大怒，遣張師政、紇干承基往刺之。二人者入其第，見志寧憔然在苫塊中，不忍殺，乃去。太子敗，帝知狀，謂曰：『聞公數諫，承乾不聽公，故至此。』是時宮臣皆罪廢，獨志寧蒙勞勉。

又　卷一〇六《杜正倫傳》（貞觀中）太子監國，詔正倫行左庶子，兼崇賢館學士。帝謂正倫：『吾兒幼，未有就德，我常物物戒之。今當監國，不得朝夕見，故輟卿於朝以佐太子。慎之勗之。」它日又言：『朕年十八，猶在人間，情僞無不嘗；及即位，處置有失，必待諫，乃釋然悟，況太子生深宫不及知邪？且人主不可自驕，今若詔天下，敢諫者死，將無復發言矣。故朕孜孜延進直言。卿其以是曉太子，冀裨益之。』擢中書侍郎，封南陽縣侯，仍兼太子左庶子。出入兩宫，典機密，以辦治稱。後太子稍失道，帝語正倫：『太子數私小人，卿可審喻之，教而不徙，其語我來。』故正倫顯諫無所避。太子不從，輒道帝語督切，太子即表聞。帝責曰：『何漏洩我語？』對曰：『開示不入，故以陛下語怖之，冀當反善。』帝怒，出爲谷州刺史，再貶交州都督。太子廢，坐受金帶，流驩州。久之，授郢、石二州刺史。

又　卷一六八《陸質傳》　憲宗爲太子，詔侍讀。【略】時執誼懼太子怒己專，故以質侍東宫，陰伺意解釋左右之。質伺間有所言，太子輒怒曰：『陛下命先生爲寡人講學，何可及它？』質惶懼出。

又　卷一九九《儒學傳中・徐齊聃》　齊聃善文誥，帝愛之，令侍皇太子及諸王屬文，以職樞劇，許間日一至。

唐・杜佑《通典》卷六七《禮典二十七・嘉十二・天子拜敬保傅太子諸王見師禮附》　大唐貞觀十一年，太宗語魏王泰曰：『禮部尚書兼魏王師王珪，汝之事師，如事我也。』泰每先拜珪，珪亦以師道自居，物議善之。十七年，詔令撰三師儀注。太子出殿門迎，先拜，三拜答拜。每門讓。三師坐，太子乃坐。與三師書，前名惶恐，後名惶恐再拜。

又　卷一二八《禮典八十八・開元禮纂類二十三・嘉七・皇太子與師傅保相見》　前一日，衛尉設師、傅、保次於宫門外道西，南向。伶官帥展軒懸於殿庭，以姑洗之均。

其日質明，諸衛率各勒所部屯門列仗。典儀設師、傅、保位於西階之西，東向，三少位於師、傅、保之南，少退，俱東向北上。太師、太傅、太保及三少至宫門，通事舍人引就次。左庶子奏：『請中嚴。』伶官帥帥工人就位。又通事舍人引師、傅、保及三少立於正殿門西差退，俱東向。左庶子奏：『外辦。』諸侍衛之官各服其器服，俱詣閤奉迎。皇太子著從省服以出，左右侍衛如常儀，《永和之樂》作，至東階下西面立，樂止。通事舍人引師、傅、保、三少入就位，樂作止如常，師、傅、保立定，皇太子再拜，師、傅、保答再拜。若三少特見，則三少先拜。通事舍人引師、傅、保出，樂作止如常。師、傅、保出門，左庶子前，跪奏稱：『左庶子臣某言，禮畢。』皇太子入，左右侍衛及樂奏止如來儀。

宋・王溥《唐會要》卷二六《皇太子見三師禮》　（貞觀）十七年四月二十一日，上謂房玄齡、蕭瑀曰：『太子三師，以德導人者也，若師禮卑，則太子無所取則。』於是詔令撰《三師儀注》。太子出殿門迎。先拜，三師答拜。每門讓，三師坐，太子乃坐。與三師書，前名惶恐，後名惶恐再拜。其年，皇太子承幹失德，魏王有奪嫡之漸，内外擬議，上惡之，謂侍臣曰：『當今朝臣忠謇，無逾魏徵，我遣傅皇太子，用絶天下之望。』及草詔，曰：『徵其辭乎？』皆曰：『徵已拜侍中，必不受師傅。』上曰：『徵識吾此意，當不固辭。』及詔爲太子太師，徵自陳有疾。詔答曰：『漢之太子，四皓爲助，我之賴卿，即其義也，知公疾病，當臥護之。』即拜奉詔。其年四月，英公績爲特進、太子詹事，乃同中書門下三品。上謂績曰：『我兒新登儲貳，卿舊長史，今以宫事相委，故有此授，雖屈階資，可勿怪也。屬以幼孤，思之無越卿者，公往不遺李密，今豈有遺朕哉？』績雪涕致詞以謝。

是月，詔宰臣劉洎、岑文本、褚遂良往來東宫，與皇太子遊處爲賓客。初，洎上疏，以皇太子初立，宜尊師重學，與正人遊，故上嘉歎行焉。【略】

大和八年十月，太常禮院奏：『今月十七日，皇太子與太師相見，請前一日，開崇明門，内外門所司陳設。』依奏。

開成三年四月敕：『宣令師、保、賓客、詹事、左右春坊五品已上官，每至朔望日，仗門下，與前件官詣崇明門謁見皇太子。其一官兩員已上者，任分番。如遇陰雨休假，其輟朝放朝，並權停。』

其年八月，敕太子太師鄭覃，每月與賓、詹、左右春坊五品已上官，謁見皇太子，宣令每月更添一日，以二十六日、二十一日詣崇明門謁見。若遇陰雨休假，其輟朝放朝，即取以次雙日。餘准今年四月敕處分。九月敕：『太子太師及東宫，每月二十六詣崇明門謁皇太子宜停。』

宋・王溥《五代會要》卷四《皇太子親王見三師禮》　後唐長興四年七月三日，太常寺奏：奉敕詳定太子諸王見師、傅禮如左：

一、準《開元禮》，皇太子與師、傅、保相見前一日，尉衛設次於宮門外道，西南向；伶官展軒懸於庭。其日，諸衛所部屯門列仗，典謁設師、傅、保位於西階之西，東向，三少位次之，少退，俱東向，北上。師、傅、保及三少至宮門，通事舍人引師、傅、保就次。左庶子奏『中嚴』伶官師工人入就位。通事舍人引師、傅、保及三少立於正殿門西，差退，俱東向。左庶子奏『外辦』。皇太子著常服以出，侍衛如常，《承和樂》作。至東階下，西向立，樂止。通事舍人引師、傅、保及三少入，樂作。就位，樂止。皇太子再拜，師、傅以下答拜。若三少見時，則三少先拜。通事舍人引師、傅以下出，樂作。出門，樂止。左庶子跪奏，稱：『臣某言禮畢。』

一、又準《禮閣新儀》，皇太子受册後，前二日，尚舍設次於崇明門外，南向，又設師、傅、保中書門下文武百官，東西相向，以北爲上。宮臣及皇親陪其後。次左庶子奏『外備』。中官褰簾，皇太子常服出次，南向立，侍從如常儀。次中書門下就北向位再拜訖。禮官贊，皇太子再拜訖。中書門下班首一人前進賀訖，復位，再拜。皇太子答賀訖，又再拜。皇太子揖中書門下訖，相次退。通事舍人、禮官贊皇太子再拜。師、傅等少避位訖。師、傅為班首者一人進賀訖，復位，再拜。皇太子答賀訖，又再拜。皇太子揖，師、傅退出。內侍奉引皇太子就座，南向座訖，事舍人引文武宮臣三品以下入，就北向重行異位立定。奉禮曰『再拜訖』。左庶子一人進，跪奏：『具宮臣某等言賀訖。』復位，皆再拜，分班東西序立。奉禮曰『再拜』，在位官皆再拜訖。左庶子少前跪奏：『具宮臣某言禮畢。』近侍垂簾，皇太子降座，宮臣侍衛仗散如儀。

一、準《會要》，貞觀十七年，上謂房玄齡曰：『太子三師，以德導人者也。若師禮卑，則太子無所取則。』於是詔令撰三師儀注。太子出殿門迎，先拜三師，三師答拜。每門讓，三師坐，太子乃坐。與三師書，前『名惶恐』，後『名惶恐再拜』。

右據太常禮院狀。謹檢開元故事、《禮閣新儀》及《會要》，分析如前。其師、傅見親王，不同皇太子見師、傅。臣請師、傅、親王對拜、揖，各退。奉敕：『宜依。』

太子習政監國分部

綜　述

《隋書》卷二《高祖紀下》（仁壽四年春正月）乙丑，詔賞罰支度，事無巨細，並付皇太子。

又　卷三《煬帝紀上》　仁壽初，奉詔巡撫東南。是後高祖每避暑仁壽宮，恒令上監國。

又　卷四五《房陵王勇傳》　高祖受禪，立為皇太子。軍國政事及尚書奏死罪已下，皆令勇參決之。

又　卷六三《史祥傳》　後以行軍總管，從晉王廣擊突厥於靈武，破之，遷右衛將軍。仁壽中，率兵屯弘化，以備胡。煬帝時在東宮，遺祥書曰：『將軍總戎塞表，胡虜清塵，秣馬休兵，猶事校獵，足使李廣慚勇，魏尚愧能，冠彼二賢，獨在吾子。昔余濫舉，推轂治兵，振皇靈於塞外，驅犬羊乎大漠。于時同行軍旅，契闊戎旃，望龍城而衝冠，眄狼居而發憤。將軍英圖不世，猛氣無前，但物不遂心，僶俛從事。每一思此，我勞如何？將軍宿心素志，早同膠漆，久而敬之，方成魚水。近者陪隨鑾駕，言旋上京，本即述職，南蕃宣條，下國不悟，皇鑑曲發，備位少陽，戰戰兢兢，如臨冰谷。至如建節邊境，征伐四方，褰帷作牧，綏撫百姓，上稟成規，下盡臣節，是所願也。乃竊甘心，仰慕前修，庶得自效，謬其入守神器，元良萬國，身輕負重，何以克堪？所望故人匡其不逮。比監國多暇，養疾閑宮，厭北閣之端居，罷南皮之馳射，博望之苑，既乏名賢，飛蓋之園，理乖終宴。親朋遠矣，琴書寂然，想望吾賢，疢如疾首。』

祥答書曰：『行人戾止，奉所賜貺，恩紀綢繆，形於文墨。不悟飛雪增冰之地，忽載三陽；毳幙韋韝之鄉，俄聞九奏。精駭思越，莫知啓處。祥少不學軍旅，長遇升平，幸以先人緒餘，備職宿衛，懼駑蹇無致遠之用，朽簿非折衝之材。豈欲追蹤古人，語其優劣？曩者王師簿伐，天人受脤，絕漠揚旌，威震海外。當此之時，猛將如雲，謀夫如雨。至若祥者，列於卒伍，預聞指蹤之規，得免逗遛之責，循涯揣分，實為幸甚。爰以情喻雷陳，事方劉葛，信聖人之屈己，非庸人之擬議。何則？川澤之大，汙潦攸歸；松柏之高，蔦蘿斯託。微心眷眷，孟侯所知也。仰惟體元良之德，煥重離之暉，三善克修，萬邦以正。斯固道高周誦，契叶商皓，豈在管蠡所能窺測？伏承監國多暇，養德怡神，咀嚼六經，逍遥百氏，追西園之愛客，眷南皮之出遊，疇昔之恩，無忘造次。祥自忝式遏，載罹寒暑，身在邊隅，情馳魏闕。每至清風夕起，朗月孤照，想鳴葭之啓路，思託乘於後車。塞表京華，山川悠遠，瞻望浮雲，伏增潛結。』太子甚親遇之。

唐·杜佑《通典》卷七一《禮典三十一·嘉十六·皇太子監國及會宮臣議》　大唐睿宗景雲二年四月，欲傳位於皇太子，召三品以上官，謂曰：『朕素懷澹泊，不以宸極為貴。昔居皇嗣，已讓中宗。及居太弟，又固辭不就。思脱屣於天下，為日久矣。今欲傳位於太子，卿等何如？』羣臣唯唯，莫有對者。皇太子遣右庶子李景伯讓監國，上不許。殿中侍御史和逢堯諫曰：『陛下春秋未高，聖恩浹洽。昔韋氏亂政，百僚憂懼，今萬姓顒顒，欣荷睿德，豈可卽為讓乎！』上從之。遂有制：『政事皆取皇太子處分。若緣軍馬刑殺，五品以上除授政事，與皇太子商量，然後聞奏。』其會宮臣儀注，具《開元禮》。

《舊唐書》卷三《太宗紀下》　（貞觀）十九年春二月庚戌，上親統六軍發洛陽。乙卯，詔皇太子留定州監國；開府儀同三司、申國公高士廉攝太子太傅，與侍中劉洎、中書令馬周、太子少詹事張行成、太子右庶子高季輔五人同掌機務；以吏部尚書、安德郡公楊師道為中書令。【略】

（二十二年二月）丁卯，敕皇太子于金液門聽政。

又　卷四《高宗紀上》　（貞觀十七年）立晉王為皇太子。太宗每視朝，常令在側，觀決庶政，或令參議，太宗數稱其善。十八年，太宗將伐高麗，命太子留鎮定州。【略】

（顯慶四年）閏十月戊寅，幸東都，皇太子監國。【略】

（龍朔二年）冬十月丁酉，幸温湯，皇太子弘監國。丁未，至自温湯。

又　卷五《高宗紀下》　（咸亨）二年春正月己巳，幸東都。留皇太子弘于京監國，令侍臣戴至德、張文瓘、李敬玄等輔之。

（三年）冬十月己未，皇太子監國。【略】

（四年）八月辛丑，上沾疾，命太子受諸司啓事。【略】

（儀鳳四年五月）丙戌，皇太子賢監國。【略】

（永淳元年四月）丙寅，幸東都。皇太子京師留守，命劉仁軌、裴炎、薛元超等輔之。【略】

（二年十一月），詔皇太子監國，裴炎、劉齊賢、郭正一等於東宮同平章事。

又　卷六《則天皇后紀》　神龍元年春正月【略】癸亥，麟臺監張易之與弟司僕卿昌宗謀反，皇太子率左右羽林軍桓彥範、敬暉等，以羽林兵入禁中誅之。甲辰，皇太子監國，總統萬機，大赦天下。

又　卷七《中宗紀》　神龍元年正月，鳳閣侍郎張柬之、鸞臺侍郎崔玄暐、左羽林將軍敬暉、右羽林將軍桓彥範、司刑少卿袁恕己等定策，率羽林兵誅易之、昌宗，迎皇太子監國，總司庶政。

又　《睿宗紀》　（景雲二年）二月丁丑，令皇太子監國。

又　卷八《玄宗紀上》　（景雲元年）七月己巳，睿宗御承天門，皇太子詣朝堂受册。【略】

二年，又制曰：『惟天生烝人，牧以元后；維皇立國，副以儲君。將以保綏家邦，安固後嗣者也。朕纂承洪業，欽奉寶圖，夜分不寢，日昃忘倦。茫茫四海，懼一人之未周；烝烝萬姓，恐一物之失所。雖卿士竭誠，守宰宣化，緬懷庶域，仍未小康。是以求下人之變風，遵先朝之故事。皇太子基仁孝因心，温恭成德，深達禮體，能辨皇猷，宜令監國，俾爾為政。其六品以下除授及徒罪已下，並取基處分。』

又　卷一〇《肅宗紀》　（寶應元年四月）乙丑，詔皇太子監國。

又　卷一一《代宗紀》　（大曆四年五月）辛酉，詔皇太子監國。

又　卷一四《憲宗紀上》　順宗卽位之年四月，册為皇太子。七月乙未，權勾當軍國政事。

又　卷一六《穆宗紀》　（長慶四年正月）辛未，上大漸，詔皇太子監國。

又　卷一八下《宣宗紀》　（大中十三年）八月七日，宣遺詔，立鄆王為皇太子，勾當軍國事。

又　卷一九上《懿宗紀》（咸通十四年七月）庚午，制立普王儼為皇太子，權勾當軍國政事。

又　卷一九下《僖宗紀》初封普王，名儼。十四年七月，懿宗大漸。其月十八日，【略】立為皇太子，權勾當軍國政事

又　卷二〇上《昭宗紀》（光化三年）十一月乙酉朔。庚寅，左右軍中尉劉季述、王仲先廢昭宗，幽於東內問安宮，請皇太子裕監國。【略】日及辰巳，內門不開。【略】於御前取國寶付季述，即時帝與皇后共一輦，并常所侍從十餘內人赴東宮。入後，季述手自扃鎖院門，日於窗中通食器。是日，迎皇太子監國，矯宣昭宗命，稱上皇。

又　卷二〇下《哀帝紀》哀皇帝諱柷，昭宗第九子。【略】天祐元年八月十二日，昭宗遇弑。翌日，蔣玄暉矯宣遺詔，曰：【略】『輝王祚幼彰岐嶷，長實端良，裒然不羣，予所鍾愛，必能克奉丕訓，以安兆人。宜立為皇太子，仍改名柷，監軍國事。』

又　卷五二《后妃傳下・玄宗楊貴妃》及祿山叛，露檄數國忠之罪。河北盜起，玄宗以皇太子為天下兵馬元帥，監撫軍國事。國忠大懼，諸楊聚哭，貴妃銜土陳請，帝遂不行內禪。

又　卷七三《薛元超傳》永隆二年，拜中書令，兼太子左庶子。高宗幸東都，太子於京師監國，因留元超以侍太子。帝臨行謂元超曰：『朕之留卿，如去一臂。但吾子未閑庶務，關西之事，悉以委卿。所寄既深，不得默爾。』於是元超表薦鄭祖玄、鄧玄挺、崔融為崇文館學士。又數上疏諫太子，高宗知而稱善，遣使慰諭，賜物百段。

又　卷七四《劉洎傳》太宗征遼，令洎與高士廉、馬周留輔皇太子定州監國，仍兼左庶子、檢校民部尚書。太宗謂洎曰：『我今遠征，使卿輔翼太子，社稷安危之機，所寄尤重，卿宜深識我意。』洎進曰：『願陛下無憂，大臣有愆失者，臣謹卽行誅。』太宗以其妄發，頗怪之，謂曰：『君不密則失臣，臣不密則失身。卿性疏而太健，恐以此取敗，深宜誡慎，以保終吉。』

又　卷七六《恒山王承乾傳》恒山王承乾，太宗長子也，【略】太宗卽位，為皇太子，時年八歲，性聰敏，太宗甚愛之。太宗居諒闇，庶政皆令聽斷，頗識大體。自此太宗每行幸，常令居守監國。

又　卷七八《張行成傳》太宗東征，皇太子於定州監國，卽行成本邑也。太子謂行成曰：『今者送公衣錦還鄉。』於是令有司祀其先人墓。行成因薦鄉人魏唐卿、崔寶權、馬龍駒、張君劼等，皆以學行著聞，太子召見，以其老不任職，皆厚賜而遣之。太子又使行成詣行在所，太宗見之甚悅，賜馬二匹、縑三百匹。駕還京，為河南巡察大使。還稱旨，以本官兼檢校尚書左丞。

又　卷八二《許敬宗傳》高宗在春宮，遷太子右庶子。十九年，太宗親伐高麗，皇太子定州監國，敬宗與高士廉等共知機要。

又　卷八四《郝處俊傳》咸亨初，高宗幸東都，皇太子於京師監國，盡留侍臣戴至德、張文瓘等以輔太子，獨以處俊從。

又　卷八六《孝敬皇帝李弘傳》咸亨二年，駕幸東都，留太子於京師監國。

又　卷八六《章懷太子李賢傳》上元二年，孝敬皇帝薨。其年六月，立為皇太子，大赦天下，尋令監國。賢處事明審，為時論所稱。儀鳳元年，手敕褒之曰：『皇太子賢自頃監，留心政要。撫字之道，既盡於哀矜；刑總所施，務存於審察。加以聽覽餘暇，專精墳典。往聖遺編，咸窺壺奧；先王策，府備討菁華。好善載彰，作貞斯在，家國之寄，深副所懷。可賜物五百段。』

又　卷八七《裴炎傳》（永淳二年）十一月，高宗疾篤，命太子監國。炎奉詔與黃門侍郎劉齊賢、中書侍郎郭正一，並於東宮平章事。

又　卷九七《張說傳》（景雲二年）是歲二月，睿宗謂侍臣曰：『有術者上言，五日內有急兵入宮，卿等爲朕備之。』左右相顧莫能對，說進曰：『此是讒人設計，擬搖動東宮耳。陛下若使太子監國，則君臣分定，自然窺覦路絶，災難不生。』睿宗大悅，卽日下制皇太子監國。

又　卷一三五《王叔文傳》皇太子監國，貶為渝州司戶，明年誅之。

宋・王溥《唐會要》卷四《儲君・雜録》（貞觀）十七年閏六月，詔曰：『皇太子地惟儲副，寄深監撫，兼統禁旅，是允舊章，宜知左右屯營兵馬事，大將已下，並受處分。』

宋·王欽若等《册府元龜》卷二五九《儲宫部·監國》 隋文帝開皇初，立子勇爲皇太子，軍國政事及尚書奏死罪以下，皆令太子參决之。

唐高祖武德九年六月癸亥，立秦王爲皇太子，詔曰：『君臨率土，劬勞庶政，昧旦求衣，思弘至道，而萬機繁委，成務殷積，當扆日昃，寔勞聽覽。皇太子世民夙稟生知，識量明允，文德武功，平一宇内，九官惟序，四門以穆。朕付託得人，義同釋負，遐邇寧泰，嘉慰良深。自今後軍機、兵仗、倉糧，凡厥庶政，事無大小，悉委皇太子斷决，然後聞奏。

太宗貞觀四年五月，詔：『皇太子承乾，宜令聽訟，在兹恤隱，自今以後，訴人惟尚書省，有不伏者，於東宫上啓，令承乾斷决。今若有固執所見，謂理不盡，然後聞奏。』

九年，太宗在諒闇之中，庶政皆令承乾聽斷，頗有大體。自此，太宗每行幸，嘗令居守監國。

十九年二月，太宗親征高麗，詔曰：『省方之物，既勞於躬親，監國之重，允屬於儲貳。皇太子治，温文表德，睿哲日躋，仁孝之誠，彰於温清，弦誦之美，著於膠庠，禮義既茂，徽猷彌遠。委以賞罰之權，任以軍國之政，詳諸前載，寔惟令典。發定州巡遼左之後，宜令治監國，其宗廟社稷百神，咸令主祭，軍國事務，並取斷决。』時太子太保高士廉、侍中劉洎、中書令馬周並留輔佐，太子下令曰：『仰惟聖訓，奉以周旋，虚想異人，共康神化，式遵頓纖，分騖趨車，企觀英靈，欽聞政道。宜頒下州郡，妙簡賢良，其有理識清通，執心貞固，才高位下，德重位輕，或孝弟力行，素行高於州里，或洪筆麗藻，美譽陳於天庭，或學術該通，博聞千載，或政事明允，才爲時新。如斯之倫，並堪經務。而韜光勿用，仕進無階，委身蓬蓽，深爲可歎，所在官僚，精加訪採，庶使垂綸必察，操築無遺，一善弓旌，咸宜舉送。』於是州郡所舉前似至者數百人。

二十年三月庚午，詔曰：『朕粤自渺年，時逢道喪，懷生之類，盡塗原野，是用痛心疾首，攘袂救焚，以戰場爲俎司，以干戈爲章服，夕不遑息，寧濟四方，饑不及餐，推移一紀。幸賴上玄幽贊，下士宅心，承天嗣曆，勵精求政，蠲百王之積弊，振千祀之頹綱，旰食宵衣，百齡行半，洎手至道，方泰塗蓼，遽侵自罹，九年以來，亟罹衰恤。又屬高麗逆辭，毒被韓夷，微物不安，無忌隱惻，遂復躬行弔伐，遠涉遐荒，時歷暄寒，體親風兩，雖復澄氛海外，有慰深衷，久倦征途，乃多虚弊。方今兆庶殷阜，六合廓清，垂拱無爲，允在兹日。而皇太子治令德遠彰，所有機務，可令斷决。百辟卿士，咸宜受其節度。朕當親調五藥，暫屏萬機，三數月間，且自怡懾。』

十一月己丑詔曰：『朕因東行憂勞，幸靈州綏撫，冒寒來往，稍覺疲弊。今欲至歲暮以來，怡攝宜暫簡靜。其祭祀及諸方表疏、蕃容、兵馬、宿衛，應行魚契給驛，授五品以上官及五品以下官降解，斷死罪等事，依嘗式奏聞。自餘並取皇太子治處分。』

二十一年五月壬辰，令皇太子依舊百司啓事。

二十三年二月丁卯，太宗以不豫，敕太子於金液門聽政。

高宗顯慶四年十月，皇太子弘初入東宫。及駕幸東都，留太子於京師監國。

龍朔二年十月丁酉，駕幸温湯，皇太子監國。三年二月庚戌，敕京城見禁囚，每日將二十人過，帝親慮之，多所原免，慮不盡者，仍令皇太子於百福殿慮之。

十月辛巳朔，詔皇太子弘每五日於光順門内監諸司奏事，其小事並太子决之。

乾封二年九月庚申，皇太子弘監國，帝欲服餌故也。咸亨二年正月幸東都，詔皇太子弘監國。

四年八月辛丑，帝以瘧疾，令皇太子弘於延福殿内受諸司啓事。

上元二年六月，立雍王賢爲皇太子，尋令監國。賢處事明審，爲時所稱，手詔褒之。

儀鳳四年五月丙戌，詔皇太子賢監國。

永隆二年閏七月庚申，帝以服餌，令皇太子監國。

永淳二年十一月辛丑，命皇太子監國。侍中裴炎、黄門侍郎劉齊賢、中書侍郎郭正一並於東宫平章事。

中宗神龍元年。皇太子監國。分遣十使齎璽書，宣勞諸州。

睿宗景雲二年二月，有術者上言，五日内有急兵入宫。睿宗顧問侍臣，莫有對者。張説進曰：『此是讒人欲揺動東宫耳。陛下若使太子監國，則君臣分定，自然窺覦路絶，災難不生。』睿宗大悦，乃下制曰：

『維天生人，牧以元后；維皇立國，貳以副君。將以保綏家邦，安固後嗣者也。朕纂承鴻業，欽奉寶圖，夜分不寢，日昃忘倦。茫茫四海，懼一心之未周；蒸蒸萬姓，恐一物之失所。雖卿士竭誠，守宰宣化，緬懷庶域，仍未小康。皇太子隆基，仁孝因心，温恭成德，深達理體，能辯皇猷，宜令監國，俾爾為政。其六品以下授官，其徒罪以下，並取太子處分。』

四月戊子，制曰：『政事皆取皇太子處分，若軍馬刑政，五品以上除授政事，與皇太子商量，然後奏聞。』時睿宗欲傳位於皇太子，召三品以上謂曰：『朕素懷淡泊，不以宸極爲貴，昔居皇嗣，已讓中宗，及居太弟，固辭不就，思脫屣於天下，爲日久矣。今欲傳位太子，卿等以爲如何？』羣臣皆唯唯，莫有對者。皇太子遣右庶子李景伯上疏讓所監，不許。

肅宗元年建巳月乙丑，詔曰：『天下之本，屬於元良；四方之明，資其家嗣。是有傳歸之義，必膺監撫之重。克廣前烈，與人守器，非君父之獨親，俾生靈之同戴。朕號慕弓劍，寢居縗絰，頃以疾苦，未能康寧。殘寇猶虞，中原多壘，軍國大務，理須參決，乃睠睠匕鬯，恭承宗祧。皇太子天縱聰明，日躋聖德，中興宸搆，已有大功。問安寢門，知九國之夢；制勝戎閫，高五品之才。時方艱難，禮在諒闇，且以庶政，委之元子。宜令權監國。』

順宗貞元二十一年正月卽位，七月己未詔曰：『朕承九重之烈，荷萬邦之重，顧以寡德，涉道未明，虔恭畏懼，不克祇荷。嘗恐上墜祖宗之訓，下貽卿士之憂，夙夜祇勤，以臨于咎，而積灰光復，至於經時怡神，保和嘗所，不暇永懼，四方之大，萬物之殷，不躬不親，慮有曠廢。加以山陵有日，霖潦踰旬，是用儆于朕心，思答天戒。其軍國政事，宜權令皇太子純勾當，百辟羣后，中外庶僚，悉心輔翼，同底于理，宣布朕意，咸所知聞。』

初，帝自嗣位，卽疾患不能言，至四月益劇，雖時扶坐殿，羣臣入閣，望拜而已，未嘗有進見者，天下事皆專斷於王叔文，而李忠。王伾爲之內主，韋執誼行之於外。朋黨讙譁，榮辱進退，生於造次，唯意所欲，不拘程度。既知內外厭毒，慮見摧敗，卽謀兵權，欲以自固，而人情益疑懼，不測其所爲，朝夕伺候。會其與執誼交惡，心腹內離，外有西川韋皐、荆南裴均、東川嚴綬等牋表，而中官劉光奇、俱文珍、薛盈玲、尚演、解玉等，皆先朝任使舊人，同心怨憤，屢以啓帝。帝固厭倦萬機，嫉惡叔文等。至是，遂召翰林學士鄭絪、衛次公王涯等，入至金鑾殿，撰制詔而發命焉。

是日，皇太子見百僚於東朝堂，百僚拜賀。皇太子泣涕不答拜。先是，連月陰雨，既定册，雨遂止。及宣詔之時，天地大開，遠近清霽。丙申，詔宰臣告西宮，告天地社稷。皇太子見四方使於德殿西亭。【略】

昭宗天祐元年八月，以輝王為皇太子，監國。

《新唐書》卷二《太宗紀》（貞觀九年五月）皇太子聽政。【略】

（十七年閏六月）丁巳，詔皇太子典左右屯營兵。【略】

十九年二月庚戌，如洛陽宮，以伐高麗。癸丑，射虎于武德北山。乙卯，皇太子監國于定州。【略】

（二十年）三月己巳，至自高麗。庚午，不豫，皇太子聽政。【略】

十一月己丑，詔：『祭祀、表疏、藩客、兵馬、宿衛、行魚契給驛，授五品以上官及除解，決死罪，皆以聞，餘委皇太子。』

（二十一年）壬辰，命百司決事于皇太子。【略】

（二十三年三月）丁卯，不豫，命皇太子聽政于金液門。

又 卷三《高宗紀》 太宗嘗命皇太子遊觀習射，太子辭以非所好，願得奉至尊，居膝下。太宗大喜，乃營寢殿側為別院，使太子居之。太宗每視朝，皇太子常侍，觀決庶政。

二十三年，太宗有疾，詔皇太子聽政於金液門。【略】

（顯慶四年閏十月）戊寅，如東都，皇太子監國。【略】

（龍朔二年）十月丁酉，幸温湯，皇太子監國。丁未，至自温湯。【略】

（三年）十月辛巳，詔皇太子五日一至光順門，監諸司奏事，小事決之。【略】

（咸亨）二年正月己巳，如東都，皇太子監國。【略】

（三年）十月己未，皇太子監國。【略】

（四年）八月辛丑，以不豫，詔皇太子聽諸司啓事。【略】

（調露元年）五月丙戌，皇太子監國。【略】

（開耀元年閏七月）庚戌，以餌藥，皇太子監國。【略】（永淳元年四月）丙寅，如東都，皇太子監國。【略】（弘道元年十一月）辛丑，皇太子監國。

又　**卷四《中宗紀》**　（神龍元年正月）甲辰，皇太子監國，大赦改元。

又　**卷五《睿宗紀》**　（景雲二年）二月丁丑，皇太子監國。

又　**《玄宗紀》**　景雲二年，監國，聽除六品以下官。

又　**卷六《肅宗紀》**　（寶應元年建巳月）乙丑，皇太子監國。

又　**卷八《穆宗紀》**　（長慶四年正月）辛未，以皇太子權句當軍國政事。

又　**卷八一《孝敬皇帝李弘傳》**　帝幸東都，詔監國。時關中饑，弘視廡下兵食有榆皮、蓬實者，悄然命家令寺給米。

又　**《章懷太子李賢傳》**　章懷太子賢，字明允。【略】更名德。【略】上元年，復名賢。是時，皇太子薨，其六月，立賢為皇太子。俄詔監國，賢於處決尤明審，朝廷稱焉，帝手敕褒賜。

又　**卷八三《太平公主傳》**　玄宗以太子監國，使宋王、岐王總禁兵。主恚權分，乘輦至光範門，召宰相白廢太子。於是宋璟、姚元之不悅，請出主東都，帝不許，詔主居蒲州。主大望，太子懼，奏斥璟、元之以銷戢怨嫌。監察御史慕容珣復劾慧範事，帝疑珣離間骨肉，貶密州司馬。主居外四月，太子表追還京師。

時宰相七人，五出主門下。又左羽林大將軍常元楷、知羽林軍李慈皆私謁主。主內忌太子明，又宰相皆其黨，乃有逆謀。先天二年，與尚書左僕射竇懷貞、侍中岑羲、中書令蕭至忠崔湜、太子少保薛稷、雍州長史李晉、右散騎常侍昭文館學士賈膺福、鴻臚卿唐晙及元楷、慈、慧範等謀廢太子，使元楷、慈舉羽林兵入武德殿殺太子，懷貞、羲至忠舉兵南衙為應。既有日矣，太子得其姦，召岐王、薛王、兵部尚書郭元振、將軍王毛仲、殿中少監姜皎、中書侍郎王琚、吏部侍郎崔日用定策。前一日，因毛仲取內閑馬三百，率太僕少卿李令問王守一、內侍高力士、果毅李守德叩虔化門，梟元楷、慈於北闕下，縛膺福內客省，執羲、至忠至朝堂，斬之，因大赦天下。主聞變，亡入南山，三日乃出，賜死于第。諸子及黨與死者數十人。簿其田貲，瓌寶若山，督子貸，凡三年不能盡。

又　**卷八四《劉仁軌傳》**　永淳元年，高宗幸東都，皇太子京師監國，遣仁軌與侍中裴炎、中書令薛元超留輔太子。

又　**卷一〇四《于志寧傳》**　太子駐定州監國，謂曰：『吾乃送公衣錦過鄉邪！』令有司祠其先墓。行成薦里人魏唐卿、崔寶權、馬龍駒、張君劼皆以學行聞，太子召見，以其老不可任以事，厚賜遣之。太子使行成詣行在，帝見悅甚，賜勞尤渥。還為河南巡察大使，稱旨，檢校尚書左丞。是歲，帝幸靈州，詔皇太子從。行成諫曰：『皇太子宜留監國，對百寮日決庶務，既為京師重，且示四方盛德。』帝以為忠。遷侍中、兼刑部尚書。

又　**卷一六九《杜黃裳傳》**　太子總軍國事，擢黃裳門下侍郎、同中書門下平章事。

宋·宋敏求《唐大詔令集》卷三〇《皇太子·監國·神堯命皇太子決斷庶政詔》　朕君臨率土，劬勞庶政，昧旦求衣，思弘至道，而萬幾繁委，成務殷積，當宸日昃，實疲聽覽。皇太子世民，夙禀生知，識量明允，文德武功，平一海內，九官惟敘，四門以穆。朕付託得人，義同釋負，遐邇寧泰，嘉慰良深。自今以後，軍機時務，兵仗倉粮，凡厥庶政事，無大小悉委皇太子決斷，然後奏聞。既溥天同慶，宜加惠澤。為父後者，若有封爵，皆令襲繼。諸赤牒擬授職事官，見任者並即為真；其已得替者，參選之日聽依階敘；亡官失爵者，量加擢用。逋租宿賦及先須官錢物，悉從蠲免。文武官人，節級頒賜，務存優洽，稱朕意焉。武德九年六月

又　**《太上皇崩命皇太子承乾知軍國事詔》**　朕以不天，夙罹偏罰，假息旦暮，分沉苦壤，仰賴先皇，慈恩鞠育，爰自幼年，至於成家，未及弱冠，仍屬亂離。翼奉義旗，身當矢石，克平多難，任居藩屏，遂復委以萬幾，膺茲景命，祇懼虛薄，弗克負荷，日夜兢兢，不遑寧晏。加以氣患，屢幸九成，晨昏定省，廢於朝夕，今歲停行，盡行養禮。不謂殃罰深重，大行崩背，號天叩地，無所逮及。伏奉遺詔，追迹漢文，以日易月，降其常期，顧命之旨，誠不可違。然三年之喪，自天子達，殷周以來，罔弗遵用，漢文變古，有乖前式。但慈顏日遠，忻謁無由，俯就之文，理即

遵奉。然朕之情，切不可抑，荼毒之心，何可堪忍？皇太子承乾，年過志學，秉性聰敏，頻年治國，理務允諧。今欲於東宮平決，朕得盡哀廬室，終其喪紀。望羣公卿士，股肱王室。興言及此，唯增哽絶，朝多君子，恕朕哀心。貞觀九年五月

又《太宗征遼命皇太子監國詔》　朕以寡薄，君臨區夏，奉神祇之永命，當億兆之重責。宵衣旰食，憂六宮之未安；寒心銷志，懼一物之失所。穢況僻遠，豺狼縱毒，元惡尚稽乎天罰，遺黎久陷於坑穽。朕是以發自瀍澗，言巡遼碣，命元戎以先驅，播凱澤於遐裔。省方之務，既勞於躬親；監國之重，允屬於儲貳。皇太子治，温文表德，睿哲日躋，仁孝之誠，彰於温凊，絃誦之美，著於膠庠，禮義既茂，徽猷彌遠。委以賞罰之權，任以軍國之政，詳諸前載，實惟令典。發定州巡遼左之後，宜令太子治監國。其宗廟社稷百神，咸令主祭。軍國事務，並取決斷。貞觀十九年正月

又《太宗破高麗回怡攝命皇太子決斷機務詔》　朕粤在渺年，時逢道喪，懷生之類，盡塗原野，是用疚心疾首，攘袂救焚，以戰場為俎豆，以戎戈為章服，夕不遑寧，思濟四方，飢不及飡，推移一紀。幸賴上玄幽贊，下土宅心，忝承嗣曆，勵精求政，蠲百王之積弊，振千紀之頹綱。旰食宵衣，百齡行半，洎乎至道方泰，荼毒遽侵。自九年以来，亟罹哀卹，又屬高麗逆亂，毒被韓夷。微物不安，無忘隱惻，遂復躬行弔伐，遠涉遐荒，時歷暄寒，體親風雨，雖復靖氛海外，有慰深衷，久倦征遼，乃多虛弊。方今兆庶殷阜，六合廓清，垂拱無為，允在茲日。而皇太子某，令德遠彰，所有幾務，並可斷決。百辟卿士，咸宜受其節度。朕當親調五藥，暫屏萬幾，三兩月間，且自怡攝。貞觀二十年三月

又《高宗命皇太子領諸司啓事詔》　東臺：貳極之基，道光於上嗣；貞國之本，事表於元良。故能創北揺之風，敬東序之業，功少海而逾潤，浮前曜而增華。皇太子弘，寢門標美，壽街騰懿。三善夙茂，瑜珮以之含鏘；四學早優，班翰以之凝映。正以年在沖幼，未從監撫，雖調護方勤，助琢磨之器，而稼穡靡喻，爽德教之途。然為政之方，義資素習。宜令皇太子弘，每五日於光順門內坐，諸司有奏事小者，並啓皇太子。主者施行。

又《則天太后命皇太子監國制》　鸞臺：多難興王，殷憂啓聖，蕭牆之禍，自古有之。朕以虛寡，宿承先顧，社稷宗廟，寄在朕躬。親理萬幾，年逾二紀，幸得九玄垂祐，四海乂安，何嘗不日旰忘食，夜分輟寢，戰戰而臨寶位，虔虔而握聖圖？憂百姓之不寧，懼一物之失所，久親庶政，勤倦成勞。頃日以来，微加風疢。逆豎張易之、昌宗兄弟，比緣薄解調鍊，久在園苑驅馳，錫以殊恩，加以顯秩，不謂豺狼之性，潛起梟獍之心，積日包藏，一朝發露。皇太子顯，元良守器，純孝奉親，知此釁萌，奔衛宸極，與北軍諸將戮力齊心，剿撲凶渠，咸就梟斬。斯乃天地之大德，幽明所贊叶者乎！豈惟朕躬之幸，抑亦兆庶之福。朕方資藥餌，冀保痊和，幾務既繁，有妨攝理，監臨之寄，屬在元良。宜令皇太子顯監國，百官總己以聽。朕當養閒高枕，庶獲延齡。可大赦天下。神龍元年正月

又《張説〈睿宗命皇太子監國制〉》　維天生人，牧以元后，維王立國，貳以儲君，將以保綏家邦，安固後嗣者也。朕纂承鴻業，欽若寶圖，夜分不寐，日昃忘倦。茫茫四海，懼一心之未周；蒸蒸萬方，恐一物之失所。雖卿士竭誠，守宰宣化，緬懷庶域，仍未小康。皇太子隆基，仁智因心，温恭成德，深達理體，能辨皇猷，宜令監國，俾爾為政。其六品以下授官及徒罪以下，並取處分。景雲二年二月

又《允皇太子奏讓政事詔》　朕恭臨宸極，嗣守丕圖，承九服之康寧，當二儀之交泰。窅然汾水，願遂放勛之遊。皇太子諱，孝德茂於周儲，恭慎超於兩漢，翼宣景化，允輔朕躬。頃以宇宙事殷，宗社事重，委以幾務，叶贊謀猷，志切承師，情殷問道，夏絃春誦，心存德藝，威刑慶賞，罔不當仁。循省奏章，嘉而不奪。景雲二年四月

又《明皇命皇太子監國親總師徒東討詔》　詔曰：通三立極，正維之業大；明兩作《離》，繼照之功博。是以貞我萬國，必在元良，弼予一人，歸之上嗣。將寄丈人之律，實資長子之師。亦既戒嚴，當除羣慝。皇太子亨，仁明植性，孝友因心，禀上德之粹靈，宅中和之正氣。恭敬之虔，豈伊橋梓？剛柔之適，無取韋絃。韞公忠而事君，總文武而行己。既有絶馳之美，可稱問膳之勤。以三善之明，助百揆之務。邇安遠肅，天平地成。屬凶險負恩，稱兵向闕，人神共憤，命爾撫軍，將徽福於

宗祧，以保安於社稷。憑天之德，何嚮不濟？順人之心，所戰必尅。庶清彼氛沴，以寧我國家。宜令太子監國，仍即親總師徒，以誅叛逆。取今月二十三日先發，所司准式，務從省便，無使勞煩。布告遐邇，咸令知悉。天寶十四年十二月

又《**肅宗命皇太子監國制**》 門下：天下之本，屬於元良，四方之明，資其繼照。是有傳歸之義，必膺監撫之重。克廣前烈，與人守邦，非君父之獨親，俾生靈之同戴。朕號慕弓劍，寢居縗絰，頃以疾苦，未能康寧，殘寇猶虞，中原多壘，軍國大務，理須參決，乃眷匕鬯，共承宗祧。皇太子豫，天縱聰明，日躋德業，中興締搆，已有大功。問安內寢，占九國之夢；制勝戎閫，高五官之才。時方艱難，禮在諒闇。其以庶政，委之元子，宜令權監國。又以上天降寶，獻自楚州，神明告曆數之符，奎璧定妖災之氣。總集瑞命，祇承鴻休，因以體元，叶於五紀。其元年宜改為寶應元年，建巳月改為四月，其餘月並依常數，仍舊以正月一日為歲首。受茲福應，行以升平，因日月之重光，布雲雨之渥澤。其天下見禁囚徒罪，無輕重，並已發覺未發覺，已結正未結正，四月十五日昧爽以前，一切放免。左降官宜量移近處，流人即一切放回。有司更不得輕有類例條件。其楚州刺史并出寶縣官及進寶官等，量與進改。隨進寶官等典傔，各量與一官。宣示中外，咸知朕意。主者施行。

又《**順宗命皇太子勾當軍國敕**》 敕：朕承九聖之烈，荷萬邦之重，顧以寡德，涉道未明，虔恭寅畏，懼不克荷，常恐上墜祖宗之訓，下貽卿士之憂，夙夜祇勤，如臨於谷，而積疢未復，至於經時，怡神保和，常所不暇。永惟四方之大，萬務之殷，不躬不親，慮有曠廢。加以山陵有日，霖潦踰旬，是用警於朕心，思答天戒。其軍國政事，宜權令皇太子純勾當。百辟羣后，中外庶僚，悉心輔翼，同底於理。宣布朕意，咸使聞知。永貞元年七月

又《**穆宗命皇太子檢校軍國敕**》 敕：朕獲嗣祖宗，祇荷重器，常恐失墜，若陷泉谷，而萬務所繫，憂勤是切，宿疹在體，不遑自安，陽氣歊蒸，沉恙復作，不能日臨庶政，親領萬幾。皇太子湛，睿哲温文，孝敬明敏，其軍國政事，宜權令檢校。百辟卿士，中外臣僚，宜竭乃心，輔我元子，同底於道，以寧邦家。宣布朕意，庶使知悉。長慶四年正月

又《**宣宗立鄆王為皇太子勾當軍國敕**》 敕：朕以寡昧，獲承丕搆，潔己以奉九廟，恭己以臨兆人，宵旰在懷，罔敢暇逸。而憂勞所迫，蒸暑或加，疾恙未瘳，既踰旬朔。萬幾繁重，不能躬親，詢於大臣，稽以古訓，永惟負荷之重，思建儲貳之賢，用舉徽章，式固大本。長子鄆王温，宜改名漼。濬哲天縱，孝敬日躋，秉德不回，出言可法，英姿齊聖，粹厚而恭，道叶繼明，義符立長，可以貳於神器，增輝前星。宜立為皇太子，權勾當軍國政事。咨爾三事百辟，內外臣僚，宜協乃心，敬輔元子，罔違於道，俾致時雍。布告遐邇，咸令知悉。大中十三年八月九日

又《**懿宗立普王為皇太子勾當軍國詔**》 敕曰：朕守大器之重，居兆人之上，日慎一日，如履如臨，旰昃勞懷，寢興思理，涉道猶淺，至化未弘，而攝養乖方，寒暑嬰厲，實有慮於闕政，且無暇於怡神。恙未少瘳，日以寖劇，萬務繁綜，須有主張。考之舊章，謀於列辟，思闡鴻業，式建皇儲。第五男普王儼，改名儇。孝敬温恭，寬和博厚，日新令德，天縱英姿，言皆中規，動必由禮，俾崇邦本，允洽人心。宜立為皇太子，權勾當軍國政事。咨爾中外卿士，洎於腹心之臣，敬保胤子，輔成予志，各竭乃心，以安黎庶。布告中外，知朕意焉。咸通十四年七月十七日

又《**昭宗命皇太子監國制**》 門下：朕以眇身，祇膺大寶，十有三載，懼不克勝。上荷祖宗之靈，托於兆人之上。虛受謙益，每勵於恭勤；示儉守文，靡忘其宵旰。而乃兩經播越，薦興兵革，生類莫躋於仁壽，理道未致於洽平。尚賴左右大臣，尊獎侯伯，共戡多難，歸復神州。豈我眇沖，拯此艱運？恭念高祖、睿宗、玄宗、順宗，或經多難，或苦沉痾，遂厭萬幾，授於令嗣，是使進退無爽，孝慈兩全，人心盡服其至公，天性克彰於其美。近者忽嬰疾疹，旦夕未瘳，雖思養襟靈，而亦循典故。皇太子裕，温恭有立，和粹積中，蘊孝悌以性成，稟聰知而夙慧，動惟樂義，進則思賢，必能廣繼絶之心，副傳歸之命。萬幾至重，不可暫闕。宜令皇太子裕，監軍國事。咨爾中外臣弼，將相卿士，輔朕元子，永孚於休。凡厥庶務，悉宜聽監國處分。布告遐邇，當體朕意。主者施行。光化一年十一月六日

又《**何皇后立輝王為皇太子監軍國令**》 門下：我國家化隋為唐，奄有天下，三百年之盛業，十八帝之耿光。聖上自纂丕圖，垂將二

紀，雖恭勤無怠，屬運數多艱，致寰宇之未康，覩兵戈之屢起，賴勳賢叶力，宗社再安。豈意宮闈之中，禍亂忽作，昭儀李漸榮、河東郡夫人裴貞一等，潛為逆節，輒肆凶謀，傷疚既深，久及膚革。萬幾不可以久曠，四海不可以乏君。神鼎所歸，頃有纂紹。輝王祚，幼彰岐嶷，長實端貞，裒然不羣，予所鍾愛，必能克奉丕訓，以安兆人。宜立為皇太子，仍改名祝，監軍國事。於戲！孝愛可以承九廟，恭儉可以安萬邦。無樂逸遊，用寧寰宇。百辟卿士，佐茲沖人，再揚我太宗之休烈。主者施行。天祐元年八月

宋·勾延慶《錦里耆舊傳》卷二　四月，改元曰明德。六月，知祥病。知祥得風疾踰年，至是遂劇，以其子昶為皇太子，監國。

清·吳任臣《十國春秋》卷一六《南唐二·元宗紀》　建隆二年春二月，國主遷于南都，立吳王從嘉為太子，留金陵監國。

又　卷一七《南唐三·後主紀》　建隆二年，元宗南遷，立為太子，留金陵監國。以嚴續、殷崇義輔之，張洎主牋奏。

又　卷三六《前蜀二·高祖紀下》（永平元年）五月，帝如利州，命皇太子監國。

又　卷四八《後蜀一·高祖紀》（七月）甲子，立皇子、東川節度使同平章事、親衛馬步都指揮使仁贊為太子，仍監國。召司空同平章事趙季良與李仁罕、趙廷隱、王處回、張公鐸、侯洪實，同受遺詔輔政。

又　卷四九《後蜀二·後主紀》　及高祖病革，立為皇太子，權監軍國事。

又　卷九一《閩二·康宗紀》　康宗名繼鵬，惠宗長子也。惠宗既殂，明日辛巳，繼鵬稱皇太后令監國。是日即皇帝位，更名昶。

又　卷一〇四《北漢一·世祖紀》（十一月）是月，帝疾革，命皇子承鈞監國。

論　說

宋·王欽若等《册府元龜》卷二五九《儲宮部·監國》　《春秋傳》曰：『君行則守，守曰監國，古之制也。』所謂君之冢子，居明《離》之位，當主鬯之重，繼體作貳，為國之本。或乘輿巡幸，靈旗親征，總督留務，以隆民望。或付之政事，委之獄訟，臨聽關决，以裁國典。蓋所以茂元良之德，以貞萬邦；昭儲副之義，以熙百志。然後一宇內之視聽，定天下之大本，保世延祚，垂鴻永命，莫不繇斯者已。

后妃制度部

位號等級分部

綜　述

《隋書》卷三六《后妃傳》　然后妃之制，夏、殷以前略矣。周公定禮，內職始備列焉。秦、漢以下，代有沿革，品秩差次，前史載之詳矣。齊、梁以降，歷魏暨周，廢置益損，參差不一。周宣嗣位，不率典章，衣禕翟，稱中宮者，凡有五。夫人以下，略無定數。

高祖思革前弊，大矯其違，唯皇后正位，傍無私寵，婦官稱號，未詳備焉。開皇二年，著內宮之式，略依《周禮》，省減其數。嬪三員，掌教四德，視正三品。世婦九員，掌賓客祭祀，視正五品。女御三十八員，掌女工絲枲，視正七品。【略】

初，文獻皇后功參歷試，外預朝政，內擅宮闈，懷嫉妬之心，虛嬪妾之位，不設三妃，防其上逼。自嬪以下，置六十員。加又抑損服章，降其品秩。至文獻崩後，始置貴人三員，增嬪至九員，世婦二十七員，御女八十一員。貴人等關掌宮闈之務，六尚已下，皆分隸焉。

煬帝時，后妃嬪御，無釐婦職，唯端容麗飾，陪從讌遊而已。帝又參詳典故，自製嘉名，著之於令。貴妃、淑妃、德妃，是為三夫人，品正第一。順儀、順容、順華、修儀、修容、修華、充儀、充容、充華，是為九嬪，品正第二。婕妤一十二員，品正第三，美人、才人一十五員，品正第

四，是為世婦。寶林二十四員，品正第五；御女二十四員，品正第六；采女三十七員，品正第七，是為女御。總一百二十，以敍於宴寢。又有承衣刀人，皆趨侍左右，並無員數，視六品已下。

又　卷一二《禮儀志七》　貴妃、德妃、淑妃，是為三妃。【略】順儀、順容、順華、修儀、修容、修華、充儀、充容、充華，是為九嬪。

唐·李林甫等《唐六典》卷一二《內官宮官內侍省·內官》　惠妃一人，麗妃一人，華妃一人，淑儀一人，德儀一人，賢儀一人，順儀一人，婉儀一人，芳儀一人，美人四人，才人七人。【略】

內官。《春秋左氏傳》曰：『不腆先君之嫡，以備內官。』又曰：『內官不及同姓。』杜預曰：『謂嬪御也。』《周官》有夫人、嬪、世婦、女御之位，聽天下之內治。漢、晉已來，雖有位號，多不盡備。隋氏法《周官》而悉置焉，則列夫人、嬪、婕妤、美人、才人、寶林、御女、采女等，充百二十位。宮中復有六尚，以備衆職，謂之宮官。皇朝因之。今上天溥施，猶防女寵，故省內官，將以垂範，而六尚仍舊焉。

妃三人，正一品。周官三夫人之位也。古者帝嚳立四妃，蓋象后妃四星，其一明者后也。至舜不立正妃，蓋但三妃而已，謂之三夫人。自夏殷已降，復有立者，視三公位。雖云古制，數頗繁焉。其餘沿革，事不經見。隋氏依周官，立三夫人。皇朝上法古制而立四妃，其位貴妃也，淑妃也，德妃也，賢妃也。今上以為后妃四星，其一后也。既有后位，復立四妃，則失其所法象之意焉。因省嬪婦、女御之數，改定三妃、六儀、美人、才人四等，共二十人，以備內官。其位惠妃也，麗妃也，華妃也。婦德、婦容、婦言、婦功，可以坐而論禮者則進，無則闕焉。

夫人佐后坐而論婦禮者也。其於內則無所不統，故不以一務名焉。

六儀六人，正二品。周官九嬪之位也。夏后氏三夫人，增以三三而九，列九嬪之位。漢初無聞。至武帝，始制婕妤、娙娥、容華、充衣，數不至九，其位在嬪後。魏孝文改定內官，隋氏因周官，盡立其名秩。皇朝初因之，今上改制六儀之位，以備其職焉。

六儀掌教九御四德，率其屬以贊導后之禮儀。一淑儀，二德儀，三賢儀，四順儀，五婉儀，六芳儀。

美人四人，正三品。周官二十七世婦之位也。殷人因九嬪，增以三九二十七，列二十七世婦之位。其制增損，累代不恒。前漢十四等。後漢貴人、才人雖列位號，不依世婦之職。隋氏因周官，制婕妤等二十七人。皇朝初因之，今上改置美人之位，以備其職焉。

美人掌率女官，修祭祀、賓客之事。

才人七人，正四品。周官八十一女御之位也。周人因二十七世婦，增以三二十七，列八十一女御之位。舊制沿革，畧同於上注。隋氏依周官，制寶林、御女、采女等。皇朝初因之，今上改置才人之位，以備其職焉。

才人掌序燕寢，理絲枲，以獻歲功焉。

唐·杜佑《通典》卷三四《職官十六·內官》　大唐內官有惠妃、麗妃、華妃三人，正一品。淑儀、德儀、賢儀、順儀、婉儀、芳儀六人，正二品。美人四人，正三品。才人七人，正四品。宮官有差。初，武德九年詔曰：『王者內職，取象天官，肇自古昔，具有節文。末代奢淫，搜算無度，憫茲深閉，久離親族，一時減省，各從娶聘。』自是中宮前後所出三千餘人。貞觀二年，中書舍人李百藥上封事曰：『竊聞大安宮及掖庭內，無用宮人動有數萬，衣食之費，固自煩多，幽閉之冤，足傷和氣，亢陽為害，亦或由茲。』太宗謂侍臣曰：『隋氏末年，求採無已，此皆竭人財力，深所不取。且灑掃之餘，更何所用？今將出之，任求伉儷，非省費息人，亦得各遂其性。』於是令尚書右丞戴胄、給事中杜正倫等，於掖庭西門簡出之。玄宗開元二年詔曰：『古者三夫人、九嬪、二十七世婦、八十一御妻，以備內職焉。朕恭膺大寶，頗循舊號，而六宮曠位，未副於《周禮》。八月算人，不行於漢法。至如姜后進諫，永巷脱簪，袁盎有言，上林引席。此則朕之所慕，未曾忘也。頃者人頗諠譁，流聞道路，以為朕求聲色，選備掖庭。豈余志之未孚，何斯言之妄作？往緣太平公主輒進人入宮，時以事須順從，未能相抑。見不賢莫若內省，欲止謗莫若自修。改而更之，損之可也。妃嬪以下，備當簡擇，使還其家。

《舊唐書》卷五一《后妃傳上》　三代宮禁之職，《周官》最詳。自周已降，彤史沿革，各載本書，此不備述。唐因隋制，皇后之下，有貴妃、淑妃、德妃、賢妃各一人，為夫人，正一品；昭儀、昭容、昭媛、修儀、修容、修媛、充儀、充容、充媛各一人，為九嬪，正二品；婕妤九人，正三品；美人九人，正四品；才人九人，正五品；寶林二十七人，正六品；御女二十七人，正七品；采女二十七人，正八品。其餘六尚諸司，分典乘輿服御。龍朔二年，官名改易，內職皆更舊號。咸亨二年復舊。開元中，玄宗以皇后之下立四妃，法帝嚳也，而后妃四星，一為正后；今既立正后，復有四妃，非典法也。乃於皇后之下立惠妃、麗妃、華妃等三位，以代三夫人，為正一品；又置芳儀六人，為正二品；美人四人，為正三品；才人七人，為正四品；尚宮、尚儀、尚服各二人，為正五品；自六品至九品，即諸司諸典職員品第而序之，後亦參用前號。

又　卷四四《職官志三・內官》　妃三人。正一品。周官三夫人之位也。隋依周制，立三夫人。武德立四妃：一貴妃，二淑妃，三德妃，四賢妃，位次后之下。玄宗以為后妃四星，其一正后，不宜更有四妃，乃改定三妃之位：惠妃一，麗妃二，華妃三，下有六儀、美人、才人四等，共二十人，以備內官之位也。三妃佐后，坐而論婦禮者也。其於內，則無所不統，故不以一務名焉。六儀六人，正二品。《周官》九嬪之位也。掌教九御四德，率其屬以贊導后之禮儀。美人四人，正三品，《周官》二十七世婦之位也。掌率女官，修祭祀賓客之事。才人七人，正四品，《周官》八十一御女之位。掌敍宴寢，理絲枲，以獻歲功。

宋・王溥《唐會要》卷三《內職》　舊制，皇后之下有貴妃、淑妃、德妃、賢妃、各一人，為夫人，正一品；昭儀、昭容、昭媛、修儀、修容、修媛、充儀、充容、充媛、各一人，為九嬪，正二品；婕妤九人，正三品；美人九人，正四品；才人九人，正五品；寶林二十七人，正六品；御女二十七人，正七品；采女二十七人，正八品；以備《周禮》六宮之數。【略】

龍朔二年，改易官名，置贊德二人，正一品。以代夫人；宣儀四人，正二品。以代九嬪；承閨五人，正四品，以代美人；承旨五人，正五品，以代才人；衛僊六人，正六品，以代寶林；供奉八人，正七品，以代御女；侍櫛二十人，正八品，以代采女；又置侍巾三十人，正九品。咸亨二年，復舊。

高祖、太宗黜隋之亂政，未下車而大放宮女。正位配尊，惟其舊德；宮闈之職，備員而已，所謂刑于內以正乎外。及高宗永徽之後，政出宮中，公卿大夫罔不憚服，其取威也多。山陵未畢，而冢嗣再廢。遂闕翦王室，改立宗社，非一朝一夕之故，其所由來漸矣。及中宗追王韋氏，崇寵三思，使以先朝故事尊誘之。於是慶雲之瑞，宣於朝廷；桑女之歌，布於天下。防閑之道大壞，亂逆之謀預召矣。卒以禍敗，為後王誡。玄宗即位，大加懲革，內外有別，家道正矣。

《新唐書》卷七六《后妃傳上》　唐制：皇后而下，有貴妃、淑妃、德妃、賢妃，是為夫人。昭儀、昭容、昭媛、脩儀、脩容、脩媛、充儀、充容、充媛，是為九嬪。婕妤、美人、才人各九，合二十七，是代世婦。寶林、御女、采女各二十七，合八十一，是代御妻。自餘六尚，分典乘輿服御，皆有員次。后世改復不常。開元時，以后下復有四妃非是，乃置惠、麗、華三妃，六儀，四美人，七才人，而尚宮、尚儀、尚服各二，參合前號，大抵踵《周官》相損益云，然則尚矣。

禮本夫婦，《詩》始后妃，治亂因之，興亡係焉。盛德之君，帷薄嚴奧，裏謁不忓于朝，外言不內諸閫，《關雎》之風行，彤史之化脩，故淑範懿行，更為內助。若夫豔嬖之興，常在中主。第裯既交，則情與愛遷；顏辭媚熟，則事為私奪。乘易昏之明，牽不斷之柔，險言似忠，故受而不詰，醜行已效，反狃而為好。左右附之，憸壬基之，狡謀鉗其悟先，哀誓楗於寵初，天下之事已去，而恬不自覺，此武、韋所以遂篡弒而喪王室也。至於楊氏未死，玄亂厥謀；張后制中，肅幾斂衽。吁，可嘆哉！中葉以降，時多故矣，外有攻討之勤，內寡嬿溺之私，羣閹朋進，外戚勢分，后妃無大善惡，取充職位而已，故列著于篇。

又　卷四七《百官志二・內官》　內官，貴妃、惠妃、麗妃、華妃各一人，正一品。掌佐皇后論婦禮於內，無所不統。唐因隋制，有貴妃、淑妃、德妃、賢妃，各一人，為夫人，正一品；昭儀、昭容、昭媛、脩儀、脩容、脩媛、充儀、充容、充媛，各一人，為九嬪，正二品；婕妤九人，正三品；美人四人，正四品；才人五人，正五品；寶林二十七人，正六品；御女二十七人，正七品；采女二十七人，正八品。六尚亦曰諸尚書，正三品；二十四司亦曰諸司事，正四品；二十四典亦曰諸典事，正六品；二十四掌亦曰諸掌事。龍朔二年，置贊德二人，正一品；宣儀四人，正二品；承閨五人，正四品；承旨五人，正五品；衛仙六人，正六品；供奉八人，正七品；侍櫛二十人，正八品；侍巾三十人，正九品。咸亨復舊。開元中，玄宗以后妃四星，一為后，有后而復置四妃，非典法，乃置惠妃、麗妃、華妃，以代三夫人；又置六儀、美人、才人，增尚宮、尚儀、尚服三局。諸司諸典，自六品至九品而止。其后復置貴妃。淑儀、德儀、賢儀、順儀、婉儀、芳儀，各一人，正二品。掌教化九御四德，率其屬以贊后禮。

美人四人，正三品。掌率女官脩祭祀、賓客之事。才人七人，正四品。掌敍燕寢，理絲枲，以獻歲功。

宋·宋敏求《唐大詔令集》卷二五《妃嬪·册楊恭道女為婕妤文》　維貞觀某年月日，皇帝遣使某官某持節册命曰：於戲！惟爾前魏王府諮議參軍楊恭道第三女，門襲鍾鼎，訓彰禮則，幽閑表質，柔順為心，備職後庭，實為通典，是用命爾為婕妤。往欽哉！其光膺徽命，可不慎與？

又《册崔弘道女為才人文》　維貞觀某年月日，皇帝使某官某、副使某官某持節册命曰：於戲！惟爾兼徐州都督府司馬崔弘道長女，門稱著姓，訓有義方，婉順為質，柔明表行，宜升後庭，備茲内職，是用命爾為才人。往欽哉！其光膺徽命，可不慎與？

又《册蕭鏗女為美人文》　維貞觀年月日云云。於戲！惟蕭鏗第二女，幼習禮訓，夙表幽閑，曹出鼎族，譽聞華閫，宜遵舊章，授以内職，是用命爾為美人。往欽哉！其光膺徽命，可不慎與？

又《册蕭鑠女為美人文》　維貞觀年月日云云。於戲！惟蕭鑠第二女，禀訓冠族，著美家聲，習禮流譽，鏡圖有則，宜升後庭，允茲令典，是用命爾為美人。往欽哉！其光膺徽命，可不慎與？

又《起復上官氏為婕妤制》　門下：《易》著鳴謙，《禮》稱辭貴，所以崇讓而退滿。推心自得，其道彌光。前昭容上官氏，相門積善，儒宗雅訓，文學冠時，柔嘉順則，内守恬淡，外防奢侈，發於少長，持以周旋，樂無靡嫚，衣必澣濯，珠璣不珍，墳籍為寶。故能誠切一室，功宣兩朝，讜議日聞，屢援楚筆，忠規歲納，方輕漢輦。惟此邦媛，鬱為宮師，遂能德綜十倫，孝高百行。頃罹創巨，爰命權奪，秩茂左嬪，思被光寵，志齊班女，懇陳撝挹，而賢明之業，經濟之才，素風逾邁，清輝益遠。不成厥美，將蔽斯言。今依表奏，以憲圖史，可起復婕妤。主者施行。景龍二年十一月二十九日

又《皇帝良娣董氏等貴妃誥》　《關雎》之化，始於國風；貫魚之序，著於《大易》。用能輔助王道，叶宣陰教。皇帝良娣董氏、良娣楊氏、良媛武氏等，門襲鍾鼎，訓彰禮則，器識柔順，質性幽閑，美譽光於六宮，令範成於四教。宜升徽號，穆茲朝典。董氏可貴妃，楊氏可淑妃，武氏可賢妃。延和元年十月

又《睿宗貴妃豆盧氏等食實封制》　有德者位崇，有功者秩厚，事本關於國體，理無隔於邦媛。故周母有亂臣之名，漢嬪有比侯之爵。睿宗貴妃豆盧氏、賢妃王氏，性質陰禮，實毗内政，訓行九御，譽滿六宮。歲祀雖淹，徽音未昧，宜啓非常之命，特賜湯沐之邑。可各食實封二百戶。

又《趙國夫人一品制》　門下：問君以禮，乃受齊封；免主於厄，方延漢渥。賢妃啓邑，薦古□時。趙國夫人義範端肅，操履堅正，四德聿修，六宮攸仰。承恩蘭掖，累變葭灰。送往事居，備盡忠勤之節；利人益國，每陳匡贊之規。頃屬二豎搆凶，九重起亂，將危宗社，謀害聖躬，屬申逐烏之誠，克勵鷹鸇之志，方效節於松竹，宜寵錫於苴茅。可一品。

又《册元妃某氏弟為貴妃文》　維年月日，皇帝若曰：《易》著六位，正天下者先齊於家；《詩》本《二南》，厚人倫者理成於國。垂芒耀於帝極，符紀粲乎《河圖》。蠲潔莊齊，祗奉織紝，膺是典册，宜歸淑明。咨爾元妃某氏，濬源洪宗，靈派茂緒，植性懿哲，禀姿端柔，竭奉兩宮，總理衆御，弘古以行己，逮下以率人，循師傅之嚴，躬勤儉之訓。色不恃貴，言無矜驕，和以能容，遜以自牧。致茲蘭馥，洽於椒房。是宜守四星以居元，冠三妃以推應。今遣使某官某、副使某持節，册命為貴妃。爾惟公乃視聽，底於聰明，聽靡有偏，視靡有惑，言違而志必觀其誠，匡順而心必觀其佞。婦順之化，資汝而彰，陰教之端，資汝而正。敬之戒之，無替成命。可不慎與？

又《良娣楊氏等為貴妃詔》　詔曰：六位時成，方祇所以載物；四始爰著，樛木於焉逮下。故能風化聿定，肅雍昭被。皇后虔恭粢盛，儀刑邦國，詠《螽斯》而闡業，閱《關雎》而蹈禮，邁樊姬而進善，踰鄧后之推賢。去歲及茲，累陳表疏，以為内職未備，有虧前代之禮。朕祗奉天命，君臨庶邦。居紫宸之重，若馭朽以秋駕；處黄屋之尊，猶履冰於春旭。志崇簡約，性靡徵求，絶良家之選，曠後庭之例，寧惟矯正百王？亦將垂鏡千祀。皇后所陳甚切，理在難辭，式順徽音，敬依来請。良娣楊氏，良娣于氏，並家承鍾鼎，心標婉淑，夙侍儲闈，從升天禁，久淹歲

月，先著恭勤，咸擬職上台，分榮中壺。楊可貴妃，于可淑妃，于可德妃，良媛陳為昭儀，良媛閻為充儀，良媛陸為充容，崔氏為修儀。

又《冊獨孤穎長女為貴妃文》 維大曆三年歲次戊申月日，皇帝遣使某官某冊命曰：於戲！位亞長秋，坐論婦道，聽天下之內治，序人倫之大端，御于家邦，式是風化。惟爾贈禮部尚書獨孤穎長女，祥會鼎族，行高邦媛，體仁則厚，履禮惟純。有沖敏之識，不資姆訓；有淑慎之行，自成嬪則。藴此貞懿，灼其芳華。選躬之初，奉承先命，肅恭之儀，克稱尊旨。鑾輿北幸，侍從勤誠，祗事壽宮，備申哀敬，能盡其節，實同我心。久奉椒塗，載揚惠問，勤於道藝，每鑑圖書，動有箴規，必脫簪珥。進賢才以輔佐，知臣下之勤勞。謙讓益勤，記功惟最。聲流彤管，道洽紫庭，克副宮教，載修壼職。眷求賢淑，用峻等威，百辟抗辭，六宮歸美，宜崇禮冊，俾舉彝章。是用冊曰：貴妃往欽哉！無或居上而驕，無或處貴而逸，降情以逮下，誠事以防微，潔其粢盛，服其澣濯，敬循禮節，以率嬪御。膺茲嘉命，可不慎與？

又《許氏等為美人制》 敕：許氏、尹氏、段氏等，素稱柔順，式稟惠和，頗嫻閨壼之儀，早備組紃之訓。服勤有素，寵秩宜優，是嘉內範之良，並命中宮之職。許氏可美人，尹氏、段氏可才人。

又《鄭氏為才人制》 敕：古者天子設六宮，以詔內理，是以《關雎》樂得淑女，憂在進賢。將聽《雞鳴》之詩，豈惟魚貫之序！鄭氏山東令族，海內良家，每師班女之文，嘗慕樊姬之德，桃姿焜燿，蘭行馨香。爰用擇才，冀無傷善，勉當選進之重，無忘平和之心。可才人。

又《婕妤王氏等為淑妃制》 門下：禮重內朝，國有彝制，德既備於宮壼，位宜峻其等威。婕妤王氏、劉氏，並體坤順之德，循姆師之訓，齊莊之禮，淑慎有儀，揚懿軌於中闈，表柔明於內則。惠流宸禁，芳靄椒塗，慕辭輦之智，弘逮下之德。宜極寵數，以彰徽猷，必能重正闈儀，助修陰教，無愧於女史之誡，《國風》之詩。王氏可淑妃，劉氏可賢妃，仍並令所司擇日，備禮冊命。主者施行。開成五年二月二十一日

又《吳氏等封昭儀制》 吳氏可封昭儀，張氏可封婕妤，晁氏、梁氏並可封美人，羅氏、史氏並可封才人，錢氏可封長城郡夫人，曹氏可封武威郡夫人。敕：位亞長秋，毗於內理，必資懿範，方被寵章。吳氏等佩服禮經，周旋法度。有柔婉之行，既表於天資；有恭儉之儀，可施於嬪則。慕班氏之辭輦，偉馮媛之當熊。思在進賢，義高前史。是用列於紫殿，冠彼後宮，俾洽彤管之榮，式俟金環之慶。可依前件。會昌六年五月二十三日

又《王氏為才人制》 敕：王氏性稟惠和，行推柔順，自備宮闈之選，頗彰令淑之才，組紃獻繭館之功，圖史服椒庭之訓。既嘉懿範，爰錫寵章，宜修九御之教，以正三星之位。可才人。

論說

《新五代史》卷一四《唐莊宗神閔敬皇后劉氏傳》 唐末喪亂，后妃之制不備。至莊宗時，後宮之數尤多，有昭儀、昭容、昭媛、出使、御正、侍真、懿才、咸一、瑶芳、懿德、宣一等，其餘名號，不可勝記。

宋・王溥《唐會要》卷三《內職・雜録》 貞觀十三年二月二十五日，尚書八座議曰：『謹按王者正位，作為人極，朝有公卿之列，室有嬪御之序，內政修而家理，外教和而國安。爰自周代，洎乎漢室，名號損益，時或不同，然皆寤寐賢才，博採淑令，非唯德洽宮壼，抑亦慶流邦國。近代以降，情溺私寵，掖庭之選，有乖故實。或微賤之族，禮訓蔑聞；或刑戮之家，怨憤充積。而濫吹名級，入侍宮闈，即事而言，竊未為得。臣等伏請，今日以後，後宮及東宮內職員有闕者，皆選有才行充之。若內無其人，則旁求於外，采擇良家，以禮聘納。』

永徽六年十月，武后未立，上特號為宸妃。侍中韓瑗、中書令來濟奏言：『帝王嬪妃，自有恆數，今若別立妃號，臣等竊以為不可。』乃止。

元・馬端臨《文獻通考》卷二五四《帝系考五・后妃》 高祖、太宗除隋之亂政，未下車而大放宮女。正位配尊，惟其舊德，宮闈之職，備員而已，所謂刑於內以正乎外。及高宗永徽之後，政出宮中，公卿大夫罔不憚服。其取威也，多山陵未畢而塚嗣再廢，遂掘翦皇室，改立宗社，非一朝一夕之故，其所由來漸矣。及中宗追王韋氏，崇寵三思，使以先朝故事尊誘之，於是慶雲之瑞，宣於朝廷，桑女之歌，布於天下，防閑之道大壞，逆亂之謀構矣。卒以禍敗，為後王誡。玄宗即位，大加懲革，內外有

別，家道正矣。

按杜氏《通典》，內官有惠妃、麗妃、華妃，正一品，淑儀、德儀、賢儀、婉儀、芳儀，六人，正二品。美人四人，正三品。才人七人，正四品。與正史所載，率皆不同。其名號亦有見於國史，但不詳所出，今疏之於後，以示廣記。

元·方回《古今考》卷六《附考秦漢唐后夫人之名》 唐：貴妃、淑妃、德妃、賢妃。為夫人。昭儀、昭容、昭媛、脩儀、脩容、脩媛、充儀、充容、充媛。為九嬪。婕妤九人，美人九人，才人九人。為二十七世婦。寶林、御女、采女。各二十七，合八十一，代御妻。

開元改：惠妃、麗妃、華妃，六儀、四美人、七才人。【略】天寶有楊妃，前又有宸妃。

清·赵翼《廿二史劄記》卷二二《周祖四娶皆再醮婦》 周祖初為軍校。會唐莊宗崩，明宗出其宮人，各歸家。有柴氏者，莊宗嬪也，住逆旅，有一丈夫過，氏問逆旅此何人，曰郭雀兒也。氏識其非常人，遂以所攜貲半與父母，留其半嫁周祖，資其進身，即世宗之姑也。後殁，周祖即位，追謚為聖穆皇后。有楊氏者，已嫁石光輔，光輔卒，周祖之柴夫人適棄世，遂聘之。氏初不肯，使其弟廷璋見周祖，廷璋歸，為言周祖姿貌異常，不可拒，乃嫁之。後卒，追册為淑妃。周祖又娶張氏，張氏亦先嫁武從諫之子而寡，適周祖之楊夫人殁，乃納為繼室。周祖起兵於鄴，張氏與兒女俱在京邸，為漢所誅，後追册為貴妃。周祖既為帝，有董氏者，舊與楊夫人為鄉親，楊常譽其賢，已嫁劉進超，適嫠居，周祖憶楊之言，又娶焉，是為德妃。統計前後四娶，皆再醮婦，亦不可解也。

雜録

《舊唐書》卷一〇五《王鉷傳》 古制，天子六宮，皆有品秩高下，其俸物因有等差。唐法沿於周、隋，妃嬪宮官，位有尊卑，亦隨其品而給授，以供衣服鉛粉之費，以奉於宸極。

宋·王溥《唐會要》卷二六《命婦朝皇后應儀制附》 國朝命婦之制，皇帝妃嬪及皇太子良娣以下，為內命婦；公主及王妃已下，為外命婦；王之母妻為妃。

清·趙翼《陔餘叢考》卷一七《唐制陛殿用宮女侍》 《文昌雜録》云：唐制，天子坐朝，宮人引至殿上。故杜甫詩有『戶外昭容紫袖垂，雙瞻御坐引朝儀』之句。蓋自武后臨朝，女官隨侍，後遂相沿為定制耳。《宋史》呂大防《疏》稱：《唐入閣圖》有昭容位，可見當日著為朝儀，至形之圖畫也。按《唐書》天祐二年十二月詔曰：『宮妃女職，本備內任，今后每遇延英坐日，只令小黄門祇候引從，宮人不得出內，由此遂罷。』則唐末始革除。

册立皇后儀分部

綜述

唐·杜佑《通典》卷五八《禮典二十八·嘉三·天子納后》 大唐皇帝納后，卜日，告天地，臨軒命太尉為使，宗正卿為副，並如《開元禮》。

又 卷一二二《禮典八十二·開元禮纂類十七·嘉一·皇帝納后》 卜日、告圜丘、方澤並如加元服儀。其祝文臨時撰。

臨軒使命。將行納采，制命太尉為使者，宗正卿為副使，吏部承以戒之。問名、納吉、納徵、告期并奉迎並同使。

前一日，尚舍奉御設幄座於太極殿如常。守宮設羣官客使等諸應陪位者次於東西朝堂。太樂令展宮懸於殿庭，設舉麾位於殿上，位於懸下，鼓吹令設十二案，乘黄令陳車輅，尚輦奉御陳轝輦，皆如元日之儀。典儀設文官一品以下五品以上位於懸東，六品以下於横街南，皆重行，西面北上。設武官一品以下五品以上位於懸西，六品以下於横街南，當文官，皆重行，東面北上。設朝集使位各分方於文武官當品之下，設諸親位於四品、五品之下，皇宗親在東，異姓親在西。設蕃客位各分方於朝集使六品之南，諸州使人分方位於朝集使九品之后。設典儀位於懸東北，贊者二人在南，少退，俱西向。設使者受命位於大横街南道東，副使又於其東，少退，俱北面。奉禮設門外位於東西朝堂如元日儀。

其日，諸衛勒所部列黄麾仗如常儀。羣官依時刻集朝堂，俱就次各服其服，通事舍人引就朝堂前位。侍中量時刻版奏：『請中嚴。』鈒戟近仗入陳於殿庭，太樂令帥工人入就舞位，協律郎入就舉麾位。諸侍衛之官各服其器服，符寶郎奉寶，俱就閤奉迎。典儀帥贊者先入就位。通事舍人引羣官入就位，又引使主副入立於太極門外道東，西面。黄門侍郎引主節執幡節，中書侍郎引制書案，立於左延明門内道北，西面北上。侍中版奏：『外辦。』

皇帝服衮冕御轝以出，曲直華蓋警蹕侍衛如常儀。皇帝將出，仗動；出自西房，即御座坐，南向。符寶郎奉寶置於御座如常。通事舍人引使主副入就位。立定，典儀曰：『再拜。』贊者承傳，羣官在位者皆再拜。侍中前承制，降詣使者東北，西面稱：『有制。』使主副俱再拜。侍中宣制曰：『納某官女爲皇后，命公等持節行納采等禮。』宣訖，使主副又再拜，侍中還侍位。黄門侍郎引主節立於使者東北，西面。主節以節授黄門侍郎，黄門侍郎執節西面授使者，使者受，付主節，主節立於使后，黄門侍郎退。中書侍郎引制書案立於使者東北，西面。中書侍郎取制書，持案退自使后，立於使者之左。西面授使者，使者受制書置於案，持案者退立於使后，中書侍郎退。典儀曰：『再拜。』贊者承傳，羣官在位者皆再拜。舍人引使者主副出，持節者前導，持案者次之。侍中前跪，奏稱：『侍中某臣言，禮畢。』俛伏，興，還侍位。

皇帝降座，御輿，入自東房，侍衛警蹕如來儀。舍人引羣官在位者以次出。初使主副乘輅備儀仗而行，鼓吹備而不作，從者乘車以從；其制書以油絡網犢車載而行。自后皆如之。

納采。前一日，守宮設使者次於后氏大門外道右，南向。

其日大昕，使主副至於后氏大門外，掌次者迎入次，凡賓主及行事者皆公服。主人受於廟。無廟者受於正寢。掌事者布神席於室戶外之西，莞筵紛純，加藻席畫純，南向，右雕几。使主副出次，謁者引立於大門外之西，東面北上。持幡節者立於使者之北，少退，東面，令史二人對舉制案立於使者之南，執雁者又在其南，俱東面。主人立於大門内，西面。

儐者立於主人之左，北面受命，出立門東，西面曰：『敢請事。』使者曰：『某奉制納采。』儐者入告。主人曰：『臣某之女若如人，既蒙制訪，臣某不敢辭。』儐者出告，入，引主人出迎使者於大門外之南，北面，主人再拜。使者不答拜。

主人揖使者，先入，至於階，使者及宗正卿入，幡節先導，其持案及執雁者從入，幡節立西階之西，東面。自後幡節皆如之。使者由西階升，立於兩楹閒，南面；使副在使者西南，持案及執雁者在使副西南，俱東面。主人升阼階，詣使者前，北面立。持案者以案進使副前，使副取制書，持案者退復位；使副奉制書進授使者，退復位。持節者脱節衣。使者曰：『有制。』主人再拜。宣制畢，主人降詣階閒，北面再拜稽首訖，升，進，北面受制書，退以授左右，仍北面立。使副取雁以授使者，退復位。使者受雁，主人再拜，進，受雁，退以授左右，仍北面立。儐者引二人對舉答表案進於主人后，少西，儐者取表以授主人，主人受，進授使者訖，退復位，再拜。持節者加節衣。謁者引使者及使副等降自西階以出。

制文。凡六禮皆以版，長一尺二寸，博四寸，厚八分。后答版亦如之。

皇帝：咨！具官封姓：渾元資始，肇經人倫，爰及夫婦，以奉天地宗廟社稷。謀於公卿，咸以為宜。率由舊典，今使持節太尉封某、宗正卿封某以禮納采。

答文。皇帝嘉命，訪婚陋族，備數采擇。臣之女，姑姊妹則云『先臣某官之遺女』。未閑教訓，衣履若如人。欽承舊章，肅奉典制。某官封臣姓名稽首頓首，再拜承制詔。

問名。使者既出，遂立於内門外之西，東向，並如納采位。初使者降，主人降立於内門内東廂，西面。儐者進受命，出請事。使者曰：『將加卜筮，奉制問名。』儐者入告。主人曰：『臣某之子若如人，既蒙制訪，臣某不敢辭。』儐者出告，入引主人出迎使者，至主人受雁訖出，如納采儀。

使者出立於内門外之西，使副在南，少退，俱東面。初使者降，主人降立於東階下，西面。儐者進受命，出請事。使者曰：『禮畢。』儐者入告。主人曰：『某公奉制至於某之室，某有先人之禮，請禮從者。』儐者出告。使者曰：『某既得將事，敢辭。』儐者入告。主人曰：『先人之禮，敢固以請。』儐者出告。使者曰：『某辭不得命，敢不從。』儐者入告，遂引主人升立於序端。掌事者徹几，改設二筵，東上。各用莞筵紛純，加藻席繢純。設甒醴於東房西牖下，加勺冪；坫在罇北；篚在罇南，實觶二，角柶二；各一籩一豆，實以脯醢，在坫北。又設洗於東階東南如常。

訖，儐者引主人降，迎使者於內門外之東，西面揖使者，先入。使者入門而左，副從之。主人入門而右，至階，主人曰：『請某位升。』使者曰：『某敢辭。』主人曰：『固請某位升。』使者曰：『某敢固辭。』主人曰：『終請某位升。』使者曰：『某敢終辭。』主人升阼階，使者升西階，副從升，俱北面。主人阼階上北面再拜，使者及副西階上北面答再拜。

主人受几於序端，掌事者內拂几三，奉兩端西北向以進；主人東南向外拂几三，振袂，內執之，掌事者一人又執几以從。主人進，西北向。使者序進，迎受於筵前，東南向以俟。主人還東階上，北向再拜送。使者以几避，進，北面跪，各設於座，差退於西階上，北面東上，俱答再拜；立於階西，東面南上。

贊者二人俱升，取觶，降，盥手洗觶，升，實醴，加柶於觶，覆之，面葉，出房南面。主人受醴，面柄，進使者筵前，西北面立，又贊者執觶以從。使者西階上北面各一拜，序進筵前，東南面。主人又以次授醴，使者受，俱復西階上位。主人退復東階上，北面一拜送。掌事者以次薦脯醢於筵前。使者各進升筵，皆坐，左執觶，右取脯，擩於醢，祭於籩豆閒，各以柶祭醴三，始扱一祭，又扱再祭，興，各以柶兼諸觶，上攝，降筵於西階上，俱北面坐，俱啐醴，建柶，各奠觶，遂拜，執觶。主人答拜。使者進，升筵坐，各奠觶於薦東，降筵，序立於西階上，東面南上。

掌事者牽馬入陳於門內三分庭一在南，北首西上。又掌事者奉幣篚升東階以授主人，主人受於序端，進，西面立。掌事者一人又奉幣篚立於主人之后。使者西階上俱北面再拜。主人進詣楹閒，南面立。使者序進，立於主人之西，俱南面。主人以幣篚授使者，使者受，退立於西階上，東面。掌事者又以幣篚授主人，主人受以授使副，使副受，退立於使者北，俱東面。主人還東階上，北面拜送。使者降西階，從者迓受幣。使者當庭實，揖馬以出，牽馬者從出。使者出大門外之西，東面立，從者迓受馬。主人出門東，西面再拜送。使者退。主人入立於東階下，西面。儐者告主人曰：『賓不顧矣。』主人反於寢。使者奉答表詣闕進。

制文。皇帝曰：咨，某官封姓，兩儀配合，承天統物，正位於內，必俟令族。重章舊典，今使使持節太尉封某、宗正卿封某以禮問名。

答文。皇帝嘉命使者某重宣中制，問臣名族。臣女夫婦所生，先臣故某官之遺玄孫，先臣故某官之遺曾孫，先臣故某官之遺孫，先臣故某官之外孫女，年若干。欽承舊章，謹奉典制。某官臣姓某稽首頓首，再拜承制詔。若女祖以上在，則直云某官臣之孫女等語。

臣故某官之遺曾孫，先臣故某官之遺孫，先臣故某官之外孫女，年若干。欽承舊章，謹奉典制。某官臣姓某稽首頓首，再拜承制詔。若女祖以上在，則直云某官臣之孫女等語。

納吉。前一日，守宮設使者次，以下至主人立於大門內西面，如納采儀。儐者進受命，出請事。使者曰：『加諸卜筮，占曰從，制某也納吉。』儐者入告。主人曰：『臣某之女若如人，龜筮云吉，臣占在焉。臣某謹奉典。』制儐者出告，入，引主人出迎使者於大門外，以下至使者降自西階以出，如納采儀。使者出立於內門外之西，使副在南，少退，俱東面。初使者降，主人立於東階下，西面。儐者進受命，出請事。使者曰：『禮畢。』其儐使者如問名之儀。

制文。皇帝曰：咨，某官姓，人謀龜筮，僉曰貞吉，敬順典禮，今使使持節太尉封某、宗正卿封某以禮納吉。

答文。皇帝嘉命使者某重宣中制，太卜元吉。臣陋族卑鄙，憂懼不堪，欽承舊章，肅奉典制。某官臣姓某稽首頓首，再拜承制詔。

納徵。前一日，守宮設使者次如初。

其日大昕，使主副至后氏大門外，掌次者延入次。執事者入布幕於內門之外，玄纁束帛陳於幕上，六馬陳於幕南，北首西上，執事者奉穀珪以匱，俟於幕東，西面。掌事者設几筵如初。

使主副出次，謁者引立於大門外之西，東面北上；持幡節者立於使者之北，少退，東面；令史二人對舉制案立於使副南，東面。主人立於大門內，西面。儐者進受命，出請事。使者曰：『某奉制納徵。』儐者入告。主人曰：『奉制賜臣以重禮，臣某祇奉典制。』儐者出告。入，引主人出迎使者於大門外之南，北面，主人再拜。使者不答拜。

謁者引使者及使副入，幡節前導，持案者從入。使者入門而左，主人入門而右。至於內門，使主副立於門西，東面北上。主人立於門東，西面。

儐者引主人揖使者，先入門，至於階，使者及使副從入，由西階升，立於楹間，南面；使副在使者西南，持案者在使副西南，俱東面。主人由阼階詣使者前，北面立。於主人揖入門，執事者坐啓匱取珪，加於玄纁上，及牽馬者從入三分庭一在南，北首西上，執珪者在馬西，俱北面。持案者以案進使副前，使副取制書，持案者退復位，使副奉制書進授使者，退復位；持節者脫節衣。使者曰：『有制。』主人再拜。使者宣制畢，主人降詣階間，北面再拜稽首訖，升，進，北面受制書，退以授左右，仍北面立。儐者引二人對舉答表案，進主人后，少西，儐者取表以授主人，主人受以授使者訖，退復位，再拜。謁者引使者及使副等降自西階以出，立於內門夕之西，使副在南，少退，俱東西。初主人受制書訖，左右受玉帛於庭，受馬者自左受之以東，牽馬者既授馬，自前西而。出主人降立於東階下，西面。儐者進受命，出請事。使者曰：『禮畢。』其儐使者如納吉之儀。

制文。皇帝曰：咨，某官姓之女，有母儀之德，窈窕之姿，如山如河，宜奉宗廟，永承天祚，以玄纁珪馬，以章典禮。今使使持節太尉封某、宗正卿封某以檯納徵。

答文。皇帝嘉命使者某重宣中制，降婚卑陋，崇以上公，寵以豐禮，備物典册。欽承舊章，肅奉典制。某官臣姓名稽首頓首，再拜承制詔。

告期。前一日，守宮設使者次，以下至出請事，如納采儀。使者曰：『制使某告期。』儐者入告。主人曰：『臣某謹奉制。』儐者出告，入引主人出迎使者，以下至禮畢，如納采儀。

制文。皇帝曰：咨，某官姓，謀於公卿、太筮、元龜，罔有不臧。率遵典禮，今使使持節太尉封某、宗正卿封某以禮告期。

答文。皇帝嘉命使者某重宣中制，告曰：『惟某月某日可迎。』臣欽承舊章，肅奉典制。某官臣姓某稽首頓首，再拜承制詔。

告廟。有司以特牲告如常告禮。祝文臨時撰。

册后。前一日，守宮設使者次於后氏第大門外之西，如常尚舍設尚宮以下次於后氏閤外道西，東向，障以行帷。其日，臨軒命使，如納采命使之儀。太尉為正使，司徒為副使。奉禮設使者位於大門外之西，東向；使副及內侍位於使者之南，舉册案及寶綬者在南，差退，持節者在使者之北，少退，俱東向。設主人位於大門外之南，北面。設使者以下及主人位於內門外，亦如之。設內謁者監位於內門外主人之南，西面。內謁者監設司贊位於東階東南，掌贊二人在南，差退，俱西向。內謁者監又先置一案於閤外，近限。

使主副乘輅持節，備儀仗，鼓吹備而不作，至后氏大門外，使者降輅，掌次者延入次。尚宮以下至閤之次，內僕進重翟以下大門外道西，東向北上。諸衛令其屬布后儀仗如常。

使者出次，謁者引使者以下就門外位。主人朝服出，立於東階下，西面。儐者進受命，出門東，西面曰：『敢請事。』使者曰：『某奉制授皇后備物典册。』儐者入告，遂引主人出迎於大門外，北面再拜。使者不答拜。

謁者引使者入門而左，持節者前導，持案者次之。主人入門而右。至內門外，各就位。立定，奉册寶案者進當使副前，使副受册寶，持案者退復位，使副以册寶進授使者，退復位。內侍進使者前，西面受册寶，東面授內謁者監，退復位。內謁者監持册寶入立於閤外之西，東面跪置册寶於案，俛伏，興。

尚宮以下入閤奉后首飾褘衣，其衣服所司先進。傅姆贊出，尚宮引降，立於庭中，北面。尚宮跪取册，尚服跪取寶綬，興，立於后之右，少前，西向。司言司寶各一人進於后左，少前，東向。尚宮稱：『有制。』尚儀贊：『皇后再拜。』皇后再拜。宣册訖，尚儀又贊：『皇后再拜。』皇后再拜。尚宮奉册進授皇后，皇后受以授司言，尚服又奉寶綬次授皇后，皇后受以授司寶。訖，尚儀贊：『皇后升座。』尚宮引皇后升座，南向坐。內官以下俱降立於庭，重行，北向西上。立定，司贊曰：『再拜。』掌事承傳，內官以下皆再拜訖，諸應侍衛者各升立於侍位。尚儀前跪，奏稱：『禮畢。』皇后降座，尚宮引皇后入於宮。

主人儐使者如告期之儀。使者乘輅而還，詣闕復命。

册文。維某年月日，皇帝使使持節太尉封某、司徒封某册命某官女某氏為皇后。咨爾《易》階《乾坤》，《詩》首《關雎》，王化之本，實由内輔。是故皇英嬪虞，帝道以光，太任姒姬，周胤克昌。皇后其祗勗厥德，以肅承宗廟，虔恭中饋，盡敬於婦道，導師道於六宮，作範儀於四海。皇天無親，惟德是依，可不慎歟！

命使奉迎。其日晡后，侍中量其時刻版奏『請中嚴』。晡后三刻，皇帝服衮冕出，升所御殿，宫人侍衛如常。文武之官五品以上立於東西朝堂如常儀。

奉迎前一日，守宫設使者次於大門外道右，設使副及内侍次於使者次西，俱南向。尚舍設宫人次於閤外道西。奉禮設使者位於大門外之西，東向，使副位於使者之南，持案及執雁者又在南，差退，持節者在使者北，少退，俱東向。奉禮位於使副西南，贊者二人在南，差退，俱東面。設内侍位於大門外道左，西面。

其日，司贊設宫人以下位於堂前。使主副朝服發朝堂，乘輅持節，備儀仗，至大門外，使者降輅，掌次者延入次。宫人等各之次奉迎。文武官至宿衛及列鹵簿如常儀。

尚儀奏請皇后中嚴，量時刻傅姆導皇后，尚宫前引，出，升堂，宫人等侍衛如常儀。皇后將出，主婦出於房外之西，南向。文武奉迎者皆陪立於大門外，文東武西，北上。

立定，謁者引使者詣大門外位，使副、内侍等各就位。主人立於門外堂前東階下，西面。儐者受命出請事。使者曰：『某奉制，以今吉辰率職奉迎。』儐者入告。主人曰：『臣謹奉典制。』儐者出告，入，引主人出門南，北面再拜。使者不答拜。

謁者引使者入門而左，持節者前導，使副及持案、執應者次之。主人入門而右。至内門外堂西階，使者先升，立於兩楹閒，南面。使副在使者西南，持案及執雁者在使副西南，俱東面，主人升東階，詣使者前，北面立。持案者以案進使副前，使副取制書，持案者退内復位；使副奉制書授使者，退復位。使者曰：『有制。』主人再拜。使者宣制畢，主人降詣階閒，北面再拜稽首訖，升，進，北面受制書，退授左右訖，主人再拜，仍北面立。使副取雁授使者訖，主人再拜，進受雁，授左右，仍北面立。儐者引二人對舉答表案，進立於主人后，少西，儐者取表以授主人，主人受以授使者訖，退復位，再拜。

謁者引使者及使副降自西階以出，復門外位。立定，奉禮曰：『再拜。』贊者承傳，使主副俱再拜。使者曰：『令月吉日，某等承制，率職奉迎。』内侍受以入傳於司言，司言受以奏聞。尚儀奏：『請皇后再拜。』皇后再拜訖，主人入，升自東階，進，西面誡之曰：『戒之敬之，夙夜無違命。』主人退立於東階上，西面。母誡於西階上，施衿結帨，曰：『勉之敬之，夙夜無違命。』訖，腰輿進，皇后升輿以降，尚宫前導，六尚以下侍衛如常。皇后升重翟以几，姆加憬。内宫侍從及内侍導引應乘車從者如鹵簿常儀。迎使及百官當引從者皆退，隨便立。皇后車出大門外，以次乘車馬引從如常。

制文。皇帝曰：咨，某官姓，歲吉月令吉日，惟某率由典禮，今遣使持節太尉封某、宗正卿封某以禮迎。

答文。皇帝嘉命使者某重宣中詔，令月吉辰，備禮以迎。螻蟻之族，猥承大禮，憂懼戰悸，欽承舊章，肅奉典制。某官臣姓某稽首，頓首再拜承制詔。

同牢。其日，内侍之屬設皇后大次於皇帝所御殿門外之東，南向，鋪座如常。

將夕，尚寢設皇帝御幄於所御之殿室内之奥，東向，鋪地席重茵，施屏幛。

初昏，尚食設洗於東階東南，東西當東霤，南北以堂深，罍水在洗東，篚在洗西，南肆。篚實以巾二、爵二。設后洗於東房近，北罍水在洗西，篚在洗東，北肆。皆加勺冪。饌於東房西墉下，籩豆各二十四，簠簋各二，□各三，皆加巾蓋，俎三。罇於室内北墉下，玄酒在西，加冪，勺南柄。冪，夏用絺，冬用組。又罇於房戶外之東，無玄酒，坫在南，加四爵、合巹。其器皆烏漆，惟□以陶，巹以匏。

皇后重翟入大門，鳴鐘鼓，其鐘鼓所司先陳設。鳴鐘鼓者，所以聲告内外。鹵簿止於外，近侍應從者如常。皇后從永巷至大次前，迴東南向，施步障畢，尚儀進當車前跪奏：『請降車。』興，退復位。皇后降車，御輿，司輿率繖扇等，司燈率執燭者俱布列前后。皇后入就大次，嚴整訖，尚宫引皇后詣所御殿門外之東，西向立。

尚儀跪奏：『外辦，請降座禮迎。』皇帝降座，尚宫前引詣門内之西，東面，揖后以入。尚食徹罇冪，酌玄酒三注於罇。尚寢設席於室内之西，東向。莞筵紛純，加藻席繢純，次席黼純。對席亦準此。皇帝導后升西階，入室即席，東向立。皇后入立於罇西，南向。

皇帝盥於南洗，皇后盥於北洗。尚食率其屬以饌入。設醬於席前，葅醢在其北，俎三入設於豆東，豕俎特於俎北。豆東，葅醢之東。尚食設黍於醬東，稷稻粱又在東。設湇於醬南。饌要方也。設對醬於東，對醬，后醬也。設之當特俎。葅醢在其南，北上。設黍於豕俎北，其西稷稻粱。設湇於醬北，尚食啓會卻於簋簠之南，對簋簠於北，啓，發也。豆蓋徹於房。各加匕箸。尚寢設對席於饌東。尚食西面跪奏：『饌具。』興。

皇帝揖皇后，對席西面，皆坐。尚食跪取韭葅擩醢授皇帝，又尚食跪取韭葅擩醢授皇后；皇帝及皇后俱受，祭於豆閒。尚食又取黍實於左手，遍取稷稻粱，反於右手授皇帝。又尚食取黍實於左手，遍取稷稻粱，反於右手授皇后。皇帝及皇后俱受，祭於豆閒。各取肺皆絶末，授皇帝及皇后。皇帝及皇后俱受，祭於豆閒訖，尚食各以肺加於俎。司飾二人以巾授皇帝及皇后，俱帨手訖，尚食各跪品嘗饌訖，各移黍置於席上，以次授肺脊皇帝及皇后，皆食，三飯卒食。尚食二人俱盥手洗爵於房，入室詣酒罇所，酌酒，進授皇帝及皇后，俱受爵，祭酒。尚食各以肝從，皆奠爵，振祭，嚌之。尚食皆受，實於葅豆。各取爵皆飲訖，尚儀俱進受虚爵，奠於坫。再酳如初。三酳用卺如再酳。尚食俱降東階，洗爵升，酌於戶外罇，進，北面俱奠爵，興，再拜，跪，取爵祭酒，遂飲卒爵，奠爵遂拜，執爵興，降，奠於篚，還侍位。

尚儀北面跪，奏稱：『禮畢。』興。皇帝皇后俱興。尚宫引皇帝入東房，釋冕服，御常服。又尚宫引皇后入幄脱服。尚宫引皇帝入。尚食率其屬徹饌，設於東房如初。皇后從者餕皇帝之饌，皇帝侍者餕皇后之饌。

皇后表謝。皇后至宫之明日，服展衣出，司言引尚宫，尚宫前導及左右侍從如常。升正殿兩楹閒，北面立。又尚儀以謝表授皇后，又尚儀以案俟於前，皇后置表案上，尚宫贊拜，皇后再拜訖，尚儀以表降殿授内侍，内侍因中書以聞。初内侍出門，皇后降殿還寢如常。

朝皇太后。其日大昕，所司設皇太后御座、地席於所御之殿，南向。尚食帥司膳設側罇甒醴於東房内東壁下，加勺冪。籩一，豆一，實以脯醢，設於罇北。又設洗於罇西，近北，罍水在洗西，篚在洗東，北肆。篚實以巾冪，角觶一，角柶一。

其日，皇后夙興，沐浴。尚儀版奏：『請皇后中嚴。』質明，六尚及諸侍衛宫人俱詣寢殿奉迎。尚儀版奏：『外辦。』皇后服褘衣，加首飾，御輿，尚宫前導，降自西階以出，侍衛如常。至皇太后閤外，皇后降輿，障扇侍從如常，立於西廂，東面。

皇后將至，尚儀奏：『請皇太后中嚴。』皇后既至閤外，尚儀奏皇太后『外辦』。皇太后服褘衣、首飾，司言引尚宫，尚宫引皇太后出，即御座前，南向坐，侍從如常。

皇后執笲，棗栗腶脩，司言引尚宫，尚宫引皇后入，升西階，北面再拜，進，跪奠笲於皇太后座前，皇太后撫之。尚食進，徹以東。司言引尚宫，尚宫引皇后退，北面又再拜。

司設設皇后席於戶牖之閒，近北，南向。司言引尚宫，尚宫引皇后立於席西，南向。尚食入東房，盥手洗觶，酌醴，加柶，面柄，出，進詣皇后席前，北向立。皇后進，北面再拜，受醴。尚食薦脯醢於席前。皇后升席坐，左執觶，右取脯擩於醢，祭於籩豆閒，以柶祭醴三，始扱一祭，又扱再祭，加柶於觶，面葉，興，降席，北面跪，啐醴，建柶，興，北面再拜，進，升席，跪，奠觶於薦東，興，降席。司言引尚宫，尚宫引皇后降自西階以出，御輿而還，侍從如來儀。

初皇后出閤，尚儀跪奏稱：『禮畢。』俛伏，興，還侍位。皇太后降座入室如常。

皇后受羣臣賀。右如正冬賀儀。唯辭云：『具官臣某等言，伏惟殿下徽猷昭備，至德應期，凡厥黔黎，不勝慶躍。』

皇帝會羣臣。右如正冬會儀，唯樂備而不作。上壽辭云：『具官臣某等言：皇后坤儀配天，德昭厚載，克崇萬葉，明嗣徽音。凡厥兆庶，載懷鳧藻，臣等不勝慶忭，謹上千萬歲壽。』

外命婦朝會。右如正冬朝會儀，唯賀辭云：『某位妾姓等言：伏惟殿下，坤象配天，德昭厚載，率土含識，不勝抃舞。』會辭惟加『謹上千萬歲壽』。

羣臣上禮。右如加元服上禮之儀。

皇后廟見。前一日，皇后清齋於別殿。內官應從入廟者俱清齋一日於廟所。諸衛令其屬晡后一刻各以其方器服守衛廟門，與太樂工人俱清齋一宿。

前二日，尚舍直長施皇后大次於太廟北門內之西，東向，周以行帷；尚舍奉御鋪御座。尚舍直長又量設內官以下次於大次之后。守宫設外命婦、妃、主以下次於廟北門外之西，道北，南向東上，周以行帷。設行事太尉以下次於齋坊之內。太樂令設宫懸之樂於廟庭如式。

前一日，右校清掃內外。內謁者監設皇后版位於樂懸之北道西，北向。設外命婦位於其次前，北面東上。奉禮設太尉以下及御史等位於內外，並如常儀。設酒罇之位於廟堂上前楹間，各於室戶之左，北向；每室彝二、罇二、春夏用雞彝、鳥彝、犧罇，秋冬用斝彝、黄彝、著罇。山罍二，皆加勺冪，皆西上，各有坫。以置瓚爵。設洗於東階東南，北向。以下至太祝持版，如加元服謁廟儀。

太祝持版進於室戶外之右，東向跪讀祝文曰：維某年歲次月朔日，子孝曾孫開元神武皇帝某，太祖以下稱臣某。謹遣太尉封臣名，敢昭告於皇祖某謚：『皇后某氏，太祖以下廟則稱妾某氏。將伸祇見。謹以一元大武、明粢、薌合、薌萁、嘉蔬、嘉薦、醴齊敬薦。尚饗。』訖，興。太尉再拜。初讀祝文，樂作；太祝進，跪奠版於神座前，俛伏，興，還罇所，太尉拜訖，樂止。謁者引太尉以次獻，皆如獻祖之儀。惟不盥洗。徧獻訖以下如加元服謁廟儀，唯執事則每事訖還齋所。

車駕出宫。前出宫三日，本司宣攝內外各供其職。

其日，晝漏上水四刻，車駕出宫。發引前七刻，搥一鼓為一嚴。三嚴時刻，前一日內侍中奏裁。發引前五刻，搥二鼓為再嚴。尚儀版奏：『請中嚴。』司贊設內命婦版位於皇后所御殿閤外道東，重行，西向北上。內命婦各服其服。所司陳小駕鹵簿。發引前二刻，搥三鼓為三嚴。司贊引內命婦各就位。六尚以下各服其服，俱詣室奉迎。尚服負璽如式。內僕進重翟於閤外。

尚儀版奏：『外辦。』馭者執轡，皇后首飾褘衣乘輿以出，警蹕侍衛如常儀。皇后升車，仗衛如常，六尚等乘車陪從如式。司賓引內命婦退，隨近以俟。諸翊駕之官皆乘馬，駕動，稱警蹕如常，不鳴鼓角，諸衛前后督攝如常。外命婦三品以上及公主、縣主皆先置，各就次俱服其服。車駕將至，內侍之屬守廟四門。內謁者、贊引引外命婦、妃、主等出次，內典引引就位立，駕過，引還次。

初駕將至，內侍之屬守廟四門，駕至廟北門，迴車北向。尚儀進，當前跪，奏稱：『尚儀妾姓言，請降車。』興，還侍位。皇后降車，升輿，入大次，繖扇華蓋侍衛如常儀。鹵簿停於廟外。

皇后停大次半刻頃，司言引尚宫立於大次門外，當門西向。尚儀版奏：『外辦。』皇后出次，侍衛如常。尚服負璽陪從如式。司言引尚宫，尚宫引皇后，凡尚宫前導，皆司言先引。至版位，北向立。尚宫與司言退立於左。皇后立定，尚宫前奏：『請再拜。』皇后再拜。少頃，尚宫又奏：『請再拜。』皇后又再拜訖，司言引尚宫，尚宫引皇后還大次。內侍版奏：『請解嚴。』將士不得輒離部伍。

皇后停大次一刻頃，搥一鼓為一嚴，轉仗衛於還途如來儀。三刻頃，搥二鼓為再嚴，尚儀版奏：『請中嚴。』皇后改著鈿釵禮衣。五刻頃，搥三鼓為三嚴，六尚以下詣大次奏迎，內僕進重翟於廟北門外。尚儀版奏：『外辦。』馭者執轡，皇后乘輿出次，華蓋侍衛如常。皇后升車，鼓吹振作而還，六尚等升車陪從如來儀。

皇后將出門，內謁者、贊引引外命婦等出次，內典引引就位。駕至位所內，侍奏：『請駕權停。』外命婦再拜訖，內侍承令令外命婦還外命婦又再拜。車駕過，內典引引外命婦退，各還第。

駕至所御殿閤外，迴車南向。尚儀進當車前跪，奏稱：『尚儀妾姓言，請降車。』興，還侍位。皇后降車，乘輿以入，侍衛如常。於車駕將至，司賓引內命婦俱就位；皇后既入，司賓引內命婦退。內侍版奏：『請解嚴。』將士各還其所。

又 卷一二五《禮典八十五·開元禮纂類二十·嘉四·臨軒册命皇后》 卜日，告圜丘，告方丘、太廟，以上並有司行事，如常告儀。

臨軒使命。將行册禮，所司奏請太尉為使，司徒為副。前一日，尚舍奉御設御幄於太極殿，殿庭陳設樂懸、內外官次、侍衛警蹕並如納后儀。皇帝將出，仗動，太樂令令撞黄鍾之鐘，右五鐘皆應。協律郎跪，俛伏，舉麾，鼓柷，奏《太和之樂》，鼓吹振作，皇帝出自西房，即御座，南向坐，符寶郎奉寶置於御座如常，樂止。通事舍人引册使副入就位，太尉初入門，《舒和之樂》作，至位，樂止。立定，典儀唱曰：『再拜。』贊者承傳，羣官在位者皆再拜。侍中前承制，降詣使者東北，西面稱：『有制。』册使再拜。侍中宣制曰：『册某氏為皇后，命公等持節展禮。』宣制訖，又俱再拜。侍中還侍位。黄門侍郎持節西面授太尉，太尉受付主節，立於使後。黄門侍郎退。中書侍郎引册案及琮璽綬案立於册使東北，西面。中書侍郎取册，持案者退自使後，立於太尉之左。西面授太尉，太尉受册置於案，持案者退立於使者后。中書侍郎又取琮璽綬以授太尉，太尉受，置於案，皆如受册之儀。中書侍郎退。典儀曰：『再拜。』贊者承傳，羣臣在位者皆再拜。通事舍人引册使出，持節者前導，持案者次之。太尉初行樂作，出門樂止。侍中前跪奏稱：『侍中臣某言，禮畢。』俛伏，興，還侍位。皇帝興，太樂令令撞蕤賓之鐘，左五鐘皆應，鼓柷，奏《太和之樂》。皇帝降座，侍衛警蹕如來儀，入自東房，樂止。通事舍人引羣官在位者以次出。蕃客先出。

皇后受册。前一日，守宫於肅章門外道西近南，隨便設太尉、司徒等次，東向北上。又於命婦朝堂設外命婦次如常。尚寢率其屬於皇后正殿設御幄座，南向。又設皇后受册位於殿庭階間，北向。又設命婦等脱舄席於西階前近西，東向。司樂展宫懸之樂於殿庭，設麾於殿上西階之西，東向，並如常儀。内僕進重翟以下於肅章門外道東，西向，以北為上。

其日，依時刻諸衛勒所部屯門列仗及陳布於皇后殿正南門之外如常儀。典儀設册使位於肅章門外之西，東向北上。設内侍位於使副之南，舉册案及琮璽綬者又在南，差退，俱東向。又設内給事位於北廂，南向。又設内謁者監位於其東南，西向。内謁者設外命婦位於命婦朝堂，分左右廂，大長公主以下在東，太夫人以下在西，並每等異位，重行相向，以北為上。司贊設内命婦及内官非供奉者位於受册正殿之庭東廂，西向，重行北上。又設内命婦等朝位於殿庭御道東，重行，北面西上。又設外命婦朝位於殿庭御道左右，近南：大長公主以下在道東，每等異位，重行北面，以西為上；太夫人以下在道西，每等異位，重行北面，以東為上。又設司贊位於東階東南，典贊二人在南，差退，俱西向。

内侍版奏皇后：『請中嚴。』外命婦依時刻俱赴集朝堂次，各服其服。内謁者監先置二案於肅章門外，近限。太尉、司徒既受命，出至朝堂，俱乘輅，備鹵簿，鼓吹、持節如式。其册琮璽綬各以油絡網犢車載而行，内侍之屬與所司守掌之。至永安門外，降輅，謁者引入，持節者前導，持案者次之，掌次者俱引入次。内典引引外命婦就朝堂位。司樂師女工人入就位，典樂升就舉麾位。司贊帥典贊先就殿庭位。内典引各引外命婦兩行俱以次進，至肅章門，内司賓接引進入，立於皇后正殿閤外如朝堂之位。謁者引太尉以下就肅章門外位，持節者立於太尉之北，少退，東面。内謁者監引内給事就南面位，内謁者監退復位。内命婦等應陪列者各服其服，司賓引就陪列位。

尚儀版奏：『外辦。』皇后首飾褘衣，司言引尚宫，尚宫引皇后，出自正殿西房，侍衛警蹕如常儀。首飾褘衣，所司先進。典樂舉麾，奏《正和之樂》，凡樂皆典樂舉麾，工鼓柷而後作，偃麾戛敔而後止。皇后至兩楹間，南向立定，樂止。

初内給事既就南面位，太尉進内給事前，北面跪稱：『太尉封臣某、司徒封臣某，奉制授皇后備物典册。』訖，俛伏，興，退復位。内謁者監引内給事詣肅章門，傳告司言。司言入詣皇后前跪奏訖，興，還侍位。

初司言入，奉册琮璽綬者以次進，當司徒前，司徒取册琮璽綬以次進授太尉，舉案者以次退，司徒授訖，退復位。内侍進太尉前，西面以次受册琮璽綬，東面授内謁者監，量以内謁者等助舉之。退復位。内謁者監持册琮璽綬等進立於肅章門外，跪置册琮璽綬於案，俛伏，興。

初司言奏訖，尚儀贊皇后降，司言引尚宫，尚宫引皇后，降就庭中北面位，皇后初行樂作，立定樂止。初皇后將降，又尚宫詣門跪取册，尚服詣門跪取琮璽綬，興，進，俱入立於皇后之右，少前，西向。司言司寶各一人，進立於皇后之左，少前，東向。尚宫稱：『有制。』尚儀贊皇后再拜，尚宫宣册訖，尚儀又贊皇后再拜。尚宫奉册進授皇后，皇后受以授司言。尚服又奉琮璽綬以次授皇后，皇后受以授司寶訖，尚儀贊皇后升座。皇后御輿，繖扇侍衛如常，皇后升，初行樂作，即御座南向坐，司寶奉琮璽置於御座，樂止。

司賓引内命婦等陪列者以次進，就北面位，為首者初行，典樂舉麾，

《舒和之樂》作，至位，樂止。司贊曰：『再拜。』掌贊承傳，內命婦皆再拜。司賓引為首者一人詣西階，初行樂作，至階樂止。為首者脫舄，升，進當御座前，北面跪奏：『某妃妾姓等言，伏唯殿下坤象配天，德昭厚載，凡厥兆庶，不勝慶躍。』訖起，司賓引為首者自西階降，納舄樂作，復位樂止。司贊曰：『再拜。』掌贊承傳，內命婦等皆再拜。司言前承令，降自西階，詣內命婦西北，東面稱：『令旨。』內命婦等皆再拜。宣令訖，在位者又再拜。司贊曰：『再拜。』典贊承傳，在位者皆再拜。司賓以次引從隨便門出，各還其寢，為首者初行樂作，至門樂止。

司賓又引外命婦以次入，為首者初入門，《舒和之樂》作，至位樂止。立定，司贊曰：『再拜。』掌贊承傳，命婦等皆再拜訖，司賓引為首者一人，進升奉賀、復位拜、樂作止及宣令拜辭等皆如內命婦之儀。訖，引出，為首者初行，樂作，出門樂止。

司言又奏羣官賀訖，尚儀前跪奏稱：『尚儀妾姓言，禮畢。』還侍位。皇后降座，樂作，御輿入自東房，侍衛警蹕如常儀，樂止。女工人退。

冊命使者乘輅詣朝堂，至降車所，降輅，入，至太極殿庭大橫街南，御道東，北面西上立。中書令立於太尉東北，西面。太尉等再拜，復命曰：『奉制授皇后備物典冊，禮畢。』又再拜。中書令奏聞。太尉等退。鹵簿幡節等各還本司。

皇后受羣臣賀。皇后表謝。朝皇太后。皇帝會羣臣。羣臣上禮。皇后會外命婦。皇后廟見。右並如納后儀。

《新唐書》卷一八《禮樂志八・皇帝納皇后》　制命太尉為使，宗正卿為副，吏部承以戒之。前一日，有司展縣、設桉、陳車輿于太極殿廷，如元日。文武九品、朝集、蕃客之位，皆如冠禮。設使者受命位於大橫街南道東，西上，副少退，北面。侍中請『中嚴』。羣臣入就位。使、副入，立於門外道東，西面。黃門侍郎引幡、節，中書侍郎引制書桉，立於左延明門內道北，西面北上。乃奏『外辦』，皇帝袞冕御輿，出自西房，即御座。使、副入，就位。典儀曰：『再拜。』在位者皆再拜。侍中前承制，降詣使者東北，西面曰：『有制。』使、副再拜。侍中宣制曰：『納某官某氏女為皇后，命公等持節行納采等禮。』使、副又拜。主節立於使者東北，西面，以節授黃門侍郎，侍郎以授使者，付于主節，立於後。中書侍郎引制書桉立於使者東北，以制書授使者，置於桉。典儀曰：『再拜。』在位者皆再拜。使、副出，持節者前導，持桉者次之。侍中奏『禮畢』。皇帝入，在位者以次。初，使、副乘輅，鼓吹備而不作，從者乘車以從。其制書以油絡網犢車載之。其日大昕，使、副至于次，主人受於廟若寢。布神席於室戶外之西，莞筵紛純，加藻席畫純，南向，右彫几。使、副立於門西，北上，持幡、節者立於北，少退，制桉立於南，執雁者又在其南，皆東面。主人立於大門內，西面。儐者北面，受命於左，出立於門東，西面，曰：『敢請事。』使者曰：『某奉制納采。』儐者入告。主人曰：『臣某之女若如人，既蒙制訪，臣某不敢辭。』儐者出告，入引主人出，迎使者於大門外之南，北面再拜。使者不答。主人揖使、副先入，至於階。使、副入，導以幡、節，桉、雁從之。幡、節立西階之西，東面；使者由階升，立於兩楹間，南面；副在西南，持桉及執雁者又在西南，皆東面。主人升阼階，當使者前，北面立。持桉者以桉進，授使者以制書，節脫衣，使者曰：『有制。』主人再拜。宣制，主人降詣階間，北面，再拜稽首，升，進，北面受制書，以授左右。使者授雁，主人再拜，進受雁，以授左右。儐者引荅表桉進，立於主人后，少西，以表授主人。主人進，授使者，退復位，再拜。節加衣。謁者引使、副降自西階以出。

制文以版，長一尺二寸，博四寸，厚八分，后家荅版亦如之。

問名。使者既出，遂立於內門外之西，東面；主人立於內門內東廂，西面。儐者出請事，使者曰：『將加卜筮，奉制問名。』儐者入告。主人曰：『臣某之子若如人，既蒙制訪，臣某不敢辭。』儐者出告，入，引主人出，迎使者以入，授主人以制書，荅表皆如納采。使、副降自西階以出，立於內門外之西，東面；主人立於東階下，西向。儐者出請事，使者曰：『禮畢。』儐者入告，主人曰：『某公奉制至於某之室，某有先人之禮，請禮從者。』儐者出告，使者曰：『某既得將事，敢辭。』儐者入告，主人曰：『先人之禮，敢固以請。』儐者出告，使者曰：『某辭不得命，敢不從。』儐者入告，遂引主人升立於序端。掌事者徹几，設二筵東上。設甒醴於東房西牖下，加杓冪，坫在尊北；實觶一，角柶一，籩、豆各一，實以脯醢，在坫北。又設洗於東南。主人降迎使者，西面揖，先入。使、副入門而左，主人入門而右。至階，主人曰：『請某位升。』使者曰：『某敢辭。』主人又曰：『固請某位升。』使者曰：『某教固辭。』主人又曰：『終請某位升。』使者曰：『敢終辭。』主人升自阼階，使、副升自西階，北面立。主人阼階上，北面再拜。受几於序端。掌事者內拂几三，奉兩端西北向以進。主人東南向，外拂几三，振袂，內執之。掌事者一人又執几以從，主人進，西北向。使者序進，迎受於筵前，東南向以俟。主人還東階上，北面再拜送。使者以几跪進，北面跪，各設於坐左，退於西階上，北面東上，答拜，立於階西，東面南上。贊者二人俱升，取觶降，盥手，洗觶，升，實醴，加柶於觶，覆之，面葉，出房，南面。主人受醴，面柄，進使者筵前西，北面立。又贊者執觶以從。使者西階上，北面，各一拜，序進筵前東，南面。主人又以次授醴，使者受，俱復西階上位。主人退，復東階上，北面一拜送。掌事者以次薦脯醢於筵前。使者各進，升筵，皆坐，左執觶，右取脯，擩於醢，祭於籩、豆之間，各以柶祭醴三，始扱一祭，又扱再祭，興；各以柶兼諸觶上，躐降筵於西階上，俱北面坐，啐醴，建柶，各奠觶於薦，遂拜，執觶，興。主人答拜。使者進，升筵坐，各奠觶於薦東。降筵，序立於西階上，東面南上。掌事者牽馬入，陳於門內，三分庭一在南，北首西上。又掌事者奉幣篚，升自東階，以授主人，受於序端，進西面位。掌事者一人，又奉幣篚，立於主人之后。使者西階上，俱北面再拜。主人進詣楹間，南面立，使者序進，立於主人之西，俱南面。主人以幣篚授使者，使者受，退立於西階上，東面。執幣者又以授主人，主人受以授使副，使副受之，退立於使者之北，俱東面。主人還東階上，北面再拜送。使者降自西階，從者訝受幣篚。使者當庭實揖馬以出，牽馬者從出。使者出大門外之西，東面立。從者訝受馬。主人出門東，西面再拜送。使者退，主人入，立於東階下，西面。儐者告於主人曰：『賓不顧矣。』主人反於寢。使者奉答表詣闕。

納吉。使者之辭曰：『加諸卜筮，占曰日從，制使某也入告。』主人之辭曰：『臣某之女若如人，龜筮云吉，臣預在焉，臣某謹奉典制。』其餘皆如納采。

納徵。其日，使者至于主人之門外，執事者入，布幕於內門之外，玄纁束陳於幕上，六馬陳於幕南，北首西上，執事者奉穀珪以匱，俟於幕東，西面。謁者引使者及主人立於大門之內外。儐者進受命，出請事。使者曰：『某奉制納徵。』儐者入告，主人曰：『奉制賜臣以重禮，臣某祗奉典制。』儐者出告，入，引主人出，迎使者入。執事者坐，啓匱取珪，加於玄纁。牽馬者從入，三分庭一在南，北首西上。執珪者在馬西，俱北面其餘皆如納采。

册后。前一日，守宮設使者次於后氏大門外之西，尚舍設尚宮以下次於后氏閤外道西，東向，障以行帷。其日，臨軒命使，如納采。奉禮設使者位於大門外之西，東向；使副及內侍位於使者之南，舉册桉及寶綬者在南，差退，持節者在使者之北，少退，俱東向。設主人位於大門外之南，北面。使者以下及主人位於內門外，亦如之。設內謁者監位於內門外主人之南，西面。司贊位於東階東南，掌贊二人在南，差退，俱西向。又置一桉於閤外。使、副乘輅，持節，備儀仗，鼓吹備而不作。內僕進重翟以下於大門之外道西，東向，以北為上。諸衛令其屬布后儀仗。使者出次，就位。主人朝服立於東階下，西面。儐者受命，出請事。使者曰：「某奉制，授皇后備物典册。」儐者入告，主人出迎於大門外，北面再拜，使者不答拜。使者入門而左，持節者前導，持桉者次之。主人入門而右，至內門外位。奉册寶桉者進，授使副册寶。內侍進使者前，西面受册寶，東面授內謁者監，持入，立於閤外之西，東面跪置於桉。尚宮以下入閤，奉后首飾、褘衣，傅姆贊出，尚宮引降立於庭中，北面。尚宮跪取册，尚服跪取寶綬，立於后之右，西向。司言、司寶各一人立於后左，東向。尚宮曰：『有制。』尚儀曰：『再拜。』皇后再拜。宣册。尚儀曰：『再拜。』皇后又再拜。尚宮授皇后以册，受以授司言。尚服又授以寶綬，受以授司寶。皇后升坐，內官以下俱降立於庭，重行相向，西上。司贊曰：『再拜。』掌贊承傳，皆再拜。諸應侍衛者各升，立於待位。尚儀前跪奏曰：『禮畢。』皇后降坐以入。使者復命。

其遣使者奉迎。其日，侍中版奏『請中嚴』。皇帝服冕出，升所御殿，文武之官五品已上立於東西朝堂。奉迎前一日，守宮設使者次於大門之外道右，設使副及內侍次於使者次西，俱南向。尚舍設宮人次於閤外道西，奉禮設使、副、持桉執雁者、持節者及奉禮、贊者位，如册后。又設內侍位於大門外道左，西面。又設宮人以下位於堂前。使、副朝服，乘輅持節，至大門外次，宮人等各之次奉迎。尚儀奏『請皇后中嚴』。傅姆導皇后，尚宮前引，出，升堂。皇后將出，主婦出於房外之西，南向。文武奉迎者皆陪立於大門之外，文官在東，武官在西，皆北上。謁者引使者詣大門外位，主人立於內門外堂前東階下，西面。儐者受命，出請事，使者曰：『某奉制，以今吉辰，率職奉迎。』儐者入告，主人曰：『臣謹奉典制。』儐者出告，入，引主人出門南，北面再拜。謁者引入至內門外堂西階，使者先升，位於兩楹間，南面；副在西，持桉、執雁者在西南，俱東面。主人升東階，詣使者前，北面立。使、副授以制書，曰：『有制。』主人再拜。使者宣制，主人降詣階間，北面再拜稽首。升，進，北面受制書。主人再拜，北面立。使、副授以雁，主人再拜，進受，仍北面立。儐者引二人對舉答表桉進，主人以表授使、副，再拜，降自西階以出，復門外位。奉禮曰：『再拜。』贊者承傳，使、副俱再拜。使者曰：『令月吉日，臣某等承制，率職奉迎。』內侍受以入，傅於司言，司言受以奏聞。尚儀奏請皇后再拜。主人入，升自東階，進，西面誡之曰：『戒之敬之，夙夜無違命。』主人退，立於東階上，西面。母誡於西階上，施衿結帨，曰：『勉之敬之，夙夜無違命。』皇后升輿以降，升重翟以几，姆加景，內宮侍從及內侍導引，應乘車從者如鹵簿。皇后車出大門外，以次乘車馬引從。

同牢之日，內侍之屬設皇后大次於皇帝所御殿門外之東，南向。將夕，尚寢設皇帝御幄於室內之奧，東向。鋪地席重茵，施屏障。初昏，尚食設洗於東階，東西當東霤，南北以堂深。后洗於東房，近北。設饌於東房西墉下，籩、豆各二十四，簠、簋各二，登各三，俎三。尊於室內北牖下，玄酒在西。又尊於房戶外之東，無玄酒。坫在南，加四爵，合巹。器皆烏漆，巹以匏。皇后入大門，鳴鍾鼓。從永巷至大次前，回車南向，施步障。尚儀進當車，前跪請降車。皇后降，入次。尚宮引詣殿門之外，西向立。尚儀跪奏「外辦，請降坐禮迎」。皇帝降坐，尚宮前引，詣門內之西，東面揖后以入。尚食酌玄酒三注於尊，尚寢設席於室內之西，東向。皇帝導后升自西階，入室即席，東向立。皇后入，立於尊西，南面。皇帝盥於西洗，后盥於北洗。饌入，設醬於席前，葅醢在其北；俎三設於豆東，豕俎特在北。尚食設黍于醬東，稷、稻、粱又在東；設湆于醬南。設后對醬于東，當特俎，葅醢在其南，北上；設黍于豕俎北，其西稷、稻、粱，設湆于醬北。尚食啓會郤于簠簋之南，對簠簋于北，加匕箸，尚寢設對席於饌東。尚食跪奏『饌具』。皇帝揖皇后升，對席，西面，皆坐。尚食跪取韭葅擩醢授皇帝，取葅擩醢授皇后，俱受，祭於豆間。尚食又取黍實於左手，遍取稷、稻、粱反於右手，授皇帝，又取黍、稷、稻、粱授皇后，俱受，祭於豆間。又各取胏絕末授帝、后，俱祭於豆間。尚食各以胏加於俎。司飾二人以巾授皇帝及皇后，俱涚手。尚食各跪品嘗饌，移黍置於席上，以次授胏脊，帝、后皆食，三飯，卒食。尚食二人俱盥手洗爵於房，入室，酌于尊，以授帝、后，俱受，祭。尚食各以肝從，皆奠爵、振祭、嚌之。尚食皆受，實於俎、豆。各取爵，皆飲。尚儀受虛爵，奠於坫。再酳如初，三酳用巹，如再酳。尚食俱降東階，洗爵，升，酌於戶外，進，北面奠爵，興，再拜，跪取爵祭酒，遂飲卒爵，奠，遂拜，執爵興，降，奠於篚。尚儀北面跪，奏稱：『禮畢，興。』帝、后俱興。尚宮引皇帝入東房，釋冕服，御常服；尚宮引皇后入幄，脫服。尚宮引皇帝入。尚食徹饌，設於東房，如初。皇后從者餕皇帝之饌，皇帝侍者餕皇后之饌。

宋·司馬光《資治通鑑》卷二〇〇《唐紀十六·高宗天皇大聖大弘孝皇帝上之下》（永徽六年十月）乙卯，百官上表，請立中宮，乃下詔曰：『武氏門著勳庸，地華纓黻，往以才行，選入後庭，譽重椒闈，德光蘭掖。朕昔在儲貳，特荷先慈，常得侍從，弗離朝夕，宮壼之內，恒自飭躬，嬪嬙之間，未嘗迕目。聖情鑒悉，每垂賞歎，遂以武氏賜朕。事同政君，可立爲皇后。』【略】十一月丁卯朔，臨軒，命司空李勣齎璽綬册皇后武氏。是日，百官朝皇后於肅義門。

宋·李昉等《文苑英華》卷四四六《皇后册文·內制〈册皇后文〉》

睿宗誥曰：王者建邦，設內輔之職；聖人作則，崇陰教之道。式清四海，以正二儀。妃王氏，冠蓋盛門，幽閑令德，藝兼圖史，訓備公宮。頃屬艱危，克揚功烈，聿興昌運，實賴贊成，正位六宮，宜膺盛典。可册為皇后。

又《陸贄〈册淑妃王氏為皇后文〉》 維貞元二年某月日，皇帝若曰：乾坤合德，聖人則之。惟帝承天，惟后配帝，嗣續百代，母臨萬邦，位定于中而尊加於外，德修諸己而化被於人。御於家邦，所繫斯在。三代崇替，靡不由之。予是以詢衆採賢，重難茲命。中壺虚位，於今歷年，陰儀或虧，宗事無主，缺於典禮，朕甚愧焉。稱是徽章，聿歸全德。咨爾淑妃王氏，天與淳粹，氣鍾元和，含章在中，發秀于外。卓爾風操，穆然容輝，周旋中規，進退有度。仁愛恭儉，本於生知；《詩》、《書》、禮、樂，成自師氏。竭于孝弟，祗事先朝，承訓無違，克諧尊旨。往居桂苑，淑問已彰，洎奉椒塗，謙光載路，六宮攸敍，九族以親。嘗屬艱迍，累從行幸，思賢才以輔佐，知臣下之勤勞。庶績伊凝，頗資内助，永念頃筐之志，且懷求劍之情。崇位長秋，永懷盛典。矧惟元子，貞我萬邦，稽以舊章，是宜從貴。今遣攝太尉某官某乙持節，册命爾為皇后。嗚呼敬哉！王教之端，始於内範，《風》美《關雎》之化，《雅》詠《思齊》之德。罔懈厥位，忝于前修，克念有終，庶無咎悔。奉承休命，可不慎歟？

又《錢珝〈册淑妃為皇后文〉》 維乾元五年歲次戊午四月庚子朔，二十七日丙寅，皇帝若曰：惟王法天，惟后象地，統理之道，相須而成。秉陽雖繫於昭垂，養物必歸於厚載。惟處大倫而克正，與元化而同光。上贊君臨，旁資婦順，遠徵百代，咸本六經。而禮曠累朝，位虚中壼。嚴禋怵惕，玉齍無所進之人；内令寂寥，彤管有不書之史。興廢之重，作配實難。咨爾淑妃何氏，柔既可觀，儉皆中度，外言罔入，懿則自成，處閑房而椒亦蜚聲，御衆妾而木能逮下。洎邦家多難，輔佐克勤，每見求衣，未嘗安寢，先知旰食，不視晨脩，欲齊京室之賢，罔慕長秋之盛。勞謙之報，降福是宜。乃顧皇儲，仍因子貴。公卿來講，龜筮斯從，實上帝之所嘉，詎朕心之可抑！今遣某官某持節，册爾為皇后。於戲！極位正名，居尊齊禮，典一申而百神聽，禮一行而萬國歡。懼恐可以保其名，齊莊可以守其位。往司陰教，以永天休。

又《楊鉅〈册淑妃何氏為皇后文〉》 門下：朕博採《大易》，眇觀《詩》訓，觀柔剛咸感之象，賦鳴鳩肅雍之德，將以視天下之内理，敍人倫之大端，宜于家邦，厚示風化。矧九廟在上，籩豆是薦；三揖在下，彝章具陳。得不敬乃禕褕，稱茲典禮，俾承光於軒耀，式正位於坤儀。淑妃何氏，明配圓靈，德符厚載，珪璋特達，鸞鳳萎蕤，同輦必辭，脫簪能諫，四德克備，六宮是推。述壼職以彌勤，煥彤史而斯美。況惟元子，既登儲貳，順考古道，雅協徽章，受貞吉辰，藏于盛典。咨爾克持婦政，以率内和，齊莊是儀，用諧静德。明章之道，允在茲乎！

宋・王溥《五代會要》卷一《皇后・雜録》 後唐同光元年四月，太常禮院奏：「准制，以此月十三日行皇后册禮。今檢詳臨軒命使册皇后舊儀，皇后廟見如納后之儀，受册後合别定廟見日。其日，皇后乘重翟車，鹵簿、鼓吹、儀仗前導。」從之。

又奏：「謹按《開元禮》臨軒册皇后，皇后表謝、朝皇太后並如納后之儀，不載朝謝皇帝之禮。准納后儀，則皇帝服冕衮，降迎於門，恐禮太重。今詳酌其日常服，内御殿，皇后首飾褘衣，尚衣引入，至殿庭階前再拜訖，退如常儀。」從之。

宋・馬令《南唐書》卷六《女憲傳・後主繼室周后》 明年，鍾太后殂，後主服喪，故中宮位號，久而未正。至開寶元年，始議立后為國后。南唐享國日淺，而三世皆娶于藩邸，故國主婚禮，議者不一，詔中書舍人徐鉉、知制誥潘佑與禮官會議。鉉曰：「婚禮吉，不用樂。」佑以為今古不相沿襲，固請用樂。鉉曰：「案古房樂，無鐘鼓。」佑曲引《詩》「窈窕淑女，鐘鼓樂之」，則房樂宜有鐘鼓。后初見君，《後魏書》有「后先拜後起，帝後拜先起」之文。鉉因此以為夫婦之禮，人倫之本，承祖宗，主祭祀，請答拜。佑以為王者婚禮，不可與庶人同，請不答拜。【略】至納后，乃成禮而已。

論說

宋・呂夏卿《唐書直筆》卷一《帝紀・立皇后》 皇后共承宗廟，海内之母，立以德不以愛，正家之道也。先書君命，正也。《太宗紀》書曰「武德九年八月，立皇后長孫氏。」先書「立」，德選。《肅宗紀》書曰「至德元年四月，立皇后張氏。」同文。張氏雖以凶終，然其惡不累，故用異例。

廢以罪不以私，則書「廢」，從天下之人廢之也。《明皇紀》書曰「開元十二年六月，廢皇后王氏。」不稱「廢為庶人」，嫌齊體之偪也。王皇后詔，載于本傳。若無罪，不出詔。加罪之誣，不足信于後人也。

立以嬖不以德，廢以譖不以罪，則異文見實。《中宗紀》書曰『神龍元年，立妃韋氏為皇后』；《高宗紀》書曰『永徽六年七月，皇后王氏廢』是也。

以愛奪權，以計得衆，立非恩德，則從自立文。《高宗紀》書曰『永徽六年十月，皇后武氏立』是也。

凡立后恩澤，皆出于己，大赦天下，老人賜粟，不出《高宗紀》者，惡武后之立。正始而杜漸，故但載武后《本傳》。

又　卷三《皇后傳》　帝王之興，必有内助，家道正則天下正。每帝必載后妃。

宋·孫甫《唐史論斷》卷上《高宗·褚遂良諫廢立皇后》　論曰：高宗即位數年，奉先帝成法，以臨天下，頗得守文之體，一日昏惑自恣，不奉天戒，雖前代荒亂之主，少過之者。天子之貴，嬪御之衆，何至私先帝才人，使逞陰譎之計，搆陷中宮，為國大醜？且高宗自晉邸升皇儲，即位之年，地震於晉，久而不止，是必天意以陰盛為戒也。夫太宗臨終，顧無忌、遂良稱『好兒好婦』，是以國家事付託於大臣也。武氏詭計初行，方議廢立，遂良以死争之，是不負先帝付託也。嗚呼！先帝付託於臨終，天地示戒於連年，大臣力争於所議，稍近中常之主，當知事理甚明，不可不念。況高宗幼為聖父教訓，正人輔導，豈全不辨事理乎？但内惑嬖者之計，外納姦人之言，上不奉天戒，次不遵父命，下不顧忠議，徇一時之欲，以至於此。心知王皇后無辜而憫之，及為嬖者戕賊，亦卒不問，此又孱懦之態甚矣。使文武之臣、蕃夷之長共朝嬖者，此又亂禮之甚，前代未之有也。卒使嬖者擅人主之權，害宗室，殺大臣，幾移宗社，實高宗之過也。然高宗之過，雖姦黨所贊，亦由李勣微言，于志寧顧望所致耳。李勣荷先帝付託，于志寧任宰弼之重，若稍助遂良及無忌、韓瑗、來濟之言，姦黨豈能動乎？是極諫高宗之過者，遂良也；成就高宗之過者，李勣、志寧也。故書曰『右僕射、河南郡公褚遂良諫廢立皇后，降潭州都督。』書其官爵，明大臣之任也；『諫廢立』，明廢者不當廢，立者不當立也；因諫而降，明無罪也。遣勣、志寧立皇后，不書其官，但名之，明勣、志寧無大臣節，賤之也。書『臨軒立后』而不曰『帝』，見高宗無人君之體也。

又　《郝處俊諫令后攝政》　論曰：處俊諫高宗，不令武后攝政，可謂社稷之臣也。自上官儀被殺，高宗為后所制，奪其威權，内外畏之，無敢忤其意者。高宗雖因目疾，欲令攝政，亦勢逼而然。處俊不顧禍患，懇諫其事，至引魏文不許皇后臨朝為證，是時處俊之心，止知有社稷之計，不知有身計也。言既激切，又得義琰為助，雖昏主悍后，義不能違。夫人臣事君，見大過而不敢言，臨大節而不敢當者，正欲保位避禍也。處俊當后擅權，上下危逼之際，忠言確論，力救其事。義琰協心，助為之言。二公終保大位，不罹其禍。如于志寧輩，預廢立皇后之議，顧望不言，乃保位避禍之意也，然終不免謫黜一刺史而歿，但得畏懦不忠之名，為世所罪，又豈能保位避禍乎？然則事君者，固不可自計利害也。邪正在於所守，禍福繫於所值。所守者，節也，不可不固；所值者，時也，此不可必。惟能不失忠義大節，則窮通死生，賢矣。

雜録

《舊唐書》卷八四《郝處俊傳》　（上元）三年，高宗以風疹欲遜位，令天后攝知國事，與宰相議之。處俊對曰：『嘗聞《禮經》云：「天子理陽道，后理陰德。」則帝之與后，猶日之與月，陽之與陰，各有所主守也。陛下今欲違反此道，臣恐上則謫見于天，下則取怪于人。昔魏文帝著令，身崩後尚不許皇后臨朝，今陛下奈何遂欲躬自傳位於天后。況天下者，高祖、太宗二聖之天下，非陛下之天下也。陛下正合謹守宗廟，傳之子孫，誠不可持國與人，有私於后族。伏乞特垂詳納。』中書侍郎李義琰進曰：『處俊所引經旨，足可依憑，惟聖慮無疑，則蒼生幸甚。』帝曰：『是。』遂止。

輿服璽印分部

綜述

車乘

《隋書》卷一〇《禮儀志五》 皇后、皇太后重翟，青質，金飾諸末。朱輪，金根朱牙。其箱飾以重翟羽，青油纁朱裏，通幰，繡紫帷，朱絲絡網，繡紫絡帶。八鑾在衡，鍚，鞶纓十二就，金鍐方釳，插翟尾，朱總。總以朱為之，如馬纓而小，著馬勒，在兩耳兩鑣也。駕蒼龍。受册、從郊禖、享廟則供之。

厭翟，赤質，金飾諸末。輪畫朱牙。其箱飾以次翟羽，紫油纁朱裏，通幰，紅錦帷，朱絲絡網，紅錦絡帶。其餘如重翟。駕赤騮。親桑則供之。

翟車，黃質，金飾諸末。輪畫朱牙。其車側飾以翟羽，黃油纁黃裏，通幰，白紅錦帷，朱絲絡網，白紅錦絡帶。其餘如重翟。駕黃騮。歸寧則供之。

安車，赤質，金飾。紫通幰朱裏。駕四馬。臨幸及弔則供之。【略】諸鞶纓之色，皆從車質。

皇后重翟車。案周禮，正后亦有五輅：一曰重翟，二曰厭翟，三曰安車，四曰翟車，五曰輦車。漢制，后法駕，乘重翟車。今重翟，青質，金飾諸末。畫輪，金根朱牙，重轂。其箱飾以重翟羽。青油幢朱裏，通幰，紫繡帷，朱絲絡，紫繡帶。八鑾在衡，鏤鍚，鞶纓十有二就，金鍐方釳，插翟尾，朱總，綴於馬勒及兩金鑣之上。駕蒼龍。受册從祀郊禖享廟則供之。

厭翟，赤質，金飾諸末。朱輪，畫朱牙。其箱飾以次翟羽，紫油幢朱裏，通幰，紅錦帷，朱絲絡網，紅錦帶。其餘如重翟。駕赤騮。採桑則供之。

翟車，黃質，金飾諸末。輪畫朱牙。其箱飾以翟羽，黃油幢黃裏，通幰，白紅錦帷，朱絲絡網，白紅錦帶。其餘如重翟。駕黃騮。歸寧則供之。諸鞶纓之色，皆從車質。

安車，金飾，紫通幰，朱裏。駕四馬。臨幸及弔則供之。

輦車，金飾，同於蓬輦，通幰，斑輪，駕用四馬。宮苑近行則乘之。

皇后屬車三十六乘。初宇文愷、閻毗奏定，請減乘輿之半。禮部侍郎許善心奏駁曰：『謹案《周禮》，后備六服，并設五輅，采章之數，並與王同，屬車之制，不應獨異。又宋孝建時，議定輿輦，天子屬車，十有二乘。至大明元年九月，有司奏皇后副車，未有定式，詔下禮官，議正其數。博士王燮之議：「鄭玄云：后象王立六宮，亦正寢一而燕寢五。推其所立，每與王同，謂十二乘通關為允。」宋帝從之，遂為后式。今請依乘輿，不須差降。』制曰：『可。』

三妃乘翟車，以赤為質，駕二馬。九嬪已下，並乘犢車，青幰，朱絡網。

唐・李林甫等《唐六典》卷一二《内官宮官内侍省・内僕局》 凡皇后之車有六：一曰重翟，受册、從祀、享廟則供之。青質，金飾諸末；朱輪，金根、朱牙；其箱飾以重翟羽；青油通幰，青油纁朱裏，朱絲絡網，繡紫絡帶，繡紫帷；八鸞在衡，鏤鍚鞶纓十有二就；金鉦方釳，插翟尾；朱總；駕蒼龍。皆隋所制，皇朝因之。

二曰厭翟，公桑則供之。赤質，金飾諸末；輪書朱牙；其箱飾以次翟羽；紫油通幰，紫油纁朱裏，朱絲絡網，紅錦絡帶，紅錦帷；餘如重翟；駕赤騮。內命婦壹品已下以次乘之。

三曰翟車，歸寧則供之。黃質，金飾諸末；輪畫朱牙；其車側飾以翟羽；黃油通幰，黃油須纁黃裏，白紅錦絡帶，白紅錦帷，朱絲絡網；餘如重翟；駕黃騮。諸鞶纓之色，皆從車質也。

四曰安車，臨幸則供之。赤質，金飾；紫油通幰，紫油纁朱裏，錦帷，錦絡帶，朱絲絡網；駕四馬。

五曰四望車，拜陵、臨弔則供之。朱質，青油通幰，青油纁朱裏，織成帷，錦絡帶，朱絲絡網；駕赤騮。

六曰金根車，常行則供之。朱質；紫油通幰，紫油纁朱裏，織成帷，錦絡帶，朱絲絡網。《周禮》：『王后五輅：一、重翟，二、厭翟，三、安車，四、翟車，五、輦車。』司馬彪《續漢誌》：『皇后法駕，御重翟金根車，交絡帷裳；非法駕，乘紫罽軿車，雲楨畫輈，黃金塗，駕三馬。貴人油畫拼車。』魏因之。《晉輿服志》：『皇后法駕，乘重翟羽蓋金根車，駕青騶，青帷裳，雲虡畫斡；常乘，畫輪車；先蠶，乘油蓋畫云母車，駕六騩馬，油畫兩轅安車為副，金薄石山耕車、紫絳罽軿車為副。』晉令：『三貴人曲蓋，九嬪直蓋，皆信幡。』宋、齊、梁、陳略同。后魏皇后從祭御金根車，親桑御雲母車，駕四馬；歸寧御紫罽車，遊行御安車，吊問御紺罽軿車，駕三馬。內命婦壹品乘油色朱絡網車，車、牛飾用金塗及純銀；二品、三品乘卷通幰車；四品乘偏幰車。北齊因之。后周皇后車十二等：重翟以從祀、享，厭翟以祭陰社，翟輅以采桑，翠輅以從見賓客，雕輅以歸寧，篆輅以臨道法門，皆錫面、朱總、金鉤；蒼輅、青輅、朱輅、黃輅、白、玄等輅，五時出入則供之，制同皇帝。三妃之輅九：篆輅、朱輅、黃、玄、白等輅，皆勒面、繢總；夏篆、夏縵、墨車、棧車、輅車，皆雕面、鷩總。三戈自朱輅而下，六嬪自黃輅而下，上媛自玄輅而下，下媛自夏篆而下也。

唐·杜佑《通典》卷六五《禮典二十五·嘉十·皇太后皇后車輅》

隋開皇初，李德林奏，用後魏熙平穆紹議皇后之輅。後著令，制：重翟，青質，金飾諸末，朱輪，金根朱牙，其箱飾以重翟羽，青油幢朱裏，通幰，繡紫帷，朱絲絡網，繡紫絡帶，八鸞在衡，鏤錫，鞶纓十二就，金鍐方釳，插翟尾，朱總，駕蒼龍，受册、從祀郊禖、享廟則供之。厭翟，赤質，金飾諸末，朱輪畫朱牙，其箱飾以翟羽，紫油幢朱裏，通幰，紅錦帷，朱絲絡網，紅錦絡帶，餘如重翟，駕赤騮，親桑供之。翟車，黃質，金飾諸末，朱輪畫朱牙，車側飾以翟羽，黃油幢黃裏，通幰，白紅錦帷，朱絲絡網，白紅錦絡帶，餘如重翟，駕黃騮，歸寧則供之。諸鞶纓之色，皆從車質。安車，赤質，金飾，紫通幰朱裏，駕四馬，臨幸及弔則供之。輦車，金飾，同於蓬輦，通幰，班輪，駕四馬，宮苑近行則乘之。屬車三十六乘。

大唐因隋制，重翟、厭翟、翟車、安車，其飾不易。又制四望車，朱質，紫油通幰，油畫絡帶，拜陵、臨弔則供之。又制金根車，朱質，紫油通幰，油畫絡帶，朱絲絡網，常行則供之。

《舊唐書》卷四五《輿服志》 皇后車則有重翟、厭翟、翟車、安車、四望車、金根車六等。重翟車，青質，金飾諸末，輪畫朱，金根車牙，其箱飾以重翟羽，青油纁，朱裏通幰，繡紫帷，朱絲絡網，繡紫絡帶，八鑾在衡，鏤錫，鞶纓十二就，金鍐方釳，插翟尾，朱總，總以朱為之，如馬纓而小，著馬勒，在兩耳與兩鑣也。駕蒼龍，受册、從祀、享廟則供之。

厭翟，赤質，金飾諸末，輪畫朱牙，其箱飾以次翟羽，紫油纁，朱裏通幰，紅錦帷，朱絲絡網，紅錦絡帶，餘如重翟車，駕赤駵，採桑則供之。

翟車，黃質，金飾諸末，輪畫朱牙，其車側飾以翟羽，黃油纁，黃裏通幰，白紅錦帷，朱絲絡網，白紅錦絡帶，餘如重翟，駕黃駵，歸寧則供之。諸鞶纓之色，皆從車質。

安車，赤質，金飾，紫通幰朱裏，駕四馬，臨幸及弔則供之。

四望車，朱質，紫油通幰，油畫絡帶，拜陵、臨弔則供之。

金根車，朱質，紫油通幰，油畫絡帶，朱絲網，常行則供之。

《新唐書》卷二四《車服志·皇后之車》 皇后之車六：重翟車者，受册、從祀、饗廟所乘也，青質，青油纁，朱裏通幰，繡紫絡帶及帷，八鸞，鏤錫，鞶纓十二就，金鍐方釳，樹翟羽，朱總。厭翟車者，親桑所乘也，赤質，紫油纁，朱裏通幰，紅錦絡帶及帷。翟車者，歸寧所乘也，黃油纁，黃裏通幰，白紅錦絡帶及帷。三車皆金飾末，輪畫朱牙，箱飾翟羽，朱絲絡網，鞶纓色皆從車質。安車者，臨幸所乘也，制如金路，紫油纁，朱裏通幰。四望車者，拜陵、弔喪所乘也，青油纁，朱裏通幰。金根車者，常行所乘也，紫油纁，朱裏通幰。夫人乘厭翟車，九嬪乘翟車，婕妤以下乘安車。

儀仗

唐·杜佑《通典》卷一〇七《禮典六十七·開元禮纂類二·序例中·皇太后皇后鹵簿》 清遊隊旗，一人執，二人引，二人夾。領三十人，並帶橫刀，執槊弩弓箭而行。次虞候佽飛二十八人。夾道單行。次內僕令、一人在左。內僕丞。一人在右。次黃麾，一人執。次左右廂黃麾仗，廂各三行，行列百人。左右領軍衛。各領五色繡幡六口。次內謁者監四人，給事二人，內常侍二人，內侍二人。並騎分左右。次內給使百二十人，分左右。單行，后盡宮人車。次偏扇、團扇、方扇，各二十四，分左右，宮人執。次香蹬一，內給使四人舁。次重翟車，青質金飾，駕四馬，受册、從祀、享廟則乘之。駕士二十四人。次行障六具，分左右，宮人執。次坐障三具。分左右，宮人執。次內寺伯二人。領寺人六人，騎分左右，夾重翟車。次腰轝一，執者八人。次團扇二，次大繖四，次孔雀扇八，分左右。次花錦蓋二，次小扇、朱畫團扇，各十二，並橫行。次錦曲蓋二十，次錦六柱扇八。分左右。自腰轝以下，並內給使執。次宮人車。次后黃麾一，次供奉宮人在黃麾后。次厭翟車，朱質金飾，駕赤騮四，親蠶採桑則乘之。次翟車，黃質金飾，駕赤騮四，寧於家則乘之。次安車，赤質金飾，駕赤騮四，臨幸及弔則乘之。駕士各二十四人。次四望車，朱質，駕牛，拜陵、臨弔則乘之。次金根車。朱質，駕牛，常行則乘之。駕士各十二人。次左右廂各牙門二，門二人執，四人夾。次左右領軍衛。廂各百五十人，執殳，盡鹵簿曲折陪后門。左右各折衝一人，以領鹵簿后所開牙門，並在殳仗行內。前後部鼓吹：金鉦、㧜鼓、大鼓、小鼓、長鳴、中鳴、鐃吹、羽葆鼓吹、橫吹、節鼓、御馬，並減大駕之半。

又　卷一一五《禮典七十五・開元纂類十・吉七・車駕出宮》　前享一日，金吾奏請：『外命婦等應集壇所者，並聽夜行。』其應採桑者四人各具，女侍者進筐鉤，載之而行。』監門先奏請。

享日未明四刻，開所由苑門，諸親及命婦以下以次入詣壇南次所，各服其服。其應採桑者筐鉤各具，女侍者執授內謁者監，內謁者監受之以授執筐鉤者。享日未明三刻，搥一鼓為一嚴。三嚴時節前日內侍奏裁。未明二刻，搥二鼓為再嚴。尚儀版奏：『請中嚴。』內命婦各服其服，所司陳車駕鹵簿。未明一刻，搥三鼓為三嚴。司賓引內命婦入立於庭，重行西面，以北為上。六尚以下各服其服，俱詣室奉迎。尚服負寶如式。內僕進厭翟車於閤外。尚儀版奏：『外辦。』馭者執轡。皇后服鞠衣乘輿以出，華蓋侍衛警蹕如常，內命婦從出門。皇后升車，尚功、司製進筐鉤，載之，仗衛如常。內命婦及六尚等乘車陪從如式。其內命婦應採桑者四人各服其服，典製等進筐鉤，載之。諸翊駕之官皆乘馬，駕動警蹕如常。不鳴鼓吹，諸衛前後督攝如常。內命婦、宮人以次從。

又　《車駕還宮》　皇后既還大次，內侍版奏：『請解嚴。』將士不得輒離部伍。皇后停大次一刻頃，搥一鼓為一嚴，轉仗衛於還塗如來儀。三刻頃，搥二鼓為再嚴，尚儀版奏：『請中嚴。』皇后服鈿釵禮衣。五刻頃，搥三鼓為三嚴，內典引引外命婦出次就門外位，司賓引內命婦出次序立於大次之前，六尚以下依式奉迎。內僕進厭翟車於大次門外，南向。尚儀版奏：『外辦。』馭者執轡，皇后乘輿出次，華蓋侍衛警蹕如常。皇后升車，鼓吹振作而行，內命婦以下乘車陪從如來儀。車駕過，內典引引外命婦退還第。駕至正殿門外，迴車南向。尚儀進，當車前跪奏稱：『尚儀妾姓言，請降車。』興，還侍位。皇后降車乘輿入，侍衛如常。內侍版奏：『請解嚴。』將士各還其所。

《新唐書》卷二三下《禮衛志下》　太皇太后、皇太后、皇后出，尚儀版奏『請中嚴』。尚服率司仗布侍衛，司賓列內命婦於庭，西嚮北上，六尚以下詣室奉迎，尚服負寶，內僕進車於閤外，尚儀版奏『外辦』。馭者執轡，太皇太后乘輿以出，華蓋，侍衛，警蹕，內命婦從。

出門，太皇太后升車，從官皆乘馬，內命婦、宮人以次從。清游隊，旗一，執者一人，佩橫刀，引、夾皆二人，佩弓箭，橫刀，騎。次金吾衛折衝都尉一人，佩橫刀、弓箭；領騎四十，亦佩橫刀，夾折衝；執槊二十人，持弩四人，佩弓箭十六人，持槊、刀二人。次虞候佽飛二十八人，騎，佩弓箭、橫刀，夾道分左右，以屬黃麾仗。

次內僕令一人在左，丞一人在右，各書令史二人騎從。次黃麾一，執者一人，夾道二人，皆騎。次左右廂黃麾仗，廂皆三行，行百人。第一短戟，五色氅，執者黃地白花綦襖、冒。第二戈，五色氅，執者赤地黃花綦襖、冒。第三鍠，五色幡，執者青地赤花綦襖、冒。左右衛、左右威衛、左右武衛、左右驍衛、左右領軍衛各三行，行二十人，每衛以主帥六人主之，皆豹文袍、冒，執鍮石裝長刀，騎，唯左右領軍衛減三人。每衛果毅都尉一人，被繡袍，各一人從；左右領軍衛有絳引幡，引前者三，掩后者三。

次內謁者監四人，給事二人，內常侍二人，內侍少監二人，騎，分左右，皆有內給使一人從。次內給使百二十人，平巾幘、大口絝、緋裲襠，分左右，屬於宮人車。

次偏扇、團扇、方扇皆二十四，宮人執之，衣綵大袖裙襦、綵衣、革帶、履，分左右。次香蹬一，內給使四人輿之，居重翟車前。

次重翟車，駕四馬，駕士二十四人。次行障六，次坐障三，皆左右夾車，宮人執之，服同執扇。次內寺伯二人，領寺人六人，執御刀，服如內給使，夾重翟車。次腰輿一，執者八人，團雉尾扇二，夾輿。次大繖四。次雉尾扇八，左右橫行，為二重。次錦花蓋二，單行。次小雉尾扇、朱畫團扇皆十二，橫行。次錦曲蓋二十，橫行，為二重。次錦六柱八，分左右。自腰輿以下，皆內給使執之。

次宮人車。次絳麾二，分左右。次后黃麾一，執者一人，夾二人，皆騎。次供奉宮人，在黃麾後。

次厭翟車、翟車、安車，皆駕四馬，駕士各二十四人；四望車，駕士二十二人；金根車，駕牛，駕士十二人。

次左右廂衙門各二，每門二人執，四人夾，皆赤綦襖，黃袍、冒，騎。

次左右領軍衛，廂皆一百五十人，執殳，赤地黃花綦襖、冒，前屬於黃麾仗，後盡鹵簿；廂各主帥四人主之，皆黃袍、冒，執鍮石裝長刀，騎；折衝都尉二人，檢校殳仗，皆一人騎從。次衙門一，盡鹵簿后殳仗內正道，每門監門校尉二人主之，執銀裝長刀；廂各有校尉一人，騎，佩銀橫刀，往來檢校。御馬減大駕之半。

太皇太后將還，三嚴，內典引引外命婦出次，就位；司賓引內命婦出次，序立大次之前。既外辦，馭者執轡。太皇太后乘輿出次，華蓋、警蹕、侍衛如初。內命婦以下乘車以從。車駕入，內典引引外命婦退，駕至正殿門外，車駕南嚮，尚儀前奏「請降車」。將士還。【略】

嬪，青衣四人，偏扇、團扇、方扇十四，行障二，坐障一，翟車，馭人八，內給使十四人，夾車四乘，戟四十。【略】

婕妤、美人、才人，青衣二人，偏扇、團扇、方扇十，行障二，坐障一，安車，駕二馬，馭人八，內給使十人，從車二乘，戟二十。

服飾

《隋書》卷一二《禮儀志七》 皇后首飾，花十二樹。皇太子妃，公主，王妃，三師、三公及公夫人，一品命婦，並九樹。侯夫人，二品命婦，並八樹。伯夫人，三品命婦，並七樹。子夫人，世婦及皇太子昭訓，四品已上官命婦，並六樹。男夫人，五品命婦，五樹。女御及皇太子良娣，三樹。自皇后已下，小花並如大花之數，并兩博鬢也。

皇后褘衣，深青織成為之。為翬翟之形，素質，五色，十二等。青紗內單，黼領，羅縠褾、襈，蔽膝，隨裳色，用翟為章，三等。大帶，隨衣色，朱裏，紕其外，上以朱錦，下以綠錦。紐約用青組。以青衣，革帶，青韈，舄，舄加金飾。白玉佩，玄組、綬。章采尺寸，與乘輿同。祭及朝會，凡大事則服之。

鞠衣，黃羅為之。應服者皆同。其蔽膝、大帶及衣、革帶、舄，隨衣色。餘與褘衣同，唯無雉。親蠶則服之。應服者皆以助祭。

青衣，青羅為之，制與鞠衣同。去花、大帶及佩綬。以禮見皇帝，則服之。

朱衣，緋羅為之，制如青衣。宴見賓客則服之。

皇太后服與皇后同。【略】

皇后服四等，有褘衣、鞠衣、青服、朱服。

褘衣，深青質，織成領袖，文以翬翟，五采重行，十二等。首飾花十二鈿，小花毦十二樹，并兩博鬢。素紗內單，黼領，羅縠褾、襈，色皆以朱。蔽膝隨裳色，以緅為緣，用翟三章。大帶隨衣裳，飾以朱綠之錦，青緣。革帶，青韈，舄，舄以金飾。白玉佩，玄組，綬，章采尺寸同於乘輿。祭及朝會，凡大事皆服之。

鞠衣，黃羅為質，織成領袖，小花十二樹。蔽膝，革帶及舄，隨衣色。餘準褘衣，親蠶服也。

青服，去花、大帶及佩綬，金飾履。禮見天子則服之。

朱服，制如青服。宴見賓客則服之。【略】

皇太后服，同於后服。而貴妃以下，並亦給印。

貴妃、德妃、淑妃，是為三妃。服褕翟之衣，首飾花九鈿，并二博鬢。金章龜鈕，文從其職。紫綬，一百二十首，長一丈七尺，金縷織成獸頭鞶囊，佩于闐玉。

順儀、順容、順華、修儀、修容、修華、充儀、充容、充華，是為九嬪。服闕翟之衣，首飾花八鈿，并二博鬢。金章龜鈕，文從其職。紫綬，一百首，長一丈七尺，金縷織成獸頭鞶囊，佩采璸玉。

婕好，銀縷織成獸頭鞶囊，首飾花七鈿。他如嬪服。

美人、才人，服鞠衣，首飾花六鈿，幷二博鬢。銀印珪鈕，文從其職。青綬，八十首，長一丈六尺。綵縷織成獸爪鞶囊，佩水蒼玉。

寶林，服展衣，首飾花五鈿，幷二博鬢。銀印環鈕，文如其職。艾綬，八十首，長一丈六尺。鞶囊，佩玉，同於婕好。

承衣刀人、采女，皆服褖衣，無印綬。參準宋泰始四年及梁、陳故事，增損用之。【略】

保林、八子，展衣之服，銅印環鈕，文如其職。佩水蒼玉，艾綬，八十首，長一丈六尺，獸爪鞶囊。

唐·李林甫等《唐六典》卷一二《內官宮官內侍省·宮官·尚服》

凡皇后之衣服，一曰褘衣，二曰鞠衣，三曰禮衣；首飾花十二樹，小花如大花之數，並兩博鬢。褘衣，深青織成為之，文為翬稚之形，素質，五色，十二等；素紗中單，黼領；羅谷褾、襈，皆用朱色；蔽膝隨裳色，以緅為領緣，用翟為章，三等；大帶隨衣色，朱裏，紕其外，上以朱錦，下以綠錦，紐約用青組；以青衣，革帶，青韈，舄，舄加青飾；白玉雙佩，玄組雙大綬，章采、尺寸與乘輿同。受册、助祭、朝會則服之。

鞠衣，黃羅為之，其蔽膝、大帶及衣革帶、韈、舄隨衣色；餘與褘衣同，唯無翟。親蠶則服之。

鈿釵禮衣，十二鈿，服通用雜色，制與上同；雙佩，小綬；去舄，加履。宴見賓客則服之。

內命之服：花釵，施兩博鬢，寶鈿飾。翟衣，青質，羅為之，繡為翟，編次於衣及裳，重為九等而下。第壹品花釵九樹；寶鈿準花數，下準次；翟九等。第二品花釵八樹，翟八等。第三品花釵七樹，翟七等。第四品花釵六樹，翟六等。第五品花釵五樹，翟五等。並素紗中單，黼領；朱褾、襈，亦通用羅縠；蔽膝隨裳色，以緅為領緣，加以文繡，重翟為章二等，壹品已下皆同；大帶，紕其外，上以朱錦，下以綠錦，紐約用青組；以青衣，革帶，青韈，舄，佩，綬。內命服受册、從蠶、朝會則服之。

鈿釵禮衣，通用雜色，制與上同，加雙佩、小綬，絇履；第壹品九鈿，第二品八鈿，第三品七鈿，第四品六鈿，第五品五鈿。內命婦常慘見則服之。

凡六尚、寶林、御女、采女及女官之服，禮衣通用雜色，制與上同，唯無首飾、佩、綬。七品已上有大事則服之。尋常供奉則公服，去中單、蔽膝、大帶。九品已上，大事及尋常供奉並公服。東宮準此。女史則半袖裙襦。

唐·杜佑《通典》卷六二《禮典二十二·嘉七·后妃命婦首飾制度》

後周制，皇后首飾，花釵十有二樹。諸侯之夫人，亦皆以命數為之節。三妃、三公夫人以下，又各依其命。一命再命者，又俱以三為節。

隋因之。皇后首飾，花十二樹；皇太子妃、公主、王妃、三師三公及公夫人、一品命婦，並九樹；侯夫人、二品命婦，並八樹；伯夫人、三品命婦，並七樹；子夫人、代婦及皇太子昭訓、四品以上官命婦，並六樹；男夫人、五品命婦，並五樹；女御及皇太子良娣，三樹。自皇后以下，小花並如大花之形。

大唐武德中制令，皇后褘衣，首飾花釵十二樹，餘各有差。開元中，又定品命。其制度，並見《開元禮序例》。

又《后妃命婦服章制度》 隋制，皇后褘衣、鞠衣、青衣、朱衣四等。褘衣，深青質，織成領袖，文以翬翟，五采重行，十二等。素沙內單，黼領，羅縠褾、襈，色皆以朱。蔽膝隨裳色，以緅為緣，用翟三章。大帶隨衣裳，飾以朱綠之錦，青緣。革帶，青襪、舄，舄以金飾。白玉佩，玄組，綬，章采尺寸同於乘輿。祭及朝會大事服之。鞠衣，黃羅為質，織成領袖。蔽膝，革帶及舄，隨衣色。餘准褘衣，親蠶服也。青服，去花、大帶及佩綬，金飾履，禮見天子則服之。朱服，如青服。有金璽，盤螭鈕，文曰『皇后之璽』。冬正大朝，則并璜琮，各以笥貯，進於座隅。皇太后同於后服，而貴人以下並亦給印。

三妃，服揄翟，金章龜鈕，文從其職。紫綬，金縷織成獸頭鞶囊，佩于闐玉。九嬪，服闕翟，金章龜鈕，文從其職。金縷織成獸頭鞶囊，佩采璸玉。婕好，銀縷織成獸頭鞶囊，他如嬪服。美人、才人，鞠衣，銀印珪鈕，獸爪鞶囊，佩水蒼玉。餘同。寶林，服展衣，艾綬。鞶囊、佩玉，同婕好。承衣刀人、采女，皆褖衣，無印綬。【略】

大唐制，武德令，皇后服有褘衣、鞠衣、鈿釵禮衣三等。

又　卷一〇八《禮典六十八·開元禮纂類三·序例下·皇后王妃內外命婦服及首飾制度》　皇后服，首飾花十二樹。小花如大花之數，并兩博鬢也。褘衣，《令》云：『深青織成為之。文為翬翟之形，素質，五色，十二等。』素紗中單，《令》云：『黼領，羅縠褾、襈，皆用朱色。』蔽膝，《令》云：『隨裳色，以緅為褾襈，皆用翟為章，三等。』大帶，《令》云：『隨衣色，朱裏，紕其外，上以朱錦，下以綠錦，紐約用青組。』青衣，革帶，青韈、舄，《令》云：『舄加金飾。』白玉雙珮，玄組雙大綬。《令》云：『章采尺寸與乘輿同。』受册、助祭、朝會諸大事則服之。

鞠衣，黄羅為衣，其蔽膝、大帶及衣革帶舄，並隨衣色。餘與褘衣同，唯無翟。親蠶則服之。

鈿釵禮衣，十二鈿，服通用雜色，制與上同，加雙珮、小綬。去舄加履。宴見賓客則服之。

《舊唐書》卷四五《輿服志》　《武德令》，皇后服有褘衣、鞠衣、鈿釵禮衣三等。

褘衣，首飾花十二樹，并兩博鬢，其衣以深青織成為之，文為翬翟之形。素質，五色，十二等。素紗中單，黼領，羅縠褾、襈，褾、襈皆用朱色也。蔽膝，隨裳色，以緅為領，用翟為章，三等。大帶，隨衣色，朱裏，紕其外，上以朱錦，下以綠錦，紐約用青組。以青衣，革帶，青襪、舄，舄加金飾。白玉雙珮，玄組雙大綬。章綵尺寸與乘輿同。受册、助祭、朝會諸大事則服之。

鞠衣，黄羅為之，其蔽膝、大帶及衣革帶、舄隨衣色。餘與褘衣同，唯無雉也。親蠶則服之。

鈿釵禮衣，十二鈿，服通用雜色，制與上同，唯無雉及珮綬。去舄加履。宴見賓客則服之。

《新唐書》卷二四《車服志·皇后之服》　皇后之服三：褘衣者，受册、助祭、朝會大事之服也。深青織成為之，畫翬，赤質，五色，十二等。素紗中單，黼領，朱羅縠褾、襈，蔽膝隨裳色，以緅領為緣，用翟為章，三等。青衣，革帶、大帶隨衣色，裨、紐約、佩、綬如天子，青韈，舄加金飾。

鞠衣者，親蠶之服也。黄羅為之，不畫，蔽膝、大帶、革帶、舄隨衣色，餘同褘衣。

鈿釵襢衣者，燕見賓客之服也。十二鈿，服用雜色而不畫，加雙佩小綬，去舄加履，首飾大小華十二樹，以象衮冕之旒，又有兩博鬢。

璽印

《隋書》卷一二《禮儀志七》　皇太后璽，不行用，若封令書，則用宮官之印。皇后璽，不行用，若封令書，則用內侍之印。【略】

有金璽，盤螭鈕，文曰『皇后之璽』。冬正大朝，則并黄琮，各以笥貯，進於座隅。

《新唐書》卷二四《車服志》　太皇太后、皇太后、皇后【略】璽皆金為之，藏而不用。太皇太后、皇太后封令書以宮官印，皇后以內侍省印。

宮官分部

綜述

《隋書》卷三六《后妃傳》　（開皇二年）又採漢、晉舊儀，置六尚、六司、六典，遞相統攝，以掌宮掖之政。一曰尚宮，掌導引皇后及閨閤廩賜。管司令三人，掌圖籍法式，糾察宣奏；典琮三人，掌琮璽器玩。二曰尚儀，掌禮儀教學。管司樂三人，掌音律之事；典贊三人，掌導引內外命婦朝見。三曰尚服，掌服章寶藏。管司飾三人，掌簪珥花嚴；典櫛三人，掌巾櫛膏沐。四曰尚食，掌進膳先嘗。管司醫三人，掌方藥卜筮；典器三人，掌樽彝器皿。五曰尚寢，掌幃帳牀褥。管司筵三人，掌鋪設灑掃；典執三人，掌扇傘燈燭。六曰尚工，掌營造百役。管司製三人，掌衣服裁縫；典會三人，掌財帛出入。六尚各三員，視從九品，六司視勳品，六典視流外二品。【略】

（煬帝）時又增置女官，準尚書省，以六局管二十四司。一曰尚宮局，管司言，掌宣傳奏啓；司簿，掌名録計度；司正，掌格式推罰；司闈，掌門閤管鑰。二曰尚儀局，管司籍，掌經史教學，紙筆几案；司樂，掌音律；司賓，掌賓客；司贊，掌禮儀贊相導引。三曰尚服局，管司璽，掌琮璽符節；司衣，掌衣服；司飾，掌湯沐巾櫛玩弄；司仗，掌仗衛戎器。四曰尚食局，管司膳，掌膳羞；司醞，掌酒醴醯醢；司藥，掌醫巫藥劑；司饎，掌廩餼柴炭。五曰尚寢局，管司設，掌牀席帷帳，鋪設灑掃；司輿，掌輿輦傘扇，執持羽儀；司苑，掌園籞種植，蔬菜瓜果；司燈，掌火燭。六曰尚工局，管司製，掌營造裁縫；司寶，掌金玉珠璣錢貨；司綵，掌繒帛；司織，掌織染。六尚二十二司，員各二人，唯司樂、司膳員各四人。每司又置典及掌，以貳其職。六尚十人，品從第五；司二十八人，品從第六；典二十八人，品從第七；掌二十八人，品從第九。女使流外，量局閑劇，多者十人已下，無定員數。聯事分職，各有司存焉。

唐・李林甫等《唐六典》卷一二《内官宫官内侍省・宫官》　尚宫二人；司記二人，典記二人，掌記二人，女史六人；司言二人，典言二人，掌言二人，女史四人；司簿二人，典簿二人，掌簿二人，女史六人；司闈六人，典闈六人，掌闈六人，女史四人。

尚儀二人；司籍二人，典籍二人，掌籍二人，女史十人；司樂四人，典樂四人，掌樂四人，女史二人；司賓二人，典賓二人，掌賓二人，女史二人；司贊二人，典贊二人，掌贊二人，女史二人，彤史二人。

尚服二人；司寶二人，典寶二人，掌寶二人，女史四人；司衣二人，典衣二人，掌衣二人，女史四人；司飾二人，典飾二人，掌飾二人，女史二人；司仗二人，典仗二人，掌仗二人，女史二人。

尚食二人；司膳四人，典膳四人，掌膳四人，女史四人；司醞二人，典醞二人，掌醞二人，女史二人；司藥二人，典藥二人，掌藥二人，女史四人；司饎二人，典饎二人，掌饎二人，女史四人。

尚寢二人；司設二人，典設二人，掌設二人，女史四人；司輿二人，典輿二人，掌輿二人，女史二人；司苑二人，典苑二人，掌苑二人，女史二人；司燈二人，典燈二人，掌燈二人，女史二人。

尚功二人；司製二人，典製二人，掌製二人，女史四人；司珍二人，典珍二人，掌珍二人，女史六人；司綵二人，典綵二人，掌綵二人，女史六人；司計二人，典計二人，掌計二人，女史四人。

宫正一人，司正二人，典正四人，女史四人。【略】

宫官。《周禮・宗伯》：『世婦，每宫卿二人、下大夫四人、中士八人女府二人、女史二。』鄭玄云：『世婦，后宫官也。王后六宫女府、女史、女奴之有才智者。』《魏略》：『魏明帝遊宴在内，選女子知書可付信者為女尚書，省奏事。』《晉令》有崇德毀大監、尚衣尚食大監，並銀章、艾綬，二千石；崇華殿大監、元華食監、都監、上監，銅印、墨綬，千石；女史、賢人、恭人、中使、大使，碧綸綬。宋明帝留心后房，擬外百官，備置其職。兩齊、梁、陳不見。後魏、后周亦擬外官置内職。隋文帝置六尚、六司、六典以掌宫官之職，六尚視從九品，六司視勛品，六典視流外二品。煬帝改置六尚局，職掌略同，皆加其品秩。壹、尚官局，管司言，掌宣傳啓奏；司簿，主名録計度；司正，主格式推罰；司闈，主門合管鑰。二、尚儀局，管司籍，主經史教學；司樂，掌音律；司賓，主賓客；司贊，主贊相導引。三、尚服局，管司璽，主棕璽、符節；司衣，掌衣服；司飾，主湯沐、巾櫛、玩弄等物；司仗，主仗衛戎器。四、尚食局，管司膳，主膳羞；司醞，主酒醴、醯醢；司藥，主醫巫、藥劑；司饎，主廩餼、柴炭。五、尚寢局，管司設，主床席、帷帳，鋪設、灑掃；司輿，主輿、輦、扇、傘，執持羽儀；司苑，主園囿種植，蔬菜、瓜果；司燈，主燈火。六、尚工局，管司製，主營造、裁縫；司寶，主金玉、錢貨；司彩，掌繒帛；司織，掌織染。六尚十二人，從五品；司，二十八人，從六品；典，二十八人，從七品；掌，二十八人，從九品；女史，流外，量事而置，多者十人。皇朝内職多依隋制。

《舊唐書》卷四四《職官志三・宫官》　宫官。六尚如六尚書之職掌。

宋・王溥《唐會要》卷三《内職》　其外又有尚宫、尚儀、尚服、尚食、尚寢、尚功，分掌宫中服御藥膳之事。宫正糾愆失，彤史紀功書過。

清・吴任臣《十國春秋》卷六〇《南漢三・後主紀》　女官亦有師傅、令僕之目。

尚宫局

唐・李林甫等《唐六典》卷一二《内官宫官内侍省》　尚宫局：尚

宮二人，正五品。司記二人，正六品；典記二人，正七品；掌記二人，正八品。司言二人，正六品；典言二人，正七品；掌言二人，正八品。司簿二人，正六品；典簿二人，正七品；掌簿二人，正八品。司闈二人，正六品；典闈二人，正七品；掌闈二人，正八品。

尚宮掌導引中宮，總司記、司言、司簿、司闈四司之官屬。凡六尚事物出納文籍，皆印署之。六尚須物，外物之司受敕連署牒，仍取尚宮押印，司記録目，為抄出，付內侍省受牒，便移外司。其五尚之印唯於當司宮內行用，不得印出外文牒。

司記掌印，凡宮內諸司簿書出入録目，審而付行焉。典記、掌記佐之。餘司二佐並準此。

女史掌執文書。餘女史準此。

司言掌宣傳啓奏之事。凡有敕處分，承敕人宣付司言連署、案記，別鈔壹本，付門司傳出。若外司附奏，受事人奏聞，承敕處分，傳付外司；仍録事目、旨意，亦連署為案。

司簿掌官人名簿、廩賜之事。

司闈掌宮闈管鑰之事。

《舊唐書》卷四四《職官志三·宮官》 尚宮二人。正五品。司記二人，正六品。典記二人，正七品。掌記二人，正八品。女史六人。司言二人，正六品。典言二人，正七品。掌言二人，正八品。女史四人。司簿二人，正六品。典簿二人，正七品。掌簿二人，正八品。女史六人。司闈六人，正六品。典闈六人，正七品。掌闈六人，正八品。女史四人。

尚宮職，掌導引中宮，總司記、司言、司簿、司闈四司之官屬。凡六尚書物出納文簿，皆印署之。司記掌印，凡宮內諸司簿書出入目録，審而付行焉。典記佐之，女史掌執文書。司言掌宣傳啓奏。司簿掌宮人名簿、廩賜。司闈掌宮闈管籥。

《新唐書》卷四七《百官志二·宮官·尚宮局》 尚宮二人，正五品。六尚皆如之。掌導引中宮，總司記、司言、司簿、司闈。凡六尚事物出納文籍，皆涖其印署。有女史六人，掌執文書。

司記二人，正六品；二十四司皆如之。掌宮內文簿入出，録為抄目，審付行焉。牒狀無違，然后加印。典記佐之。典記二人，正七品；二十四典皆如之。掌記二人，正八品；二十四掌皆如之。

司言、典言，各二人，掌承敕宣付。別鈔以授司閤傳外。掌言二人，掌宣傳，外司附奏受事者，奏聞；承敕處分，則録所奏為案記。有女史四人。

司簿、典簿掌簿，各二人，掌女史以上名簿。廩賜，則品別條録為等。有女史四人。

司闈六人，掌諸閤管鑰。典闈、掌闈，各六人，掌分涖啓閉。有女史四人。

尚儀局

唐·李林甫等《唐六典》卷一二《內官宮官內侍省·宮官》 尚儀局：尚儀二人，正五品。司籍二人，正六品；典籍二人，正七品；掌籍二人，正八品。司樂四人，正六品；典樂四人，正七品；掌樂四人，正八品。司賓二人，正六品；典賓二人，正七品；掌賓二人，正八品。司贊二人，正六品；典贊二人，正七品；掌贊二人，正八品。彤史二人，正六品。《石氏星經》：『女史壹星，婦人之微者。』《周禮》：『女史掌王后之禮職，以詔后理內政，統內官，書內令。后之事，以禮從。』《詩》云：『靜女其孌，貽我彤管。』《毛傳》曰：『古者，后、夫人必有女生彤管之法。后、妃、羣妾以禮御於君所，女史書其日月，授之環，以進退之。生子月辰，以金環退之。當御之者，以銀環進之，著於左手；既御，箸於右手。事無大小，記以成法。彤管，以赤心正人也。』

尚儀掌禮儀起居，總司籍、司樂、司賓、司贊四司之官屬。

司籍掌四部經籍教授、筆札、几案之事。

司樂掌率樂人習樂、陳縣、拊擊、進退之事。

司賓掌賓客朝見、宴會賞賜之事。

司贊掌朝見、宴會贊相之事。凡朝會，司贊引客立於殿庭，司言宣敕賜坐，司贊引升就席。酒至，起，再拜；食至亦起。

《舊唐書》卷四四《職官志三·宮官》 尚儀二人。正五品。司籍二人，正六品。典籍二人，正七品。掌籍二人，正八品。女史十人。司樂四人，正六品。典樂四人，正七品。掌樂二人，正八品。女史二人。司賓二人，正六品。典賓二人，正七品。掌賓二人。正八品。司贊二人，正六品。

典贊二人，正六品。掌贊二人，正六品。女史二人。

尚儀之職，掌禮儀起居，總司籍、司樂、司賓、司贊四司之官屬。司籍掌四部經籍、筆札、几案。司樂掌率樂人習樂，陳懸、拊擊、進退。司賓掌賓客朝見、宴會賞賜。司贊掌朝見、宴會贊相。

《新唐書》卷四七《百官志二・宫官・尚儀局》　尚儀二人，掌禮儀起居，總司籍、司樂、司賓、司贊。

司籍、典籍、掌籍，各二人，掌供御經籍。分四部，部別為目，以時暴涼。教學則簿記課業，供奉几案、紙筆，皆預侍焉。有女史十人。

司樂、典樂、掌樂，各四人，掌宫縣及諸樂陳布之儀，涖其閱習。有女史二人。

司賓、典賓、掌賓，各二人，掌賓客朝見，受名以聞。宴會，則具品數以授尚食；有賜物，與尚功涖給。有女史二人。

司贊、典贊、掌贊，各二人，掌賓客朝見、宴食，贊相導引。會日，引客立于殿庭，司言宣 敕坐，然后引即席。酒至，起再拜；食至，亦起。皆相其儀。

彤史二人，正六品。有女史二人。

尚服局

唐・李林甫等《唐六典》卷一二《内官宫官内侍省・宫官》　尚服局：尚服二人，正五品。《周禮》：『内司服掌王后六服：褘衣、褕翟、闕翟、鞠衣、展衣、褖衣、素紗。』司馬彪《續漢志》：『皇后謁廟，服紺上、皁下；蠶，青上、縹下；皆深衣制，隱領，袖緣以絛。假結，首飾步搖，簪珥。步搖以黄金為山題，貫白珠為桂枝相摎。八爵、九華，熊、虎、赤羆、天鹿、辟邪、南山豐大特六獸。諸爵、獸皆以翡翠為毛羽。金題，白珠璫繞，以翡翠為華。綬、佩同乘輿。』魏、晉、宋、齊、梁、陳略同。后魏，北齊皇后璽，綬、佩同乘輿，假髻，步搖，十二鏌，八爵、九華。助祭、朝會以褖衣，郊、禖以褕翟，小宴以闕翟，親蠶以鞠衣，見皇帝以展衣，宴居以褖衣，俱有蔽膝、織成緄帶。后周皇后衣十二等。翟衣六：從祀、郊、禖，享先皇，服翬衣；祭陰社，朝命婦，服偘衣；獻繭，服鷩衣；采桑，服鳪衣；聽女教，服鵫衣；歸寧，服衣，以翬稚為領、褾。臨婦學，燕命婦，蒼衣；春齋、祭還，青衣；夏齋、祭還，朱衣；采桑齋、采桑還，黄衣；秋齋、祭還，素衣；冬齋、祭還，玄衣；其褾、領以相生色，華皆十二樹。隋初，皇后首飾花十二樹。褘衣，青紗内單，黼領，羅谷褾、襈，蔽膝，大帶，以青衣，革帶，青韈，舄，金飾，白玉佩，玄組綬，祭及朝會則服。鞠衣，黄羅為之、蔽膝、大帶、舄、革帶隨衣色，余同褘衣，親蠶則服。青衣，青羅為之，制同鞠衣，去華、大帶、佩、綬，見帝則服。朱衣，緋羅為之，制如青衣，宴賓則服。煬帝令牛弘等制皇后服四等：褘衣，以翬翟，五彩重行，十二等；首飾花十二鈿，小花耳毛十二樹，兩博鬢；素紗内單，黼領；羅縠褾、襈，皆以朱；蔽膝隨裳色，以為緣，用翟三章；大帶隨衣色，飾以朱、綠之錦，青綠；革帶，青韈、舄，以金飾；白玉佩，玄組綬，章采、尺寸同乘輿，祭及朝會則服。鞠衣，小花十二樹。青衣、朱服，皆參準宋太始及梁、陳故事增損用之。皇朝因之。司寳二人，正六品；凡太皇太后、皇太后、皇后之寳皆以金為之，並不行用。其應封令書，太皇太后、皇太后用宫官印，皇后用内侍省印焉。典寳二人，正七品；掌寳二人，正八品。司衣二人，正六品；典衣二人，正七品；掌衣二人，正八品。司飾二人，正六品；典飾二人，正七品；掌飾二人，正八品。司仗二人，正六品；典仗二人，正七品；掌仗二人，正八品。

尚服掌供内服用采章之數。【略】總司寳、司衣、司飾、司仗四司之官屬。

司寳掌琮寳、符契、圖籍。凡神寳、受命寳、銅魚符及契、四方傳符，皆識其行用之別安置，具立文簿。外司請用，執狀奏聞，同檢出付，仍録案記；符還，朱書記之。

司衣掌衣服、首飾。

司飾掌膏沐、巾櫛、玩弄器物之事。

司仗掌羽儀仗衛之事。

《舊唐書》卷四四《職官志三・宫官》　尚服二人。正五品。司寳二人，正六品。典寳二人，正七品。掌寳二人，正八品。女史四人。司衣二人，正六品。典衣二人，正七品。掌衣二人，正八品。女史四人。司飾二人，正六品。典飾二人，正七品。掌飾二人，正八品。女史四人。司仗二人，正六品。典仗二人，正七品。掌仗二人，正八品。女史二人。

尚服之職，掌供内服用采章之數，總司寳、司衣、司飾、司仗四司之官屬。司寳掌瑞寳、符契、圖籍。司衣掌衣服首飾。司飾掌膏沐巾櫛。司仗掌羽儀仗衛。

《新唐書》卷四七《百官志二·宮官·尚服局》 尚服二人，掌供服用采章之數，總司寶、司衣、司飾、司仗。

司寶二人，掌神寶、受命寶、六寶及符契，皆識其行用，記以文簿。典寶、掌寶，各二人，凡出付皆旬別案記，還則朱書注入。有女史四人。

司衣、典衣、掌衣各二人，掌宮內御服、首飾整比，以時進奉。有女史四人。

司飾、典飾、掌飾，各二人，掌湯巾。凡供進，識其寒温之節。有女史二人。

司杖、典仗、掌仗各二人，掌仗衛之器。凡立儀衛，尚服率司杖等供其事。

尚食局

唐·李林甫等《唐六典》卷一二《內官宮官內侍省·宮官》 尚食局：尚食二人，正五品。司膳四人，正六品；典膳四人，正七品；掌膳四人，正八品。司醞二人，正六品；典醞二人，正七品；掌醞二人，正八品。司藥二人，正六品；典藥二人，正七品；掌藥二人，正八品。司饎二人，正六品；典饎二人，正七品；掌饎二人，正八品。

尚食掌供膳羞品齊之數，總司膳、司醞、司藥、司饎四司之官屬。凡進食，先嘗之。

司膳掌割烹煎和之事。

司醞掌酒醴酏飲之事。

司藥掌醫方藥物之事。

司饎掌給宮人廩餼、飲食、薪炭之事。

《舊唐書》卷四四《職官志三·宮官》 尚食二人。正五品。司膳四人，正六品。典膳四人，正七品。掌膳四人，正八品。女史四人。司醞二人，正七品。典醞二人，正七品。掌醞二人，正八品。女史二人。司藥二人，正六品。典藥二人，正七品。掌藥二人，正八品。女史四人。司饎二人，正六品。典饎二人，正七品。掌饎二人，正八品。女史四人。

尚食之職，掌供膳羞品齊之數，總司膳、司醞、司藥、司饎四司之官屬。凡進食，先嘗之。司膳掌制烹煎和。司醞掌酒醴飲。司藥掌方藥。司饎掌給宮人廩餼、飯食、薪炭。

《新唐書》卷四七《百官志二·宮官·尚食局》 尚食二人，掌供膳羞品齊。總司膳、司醞、司藥、司饎。凡進食，先嘗。

尚食二人，掌供膳羞品齊。總司膳、司醞、司藥、司饎。凡進食，先嘗。

司膳二人，掌烹煎及膳羞、米麵、薪炭。凡供奉口味，皆種別封印。典膳、掌膳，各四人，掌調和御食，温、涼、寒、熱，以時供進則嘗之。有女史四人。

司饎、典饎、掌饎，各二人，掌給宮人餼食、薪炭，皆有等級，受付則旬別案記。有女史四人。

尚寢局

唐·李林甫等《唐六典》卷一二《內官宮官內侍省·宮官》 尚寢局：尚寢二人，正五品。《周禮》：『女御，掌御敘於王之燕寢。』司設二人，正六品；典設二人，正七品；掌設二人，正八品。司輿二人，正六品；典輿二人，正七品；掌輿二人，正八品。司苑二人，正六品；典苑二人，正七品；掌苑二人，正八品。司燈二人，正六品；典燈二人，正七品；掌燈二人，正八品。

尚寢掌燕寢進御之次敍，總司設、司輿、司苑、司燈四司之官屬。

司設掌帷帳、茵席，灑掃、張設之事。

司輿掌輿輦、繖扇、羽儀之事。

司苑掌園苑種殖蔬果之事。

司燈掌燈燭膏火之事。

《舊唐書》卷四四《職官志三·宮官》 尚寢二人。正五品。司設二人，正六品。典設二人，正七品。掌設二人，正八品。女史四人。司輿二人，正六品。典輿二人，正七品。掌輿二人，正八品。女史一人。司苑二人，正六品。典苑二人，正七品。掌苑二人，正八品。女史二人。司燈二人，正六品。典燈二人，正七品。掌燈二人，正八品。女史二人。

尚寢之職，掌燕寢進御之次序，總司設、司輿、司苑、司燈四司之官屬。司設掌幃帳茵席、掃洒張設。司輿掌輿輦、繖扇、羽儀。司苑掌園苑種植蔬果。司燈掌燈燭。

《新唐書》卷四七《百官志二·宮官·尚寢局》 尚寢二人，掌燕見進御之次敍，總司設、司輿、司苑、司燈。

司設、典設、掌設，各二人，掌牀帷茵席鋪設，久故者以狀聞。凡汎掃之事，典設以下分視。有女史四人。

司輿、典輿、掌輿，各二人，掌輿輦、繖扇、文物、羽旄，以時暴涼。典輿以下分察。有女史四人。

司苑、典苑、掌苑，各二人，掌園苑蒔植蔬果。典苑以下分察之。果熟，進御。有女史二人。

司燈、典燈、掌燈，各二人，掌門閤燈燭。晝漏盡一刻，典燈以下分察。有女史二人。

尚功局

唐·李林甫等《唐六典》卷一二《内官宮官内侍省·宮官》 尚功局：尚功二人，正五品。司製二人，正六品；典製二人，正七品；掌製二人，正八品。司珍二人，正六品；典珍二人，正七品；掌珍二人，正八品。司綵二人，正六品；典綵二人，正七品；掌綵二人，正八品。司計二人，正六品；典計二人，正七品；掌計二人，正八品。

尚功掌女工之程課，總司製、司珍、司綵、司計四司之官屬。

司製掌衣服裁制縫線之事。

司珍掌金玉寶貨之事。

司綵掌綵物、繒錦、絲枲之事。

司計掌支度衣服、飲食、薪炭之事。

《舊唐書》卷四四《職官志三·宮官》 尚功二人。正五品。司製二人，正六品。典製二人，正七品。掌製二人，正八品。女史二人。司珍二人，正六品。典珍二人，正七品。掌珍二人，正八品。女史六人。司綵二人，正六品。典綵二人，正七品。掌綵二人，正八品。女史二人。司計二人，正六品。典計二人，正七品。掌計二人，正八品。女史二人。

尚功之職，掌女功之程課，總司製、司珍、司綵、司計四司之官屬。司製掌衣服裁縫，司珍掌寶貨，司綵掌繒錦絲枲之事，司計掌支度衣服、飲食、薪炭。

《新唐書》卷四七《百官志二·宮官·尚功局》 尚功二人，掌女功之程，總司製、司珍、司綵、司計。

司製、典製、掌製，各二人，掌供御衣服裁縫。有女史二人。

司珍、典珍、掌珍，各二人，掌珠珍錢貨。有女史六人。

司綵、典綵、掌綵，各二人，掌錦綵、縑帛、絲枲。有賜用，則旬別案記。有女史二人。

司計、典計、掌計，各二人，給衣服、飲食、薪炭。有女史二人。

宮正

唐·李林甫等《唐六典》卷一二《内官宮官内侍省·宮官》 宮正一人，正五品；司正二人，正六品；典正四人，正七品。

宮正掌戒令、糺禁、謫罰之事。凡宮人已上有不供職事，違犯法式，司正已下起牒，取宮正裁。事小，局司決罰；事大，録狀奏聞。司正、典正佐之。

《舊唐書》卷四四《職官志三·宮官》 宮正一人，正五品。司正二人，正六品。典正二人，正七品。女史四人。宮正之職，掌戒令、糾禁、謫罰之事。司正、典正佐之。右唐制定宮官六尚書、二十四司職事官，以備内職之數。

《新唐書》卷四七《百官志二·宮官》 宮正一人，正五品；司正二人，正六品；典正二人，正七品。宮正掌戒令、糾禁、謫罰之事。宮人不供職者，司正以牒取裁，小事決罰，大事奏聞。有女史四人。阿監、副監，視七品。

論説

宋·葉適《習學記言》卷三七《隋書》 隋置六尚、六司、六典，掌宮中之政，此漢、晉舊事也。至煬帝置女官，準尚書省，以六局管二十四司，則出於創建。内外分庭，人臣不得分豪預矣，所謂人主之職十倍宰相者也。

元·馬端臨《文獻通考》卷二五六《帝系考七·后妃》 （後唐）

明帝已後，又有司賓、司贊、司膳、司醞、司飾、司衣、過藥、梳篦、衣服、知客、賓省、書省、弟子院使等名，皆封國夫人或郡夫人，少者縣君。前代内職無封君之禮，此一時之制。

雜録

宋・王溥《唐會要》卷三《内職・雜録》 尚宫宋氏葬，奉敕令：所司供鹵簿。準故事，只合給儀仗，詔以鼓吹賜之。宋氏姊妹五人，皆有文學。貞元中，澤潞節度使李抱真貢至闕下，德宗召入宫試，兼問經史文義，深加賞歎。自後皇太子及諸王公主等，多從受學。姊妹中，尚宫尤通達人事，自憲宗、穆宗，呼為『先生』。其名實根本，具在《憲宗實録》。寶曆元年，贈梁國夫人。其年七月，敕殿中上奉御郭環曾祖、故陳州刺史崇，可封工部尚書；曾祖母唐氏，可贈晉昌郡夫人；祖母李氏，可贈隴西郡夫人；父右威衛將軍義，可贈禮部尚書。以姊妹才人有寵故也。未為妃后，一旦褒贈，榮及祖禰，前例無之。

天祐二年九月六日，内出宣旨：『乳母楊氏可賜號昭儀，乳母王氏可封郡夫人，第二乳母先帝已封郡夫人，可準楊氏例改封。』中書奏議言：『乳母古無封夫人賜内職之例，近代因循，殊乖典故。昔漢順帝以乳母宋氏為山陽君，安帝乳母王聖為野王君，當時朝議，猶或非之。惟中宗封乳母于氏為平恩郡夫人，尚食高氏為脩國夫人。今國祚中興，禮儀革舊，臣等商量，楊氏望賜號安聖君，王氏福聖君，第二王氏康聖君。』從之。

《新唐書》卷七七《后妃傳下・德宗尚宫宋若昭》 尚宫宋若昭，貝州清陽人，世以儒聞。父廷芬，能辭章，生五女，皆警慧，善屬文。長若莘，次若昭、若倫、若憲、若荀，莘、昭文尤高，皆性素潔，鄙薰澤靚妝，不願歸人，欲以學名家，家亦不欲與寒鄉凡裔為姻對，聽其學。若莘誨諸妹如嚴師，著《女論語》十篇，大抵準《論語》，以韋宣文君代孔子，曹大家等為顔、冉，推明婦道所宜。若昭又為《傳》，申釋之。

貞元中，昭義節度使李抱真表其才，德宗召入禁中，試文章，并問經史大誼，帝咨美，悉留宫中。帝能詩，每與侍臣賡和，五人者皆預。凡進御，未嘗不蒙賞；又高其風操，不以妾侍命之，呼『學士』。擢其父饒州司馬，習藝館内教賜第一區，加穀帛。元和末，若莘卒，贈河内郡君。自貞元七年，祕禁圖籍，詔若莘總領。穆宗以若昭尤通練，拜尚宫，嗣若莘所職。歷憲、穆、敬三朝，皆呼『先生』。后妃與諸王主率以師禮見。寶曆初卒，贈梁國夫人，以鹵簿葬。若憲代司祕書，文宗尚學，以若憲善屬辭，粹論議，尤禮之。

宋・宋敏求《唐大詔令集》卷二五《妃嬪・贈妳婆元氏潁川郡太夫人制》 古者緣情立禮，著慈母之制。蓋聖人示德無不報之義，而漢宣帝亦追録掖庭羣侍，嘗有阿保之勤，以功深淺，並授封賞。記於前典，歷代是之。故妳婆元氏，朕在襁褓，賴其撫育，推燥就濕，慈愛特深，可謂仁人厚惠茂德者矣。可贈潁川郡太夫人。大曆八年六月

《舊五代史》卷一一一《周書・太祖紀二》 （廣順元年八月）内辰，尚食李氏等宫官八人，並封縣君；司記劉氏等六人，並封郡夫人；尚宫皇甫氏等三人，並封國夫人。唐制有内官、宫官，各有司存，更不加郡國之號。近代加之，非舊典也。

宦官制度部

宦官機構分部

綜述

《隋書》卷二八《百官志下》 内侍省，内侍、内常侍各二人，内給事四人，内謁者監六人，内寺伯二人，内謁者十二人，寺人六人，伺非八人。並用宦者。領内尚食、掖庭、宫闈、奚官、内僕、内府等局。尚食，置典御及丞各二人。餘各置令、丞，皆二人。其宫闈、内僕，則加置丞各一人。掖庭又有宫教博士二人。**【略】**

（開皇）十六年，内侍省加置内主事員二十人，以承門閤。**【略】**

煬帝即位，多所改革。三年定令，【略】改内侍省為長秋監。

唐・杜佑《通典》卷二七《職官九・諸卿下・内侍省》 隋曰内侍省，領内侍、内常侍等官。内侍即舊長秋，内常侍即舊中常侍。煬帝改内侍省爲長秋監，置令一人，少令一人，丞二人，並用士人，餘用宦者。領掖庭、宮闈、奚官三署，亦參用士人。大唐武德初，改為内侍省，皆用宦者。龍朔二年，改爲内侍監。咸亨元年，復舊。光宅元年，改為司宮臺。神龍元年，復舊。有内侍四人。掌知宮内供奉。中宮駕出則夾引，總判局事。舊二人，開元中加二人。七年三月勑：内侍五品以上，許養一子，仍以同姓者，初養日不得過十歲。

内常侍六人。通判局事。屬官有内給事八人，内謁者監六人，内寺伯二人，寺人六人。領掖庭、宮闈、奚官、内僕、内府等五局。神龍元年以後，始以中使出監諸軍兵馬。寶應元年五月敕：諸道州所承上命，須憑正敕可施行，不得懸便信中使宣敕即遵行。

内給事。【略】北齊中侍中省有中給事中四人。煬帝改爲内承直，大唐復為内給事，置八人。

内謁者。【略】後魏、北齊有中謁者僕射，隋内侍省有内謁者監六人，内謁者十二人，大唐因之。

内寺伯。【略】隋内侍省有内寺伯二人，大唐因之。

掖庭局令。【略】大唐置二人。

宮闈局，令二人。隋置，令掌宮内門閤之禁，及出納神主并内給使名帳、糧廩事。大唐因之。

奚官局，令二人。齊、梁、陳、隋有奚官署令，掌守宮人使藥疾病、罪罰、喪葬等事。大唐置二人。

内僕局，令二人。【略】大唐置二人。

内府局，令二人。【略】隋曰内者，大唐為内府，置令二人，掌内庫出納、帳設、澡沐等。

唐・李林甫等《唐六典》卷一二《内官宮官内侍省》 内侍省：内侍四人，内常侍六人，内給事八人，主事二人，令史八人，書令史十六人。

内謁者：監六人，内謁者十二人，内典引十八人，内寺伯二人，寺人六人，亭長六人，掌固八人。

掖庭局：令二人，丞三人，書令史四人，書史八人，計史二人，宮教博士二人，監作四人，典事十人，掌固四人。

宮闈局：令二人，丞二人，書令史三人，書史六人，内閽人二十人，内掌扇十六人，内給使無常員，掌固四人。

奚官局：令二人，丞二人，書令史三人，書史六人，典事四人，掌固四人。

内僕局：令二人，丞二人，書令史二人，書史四人，駕士一百四十人，典事八人，掌固八人。

内府局：令二人，丞二人，書令史二人，書史四人，典事六人，掌固四人。【略】

内侍四人，從四品上。《石氏星經》：『宦者四星，在帝座西。』《周禮》有内小臣、閽人、寺人。鄭玄云：『今謂之宦人。』《詩》有《巷伯》，寺人孟子之作。春秋時皆謂之寺人。戰國時，趙有宦者令繆賢。《漢書百官表》云：『少府，秦官。屬官有中書謁者等令、丞，諸僕射署官皆屬焉。』又云：『詹事，掌皇后、太子家，屬官有中長秋、私府，諸宦官皆屬焉。成帝省，並屬大長秋。』又云：『將行，秦官。景帝更名大長秋，或用中人，或用士人，秩二千石。』後漢常用宦者，掌奉宣中宮命，凡給賜宗親及謁見關通之，出則從。屬官有丞、中宮僕、謁者・私府署令。又少府屬官有中常侍、畫室、玉堂等署長、冗從僕射、掖庭、永巷、御府、祠祀、鉤盾等令、暴室、永安丞，皆宦者。又太后所居宮卿少府，職如長秋；位在同名卿上。魏改在九卿下。晉大長秋卿有後則置，無後則省。宋、齊因之。梁大長秋主諸宦者，以司宮闈之職，統中署、奚官、暴室、華林等署。陳氏亦同。後魏有大長秋，又置内侍長四人，掌顧問、拾遺、應對。北齊中侍中省有中侍中二人、中常侍四人，掌出入門合；長秋寺，掌諸宮合，卿、中尹各一人，領掖庭、晉陽、中山宮、中官僕、奚官等令。後周六官有司内上士、小司内中士、巷伯中士等官。隋内侍省署内侍二人、内常侍二人，内侍則舊長秋，内常侍則舊中常侍也。煬帝大業三年，改内侍省為長秋監，置令一人，正四品；少令一人，從五品；丞二人，正七品；並用士人。罷内謁者員，又省内僕、内謁音局，所領惟掖庭、宮闈、奚官三署而已，亦參用士人。大業五年，又置内謁者員。皇朝依開皇，復為内侍省，置内侍二人，今加至四人。龍朔二年改為内侍監，咸亨元年復舊。光宅元年改為司宮臺，神龍元年復為内侍。中官之貴，極於此矣。若有殊勳懋績，則有拜大將軍者，仍兼内侍焉。

內常侍六人，正五品下。秦有中常侍，漢因之，銀璫左貂，給事殿省，秩千石，並用士人。後漢悉用宦官，掌侍左右，入內宮，贊導內外事。永平中，始置員數，中常侍四人。和帝幼沖，竇憲執政，鉤盾令鄭衆等專謀禁中，遂收憲印綬，超遷大長秋，封鄛鄉侯。由是宦官用事，其員稍增，中常侍至十人，改以金璫左貂。鄧後臨朝，委用漸大，兼領卿署，非復掖庭、永巷之職。順帝已下，迭居端要。獻帝末，有董卓之難，自是諸宦署悉用士人焉。後魏有中謁者僕射等官員。至太武帝時，有宦人宗愛。文明馮后時，宦官用事，大者令、僕，小者卿、守；趙默為選曹尚書，張祐封異姓王。北齊中侍中省有中常侍四人，掌出入門禁。隋內侍省內常侍二人，煬帝改為內承奉，正五品。皇朝復為內常侍。

內侍之職，掌在內侍奉，出入宮掖，宣傳制令，總掖庭、宮闈、奚官、內僕、內府五局之官屬。內常侍為之貳。凡季春吉日，皇后親蠶於功桑，享先蠶於北郊，則升壇執儀。《周禮·內宰》云：『仲春，詔王后帥內外命婦始蠶於北郊，以為祭服。』《續漢志》：『三月，皇后帥公、卿、列侯夫人親蠶，祀先蠶於東郊。』魏遵《周禮》，蠶於北郊。晉武楊皇后蠶於西郊，依漢故事。東晉闕。宋孝武大明四年，於臺城西白石裏為西蠶，設兆域，置殿七間及蠶觀。歷齊、梁、陳，並有其禮。後魏無聞。北齊置蠶坊於城北。後周皇后乘翠輅，帥三妃等至蠶所，以少牢規祭，進奠先蠶西陵氏。隋於宮北三里為壇，高四尺，季春上巳，皇后服鞠衣，乘重翟，帥三夫人、九嬪、內外命婦，以太牢制幣祭先蠶於壇上，用一獻。祭訖，親桑，位於壇，東面。尚功進金鉤，典制奉筐。皇后采三條，反鉤；命婦各依班采五條、九條而止；世婦於蠶母受切桑，灑訖，皇后乃還。皇朝因用其禮。凡中宮大駕出入，則為之夾引焉。大駕內謁者四人、內給事二人、內常侍二人、內侍二人，並騎，分左、右。內寺伯二人，領寺人六人，分夾重翟車。

內給事八人，從五品下。《周禮》有內小臣之職，掌王后之命。后出入則前驅，后有好事於四方則使往，有好令於公卿大夫亦如之。後漢少府有給事黃門，六百石，常侍左右，止在內宮門，通中外及中宮已下衆事。自魏、晉至於梁、陳無其職。後魏有中給事中，太和二十二年改為中給事。北齊中侍中省有中給事中四人。煬帝改為內承直，從五品。皇朝復為內給事。

主事二人，從九品下。隋內侍省主事二人；開皇十六年，加置內侍主事二十員，以承門閣。皇朝置二人，掌付事勾稽省抄也。

內給事掌判省事。凡元正、冬至羣官朝賀中宮，則出入宣傳。凡宮人之衣服、費用，則具其品秩，計其多少，春、秋二時，宣送中書。若用府藏物所造者，每月終，門司以其出入曆為二簿聞奏。一簿留內，一簿出付尚書比部勾之。

內謁者，監六人，正六品下；內謁者十二人，從八品下。後漢大長秋屬官有中宮謁者三人，四百石，主報中章。後魏、北齊有中謁者僕射。隋內侍省有內謁者監六人，內謁者十二人。煬帝三年，罷內謁者；五年，又置。皇朝因之。

內典引十八人。皇朝置，流外。

內寺伯二人，正七品下。《周禮》：『寺人掌王之內人及女宮之戒令、禁令。』隋內侍省有內寺伯二人，皇朝因之。

寺人六人。隋置，皇朝因之，流外。掌中宮駕出入則執御刀。

內謁者監掌內宣傳。凡諸親命婦朝會，所司籍其人數，送內侍省。命婦下車，則引入朝堂，然後奏聞。

內謁者掌諸親命婦朝集班位。

內典引掌命婦朝參出入監引之事。

內寺伯掌糺察諸不法之事。歲大儺，則監其出入。

《舊唐書》卷一八四《宦官傳序》 唐制有內侍省，其官員：內侍四人，內常侍六人，內謁者監六人，內給事八人，謁者十二人，典引十八人，寺伯二人，寺人六人。別有五局：掖廷局掌宮人簿籍；宮闈局掌宮內門禁，其屬有掌扇、給使等員；奚官局掌宮人疾病死喪；內僕局掌宮中供帳燈燭；內府局主中藏給納。五局有令丞，皆內官為之。

又 卷四四《職官志三·內侍省》 內侍省。《星經》有宦者四星，在天市垣，帝坐之西。《周官》有巷伯、寺人之職，皆內官也。前漢宮官，多用士人，後漢始用宦者為宮官。晉置大長秋卿為後宮官，以宦者為之。隋為內侍省，煬帝改為長秋監，武德復為內侍。龍朔改為內侍監，光宅改為司宮臺，神龍復為內侍省也。

內侍四員。從四品上。漢、魏曰長秋卿，梁曰大長秋，北齊曰中侍中，後周曰司內上士，隋曰內侍，置二人。煬帝曰長秋令，正四品。武德復為中侍。中官之貴，極于此矣。若有殊勳懋績，則有拜大將軍者，仍兼內侍之官。德宗置左右神策、威遠等禁兵，命中官掌之。每軍置中尉一人，宦者為之。自李輔國、魚朝恩之後，京師兵柄，歸於內官，號左右軍中尉。將兵於外者，謂之觀軍容使。而天下軍鎮節度使，皆內官一人監之，事具《宦者傳》也。

內常侍六人。正五品下。漢代謂之中常侍。

內侍之職，掌在內侍奉、出入宮掖宣傳之事，總掖廷、宮闈、奚官、內僕、內府五局之官屬。內常侍為之貳。凡皇后祭先蠶，則相儀。后出，則為之夾引。

內給事八人，從五品下。主事二人，從九品下。令史八人，書令史十六人。

內給事掌判省事。凡元正、冬至羣臣朝賀中宮，則出入宣傳。凡宮人衣服費用，則具其品秩，計其多少，春秋二時，宣送中書。

內謁者監六人，正六品下。內謁者十二人，從八品下。內寺伯二人。正七品下。

內謁者監掌內宣傳。凡諸親命婦朝會，所司籍其人數，送內侍省。內謁者掌諸親命婦朝集班位。內寺伯掌糾察諸不法之事。歲大儺，則監其出入。

宋・王溥《唐會要》卷六五《內侍省》 龍朔二年。改為內侍監。咸亨元年。改為內侍省。光宅元年。改為司宮臺。神龍元年。復為內侍省。天寶十三載十一月二十八日。置內侍監二員。三品。貞元四年二月四日。內侍省內給事加二員。謁者監加四員。內侍伯加置四員。【略】

唐制，內侍省，其官有內侍四人，內常侍六人，內謁者監六人，內給事十八人，謁者十二人，典引十八人，內侍伯二人，寺人六人。別有五局：掖廷局掌宮人簿籍；宮闈局掌宮內門禁，其屬有掌扇給使等員；奚官局掌宮人疾病死喪；內僕局掌宮中輿輦導從；內府局掌宮中供帳燈燭。五局有令丞，皆內官為之。【略】

景雲二年四月二日敕：『內侍省令史資勞，宜同殿中省令史，其五局令史，同殿中省諸局。』【略】

（貞元）十五年四月詔：『內侍省內給事加置二員』。【略】

二十年十二月，詔加掖庭局令四員。【略】

太和四年八月，內侍省奏：『當省官員，從掖庭局令以下至監作，並居本品之下，或注擬難於區別，伏乞請重下有司詳定。』敕旨：『宜付所司。詳定聞奏。』

《新唐書》卷二〇七《宦者傳上・序》 唐制：內侍省官有內侍四，內常侍六，內謁者監、內給事各十，謁者十二，典引十八，寺伯、寺人各六。又有五局：一曰掖廷，主宮嬪簿最；二曰宮闈，扃門闌；三曰奚官，治宮中疾病死喪；四曰內僕，主供帳鐙燭；五曰內府，主中藏給納。局有令，有丞，皆宦者為之。

又 卷四七《百官志二・內侍省》 監二人，從三品；少監二人，內侍四人，皆從四品上。監掌內侍奉，宣制令。其屬六局，曰掖庭、宮闈、奚官、內僕、內府、內坊。少監、內侍為之貳。皇后親蠶，則升壇執儀；大駕出入，為夾引。武德四年，改長秋監曰內侍監，內承奉曰內常侍，內承直曰內給事。龍朔二年，改監為省。武后垂拱元年，曰司宮臺。天寶十三載，置內侍監，改內侍曰少監；尋更置內侍。有高品一千六百九十六人，品官白身二千九百三十二人，令史八人，書令史十六人。

內常侍六人，正五品下，通判省事。

內給事十人，從五品下。掌承旨勞問，分判省事。凡元日、冬至，百官賀皇后，則出入宣傳；宮人衣服費用，則具品秩，計其多少，春秋宣送于中書。主事二人，從九品下。

內謁者監十人，正六品下。掌儀法、宣奏、承敕令及外命婦名帳。凡諸親命婦朝會者，籍其數上內侍省；命婦下車，則導至朝堂奏聞。唐廢內謁者局，置內典引十八人，掌諸親命婦朝參，出入導引。有內亭長六人，掌固八人。

內謁者十二人，從八品下。掌諸親命婦朝集班位，分涖諸門。

內寺伯六人，正七品下。掌糾察宮內不法，歲儺則涖出入。

寺人六人，從七品下。掌皇后出入執御刀冗從。

掖庭局

唐・李林甫等《唐六典》卷一二《內官宮官內侍省》 掖庭局：令二人，從七品下。《詩》之巷伯也，至秦為永巷，漢武帝更名掖庭，有令、丞。後漢掖庭令一人，六百石，左右丞、從丞各一人，掌後宮貴人聚采女事。魏、晉並有掖庭令、黃門令，而非宦者。後魏有掖庭監。北齊長秋寺統掖庭署令、丞。隋內侍省統掖庭令、丞各二人，皇朝因之。

丞三人，從八品下。漢掖庭有左、右丞。北齊有掖庭丞。隋掖庭丞三人，皇朝因之。

計史二人。掌料功程事。

宮教博士二人，從九品下。北齊掖庭、中山、晉陽署各有宮教博士二人，隋掖庭有宮教博士十三人，皇朝置二人。

監作四人，從九品下。皇朝置，監宮中雜作之事。

典事十人。皇朝置，流外。

掖庭局令掌宮禁女工之事。凡宮人名籍，司其除附；功桑養蠶，會其課業。丞掌判局事。計史掌料功程。博士掌教習宮人書、筭、衆藝。監作掌監當雜作。典事典諸工役。

《舊唐書》卷四四《職官志三·掖庭局》 掖庭局：令二人，從七品下。丞三人，從八品下。宮教博士二人，從九品下。監作四人，從九品下。令史四人，計史二人，書令史八人。

掖廷令掌宮禁女工之事。凡宮人名籍，司其除附，公桑養蠶，會其課業。丞掌判局事。博士掌教習宮人書算衆藝。監作掌監當雜作。

《新唐書》卷四七《百官志二·掖庭局》 掖庭局，令二人，從七品下；丞三人，從八品下。掌宮人簿帳、女工。凡宮人名籍，司其除附；公桑養蠶，會其課業；供奉物皆取焉。婦人以罪配没，工縫巧者隸之，無技能者隸司農。諸司營作須女功者，取於戶婢。有書令史四人，書吏八人，計史二人，典事十人，掌固四人。計史掌料功程。

宮教博士二人，從九品下。掌教習宮人書、筭、衆藝。初，內文學館隸中書省，以儒學者一人為學士，掌教宮人。武后如意元年，改曰習藝館，又改曰萬林內教坊，尋復舊。有內教博士十八人，經學五人，史、子、集綴文三人，楷書二人，莊老、太一、篆書、律令、吟詠、飛白書、筭、碁各一人。開元末，館廢，以內教博士以下隸內侍省，中官為之。

監作四人，從九品下。掌監涖雜作，典工役。

宮闈局

唐·李林甫等《唐六典》卷一二《內官宮官內侍省·宮闈局》 宮闈局：令二人，從七品下。《周禮》有閽人，王宮每門四人，掌王宮中門之禁，凡內外命婦出入則為之辟。隋置，皇朝因之。

丞二人，從八品下。隋置，皇朝因之。

內閣人二十人。《周禮》有閽人之職，皇朝因而置之。

內掌扇十六人。皇朝置。內給使，無常員。北齊內職有散給使五十人，皇朝因之。

宮闈令掌侍奉宮闈，出入管籥。凡大享太廟，帥其屬詣於室，出皇后神主，置於輿而登座焉；既事，納之。凡宦人無官品者，稱內給使；親王府名散使。若有官及經解免應敍選者，得令長上。其小給使學生五十人。其博士取八品已上散官有藝業者充。皆總其名籍，以給其糧廩。丞掌判局事。內閣人掌承傳諸門管籥。內掌扇掌中宮傘扇。內給使掌諸門進物、出物之曆。

唐·長孫無忌等《唐律疏議》卷三《名例三·工樂雜戶問答二》 疏議曰：【略】諸州有閹人，並送官，配內侍省及東宮內坊，名為給使；諸王以下，為散使。多本是良人，以其宮闈驅使。

《舊唐書》卷四四《職官志三·宮闈局》 宮闈局：令二人，從七品下。丞二人，從八品下。令史三人，書吏六人，內閣人二十人，內掌扇十六人，內給使無常員。

宮闈局令掌侍奉宮闈，出入管鑰。凡大享太廟，帥其屬詣于室，出皇后神主置於輿而登座焉。既事，納之。凡宮人無官品者，稱內給使。若有官及經解免應敍選者，得令長上，其小給使學生五十人，皆總其名籍，以給其糧廩。丞掌判局事。內給使掌諸門進物出納之曆。

《新唐書》卷四七《百官志二·宮闈局》 宮闈局，令二人，從七品下；丞二人，從八品下。掌侍宮闈，出入管籥。凡享太廟，皇后神主出入，則帥其屬輿之。總小給使學生之籍，給以糧稟。有書令史三人，書吏六人，內閣史二十人，內掌扇十六人，內給使無常員，小給使學生五十人，掌固四人。凡無官品者，號曰內給使，掌諸門進物之曆；內閣史，掌承傳諸門，出納管鑰；內掌扇，掌中宮繖扇。

奚官局

唐·李林甫等《唐六典》卷一二《內官宮官內侍省·奚官局》 奚官局：令二人，正八品下。《周禮》酒人、漿人、籩人、醢人、醯人、鹽人、冪人、女祝、內司服、縫人、守祧，並奄官所職也，皆有女奴、奚、隸焉。鄭玄云：『古者，男、女没入縣官，皆曰奴；少有才知，以為奚。』今之侍史、官婢或曰奚，官女也。漢暴室丞主中婦人疾病者就此室，其皇后、貴人有罪亦如之。

梁、陳大長秋寺統奚官署，北齊大長秋寺統奚官署令、丞，隋内侍省統奚官局令、丞，皇朝因之。

丞二人，正九品下。隋置，皇朝因之。

典事四人。皇朝置之。

奚官局令掌奚隸工役，宫官品命；丞為之貳。凡宫人有疾病，則供其醫藥；死亡，則給其衣服，各視其品、命，仍於隨近寺、觀為之修福。雖無品，亦如之。凡内命婦五品已上亡，無親戚，於墓側三年内取同姓中男一人以時主祭；無同姓，則所司春、秋以一少牢祭焉。

《舊唐書》卷四四《職官志三・奚官局》 奚官局：令二人，正八品下。丞二人，正九品下。書令史三人，書吏六人，藥童四人。

奚官令掌奚隸工役、宫官品命。丞為之貳。凡宫人有疾病，則供其醫藥，死亡則供其衣服，各視其品命。仍於隨近寺觀，為之修福。雖無品，亦如之。凡内命婦五品已上亡，無親戚於墓側，三年内取同姓中男一人，以時主祭。無同姓，則所司春秋以少牢祭之。

《新唐書》卷四七《百官志二・奚官局》 奚官局，令二人，正八品下；丞二人，正九品下。掌奚隸、工役、宫官之品。宫人病，則供醫藥；死，給衣服，各視其品。陪陵而葬者，將作給匠戶，衛士營冢，三品葬給百人，四品八十人，五品六十人，六品、七品十人，八品、九品七人；無品者，斂以松棺五釘，葬以犢車，給三人。皆監門校尉、直長涖之。内命婦五品以上無親戚者，以近冢同姓中男一人主祭于墓；無同姓者，春、秋祠以少牢。有書令史三人，書吏六人，典事、藥童、掌固各四人。

内僕局

唐・李林甫等《唐六典》卷一二《内官宫官内侍省・内僕局》 内僕局：令二人，正八品下。後漢大長秋屬官有中宫僕一人，千石，主馭。北齊長秋寺統中宫僕署令、丞。隋内侍省統内僕局令、丞，煬帝大業三年廢内僕局，皇朝復置。

丞二人，正九品下。隋置三人，皇朝置二人。

駕士一百四十人。皇朝置之。

典事八人。皇朝置之。

内僕令掌中宫車乘出入導引；丞為之貳。凡中宫有出入，則令居左，丞居右，而夾引之。【略】典事掌檢校車乘。駕士掌調習馬，兼知内御車輿雜畜。

《舊唐書》卷四四《職官志三・内僕局》 内僕局：令二人，正八品下。丞二人，正九品下。書令史二人，書吏四人，駕士二百人。

内僕令掌中宫車乘出入導引。丞為之貳。凡中宫有出入則令居左，丞居右，而夾引之。凡皇后之車有六，事在《輿服》也。

《新唐書》卷四七《百官志二・内僕局》 内僕局，令二人，正八品下；丞二人，正九品下。掌中宫車乘。皇后出，則令居左、丞居右，夾引。有書令史二人，書吏四人，駕士百四十人，典事八人，掌固八人。駕士掌習御車輿、雜畜。

内府局

唐・李林甫等《唐六典》卷一二《内官宫官内侍省・内府局》 内府局：令二人，正八品下。漢少府屬官有内者令、丞。後漢長秋屬官有中宫私府令，主中藏幣帛諸物，裁衣被、補浣皆主之。後魏有内者令。北齊中侍中省有内者丞一人。隋内侍省統内者局令、丞各二人。皇朝改置内府令、丞。

丞二人，正九品下。

内府令掌中宫藏寶貨給納名數；丞為之貳。凡朝會五品已上賜絹及雜彩、金銀器於殿庭者，並供之。諸將有功，並蕃酋辭還，賜亦如之。

《舊唐書》卷四四《職官志三・内府局》 内府局：令二人，正八品下。丞二人，正九品下。書令史二人，書吏四人。

内府令掌中藏寶貨，給納名數。丞為之貳。凡朝會五品已上，賜絹帛金銀器於殿廷者，並供之。諸將有功，并蕃酋辭還，亦如之。

《新唐書》卷四七《百官志二・内府局》 内府局，令二人，正八品下；丞二人，正九品下。掌中藏寶貨給納之數，及供燈燭、湯沐、張設。凡朝會，五品已上及有功將士、蕃酋辭還，皆賜於庭。有書令史二人，書吏、典史、掌固各四人，典事六人。

北司

《舊唐書》卷一九〇下《文苑傳下·劉蕡》 自元和末，閽寺權盛，握兵宮闈，橫制天下，天子廢立，由其可否，干撓庶政，當時目為南、北司。愛惡相攻，有同水火。

宋·王溥《唐會要》卷六五《内侍省》 護軍中尉。貞元十二年六月六日置。以監司當左右神策軍竇文場、霍仙鳴為之。

中護軍。同前日月置。以監右神威軍張常進、焦希望為之。

監軍。自垂拱三年十二月，停御史監軍事，在《御史臺》卷。神龍元年以後，始用中官為之。【略】

貞元十一年正月。初鑄河東監軍印。監軍有印。自兹始也。

天復三年二月敕：『諸道監軍使副監判官並停。其院印當日差人齎納禮部銷毀。』

《新唐書》卷一七八《劉蕡傳》 元和後，權綱弛遷，神策中尉王守澄負弒逆罪，更二帝，不能討，天下憤之。文宗即位，思洗元和宿恥，將翦落支黨。方宦人握兵，橫制海内，號曰北司。凶醜朋挻，外脅羣臣，内掣侮天子。

《舊五代史》卷一四九《職官志·内職》 昔唐朝擇中官一人為樞密使，以出納帝命。案《職官分紀》：唐樞密使與兩軍中尉，謂之四貴。天祐元年廢。項安世《家説》：唐於政事堂後列五房，有樞密房，以主曹務。則樞密之任，宰相主之，未始他付。其後寵任宦人，始以樞密，歸之内侍。

宋·司馬光《資治通鑑》卷二四三《唐紀五十九·文宗元聖昭獻孝皇帝上之上》胡三省注 百官赴南牙朝會者，謂之外官，亦謂之南司。宦官列局於玄武門内，兩軍中尉護諸營於苑中，謂之中官，亦謂之北司。

又 卷二七二《後唐紀一·莊宗光聖神閔孝皇帝上》胡三省注 徐無黨曰：樞密使，唐故事宦者為之，其職甚微。至此始參用士人，而與宰相權任均矣。余按，唐末兩樞密與兩神策中尉，號為四貴，其職非甚微也，特專用宦者為之耳。項安世曰：唐於政事堂後列五房，有樞密房，以主曹務。則樞密之要，宰相主之，未始它付。其後寵任宦人，始以樞密，歸之内侍。

後唐内侍省

宋·王溥《五代會要》卷一六《内侍省》 後唐同光元年十一月，以左監門衛將軍、判内侍省李紹宏兼内局。紹宏在莊宗皇帝潛龍日，為中門使，及即位，命潞州監軍張居翰與郭崇韜為樞密使，以紹宏為宣徽使，心常不足，崇韜知之，乃置内局之名，凡天下錢穀簿書悉委裁決，州縣供帳煩費，議者非之。

天成元年四月，中書門下奏請廢諸道監軍使並内司，從之。

《舊五代史》卷一四九《職官志》 後唐同光元年十一月，以左監門衛將軍、判内侍省李紹宏兼内勾，凡天下錢穀簿書悉委裁遣，自是州縣供帳繁費，議者非之。又内勾之名，人以為不祥之言。

南漢中官

清·吴任臣《十國春秋》卷一一四《十國百官表·南漢》 内侍省，知府侍省。丞。内府局令、局丞。内常侍。内太師。内太傅。内太保。内太尉。内司徒。内司空。内給事。内供奉官。六軍觀軍容使。左右龍虎軍觀軍容使。内中尉。德陵使。萬華宮使。玉清宮使。禹餘宮使。列聖宮使。景陽宮使。秀華宮使。玩華宮使。甘泉宮使。龍德宮使。

宦官任用分部

綜述

《舊唐書》卷一八四《宦官傳序》 則天稱制，二十年間，差增員位。中宗性慈，務崇恩貴，神龍中，宦官三千餘人，超授七品以上員外官者千餘人，然衣朱紫者尚寡。

玄宗在位既久，崇重宮禁，中官稍稱旨者，即授三品左右監門將軍，得門施棨戟。開元、天寶中，長安大内、大明、興慶三宮，皇子十宅院，皇孫百孫院，東都大内、上陽兩宮，大率宮女四萬人，品官黄衣已上三千人，衣朱紫者千餘人。後李輔國從幸靈武，程元振翼衛代宗，怙寵邀君，乃至守三公，封王爵，干預國政，亦未全握兵權。代宗時，子儀北伐，親王東討，遂特立觀軍容宣慰使，命魚朝恩為之，然自有統帥，亦監領而已。

德宗避涇師之難，幸山南，內官竇文場、霍仙鳴擁從。賊平之後，不欲武臣典重兵，其左右神策、天威等軍，欲委宦者主之，乃置護軍中尉兩員、中護軍兩員，分掌禁兵，以文場、仙鳴為兩中尉，自是神策親軍之權，全歸於宦者矣。自貞元之後，威權日熾，蘭錡將臣，率皆子蓄，藩方戎帥，必以賄成，萬機之與奪任情，九重之廢立由己。元和之季，毒被乘輿。長慶纘隆，徒鬱枕干之憤；臨軒暇逸，旋忘塗地之冤。而易月未除，滔天盡怒。甲第名園之賜，莫匪伶官；朱袍紫綬之榮，無非巷伯。是時高品白身之數，四千六百一十八人，內則參秉戎權，外則監臨藩嶽。文宗包祖宗之恥，痛肘腋之讎，思翦厲階，去其太甚。宋申錫言未出口，尋以破家；李仲言謀之不臧，幾乎敗國。何、竇之徒轉蹙，讓、珪之勢尤狂，五十餘年，禍胎踰煽，昭宗之季，所不忍聞。

又《高力士傳》 高力士，潘州人，本姓馮。少閹，與同類金剛二人，聖曆元年嶺南討擊使李千里進入宮。則天嘉其黠惠，總角修整，令給事左右。後因小過，撻而逐之。內官高延福收為假子，延福出自武三思家，力士遂往來三思第。歲餘，則天復召入禁中，隸司宮臺，廩食之。長六尺五寸，性謹密，能傳詔敕，授宮闈丞。景龍中，玄宗在藩，力士傾心奉之，接以恩顧。及唐隆平內難，升儲位，奏力士屬內坊，日侍左右，擢授朝散大夫、內給事。先天中，預誅蕭、岑等功，超拜銀青光祿大夫，行內侍同正員。開元初，加右監門衛將軍，知內侍省事。

玄宗尊重宮闈，中官稍稱旨，即授三品將軍，門施棨戟，故楊思勗、黎敬仁、林招隱、尹鳳祥等，貴寵與力士等。楊則持節討伐，黎、林則奉使宣傳，尹則主書院。其餘孫六、韓莊、楊八、牛仙童、劉奉廷、王承恩、張道斌、李大宜、朱光輝、郭全、邊令誠等，殿頭供奉、監軍、入蕃、教坊、功德主當，皆為委任之務。監軍則權過節度，出使則列郡辟易。其郡縣豐贍，中官一至軍，則所冀千萬計，修功德，市鳥獸，詣一處，則不啻千貫，皆在力士可否。故帝城中甲第，畿甸上田、果園池沼，中官參半於其間矣。

每四方進奏文表，必先呈力士，然後進御，小事便決之。玄宗常曰：『力士當上，我寢則穩。』故常止於宮中，稀出外宅。若附會者，想望風彩，以冀吹噓，竭肝膽者多矣。

宇文融、李林甫、李適之、蓋嘉運、韋堅、楊慎矜、王鉷、楊國忠、安祿山、安思順、高仙芝因之而取將相高位，其餘職不可勝紀。肅宗在春宮，呼為二兄，諸王公主皆呼『阿翁』，駙馬輩呼為『爺』。力士於寢殿側簾帷中休息，殿側亦有一院，中有修功德處，雕瑩璀璨，窮極精妙。力士謹慎無大過，然自宇文融已下，用權相噬，以紊朝綱，皆力士之由。又與時消息，觀其勢候，雖至親愛，臨覆敗皆不之救。【略】

天寶初，加力士冠軍大將軍、右監門衛大將軍，進封渤海郡公。七載，加驃騎大將軍。【略】十四載，置內侍省，內侍監兩員，秩正三品，以力士、思藝對任之。

又《楊思勗傳》 思勗有膂力，殘忍好殺，從臨淄王誅韋氏，遂從王為爪士，累遷右監門衛將軍。

開元初，安南首領梅玄成叛，自稱『黑帝』，與林邑、真臘國通謀，陷安南府，詔思勗將兵討之。思勗至嶺表，鳩募首領子弟兵馬十餘萬，取伏波故道以進，出其不意。玄成遽聞兵至，惶惑計無所出，竟為官軍所擒，臨陣斬之，盡誅其黨與，積屍為京觀而還。十二年，五谿首領覃行璋作亂，思勗復受詔率兵討之，生擒行璋，斬其黨三萬餘級。以軍功累加輔國大將軍。後從東封，又加驃騎大將軍，封虢國公。十四年，邕州賊帥梁大海擁賓、橫等數州反叛，思勗又統兵討之，生擒梁大海等三千餘人，斬餘黨二萬餘級，復積屍為京觀。十六年，瀧州首領陳行範、何遊魯、馮璘等聚徒作亂，陷四十餘城。行範自稱帝，遊魯稱定國大將軍，璘稱南越王，割據嶺表。詔思勗率永、連、道等兵及淮南弩手十萬人進討。兵至瀧州，臨陣擒遊魯、馮璘，斬之。行範潛竄深州，投雲際、盤遼二洞。思勗悉衆攻之，生擒行範，斬之，斬其黨六萬級，獲口馬金玉巨萬計。

又《李輔國傳》 祿山之亂，玄宗幸蜀，輔國侍太子扈從，至馬嵬，誅楊國忠，輔國獻計太子，請分玄宗麾下兵，北趨朔方，以圖興復。輔國從至靈武，勸太子即帝位，以系人心。肅宗即位，擢為太子家令，判元帥府行軍司馬事，以心腹委之，仍賜名護國，四方奏事，御前符印軍號，一以委之。輔國不茹葷血，常為僧行，視事之隙，手持念珠，人皆信以為善。從幸鳳翔，授太子詹事，改名輔國。

肅宗還京，拜殿中監，閑廄、五坊、宮苑、營田、栽接、總監等使，又兼隴右羣牧、京畿鑄錢、長春宮等使，勾當少府、殿中二監都使。【略】宰臣百司，不時奏事，皆因輔國上決。常在銀臺門受事，置察事廳子數十人，官吏有小過，無不伺知，即加推訊。府縣按鞫，三司制獄，必詣輔國取決，隨意區分，皆稱制勑，無敢異議者。每出則甲士數百人衛從。中貴人不敢呼其官，但呼五郎。宰相李揆，山東甲族，位居台輔，見輔國執子弟之禮，謂之五父。【略】

（至德中）輔國判元帥行軍司馬，專掌禁兵，賜内宅居止。【略】

（上元）二年八月，拜兵部尚書，餘官如故。【略】輔國驕恣日甚，求為宰臣，肅宗曰：『以公勳力，何官不可，但未允朝望，如何？』輔國諷僕射裴冕聯章薦己，肅宗密謂宰臣蕭華曰：『輔國欲帶平章事，卿等欲有章薦，信乎？』華不對，問裴冕，曰：『初無此事，吾臂可截，宰相不可得也。』華復入奏，上喜曰：『冕固堪大用。』【略】

代宗即位，輔國與程元振有定策功，愈恣橫，私奏曰：『大家但内裏坐，外事聽老奴處置。』代宗怒其不遜，以方握禁軍，不欲遽責，乃尊為尚父，政無巨細，皆委參決。五月，加司空、中書令。

又**《程元振傳》** 代宗即位，以功拜飛龍副使、右監門將軍、上柱國、知内侍省事。尋代輔國判元帥行軍司馬，專掌禁兵，加鎮軍大將軍、右監門衛大將軍，封保定縣侯，充寶應軍使。九月，加驃騎大將軍。【略】是時元振之權，甚於輔國，軍中呼爲『十郎』。

又**《魚朝恩傳》** 至德中，常令監軍事。九節度討安慶緒於相州，不立統帥，以朝恩為觀軍容宣慰處置使。觀軍容使名，自朝恩始也。以功累加左監門衛大將軍。【略】廣德元年，西蕃入犯京畿，代宗幸陜。時禁軍不集，徵召離散，比至華陰，朝恩大軍遽至迎奉，六師方振。由是深加寵異，改為天下觀軍容宣慰處置使。時四方未寧，萬務事殷，上方注意勳臣，朝恩專典神策軍，出入禁中，賞賜無算。【略】

自謂有文武才幹，以邀恩寵。上優遇之，加判國子監事，光祿、鴻臚、禮賓、内飛龍、閑廄等使。赴國子監視事，特詔宰臣、百僚、六軍將軍送上，京兆府造食，教坊賜樂。大臣羣官二百餘人，皆以本官備章服充附學生，列於監之廊下，待詔給錢萬貫充食本，以為附學生廚料。朝恩恣横，求取無厭，凡有奏請，以必允為度，幸臣未有其比。

又**《竇文場霍仙鳴傳》** 竇文場、霍仙鳴者，始在東宮事德宗。初魚朝恩誅後，内官不復典兵，德宗以親軍委白志貞。志貞多納豪民賂，補為軍士，取其傭直，身無在軍者，但以名籍請給而已。涇師之亂，帝召禁軍禦賊，志貞召集無素，是時並無至者，唯文場、仙鳴率諸宦者及親王左右從行。志貞貶官，左右禁旅，悉委文場主之。從幸山南，兩軍漸集。

德宗還京，頗忌宿將，凡握兵多者，悉罷之，禁旅文場、仙鳴分統焉。貞元十二年六月，特立護軍中尉兩員、中護軍兩員，以帥禁軍，乃以文場為左神策護軍中尉，仙鳴為右神策護軍中尉，右神威軍使張尚進為右神策中護軍，内謁者監焦希望為左神策中護軍，自文場等始也。時竇、霍之權，振於天下，藩鎮節將，多出禁軍，臺省清要，時出其門。文場累加驃騎大將軍。是歲仙鳴病，帝賜馬十匹，令於諸寺為僧齋以祈福。久病不愈，十四年，倉卒而卒。上疑左右小使正將食中加毒，配流者數十人。仙鳴死後，以開府内常侍第五守亮為右軍中尉。文場連表請致仕，許之。

又**《俱文珍傳》** 俱文珍，貞元末宦官。後從義父姓，曰劉貞亮。【略】（王）叔文欲奪宦者兵權，每忠言宣命，内臣無敢言者，唯貞亮建議與之爭。知其朋徒熾，慮隳朝政，乃與中官劉光琦、薛文珍、尚衍、解玉等謀，奏請立廣陵王為皇太子，勾當軍國大事，順宗可之。貞亮遂召學士衛次公、鄭絪、李程、王涯入金鑾殿，草立儲君詔。及太子受内禪，盡逐叔文之黨，政事悉委舊臣。時議嘉貞亮之忠藎，累遷至右衛大將軍、知内侍省事。

又**《吐突承璀傳》** 憲宗即位，授内常侍，知内省事，左監門將軍。俄授左軍中尉、功德使。四年，王承宗叛，詔以承璀為河中、河南、浙西、宣歙等道赴鎮州行營兵馬招討等使，内侍省常侍宋惟澄為河南、陝州、河陽已來館驛使，内官曹進玉、劉國珍、馬江朝等分為河北行營糧料館驛等使。諫官、御史上疏相屬，皆言自古無中貴人為兵馬統帥者，補闕獨孤郁、段平仲尤激切。憲宗不獲已，改為充鎮州已來招撫處置等使。及承璀率禁軍上路，帝御通化門樓，慰諭遣之。出師經年無功，乃遣密人告王承宗，令上疏待罪，許以罷兵為解。仍奏昭義節度使盧從史素與賊通，許為承宗求節鉞。乃誘潞州牙將烏重胤謀執從史送京師。及承宗表至，朝廷議罷兵，承璀班師，仍為禁軍中尉。段平仲抗疏，極論承璀輕謀弊賦，請斬之，以謝天下。憲宗不獲已，降為軍器使，俄復為左衛上將軍、知內侍省事。【略】

時弓箭庫使劉希先取羽林大將軍孫璹錢二十萬，以求方鎮。事發賜死，辭相告訐，事連承璀，乃出為淮南節度監軍使。【略】八年，欲召承璀還，乃罷絳相位。承璀還，復為神策中尉。

又《王守澄傳》 王守澄，元和末宦者。憲宗疾大漸，內官陳弘慶等弑逆。憲宗英武，威德在人，內官祕之，不敢除討，但云藥發暴崩。時守澄與中尉馬進潭、梁守謙、劉承偕、韋元素等定冊立穆宗皇帝。長慶中，守澄知樞密事。

初，元和中，守澄為徐州監軍。【略】文宗即位，守澄為驃騎大將軍，充右軍中尉。

又《田令孜傳》 自諸司小使監諸鎮用兵，累遷神策中尉、左監門衛大將軍。乾符中，盜起關東。諸軍誅盜，以令孜為觀軍容、制置左右神策、護駕十軍等使。京師不守，從僖宗幸蜀。鑾輿返正，令孜頗有匡佐之功，時令孜威權振天下。

時關中寇亂初平，國用虛竭，諸軍不給，令孜請以安邑、解縣兩池榷鹽課利，全隸神策軍。詔下，河中王重榮抗章論列，言使名久例隸當道，省賦自有常規。令孜怒，用王處存為河中節度使，重榮不奉詔。令孜率禁兵討之，重榮引太原軍為援，戰於沙苑，禁軍大敗。京師復亂，僖宗出幸寶雞，又移幸山南，方鎮皆憾令孜生事。令孜懼，引前樞密楊復恭代己，從幸梁州，求為西川監軍。

又《楊復光傳》 幼以宦者入內侍省，慷慨負節義，有籌略，為小黃門，監鎮兵征討。乾符中，賊渠黃巢之犯江西，復光為排陣使，遣判官吳彥弘入城喻朝旨，巢即令其將尚君長奉表歸國。招討使宋威害其功，併兵擊賊，巢怒，復作剽。朝廷誅尚君長，怨怒愈深。宋威戰敗，復光總其兵權，進攻洪州，擒賊將徐唐莒。詔以荊南節度使王鐸為招討，代宋威。復光監忠武軍，屯于鄧州，以遏賊衝。【略】

時秦宗權叛岌，據蔡州。復光得忠武之師三千入蔡州，說宗權，俾同義舉。宗權遣將王淑率衆萬人從復光收荊襄。次鄧州，王淑逗留不進，復光斬之，併其軍，分為八都。鹿晏弘、晉暉、李師泰、王建、韓建等，皆八都之大將也。進攻南陽，賊將朱溫、何勤來逆戰，復光敗之，進收鄧州，獻捷行在，中和元年五月也。復光乘勝追賊，至藍橋，丁母憂還。尋起復，受詔充天下兵馬都監，押諸軍入定關輔。【略】

復光雖黃門近幸，然慷慨有大志，善撫士卒，及死之日，軍中慟哭累日。身後平賊立功者，多是復光部下門人故將也。

又《楊復恭傳》 楊復恭，貞元末中尉楊志廉之後。志廉子欽義，大中朝為神策中尉。欽義子三人：玄翼、玄价、玄寔。玄翼，咸通中掌樞密；玄寔，乾符中為右軍中尉；玄价，河陽監軍。復恭，即玄翼子也。以父，幼為宦者，入內侍省。知書，有學術，每監諸鎮兵。龐勛之亂，監陣有功，自河陽監軍入為宣徽使。咸通十年，玄翼卒，起復為樞密使。時黃巢犯闕，左軍中尉田令孜為天下觀軍容制置使，專制中外。復恭每事力爭得失，令孜怒，左授復恭飛龍使，乃稱疾退於藍田。僖宗自蜀還京，田令孜出師失律，車駕再幸山南，復用復恭為樞密使，尋代令孜為右軍中尉。時行在制置，內外經略，皆出於復恭。車駕還京，授觀軍容使，封魏國公。

僖宗晏駕，迎壽王踐祚。文德元年，加開府、金吾上將軍，專典禁兵，既軍權在手，頗擅朝政。【略】

復恭之後，宦者西門重遂為右軍中尉。李茂貞初併山南，兵衆強盛，干預朝政，宰相杜讓能與重遂等謀誅之。師興為茂貞所敗，重遂被誅，乃以內官駱全瓘、劉景宣為左右軍中尉。【略】昭宗幸華州。宦官稍微。

及光化還宮，內官景務修、宋道弼復專國政。宰相崔胤深惡之，中外不睦。【略】胤奏曰：『高祖、太宗承平時，無內官典軍旅。自天寶以後，宦官寖盛。貞元、元和，分羽林衛為左、右神策軍，以使衛從，令宦官主之，唯以二千人為定制。自是參掌樞密。由是內務百司，皆歸宦者，上下彌縫，共為不法，大則傾覆朝政，小則構扇藩方。車駕頻致播遷，朝廷漸加微弱，原其禍作，始自中人。自先帝臨御已來，陛下纂承之後，朋儕日熾，交亂朝綱，此不翦其本根，終為國之蟊賊。內諸司使務宦官主者，望一切罷之，諸道監軍使，並追赴闕廷，即國家萬世之便也。」

詔曰：宦官之興，肇于秦、漢。趙高、閻樂，竟滅嬴宗；張讓、段珪，遂傾劉祚。肆其志則國必受禍，悟其事則運可延長。朕所以斷在不疑，祈天永命者也。

先皇帝嗣位之始，年在幼沖，羣豎相推，奄專大政。於是毒流宇內，兵起山東，遷幸三川，幾淪神器。迴鑾之始，率土思安，而田令孜妒能忌功，遷搖近鎮，陳倉播越，患難相仍。洎朕纂承，益相侮慢，復恭、重遂逞其禍，道弼、季述繼其兇，幽辱朕躬，淩脅孺子。天復返正，罪己求安，兩軍內樞，一切假借。韓全誨等每懷憤惋，曾務報讎，視將相若血仇，輕君上如木偶。未周星歲，竟致播遷；及在岐陽，過於羈紲。上憂宗社傾墜，下痛民庶流離，茫然孤居，無所控告。

全忠位兼二柄，深識朕心，駐兵近及於三年，獨斷方誅於元惡。今謝罪郊廟，即宅宮闈，正刑當在於事初，除惡宜絕其根本。先朝及朕，五致播遷，王畿之甿，減耗大半，父不能庇子，夫不能室妻。言念于茲，痛深骨髓，其誰之罪？爾輩之由。

帝王之為治也，內有宰輔卿士，外有藩翰大臣，豈可令刑餘之人，參預大政？況此輩皆朕之家臣也，比於人臣之家，則奴隸之流。恣橫如此，罪惡貫盈，天命誅之，罪豈能捨？橫屍伏法，固不足矜，含容久之，亦所多愧。其第五可範已下，並宜賜死。其在畿甸同華、河中，並盡底處置訖。諸道監軍使已下，及管內經過並居停內使，勑到並仰隨處誅夷訖聞奏。已令準國朝故事，量留三十人，各賜黃絹衫一領，以備宮內指使，仍不得輒有養男。其左右神策軍，並令停廢。

宋・王溥《唐會要》卷六五《內侍省》 則天稱制二十年，差增員數。神龍中，宦官三千人，超授七品以上員外官者千餘人。玄宗在位，中官稍稍稱旨者，即授三品左右監門將軍，得門施棨戟。及李輔國從幸靈武，程元振翼衞代宗，遂至守三公，封王爵，干預國政。郭子儀北伐，遂立觀軍容宣慰使，命魚朝恩為之，然自有統帥，亦監領而已。貞元之後，天子爪牙之士，悉命統之，於是畜養假子，傳襲爵土，跋扈之兆，萌于茲矣。而中外黨錮，恣為不法，雖朝廷之令，漸不能制。文宗即位，以仇士良等威福任己，思漸除之，卒有李訓之敗。公卿輔相，赤族受禍。曁武宣之際，閹豎輩嘗切齒于南衙官屬。光化中，昭宗授政于宰相崔允，尤忌宦官。于是左右軍容使劉季述、王仲先，深不自安，幽帝于東內，冊皇太子裕監國。崔胤乃外協朱氏，密圖匡復，潛構護駕監州雄毅軍使孫德昭誅季述等。昭宗返正，改元天復。至三年，大懲其弊，收中官第五可範已下七百餘人，于內侍省同日誅之。諸道監軍使，亦令剿戮，炎炎之勢，因斯息矣。【略】

至元和十五年四月，內侍省奏：「應管高品品官白身，共四千六百一十八人。數內一千六百九十六人，高品諸司使幷內養諸司判官等，餘幷單貧，無屋室居止，須稍優恤，宜各加衣糧半分，度支據數支給。」謹按舊史，天寶末，品官黃衣以上三千餘人。下文已云盛矣，今則又踰其數焉。

《新唐書》卷五〇《兵志》 上元中，以北衙軍使衞伯玉為神策軍節度使，鎮陝州，中使魚朝恩為觀軍容使，監其軍。初，哥舒翰破吐蕃臨洮西之磨環川，即其地置神策軍，以成如璆為軍使。及安祿山反，如璆以伯玉將兵千人赴難，伯玉與朝恩皆屯于陝。時邊土陷蹙，神策故地淪沒，即詔伯玉所部兵，號神策軍，以伯玉為節度使，與陝州節度使郭英乂皆鎮陝。其後伯玉罷，以英乂兼神策軍節度英，乂入為僕射，軍遂統於觀軍容使。

代宗即位，以射生軍入禁中清難，皆賜名寶應功臣，故射生軍又號寶應軍。廣德元年，代宗避吐蕃，幸陝，朝恩舉在陝兵與神策軍迎扈，悉號神策軍，天子幸其營，及京師平，朝恩遂以軍歸禁中，自將之，然尚未與北軍齒也。

永泰元年，吐蕃復入寇，朝恩又以神策軍屯苑中，自是寖盛，分為左右廂，勢居北軍右，遂為天子禁軍，非它軍比。朝恩乃以觀軍容、宣慰處置使，知神策軍兵馬使。

大曆四年，請以京兆之好畤，鳳翔之麟游、普潤皆隸神策軍。明年，復以興平、武功、扶風、天興隸之，朝廷不能遏。又用愛將劉希暹為神策虞候，主不法，遂置北軍獄，募坊市不逞，誣捕大姓，沒產為賞，至有選舉旅寓而挾厚貲多橫死者。朝恩得罪死，以希暹代為神策軍使。是歲，希暹復得罪，以朝恩舊校王駕鶴代將十數歲。德宗即位，以白志貞代之。是時神策兵雖處內，而多以裨將將兵征伐，往往有功。及李希烈反河北盜且起數出禁軍征伐神策之士多鬬死者。建中四年，下詔募兵，以志貞為使，蒐補峻切。郭子儀之壻、端王傅吳仲孺，殖貲累巨萬，以國家有急，不自安，請以子率奴馬從軍。德宗喜甚，為官其子五品。志貞乃請節度、都團練、觀察使與世嘗任者，家皆出子弟馬奴裝鎧助征，授官如仲孺子。於是豪富者緣為幸，而貧者苦之。神策兵既發殆盡，志貞陰以市人補之，名隸籍而身居市肆，及涇卒潰變，皆戢伏不出，帝遂出奔。

初，段秀實見禁兵寡弱，不足備非常，上疏曰：『天子萬乘，諸侯千，大夫百，蓋以大制小，十制一也。尊君卑臣，彊榦弱枝之道。今外有不廷之虜，內有梗命之臣，而禁兵不精，其數削少，後有猝故，何以待之？猛虎所以百獸畏者，爪牙也。爪牙廢，則孤豚特犬悉能為敵。願少留意。』至是，方以秀實言為然。

及志貞等流貶，神策都虞候李晟與其軍之他將，皆自飛狐道西兵赴難，遂為神策行營節度，屯渭北，軍遂振。貞元二年，改神策左右廂為左右神策軍，特置監句當左右神策軍，以寵中官，而益置大將軍以下，又改殿前射生左右廂曰殿前左右射生軍，亦置大將軍以下。

三年，詔射生、神策六軍將士，府縣以事辦治先奏，乃移軍，勿輒逮捕。京兆尹鄭叔則建言：『京劇輕猾所聚，慝作不常，俟奏報，將失罪人，請非昏田，皆以時捕。』乃可之。俄改殿前左右射生軍曰左右神威軍，置監左右神威軍使。左右神策軍皆加將軍二員，左右龍武軍加將軍一員，以待諸道大將有功者。

自肅宗以後，北軍增置威武、長興等軍，名類頗多而廢置不一，惟羽林、龍武、神武、神策、神威最盛，總曰左右十軍矣。其後京畿之西，多以神策軍鎮之，皆有屯營。軍司之人散處甸內，皆恃勢淩暴，民間苦之。

自德宗幸梁還，以神策兵有勞，皆號興元元從奉天定難功臣，恕死罪。中書、御史府、兵部乃不能歲比其籍，京兆又不敢總舉名實。三輔人假庇於軍，一牒至十數，長安姦人多寓占兩軍，身不宿衛，以錢代行，謂之納課戶，益肆為暴吏。稍禁之，輒先得罪。故當時京尹、赤令皆為之斂屈。十年，京兆尹楊於陵請置挾名，敕五丁許二丁居軍，餘差以條限。繇是豪彊少畏。

十二年，以監句當左神策軍、左監門衛大將軍、知內侍省事竇文場為左神策軍護軍中尉，監句當右神策軍、右監門衛將軍、知內侍省事霍仙鳴為右神策軍護軍中尉，監右神威軍使、內侍兼內謁者監張尚進為右神威軍中護軍，監左神威軍使、內侍兼內謁者監焦希望為左神威軍中護軍。護軍中尉、中護軍皆古官，帝既以禁衛假宦官，又以此寵之。

十四年，又詔左右神策置統軍，以崇親衛如六軍。時邊兵衣饟多不贍，而戍卒屯防，藥茗、蔬醬之給最厚。諸將務為詭辭，請遥隸神策軍，稟賜遂贏舊三倍。繇是塞上往往稱神策行營，皆內統於中人矣。其軍乃至十五萬。

故事，京城諸司、諸使、府縣皆季以御史巡囚，後以北軍地密，未嘗至。十九年，監察御史崔薳不知近事，遂入右神策中尉奏之，帝怒，杖薳四十，流崖州。

順宗即位，王叔文用事，欲取神策兵柄，乃用故將范希朝為左右神策京西諸城鎮行營兵馬節度使，以奪宦者權而不克。

元和二年，省神武軍。明年，又廢左右神威軍，合為一，曰天威軍。八年，廢天威軍，以其兵騎分隸左右神策軍。

及僖宗幸蜀，田令孜募神策新軍，為五十四都，離為十軍，令孜自為左右神策十軍兼十二衛觀軍容使，以左右神策大將軍為左右神策諸都指揮使，諸都又領以都將，亦曰都頭。【略】

（昭宗）及還長安，左右神策軍復稍置之，以六千人為定。是歲（乾寧三年），左右神策中尉劉季述、王仲先以其兵千人，廢帝幽之。季述等誅，已而昭宗召朱全忠兵入，誅宦官，宦官覺，劫天子幸鳳翔。全忠圍之，歲餘，天子乃誅中尉韓全誨、張弘彥等二十餘人，以解梁兵，乃還長安，於是悉誅宦官，而神策左右軍繇此廢矣。諸司悉歸尚書省郎官，兩軍兵皆隸六軍，而以崔胤判六軍十二衛事。六軍者，左右龍武、神武、羽林，其名存而已。自是軍司，以宰相領。

又　卷二〇七《宦者傳上·序》　武后時，稍增其人，至中宗，黃衣乃二千員，七品以上員外置千員，然衣朱紫者尚少。玄宗承平，財用富足，志大事奢，不愛惜賞賜爵位。開元、天寶中，宮嬪大率至四萬，宦官黃衣以上三千員，衣朱紫千餘人。其稱旨者輒拜三品將軍，列戟于門。其在殿頭供奉，委任華重，持節傳命，光焰殷殷動四方。所至郡縣奔走，獻遺至萬計。脩功德，市禽鳥，一為之使，猶且數千緡。監軍持權，節度返出其下。於是甲舍、名園、上腴之田為中人所名者半京畿矣。肅、代庸弱，倚為扞衛，故輔國以尚父顯，元振以援立奮，朝恩以軍容重，然猶未得常主兵也。德宗懲艾泚賊，故以左右神策、天威等軍委宦者主之，置護軍中尉、中護軍，分提禁兵，是以威柄下遷，政在宦人，舉手伸縮，便有輕重。至慓士奇材，則養以為子；巨鎮彊藩，則爭出我門。

又《高力士傳》 玄宗在藩，力士傾心附結，已平韋氏，乃啓屬內坊，擢內給事。先天中，以誅蕭、岑等功為右監門衛將軍，知內侍省事。於是四方奏請皆先省後進，小事即專決，雖洗沐未嘗出，眠息殿帷中，徼倖者願一見如天人然。帝曰：『力士當上，我寢乃安。』

當是時，宇文融、李林甫、蓋嘉運、韋堅、楊慎矜、王鉷、楊國忠、安祿山、安思順、高仙芝等雖以才寵進，然皆厚結力士，故能踵至將相，自餘承風附會不可計，皆得所欲。中人若黎敬仁、林昭隱、尹鳳翔、韓莊、牛仙童、劉奉廷、王承恩、張道斌、李大宜、朱光輝、郭全、邊令誠等，並內供奉，或外監節度軍，脩功德，市鳥獸，皆為之使，使還，所裒獲，動巨萬計，京師甲第池園、良田美產，占者什六，寵與力士略等，然悉藉力士左右輕重乃能然。肅宗在東宮，兄事力士，它王、公主呼為翁，戚里諸家尊曰『父者』，帝或不名而呼將軍。【略】加累驃騎大將軍，封渤海郡公。

有袁思藝者，帝亦愛幸，然驕倨甚，士大夫疏畏之，而力士陰巧得人譽。帝初置內侍省監二員，秩三品，以力士、思藝為之。

又《楊思勗傳》 少給事內侍省，從玄宗討內難，擢左監門衛將軍，帝倚為爪牙。開元初，安南蠻渠梅叔鸞叛，號黑帝，舉三十二州之衆，外結林邑、真臘、金鄰等國，據海南，衆號四十萬。思勗請行，詔募首領子弟十萬，與安南大都護光楚客繇馬援故道出不意，賊駭眙不暇謀，遂大敗，封尸為京觀而還。十二年，五溪首領覃行章亂，詔思勗為黔中招討使，率兵六萬往，執行章，斬首三萬級，以功進輔國大將軍，給祿俸、防閤。從封泰山，進驃騎大將軍，封虢國公。邕州封陵獠梁大海反，破賓、橫等州，思勗又平之，禽大海等三千人，討斬支黨皆盡。瀧州蠻陳行範自稱天子，其下何游魯號定國大將軍，馮璘南越王，破州縣四十。詔思勗發永、道、連三州兵，淮南弩士十萬，襲斬游魯、璘於陣。行範走盤遼諸洞，思勗悉衆窮追，生縛之，阬其黨六萬，獲馬金銀鉅萬計。

又《程元振傳》 少以宦人直內侍省，遷內射生使、飛龍廄副使。張皇后謀立越王，元振見太子，發其姦，與李輔國助討難，立太子，是為代宗。拜右監門衛將軍，知內侍省事。帝以藥子昂判元帥行軍司馬，固辭，乃以命元振，封保定縣侯。再遷驃騎大將軍、邠國公，盡總禁兵。不踰歲，權震天下，在輔國右，凶決又過之，軍中呼『十郎』。

又《駱奉先傳》 時又有駱奉先者，亦三原人，歷右驍衛大將軍，數從帝討伐，尤見倖，廣德初，監僕固懷恩軍者。奉先恃恩貪甚，懷恩不平，既而懼其譖，遂叛。事平，擢奉先軍容使，掌畿內兵，權焰熾然。永泰初，以吐蕃數驚京師，始城鄠，以奉先為使，悉毀縣外廬舍，無尺椽。累封江國公，監鳳翔軍。大曆末卒。

又《魚朝恩傳》 至德初，監李光進軍。京師平，為三宮檢責使，以左監門衛將軍知內侍省事。九節度圍賊相州，以朝恩為觀軍容、宣慰、處置使。觀軍容使自朝恩始。

史思明攻洛陽，朝恩以神策兵屯陝。洛陽陷，思明長驅至硤石，使子朝義為游軍。肅宗詔銳兵十萬循渭而東以濟師。朝恩按兵陝東，使神策將衛伯玉與賊將康文景等戰，敗之。洛陽平，徙屯汴州，加開府儀同三司，封馮翊郡公。寶應中，還屯陝。代宗避吐蕃東幸，衛兵離散，朝恩悉軍奉迎華陰，乘輿六師乃振，帝德之，更號天下觀軍容、宣慰、處置使，專領神策軍，賞賜不涯。【略】

永泰中，詔判國子監，兼鴻臚、禮賓、內飛龍、閑廄使，封鄭國公。【略】久之，讓判國子監、鴻臚禮賓等使，加內侍監，徙封韓，增實封百戶。俄兼檢校國子監。

又《竇文場霍仙鳴傳》 自魚朝恩死，宦人不復典兵，帝以禁衛盡委白志貞，志貞多納富人金補軍，止收其庸而身不在軍。及涇師亂，帝召近衛，無一人至者，惟文場等率宦官及親王左右從。至奉天，帝逐志貞，并左右軍付文場主之。興元初，詔監神策左廂兵馬，以王希遷監右，而馬有麟為左神策軍大將軍，軍額由此始。

帝自山南還，兩軍復完，而帝忌宿將難制，故詔文場、仙鳴分總之，廢天威軍入左右神策。是時，竇、霍權振朝廷，諸方節度大將多出其軍，臺省要官走門下，丐援影者足相躡。衛士朱華以按摩得幸文場，參慮補置，索賕數萬緡，而藩鎮贈遺累百鉅萬，略士妻女無所憚，詔殺之于軍。其隆赫如此。

久之，置護軍中尉、中護軍各二員，詔文場為左神策護軍中尉，仙鳴為右，焦希望為左神策中護軍，張尚進為右。中尉、護軍自文場等始。仙鳴移病，帝賜十馬，令諸祠祈解。後稍愈，已而暴死，帝疑左右進毒，捕詰小使問狀，誅數十人，贈開府儀同三司，以內常侍第五守亮代之。文場擢累驃騎大將軍。時監察御史崔薳行囚于軍，吏為具酒食，薳欲悅媚之，故不拒。文場劾奏，詔流薳遠方。文場年老致仕卒。

其後楊志廉、孫榮義為左右中尉，招權驕肆，與竇、霍略等。帝晚節聞民間訛語禁中事，而北軍捕太學生何竦、曹壽繫訊，人情大懼，司業武少儀上書『有如罪不測，願明示四方。』俄得釋。是時宦官復盛矣。

又《劉貞亮傳》 出監宣武軍，自置親兵千人。貞元末，宦人領兵附順者益衆。【略】

高崇文討劉闢，復為監軍。初，東川節度使李康為闢所破，因之。崇文至，闢歸康求雪，貞亮劾以不拒賊，斬之，故以專悍見訾。遷累右衛大將軍，知內侍省事。

又《吐突承璀傳》 憲宗立，擢累左監門將軍、左神策護軍中尉、左街功德使，封薊國公。

王承宗叛，承璀揣帝鋭征討，因請行。帝見其果敢自喜，謂可任，即詔承璀為行營招討處置使，以左右神策及河中、河南、浙西、宣歙兵從之。內寺伯宋惟澄、曹進玉為館驛使：自河南、陝、河陽，惟澄主之；京、華、河中至太原，進玉主之。又詔內常侍劉國珍、馬朝江分領易、定、幽、滄等州糧料使。於是諫官李鄘、許孟容、李元素、李夷簡、呂元膺、穆質、孟簡、獨孤郁、段平仲、白居易等衆對延英，謂古無中人位大帥，恐為四方笑。帝乃更為招討宣慰使，為御通化門慰其行。承璀御衆無它遠略，為盧從史侮狎，踰年無功，賴中詔擿使執從史，而間遣人説承宗上書待罪，乃詔班師，還為中尉。【略】尋拜左衛上將軍、知內侍省。【略】帝後欲還承璀，為罷絳宰相，召為內弓箭庫使，復左神策中尉。【略】

是時，諸道歲進閹兒，號『私白』，閩、嶺最多，後皆任事，當時謂閩為中官區藪。咸通中，杜宣猷為觀察使，每歲時遣吏致祭其先，時號『敕使墓戶』。宣猷卒用羣宦力，徙宣歙觀察使。

又《嚴遵美傳》 遵美父季寔，為掖庭局博士。明日，帝勞曰：『非爾，吾危不免。』擢北院副使，終內樞密使。

遵美歷左軍容使，嘗歎曰：『北司供奉官以胯衫給事，今執笏，過矣。樞密使無聽事，唯三楹舍藏書而已，今堂狀帖黃決事，此楊復恭奪宰相權之失也。』蓋疾時中官肆橫云。

又《仇士良傳》 憲宗嗣位，再遷內給事，出監平盧、鳳翔等軍。【略】元和、太和間，數任內外五坊使，秋按鷹內畿，所至邀吏供餉，暴甚寇盜。

文宗與李訓欲殺王守澄，以士良素與守澄隙，故擢左神策軍中尉兼左街功德使，使相糜肉。已而訓謀悉逐中官，士良悟其謀，與右神策軍中尉魚弘志、大盈庫使宋守義挾帝還宮。【略】事平，加特進、右驍衛大將軍；弘志右衛上將軍兼中尉，守義右領軍衛上將軍。【略】

武宗已立，【略】士良遷驃騎大將軍，封楚國公，弘志韓國公，實封戶三百。

又《馬存亮傳》 元和時，累擢左神策軍副使、左監門衛將軍，知內侍省事，進左神策中尉。軍所籍凡十餘萬，存亮料柬尤精，伍無罷士，部無冗員。【略】

初，帝常寵右軍中尉梁守謙，每游幸，兩軍角戲，帝多欲右勝，而左軍以為望。至是，存亮出迎，捧帝足泣，負而入。以五百騎往迎二太后，比至，而賊已斬關入清思殿。【略】存亮遣左神策大將軍康藝全、將軍何文哲宋叔夜孟文亮，右神策大將軍康志睦、將軍李泳尚國忠，率騎兵討賊，日暮，射詔及玄明皆死。始賊入，中人倉卒繇望仙門出奔，內外不知行在。遲明，盡捕亂黨，左右軍清宮，車駕還。羣臣詣延英門見天子，然至者不十一二，坐賊所入闌不禁者數十人，杖而不誅，賜存亮實封戶二百，梁守謙進開府儀同三司，它論功賞有差。存亮於一時功最高，乃推委

權勢，求監淮南軍。代還，為內飛龍使。【略】

存亮逮事德宗，更六朝，資端畏，善訓士，始去禁衞，衆皆泣。唐世中人以忠謹稱者，唯存亮、西門季玄、嚴遵美三人而已。

又《楊復光傳》 少養於內常侍楊玄价家，頗以節誼自奮，玄价奇之。宣宗時，玄价監鹽州軍，誣殺刺史劉皐。皐有威名者，世訟其寃。稍遷左神策軍中尉，譖去宰相楊收，權寵震時。

復光有謀略，累監諸鎮軍。乾符初，佐平盧節度使曾元裕擊賊王仙芝，敗之。招討使宋威擊仙芝於江西，復光在軍，請判官吳彥宏約賊降，仙芝遣將尚君長自縛如約。威疾其功，密請僖宗誅之，故仙芝怨，復引兵叛。後天子寤威階禍，罷之，以兵與復光，乃進禽徐唐莒。王鐸為招討，復光仍監軍。【略】詔鄭紹業為荆南節度使，以復光監忠武軍，屯鄧州，遏賊右衝。【略】俄起為天下兵馬都監，總諸軍，與東面招討使王重榮并力定關中。

又 卷二〇八《宦者傳下·李輔國》 陳玄禮等誅楊國忠，輔國豫謀，又勸太子分中軍趨朔方，收河、隴兵，圖興復。太子至靈武，愈親近，勸遂即位係天下心。擢家令，判元帥府行軍司馬。肅宗稍稍任以肱膂事，更名護國，又改今名。凡四方章奏、軍符、禁寶一委之。輔國能隨事齪齪謹密，取人主親信，而內深賊未敢肆。不啖葷，時時為浮屠詭行，人以為柔良，不忌也。

帝還京師，拜殿中監，閑廄、五坊、宮苑、營田、栽接總監使，兼隴右羣牧、京畿鑄錢、長春宮等使，少府、殿中二監，封成國公，實封戶五百。宰相羣臣欲不時見天子，皆因輔國以請，乃得可。常止銀臺門決事。置察事聽兒數十人，吏雖有秋豪過，無不得，得輒推訊。州縣獄訟，三司制劾，有所捕逮流降，皆私判臆處，因稱制敕，然未始聞上也。詔書下，輔國署已乃施行，羣臣無敢議。出則介士三百人為衞。貴幸至不敢斥官，呼『五郎』。李揆當國，以子姓事之，號『五父』。【略】

輔國以功遷兵部尚書。南省視事，使武士戎裝夾道，陳跳丸舞劍，百騎前驅，御府設食，太常備樂，宰相羣臣畢會。既得志，乃厭然驕觖，求宰相，帝重違曰：『卿勳力何任不可，但羣望未一，如何？』輔國遂諷宰相裴冕使聯表薦己。帝密擿蕭華使喻止冕。

又《王守澄傳》 元和中，監徐州軍，召還。【略】十五年，【略】守澄與內常侍陳弘志弒帝於中和殿，緣所餌，以暴崩告天下，乃與梁守謙、韋元素等定冊立穆宗。俄知樞密事。【略】文宗嗣位，守澄有助力，進拜驃騎大將軍。

又《田令孜傳》 咸通時，歷小馬坊使。僖宗即位，擢令孜左神策軍中尉。是時西門匡範位右中尉，世號『東軍』、『西軍』。【略】始，帝為王時，與令孜同臥起。至是，以其知書能處事，又帝資狂昏，故政事一委之，呼為『父』，而荒酣無檢。【略】（黃巢）陷東都，【略】時陳敬瑄方節度西川，令孜兄也，故請帝幸蜀。有詔以令孜為十軍十二衞觀軍容制置左右神策護駕使。至成都，進左金吾衞上將軍，兼判四衞事，封晉國公。

又《楊復恭傳》 復恭略涉學術，監諸鎮兵。龐勛亂，戰有功，自河陽監軍入拜宣徽使，擢樞密使。【略】僖宗出居興元，復為樞密使，制置經略，多更其手。車駕還，遂代令孜為左神策中尉、六軍十二衞觀軍容使。

又《劉季述傳》 劉季述者，本微單，稍顯於僖、昭間，擢累樞密使。【略】乾寧二年，【略】天子還京師，【略】乃以季述、王仲先為左右中尉。

又《韓全誨張彥弘傳》 韓全誨、張彥弘者，皆不知所來，並監鳳翔軍。全誨入為內樞密使。劉季述之誅，崔胤、陸扆見武德殿右廡，胤曰：『自中人典兵，王室愈亂，臣請主神策左軍，以扆主右，則四方藩臣不敢謀。』昭宗意不決。李茂貞語人曰：『崔胤奪軍權未及手，志滅藩鎮矣。』帝聞，召李繼昭等問以胤所請奈何，對曰：『臣世世在軍，不聞書生主衞兵。且罪人已得，持軍還北司便。』帝謂胤曰：『議者不同，勿庸主軍。』乃以全誨為左神策中尉，彥弘為右，皆拜驃騎大將軍，袁易簡、周敬容為樞密使。

《舊五代史》卷三一《唐書·莊宗紀五》 （同光二年四月）甲午，以樞密副使、通議大夫、行內侍省內侍宋唐王為左監門衞將軍同正，依前樞密副使。以內客省使、通議大夫、行內侍省內侍楊希朗為右監門衞將軍同正，依前內客省使。並賜推忠匡佐功臣。【略】辛卯，以宣徽南院使、判內侍省兼內局、特進、左監門將軍同正李紹宏為右領軍衛上將軍。

又 卷三二《唐書・莊宗紀六》 （同光二年六月）甲午，以樞密使，特進，左領軍衛上將軍，知內侍省事張居翰爲驃騎大將軍，守左驍衛上將軍，進封開國伯，賜功臣號。

又 卷三四《唐書・莊宗紀八》 （同光四年）二月己丑，以宣徽南院使，知內侍省兼內勾，特進，右領軍衛上將軍李紹宏為驃騎大將軍、守左武衛上將軍、知內侍省，充樞密使。

又 卷四二《唐書・明宗紀八》 （長興二年四月）己卯，以武德使孟漢瓊為右衛大將軍、知內侍省、充宣徽北院使。

又 卷七二《唐書・張承業傳》 武皇之討王行瑜，承業累奉使渭北，因留監武皇軍事。賊平，改酒坊使。三年，昭宗將幸太原，以承業與武皇善，乃除為河東監軍，密令迎駕，既而昭宗幸華州，就加左監門衛將軍。【略】昭宗遇弑，乃復請為監軍。【略】武皇病篤，啓手之夕，召承業屬之曰：『吾兒孤弱，羣臣縱橫，後事公善籌之。』承業奉遺顧，爰立嗣王，平內難，策略居多。既終易月之制，即請出師救潞，破賊夾城。莊宗深感其意，兄弟之親，幸承業私第，升堂拜母，賜遺優厚。時莊宗初行墨制，凡除拜之命，皆成于盧汝弼之手。汝弼既自為戶部侍郎，乃請與承業改官及開國邑，承業拒而不受，其後但稱本朝舊官而已。【略】

承業感武皇厚遇，自莊宗在魏州垂十年，太原軍國政事，一委承業，而積聚餘帑，收兵市馬，招擴流散，勸課農桑，成是霸基者，承業之忠力也。時貞簡太后、韓德妃、伊淑妃、諸宅王之貴，洎王之介弟，在晉陽宮，或不以其道，干于承業，悉不聽，踰法禁者必懲，繇是貴戚斂手，民俗丕變。

又 《張居翰傳》 中和三年，自容管監軍判官，入為學士院判官，遷樞密承旨、內府令，賜緋。昭宗在華下，超授內常侍，出監幽州軍事。【略】天佑二年，汴人攻滄州，仁恭求援于武皇，乃遣居翰與書記馬郁等率兵助武皇，同攻潞州，武皇因留之不遣。李嗣昭節制昭義，以居翰監其軍，以燕軍三千為部下。俄而汴將李思安築夾城，以圍潞州，居翰與嗣昭登城保守，以至解圍，自是嗣昭每出征，令居翰知留後事。同光元年夏四月，召為樞密使，加特進，與郭崇韜對掌機務。十月，莊宗將渡河，留居翰與李紹宏同守魏州。莊宗入汴，加驃騎大將軍、知內侍省事，依前充樞密使。

同光時，宦官干政，邦家之務皆出于郭崇韜，居翰自以羇旅乘時，擢居重地，每于宣授，不敢有所是非，承顏免過而已，以此脱季年之禍。四年三月，偽蜀王衍既降，詔遷其族于洛陽，行及秦川，時關東已亂，莊宗慮衍為變，遣中官向延嗣馳騎賫詔殺之。詔云：『王衍一行，並宜殺戮。』其詔已經印畫，時居翰在密地，覆視其詔，即就殿柱，揩去『行』字，改書『家』字。及衍就戮于秦川驛，止族其近屬而已；其偽官及從行者尚千餘人，皆免其枉濫，居翰之力也。明宗入洛，居翰謁見于至德宮，待罪泣涕，乞歸田里，詔許之，乃辭歸長安，仍以其子延貴為西京職事，以供侍養。

又 《馬紹宏傳》 初與孟知祥同為中門使，及周德威薨，莊宗兼領幽州令，紹宏權知州事。即位之初，郭崇韜勳望高，舊在紹宏之下。時徽潞州監軍張居翰與崇韜並為樞密使，紹宏失望，乃以為宣徽使。紹宏以己合當樞密任，常鬱鬱，側目于崇韜。崇韜知其慊也，乃置內勾之目，令天下錢穀簿書，悉委裁遣。既而州郡供報，輒滋煩費，議者以為十羊九牧，深所不可。內勾之目，人以為是妖言。

又 《孟漢瓊傳》 明宗即位，自諸司使累遷宣徽南院使。【略】閔帝嗣位，尤恃恩寵，期月之內，累加開府儀同三司、驃騎大將軍。

宋・司馬光《資治通鑑》卷二七三《後唐紀二・莊宗光聖神閔孝皇帝中》 （同光二年正月庚戌）敕：『內官不應居外，應前朝內官及諸道監軍并私家先所畜者，不以貴賤，並遣詣闕。』時在上左右者已五百人，至是殆及千人，皆給贍優厚，委之事任，以為腹心。內諸司使自天祐以來，以士人代之，至是復用宦者，寖干政事。既而復置諸道監軍，節度使出征或留闕下，軍府之政皆監軍決之，陵忽主帥，怙勢爭權，由是藩鎮皆憤怒。

《新五代史》卷三八《宦者傳・張承業》 及昭宗為李茂貞所迫，將出奔太原，乃先遣承業使晉以道意，因以為河東監軍。其後崔胤誅宦官，宦官在外者，悉詔所在殺之。晉王憐承業，不忍殺，匿之斛律寺。昭宗崩，乃出承業，復為監軍。【略】

晉王病且革，以莊宗屬承業曰：『以亞子累公等！』莊宗常兄事承業，歲時昇堂拜母，甚親重之。莊宗在魏，與梁戰河上十餘年，軍國之事，皆委承業，承業亦盡心不懈。凡所以畜積金粟，收市兵馬，勸課農桑，而成莊宗之業者，承業之功為多。自貞簡太后、韓德妃、伊淑妃及諸公子在晉陽者，承業一切以法繩之，權貴皆斂手，畏承業。

又《張居翰傳》 昭宗時，為范陽軍監軍，與節度使劉仁恭相善。天復中，大誅宦者，仁恭匿居翰大安山之北谿以免。其後，梁兵攻仁恭，仁恭遣居翰從晉王攻梁潞州以牽其兵，晉遂取潞州，以居翰為昭義監軍。莊宗即位，與郭崇韜並為樞密使。莊宗滅梁而驕，宦官因以用事，郭崇韜又專任政，居翰默默，苟免而已。

魏王破蜀，王衍朝京師，行至秦川，而明宗軍變于魏。莊宗東征，慮衍有變，遣人馳詔魏王殺之。詔書已印畫，而居翰發視之，詔書言『誅衍一行』，居翰以謂殺降不祥，乃以詔傅柱，揩去『行』字，改為一『家』。時蜀降人與衍俱東者千餘人，皆獲免。

又 卷六三《前蜀世家·王建》 建因以老將大臣多許昌故人，必不為太子用，思擇人未得而疾亟，乃以宦者宋光嗣為樞密使判六軍。

清·吳任臣《十國春秋》卷三六《前蜀二·高祖紀下》 初，帝因唐制，置樞密使，尚用士人。及文扆得罪，帝以諸將多許州故人，恐不為幼主用，故以光嗣代之。自是，宦者始用事。

又 卷三七《前蜀三·後主紀》 （乾德六年十二月）庚午，以宦者王承休為天雄軍節度使，封魯國公。以龍武軍為承休牙兵。先是，承休言秦州多美女，請擇以獻，因有是命。

又 卷四六《前蜀十二·宋光嗣傳》 天光中，轉宣徽南院使。高祖病革，謂大將大臣多許昌故人，必不為太子用，思擇人而未得，乃以光嗣為樞密使，與王宗弼等同受顧命輔政。後主踐阼，即以光嗣判六軍諸衛事。光嗣既得柄用，善希合後主意，後主頗寵任之。由是與內給事王廷紹、歐陽晃、李用軺、宋承蘊、田魯儔等上下行私，多所朋比，國政遂日衰。【略】光嗣掌樞衡時，凡斷國章，多同兒戲，判語畧用謔辭韻句。其藐玩軍機，皆此類也。

時光嗣有從弟光葆者，字季正，隨光嗣為閣，給事黄門，官宣徽北院使，累遷東川節度使。

又《王承休傳》 事後主為宣徽北院使，用便佞，得後主心。承休請擇諸軍驍勇者萬二千人，置駕下為左右龍武軍，後主即以承休為都指揮使統之。裨將安重霸者，以狡黠事承休，休奏為己副，舊將無不人人憤耻。已欲得建節秦州，未有以發也，乘間進言後主曰：『秦州多美婦人，請為陛下采擇以獻。』因遂命為天雄軍節度使，封魯國公。先是，唐昭宗世，宦官雖盛，未有建節一方者。宦者得為節度使，自承休始也。

又 卷四九《後蜀二·後主紀》 廣政六年春正月癸卯，以宣徽使兼宮苑使田敬全領永平節度使。敬全，故宦者，引前蜀王承休為比而命之。

又 卷五八《南漢一·高祖紀》 高祖名龑。【略】後尤猜忌，以士人為子孫計，故專任閹人，由是國中宦者大盛。

又 卷六〇《南漢三·後主紀》 乾和十六年八月辛巳襲位，更今名，改是年為大寶元年，帝時年十六。委政於宦者龔澄樞、陳延壽及才人盧瓊仙等。臺省官僅充員而已，機密事多不與【略】

（大寶二年十一月）辛亥，帝祀圜丘，大赦。以玉清宮使龔澄樞為左龍虎觀軍容使、內大師，軍國事俱取決焉。帝性愚，以羣臣自有家室，顧子孫，不能盡忠，惟宦者親近可任。至羣臣欲進用者，俱自閹，然後用。【略】中官至七千餘，一云近二萬人。加三公三師者，不一而足。【略】

大寶五年冬十二月，以宦者李托為內太師、六軍觀軍容使。初，帝納托養女，長為貴妃，次為美人，有寵。至是，詔國政皆稟托而後行。

又 卷六六《南漢九·龔澄樞傳》 後主嗣立，謂羣臣多自有家室，顧子孫，惟宦者親近足任，遂委其政于澄樞輩。加澄樞特進、開府儀同三司、萬華宮使、驃騎大將軍，改上將軍、左龍虎軍觀軍容使、內太師。軍國之務，一出于澄樞。

又《陳延壽傳》 先是，高祖雖寵任中官，其數裁三百餘，位不過掖庭諸局令、丞而已。中宗時益廣，至千餘人，畧增內常侍、謁者之稱。逮後主信任宦者，凡羣臣有才能及進士狀頭，或僧、道可與談者，皆先下蠶室，然後得進，亦有自宮以求用者，亦有免死而宮者，由是奄人漸十倍于乾和時。《通鑑綱目》云宦者近二萬人。諸使名不翅二百，有三師、三公等官，稍加『內』字以別之，因謂士人為『門外人』，卒以此亡國。

又《李托傳》 封州封川人。少習騎射，以謹愿事高祖，為內府局令。中宗襲位，遷內侍省內侍，充宮闈諸衛押番兼秀華宮使。後主立，改玩華宮使、內侍監，兼列聖、景陽二宮使。托納二養女於後主，長為貴妃，次為美人，政事皆訪托而後行。加特進、開府儀同三司、甘泉宮使兼六軍觀軍容使、行內中尉，遷驃騎上將軍、內太師。

論說

《舊唐書》卷一九〇下《文苑傳下·劉蕡》 文宗即位，恭儉求理。太和二年，策試賢良。【略】時對策者百餘人，所對止循常務，唯蕡切論黃門太橫，將危宗社。對曰：【略】『又按《春秋》「閽弒吳子餘祭」，不書其君，《春秋》譏其疏遠賢士，昵近刑人，有不君之道矣。伏惟陛下，思祖宗開國之勤，念《春秋》繼故之誡，將明法度之端則發正言而履正道，將杜篡弒之漸則居正位而近正人，遠刀鋸之賤，親骨鯁之直，輔相得以專其任，庶職得以守其官。奈何以褻近五六人總天下大政，外專陛下之命，內竊陛下之權，威攝朝廷，勢傾海內，羣臣莫敢指其狀，天子不得制其心，禍稔蕭牆，姦生帷幄。臣恐曹節、侯覽復生於今日，此宮闈之所以將變也。

臣謹按《春秋》「魯定公元年春王」，不言「正月」者，《春秋》以其先君不得正其終，則後君不得正其始，故曰「定」無「正」也。今忠賢無腹心之寄，閽寺持廢立之權，陷先君不得正其終，致陛下不得正其始，況皇儲未建，郊祀未脩，將相之職不歸，名分之宜不定，此社稷之所以將危也。【略】

臣前所謂豪猾踰檢，由中外之法殊者，以其官禁不一也。臣謹按《春秋》齊桓公盟諸侯不以日，而葵丘之盟特以日者，美其能宣明天子之禁，率奉王官之法，故《春秋》備而書之。夫官者，五帝、三王之所建也；法者，高祖、太宗之所制也。法宜畫一，官宜正名。今又分外官、中官之員，立南司、北司之局，或犯禁於南則亡命于北，或正刑于外則破律於中，法出多門，人無所措，實由兵農勢異而中外法殊也。

臣聞古者因井田而制軍賦，間農事以脩武備，提封約卒乘之數，命將在公卿之列，故兵、農一致而文、武同方，可以保乂邦家，式遏禍亂。暨太宗皇帝肇建邦典，亦置府兵，臺省軍衛，文、武參掌，居閑歲則櫜弓力穡，將有事則釋耒荷戈，所以脩復古制，不廢舊物。

今則不然。夏官不知兵籍，止於奉朝請；六軍不主兵事，止於養勳階。軍容合中官之政，戎律附內臣之職。首一戴武弁，嫉文吏如仇讎；足一蹈軍門，視農夫如草芥。謀不足以翦除凶逆而詐足以抑揚威福，勇不足以鎮衛社稷而暴足以侵軼里閭，羈紲藩臣，干淩宰輔，隳裂王度，汩亂朝經。張武夫之威，上以制君父；假天子之命，下以御英豪。有藏姦觀釁之心，無伏節死難之義，豈先王經文緯武之旨耶？』

又 卷一八四《宦官傳序》 臣徧覽前書，考茲覆轍，試言大較，庶竭其源。何者？自書契已來，不無閽寺，況垂之天象，備見職官。即如秦皇、漢武，宮闈之內，宦官以侍宴遊。但英睿之君，措置斯得；及荒僻之主，奢蕩是求。委番、聚、蹶、楀之徒，飾姬姜狗馬之玩，外言不入，惟欲是從。雖並列五侯，猶為賞薄，徧封萬戶，尚嫌恩疏。苟思捧日之勤，遂據迴天之勢。及三綱錯亂，四海崩離，袁本初之入北宮，無鬚殆盡；石冉閔之攻鄴下，內豎咸誅。旋至殄瘁邦家，不獨感傷和氣，淫刑斯逞，可為傷心。向使不假威權，但趨帷扆，何止四星終吉，抑亦萬乘延洪。昔賢為社鼠之喻，不其然乎？

宋·王溥《唐會要》卷六五《內侍省》 景龍元年，酸棗縣尉袁楚客奏記于中書令魏元忠曰：『內豎者，給宮掖之事，供埽除之役，上古皆備此職，但以僕隸畜之，豈及于官次。中古以來，大道乖喪，不重賢哲，惟親近習，或委之以軍，或授之以權，遂使豎刁亂齊，伊戾敗宋。君側之人，衆所畏懼，葛洪所謂鷹頭之蠅，廟垣之鼠，無拳無勇，職為亂階者也。洎乎後漢，用事尤甚，時君既不知其失，大臣又畏罪不言，是以害及生靈，毒流天下，至于晚節，竟亂中朝，各相朋黨，屠害良善。當此時也，忠臣義士，睹斯慷慨，不得不權行殺戮，至以無鬚而横死者，不可勝言，豈非結禍之深，自危之速。《易》曰：「小人用壯」斯之謂也。自大君受命，中興成務，獨有閹豎，坐升班秩，既無正闕，多授員外，舉其全數，向滿千人。苟綰青紫，竊食府藏，既非致治之道，誠謂長亂之階。此則朝廷之失，君侯不正，誰正之哉！』

《新唐書》卷二〇七《宦者傳上》 小人之情，猥險無顧藉，又日夕侍天子，狎則無威，習則不疑，故昏君蔽於所昵，英主禍生所忽。玄宗以遷崩，憲、敬以弒殞，文以憂僨，至昭而天下亡矣。禍始開元，極於天祐，凶愎參會，黨類殲滅，王室從而潰喪，譬猶灼火攻蠹，蠹盡木焚，詎不哀哉！迹其殘氣不剛，柔情易遷，褻則無上，怖則生怨，借之權則專，為禍則迫而近，緩相攻，急相一，此小人常勢也。噫！梟狐不神，天與之昏，末如亂何。故取中葉以來宦人之大者粹之篇。

宋·孫甫《唐史論斷》卷下《文宗·制內臣》 論曰：內臣贈官，非古典也，然於此見旌善之事焉。內臣自武后稱制始預事，尚未有招權著名者。明皇朝高力士以權寵擅名，李林甫、楊國忠、安祿山輩皆因之取將相。林甫等既致時亂，力士貶死遐裔矣。肅宗朝李輔國以扈從微勞，過受恩寵，至專掌禁兵，故輔國脅遷明皇，升黜將相，凶橫既極，盜殺之於家矣。肅宗寵魚朝恩，始命為觀軍容使。代宗寵之，又加天下觀軍容使。朝恩驕橫既甚，勢不可容，遂使之自縊矣。代宗又寵程元振，使典禁兵。元振奸險擅權，大為將相之害。代宗避狄陝州，詔諸鎮兵赴援，將帥懼元振誣譖，多不敢至。及柳伉極言其狀，元振貶死荒徼矣。德宗寵竇文場、霍仙鳴，命為神策中尉。纖人裴均輩附之，往往外取方鎮，內取要官。文場、仙鳴輩權任既盛，內臣亦嫉之。仙鳴被害以死，文場甚懼，堅乞致仕，僅免於禍。憲宗寵吐突承璀，至委鎮州征討之任，卒無功效，尋以其黨納賄事所連，出為淮南監軍，後復寵任，以妄議太子，為穆宗誅死。文宗寵王守澄，姦惡既甚，竟至賜死。自明皇以後，內臣以罪誅死與貶者不可勝紀，但力士等八人以權力著名於時，此內臣之尤盛者。然三誅死，二貶死，一為盜殺，一毒死，文場禍至而避，亦姦名不朽。以此觀之，內臣取恩既盛，鮮有不罹禍者，蓋受恩不知紀極，恣其所為，以至過惡之甚也。惟順宗朝俱文珍，以剛直著稱，又有翊戴憲宗之功，位至右衛大將軍，知內侍省事，不聞驕暴之名。及其卒也，贈開府儀同三司。文宗朝馬存亮，雖在中尉，不與王守澄同惡，力止其屠害宋申錫家屬，又有保衛昭愍之功，權寵既盛，能奉身以退。是年卒，贈揚州大都督。茲二人者，生獲令名，死有光寵為善之效也。天子任內臣，能常以力士、存亮等善惡之效示之，無使權寵之過，不惟不害國事，亦足以保全之也。

又《文宗·不能制內臣》 論曰：文宗在位十五年，好節儉，尚仁惠，納爭諫，重儒術，時與大臣論國事，勤勤懇懇，以致太平為思，茲可謂仁愛之主；然資性優柔，乏明斷之才，求治雖切，卒成孱弱之態，足見人君之體，明斷為大也。若乏明斷，雖勤政無過，亦不免於孱弱矣。文宗自即位，惡內臣暴橫，有除去之意，又以其黨方盛，不能公然處之，遂密諭學士宋申錫，與外廷謀之，乃命申錫作相，是重其權，任使之立事也。申錫方有謀，王守澄窺之，使本軍校誣申錫罪，文宗不思倚任申錫本意，至與大臣等久議不辨，諫官懇論其事，震怒斥之，竟不出告者付外廷勘鞫，雖賴衆議，稍辨其狀，申錫竟不免貶逐。當時若出告者付外廷推究，守澄雖巨惡，詭迹顯露，其黨曷敢附之？況馬存亮輩，本不與之同心，去之何難？既去守澄，其黨見天子明斷如此，安敢復驕橫也？此機既失，仇士良權力日盛。士良嫉宰相李石剛正，遣盜圖之，幾於致害。中外皆知士良所為，文宗若法憲宗用裴度意，益厚石，且推變起之端，正士良典刑，其黨見天子明斷如此，安敢出死力救之，自取刑戮？二事俱失，內臣氣勢愈盛，天子垂涕而不能制矣。後之人君，切鑑之。

宋·范祖禹《唐鑑》卷二三《昭宗》 臣祖禹曰：崔胤本與韓全誨爭權，因昭宗懲幽辱之禍，謀盡誅中官，故全誨黨李茂貞，而胤結朱全忠，各倚彊藩，以為外援，而岐、汴亦憑宦官、宰相，內為城社，以制朝廷，故胤召全忠以兵入朝，而全誨劫帝西幸。唐室之亡，由南北司相吞滅而人主受其禍。豈不為將來之永鑑哉？

《舊五代史》卷七二《唐書·孟漢瓊傳》 史臣曰：承業感武皇之大惠，佐莊宗之中興，既義且忠，何以階也！夫如是，則晉之勃貂，秦之景監，去之遠矣。居翰改一字于詔書，救千人之濫死，可不謂之仁人矣乎？如紹宏之爭權，漢瓊之構禍，乃宦者之常態也，又何足以道哉？

《新五代史》卷三八《宦者傳》 嗚呼，自古宦、女之禍深矣！明者未形而知懼，暗者患及而猶安焉，至於亂亡而不可悔也。雖然，不可以不戒。【略】

五代文章陋矣，而史官之職廢於喪亂，傳記小說多失其傳，故其事迹，終始不完，而雜以訛繆。至於英豪奮起，戰爭勝敗，國家興廢之際，豈無謀臣之略，辯士之談？而文字不足以發之，遂使泯然無傳於後世。然獨張承業事卓卓在人耳目，至今故老猶能道之。其論議可謂傑然歟！殆非宦者之言也。

自古宦者亂人之國，其源深於女禍。女，色而已；宦者之害，非一端也。蓋其用事也近而習，其為心也專而忍。能以小善中人之意，小信固人之心，使人主必信而親之。待其已信，然後懼以禍福而把持之。雖有忠臣碩士列于朝廷，而人主以為去己疏遠，不若起居飲食、前後左右之親為可恃也。故前後左右者日益親，則忠臣碩士日益疏，而人主之勢日益孤。勢孤，則懼禍之心日益切，而把持者日益牢，安危出其喜怒，禍患伏於帷闥，則嚮之所謂可恃者，乃所以為患也。患已深而覺之，欲與疏遠之臣圖左右之親近，緩之則養禍而益深，急之則挾人主以為質，雖有聖智不能與謀，謀之而不可為，為之而不可成，至其甚，則俱傷而兩敗。故其大者亡國，其次亡身，而使姦豪得借以為資而起，至抉其種類，盡殺以快天下之心而後已。此前史所載宦者之禍常如此者，非一世也。夫為人主者，非欲養禍於內而疏忠臣碩士於外，蓋其漸積而勢使之然也。夫女色之惑，不幸而不悟，則禍斯及矣；使其一悟，捽而去之可也。宦者之為禍，雖欲悔悟，而勢有不得而去也，唐昭宗之事是已。故曰『深於女禍』者，謂此也。可不戒哉！昭宗信狎宦者，由是有東宮之幽。既出而與崔胤圖之，胤為宰相，顧力不足為，乃召兵於梁，梁兵且至，而宦者挾天子走之岐，梁兵圍之三年，昭宗既出，而唐亡矣。

初，昭宗之出也，梁王悉誅唐宦者第五可範等七百餘人，其在外者，悉詔天下捕殺之，而宦者多為諸鎮所藏匿而不殺。是時，方鎮僭擬，悉以宦官給事，而吳越最多。及莊宗立，詔天下訪求故唐時宦者悉送京師，得數百人，宦者遂復用事，以至於亡。此何異求已覆之車，躬駕而履其轍也？可為悲夫！

莊宗未滅梁時，承業已死。其後居翰雖為樞密使，而不用事。有宣徽使馬紹宏者，嘗賜姓李，頗見信用。然誣殺大臣，黷貨賂，專威福，以取怨於天下者，左右狎暱，黃門內養之徒也。是時，明宗自鎮州入覲，奉朝請於京師。莊宗頗疑其有異志，陰遣紹宏伺其動靜，紹宏反以情告明宗。明宗自魏而反，天下皆知禍起於魏，孰知其啓明宗之二心者，自紹宏始也！郭崇韜已破蜀，莊宗信宦者言而疑之。然崇韜之死，莊宗不知，皆宦者為之也。當此之時，舉唐之精兵皆在蜀，使崇韜不死，明宗入洛，豈無西顧之患？其能晏然取唐而代之邪？及明宗入立，又詔天下悉捕宦者而殺之。宦者亡竄山谷，多削髮為浮圖。其亡至太原者七十餘人，悉捕而殺之都亭驛，流血盈庭。

明宗晚而多病，王淑妃專內以干政，宦者孟漢瓊因以用事。秦王入視明宗疾已革，既出而聞哭聲，以謂帝崩矣，乃謀以兵入宮者，懼不得立也。大臣朱弘昭等方圖其事，議未決，漢瓊遽入見明宗，言秦王反，即以兵誅之，陷秦王大惡，而明宗以此飲恨而終。後愍帝奔于衛州，漢瓊西迎廢帝于路，廢帝惡而殺之。

嗚呼！人情處安樂，自非聖哲，不能久而無驕怠。宦、女之禍非一日，必伺人之驕怠而浸入之。明宗非佚君，而猶若此者，蓋其在位差久也。其餘多武人崛起，及其嗣續，世數短而年不永，故宦者莫暇施為。其為大害者，略可見矣。獨承業之論，偉然可愛，而居翰更一字以活千人。君子之於人也，苟有善焉，無所不取。吾於斯二人者有所取焉。取其善而戒其惡，所謂『愛而知其惡，憎而知其善』也。故并述其禍敗之所以然者著于篇。

清·王夫之《讀通鑑論》卷二一《唐中宗·四》 將各有其軍而國强，將各有其軍而國亂，唐之季世，外夷之禍淺，國屢破、君屢奔而不亡，然天下分裂，以終於五代，皆此由也。

將各有其軍，於是監軍設焉。中人監軍，唐之大蠹也，其始以御史監之，較中人為愈矣，然即以御史監軍，而軍不敗者亦鮮矣。既命將以將兵，而必使御史監之者，亦勢之不容已也。將各有其軍，而驕悖以僭叛者勿論已；即其不然，朝廷之意指不行於疆埸，而養寇以席權，葸縮以失機，遷延以糜餉，情事之所必有，而為國之大患。天子大臣不能坐受其困，則委之監軍以決行上意，故曰不容已也。然而其軍必敗，未有爽焉者矣。

監軍者而與將合，則何取於監軍，而資將以口實？曰：夫監軍者，目擊心知而信以為必然矣。監軍者而與將異，於是將不能自審其進止，以聽之與兵不習、於敵不審之人。傳有之曰：『將得其人，而使剛愎不仁者參焉，則敗。』監軍者，非必剛愎不仁也，而禦史者，以風裁無憚於大吏，持文法以責功效者也。責功效者必勇於進，則剛；持文法而無所憚，則愎；居朝端、習清晏而不與士卒之甘苦相喻，則不仁。業任之以剛愎不仁之任，雖柔和之士，亦變其素尚而勉為決裂。且柔和之士，固不樂受監軍之任；其樂任者，必其喜功好競以嘗試為能者也。

且夫朝廷之使監軍，其必有所屬意矣。天子有欲速之心，宰相有分功之志，計臣恤饋餫之難，近寇之薦紳冀驅逐之速；將雖無養寇畏敵之情，而在廷固疑其前卻；操此為慮，則自非少年輕銳、挾智自矜以傲忽元戎者，固莫之使也。無敢死之心，無必勝之謀，無矜全三軍之生死以固邦本之情，抑無軍覆受誅之法以隨其後，如是而不撓將以取敗也，必不得矣。乃其設之之由，則惟將各有其軍，而天子大臣不能固信之也。

唐初府兵方建，軍政一統于天子，授鉞而軍非其軍，振旅而衆非其衆，故雖武氏之猜疑，而任將以勿貳，李孝逸、程務挺以分閫立效之元戎，殺之流之而不敢拒命，則亦無所用監軍為矣。非武氏之能將將也，府兵定、軍政一、而指臂之形勢成也。

又　卷二四《唐德宗・一三》　天子禁衛之兵，得其人而任之，以處多虞之世，四末雖敗，可以不亡。唐自肅、代以來，倚神策一軍以强其幹。及德宗亟討河、汴，李晟將之而北，白志貞募市井之人以冒名而無實，於是姚令言一呼，天子單騎而走，中先痿也。及李懷光平，李晟移鎮鳳翔，神策一軍仍歸禁衛。于斯時也，任之得人與不得，安危存亡之大機會也。德宗四顧無所倚任，而任之中官，終唐之世，宦寺挾之以逞其逆節，而迄於亡。當德宗初任中官之日，鄴侯、敬輿無一言及之，何其置大計於緘默也？所以然者，自李晟而外，亦無可托之人也。

禁兵操於宦寺，而天子危于內；禁兵授之帥臣，而天子危于外。外之危，篡奪因之，宋太祖驟起于一旦，而郭、柴之祀忽諸，此李、陸二公所不能保也。晟移鎮而更求一如晟者，不易得也；即有一如晟者，而抑難乎其為繼。蓋當日所可任者，唯鄴侯耳。鄴侯任之，則且求能為天子羽翼、終無逆志者以繼之，法制立而忠勤遍喻於吏士，雖有不順者，弗能越也，如是，乃可保之數十年，而居重馭輕之勢以成。然而鄴侯不可以自言也，敬輿亦不能以此為鄴侯請也。德宗之欲任竇文場、王希遷也，固曰猶之乎吾自操之也。漢靈帝之任蹇碩，亦豈不曰猶吾自將之也乎？君畜疑自用，則忠臣心知其禍而無為之謀。李、陸二公救其眉睫之失，足矣；惡能取百年之遠猷，為之辰告哉！

又　卷二五《唐憲宗・五》　樞密之名，自憲宗以任宦官劉光琦始。繹其名，思其義，責以其職，任以其功，軍之生死，國之安危，毫釐千里之差，九地九天之略皆系焉。三代而後，天子與夷狄盜賊爭存亡，非復古者大司馬掌九伐之法，鳴鐘擊鼓馳文告以先之，整步伐以莅之，所能已天下之亂也。則此職之設，有其舉之，不可廢已。所宜致慎而杜旁落之害者，但在得其人耳。惟若憲宗委之宦官，則吐突承璀、王守澄資以擅廢立而血流宮禁，乃因此而謂分宰相之權，奪兵部之職，所宜廢也，豈非因噎廢食而不憂其餒乎？五代分中書、樞密為二府，雖狃於戰爭而欹重戎事，然准漢大將軍、丞相之分職，固三代以後保國之善術也。

國之大事，在祀與戎。夫祀既宗伯之所司矣，而禮部之外必設大常，蓋以禮部統邦禮，職既繁委，分心力以事神，則恪恭不摯，專責之大常，而郊廟之事乃虔。以此例戎，其可使宰相方總百揆而兼任之乎？抑可使兵部統銓敘功罪，稽核門蔭，制卒伍之踐更，清四海之郵傳，核屯田之租入，督戎器之造作，百端交集，宵旦不遑，乃欲舉三軍生死之命，使乘暇而謀之，其不以國與寇也，不亦難乎？兵部所掌者，兵籍之常也；樞密所領者，戰守之變也。進止奇正，陰陽互用，存亡之大，決於呼吸，經畫之密，審於始終，文字不得而傳，語言不得而洩，上承人主帷帟之謀，遙領主帥死生之命，大矣哉！專其事而恐不勝，乃以委諸守章程而綜衆務者乎？

樞密一官，必舉而不可廢，審矣。時或宇內方寧，兵戈不試，則縣其職以令宰相兼之可耳。而官屬必備，儲才必夙，一旦有疆埸之事，則因可任之人，授以固存之位，與天子定謀于尊俎。至其為謀之得失，有宰相以參酌于前，有諫官以持議於後，亦不患其擅國柄而誤封疆矣。漢舉朝政盡委之大將軍，而丞相聽命，五代使樞密察宰相，固欹重而貽權奸之禍。唐、宋之失，在任劉光琦、童貫，蓋所任非人，而非其設官之咎。若周官大司馬總戎政，攝祀事，兼任征伐，則唯封建之天下，無夷狄盜賊之防則可耳，後世固不得而效也。

又　卷二六《唐武宗・二》　老氏曰：『天下之至柔，馳騁天下之至剛。』此女子小人滔天之惡，所挾以為藏身之固者也。

唐之宦官，其勢十倍于漢、宋。李輔國驅四十年御世之天子如逸豚而苙之。其後憲宗死焉，敬宗死焉，太子永死焉，絳王悟、安王溶、陳王成美死焉，三宰相、一節度、合九族而死焉。庖人之於雞鶩，唯其操鸞刀而割之也。文宗垂涕而歎，自比于周赧、漢獻而以為不如，鬱鬱飲醇酒以成疢而崩，其兇悍之鋒，不可向邇也如此。以為神策六軍在其指掌，故莫之能制，是已；而未盡然也。當其時，節鎮林立，大臣分閫，合天下之全力，以視六軍豢養之罷民，豈不相敵，而奚惴惴焉？及觀仇士良之教其黨曰：『天子不可令閑，日以奢靡娛其耳目，無暇更及他事。』然後知其所以毆中材之主入於其阱而不得出者，唯以至柔之道縻系之，因而馳騁之，蔑不勝矣。

夫耳目之欲，筋骸之逸，狎而安之，順而受之，亦曰此人主之所應得，近侍之所宜供者耳。于國無損，於事非專，即不以為彼功，而抑非可為彼罪也。乃當其驕橫著見，人主亦含忿不堪而思翦滌。俄而退息于深宮，則娛樂迭進，而氣不覺其漸平矣；稍定焉，而姁姁嫗嫗、百出以相靡，竟不知夙忿之何以遽蠲也。氣一往而衰，安望其復振哉？

凡變童稚女、清歌妙舞、捐煩解憤者，皆其戈矛鴆毒之機也。正人端士沮喪而不得以時進獻其忱，則皆廢然返曰：出而與吾謀屏除者，入而且與之歡笑，吾惡能勝彼哉？徒自誅夷貶竄而弗能搖動之也。未有不緘口息機，聽其孤危而莫恤者也。則臣非其臣，兵非其兵，狎媚旦進，而白刃夕張，莫能測焉。至柔之馳騁至剛，綽乎其有餘矣。

然則羣奄之劫重邱山而弒逆相尋也，豈恃神策之孤軍哉？恃此而已矣。漢、宋之闇主受制于家奴者皆此；而唐之立國，家法不修，淫聲曼色，自太宗以來，漫焉進禦而無防閑之教，故其禍為尤酷焉。口鼻非藉之不安臭味；肢體非藉之不宜清日耎；煩勞菀結非藉之不能穆耳而愉心。林池魚鳥、書畫琴弈、張弧怒馬，各有所嗜，而皆能為奪情息怒之媒。機械之張，烈于強秦，密於曹操，彼以剛爭，此以柔制，雖欲如周赧、漢獻而不能，果不如矣。人主而能知此，則勿曰宦官之惡不可撲也。以一念之無欲，塞滔天之橫流，有餘裕矣。然而知之者鮮，能之者尤百不得一也，是以難也。

又　《唐武宗・六》　宦者監軍政於外而封疆危，宦者統禁兵於內而天子危。監軍之危封疆，李德裕言之至悉矣。乃天子之危，非宦者之統禁兵遽能脅之而死生廢立之也。天子之兵，散佈於天下，將皆其臣，卒皆其民也。其在內而為禁兵，如唐神策軍者，但百之一耳，又非百戰立功能為天下雄者也。宦者雖握固之以為己有，而勢不能與天下爭衡。脅君自恣，乃至弒刃橫加，豈能無畏於四方之問罪乎？其無所憚而血濺宮庭、居功定策者，實恃有在外監軍之使，深結將帥而制其榮辱生死之命，指麾吏士而市以呴嘔宴犒之恩也。故王守澄、陳弘志、楊承和躬行大逆，不畏天下有問罪之師；乃至四朝元老分符持節之裴中立，亦視君父之死，噤口而不敢誰何；獨一劉從諫執言相加，而懷來又不可問。無他，諸帥之兵，皆宦者之爪牙，舉天下而在其掣肘，雖仗義欲鳴，而力窮於寡助也。於是而知德裕之為社稷謀，至深遠矣。其以出征屢敗為言者，指其著見之害以折之，使不敢爭耳。顯糾其沮撓軍事之失，而不揭其攬權得衆之禍，使無所激以相抵牾，則潛伏之大慝，暗消於忘言矣，此德裕之所以善於安主而防奸也。

然抑豈徒其立言之善哉？仇士良忌之而不能傷，乃乞身以去；敕監軍不得預軍務、選牙隊，而楊欽義、劉行深欣然唯命而不敢爭。極重之弊，反之一朝，如此其易者，蓋實有以制之也。唐之相臣能大有為者，狄仁傑而外，德裕而已。武宗不夭，德裕不竄，唐其可以復興乎！

清・趙翼《廿二史劄記》卷二〇《新舊唐書・唐代宦官之禍》　東漢及前明宦官之禍烈矣，然猶竊主權，以肆虐天下。至唐則宦官之權反在人主之上，立君、弒君、廢君，有同兒戲，實古來未有之變也。推原禍始，總由於使之掌禁兵、管樞密，所謂倒持太阿而授之以柄，及其勢已成，雖有英君察相，亦無如之何矣。

身在禁闈，社鼠城狐，本易竊弄威福，此即不典兵、不承旨，而燕間深密之地，單詞片語，偶能移動主意，軒輊事端，天下已靡然趨之。如高力士貴幸時，僥幸者願一見如天人，肅宗在東宮亦以兄事之，諸王公主呼為翁，戚里諸家尊曰爹，將相大臣皆由之以進。嘗建佛寺、道觀各一所，鐘成，宴公卿，一扣者，納禮錢十萬，有至二十扣者。李輔國貴幸時，人不敢斥其官，直呼為五郎。李揆當國，以子姓事之，嘗矯詔遷上皇於西內，至憂鬱以崩。他如魚朝恩忌郭子儀功高，譖罷其兵柄。程元振譖來瑱，賜死，李光弼遂不敢入朝。又譖裴冕罷相，貶施州，以致方鎮解體，吐蕃入寇，代宗倉皇出奔，徵諸道兵，無一至者。此猶是未掌兵權，未管樞要以前事也。案代宗欲除輔國而憚其握兵，是代宗時宦官已典兵。然代宗由廣平王為元帥，即位後，猶有帥府之名，令輔國為元帥行軍司馬，程元振繼之，朝恩亦為觀軍容使，俱系暫時管攝，未得常主兵柄。

自德宗懲涇師之變，禁軍倉卒不及徵集，還京後，不欲以武臣典禁兵，乃以神策、天威等軍，置護軍中尉、中護軍等官，以內官竇文場、霍仙鳴等主之，於是禁軍全歸宦寺。其後又有樞密之職，凡承受詔旨、出納王命多委之，於是機務之重，又為所參預。案《李吉甫傳》，憲宗初，有中書小吏滑渙與樞密使劉光琦昵，頗竊權。又《裴垍傳》，李絳承旨翰林，有中人梁守謙掌密命。是樞密之職，蓋始于德宗之末。憲宗之初，又《嚴遵美傳》，樞密使無廳事，惟三楹舍藏書而已。其後遂有堂狀貼黃，決事與宰相等。是二者皆極要重之地，有一已足攬權樹威，挾制中外，況二者盡為其所操乎！

其始猶假寵竊靈，挾主勢以制下，其後積重難返，居肘腋之地，為腹心之患，即人主廢置，亦在掌握中。僖宗紀贊謂『自穆宗以來八世，而為宦官所立者七君。』今案本紀：憲宗時，太子甯薨，中尉吐突承璀欲立豐王惲，而惲母賤不當立，乃立遂王宥為皇太子。憲宗崩，宦官陳弘志殺承璀及惲，以皇太子即位，是為穆宗。《舊書·王守澄傳》，憲宗崩，守澄與馬進潭、梁守謙等冊立穆宗，蓋皆與陳弘志同謀者。是穆宗之立，由陳弘志等之力也。然穆宗猶是憲宗時已立為皇太子，而弘志等翊戴之，尚非擅立。敬宗夜獵還宮，與中官劉克明、田務成、許文端、軍將蘇佐明、王嘉憲、石定寬等二十八人飲，帝醉，入室更衣，殿上燭忽滅，劉克明等同害帝，蘇佐明等矯制立絳王，樞密使王守澄、中尉梁守謙率禁軍討賊，誅絳王，迎江王即位，是為文宗，是文宗之立，由王守澄等之力也。然此猶敬宗未有太子，故討賊立君，亦尚出於正。至文宗在時，已立敬宗子成美為皇太子矣，及大漸，宰相李、樞密使劉弘逸等又奉密旨，以成美監國，乃中尉仇士良、魚弘志矯詔廢成美，立穎王瀍為皇太弟即位，是為武宗。是武宗之立，由仇士良等之力也。此則廢先帝所立之太子，而擅易之，其惡更非陳弘志、王守澄等比矣。武宗崩，中尉馬元贄立光王怡為皇太叔即位，是為宣宗。時武宗未有太子。是宣宗之立，由馬元贄之力也。宣宗疾大漸，以夔王滋屬樞密使王歸長、馬公孺等，而中尉王宗實及丌元實矯詔立鄆王為皇太子即位，是為懿宗。是懿宗之立，由王宗實等之力也。懿宗大漸，中尉劉行深、韓文約立普王為皇太子即位，是為僖宗。是僖宗之立，由劉行深等之力也。僖宗大漸，羣臣以吉王保最賢且長，欲立之，觀軍容使楊復恭率兵迎壽王為皇太弟即位，是為昭宗。是昭宗之立，由楊復恭之力也。統計此六、七代中，援立之權盡歸宦寺，宰相亦不得與知。

且不特此也，憲、敬二帝，至為陳弘志、劉克明等所弑，昭宗又為劉季述所幽，近侍之凶悖，至斯而極。其間非無賢哲之主，有志整飭，如憲宗無所寵假，吕全如擅取樟材治第，送獄自殺，郭旻醉觸夜禁，即杖殺之，兇焰稍戢，然其後竟遭弑害。文宗欲倚李訓、鄭注誅宦官，甘露之變，反為仇士良等肆逆橫殺，朝士横屍闕下，帝亦惴惴不保，僅而獲免。宣宗始稍黜其權，初，延英奏事，帝與宰相可否，樞密使在旁得與聞。及出，或矯上旨有所改易，帝始令延英召對，兩中尉先降，樞密使候于殿西，俟宰相奏事畢，案前受事，稍防矯詐之弊。至懿、僖又如故矣。文宗嘗以周赧、漢獻受制强臣，而己受制家奴，謂不如赧、獻，對周墀泣下。學士崔慎由夜直，忽仇士良召至秘殿，令草詔，更立嗣君，慎由以死拒之，士良引至小殿見帝，士良等歷數帝過，帝俯首而已。劉季述錮昭帝于少陽院，亦以杖畫地，責帝曰：『某日某事，爾不從我，罪一也。』至數十不止。楊復恭之反也，既令其養子守信為神策軍使，又令守貞、守忠及侄守亮為節度使，以樹內外之援，與守亮書曰：『承天門乃隋家舊業，兒但積粟訓兵，不必進奉。吾于荆榛中立壽王，既得位，乃廢定策，國老有如此負心門生天子。』此可見下陵上替之極也。

卒之朝廷綱紀為所敗裂，國勢日弱，方鎮日强，宦寺雖握兵，轉不得不結外藩為助。於是韓全誨等劫天子遷鳳翔，倚李茂貞，致朱全忠攻圍逾年，力窮勢迫，帝與茂貞乃殺全誨等四人、韋處廷等二十二人以求和，又殺小使李繼彝等十人，城門既開，又殺中官七十余人，全忠又令京兆誅党與百餘。既還京師，遂盡殺第五可範以下八百餘人，哀號之聲聞于路，諸道監軍亦即所在賜死，蓋不減東漢末之誅宦官，至有無須而誤死者。唐室宦官之局，至此始結，而國亦亡矣。宋景文謂：『灼木攻蠹，蠹盡而木亦焚也。』而抑知其始，實由於假之以權，掌禁兵、筦樞要，遂致積重難返，以至此極也哉！

又《中官出使及監軍之弊》 中官出使及監軍，累朝皆有之，然其害亦莫有如唐之甚者。小則索賄賂，大則釀禍端。今就《新》、《舊唐書》按之。《高力士傳》，是時中人出使，或修功德、市鳥獸，使還所獲，動巨萬計。京師甲第名園、良田美產，占者什六七。此猶不過藉禁近之勢以黷財也。安祿山將反，楊國忠等力言於帝前，帝使宦官輔璆琳覘之，得厚賂歸，言祿山不反。於是祿山益得征繕稱兵矣。封常清在東都戰敗奔陝，勸高仙芝退守潼關，中人邊令誠奏其敗退狀，而二大將同日受戮矣。僕固懷恩負氣訴冤，代宗使中人駱奉先諭之，奉先不受宴，竊馬馳歸，而懷恩以疑懼而決反矣。李寶臣方奉命討田承嗣有功，代宗使中人馬承倩勞之，寶臣贈絹少，承倩詬而擲於途，寶臣顧左右有慚色，於是轉與承嗣連衡拒命矣。德宗晚年姑息藩鎮，每帥守物故，必先遣中使往覘軍情，其副貳有物望者，輒厚賂使之保奏，德宗因而授之，由是節度使之除拜，亦出其口矣。武宗討澤潞時，太原將楊弁激衆叛，武宗使中人馬元貫往諭，得其賄歸，言太原有十五裏明光甲，不可討。賴李德裕折之，始語塞。是轉為叛者脅授旄節矣。此中官出使徒縱其納賄而無益於國事，且反以釀禍者也。

又有中使監軍之弊。自開元、天寶間討吐蕃諸國，已有宦者監大將之軍。至魚朝恩為觀軍容使，邙山之戰，李光弼欲據險而陣，朝恩令陣於平地，遂致大敗。《光弼傳》。據裴度、韋、李德裕等所奏，大概監軍者先取鋭兵自衛，懦者出戰，戰勝則先報捷，偶衄則淩挫百端，侵撓軍政，將帥不得專主。每督戰，輒建旗自表，小不勝則卷旗去，大軍往往隨之奔北。故劉辟之叛，杜黄裳請不用監軍，專委高崇文討之。然白居易疏謂韓全義討淮西，賈國良監之，高崇文討蜀，劉貞亮監之。是黄裳雖奏，而監軍仍未撤也。《居易傳》。裴度討吳元濟，始奏去監軍，主將得專兵柄，法令既一，戰皆有功，遂平淮、蔡。《度傳》。其後會昌中討劉稹，李德裕亦奏監軍不得幹軍事，每兵百人，聽以一人為衛。由是號令精整，遂平澤潞。《德裕傳》。

觀此，則中使監軍有害無利，昭然可見。此猶是臨戰時用以監察，尚有說也。其尋常無事時，各藩鎮亦必有中使監軍。如陸長源死，監軍俱文珍密召宋州刺史劉全諒入汴以靖其亂。《長源傳》。王承宗死，諸將請王承元主留務，承元曰：『天子使中貴人監軍，當與議。』監軍以衆意贊之，承元乃受。是亦未嘗無靖難解紛之益。然其中賢者百不一，而恃勢生事之徒，踵相接也。在河朔諸鎮者，既不能制其叛亂，徒為之請封、請襲；而在中州各鎮者，則肆暴作威，或侵撓事權，或誣構罪戾。姚南仲帥鄭、滑，為監軍薛盈珍誣奏。有裨將曹文洽不平，殺其奏事者，而自刎以明南仲之枉。南仲入朝，德宗曰：『盈珍擾軍政邪？』南仲曰：『如盈珍者，在在有之，雖羊、杜復生，不能治軍理人也。』《南仲傳》。洪州監軍誣奏刺史李位謀逆，追赴京，付仗内訊，賴薛存誠力請付外，始得白。《存誠傳》。楊於陵帥嶺南，為監軍許遂振誣奏，憲宗即令貶於陵官，賴裴垍諫，始改吏部侍郎。《垍傳》。此牽掣藩臣之弊也。監軍王定遠有德於節度使李説，軍政皆專決，將吏悉自補授，以田宏代彭令茵，令茵不伏，定遠即斬之，埋屍馬糞中，家人請屍不得，説奏之，定遠抽刀刺説，説走而免。劉承偕監澤潞軍，侮節度使劉悟，三軍憤噪，欲殺承偕，悟救而免。穆宗問裴度何以處之？度奏惟有斬承偕耳。此激變軍士之弊也。嚴綬在太原，軍政一出監軍李輔光，綬但拱手而已。後入朝，適賜食廊下，有中使馬江朝來賜櫻桃，綬在鎮時，曾識江朝，至是不覺屈膝。《綬傳》。可見監軍之積威肆横，非一朝一夕之故，其所由來者漸矣。因記宦官掌兵承旨之禍，而並及出使、監軍二事，亦前代得失之林也。

又《唐宦官多閩廣人》 唐時諸道進閹兒，號私白，閩嶺最多。如高力士，本高州馮盎之後，嶺南討擊使李千里進之。後吐突承璀及楊復光皆閩人，時號閩為中官區藪。咸通中，杜宣猷為閩中觀察使，每歲時，遣吏致祭其先，時號為敕使墓戶。《宣猷傳》。

清・吳任臣《十國春秋》卷六六《南漢九・薛崇譽傳》 論曰：自古禍人國者，惟宦官為甚。其結主也，以善柔而情常昵于不可解；其毒人也，以險鷙而患每發于有所忽。粵漢及唐。其較著者也。劉氏自乾和以後，奄寺至七千餘人，而舞法擅政者，若延遇之陰狡善謀，澄樞之險詐亂國，彦真之殘忍妬賢，延壽之淫巧惑，李托則納女以操國柄，崇譽則握筭以竊主權，議出多門，內外朋比，君既不恤，國亦隨之。雖昔伊戾禍宋，豎刁亂齊，未有若此之烈也。要其所從來，漸矣。嗚呼！知此可以論世云。

清·梁廷楠《南漢書》卷一五《列傳第九》 廷楠曰：由漢唐來，宦官之衆之重且專，與夫殺害之慘而召亡之速，未有如南漢之極盡無餘者也。

高祖初設內監，數裁三百，浸積而千餘人，浸積而七千餘人。説者乃謂其後之盛，至二萬人有奇。此二萬人者，衣服飲食，車馬僕隸之給，其糜耗可數計哉！使能軍伍其人，糧餉其費，不必問其裨於疆圉何如，而禍源先清矣。然而其君不悟也。

自昔三公，論道尊禮之爲朝廷賓師，巖求夢卜猶恐不足備其員。今乃以使令之賤躋保傅之列，褻此名也無乃實甚。夫地褊勢蹙，正當急切求才，則何不懸其官爵食邑，招徠豪傑之士，使收其效而報其功耶？然而其君不悟也。

朝廷之上，庶司爲陽，婦寺爲陰。婦人在軍中則氣不揚，宦官亦婦人類耳。典禁衞猶且不可，顧俾之建高牙，樹大纛，擁數萬之衆，與中原全力爭，微論其荒無紀律，必至喪辱而後已也。以陰乘陽，厥象先不利於國。然而其君亦不悟也。

且夫閹宦之害，非其黨雖明哲有時無所逃。何者？處近則言易入，浸潤則惑滋深也。庸主方謂其孑然一身，不作肥家室、長子孫計，傾心腹而任之。而其小信小忠，又足以濟其陰柔忍刻之性。固結日深，險詐日甚，禍機遂一發不可解。族允章，害諸王，若許彥真、林延遇者，不過猶行古來宦官之道而已矣。以宦官之流毒也如此，君之縱，使流毒也又如此！假令國祚稍長，龔澄樞諸人得正衣冠終衽席上，首惡既已無恙，踵起者復效其尤，此邦之人，曷其有極？然而天道禍淫之謂，何能任六十州之號寒啼飢，久受其荼毒也乎？此時雨之師之所以不數月至其國都，而黨之衆者散，爵之重者奪，柄之專者殺，抱屈死者可以起九原而呼快也！然至是而其君仍不悟也。嗚呼！作《宦者傳》。

雜録

《新唐書》卷二〇七《宦者傳上·仇士良》 士良之老，中人舉送還第，謝曰：『諸君善事天子，能聽老夫語乎？』衆唯唯。士良曰：『天子不可令閑暇，暇必觀書，見儒臣，則又納諫，智深慮遠，減玩好，省游幸，吾屬恩且薄而權輕矣。為諸君計，莫若殖財貨，盛鷹馬，日以毬獵聲色蠱其心，極侈靡，使悅不知息，則必斥經術，闇外事，萬機在我，恩澤權力欲焉往哉？』衆再拜。士良殺二王、一妃、四宰相，貪酷二十餘年，亦有術自將，恩禮不衰云。

宦官優遇分部

综述

封爵

《舊唐書》卷一〇《肅宗紀》 （至德二載）十二月戊午朔，【略】內侍、齊國公高力士，【略】加實封三百戶。

又 卷一八四《宦官傳·高力士》 天寶初，【略】進封渤海郡公。玄宗幸蜀，【略】力士從幸成都，進封齊國公。從上皇還京，加開府儀同三司，賜實封五百戶。

又 《楊思勗傳》 後從東封，又加驃騎大將軍，封虢國公。

又 《李輔國傳》 至德二年十二月，加開府儀同三司，進封郕國公，食實封五百戶。【略】

（寶應元年）代宗即位，輔國與程元振有定策功。【略】五月，加司空、中書令，食實封八百戶。【略】詔進封博陸王。

又 《程元振傳》 代宗即位，【略】封保定縣侯，【略】九月，加驃騎大將軍，封邠國公。

又《魚朝恩傳》（大曆）三年，讓判國子監事，加韓國公。【略】五年，朝恩所昵武將劉希暹微有過忤，上諷之，詔罷朝恩觀軍容使，加實封通前一千戶。

又《楊復恭傳》咸通十年，玄翼卒，起復為樞密使。【略】車駕還京，授觀軍容使，封魏國公。

《新唐書》卷二〇七《宦者傳上・高力士》帝幸蜀，思藝遂臣賊，而力士從帝，進齊國公。【略】從上皇還，進開府儀同三司，實封戶五百。

又《楚客傳》楚客者，樂安人。後歷桂州都督致仕，封松滋縣侯。

又《馬存亮傳》大和中，【略】封岐國公。

又《仇士良傳》武宗已立，【略】封楚國公，【略】實封戶三百。

又 卷二〇八《宦者傳下・李輔國》代宗立，輔國等以定策功，【略】實封戶八百。【略】有詔進封博陸王。

授稱號賜器物

《舊唐書》卷一八四《宦官傳・楊復光》京師平，以功加開府儀同三司、同華制置使，封弘農郡公，賜號資忠輝武匡國平難功臣。

又《楊復恭傳》大順二年九月，詔復恭致任，賜杖屨。

《新唐書》卷二〇七《宦者傳上・楊復光》京師平，以功加開府儀同三司、同、華制置使，封弘農郡公，賜號資忠輝武匡國平難功臣。

又 卷二〇八《宦者傳下・楊復恭》（僖宗）車駕還，【略】封魏國公，實戶八百，號忠貞啓聖定國功臣。【略】

帝崩，定册立昭宗，賜鐵券，加金吾上將軍，稍擴取朝政。【略】大順二年，罷復恭兵，出為鳳翔監軍，不肯行，因丐致仕，詔可，遷上將軍，賜几杖。

《舊五代史》卷四五《唐書・閔帝紀》（應順元年閏月正月癸卯）宣徽南院使、驃騎大將軍、左衛上將軍、知內侍省孟漢瓊，加開府儀同三司，賜忠貞扶運保泰功臣。

贈官賜謚

《舊唐書》卷一八四《宦官傳・高力士》代宗以其耆宿，保護先朝，贈揚州大都督，陪葬泰陵。

又《李輔國傳》詔刻木首葬之，仍贈太傅。

又《俱文珍傳》元和八年卒。憲宗思其翊戴之功，贈開府儀同三司。

又《王守澄傳》守澄死，仍贈揚州大都督。

又《楊復光傳》卒河中，贈觀軍容使，謚曰忠肅。

《新唐書》卷二〇七《宦者傳上・高力士》代宗以護衛先帝勞，還其官，贈揚州大都督，陪葬泰陵。

又《竇文場霍仙鳴傳》希望者，涇陽人，歷明威將軍，贈洪州都督。尚進，河東人，歷忠武將軍，贈開府儀同三司。志廉，弘農人，歷左監門衛大將軍；榮義，涇陽人，歷右武衛大將軍。並贈揚州大都督。

又《馬存亮傳》大和中【略】卒，贈揚州大都督。

又《仇士良傳》（會昌三年）卒，贈揚州大都督。

《舊五代史》卷七二《唐書・張承業傳》同光初，贈左武衛上將軍，謚曰貞憲。

《新五代史》卷三八《宦者傳・張承業》同光元年，贈左武衛上將軍，謚曰正憲。

宦官懲處分部

綜述

降職

《舊唐書》卷一八四《宦官傳・吐突承璀》段平仲抗疏，極論承璀輕謀弊賦，請斬之以謝天下。憲宗不獲已，降為軍器使。【略】時弓箭庫使劉希先取羽林大將軍孫璹錢二十萬，以求方鎮。事發賜死，辭相告訐，事連承璀，乃出為淮南節度監軍使。

宋·王溥《唐會要》卷五五《省號下·諫議大夫》 （元和）六年十一月，左衛上將軍、知內侍省事吐突承璀出監淮南軍。時劉希昂與承璀皆久居權任，既黜後，有李涉者託附承璀，邪險，求投匭上疏曰：『承璀公忠，才用可輔政化。既承恩寵，不合斥棄。』諫議大夫、知匭使孔戣覽其副章，大怒，命逐之。涉乃以賂投光順門，達其疏。戣聞之，因上陳古今之佞倖可為鑒戒者，又言涉之奸險欺天，請加顯戮。上悟，貶涉而黜承璀焉。

《新唐書》卷二〇七《宦者傳上·吐突承璀》 平仲劾承璀輕謀弊賦，損國威，不斬首，無以謝天下。帝不獲已，罷為軍器莊宅使。【略】會劉希光納羽林大將軍孫璹錢二十萬緡求方鎮，有詔賜死，迹絓承璀，故令出監淮南軍。

又 《仇士良傳》 帝明斷，雖士良有援立功，內實嫌之，陽示尊寵。李德裕得君，士良愈恐。會昌二年，上尊號，士良宣言『宰相作赦書，減禁軍縑糧芻菽』以搖怨，語兩軍曰：『審有是，樓前可爭。』德裕以白帝，命使者諭神策軍曰：『赦令自朕意，宰相何豫？爾渠敢是？』士乃怗然。士良惶惑不自安。明年，進觀軍容使，兼統左右軍，以疾辭，罷為內侍監，知省事。固請老，詔可。

罷官

《舊唐書》卷一八四《宦官傳·李輔國》 代宗即位，輔國與程元振有定策功，愈恣橫，私奏曰：『大家但內裏坐，外事聽老奴處置。』代宗怒其不遜，以方握禁軍，不欲遽責，乃尊為尚父，政無巨細，皆委參決。五月，加司空、中書令，食實封八百戶。程元振欲奪其權，請上漸加禁制，乘其有間，乃罷輔國判元帥行軍事，其閑廄已下使名，並分授諸貴，仍移居外。輔國始懼，茫然失據。【略】罷中書令，許朝朔望。

又 《程元振傳》 （廣德元年）十月，蕃軍至便橋，代宗蒼黃出幸陝州，賊陷京師，府庫蕩盡。及至行在，太常博士柳伉上疏切諫誅元振以謝天下，代宗顧人情歸咎，乃罷元振官，放歸田里，家在三原。

又 《魚朝恩傳》 （大曆）五年，朝恩所昵武將劉希暹微有過忤，上諷之，詔罷朝恩觀容軍使。

《新唐書》卷二〇八《宦者傳下·李輔國》 中外聞其失勢，舉相賀。輔國始惘然憂，不知所出，表乞解官。有詔進封博陸郡王，仍為司空、尚父，許朝朔望。輔國欲入中書作謝表，閽者不內，曰：『尚父罷宰相，不可入。』輔國氣塞，久乃曰：『老奴死罪，事郎君不了，請地下事先帝矣！』帝優辭諭遣。

又 卷二〇七《宦者傳上·程元振》 廣德初，吐蕃、党項內侵，詔集天下兵，無一士奔命者。虜扣便橋，帝倉黃出居陝，京師陷，賊剽府庫，焚閭衖，蕭然為空。於是太常博士、翰林待詔柳伉上疏曰：【略】『臣聞良醫療疾，當病飲藥，藥不當疾，猶無益也。陛下視今日病何繇至此乎？天下之心，乃恨陛下遠賢良，任宦豎，離間將相而幾于亡。必欲存宗廟社稷，獨斬元振首，馳告天下，悉出內使隸諸州，獨留朝恩備左右，陛下持神策兵付大臣，然後削尊號，下詔引咎，率德勵行，屏嬪妃，任將相。若曰「天下其許朕自新改過乎，宜即募士西與朝廷會」，若以朕惡未悛耶，則帝王大器，敢妨聖賢，其聽天下所往」。如此而兵不至，人不感，天下不服，請赤臣族以謝。』疏聞，帝顧公議不與，乃下詔盡削元振官爵，放歸田里。

流放

《舊唐書》卷一〇《肅宗紀》 （上元元年七月）丙辰，開府高力士配流巫州，內侍王承恩流播州，魏悅流溱州。

又 卷一一《代宗紀》 （廣德）二年春正月己亥朔。壬寅，御史臺以程元振獄狀聞，配流溱州。既行，追年舊勳，特矜遐裔，令於江陵府安置。

又 卷一八四《宦官傳·高力士》 上元元年八月，上皇移居西內甘露殿，力士與內官王承恩、魏悅等，因侍上皇登長慶樓，為李輔國所構，配流黔中道。力士至巫州，地多薺而不食，因感傷而詠之曰：『兩京作斤賣，五谿無人採。夷夏雖不同，氣味終不改。』

又 《程元振傳》 （廣德元年）十二月，車駕還京，元振服縗麻於車中，入京城，以規任用。與御史大夫王昇飲酒，為御史所彈。詔曰：

族談錯立，法尚不容，同惡陰謀，議當從重，有一於此，情實難原。程元振性惟兇愎，質本庸愚，蕞爾之身，合當萬死。頃已寬其嚴典，念其微勞，屈法伸恩，放歸田里。仍乖克己，尚未知非，既忘含煦之仁，别貯覬覦之望。敢為嘯聚，仍欲動搖，不令之臣，共為睥睨，妄談休咎，仍懷怨望。束兵裹甲，變服潛行，無顧君親，將圖不軌。按驗皆是，無所逃刑，首足異門，未云塞責。朕猶不忘薄效，再捨罪人，特寬斧鉞之誅，俾正投荒之典。宜長流溱州百姓，委京兆府差綱遞送，路次州縣，差人防援，至彼捉搦，勿許東西。縱有非常之赦，不在會恩之限。凡百僚庶，宜體朕懷。

《新唐書》卷二〇七《宦者傳上・高力士》 上皇徙西内，居十日，為李輔國所誣，除籍，長流巫州。力士方逃瘧功臣閣下，輔國以詔召，力士趨至閤外，遣内養授謫制，因曰：『臣當死已久，天子哀憐至今日，願一見陛下顏色，死不恨。』輔國不許。

又 《程元振傳》 元振自三原衣婦衣私入京師，舍司農卿陳景詮家，圖不軌。御史劾按，長流溱州，景詮貶新興尉。元振行至江陵死。

誅殺

《舊唐書》卷一八四《宦官傳・李輔國》 代宗即位，輔國與程元振有定策功，愈恣橫。【略】十月十八日夜，盜入輔國第，殺輔國，攜首臂而去。

又 《魚朝恩傳》 先是，每宴罷，必出還營，是日有詔留之。朝恩始懼，言頗悖慢，上亦以舊恩不之責。是日朝恩還第，雉經而卒。劉希暹亦下獄賜死。

又 《吐突承璀傳》 惠昭太子薨，承璀建議請立澧王寬為太子，憲宗不納，立遂王宥。穆宗即位，銜承璀不佑己，誅之。

又 《王守澄傳》 大和九年，帝令内養李好古齊酖賜守澄，秘而不發。

又 《楊復恭傳》 （大順三年）守亮兵敗，復恭與守亮挈其族，將奔太原，入商山。至乾元縣，為華州兵所獲，執送京師，皆梟首於市。【略】

（天復）三年正月，茂貞殺兩軍中尉韓全誨、張弘彦，樞密使袁易簡、周敬容等二十二人，皆斬首，以布囊貯之，令學士薛貽矩送於全忠求和。是月，全忠迎駕還長安，詔以崔胤為宰相，兼判六軍諸衞。【略】是日，諸司宦官百餘人，及隨駕鳳翔羣小又二百餘人，一時斬首於内侍省，血流塗地。及宮人宋柔等十一人，兩街僧道與内官相善者二十餘人，並笞死於京兆府。内諸司一切罷之，皆歸省寺。自是京城並無宦官，天子每宣傳詔命，即令宮人出入。

《新唐書》卷二〇八《宦者傳下・李輔國》 自輔國徙太上皇，天下疾之，帝在東宮積不平。既嗣位，不欲顯戮，遣俠者夜刺殺之，年五十九，抵其首溷中，殊右臂，告泰陵。【略】後梓州刺史杜濟以武人為牙門將，自言刺輔國者。

又 卷二〇七《宦者傳上・魚朝恩》 方寒食，宴禁中，既罷，將還營，有詔留議事。朝恩素肥，每乘小車入宮省。帝聞車聲，危坐，載守中書省。朝恩至，帝責其異圖，朝恩自辨悖傲，皓與左右禽縊之，死年四十九，外無知者。

又 《吐突承璀傳》 惠昭太子薨，承璀請立澧王，不從。常飾一室藏所賜詔敕，地生毛二尺，惡之，躬糞除瘞之。踰年帝崩，穆宗銜前議，殺之禁中。

又 卷二〇八《宦者傳下・王守澄》 文宗嗣位，【略】疾元和逆罪久不討，故以宋申錫為宰相，謀因事除之，不克，更因其黨鄭注、李訓乘其罅，於是流楊承和於驩州，韋元素象州。遣中人劉忠諒追殺元素于武昌，承和次公安賜死。訓乃脅守澄以軍容使就第，使内養齎酖賜死，事祕，時無知者。

又 《楊復恭傳》 （大順三年）復恭與守亮等自閬州將北奔太原，趨商山，至乾元，為韓建邏士所禽，即斬復恭、守信，檻車送守亮京師，梟首長安市。

又 《韓全誨張彦弘傳》 （天復）三年正月，茂貞請遣使諭全忠軍，詔崔構挾中人郭遵誨往，既行，又命宮人寵顏馳見全忠，諭密旨，乃以蔣玄暉入衞。二日，茂貞獨見，至日旰，全誨、彦弘恨甚，逮食，不能捉匕，自見勢去，計無所用，垂頭喪氣。帝召韓偓見東横門，執手涕泗，帝曰：『今先去四大惡，餘以次誅矣。』於是內養八輩候廷中授命，每二輩以衛士十人取一首，俄而全誨、彦弘、易簡、敬容皆死。即詔第五可範為左軍都尉，王知古、揚虔朗為樞密使，知古領上院，虔朗領下院。繼筠、繼誨、彦弼皆伏誅，茂貞取其輜重。是夜，誅內諸司使韋處廷等二十二人，悉以首內布囊，詔蔣玄暉、學士薛貽矩送全忠，曰：『是皆不肯使乘輿東者，既斬之矣。』全忠大喜，遍告軍中，以姚洎為岐、汴通和使。全忠詒茂貞書曰：『宦者乘陴詈不已，曰「稟王旨」，是乎？』茂貞懼，復誅小使李繼彝等十人，於是開壘門。全忠猶攻北壘，帝遣寵顔賜御巾箱寶器，使罷兵，又捕殺中官七十人，全忠亦使京兆誅黨與百餘人。【略】

李克用引軍去，帝還京師。胤、全忠議，盡誅第五可範等八百餘人於內侍省，哀號之聲聞于路，留單弱數十人，備宫中灑掃。胤以鎮人性謹厚，即詔王鎔擇五十人為敕使，內諸司宦官主領者皆罷。於是追諸道監軍，所在賜死，其財産籍入之。詔以中官脅遷狀及全忠迎乘輿本末告方鎮，罷監軍院，咸視國初故事，以三十人為員，衣黄衣，不得養子。內諸司皆歸省若寺，兩軍內外八鎮兵悉屬六軍。全忠還汴州，帝以第五可範等無辜，頗悼之，為文以祭。自是宣傳詔命，皆以宫人。

始，劉季述專廢立，中人皆與聞。帝反正，誅季述及薛齊偓數族而已，餘貸不問；又悔之，後稍稍誅夷，羣宦寖不安。

又 卷一〇《昭宗紀》（天復三年正月）戊申，殺左右神策軍護軍中尉韓全誨、張彦弘，內樞密使袁易簡、周敬容。

又 卷二二三下《奸臣傳下・崔胤》 胤遂奏：『高祖、太宗無內侍典軍，天寶後宦人寖盛，德宗分羽林衛為左右神策軍，令宦者主之，以二千人為率。其後參掌機密，至內務百司悉歸中人，共相彌縫為不法，朝廷微弱，禍始于此。請罷左右神策、內諸司使、諸道監軍。』於是中外宦官悉誅，天子傳導詔命，祇用宫人寵顔等。

《舊五代史》卷三六《唐書・明宗紀二》（天成元年四月己未）北京馬步都指揮使李從温奏，準詔誅宦官。初，莊宗遇內難，宦者數百人竄匿山谷，落髮為僧；奔至太原七十餘人。至是，盡誅于都亭驛。

又 卷七二《唐書・孟漢瓊傳》 初，潞王失守于河中，勒歸于清化里第。時王淑妃恒令漢瓊傳教旨于潞王，王善待之，故漢瓊自謂潞王于己有恩，至是，乃單騎至澠池，謁見潞王，因自慟哭，欲有所陳。潞王曰：『諸事不言可知。』漢瓊即自預從臣之列。尋戮于路左。

《新五代史》卷六三《前蜀世家・王建》 建晚年多內寵，賢妃徐氏與妹淑妃，皆以色進，專房用事，交結宦者唐文扆等干與外政。建年老昏耄，文扆判六軍，事無大小，皆決文扆。及建疾，以兵入宿衛，謀盡去建故將。故將聞建疾，皆不得入見，久之，宗弼等排闥入，言文扆欲為變，乃殺之。

清・吳任臣《十國春秋》卷四六《前蜀十二・唐文扆傳》 是時高祖年老昏耄，文扆典禁兵，參預機密，事無大小，皆取決于手。及高祖疾，以兵入宿衛，謀盡去諸大臣，遣人守宫門。王宗弼輩三十餘人，日至朝堂，不得入見。復令其黨皇城使潘在迎偵外事，在迎慮事敗，以其謀洩于宗弼。宗弼等排闥入，言文扆欲為變。明日，貶文扆眉州刺史；未幾，削官，流雅州。後主嗣位，伏誅。

抄　家

《新唐書》卷二〇七《宦者傳上・仇士良》 死之明年（會昌四年），有發其家藏兵數千物，詔削官爵，籍其家。

宦官禁令分部

綜　述

《舊唐書》卷一八四《宦官傳序》 貞觀中，太宗定制，內侍省不置三品官，內侍是長官，階四品。至永淳末，向七十年，權未假於內官，但在閤門守禦，黄衣廩食而已。

宋・王溥《唐會要》卷六五《內侍省》 貞觀中，太宗定制，內侍省不置三品官，內侍是長官，階四品，其職但在閤門守禦，黄衣廩食而已。【略】

萬歲登封元年二月十九日敕：諸道逆人，給使配役。送內侍省者，不得于州縣附貫，亦不得共中官給使，結義往來。【略】

（開元）五年七月二十二日敕：『內侍省內坊給使遭憂百日滿，勒上。』【略】

十四年八月二十四日敕：『內侍省品官遭憂，宜待終服還官勒上，如有灼然要籍者，臨時奏。』

寶應元年五月十九日敕：『諸道州府所承上命，須憑正敕，後可施行，不得懸信中使宣言敕，即便遵行。』又貞元七年三月十三日敕：『內侍省五品已上，許養一子，仍以同姓者，初養日不得過十歲。』

又　卷八一《階》　（貞元）十五年十二月敕：『內侍省自今以後，高品官白身等官至五品已上，合結朝散大夫等階，及准各母妻合得邑號并結階累勳階者，並宜當司磨勘，具狀銜奏來。』【略】

會昌四年正月，內侍省奏：『內侍省敘階長定格，著紫供奉官及銜內有賜紫官敘階，不得過金紫光祿大夫；著緋供奉官及銜內有賜緋官敘階，不得過正議大夫；著綠供奉官及銜內有賜緋官敘階，不得過朝議郎。』敕旨：『內侍省官敘階，起今以後，宜依前件。其有會昌二年四月准制合與擬階者，便依此處分。其銜內無賜緋官，先校朝散大夫以上階者，宜令仍舊，不得輒與改轉。以後如有特恩，敕別宣與改轉者，即不在此限。永為定規。』

《新唐書》卷二〇七《宦者傳上·序》　太宗詔內侍省不立三品官，以內侍為之長，階第四，不任以事，惟門閤守禦、廷內掃除、稟食而已。

宋·王溥《五代會要》卷八《喪葬上》　內侍省品秩高者，各隨本品秩。未有章服者，紫同三品，緋同五品已上，綠及應官並同九品已上。